Signes, Abréviations, Indications

~	
→	
1. 2. 3.	
I. II. III.	subdivisions
a) b) c)	
( )	entre parenthèses : informations complémentaires, variantes, etc.
(A)	suivi de l'accusatif
(assur.)	assurances
(agric.)	agriculture
(Allemagne)	Allemagne, R.F.A.
(arch.)	archaïque
(auto.)	automobile
(Autriche)	mot propre à l'Autriche
(banque)	terme bancaire
(bourse)	terme boursier
(comptab.)	comptabilité
(contr.)	contraire, antonyme
(corresp.)	correspondance
(D)	suivi du datif
(douane)	terme relatif à la douane
(environnement)	écologie, environnement
(etw)	etwas
(ex-R.D.A.)	historique : République démocratique allemande
f, f,	féminin
fpl, fpl,	féminin pluriel
(fam.)	familier
(fig.)	sens figuré
(finance)	finances, affaires
(France)	équivalent français
(G)	suivi du génitif
(hist.)	historique
(informatique)	informatique
(Internet)	Internet
jdn, jdm, jds	jemanden/em/es
(jur.)	juridique
m, m,	masculin
mpl, mpl,	masculin pluriel
n, n,	neutre
npl, npl,	neutre pluriel
(marketing)	marketing, publicité
(médecine)	santé, médecine
(médias)	presse, médias
(péj.)	péjoratif
(polit.)	politique
pl	pluriel
(pr. ang.)	prononciation anglaise
(préfixe)	préfixe dans des mots composés
(pr. fr.)	prononciation française
(publicité)	publicité, marketing
qqch	quelque chose
qqn	quelqu'un
(rare)	terme rare
(statist.)	statistiques

SUBSTANTIFS

● **Angestellte/r** *(der/ein)*	participe ou adjectif substantivé *der Angestellte, ein Angestellter*
● **Kommanditist** *m,* en, en	masculin faible
● **Börse** *f,* n	*die Börse – die Börsen*
● **Computer** *m,* -	*der Computer – die Computer*
● **Firma** *f,* -men	*die Firma – die Firmen*
● **Prospekt** *m/n,* e	double genre *der/das Prospekt*
● **Index** *m,* e/-dizes	double pluriel
● **Kapital** *n,* (e/lien) **Politik** *f,* (en)	pluriel rare
● **Kosten** *pl* **Einkünfte** *pl*	uniquement au pluriel
● **Bedarf** *m,* ø **Personal** *n,* ø	uniquement singulier, le signe ø indique l'absence de pluriel
(suffixe)	suffixe dans des mots composés
(Suisse)	mot propre à la Suisse
(syn.)	synonyme
(technique)	technique
(télé.)	télévision
(téléph.)	téléphone
(touris.)	tourisme, hôtellerie
(trans.)	transports
(U.E.)	Union européenne

VERBES

● **aus/führen**	(verbe à particule séparable)
● **kommen, a, o**	*(ist)* (verbe fort, passé avec *ist*)

LANGUES POUR TOUS • *BUSINESS MANAGEMENT SERIES*
Collection dirigée par
Jean-Pierre Berman, Michel Marcheteau, Michel Savio

Dans la collection ***BMS*** :

ALLEMAND

- Dictionnaire de l'Économie, du Commerce et des Médias

ANGLAIS

- Dictionnaire de l'anglais économique, commercial et financier
- Business and Economics (L'anglais économique et commercial)
- Vendre en anglais
- L'anglais juridique
- Dictionnaire de l'anglais juridique
- Dictionnaire de l'environnement et du développement durable
- La communication scientifique en anglais
- Dictionnaire des vins, bières et spiritueux du monde

ESPAGNOL

- Dictionnaire de l'espagnol économique, commercial et financier
- L'espagnol économique et commercial

DICTIONNAIRE DE L'ÉCONOMIE DU COMMERCE ET DES MÉDIAS

allemand/français
français/allemand

Gestion ● *Marketing* ● *Informatique* ● *Droit* ● *Correspondance*
Médias ● *Politique* ● *Environnement* ● *Technologies nouvelles*

par

Bernard Straub
Professeur agrégé
Lycée Blaise Pascal d'Orsay
Chargé de cours à l'École Supérieure
de Commerce de Paris
ESCP/EAP

Paul Thiele
Docteur en Études germaniques
Professeur à l'École Supérieure
de Commerce de Paris
ESCP-EAP
Chargé de cours à l'Université de Paris VIII

Avec la collaboration de
Jürgen Boelcke
Diplômé d'Études supérieures de phonétique
Professeur à l'École Supérieure de Commerce de Paris
ESCP/EAP

BMS

Sommaire

❏ **COMMENT UTILISER CE DICTIONNAIRE ?**
Allemand-Français.. 2ᵉ de couverture

❏ **SIGNES, ABRÉVIATIONS, INDICATIONS** 1

  • Préface 5
  • Présentation Allemand-Français..6-7

❏ **DICTIONNAIRE ALLEMAND-FRANÇAIS** 9

  • Présentation Français-Allemand..824-825

❏ **DICTIONNAIRE FRANÇAIS-ALLEMAND** 827

❏ **SIGNES, ABRÉVIATIONS, INDICATIONS** 1440

❏ **COMMENT UTILISER CE DICTIONNAIRE ?**
Français-Allemand.. 3ᵉ de couverture

Préface

Publié dans la série *BUSINESS MANAGEMENT SERIES* (***BMS***), le **DICTIONNAIRE DE L'ÉCONOMIQUE DU COMMERCE ET DES MÉDIAS Allemand-français/français-allemand** est un ouvrage résolument nouveau. Avec ses 60 000 entrées, soit 85 000 mots et expressions, il couvre non seulement les grands secteurs de l'économie, mais il fait également une large place à la langue des médias.

Il s'adresse, de ce fait, à un large public (cadres, étudiants, professionnels, enseignants, journalistes, lecteurs de la presse économique, et en général, à tous ceux qui s'intéressent à l'Allemagne d'aujourd'hui) et couvre les domaines suivants :

● **le commerce :** *V-Markt, Tante-Emma-Laden, Endverbraucherpreis, Schnäppchen* ◆ *distribution, grande surface, magasin discount, commerce en ligne* ;

● **l'entreprise :** *Deregulierung, Verlagerung, Zulieferer, Verdrängungswettbewerb, Start-up* ◆ *mondialisation, entrepreneurial, contrôle de gestion, valeur ajoutée, externaliser* ;

● **le monde du travail :** *Ich-AG, Teilzeitarbeit, Fexibilisierung, Qualitätszirkel* ◆ *acquis sociaux, flexibilisation, intérim, flux tendu, tertiarisation* ;

● **le monde de la finance, de la bourse et de la banque :** *Übernahme, M&A, Raider, Investmentfonds* ◆ *fusions et acquisitions, bancassurance, CAC 40* ;

● **la publicité et le marketing :** *Marktlücke, Schleichwerbung, Mediaplanung, Marketing-Mix* ◆ *marché porteur, groupe-cible, sponsoriser* ;

● **les professions :** *Produktleiter, Systemanalytiker, Consultant, Finanzanalyst* ◆ *auxiliaire de vie, ingénieur-conseil, expert comptable, technico-commercial* ;

● **la comptabilité :** *konsolidierte Bilanz, Ertragsrechnung, Rückstellung, Kostenrechnung* ◆ *amortissement, résultat d'exploitation, calcul des coûts* ;

● **la langue des médias :** *Medienlandschaft, Presseschau, Schlagzeile, Bezahlfernsehen, dpa* ◆ *presse people, médiatisation, sondage, P.A.F.* ;

● **la politique :** *5%-Klausel, Erst- und Zweitstimme, Wiedervereinigung, Mitbestimmung* ◆ *scrutin majoritaire, tête de liste, référendum, régionalisation* ;

● **l'environnement :** *Klimawandel, Emissionshandel, Recycling, Treibhausgas, Umweltsünder* ◆ *gaz à effet de serre, biocarburant, traçabilité* ;

● **le droit :** *Arbeitsgericht, einstweilige Verfügung, Rechtslücke, Rechtsschutz, Unschuldsvermutung* ◆ *usufruit, nue-propriété, judiciarisation* ;

● **les technologies nouvelles :** *Breitband, DSL, Nanotechnologie, Gen-Technik, Voicemail* ◆ *en ligne, transgénique, biotechnologie, internaute, blog, portail* ;

● **les sigles et abréviations** les plus couramment utilisés : *BGB, DAX, EDV, Kfz, MwSt.* ◆ *A.O.C., C.N.I.L., G.I.E., O.N.G., R.M.I., R.T.T., T.V.A., T.T.C.* ;

Nous avons une pensée pour notre collègue et ami Jürgen BOELCKE dont nous déplorons la disparition et qui n'a pas pu participer à cette édition.

Paris, 12 mars 2007

Bernard STRAUB   Paul THIELE

ALLEMAND-FRANÇAIS

PRÉSENTATION

Ce dictionnaire veut être non seulement un ouvrage de référence pour les spécialistes, mais également un ouvrage accessible à tous ceux qui sont confrontés à la langue de l'économie et des médias d'aujourd'hui, au vocabulaire de la politique et du droit, des technologies nouvelles et des questions environnementales.

Il couvre, entre autres, les domaines tels que :

- **le commerce** : *V-Markt, Tante-Emma-Laden, Strichkode, Einzelhandel, Endverbraucherpreis, Schnäppchen, preisbewusst, E-Commerce* ;

- **l'entreprise** : *Deregulierung, Verlagerung, Zulieferer, Globalisierung, Verdrängungswettbewerb, Überkreuzverflechtung, Controlling, Start-up* ;

- **le monde du travail** : *Ich-AG, Zeit-, Teilzeitarbeit, ABM, Fexibilisierung, Qualitätszirkel, just in time, Ein-Euro-Job, Deutschland AG* ;

- **les secteurs finance, bourse et banque:** *Übernahme, M&A, Raider, Blue Chips, Umschuldung, Investment Banking, Private-Equity, Investmentfonds* ;

- **la publicité et le marketing :** *Schleichwerbung, Mediaplanung, Marketing-Mix, Event-Marketing* ;

- **les professions :** *Produktleiter, Systemanalytiker, Consultant, Wirtschaftsingenieur, Finanzanalyst* ;

- **la comptabilité :** *konsolidierte Bilanz, Abschreibung, Ertragsrechnung, Rückstellung, Rücklage, Kostenrechnung* ;

- **la langue des médias :** *Presseschau, Schlagzeile, Meinungsumfrage, EMNID-Institut, Medienlandschaft, Bezahlfernsehen, dpa, medienwirksam* ;

- **la politique :** *5%-Klausel, Erst- und Zweitstimme, Wiedervereinigung, Quotenregelung, Mitbestimmung, Kanzler(in), die neuen Bundesländer* ;

- **l'environnement :** *Klimawandel, Emissionshandel, Treibhausgas, Umweltsünder, Schadstoff, Biokraftstoff, Recycling, nachhaltige Entwicklung* ;

- **l'Europe :** *EU, EU-Richtlinie, Eurokrat, EuGH, Europäische Aktiengesellschaft, Euro, EZB, Euromarkt, Euroland* ;

- **le droit :** *Bundesverfassungsgericht, Gerichtsstand, einstweilige Verfügung, Rechtslücke, rechtskräftig, Rechtsschutz, Unschuldsvermutung* ;

- **les technologies nouvelles :** *Breitband, DSL, Nanotechnologie, Gen-Technik, Voicemail* ;

- **la formation et l'enseignement :** *Fort-, Weiterbildung, Bafög, Numerus clausus, MBA, Bachelor, Berufsschule, Azubi* ;

- **les termes propres à l'Autriche et à la Suisse :** *Finanzer, konkurrenzieren, zensurieren, Mietzins, Trafik, Verschleiß, Zugehör, Bürgerammann* ;

- **les termes historiques :** *VEB, LPG, GATT, Kennedy-Runde; Montanunion* ;

- **des expressions familières** ayant droit de cité dans le monde des affaires : *abstottern, stempeln gehen, blaumachen, Peitegeier, Filzokratie, den Rotstift ansetzen.*

L'ouvrage intègre également :

- **des flèches** qui renvoient à des synonymes ou à des concepts : *Wagniskapial → Risikokapital; Unternehmensforschung → Operations-research* ; *Wirtschaft → Betriebs-, Markt-, Plan-, Volkswirtschaft* ;

- **des synonymes et des antonymes :** *importieren* (*syn. einführen; contr. exportieren*) ; *Zinstender* (*contr. Mengentender*) ;

- **les sigles et les abréviations les plus fréquents :** *BGB, DAX, EDV, IT, Kfz, MwSt., NGO, LBO, PER, ver.di, WTO* ;

- **des indications grammaticales et morphologiques pour les substantifs :** *Börse f, n* ; *Computer m, -* ; double pluriel : *Index m, e/-dizes* ; pluriel rare : *Kapital n, (e/-lien)* ; *Politik f, (en)* ; *Zuwachs m, (¨e)*; souvent au pluriel : *Zollformalitäten, Einnahmen* ; toujours au pluriel: *Kosten, Einkünfte* ; absence de pluriel : *Bedarf m, ø* ; *Personal n, ø* ; participe ou adjectif substantivé : *Angestellte/r (der/ein)* ; masculin faible : *Kommanditist m, en, en* ; double genre : *Prospekt m/n, der/das Prospekt* ;

- **des indications grammaticales pour les verbes :** verbe à particule séparable : *aus/führen* ; verbe fort avec changement vocalique et *ist* au participe passé : *kommen, a, o (ist)* ;

- **des termes étrangers** en précisant, à chaque fois, la prononciation anglaise ou française : (*pr. ang.*) *Leasing, Dumping, online, Pool,* (*pr. fr.*) *Bon, Baisse, Hausse* ;

- **la prise en compte de la réforme de l'orthographe :** cet ouvrage est conforme aux règles de la nouvelle orthographe devenues officielles et définitives depuis 2006 (*daß → dass* ; *Geschäftsabschluß → Geschäftsabschluss* ; *Zollager → Zolllager* ; *Pleite machen* mais *pleitegehen*, etc.) ;

- **le noircissement des lettres en marge** facilitera votre recherche.

Grâce au système des renvois matérialisés par une flèche, au commentaire qui accompagne certains concepts (*Einzugsgebiet, Bauherrenmodell, Ehegattensplitting, zweiter Arbeitsmarkt, Bretton-Woods-Abkommen, Maastrichter Vertrag, Hartz IV*), nous nous sommes efforcés de faciliter l'accès de ce monde économique en pleine mutation aux utilisateurs de cet ouvrage. Nous espérons qu'il répondra à leur attente.

Le Code de la propriété intellectuelle n'autorisant aux termes de l'article L. 122-5 (2ᵉ et 3ᵉ a), d'une part, que les « copies ou reproductions strictement réservées à l'usage privé du copiste et non destinées à une utilisation collective » et, d'autre part, que les analyses et les courtes citations dans un but d'exemple ou d'illustration, « toute représentation ou reproduction intégrale ou partielle faite sans le consentement de l'auteur ou de ses ayants droit ou ayants cause est illicite » (art. L. 122-4).
Cette représentation ou reproduction, par quelque procédé que ce soit, constituerait donc une contrefaçon sanctionnée par les articles L. 335-2 et suivants du Code de la propriété intellectuelle.

© 2007 – BMS / Langues pour Tous
POCKET, un département d'Univers Poche
ISBN : 978-2-266-15902-9

ALLEMAND-FRANÇAIS

A

A (*Austria*) Autriche (code postal ; lettre d'identification nationale sur plaque automobile).

à : *20 Stück à 3 Euro* 20 exemplaires, 20 pièces à 3 euros.

@ at (*pr. ang.*) ar(r)obase *f* ; ar(r)obas *m* (e-mail).

AA → *Auswärtiges Amt* ; *Arbeitsamt*.

AAA 1. (*Auto-Ausstellung-Berlin*) Salon *m* de l'automobile de Berlin **2.** (*université*) (*Akademisches Auslandsamt*) service *m* d'accueil des étudiants étrangers.

AAB → *Allgemeine Ausführungsbestimmungen*.

AB → *Außenhandelsbank*.

ab à partir de ; départ ; ~ *Werk* départ usine ; ~ *Ostern* à partir de Pâques ; ~ *sofort* immédiatement applicable ; ~ *sofort gültig* à effet immédiat.

Abakus *m*, - boulier *m* ; abaque *m*.

abänderbar modifiable ; changeable.

ab/ändern 1. modifier ; changer **2.** amender **3.** rectifier.

Abänderung *f*, **en** changement *m* ; modification *f* ; révision *f* ; (*jur.*) commutation *f* ; réformation *f* ; ~ *eines Vertrages* modification *f* d'un contrat ; avenant *m* à un contrat.

Abänderungsantrag *m*, ¨**e** proposition *f* d'amendement.

Abänderungsentwurf *m*, ¨**e** projet *m* d'amendement.

abänderungsfähig modifiable ; (*jur.*) commuable.

Abänderungsgesetz *n*, **e** loi *f* modificative ; amendement *m*.

Abänderungstext *m*, **e** modificatif *m* ; texte *m* rectificatif ; avenant *m*.

Abänderungsvorschlag *m*, ¨**e** projet *m* d'amendement.

Abandon *m*, **s** (*pr. fr.*) **1.** (*bourse*) abandon *m* **2.** (*assur.*) désistement *m* ; délaissement *m* **3.** renonciation *f* (à des droits).

abandonnieren abandonner ; se désister ; délaisser ; renoncer (à un marché).

ab/arbeiten payer par son travail ; *eine Schuld* ~ s'acquitter d'une dette en travaillant ; *sich* ~ se tuer au travail.

Abart *f*, **en** variété *f* ; variante *f*.

Abbau *m*, ø **1.** extraction *f* ; exploitation *f* ; ~ *von Rohdiamanten* extraction de diamants bruts **2.** suppression *f* ; réduction *f* ; ~ *von Arbeitsplätzen* suppression d'emplois ; dégraissage *m* ; ~ *von Zollschranken* suppression de barrières douanières **3.** démolition *f* (bâtiment) ; démontage *m* (machine).

abbaubar : *biologisch* ~ biodégradable.

ab/bauen 1. (*mines*) extraire **2.** réduire ; comprimer ; *Arbeitsplätze* ~ supprimer des emplois ; dégraisser le personnel **3.** démonter ; démolir.

abbaufähig 1. exploitable **2.** compressible ; *nicht ~e Kosten* coûts *mpl* incompressibles.

Abbaugesellschaft *f*, **en** (*industrie*) société *f* d'exploitation minière ; société d'extraction.

Abbauprodukt *n*, **e** produit *m* d'extraction.

Abbaustelle *f*, **n** lieu *m*, champ *m* d'extraction.

Abbauwartezeit *f*, **en** (*environnement*) délai *m* de biodégradabilité ; temps *m* d'absorption d'une substance.

ab/berufen, ie, u révoquer ; congédier ; relever qqn de ses fonctions ; destituer ; rappeler (diplomate) ; ~ *werden* être déplacé, muté.

Abberufung *f*, **en** révocation *f* ; rappel *m*.

Abberufungsschreiben *n*, - lettre *f* de révocation ; lettre de rappel.

ab/bestellen 1. annuler ; décommander ; *eine Ware* ~ décommander une marchandise ; annuler une commande **2.** *eine Zeitung* ~ ne pas renouveler un abonnement.

Abbestellung *f*, **en** annulation *f* ; contrordre *m* ; non-renouvellement *m* d'un abonnement (journal).

ab/bezahlen payer à crédit, à tempérament ; payer par versements successifs ; amortir ; rembourser.

abbezahlt entièrement remboursé ; intégralement payé ; libéré.

Abbezahlung *f*, **en** paiement *m* échelonné, graduel, fractionné ; amortissement *m* ; remboursement *m*.

ab/blocken bloquer (projet, réforme) ; empêcher la réalisation de qqch.

Abbrand *m*, ø (*nucléaire*) taux *m* de combustion.

ab/brechen, a, o interrompre ; rompre ; *Verhandlungen* ~ rompre des négociations.

ab/bremsen donner un coup de frein à qqch ; ralentir ; *den Aufschwung* ~ freiner l'essor ; ralentir la croissance.

Abbremsung *f*, en ralentissement *m* ; décélération *f*.

ab/bröckeln (*bourse*) s'effriter ; *die Kurse bröckeln ab* les cours s'effritent.

Abbröckelung *f*, en (*bourse*) effritement *m*.

Abbruch *m*, ø **1.** rupture *f* ; arrêt *m* ; cessation *f* ; interruption *f* ; ~ *der diplomatischen Beziehungen* rupture des relations diplomatiques **2.** démolition *f*.

Abbrucharbeiten *fpl* **1.** travaux *mpl* de démolition **2.** (*mines*) travaux *mpl* d'extraction.

Abbruchfirma *f*, -men entreprise *f* de démolition.

Abbruchgenehmigung *f*, en autorisation *f* de démolir.

ab/buchen 1. porter au débit (d'un compte) ; débiter ; prélever sur un compte ; décompter **2.** amortir.

Abbuchung *f*, en **1.** écriture *f* en (au) débit ; prélèvement *m* (sur un compte) **2.** amortissement *m*.

Abbuchungsanzeige *f*, n avis *m* de prélèvement.

Abbuchungsauftrag *m*, ¨e ordre *m* de prélèvement automatique.

Abbuchungsgenehmigung *f*, en autorisation *f* de prélever.

ab/bummeln récupérer des heures supplémentaires (par des jours de congé).

ABC : 1. *ABC-Flüge mpl* (*Advance Booking Charter*) vol *m* charter à bas prix et à long délai de réservation **2.** *ABC-Staaten mpl* (*Argentinien, Brasilien, Chile*) Argentine *f*, Brésil *m*, Chili *m*.

ab/checken 1. vérifier ; contrôler **2.** cocher (des noms sur une liste).

ab/danken démissionner ; abdiquer ; (*fam.*) rendre son tablier.

ab/dienen gagner (par son travail) ; *eine Schuld* ~ rembourser une dette en travaillant.

abdingbar non indispensable ; non impératif ; remplaçable par autre chose ; ~*e Vertragsteile* éléments *mpl* contractuels non contraignants ; *nicht* ~*e Rechtsvorschriften* dispositions *fpl* règlementaires contraignantes.

Abdrosselung *f*, en ralentissement *m* ; coup *m* de frein ; coup d'arrêt *m* (activité économique).

ab/ebben refluer ; diminuer ; tarir ; *die Pleiteflut ebbt ab* la vague de faillites diminue.

Abendausgabe *f*, n (*médias*) édition *f* du soir.

Abendblatt *n*, ¨er journal *m* du soir.

Aberdepot *n*, s dépôt *m* régulier de titres ; remise *f* de titres avec fongibilité (*syn. Stückedepot*).

ab/erkennen, a, a contester ; déchoir de qqch ; déposséder.

Aberkennung *f*, en dépossession *f* ; ~ *der Staatsangehörigkeit* déchéance *f* de la nationalité.

ab/fahren, u, a **1.** (*ist*) partir ; démarrer **2.** (*hat*) *Schutt* ~ *lassen* faire enlever des gravois (gravats) **3.** *eine Mehrfahrkarte* ~ utiliser entièrement une carte de transport.

Abfahrt *f*, en départ *m*.

Abfahrtgleis *n*, e (*trains*) voie *f* de départ.

Abfahrtvereinbarung *f*, en (*navigation*) accord *m* de desserte.

Abfall *m*, ¨e déchet *m* ; chute *f* ; *radioaktive* ~¨*e* déchets radioactifs (*syn. Müll*).

abfallarm peu polluant ; écologique ; rejetant peu de déchets.

Abfallaufbereitung *f*, en traitement *m* des déchets.

Abfallaufkommen *n*, ø quantité *f* de déchets produite.

Abfallbeseitigung *f*, en élimination *f*, enlèvement *m* des déchets.

Abfallentsorgung *f*, en évacuation *f*, élimination *f* des déchets.

Abfallgesetz *n*, e loi sur le recyclage des déchets (afin d'éviter la constitution de déchets non recyclables).

Abfalllagerung *f*, en décharge *f* ; dépôt *m* de déchets ; déchetterie *f* ; stockage *m* de déchets.

Abfallprodukt *n*, e sous-produit *m* ; produit *m* résiduel ; produit de recyclage *m*.

Abfalltechniker *m*, - technicien *m* de l'environnement (chargé de l'élimination des déchets).

Abfallverbrennung *f*, en incinération *f* de(s) déchets.

Abfallverwertung *f*, en recyclage *m* de(s) déchets.

Abfallwirtschaft *f*, en recyclage *m*, récupération *f* de déchets industriels ; gestion *f* des déchets ; industrie *f* du (re)traitement des déchets.

ab/fassen rédiger ; *einen Bericht* ~ rédiger un rapport.

Abfassung *f*, en rédaction *f* ; ~ *eines Vertrages* rédaction d'un contrat.

ab/feiern ne pas travailler ; chômer (à titre de compensation pour heures effectuées mais non rétribuées) ; *Überstunden* ~ récupérer des heures supplémentaires.
ab/fertigen 1. expédier ; enregistrer (bagages) **2.** servir (clients) **3.** dédouaner **4.** (*Autriche*) indemniser.
Abfertigung *f*, en 1. expédition *f* **2.** service *m* des clients **3.** (*douane*) dédouanement *m* ; mise *f* en libre pratique ; ~ *zur Zolllagerung* assignation *f* (d'une marchandise) au régime de l'entrepôt **4.** (*Autriche*) indemnité *f* de licenciement.
Abfertigungsbescheinigung *f*, en (*douane*) certificat *m* de prise en charge ; acquit *m* de paiement.
Abfertigungsspediteur *m*, e commissionnaire *m* de transport.
Abfertigungsstelle *f*, n service *m*, bureau *m* des expéditions.
ab/finden, a, u 1. dédommager ; indemniser **2.** *sich mit jdm* ~ s'arranger avec qqn **3.** *sich mit etw* ~ s'accommoder de qqch ; prendre son parti de qqch.
Abfindung *f*, en dédommagement *m* ; indemnité *f* ; indemnisation *f* ; désintéressement *m* ; arrangement *m* ; *die* ~ *der Gläubiger* indemnisation des créanciers.
abfindungsberechtigt qui donne droit à indemnisation.
Abfindungsbetrag *m*, ¨e → *Abfindungssumme*.
Abfindungsguthaben *n*, - part *f* d'actif net.
Abfindungssumme *f*, n montant *m* d'indemnité ; dédommagement *m* ; (*licenciement*) indemnité transactionnelle.
Abfindungszahlung *f*, en versement *m* d'indemnités.
ab/flachen s'atténuer ; s'apaiser ; diminuer ; faiblir.
Abflachung *f*, en atténuation *f* ; tassement *m* ; fléchissement *m* ; affaiblissement *m* ; ~ *des Wirtschaftswachstums* ralentissement *m* de la croissance.
ab/flauen baisser ; fléchir ; diminuer ; *die Geschäfte flauen ab* le rythme des affaires (se) ralentit.
Abflauen *n*, ø baisse *f* ; tassement *m*.
Abflug *m*, ¨e décollage *m* ; ~ *nach Köln* envol *m* pour Cologne.
Abflugzeit *f*, en heure *f* de/du décollage.
Abfluss *m*, ¨e écoulement *m* ; débit *m* ; ~ *von Kapital ins Ausland* sortie *f* de capitaux vers l'étranger.

Abflusswasser *n*, ø eaux *fpl* résiduelles ; eaux usées.
Abfolge *f*, n suite *f* ; ordre *m* ; *in chronologischer* ~ par ordre chronologique.
Abfrage *f*, n (*informatique*) interrogation *f* ; appel *m* ; consultation *f*.
ab/fragen (*informatique*) interroger ; consulter.
Abfuhr *f*, en 1. transport *m* ; enlèvement *m* **2.** refus *m* ; fin *f* de non recevoir ; *jdm eine* ~ *erteilen* opposer une fin de non recevoir à qqn.
ab/führen acquitter ; payer ; verser ; *Steuern* ~ verser l'impôt ; *die MWSt von einem Betrag* ~ déduire la T.V.A. d'une somme.
Abfuhrklausel *f*, n clause *f* d'enlèvement de la marchandise.
Abfuhrlohn *m*, ¨e frais *mpl* de camionnage ; frais de transport (*syn*. *Rollgeld*).
Abfuhrspediteur *m*, e transporteur *m* ; commissionnaire *m* de transport.
Abgabe *f*, n 1. taxe *f* ; impôt *m* ; redevance *f* ; contribution *f* ; *jährliche ~n* redevances annuelles ; *mit einer* ~ *belegen* taxer ; frapper d'une taxe ; *eine* ~ *entrichten* acquitter (payer) une taxe ; *eine* ~ *erheben* prélever une taxe **2.** *~n* prélèvements obligatoires ; *soziale ~n* charges *fpl* sociales **3.** remise *f* ; ~ *der Stimmzettel* remise *f* des bulletins de vote **4.** (*bourse*) vente *f*.
Abgabenbefreiung *f*, en exonération *f* de taxe ; détaxation *f* ; affranchissement *m* de redevance.
Abgabebescheid *m*, e avis *m* d'imposition.
Abgabedruck *m* : (*bourse*) *unter* ~ *stehen* subir une pression à la vente ; être orienté à la vente.
Abgabekurs *m*, e cours *m* d'émission ; taux *m* de cession.
Abgabenbelastung *f*, en pression *f* fiscale ; pression des taxes et impôts ; charges *fpl* fiscales, financières.
abgabe(n)frei non taxé ; exonéré d'impôts, de taxes ; non imposable ; non taxable ; franc de taxe.
Abgabenfreiheit *f*, ø franchise *f* de droits, de taxe.
Abgabenlast *f*, en → *Abgabenbelastung*.
Abgabenmarke *f*, n timbre *m* fiscal ; vignette *f* fiscale.

Abgabenordnung *f,* en (*AO*) code *m* de la fiscalité ; (*France*) code des impôts (C.G.I.).

Abgabepflicht *f,* en assujettissement *m* à l'impôt ; taxe *f* obligatoire ; obligation *f* d'acquitter les taxes légales, les charges sociales.

abgabepflichtig assujetti à l'impôt ; imposable ; passible d'une taxe.

Abgabepreis *m,* e **1.** prix *m* de vente ; prix de cession ; *die ~e erhöhen* augmenter les prix de cession **2.** prix d'émission.

Abgabetermin *m,* e délai *m* de remise ; délai de dépôt.

Abgang *m,* ¨e **1.** débit *m* ; vente *f* ; *guter ~* écoulement *m* facile ; bon débit **2.** perte *f* de poids **3.** déchet *m* **4.** (*Autriche*) déficit *m* **5.** départ *m* (de la main-d'œuvre, d'un stock, etc.) ; *freiwilliger ~* départ volontaire à la retraite.

Abgangsbahnhof *m,* ¨e gare *f* de départ ; gare expéditrice.

Abgangsentschädigung *f,* en indemnité *f* de départ.

Abgangsgeld *n,* er prime *f* de départ ; allocation *f* de départ.

Abgangshafen *m,* ¨ port *m* de départ.

Abgangszeugnis *n,* se certificat *m* de fin d'études.

Abgas *n,* e gaz *m* de combustion, d'échappement.

abgasarm peu polluant ; faiblement toxique.

Abgasbelastung *f,* en pollution *f* atmosphérique par les gaz d'échappement.

Abgasgrenzwerte *mpl* seuil *m* de tolérance d'émissions de gaz d'échappement ; normes *fpl* de pollution tolérées.

Abgasreinigungstechnik *f,* en dispositif *m* anti-pollution ; appareil *m* anti-pollution.

Abgasstandard *m,* s normes *fpl* européennes des seuils de pollution.

Abgassteuer *f,* n taxe *f* sur les véhicules les plus polluants.

Abgasuntersuchung *f,* en (*AU*) test *m* antipollution ; contrôle *m* antipollution.

ABGB *n* (*Allgemeines Bürgerliches Gesetzbuch*) (*Autriche*) code *m* civil.

ab/geben, a, e, **1.** consigner **2.** vendre **3.** se démettre (d'une fonction) ; *den Vorsitz ~* céder la présidence **4.** *seine Stimme ~* voter pour qqn ; *abgegebene Stimmen* votants *mpl* ; suffrages *mpl* exprimés.

abgebrannt sein (*fam.*) être fauché ; être sans le sou, sans un.

abgedeckt couvert ; garanti ; assuré.

Abgeld *n,* er perte *f* ; disagio *m*.

abgelten, a, o payer ; rembourser ; indemniser.

Abgeltungssteuer *f,* n prélèvement *m* forfaitaire libératoire sur les revenus mobiliers.

Abgeordnete/r (*der/ein*) député *m*.

abgerundet en chiffres ronds.

abgeschlossen arrêté ; soldé (compte) ; *ein zum 15. d. M. ~er Kontoauszug* un extrait de compte arrêté au 15 courant.

abgewirtschaftet qui bat de l'aile ; commercialement malade ; au bord de la faillite ; au bout du rouleau.

ab/grenzen délimiter.

Abgrenzung *f,* en **1.** délimitation *f* ; démarcation *f* ; ligne *f* de partage **2.** (*comptab.*) régularisation *f* ; détermination *f*.

Abgrenzungsbogen *m,* ¨ (*comptab.*) feuille *f* récapitulative des régulations.

Abgrenzungskonten *npl* (*comptab.*) comptes *mpl* de régularisation.

Abgrenzungsposten *m,* - (*comptab.*) comptes *mpl* transitoires ; compte *m* de régularisation ; compte d'attente ; *~ für latente Steuern* compte *m* de régularisation pour impôts différés.

ab/haken cocher ; apposer un signe de contrôle effectué.

ab/halftern : (*fam.*) *jdn ~* limoger, virer, débarquer qqn.

ab/handeln 1. faire diminuer le prix en marchandant ; *3 Euro vom Preis ~* faire rabattre le prix de 3 euros **2.** discuter (l'ordre du jour) ; convenir de **3.** présenter, traiter un sujet.

abhängig dépendant ; *von einem Land wirtschaftlich ~ sein* être économiquement tributaire d'un pays.

Abhängigkeit *f,* en dépendance *f*.

Abhängigkeitsverhältnis *n,* se rapport *m* de dépendance ; *in einem ~ leben* vivre dans une situation de dépendance.

ab/heben, o, o retirer ; prélever ; *Geld von der Bank, von einem Konto ~* retirer de l'argent à la banque, d'un compte.

Abhebung *f,* en retrait *m* (d'argent à la banque) ; prélèvement *m*.

ab/heuern 1. (*marine*) quitter le service **2.** débaucher (du personnel) (*syn. abwerben*).

Ab-Hof-Verkauf *m,* ¨e vente *f* à la ferme.
ab/holen enlever ; retirer ; venir chercher (des marchandises).
Abholpreis *m,* e prix *m* "départ entrepôt".
Abjudikation *f,* en (*jur.*) déchéance *f* de qqch ; dépossession *f* par arrêt ; contestation *f.*
abjudizieren déchoir de qqch ; déposséder.
ab/kassieren encaisser ; se faire payer ; régler une somme due ; passer à la caisse.
ab/kaufen (r)acheter ; *jdm etw* ~ acheter qqch à qqn.
ab/klappern (*fam.*) visiter les clients ; faire la tournée (des clients, par ex.) ; *Geschäfte* ~ faire les magasins.
ab/knöpfen (*fam.*) prélever ; prendre ; amputer ; *jdm Geld* ~ ponctionner qqn ; soulager qqn d'une somme.
Abkommen *n,* - accord *m* ; entente *f* ; convention *f* ; *gütliches* ~ arrangement *m* à l'amiable ; *internationales* ~ accord international ; *ein* ~ *schließen* conclure un accord.
ab/kürzen abréger ; *abgekürzte Formel* formule *f* abrégée.
Abkürzung *f,* en abréviation *f* ; *Verzeichnis der verwendeten* ~*en* liste *f* des abréviations utilisées.
Abladekosten *pl* frais *mpl* de déchargement.
ab/laden, u, a décharger (des marchandises).
Ablader *m,* - (dé)chargeur *m* ; débardeur *m.*
Ablage *f,* n 1. rangement *m* ; classement *m* ; archives *fpl* ; *zur* ~ pour classement 2. dépôt *m* 3. (*Suisse*) bureau *m* d'enregistrement.
ab/lagern déposer ; décharger.
ab/lassen, ie, a 1. se dessaisir de qqch **2.** faire un rabais ; *5 % vom Preis* ~ faire une remise de 5 % sur le prix.
Ablauf *m,* ¨e **1.** déroulement *m* ; ~ *der Arbeitsvorgänge* les différentes phases *fpl* d'exécution d'un travail **2.** expiration *f* ; échéance *f* ; *nach* ~ *der Frist* à terme échu.
ab/laufen, ie, au (*ist*) **1.** se dérouler **2.** expirer ; échoir ; arriver en bout de course ; *abgelaufene Zahlungsfrist* délai *m* de paiement arrivé à échéance.
Ablauffrist *f,* en délai *m* d'expiration.

Ablauforganisation *f,* en organisation *f* horizontale du travail (réduction du temps d'acheminement des matériaux et pièces nécessaires à la production, équilibre de charge hommes-machines, gestion des lieux et phases de production, optimisation de la production) ; → *Aufbauorganisation.*
Ablaufzeit *f,* en **1.** (*inform.*) temps *m* d'exécution (d'un programme) **2.** date *f* d'expiration.
Ableger *m,* - filiale *f* ; succursale *f.*
ab/lichten photocopier (*syn. fotokopieren*).
Ablichtung *f,* en photocopie *f* ; *eine* ~ *machen* faire une photocopie (*syn. Fotokopie*).
ab/liefern remettre (au destinataire) ; livrer ; fournir.
Ablieferung *f,* en remise *f* (en mains propres) ; livraison *f.*
Ablieferungstermin *m,* e date *f* de remise, de livraison.
ab/lochen poinçonner ; mettre sur cartes perforées.
ab/lohnen, ablöhnen (*arch.*) **1.** rémunérer ; payer **2.** payer et licencier ; donner son compte à qqn.
ablösbar amortissable ; remboursable ; ~*e Obligation* obligation *f* rachetable.
ab/lösen 1. racheter ; rembourser **2.** *eine Hypothek* ~ purger une hypothèque **3.** détacher (de) **4.** remplacer qqn ; relayer ; *einen Kollegen* ~ relever un collègue.
Ablösung *f,* en **1.** remboursement *m* ; rachat *m* **2.** purge *f* (hypothèque) **3.** relève *f.*
Ablösungsanleihe *f,* n emprunt *m* remboursable.
Ablösungsbetrag *m,* ¨e montant *m* du rachat.
Ablösungsfonds *m,* - fonds *m* d'amortissement.
Ablösungsmannschaft *f,* en équipe *f* de relève.
ABM mesures *fpl* de traitement social du chômage ; *in* ~ *tätig sein* avoir un contrat de travail dans le cadre des mesures de création d'emplois ; *ABM-Kräfte* personnes *fpl* bénéficiant des mesures de création d'emploi ; *ABM-Stelle* emploi *m* protégé ; → *Arbeitsbeschaffungsmaßnahme.*

ab/machen 1. défaire **2.** conclure ; convenir de ; *einen neuen Termin ~* convenir d'une nouvelle date **3.** *gütlich ~* régler à l'amiable.

Abmachung *f,* **en** arrangement *m* ; accord *m* ; convention *f* ; *schriftliche, mündliche ~* accord écrit, verbal.

ab/mahnen mettre en demeure ; avertir.

Abmahnung *f,* **en** mise *f* en demeure ; avertissement *m* ; blâme *m* ; relance *f* ; *~ einer Rechnung* rappel *m* de paiement.

Abmagerungskur *f,* **en** (*fam.*) cure *f* d'amaigrissement ; dégraissage *m* ; compression *f* (de personnel).

ab/markten (*Suisse*) obtenir un rabais (à force de marchandage) ; marchander un rabais.

ab/melden annuler ; résilier ; demander la radiation ; *sich polizeilich ~* faire une déclaration de changement de résidence.

Abmeldung *f,* **en** radiation *f* ; déclaration *f* de départ, de sortie ; retrait *m* (d'une participation) ; désinscription *f*.

ab/mieten *jdm etw ~* emprunter qqch à qqn **2.** *jdn ~* débaucher qqn pour lui offrir un propre contrat de service.

ab/montieren démonter (machine).

ab/mustern 1. quitter un navire **2.** résilier un contrat de travail ; licencier.

Abmusterung *f,* **en 1.** (*marine*) dérôlement *m* ; radiation *f* administrative des rôles, des cadres **2.** licenciement *m*.

Abnahme *f,* **n 1.** enlèvement *m* **2.** achat *m* ; *~ finden* trouver preneur ; *bei ~ von* pour l'achat de **3.** diminution *f* ; ralentissement *m* ; déclin *m* **4.** réception *f* ; prise *f* en charge.

Abnahmebedingungen *fpl* conditions *fpl* d'enlèvement.

Abnahmepflicht *f,* **en** obligation *f* d'enlever la marchandise ; obligation de prendre livraison.

Abnahmeprüfung *f,* **en** contrôle *m* de conformité de la marchandise livrée ; contrôle de réception.

Abnahmestückzahl *f,* **en** quantité *f* à prendre.

Abnahmeverpflichtung *f,* **en** obligation *f* d'achat.

ab/nehmen, a, o 1. prendre (livraison) ; réceptionner **2.** (r)acheter **3.** diminuer (ventes, chiffre d'affaires) **4.** maigrir.

Abnehmer *m,* - acheteur *m* ; acquéreur *m* ; client *m* ; *~ finden* trouver preneur.

Abnehmerland *n,* ¨er pays *m* acheteur.

ab/nutzen user ; déprécier ; *abgenutztes Material* matériel *m* usé, usagé.

Abnutzung *f,* **en** usure *f* ; dépréciation *f* ; *Abschreibung für ~* amortissement *m* pour usure.

Abo *n,* **s** (*fam.*) → ***Abonnement***.

Abonnement *n,* **s** abonnement *m* ; *ein ~ nehmen, erneuern* prendre, renouveler un abonnement.

Abonnement-Fernsehen *n,* - chaîne *f* à péage, payante.

Abonnent *m,* **en,** en abonné *m* ; *neue ~ en werben* prospecter, recruter de nouveaux abonnés.

abonnieren abonner ; *eine Zeitung ~* s'abonner à un journal ; *er ist auf eine Illustrierte abonniert* il est abonné à une revue illustrée.

ab/ordnen désigner ; déléguer ; détacher ; *jdn zu einer Konferenz ~* envoyer un délégué à une conférence.

Abordnung *f,* **en** délégation *f*.

ab/packen 1. débiter, conditionner en petites unités **2.** emballer.

ab/plagen : *sich ~* se tuer au travail ; trimer.

Abprodukt *n,* **e** (*hist. R.D.A.*) déchets *mpl* ; rebut *m* ; produit *m* résiduel.

ab/rechnen 1. décompter ; solder ; équilibrer (un compte) ; régler ; compenser **2.** déduire ; *die Mehrwertsteuer ~* déduire la T.V.A. **3.** *mit jdm ~* régler ses comptes avec qqn.

Abrechnung *f,* **en 1.** note *f* **2.** décompte *m* ; règlement *m,* solde *m* des comptes ; compensation *f* **3.** déduction *f* ; *in ~ bringen* (*stellen*) défalquer ; *eine Summe ~ stellen* déduire une somme ; *nach ~ aller Unkosten* tous frais déduits.

Abrechnungsbank *f,* **en** banque *f* de compensation ; banque de clearing.

Abrechnungsstelle *f,* **n** chambre *f,* caisse *f* de compensation.

Abrechnungsverfahren *n* : *im ~* par voie de clearing.

Abrechnungsverkehr *m,* ø compensation *f* ; clearing *m*.

Abrechnungswährung *f,* **en** monnaie *f* de décompte.

Abruf *m,* **e 1.** appel *m* ; rappel *m* ; *auf ~* à notre convenance ; *auf ~ bestellen*

commander sur appel ; *auf ~ kaufen* acheter en disponible (sur appel ; à livraison différée ; à convenance) **2.** (*banque*) *~ eines Betrags* débit *m* d'une somme d'un compte.
abrufbar : *über Internet ~* consultable sur Internet.
ab/rufen, ie, u 1. rappeler **2.** faire venir ; *den Rest einer Bestellung ~* exiger la livraison du reste de la commande **3.** (*informatique*) demander ; appeler ; consulter ; *Daten ~* appeler des données ; consulter un fichier.
ab/runden arrondir au chiffre inférieur (*contr. aufrunden*).
ab/rutschen glisser ; déraper ; tomber ; chuter ; céder ; *auf Rang 5 ~* rétrograder à la cinquième place.
Abs. → *Absender.*
ab/sacken (*fam.*) chuter ; baisser ; sombrer.
Absage *f*, **n** refus *m* ; réponse *f* négative ; *eine ~ erteilen* donner une réponse négative.
ab/sagen décommander ; *eine Verabredung ~* annuler un rendez-vous ; se décommander.
ab/sägen (*fam.*) limoger qqn ; déboulonner qqn.
ab/sahnen (*fam.*) s'approprier abusivement qqch ; se sucrer au passage ; se réserver la meilleure part (de qqch) ; *es sind immer dieselben, die ~* ce sont toujours les mêmes qui se sucrent.
Absatrückgang *m*, ¨e régression *f* ; recul *m* des ventes.
Absatz *m*, (¨e) **1.** vente *f* ; débit *m* ; écoulement *m* ; *direkter ~* vente directe ; *gesicherter ~* vente garantie ; *schlechter ~* mévente ; *~ finden* se vendre ; *reißenden ~ finden* partir comme des petits pains ; *den ~ steigern* augmenter les ventes **2.** marché *m* ; distribution *f.*
Absatzanalyse *f*, **n** analyse *f* des (possibilités de) débouchés ; étude *f* du marché potentiel.
Absatzaussichten *fpl* → *Absatzprognose.*
Absatzbedingungen *fpl* conditions *fpl* de vente.
Absatzbereich *m*, **e** marché *m* ; secteur *m* de vente, de distribution.
Absatzbericht *m*, **e** → *Absatzanalyse.*
Absatzbestimmungen *fpl* dispositions *fpl* en matière de vente.

Absatzchance *f*, **n** chances *fpl*, perspectives *fpl* (favorables) de débouchés.
Absatzerfolg *m*, **e** succès *m* de vente.
Absatzerhöhung *f*, **en** augmentation *f* des ventes.
Absatzerwartung *f*, **en** → *Absatzprognose.*
Absatzfachmann *m*, **-leute** homme *m*, spécialiste *m* de marketing ; marketicien *m* ; mercaticien *m.*
absatzfähig vendable ; *~e Produktion* production *f* commercialisable.
Absatzfinanzierung *f*, **en 1.** financement *m* du marché acheteur **2.** crédit *m* consommateur (*syn. Konsumfinanzierung*).
Absatzflaute *f*, **n** mévente *f.*
Absatzförderung *f*, **en** promotion *f* des ventes.
Absatzforschung *f*, **en** prospection *f* des marchés ; étude *f* de marché.
Absatzgarantie *f*, **n** garantie *f* de débouchés ; garantie d'écoulement.
Absatzgebiet *n*, **e** secteur *m* de vente.
Absatzgenossenschaft *f*, **en** coopérative *f* de vente.
Absatzkartell *n*, **e** cartel *m* de vente ; entente *f* de distribution.
Absatzkrise *f*, **n** crise *f* des ventes ; mévente *f.*
Absatzmangel *m*, ¨ manque *m* de débouchés.
Absatzmarkt *m*, ¨e débouché *m* ; *einen ~ erobern* conquérir un marché ; *einen ~ erschließen* ouvrir de nouveaux débouchés.
Absatzmöglichkeiten *fpl* possibilités *fpl* de vente ; débouchés *mpl.*
Absatzplan *m*, ¨e organisation *f* de la distribution ; prévisions *fpl* de vente.
Absatzplanung *f*, **en** planning *m* de distribution ; étude *f* prévisionnelle des coûts de marché.
Absatzpolitik *f*, **ø** politique *f* de vente commerciale.
Absatzprognose *f*, **n** vente(s) *f*(*pl*) prévisionnelle(s) ; prévisions *fpl* de vente.
Absatzquelle *f*, **n** débouché *m* possible.
Absatzschwankungen *fpl* variations *fpl*, fluctuations *fpl* des ventes.
Absatzschwierigkeiten *fpl* mévente *f* ; difficultés *fpl* d'écoulement.
Absatzsteigerung *f*, **en** augmentation *f* des ventes.
Absatzstockung *f*, **en** → *Absatzflaute.*

Absatzstrategie f, n stratégie f de vente.

Absatzverlauf m, (¨e) rythme m de la distribution ; évolution f (de la courbe) des ventes ; courbe f des ventes.

Absatzweg m, e réseau m de distribution ; canal m de distribution.

Absatzwirtschaft f, ø secteur m de la distribution des biens ; gestion f des ventes.

abschätzbar appréciable ; évaluable.

ab/schätzen évaluer ; apprécier (*syn. taxieren*).

Abschätzung f, en estimation f ; évaluation f.

ab/schicken expédier.

ab/schieben, o, o refouler ; expulser ; *jdn über die Grenze* ~ reconduire qqn à la frontière.

ab/schinden : (*fam.*) *sich* ~ se tuer au travail ; trimer ; s'échiner.

Abschlachtprämie f, n prime f d'abattage du bétail.

Abschlag m, ¨e 1. rabais m ; réduction f ; abattement m ; décote f ; escompte m 2. vente f en gros de marchandises périssables 3. acompte m ; *ein ~ auf den Lohn* acompte sur le salaire ; *etw auf ~ kaufen* acheter qqch à tempérament 4. décote f 5. baisse f d'une enchère (jusqu'à ce qu'un acheteur soit trouvé).

abschlägig négatif ; ~*e Antwort* (~*er Bescheid*) réponse f négative ; *~ beschieden werden* avoir une réponse négative ; se voir opposer un refus.

abschläglich (+ G) sans ; *Summe ~ der Zinsen* somme f sous déduction des intérêts.

Abschlagsdividende f, n 1. acompte m sur dividende 2. (*faillite*) acompte m provisoire.

Abschlagssumme f, n versement m partiel.

Abschlagsverteilung f, en partage m partiel ; répartition f provisoire (de l'actif de la faillite entre les créanciers).

Abschlagszahlung f, en 1. acompte m 2. paiement m échelonné ; paiement à tempérament.

ab/schließen, o, o 1. conclure ; contracter ; *ein Geschäft (mit jdm)* ~ conclure une affaire (avec qqn) ; *eine Versicherung* ~ souscrire une assurance 2. solder ; arrêter ; clôturer ; *mit einem Defizit, mit einem Gewinn* ~ se solder par un déficit, un bénéfice ; *ein Konto* ~ solder un compte 3. clôturer ; terminer ; *seine Studien* ~ terminer ses études ; *ein abgeschlossenes Universitätsstudium* diplôme m de fin d'études universitaires.

Abschluss m, ¨e 1. conclusion f ; ~ *eines Geschäftes, eines Vertrages* conclusion d'un marché, d'un contrat 2. arrêté m ; bilan m ; clôture f des comptes ; ~ *eines Konzerns* comptes mpl consolidés ; ~ *des Haushalts* clôture f du budget 3. (*scolarité*) examen m final ; diplôme m de fin d'études.

Abschlussbericht m, e rapport m final, de clôture.

Abschlussbilanz f, en bilan m de clôture.

Abschlussbuch n, ¨er (*comptab.*) livre m d'inventaire.

Abschlussfreiheit f, en liberté f contractuelle ; liberté de contracter (*syn. Vertragsfreiheit*).

Abschlussprüfer m, - vérificateur m des comptes ; commissaire m aux comptes.

Abschlussprüfung f, en 1. vérification f des comptes 2. examen m final.

ab/schneiden, i, i : *gut, schlecht* ~ avoir un bon, un mauvais résultat ; bien, mal s'en tirer.

Abschnitt m, e 1. paragraphe m 2. secteur m 3. coupon m ; partie f détachable (d'un formulaire, *etc.*) 4. période f.

Abschnittverkauf m, ¨e soldes mpl (de fin d'été, d'hiver).

ab/schöpfen absorber ; éponger ; résorber ; prélever ; *die überschüssige Kaufkraft* ~ éponger le pouvoir d'achat excédentaire.

Abschöpfung f, en absorption f ; résorption f ; (*agric.*) prélèvement m.

Abschöpfungsbetrag m, ¨e prélèvement m ; *innergemeinschaftlicher* ~ prélèvement intracommunautaire.

ab/schotten : *sich gegen etw* ~ se protéger de qqch ; se blinder contre ; se fermer à.

Abschottung f, en protection f ; cloisonnement m ; ~ *der Märkte* protection f, fermeture f des marchés.

ab/schreiben, ie, ie 1. amortir 2. déduire ; décompter 3. (re)copier 4. imputer.

Abschreibung f, en 1. amortissement m ; *außerordentliche* ~ amortissement exceptionnel ; *degressive (fallende), lineare, progressive* ~ amortissement dégressif, linéaire, progressif ; *steuerliche ~* amortissement fiscal ; *~en und Wertberichtigungen* amortissements *mpl* et provisions *fpl* ; *~ entsprechend technischem Verschleiß* amortissement technique **2.** déduction *f* ; imputation *f* ; → ***Buchwert-, Kollektiv-, Pauschal-, Sonder-, Teilwert-, Zeitabschreibung.***

Abschreibungserleichterungen *fpl* facilités *fpl* d'amortissement.

abschreibungsfähig amortissable.

Abschreibungsgesellschaft *f,* **en** société d'investissement visant exclusivement à des opérations de déductions fiscales.

abschreibungspflichtig soumis à l'amortissement.

Abschreibungssatz *m,* ¨e taux *m* d'amortissement.

Abschreibungsverfahren *n,* - procédure *f* d'amortissement.

Abschrift *f,* **en** copie *f* ; duplicata *m* ; *beglaubigte ~* copie certifiée conforme ; *für die Richtigkeit der ~* pour copie conforme ; *wortgetreue ~* copie littérale ; *eine ~ an/fertigen* établir un duplicata.

ab/schwächen ralentir ; se tasser ; s'affaiblir ; fléchir.

Abschwächung *f,* **en** ralentissement *m* ; affaiblissement *m* ; tassement *m*.

Abschwung *m,* (¨e) dépression *f* ; période *f* de décroissance ; récession *f* (*contr. Aufschwung*).

absehbar prévisible ; *in ~er Zeit* dans un avenir proche.

ab/senden, a, a expédier.

Absender *m,* - expéditeur *m*.

ab/senken → ***senken.***

Absenkung *f,* **en** → ***Senkung.***

absetzbar 1. vendable **2.** (*fisc*) déductible de l'impôt ; défalcable ; déduisible **3.** destituable ; déboulonnable ; limogeable.

Absetzbarkeit *f,* (**en**) **1.** vente *f* ; possibilité *f* de vente **2.** déductibilité *f* ; déduction *f.*

ab/setzen 1. vendre (en grandes quantités) ; écouler **2.** défalquer ; déduire ; *von der Steuer ~* déduire des impôts **3.** *jdn ~* destituer qqn ; révoquer qqn.

Absetzung *f,* **en 1.** déduction *f* ; défalcation *f* ; *~ für Abnutzung* (*AfA*) amortissement *m* pour usure ; *~ für Substanzverringerungen* (*AfS*) amortissement des moins-values des immobilisations corporelles **2.** destitution *f.*

ab/sichern : *sich ~ gegen* se garantir contre ; se prémunir ; *sich durch einen Vertrag ~* se garantir par contrat.

Absicherung *f,* **en** protection *f* ; assurance *f* ; *soziale ~* couverture *f* sociale ; protection *f* sociale ; *zur ~ des Kredits* afin de garantir le crédit.

Absichtserklärung *f,* **en** déclaration *f* d'intention.

ab/sitzen, a, e purger ; *eine Strafe ~* purger une peine.

absolvieren 1. terminer (un cycle d'études) ; *einen Lehrgang ~* terminer un stage **2.** réussir (à) un examen **3.** effectuer.

Absonderung *f,* **en** (*faillite*) admission *f* prioritaire ; séparation *f* (de biens).

absorbieren absorber.

Absorption *f,* **en** absorption *f.*

ab/sparen : *sich etw ~* acquérir qqch à force d'économiser ; *sich etw vom Munde ~* se priver pour qqch.

ab/speichern (*informatique*) stocker ; sauvegarder (des données).

Abspenstigmachen *n,* ø débauchage *m* (de clientèle) ; détournement *m*.

abspenstig machen : *einem Unternehmen Kunden ~* enlever des clients à une entreprise ; débaucher une clientèle ; (*fam.*) piquer la clientèle à une entreprise.

Absprache *f,* **n 1.** entente *f* ; accord *m* ; convention *f* ; *Auftrag m in direkter ~* marché *m* par entente directe (*syn. Kartell*) **2.** (*jur.*) stipulation *f.*

Abstammung *f,* **en** origine *f* ; descendance *f.*

Abstand *m,* ¨e **1.** désistement *m* ; abandon *m* ; *~ nehmen von* renoncer à **2.** intervalle *m* ; écart *m* **3.** pas-de-porte *m* ; indemnité *f* ; *einen ~ verlangen, zahlen* exiger, verser un pas-de-porte.

Abstandsgeld *n,* **er** → ***Abstand 3.***

Absteiger *m,* - (*bourse*) perdant *m*.

ab/stellen régler ; orienter ; *die Produktion auf die Nachfrage ~* adapter la production à la demande.

Abstellgleis *n,* **e** voie *f* de garage ; (*fig.*) *jdn aufs ~ stellen* mettre qqn sur une voie de garage, dans un placard.

ab/stempeln 1. oblitérer ; timbrer ; estampiller ; tamponner **2.** *als marode Firma abgestempelt werden* être catalogué(e) (comme) entreprise à problèmes ; être fiché comme canard boiteux.

Abstempelung *f,* en oblitération *f* ; timbrage *m.*

ab/stimmen 1. voter ; *geheim* ~ voter à bulletins secrets ; *über etw* ~ se prononcer sur qqch ; mettre qqch aux voix ; *sich* ~ se concerter **2.** adapter ; *ein auf das Einkommen abgestimmter Finanzierungsplan* ~ un plan de financement adapté au revenu.

Abstimmung *f,* en vote *m* ; scrutin *m* ; *zur* ~ *bringen* mettre aux voix ; *eine geheime* ~ *vor/nehmen* procéder à un vote à bulletins secrets.

ab/stoppen chronométrer (temps de travail, cadences).

ab/stoßen, ie, o 1. (*bourse*) se dessaisir de ; *Aktien* ~ vendre des actions ; se dessaisir d'un lot d'actions **2.** vendre au-dessous du prix normal.

ab/stottern (*fam.*) payer à tempérament ; payer par mensualités.

ab/stufen 1. échelonner ; classer par catégories **2.** retrograder qqn d'échelon **3.** graduer.

Abstufung *f,* en **1.** échelonnement *m* (des salaires) **2.** rétrogradation *f* d'échelon **3.** graduation *f* ; gradation *f.*

ab/stützen soutenir ; *die Kurse* ~ soutenir les cours.

Abt. → *Abteilung.*

ab/tasten → *abfühlen.*

Abteilung *f,* en département *m* ; service *m* ; rayon *m* ; division *f* ; section *f* ; *technische* ~ service technique.

Abteilungsleiter *m,* - chef *m* de service.

ab/tragen, u, a acquitter ; *eine Schuld* ~ amortir une dette.

Abtragung *f,* en amortissement d'une dette.

Abtransport *m,* e enlèvement *m* (de la marchandise) ; transport *m.*

ab/transportieren enlever ; transporter.

abtretbar négociable ; cessible.

ab/treten, a, e 1. céder ; transférer ; vendre ; *seine Rechte an jdn* ~ céder ses droits à qqn **2.** démissionner.

Abtretung *f,* en cession *f* ; ~ *von Aktien* cession d'actions ; ~ *von Bezugsrechten* désistement *m* de droits d'attribution d'actions (*syn. Zession*).

Abtretungserklärung *f,* en déclaration *f* de cession.

Abtretungsurkunde *f,* n acte *m* de cession.

Abtretungsvertrag *m,* ¨e contrat *m* de cession.

Abverkauf *m,* ¨e (*Autriche*) soldes *mpl* à bas prix pour inventaire ; liquidation *f* des stocks.

ab/verlangen exiger ; *überhöhte Preise* ~ exiger des prix surfaits ; *den Patienten muss ein Eigenbetrag abverlangt werden* une participation personnelle doit être exigée des patients.

Abwahl *f,* en non-réélection *f* ; défaite *f* électorale ; *die* ~ *des Vorstands* la non-réélection du directoire, du comité directeur.

ab/wälzen 1. répercuter (sur) ; faire supporter par ; *die Preiserhöhungen auf die Verbraucher* ~ répercuter les augmentations de prix sur les consommateurs **2.** rejeter ; se décharger de ; *eine Arbeit auf andere* ~ rejeter un travail sur qqn d'autre.

Abwälzung *f,* en transfert *m* ; répercussion *f.*

ab/wandern quitter un endroit ou une profession pour un(e) autre ; émigrer ; fuir (capitaux).

Abwanderung *f,* en émigration *f* ; fuite *f* (de capitaux).

Abwärtsbewegung *f,* en mouvement *m* de baisse ; baisse *f.*

Abwärtsentwicklung *f,* en évolution *f* négative ; tendance *f* s'inscrivant en baisse.

Abwärtstrend *m,* s tendance *f* à la baisse ; récession *f.*

Abwässer *npl* eaux *fpl* usées.

Abwasserabgabengesetz *n,* (e) (*Allemagne*) loi contraignant les communes à installer, sous peine d'amende, une station d'épuration des eaux usées.

Abwasserbeseitigung *f,* en élimination *f* des eaux usées.

ab/wehren parer ; repousser ; écarter ; *eine Krise* ~ éviter une crise.

Abwehrzölle *mpl* droits *mpl* de douane protectionnistes.

Abweichung *f,* en **1.** différence *f* **2.** dérogation *f* **3.** (*inform.* ; *statist.*) déviation *f* ; *~en korrigieren* corriger des déviations.

ab/weisen, ie, ie 1. refuser (une traite) **2.** débouter qqn ; *eine Klage* ~ rejeter une plainte.

ab/werben, a, o débaucher ; *Arbeitskräfte* ~ débaucher (de) la main-d'œuvre.

Abwerbung *f,* en débauchage *m.*

ab/werfen, a, o rapporter ; produire ; *Gewinne* ~ rapporter des bénéfices.

ab/werten 1. (*transitif*) dévaluer ; déprécier ; dévaloriser ; *den Dollar um 10 %* ~ dévaluer le dollar de 10 % **2.** (*intransitif*) se dévaluer ; se déprécier ; se dévaloriser.

Abwertung *f*, en dévaluation *f* ; dépréciation *f* (*contr. Aufwertung*).

ab/wickeln 1. exécuter ; régler ; liquider ; *einen Auftrag* ~ exécuter une commande ; *ein Geschäft* ~ traiter une affaire ; *das Vermögen* ~ liquider le patrimoine **2.** *sich* ~ se dérouler.

Abwickler *m*, - liquidateur *m*.

Abwicklung *f*, en exécution *f* ; règlement *m* (commande, affaire) ; *gerichtliche* ~ liquidation *f* judiciaire ; (*bourse*) règlement *m* ; liquidation *f* ; ~ *am selben Tag* règlement valeur-jour.

ab/wirtschaften conduire une affaire à sa perte ; mener l'économie dans l'impasse ; faire péricliter ; *eine Firma* ~ couler une entreprise (par une mauvaise gestion).

ab/wracken (*maritime*) démonter ; démolir ; désarmer.

Abwrackprämie *f*, n prime *f* de démolition du matériel vétuste ; prime de mise à la casse.

ab/zahlen 1. payer à tempérament **2.** rembourser ; *ein Darlehen* ~ rembourser un prêt.

Abzahlung *f*, en 1. règlement *m* ; paiement *m* **2.** amortissement *m* **3.** paiement échelonné ; *auf* ~ *kaufen* acheter à tempérament (*syn. Teilzahlung*).

Abzahlungsgeschäft *n*, e vente *f* à tempérament ; achat *m* à crédit.

Abzahlungshypothek *f*, en hypothèque *f* garantissant une créance remboursable à termes périodiques.

Abzahlungskauf *m*, ¨e vente *f* à tempérament ; achat *m* à crédit.

ab/zeichnen parapher ; émarger.

ab/ziehen, o, o déduire ; défalquer ; *vom Lohn* ~ retenir sur le salaire.

ab/zinsen déduire les intérêts non courus.

Abzug *m*, ¨e 1. remise *f* ; rabais *m* ; *bar ohne* ~ comptant sans escompte **2.** déduction *f* ; *nach* ~ *der Kosten, der Steuern* après déduction des frais, des impôts ; ~ *an der Quelle* prélèvement *m* à la source ; *in* ~ *bringen* déduire.

ab/züglich (+ *G*) à déduire de ; ~ *der Kosten* déduction faite des frais ; ~ *Rabatt* déduction faite de la remise.

abzugsfähig déductible.

Abzugsfähigkeit *f*, ø déductibilité *f*.

ab/zweigen détourner ; dériver ; empocher ; *Beträge für neue Käufe* ~ prélever des fonds en vue de nouveaux achats.

a.c. → **1.** *a conto* **2.** *anni currentis*.

Ackerbau *m*, ø agriculture *f* ; production *f* agricole ; ~ *treiben* cultiver la terre.

Ackerland *n*, ø terre *f* cultivable, arable.

a conto à compte de ; à valoir sur.

a conto Zahlung *f*, en paiement *m* par acomptes.

ACS (*Automobil-Club der Schweiz*) Automobile-Club *m* de Suisse.

a.D. (*außer Dienst*) en retraite ; honoraire.

ADAC (*Allgemeiner Deutscher Automobil-Club*) Automobile-Club *m* d'Allemagne.

ad acta aux archives ; *etw* ~ *legen* classer, archiver qqch.

a dato à compter de ce jour.

a.d.D. (*auf dem Dienstweg*) par la voie hiérarchique.

addieren additionner.

Addition *f*, en addition.

Ader *f*, n artère *f* ; veine *f* ; (*fam.*) *jdn zur* ~ *lassen* ponctionner qqn ; demander de l'argent à qqn.

Aderlass *m*, (¨e) 1. saignée *f* **2.** perte *f* importante ; ponction *f* (de capitaux).

Ad-hoc-Kommission *f*, en commission *f* ad hoc.

Adjudikation *f*, en (*jur.*) adjudication *f*.

adjudizieren (*jur.*) adjuger.

administrativ (*rare*) administratif ; ~*e Kontrolle* contrôle *m* administratif.

Adressant *m*, en, en expéditeur *m* ; ~ *eines Wechsels* tireur *m* d'une traite.

Adressat *m*, en, en destinataire *m* ; ~ *eines Wechsels* tiré *m*.

Adressbuch *n*, ¨er annuaire *m* ; Bottin *m*.

Adresse *f*, n adresse *f* ; (*poste*) *per* ~ chez ; aux (bons) soins de ; c/o.

Adressenverlag *m*, e office *m* de centralisation et de vente d'adresses de particuliers et d'entreprises (classées suivant certains critères et destinées à la publicité).

Adressenverwaltung *f*, ø gestion *f* d'un fichier d'adresses.

Adressenverzeichnis *n*, se liste *f* d'adresses.

adressieren adresser ; *falsch* ~ mal adresser.

ADSL *f* (*Asymmetric Digital Subscriber Line*) accès *m* rapide à Internet ; haut débit *m* ; → *Breitband-Internet*.

ad valorem : ad valorem ; d'après la valeur.

Advertising *n*, ø 1. insertion *f* d'annonces 2. réclame *f*.

Advokat *m*, **en**, **en** avocat *m* (*syn*. *Rechtsanwalt*).

AEG (*Allgemeine Elektrizitäts-Gesellschaft*) Compagnie *f* générale d'électricité.

AfA (*Absetzung für Abnutzung*) amortissement *m* pour dépréciation.

Affäre *f*, **n** affaire *f* (juridique) ; litige *m* ; procès *m* ; scandale *m*.

Affidavit *n*, **s** affidavit *m* ; caution *f* ; déclaration *f* sous serment.

AG → 1. *Aktiengesellschaft* ; *kleine* ~ société *f* anonyme simplifiée 2. *Arbeitsgemeinschaft*.

AGB (*Allgemeine Geschäftsbedingungen*) conditions *fpl* contractuelles générales.

AGB-Gesetz *n*, ø législation *f* réglementant les conditions contractuelles générales.

Agent *m*, **en**, **en** 1. (*polit*.) agent *m* secret ; espion *m* 2. (*arch*.) représentant *m* ; agent *m* ; chargé *m* d'affaires.

Agentur *f*, **en** agence *f* ; bureau *m* ; succursale *f*.

Agenturmeldung *f*, **en** communiqué *m* d'agence.

Agfa (*Aktiengesellschaft für Anilinfabrikation*) société *f* anonyme de l'industrie chimique allemande.

Aggregat *n*, **e** (*statist*.) agrégat *m* ; grandeur *f* synthétique ; *monetäres* ~ agrégat monétaire ; ~ *der volkswirtschaftlichen Gesamtrechnung* agrégat de la comptabilité nationale.

Aggregatindex *m*, **e/-indices** (*statist*.) indice *m* composé.

Agio *n*, **s** (*pr. fr.*) agio *m* ; prime *f* de change ; prime d'émission *f* sur émission d'obligations ; commission *f* de banque ; différence *f* en plus du pair (actions) ; *bei der Rückzahlung erhält ein Anleihegläubiger ein* ~ lors du remboursement, un prêteur (créancier) reçoit une prime de remboursement (*contr. Disagio*).

Agiotage *f*, ø (*fr. pr.*) agiotage *m* ; spéculation *f* ; jeu *m* de bourse.

Agioteur *m*, **e** agioteur *m* ; courtier *m* ; spéculateur *m*.

agiotieren spéculer à la bourse.

Agrar- (*préfixe*) agraire ; agricole.

Agrarbeihilfe *f*, **n** aide *f*, subvention *f* à l'agriculture.

Agrarbericht *m*, **e** rapport *m* sur la situation agricole.

Agrarerzeugnis *n*, **se** produit *m* agricole.

Agrargüter *npl* produits *mpl* agricoles.

Agrarland *n*, ¨**er** pays *m* agricole.

Agrarmarkt *m*, ¨**e** marché *m* agricole.

Agrarmarktordnungen *fpl* réglementation *f* du marché agricole.

Agrarpolitik *f*, ø politique *f* agricole.

Agrarreform *f*, **en** réforme *f* agraire (*syn. Bodenreform*).

Agrartreibstoff *m*, **e** bioéthanol ; carburant *m* d'origine végétale.

Agrarüberschüsse *mpl* excédents *mpl* agricoles.

Agrarwirtschaft *f*, **en** économie *f* agricole, agraire.

Agrarzölle *mpl* droits *mpl* (de sortie ou d'entrée) pour les produits agricoles.

Agreement *n*, **s** accord *m* ; *ein* ~ *erteilen* donner son accord.

Agronom *m*, **en**, **en** ingénieur *m* agronome.

AG u. Co *f* société *f* en commandite dont l'un des commandités est une S.A.

AHB → *Außenhandelsbank*.

ahnden punir ; poursuivre ; réprimer.

Ahndung *f*, **en** répression *f* ; poursuite *f* ; ~ *von Zuwiderhandlungen gegen EU-Vorschriften* poursuite *f* des infractions à l'encontre des directives européennes.

Ahndungskompetenz *f*, **en** pouvoir *m* de sanctionner ; compétence *f* pénale.

AIDA (*Attention, Interest, Desire, Action*) méthode *f* de marketing AIDA ; stratégie *f* de vente AIDA.

AK → *Aktienkapital*.

Akademiker *m*, - universitaire *m*.

Akademikerberuf *m*, **e** profession *f* réservée aux diplômés de l'Université.

Akkord *m*, **e** 1. salaire *m* aux pièces, à la tâche ; *im* ~ *arbeiten* travailler à la

tâche, aux pièces **2.** (*jur.*) entente *f* ; arrangement *m* ; accord *m*.
Akkordarbeit *f,* **en** travail *m* aux pièces, à la tâche.
Akkordarbeiter *m,* **-** travailleur *m* au rendement, aux pièces ; tâcheron *m* (surtout pour le travail à la chaîne).
Akkordlohn *m,* ¨**e** salaire *m* aux pièces, à la tâche, au rendement.
Akkordzulage *f,* **n** prime *f* de rendement.
akkreditieren 1. accréditer (diplomate) **2.** accréditer qqn auprès d'une banque (lui ouvrir un crédit).
Akkreditiv *n,* **e 1.** (*polit.*) lettres *fpl* de créance **2.** lettre *f* de crédit ; accréditif *m*.
Akontozahlung *f,* **en** → *a conto Zahlung*.
akquirieren 1. prospecter ; trouver de nouveaux clients ; démarcher **2.** (*vieilli*) acquérir.
Akquisiteur *m,* **e** démarcheur *m* ; prospecteur *m*.
Akquisition *f,* **en 1.** prospection *f* de clientèle ; démarchage *m* **2.** (*vieilli*) acquisition *f.*
Akt *m,* **en** (*Autriche*) → *Akte*.
Akte *f,* **n 1.** document *m* ; pièce *f* ; dossier *m* ; *eine ~ bearbeiten* suivre un dossier ; *zu den ~n legen* classer un dossier ; *Einsicht in die ~ nehmen* prendre connaissance du dossier **2.** *einheitliche europäische ~* Acte *m* unique européen.
Aktenablage *f,* **n** archives *fpl.*
Akteneinsicht *f,* **en** examen *m* du dossier.
Aktenfuchs *m,* ¨**e** (*fam.*) spécialiste *m* d'un dossier ; archiviste *m* ; documentaliste *m*.
Aktenhefter *m,* **-** chemise *f* ; reliure *f* mobile.
aktenkundig consigné par acte ; enregistré ; *~ machen* consigner dans des pièces ; inscrire dans un dossier.
Aktenmappe *f,* **n** → *Aktentasche*.
aktenmäßig : *etw ~ erfassen* constituer un dossier sur.
Aktenmensch *m,* **en, en** bureaucrate *m* ; rond-de-cuir *m*.
Aktennotiz *f,* **en** → *Aktenvermerk*.
Aktenordner *m,* **-** classeur *m* ; trieur *m* ; cartonnier *m* (*syn. Leitz-Ordner*).
Aktenschrank *m,* ¨**e** armoire-classeur *f.*
Aktenstück *n,* **e** → *Akte*.
Aktenstudium *n,* **-ien** étude *f* d'un dossier.

Aktentasche *f,* **n** serviette *f* ; porte-documents *m*.
Aktenvermerk *m,* **e** mention *f* portée sur un document ; annotation *f.*
Aktenvernichtung *f,* **en** destruction *f* de documents d'archives.
Aktenwolf *m,* ¨**e** destructeur *m* de documents ; broyeuse *f* de papier (*syn. Reißwolf*).
Aktenzeichen *n,* **-** (*AZ*) référence *f* du dossier ; numéro *m* de dossier.
AktG → *Aktiengesetz*.
Aktie *f,* **n** action *f* **I.** *alte ~* action ancienne ; *hinterlegte ~* action déposée ; *junge ~* action nouvelle ; *nennwertlose ~* action sans valeur nominale ; *notierte ~* action cotée ; *~ ohne Nennwert* action sans valeur nominale ; *stimmrechtslose ~* action sans droit de vote ; *übertragbare ~* action négociable ; *voll einbezahlte ~* action entièrement libérée **II.** *~n aus/geben* émettre des actions ; *~n besitzen* détenir des actions ; *~n ein/ziehen* racheter des actions ; *~n erwerben* acquérir des actions ; *~n verkaufen* vendre des actions ; *~n zeichnen* souscrire des actions ; *die ~n fallen* les actions sont en baisse ; les cours baissent ; *die ~n steigen* les actions, les cours montent ; (*fig.*) *wie stehen die ~n ?* comment vont les affaires ? ; → *Anteil(s)-, Arbeiter-, Belegschafts-, Bezugs-, Dividenden-, Frei-, Genuss-, Gratis-, Gründer-, Gründungs-, Inhaber-, Klein-, Leer-, Mehrstimmrechts-, Volks-, Voll-, Vorrechts-, Vorzugsaktie*.
Aktienausgabe *f,* **n** émission *f* d'actions.
Aktienbesitzer *m,* **-** → *Aktionär*.
Aktienfonds *m,* **-** fonds *m* de placement en actions ; action *f* F.C.P. ; action- O.P.C.V.M.
Aktiengesellschaft *f,* **en** (*AG*) société *f* anonyme ; S.A. *f* ; société par actions.
Aktiengesetz *n,* **e** loi *f* sur les sociétés anonymes.
Aktienindex *m,* **e/indizes** indice *m* du cours des actions ; cote *f* ; *FAZ ~* cote du quotidien F.A.Z. (Frankfurter Allgemeine Zeitung).
Akteninhaber *m,* **-** → *Aktionär*.
Aktienkapital *n,* **ø** fonds *m* social ; capital *m* actions.
Aktienkommanditgesellschaft *f,* **en** société *f* en commandite par actions.

Aktienkurs *m,* e cours *m* des actions ; cote *f.*

Aktienmarkt *m,* ¨e bourse *f* des valeurs ; marché *m* des actions ; marché des valeurs (des titres).

Aktienmehrheit *f,* ø majorité *f* des actions ; *die ~ übernehmen* prendre le contrôle d'une société ; devenir l'actionnaire majoritaire.

Aktiennotierung *f,* en cotation *f* des actions.

Aktienoptionsmarkt *m,* ¨e marché *m* des options négociables ; *(Paris)* M.O.N.E.P.

Aktienpaket *n,* e paquet *m*, lot *m* d'actions ; *(banque) ~e* blocs *mpl* de contrôle ; *ein ~ ab/stoßen* se défaire d'un paquet d'actions.

Aktienperformance *f,* s performance *f* d'une action.

Aktienpromesse *f,* n promesse *f* d'action(s) ; certificat *m* provisoire.

Aktienrecht *n,* e lois *fpl* sur les sociétés anonymes.

Aktienrendite *f,* n produit *m* d'une action ; dividende *m* ; retour *m* sur investissement.

Aktienrenner *m,* - action *f* qui marche très bien ; action-vedette *f.*

Aktiensplit *m,* s split *m,* division *f* du nominal (d'actions) (opération conduisant à une division de la valeur boursière de l'action par le même quotient).

Aktiensplitting *n,* ø fractionnement *m* d'une action.

Aktientausch *m,* ø échange *m* d'actions.

Aktienübernahmeangebot *n,* e O.P.A. *f.*

Aktienzeichnung *f,* en souscription *f* d'actions.

Aktienzusammenlegung *f,* en regroupement *m* d'actions.

Aktion *f,* en action *f* ; opération *f* ; campagne *f* de grande envergure.

Aktionär *m,* e actionnaire *m* ; détenteur *m* d'actions ; porteur *m* de parts ; → *Aktienbesitzer* ; *Anteilseigner* ; *Groß-, Haupt-, Klein-, Mehrheitsaktionär*.

Aktionärsbrief *m,* e lettre *f* aux actionnaires.

Aktionärstimmrecht *n,* e droit *m* de vote des actionnaires ; *sein ~ aus/üben* exercer son droit de vote.

Aktionärsversammlung *f,* en assemblée *f* générale des actionnaires.

Aktionsprogramm *n,* e programme *m* d'action.

aktiv actif *m* ; *~e Bestechung* corruption *f* de fonctionnaire ; *~e Handelsbilanz* balance *f* commerciale excédentaire ; *~es Mitglied* membre *m* actif.

Aktiva *pl* (*comptab.*) actif *m* ; valeurs *fpl* d'actif ; *festliegende ~* actif immobilisé ; *gebundene ~* actif engagé ; *greifbare ~* actif mobilisable ; *ständige ~* actif permanent ; *verwertbare ~* actif réalisable ; *verfügbare (freie) ~* actif disponible (*contr. Passiva*).

Aktivbestände *mpl* (*comptab.*) actifs *mpl* ; postes *mpl* de l'actif.

Aktivbuchung *f,* en (*comptab.*) écriture *f* à l'actif.

Aktivbürger *m,* - (*Suisse*) citoyen *m* actif (jouissant de tous les droits civiques).

Aktiven *pl* → *Aktiva*.

Aktivforderung *f,* en créance *f* à recouvrer.

Aktivgeschäft *n,* e (*banque*) opération *f* active ; (*contr. Passivgeschäft*).

Aktivhandel *m,* ø commerce *m* d'exportation.

aktivieren 1. (*comptab.*) porter (inscrire) à l'actif ; (*contr.*) *passivieren* **2.** activer ; redonner vie à ; relancer.

Aktivierung *f,* en (*comptab.*) comptabilisation *f* à l'actif ; inscription *f* dans un poste d'actif ; incorporation *f* à l'actif.

Aktivist *m,* en, en **1.** (*hist. R.D.A.*) membre *m* d'un collectif de travail **2.** militant *m.*

Aktivität *f,* en activité *f.*

Aktivmasse *f,* n (*comptab.*) total *m* de l'actif.

Aktivposten *m,* - (*comptab.*) poste *m* actif ; valeur *f* active ; élément *m* d'actif (les différents éléments sont classés selon le degré de liquidité).

Aktivsaldo *m,* -den solde *m* créditeur ; excédent *m* de recette.

Aktivseite *f,* n (*comptab.*) actif *m* ; avoir *m* ; crédit *m* (ensemble des biens et des droits d'une entreprise comportant, entre autres, terrains, matériel, brevets, titres, créances, avoirs bancaires) ; *~ der Bilanz* actif du bilan ; *auf der ~ erscheinen* figurer à l'actif ; *auf der ~ verbuchen* comptabiliser (inscrire) à l'actif.

Aktivvermögen *n,* - (*comptab.*) valeurs *fpl* d'actif ; masse *f* active, de l'actif.

Aktivzinsen *mpl* intérêts *mpl* créditeurs (banque) ; intérêts débiteurs (client).

aktualisieren actualiser.
Aktualität *f,* en actualité *f.*
aktuell actuel ; d'actualité ; à l'ordre du jour.
AKW *n,* s → ***Atomkraftwerk.***
Akzept *n,* e acceptation *f* (traite, effet de commerce) ; *mangels ~s* à défaut d'acceptation ; *einen Wechsel mit einem ~ versehen* accepter une traite.
Akzeptant *m,* en, en accepteur *m* ; tiré *m* (traite).
Akzeptbuch *n,* ¨er registre *m* des acceptations d'effets (*syn. Trattenbuch*).
Akzepteinholung *f,* en présentation *f* d'une traite à l'acceptation.
akzeptieren accepter (une traite).
Akzeptkredit *m,* e lettre *f* de crédit ; crédit *m* d'acceptation ; crédit *m* par traites remises à l'escompte.
Akzeptor *m,* en → ***Akzeptant.***
Akzeptverkehr *m,* ø montant *m* global des acceptations.
aleatorisch aléatoire ; hasardeux ; *~er Vertrag* contrat *m* aléatoire.
ALGOL *n* (*Algorithm Oriented Language*) (*informatique*) ALGOL *m* (langage de programmation).
Alimente *pl* pension *f* alimentaire ; *~ zahlen* verser une pension alimentaire.
Alimentenklage *f,* n action *f* en non-versement de pension alimentaire.
Alkohol *m,* e alcool *m.*
Alkoholika *pl* spiritueux *mpl.*
alkoholisch alcoolique ; *~e Getränke* spiritueux *mpl.*
Alkoholsünder *m,* - conducteur *m* en état d'ébriété.
Alkoholverbot *n,* e prohibition *f.*
Alkopops *pl* sodas *mpl* alcoolisés.
Alleinausliferer *m,* - dépositaire *m* exclusif.
Alleinerbe *m,* n, n légataire *m* universel.
Alleinerziehende/r (*der/ein*) père, mère élevant son enfant seul(e) ; famille *f* monoparentale.
Alleinrecht *n,* e droit *m* exclusif.
alleinstehend (vivant) seul ; célibataire ; *~e Mutter, ~er Vater* mère *f,* père *m* célibataire ; *Alleinstehende* personnes *fpl* seules.
Alleinverdiener *m,* - salaire *m* unique.
Alleinverdienerbeihilfe *f,* n allocation *f* de salaire unique ; subvention *f* monoparentale.

Alleinverdienermodell *n,* e modèle *m* de famille monparentale.
Alleinverkauf *m,* ¨e vente *f* exclusive ; monopole *m* ; *den ~ haben* avoir l'exclusivité.
Alleinvertreter *m,* - représentant *m* exclusif.
Alleinvertretung *f,* en représentation *f* exclusive.
Alleinvertrieb *m,* e → ***Alleinverkauf.***
Allensbacher Institut *n* (*Allemagne*) institut de sondage d'opinion "Allensbach".
Allfinanz-Unternehmen *n,* - banque-assurance *f* ; banque *f* polyvalente ; institut *m* financier multi-services ; conglomérat *m* financier.
allgemein général ; universel ; commun ; *~e Geschäftsbedingungen* conditions *fpl* contractuelles générales ; *~e Lieferbedingungen* conditions générales de livraison ; *~e Wehrpflicht* service *m* militaire obligatoire ; *~e Ortskrankenkasse* (AOK) caisse *f* locale de sécurité sociale ; *~es Wahlrecht* suffrage *m* universel.
Allgemeines Zoll- und Handelsabkommen *n* Accord *m* général sur les tarifs douaniers et le commerce ; GATT.
Allgemeinheit *f,* ø communauté *f* ; collectivité *f* ; opinion *f* publique ; *im Interesse der ~* dans l'intérêt général ; *die ~ zahlt* c'est la société qui paie.
Allgemeinverbindlichkeitserklärung *f,* en décret *m* d'extension des conventions collectives à un secteur.
Allgemeinwohl *n,* ø bien *m* public ; intérêt *m* général.
Alliierte/r (*der/ein*) allié *m.*
Allmende *f,* n terrain *m* communal (exploité en commun).
Allonge *f,* n (*pr. fr.*) allonge *f* (d'une traite) ; souche *f.*
All-Risks Versicherung *f,* en assurance *f* multirisques, tous risques.
Allround-Ausbildung *f,* en formation *f* polyvalente, généraliste.
Allroundman *m,* -men (*pr. ang.*) personne *f* d'une compétence polyvalente.
Alltagsgeschäfte *npl* routine *f* ; affaires *fpl* courantes ; tout venant *m.*
Allzweck- (*préfixe*) polyvalent ; à usages multiples.
al pari (*bourse*) au pair ; *~ stehen* se tenir à parité *f.*

alphabetisch alphabétique ; ~*es Verzeichnis* index *m* alphabétique ; ~ *ordnen* classer par ordre alphabétique.

alphanumerisch (*informatique*) alphanumérique.

Altbau *m*, -ten construction *f* ancienne (*contr. Neubau*).

Altbauerneuerung *f*, en rénovation *f* de maisons anciennes.

Altbauwohnung *f*, en logement *m*, habitat *m* ancien (*contr. Neubauwohnung*).

Altenteil *n*, e rente *f* viagère (versée à un agriculteur en retraite ou à des parents) ; *sich aufs* ~ *zurück/ziehen* prendre sa retraite.

Altenteiler *m*, - rentier *m* agricole.

Alter *n*, ø âge *m* ; *erwerbstätiges* ~ âge actif, de travailler ; *im schulpflichtigen* ~ en/d'âge scolaire.

alternativ alternatif ; de rechange.

Alternativbewegung *f*, en mouvement *m* alternatif (il propose des solutions différentes aux problèmes de la vie : communautés, écologie, etc.).

Alternative *f*, n alternative *f*.

Alternativenergie *f*, n énergie *f* de rechange, alternative.

Alternative/r (*der/ein*) adhérent *m* du mouvement alternatif ; marginal *m*.

Altersaufbau *m*, ø → *Alterspyramide*.

Altersdurchschnitt *m*, e moyenne *f* d'âge.

Altersfreibetrag *m*, ¨e abattement *m* fiscal pour personnes âgées.

Altersfürsorge *f*, n aide *f* aux personnes âgées.

Altersgrenze *f*, n **1.** limite *f* d'âge ; *die* ~ *erreicht haben* être atteint par la limite d'âge **2.** âge *m* de la retraite ; *flexible* ~ retraite *f* mobile ; possibilité *f* de retraite anticipée.

Altersgruppe *f*, n tranche *f* d'âge.

Altershilfe *f*, n allocation *f* vieillesse ; assistance *f* personnes âgées.

Altersklasse *f*, n tranche *f* d'âge.

Alterspension *f*, en (*Autriche*) retraite *f* de la sécurité sociale.

Alterspräsident *m*, en, en président *m* d'honneur.

Alterspyramide *f*, n pyramide *f* d'âge, des âges.

Altersrente *f*, n pension-vieillesse *f*.

Altersruhegeld *n*, er → *Altersrente*.

Alterssicherung *f*, en couverture *f* vieillesse ; *ergänzende* ~ assurance-vieillesse complémentaire *f*.

Alterssteilzeitarbeit *f*, en cessation *f* progressive d'activité (C.P.A.) ; emploi *m* partiel de pré-retraite.

Altersversicherung *f*, en assurance-vieillesse *f* ; *ergänzende* ~ assurance-vieillesse complémetaire.

Altersversorgung *f*, en régime *m* de retraite.

Altersvorsorge *f*, n prévoyance *f* retraite ; épargne-retraite *f* individuelle, volontaire.

Alterszuschlag *m*, ¨e prime *f* d'ancienneté.

Alterung *f*, en **1.** vieillissement *m* (population) **2.** usure *f* (matériel par ex.).

altgedient qui a de l'ancienneté ; blanchi sous le harnais ; ~*er Arbeiter* ouvrier *m* attaché de longue date à l'entreprise ; ancien *m*.

Altgeld *n*, ø **1.** monnaie *f* ancienne **2.** monnaie retirée de la circulation ; monnaie qui n'a plus cours.

Altpapier *n*, e papier usagé ; vieux papiers (recyclage).

Altschulden *fpl* dettes anciennes ; ~ *übernehmen* prendre les anciennes dettes à son compte.

Altwarenhandel *m*, ø **1.** brocante *f* **2.** récupération *f* (ferraille, etc.).

Alu *f* → *Arbeitslosenunterstützung*.

Alu-Empfänger *m*, - bénéficiaire *m* d'une allocation de chômage.

Amateur *m*, e amateur *m* (*contr. Profi*).

ambulant ambulant ; ~*e Dienste* prestations *fpl* sociales mobiles ; service *m* à domicile (repas pour personnes âgées, etc.) ; ~*es Gewerbe* colportage *m* ; ~*e Pflege* (*Behandlung*) hôpital *m* de jour *m* ; soins *mpl*, assistance-dépendance *f* à domicile.

Amelioration *f*, en amélioration *f*, amendement *m* (du sol).

Amendement *n*, s (*pr. fr.*) (*jur.* ; *polit.*) amendement *m*.

amerikanisch américain ; ~*e Buchführung* comptabilité *f* américaine.

amerikanisieren américaniser.

Amerikanisierung *f*, en américanisation *f*.

amortisabel → *amortisierbar*.

Amortisation *f*, en amortissement *m* ; extinction *f* d'une dette (*syn. Tilgung*).

Amortisationsanleihe *f,* n emprunt *m* (amortissable).
Amortisationshypothek *f,* en hypothèque *f* (amortissable).
amortisierbar amortissable.
amortisieren amortir ; *ein Darlehen* ~ amortir un prêt.
Amortisierung *f,* en → *Amortisation.*
Amt *n,* ¨er 1. fonction *f* ; charge *f* ; emploi *m* ; *von ~s wegen* d'office ; de droit ; *ein ~ an/treten* entrer en fonction ; *sein ~ auf/geben* se démettre de ses fonctions ; démissionner ; *ein öffentliches ~ bekleiden* occuper une fonction officielle ; *jdm ein ~ übertragen* confier une fonction à qqn 2. service *m* public ; office *m* ; ministère *m* ; *Auswärtiges ~* ministère des Affaires étrangères ; *Statistisches ~* Office *m* fédéral des statistiques 3. juridiction *f* ; compétence *f*.
Ämterhandel *m,* ø marchandage *m* de postes officiels ; coteries *fpl.*
Ämterhäufung *f,* en cumul *m* des mandats ; cumul des fonctions.
Ämterjagd *f,* ø course *f* aux postes officiels ; carriérisme *m* ; course aux fonctions administratives.
Ämterpatronage *f,* n népotisme *m* (dans l'administration) ; favoritisme *m* (*syn. Vetternwirtschaft*).
amtieren exercer les fonctions de.
amtierend en poste ; en place ; *~er Bürgermeister* maire *m* en exercice.
amtlich officiel ; public ; *~e Bekanntmachung* communiqué *m* officiel ; *~es Ergebnis* résultats *mpl* officiels ; *~e Notierung* cote *f* officielle (*syn. amtlicher Börsenverkehr*).
Amtmann *m,* -männer/-leute fonctionnaire *m* du cadre administratif ; chef *m* de service ; conseiller *m*.
Amtmeister *m,* - président *m* d'une corporation, d'un corps de métier.
Amtsalter *n,* ø ancienneté *f* de service.
Amtsanmaßung *f,* en abus *m* d'autorité ; abus *m* de pouvoir.
Amtsantritt *m,* e entrée *f* en fonction ; prise *f* de fonctions.
Amtsarzt *m,* ¨e médecin-conseil *m* (de la sécurité sociale).
Amtsbefugnis *f,* se attributions *fpl* ; compétence *f* ; *seine ~se überschreiten* outrepasser les limites de ses attributions ; outrepasser ses droits.
Amtsbezeichnung *f,* en appellation *f,* dénomination *f* officielle *f.*

Amtsdauer *f,* ø durée *f* du mandat.
Amtsdelikt *n,* e faute *f* professionnelle.
Amtsdeutsch *n,* ø jargon *m* administratif.
Amtseinführung *f,* en entrée *f* en fonctions officielles.
Amtseinkommen *n,* - (*Autriche*) traitement *m* ; rémunération *f.*
Amtsenthebung *f,* en suspension *f* de fonctions ; destitution *f.*
Amtserschleichung *f,* en usurpation *f* d'une charge officielle.
Amtsgeheimnis *n,* se secret *m* professionnel ; obligation *f* de réserve ; *sich auf das ~ berufen* invoquer le secret professionnel.
Amtsgelder *npl* deniers *mpl*, fonds *mpl* publics.
Amtsgericht *n,* e tribunal *m* de première instance.
Amtsgeschäfte *npl* fonctions *fpl* publiques ; tâches *fpl* inhérentes à une charge ; *seine ~ übernehmen* prendre ses fonctions.
Amtshandlung *f,* en acte *m* officiel.
Amtshilfe *f,* ø entraide *f* administrative ; *~ leisten* prêter assistance.
Amtsjahr *n,* e année *f* de fonction, d'ancienneté ; année de service.
Amtskollege *m,* n homologue *m*.
Amtsleiter *m,* - chef *m* de service.
Amtsmissbrauch *m,* ¨e abus *m* de pouvoir ; prévarication *f.*
Amtsniederlegung *f,* en démission *f* d'une charge.
Amtspflicht *f,* en devoirs *mpl* inhérents à une charge.
Amtspflichtverletzung *f,* en manquement *m* aux devoirs d'une charge ; forfaiture *f.*
Amtsschimmel *m,* - esprit *m* bureaucratique ; stupidité *f* administrative ; *da wiehert der ~* c'est le comble de la bêtise ; *den ~ reiten* être à cheval sur le règlement.
Amtsschreiber *m,* - greffier *m*.
Amtssiegel *n,* - sceau *m* officiel.
Amtssitz *m,* e siège *m* officiel.
Amtsstunden *fpl* heures *fpl* de bureau.
Amtsträger *m,* - fonctionnaire *m* ; titulaire *m* d'une charge ; responsable *m* officiel ; chargé *m* de fonctions ; haut dignitaire *m*.

Amtsvergehen *n*, - prévarication *f* ; forfaiture *f.*
Amtsverwalter *m*, - tuteur *m* commis d'office.
Amtsweg : *auf dem* ~ par la voie officielle, hiérarchique.
Amtszählung *f,* en comptage *m*, chiffres *mpl* officiel(s).
Amtszeit *f,* en période *f* d'exercice, de fonctions ; mandat *m* ; mandature *f* ; *gestaffelte ~en* mandats *mpl* échelonnés.
Analyse *f,* n analyse *f.*
analysieren analyser.
Analyst *m*, en analyste *m* (financier).
analytisch analytique.
Anatozismus *m*, ø anatocisme *m* ; capitalisation *f* des intérêts échus d'une dette.
Anbau *m*, ø culture *f* ; mise *f* en exploitation ; ~ *von Obst* culture fruitière ; *integrierter* ~ culture intégrée ; culture raisonnée (par utilisation calculée ou sélective d'engrais ou d'insecticides, par ex.).
an/bauen cultiver ; mettre en culture.
Anbauer *m*, - exploitant *m* agricole.
Anbaufläche *f,* n surface *f* cultivée ; surface cultivable.
Anbauprämie *f,* n prime *f* de mise en culture ; prime à l'hectare.
anbei ci-joint ; sou ce pli ; ci-inclus.
an/beraumen fixer ; *einen Termin* ~ fixer une date, un rendez-vous.
Anbetracht : *in* ~ (+*G*) en considération de ; eu égard à ; *in* ~ *der Tatsache, dass...* étant donné que...
an/bezahlen verser des arrhes ; verser une avance (sur).
an/bieten, o, o offrir ; proposer ; soumissionner ; *zum Kauf* ~ mettre en vente ; *seinen Rücktritt* ~ présenter sa démission ; *neue Verhandlungen* ~ proposer de nouvelles négociations ; *sich als Vermittler* ~ se proposer comme médiateur ; proposer ses bons offices.
Anbieter *m*, - fournisseur *m* ; (services) prestataire *m* ; soumissionnaire *m* ; (*rare*) offreur *m*.
an/binden, a, u relier ; connecter.
Anbindung *f,* en liaison *f* ; ancrage *m* ; correspondance *f* ; connexion *f* ; ~ *einer Währung an den Dollar* ancrage *m* d'une monnaie au dollar.
Anbot *n*, e (*Autriche*) 1. prix *m* conseillé 2. offre *f* 3. emploi *m* vacant.

an/bringen, a, a : *eine Beschwerde* ~ faire une réclamation ; *die Ware ist schwer anzubringen* cette marchandise est difficile à placer ; l'article se vend difficilement.
Anciennität *f*, (en) ancienneté *f* de service.
Anderdepot *n*, s dépôt *m* de consignation.
Anderkonto *n*, -ten compte *m* de consignation ; compte rubriqué.
ändern modifier ; changer.
anderslautend différent ; qui diffère de la règle générale ; *~e Bestimmungen in Verträgen sind ungültig* toute autre clause contractuelle serait nulle et non avenue.
Anderslieferung *f,* en livraison *f* non conforme à l'échantillon.
Änderung *f,* en modification *f* ; changement *m* ; aménagement *m* ; (*prix*) variation *f* ; ~ *der Firma* modification de la raison sociale.
Änderungsantrag *m*, ¨e demande *f* d'amendement.
Änderungsvorschlag *m*, ¨e proposition *f* d'amendement.
an die environ ; dans les.
an/dienen offrir (avec insistance) ; mettre à la disposition ; proposer ses services.
Andienung *f,* en 1. offre *f* de services ; mise *f* à disposition 2. (*assur. maritime*) demande *f* d'indemnisation (adressée à l'assureur) ; ~ *eines Seeschadens* déclaration *f* d'avarie.
Andienungspflicht *f,* en 1. (*navigation*) obligation *f* de déclaration d'avarie 2. (*bourse*) obligation *f* de cession d'actions.
Andrang *m*, ø foule *f* ; affluence *f* ; afflux *m* ; presse *f* ; cohue *f* ; *es herrscht großer* ~ *von Kauflustigen* il y a affluence d'acheteurs.
an/drehen (*fam.*) refiler ; repasser ; *jdm einen Ladenhüter* ~ refiler un rossignol à qqn.
an/drohen menacer.
Androhung *f,* en menace *f* ; *unter* ~ *einer Strafe* sous peine de sanction.
an/eignen : *sich etw* ~ s'approprier qqch ; s'emparer de ; prendre possession de ; *sich etw widerrechtlich* ~ usurper la propriété de qqch.
Aneignung *f,* en 1. appropriation *f* ; accaparement *m* 2. usurpation *f.*

Aneignungsrecht *n*, e droit *m* d'appropriation.

Anerbe *m*, n, n héritier *m* unique d'une exploitation rurale.

an/erkennen, a, a reconnaître ; *anerkannt* reconnu ; confirmé ; *etw gesetzlich* ~ légaliser, légitimer qqch.

Anerkenntnis *f/n*, se → **Anerkennung**.

Anerkennung *f*, en reconnaissance *f* ; approbation *f* ; légalisation *f* ; légitimité *f* ; confirmation *f* ; *de facto, de jure* ~ reconnaissance de fait, de droit ; ~ *eines Staats* reconnaissance d'un État, comme nation ; *in ~ seiner Dienste* en reconnaissance de ses services ; *gegenseitige ~ von Diplomen* reconnaissance mutuelle de diplômes ; *jdm seine ~ aus/sprechen* exprimer sa reconnaissance à qqn.

Anfall *m*, ¨e 1. rendement *m* ; produit *m* ; *der ~ an Obst* la récolte de fruits 2. *der ~ an Arbeit war sehr gering* le travail engendré a été peu important 3. (*jur.*) *der ~ der Erbschaft* la dévolution de la succession.

an/fallen ie, a (*ist*) se présenter ; résulter ; être produit ; *hohe Kosten sind angefallen* il en a résulté un coût important ; *bei diesem Verfahren fallen viele Nebenprodukte an* de nombreux sous-produits découlent de ce procédé.

anfällig sensible (*für/gegen* à) ; sujet à ; influencé par.

Anfälligkeit *f*, en sensibilité *f* (*für/gegen* à) ; *eine große ~ gegen schwankende Weltmarktpreise* une grande sensibilité à la fluctuation des prix sur le marché mondial.

Anfänger *m*, - débutant *m* ; novice *m* ; *für ~ und Fortgeschrittene* pour débutants et niveau avancé ; *ein blutiger ~ sein* être un vrai débutant ; être totalement novice.

Anfängerkurs *m*, e cours *m* pour débutants ; stage *m* d'initiation.

Anfangs- (*préfixe*) initial ; de départ ; de début.

Anfangsbestand *m*, ¨e (*agric.*) stocks *mpl* d'ouverture.

Anfangsbestellung *f*, en commande *f* d'essai ; première commande ; commande de départ.

Anfangsgehalt *n*, ¨er traitement *m* de début, de départ.

Anfangskapital *n*, ø capital *m* initial.

Anfangskurs *m*, e (*bourse*) cours *m* d'ouverture.

Anfangssaldo *m*, en report *m* à nouveau.

Anfangsschwierigkeiten *fpl* difficultés *fpl* de débutant ; problèmes *mpl* de démarrage ; difficultés de départ.

an/fassen : *eine Arbeit, ein Problem ~* s'attaquer à un travail, à un problème.

an/faxen (*jdn*) envoyer un fax (à qqn).

anfechtbar contestable ; attaquable.

an/fechten, o, o (*jur.*) contester ; demander l'annulation de qqch. ; *ein Urteil ~* introduire une procédure en recours (contre un jugement) ; *einen Vertrag, ein Testament ~* contester un contrat, un testament.

Anfechtung *f*, en 1. contestation *f* ; action *f* en annulation (d'une décision d'un tiers) 2. recours *m* de créanciers (contre des débiteurs lors d'une faillite).

Anfechtungsfrist *f*, en délai *m* de recours en annulation.

Anfechtungsklage *f*, n (*jur.*) action *f* en annulation ; action en déclaration de nullité.

an/fertigen 1. fabriquer ; manufacturer 2. établir ; *ein Gutachten ~* établir une expertise.

Anfertigungskosten *pl* frais *mpl* d'établissement (d'un document) ; frais de rédaction ; frais de confection.

an/fliegen, o, o desservir (ligne aérienne).

Anflug *m*, ¨e (*transp.*) (manœuvres *fpl* d') atterrissage *m*.

an/fordern demander ; exiger ; réclamer ; *einen Katalog, eine Preisliste ~* réclamer un catalogue, la liste des prix.

Anforderung *f*, en demande *f* ; requête *f* ; réclamation *f* ; *telefonische* demande par téléphone ; *den ~en genügen* satisfaire (répondre) aux exigences ; *hohe ~en stellen* se montrer très exigeant.

Anforderungsprofil *n*, e profil *m* requis ; *ein Posten mit hohem ~* poste exigeant un profil de haut niveau.

Anfrage *f*, n demande *f* ; (*polit.*) interpellation *f* ; *auf ~* sur demande ; *dringliche ~* demande urgente ; *~ nach Informationen* demande de renseignements.

an/fragen demander ; faire une demande (écrite) ; (*polit.*) interpeller ; *bei jdm ~* se renseigner auprès de qqn.

Anfuhr *f*, en transport *m* ; camionnage *m*.

an/führen 1. citer ; mentionner ; *etw als Argument* ~ avancer un argument ; *etw als Grund* ~ alléguer une raison, un motif **2.** (*fam.*) *jdn* (*gründlich*) ~ rouler qqn ; gruger qqn.

Angabe *f*, **n** indication *f* ; information *f* ; renseignement *m* ; ~*n* chiffres *mpl* ; données *fpl* ; statistiques *fpl* ; *nach* ~*n* selon les indications ; *irreführende* ~*n* renseignements *mpl* fallacieux ; *statistische* ~*n* données *fpl* statistiques ; *die* ~*n erfolgen ohne Gewähr* indications fournies sous toutes réserves.

an/geben, a, e renseigner ; déclarer ; indiquer ; *Namen und Grund* ~ indiquer le nom et le motif ; *seine Personalien* ~ décliner son identité ; *den Wert* ~ indiquer la valeur ; *die Preise* ~ afficher les prix.

Angebot *n*, **e 1.** offre *f* ; proposition *f* ; choix *m* ; gamme *f* **I.** *befristetes* ~ offre limitée ; *besonderes* ~ offre spéciale ; promotion *f* ; *bindendes* (*festes*) ~ offre ferme ; *erstes* ~ première offre, enchère *f* ; *freies* ~ offre spontanée ; *freibleibendes* (*unverbindliches*) ~ offre sans engagement ; *unzureichendes* ~ offre insuffisante ; *verlockendes* ~ offre alléchante ; *vorteilhaftes* ~ offre avantageuse **II.** *ein* ~ *ein/holen* solliciter une offre ; *das* ~ *erweitern* élargir l'offre ; *ein* ~ *machen* faire une offre ; *das* ~ *stimulieren* stimuler l'offre ; *ein* ~ *unterbreiten* soumettre une offre ; *ein* ~ *widerrufen* revenir sur une offre **III.** ~ *am Arbeitsmarkt* offre sur le marché de l'emploi ; *das Gesetz von* ~ *und Nachfrage* loi *f* de l'offre et de la demande ; *das* ~ *ist preisabhängig* l'offre est sensible au prix ; *das* ~ *übersteigt die Nachfrage* l'offre dépasse la demande **2.** soumission *f* ; enchère *f* ; appel *m* d'offres ; *ein* ~ *ein/reichen* faire une soumission ; répondre à un appel d'offres ; → ***Billig-, Fest-, Gegen-, Gratis-, Höchst-, Kauf-, Sonder-, Stellen-, Über-, Waren-, Zeichnungsangebot.***

Angebotsabgabe *f*, **n** soumission *f*.

Angebotsabgabetermin *m*, **e** date-limite *f* de dépôt (de réception) des offres.

Angebotsausschreibung *f*, **en** appel *m* d'offres.

Angebotsbedingungen *fpl* conditions *fpl* de l'offre ; cahier *m* des charges.

Angebotsbeschreibung *f*, **en** descriptif *m* de l'offre, du produit mis en vente ; (*enchères sur Internet*) descriptif du produit mis aux enchères en ligne.

Angebotseinholung *f*, **en** appel *m* d'offres ; mise *f* au concours (*syn. Ausschreibung*).

Angebotselastizität *f*, ø flexibilité *f*, souplesse *f* de l'offre.

Angebotsformular *n*, **e** descriptif *m* des travaux soumissionnés.

Angebotsgesetz *f*, **e** loi *f* de l'offre.

Angebotslücke *f*, **n** offres *fpl* insuffisantes ; créneau *m* (*contr. Angebotsüberhang*).

Angebotsmarkt *m*, ¨e (*bourse*) marché *m* vendeur.

Angebotsmonopol *n*, **e** monopoliste *m* ; monopole *m* ; vendeur *m* sans concurrent.

Angebotsmonopolist *n*, **en, en** détenteur *m* de monopole de l'offre ; monopoleur *m* de l'offre.

Angebotspalette *f*, **n** gamme *f*, palette *f* de produits ; éventail *m* ; offre *f*.

Angebotspolitik *f*, ø politique de l'offre.

Angebotspreis *m*, **e** offre *f* de prix ; (*bourse*) cours *m* acheteur.

Angebotstermin *m*, **e** date-limite *f* (date-butoir) de dépôt des soumissions.

Angebotsüberhang *m*, (¨e) offre *f* excédentaire (*contr. Angebotslücke* ; *Nachfrageüberhang*).

Angebotsverzeichnis *n*, **se** liste *f* des offres.

angeheiratet : ~*e Verwandschaft* parenté *f* par alliance.

Angehörige/r (*der/ein*) **1.** ~*e* proches *mpl* ; proches-parents *mpl* ; membres *mpl* de la famille **2.** membre (d'une corporation, d'une association, etc.).

Angeklagte/r (*der/ein*) (*jur.*) prévenu *m* ; accusé *m*.

Angeld *n*, **er** (*arch.*) arrhes *fpl*.

Angelegenheit *f*, **en** affaire *f* ; cas *m* ; problème *m* ; question *f* ; dossier *m* ; *dringende* ~ affaire urgente ; *interne* ~ affaire interne ; question à régler entre les interessés ; *private* ~ affaire privée ; *strittige* ~ cas litigieux ; *eine* ~ *klären* régler une affaire.

angelernt → **anlernen**

Angelernte/r (*der/ein*) O.S. *m* ; ouvrier *m* spécialisé.

angemessen approprié ; équitable ; convenable ; ~*e Frist* délai raisonnable ; ~*er Preis* prix *m* raisonnable ; *ein* ~*es*

Honorar erhalten toucher des honoraires décents.

angeschlagen : (*fam.*) ~ *sein* être touché par la crise ; être affecté par qqch.

angeschrieben : (*fam.*) *beim Chef gut ~ sein* être bien noté par le chef, auprès du supérieur hiérachique.

angesehen estimé ; de bonne réputation ;

angesessen établi ; domicilié (*syn. wohnhaft* ; *sesshaft*).

angesichts (+ *G*) au vu de ; étant donné ; ~ *dieser Tatsachen* étant donné ces faits.

angespannt tendu ; *eine ~e Wirtschaftslage* une situation économique tendue.

angestaut accumulé ; *der ~e Bedarf an* les besoins accumulés de.

angestellt → *an/stellen*.

Angestelltengewerkschaft *f*, **en** syndicat *m* des employés.

Angestelltentarif *m*, **e** conventions *fpl* collectives pour les employés.

Angestelltenverhältnis *n*, **se** statut *m* d'employé ; *sich im ~ befinden* avoir le statut d'employé.

Angestelltenversicherung *f*, **en** assurance *f* invalidité-vieillesse des employés ; prévoyance *f* des employés ; sécurité *f* sociale pour employés.

Angestellte/r (*der/ein*) employé *m* ; salarié *m* non manuel ; ~ *des einfachen, des gehobenen Dienstes* employé subalterne ; agent *m* d'encadrement ; ~ *des öffentlichen Dienstes* agent de l'État et des collectivités publiques ; employé de la fonction publique ; *die ~ten* le personnel ; *kaufmännischer ~* employé de commerce ; *kleiner ~* employé subalterne ; *leitender ~* cadre *m* supérieur ; *die leitenden ~ten* cadres *mpl* de direction ; personnel *m* d'encadrement ; *technischer ~* employé des services techniques ; technicien *m*.

an/gleichen, i, i harmoniser ; ajuster ; aligner ; *sich ~* s'équilibrer ; se mettre à niveau ; *die Löhne an die Preise* (*den Preisen*) *~* ajuster les salaires sur les prix.

Angleichung *f*, **en** harmonisation *f* ; adaptation *f* ; r(é)ajustement *m* ; alignement *m* ; *~ der Preise* alignement des prix.

an/gliedern annexer ; rattacher ; intégrer ; affilier.

an/greifen, i, i attaquer ; s'attaquer à ; *die Ersparnisse ~* entamer les économies ; *jds Standpunkt ~* contester le point de vue de qqn.

Angriff *m*, **e** attaque *f* ; critique *f* acerbe ; (*fig.*) *eine Arbeit in ~ nehmen* s'attaquer à un travail.

Angstkäufe *pl* achats *mpl* de panique.

Angstklausel *f*, **n** clause *f* « sans garantie » ; clause de réserve (effets de commerce, traites, etc.) ; mention *f* de non-garantie de l'acceptation.

Angstmache(rei) *f*, **ø** campagne *f* de peur ; création *f* d'un climat de panique ou d'insécurité.

Angstsparen *n*, **ø** épargne *f* de crise ; économies *fpl* réalisées en prévision d'une crise.

Anhang *m*, **¨e** 1. annexe *m* ; avenant *m* ; supplément *m* 2. allonge *f* (traite).

Anhängelast *f*, **en** (*transports*) poids *m* remorquable ; *höchstzulässige ~* poids *m* (charge *f*) tractable maximum ; poids total en charge (P.T.C.).

Anhänger *m*, **-** 1. partisan *m* ; adepte *m* 2. remorque *f* 3. étiquette *f* à bagages.

Anhängeradresse *f*, **n** étiquette *f* volante ; étiquette à bagages.

anhängig : (*jur.*) en cours ; porté devant une cour de justice ; *das Verfahren ist bei dem Gericht zu… ~* la procédure est en cours auprès du tribunal de…

Anhangsbudget *n*, **s** collectif *m* budgétaire ; budget *m* annexe (*syn. Nachtragshaushalt*).

an/häufen entasser ; accumuler ; *Reichtümer ~* amasser des richesses ; *die Arbeit häuft sich an* le travail s'accumule.

an/heben, o, o relever ; augmenter ; *die Löhne um 5 % ~* relever (majorer) les salaires de 5 %.

Anhebung *f*, **en** relèvement *m* ; majoration *f* ; augmentation *f*.

an/heizen stimuler ; attiser ; *die Preise durch eine hohe Nachfrage ~* faire monter les prix par une forte demande.

an/heuern 1. embaucher ; engager (personnel maritime) 2. (*fam.*) engager qqn.

an/hören écouter (attentivement) ; consulter ; *angehört werden* être consulté ; être audité.

Anhörung *f*, **en** audition *f* ; consultation *f* ; hearing *m* ; *öffentliche ~* hearing ; audition publique (d'experts) ; *~ des Betriebsrats* consultation du comité d'entreprise (*syn. Hearing*).

Anhörungsrecht *n,* e droit *m* de consultation.
Animateur *m,* e (*touris.*) animateur *m* ; G.O. *m* (gentil organisateur).
Ankauf *m,* ¨e achat *m* ; acquisition *f.*
an/kaufen acheter ; acquérir ; *Aktien ~* acheter des actions.
Ankäufer *m,* - acheteur *m* ; preneur *m* ; acquéreur *m* (particulièrement de terrain).
Ankaufkurs *m,* e cours *m* d'achat (titres).
Ankaufsetat *m,* s crédits *mpl* affectés ; enveloppe *f* budgétaire ; somme *f* à dépenser ; budget-achats *m.*
Ankerfunktion *f,* en fonction *f* (de point) d'ancrage (d'une monnaie, par ex.).
Ankergeld *n,* er (*navigation*) droit *m* de mouillage ; droit d'ancrage.
Ankerwährung *f,* en monnaie-pivot *f* ; monnaie d'ancrage, de référence.
Anklage *f,* n accusation *f* ; inculpation *f* ; *~ wegen Betrug(s)* accusation pour fraude.
Anklageerhebung *f,* en (*jur.*) inculpation *f.*
an/klagen accuser ; *vor Gericht ~* poursuivre en justice.
Anklageschrift *f,* en (*jur.*) acte *m* d'accusation.
Anklang *m,* ¨e résonance *f* ; écho *m* ; *~ finden* plaire ; trouver un écho favorable.
an/klicken (*informatique*) sélectionner ; cliquer (sur).
an/knüpfen commencer ; nouer ; lier ; *ein Gespräch ~* entamer une conversation ; *Handelsbeziehungen ~* nouer des relations commerciales ; *Verhandlungen ~* engager des négociations.
an/kommen : *gut ~* bien passer ; être bien perçu (produit, publicité, etc.) ; *gegen Konkurrenten nicht ~ können* ne pas parvenir à s'imposer face à la concurrence.
an/koppeln coupler (*an* avec).
an/kratzen égratigner ; *angekratzter Ruf* réputation *f* égratignée.
Ankreuzbrief *m,* e lettre-formulaire *f* (avec réponses à cocher).
an/kreuzen cocher ; mettre une croix ; *bitte Entsprechendes* (*Gewünschtes*) *~* cocher les articles demandés.
an/kündigen annoncer ; notifier ; *eine Veranstaltung ~* annoncer une manifestation.

Ankündigung *f,* en annonce *f* ; avis *m* ; notification *f.*
Ankündigungseffekt *m,* e effet *m* d'annonce.
Ankunft *f,* ¨e arrivée *f* ; *verspätete ~* retard *m* à l'arrivée.
Ankunftstafel *f,* n panneau *m* des arrivées (gare, aéroport etc.).
Ankunftszeit *f,* en heure *f* d'arrivée.
an/kurbeln donner un tour de manivelle ; relancer ; *die Konjunktur ~* relancer la conjoncture.
Ankurbelung *f,* en relance *f* ; promotion *f* ; encouragement *m* ; démarrage *m* ; *~ der Wirtschaft* relance de l'économie.
Anl. → *Anlage.*
Anlage *f,* n **1.** (*financier*) investissement *m* ; placement *m* ; *kurz-, langfristige ~* placement à court, à long terme ; *mündelsichere ~* placement de bon père de famille ; *prämiengünstige ~* placement à prime ; *sichere ~* placement sûr, de tout repos ; *eine ~ in Aktien, in Obligationen* un placement en actions, en obligations ; *eine ~ in Immobilien* un placement dans l'immobilier **2.** (*comptab.*) *~n* immobilisations *fpl* ; valeurs *fpl* immobilisées à long terme ; *immaterielle, körperliche ~n* immobilisations incorporelles, corporelles **3.** (*technique*) installation *f* ; équipement *m* ; dispositif *m* ; *energiesparende ~* équipement *m* à faible consommation d'énergie **4.** (*corresp.*) pièce *f* jointe ; *als* (*in der*) *~* ci-joint ; en annexe.
Anlagebedarf *m,* ø besoins *mpl* en investissements ; demande *f* d'investissements.
Anlageberater *m,* - conseiller *m* en matière d'investissement ; conseiller en placements.
Anlagebetrag *m,* ¨e somme *f* investie ; montant *m* d'un investissement.
Anlagedauer *f,* ø → durée *f* d'immobilisation d'un placement financier.
Anlagedispositionen *fpl* décisions *fpl* d'investissement ; projets *mpl* d'investissement.
Anlagefavorit *m,* en, en placement *m* favori ; placement-vedette ; vedette *f,* star *f* de la bourse.
Anlagefinanzierung *f,* en financement *m* d'investissement.
Anlagefonds *m,* - fonds *m* de placement, d'investissement ; *gemischter ~* fonds de placement mixte.

Anlagegelder *npl* capitaux *mpl* de placement.

anlagegerecht : *sich ~ verhalten* agir dans l'intérêt de l'investisseur ; défendre les intérêts des investisseurs/des épargnants.

Anlagegesellschaft *f*, **en** société *f* de placement ; société d'investissement ; O.P.C.V.M. *m* (organisme de placement collectif en valeurs mobilières).

Anlagegut *n*, ¨er → *Anlagevermögen*.

Anlageintensität *f*, **en** intensité *f* capitalistique.

anlageintensiv à forte intensité capitalistique ; à fort coefficient d'investissement.

Anlageinvestition *f*, **en** investissement *m* productif ; investissement en capital fixe.

Anlagekapital *n*, ø capitaux *mpl* investis ; immobilisations *fpl*.

Anlagekonto *n*, **ten** compte *m* d'immobilisations (d'investissements).

Anlagekosten *pl* coûts *mpl* des immobilisations (*syn. Betriebseinrichtungskosten*).

Anlagekredit *m*, **e** crédit *m* d'investissement.

Anlagemanagement *n*, **s** gestion *f* de placements ; conseil *m* en placements financiers.

Anlagemarkt *m*, ¨e marché *m* des placements.

Anlagenauslastung *f*, **en** utilisation *f* des capacités productives ; utilisation du potentiel de production.

Anlagenbau *m*, ø construction *f* d'usine ; construction d'installations industrielles.

Anlagenbestand *m*, ¨e ensemble *m* des investissements réalisés.

Anlagenbuchhaltung *f*, **en** comptabilité *f* des immobilisations.

Anlagendeckung *f*, **en** ratio *m* capital propre à immobilisations (il permet d'évaluer la santé financière d'une entreprise).

Anlagenfinanzierung *f*, **en** financement *m* du renouvellement des immobilisations (modernisation ou extension des installations).

Anlagenintensität *f*, **en** ratio *m* immobilisations au total du bilan (il permet d'évaluer l'adpatabilité d'une entreprise aux modifications structurelles et à l'évolution du marché du travail).

Anlagenwirtschaft *f*, ø gestion *f* des valeurs immobilisées.

Anlagepapier *n*, **e** titre *m* de placement ; valeur *f* sûre.

Anlagepotenzial *n*, ø capacités *fpl* productives.

Anlageschwund *m*, ø désinvestissement *m*.

Anlagestrategiefonds *m*, **e** fonds *m* de placement diversifié.

Anlagestreuung *f*, **en** (*banque*) diversification *f* des actifs ; placement *m* diversifié.

Anlagetechnik *f*, **en** ingénierie *f* ; processus *mpl* industriels.

Anlagetipp *m*, **s** (*fam.*) tuyau *m* boursier (en vue d'un placement).

Anlagevermögen *n*, - immobilisations *fpl* ; capital *m* immobilisé, fixe ; actifs *mpl* immobilisés ; *immaterielles, sachliches ~* immobilisations incorporelles, corporelles.

Anlageverwaltung *f*, **en** gestion *f* de portefeuille.

Anlagewährung *f*, **en** monnaie *f* de placement, d'investissement.

Anlagewert *m*, **e** valeur *f* de placement ; *~e* valeurs *fpl* immobilisées.

Anlass *m*, ¨e prétexte *m* ; cause *f* ; raison *f* ; occasion *f* ; *zu Beanstandungen ~ geben* donner lieu à réclamation ; *keinen ~ zur Klage geben* ne pas donner lieu à des plaintes ; *ein ~ der Unzufriedenheit sein* être un objet de mécontentement.

an/lasten 1. imputer ; mettre sur le compte ; *jdm Kosten ~* imputer des coûts à qqn **2.** rendre responsable de qqch ; mettre qqch au compte de qqn ; *die Arbeitslosigkeit der Regierung ~* rendre le gouvernement responsable du chômage.

Anlastung *f*, **en** imputation *f*.

Anlaufbeihilfe *f*, **n** prime *f* de démarrage ; aide *f* à la création d'entreprise ; prime *f* d'installation.

an/laufen, ie, au (*ist*) **1.** commencer ; démarrer **2.** faire escale (dans un port).

Anlaufkapital *n*, ø capitaux *mpl* de démarrage ; capitaux initiaux, de départ.

Anlaufkosten *pl* frais *mpl* de mise en place ; frais de lancement.

Anlaufkredit *m*, **e** crédit *m* de démarrage, de lancement ; crédit de première installation.

Anlaufphase *f*, **n** phase *f* de démarrage ; période *f* de mise en place ;

période de rodage ; temps *m* de mise en route.
Anlaufstelle *f*, **n** adresse *f*.
Anlaufzeit *f*, en → *Anlaufphase*.
Anlegegebühr *f*, **en** droit *m* de quai ; droit d'accostage de mouillage.
an/legen 1. investir ; placer ; faire un placement ; investir des capitaux ; placer de l'argent (dans) ; *Gewinn bringend* ~ placer avantageusement ; *kurz-, langfristig* ~ placer à court, à long terme ; *wieder* ~ réinvestir ; *zinsbringend* ~ placer à intérêt ; *sein Geld in Aktien, in Wertpapieren* ~ placer son argent en actions, en valeurs mobilières (dans des titres) ; *Geld in Grundstücken* ~ placer de l'argent en biens fonciers (*syn. investieren*) **2.** établir ; faire ; constituer ; ouvrir ; *eine Kartei* ~ constituer un fichier ; *ein Konto* ~ ouvrir un compte ; *Statistiken* ~ établir des statistiques **3.** (*maritime*) *in einem Hafen* ~ faire escale dans un port ; *am Kai* ~ accoster.
Anleger *m*, - investisseur *m* ; *institutionelle* ~ investisseurs institutionnels ; (*fam.*) zinzins *mpl* (banques, assurances) ; *privater* ~ investisseur privé (*syn. Investor*).
Anleihe *f*, **n 1.** emprunt *m* **I.** *gesicherte* (*gedeckte*) ~ emprunt garanti ; *indexgebundene* ~ emprunt indexé ; *kurz-, mittel-, langfristige* ~ emprunt à court, moyen, long terme ; *öffentliche* ~ emprunt public ; *private* ~ emprunt privé ; *staatliche* ~ emprunt d'État ; *unkündbare* (*ewige*) ~ emprunt perpétuel ; *verbriefte* ~ emprunt représenté par un titre ; *verzinsliche* ~ emprunt portant intérêts ; *voll gezeichnete* ~ emprunt entièrement couvert **II.** *eine* ~ *ab/lösen* amortir (rembourser) un emprunt ; *eine* ~ *auf/legen, auf/nehmen* lancer, contracter un emprunt ; *eine* ~ *aus/geben, decken* émettre, garantir un emprunt ; *eine* ~ *tilgen* (*zurück/zahlen*) rembourser un emprunt ; *eine* ~ *überzeichnen* sursouscrire un emprunt ; *eine* ~ *unter/bringen* placer un emprunt ; *eine* ~ *zeichnen* souscrire un emprunt **III.** *Aufnahme einer* ~ lancement *m* d'un emprunt ; *Ausgabe einer* ~ émission *f* d'un emprunt ; *Deckung einer* ~ couverture *f* d'un emprunt ; *Tilgung einer* ~ amortissement *m* d'un emprunt ; *Zeichnung einer* ~ souscription *f* d'un emprunt ; *Zurückzahlung einer* ~ remboursement *m* d'un emprunt ; ~ *der öffentlichen Hand* emprunt du secteur public ; ~ *mit Optionsrecht* emprunt à bon de souscription ; ~ *mit Umtauschrecht* obligation convertible ; ~ *mit variablem Zinssatz* emprunt à taux d'intérêt variable ; → *Schuldverschreibung* ; *Obligation* ; *Darlehen* ; *Auslands-, Bank-, Bundes-, Gold-, Hypotheken-, Industrie-, Inhaber-, Investitions-, Kommunal-, Konsolidierungs-, Los-, Obligations-, Options-, Pfandbrief-, Prämien-, Raten-, Renten-, Staats-, Tilgungs-, Valuta-, Wandel-, Zwangsanleihe*.
Anleiheablösung *f*, **en** remboursement *m* d'un emprunt.
Anleihebedingungen *fpl* conditions *fpl* de l'emprunt.
Anleihebetrag *m*, ¨e montant *m* de l'emprunt.
Anleheertrag *m*, ¨e produit *m* de l'emprunt.
Anleihefonds *m*, - fonds *m* d'emprunt.
Anleihegeschäft *n*, **e** opération *f* de placement d'un emprunt.
Anleihekapital *n*, ø capitaux *mpl* investis en obligations.
Anleihemarkt *m*, ¨e marché *m* obligataire ; marché des emprunts (*syn. Rentenmarkt*).
Anleihenehmer *m*, - organisme *m* emprunteur ; émetteur *m* d'un emprunt.
Anleihepapier *n*, **e** titre *m* d'emprunt ; obligation *f*.
Anleihepolitik *f*, ø politique *f* de l'emprunt.
Anleiherendite *f*, **n** rendement *m* obligataire.
Anleiheschuld *f*, **en** montant *m* de l'emprunt ; dette *f* d'emprunt.
Anleihetilgung *f*, **en** amortissement *m*, remboursement *m* d'un emprunt.
Anleihezeichner *m*, - souscripteur *m* d'un emprunt.
Anleihezeichnung *f*, **en** souscription *f* à un emprunt.
Anleihezinsen *mpl* intérêts *mpl* sur emprunt.
Anleitung *f*, **en** instruction *f* ; directive *f* ; *die ~en befolgen* se conformer au mode d'emploi.
Anlernberuf *m*, **e** profession *f* à formation accélérée.
an/lernen former ; instruire ; *angelernter Arbeiter* ouvrier *m* spécialisé ; O.S. *m*.
Anlernling *m*, **e** employé *m*, ouvrier *m* en stage de formation ; apprenti *m* ; stagiaire *m*.

Anlernvertrag *m*, ¨e contrat *m* de formation accélérée ; contrat d'apprentissage.

Anlernzeit *f*, **en** période *f* de formation ; période d'initiation, de mise au courant ; période de rodage.

Anlernzuschuss *m*, ¨e allocation *f* de stage en formation accélérée.

an/liefern livrer (à domicile).

anliegend ci-joint ; ci-inclus (*syn. beiliegend, anbei*).

Anlieger *m*, **-** riverain *m* ; *~ frei* interdit sauf aux riverains.

Anliegerbeitrag *m*, ¨e obligation *f* de participation ; contribution *f* financière pour les riverains.

Anliegerdienstbarkeit *f*, **en** servitude *f* (d'urbanisme pour les riverains).

Anliegerstaat *m*, **en** État *m* riverain.

Anliegerverkehr *m*, ø circulation *f* réservée aux riverains.

Anm. → *Anmerkung*.

an/mahnen avertir ; notifier (retard, omission) ; réclamer ; relancer ; envoyer une lettre de rappel.

Anmeldeformular *n*, **e** formulaire *m* de déclaration ; bulletin *m* d'inscription.

Anmeldefrist *f*, **en** délai *m* de déclaration, de dépôt ; délai d'inscription ; date limite *f*.

Anmeldegebühr *f*, **en** droits *mpl* de dépôt, d'inscription.

Anmeldeliste *f*, **n** liste *f* d'inscription.

an/melden 1. déclarer ; inscrire ; annoncer ; *seinen Besuch ~* annoncer sa visite ; *sich beim Direktor ~ lassen* se faire annoncer chez le directeur ; *ein Gewerbe ~* déclarer une activité artisanale ou commerciale ; *Konkurs ~* déposer le bilan ; *ein Patent ~* déposer un brevet 2. *Bedenken, Forderungen ~* émettre des réserves, des exigences ; *Wünsche, Zweifel ~* émettre des souhaits, des doutes.

Anmeldepflicht *f*, **en** déclaration *f* obligatoire ; obligation *f* de déclarer.

anmeldepflichtig soumis à notification, à déclaration ; déclaration *f* obligatoire.

Anmeldeschein *m*, **e** bulletin *m*, fiche *f* d'inscription ; certificat *m* de déclaration.

Anmeldeschluss *m*, ¨e clôture *f* des inscriptions.

Anmeldestelle *f*, **n** bureau *m* des inscriptions ; service *m* chargé de recueillir les déclarations.

Anmeldung *f*, **en** déclaration *f* ; inscription *f* ; annonce *f* ; *polizeiliche ~* déclaration de séjour, de résidence ; *~ eines Warenzeichens* dépôt *m* d'une marque (de fabrique).

Anmerkung *f*, **en** annotation *f* ; note *f* ; *mit ~en versehen* annoter.

an/mieten prendre en location ; louer (à titre temporaire) ; *einen Leihwagen ~* louer une voiture ; *Büroräume für eine Messe ~* louer des espaces de bureaux pour une foire-exposition.

Anmietung *f*, **en** location *f* (de courte durée).

an/mustern (*maritime*) enrôler ; signer un contrat d'embauche.

Anmusterung *f*, **en** (*maritime*) enrôlement *m* (d'un marin).

an/nähern rapprocher ; *Preise denen der Konkurrenz ~* aligner ses prix sur ceux de la concurrence.

annähernd approximatif ; environ.

Annäherung *f*, **en** 1. rapprochement *m* ; *~ an* (+A) alignement *m* sur 2. (*statist.*) approximation *f*.

Annäherungsversuch *m*, **e** tentative *f* de rapprochement.

Annäherungswert *m*, **e** (*statist.*) valeur *f* approximative.

Annahme *f*, **n** 1. acceptation *f* ; réception *f* ; *Dokumente gegen ~* documents contre acceptation ; *mangels ~* faute *f* d'acceptation ; *stillschweigende, vorbehaltlose ~* acceptation tacite, sans réserves ; *zur ~ vor/legen* présenter à l'acceptation ; (*poste*) *~ verweigert* « refusé » 2. (*loi*) adoption *f* 3. hypothèse *f* ; *in der ~, dass* à supposer que.

Annahmebestätigung *f*, **en** accusé *m* de réception.

Annahmefrist *f*, **en** délai *m* d'acceptation.

Annahmeerklärung *f*, **en** → *Annahmebestätigung*.

Annahmeprotest *m*, **e** (*traite*) protêt *m* faute d'acceptation.

Annahmestelle *f*, **n** bureau *m* d'enregistrement ; dépôt *m*.

Annahmevermerk *m*, **e** acceptation *f*.

Annahmeverzug *m*, ¨e retard *m* dans l'acceptation.

Annahmeverweigerung *f*, **en** refus *m* d'acceptation ; non-acceptation *f*.

Annahmezwang *m*, (¨e) obligation *f* d'acceptation ; acceptation *f* obligatoire.

an/nehmen, a, o accepter ; approuver ; adopter ; prendre en charge ; *ein Amt ~* accepter un poste (une charge) ; *ein Gesetz ~* adopter une loi ; *einen Vorschlag ~* adhérer à une proposition ; *sich einer Sache ~* se charger d'une affaire ; s'occuper d'une affaire.

annektieren annexer.

Annexion *f*, **en** annexion *f*.

anni currentis (a.c.) de l'année en cours.

Annonce *f*, **n** (*pr. fr.*) (petite) annonce *f* ; *eine ~ in der Zeitung auf/geben* insérer une annonce dans un journal (*syn. Anzeige, Inserat*).

Annoncenblatt *n*, **¨er** journal *m* exclusivement réservé aux petites annonces.

Annoncenseite *f*, **n** → *Annoncenteil*.

Annoncenteil *m*, **e** page(s) *f(pl)* des petites annonces (dans un journal).

annoncieren 1. insérer une (petite) annonce **2.** (*rare*) annoncer.

annualisieren *f*, **en** annualiser.

Annualisierung *f*, **en** annualisation *f*.

Annuität *f*, **en** annuité *f* ; versement *m* effectué annuellement ; somme *f* payée annuellement.

Annuitätenanleihe *f*, **n** emprunt *m* amortissable par annuités.

Annuitätenzahlung *f*, **en** paiement *m* par annuités.

annullieren annuler ; invalider ; déclarer nul et non avenu.

Annullierung *f*, **en** annulation *f* ; invalidation *f*.

anonymisieren rendre anonyme ; garantir l'anonymat de qqn.

Anonymität *f*, **en** anonymat *m* ; incognito *m*.

an/ordnen 1. exiger ; prescrire ; fixer ; décréter **2.** disposer ; ranger.

Anordnung *f*, **en 1.** ordre *m* ; règlement *m* ; ordonnance *f* ; décret *m* ; arrêté *m* ; instruction *f* ; *einstweilige ~* disposition *f* provisoire ; *auf ~ des Gerichts* sur ordonnance judiciaire **2.** disposition *f* ; *~ der ausgestellten Waren* arrangement *m*, disposition *f* des marchandises exposées.

an/packen (*fam.*) *eine Arbeit, ein Problem ~* s'attaquer à un travail, à un problème.

an/passen adapter ; assimiler ; ajuster ; *dem* (*an den*) *Lebenshaltungsindex ~* indexer sur le coût de la vie.

Anpassung *f*, **en** adaptation *f* ; ajustement *m* ; (ré)actualisation *f* ; indexation *f* ; *berufliche ~* (ré)adaptation, réinsertion professionnelle ; *industrielle ~* reconversion *f* industrielle ; *qualitative ~* adaptation qualitative ; amélioration *f* de la qualité ; *quantitative ~* adaptation quantitative (capacité de production) ; *~ an die Marktbedingungen* adaptation aux conditions du marché ; *~ der Paritäten* réaménagement *m* des parités ; *~ des Versicherungswertes* réactualisation du montant du risque.

Anpassungsbeihilfe *f*, **n** aide *f* à la réinsertion ; allocation *f* de réadaptation.

Anpassungsdruck *m*, **ø** pression *f* exercée (par la nécessaire adaptation) ; *die Landwirtschaft ist besonderem ~ ausgesetzt* l'agriculture est particulièrement soumise à la pression de l'adaptation.

anpassungsfähig adaptable ; modulable ; réactif.

Anpassungsfähigkeit *f*, **en** faculté *f* d'adaptation ; mobilité *f* ; adaptatbilité *f* ; flexibilité *f* ; réactivité *f*.

Anpassungsklausel *f*, **n** (*assur.*) clause *f* d'indexation.

Anpassungsprozess *m*, **e** processus *m* d'adaptation.

Anpassungsschwierigkeiten *fpl* difficultés *fpl* d'adaptation.

Anpassungsvermögen *n*, **ø** capacité *f*, faculté *f* d'adaptation.

an/peilen 1. viser ; avoir pour objectif ; s'assigner un objectif ; repérer ; *der CAC-40-Index peilt die 5000er Marke an* l'indice CAC-40 s'apprête à crever la barre des 5000 points **2.** repérer ; détecter.

an/preisen, ie, ie louer ; faire de la publicité ; *seine Ware ~* faire l'article.

an/pumpen (*fam.*) emprunter ; *jdn ~* taper qqn.

Anrainer *m*, **-** riverain *m* (*syn. Anlieger*).

Anrainerstaat *m*, **en** État *m* riverain.

Anraten : *auf ~ des Auskunftsdienstes* sur les conseils du service de renseignements.

an/rechnen facturer ; porter en compte ; créditer ; prendre en compte ; prendre en considération ; *bei der Rentenberechnung drei Ausbildungsjahre ~* prendre en compte trois années de formation pour le calcul de la retraite.

Anrechnung *f*, **en 1.** facturation *f* ; mise *f* en compte ; *in ~ bringen* porter en compte **2.** validation *f* (de services) ; *~*

Anschlagsäule

von Beitragszeiten validation de périodes de cotisation 3. imputation *f* ; ~ *von Einfuhren auf* imputation d'importations sur.

anrechnungsfähig entrant en ligne de compte pour un calcul ; imputable ; ~*e Dienstjahre* années *fpl* de service validables.

Anrechnungszeit *f,* **en** période *f* prise en compte (pour le calcul de qqch) ; années *fpl* de cotisation.

Anrecht *n,* **e** droit *m* ; (*ein*) ~ *haben auf etw* avoir droit à qqch.

Anrechtsschein *m,* **e** (*bourse*) certificat *m* provisoire (en attendant l'émission des actions).

Anrede *f,* **n** 1. (*corresp.*) début *m* de lettre ; formule *f* de politesse 2. allocution *f.*

an/reichern enrichir ; *angereichertes Uran* uranium *m* enrichi.

Anreicherung *f,* **en** enrichissement *m.*

Anreise *f,* **n** voyage-aller *m* ; arrivée *f* (*contr. Rückreise*).

an/reisen (*ist*) (*touris.*) arriver ; venir (de) ; *mit dem Auto, mit der Bahn* ~ arriver par la route, venir en train ; *die Messebesucher reisen aus der ganzen Welt an* les visiteurs de la foire viennent du monde entier.

Anreißer *m,* - 1. camelot *m* 2. attrape-nigaud *m* ; article *m* destiné à appâter le client.

anreißerisch tapageur ; ~*e Werbung* publicité *f* tapageuse (*syn. marktschreierisch*).

Anreiz *m,* **e** attrait *m* ; incitation *f* ; stimulant *m* ; *steuerlicher* ~ incitation fiscale.

Anreizartikel *m,* - produit *m* d'appel ; article *m* de lancement à prix réduit.

Anreizsystem *n,* **e** système *m* incitatif ; mesures *fpl* incitatives.

Anruf *m,* **e** appel *m* téléphonique ; coup *m* de fil.

Anrufbeantworter *m,* - (*téléph.*) répondeur *m* automatique ; Voicemail *f.*

an/rufen, ie, u 1. téléphoner ; *jdn* ~ donner un coup de fil à qqn (*syn. telefonieren mit*) 2. faire appel à ; (*jur.*) saisir ; *ein Gericht* ~ saisir un tribunal d'une demande ; *den Vermittlungsausschuss* ~ saisir la commission de conciliation.

Anrufung *f,* **en** décision *f* de saisir un tribunal ; saisine *f.*

Ansage *f,* **n** annonce *f* ; avis *m* ; (*radio*) *eine* ~ *durch/geben* passer un communiqué.

Ansagedienst *m,* **e** annonceur *m.*

an/sagen 1. annoncer ; communiquer 2. *einen Brief* ~ dicter une lettre.

an/sammeln accumuler ; amasser ; collectionner ; *45 Versicherungsjahre angesammelt haben* avoir cotisé 45 ans pour la retraite ; avoir 45 annuités ; avoir 45 années d'ancienneté.

Ansammlung *f,* **en** 1. accumulation *f* 2. rassemblement *m* ; attroupement *m.*

ansässig domicilié ; résident ; implanté ; *sich* ~ *machen* s'installer ; s'implanter.

Ansatz *m,* ¨**e** 1. évaluation *f* ; estimation *f* 2. (*comptab.*) poste *m* ; article *m.*

an/schaffen acheter ; acquérir ; se procurer ; *Deckung* ~ fournir les fonds nécessaires ; assurer la couverture ; *sich etw* ~ se procurer qqch.

Anschaffung *f,* **en** achat *m* ; acquisition *f.*

Anschaffungsgeschäfte *npl* (*bourse*) opérations *fpl* d'achat.

Anschaffungskosten *pl* coût *m* d'achat ; frais *mpl* d'acquisition ; valeur *f* d'entrée ; (*comptab.*) coût *m* historique.

Anschaffungskredit *m,* **e** crédit *m* d'installation, d'équipement (pour l'acquisition de machines, par ex.).

Anschaffungsmehrwert *m,* **e** survaleur *f* d'acquisition.

Anschaffungsnebenkosten *pl* frais *mpl* d'acquisition ; frais *mpl* bancaires ; agios *mpl* ; taxe *f* d'acquisition de valeurs mobilières.

Anschaffungspreis *m,* **e** prix *m* d'acquisition ; (*comptab.*) coût *m* historique.

Anschaffungswert *m,* **e** valeur *f* d'acquisition ; (*comptab.*) valeur brute (initiale).

Anschauungsmaterial *n,* -**ien** matériel *m* de démonstration.

an/scheißen, i, i (*vulg.*) *jdn* ~ couillonner qqn ; rouler qqn.

Anschlag *m,* ¨**e** 1. affichage *m* ; *durch* ~ par voie d'affiche 2. devis *m* 3. estimation *f* 4. (*clavier*) frappe *f* 5. attentat *m.*

Anschlagbrett *n,* **er** → **Anschlagtafel**.

an/schlagen, u, a 1. afficher ; apposer 2. estimer ; *zu hoch, zu niedrig* ~ surévaluer, sous-évaluer.

Anschlagsäule *f,* **n** colonne *f* d'affichage ; colonne Morris (*syn. Litfaßsäule*).

Anschlagtafel *f*, n tableau *m* d'affichage ; panneau *m* d'affichage.

Anschlagwerbung *f*, en publicité *f* par voie d'affichage (*syn. Plakatwerbung*).

anschließbar raccordable.

an/schließen, o, o 1. raccorder ; brancher ; connecter ; relier ; *ein Gebiet* ~ désenclaver une région 2. *sich* ~ *an* se joindre à ; adhérer à ; *sich einer Reisegesellschaft* ~ se joindre à un voyage organisé 3. *sich* ~ suivre ; être suivi de.

Anschluss *m*, ¨e 1. branchement *m* ; rattachement *m* ; connexion *f* ; raccord *m* ; raccordement *m* 2. (*téléph.*) abonnement *m* ; *kein* ~ *unter dieser Nummer* il n'y a pas d'abonné au numéro que vous avez demandé 3. (*transports*) correspondance *f* ; *den* ~ *erreichen, verpassen* avoir, rater sa correspondance 4. contact *m* ; *im* ~ *an...* à la suite de ; faisant suite à ; ~ *suchen, finden* chercher, trouver des contacts ; *jdm den* ~ *erleichtern* faciliter les contacts à qqn.

Anschlussbahnhof *m*, ¨e gare *f* de correspondance.

Anschlussfinanzierung *f*, en financement-relais *m*.

Anschlussfirma *f*, -men entreprise *f*, magasin *m* affilié(e) au réseau carte bancaire.

Anschlussgebühr *f*, en taxe *f* de raccordement.

Anschlussflug *m*, ¨e (*aéroport*) correspondance *f*.

Anschlussgeschäft *n*, e affaire *f* complémentaire ; retombées *fpl* commerciales (consécutives à une foire, par ex.).

Anschlussinhaber *m*, - (*téléph.*) abonné *m*.

Anschlusskonkurs *m*, e (*jur.*) conversion *f* d'un règlement judiciaire en faillite ; liquidation *f* judiciaire.

Anschlusskredit *m*, e crédit *m* relais.

Anschlussleitung *f*, en (*téléph.*) ligne *f* de raccordement ; ligne de jonction.

Anschlusspfändung *f*, en saisie *f* par participation.

Anschlussstelle *f*, n 1. (*circulation*) entrée *f* ou sortie *f* d'autoroute ; échangeur *m* autoroutier 2. point *m* de jonction ; point de raccordement.

Anschluss- und Benutzungszwang *m*, ¨e servitude *f*.

Anschlussvertrag *m*, ¨e contrat-relais *m*.

an/schmieren (*fam.*) (*jdn*) rouler (qqn) ; gruger (qqn).

an/schreiben, ie, ie 1. s'adresser à qqn par écrit 2. inscrire une dette ; ~ *lassen* avoir des dettes ; (*fam.*) avoir une ardoise chez un commerçant 3. (*Suisse*) porter une inscription (sur un dossier).

Anschreiben *n*, - (brève) lettre *f* d'accompagnement.

Anschrift *f*, en adresse *f* (*syn. Adresse*).

Anschriftenfeld *n*, er (*corresp.*) espace *m* réservé à l'adresse.

Anschubfinanzierung *f*, en financement *m* d'un lancement ; coup *m* de pouce financier ; aide *f* financière au démarrage.

an/schwärzen (*jdn*) dénigrer (qqn) ; débiner (qqn).

an/schwindeln (*jdn*) escroquer (qqn) ; tromper (qqn) ; arnaquer (qqn).

Ansehen *n*, ø considération *f* ; réputation *f* ; renom *m* ; *geschäftliches* ~ renommée *f* commerciale ; notoriété *f* ; *großes* ~ *genießen* jouir d'un grand renom ; avoir bonne réputation ; *jds* ~ *schaden* nuire à la réputation de qqn.

ansehnlich important ; *eine* ~*e Summe* une somme coquette (rondelette).

an/setzen 1. évaluer ; estimer ; inscrire la valeur ; *die Kosten zu hoch* ~ surestimer, surévaluer les coûts 2. *einen Termin* ~ fixer une date.

Ansicht *f*, en 1. point *m* de vue ; avis *m* ; opinion *f* 2. vue *f* ; examen *m* ; *Kauf nach* ~ vente *f* à l'examen ; achat *m* à vue, à condition.

Ansichtsexemplar *n*, e exemplaire *m* à consulter ; spécimen *m*.

Ansichtssendung *f*, en envoi *m* au choix, à vue.

an/siedeln établir ; domicilier ; *sich* ~ (*in*) s'implanter (à).

Ansiedler *m*, - colon *m*.

Ansiedlung *f*, en colonisation *f* ; établissement *m* ; implantation *f*.

an/sparen faire des économies ; économiser (en vue d'un achat) ; *für die Altersversorgung* ~ constituer des économies pour la prévoyance-vieillesse.

Ansparphase *f*, n phase *f* d'épargne active (contrat d'assurance-vie, par ex.).

an/sprechen, a, o (*jdn*) toucher (qqn) ; s'adresser à qqn ; concerner ; *neue Käuferschichten* ~ toucher de nouvelles couches d'acheteurs.

Ansprechpartner *m*, - interlocuteur *m* ; correspondant *m*.

Anspruch *m*, ¨e **1.** droit *m* ; prétention *f* ; revendication *f* ; *berechtigter ~* prétention légitime ; *(un)verjährbarer ~* droit (im)prescriptible ; *~ haben (auf)* avoir droit (à) ; *seine ~¨e auf eine Rente geltend machen* faire valoir ses droits à une retraite **2.** prétentions *fpl* ; exigences *fpl* ; *zu hohe ~¨e (an jdn) stellen* demander trop (à qqn) ; se montrer trop exigeant **3.** faire appel à ; nécessiter ; *viel Zeit in ~ nehmen* demander beaucoup de temps ; *Dienste in ~ nehmen* recourir à des services ; avoir recours aux services.

anspruchsberechtigt ayant droit.

Anspruchsberechtigte/r *(der/ein)* ayant droit *m*.

Anspruchsdauer *f*, ø durée *f* des droits.

Anspruchsdenken *n*, ø (philosophie *f* de la) préservation *f* des acquis sociaux ; mentalité *f* d'assistés.

anspruchslos sans prétention ; modeste.

Anspruchsniveau *n*, s niveau *m* d'exigence.

anspruchsvoll exigeant ; *~ sein* être exigeant.

Anstalt *f*, en établissement *m* ; institution *f* ; *lehrerbildende ~* I.U.F.M. (Institut universitaire de formation des maîtres) ; *öffentlich-rechtliche ~* établissement de droit public.

Anstaltspackung *f*, en conditionnement *m* de médicaments à usage hospitalier.

Anstaltspflege *f*, ø soins *mpl* en milieu fermé ; soins en établissement médicalisé.

an/stecken *(agric.)* contaminer ; infecter ; *~d* contagieux ; à caractère épidémique.

Ansteckung *f*, en contagion *f*.

Ansteckungseffekt *m*, e effet *m* de contagion *(auf* sur).

an/stehen, a, a **1.** faire (la) queue *(syn. Schlange stehen)* **2.** être en attente, en suspens ; *anstehende Probleme* problèmes *mpl* en suspens **3.** être fixé ; *der Termin steht noch nicht an* la date n'est pas encore fixée.

an/steigen, ie, ie *(ist)* augmenter ; monter ; progresser ; grimper ; *steil ~* monter en flèche.

Ansteigen *n*, ø hausse *f* ; *rasches ~ der Preise* flambée *f* des prix.

an/stellen 1. embaucher ; engager ; *zur Probe ~* prendre à l'essai ; *bei jdm angestellt sein* travailler chez qqn ; *fest angestellt sein* avoir un C.D.I. ; travailler sous contrat **2.** *sich ~* faire (la) queue ; prendre la file **3.** *eine Untersuchung ~* faire une enquête **4.** *(machine)* mettre en route.

Anstellung *f*, en **1.** embauche *f* ; *~ auf Probe* embauche *f* à l'essai ; *die ~ ausländischer Mitarbeiter* l'embauche de collaborateurs étrangers **2.** emploi *m* ; situation *f* ; poste *m* ; occupation *m* ; *der Mythos von der lebenslangen ~* le mythe de l'emploi à vie ; *zeitlich begrenzte ~* emploi intérimaire ; *eine ~ finden* trouver un emploi ; se faire embaucher.

Anstellungsnachweis *m*, e certificat *m* de travail ; attestation *f* d'emploi.

Anstellungssperre *f*, n interdiction *f* d'embauche.

Anstellungsvertrag *m*, ¨e contrat *m* de travail ; contrat d'embauche, d'engagement.

Anstieg *m*, e montée *f* ; augmentation *f* ; hausse *f* ; accroissement *m* ; progression *f* ; *~ des Bruttosozialprodukts (BSP)* augmentation du produit intérieur brut (P.I.B.) ; *~ des tertiären Sektors* tertiarisation *f*.

an/strengen 1. intenter ; *eine Klage, einen Prozess (gegen jdn) ~* intenter une action, un procès (contre qqn) **2.** *sich ~* faire des efforts ; s'efforcer de ; se surmener.

Ansturm *m*, ¨e ruée *f* ; rush *m* ; *der ~ der Kunden* l'affluence *f* des clients.

an/suchen faire une demande ; déposer une requête ; *um Asyl ~* faire une demande d'asile ; *um einen Kredit ~* solliciter un crédit ; faire une demande de crédit.

Ansuchen *n*, - requête *f* ; demande *f* ; *ein ~ ein/reichen* adresser une requête ; *einem ~ statt/geben* donner suite à une requête.

Antarktis-Vertrag *m* (1959) traité *m* de l'Antarctique (qui refuse son exploitation économique et se limite à la recherche scientifique).

an/tasten toucher ; entamer ; *das Geld nicht ~ dürfen* ne pas devoir toucher à l'argent.

antedatieren postdater.

Anteil *m*, e part *f* ; portion *f* ; proportion *f* ; contribution *f* ; quote-part *f* ;

quotitité *f* ; contribution *f* ; *prozentualer ~ pourcentage m* ; *steuerpflichtiger ~ tranche f imposable* ; *seinen ~ bezahlen* verser sa contribution ; s'acquitter de sa quote-part ; *~ haben an* participer à qqch ; *sein ~ am Erbe* sa part d'héritage.
Anteilaktie *f*, n → *Anteilsaktie*.
anteilig → *anteilmäßig*.
Anteillohn *m*, ¨e (*agric.*) rémunération *f* en nature (*syn. Naturallohn*).
anteilmäßig au prorata ; proportionnel ; *~ er Gewinn* quote-part *f* des bénéfices.
Anteilpapier *n*, e → *Anteilschein*.
Anteilsaktie *f*, n action *f* de quotité (*syn. Quotenaktie* ; *nennwertlose Aktie*).
Anteilschein *m*, e coupon *m* ; part *f* bénéficiaire ; titre *m* de participation ; action *f*.
Anteilseigner *m*, - porteur *m*, détenteur *m* de parts ; actionnaire *m* (*syn. Aktionär*).
Anteilsgesellschaft *f*, en société *f* de participation.
Anteilsinhaber *m*, - → *Anteilseigner*.
Anteilssumme *f*, n commandite *f* ; participation *f* (chiffrée).
Anteilsverschiebung *f*, en déplacement *m* de parts sociales ; changement *m* de mains de parts sociales.
Anteilswert *m*, e titre *m* participatif au capital d'une société ; action *f*.
Anteilswirtschaft *f*, en (*agric.*) exploitation *f* agricole avec participation aux bénéfices ; métayage *m*.
Anthrazit *m*, e anthracite *m* ; charbon *m* ; houille *f*.
Antibetrugseinheit *f*, en unité *f*, brigade *f* de répression des fraudes.
antichambrieren faire antichambre (*syn. katzbuckeln*).
Antichrese *f*, n antichrèse *f* (nantissement d'un immeuble).
Antidumpinggesetz *n*, e loi *f* anti-dumping.
Antidumpingzölle *mpl* droits *mpl* de douane antidumping.
Antiglobalisierungsbewegung *f*, en mouvement *m* altermondialiste ; altermondialisme *m* ; mouvement anti-mondialisation.
Antihaltung *f*, en attitude *f* d'opposition systématique ; opposition *f* négative, non constructive.
antiinflationistisch anti-inflationniste ; *~e Maßnahme* mesure *f* de lutte contre l'inflation.

Antiquität *f*, en objet *m* ancien ; antiquité *f*.
Antiquitätenhandel *m*, ø commerce *m* d'antiquités ; brocante *f*.
Antiquitätenhändler *m*, - brocanteur *m*.
Antiquitätensammler *m*, - amateur *m* d'antiquités ; collectionneur *m* d'objets anciens ; chineur *m*.
Antiquitätenschmuggel *m*, ø contrebande *f* d'objets anciens, d'antiquités.
Antitrustgesetz *n*, e loi *f* interdisant la constitution de trusts ; loi anti-trusts.
Antizipandozahlung *f*, en paiement *m* anticipé ; règlement *m* anticipé.
antizipativ : (*comptab.*) *~e Aktiva* produits *mpl* à recevoir ; *~e Passiva* charges *fpl* à payer.
antizipatorisch par anticipation ; *Zinsen ~ erhöhen* anticiper une hausse des taux.
antizyklisch anticyclique ; contracyclique ; anticonjoncturel ; *~e Maßnahme* mesure *f* destinée à freiner ou à relancer l'activité économique ; mesure anticonjoncturelle.
Antrag *m*, ¨e demande *f* ; proposition *f* ; requête *f* ; motion *f* I. *auf ~* sur proposition de ; à la demande de ; *~ auf Auflösung einer Gesellschaft* demande de dissolution d'une société ; *~ auf Erfüllung einer Leistung* demande en exécution d'une prestation due ; *~ auf vorzeitige Pensionierung* demande de mise à la retraite anticipée ; *~ auf Schadenersatz* demande en dommages et intérêts ; *~ auf Teilnahme* demande de participation ; *~ auf Zulassung zur Vermarktung* demande d'autorisation de mise sur le marché II. *einen ~ ab/lehnen* rejeter une demande ; *einen ~ an/nehmen* donner suite à une demande ; *einen ~ ein/bringen* déposer une motion ; *einem ~ statt/geben* reconnaître le bien-fondé d'une demande ; accéder à une requête ; *einen ~ stellen* déposer une demande ; *einen ~ zurück/ziehen* retirer une demande.
antragsberechtigt habilité à faire une demande (d'indemnité, de subvention, etc.).
Antragsformular *n*, e formulaire *m* de demande.
antragsgemäß conformément à la demande.

Antragskommission *f,* en (*polit.*) commission *f* parlementaire des projets de loi.

Antragsschrift *f,* en demande *f* écrite.

Antragsteller *m,* - demandeur *m* ; déposant *m* d'un dossier de demande.

Antragstellung *f,* en requête *f* ; dépôt de la demande ; dossier *m* de demande officielle.

Antransport *m,* e transport *m,* livraison *f* à bon port.

an/transportieren transporter (à un endroit précis) ; livrer.

an/treiben, ie, ie faire avancer ; *jdn zur Arbeit ~* inciter qqn au travail ; (*machine*) actionner ; commander ; propulser ; *die Inflation ~* attiser l'inflation ; *die Preise ~* faire flamber les prix.

an/treten, a, e (*ist*) 1. *zum Dienst ~* se présenter (au travail) ; *eine Reise ~* entamer un voyage 3. *ein Erbe ~* recueillir un héritage ; *jds Nachfolge ~* prendre la succession de qqn ; succéder à qqn.

Antriebskraft *f,* ¨e force *f* de propulsion ; force motrice ; facteur *m* d'impulsion ; *die ~¨e des Wirtschaftswachstums* le moteur de la croissance économique.

Antritt *m,* e 1. départ *m* en voyage 2. entrée *f* en fonctions (emploi) 3. entrée *f* en jouissance (d'un héritage, etc.).

Antrittsbesuch *m,* e visite *f* de présentation ; visite de courtoisie.

Antw. → *Antwort.*

Antwort *f,* en réponse *f* ; réplique *f* ; *abschlägige, zustimmende ~* réponse négative, positive ; *in ~ auf* en réponse à ; *um ~ wird gebeten (u.A.w.g.)* répondez, s'il vous plaît (r.s.v.p.).

antworten répondre ; *ausweichend ~* donner une réponse évasive ; *mit ja oder nein ~* répondre par oui ou par non ; *jdm ~* répondre à qqn ; *auf einen Brief ~* répondre à une lettre.

Antwortkarte *f,* n carte-réponse *f.*

Antwortschein *m,* e coupon-réponse *m* ; *internationaler ~* coupon-réponse international.

ANUGA *f* (*Allgemeine Nahrungs- und Genussmittelausstellung*) salon *m* de l'alimentation et des techniques alimentaires de Cologne.

An- und Abreise *f,* n (*touris.*) dates *fpl* d'arrivée et de départ.

An- und Verkaufskurs *m,* e cours *m* d'achat et de revente.

Anw. → *Anweisung.*

an/wachsen, u, a (*ist*) s'accroître ; augmenter ; *~ de Schulden* dettes *fpl* qui s'accumulent.

Anwachsung *f,* en accroissement *m* ; multiplication *f* ; *~ der Lebenserwartung* accroissement de l'espérance de vie ; *~ des Viehbestands* accroissement *m* du cheptel.

an/wählen 1. (*téléphone*) composer un numéro 2. (*ordinateur*) sélectionner ; activer un programme.

Anwalt *m,* ¨e avocat *m* ; défenseur *m.*

anwältlich : *mit ~em Beistand* assisté d'un avocat ; avec l'assistance d'un avocat.

Anwältin *f,* -nen avocate *f.*

Anwaltsbüro *n,* s étude *f* d'avocat ; cabinet *m* d'avocat(s).

Anwaltschaft *f,* (en) 1.(*jur.*) charge *f* (d'avocat) ; barreau *m* 2. *die ~ für jdn in einem Prozess übernehmen* assurer la défense de qqn dans un procès.

Anwaltskammer *f,* n conseil *m* de l'Ordre des avocats.

Anwaltskanzlei *f,* en → *Anwaltsbüro.*

Anwaltskosten *pl* frais *mpl,* honoraires *mpl* d'avocat.

Anwaltssozietät *f,* en cabinet *m* d'avocats.

Anwaltszwang *m,* ø obligation *f* de se faire représenter par un avocat.

Anwärter *m,* - postulant *m* ; candidat *m* ; *~ auf einen Posten* candidat à un poste (*syn. Bewerber*).

Anwärterstaat *m,* en État-candidat *m* (à l'entrée dans l'U.E.).

Anwartschaft *f,* en 1. droits *mpl* (en cours d'acquisition) 2. candidature *f* ; *die ~ auf einen Posten an/melden* poser sa candidature à un poste ; se porter candidat à un poste.

Anwartschaftsdeckungsverfahren *n,* - système *m* de capitalisation ; système de retraite par nombre de points acquis ; système de retraite par annuités.

Anwartschaftsrecht *n,* e droit *m* de l'acheteur d'acquérir la pleine propriété d'un bien ; droits *mpl* en cours d'acquisition.

Anwartschaftszeit *f,* en durée *f* de cotisation ouvrant des droits à qqch ; *eine ~ von 12 Monaten für Anspruch auf Arbeitslosengeld* un minimum de 12 mois d'ancienneté nécessaire à l'obtention d'une allocation de chômage (*syn. Vorversicherungszeit*).

an/weisen, ie, ie 1. ordonner ; *jdn ~ etw zu tun* donner ordre à qqn de faire qqch **2.** instruire ; donner des directives ; *einen Lehrling bei einer Arbeit ~* instruire un apprenti dans un travail **3.** *eine Ausgabe ~* mandater une dépense **4.** affecter ; assigner ; indiquer ; *jdm eine neue Arbeit ~* assigner une nouvelle tâche à qqn **5.** virer (des fonds) ; *jdm Geld durch die Post ~* envoyer de l'argent à qqn par la poste **6.** *angewiesen sein auf* être dépendant de ; *er ist ganz auf Sozialhilfe ~* il est entièrement tributaire de l'aide sociale.

Anweisende/r (*der/ein*) assignant *m* ; (*budget*) ordonnateur *m*.

Anweisung *f,* **en 1.** directive *f* ; instruction *f* **2.** ordre *m* ; *~ zur Zahlung* ordre de paiement **3.** mandat *m* ; virement *m* ; transfert *m* ; *durch ~ bezahlen* payer par mandat **4.** affectation *f* ; assignation *f.*

Anweisungsbefugnis *f,* se compétence *f* en matière d'ordonnancement de dépenses.

Anweisungsbefugte/r (*der/ein*) assignant *m* ; (*budget*) ordonnateur *m* (de dépenses, de traitement).

Anweisungsgebühr *f,* en frais *mpl* d'assignation.

anwendbar applicable ; utilisable ; faisable.

Anwendbarkeit *f,* en applicabilité *f* ; faisabilité *f.*

an/wenden, a, a appliquer ; utiliser ; employer ; *ein Gesetz ~* appliquer une loi.

Anwender *m,* - utilisateur *m* ; *~ von EDV-Anlagen* utilisateurs d'ordinateurs (*syn. User*).

anwenderfreundlich convivial ; d'utilisation facile ; ergonomique.

Anwenderhandbuch *n,* ¨er manuel *m* d'utilisateur ; mode *m* d'emploi.

Anwenderprogramm *n,* e → *Anwender-Software.*

Anwender-Software *f,* s logiciel *m* d'application ; progiciel *m.*

Anwendung *f,* en application *f* ; emploi *m* ; utilisation *f* ; usage *m* ; *in ~ (+ G)* en application de ; *~ des Gesetzes* application de la loi.

Anwendungsbereich *m,* e champ *m* d'application ; domaine *m* d'utilisation.

Anwendungsingenieur *m,* e ingénieur-informaticien *m* spécialisé dans les sytèmes d'application.

Anwerbekampagne *f,* n campagne *f* de recrutement.

an/werben, a, o embaucher ; engager ; recruter ; *Personal ~* recruter du personnel.

Anwerberland *n,* ¨er pays *m* demandeur de main-d'œuvre (étrangère).

Anwerbestopp *m,* s coup *m* d'arrêt au recrutement de main-d'œuvre ; *~ für ausländische Arbeiter* arrêt *m* de l'embauche de travailleurs étrangers.

Anwerbung *f,* en embauchage *m* ; embauche *f* ; recrutement *m* ; engagement *m.*

Anwesen *n,* - propriété *f* (foncière, terrienne) ; *ländliches ~* propriété rurale.

Anwesenheit *f,* en présence *f.*

Anwesenheitsgelder *npl* jetons *mpl* de présence.

Anwesenheitsliste *f,* n liste *f* des présents ; liste de présence.

Anwesenheitspflicht *f,* ø (*jur.*) obligation *f* de comparaître en personne.

Anwesenheitszeit *f,* en heures *fpl* de présence.

Anwohner *m,* - riverain *m.*

Anwohnerschaft *f,* en les riverains *mpl.*

Anwohnerschutz *m,* ø (*écologie*) protection *f* de l'environnement local et de sa population.

Anzahl *f,* ø nombre *m* ; quantité *f* ; *erforderliche ~* quorum *m* (vote).

an/zahlen verser un acompte ; effectuer un premier versement.

Anzahlung *f,* en acompte *m* ; avance *f* ; arrhes *fpl* ; provision *f* ; *~ bei Auftragserteilung* (*bei Bestellung*) acompte sur commande ; *eine ~ leisten* verser un acompte ; *eine ~ verlangen* demander un acompte, une avance.

an Zahlungs Statt en guise de règlement ; à titre de paiement.

Anzahlungssumme *f,* n → *Anzahlung.*

an/zapfen 1. (*fam.*) soutirer de l'argent à qqn ; taper qqn **2.** entamer ; *die Ölreserven ~* entamer les réserves stratégiques de pétrole **3.** (*mines*) commencer l'exploitation d'un gisement **4.** *eine (Telefon)Leitung ~* écouter (secrètement) une ligne téléphonique ; mettre une ligne sur écoute.

Anzeichen *n,* - signe *m* ; indice *m* ; symptôme *m* ; *die ~ einer Krise mehren sich* les indices annonciateurs d'une crise se multiplient ; *es sind alle* ~ *(dafür) vorhanden, dass* tous les signes sont réunis pour (que).

Anzeige *f*, **n 1.** (*jur.*) plainte *f* ; dénonciation *f* ; *gegen jdn* ~ *erstatten* porter plainte contre qqn **2.** annonce *f* ; faire-part *m* ; *durch* ~ par voie d'annonce ; *eine* ~ *in einer Zeitung auf/geben* (*in eine Zeitung setzen*) insérer, mettre une (petite) annonce dans un journal **3.** (*technique*) affichage *m* ; visualisation *f* ; display *m*.

an/zeigen 1. (*jur.*) dénoncer ; porter plainte **2.** communiquer ; faire savoir ; annoncer **3.** (*technique*) afficher ; visualiser ; indiquer ; signaler.

Anzeigenabteilung *f*, **en** service *m* des petites annonces ; service de publicité.

Anzeigenaktion *f*, **en** campagne *f* d'affichage, d'annonces.

Anzeigenaufkommen *n*, - (*médias*) nombre *m*, volume *m* d'annonceurs publicitaires.

Anzeigenbeilage *f*, **n** encart *m* publicitaire.

Anzeigenblatt *n*, ¨er journal *m* de petites annonces.

Anzeigenbüro *n*, **s** agence *f* de publicité.

Anzeigenkampagne *f*, **n** → *Anzeigenaktion*.

Anzeigenkunde *m*, **en, en** annonceur *m* publicitaire.

Anzeigenleiter *m*, - directeur *m* de la publicité.

Anzeigenmarkt *m*, ¨e marché *m* publicitaire ; part *f* de marché pour les annonces.

Anzeigenschluss *m*, ¨e date *f* limite de la remise des annonces.

Anzeigenschwund *m*, ø perte *f* d'annonceurs ; diminution *f* du nombre de petites annonces.

Anzeigenseite *f*, **n** rubrique *f* des annonces ; page *f* de publicité.

Anzeigentarif *m*, **e** tarif *m* des annonces ; tarif des encarts publicitaires, de la publicité.

Anzeigenteil *m*, **e** pages *fpl* publicitaires ; rubrique *f* des petites annonces.

Anzeigenwerber *m*, - démarcheur *m* d'annonces publicitaires.

Anzeigenwerbung *f*, **en** publicité *f* dans la presse ; publicité par annonces.

Anzeigenwesen *n*, ø publicité *f* par annonces.

Anzeigenwirkung *f*, **en** impact *m* publicitaire.

Anzeigepflicht *f*, ø **1.** déclaration *f* obligatoire **2.** dénonciation *f* obligatoire.

anzeigepflichtig soumis à déclaration.

Anzeiger *m*, - **1.** dénonciateur *m* ; délateur *m* ; mouchard *m* ; indic *m* **2.** indicateur *m* ; témoin *m* **3.** titre *m* de certains journaux locaux « General-Anzeiger ».

an/zetteln monter ; machiner.

an/ziehen, o, o 1. monter ; donner des signes de reprise ; *die Kurse ziehen an* les cours *mpl* reprennent ; les cours repartent à la hausse ; *Kupfer hat angezogen* les actions des mines de cuivre sont à la hausse **2.** attirer (clients) **3.** *die Steuerschraube* ~ serrer la vis fiscale ; donner un tour de vis fiscal ; augmenter les impôts.

Anzugsträger *m*, - (*ironique*) cadre *m* supérieur (avec costume trois-pièces).

AO → *Abgabenordnung*.

A/O (*April/Oktober*) dates *fpl* d'échéance du versement des intérêts pour les obligations.

AOK *f* (*Allgemeine Ortskrankenkasse*) caisse *f* locale d'assurance-maladie.

APA *f* (*Austria Presse-Agentur*) agence *f* de presse autrichienne.

Apanage *f*, **n 1.** (somme allouée à une famille princière non régnante) apanage *m* ; allocation *f* princière ; rente *f* apanagère **2.** (*fig.*) revenu *m* important ; allocation *f* régulière substantielle.

APEC *f* (*Asia Pacific Economic Cooperation*) coopération *f* économique Asie-Pacifique.

APM *m* (*Aktionskreis Deutsche Wirtschaft gegen Produkt- und Markenpiraterie*) Cercle *m* d'action de l'économie allemande contre le piratage des marques et des produits.

Apotheke *f*, **n** pharmacie *f*.

apothekenpflichtig vendu exclusivement en pharmacie ; vente *f* exclusive en pharmacie ; vente sur ordonnance.

Apotheker *m*, - pharmacien *m*.

Apothekerkosten *pl* frais *mpl* de pharmacie ; frais de médicaments.

Apparat *m*, **e 1.** appareil *m* ; équipement *m* **2.** (*téléph.*) poste *m* ; *bleiben Sie am* ~ ne quittez pas.

Apparatschik *m*, s (*hist. péj.*) apparatchik *m* ; ancien fonctionnaire *m* des pays de l'Est.

Appoint *m*, s (*pr. fr.*) effet *m* qui rembourse totalement une dette.

Approbation *f*, **en** autorisation *f* d'exercer la médecine ; *einem Arzt die ~ erteilen, entziehen* accorder, retirer l'autorisation d'exercer à un médecin.

approbiert diplômé ; autorisé à exercer (la médecine).

A-Punkte *mpl* (*U.E.*) dossiers *mpl* qui passent la commission sans problèmes (*contr. B-Punkte*).

Aquakultur *f*, **en** aquaculture *f* (*syn. Fischzucht*).

Aquapower *f*, **ø** puissance *f* électrique produite par les centrales hydrauliques.

äquivalent équivalent.

Äquivalent *n*, e équivalent *m*.

Äquivalenz *f*, **en** équivalence *f*.

Äquivalenzbeziehung *f*, **en** rapport *m* d'équivalence.

Äquivalenzprinzip *n*, -ien principe *m* d'équivalence (celui qui a payé les plus fortes cotisations perçoit la pension de retraite la plus élevée).

Äquivalenzziffer *f*, **n** chiffre *m* d'équivalence ; (*assur.*) coefficient *m* d'équivalence (la prime est fonction du risque assuré) ; (*fisc.*) principe *m* d'équivalence.

AR → *Aufsichtsrat*.

Ar *n/m*, e are *m*.

Arbeit *f*, **en 1.** (*activité*) travail *m* ; occupation *f* ; emploi *m* ; (*fam.*) boulot *m* ; job *m* ; besogne *f* **I.** *anfallende ~* travaux à exécuter ; travaux en cours ; *feste ~* travail stable ; *geistige ~* travail intellectuel ; *körperliche ~* travail physique ; *labeur m* ; *schöpferische ~* travail créatif ; *schwere ~en* travaux pénibles ; *soziale ~* le (travail) social ; *unterbezahlte ~* travail sous-payé ; *verantwortungsvolle ~* travail de responsabilité **II.** *die ~ wieder auf/nehmen* reprendre le travail ; *eine ~ aus/führen* exécuter un travail ; *die ~ automatisieren* automatiser le travail ; *sich vor der ~ drücken* tirer au flanc ; *die ~ ein/stellen (nieder/legen)* débrayer ; cesser le travail ; *eine ~ erledigen (verrichten)* faire un travail ; exécuter un travail ; *~ finden* trouver du travail ; *zur ~ gehen* aller au travail ; *etw in ~ haben* être en train d'exécuter qqch ; avoir qqch en chantier ; *von der ~ kommen* rentrer du travail ; *gute ~ leisten* faire du bon travail ; *sich an die ~ machen* se mettre au travail ; *einer geregelten ~ nach/gehen* avoir un emploi régulier ; *eine ~ planen* planifier un travail ; *ohne ~ sein* être sans emploi ; *~ suchen* chercher un emploi, du travail ; *eine ~ übernehmen* se charger d'un travail ; *seine ~ verlieren* perdre son emploi ; *die ~ vergüten* rémunérer le travail **2.** (*travail exécuté*) travail *m* ; œuvre *f* ; ouvrage *m* ; *handgefertigte, maschinelle ~* travail fait main, travail fait à la machine ; *saubere, tadellose, verpfuschte ~* travail soigné, irréprochable, saboté ; → **Akkord-, Büro-, Doppel-, Einzel-, Fließ-, Fließband-, Frauen-, Ganztags-, Geistes-, Halbtags-, Hand-, Heim-, Kurz-, Nach-, Nacht-, Schicht-, Schwarz-, Schwer-, Sonntags-, Teilzeit-, Vor-, Zusammenarbeit.**

arbeiten 1. travailler ; avoir une activité rémunérée ; être occupé ; *im Akkordlohn ~* travailler à la pièce (aux pièces) ; *ganztags, halbtags ~* travailler à plein temps, à mi-temps ; *für Geld ~* travailler moyennant salaire ; travailler contre rémunération ; *mit den Händen, mit dem Kopf ~* avoir un travail manuel, intellectuel ; *im Leistungslohn ~* travailler au rendement ; *an einer Maschine ~* travailler sur une machine ; *bei der Post ~* travailler à la poste ; *auf Provisionsbasis ~* travailler à la commission ; *auf eigene, auf fremde Rechnung ~* travailler pour son compte, pour compte d'autrui ; *rund um die Uhr ~* faire les trois-huit ; travailler 24 sur 24 ; *im Zeitlohn ~* travailler au temps **2.** fonctionner ; marcher ; tourner.

Arbeiter *m*, - ouvrier ; travailleur *m* **I.** *angelernter ~* O.S. *m* ; ouvrier spécialisé (surtout à la chaîne) ; *ausländischer ~* travailleur étranger (*syn. arch. Gastarbeiter*) ; *gelernter ~* ouvrier professionnel ; O.P. *m* ; (*gewerkschaftlich*) *organisierter ~* ouvrier syndiqué ; *hochqualifizierter ~* ouvrier hautement qualifié ; *landwirtschaftlicher ~* ouvrier agricole ; *ungelernter (unqualifizierter) ~* manœuvre *m* ; *vollbeschäftigter ~* travailleur à temps complet (à plein temps) **II.** *einen ~ ab/werben, an/stellen* débaucher, embaucher un ouvrier ; *~ ein/stel-*

len engager de la main-d'œuvre ; *einen ~ entlassen* (*einem ~ kündigen*) licencier un ouvrier ; → *Akkord-, Bau-, Fabrik-, Fach-, Fremd-, Gast-, Geistes-, Gelegenheits-, Hand-, Hilfs-, Industrie-, Kurz-, Saison-, Schicht-, Schwer-, Stamm-, Vorarbeiter.*

Arbeiteraktie *f,* n action *f* ouvrière ; action de travail.

Arbeiteraufstand *m,* ¨e mouvement *m* insurrectionnel des travailleurs.

Arbeiterausschuss *m,* ¨e comité *m* ouvrier ; comité *m* des travailleurs.

Arbeiteraussperrung *f,* en lock-out *m.*

Arbeiterbauer *m,* n, n agriculteur *m* salarié (dont l'activité principale s'exerce dans l'industrie).

Arbeiterbewegung *f,* en 1. mouvement *m* ouvrier 2. mouvement *m* revendicatif.

Arbeitereinkommen *n,* -künfte revenu *m* salarié ; revenu du travail.

arbeiterfeindlich antisocial ; *~e Maßnahmen* mesures *fpl* antisociales.

Arbeiterfrage *f,* n question *f* ouvrière.

arbeiterfreundlich social ; favorable à la classe ouvrière, aux salariés.

Arbeiterführer *m,* - leader *m* syndical ; dirigeant *m* syndical ; leader ouvrier.

Arbeiterfunktionär *m,* e → *Arbeiterführer.*

Arbeitergenossenschaft *f,* en coopérative *f* ouvrière.

Arbeitergewerkschaft *f,* en syndicat *m* ouvrier.

Arbeiterhaushalt *m,* e ménage *m* d'ouvriers.

Arbeiterinnung *f,* en 1. fédération *f* ouvrière 2. → *Arbeitergenossenschaft.*

Arbeiterinteressen *npl* intérêts *mpl* ouvriers ; *~ wahr/nehmen* défendre les intérêts des travailleurs, des salariés.

Arbeiterkammer *f,* n (*Autriche*) chambre *f* des travailleurs ; chambre syndicale.

Arbeiterklasse *f,* n classe *f* ouvrière ; classe laborieuse.

Arbeiterkolonne *f,* n équipe *f* de travail ; brigade *f* (routes, chemin de fer, etc.).

Arbeiterleihvertrag *m,* ¨e contrat *m* de cession de personnel en régie ; contrat de prêt de personnel.

Arbeiterorganisation *f,* en organisation *f* ouvrière.

Arbeiterpartei *f,* en parti *m* ouvrier ; *einer ~ an/gehören* être membre d'un parti ouvrier.

Arbeiterproduktionsgenossenschaft *f,* en société *f* coopérative ouvrière de production (S.C.O.P.).

Arbeiterrat *m,* ¨e (*hist. R.D.A.*) conseil *m* ouvrier.

Arbeiterrentenversicherung *f,* en assurance-retraite *f* obligatoire des salariés.

Arbeiterschaft *f,* en classes *fpl* laborieuses ; monde *m* ouvrier ; salariat *m* ; les ouvriers *mpl* ; personnel *m* ouvrier (d'une entreprise).

Arbeiterschutz *m,* ø protection *f* du travail.

Arbeiterselbstverwaltung *f,* en autogestion *f* ; entreprise *f* autogérée (par le personnel).

Arbeitersiedlung *f,* en cité *f* ouvrière.

Arbeiterstunde *f,* n heure-ouvrier *f.*

Arbeiter- und Bauernstaat *m* (*hist. R.D.A.*) État *m* ouvrier et paysan.

Arbeiterverräter *m,* - (*hist. péj.*) traître *m* à la cause ouvrière.

Arbeiterversammlung *f,* en assemblée *f* ouvrière.

Arbeitervertretung *f,* en représentation *f* des travailleurs ; représentation ouvrière.

Arbeiterviertel *n,* - quartier *m* ouvrier.

Arbeiterwechsel *m,* - 1. rotation *f* du personnel 2. mouvements *mpl* de personnel ; mutations *fpl.*

Arbeiterwohlfahrt *f,* ø organisme *m* d'assistance, d'aide aux travailleurs ; association *f* de solidarité ouvrière.

Arbeiterwohnung *f,* en maison *f* ouvrière ; coron *m.*

Arbeitszeit *f,* en période *f* contractuelle de travail ; durée *f* du travail sous contrat (REFA).

Arbeitgeber *m,* - employeur *m* ; patron *m* ; chef *m* d'entreprise ; maître d'œuvre *m* ; *Haftpflicht des ~s* responsabilité *f* civile de l'employeur ; *Pflichtteil des ~s* (*an der Sozialversicherung*) quote-part *f* patronale à la sécurité sociale ; part *f* patronale.

Arbeitgeberanteil *m,* e cotisation *f* patronale ; part *f* patronale ; quote-part *f* patronale à la sécurité sociale ; → *Arbeitgeber.*

Arbeitgeberbeitrag *m,* ¨e → *Arbeitgeberanteil.*

Arbeitgeberdachverband *m,* ¨e (con)fédération *f* patronale.

Arbeitgeberdarlehen *n,* - prêt *m* consenti par l'employeur à ses collaborateurs.

Arbeitgeberleistungen *fpl* prestations *fpl* patronales ; part patronale.

arbeitgebernah proche du patronat ; (*France*) proche du M.E.D.E.F. ; → *Arbeitgeberverband.*

Arbeitgeberorganisation *f,* en → *Arbeitgeberverband.*

Arbeitgeberschaft *f,* en patronat *m.*

Arbeitgeberseite *f,* n (représentants *mpl* du) patronat *m* ; camp *m* des employeurs.

Arbeitgeberverband *m,* ¨e organisation *f,* fédération *f* patronale ; association *f* des chefs d'entreprise ; (*France*) M.E.D.E.F. *m* (mouvement des entreprises de France ; ex-C.N.P.F. : comité national du patronat français).

Arbeitgebervereinigung *f,* en → *Arbeitgeberverband.*

Arbeitgebervertreter *m,* - représentant *m* du patronat.

Arbeitnehmer *m,* - salarié *m* ; employé *m* ; travailleur *m* dépendant ; *ausgeliehener* ~ salarié en régie ; *ausländischer, einheimischer* ~ travailleur étranger, national ; *gewerblicher* ~ travailleur de l'industrie ; *jugendlicher* ~ jeune salarié ; ~ *einstellen* recruter des salariés ; *Freizügigkeit der* ~ libre circulation *f* des travailleurs ; *Gewinnbeteiligung der* ~ intéressement *m* des salariés ; participation *f* des salariés aux bénéfices ; → *Arbeiter* ; *Angestellte/r* ; **Lohnempfänger** ; **Gehaltsempfänger** ; **Lohn- und Gehaltsempfänger.**

Arbeitnehmeraktie *f,* n → *Belegschaftsaktie.*

Arbeitnehmeranteil *m,* e cotisation *f* salariale ; part *f* salariale à la sécurité sociale.

Arbeitnehmerbeitrag *m,* ¨e → *Arbeitnehmeranteil.*

Arbeitnehmerfreibetrag *m,* ¨e déduction *f* forfaitaire sur traitements et salaires ; tranche *f* non imposable ; abattement *m* à la base.

Arbeitnehmergewerkschaft *f,* en syndicat *m* ouvrier ; organisation *f* syndicale (*syn. Gewerkschaft*).

Arbeitnehmerhaftung *f,* en responsabilité *f* civile et légale du salarié (il ne sera plus responsable que d'une partie seulement des dégâts éventuels).

Arbeitnehmerhilfe *f,* n prime *f* d'incitation à accepter un travail faiblement rémunéré.

Arbeitnehmerorganisation *f,* en → *Arbeitnehmergewerkschaft.*

Arbeitnehmerpausch(al)betrag *m,* ¨e forfait *m* (des salariés) déductible ; (*France*) abattement *m* forfaitaire (pour frais professionnels).

Arbeitnehmerschaft *f,* en travailleurs *mpl* ; salariés *mpl* ; monde *m* ouvrier.

Arbeitnehmerseite *f,* n (représentants *mpl* des) salariés *mpl* ; camp *m* des salariés, salarial ; syndicat *m.*

Arbeitnehmersicht : *aus* ~ du point de vue des salariés.

Arbeitnehmersparzulage *f,* n prime *f* d'épargne des salariés (destinée à être capitalisée ou réinvestie dans l'entreprise).

Arbeitnehmerstiftung *f,* en fondation *f* ouvrière ; attribution *f* d'une part du capital social aux travailleurs sous forme d'une fondation.

Arbeitnehmerüberlassung *f,* en louage *m* de services, de personnel intérimaire ; intérim *m* ; travail *m* intérimaire ; prêt *m,* délégation *f* de personnel, de main d'œuvre (*syn. Leiharbeit* ; *Zeitarbeit* ; *Personal-Leasing*).

Arbeitnehmerüberlassungsgesetz *n,* e loi *f* sur le travail intérimaire.

Arbeitnehmerverband *m,* ¨e → *Arbeitnehmergewerkschaft.*

Arbeitnehmervereinigung *f,* en → *Arbeitnehmergewerkschaft.*

Arbeitnehmerverhältnis *n,* se statut *m* de salarié ; salariat *m.*

Arbeitnehmervertreter *m,* - représentant *m* des salariés.

Arbeitnehmerzentrale *f,* n centrale *f* syndicale des salariés.

Arbeitsablauf *m,* ¨e déroulement *m* du travail ; étude *f* de l'organisation du travail.

Arbeitsabschnitt *m,* e phase *f* de travail.

Arbeitsaktie *f,* n action *f* ouvrière, de travail (*syn. Belegschaftsaktie*).

Arbeitsamt *n,* ¨er agence *f* pour l'emploi ; bureau *m* de placement ; office *m* du travail.

Arbeitsanfall *m,* ø travail *m* à effectuer ; charge *f* de travail inattendue ; (*fam.*) coup de feu *m* ; besogne *f.*

Arbeitsanfang *m*, ¨e début *m* du travail ; début de la journée de travail.

Arbeitsangebot *n*, e offre *f* d'emploi.

Arbeitsanleitung *f*, en directives *fpl*, instructions *fpl* de travail.

Arbeitsantritt *m*, ø 1. entrée *f* en fonction 2. date *f* d'embauche.

Arbeitsanweisung *f*, en → *Arbeitsanleitung*.

Arbeitsauffassung *f*, en conception *f*, éthique *f* du travail.

Arbeitsaufsicht *f*, en inspection *f* du travail.

Arbeitsaufwand *m*, ¨e travail *m* (fourni) ; somme *f* de travail ; temps *m* nécessaire à l'exécution d'un travail ; quantité *f* de travail nécessaire ; dépenses *fpl* en travail ; *gesellschaftlich notwendiger* ~ dépenses socialement nécessaires.

arbeitsaufwändig/...wendig à fort coefficient de travail ; à fort investissement de travail, de main d'œuvre.

Arbeitsaufwandsentschädigung *f*, en indemnité *f* pour frais professionnels.

Arbeitsausfall *m*, ¨e perte *f* de travail ; déficit *m* d'heures ; heures *fpl* non-effectuées.

Arbeitsausschuss *m*, ¨e commission *f* de travail parlementaire.

Arbeitsbedingungen *fpl* conditions *fpl* de travail ; *günstige, erschwerte* ~ conditions de travail favorables, difficiles.

Arbeitsbefreiung *f*, en exemption *f* de travail ; autorisation *f* d'absence ; dispense *f* de travail.

Arbeitsbehörde *f*, n (*Suisse*) service *m* public de l'emploi.

Arbeitsbelastung *f*, en charge *f* de travail.

Arbeitsbereich *m*, e secteur *m* d'activité ; domaine *m* d'activité.

Arbeitsbereicherung *f*, en enrichissement *m* des tâches (d'un poste de travail pour le rendre plus intéressant).

Arbeitsbereitschaft *f*, en motivation *f* au travail ; *die* ~ *durch Anreize fördern* favoriser la motivation au travail par des mesures incitatives.

Arbeitsbericht *m*, e rapport *m* d'activité.

Arbeitsbeschaffung *f*, en création *f* d'emploi(s).

Arbeitsbeschaffungsmaßnahmen *fpl* (*ABM*) mesures *fpl* de création d'emploi(s) ; mesures de traitement social du chômage ; emplois *mpl* jeunes ; contrats *mpl* solidarité-emploi ; T.U.C. *m*.

Arbeitsbeschaffungspolitik *f*, ø politique *f* active de l'emploi.

Arbeitsbescheinigung *f*, en attestation *m* de travail ; certificat *m* de travail.

Arbeitsbesprechung *f*, en réunion *f* de travail.

Arbeitsbewertung *f*, en qualification *f* du travail.

Arbeitsbewilligung *f*, en (*Autriche*) autorisation *f* de travail.

Arbeitsbewusstsein *n*, ø conscience *f*, éthique *f* professionnelle.

arbeitsbezogen lié au travail ; en rapport avec le travail ; fonction du travail ; ~*e Probleme* problèmes *mpl* liés au travail.

Arbeitsbörse *f*, n (*Autriche*) bourse *f* du travail.

Arbeitsbrigade *f*, n (*hist. R.D.A.*) brigade *f* ; collectif *m* de travail.

Arbeitsdienst *m*, e 1. travail *m* bénévole 2. (*hist.*) service *m* du travail ; travail au service de la collectivité.

Arbeitsdirektor *m*, en 1. directeur *m* du personnel ; directeur des ressources humaines (D.R.H.) 2. (*Allemagne, cogestion*) directeur du travail (veillant aux intérêts des salariés).

Arbeitseifer *m*, ø zèle *m* ; assiduité *f*.

Arbeitseinkommen *n*, -/künfte revenu *m* du travail.

Arbeitseinsatz *m*, ¨e 1. recours *m* à la main-d'œuvre ; utilisation *f* du facteur travail ; *ein Bereich mit hohem* ~ un secteur à fort investissement de main-d'œuvre 2. place *f* offerte à un chômeur

Arbeitseinsparung *f*, en rationalisation *f* du travail.

Arbeitseinstellung *f*, en 1. → *Arbeitsniederlegung* 2. conception *f* du travail.

Arbeitseinteilung *f*, en répartition *f* du travail ; organisation *f* du travail.

Arbeitsentgelt *n*, e rémunération *f*, rétribution *f* du travail ; salaire *m*.

Arbeitserlaubnis *f*, se carte *f* de travail ; autorisation *f* de travail.

arbeitserleichternd qui facilite le travail ; rationnel.

Arbeitserleichterung *f*, en rationalisation *f*, allègement *m* du travail.

arbeitserschwerend fastidieux ; qui rend le travail pénible.

arbeitsersparend rationnel.

Arbeitserweiterung *f,* **en** augmentation *f* des tâches (de travail) ; augmentation *f* du plan de charge.

Arbeitsessen *n,* - déjeuner *m,* repas *m* d'affaires.

Arbeitsethos *n,* ø déontologie *f* professionnelle.

arbeitsfähig : ~ *sein* être apte au travail ; être capable d'exercer une activité.

Arbeitsfähigkeit *f,* ø aptitude *f* au travail ; capacité *f* de travail ; *Minderung der* ~ *um 30 Prozent* (taux *m* d') invalidité *f* de 30 %.

Arbeitsfeld *n,* er domaine *m* d'activité ; (*fig.*) chantier *m.*

Arbeitsförderung *f,* **en** mesures *fpl* en faveur de l'emploi.

Arbeitsförderungsgesetz *n,* e législation *f,* loi *f* en faveur de l'emploi.

arbeitsfrei chômé ; non travaillé ; ~ *er Tag* journée *f* chômée, non travaillée.

Arbeitsfriede(n) *m,* ø paix *f* sociale.

Arbeitsgang *m,* ¨e séquence *f* de travail ; phase *f* de fabrication.

Arbeitsgebiet *n,* e → *Arbeitsfeld.*

Arbeitsgemeinschaft *f,* **en** 1. groupe *m* de travail ; atelier *m* de travail ; cercle *m* d'études ; commission *f* 2. chambre *f* syndicale ; ~ *der deutschen Wertpapierbörsen* chambre syndicale des bourses allemandes.

Arbeitsgenehmigung *f,* **en** → *Arbeitserlaubnis.*

Arbeitsgenossenschaft *f,* **en** coopérative *f* de travailleurs.

Arbeitsgericht *n,* e tribunal *m* du travail ; conseil *m* des prud'hommes ; tribunal prud'homal.

arbeitsgerichtlich concernant la législation du travail ; prud'homal.

Arbeitsgerichtsbarkeit *f,* **en** juridiction *f* du travail, prud'homale.

Arbeitsgerichtsverfahren *n,* - procédure *f* juridique prud'homale.

Arbeitsgesetzbuch *n,* ¨er code *m* du travail.

Arbeitsgesetzgebung *f,* **en** législation *f* du travail.

Arbeitsgestaltung *f,* **en** organisation *f* du travail.

Arbeitsgruppe *f,* **n** groupe *m* de travail ; équipe *f* ; atelier *m.*

Arbeitsinspektion *f,* **en** (*Autriche, Suisse*) inspection *f* du travail.

arbeitsintensiv à fort coefficient de travail, de main-d'œuvre.

Arbeitskampf *m,* ¨e lutte *f* sociale ; conflit *m* du travail.

Arbeitskategorie *f,* **n** 1. catégorie *f* d'emploi 2. statut *m* professionnel ; catégorie socio-professionnelle.

Arbeitsklima *n,* ø ambiance *f,* conditions *fpl* de travail ; climat *m* social ; *angespanntes* ~ climat social tendu ; tensions *fpl* dans le monde du travail.

Arbeitskollege *m,* **n, n** collègue *m* de bureau ; relation *f* de travail.

Arbeitskonflikt *m,* **e** conflit *m* du travail ; *einen* ~ *bei/legen* régler un conflit du travail.

Arbeitskopie *f,* **n** (*informatique*) copie *f* de sauvegarde ; copie de travail.

Arbeitskorridor *m,* **e** plage *f* horaire ; fourchette *f* horaire (au sein de laquelle les entreprises peuvent fixer leurs horaires de travail).

Arbeitskosten *pl* coûts *mpl* de production imputables au facteur travail ; coût de la main-d'œuvre ; charges *fpl* salariales.

Arbeitskraft *f,* 1. ¨e travailleur *m* ; ouvrier *m* ; employé ; ~¨e main-d'œuvre *f* ; personnel *m* ; *ausländische* ~¨e main-d'œuvre étrangère ; travailleurs *mpl* immigrés ; *verfügbare* ~¨e main-d'œuvre disponible ; *geschulte* ~¨e main-d'œuvre qualifiée ; *Mangel an* ~¨en pénurie *f* de main-d'œuvre 2. ø puissance *f* de travail.

Arbeitskräftebedarf *m,* ø besoins *mpl* en main-d'œuvre.

Arbeitskräftemangel *m,* ¨ pénurie *f* de main-d'œuvre.

Arbeitskräftepotenzial *n,* **e** potentiel *m* de main-d'œuvre.

Arbeitskreis *m,* **e** → *Arbeitsgemeinschaft.*

Arbeitslager *n,* - camp *m* de travail.

Arbeitsleistung *f,* **en** rendement *m* ; puissance *f* (machine) ; débit *m* ; travail *m* ; prestation *f* de travail ; produit *m* ; *die* ~ *steigern* augmenter le rendement.

Arbeitslenkung *f,* **en** organisation *f,* planification *f* du travail.

Arbeitslohn *m,* ¨e salaire *m* ; rémunération *f* du travail.

arbeitslos en/au chômage ; chômeur ; sans emploi ; sans travail ; *vorübergehend* ~ en chômage temporaire ; ~ *sein* être au chômage ; ~ *werden* perdre son emploi (*syn. erwerbslos*).

Arbeitslosenfürsorge *f*, ø → *Arbeitslosenhilfe*.

Arbeitslosengeld *n*, **er** allocation *f* de chômage (financée par l'assurance-chômage) ; *(France)* A.S.S.E.D.I.C. *fpl* ; ~ *beziehen* toucher des indemnités de chômage ; toucher (percevoir) les/des A.S.S.E.D.I.C. ; (*syn. Stempelgeld*).

Arbeitslosenheer *n*, **e** armée *f* des chômeurs.

Arbeitslosenhilfe *f*, **n** aide *f* sociale aux chômeurs (qui ne bénéficient plus de l'allocation de chômage) ; assistance *f* chômage.

Arbeitsloseninitiative *f*, **n** initiative *f* de chômeurs.

Arbeitslosenkartei *f*, **en** (*Allemagne*) fichier *m* des chômeurs (de Nuremberg).

Arbeitslosenkasse *f*, **n** caisse *f* de secours pour les sans-emploi ; caisse de chômage.

Arbeitslosenquote *f*, **n** taux *m* de chômage ; pourcentage *m* de chômeurs.

Arbeitslosenunterstützung *f*, **en** (**Alu**) allocation *f* de chômage.

Arbeitslosenvermittlung *f*, **en** (organisme *m* de) reclassement *m* des chômeurs.

Arbeitslosenvermittlungsstelle *f*, **n** bureau *m* de reclasssement des personnes sans emploi.

Arbeitslosenversicherung *f*, **en** assurance-chômage *f*.

Arbeitslosenverwaltung *f*, **en** Agence *f* fédérale de l'emploi (*Nuremberg*).

Arbeitslosenzahl *f*, **en** nombre *m* de sans-emploi ; nombre de chômeurs ; *die ~ ist von 4,5 auf 5 Millionen gestiegen* le nombre des chômeurs est passé de 4,5 à 5 millions.

Arbeitslose/r (*der/ein*) chômeur *m* ; sans-emploi *m* (*syn. Erwerbslose/r*).

Arbeitslosigkeit *f*, **en** chômage *m* (situation de la main-œuvre sans travail ou à la recherche d'un emploi) **I.** *chronische* (*dauerhafte*) ~ chômage endémique (chronique) ; *betrieblich bedingte* ~ chômage technique ; *friktionelle* ~ chômage frictionnel (transitoire) ; *konjunkturbedingte* ~ chômage conjoncturel (cyclique) ; *latente* ~ chômage latent ; *offene* ~ chômage déclaré ; *saisonbedingte* (*saisonale*) ~ chômage saisonnier ; *stabilisierte* (*klassische*) ~ chômage classique ; *strukturelle* (*strukturbedingte, technologische*) ~ chômage structurel, technique ou technologique ; *verdeckte* (*verschleierte*) ~ chômage déguisé, larvé ; *zeitweilige* ~ chômage temporaire **II.** *die ~ bekämpfen* combattre le chômage ; *die ~ beseitigen* résorber le chômage ; *die ~ eindämmen* endiguer le chômage ; *die ~ verschleiern* déguiser le chômage **III.** *die ~ betrifft 10 % der erwerbstätigen Bevölkerung* le chômage touche 10 % de la population active ; *die ~ hat die 10 %- Marke überschritten* le chômage a dépassé la barre des 10 %.

Arbeitsmangel *m*, ø pénurie *f* de travail ; *es herrscht ~* il n'y a pas de travail.

Arbeitsmarkt *m*, ¨**e** marché *m* de l'emploi *m* ; *erster ~* marché de l'emploi normal ; *zweiter ~* emplois *mpl* créés dans le cadre des mesures sociales de création d'emploi → *Arbeitsbeschaffungsmaßnahmen* ; *den ~ liberalisieren* libéraliser le marché de l'emploi ; *die Lage auf dem ~* la situation de l'emploi.

Arbeitsmarktleistungen *fpl* ensemble *m* des prestations sociales versées dans le cadre du marché du travail.

Arbeitsmarktregion *f*, **en** bassin *m* d'emplois.

Arbeitsmedizin *f*, ø médecine *f* du travail.

Arbeitsmenge *f*, **n** nombre *m* d'heures ouvrées ; plan *m* de charge.

Arbeitsmensch *m*, **en**, **en** bourreau *m*, bête *f* de travail ; accro *m* du travail.

Arbeitsmethode *f*, **n** méthode *f* de travail.

Arbeitsminister *m*, - ministre *m* du travail (et des affaires sociales).

Arbeitsmittel *npl* **1.** outils *mpl* de travail **2.** (*fisc*) dépenses *fpl* pour frais professionnels.

Arbeitsministerium *n*, **-ien** ministère *m* du travail.

Arbeitsmöglichkeit *f*, **en** possibilité *f* de travail ; possibilité de trouver un emploi ; opportunité *f* de travail.

Arbeitsmoral *f*, ø éthique *f* professionnelle ; conscience *f* professionnelle.

Arbeitsnachweis *m*, **e 1.** emplois *mpl* vacants ; places *fpl* à pourvoir **2.** office *m* de placement **3.** attestation *f* d'un contrat de travail.

Arbeitsniederlegung *f*, **en** cessation *f* du travail ; débrayage *m*.

Arbeitsnorm *f*, **en** cadences *fpl* (pour le travail à la chaîne).

Arbeitsorganisation *f*, **en** organisation *f* du travail.

Arbeitsort *m*, **e** lieu *m* de travail ; *Fahrten zwischen Wohn- und ~* trajets *mpl* entre le domicile et le lieu de travail.

Arbeitspapier *n*, **e** 1. (*polit.*) projet *m* d'étude ; document *m* de travail 2. *~e* dossier *m* individuel du travailleur, du salarié (conservé par l'employeur).

Arbeitspause *f*, **n** pause *m* dans le travail ; arrêt *m* momentané (provisoire) de/du travail.

Arbeitspensum *n*, ø pensum *m* ; travaux *mpl* à accomplir ; *sein ~ bewältigen* venir à bout de son travail ; mener son travail à bien.

Arbeitsplan *m*, ¨e plan *m* de travail ; planning *m* ; calendrier *m* des tâches.

Arbeitsplanung *f*, **en** organisation *f* du travail ; ordonnancement *m*.

Arbeitsplatz *m*, ¨e 1. emploi *m* ; poste *m* (de travail) ; *fester, unsicherer ~* emploi stable, précaire ; *~ ab/bauen* supprimer des emplois ; *jdn am ~ aus/bilden* former qqn sur le tas ; *~¨e schaffen* créer des emplois ; *seinen ~ verlieren* perdre son emploi ; *den ~ wechseln* changer d'emploi 2. lieu *m* de travail.

Arbeitsplatzanalyse *f*, **n** analyse *f* des postes de travail.

Arbeitsplatzbeschaffung *f*, **en** création *f* d'emplois.

Arbeitsplatzbewertung *f*, **en** cotation *f* par poste (évaluation de la technicité ou de la difficulté du travail dont dépend le salaire) ; analyse *f* d'un poste de travail.

Arbeitsplatzgarantie *f*, **n** garantie *f* de l'emploi, d'emploi.

Arbeitsplatzgestaltung *f*, **en** aménagement *m* du cadre de travail.

Arbeitsplatzrisiko *n*, **en** risque *m* professionnel (inhérent à un emploi déterminé).

arbeitsplatzschaffend créateur d'emplois.

Arbeitsplatzschwund *m*, ø perte *f* d'emplois ; emplois *mpl* supprimés.

Arbeitsplatzsicherung *f*, ø sécurité *f* de l'emploi.

Arbeitsplatzstudie *f*, **n** étude *f* du poste (de travail).

Arbeitsplatzverlagerung *f*, **en** délocalisation *f* de l'emploi.

Arbeitsplatzverlust *m*, **e** perte *f* de l'emploi.

Arbeitsplatzvernichtung *f*, **en** destruction *f*, suppression *f* d'emplois.

Arbeitspotenzial *n*, **e** potentiel *m* ; capacité *f* de travail.

Arbeitsprobe *f*, **n** échantillon *m* (d'un travail, d'un ouvrage).

Arbeitsproduktivität *f*, **en** productivité *f*, rendement *m* du travail.

Arbeitsprozess *m*, **e** 1. processus *m* de/du travail 2. déroulement *m* du travail.

Arbeitsrecht *n*, **e** législation *f* du travail ; droit *m* social.

Arbeitsrechtler *m*, - juriste *m* du droit du travail.

arbeitsrechtlich concernant la législation du travail ; *~er Streitfall* conflit *m* du droit du travail.

Arbeitsregelung *f*, **en** réglementation *f* du travail.

arbeitsreich : *ein ~es Leben* une vie de labeur ; *eine ~e Woche* une semaine *f* chargée.

Arbeitsreserve *f*, **n** volant *m* de main-d'œuvre.

Arbeitsrichter *m*, - juge *m* (d'un tribunal du travail) ; prud'homme *m*.

Arbeitsrückstand *m*, ¨e retard *m* dans le travail ; travail *m* en retard.

Arbeitsruhe *f*, **n** pause *f* (dans le travail).

arbeitsscheu réfractaire au travail ; paresseux ; (*fam.*) flemmard.

Arbeitsschicht *f*, **en** équipe *f* de travail ; journée *f* de travail ; poste *m* de travail (dans le cadre des trois-huit).

Arbeitsschiedsgericht *n*, **e** conseil *m* de prud'hommes ; les prud'hommes *mpl* ; instance *f* prud'homale.

Arbeitsschritt *m*, **e** stade *m* de fabrication ; phase *f* d'un processus de travail ; *dieses Produkt entsteht in vielen ~en* ce produit nécessite de nombreux stades de fabrication.

Arbeitsschutz *m*, ø sécurité *f* du travail ; protection *f* (sociale) du travail.

Arbeitsschutzvorrichtungen *fpl* dispositif *m* de sécurité.

Arbeitssicherheit *f*, ø sécurité *f* du travail ; sécurité sur le lieu de travail.

Arbeitssitzung *f*, **en** réunion *f*, séance *f* de travail ; *an einer ~ teil/nehmen* participer à une réunion de travail.

Arbeitssoll *n*, ø objectifs *mpl* à atteindre ; production *f* assignée ; prévisions *fpl* de travail.

arbeitssparend qui réduit la charge de travail ; réducteur de main-d'œuvre ; qui économise de la main-d'œuvre.

Arbeitsspeicher *m*, - (*informatique*) mémoire *f* vive.
Arbeitsstab *m*, ¨e équipe *f* affectée à une certaine tâche ; état-major *m* ; staff *m*.
Arbeitsstätte *f*, n → *Arbeitsstelle*.
Arbeitsstättenverordnung *f*, en ordonnance *f* sur l'aménagement du lieu et de l'équipement du lieu de travail.
Arbeitsstelle *f*, n 1. lieu *m* de travail 2. *~ für betriebliche Ausbildung* office *m* de formation professionnelle.
Arbeitsstillstand *m*,¨e arrêt *m*, cessation *f* du travail.
Arbeitsstreit *m*, e conflit *m*, litige *m* du travail ; conflit *m* social.
Arbeitsstudie *f*, n étude *f* de travail ; étude de(s) tâches.
Arbeitsstunde *f*, n heure *f* de travail ; *eine ~ berechnen* facturer une heure de travail, de main-d'œuvre.
Arbeitssuche *f*, ø recherche *f* d'un travail, d'emploi ; *auf ~ sein* être à la recherche d'un emploi.
Arbeitssuchende/r (*der/ein*) demandeur *m* d'emploi ; chômeur *m*.
Arbeitstag *m*, e journée *f* de travail ; jour *m* ouvrable.
arbeitstäglich : *~ bereinigt* corrigé du nombre de jours ouvrables.
Arbeitstagung *f*, en réunion *f* de travail ; séance *f* de travail ; séminaire *m*.
Arbeitstakt *m*, e cycle *m* ; cadence *f* (pour le travail à la chaîne).
Arbeitsteam *n*, s équipe *f* de travail.
arbeitsteilig fondé sur la division du travail.
Arbeitsteilung *f*, en division *f* du travail ; taylorisme *m*.
Arbeitstempo *n*, s rythme *m*, cadence *f* de travail.
Arbeitstier *n*, e 1. animal *m* de travail ; animal de trait 2. (*péj.*) *ein ~ sein* être un vrai bourreau de travail ; être une bête de travail.
Arbeitstreffen *n*, - réunion *f* de travail.
Arbeitsüberlastung *f*, en surcharge *f* de travail ; surmenage *m*.
Arbeitsumfeld *n*, ø environnement *m* de travail.
Arbeitsumverteilung *f*, en redistribution *f* du travail ; nouvelle répartition *f* du travail.
arbeitsunfähig inapte au travail ; dans l'incapacité de travailler ; frappé d'incapacité de travail ; *dauernd ~* invalide permanent.

Arbeitsunfähigkeit *f*, ø incapacité *f* de travail ; inaptitude *f* au travail ; *dauernde, vorübergehende ~* incapacité permanente, temporaire de travail.
Arbeitsunfähigkeitsnachweis *m*, e certificat *m* d'incapacité de travail ; justificatif *m* d'incapacité de travail.
Arbeitsunfall *m*, ¨e accident *m* du travail (*syn. Betriebsunfall*).
Arbeitsunfallrente *f*, n pension *f* d'accidenté du travail.
Arbeitsunfallversicherung *f*, en assurance *f* (contre les) accidents du travail.
Arbeitsunterbrechnung *f*, en interruption *f* de travail.
Arbeitsunterlage *f*, n document *m* de travail.
Arbeitsunwillige/r (*der/ein*) réfractaire *m/f* au travail.
Arbeitsvereinfachung *f*, en simplification *f* du travail.
Arbeitsverfahren *n*, - procédé *m*, technique *f*, méthode *f* de travail ; *ein neues ~ an/wenden* utiliser une nouvelle technique (technologie).
Arbeitsverhältnis *n*, se 1. rapports *mpl*, relations *fpl* entre employeur et employé ; ambiance *f* de travail ; conditions *fpl* de travail 2. contrat *m* de travail ; *das ~ kündigen* résilier son emploi ; (*fam.*) rendre son tablier.
Arbeitsverlängerung *f*, en allongement *m* de la durée du travail.
Arbeitsverlust *m*, e perte *f* de travail ; manque *m* à gagner.
Arbeitsvermittlung *f*, en bureau *m* de placement ; (*Allemagne*) *Bundesagentur für ~ und Arbeitslosenversicherung* services *mpl* centraux du placement de la main-d'œuvre et de l'assurance-chômage ; (*France*) agence *f* nationale pour l'emploi (A.N.P.E.).
Arbeitsvermittlungsamt *n*, ¨er bureau *m* de placement ; bureau de main-d'œuvre.
Arbeitsversäumnis *n*, se absentéisme *m* ; absence *f* au/sur le lieu de travail.
Arbeitsvertrag *m*, ¨e contrat *m* de travail ; *zeitlich (un)befristeter ~* contrat de travail à durée (in)déterminée (C.D.I./C.D.D.) ; *einen ~ kündigen* résilier un contrat de travail ; *einen ~ unterzeichnen* signer un contrat de travail.
Arbeitsvorgang *m*, ¨e déroulement *m* du travail ; opération *f* ; procédé *m*.

Arbeitswechsel *m*, - → *Arbeitsplatzwechsel*.
Arbeitsweise *f*, n **1.** méthode *f* de travail **2.** mode *m* de fonctionnement (d'une machine).
Arbeitswelt *f*, en monde *m* du travail ; univers *m* du travail.
Arbeitswert *m*, e valeur-travail *f*.
Arbeitswertstudie *f*, n étude *f* de la valeur-travail (elle évalue les processus de travail pour fixer le profil et la rémunération d'un poste).
arbeitswillig désireux de travailler ou de reprendre le travail (*contr. arbeitsscheu*).
Arbeitszeit *f*, en durée *f* du travail ; temps *m* de travail ; horaires *mpl* ; *durchgehende* ~ journée *f* continue ; *flexible* ~ horaire *m* de travail flexible ; *gleitende* ~ horaire mobile, flexible ; travail *m* à la carte ; *tatsächliche* ~ temps de travail effectif ; *wöchentliche* ~ temps de travail hebdomadaire ; *die* ~ *flexibilisieren* flexibiliser (aménager) le temps de travail ; *die* ~ *verkürzen* réduire le temps de travail ; introduire la R.T.T. ; *Verkürzung der* ~ réduction *f* du temps de travail (R.T.T.).
Arbeitszeitausfallquote *f*, n taux *m* d'absentéisme ; taux d'heures non effectuées.
Arbeitszeiteinteilung *f*, en répartition *f* des heures de travail.
Arbeitszeitflexibilisierung *f*, en assouplissement *m*, flexibilisation *f*, aménagement *m* du temps de travail.
Arbeitszeitgestaltung *f*, en aménagement *m*, organisation *f* du temps de travail.
Arbeitszeitkonto *n*, -ten crédit *m* horaire (calculé en unités de temps) ; compte *m* épargne-temps.
Arbeitszeitkorridor *m*, e plage *f* de travail.
Arbeitszeitordnung *f*, en (*AZO*) ordonnance *f* sur la durée du travail ; règlement *m* des heures de travail.
Arbeitszeitregelung *f*, en réglementation *f* de la durée du travail.
Arbeitszeitverkürzung *f*, en réduction *f* du temps de travail ; R.T.T. *f*.
Arbeitszeugnis *n*, se certificat *m* de travail ; *einfaches* ~ certificat de travail simple (sans prise de position de l'employeur) ; *qualifiziertes* ~ certificat de travail qualifié (l'employeur atteste la qualité du travail du salarié).
Arbeitszuweisung *f*, en affectation *f* à une tâche ; attribution *f* d'un poste de travail.
Arbeitszwang *m*, ¨e obligation *f* de travailler ; travail *m* obligatoire.
Arbitrage *f*, n (*pr. fr.*) **1.** arbitrage *m* ; médiation *f* ; conciliation *f* **2.** (*bourse*) arbitrage *m* (procédé consistant à acheter ou à vendre des titres sur une place financière plutôt que sur une autre afin de profiter de la différence de prix ou de cours).
Arbitragekäufe *mpl* (*bourse*) achats *mpl* d'arbitrage *m*.
Arbitragehändler *m*, - (*bourse*) arbitragiste *m*.
arbitrieren (*bourse*) arbitrer ; faire de l'arbitrage.
Archiv *n*, e **1.** archives *fpl* ; *ein* ~ *an/legen* constituer des archives **2.** bureau *m*, salle *f* des archives ; *im* ~ *arbeiten* travailler aux archives.
Archivalien *npl* document *m* d'archives ; archive *f*.
Archivar *m*, e archiviste *m*.
archivieren classer ; archiver ; *Dokumente* ~ classer des documents.
Archivierung *f*, en archivage *m* ; classement *m* aux archives.
ARD *f* (*Arbeitsgemeinschaft der öffentlich-rechtlichen Rundfunkanstalten der Bundesrepublik Deutschland*) (Société *f* de production de télévision de la) première chaîne *f* allemande.
Areal *n*, e surface *f* ; superficie *f* ; aire *f*.
Arealsteuer *f*, n (*Autriche*) impôt *m* foncier.
arglistig : ~*e Täuschung* tromperie *f* caractérisée (sur la marchandise).
Arm *m*, e bras *m* ; *jds verlängerter* ~ *sein* être le bras droit de qqn ; *einen langen* ~ *haben* avoir le bras long.
arm pauvre ; indigent ; nécessiteux.
-arm (*suffixe*) **1.** pauvre (en) ; *rohstoff*~ pauvre en matières premières ; *schadstoff*~ non toxique ; non polluant **2.** sans ; dispensé de ; *bügel*~ sans repassage ; *knitter*~ infroissable ; *pflege*~ sans entretien.
Armatur *f*, en **1.** équipement *m* technique ; matériels *mpl* techniques **2.** tableau *m*, pupitre *m* de commandes **3.** ~*en* (matériel de) robinetterie *f*.

Ärmel *m*, - manche *f* ; *sich die ~ hoch/krempeln* se retrousser les manches ; s'attaquer à un problème.

Armenhaus *n*, ¨er **1.** (*hist.*) maison *f* des pauvres ; hospice *m* **2.** (*fig.*) région *f* la plus pauvre d'un pays.

Armut *f*, ø pauvreté *f* ; *absolute, relative ~* pauvreté absolue, relative ; *in ~ leben* vivoter.

Armutsgrenze *f*, **n** seuil *m* de pauvreté ; *unter der ~ leben* vivre au-dessous du seuil de pauvreté.

Armutsgürtel *m*, - ceinture *f*, zone *f* de pauvreté (pays du Tiers-Monde et zones du Quart-Monde).

Arrangement *n*, **s** (*pr. fr.*) **1.** agencement *m* ; aménagement *m* **2.** arrangement *m* ; compromis *m* ; accord *m* ; *ein ~ vereinbaren* (*mit*) faire (conclure) un arrangement (avec).

Arrest *m*, **e** (*jur.*) saisie-arrêt *f* ; saisie *f* conservatoire ; *den ~ auf/heben* donner mainlevée sur des biens ; *mit ~ belegen* saisir ; ordonner la saisie ; procéder à la saisie de qqch.

Arrha *pl* (*Autriche*) arrhes *fpl*.

Art *f*, **en 1.** manière *f* ; mode *m* **2.** sorte *f* ; catégorie *f* ; nature *f* ; espèce *f*.

Artenerhaltung *f*, **en** (*agric.*) préservation *f* des espèces.

Artenschutz *m*, ø protection *f* des espèces.

Artensterben *n*, ø disparition *f* des espèces.

Artenvielfalt *f*, **en** biodiversité *f* ; grande variété *f* d'espèces (animales et végétales).

artgerecht dans les règles de l'art ; traditionnel ; conforme à la règlementation en vigueur ; (*agric.*) *~e Freihaltung* élevage *m* en liberté, en libre parcours ; *Tiere ~ halten* faire de l'élevage traditionnel.

Artikel *m*, - **1.** article *m* ; *gängiger ~* article qui se vend bien ; *stark gefragter ~* article très demandé ; *preiswerter ~* article bon marché ; *einen ~ führen* faire un article ; *einen ~ auf Lager haben* avoir un article en stock **2.** article de journal.

Arzneimittel *n*, - médicament *m* ; produit *m* pharmaceutique.

Arzneimittelgesetz *n*, **e** loi *f* sur la fabrication et l'utilisation des médicaments.

Arzneistreichliste *f*, **n** liste *f* des médicaments non remboursés par la sécurité sociale ou les caisses d'assurance-maladie.

Arzt *m*, ¨e médecin *m* ; *Betriebs~* médecin du travail ; *Kassen~* médecin conventionné ; *Vertrauens~* médecin-conseil ; médecin traitant ; *praktischer ~* généraliste *m* ; médecin de famille ; *diensttuender ~* médecin de garde ; *zugelassener ~* médecin agréé.

arztähnlich paramédical.

Arztberuf *m*, **e** profession *f* médicale ; *unbefugte Ausübung des ~s* exercice *m* illégal de la médecine.

Ärztekammer *f*, **n** conseil *m* de l'Ordre (des médecins).

Ärzteschaft *f*, ø corps *m* médical ; les médecins *mpl*.

Arzthonorar *n*, **e** honoraires *mpl* médicaux.

ärztlich médical ; *~e Behandlung* traitement *m* médical ; *~e Bescheinigung* (*~es Attest*) certificat *m* médical ; *~e Betreuung* suivi *m* médical ; *~es Gutachten* expertise *f* médicale ; *~e Leistungen* prestations *fpl* médicales ; soins *mpl* médicaux ; *~e Untersuchung* examen *m* médical ; visite *f* médicale.

Asbest *m*, **e** amiante *m*.

Asbestose *f*, **n** maladie *f* professionnelle due à l'amiante.

Asbestsanierung *f*, **en** désamiantage *m*.

asbestverseucht amianté ; pollué par l'amiante.

ASCII (*American standard code for information interchange*) code-standard *m* américain pour l'échange d'informations.

ASEAN (*Association of South East Asian Nations*) Association *f* des nations du Sud-Est asiatique.

asozial asocial.

Asoziale/r (*der/ein*) personne *f* socialement inadaptée.

Aspirant *m*, **en**, **en** candidat *m* ; postulant *m*.

Ass *n*, **e** un as ; le meilleur (dans sa profession).

Assekuranz *f*, **en** (*rare*) assurance *f*.

Assembler *m*, - (*pr. ang.*) (*informatique*) assembleur *m*.

Assemblierung *f*, **en** (*inform*atique) assemblage *m*.

Asservat *n*, **e** (*douane*) objet *m* saisi en douane ; denrée *f* confisquée ; saisie *f* douanière.

Asservatenkammer *f*, n dépôt *m* de saisies douanières.

Asservatenkonto *n*, en compte *m* d'attente ; compte de dépôts bloqués.

Assessment *n*, s (*pr. ang.*) 1. estimation *f* ; évaluation *f* 2. imposition *f* ; taxation *f*.

Assessment-Center *n*, - (*pr. ang.*) (*formation*) centre *m* d'évaluation ; centre de mise en situation professionnelle.

Assessor *m*, en 1. magistrat *m* stagiaire 2. (*arch.*) fonctionnaire *m* stagiaire du cadre supérieur.

Asset *n*, s (*pr. ang.*) avoir *m* ; actif *m* ; produit *m* de placement.

Asset-Management *n*, s (*pr. ang.*) gestion *f* des actifs ; gestion des liquidités ; gestion de patrimoine (d'une clientèle privée).

Assistent *m*, en, en assistant *m* ; aide *m*.

Associated Press (*AP*) (*pr. ang.*) agence *f* de presse américaine.

assortieren assortir des marchandises ; *die Bestände neu ~* réassortir les stocks.

assoziieren : *sich ~* s'associer ; *~te Staaten* États *mpl* associés ; *sich mit einer Gemeinschaft ~* s'associer à une communauté.

AST → *Antragsteller*.

AStG → *Außensteuergesetz*.

Asyl *n*, e 1. asile *m* pour sans-abri 2. *um ~ bitten* (*suchen*) demander asile ; *jdm ~ gewähren* donner asile à qqn.

Asylant *m*, en, en réfugié *m* politique ; demandeur *m* d'asile.

Asylantrag *m*, ¨e demande *f* d'asile.

Asylbewerber *m*, - → *Asylant*.

Asylrecht *n*, e droit *m* d'asile ; *~ genießen* bénéficier du droit d'asile.

Asylsuchende/r (*der/ein*) → *Asylant*.

Asylwerber *m*, - (*Autriche*) → *Asylant*.

at (*e-mail*) ar(r)obase *f/m* ; signe *m* typographique @.

Atom *n*, e atome *m*.

Atom- (*préfixe*) nucléaire ; atomique (*syn. Kern-* ; *Nuklear-*).

Atomantrieb *m*, e propulsion *f* nucléaire.

atomar atomique ; nucléaire.

Atomausstieg *m*, e sortie *f*, abandon *m* du nucléaire.

Atombehörde *f*, n commissariat *m* général à l'énergie nucléaire ; (*France*) C.E.A.

atombetrieben/atomgetrieben à propulsion nucléaire.

Atombunker *m*, - abri *m* anti-atomique.

Atomenergie *f*, n énergie *f* nucléaire.

Atomforschung *f*, en recherche *f* nucléaire.

Atomgemeinschaft *f* : *Europäische ~* Communauté *f* européenne de l'énergie atomique (Euratom).

Atomindustrie *f*, n industrie *f* nucléaire.

Atomkraft *f*, ø → *Atomenergie*.

Atomkraftgegner *m*, - antinucléaire *m* ; opposant *m* au nucléaire.

Atomkraftwerk *n*, e centrale *f* nucléaire (*syn. Kernkraftwerk*).

Atommacht *f*, ¨e puissance *f* nucléaire.

Atommeiler *m*, - → *Atomkraftwerk*.

Atommüll *m*, ø déchets *mpl* radioactifs.

Atommülldeponie *f*, n dépôt *m* de déchets nucléaires, radioactifs.

Atommüllendlager *n*, - stockage *m* définitif des déchets radioactifs.

Atommüllentsorgung *f*, en élimination *f* des déchets radioactifs.

Atomsperrvertrag *m*, ¨e traité *m* sur la non-prolifération des armes nucléaires.

Atomstromer *m*, - entreprise *f* de production de courant électrique nucléaire.

Atomwirtschaft *f*, ø secteur *m* du nucléaire ; le nucléaire.

Attentismus *m*, ø attentisme *m* ; *Investitions~* attentisme en matière d'investissements.

Attest *n*, e 1. certificat *m* médical 2. (*arch.*) certificat *m* ; attestation *f*.

Attestpflicht *f*, en attestation *f* obligatoire ; obligation *f* de fournir un certificat.

Attrappe *f*, n article *m* factice ; paquet *m* factice ; échantillon *m* sans valeur.

ATX *m* (*Autriche* : *Austrian Traded Index*) indice *m* de la bourse de Vienne.

AU *f* (*Abgasuntersuchung*) (*automobile*) contrôle *m* de pollution ; *~-Plakette* vignette *f* de contrôle anti-pollution.

AUA *f* (*Austrian Airlines*) compagnie *f* aérienne autrichienne.

Audit *m/n*, s (*pr. ang.*) audit *m* (interne) ; contrôle *m* ; vérification *f* ; certification *f* ; → *Ökoaudit* ; *Revision* ; *Zertifizierung*.

auditiert audité ; vérifié ; contrôlé ; certifié.
Auditing *n*, *s* (*pr. ang.*) audit *m*.
Auditor *m*, **en** (*pr. ang.*) auditeur *m* ; vérificateur *m* ; contrôleur *m* des comptes et de gestion.
auf/arbeiten 1. mettre à jour ; traiter ; régler ; *eine Akte* (*ein Dossier*) ~ mettre un dossier à jour ; traiter un dossier **2.** rattraper qqch ; *die Posteingänge* ~ rattraper le courrier en retard **3.** utiliser entièrement ; exploiter qqch dans sa totalité ; *Bestände* ~ liquider des stocks.
Aufarbeitung *f*, **en 1.** mise *f* à jour ; remise *f* en état **2.** exploitation *f* ; ~ *von Daten* exploitation de données, d'informations.
Aufbau *m*, ø construction *f* ; structure *f* ; organisation *f* ; *im* ~ *begriffener Industriesktor* industrie *f* naissante, en expansion ; ~-*Ost* redressement *m* économique des régions de l'Est ; redressement économique de l'Allemagne des 5 nouveaux Länder.
Aufbaudarlehen *n*, - prêt *m* d'installation.
auf/bauen 1. reconstruire **2.** créer ; établir ; organiser **3.** structurer **4.** *auf etw* ~ fonder sur qqch.
Aufbauhilfe *f*, **n** (fonds *m* d') aide *f* au redressement économique ; aide à la reconstruction économique.
Aufbauorganisation *f*, **en** organisation *f* verticale du travail (coopération entre les différents départements, détermination des compétences, etc.).
Aufbauprogramm *n*, **e** programme *m* de redressement ; programme d'aménagement ; mesures *fpl* d'aide économique ; plan *m* de relance.
Aufbaustudiengang *m*, ¨e cycle *m* de formation supérieure ; filière *f* de perfectionnement.
Aufbaustudium *n*, **ien** enseignement *m* post-universitaire ; cycle *m*, filière *f* de perfectionnement.
auf/bereiten 1. exploiter ; dépouiller ; *Statistiken* ~ exploiter des statistiques **2.** préparer ; traiter ; usiner.
Aufbereitung *f*, **en 1.** exploitation *m* ; dépouillement *m* **2.** traitement *m* ; préparation *f* ; usinage *m*.
Aufbereitungsanlage *f*, **n** (*nucléaire*) usine *f* de retraitement.
auf/bessern améliorer ; augmenter ; *seine Einkünfte* ~ augmenter ses revenus ; (*fam.*) mettre du beurre dans les épinards ; *sein Image* ~ améliorer son image ; redorer son blason.
Aufbesserung *f*, **en** amélioration *f* ; relèvement *m* ; augmentation *f* (salariale).
auf/bewahren conserver ; garder (en dépôt) ; *trocken* ~ tenir au sec.
Aufbewahrer *m*, - dépositaire *m* (*syn. Depositär*).
Aufbewahrung *f*, **en** garde *f* (en dépôt) ; consigne *f* ; *zur* ~ *geben* mettre en dépôt.
Aufbewahrungsgebühr *f*, **en** frais *mpl* de garde ; taxe *f* de dépôt.
Aufbewahrungspflicht *f*, ø obligation *f* de conserver des documents comptables.
Aufbewahrungsschein *m*, **e** bulletin *m* de consigne ; bulletin de dépôt.
auf/blähen gonfler (exagérément) ; enfler (artificiellement).
Aufblähung *f*, **en** gonflement *m* ; ~ *des Staatsapparats* gonflement de l'appareil de l'État.
Aufbrauch *m*, ø épuisement *m* (des stocks).
auf/brauchen épuiser ; consommer, utiliser entièrement ; *alle Ersparnisse* ~ croquer toutes ses économies ; *Reserven* ~ épuiser les réserves.
auf/bringen, **a**, **a 1.** trouver de l'argent ; mobiliser ; *Geldmittel* ~ réunir des fonds **2.** *die Kosten* ~ subvenir aux frais **3.** (*navigation*) arraisonner ; stopper (un navire).
Aufbringung *f*, **en 1.** financement *m* ; apport *m* ; ~ *von Geldmitteln* mobilisation *f* de fonds ; apport de capitaux **2.** (*navigation*) arraisonnement *m* ; capture *f* ; confiscation *f* de cargaison.
Aufenthalt *m*, **e** séjour *m* ; résidence *f* ; *ständiger* (*dauernder*) ~ résidence permanente.
Aufenthaltserlaubnis *f*, **se** → *Aufenthaltsgenehmigung*.
Aufenthaltsgenehmigung *f*, **en** autorisation *f*, permis *m* de séjour.
Auffahrt *f*, **en** voie *f* d'accès, bretelle *f* d'accès à l'autoroute.
Auffahrtsstraße *f*, **n** (*autoroutes*) voie *f* d'accès ; bretelle *f* d'accès.
auf/fangen, **i**, **a** absorber ; amortir ; résorber ; supporter ; *Preiserhöhungen* ~ compenser des augmentations de prix.
Auffanggesellschaft *f*, **en** société *f* repreneuse ; société ou groupe de sociétés

qui rachète une maison en faillite ; pool *m* bancaire de redressement ; holding *m*.

Auffangkonto *n*, -ten → *Interimskonto*.

Auffanglager *n*, - centre *m* d'accueil ; centre d'hébergement provisoire ; asile *m* provisoire.

auf/fordern 1. inviter **2.** mettre en demeure ; sommer ; engager à ; enjoindre de ; *jdn zur Zahlung* ~ sommer qqn de payer.

Aufforderung *f*, en **1.** invitation *f* ; appel *m* **2.** mise *f* en demeure ; sommation *f* ; injonction *f*.

auf/füllen combler ; compléter ; *sein Lager* ~ remonter, reconstituer des stocks ; refaire ses stocks.

Auffüllung *f*, en reconstitution *f* ; réapprovisionnement *m* ; renouvellement *m* ; ~ *der Mittel* reconstitution des ressources.

Aufgabe *f*, n **1.** tâche *f* ; devoir *m* ; mission *f* ; *laut* ~ suivant vos ordres ; ~*n an jdn ab/treten* confier des tâches à qqn **2.** abandon *m* ; *wegen* ~ *des Geschäfts* pour cause de cessation d'activité **3.** expédition *f* ; enregistrement *m* des bagages **4.** ~ *einer Anzeige* remise *f* d'une (petite) annonce.

Aufgabebahnhof *m*, ¨e gare *f* expéditrice ; gare de départ.

Aufgabenbereich *m*, e ressort *m* ; domaine *m* (d'attribution) ; compétence *f* ; *das fällt in Ihren* ~ c'est de votre ressort ; cela relève de votre compétence.

Aufgabengewinn *m*, e gain *m* résultant d'une cessation d'activité ; *Veräußerungs- oder* ~ gains provenant d'une vente ou d'une cessation d'activité.

Augabenstellung *f*, en données *fpl* d'un problème ; nature *f* de la tâche à accomplir.

Aufgabenverteilung *f*, en répartition *f* des tâches.

Aufgabenzuweisung *f*, en assignation *f* des tâches.

Aufgabeschein *m*, e (*poste*) récépissé *m* ; reçu *m*.

Aufgabestempel *m*, - cachet *m* de la poste.

Aufgabetag *m*, e jour *m* du dépôt ; jour de la remise.

auf/geben, a, e **1.** abandonner ; renoncer à qqch ; *ein Geschäft* ~ se retirer d'une affaire **2.** expédier ; *etw als Eilgut* ~ expédier en accéléré **3.** commander ; *eine Bestellung* ~ passer une commande **4.** insérer ; *eine Anzeige* ~ passer une (petite) annonce **5.** faire enregistrer ; *Gepäck* ~ faire enregistrer des bagages.

Aufgebot *n*, e **1.** déploiement *m* ; mobilisation *f* **2.** sommation *f* publique **3.** (*mariage*) publication *f* des bans.

aufgelaufen : ~*e Dividende* dividende *m* accumulé ; ~*e Zinsen* intérêts *mpl* courus.

Aufgeld *n*, er **1.** arrhes *fpl* **2.** prime *f* ; agio *m* **3.** supplément *m* ; majoration *f* de(s) prix.

aufgezinst à intérêts échus ; capitalisé.

auf/haben (*magasins, bureaux*) être ouvert ; *die Gaststätte hat auf* l'auberge est ouverte.

Aufhaldung *f*, en stockage *m* de charbon sur carreau.

Aufhänger *m*, - événement *m* phare, accrocheur.

auf/häufen amasser ; entasser ; *sich* ~ s'accumuler.

auf/heben, o, o **1.** suspendre ; annuler ; supprimer ; abroger ; *die Beschlagnahme* ~ lever la saisie ; *ein Konto* ~ fermer (liquider) un compte ; *Sanktionen* ~ lever des sanctions ; *die Sperre* ~ lever une interdiction, un embargo ; (*chèque*) lever l'opposition sur un chèque ; *ein Urteil* ~ casser un jugement **2.** mettre de côté ; conserver.

aufhebend résolutoire.

Aufhebung *f*, en annulation *f* ; abolition *f* ; cassation *f* ; suspension *f* ; levée *f* ; ~ *der Blockade* levée *f* du blocus ; ~ *eines Gesetzes* abrogation *f* d'une loi ; ~ *der Quarantäne, von Sanktionen* levée de quarantaine, de sanctions.

Aufhebungsklage *f*, n (*jur.*) recours *m* en annulation.

Aufhebungsklausel *f*, n clause *f* résolutoire.

Aufhebungsvertrag *m*, ¨e contrat *m* d'annulation, de dissolution.

auf/holen 1. rattraper ; combler (un retard, etc) **2.** (*bourse*) *die Kurse holen auf* les cours se ressaisissent.

Aufholprozess *m*, e processus *m* de rattrapage.

auf/holzen reboiser.

Aufkauf *m*, ¨e achat *m* en masse, en grande quantité ; achat de la quasi-totalité de la marchandise ; enlèvement *m* ; accaparement *m* ; rachat *m* (firme, actions) ; O.P.A. *f* (offre publique d'achat).

auf/kaufen acheter en masse ; accaparer ; vider un magasin ; racheter ; *die Aktien einer Firma* ~ racheter les actions d'une entreprise ; pratiquer une O.P.A. ; faire une offre publique d'achat.

Aufkäufer *m*, - acheteur *m* (en gros) ; accapareur *m* ; racheteur *m*.

Aufkaufhandel *m*, ø **1.** commerce *m* spéculatif par achats massifs **2.** commerce de récupération (vieux papiers, ferraille etc.).

aufklärbar élucidable ; *eine schwer ~e Straftat* délit *m* difficile à élucider.

auf/klären élucider (une affaire).

Aufklärung *f*, en éclaircissements *mpl* ; explications *fpl*.

Aufklärungspflicht *f*, en obligation *f* d'informer, de prévenir, de mettre en garde.

Aufklärungsquote *f*, n nombre *m* d'affaires élucidées (par la police).

auf/kleben coller ; *die Adresse auf ein Paket* ~ coller l'adresse sur un paquet.

Aufkleber *m*, - autocollant *m*.

Aufklebezettel *m*, - étiquette *f* autocollante.

auf/knacken (*fam.*) casser ; forcer ; *einen Tresor* ~ fracturer un coffre-fort.

auf/kommen, a, o (*ist*) **1.** subvenir aux besoins de ; se porter garant de ; répondre de ; *für den Unterhalt der Kinder* ~ subvenir à l'entretien des enfants ; *für den Schaden* ~ être responsable d'un dommage **2.** naître ; apparaître ; *ein Gerücht kommt auf* il y a une rumeur.

Aufkommen *n*, - **1.** produit *m* ; rendement *m* (fiscal) ; volume *m* global **2.** formation *f* ; naissance *f* ; apparition *f*.

-aufkommen (*suffixe*) (se réfère à une quantité, un grand nombre, un volume de qqch.) *Besucher~* nombre *m* de visiteurs ; *Verkehrs~* densité *f* du trafic.

auf/kündigen 1. résilier ; dénoncer ; *ein Abkommen* ~ résilier un accord ; *ein Mietsverhältnis* ~ résilier un contrat de location **2.** donner sa démission ; *jdm den Dienst* ~ renvoyer qqn.

Aufkündigung *f*, en résiliation *f* ; dénonciation *f* ; démission *f*.

aufladbar rechargeable.

auf/laden, u, a charger ; recharger *eine Chipkarte* ~ recharger une carte à puce ; *sich zu viel Arbeit* ~ se mettre trop de travail sur le dos.

Aufladen *n*, ø chargement *m*.

Auflage *f*, n **1.** obligation *f* ; servitude *f* ; contrainte *f* ; ordre *m* ; directive *f* ; condition *f* imposée ; obligation *f* légale ; charge *f* ; *mit der ~, dass* à charge de ; *neue ~n im Umweltschutz* de nouvelles contraintes en matière d'environnement ; *etw mit restriktiven ~n belegen* frapper qqch de contraintes restrictives **2.** (*presse, édition*) tirage *m* ; édition *f* ; *hohe ~n erreichen* réaliser de gros tirages **3.** imposition *f* ; impôt *m* ; taxe *f*.

auflagenstark (*presse*) à fort tirage.

Auflassung *f*, en cession *f* ; transfert *m* ; dessaisine *f* ; ~ *einer Hypothek* extinction *f* d'une hypothèque.

auf/laufen, ie, au (*ist*) augmenter ; s'accumuler ; s'accroître ; *aufgelaufene Zinsen* intérêts *mpl* cumulés.

auf/legen 1. émettre (emprunt) ; (action) mettre en souscription **2.** *ein Buch neu* ~ rééditer un livre **3.** (*téléphone*) *den Hörer* ~ raccrocher **4.** (*navigation*) *ein Schiff* ~ mettre un navire sur cale de radoub ; désarmer un navire.

auf/liefern expédier ; remettre pour expédition ; déposer ; *eine Sendung bei der Bahn* expédier qqch par le rail.

Auflieferung *f*, en remise *f* ; dépôt *m*.

auf/listen lister ; établir une liste.

auflösbar résiliable ; dissoluble ; annulable.

Auflösbarkeit *f*, en dissolubilité *f*.

auf/lösen dissoudre ; liquider ; *mit auflösender Wirkung* avec effet résolutoire ; *eine Gesellschaft* ~ dissoudre une société.

Auflösung *f*, en dissolution *f* ; démembrement *m* ; liquidation *f* ; annulation *f* ; résiliation *f* ; ~ *eines Kontos* fermeture *f* d'un compte ; ~ *einer Gesellschaft* dissolution d'une société ; ~ *eines Vertrags* résiliation d'un contrat.

Auflösungsanteil *m*, e part *f* en cas de dissolution.

Auflösungsantrag *m*, ¨e demande *f* de dissolution.

auf/machen 1. ouvrir ; fonder ; *eine Filiale, ein Konto* ~ fonder une succursale, ouvrir un compte ; *die Geschäfte machen um 8 Uhr auf* les magasins ouvrent à huit heures **2.** conditionner ; présenter une marchandise.

Aufmachung *f*, en présentation *f* ; conditionnement *m* ; emballage *m*.

Aufnahme *f*, n 1. admission *f* ; acceptation *f*, accueil *m* ; ~ *eines Gesellschafters* admission d'un associé 2. emprunt *m* ; ~ *von fremden Geldern* emprunt de capitaux étrangers ; ~ *einer Anleihe* ouverture *f* d'un emprunt ; ~ *einer Hypothek* constitution *f* d'une hypothèque 3. inventaire *m* ; ~ *des Warenbestandes* inventaire des stocks 4. établissement *m* ; mise *f* en œuvre ; naissance *f* ; ~ *von Handelsbeziehungen* établissement de relations commerciales 5. inscription *f* ; enregistrement *m* ; consignation *f* écrite 6. photo *f* 7. enregistrement *m*.

Aufnahmebedingungen *fpl* conditions *fpl* d'entrée, d'admission.

Aufnahmefähigkeit *f*, en 1. capacité *f* d'absorption (du marché, par ex.) 2. capacité *f* ; nombre de places.

Aufnahmegesellschaft *f*, en société *f* absorbante.

Aufnahmegrenze *f*, n (*marché*) seuil *m* de saturation ; limite *f* de capacité d'absorption ; (*immigration*) capacité-limite *f* d'accueil.

Aufnahmekriterium *n*, -ien critère *m* d'entrée (par ex, dans l'U.E.).

Aufnahmelager *n*, - centre *m* d'accueil et d'hébergement pour réfugiés.

Aufnahmeland *n*, ¨er pays *m* d'accueil.

Aufnahmeprüfung *f*, en examen *m* d'admission ; concours *m* d'admission.

Aufnahmestelle *f*, n bureau *m* d'accueil ; service *m* des admissions.

auf/nehmen, a, o 1. admettre ; accueillir ; recueillir ; *Wirtschaftsflüchtlinge* ~ accueillir des réfugiés économiques ; *einen Gesellschafter* ~ admettre, prendre un nouvel associé 2. emprunter ; *Geld* ~ emprunter de l'argent ; *einen Kredit, eine Hypothek* ~ prendre un crédit, une hypothèque 3. *Kontakt* ~ établir des contacts 4. établir ; rédiger ; prendre note de ; *einen Punkt in der Tagesordnung* ~ inscrire un point à l'ordre du jour 5. prendre une photo 6. (*technique*) enregistrer 7. *eine Tätigkeit* ~ entreprendre une activité ; *die Arbeit wieder* ~ reprendre le travail.

auf/polieren : *sein Image* ~ redorer son image de marque ; redorer son blason.

Aufpreis *m*, e surprix *m* ; majoration *f* de prix ; supplément *m* à payer ; *gegen* ~ moyennant un supplément de ; *ohne* ~ sans majoration de prix.

auf/rechnen 1. compenser ; *eine Schuld* ~ compenser une dette 2. passer en compte ; imputer ; mettre sur le compte de ; *jdm die Kosten* ~ imputer le coût à qqn.

Aufrechnung *f*, en compensation *f* ; imputation *f* ; *gesetzliche, vertragsmäßige* ~ compensation légale, conventionnelle.

aufrecht/erhalten, ie, a maintenir ; préserver ; confirmer.

Aufrechterhaltung *f*, en maintien *m* ; ~ *der Kaufkraft* maintien du pouvoir d'achat.

Aufruf *m*, e 1. appel *m* ; rappel *m* ; proclamation *f* 2. (*informatique*) activation *f* ; appel *m* (d'un programme) 3. retrait *m* de billets de banque de la circulation.

auf/rufen, ie, u 1. appeler ; faire appel (à) ; *zum Streik* ~ appeler à la grève 2. (*informatique*) activer ; appeler 3. annuler ; *Banknoten* ~ retirer des billets de banque de la circulation.

auf/runden arrondir une somme (à l'unité supérieure).

auf/rüsten équiper ; armer ; *einen Computer mit einem Virusschutzprogramm* ~ protéger un ordinateur par un logiciel antivirus.

auf/schieben, o, o ajourner ; différer ; retarder ; reporter ; *eine Entscheidung* ~ différer une décision ; *eine Zahlung* ~ différer un paiement.

Aufschlag *m*, ¨e augmentation *f* ; majoration *f* ; supplément *m*.

auf/schlagen, u, a augmenter ; hausser ; devenir plus cher ; renchérir ; *die Preise schlagen auf* les prix augmentent.

auf/schließen, o, o ouvrir à l'exploitation ; *Uranvorkommen* ~ mettre un gisement d'uranium en exploitation ; *ein Grundstück* ~ viabiliser un terrain.

auf/schlüsseln ventiler ; répartir ; *die Ausgaben* ~ ventiler les dépenses.

Aufschlüsselung *f*, en ventilation *f* ; répartition *f*.

Aufschrift *f*, en inscription *f* ; intitulé *m*.

Aufschub *m*, ¨e délai *m* ; ajournement *m* ; report *m* ; sursis *m* ; prorogation *f* ; *keinen* ~ *dulden* ne souffrir aucun retard ; *um einen* ~ *nach/suchen* solliciter un délai ; *einen* ~ *bewilligen* accorder un sursis.

auf/schwatzen : (*fam.*) *sich etw ~ lassen* se faire refiler qqch par un vendeur (à force de baratin).

Aufschwung *m*, (¨e) relance *f* ; essor *m* ; expansion *f* ; boom *m* ; période *f* de croissance ; (*fam.*) vaches *fpl* grasses ; *wirtschaftlicher ~ reprise f* ; relance économique (*contr. Abschwung*).

Aufseher *m*, - surveillant *m* ; gardien *m* ; contrôleur *m* ; vigile *m*.

auf/setzen 1. dresser ; rédiger ; mettre par écrit ; coucher par écrit ; *einen Vertrag ~* établir un contrat 2. faire là minute d'un document.

Aufsicht *f*, **en** surveillance *f* ; contrôle *m* ; inspection *f* ; *staatliche ~* contrôle de l'État ; *unter jds ~ arbeiten* travailler sous le contrôle de qqn ; *eine ~ durch/führen* exercer un contrôle ; *die ~ führen über* surveiller qqch.

Aufsichtsamt *n*, ¨er → *Aufsichtsbehörde*.

Aufsichtsausschuss *m*, ¨e commission *f* de contrôle ; comité *m* de surveillance.

Aufsichtsbeamte/r (*der/ein*) contrôleur *m* ; agent *m* de contrôle ; inspecteur *m* de la sécurité.

Aufsichtsbehörde *f*, **n** administration *f* chargée du contrôle ; autorité *f* de tutelle.

Aufsichtsführende/r (*der/ein*) contrôleur *m* chef ; responsable *m* de la surveillance.

Aufsichtsinstanz *f*, **en** instance *f* de contrôle ; organe *m* de contrôle.

Aufsichtspersonal *n*, ø personnel *m* de surveillance ; personnel de gardiennage.

Aufsichtsrat *m*, ¨e 1. conseil *m* de surveillance (organe de contrôle d'une société anonyme, ses membres sont nommés par l'assemblée générale des actionnaires. Il nomme le directoire (→ *Vorstand*) et contrôle l'activité de l'entreprise, vérifie le bilan annuel et le compte de résultat 2. → *Aufsichtsratsmitglied*.

Aufsichtsratsmandat *n*, **e** mandat *m* de conseiller dans un conseil de surveillance.

Aufsichtsratsmitglied *n*, **er** membre *m* du conseil de surveillance.

Aufsichtsratssitzung *f*, **en** réunion *f*, séance *f* du conseil de surveillance.

Aufsichtsratsvergütung *f*, **en** jetons *mpl* de présence ; rétribution *f* des membres d'un conseil de surveillance.

Aufsichtsratsvorsitz : *den ~ haben* présider le conseil de surveillance.

Aufsichtsratsvorsitzende /r (*der/ein*) président *m* du conseil de surveillance.

Aufsichtsrecht *n*, **e** droit *m* de regard, de contrôle.

Aufsichtsstelle *f*, **n** office *m* de contrôle ; commission *f* de surveillance.

auf/splitten séparer ; scinder ; subdiviser ; *ein Produkt auf drei Marken ~* subdiviser (éclater) un produit en trois marques distinctes.

auf/stapeln emmagasiner ; entasser ; stocker.

auf/steigen,ie, ie (*ist*) monter ; grimper ; *beruflich* (*in einem Beruf*) *~* avancer dans une profession ; progresser dans un métier ; grimper les échelons.

Aufsteiger *m*, - carriériste *m* ; jeune loup *m* (*contr. Absteiger*).

Aufsteigerstaat *m*, **en** pays *m* émergent en plein essor ; pays qui monte.

auf/stellen 1. dresser ; établir ; *eine Bilanz ~* dresser un bilan ; *eine Inventur ~* établir un inventaire 2. *jdn als Kandidaten ~* présenter la candidature de qqn 3. *Maschinen ~* installer des machines.

Aufsteller *m*, - support *m* publicitaire.

Aufstellplakat *n*, **e** panneau-réclame *m*.

Aufstellung *f*, **en** 1. établissement *m* ; liste *f* ; relevé *m* ; inventaire *m* ; relevé *m* ; *~ der Ausgaben* état *m* des dépenses ; *~ einer Bilanz, eines Rekords* établissement d'un bilan, d'un record 2. *~ eines Kandidaten* présentation *f* d'un candidat (à une élection) 3. *~ einer Maschine* installation *f* d'une machine.

Aufstieg *m*, ø montée *f* ; avancement *m* ; développement *m* ; essor *m* ; *beruflicher, sozialer ~* promotion *f* professionnelle, sociale ; *wirtschaftlicher ~* expansion *f* économique.

Aufstiegsberuf *m*, **e** profession *f* avec possibilités d'avancement, de promotion.

Aufstiegsbildung *f*, ø formation *f* débouchant sur une promotion ; stage *m* permettant un avancement de carrière.

Aufstiegserwartungen *fpl* espérances *fpl* d'avancement ; perspectives *fpl* de carrière.

Aufstiegsgesellschaft *f*, **en** société *f* du « toujours mieux », de la réussite sociale (terme utilisé par les sociologues pour désigner l'Allemagne où chacun pouvait espérer voir ses conditions d'existence s'améliorer d'année en année).

Aufstiegsmöglichkeiten *fpl* possibilités *fpl* d'avancement ; perspectives *fpl* de carrière.

auf/stocken augmenter (capital).

Aufstockung *f,* en augmentation *f* (de capital) ; ~ *der Eigenmittel* accroissement *m* des fonds propres.

Aufstockungsaktie *f,* n action *f* d'augmentation de capital (pour les anciens actionnaires, prélevée sur le bénéfice ou les réserves de l'entreprise).

auf/suchen : *die Kunden* ~ visiter les clients ; démarcher la clientèle.

auf/summieren : *sich zu einem hohen Betrag* ~ finir par faire une somme rondelette.

aufteilbar partageable ; divisible.

auf/teilen 1. répartir ; partager ; classer ; ventiler ; *in Gruppen* ~ répartir en/par groupes **2.** lotir ; morceler ; *Grundbesitz* ~ démembrer une propriété foncière.

Aufteilung *f,* en **1.** répartition *f* ; classement *m* ; ventilation *f* **2.** démembrement *m* ; morcellement *m*.

Auftr. → *Auftrag.*

Auftrag *m,* ¨e **1.** commande *f* ; ordre *m* ; marché *m* **I.** *fester, freibleibender* ~ ordre ferme, sans engagement ; *laufender, mündlicher* ~ ordre permanent, verbal ; *öffentlicher* ~ marché public ; ~ *zum Anfangskurs* ordre au cours d'ouverture ; ~ *« bestens »* ordre « au mieux » ; ~ *zum Schluss-, zum Tageskurs* ordre au cours de clôture, au cours du jour ; *im* ~ *und auf Rechnung von* d'ordre et pour le compte de **II.** *einen* ~ *aus/führen* exécuter une commande ; *einen öffentlichen* ~ *aus/schreiben* mettre un marché de travaux publics au concours ; *einen* ~ *bestätigen* confirmer une commande ; *einen* ~ *erteilen* passer une commande ; *etw in* ~ *geben* passer une commande ; donner un ordre d'achat ou de vente à la bourse ; *einen* ~ *rückgängig machen* (*widerrufen*) annuler un ordre ; *den* ~ *zu/teilen* (*vergeben*) adjuger le marché **2.** mission *f* ; tâche *f* ; *jdm einen* ~ *geben* charger qqn d'une mission ; *im* ~ *von* par ordre de ; par délégation ; au nom de.

Auftraggeber *m,* - client *m* ; acheteur *m* ; donneur *m* d'ordre ; commettant *m* ; mandant *m*.

Auftragnehmer *m,* - preneur *m* d'ordre ; exécutant *m* d'une commande ; fournisseur *m* ; mandataire *m* ; contractant *m*.

Auftragsabwickler *m,* - chargé *m* du suivi des commandes ; responsable *m* (du suivi) des commandes.

Auftragsausführung *f,* en exécution *f* d'une commande.

Auftragsbearbeitung *f,* en suivi *m*, traitement *m* des commandes.

Auftragsbestand *m,* ¨e commandes *fpl* en cours, en carnet ; carnet *m* de commandes ; volume *m* des commandes.

Auftragsbestätigung *f,* en confirmation *f* de commande.

auftragsbezogen lié au nombre de commandes ; ~*e Produktion* production *f* en flux tendu.

Auftragsbuch *n,* ¨er carnet *m* de commandes.

Auftragseingang *m,* ¨e (r)entrée *f* de(s) commandes ; commandes *fpl* enregistrées ; commandes entrées en carnet ; ~¨*e aus dem Ausland* commandes reçues de (en provenance de) l'étranger ; *lebhafter* ~ bonne activité *f* des commandes.

Auftragserledigung *f,* en → *Auftragsausführung.*

Auftragsermittlung *f,* en routage *m* des ordres.

Auftragserneuerung *f,* en renouvellement *m* d'un ordre, d'une commande.

Auftragserteilung *f,* en (passation *f* de) commande *f* ; *zahlbar bei* ~ payable à la commande.

Auftragsformular *n,* e bon *m* de commande.

auftragsgemäß conformément à votre ordre ; conformément à vos instructions.

Auftragsgeschäft *n,* e (*banque, bourse*) opération *f* sur instruction.

Auftragsgröße *f,* n **1.** importance *f* de la commande ; volume *m* de la commande **2.** importance *f* du carnet de commandes.

Auftragslage *f,* n état *m* des commandes ; *je nach* ~ selon les carnets de commandes ; *die* ~ *ist schlecht* le carnet de commandes est peu rempli.

Auftragsnummer *f,* n numéro *m* de commande.

Auftragspolster *n,* - carnets *mpl* de commandes bien remplis.

Auftragsrückgang *m,* ¨e fléchissement *m* des commandes ; recul *m* du nombre de commandes.

Auftragsschein *m*, e bon *m* de commande ; bulletin *m* de commande.

Auftragsstimmrecht *n*, e droit *m* de vote conforme au mandat, aux instructions des clients ; droit de vote sur instruction.

Auftragsvergabe *f*, n commande *f* par adjudication ; marché *m* par appel d'offres ; passation *f* d'un marché (public), de commandes ; attribution *f* de marché.

Auftragsvergebung *f*, en → *Auftragsvergabe*.

auftragsweise à titre de commande.

Auftragszettel *m*, - bulletin *m* de commande.

auf/treiben, ie, ie 1. (*fam*.) trouver ; dénicher ; dégotter ; *das nötige Geld* ~ trouver les fonds nécessaires 2. (*agric*.) mener des animaux à la pâture, au marché.

auf/trumpfen (*fam*.) 1. monter (à l'atout) ; (*négociations*) surenchérir ; faire monter les enchères 2. afficher sa supériorité ; chercher à s'imposer.

Aufwand *m*, (¨e) dépense *f* ; frais *mpl* ; charges *fpl* ; mise *f* en œuvre ; déploiement *m* ; *bürokratischer* ~ paperasserie *f* excessive ; bureaucratie *f* omniprésente ; *direkter, indirekter* ~ dépenses directes, indirectes ; *gebietswirtschaftlicher* ~ dépenses en infrastructure économique ; *ein großer* ~ *an Energie* une grande dépense d'énergie ; *mit großem* ~ *an Kosten* à grands frais ; *laufender* ~ dépenses courantes ; *neutraler* ~ charges non incorporables ; *voller* ~ dépenses totales ; → *Aufwendungen*.

aufwändig coûteux ; onéreux ; qui entraîne des frais.

Aufwandsentschädigung *f*, en indemnité *f* pour frais professionnels ; indemnité de représentation.

aufwandsgleich : ~*e Kosten* dépense *f*, charge *f* assimilable aux coûts.

Aufwandskonto *n*, ten compte *m* de charges ; compte de frais.

Aufwandspauschale *f*, n somme *f* forfaitaire allouée pour les débours.

Aufwandsteuer *f*, n taxe *f*, impôt *m* sur les signes extérieurs de richesse.

Aufwands- und Ertragsrechnung *f*, en compte *m* de résultats ; compte de pertes et profits.

aufwärts vers le haut ; et davantage ; *Wochenarbeitszeiten von 40 Stunden* ~ une durée de travail hebdomadaire de 40 heures et plus.

Aufwärtsbewegung *f*, en tendance *f* à la hausse ; mouvement *m* de hausse ; ~ *der Konjunktur* conjoncture *f* ascendante.

Aufwärtsentwicklung *f*, en évolution *f* positive ; courbe *f* ascendante ; évolution *f* à la hausse.

Aufwärtstrend *m*, s → *Aufwärtsbewegung*.

Aufweichen *n*, ø assouplissement *m* (de mesures) ; *ein* ~ *der Maastricht-Kriterien* un assouplissement des critères de Maastricht.

auf/weichen assouplir ; céder.

Aufweichung *f*, en → *Aufweichen*.

auf/weisen, ie, ie montrer ; présenter ; accuser ; *ein Defizit* ~ accuser un déficit ; *einen Mangel* ~ présenter un défaut.

auf/wenden, a, a dépenser ; débourser.

aufwendig → *aufwändig*.

Aufwendungen *fpl* (*comptab*.) ~*en* dépenses *fpl* ; charges *fpl* ; débours *mpl* ; frais *mpl* ; impenses *fpl* ; besoins *mpl* financiers ; budget *m* ; *außerordentliche* ~*en* charges exceptionnelles ; *berufliche* ~*en* frais professionnels ; *betriebliche* ~*en* frais, charges d'exploitation ; *(nicht) kalkulierbare* ~*en* charges *fpl* (non) incorporables ; *soziale* ~*en* charges sociales (par ex. pour les œuvres sociales de l'entreprise) ; → *Aufwand*.

auf/werten réévaluer ; revaloriser (*contr*. ab/werten).

Aufwertung *f*, en réévaluation *f* ; revalorisation *f* ; *die* ~ *einer Währung um 5 %* la réévaluation de 5 % d'une monnaie (*contr*. Abwertung).

Aufwertungsausgleich *m*, e montant *m* compensateur.

Aufwertungssatz *m*, ¨e taux *m* de revalorisation.

Aufwind *m*, e : *im* ~ *sein* avoir le vent en poupe ; être dans une conjoncture favorable.

auf/zahlen : *einen Mehrpreis* ~ *müssen* devoir payer un supplément de prix ; prévoir une rallonge (de prix).

auf/zählen 1. compter un à un 2. énumérer.

Aufzahlung *f*, en (*Autriche*) supplément *m* (de prix).

auf/zehren consommer ; *sein Vermögen* ~ « manger », dilapider sa fortune.

auf/zeichnen enregistrer.

Aufzeichnung *f,* en enregistrement *m.*

Aufzinsung *f,* en accumulation *f* d'intérêts ; intérêts *mpl* cumulés.

Aufzucht *f,* ø 1. élevage *m* (animaux) 2. culture *f* (plantes).

Aufzuchtprämie *f,* n prime *f* d'élevage.

auf/zwingen, a, u imposer ; contraindre ; obliger à qqch.

Augenwischerei *f,* en poudre *f* aux yeux ; arnaque *f* ; escroquerie *f.*

Auktion *f,* en vente *f* aux enchères (publiques) ; *in ~ geben* mettre aux enchères ; *gerichtliche ~* vente judiciaire (*syn. Versteigerung*).

Auktionator *m,* en commissaire-priseur *m.*

auktionieren (*rare*) vendre aux enchères (*syn. versteigern*).

Auktionshalle *f,* n hôtel *m* des ventes ; salle *f* des ventes.

Auktionshaus *n,* ̈er → *Auktionshalle.*

Auktionspreis *m,* e prix *m* adjugé.

AUMA *m* (*Ausstellungs- und Messe-Ausschuss der deutschen Wirtschaft*) Comité *m* international des foires et expositions.

au pair (*pr. fr.*) au pair ; *~ arbeiten* travailler au pair ; avoir un emploi au pair.

Au-pair *f/n,* s (*pr. fr.*) → *Au-pair-Mädchen.*

Au-pair-Mädchen *n,* - (jeune) fille *f* au pair.

Au-pair-Stelle *f,* n emploi *m* au pair ; travail *m* au pair.

Aus *n,* ø : *vor dem ~ stehen* être au bord de la faillite ; être sur le point de disparaître.

aus/arbeiten élaborer ; mettre au point.

Ausarbeitung *f,* en élaboration *f* ; rédaction *f* ; mise *f* au point.

Ausbau *m,* ø 1. aménagement *m* 2. développement *m* ; intensification *f* ; *~-Ost* développement économique des cinq nouveaux Länder 3. agrandissement *m* 4. achèvement *m.*

aus/bauen 1. aménager 2. développer ; intensifier ; *Geschäftsbeziehungen ~* intensifier des relations d'affaires ; *das Straßennetz ~* développer le réseau routier 3. agrandir 4. achever ; terminer.

Ausbauhelfer *m,* - coopérant *m* au service du redressement des nouveaux Länder.

aus/bedingen, a, u stipuler ; poser comme condition ; *sich etw ~* se réserver qqch (droits, libertés, etc.).

aus/bessern améliorer ; réparer ; remettre en état.

Ausbeute *f,* n 1. rendement *m* ; produit *m* ; production *f* ; bénéfice *m* ; quantité *f* produite ; *die ~ von Forschungsarbeiten* le rendement de travaux de recherche 2. (*mines*) extraction *f* ; *eine reiche, spärliche ~ an Eisenerz fest/stellen* constater un rendement important, minime en minerai de fer extrait.

aus/beuten 1. (*mines*) exploiter ; extraire 2. exploiter qqn ; abuser ; profiter abusivement.

Ausbeuter *m,* - exploiteur *m* ; profiteur *m.*

ausbeuterisch (qui a une mentalité d') exploiteur.

Ausbeutung *f,* en 1. exploitation *f* ; extraction *f* ; mise *f* en valeur 2. exploitation abusive ; *die ~ des Menschen durch den Menschen* l'exploitation de l'homme par l'homme.

Ausbeutungsverfahren *n,* - (*techn.*) procédé *m* d'exploitation, d'extraction.

aus/bezahlen 1. payer ; rétribuer ; *auf Heller und Pfennig ~* payer rubis sur l'ongle ; *das Darlehen wird sofort ~t* le prêt sera immédiatement versé ; *jdm den Lohn ~* verser le salaire à qqn 2. désintéresser qqn ; *Geschwister ~* désintéresser financièrement les frères et sœurs (la fratrie).

Ausbezahlung *f,* en versement *m,* paiement *m* (intégral).

aus/bieten, o, o (*rare*) 1. offrir ; *auf dem Markt ~* mettre en vente sur le marché 2. porter une enchère.

Ausbietung *f,* en mise *f* en vente ; offre *f.*

aus/bilden former ; instruire ; perfectionner ; développer ; *jdn an einer Maschine ~* former qqn sur une machine.

Ausbilder *m,* - instructeur *m* ; formateur *m* ; moniteur *m.*

Ausbildung *f,* en formation *f* ; perfectionnement *m* ; apprentissage *m* ; instruction *f* ; *berufliche ~* formation professionnelle ; (*inner*)*betriebliche* formation en entreprise ; *kaufmännische, technische ~* formation commerciale, technique ; *~ am Arbeitsplatz* formation sur le tas ; formation-maison ; *~ von*

Führungskräften formation de personnel d'encadrement.

Ausbildungsabgabe *f*, **n** taxe *f* d'apprentissage ; taxe de formation professionnelle (pour les entreprises qui n'emploieraient pas d'apprentis).

Ausbildungsbeauftragte/r (*der/ein*) chargé *m* de formation.

Ausbildungsbeihilfe *f*, **n** allocation *f* de formation professionnelle ; bourse *f* d'apprentissage ; présalaire *m*.

Ausbildungsberater *m*, - conseiller-orienteur *m* ; conseiller d'orientation (professionnelle).

Ausbildungsbetrieb *m*, **e** entreprise *f* prenant des jeunes en formation ; entreprise assurant le tutorat de jeunes en formation professionnelle.

Ausbildungsentgelt *n*, **e** → *Ausbildungsvergütung*.

ausbildungsfähig capable de suivre une formation.

Ausbildungsförderung *f*, **en** promotion *f* de la formation professionnelle ; promotion du travail.

Ausbildungsfreibetrag *m*, ¨e (*fisc*) abattement *m* pour formation professionnelle.

Ausbildungsgang *m*, ¨e cycle *m* de formation ; filière *f* de formation.

Ausbildungsgehalt *n*, ¨er prime *f* de formation ; prime de stage ; salaire *m* d'apprenti.

Ausbildungskurs *m*, **e** → *Ausbildungslehrgang*.

Ausbildungslehrgang *m*, ¨e stage *m*, cycle *m* de formation.

Ausbildungsleiter *m*, - maître *m* de stage ; maître instructeur ; directeur *m* de stage ; maître d'apprentissage.

Ausbildungsplatz *m*, ¨e place *f* d'apprenti.

Ausbildungsplatzabgabe *f*, **n** taxe *f* d'apprentissage et de formation professionnelle.

Ausbildungsstand *m*, ø niveau *m* de formation.

Ausbildungsstätte *f*, **n** centre *m*, atelier *m* de formation ; *überbetriebliche* ~ centre de formation interentreprise.

Ausbildungsvergütung *f*, **en** prime *f*, indemnité *f* d'apprentissage ; allocation *f* de formation ; indemnité *f* de stage ; prime *f* de formation professionnelle.

Ausbildungsvertrag *m*, ¨e contrat *m* de formation.

ausbildungswillig 1. désireux de poursuivre un stage, un cycle de formation ; candidat *m* à un stage de formation 2. ~*er Betrieb* entreprise *f* disposée à prendre des stagiaires.

Ausbildungszeit *f*, **en** période *f* de formation.

aus/bleiben, ie, ie (*ist*) 1. ne pas se réaliser ; *die angekündigten Erfolge blieben aus* on attend toujours les succès annoncés 2. *die Kunden bleiben aus* nous n'avons plus de clients ; les clients ne viennent pas.

aus/booten (*fam.*) débarquer ; virer ; limoger ; lourder.

aus/borgen 1. emprunter ; *bei jdm Geld* ~ emprunter de l'argent à qqn 2. prêter ; *eine Maschine an einen Kollegen* ~ prêter une machine à un collègue.

Ausbruch *m*, ¨e : ~ *einer Krise* survenue *f* d'une crise ; ~ *eines Konflikts* éclatement *m* d'un conflit.

aus/buchen 1. (*comptab.*) sortir d'un compte 2. → *ausgebucht*.

aus/bürgern priver qqn de sa nationalité ; expatrier (*contr. ein/bürgern*).

aus/checken pointer ; contrôler (après atterrissage).

Ausdeckelung *f*, **en** (*sécurité sociale*) déplafonnement *m* ; création *f* de nouvelles dépenses.

aus/dehnen élargir ; agrandir ; prolonger (un séjour) ; *sich* ~ s'étendre à ; se prolonger.

Ausdehnung *f*, **en** extension *f* ; expansion *f*.

Ausdruck *m* 1. ¨e expression *f* ; locution *f* ; *wirtschaftlicher* ~ terme *m* économique 2. **e** impression *f* ; tirage *m* ; listing *m* ; sortie *f* sur imprimante.

aus/drucken imprimer.

aus/drücken exprimer ; formuler ; *etw in Prozenten* ~ indiquer qqch en (termes de) pourcentage.

ausdrücklich exprès ; formel ; explicite ; ~*e Genehmigung* autorisation *f* expresse ; ~*e Zustimmung* consentement *m* exprès.

aus/dünnen dégraisser ; réduire ; diminuer ; *das Personal* ~ procéder à des réductions de personnel.

Ausdünnung *f*, **en** réduction *f* ; diminution *f* ; ~ *der Belegschaft* dégraissage *m* du personnel ; réduction *f* du nombre de collaborateurs ; down-sizing *m*.

Auseinanderentwicklung *f*, **en** évolution *f* séparée.

auseinander/setzen 1. exposer **2.** *sich mit jdm ~* s'expliquer avec qqn sur qqch ; *sich mit seinen Gläubigern ~* trouver un arrangement avec ses créanciers.

Auseinandersetzung *f,* **en 1.** discussion *f* ; conflit *m* **2.** arrangement *m* ; accord *m* **3.** liquidation *f* ; dissolution *f* (société).

Ausfall *m,* ¨e **1.** perte *f* ; déficit *m* ; ~ *von Arbeitstagen* perte de journées de salaire ; *~ des Verdienstes* manque *m* à gagner **2.** défaillance *f* ; absence *f* ; manque *m* ; *bei ~ eines Teilnehmers* en cas de défaillance d'un participant **3.** (*technique*) non-fonctionnement *m* ; panne *f* ; arrêt *m* ; *~ eines Triebwerks* panne de turbine **4.** (*jur.*) défaillance *f* **5.** (*environnement*) précipitation *f* (fumées, poussière, etc.).

Ausfall- (*préfixe*) non fait(e) ; non effectué(e) ; qui tombe.

Ausfallbetrag *m,* ¨e somme *f* manquante ; moins-perçu *m*.

Ausfallbürgschaft *f,* **en** garantie *f* de bonne fin ; arrière-caution *f* ; caution *f* en cas de défaut (du débiteur) ; garantie *f* de désistement.

aus/fallen, ie, a (*ist*) **1.** manquer ; faire défaut ; ne pas avoir lieu ; être supprimé ; *ausgefallene Arbeitsstunden* heures *fpl* de travail chômées ; *wegen Krankheit ausgefallen sein* avoir manqué pour cause de maladie ; *die Veranstaltung fällt aus* la représentation est supprimée **2.** *gut, schlecht ~* avoir un bon, un mauvais résultat **3.** tomber en panne, ne pas fonctionner.

Ausfallen *n,* ø défaillance *f* ; suppression *f* ; annulation *f*.

Ausfallgarantie *f,* **n** garantie *f* en cas de défaillance (d'un contractant) ; garantie de non carence ; caution *f*.

Ausfallhäufigkeit *f,* **en** taux *m* de défaillance.

Ausfallkosten *pl* coût *m* de l'absentéisme ; coût du manque à gagner dû au personnel absent.

Ausfallmuster *n,* - échantillon *m* de référence ; produit-type *m*.

Ausfallquote *f,* **n** taux *m* de perte ; taux de défaillance (des emprunteurs).

Ausfallrisiko *n,* -ken risque *m* de défaillance.

Ausfallschicht *f,* **en** poste *m* non travaillé ; poste chômé.

Ausfallstraße *f,* **n** route *f* de sortie de ville.

Ausfallstunde *f,* **n** heure *f* non effectuée ; heure non faite.

Ausfalltage *mpl* → *Ausfallzeit.*

Ausfallvergütung *f,* **en** indemnité *f* pour perte de salaire.

Ausfallzeit *f,* **en 1.** temps *m* de travail non effectué ; heures *fpl* de travail non effectuées ; temps mort ; heures chômées ; (*machines*) temps *m* d'immobilisation ; indisponibilité *f* ; *die ~ nach/arbeiten* rattraper la production, le travail non effectué **2.** (*maladie, chômage, maternité*) périodes *fpl* non prises ou partiellement prises en compte pour le calcul de la retraite ; (*accident ou maladie*) période *f* d'interruption d'activité ; période d'interruption de cotisations, de versements.

aus/fertigen rédiger ; établir ; dresser ; *eine Urkunde ~* rédiger un acte.

Ausfertigung *f,* **en** rédaction *f* ; établissement *m* ; *zweite ~* duplicata *m* ; double *m* ; *in dreifacher ~* en triple exemplaire.

aus/flaggen arborer un pavillon ; *einen Tanker ~ lassen* naviguer sous pavillon étranger (pétrolier).

Ausflaggung *f,* **en** (navigation *f* sous) pavillon *m* étranger.

Ausflug *m,* ¨e excursion *f* ; tour *m* ; randonnée *f*.

Ausflügler *m,* - (*touris.*) excursionniste *m*.

aus/folgen (*Autriche*) → *aus/händigen.*

Ausfuhr *f,* **en** exportation *f* ; export *m* ; *sichtbare, unsichtbare ~en* exportations visibles, invisibles ; *zollfreie ~en* exportations en franchise ; *zur ~ zugelassen* autorisé à l'exportation ; *die ~en fördern* promouvoir les exportations (*syn. Export* ; *contr. Einfuhr, Import*).

Ausfuhrabgabe *f,* **n** taxe *f* à l'exportation ; taxe prélevée à la sortie du territoire.

Ausfuhrartikel *m,* - article *m* d'exportation.

ausführbar 1. exportable **2.** exécutable ; réalisable.

Ausführbarkeit *f,* **en** faisabilité *f* ; *die ~ eines Auftrags prüfen* vérifier si une commande peut être exécutée.

Ausfuhrbeschränkung *f,* **en** restriction *f,* limitations *fpl* à l'exportation.

Ausfuhrbestimmungen *fpl* dispositions *fpl* réglementant les exportations.
Ausfuhrbewilligung *f*, en → *Ausfuhrgenehmigung*.
Ausfuhrbürgschaft *f*, en caution *f* d'exportation.
aus/führen 1. exporter (*syn. exportieren*) 2. exécuter ; *eine Bestellung* ~ réaliser une commande ; *eine Reparatur* ~ effectuer une réparation 3. expliquer ; déclarer.
Ausführer *m*, - → *Ausfuhrhändler*.
Ausfuhrerklärung *f*, en déclaration *f* d'exportation.
Ausfuhrerstattung *f*, en (*U.E.*) primes *fpl* compensatoires (accordées aux agriculteurs pour compenser la différence entre les prix élevés pratiqués au sein de l'U.E. par rapport à ceux, plus bas, du marché mondial).
Ausfuhrgarantie *f*, n garantie *f* de l'État à l'exportation.
Ausfuhrgenehmigung *f*, en licence *f* d'exportation ; permis *m* d'exporter.
Ausfuhrgüter *npl* biens *mpl*, produits *mpl* destinés à l'exportation.
Ausfuhrhafen *m*, ¨ port *m* d'exportation.
Ausfuhrhandel *m*, ø commerce *m* d'exportation.
Ausfuhrhändler *m*, - exportateur *m* (*syn. Exporteur*).
Ausfuhrhändlervergütung *f*, en (*fisc*) réduction *f* d'impôt en faveur des exportateurs ; ristourne *f* à l'exportation.
Ausfuhrhöchstgrenze *f*, n plafond *m* des exportations ; limite *f* des exportations.
Ausfuhrkontingent *n*, e contingent *m* d'exportation.
Ausfuhrland *n*, ¨er pays *m* exportateur.
Ausfuhrlastigkeit *f*, ø dépendance *f* d'un pays de ses exportations.
Ausfuhrlizenz *f*, en licence *f* d'exportation.
Ausfuhrmenge *f*, n volume *m* des exportations ; exportations *fpl* chiffrées ; quantité *f* exportée.
Ausfuhrprämie *f*, n prime *f* à l'exportation.
Ausfurpreis *m*, e prix *m* à l'exportation.
Ausfuhrquote *f*, n contingent *m* d'exportation.
Ausfuhrrabatt *m*, e → *Ausfuhrhändlervergütung*.

Ausfuhrsperre *f*, n embargo *m* sur les exportations.
Ausfuhrsubvention *f*, en subventions *fpl* à l'exportation.
Ausfuhrüberschuss *m*, ¨e excédent *m* des exportations.
Ausführung *f*, en 1. exécution *f* ; réalisation *f* 2. type *m* ; modèle *m* 3. explication *f* ; exposé *m* ; développement *m*.
Ausführungsanzeige *f*, n avis *m* d'opéré.
Ausführungsbestimmungen *fpl* décrets *mpl*, ordonnances *fpl* d'application ; dispositions *fpl* d'application.
Ausführungsverordnung *f*, en règlement *m* d'exécution.
Ausfuhrverbot *n*, e interdiction *f* d'exporter ; embargo *m* sur les exportations ; interdiction de sortie.
Ausfuhrvergütung *f*, en → *Ausfuhrhändlervergütung*.
Ausfuhrvolumen *n*, -/mina volume *m* des exportations.
Ausfuhrware *f*, n marchandise *f* à l'exportation.
Ausfuhrzoll *m*, ¨e droits *mpl* à l'exportation ; taxe *f* à l'exportation.
Ausfuhrzollschein *m*, e (*douane*) acquit *m* de sortie.
aus/füllen 1. remplir ; compléter ; *einen Scheck, ein Formular* ~ remplir un chèque, un formulaire 2. accomplir une tâche 3. combler ; satisfaire ; *der Beruf füllt ihn ganz aus* il est comblé par son travail ; *seinen Posten zur vollen Zufriedenheit* ~ satisfaire pleinement aux obligations d'un poste.
Ausgabe *f*, n 1. dépense *f* ; ~*n* charges *fpl* ; dépenses **I.** *absetzbare* ~*n* dépenses déductibles ; *außerordentliche* ~*n* dépenses extraordinaires ; *außerplanmäßige* ~*n* dépenses extrabudgétaires ; *einmalige* ~*n* dépenses exceptionnelles ; *investive* ~*n* dépenses d'investissement ; *konsumptive* ~*n* dépenses de consommation ; *laufende, öffentliche* ~*n* dépenses courantes, publiques ; *ordentliche* ~*n* dépenses ordinaires ; *planmäßige* ~*n* dépenses prévues (budgétées) ; *ungedeckte* ~*n* dépenses non couvertes ; *unvorhergesehene* ~*n* dépenses imprévisibles **II.** *eine* ~ *ab/setzen* déduire une dépense ; *eine* ~ *an/weisen* ordonnancer, imputer une dépense ; *die* ~*n auf/schlüsseln* ventiler les dépenses ; *die* ~*n decken* couvrir les frais ; *die* ~*n erstatten* rembourser les frais ;

eine ~ *veranschlagen* prévoir une dépense au budget ; budgéter une dépense **2.** émission *f* ; ~ *einer Anleihe* émission d'un emprunt **3.** délivrance *f* ; distribution *f* (courrier, marchandises) **4.** (*informatique*) sortie *f* (de données) **5.** (*journal, livre*) édition *f* ; numéro *m* ; (*télévision*) émission *f*.

Ausgabeaufschlag *m*, ¨e débours *m* supplémentaire ; surcoût *m*.

Ausgabebank *f*, en banque *f* d'émission.

Ausgabebetrag *m*, ¨e **1.** prix *m* d'émission **2.** montant *m* de l'émission.

Ausgabebewilligung *f*, en autorisation *f* budgétaire, de dépense.

Ausgabedaten *npl* (*informatique*) données *fpl* de sortie.

Ausgabedisagio *n*, s (*bourse*) différence *f* en moins par rapport au cours d'émission.

Ausgabedisziplin *f*, en discipline *f* en matière de dépenses ; maîtrise *f* des dépenses.

Ausgabeeinheit *f*, en (*informatique*) unité *f* de sortie.

ausgabefähig 1. réalisable ; disponible ; affectable (à) **2.** (*édition*) éditable ; publiable.

ausgabefreudig qui ne lésine pas sur les dépenses ; dépensier.

Ausgabefreudigkeit *f*, ø tendance *f* à consommer ; propension *f* à la consommation ; caractère *m* dépensier.

Ausgabekurs *m*, e cours *m* d'émission (*syn. Emissionskurs*).

Ausgabekürzung *f*, en réduction *f* de(s) dépenses.

Ausgabeland *n*, ¨er pays *m* d'émission.

Ausgabemarkt *m*, ¨e marché *m* d'émission.

Ausgabemittel *npl* crédits *mpl* ; *zusätzliche* ~ *bewilligen* accorder des crédits supplémentaires ; ~ *voraus/schätzen* budgéter des dépenses.

Ausgabenanweisung *f*, en ordonnance *f* de paiement ; mandat *m* de dépenses.

Ausgabenaufgliederung *f*, en ventilation *f* des dépenses.

Ausgabenaufstellung *f*, en **1.** dépenses *fpl* prévisionnelles **2.** état *m* des dépenses.

Ausgabenbuch *n*, ¨er livre *m* des dépenses.

Ausgabenbudget *n*, s budget *m* des dépenses ; prévisions *fpl* budgétaires.

Ausgabendeckung *f*, en couverture *f* des dépenses.

Ausgabenerstattung *f*, en remboursement *m* des dépenses.

Ausgabenetat *m*, s → **Ausgabenbudget**.

Ausgabenkürzung *f*, en compressions *fpl*, réductions *fpl* budgétaires.

Ausgabenposten *m*, - poste *m* de dépenses.

Ausgabenseite *f*, n colonne *f* débit ; colonne (des) dépenses.

Ausgabenverzeichnis *n*, se relevé *m* de dépenses.

Ausgabenvoranschlag *m*, ¨e → **Ausgabenbudget**.

Ausgabepreis *m*, e prix *m* d'émission, de lancement.

Ausgabespeicher *m*, - (*informatique*) mémoire *f* de sortie.

Ausgabestelle *f*, n **1.** bureau *m* de délivrance (de documents) **2.** centre *m* de distribution.

Ausgang *m*, ¨e **1.** sortie *f* ; départ *m* **2.** résultat *m* ; fin *f* ; issue *f* ; ~ *der Verhandlungen* issue des négociations.

Ausgangs- (*préfixe*) de départ ; de sortie ; de base ; d'attache.

Ausgangsbescheinigung *f*, en (*douane*) certificat *m*, visa *m* de sortie.

Ausgangsbuch *n*, ¨er registre *m* des expéditions ; livre *m* du courrier-départ.

Ausgangsflughafen *m*, ¨ aéroport *m* d'attache.

Ausgangshöhe *f*, n montant *m*, chiffre *m* de départ (d'une retraite, par ex.).

Ausgangsindustrie *f*, n industrie *f* de base.

Ausgangslage *f*, n situation *f* de départ.

Ausgangsmaterial *n*, ien matériel *m* de base ; produit *m* de base.

Ausgangspreis *m*, e prix *m* de départ ; prix initial.

Ausgangsprodukt *n*, e produit *m* de base.

Ausgangsstoff *m*, e matière *f* de base.

Ausgangswert *m*, e valeur *f* initiale, de départ.

Ausgangszoll *m*, ¨e droits *mpl* de sortie ; taxe *f* prélevée à la sortie.

Ausgangszollsatz *m*, ¨e droits *mpl* de base ; taux *m* des droits à la sortie (C.E.).

Ausgangszollstelle *f*, **n** (*douane*) bureau *m* de sortie.

aus/geben, a, e 1. dépenser ; décaisser ; *sein Geld ~* dépenser son argent **2.** *Aktien ~* émettre des actions **3.** (*billets*) délivrer ; mettre en circulation ; *Banknoten ~* mettre des billets en circulation.

ausgebucht sein être complet ; afficher complet ; être entièrement vendu ; *der Charterflug ist ~* le vol charter est complet.

ausgedient haben être usé ; *diese Maschinen haben ~* ces machines ont fait leur temps.

Ausgedinge *n*, - (*agric.*) part *f* réservataire (sur une propriété successorale) ; *sich auf sein ~ zurück/ziehen* prendre sa retraite.

ausgeglichen en équilibre ; *~er Haushalt* budget *m* équilibré, en équilibre.

Ausgeglichenheit *f*, **en** équilibre *m* ; *~ des Haushalts* équilibre budgétaire ; budget *m* en équilibre.

aus/gehen, i, a 1. *den Betrieben geht das Geld aus* les entreprises commencent à manquer de fonds **2.** *bei den Verhandlungen sind sie leer ausgegangen* ils n'ont rien obtenu lors des négociations **3.** *von einem Standpunkt ~* partir d'un point de vue.

ausgeklügelt sophistiqué ; de haute technicité.

ausgelastet pleinement utilisé ; en charge ; *~e Werke* usines qui tournent à pleine charge.

ausgelernt sorti d'apprentissage (artisan) ; qui a terminé ses études, sa formation.

ausgelost tiré au sort ; *~e Teilnehmer* participants *mpl* sélectionnés par tirage au sort.

ausgemacht entendu ; *~er Preis* prix *m* convenu.

ausgepolstert rembourré ; matelassé ; *mit Reserven ~* pourvu d'un solide matelas de réserves.

ausgesucht choisi ; sélectionné ; *~e Ware* marchandise *f* de première qualité.

ausgewogen équilibré.

ausgezeichnet 1. excellent ; parfait **2.** affiché ; étiqueté ; *~er Preis* prix *m* affiché.

Ausgleich *m*, **e 1.** compromis *m* ; arrangement *m* **2.** équilibre *m* ; équilibrage *m* ; balance *f* ; *~ des Budgets* équilibre budgétaire **3.** compensation *f* ; règlement *m* ; *zum ~ Ihrer Rechnung* en règlement de votre facture ; pour solde de votre compte **4.** égalisation *f* ; adéquation *f* ; *~ von Angebot und Nachfrage* adéquation entre l'offre et la demande ; *~ der allgemeinen Profitrate* égalisation du taux général de profit **5.** (*coûts*) péréquation *f*.

aus/gleichen, i, i 1. concilier ; arranger (un différend) **2.** équilibrer ; *das Konto hat sich wieder ausgeglichen* le compte est à nouveau en équilibre **3.** compenser ; régler ; niveler ; *das Lohngefälle ~* niveler les disparités salariales **4.** égaliser.

Ausgleichs- (*préfixe*) de compensation ; compensatoire ; compensateur ; différentiel ; de péréquation ; de régularisation.

Ausgleichsabfindung *f*, **en** indemnité *f* compensatrice ; dédommagement *m* ; *~ wegen Vertragsbruch(s)* indemnité de rupture de contrat ; *~ wegen Auflösung des Arbeitsverhältnisses* indemnité de licenciement.

Ausgleichsabgabe *f*, **n** taxe *f* compensatoire ; taxe de péréquation ; *~n* montants *mpl* compensatoires.

Ausgleichsabkommen *n*, - accord *m* de compensation.

Ausgleichsbank *f*, **en** banque *f* de compensation.

ausgleichberechtigt indemnisable ; ayant droit à une indemnité compensatoire.

Ausgleichsbetrag *m*, ¨e indemnité *f* compensatoire ; montant *m* du dédommagement.

Ausgleichsentschädigung *f*, **en** indemnité *f* compensatoire, différentielle.

Ausgleichsfonds *m*, - fonds *m* compensatoire ; fonds de solidarité ; fonds d'indemnisation.

Ausgleichsforderung *f*, **en 1.** créance *f* de péréquation ; créance en compensation **2.** demande *f* d'indemnisation.

Ausgleichsgebühr *f*, **en** taxe *f* compensatoire.

Ausgleichsgeld *n*, **er** indemnité *f* compensatrice ; indemnisation *f*.

Ausgleichskasse *f*, **n** caisse *f* de compensation.

Ausgleichskonto *n*, **-ten** compte *m* de régularisation.

Ausgleichskredit *m*, **e** crédit *m* d'ajustement.

Ausgleichslager *n*, - stocks *mpl* régulateurs.
Ausgleichspolitik *f*, en politique *f* de régulation.
Ausgleichsposten *m*, - poste *m* de régularisation.
Ausgleichsregelung *f*, en régime *m* de péréquation.
Ausgleichsstelle *f*, n office *m* de compensation.
Ausgleichssteuer *f*, n taxe *f* compensatoire.
Ausgleichssumme *f*, n → *Ausgleichsbetrag*.
Ausgleichsumlage *f*, n taxe *f* de compensation ; ventilation *f* des taxes ; prélèvement *m* de compensation.
Ausgleichsverfahren *n*, - 1. procédure *f* de compensation 2. (*Autriche, Suisse*) procédure *f* de concordat.
Ausgleichsvergütung *f*, en → *Ausgleichsentschädigung*.
Ausgleichszahlung *f*, en paiement *m* pour solde (de tout compte) ; versement *m* compensatoire ; soulte *f*.
Ausgleichszeitraum *m*, ¨e période *f* compensatoire.
Ausgleichszoll *m*, ¨e droits *mpl* compensatoires.
Ausgleichszulage *f*, n (*agric.*) prime *f* compensatoire ; prime différentielle.
Ausgleichszuschuss *m*, ¨e subvention *f* de péréquation.
Ausgleichung *f*, en péréquation *f* ; compensation *f* ; ajustement *m* ; *Quittung zur* ~ quittance *f* pour solde de tout compte ; (*jur.*) égalisation *f* des parts successorales ; → *Ausgleich*.
Ausgleichungspflicht *f*, en 1. (*créanciers*) obligation *f* de solidarité en cas de débiteur défaillant 2. (*jur.*) obligation *f* du rapport (faite aux héritiers de réintégrer un éventuel héritage anticipé dans la masse successorale).
aus/gliedern 1. détacher ; séparer ; traiter à part ; dissocier ; externaliser 2. laisser (délibérément) de côté ; *ein Problem bei Verhandlungen* ~ traiter un problème à part lors de négociations.
Ausgliederung *f*, en ventilation *f* ; spécialisation *f* ; décomposition *f* ; exclusion *f* ; externalisation *f* ; ~ *von gewissen Aktivitätsbereichen* externalisation de certains secteurs d'activités.
aus/grenzen (*social*) exclure ; marginaliser.

Ausgrenzung *f*, en (*social*) exclusion *f* ; marginalisation *f*.
Ausgrenzungskurs *m*, e politique *f* d'exclusion.
aus/gründen essaimer ; recréer une entreprise démantelée ; *eine Tochtergesellschaft* ~ créer une entreprise par essaimage.
Ausgründung *f*, en essaimage *m* ; création *f* d'une société nouvelle.
aus/handeln négocier ; débattre ; *Löhne und Preise* ~ débattre des salaires et des prix.
aus/händigen délivrer ; remettre (en mains propres) ; *jdm ein Dokument* ~ délivrer un document à qqn.
Aushändiger *m*, - personne *f* qui remet qqch en mains propres ; remettant *m*.
Aushändigung *f*, en remise *f* ; délivrance *f*.
Aushang *m*, ¨e 1. affichage *m* ; *durch* ~ *bekannt geben* annoncer par voie d'affiches 2. étalage *m*.
aus/hängen afficher.
Aushängeschild *n*, er 1. enseigne *f* ; *als* ~ *dienen* servir d'argument publicitaire ; faire de la publicité 2. (*fig.*) produit *m* phare ; enseigne *f* vedette.
aus/hebeln neutraliser ; rendre inopérant ; *den Wettbewerb* ~ fausser le jeu de la libre concurrence ; *einen Politiker* ~ faire tomber un homme politique.
aus/helfen, a, o remplacer (provisoirement) ; dépanner ; *jdm mit etw* ~ dépanner qqn avec qqch ; *auf dem Bau* ~ donner un coup de main sur un chantier.
Aushilfe *f*, n assistance *f* ; aide *f* ; auxiliaire *m* ; intérimaire *m* ; *eine* ~ *suchen* chercher un intérimaire.
Aushilfs- (*préfixe*) intérimaire ; engagé à titre temporaire ; auxiliaire ; de/en dépannage.
Aushilfsarbeit *f*, en travail *m* temporaire ; travail à temps partiel.
Aushilfskraft *f*, ¨e intérimaire *m/f* ; employé *m* à titre temporaire ; aide *m/f* ; suppléant *m*.
Aushilfspersonal *n*, ø personnel *n* temporaire, intérimaire, auxiliaire.
Aushilfstätigkeit *f*, en activité *f* temporaire, occasionnelle ; petit boulot *m*.
aushilfsweise à titre temporaire ; en dépannage ; à titre de suppléant ; en remplacement.
aus/höhlen saper ; miner ; *Vorschriften* ~ saper des directives.

Aushöhlung *f*, en érosion *f*.

aus/kaufen vider ; acheter la totalité de qqch ; *Touristen haben den Laden ausgekauft* des touristes ont dévalisé le magasin.

aus/klammern exclure ; traiter à part ; dissocier ; *aus dem Warenkorb ~* ne pas prendre en compte dans le panier de la ménagère.

aus/klarieren (*douane*) déclarer un navire à la sortie.

aus/kommen, a, o (*ist*) : *knapp ~* avoir du mal à joindre les deux bouts.

Auskommen *n*, ø : *sein* (*gutes*) *~ haben* avoir (largement) de quoi vivre.

Auskunft *f*, ¨e information *f* ; renseignement *m* ; *die ~* le bureau d'information, des renseignements ; *um ~ bitten* demander des renseignements ; *eine ~ ein/holen* prendre un renseignement ; *~ über etw erteilen* renseigner sur qqch.

auskunftberechtigt sein être autorisé à donner des renseignements.

Auskunftei *f*, en agence *f* (privée) de renseignements commerciaux et financiers.

Auskunftsbüro *n*, s bureau *m* d'informations.

Auskunftspflicht *f*, en obligation *f* de fournir des renseignements.

auskunftspflichtig tenu de fournir des renseignements.

Auskunftsquelle *f*, n source *f* de renseignements, d'informations.

Auskunftsrecht *n*, e droit *m* à l'information ; droit d'être informé.

Auskunftstelle *f*, n → **Auskunftsbüro**.

Auskunfts- und Beratungsstelle *f*, n bureau *m* d'information et d'orientation.

Auskunftsverweigerungsrecht *n*, e droit *m* de garder le secret ; droit de ne pas révéler ses sources ; secret *m* bancaire.

aus/kungeln (*fam.*) *etw ~* obtenir qqch à la suite de magouilles ou de tractations secrètes.

Ausladebrücke *f*, n (*navigation*) débarcadère *m*.

Ausladehafen *m*, ¨ port *m* de débarquement ; port de déchargement.

Ausladen *n*, ø déchargement *m*.

aus/laden, u, a décharger ; mettre à quai ; débarquer (passagers).

Auslage *f*, n étalage *m* ; présentation *f* ; *etw in die ~ legen* (*stellen*) mettre qqch en devanture, à l'étalage.

Auslagen *fpl* frais *mpl* ; dépenses *fpl* (avancées) ; *hohe ~* frais élevés ; *unnötige ~* dépenses superflues ; *jdm die ~* (*zurück*)/*erstatten* rembourser les frais (engagés) à qqn.

Auslagenerstattung *f*, en remboursement *m* des frais, des dépenses.

Auslagern *n*, ø délocalisation *f*.

aus/lagern 1. délocaliser **2.** sous-traiter ; *nicht-Kernaktivitätsbereiche ~* sous-traiter des secteurs d'activité secondaires. **3.** (*objets d'art*) (déplacer pour) mettre en lieu sûr **4.** sortir du stock.

Auslagerung *f*, en **1.** (*ins Ausland*) délocalisation *f* (à l'étranger) ; délégation *f* de tâches ou de responsabilités **2.** sortie *f* du stock ; sortie de l'entrepôt.

Ausland *n*, ø étranger *m* ; pays *m* étranger ; *Lieferung an das/aus dem ~* livraison pour l'étranger/en provenance de l'étranger ; *Kapital im ~ an/legen* investir des capitaux à l'étranger.

Ausländer *m*, - étranger *m* ; ressortissant *m* étranger.

Ausländeramt *n*, ¨er service *m* des étrangers.

Ausländerausweis *m*, e carte *f* de résident étranger ; carte d'étranger ; carte de séjour.

Ausländerbeauftragte/r (*der/ein*) secrétaire *m* d'État aux étrangers.

Ausländerbehörde *f*, en → **Ausländeramt**.

ausländerfeindlich xénophobe.

Ausländerfeindlichkeit *f*, ø xénophobie *f* ; hostilité *f* envers les étrangers.

Ausländerrecht *n*, e droit *m*, juridiction *f* des étrangers.

Ausländerzentralregister *n*, - fichier *m* central des étrangers.

ausländisch *~er Arbeitnehmer* travailleur *m* étranger ; *~e Gelder* (*~es Kapital*) capitaux *mpl* étrangers ; fonds *mpl* en provenance de l'étranger ; (*douane*) *für ~e Rechnung* pour compte étranger.

Auslands- (*préfixe*) à l'étranger ; provenant de l'étranger ; extérieur ; international.

Auslandsabsatz *m*, ¨e ventes *fpl* à l'étranger, destinées à l'exportation ; chiffre *m* d'affaires avec l'étranger.

Auslandsaktiva *pl* capitaux *mpl* actifs sur l'étranger ; fonds *mpl* investis à l'étranger ; avoirs *mpl* de change.

Auslandsanlage *f*, n → **Auslandsinvestition**.

Auslandsanleihe *f,* n emprunt *m* extérieur ; emprunt contracté à l'étranger.

Auslandsaufenthalt *m,* e séjour *m* à l'étranger.

Auslandsauftrag *m,* ¨e commande *f* de l'étranger.

Auslandsbesitz *m,* ø propriété *f,* possession *f* à l'étranger ; avoirs *mpl* à l'étranger.

Auslandsbestellung *f,* en 1. commande *f* à une firme étrangère 2. commande en provenance de l'étranger.

Auslandsbeteiligung *f,* en participation *f* étrangère.

Auslandsbeziehungen *fpl* relations *fpl* avec l'étranger.

Auslandsbonds *mpl* titres *mpl* d'emprunt en monnaie étrangère.

Auslandsbürgschaft *f,* en caution *f* pour le commerce avec l'étranger.

Auslandsdeutsche/r (*der/ein*) Allemand *m* résidant à l'étranger ; ressortissant *m* allemand.

Auslandsdienst *m,* e service *m* à l'étranger.

Auslandsdienststelle *f,* n bureau *m* à l'étranger ; antenne *f* à l'étranger.

Auslandserfahrung *f,* en expériences *fpl* professionnelles à l'étranger.

Auslandsforderungen *fpl* 1. créances *fpl* émanant de l'étranger 2. créances sur l'étranger.

Auslandsfracht *f,* ø fret *m* à destination de l'étranger.

Auslandsgelder *npl* → *Auslandskapital*.

Auslandsgeschäft *n,* e opération *f* avec l'étranger ; ~*e ab/wickeln* conclure des affaires avec l'étranger.

Auslandsgut *n,* ¨er marchandise *f* étrangère ; produit *m* en provenance de l'étranger.

Auslandsguthaben *n,* - avoir *m* à l'étranger.

Auslandshandel *m,* ø commerce *m* extérieur.

Auslandsinvestitionen *fpl* investissements *mpl* à l'étranger.

Auslandskapital *n,* ø capitaux *mpl* étrangers.

Auslandskäufe *mpl* 1. achats *mpl* à l'étranger 2. achats étrangers en Allemagne.

Auslandskonto *n,* -ten 1. compte *m* à l'étranger 2. compte d'un étranger en Allemagne.

Auslandskorrespondent *m,* en, en 1. (*presse*) correspondant *m* à l'étranger 2. correspondancier *m* international ; correspondancier plurilingue.

Auslandskrankenschein *m,* e feuille *f* de maladie internationale.

Auslandskredit *m,* e crédit *m* étranger.

Auslandsmarkt *m,* ¨e marché *m* étranger ; marché extérieur.

Auslandsniederlassung *f,* en succursale *f,* filiale *f* à l'étranger.

Auslandspassiva *pl* engagements *mpl* (financiers) envers l'étranger.

Auslandspatent *n,* e brevet *m* étranger.

Auslandspostanweisung *f,* en mandat *m* international.

Auslandspraktikum *n,* -ka stage *m* à l'étranger.

Auslandspreis *m,* e prix *m* pratiqué à l'étranger.

Auslandsschulden *fpl* dettes *fpl* extérieures.

Auslandsschutzbrief *m,* e (*assur.*) assurance-voyage *m* à l'étranger ; assurance *f* automobile multirisques couvrant les voyages à l'étranger.

Auslandstarif *m,* e tarif *m* international.

Auslandstochter *f,* ¨ filiale *f,* succursale *f* à l'étranger.

Auslandstourist *m,* en, en touriste *m* étranger.

Auslandsüberweisung *f,* en virement *m* international ; virement à l'étranger.

Auslandsumsatz *m,* ¨e chiffre *m* d'affaires réalisé à l'étranger.

Auslandsveranstaltung *f,* en manifestation *f* étrangère ; foire-exposition *f* à l'étranger.

Auslandsverbindlichkeiten *fpl* → *Auslandsforderungen*.

Auslandsvergütung *f,* en indemnité *f* d'expatriation ; prime *f* d'activité professionnelle à l'étranger.

Auslandsvermögen *n,* - avoirs *mpl* à l'étranger.

Auslandsverschuldung *f,* en endettement *m* envers l'étranger ; dette *f* extérieure.

Auslandsvertreter *m,* - agent *m* commercial à l'étranger.

Auslandsvertretung *f,* en représentation *f* (commerciale) à l'étranger ; ambassade *f* ; légation *f* ; consulat *m*.

Auslandswährung *f,* en monnaie *f* étrangère.

Auslandsware *f,* n marchandise *f* en provenance de l'étranger ; marchandise étrangère.

Auslandswechsel *m,* - lettre *f* de change sur l'étranger.

Auslandswerte *mpl* valeurs *fpl* étrangères.

Auslandszulage *f,* n indemnité *f* d'expatriation ; prime *f* d'éloignement ; (*fam.*) indemnité de brousse.

aus/lassen, ie, a 1. supprimer ; retrancher 2. sauter ; *einen ganzen Satz* ~ sauter toute une phrase 3. *kein Geschäft* ~ ne laisser passer aucune affaire ; saisir chaque affaire qui se présente 4. *seinen Ärger an einem Untergeordneten* ~ passer sa colère sur un subordonné.

Auslassung *f,* en omission *f* ; lacune *f* ; suppression *f* ; manque *m* ; oubli *m.*

aus/lasten → *ausgelastet.*

Auslastung *f,* en charge *f* ; utilisation *f* des capacités.

Auslastungsgrad *m,* e degré *m* de charge ; taux *m* d'utilisation de capacités industrielles ; coefficient *m* de charge ; (*hôtel, spectacles*) taux de remplissage ; (*transp.*) ~ *der Flugzeuge* coefficient d'occupation des avions ; ~ *des Produktionspotenzials* taux d'utilisation des équipements productifs.

Auslastungskoeffizient *m,* en, en → *Auslastungsgrad.*

Auslaufen *f,* ø arrêt *m* ; expiration *f* ; suspension *f* ; ~ *der Produktion* arrêt de la production.

aus/laufen, ie, au (*ist*) 1. expirer ; toucher à sa fin ; arriver à échéance ; *eine Serie, ein Modell läuft aus* une fin de série, un modèle qui ne se fera plus ; *die Amtszeit läuft aus* le mandat expire 2. (*navigation*) quitter un port ; prendre le large.

Auslaufhafen *m,* ¨ port *m* de départ.

Auslaufmodell *n,* e fin *f* de série ; modèle *m* en fin de course.

aus/legen 1. étaler (des marchandises) 2. avancer de l'argent 3. commenter, interpréter un texte.

Auslegung *f,* en interprétation *f* ; *enge, weite* ~ interprétation restrictive, large.

Ausleihe *f,* n 1. prêt *m* (de livres) 2. bureau *m* des prêts.

aus/leihen, ie, ie prêter ; emprunter ; *jdm Geld* ~ prêter, avancer de l'argent à qqn ; *sich etw von* (*bei*) *jdm* ~ emprunter qqch à qqn.

Ausleihung *f,* en prêt *m* ; location *f* ; emprunt *m.*

aus/lernen terminer son apprentissage, une formation.

Auslese *f,* n choix *m* ; sélection *f* ; (*vin*) V.D.Q.S. (vin délimité de qualité supérieure).

Ausleseprozess *m,* e processus *m* de sélection.

Ausleseprüfung *f,* en examen *m* de sélection ; concours *m.*

Ausleseverfahren *n,* - sélection *f* ; concours *m* ; *im* ~ par voie de concours.

aus/liefern 1. livrer ; fournir ; expédier 2. extrader.

Auslieferung *f,* en 1. délivrance *f* ; livraison *f* ; remise *f* ; expédition *f* (marchandises) 2. extradition *f* (d'un détenu).

Auslieferungsgebiet *n,* e secteur *m* desservi par un service de livraison.

Auslieferungslager *n,* - stocks *mpl* de vente ; dépôt *m* ; délivrance *f* de marchandises.

Auslieferungsschein *m,* e bulletin *m* de(s) livraison.

Auslieferungsverfahren *n,* - procédure *f* d'extradition.

aus/listen supprimer, rayer d'une liste ; rayer de la production.

aus/loggen (*informatique*) déconnecter.

auslosbar désignable par tirage au sort ; ~*e Schuldverschreibung* obligation *f* amortissable par tirage au sort.

Auslöse *f,* n prime *f* d'éloignement du lieu de travail ; indemnité *f* de résidence.

aus/losen tirer au sort (titres).

aus/lösen 1. déclencher ; provoquer 2. (*arch.*) racheter ; libérer ; *ein Pfand* ~ récupérer un gage contre paiement de la somme due (*syn. ein/lösen*).

Auslosung *f,* en tirage *m* au sort.

Auslösung *f,* en 1. rachat *m* ; libération *f* 2. → *Auslöse.*

Auslosungsanleihe *f,* n emprunt *m* amortissable par tirage au sort ; obligation *f* à lots.

aus/machen 1. se monter à ; se chiffrer à ; faire (au total) ; *die Gesamtsumme macht 100 Euro aus* la somme globale fait 100 euros 2. dénicher ; découvrir ; *Missstände* ~ mettre le doigt sur des irrégularités.

Ausmaß *n,* e dimension *f* ; proportion *f* ; degré *m* ; *in geringem, großem* ~ dans une faible, large mesure.

aus/mieten 1. expulser (un locataire) **2.** *(Suisse)* louer.

aus/misten *(fam.)* donner un coup de balai ; nettoyer.

aus/mustern 1. retirer de la circulation ; réformer ; mettre au rebut ; *alte Modelle* ~ supprimer de vieux modèles **2.** trier ; sélectionner ; échantillonner ; *(textile) neue Stoffe* ~ dessiner de nouveaux modèles de tissus.

Ausmusterungsmaterial *n,* ien matériel *m* de réforme.

Ausnahme *f,* n exception *f* ; dérogation *f* ; *mit* ~ *von* à l'exception de ; sauf ; *eine* ~ *bilden* faire exception.

Ausnahmegenehmigung *f,* en autorisation *f,* permission *f* exceptionnelle.

Ausnahmegesetz *n,* e loi *f* d'exception.

Ausnahmeklausel *f,* n clause *f* d'exception.

Ausnahmepreis *m,* e prix *m* exceptionnel.

Ausnahmeregelung *f,* en réglementation *f* d'exception ; mesure *f* dérogatoire.

Ausnahmevorschrift *f,* en disposition *f* exceptionnelle.

Ausnahmezustand *m,* ¨e état *m* d'urgence ; état d'exception ; *den* ~ *ein/setzen, auf/heben* instaurer, lever l'état d'urgence.

ausnahmslos sans exception.

ausnahmsweise à titre exceptionnel.

aus/nutzen 1. utiliser ; mettre à profit **2.** exploiter ; abuser (personnes).

Ausnutzungsgrad *m,* e *(capacités de machines)* degré *m,* taux *m* d'utilisation.

aus/plündern piller ; dépouiller ; dévaliser.

Ausplünderung *f,* en pillage *m* ; dépouillement *m* ; exploitation *f* éhontée ; ~ *der Rohstoffförderländer* pillage des pays producteurs de matières premières.

aus/powern *(fam.)* **1.** exploiter **2.** se dépenser physiquement **3.** virer, débarquer qqn.

Auspowerung *f,* en *(fam.)* exploitation *f* ; paupérisation *f* ; appauvrissement *m* ; *die* ~ *eines Lands, eines Volks* la mise à sac d'un pays ; l'exploitation d'un peuple.

aus/preisen afficher les prix ; *alle Artikel sind ausgepreist* tous les articles sont étiquetés ; les prix sont indiqués sur tous les articles.

aus/probieren essayer ; tester ; *ein neues Produkt* ~ essayer un nouveau produit.

aus/rechnen calculer ; évaluer ; *das Gewicht, den Preis* ~ calculer le poids, le prix.

aus/reichen être suffisant ; suffire ; *das Geld reicht für diesen Erwerb nicht aus* l'argent ne suffit pas pour cette acquisition.

Ausreise *f,* n sortie *f* (du territoire).

aus/reisen quitter le territoire national ; *jdn nicht* ~ *lassen* interdire à qqn de quitter le territoire.

ausreisepflichtig : ~ *bis zum...* doit quitter le territoire avant le...

Ausreiseerlaubnis *f,* se autorisation *f* de sortie.

Ausreisevisum *n,* -sa visa *m* de sortie.

Ausreisewelle *f,* n vague *f* d'émigration.

Ausreisewillige/r *(der/ein)* candidat *m* à l'émigration, au retour.

aus/richten 1. faire une commission à qqn ; transmettre un message **2.** adapter ; orienter ; axer ; *die Produktion auf die Bedürfnisse der Verbraucher* ~ adapter la production aux besoins des consommateurs **3.** *(Suisse)* payer ; verser ; *eine Witwenrente* ~ verser une pension de réversion.

Ausrichtung *f,* en orientation *f* ; *die internationale* ~ *unseres Unternehmens* la vocation internationale de notre entreprise.

aus/roden *(agric.)* défricher ; déboiser.

Ausrottung *f,* en extermination *f* ; ~ *der Fischbestände* destruction des réserves de pêche.

aus/rufen, ie, u 1. crier ; vendre à la criée **2.** proclamer.

Ausrufer *m,* - *(enchères publiques)* crieur *m.*

Ausrufpreis *m,* e *(Autriche)* mise *f* à prix.

aus/rüsten équiper ; appareiller ; aménager ; installer ; *mit Werkzeugen* ~ outiller.

Ausrüster *m,* - équipementier *m* ; *(navires)* armateur *m.*

Ausrüstung *f,* en équipement *m* ; appareillage *m* ; outillage *m* ; installation *f* ; aménagement *m* ; (*navires*) armement *m* ; ungenügende, übermäßige ~ sous-équipement, suréquipement.

Ausrüstungsgegenstände *mpl* matériel *m* d'équipement.

Ausrüstungsgrad *m*, e niveau *m* d'équipement.

Ausrüstungsgüter *npl* biens *mpl* d'équipement, d'investissement (machines, outils, véhicules, etc.) ; *gewerbliche* ~ biens d'équipement professionnel ; ~ *für den Haushalt* biens d'équipement ménager (*syn. Investitionsgüter*).

Ausrüstungsinvestition *f*, en investissement *m* productif ; dépenses *fpl* d'équipement.

Ausrüstungskosten *pl* coûts *mpl* d'équipement.

Ausrüstungskredit *m*, e crédit *m* d'équipement.

Aussaat *f*, en (*agric.*) semailles *fpl* ; ensemencement *m*.

Aussage *f*, n énoncé *m* ; déclaration *f* ; témoignage *m* ; *eidliche* ~ déposition *f* sous serment ; *entlastende* ~ témoignage à décharge ; *die* ~ *verweigern* refuser de témoigner.

aussagefähig pertinent ; significatif ; ~*e Zahlen* chiffres *mpl* significatifs.

Aussagekraft *f*, ø impact *m* ; efficience *f* ; pertinence *f* ; efficacité *f* (d'un texte publicitaire, par ex.).

aus/sagen faire une déclaration ; témoigner ; faire une déposition.

aus/schalten éliminer ; exclure ; *die Konkurrenz* (*den Wettbewerb*) ~ éliminer la concurrence.

Ausschaltung *f*, en élimination *f* ; suppression *f*.

aus/scheiden, ie, ie 1. (*ist*) quitter (des fonctions) ; démissionner ; *aus dem Erwerbsleben* ~ se retirer de la vie active ; *aus dem Geschäft* ~ se retirer des affaires **2.** (*ist*) *als Bewerber* ~ ne plus entrer en ligne de compte en tant que candidat **3.** (*hat*) éliminer écarter ; *mangelhafte Stücke* ~ éliminer des exemplaires défectueux.

Ausscheiden *n*, ø départ *m* (d'un poste) ; démission *f* ; ~ *aus einem Amt* cessation *f* de fonctions officielles.

aus/schlagen, u, a refuser ; *ein Angebot* ~ renoncer à une offre ; *eine Erbschaft* ~ refuser un héritage.

ausschlaggebend décisif ; déterminant ; crucial ; ~*e Stimme* voix *f* prépondérante

aus/schließen, o, o exclure ; éliminer ; *jdn aus einer Partei* ~ exclure qqn d'un parti ; *einen Erben* ~ déshériter qqn ; radier un héritier de la succession ; *die Öffentlichkeit* ~ ordonner le huit clos ; *vom Umtausch ausgeschlossen* ni repris, ni échangé.

ausschließlich exclusif ; ~*es Recht* droit *m* exclusif ; monopole *m*.

Ausschließlichkeit *f*, ø exclusivité *f*.

Ausschließlichkeitsbindung *f*, en contrat *m* d'exclusivité.

Ausschließlichkeitsklausel *f*, n clause *f* d'exclusivité.

Ausschließlichkeitsvertrag *m*, ¨e contrat *m* d'exclusivité.

Ausschließung *f*, en → *Ausschluss*.

Ausschluss *m*, ¨e exclusion *f* ; suppression *f* ; élimination *f* ; suspension *f* ; radiation *f* ; déchéance *f* ; forclusion *f* ; ~ *von einem Anspruch* (*auf*) déchéance d'un droit (à) ; *unter* ~ *der Öffentlichkeit* à huit clos ; *unter* ~ *des Rechtswegs* sans (avoir) recours aux tribunaux ; forclusion ; *den* ~ *aus einer Partei beantragen* demander l'exclusion d'un parti (*syn. Rechtsverwirkung* ; *Präklusion*).

Ausschlussfrist *f*, en (*jur.*) délai *m* de forclusion ; délai de prescription, d'exclusion.

Ausschlussmechanismus *m*, -men mécanisme *m* d'exclusion ; *preislicher* ~ mécanisme d'exclusion par le prix (prix d'équilibre entre l'offre et la demande).

Ausschlussurteil *n*, e (*jur.*) jugement *m* de forclusion.

aus/schöpfen : *alle Möglichkeiten* ~ épuiser toutes les possibilités ; *Reserven* ~ épuiser des réserves.

aus/schreiben, ie, ie 1. établir ; remplir ; *eine Rechnung* ~ établir une facture **2.** *eine Stelle* ~ mettre un poste au concours ; déclarer un poste vacant **3.** lancer un appel d'offres ; *öffentlich* ~ mettre en adjudication.

Ausschreibende/r (*der/ein*) adjudicateur *m*.

Ausschreibung *f*, en **1.** (*emploi*) mise *f* au concours (postes) **2.** appel *m* d'offres ; *öffentliche* ~ appel d'offres ouvert ; *durch* ~ par adjudication ; *sich um eine* ~ *bewerben* faire une soumission ; soumissionner ; *im Wege der* ~ *vergeben* attribuer un marché par voie de soumission (*syn. Submission*).

Ausschreibungsbedingungen *fpl* conditions *fpl* d'adjudication.

Ausschreibungsbekanntmachung *f*, **en** avis *m* d'appel public à concurrence ; appel *m* d'offres ouvert ; avis *m* d'attribution.

Ausschreibungsentscheid *m*, **e** décision *f* de soumission ; attribution *f* de marché.

Ausschreibungspflicht *f*, **en** obligation *f* de soumissionner.

Ausschreibungstermin *m*, **e** date *f* de clôture de dépôt des soumissions.

Ausschreibungsunterlagen *fpl* dossier *m* d'appel d'offres ; ~ *aus/füllen* constituer un dossier en vue d'une adjudication.

Ausschreibungsverfahren *n*, - procédure *f* de passation des marchés publics.

Ausschuss *m*, ¨e **1.** comité *m* ; commission *f* ; *beratender* ~ comité consultatif ; *leitender* ~ comité directeur ; *paritätischer, parlamentarischer* ~ commission paritaire, parlementaire ; *ständiger* ~ comité permanent ; *einen* ~ *bilden* constituer un comité ; *ein* ~ *von Experten tritt zusammen* un comité d'experts se réunit ; *jdn in einen* ~ *wählen* élire qqn dans une commission **2.** marchandise *f* de rebut ; marchandise défectueuse ; rebut *m* ; camelote *f*.

Ausschussmitglied *n*, **er** membre *m* d'une commission.

Ausschussrate *f*, **en** pourcentage *m* de marchandises mises au rebut ; taux *m* de chute.

Ausschusssitzung *f*, **en** séance *f* (de travail) d'une commission.

Ausschussverwertung *f*, **en** recyclage *m* des déchets ; récupération *f* des pièces défectueuses.

Ausschussware *f*, *n* → *Ausschuss 2*.

aus/schütten verser ; distribuer ; *eine Dividende* ~ verser un dividende ; *einen Gewinn* ~ distribuer un bénéfice.

Ausschüttung *f*, **en** versement *m* ; répartition *f* ; ~ *von Dividenden* distribution *f* de dividendes.

ausschüttungsfähig distribuable.

ausschüttungslos : ~*e Jahre* années *fpl* sans versement de dividendes.

Ausschüttungssatz *m*, ¨e (*fisc*) taux *m* d'imposition des dividendes, des revenus d'actions.

Ausschüttungstermin *m*, **e** (*bourse*) date *f* d'attribution des dividendes (d'une action).

Außen- extérieur ; détaché ; décentralisé ; externe ; étranger ; (*contr. Binnen-* ; *Innen-*).

Außenabteilung *f*, **en** service *m* externe (détaché) ; succursale *f* ; antenne *f*.

Außenamt *n*, ¨er ministère *m* des affaires étrangères ; les affaires *fpl* étrangères.

Außenarbeiten *fpl* (*bâtiment*) travaux *mpl* extérieurs.

Außenbeitrag *m*, ¨e solde *m* des échanges, des biens et services (somme des ventes de biens et services vendus à l'étranger, diminuée de la somme des biens et services achetés à l'étranger).

Außenbereich *m*, **e** zone *f* hors-agglomération.

außenbetrieblich externe à l'entreprise ; hors entreprise.

Außendienst *m*, **e** **1.** service *m* extérieur ; force *f* de vente ; ensemble *m* des représentants **2.** agence *f* commerciale.

Außendienstler *m*, - force *f* de vente ; représentant *m*.

Außendienstmitarbeiter *m*, - commercial *m* ; représentant *m* ; V.R.P. *m* ; force *f* de vente.

Außenfinanzierung *f*, **en** financement *m* externe, de tiers ; financement par des capitaux extérieurs.

Außenhandel *m*, ø commerce *m* extérieur ; les échanges *mpl* (ensemble des flux d'exportations et d'importations de marchandises et de services) ; *den* ~ *liberalisieren* libéraliser le commerce extérieur ; *den* ~ *intensivieren* intensifier les échanges.

Außenhandelsabkommen *n*, - accord *m* de commerce extérieur.

Außendienstabteilung *f*, **en** département *m* (des) relations commerciales avec l'étranger.

Außenhandelsbank *f*, **en** (*AHB*) banque *f* du commerce extérieur.

Außenhandelsbeziehungen *fpl* relations *fpl* commerciales extérieures.

Außenhandelsbilanz *f*, **en** balance *f* du commerce extérieur.

Außenhandelsbilanzierung *f*, **en** établissement *m* de la balance du commerce extérieur.

Außenhandelsdaten *pl* chiffres *mpl* du commerce extérieur.

Außenhandelsdefizit *n*, **e** déficit *m* du commerce extérieur.

Außenhandelsförderung *f,* en encouragement *m* du commerce extérieur ; promotion *f* des échanges commerciaux.
Außenhandelskommissar *m,* e (*U.E.*) haut-commissaire *m* au commerce extérieur.
Außenhandelsministerium *n,* -ien ministère *m* du commerce extérieur.
Außenhandelspreise *mpl* prix *mpl* internationaux ; prix des biens exportés et des biens importés.
Außenhandelsquote *f,* n part *f* du commerce extérieur au P.N.B.
Außenhandelssaldo *m,* -den solde *m* de la balance *f* commerciale (du commerce extérieur).
Außenhandelsstatistik *f,* en statistiques *fpl* du commerce extérieur.
Außenhandelsströme *mpl* flux *m* du commerce extérieur.
Außenhandelsüberschuss *m,* ¨e excédent *m* commercial ; balance *f* du commerce extérieur.
Außenhandelsvolumen *n,* -/mina volume *m* du commerce extérieur.
Außenmarkt *m,* ¨e marché *m* extérieur.
Außenminister *m,* - ministre *m* des affaires étrangères ; ministre des relations extérieures.
Außenministerium *n,* -ien ministère *m* des affaires étrangères, des relations extérieures.
Außenpolitik *f,* ø politique *f* étrangère.
Außenprüfer *m,* - (*comptab.*) vérificateur *m.*
Außenprüfung *f,* en (*comptab.*) vérification *f* sur place (a remplacé la *Betriebsprüfung*).
Außenrevision *f,* en (*comptab.*) audit *m* externe.
Außenseiter *m,* - outsider *m* ; concurrent *m* non favori.
Außenspeicher *m,* - (*informatique*) mémoire *f* externe.
Außenstände *mpl* créances *fpl* à recouvrer ; dettes *fpl* actives ; ~ ein/treiben opérer les rentrées ; recouvrer les créances.
Außenstehende/r (*der/ein*) non initié *m* ; non appartenant à un groupe ou à une communauté ; profane *m* ; personne *f* extérieure.
Außenstelle *f,* n agence *f* ; filiale *f* ; succursale *f* ; annexe *f* ; service *m* détaché.

Außensteuergesetz *n,* e loi *f* sur la fiscalité dans les relations avec l'étranger (disparités fiscales, double imposition, etc.).
Außensteuerrecht *n,* ø droit *m* fiscal international.
Außenumsatz *m,* ¨e chiffre *m* d'affaires extérieur ; C.A. *m* hors-groupe.
Außenumsatzerlös *m,* e (*comptab.*) chiffre *m* d'affaires hors groupe.
Außenwerbung *f,* ø publicité *f* faite en extérieur, extérieure (affiches, stades, etc.).
Außenwert *m,* e valeur *f* à l'étranger ; taux *m* de change ; *gewogener* ~ taux de change pondéré ; *handelsgewichteter* ~ taux de change pondéré par les échanges commerciaux ; *der* ~ *des Euro* le pouvoir d'achat de l'euro à l'étranger.
Außenwirtschaft *f,* en commerce *m* extérieur ; relations *fpl* économiques extérieures.
außenwirtschaftlich qui concerne les échanges extérieurs ; ~*e Öffnung* ouverture *f* de l'économie sur l'extérieur ; économie non protectionniste ; ~*e Ungleichgewichte* déséquilibres *mpl* économiques extérieurs.
Außenzoll *m,* ¨e : (*E.U.*) *der gemeinsame* ~ tarif *m* extérieur commun ; tarif commun vis-à-vis de pays tiers.
außer 1. excepté ; sauf 2. en dehors de ; ~ *Betrieb* hors service ; ~ *Kraft setzen* annuler ; abroger ; ~ *Kurs setzen* retirer de la circulation.
Außerachtlassung *f,* en violation *f* ; non respect *m* ; non conformation *f* à.
außerberuflich extraprofessionnel ; non professionnel ; privé.
außerbetrieblich hors-entreprise ; extérieur à l'exploitation ; ~*e Ausbildung* formation *f* hors-entreprise.
außerbilanziell hors-bilan.
außerbörslich hors-bourse ; non coté ; ~*e Kurse* cours *mpl* du marché libre ; ~*er Markt* marché *m* de gré à gré ; ~*er Verkehr* marché libre (*syn. Freiverkehr*).
außerdienstlich hors service ; en dehors du service.
außerehelich : ~*e Lebensgemeinschaft* concubinage *m* ; union *f* libre ; pacs *m.*
außergerichtlich sans recours à la justice ; extrajudiciaire ; ~*er Vergleich* arrangement *m* amiable.
Außerkraftsetzung *f,* en abrogation *f* ; annulation *f.*

außerordentlich extraordinaire ; exceptionnel ; *~e Ausgaben* dépenses *fpl* extraordinaires ; *~ Generalversammlung* assemblée *f* générale extraordinaire ; *eine ~e Sitzung ein/berufen* convoquer une assemblée extraordinaire ; convoquer à une réunion extraordinaire.

außerplanmäßig non prévu au plan ; non budgété ; irrégulier ; hors-programme ; non conforme.

außerpreislich hors prix.

außertariflich extra-conventionnel ; hors-grilles ; hors-tarif ; extra-tarifaire ; *~er Arbeitsvertrag* contrat *m* de travail non soumis aux conventions collectives.

außervertraglich hors-contrat.

aus/setzen 1. suspendre ; interrompre ; arrêter ; *eine Zahlung ~* cesser un paiement **2.** *eine Strafe ~* surseoir à une peine **3.** *eine Belohnung ~* offrir une récompense **4.** *eine Rente ~* accorder une retraite **5.** exposer (à un risque).

Aussetzung *f,* **en 1.** suspension *f* ; interruption *f* ; cessation *f* **2.** ajournement *m* **3.** remise *f* ; offre *f* de récompense **4.** (*rente*) constitution *f* **5.** exposition *f* (à un risque).

Aussiedler *m,* **- 1.** rapatrié *m* ; émigré *m* **2.** (*hist.*) Allemand *m* de souche né à l'étranger (Pologne, Russie).

Aussiedlerbeauftragte/r (*der/ein*) secrétaire *m* d'État chargé du problème des rapatriés, des émigrés.

Aussiedlung *f,* **en** évacuation *f* ; rapatriement *m* ; déplacement *m* (d'un bien lors d'une faillite).

aus/sondern retirer ; trier ; séparer ; (*jur.*) *einen Gegenstand aus der Masse ~* distraire un objet de la masse.

Aussonderung *f,* **en** (*jur.*) distraction *f* ; revendication *f* de la propriété d'un bien (prêté ou intégralement payé).

Aussonderungsanspruch *m,* **¨e** (*jur.*) droit *m* de revendication de propriété.

Aussonderungsklage *f,* **n** (*jur.*) action *f* en revendication de propriété.

aus/sortieren trier ; mettre à part.

aus/sperren lock-outer ; appliquer le lock-out.

Aussperrung *f,* **en** lock-out *m* ; grève *f* patronale ; fermeture *f* d'usine (par mesure de rétorsion patronale) ; *eine ~ beschließen* décider un lock-out ; *eine ~ verhängen* lock-outer.

Ausstand *m,* **¨e** débrayage *m* ; grève *f* ; *sich im ~ befinden* être en grève ; débrayer ; *in den ~ treten* se mettre en grève ; débrayer (*syn. Streik*).

ausständig en grève ; en débrayage.

Ausständler *m,* **-** gréviste *m* (*syn. Streikender*).

aus/statten équiper ; pourvoir ; doter ; munir ; *mit Geldmitteln ~* fournir des capitaux ; mobiliser des fonds ; *mit Werkzeugen ~* outiller.

Ausstattung *f,* **en** équipement *m* ; installation *f* ; dotation *f* (en capitaux ou en équipements) ; présentation *f* (d'un produit).

Ausstattungsbeitrag *m,* **¨e** prime *f* d'équipement ; prime d'installation.

Ausstattungsgrad *m,* **e** degré *m* d'équipement.

Ausstattungskapital *n,* **-ien** fonds *m* de dotation.

Ausstattungskosten *pl* frais *mpl* d'équipement.

Ausstattungsmaterial *n,* **-ien** matériel *m* de décoration (magasin) ; matériel d'équipement.

aus/stechen, a, o : *Konkurrenten ~* éliminer, évincer des concurrents.

aus/stehen, a, a être en retard ; être dû.

ausstehend : à recouvrer ; non rentré ; non payé ; impayé ; dû ; en souffrance ; *~e Antwort* réponse *f* en souffrance ; *~e Forderungen* créances *fpl* à recouvrer ; *~e Gelder* capitaux *mpl* à recouvrer.

aus/steigen, ie, ie (*ist*) **1.** abandonner ; renoncer ; laisser tomber ; *aus einem Geschäft ~* se retirer d'une affaire **2.** (*bourse*) vendre des titres spéculatifs **3.** (*sociologie*) se marginaliser ; refuser le système établi ; mener une vie alternative.

Aussteiger *m,* **-** marginal *m* ; anticonformiste *m*.

aus/stellen 1. mettre à l'étalage ; exposer ; *eine Ware ~* exposer une marchandise **2.** dresser ; délivrer ; *einen Pass ~* établir un passeport ; *eine Rechnung (auf jds Namen) ~* établir une facture (au nom de) **3.** *einen Scheck ~* établir (émettre, tirer) un chèque ; *einen Wechsel (auf jdn) ~* tirer une traite (sur qqn).

Aussteller *m,* **- 1.** exposant *m* ; étalagiste *m* **2.** (*traite*) tireur *m* ; (*chèque*) signataire *m* ; (*action*) émetteur *m* ; souscripteur *m*.

Ausstelleranmeldung *f,* **en** inscription *f* de l'exposant.

Ausstellerbetreuung *f,* **en** assistance *f* aux exposants.
Ausstellerkatalog *m,* **e** → *Ausstellerverzeichnis.*
Ausstellerland *n,* ¨**er** pays *m* exposant.
Ausstellerverzeichnis *n,* **se** liste *f,* catalogue *m* des exposants.
Ausstellung *f,* **en** 1. exposition *f* ; salon *m* ; *einmalige* ~ exposition unique ; *landwirtschaftliche* ~ salon *m* de l'agriculture ; *ständige* ~ exposition permanente ; *technische* ~ exposition technique ; *eine* ~ *besuchen* visiter une exposition 2. établissement *m* ; délivrance *f* ; ~ *einer Quittung, eines Schecks* établissement d'une quittance, d'un chèque.
Ausstellungsamt *n,* ¨**er** bureau *m* des exposants.
Ausstellungsfläche *f,* **n** surface *f* d'exposition.
Ausstellungsgebäude *n,* - bâtiment *m* d'exposition ; pavillon *m* de l'exposition ; palais *m* des expositions.
Ausstellungsgelände *n,* - terrain *m,* enceinte *f* de l'exposition.
Ausstellungshalle *f,* **n** hall *m,* pavillon *m* de l'exposition.
Ausstellungskatalog *m,* **e** catalogue *m* de l'exposition ; catalogue des exposants.
Ausstellungsleitung *f,* **en** direction *f* de l'exposition.
Ausstellungsort *m,* **e** 1. lieu *m* d'exposition 2. lieu *m* de délivrance (d'un document).
Ausstellungspavillon *m,* **s** → *Ausstellungshalle.*
Ausstellungsstand *m,* ¨**e** stand *m* d'exposition.
Ausstellungsstück *n,* **e** échantillon *m* ; modèle *m* d'exposition ; modèle exposé.
aus/steuern 1. (*assur.*) radier ; supprimer les prestations 2. (*hist.*) doter une fille.
Aussteuerung *f,* **en** radiation *f* ; fin *f* de droits (en matière de versement de prestations de sécurité sociale ou de chômage).
Aussteuerversicherung *f,* **en** assurance-études *f.*
Ausstieg *m,* **e** abandon *m* ; sortie *f* ; renonciation *f* ; ~ *aus der Kernenergie* abandon du nucléaire ; *Einstieg in den* ~ abandon du tout-nucléaire.

Ausstiegsempfehlung *f,* **en** (*bourse*) conseil *m* de vente (de titres) ; « prendre ses bénéfices » ; « vendre » ; « vendez » ; conseil d'abandon (du nucléaire par ex.).
Ausstiegsklausel *f,* **n** clause *f* d'abandon, de retrait ; (*U.E.*) clause autorisant un pays à quitter l'Union européenne.
Ausstoß *m,* ¨**e** quantité *f* produite ; production *f* ; rendement *m* ; débit *m* ; output *m* ; (*environnement*) émission *f* (de matières toxiques ou polluantes).
aus/stoßen, ie, o émettre ; produire (des nuisances) ; *höchstens 140 g CO^2 pro km* ~ émettre un maximum de 140 gr. de CO^2 par km.
Ausstrahlung *f,* **en** (*radio, télé.*) diffusion *f* ; (*fig.*) rayonnement *m* ; retombées *fpl* (technologiques, culturelles).
Ausstrahlungsrechte *npl* droits *mpl* de diffusion, de retransmission ; *die* ~ *erwerben* acquérir les droits de retransmission.
aus/streichen, i, i biffer ; rayer.
aus/suchen sélectionner ; faire un choix, un tri.
Austausch *m,* **ø** échange *m* ; troc *m* ; (*techn.*) remplacement *m* ; *im* ~ *gegen* en échange de.
austauschbar échangeable ; interchangeable ; substituable.
Austauschbarkeit *f,* **en** interchangeabilité *f* ; substituabilité *f.*
aus/tauschen échanger ; troquer ; permuter ; *mit jdm etw* ~ faire un échange avec qqn.
Austauschgeschäft *n,* **e** 1. troc *m* 2. affaire *f* de clearing (de compensation).
Austauschprogramm *n,* **e** programme *m* d'échanges ; ~ *für Studenten und Forscher* programme d'échanges pour étudiants et chercheurs.
Austauschvertrag *m,* ¨**e** contrat *m* d'échange ; accord *m* de réciprocité.
Austerity-Politik *f,* **en** (*pr. ang.*) politique *f* de restrictions (budgétaires) ; politique d'austérité économique ; mesures *fpl* de rigueur ; (*fam.*) vaches *fpl* maigres.
aus/treten, a, e (*ist*) se retirer ; sortir ; *aus einer Partei* ~ quitter un parti.
aus/tricksen : (*fam.*) *einen Konkurrenten* ~ évincer (éliminer) un concurrent par la ruse.
Austritt *m,* **e** sortie *f* ; démission *f* ; départ *m.*

Austrittserklärung *f,* en déclaration *f* de retrait d'adhésion ; déclaration de démission (parti, Église, association, etc.).

Austrittsklausel *f,* n (*U.E.*) clause *f* de retrait de l'Union européenne.

aus/üben exercer ; *einen Beruf* ~ pratiquer un métier ; exercer une profession ; (*auf jdn*) *Druck* ~ exercer des pressions (sur qqn) ; faire pression sur qqn ; *sein Stimmrecht* ~ exercer son droit de vote.

Ausübung *f,* en exercice *m* ; pratique *f* ; *in* ~ *seines Dienstes, seines Amtes* dans l'exercice de ses fonctions, de sa charge.

Ausübungspreis *m,* e (*bourse*) prix *m* d'exercice ; *über dem* ~ *notiert sein* être coté au-dessus du prix d'exercice.

aus/ufern déborder ; connaître des débordements ; proliférer ; exploser ; *ausufernde Kosten* explosion *f* des coûts.

Ausverkauf *m,* ¨e soldes *mpl* ; liquidation *f* (d'un stock) ; vente *f* totale ; braderie *f* ; ~ *wegen Geschäftsaufgabe* liquidation pour cause de cessation de commerce, d'activité commerciale.

aus/verkaufen solder ; liquider ; vendre au rabais ; *ein Lager* ~ liquider un stock ; *die Karten sind ausverkauft* tous les billets ont été vendus.

Ausverkaufspreis *m,* e prix *m* soldé ; prix bradé, cassé.

Ausverkaufware *f,* n marchandise *f* soldée ; fin *f* de série.

Auswahl *f,* ø 1. choix *m* ; assortiment *m* ; sélection *f* ; *wenig* ~ *bieten* offrir peu de choix ; *eine große* ~ *haben* avoir un grand choix ; être bien achalandé, assorti 2. (*statist.*) échantillonnage *m*.

aus/wählen choisir ; sélectionner ; trier ; retenir.

Auswahlgespräch *n,* e entretien *m* de sélection (à l'embauche).

Auswahlkommission *f,* en commission *f* de sélection.

Auswahlkriterium *n,* ien critère *m* de sélection.

Auswahlprüfung *f,* en examen *m* sélectif ; concours *m* (d'entrée).

Auswahlsendung *f,* en envoi *m* d'échantillons ; livraison *f* d'essai.

Auswahltest *m,* s test *m* de sélection.

Auswahlverfahren *n,* - procédure *f* de sélection.

Auswanderer *m,* - émigrant *m* (*syn. Emigrant*).

Auswanderung *f,* en émigration *f* (*syn. Emigration*).

auswanderungswillig (*sein*) (être) candidat à l'émigration.

auswärtig (*polit.*) extérieur ; étranger ; *Auswärtiges Amt* ministère *m* des affaires étrangères ; *~e Angelegenheiten* affaires *fpl* extérieures, étrangères ; *~e Tätigkeit* activité *f* extérieure.

Auswärtstätigkeit *f,* en activité *f* extérieure ; travail *m* exercé en dehors du lieu de travail ; déplacement *m*.

auswechselbar interchangeable ; échangeable ; substituable ; amovible.

Auswechselbarkeit *f,* (en) possibilité *f* d'échange ; interchangeabilité *f* ; substituabilité *f*.

aus/weichen, i, i (*ist*) 1. échapper à ; éviter ; *dem Fiskus* ~ échapper au fisc 2. (*auf*) se rabattre (sur) ; *auf eine andere Möglichkeit* ~ se rabattre sur une autre possibilité.

Ausweichmanöver *n,* - subterfuge *m* ; échappatoire *f* ; faux-fuyant *m* ; manœuvre *f* de diversion.

Ausweichstrecke *f,* n itinéraire *m* bis ; itinéraire *f* de délestage.

Ausweis *m,* e pièce *f,* papiers *mpl* d'identité ; attestation *f* ; *den* ~ *vor/zeigen* présenter ses papiers.

aus/weisen, ie, ie 1. expulser ; chasser 2. *sich* ~ décliner son identité 3. montrer ; révéler ; *einen Überschuss* ~ afficher un excédent.

Ausweispapiere *npl* papiers *mpl* (officiels, d'identification).

aus/weiten augmenter ; étendre ; *den Handel* ~ accroître le commerce ; *die Kapazität* ~ accroître la capacité.

Ausweitung *f,* en extension *f* ; augmentation *f* ; ~ *des Kündigungsschutzes* extension de la protection contre le licenciement.

aus/werten dépouiller ; exploiter ; *Daten* ~ interpréter des données ; *eine Statistik, eine Umfrage* ~ dépouiller des statistiques, un sondage.

Auswertung *f,* en interprétation *f* ; dépouillement *m* ; exploitation *f* ; évaluation *f* ; *zahlenmäßige* ~ interprétation des chiffres.

aus/wirken avoir des répercussions sur ; avoir un impact ; *sich negativ* ~ (*auf*) avoir des effets négatifs (sur).

Auswirkung *f,* en conséquence *f* ; incidence *f* ; impact *m* ; répercussions *fpl* ; *eine ~ haben (auf)* avoir un effet, une incidence (sur) ; se répercuter (sur).

aus/zahlen payer ; régler ; verser ; désintéresser ; *Löhne ~* payer des salaires ; *Prämien ~* verser des primes ; *sich ~* s'avérer payant ; être rentable ; *bar ~* payer comptant, en espèces ; donner du cash.

aus/zählen dépouiller ; compter ; dénombrer ; *die Stimmen ~* compter les voix.

Auszahlung *f,* en versement *m* ; paiement *m* ; remboursement *m* ; décaissement *m* ; paye *f.*

Auszählung *f,* en décompte *m* ; dépouillement *m* ; comptage *m.*

Auszahlungsanordnung *f,* en (*finances*) 1. ordre *m* de paiement 2. ordonnancement *m* de crédits.

Auszahlungsanweisung *f,* en mandat *m* de paiement ; ordre *m* de paiement.

Auszahlungsbescheinigung *f,* en reçu *m* ; attestation *f* de paiement.

Auszahlungspreis *m,* e (*bourse*) prix *m* de remboursement.

Auszahlungsschein *m,* e avis *m* de paiement.

Auszahlungssperre *f,* n opposition *f* au paiement.

Auszahlungsstelle *f,* n bureau *m* payeur.

aus/zeichnen 1. marquer ; étiqueter ; *die Preise ~* afficher les prix 2. décorer (personne) ; récompenser 3. caractériser.

Auszeichnung *f,* en 1. étiquetage *m* ; affichage *m* 2. distinction *f* ; décoration *f* ; médaille *f.*

Auszeichnungspflicht *f,* en obligation *f* d'afficher les prix ; affichage *m* obligatoire des prix.

Auszeit *f,* en période *f* durant laquelle on est en dehors du circuit ; relâche *f* ; année sabbatique *f* ; pause *f* ; break *m.*

Auszubildende/r (*der/ein*) stagiaire *m* ; apprenti *m* ; jeune *m* en cycle de formation (*syn. Azubi*).

Auszug *m,* ¨e 1. extrait *m* ; relevé *m* (de compte) ; *~ aus dem Grundbuch* extrait du registre foncier 2. déménagement *m* ; départ *m* ; exode *m.*

autark autarcique ; autonome.

Autarkie *f,* (n) autarcie *f.*

Autarkiepolitik *f,* en politique *f* autarcique.

authentifizieren authentifier.

authentisch authentique ; *~e Urkunde* acte *m,* document *m* authentique.

authentisieren → *authentifizieren.*

Authentizität *f,* en authenticité *f.*

Autobahn *f,* en autoroute *f* ; *gebühren-, mautpflichtige ~* autoroute à péage.

Autobahnanschluss *m,* ¨e bretelle *f* de raccordement.

Autobahnauffahrt *f,* en voie *f* d'accès à l'autoroute ; entrée *f* d'autoroute.

Autobahnausfahrt *f,* en sortie *f* d'autoroute.

Autobahngebühr *f,* en péage *m* (d'autoroute).

Autobahnkreuz *n,* e échangeur *m* d'autoroutes.

Autobahnmaut *f,* en → *Autobahngebühr.*

Autobahnnetz *n,* e réseau *m* autoroutier.

Autobahnraststätte *f,* n restoroute *m.*

Autobahnzubringer *m,* - desserte *f* d'autoroute.

Autobus *m,* se bus *m* ; (auto)car *m.*

Autodiebstahl *m,* ¨e vol *m* de voiture.

Autoentsorger *m,* - entreprise *f* de recyclage de véhicules hors d'usage.

Autofalle *f,* n contrôle-radar *m* ; piège *m* à radar.

Autohändler *m,* - concessionnaire *m* d'une marque automobile ; revendeur *m* d'automobiles.

Automat *m,* en, en 1. distributeur *m* automatique 2. robot *m.*

Automatenaufstellung *f,* en installation *f* de distributeurs automatiques.

Automatenbetreiber *m,* - société *f* d'exploitation de distributeurs automatiques ; exploitant *m* de billetteries automatiques.

Automatenstraße *f,* n centre *m* commercial (où la vente se fait exclusivement par distributeurs automatiques).

Automatenverkauf *m,* ¨e vente *f* par distributeur automatique.

Automation *f,* en → *Automatisierung.*

Automatisation *f,* en → *Automatisierung.*

Automatisationsgrad *m,* e degré *m* d'automatisation.

automatisch automatique ; *~es Sparen* (*AS*) épargne *f* par prélèvement automatique.

automatisieren automatiser ; robotiser.
Automatisierung *f*, en automatisation *f* ; automation *f* ; robotisation *f*.
Automatisierungsprozess *m*, e processus *m* d'automatisation.
Automatisierungstechnik *f*, en technique *f* d'automatisation.
Automechaniker *m*, - mécanicien *m* auto ; (*fam.*) mécano.
Automobilbau *m*, ø construction *f* automobile.
Automobilausstellung *f*, en → *Autosalon*.
Automobilhändler *m*, - → *Autohändler*.
Automobilindustrie *f*, n industrie *f* automobile.
autonom autonome.
Autonomie *f*, n autonomie *f* ; ~ *der Sozialpartner* autonomie *f* des partenaires sociaux.
Autonummer *f*, n numéro *m* de plaque minéralogique.
Autopilot *m*, en, en (*transp.*) pilote *m* automatique.
Autor *m*, en auteur *m*.
Autoreisezug *m*, ¨e train *m* autos accompagnées.
Autorenrechte *npl* droits *mpl* d'auteur.
Aurorenverband *m*, ¨e société *f* d'auteurs et compositeurs dramatiques (du type *WW-Wort*, *Gema*).
autorisieren donner pouvoir ; mandater ; autoriser.
Autoritätsmissbrauch *m*, ¨e abus *m* d'autorité ; abus de pouvoir.
Autorschaft *f*, en paternité *f* intellectuelle.
Autorückruf *m*, e rappel *m* de véhicules défectueux ou dangereux.
Autosalon *m*, s salon *m* de l'auto(mobile) ; *Pariser* ~ mondial *m* de l'automobile.
Autounfall *m*, ¨e accident *m* de voiture.
Autoverkehr *m*, ø trafic *m* automobile ; circulation *f* automobile.
Autoverleih *m*, e société *f* de location de voitures.
Autovermietung *f*, en location *f* de voitures.
Autoversicherung *f*, en assurance-automobile *f*.
autozentriert : ~*e Entwicklung* développement *m* autocentré (stratégie de développement centrée sur l'utilisation optimale de ses propres ressources).
Autozubehör *n*, e accessoire *m* automobile.
Autozulieferer *m*, - accessoiriste *m* automobile.
a.v. → *a vista*.
Aval *m/n*, e aval *m* ; cautionnement *m* (acte par lequel une personne morale ou physique s'engage à payer une dette à la place du débiteur) (*syn.* *Wechselbürgschaft*).
Avalakzept *n*, e acceptation *f* pour aval.
Avalgeber *m*, - avaliste *m* ; avaliseur *m*.
avalieren avaliser ; cautionner.
Avalierungsvermerk *m*, e mention *f* « bon pour aval ».
Avalist *m*, en, en → *Avalgeber*.
Avalkredit *m*, e crédit *m* de cautionnement ; engagement *m* de paiement avec garantie bancaire.
Avancement *n*, s (*arch.*) avancement *m* ; promotion *f* (*syn.* *Beförderung*).
avancieren avancer ; monter en grade ; grimper les échelons ; *zum Direktor* ~ être promu au poste de directeur.
AVB (*Allgemeine Versicherungsbedingungen*) conditions *fpl* générales d'assurances.
AvD *m* (*Automobilclub von Deutschland*) automobile-club *m* d'Allemagne.
Avis *n/m*, - avis *m* ; notification *f* ; annonce *f* (d'un envoi).
avisieren informer ; avertir ; prévenir ; aviser.
a vista à vue.
Avistawechsel *m*, - traite *f* à vue (*syn.* *Sichtwechsel*).
a. W. (*auf Widerruf*) révocable (à tout moment).
AWB (*Airway bill*) lettre *f* de transport aérien (*syn.* *Luftfrachtbrief*).
AwZ *m* (*Ausschuss für wirtschaftliche Zusammenarbeit*) commission *f* parlementaire en charge de la politique de développement.
AZ → *Aktenzeichen*.
a.Z. (*auf Zeit*) à terme ; à titre temporaire ; à durée déterminée ; *Beamter* ~ agent *m* sous contrat temporaire (en C.D.D.).
AZR *n* (*Ausländerzentralregister*) fichier *m* central des étrangers.
Azubi *m*, s → *Auszubildende/r*.

B

B (*bourse* : *Brief*) cours *m* vendeur.
b (*bourse* : *bz*. ; *bez* ; *bezahlt*) payé comptant.
B 2 B *n* (*pr. ang.*) → **Business-to-Business**.
B 2 C *n* (*pr. ang.*) (*Business-to-Consumer*) d'entreprise à particulier ; commerce *m* par Internet entre professionnels et consommateurs.
BA *f* A.N.P.E. *f* ; (jusqu'en 2004 : *Bundesanstalt für Arbeit* ; depuis : *Bundesagentur für Arbeit*).
Baby-Boom *m*, **s** (*pr. ang.*) forte natalité *f* ; flambée *f* des naissances.
Babyboomer *m*, - qui appartient à la génération du baby-boom ; *die* ~ les années à forte natalité.
Babyjahr *n*, **e** année *f* de maternité prise en compte pour l'assurance-vieillesse.
Bachelor *m*, **s** (*pr. ang.*) (nouveau) diplôme *m* du premier cycle universitaire obtenu après 6 semestres et qui permet de poursuivre ses études jusqu'au « *Diplom* ».
Background *m*, **s** (*pr. ang.*) expérience *f* professionnelle ; bagage *m* technique.
Back-Office *m* (*pr. ang.*) (*bourse*) back-office *m* (arrière salle où se fait la gestion des titres) ; opération *f* post-marché.
Baedeker *m* "Baedeker" *m* ; guide *m* touristique correspondant au "Michelin" français (d'après l'éditeur K. Baedeker, 1801-1859).
Bafin *f* (*Bundesanstalt für Finanzdienstleistungsaufsicht*) Office *m* fédéral de contrôle des services financiers.
Bafög *n* (*Bundesausbildungsförderungsgesetz*) **1.** loi *f* sur la promotion du travail et la formation professionnelle **2.** bourse *f* d'études ; ~ *beziehen* être boursier.
Bagatelldelikt *n*, **e** délit *m* mineur.
Bagatelle *f*, **n** bagatelle *f* ; vétille *f* ; futilité *f*.
bagatellisieren minimiser.
Bagatellkauf *m*, ¨**e** achat *m* mineur ; achat peu important.
Bagatellsache *f*, **n** affaire *f* mineure ; cause *f* peu importante.
Bagatellschaden *m*, ¨ dommage *m* insignifiant ; dégât *m* mineur.
Bagatellsteuer *f*, **n** impôt *m*, taxe *f* mineur(e) (*Salz-, Zucker-, Teesteuer*).

Bahn *f*, **en 1.** voie *f* ; chemin *m* **2.** chemin *m* de fer ; *mit der* (*per*) ~ par voie ferrée ; *mit der* ~ *befördern* transporter par rail.
bahnamtlich : ~*es Rollfuhrunternehmen* service *m* de factage ; entreprise *f* de messageries ; entreprise *f* de transport rail-route.
Bahnangestellte/r (*der/ein*) employé *m* des chemins de fer (*Allemagne* : de la DB ; *France* : de la S.N.C.F.) ; cheminot *m*.
Bahnbeamte/r (*der/ein*) employé *m*, agent *m* des chemins de fer.
Bahnbedienstete/r (*der/ein*) → **Bahnangestellte/r**.
bahnfrei franco de fret ; port payé.
Bahn-Haus-Lieferdienst *m*, **e** service *m* de livraison à domicile des marchandises acheminées par rail ; (*France*) S.E.R.N.A.M.
Bahnhof *m*, ¨**e** gare *f* ; station *f* ; *ab* ~ pris en gare ; *frei* ~ franco en gare.
bahnlagernd gare restante ; en gare.
Bahnlinie *f*, **n** ligne *f* de chemin de fer.
Bahnreisende/r (*der/ein*) usager *m* des chemins de fer ; voyageur *m*.
Bahnspediteur *m*, **e** transporteur *m* agréé des chemins de fer.
Bahnspedition *f*, **en** → **Bahn-Haus-Lieferdienst**.
Bahntarif *m*, **e** tarif *m* des chemins de fer.
Bahntransport *m*, **e** transport *m* par voie ferrée.
Bahnverbindung *f*, **en 1.** correspondance *f* ferroviaire **2.** liaison *f* ferroviaire.
Bahnverkehr *m*, ø trafic *m* ferroviaire.
Bahnversand *m*, ø expédition *f* par rail.
Baisse *f*, **n** (*pr. fr.*) (*bourse*) baisse *f* ; *auf* ~ *kaufen, verkaufen* acheter, vendre à la baisse ; *auf* ~ *spekulieren* spéculer à la baisse (*contr. Hausse*).
Baisseklausel *f*, **n** (*bourse*) clause *f* de baisse, de parité.
Baissespekulant *m*, **en**, **en** → **Baissier**.
Baissespekulation *f*, **en** spéculation *f*, opération *f* à la baisse.
baissetrachtig : ~*e Aussichten* perspectives *fpl* (génératrices) de baisse.

Baissier *m*, **s** (*pr. fr.*) (*bourse*) baissier *m* ; spéculateur *m* à la baisse.
BAKred *n* → *Bundesaufsichtsamt für das Kreditwesen.*
Bakschisch *n*, **e** (*fam.*) pourboire *m* ; pot-de-vin *m* ; *jdm ein ~ geben* graisser la patte à qqn.
Balance *f*, **n** équilibre *m*.
balancieren (*comptab.*) balancer ; équilibrer ; être en équilibre.
baldig au plus tôt ; dans les meilleurs délais ; *wir bitten um ~e Antwort* veuillez nous répondre dans les meilleurs délais.
balkanisieren (*polit.*) balkaniser.
Balkanisierung *f*, **en** balkanisation *f* ; morcellement *m* des États.
Ballast *m*, **(e)** lest *m* ; remplissage *m* ; *~ aus/werfen* délester ; jeter du lest ; *mit ~ beladen* lester.
Ballen *m*, **-** balle *f* ; ballot *m* ; *in ~ (ver)packen* mettre en balles.
Ballengut *n*, **¨er** marchandise *f* en balle(s).
Ballung *f*, **en** concentration *f* ; accumulation *f* ; cumul *m*.
Ballungsgebiet *n*, **e** région *f* à forte concentration industrielle et démographique.
Ballungszentrum *n*, **-tren** centre *m* à forte concentration urbaine ; agglomération *f* ; ensemble *m* urbain.
BAM *f* (*Bundesanstalt für Materialforschung und -prüfung, Berlin*) Office *m* fédéral de recherches et de vérification des matériaux.
Band *n*, **¨e 1.** chaîne *f* de production ; *Arbeit am laufenden ~* travail *m* à la chaîne ; *vom ~ laufen* quitter la chaîne de montage ; *die ~¨er stehen still* les chaînes de montage se sont arrêtées **2.** bande *f* magnétique ; ruban *m*.
Bandarbeit *f*, **en** travail *m* à la chaîne.
Bandbreite *f*, **n** marge *f* de fluctuation ; marge d'intervention (monnaie) ; *eine ~ fest/legen* fixer un cadre (des limites) (*syn. Schwankungsbreite*).
Bandenwerbung *f*, **en** publicité *f* dans les stades et terrains de jeux.
Banderole *f*, **n 1.** banderole *f* **2.** bague *f* (cigare) ; bande *f* fiscale.
Banderolensteuer *f*, **n** impôt *m* ; droit *m* perçu sous forme de bague ou timbre fiscal.
Bänderstillstand *m*, **ø** arrêt *m* des chaînes de montage.

Bandfertigung *f*, **en** fabrication *f* à la chaîne.
Bank *f*, **en** banque *f* **I.** *bezogene ~* banque tirée ; *gemischtwirtschaftliche, öffentliche ~* banque semi-publique, de service public ; *städtische, zugelassene ~* banque municipale, agréée **II.** *Geld auf der ~ haben* avoir de l'argent en/à la banque ; *Geld von der ~ ab/heben* effectuer un retrait d'argent à la banque ; retirer de l'argent à la banque ; *Geld auf die ~ bringen* déposer de l'argent en banque ; *Geld bei einer ~ deponieren (hinterlegen)* déposer des fonds dans une banque ; *ein Guthaben auf der ~ haben* posséder un avoir en/à la banque ; *auf die ~ ein/zahlen* effectuer un versement bancaire ; *ein Akkreditiv, ein Konto bei einer ~ eröffnen* ouvrir un accréditif, un compte dans une banque ; *auf die ~ gehen* aller à la banque **III.** *Commerz~, Deutsche ~, Dresdner ~* (importantes banques privées allemandes) ; *internationale ~ für Wiederaufbau und wirtschaftliche Entwicklung* Banque internationale pour la reconstruction et le développement (B.I.R.D.) ; (*europäische*) *Zentral~* Banque centrale (européenne) ; *~ für internationalen Zahlungsausgleich* Banque pour les règlements internationaux (B.R.I.) ; → *Bundes-, Depositen-, Diskont-, Emissions-, Filial-, Geschäfts-, Gewerbe-, Giro-, Groß-, Handels-, Haus-, Hypotheken-, Kredit-, Landes-, Landeszentral-, Noten-, Privat-, Real-, Realkredit-, Rediskont-, Staats-, Universal-, Volksbank.*
Bankagio *n*, **s** escompte *m* bancaire ; commission *f*, frais *mpl* bancaire(s).
bankähnlich para-bancaire ; mêmes opérations que les banques ; *~e Finanzgesellschaft* établissement *m* para-bancaire.
Bankakzept *n*, **e** acceptation *f* bancaire.
Bank-an-Bank-Geschäft *n*, **e** opération *f* de banque à banque ; opération interbancaire.
Bankangestellte/r (*der/ein*) employé *m* de banque.
Bankanleihe *f*, **n** emprunt *m* émis par une banque.
Bankanweisung *f*, **en** mandat *m* de paiement bancaire ; assignation *f* sur une banque.
Bankaufsicht *f*, **en** surveillance *f* des banques (assurée par la banque fédérale).

Bankauftrag *m*, ¨e ordre *m* bancaire, de banque ; ordre donné à une banque.
Bankauskunft *f*, ¨e **1.** renseignement *m* fourni par une banque (sur demande) **2.** renseignement *m* sollicité auprès d'une banque.
Bankausweis *m*, e **1.** situation *f* bancaire **2.** rapport *m* (mensuel, annuel) de la banque.
Bankauszug *m*, ¨e relevé *m* de compte.
Bankavis *m*, - confirmation *f*, avis *m* bancaire.
Bankbeleg *m*, e document *m* bancaire comptable ; pièce *f* comptable.
Bankbetrieb *m*, e activité *f* bancaire.
Bankbetriebsergebnis *n*, se produit *m* bancaire.
Bankbeziehungen *fpl* relations *fpl* bancaires ; *verlässliche* ~ politique *f* de relations avec la clientèle.
Bankbürgschaft *f*, en caution *f* bancaire ; cautionnement *m* bancaire.
Bankdarlehen *n*, - prêt *m* bancaire.
Bankdeckung *f*, en couverture *f* de garantie.
Bankdepot *n*, s → *Bankeinlage*.
Bankdirektor *m*, en directeur *m* de banque.
Bankdiskont *m*, e escompte *m* bancaire.
Bankdomiziliation *f*, en domiciliation *f* bancaire.
Bankeinbruch *m*, ¨e cambriolage *m*, braquage *m* de banque ; hold-up *m*.
Bankeinlage *f*, n dépôt *m* (en banque).
Bankenaufseher *m*, - contrôleur *m* de banque.
Bankenaufsichtsbehörde *f*, n office *m* de contrôle des banques ; commission *f* de surveillance bancaire.
Bankenkonsortium *n*, -tien consortium *m* de banques ; consortium bancaire ; groupe *m* de banques ; pool *m* bancaire.
Bankenstimmrecht *n*, e droit *m* de vote d'une banque dépositaire d'actions (*syn. Depotstimmrecht*).
Banker *m*, - (*pr. ang.*) banquier *m* (d'affaires) ; → *Bankier*.
Bankfach *n* **1.** ø secteur *m* bancaire ; *im* ~ *ausgebildet sein* avoir reçu une formation bancaire **2.** ¨er (compartiment de) coffre-fort *m*.

Bankfachmann *m*, -leute spécialiste *m* des questions bancaires ; professionnel *m* de la banque.
bankfähig bancable ; négociable.
Bankfähigkeit *f*, ø bancabilité *f* ; négociabilité *f*.
Bankfeiertag *m*, e jour *m* de fermeture d'une banque.
Bankforderung *f*, en créance *f* bancaire.
Bankgarantie *f*, n garantie *f* bancaire.
Bankgebühren *fpl* frais *mpl* bancaires ; agios *mpl* de banque.
Bankgeheimnis *n*, se secret *m* bancaire ; *das* ~ *wahren* garder le secret bancaire.
Bankgeld *n*, er monnaie *f* scripturale, de compte, de virement (*syn. Giralgeld* ; *Buchgeld*).
Bankgeschäft *n*, e **1.** banque *f* ; établissement *m* bancaire **2.** ~*e tätigen* effectuer des opérations bancaires.
Bankgesellschaft *f*, en société *f* bancaire.
Bankgewerbe *n*, ø activité *f* bancaire ; les banques *fpl* ; système *m* bancaire ; secteur *m* bancaire ; professions *fpl* bancaires.
Bankguthaben *n*, - avoir *m* ; dépôt *m* en banque ; fonds *mpl* déposés en banque.
Bankhalter *m*, - croupier *m* de casino.
Bankhaus *n*, ¨er → *Bankinstitut*.
Bankier *m*, s (*pr. fr.*) banquier *m*.
Banking *n*, ø (*pr. ang.*) opération *f*, transaction *f* bancaire.
Bankingprinzip *n*, -ien principe *m* de la couverture partielle en or d'une monnaie (environ 30 %).
Bankingshop *m*, s point-banque *m* (représentation d'une grande banque dans un supermarché).
Bankinstitut *n*, e institut *m*, établissement *m* bancaire ; banque *f*.
Bankkarte *f*, n carte *f* bancaire ; C.B. *f* ; carte de crédit (*syn. Kreditkarte, Scheckkarte*).
Bankkauffrau *f*, en employée *f* de banque (diplômée) ; titulaire *f* d'un C.A.P.
Bankkaufmann *m*, -leute employé *m* de banque (diplômé) ; titulaire *m* d'un C.A.P.
Bankkonto *n*, -ten compte *m* en banque ; *ein* ~ *eröffnen, schließen* ouvrir, fermer un compte en banque ; *Inhaber*

eines ~s titulaire *m* d'un compte en banque.
Bankkosten *fpl* frais *mpl* de banque.
Bankkrach *m*, ¨e krach *m* financier ; effondrement *m* d'une banque.
Bankkredit *m*, e crédit *m* bancaire ; *einen ~ gewähren* accorder un crédit bancaire.
Bankkreise *mpl* : *in ~n* dans les milieux bancaires.
Banklehre *f*, n formation *f* bancaire.
Bankleitzahl *f*, en (*BLZ*) numéro *m* d'identité bancaire ; R.I.B. *f* ; code *m* banque.
bankmäßig bancaire ; négociable en banque (titres) ; *~e Zahlung* règlement *m* par (une) banque.
Banknebenstelle *f*, n agence *f* bancaire ; succursale *f* bancaire.
Banknote *f*, n billet *m* (de banque) ; coupure *f* ; *kleinere, größere ~n* petites, grosses coupures ; *gültige ~* billet ayant cours ; *umlaufende ~n* billets en circulation ; *~n aus/geben* émettre des billets ; (*fam.*) faire fonctionner la planche à billets ; *~n ein/ziehen* retirer des billets de la circulation ; *~n fälschen* contrefaire des billets ; *~n in Umlauf setzen* mettre des billets en circulation ; (*syn. Geldschein*).
Banknotenausgabe *f*, n émission *f* de billets de banque.
Banknotenbündel *n*, - liasse *f* de billets de banque.
Banknoteneinziehung *f*, en retrait *m* des billets de banque de la circulation.
Banknotenfälscher *m*, - faux-monnayeur *m*.
Banknotenfälschung *f*, en falsification *f* des billets de banque.
Banknotenmonopol *n*, e monopole *m* de l'émission de(s) billets de banque.
Banknotennachahmung *f*, en → *Banknotenfälschung*.
Banknotenpresse *f*, n planche *f* à billets.
Banknotenumlauf *m*, ø billets *mpl* en circulation ; circulation *f* monétaire.
Bankomat *m*, en, en billetterie *f* ; distributeur *m* automatique de billets (*syn. Geldautomat*).
Bankorder *f*, s ordre *m* passé à une banque.
Bankpapier *n*, e effet *m* de banque ; effet bancable (négociable).
Bankplatz *m*, ¨e place *f* bancaire.

Bankprovision *f*, en commission *f* de banque ; agios *mpl* (de découvert) ; frais *mpl* bancaires ; frais de tenue de compte.
Bankrate *f*, n taux *m* d'escompte.
Bankraub *m*, ø braquage *m* de banque ; casse *m*.
Bankräuber *m*, - cambrioleur *m* de banque ; braqueur *m* de banque.
Bankrecht *n*, ø législation *f* bancaire.
Bankreferenz *f*, en → *Bankverbindung*.
Bankregeln *fpl* : *goldene ~* règles *fpl* de liquidité des banques (concordance des échéances des opérations entre l'actif et le passif).
Bankrichtlinie *f*, n directive *f* (de coordination) bancaire.
bankrott en faillite ; en dépôt de bilan ; insolvable ; *~ gehen* faire faillite ; *für ~ erklären* déclarer en faillite, insolvable ; *~ sein* être en faillite ; déposer le bilan.
Bankrott *m*, e banqueroute *f* ; faillite *f* ; *betrügerischer ~* banqueroute frauduleuse (*syn. Pleite* ; *Konkurs*).
Bankrotterklärung *f*, en déclaration *f* de faillite ; constat *m* de faillite.
Bankrotteur *m*, e banqueroutier *m* ; failli *m*.
bankrott/gehen, i, a (*ist*) faire faillite.
Banksafe *m/n*, s → *Banktresor*.
Banksatz *m*, ¨e taux *m* d'intérêt pratiqué par les banques ; taux de l'argent emprunté.
Bankschalter *m*, - guichet *m* de banque.
Bankscheck *m*, s chèque *m* bancaire.
Bankschließfach *n*, ¨er coffre-fort *m* bancaire ; coffre en banque.
Bankschuldverschreibung *f*, en obligation *f* bancaire ; titre *m* d'emprunt bancaire.
Banksparbuch *n*, ¨er livret *m* d'épargne bancaire.
Banksparkonto *n*, en compte *m* d'épargne.
Bankspesen *pl* frais *mpl* bancaires ; commission *f* de banque ; agios *mpl*.
Banktresen *m*, - → *Bankschalter*.
Banktresor *m*, e coffre-fort *m*.
Banküberfall *m*, ¨e → *Bankraub*.
Banküberweisung *f*, en virement *m* bancaire ; *eine ~ vor/nehmen* effectuer un virement par banque.
Banküberziehung *f*, en découvert *m* bancaire.

banküblich conforme aux usages bancaires ; *~e Zinsen verlangen* demander les intérêts bancaires habituels.
Bankusance *f,* **n** usage *m* bancaire ; pratiques *fpl* bancaires.
Bankverbindung *f,* **en 1.** R.I.B. *m* (relevé d'identité bancaire) ; adresse *f* bancaire **2.** correspondant *m* bancaire (sur une autre place).
Bankverkehr *m,* ø opérations *fpl,* transactions *fpl* bancaires.
Bankverwahrung *f,* **en 1.** dépôt *m* en banque **2.** garde *f* en dépôt auprès d'une banque.
Bankvollmacht *f,* ø procuration *f* bancaire.
Bankwesen *n,* ø système *m* bancaire ; les banques *fpl.*
Bankwochenstichtag *m,* **e** jour *m* de la publication officielle des comptes d'une banque (les 7, 15, 23 et dernier jour du mois).
Bankzahlung *f,* **en** paiement *m* bancaire.
Bankzinsen *mpl* intérêts *mpl* bancaires.
Bannbruch *m,* ¨e fraude *f* (en douane).
Banner *n,* **- 1.** bannière *f* ; étendard *m* **2.** (publicité) bandeau *m,* bande *f* publicitaire sur Internet.
Bannerträger *m,* **-** (*fig.*) porte-étendard *m.*
Bannerwerbung *f,* **en** publicité *f* par bandes-annonces sur la Toile, sur le Web.
Banngut *n,* ¨er → *Bannware.*
Bannmeile *f,* **n** zone *f* de protection renforcée à proximité des bâtiments officiels (gouvernement, ministères, etc.).
Bannware *f,* **n** (marchandise *f* de) contrebande *f.*
bar comptant ; cash ; liquide ; *gegen (in) ~* (au) comptant ; en espèces ; en cash ; *~ gegen Nachnahme* comptant contre remboursement ; *Gegenwert in ~* contrepartie *f* en espèces ; *gegen ~ kaufen, verkaufen* acheter, vendre au comptant ; (*fig.*) *etw für ~e Münze nehmen* prendre qqch pour argent comptant ; *~ zahlen* payer (au) comptant ; payer en numéraire, en espèces ; payer cash.
Barabfindung *f,* **en** indemnité *f* en espèces.
Barabhebung *f,* **en** retrait *m* d'espèces ; prélèvement *m* de fonds ; *~en an Geldautomaten* prélèvement d'espèces aux billetteries automatiques.

Barangebot *n,* **e** (*bourse*) offre *f* d'achat au comptant.
Baratt *m,* ø troc *m* ; commerce *m* d'échange.
barattieren troquer ; échanger.
Barauszahlung *f,* **en** versement *m* comptant ; paiement *m* en espèces.
Barbestand *m,* ¨e encaisse *f* ; disponibilités *fpl* en caisse ; *der ~ beläuft sich auf 1000 Euro* l'encaisse s'élève à 1000 euros.
Barbetrag *m,* ¨e montant *m* en espèces ; *wir verfügen über einen ~ von 500 Euro* nous disposons d'un montant en espèces de 500 euros.
Barbezüge *mpl* rémunération *f* en espèces.
Bardeckung *f,* **en** encaisse *f* de couverture *f* ; garantie *f* en espèces.
Bardepot *n,* **s** dépôt *m* auprès de la banque centrale en compte non rémunéré.
Bardividende *f,* **n** dividende *m* en espèces ; dividende en argent.
Bareingänge *mpl* → *Bareinnahme.*
Bareinkauf *m,* ¨e achat *m* comptant.
Bareinnahme *f,* **n** recettes *fpl* de caisse ; rentrée *f* en numéraire.
Bareinzahlung *f,* **en** versement *m* en espèces.
Bärendienst *m,* **e** : *jmd einen ~ leisten (erweisen)* rendre un mauvais service à qqn.
Barertrag *m,* ¨e produit *m* net.
Bargeld *n,* **er** argent *m* liquide ; comptant *m* ; numéraire *m* ; espèces *fpl.*
Bargeldbestand *m,* ¨e trésorerie *f* ; avoir *m* en liquide ; liquidités *fpl* ; espèces *fpl.*
Bargeldhaltung *f,* **en** détention *f* de numéraire.
bargeldlos par virement ; sans argent liquide ; *~e Transaktionen* opérations *fpl* par écritures ; *~e Wirtschaft* économie *f* sans espèces ; *~e Zahlungsmittel* instruments *mpl* de paiement scripturaux ; *~er (Zahlungs)Verkehr* virements *mpl* ; transactions *fpl* par virement ; règlements *mpl* par écritures ; opérations *fpl* de compte à compte.
Bargeldlosigkeit *f,* ø opérations *fpl* par virements, par monnaie scripturale ; dématérialisation *f.*
Bargeldumlauf *m,* ø circulation *f* fiduciaire.

Bargeldverkehr *m*, ø opérations *fpl* au comptant ; transactions *fpl* en espèces.
Bargeschäft *n*, e → ***Kassageschäft***.
Bargründung *f*, **en** fondation *f* d'une société dans laquelle les apports sont faits en espèces.
Barguthaben *n*, - avoir *m* en espèces (en liquide, en cash).
Barhinterlegung *f*, **en** dépôt *m* en espèces.
Barkauf *m*, ¨e achat *m* au comptant.
Barkosten *pl* dépenses *fpl* nettes.
Barkredit *m*, **e** découvert *m* à court terme ; prêt *m* bancaire à court terme.
Barleistung *f*, **en** prestation *f* en espèces ; prestation en argent.
Barliquidität *f*, **en** → ***Barmittel***.
Barmittel *npl* disponibilités *fpl* ; espèces *fpl* ; cash *m* ; *über ausreichende ~ verfügen* disposer de suffisamment de liquide.
Barpreis *m*, **e** prix *m* comptant ; prix net.
Barrabatt *m*, **e** escompte *m* de caisse ; réduction *f* pour paiement comptant.
Barrel *n*, **s** baril *m* ; *ein ~ Rohöl* un baril de pétrole brut (159 litres).
Barren *m*, - lingot *m* ; barre *f*.
Barrengold *n*, ø or *m* en lingots ; or en barre.
Barreserve *f*, **n** réserves *fpl* liquides.
Barriere *f*, **n** barrière *f*.
Barschaft *f*, **en** argent *m* liquide ; liquidités *fpl* ; *seine ganze ~verlieren* perdre tout son argent.
Barscheck *m*, **s** chèque *m* non barré, à vue ; chèque payable au porteur (*syn. Orderscheck, Inhaberscheck*) (*contr. Verrechnungsscheck*).
Barsendung *f*, **en** envoi *m* d'espèces.
Barspende *f*, **n** don *m* en espèces ; *eine ~ in Empfang nehmen* accepter un don en espèces.
Barübernahme *f*, **n** : *öffentliche ~* O.P.A. *f* contre numéraire.
Barvergütung *f*, **en** → ***Barbezüge***.
Barvermögen *n*, - fonds *m*, capital *m* de roulement ; valeurs *fpl* disponibles.
Barvorrat *m*, ¨e disponibilités *fpl* ; fonds *mpl* liquides disponibles.
Barwert *m*, **e** valeur *f* actuelle, du jour ; valeur au comptant.
Barzahlung *f*, **en** paiement *m* comptant, en espèces ; cash *m* ; *bei ~ 5 % Rabatt* 5 % de remise pour paiement (au) comptant ; *gegen ~* payable (au) comptant.

Barzahlungsrabatt *m*, **e** escompte *m* au comptant (*syn. Skonto*).
Barzuzahlung *f*, **en** (*bourse*) soulte *f* en espèces ; versement *m* complémentaire en espèces.
Basar *m*, **e** **1.** bazar *m* ; magasin *m* ; quartier *m* commerçant **2.** vente *f* de charité.
Basar-Mentalität *f*, **en** (*iron.*) mentalité *f* de marchandage ; mentalité de marchand de tapis.
Basar-Wirtschaft *f*, **en** (*fam.*) économie *m* de "bazar" (où tout se négocie ou se traite mais où rien n'est produit).
Basic *n*, ø (*pr. ang.*) Basic *m* ; langage *m* informatique.
basieren (*auf*) baser ; être fondé (sur).
Basis- (*préfixe*) de base ; basique.
Basis *f*, (**-sen**) **1.** base *f* ; *auf der ~ von* sur la base de ; *auf freiwilliger ~* sur la base du volontariat **2.** base *f* (d'un mouvement politique, syndical, etc.).
Basispapier *n*, **e** (*bourse*) **1.** titre *m* de base ; valeur *f* de fond de portefeuille **2.** titre au cours de base.
Basispreis *m*, **e** (*bourse*) prix *m* d'exercice ; prix de base fixé au départ (d'un warrant, par ex.).
Basispunkt *m*, **e** (*banque*) centième *m* (0,01 %).
Basissaldo *m*, **en** : (*comptab.*) *~ der öffentlichen Haushalte* déficit *m* primaire des budgets publics.
Basistender *m*, - opération *f* de refinancement des entreprises à long terme par la Banque centrale européenne.
Basistrend *m*, **s** tendance *f* de fond.
BAT 1. → ***Bundesangestelltentarif*** **2.** (*fam.*) "*bar auf Tatze*" rétribution *f* d'un travail de la main à la main ; rémunération *f* au noir.
Bath *m*, ø bath *m* (monnaie thaïlandaise).
Batterie-Huhn *n*, ¨er poulet *m* d'élevage en batterie.
Batzen *m*, - : *ein schöner ~ Geld* un joli magot ; une forte somme d'argent.
Bau *m*, **-ten** **1.** bâtiment *m* ; construction *f* ; édification *f* ; chantier *m* ; *im ~ (befindlich)* en (voie de) construction ; *der ~ von Sozialwohnungen* la construction de logements sociaux, d'H.L.M ; *vom ~ sein* être du bâtiment ; (*fam.*) être de la partie **2.** fabrication *f* **3.** (*mines*) galerie *f* de mine.

Bauabnahme *f,* **n** réception *f* d'une construction ; visite *f* (contrôle *m*) de conformité.
Bauabnahmebescheinigung *f,* **en** certificat *m* de conformité.
Bauabschnitt *m,* **e 1.** durée *f* des travaux **2.** tranche *f* de travaux.
Bauaktivitäten *fpl* activités *fpl* du bâtiment.
Bauamt *n,* ¨**er** (services *mpl* de l') urbanisme *m.*
Bauarbeiter *m,* **-** ouvrier *m* du bâtiment.
Bauart *f,* **en** style *m* de construction ; type *m* de construction ; catégorie *f* de bâtiment.
Bauaufsicht *f,* **en 1.** maître *m* d'ouvrage **2.** surveillance *f* de la conformité d'un chantier.
Bauaufsichtsbehörde *f,* **n** services *mpl* de l'urbanisme ; (*France*) direction *f* départementale de l'équipement (D.D.E.).
Bauausführung *f,* **en** exécution *f* des travaux de construction.
Baubewilligung *f,* **en** → *Baugenehmigung.*
Bauboom *m,* **s** boom *m* dans le secteur du bâtiment, de l'immobilier.
Baubude *f,* **n** → *Baubaracke.*
Bauchladen *m,* ¨ (*fam.*) présentoir *m* à marchandises portatif (par courroie passée autour du cou).
Baud *n,* **-** unité *f* de vitesse dans les transmissions télégraphiques.
Baudarlehen *n,* **-** prêt *m* à la construction ; prêt immobilier.
Baudefekt *m,* **e** vice *m* de construction ; *einen ~ beheben* remédier à un défaut de construction.
Bauelement *n,* **e** composant *m* ; *elektronisches ~* composant électronique.
bauen construire ; bâtir ; édifier.
Bauer *m,* **n, n** paysan *m* ; cultivateur *m* ; exploitant *m* agricole ; agriculteur *m* ; fermier *m* (*syn. Landwirt*).
Bauerlaubnis *f,* **se** → *Baugenehmigung.*
bäuerlich (*rare*) paysan ; rural.
Bauernfängerei *f,* **en** (*fam.*) grosse escroquerie *f* ; arnaque *f* ; tromperie *f* ; attrape-nigaud *m.*
Bauerngut *n,* ¨**er** → *Bauernhof.*
Bauernhof *m,* ¨**e** ferme *f* ; exploitation *f* agricole.
Bauernstand *m,* ø classe *f* paysanne ; monde *m* agricole, rural ; paysannerie *f.*

Bauerntag *m,* ø assises *fpl* paysannes ; congrès *m* rural ; congrès paysan.
Bauerntum *n,* ø monde *m* paysan ; monde rural ; condition *f* paysanne ; paysannerie *f.*
Bauernverband *m,* ¨**e** syndicat *m* paysan ; association *f* paysanne ; (*France*) F.N.S.E.A. *f.*
Bauersfrau *f,* **en** fermière *f* ; paysanne *f* ; cultivatrice *f* ; agricultrice *f.*
Bauerwartungsland *n,* ø terrain *m* en attente d'être construit ; terrain prochainement construit ; Z.A.D. *f* (zone à aménagement différé) ; réserve *f* foncière.
baufällig (*bâtiment*) en mauvais état ; qui menace ruine ; délabré ; vétuste.
Baufinanzierung *f,* **en** financement *m* de la construction.
Baufirma *f,* **en** entreprise *f* de bâtiment, de construction.
Bauform *f,* **en** contruction *f* ; style *m.*
Baugelände *n,* **-** chantier *m* ; terrain *m* constructible ; *ein ~ erschließen* viabiliser un terrain constructible ; *ein ~ zur Bebauung frei/geben* rendre un terrain constructible.
Baugenehmigung *f,* **en** permis *m* de construire ; *eine ~ beantragen* faire une demande de permis de construire.
Baugenossenschaft *f,* **en** coopérative *f* de construction (de logements sociaux).
Baugesellschaft *f,* **en** société *f* de construction ; société immobilière.
Baugewerbe *n,* **(-)** (industrie *f* du) bâtiment *m* ; le (secteur du) bâtiment.
Baugewerkschaft *f,* **en** syndicat *m* du bâtiment.
Baugrund *m,* ¨**e** terrain *m* à bâtir.
Baugrundstück *n,* **e** → *Baugrund.*
Bauhaftung *f,* ø responsabilité *f* du constructeur ; *zehnjährige ~ des Unternehmers* responsabilité décennale de l'entrepreneur.
Bauhandwerker *m,* **-** artisan *m* du bâtiment.
Bauhelfer *m,* **-** ouvrier *m* du bâtiment.
Bauherr *m,* **n, en** maître *m* d'ouvrage ; promoteur *m.*
Bauherrenmodell *n,* **e** (*Allemagne*) investissement *m* immobilier bénéficiant d'avantages fiscaux.
Bauindustrie *f,* **n** industrie *f* du bâtiment.
Bauingenieur *m,* **e** ingénieur *m* du bâtiment.

Baujahr *n*, e année *f* de construction (d'un appareil, d'une voiture, etc.).
Baukonjunktur *f*, **en** conjoncture *f* dans le bâtiment ; activité *f* du bâtiment.
Baukosten *pl* coûts *mpl* de (la) construction.
Baukostenzuschuss *m*, ¨e **1.** apport *m* personnel pour la construction d'un logement **2.** aide *f* des pouvoirs publics pour la construction de logements sociaux.
Bauland *n*, ø terrain *m* constructible ; terrain à bâtir ; lotissement *m*.
Baulanderschließung *f*, **en** viabilisation *f* de terrains à bâtir ; aménagement *m* des infrastructures routières.
Bauleasing *n*, **s** → *Baupacht*.
Bauleiter *m*, **-** chef *m* de chantier.
Bauleitplan *m*, ¨e plan *m* directeur d'urbanisme ; schéma *m* directeur d'aménagement et d'urbanisme.
Baulöwe *m*, **n**, **n** (*fam.*) entrepreneur *m* de construction ; promoteur *m* ; (*péj.*) entrepreneur *m* de construction véreux ; requin *m* de l'immobilier.
BAUMA *f*, ø (*Internationale Baumaschinenmesse, Köln*) Salon *m* international de l'industrie du bâtiment.
Baumangel *m*, ¨ vice *m* de construction.
Baumarkt *m*, ¨e **1.** secteur *m* du bâtiment ; marché *m* de la construction et du bricolage **2.** grande surface *f* de matériaux de construction et de bricolage ; (*France*) Le Roy Merlin ; Castorama.
Baumarktbetreiber *m*, **-** gérant *m* d'une grande surface de construction et de bricolage.
Baumaterial *n* **1. ien** matériau *m* de construction **2.** ø matériel *m* de construction.
Baumschule *f*, **n** (*agric.*) pépinière *f*.
Baumschulerzeugnis *n*, **se** produit *m* de pépinières, de l'arboriculture.
Baumwolle *f*, ø coton *m*.
Baumwollindustrie *f*, **n** industrie *f* cotonnière ; industrie du coton.
Baumzucht *f*, ø arboriculture.
Bauordnung *f*, **en** code *m* de l'urbanisme ; directives *fpl* en matière d'urbanisme.
Baupacht *f*, **en** droit *m* de superficie (location-vente de terrains assortie d'une autorisation de construction d'immeubles, devenant propriété du loueur en fin de contrat).
Bauplatz *m*, ¨e **1.** terrain *m* à bâtir **2.** chantier *m* de construction.

Bauprämie *f*, **n** prime *f* à la construction.
Baurat *m*, ¨e directeur *m* d'un service de l'urbanisme.
Bauruine *f*, **n** construction *f* inachevée ; immeuble *m* abandonné en cours de construction.
Bausch : *etw in ~ und Bogen ab/lehnen* rejeter qqch en bloc ; *in ~ und Bogen kaufen* acheter en bloc ; acheter à forfait.
Bauschädenversicherung *f*, **en** assurance *f* contre les vices de construction.
Bauschpreis *m*, **e** forfait *m* (*syn. Pauschalpreis*).
Bausparbuch *n*, ¨er livret *m* d'épargne-logement.
Bauspardarlehen *n*, **-** prêt *m* d'épargne-logement.
Bauspareinlage *f*, **n** versement *m* sur un plan d'épargne-logement.
bausparen (*infinitif et participe passé*) souscrire un plan d'épargne-logement ; économiser pour son logement ; (*France*) avoir un P.E.L.
Bausparen *n*, ø épargne-logement *f*.
Bausparer *m*, **-** épargnant *m* au titre de l'épargne-logement ; détenteur *m* d'un plan d'épargne-logement.
Bausparförderung *f*, **en** incitation *f* à se constituer une épargne-logement.
Bausparkasse *f*, **n** caisse *f* d'épargne-logement ; institut *m* de crédit à la construction.
Bausparvertrag *m*, ¨e contrat *m* d'épargne-logement.
Bausparwesen *n*, ø épargne-logement *f*.
Baustein *m*, **e 1.** pierre *f* à bâtir, de construction **2.** élément *m* modulaire ; élément constituant.
Baustelle *f*, **n** chantier *m* ; *das Betreten der ~ ist verboten* ! chantier interdit au public.
Baustoffe *mpl* matériaux *mpl* de construction.
Baustoffindustrie *f*, **n** industrie *f* des matériaux de construction.
Baustofflager *n*, **-** dépôt *m* de matériaux de construction ; entrepôt *m*.
Baustopp *m*, **s** arrêt *m*, suspension *f* de la construction.
Bautätigkeit *f*, **en** activité *f* du bâtiment.
bautech *f* (*Baufachmesse*) Salon *m* international des techniques du bâtiment.
Bautechnik *f*, **en** génie *m* civil ; travaux *mpl* publics.

Bautechniker *m*, - technicien *m* du bâtiment, du génie civil.
Bauten → *Bau*.
Bauträger *m*, - promoteur *m* ; constructeur *m* ; maître *m* d'ouvrage.
Bauunternehmen *n*, - entreprise *f* de construction.
Bauunternehmer *m*, - entrepreneur *m* de construction, en bâtiment.
Bauverbot *n*, e interdiction *f* de construire,
Bauversicherung *f*, en assurance *f* (risques de) construction.
Bauvertrag *m*, ¨e contrat *m* de construction ; *öffentlicher* ~ marché *m* public.
Bauverwaltung *f*, en (services *mpl* de) l'urbanisme *m*.
Bauwerker *m*, - manœuvre *m* dans le bâtiment.
Bauwesen *n*, ø → *Bauwirtschaft*.
Bauwirtschaft *f*, ø (industrie du) bâtiment *m* ; secteur *m* du bâtiment ; constructions *fpl* ; travaux publics *mpl*.
Bauxitvorkommen *n*, - gisement *m* de bauxite.
BAV *m* (*Bundesverband der Autovermieter*) Fédération *f* allemande des sociétés de location de voitures.
BAWe *n* (*Bundesaufsichtsamt für den Wertpapierhandel*) (équivalent de la) C.O.B. *f* (commission des opérations de bourse).
BBR *n* (*Bundesamt für Bauwesen und Raumordnung*) Office *m* fédéral de la construction et de l'aménagement du territoire.
BDA *f* → *Bundesvereinigung der deutschen Arbeitgeberverbände*.
BDI *m* → *Bundesverband der deutschen Industrie*.
BdSt *m* (*Bund der Steuerzahler*) Fédération *f* des contribuables.
beachten 1. observer ; respecter ; se conformer à ; *Vorschriften* ~ respecter des directives ; *Sicherheitsmaßnahmen* ~ respecter des mesures de sécurité 2. prêter attention à.
beamtenähnlich : ~*e Stellung* emploi *m* assimilé à la fonction publique.
Beamtenanwärter *m*, - postulant *m* à la fonction publique.
Beamtenapparat *m*, ø appareil *m* administratif.
Beamtenbesoldung *f*, en rémunération *f* des fonctionnaires.

Beamtenbestechung *f*, en corruption *f* de fonctionnaire.
Beamtenbezüge *mpl* émoluments *mpl*, rémunération *f* des fonctionnaires ; traitement *m*.
Beamtenbund *m*, ø syndicat *m* des fonctionnaires.
Beamtenlaufbahn *f*, en carrière *f* de fonctionnaire ; *die* ~ *ein/schlagen* choisir le fonctionnariat.
Beamtenorganisation *f*, en 1. organisation *f* (interne) de la fonction publique 2. organisation de fonctionnaires.
Beamtenrecht *n*, e (ensemble des) textes *mpl* juridiques qui régissent la fonction publique ou le statut des fonctionnaires.
Beamtenschaft *f*, en → *Beamtentum*.
Beamtentum *n*, ø (corps des) fonctionnaires *mpl* ; fonction *f* publique.
Beamtenverhältnis *n* : *im* ~ *stehen* être fonctionnaire ; *ins* ~ *übernehmen* titulariser.
beamtet titulaire ; en charge.
Beamte/r (*der/ein*) fonctionnaire *m* ; agent *m* de l'État ; agent de la fonction publique ; (*postes, S.N.C.F., douanes*) employé *m* ; agent (des postes, des chemins de fer, des douanes) ; ~*e und Angestellte des öffentlichen Dienstes* fonctionnaires et assimilés ; fonctionnaires et agents non fonctionnarisés ; *kleiner, untergeordneter* ~*er* petit fonctionnaire ; fonctionnaire subalterne ; ~*er des einfachen, mittleren Dienstes* petit fonctionnaire ; fonctionnaire du cadre moyen ; ~*er des gehobenen, höheren Dienstes* fonctionnaire du cadre supérieur ; haut fonctionnaire ; ~*er auf Lebenszeit* fonctionnaire titulaire ; fonctionnaire de carrière ; ~*er auf Zeit* (*auf Widerruf*) agent contractuel.
beanspruchen réclamer ; demander ; *sehr* ~*t sein* être très pris (occupé) ; *Schadenersatz* ~ exiger des dommages et intérêts.
beanstanden contester ; faire une réclamation ; *eine Ware* ~ faire une réclamation pour marchandise non conforme, défectueuse.
Beanstandung *f*, en réclamation *f* ; objection *f* ; contestation *f* ; *zu* ~*en Anlass geben* donner lieu à (des) réclamation(s).
beantragen demander ; solliciter ; (*jur.*) requérir ; *ein Stipendium* ~ solliciter une bourse.

Beantragung *f*, en demande *f* ; requête *f* ; proposition *f*.

beantworten répondre ; donner une réponse ; *eine Anfrage* ~ répondre à une demande.

Beantwortung *f*, en réponse *f* ; *in ~ Ihres Schreibens teilen wir Ihnen mit, dass* en réponse à votre lettre nous vous informons que.

bearbeiten 1. étudier ; examiner ; *eine Akte* ~ examiner, suivre un dossier **2.** élaborer ; rédiger **3.** façonner ; usiner ; travailler (produits).

Bearbeiter *m*, - personne *f* compétente ; personne chargée d'un travail ; responsable *m* (du suivi d'un dossier) ; rédacteur *m* (*syn. Sachbearbeiter*).

Bearbeitung *f*, en **1.** étude *f* ; examen *m* ; instruction *f* (d'un dossier) ; *in ~* en préparation ; à l'étude **2.** rédaction *f* ; traitement *m* ; adaptation *f* (film, théâtre) **3.** (produits) façonnage *m* ; usinage *m* ; travail *m* **4.** travail (au corps) *m* ; influence *f* ; insistance *f* auprès de qqn.

Bearbeitungsgebühr *f*, en frais *mpl* (de constitution) de dossier.

Bearbeitungskosten *pl* coût *m* de la façon ; frais *mpl* de préparation.

beaufsichtigen surveiller ; contrôler ; *eine Arbeit* ~ inspecter un travail (*syn. überwachen*).

Beaufsichtigung *f*, en surveillance *f* ; contrôle *m* ; inspection *f*.

beauftragen charger ; mandater ; donner mandat ; charger de mission ; *beauftragter Vertreter* représentant *m* délégué ; *mit der Geschäftsführung beauftragt sein* être chargé de la gestion, de la gérance ; *einen Anwalt mit der Wahrnehmung von Interessen* ~ charger un avocat de la défense des intérêts.

Beauftragte/r (*der/ein*) chargé *m* de mission ; délégué *m* ; mandataire *m* ; commissionnaire *m*.

bebauen 1. construire ; bétonner ; couvrir de bâtiments ; *bebautes Grundstück* terrain *m* bâti ; *ein Gelände mit Hochtürmen* ~ couvrir un terrain de tours d'habitation **2.** cultiver ; labourer ; *den Boden* ~ cultiver la terre ; *die Felder* ~ labourer les champs.

Bebauung *f*, (en) **1.** construction *f* de bâtiments ; *zur* ~ *zugelassenes Grundstück* terrain *m* constructible **2.** mise *f* en valeur ; culture *f*.

Bebauungsgebiet *n*, e zone *f* constructible.

Bebauungsplan *m*, ¨e plan *m* d'aménagement.

bebunkern ravitailler un navire en carburant.

Beckengebühr *f*, en droit *m* de bassin.

Bedachte/r (*der/ein*) légataire *m* ; bénéficiaire *m* ; *Erster* ~ héritier principal.

Bedarf *m*, ø besoins *mpl* ; besoin *m* ; demande *f* ; quantité *f* nécessaire ; consommation *f* **I.** *bei* ~ en cas de besoin ; *nach* ~ selon les besoins ; ~ *an Kapital, an Rohstoffen* besoins en capitaux, en matières premières ; *Güter des täglichen, des gehobenen* ~*s* produits *mpl* d'usage courant, de demi luxe **II.** *lebenswichtiger* ~ besoin de première nécessité ; *tatsächlicher* ~ demande réelle (effective) ; *veranschlagter* ~ demande prévisionnelle, budgétée ; *vordringlicher* ~ besoin prioritaire, primaire **III.** *den decken* (*befriedigen*) couvrir les besoins ; s'approvisionner ; satisfaire les besoins ; ~ *haben an* (+ D) avoir des besoins en ; *den* ~ *übersteigen* excéder les besoins.

Bedarfsartikel *m*, - article *m* courant ; article de nécessité, d'usage courant(e) ; de consommation courante.

Bedarfsbefriedigung *f*, en → *Bedarfsdeckung*.

Bedarfsdeckung *f*, en satisfaction *f*, couverture des besoins ; approvisionnement *m*.

Bedarfsdeckungswirtschaft *f*, ø gestion *f* des approvisionnements.

Bedarfsermittlung *f*, en détermination *f* des besoins.

Bedarfsfall : *im/für den* ~ en cas de besoin ; si nécessaire.

Bedarfsforschung *f*, ø étude *f* sur les ventes et les besoins prévisionnels ; étude de la demande ; enquête *f* sur le comportement potentiel du marché acheteur.

Bedarfsgegenstand *m*, ¨e objet *m* d'utilité courante, de nécessité courante.

Bedarfsgemeinschaft *f*, en communauté *f* dans le besoin ; communauté d'économiquement faibles ; famille *f* pauvre.

bedarfsgerecht conforme (conformément) aux besoins ; ~*es Angebot* offre *f* adaptée aux besoins.

Bedarfsgerechtigkeit *f*, ø (*État-prévoyance*) principe *m* d'une justice sociale qui tient compte des besoins des individus et non pas de leur capacité financière (*contr. Leistungsgerechtigkeit*).

Bedarfsgüter *npl* biens *mpl* de consommation (courante).

Bedarfsgüterindustrie *f*, n industrie *f* des biens de consommation.

Bedarfslenkung *f*, en orientation *f* des besoins.

Bedarfsplanung *f*, en planification *f* des besoins.

Bedarfsträger *m*, - utilisateur *m* ; consommateur *m*.

Bedarfsverwaltung *f*, en gestion *f* des personnels et des moyens nécessaires pour les tâches administratives.

Bedarfszunahme *f*, n augmentation *f* des besoins.

Bedarfsweckung, *f* en création *f* de nouveaux besoins.

Bedarfszuweisungen *fpl* aides *fpl* financières aux Länder (dans le cadre de la peréquation financière).

bedauerlich regrettable ; *ein ~er Irrtum* une erreur regrettable.

bedauerlicherweise : (*corresp.*) *~ müssen wir Ihnen mitteilen, dass…* nous sommes au regret de devoir vous informer que…

bedauern regretter ; déplorer.

bedecken (*Autriche*) couvrir ; compenser ; équilibrer ; *ein Defizit ~* combler un déficit.

Bedenken *n*, ø réflexion *f* ; délibération *f* ; hésitation *f* ; réserve *f* ; *nach reiflichem ~* après mûre réflexion ; *~ gegen etw äußern* formuler des réserves sur qqch.

bedenken, a, a 1. considérer ; réfléchir 2. léguer ; *er hat mich testamentarisch bedacht* il m'a couché sur son testament.

bedenklich contestable ; douteux ; qui manque de sérieux ; *verfassungsrechtlich ~* contestable d'un point de vue constitutionnel.

Bedenkzeit *f*, en temps *m*, délai *m* de réflexion ; *sich ~ erbitten* demander à réfléchir.

Bedienbarkeit *f*, en maniabilité *f* ; facilité *f* d'utilisation ; *die ~ eines Geräts testen* tester le côté pratique d'un appareil ; contrôler l'ergonomie d'un appareil.

Bedienbarkeitstest *m*, s test *m* de maniabilité, d'ergonomie (d'un appareil).

bedienen 1. servir (personnes) ; *sich ~* (+ G) se servir de ; *die Kundschaft ~* servir les clients 2. manier ; faire fonctionner (machines) 3. (*bourse*) servir ; *die über die Mindestzuteilung hinausgehende Nachfrage wird mit 25 % bedient* la demande excédant l'attribution minimale de titres sera servie à hauteur de 25 %.

Bediener *m*, - 1. (*sur machine*) manipulateur *m* ; technicien *m* 2. (*informatique*) opérateur *m* ; pupitreur *m*.

bedienstet : (*Autriche*) *~ sein* être dans la fonction publique ; être au service de l'État ; être fonctionnaire.

Bedienstete/r (*der/ein*) employé *m* (fonction publique) ; agent *m* des services publics.

Bedienung *f*, en 1. fonctionnement *m* ; commande *f* 2. personnel *m* (de service) 3. (restaurant) service *m* ; serveuse *f* ; *~ (e)inbegriffen* service compris.

Bedienungsanleitung *f*, en mode *m* d'emploi ; notice *f* d'utilisation ; instructions *fpl*.

Bedienungsgeschäft *n*, e magasin *m* où l'on est servi (*contr. Selbstbedienungsladen*).

Bedienungskomfort *m*, ø confort *m* d'utilisation (d'un appareil) ; convivialité *f*.

Bedienungsmann *m*, -männer (machine) machiniste *m* ; opérateur *m*.

Bedienungsperson *f*, en opérateur *m*.

Bedienungspersonal *n*, ø personnel *m* exploitant ; personnel de service ; vendeurs *mpl*.

Bedienungsvorschrift *f*, en instructions *fpl* d'utilisation ; notice *f* d'emploi.

bedingen 1. occasionner ; avoir pour conséquence ; provoquer ; *der Lieferverzug ist durch einen Streik bedingt* le retard de livraison est dû à une grève 2. supposer ; impliquer ; exiger ; nécessiter ; requérir ; demander ; *diese Arbeit ~t technische Kenntnisse* ce travail (pré)suppose des connaissances techniques 3. stipuler ; convenir ; conditionner.

Bedingnis *n*, se (*Autriche*) condition *f* (préalable).

bedingt 1. conditionnel ; sous réserve ; *~e Forderung* créance *f* sous condition 2. dépendant de ; dû à ; inhérent à ; *durch den Transport ~e Kosten* frais *mpl* afférents au transport.

Bedingtgut *n*, ¨er bien *m* acheté avec possibilité de retour (dans un délai déterminé, des livres, par ex.).

Bedingung *f*, **en** condition *f* ; clause *f* ; stipulation *f* ; modalité *f* ; préalable *m* **I.** *allgemeine ~en* conditions générales ; cahier *m* général des charges ; *übliche ~en* conditions d'usage ; conditions habituelles ; *unannehmbare ~* condition inacceptable ; *unter diesen ~en* dans ces conditions ; *unter guten, schlechten ~en arbeiten* avoir de bonnes, de mauvaises conditions de travail **II.** *eine ~ auf/erlegen* imposer une condition ; *~en ein/halten* respecter des conditions ; s'en tenir aux conditions ; *eine ~ erfüllen* remplir une condition ; *etw zur ~ machen* faire une condition de qqch ; *~ en stellen* poser des conditions ; *unter der ~ unterschreiben, dass...* ne signer qu'à la condition expresse que/de...

bedingungslos sans réserve ; sans condition.

bedingungsweise sous condition ; sous réserve ; *jdn nur ~ an/stellen* n'engager qqn qu'à l'essai ; recruter qqn sous réserve de satisfaction.

bedrohen menacer ; *mit einer Geldstrafe ~t werden* être passible d'une amende.

bedürfen (+ G) avoir besoin de ; nécessiter ; *das bedarf einer Erklärung* cela demande explication.

Bedürfnis *n*, **se** besoin *m* (intellectuel, culturel, matériel) ; demande *f* ; nécessité *f* ; *das ~ nach* (+ D) la demande en ; *geistige, individuelle, materielle ~se* besoins intellectuels, individuels, matériels ; *jds ~se befriedigen* satisfaire les besoins de qqn.

Bedürfnisbefriedigung *f*, **en** satisfaction *f* des besoins.

bedürftig indigent ; nécessiteux ; *~ sein* être dans le besoin ; être économiquement faible.

Bedürftige/r (*der/ein*) indigent *m* ; personne *f* nécessiteuse ; personne sans ressources ; économiquement faible *m*.

Bedürftigkeit *f*, **ø** indigence *f* ; misère *f*.

Bedürftigkeitsgrenze *f*, **n** seuil *m* de pauvreté (*syn*. Armutsschwelle).

beeiden → **beeidigen**.

beeidigen affirmer sous (la foi du) serment ; *beeidigter Übersetzer* traducteur *m* assermenté ; *jdn ~* faire prêter serment à qqn.

Beeid(ig)ung *f*, **en** (prestation *f* de) serment *m*.

beeinträchtigen porter préjudice ; porter atteinte à ; *ein Recht ~* léser un droit ; *schlechte klimatische Bedingungen haben die Ernte ~t* de mauvaises conditions climatiques ont endommagé la récolte.

Beeinträchtigung *f*, **en** préjudice *m* ; handicap *m* ; atteinte *f* ; empiètement *m* ; entrave *f* ; lésion *f* ; *~ der Arbeitsfähigkeit* diminution *f* de la capacité de travail.

beerben hériter de ; *jdn ~* recueillir l'héritage de qqn.

Beerbung *f*, **en** héritage *m* ; dévolution *f* de la succession.

Befa *f* (*Beobachtungs-Fahndung*) police *f* des douanes ; contrôle *m* et surveillance *f* des frontières.

befähigen rendre apte à ; qualifier ; *befähigt zu* qualifié pour.

Befähigung *f*, **en** qualification *f* ; aptitude *f* ; capacité *f* ; (*jur*.) habilitation *f* ; *Gleichwertigkeit der ~en* équivalence *f* des qualifications ; *die ~ für eine (zu einer) Arbeit haben* avoir le niveau requis pour un travail ; *seine ~ nach/weisen* justifier de son aptitude, de ses compétences.

Befähigungsnachweis *m*, **e** certificat *m* (attestation *f*) d'aptitude.

befahrbar praticable ; carrossable ; navigable.

Befahrbarkeit *f*, **en** praticabilité *f* ; navigabilité *f*.

befahren u, a (*ist*) (*circulation*) passer ; emprunter une voie ; sillonner ; *diese Autobahn ist stark ~* cette autoroute est très empruntée.

Befangenheit *f*, **ø** (*jur*.) partialité *f* ; parti *m* pris ; préjugé *m* ; idée *f* préconçue ; *einen Zeugen wegen ~ ab/lehnen* récuser un témoin pour cause de partialité.

Befangenheitsantrag *m*, **e** (*jur*.) demande *f* de récusation de témoin.

Befehl *m*, **e** ordre *m* ; instruction *f* ; directives *fpl* ; mandat *m* ; *ausdrücklicher ~* injonction *f* ; *höherer ~* ordre venu d'en haut ; *einen ~ aus/führen, erteilen* exécuter, donner un ordre.

befehlen, a, o ordonner ; commander ; décréter ; sommer ; dicter ; enjoindre ; *Sie haben mir nichts zu ~* je n'ai pas d'ordres à recevoir de vous.

befinden, a, u : (*jur*.) *über jdn ~* statuer sur qqn.

befischen exploiter les ressources piscicoles ; *stark ~te Gewässer* zones *fpl* de pêche fortement exploitées.

befliegen, o, o : *eine Flugstrecke ~* assurer, desservir une ligne aérienne.

beflissen zélé ; assidu ; *~er Mitarbeiter* collaborateur *m* zélé.

Beflissenheit *f*, ø zèle *m* ; assiduité *f*.

befolgen respecter ; observer ; se conformer à ; *jds Rat ~* suivre le conseil de qqn ; *Vorschriften ~* se conformer aux directives ; observer les consignes ; *eine Regel nicht ~* enfreindre une règle.

beförderbar 1. transportable 2. promouvable.

Beförderer *m*, - transporteur *m* ; expéditeur *m*.

befördern 1. transporter ; acheminer ; *mit der Post ~* expédier par la poste (*syn. transportieren*) 2. promouvoir ; donner de l'avancement ; *befördert werden* être promu ; monter en grade ; gravir un échelon ; *jdn zum Abteilungsleiter ~* promouvoir qqn chef de service.

Beförderung *f*, en 1. transport *m* ; expédition *f* ; *~ per Bahn* transport par voie ferrée ; *frachtfreie, frachtpflichtige ~* transport gratuit, payant ; *~ auf dem Landweg (zu Lande), auf dem Luftweg, auf dem Wasserweg (zu Wasser)* transport par voie terrestre, par air, par bateau ; *~ im Transitverkehr* transport en transit (*syn. Transport*) 2. promotion *f* ; avancement *m* ; passage *m* à l'échelon supérieur.

Beförderungs- (*préfixe*) 1. de/du transport 2. d'avancement ; de promotion.

Beförderungsart *f*, en régime de transport ; *eilgutmäßige, frachtgutmäßige ~* régime en grande, en petite vitesse.

Beförderungsbedingungen *fpl* conditions *fpl* de transport.

Beförderungsdauer *f*, ø durée *f* d'acheminement.

Beförderungsgebühr *f*, en taxe *f* de transport.

Beförderungskosten *pl* frais *mpl* de transport.

Beförderungsmittel *n*, - moyen *m* de transport ; *öffentliche ~* transports *mpl* en commun ; transports publics.

Beförderungsplan *m*, ¨e tableau *m* d'avancement.

beförderungsreif : *~ sein* être promouvable.

Beförderungsschein *m*, e titre *m* de transport ; *~ für Gruppenfahrten* billet *m* collectif ; billet de groupe.

Beförderungsstau *m*, s blocage *m* de l'avancement ; panne *f* de promotion.

Beförderungsvertrag *m*, ¨e contrat *m* de transport.

Beförderungswesen *n*, ø les transports *mpl*.

beforsten boiser ; reboiser

beförstern faire gérer par le service des eaux et forêts.

Beforstung *f*, en (re)boisement *m* (des forêts).

befrachten charger ; affréter (maritime).

Befrachter *m*, - affréteur *m* ; expéditeur *m* ; chargeur *m*.

Befrachtung *f*, (en) chargement *m* ; affrètement *m* ; fret *m*.

befragen consulter ; questionner ; interviewer ; (*sondage*) *befragte Person* personne *f* interrogée.

Befrager *m*, - enquêteur *m*.

Befragte/r (*der/ein*) personne *f* interrogée ; interviewé *m*.

Befragung *f*, en interview *f* ; enquête *f* ; consultation *f* ; sondage *m* ; interrogation *f* ; *~ einer Datenbank* consultation d'une banque de données.

befreien libérer ; dispenser ; exempter ; *von einer Steuer ~* exonérer d'un impôt ; *sich von etw ~* se dégager de qqch.

Befreiung *f*, en dégagement *m* ; libération *f* ; exonération *f* ; dérogation *f* ; dispense *f* ; franchise *f* ; *steuerliche ~* exonération fiscale.

befriedigen satisfaire ; payer ; *einen Gläubiger ~* désintéresser un créancier ; *die Nachfrage ~* satisfaire la demande.

Befriedigung *f*, en satisfaction *f* ; règlement *m* ; paiement *m* ; *volle ~* dédommagement *m* intégral ; *die ~ von Gläubigern* désintéressement *m* des créanciers.

befristen fixer un délai.

befristet limité ; à terme ; à durée déterminée ; *lang, kurz ~* à long, à court terme ; *~er (Arbeits)Vertrag (~es Arbeitsverhältnis)* contrat *m* de travail à durée déterminée ; C.D.D. *m* ; *~e Stellen* contrats à durée déterminée ; des C.D.D. ; *eine auf zwei Jahre ~e Tätigkeit* une activité limitée à deux années.

Befristung *f*, en temps *m* déterminé ; limite *f* dans le temps ; ~ *von Arbeitsverträgen* limitation *f* de la durée des contrats de travail ; recours *m* à des C.D.D.

befugen autoriser ; *jdn* ~ habiliter qqn à ; *~t sein* avoir qualité pour ; avoir pouvoir de.

Befugnis *f*, se autorisation *f* ; droit *m* ; attribution *f* ; compétence *f* ; ~ *haben, etw zu tun* être autorisé (habilité) à faire qqch. ; *seine ~se überschreiten* outrepasser ses pouvoirs.

Befugte/r (*der/ein*) personne *f* autorisée.

befürsorgen (*Autriche*) → **betreuen**.

befürworten parler en faveur de ; recommander ; préconiser ; *eine Maßnahme* ~ préconiser une mesure.

Befürworter *m*, - partisan *m* ; adepte *m*.

Befürwortung *f*, en avis *m* favorable ; recommandation *f* ; appui *m*.

Begabtenförderung *f*, en loi *f* en faveur de la promotion ; loi en faveur de l'avancement au mérite ; texte *m* en faveur de la promotion interne ; bourse *f* d'études pour élèves méritants.

begaunern duper ; filouter ; escroquer ; arnaquer.

begebbar négociable (en bourse) ; endossable (en banque) ; escomptable ; transmissible ; cessible ; (*bourse*) *~es Papier* titre *m* négociable ; *~er Wechsel* traite *f* négociable.

Begebbarkeit *f*, ø négociabilité *f*.

begeben, a, e 1. émettre (emprunt) ; mettre en circulation (chèque, traite) ; négocier ; *begebene Aktie* action *f* en circulation ; *~es Kapital* capital *m* émis 2. (*jur.*) *sich eines Rechts* ~ renoncer à un droit.

Begeber *m*, - émetteur *m* (emprunt, chèque) ; endosseur *m* (traite).

Begebung *f*, en 1. émission *f* (de titres) ; lancement *m* (d'un emprunt) ; création *f* (d'une lettre de change) ; ~ *von Aktien* émission d'actions ; ~ *eines Wechsels* création d'une traite 2. (*jur.*) abandon *m* ; désistement *m* ; renonciation *f*.

Begebungskurs *m*, e prix *m* d'émission.

beglaubigen attester ; certifier ; légaliser ; authentifier ; accréditer ; *beglaubigte Abschrift* copie *f* (certifiée) conforme ; *notariell beglaubigte Urkunde* acte *m* notarié.

Beglaubigung *f*, en attestation *f* ; homologation *f* ; légalisation *f* ; (*jur.*) *zur ~ dessen* en foi de quoi.

Beglaubigungsprotokoll *n*, e procès-verbal *m* d'authentification.

Beglaubigungsschreiben *n*, - lettres *fpl* de créance (d'un diplomate) ; *sein ~ überreichen* remettre ses lettres de créance.

begleichen, i, i régler ; payer ; s'acquitter de ; *eine Schuld* ~ s'acquitter d'une dette.

Begleichung *f*, en règlement *m* ; paiement *m* ; acquittement *m* ; *zur ~ Ihrer Rechnung* en règlement de votre facture.

Begleitpapiere *npl* → **Begleitschein**.

Begleitperson *f*, en accompagnateur *m* ; accompagnatrice *f* ; convoyeur *m*.

Begleitschein *m*, e bordereau *m* d'expédition, d'envoi ; documents *mpl* d'accompagnement ; note *f* de couverture ; (*douane*) acquit *m* de transit ; passavant *m*.

Begleitschreiben *n*, - → **Begleitschein**.

begrenzen (dé)limiter ; borner ; *begrenzt haltbar* périssable (vivres) ; *örtlich begrenzt* local.

Begrenzung *f*, en délimitation *f* ; restriction *f* ; plafond *m* ; plancher *m*.

begriffen : *im Bau* ~ en cours de construction ; *im Umbau* ~ en cours de transformation.

begründen fonder ; créer ; motiver ; *nicht begründet* sans fondement ; *ein Urteil* ~ exposer les attendus d'un jugement.

Begründetheit *f*, ø (*jur.*) bien-fondé *m*.

Begründung *f*, en 1. raison *f* ; motif *m* ; attendus *mpl* 2. fondation *f* ; établissement *m* ; création *f*.

begünstigen favoriser ; privilégier ; promouvoir ; *steuerlich begünstigtes Sparen* épargne *f* bénéficiant d'allégements fiscaux.

Begünstigte/r (*der/ein*) 1. (*titres*) bénéficiaire *m* 2. bénéficiaire privilégié 3. (*assurances*) tiers *m* bénéficiaire 4. (*legs, donation*) légataire *m* ; ayant droit *m*.

Begünstigung *f*, en faveur *f* ; préférence *f* ; traitement *m* préférentiel (privilégié) ; appui *m* ; protection *f*.

Begünstigungsklausel *f*, n clause *f* préférentielle.
Begünstigungswesen *n*, ø favoritisme *m* ; népotisme *m*.
begutachten 1. expertiser ; faire une expertise 2. juger ; évaluer.
Begutachter *m*, - expert *m* (*syn. Experte* ; *Gutachter*).
Begutachtung *f*, en 1. expertise *f* ; rapport *m* d'expert 2. jugement *m* ; avis *m*.
begütert aisé ; fortuné ; riche ; ~ *sein* avoir de la fortune ; être nanti.
behaftet atteint ; affecté ; *mit Mängeln* ~ être entaché de vices.
Behälter *m*, - réservoir *m* ; conteneur *m* ; container *m*.
Behälterschiff *n*, e bateau *m* porte-conteneurs (*syn. Containerschiff*).
Behälterverkehr *m*, ø transport *m* par conteneurs.
behandeln 1. traiter ; *Obst chemisch* ~ traiter des fruits 2. *ein Thema* ~ traiter (d')un sujet 3. manier ; manipuler ; manutentionner.
Behandlung *f*, en 1. traitement *m* ; régime *m* ; *ärztliche* ~ soins *mpl* médicaux 2. maniement *m* ; manutention *f*.
behandlungsfrei : ~*es Obst* fruits *mpl* non traités.
Behandlungspflicht *f*, ø (*médecine*) obligation *f* de soins.
Beharrungsvermögen *n*, ø force *f* d'inertie.
behaupten 1. affirmer ; prétendre 2. (*prix, cours*) *sich* ~ se maintenir ; tenir bon.
behauptet : (*bourse*) (*cours*) soutenu.
Behauptung *f*, en 1. affirmation *f* ; allégation *f* 2. maintien *m*.
beheben, o, o 1. éliminer ; enlever ; supprimer ; *Mängel* ~ supprimer des défauts ; remédier à des inconvénients 2. (*Autriche*) retirer ; *Geld von einem Konto* ~ retirer de l'argent d'un compte.
Behebung *f*, en élimination *f* ; suppression *f* ; (*Autriche*) prélèvement *m* d'argent.
Behelfs- (*préfixe*) de fortune ; provisoire ; de/en dépannage.
Behelfsheim *n*, e abri *m* de fortune.
beherbergen héberger ; loger.
Beherbergung *f*, en hébergement *m* ; logement *m*.
Beherbergungsgewerbe *n*, - hébergement *m* touristique ; activité *f* de l'hôtellerie.

beherrschen dominer ; maîtriser ; contrôler ; *den Markt* ~ contrôler le marché ; *eine Sprache* ~ maîtriser une langue.
Beherrschungsvertrag *m*, ¨e accord *m* de contrôle (permet, entre autre, de compenser les pertes d'une entreprise par les gains d'une autre).
behindern empêcher ; gêner ; entraver ; handicaper.
behindert handicapé ; *körperlich, geistig* ~ *sein* être handicapé moteur, mental.
Behinderte/r (*der/ein*) personne *f* handicapée ; handicapé *m* ; *geistig, körperlich* ~ handicapé mental, moteur ; *Mehrfach*~ polyhandicapé.
Behindertenbetreuung *f*, en assistance *f* aux personnes handicapées.
behindertengerecht pour handicapés ; ~*e Verkehrsmittel npl* moyens *mpl* de transport adaptés aux handicapés.
Behinderung *f*, en 1. entrave *f* ; empêchement *m* ; obstacle *m* ; obstruction *f* ; *das ist eine* ~ *der Arbeitswilligen* c'est une entrave à la liberté du travail 2. infirmité *f* (mentale, physique) ; handicap *m*.
Behörde *f*, n autorité *f* ; autorités *fpl* ; administration *f* ; services *mpl* publics ; pouvoirs *mpl* publics ; *die obersten* ~*n* les grands corps de l'État ; *staatliche* ~ administration de l'État, centrale ; *übergeordnete* ~ administration de tutelle ; *vorgesetzte, zuständige* ~ autorité supérieure, compétente ; *auf die* ~ *gehen* se rendre dans une administration.
Behördenapparat *m*, e appareil *m* administratif.
Behördengang *m*, ¨e démarche *f* administrative.
Behördenleiter *m*, - chef *m* de service ; responsable *m* administratif.
Behördensprache *f*, n langue *f* administrative ; langage *m*, jargon *m* administratif.
Behördenvertreter *m*, - représentant *m* des autorités ; représentant officiel.
Behördenwillkür *f*, ø bon-vouloir *m* de l'administration ; arbitraire *m* administratif.
behördlich administratif ; officiel ; *auf* ~*e Anordnung* sur ordonnance administrative ; *mit* ~*er Genehmigung* (~ *genehmigt*) avec (l') autorisation officielle.

behördlicherseits officiellement ; de la part des autorités ; dans les milieux officiels.

Behuf : (*arch.*) *zu diesem ~* à cet effet ; à cette fin.

bei/bringen, a, a 1. inculquer ; enseigner **2.** fournir ; procurer ; produire ; *Dokumente ~* produire des documents.

bei/fügen ajouter ; annexer ; joindre ; *eine Klausel ~* assortir d'une clause.

bei/geben, a, e → *bei/fügen*.

bei/legen 1. aplanir un différend ; *einen Streit ~* régler un litige **2.** → *bei/fügen*

bei/stehen, a, a prêter assistance ; assister ; *jdm in Schwierigkeiten ~* soutenir qqn en difficulté.

bei/treiben, ie, ie recouvrer ; *Steuern ~* faire rentrer l'impôt.

bei/treten, a, e (*ist*) adhérer ; entrer ; devenir membre ; *einer Partei ~* adhérer à un parti.

Beibehaltung *f,* **en** maintien *m* ; conservation *f.*

Beiblatt *n,* **¨er 1.** (*journal*) supplément *m* **2.** feuillet *m* annexe ; feuille *f* intercalaire.

beid(er)seitig mutuel ; réciproque ; bilatéral ; *im ~en Einverständnis* en accord mutuel ; d'un commun accord.

Beigabe *f,* **n** addition *f* ; supplément *m* ; prime *f* ; extra *m*.

Beigeordnete/r (*der/ein*) employé *m* municipal administratif ; fonctionnaire *m* communal.

Beihilfe *f,* **n** assistance *f* ; aide *f* ; subvention *f* ; allocation *f* ; *einmalige ~* allocation unique ; *staatliche ~n gewähren* accorder des subventions de l'État.

Beilage *f,* **n** pièce *f* jointe ; annexe *f* ; supplément *m* ; encart *m*.

Beilegung *f,* **(en)** règlement *m* ; arrangement *m* ; *gütliche ~* règlement à l'amiable.

beiliegend ci-joint ; sous ce pli.

Beinahe-Katastrophe *f,* **n** accident *m* frôlant la catstrophe ; catastrophe *f* évitée de justesse.

Beinahe-Monopol *n,* **e** quasi-monopole *m*.

Beinahe-Zusammenstoß *m,* **¨e** (*trafic* ; *assur.*) collision *f* évitée de justesse.

Beipack *m,* **ø** fret *m* supplémentaire ; chargement *m* ajouté ; annexe *f*.

Beipackzettel *m,* **-** notice *f* descriptive d'un produit ; fiche *f* explicative jointe.

Beirat *m,* **¨e 1.** conseil *m,* comité *m* consultatif **2.** conseiller *m* (adjoint) ; *juristischer ~* avocat-conseil *m*.

beiseite/legen : *Geld ~* mettre de l'argent de coté ; économiser.

Beisitzer *m,* **-** assesseur *m* ; adjoint *m*.

Beistand *m,* **¨e 1.** aide *f* ; secours *m* ; assistance *f* ; *~ leisten* prêter assistance **2.** conseiller *m* juridique ; avocat *m* ; défenseur *m*.

Beistandsgelder *npl* fonds *mpl* d'assistance ; subventions *fpl.*

Beistandskredit *m,* **e** crédit *m* d'assistance.

Beistandspakt *m,* **e** pacte *m,* traité *m* d'assistance mutuelle.

Beistandspflicht *f,* **en** obligation *f* d'assistance.

Beitrag *m,* **¨e 1.** apport *m* ; contribution *f* ; cotisation *f* ; *~e zur Sozialversicherung* cotisations de sécurité sociale ; *seinen ~ zahlen* (*entrichten*) payer (acquitter) sa cotisation ; *~e ein/ziehen* recouvrer des cotisations ; *die ~¨e erheben* prélever les cotisations ; *die ~¨e erhöhen* relever le taux des cotisations ; *~¨e ermäßigen* diminuer les cotisations ; abaisser le taux des cotisations ; *~¨e kassieren* encaisser des cotisations **2.** article *m* de presse ; contribution *f* écrite.

Beitragsanteil *m,* **e** quote-part *f* de cotisation.

Beitragsbefreiung *f,* **en** exemption *f,* exonération *f* de cotisation.

Beitragsbemessung *f,* **en** plafond *m* d'assujettissement ; cotisation *f* calculée sur le salaire ; *alle Kapitalerträge zur ~ heran/ziehen* faire participer tous les revenus de capitaux aux cotisations de l'assurance invalidité-vieillesse.

Beitragsbemessungsgrenze *f,* **n** plafond *m* de la sécurité sociale.

Beitragsberechnung *f,* **en** calcul *m* du montant de la cotisation.

Beitragsbonus *m,* **-se** réduction *f* de charges (pour les employeurs qui engagent un chômeur de plus de 55 ans).

beitragsfrei dispensé, exempté de (la) cotisation ; *~e Jahre* période(s) *f(pl)* non cotisée(s) ; *~e Leistungen* prestations *fpl* non contributives.

Beitragsgerechtigkeit *f,* **ø** équité *f* en matière de répartition des cotisations entre les différents pays de l'U.E.

Beitragsjahr *n,* **e** année *f* cotisée ; année de cotisation.

Beitragslaufzeit *f,* en annuité(s) *f(pl)* ; années *fpl* de service (de cotisation à la caisse de retraite) pour le calcul des droits à une pension/retraite.
Beitragsleistung *f,* en cotisation *f* ; versement *m,* paiement *m* de la contribution ; ~ *des Arbeitgebers* quote-part *f* patronale ; *jdn von der ~ befreien* exempter (exonérer) qqn de cotisation.
Beitragsmarke *f,* n timbre *m,* vignette *f* de cotisation.
Beitragsnachweis *m,* e justificatif *m* du versement de la cotisation.
Beitragspflicht *f,* en cotisation *f* obligatoire ; assujettissement *m* à la cotisation ; *alle Einkünfte in die ~ ein/beziehen* assujettir tous les revenus à l'obligation de cotiser.
beitragspflichtig assujetti à la cotisation ; *~er Lohn* salaire *m* soumis à (la) cotisation.
Beitragsrückerstattung *f,* en remboursement *m* des cotisations versées ; *(assur. auto)* ~ *bei schadenfreiem Verlauf* bonus *m* de conduite sans accident ; diminution *f* de la prime d'assurances pour conduite sans accident.
Beitragsrückstände *mpl* arrérages *mpl* des cotisations ; contributions *fpl* dues.
Beitragssatz *m,* ¨e taux *m* de (la) cotisation.
Beitragszahler *m,* - cotisant *m.*
Beitragszahlung *f,* en versement *m* des cotisations.
Beitragszeit *f,* en période *f* cotisée ; années *fpl* de cotisation.
beitreibbar recouvrable ; exigible.
Beitreibung *f,* en recouvrement *m* ; encaissement *m.*
Beitreibungsverfahren *n,* - mode *m* de recouvrement ; processus *m* de recouvrement.
Beitritt *m,* e adhésion *f* ; entrée *f* ; affiliation *f* ; *der ~ von... in die EU* l'adhésion de... à l'Union européenne ; *seinen ~ erklären* donner son adhésion.
Beitrittsalter *n,* - âge *m* d'adhésion requis.
Beitrittsanwärter *m,* - → *Beitrittskandidat.*
Beitrittserklärung *f,* en déclaration *f* d'adhésion.
beitrittsfähig apte à adhérer à ; apte à entrer dans.
Beitrittsfreiheit *f,* ø adhésion *f,* affiliation *f* facultative.
Beitrittskandidat *m,* en candidat *m* à l'entrée dans (l'U.E.).
beitrittswillig (sein) (être) disposé à adhérer.
Beitrittszwang *m,* ø affiliation *f,* adhésion *f* obligatoire.
bejahen affirmer ; approuver ; *eine Frage ~* répondre par l'affirmative *(contr. verneinen).*
Bejahung *f,* en affirmation *f* ; réponse *f* affirmative ; *im ~sfall* dans l'affirmative ; en cas de réponse positive *(contr. Verneinung).*
bekämpfen lutter ; combattre ; *die Arbeitslosigkeit, die Inflation, eine Seuche ~* combattre le chômage, l'inflation, une épidémie.
Bekämpfung *f,* en lutte *f* ; combat *m.*
bekannt machen → *bekannt geben.*
bekannt geben, a, e communiquer ; notifier ; annoncer ; publier ; faire connaître ; *öffentlich ~* rendre public.
Bekanntgabe *f,* n publication *f* ; notification *f.*
Bekanntheitsgrad *m,* e *(marketing)* notoriété *f* ; popularité *f* ; taux *m* de pénétration (d'un produit).
Bekanntmachung *f,* en avis *m* ; publication *f* ; communication *f* ; ~ *der Ausschreibung* avis *m* d'appel d'offres ; *amtliche ~* avis officiel.
Bekenntnis *n,* se *(Autriche)* déclaration *f* fiscale.
Beklagte/r *(der/ein) (jur.)* inculpé *m* ; défendeur *m.*
beklauen *(fam.)* voler qqn.
bekleiden 1. habiller ; vêtir **2.** *ein Amt ~* exercer une fonction ; occuper une charge.
Bekleidung *f,* en vêtements *mpl.*
Bekleidungsgewerbe *n,* ø industrie *f* du vêtement ; les professionnels *mpl* de l'habillement.
Bekleidungsindustrie *f,* n industrie *f* de la confection ; industrie de l'habillement.
beladen, u, a *(mit + D)* charger (de).
Beladung *f,* en chargement *m* ; fret *m* ; cargaison *f.*
Belang *m,* e importance *f* ; intérêt *m* ; *das ist nicht von ~* cela ne tire pas à conséquence ; *die ~e eines Landes* les intérêts d'un pays.
belangen : *gerichtlich ~* traduire en justice ; *was mich belangt* quant à moi.

belastbar 1. (*matériau*) résistant ; *unsere Umwelt ist nur bedingt ~* il y une limite de tolérance en matière d'environnement 2. (*charge*) limité à 3. (*personne*) résistant ; capable (de supporter) ; endurant ; performant.

Belastbarkeit *f*, **en** 1. (*matériau*) résistance *f* 2. limite *f* maximale de charge 3. (*personne*) résistance *f* ; capacité *f* (maximale) ; endurance *f* ; performance *f*.

belasten 1. charger ; imputer ; débiter ; grever ; *mit einer Hypothek ~* grever d'une hypothèque ; hypothéquer ; *ein Konto (mit einer Summe) ~* débiter un compte (d'une somme) ; *mit Steuern ~* frapper d'impôts ; taxer 2. (*jur.*) accuser ; incriminer ; *belastendes Material* preuves *fpl* à charge 3. *mit schweren Schulden belastet sein* supporter de lourdes dettes ; (*fam.*) traîner de lourdes dettes derrière soi 4. *mit Arbeit belastet sein* être surchargé de travail ; avoir du travail par-dessus la tête.

Belästigung *f*, **en** 1. tracasserie *f* ; dérangement *m* ; agression *f* ; *sexuelle ~ am Arbeitsplatz* harcèlement *m* sexuel 2. nuisances *fpl* ; *Lärm-~* nuisances sonores.

Belastung *f*, **en** 1. charge *f* ; poids *m* ; débit *m* ; imputation *f* ; hypothèque *f* ; taxation *f* ; grèvement *m* ; (*compte*) écriture *f* au (de) débit ; *finanzielle ~* charge financière ; *steuerliche ~* charge, incidence *f* fiscale ; *die ~ des Benzinpreises mit staatlichen Abgaben* l'État taxe lourdement le prix de l'essence 2. (*jur.*) accusation *f* 3. (*techn., environnement*) exposition *f* (à des agents chimiques, par ex.) ; sollicitation *f* mécanique (matériaux, moteurs, etc.) ; nuisances *fpl* ; dégradation *f*.

Belastungsanzeige *f*, **n** avis *m* de débit (*contr. Gutschriftanzeige*).

Belastungsgrenze *f*, **n** 1. charge *f* limite 2. (*nuisances*) tolérance-limite *f*.

Belastungsprobe *f*, **n** épreuve *f* ; essai *m* de charge ; *die Sicherungssysteme auf eine ~ stellen* mettre les systèmes de protection sociale à rude épreuve.

Belastungszeuge *m*, **n**, **n** (*jur.*) témoin *m* à charge.

Belastungtest *m*, **s** test *m* de charge.

Belastunsfähigkeit *f*, **en** (*techn.*) robustesse *f* ; résistance *f* (de matériaux) ; solidité *f* ; capacité *f* de chargement ; charge tolérée.

belaufen, ie, au : *sich ~ auf* se chiffrer à ; se monter à ; *der Umsatz beläuft sich auf 10 Milliarden Euro* le chiffre d'affaires s'élève à 10 milliards d'euros.

beleben animer ; vivifier ; *belebter Markt* marché *m* animé.

Belebung *f*, **ø** reprise *f* ; stimulation *f* ; redressement *m* ; *~ der Konjunktur* relance *f* de l'activité conjoncturelle ; *~ des Verbrauchs* relance de la consommation.

Beleg *m*, **e** preuve *f* ; pièce *f* justificative ; justificatif *m* ; pièce *f* à l'appui ; document *m* comptable.

belegen 1. justifier ; prouver ; *Spesen durch (mit) Quittungen ~* justifier les frais par des quittances ; *etw urkundlich ~* justifier qqch avec des documents à l'appui 2. grever de ; frapper de ; *mit einer Steuer ~* frapper d'un impôt ; imposer ; *Schmuggler werden mit einer hohen Strafe belegt* on inflige une lourde amende aux contrebandiers 3. retenir ; réserver ; occuper ; *ein Zimmer ~* occuper une chambre ; *Vorlesungen ~* s'inscrire à un cours (en faculté) ; *das Hotel ist voll belegt* l'hôtel est complet ; *die Telefonleitung ist belegt* la ligne est occupée 4. *Platz zwei ~* occuper la deuxième place ; être en deuxième position.

Belegenheit *f*, **en** (*jur.* ; *finance*) localisation *f* (de biens, d'actifs).

Belegexemplar *n*, **e** (*édition*) spécimen *m* (adressé à l'auteur, aux bibliothèques, etc.).

beleggebunden avec support papiers ; fondé sur des documents écrits ; *~e Abwicklung (~e Zahlung)* opération *f* par virement ; virement *m* ; → *beleglos*.

Beleggleser *m*, **-** lecteur *m* de code-barres ; lecteur *m* de documents.

beleglos électronique ; informatisé ; sans support papiers.

Belegprinzip *n*, **-ien** (*comptab.*) principe *m* selon lequel chaque écriture doit être accompagnée d'une pièce justificative.

Belegquittung *f*, **en** quittance *f* comptable.

Belegschaft *f*, **en** personnel *m* (d'une entreprise) ; effectif *m* ; équipe *f* ; ensemble *m* des salariés (*syn. Personal*).

Belegschaftsaktie *f*, **n** action *f* de travail ; *Mitbesitz in Form von ~n* actionnariat *m* salarié.

Belegschaftsaktionär *m*, e actionnaire *m* d'entreprise.
Belegschaftsfirma *f*, -men entreprise *f* autogérée (qui appartient aux salariés).
Belegschaftsfonds *m*, - caisse *f* de retraite socio-professionnelle inter-entreprises ; fonds *m* de pension d'entreprise.
Belegschaftshandel *m*, ø vente *f* directe aux membres du personnel.
Belegschaftsmitglied *n*, er membre *m* du personnel.
Belegschaftsstärke *f*, n effectif *m* du (en) personnel.
Belegschaftsvertreter *m*, - délégué *m*, représentant *m* du personnel.
Belegschaftswechsel *m*, - rotation *f* du personnel ; roulement *m* du personnel ; turn-over *m*.
Belegschein *m*, e justificatif *m* ; pièce *f* justificative.
Belegstück *n*, e → *Belegschein*.
Belegungsdichte *f*, ø taux *m* d'occupation ; taux de réservation ; densité *f* d'occupation.
Belegungsplan *m*, ¨e plan *m* de travail ; plan de charge.
beleihbar gageable.
beleihen, ie, ie 1. gager (un emprunt) sur ; contracter un emprunt sur 2. prêter (une somme) sur.
Beleihung *f*, en prêt *m* sur gage ; mise *f* en gage ; emprunt *m* contre garantie.
Beleihungssatz *m*, ¨e taux *m* du prêt (calculé sur la valeur de l'objet gagé).
Beleihungswert *m*, e valeur *f* vénale de l'objet gagé.
beliebt favori ; en faveur ; populaire ; en vogue ; *~er Artikel* article *m* recherché (demandé).
Beliebtheit *f*, ø popularité *f* ; faveur *f* ; *sich großer ~ erfreuen* jouir d'une grande popularité.
Beliebtheitsskala *f*, en (*pol.*) échelle *f* de popularité.
Beliebtheitswert *m*, e cote *f* de popularité.
Belieferer *m*, - fournisseur *m* ; approvisionneur *m*.
beliefern livrer ; fournir ; *einen Markt ~ (mit)* approvisionner un marché (de/en).
Belieferung *f*, en fourniture *f* ; approvisionnement *m* ; livraison *f* ; *taggleiche ~* livraison-jour.
belohnen récompenser ; rétribuer.

Belohnung *f*, en récompense *f* ; prime *f* ; *eine ~ aus/setzen* offrir une récompense.
bemängeln critiquer ; blâmer ; réclamer.
Bemängelung *f*, en critique *f* ; réclamation *f* ; défaut *m* ; vice *m*.
bemannen : *ein Schiff, ein Flugzeug ~* fournir un équipage à un navire, à un avion.
bemessen, a, e 1. mesurer 2. évaluer ; calculer ; déterminer.
Bemessung *f*, en évaluation *f* ; calcul *m* ; détermination *f* ; estimation *f* ; taxation *f* ; *~ der Einkommensteuer* évaluation *f* de l'impôt sur le revenu.
Bemessungsgrenze *f*, n plafond *m* de la sécurité sociale (servant au calcul de la cotisation).
Bemessungsgrundlage *f*, n base *f* de calcul ; assiette *f*.
bemittelt fortuné ; aisé ; nanti ; qui a les moyens.
bemogeln (*fam.*) rouler ; duper ; escroquer ; arnaquer (*syn. begaunern* ; *prellen*).
Bemühung *f*, en efforts *mpl* ; démarches *fpl* ; *jdn in seinen ~en unterstützen* soutenir qqn dans ses efforts ; (*corresp.*) *wir danken Ihnen für Ihre ~en* nous vous remercions de vos démarches, de vos efforts.
bemustern échantillonner.
Bemusterung *f*, en échantillonnage *m* ; prélèvement *m* (échantillons).
benachbart voisin ; limitrophe.
benachrichtigen informer ; mettre au courant ; aviser ; *von dieser Entscheidung wurden die Interessenten benachrichtigt* la présente décision a été notifiée aux intéressés.
Benachrichtigung *f*, en information *f* ; communication *f* ; *ohne vorherige ~* sans avis préalable ; *schriftliche ~* notification *f* écrite.
benachteiligen porter préjudice à ; désavantager ; défavoriser ; léser.
benachteiligt défavorisé ; *~es Gebiet* zone *f*, région *f* défavorisée.
Benachteiligung *f*, en désavantage *m* ; discrimination *f* ; préjudice *m*.
Benchmark *f/m*, s (*pr. ang.*) repère *m* ; indice *m* de référence (d'un portefeuille boursier) ; *~ sein* être leader dans une branche.

Benchmarking *n*, **s** (*pr. ang.*) étalonnage *m* ; évolution *f* de(s) performances ; évaluation *f* comparative ; benchmarking *m* ; (comparaison avec les résultats antérieurs ou la concurrence ; cette évaluation concerne la production, l'organisation du travail, les techniques de management et vise à l'amélioration de la qualité et à la suppression des points faibles d'une entreprise).

Benchmarking-Gruppe *f*, **n** comité *m* d'experts du Bundestag chargé de la politique des sites industriels.

Benchmark-Preis *m*, **e** prix *m* de référence.

Benehmen *n*, **ø** conduite *f* ; comportement *m* ; (*rare*) *im ~ mit* en accord avec (*syn. im Einvernehmen mit*).

BENELUX-Staaten *mpl* États *mpl* du Benelux (Belgique, Pays-Bas, Luxembourg).

benennen, **a**, **a** désigner ; nommer ; *einen Nachfolger ~* désigner un successeur.

Benennung *f*, **en** désignation *f* ; nomination *f* ; *handelsübliche ~* dénomination *f* commerciale.

benoten affecter une note à un produit (lors d'un test).

benutzbar utilisable ; exploitable ; praticable.

benutzen/benützen utiliser ; se servir de ; *die öffentlichen Verkehrsmittel ~* utiliser les (moyens de) transport en commun.

Benutzer/Benützer *m*, **-** utilisateur *m* ; usager *m* (*syn. informatique Nutzer, User*)

benutzerfreundlich d'utilisation aisée ; ergonomique ; convivial.

Benutzerhandbuch *n*, **¨er** manuel *m* de l'utilisateur.

Benutzeridentifikation *f*, **en** identifiant-utilisateur *m*.

Benutzerkreis *m*, **e** utilisateurs *mpl*.

Benutzung *f*, **en** utilisation *f* ; emploi *m* ; *missbräuchliche ~* usage *m* abusif.

Benutzungsgebühr *f*, **en** taxe *f* d'utilisation ; droit *m* de péage.

Benutzungsordnung *f*, **en** règlement *m* (intérieur) d'utilisation ; directives *fpl* d'utilisation ; *~ der städtischen Bibliothek* règlement intérieur de la bibliothèque municipale.

Benutzungsrecht *n*, **e** droit *m* d'usage, d'exploitation ; droit de jouissance.

Benzin *n*, **(e)** essence *f* (*syn. Treib-, Kraftstoff* ; *Sprit*).

Benziner *m*, **-** (*transports* ; *industrie*) véhicule *m* à essence.

Benzingutschein *m*, **e** chèque-essence *m* ; bon *m* d'essence.

Benzinpreis *m*, **e** prix *m* de l'essence ; *die ~e erhöhen, senken* augmenter, baisser (le prix de) l'essence.

Benzinverbrauch *m*, **ø** consommation *f* d'essence ; *den ~ ein/schränken* réduire la consommation d'essence.

beobachten observer ; examiner.

Beobachtung *f*, **en** 1. observation *f* ; surveillance *f* ; *unter ~ stehen* être surveillé ; être placé sous surveillance 2. respect *m* ; observance *f*.

Beobachtungsstelle *f*, **n** observatoire *m*.

beordern 1. ordonner à qqn de se rendre quelque part 2. convoquer, mander qqn ; *zum Vorgesetzten beordert werden* être convoqué chez son supérieur 3. sommer ; enjoindre ; *beordert werden, einen Schaden wieder gutzumachen* être sommé de réparer un préjudice.

berappen (*fam.*) payer (contre son gré) ; *viel Geld ~ müssen* devoir casquer un max.

beraten, **ie**, **a** 1. conseiller qqn ; assister qqn de ses conseils ; *sich von einem Experten ~ lassen* solliciter les conseils d'un expert 2. tenir conseil ; *über etw ~* délibérer sur qqch.

beratend consultatif ; délibératoire ; *~er Ausschuss* commission *f* consultative ; comité *m* consultatif ; *~er Ingenieur* ingénieur-conseil *m* ; *~e Stimme* voix *f* consultative ; *eine ~e Tätigkeit aus/üben* exercer une activité de conseil.

Berater *m*, **-** conseiller *m* ; conseil *m* ; *technischer ~* conseiller *m* technique ; ingénieur-conseil *m*.

Beratervertrag *m*, **¨e** contrat *m* de conseil en entreprise ; contrat d'audit.

Beratung *f*, **en** 1. conseil *m* ; audit *m* 2. délibération *f* ; consultation *f* ; *zur ~ stellen* mettre en délibération 3. (*jur.*) délibéré *m*.

Beratungsausschuss *m*, **¨e** comité *m* consultatif.

Beratungsfirma *f*, **-men** cabinet *m* d'audit ; cabinet de consultants ; société-conseil *f*.

Beratungshotline *f*, **s** numéro *m* vert ; numéro d'appel (d'une entreprise) pour conseil à la clientèle.

Beratungsrunde *f,* **n** séance *f* de délibérations.

Beratungsstelle *f,* **n** service *m* de consultation ; service d'information et d'orientation.

berauben 1. dévaliser ; dépouiller ; piller **2.** *jdn der Freiheit ~* priver qqn de sa liberté.

berechenbar calculable ; évaluable ; prévisible ; *ein ~es Risiko auf sich nehmen* prendre un risque calculé.

berechnen 1. calculer ; compter **2.** évaluer **3.** facturer ; inscrire au débit ; *gesondert ~* facturer à part ; *für die Verpackung ~ wir nichts* nous ne facturons pas l'emballage.

Berechnung *f,* **en 1.** calcul *m* ; *überschlägige ~* calcul approximatif ; *~en an/stellen* effectuer des calculs **2.** estimation *f* **3.** facturation *f.*

Berechnungsgrundlage *f,* **n** base *f* de calcul.

Berechnungsmethodik *f,* **en** méthodes *fpl* de calcul.

Berechnungszeitraum *m,* ¨e période *f* servant de base de calcul ; période de référence.

berechtigen autoriser ; habiliter ; *jdn ~ etw zu tun* autoriser qqn à faire qqch

berechtigt juste ; légitime ; justifié ; *~er Anspruch* prétention *f* légitime ; *~ sein* être en droit de.

Berechtigte/r (*der/ein*) ayant droit *m* ; bénéficiaire *m.*

Berechtigung *f,* **en** autorisation *f* ; droit *m* ; qualité *f* ; (*jur.*) bien-fondé *m.*

Berechtigungsschein *m,* **e** licence *f* ; permis *m* ; autorisation *f.*

Bereich *m,* **e** domaine *m* ; secteur *m* ; ressort *m* ; attributions *fpl.*

Bereichausnahme *f,* **n** domaine *m* réservé ; (*fam.*) chasse gardée *f.*

bereichern enrichir ; *sich an jdm ~* s'enrichir sur le dos de qqn ; *sich unrechtmäßig ~* s'enrichir frauduleusement.

Bereicherung *f,* **en** enrichissement *m* ; *jdm persönliche ~ vorwerfen* reprocher un enrichissement personnel à qqn ; *Gelder zu persönlicher ~ zweckentfremden* détourner des fonds à des fins d'enrichissement personnel.

Bereichsleiter *m,* - chef *m,* responsable *m* de département ; chef de rayon.

Bereichsvorstand *m,* ¨e → *Bereichsleiter.*

bereinigen arranger ; apurer ; régler ; *ein Konto ~* apurer un compte.

bereinigt (*statist.*) en données corrigées ; corrigé (des variations) ; rectifié ; *~er Gewinn* résultat *m* net d'exploitation ; *~e Zahl* taux *m* corrigé ; *inflations~* corrigé du taux d'inflation ; *kaufkraft~* corrigé des variations du pouvoir d'achat ; en termes constants du pouvoir d'achat ; *saison~* (chiffre) corrigé des variations saisonnières ; *preis~* exprimé en chiffres réels.

Bereinigung *f,* **en** règlement *m* ; apurement *m* ; (*statist.*) correction *f.*

bereit/stellen mettre à la disposition ; dégager (des fonds) ; *Kredite ~* allouer des crédits.

Bereitschaft *f,* **en 1.** disposition *f* ; disponibilité *f* ; *Geldmittel in ~ halten* tenir des fonds à disposition **2.** *in ~* en état d'alerte.

Bereitschaftsdienst *m,* **e** service *m* de permanence ; (médecin) service de garde ; *~ haben* assurer une/la permanence ; être de garde.

Bereitschaftskosten *pl* coûts *mpl* fixes ; coûts internes.

Bereitschaftskredit *m,* **e** crédit *m* de soutien ; fonds *mpl* permanents disponibles.

Bereitstellung *f,* **en** mise *f* à disposition (de crédits) ; *~ von Finanzmitteln* mobilisation *f* de moyens financiers ; déblocage *m* de fonds.

Bereitstellungsentgelt *n,* **e** (*téléph.*) taxe *f* de raccordement.

Bereitstellungsprovision *f,* **en** (*banque*) frais *mpl,* commission *f* d'ouverture de crédit.

berenten consentir une rente ; accorder une rente.

Berg *m,* **e** montagne *f* ; *über dem ~ sein* avoir passé le cap difficile.

bergab en descendant ; sur la mauvaise pente ; *es geht mit ihm geschäftlich ~* ses affaires périclitent.

Bergakademie *f,* **n** (*France*) École *f* nationale des mines.

Bergamt *n,* ¨er direction *f* régionale des mines.

Bergarbeiter *m,* - (ouvrier) mineur *m.*

Bergarbeitersiedlung *f,* **en** coron *m.*

Bergbau *m,* ø industrie *f* minière ; exploitation *f* des mines.

Bergbaugesellschaft *f*, **en** société *f* minière.
Bergbauindustrie *f*, **n** industrie *f* minière.
bergbaulich minier ; *~er Betrieb* exploitation *f* minière.
Bergbaurevier *n*, **e** bassin *m* minier.
Bergbehörde *f*, **n** direction *f* nationale des mines.
Bergelohn *m*, ¨e (*navigation*) prime *f* de renflouage d'un navire.
Bergfahrt *f*, **en 1.** boom *m* ; essor *m* (*contr. Talfahrt*) **2.** (*navigation*) remontée *f* du cours d'un fleuve.
Bergführer *m*, **- 1.** (*métier*) guide *m* de haute montagne **2.** (*édition*) guide *m* de la montagne et des promenades en montagne ; guide des Alpes.
Bergmann *m*, **-leute** mineur *m* de fond.
Bergrecht *n*, **e** droit *m* minier ; concession *f* minière.
Bergwerk *n*, **e** mine *f* ; exploitation *f* minière.
Bergwerksgesellschaft *f*, **en** → *Bergbaugesellschaft*.
Bericht *m*, **e** rapport *m* ; compte rendu *m* ; communiqué *m* ; bulletin *m* ; *amtlicher ~* rapport officiel ; procès-verbal *m* ; *vertraulicher ~* rapport confidentiel ; *über etw ~ erstatten* rapporter qqch ; faire un rapport sur.
berichten faire un rapport ; communiquer ; exposer ; *live ~* retransmettre en direct ; faire du direct ; *mündlich, schriftlich ~* faire un rapport oral, écrit.
Berichterstatter *m*, **- 1.** (*presse*) correspondant *m* de presse ; reporter *m* **2.** rapporteur *m*.
Berichterstattung *f*, **en** rapport *m* officiel.
Berichterstattungsrecht *n*, **e** liberté *f* de la presse ; *das ~ beschneiden* amputer la liberté de presse.
berichtigen corriger ; rectifier ; *~d* rectificatif ; *eine Buchung ~* rectifier une écriture ; *ein Konto ~* redresser un compte.
Berichtigung *f*, **en 1.** (*comptab.*) rectification *f* ; correction *f* ; redressement *m* ; régularisation *f* **2.** *~ einer Schuld* paiement *m* d'une dette **3.** *~ der Gehälter* ajustement *m* des traitements.
Berichtigungs- (*préfixe*) rectificatif.
Berichtigungsaktie *f*, **n** action *f* gratuite.

Berichtigungsanzeige *f*, **n** (*fisc*) notification *f* de redressement ; avis *m* de régularisation.
Berichtigungsbuchung *f*, **en** écriture *f* d'ajustement, de redressement.
Berichtigungshaushaltsplan *m*, ¨e budget *m* rectificatif.
Berichtigungskonto *n*, **-ten** compte *m* de régularisation.
Berichtigungsposten *m*, **-** poste *m* de régularisation.
Berichtsjahr *n*, **e** exercice *m* ; année *f* de référence
Berichtsperiode *f*, **n** → *Berichtszeitraum*.
Berichtspflicht *f*, **en** obligation *f* de rendre des comptes.
Berichtswesen *n*, ø établissement *m* des rapports de sociétés.
Berichtszeitraum *m*, ¨e période *f* de référence ; période considérée.
berücksichtigen tenir compte de ; *die Kosten ~* prendre les coûts en considération.
Berücksichtigung *f*, **en** (prise en) considération *f* ; égard *m* ; *ohne ~* (+ *G*) sans égard pour ; *unter ~* (+ *G*) tenu de ; en raison de ; *unter ~ dieser Vorbehalte* sous (compte tenu de) ces réserves.
Beruf *m*, **e** profession *f* ; métier *m* ; emploi *m* ; travail *m* ; activité *f* professionnelle **I.** *akademischer ~* profession exigeant une formation universitaire ; *ausgeübter ~* profession exercée ; *freier, gewerblicher ~* profession libérale, de l'industrie ; *geistiger, handwerklicher ~* profession intellectuelle, artisanale ; *kaufmännischer, nicht selb(st)ständiger ~* profession commerciale, salariée ; *technischer ~* profession technique ; *ungelernter ~* (*~ ohne Lehre*) profession n'exigeant aucune formation préalable **II.** *einen ~ aus/üben* (*haben*) exercer une profession, avoir un métier ; *einen ~ ergreifen* embrasser une profession ; choisir un métier ; *einen ~ erlernen* apprendre un métier ; *sich im ~ qualifizieren* obtenir une qualification professionnelle ; *Klempner von ~ sein* être plombier de son métier ; *im ~ stehen* être en activité, en exercice ; *seinen ~ verfehlt haben* avoir manqué sa vocation ; *den ~ wechseln* changer de métier, de profession ; *was war Ihr früherer, was ist Ihr jetziger ~ ?* quelle était votre profession

précédente, quelle est votre profession actuelle ? **III.** *Aufschlüsselung f nach ~en* répartion *f* professionnelle ; ventilation *f* par profession ; *Ausübung f eines ~s* exercice *m* d'une profession ; *Stellung f im ~* statut *m* professionnel ; *Wiedereingliederung in einen ~* réinsertion *f* ; reclassement *m* professionnel

berufen, ie, u 1. nommer ; appeler 2. *sich ~ auf* (*+A*) se référer à ; invoquer 3. (*Autriche*) (*jur.*) faire appel.

beruflich professionnel ; *~er Aufstieg* promotion *f* sociale ; *~e Ausbildung* formation *f* professionnelle ; *~e Einstufung* classification *f* professionnelle ; *~e Fortbildung* (*Weiterbildung*) formation *f* continue (permanente) ; *~e Qualifikation* (*Eignung*) qualification *f* professionnelle ; *~e Tätigkeit* activité *f* professionnelle ; *~e Umschulung* reconversion *f* professionnelle ; reclassement *m* professionnel ; recyclage *m*.

Berufsabschluss *m*, ¨e diplôme *m* (de l'enseignement) professionnel.

Berufsanfänger *m*, - débutant *m* dans le métier ; novice *m* dans une profession.

Berufsaufbauschule *f*, n filière *f* parallèle de qualification professionnelle (cours du soir, par ex.) ; formation *f* parallèle de qualification professionnelle.

Berufsauffassung *f*, en déontologie *f* professionnelle.

Berufsausbilder *m*, - instructeur *m* ; formateur *m* ; maître *m* de formation.

Berufsausbildung *f*, en formation *f* professionnelle.

Berufsausbildungsanstalt *f*, en établissement *m* d'enseignement professionnel ; centre *m* de formation professionnelle.

Berufsausbildungsbeihilfe *f*, n prime *f* d'aide à la formation professionnelle.

Berufsausbildungslehrgang *m*, ¨e stage *m* de formation professionnelle.

Berufsaussichten *fpl* perspectives *fpl* de carrière ; plan *m* de carrière.

Berufsausübung *f*, en exercice *m* d'une profession.

Berufsbeamte/r (*der/ein*) fonctionnaire *m* de carrière.

Berufsbefähigung *f*, en qualification *f* professionnelle.

berufsbegleitend : *~e Ausbildung* formation *f* complémentaire ; *~e Weiterbildung* formation professionnelle continue ; formation en cours de carrière.

Berufsberater *m*, - conseiller *m* d'orientation professionnelle ; conseiller professionnel.

Berufsberatung *f*, en orientation *f* professionnelle.

Berufsberatungsstelle *f*, n centre *m* d'orientation professionnelle.

Berufsbewertung *f*, en qualification *f* du travail ; cotation *f* d'une activité professionnelle.

Berufschancen *fpl* → **Berufsaussichten**.

Berufseignungsprüfung *f*, en examen *m* d'aptitude professionnelle.

Berufseinstieg *m*, e entrée *f* dans la vie professionnelle.

Berufserfahrung *f*, en expérience *f* professionnelle.

Berufsethos *n*, ø déontologie *f* professionnelle.

Berufsfachschule *f*, n école *f* d'enseignement professionnel ; lycée *m* technique ; *kaufmännische ~* école professionnelle d'enseignement commercial.

Berufsfahrer *m*, - chauffeur *m* professionnel.

Berufsfreiheit *f*, en liberté *f* d'exercer une profession.

berufsfremd extraprofessionnel.

Berufsgeheimnis *n*, se secret *m* professionnel ; obligation *f* de réserve.

Berufsgenossenschaft *f*, en 1. caisse *f* professionnelle d'assurances sociales 2. association *f* professionnelle.

Berufsgruppe *f*, n catégorie *f* professionnelle.

Berufshaftpflichtversicherung *f*, en (*assur.*) responsabilité-civile *f* professionnelle.

Berufshandel *m*, - (*bourse*) les professionnels *mpl* de la bourse.

Berufsheer *n*, e armée *f* de métier.

Berufsjahre *npl* ancienneté *f* dans la profession (évaluée en années de pratique du métier).

Berufskammer *f*, n chambre *f* professionnelle.

Berufskrankheit *f*, en maladie *f* professionnelle.

Berufslaufbahn *f*, en carrière *f* professionnelle.

Berufsleben *n*, ø vie *f* professionnelle ; *aus dem ~ aus/scheiden* quitter la vie professionnelle ; *im ~ stehen* exercer une profession ; être en activité.

berufslos sans profession.

berufsmäßig professionnel.

Berufsnachwuchs *m*, ø relève *f* professionnelle.

Berufspflicht *f*, en devoir *m* professionnel ; obligations *fpl* professionnelles.

Berufspraktikum *n*, -tika stage *m* en entreprise ; stage professionnel.

Berufspraxis *f*, ø → *Berufserfahrung*.

Berufsrisiko *n*, -ken risques *mpl* du métier ; risques professionnels.

Berufsschule *f*, n école *f* professionnelle, d'apprentissage ; centre *m* de formation professionnelle.

Berufsschulung *f*, en initiation *f* à la pratique d'un métier ; formation *f* professionnelle.

Berufsstand *m*, ¨e corps *m* de métier ; corporation *f* ; ordre *m* (médecins, avocats).

berufsständisch : *~e Aufgliederung* structure *f* socio-professionnelle ; *~e Kammer* chambre *f* professionnelle, syndicale, corporative.

Berufsstatistik *f*, en statistique *f* des catégories professionnelles.

Berufsstruktur *f*, en structure *f* socio-professionnelle.

berufstätig exerçant une activité professionnelle ; *~e Bevölkerung* population *f* active (*syn. erwerbstätig*).

Berufstätige/r (*der/ein*) personne *f* active (*syn. Erwerbstätiger*).

Berufsumschulung *f*, en reconversion *f* professionnelle ; reclassement *m* professionnel.

Berufsunfähigkeit *f*, ø incapacité *f* d'exercer un métier, professionnelle.

Berufsverband *m*, ¨e syndicat *m* professionnel ; organisation *f*, union *f* professionnelle ; chambre *f* syndicale.

Berufsverbot *n*, e interdit *m* professionnel ; interdiction *f* d'exercer une profession.

Berufsvereinigung *f*, en association *f* professionnelle ; syndicat *m* professionnel.

Berufsvertretung *f*, en représentation *f* syndicale professionnelle.

Berufsvielfalt *f*, ø diversité *f* professionnelle.

berufsvorbereitend : *~e Programme* programmes *mpl* d'études préparant à la vie professionnelle.

Berufswahl *f*, en choix *m* d'un métier, d'une profession.

Berufswechsel *m*, - changement *m* de profession ; changement de métier ; reconversion *f* professionnelle.

Berufszweig *m*, e branche *f* professionnelle.

Berufung *f*, en 1. nomination *f* ; promotion *f* 2. (*jur.*) recours *m* ; appel *m* ; pourvoi *m* ; ~ *ein/legen (gegen)* faire appel (de) ; *eine ~ ab/weisen (verwerfen)* rejeter un appel 3. vocation *f*.

Berufung : (*jur.*) *in ~ gehen* faire appel.

Berufungsfrist *f*, en (*jur.*) délai *m* de recours.

Berufungsgericht *n*, e (*jur.*) cour *f* d'appel ; juridiction *f* de recours.

Berufungsinstanz *f*, en (*jur.*) instance *f* d'appel ; tribunal *m* d'appel.

Berufungskammer *f*, n (*jur.*) chambre *f* d'appel.

Berufungsurteil *n*, e (*jur.*) jugement *m* en appel.

Berufungsverfahren *n*, - 1. (*jur.*) procédure *f* d'appel 2. (éducation nationale) procédure *f* de nomination.

Berufungsverhandlung : (*jur.*) *in der ~* en appel.

Berufungsweg : (*jur.*) *auf dem ~ klagen* se pourvoir en appel.

beruhigen calmer ; *sich ~* se ralentir ; *die Preisentwicklung hat sich beruhigt* on note une décélération des prix.

Beruhigung *f*, en accalmie *f* ; tassement *m* ; *~ der Konjunktur* ralentissement *m* conjoncturel.

besagt susmentionné ; susnommé ; (*jur.*) ledit.

Besamung *f*, en (*agric.*) insémination *f* ; fécondation *f* (artificielle).

Besamungsstation *f*, en (*agric.*) centre *m* d'insémination artificielle.

beschädigen 1. endommager ; *beschädigte Ware* marchandise *f* détériorée, avariée 2. blesser ; mutiler ; *durch Arbeitsunfall beschädigt werden* être accidenté du travail.

Beschädigte/r (*der/ein*) mutilé *m* ; invalide *m* ; accidenté *m* ; *~ mit einer 30 %-igen Minderung der Erwerbstätigkeit* invalide à 30 % ; personne *f* bénéficiant d'un taux d'invalidité de 30 %.

Beschädigung *f*, en 1. dommage *m* ; dégât *m* ; endommagement *m* ; (*navire*) avarie *f* ; *frei von ~* franco d'avarie 2. blessure *f* ; lésion *f*.

beschaffen procurer ; trouver ; fournir ; *sich etw ~* se procurer qqch ; *Geld, Kapital ~* réunir des fonds, des capitaux.

Beschaffenheit *f,* en qualité *f* ; état *m* ; conditionnement *m* ; caractéristiques *fpl* (d'un produit) ; *die ~ eines Materials überprüfen* contrôler les caractéristiques (techniques) d'un matériau.

Beschaffung *f,* en achat *m* ; acquisition *f* ; approvisionnement *m* ; fourniture *f* ; *~ von Spargeldern* collecte *f* de fonds d'épargne.

Beschaffungskosten *pl* prix *m* d'achat ; frais *mpl* d'acquisition ; coût *m* de la marchandise.

Beschaffungsmarkt *m,* ¨e marché *m* d'approvisionnement.

Beschaffungswesen *n,* ø : *öffentliches ~* marchés *mpl* publics.

beschäftigen 1. employer ; occuper ; donner du travail ; *dieser Betrieb beschäftigt 200 Arbeitnehmer* cette entreprise emploie 200 salariés **2.** *sich ~ mit* s'occuper de.

Beschäftigte/r (*der/ein*) personne *f* employée ; salarié *m* ; travailleur *m* ; personne *f* active ; *ganzzeitig, halbtags ~ employé* à temps complet (à plein temps), à mi-temps ; *selb*(*st*)*ständig, unselb*(*st*)*ständig Beschäftigter* travailleur indépendant, salarié.

Beschäftigung *f,* en emploi *m* ; travail *m* ; activité *f* ; occupation *f* ; métier *m* ; profession *f* **I.** *abhängige ~* emploi salarié ; *anderweitige ~* affectation *f* à un autre emploi ; travail sur un autre poste ; *bezahlte* (*entgeltliche*) *~* activité rémunérée ; *feste ~* emploi fixe, permanent ; *gelegentliche ~* occupation occasionnelle ; travail irrégulier ; *lohnende ~* emploi rémunérateur ; *gewinnbringende ~* emploi lucratif ; *hauptberufliche, nebenberufliche ~* emploi principal, secondaire ; *selb*(*st*)*ständige, unselb*(*st*)*ständige ~* activité indépendante, travail salarié ; *vorübergehende ~* travail temporaire ; *unentgeltliche ~* activité non rémunérée **II.** *eine ~ an/nehmen, auf/ geben* accepter, quitter un emploi ; *~ beschaffen* (*besorgen*) fournir de l'emploi ; procurer du travail ; *einer ~ nach/gehen* vaquer à ses occupations ; *ohne ~ sein* être sans emploi, sans travail ; être au chômage ; *~ schaffen* créer des emplois ; *eine ~ suchen, finden* chercher, trouver un emploi ; *sich nach einer ~ um/sehen* chercher du travail.

Beschäftigungsbündnis *n,* se pacte *m* pour l'emploi.

beschäftigungsfördernd favorable à l'emploi ; créateur d'emploi.

Beschäftigungsförderung *f,* en mesures *fpl* de création d'emplois ; mesures incitatives à la création d'emplois ; programme *m* en faveur de l'emploi.

Beschäftigungsgarantie *f,* n garantie *f* de l'emploi.

Beschäftigungsgesellschaft *f,* en société *f* chargée de la formation, de la qualification et de la réinsertion de chômeurs ou de salariés en situation précaire ; agence *f* privée de placement.

Beschäftigungslage *f,* n situation *f* de l'emploi.

beschäftigungslos sans emploi ; privé d'activité ; au chômage.

Beschäftigungsnachweis *m,* e certificat *m* délivré par l'employeur ; carte *f* de travail ; attestation *f* d'emploi.

beschäftigungsorientiert : *eine ~e Tarifpolitik* une politique salariale axée sur l'emploi ; des mesures *fpl* orientées vers l'emploi.

Beschäftigungspaket *n,* e train *m* de mesures en faveur de l'emploi.

Beschäftigungspflicht *f,* en **1.** obligation *f* d'embauchage de personnes handicapées (emplois réservés, protégés) **2.** obligation de fournir une activité conforme au contrat d'embauche.

Beschäftigungsplan *m,* ¨e projet *m* de création d'emplois.

Beschäftigungspolitik *f,* ø politique *f* de l'emploi.

beschäftigungspolitisch : *aus ~en Gründen* pour des raisons de politique de l'emploi.

Beschäftigungspotenzial *n,* e main-d'œuvre *f* potentielle ; réserve *f* de main-d'œuvre ; *in diesem Sektor liegen noch unausgeschöpfte ~e* dans ce secteur gît encore un réservoir inexploité de main-d'œuvre potentielle.

Beschäftigungsschwankungen *fpl* fluctuations *fpl* sur le marché du travail.

Beschäftigungssicherung *f,* en sécurisation *f* de l'emploi ; garantie *f* de l'emploi.

Beschäftigungsstand *m,* ø niveau *m* de l'emploi.

Beschäftigungsverhältnis *n*, se contrat *m* de travail ; situation *f* d'emploi ; *geringfügiges* ~ petit boulot *m* ; seuil *m* en deça duquel on n'est pas imposé.

Beschäftigungsverlust *m*, **e** perte *f* de l'emploi.

beschäftigungswirksam : *~er Effekt* effet *m* de création d'emploi.

Beschau *f*, ø (*agric.*) inspection *f* ; contrôle *m* (sanitaire) ; *Schlachtvieh zur ~ bringen* présenter des animaux à viande à l'inspection sanitaire ; (*douanes*) vérification *f*.

Beschauer *m*, - vérificateur *m* ; inspecteur *m* ; contrôleur *m*.

Bescheid *m*, **e** **1.** avis *m* ; communication *f* ; information *f* **2.** ordre *m* ; arrêt *m* ; décret *m* ; décision *f* ; *abschlägiger* ~ refus *m* ; réponse *f* négative ; fin *f* de non-recevoir.

bescheinigen certifier ; attester ; *den Empfang eines Briefes* ~ accuser réception d'une lettre.

Bescheinigung *f*, **en** certificat *m* ; attestation *f* ; *ärztliche* ~ certificat médical ; *notarielle* ~ attestation notariée ; *eine* ~ *aus/stellen* établir une attestation.

bescheißen, i, i (*fam. grossier*) rouler ; arnaquer ; blouser.

beschenken 1. faire un cadeau **2.** faire une donation ; gratifier.

Beschenker *m*, - donateur *m*.

Beschenkte/r (*der/ein*) donataire *m* ; gratifié *m*.

beschicken 1. envoyer ; dépêcher (foire-exposition) **2.** alimenter ; approvisionner ; *einen Markt* ~ approvisionner un marché.

Beschickung *f*, **en 1.** envoi *m* d'une délégation ou d'une participation à une foire exposition **2.** approvisionnement *m*.

Beschiss *m*, ø (*fam. grossier*) escroquerie *f* ; duperie *f* ; arnaque *f*.

Beschlagnahme *f*, **n** mainmise *f* ; confiscation *f* ; saisie *f* ; réquisition *f* ; embargo *m* ; *die* ~ *auf/heben* lever la saisie, l'embargo.

Beschlagnahmeaktion *f*, **en** descente *f* de police ; perquisition *f* (en vue de saisir des documents).

Beschlagnahmebeschluss *m*, ¨e ordre *m* de réquisition ; ordonnance *f* de mise sous séquestre.

beschlagnahmen réquisitionner ; confisquer ; saisir ; placer sous séquestre.

beschleunigen accélérer ; *beschleunigtes Verfahren* procédure *f* accélérée.

beschließen, o, o 1. (se) décider **2.** terminer ; *eine Arbeit* ~ mettre fin à un travail **3.** (*jur.*) décréter ; statuer ; arrêter **4.** voter ; *die Satzung wurde einstimmig beschlossen* le statut a été adopté à l'unanimité.

beschließend délibératif.

Beschluss *m*, ¨e **1.** décision *f* ; résolution *f* ; *aufhebender* ~ décision résolutoire ; *einen* ~ *ab/lehnen* (*verwerfen*) rejeter une décision ; *einen* ~ *an/fechten* contester une décision ; *einen* ~ *fassen* prendre une décision ; adopter une résolution **2.** (*jur.*) décret *m* ; arrêt *m* ; ordonnance *f* **3.** vote *m* ; délibération *f*.

beschlussfähig qui atteint le quorum ; ayant capacité pour statuer ; ~ *sein* avoir atteint (réuni) le quorum nécessaire ; *die Hauptversammlung ist* ~ l'assemblée générale peut valablement délibérer ; l'A.G. a (atteint) le quorum nécessaire.

Beschlussfähigkeit *f*, ø quorum *m* réuni ; *die* ~ *haben* avoir le nombre de participants (le quorum) nécessaire pour délibérer valablement.

beschneiden, i, i réduire ; amputer ; diminuer ; *das Budget drastisch* ~ faire (pratiquer) des coupes claires (sombres) dans le budget.

beschränken limiter ; restreindre ; *sich* ~ *auf* se limiter à.

beschränkt limité ; restreint ; ~ *haftender Teilhaber* commanditaire *m* responsable uniquement sur son apport ; *~e Haftung* responsabilité *f* limitée.

Beschränkung *f*, **en** limitation *f* ; restriction *f* ; réduction *f* ; *devisenrechtliche* ~ restriction de change ; *mengenmäßige* ~ limitation quantitative ; *satzungsmäßige* ~ limitation statutaire ; *~en unterliegen* être soumis à des restrictions.

Beschreibung *f*, **en** description *f* ; signalement *m*.

beschreiten, i, i : *den Rechtsweg* ~ recourir à la justice ; intenter un procès ; suivre la voie judiciaire.

beschriften étiqueter.

beschuldigen inculper ; incriminer ; *er wurde eines Wirtschaftsvergehens beschuldigt* il a été accusé d'un délit économique.

Beschuldigte/r (*der/ein*) inculpé *m* ; accusé *m* ; prévenu *m*.

Beschuldigung *f*, **en** inculpation *f* ; incrimination *f* ; accusation *f*.
beschummeln (*fam.*) → ***beschwindeln***.
Beschwerde *f*, **n 1.** réclamation *f* ; plainte *f* ; doléance *f* ; *eine ~ ein/legen* élever une protestation ; faire une réclamation ; *gegen jdn ~ führen* porter plainte contre qqn ; *eine ~ zurück/weisen* rejeter une plainte (une réclamation, un recours) **2.** (*jur.*) pourvoi *m* ; recours *m*.
Beschwerdeabteilung *f*, **en** service *m* des réclamations, du contentieux.
Beschwerdeanruf *m*, **e** réclamation *f* téléphonique.
Beschwerdebrief *m*, **e** lettre *f* de réclamation.
Beschwerdebuch *n*, ¨er registre *m* des réclamations ; cahier *m* de doléances.
Beschwerdefrist *f*, **en** délai *m* de recours.
beschwerdeführend plaignant ; qui exerce un recours.
Beschwerdeführer *m*, - plaignant *m* ; requérant *m*.
Beschwerdegegenstand *m*, ¨e objet *m* de la réclamation, du recours.
Beschwerdegericht *n*, **e** tribunal *m* d'appel.
Beschwerdemanagement *n*, ø gestion *f* des plaintes et réclamations (d'usagers).
Beschwerderecht *n*, **e** droit *m* de réclamation.
Beschwerdeverfahren *n*, - procédure *f* de recours ; contentieux *m* (administratif).
Beschwerdeweg *m*, **e** : *den ~ gehen* suivre la voie du recours administratif ; faire appel au contentieux.
beschweren 1. grever ; charger ; alourdir **2.** *sich ~* se plaindre ; formuler des griefs.
Beschwichtigungspolitik *f*, ø politique *f* d'apaisement, de conciliation.
beschwindeln tromper ; duper ; escroquer ; arnaquer ; rouler.
beseitigen éliminer ; supprimer ; *einen Mangel ~* remédier (pallier) à un défaut ; *Schwierigkeiten ~* aplanir des difficultés.
Beseitigung *f*, **en** abolition *f* ; suppression *f* ; élimination *f* ; *~ der Arbeitslosigkeit* résorption *f* du chômage ; *~ eines Mangels* élimination d'un défaut, d'un vice de fabrication.
besetzen occuper ; pourvoir ; *eine Stelle ~* occuper un poste ; combler une vacance.

besichert (*mit*) couvert (par) ; garanti (par) ; *mit Hypotheken ~er Kredit* crédit *m* couvert par des hypothèques.
Besicherung *f*, **en** garantie *f* ; *dingliche ~* garantie réelle.
Besicht *f*, ø examen *m* ; inspection *f* ; *auf ~ kaufen* inspecter la marchandise avant achat.
besichtigen examiner ; visiter ; contrôler ; *wie besichtigt* (sur) qualité vue et agréée ; en l'état.
Besichtiger *m*, - vérificateur *m* ; inspecteur-contrôleur *m*.
Besichtigung *f*, **en** inspection *f* ; visite *f* ; examen *m* ; contrôle *m*.
Besichtigungsattest *m*, **e** certificat *m* de vérification, de contrôle, d'inspection.
besiedelt peuplé ; *dicht, dünn ~* à forte, faible densité de population.
Besiedlung *f*, **en** peuplement *m* ; population *f* ; colonisation *f*.
Besitz *m*, ø **1.** (*jur.*) possession *f* ; détention *f* ; **I.** *alleiniger ~* possession exclusive (pleine et entière) ; *gutgläubiger ~* possession de bonne foi ; *körperlicher ~* possession de fait ; détention matérielle d'une chose ; *rechtmäßiger, unrechtmäßiger ~* détention légale, illégale ; **II.** *aus dem ~ entsetzen* (*jdm den ~ entziehen*) déposséder qqn de qqch ; priver qqn de la possession de qqch ; *in den ~ gelangen* (*kommen*) entrer en possession ; *in ~ nehmen* prendre possession ; *in ~ von etw sein* être en possession de qqch ; *in jds ~ übergehen* devenir la possession de qqn ; passer entre les mains de qqn ; *in fremden ~ übergehen* changer de main ; passer entre des mains étrangères ; *jdn in den ~ wieder ein/setzen* réintégrer qqn dans la possession de qqch **2.** (*sens large*) propriété *f* ; fortune *f* ; biens *mpl* ; patrimoine *m* **3.** (*bilan*) actif *m* ; avoir *m*.
Besitzanspruch *m*, ¨e droit *m* de (à la) possession ; titre *m* de possession ; prétention *f* à la possession ; *auf etw ~¨e erheben* revendiquer la possession de qqch ; (*sens large*) faire valoir ses droits de propriété sur qqch.
besitzegoistisch : *~ sein* avoir une mentalité de possédant.
Besitzeinkommen *n*, - revenu *m* de la fortune.
besitzen, a, e posséder ; détenir ; être en possession (de qqch) ; *allein ~* avoir la possession exclusive ; *gemeinschaftlich ~*

posséder en commun ; (un)rechtmäßig ~ posséder (il)légitimement ; ~de Klassen classes fpl possédantes.

Besitzentziehung f, en dépossession f ; expropriation f.

Besitzentzug m, ¨e → Besitzentziehung.

Besitzer m, - 1. (jur.) possesseur m ; détenteur m ; *ausschließlicher* ~ possesseur exclusif ; *bisheriger, gegenwärtiger* ~ possesseur précédent, actuel ; *unmittelbarer* ~ possesseur immédiat, de droit ; *ursprünglicher* ~ auteur m de la possession ; possesseur à l'origine ; ~ *eines Fahrzeuges* détenteur d'un véhicule ; ~ *von Rechts wegen* possesseur de plein droit 2. (sens large) propriétaire m ; porteur m ; titulaire m ; *den* ~ *wechseln* changer de propriétaire ; passer en d'autres mains.

Besitzergreifung f, en prise f de possession.

Besitzgemeinschaft f, en possession f en commun ; copropriété f.

Besitznachfolger m, - propriétaire m suivant ; possesseur m subséquent.

Besitznahme f, ø entrée f en possession ; entrée en jouissance (d'un bien).

Besitzrecht n, e droit m de (à la) possession ; *das* ~ *als Eigentümer aus/üben* posséder en propre ; posséder à titre de propriétaire.

Besitzstand m, ¨e 1. (jur.) état m de possession ; situation f juridique du possesseur ; patrimoine m ; *seinen* ~ *vergrößern* augmenter son patrimoine 2. (sens large, surtout au pluriel) droits mpl acquis ; *soziale* ~¨e avantages mpl sociaux (d'un salarié) ; *die* ~¨e *verteidigen* défendre les avantages acquis (ses privilèges).

Besitzstandswahrer m, - défenseur m des acquis sociaux.

Besitzstandswahrung f, en préservation f des acquis (sociaux) ; sauvegarde f de droits acquis.

Besitzsteuern fpl impôts m sur le capital et le revenu ; impôt sur la fortune.

Besitzstück n, e (agric.) parcelle f ; lot m ; lopin m.

Besitztitel m, - titre m de propriété.

Besitzübergang m, ¨e transfert m de possession, de propriété ; changement m de mains.

Besitzurkunde f, n titre m de possession, de propriété.

Besitzwechsel m, ø 1. changement m de possesseur ; mutation f de la propriété 2. effet m à recevoir ; effet sur client.

Besitzwiedereinsetzung f, en réintégration f dans la possession, dans la propriété.

Besitzwiederherstellung f, en → Besitzwiedereinsetzung.

besolden rétribuer ; rémunérer ; appointer.

Besoldung f, en rémunération f ; salaire m ; (fonctionnaire) traitement m ; appointements mpl ; (militaire) solde f.

Besoldungsgruppe f, n → Besoldungsordnung.

Besoldungsordnung f, en échelle f salariale ; grille f des salaires.

besorgen 1. fournir ; procurer ; approvisionner 2. exécuter ; se charger de ; faire.

Besorgung f, en 1. fourniture f ; approvisionnement m ; achat m ; ~*en machen* faire des courses 2. exécution f ; commission f ; ~ *fremder Geschäfte* gestion f d'affaires.

besprechen, a, o discuter ; débattre ; *sich mit jdm* ~ se concerter avec qqn.

Besprechung f, en discussion f ; débats mpl ; conférence f ; ~*en auf/nehmen* engager des pourparlers.

Bessergestellte/r (der/ein) nanti m ; personne f gagnant bien sa vie ; *zu den* ~*n gehören* faire partie des nantis ; avoir de bons salaires, de gros revenus.

bessern : *sich* ~ s'améliorer ; se rétablir.

Besserstellung f, en amélioration f (des conditions sociales, de situation) ; meilleure condition f (réservée à qqn).

Besser- und Bestverdiener mpl les gens aisés mpl et les gros salaires mpl.

Besserung f, en amélioration f ; rétablissement m ; *die* ~ *auf dem Arbeitsmarkt* l'amélioration sur le marché de l'emploi.

Besserungsschein m, e (bourse) différence f entre prix de cession et prix d'acquisition d'un titre (sous déduction des frais et d'une participation aux bénéfices).

Besserverdiener mpl hauts-salaires mpl ; revenus mpl élevés ; nantis mpl.

bestallen 1. nommer ; investir dans une fonction ; installer dans une charge 2. (volaille) confiner.

Bestallung *f*, en **1.** nomination *f* ; investiture *f* ; installation *f* dans une charge **2.** (*volaille*) confinement *m* ; ~ *von Geflügel wegen der Vogelpest* confinement des volailles en raison de la peste (grippe) aviaire.

Bestand *m*, ¨e **1.** existence *f* ; durée *f* ; stabilité *f* **2.** (*comptab.*) stock *m* ; fonds *m* ; inventaire *m* ; réserve *f* ; *eiserner* ~ fonds *m* de réserve ; stock permanent ; *durchschnittlicher* ~ stock moyen ; *planmäßiger* ~ stock planifié ; *den* ~ *erneuern* renouveler le stock **3.** encaisse *f* ; solde *m* ; en-cours *m* ; avoir *m* **4.** état *m* numérique ; ~ *an Arbeitskräften* effectif *m* de main-d'œuvre **5.** (*Autriche*) location *f* ; bail *m*.

beständig 1. stable ; durable ; permanent **2.** (*techn.*) *gegen Korrosion* ~ anticorrosion ; résistant à la corrosion.

Bestandsabbau *m*, ø (*comptab.*) diminution *f* des stocks ; (*agric.*) diminution *f* du cheptel.

Bestandsabgang *m*, ¨e (*comptab.*) sortie *f* de stock.

Bestandsanalyse *f*, en (*comptab.*) analyse *f* des stocks.

Bestandsauffüllung *f*, en (*comptab.*) renouvellement *m* des stocks.

Bestandsaufnahme *f*, n (*comptab.*) inventaire *m* (des stocks) ; état *m* ; vérification *f* des stocks ; inventorisation *f* (*syn. Inventur*).

Bestandsbilanz *f*, en (*comptab.*) bilan *m* en termes de stocks.

Bestandsbuchführung *f*, en (*comptab.*) comptabilité *f* des stocks.

Bestandserfassung *f*, en (*comptab.*) inventaire *m* physique des stocks.

Bestandsgarantie *f*, n garantie *f* de maintien (emploi, entreprise etc.).

Bestandshaltung *f*, en (*comptab.*) état *m* du stock ; gestion *f* des stocks ; *optimale* ~ stockage *m* optimal.

Bestandskonto *n*, en (*comptab.*) compte *m* d'existences, de marchandises.

Bestandskontrolle *f*, n (*comptab.*) contrôle *m* des entrées et des sorties du stock ; contrôle d'inventaire.

Bestandsplanung *f*, en (*comptab.*) gestion *f*, planification des stocks.

Bestandsveränderung *f*, en (*comptab.*) variation *f* des existences ; mouvement *m* des stocks.

Bestandsverzeichnis *n*, se → *Bestandsaufnahme*.

Bestandswirtschaft *f*, en (*comptab.*) gestion *f* des stocks.

Bestandteil *m*, e partie *f* (constituante) ; composante *f* ; composant *m* ; élément *m* ; ~ *der Lohnkosten* élément des coûts de la main-d'œuvre.

bestätigen confirmer ; constater ; attester ; valider ; *amtlich* ~ certifier ; légaliser ; homologuer ; *schriftlich* ~ confirmer par écrit.

Bestätigung *f*, en confirmation *f* ; attestation *f* ; homologation *f* ; *amtliche* ~ légalisation *f* ; *gerichtliche* ~ homologation judiciaire.

Bestätigungsschreiben *n*, - **1.** lettre *f* de confirmation **2.** lettres *fpl* de créance.

Bestätigungsvermerk *m*, e avis *m* de confirmation ; notice *f* confirmative ; visa *m* de certification ; (chèque) visa de provision.

bestechen, a, o corrompre ; acheter ; soudoyer ; suborner (un témoin).

bestechlich corruptible ; vénal.

Bestechlichkeit *f*, ø vénalité *f* ; corruptibilité *f*.

Bestechung *f*, en corruption *f* ; subornation *f* (témoin) ; *passive* ~ corruption passive ; trafic *m* d'influence ; *versuchte* ~ tentative *f* de corruption (*syn. Korruption*).

Bestechungsgelder *npl* pot-de-vin *m* ; dessous *m* de table (*syn. Schmiergelder*).

Bestechungsskandal *m*, e scandale *m* des pots-de-vin.

Bestechungsversuch *m*, e tentative *f* de corruption.

Bestellbuch *n*, ¨er livre *m*, carnet *m* de commandes (*syn. Auftragsbuch*).

Bestelleingang *m*, ¨e commande *f* (enregistrée) ; entrée *f* d'une commande ; *einen* ~ *vermerken* enregistrer une commande.

bestellen 1. commander ; passer (une) commande ; passer ordre ; *auf Abruf* ~ commander au fur et à mesure (des besoins) ; *fest* ~ commander ferme ; *schriftlich, telefonisch, über Internet* ~ commander par écrit, par téléphone, par Internet **2.** nommer ; désigner ; *einen Anwalt* ~ mandater un avocat ; *einen Sachverständigen* ~ désigner un expert **3.** constituer ; *eine Hypothek, eine Rente* ~ constituer une hypothèque, une rente **4.** (*jur.*) mander ; citer ; convoquer **5.** (*agric.*) cultiver **6.** (faire) réserver.

Besteller *m*, - commettant *m* ; acheteur *m*.
Bestellformular *n*, e → *Bestellschein*.
Bestellkarte *f*, n → *Bestellschein*.
Bestellkartei *f*, en fichier *m* des commandes.
Bestellmenge *f*, n quantité *f* commandée ; volume *m*, nombre *m* de(s) commandes.
Bestellnummer *f*, n numéro *m* de commande.
Bestellschein *m*, e bon *m*, bulletin *m* de commande ; *einen ~ aus/füllen* remplir un bon de commande.
Bestellung *f*, en 1. commande *f* ; demande *f* ; ordre *m* ; passation *f* de comande I. *auf ~* sur commande ; *bei ~* à la commande ; *laut ~* conformément à la commande ; *suivant ordre* ; *schriftliche ~* commande écrite, officielle ; *verbindliche ~* commande ferme II. *eine ~ aus/führen* exécuter une commande ; *eine ~ buchen* noter une commande ; *eine ~ entgegen/nehmen* prendre une commande ; *eine ~ erteilen (auf/geben)* passer (une) commande ; *eine ~ rückgängig machen (widerrufen, annullieren)* annuler une commande III. *~ von Ausrüstungsgütern* commande de biens d'équipement ; *~ von Konsumgütern* commande de biens de consommation 2. (*jur.*) désignation *f* ; institution *f* ; installation *f* ; *~ eines Anwalts* désignation d'un avocat 3. (*jur.*) constitution *f* (d'un droit réel) ; *~ einer Dienstbarkeit* constitution d'une servitude ; *~ einer Hypothek* constitution d'une hypothèque 4. (*agric.*) culture *f* ; mise *f* en valeur 5. (*places*) réservation *f* 6. (*journaux*) abonnement *m*.
Bestellungsurkunde *f*, n (*document*) nomination *f* (officielle) à une charge, à un poste.
Bestenliste *f*, n hit-parade *m* ; liste *f* des meilleures entreprises.
bestens (*bourse*) cours *m* maximum dans le cadre d'un ordre à cours limité.
Bestensorder *f*, s (*bourse*) ordre *m* au mieux.
Bestensverkauf *m*, ¨e (*bourse*) vente *f* au mieux.
besteuerbar imposable ; taxable.
besteuern imposer ; taxer ; *ein Erzeugnis ~* taxer un produit.
Besteuerung *f*, en imposition *f* ; taxation *f* ; *direkte, getrennte, indirekte ~* imposition directe, séparée, indirecte ; *~ an der Quelle* imposition *f*, retenue *f* à la source.
Besteuerungsart *f*, en mode *m* d'imposition.
Besteuerungsfreibetrag *m*, ¨e → *Besteuerungsfreigrenze*.
Besteuerungsfreigrenze *f*, n abattement *m* à la base ; montant *m* non imposable.
Besteuerungsgrundlage *f*, n assiette *f* d'imposition.
bestimmen 1. fixer ; déterminer ; décider ; *die Preise ~* fixer les prix 2. statuer ; stipuler ; régler 3. destiner ; *zum Absatz bestimmt* destiné à la vente.
Bestimmung *f*, en 1. fixation *f* ; détermination *f* 2. disposition *f* ; clause *f* ; stipulation *f* ; *auflösende ~* clause dérogatoire ; *ergänzende ~* annexe *f* complémentaire ; clause additionnelle ; *gesetzliche ~* disposition légale ; *laut ~en des Vertrags* conformément aux dispositions (aux clauses) du contrat ; aux termes du contrat ; *nach den geltenden ~en* d'après les dispositions en vigueur 3. destination *f* ; affectation *f* 4. estimation *f* ; taxation *f* 5. désignation *f* ; nomination *f*.
Bestimmungsbahnhof *m*, ¨e gare *f* de destination.
Bestimmungshafen *m*, ¨ port *m* de destination.
Bestimmungsland *n*, ¨er pays *m* de destination.
Bestimmungsort *m*, e lieu *m* de destination ; *frei ~* franco lieu de destination ; *am ~ ein/treffen* arriver à destination.
bestocken 1. (*agric.*) (re)planter ; *ein Brandgebiet wieder ~* reboiser une zone sinistrée par un incendie 2. installer des troupeaux (dans une région d'élevage).
bestrafen punir ; pénaliser ; frapper d'une peine ; sanctionner.
Bestrafung *f*, en peine *f* ; sanction *f*.
bestreiken immobiliser par une grève ; paralyser par la grève ; *ein Unternehmen ~* immobiliser une entreprise par la grève ; *der Betrieb wurde mehrfach bestreikt* l'entreprise *f* a été l'objet de grèves réitérées.
Bestreikung *f*, en immobilisation *f* d'une entreprise pour cause de grève ; paralysie *f* due à une grève.
bestreiten, i, i 1. contester ; contredire ; *die Echtheit einer Urkunde ~*

contester l'authenticité d'un document **2.** payer ; subvenir ; *die Kosten* ~ payer (assumer) les frais ; subvenir aux dépenses.

Bestseller *m*, - best-seller *m* ; ouvrage *m* à succès ; meilleure vente *f*.

bestücken munir ; équiper ; pourvoir (en) ; recharger ; *einen Geldautomaten mit Banknoten* ~ alimenter un distributeur automatique en billets de banque.

Bestückung *f*, **en** équipement *m* ; alimentation *f* (d'un distributeur).

Besuch *m*, **e** visite *f* ; passage *m* (d'un représentant) ; fréquentation *f*.

Besucher *m*, - visiteur *m*.

Besucherstrom *m*, ¨**e** afflux *m* de visiteurs.

Betanker *m*, - ravitailleur *m* (avion ou navire).

Betankung *f*, **en** plein *m* d'essence ; approvisionnement *m* en carburant, (*avion*) en kérozène.

betätigen (*machines*) commander ; manœuvrer ; *sich* ~ exercer une activité ; *sich politisch* ~ exercer une activité politique.

Betätigung *f*, **en** **1.** (*appareil*) commande *f* **2.** activité *f* ; travail *m* ; action *f* ; *gewerkschaftliche* ~ activité syndicale.

Betätigungsfeld *n*, **er** champ *m*, domaine *m* d'activité.

beteiligen faire participer ; intéresser ; *jdn am Gewinn* ~ intéresser qqn aux bénéfices ; *sich* ~ *an* collaborer à ; prêter son concours à ; participer à ; *sich finanziell* ~ *an* avoir une participation financière dans ; *~t sein* participer ; avoir une participation ; *mit 5 % am Gewinn ~t sein* participer pour 5 % au bénéfice ; *am Markt ~t sein* être un acteur du marché ; être présent sur le marché ; *zu gleichen Teilen ~t sein* participer à parts égales ; (*fam.*) participer fifty-fifty.

Beteiligte/r (*der/ein*) participant *m* ; intéressé *m* ; associé *m* ; partenaire *m* ; partie *f* contractante.

Beteiligung *f*, **en 1.** participation *f* ; intéressement *m* ; *finanzielle* ~ participation financière ; *gegenseitige* ~ participation croisée ; *stille* ~ participation occulte ; ~ *der Arbeitnehmer am Gewinn des Unternehmens* participation des salariés aux bénéfices de l'entreprise ; actionnariat *m* ouvrier ; ~ *an der Finanzierung* participation au financement ; ~ *an einer Gesellschaft* titre *m* de participation à une société ; *Betrieb mit staatlicher* ~ entreprise de participation avec l'État ; entreprise mixte **2.** quotepart *f* ; contribution *f* **3.** collaboration *f* ; concours *m* ; assistance *f* **4.** nombre *m* de personnes présentes ; fréquentation *f* ; affluence *f* ; *eine geringe* ~ *an einer Veranstaltung* faible participation à une manifestation **5.** (*jur.*) ~ *an einer unerlaubten Handlung* participation à un acte délictueux ; complicité *f*.

Beteiligungserwerb *m*, **e** acquisition *f* de parts.

Beteiligungsfinanzierung *f*, **en** financement *m* participatif, par participations.

Beteiligungsgeschäft *n*, **e** affaire *f* en participation.

Beteiligungsgesellschaft *f*, **en** société *f* de participations ; association *f* en participation (entreprise membre d'un groupe de societés) ; (*syn. Equity-Haus*).

Beteiligungsholding *f*, **s** holding *f/m* de participation.

Beteiligungskapital *n*, ø capital *m* en participation.

Beteiligungskonto *n*, **en** compte-titres *m* de participation ; parts *fpl* de société.

Beteiligungskonzern *m*, **e** consortium *m* de participation (groupement d'entreprises dans lequel l'une d'elles détient au moins 51 % du capital de l'autre).

Beteiligungsportfolio *n*, **s** (*bourse*) portefeuille *m* de titres de participation.

Beteiligungsquote *f*, **n 1.** pourcentage *m* de participants, de visiteurs **2.** quote-part *f* de participation.

Beteiligungssparen *n*, ø épargne *f* en actions d'entreprise ; épargne *f* de participation au capital d'une entreprise.

Beteiligungsurkunde *f*, **n** titre *m* de participation.

Betr. → *Betreff*.

Betracht : *etw außer* ~ *lassen* ne pas prendre qqch en considération ; *in* ~ *kommen* entrer en ligne de compte ; être pris en considération ; *etw in* ~ *ziehen* prendre qqch en considération ; tenir compte de qqch ; *er kommt für diesen Posten nicht in* ~ il n'a pas le profil requis pour ce poste.

Betrag *m*, ¨**e** montant *m* ; somme *f* **I.** *abgehobener* ~ somme retirée ; *abgerundeter* ~ somme arrondie ; *absetzbarer* ~

betragen

montant déductible ; *angelegter ~ somme* investie ; *anteilmäßiger ~* montant proportionnel ; *ausgemachter ~* somme convenue ; *einbehaltener ~* somme retenue ; *erhobener ~* montant prélevé ; *fälliger ~* somme due ; *geschuldeter ~* somme due ; *hinterlegter ~* dépôt *m* ; *rückständiger ~* arriéré *m* ; *steuerfreier ~* montant exonéré (d'impôt) ; *verfügbarer ~* montant (somme) disponible ; *voller ~* montant total **II.** *~ (dankend) erhalten* pour acquit ; *~ in Worten* montant en toutes lettres ; *bis zum ~ von* (jusqu') à concurrence de ; *einen Scheck über einen ~ von 500 Euro aus/schreiben* établir un chèque de cinq cents euros ; *der ~ beläuft sich auf* la somme est de (se monte à, se chiffre à) ; *einen ~ erheben* prélever une somme ; *einen ~ gut/schreiben* créditer une somme ; porter un montant au crédit d'un compte ; *über einen ~ nicht verfügen* ne pas disposer d'une somme (*syn. Summe*).

betragen, u, a → *belaufen.*

betrauen confier ; charger qqn dc qqch ; *jdn mit einer Ausgabe ~* confier une tâche à qqn.

Betreff : (Betr :) objet *m* (d'une lettre).

betreffs : (*corresp.*) en ce qui concerne ; relatif à ; *Ihr Schreiben ~ Lieferungsverzug* votre courrier relatif à un retard de livraison.

betreiben, ie, ie exercer ; tenir ; exploiter ; pratiquer ; diriger ; *Dumping ~* pratiquer le dumping ; *gemeinschaftlich ~* exploiter en commun ; *ein Geschäft ~* diriger une affaire ; *ein Gewerbe ~* exercer une activité professionnelle.

Betreiber *m*, - exploitant *m* ; société *f* d'exploitation ; gérant *m* (établissement, etc.).

Betreiberfirma *f*, -men société *f* d'exploitation.

betreuen garder ; surveiller ; se charger de ; s'occuper de.

Betreuer *m*, - **1.** guide *m* ; conseiller *m* ; hôte(sse) *m/f* d'accueil **2.** travailleur *m* social ; éducateur *m* social ; tuteur *m* **3.** (*bourse*) organisme *m* responsable de l'équilibre entre l'offre et la demande sur un titre donné (en général une banque ou une société de bourse qui détient des actions propres et qui garantit ainsi la liquidité nécessaire sur le marché).

Betreuung *f*, en **1.** service *m* d'accueil ; *~ für Obdachlose* accueil *m* pour sinistrés **2.** service (personnel) ; soins *mpl* ; assistance *f* ; encadrement *m* ; prise *f* en charge ; tutorat *m* ; *fürsorgerische ~* aide *f* sociale ; *pflegerische ~* assistance à personne dépendante.

Betreuungseinrichtung *f*, en établissement *m* ou institution *f* à caractère social ou culturel ; association *f* d'aide à domicile, d'aide aux personnes âgées ou handicapées.

Betreuungsfreibetrag *m*, ¨e exonération *f* fiscale pour enfant.

Betreuungsverein *m*, e → *Betreuungseinrichtung.*

Betrieb *m*, e **1.** entreprise *f* ; exploitation *f* ; établissement *m* ; usine *f* ; fabrique *f* ; maison *f* de commerce ; fonds *m* de commerce **I.** *gemeinnütziger ~* exploitation d'utilité publique ; *gemischtwirtschaftlicher ~* société mixte (secteur privé et l'État) ; *genossenschaftlicher ~* exploitation coopérative ; *gewerblicher ~* établissement industriel ou commercial ; *handwerklicher ~* établissement artisanal ; *kaufmännischer ~* entreprise commerciale ; *landwirtschaftlicher ~* exploitation agricole ; *öffentlicher (staatlicher) ~* entreprise publique ; *privater ~* entreprise privée ; (*hist. R.D.A.*) *volkseigener ~* (*VEB*) entreprise nationalisée **II.** *einen ~ aus/dehnen, ein/schränken* agrandir, limiter le volume d'une entreprise ; *der ~ beschäftigt 300 Leute* l'entreprise emploie 300 personnes ; *einen ~ leiten* diriger une entreprise ; *einen ~ rationalisieren* rationaliser une entreprise ; *einen ~ still/legen* fermer une entreprise ; arrêter l'exploitation ; *einen ~ verlagern (aus/lagern)* délocaliser une entreprise ; *einen ~ verlegen* transférer une entreprise **2.** fonctionnement *m* ; marche *f* ; installation *f* ; service *m* ; activité *f* ; *die Anlage ist in, außer ~* l'installation est en, hors service ; *außer ~ setzen* mettre hors service ; arrêter ; *in ~ setzen* mettre en marche ; faire marcher ; → *Unternehmen* ; *Gesellschaft* ; *Werk* ; *Gewerbe* ; *Firma* ; *Geschäft* ; *Eigen-, Einmann-, Einzel-, Familien-, Geschäfts-, Gewerbe-, Groß-, Handels-, Industrie-, Klein-, Klein- und Mittel-, Mittel-, Muster-, Verkehrs-, Versorgungs-, Zuliefer-, Zwergbetrieb(e).*

betrieblich de l'entreprise ; dans l'entreprise ; au niveau de l'entreprise ; de l'exploitation ; ~*e Altersvorsorge* caisse *f* de retraite d'entreprise ; ~*e Aufwendungen* charges *fpl*, frais *mpl* d'exploitation ; ~*e Kennzahlen* ratios *mpl* ; ~*e Leistung* rendement *m* ; production *f* (de l'entreprise) ; ~*es Rechnungswesen* comptabilité *f* industrielle, d'exploitation ; ~*e Sozialleistungen* prestations *fpl* sociales de l'entreprise.

Betriebs- (*préfixe*) **1.** touchant à l'exploitation, à l'entreprise **2.** relatif au fonctionnement, à la marche, au service.

Betriebsablauf *m*, ¨e fonctionnement *m* de l'entreprise ; marche *f* de l'exploitation.

Betriebsabrechnung *f*, en comptabilité *f* analytique ; décompte *m* du résultat d'exploitation ; état *m* périodique de la comptabilité industrielle.

Betriebsanalyse *f*, n étude *f* de l'exploitation générale ; situation *f* analytique de l'entreprise.

Betriebsanforderungen *fpl* exigences *fpl* de l'entreprise.

Betriebsangehörige/r (*der/ein*) salarié *m* (d'une entreprise) ; personnel *m* d'entreprise.

Betriebsanlage *f*, n **1.** surface *f* occupée par l'exploitation **2.** ~*n* installations *fpl* (industrielles) ; immobilisations *fpl*.

Betriebsanleitung *f*, en **1.** instructions *fpl* de service **2.** mode *m* d'emploi ; mode de fonctionnement.

Betriebsanweisung *f*, en → *Betriebsanleitung*.

Betriebsarzt *m*, ¨e médecin *m* du travail ; médecin d'entreprise.

Betriebsaufwand *m*, -wendungen charges *fpl* d'exploitation.

Betriebsausfall *m*, ¨e interruption *f* momentanée d'exploitation ; arrêt *m* passager de l'exploitation.

Betriebsausgaben *fpl* frais *mpl* d'exploitation ; charges *fpl* ; dépenses *fpl* de fonctionnement ; frais professionnels.

Betriebsausschuss *m*, ¨e comité *m* d'établissement ; délégation *f* d'entreprise.

betriebsbedingt servant à l'entreprise ; se rapportant à l'exploitation ; d'exploitation ; ~*e Aufwendungen* charges *fpl* d'exploitation ; ~*e Kündigungen* licenciements *mpl* économiques ; licenciements pour cause de chômage technique.

Betriebsberater *m*, - consultant *m* en entreprise ; ingénieur-conseil *m* ; audit *m*.

Betriebsberatung *f*, en conseil *m* en entreprise ; ingénierie *f* ; audit *m*.

betriebsbereit prêt à l'emploi ; prêt à fonctionner ; opérationnel ; programmé.

Betriebsbereitschaft *f*, ø caractère *m* opérationnel d'une entreprise ; aptitude *f* à fonctionner ; efficience *f* d'une exploitation.

Betriebsbesetzung *f*, en occupation *f* d'usine ; occupation de locaux professionnels par le personnel de l'entreprise.

betriebsblind aveugle aux problèmes de l'entreprise.

Betriebsblindheit *f*, ø (*iron.*) refus *m* de voir les problèmes ou les erreurs d'une entreprise.

Betriebsbuchführung *f*, en → *Betriebsbuchhaltung*.

Betriebsbuchhalter *m*, - comptable *m*.

Betriebsbuchhaltung *f*, en comptabilité *f* d'exploitation ; comptabilité analytique.

Betriebsbudget *n*, s prévisions *fpl* d'exploitation ; budget *m* de l'entreprise.

Betriebsdirektor *m*, en directeur *m* d'usine ; directeur d'exploitation.

Betriebsebene : *auf* ~ à l'échelon, au niveau de l'entreprise.

betriebseigen appartenant à l'entreprise ; d'entreprise ; ~*e Wohnung* logement *m* réservé au personnel, de fonction.

Betriebseinheit *f*, en unité *f* d'exploitation ; unité de production ;

Betriebseinnahmen *fpl* recettes *fpl* d'exploitation.

Betriebseinrichtung *f*, en installation *f* ; équipement *m* (d'entreprise).

Betriebseinschränkungen *fpl* compression *f* de service ; réduction *f* de l'exploitation.

Betriebseinstellung *f*, -en fermeture *f* d'entreprise ; cessation *f* de l'exploitation.

Betriebserfolg *m*, e → *Betriebsergebnis*.

Betriebsergebnis *n*, se résultat *m* d'exploitation ; résultat de l'activité d'une entreprise ; *das* ~ *ermitteln* déterminer le résultat d'exploitation.

Betriebserlaubnis *f*, se licence *f* d'exploitation.

Betriebsertrag *m*, ¨e produit *m* d'exploitation.
Betriebserweiterung *f*, **en** extension *f*, agrandissement *m* d'un établissement (industriel ou commercial).
betriebsfähig opérationnel ; en état de marche ; fonctionnel.
Betriebsfähigkeit *f*, ø efficience *f* d'une exploitation ; caractère *m* opérationnel.
Betriebsferien *pl* fermeture *f* annuelle ; congé *m* collectif.
betriebsfertig : ~*e Anlage* installation *f* prête à fonctionner ; installation opérationnelle ; *eine ~e Anlage liefern* livrer une installation clés en main.
Betriebsfläche *f*, **n** aire *f* (surface *f* totale) de l'entreprise.
Betriebsform *f*, **en** forme *f* (juridique) d'exploitation.
Betriebsforschung *f*, **en** recherche *f* opérationnelle (*syn. Unternehmensforschung* ; *Operations-Research*).
betriebsfremd étranger à l'entreprise ; hors-exploitation ; *~e Aufwendungen* charges *fpl* non incorporables ; *der Zutritt ist ~en Personen nicht gestattet* accès *m* interdit à toute personne étrangère au service.
Betriebsfrieden *m*, - paix *m* sociale (au sein de l'entreprise).
Betriebsführer *m*, - → *Betriebsleiter*.
Betriebsführung *f*, **en** → *Betriebsleitung*.
Betriebsgeheimnis *n*, **se** secret *m* de fabrication ; devoir *m* de réserve (sur les affaires internes d'une entreprise).
Betriebsgelände *n*, - terrain *m* (d'emprise) de l'entreprise ; surface *f* totale de l'entreprise.
Betriebsgemeinkosten *pl* frais *mpl* de gestion.
Betriebsgemeinschaft *f*, **en** 1. personnel *m* de l'entreprise 2. exploitation *f* en commun ; entreprise *f* communautaire.
Betriebsgenehmigung *f*, **en** autorisation *f* d'exercer une activité artisanale, commerciale ou industrielle ; autorisation *f* d'exploitation.
Betriebsgewinn *m*, **e** bénéfice *m* d'exploitation ; *einen ~ erzielen* réaliser un bénéfice (d'exploitation) ; *mit einem ~ ab/schließen* être bénéficiaire.
Betriebsgröße *f*, **n** importance *f*, taille *f*, volume *m* de l'entreprise.

Betriebshandel *m*, ø vente *f* directe d'usine ; vente directe au particulier.
Betriebsingenieur *m*, **e** ingénieur *m* technico-commercial.
Betriebsinhaber *m*, - chef *m* d'entreprise ; propriétaire *m* de l'entreprise.
betriebsintern interne (à l'entreprise) ; *~e Schwierigkeiten* difficultés *fpl* internes.
Betriebsinventar *n*, **e** matériel *m* d'inventaire ; matériel et équipement *m*.
Betriebsjahr *n*, **e** exercice *m* ; année *f* d'exploitation.
Betriebskalkulation *f*, **en** calcul *m* des coûts de gestion.
Betriebskapazität *f*, **en** capacité *f* de production ; *die ~ ein/schränken, erweitern* réduire, augmenter les capacités de production.
Betriebskapital *n*, ø fonds *m* de roulement ; capital *m* d'exploitation ; *das ~ auf/stocken* augmenter le fonds de roulement (*syn. Umlaufvermögen*).
Betriebskennzahlen *fpl* données *fpl* sur l'entreprise ; ratios *mpl*.
Betriebsklima *n*, ø ambiance *f* de travail ; conditions *fpl* de travail ; *das ~ verbessern* améliorer le climat de l'entreprise.
Betriebskollektivvertrag *m*, ¨e accord *m* d'entreprise.
Betriebskontinuität *f*, **en** continuité *f* de l'exploitation.
Betriebskosten *pl* charges *fpl* d'exploitation ; frais *mpl* généraux ; coûts *mpl* de gestion ; *allgemeine ~* coûts fixes d'exploitation ; (*immobilier*) charges *fpl* locatives ; charges de copropriété ; charges communes.
Betriebskostenkalkulation *f*, **en** comptabilité *f* analytique.
Betriebskrankenkasse *f*, **n** caisse *f* privée de maladie (d'entreprise).
Betriebskredit *m*, **e** crédit *m* à court terme (servant au financement du fonds de roulement) (*contr. Anlagekredit*).
Betriebsleiter *m*, - chef *m* d'entreprise ; directeur *m* d'usine ; manager *m* ; gérant *m*.
Betriebsleitung *f*, **en** direction *f* de l'entreprise ; gestion *f* (d'entreprise) ; management *m* ; *die ~ übernehmen* prendre (en charge) la direction d'une entreprise.
Betriebslogistik *f*, **en** 1. logistique *f* d'exploitation 2. logistique d'une entreprise.

Betriebsmaterial *n*, **ien** matériel *m* d'exploitation.

Betriebsmittel *npl* moyens *mpl* de production ; fonds *m* de roulement ; *finanzielle* ~ capital *m* d'exploitation ; *technische* ~ moyens d'exploitation.

Betriebsmittelkredit *m*, **e** crédit *m* d'exploitation ; avance *f* en fonds de roulement.

betriebsnah adapté à l'entreprise ; répondant aux besoins de l'entreprise.

betriebsnotwendig nécessaire à l'exploitation ; *~es Kapital* → **Betriebskapital**.

Betriebsobmann *m*, **-männer** ou **-leute** délégué *m* du personnel ; représentant *m* unique du comité d'entreprise dans les entreprises employant moins de vingt salariés.

Betriebsordnung *f*, **en** règlement *m* intérieur (d'entreprise).

Betriebsorganisation *f*, **en** organisation *f* de l'entreprise.

Betriebspersonal *n*, ø personnel *m* d'une entreprise ; ~ *ein/sparen* réduire, dégraisser les effectifs.

Betriebsplanung *f*, **en** programme *m*, calendrier *m* de fabrication ; gestion *f* prévisionnelle ; *operative, perspektivische* ~ gestion prévisionnelle à court, à long terme.

Betriebspolitik *f*, ø politique *f* de l'entreprise.

Betriebspraktikum *n*, **a** stage *m* d'entreprise, en entreprise.

Betriebsprüfung *f*, **en** vérification *f* des livres et de la gestion d'une entreprise ; contrôle *m* fiscal ; audit *m* fiscal.

Betriebsrat *m*, ¨e **1.** délégués *mpl* du personnel ; comité *m* d'entreprise (dont les attributions en Allemagne sont plutôt d'ordre syndical) ; comité d'établissement **2.** → *Betriebsratsmitglied*.

Betriebsratsmitglied *n*, **er** membre *m* du comité d'entreprise ; *~er wählen* élire les délégués du personnel.

Betriebsratsvorsitzende/r (*der/ein*) président *m* du comité d'entreprise.

Betriebsratswahl *f*, **en** élection *f* du comité d'entreprise, d'établissement.

Betriebsrechnung *f*, **en** compte *m* d'exploitation.

Betriebsrente *f*, **n** retraite *f* complémentaire d'entreprise ; *neben der gesetzlichen Rente noch eine ~ bekommen* percevoir une retraite complémentaire en plus de la retraite légale.

Betriebsrevision *f*, **en** audit *m* interne ; contrôle *m* de gestion.

Betriebsrevisor *m*, **en** audit *m* interne ; auditeur *m* ; expert-comptable *m* en charge d'un audit.

Betriebsrisiko *n*, **-ken** risque *m* d'exploitation ; risque de gestion.

Betriebsschließung *f*, **en** → *Betriebsstilllegung*.

Betriebsschluss *m*, ø fin *f* de la journée de travail ; sortie *f* de l'usine.

Betriebsschutz *m*, ø **1.** plan *m* de sécurité de l'entreprise **2.** personnel *m* de sécurité de l'entreprise.

betriebssicher en état de fonctionnement ; *eine ~e Anlage* machines *fpl* en état de marche.

Betriebssicherheit *f*, ø sécurité *f* d'exploitation, de fonctionnement ; (*appareils*) bon fonctionnement *m* ; fiabilité *f*.

Betriebssoziologie *f*, ø sociologie *f* de l'industrie ; sociologie industrielle.

Betriebsstatistik *f*, **en 1.** statistiques *fpl* d'exploitation **2.** recensement *m* des entreprises dans les différents secteurs.

Betriebsstätte *f*, **n** unité *f* d'exploitation ; service *m*.

Betriebssteuern *fpl* impôts *mpl* et taxes *fpl* d'exploitation.

Betriebsstilllegung *f*, **en** fermeture *f* (définitive) d'une entreprise ; arrêt *m*, cessation *f* de l'exploitation.

Betriebsstoff *m*, **e** produit *m* de fonctionnement ; matières *fpl* auxiliaires.

Betriebsstörung *f*, **en** perturbations *fpl* au sein de l'entreprise ; incident *m* de fonctionnement.

Betriebssystem *n*, **e** (*informatique*) système *m* d'exploitation.

betriebstechnisch : *~e Anforderungen* exigences *fpl* techniques de l'entreprise.

Betriebsteil *m*, **e** unité *f* de production (non autonome mais distante de la maison-mère).

Betriebstreue *f*, ø fidélité *f* à l'entreprise ; ancienneté *f* dans l'entreprise ; attachement *m* à une maison.

betriebsüblich habituellement pratiqué ; *die ~e Arbeitszeit* le temps de travail normal.

Betriebsumlaufvermögen *n*, **-** actifs *mpl* d'exploitation.

Betriebsumstellung *f*, **en** reconversion *f* de l'exploitation ; *eine ~ vor/nehmen* reconvertir une entreprise.

Betriebsunfall *m*, ¨e accident *m* du travail (*syn. Arbeitsunfall*).
Betriebsunkosten *pl* frais *mpl* généraux d'exploitation.
Betriebsunterbrechungsversicherung *f*, en assurance *f* couvrant une interruption d'activité (à la suite d'un incendie, d'un incident technique, etc.).
Betriebsveranstaltung *f*, en manifestation *f* d'entreprise.
Betriebsvereinbarung *f*, en accord *m* d'entreprise ; accord salarial (conclu entre le chef d'entreprise et les représentants du personnel).
Betriebsverfassung *f*, en constitution *f* de l'entreprise (fixant les règles et les droits des salariés à l'intérieur de l'entreprise).
Betriebsverfassungsgesetz *n* (*BVG*) loi *f* (organique) sur les comités d'entreprise ; « petite » cogestion (un tiers de délégués du personnel au conseil de surveillance, législation de 1952 modifiée et amendée en 1964, 1972, 2002 et 2006).
Betriebsvergleich *m*, e 1. comparaison *f* interentreprise 2. comparaison des indices de production de l'entreprise ; tableau *m* comparatif de l'évolution de l'entreprise.
Betriebsverlagerung *f*, en délocalisation *f* d'entreprise.
Betriebsverlegung *f*, en transfert *m* de l'entreprise ; délocalisation *f*.
Betriebsverlust *m*, e pertes *fpl* d'exploitation.
Betriebsvermögen *n*, - capital *m* d'exploitation ; *unbewegliches* ~ immobilisations *fpl* ; valeurs *fpl* immobilisées.
Betriebsvermögensteuer *f*, n impôt *m* sur le capital d'exploitation.
Betriebsversammlung *f*, en assemblée générale *f* du personnel d'une entreprise (sous la présidence du président du comité d'entreprise).
Betriebsvertretung *f*, en représentation *f* du personnel ; délégation *f* du personnel.
Betriebsvorschrift *f*, en 1. (*machine, appareil*) instructions *fpl* d'utilisation ; mode *m* d'emploi 2. → ***Betriebsordnung***.
Betriebswert *m*, e valeur *f* de l'établissement ; goodwill *m*.
Betriebswirt *m*, e 1. diplômé *m* en gestion des entreprises 2. gestionnaire *m*.
Betriebswirtschaft *f*, ø gestion *f* de l'entreprise ; micro-économie *f* ; ~ *stu-**dieren* faire des études de gestion ; → ***Volkswirtschaft***.
Betriebswirtschafter *m*, - (*Suisse*) → ***Betriebswirt***.
betriebswirtschaftlich relatif à la gestion ; *ein ~es Studium absolvieren* faire des études de gestion ; *~ denken* penser en termes de rentabilité.
Betriebswirtschaftslehre *f*, n (*BWL*) (enseignement *m* de la) gestion *f* ; → ***Volkswirtschaftslehre*** (*VWL*).
Betriebswissenschaft *f*, en science *f* de la gestion.
Betriebswohnung *f*, en logement *m* de fonction ; logement d'entreprise.
Betriebszeit *f*, en 1. (*machine*) durée *f* de vie ; durée d'utilisation 2. (*personnel*) heures *fpl* effectives de travail.
Betriebszugehörigkeit *f*, (en) appartenance *f* à l'entreprise ; *Dauer der* ~ ancienneté *f* de service, de maison.
Betrifft → *Betreff*.
Betrug *m*, ø tromperie *f* ; fraude *f* ; escroquerie *f* ; arnaque *f* ; détournement *m*.
betrügen, o, o escroquer ; tromper ; frauder ; arnaquer ; *einen Kunden* ~ tromper un client.
Betrüger *m*, - escroc *m* ; fraudeur *m*.
Betrügerei *f*, n → *Betrug*.
betrügerisch frauduleux ; *in ~er Absicht* avec intention de frauder ; *~er Bankrott* banqueroute *f* frauduleuse.
Betrugsbekämpfung *f*, en lutte *f* anti-fraude ; répression *f* des fraudes.
Betrugsermittler *m*, - inspecteur *m* des fraudes ; membre *m* de la brigade anti-fraude.
Betrugsfall *m*, ¨e cas *m* de fraude ; fraude constatée *f*.
Betrugsverdächtige/r (*der/ein*) personne *f* suspectée de fraude ; fraudeur *m* présumé.
betteln mendier ; *um Geld* ~ demander l'aumône ; mendier ; (*fam.*) faire la manche.
betucht (*fam.*) fortuné ; riche ; nanti.
beurkunden certifier ; authentifier ; attester par écrit ; légaliser ; accréditer ; *etw* ~ *lassen* faire authentifier, certifier un document ; → ***beglaubigen***.
Beurkundung *f*, en certification *f* ; attestation *f* ; légalisation *f* ; authentification *f* ; *gerichtliche* ~ législation judiciaire ; *notarielle* ~ authentification par devant notaire ; constatation *f* par acte notarié ; → ***Beglaubigung***.

beurlauben 1. donner un congé ; mettre en congé **2.** congédier ; licencier ; suspendre ; mettre en disponibilité.

Beurlaubung *f,* **en** mise *f* en congé ; mise en disponibilité (sans solde).

beurteilen juger ; apprécier ; porter un jugement.

Beurteilung *f,* **en** jugement *m* ; appréciation *f* ; ~ *der Lage* examen *m* de la situation.

Beute *f,* **n** butin *m* ; proie *f* ; (*navigation*) prise *f*.

beuteln (*fam.*) escroquer ; filouter ; arnaquer ; *jdn* ~ dépouiller qqn ; *von der Krise gebeuteltes Land* pays *m* durement affecté par la crise.

Beutezug *m,* ¨e rapine *f* ; main basse *f* (sur qqch).

bevölkern peupler ; *dicht, dünn bevölkert* à forte, à faible densité de population.

Bevölkerung *f,* **en** population *f* ; peuplement *m* ; habitants *mpl* ; *erwerbstätige* (*berufstätige*) ~ population active ; *städtische, ländliche* ~ population urbaine, rurale ; *Mobilität einer* ~ mobilité *f* d'une population ; *Überalterung der* ~ vieillissement *m* de la population.

Bevölkerungsabnahme *f,* **n** → *Bevölkerungsrückgang*.

Bevölkerungsbewegung *f,* **en** changement *m,* mouvement *m* démographique.

Bevölkerungsdichte *f,* ø densité *f* de population (au km²).

Bevölkerungsdruck *m,* ø poussée *f* démographique.

Bevölkerungsexplosion *f,* **en** explosion *f* démographique.

Bevölkerungsgruppe *f,* **n** groupe *m* démographique.

Bevölkerungskreise *mpl* couches *fpl* de la population ; groupes *mpl* démographiques.

bevölkerungspolitisch démographique ; ~*e Maßnahmen* mesures *fpl* démographiques.

Bevölkerungspyramide *f,* **n** pyramide *f* des âges, démographique.

Bevölkerungsrückgang *m,* ¨e diminution *f* de la population ; recul *m* démographique ; population *f* en régression ; dépopulation *f*.

Bevölkerungsschicht *f,* **en** couche *f* démographique ; strate *f* démographique.

Bevölkerungsschwund *m,* ø → *Bevölkerungsrückgang*.

Bevölkerungsstand *m,* ø état *m* de la population.

Bevölkerungsüberschuss *m,* ¨e excédent *m* de (la) population.

Bevölkerungszunahme *f,* **n** augmentation *f* de la population ; accroissement *m* démographique.

Bevölkerungszuwachs *m,* ¨e → *Bevölkerungszunahme*.

Bevölkerungszuwachsrate *f,* **n** taux *m* d'accroissement de la population.

Bevölkerungswissenschaftler *m,* - démographe *m*.

bevollmächtigen mandater ; habiliter ; donner pouvoir à ; donner procuration à.

Bevollmächtigte/r (*der/ein*) fondé *m* de pouvoir ; mandataire *m*.

Bevollmächtigung *f,* **en** procuration *f* ; autorisation *f* ; habilitation *f* ; mandat *m*.

bevormunden tenir, mettre en tutelle ; tutoriser.

Bevormundung *f,* **en** mise *f* en tutelle ; tutelle *f*.

bevorraten approvisionner ; stocker ; constituer un stock ; mettre en réserve.

Bevorratung *f,* **en** approvisionnement *m* ; constitution *f* de stocks ; stockage *m* ; constitution de couverture.

bevorrechtigt : ~*e Aktie, Forderung* action *f,* créance *f* privilégiée ; ~*er, nicht* ~*er Gläubiger* créancier *m* privilégié, ordinaire (chirographaire).

Bevorrechtigung *f,* **en** préférence *f* ; traitement *m* de faveur.

Bevorrechtigungsschein *m,* **e** certificat *m* d'attribution préférentielle d'actions.

bevorschussen avancer (de l'argent) ; *das Gehalt* ~ faire une avance sur (le) salaire.

bevorstehend imminent.

bevorteilen 1. avantager **2.** → *übervorteilen*.

bevorzugen privilégier ; favoriser ; donner la préférence ; *bevorzugte Behandlung* traitement *m* de faveur.

Bevorzugung *f,* **en** préférence *f* ; faveur *f,* privilège *m* accordé(e) à qqn.

Bewaffnung *f,* **en** armement *m* ; *atomare* ~ armement nucléaire, atomique.

bewahren 1. garder ; avoir la garde (le dépôt) de qqch ; *Urkunden* ~ conserver des documents **2.** préserver ; sauve-

bewähren 118

garder **3.** observer ; garder ; *Stillschweigen über etw ~* garder le silence sur qqch.

bewähren : *sich ~* faire ses preuves ; *als Chef hat er sich bewährt* il a fait ses preuves en tant que chef.

Bewahrer *m*, - dépositaire *m* ; conservateur *m*.

bewahrheiten : *sich ~* s'avérer exact ; se révéler exact.

Bewährung *f*, en épreuve *f* ; (*jur.*) sursis *m* ; *eine Freiheitsstrafe von zwei Jahren mit ~* deux ans *mpl* de prison avec sursis.

Bewährungsauflagen *fpl* (*jur.*) obligations *fpl* d'un condamné (en liberté surveillée) durant sa période probatoire.

Bewährungsfrist *f*, en (*jur.*) sursis *m* ; *mit ~* avec sursis.

Bewährungshelfer *m*, - éducateur *m* social (chargé d'assister un délinquant mineur) ; agent *m* de probation (assiste les détenus en liberté surveillée).

Bewährungshilfe *f*, n assistance *f* à un délinquant juvénile.

Bewährungsprobe *f*, n épreuve *f* ; *eine ~ bestehen* passer (subir) une épreuve avec succès ; réussir à une épreuve ; *auf eine harte ~ stellen* mettre à rude épreuve.

bewältigen venir à bout de ; maîtriser ; surmonter ; *eine Arbeit ~* venir à bout d'un travail.

bewandert : *in etw, auf einem Gebiet ~ sein* être très versé (ferré) dans un domaine.

bewässern (*agric.*) irriguer ; *Flächen für den Gemüseanbau ~* irriguer des surfaces pour la culture légumière.

Bewässerung *f*, en irrigation *f*.

Beweggrund *m*, ¨e motif *m* ; *unerlaubter ~* cause *f* illicite.

beweglich mobile ; mobilier ; meuble ; variable ; transportable ; *~es Anlagevermögen* valeurs *fpl* corporelles immobilisées ; biens *mpl* mobiliers corporels ; *~es Gut* bien *m* meuble ; *~e Habe* biens *mpl* meubles ; *~ Kosten* coûts *mpl* variables ; *~e Werte* valeurs *fpl* mobilières.

Beweglichkeit *f*, en **1.** mobilité *f* ; variabilité *f* (*syn. Mobilität*) **2.** *pl*, **~en** (*Suisse*) biens *mpl* mobiliers.

Bewegung *f*, en mouvement *m* ; fluctuation *f* ; évolution *f* ; *rückläufige ~ der Preise* fléchissement *m*, recul *m* des prix ; *~ auf den Bankkonten* mouvement sur les comptes bancaires.

Bewegungsbilanz *f*, en (*comptab.*) bilan *m* en termes de flux.

Bewegungsspielraum *m*, ¨e liberté *f* de mouvement ; liberté d'action.

Beweis *m*, e preuve *f* ; démonstration *f* ; *hinreichender ~* preuve suffisante ; *klarer ~* preuve évidente ; *schlüssiger ~* preuve valable ; *unumstößlicher ~* preuve péremptoire, irréfutable ; *Freispruch mangels ~* acquittement *m* faute de preuves ; *den ~ erbringen* fournir la preuve ; *eine Urkunde als ~ zu/lassen* admettre un document à titre de preuve.

Beweisaufnahme *f*, n (*jur.*) enquête *f* ; instruction *f* ; constat *m* ; administration *f* des preuves.

beweisen, ie, ie prouver ; démontrer ; faire la preuve de.

Beweiserhebung *f*, en établissement *m*, administration *f* de la preuve.

Beweislast *f*, en charge *f* ; administration *f* de la preuve ; *die ~ trifft den Kläger* l'établissement de la preuve incombe au demandeur.

Beweismangel *m*, ¨e manque *m*, défaut *m* de preuves ; absence *f* de preuves.

Beweismaterial *n*, -ien pièces *fpl* à conviction ; documents *mpl* à l'appui ; *~ sammeln* rassembler des preuves.

Beweispflicht *f*, ø obligation *f* de fournir la preuve de qqch.

bewerben, a, o : *sich ~* poser sa candidature ; se porter candidat ; solliciter un emploi ; *sich um eine Stelle (einen Posten) ~* postuler un emploi ; poser sa candidature à un poste.

Bewerber *m*, - candidat *m* ; postulant *m* ; demandeur *m* (*syn. Kandidat* ; *Anwärter*).

Bewerberangebot *n*, e candidature *f*.

Bewerbermesse *f*, n salon *m* de l'étudiant ; états *mpl* généraux des carrières et de l'emploi.

Bewerberprofil *n*, e profil *m* du candidat.

Bewerbung *f*, en candidature *f* ; demande *f* d'emploi ; *die ~ um eine Stelle* la candidature à un poste.

Bewerbungsakten *fpl* → *Bewerbungsunterlagen*.

Bewerbungsantrag *m*, ¨e acte *m* de candidature ; *einen ~ stellen (ein/reichen)* faire acte de candidature.

Bewerbungsbogen *m*, -/¨ formulaire *m* de candidature.
Bewerbungsformular *n*, e → ***Bewerbungsbogen***.
Bewerbungsfrist *f*, en date-limite *f* de dépôt de candidature ; date-butoir *f* pour une demande d'emploi.
Bewerbungsgesuch *n*, e (acte de) candidature *f*.
Bewerbungsschluss *m*, ¨e (date de) clôture *f* des dépôts de candidatures.
Bewerbungsschreiben *n*, - lettre *f* de candidature ; lettre de demande d'emploi ; offre *f* de service ; *sein ~ ein/reichen* déposer sa candidature.
Bewerbungsunterlagen *fpl* dossier *m* de candidature ; *seine ~ ein/reichen* déposer son dossier de candidature ; faire acte de candidature.
Bewerbungsverfahren *n*, - (procédure de) candidature *f* ; *~ über Internet* envoi *m* de candidature par Internet.
bewerten évaluer ; apprécier ; estimer ; *zu hoch ~* surestimer ; surévaluer ; *zu niedrig ~* sous-estimer ; sous-évaluer.
Bewertung *f*, en estimation *f* ; évaluation *f* ; appréciation *f* ; (*fisc*) taxation *f* ; *~ der Erziehungszeiten für die Rente* prise *f* en compte des périodes de congé parental pour le calcul de la retraite ; *~ des erlittenen Schadens* évaluation du préjudice subi ; *eine ~ von etw vor/nehmen* évaluer qqch.
Bewertungsart *f*, en mode *m* d'évaluation ; (*fisc*) mode de taxation.
Bewertungsfehler *m*, - erreur *f* d'évaluation.
Bewertungsfreiheit *f*, en (*fisc*) (*pour le déclarant*) liberté *f* d'évaluation fiscale.
Bewertungsgrundlage *f*, n base *f* d'évaluation.
Bewertungsgrundsätze *mpl* (*bilan*) principes *mpl* d'évaluation d'un bien (conformes au code du commerce et au code fiscal).
Bewertungsmaßstab *m*, ¨e échelle *f* d'évaluation ; barème *m* de taxation, d'évaluation.
Bewertungssatz *m*, ¨e (*fisc*) taux *m* d'évaluation ; taux de taxation.
Bewertungstabelle *f*, n → ***Bewertungsmaßstab***.
bewilligen accorder ; octroyer ; consentir ; *ein Darlehen ~* consentir un prêt.

Bewilligung *f*, en octroi *m* ; autorisation *f* ; licence *f* ; concession *f* ; *~ von Mitteln* affectation *f* de fonds ; déblocage *m* de crédits.
bewirtschaften 1. administrer ; gérer ; exploiter ; *intensiv bewirtschaftete Fläche* surface *f* de culture intensive **2.** réglementer ; contingenter ; *bewirtschafteter Markt* marché *m* réglementé ; *bewirtschaftete Ware* produit *m* contingenté.
Bewirtschaftung *f*, en **1.** administration *f* ; gestion *f* ; exploitation *f* ; (*agric.*) faire-valoir *m* ; *~ der Haushaltsmittel* gestion budgétaire **2.** réglementation *f* ; contingentement *m* ; rationnement *m*.
Bewirtschaftungsmaßnahme *f*, n mesure *f* de contingentement ; mesure de réglementation.
Bewirtungskosten *pl* note *f* de frais (réceptions, invitations,etc.).
bewohnen habiter ; occuper ; *dicht bewohnte Siedlung* agglomération *f* fortement urbanisée.
Bewohner *m*, - habitant *m* ; occupant *m*.
Bewohnerschaft *f*, ø habitants *mpl*.
bez. → ***bezahlt***.
bezahlbar 1. payable ; *bei Lieferung ~* payable à (la) livraison **2.** finançable ; *Steuersenkungen sind zur Zeit nicht ~* on ne peut actuellement pas financer des baisses d'impôt.
bezahlen payer ; régler ; acquitter ; rétribuer ; *100 Euro für etw ~* payer qqch cent euros ; *auf Abschlag ~* payer à tempérament ; *auf Ziel ~* payer à terme ; *bar (in bar) ~* payer comptant, en espèces ; *bei Auftragserteilung (bei Bestellung) ~* régler à la commande ; *bei Fälligkeit (bei Verfall) ~* payer à l'échéance ; *bei Lieferung ~* payer à la livraison ; *im Voraus ~* payer d'avance ; anticiper un paiement ; *gegen Kasse ~* payer comptant ; *in Monatsraten ~* payer par mensualités ; *in einem Monat (innerhalb eines Monats) ~* payer dans un mois (sous trente jours) ; *einen Wechsel ~* honorer une traite (*syn. zahlen ; begleichen*).
Bezahlfernsehen *n*, ø télévision *f* payante ; chaîne *f* payante (*syn. Pay-TV*).
bezahlt 1. (*bourse*) comptant ; *~ und Brief* comptant vendeur ; *~ und Geld* comptant acheteur **2.** payé ; rémunéré ; acquitté ; *~er Feiertag* journée *f* chômée payée (fériée) ; *~er Urlaub* congé *m*

payé ; *Zoll* ~ droits *mpl* acquittés ; franco de droits **3.** *sich ~ machen* se rentabiliser ; être rentabilisé ; rentrer dans ses frais ; s'avérer payant ; *die Neuanschaffung hat sich ~ gemacht* la nouvelle acquisition a été rentabilisée.

Bezahlung *f*, **en** paiement *m* ; règlement *m* ; acquittement *m* ; rétribution *f* ; *gegen ~* contre, moyennant paiement ; *~ von Schulden* acquittement de dettes ; *eine angemessene ~ verlangen* demander une rétribution appropriée.

bezeichnen marquer ; étiqueter ; désigner.

Bezeichnung *f*, **en** désignation *f* ; marque *f* ; étiquette *f* ; *handelsübliche ~* nom *m* commercial ; dénomination *f*, appellation *f* commerciale ; *unter verschiedenen ~en im Handel sein* être dans le commerce sous des appellations différentes ; comporter plusieurs dénominations commerciales.

bezeugen témoigner ; attester ; confirmer ; authentifier.

Bezeugung *f*, **en** témoignage *m* ; attestation *f*.

bezichtigen inculper ; incriminer ; *jdn eines Vergehens ~* accuser qqn d'un délit.

beziehen, o, o **1.** recevoir ; acheter ; se fournir ; toucher ; *direkt ~* acheter en première main ; *eine Rente ~* toucher une rente ; *Waren ~* faire venir des marchandises ; *eine Zeitung ~* être abonné à un journal ; *etw direkt vom Erzeuger ~* se fournir directement chez le producteur **2.** *sich ~ auf* (+ A) se référer à qqch ; se rapporter à qqch.

Bezieher *m*, **-** acheteur *m* ; acquéreur *m* ; bénéficiaire *m* ; abonné *m* (à un journal) ; *~ einer Rente* bénéficiaire d'une retraite ; *die ~ von neuen Aktien* les acquéreurs d'actions nouvelles.

Bezieherliste *f*, **n** liste *f* des abonnés.

Bezieherwerber *m*, **-** démarcheur *m* (en vue de faire souscrire des abonnements).

Beziehung *f*, **en** relation *f* ; rapport *m* **I.** *durch ~en* par relations ; *(fam.)* par piston ; *in dieser ~* à cet égard ; à ce sujet ; *in keiner ~* sans aucune relation ; en aucun cas ; *diplomatische, geschäftliche, wirtschaftliche ~en* relations diplomatiques, d'affaires, économiques **II.** *~en ab/brechen* rompre les relations ; *~en auf/nehmen* nouer des relations ; *seine ~en spielen lassen* faire jouer ses relations *(fam.* le piston) ; *~en unterhalten* entretenir des relations ; *in keiner ~ zu etw stehen* n'avoir aucun rapport avec qqch.

Beziehungsgeflecht *n*, **e** réseau *m* de relations.

Beziehungshandel *m*, **ø** vente *f* directe ; vente sans intermédiaire.

Beziehungskauf *m*, **¨e** achat *m* d'articles rares ou interdits à la vente ; achat par relations.

Beziehungsmarketing *n*, **ø** marketing *m* relationnel ; marketing individualisé.

beziffern numéroter ; chiffrer ; évaluer ; *sich ~ auf* s'élever à ; se chiffrer à.

Bezirk *m*, **e** circonscription *f* ; district *m* ; zone *f* ; secteur *m*.

Bezirksregierung *f*, **en** *(Allemagne)* instance *f* administrative supérieure d'une région ; *(France)* préfecture *f*.

Bezirksvertreter *m*, **-** agent *m* régional.

Bezogene/r *(der/ein)* tiré *m* (lettre de change ; chèque) *(syn. Trassat).*

Bezug *m*, **¨e** référence *f* ; abonnement *m* (journal) ; achat *m* ; approvisionnement *m* ; fourniture *f* ; *direkter ~* achat direct au producteur ; *in ~ auf die Wirtschaft* par référence à l'économie ; *~ nehmen auf* se référer à.

Bezüge *mpl* **1.** appointements *mpl* ; émoluments *mpl* ; traitement *m* ; *laufende ~* revenus *mpl* périodiques **2.** prestations *fpl* ; allocations *fpl*.

bezüglich conformément à ; relativement à ; se référant à ; *(corresp.) ~ Ihres Schreibens teilen wir Ihnen mit*, en référence à votre courrier, nous vous informons que.

Bezugnahme *f*, **n** référence *f* ; *(corresp.) unter ~ auf* (en) nous référant à ; en référence à.

Bezugsaktie *f*, **n** action *f* nouvelle (provenant d'une augmentation de capital).

Bezugsangebot *n*, **e** *(bourse)* offre *f* de souscription ; conditions *fpl* d'acquisition d'actions nouvelles (1 pour 3 anciennes, par ex.).

Bezugsanmeldung *f*, **en** *(bourse)* déclaration *f* de souscription.

Bezugsbedingungen *fpl* conditions *fpl* d'achat, de livraison ; (journal) conditions d'abonnement.

Bezugsberechtigte/r *(der/ein)* ayant droit *m* ; bénéficiaire *m*.

Bezugsbindung *f*, en exclusivité *f* des fournisseurs (*contr. Absatzbindung*).
Bezugsdauer *f*, ø durée *f* pendant laquelle on perçoit qqch ; durée, période d'abonnement.
bezugsfertig clés *fpl* en main ; habitable ; ~*e Wohnungen* logements *mpl* achevés, prêts à être livrés.
Bezugsfrist *f*, en délai *m* de souscriptions.
Bezugsgebiet *n*, e région *f* d'approvisionnement ; pays *m* fournisseur.
Bezugsgröße *f*, n paramètre *m* ; donnée *f* numérique ; grandeur *f* de référence.
Bezugsjahr *n*, e année *f* de référence.
Bezugsland *n*, ¨er pays *m* d'approvisionnement ; pays fournisseur.
Bezugslohn *m*, ¨e salaire *m* de référence.
Bezugsmonopol *n*, e monopole *m* d'achat ; monopole de l'approvisionnement.
Bezugsperiode *f*, n période *f* de référence ; période en question.
Bezugspreis *m*, e prix *m* d'achat ; (*bourse*) prix de souscription, d'émission.
Bezugsquelle *f*, n source *f* d'approvisionnement ; *die ~ wechseln* changer de fournisseur.
Bezugsquellennachweis *m*, e liste *f* des fournisseurs.
Bezugsrecht *n*, e 1. droit *m* préférentiel ; droit d'option 2. *~ auf neue Aktien* droit de souscription à des actions nouvelles ; (*bourse*) *mit, ohne ~* droit attaché, détaché.
Bezugsrechtshandel *m*, - (*bourse*) négociation *f* des droits de souscription.
Bezugsrechtsnachweis *m*, e justificatif *m* de droit d'option ; justificatif de droit de souscription.
Bezugsschein *m*, e 1. bon *m* d'achat ; ticket *m* de rationnement ; *etw auf (durch) ~ bekommen* obtenir qqch sur présentation d'un bon d'achat 2. (*action*) certificat *m* de souscription.
Bezugsstelle *f*, n institut *m* financier ; banque *f*, intermédiaire *m* habilité(e) à recevoir des demandes de souscription d'actions ou de participation à une O.P.A.
Bezugsverhältnis *n*, se (*bourse*) rapport *m* d'échange (d'actions anciennes pour une action nouvelle).
Bezugszeichen *n*, - (*corresp.*) référence *f*.

bezuschussen subventionner (*syn. subventionieren*).
Bezuschussung *f*, en subvention *f* (*syn. Subvention*).
BfA → *Bundesversicherungsanstalt für Angestellte*.
BFH → *Bundesfinanzhof*.
BfN *n* (*Bundesamt für Naturschutz*) Office *m* fédéral de protection de la nature.
bfn → *brutto für netto*.
BG → *Berufsgenossenschaft*.
BGB (*Bürgerliches Gesetzbuch*) → *bürgerlich*.
BGB-Gesellschaft *f*, en société *f* civile ; société de droit civil (soumis au code civil et non pas au code de commerce ; forme juridique courante pour les professions libérales).
BGH → *Bundesgerichtshof*.
BGS → *Bundesgrenzschutz*.
BI → *Bürgerinitiative*.
bieten, o, o 1. offrir ; faire une offre ; proposer ; *eine finanzielle Entschädigung ~* proposer un dédommagement financier 2. faire une enchère ; enchérir ; *höher ~* surenchérir.
Bieten *n*, ø offre *f* ; proposition *f* ; *~ auf Abstrich* soumission *f* au moins-disant (*syn. Submission*).
Bietende/r (*der/ein*) → *Bieter*.
Bieter *m*, - offrant *m* ; enchérisseur *m* ; soumissionnaire *m*.
Bieterfrist *f*, en délai *m* de validité d'une offre.
Bieterwettstreit *m*, e concurrence *f* entre les offreurs lors d'un appel d'offres.
Bietfieber *n*, ø fièvre *f* des enchères.
Bietgefecht *n*, e rivalité *f* au plus offrant ; course *f* à l'offre la plus intéressante.
Bietungsgarantie *f*, n caution *f* provisoire (lors d'une adjudication).
Bietungskaution *f*, en → *Bietungsgarantie*.
Bietverfahren *n*, - (*immobilier*) procédure *f* d'offres (faites par l'acheteur).
Big Bang *m* (*pr. ang.*) réforme *f* de la bourse de Londres (1986), apparition des « broker-dealer » (remplaçant les « broker » et « jobbers »).
Bigbusiness *n* (*pr. ang.*) 1. big-business *m* ; le monde des grandes entreprises ; les géants *mpl* de l'économie ; le grand capital 2. (*fam.*) le bon deal *m* ; l'affaire *f* du siècle.
Bilanz *f*, en bilan *m* ; balance *f* ; résultat *m* global ; relevé *m* des soldes

Bilanzabschluss

I. *aktive (überschüssige)*, *passive (defizitäre)* ~ bilan actif, passif ; *ausgeglichene* ~ bilan en équilibre ; *gefälschte (frisierte, verschleierte)* ~ bilan falsififé (maquillé) ; *jährliche* ~ bilan annuel ; *konsolidierte* ~ bilan consolidé **II.** *in die* ~ *auf/nehmen* inscrire (incorporer) au bilan ; *die* ~ *auf/stellen (ziehen)* dresser (établir) le bilan ; *die* ~ *ist ausgeglichen* le bilan est en équilibre ; *die* ~ *bereinigen* apurer le bilan ; *die* ~ *aus/legen* interpréter (exploiter) le bilan ; *die* ~ *berichtigen* rectifier (redresser) le bilan ; *die* ~ *fest/stellen* approuver le bilan ; *die* ~ *frisieren (verschleiern)* truquer (trafiquer) le bilan ; *die* ~ *prüfen* contrôler le bilan ; *mit 1000 Euro in der* ~ *stehen* figurer au bilan pour 1000 euros ; *die* ~ *vor/legen* présenter le bilan ; *die* ~ *weist einen Fehlbetrag aus* le bilan accuse (révèle) un déficit **III.** ~ *der Anlagegüter* balance des fonds fixes ; ~ *der Kapitalbewegungen* balance des mouvements de capitaux ; ~ *der Vermögensübertragungen* balance des transferts unilatéraux ; ~ *des Volkseinkommens* balance du revenu national ; ~ *des Staatshaushalts* balance du budget de l'État ; → *Außenhandels-, Devisen-, Dienstleistungs-, Erfolgs-, Gewinn-, Handels-, Jahres-, Kapital-, Kassen-, Leistungs-, Passiv-, Roh-, Salden-, Schluss-, Übertragungs-, Umsatz-, Verlust-, Waren-, Zahlungs-, Zwischenbilanz.*

Bilanzabschluss *m*, ¨e clôture *f* du bilan.

Bilanzanalyse *f*, n analyse *f* du bilan ; interprétation *f* du bilan ; *interne, externe* ~ analyse interne, externe.

Bilanzaufgliederung *f*, en ventilation *f* du bilan ; répartition *f* du bilan.

Bilanzaufstellung *f*, en établissement *m* du bilan.

Bilanzbereinigung *f*, en apurement *m* du bilan.

Bilanzberichtigung *f*, en redressement *m*, rectification *f* du bilan.

Bilanzbuch *n*, ¨er livre *m* d'inventaire.

Bilanzbuchhalter *m*, - expert-comptable *m* au bilan.

Bilanzeinsichtsrecht *n*, ø droit *m* de regard dans un bilan.

Bilanzfälschung *f*, en falsification *f* du bilan.

Bilanzfeststellung *f*, en approbation *f* du bilan.

Bilanzformblatt *n*, ¨er bilan *m* normalisé.

Bilanzfrisur *f*, en maquillage *m* du bilan ; truquage *m*, habillage *m* du bilan.

Bilanzgenehmigung *f*, en → *Bilanzfeststellung.*

Bilanzgewinn *m*, e bénéfice *m* inscrit au bilan ; report *m* à nouveau (bénéficiaire) (*syn.* Reingewinn).

Bilanzgliederung *f*, en structure *f* du bilan.

bilanziell du bilan ; figurant au bilan.

bilanzieren 1. dresser le bilan ; établir la balance ; prendre en compte dans un bilan **2.** (*fig.*) faire le bilan (de qqch).

Bilanzierung *f*, en établissement *m* du bilan ; balance *f* ; compensation *f* des valeurs de l'actif et du passif ; *finanzielle, materielle* ~ établissement du bilan financier, matériel.

Bilanzierungspolitik *f*, en règles *fpl* comptables particulières à une entreprise.

Bilanzierungstechnik *f*, en maîtrise *f* des techniques de bilan ; maîtrise des techniques comptables.

Bilanzierungsvorschrift *f*, en prescriptions *fpl* légales à l'établissement du bilan (définitif et du compte des pertes et profits).

Bilanzjahr *n*, e exercice *m* comptable.

Bilanzkennzahlen *fpl* ratios *mpl* de bilan.

Bilanzkontinuität *f*, ø principe *m* de continuité dans les méthodes d'évaluation des bilans annuels successifs.

Bilanzkonto *n*, -ten compte *m* de bilan de clôture.

bilanzmäßig établi par le bilan ; ~*e Abschreibung* valeur *f* comptable de l'amortissement.

bilanzneutral hors-bilan ; ~*e Aktivitäten* activités *fpl* hors-bilan ; ~*e Geschäfte* opérations *fpl* hors-bilan.

Bilanzoffenlegungspflicht *f*, en **1.** (*instituts de crédit*) obligation *f* d'examiner les bilans de l'emprunteur **2.** (*emprunteurs*) obligation *f* d'accorder aux banques un droit de consultation des bilans.

Bilanzpolitik *f*, ø règles *fpl* comptables propres à une entreprise ; politique *f* comptable.

Bilanzposten *m*, - poste *m* du bilan.

Bilanzprüfer *m*, - expert-comptable *m* ; commissaire *m* aux comptes (S.A.).
Bilanzprüfung *f,* en contrôle *m* du bilan.
Bilanzrechnung *f,* en comptabilité *f* générale (visant à satisfaire les besoins financiers, fiscaux et juridiques).
Bilanzregel *f,* **n** : *goldene* ~ règle *f* d'or.
Bilanzstichtag *m,* e date *f* de clôture de l'exercice.
Bilanzsumme *f,* n total *m* du bilan ; total des actifs/des passifs.
Bilanztrickser *m*, - (*fam.*) falsificateur *m* de bilan ; maquilleur *m* de bilan.
bilanzunabhängig → *bilanzneutral.*
Bilanzvergehen *n*, - délit *m*, fraude *f* en matière de bilan.
Bilanzvergleich *m,* e analyse *f* comparative des bilans.
Bilanzverlust *m,* e déficit *m* inscrit au bilan ; report *m* à nouveau (déficitaire) ; perte *f* comptable (*syn. Reinverlust*).
Bilanzveröffentlichung *f,* en publication *f* du bilan.
Bilanzverschleierung *f,* en → *Bilanzfrisur.*
Bilanzvorlage *f,* n présentation *f* du bilan.
Bilanzvorlegung *f,* en → *Bilanzvorlage.*
Bilanzwahrheit *f,* ø véracité *f* du bilan.
Bilanzwert *m,* e valeur *f* au bilan ; valeur comptable ; valeur d'inventaire.
Bilanzziehung *f,* en → *Bilanzaufstellung.*
bilateral bilatéral ; *~es Abkommen* accord *m* bilatéral ; *~e Verträge* traités *mpl* bilatéraux.
Bild *n,* er image *f* ; reproduction *f* ; représentation *f* ; idée *f.*
bilden former ; créer ; *Kapital* ~ constituer du capital.
Bildschirm *m,* e (*informatique*) écran *m* (de visualisation) ; (*fam.*) visu *f* ; *die Daten erscheinen auf dem* ~ les données *fpl* apparaissent sur l'écran.
Bildschirmarbeit *f,* en travail *m* sur écran (d'ordinateur).
Bildschirmarbeiter *m*, - personne *f* qui travaille sur un écran (d'ordinateur) ; télétravailleur *m.*
Bildschirmtext *m,* e (*Btx*) (*informatique*) minitel *m* ; télétel *m* ; service *m* télématique ; vidéotex *m.*

Bildübertragung *f,* en transmission *f* d'images.
Bildung *f,* en 1. formation *f* ; organisation *f* ; ~ *von Rücklagen, von Rückstellungen* constitution *f* de réserves, de provisions 2. instruction *f* ; enseignement *m* ; culture *f* ; *allgemeine* ~ culture générale.
Bildungs- und Lehrmittelbranche *f,* n secteur *m* de la formation professionnelle et des moyens pédagogiques.
Bildungsabschluss *m,* ¨e diplôme *m* de fin d'études.
Bildungsanstalt *f,* en établissement *m* d'enseignement.
Bildungsgrad *m,* e niveau *m* d'instruction ; niveau de formation.
Bildungskredit *m,* e crédit *m*, prêt *m* de formation (à taux bonifié).
Bildungssoftware *f,* s logiciel *m* de formation (professionnelle).
Bildungsstätte *f,* n → *Bildungsanstalt.*
Bildungsträger *m*, - organisme *m* chargé de la formation (professionnelle).
Bildungsurlaub *m,* e congé *m* de recyclage ; année *f* sabbatique.
Bildungsweg *m,* e filière *f* de formation
Bildungswesen *n,* ø : *das* ~ l'enseignement *m* ; l'éducation *f.*
billig 1. bon marché ; pas cher ; à bas prix ; de prix bas ; modéré ; modique ; *zu ~em Preis* à bas prix ; ~ *kaufen* acheter à bon prix 2. juste ; équitable ; *nach ~em Ermessen* en toute équité.
Billiganbieter *m,* - → *Billigladen.*
Billigangebot *n,* e offre *f* à bas prix ; offre bon marché ; article *m* en promotion.
Billigbereich *m,* e secteur *m* de la marchandise bon marché, du « pas cher ».
Billigdienstleister *m,* - prestataire *m* de services à bon marché.
billigen approuver ; agréer ; sanctionner ; *einen Beschluss* ~ approuver une décision.
Billigflagge *f,* n (*maritime*) pavillon *m* de complaisance.
Billigflaggenland *n,* ¨er pays *m* naviguant sous pavillon de complaisance.
Billigflieger *m,* - compagnie *f* aérienne à bas prix ; compagnie low cost ; vol *m* bon marché.
Billigfluggesellschaft *f,* en → *Billigflieger.*

Billigjob *m*, s emploi *m* mal payé ; travail *m* mal rétribué ; petit boulot *m*.

Billigkeit *f*, ø 1. équité *f* ; justice *f* ; *nach ~ entscheiden* statuer en toute équité 2. (*rare*) modicité *f* du prix.

Billigladen *m*, ¨ magasin *m* à prix réduits ; magasin minimarge ; magasin qui casse les prix ; magasin-discount ; discounter *m*.

Billiglinie *f*, n ligne *f* de produits bon marché.

Billiglöhner *m*, - personne *f* travaillant pour un salaire très bas.

Billiglohnland *n*, ¨er pays *m* à bas salaires ; *Fabriken in ~¨er verlagern* délocaliser des usines dans des pays à main-d'œuvre bon marché (à faibles charges salariales).

Billigmasche *f*, n (*fam.*) truc *m*, ficelle *f* de la vente à bon marché ; *marktschreierische ~* ficelle commerciale accrocheuse du bon marché.

Billigmeier *m*, - (*fam.*) partisan *m* des économies (dans tous les domaines).

Billigmeierei *f*, ø (*fam.*) tendance *f* à tout acheter ou négocier au meilleur prix ; marchandage *m* intempestif.

Billigpreisland *n*, ¨er pays *m* pratiquant le dumping social.

billigst (*bourse*) cours *m* d'achat illimité.

Billigstandort *m*, e site *m* industriel à faible coût salarial.

Billigstorder *f*, s (*bourse*) ordre *m* au mieux.

Billigtarif *m*, e tarif *m* réduit, préférentiel ; *zum ~ fahren* voyager à tarif réduit.

Billigung *f*, en approbation *f* ; consentement *m*.

Billigware *f*, n marchandise *f* bon marché ; camelote *f*.

Billion *f*, en billion *m* ; mille *m* milliards.

Bimetallismus *m*, ø bimétallisme *m* ; système *m* à double étalon (*contr. Monometallismus*).

binär (*inform.*) binaire.

Binärsystem *n*, ø système *m* binaire ; principe *m* « oui-non ».

binational binational ; *~e Ehe* mariage *m* entre personnes de nationalités différentes.

Bindefrist *f*, en délai *m* d'engagement (des offres).

binden, a, u 1. lier ; attacher 2. astreindre ; obliger ; engager ; *gebundener Preis* prix *m* imposé ; *jdn vertraglich ~ lier* qqn par contrat ; *an eine Abmachung gebunden sein* être lié par un accord ; *durch Vertrag gebunden sein* être lié par contrat.

bindend obligatoire ; engageant ; *~es Angebot* offre *f* ferme ; *eine ~e Zusage machen* donner un accord ferme et définitif ; prendre un engagement ferme.

Bindung *f*, en 1. engagement *m* obligation *f* 2. lien *m* ; liaison *f*.

binnen dans ; dans le délai de ; en l'espace de ; dans l'intervalle de ; *~ 8 Tagen* d'ici 8 jours ; sous huitaine.

Binnen- (*préfixe*) intérieur ; interne ; du pays ; national (*contr. Außen-*).

Binnen(wasser)straße *f*, n voie *f* fluviale ; voie navigable intérieure.

Binnenflugverkehr *m*, ø trafic *m* aérien intérieur ; lignes *fpl* intérieures.

Binnengewässer *n*, - eaux *fpl* continentales ; eaux intérieures.

Binnenhandel *m*, ø commerce *m* intérieur.

Binnenkaufkraft *f*, ø pouvoir *m* d'achat intérieur ; pouvoir d'achat national.

Binnenkonjunktur *f*, en conjoncture *f* nationale ; activité *f* conjoncturelle interne.

Binnenland *n*, ¨er pays *m* continental ; région *f* sans façade maritime ; région sans accès à la mer.

Binnenmarkt *m*, ¨e marché *m* intérieur ; *europäischer ~* marché unique européen.

Binnennachfrage *f*, n demande *f* intérieure (interne) ; demande nationale ; *investive, konsumptive ~* demande interne d'investissement, de consommation.

Binnenschifffahrt *f*, en navigation *f* fluviale.

Binnenschiffsverkehr *m*, ø navigation *f* fluviale.

Binnenstaat *m*, en État *m* dépourvu d'accès à la mer ; État continental.

Binnenverkehr *m*, ø transport *m* intérieur ; trafic *m* interne.

Binnenwährung *f*, en monnaie *f* intérieure.

Binnenwanderung *f*, en changements *mpl* de population à l'intérieur du pays ; migration *f* nationale.

Binnenwert *m*, e pouvoir *m* d'achat d'une monnaie sur le marché intérieur (de l'euro dans l'Euroland, par ex.).
Binnenwirtschaft *f*, en économie *f* nationale, intérieure (*contr. Außenwirtschaft*).
Binnenzölle *mpl* droits *mpl* de douane intérieurs ; taxes *fpl* intérieures.
Biodiesel *m*, - diesel *m* écologique, bio ; diester *m*.
Biodiversität *f*, en biodiversité *f*.
Biogas *n*, e gaz *m* d'origine biologique ; méthane *m*.
Biokost *f*, ø alimentation *f* bio(logique) ; nourriture *f* bio(logique) ; produits *mpl* naturels ; produits bio.
Biokraftstoff *m*, e biocarburant *m* ; carburant écologique, non polluant.
Bioladen *m*, - magasin *m* d'alimentation de produits naturels ; magasin de produits bio ; boutique *f* macrobiotique.
Biologielaborant *m*, en, en (*professions*) laborantin *m*.
biometrisch biométrique ; *~e Daten* données *fpl* (informations *fpl*) biométriques (voix, empreintes, iris permettant l'identification d'une personne) ; *~es Identifizierungsverfahren* identification *f* biométrique ; *~e Daten speichern* mémoriser des informations biométriques.
Biomilch *f*, -sorten lait *m* bio.
Biomüll *m*, ø déchets *mpl* ménagers organiques.
Bioprodukt *n*, e produit *m* bio ; produit issu de l'agriculture biologique ; produit garanti sans pesticides ni O.G.M.
Biorisiko *n*, en risque *m* biologique.
Biosiegel *n*, - label *m* bio.
Biotechnologie *f*, n biotechnologie *f*.
Biotop *m/n*, e biotope *m*.
Biovergasung *f*, en transformation *f* en gaz méthane.
BIP *n* → *Bruttoinlandsprodukt*.
Bit *n*, s (*informatique*) bit *m* ; digit *m* binaire.
BITKOM *m* (*Bundesverband Informationswirtschaft, Telekommunikation und neue Medien*) Fédération *f* allemande des nouvelles technologies.
Bittbrief *m*, e pétition *f* ; requête *f*.
Bitte *f*, n demande *f* ; prière *f* ; *~ um Auskunft* demande de renseignement(s) ; *eine ~ ab/weisen* rejeter une demande ; *einer ~ statt/geben* donner suite à une demande.

bitten, a, e demander ; solliciter ; *wir ~ Sie...* veuillez ; je vous prie de... ; *jdn um Erlaubnis ~* demander la permission à qqn.
Bittschrift *f*, en pétition *f* ; supplique *f* ; requête *f* ; placet *m* ; *eine ~ ein/reichen* faire une pétition ; pétitionner.
Bittsteller *m*, - quémandeur *m* ; pétitionnaire *m* ; demandeur *m* ; requérant *m* ; impétrant *m*.
BIZ *f* → *Bank für internationalen Zahlungsausgleich*.
blank : (*fam.*) *~ sein* être sans le sou ; être fauché, sans un.
Blankett *n*, e document *m*, formulaire *m* en blanc ; blanc-seing *m*.
Blanko- (*préfixe*) en blanc ; à découvert.
blanko en blanc ; à découvert ; *~ akzeptieren* accepter en blanc, à découvert ; *~ unterschreiben* signer en blanc.
Blankoakzept *n*, e acceptation *f* en blanc ; acceptation à découvert.
Blankogeschäft *n*, e opération *f* à découvert.
Blankokredit *m*, e crédit *m* en blanc ; crédit à découvert.
Blankopass *m*, ¨e passeport *m* en blanc.
Blankoscheck *m*, s chèque *m* en blanc ; *einen ~ aus/stellen* établir un chèque en blanc.
Blankounterschrift *f*, en signature *f* en blanc ; blanc-seing *m* ; *eine ~ leisten* signer en blanc.
Blankoverkauf *m*, ¨e (*bourse*) vente *f* à découvert (*syn. Leerverkauf*).
Blankovollmacht *f*, en procuration *f* en blanc ; plein pouvoir *m* ; blanc-seing *m* ; *~ erteilen* donner carte blanche.
Blankovordruck *m*, e → *Blankett*.
Blankowechsel *m*, - traite *f* en blanc ; effet *m* en blanc.
Blatt *n*, ¨er **1.** feuille *f* ; feuillet *m* ; *loses ~* feuille détachée (volante) **2.** (*presse*) journal *m*.
Blätterwald *m*, ø (*fam.*) presse *f*.
blau : *der ~e Brief* courrier *m* désagréable ; *der blaue Engel* label *m* bio ; *das ~e Siegel* label de sécurité et de fiabilité (pour les compagnies aériennes).
blau/machen ne pas aller au boulot ; simuler une maladie.
Blaumann *m*, ¨er (*fam.*) salopette *f* ; bleu *m* (de travail).
Blech *n*, e tôle *f* laminée.

blechen (*fam.*) payer ; casquer ; cracher au bassinet.
Blechschaden *m*, ¨ (*assur.*) froissage *m* de tôle ; dégâts *mpl* de carrosserie.
Blei *n*, e plomb *m*.
Bleibelastung *f*, en (*environnement*) pollution *f* par le plomb ; charge *f* corporelle en plomb.
Bleiberecht *n*, e droit *m* de séjour sur le territoire national ; *dauerhaftes* ~ autorisation *f* permanente de séjour.
bleifrei : ~ *fahren* rouler au sans plomb ; ~ *tanken* prendre de l'essence sans plomb.
Bleigehalt *m*, e teneur *f* en plomb ; ~ *der Luft* niveau *m* de concentration de particules de plomb dans l'air.
Blickfangreklame *f*, n publicité *f* d'appel, accrocheuse.
blind aveugle.
Blindbewerbung *f*, en candidature *f* spontanée, non ciblée.
Blindengeld *n*, (er) allocation *f* d'aide aux malvoyants.
Blindflug *m*, ¨e vol *m* sans visibilité.
Blitzaktion *f*, en opération *f* coup de poing ; opération-éclair.
Blitzbesuch *m*, e visite-éclair *f*.
Blitzkarriere *f*, n carrière-éclair *f*.
Blitzschaden *m*, ¨ dégâts *mpl* causés par la foudre.
Blitzstreik *m*, s grève-surprise *f*.
Blitzumfrage *f*, n enquête-éclair *f* ; sondage-éclair *m* (d'opinion).
Block *m*, ¨e/s 1. bloc *m* politique 2. bloc d'immeubles 3. ~ *Briefpapier* bloc de papier à lettre 4. (*philatélie*) bloc de timbres 5. (*informatique*) pavé *m*.
Blockade *f*, n blocus *m* ; *die* ~ *auf/heben* lever le blocus ; *die* ~ *brechen* forcer le blocus ; *die* ~ *verhängen* (*über*) faire le blocus (de).
Blockbildung *f*, en constitution *f* d'un bloc (politique).
Blockbuster *m*, - (*pr. ang.*) grand évènement *m* ; succès *m* ; produit-phare *m*.
blockfrei (*polit.*) non aligné ; ~*er Staat* État *m* non aligné.
Blockfreiheit *f*, ø (*pol.*) non alignement *m* ; non engagement *m*.
blockieren 1. bloquer ; geler ; *blockiertes Guthaben* avoir(s) *m*(*pl*) gelé(s) 2. (*informatique*) regrouper par blocs.
Blockierer *m*, - (*péj.*) responsable *m/f* d'un blocage.
Blockschrift *f* : *in* ~ en majuscules d'imprimerie ; en capitales.

Blockstaaten *mpl* États *mpl* constitués en bloc ; bloc *m* politique.
Blockunterricht *m*, ø enseignement *m* général bloqué sur une période déterminée ; enseignement général non fractionné.
Blockzeit *f*, en plage *f* horaire fixe ; tronc *m* commun (dans le cadre du système d'horaires mobiles).
Blockzeitarbeit *f*, en travail *m* partiel bloqué sur quelques jours.
Blog *n/m*, s blog *m* ; blogue *m* ; journal *m* sur Internet (*syn. Weblog*).
bloggen bloguer ; tenir un journal sur Internet.
Blogger *m*, - blogueur *m* ; personne *f* qui tient un journal sur (l') Internet.
Blogosphäre *f*, n blogoshère *f*.
Bluechips *pl* (*USA*) (*bourse*) blue chips *pl* ; titres *mpl* de premier ordre ; valeurs *fpl* sûres ; actions *fpl* des grandes sociétés industrielles.
Bluff *m*, s bluff *m*.
bluffen bluffer.
Blumenschau *f*, en exposition *f* florale ; salon *m* floral.
Blüte *f*, n 1. (*fig.*) essor *m* ; prospérité *f* ; *in* ~ *stehen* être florissant ; fleurir 2. faux billet *m* ; ~*n drucken* imprimer des faux billets ; ~*n in Umlauf bringen* mettre des faux billets en circulation.
BLZ *f* → *Bankleitzahl*.
Board-Modell *n*, e (*pr. ang.*) (*société européenne*) système *m*, forme *f* juridique de la "societas europaea" (SE) (ni cogestion, ni conseil de surveillance mais un conseil d'administration qui coiffe cette double mission).
Boden *m*, ¨ 1. sol *m* ; terrain *m* ; terre *f* ; *anbaufähiger* ~ sol propre à la culture ; *ertragreicher* (*ergiebiger*) ~ terre à fort rendement (fertile) ; *den* ~ *bestellen* (*bearbeiten*) travailler (cultiver) la terre ; *vergifteter und belasteter* ~ sol pollué et souillé 2. bien *m* foncier ; immeuble *m* non bâti 3. base *f*.
Bodenbearbeitung *f*, en travail *m* de la terre ; culture *f*.
Bodenbelastung *f*, en pollution *f* du sol.
Bodenbeschaffenheit *f*, en (*agric.*) nature *f* du sol.
Bodenbewirtschaftung *f*, en (*agric.*) faire-valoir *m* ; *extensive, intensive* ~ culture *f* extensive, intensive.
Bodenertrag *m*, ¨e revenu *m* foncier ; rendement *m* du sol.

Bodenerzeugnis *n*, se produit *m* de la terre.

Bodenfläche *f*, n 1. terre *f* de culture ; terre à cultiver ; terre arable, cultivable 2. surface *f* au sol ; superficie *f*.

Bodenhaltung *f*, (en) (*agric.*) élevage *m* (de poulets) en liberté ; élevage en libre parcours.

Bodenkredit *m*, e crédit *m* foncier.

Bodenkreditanstalt *f*, en → *Bodenkreditbank*.

Bodenkreditbank *f*, en banque *f* de crédit foncier ; banque hypothécaire, foncière ; institut *m* de crédit immobilier.

Bodenkreditinstitut *n*, e → *Bodenkreditbank*.

Bodenmelioration *f*, en (*agric.*) amendement *m* du sol ; fertilisation *f* du sol.

Bodennutzung *f*, en (*agric.*) utilisation *f* des terres ; mise *f* en valeur du sol.

Bodenpersonal *n*, ø (*aéroport*) personnel *m* au sol.

Bodenpreis *m*, e 1. (*agric.*) prix *m* de la terre 2. (*urbanisme*) prix du terrain.

Bodenprodukt *n*, e → *Bodenerzeugnis*.

Bodenrecht *n*, e droit *m* foncier.

Bodenreform *f*, en réforme *f* foncière ; réforme agraire.

Bodenrente *f*, n revenu *m* foncier ; rente *f* foncière.

Bodensatzarbeitslosigkeit *f*, ø chômage *m* résiduel, non résorbable (*syn. Sockel-, Restarbeitslosigkeit*).

Bodenschätze *mpl* richesses *fpl* du sous-sol ; richesses naturelles ; ressources *fpl* minérales ; ~ *ab/bauen* exploiter les richesses minières.

Bodenspekulation *f*, en spéculation *f* immobilière, foncière.

Bodenstewardess *f*, en hôtesse *f* d'accueil.

Bodenverbesserung *f*, en → *Bodenmelioration*.

Bodenverseuchung *f*, en contamination *f* du sol ; pollution *f* du sol.

Bodenverwertungsgesellschaft *f*, en société *f* de mise en valeur immobilière.

Bodenzusammensetzung *f*, en remembrement *m* rural.

Bodmerei *f*, en (*maritime*) emprunt *m* sur navire ; emprunt à la grosse (aventure).

Bodmereigeber *m*, - (*maritime*) prêteur *m* à la grosse.

Bodmereinehmer *m*, - (*maritime*) emprunteur *m* à la grosse.

Bodmereischuldner *m*, - → *Bodmereinehmer*.

Böga → *Börsenabwicklungssystem*.

Bogen *m*, ¨/- feuille *f* (de papier) ; (action) feuille de coupons détachables ; *in Bausch und ~ kaufen* acheter en bloc ; traiter à forfait.

Bohranlagen *fpl* installations *fpl* de forage.

bohren percer, forer ; prospecter ; *nach Erdöl ~* faire de la prospection pétrolière par forages.

Bohrfeld *n*, er forage *m* (en mer) ; champ *m* pétrolier.

Bohrgesellschaft *f*, en société *f* (de prospection) pétrolière.

Bohrinsel *f*, n plate-forme *f* de forage en mer.

Bohrkonzession *f*, en concession *f* de forage.

Bohrturm *m*, ¨e derrick *m*.

Bohrung *f*, en forage *m* ; sondage *m* ; prospection *f*.

Bolkestein : ~-*Richtlinie* directive *f* européenne sur les services ; libéralisation *f* des services ; → *Dienstleistungsrichtlinie*.

Bombenerfolg *m*, e succès *m* foudroyant.

Bombengeschäft *n*, e (*fam.*) affaire *f* en or ; *~e machen* réaliser de gros bénéfices.

Bon *m*, s (*pr. fr.*) bon *m* (d'achat ; à valoir de caisse, etc.) ; ticket *m* ; *einen ~ aus/stellen* établir un bon (*syn. Gutschein*).

Bond *m*, s (*pr. ang.*) obligation *f* ; titre *m* d'emprunt ; *Junk ~* obligation pourrie.

Bond Rating *n*, s (*pr. ang.*) (*Schätzung des Nettowertes festverzinslicher Wertpapiere*) notation *f* d'obligations.

Bondmarkt *m*, ¨e marché *m* obligataire ; marché des obligations (d'État).

Bonifikation *f*, en bonification *f* ; indemnité *f* ; remise *f*.

bonifizieren ristourner ; faire une remise ; indemniser ; créditer.

Bonität *f*, en 1. honorabilité *f* ; respectabilité *f* 2. solvabilité *f* 3. qualité *f* (marchandises).

Bonitätsliste *f*, n liste *f* des pays solvables

Bonitätsrisiko *n*, -ken (*assur.*) risque *m* encouru par un placement incertain ; risque d'insolvabilité.

bonitieren (*terrain*) estimer ; évaluer.
Bonitierung *f*, **en** évaluation *f* du rapport d'un terrain.
Bonus *m*, **se/Boni** bonus *m* ; bonification *f* ; prime *f* ; ristourne *f*.
Bonuskarte *f*, **n** carte *f* de fidélité.
Bonuspunkt *m*, **e** (publicité) point-bonus *m* ; *~e sammeln* accumuler des points-cadeau ou des points-ristourne.
Bonze *m*, **n**, **n** (*péj.*) bonze *m* (d'un parti, d'un syndicat).
Bookmark *m/f*, **s** (*pr. ang.*) (*Internet*) signet *m* (pour repérage rapide de sites).
Boom *m*, **s** (*pr. ang.*) boom *m* ; haute conjoncture *f* ; essor *m* ; expansion *f* (*contr. Rezession* ; *Flaute*).
boomen être en pleine expansion ; être en phase de haute conjoncture ; connaître un boom.
Boomjahr *n*, **e** année *f* de forte croissance.
Bord *m*, **e** bord *m* (d'un bateau) ; *frei an ~* franco bord ; F.O.B. ; *zur Verladung an ~* pour embarquement ; *an ~ bringen* embarquer ; mettre à bord ; *Fracht an ~ nehmen* charger du fret à bord d'un navire ; embarquer du fret.
Bordbedienstete *pl* → *Bordpersonal*.
Bordereau/Bordero *n*, **s** bordereau *m* (de titres, d'effets livrés).
Borderpreis *m*, **e** prix *m* franco frontière.
Bordkarte *f*, **n** (*avion*) carte *f* d'embarquement.
Bordkonnossement *n*, **e** (*maritime*) connaissement *m* "reçu à bord".
Bordpersonal *n*, ø personnel *m* de bord.
Borg *m*, ø (*rare*) crédit *m* ; *auf ~ kaufen* acheter à crédit ; *auf ~ leben* vivre d'emprunts.
borgen 1. prêter ; *jdm Geld ~* prêter de l'argent à qqn **2.** emprunter ; *von (bei) jdm Geld ~* emprunter de l'argent à qqn (*syn. leihen*).
Börse *f*, **n** bourse *f* ; marché *m* **I.** *feste, flaue ~* bourse ferme, morose ; *gedrückte ~* bourse déprimée (terne) ; *lebhafte, lustlose* (*matte*) *~* bourse animée, languissante ; *rückläufige, ~* bourse en recul ; *zurückhaltende* (*zögernde*) bourse hésitante **II.** *an der ~ ein/führen* introduire en bourse ; *an der ~ handeln* négocier en bourse ; *an der ~ notieren* coter en bourse ; *an der ~ notiert werden* être coté en bourse ; *an der ~ spekulieren* spéculer en bourse, boursicoter ; *die ~ verläuft ruhig, lebhaft* la bourse est calme, agitée ; *die ~ zieht kräftig an* la bourse s'envole ; *an der ~ zugelassen werden* être admis à la bourse (à la cote) ; *an der ~ zu/lassen* admettre à la bourse (à la cote) **III.** *an der ~* à la bourse ; en bourse ; à la cote ; *bei Beginn der ~* à l'ouverture de la bourse ; *Notierung an der ~* cote *f*, cotation *f* de la bourse ; *Stimmung der ~* climat *m* de la bourse ; ambiance *f* à la bourse ; *Zulassung* (*eines Wertpapiers*) *zur ~* admission *f* (d'un titre) à la cote.
Börsen- (*préfixe*) de la bourse ; boursier.
Börsenabschluss *m*, ¨e opération *f* de bourse ; ordre *m* exécuté en bourse.
Börsenabwicklungssystem *n*, **e** (*Böga*) système *m* de règlement et de régulation des opérations de bourse.
Börsenaufschwung *m*, ¨e embellie *f* boursière ; progression *f* de la bourse ; bourse *f* en hausse.
Börsenaufsicht *f*, **en** → *Börsenaufsichtsbehörde*.
Börsenaufsichtsbehörde *f*, **n** autorité *f* de surveillance de la bourse ; (*France*) commission *f* des opérations de bourse ; la C.O.B.
Börsenauftrag *m*, ¨e ordre *m* en bourse.
Börsenbeginn *m*, ø ouverture *f* de la bourse.
Börsenbericht *m*, **e** bulletin *m* de la bourse ; page *f* boursière (journal) ; informations *fpl* boursières.
Börsenblatt *n*, ¨er → *Börsenbericht*.
Börsencrash *m*, **s** → *Börsenkrach*.
Börseneinführung *f*, **en** introduction *f* en bourse ; admission *f* à la cote.
Börseneinsteiger *m*, - société *f* nouvellement cotée en bourse ; nouvelle société *f* boursière.
börsenfähig coté en bourse ; négociable en bourse ; admis à la cote.
Börsenfähigkeit *f*, ø négociabilité *f* en bourse.
Börsenfieber *n*, - fièvre *f* boursière ; activité *f* fébrile de la bourse ; *das ~ ist ausgebrochen* la bourse a une poussée de fièvre.
Börsengang *m*, ¨e accès *m* à la cotation en bourse ; entrée *f* en bourse.

börsengängig négociable en bourse ; coté en (à la) bourse.
Börsengeschäfte *npl* opérations *fpl*, transactions *fpl* boursières ; *kleine ~* boursicotage *m*.
Börsenguru *m*, s gourou *m* de la bourse.
Börsenhandel *m*, ø opérations *fpl* boursières ; transactions *fpl* boursières ; *zum ~ zugelassenes Wertpapier* titre *m* admis à la cote officielle.
Börsenhandelstage *mpl* jours *mpl* d'ouverture de la bourse.
Börsenhandelszeiten *fpl* heures *fpl* d'ouverture de la bourse.
Börsenhase *m*, n, n (*fam.*) boursicoteur *m* (avisé).
Börsenhimmel *m*, - (*fam.*) sommets *mpl* de la cote officielle ; *die Kurse in den ~ treiben* faire grimper les prix vers les sommets de la cote.
Börsenindex *m*, e/-indizes indice *m* boursier ; indicateur *m* de tendance (panier de titres pour mesurer la performance boursière). → *DAX* ; *CAC 40* ; *DOW JONES* ; *NIKKEI* ; *FOOTSIE*.
Börseninfos *fpl* → *Börsennachrichten*.
Börsenjobber *m*, - boursier *m* ; boursicoteur *m*.
Börsenkandidat *m*, en, en candidat *m* à l'admission en bourse.
Börsenkapitalisierung *f*, en capitalisation *f* boursière (obtenue en multipliant le cours d'une action par le nombre de titres en circulation).
Börsenkrach *m*, ¨e krach *m* en bourse ; débâcle *f* financière.
Börsenkurs *m*, e cours *m* de (en) bourse ; cote *f* en bourse ; *die ~e steigen, fallen* les cours montent, baissent ; *auf die ~e drücken* peser sur les cours.
Börsenkursbericht *m*, e bulletin *m* de cotation.
Börsenliebling *m*, e favori *m*, préféré *m* de la cote.
Börsenmakler *m*, - courtier *m* (en valeurs) ; opérateur *m* ; trader *m* ; (*hist.*) agent *m* de change.
Börsenmaklergebühr *f*, en courtage *m*.
Börsenmarkt *m*, ¨e marché *m* boursier ; marché des valeurs.
Börsennachrichten *fpl* nouvelles *fpl*, informations *fpl* boursières

Börsenneuling *m*, e nouveau-venu *m* à la bourse ; société *f* nouvellement cotée en bourse.
börsennotiert → *börsengängig*.
Börsennotierung *f*, en cotation *f* en bourse ; cote *f*.
Börsenorder *f*, s → *Börsenauftrag*.
Börsenordnung *f*, en règlement *m* de la bourse ; réglementation *f* du marché boursier.
Börsenpapiere *npl* valeurs *fpl* boursières ; titres *mpl* de bourse.
Börsenplatz *m*, ¨e place *f* boursière.
Börsenpreis *m*, e → *Börsenkurs*.
Börsenreife *f*, ø maturité *f* boursière d'une société.
Börsenreport *m*, s report *m* de bourse (écart positif d'un cours sur le marché à terme par rapport au cours du comptant).
Börsenschiedsgericht *n*, e tribunal *m* arbitral de la bourse.
Börsenschluss *m*, ¨e clôture *f* de la bourse.
Börsenschwankungen *pl* fluctuations *fpl* des cours.
Börsenschwindel *m*, ø boursicotage *m* ; escroquerie *f*, arnaque *f* boursière.
Börsenspekulant *m*, en, en spéculateur *m* en bourse ; boursicoteur *m* ; boursicotier *m*.
Börsenspekulation *f*, en spéculation *f* en bourse ; opération *f* spéculative de bourse.
Börsensprache *f*, n jargon *m* boursier.
Börsenstart *m*, s première cotation *f* en bourse.
Börsenstimmung *f*, en ambiance *f* boursière ; climat *m* boursier.
Börsenstunden *fpl* heures *fpl* d'ouverture de la bourse.
Börsensturz *m*, (¨e) chute *f* (brutale) des cours ; effondrement *m* de la bourse.
Börsentag *m*, e jour *m* de bourse.
börsentäglich par journée boursière ; chaque jour de bourse.
Börsentendenz *f*, en tendance *f* boursière ; orientation *f* de la bourse.
Börsentermingeschäft *n*, e opération *f* de bourse à terme ; marché *m* à terme.
Börsentipp *m*, s tuyau *m* boursier.
Börsenumsatz *m*, ¨e volume *m* des transactions boursières ; opérations *fpl* de bourse ; achats *mpl* et ventes *fpl* au marché.
Börsenumsatzsteuer *f*, n taxe *f* sur les opérations de bourse ; impôt *m* sur les transactions boursières.

Börsenusancen *fpl* usages *mpl* de la bourse.
Börsenverkehr *m,* ø mouvements *mpl* boursiers.
Börsenverlust *m,* e perte *f* boursière.
Börsenwert *m,* e **1.** valeur *f* en bourse ; prix *m* coté en bourse ; capitalisation *f* boursière **2.** titre *m,* valeur *f* coté(e) en bourse.
Börsenwesen *n,* ø la bourse (fonction, administration, organisation).
Börsenzeit *f,* **en** → *Börsenstunden.*
Börsenzettel *m,* - → *Börsenbericht.*
Börsenzulassung *f,* **en** admission *f* en bourse ; admission à la cote officielle.
Börsianer *m,* - boursier *m* ; boursicoteur *m* ; boursicotier *m.*
BOSS *n* (*Börsen-Order-Service-System*) système *m* de routage électronique des ordres de bourse transmis par les banques.
böswillig malintentionné ; malveillant ; de mauvaise foi ; (*jur.*) *in ~er Absicht* avec intention délictueuse.
Böswilligkeit *f,* ø malveillance *f.*
Bote *m,* n, n messager *m* ; garçon *m* de bureau, de course ; courrier *m* ; *durch ~n* par porteur.
Botschaft *f,* **en 1.** message *m* ; dépêche *f* ; pli *m* ; missive *f* ; avis *m* ; *eine ~ übermitteln* transmettre un message **2.** ambassade *f.*
Botschafter *m,* - ambassadeur *m.*
Boulevardpresse *f,* **n** presse *f* à sensation.
Boutique *f,* **n** boutique *f* ; (petit) magasin *m* de mode.
Boykott *m,* e/s boycottage *m* ; boycott *m.*
boykottieren boycotter.
BP (*Bundespost*) poste *f* fédérale.
BPA → *Bundespresseamt.*
bpd (*Barrel pro Tag*) baril/jour.
Br → *Brief.*
br. (*brutto*) brut.
brach (*agric.*) en jachère ; en friche ; non cultivé.
brach/liegen, a, e (*agric.*) être en jachère ; être en friche ; ne pas être cultivé ; (*fig.*) *das Kapital sollte nicht ~ le* capital devrait travailler ; le capital devrait être productif ; *die ~den Industrieflächen* zones *fpl* industrielles laissées à l'abandon.
Brache *f,* **n** → *Brachland.*

Brachland *n,* ø friche *f* ; jachère *f* ; terrain *m* en jachère.
Braindrain *m,* ø (*pr. ang.*) fuite *f* des cerveaux vers l'étranger.
Brainstorming *n,* ø (*pr. ang.*) remue-méninges *m* ; brainstorming *m* ; travail *m* de réflexion à plusieurs sur un problème difficile à résoudre.
Braintrust *m,* s (*pr. ang.*) brain-trust *m* ; groupe *m* d'experts, de conseillers.
Branche *f,* **n** (*pr. fr.*) branche *f* ; secteur *m* ; spécialité *f* ; *eine ~ mit Zukunft* secteur *m* d'avenir ; marché *m* porteur ; *aus der ~ sein* être du métier.
Branchenadressbuch *n,* ¨er → *Branchenverzeichnis.*
Branchenerfahrung *f,* **en** expérience *f* d'un métier ; connaissances *fpl* spécialisées.
Branchenerste/r (*der/ein*) (le) numéro *m* un de sa spécialité ; le premier de sa branche ; leader *m.*
Branchenfonds *m,* - fonds *m* de placement sectoriel.
branchengebunden : *~e Tätigkeit* activité *f* liée à une branche économique ; activité spécialisée.
Branchengewerkschaft *f,* **en** syndicat *m* sectoriel ; fédération *f* syndicale professionnelle.
Branchenkenner *m,* - initié *m* ; connaisseur *m* de la branche d'activité en question.
Branchenkenntnis *f,* **se** connaissance *f* de la branche.
branchenkundig versé dans une branche ; compétent ; spécialiste ; expert.
Branchenprimus *m,* **se** → *Branchenerste/r.*
Branchentarifabkommen *n,* - accord *m* sectoriel.
branchenüblich en usage dans la branche ; *~er Gewinn* bénéfice normal, habituel.
Branchenverzeichnis *n,* **se** annuaire *m* du commerce et de l'industrie (par secteur d'activité) ; pages *fpl* jaunes.
Brand *m,* ¨e incendie *m* ; feu *m.*
Brandbrief *m,* e demande *f* pressante de secours ; appel *m* à l'aide urgent.
Brandherd *m,* e foyer *m* d'incendie.
Brandleger *m,* - (*Autriche*) → *Brandstifter.*
Brandschaden *m,* ¨ dommage *m* causé par incendie ; sinistre *m* (par le feu).

Brandschutzpolice *f*, n police *f* d'assurance-incendie.
Brandstifter *m*, - incendiaire *m* ; pyromane *m*.
Brandstiftung *f*, en incendie *m* volontaire ; *fahrlässige* ~ incendie par imprudence ; incendie involontaire.
Brandverhütung *f*, en prévention *f* contre l'incendie.
Brandversicherung *f*, en assurance *f* incendie.
Branntwein *m*, e eau-de-vie *f* ; alcool *m* ; spiritueux *m*.
Branntweinmonopol *n*, e monopole *m* de l'État sur les alcools.
Branntweinsteuer *f*, n taxe *f* sur les alcools et spiritueux.
Brauchbarkeit *f*, ø utilité *f* pratique.
Brauchwasser *n*, ø eau *f* non potable à usage industriel.
brauen brasser.
Brauerei *f*, en brasserie *f* ; entreprise *f* de brasserie.
Brauerinnung *f*, en syndicat *m* professionnel des brasseurs.
braune Ware *f*, n électronique *f* grand-public (*syn. Unterhaltungselektronik*).
Braunkohle *f*, ø lignite *f*.
Braunkohle-Tagebau *m*, ø extraction *f* de lignite à ciel ouvert.
Brauwirtschaft *f*, en brasserie *f*.
BRD *f* → ***Bundesrepublik Deutschland***.
Break-even-Point *m*, s (*pr. ang.*) seuil *m* de rentabilité ; niveau *m* de rentabilité minimum ; point *m* mort ; *mengenmäßiger, wertmäßiger* ~ point mort exprimé en unités physiques, en unités monétaires (*syn. Rentabilitätsschwelle*).
brechen, a, o rompre ; dénoncer ; résilier ; enfreindre ; annuler ; *die Blockade* ~ forcer le blocus ; *einen Vertrag* ~ rompre un contrat.
brennen a, a 1. brûler 2. graver (un CD).
Brennholz *f*, -arten bois *m* de chauffage.
Brennstab *m*, ¨e (*eines Reaktors*) barres *fpl* d'uranium (d'un réacteur) ; combustible *m* nucléaire.
Brennstoff *m*, e combustible *m* ; *alternative, fossile* ~e combustibles de substitution, fossiles.
Brennstoffverbrauch *m*, ø consommation *f* de combustibles.

Brennstoffzelle *f*, n pile *f* combustible (à combustion).
Brent *m/n* : *Barrel* ~ *Nordseeöl n* baril *m* de (pétrole) brent de la mer du Nord.
Breitband *n* : *~-Internet* Internet *m* haut débit ; Internet A.D.S.L.
Brett *n*, er planche *f* ; *schwarzes* ~ tableau *m* noir ; panneau *m* d'affichage.
Bretton-Woods-Abkommen *n* (*hist.*) les accords *mpl* de Bretton-Woods de 1944, auxquels adhéraient 44 pays, définissaient la valeur des monnaies principales par rapport au dollar. Ils ont donné naissance au Fonds monétaire international (F.M.I.) et à la Banque mondiale.
BRH → ***Bundesrechnungshof***.
Brief *m*, e 1. lettre *f* ; pli *m* **I.** (*fam.*) *blauer* ~ courrier *m* désagréable ; lettre de licenciement ; *eingeschriebener* ~ lettre recommandée ; *frankierter, unfrankierter* ~ lettre affranchie, non affranchie ; *handgeschriebener* ~ lettre manuscrite ; (*presse*) *offener* ~ lettre ouverte ; *unzustellbarer* ~ lettre non remise ; rebut *m* ; lettre dont le destinataire est introuvable **II.** *einen* ~ *auf/geben, ein/werfen* envoyer, poster une lettre ; *einen* ~ *empfangen, frei/machen (frankieren)* recevoir, affranchir une lettre ; *einen* ~ *quittieren* signer le reçu pour une lettre recommandée ; *einen* ~ *per Einschreiben schicken* envoyer une lettre en recommandé ; *einen* ~ *versiegeln* cacheter une lettre ; *mit jdm ~e wechseln* échanger une correspondance avec qqn ; *einen* ~ *zu/stellen* remettre une lettre à son destinataire (*syn. Schreiben*) **2.** (*bourse*) vendeur *m* ; offre *f* (*contr. Geld*).
Briefaufgabestempel *m*, - cachet *m* de la poste (revêtu de la date de remise).
Briefbefragung *f*, en sondage *m* par correspondance.
Briefbogen *m*, -¨ feuille *f* de papier à lettre.
Briefgeheimnis *n*, se secret *m* postal, de la correspondance ; inviolabilité *f* de lettres et documents cachetés ; *das* ~ *verletzen* violer le secret postal.
Briefhypothek *f*, en hypothèque *f* immobilière (constatée par un titre au porteur).
Briefing *n*, s réunion *f* d'information ; conférence *f* (courte) ; briefing *m* ; information *f*.

Briefkarte *f*, **n** carte-lettre *f*.

Briefkasten *m*, ¨ boîte *f* aux lettres ; courrier *m* des lecteurs (journaux) ; *elektronischer ~* courrier *m* électronique ; *den ~ leeren* faire la levée ; *in den ~ werfen* déposer dans la boîte aux lettres ; poster une lettre.

Briefkastenfirma *f*, **-men** société *f* boîte aux lettres (dans les paradis fiscaux) (*syn. Sitzgesellschaft*).

Briefkopf *m*, ¨e en-tête *m* ; *vorgedruckter ~* en-tête préimprimé.

Briefkurs *m*, **e** (*bourse*) cours *m* offert ; cours de vente ; papier *m* vendeur.

brieflich par écrit ; par lettre ; *mit jdm ~ verkehren* correspondre avec qqn.

Briefmarke *f*, **n** timbre-poste *m* ; *selbstklebende ~n* timbres autocollants ; *eine ~ auf einen Brief kleben* affranchir une lettre (*syn. Freimarke*).

Briefmarkenautomat *m*, **en**, **en** distributeur *m* automatique de timbres-poste.

Briefmarkenbogen *m*, ¨ feuille *f* de timbres.

Briefordner *m*, - classeur *m* (pour le courrier).

Briefpapier *n*, **e** papier *m* à lettres.

Briefporto *n*, **s** port *m* de lettre ; affranchissement *m*.

Briefpreis *m*, **e** (*bourse*) prix *m* vendeur.

Briefprospekt *m*, **e** prospectus *m* publicitaire envoyé par la poste.

Briefumschlag *m*, ¨e enveloppe *f* ; *~ für Rückantwort* enveloppe-réponse *f* (*syn. Kuvert*).

Briefverkehr *m*, ø → *Briefwechsel*.

Briefwaage *f*, **n** pèse-lettre *m* ; *geeichte ~* pèse-lettre homologué.

Briefwahl *f*, **en** (*polit.*) vote *m* par correspondance.

Briefwechsel *m*, ø correspondance *f* ; échange *m* de lettres, de courrier ; *den ~ führen* faire la correspondance ; *mit jdm in ~ stehen* correspondre avec qqn (*syn. Schriftwechsel* ; *Korrespondenz*).

Briefzentrum *n*, **-tren** centre *m* (de tri) postal.

Briefzustellamt *n*, ¨er centre *m* de distribution du courrier.

Briefzustellung *f*, **en** acheminement *m* du courrier ; distribution *f* du courrier.

Brigade *f*, **n** (*hist. R.D.A.*) collectif *m* de travail (d'une unité de production).

bringen, **a**, **a** apporter ; rapporter.

Bringschuld *f*, **en** dette *f* payable au domicile du créancier ; dette portable ; (*fig.*) *eine ~ haben* avoir une dette à régler ; lever une hypothèque.

Broker *m*, - (*pr. ang.*) courtier *m* ; intermédiaire *m* ; négociant *m* (en valeurs mobilières) ; (*touris.*) revendeur *m* (*syn. Makler*).

Brokerage *n*, ø (*pr. ang.*) (*bourse*) courtage *m* ; achat *m* et vente *f* de titres sur le Web.

Broschüre *f*, **n** brochure *f* ; plaquette *f* ; *informative ~* notice *f* explicative.

Brot *n*, **e** pain *m* ; *sein ~ haben* avoir de quoi vivre ; *in ~ und Arbeit stehen* avoir un contrat de travail ; avoir un gagne-pain ; *sein ~ verdienen* gagner sa vie ; (*fam.*) gagner sa croûte.

Broterwerb *m*, ø gagne-pain *m*.

Brotherr *m*, **n**, **en** (*arch.*) employeur *m* ; patron *m*.

Brotkorb *m* : *jdm den ~ höher hängen* couper les vivres à qqn.

brotlos : *jdn ~ machen* ôter les moyens d'existence à qqn ; ôter le pain de la bouche à qqn.

browsen (*pr. ang.*) naviguer sur le Web ; fureter ; explorer.

Browser *m*, - (*pr. ang.*) browser *m* ; navigateur *m* ; logiciel *m* de navigation.

BRT → *Bruttoregistertonne*.

Bruch *m*, ¨e 1. casse *f* ; bris *m* 2. rupture *f* ; dénonciation *f* ; *~ des Amtsgeheimnisses* violation *f* du secret professionnel 3. (*calcul*) fraction *f*.

Bruchschaden *m*, ¨ (dégâts *mpl* par) casse *f*.

bruchsicher incassable.

Bruchteil *m*, **e** quote-part *f* ; fraction *f* ; part *f* de propriété dans l'indivision.

Bruchteilseigentum *n*, ø propriété *f* (d'une quote-part) indivise ; copropriété *f*.

Bruchteilsgemeinschaft *f*, **en** communauté *f* par quotes-parts ; indivision *f*.

Brücke *f*, **n** pont *m*.

Brückengebühr *f*, **en** droit *m* de péage.

Brückenkopf *m*, ¨e tête *f* de pont.

Brückentag *m*, **e** journée *f* où l'on fait le pont ; *einen ~ haben* faire le pont.

Brückenzoll *m*, ¨e (*arch.*) → *Brückengebühr*.

Bruderland *n*, ¨er pays-frère *m*.

Brummi *m*, s (*fam.*) poids-lourd *m* ; gros cul *m*.

Brutapparat *m*, e (*agric.*) couveuse *f* artificielle.

Brüter *m*, - : *schneller* ~ surrégénérateur *m* ; surgénérateur *m*.

Brutreaktor *m*, en surgénérateur *m*.

brutto brut ; ~ *für netto* brut pour net (frais d'emballage compris dans le prix).

Brutto- (*préfixe*) **1.** brut ; avec emballage **2.** brut ; sans déduction des frais ; → *Netto-*.

Bruttobetrag *m*, ¨e montant *m* brut.

Bruttobetriebsrendite *f*, **n** taux *m* de marge brute.

Bruttoeinkommen *n*, - revenu *m* brut.

Bruttoeinnahme *f*, **n** recette *f* brute.

Bruttoergebnis *n*, se résultat *m* brut.

Bruttoertrag *m*, ¨e rendement *m* brut ; produit *m* brut.

Bruttofinanzierung *f*, **en** financement *m* brut.

Bruttogehalt *n*, ¨er traitement *m* brut.

Bruttogewicht *n*, e poids *m* brut.

Bruttogewinn *m*, e bénéfice *m* brut.

Bruttoinlandsprodukt *n*, e (*BIP*) produit *m* intérieur brut ; le P.I.B. (agrégat mesurant la valeur de la production de biens et de services sur le territoire national pendant une année ; le P.I.B. s'emploie, de nos jours, plus couramment que le P.N.B. pour mesurer la performance économique d'un pays) ; ~ *pro Einwohner* P.I.B. par habitant ; ~ *zu Marktpreisen* P.I.B au prix du marché ; *das* ~ *ist um 2 % gestiegen, gefallen* le P.I.B. a augmenté, a diminué de 2 % ; → *Bruttosozialprodukt*.

Bruttolohn *m*, ¨e salaire *m* brut.

Bruttolohnermittlung *f*, **en** calcul *m* du/des salaire(s) brut(s).

Bruttonationaleinkommen *n*, - → *Bruttosozialprodukt*.

Bruttopreis *m*, e prix *m* brut.

Bruttoprinzip *n*, ø **1.** (bilan) méthode *f* de non-compensation (*contr. Nettoprinzip*) **2.** (*budget*) règle *f*, principe *m* du produit brut.

Bruttoraumzahl *f*, **en** (*BRZ*) → *Bruttoregistertonne*.

Bruttoregistertonne *f*, **n** (*BRT*) (*maritime*) tonneau *m* de jauge brut ; jauge *f* brute ; tonnage *m* brut.

Bruttorendite *f*, **n** taux *m* de rendement actuariel brut.

Bruttosozialprodukt *n*, e (*BSP*) produit *m* national brut ; le P.N.B. (agrégat mesurant la production nationale d'une année ; à l'opposé du P.I.B., le P.N.B. inclut les flux transfrontaliers correspondant à la rémunératiom des facteurs de production) ; *das* ~ *ist um 3 % gestiegen, gefallen* le P.N.B. a augmenté, a diminué de 3 %.

Bruttostunden *fpl* gain *m* horaire brut.

Bruttotagesverdienst *m*, e gain *m* journalier brut.

Bruttotonnage *f*, **n** tonnage *m* brut.

Bruttotonnengehalt *m*, e tonnage *m* brut ; jauge *f* brute.

Bruttoverdienst *m*, e salaire *m* brut ; bénéfice *m* brut ; ~*e* rémunérations *fpl* brutes.

Bruttoverdienstspanne *f*, **n** marge *f* de bénéfice brut ; taux *m* de marge brute (*syn. Handelsspanne*).

Bruttowertschöpfung *f*, **en** valeur *f* ajoutée brute.

Bruttozinsspanne *f*, **n** taux *m* de rendement brut (du capital).

BSE-Kuh *f*, ¨e (*agric.*) vache *f* infectée par (le prion de) l'E.S.B. (encéphalite spongiforme bovine).

BSP → *Bruttosozialprodukt*.

BTN *f* (*Brüsseler Tarif-Nomenklatur*) Nomenclature *f* douanière de Bruxelles ; N.D.B. *f*.

Btx → *Bildschirmtext*.

Buch *n*, ¨er livre *m* ; journal *m* ; registre *m* ; compte *m* **I.** *die* ~¨*er ab/schließen* arrêter les écritures, les comptes ; *in die* ~¨*er ein/tragen* porter dans les comptes ; *über etw* ~ *führen* tenir registre de qqch ; *die* ~¨*er führen* tenir les livres ; faire la comptabilité ; *zu* ~*e schlagen* apparaître dans les comptes ; (*fig.*) coûter ; avoir une incidence négative ; *die* ~¨*er sind in Ordnung* les comptes sont exacts ; la comptabilité est en ordre ; *in den* ~¨*ern stehen* figurer dans les comptes ; être inscrit (en positif/négatif) dans les livres ; *mit 1 000 Euro zu* ~ *stehen* être porté en dette pour 1 000 euros ; être comptabilisé pour une somme de 1 000 euros **II.** *Bei Abschluss der* ~¨*er* à l'arrêté des comptes ; *Eintragung f in die* ~¨*er* inscription *f* dans les livres ; comptabilisation *f* ; *Prüfung der* ~¨*er* contrôle *m* des livres, des comptes.

Buchabschluss *m*, ¨e arrêté *m* des comptes.
Buchauszug *m*, ¨e extrait *m* de compte ; relevé *m* de compte.
Buchbeleg *m*, e document *m* comptable ; pièce *f* comptable.
buchen 1. comptabiliser ; porter en compte ; passer en écriture ; *einen Betrag auf der Debetseite* ~ porter une somme au débit ; débiter un compte ; *einen Betrag auf der Habenseite* ~ porter une somme au crédit ; créditer un compte ; *einen Posten* ~ comptabiliser un article (*syn. verbuchen*) 2. (*voyage*) réserver ; s'inscrire pour un voyage.
Bücherabschluss *m*, ¨e → *Buchabschluss*.
Büchermarkt *m*, ¨e → *Buchmarkt*.
Bücherrevisor *m*, en → *Buchprüfer*.
Buchforderung *f*, en créance *f* comptable.
Buchführer *m*, - → *Buchhalter*.
Buchführung *f*, en comptabilité *f* ; tenue *f* des livres ; *amerikanische* ~ comptabilité américaine ; *doppelte* ~ (*Doppik*) comptabilité en partie double ; *einfache* ~ comptabilité en partie simple ; *kalkulatorische* ~ comptabilité analytique ; *kameralistische* ~ comptabilité publique ; *kaufmännische* ~ comptabilité commerciale ; *nationale* ~ comptabilité nationale ; *ordnungsgemäße* ~ comptabilité ordonnée (régulière) ; *pagatorische* ~ comptabilité générale.
Buchführungspflicht *f*, en obligation *f* de tenir une comptabilité.
Buchgeld *n*, er monnaie *f* scripturale ; monnaie de virement ; monnaie de règlement (*syn.* Giralgeld ; Bankgeld).
Buchgemeinschaft *f*, en club *m* d'édition, du bibliophile ; club du livre.
Buchgewerbe *n*, ø activité *f* du livre ; industrie *f* du livre.
Buchgewinn *m*, e bénéfice *m* comptable.
Buchhalter *m*, - comptable *m* ; teneur *m* de livres ; *vereidigter* ~ comptable agréé.
buchhalterisch → *buchmäßig*.
Buchhaltertrick *m*, s artifice *m* comptable ; ficelle *f*, astuce *f* comptable.
Buchhaltung *f*, en 1. → *Buchführung* 2. service *m* de la comptabilité.
Buchhaltungsabteilung *f*, en service *m* comptable ; comptabilité *f*.

Buchhaltungskraft *f*, ¨e secrétaire-comptable *m/f*.
Buchhandel *m*, ø commerce *m* du livre.
Buchhändler *m*, - libraire *m*.
Buchhandlung *f*, en librairie *f* ; boutique *f* de libraire.
Buchhypothek *f*, en hypothèque *f* enregistrée au livre foncier.
Buchkredit *m*, e crédit *m* en compte courant ; crédit comptable ; avance *f* bancaire.
Buchmarkt *m*, ¨e marché *m* du livre.
buchmäßig comptable ; ~*e Forderung* créance *f* comptable ; ~ *erfassen* comptabiliser.
Buchmesse *f*, n foire *f* du livre ; salon *m* du livre ; *die Frankfurter* ~ Salon du livre de Francfort.
Buchpreisbindung *f*, en prix *m* imposé du livre.
Buchprüfer *m*, - expert-comptable *m*.
Buchprüfung *f*, en vérification *f* des livres ; contrôle *m* des comptes.
Buchschuld *f*, en dette *f* comptable.
Buchung *f*, en 1. comptabilisation *f* ; écriture *f* ; opération *f* comptable ; *eine* ~ *berichtigen* rectifier une écriture ; *eine* ~ *vor/nehmen* passer une écriture 2. réservation *f* (vol, voyage) ; location *f* ; inscription *f* ; *eine* ~ *rückgängig machen* annuler une réservation ; → *Berichtigungs-, Gegen-, Giro-, Haben-, Rück-, Soll-, Storno-, Umbuchung*.
Buchungsbeleg *m*, e pièce *f* comptable justificative ; document *m* comptable ; justificatif *m*.
Buchungsfehler *m*, - erreur *f* comptable ; erreur d'écriture.
Buchungsnummer *f*, n numéro *m* d'enregistrement.
Buchungsposten *m*, - compte *m* ; écriture *f* comptable.
Buchungssatz *m*, ¨e écriture *f* comptable.
Buchungssystem *n*, e système *m* de réservation.
Buchungsvorgang *m*, ¨e opération *f* comptable ; écriture *f*.
Buchverleih *m*, e prêt *m* de livres.
Buchversand *m*, ø expédition *f* de livres ; entreprise *f* d'expédition de livres.
Buchwert *m*, e valeur *f* comptable.
Buchwertabschreibung *f*, en amortissement *m* dégressif calculé sur la valeur résiduelle.

Budget *n*, s (*pr. fr.*) **1.** budget *m* (particulier, entreprise) ; ~ *für Anlagen und Ausrüstungen* buget d'équipement **2.** ensemble *m* des dépenses et des recettes de l'État ; *ordentliches, außerordentliches* ~ budget ordinaire, extraordinaire ; *ein* ~ *auf/stellen* établir un budget ; *ein* ~ *verabschieden* voter, adopter un budget ; → *Etat* ; *Haushalt*.

budgetär budgétaire.

Budgetberatung *f*, en délibération *f* budgétaire.

Budgetdefizit *n*, e déficit *m* budgétaire.

Budgetgerade *f*, n (*statist.*) droite *f* budgétaire.

budgetieren budgétiser ; budgéter ; établir le budget ; inscrire au budget.

Budgetierung *f*, en budgétisation *f* ; établissement *m* du budget ; inscription *f* au budget.

Budgetjahr *n*, e année *f* budgétaire.

Budgetkürzungen *fpl* réductions *fpl*, compressions *fpl* budgétaires.

Budgetpolitik *f*, ø politique *f* budgétaire ; *expansive, restriktive* ~ politique budgétaire expansive, restrictive.

Budgetüberschreitung *f*, en dépassement *m* budgétaire.

Buhmann *m*, ¨er bête noire *f* responsable de tous les maux.

Bühne *f*, n scène *f* ; *eine Rolle auf der politischen* ~ *spielen* jouer un rôle sur la scène politique ; *von der* ~ *ab/treten* quitter la scène politique.

Bulker *m*, - vraquier *m*.

Bulle und Bär : (*bourse*) le taureau et l'ours (le taureau symbolise la hausse et l'ours la baisse).

Bullenstrategie *f*, n (*bourse*) stratégie *f* d'achats massifs de titres.

Bummel *m*, - balade *f* ; shopping *m*.

Bummelfahrt *f*, en (*transp.*) opération-escargot *f*.

Bummelmeile *f*, n rue *f* commerçante en centre-ville ; galerie *f* marchande ; centre *m* commercial.

Bummelstreik *m*, s grève *f* du zèle ; grève perlée (*syn. Dienst nach Vorschrift*).

Bummelzug *m*, ¨e train *m* omnibus ; (*fam.*) tortillard *m*.

Bund *m*, (¨e) (con)fédération *f* ; alliance *f* ; coalition *f* ; pacte *m* ; association *f* ; *einen* ~ *schließen* contracter une alliance ; ~ *der Steuerzahler* association des contribuables.

BUND *m* (*Bund für Umwelt und Naturschutz in Deutschland*) Office *m* fédéral de l'environnement et de la protection de la nature.

Bündel *n*, - **1.** (*billets*) liasse *f* **2.** paquet *m* en vrac **3.** bal(l)uchon *m* **4.** train *m* de mesures.

bündeln regrouper ; mettre ensemble ; relier qqch à autre chose ; coupler ; *gebündelt* en bloc ; constituant un tout.

Bündelung *f*, en regroupement *m* ; combinaison *f*.

Bundes- (*préfixe*) fédéral ; relatif à l'Allemagne ; concernant les institutions de la République fédérale d'Allemagne.

Bundesadler *m*, - aigle *m* fédéral (emblème officiel de l'Allemagne).

Bundesagentur *f* **für Arbeit** Agence *f* fédérale pour l'emploi ; agence fédérale du travail (a remplacé la *Bundesanstalt für Arbeit*) ; (*France*) A.N.P.E. *f*.

Bundesamt *n*, ¨er office *f* fédéral ; direction *f* fédérale ; *statistisches* ~ Office fédéral de la statistique ; ~ *für Finanzen* Direction générale des finances.

Bundesangestelltentarif *m*, e (*BAT*) Conventions *fpl* collectives pour les employés (non fonctionnarisés) de la fonction publique.

Bundesanleihe *f*, n emprunt *m* du *Bund* ; emprunt d'État ; emprunt national.

Bundesanstalt *f* **für vereinigungsbedingte Sonderaufgaben** (*BvS*) Office *m* fédéral chargé des missions spéciales liées à la réunification (a remplacé la → *Treuhand*).

Bundesanstalt *f* **für Arbeit** → *Bundesagentur*.

Bundesanzeiger *m* Bulletin *m* des annonces officielles du gouvernement fédéral.

Bundesarbeitsgericht *n* Cour *f* fédérale du travail (à Kassel).

Bundesaufsichtsamt *n* **für das Kreditwesen** Office *m* fédéral de contrôle des banques.

Bundesausbildungsförderungsgesetz *n*, e (*Bafög*) Loi *f* sur la promotion du travail et de la formation professionnelle.

Bundesbahn *f* : *Deutsche* ~ (DB) Chemin *m* de fer fédéral ; *Österreichische* ~ (ÖBB) Chemin de fer fédéral autrichien ; *Schweizerische* ~ (SBB) Chemin de fer fédéral helvétique.

Bundesbank *f* : *Deutsche* ~ Banque *f* centrale ; Banque d'émission ; Banque fédérale (à Francfort).

Bundesbehörde *f*, **n** autorité(s) *fpl* fédérale(s).

Bundesbetriebe *mpl* établissements *mpl* fédéraux à caractère industriel ou commercial.

Bundesbildungsministerium *n* Ministère *m* fédéral de la formation.

Bundesblatt *n*, ¨**er** → *Bundesgesetzblatt*.

Bundesbürger *m*, - citoyen *m* (fédéral) allemand ; Allemand *m* ; habitant *m* d'Allemagne.

Bundesbürgschaft *f*, **en** garantie *f*, caution *f* de l'État fédéral.

Bundeschuldbuch *n*, ¨**er** grand livre *m* de la dette publique.

bundesdeutsch allemand ; fédéral ; d'Allemagne.

Bundesdurchschnitt *m*, **e** moyenne *f* nationale ; moyenne fédérale.

Bundesebene : *auf* ~ à l'échelon fédéral ; au niveau fédéral ; au plan national.

bundeseigen propriété fédérale.

bundeseinheitlich national ; identique sur l'ensemble du territoire fédéral ; *eine ~e Regelung* une règlementation nationale.

Bundesetat *m*, **s** budget *m* fédéral.

Bundesfinanzhof *m* (*BFH*) Cour *f* fédérale suprême en matière fiscale ; cour fédérale des finances.

Bundesfinanzverwaltung *f*, **en** Administration *f* allemande des finances.

Bundesgericht *n*, **e** haute Cour *f* fédérale.

Bundesgerichtshof *m* (*BGH*) Cour *f* suprême de justice ; cour de cassation.

Bundesgesetzblatt *n* Journal *m* officiel de l'Allemagne pour la publication des lois, décrets et ordonnances.

Bundesgrenzschutz *m* Police *f* allemande des frontières.

Bundeshaushalt *m*, **e** → *Bundesetat*.

Bundesinnenministerium *n* ministère *m* fédéral de l'Intérieur.

Bundeskabinett *n*, **e** gouvernement *m* fédéral.

Bundeskanzler *m*, - (*Allemagne* ; *Autriche*) chancelier *m* fédéral.

Bundeskanzleramt *n* chancellerie *f* fédérale.

Bundeskanzlerin *f*, **nen** chancelière *f* fédérale.

Bundeskartellamt *n* Office *m* fédéral des cartels ; administration *f* fédérale pour la réglementation des cartels à Berlin (elle doit surveiller la concentration des entreprises et garantir la libre concurrence).

Bundesland *n*, ¨**er** land *m* (d'Allemagne) ; *die alten und die neuen* ~¨*er* les anciens et les nouveaux länder ; l'Allemagne de l'Ouest et de l'Est.

Bundesminister *m*, - ministre *m* fédéral ; ~ *des Auswärtigen, des Innern* ministre des Affaires étrangères, de l'Intérieur.

Bundesmittel *npl* moyens *mpl* financiers octroyés par l'État ; aide *f*, subsides *mpl* de l'État ; *Anspruch auf* ~ *haben* avoir droit à une aide financière de l'État ; avoir droit à une aide publique.

Bundesnachrichtendienst *m* (*BND*) Services *mpl* secrets allemands ; service des renseignements généraux.

Bundespost : *Deutsche* ~ (*DBP*) Poste *f* fédérale.

Bundespräsident *m*, **en**, **en** (*Allemagne, Autriche* ; *Suisse*) président *m* fédéral.

Bundespräsidialamt *n*, ¨**er** (*Allemagne, Autriche* ; *Suisse*) présidence *f* fédérale.

Bundespresseamt *n* Office *f* fédéral de la presse allemande.

Bundesrat *m* 1. (*Allemagne, Autriche*) Bundesrat *m* ; deuxième chambre *f* composée des représentants des länder 2. (*Suisse*) gouvernement *m* central.

Bundesrechnungshof *m* (*BRH*) Cour *f* fédérale des comptes.

Bundesregierung *f* gouvernement *m* fédéral ; gouvernement allemand.

Bundesrepublik *f* **Deutschland** République *f* fédérale d'Allemagne ; R.F.A. *f* ; Allemagne *f* (fédérale).

Bundesschatzanweisung *f*, **en** → *Bundesschatzbrief*.

Bundesschatzbrief *m*, **e** bon *m* du Trésor ; obligation *f* du Trésor ; bon d'État à intérêts progressifs ; emprunt *m* d'État (à court ou moyen terme).

Bundesschätzchen *n*, - → *Bundesschatzbrief*.

Bundesschuld *f*, **en** dette *f* de l'État fédéral.

Bundessozialgericht *n* Cour *f* fédérale d'arbitrage social (à Kassel).

Bundesstaat *f*, **en** État *m* fédéral.

Bundesstraße *f*, **n** (*Allemagne, Autriche, Suisse*) route *f* fédérale, nationale.

Bundestag *m*, e (*Allemagne, Autriche, Suisse*) parlement *m* ; diète *f* fédérale ; le Bundestag.
Bundesverband *m* **der Deutschen Industrie** (*BDI*) Fédération *f* de l'industrie allemande ; groupe *m* de pression patronal.
Bundesvereinigung *f* **der Deutschen Arbeitgeberverbände** (*BDA*) Confédération *f* des associations patronales allemandes.
Bundesverfassung *f*, **en** Constitution *f* fédérale.
Bundesverfassungsgericht *n* Tribunal *m* constitutionnel suprême d'Allemagne (cette institution chargée de veiller au respect des droits fondamentaux peut être saisie également par le citoyen).
Bundesverkehrsminister *m*, - ministre *m* fédéral des transports.
Bundesversicherungsanstalt *f* **für Angestellte** (*BfA*) Caisse *f* centrale des assurances sociales des employés et des cadres.
Bundesverwaltung *f*, **en** administration *f* fédérale.
Bundeswehr *f* Armée *f* allemande ; Bundeswehr *f*.
bundesweit à l'échelon fédéral ; à l'échelle nationale ; sur l'ensemble du territoire fédéral.
Bundeswirtschaftsrat *m* Conseil *m* économique fédéral.
Bundeszentralregister *n* service *m* central des casiers judiciaires.
Bundeszentralregisterauszug *m*, ¨e extrait *m* de casier judiciaire ; (*fisc*) extrait *m* du fichier central des services fiscaux.
Bündnis *n*, **se** union *f* ; alliance *f* ; pacte *n* ; *betriebliches* ~ accord *m* inter-entreprise ; accord d'entreprise ; ~ *für Arbeit* pacte pour l'emploi (les syndicats acceptent un gel de salaire en contrepartie de garantie d'embauche de la part des entreprises).
Bündnisfähigkeit *f*, ø capacité *f* à s'allier, à conclure des alliances.
bündnisfrei non engagé ; non aligné.
Bündnispolitik *f*, ø politique *f* d'alliance.
bunkern 1. stocker (charbon, céréales) ; mettre en soute 2. (*fam.*) (*drogue*) planquer ; (*argent noir*) mettre à l'abri 3. (*marine*) se ravitailler (en carburant).
Bunte(n) *pl* (*fam.*) écologistes *mpl*.
Buntmetalle *npl* métaux *mpl* non ferreux (*syn. Nichteisenmetalle*).

Bürge *m*, **n**, **n** garant *m* ; avaliste *m* (traite) ; caution *f* ; *als* ~ à titre de caution ; bon pour aval ; *als* ~ *für die Zahlung* bon pour caution du paiement ; *als* ~ *auf/treten* se porter caution ; ~ *für Qualität sein* être un garant de qualité ; *einen ~n stellen* fournir (une) caution.
bürgen cautionner ; avaliser ; garantir ; se porter garant de ; fournir caution ; *für einen Wechsel* ~ avaliser un effet, une traite.
Bürger *m*, - citoyen *m* ; bourgeois *m*.
Bürgeraktion *f*, **en** → ***Bürgerinitiative***.
Bürgerammann *m*, ¨er (*Suisse*) maire *m*.
Bürgerarbeit *f*, ø bénévolat *m* ; travail *m* bénévole ; participation *f* active des citoyens ; travail effectué pour la communauté.
Bürgerbeauftragte/r (*der/ein*) (*E.U.*) *Europäischer ~r* commissaire *m* européen chargé des rapports avec les citoyens.
Bürgerforum *n*, -ren forum *m* de(s) citoyens.
Bürgergeld *n*, ø (concept d'un) revenu *m* minimum citoyen obligatoire.
Bürgergemeinde *f*, **n** (*Suisse*) 1. ensemble *m* des citoyens d'une commune 2. assemblée *f* des citoyens.
Bürgergesinnung *f*, **en** sens *m* civique.
Bürgerinitiative *f*, **n** comité *m* d'action et de défense (intérêts écologiques, antipollution, antibruit, etc.) ; comité de citoyens ; association *f* d'autodéfense ; initiative *f* civique.
bürgerlich 1. civil ; civique ; bourgeois ; ~*e Ehe* mariage civil *m* ; ~*s Gesetzbuch* (*BGB*) code *m* civil ; ~*e Rechtsklage* action *f* au civil ; *Verlust der* ~*en Rechte* privation *f* des droits civiques ; *jdm die bürgerlichen* (*Ehren*) *Rechte ab/erkennen* priver qqn de ses droits civiques 2. conservateur ; ~*e Partei* parti *m* conservateur.
bürgerlich-rechtlich de droit civil ; ~*e Gesellschaft* société *f* de droit civil ; société civile ; → ***BGB-Gesellschaft***.
Bürgermeister *m*, - maire *m* ; bourgmestre *m*.
Bürgermeisteramt *n*, ¨er mairie *f* ; administration *f* municipale ; services *mpl* municipaux.
bürgernah proche du citoyen ; ~*e Politik* politique *f* de dialogue avec les citoyens ; politique de proximité ; ~*e*

Verwaltung administration *f* proche de ses administrés.
Bürgerpflicht *f*, en devoirs *mpl* du citoyen (vis-à-vis de l'État).
Bürgerrecht *n*, e droit *m* civil ; citoyenneté *f* ; droits *mpl* du citoyen.
bürgerrechtlich : ~*es Verfahren* procédure *f* civile ; ~*er Vertrag* contrat *m* (de droit) civil.
Bürgerschaft *f*, en 1. ensemble *m* des citoyens ; *die ~ wird zur Wahl aufgerufen* les citoyens sont appelés aux urnes **2.** citoyenneté *f* **3.** parlement *m* de Hambourg, de Brême et de Berlin.
Bürgersinn *m*, ø esprit *m* civique ; civisme *m* ; sens *m* de la solidarité ; dévouement *m* à la collectivité.
Bürgertum *n*, ø bourgeoisie *f*.
Bürgerversicherung *f*, en (*réforme de la santé*) assurance *f* citoyenne solidaire ; (*France*) couverture *f* maladie universelle (C.M.U.) ; tous les citoyens contribuent à son financement par une cotisation fonction de l'ensemble des revenus ; → *Kopfpauschale*.
Bürgerwehr *f*, en groupe *m* d'autodéfense ; garde *f* civile.
Bürgschaft *f*, en caution *f* ; cautionnement *m* ; aval *m* **I.** *gegen ~* sous caution ; *gesetzliche ~* caution légale ; *kaufmännische ~* caution commerciale ; *selbstschuldnerische ~* caution solidaire **II.** *~ leisten* fournir une caution ; *eine ~ übernehmen* s'engager par caution.
Bürgschaftsannahme *f*, n acceptation *f* de cautionnement ; aval *m*.
Bürgschaftsbank *f*, en société *f* de caution mutuelle.
Bürgschaftserklärung *f*, en cautionnement *m* ; attestation *f*, déclaration *f* de garantie.
Bürgschaftskredit *m*, e crédit *m* cautionné.
Bürgschaftsschuld *f*, en dette *f* d'une personne qui s'est portée caution ; dette de cautionnement.
Bürgschaftsübernahme *f*, n → *Bürgschaftsvertrag*.
Bürgschaftsvertrag *m*, ¨e acte *m* de cautionnement ; engagement *m* écrit de se porter caution.
Bürgschaftswechsel *m*, - effet *m* avalisé.
Büro *n*, s bureau *m* ; office *m* ; agence *f* ; *technisches ~* bureau d'études.
Büro- und Organisationstechnik *f*, en → *Bürokommunikation*.
Büroangestellte/r (*der/ein*) employé *m* de bureau.

Büroarbeit *f*, en travail *m* de bureau.
Bürobedarf *m*, ø fournitures *fpl*, matériel *m* de bureau.
Bürobesetzung *f*, en occupation *f* de bureaux (par le personnel).
Bürodiener *m*, - garçon *m* de bureau.
Bürogestaltung *f*, en organisation *f* de bureau ; aménagement *m* de bureau.
Bürokauffrau *f*, en agent *m* commercial (diplômé) ; assistante *f*, secrétaire commerciale.
Bürokaufmann *m*, -leute agent *m* commercial (diplômé) ; technico-commercial *m* ; assistant *m* commercial.
Bürokommunikation *f*, en bureautique *f*.
Bürokomplex *m*, e complexe *m* de bureaux.
Bürokraft *f*, ¨e employé/e *m/f* de bureau ; secrétaire *f/m* ; (*arch.*) dactylo *f* ; ~*¨e* personnel *m* (féminin) de bureau.
Bürokrat *m*, en, en bureaucrate *m* ; (*péj.*) rond-de-cuir *m*.
Bürokratie *f*, (n) bureaucratie *f* ; fonctionnarisme *m*.
bürokratisch bureaucratique.
Bürokratismus *m*, ø bureaucratisme *m* ; chinoiseries *fpl*, tracasseries *fpl* administratives.
Büromaterial *n*, ien matériel *m* de bureau.
Büroorganisation *f*, en organisation *f* de bureau.
Büroschluss *m*, ø fermeture *f* des bureaux.
Bürostunden *fpl* heures *fpl* de bureau.
Bürotätigkeit *f*, en activité *f* de bureau.
Bürotel *n*, s (*Büro und Hotel*) hôtel *m* pour cadres (chambres équipées d'ordinateurs).
Büroviertel *n*, - quartier *m* d'affaires.
Bürovorsteher *m*, - chef *m* de bureau ; principal (clerc) *m*.
Bürozeit *f*, en → *Bürostunden*.
Bus *m*, se bus *m* ; car *m*.
Buschfunk *m*, ø bouche à oreille *m* ; téléphone *m* arabe ; (*Internet*) schmoozing *m*.
Business *n*, ø (*pr. ang.*) les affaires *fpl* ; le business *m* ; la vie *f* des affaires.
Businessangel *m*, s (*pr. ang.*) investisseur *m* privé dans la nouvelle économie ; business-angel *m*.
Businessclass *f*, ø (*pr. ang.*) (*avion*) classe *f* affaires.

C

C : *Cent* ; *centime*
CA (*computer aided*) assisté par ordinateur.
ca. (*circa*) environ ; à peu près.
cad (*cash against documents*) paiement *m* contre documents.
CAD (*computer aided design*) conception *f* graphique assistée par ordinateur ; design *m* assisté par ordinateur.
Caddie *m*, **s** (*pr. ang.*) caddie *m* ; chariot *m* (*syn. Einkaufswagen*).
CAE *n* (*computer aided engineering*) conception *f* (et mise au point) assistée(s) par ordinateur.
caf : (*Incoterms : coût, assurance, fret*) cif (*cost, insurance, freight*).
Call Option *f* (*pr. ang.*) (*bourse*) option *f* d'achat ; prime *f* ; (*syn. Kaufoption* ; *contr. Put Option*).
Call-by-Call-Geschäft *n*, **e** opérations *fpl* téléphoniques sans contrat.
Callcenter *n*, **-** (*pr. ang.*) centre *m* d'appels téléphoniques ; centrale *f* téléphonique.
Call-of-more-Geschäft *n*, **e** (*bourse, marché à terme*) option *f* du double à l'achat.
CAM *n* fabrication *f* assistée par ordinateur ; FAO *f*.
CAMD *n* (*computer aided molecular design*) design *m* moléculaire assisté par ordinateur.
Camion *m*, **s** (*pr. fr.*) (*Suisse*) camion *m* (*syn. Lastkraftwagen*).
Camionnage *f*, **ø** (*Suisse*) expédition *f* par camion ; transport *m* routier ; camionnage *m*.
Campus *m*, **-** campus *m* universitaire.
canceln (*pr. ang.*) annuler ; *eine Buchung, einen Flug* ~ annuler une réservation, annuler un vol.
CAQ *n* (*computer aided quality control*) contrôle *m* de qualité assisté par ordinateur.
care of (*c/o*) (*pr. ang.*) (sur une adresse) chez ; aux (bons) soins de.
Carnet de touriste *n*, **s** (*pr. fr.*) carte *f* d'assurance internationale.
Carnet-TIR *n*, **s** (*douane*) carnet *m* de transit international routier.
Car-Sharing *n*, **ø** (*pr. ang.*) co-voiturage *m* ; auto *f* partagée.
Cash *n*, **ø** (*pr. ang.*) 1. argent *m* liquide ; espèces *fpl* ; argent comptant 2. règlement *m* au comptant.

Cash and carry *n*, **ø** (*pr. ang.*) système *m* de vente au comptant et à emporter ; système du payer-prendre ; libre-service *m* de gros.
Cashflow *m*, **ø** (*pr. ang.*) cash flow *m* ; capacité *f* d'autofinancement ; flux *m* de liquidités ; marge *f* brute d'autofinancement (M.B.A.) ; → *Liquidität* ; *Gewinn* ; *Bilanz*.
Cashgeschäft *n*, **e** affaire *f* au comptant.
Cash-Management *n*, **ø** (*pr. ang.*) **1.** gestion *f* de trésorerie ; gestion prévisionnelle des moyens de paiement **2.** services *mpl* financiers qu'une banque offre à ses clients vivant à l'étranger.
cash on delivery (*pr. ang.*) payable à la livraison ; paiement *m* contre-remboursement.
CASTOR *m* (*cask for storage and transport of radioactive material*) conteneur *m* destiné au transport de matières radioactives.
Caterer *m*, **-** (*pr. ang.*) (*alimentation*) traiteur *m*.
C + C → *Cash and Carry*.
CD-Platte *f*, **n** (*compact disc*) C.D. *m* ; disque *m* compact.
CD-Rohling *m*, **e** CD *m* vierge.
CD-ROM *f*, **(s)** CD-ROM *m* ; cédérom *m*.
CDU → *christlich*.
Cebit *f* (*Messe für die Bereiche Büro-, Informations- und Nachrichtentechnik*) salon *m* international de la bureautique et des technologies de l'information et de la communication ; salon des technologies nouvelles.
Cellophane *f* / **Cellophan** *n* cellophane *f* ; *in* ~ *verpackt* sous cellophane.
Cent *m*, **s** Cent *m* ; Centime *m* (monnaie divisionnaire de l'euro).
Center *n*, **-** centre *m* commercial (en libre service) ; hypermarché *m*.
Cent-Münze *f*, **n** → *Cent*.
CERN *m* (*Europäischer Rat für Kernforschung, Genf*) Conseil *m* européen pour la recherche nucléaire.
cf → (*Incoterms : cost and freight*) coût et fret.
cf landed (*Incoterms*) coût, fret et mise à quai.
cf verzollt coût et fret, marchandise dédouanée.

CGB → *christlich*.

CGS-System *n*, ø système *m* de mesure international CGS (centimètre, gramme, seconde).

CH (*Confœderatio Helvetica*) (la) Suisse.

Chaebol *n*, s (*Korea*) conglomérat *m* industriel coréen ; consortium *m* coréen.

Chancengleichheit *f*, en égalité *f* des chances.

Change *m*, ø change *m*.

Charge *f*, n (*pr. fr.*) 1. charge *f* ; emploi *m* ; rang *m* dans la hiérarchie ; *die oberen, die unteren ~n* les grades supérieurs, inférieurs (d'une hiérarchie) 2. lot *m* de fabrication ; série *f.*

Chargenfertigung *f*, en fabrication *f* par lots ; production *f* par séries.

Chart *m/s*, s (*pr. ang.*) chart *m* ; diagramme *m* ; graphique *m* (analytique d'évolution d'un titre).

Chart Analytiker *m*, - analyste *m* ; chartiste *m.*

Charta *f*, s charte *f* ; *die ~ der Vereinten Nationen* la Charte des Nations unies.

Chart-Analyse *f*, n (*bourse*) chart *f* ; analyse *f* graphique de l'évolution d'un titre.

Charte *f*, n → *Charta*.

Charter *m*, - (*pr. ang.*) charter *m* ; contrat *m* d'affrètement ; charte-partie *f.*

Charterer *m*, - affréteur *m*.

Charterflug *m*, ¨e vol *m* (en) charter.

Charterfluggesellschaft *f*, en compagnie *f* de vols charters.

Chartergebühr *f*, en taxe *f* d'affrètement.

Chartergesellschaft *f*, en 1. compagnie *f* (de) charter(s) 2. (*hist.*) société *f* d'import-export.

chartern affréter ; *ein Schiff, ein Flugzeug ~* affréter un navire, un avion.

Charterpartie *f*, n → *Chartervertrag*.

Charterung *f*, en affrètement *m* ; convention *f* d'affrètement.

Charterverkehr *m*, ø transport *m* par charter ; trafic *m* par charters.

Chartervertrag *m*, ¨e contrat *m* d'affrètement ; charte-partie *f* (document servant de preuve à un contrat d'affrètement).

Chat *m*, s (*pr. ang.*) (*Internet*) chat *m* ; échanges *mpl* entre internautes ; (*fam*) tchatche *f.*

Chatroom *n*, s (*Internet*) fenêtre *f* de dialogue ; espace *m* virtuel.

chatten (*pr. ang.*) (*Internet*) communiquer sur Internet ; (*fam.*) tchatcher (sur le Net).

Chatter *m*, - (*Internet*) participant *m* à une séance de discussion.

1. **Check** *m*, s (*Suisse*) chèque *m*.
2. **Check** *m*, s (*pr. ang.*) contrôle *m* ; vérification *f.*

checken (*pr. ang.*) contrôler ; vérifier ; procéder à un contrôle ; vérifier le bon fonctionnement ; cocher ; pointer.

Checker *m*, - contrôleur *m* ; vérificateur *m*.

Check-in *n*, ø heure-limite *f* d'enregistrement ; formalités *fpl* d'enregistrement

Checkliste *f*, n liste *f* de contrôle.

Checkpoint *m*, s (*pr. ang.*) (*frontière*) poste *m* de contrôle ; point *m* de passage.

Check-up *m*, s (*pr. ang.*) bilan *m* de santé ; examen *m* médical général systématique.

Chef *m*, s chef *m* ; patron *m* ; directeur *m* ; supérieur *m* hiérarchique.

Chefarzt *m*, ¨e médecin-chef *m* en charge d'un service hospitalier.

Chefetage *f*, n étage *m* de (la) direction.

Chefhändler *m*, - (*bourse*) courtier *m* en chef ; responsable *m* des placements et transactions bancaires.

Chefin *f*, nen directrice *f* ; patronne *f* ; chef *f.*

Chefingenieur *m*, e ingénieur *m* en chef.

Chefredakteur *m*, e (*journal*) rédacteur *m* en chef.

Chefsache *f*, n affaire *f* importante (dont le chef se chargera personnellement) ; *etw zur ~ machen* cela relève du chef.

Chefsekretärin *f*, nen secrétaire *f* de direction.

Chemie *f*, ø chimie *f*

Chemiearbeiter *m*, - ouvrier *m*, travailleur *m* de l'industrie chimique.

Chemiebetrieb *m*, e entreprise *f* de l'industrie chimique.

Chemiefaser *f*, n fibre *f* synthétique.

Chemiefrachter *m*, - chimiquier *m* ; tanker *m* transporteur de produits chimiques.

Chemieriese *m*, n, n géant *m* de la chimie, de l'industrie chimique.

Chemietanker *m* → *Chemiefrachter*.

Chemiewerte *mpl* (*bourse*) valeurs *fpl*, titres *mpl* des industries chimiques.

Chemikalien *fpl* produits *mpl* chimiques.

Chemiker *m*, - chimiste *m*.

chemisch chimique ; *~e Reinigung* nettoyage *m* à sec ; *~e Waffe* arme *f* chimique.

Chiffre *f*, **n** (*pr. fr.*) chiffre *m* ; numéro *m* ; code *m* ; *unter der ~* aux initiales ; sous la rubrique.

Chiffreadresse *f*, **n** adresse *f* chiffrée.

Chiffreanzeige *f*, **n** annonce *f* chiffrée.

Chiffrierabteilung *f*, **en** section *f* du chiffre.

chiffrieren chiffrer ; écrire en chiffre ; coder.

Chiffriermaschine *f*, **n** machine *f* à chiffrer.

Chinesisch *n*, ø jargon *m* technique ; langage *m* incompréhensible ; langue *f* jargonnée.

Chip *m*, **s** (*pr. ang.*) puce *f* ; microprocesseur *m* ; chip *m*.

Chip-Karte *f*, **n** carte *f* à mémoire.

chirografisch chirographaire ; non garanti par une hypothèque ou un privilège.

Christdemokrat *m*, **en**, **en** (*polit.*) chrétien-démocrate *m*.

christlich (*polit.*) chrétien ; *Christlich ~ Demokratische Union (CDU)* Union *f* chrétienne démocrate ; *Christlich Soziale Union (CSU)* Union chrétienne sociale ; *Christlicher Gewerkschaftsbund (CGB)* Confédération *f* syndicale chrétienne.

chronisch chronique ; persistant ; continu ; constant ; *~e Arbeitslosigkeit* chômage *m* endémique ; *~er Geldmangel* manque *m* d'argent chronique.

chronologisch chronologique ; *in einer ~en Reihenfolge* par ordre chronologique ; *etw ~ ordnen* classer par ordre chronologique.

Cie → *Compagnie*.

cif (*cost, insurance, freight*) coût *m*, assurance *f*, fret *m* ; C.A.F. ; *~ verzollt* C.A.F. marchandises dédouanées.

Cif-Basis *f* : *auf ~* sur la base de la clause C.A.F. (coût, assurance, fret).

Cif-Geschäft *n*, **e** affaire *f* traitée sur la base de la clause C.A.F.

Cif-Preis *m*, **e** prix-CAF *m*.

circa environ (*syn. zirka*).

Circa-Klausel *f*, **n** clause *f* de tolérance ; marge *f* d'erreur admise.

City *f*, **s** centre-ville *m*.

Citylights *pl* publicités *fpl* lumineuses dans les centres-villes.

Clearing *n*, **s** (*pr. ang.*) clearing *m* ; (*chèque*) compensation *f* ; (*compte*) liquidation *f* ; (*dette*) acquittement *m* ; *durch ~ ab/rechnen* régler par compensation.

Clearingabkommen *n*, - accord *m* de compensation ; convention *f* de clearing.

Clearinggeschäft *n*, **e** opération *f* de clearing.

Clearinghaus *n*, ¨er chambre *f* de compensation.

Clearingstelle *f*, **n** office *m* de clearing, de compensation.

Clearingverkehr *m*, ø transactions *fpl* compensatoires ; mouvement *m* de fonds par voie de clearing.

Clearingverschuldung *f*, **en** dette *f* envers la chambre de compensation.

Clearingvorschüsse *mpl* avances *fpl* sur opérations de clearing.

Clearingweg : *auf dem ~* par voie de compensation.

Clip *m* → *Videoclip*.

Cliquenwesen *n*, ø → *Cliquenwirtschaft*.

Cliquenwirtschaft *f*, **en** favoritisme *m* ; népotisme *m* ; coteries *fpl* ; maf(f)ia *f* (*syn. Vetternwirtschaft*).

Clou *m*, **s** (*pr. fr.*) clou *m* ; succès *m* ; *der ~ der Saison* le clou de la saison.

Co. → *Compagnie*.

c/o → *care of*.

Coach *m*, **s** (*pr. ang.*) animateur *m* ; coach *m* ; entraîneur *m* ; conseiller *m*.

coachen (*pr. ang.*) entraîner ; animer ; coacher ; conseiller.

Coaching *n*, ø (*pr. ang.*) entraînement *m* ; coaching *m* ; animation *f*.

COBOL *n* (*common business oriented language*) langage *m* informatique de programmation pour la gestion ; Cobol *m*.

c.o.d. (*cash on delivery*) contre remboursement.

CoCom-Liste *f*, **n** liste *f* des marchandises dites "sensibles" (armes, microélectronique, etc.).

Code / Kode *m*, **s** code *m* (de chiffrement) ; *ein Dokument nach einem ~ verschlüsseln* chiffrer un document.

Code Sharing *n*, ø (*pr. ang.*) (*compagnies aériennes*) utilisation *f* d'un code commun pour désigner les vols ou destinations identiques ; alliance *f* de commercialisation en commun.

Codeanschrift *f*, **en** adresse *f* codée.

Codename *m*, **n** nom *m* de code ; *unter einem ~n handeln* agir sous un nom de code.
Codewort *n*, ¨er mot *m* de passe.
Codex *m*, e ou -dizes code *m* (*syn. Kodex*).
codieren coder (*syn. kodieren*).
Codierung *f*, en codage *m*
COMECON *m* (*hist. Council for Mutual Economic Assistance*) Comecon *m* ; Conseil *m* d'aide économique mutuelle (des ex-pays socialistes).
Compagnie *f* (*pr. fr.*) (*rare*) société *f* (seules les abréviations Cie et Co. avec la raison sociale sont encore usuelles)
Compiler *m*, - (*pr. ang.*) (*informatique*) compiler *m* ; programme de traduction d'un langage machine dans un autre langage
Comptantgeschäft *n*, e (*pr. fr.*) → *Kassageschäft*.
Computer *m*, - (*pr. ang.*) ordinateur *m* ; PC *m* ; calculatrice *f* ; machine *f* ; *Daten vom ~ ab/rufen* interroger l'ordinateur ; *den ~ mit Daten füttern* mettre des données en mémoire ; *der ~ speichert Informationen* l'ordinateur mémorise des informations ; *den ~ programmieren* programmer l'ordinateur.
Computeranimation *f*, en simulation *f* sur ordinateur.
Computeranlage *f*, n centre *m*, système *m* informatique (*syn. EDV-Anlage*).
Computereingabe *f*, n données *fpl* d'entrée ; input *m*.
computergesteuert à commande programmée ; à programme enregistré ; commandé par ordinateur ; *~e Analyse der Kosten* analyse *f* informatisée des coûts.
computergestützt informatisé ; assisté par ordinateur ; *~er Unterricht* enseignement *m* assisté par ordinateur (E.A.O.).
Computerhandel *m*, ø (*bourse*) transactions *fpl* boursières informatisées.
computerisieren 1. informatiser ; mémoriser ; stocker ; mettre sur ordinateur 2. transcrire en langage programmation.
Computerisierung *f*, en informatisation *f*.
Computerkriminalität *f*, ø fraude *f*, escroquerie *f* informatique.
Computermodell *n*, e 1. modèle *m* d'ordinateur 2. simulation *f* sur ordinateur.

computern (*fam.*) travailler sur un ordinateur ; "faire" de l'ordinateur.
Computersimulation *f*, en simulation *f* par/sur ordinateur.
Computerspezialist *m*, en, en informaticien *m*.
Computersprache *f*, n langage *m* de programmation.
computerunterstützt → *computergestützt*.
Computerviren *npl* virus *mpl* informatiques.
Consols *pl* (*konsolidierte Staatsanleihen*) fonds *mpl* d'État.
Consultant *m*, s (*pr. ang.*) consultant *m* ; conseil *m* (en entreprise) ; expert *m*.
Consulting *n*, s (*pr. ang.*) conseil *m* ; audit *m* ; cabinet de conseil et d'audit ; activité *f* de conseil ; *~-Firma f* bureau *m* de conseil ; → *Unternehmensberatung*.
Container *m*, - (*pr. ang.*) conteneur *m* ; container *m* ; *versiegelter ~* conteneur scellé.
Containerbahnhof *m*, ¨e gare *f* (de transbordement) de conteneurs.
Containerhafen *m*, ¨ port *m* pour conteneurs.
containerisieren conteneuriser ; envoyer (expédier) par conteneurs.
Containerschiff *n*, e cargo *m* porte-conteneurs.
Containerterminal *m/n*, e terminal *m* de transbordement de conteneurs.
Containerumschlag *m*, ø manutention *f* de conteneurs.
Containerverkehr *m*, ø transport *m* par conteneurs.
Contracting *n*, ø (*pr. ang.*) contracting *m* (financement par un tiers de mesures ou de travaux d'économies d'énergie).
Contractor *m*, s (*pr. ang.*) organisme *m* finançant des travaux d'économies d'énergie.
Controller *m*, - controller *m* ; contrôleur *m* de gestion ; auditeur *m*.
Controlling *n*, ø contrôle *m* de gestion ; audit *m* ; management control *m* ; *operatives, strategisches ~* contrôle de gestion opérationnel, stratégique ; → *Kostenrechnung* ; *Rechnungswesen* ; *Unternehmensführung*.
Controlling-Abteilung *f*, en service *m* contrôle de gestion ; service *m* audit.
Controlling-Firma *f*, -men Cabinet *m* d'audit.

Convenience-Laden *m,* ¨ (*pr. ang.*) commerce *m* de proximité.
Cookie *n,* **s** (*pr. ang.*) (*Internet*) cookie *m* ; programme *m* d'identification.
Copyright *n,* **s** (*pr. ang.*) droits *mpl* de reproduction (*syn. Wiedergaberechte ; Urheberrechte*).
Corporate Bond *m,* **s** (*pr. ang.*) emprunt *m* d'entreprise (*syn. Firmenbond ; Unternehmensanleihe*).
Corporate Governance *f,* ø (*pr. ang.*) gouvernement *m,* gouvernance *f* d'entreprise *m* ; contrôle *m* et supervision *f* de la gestion d'entreprise (répartition du pouvoir entre dirigeants, conseil d'administration et actionnaires).
Corporate Identity *f,* **s** (*pr. ang.*) (carte *f* d') identité *f* d'une entreprise ; image *f* de marque (selon son style de société, son image de marque et sa communication).
cost and freight (*cf*) (*pr. ang.*) (*Incoterms*) coût et fret ; ~ *verzollt* marchandise *f* dédouanée.
Cost Center *n,* - (*pr. ang.*) centre *m* de calcul de coûts.
cost, insurance, freight → *cif*.
CO^2-Steuer *f,* **n** taxe *f* sur l'énergie (production de CO^2).
CO^2-Test *m,* **s** test *m* anti-pollution.
Couleur *f,* **s** (*pr. fr.*) couleur *f* politique ; horizon *m* politique ; *Politiker aller* ~ des hommes politiques de tous bords.
Countdown *m,* **s** (*pr. ang.*) compte *m* à rebours.
Coupon *m,* **s** (*pr. fr.*) 1. (*banque*) coupon *m* d'intérêt ; talon *m* ; souche *f* ; *abtrennbarer* ~ coupon détachable ; *einen* ~ *ein/lösen* encaisser un coupon 2.

bon *m* (essence, etc.) 3. coupon de tissu (*syn. Kupon*).
Couponsteuer *f,* **n** impôt *m* sur les coupons.
courant (*rare*) mois *m* en cours ; année *f* en cours.
Courtage *f,* **n** (*pr. fr.*) courtage *m* ; commission *f* de courtier (*syn. Kurtage*).
Courtier *m,* **s** (*pr. fr.*) (*rare*) courtier *m* (*syn. Makler*).
Cracker *m,* - (*pr. ang.*) pirate *m* sur Internet ; cyber-pirate *m*.
Crash *m,* **s** (*pr. ang.*) (*bourse*) krach *m* (*syn. Krach*).
crashen (*pr. ang.*) (*bourse*) s'effondrer ; être victime d'un crash.
Crawler *m,* - (*pr. ang.*) (*Internet*) crawler *m* ; programme *m* d'actualisation.
Crawling-Peg *n* (*pr. ang.*) parité *f* à crémaillère (corrections périodiques des cours de change).
Crew *f,* **s** (*pr. ang.*) 1. équipage *m* (avion, navire) (*syn. Mannschaft*) 2. équipe *f* de travail (*syn ; Arbeitsteam ; Belegschaft*).
CSU → *christlich*.
CUM-Dividende *f,* **n** coupon *m* attaché (*contr. Ex-Dividende*).
Curriculum Vitae *n,* - C.V. *m* (curriculum vitae) (*syn. Lebenslauf*).
CVP *f* (*Suisse : Christlichdemokratische Volkspartei*) Parti populaire *m* chrétien-démocrate.
Cyber- (*pr. ang.*) cyber-.
Cybercafé *n,* **s** cybercafé *m* ; café Internet.
Cyberpirat *m,* **en, en** pirate *m* informatique ; pirate sur le Web ; cyber-pirate *m*.
Cyberspace *n,* ø cybermonde *m* ; espace *m* virtuel.

D

DAAD *m* (*Deutscher Akademischer Austauschdienst*) Office *m* allemand d'échanges universitaires.

Dach *n*, ¨er toit *m* ; « *alles unter einem Dach* » tout sur place (formule de vente des grandes surfaces) ; *etw unter ~ und Fach bringen* régler qqch ; conclure une affaire ; mener qqch à bien.

Dachfonds *m*, - fonds *m* de fonds ; fonds multiplacements.

Dachgesellschaft *f,* en holding *m* (de contrôle) ; organisation *f* de contrôle ; société *f* mère.

Dachorganisation *f,* en organisme *m* de contrôle ; organisation *f* de tutelle ; centrale *f.*

Dachverband *m*, ¨e → ***Dachorganisation***.

DAG → ***deutsch***.

da/haben avoir en magasin, en stock ; *dieses Modell haben wir leider nicht mehr da* ce modèle n'est malheureusement plus disponible (*syn. vorrätig haben*).

Damm *m*, ¨e barrage *m* ; digue *f.*

dämmen (*bruit, chaleur*) isoler.

Dampf- (*préfixe*) à vapeur.

dämpfen ralentir ; donner un coup de frein ; freiner ; résorber ; amortir ; réprimer ; affaiblir ; *die Konjunktur ~* ralentir l'activité économique.

Dampfer *m*, - (*navigation*) vapeur *m* ; cargo *m.*

Dampfkraftwerk *n*, e centrale *f* thermique.

Dämpfung *f,* en affaiblissement *m* ; *~ der Konjunktur* tassement *m* conjoncturel.

danieder/liegen, a, e stagner ; piétiner ; connaître le marasme ; *die Firma hat lange daniedergelegen* la maison a connu une longue période de stagnation.

Dank *m*, ø remerciement *m* ; reconnaissance *f* ; gratitude *f* ; *zum ~ für* en remerciement de ; *jdm seinen ~ aus/sprechen* exprimer sa reconnaissance à qqn ; *jdm zu ~ verpflichtet sein* être redevable à qqn ; savoir gré à qqn.

dankend erhalten pour acquit ; (*corresp.*) *wir haben Ihr Schreiben vom 12. 1. ~* nous vous remercions de votre courrier du 12/1.

Dankschreiben *n*, - lettre *f* de remerciement.

dap (*documents against payment*) documents *mpl* contre paiement.

d(a)rauf/gehen, i, a (*ist*) : *mein ganzes Geld ist d(a)raufgegangen* tout mon argent y est passé.

Dargebot *n*, e ensemble *m* des matières premières et de l'énergie à la disposition de l'entreprise.

Darleh(e)n *n*, - prêt *m* ; crédit *m* ; emprunt *m* **I.** *als ~* à titre de prêt ; *auslaufendes ~* prêt arrivé à son terme ; *bares ~* prêt en espèces ; *gedecktes ~* prêt garanti ; *indexgebundenes* (*indexiertes*) *~* prêt indexé ; *kurzfristiges, mittelfristiges, langfristiges ~* prêt à court, moyen, long terme ; *unentgeltliches ~* crédit gratuit ; *unverzinsliches ~* prêt sans intérêts ; *verbürgtes ~* prêt cautionné ; *zinsbegünstigtes ~* prêt bonifié ; *zinsloses ~* prêt sans intérêts **II.** *ein ~ auf/nehmen* contracter un prêt ; *ein ~ beantragen* faire une demande de prêt ; solliciter un prêt ; *ein ~ bewilligen* (*gewähren*) accorder un prêt ; *ein ~ kündigen* demander le remboursement d'un prêt ; *ein ~ zurück/zahlen* rembourser un prêt ; → ***Baudarlehen*** ; ***Kredit***.

Darlehensantrag *m*, ¨e demande *f* de prêt ; *einen ~ stellen, ab/lehnen* faire, rejeter une demande de prêt.

Darlehensbedingungen *fpl* conditions *fpl* du prêt.

Darlehensfinanzierung *f,* en financement *m* d'un prêt.

Darlehensforderung *f,* en créance *f* résultant d'un prêt.

Darlehensgarantie *f,* n garantie *f* d'un prêt ; cautionnement *m* d'un prêt.

Darlehensgeber *m*, - bailleur *m* de fonds ; prêteur *m.*

Darlehensgebühren *fpl* frais *mpl* de dossier de prêt.

Darlehensgeschäft *n*, e opération *f* de prêt.

Darlehensgesellschaft *f,* en société *f* de crédit ; société *f* de prêts.

Darlehensgläubiger *m*, - → ***Darlehensgeber***.

Darlehenskasse *f,* n caisse *f* de crédit ; banque *f* de prêts.

Darlehensmittel *npl* fonds *mpl* avancés ; capitaux *mpl* prêtés ; prêt *m* ; avances *fpl.*

Darlehensnehmer *m*, - emprunteur *m.*

Darlehensschuld *f*, en dette *f* ou créance *f* résultant d'un prêt.
Darlehenssumme *f*, n montant *m* du prêt.
Darlehenstilgung *f*, en amortissement *m* d'un prêt ; remboursement *m* échelonné d'un prêt.
Darlehensvertrag *m*, ¨e convention *f* de prêt ; *einen ~ ab/schließen* signer une convention de prêt.
Darlehenszins *m*, en intérêt *m* du crédit ; intérêt *m* de l'argent prêté.
Darlehens(zu)rückzahlung *f*, en remboursement *m* d'un prêt.
Darlehenszusage *f*, n convention *f* de prêt ; promesse *f* de prêt.
Darleihe *f*, n (*Autriche*) → **Darlehen**.
Darleiher *m*, - (*Autriche*) prêteur *m* ; bailleur *m* de fonds.
darunter : ~ *bleiben* se maintenir (rester) au-dessous de ; ~ *fallen* tomber sous le coup de ; ~ *gehen* aller au-dessous de ; ~ *liegen* se situer (être) au-dessous de ; ~ *setzen* apposer ; *seinen Namen ~ setzen* apposer son nom au bas d'un document.
Daseinsbedingungen *fpl* conditions *fpl* d'existence.
Datei *f*, en fichier *m* (informatique) ; bloc *m* d'informations ; *eine ~ ab/fragen* interroger un fichier ; *eine ~ erstellen* constituer un fichier ; *eine ~ verwalten* gérer un fichier.
Dateienaustausch *m*, e échange *m* de fichiers.
Dateileiche *f*, n (*informatique*) information *f* périmée (dans un fichier) ; donnée *f* obsolète.
Dateiverarbeitung *f*, en traitement *m* de fichiers.
Dateiverwaltung *f*, en gestion *f* de fichier.
Daten *pl* données *fpl* ; informations *fpl* ; caractéristiques *fpl* ; précisions *fpl* ; indications *fpl* ; références *fpl* ; *die technischen ~ eines Modells* la fiche technique d'un modèle I. *ausgegebene ~* données de sortie ; *gespeicherte ~* informations stockées ; *nummerische ~* données numériques ; *statistische ~* données statistiques II. ~ (*von einem Computer*) *ab/rufen (auf/rufen)* appeler des données (d'un ordinateur) ; interroger un ordinateur ; ~ *aus/tauschen, um/speichern* échanger, transférer des informations ; ~ *aus/werten* interpréter, dépouiller des données ; ~ *ein/geben* (*ein/speisen, ein/füttern*) entrer, introduire des données ; ~ *erfassen* saisir des données ; ~ *sichern* sauvegarder des données ; ~ *verarbeiten* traiter des informations ; ~ *verwerten* exploiter, utiliser des informations.
Datenabgleich *m*, e coordination *f* entre différents services.
Datenanzeige *f*, n affichage *m* des données.
Datenaufzeichnung *f*, en enregistrement *m* des données.
Datenausgabe *f*, n sortie *f* des données ; données *fpl* sorties.
Datenauswertung *f*, en interprétation *f*, analyse *f* des données ; dépouillement *m* des données.
Datenautobahn *f*, en autoroute *f* de l'information (*syn. Infobahn*).
Datenbank *f*, en banque *f*, base *f* de données ; banque d'informations.
Datenbasis *f* → **Datenbank**.
Datenbearbeitung *f*, en traitement *m* des données.
Datenbestand *m*, ¨e stock *m* de données.
Datendiebstahl *m*, ¨e piratage *m* de données informatiques.
Datendienst *m*, e service *m* informatique.
Dateneingabe *f*, n entrée *f* des données ; données *fpl* introduites.
Datenendgerät *n*, e → **Datenterminal**.
Datenendstation *f*, en → **Datenterminal**.
Datenerfassung *f*, en saisie *f* de données.
Datenfernverarbeitung *f*, en télétraitement *m* (des données) ; téléinformatique *f* ; télématique *f*.
Datenfluss *m*, ¨e débit *m* de sortie ; volume *m* des données ; flux *m* d'informations.
Datengerät *n*, e terminal *m*.
Datenklau *m*, ø piratage *m* (de données informatiques).
Datenkompression *f*, en compression *f* de données.
Datenkomprimierung *f*, en → **Datenkompression**.
Datenlager *n*, - stock *m* d'informations d'entreprise.
Datenmaterial *n*, -ien ensemble *m* des données ; volume *m* de données ; *das ~ auf/arbeiten* exploiter, préparer les données.

Datenmissbrauch *m*, ¨e utilsation *f* abusive des données informatiques.

Datennetz *n*, e réseau *m* informatique ; liaison *f* informatique.

Datenpflege *f*, ø mise à jour *f* de données.

Datenpirat *m*, en, en pirate *m* informatique.

Datensammelei *f*, en collecte *f* de données.

Datensammler *m*, - collecteur *m* de données.

Datenschutz *m*, ø protection *f* de la vie privée contre les abus de l'informatique ; protection des fichiers ; C.N.I.L, *f* (commission nationale informatique et liberté).

Datenschutzbeauftragte/r (*der/ein*) expert *m* en charge du contrôle des abus informatiques ; « Monsieur Informatique et liberté ».

Datenschutzgesetz *n*, e législation *f* contre les abus informatiques ; C.N.I.L. *f*.

Datensicherung *f*, en sauvegarde *f* des données.

Datensichtgerät *n*, e terminal *m* ; visu *f* ; écran *m*.

Datenspeicher *m*, - mémoire *f*.

Datenspeicherung *f*, en mémorisation *f* de données ; mise *f* en mémoire d'informations.

Datenspezialist *m*, en, en informaticien *m*.

Datentechnik *f*, en technologie *f* informatique.

Datenterminal *n*, s terminal *m*.

Datenträger *m*, - support *m* (de données).

Datentransfer *m*, s transfert *m* de données.

Datentypist *m*, en, en → *Datist*.

Datenübertragung *f*, en transmission *f* des données ; téléinformatique *f*.

datenverarbeitend informatique ; informatisé.

Datenverarbeitung *f*, en informatique *f* ; traitement *m*, analyse *f* des données ; *elektronische ~* (*EDV*) traitement électronique (automatique) des données (*syn. Informatik*).

Datenverarbeitungsanlage *f*, n centre *m* de traitement de l'information ; centre informatique, de calcul.

Datenverletzung *f*, en usage *m* illicite ou abusif des informations.

Datenverschlüsselung *f*, en codage *m*, chiffrage *m* de données ; cryptage *m* informatique.

Datenweitergabe *f*, n communication *f* d'informations.

Datenzentrum *n*, -tren centre *m* de traitement des données ; centre informatique.

Datenzugriff *m*, e accès aux données.

DATEX *n* service DATEX des postes allemandes (transmission informatisée des données) ; télématique *f* ; téléinformatique *f*.

datieren dater ; porter une date sur un document ; *der Brief ist vom 2. März datiert* la lettre est en date du 2 mars.

Datierer *m*, - dateur *m*.

Datierung *f*, en datation *f* ; date *f* ; *die ~ eines Schriftstücks vergessen* oublier de dater un document.

Datist *m*, en, en opérateur *m* ; agent *m* informatique.

dato à cette date ; *a ~* à dater de ce jour ; *bis ~* jusqu'à ce jour.

Datowechsel *m*, - lettre *f* (effet *m*) payable à un certain délai de date.

Datum *n*, -ten date *f* ; terme *m* ; *unter dem heutigen ~* en date de ce jour ; *maßgebend ist das ~ des Poststempels* le cachet de la poste faisant foi ; *das ~ ein/setzen* mettre la date ; *ein späteres ~ auf etw setzen* postdater qqch ; *mit einem früheren ~ versehen* antidater.

Datumsangabe *f*, n indication *f* de date ; *ohne ~* sans date.

Datumsstempel *m*, - composteur *m* dateur.

Datumswechsel *m*, - traite *f* à jour fixe ; effet *m* à échéance fixe.

Dauer *f*, ø durée *f* ; temps *m* ; ancienneté *f* ; période *f* ; laps *m* de temps ; *auf (die) ~* à la longue ; *auf bestimmte -* à durée limitée ; *für die ~ von* pour une durée de ; *von begrenzter ~ sein* être de durée limitée ; *~ der Betriebszugehörigkeit* ancienneté dans l'entreprise ; *eine Stelle auf ~ haben* avoir un emploi à durée indéterminée ; avoir un C.D.I.

Dauerarbeitslose/r (*der/ein*) chômeur *m* de longue durée.

Dauerarbeitslosigkeit *f*, ø chômage *m* de longue durée ; chômage chronique (endémique).

Dauerarbeitsplatz *m*, ¨e emploi *m* stable ; contrat *m* à durée indéterminée ; C.D.I. *m*.

Dauerarbeitsvertrag *m*, ¨e contrat *m* de travail à durée indéterminée (CDI).

Dauerauftrag *m*, ¨e ordre *m* permanent ; prélèvement *m* automatique, d'office ; *der Bank einen ~ geben* donner à la banque un ordre de virement permanent ; *die Telefongebühren per ~ zahlen* payer la redevance téléphonique par prélèvement automatique.
Dauerausstellung *f*, en exposition *f* permanente.
Dauerausweis *m*, e → *Dauerpassierschein*.
Dauerbelastung *f*, en charge *f* permanente.
Dauerbeschäftigung *f*, en → *Dauerarbeitsplatz*.
Dauerbetrieb *m*, e fonctionnement *m* continu ; service *m* continu ; exploitation *f* en continu.
Dauerbrenner *m*, - (*fam.*) succès *m* durable ; (*bourse*) valeur *f* à rendement élevé permanent ; valeur sûre du marché.
Dauereinrichtung *f*, en institution *f* permanente, définitive ; *zur ~ werden* se pérenniser ; prendre un caractère permanent.
Daueremittent *m*, en, en émetteur *m* permanent de titres (sur le marché des emprunts et obligations).
Dauererfolg *m*, e succès *m* durable.
Dauererscheinung *f*, en phénomène *m* permanent.
Dauerfestigkeit *f*, ø durabilité *f* ; durée *f* de vie (d'un matériau).
Dauergäste *mpl* clientèle *f* de séjour ; clientèle fidélisée, stable.
dauerhaft durable ; résistant ; *~es Material* matériel *m* résistant.
Dauerhaftigkeit *f*, ø durabilité *f*.
Dauerhoch *n*, s pic *m*, valeur *f* maximale durable ; *ein ~ in den Umfragen erleben* être durablement au plus haut dans les sondages.
Dauerinvalidität *f*, ø invalidité *f* permanente.
Dauerkapital *n*, ø capital *m* permanent ; capital de roulement.
Dauerkarte *f*, n titre *m* de transport permanent ; carte *f* permanente.
Dauerkrise *f*, n crise *f* chronique.
Dauerkulturen *fpl* (*agric.*) production *f* maraîchère et exploitations *fpl* viticoles.
Dauerkunde *m*, n, n client *m* fidèle ; client régulier, fidélisé ; fidèle *m* d'une marque (*syn. Stammkunde* ; *contr. Laufkunde*).

Dauerkundschaft *f*, en clientèle *f* stable ; clientèle fidélisée.
Dauerleistung *f*, en puissance *f* continue ; rendement *m* continu.
Dauermieter *m*, - locataire *m* stable.
dauern durer ; persister ; se maintenir ; se prolonger ; subsister ; demeurer ; prendre du temps.
dauernd constant ; durable ; permanent ; continu ; continuel ; chronique ; endémique ; persistant ; *~e Ausstellung* exposition *f* permanente ; *~e Lasten* charges *fpl* permanentes.
Dauernutzungsrecht *n*, e droit *m* d'usage permanent.
Dauerpassierschein *m*, e laissez-passer *m* permanent.
Dauerpflegeheim *n*, e centre *m* d'hospitalisation de longue durée.
Dauerregen *m*, ø pluies *fpl* persistantes ; (*Asie*) mousson *f*.
Dauerrente *f*, n rente *f* à vie ; pension *f* attribuée à titre définitif.
Dauerschaden *m*, ¨ (*assur. accident*) séquelles *fpl* définitives.
Dauerschuld *f*, en dette *f* permanente.
Dauerseller *m*, - best-seller *m* ; succès *m* de vente (sur une longue durée).
Dauersitzung *f*, en séance *f* marathon.
Dauertest *m*, s test *m*, essai *m* d'endurance.
Dauerüberweisung *f*, en virement *m* permanent, automatique, d'office.
Dauerverbleib *m*, e → *Dauerwohnsitz*.
Dauervertrag *m*, ¨e → *Dauerauftrag*.
Dauervollmacht *f*, en pouvoir *m* permanent ; procuration *f* permanente.
Dauerware *f*, n denrée *f* non périssable ; article *m* de longue conservation.
Dauerwohnsitz *m*, e domicile *m* permanent ; résidence *f* habituelle.
Dauerzustand *m*, ¨e état *m* permanent ; état endémique.
Daumen : (*fam.*) *über den ~ gerechnet* calculé approximativement ; *über den ~ peilen* évaluer à vue de nez.
Daumenschraube *f*, n : (*fam.*) *die ~ an/legen* serrer la vis fiscale.
DAX *m* (*Deutscher Aktienindex*) Dax *m* ; indice *m* boursier de Francfort (30 meilleures valeurs allemandes) ; *in den ~-Index aufgenommen werden* entrer dans les valeurs de l'indice DAX.

daxen (*fam. bourse*) spéculer sur l'indice DAX de la bourse de Francfort ; boursicoter sur le DAX.

DAX-Highflyer *m*, - valeur-vedette *f* du DAX.

Daytrader *m*, - daytrader *m* ; spéculateur *m* (opérateur *m*) au jour le jour.

Daytrading *n*, ø (*pr. ang.*) (*bourse*) opération *f* (marché *m*) au jour le jour (vente et achat de titres et contrats à terme).

dazu/geben, a, e donner en plus ; donner une rallonge ; ajouter une somme d'argent supplémentaire.

dazu/rechnen additionner ; ajouter sur une note ; ajouter sur une facture.

dazu/schlagen, u, a → *dazu/geben*.

dazu/verdienen avoir des à côtés ; avoir un salaire d'appoint ; (*fam.*) mettre du beurre dans les épinards.

DB (*Deutsche Bundesbahn*) → *deutsch*.

DBAG *f* (*Deutsche Börsen-Aktiengesellschaft*) Société *f* des bourses allemandes.

DBB (*Deutscher Beamtenbund*) → *deutsch*.

DBP (*Deutsche Bundespost*) → *deutsch*.

DDR → (*hist.*) *Deutsche Demokratische Republik*.

d.E. (*durch Eilboten*) par exprès.

deaktivieren désactiver.

Deal *m*, s (*pr. ang.*) (*fam.*) affaire *f* ; marché *m* ; *einen ~ ab/schließen* conclure un marché, une affaire ; *einen ~ aus/handeln* négocier un marché ; *den ~ in der Tasche haben* avoir emporté le morceau ; avoir enlevé le marché.

dealen se livrer au trafic de la drogue.

Dealer *m*, - trafiquant *m* de drogue.

Debatte *f*, n débat *m* ; discussions *fpl* ; *stürmische ~* débat houleux ; *in eine ~ ein/greifen* intervenir dans un débat ; *die ~ eröffnen, schließen* ouvrir, clore les débats ; *nicht zur ~ stehen* ne pas être à l'ordre du jour ; ne pas être d'actualité.

debattieren (*über*) débattre (de).

Debet *n*, s dû *m* ; débit *m* ; doit *m* ; *~ und Kredit* débit et crédit ; *im ~ stehen* être au débit ; *ins ~ stellen* porter au débit (*syn. Soll*).

Debetanweisung *f*, en → *Debetnote*.

Debetkarte *f*, n carte *f* de retrait (*somme immédiatement prélevée sur le compte*).

Debetnote *f*, n bordereau *m* de débit ; avis *m* de débit (*syn. Lastschriftanzeige*).

Debetsaldo *n*, -den solde *m* débiteur ; solde négatif, déficitaire ; déficit *m* ; *ein ~ auf/weisen* accuser un solde déficitaire.

Debetseite *f*, n côté *m* débit ; colonne *f* débit.

Debetzins *m*, en intérêt *m* débiteur.

debitieren (*rare*) débiter un compte ; porter au débit.

Debitkarte *f*, n → *Debetkarte*.

Debitor *m*, en client *m* débiteur ; redevable *m* ; (*comptab.*) *~en* créances *fpl* sur clients.

Debitorenauszug *m*, ¨e extrait *m* de compte débiteurs.

Debitorenbestand *m*, ¨e total *m* des créances à recouvrer.

Debitorenbuchhaltung *f*, en comptabilité *f* de créances à recouvrer, à recevoir.

Debitorenkonto *n*, -ten compte *m* des créances à recevoir ; compte débiteur.

deblockieren lever un blocus ; lever un embargo ; débloquer.

Deck *n*, s 1. (*navire*) pont *m* ; *oberes ~* pont supérieur ; *auf ~ verladen* charger sur le pont 2. (*autobus*) impériale *f*.

Deckadresse *f*, n adresse *f* de convention ; boîte *f* aux lettres.

Deckanschrift *f*, en → *Deckadresse*.

Decke *f*, n couverture *f* ; toit *m* ; (*fam.*) *sich nach der ~ strecken* avoir du mal à joindre les deux bouts.

deckeln limiter ; plafonner ; *die Ausgaben ~* plafonner les dépenses.

Deckelung *f*, en plafonnement *m*.

decken couvrir ; combler ; *sich ~* se garantir ; se couvrir ; *den Bedarf ~* couvrir les besoins ; répondre à la demande ; *ein Defizit ~* combler un déficit ; *die Kosten ~* couvrir les frais ; *einen Schaden ~* couvrir (réparer) un dommage ; *einen Verlust ~* combler une perte ; *einen Wechsel ~* honorer une traite.

Deckmantel : *unter dem ~* sous couvert de ; sous prétexte de.

Deckname *m*, ns, n nom *m* d'emprunt ; pseudonyme *m*.

Deckung *f*, en couverture *f* ; garantie *f* ; provision *f* ; protection *f* ; contrepartie *f* ; *ausreichende ~* provision suffisante ; *bankmäßige ~* couverture bancaire ; (*assurance*) *vorläufige ~* couverture *f* provisoire ; carte *f* provisoire ; *mangels ~* faute de provision ; faute de couverture ;

zur ~ der Kosten pour couvrir les dépenses ; *~ ist vorhanden* visé pour provision ; *ohne ~ sein* être à découvert ; *ohne ~ verkaufen* vendre à découvert ; *eine zusätzliche ~ verlangen* exiger une garantie supplémentaire.

Deckungsauflage *f,* **n** (*édition*) tirage *m* couvrant l'à-valoir versé aux auteurs.

Deckungsbedarf *m,* ø 1. besoin *m* de couverture 2. nécessité *f* de réapprovisionner les stocks.

Deckungsbeitrag *m,* ¨e marge *f* sur coût variable (différence entre le produit de la vente et le coût unitaire de production).

Deckungsbetrag *m,* ¨e montant *m* de la garantie ; couverture *f* souscrite.

Deckungsdauer *f,* ø durée *f* de la garantie ; période *f* de couverture.

deckungsfähig : *~es Risiko* risque *m* susceptible d'être pris en charge (par l'assurance) ; *~e Wertpapiere* valeurs *fpl* constituant un fonds de garantie des compagnies d'assurance.

Deckungsgeschäft *n,* e opération *f* de couverture ; contrepartie *f* ; opération *f* du contrepartiste.

Deckungsgrad *m,* e 1. (*comptab.*) : *langfristiger ~* ratio *m* de fonds de roulement ; *kurzfristiger ~* ratio *m* de liquidité 2. (*assur.*) taux *m* de couverture *f* (des risques garantis) ; taux *m* de garantie.

Deckungsgrenze *f,* **n** limite *f* de la garantie ; couverture-plafond *f*.

Deckungshöhe *f,* **n** → *Deckungsbetrag*.

Deckungskapital *n,* ø fonds *mpl* de garantie ; capital *m* de couverture.

Deckungskarte *f,* **n** (*assur.*) carte *f* d'assurance-auto ; attestation *f* d'assurance automobile.

Deckungskauf *m,* ¨e achat de réapprovisionnement des stocks ; achat *m* de couverture ; opération *f* de contrepartie.

Deckungsklausel *f,* **n** clause *f* de couverture (sur une traite).

Deckungslücke *f,* **n** déficit *m* (budgétaire) ; dépense non couverte ; *der Bundeshaushalt weist eine ~ von 2 Milliarden € auf* le budget fédéral révèle un déficit de deux milliards d'euros.

Deckungsmittel *npl* moyens *mpl* financiers (pour combler un déficit budgétaire).

Deckungspapiere *npl* titres *mpl* sur garantie ; valeurs *fpl* de couverture.

Deckungsrücklage *f,* **n** réserve *f* de couverture, de garantie ; primes *fpl* de réserve.

Deckungsstock *m,* ø (*assur.*) fonds *m* de garantie ; réserves *fpl* techniques.

Deckungsstockfähigkeit *f,* en éligibilité *f,* affectabilité *f* au fonds de garantie (des compagnies d'assurances).

Deckungssumme *f,* **n** → *Deckungsbetrag*.

Deckungsverhältnis *n,* se taux *m* de couverture.

Deckungsverkauf *m,* ¨e vente *f* à titre de couverture (suite à un non-respect du contrat par l'acheteur).

Deckungszusage *f,* **n** acceptation *f* provisoire d'un risque ; lettre *f* de couverture ; attestation *f* anticipée d'assurance.

Decoder *m,* - décodeur *m*.

DED *m* (*Deutscher Entwicklungsdienst*) services *mpl* de l'aide allemande aux pays en voie de développement.

de dato (*d.d.*) à compter de ce jour.

Dedikation *f,* en 1. (*édition*) dédicace *m* 2. don *m* (fait par qqn).

Deeskalation *f,* en désescalade *f* ; désamorçage *m* d'une situation de crise.

deeskalieren procéder à une désescalade.

DEFA *f,* ø (*Deutsche-Film-Aktiengesellschaft*) Société *f* anonyme du film allemand.

De-facto-Anerkennung *f,* en reconnaissance *f* de fait.

defekt défectueux ; endommagé ; détérioré ; dégradé ; abîmé ; qui présente un défaut.

Defekt *m,* e défaut *m* ; vice *m* ; dégât *m* ; dommage *m* ; défectuosité *f* ; détérioriation *f* ; *einen ~ haben* présenter un défaut ; *einen ~ beheben* réparer un défaut.

Deficit-Spending *n,* s (*pr. ang.*) relance *f* par le déficit budgétaire.

Defizit *n,* e déficit *m* ; découvert *m* ; passif *m* ; perte *f* ; différence *f* en moins ; *ein Konto mit einem ~ abschließen* clôturer un compte par (avec) un déficit ; *ein ~ in Milliardenhöhe auf/weisen* (*verzeichnen*) accuser un déficit de plusieurs milliards ; *ein ~ decken* combler (éponger) un déficit (*syn. Fehlbetrag*).

defizitär déficitaire ; en déficit ; passif.

Defizitfinanzierung *f*, **en** → *Deficit-Spending*.
Defizitjahr *n*, **e** année *f* déficitaire.
Defizitsünder *m*, ¨ (*U.E.*) pays *m* ne respectant pas les critères (de déficit) de Maastricht ; mauvais élève *m* de l'U.E.
Deflation *f*, **en** déflation *f* (contraction de la masse monétaire et/ou du crédit entraînant une baisse générale des prix) (*contr. Inflation*).
   deflationär → *deflationistisch*.
   deflationieren provoquer une déflation ; avoir un effet déflationniste.
   deflationistisch déflationniste ; à tendance déflationniste ; ~*e Politik* politique *f* déflationniste.
Deflationsängste *fpl* craintes *fpl* déflationnistes.
Deflationsschub *m*, ¨**e** poussée *f* déflationniste.
Deflationsspirale *f*, **n** spirale *f* déflationniste.
   deflatorisch → *deflationistisch*.
Defraudation *f*, **en** escroquerie *f* ; détournement *m* ; arnaque *f* ; (*douane*) fraude *f* aux droits de douane.
   defraudieren (*douane*) frauder ; détourner des taxes douanières.
Deglomeration *f*, ø désagglomération *f* ; déconcentration *f* de l'habitat ou du lieu de travail.
   degradieren rétrograder (d'échelon).
Degression *f*, **en** dégression *f* ; dégressivité *f* ; diminution *f* progressive ; (*fisc*) système *m* dégressif.
   degressiv dégressif ; ~*e Abschreibung* amortissement *m* dégressif ; ~*e Besteuerung* imposition *f* dégressive ; ~*e Kosten* coûts *mpl* dégressifs.
Degressivbesteuerung *f*, **en** imposition *f* dégressive.
Degressivsteuer *f*, **n** impôt *m* dégressif.
   deindustrialisieren désindustrialiser ; délocaliser (des entreprises à l'étranger).
Deindustrialisierung *f*, **en** désindustrialisation *f* ; délocalisation *f*.
De-jure-Anerkennung *f*, **en** reconnaissance *f* de droit, de jure.
Dekan *m*, **e** (*université*) doyen *m*.
   dekartellieren → *dekartellisieren*.
Dekartellierung *f*, **en** → *Dekartellisierung*.
   dekartellisieren démanteler les cartels ; décartelliser (*syn. entflechten*).

Dekartellisierung *f*, **en** démantèlement *m* des cartels ; décartellisation *f* (*syn. Entflechtung*).
Deklarant *m*, **en**, **en** déclarant *m*.
Deklaration *f*, **en** 1. déclaration *f* officielle (État, organisation, etc.) 2. déclaration fiscale, d'exportation 3. (*poste*) déclaration de valeur (à l'expédition).
Deklarationspflicht *f*, ø déclaration *f* obligatoire ; obligation *f* de déclarer.
   deklarieren 1. faire une déclaration officielle 2. déclarer (en douane, des revenus, etc.) 3. (*poste*) déclarer la valeur.
   deklassieren déclasser.
Deklassierung *f*, **en** déclassement *m*.
   dekodieren décoder ; déchiffrer ; décrypter.
Dekodierung *f*, **en** décodage *m* ; déchiffrage *m* ; décryptage *m*.
Dekontamination *f*, **en** (*nucléaire*) décontamination *f*.
   dekontaminieren décontaminer.
Dekonzentration *f*, **en** déconcentration *f* ; décentralisation *f* ; décartellisation *f*.
   dekonzentrieren déconcentrer ; décentraliser ; décartelliser.
Dekort *m*, **e** remise *f* pour qualité défectueuse ; ristourne *f*.
Dekret *n*, **e** décret *m* ; *ein ~ erlassen* promulguer un décret (*syn. Erlass*).
   dekretieren décréter ; promulguer ; *Maßnahmen ~* décréter des mesures ; *ein Gesetz ~* promulguer une loi.
Dekuvert *n*, **s** 1. (*bourse*) découvert *m* ; insuffisance *f* de titres mobiliers à la bourse 2. arriéré *m* de dette ; créance *f* à recouvrer 3. perte *f*.
Delegation *f*, **en** 1. délégation *f* ; *eine ~ von Arbeitern* une délégation d'ouvriers 2. mandat *m* ; procuration *f*.
   delegieren 1. déléguer ; envoyer en délégation 2. mandater ; donner des pouvoirs ; déléguer des droits ; *der Chef ~t seine Befugnisse an seine Mitarbeiter* le chef délègue ses pouvoirs à ses collaborateurs.
Delegierte/r (*der/ein*) délégué *m*.
Delikatessengeschäft *n*, **e** épicerie *f* fine.
Delikt *n*, **e** (*jur.*) délit *m* (civil) ; infraction *f*.
Delinquent *m*, **en**, **en** délinquant *m* ; criminel *m*.
Delinquenz *f*, ø délinquance *f*.

Delkredere *n,* - ducroire *m* ; garantie *f* ; sûreté *f* ; *das ~ übernehmen* se porter ducroire.

Delkrederefonds *m,* - fonds *m* de garantie ; provisions *fpl* pour couverture de pertes éventuelles ; provisions pour créances douteuses.

Delkrederehaftung *f,* ø responsabilité *f* ducroire.

Delkrederekommissionär *m,* e commissionaire *m* ducroire ; agent *m* responsable des dettes de ses clients envers la personne ou l'entreprise qu'il représente moyennant une commission.

Delkredereprovision *f,* en commission *f* ducroire (perçue par le commissionnaire).

Delkredererisiko *n,* en risque *m* d'insolvabilité ; risque de créances douteuses.

Delkredereübernahme *f,* n acceptation *f* par le commissionnaire de se porter ducroire et prendre en charge la solvabilité de ses clients,

Delkredereversicherung *f,* en assurance *f* ducroire.

De-Luxe-Ausstattung *f,* en équipement *m* de luxe ; modèle *m* luxe ; version *f* haut de gamme.

Dementi *n,* s démenti *m.*

dementieren démentir ; *jdn ~* donner un démenti à qqn.

Demission *f,* en démission *f* ; *jds ~ bekannt geben* annoncer la démission de qqn.

demissionieren démissionner ; donner sa démission.

Demo *f,* s (*fam.*) manif *f.*

Demografie *f,* n démographie *f.*

demografisch démographique ; *~e Erhebungen* enquêtes *fpl* démographiques ; *~e Statistik* statistique *f* démographique.

demonetisieren démonétiser ; *die Geldstücke wurden demonetisiert* les pièces n'ont plus cours.

Demonetisierung *f,* en démonétisation.

Demonstrant *m,* en, en manifestant *m.*

Demonstration *f,* en 1. manifestation *f* ; *eine ~ veranstalten* organiser une manifestation 2. (*commercial*) démonstration *f.*

Demonstrator *m,* en démonstrateur *m* ; présentateur *m.*

demonstrieren 1. manifester ; protester contre 2. faire connaître ; *Entschlossenheit ~* affirmer sa détermination.

Demontage *f,* n 1. (*machine*) démontage *m* 2. démantèlement *m* ; suppression *f* progressive ; *~ von Sozialleistungen* suppression de prestations sociales 3. limogeage *m* ; *für die ~ eines Direktors verantwortlich sein* être responsable du déboulonnage *m* d'un directeur.

demontieren démonter ; *Fabriken ~* démanteler des usines.

Demoskopie *f,* n étude *f* de l'opinion ; sondage *m* d'opinion.

demoskopisch : *~es Institut* institut *m* de sondage d'opinion.

Demotivation *f,* en démotivation *f.*

Denaturalisation *f,* en dénaturalisation *f* (*syn. Ausbürgerung*).

denaturalisieren dénaturaliser (*syn. aus/bürgern*).

denaturieren : *ein Produkt ~* dénaturer un produit (industrie alimentaire).

Denkfabrik *f,* en cellule *f* de réflexion (politique, économique, sociale) (*syn. Think Tank*)

Denkmünze *f,* n pièce *f* (de monnaie) commémorative.

Denkschrift *f,* en mémoire *m* ; mémorandum *m* (*syn. Memorandum*).

Denunziant *m,* en, en dénonciateur *m* ; délateur *m* ; (*fam.*) balance *f.*

Denunziantentum *n,* ø délation *f* ; dénonciation *f.*

denunzieren dénoncer ; (*fam.*) balancer.

Depesche *f,* n (*arch.*) dépêche *f* ; télégramme *m.*

Deponat *n,* e (objet laissé en) dépôt *m.*

Deponent *m,* en, en déposant *m.*

Deponie *f,* n décharge *f* (publique) ; *wilde ~* décharge sauvage, illicite (*syn. Müllabladeplatz*).

deponierbar déposable ; susceptible d'être stocké.

deponieren déposer ; mettre en dépôt ; donner en garde ; *deponiertes Wertpapier* titre *m* en dépôt ; *Geld bei der Bank ~* déposer de l'argent à la banque ; *Schmuck im Safe ~* déposer des bijoux dans un coffre-fort (*syn. hinterlegen*).

Deponierung *f,* en mise *f* en dépôt ; mise en garde.

Deport *m,* s (*pr. fr.*) (*bourse*) déport *m* (dans une opération de report, le déport est égal à la différence des cours du comptant et du terme).

Deportgeschäft *n,* **e** opération *f* de déport.

Deportkurs *m,* **e** cours *m* de déport ; différentiel *m* du cours du terme et du comptant.

Depositär/Depositar *m,* **e** dépositaire *m* ; séquestre *m* judiciaire.

Depositen *npl* dépôts *mpl* ; choses *fpl* déposées ; choses données en garde ; fonds *mpl* en dépôt bancaire ; *kurzfristige* ~ dépôts (remboursables) à court terme ; ~ *auf Sicht* dépôts (remboursables) à vue ; ~ *mit Kündigungsfrist* dépôts (remboursables) avec préavis.

Depositenbank *f,* **en** banque *f* de dépôts ; institut *m* de crédit.

Depositengeld *n,* **er** fonds *mpl* déposés ; capitaux *mpl* déposés.

Depositengeschäft *n,* **e** opération *f* de dépôt.

Depositenguthaben *n,* **-** avoir *m* déposé ; avoir en dépôt.

Depositenkasse *f,* **n** caisse *f* de dépôts.

Depositenkonto *n,* **-ten** compte *m* de dépôt.

Depositenschein *m,* **e** reconnaissance *f,* reçu *m* de dépôt en banque.

Depositorium *n,* **-ien** dépôt *m* ; coffre-fort *m*.

Depositum *n,* **-ten** objet *m* en dépôt ; dépôt *m* ; *auf Verlangen zurückzahlbares* ~ dépôt à vue ; → *Depositen.*

Depot *n,* **s** (*pr. fr.*) 1. dépôt *m* ; *Wertpapiere in* ~ *geben* donner des titres en garde 2. entrepôt *m* ; *Getreide in einem* ~ *lagern* entreposer des céréales.

Depotabteilung *f,* **en** service *m* des dépôts.

Depotbuch *n,* **¨er** livret *m* de dépôt, de déposant.

depotführend : *die* ~*e Bank* banque *f* gestionnaire de titres en dépôt.

Depotgebühr *f,* **en** frais *mpl* de(s) dépôt ; droits *mpl* de garde.

Depotgeschäft *n,* **e** consignation *f* ; garde *f* de titres.

Depotgesetz *n,* **e** législation *f* concernant les dépôts et achats de titres.

Depotkonto *n,* **-ten** compte *m* de dépôt ; compte-titres *m*.

Depotschein *m,* **e** récépissé *m* de dépôt.

Depotstimmrecht *n,* **e** (*Allemagne*) droit *m* de vote d'une banque dépositaire d'actions en compte courant ; droit de vote par procuration ; procuration *f* bancaire (*syn. Bankenstimmrecht*).

Depotwechsel *m,* **-** effet *m* remis en nantissement ; traite *f* de garantie.

Depression *f,* **en** dépression *f* (économique).

Deputat *n,* **e** 1. rémunération *f,* prestations *fpl* en nature ; avantage *m* en nature 2. (*enseignement*) service *m* dû ; plan *m* de charge.

Deputation *f,* **en** délégation *f* ; députation *f* ; mission *f* ; commission *f.*

Deputatland *n,* **ø** (*agric.*) terre *f* cédée à titre gracieux comme complément de salaire.

Deputatwohnung *f,* **en** logement *m* de fonction ; logement mis gracieusement à disposition (comme élément d'un contrat de travail).

deputieren députer ; déléguer.

Deputierte/r (*der/ein*) 1. membre *m* d'une délégation, d'une mission 2. (*France*) député *m* à l'Assemblée nationale (*syn. Abgeordnete/r*).

deregulieren déréglementer ; déréguler ; libérer (prix, loyers, etc,) ; dénationaliser ; privatiser.

Deregulierung *f,* **en** déréglementation *f* ; dérégulation *f* ; libération *f* ; dénationalisation *f* ; privatisation *f.*

Dereliktion *f,* **en** (*jur.*) déréliction *f* ; abandon *m* d'un droit de propriété.

Derivat *n,* **e** (*finance, commerce*) produit *m* dérivé.

Derivat(e)börse *f,* **n** bourse *f* de produits (financiers) dérivés (« Liffe » de Londres par ex.).

derivativ dérivé ; induit ; indirect ; secondaire ; ~*es Finanzprodukt* produit *m* financier dérivé.

Derivativ *n,* **e** → *Derivat.*

Desaster *n,* **-** désastre *m* ; catastrophe *f* ; *mit einem finanziellen* ~ *enden* se solder par un désastre financier.

Desertifikation *f,* **en** désertification *f.*

Deeskalation *f,* **en** désescalade *f.*

deeskalieren désescaler.

desaktivieren → *deaktivieren.*

Desideratenbuch *n,* **¨er** cahier *m* de doléances.

Design *n,* **s** (*pr. ang.*) design *m* ; dessin *m* industriel ; esthétique *f* industrielle ; style *m* ; stylique *f.*

Designationsrecht *n*, **e** pouvoir *m* de nomination.

Designer *m*, - (*pr. ang.*) designer *m* ; styliste *m* ; graphiste *m* ; dessinateur *m* ; créateur *m* ; esthéticien *m* industriel ; stylicien *m*.

Designerfood *n*, ø (*pr. ang.*) **1.** nouveauté *f* alimentaire non naturelle **2.** aliment *m* transgénique ; aliment à base d'O.G.M.

Desinflation *f,* **en** lutte *f* anti-inflation.

Desinformation *f,* **en** désinformation *f* ; fausse information *f.*

desinformieren désinformer ; répandre de fausses nouvelles.

Desk-Research *n*, **s** (*pr. ang.*) recherche *f* documentaire (par opposition à l'étude sur le terrain).

Desk-Sharing *n*, **s** (*pr. ang.*) partage *m* d'un bureau.

Desktop-Publishing *n*, **s** (*pr. ang.*) micro-édition *f* ; publication *f* assistée par ordinateur (P.A.O.).

Detail *n*, **s** (*pr. fr.*) détail *m*.

Detailhandel *m*, ø (*arch.*) commerce *m* de détail ; vente *f* au détail.

detaillieren 1. détailler ; spécifier ; énumérer **2.** (*arch.*) vendre à la pièce ; détailler, débiter une marchandise.

deutsch allemand ; ~*e Angestelltengewerkschaft* (*DAG*) syndicat *m* des employés et des cadres ; ~*er Beamtenbund* (*DBB*) Confédération *f* des fonctionnaires ; ~*e Börse* bourse *f* de Francfort ; ~*e Bundesbahn* (*DB*) chemins *mpl* de fer allemands ; ~*e Bundesbank* banque *f* centrale ; ~*e Bundespost* (*DBP*) postes *fpl* et télécommunications *fpl* fédérales ; ~*er Gewerkschaftsbund* (*DGB*) confédération *f* syndicale ; ~*er Industrie- und Handelstag* (*DIHT*) fédérations *fpl* patronales allemandes ; Fédération des chambres de commerce et d'industrie ; (*France*) A.P.C.C.I. ; (*hist.*) ~*e Mark* (*DM*) mark *m* allemand ; ~*e Presseagentur* (*dpa*) agence *f* de presse allemande ; ~*er Sparkassen- und Giroverband* Association *f* allemande de caisses d'épargne et de centrales de virement ; ~*er Städtetag* Assemblée *f* des villes allemandes.

Deutsche Demokratische Republik *f* (*hist.*) République *f* démocratique allemande (*R.D.A.*).

Deutschland AG *f* (*fam.*) l'entreprise « Allemagne » ; l'Allemagne en tant que nation économique ; l'économie allemande.

Deutschschweiz *f* Suisse *f* allemande ; Suisse alémanique.

Deutschschweizer *m*, - Suisse *m* allemand.

deutschstämmig d'origine allemande.

Deutschtürke *m*, **n**, **n** Allemand *m* d'origine turque.

Devalvation *f,* **en** dévaluation *f* ; dévalorisation *f.*

devalvieren (*rare*) dévaluer ; dévaloriser ; déprécier.

Devise *f*, **n 1.** devise *f* ; monnaie *f* étrangère ; change *m* ; *harte* ~ devise forte ; *Bestand an* ~*n* disponibilité *f* en devises ; ~*n kaufen, ein/tauschen* acheter, échanger des devises **2.** slogan *m* ; devise *f.*

Devisenabflüsse *mpl* → **Devisenabgänge**.

Devisenabgänge *mpl* sorties *fpl* de devises.

Devisenabkommen *n*, - accord *m* sur les changes ; accord de change.

Devisenabrechnung *f,* **en** compensation *f* des opérations en devises.

Devisenabteilung *f,* **en** (*banque*) service *m* des changes.

Devisenausland *n*, ø territoire *m* qui échappe au régime monétaire national.

Devisenausländer *m*, - non-résident *m* ; personne *f* non assujettie au régime des changes.

Devisenbelassungsverfahren *n*, - procédure *f* de non-rétrocession de devises.

Devisenbeschaffung *f,* **en** obtention *f* de devises.

Devisenbeschränkung *f,* **en** → **Devisenbewirtschaftung**.

Devisenbestand *m*, ¨e réserves *fpl*, avoir *m*, disponibilités *fpl* en devises.

Devisenbestimmungen *fpl* réglementations *fpl* (en matière) de changes.

Devisenbewirtschaftung *f,* **en** contrôle *m* des changes ; contingentement *m* des devises ; réglementation *f* des devises.

Devisenbilanz *f,* **en** compte *m* devises.

Devisenbörse *f,* **n** → **Devisenmarkt**.

Devisenbriefkurs *m*, **e** cours *m* des devises (offre).

devisenbringend qui rapporte des devises.

Devisenbringer *m*, - produit *m* qui se vend bien à l'étranger ; facteur *m* économique source de devises.

Deviseneingänge *mpl* rentrées *fpl* de devises.

Deviseneerleichterungen *fpl* assouplissement *m* du contrôle des changes ; facilités *fpl* accordées en matière de devises.

Devisengenehmigung *f,* en autorisation *f* de change.

Devisengeschäft *n,* e opération *f* de change ; transaction *f* sur les changes.

Devisengesetz *n,* e loi *f* sur le contrôle des changes.

Devisengewinn *m,* e 1. gain *m* sur les changes 2. (*bourse*) prime *f* de change.

Devisenhandel *m,* ø marché *m* des changes ; commerce *m,* opérations *fpl* de change ; *freier* ~ marché *m* libre des devises.

Devisenhandelsplatz *m,* ¨e → *Devisenbörse.*

Devisenhändler *m,* - cambiste *m* ; courtier *m* en devises.

Deviseninland *n,* ø territoire *m* ou pays *m* où s'applique la réglementation monétaire interne.

Deviseninländer *m,* - personne *f* assujettie au régime national des changes.

Devisenknappheit *f,* en → *Devisenmangel.*

Devisenkontrolle *f,* n → *Devisenbewirtschaftung.*

Devisenkurs *m,* e taux *m* de change ; cours *m* du (des) change(s) ; *amtlicher* ~ taux de change officiel ; *den* ~ *fest/setzen* fixer le taux de change.

Devisenmakler *m,* - → *Devisenhändler.*

Devisenmangel *m,* ø manque *m* de devises : pénurie *f* de devises.

Devisenmarkt *m,* ¨e marché *m* des changes ; marché des devises ; bourse *f* des devises (changes).

Devisennotierung *f,* en cotation *f* des devises, des changes.

Devisenpolitik *f,* en politique *f* en matière de change.

Devisenpolster *n,* - réserves *fpl* de/en devises ; matelas *m* de devises.

Devisenquote *f,* n contingent *m* de devises.

Devisenreserven *fpl* réserves *fpl* en/ de devises.

Devisenschieber *m,* - trafiquant *m* de devises.

Devisenschmuggel *m,* ø trafic *m* (illégal) de devises.

Devisenschwindel *m,* ø escroquerie *f* sur le change, sur les devises.

Devisenspekulant *m,* en, en spéculateur *m* en matière de devises.

Devisenspekulation *f,* en spéculation *f* sur les changes.

Devisenstelle *f,* n office *m* des changes.

Devisenswap *m,* s opération *f* croisée sur les devises ; opération swap (opération sur le marché à terme des devises couplée avec une opération au comptant).

Devisentermingeschäft *n,* e marché *m* à terme sur les devises.

Devisenterminhandel *m,* ø marché *m* des changes à terme.

devisenträchtig susceptible de rapporter des devises ; prometteur de devises.

Devisenumrechnungstabelle *f,* n tableau *m* des changes.

Devisenvergehen *n,* - infraction *f* à la réglementation des changes.

Devisenverkehr *m,* ø → *Devisenhandel.*

Devisenvorrat *m,* ¨e → *Devisenbestand.*

Devisenvorschrift *f,* en réglementation *f* des changes.

Devisenzahlung *f,* en paiement *m* en devises.

Devisenzuteilung *f,* en octroi *m,* attribution *f* de devises.

Devisenzwangswirtschaft *f,* en → *Devisenbewirtschaftung.*

Dezemberfieber *n,* ø fièvre « de décembre » *f* qui s'empare des administrations publiques pour dépenser le reliquat des enveloppes budgétaires sous peine de ne plus se voir attribuer de budget l'année suivante.

dezentral décentralisé.

Dezentralisation *f,* en décentralisation *f.*

dezentralisieren décentraliser.

Dezernat *n,* e ressort *m* ; service *m* ; direction *f* ; section *f* ; division *f* ; *das* ~ *für Bauwesen* les services du bâtiment et des travaux publics.

Dezernent *m,* en, en chef *m* de service.

Dezimale *f*, **n** décimale *f* ; *auf zwei ~n aus/rechnen* calculer une valeur à la deuxième décimale près (deux chiffres après la virgule).
dezimalisieren passer au système décimal.
Dezimalstelle *f*, **n** → ***Dezimale***.
Dezimalsystem *n*, **e** système *m* décimal.
DGB *m* (*Deutscher Gewerkschaftsbund*) → *deutsch*.
d'hondtsche System (das) (*pol.*) système *m* de répartition des sièges dans certains parlements (d'après le juriste belge Victor d'Hondt).
Diagramm *n*, **e** diagramme *m* ; graphique *m* ; *etw in einem ~ dar/stellen* représenter qqch sous forme de diagramme.
Dialog *m*, **e** dialogue *m* ; conversation *f* ; *den ~ mit jdm fort/setzen* poursuivre le dialogue avec qqn ; *einen ~ mit jdm führen* avoir un dialogue avec qqn.
Dialogbereitschaft *f*, **en** disposition *f* à dialoguer ; ouverture *f* au dialogue.
Dialogpartner *m*, **-** interlocuteur *m*.
Diäten *pl* indemnités *fpl* de représentation ; indemnité parlementaire ; jetons *mpl* de présence ; *~ beziehen* toucher (percevoir) une indemnité parlementaire.
dicht dense ; *~er Verkehr* trafic *m* dense ; *~ besiedelt* fortement urbanisé ; *~ bevölkert* très peuplé.
Dichte *f*, (**n**) densité *f* ; concentration *f* ; intensité *f* ; *~ der Bevölkerung* densité *f* de la population.
dicht/machen (*fam.*) fermer (définitivement) ; fermer boutique.
dick gros ; fort ; énorme ; (*fam.*) *~e Geschäfte machen* faire des affaires d'or ; *eine ~e Rechnung bezahlen* payer une facture salée.
Dieb *m*, **e** voleur *m* ; bandit *m* ; brigand *m* ; *einen ~ auf frischer Tat ertappen* prendre un voleur sur le fait (en flagrant délit) ; *haltet den ~ !* au voleur !
Diebesgut *n*, ¨**er** marchandise *f* volée.
diebessicher à l'abri du vol ; protégé contre le vol ; *~e Vorrichtung* dispositif *m* antivol.
Diebin *f*, **nen** voleuse *f*.
Diebstahl *m*, ¨**e** vol *m* ; *geistiger ~* plagiat *m* ; *schwerer ~* vol qualifié ; *einen ~ begehen (verüben)* commettre un vol ; *gegen ~ versichert sein* être assuré contre le vol.

Diebstahlversicherung *f*, **en** assurance *f* contre le vol.
dienen servir ; *dem Staat ~* servir l'État ; *womit kann ich ~ ?* qu'y a-t-il pour votre service ? Monsieur, Madame désire ? *~ als* servir de ; faire office de.
Dienst *m*, **e** service *m* ; emploi *m* ; charge *f* ; travail *m* ; fonction *f* ; office *m* ; place *f* ; poste *m* **I.** *einfacher ~* cadre *m* subalterne ; *mittlerer ~* cadre moyen ; *höherer (gehobener) ~* cadre *m* supérieur ; cadre de direction ; *der öffentliche ~* le service public ; (*machine*) *außer ~* hors service ; en retraite ; *im ~ (vom ~)* de service ; *~ am Kunden* service après-vente ; service à la clientèle **II.** *seine (guten) ~e an/bieten* offrir ses (bons) offices ; *den ~ an/treten* entrer en service ; *aus dem ~ aus/scheiden* quitter le service ; prendre sa retraite ; *einen Beamten seines ~es entheben* relever un fonctionnaire de ses fonctions ; *aus dem ~ entlassen* licencier ; *zum ~ gehen* aller au travail ; *~ haben (machen)* travailler ; être de service ; *den ~ (auf)kündigen* donner congé ; *~ nach Vorschrift machen* faire la grève du zèle ; *jdn in seine ~e nehmen* prendre qqn à son service ; *den ~ quittieren* donner son préavis ; quitter le service ; *nicht im ~ sein* ne pas travailler ; ne pas être de service ; *im ~ stehen* être de service ; *in jds ~ stehen* être au service de qqn ; *in ~ treten* prendre son service ; *seinen ~ versehen* remplir ses fonctions ; exécuter son service ; (*fam.*) *~ ist ~ und Schnaps ist Schnaps* le travail est une chose, le plaisir en est une autre.
Dienstalter *n*, **-** années *fpl* (ancienneté *f*) de service ; *nach dem ~ befördert werden* passer (être promu) à l'ancienneté ; *ein ~ von 25 Jahren haben* avoir 25 années d'ancienneté (de service).
Dienstaltersstufe *f*, **n** échelon *m* ; ancienneté *f*.
Dienstalterszulage *f*, **n** prime *f* d'ancienneté.
Dienstälteste/r (*der/ein*) doyen *m* (d'âge) ; le plus ancien (en années de service).
Dienstanbieter *m*, **-** société *f* de services ; prestataire *m*.
Dienstangebot *n*, **e** offre *f* de services.
Dienstantritt *m*, **e** prise *f* de fonctions ; entrée *f* en fonctions ; début *f* de carrière.

Dienstanweisung *f*, **en** → *Dienstvorschrift*.

Dienstauffassung *f*, **en** déontologie *f* ; éthique *f* professionnelle.

Dienstaufsicht *f*, **en** tutelle *f* administrative ; contrôle *m* hiérarchique ; droit *m* de contrôle.

Dienstaufsichtsbehörde *f*, **n** autorité *f* de tutelle.

Dienstaufsichtsbeschwerde *f*, **n** recours *m* de tutelle *m* ; *eine ~ ein/reichen* déposer un recours de tutelle.

Dienstaufwandsentschädigung *f*, **en** indemnité *f* spéciale (députés, services publics) ; frais *mpl* de mission.

Dienstaufwandskosten *pl* dépenses *fpl* de fonctions ; frais *mpl* professionnels (liés à la fonction) ; *Pauschalvergütung f für* ~ indemnité *f* forfaitaire de fonctions.

Dienstausweis *m*, **e** carte *f* professionnelle ; laissez-passer *m*.

Dienstauszeichnung *f*, **en** distinction *f* (honorifique) pour services rendus.

Dienstbarkeit *f*, (**en**) (*jur.*) servitude *f* (active, passive) ; *mit einer ~ belastetes Grundstück* terrain *m* assujetti à (devant) une servitude ; *gesetzliche, vertragliche ~* servitude légale, conventionnelle ; *Ausübung f einer ~* exercice *m* d'une servitude ; *Duldung f einer ~* tolérance *f* d'une servitude ; *Erlöschung f einer ~* extinction *f* d'une servitude.

Dienstbefehl *m*, **e** ordre *m* de service.

Dienstbefreiung *f*, **en** 1. autorisation *f* d'absence ; *eine ~ beantragen* demander une autorisation d'absence 2. *~ ohne Dienstbezüge* mise *f* en disponibilité sans solde.

Dienstbehörde *f*, **n** autorité *f* de tutelle ; administration *f* de tutelle.

Dienstbereich *m*, **e** ressort *m* ; compétence *f* ; *in jds ~ fallen* relever de la compétence de qqn ; être du ressort de qqn.

dienstbereit ouvert ; de garde ; de permanence.

Dienstbereitschaft *f*, ø permanence *f* ; service *m* de garde.

Dienstbezüge *mpl* traitement *m* ; émoluments *mpl* ; rémunération *f* des fonctionnaires ; *Dienstbefreiung ohne ~* mise *f* en disponibilité sans solde.

Diensteid *m*, **e** serment *m* professionnel ; engagement *m* sous serment des fonctionnaires.

Diensteintritt *m*, **e** → *Dienstantritt*.

Dienstenthebung *f*, **en** destitution *f* ; révocation *f* ; mise *f* à pied ; suspension *f*.

Dienstentlassung *f*, **en** congédiement *m* ; licenciement *m* ; mise en congé *f* sans solde (d'un fonctionnaire).

dienstfähig apte au service.

dienstfrei exempt de service ; ne pas être de service ; *~er Samstag* samedi libre, chômé ; *~ sein (haben)* ne pas être de service ; *sich ~ nehmen* prendre un jour de congé.

Dienstgeber *m*, - (*Autriche*) → *Dienstherr*.

Dienstgebrauch *m*, ø usage *m* professionnel ; *für den ~* réservé aux besoins du service.

Dienstgeheimnis *n*, **se** secret *m* professionnel ; (*fonctionnaire*) obligation *f* de réserve ; *das ~ verletzen* violer le secret professionnel.

Dienstgeschäft *n*, **e** fonction *f* ; obligation *f* de service ; *seine ~e vernachlässigen* négliger ses obligations professionnelles.

Dienstgespräch *n*, **e** (*téléph.*) communication *f* de service ; conversation *f* officielle.

Dienstgrad *m*, **e** grade *m* ; échelon *m* (hiérarchique).

diensthabend de service.

Diensthabende/r (*der/ein*) personne *f* de service ; employé *m* de service.

Dienstherr *m*, **n**, **en** employeur *m* ; patron *m* ; chef *m*.

Dienstjahre *npl* années *fpl* de service ; états *mpl* de service ; (*retraite*) annuités *fpl*.

Dienstkleidung *f*, **en** tenue *f* de service, de travail ; uniforme *m*.

dienstleistend : *~es Gewerbe* → *Dienstleistungsgewerbe* ; *~es Handwerk* activité *f* artisanale prestataire de services ; prestation *f* artisanale de services.

Dienstleister *m*, - prestataire *m* de services ; société *f* de services.

Dienstleistung *f*, **en** prestation *f* de service (activités qui ont valeur économique mais qui ne visent pas à la production de biens) ; *eine ~ erbringen* fournir une prestation de service ; *Anbieter m von ~en* prestataire *m* de services ; *Erbringung f einer ~* prestation d'un service ; *Güter und ~en* biens et services *mpl* (*parfois syn. de Service*).

Dienstleistungsabend *m*, e nocturne *f* (ouverture exceptionnelle des commerces, banques et services au-delà de l'heure de fermeture légale habituelle).
Dienstleistungsagentur *f*, en agence *f* de placement dans des emplois de services.
Dienstleistungsbereich *m*, e → *Dienstleistungssektor*.
Dienstleistungsbetrieb *m*, e entreprise *f* prestataire de services ; entreprise du tertiaire ; prestataire *m* de services (agence de voyages, banque, etc.).
Dienstleistungsberuf *m*, e métier *m* du secteur tertiaire ; profession *f* du tertiaire.
Dienstleistungsbilanz *f*, en bilan *m* des invisibles ; balance *f* des services.
Dienstleistungserbringer *m*, - prestataire *m* de services.
Dienstleistungsfreiheit *f*, en libre circulation *f* des services ; liberté *f* d'emploi de services d'un citoyen de l'U.E.
Dienstleistungsgewerbe *n*, - secteur *m* tertiaire ; entreprises *fpl* de prestation de services ; activité *f* des services.
Dienstleistungshaftung *f*, en responsabilité *f* civile des sociétés de services vis-à-vis de tiers.
Dienstleistungspflicht *f*, en obligation *f* (faite au prestataire) d'honorer ou de fournir la prestation due.
Dienstleistungsrichtlinie *f*, n (*U.E.*) directive *f* européenne sur les services ; libéralisation des services (comme c'est le cas pour les capitaux et les marchandises) ; dérégulation *f* du secteur tertiaire ; → *Bolkestein*.
Dienstleistungssektor *m*, en secteur *m* tertiaire ; les services *mpl* ; prestations *fpl* de services (*syn.* tertiärer Sektor).
Dienstleistungstätigkeit *f*, en activité *f* dans les services ; *eine ~ aus/üben* être dans les services ; travailler dans le tertiaire.
Dienstleistungsunternehmen *n*, - → *Dienstleistungsbetrieb*.
Dienstleistungsverkehr *m*, ø échanges *mpl* de prestations de services.
Dienstleistungswirtschaft *f*, en → *Dienstleistungssektor*.
dienstlich officiel ; de service ; pour le service ; professionnel **I.** *~e Angelegenheit* affaire *f* de service ; *~es Schreiben* lettre *f* officielle **II.** *er ist ~ unterwegs* il voyage dans l'intérêt du service ; *~ werden* prendre un ton officiel ; *~ verhindert sein* être retenu pour raison de service.
Dienstmarke *f*, n **1.** timbre *m* officiel **2.** insigne *m* d'identification d'un policier en civil ; insigne de service.
Dienstnehmer *m*, - (*Autriche*) salarié *m*.
Dienstordnung *f*, en → *Dienstvorschrift*.
Dienstpersonal *n*, ø (*hôtellerie*) personnel *m* de service ; (*particuliers*) employés *mpl* de maison.
Dienstpflicht *f*, en **1.** obligation *f* de service ; devoirs *mpl* d'une charge **2.** *allgemeine ~* service *m* militaire obligatoire.
Dienstpflichtverletzung *f*, en faute *f* professionnelle ; manquement *m* aux devoirs d'une charge.
Dienstplan *m*, ¨e tableau *m* de service ; service *m* ; plan *m* de charge.
Dienstrang *m*, ¨e grade *m* ; rang *m* hiérarchique (dans le service).
Dienstrecht *n*, e législation *f* du personnel des services publics.
dienstrechtlich : *~e Bestimmungen fpl* dispositions *fpl* juridiques concernant le service ; règlement *m* de service.
Dienstreise *f*, n déplacement *m* (professionnel) ; mission *f*.
Dienstreisekosten *pl* frais *mpl* de mission.
Dienstsache *f*, n **1.** affaire *f* de service **2.** pli *m* de service ; pièce *f* officielle.
Dienstschluss *m*, ø fermeture *f* des magasins et des services officiels ; heures *fpl* normales de fermeture.
Dienstsiegel *n*, - cachet *m* officiel ; tampon *m* officiel.
Dienststelle *f*, n service *m* officiel ; bureau *m* ; *auszahlende ~* service payeur ; *vorgesetzte ~* autorité *f* hiérarchique supérieure ; *sich an die zuständige ~ wenden* s'adresser au service compétent ; contacter les autorités compétentes.
Dienststellenleiter *m*, - chef *m* de service.
Dienststellung *f*, en rang *m* ; fonctions *fpl*.
Dienststempel *m*, - tampon *m* officiel ; cachet *m* officiel.
Dienststrafe *f*, n peine *f* disciplinaire ; sanction *f* administrative.
Dienststrafrecht *n*, e droit *m* disciplinaire ; réglementation *f* disciplinaire (des fonctionnaires).

Dienststunden *fpl* heures *fpl* de service ; heures de bureau.

dienstuntauglich inapte au service ; en incapacité de travail.

Dienstuntauglichkeit *f,* **en** inaptitude *f* au service ; incapacité *f* de travail.

Dienstverfahren *n,* **-** procédure *f* disciplinaire.

Dienstvergehen *n,* **-** faute *f* de service ; faute professionnelle ; *ein ~ begehen* commettre une faute professionnelle.

Dienstverhältnis *n* **1. ø** rapport *m* juridique entre les employés des services publics, les fonctionnaires et leur autorité de tutelle **2.** *~se* conditions *fpl* de travail.

Dienstvermerk *m,* **e** note *f* de service.

dienstverpflichten (*infinitif et participe passé*) réquisitionner des travailleurs ; mobiliser du personnel (catastrophe, guerre, etc.).

Dienstverstoß *m,* **¨e** → ***Dienstvergehen***.

Dienstvertrag *m,* **¨e** convention *f* ; contrat *m* de service.

Dienstvorgesetzte/r (*der/ein*) supérieur *m* hiérarchique ; chef *m* de service.

Dienstvorschrift *f,* **en** instruction *f,* règlement *m* de service ; *nach ~ arbeiten* faire la grève du zèle.

Dienstwagen *m,* **-** voiture *f* de fonction.

Dienstweg *m,* **e** voie *f* hiérarchique ; *auf dem ~* par la voie hiérarchique ; *den ~ ein/halten* suivre la voie hiérarchique ; *etw auf dem ~ erledigen* régler qqch par la voie hiérarchique ; *den normalen ~ gehen* suivre la voie hiérarchique normale.

Dienstwille *m,* **n** (*fonctionnaires*) conscience *f* professionnelle ; dévouement *m* au service public ; volonté *f* de servir.

dienstwillig 1. consciencieux ; serviable **2.** disposé à effectuer son service militaire.

Dienstwohnung *f,* **en** logement *m* de fonction.

Dienstzeit *f,* **en 1.** années *fpl* de service **2.** heures *fpl* de bureau ; *seine wöchentliche ~ beträgt 35 Stunden* son service hebdomadaire est de 35 heures.

Dienstzeugnis *n,* **se** certificat *m* de service (établi par l'employeur).

Dienstzulage *f,* **n** indemnité *f* de fonction.

diesbezüglich à ce sujet ; à cet effet ; concernant cela.

Differenz *f,* **en 1.** différence *f* (en moins, en plus) ; déficit *m* ; écart *m* ; *eine ~ (von) auf/weisen* révéler un déficit, un excédent (de) **2.** différend *m* ; litige *m.*

Differenzbetrag *m,* **¨e** différence *f* (en argent) ; montant *m* différentiel.

Differenzgeschäft *n,* **e** (*bourse*) marché *m* différentiel (à découvert) ; opération *f* à terme ; (*commercial*) transaction *f* par voie de compensation.

Differenzialtarif *m,* **e** tarif *m* différentiel échelonné (fret d'autant moins élevé que la distance parcourue est longue) (*syn. Staffeltarif*).

Differenzialzölle *mpl* droits *mpl* différentiels.

differenzieren différencier ; (*bourse*) diversifier (ses placements).

Differenzierungsstrategie *f,* **n** stratégie *f* de diversification.

Differenzrechnung *f,* **en** règlement *m* par compensation.

differieren différer ; diverger.

Diffusionsindex *m,* **ices** indice *m* de diffusion (exprime quantitativement la diffusion d'un boom économique).

digital (*informatique*) numérique ; digital ; *~e Anzeige* affichage *m* numérique ; *~e Darstellung* représentation *f* numérique ; *~e Informationen* données *fpl* numériques ; *~es Zeitalter* ère *f* du numérique.

digitalisieren numériser ; coder en numérique ; digitaliser.

Digitalisierung *f,* **en** numérisation *f* ; codage *m* en numérique ; digitalisation *f.*

DIHT (*Deutscher Industrie- und Handelstag*) → *deutsch.*

Diktat *n,* **e 1.** dictée *f* ; *nach jds ~ schreiben* écrire sous la dictée de qqn **2.** (*polit.*) diktat *m* ; traité *m* imposé.

Diktatzeichen *npl* (*corresp.*) références *fpl.*

diktieren 1. dicter un texte **2.** imposer ; dicter ; *der Markt diktiert die Preise* le marché dicte les prix.

dilatorisch dilatoire ; *~es Verfahren* procédure *f* dilatoire.

DIN (*Deutsche Industrie-Norm/Das Ist Norm*) norme *f* (industrielle allemande) ; format *m* ; standard *m.*

DIN-Format *n,* **e** format *m* DIN (dimensions standardisées du papier commercial) ; DIN A4 (210 x 297 mm).

dingen, a, u (*arch.*) (*également verbe faible*) engager ; embaucher (domestiques) ; soudoyer (assassin) ; *ein Schiff~* affréter un navire.

dinglich (*jur.*) réel ; *~es Recht* droit *m* réel ; *~er Arrest* saisie-arrêt *f* ; saisie réelle ; *~e Ersetzung* subrogation *f* réelle ; remplacement *m* ; équivalence *f* ; *~er Vertrag* accord *m* réel entre deux parties (bien immobilier).

Dinks *pl* (*marketing* : *double income, no kids*) couple *m* d'actifs sans enfants.

Dioxin *n*, e dioxine *f*.

dioxinverseucht pollué par la dioxine ; contenant de la dioxine.

Dipl. → *Diplom*.

Dipl.-Kfm. → *Diplomkaufmann*.

Diplom *n*, e diplôme *m* ; titre *m* ; certificat *m* ; brevet *m*.

Diplom- (*préfixe*) diplômé ; diplômé *m* universitaire ou d'études supérieures.

Diplomat *m*, en, en diplomate *m*.

diplomatisch diplomatique ; diplomate ; *die ~en Beziehungen ab/brechen, (wieder) auf/nehmen* rompre, (re)nouer des relations diplomatiques.

Diplombetriebswirt *m*, e diplômé *m* d'études supérieures de gestion.

Diplomdolmetscher *m*, - interprète *m* diplômé.

Diplomingenieur *m*, e ingénieur *m* diplômé.

Diplomkauffrau *f*, en diplômée *f* universitaire de gestion et des affaires.

Diplomkaufmann *m*, -leute diplômé *m* universitaire de gestion et des affaires ; (*France*) diplômé de gestion ; diplômé d'une grande école commerciale (HEC, ESSEC, ESCP-EAP, ESCAE, etc.).

Diplomlandwirt *m*, e ingénieur *m* agronome.

Diplommathematiker *m*, - actuaire *m* (diplômé).

Diplomökonom *m*, en, en → *Diplomkaufmann*.

Diplomvolkswirt *m*, e diplômé *m* en études économiques supérieures.

Diplomwirtschaftsingenieur *m*, e diplômé *m* en sciences économiques.

direkt direct ; immédiat ; *~e Befragung* enquête *f* sur le terrain ; mini-trottoir *m* ; *~e Besteuerung* imposition *f* directe ; *~er Bezug* achat *m* direct au producteur ; *~e Steuern* impôts *mpl* directs ; *~er Vertrieb* vente *f* directe ; vente-usine *f* ; *~ beziehen* acheter sans intermédiaire, directement chez le producteur ; s'approvisionner de première main.

Direktabrechnung *f*, en (*bourse*) règlement *m* immédiat (R.I.).

Direktansprache *f*, n (*ressources humaines*) approche *f* directe ; *auf der Suche nach Führungskräften über ~ sein* être à la recherche de dirigeants par approche directe.

Direktbank *f*, en banque *f* directe (électronique).

Direktbanking *n*, ø système *m* de banque directe ; transactions *fpl* bancaires par Internet.

Direktbezieher *m*, - client *m* direct ; acheteur *m* direct.

Direktbezug *m*, ¨e 1. abonnement *m* direct 2. → *Direkteinkauf*.

Direktbuchung *f*, en réservation *f* directe.

Direkteinkauf *m*, ¨e achat *m* direct ; approvisionnement *m* direct.

Direktflug *m*, ¨e vol *m* sans escale ; vol direct.

Direktgeschäft *n*, e transaction *f* directe ; opération *f* par Internet.

Direktimport *m*, e importation *f* directe (du pays de production).

Direktion *f*, en 1. direction *f* 2. direction (bureaux, locaux).

Direktionsassistent *m*, en, en assistant *m* de direction.

Direktionsbetrieb *m*, e maison-mère *f* ; siège *m* social (d'une société).

Direktionssekretärin *f*, -nen secrétaire *f*, assistante *f* de direction (*syn. Chefsekretärin*).

Direktive *f*, n directive *f* ; instructions *fpl* (générales) ; *sich an die ~n halten* respecter les directives.

Direktmailing *n*, s publipostage *m* ; mailing *m* direct ; envoi *m* publicitaire (à un groupe-cible).

Direktmandat *n*, e (*Allemagne*) mandat *m* (parlementaire) direct (par la première voix dans un système électoral où l'électeur dispose de deux voix).

Direktmarketing *n*, ø marketing *m* direct.

Direktor *m*, en (**Dir.**) directeur *m* ; P.D.G. *m* ; administrateur *m* ; *geschäftsführender ~* directeur gérant ; *kaufmännischer ~* directeur commercial ; *stellvertretender ~* directeur adjoint ; *technischer ~* directeur technique.

Direktorat *n*, e 1. charge *f* de direction ; directorat *m* 2. bureau *m* de la direction.
Direktorengehalt *n*, ¨er (*ironique*) traitement *m* de P.D.G. ; traitement princier.
direktorial directorial.
Direktorium *n*, **ien** comité *m* de direction ; directoire *m* ; *zweiköpfiges, dreiköpfiges* ~ direction bicéphale, tricéphale ; ~ *der Bundesbank* directoire de la Banque fédérale.
Direktverkauf *m*, ¨e vente *f* directe ; vente départ usine.
Direktversicherung *f*, **en** 1. assurance *f* directe (qui exclut tous les intermédiaires, les courtiers entre autres) 2. assurance-vie *f* d'un salarié (par son entreprise).
Direktvertrieb *m*, -sformen vente *f* directe.
Direktwahl *f*, **en** suffrage *m* direct ; élection *f* au suffrage universel ; *in* ~ *au* suffrage direct.
Direktwerbung *f*, **en** publicité *f* directe ; marketing *m* individuel
Dirigismus *m*, ø dirigisme *m* ; économie *f* planifiée.
dirigistisch dirigiste ; ~*es Eingreifen* intervention *f* dirigiste ; ~*e Maßnahmen* mesures *fpl* dirigistes.
Disagio *n*, **s** (*pron. italienne*) disagio *m* ; perte *f* ; différence *f* en moins ; écart *m* en moins (entre le cours et le nominal) ; être au-dessous du pair (*contr. Agio*).
Disagio-Obligation *f*, **en** obligation *f* émise au-dessous du pair ; obligation émise à décote.
Disagiorücklage *f*, **n** provision *f* pour perte de change.
Discount *m*, **s** (*pr. ang.*) réduction *f* ; remise *f* ; ristourne *f* ; rabais *m* ; escompte *m* ; *einen* ~ *gewähren* accorder une remise.
Discount-Broker *m*, - (*pr. ang.*) courtier *m* d'escompte (*syn. Diskontmakler*).
Discounter *m*, - → *Discountgeschäft*.
Discountgeschäft *n*, e magasin *m* discount ; magasin minimarge ; soldeur *m*.
Discountmarkt *m*, ¨e → *Verbrauchermarkt*.
Discountpreis *m*, e prix *m* réduit ; prix discount.
Discount-Zertifikat *n*, e (*bourse*) achat *m* de titres à prix réduits.

Disk *f*, **s** → *Diskette*.
Diskette *f*, **n** (*informatique*) disquette *f*.
Diskettenlaufwerk *n*, e lecteur *m* de disquettes ; driver *m*.
Diskont *m*, e 1. escompte *m* ; remise *f* ; *abzüglich* ~ escompte déduit 2. escompte *m* ; effet *m* escompté ; taux *m* d'escompte ; *banküblicher, freier* ~ escompte d'usage, hors banque ; *zum* ~ *bringen* (*ein/reichen*) présenter à l'escompte ; *den* ~ *erhöhen, senken* relever, abaisser le taux d'escompte ; *einen Wechsel zum* ~ *an/kaufen* prendre un effet à l'escompte ; *einen Wechsel in* ~ *geben* faire escompter un effet.
Diskontbank *f*, **en** banque *f* d'escompte.
Diskonten *mpl* effets *mpl* escomptés.
Diskonter *m*, - → *Discountgeschäft*.
Diskonterhöhung *f*, **en** relèvement *m* du taux d'escompte.
Diskontermäßigung *f*, **en** → *Diskontherabsetzung*.
Diskontgeber *m*, - établissement *m* financier (banque *f*) prenant de l'escompte ; escompteur *m*.
diskontfähig escomptable ; bancable ; admis à l'escompte ; ~*er Wechsel m* effet *m* escomptable.
Diskontfähigkeit *f*, **en** possibilité *f* d'être escompté ; ~ *eines Wechsels* négociabilité *f* d'un titre en banque.
Diskontgeschäft *n*, e opération *f* d'escompte.
Diskontherabsetzung *f*, **en** abaissement *m* du taux d'escompte.
Diskontheraufsetzung *f*, **en** relèvement *m* du taux d'escompte.
diskontierbar → *diskontfähig*.
diskontieren escompter ; accepter (prendre) à l'escompte ; actualiser ; *einen Wechsel* ~ *lassen* donner un effet à l'escompte.
Diskontierung *f*, **en** escompte *m* (des effets de commerce) ; actualisation *f*.
Diskontmarkt *m*, ¨e marché *m* de l'escompte.
Diskontnehmer *m*, - personne *f* qui cède (remet) un effet à l'escompte.
Diskonto *m*, s/ti → *Diskont*.
Diskontpolitik *f*, ø politique *f* de l'escompte.
Diskontsatz *m*, ¨e taux *m* d'escompte ; *den* ~ *herab/setzen* (*senken*) baisser le taux d'escompte ; *den* ~

herauf/setzen (*erhöhen*) augmenter (relever) le taux d'escompte.

Diskontsatzpolitik *f*, ø politique *f* du loyer de l'argent ; politique du taux d'escompte.

Diskontschraube *f* : *die ~ an/ziehen, lockern* resserrer, desserrer le crédit bancaire.

Diskontsenkung *f*, en baisse *f* du taux d'escompte.

Diskontwechsel *m*, - effet *m* à l'escompte ; effet escompté ; lettre *f* de change à l'escompte.

Diskontwert *m*, e valeur *m* de l'effet escompté.

Diskrepanz *f*, en écart *m* ; divergence *f* ; différence *f*.

diskret discret.

Diskretion *f*, en discrétion *f* ; réserve *f* ; *~ wird zugesichert* discrétion assurée.

diskriminieren 1. *jdn ~* discriminer qqn 2. faire une distinction (entre).

Diskriminierung *f*, en discrimination *f* ; *die ~ von Minderheiten* la discrimination de minorités.

Diskussion *f*, en discussion *f* ; débat *m*.

Diskussionsforum *n*, en forum *m* de discussion.

diskutieren discuter ; débattre.

Dismembration *f*, en démembrement *m*.

Dispache *f*, n (*assur. maritime*) dispache *f* (calcul des pertes et avaries en assurances maritimes).

Dispacheur *m*, e (*pr. fr.*) (*assur. maritime*) dispacheur *m* ; expert *m* en assurance-dispache.

dispachieren (*assur. maritime*) établir une dispache.

Disparität *f*, en disparité *f* ; écart *m* ; différence *f*.

Dispatcher *m*, - (*pr. ang.*) agent *m* d'un dispatching ; contrôleur *m* ; chef *m* de production dans une grande entreprise.

Dispatchersystem *n*, e contrôle *m* de la production dans une grande entreprise.

Dispens *f*, en dispense *f* ; exemption *f* ; autorisation *f* exceptionnelle.

dispensieren 1. dispenser ; *~ von* exempter de 2. délivrer (des médicaments) ; dispenser.

Dispensierrecht *n*, e droit *m* de délivrer des médicaments.

Dispensierung *f*, en 1. exemption *f* ; dispense *f* ; *~ vom Dienst* exemption de service 2. (*médicaments*) délivrance *f*.

Display *n*, s (*pr. ang.*) 1. support *m* publicitaire ; présentation *f* de marchandises (dans un stand, en vitrine) 2. (*informatique*) visualisation *f* ; affichage *m* ; display *m*.

Displayer *m*, - (*pr. ang.*) décorateur-étalagiste *m* ; maquettiste *m*, dessinateur *m*, styliste *m* en emballage.

Dispokredit *m*, e découvert *m* autorisé ; crédit par découvert (*syn. Überziehungskredit*).

Disponent *m*, en, en 1. gérant *m* ; chef *m* de rayon ; fondé *m* de pouvoir ; *~ im Zentraleinkauf* (*Mode, Textil, Schmuck*) acheteur *m* professionnel ; responsable *m* des achats (mode, textiles, bijoux) 2. (*théâtre*) régisseur *m*.

Disposition *f*, en 1. plan *m* ; ébauche *f* ; *~en treffen* se prémunir 2. *zur ~ stehen* être à la disposition de 3. disponibilité *f* ; *jdn zur ~ stellen* mettre qqn en disponibilité, en non-activité 4. prédisposition à.

dispositionsfähig capable de prendre des dispositions ; capable d'exercer des droits.

Dispositionsfonds *m*, - fonds *mpl* disponibles.

Dispositionsgelder *npl* → *Dispositionsfonds*.

Dispositionskredit → *Dispokredit*.

Dispositionspapier *n*, e effet *m* (titre *m*) transmissible.

disqualifizieren disqualifier.

Dissens *m*, e désaccord *m* ; avis *m* contraire (*contr. Konsens*).

Dissuasion *f*, en dissuasion *f* nucléaire ; *abgestufte ~* dissuasion progressive.

Distanzgeschäft *n*, e affaire *f* traitée entre deux places ; opération *f* entre deux places bancaires ; transaction *f* par correspondance.

Distanzhandel *m*, ø commerce *m* à distance ; vente *f* par correspondance.

Distanzscheck *m*, s chèque *m* indirect ; chèque déplacé (payable en un lieu différent du lieu d'établissement).

Distanzwechsel *m*, - effet *m* déplacé.

Distribution *f*, en 1. (*rare*) distribution *f* (*syn. courant : Vertrieb*) 2. répartition *f* (des revenus).

Disziplin *f*, en 1. discipline *f* ; ordre *m* ; règle *f* 2. (*matière*) discipline *f* ; spécialité *f* ; branche *f*.

disziplinar disciplinaire ; *~e Maßnahme f* mesure *f* disciplinaire.
Disziplinargericht *n,* e tribunal *m* (juridiction *f*) disciplinaire.
Disziplinargewalt *f,* **en** pouvoir *m* disciplinaire (à l'égard des fonctionnaires).
Disziplinarkammer *f,* **n** chambre *f* disciplinaire.
Disziplinarmaßnahme *f,* **n** mesure *f* disciplinaire ; *~n gegen jdn ergreifen* prendre des sanctions contre qqn.
Disziplinarstrafe *f,* **n** sanction *f* disciplinaire.
Disziplinarverfahren *n,* - action *f* disciplinaire (intentée à l'égard de fonctionnaires) ; *ein ~ gegen jdn ein/leiten* intenter une action disciplinaire contre qqn.
Disziplinarvergehen *n,* - manquement *m* au règlement de service.
Diversifikation *f,* **en** diversification *f* ; *~ des Wertpapierportfolios* diversification du portefeuille de titres ; *horizontale, vertikale ~* diversification horizontale, verticale.
diversifizieren diversifier ; *ein Produktionsprogramm ~* diversifier un programme de production.
Diversifizierung *f,* **en** → *Diversifikation*.
Dividende *f,* **n** dividende *m* (part du bénéfice affecté à la rémunération d'une action) **I.** *aufgelaufene ~* dividende cumulé ; *fällige ~* dividende échu ; *nicht erhobene ~* dividende non perçu ; *nicht gezahlte ~* dividende non versé ; *rückständige ~* dividende arriéré ; *wieder angelegte ~* dividende réinvesti **II.** *die ~ an/heben (erhöhen)* augmenter le dividende ; *eine ~ aus/schütten (verteilen)* distribuer (verser) un dividende ; *~ an/sammeln* capitaliser des dividendes ; *~en ein/bringen* rapporter des dividendes ; *~en ausgezahlt (ausbezahlt) bekommen* toucher des dividendes ; *die ~ fest/setzen* fixer le dividende ; *eine ~ zahlen* payer un dividende ; → *Mehr-, Schachtel-, Stamm-, Über-, Zwischendividende*.
Dividendenabgabe *f,* **n** prélèvement *m* fiscal sur les dividendes.
Dividendenabschlag *m,* ¨e → *Dividendenkürzung*.
Dividendenaktie *f,* **n** action *f* ouvrant droit à dividende.

Dividendenanspruch *m,* ¨e droit *m* au dividende ; *seine ~¨e an/melden (geltend machen)* faire valoir ses droits au dividende.
Dividendenausfall *m,* ¨e non-versement *m* de dividendes.
Dividendenausschüttung *f,* **en** répartition *f* du dividende ; distribution *f* des dividendes.
dividendenberechtigt ouvrant droit au versement d'un dividende ; ayant droit au dividende.
Dividendenberechtigung *f,* **en** : *mit voller ~* donnant pleinement droit au versement de dividendes.
Dividendenbesteuerung *f,* **en** imposition *f* des dividendes.
Dividendenbeteiligung *f,* **en** participation *f* à la distribution des dividendes.
Dividendenbogen *m,* ¨ → *Dividendenschein*.
Dividendenerhöhung *f,* **en** augmentation *f* des dividendes.
Dividendenfestsetzung *f,* **en** fixation *f* des dividendes à verser.
Dividendenkürzung *f,* **en** diminution *f* des dividendes.
dividendenlos sans dividende ; ne rapportant pas de dividende.
Dividendenpapier *n,* e titre *m* à dividendes ; valeur *f* donnant droit à des dividendes.
Dividendenrendite *f,* **n** rendement *m* de l'action ; retour *m* sur investissement.
Dividendenreserve *f,* **n** → *Dividendenrücklage*.
Dividendenrücklage *f,* **n** réserves *fpl* pour versement de dividendes.
Dividendenschein *m,* e coupon *m* de dividende.
Dividendensperre *f,* **n** blocage *m* des dividendes.
Dividenden-Stripping *n,* s → *Dividendenausfall*.
Dividendenverteilung *f,* **en** → *Dividendenausschüttung*.
Dividendenvorrecht *n,* e droit *m* prioritaire au dividende.
Dividendenvorzug *m,* ¨e (versement d'un) dividende *m* préférentiel.
Dividendenwerte *mpl* → *Dividendenpapier*.
DIW (*Deutsches Institut für Wirtschaftsforschung*) Institut *m* allemand de recherche économique.
d.J. (*dieses Jahres*) de l'année en cours.

DKHW *n* (*Deutsches Kinderhilfswerk*) œuvre *f* sociale allemande d'aide à l'enfance.

DKR *f* (*Deutsche Gesellschaft für Kunststoff-Recycling*) société *f* allemande de recyclage de matières plastiques ou synthétiques.

d.M. (*dieses Monats*) du mois en cours ; du mois courant.

DM → ***D-Mark***.

D-Mark *f* (*hist. Deutsche Mark*) deutschmark *m* ; mark *m* de l'Allemagne fédérale.

dmmv *m* (*Deutscher Multimediaverband*) fédération *f* allemande des multimédias.

DNA *f* (*deoxyribonucleic acid*) → ***DNS***.

DNS *f* (*deoxyribonucleicsäure*) matériel *m* génétique.

DNS-Fingerprinting *n*, ø analyse *f* génétique.

doc → ***Dokument***.

Dock *n*, *s* **1.** bassin *m* (cale *f*) de radoub ; dock *m* ; *schwimmendes* ~ dock flottant **2.** quai *m*.

Dockanlagen *fpl* docks *mpl*.

Dockarbeiter *m*, - docker *m* (*syn. Schauermann*).

docken mettre sur cale ; mettre en bassin.

Docker *m*, - → ***Dockarbeiter***.

documents *pl* : (*Incoterms*) ~ *against acceptance* (*Dokumente gegen Akzept*) documents *mpl* contre acceptation ; ~ *against payment* (*Dokumente gegen Zahlung*) documents contre paiement ; → ***Dokument***.

Doktor *m*, en (*Dr.*) **1.** (*grade universitaire*) docteur *m* ; ~ *der Rechte* (*Dr. jur.*) docteur en droit ; ~ *der Wirtschaftswissenschaften* (*Dr. rer. œc.*) docteur en sciences économiques **2.** (*médecine*) docteur *m* ; médecin *m*.

Doktorand *m*, en, en thésard *m* ; étudiant *m* en doctorat.

Dokument *n*, e document *m* ; pièce *f* officielle ; certificat *m* ; (*jur.*) acte *m* ; ~e document ; documentation *f* ; dossier *m* **I.** (*Incoterms*) ~*e gegen Akzept* (*Annahme*) documents contre acceptation ; (*Incoterms*) ~*e gegen bar* (*Zahlung*) documents contre paiement ; *Abschrift eines* ~*s* copie *f* d'un document ; (*Incoterms*) *Kassa gegen* ~*e* comptant contre documents ; *durch die* ~*e vertretenen Waren* marchandises *fpl* représentées par les documents **II.** *ein* ~ *ab/fassen* (*aus/stellen*) rédiger (établir) un document ; *die* ~*e aus/händigen* (*überreichen*) remettre les documents ; *ein* ~ *beglaubigen lassen* faire authentifier (certifier conforme) un document ; *ein* ~ *fälschen* falsifier un document ; *ein* ~ *vor/legen* produire un document.

Dokumentalist, en, en documentaliste *m*.

Dokumentar- (*préfixe*) → ***Dokumenten-***.

dokumentarisch documentaire ; fondé sur des documents ; ~*en Wert haben* avoir valeur de document ; étayé sur (par) des documents.

Dokumentarwechsel *m*, - → ***Dokumententratte***.

Dokumentation *f*, en **1.** → ***Dokumentationsstelle*** **2.** jeu *m* de documents ; établissement *m* d'une documentation ; *eine* ~ *vor/nehmen* rassembler une documentation.

Dokumentationsstelle *f*, n (service de) documentation *f*.

Dokumentenakkreditiv *n*, e accréditif *m* documentaire ; (*banque*) crédit *m* documentaire ; *bestätigtes* ~ accréditif confirmé ; *negoziierbares* ~ accréditif négociable ; *übertragbares* ~ accréditif transmissible ; *unwiderrufliches* ~ accréditif irrévocable.

Dokumenteninkasso *n*, *s* encaisse *f* sur document.

Dokumentenkredit *m*, e crédit *m* documentaire.

Dokumententratte *f*, n traite *f* documentaire.

Dokumentenunterschlagung *f*, en soustraction *f* de documents.

Dokumentenwechsel *m*, - → ***Dokumententratte***.

dokumentieren attester ; prouver ; manifester ; ~*te Tratte f* traite *f* documentaire.

Dollar *m*, (s) ($) dollar *m*.

Dollarbestände *mpl* avoirs *mpl* en dollars ; réserves *fpl* de dollars.

Dollarbindung *f* : *Länder mit* ~ pays *mpl* liés au dollar.

Dollarguthaben *n*, - avoir *m* en dollars.

Dollarklausel *f*, n clause *f* de paiement en dollars.

Dollarkurs *m*, e cours *m* du dollar.

Dollarraum *m* → *Dollarzone*.
Dollarzone *f*, **n** zone *f* dollar.
dolmetschen servir d'interprète ; traduire.
Dolmetscher *m*, - interprète *m* ; traducteur *m* ; *vereidigter* ~ interprète assermenté.
Domain *f/n*, **s** (*pr. ang.*) (*Internet*) domaine *m* (se réfère à un site sur Internet).
Domäne *f*, **n** 1. domaine *m* public ; terre *f* domaniale (propriété d'État) 2. domaine spécifique ; spécialité *f* ; *meine* ~ *ist der Export* les exportations sont ma spécialité 3. → *Domain*.
Domänenverwalter *m*, - administration *f* des domaines.
domanial domanial ; du domaine ; appartenant au domaine.
Damanialgüter *npl* biens *mpl* domaniaux ; propriété *f* des domaines.
Domanialwald *m*, ¨er forêt *m* domaniale.
Domino-Effekt *m*, **e** effet *m* dominos (une chose en entraîne une autre).
Domizil *n*, **e** 1. résidence *f* ; domicile *m* (légal) ; *sein* ~ *wechseln* changer de domicile 2. lieu *m* de paiement ; domiciliation *f* (d'un effet).
domizilieren domicilier ; *einen Wechsel bei einer Bank* ~ domicilier un effet auprès d'une banque ; *domizilierter Scheck m* chèque *m* domicilié.
Domizilwechsel *m*, - effet *m* domicilié.
Domotex *f* (*Hannover*) Salon *m* du textile, de l'aménagement d'intérieur et du revêtement de sol.
Dontgeschäft *n*, **e** (*bourse*) opération *f* (marché *m*) à prime (qui permet à l'acheteur de résilier son contrat moyennant un dédit fixé d'avance).
Dontprämie *f*, **n** (*bourse*) prime *f* (à payer) de dédit ou d'abandon.
Doppel *n*, - double *m* ; duplicata *m*.
Doppelanrechnung *f*, **en** double imputation *f* (à un compte).
Doppelarbeit *f*, **en** double emploi *m* ; double travail *m*.
Doppelbelastung *f*, **en** double charge *f* (activité salariée et ménage).
Doppelbepreisung *f*, **en** double affichage *m* d'un prix ; double étiquettage *m* (prix de vente et de revient, par ex.).
Doppelbesteuerung *f*, **en** double imposition *f*.

Doppelbesteuerungsabkommen *n*, - accord *m* passé entre deux États afin d'éviter la double imposition d'un contribuable.
Doppelbesteuerungsfreibetrag *m*, ¨e déduction *f* fiscale sur les revenus encaissés à l'étranger.
Doppelbett *n*, **en** (*tourisme*) lit *m* à deux personnes ; lits jumeaux.
Doppelbrief *m*, **e** lettre *f* avec surtaxe (excédent de poids et de format).
Doppelbuchung *f*, **en** (*comptab.*) double écriture *f* (faite par erreur).
Doppelbürgschaft *f*, **en** (*Autriche*) double nationalité *f*.
Doppelfunktion *f*, **en** double fonction *f* ; (*fam.*) double casquette *f*.
Doppelgesellschaft *f*, **en** société *f* éclatée (société composée de deux maisons).
doppelgleisig 1. à double voie 2. (*fig.*) ambigu ; louche.
Doppelhaus *n*, ¨er maison *f* individuelle jumelée ; maison double.
Doppelklick *m*, **s** (*informatique*) double clic *m*.
doppelklicken (*informatique*) double-cliquer.
Doppelmandat *n*, **e** double mandat *m*.
Doppelminus *n*, - (*bourse*) annonce *f* d'une chute du cours d'un titre d'au moins dix pour cent ; → *Doppelplus*.
Doppelmitgliedschaft *f*, **en** double appartenance *f* ; double affiliation *f*.
Doppelpack *n*, **s** emballage *m* double ; article *m* qui se vend par deux.
Doppelplus *n*, - (*bourse*) annonce *f* d'une progression du cours d'un titre d'au moins dix pour cent ; → *Doppelminus*.
Doppelpreise *mpl* → *Doppelbepreisung*.
Doppelquittung *f*, **en** double *m* de quittance.
Doppelrechnungen *fpl* factures *fpl* en double ; duplication *f* d'écritures.
Doppelschicht *f*, **en** double séquence *f* de travail de huit heures ; double équipe *f* ; doublement *m* de poste.
Doppelstaat(l)er *m*, - citoyen *m* ayant une double nationalité.
Doppelstaatsangehörigkeit *f*, **en** double nationalité *f*.
Doppelstimmrecht *n*, **e** double droit *m* de vote (que détient le président du

conseil de surveillance d'une grande entreprise allemande).

doppelt double ; *in ~er Ausfertigung* en double ; *~e Buchführung* comptabilité *f* en partie double (→ ***Doppik***) ; *~e Staatsbürgerschaft f* double nationalité *f* ; *~es Stimmrecht n* scrutin *m* où l'on dispose de deux voix ; *~ so viel bezahlen* payer (le) double ; *~es Gehalt beziehen* toucher un double salaire ; *~ wirken* avoir une double action.

Doppelte (das) le double ; *die Kosten sind um das ~ gestiegen* les coûts ont doublé.

Doppeltarif *m*, e double tarif *m*.

Doppelverdiener *m*, - 1. couple *m* qui travaille 2. (*fam.*) cumulard *m* (avoir un double emploi).

Doppelverdienst *m*, e salaire *m* double ; cumul *m* de salaires.

Doppelversicherung *f*, en double assurance *f* (objet assuré auprès de deux compagnies).

Doppelwährung *f*, en bimétallisme *m* ; double étalon *m*.

Doppelwährungsanleihe *f*, n emprunt *m* à devise double ; emprunt mixte ; emprunt à deux monnaies.

Doppelwohnsitz *m*, e double résidence *f*.

Doppelzentner *m*, - quintal *m* ; 100 kg.

Doppelzimmer *n*, - (*tourisme*) chambre *f* double ; chambre à deux lits.

Doppik *f*, en comptabilité *f* à partie double.

Dorf *n*, ¨er village *m* ; (*fig.*) *das globale ~* le village planétaire.

Dorfgemeinde *f*, n commune *f* rurale.

Dosen- (*préfixe*) de conserve ; en boîte.

Dosenpfand *n*, ¨er consigne-can(n)ette *f* (bière, soda, etc.).

Dossier *n*, s (*pr. fr.*) dossier *m* ; *ein ~ an/ legen (über)* constituer un dossier (sur) ; *Einsicht in ein ~ nehmen* prendre connaissance d'un dossier (*syn. Akte*).

Dotation *f*, en dotation *f* ; subvention *f* ; affectation *f*.

Dotcom *n*, s entreprise *f* (des nouvelles technologies) sur Internet ; (*bourse*) action *f* de la Net-économie.

dotieren doter ; affecter ; allouer ; *hoch dotierte Stellung f* poste *m* bien rémunéré.

Dotierung *f*, en affectation *f* ; rétribution *f* ; dotation *f*.

Dow-Jones-Index *m*, ø (*pr. ang.*) indice *m* Dow-Jones (indiquant les 30 valeurs industrielles à la bourse de New York du nom de deux journalistes Dow et Jones du Wall Street Journal) ; baromètre *m* de la conjoncture américaine.

Download *m/n*, s (*pr. ang.*) (*Internet*) téléchargement *m* (d'un serveur vers un ordinateur) (*syn. Herunterladen*).

downloaden (*pr. ang.*) télécharger (*syn. herunter/laden*).

downsizen (*pr. ang.*) dégraisser ; procéder à des réductions de personnel ; réduire à la taille d'une entreprise ; restructurer.

Downsizing *n*, s (*pr. ang.*) réduction *f* d'effectifs ou de taille ; dégraissage *m* ; suppression *f* d'emplois ; restructuration *f* (avec abandon de certains secteurs d'activités).

DP : *Deutsche Post*.

dpa (*deutsche Presseagentur*) → ***deutsch***.

DPA (*Deutsches Patentamt*) office *m* allemand des brevets.

Dr. → ***Doktor***.

Draht *m*, ø (*rare*) fil *m* (téléphonique) ; *am anderen Ende des ~s* à l'autre bout du fil ; *heißer ~* téléphone rouge.

Drahtanschrift *f*, en (*arch.*) adresse *f* télégraphique.

drahten (*arch.*) câbler ; télégraphier.

drahtlos sans fil ; Wifi.

Drahtnachricht *f*, en (*arch.*) télégramme *m*.

drastisch draconien ; drastique ; énergique ; radical ; *~e Sparmaßnahmen ergreifen* prendre des mesures de restriction rigoureuses.

Drawback *n*, s (*pr. ang.*) ristourne *f* des droits de douane ; prime *f* à l'exportation ; drawback *m*.

Dreckarbeit *f*, en besogne *f* pénible et salissante.

Dreckausstoß *m*, ¨e production *f* défectueuse ; déchets *mpl*.

Dreck(s)arbeit *f*, en travail *m* salissant ; (*fam.*) sale boulot *m*.

Dreckschleuder *f*, n (*fam.*) véhicule *m* polluant ; entreprise *f* industrielle polluante.

Drehbank *f*, ¨e (*machine*) tour *m*.

Drehbrücke *f*, n (*navigation*) pont *m* tournant.

Drehkreuz *n*, e → ***Drehscheibe***.

Drehscheibe *f,* **n** plaque *f* tournante.
Dreieckshandel *m,* ø commerce *m* triangulaire (un pays X utilise le produit de ses ventes à un pays Y pour financer ses importations en provenance de Z).
Dreier- à trois ; tripartite ; triangulaire.
Dreierausschuss *m,* ¨e commission *f* tripartite.
Dreieroperation *f,* en opération *f* triangulaire.
dreifach triple ; ~*e Ausfertigung* en triple exemplaire.
Dreifache (das) le triple ; *das ~ des Betrags* le triple de la somme.
Dreifelderwirtschaft *f.* en culture *f* par assolement triennal.
Dreijahresplan *m,* ¨e plan *m* triennal.
Dreimächteabkommen *n,* - accord *m* tripartite.
Dreimeilenzone *f,* n zone *f* côtière de 3 miles sur laquelle le pays exerce ses droits de souveraineté.
dreimonatig de trois mois.
dreimonatlich trimestriel.
Dreimonatsakzept *n,* e acceptation *f* à 90 jours (à trois mois).
Dreimonatsgeld *n,* er placement *m* bancaire à trois mois ; dépôts *mpl* à trois mois.
Dreimonatswechsel *m,* - effet *m* à trois mois (à 90 jours).
Dreimonatsziel *n,* e à trois mois de terme ; à trois mois d'échéance ; payable à 90 jours.
Dreischichtenbetrieb *m,* e les trois huit *mpl* ; système *m* de travail par trois équipes (de huit heures).
Dreischichtendienst *m,* e → *Dreischichtenbetrieb*.
dreischichtig en (par) trois équipes ; qui pratique les trois huit ; qui fonctionne 24 heures sur 24.
dreisprachig trilingue.
dreispurig à trois voies de circulation,
dreistellig : *eine ~e Zahl* nombre *m* de trois chiffres.
Dreiteilung *f,* en division *f* par trois ; division en trois parties.
Dreiviertelmehrheit *f,* en majorité *f* des trois quarts.
Dreiviertelvertrag *m,* ¨e (contrat à) trois-quart-temps *m*.
Drift *f,* en dérive *f* ; glissement *m* ; ~ *der Löhne* dérive des salaires.

dringen, a, u **1.** (*hat*) insister ; demander avec insistance ; *auf sofortige Zahlung ~* exiger le paiement immédiat **2.** (*ist*) parvenir ; pénétrer ; *in die Öffentlichkeit ~* devenir public ; être livré au grand public.
dringend urgent ; pressant ; ~*e Angelegenheit* affaire *f* urgente ; ~*er Bedarf* besoin *m* urgent ; *etw ~ benötigen* avoir un besoin pressant de qqch ; *es wird ~ empfohlen* il est instamment recommandé.
Dringlichkeit *f,* en urgence *f* ; priorité *f.*
Dringlichkeitsantrag *m,* ¨e demande *f* en priorité ; motion *f* d'urgence.
Dringlichkeitsmaßnahme *f,* n mesure *f* d'urgence ; programme *m* d'urgence.
Dringlichkeitsstufe *f,* n degré *m* d'urgence ; ordre *m* de priorité.
Dringlichkeitsvermerk *m,* e mention *f* urgence ; à traiter en priorité ; à faire en urgence.
dritt : *aus ~er Hand* d'un tiers ; *ein ~es Land* un pays tiers ; ~*e Person* un tiers ; une tierce personne ; *die D~e Welt* le Tiers-Monde ; *der ~e* (*Wirtschafts*)*Sektor* le secteur tertiaire ; les services,
Drittausfertigung *f,* en troisième *f* de change.
Drittbank *f,* en tierce banque *f.*
Drittbegünstigte/r (*der/ein*) tiers *m* bénéficiaire.
Drittbesitzer *m,* - tiers *m* possesseur.
Drittel *n,* - tiers *m* (la troisième partie de qqch).
Drittelbeteiligung *f,* en participation *f* d'un tiers.
Dritteldeckung *f,* en **1.** couverture *f* or représentant le tiers de la circulation fiduciaire **2.** (*assur.*) assurance *f* au tiers.
dritteln partager en trois.
Drittelparität *f,* en représentation *f* au tiers.
Dritte/r (*der/ein*) tiers *m* ; tierce personne *f* ; *an Order eines ~n* à l'ordre d'un tiers ; *für ~e* à l'usage de tiers ; pour compte de tiers ; *gegenüber ~n* à l'égard des tiers ; *Verträge zugunsten ~r* contrats *mpl* passés au bénéfice de tiers ; ~*n gegenüber haften* être responsable vis-à-vis de tiers.
Dritterwerber *m,* - tiers *m* acquéreur.
Drittwelt- (*Suisse*) → **Dritte-Welt-**.
Dritte-Welt- (*préfixe*) du Tiers-Monde ; tiers-mondiste.

Dritte-Welt-Laden *m,* ¨ boutique *f* (magasin *m*) du Tiers-Monde.
Drittgläubiger *m,* - tiers créancier *m.*
Dritthaftpflicht-Versicherung *f,* en assurance *f* au tiers.
Drittinhaber *m,* - tiers *m* détenteur ; tiers possesseur ; tiers propriétaire.
Drittland *n,* ¨er pays *m* tiers.
Drittmittel *npl* fonds *mpl* externes ; capitaux *mpl* provenant d'autres sources ; ~ *für die Forschung auf/treiben* trouver des capitaux supplémentaires pour financer la recherche.
Drittschaden *m,* ¨ dommage *m* occasionné à un tiers.
Drittschuldner *m,* - tiers *m* débiteur.
Drittstaatenregelung *f,* en règlementation *f* des personnes en provenance de pays tiers.
Drittverwahrer *m,* - tiers *m* dépositaire ; (*justice*) séquestre *m.*
Drittverwahrung *f* : ~ *von Wertpapieren* dépôt *m* de titres chez un tiers convenu.
Droge *f,* n drogue *f* ; stupéfiant *m.*
Drogenabhängige/r (*der/ein*) toxicomane *m* ; drogué *m.*
Drogenring *m,* e réseau *m* de trafiquants de drogue.
Drogenfreigabe *f,* n libéralisation *f* de la drogue.
Drogenschieber *m,* - dealer *m* ; trafiquant *m* de drogue.
Drogenszene *f,* n milieu *m* de la drogue.
Drohbrief *m,* e lettre *f* de menaces.
drohen menacer ; *einem Land mit einem Embargo* ~ menacer un pays d'embargo.
Drohung *f,* en menace *f.*
drosseln restreindre ; diminuer ; *die Einfuhren* ~ diminuer les importations ; *die Geldmenge* ~ réduire la masse monétaire ; *den Verbrauch* ~ freiner la consommation.
Drosselung *f,* en réduction *f* ; diminution *f* ; coup *m* de frein.
1. Druck *m,* e (*édition*) impression *f* ; *in* ~ *geben* faire imprimer ; *das Werk geht in* ~*, befindet sich in* ~ l'ouvrage part en impression, est sous presse.
2. Druck *m,* ø pression *f* ; influence *f* ; *steuerlicher* ~ pression fiscale ; *der* ~ *der Gewerkschaften* la pression syndicale ; *einen* ~ *aus/üben (auf)* exercer une pression (sur) ; *unter* ~ *handeln* agir sous la pression ; ~ *machen* accélérer ; pousser ; activer ; *einem* ~ *nach/geben* céder à une pression ; *finanziell unter* ~ *stehen* avoir des difficultés financières.
Drückeberger *m,* - (*fam.*) tire-au-flanc *m* ; planqué *m.*
drucken imprimer ; *neu* ~ réimprimer ; ~ *lassen* mettre sous presse.
drücken 1. (*bourse*) faire baisser ; *gedrückt* déprimé ; bas ; *auf die Preise* ~ casser (écraser) les prix ; faire baisser les prix ; *die Kurse* ~ faire baisser les cours ; **2.** *sich* ~ se planquer ; *sich vor der Arbeit* ~ tirer au flanc.
Drucker *m,* - **1.** imprimeur **2.** (*informatique*) imprimante *f* ; *Matrix-*~ imprimante matricielle ; *Typenrad-*~ imprimante à marguerite ; *Laser-*~ imprimante laser.
Druckerei *f,* en imprimerie *f.*
Druckerpresse *f,* n presse *f* d'imprimerie.
Druckgewerbe *n,* - secteur *m* de l'imprimerie.
Druckmittel *n,* - moyen *m* de pression (coercition) ; *ein* ~ *ein/setzen (gegen)* utiliser un moyen de pression (contre).
Druckposten *m,* - sinécure *f* ; (*fam.*) bonne planque *f.*
Drucksache *f,* n imprimé *m* ; *~n zu ermäßigter Gebühr* imprimés à taxe réduite.
Druckschrift *f,* en caractères *mpl* d'imprimerie ; *bitte in* ~ *aus/füllen* prière d'écrire en caractères d'imprimerie.
Drupa *f* (*Fachmesse Druck und Papier*) Salon *m* international de l'imprimerie et des industries du papier.
DRV *m* (*Verband der Deutschen Reisebüros und Reiseveranstalter*) Fédération *f* des agences de voyage et des voyagistes allemands.
DSD → ***Duales System Deutschland.***
DSH *f* (*université : Deutsche Sprachprüfung für den Hochzschulzugang ausländischer Studienbewerber*) examen *m* linguistique d'aptitude aux études supérieures réservé aux étudiants étrangers.
DSL *n* (*Digital Subscriber Line*) ligne *f* d'Internet haut débit ; A.D.S.L. ; haut débit *m* (*syn. Breitband-Internet*).
DSL-Modem *n,* s modem *m* Internet.
DSL-Provider *m,* - fournisseur *m* d'accès à Internet.

DSW *f* (*Deutsche Schutzvereinigung für Wertpapierbesitz*) Association *f* de défense des actionnaires allemands.
dt. → *deutsch.*
DTB *f* marché *m* à terme des instruments financiers → *Deutsche Terminbörse.*
Dtzd → *Dutzend.*
dual dual ; double ; ~*er Handel* marché *m* dual (bourse à la criée et électronique ; *Steuerzahler mit ~er Kapazität* contribuable *m* à double capacité contributive.
Duales System Deutschland *n* société *f* de retraitement et d'élimination des déchets.
Dualsystem *n*, e **1.** (*informatique*) système *m* binaire **2.** enseignement *m* alterné (théorique et professionnel).
Dualzahl *f*, en chiffre *m* binaire.
dubios douteux ; contestable ; louche ; risqué ; ~*e Forderung* créance *f* douteuse ; ~*es Hotel* hôtel *m* borgne.
Dubiosa/Dubiosen *pl* créances *fpl* douteuses.
Dublette *f*, n double *m*, copie *f* (d'une carte de crédit).
Duftdesigner *m*, - créateur *m* d'arômes artificiels.
Duft- und Pflegeprodukte *npl* articles *mpl* de parfumerie et cosmétiques.
Dukaten-Esel *m*, - poule *f* aux œufs d'or.
dulden tolérer ; supporter ; souffrir ; *keinen Aufschub, keine Ausnahme* ~ ne tolérer aucun retrait, aucune exception.
Duldung *f*, en **1.** tolérance *f* **2.** (*jur.*) assujettissement *m* à une servitude foncière.
Duma *f* assemblée *f* nationale russe.
Dummy *m*, s (*pr. ang.*) **1.** emballage *m* factice **2.** *m/n* mannequin *m* ; poupée *f* (pour simulation d'accidents de voiture).
Dumping *n*, s (*pr. ang.*) dumping *m* ; vente *f* à perte (sur le marché extérieur) ; pratique *f* des prix cassés ; *soziales* ~ dumping social (en utilisant de la main-d'œuvre étrangère sous-payée) ; *verschleiertes* ~ dumping déguisé, larvé ; ~ *betreiben* pratiquer le dumping ; casser les prix.
Dumpingangebot *n*, e offre *f* à prix cassé ; bradage *m*.
Dumpinglohn *m*, ¨e salaire *m* de dumping ; salaire cassé ; dumping *m* social.
Dumpingpreis *m*, e prix *m* cassé.
Düngemittel *n*, - engrais *m* (chimique).
düngen fertiliser ; fumer ; utiliser des engrais.
Dünger *m*, - → *Düngemittel.*
Düngung *f*, en (*agric.*) fumage *m* ; amendement *m* ; fertilisation *f* par fumure.
dunkel sombre ; obscur ; *dunkle Geschäfte* affaires *fpl* louches ; *das Geld fließt in dunkle Kanäle* les fonds *mpl* sont détournés ; *dunkle Machenschaften* combines *fpl* louches ; magouille *f*.
Dunkelziffer *f*, n chiffres *mpl* non publiés (inofficiels) ; donnée *f* officieuse ; chiffres qui ne figurent pas dans les statistiques.
Dunkelzone *f*, n zone *f* non contrôlable ; zone d'ombre (*syn. Grauzone*).
dünnbevölkert à faible densité de population ; faiblement peuplé.
Duopol *n*, e → *Dyopol.*
Duplikat *n*, e copie *f* ; duplicata *m* ; *ein* ~ *an/fertigen* établir un double (*syn. Abschrift* ; *Kopie*).
Duplikatfrachtbrief *m*, e duplicata *m* de la lettre de voiture.
Duplikation *f*, en duplication *f.*
Duplikatquittung *f*, en double *m* de quittance.
Duplikatrechnung *f*, en copie *f* de la facture.
duplizieren dupliquer ; établir un double.
durch/arbeiten 1. travailler sans discontinuer **2.** potasser ; travailler à fond.
durch/checken contrôler de A à Z ; (*médecine*) faire un check-up ; procéder à un examen médical complet.
Durchdringung *f*, en (inter)pénétration *f* ; infiltration *f* ; *die* ~ *der ausländischen Märkte* la pénétration des marchés étrangers.
Durchdringungsquote *f*, n taux *m* de pénétration.
durch/drücken imposer ; faire aboutir ; *einen höheren Preis* ~ (parvenir à) imposer un prix plus élevé.
Durchdrückpackung *f*, en emballage *m* sous blister.
Durchfahrt *f*, en **1.** (fret *m* en) transit *m* **2.** passage *m* ; ~ *verboten* passage interdit ; *freie* ~ *haben* avoir le passage libre ; *nur auf der* ~ *sein* n'être que de passage.

Durchfahrtbrief *m,* e lettre *f* de voiture directe (pour fret sous tarifs directs).
Durchfahrtsrecht *n,* e droit *m* de passage ; droit de transit.
Durchfahrtsstraße *f,* n route *f* (voie *f*) prioritaire en agglomération ; axe *m* de grande communication.
Durchfahrtzoll *m,* ¨e droit *m* de passage.
durch/faxen faxer qqch.
Durchfracht *f,* en transport *m* de marchandises en transit ; fret *m* à forfait.
Durchfuhr *f,* en transit *m* ; passage *m* en transit ; ~ *von Waren* transit de marchandises (*syn. Transit*).
durchführbar réalisable ; faisable ; praticable.
Durchführbarkeit *f,* en faisabilité *f* ; viabilité *f* ; *wirtschaftliche* ~ viabilité économique.
Durchführbarkeitsstudie *f,* n étude *f* de faisabilité.
Durchfuhrbescheinigung *f,* en (*douane*) passavant *m* ; permis *m* de circulation.
durch/führen réaliser ; exécuter ; mettre à exécution ; mettre en application ; *eine Arbeit* ~ exécuter un travail ; *einen Plan* ~ réaliser un projet ; *eine Untersuchung* ~ pratiquer un examen ; *eine Verordnung* ~ mettre un décret en application.
Durchfuhrerlaubnis *f,* se autorisation *f* de transit.
Durchfuhrgüter *npl* marchandises *fpl* en transit.
Durchfuhrland *n,* ¨er pays *m* de transit.
Durchfuhrpapiere *npl* documents *mpl* de transit.
Durchfuhrschein *m,* e → *Durchfuhrbescheinigung*.
Durchführung *f,* en réalisation *f* ; exécution *f* ; ~ *eines Gesetzes* (mise en) application *f* d'une loi.
Durchführungsbestimmung *f,* en disposition *f* (modalité *f*) d'application.
Durchführungsentscheidung *f,* en décision *f* exécutoire.
Durchführungsrichtlinie *f,* n directive *f* exécutoire.
Durchführungsverordnung *f,* en décret *m* d'application.
Durchfuhrverbot *n,* e interdiction *f* de transiter.

Durchgang *m,* ¨e **1.** passage *m* ; transit *m* ; *im* ~ en transit ; ~ *von Waren* transit de marchandises **2.** (*élections*) tour *m*.
Durchgangs- (*préfixe*) de (en) transit ; → *Durchfuhr-*.
Durchgangsabgabe *f,* n taxe *f* de transit.
Durchgangsbahnhof *m,* ¨e gare *f* de transit.
Durchgangsfracht *f,* en **1.** fret *m* de transit **2.** fret *m* (marchandises *fpl*) en transit.
Durchgangshafen *m,* ¨ port *m* de transit.
Durchgangshandel *m,* ø commerce *m* de transit.
Durchgangskonto *n,* -ten compte *m* d'attente (de passage).
Durchgangslager *n,* - camp *m* de transit.
Durchgangsland *n,* ¨er pays *m* de transit.
Durchgangsreisende/r (*der/ein*) voyageur *m* en transit.
Durchgangsverkehr *m,* ø transit *m* ; trafic *m* en transit.
Durchgangszoll *m,* ¨e droit *m* (taxe *f*) de transit.
durch/gehen, i, a (*ist*) **1.** passer ; traverser ; *Waren* ~ *lassen* faire transiter des marchandises **2.** se poursuivre sans interruption **3.** être accepté ; *das Gesetz ist durchgegangen* la loi est passée **4.** examiner ; contrôler ; *ein Projekt Punkt für Punkt* ~ passer un projet au crible, point par point.
durchgehend sans interruption ; continu ; non-stop ; ~*e Arbeitszeit* heures *fpl* de travail continues ; ~*er Betrieb* entreprise fonctionnant en continu (24 heures sur 24) ; entreprise qui pratique le système des trois huit ; ~*e Versicherung* assurance *f* porte à porte ; *die Geschäfte sind* ~ *geöffnet* les magasins sont ouverts sans interruption, non-stop.
durch/halten, ie, a tenir bon ; ne pas céder ; résister ; *einen Streik* ~ persévérer dans une grève ; aller jusqu'au bout d'une grève.
durch/kämmen (*contrôle fiscal*) passer au peigne fin ; passer au crible.
1. durch/kreuzen biffer ; rayer ; mettre une croix sur ; *Nichtzutreffendes bitte* ~ rayer la mention inutile
2. durchkreuzen (*inséparable*) contrecarrer ; contrarier (un projet).

Durchlassschein *m,* e (*personne*) laissez-passer *m* ; (*douane*) acquit *m* de transit ; congé *m* de douane ; passavant *m*.

Durchlauf *m,* ¨e déroulement *m* ; ~ *eines Kundenauftrags* déroulement d'une commande-client.

Durchlaufzeit *f,* en 1. durée *f* totale d'un processus de fabrication ; intervalle *m* de temps entre une prise de décision et la réalisation 2. vitesse *f* de rotation (capital mobilisé, stock).

durch/organisieren organiser dans les moindres détails.

durch/planen prévoir dans les moindres détails.

durch/prüfen contrôler minutieusement ; passer au peigne fin.

durch/rationalisieren : *einen Betrieb* ~ rationaliser une entreprise de fond en comble.

durch/rechnen 1. vérifier (les comptes, une facture) ; *einen Betrag, die Kosten noch einmal* ~ revérifier une somme, le(s) coût(s) 2. calculer qqch (avec précision) ; faire une évaluation détaillée.

Durchreise *f,* n passage *m* ; voyage *m* en transit ; traversée *f* ; *auf der ~ sein* être de passage (en transit).

Durchreisekundschaft *f,* en (*touris.*) clientèle *f* de passage.

Durchreisende/r (*der/ein*) (*touris.*) client *m* de passage ; voyageur *m* en transit.

Durchreiseverkehr *m,* ø tourisme *m* de passage.

Durchreisevisum *n,* -sa visa *m* de transit.

Durchsatz *m,* ¨e quantité *f* produite ; débit *m*.

durchschaubar transparent ; *das Steuersystem ist wenig* ~ on ne peut guère parler de transparence fiscale.

Durchschlag *m,* ¨e double *m* ; copie *f* ; *einen ~ an/fertigen* établir un double.

durch/schlagen, u, a se faire sentir (sur) ; *auf die Preise* ~ avoir des répercussions sur les prix.

durchschlagend percutant ; décisif ; *ein ~er Verkaufserfolg* un succès de vente retentissant.

durch/schleusen 1. (*navigation*) sasser ; écluser ; passer une écluse 2. (*personne*) faire passer qqn.

durch/schmuggeln passer en fraude.

Durchschnitt *m,* e moyenne *f* (arithmétique) ; (*statist.*) *gewichteter* (*gewogener*) ~ moyenne pondérée ; *gleitender* ~ moyenne mobile ; *den* ~ *ermitteln* (*errechnen*) calculer la moyenne ; *im* ~ en moyenne ; *über, unter dem* ~ *liegen* se situer au-dessus, au-dessous de la moyenne ; être inférieur, supérieur à la moyenne (*syn. Schnitt* ; *arithmetrisches Mittel*).

durchschnittlich moyen ; en moyenne ; *~e Festkosten pl* coûts *mpl* fixes moyens ; *~e Jahresziffer f* taux *m* moyen annuel ; *~e Lebensdauer f* vie *f* moyenne ; espérance *f* de vie à la naissance ; *quadratische ~e Streuung f* écart-type *m* ; *~es Einkommen* revenu *m* moyen ; *~ 100 Stück pro Tag produzieren* produire 100 pièces par jour en moyenne.

Durchschnitts- (*préfixe*) moyen ; moyenne *f* de.

Durchschnittsalter *n,* - moyenne *f* d'âge.

Durchschnittsbetrag *m,* ¨e somme *f* moyenne.

Durchschnittsbürger *m,* - citoyen *m* lambda ; l'homme *m* de la rue.

Durchschnittseinkommen *n,* - revenu *m* moyen.

Durchschnittsernte *f,* n récolte *f* moyenne.

Durchschnittsertrag *m,* ¨e rendement *m* moyen.

Durchschnittsgewicht *n,* e poids *m* moyen.

Durchschnittskurs *m,* e cours *m* moyen.

Durchschnittslohn *m,* ¨e salaire *m* moyen.

Durchschnittspreis *m,* e prix *m* moyen ; prix courant ; *gewogener* ~ prix moyen pondéré.

Durchschnittsqualität *f,* en qualité *f* courante.

Durchschnittsrechnung *f,* en calcul *m* de la valeur moyenne.

Durchschnittsverbraucher *m,* - consommateur *m* moyen ; consommateur lambda.

Durchschnittsware *f,* n marchandise *f* (de qualité) moyenne.

Durchschnittswert *m,* e valeur *f* moyenne.

Durchschreibebuchführung *f,* en comptabilité *f* à (par) décalque.

Durchschreibeverfahren *n,* - procédé *m* à (par) décalque.

Durchschrift *f,* **en** copie *f* ; double *m* ; *eine ~ an/fertigen* faire un double.

durch/sehen, a, e examiner ; contrôler ; *die Post ~* dépouiller le courrier.

durchsetzbar réalisable ; faisable.

Durchsetzbarkeit *f,* **en** applicabilité *f* ; faisabilité *f.*

1. durchsetzen introduire ; infecter ; infiltrer ; *mit Viren durchsetzt* infecté de virus.

2. durch/setzen imposer ; faire accepter ; *sich ~* arriver à ses fins ; s'imposer ; *eine Reform ~* faire passer une réforme ; *die Neuerung hat sich durchgesetzt* l'innovation a fini par s'imposer.

durchsetzungsschwach (*management*) qui manque d'autorité ; faible.

Durchsicht *f,* ø examen *m* ; révision *f* ; *bei* (*nach*) *~ der Akten* après examen du dossier ; *bei ~ unserer Bücher* en examinant nos livres ; après examen de notre comptabilité.

durch/streichen, i, i rayer ; biffer ; *Nichtzutreffendes bitte ~* rayer les mentions inutiles.

durchsuchen examiner (minutieusement) ; procéder à une fouille ; *jdn nach Rauschgift ~* fouiller qqn à la recherche de drogue.

Durchsuchung *f,* **en** perquisition *f* ; fouille *f* (corporelle) ; visite *f.*

Durchsuchungsbefehl *m,* **e** mandat *m* de perquisition.

Durchwahl *f,* **en** (*téléph.*) automatique *m* ; ligne *f* directe.

durch/wählen (*téléph.*) téléphoner directement ; avoir la ligne directe.

durch/zählen compter ; *die Geldscheine ~* compter les billets (un à un).

durch/ziehen, o, o : (*fam.*) *ein Projekt ~* mener un projet à terme.

Dürre *f,* **n** sécheresse *f* ; aridité *f* ; manque *m* d'eau.

Dürrejahr *n,* **e** année *f* de sécheresse.

Durststrecke *f,* **n** dépression *f* ; marasme *m* ; creux *m* de la vague ; *eine ~ durchstehen* effectuer la traversée du désert ; connaître une passe difficile.

Duty-free-Shop *m,* **s** (*pr. ang.*) magasin *m* duty-free-shop ; magasin hors taxe ; magasin en franchise.

Dutzend *n,* **e** (*Dtzd*) douzaine *f* ; *halbes ~* demi-douzaine ; *im ~ billiger* treize à la douzaine.

Dutzendware *f,* **n** marchandise *f* (vendue) à la douzaine ; article *m* à bas prix ; camelote *f.*

dutzendweise à la douzaine ; *einen Artikel ~ kaufen* acheter un article par douzaines.

DV (*Datenverarbeitung*) → ***EDV***.

DVD *f,* **s** (*Digital Versatile Disc*) DVD *m.*

DVD-Player *m,* **-** lecteur *m* (de) DVD.

DVFA *f* (*Deutsche Vereinigung für Finanzanalyse und Anlageberatung e. V.*) Association *f* allemande d'analyse financière et de conseil en placements.

dynamisch dynamique ; revalorisé ; évolutif ; indexé ; *~e Rente f* pension *f* indexée ; retraite *f* périodiquement revalorisée ; *~e Wirtschaft f* économie *f* dynamique.

dynamisieren 1. dynamiser **2.** indexer ; réajuster ; réactualiser ; revaloriser ; *die Renten ~* indexer les retraites (sur les revenus des actifs).

Dynamisierung *f,* **en** réajustement *m* ; indexation *f* ; revalorisation *f.*

Dyopol *n,* **e** duopole *m* (le marché appartient à deux grandes firmes) ; → ***Monopol*** ; ***Oligopol***.

dz → ***Doppelzentner***.

D-Zug *m,* ¨**e** (train) rapide *m.*

E

€ euro *m* (monnaie scripturale européenne à partir de janvier 1999, en pièces et billets à partir de janvier 2002) ; 100 centimes (cents) = 1 €.

E → *Europastraße*.

EAG *f,* **s** (*Europäische Aktiengesellschaft*) société *f* anonyme européenne.

EAN *f* (*Europäische Artikelnummerierung*) code *m* barres européen ; → *Strichcode*.

EASA *f* (*Europäische Agentur für Luftsicherheit*) Agence *f* européenne de la sécurité aérienne.

Ebbe *f,* **n** marée *f* basse ; reflux *m* ; (*fam.*) ~ *im Geldbeutel haben* être sans le sou ; (*fam.*) être fauché.

Ebbe- und Flut-Kraftwerk *n,* **e** usine *f* marémotrice (*syn. Gezeitenkraftwerk*).

Ebene *f,* **n** plaine *f* ; niveau *m* ; plan *m* ; *Verhandlungen auf höchster* ~ négociations *fpl* au plus haut niveau.

-ebene (*suffixe*) au niveau de ; sur le plan de ; *auf Gewerkschafts*~ au niveau syndical ; sur le plan syndical ; *auf Verwaltungs*~ au plan administratif.

EBITDA (*Earning Before Interest, Taxes, Depreciation and Amortization / Vorsteuerergebnis*) excédent *m* brut d'exploitation (*syn. operatives Ergebnis*).

EBM *f* (*Eisen, Blech und Metall verarbeitende Industrie*) industrie *f* métallurgique.

ebnen aplanir ; niveler ; *die Wege für Verhandlungen* ~ préparer le terrain à des négociations.

EBS 1. (*Electronic Banking System*) système *m* bancaire électronique **2.** (*Suisse*) (*Elektronische Börse Schweiz*) bourse *f* électronique de la Suisse.

E-Buisiness *n* (*pr. ang.*) → *E-Commerce*.

ec → *Euroscheckkarte*.

EC *m* (*Eurocity-Zug*) train *m* rapide international.

echt véritable ; authentique ; d'origine ; ~*e Unterschrift* signature *f* authentique.

Echtheit *f,* **en** authenticité *f* ; véracité *f* ; légitimité *f* ; *die* ~ *einer Urkunde bestreiten* contester l'authenticité d'un document.

Echtheitsnachweis *m,* **e** certificat *m* d'authenticité.

Echtsilber *n,* ø argent *m* véritable.

Echtzeit *f,* **en** (*informatique*) temps *m* réel.

Echtzeit(daten)verarbeitung *f,* **en** (*informatique*) traitement *m* des données en temps réel.

Echtzeitkurs *m,* **e** (*bourse*) cours *m* de la bourse en temps réel.

Eck- (*préfixe*) de référence ; -type ; modèle.

ec-Karte *f* → *Eurochequekarte*.

Eckdaten *pl* données *fpl* de référence ; chiffres *mpl* repères.

Eckfamilie *f,* **n** famille-type *f* ; famille de référence.

Ecklohn *m,* ¨e salaire *m* de référence de base (taux horaire fixé par les conventions collectives pour les différentes catégories socio-professionnelles).

Eckregelsatz *m,* ¨e taux *m* de référence.

Eckrente *f,* **n** retraite-type *f* ; retraite de référence (retraite moyenne perçue après 45 années de cotisation).

Ecksatz *m,* ¨e → *Eckzins*.

Eckwert *m,* **e** valeur *f* de référence, de base ; valeur-repère *f*.

Eckzins *m,* **en** taux *m* d'intérêt obligatoire ; taux de référence (pour dépôts à préavis légal ; il permet d'établir les autres taux d'intérêt).

Ecofin-Rat *m* Conseil *m* des ministres de l'économie et des finances de tous les États de l'U.E.

E-Commerce *m,* ø (*pr. ang.*) (*elektronischer Handel*) commerce *m* en ligne ; commerce électronique ; transactions *fpl* commerciales sur Internet.

Economyklasse *f,* **n** (*pr. ang.*) (*transp.*) classe *f* économique.

Ecu *m/f,* **-** (*hist. European Currency Unit*) écu *m* ; unité *f* de compte du système monétaire européen (S.M.E.) de 1979 à 1998.

Edeka (*Einkaufszentrale der Kolonialwarenhändler*) groupement *m* d'achat des détaillants d'alimentation.

Edeka-Genossenschaften *fpl* coopératives *fpl* d'achat « Edeka ».

edel précieux ; rare ; sélectionné.

Edelholz *n,* ¨er bois *m* précieux (exotique).

Edelmetall *n,* **e** métal *m* précieux.

Edelobst *n,* ø fruits *mpl* sélectionnés de qualité supérieure.

Edelstahl *m,* (e) acier *m* spécial (affiné).

Edelstein *m,* e pierre *f* précieuse.

EDV *f* (*Elektronische Datenverarbeitung*) traitement *m* électronique des données ; informatique *f* (*syn. Informatik* ; *Computer*) → ***DV***.

EDV-Anlage *f,* n unité *f* centrale ; centre *m* informatique.

EDV-Datei *f,* en fichier *m* informatique.

EDV-Fachmann *m,* ¨er/-leute informaticien *m.*

EDV-Zentrale *f,* n unité *f* centrale ; centre *m* informatique ; centre de calcul.

Effekt *m,* e effet *m* ; résultat *m* ; incidence *f* ; *antiinflationistischer* ~ effet antiinflationniste ; *externer* ~ effet externe.

Effekten *pl* titres *mpl* ; valeurs *fpl* ; effets *mpl* publics (bons du Trésor) ; *börsengängige* (*marktgängige*) ~ valeurs boursières ; valeurs négociables (en bourse) ; *festverzinsliche* ~ titres à revenu fixe ; ~ *beleihen* (*lombardieren*) emprunter sur titres ; ~ *bei einer Bank deponieren* (*hinterlegen*) déposer des titres auprès d'une banque ; ~ *handeln* négocier des titres ; ~ *verwalten* gérer des titres ; → ***Wertpapier(e)***.

Effektenabteilung *f,* en service *m* des titres.

Effektenbank *f,* en banque *f* d'affaires ; société *f* financière.

Effektenbeleihung *f,* en emprunt *m* sur titres.

Effektenbesitzer *m,* - → ***Effekteninhaber***.

Effektenbestand *m,* ¨e portefeuille *m* de titres.

Effektenbörse *f,* n bourse *f* des valeurs (*syn. Wertpapierbörse*).

Effektendepot *n,* s dépôt *m* de titres.

Effektendiskont *m,* e escompte *m* sur achat de titres.

Effektengeschäft *n,* e → ***Effektenhandel***.

Effektengiroverkehr *m,* ø virements *mpl* de titres ; mouvements *mpl* de conversion de titres.

Effektenguthaben *n,* - avoir *m* en titres ; portefeuille *m* de valeurs.

Effektenhandel *m,* ø commerce *m* des valeurs mobilières ; opérations *fpl* sur titres.

Effektenhändler *m,* - agent *m* de change ; courtier *m* en valeurs mobilières.

Effekteninhaber *m,* - porteur *m* (détenteur *m*) de titres.

Effektenkredit *m,* e avance *f* sur titres ; crédit *m* par nantissement de titres.

Effektenkurs *m,* e cours *m* des valeurs mobilières.

Effektenlombard *m/n,* e prêt *m* sur titres.

Effektenmakler *m,* - courtier *m* en valeurs mobilières.

Effektenmarkt *m,* ¨e marché *m* des valeurs mobilières.

Effektenplatzierung *f,* en placement *m* de valeurs.

Effektentermingeschäft *n,* e opération *f* à terme sur titres.

Effektenverkehr *m,* ø transactions *fpl* en valeurs mobilières.

Effektenverwahrung *f,* en → ***Effektendepot***.

effektiv 1. effectif ; réel ; ~*es Einkommen* revenu *m* réel ; ~*er Stundenlohn* salaire *m* horaire effectif **2.** efficace ; efficient.

Effektivbestand *m,* ¨e effectif *m* réel.

Effektivgehalt *n,* ¨er traitement *m* réel.

Effektivgeschäft *n,* e (*bourse*) vente *f* en disponible ; opération *f* avec livraison immédiate.

Effektivklausel *f,* n clause *f* de paiement en monnaie étrangère.

Effektivleistung *f,* en rendement *m* réel.

Effektivlohn *m,* ¨e salaire *m* réel.

Effektivpreis *m,* e prix *m* réel (effectif).

Effektivverzinsung *f,* en intérêt *m* effectif ; rendement *m* réel (d'un prêt).

Effektivwert *m,* e valeur *f* réelle (effective).

effizient efficient ; performant ; rentable ; ~*e Methode* méthode *f* efficace.

Effizienz *f,* en efficience *f* ; rentabilité *f* ; efficacité *f.*

EFTA *f* (*European Free Trade Association*) Association *f* européenne de libre échange ; A.E.L.E.

EG *f* (*hist. Europäische Gemeinschaft*) Communauté *f* européenne ; C.E. → ***EGW*** ; ***EU***.

EGB *m* (*Europäischer Gewerkschaftsbund*) Fédération *f* syndicale européenne.

EGKS *f* (*hist.*) (*Europäische Gemeinschaft für Kohle und Stahl*) → ***europäisch***.

eGmbH *f* → *eingetragen*.

EGT 1. *n* (*Ergebnis der gewöhnlichen Geschäftstätigkeit*) résultat *n* de l'activité commerciale ordinaire **2.** *m* (*Einheitsgebührentarif*) tarif *m* unique des services de messagerie avec les chemins de fer.

Ehe *f,* n mariage *m* ; union *f* ; *Kind aus erster ~* enfant *m* d'un premier lit ; *in zweiter ~* en secondes noces ; *eine ~ schließen* contracter mariage ; se marier ; *eine ~ auf/heben* annuler un mariage.

eheähnlich quasi-marital ; *~e Partnerschaft* concubinage *m* ; union *f* libre ; *in einer ~en Gemeinschaft leben* vivre en concubinage ; être pacsé.

Eheähnlichkeit *f,* en (*jur.*) pacs *m* ; concubinage *m* ; situation *f* quasi maritale.

Ehegatte *m,* n, n époux *m* ; mari *m* ; conjoint *m* ; *~n* conjoints *mpl* ; *geschiedener, überlebender ~* conjoint divorcé, survivant.

Ehegattenbesteuerung *f,* en → *Ehegattensplitting*.

Ehegattensplitting *n,* s (*fisc*) réduction *f* fiscale (des deux époux) ; allègement *m* fiscal pour couple ; imposition *f* commune des époux ; péréquation *f* fiscale des revenus des époux (les revenus des époux sont additionnés puis divisés par deux, la somme imposable ainsi obtenue est alors multipliée par deux, ce qui est fiscalement plus avantageux pour le couple).

Ehegattenversicherung *f,* en assurance *f* vie sur deux têtes.

Ehegemeinschaft *f,* en communauté *f* conjugale ; *in ~ leben* vivre sous le régime de la communauté.

Ehegüterrecht *n,* ø droit *m* des biens matrimoniaux ; régime *m* juridique des biens en matière matrimoniale.

ehelich conjugal ; légitime ; matrimonial ; *~es Kind* enfant *m* légitime ; *~e Gemeinschaft* communauté *f* conjugale.

Ehescheidung *f,* en divorce *m*.

Ehestand *m,* ø état *m* de mariage ; situation *f* de famille.

Ehetrennung *f,* en séparation *f* de corps.

Ehevertrag *m,* ¨e contrat *m* de mariage.

Ehre *f,* n honneur *m* ; estime *f* ; considération *f*.

ehren honorer ; rendre hommage ; (*corresp.*) *Sehr geehrter Herr Müller,* Monsieur.

Ehrenakzept *n,* e acceptation *f* par intervention (pour l'honneur de la signature).

Ehrenamt *n,* ¨er **1.** charge *f* (fonction *f*) honorifique **2.** bénévolat *m* ; travail *m* bénévole ; charge *f* honoraire.

ehrenamtlich à titre honorifique ; à titre bénévole ; *~e Tätigkeit f* activité *f* honorifique.

Ehrenrechte *npl* : *die bürgerlichen ~* droits *mpl* civiques.

Ehrenvorsitzende/r (*der/ein*) président *m* honoraire ; président d'honneur.

Ehrenzahlung *f,* en paiement *m* par intervention.

ehrlich honnête ; loyal ; intègre ; *~ verdientes Geld* argent honnêtement gagné.

Ehrlichkeit *f,* ø honnêteté *f* ; droiture *f* ; sincérité *f* ; intégrité *f* ; *steuerliche ~* honnêteté fiscale.

Ehrverletzung *f,* en atteinte *f* à l'honneur ; outrage *m*.

Eichamt *n,* ¨er administration *f* des poids et mesures.

eichen jauger ; étalonner ; poinçonner ; mesurer.

Eichmaß *n,* e étalon *m* ; matrice *f* ; jauge *f*.

Eichstempel *m,* - marque *f* de contrôle ; poinçon *m* de vérification.

Eichung *f,* en étalonnage *m* ; jaugeage *m* ; contrôle *m* des poids et mesures.

Eid *m,* e serment *m* ; *falscher ~* faux serment ; *einen ~ leisten* (*schwören*) prêter serment ; *jdm einen ~ ab/nehmen* faire prêter serment à qqn ; *unter ~ aus/sagen* déposer sous serment ; *an ~es Statt erklären* déclarer sur l'honneur.

Eidbruch *m,* ¨e parjure *m*.

eidbrüchig ø ; *~ werden* violer un serment ; se parjurer.

Eidesformel *f,* n formule *f* de serment.

Eidesleistung *f,* en prestation *f* de serment.

eidesstattlich sous (la foi du) serment ; *~e Erklärung* (*Versicherung*) déclaration *f* sous serment (sur l'honneur).

Eidgenossenschaft *f* : *die Schweizerische ~* la Confédération Helvétique (C.H.).

eidlich sous serment ; *~e Aussage* déposition *f* sous serment ; *~e Erklärung* déclaration *f* sous serment.

eigen propre ; personnel ; spécifique ; privé ; *in ~er Angelegenheit* pour affaires personnelles ; *auf ~e Faust* par ses propres moyens ; *zu ~en Händen* en mains propres ; *auf ~e Gefahr* à ses risques et périls ; *in ~er Person* en personne ; *auf ~e Rechnung* pour son propre compte.

Eigenbedarf *m*, ø besoins *mpl* personnels ; besoins propres.

Eigenbedarfskündigung *f*, en congé *m* (donné à un locataire) aux fins de reprise.

Eigenbehalt *m*, e (*assur.*) franchise *f* ; *bis auf einen ~ von... Euro gegen die Schäden versichert sein* avoir une franchise de... euros sur les risques garantis.

Eigenbeitrag *m*, ¨e participation *f* individuelle (à la constitution d'une retraite).

Eigenbesitz *m*, ø possession *f* en propre.

Eigenbesitzer *m*, - titulaire *m* ; possesseur *m* en propre ; détenteur *m* en propre.

Eigenbeteiligung *f*, en participation *f* personnelle ; (*sécu. sociale*) ticket *m* modérateur.

Eigenbetrieb *m*, e exploitation *f* en nom personnel ; établissement *m* géré en propre.

Eigenbewirtschaftung *f*, en (*agric.*) faire-valoir *m* direct.

eigenerwirtschaftet : *~e Mittel npl* ressources *fpl* d'autofinancement.

Eigenerzeugnis *n*, se produit *m* national (du pays).

Eigenfinanzierung *f*, en autofinancement *m*.

Eigenfinanzierungskraft *f*, ø capacité *f* d'autofinancement.

Eigenfinanzierungsquote *f*, n taux *m* d'autofinancement.

Eigengeschäft *n*, e opération *f* à propre compte.

Eigengewicht *n*, e poids *m* propre ; poids à vide.

Eigenhandel *m*, ø commerce *m* à propre compte ; (*bourse*) opérations *fpl* de contrepartie.

eigenhändig de sa propre main ; autographe ; *~ unterzeichnetes Testament* testament *m* olographe ; *~ übergeben* remettre en mains propres.

Eigenhändler *m*, - courtier *m*, commerçant *m* agissant pour son propre compte.

Eigenheim *n*, e maison *f* individuelle.

Eigenheimbesitzer *m*, - propriétaire *m* d'une maison individuelle.

Eigenheimförderung *f*, en incitation *f* à l'accession à la propriété.

Eigenheimzulage *f*, n aide *f* (prime *f*) à l'accession à la propriété.

Eigenhilfe *f*, n effort *m* personnel ; sans recours à une aide extérieure.

Eigenkapital *n*, ø capital *m* propre ; capitaux *mpl* (fonds *mpl*) propres ; ressources *fpl* propres ; capital de l'entrepreneur ; avoir *m* net ; (*particulier*) apport *m* personnel (initial) ; *Umsatz m zu ~* ratio *m* chiffre d'affaires à fonds propres ; *Verzinsung f des ~s* rémunération *f* du capital propre (*contr. Fremdkapital*).

Eigenkapitalanforderung *f*, en exigences *fpl* en fonds propres.

Eigenkapitalausstattung *f*, en autofinancement *m* ; dotation *f* en ressources propres.

Eigenkapitaldecke *f*, n taux *m* de couverture par fonds propres.

Eigenkapitalkosten *pl* coût *m* des fonds propres.

Eigenkapitalquote *f*, n part *f* du capital propre ; ratio *m* de solvabilité ; ratio *m* chiffre d'affaires à fonds propres ; taux *m* de capitalisation.

Eigenkapitalrendite *f*, n → *Eigenkapitalrentabilität.*

Eigenkapitalrentabilität *f*, en rendement *m* du capital propre ; rentabilité *f* des fonds propres ; ratio *m* bénéfices à capital propre ; ratio *m* chiffre d'affaires à fonds propres.

Eigenkapitalzuführung *f*, en apport *m* de fonds propres.

Eigenleistung *f*, en prestation *f* propre ; valeur *f* ajoutée brute ; *aktivierte ~* travaux *mpl* exécutés par l'entreprise pour son propre compte.

eigenmächtig de son propre chef ; arbitraire ; *~e Entscheidung* décision *f* arbitraire.

Eigenmittel *npl* capitaux *mpl* propres ; ressources *fpl* personnelles ; apport *m* personnel.

eigennützig intéressé ; par intérêt personnel ; dans le propre intérêt.

Eigenproduktion *f*, en production *f* propre ; production nationale ou régionale.

Eigenregie *f*, n gestion *f* propre ; *in ~* sous sa propre autorité ; sans passer par un tiers.

Eigenschaft *f,* **en** qualité *f* ; caractéristique *f* ; propriété *f* ; *in der ~ als* en sa qualité de ; ès qualités.

eigenstaatlich national ; *~e Währung* monnaie *f* nationale.

Eigenstaatlichkeit *f,* **en** souveraineté *f* (nationale).

Eigentum *n,* ø propriété *f* ; biens *mpl* propres **I.** *belastetes ~* propriété grevée (d'une hypothèque) ; *bewegliches ~* biens *mpl* mobiliers ; meubles *mpl* ; *bloßes ~* nue-propriété ; *geistiges ~* propriété intellectuelle (littéraire, artistique) ; *gemeinschaftliches ~* propriété commune (collective, indivise) ; *gewerbliches ~* propriété industrielle (marques, brevets) ; *öffentliches ~* propriété publique ; domaine *m* public ; *~ der toten Hand* biens de mainmorte ; *unbewegliches ~* immeubles *mpl* ; biens immobiliers **II.** *das ~ ab/treten* céder la propriété ; *das ~ erwerben* acquérir la propriété ; *in jds ~ übergehen* changer de mains ; devenir la propriété de qqn ; *das ~ übertragen* transférer la propriété ; *(constitution allemande) ~ verpflichtet* la propriété crée des devoirs.

Eigentümer *m,* - propriétaire *m* ; titulaire *m* d'un droit de propriété ; possesseur *m* ; *bloßer ~* nu-propriétaire ; *~ nach Bruchteilen* propriétaire indivis (dans l'indivision) ; *~ des Bodens* propriétaire foncier.

Eigentümergemeinschaft *f,* **en** copropriété *f.*

Eigentümerversammlung *f,* **en** assemblée *f* de copropriétaires.

Eigentumsabtretung *f,* **en** cession *f* de propriété.

Eigentumsbeschränkung *f,* **en** restriction *f* de la propriété.

Eigentumsbildung *f,* **en** constitution *f* d'un patrimoine.

Eigentumsdelikt *n,* **e 1.** vol *m* ; atteinte *f* à la propriété **2.** dégradation *f* d'un bien.

Eigentumserwerb *m,* ø accession *f* à la propriété ; acquisition *f* de la propriété.

Eigentumsklage *f,* **n** action *f* en revendication de la propriété ; *eine ~ an/strengen* entamer une action possessive.

Eigentumsrecht *n,* **e** droit *m* de propriété ; droit à la propriété.

Eigentumstitel *m,* - titre *m* de propriété.

Eigentumsübergabe *f,* **n** → *Eigentumsübertragung.*

Eigentumsübertragung *f,* **en** transfert *m* de propriété.

Eigentumsurkunde *f,* **n** acte *m* (titre *m*) de propriété.

Eigentumsvergehen *n,* - → *Eigentumsdelikt.*

Eigentumsvermutung *f,* **en** présomption *f* de propriété.

Eigentumsvorbehalt *m,* **e** (clause de) réserve *f* de propriété ; clause suspensive de transfert de propriété ; *die Lieferung erfolgt unter ~ bis zur Begleichung aller Verbindlichkeiten* le vendeur demeure propriétaire de la marchandise jusqu'à son paiement intégral ; la livraison sera effectuée sous réserve de clause de propriété (jusqu'à expiration totale de la dette).

Eigentumswechsel *m,* ø mutation *f* de propriété ; changement *m* de propriétaire.

Eigentumswohnung *f,* **en** appartement *m* (logement *m*) en (toute) propriété.

eigenverantwortlich : *etw ~ entscheiden* décider qqch sous sa propre responsabilité.

Eigenverantwortlichkeit *f,* **en** responsabilité *f* propre (personnelle).

Eigenverantwortung *f,* **en** : responsabilité *f* individuelle ; autonomie *f* ; *in ~* sous sa/leur propre responsabilité.

Eigenverbrauch *m,* ø consommation *f* personnelle (propre, individuelle).

Eigenvermögen *n,* - **1.** fortune *f* personnelle ; patrimoine *m* **2.** capital *m* propre ; fonds *mpl* propres.

Eigenversicherung *f,* **en** assurance *f* personnelle.

Eigenverwahrung *f,* **en** : *die Aktien befinden sich in ~* les actions se trouvent en dépôt propre.

Eigenvorsorge *f,* ø prévoyance *f* privée (individuelle) ; épargne-vieillesse *f* individuelle.

Eigenwechsel *m,* - billet *m* à ordre ; seule *f* de change (*syn.* Solawechsel).

Eigenwert *m,* **e** valeur *f* intrinsèque.

Eigenwirtschaft *f,* **en** exploitation *f* pour son propre compte ; exploitation *f* en faire valoir direct ; *etw in ~ betreiben* exploiter qqch à son compte.

Eigenwirtschaftlichkeit *f,* ø autosuffisance *f.*

eignen : *sich ~ als* être apte à ; être qualifié pour ; *fachlich geeignet* professionnellement qualifié.

Eigner *m*, - (*dans certains mots composés*) propriétaire *m* ; détenteur *m* ; titulaire *m*.

Eignung *f,* **en** qualification *f* ; aptitude *f* ; *berufliche ~* aptitude professionnelle.

Eignungsnachweis *m,* **e** certificat *m* d'aptitude ; attestation *f* d'aptitude.

Eignungsprüfung *f,* **en** examen *m* d'aptitude.

Eignungstest *m,* **s** test *m* d'aptitude.

Eignungsuntersuchung *f,* **en** examen *m* d'aptitude au travail ; tests *mpl* d'orientation professionnelle.

Eignungszeugnis *n,* **se** certificat *m* d'aptitude.

Eilanordnung *f,* **en** (*jur.*) injonction *f* prioritaire ; instruction *f* urgente.

Eilauftrag *m,* ¨**e** commande *f* urgente.

Eilbote *m,* **n, n** porteur *m* spécial ; *durch ~n* par exprès.

Eilbrief *m,* **e** lettre *f* (par) exprès.

Eildienst *m,* **e** (chemin de fer) service *m* rapide ; régime *m* accéléré.

eilen : *eilt* urgent.

Eilfracht *f,* **en** → *Eilgut*.

Eilgut *n,* ¨**er** marchandise *f* en régime accéléré ; envoi *m* en grande vitesse.

Eilgutabfertigung *f,* **en** expédition *f* en régime accéléré ; envoi *m* en régime accéléré.

Eilgutsendung *f,* **en** → *Eilgutabfertigung*.

Eilpaket *n,* **e** colis *m* exprès.

Eilpost *f,* ø courrier *m* exprès ; *mit (durch) ~* par exprès.

Eilsendung *f,* **en** envoi *m* par exprès.

Eilverfahren *n,* - procédure *f* express (d'urgence).

Eilverkehr *m,* ø (*train*) service *m* accéléré ; régime *m* accéléré ; (*poste*) par exprès.

Eilzug *m,* ¨**e** (train) semi-direct *m* ; rapide *m* ; express *m*.

Eilzustellung *f,* **en** remise *f* par exprès.

ein/arbeiten 1. mettre au courant ; *einen Mitarbeiter ~* mettre un collaborateur au courant ; *sich ~* s'initier ; se roder **2.** (*Autriche*) rattraper des heures.

Einarbeitung *f,* **en** mise *f* au courant ; initiation *f* ; rodage *m*.

Einarbeitungszeit *f,* **en** période *f* d'initiation ; temps *m* d'adaptation ; rodage *m* ; période de mise au courant.

Ein-, Ausgabe *f,* **n** (*informatique*) entrée/sortie *f*.

Einbau *m,* ø (*technique*) montage *m* ; installation *f*.

ein/bauen installer ; monter ; intégrer.

einbaufertig prêt à être monté.

Einbauküche *f,* **n** cuisine *f* aménagée (intégrée).

Einbaumöbel *npl* meubles *mpl* encastrables ; meubles à encastrer.

einbegriffen y compris ; *Trinkgeld ~* pourboire compris ; *die Mehrwertsteuer ist im Preis (mit) ~* la T.V.A. est comprise (incluse) dans le prix ; prix T.T.C. (*syn. inbegriffen ; inklusive*).

ein/behalten, ie, a retenir ; prélever ; *~e Gewinne* bénéfices *mpl* non distribués ; bénéfices affectés aux réserves ; *die Sozialabgaben vom Gehalt ~* retenir les charges sociales sur le salaire.

Einbehaltung *f,* **en** déduction *f* ; retenue *f* ; *~ vom Lohn* retenue sur salaire ; *~ an der Quelle* retenue à la source.

ein/berufen, ie, u 1. convoquer ; réunir ; *eine Sitzung ~* convoquer une réunion **2.** appeler sous les drapeaux.

Einberufung *f,* **en 1.** convocation *f* ; *~ der Hauptversammlung* convocation de l'assemblée générale **2.** appel *m* sous les drapeaux.

ein/bezahlen payer ; verser ; *voll einbezahlte Aktie* action *f* entièrement libérée.

ein/beziehen, o, o inclure ; intégrer ; *mit in die Kosten ~* inclure dans les coûts.

Einbeziehung *f,* **en** inclusion *f* ; intégration *f* ; *bei (unter) ~* en incluant.

ein/binden, a, u insérer ; intégrer ; impliquer ; *ein Gebiet in das Verkehrsnetz ~* intégrer une région dans le réseau de communications.

Einbindung *f,* **en** insertion *f* ; intégration *f* ; inclusion *f* ; imbrication *f* ; *~ in einen Konzern* rattachement *m* à un groupe industriel.

Einbranchen-Messe *f,* **n** foire *f* spécialisée dans une seule branche d'activité ; foire monobranche (*contr. Mehrbranchen-Messe*).

ein/brechen, a, o 1. (*ist/hat*) pénétrer par effraction ; *in eine(r) Bank ~* cambrioler une banque **2.** (*ist*) (*cours*) chuter ; s'effondrer ; céder ; *der Kurs der Aktie ist um 10 Punkte eingebrochen* le cours de l'action a chuté de 10 points.

ein/bringen, a, a 1. rentrer ; *die Ernte ~* rentrer une récolte, la moisson **2.** rapporter ; *jdm viel Geld ~* rapporter beaucoup d'argent à qqn **3.** *ein Gesetz ~* présenter un projet de loi **4.** *Kapital in eine Gesellschaft ~* amener du capital à une société.

Einbringung *f,* en **1.** apport *m* (société) **2.** recouvrement *m* (argent) **3.** dépôt *m* ; déposition *f.*

Einbringungsaktie *f,* n action *f* d'apport.

Einbruch *m,* ¨e **1.** effraction *f* ; cambriolage *m* **2.** effondrement *m* ; chute *f* ; *~ der Konjunktur* recul *m* conjoncturel ; *~ der Kurse* effrondrement *m* des cours.

Einbruch(s)diebstahl *m,* ¨e vol *m* avec (par) effraction ; fric-frac *m* ; cambriolage *m* ; casse *m.*

Einbruch(s)diebstahlversicherung *f,* en → *Einbruch(s)versicherung.*

einbruch(s)sicher à l'abri du vol ; *~e Bank* banque *f* inviolable.

Einbruch(s)versicherung *f,* en assurance *f* (contre le) vol.

ein/bürgern naturaliser ; *in der (die) Schweiz eingebürgert werden* être naturalisé Suisse (*contr. aus/bürgern*).

Einbürgerung *f,* en naturalisation *f.*

Einbürgerungsantrag *m,* ¨e demande *f* de naturalisation.

Einbürgerungsbewerber *m,* - candidat *m* à la naturalisation.

Einbuße *f,* n perte *f* ; diminution *f* ; dommage *m* ; atteinte *f* ; *eine finanzielle ~ erleiden* essuyer une perte financière.

ein/büßen essuyer une perte ; perdre ; être privé ; *sein ganzes Vermögen ~* perdre toute sa fortune ; *an Wirtschaftlichkeit ~* perdre de sa (en) rentabilité ; (*bourse*) abandonner ; perdre.

ein/checken (*transp. aérien*) **1.** enregistrer ; expédier ; servir **2.** se présenter au contrôle ; se présenter pour faire enregistrer ses bagages ; *die Passagiere checken ein* les passagers se présentent au contrôle.

ein/dämmen endiguer ; contenir ; *den Geldwertschwund ~* endiguer l'inflation.

Eindämmung *f,* en arrêt *m* ; endiguement *m* ; *~ der Preissteigerungen* coup *m* de frein donné à la hausse des prix.

ein/decken : *sich ~ mit* se prémunir de ; s'approvisionner en ; *sich mit Devisen ~* s'approvisionner en devises.

Eindeckung *f,* en couverture *f* ; approvisionnement *m.*

Eindeckungskäufe *mpl* achats *mpl* d'approvisionnement (de couverture).

Eindeckungskurs *m,* e cours *m* de rachat.

ein/deutschen 1. germaniser ; passer qqch dans la langue allemande ; *eingedeutschter Ausdruck* expression *f* passée à l'allemand ; *eindeutschend für...* forme allemande pour... **2.** accorder la nationalité allemande ; *eingedeutschter Türke* Turc *m* naturalisé allemand ; Allemand *m* d'origine turque.

ein/dosen mettre en conserve ; mettre en boîtes.

ein/dringen, a, u (*ist*) pénétrer ; envahir ; *auf den amerikanischen Markt ~* pénétrer (sur) le marché américain.

einen unir ; unifier ; mettre d'accord.

Ein-Euro-Job *m,* s emploi *m* rémunéré un euro de l'heure (compatible avec l'indemnité de chômage).

Ein-Euro-Jobber *m,* - personne *f* employée dans le cadre de la loi sur les « petits boulots », rémunérée un euro de l'heure.

einfach simple ; ordinaire ; *~er Brief* lettre *f* ordinaire ; *~e Buchführung* comptabilité *f* en partie simple ; (*fonction publique*) *~er Dienst* cadre subalterne ; *~e Fahrkarte* aller *m* simple ; *~e Stimmenmehrheit* majorité *f* simple.

ein/fahren, u, a 1. (*ist*) entrer en gare **2.** (*hat*) roder un véhicule **3.** (*hat*) enregistrer ; engranger ; *die Ernte ~* engranger la récolte ; *einen Gewinn, einen Verlust ~* engranger un bénéfice, enregistrer une perte.

Einfallstraße *f,* n route *f* d'accès ; desserte *f.*

Einfamilienhaus *n,* ¨er maison *f* individuelle ; pavillon *m.*

Einfelderwirtschaft *f,* ø culture *f* non alternée ; monoculture *f.*

ein/fliegen, o, o 1. (*ist*) (*aviation*) pénétrer ; *in (ein) fremdes Hoheitsgebiet ~* violer un espace aérien **2.** (*hat*) faire venir par avion ; acheminer, transporter, amener par voie aérienne ; *Medikamente in ein Katastrophengebiet ~* acheminer des médicaments par avion dans une zone sinistrée **3.** procéder à des essais en

vol 4. *im Frachtgeschäft flog Lufthansa Gewinne eine* la Lufthansa a fait des bénéfices grâce au fret aérien.
Einflugschneise *f,* **n** (*aviation*) couloir *m* d'atterrissage.
Einfluss *m,* ¨e influence *f* ; ~ *auf das Konsumverhalten* influence sur la consommation ; incidence *f* sur le comportement des consommateurs.
Einflussbereich *m,* e zone *f* d'influence ; sphère *f* d'influence.
einflussreich influent ; ~*e Kreise* milieux *mpl* influents.
Einflusssphäre *f,* **n** → *Einflussbereich.*

ein/fordern exiger ; réclamer (un paiement) ; faire appel à ; *Kapital* ~ faire appel à des capitaux ; *Kredite* ~ exiger la restitution de fonds ; *eine Schuld* ~ réclamer le remboursement d'une dette.
Einforderung *f,* **en** recouvrement *m* ; demande *f* de paiement ; appel *m* ; ~ *von Kapital* appel *m* de capitaux.
ein/frieren, o, o 1. congeler ; surgeler ; *Lebensmittel* ~ surgeler des aliments 2. geler ; *Bankguthaben* ~ geler des avoirs bancaires.
Einfrieren *n,* ø gel *m* ; ~ *der Preise* gel des prix.
Einfuhr- (*préfixe*) d'importation ; importé ; d'entrée (*syn. Import*).
Einfuhr *f,* **en** importation *f* ; entrée *f* (d'une marchandise) **I.** *direkte* (*mittelbare*) ~ importation directe ; *indirekte* (*unmittelbare*) ~ importation indirecte ; ~ *auf Zeit* importation temporaire ; *zollfreie* ~ entrée en franchise **II.** *die ~ drosseln* limiter les importations ; *die ~en kontingentieren* contingenter les importations ; *die ~en steigern* intensifier les importations ; → *Import.*
Einfuhrabfertigung *f,* **en** formalité *f* d'importation ; dédouanement *m* à l'entrée.
Einfuhrabgabe *f,* **n** taxe *f* à l'importation ; droit *m* d'entrée.
Einfuhrabgabenbefreiung *f,* **en** exonération *f* des droits de douane à l'importation.
einfuhrabhängig dépendant (tributaire) des importations.
Einfuhrabschöpfung *f,* **en** prélèvement *m* à l'importation.
Einfuhrbegünstigung *f,* **en** facilités *fpl* accordées à l'importation.
Einfuhrbehinderung *f,* **en** obstacle *m* à l'importation.

einfuhrberechtigt 1. admis à l'importation 2. autorisé à importer.
Einfuhrbescheinigung *f,* **en** certificat *m* d'importation.
Einfuhrbeschränkung *f,* **en** restriction *f* à l'importation ; limitation *f* des importations.
Einfuhrbestimmungen *fpl* dispositions *fpl* en matière d'importation ; modalités *fpl* d'importation.
Einfuhrbewilligung *f,* **en** licence *f* d'importation ; permis *m* d'entrée ; autorisation *f* d'importer.
ein/führen 1. introduire ; installer ; *eine gut eingeführte Firma* une société bien introduite (sur le marché) ; *eine Steuer* ~ créer un impôt ; *das Produkt ist gut eingeführt* le produit est bien accueilli ; l'article se vend bien 2. importer ; *Waren aus Deutschland* ~ importer des marchandises d'Allemagne (*syn. importieren*) 3. (*bourse*) *eine Aktie an der Börse* ~ introduire une action en bourse 4. *jdn* ~ présenter qqn ; introduire qqn ; recommander qqn ; → *importieren.*
Einfuhrerklärung *f,* **en** déclaration *f* d'entrée (d'importation).
Einfuhrerlaubnis *f,* **se** → *Einfuhrbewilligung.*
Einfuhrgenehmigung *f,* **en** → *Einfuhrbewilligung.*
Einfuhrgut *n,* ¨er marchandise *f* importée ; ~¨er biens *mpl* d'importation.
Einfuhrhafen *m,* ¨ port *m* d'importation, d'entrée.
Einfuhrhandel *m,* ø commerce *m* d'importation.
Einfuhrhändler *m,* - importateur *m* (*syn. Importeur*).
Einfuhrkontingent *n,* e contingent *m* d'importation.
Einfuhrkontingentierung *f,* **en** contingentement *m* des importations.
Einfuhrkontrolle *f,* **n** contrôle *m* à l'importation.
Einfuhrland *n,* ¨er pays *m* importateur.
Einfuhrlizenz *f,* **en** licence *f* d'importation.
Einfuhrmenge *f,* **n** volume *m* des importations.
Einfuhrprämie *f,* **n** prime *f* à l'importation.
Einfuhrpreis *m,* e prix *m* à l'importation ; prix des marchandises en provenance de l'étranger.

Einfuhrquote *f,* **n** quota *m* d'importation.

Einfuhrschein *m,* ¨e document *m* d'entrée ; acquit *m* d'entrée ; passavant *m* ; acquit-à-caution *m.*

Einfuhrsperre *f,* **n** → *Einfuhrstopp.*

Einfuhrsteuer *f,* **n** impôt *m,* taxe *f* sur les produits importés.

Einfuhrstopp *m,* **s** arrêt *m,* blocage *m* des importations.

Einfuhrüberschuss *m,* ¨e excédent *m* d'importation ; importations *fpl* excédentaires.

Einfuhrumsatzsteuer *f,* **n** taxe *f* sur le chiffre d'affaires des produits importés.

Einführung *f,* **en** 1. introduction *f* ; lancement *m* ; ~ *einer Ware auf dem Markt* lancement d'un article sur le marché 2. (*bourse*) ~ *eines Wertpapieres* admission d'un titre à la cote ; introduction d'une action en bourse 3. initiation *f* (à un travail) 3. installation *f* ; ~ *in ein Amt* installation dans des fonctions 4. (*personne*) recommandatation *f* ; introduction *f.*

Einführungskurs *m,* ¨e cours *m* d'introduction en bourse.

Einführungslehrgang *m,* ¨e stage *m* d'initiation.

Einführungspreis *m,* ¨e prix *m* de lancement ; prix d'appel.

Einführungsrabatt *m,* ¨e ristourne *f* ; remise *f* à l'occasion du lancement d'un produit.

Einführungsverkauf *m,* ¨e vente-réclame *f* ; vente *f* promotionnelle.

Einführungswerbung *f,* **en** publicité *f* de lancement.

Einfuhrverbot *n,* ¨e embargo *m* sur les importations ; interdiction *f* d'importer ; barrière *f* douanière ; *ein ~ verhängen* frapper les importations d'embargo.

Einfuhrvolumen *n,* - → *Einfuhrmenge.*

Einfuhrvorschriften *fpl* réglementation *f* en matière d'importation.

Einfuhrwaren *fpl* marchandises *fpl* importées.

Einfuhrzoll *m,* ¨e droit *m* d'entrée ; *~¨e erheben* prélever des taxes d'entrée.

ein/füttern → *ein/geben.*

Eingabe *f,* **n** 1. pétition *f* ; demande *f* ; requête *f* 2. (*informatique*) saisie *f* ; entrée *f* de données informatiques ; *die ~ der persönlichen Identifikationsnummer* (*PIN*) la saisie de son identifiant personnel.

Eingabe-Ausgabe-Einheit *f,* **en** (*informatique*) unité *f* d'entrée et de sortie.

Eingabedatei *f,* **en** (*informatique*) fichier *m* d'entrée.

Eingabedaten *pl* (*informatique*) données *fpl* d'entrée.

Eingabespeicher *m,* - (*inform.*) mémoire *f* d'entrée.

Eingang *m,* ¨e 1. entrée *f* ; arrivée *f* ; arrivage *m* (marchandises) 2. recouvrement *m* ; encaissement *m* ; ~ *eines Wechsels* paiement *m* d'une traite ; ~ *vorbehalten* sous réserve d'encaissement ; sauf bonne fin.

Eingangs- : (*préfixe*) de base ; de départ ; de début.

Eingangsbesoldung *f,* **en** rémunération *f* de départ ; salaire *m* d'embauche ; premier salaire ; premier échelon *m* sur la grille salariale.

Eingangsbestätigung *f,* **en** avis *m* d'arrivée, de réception ; récépissé *m.*

Eingangsbuch *n,* ¨er livre *m* des entrées ; livre d'arrivée.

Eingangsdatum *n,* -ten 1. date *f* de réception 2. date de règlement.

Eingangsformel *f,* **n** (*corresp.*) formule *f* de début de lettre ; formule initiale.

Eingangsnummer *f,* **n** numéro *m* d'enregistrement à l'arrivée.

Eingangspost *f,* ø courrier-arrivée *m.*

Eingangssteuersatz *m,* ¨e (barème *m* de la) première tranche *f* d'imposition ; taux *m* minimal d'imposition ; taux-plancher *m.*

Eingangsstufe *f,* **n** échelon *m* de début (de carrière) ; premier échelon (de salaire).

Eingangsvermerk *m,* ¨e mention *f* de réception, d'arrivée.

Eingangszoll *m,* ¨e (*douane*) droit *m* d'entrée.

Eingangszollbehörde *f,* **n** bureau *m* de douane d'entrée.

ein/geben, a, e (*informatique*) saisir ; entrer ; introduire ; *Daten ~* saisir des données ; mettre des données en mémoire (*syn. ein/speisen ; ein/füttern*).

ein/gehen, i, a (*ist*) 1. (*poste*) rentrer ; arriver (à destination) ; parvenir ; *ihr Brief ist noch nicht eingegangen* votre courrier n'est pas encore arrivé ; votre lettre ne nous est pas encore parvenue 2.

conclure ; contracter ; *eine Ehe ~* contracter mariage ; *einen Handel ~* conclure un marché ; *ein Risiko ~* assumer un risque ; *Verpflichtungen ~* contracter des engagements **3.** rentrer ; *die Außenstände gehen ein* les créances rentrent **4.** aller dans le sens de qqn ; donner suite à ; *auf individuelle Kundenwünsche ~* répondre aux souhaits (desiderata) personnalisés de la clientèle **5.** *auf eine Frage ~* aborder une question.

eingehend détaillé ; exact ; minutieux ; *etw ~ behandeln* traiter qqch à fond.

ein/gemeinden fusionner des communes ; rattacher à une commune.

Eingemeindung *f,* **en** absorption *f* d'une commune par une autre ; rattachement *m* (administratif) à une commune.

eingeschrieben inscrit ; enregistré ; *~er Brief* lettre *f* recommandée.

eingesessen installé, en place depuis longtemps ; *~e Bevölkerung* population *f* indigène.

eingetragen déclaré ; enregistré ; inscrit au registre ; *~e Genossenschaft mit beschränkter Haftung* coopérative *f* à responsabilité limitée ; *~e Schutzmarke* marque *f* déposée ; *~er Verein (e.V.)* association *f* déclarée ; *(France)* association régie par la loi de 1901 ; *~es Warenzeichen* marque *f* déposée.

ein/gliedern intégrer ; incorporer ; insérer ; *in eine Gemeinde ~* rattacher à une commune.

Eingliederung *f,* **en** intégration *f* ; insertion *f* ; rattachement *m* ; incorporation *f.*

Eingliederungshilfe *f,* **n** aide *f* financière à la réinsertion ; indemnité *f* de reclassement ; prime *f* d'intégration.

ein/greifen, i, i intervenir ; s'interposer ; s'immiscer ; *in fremde Rechte ~* empiéter sur les droits d'autrui.

Eingriff *m,* **e** intervention *f* ; ingérence *f* ; *staatlicher ~* intervention de l'État, des pouvoirs publics *(syn. Intervention).*

Eingriffspunkt *m,* **e** point *m* d'intervention ; *oberer, unterer ~* cours *m* plafond, cours plancher *(syn. Interventionspunkt).*

ein/gruppieren classer ; affecter ; ranger ; grouper ; *in verschiedene Lohngruppen ~* classer dans des catégories salariales différentes.

Eingruppierung *f,* **en** classification *f* ; classement *m* ; (re)groupement *m* ; *berufliche ~* classification professionnelle ; affectation *f* à la catégorie salariale adéquate.

ein/halten, ie, a observer ; respecter ; *einen Termin ~* observer un délai ; *seine Verbindlichkeiten nicht ~* ne pas respecter ses engagements.

Einhaltung *f,* **en** observation *f* ; observance *f* ; respect *m* ; *~ der Frist* observation du délai.

Einhebung *f,* **en** *(Autriche)* prélèvement *m* ; perception *f* ; encaissement *m.*

Einhebungsbeamte/r *(der/ein) (Autriche)* percepteur *m* ; agent *m* encaisseur, d'encaissement.

einheimisch indigène ; intérieur ; local ; national ; *~es Produkt* produit *m* national.

Einheimische/r *(der/ein)* indigène *m* ; autochtone *m.*

ein/heimsen *(fam.)* gagner ; empocher (bénéfices) ; ramasser de l'argent.

Einheit *f,* **en** unité *f* ; étalon *m* ; *je (pro) ~* par unité ; *wirtschaftliche ~* unité économique ; *Preis, Zeit je ~* prix *m,* temps *m* unitaire.

einheitlich uniforme ; unique ; unitaire ; standardisé ; normalisé ; homogène ; *~er Binnenmarkt* marché *m* unique ; *~er Plan* plan *m* suivi ; *~er Tarif* tarif *m* unique ; *~e Tendenz* tendance *f* générale.

Einheitliche Europäische Akte *f* Acte *m* unique européen (document signé en 1985 qui fixait aux pays membres la réalisation d'un espace économique unifié fin 1992).

Einheitlichkeit *f,* **ø** uniformité *f* ; normalisation *f* ; homogénéité *f* ; standardisation *f* ; normalisation *f.*

Einheits- *(préfixe)* unique ; unitaire ; uniforme ; standardisé ; normalisé.

Einheitsbeitrag *m,* **¨e** cotisation *f* unique.

Einheitsbewertung *f,* **en** *(fisc)* évaluation *f* unitaire.

Einheitsbrief *m,* **e** lettre *f* normalisée.

Einheitsfabrikation *f,* **en** fabrication *f* standardisée.

Einheitsformat *n,* **e** format *m* standard ; format normalisé.

Einheitsfront *f,* **en** *(politique syndicale)* front *m* unitaire.

Einheitsgebühr *f,* en taxe *f* unique ; droit *m* unique.

Einheitsgewerkschaft *f,* en syndicat *m* unique ; syndicat unitaire.

Einheitskosten *pl* coût *m* unitaire de fabrication.

Einheitskurs *m,* e (*bourse* : *cours fixé une fois par jour seulement pour des titres ou des ordres n'atteignant pas un certain volume*) cours *m* unique ; seul cours ; cours unitaire ; système *m* de cotation par cahiers.

Einheitskurzschrift *f,* ø sténographie *f* normalisée, standardisée.

Einheitsliste *f,* n liste *f* unique.

Einheitsmarkt *m,* ¨e (*bourse*) marché *m* à cours non variables.

Einheitspapier *n,* e document *m* administratif unique.

Einheitspartei *f* : (*hist. R.D.A.*) *Sozialistische ~ Deutschlands* (*SED*) parti *m* socialiste unifié.

Einparteienherrschaft *f,* en monopartisme *m* dominant ; domination *f* d'un parti unique.

Einheitspreis *m,* e prix *m* unique.

Einheitspreisgeschäft *n,* e magasin *m* à prix unique ; (*fam.*) Prisu *m.*

Einheitssteuer *f,* n taxe *f* forfaitaire ; taxe, impôt *m* unique.

Einheitstarif *m,* e tarif *m* unique ; tarif uniforme.

Einheitsverpackung *f,* en emballage *m* standard.

Einheitsversicherung *f,* en police *f* universelle ; assurance *f* multirisques.

Einheitsvertrag *m,* ¨e contrat *m* type.

Einheitswährung *f,* en 1. monométallisme *m* 2. monnaie unique *f.*

Einheitswert *m,* e valeur *f* unitaire ; valeur globale intrinsèque ; base *f* d'imposition forfaitaire ; barème *m* d'évaluation fiscale de biens immobiliers ; valeur fiscale immobilière.

Einheitszoll *m,* ¨e droit *m* unique.

einhellig unanime ; *einen ~en Beschluss fassen* décider à l'unanimité.

ein/holen 1. prendre ; *einen Auftrag ~* prendre une commande 2. demander ; *eine Genehmigung ~* solliciter une autorisation 3. rattraper ; atteindre.

Einhüllen-Tankschiff *n,* e pétrolier *m* monocoque (*contr. Doppelwand-Tankschiff*).

einig unanime ; (*sich*) *~ sein* être d'accord ; (*sich*) *~ werden* tomber d'accord.

einigen 1. harmoniser ; mettre d'accord ; unifier 2. *sich ~* tomber d'accord ; *sich gütlich ~* trouver un accord amiable ; *sich über den Preis ~* convenir du prix.

Einigung *f,* en 1. consentement *m* ; arrangement *m* ; *gütliche ~* accord amiable ; *eine ~ erzielen* parvenir à un accord 2. unification *f.*

Einigungsstelle *f,* n instance *f,* organisme *m* de conciliation.

Einigungsverfahren *n,* - procédure *f* de conciliation.

einjährig d'un an ; annuel.

ein/kalkulieren faire entrer en ligne de compte ; *ein Risiko ~* calculer un risque ; *die MwSt mit in den Preis ~* inclure la T.V.A. dans le prix.

Einkammersystem *n,* e (*polit.*) monocamér(al)isme *m.*

ein/kassieren encaisser ; recouvrer.

Einkassierung *f,* en encaissement *m* ; recouvrement *m.*

Einkauf *m,* ¨e achat *m* ; acquisition *f* ; *~¨e machen* faire des courses.

ein/kaufen 1. acheter ; faire des courses 2. *sich* (*in eine Firma*) *~* acheter des parts de société ; prendre une participation financière (dans une entreprise) ; *sich in ein Altersheim ~* obtenir une place dans une maison de retraite ; *sich in eine Lebensversicherung ~* prendre (souscrire) une assurance-vie.

Einkäufer *m,* - acheteur *m* ; agent *m* d'achat (d'un grand magasin).

Einkaufsabschluss *m,* ¨e conclusion *f,* signature *f* d'un contrat d'achat.

Einkaufsabteilung *f,* en service *m* des achats.

Einkaufsagent *m,* en, en → *Einkäufer.*

Einkaufsbummel *m,* - lèche-vitrines *m* ; shopping *m.*

Einkaufsgemeinschaft *f,* en groupement *m* d'achats ; *Verbraucher schließen sich zu ~en zusammen* les consommateurs se regroupent en groupements d'achats.

Einkaufsgenossenschaft *f,* en coopérative *f* d'achats.

Einkaufskartell *n,* e cartel *m* d'achat.

Einkaufskooperative *f,* n → *Einkaufsgenossenschaft.*

Einkaufsliste *f,* n liste *f* d'achats ; *eine ~ zusammen/stellen* dresser une liste d'achats.

Einkaufsnetz *n,* **e** filet *m* à provisions.

Einkaufspassage *f,* **n** galerie *f* commerçante ; galerie marchande.

Einkaufspreis *m,* **e** prix *m* d'achat ; *zum ~ au prix coûtant.*

Einkaufsstraße *f,* **n** rue *f* marchande ; passage *m* commercial.

Einkaufsverband *m,* ¨**e** groupement *m* d'achat.

Einkaufsvereinigung *f,* **en** → *Einkaufsverband.*

Einkaufsviertel *n,* **-** quartier *m* commercial ; quartier commerçant (des commerçants).

Einkaufswagen *m,* **-** poussette *f* ; caddie *m* ; chariot *m.*

Einkaufszeit *f,* **en** heures *fpl* d'ouverture des magasins.

Einkaufszentrale *f,* **n** centrale *f* d'achats.

Einkaufszentrum *n,* **-tren** centre *m* commercial ; hypermarché *m* ; galerie *f* marchande ; grande surface *f* ; → *Supermarkt* ; *Verbrauchermarkt* ; *Discountgeschäft* ; *Einkaufspassage.*

Einkaufszettel *m,* **-** liste *f* d'achats ; liste de courses ; *auf dem ~ stehen* figurer sur la liste de courses.

einklagbar (*jur.*) recouvrable par une action en justice.

ein/klagen obtenir par voie de justice ; poursuivre devant les tribunaux ; *eine Forderung ~* poursuivre le recouvrement d'une créance.

Einklarierung *f,* **en** déclaration *f* d'entrée d'un navire.

ein/klicken → *ein/klinken.*

ein/klinken : *sich in das Internet ~* se connecter à l'Internet.

ein/knicken fléchir ; chuter ; *die Kurse knicken ein* les cours fléchissent.

ein/kommen, a, o (*ist*) (*style relevé*) demander ; solliciter ; formuler une demande ; *um seine Versetzung ~* faire une demande de mutation.

Einkommen *n,* **-** revenu *m* ; ressources *fpl* ; recette *f* ; produit *m* **I.** *berufliches ~* revenu professionnel ; *festes ~* revenu fixe ; *steuerfreies ~* revenu exonéré d'impôts ; *steuerpflichtiges ~* revenu imposable ; *Steuer auf landwirtschaftliches ~* impôt *m* sur les bénéfices des exploitations agricoles **II.** *über hohe ~ verfügen* disposer de revenus importants ; *sein ~ versteuern* déclarer ses revenus **III.** *~ aus Erwerbstätigkeit* revenu professionnel ; *~ aus Gewerbe und Handel* revenu des activités commerciales et industrielles ; *~ aus Grundbesitz* revenu foncier ; *~ aus Kapitalbesitz* revenu des capitaux placés ; *~ nach Steuerabzug* revenu net ; → *Brutto-, Durchschnitts-, Erwerbs-, Haupt-, Jahres-, Kapital-, Lohn-, Mehr-, Mindest-, Monats-, Netto-, Nominal-, Real-, Sozial-, Spitzen-, Steuer-, Vermögens-, Volkseinkommen.*

einkommensabhängig proportionnel aux ressources ; fonction des revenus ; *~e staatliche Beihilfen* des aides *fpl* de l'État en fonction des revenus ; *~e Zuschüsse* subventions *fpl* accordées sous condition de ressources.

Einkommensausfall *m,* ¨**e** perte *f* de revenu(s).

einkommensbesteuert imposable sur le revenu.

Einkommensbesteuerung *f,* **en** imposition *f* du revenu.

Einkommenseffekt *m,* **e** incidence *f* sur le revenu.

Einkommensentwicklung *f,* **en** évolution *f* des revenus.

Einkommensermittlung *f,* **en** détermination *f,* évaluation *f* du revenu.

Einkommenserwartung *f,* **en** prétentions *fpl* salariales (*syn. Gehaltswünsche*).

Einkommensgrenze *f,* **n** plafond *m,* limite *f* de(s) revenu(s).

Einkommensgrundlage *f,* **n** base *f* du revenu.

Einkommensgruppe *f,* **n** catégorie *f,* tranche *f* de revenus.

Einkommenshöchstgrenze *f,* **n** → *Einkommensgrenze.*

Einkommenshöhe *f,* **n** niveau *m* de revenu(s) ; montant *m* des revenus.

Einkommenspolitik *f,* ø politique *f* des revenus.

Einkommensquelle *f,* **n** 1. source *f* de revenu 2. origine *f* du revenu.

Einkommensschere *f,* **n** éventail *m* de revenus ; fourchette *f* de revenus.

Einkommensschicht *f,* **en** classe *f,* catégorie *f* de revenus ; *die unteren, oberen ~en* les bas, les hauts salaires.

Einkommensschichtung *f,* **en** répartition *f* par catégories de revenus ; ventilation *f* des revenus.

einkommensschwach de (à) faible revenu ; *die Einkommensschwachen* les bas salaires *mpl* ; les petites bourses *fpl* ; les smicards *mpl* ; les économiquement faibles.

Einkommensskala *f,* **-len** échelle *f,* éventail *m* des revenus.

einkommensstark à revenus élevés ; *die Einkommensstarken* les gros revenus ; les hauts salaires.

Einkommen(s)steuer *f,* **n** impôt *m* sur le revenu (des personnes physiques) ; I.R.P.P.

Einkommensteuererklärung *f,* **en** déclaration *f* de l'impôt sur le revenu ; déclaration fiscale.

einkommensteuerfrei non imposable.

einkommensteuerpflichtig assujetti à l'impôt sur le revenu.

Einkommensteuertabelle *f,* **n** barème *m* de l'impôt sur le revenu.

Einkommensteuerveranlagung *f,* **en** assiette *f* de l'impôt sur le revenu.

Einkommensumverteilung *f,* **en** redistribution *f* des revenus.

einkommensunabhängig indépendant du niveau de revenus ; non assujetti à des conditions de ressources.

Einkommensungleichheit *f,* **en** inégalité *f* des revenus ; *strukturelle ~ zwischen kinderlosen und kinderreichen Paaren* inégalité de revenus structurelle entre couples sans enfants et familles nombreuses.

Einkommensverhältnisse *npl* 1. origine *f,* source *f* des revenus 2. ressources *fpl* ; situation *f* financière.

Einkommensverlust *m,* **e** perte *f* de salaire, de revenus ; manque *m* à gagner.

Einkommensverteilung *f,* **en** répartition *f,* ventilation *f* des revenus.

Einkommensvorstellungen *fpl* prétentions *fpl* (en matière de revenus) ; prétentions salariales.

Einkommenszuwachs *m,* ¨**e** accroissement *m* du revenu.

Einkünfte *fpl* revenus *mpl* ; revenu *m* ; ressources *fpl* ; produit *m* ; *feste, unregelmäßige* ~ revenus fixes, irréguliers ; *gewerbliche* ~ revenus d'une activité artisanale, commerciale ou industrielle ; *steuerfreie* ~ revenus non soumis à l'impôt ; *steuerpflichtige* ~ revenus soumis à l'impôt ; *~ aus Grund und Boden* revenus fonciers ; *~ aus Kapitalvermögen* revenus de capitaux placés ; *~ aus selb(st)ständiger Arbeit* revenus des professions indépendantes ; *~ aus Vermietung* revenus locatifs ; *seine ~ angeben* déclarer ses revenus.

Einkunftsarten *fpl* catégories *fpl* de revenus.

Einkunftsquelle *f,* **n** source *f,* origine *f* du revenu (des revenus).

Einladekosten *pl* frais *mpl* de chargement.

ein/laden, u, a 1. charger 2. embarquer 3. inviter 4. (*Suisse*) sommer ; convoquer.

einladend attrayant ; séduisant ; *~es Angebot* offre *f* alléchante.

Einladung *f,* **en** 1. invitation *f* 2. (*Suisse*) sommation *f* ; convocation *f* 3. fret *m* ; chargement *m*.

Einlage *f,* **n** 1. apport *m* ; mise *f* de fonds ; dépôt *m* ; versement *m* ; *befristete (feste) ~n* dépôts à échéance fixe ; dépôts à terme ; *gemeinsame ~* dépôt sur compte commun ; *täglich fällige ~n (auf Sicht)* dépôts à vue ; *~ in eine Gesellschaft* apport social ; *~ mit Kündigungsfrist* dépôt à préavis ; *~ mit dreimonatiger Kündigung* dépôt à trois mois de préavis ; *~n mit fester Laufzeit* dépôts à terme fixe ; *kurz-, mittel-, langfristige ~* dépôt à court, moyen, long terme ; *verzinsliche ~* dépôt portant intérêt 2. annexe *f* ; pièce *f* jointe ; *etw als ~ (Beilage) verschicken* adresser qqch en annexe.

Einlagekapital *n,* ø mise *f* de fonds.

Einlagekonto *n,* **-ten** compte *m* d'apport ; compte *m* de dépôt.

Einlagengeschäft *n,* **e** opération *f* de dépôt.

Einlagensicherungsfonds *m,* **-** fonds *m* de garantie bancaire (en matière de placement et d'investissement).

Einlagensparen *n,* ø placement *m* en dépôt d'épargne.

Einlagenzertifikat *n,* **e** certificat *m* de dépôt.

Einlagenzinsen *mpl* intérêts *mpl* créditeurs.

Einlagerer *m,* **-** entrepositaire *m*.

ein/lagern emmagasiner ; entreposer ; ensiler ; stocker ; *Bestände* ~ constituer des stocks.

Einlagerung *f,* **en** emmagasinage *m* ; stockage *m* ; entreposage *m* ; ensilage *m*.

Einlageschein *m,* **e** certificat *m* de dépôt.

Einlass *m,* ¨**e** admission *f* ; entrée *f*.

Einlasskarte *f,* **n** carte *f* d'entrée.

Einlauf *m,* ¨**e** 1. (*courrier*) arrivée *f* 2. entrée *f* en gare ; entrée dans un port 3. (*machine*) rodage *m*.

ein/laufen, ie, au (*ist***)** 1. arriver (courrier, plainte) ; *Ihre Bestellung ist heute* *eingelaufen* votre commande nous est parvenue ce jour ; *Beschwerden laufen täglich ein* des réclamations *fpl* nous parviennent quotidiennement **2.** *in den Hafen* ~ entrer dans le port **3.** *sich* ~ *se roder* ; trouver son rythme ; *die Maschine muss sich* ~ la machine doit se roder.

einlaufend : ~*e Gelder* rentrées *fpl* d'argent, de fonds ; ~*e Ware* arrivage *m* de marchandises.

ein/legen 1. placer ; insérer ; joindre **2.** *Geld* ~ verser de l'argent ; *eine größere Summe* ~ déposer une somme importante **3.** *Berufung* ~ faire appel de ; *Protest gegen etw* ~ élever une protestation contre qqch **4.** *ein gutes Wort für jdn* ~ parler, intercéder en faveur de qqn **5.** *eine Sonderschicht* ~ faire des heures supplémentaires **6.** (*Suisse*) déposer son bulletin de vote.

Einleger *m*, - déposant *m*.

ein/leiten entamer ; introduire ; *eine Untersuchung* ~ ouvrir une enquête ; *Verhandlungen* ~ entamer des négociations.

Einleitung *f*, en introduction *f* ; préliminaires *mpl* ; ouverture *f*.

ein/lesen, a, e (*informatique*) entrer ; introduire ; *eingelesene Daten* données *fpl* introduites.

ein/liefern livrer ; déposer ; remettre ; transporter.

Einlieferung *f*, en livraison *f* ; dépôt *m* ; remise *f* ; transport *m*.

Einlieferungsschein *m*, e reçu *m* ; récépissé *m* ; bulletin *m*.

einliegend ci-inclus ; ci-joint ; ~ *erhalten Sie...* vous trouverez ci-joint... (*syn. beiliegend*).

Einliegerwohnung *f*, en dépendance *f* à usage locatif ; logement *m* indépendant en sous-location.

ein/loggen (*sich*) (*Internet*) se connecter.

einlösbar 1. convertible ; *in Gold* ~ convertible en or **2.** remboursable ; rachetable.

ein/lösen 1. racheter ; rembourser **2.** payer ; *Kupons* ~ toucher des coupons ; *einen Scheck* ~ encaisser un chèque ; *nicht eingelöster Scheck* chèque impayé (en souffrance) ; *einen Wechsel* ~ honorer une traite **3.** dégager ; retirer ; *ein Pfand* ~ retirer un gage **4.** *Wertpapiere* ~ convertir des titres **5.** *sein Akzept* ~ honorer sa signature.

Einlösestelle *f*, n organisme *m* payeur.

Einlösesumme *f*, n montant *m* du paiement.

Einlösung *f*, en **1.** rachat *m* ; remboursement *m* **2.** paiement *m* ; encaissement *m* ; régularisation *f* ; *die* ~ *verweigern* refuser de régler **3.** dégagement *m* ; retrait *m* (d'un objet gagé) **4.** conversion *f*.

Einlösungsfrist *f*, en délai *m* de rachat, de remboursement, d'encaissement.

Einlösungsklausel *f*, n clause *f* de régularisation.

Einlösungskurs *m*, e cours *m* de rachat.

Einlösungspapier *n*, e titre *m* convertible.

Einlösungspflicht *f*, en obligation *f* de rachat ; convertibilité *f*.

Einlösungsschein *m*, e billet *m*, certificat *m* de rachat.

Einlösungstermin *m*, e date *f* de rachat ; terme *m* de remboursement.

ein/mahnen sommer, enjoindre de payer ; *eine Schuld* ~ sommer qqn d'acquitter une dette.

Einmahnung *f*, en sommation *f*, injonction *f* de paiement.

Einmalbetrag *m*, ¨e versement *m* (d'une somme) unique.

Einmaleins *n*, ø table *f* de multiplication.

Einmalertrag *m*, ¨e revenu *m* unique ; rentrée *f* de fonds unique.

Einmalflasche *f*, n verre *m* non repris ; verre perdu ; bouteille *f* non consignée (*syn. Einwegflasche*).

einmalig unique ; en une seule fois ; ~*e Ausgaben* dépenses exceptionnelles.

Einmalleistung *f*, en prestation *f* (financière) unique.

Einmalpackung *f*, en emballage *m* perdu, non consigné.

Einmalprämie *f*, n (*assur.*) prime *f* unique (couvrant toute la durée de l'assurance).

Einmalzahlung *f*, en paiement *m* en une seule fois ; versement *m* unique ; prime *f* unique.

Einmannbetrieb *m*, e entreprise *f* unipersonnelle ; établissement *m* sans main-d'œuvre salariée.

Einmanngesellschaft *f*, en (*jur.*) société *f* unipersonnelle (uninominale) ; ~*mbH* entreprise uninominale à responsabilité limitée (E.U.R.L.).

ein/mieten 1. (*agric.*) ensiler ; *Obst, Gemüse ~* stocker des fruits, des légumes (dans un endroit paillé réservé à cet effet) **2.** *sich bei jdm ~* louer un logement chez qqn.

ein/mischen : *sich ~ in* s'immiscer dans ; se mêler de ; *sich in fremde Angelegenheiten ~* se mêler des affaires des autres.

Einmischung *f,* **en** ingérence *f* ; immixtion *f* ; intervention *f.*

einmonatig d'un mois ; d'une durée d'un mois.

einmonatlich mensuel ; une fois par mois.

einmütig → *einhellig.*

Einnahme *f,* **n** (*surtout au pluriel*) recette *f* ; rentrée *f* ; revenu *m* ; rapport *m* ; encaissement *m* ; recouvrement *m* ; produit *m* ; *außerordentliche ~n* revenus extraordinaires ; *laufende ~n* recettes courantes ; *öffentliche ~n* recettes publiques, de l'État ; *~n und Ausgaben* recettes et dépenses ; *in ~ stellen (bringen)* porter en recettes ; passer en recettes.

Einnahmeausfall *m,* ¨e perte *f* de recettes.

Einnahmebuch *n,* ¨er livre *m* de recettes.

Einnahmeerwartung *f,* **en** prévisions *fpl* de(s) recettes.

Einnahmekasse *f,* **n 1.** caisse *f* des recettes **2.** (*Trésor public*) caisse *f* du receveur du Trésor.

Einnahme-Plus *n,* ø recettes *fpl* supplémentaires.

Einnahmeposten *m,* - article *m,* poste *m* de recettes.

Einnahmequelle *f,* **n** source *f* de revenus ; ressources *fpl* ; origine *f* des recettes.

Einnahmeseite *f,* **n** côté *m* des recettes ; colonne *f* recettes ; colonne crédit

Einnahmeüberschuss *m,* ¨e excédent *m* de recettes.

Einnahmevoranschlag *m,* ¨e état *m* prévisionnel des recettes.

ein/nehmen, a, o **1.** percevoir ; toucher ; encaisser ; recouvrer ; *Einkünfte ~* encaisser des revenus ; *Steuern ~* percevoir des impôts **2.** *Platz ~* prendre de la place.

Einnehmer *m,* - (*arch.*) **1.** encaisseur *m* **2.** percepteur *m* ; receveur *m* des impôts.

ein/ordnen 1. ranger ; classer ; *Karten alphabetisch ~* classer des cartes par ordre alphabétique **2.** *sich links, rechts ~* se situer à gauche, à droite,

Einordnung *f,* **en** rangement *m* ; classification *f* ; classement *m.*

ein/packen empaqueter ; emballer.

Einpackpapier *n,* **e** papier *m* d'emballage.

Einpackung *f,* **en** emballage *m.*

Einpartei(en)regierung *f,* **en** (*polit.*) gouvernement *m* monopartite.

Einpartei(en)system *n,* **e** (*polit.*) monopartisme *m* ; parti unique *m.*

ein/pendeln équilibrer ; stabiliser ; *die Kurse pendeln sich ein* les cours *mpl* se stabilisent.

Einpersonenhaushalt *m,* **e** ménage *m* d'une seule personne ; célibataire *m/f.*

Einphasensteuer *f,* **n** impôt *m* unique (frappant une seule phase du circuit) (*contr. Mehrphasensteuer*)

ein/planen planifier ; programmer ; prévoir ; inclure dans un plan ; *Ausgaben ~* prévoir des dépenses ; *eine neue Stelle ~* budgétiser (budgéter) un nouvel emploi.

Einplanung *f,* **en** planification *f* ; prévision *f.*

Einproduktbetrieb *m,* **e** entreprise *f* de monoproduction ; entreprise à fabrication unique.

ein/programmieren programmer.

Einprogrammierung *f,* **en** programmation *f.*

ein/räumen 1. accorder ; octroyer ; *einen Kredit ~* accorder un crédit ; *den Vorrang ~* accorder la priorité **2.** concéder ; admettre ; *ich muss ~, dass* je dois admettre que **3.** ranger.

Einräumung *f,* **en 1.** octroi *m* ; *~ eines Rechts* constitution *f* d'un droit **2.** *~en machen* faire des concessions.

ein/rechnen inclure ; comprendre dans le compte ; *mit eingerechnet* y compris.

Einrechnung *f,* **en** prise en compte *f* (de qqch) dans un clacul.

Einrede *f,* **n** objection *f* ; opposition *f* ; contestation *f* ; contradiction *f* ; *eine ~ erheben* soulever une objection ; (*jur.*) exception *f* (moyen du défendeur de faire écarter une demande en justice) ; *~ des Hauptschuldners* exception du débiteur principal ; *~ der Nichtigkeit* exception de nullité.

ein/reichen présenter ; déposer ; remettre ; *eine Beschwerde* ~ faire une réclamation ; *ein Gesuch* ~ présenter une requête ; déposer une demande ; *eine Klage* ~ porter plainte ; *eine Rechnung, einen Scheck* ~ remettre une facture, un chèque ; *Unterlagen* ~ communiquer les pièces (d'un dossier) ; *seine Versetzung* ~ demander sa mutation.

Einreicher *m,* - remettant *m* (personne qui remet un effet à son banquier).

Einreicherbank *f,* en banque *f* remettante.

Einreichung *f,* en présentation *f* ; dépôt *m* ; remise *f* ; ~ *zur Zahlung* présentation au paiement.

Einreichungsfrist *f,* en délai *m* de dépôt (d'un dossier).

ein/reihen 1. classer ; ranger 2. insérer ; intégrer.

Einreise *f,* n entrée *f* (dans un pays).

Einreisebestimmungen *fpl* dispositions *fpl* d'entrée sur le territoire.

Einreiseerlaubnis *f,* se → *Einreisegenehmigung.*

Einreisegenehmigung *f,* en autorisation *f* d'entrée.

Einreiseland *n,* ¨er pays *m* d'accueil.

Einreisesichtvermerk *m,* e → *Einreisevisum.*

Einreiseverbot *n,* e interdiction *f* d'entrée.

Einreisevisum *n,* en visa *m* d'entrée.

ein/richten instituer ; installer ; mettre sur pied ; équiper ; *ein Konto (bei einer Bank)* ~ ouvrir un compte (auprès d'une banque) ; *eine Website* ~ créer un site sur le Net.

Einrichtung *f,* en 1. installation *f* ; équipement *m* ; dispositif *m* 2. institution *f* ; organisme *m* ; organisation *f* ; équipement *m* ; *gemeinnützige* ~ institution d'utilité publique ; *soziale ~en* équipements sociaux.

Einrichtungsdarlehen *n,* - prêt *m* d'installation.

Einrichtungshaus *n,* ¨er magasin *m* d'aménagement et d'équipement d'intérieur ; magasin de meubles d'équipement ; vente *f* d'équipement de bureau (de type : *Habitat*).

Einrichtungskosten *pl* frais *mpl* d'installation ; coûts *mpl* de premier établissement.

ein/rücken 1. insérer (annonce) 2. *in eine Schlüsselstellung* ~ être muté à un poste-clé.

Einsaat *f,* en (*agric.*) semence *f* ; ensemencement *m* ; semailles *fpl.*

ein/sammeln ramasser ; récolter ; collecter ; *Geld* ~ recueillir des fonds ; faire une collecte ; *Altpapier, Altglas* ~ récupérer des vieux papiers, du verre usagé.

Einsatz *m,* ¨e 1. emploi *m* ; recours *m* ; utilisation *f* ; mobilisation *f* ; mise *f* en œuvre ; intervention *f* ; *der* ~ *von Arbeitskräften* emploi *m* de main-d'œuvre ; *selektiver* ~ utilisation sélective 2. engagement *m* ; *den vollen* ~ *fordern* exiger un engagement total ; *im sozialen* ~ *stehen* être engagé dans le social 3. (*jeu*) mise *f* ; *der* ~ *beträgt 50 Euro* la mise est de 50 euros.

Einsatzbereich *m,* e → *Einsatzfeld.*

einsatzbereit disponible ; opérationnel ; en état de marche ; (*informatique*) initialisé.

Einsatzbereitschaft *f,* en disponibilité *f* ; engagement *m* personnel.

Einsatzbesprechung *f,* en réunion *f* de coordination, d'information ; briefing *m.*

Einsatzerprobung *f,* en essais *mpl* pratiques (d'appareils).

einsatzfähig utilisable ; opérationnel ; prêt à fonctionner.

Einsatzfeld *n,* er champ *m,* secteur *m,* domaine *m* d'utilisation (de machines par ex.) ; domaine *m* d'emploi.

Einsatzleistungen *fpl* fournitures *fpl* internes de l'entreprise.

Einsatzort *m,* e lieu *m* d'intervention.

Einsatzpauschale *f,* n forfait *m* d'intervention.

Einsatzpreis *m,* e prix *m* de départ ; mise *f* à prix (vente aux enchères).

Einsatzstab *m,* ¨e équipe *f* d'intervention.

ein/schalten 1. allumer ; mettre en marche ; *sich automatisch* ~ s'enclencher automatiquement 2. insérer ; intervenir ; *eine Pause* ~ faire une pause ; *Sachverständige* ~ recourir à des experts.

Einschaltquote *f,* n taux *m* d'écoute ; audimat *m* (radio, télévision).

Einschaltung *f,* en 1. insertion *f* 2. mise *f* en circuit, sous tension ; mise en marche 3. intervention *f* ; mise en œuvre *f* ; appel *m* ; recours (à) ; *ohne* ~ *eines Bevollmächtigten* sans l'intervention d'un mandataire.

ein/schätzen évaluer ; estimer ; taxer ; (*juger*) apprécier.

Einschätzung *f,* **en** estimation *f* ; taxation *f* ; évaluation *f* ; (*jugement*) appréciation *f* ; ~ *des Risikos* évaluation du risque.

ein/scheffeln (*fam.*) ramasser (beaucoup) d'argent.

einschichtig d'une seule équipe ; ~*er Betrieb* entreprise *f* ne pratiquant pas les « trois-huit » (*contr. Mehrschichtbetrieb*).

ein/schicken envoyer (à qui de droit) ; *etw zur Reparatur* ~ envoyer qqch chez le réparateur.

ein/schießen, o, o verser ; apporter ; faire un apport ; *Geld* ~ verser des fonds ; *Kapital in ein Unternehmen* ~ injecter des capitaux dans une entreprise.

ein/schiffen embarquer ; *Waren* ~ embarquer des marchandises ; *sich in Marseille* ~ embarquer à Marseille.

Einschiffung *f,* **en** embarquement *m*.

Einschiffungshafen *m,* ¨ port *m* d'embarquement.

einschl. → *einschließlich*.

ein/schlagen, u, a 1. enfoncer ; défoncer 2. prendre ; suivre ; *eine kaufmännische Laufbahn* ~ embrasser une carrière commerciale ; *einen falschen Weg* ~ faire fausse route 3. emballer ; envelopper.

einschlägig relatif à ; se rapportant à ; afférent ; en cause ; *die ~e Literatur* littérature *f* spécialisée.

ein/schleusen 1. faire entrer dans un sas, en écluse 2. introduire clandestinement ; faire entrer en cachette, en fraude ; *Falschgeld (in den Verkehr)* ~ mettre de la fausse monnaie en circulation.

Einschleusen *n,* ø 1. entrée *f* dans un sas d'écluse 2. introduction *f* frauduleuse ; entrée *f* illégale ; mise *f* dans le circuit clandestin ; ~ *von Ausländern* passage *m* d'immigrés clandestins.

Einschleusung *f,* **en** → *Einschleusen*.

ein/schließen, o, o 1. mettre sous clé ; enfermer 2. inclure ; comprendre ; *Verpackung und Porto eingeschlossen* emballage et port compris ; *mit eingeschlossen* y compris.

einschließlich (+ *G*) y compris ; inclusivement ; ~ *der Kosten* frais *mpl* compris ; ~ *Verpackung* franco d'emballage.

Einschließung *f,* **en** 1. blocus *m* ; encerclement *m* 2. *mit* ~ *von* y compris 3. (*jur.*) peine *f* d'enfermement ; peine de détention.

Einschluss *m,* ¨e inclusion *f* ; *unter* ~ *von* en incluant ; y compris.

ein/schmuggeln introduire en fraude, en contrebande ; faire passer illégalement.

ein/schneiden, i, i tailler (dans) ; amputer ; *tief in soziale Leistungen* ~ pratiquer des coupes claires dans les prestations sociales.

einschneidend incisif ; de rigueur ; ~*e Maßnahmen treffen* prendre des mesures radicales.

Einschnitt *m,* **e** réduction *f* ; coupe *f* ; amputation *f* ; ~*e in Besitzstände machen* pratiquer des coupes claires dans les acquis sociaux ; *im Rentensystem wird es zu beachtlichen* ~ *kommen* il va y avoir des coupes claires dans le système des retraites.

ein/schränken limiter ; restreindre ; *die Ausgaben* ~ réduire les dépenses ; *die Handlungsfreiheit* ~ réduire la marge de manœuvre.

einschränkend restrictif ; limitatif ; ~*e Maßnahme* mesure *f* restrictive.

Einschränkung *f,* **en** limitation *f* ; restriction *f* ; réduction *f* ; ~ *von Ausgaben* compression *f* des dépenses.

Einschreib(e)brief *m,* **e** lettre *f* recommandée ; *einen* ~ *auf/geben* envoyer une lettre en recommandé.

Einschreibegebühr *f,* **en** droits *mpl* d'inscription ; taxe *f* d'enregistrement.

Einschreiben *n,* - envoi *m*, lettre *f* recommandé(e) ; *als* ~ en recommandé.

ein/schreiben, ie, ie 1. inscrire ; *sich* ~ *in* s'inscrire dans 2. enregistrer ; *einen Brief* ~ *lassen* faire recommander une lettre ; *eingeschriebener Brief* lettre *f* recommandée ; *etw eingeschrieben schicken* envoyer qqch par (en) recommandé.

Einschreibung *f,* **en** 1. enregistrement *m* ; inscription *f* ; immatriculation *f* 2. offre *f* écrite lors d'une vente aux enchères.

ein/schreiten, i, i (*ist*) intervenir ; entreprendre ; s'immiscer ; (*gegen jdn*) *gerichtlich* ~ intenter une action en justice (contre qqn).

Einschrieb *m,* **e** (*Suisse*) → *Einschreiben*.

ein/schulen 1. scolariser 2. initier qqn à une activité professionnelle.
Einschulungsrate *f*, **n** taux *m* de scolarisation ; nombre *m* d'enfants scolarisés.
Einschulungszahlen *fpl* → **Einschulungsrate**.
Einschuss *m*, ¨e versement *m* ; mise *f* de fonds ; paiement *m* ; contribution *f* financière ; couverture *f* (opérations bancaires ou boursières).
Einschusspflicht *f*, **en** obligation *f* d'effectuer des versements.
ein/sehen, a, e examiner ; prendre connaissance de ; *die Akten ~* examiner les dossiers.
einseitig 1. unilatéral ; à sens unique 2. partial.
ein/senden, a, a envoyer ; expédier ; adresser ; *den Betrag bar ~* expédier le montant en espèces ; *zum Inkasso ~* envoyer à l'encaissement.
Einsender *m*, - expéditeur *m* ; remettant *m*.
Einsendeschluss *m*, ¨e clôture *f* des envois ; date-limite *f* d'envoi, d'expédition (candidature, concours).
Einsendetermin *m*, **e** date-limite *f* d'envoi ; date-butoir *f*.
Einsendung *f*, **en** envoi *m* ; expédition *f* ; remise *f*.
ein/setzen 1. mettre ; placer ; poser ; *eine Anzeige ~* insérer une annonce 2. recourir à ; mettre en œuvre ; *ausländische Arbeitskräfte ~* recourir à la main-d'œuvre étrangère 3. instituer ; nommer ; *einen Ausschuss ~* constituer une commission 4. inscrire ; porter en compte ; *in den Haushaltsplan ~* inscrire dans l'état prévisionnel 5. *sich für etw ~* s'employer à 6. (*jeu*) miser.
Einsetzung *f*, **en** 1. établissement *m* ; mise *f* en place ; installation *f* 2. institution *f* ; investiture *f* ; *~ zum Alleinerben* institution comme légataire universel.
Einsicht *f*, **en** inspection *f* ; consultation *f* ; contrôle *m* ; vérification *f* ; examen *m* ; *in etw ~ nehmen* prendre connaissance de qqch ; examiner ; *nach ~ in die Akten* après consultation (examen) des dossiers.
Einsichtnahme *f*, **n** consultation *f* (d'un dossier) ; contrôle *m* ; vérification *f*.
Einsichtsrecht *n*, **e** droit *m* de regard.
ein/silieren ensiler ; mettre en silo(s).

Einsilierung *f*, **en** (*agric.*) ensilage *m*.
ein/spannen faire appel à ; recourir à ; *in seinen Beruf eingespannt sein* être très pris par sa profession
ein/sparen économiser (sur) ; *Kosten ~* éviter des frais ; *Material ~* économiser sur le matériel ; *einen Posten ~* faire l'économie d'un poste.
Einsparung *f*, **en** économie *f* ; réduction *f* ; compression *f* ; *~en im Haushalt vor/nehmen* faire des compressions budgétaires.
Einsparungsmaßnahme *f*, **n** mesure *f* d'économie.
ein/speichern (*informatique*) entrer ; enregistrer ; stocker ; introduire ; *Daten ~* entrer des données,
Einspeicherung *f*, **en** (*informatique*) entrée *f* (de données) ; stockage *m* ; mise *f* en mémoire ; mémorisation *f* (d'informations).
ein/speisen 1. (*énergie*) injecter ; charger ; alimenter (un réseau en énergie) ; *Strom in das Verbrauchernetz ~* alimenter un réseau de consommation en courant électrique 2. → *ein/geben*.
Einspeisevergütung *f*, **en** subvention *f* de (pour) branchement (à une source d'énergie donnée) ; alimentation *f* énergétique subventionnée.
Einspeisung *f*, **en** alimentation *f* d'un réseau en énergie.
ein/spielen (*médias*) rapporter ; réaliser des bénéfices ; *der Film spielte eine Rekordsumme ein* le film a battu des records de recettes.
Einsprache *f*, **n** (*Autriche*) → **Einspruch**.
Einspracherecht *n*, **e** → **Einspruchsrecht**.
ein/springen, a, u (*ist*) remplacer qqn (au pied levé) ; suppléer ; *für einen kranken Kollegen ~* remplacer un collègue souffrant.
Einspruch *m*, ¨e 1. opposition *f* ; réclamation *f* ; contestation *f* ; protestation *f* ; *~ gegen etw erheben* faire opposition à qqch ; protester contre ; *seinen ~ zurück/ziehen* lever (retirer) son opposition 2. (*jur.*) recours *m* ; pourvoi *m* ; *~ ein/legen* déposer un recours ; *einen ~ zurück/weisen* rejeter un recours ; *~, Euer Ehren !* objection, Votre Honneur !
Einspruchsfrist *f*, **en** délai *m* d'opposition.

Einspruchsgesetz *n,* **e** loi *f* sur le recours.

Einspruchsrecht *n,* **e** droit *m* de veto, d'opposition ; *ein ~ geltend machen* exercer un recours.

Einspruchsverfahren *n,* - procédure *f* d'opposition.

Einstand *m,* ¨e entrée *f* en fonctions ; *den ~ feiern* fêter sa nomination.

Einstandsgebühr *f,* **en** frais *mpl* d'entrée (contrat d'assurance-vie, par ex.).

Einstandskosten *pl* frais *mpl* sur achat.

Einstandskurs *m,* **e** cours *m* d'achat.

Einstandspreis *m,* **e** prix *m* d'achat ; prix coûtant, de revient (*syn. Bezugspreis ; Gestehungspreis*).

Einstandsrecht *n,* **e** droit *m* de préemption.

Einstandswert *m,* **e** → *Einstandspreis*.

ein/stapeln emmagasiner ; stocker ; remiser.

ein/stecken 1. *einen Brief ~* poster une lettre ; *Geld ~* mettre de l'argent dans sa poche ; *Profite ~* engranger des bénéfices 2. *eine Wahlniederlage ~* essuyer une défaite électorale.

ein/stehen, a, a 1. répondre de ; cautionner ; *für die Schulden eines anderen ~* se porter garant des dettes d'un tiers 2. (*Autriche*) (*fam.*) *bei jdm ~* entrer au service de qqn ; entrer dans un emploi.

ein/steigen, ie, ie (*ist*) 1. participer à ; *in ein Geschäft ~* entrer dans le capital ; entrer dans une affaire ; acquérir des parts de société ; *in ein Projekt ~* participer à un projet 2. entrer dans une profession ; commencer un métier ; *bei einem Unternehmen als Abteilungsleiter eingestiegen sein* avoir commencé dans une entreprise comme chef de service.

Einsteiger *m,* - personne *f* qui démarre dans une activité professionnelle ; débutant *m* ; nouveau venu *m* dans la profession ; novice *m*.

Einsteigerkategorie *f,* **n** (catégorie) bas *m* de gamme ; premier prix *m*.

Einsteigermodell *n,* **e** modèle *m* premier prix *m* ; modèle de base.

Einstellbüro *n,* **s** bureau *m* d'embauche.

ein/stellen 1. recruter ; embaucher ; *Arbeitskräfte ~* embaucher de la main-d'œuvre 2. suspendre ; interrompre ; *die Arbeit ~* cesser le travail ; se mettre en grève ; débrayer ; *die Produktion, die Zahlungen ~* arrêter la production, suspendre les paiements 3. *sich auf etw ~* s'adapter à ; se préparer à ; s'attendre à ; *sich auf eine neue Situation ~* s'adapter à une situation nouvelle 4. (*Suisse*) *jdn im Dienst ~* suspendre qqn de ses fonctions.

einstellig d'un seul chiffre ; *~e Zahl* nombre *m* à un chiffre.

Einstellung *f,* **en** 1. recrutement *m* ; embauche *f* ; embauchage *m* 2. cessation *f* ; arrêt *m* ; suspension *f* ; *~ eines Prozessverfahrens* classement *m* d'une affaire ; arrêt des poursuites judiciaires ; *~ der Zahlungen* suspension des paiements ; cessation des versements ; *~ mangels Masse* clôture *f* pour insuffisance d'actif.

Einstellungsbedingungen *fpl* conditions *fpl* d'embauche.

Einstellungsbeihilfe *f,* **n** prime *f* d'embauche.

Einstellungsbeschluss *m,* ¨e (*jur.*) ordonnance *f* de non-lieu.

Einstellungsbüro *n,* **s** bureau *m* d'embauche.

Einstellungsgespräch *n,* **e** entretien *m* d'embauche.

Einstellungsstopp *m,* **s** arrêt *m* de recrutement, d'embauche.

Einstellungstermin *m,* **e** date *f* de recrutement, d'embauche.

Einstellungstest *m,* **s** test *m* de recrutement, d'embauche.

Einstellungsverfügung *f,* **en** (*jur.*) ordonnance *f* de non-lieu.

Einstellungsvertrag *m,* ¨e contrat *m* d'emploi, d'embauchage.

Einstellungszuschuss *m,* ¨e prime *f* d'embauche.

Einstieg *m,* **e** 1. prise *f* de participation ; entrée *f* dans un marché, dans un organisme ; acquisition *f* d'actions 2. entrée *f* ; accès *m* ; adhésion *f* ; *~ in die Kernenergie* adhésion (reconversion *f*) au nucléaire ; *der ~ in den Ausstieg von Kernenergie* l'abandon *m* du nucléaire.

Einstiegslohn *m,* ¨e salaire *m* d'embauche, de départ ; salaire initial.

Einstiegsmodell *n,* **e** → *Einsteigermodell*.

Einstiegssteuersatz *n,* ¨e taux *m* d'imposition de base ; taux de la première tranche fiscale.

einstimmig unanime ; à l'unanimité ; *durch ~en Beschluss* par décision unanime ; ~ *wählen* voter, adopter à l'unanimité.

Einstimmigkeit *f,* en unanimité *f* ; assentiment *m* général.

ein/streichen, i, i (*fam.*) empocher ; *den Gewinn* ~ empocher le bénéfice.

ein/stufen classer ; classifier ; répartir ; *jdn höher, niedriger* ~ affecter qqn à un échelon supérieur, inférieur ; *Löhne* ~ hiérarchiser les salaires ; *jdn in eine Steuerklasse* ~ affecter qqn dans une catégorie d'imposition.

Einstufung *f,* en classement *m* ; classification *f* ; hiérarchie *f* ; catégorie *f* ; évaluation *f* du fisc.

Einstundentakt : (*transports*) *im ~ verkehren* circuler toutes les heures.

einstweilig provisoire ; temporaire ; (*jur.*) *~e Verfügung* décision *f* provisoire ; arrêt *m* provisoire ; provisoire *m* ; ordonnance *f* de référé ; *einen Antrag auf Erlass einer ~en Verfügung stellen* introduire un référé ; se pourvoir en référé.

Eintausch *m,* ø échange *f* ; troc *m.*

ein/tauschen échanger ; troquer ; *eine Aktie* ~ échanger une action.

ein/teilen répartir ; diviser ; partager ; classer ; ventiler ; *seine Zeit besser* ~ mieux répartir son temps.

Einteilung *f,* en répartition *f* ; division *f* ; partage *m* ; distribution *f.*

ein/tippen : *Daten* (*in einen Computer*) ~ entrer des données (dans un ordinateur).

Eintippen *n,* ø entrée *f* de données (informatiques).

Eintrag *m,* ¨e enregistrement *m* ; inscription *f* ; *ohne* ~ vierge.

ein/tragen, u, a 1. inscrire ; enregistrer ; *in die Bücher* ~ porter sur les livres ; *ins Handelsregister* ~ inscrire au registre du commerce ; *eingetragene Schutzmarke* marque *f* déposée ; *eingetragener Verein* association *f* déclarée 2. être rentable ; rapporter.

einträglich lucratif ; profitable ; rentable ; *ein ~es Geschäft* une affaire qui rapporte.

Eintragung *f,* en 1. enregistrement *m* ; immatriculation *f* ; inscription *f* ; *~ ins Handelsregister* inscription au registre du commerce 2. (*formulaires*) renseignement *m* ; information *f* ; indication *f* ; *prüfen, ob alle ~en stimmen* vérifier si toutes les indications reportées sont exactes.

Eintragungsgebühr *f,* en taxe *f* d'enregistrement.

eintragungspflichtig (assujetti à) enregistrement *m* obligatoire.

Eintragungsvermerk *m,* e mention *f* d'enregistrement.

ein/treffen, a, o arriver ; *die Ware ist eingetroffen* la marchandise nous est parvenue ; nous avons été livrés.

Eintreffen *n,* - arrivée *f.*

eintreibbar recouvrable ; exigible ; *~e Forderung* créance *f* exigible.

Eintreibbarkeit *f,* ø exigibilité *f.*

ein/treiben, ie, ie recouvrer ; *Außenstände, Rückstände* ~ recouvrer des créances, des arriérés ; *Steuern* ~ faire rentrer les impôts.

Eintreibung *f,* en recouvrement *m* ; rentrée *f* ; *gerichtliche* ~ recouvrement par voie judiciaire ; *zwangsweise* ~ recouvrement forcé.

Eintreibungskosten *pl* frais *mpl* de recouvrement.

ein/treten, a, e (*ist*) 1. entrer ; adhérer ; *in eine Gewerkschaft* ~ adhérer à un syndicat ; se syndiquer ; *als Teilhaber in eine Firma* ~ entrer dans une entreprise en qualité d'associé 2. intervenir ; *für etw* ~ prendre parti pour qqch 3. survenir ; se produire ; *ein Schaden ist eingetreten* il y a eu dommage 4. *für jdn* ~ agir en lieu et place de qqn ; remplacer qqn.

Eintretensdebatte *f,* n (*Suisse*) débat *m* (parlementaire) préliminaire.

Eintritt *m,* e entrée *f* ; ouverture *f* (d'un droit) ; arrivée *f* ; *~ frei, verboten* entrée libre, interdite ; *~ eines Gesellschafters* entrée d'un associé ; *~ des Erbfalls* ouverture *f* de la succession ; *~ der Fälligkeit* arrivée du terme de l'échéance.

Eintrittsalter *n,* - âge *m* d'admission.

Eintrittsgebühr *f,* en → *Eintrittsgeld.*

Eintrittsgeld *n,* er (prix d') entrée *f* ; *ein ~ erheben* demander une entrée.

Eintrittskarte *f,* n billet *m* d'entrée ; carte *f* d'admission ; *ermäßigte (verbilligte)* ~ billet à tarif réduit.

ein/trommeln (*publicité*) matraquer ; faire du matraquage (publicitaire) ; marteler un message publicitaire.

ein/tüten ensacher ; mettre en sacs ; remplir dans des sachets.

ein/üben : *sich* ~ s'adapter ; se roder ; s'entraîner ; s'initier.

Einübungszeit *f,* en période *f* d'accoutumance de rodage ; temps *m* d'adaptation.

Ein- und Ausreise *f, n* entrée *f* et sortie *f.*

Ein- und Ausstiegskosten *pl* (*finances*) frais *mpl* d'achat et de vente (placements, contrat d'assurance-vie, etc.).

ein/verleiben (*aussi particule inséparable*) absorber ; incorporer ; avaler ; phagocyter.

Einverleibung *f,* en 1. absorption *f* ; annexion *f* 2. (*Autriche*) inscription *f.*

Einvernehmen *n,* - accord *m* ; entente *f* ; consentement *m* ; bonne intelligence *f* ; *im ~ mit* en accord avec ; d'un commun accord ; *gegenseitiges ~* consentement mutuel ; *in gemeinsamem ~* d'un commun accord ; *gütliches ~* accord amiable.

einverstanden : *mit jdm ~ sein* être d'accord avec qqn.

Einverständnis *n,* se 1. accord *m* ; consentement *m* ; *im ~ mit* en accord avec ; *in gegenseitigem ~* d'un commun accord ; *stillschweigendes ~* accord tacite 2. connivence *f* ; collusion *f.*

ein/wählen : *sich ~* entrer dans ; accéder à (par l'intermédiaire d'un code d'accès) ; se connecter (à l'Internet).

Einwahlgebühr *f,* en (*Internet*) taxe *f* de raccordement au réseau.

Einwahlknoten *m,* - → *Einwahlpunkt.*

Einwahlpunkt *m,* e (*Internet*) point *m,* possibilité *f* de connexion à l'Internet.

Einwand *m,* ¨e objection *f* ; réclamation *f* ; (*jur.*) exception *f* ; *einen ~ erheben* faire une objection ; contester.

Einwanderer *m,* - immigrant *m* ; immigré *m.*

ein/wandern immigrer.

Einwanderung *f,* en immigration *f* ; *illegale ~* immigration *f* clandestine (illégale).

Einwanderungsbehörde *f, n* services *mpl* de l'immigration.

Einwanderungsbeschränkung *f,* en limitation *f,* restrictions *fpl* à l'immigration.

Einwanderungsgesetz *n,* e loi *f* sur l'immigration.

Einwanderungskontingent *n,* e → *Einwanderungsquote.*

Einwanderungsland *n,* ¨er pays *m* d'accueil.

Einwanderungsquote *f, n* quota *m* d'immigration.

Einwanderungsstrom *m,* ¨e afflux *m* d'immigrants.

einwandfrei 1. sans défaut ; irréprochable ; *~e Arbeit* travail *m* impeccable ; *~es Funktionieren* bon fonctionnement *m* ; *~e Ware* marchandise *f* impeccable **2.** incontestable ; irrécusable ; irréfutable.

ein/wechseln 1. faire la monnaie **2.** changer ; *Euro in* (*gegen*) *Dollar ~* changer des euros contre des dollars.

Einwechslung *f,* en change *m.*

Einweg- (*préfixe*) à usage unique ; jetable ; perdu ; non consigné ; à jeter.

Einwegbehälter *m,* - récipient *m* non récupérable ; emballage *m* perdu.

Einwegerzeugnis *n,* se produit *m* jetable.

Einwegflasche *f, n* bouteille *f* perdue, non consignée ; verre *m* non repris.

Einweg(ver)packung *f,* en emballage *m* perdu, non repris ; emballage à usage unique.

ein/weihen 1. inaugurer ; *einen Autobahnabschnitt ~* inaugurer un nouveau tronçon d'autoroute **2.** initier ; mettre dans la confidence ; *jdn in einen Plan ~* mettre qqn au courant d'un plan.

Einweihung *f,* en inauguration *f.*

ein/weisen, ie, ie **1.** donner des directives, des instructions ; *jdn in eine Arbeit ~* initier qqn à un travail **2.** installer ; introduire ; *jdn in sein Amt ~* installer qqn dans ses fonctions **3.** ordonner l'hospitalisation ou le placement ; *jdn in ein Krankenhaus ~* hospitaliser qqn **4.** *in den Besitz von etw ~* mettre en possession de qqch.

Einweisung *f,* en **1.** directive *f* ; instruction *f* ; *berufliche ~* initiation *f* professionelle **2.** installation *f* **3.** hébergement *m* ; hospitalisation *f* ; placement *m* (dans une institution) **4.** envoi *m* en possession.

Einweisungsschein *m,* e certificat *m* d'admission (dans un hôpital, une maison de santé, etc.).

ein/wenden, a, a (*et faible*) objecter ; opposer ; (*jur.*) soulever une exception.

Einwendung *f,* en objection *f* ; opposition *f* ; protestation *f* ; (*jur.*) exception *f* ; *~en machen* faire des objections.

ein/werben, a, o : *Spenden ~* faire du battage afin de récolter des dons.

ein/werfen, a, o **1.** (*lettre*) poster **2.** mettre (introduire) une pièce (dans un distributeur) **3.** (*débats*) faire une remarque ; objecter.

ein/wiegen, o, o peser et ensacher une marchandise.

ein/willigen consentir ; *in die Scheidung* ~ accepter le (consentir au) divorce.

Einwilligung *f*, **en** consentement *m* ; approbation *f* ; agrément *m* ; *seine ~ geben* donner son accord.

einwöchentlich → *einwöchig*.

einwöchig d'une semaine ; *~er Lehrgang* stage *m* de huit jours.

Einwohner *m*, **-** habitant *m* ; *auf 100 ~* pour 100 habitants.

Einwohnerliste *f*, **n** fichier *m*, registre *m* de la population.

Einwohnermeldeamt *n*, ¨**er** bureau *m* de déclaration de séjour (de résidence) ; office *m* de recensement de la population ; bureau d'inscription de la population.

Einwohnermeldepflicht *f*, **en** déclaration *f* obligatoire de (du) domicile.

Einwohnerschaft *f*, **en** ensemble *m* de la population ; population *f* résidente globale ; population *f* ; habitants *mpl*.

Einwohnerverzeichnis *n*, **se** → *Einwohnerliste*.

Einwohnerzahl *f*, **en** nombre *m* d'habitants ; population *f*.

einzahlbar payable ; à payer ; à verser.

ein/zahlen payer ; verser ; déposer ; libérer ; *eine Aktie ~* libérer une action ; *Geld bei der Bank ~* déposer de l'argent à la banque ; *eine Summe auf ein Konto ~* verser une somme sur un compte.

Einzahler *m*, **-** 1. personne *f* qui verse des fonds ; déposant *m* 2. cotisant *m* ; *~ in die Sozialversicherung* cotisant à la sécurité sociale.

Einzahlung *f*, **en** versement *m* ; paiement *m* ; dépôt *m* de fonds ; rentrée *f* de fonds ; encaissement *m* ; *~ auf Aktien* libération *f* d'actions ; *durch ~ auf Ihr Postscheckkonto* par versement sur votre C.C.P. ; *~ auf Sperrkonto* versement en compte bloqué ; *~en auf den Nennwert der Aktien leisten* effectuer des versements sur la valeur nominale des actions ; *eine ~ vor/nehmen (leisten)* effectuer un versement.

Einzahlungsbeleg *m*, **e** attestation *f* de versement ; bordereau *m* d'opération de versement ; quittance *f* de paiement.

Einzahlungsbescheinigung *f*, **en** → *Einzahlungsbeleg*.

Einzahlungsformular *n*, **e** formulaire *m*, bordereau *m* de versement.

Einzahlungsfrist *f*, **en** délai *m* de versement, de dépôt.

Einzahlungskasse *f*, **n** caisse *f* ; guichet *m* de versement.

Einzahlungsquittung *f*, **en** quittance *f* de paiement ; reçu *m*, récépissé *m* de versement.

Einzahlungsschalter *m*, **-** → *Einzahlungskasse*.

Einzahlungsschein *m*, **e** 1. → *Einzahlungsbeleg* 2. (*Suisse*) carte *f* de paiement.

Einzahlungstag *m*, **e** jour *m* du versement.

Einzahlungsverpflichtungen *fpl* engagement *m* d'apport (sur capitaux souscrits).

ein/zeichnen : *sich in eine /einer Liste ~* s'inscrire sur une liste ; reporter son nom sur une liste.

Einzel- (*préfixe*) 1. individuel ; particulier ; unitaire ; par pièce 2. de détail ; détaillé.

Einzelabgang *m*, ¨**e** démission *f* individuelle ; départ *m* individuel (d'un parti, d'une commission, etc.).

Einzelabkommen *n*, **-** convention *f* particulière ; accord *m* spécial.

Einzelabmachung *f*, **en** accord *m* individuel.

Einzelakkord *m*, **e** travail *m* individuel à la tâche ; forfait *m* individuel.

Einzelaktion *f*, **en** action *f* individuelle.

Einzelaktionär *m*, **e** actionnaire *m* individuel ; petit actionnaire.

Einzelanfertigung *f*, **en** 1. fabrication *f* sur commande ; fabrication par pièce (hors série) 2. exemplaire *m* unique ; modèle *m* unique.

Einzelangaben *fpl* indications *fpl* détaillées.

Einzelarbeit *f*, **en** travail *m* individuel.

Einzelarbeitsvertrag *m*, ¨**e** contrat *m* de travail individuel.

Einzelaufstellung *f*, **en** 1. état *m* détaillé ; spécification *f* 2. établissement *m* d'une pièce individuelle.

Einzelausgabe *f*, **n** (*édition*) volume *m* séparé ; tome *m* séparé ; *als ~ verkauft werden* être vendu séparément.

Einzelaussteller *m*, **-** exposant *m* individuel.

Einzelband *m*, ¨e → *Einzelausgabe*.
Einzelbauer *m*, n, n (*hist.* R.D.A.) exploitant *m* agricole indépendant (n'appartenait pas à une coopérative).
Einzelbehandlung *f*, **en** traitement *m* séparé ; traitement particulier (à part).
Einzelbetrag *m*, ¨e montant *m* particulier.
Einzelbetrieb *m*, **e** entreprise *f* indépendante ; (*hist. RDA*) unité *f* économique à direction individuelle (elle s'opposait à l'entreprise nationalisée → *volkseigener Betrieb*).
Einzelentlassung *f*, **en** licenciement *m* individuel.
Einzelexemplar *n*, **e** exemplaire *m* unique.
Einzelfahrschein *m*, **e** aller *m* simple.
Einzelfall *m*, ¨e cas isolé *m* ; cas *m* individuel ; *kein ~ sein* ne pas être un cas isolé.
Einzelfallprüfung *f*, **en** examen *m* au cas par cas ; examen individuel.
Einzelfallregelung *f*, **en** règlement *m* d'un problème au cas par cas.
Einzelfertigung *f*, **en** → *Einzelanfertigung*.
Einzelfirma *f*, **-men** nom *m* commercial ; maison *f* de commerce ; établissement *m* unipersonnel.
Einzelfürsorge *f*, **n** aide *f* sociale à domicile.
Einzelgenehmigung *f*, **en** autorisation *f* individuelle.
Einzelgeschäft *n*, **e** opération *f*, transaction *f* particulière.
Einzelgewerkschaft *f*, **en** syndicat *m* professionnel (IG-Metall, par ex.).
Einzelgut *n*, ¨er marchandise *f* à la pièce ; petite marchandise (*syn. Stückgut*).
Einzelhandel *m*, ø commerce *m* de détail ; les détaillants *mpl* (*contr. Großhandel*) ; → *Super-*, *Verbrauchermarkt* ; *Warenhaus* ; *Ketten* ; *Tante-Emma-Laden*.
Einzelhandelsgeschäft *n*, **e** magasin *m* de détail ; commerce *m* de détail ; vente *f* au détail ; détaillant *m*.
Einzelhandelsindex *m*, **-dizes** indice *m* des prix de (au) détail.
Einzelhandelskaufmann *m*, **-leute** détaillant *m*.
Einzelhandelskredit *m*, **e** crédit *m* accordé par les détaillants.
Einzelhandelspreis *m*, **e** prix *m* de détail.

Einzelhandelsrabatt *m*, **e** escompte-client *m*.
Einzelhandelsspanne *f*, **n** marge *f* de détaillant.
Einzelhandelsumsatz *m*, ¨e chiffre *m* d'affaires du commerce de détail ; volume *m* des ventes réalisé par le commerce de détail.
Einzelhandelsverband *m*, ¨e association *f* du commerce de détail.
Einzelhändler *m*, **-** détaillant *m* ; commerçant *m* (au détail) ; marchand *m*.
Einzelhandlung *f*, **en** commerce *m* de détail ; magasin *m* de détail.
Einzelhaus *n*, ¨er maison *f* individuelle.
Einzelhaushalt *m*, **e** ménage *m* d'une personne.
Einzelkaufmann *m*, **-leute** commerçant *m* en nom personnel ; exploitant *m* individuel.
Einzelkosten *pl* coût(s) *m*(*pl*) unitaire(s).
Einzelkündigung *f*, **en** → *Einzelentlassung*.
Einzelmuster *n*, **-** échantillon *m* unique.
einzeln seul ; unique ; en détail ; *~ kaufen* acheter à l'unité, séparé(ment).
Einzelnachweis *m*, **e** preuve *f* comptable, individuelle.
Einzelne/r (*der/ein*) individu *m* ; particulier *m*.
Einzelpackung *f*, **en** emballage *m* individuel.
Einzelpauschalreise *f*, **n** (*touris.*) forfait *m* individuel.
Einzelperson *f*, **en** personne *f* (vivant seule) ; individu *m* ; ménage *m* d'une personne.
Einzelpolice *f*, **n** (*assur.*) police *f* individuelle.
Einzelpreis *m*, **e** prix *m* de détail ; prix unitaire, à la pièce, par pièce.
Einzelprokura *f*, **en** procuration *f* individuelle ; pouvoir *m* nominatif.
Einzelreise *f*, **n** voyage *m* organisé individuel.
Einzelsendung *f*, **en** envoi *m* séparé ; envoi individuel.
Einzelspanne *f*, **n** marge *f* bénéficiaire brute par unité ; bénéfice *m* brut unitaire.
Einzelsparen *n*, ø épargne *f* individuelle ; épargne, des particuliers ; (*fam.*) bas *m* de laine.

Einzelstand *m*, ¨e stand *m* individuel (foire, exposition).
Einzelstück *n*, e **1.** exemplaire *m* dépareillé, isolé **2.** colis *m* unique.
Einzelteil *n*, e pièce *f* détachée.
Einzelunternehmen *n*, - entreprise *f* individuelle, indépendante ; entreprise en nom personnel.
Einzelunternehmer *m*, - entrepreneur *m* indépendant, privé ; chef *m* d'entreprise (propriétaire de son établissement).
Einzelverkauf *m*, ¨e **1.** vente *f* au détail ; vente à la pièce **2.** vente séparée, isolée.
Einzelversicherung *f*, en assurance *f* individuelle.
Einzelvertrag *m*, ¨e contrat *m* individuel ; contrat particulier.
Einzelvollmacht *f*, en procuration *f* spéciale ; pouvoir *m* spécifique.
Einzelvorschriften *fpl* dispositions *fpl* particulières.
Einzelwahl *f*, en scrutin *m* uninominal.
Einzelweisung *f*, en instruction *f* individuelle.
Einzelwerbung *f*, en publicité *f* ciblée.
Einzelwirtschaft *f*, en **1.** micro-économie *f* ; économie *f* individuelle **2.** unité *f* économique à direction individuelle.
Einzelzimmer *n*, - (*tourisme*) chambre *f* individuelle ; chambre d'une personne.
einziehbar recouvrable ; exigible.
ein/ziehen,o, o **1.** retirer de la circulation (billets) ; retirer du marché ; *Aktien* ~ racheter, annuler des actions ; *Banknoten* ~ retirer des billets de la circulation ; *Ämter, Stellen* ~ supprimer des postes **2.** encaisser ; recouvrer ; *Steuern* ~ percevoir des impôts **3.** confisquer ; saisir ; *ein Vermögen* ~ confisquer des biens **4.** *Erkundigungen über jdn* ~ prendre des renseignements sur qqn **5.** faire son entrée ; intégrer ; *in eine Wohnung* ~ emménager dans un appartement ; *in den Bundestag* ~ faire son entrée au parlement **6.** (*zum Wehrdienst*) *eingezogen werden* être appelé sous les drapeaux (au service militaire).
Einziehung *f*, en **1.** retrait *m* ; ~ *von Aktien* rachat *m*, annulation *f* d'actions **2.** recouvrement *m* ; encaissement *m* ; ~ *von Forderungen* recouvrement de créances ; ~ *eines Wechsels* recouvrement d'une traite **3.** confiscation *f*.

Einziehungsauftrag *m*, ¨e ordre *m* de recouvrement ; ordre de prélèvement automatique ; titre *m* interbancaire de paiement (T.I.P.)
Einziehungskosten *pl* frais *mpl* de recouvrement ; frais d'encaissement.
Einzimmerwohnung *f*, en studio *m* ; appartement *m* d'une pièce.
Einzug *m*, ¨e **1.** recouvrement *m* ; encaissement *m* ; perception *f* **2.** emménagement *m*.
Einzugsbereich *m*, e → *Einzugsgebiet*.
Einzugsermächtigung *f*, en → *Einziehungsauftrag*.
Einzugsgebiet *n*, e zone *f* d'attraction commerciale ; zone de chalandise ; région *f* suburbaine commerciale.
Einzugsgebühr *f*, en taxe *f* de recouvrement.
Einzugsgeschäft *n*, e opération *f* de recouvrement, d'encaissement.
Einzugskosten *pl* frais *mpl* d'encaissement.
Einzugsmandat *n*, e (*Suisse*) envoi *m* contre remboursement.
Einzugsstelle *f*, n centre *m* de recouvrement ; perception *f*.
Einzugsverfahren *n*, - mode *m* de recouvrement, d'encaissement.
Einzugsverkehr *m*, ø recouvrements *mpl* bancaires.
Einzugswert *m*, e (*comptab.*) valeur *f* à l'encaissement.
Eis : *auf* ~ *legen* geler ; mettre en attente ; surseoir à ; *auf* ~ *liegen* être gelé.
Eisen *n*, - fer *m* ; *etw zum alten* ~ *werfen* mettre qqch au rebut.
Eisenbahn *f*, en chemin *m* de fer ; voie *f* ferrée ; (*France*) S.N.C.F. *f* ; *mit der* ~ *par* chemin de fer ; par rail ; *mit der* ~ *fahren* prendre le train.
Eisenbahnangestellte/r (*der/ein*) employé *m* des chemins de fer ; cheminot *m*.
Eisenbahnanleihe *f*, n emprunt *m* des chemins de fer.
Eisenbahnanschluss *m*, ¨e correspondance *f* ferroviaire.
Eisenbahnarbeiter *m*, - → *Eisenbahner*.
Eisenbahnbeförderung *f*, en transport *m* par chemin de fer, par rail
Eisenbahnbenutzer *m*, - usager *m* des chemins de fer.

Eisenbahnbetrieb *m*, **e** exploitation *f* des chemins de fer.
Eisenbahndirektion *f*, **en** direction *f* des chemins de fer.
Eisenbahner *m*, **-** cheminot *m* ; employé *m* des chemins de fer.
Eisenbahnfahrplan *m*, ¨**e** indicateur *m* des chemins de fer ; horaire *m* ; (*France*) Chaix *m*.
Eisenbahnfracht *f*, ø fret *m* ferroviaire ; marchandises *fpl* transportées par voie ferrée.
Eisenbahnfrachtsatz *m*, ¨**e** taux *m* de/du fret ferroviaire.
Eisenbahngesellschaft *f*, **en** compagnie *f* ferroviaire.
Eisenbahngütertarif *m*, **e** tarif *m* du transport de marchandises par voie ferrée (par le rail).
Eisenbahnhaftpflicht *f*, **en** responsabilité *f* civile des chemins de fer.
Eisenbahnlinie *f*, **n** ligne *f* ferroviaire.
Eisenbahnnetz *n*, **e** réseau *m* ferré, ferroviaire.
Eisenbahntarif *m*, **e** tarif *m* des chemins de fer.
Eisenbahntransport *m*, **e** transport *m* par rail, par voie ferrée.
Eisenbahnverkehr *m*, ø trafic *m* ferroviaire ; communication *f* par voie ferrée.
Eisenbahnverkehrsordnung *f*, **en** réglementation *f* des transports ferroviaires.
Eisenbahnwagen *m*, **-** voiture *f* de chemin de fer.
Eisenbahnwaggon *m*, **s** wagon *m* de marchandises.
Eisenbahnwesen *n*, ø les chemins de fer *mpl*.
Eisenbergwerk *n*, **e** mine *f* de fer.
Eisenerz *n*, **e** minerai *m* de fer.
Eisenerzgewinnung *f*, **en** extraction *f* de minerai de fer.
eisenhaltig ferreux.
Eisenhütte *f*, **n** → *Eisenhüttenwerk*.
Eisenhüttenindustrie *f*, **n** industrie *f* sidérurgique.
Eisenhüttenkombinat *n*, **e** (*hist. R.D.A.*) combinat *m* sidérurgique.
Eisenhüttenwerk *n*, **e** usine *f*, complexe *m* sidérurgique ; fonderie *f*.
Eisenindustrie *f*, **n** industrie *f* sidérurgique ; sidérurgie *f* ; métallurgie *f*.
eisenschaffend : ~*e Industrie* industrie *f* sidérurgique.

eisen- und metallverarbeitende Industrie *f*, **n** industrie *f* de transformation des métaux ; sidérurgie *f*.
Eisen- und Stahlindustrie *f*, **n** industrie *f* du fer et de l'acier ; sidérurgie *f* ; métallurgie *f*.
eisenverarbeitend de transformation du fer ; sidérurgique.
Eisenverhüttung *f*, **en** sidérurgie *f*.
Eisenwaren *fpl* (articles *mpl* de) quincaillerie *f*.
Eisen(waren)händler *m*, **-** quincailler *m*.
Eisenwarenhandlung *f*, **en** quincaillerie *f*.
Eisenwaren- und Hausrat *m*, ø quincaillerie *f* ; articles *mpl* ménagers.
Eisenwerk *n*, **e** → *Eisenhüttenwerk*.
eisern de fer ; ~*er Bestand* (*Reserve*) fonds *m* de réserve ; stock *m* permanent, minimum ; stocks *mpl* incompressibles.
elastisch : ~*e Nachfrage* élasticité *f* de la demande.
Elastizitätskoeffizient *m*, **en** coefficient *m* d'élasticité.
E-Learning *n*, ø (*pr. ang.*) enseignement *m* en ligne, par Internet.
Electronic Banking *n*, ø (*pr. ang.*) services *mpl* bancaires informatisés ; téléservices bancaires.
Electronic Commerce *m*, ø (*pr. ang.*) commerce *m* sur le Web ; transactions *fpl* commerciales sur Internet.
Elefantenhochzeit *f*, **en** (*fam.*) fusion *f* de deux grandes entreprises ou de groupes industriels ; méga-fusion *f*.
elektrifizieren électrifier.
Elektrifizierung *f*, **en** électrification *f*.
elektrisch électrique ; (*fam.*) *die Elektrische* tramway *m* ; ~*e Kraft* force *f* électrique ; ~*e Leitung* ligne *f* électrique ; ~*e Lokomotive* motrice *f* électrique.
Elektrizität *f*, ø électricité *f*.
Elektrizitätserzeugung *f*, **en** production *f* d'électricité.
Elektrizitätsgesellschaft *f*, **en** société *f* de production et de distribution d'électricité.
Elektrizitätsnetz *n*, **e** réseau *m* électrique.
Elektrizitätsversorgung *f*, **en** approvisionnement *m* en énergie électrique.
Elektrizitätswerk *n*, **e** centrale *f*, usine *f* électrique.

Elektrizitätswirtschaft *f*, en secteur *m* économique de l'électricité ; économie *f* de l'électricité (production et vente de force électrique) ; *Verband m der ~ (VDEW)* fédération *f* allemande de l'énergie électrique.

Elektroartikel *m*, - matériel *m* électrique, électronique.

Elektroauto *n*, s voiture *f* électrique.

Elektroenergie *f*, n énergie *f* électrique.

Elektrogerät *n*, e appareil *m* électroménager, électrique.

Elektrogeschäft *n*, e magasin *m* d'appareils électriques ; électroménager *m*.

Elektroindustrie *f*, n industrie *f* électrotechnique, électrique.

Elektronengehirn *n*, e cerveau *m* électronique ; ordinateur *m*.

Elektronenrechner *m*, - calculateur *m* électronique.

Elektronikschrott *m*, ø déchets *mpl* électroniques ; matériel *m* informatique à éliminer ou à recycler.

Elektronik-Schrott-Gesetz *n*, e loi sur la reprise (par les fabricants) des appareils usagés à fin de recyclage ou d'élimination.

elektronisch électronique ; *~e Bankgeschäfte* opérations *fpl* bancaires informatisées ; *~e Datenverarbeitung (EDV)* traitement *m* électronique des données ; informatique *f* ; *~e Geldbörse* portemonnaie *m* électronique ; monétique *f* ; *~ gesteuert* programmé ; à commande programmée ; *(~er) Taschenrechner* calculatrice *f* (électronique) ; *~e Verrechnung* compensation *f* électronique ; *~er Wechsel m* lettre *f* de change-relevé ; *~es Zahlungssystem* → **Electronic Banking** ; *~er Zahlungsverkehr* transfert *m* électronique de fonds ; *das ~e Zeitalter* l'ère *f* (de l')électronique.

Elektroschrott *m*, ø déchets *mpl* d'appareils électro-ménagers.

Elektro-Smog *m*, s pollution *f* due à la production, au transport ou à la consommation d'énergie produite par les technologies modernes.

Element *n*, e élément *m* ; unité *f* ; composant *m* ; sous-ensemble *m*.

elementar élémentaire ; primaire.

Elementarschaden *m*, ¨ dommage *m* causé par une catastrophe naturelle.

Elementarschaden-Versicherung *f*, en assurance *f* catastrophes naturelles.

Elementarstufe *f*, n enseignement *m* primaire ; enseignement du premier degré.

Elementarversicherung *f*, en → ***Elementarschaden-Versicherung***.

Elendsflüchtling *m*, e réfugié *m* économique.

Elendsviertel *n*, - bidonville *m* ; quartier *m* insalubre ; taudis *m*.

eliminieren éliminer ; *Konkurrenten ~* évincer les concurrents.

elitär 1. qui fait partie de l'élite 2. élitiste.

Elite *f*, n élite *f* ; fine fleur *f* ; *(produit)* premier choix *m*.

Ellbogengesellschaft *f*, en arrivisme *m* ; société *f* du plus fort (où l'on doit jouer des coudes).

Ellbogenmensch *m*, en, en arriviste *m* (sans scrupules).

elterlich : *~e Gewalt* autorité *f* parentale ; *~e Pflicht* devoir *m* parental.

Elternbeirat *m*, ¨e conseil *m*, association *f* de parents d'élèves.

Elternrecht *n*, e droit *m* parental.

Elternteil *m*, e père *m* ou mère *f* ; un des deux parents.

Elternzeit *f*, ø congé *m* parental (a remplacé *Erziehungsurlaub*).

E-Mail *f/n*, s (*pr. ang.*) mail *m* ; e-mail ; courriel *m* ; mél *m* ; messagerie *f* électronique ; courrier *m* électronique ; *jdm ein ~ schicken* envoyer un mail à qqn (*syn. Mail, E-Post ; elektronische Post*).

E-Mail-Adresse *f*, n adresse *f* électronique.

e-mailen envoyer un e-mail ; correspondre par e-mail (*syn. mailen*).

EMAS *f* (*EMAS-Verordnung der Europäischen Union*) (*Environmental Management Auditing System*) système *m* d'audit en management de l'environnement (il concerne la tolérance écologique des produits distribués dans l'U.E.).

Emballage *f*, n (*pr. fr.*) emballage *m* facturé au client.

Embargo *n*, s embargo *m* ; blocage *m* ; *das ~ auf/heben* lever l'embargo ; *etw mit ~ belegen* mettre l'embargo sur ; *ein ~ verhängen* frapper d'embargo.

EMI *m* (*bourse*) (*Einkaufsmanager-Index Deutschland*) indice *m* des acheteurs professionnels.

Emigrant *m*, en, en émigré *m* (*syn. Auswanderer*).

Emigration *f*, en émigration *f* (*syn. Auswanderung*).

emigrieren émigrer (*syn. aus/wandern*).

Emirat *n*, e émirat *m* ; *die Vereinigten Arabischen ~e* les Émirats arabes unis (*E.A.U.*).

Emission *f*, en **1.** émission *f* (titres, billets de banque) ; lancement *m* ; *~ von jungen Aktien, einer Anleihe* émission d'actions nouvelles, d'un emprunt ; *~ über, unter pari* émission au-dessus, au-dessous du pair ; *Zeichner einer ~* souscripteur *m* **2.** (*environnement*) pollution *f* atmosphérique.

Emissionsagio *n*, s prime *f* d'émission ; différence *f* en plus de la valeur nominale lors de l'émission d'une valeur.

Emissionsbank *f*, en banque *f* d'affaires ; banque financière.

Emissionsbelastung *f*, en (*environnement*) taux *m* de nuisances.

emissionsfrei (*environnement*) à pollution zéro ; sans émanations toxiques ; non toxique ; non polluant.

Emissionsgeschäft *n*, e (*bourse*) opération *f* d'émission.

Emissionsgutschrift *f*, en (*environnement*) crédit *m* d'émission de gaz à effet de serre ; *~en erwerben* acquérir des crédits d'émission (auprès des pays peu polluants, dans le cadre du protocole de Kyoto).

Emissionshandel *m*, ø (*environnement*) commerce *m* des droits d'émission d'oxyde de carbone ; droits *mpl* d'émission de gaz à effet de serre (protocole de Kyoto : les entreprises qui auront réduit leur production d'émission pourront vendre leurs « crédits » à d'autres pays ou entreprises plus polluants ou les conserver pour l'avenir).

Emissionsjahr *n*, e (*bourse*) année *f* d'émission.

Emissionskataster *n*, - (*environnement*) inventaire *m* des nuisances d'une région ; bilan *m* écologique.

Emissionskurs *m*, e (*bourse*) cours *m* d'émission.

Emissionsobergrenze *f*, n (*environnement*) limite *f* supérieure de production de gaz à effet de serre.

Emissionspreis *m*, e prix *m* d'émission (actions, emprunts) ; *die Aktie notiert ein Drittel oberhalb/unterhalb ihres ~es* l'action est cotée un tiers au-dessus/au-dessous de son prix d'émission (*syn. Ausgabepreis*).

Emissionsprämie *f*, n → *Emissionsagio*.

Emissionsrecht *n*, e → *Emissionsgutschrift*.

Emissionssteuer *f*, n impôt *m* sur les émissions de titres.

Emissionsstopp *m*, s (*environnement*) interdiction *f* (temporaire) de production de gaz à effet de serre.

Emissionszertifikat *n*, e (*environnement*) droit *m* d'émission de gaz à effet de serre (pour les industries polluantes qui souhaiteraient continuer à polluer) ; *handelbares ~* droit d'émission négociable.

Emittent *m*, en, en émetteur *m*.

emittieren 1. émettre ; *eine Anleihe ~* émettre un emprunt **2.** envoyer (des produits nocifs) dans l'atmosphère ; polluer.

EMNID-Institut *n* (*Allemagne*) institut *m* de sondage de l'opinion publique.

Emoticon *n*, s (*Internet*) émoticone *m* ; émoticône *f* ; signes *mpl* exprimant des émotions utilisés dans le courrier électronique (*syn. Smilies*).

Empf. → *Empfänger*.

Empfang *m*, ¨e réception *f* ; reçu *m* ; accueil *m* ; *bei ~ Ihres Schreibens* dès réception de votre lettre ; *jdm einen guten ~ bereiten* réserver un bon accueil à qqn ; *den ~ (eines Betrags) bescheinigen* donner quittance, reçu (d'une somme d'argent) ; *den ~ eines Briefs, einer Ware bestätigen* accuser réception d'une lettre, d'une marchandise ; *etw in ~ nehmen* recevoir qqch ; prendre livraison de qqch.

empfangen, i a recevoir ; toucher (argent) ; accueillir ; *Betrag ~ (erhalten)* pour acquit.

Empfänger *m*, - **1.** destinataire *m* ; réceptionnaire *m* (marchandise) ; *~ unbekannt* destinataire inconnu ; *~ verzogen* n'habite plus à l'adresse indiquée ; *dem ~ aus/händigen* remettre au destinataire **2.** bénéficiaire *m* ; prestataire *m* ; titulaire *m* ; ayant droit *m* ; allocataire *m* ; *~ der Unterstützung* bénéficiaire d'une subvention **3.** (*technique*) récepteur *m*.

Empfangnahme *f*, n réception *f* d'une livraison ; prise *f* de livraison.

Empfangsanzeige *f*, n → *Empfangsbestätigung*.

Empfangsbahnhof *m*, ¨e gare *f* d'arrivée ; gare de destination.

Empfangsberechtigte/r (*der/ein*) ayant droit *m* ; bénéficiaire *m* ; destinataire *m* ; réceptionnaire *m*.
Empfangsbescheinigung *f*, en → *Empfangsbestätigung*.
Empfangsbestätigung *f*, en accusé *m* de réception ; avis *m* ; récépissé *m* ; reçu *m* ; quittance *f* ; *gegen* ~ contre accusé de réception ; *eine* ~ *aus/stellen* délivrer un accusé de réception.
Empfangsbevollmächtigte/r (*der/ein*) personne *f* habilitée à recevoir.
Empfangsbüro *n*, **s** réception *f* (hôtel) ; bureau *m* d'accueil ; *sich im* ~ *melden* se présenter au bureau d'accueil, à l'accueil.
Empfangschef *m*, **s** réceptionniste *m* ; (hôtel, grand magasin) ; chef *m* de réception.
Empfangsdame *f*, **n** réceptionniste *f* ; hôtesse *f* d'accueil.
Empfangshafen *m*, ¨ port *m* d'arrivée ; port destinataire.
Empfangskomitee *n*, **s** comité *m* d'accueil.
Empfangsquittung *f*, en → *Empfangsschein*.
Empfangsschein *m*, **e** bulletin *m* d'arrivée (de marchandises acheminées par rail).
Empfangsstation *f*, en 1. station *f* de prise en charge (de la marchandise) ; lieu *m* de destination 2. (*radio*) station *f* réceptrice.
Empfangsstelle *f*, **n** 1. lieu *m* de destination, de réception 2. bureau *m* d'accueil.
empfehlen, a, o recommander ; (*fam.*) pistonner ; *empfohlener Richtpreis* prix *m* conseillé, recommandé.
Empfehlung *f*, en recommandation *f* ; références *fpl* ; *auf* ~ sur (la) recommandation de ; (*corresp.*) *mit den besten* ~*en* veuillez agréer, Madame, Monsieur, l'expression de nos sentiments distingués ; *eine* ~ *schreiben* écrire une lettre de recommandation.
Empfehlungsbrief *m*, **e** → *Empfehlungsschreiben*.
Empfehlungsschreiben *n*, - lettre *f* de recommandation.
Emporkömmling *m*, **e** arriviste *m* ; parvenu *m*.
en bloc (*pr. fr.*) en bloc ; à forfait.
En-bloc-Abstimmung *f*, en scrutin *m* de liste à un tour.
encodieren coder ; crypter.

Encodierung *f*, en codage *m* ; cryptage *m* (*syn. Verschlüsselung*).
Encoding *n*, ø → *Encodierung*.
End- (*préfixe*) final ; définitif ; irrévocable ; sans appel.
Endabnehmer *m*, - → *Endverbraucher*.
Endabrechnung *f*, en solde *m* ; apuration *f* des comptes ; compte *m* définitif.
Endausscheidung *f*, en phase *f* finale d'une sélection ; *bis in die* ~ *kommen* avoir passé tous les stades de la (pré)sélection.
Endauswahl *f*, en (*embauche*) sélection *f* finale ; *in die* ~ *kommen* être sélectionné pour la phase finale des entretiens d'embauche.
Endbahnhof *m*, ¨e (gare) terminus *m* (*syn. Zielbahnhof*).
Endbestand *m*, ¨e 1. actif *m* final 2. stock *m* final.
Endbetrag *m*, ¨e montant *m* définitif ; somme *f* finale ; total *m*.
Ende *n*, ø fin *f* ; *am* ~ *des Jahres* en fin d'année ; ~ *Mai* fin mai ; ~ *dieses Monats* fin courant ; à la fin de ce mois ; *letzten* ~*s* en dernier ressort ; *ein* ~ *nehmen* prendre fin ; se terminer ; *eine Arbeit zu* ~ *führen* (*bringen*) achever un travail ; *unser Geld geht zu* ~ nos fonds s'épuisent ; *mit einer Arbeit zu* ~ *kommen* en finir avec un travail ; *am falschen* ~ *sparen* faire des économies mal à propos, de bouts de chandelle.
Endempfänger *m*, - destinataire *m* final.
Endentscheidung *f*, en décision *f* définitive (sans appel, irrévocable).
Endergebnis *n*, **se** résultat *m* final.
Enderzeugnis *n*, **se** → *Endprodukt*.
Endfassung *f*, en version *f* définitive.
Endfertigung *f*, en finition *f*.
Endgehalt *n*, ¨er traitement *m* de fin de carrière.
Endgerät *n*, **e** (*informatique*) terminal *m*.
endgültig définitif ; sans appel ; *die Entscheidung ist* ~ la décision est sans appel.
endlagern stocker définitivement ; entreposer définitivement (des déchets radioactifs).
Endlagerstätte *f*, **n** lieu *m* de stockage définitif (de produits radioactifs).
Endlagerung *f*, en (*déchets nucléaires*) stockage *m* définitif.

Endlichkeit *f,* ø fin *f* inévitable ; finitude *f* ; ~ *fossiler Energien* la fin prévisible des énergies fossiles.

Endmontage *f,* n montage *m* ; assemblage *m* définitif.

endmontieren : *in ... endmontiert werden* le montage final est effectué à...

endogen endogène ; dû à une cause interne ; *der Krise liegen ~e Faktoren zugrunde* des facteurs *mpl* endogènes sont à l'origine de la crise (*contr. exogen*).

Endphase *f,* n phase *f* finale.

Endpreis *m,* e prix *m* final ; (*bourse*) prix de cession.

Endprodukt *n,* e produit *m* final.

Endstufe *f,* n 1. stade *m* final (production) 2. (*avancement*) dernier échelon *m*.

Endsumme *f,* n → *Endbetrag*.

Endtermin *m,* e date *f* extrême ; date-limite ; date-butoir.

Endverbraucher *m,* - consommateur *m* final ; consommateur en fin de chaîne.

Endverbraucherpreis *m,* e (*EVP*) prix *m* public.

Endvergütung *f,* en rémunération *f* de fin de carrière.

Endwert *m,* e valeur *f* définitive.

Endziel *n,* e objectif *m* final.

Energie *f,* n énergie *f* ; puissance *f* ; force *f* ; *erneuerbare ~* énergie renouvelable ; *~ sparen* économiser l'énergie.

Energieabhängigkeit *f,* en dépendance *f* énergétique.

Energieagentur *f,* en agence *f* de l'énergie ; *deutsche ~* (*dena*) Agence *f* allemande de l'énergie.

Energieaufkommen *n,* - production *f* énergétique.

Energieaufwand *m,* ø dépenses *fpl* énergétiques ; consommation *f* d'énergie.

Energieausschuss *m,* ¨e commission *f* pour l'énergie.

Energieausstoß *m,* ¨e (quantité d') énergie *f* produite.

Energiebedarf *m,* ø besoins *mpl* énergétiques ; *den ~ ein/schränken* limiter, réduire les besoins en énergie.

Energiebereich *m,* e secteur *m* de l'énergie.

Energiecharta *f* : *Europäische ~* Charte *f* européenne de l'énergie sur l'utilisation écologique des ressources énergétiques (entre les pays occidentaux et les pays de l'Est).

Energieeinsparungen *fpl* économies *fpl* d'énergie.

Energieerzeugung *f,* en production *f* énergétique.

Energiegehalt *m,* e valeur *f* énergétique.

Energiegewinnung *f,* en → *Energieerzeugung*.

Energiehaushalt *m,* e état *m*, budget *m* énergétique.

energieintensiv grand consommateur *m* d'énergie ; énergivorace.

Energieknappheit *f,* en pénurie *f* d'énergie.

Energiekrise *f,* n crise *f* de l'énergie ; crise énergétique.

Energielieferung *f,* en fourniture *f* d'énergie ; livraison *f* d'énergie.

Energielücke *f,* n déficit *m* énergétique.

Energiemenge *f,* n quantité *f* d'énergie ; *verbrauchte ~* consommation *f* énergétique ; *verfügbare ~* énergie disponible.

Energie-Mix *m,* e sources *fpl* variées d'énergie ; mix *m* énergétique.

Energie-Multi *m,* s multinationale *f* de l'énergie.

Energienachfrage *f,* n demande *f* énergétique.

Energiepolitik *f,* ø politique *f* énergétique.

energiepolitisch : *~e Maßnahmen* mesures *fpl* en matière de politique énergétique.

Energiepotenzial *n,* e potentiel *m* énergétique.

Energieproblem *n,* e problème *m* énergétique.

Energiequelle *f,* n source *f* énergétique ; *neue ~n erschließen* trouver de nouvelles sources d'énergie.

Energierechnung *f,* en facture *f* énergétique ; facture de consommation d'énergie.

Energiereserve *f,* n réserve *f* énergétique.

Energiesteuer *f,* n taxe *f* sur l'énergie.

Energieträger *m,* - 1. source *f* d'énergie (pétrole, charbon, etc.) 2. organisme *m* fournissant (distribuant) l'énergie.

Energieverbrauch *m,* ø consommation *f* énergétique, d'énergie.

Energieverschwendung *f,* en gaspillage *m* d'énergie ; *die ~ bekämpfen* faire la chasse aux gaspis.

Energieversorger *m*, - fournisseur *m* d'énergie ; producteur *m* d'énergie ; société *f* distributrice d'énergie.

Energieversorgung *f,* en approvisionnement *m* énergétique ; alimentation *f* en énergie électrique.

Energieversorgungsbetrieb *m*, e entreprise *f* de production et de distribution d'énergie ; (*France*) E.D.F.-G.D.F.

Energieversorgungsnetz *n*, e réseau *m* de distribution d'énergie.

Energievorrat *m*, ¨e → *Energiereserve.*

Energiewirtschaft *f,* en secteur *m*, économie *f* énergétique ; gestion *f* de l'énergie.

Engagement *n*, s **1.** engagement *m* personnel ; investissement *m* personnel (au service d'une cause) ; *soziales ~* engagement dans le social **2.** (*artistes*) *ein ~ suchen* chercher un engagement **3.** (*bourse*) engagement à payer ou à fournir des titres à la date prévue.

engagieren 1. *sich für etw ~* s'engager, s'investir (personnellement) pour qqch. **2.** engager (un artiste).

Engel *m*, - ange *m* ; *der blaue ~* l'ange bleu (label allemand de produit écologique) ; (*fam.*) *die gelben ~ des ADAC* les anges-gardiens de l'Automobile-club d'Allemagne.

Engineering *n*, ø (*pr. ang.*) ingénierie *f* ; engineering *m* ; conception *f* et supervision *f* d'un projet industriel (sous tous ses aspects : économiques, financiers et sociaux) ; *Finanz~* ingénierie financière ; *EDV-~* ingénierie des systèmes.

Engineering-Büro *n*, s bureau *m* d'études ; cabinet *m* d'ingénierie.

Engineering-Gesellschaft *f,* en société *f* d'ingénierie.

Engpass *m*, ¨e goulot/goulet *m* d'étranglement ; crise *f* passagère ; impasse *f*.

en gros (*pr. fr.*) en gros ; en grosses quantités ; *~ verkaufen* vendre en gros.

Engrosabnehmer *m*, - acheteur *m* en gros.

Engroshandel *m*, ø commerce *m* de (en) gros.

Engroshändler *m*, - marchand *m* en gros ; grossiste *m* (*syn. Grossist*).

Engroskauf *m*, ¨e achat *m* en gros.

Engrospreis *m*, e prix *m* de gros ; prix grossiste.

Engrossist *m*, en, en (*Autriche*) → *Engroshändler.*

Engrosverkauf *m*, ¨e vente *f* en gros.

enkodieren → *encodieren.*

Enkodierung *f,* en → *Encodierung.*

Enkoding *n*, s → *Encodierung.*

Enquete *f*, n (*pr. fr.*) **1.** enquête *f* officielle ; examen *m* **2.** (*Autriche*) séminaire *m* ; séance *f* de travail.

entamten suspendre, destituer un fonctionnaire.

Entamtung *f,* en suspension *f*, destitution *f* d'un fonctionnaire.

entäußern : *sich ~* (+ *G*) se dessaisir de qqch ; aliéner une chose.

Entäußerung *f,* en cession *f* ; dessaisissement *m* ; aliénation *f*.

entbinden, a, u **1.** dispenser ; relever ; *von den Dienstpflichten ~* relever de ses obligations de service **2.** accoucher.

Entbindung *f,* en **1.** dispense *f* **2.** accouchement *m*.

entbürokratisieren diminuer, alléger la bureaucratie ; débureaucratiser.

Entbürokratisierung *f,* en débureaucratisation *f* ; simplification *f* des formalités et démarches administratives.

Ente *f*, n (*fam.*) bobard *m* ; fausse nouvelle *f* ; canular *m*.

enteignen exproprier ; déposséder ; *enteignende Behörde* administration *f* qui fait procéder à une expropriation ; *das Großkapital ~* nationaliser le grand capital.

Enteignung *f,* en expropriation *f* ; *~ im öffentlichen Interesse* expropriation déclarée d'utilité publique.

Enteignungsabfindung *f,* en → *Enteignungsentschädigung.*

Enteignungsentschädigung *f,* en indemnité *f* d'expropriation.

Enteignungsverfügung *f,* en arrêté *m* d'expropriation.

enterben déshériter ; exhéréder.

Enterbte/r (*der/ein*) déshérité *m*.

Enterbung *f,* en déshéritement *m* ; exhérédation *f*.

Entfall *m*, ø suppression *f* ; disparition *f* ; *~ von Zuwendungen* suppression d'indemnités, de subventions.

entfallen, ie, a (*ist*) **1.** revenir à ; échoir à ; être attribué à ; *auf jeden Teilnehmer entfällt ein Teil des Gewinns* une part de bénéfice revient à chaque participant ; *fünf Mandate ~ auf die Grünen* les Verts ont obtenu cinq mandats de député **2.** être supprimé ; tomber ; disparaître ; *entfällt* « néant » (dans un questionnaire).

Entfernung *f,* **en** éloignement *m* ; distance *f.*

Entfernungskilometer : *pro* ~ par kilomètre parcouru ; cœfficient *m* d'indemnité kilométrique.

Entfernungspauschale *f,* **n** (*fisc*) kilométrage *m* forfaitaire ; forfait *m* kilométrique ; forfait-trajet *m.*

Entfernungszone *f,* **n** (*téléphone, transports*) zone *f* tarifaire.

entfetten dégraisser du personnel ; réduire le personnel ; alléger les effectifs.

entflechten, o, o déconcentrer ; décentraliser ; démanteler ; *Kartelle* ~ décartelliser ; démanteler des cartels (*contr. verflechten*).

Entflechtung *f,* **en** déconcentration *f* ; décentralisation *f* ; décartellisation *f* ; démantèlement *m* (*contr. Verflechtung*).

entfristen dégager d'une contrainte de délai ; libérer de l'assujettissement à un délai ; exempter d'un délai imposé.

entführen 1. enlever ; ravir ; kidnapper **2.** détourner (un avion).

Entführung *f,* **en 1.** enlèvement *m* ; rapt *m* **2.** détournement *m* (d'avion).

entgegen/kommen, a, o (*ist*) se montrer complaisant ; *jdm preislich* ~ accorder une remise à qqn ; faire une remise de prix à qqn ; (*corresp.*) *um Ihnen entgegenzukommen* pour vous être agréable.

Entgegenkommen *n,* **ø 1.** amabilité *f* ; prévenance *f* ; *höfliches* ~ *zeigen* se montrer prévenant ; faire montre d'amabilité **2.** esprit *m* conciliant ; esprit de compromis ; *sich zu einem* ~ *bereit finden* être disposé à faire des concessions.

Entgegennahme *f,* **n** acceptation *f* ; réception *f* ; prise *f* de livraison.

entgegen/nehmen, a, o accepter ; recevoir ; prendre livraison ; *eine Bestellung* ~ prendre une commande.

entgegensehend (*corresp.*) dans l'attente de ; *Ihrer gefälligen Antwort* ~ dans l'attente de votre réponse.

entgegen/treten, a, e (*ist*) **1.** s'opposer à ; aller à l'encontre de ; *Forderungen energisch* ~ s'opposer énergiquement à des revendications **2.** affronter ; *Problemen, Schwierigkeiten* ~ affronter des problèmes, des difficultés.

entgehen, i, a (*ist*) **1.** esquiver ; échapper ; *einen Gewinn* ~ *lassen* laisser échapper un profit ; *einige Rechenfehler sind mir entgangen* quelques erreurs de calcul m'ont échappé **2.** (+ D) échapper à ; passer sous le nez de qqn ; *durch Schwarzarbeit* ~ *dem Staat Millionen Euro* le travail noir coûte des millions d'euros à l'État.

Entgelt *n,* (e) **1.** dédommagement *m* ; compensation *f* ; indemnisation *f* **2.** rémunération *f* ; rétribution *f* ; *gegen* ~ à titre onéreux ; contre rémunération ; *ohne* ~ gratuitement ; à titre gracieux ; *das* ~ *fest/legen* fixer le montant de la rémunération.

Entgeltabrechnung *f,* **en** décompte *m,* calcul *m* des rémunérations.

entgelten, a, o 1. dédommager **2.** rémunérer ; *Überstunden* ~ rémunérer des heures supplémentaires.

Entgeltfortzahlung *f,* **en** maintien *m* du salaire ; non-interruption *f* de salaire ; *mit* ~ sans interruption de salaire.

Entgeltgitter *n,* - grille *f* de rémunération.

Entgeltgrenze *f,* **n** plafond *m* de rémunération.

Entgeltgruppe *f,* **n** catégorie *f* de rémunération ; catégorie salariale.

Entgeltkorridor *m,* **e** créneau *m* salarial ; créneau de rémunération ; fourchette *f* de rémunération.

entgeltlich à titre onéreux ; moyennant rémunération ; payant ; *~e Tätigkeit* activité *f* rétribuée (*contr. unentgeltlich*).

entgeltpflichtig à redevance obligatoire ; payant.

Entgeltumwandlung *f,* **en** retenue *f* salariale (par l'employeur destinée à des caisses de retraite ou des fonds de pension) ; affectation *f* d'une partie salariale au financement de la retraite.

Entgeltzahlung *f,* **en** paiement *m* de la rémunération ; paiement du salaire.

Entgrenzung *f,* **en :** ~ *eines Markts* ouverture *f* d'un marché sur l'extérieur ; fin *f* de l'isolement d'un marché.

enthalten, ie, a 1. contenir ; renfermer **2.** *sich der Stimme* ~ s'abstenir (vote).

Enthaltung *f,* **en** abstention *f* (de vote) ; renonciation *f* ; renoncement *m.*

entheben, o, o 1. dispenser ; libérer ; dégager ; *jdn seiner Verpflichtungen* ~ dégager (libérer) qqn de ses obligations **2.** suspendre ; relever ; *jdn seines Amtes* (*seiner Funktion*) ~ relever qqn de ses fonctions ; suspendre qqn.

Enthebung *f,* en 1. suspension *f* ; relèvement *m* ; mise *f* à pied 2. libération *f* ; dispense *f.*

Enthüllungsjournalismus *m,* ø (*médias*) presse *f* à scandale.

Enthumanisierung *f,* ø déshumanisation *f.*

entindividualisiert dépersonnalisé ; *~er Schreibtisch* bureau *m* mobile (non affecté à une personne précise).

entindustrialisieren désindustrialiser.

Entindustrialisierung *f,* en désindustrialisation *f.*

entkartellisieren → *entflechten.*

Entkartellisierung *f,* en → *Entflechtung.*

Entkriminalisierung *f,* en dépénalisation *f* ; décriminalisation *f.*

Entladefrist *f,* en délai *m* pour un déchargement (*syn. Liegetage*).

Entladehafen *m,* ¨ port *m* de déchargement.

Entladekosten *pl* coût(s) *m(pl)* de déchargement.

entladen, u, a décharger ; *einen Lkw ~* décharger un camion.

Entlader *m,* - déchargeur *m.*

Entladerampe *f,* n plate-forme *f* de déchargement.

Entladung *f,* en déchargement *m* ; débarquement *m.*

entlassen, ie, a 1. renvoyer ; congédier ; licencier ; donner congé ; *jdn fristlos ~* licencier qqn sans préavis ; *Arbeiter ~* licencier des travailleurs ; *einen Beamten ~* destituer un fonctionnaire 2. libérer (un détenu) 3. dégager ; dispenser ; relever ; *jdn aus der Haftung ~* dégager qqn de sa responsabilité ; *jdn aus einer Verbindlichkeit ~* libérer qqn d'une obligation.

Entlassung *f,* en 1. renvoi *m* ; licenciement *m* ; révocation *f* ; *fristlose ~* renvoi sans préavis ; *kollektive ~* licenciement collectif ; *ungerechtfertigte ~* licenciement abusif (sans motif valable) ; *zeitweilige ~* mise *f* à pied temporaire ; *seine ~ ein/reichen* remettre sa démission ; *seine ~ zugestellt bekommen* recevoir sa lettre de licenciement 2. libération *f* (d'un détenu) 3. affranchissement *m* ; libération *f* ; exemption *f.*

Entlassungsabfindung *f,* en indemnité *f* de licenciement.

Entlassungsgesuch *n,* e lettre *f,* demande *f* de démission.

Entlassungsschein *m,* e (*sécurité sociale*) feuille *f* de sortie d'un hôpital ; (*militaires*) certificat *m* de libération, de démobilisation.

Entlassungsschreiben *n,* - → *Entlassungsgesuch.*

entlasten 1. libérer ; décharger ; donner (le) quitus ; *jdn von einer Verpflichtung ~* relever qqn d'une obligation ; *den Vorstand ~* donner (le) quitus au directoire ; donner décharge de sa gestion au comité directeur 2. diminuer ; décongestionner ; *die Unternehmen ~* diminuer les charges sociales des entreprises ; *den Verkehr ~* délester le trafic 3. (*fisc*) exonérer ; diminuer la pression fiscale 4. *ein Konto ~* créditer un compte.

Entlastung *f,* en 1. décharge *f* ; quitus *m* ; *dem Aufsichtsrat ~ erteilen* donner (le) quitus au conseil de surveillance ; donner décharge de sa gestion 2. diminution *f* ; délestage *m* (trafic, par ex.) 3. (*fisc*) exonération *f* ; dégrèvement *m* ; décharge *f.*

Entlastungsbescheinigung *f,* en quitus *m* ; décharge *f.*

Entlastungsbeweis *m,* e (*jur.*) preuve *f* de non responsabilité.

Entlastungsmaterial *n,* ien (*jur.*) pièces *fpl* à décharge.

Entlastungsstraße *f,* n route *f* de délestage ; itinéraire *m* de dégagement.

Entlastungszeuge *m,* n, n (*jur.*) témoin *m* à décharge.

Entlastungszug *m,* ¨e train *m* de délestage ; train supplémentaire.

entledigen : *sich eines Auftrags, einer Verpflichtung ~* s'acquitter d'une tâche, d'une obligation.

entleihen, ie, ie emprunter ; *Geld von jdm ~* emprunter de l'argent à qqn ; *entleihender Betrieb* entreprise *f* utilisatrice de personnel intérimaire.

Entleiher *m,* - emprunteur *m* (à usage) ; commodataire *m* ; entreprise *f* recourant à une agence d'intérim, à un loueur de main-d'œuvre ; *~ von ausländischen Arbeitskräften* embaucheur *m* de main-d'œuvre étrangère (*contr. Verleiher*).

Entleiherbetrieb *m,* e entreprise *f* de travail temporaire ; société *f* d'intérim.

entleihfrei : (*travail intérimaire*) *~e Zeit* période *f* non travaillée ; période sans délégation dans une entreprise (pour un intérimaire).

Entleihung *f,* en emprunt *m* ; commodat *m* (prêt à usage).

entlohnen/(*Suisse*) **entlöhnen** rémunérer ; rétribuer ; *in Waren* ~ payer en nature.

Entlohnung *f,* en rémunération *f* ; rétribution *f* ; salaire *m.*

Entlohnungssystem *n,* **e** système *m* de rémunération.

entmachten déposséder (qqn) de ses pouvoirs ; destituer.

Entmachtung *f,* en destitution *f* ; affaiblissement *m,* diminution *f* de pouvoir ; ~ *der Gewerkschaften* perte *f* d'influence des syndicats ; affaiblissement du pouvoir syndical.

entmensch(lich)en déshumaniser ; *die Arbeitswelt* ~ déshumaniser le monde du travail.

entmündigen mettre sous tutelle ; enlever la capacité à ; frapper d'incapacité.

Entmündigung *f,* en mise *f* sous tutelle ; interdiction *f* ; privation *f* de capacité.

Entnahme *f,* n 1. dépense *f* ; prélèvement *m* ; retrait *m* ; ~ *von Proben* prélèvement d'échantillons 2. tirage *m* (d'un effet).

entnationalisieren 1. dénationaliser 2. priver de sa nationalité.

Entnationalisierung *f,* en 1. dénationalisation *f* 2. déclaration *f* de déchéance de nationalité.

entnehmen, a, o 1. retirer ; prélever ; prendre ; *aus der Kasse* ~ prélever sur la caisse 2. (*corresp.*) déduire ; conclure 3. tirer (traite).

entpflichten dégager, libérer (qqn) de ses obligations professionnelles ; dispenser ; exempter ; relever.

entpolitisieren dépolitiser.

Entpolitisierung *f,* ø dépolitisation *f.*

entprivatisieren nationaliser.

entrechten priver (qqn) de ses droits.

Entrechtete/r (*der/ein*) personne *f* privée de ses droits.

Entrechtung *f,* en privation *f* de droits.

entrichten payer ; régler ; acquitter ; *eine Gebühr* ~ acquitter une taxe ; *Raten monatlich an die Bank* ~ payer les traites mensuelles à la banque.

Entrichtung *f,* en paiement *m* ; acquittement *m* (d'une taxe).

entschädigen dédommager ; indemniser ; désintéresser ; *jdn mit Geld* ~ désintéresser qqn ; *für Verluste entschädigt werden* être indemnisé des pertes subies.

Entschädigung *f,* en dédommagement *m* ; indemnisation *f* ; désintéressement *m* ; réparation *f* d'un préjudice ; dommages-intérêts *mpl* ; indemnité *f* compensatrice ; *als* ~ *für* à titre d'indemnité de/pour ; *eine* ~ *leisten, fordern, erhalten* payer, réclamer, recevoir une indemnité.

Entschädigungsanspruch *m,* ¨e droit *m* au dédommagement ; droit à indemnisation ; demande *f* en dommages et intérêts.

Entschädigungsantrag *m,* ¨e demande *f* d'indemnisation.

Entschädigungsberechtigte/r (*der/ein*) ayant droit *m* à l'indemnité.

Entschädigungsfall *m,* ¨e cas *m* relevant d'une indemnisation ; *Entstehung eines* ~*s* ouverture *f* du droit à indemnité.

Entschädigungsfestsetzung *f,* en fixation *f,* calcul *m* du montant de l'indemnité.

Entschädigungsfonds *m,* - fonds *m* d'indemnisation.

Entschädigungsforderung *f,* en indemnité *f* due ; créance *f* en indemnisation.

entschädigungsfrei sans versement d'indemnité ; sans indemnisation.

Entschädigungsgrenze *f,* n plafond *m* de l'indemnisation.

Entschädigungsklage *f,* n action *f* en dommages-intérêts ; action en réparation du préjudice subi.

entschädigungslos sans indemnités.

entschädigungspflichtig tenu au versement d'une indemnité ; astreint à indemniser.

Entschädigungsleistung *f,* en → *Entschädigungszahlung.*

Entschädigungsrente *f,* n rente *f* d'indemnisation ; indemnité *f* sous forme de rente.

Entschädigungssumme *f,* n montant *m* du dédommagement ; indemnité *f.*

Entschädigungszahlung *f,* en (versement d'une) indemnisation *f.*

entschärfen 1. désamorcer ; décrisper ; *einen Konflikt, eine Krise* ~ désamorcer un conflit, une crise 2. désactiver un système (antivol, etc.).

Entschärfung *f,* en assouplissement *m* ; désamorçage *m* ; dédramatisation *f* ; (*technique*) désactivation *f.*

Entscheid *m,* e (*jur.*) décision *f* ; arrêt *m* ; arrêté *m* ; *letztinstanzlicher* ~ décision rendue en dernière instance.

entscheiden, ie, ie décider ; statuer ; trancher ; arrêter ; *auf Grund der Akten* ~ juger sur pièces ; *sich für etw* ~ se prononcer en faveur de qqch ; *in der Sache* ~ statuer sur le fond ; *einen Streit* ~ trancher ; arbitrer un litige.

entscheidend décisif ; définitif ; déterminant ; prépondérant ; (*jur.*) ~ *sein* faire jurisprudence.

Entscheider *m,* - décideur *m* ; responsable *m* ; ~ *des öffentlichen Einkaufs* responsable des achats dans le secteur public.

Entscheidung *f,* en décision *f* ; jugement *m* ; sentence *f* **I.** *ablehnende* ~ décision de rejet ; *amtliche* ~ décision administrative ; *gerichtliche* ~ décision de justice ; *(un)begründete* ~ décision (non) motivée ; *vorläufige* ~ décision provisoire **II.** *eine* ~ *begründen, treffen* motiver (fonder), prendre une décision ; *etw zur* ~ *stellen* soumettre qqch à une décision ; *sich eine* ~ *vor/behalten* réserver sa décision.

Entscheidungsbefugnis *f,* se pouvoir *m* décisionnel ; droit *m* de décision.

Entscheidungsbegründung *f,* en motivation *f* de la décision.

Entscheidungsfindung *f,* en prise *f* de décision.

Entscheidungsforschung *f,* en recherche *f* opérationnelle (*syn. Unternehmensforschung* ; *Operations-Research*).

Entscheidungsgewalt *f,* en pouvoir *m* de décision ; pouvoir décisionnel.

Entscheidungsgrund *m,* ¨e motif *m* de la décision.

Entscheidungträger *m,* - décideur *m* ; personne *f* ou organisme *m* ayant le pouvoir décisionnaire.

entschlacken dégraisser ; décrasser ; déblayer.

Entschlackung *f,* en dégraissage *m* ; décrassage *m* ; déblaiement *m* des scories ; (*fig.*) toilettage *m.*

Entschließung *f,* en résolution *f* (parlementaire) ; décision *f.*

Entschluss *m,* ¨e décision *f* ; résolution *f* ; *einen* ~ *fassen* prendre une décision.

entschlüsseln déchiffrer ; décrypter ; décoder.

Entschlüsselung *f,* en déchiffrage *m* ; décodage *m.*

entschulden désendetter.

Entschuldigungsbrief *m,* e lettre *f* d'excuses.

Entschuldigungsschreiben *n,* - → ***Entschuldigungsbrief.***

Entschuldung *f,* en désendettement *m* ; liquidation *f* de dettes (*syn. Schuldenabbau*).

Entschuldungsabkommen *n,* - accord *m* sur le désendettement des pays du Tiers-Monde.

Entschuldungskredit *m,* e crédit *m* de désendettement.

entschwefeln désulfurer.

Entschwefelung *f,* en désulfuration *f.*

Entschwefelungsanlage *f,* n installation *f* de désulfuration ; usine *f* de désulfuration.

Entsendegesetz *n,* e → ***Entsenderichtlinie.***

entsenden, a, a envoyer ; déléguer ; détacher qqn quelque part ; *Arbeitskräfte ins Ausland* ~ envoyer de la main-d'œuvre à l'étranger (pour une durée limitée).

Entsenderichtlinie *f,* n (*U.E.*) directive *f* européenne sur l'harmonisation des conditions de travail européennes (elles fixent des normes minimales pour l'emploi de la main-d'œuvre étrangère et des salaires unitaires pour contrebalancer la concurrence étrangère).

Entsendung *f,* en délégation *f* ; détachement *m* ; envoi *m* ; ~ *von Arbeitnehmern ins Ausland* détachement de travailleurs à l'étranger.

entsiegeln décacheter ; lever (ôter) les scellés.

entsorgen éliminer ; évacuer des déchets (nucléaires, radioactifs) ; *ein Kernkraftwerk* ~ enlever des déchets radioactifs d'une centrale nucléaire.

Entsorgung *f,* en élimination *f* ; évacuation *f* des déchets (radioactifs) ; ~ *mit Wiederaufbereitung* élimination et retraitement (de déchets nucléaires) ; ~ *von Industriebetrieben* élimination des nuisances industrielles.

Entsorgungsanlage *f,* n usine *f* de traitement de déchets (radioactifs) ; stockage *m* de déchets (nucléaires).

Entsorgungsunternehmen *n*, - entreprise *f* spécialisée dans l'élimination et l'enlèvement de déchets (nucléaires).

entsprechen, a, o correspondre à ; être conforme à ; *die Ware entspricht nicht dem Muster* la marchandise ne correspond pas à l'échantillon.

entsprechend 1. conformément à ; selon ; ~ *unserer Bestellung* conformément à notre commande ; *jdn seinen Leistungen ~ bezahlen* rétribuer qqn selon son travail **2.** proportionnellement à ; en proportion de ; adéquat ; *die ~en Mengen* les quantités *fpl* respectives.

entstaatlichen dénationaliser ; privatiser ; désétatiser.

Entstaatlichung *f*, en dénationalisation *f* ; désétatisation *f* ; privatisation *f*.

entstädtern désurbaniser.

Entstädterung *f*, en désurbanisation *f* ; déconcentration *f* urbaine.

entstammen (*ist*) être originaire de ; être issu de ; provenir de ; remonter à.

entstehen, a, a (*ist*) **1.** résulter de ; *es ~ für Sie zusätzliche Kosten* il en résulte pour vous des frais supplémentaires **2.** survenir ; être causé ; *er ist für den entstandenen Schaden verantwortlich* il est responsable du dommage occasionné.

Entstehung *f*, en naissance *f* ; origine *f* ; apparition *f*.

entstellen déformer ; fausser ; falsifier ; altérer ; *einen Bericht ~* altérer un rapport ; *Nachrichten ~* désinformer.

Entstellung *f*, en dénaturation *f* ; déformation *f* ; altération *f* ; *~ von Nachrichten* désinformation *f*.

enttarnen démasquer ; mettre à jour ; *ein Mafianetz ~* mettre à jour, débusquer un réseau mafieux.

Enttarnung *f*, en démasquage *m*.

entvölkern dépeupler.

Entvölkerung *f*, en dépeuplement *m* ; dépopulation *f* ; recul *m* démographique.

entwalden déforester.

Entwaldung *f*, en déforestation *f*.

entwässern (*agric.*) assécher ; drainer ; *Moore ~* assécher des marais, des zones marécageuses.

entwenden détourner ; voler ; soustraire ; s'approprier frauduleusement qqch ; *Geld aus der Kasse ~* détourner des fonds de la caisse.

Entwendung *f*, en détournement *m* ; vol *m* ; soustraction *f* ; (*deniers publics*) concussion *f*.

entwerfen, a, o ébaucher ; concevoir ; esquisser ; *ein Projekt ~* concevoir un projet.

Entwerfer *m*, - styliste *m* ; designer *m*.

entwerten 1. déprécier ; dévaloriser ; dévaluer **2.** oblitérer (timbres) **3.** invalider ; composter (titre de transport).

Entwerter *m*, - composteur *m* ; *die Karte in den ~ stecken* composter un titre de transport.

Entwertung *f*, en **1.** dépréciation *f* ; dévalorisation *f* ; démonétisation *f* **2.** oblitération *f* **3.** invalidation *f* ; compostage *m* (titre de transport).

entwickeln 1. développer ; concevoir ; *ein Verfahren ~* mettre un procédé au point **2.** *sich ~ zu* se transformer en ; évoluer vers ; *sich zum größten Exportland ~* devenir le plus grand pays exportateur.

Entwickler *m*, - ingénieur *m* de recherche ; concepteur *m*.

Entwicklung *f*, en développement *m* ; évolution *f* ; réalisation *f* ; *noch in der ~* à l'étude ; *finanzielle ~* évolution financière ; *rückläufige ~* régression *f*.

Entwicklungsabteilung *f*, en bureau *m* d'études.

Entwicklungsbüro *n*, s → *Entwicklungsabteilung*.

Entwicklungschef *m*, s chef *f* de développement.

Entwicklungsdienst *m*, e (*Allemagne*) organisme *m* fédéral chargé des coopérants et de l'aide au Tiers-Monde.

entwicklungsfähig qui peut être développé ; évolutif ; (*bourse*) à fort potentiel de développement ; *~er Wirtschaftssektor* secteur *m* économique d'avenir (porteur).

Entwicklungsfonds *m*, - fonds *m* de développement.

Entwicklungsgebiet *n*, e région *f* sous-développée.

Entwicklungshelfer *m*, - coopérant *m*.

Entwicklungshilfe *f*, n aide *f* aux pays en voie de développement ; aide au Tiers-Monde.

Entwicklungskosten *pl* coûts *mpl* de recherche et de développement (de produits nouveaux et de procédés de fabrication) ; investissement *m* en R & D.

Entwicklungsland *n*, ¨er pays *m* en voie de développement ; pays sous-développé ; *die ~"er* les pays les moins avancés ; les P.M.A.

Entwicklungsminister *m,* - ministre *m* du développement.

Entwicklungspolitik *f,* ø politique *f* de/du développement.

Entwicklungsstand *m,* ø stade *m,* niveau *m* de développement ; degré *m* d'évolution.

Entwicklungsstufe *f,* n → *Entwicklungsstand.*

Entwicklungstempo *n,* s rythme *m* de développement.

Entwicklungszeit *f,* en durée *f* d'élaboration ; phase *f* de mise au point (d'un produit).

Entwurf *m,* ¨e projet *m* ; ébauche *f* ; plan *m* ; dessin *m* ; maquette *f* ; croquis *m* ; *endgültiger ~* projet définitif ; *einen ~ an/fertigen* élaborer un projet.

Entwurfsbüro *n,* s → *Entwicklungsabteilung.*

entzerren 1. décrisper ; débloquer ; *eine dramatische Situation auf dem Arbeitsmarkt ~* débloquer une situation dramatique sur le marché du travail 2. espacer ; étaler ; *die Schulferien ~* espacer les congés scolaires.

Entzerrung *f,* en espacement *m* ; étalement *m* ; *~ der Abflüge* espacement des vols ; *~ des Ferienbeginns* étalement des vacances.

entziehen, o, o enlever ; soustraire ; retirer ; ôter ; *den Führerschein ~* retirer le permis de conduire ; *die Prokura (Vollmacht) ~* révoquer la procuration ; *die Unterschrift ~* retirer la signature ; *sich der Verantwortung ~* se soustraire à ses responsabilités.

Entziehung *f,* en retrait *m* ; suspension *f* ; confiscation *f* ; *~ der Geschäftsfähigkeit* interdiction *f* civile ; suspension *f* de la capacité d'exercer ses droits.

entzifferbar déchiffrable.

entziffern déchiffrer ; décrypter ; décoder.

Entzug *m,* ¨e retrait *m* ; privation *f* ; supression *f* ; confiscation *f* ; *~ des Führerscheins* retrait du permis de conduire.

EP → *Europäisches Parlament.*

Equity-Haus *n,* ¨er → *Beteiligungsgesellschaft* ; *Private-Equity-Gesellschaft.*

Equity-Methode *f,* en (*comptab.*) méthode *f* de mise en équivalence.

erarbeiten 1. acquérir par le (à force de) travail ; obtenir par son travail 2. élaborer ; mettre au point ; réaliser.

Erasmus (*U.E.*) programme *m* interuniversités d'échanges d'étudiants (un semestre obligatoire à l'étranger).

Erbanfall *m,* ¨e dévolution *f* ; *gesetzlicher, freiwilliger ~* dévolution légale, volontaire.

Erbanfallsteuer *f,* n droit *m* de mutation par décès sur les parts successorales.

Erbanlagen *fpl* génome *m* ; patrimoine *m* génétique ; caractères *mpl* héréditaires.

Erbanspruch *m,* ¨e prétention *f* à un héritage ; titre *m* à une succession.

Erbanteil *m,* e part *f* d'héritage ; part successorale.

Erbausschluss *m,* ¨e exclusion *f* de la succession.

Erbbaurecht *n,* e emphythéose *f* ; droit *m* de superficie héréditaire (autorisation de construire sur un terrain dont on a un bail à long terme de 99 ans).

erbberechtigt ayant droit à l'héritage ; ayant cause à la succession.

Erbberechtigung *f,* en droit *m* à l'héritage, à la succession ; vocation *f* à la succession.

Erbe *m,* n, n héritier *m* ; successeur *m* ; *gesetzlicher, mutmaßlicher, testamentarischer ~* héritier légitime, présomptif, testamentaire ; *jdn als ~n ein/setzen* instituer qqn son héritier ; faire son héritier de qqn ; *auf die ~n über/gehen* passer aux héritiers.

Erbe *n,* ø → *Erbschaft.*

erbeigen (bien) acquis par héritage ; dévolu par succession.

erbeingesessen : *~er Grundbesitzer* propriétaire *m* foncier héréditaire.

Erbeinigung *f,* en accord *m,* entente *f* des héritiers.

Erbeinsetzung *f,* en institution *f* d'héritier ; *~ zum Alleinerben* legs *m* universel.

erben hériter ; faire un héritage ; *von jdm etw ~* hériter qqch de qqn ; *jds ganzes Vermögen ~* succéder à qqn dans tous ses biens.

Erbengemeinschaft *f,* en communauté *f* d'héritiers ; succession *f.*

Erbenhaftung *f,* en responsabilité *f* des héritiers.

erbenlos sans héritier(s) ; en déshérence ; *~er Nachlass* succession vacante.

Erbenordnung *f,* **en** ordre *m* successoral.
Erbeserbe *m, n,* **n** héritier *m* subséquent ; descendant *m* d'un héritier.
erbeuten (*droit maritime*) capturer ; s'emparer de (navire ou cargaison) ; *erbeutetes Diebesgut* objets *mpl* volés.
erbfähig successible ; habile (qui donne droit) à succéder.
Erbfähigkeit *f,* **en** successibilité *f.*
Erbfall *m,* ¨e (ouverture *f* de) succession *f* ; cas *m* de succession.
Erbfolge *f,* **n** ordre *m* successoral ; ~ *in gerader Linie* succession *f* en ligne directe ; *gesetzliche* ~ ordre légal des successions.
Erbgut *n,* ¨er masse *f* successorale ; patrimoine *m* héréditaire ; succession *f.*
Erbin *f,* **nen** héritière *f.*
Erblassenschaft *f,* **en** (masse *f* de la) succession *f.*
Erblasser *m,* - testateur *m* ; disposant *m* ; de cujus *m* ; défunt *m.*
erblich héréditaire ; *~er Titel* titre *m* héréditaire.
Erbmasse *f,* **n** masse *f* successorale ; biens *mpl* héréditaires.
Erbnachlasssteuer *f,* **n** droits *mpl* de mutation sur l'ensemble de la succession.
Erbonkel *m,* - oncle *m* à héritage ; "oncle d'Amérique".
Erbpacht *f,* **en** bail *m* emphytéotique (de longue durée) ; emphytéose *f* ; ferme *f* héréditaire.
Erbpächter *m,* - emphytéote *m.*
Erbpachtvertrag *m,* ¨e → *Erbpacht.*
Erbrecht *n,* **e** droit *m* des successions ; droit successoral.
erbringen, a, a 1. apporter ; rapporter ; fournir ; *den Beweis* ~ produire la preuve ; *eine Leistung* ~ effectuer une prestation ; *die Summe für etw* ~ fournir la somme nécessaire à qqch **2.** avoir pour résultat ; donner ; *die Nachforschungen haben nichts erbracht* les recherches n'ont rien donné.
Erbringer *m,* - : ~ *von Dienstleistungen* prestataire *m* de services.
Erbringung *f,* **en** exécution *f* ; réalisation *f* ; *die* ~ *von Leistungen* la réalisation de prestations.
Erbschaft *f,* **en** héritage *m* ; succession *f* ; *eine* ~ *an/treten, aus/schlagen, machen* recueillir, répudier, faire un héritage.
Erbschaftsannahme *f,* **n** acceptation *f* d'héritage.

Erbschaftsbesteuerung *f,* **en** imposition *f* de la masse successorale ; taxation *f* d'une succession.
Erbschaftsgericht *n,* **e** tribunal *m* des successions.
Erbschaftsmasse *f,* **n** → *Erbmasse.*
Erbschaftsnachlass *m,* ¨e succession *f* ; héritage *m.*
Erbschaftssache *f,* **n** affaire *f* successorale.
Erbschaftssteuer *f,* **n** droit *m* de succession ; impôt *m* sur les successions.
Erbschaftsteuergesetz *n,* **e** législation *f* en matière de successions.
Erbschaftsvermögen *n,* - patrimoine *m* de la succession ; masse *f* successorale ; actif *m* de la succession ; succession *f.*
Erbschaftsverzicht *m,* (e) → *Erbverzicht.*
Erbschein *m,* **e** certificat *m* d'hérédité ; acte *m* de notoriété.
Erbschleicher *m,* - captateur *m* d'héritage ; chasseur *m* d'héritage.
Erbschleicherei *f,* **en** captation *f* d'héritage (amener qqn par des moyens louches à consentir un legs).
Erbschleichung *f,* **en** → *Erbschleicherei.*
Erbtante *f,* **n** tante *f* à héritage.
Erbteil *n/m,* **e** part *f* d'héritage ; part légale d'une succession ; héritage *m* ; *elterliches* ~ patrimoine *m* ; *Einzelzuwendung ohne Anrechnung auf das* ~ donation *f* par précipu ; *Schenkung als Vorempfang auf das* ~ donation à déclarer lors d'une succession et équivalant à un héritage anticipé ; *Anspruch auf sein* ~ *erheben* réclamer sa part d'héritage.
Erbteilung *f,* **en** partage *m* successoral.
Erbunfähigkeit *f,* ø incapacité *f* successorale.
Erbvermächtnis *n,* **se** legs *m* universel.
Erbvertrag *m,* ¨e contrat *m* d'héritage ; pacte *m* successoral.
Erbverzicht *m,* (e) désistement *m* de la succession ; renonciation *f* à l'héritage.
Erbvorbezug *m,* ¨e héritage *m* anticipé.
Erdarbeiten *fpl* (*bâtiment*) (travaux de) terrassement *m.*
Erde *f,* (n) terre *f* ; sol *m* ; *über der* ~ au-dessus du sol ; *unter der* ~ sous terre ; *zu ebener* ~ en/au rez-de-chaussée.

Erdgas *n*, e gaz *m* naturel.
Erdgasförderung *f*, en exploitation *f* de gaz naturel.
Erdgasversorgung *f*, en approvisionnement *m* en gaz naturel.
Erdgasvorkommen *n*, - gisement *m* de gaz naturel.
Erdgaswirtschaft *f*, ø secteur *m* économique du gaz naturel.
Erdöl *n*, ø pétrole *m* (brut) ; brut *m*.
Erdölbedarf *m*, ø besoins *mpl* en pétrole (brut).
Erdölbohrung *f*, en forage *m* pétrolier.
Erdölchemie *f*, ø pétrochimie *f* (*syn. Petrochemie/ Petrolchemie*).
Erdölerzeuger *m*, - pays *m* producteur de pétrole.
Erdölerzeugnis *n*, se produit *m* pétrolier.
erdölexportierend exportateur de pétrole ; *die ~en Staaten* les États exportateurs de pétrole.
Erdölfeld *n*, er champ *m* pétrolifère.
Erdölförderland *n*, ¨er pays *m* producteur de pétrole.
Erdölförderung *f*, en production *f* de pétrole.
erdölfündig : *~e Bohrung* forage *m* pétrolier positif.
Erdölgebiet *n*, e région *f* pétrolière.
Erdölgesellschaft *f*, en compagnie *f* pétrolière.
Erdölgewinnung *f*, en → *Erdölförderung*.
erdölhaltig pétrolifère ; qui recèle du pétrole.
erdölhöffig : *~e Bohrung* forage *m* pétrolier prometteur.
Erdölindustrie *f*, n industrie *f* pétrolière.
Erdöllager *n*, - → *Erdöllagerstätte*.
Erdöllagerstätte *f*, n gisement *m* de pétrole.
Erdölleitung *f*, en oléoduc *m* ; pipeline *m*.
Erdöllieferung *f*, en livraison *f*, fourniture *f* de pétrole.
Erdölpreis *m*, e prix *m* du pétrole ; prix du brut.
Erdölprodukt *n*, e → *Erdölerzeugnis*.
Erdölproduzent *m*, en, en → *Erdölerzeuger*.
erdölproduzierend producteur de pétrole.

Erdölraffinerie *f*, n raffinerie *f* de pétrole.
Erdölschock *m*, s choc *m* pétrolier.
Erdöltanker *m*, - pétrolier *m* ; supertanker *m*.
Erdölverarbeitung *f*, en transformation *f* du pétrole ; pétrochimie *f*.
Erdölvorkommen *n*, - gisement *m* de pétrole ; gisement pétrolifère.
Erdölvorräte *mpl* réserves *fpl* pétrolières ; stocks *mpl* pétroliers.
Erdölwert *m*, e (*bourse*) valeur *f* pétrolière ; action *f* ou obligation *f* d'une compagnie pétrolière.
Erdölwirtschaft *f*, en économie *f* pétrolière ; économie du pétrole.
Erdteil *m*, e continent *m* ; *der schwarze ~* le continent africain.
Erdwärme *f*, ø géothermie *f* ; énergie *f* géothermique.
ERE (*Europäische Rechnungseinheit*) unité *f* de compte européenne, remplacée en 1981 par l'É.C.U. puis par l'euro ; → *europäisch*.
Ereigniskanal *m*, ¨e (*médias*) chaîne *f* évènementielle.
ererben hériter ; *etw von jdm ~* hériter qqch de qqn ; recueillir en héritage ; *ein ererbtes Grundstück* un terrain hérité.
erfahren, u, a 1. apprendre (une nouvelle) 2. subir ; éprouver ; *einen Verlust, eine Verzögerung ~* subir une perte, un retard.
erfahren (*in*) versé (dans) ; expérimenté.
Erfahrung *f*, en expérience *f* ; pratique *f* ; *~en aus/tauschen* échanger des connaissances ; *viel ~ auf einem Gebiet haben* avoir une grande expérience dans un domaine ; *über reiche ~en verfügen* avoir une grande expérience.
Erfahrungssache : *~ sein* être affaire d'expérience.
Erfahrungsschatz *m*, ¨e somme *f* d'expérience(s) (dont on dispose) ; grande expérience (de qqch).
erfassbar saisissable ; recensable ; *statistisch ~* statistiquement recensable ; *steuerlich nicht ~* échappant à l'impôt.
erfassen saisir ; compter ; recenser ; enregistrer (dans un fichier) ; faire entrer dans une banque de données ; *buchmäßig ~* comptabiliser ; *karteimäßig ~* cataloguer ; *statistisch ~* recenser ; *jdn in einer Datei ~* recenser qqn dans un fichier.

Erfassung *f,* en enregistrement *m* ; recensement *m* ; comptage *m* ; *steuerliche ~* imposition *f.*

erfinden, a, u inventer ; *eine Ausrede ~* trouver un prétexte ; s'inventer une excuse.

Erfinder *m,* - inventeur *m* ; *der Anmelder des Patents ist der wirkliche und erste ~* le déposant du brevet est le véritable et premier inventeur.

erfinderisch inventif ; ingénieux ; *Geldnot macht ~* le manque d'argent rend ingénieux.

Erfindung *f,* en invention *f* ; *patentfähige, patentierte ~* invention brevetable, brevetée ; *eine ~ verwerten* exploiter une invention ; *eine ~ patentieren lassen* faire breveter une invention.

Erfindungspatent *n,* e brevet *m* d'invention.

Erfolg *m,* e 1. succès *m* ; réussite *f* ; *~ haben* avoir du succès ; réussir 2. résultat *m* ; bénéfice *m*.

erfolgen avoir lieu ; être effectué ; se produire ; *Zahlung erfolgt bei Lieferung* le paiement sera effectué à la livraison.

erfolggekrönt → *erfolgreich*.

erfolglos infructueux ; vain.

erfolgreich couronné de succès ; *eine ~e Laufbahn* une carrière brillante.

erfolgsabhängig lié au rendement ; au mérite ; *~e Jahresprämie* prime *f* annuelle liée au rendement.

Erfolgsaussichten *fpl* chances *fpl* de succès ; chances de réussite.

Erfolgsbeteiligung *f,* en participation *f* aux bénéfices ; participation aux résultats ; intéressement *m*.

Erfolgsbilanz *f,* en → *Ergebnisrechnung*.

Erfolgsbonus *m,* se/boni prime *f* de rendement.

Erfolgschance *f,* n → *Erfolgsaussichten*.

Erfolgsfahrt *f,* en : *auf ~ sein* connaître le succès.

Erfolgshonorar *n,* e honoraires *mpl* calculés au prorata des résultats ; rétribution *f* au mérite.

Erfolgskonto *n,* -ten compte *m* de résultats ; compte d'exploitation.

Erfolgskurs : *auf ~ sein* avoir le vent en poupe.

erfolgsorientiert proportionnel aux résultats ; au mérite ; *~es Entlohnungssystem* système *m* de rémunération lié aux résultats.

Erfolgsprämie *f,* n prime *f* de rendement ; bonus *m*.

Erfolgsrechnung *f,* en (*comptab.*) compte *m* de résultats ; (*autrefois*) compte *m* de(s) pertes et profits (*syn. Ertragsrechnung*).

Erfolgsrezept *n,* e recette *f* du succès.

Erfolgsschlager *m,* - grand succès *m* de vente ; best-seller *m* ; vedette *f.*

Erfolgstest *m,* s test *m* de rentabilité, de rendement ; test de résultats.

Erfolgszwang *m,* ("e) obligation *f* de résultat ; *unter ~ stehen* avoir une obligation de résultat ; être condamné au succès.

erfolgversprechend prometteur ; porteur ; d'avenir.

erforderlich nécessaire ; indispensable ; *~e Anzahl* nombre *m* requis (de voix) ; quorum *m* ; *~e Formalitäten* formalités *fpl* requises ; *die Einwilligung der Eltern ist ~* autorisation *f* parentale exigée.

Erfordernis *n,* se exigence *f* ; nécessité *f* ; *~se* impératifs *mpl* ; *den ~en entsprechen* satisfaire aux exigences.

erfordern exiger ; demander.

erforschen faire des recherches ; examiner à fond ; approfondir.

Erforschung *f,* en recherche *f* ; sondage *m* ; étude *f.*

erfreuen 1. réjouir ; *sehr erfreut* enchanté 2. *sich* (+ *G*) *~* jouir de ; *sich großer Beliebtheit bei den Verbrauchern ~* jouir d'une grande faveur auprès des consommateurs ; être très prisé des consommateurs.

Erfrischungsgetränke *npl* boissons *fpl* rafraîchissantes.

erfüllen exécuter ; accomplir ; s'acquitter de ; *seine Aufgabe ~* exécuter sa mission ; *die Bedingungen ~* satisfaire aux conditions ; *eine Verpflichtung ~* remplir un engagement ; *seinen Zweck ~* remplir sa fonction ; *sich ~* se réaliser ; se concrétiser.

Erfüllung *f,* en 1. exécution *f* ; réalisation *f* ; *in ~ seiner Pflichten* dans l'exercice de ses fonctions 2. paiement *m*.

Erfüllungsgehilfe *m,* n, n auxiliaire *m* d'exécution ; personne *f* qui exécute une prestation à la place d'un tiers.

Erfüllungsort *m,* e 1. lieu *m* d'exécution d'une prestation 2. lieu de paiement (d'un débiteur vis-à-vis d'un créancier).

Erfüllungs : *an ~ statt* en guise de paiement ; à titre de paiement (*syn. an Zahlungs statt*).

Erfüllungsverweigerung *f,* **en** refus *m* d'exécution.

Erfüllungsverzug *m,* ¨e retard *m* dans l'exécution d'une prestation.

ergänzen compléter ; combler ; *das Lager ~* compléter les stocks ; rajouter.

Ergänzung *f,* **en** complément *m* ; *als ~* à titre complémentaire, de complément.

Ergänzungs- (*préfixe*) complémentaire ; supplétif ; supplémentaire.

Ergänzungsabgabe *f,* **n** taxe *f* complémentaire.

Ergänzungsbetrag *m,* ¨e somme *f* complémentaire.

Ergänzungsfrage *f,* **n** 1. question *f* qui appelle une réponse développée 2. (*parlement*) question complémentaire

Ergänzungsgebühr *f,* **en** taxe *f* complémentaire.

Ergänzungshaushalt *m,* **e** budget *m* additionnel.

Ergänzungslieferung *f,* **en** livraison *f* complémentaire.

Ergänzungssteuer *f,* **n** impôt *m* complémentaire.

Ergänzungstarifvertrag *m,* ¨e avenant *m,* additif *m* à une convention collective.

Ergänzungszulage *f,* **n** prime *f* additionnelle ; indemnité *f* complémentaire.

ergattern (*fam.*) se procurer ; obtenir par son habileté ; *einen Auftrag ~* décrocher une commande.

ergaunern (*fam.*) escroquer ; arnaquer.

ergeben, a, e donner ; résulter ; fournir ; s'ensuivre ; *es ergibt sich ein Fehlbetrag von...* il en résulte un déficit de...

Ergebnis *n,* **se** 1. résultat *m* ; effet *m* ; conséquence *f* ; *die ~se aus/werten* dépouiller les résultats ; *die Verhandlungen führten zu keinem ~* les négociations n'ont rien donné ; *als ~ der Verhandlungen wurde beschlossen, dass...* à la suite des négociations, il a été décidé que.. ; *zu einem ~ kommen* parvenir à un résultat 2. (*comptab.*) résultat *m* ; bénéfice *m* ; produit *m* ; *buchmäßiges ~* résultat comptable ; *~ vor Steuern* résultat avant impôts.

Ergebniseinbruch *m,* ¨e chute *f* spectaculaire des résultats.

ergebnisgebunden (en) fonction des résultats obtenus ; au mérite ; *eine ~e Variable* une variable fonction des résultats ; variable *f* de traitement.

ergebnislos sans résultat ; vain ; infructueux.

Ergebnisplanung *f,* **en** prévision *f,* planification *f* de résultats ; *ein Flop in der ~* un flop dans les résultats prévisionnels.

Ergebnisprämie *f,* **n** prime *f* de résultat(s).

Ergebnisprotokoll *n,* **e** procès-verbal *m* d'une séance ; compte-rendu *m* de l'essentiel d'une séance.

Ergebnisrechnung *f,* **en** (*comptab.*) compte *m* de résultats ; compte de produits et charges ; compte de profits (*syn. Ertragsrechnung, Erfolgsbilanz* ; autrefois : *Gewinn- und Verlustrechnung*).

ergiebig productif ; lucratif ; rentable ; profitable ; prospère.

Ergiebigkeit *f,* **en** productivité *f* ; rendement *m* ; prospérité *f* ; profitabilité *f.*

Ergonomie *f,* ø ergonomie *f* (étude scientifique des conditions de travail et des relations entre l'homme et la machine).

Ergonomik *f,* ø → *Ergonomie.*

ergonomisch ergonomique.

ergreifen, i, i saisir ; prendre ; *einen Beruf ~* choisir un métier ; *Besitz ~* prendre possession ; *eine Initiative ~* prendre une initiative ; *die Macht ~* prendre le pouvoir ; *Maßnahmen ~* prendre des mesures.

Erhalt *m,* ø réception *f* ; *bei ~ Ihres Schreibens* dès réception de votre lettre ; *den ~ einer Ware bestätigen* accuser réception d'une marchandise ; confirmer une livraison.

erhalten, ie, a 1. recevoir ; obtenir ; *Betrag (dankend) ~* pour acquit ; *Stimmen ~* réunir des voix 2. maintenir, conserver.

erhältlich (*bei, in*) en vente (chez, dans) ; *nur in Fachgeschäften ~* en vente uniquement dans les magasins spécialisés.

Erhaltsaufwendung *f,* **en** → *Erhaltungsaufwand.*

Erhaltung *f,* **en** maintien *m* ; entretien *m* ; maintenance *f* ; *~ eines Unternehmens* maintien *m* de l'existence d'une entreprise.

Erhaltungsaufwand *m,* **-wendungen** (*fisc*) dépenses *fpl* pour gros travaux (d'entretien).

Erhaltungskosten *pl* frais *mpl* d'entretien.
Erhaltungspflicht *f,* **en** obligation *f* d'entretien.
Erhaltungzüchtung *f,* **en** (*agric.*) production *f* de semence(s) sélectionnée(s).
Erhaltungszustand *m,* ¨e état *m* d'entretien ; *im besten ~ sein* être en excellent état.
erhandeln acquérir (obtenir) par marchandage ; marchander ; *bessere Bedingungen ~* négocier de meilleures conditions.
erheben, o, o **1.** percevoir ; recouvrer ; prélever ; *Steuern ~* percevoir des impôts ; *einen Zoll ~* prélever un droit (une taxe) **2.** (*einen*) *Anspruch ~* revendiquer un droit ; (*eine*) *Klage ~* porter plainte ; intenter une action ; *Protest* (*Einspruch*) *~* élever une protestation **3.** *sich ~ gegen* s'insurger contre.
Erhebung *f,* **en 1.** levée *f* ; perception *f* ; prélèvement *m* ; recouvrement *m* ; *übermäßige Steuer~* trop-perçu d'impôt **2.** enquête *f* ; étude *f* ; *statistische ~en machen* faire des enquêtes statistiques **3.** soulèvement *m.*
Erhebungsbogen *m,* -/¨ formulaire *m* d'enquête ; bulletin *m* de recensement.
Erhebungseinheit *f,* **en** (*statist.*) échantillon *m.*
Erhebungsorgan *n,* **e** organisme *m* recenseur ; organisme chargé de l'enquête.
Erhebungszeitraum *m,* ¨e **1.** (*fisc*) période *f* d'exigibilité de l'impôt **2.** période *f* faisant l'objet de l'enquête.
erhöhen relever ; hausser ; augmenter ; *~ auf* porter à ; *um 10 % ~* majorer de 10 % ; *die Preise, die Gehälter ~* augmenter les prix, les salaires.
Erhöhung *f,* **en** augmentation *f* ; majoration *f* ; relèvement *m* ; *~ des Geldumlaufs* accroissement *m* de la masse monétaire en circulation ; *~ der Steuern* majoration des impôts.
erholen 1. reprendre ; se remettre ; *die Börsenkurse ~ sich* on note une reprise des cours (en bourse) ; *die Konjunktur, die Wirtschaft erholt sich* la conjoncture, l'économie se rétablit **2.** *sich ~* se détendre ; se reposer.
Erholung *f,* **en 1.** redressement *m* ; rétablissement *m* **2.** repos *m* ; détente *f.*
Erholungsaufenthalt *m,* **e** séjour *m* de détente.

Erholungsgebiet *n,* **e** région *f* de loisirs ; zone *f* de loisirs.
Erholungsheim *n,* **e** maison *f* de convalescence, de repos ; maison de cure.
Erholungsort *m,* **e** lieu *m* de repos, de détente ; centre *m* de remise en forme.
Erholungssuchende/r (*der/ein*) vacancier *m* ; touriste *m.*
Erholungsurlaub *m,* **e 1.** congé *m* (annuel) **2.** congé de convalescence.
Erholungswerk *n,* **e** centre *m* de convalescence ; maison *f* de repos.
Erholungszentrum *n,* **-tren** centre *m* de loisirs et de détente.
Erholzeit *f,* **en** (temps *m* de) pause *f* ; temps de repos.
erinnern rappeler ; faire observer ; sommer ; *jdn an eine fällige Zahlung ~* rappeler une échéance à qqn.
Erinnerung *f,* **en 1.** souvenir *m* **2.** avertissement *m* ; rappel *m* ; sommation *f* courtoise ; *öffentliche ~* sommation publique.
Erinnerungsposten *m,* - (*comptab.*) poste *m* de mémoire ; pour mémoire.
Erinnerungsschreiben *n,* - lettre *m* de rappel ; relance *f* ; *ein ~ erhalten* recevoir une lettre de rappel.
Erinnerungswerbung *f,* **en** publicité *f* de rappel.
Erinnerungswert *m,* **e** (*comptab.*) valeur *f* résiduelle, amortie ; valeur pour mémoire.
erkämpfen obtenir de haute lutte ; *bessere Tarifverträge ~* obtenir (par des actions) de meilleures conventions collectives.
erkaufen acheter qqch (en y mettant le prix) ; acquérir chèrement ; *sich die Gunst der Wähler ~* acheter la faveur des électeurs.
erkennen reconnaître ; distinguer ; détecter.
Erkennung *f,* **en** reconnaissance *f* ; détection *f* ; (*maladie*) diagnostic *m.*
Erkennungscode *m,* **s** (*électronique*) identifiant *m* ; code *m* d'identification ; code de reconnaissance.
Erkennungsdienst *m,* **e** (*services de police*) services *mpl* de l'identification judiciaire.
Erkennungsplombe *f,* **n** (*douane*) plomb *m* d'identification de marchandise (sous douane).
erklären déclarer ; expliquer ; exposer ; *Konkurs ~* prononcer la faillite ; *etw für gültig ~* valider qqch ; *etw für nichtig*

~ annuler qqch ; *etw an Eides statt* ~ faire une déclaration tenant lieu de serment ; *seinen Rücktritt* ~ donner sa démission ; *sich solidarisch* ~ se déclarer solidaire ; *sich für nicht zuständig* ~ se déclarer incompétent ; *sich für zahlungsunfähig* ~ se déclarer insolvable.

erklärtermaßen par déclaration expresse ; expressément.

Erklärung *f,* en déclaration *f* ; explication *f* ; exposition *f* ; interprétation *f* ; *beeidigte* ~ déclaration sous serment ; *durch mündliche* ~ par déclaration verbale ; *standesamtliche* ~ déclaration d'état civil ; *urkundliche* ~ déclaration par acte (notarié) ; *eine* ~ *ein/reichen, entgegen/nehmen* fournir, recevoir une déclaration.

Erkrankung *f,* en maladie *f* ; affection *f.*

Erkrankungshäufigkeit *f,* en taux *m* d'absentéisme pour cause de maladie.

erkundigen : *sich (bei jdm über etw)* ~ se renseigner (sur qqch auprès de qqn).

Erkundigung *f,* en information *f* ; renseignement *m* ; *über jdn ~en ein/ziehen* prendre des renseignements sur qqn.

Erkundigungsschreiben *n,* - lettre *f* de demande de renseignements.

Erlag *m,* ø (*Autriche*) versement *m* ; dépôt *m* ; *etw gegen* ~ *erhalten* obtenir qqch moyennant versement.

Erlagschein *m,* e (*Autriche*) mandat-carte *m.*

erlahmen faiblir ; se tasser ; *die Investitionen* ~ les investissements *mpl* diminuent.

erlahmend languissant ; en déclin ; *~e Konjunktur* conjoncture *f* faiblissante ; ralentissement *m* de l'activité économique ; tassement *m* conjoncturel.

Erlahmung *f,* en tassement *m* ; affaiblissement *m* ; ralentissement *m.*

erlangen obtenir ; atteindre ; *die Gewissheit ~, dass* acquérir la certitude que ; *die absolute Mehrheit* ~ obtenir la majorité absolue.

Erlangung *f,* en obtention *f* ; acquisition *f.*

Erlass *m,* e / (*Autriche*) ¨e **1.** arrêté *m* ; décret *m* ; ordonnance *f* ; ~ *einer einstweiligen Verfügung* ordonnance de référé **2.** dispense *f* ; exemption *f* ; libération *f* ; ~ *einer Schuld* remise *f* d'une dette **3.** rabais *m* ; déduction *f.*

Erlassantrag *m,* ¨e (*fisc*) demande *f* de remise d'impôt ; demande de remise de dette.

erlassen, ie, a 1. promulguer ; décréter ; ordonner ; *eine Verordnung* ~ publier un décret **2.** exempter ; dispenser de ; *ihm wurde der Rest der Strafe* ~ il a bénéficié d'une remise de peine.

erlauben autoriser ; permettre ; *erlaubend* licite ; permis.

Erlaubnis *f,* se permission *f* ; autorisation *f* ; *jdm die* ~ *erteilen, verweigern* accorder, refuser l'autorisation à qqn.

Erlaubnispflicht *f,* en assujettissement *m* à (une) autorisation ; autorisation *f* obligatoire.

erlaubnispflichtig soumis à autorisation.

Erlaubnisschein *m,* e permis *m* ; licence *f.*

Erlaubnisvorbehalt : *mit* ~ sous réserve d'autorisation.

Erlebensfall *m,* ø : *im* ~ en cas de vie ; *Versicherung auf den* ~ → ***Erlebensfallversicherung.***

Erlebensfallversicherung *f,* en assurance *f* en cas de vie ; assurance payable à l'assuré vivant ; ~ *mit Prämienerstattung* assurance à capital différé.

Erlebniseinkauf *m,* ¨e achat *m* coup-de-cœur ; achat spontané.

Erlebnisurlaub *m,* e vacances *fpl* actives.

erledigen finir ; régler ; exécuter ; *einen Auftrag (eine Bestellung)* ~ exécuter une commande ; *Formalitäten* ~ accomplir les formalités ; *laufende Geschäfte* ~ expédier les affaires courantes.

Erledigung *f,* en expédition *f* ; exécution *f* ; *in* ~ *Ihrer Anfrage* suite à votre demande.

Erledigungsvermerk *m,* e mention *f* « réglé » ou « classé » sur un document.

erleichtern 1. alléger ; faciliter **2.** (*fam.*) voler qqn ; *jdn um 100 Euro* ~ soulager qqn de 100 euros.

Erleichterung *f,* en allégement/allègement *m* ; facilité *f* ; mesure *f* favorable.

erleiden, i, i subir ; supporter ; souffrir ; *einen großen Schaden* ~ subir des dégâts importants ; *große Verluste* ~ subir des pertes importantes ; *eine Verzögerung* ~ subir un retard.

erlesen exquis ; de premier choix ; *~e Weine* des vins sélectionnés ; grands crus *mpl.*

Erlös *m*, e produit *m* (d'une vente) ; recettes *fpl* ; gains *mpl* réalisés ; ~ *aus Vermietung* recettes locatives ; *übrige* ~ produits hors exploitation ; → **Ertrag**.

Erlösausfall *m*, ¨e perte *f* de recettes.

erlöschen, o, o (*ist*) être périmé ; prendre fin ; expirer ; *ein Mandat, eine Schuld erlischt* un mandat, une dette expire ; *die Firma ist erloschen* la maison a cessé d'exister.

Erlöschen *n*, ø expiration *f* ; péremption *f* ; extinction *f* ; prescription *f* ; forclusion *f* ; ~ *eines Patents* déchéance *f* d'un brevet.

erlosen gagner à une tombola ; gagner à une loterie.

erlösen (re)tirer (d'une vente) ; *1000 € aus einem Verkauf* ~ retirer mille euros d'une vente.

Erlöskonto *n*, -ten compte *n* des recettes ; compte (de résultats) sur ventes.

Erlösmaximierung *f*, en maximalisation *f* des recettes, des produits (de vente).

Erlösminderung *f*, en diminution *f* des recettes, des produits (de vente).

ermächtigen autoriser ; habiliter ; mandater ; donner pouvoir ; *jdn zur Führung von Verhandlungen* ~ mandater qqn pour mener des négociations.

Ermächtigung *f*, en autorisation *f* ; habilitation *f* ; pouvoir *m* ; mandat *m* ; *schriftliche* ~ autorisation écrite ; *vertragliche* ~ mandat conventionnel.

Ermächtigungsdepot *n*, s (*banque*) dépôt *m* de titres avec mandat de gestion.

Ermächtigungsgesetz *n*, e (*polit.*) loi *f* sur les pleins pouvoirs.

Ermächtigungsschreiben *n*, - lettre *f* d'habilitation ; autorisation *f* écrite.

Ermächtigungsurkunde *f*, n pouvoir *m* écrit.

ermahnen exhorter ; admonester ; faire une remontrance ; *jdn zur Vorsicht* ~ exhorter qqn à la prudence.

Ermahnung *f*, en admonestation *f* ; exhortation *f* ; remontrance *f*.

Ermang(e)lung : *in* ~ (+ *G*) à défaut de ; *in* ~ *eines Besseren* faute de mieux.

ermäßigen réduire ; diminuer ; baisser ; *ermäßigter Eintritt*(*spreis*) entrée *f* à tarif réduit ; billet *m* de réduction ; *Drucksachen zu ermäßigter Gebühr* imprimés *mpl* à tarif réduit ; *die Preise* ~ baisser les prix.

Ermäßigung *f*, en réduction *f* ; diminution *f* ; baisse *f* ; (*prix*) rabais *m* ; remise *f* ; ristourne *f* ; ~ *der Preise* baisse *f* des prix ; ~ *der Steuern* diminution des impôts ; dégrèvement *m* fiscal ; *eine* ~ *gewähren* accorder une réduction.

ermäßigungsberechtigt ayant droit à une réduction ; bénéficiant d'une remise ; ~ *sind Schüler und Azubis* élèves et jeunes en formation ont droit à une réduction (de tarif).

Ermessen *n*, ø jugement *m* ; appréciation *f* ; liberté *f* d'appréciation ; pouvoir *m* discrétionnaire ; *nach freiem* ~ librement ; en toute liberté (d'appréciation) en toute indépendance ; *richterliches* ~ appréciation du juge ; pouvoir discrétionnaire du juge ; *nach freiem* ~ *entscheiden* statuer en toute liberté ; *dem freien* ~ *überlassen* laisser à la libre appréciation ; s'en remettre à la libre discrétion.

Ermessensbefugnis *f*, se pouvoir *m* discrétionnaire.

Ermessensfrage *f*, n question *f* d'appréciation.

Ermessensfreiheit *f*, en → **Ermessensspielraum**.

Ermessensmissbrauch *m*, ¨e ; abus *m* de pouvoir.

Ermessensspielraum *m*, ¨e latitude *f* d'appréciation ; liberté d'action *f* ; marge *f* de manœuvre *f* ; marge d'appréciation ; (*jur.*) pouvoir *m* discrétionnaire.

ermitteln 1. constater ; déterminer ; établir ; *den Kursindex* ~ calculer l'indice des cours 2. enquêter ; rechercher 3. estimer ; apprécier 4. découvrir ; trouver.

Ermittler *m*, - enquêteur *m* ; personne *f* chargée d'une enquête.

Ermittlung *f*, en 1. calcul *m* ; évaluation *f* ; ~ *der Löhne* détermination *f* des salaires 2. recherche *f* ; enquête *f* ; ~*en ein/leiten, durch/führen* ouvrir, mener une enquête 3. ~ *der Wahlergebnisse* opérations *fpl* de dépouillement d'un vote ; dépouillement *m* d'un scrutin.

Ermittlungsakte *f*, n dossier *m* d'enquête.

Ermittlungsarbeit *f*, en travail *m* d'enquête.

Ermittlungsausschuss *m*, ¨e commission *f* d'enquête.

Ermittlungsbeamte/r (*der/ein*) enquêteur *m* ; fonctionnaire *m* chargé de l'enquête.

Ermittlungsbehörde *f*, n inspection *f* (du fisc, des douanes, etc.).

Ermittlungsbericht *m,* e rapport *m* d'enquête.

Ermittlungsbüro *n,* s agence *f* d'enquêtes ; bureau *m* de détective *f* privé.

Ermittlungspflicht *f,* en obligation *f* d'enquêter (sur les comptes d'une entreprise, par ex.).

Ermittlungsrecht *n,* e droit *m* d'enquêter.

Ermittlungsrichter *m,* - juge *m* chargé de l'enquête ; juge d'instruction.

Ermittlungsverfahren *n,* - procédure *f* d'enquête ; information *f* préliminaire ; instruction *f* pénale ; *ein ~ ein/leiten* ouvrir une enquête ; *ein ~ (gegen jdn) führen* diligenter une enquête judiciaire (à l'encontre de qqn) ; *ein ~ läuft gegen unbekannt* une procédure d'enquête est en cours contre X.

ernähren nourrir ; alimenter ; entretenir ; *eine Familie zu ~ haben* avoir charge de famille.

Ernährer *m,* - chef *m* de famille ; soutien *m* de famille.

Ernährung *f,* en 1. alimentation *f* 2. entretien *m* (famille).

Ernährungsgewerbe *n,* ø l'agro-alimentaire *m.*

Ernährungsgewohnheiten *fpl* habitudes *fpl* alimentaires.

Ernährungsgüter *npl* biens *mpl,* denrées *fpl* alimentaires.

Ernährungsindustrie *f,* n industrie *f* agro-alimentaire.

Ernährungskosten *pl* coûts *mpl* alimentaires.

Ernährungswirtschaft *f,* en secteur *m* agro-alimentaire.

Ernährungswissenschaftler *m,* - nutritionniste *m.*

ernennen, a, a nommer ; désigner ; *jdn zum Direktor ~* nommer qqn au poste de directeur ; *einen Nachfolger ~* désigner un successeur.

Ernennung *f,* en nomination *f* ; désignation *f.*

Ernennungsurkunde *f,* n (acte *m* de) nomination *f.*

erneuerbar renouvelable ; *~e Energie* énergie *f* renouvelable.

erneuern 1. remplacer (de l'ancien par du neuf) 2. rénover ; remettre en état 3. *ein Abonnement, einen Pass ~* renouveler un abonnement, un passeport.

Erneuerung *f,* en remplacement *m* ; rénovation *f* ; remise *f* à neuf ; renouvellement *m* ; *stillschweigende ~* reconduction *f* tacite.

Erneuerungsbewegung *f,* en mouvement *m* rénovateur.

Erneuerungskonto *n,* -ten compte *m* de provisions pour renouvellement des stocks.

Erneuerungsrücklage *f,* n → *Erneuerungskonto.*

Erneuerungsschein *m,* e talon *m* ; coupon *m* ; souche *f* de renouvellement (actions).

Erneuerungswert *m,* e valeur *f* de remplacement.

Ernstfall : *im ~* en cas de besoin ; si besoin était ; au cas où les choses se compliqueraient.

Ernte *f,* n récolte *f* ; moisson *f* ; cueillette *f* ; *die ~ ein/bringen* rentrer la récolte ; *die ~ auf dem Halm verkaufen* vendre la récolte sur pied.

Erntearbeiter *m,* - journalier *m* embauché pour les moissons ; moissonneur *m.*

Ernteausfall *m,* ¨e 1. récolte *f* évaluée en qualité et quantité ; *ein guter, ein schlechter ~* une bonne, une mauvaise récolte 2. perte *f* de (la) récolte.

Ernteaussichten *fpl* prévisions *fpl* de récolte ; récolte *f* prévue.

Ernteertrag *m,* ¨e produit *m* de la récolte.

Erntefläche *f,* n surface *f* récoltée.

Erntehelfer *m,* - moissonneur *m* (céréales) ; vendangeur *m* (raisins) ; ramasseur *m* de légumes ; aide *m* pour la cueillette des fruits.

Erntejahr *n,* e campagne *f* (céréalière) ; campagne en cours.

ernten 1. récolter ; moissonner 2. *Lob ~* recevoir des éloges.

Ernteschäden *mpl* dégâts *mpl* causés aux récoltes.

Ernteversicherung *f,* en assurance *f* contre les dégâts causés aux récoltes.

erobern conquérir ; gagner ; *neue Marktanteile ~* conquérir de nouvelles parts de marché.

Eroberung *f,* en conquête *f* ; *die ~ neuer Absatzmärkte* la conquête de nouveaux débouchés, marchés.

eröffnen ouvrir ; engager ; *den Konkurs ~* entamer une procédure de faillite ; *ein Konto bei einer Bank ~* ouvrir un compte auprès d'une banque ;

eine Sitzung ~ ouvrir une séance ; *ein Testament* ~ ouvrir un testament.

Eröffnung *f,* **en** ouverture *f* ; inauguration *f* ; ~ *eines Akkreditivs* ouverture d'un accréditif ; ~ *des Konkursverfahrens* ouverture de la faillite ; ~ *eines Kontos, eines Kredits* ouverture d'un compte, d'un crédit ; ~ *einer Messe* inauguration d'une foire-exposition.

Eröffnungsangebot *n,* **e** mise *f* à prix ; enchère *f,* offre *f* de départ ; première enchère.

Eröffnungsansprache *f,* **n** discours *m* inaugural.

Eröffnungsbeschluss *m,* ¨e jugement *m* déclaratif de faillite.

Eröffnungsbilanz *f,* **en** bilan *m* d'ouverture.

Eröffnungskurs *m,* **e** cours *m* d'ouverture.

Eröffnungsrede *f,* **n** → *Eröffnungsansprache.*

Eröffnungssitzung *f,* **en** séance *f* inaugurale ; séance d'ouverture.

Eröffnungstag *m,* **e** jour *m* de l'inauguration.

ERP-Darlehen *n,* - (*European Recovery Program/Europäisches Wiederaufbau-Programm*) prêt *m* financé par le programme de reconstruction européen.

erpressen extorquer ; faire chanter qqn ; *eine erpresste Zusage* consentement *m* obtenu sous la contrainte.

Erpresser *m,* - extorqueur *m* ; maître *m* chanteur.

erpresserisch : ~*e Methoden* méthodes *fpl,* procédés *mpl* de maître-chanteur.

Erpressung *f,* **en** extorsion *f* ; chantage *m.*

Erpressungsversuch *m,* **e** tentative *f* de chantage, d'extorsion.

erproben essayer ; expérimenter ; tester ; *erprobt* éprouvé ; ayant fait ses preuves.

Erprobung *f,* **en** épreuve *f* ; test *m* ; essai *m* ; *im Stadium der ~ sein* en être au stade des essais.

Erprobungsanbau *m,* ø (*agric.*) culture *f* test ; culture expérimentale ; essai *m* de culture (maïs transgénique, par ex.).

Erprobungsflug *m,* ¨e vol *m* d'essai.

erprobungshalber à des fins d'essai ; pour tester.

Erprobungszeit *f,* **en** période *f* de mise à l'épreuve ; période d'essai.

errechenbar calculable ; déterminable.

errechnen calculer ; déterminer par calcul.

Errechnung *f,* **en** calcul *m* ; établissement *m,* détermination *f* par calcul ; *die ~ von Bezügen* le calcul d'émoluments.

erreichen atteindre ; réaliser ; obtenir ; (*téléphone*) joindre ; *den Anschluss nicht mehr* ~ rater sa correspondance ; *die Altersgrenze* ~ atteindre la limite d'âge ; *ich bin jederzeit telefonisch zu* ~ *vous* pouvez me joindre à tout moment par téléphone ; *unter welcher Nummer sind Sie zu* ~ ? quel est le numéro où je peux vous joindre ? ; *Ihr Schreiben erreichte mich zu spät* votre courrier m'est parvenu trop tard.

errichten créer ; établir ; fonder ; construire ; *eine Gesellschaft* ~ créer une société ; *ein Konto* ~ établir un compte.

Errichtung *f,* **en** fondation *f* ; création *f* ; établissement *m* ; installation *f.*

Errichtungskosten *pl* frais *mpl* d'établissement ; frais d'installation.

erringen, a, u obtenir de haute lutte ; *einen Vorteil* ~ arracher un avantage ; *ein hart errungener Sieg* une victoire durement acquise.

Errungenschaft *f,* **en** acquisition *f* ; conquête *f* ; *soziale ~en* acquis *mpl* sociaux.

Errungenschaftsbeteiligung *f,* **en** (*Suisse*) → *Errungenschaftsgemeinschaft.*

Errungenschaftsgemeinschaft *f,* **en** (*jur.*) communauté *f* réduite aux acquêts.

Ersatz *m,* ø **1.** substitution *f* ; remplacement *m* ; succédané *m* ; ersatz *m* ; équivalent *m* **2.** dédommagement *m* ; indemnité *f* ; *einen ~ beantragen* demander une indemnisation ; ~ *leisten* dédommager.

Ersatz- (*préfixe*) de remplacement ; de substitution ; substitutif.

Ersatzanspruch *m,* ¨e droit *m* à une indemnité ; droit à réparation ; recours *m* ; prétention *f* à réparation ; *einen ~ an/melden* faire valoir un droit de recours.

Ersatzbedarf *m,* ø besoins *mpl* de substitution.

ersatzbedürftig (*matériel*) fatigué ; usé ; usagé ; qui a besoin d'être remplacé ; (*fam.*) au bout du rouleau.

Ersatzbeschaffung *f,* **en** achat *m* de substitution ; acquisition *f* de remplacement.

Ersatzbeschaffungsmarkt *m*, ¨e marché *m* de renouvellement.

Ersatzdienst *m*, e (*militaire*) service *m* de remplacement (du service national) ; service civil (pour objecteurs de conscience).

Ersatzerbe *m*, *n*, n (*jur.*) héritier *m* par substitution.

Ersatzfonds *m*, - fonds *m* de reconstitution ; *gesellschaftlicher* ~ fonds social de reconstitution des moyens de production utilisés.

Ersatzforderung *f*, en droit *m* à une indemnité ; droit à (une) réparation.

Ersatzfrau *f*, en remplaçante *f*.

Ersatzgeschäft *n*, e achat *m* de remplacement ; achat de substitution.

Ersatzgut *n*, ¨er bien *m* de remplacement ; produit *m* de substitution ; marchandise *f* équivalente ; équivalent *m*.

Ersatzinvestition *f*, en investissement *m* de substitution.

Ersatzkandidat *m*, en, en suppléant *m*.

Ersatzkasse *f*, n caisse *f* d'assurance-maladie (libre agréée).

Ersatzkraft *f*, ¨e remplaçant *m* ; intérimaire *m* ; suppléant *m* ; personne *f* de remplacement ; auxiliaire *m* ; *als* ~ *beschäftigt werden* faire un remplacement.

Ersatzleistung *f*, en indemnité *f* compensatrice ; réparation *f* d'un préjudice.

Ersatzleistungsbetrag *m*, ¨e (somme versée à titre d') indemnité *f*.

Ersatzlieferung *f*, en livraison *f* de remplacement (de substitution).

ersatzlos non remplacé ; sans remplacement ; *Arbeitsplätze fallen* ~ *weg* des emplois supprimés qui ne sont pas remplacés ; ~ *streichen* supprimer purement et simplement.

Ersatzlösung *f*, en solution *f* de rechange.

Ersatzmann *m*, ¨er remplaçant *m* ; → **Ersatzkraft**.

Ersatzmannschaft *f*, en équipe *f* de relève ; équipe de réserve.

Ersatzpflicht *f*, en obligation *f* d'indemniser, de réparer.

Ersatzpräparat *n*, e générique *m* ; médicament *m* de remplacement (*syn.* Generikum).

Ersatzstelle *f*, n poste *m*, emploi *m* de remplacement.

Ersatzstoff *m*, e succédané *m* ; produit *m* de remplacement, de substitution.

Ersatzstrafe *f*, n peine *f* de substitution.

Ersatzteil *n*, e pièce *f* de rechange.

Ersatzverpflichtung *f*, en → **Ersatzpflicht**.

Ersatzwert *m*, e valeur *f* de rachat ; valeur de substitution.

Ersatzzeit *f*, en période *f* assimilée (au cours de laquelle l'assuré n'a pas cotisé mais qui lui compte malgré tout dans le calcul de l'assurance invalidité-vieillesse) ; période de remplacement (à faire valoir pour le droit à la retraite).

erschachern (*fam.*) obtenir par marchandage plus ou moins licite.

erscheinen, ie, ie (*ist*) **1.** apparaître ; figurer ; *in der Bilanz* ~ figurer au bilan ; *in den Aktiva, in den Passiva* ~ figurer à l'actif, au passif **2.** (*presse, édition*) paraître ; être publié ; *die Zeitschrift erscheint monatlich* le magazine paraît chaque mois **3.** (*jur.*) comparaître.

Erscheinungsbild *n*, er apparence *f* ; aspect extérieur *m* (d'un magasin, par ex.).

Erscheinungsjahr *n*, e (*presse*) année *f* de parution.

erschleichen, i, i obtenir qqch par ruse ou flagornerie ; capter ; soutirer (par ruse) ; *eine Erbschaft* ~ capter un héritage.

Erschleichung *f*, en obtention *f* frauduleuse ; captation *f* d'héritage.

erschließen, o, o ouvrir ; créer ; mettre en valeur ; *neue Absatzgebiete* ~ créer de nouveaux débouchés ; *ein Gebiet dem Fremdenverkehr* ~ ouvrir une région au tourisme ; *ein Grundstück* ~ viabiliser un terrain ; *neue Wirtschaftsräume* ~ mettre de nouvelles zones économiques en valeur.

Erschließung *f*, en mise *f* en valeur ; mise en exploitation ; viabilisation *f* (terrain) ; aménagement *m* ; ~ *neuer Energiequellen* développement *m* de nouvelles sources d'énergie.

Erschließungsarbeiten *fpl* travaux *mpl* de viabilisation, d'aménagement ; travaux d'équipement.

Erschließungskosten *pl* frais *mpl* de viabilisation (d'un terrain).

erschöpfen épuiser ; *Reserven, alle Verhandlungsmöglichkeiten* ~ épuiser des réserves, toutes les possibilités de négociation.

erschweren aggraver ; rendre plus pénible ; rendre plus difficile ; *~de Umstände f, fpl* circonstances *fpl* aggravantes.

Erschwerniszulage *f,* n prime *f* de pénibilité ; prime pour travaux pénibles.

Erschwerung *f,* en aggravation *f* complication *f* ; ~ *der Kreditbeschaffung* resserrement *m* du crédit.

erschwindeln escroquer ; soutirer frauduleusement.

erschwingen, a, u : *das Geld für etw ~ können* pouvoir payer ; trouver l'argent nécessaire.

erschwinglich d'un prix accessible, abordable ; *für jeden ~* à la portée de toutes les bourses ; *~er Preis* prix *m* abordable.

ersetzen remplacer ; restituer ; dédommager ; indemniser ; *die Auslagen ~* rembourser les dépenses.

Ersetzung *f,* en remplacement *m* ; substitution *f* ; *~ eines Schadens* réparation *f* d'un préjudice.

Ersetzungsbefugnis *f,* se (*jur.*) droit *m* (pour le débiteur) de remplacer une dette en nature par des espèces.

Ersetzungskosten *pl* frais *mpl* de remplacement.

Ersetzungswert *m,* e valeur *f* de remplacement.

ersitzen obtenir par usucapion ; acquérir par possession prolongée.

Ersitzung *f,* en usucapion *f* ; prescription *f* acquisitive.

ersparen épargner ; économiser ; *erspartes Geld* économies *fpl.*

Ersparnis *f,* se économie *f* ; épargne *f* ; *~se* économies *fpl* ; *eine ~ an Zeit* économie, gain *m* de temps ; *seine ~se an/legen* placer ses économies ; *~se machen* réaliser, faire des économies.

-ersparnis (*suffixe*) économie *f* de ; gain *m* de ; *Zeit~* gain de temps ; *Kosten~* économie de coûts.

Ersparnisbildung *f,* en constitution *f* d'épargne.

Erspartes : *das ~e* les économies *fpl* ; l'argent *m* mis de côté ; (*fam.*) bas *m* de laine.

erst premier ; *~e Adressen* adresses *fpl* d'emprunteurs dont l'honorabilité est certaine ; *~er Erwerb* première acquisition *f* ; *~es Gebot* première enchère *f* ; *eine Fahrkarte ~er Klasse* un billet de première ; *aus ~er Hand* (de) première main ; *in ~er Instanz* en première instance ; *Kind aus ~er Ehe* enfant *m* d'un premier lit ; *~es Risiko* (*assur.*) premier risque ; *~e Wahl* premier choix ; (de) première qualité.

Erstanschaffung *f,* en premier achat *m* ; première acquisition *f.*

erstatten 1. restituer ; rendre ; rembourser ; *die (Un)Kosten ~* rembourser les frais 2. *einen Bericht ~* faire un rapport.

Erstattung *f,* en 1. remboursement *m* ; dédommagement *m* ; *~ einer Überzahlung* remboursement d'un trop-perçu 2. rédaction *f* (d'un rapport).

erstattungsfähig remboursable ; qui fait l'objet d'un remboursement (par la sécurité sociale) ; *den Katalog der ~en Leistungen neu definieren* redéfinir le catalogue des prestations remboursables.

Erstattungspflicht *f,* ø obligation *f* de rembourser.

Erstausfertigung *f,* en première *f* de change (*syn. Primawechsel*).

Erstausführung *f,* en prototype *m* ; modèle *m* nouvellement présenté.

Erstausgabe *f,* n 1. première édition *f* 2. première émission *f* (timbre).

Erstausgabepreis *m,* e prix *m* de lancement ; prix de démarrage.

Erstausstattung *f,* en dotation *f* initiale ; équipement *m* de première installation ; équipement de base.

Erstausstattungskosten *pl* frais *mpl* de premier établissement.

Erstausstattungsmarkt *m,* ¨e marché *m* de premier équipement.

Erstaussteller *m,* - nouvel exposant *m.*

Erstbedachte/r (*der/ein*) (*jur.*) héritier *m* principal (*contr. Letztbedachte/r*).

Erstbegünstigte/r (*der/ein*) premier bénéficiaire *m.*

Erstbesitz *m* : *ein Wagen aus ~* une (voiture de) première main.

Erstbesitzer *m,* - propriétaire *m* initial ; premier propriétaire ; (*voitures*) première main *f.*

Erstdruck *m,* e 1. morasses *fpl* (dernier tirage avant impression) 2. première édition.

erstehen, a, a acquérir ; acheter aux enchères.

Erste-Hilfe-Leistung *f,* en premiers secours *mpl.*

Ersteigerer *m,* - adjudicataire *m* (à qui l'on adjuge qqch dans une vente aux enchères, par ex.).

ersteigern acheter, acquérir aux enchères.
Ersteigerung *f,* **en** acquisition *f* aux enchères ; enchère *f.*
erstellen établir ; créer ; constituer ; *ein Gutachten* ~ établir une expertise ; *einen Tarif* ~ établir un tarif.
Ersterwerb *m,* **(e)** première acquisition *f* ; (*bourse*) souscription *f* de titres
Ersterwerber *m,* **-** premier acquéreur *m* ; (*titres*) premier porteur *m.*
Erstgebot *n,* **e** première enchère *f* ; première offre *f.*
erstgenannt susdit ; susnommé.
Erstinstanz *f,* **en** (*jur.*) première instance *f.*
erstinstanzlich en première instance ; ~*e Entscheidung* décision prise en première instance.
Ersthypothek *f,* **en** hypothèque *f* de premier rang.
erstklassig de première qualité ; ~*e Ware* marchandise *f* de premier choix.
Erstkontakt *m,* **e** premier contact *m* ; *den* ~ *zu jdm auf/nehmen* prendre un premier contact avec qqn.
Erstnotiz *f,* **en** (*bourse*) première cotation *f* en bourse.
erstrangig : ~*e Hypothek* hypothèque *f* de premier rang.
erstrecken s'étendre à ; s'appliquer à ; concerner ; *sich auf die ganze Belegschaft* ~ s'étendre à l'ensemble du personnel ; *sich über ein Jahr* ~ s'étendre sur toute une année ; se rapporter à une année.
erstreiken : *etw* ~ obtenir qqch par la grève.
erstreiten, i, i obtenir de haute lutte.
Erstrisikoversicherung *f,* **en** assurance *f* du premier risque.
Erstschuldner *m,* **-** débiteur *m* de premier rang.
Erststimme *f,* **n** (*Allemagne*) première voix *f* (dont dispose l'électeur allemand lors des élections législatives pour élire le candidat de son choix, la seconde étant pour le parti politique de son choix).
Erstverbraucher *m,* **-** premier utilisateur *m* ; utilisateur de première main.
Erstveröffentlichung *f,* **en** première parution *f* ; inédit *m.*
Erstversicherer *m,* **-** assureur *m* direct ; principal assureur (en cas d'assurances multiples) ; apériteur *m.*
Erstverwertungsrecht *n,* **e** droit *m* de première exploitation.
Erstwähler *m,* **er** électeur *m* votant pour la première fois ; nouvel électeur.
Erstzulassung *f,* **en** mise *f* en circulation ; première immatriculation *f.*
ersuchen solliciter ; requérir ; *jdn um etw* ~ demander qqch à qqn.
Ersuchen *n,* **-** sollicitation *f* ; requête *f* ; demande *f* ; ~ *um Auskunft* demande de renseignements.
ersuchend : (*jur.*) ~*e Behörde* autorité *f* requérante.
Ersuchende/r (*der/ein*) requérant *m.*
ertappen prendre en flagrant délit ; *er wurde auf frischer Tat ertappt* il a été pris sur le fait, en flagrant délit.
erteilen donner ; accorder ; délivrer ; passer ; *einen Auftrag, eine Bestellung* ~ passer un ordre, une commande ; *jdm Prokura* ~ donner procuration à qqn ; *ein Visum* ~ délivrer un visa ; *Weisungen* ~ passer des instructions.
Erteilung *f,* **en** octroi *m* ; attribution *f* ; passation *f* ; délivrance *f* ; ~ *eines Auftrags* passation d'une commande ; ~ *eines Patents* délivrance d'un brevet.
Ertrag *m,* ¨**e** produit *m* ; rendement *m* ; rapport *m* ; revenu *m* ; recette *f* ; bénéfice *m* ; gain *m* ; profit *m* ; productivité *f* **I.** ~ *einer Arbeit* produit d'un travail ; *betrieblicher* ~ produit d'exploitation ; *betriebsbedingter* ~ produit de gestion ; *betriebsfremder* ~ produit non incorporable ; *effektiver* (*tatsächlicher*) ~ rendement effectif (réel) ; *erwarteter* ~ rendement prévisionnel (prévu) ; *kapitalisierte* ~¨*e* revenus capitalisés ; *neutraler* ~ produit non incorporé ; produit hors exploitation ; *optimaler* ~ rendement optimum ; *reiner* ~ produit net ; *roher* ~ produit brut **II.** ~ *pro ha* produit à l'hectare ; ~ *aus Kapitalanlagen* revenu de placement de capitaux ; *mit festem, mit veränderlichem* ~ à revenu fixe, à revenu variable **III.** *einen* ~ *ab/werfen* rapporter ; être productif ; *gute* ~¨*e bringen* être de bon rapport ; bien rendre ; *den* ~ *steigern* augmenter le rendement ; → *Erlös* ; *Einahme* ; *Einkünfte* ; *Gewinn* ; *Betriebs-, Brutto-, Durchschnitts-, Kapital-, Mehr-, Minder-, Netto-, Rein-, Roh-, Zinsertrag.*
ertrag(s)abhängig 1. lié au rendement ; au mérite ; ~*e Bezüge* émoluments *mpl* proportionnels au rendement **2.** (*fisc*) assis sur les revenus ; ~*e Steuer* impôt *f* assis sur les revenus.

Ertrag(s)aktie *f,* **n** action *f* ouvrant droit aux bénéfices.

Ertrag(s)anteil *m,* **e 1.** (*fisc*) part *f* de revenus à prendre en compte dans le calcul de l'impôt (d'une rente, d'une retraite, etc.) **2.** parts *fpl* sociales ; participation *f* aux bénéfices ; (*Allemagne*) revenu *m* d'un capital d'épargne-retraite.

Ertrag(s)ausfall *m,* ¨e perte *f* (de rendement) ; manque *m* à gagner ; résultat *m* déficitaire.

Ertrag(s)aussichten *fpl* perspectives *fpl* de rendement, de production ; résultat *m* escompté.

Ertrag(s)bilanz *f,* **en** (*Suisse*) balance *f* des paiements courants ; balance des transactions courantes.

ertrag(s)bringend productif ; lucratif.

Ertrag(s)einbruch *m,* ¨e chute *f* des bénéfices.

Ertrag(s)einbuße *f,* **n** → *Ertrag(s)ausfall.*

ertrag(s)fähig de bon rapport (rendement) ; d'un rendement intéressant ; lucratif ; rentable.

Ertrag(s)fähigkeit *f,* **en** productivité *f* ; (capacité *f* de) rendement *m.*

Ertrag(s)grenze *f,* **n** (*vers le haut*) rendement *m* maximum ; plafond *m* de productivité ; (*vers le bas*) rendement minimum ; rendement-plancher ; seuil *m* de productivité.

Ertrag(s)klasse *f,* **n** catégorie *f* de rendement (agriculture, pêche, *etc.*) ; zone *f* de rapport.

Ertrag(s)konten *npl* (*bilan*) comptes *mpl* de produits et charges.

Ertrag(s)kraft *f,* ¨e rentabilité *f* ; capacité *f* bénéficiaire ; aptitude *f* d'une entreprise à réaliser des bénéfices.

Ertrag(s)lage *f,* **n** niveau *m* de rendement ; résultats *mpl* d'une société ; rentabilité *f* ; situation *f* bénéficiaire.

ertrag(s)los improductif ; non rentable.

Ertrag(s)losigkeit *f,* ø improductivité *f* ; non-productivité ; non-rentabilité *f.*

Ertrag(s)minderung *f,* **en** diminution *f* de rendement ; baisse *f* de productivité.

Ertrags(s)posten *m,* **-** (*bilan*) poste *m* comptable de produits.

Ertrag(s)rechnung *f,* **en** → *Ergebnisrechnung.*

ertrag(s)reich → *ertrag(s)fähig.*

Ertrag(s)rückgang *m,* ¨e fléchissement *m,* tassement *m* de la productivité ; résultat *m* en recul, en régression.

ertrag(s)schwach peu lucratif ; peu rentable ; de faible rendement.

Ertrag(s)steigerung *f,* **en** augmentation *f* du (de) rendement ; accroissement *m* de (la) productivité.

Ertrag(s)steuer *f,* **n** impôt *m* sur les bénéfices, sur le produit ; impôt sur les plus-values ; *die ~ an den Fiskus ab/führen* verser, acquitter l'impôt sur les plus-values au fisc.

ertrag(s)unabhängig (*fisc*) impôt non assis sur les revenus.

Ertrag(s)voranschlag *m,* ¨e recettes *fpl* prévisionnelles.

Ertrag(s)wert *m,* **e** valeur *f* actualisée ; valeur productive ; valeur de rendement ; rapport *m.*

Ertrag(s)wertgutachten *n,* **-** (*bourse*) expertise *f* de la valeur de rendement d'un titre ; *ein ~ erstellen* établir un rapport d'expertise de valeur productive.

Ertrag(s)zinsen *mpl* intérêts *mpl* des prêts ; intérêts encaissés ; produits *mpl* financiers.

Ertrag(s)zuwachs *m,* ¨e accroissement *m* de (la) productivité.

Erwachsenen(fort)bildung *f,* **en** formation *f* permanente, continue ; enseignement *m* pour adultes.

erwägen, o, o peser ; examiner ; prendre en considération.

Erwägung *f,* **en** considération *f* ; examen *m* ; *nach reiflicher ~* après mûre réflexion ; *in ~ ziehen* prendre en considération.

erwarten attendre ; *erwartend* prévu ; escompté.

Erwartung *f,* **en** attente *f* ; expectative *f* ; espoir *m* ; anticipation *f* (de change, de taux d'intérêt) ; *entgegen allen ~en* contre toute prévision ; contre toute attente ; *mit gedämpften ~en* avec un optimisme modéré ; *konjunkturelle ~en* prévisions *fpl* économiques ; *in ~ Ihrer Antwort, Ihres Schreibens* dans l'attente de votre réponse, de votre courrier ; *jds ~en erfüllen, enttäuschen* combler, décevoir une attente ; *alle ~en übertreffen* dépasser toutes les espérances.

erwartungsgemäß conformément aux espérances ; à ce que l'on en attendait.

Erwartungshaltung *f,* **en** attentisme *m* ; comportement *m* attentiste.

erweisen, ie, ie 1. prouver **2.** *sich als richtig, falsch* ~ s'avérer exact, inexact **3.** *einen Dienst* ~ rendre un service ; *einen Gefallen* ~ faire une faveur.

erweitern élargir ; développer ; agrandir ; *den Kundenkreis* ~ élargir sa clientèle.

erweitert élargi ; ~*e Bandbreite* marge *f* de fluctuation élargie ; ~*e EU Union f* européenne élargie ; ~*e Mitbestimmung* cogestion *f* élargie.

Erweiterung *f,* en élargissement *m* extension *f* ; ~ *der Europäischen Union* élargissement de l'Union européenne ; ~ *des Marktes* élargissement du marché ; ~ *des Versicherungsschutzes* extension *f* de garantie.

erweiterungsfähig extensible ; agrandissable ; susceptible d'être agrandi.

Erwerb *m,* **(e) 1.** acquisition *f* ; obtention *f* ; achat *m* ; ~ *von Eigentum* accession *f* à la propriété ; ~ *des Eigentums* (*durch Erbschaft, Kauf, Schenkung, Übertragung, Vermächtnis*) acquisition de la propriété (par héritage, par achat, par donation, par transfert, par legs) ; ~ *eines Geschäfts* acquisition d'un commerce ; achat *m* d'une affaire ; ~ *aus erster Hand* acquisition de première main ; ~ *unter Lebenden* acquisition entre vifs ; acquêts *mpl* de communauté ; ~ *einer Maschine* acquisition d'une machine ; ~ *eines Rechts* acquisition d'un droit ; *auf* ~ *gerichtet* à caractère lucratif **2.** activité *f* rémunératrice ; travail *m* ; métier *m* ; gagne-pain *m* ; *einen neuen* ~ *suchen* chercher un nouvel emploi **3.** gain *m* ; bénéfice *m* ; *von seinem* ~ *leben* vivre de ses gains **4.** ~ *eines Anspruchs* ouverture *f* d'un droit ; ~ *eines Leistungsanspruchs* ouverture d'un droit à une prestation.

erwerben, a, o acquérir ; acheter ; se procurer ; gagner ; *Beteiligungen an Gesellschaften* ~ prendre des participations dans des sociétés ; *käuflich* ~ acquérir par voie d'achat ; *seinen Lebensunterhalt* ~ gagner sa vie ; *rechtmäßig* ~ acquérir légitimement ; *ein Vermögen* ~ acquérir une fortune.

Erwerber *m,* - acquéreur *m* ; acheteur *m* ; preneur *m* ; bénéficiaire *m* ; ayant droit *m*.

Erwerbsalter : *im* ~ *sein* être en âge de travailler ; avoir l'âge légal pour travailler.

Erwerbsausfall *m,* ¨e manque à gagner *m*.

erwerbsbeschränkt : (*durch einen Unfall*) ~ werden, sein avoir une incapacité de travail partielle (à la suite d'un accident) ; connaître une situation matérielle précaire (du fait d'une incapacité).

Erwerbsbeschränkte/r (*der/ein*) personne *f* en incapacité de travail partielle.

Erwerbsbeschränkung *f,* en capacité *f* de travail diminuée ; invalidité *f* de travail (à… %).

Erwerbsbeteiligung *f,* en participation *f* à l'emploi ; situation *f* de travail.

Erwerbsbetrieb *m,* e entreprise *f* à caractère lucratif.

Erwerbsbevölkerung *f,* en population *f* active ; population en situation d'emploi (à l'exclusion des chômeurs).

Erwerbsbezüge *mpl* revenus *mpl* d'une activité professionnelle ; rentrées *fpl* d'argent.

Erwerbsbiografie *f,* n évolution *f* de carrière ; cursus *m* professionnel.

Erwerbscharakter : *ohne* ~ sans caractère lucratif.

Erwerbseinkommen *n,* - revenu *m* du travail ; revenu d'une activité rémunérée.

Erwerbseinkünfte *fpl* → *Erwerbseinkommen.*

erwerbsfähig actif ; capable d'exercer une activité professionnelle ; *im* ~*en Alter sein* être actif ; être en âge de travailler ; *Ende des* ~*en Alters* âge *m* de la retraite.

Erwerbsfähige/r (*der/ein*) actif *m* ; personne *f* en âge de travailler ; *die Erwerbsfähigen* la population *f* active.

Erwerbsfähigkeit *f,* ø capacité *f,* faculté *f* de travail ; aptitude *f* au travail ; *eine Minderung der* ~ *von 20 % ist eingetreten,* avoir, obtenir un taux d'invalidité de 20 %.

Erwerbsgemeinschaft *f,* en communauté *f* réduite aux acquêts.

erwerbsgemindert invalide ; *30 %* ~ *sein* avoir une incapacité de travail de 30 %.

Erwerbsgesellschaft *f,* en société *f* de production ; société commerciale et/ou industrielle.

Erwerbsintensität *f,* ø nombre *m* de personnes actives ; taux *m* d'activité.

Erwerbskosten *pl* coûts *mpl* d'acquisition.

Erwerbsleben *n,* ø vie *f* active ; vie professionnelle ; *im ~ tätige Person* personne *f* active ayant un emploi ; *aus dem ~ aus/scheiden* quitter la vie active ; *ins ~ ein/treten* entrer dans la vie active ; *im ~ stehen* être dans la vie active.

erwerbslos sans travail ; sans emploi ; chômeur *m* (*syn. arbeitslos*).

Erwerbslosenfürsorge *f,* **en** assistance *f* aux chômeurs.

Erwerbslosenunterstützung *f,* **en** allocation *f* (de) chômage.

Erwerbslose/r (*der/ein*) sans-travail *m* ; chômeur *m* ; sans-emploi *m* (*syn. Arbeitsloser*).

Erwerbslosigkeit *f,* **en** chômage *m* (*syn. Arbeitslosigkeit*).

Erwerbsminderung *f,* **en** incapacité *f* partielle de travail ; invalidité *f* partielle.

Erwerbsminderungsrente *f,* **n** pension *f* d'incapacité provisoire de travail.

Erwerbsmittel *npl* moyens *mpl* d'existence ; gagne-pain *m.*

Erwerbsperson *f,* **en** personne *f* active ; actif *m* ; *die ~en* population *f* active ; les actifs *mpl.*

Erwerbspersonenpotenzial *n,* **e** main-d'œuvre *f* disponible.

Erwerbsquelle *f,* **n** source *f* d'existence ; moyens *mpl* d'existence.

Erwerbsquote *f,* **n** taux *m* d'activité.

Erwerbssinn *m,* ø esprit *m,* sens *m,* (*fam.*) bosse *f* des affaires.

erwerbstätig actif ; qui exerce une profession ; ayant une activité ; *~e Bevölkerung* population *f* active ; *~er Haushalt* ménage *m* d'actifs ; *je ~e Stunde* par heure ouvrée.

Erwerbstätige/r (*der/ein*) actif *m* ; personne *f* active ; *selb(st)ständiger ~r* travailleur *m* indépendant ; personne active non salariée ; *unselb(st)ständiger ~r* (travailleur) salarié *m* (*syn. Erwerbsperson*).

Erwerbstätigkeit *f,* **en** activité *f* rémunérée ; activité à but lucratif ; vie *f* active ; activité ; *selb(st)ständige, unselb(st)ständige ~* activité non salariée, salariée ; *einer ~ nach/gehen* exercer une activité rétribuée.

Erwerbsuchende/r (*der/ein*) demandeur *m* d'emploi ; personne *f* en recherche d'emploi.

erwerbsunfähig invalide ; en incapacité de travail.

Erwerbsunfähigkeit *f,* ø incapacité *f* de travail ; invalidité *f* ; *verminderte, vorübergehende ~* incapacité de travail partielle, temporaire.

Erwerbsunfähigkeitsrente *f,* **n** rente *f* d'incapacité de travail ; pension *f* pour inaptitude au travail.

Erwerbs- und Vermögenseinkünfte *fpl* revenu *m* du travail et du capital.

Erwerbsunternehmen *n,* - → *Erwerbsgesellschaft.*

Erwerbswirtschaft *f,* ø secteur *m* économique ; secteur commercial et/ou industriel.

erwerbswirtschaftlich : *~er Betrieb* entreprise commerciale et/ou industrielle.

Erwerbszweck *m* : *zu ~en* dans un but lucratif ; *keinen ~ verfolgen* sans but lucratif ; ne poursuivre aucun but lucratif.

Erwerbszweig *m,* **e** branche *f* d'activité ; secteur *m* commercial et/ou industriel ; profession *f* ; métier *m.*

Erwerbung *f,* **en** acquisition *f.*

erwirken (réussir à) obtenir ; *eine Zahlung, einen Freispruch ~* obtenir un paiement, un acquittement.

erwirtschaften réaliser ; obtenir (par une activité économique) ; *hohe Gewinne ~* réaliser des gains importants.

Erz *n,* **e** minerai *m* ; *~ auf/bereiten* (*verhütten*) traiter le minerai ; *~ fördern* (*gewinnen*) extraire du minerai.

Erzabbau *m,* ø extraction *f* du minerai ; industrie *f* extractive de minerai.

Erzaufbereitung *f,* **en** traitement *m,* préparation *f* du minerai (pour la fonte).

Erzbergbau *m,* ø exploitation *f* du minerai.

erzeugen 1. produire ; fabriquer (*syn. her/stellen* ; *produzieren*) **2.** créer ; provoquer ; engendrer.

Erzeuger *m,* - producteur *m* ; fabricant *m* ; *landwirtschaftlicher ~* producteur agricole ; *direkt vom ~ zum Verbraucher* du producteur au consommateur ; distribution *f* sans intermédiaires.

Erzeugerabgabe *f,* **n** taxe *f* à la production.

Erzeugerbetrieb *m,* **e** entreprise *f* productrice.

Erzeugerhandel *m,* ø vente *f* directe (du producteur au consommateur).

Erzeugerland *n,* ¨er pays *m* producteur.

Erzeugerpreis *m,* **e** prix *m* producteur, à la production ; *landwirtschaftlicher ~* prix à la ferme.

Erzeugnis *n*, se I. produit *m* ; bien *m* ; ~*se* production *f* ; fabrication *f* ; (*agric.*) fruits *mpl* ; *absatzfähiges* ~ produit commercialisable ; *einheimisches (inländisches)* ~ produit national ; produit du marché intérieur ; *fertiges* ~ produit fini, usiné ; *genormtes (standardisiertes)* ~ produit standardisé, normalisé ; *gewerbliche* ~*e* produits industriels ; *handwerkliches* ~ produit artisanal ; *halbfertiges* ~ produit semi-fini, intermédiaire ; *landwirtschafliches* ~ produit agricole ; *pflanzliches, tierisches* ~ produit d'origine végétale, animale ; *veredeltes* ~ produit amélioré ; *weiterverarbeitetes* ~ produit transformé II. ~*se ab/setzen* commercialiser (écouler) des produits ; *ein* ~ *besteuern* frapper un produit d'un impôt, d'une taxe ; *ein* ~ *zum Eigenverbrauch bestimmen* destiner un produit à l'autoconsommation → *Artikel* ; *Gut* ; *Produkt* ; *Ware*.

Erzeugung *f*, en production *f* ; fabrication *f*.

Erzeugungskosten *pl* coûts *mpl* de production ; frais *mpl* de fabrication.

Erzförderung *f*, en → *Erzabbau*.

Erzgewinnung *f*, en extraction *f* de minerai.

Erzgrube *f*, n mine *f*.

erzhaltig qui contient du minerai.

Erzhütte *f*, n fonderie *f*.

erziehen, o, o éduquer ; élever.

Erziehung *f*, en éducation *f* ; formation *f*.

Erziehungsbeihilfe *f*, n prime *f* d'apprentissage ; rémunération *f* d'un jeune en formation.

Erziehungsberater *m*, - conseiller *m* d'éducation.

Erziehungsberechtigte/r (*der/ein*) l'un des deux parents ; *die* ~*n* les responsables de l'éducation d'un enfant ; les éducateurs.

Erziehungsgehalt *n*, ¨er salaire *m*, rémunération *f* de parent au foyer (pour éduquer les enfants).

Erziehungsgeld *n*, er allocation *f* familiale ; allocation d'enfant à charge.

Erziehungsrente *f*, n rente-éducation *f* (versée aux enfants mineurs en cas de divorce des parents, de décès, etc.).

Erziehungsurlaub *m*, e congé *m* parental (pour l'éducation des enfants).

Erziehungszulage *f*, n allocation *f* d'études (*syn. Studiengeld*).

erzielen obtenir ; réaliser ; *hohe Preise* ~ atteindre des prix élevés.

Erzielung *f*, en obtention *f* ; réalisation *f* ; ~ *eines Gewinns* réalisation d'un bénéfice.

Erzlagerstätte *f*, n → *Erzvorkommen*.

Erzmine *f*, n → *Erzgrube*.

Erzreichtum *m*, ¨er richesse *f* en minerai.

Erzschiff *n*, e (navire) minéralier *m*.

Erzverhüttung *f*, en → *Erzaufbereitung*.

Erzvorkommen *n*, - gisement *m* de minerai ; gite *m* métallifère.

erzwingen, a, u contraindre ; obtenir par contrainte ; imposer ; *eine Entscheidung* ~ arracher une décision ; *einen Streik* ~ imposer une grève ; *etw durch einen Streik* ~ obtenir qqch par la grève.

Erzwingungsstreik *m*, s grève *f* dure ; *vom Warnstreik zum* ~ *über/gehen* passer de la grève d'avertissement à la grève dure.

ESA *f* (*European space Association/ Europäische Weltraum-Organisation*) Association *f* européenne de l'espace.

Eskalation *f*, en escalade *f* ; *die politische* ~ escalade politique.

Eskalatorklausel *f*, n (*Allemagne*) clause *f* d'indexation ; clause de rattrapage salarial (accord contractuel entre entrepreneurs et syndicats stipulant un réajustement des salaires en fonction de la hausse du coût de la vie).

eskalieren provoquer l'escalade (de qqch) ; aggraver (une situation) ; faire monter la pression.

Essensausgabe *f*, n soupe *f* populaire ; ~ *an Obdachlose* distribution *f* de repas aux S.D.F. (sans domicile fixe).

Essenszuschuss *m*, ¨e ticket-restaurant *m* ; ticket-repas *m*.

Essgewohnheiten *fpl* habitudes *fpl* alimentaires.

Esswaren *fpl* produits *mpl* alimentaires ; aliments *mpl*.

ESt → *Einkommen(s)steuer*.

Establishment *n*, s (*pr. ang.*) **1.** classe *f* dirigeante, dominante **2.** (*péjor.*) classes sociales bien établies, jalouses de leurs prérogatives et décidées à les conserver.

Estland *n* Estonie *f*.

E-Straße *f*, n → *Europastraße*.

ESZB *n* (*Europäisches System der Zentralbanken*) Système *m* européen des banques centrales.

etablieren : *sich ~* s'installer (nouveau commerce) ; s'établir.

Etappe *f*, **n** étape *f* ; *eine schwierige ~ zurück/legen* parcourir une étape difficile.

Etappenflug *m*, ¨e vol *m* avec escales (*contr. Non-stop-Flug*).

Etappensieg *m*, **e** victoire *f* d'étape ; première victoire *f*.

Etat *m*, **s** (*pr. fr.*) **1.** budget *m* ; plan *m* financier ; *ausgeglichener ~* budget en équilibre ; *einen ~ auf/stellen* établir un budget ; *einen ~ verabschieden* voter un budget **2.** prévisions *fpl* budgétaires ; *den ~ kürzen, überschreiten* réduire, dépasser les prévisions budgétaires ; → **Haushalt** ; **Budget**.

Etataufstellung *f*, **en** établissement *m* du budget.

Etatausgleich *m*, **e** équilibre *m* budgétaire ; budget *m* en équilibre.

etatisieren budgétiser.

Etatisierung *f*, **en 1.** budgétisation *f* **2.** étatisation *f*.

Etatjahr *n*, **e** année *f* budgétaire.

Etatkürzung *f*, **en** réduction *f* du budget ; compressions *fpl* budgétaires.

Etatloch *n*, ¨er trou *m* budgétaire ; déficit *m* budgétaire.

Etatlücke *f*, **n** → *Etatloch*.

etatmäßig budgétaire ; inscrit au budget.

Etatmittel *npl* moyens *mpl* budgétaires.

Etatposten *m*, - poste *m* budgétaire.

Etatüberschreitung *f*, **en** dépassement *m* budgétaire.

Ethernet *n*, ø (*informatique*) standard *m* de réseau local.

Ethikkodex *m*, **e/dizes** code *m* éthique ; code moral ; *einen ~ ein/setzen* appliquer une éthique ; moraliser (qqch).

Ethikkommission *f*, **en** commission *f* d'éthique.

E-Ticket *n*, **s** billet *m* électronique.

E-Ticketing *n*, **s** achat *m* de billet par Internet.

Etikett *n*, **s/en** étiquette *f* ; *ein ~ auf/kleben* coller une étiquette ; *der Preis steht auf dem ~* le prix figure sur l'étiquette ; *mit einem ~ versehen* munir d'une étiquette.

Etikettenschwindel *m*, ø fraude *f* sur les étiquettes ; fraude sur l'étiquetage.

etikettieren étiqueter.

Etikettierung *f*, **en 1.** étiquetage *m* ; (*agric.*) *~ des Fleischs* étiquetage de traçabilité de la viande **2.** (*fig.*) le fait de coller systématiquement une « étiquette » à qqn ; étiqueter qqn dans telle ou telle catégorie.

Etikettierungsvorschrift *f*, **en** directive *f* en matière d'étiquetage de produits alimentaires.

etwa environ ; à peu près ; *~ hundert Euro* dans les cent euros (*syn. an die* ; *ungefähr* ; *zirka*).

etw. bez. B. (*etwas bezahlt und Brief*) (*bourse*) peu de levées au cours donné ; marché comptant vendeur stagnant.

etw. bez. G. (*etwas bezahlt und Geld*) (*bourse*) marché comptant acheteur terne.

EU *f* (*Europäische Union*) U.E. *f* ; Union *f* européenne (après le traité de Maastricht du 1/11/93, la Communauté européenne (C.E.) est devenue U.E.)

EU-Ausländer *m*, - ressortissant *m* de l'Union européenne.

EU-Beamte/r (*der/ein*) fonctionnaire *m* européen.

EU-Beihilferegeln *fpl* règlementation *f* européenne en matière de subventions.

EU-Besoldungsrecht *n*, **e** législation *f* de l'Union européenne en matière de salaires, de rémunérations.

EU-Bürgerschaft *f*, **en** citoyenneté *f* européenne.

EU-Fusionskontrolle *f*, **n** contrôle *m* européen des fusions et rachats d'entreprises.

EuGH *m* (*Europäischer Gerichtshof, Luxemburg*) Cour *f* suprême européenne.

EU-Kommission *f*, **en** (*U.E.*) Commission *f* européenne (institution de l'Union européenne, gardienne des traités, organe exécutif des politiques communautaires ; elle est composée de 25 commissaires, nommés pour 5 ans) ; → *EU-Rat* ; *EU-Parlament*.

Euratom *n* Communauté *f* européenne de l'énergie atomique ; Euratom *f*.

EUR : code *m* monétaire de l'euro.

Eurex *f* Eurex *f* ; bourse *f* électronique des marchés à terme résultant de la fusion partielle de la DTB (*Deutsche Terminbörse*) et de la Soffex (*Swiss Options and Financial Futures / Schweizerische Terminbörse*).

Euribor *m* (*Europäischer Interbankensatz*) tibeur *m* (*taux interbancaire offert en Europe*).

Euro *m,* (**s**) *der* ~ l'Euro (€) ; *1 Euro = 100 Cent* ; *100 Euro* 100 euros (a remplacé l'Écu le 1ᵉʳ/1/1999 et a été coté pour la première fois, en argent comptable, à la bourse des valeurs le 4/1/1999 ; les billets et les pièces en euro(s) ont cours légal depuis le 1ᵉʳ/1/2002).

Euroanleihe *f,* **n** euro-emprunt *m* ; euro-crédit *m.*

Eurobank *f,* **en** eurobanque *f.*

Eurobondmarkt *m,* ¨e → *Eurokapitalmarkt.*

Eurobonds *mpl* euro-obligations *fpl* ; emprunts *mpl* libellés en monnaie étrangère (notamment en dollars américains et en francs suisses).

Eurocent *m,* **s** eurocent *m* ; centime *m* ; (subdivision décimale de l'euro valant un centième d'euro).

Eurocheque *m,* **s** → *Eurochequekarte.*

Eurochequekarte *f,* **n** carte *f* eurochèque ; eurochèque (ec) *m* (carte bancaire très répandue en Allemagne).

Eurocity-Zug *m,* ¨e (EC) train *m* à grande vitesse européen.

Eurodevisen *fpl* eurodevises *fpl* (monnaie d'Europe occidentale faisant l'objet d'un placement à long terme dans un autre pays).

Eurodollar *m,* **s** euro-dollar *m* (dollar américain placé à court terme en Europe et en dehors des États-Unis).

Eurodollar-Markt *m,* ø marché *m* des euro-dollars.

Euroequities *pl* (*bourse*) titres *mpl* participatifs ; valeurs *fpl* placées à l'étranger par le biais de consortiums bancaires internationaux.

Eurogeldmarkt *m,* ¨e marché *m* des eurodevises ; marché *m* bancaire européen ; euromarché *m* monétaire (le centre de transactions principal en eurodevises est Londres).

Eurokapitalmarkt *m,* ¨e marché *m* financier européen ; euromarché *m* des capitaux.

Euroklasse *f,* **n** standard *m* européen ; normes *fpl* européennes ; (*véhicules*) eurogabarit *m.*

Eurokrat *m,* **en, en** eurocrate *m.*

Eurokredit *m,* **e** eurocrédit *m.*

Euroland *n,* ¨er Euroland(e) *m* ; zone *f* euro.

Euromarkt *m,* ¨e marché *m* financier européen ; marché international monétaire des capitaux (*Eurogeldmarkt + Eurokapitalmarkt*).

Euromünze *f,* **n** pièce *f* de monnaie frappée en euro.

Euronext *m* Euronext *f* (fusion *f* des bourses de Paris, Lisbonne, Amsterdam et Bruxelles.

Euronorm *f,* **en** norme *f* européenne.

Euronote *f,* **n** billet *m* de banque libellé en euro.

Euroobligation *f,* **en** → *Euroanleihe.*

Europa *n* Europe *f* ; *das grüne* ~ l'Europe verte.

Europäer *m,* - européen *m.*

europäisch européen ; (*hist.*) ~*e Gemeinschaft* (*EG*) Communauté *f* européenne (C.E.) ; (*hist.*) ~*e Gemeinschaft für Kohle und Stahl* (*EGKS*) Communauté européenne du charbon et de l'acier (C.E.C.A.) ; (*hist.*) ~*e Rechnungseinheit* (*ERE*) unité *f* de compte européenne ; (*hist.*) ~*er Währungsfonds* Fonds *m* monétaire européen ; ~*es Währungssystem* (*EWS*) Système *m* monétaire européen ; (*hist.*) ~*e Wirtschaftsgemeinschaft* (*EWG*) Communauté *f* économique européenne (C.E.E.).

Europäische Aktiengesellschaft *f,* **en** (*EAG*) société *f* anonyme européenne.

Europäische Energiecharta *f* Charte *f* européenne de l'énergie (concernant l'utilisation écologique des ressources énergétiques).

Europäische Kommission *f* → *EU-Kommission.*

Europäische Sozialcharta *f* Charte *f* sociale européenne (elle fixe les droits fondamentaux des salariés dans le cadre de la protection de l'emploi).

Europäische Umweltagentur *f* (*EUA*) Agence *f* européenne de l'environnement.

Europäische Union *f* → *EU.*

Europäische Währungsunion *f* (*EWU*) Union *f* monétaire européenne.

Europäische Zentralbank *f,* **en** (*EZB*) Banque *f* centrale européenne (B.C.E.).

Europäischer Gerichtshof → *EuGH.*

Europäischer Wirtschafts- und Sozialausschuss *m,* ¨e (*WSA*) Commission *f* européenne économique et sociale.

Europäisches Markenamt n (*Alicante*) Office m européen des marques (il a un rôle de protection des brevets et des marques).

Europäisches Patentamt n (*München*) Office m européen des brevets.

Europäischer Rat m (*E.U.*) (*créé en 1974 et institutionnalisée en 1986*) Conseil m des ministres ; Conseil m européen (réunit les chefs d'État et de gouvernement des pays membres de l'U.E. et le président de la commission européenne. Il définit les orientations principales de la politique économique) ; → *EU-Kommission* ; *Europaparlament*.

europäisieren européaniser.

Europäisierung f, en européanisation f.

Europaparlament n (*U.E.*) Parlement m européen (institution communautaire composée de 732 députés élus au suffrage universel direct ; il est associé au processus de décision communautaire et vote le budget annuel) ; → *EU-Kommission* ; *Europäischer Rat*.

Europarat m (*ER*) (1949) Conseil m de l'Europe (organisation de 38 États d'Europe occidentale : respect de la Convention européenne de sauvegarde de l'homme et des libertés fondamentales).

Europarecht n, e droit m européen.

Europastraße f, n axe m routier international ; voie f internationale (signalé(e) par un « E » blanc sur fond vert).

europaweit à l'échelle européenne ; sur l'ensemble du territoire européen.

Europol f Europol f (lutte anti-terroriste, anti-drogues).

Euroregion f, en Eurorégion f (région frontalière européenne destinée à favoriser les contacts par-delà les frontières et à planifier, en commun, le développement d'une région).

Eurorentenmarkt m marché m obligataire de l'euro.

Euroscheck m, s → *Eurocheque*.

Euroschein m, e → *Euronote*.

Eurostar m Eurostar m ; train m trans-Manche.

Eurostat n (*Statistisches Amt der Europäischen Union*) Office m européen des statistiques.

Euro Stoxx-50 indice m Euro Stoxx-50 (indice boursier de référence des 50 valeurs-vedette de l'Euroland).

Eurosünder m, - pays m de l'U.E. qui ne respecte pas les critères de Maastricht ; (*fam.*) mauvais élève m de l'Union européenne.

Eurosyndikat n Eurosyndicat m (groupement de banques européennes ayant son siège a Bruxelles).

Eurovignette f, n (*transp.*) eurovignette f ; vignette européenne de péage sur les autoroutes de l'U.E.

Eurovision f Eurovision f ; Union f européenne de diffusion et de télévision.

Eurowährung f monnaie f européenne.

Eurowerte mpl valeur(s) f, exprimée(s) en euros ; chiffres fpl en euros.

Eurozone f, en zone f euro.

EU-Parlament n → *Europarlament*.

EU-Rat m → *Europäischer Rat*.

EU-Verfassung f, en (*U.E.*) constitution f européenne.

EU-Warenkorb m, ¨e panier de la ménagère m de l'U.E.

EU-weit à l'échelle de de l'U.E. ; dans l'ensemble de l'Union européenne.

e.V. (*eingetragener Verein*) → *eingetragen*.

E.v. (*Eingang vorbehalten*) → *Eingang*.

EVA m (*Economic Value added / wirtschaftlicher Wertzuwachs*) valeur f économique ajoutée (différence entre le bénéfice après impôt et le coût pondéré du capital).

Event n/m, s (*pr. ang.*) manifestation f événementielle ; événement/évènement m (exceptionnel).

Event-Marketing n, ø marketing m événementiel ; marketing lié à l'actualité.

Eventualantrag m, ¨e (*jur.*) demande f subsidiaire ; *einen ~ stellen* déposer une demande additionnelle (au cas où la principale serait refusée).

Eventualhaushalt m, e collectif m budgétaire ; budget m additionnel.

Eventualverpflichtung f, en engagement m conditionnel.

evolutorisch croissant ; évolutif ; non stationnaire.

EVP → *Endverbaucherpreis*.

EVU n, s (*Energie-Versorgungsunternehmen*) société f d'approvisionnement énergétique.

E-Werk → *Elektrizitätswerk*.

EWG (*hist.*) (*Europäische Wirtschaftsgemeinschaft*) → *europäisch*.

ewig : ~*e Anleihe* emprunt *m* perpétuel (à durée indéterminée) ; ~*e Rente* rente *f* perpétuelle (à durée illimitée).

EWIV *f* (*Europäische wirtschafliche Interessen-Vereinigung*) groupement *m* d'intérêts économiques européen (forme juridique d'entreprise valable dans tous les États de l'U.E.

EWS (*Europäisches Währungssystem*) → *europäisch*.

EWU-Raum *m* zone *f* de l'Union économique et monétaire ; Espace *m* économique européen ; Euroland *m*.

EWU *f* → *EWWU*.

EWWU *f* (*Europäische Wirtschafts- und Währungsunion*) Union *f* européenne économique et monétaire.

ex-Anrecht *n,* e action *f* ou bon *m* de souscription traité(e) sans droit de souscription.

ex-ante-Kosten *pl* coûts *mpl* bugétés.

ex-Coupon *m,* s (*bourse*) coupon déjà détaché ; sans coupon.

ex-Dividende *f,* n sans dividende ; dividende déjà payé ; action *f* ou bon *m* de participation traité(e) après détachement du coupon (*contr. Cum-Dividende*).

Exekution *f,* en 1. exécution *f* capitale 2. (*bourse*) exécution des ordres donnés 3. (*Autriche*) saisie *f*.

Exekutivausschuss *m,* ¨e comité *m* exécutif.

Exekutive *f,* n → *Exekutivgewalt*.

Exekutivgewalt *f,* en pouvoir *m* exécutif ; exécutif *m*.

Exekutivkomitee *n,* s → *Exekutivausschuss*.

Exekutivorgan *n,* e organe *m* exécutif.

Exekutor *m,* en 1. exécuteur *m* 2. (*Autriche*) huissier *m* de justice.

Exemplar *n,* e exemplaire *m*.

Exemption *f,* en (*jur.*) exonération *f* ; libération *f* ; dispense *f* (de charges ou d'obligations pour des institutions).

Exequatur *n,* en 1. exequatur *m* ; autorisation *f* d'exercer (conférée à un consul à l'étranger) 2. exequatur *m* ; ordre *m* ou permission *f* d'exécuter 3. formule *f* qui rend exécutoire une sentence rendue à l'étranger.

Exil *n,* e exil *m* ; *sich im ~ befinden* être en exil ; *im ~ leben* vivre en exil.

Exilant *m,* en, en exilé *m*.

Exilregierung *f,* en gouvernement *m* en exil.

Existenz *f,* en existence *f* ; *keine sichere ~ haben* ne pas avoir de moyens d'existence assurés.

existenzfähig viable.

Existenzgründer *m,* - créateur *m* d'entreprise.

Existenzgründung *f,* en création *f* d'entreprise.

Existenzkampf *m,* ¨e lutte *f* pour l'existence.

Existenzminimum *n,* -ma minimum *m* vital ; *das ~ verdienen* avoir le minimum vital.

Existenzmittel *npl* moyens *mpl* d'existence ; moyens de subsistance.

Existenznot *f* : *in ~ geraten* connaître de graves difficultés ; risquer de disparaître.

Existenzverlust *m,* e cessation *f* d'activité (d'une entreprise) ; disparition *f* d'une entreprise.

existieren exister ; vivre.

exklusiv exclusif ; ~*es Modell* modèle *m* exclusif.

Exklusivartikel *m,* - article *m* exclusif ; article en exclusivité ; exclusivité *f*.

exklusive (+ *G*) à l'exclusion de ; non compris ; ~ *Nebenkosten* frais subsidiaires non compris ; ~ *Porto* port non compris (*contr. inklusive*).

Exklusivität *f,* ø exclusivité *f*.

Exklusivofferte *f,* n offre *f* exclusive ; offre réservée (à des adhérents, par ex.).

Exklusivrecht *n,* e droit *m* exclusif.

Exklusivvertrag *m,* ¨e contrat *m* exclusif ; contrat d'exclusivité (exploitation, vente, livraison, etc.).

Exkulpation *f,* en disculpation *f* ; justification *f*.

Exkulpationsbeweis *m,* e preuve *f* de l'innocence ; attestation *f* de non-responsabilité (attestation par le maître d'œuvre, de conformité, de bonne foi dans le choix des salariés et du matériel avant un chantier).

exkulpieren disculper ; justifier ; innoncenter.

Exoten *pl* (*bourse*) valeurs *fpl* spéculatives ; titres *mpl* douteux.

Exotenfonds *m,* - fonds de placement *m* à capital risque.

expandieren être en expansion ; prendre de l'extension ; *im Ausland ~* se développer à l'étranger ; avoir une politique d'expansion à l'étranger.

Expansion *f,* en expansion *f* ; *auf ~ ausgerichtete Wirtschaft* économie *f* expansionniste.

Expansionsbestrebungen *fpl* visées *fpl* expansionnistes.

Expansionsdrang *m,* ø poussée *f* expansionniste.

expansionsfreudig expansionniste ; tendant à l'expansion.

Expansionskurs : *auf ~ sein* être en pleine expansion ; connaître une phase d'expansion.

Expansionspolitik *f,* ø politique *f* d'expansion.

Expansionsrate *f,* n taux *m* d'expansion.

expansiv en expansion ; expansionniste ; *~e Bevölkerungspolitik* politique *f* démographique expansionniste ; *~e Lohnpolitik* politique des salaires expansionniste ; *~es Unternehmen* entreprise *f* en pleine expansion.

Expatriation *f,* en déchéance *f* de la nationalité ; bannissement *m*.

expatriieren retirer la nationalité ; bannir.

Expedition *f,* en expédition *f* ; envoi *m*.

Expeditionsabteilung *f,* en service *m* des expéditions.

Expeditionsgeschäft *n,* e maison *f* d'expédition.

Expensen *pl* dépenses *fpl* ; faux-frais *mpl* ; débours *mpl*.

Experimentierküche *f,* n laboratoire *m* d'essais.

Experte *m, n,* n expert *m* ; spécialiste *m* ; *~ für (in) Steuerfragen* expert *m* fiscal ; *einen ~n zu Rate ziehen* consulter un expert (*syn. Sachverständiger* ; *Gutachter*).

Expertenanhörung *f,* en audition *f* d'experts ; consultation *f* d'experts.

Expertenausschuss *m,* ¨e → *Expertenkommission*.

Expertenbefragung *f,* en consultation *f* d'expert.

Expertengruppe *f,* n groupe *m* d'experts ; groupe des sages.

Expertengutachten *n,* - → *Expertise*.

Expertenkommission *f,* en commission *f* d'experts.

Expertensystem *n,* e (*informatique*) système *m* expert.

Expertise *f,* n expertise *f* ; rapport *m* d'expert ; *eine ~ über etw ein/holen* demander une expertise ; *eine ~ erstellen* faire (établir) une expertise (*syn. Gutachten*).

expertisieren expertiser (*syn. begutachten*).

explosionsartig explosif, ive ; *eine ~e Kostensteigerung* explosion *f* des prix.

Exponat *n,* e pièce *f* exposée ; matériel *m* exposé (lors d'une foire-exposition).

Export *m,* e exportation *f* ; sortie *f* ; *zum ~ bestimmt* destiné à l'exportation ; *zollfreier ~* exportation en franchise ; *den ~ fördern* stimuler l'exportation (*contr. Import*) ; → ***Ausfuhr***.

Exportabgabe *f,* n taxe *f* à l'exportation.

Exportabteilung *f,* en service *m* (des) exportations ; service export.

Exportanreiz *m,* e incitation *f* à l'exportation ; encouragement *m* à l'exportation.

Exportanteil *m,* e part *f* des exportations.

Exportartikel *m,* - article *m* d'exportation.

Exportauftrag *m,* ¨e commande *f* destinée à l'exportation.

Exportausführung *f,* en version *f* (d') exportation ; modèle *m* destiné à l'exportation.

Exportbeschränkung *f,* en restriction *f* aux (des) exportations.

Exportbestimmungen *fpl* modalités *fpl* d'exportation ; réglementation *f* en matière d'exportation.

Exportbewilligung *f,* en → ***Exporterlaubnis***.

Exporterlaubnis *f,* se licence *f* d'exportation ; permis *m* d'exporter.

Exporterlös *m,* e produit *m* des exportations.

Exporterstattung *f,* en ristourne *f* à l'exportation.

Exporteur *m,* e exportateur *m* (*contr. Importeur*).

exportfähig exportable.

Exportfirma *f,* -men maison *f* d'exportation.

Exportforderung *f,* en créance *f* sur l'étranger.

Exportförderung *f,* en aide *f,* encouragement *m* à l'exportation ; stimulation *f* des exportations.

exportfreudig : ~*e Länder* pays *mpl* exportateurs.

Exportgenehmigung *f,* en → *Exporterlaubnis.*

Exportgeschäft *n,* e **1.** maison *f* d'exportation ; firme *f* d'import-export **2.** affaire *f* d'exportation.

Exportgroßhandlung *f,* en (maison de) commerce *m* de gros à l'exportation ; maison *f* de gros pour l'exportation ; grossiste *m* à l'exportation, en export.

Exportgüter *npl* biens *mpl* d'exportation ; produits *mpl* exportés.

Exporthandel *m,* ø commerce *m* d'exportation.

Exporthändler *m,* - → *Exporteur.*

Exporthit *m,* s produit-vedette *m* à l'exportation.

exportieren exporter ; *Waren nach China* ~ exporter des marchandises vers la Chine ; → *aus/führen.*

Exportindustrie *f,* n industrie *f* d'exportation.

exportintensiv exportateur ; orienté à l'exportation ; à fort coefficient d'exportation.

Exportkartell *n,* e cartel *m,* entente *f* commerciale d'exportation.

Exportkaufmann *m,* -leute négociant *m,* commerçant *m* exportateur.

Exportkommissionär *m,* e commissionnaire *m* à l'exportation.

Exportkontingent *n,* e contingent *m* d'exportation.

Exportkreditversicherung *f,* en asurance *f* couvrant les risques financiers à l'exportation.

Exportland *n,* ¨er pays *m* exportateur ; pays d'origine, de production.

Exportleiter *m,* - chef *m* du service exportations.

Exportlockerung *f,* en assouplissement *m* des règlementations en matière d'exportation ; assouplissement des exportations.

Exportmarkt *m,* ¨e marché *m* à l'exportation.

Exportmenge *f,* n volume *m* des exportations.

Exportprämie *f,* n prime *f* à l'exportation.

Exportpreis *m,* e prix *m* des marchandises exportées.

Exportquote *f,* n quota *m* d'exportation.

Exportrabatt *m,* e réduction *f* des taxes à l'exportation ; ristourne *f* sur les taxes en faveur des exportateurs.

Exportrisikogarantie *f,* n garantie *f* contre les risques à l'exportation.

Exportrückgang *m,* ¨e recul *m,* fléchissement *m* des exportations.

Exportschaufenster *n,* - vitrine *f* des exportations ; *die Messe gilt als* ~ la foire-exposition passe pour une vitrine des produits exportés.

Exportsteigerung *f,* en augmentation *f* des exportations.

Exportstopp *m,* s cessation *f,* arrêt *m* des exportations.

Exportüberschuss *m,* ¨e excédent *m* d'exportation.

Exportvalutaerklärung *f,* en déclaration *f* de la valeur à l'exportation.

Exportvergütung *f,* en → *Exportrabatt.*

Exportvolumen *n,* - volume *m* des exportations.

Exportware *f,* n marchandise *f* destinée à l'exportation.

Exportziffer *f,* n chiffre *m* des exportations.

Exportzoll *m,* ¨e droit *m* payable à la sortie du territoire.

Exportzweig *m,* e branche *f* exportatrice ; secteur *m* exportateur.

express par (courrier) exprès ; en grande vitesse.

Express *m,* -züge (*Autriche*) (train) express *m* ; rapide *m.*

Expressdienst *m,* e service *m* express ; service express.

Expressgut *n,* ¨er colis *m* exprès ; *etw als* ~ *schicken* envoyer qqch par exprès.

Expresssendung *f,* en envoi *m,* colis *m,* lettre *f* exprès.

Expropriation *f,* en expropriation *f* (*syn. Enteignung*).

extensiv extensif ; ~*e Bebauung* culture *f* extensive ; ~*e Landwirtschaft* agriculture *f* extensive (politique du moindre coût) ; ~*e Nutzung* exploitation *f* extensive.

extern : (*informatique*) ~*e Geräte* périphériques *mpl* ; ~*er Speicher* mémoire *f* externe, périphérique.

externalisieren externaliser (*syn. aus/lagern* ; *outsourcen*).

Externalisierung *f,* en externalisation *f* (*syn. Auslagerung* ; *Verlagerung* ; *Outsourcing*).

extra 1. séparément ; à part ; *etw* ~ *ein/packen* emballer qqch à part ; *etw* ~

(*be*)*zahlen* payer qqch séparément (à part) **2.** en plus ; en sus ; *ich musste drei Euro ~ bezahlen* j'ai dû payer 3 euros en sus ; *das kostet noch etwas ~* il y a encore un petit supplément à payer **3.** exprès ; spécialement ; particulièrement ; *dieses Modell muss ~ für das Ausland angefertigt werden* ce modèle doit être fabriqué spécialement pour l'étranger.

Extra- (*préfixe*) exceptionnel ; supplémentaire ; spécial.

Extraanfertigung *f*, **en** fabrication *f* spéciale (sur commande) ; commande *f* spéciale ; modèle *m* hors-série.

Extraausgabe *f*, **n** (*presse*) **1.** tirage *m* à part ; numéro *m* spécial **2.** dépense *f* supplémentaire.

Extrablatt *n*, ¨**er** (*presse à sensation*) page *f*, édition *f* spéciale (d'un journal) ; page *f* supplémentaire.

Extraklasse *f*, **n** qualité *f* extra ; première catégorie *f* ; top-niveau *m*.

Extrakonto *n*, **-ten** compte *m* spécial ; compte à part.

Extrakosten *pl* faux frais *mpl* supplémentaires ; dépenses *fpl* spéciales.

Extra-Lohn *m*, ¨**e** prime *f* de fin d'année ; treizième mois *m*.

Extranet *n*, ø extranet *m* (interconnexion de réseaux locaux par Internet).

Extranummer *f*, **n** numéro *m* spécial.

extrapolieren extrapoler.

Extrapost *f*, ø courrier *m* spécial ; courrier (envoi *m*) par express.

Extraprämie *f*, **n** prime *f* supplémentaire.

Extrapreis *m*, **e** prix *m* exceptionnel.

Extrasitzung *f*, **en** (*Suisse*) séance *f* extraordinaire.

Extrasteuer *f*, **n** (*Suisse*) impôt *m* spécial ; taxe *f* spéciale.

Extrazug *m*, ¨**e** (*Suisse*) train *m* supplémentaire.

Extremfall *m*, ¨**e** cas *m* extrême.

Extremposition *f*, **en** position *f* extrême.

Ex und Hopp non consigné ; perdu ; *~-Flasche f* bouteille *f* non consignée non reprise (*syn. Einwegflasche*).

Exzess *m*, **e** excès *m*.

EZB *f* (*Europäische Zentralbank*) Banque *f* centrale européenne.

EZBS *n* (*Europäisches Zentralbank-System*) Système *m* européen des banques centrales.

F

F → *Fernsprecher.*
F/A (*Februar/August*) titre à revenu fixe (paiement des intérêts le 1/2 et le 1/8).
Fa → *Firma.*
Fabrik *f*, **en** usine *f* ; fabrique *f* ; manufacture *f* ; *ab ~* départ usine ; *frei ~* livraison a l'usine ; *schlüsselfertige ~* usine clés en main ; *eine ~ gründen, still/legen, übernehmen* fonder, fermer, reprendre une usine ; → *Werk.*
Fabrikanlage *f*, **n** installation *f* industrielle ; surface *f* d'exploitation ; établissements *mpl.*
Fabrikant *m*, **en, en** industriel *m* ; fabricant *m.*
Fabrikarbeit *f*, **en** 1. travail *m* en usine 2. produit *m*, article *m* de série.
Fabrikarbeiter *m*, **-** ouvrier *m* d'usine.
Fabrikat *n*, **e** produit *m* manufacturé ; produit usiné.
Fabrikation *f*, **en** fabrication *f* ; production *f.*
Fabrikationsablauf *m*, ¨**e** processus *m* de fabrication.
Fabrikationsabteilung *f*, **en** département *m* de la production ; département-production.
Fabrikationsaufnahme *f*, **n** mise *f* en fabrication ; lancement *m* de la production.
Fabrikationseinheit *f*, **en** unité *f* d'un lot de production ; unité d'une série de fabrication.
Fabrikationsfehler *m*, **-** malfaçon *f* ; vice *m* de fabrication ; défaut *m* de construction.
Fabrikationsgeheimnis *n*, **se** secret *m* de fabrication.
Fabrikationsgenehmigung *f*, **en** autorisation *f* de mise en fabrication.
Fabrikationskonto *n*, **-ten** compte *m* d'exploitation de la production.
Fabrikationskontrolle *f*, **n** contrôle *m* de (la) fabrication.
Fabrikationskosten *pl* frais *mpl*, coûts *mpl* de fabrication.
Fabrikationsmittel *npl* moyens *mpl* de fabrication ; machines *fpl* et outillage *m.*
Fabrikationsnummer *f*, **n** numéro *m* de fabrication, de série.

Fabrikationsprogramm *n*, **e** programme *m* de fabrication.
Fabrikationsprozess *m*, **e** processus *m* de fabrication.
Fabrikationsrisiko *n*, **-ken** risque *m* de fabrication.
Fabrikationsserie *f*, **n** série *f* de fabrication.
Fabrikationsstätte *f*, **n** atelier *m* de fabrication ; lieu *m* de production.
Fabrikationsstufe *f*, **n** étape *f*, stade *m* de la fabrication.
Fabrikationsverfahren *n*, **-** procédé *m* de fabrication.
Fabrikationszweig *m*, **e** branche *f* de fabrication.
Fabrikbesetzung *f*, **en** occupation *f* d'usine.
Fabrikbesitzer *m*, **-** fabricant *m* ; industriel *m* ; propriétaire *m* d'usine.
Fabrikbetrieb *m*, **e** fabrique *f* ; usine *f.*
Fabrikdirektor *m*, **en** directeur *m* d'usine.
Fabrikerzeugnis *n*, **se** → *Fabrikat.*
Fabrikfahrer *m*, **-** pilote *m* sponsorisé par une marque ; pilote d'usine (*syn. Werksfahrer*).
Fabrikgarantie *f*, **n** garantie *f* de fabrication ; garantie usine.
Fabrikgebäude *n*, **-** usine *f* ; établissements *mpl* ; bâtiments *mpl* d'usine.
Fabrikgeheimnis *n*, **se** → *Fabrikationsgeheimnis.*
Fabrikgelände *n*, **-** zone *f* industrielle ; terrain *m* industriel.
Fabrikhalle *f*, **n** atelier *m.*
Fabrikhandel *m*, **ø** vente *f* directe d'usine ; vente-usine ; vente directe au consommateur.
Fabrikklausel *f*, **n** clause *f* "départ usine".
Fabrikleiter *m*, **-** → *Fabrikdirektor.*
Fabrikleitung *f*, **en** direction *f* de l'usine.
Fabrikler *m*, **-** (*Suisse*) ouvrier *m* (d'usine).
Fabrikmarke *f*, **n** marque *f* de fabrication ; marque de fabrique.
fabrikmäßig : *~e Herstellung* fabrication *f* en série ; *~e Ware* article *m* de série.

fabrikneu sortant de l'usine ; (*fam.*) comme sorti de l'usine ; flambant neuf.

Fabriknummer *f,* **n** numéro *m* de fabrication.

fabrikplanmäßig conformément au planning de fabrication.

Fabrikpreis *m,* **e** prix *m* (d')usine.

Fabrikschließung *f,* **en** fermeture *f* d'usine.

Fabrikschornstein *m,* **e** cheminée *f* d'usine ; (*fam.*) *die ~e rauchen* les affaires marchent.

Fabriksiedlung *f,* **en** cité *f* ouvrière ; coron *m*.

Fabriksignet *n,* **s** → *Fabrikmarke.*

Fabrikstadt *f,* **¨e** cité *f* industrielle.

Fabrikverkauf *m,* **¨e** → *Fabrikhandel.*

Fabrikware *f,* **n** article *m* de série ; produit *m* manufacturé.

Fabrikzeichen *n,* **-** → *Fabrikmarke.*

fabrizieren fabriquer ; produire (*syn. her/stellen ; produzieren*).

Fach *n,* **¨er** 1. branche *f* ; spécialité *f* ; matière *f* ; *Mann vom ~* homme *m* du métier ; spécialiste *m* 2. casier *m* ; rayon *m* ; compartiment *m*.

Fachabitur *n,* **e** baccalauréat *m* technologique ; (*fam.*) bac *m* techno.

Fachabteilung *f,* **en** service *m* spécialisé ; services techniques.

Facharbeiter *m,* **-** ouvrier *m* professionnel (O.P.) ; ouvrier qualifié ; ouvrier de métier ; *hochqualifizierter ~* ouvrier (professionnel) hautement qualifié.

Facharbeiterbrief *m,* **e** C.A.P. *m* (certificat d'aptitude professionnelle).

Facharbeiterprüfung *f,* **en** examen *m* d'aptitude professionnelle.

Facharbeiterschaft *f,* **en** main-d'œuvre *f* qualifiée ; personnel *m* qualifié.

Facharbeiterzeugnis *n,* **se** → *Facharbeiterbrief.*

Facharbeitskräfte *fpl* → *Fachkräfte.*

Facharzt *m,* **¨e** (médecin *m*) spécialiste *m*.

Fachausbildung *f,* **en** formation *f* technique, professionnelle.

Fachausdruck *m,* **¨e** terme *m* technique ; terme du métier.

Fachausschuss *m,* **¨e** commission *f* technique ; comité *m* d'experts.

Fachausstellung *f,* **en** foire *f* technique ; exposition *f* spécialisée ; salon *m* specialisé.

Fachbeirat *m,* **¨e** conseil *m* technique ; service *m* d'assistance technique.

Fachberater *m,* **-** conseiller *m* technique ; expert *m*.

Fachbereich *m,* **e** spécialité *f* ; domaine *m* de spécialité.

Fachbericht *m,* **e** rapport *m* technique, de spécialiste.

Fachbesucher *m,* **-** (*foires*) visiteur *m* professionnel ; acheteur *m* professionnel *m*.

Fachbezeichnung *f,* **en** nomenclature *f*.

Fachbildung *f,* **en** → *Fachausbildung.*

Fachbranche *f,* **n** branche *f* spécialisée, professionnelle.

Fachbücher *npl* littérature *f* spécialisée.

Fachchinesisch *n,* **ø** (*fam.*) jargon *m* professionnel ; langue *f* jargonnée (des spécialistes).

Fachdebatte *f,* **n** débat *m* de spécialistes ; discussion *f* d'experts ; débat parlementaire en commissions.

Fachdiscounter *m,* **-** grande surface *f* spécialisée.

Facheinkäufer *m,* **-** acheteur *m* professionnel (d'un grand magasin, par ex.).

Facheinzelhandel *m,* **ø** commerce *m* de détail spécialisé.

fachfremd non spécialisé ; qui n'est pas du métier ; *~e Arbeitskräfte* main-d'œuvre *f* non qualifiée.

Fachgebiet *n,* **e** → *Fachbereich.*

Fachgeschäft *n,* **e** magasin *m*, commerce *m* spécialisé.

Fachgruppe *f,* **n** groupe *m* professionnel ; (*médecine*) spécialité *f* médicale.

Fachhandel *m,* **ø** commerce *m* spécialisé.

Fachhändler *m,* **-** commerçant *m* spécialisé.

Fachhochschulabschluss *m,* **¨e** diplôme *m* universitaire (de gestion ou de technologie) ; D.U.T. *m*.

Fachhochschule *f,* **n** école *f* supérieure (commerciale ou technique) ; institut *m* universitaire (de gestion ou de technologie) ; (*France*) I.U.T. *m*.

Fachidiot *m,* **en, en** (*fam.*) spécialiste *m* borné et sans envergure.

Fachinnungsverband *m,* **¨e** groupement *m* corporatif ; syndicat *m* professionnel.

Fachjargon *m*, *s* jargon *m* professionnel ; jargon de spécialistes.

Fachkatalog *m*, *e* catalogue *m* spécialisé

Fachkenntnisse *fpl* connaissances *fpl* spécialisées ; compétences *fpl* techniques ; know-how *m*.

Fachkommission *f*, en → *Fachausschuss*.

Fachkräfte *fpl* experts *mpl* ; spécialistes *mpl* ; techniciens *mpl* ; main-d'œuvre *f* qualifiée ; professionnels *mpl* ; personnel *m* qualifié.

Fachkreise *mpl* milieux *mpl* spécialisés ; *in ~n* parmi les experts ; dans les milieux spécialisés.

fachkundig compétent ; expert.

Fachkundschaft *f*, en clientèle *f* professionnelle.

Fachlehrgang *m*, ¨e stage *m* professionnel ; stage spécialisé.

fachlich professionnel ; *~ geeignet* qualifié.

Fachliteratur *f*, en littérature *f* spécialisée ; documentation *f* technique.

Fachmann *m*, ¨er/-leute spécialiste *m* ; expert *m* ; *einen ~ zu Rate ziehen* consulter un spécialiste ; avoir recours à un expert.

fachmännisch spécialisé ; *~e Beratung* conseil *m* de spécialiste ; assistance *f* technique ; *etw ~ aus/führen* exécuter qqch dans les règles de l'art.

Fachmarkt *m*, ¨e grande surface *f* spécialisée.

Fachmesse *f*, n foire *f* spécialisée ; salon *m* professionnel ; *~ für Werbung* salon de la publicité.

Fachnorm *f*, en standard *m*, norme *f* industriel(le) ; (*France*) norme A.F.N.O.R.

Fachorgan *n*, e organisme *m* professionnel.

Fachpersonal *n*, ø personnel *m* qualifié ; personnel spécialisé ; personnel technique.

Fachpresse *f*, ø presse *f* spécialisée.

Fachprüfung *f*, en C.A.P. *m* ; certificat *m* d'aptitude professionnelle.

Fachpublikumsmesse *f*, n foire *f* spécialisée grand public.

Fachressort *n*, *s* ressort *m* ministériel ; département *m* ministériel.

Fachrichtung *f*, en (*université*) spécialité *f* universitaire ; filière *f*.

Fachsalon *m*, *s* salon *m* professionnel ; exposition *f* spécialisée.

Fachschaft *f*, en → *Fachverband*.

Fachschau *f*, (en) → *Fachsalon*.

Fachschrift *f*, en → *Fachzeitschrift*.

Fachschule *f*, n institut *m* de formation professionnelle ; centre *m* de formation technique.

fachsimpeln (*fam.*) parler métier ; parler boutique.

Fachspezifik *f* : *von hoher ~* d'une haute technicité.

Fachstudium *n*, -ien études *fpl* spécialisées.

Fachtagung *f*, en congrès *m* de spécialistes.

fachübergreifend interdisciplinaire ; pluridisciplinaire ; *~e Forschung* recherche *f* interdisciplinaire.

Fachveranstaltung *f*, en manifestation *f* spécialisée ; manifestation réservée aux professionnels.

Fachverband *m*, ¨e groupement *m*, association *f* professionnel(le) ; syndicat *m* professionnel ; union *f* professionnelle ; chambre *f* syndicale (*syn. Berufsverband*).

Fachverkäufer *m*, - vendeur *m* spécialisé.

Fachwelt *f* : *die ~* les spécialistes *mpl* (d'une branche) ; le monde professionnel ; les milieux *mpl* spécialisés.

Fachwissen *n*, ø compétence *f* technique.

Fachzeitschrift *f*, en revue *f* spécialisée ; publication *f* technique ; journal *m* spécialisé.

Factor *m*, *s* (*pr. ang.*) → *Factoring-Gesellschaft*.

Factoring *n*, ø (*pr. ang.*) affacturage *m* ; factoring *m* (transfert de créances commerciales à un établissement extérieur qui se charge du recouvrement).

Factoring-Gesellschaft *f*, en société *f* d'affacturage.

Factoring-Vertrag *m*, ¨e contrat *m* d'affacturage, de factoring.

Factory-Outlet *n*, *s* (*pr. ang.*) magasin *m* de vente directe ; magasin d'usine ; vente-usine *f* ; usine-center *m*.

FAD → *Fernsprechauftragsdienst*.

fähig capable ; compétent ; apte ; *~er Mitarbeiter* collaborateur *m* compétent.

Fähigkeit *f*, en capacité *f* ; aptitude *f* ; habilité *f* ; faculté *f* ; *berufliche ~* compétence *f* professionnelle.

Fähigkeitsnachweis *m*, e certificat *m* d'aptitude.

fahnden : *nach jdm ~* rechercher qqn ; effectuer des recherches (police, douane, fisc).

Fahnder *m*, - agent *m* enquêteur.
Fahndung *f*, **en** recherches *fpl* ; poursuites *fpl*.
Fahndungsapparat *m*, **e** ensemble *m* des moyens et des personnels mis en œuvre dans une enquête.
Fahndungsdatei *f*, **en** fichier *m* national (de recherches et d'enquêtes).
Fahndungsdienst *m*, **e** services *mpl* de la répression des fraudes.
Fahndungsliste *f*, **n** liste *f* des personnes recherchées.
fahndungssicher à l'abri des recherches ; *~es Land* pays *m* sûr ; paradis *m* fiscal.
Fahndungsstelle *f*, **n** brigade *f* d'enquêtes financières ou économiques ; brigade des stupéfiants.
Fahrausweis *m*, **e** carte *f* d'abonnement de transports ; titre *m* de transport.
Fahrbahn *f*, **en** chaussée *f* ; voie *f* ; file *f* ; *von der ~ ab/kommen* quitter sa file ; ne pas rester sur sa file.
fahrbar 1. roulant 2. carrossable.
Fährbetrieb *m*, **e** (*navigation*) service *m* de bac ; trafic *m* de ferries, de ferry-boat.
Fahrdienst *m*, **e** service *m* de trains.
Fahrdienstleiter *m*, - chef *m* de station ; dispatcher *m*.
Fähre *f*, **n** bac *m* ; ferry-boat *m*.
fahren, u, a (*ist*) aller ; conduire ; partir ; *in die Grube ~* descendre dans la mine ; *gut bei einem Handel ~* faire une bonne affaire ; *erster Klasse ~* voyager en première classe ; *in (auf) Urlaub ~* partir en vacances ; *zur See ~* prendre la mer.
fahrend : *~es Gut* (*~e Habe*) bien *m* meuble ; *~es Personal* personnel *m* roulant.
Fahrerflucht *f*, **en** (*circulation*) délit *m* de fuite ; *~ begehen* commettre un délit de fuite.
Fahrerlaubnis *f*, **se** permis *m* de conduire ; autorisation *f* de conduire.
Fahrgast *m*, ¨e passager *m* ; voyageur *m* ; usager *m*.
Fahrgastbeförderung *f*, **en** transport *m* de passagers.
Fahrgeld *n*, **er** 1. prix *m* du voyage ; frais *mpl* de transport 2. budget-transports *m* ; argent *m* pour les transports.
Fahrgeldentschädigung *f*, **en** indemnité *f* de déplacement.

Fahrgelderstattung *f*, **en** remboursement *m* du titre de transport, des frais de transport.
Fahrgemeinschaft *f*, **en** co-voiturage *m* ; voiture *f* partagée ; communauté *f* de transport (*syn. Car-Sharing*).
Fahrkarte *f*, **n** titre *m* de transport ; billet *m* ; *abgelaufene ~* billet périmé ; *ermäßigte* (*verbilligte*) *~* billet à tarif réduit ; *eine ~ zum halben, vollen Preis* un billet (à) demi-, plein tarif ; *eine ~ aus/geben* délivrer un billet ; *eine ~ lösen* acheter un billet.
Fahrkartenausgabe *f*, **n** guichet *m* ; vente *f* des billets.
Fahrkartenautomat *m*, **en**, **en** distributeur *m* de tickets.
Fahrkartenschalter *m*, - guichet *m* (de distribution) des billets.
Fahrkosten *pl* → *Fahrtkosten*.
fahrlässig négligent ; imprudent ; *~e Tötung* homicide *m* involontaire ; homicide par imprudence.
Fahrlässigkeit *f*, ø imprudence *f* ; faute *f* ; carence *f* ; négligence *f* ; méprise *f* ; omission *f* ; *bewusste, unbewusste ~* faute intentionnelle, non intentionnelle ; *grobe ~* faute lourde ; négligence *f* caractérisée, grave.
Fahrleistung *f*, **en** 1. performances *fpl* routières d'une voiture 2. durée *f* de vie d'un véhicule ; kilométrage *m* annuel ; nombre *m* de kilomètres parcourus.
Fahrnis *f/n*, **se** (*jur.*) biens *mpl* meubles ; biens mobiliers.
Fahrnisgemeinschaft *f*, **en** (*jur.*) (régime matrimonial de la) communauté *f* de meubles et acquêts.
Fahrnispfändung *f*, **en** (*jur.*) saisie *f* mobilière.
Fahrpersonal *n*, ø chauffeurs *mpl* ; équipage *m* de routiers ; personnel *m* roulant.
Fahrplan *m*, ¨e horaire *m* ; indicateur *m* des chemins de fer ; (*France*) Chaix *m*.
Fahrplanänderung *f*, **en** modification *f* d'horaire.
fahrplanmäßig conforme à l'horaire ; à l'heure ; *~er Zug* train *m* régulier ; *~ an/kommen* arriver à l'heure.
Fahrplanwechsel *m*, - changement *m* d'horaire(s).
Fahrpreis *m*, **e** prix *m* du transport ; *zu ermäßigtem ~* à tarif réduit ; *den vollen ~ bezahlen* (*entrichten*) payer plein tarif ; (*fam.*) payer plein pot.

Fahrpreisanzeiger *m*, - **1.** barème *m* des transports **2.** taximètre *m* ; compteur *m* (d'un taxi).
Fahrpreisberechnung *f*, en tarification *f*.
Fahrpreiserhöhung *f*, en augmentation *f* du prix de transport.
Fahrpreisermäßigung *f*, en réduction *f* du prix de voyage ; réduction sur les tarifs.
Fahrpreiserstattung *f*, en remboursement *m* des frais de transport.
Fahrprüfung *f*, en examen *m* du permis de conduire.
Fahrradkurier *m*, e messager *m* à vélo.
Fahrschein *m*, e → *Fahrkarte*.
Fährschiff *n*, e → *Fähre*.
Fahrschule *f*, n auto-école *f* ; école *f* de conduite.
Fahrsicherheit *f*, en sécurité *f* de conduite d'un véhicule.
Fahrspur *f*, en voie *f* de circulation.
Fahrstrecke *f*, n parcours *m* ; trajet *m*.
Fahrstreifen *m*, - → *Fahrspur*.
Fahrt *f*, en course *f* ; trajet *m* ; voyage *m* ; *auf der ~ nach* en route pour ; *~ ins Blaue* voyage surprise ; excursion *f* du personnel d'une entreprise ; (*navigation*) *Kapitän auf großer, auf kleiner ~* capitaine *m* au long cours, capitaine de cabotage ; (*fig.*) *an ~ gewinnen* s'accélérer ; *die Konjunktur gewinnt an ~* la croissance économique s'accélère.
fahrtauglich apte à prendre le volant ; en état de conduire ; en état de piloter.
Fahrtauglichkeit *f*, en aptitude *f* d'un conducteur à prendre le volant
Fahrtauslagen *fpl* frais *mpl* de déplacement ; débours *mpl* ; *die ~ zurück/erstatten* rembourser les frais de déplacement.
Fahrtausweis *m*, e → *Fahrausweis*.
Fahrtenbuch *n*, ¨er carnet *m* de voyage, de route ; livre *m* de bord d'un véhicule.
Fahrtenschreiber *m*, - (*transports*) disque de contrôle *m* des routiers ; mouchard *m*.
Fahrtkosten *pl* frais *mpl* de transport ; frais de voyage.
Fahrtkostenpauschale *f*, n indemnité *f* forfaitaire pour frais de transport et de déplacement ; indemnité kilométrique forfaitaire.

Fahrtkostenzuschuss *m*, ¨e indemnité *f* de déplacement ; indemnité kilométrique.
Fahrtroute *f*, n (*navigation*) route *f* maritime ; couloir *m* de navigation ; *verbindliche ~n für Öltanker* routes maritimes obligatoire pour les pétroliers.
Fahrtspesen *pl* → *Fahrtauslagen*.
Fahrtstrecke *f*, n → *Fahrstrecke*.
fahrtüchtig **1.** → *fahrtauglich* **2.** techniquemet apte à circuler ; apte à la circulation ; en bon état ; en état de marche.
Fahrtüchtigkeit *f*, en **1.** → *Fahrtauglichkeit* **2.** aptitude *f* technique d'un véhicule à la circulation.
Fahrverbot *n*, e interdiction *f* de circuler.
Fahrverhalten *n*, - **1.** comportement *m* (du conducteur) au volant **2.** comportement routier d'un véhicule.
Fahrvorschrift *f*, en réglementation *f* de circulation ; code *m* de la route (*syn. Verkehrsordnung*).
Fahrwasser *n*, ø **1.** chenal *m* de navigation **2.** (*fig.*) *in ein schweres ~ geraten* connaître une passe difficile.
Fahrzeit *f*, en durée *f* du trajet ; durée du parcours.
Fahrzeug *n*, e véhicule *m* ; voiture *f* ; (*marine*) bâtiment *m* ; *betriebseigenes ~* véhicule d'entreprise ; *geleastes ~* véhicule en leasing ; *zugelassenes ~* véhicule immatriculé (au service des mines).
Fahrzeugbau *m*, ø construction *f* automobile, de véhicules ; secteur *m* automobile.
Fahrzeugbestand *m*, ¨e → *Fahrzeugpark*.
Fahrzeugbrief *m*, e titre *m* de propriété d'un véhicule ; (*France*) carte *f* grise.
Fahrzeugdichte *f*, ø densité *f* du parc automobile.
Fahrzeugführer *m*, - conducteur *m* de véhicule.
Fahrzeughalter *m*, - propriétaire *m* et utilisateur *m* d'un véhicule.
Fahrzeugklasse *f*, n catégorie *f* de véhicule.
Fahrzeugpark *m*, s parc *m* automobile.
Fahrzeugschein *m*, e carte *f* grise ; documents *mpl* propres au véhicule.
Fahrzeugunterhaltung *f*, en entretien *m* du matériel roulant.
Fahrzeugverkehr *m*, ø circulation *f* des véhicules ; *für den ~ gesperrt* circulation interdite aux véhicules.

Fahrzeugversicherung *f,* **en** assurance *f* dommages au véhicule.
Fahrzulage *f,* **n** prime *f* de transport.
fair (*pr. ang.*) loyal ; correct ; ~*es Angebot* offre *f* correcte ; ~*er Handel* → *fairer Handel* ; ~*er Preis* juste prix *m* ; prix honnête ; ~*er Wert* valeur *f* honnête, équitable.

fairer Handel *m,* ø commerce *m* équitable (des produits du Tiers-Monde achetés à des conditions favorables pour eux et visant l'améliorisation du niveau de vie des pays producteurs).

Fairhandelshaus *n,* ¨er maison *f* de commerce équitable ; maison du Tiers-Monde.

Fair-Trade *m,* **s** (*pr. ang.*) → *fairer Handel.*

Faksimile *n,* **s** fac-similé *m.*

faksimilieren établir un fac-similé d'un document.

Fakt *m,* **en** fait *m* ; donnée *f* (réelle) ; *sich an die ~ halten* s'en tenir aux faits.

Faktenwissen *n,* ø connaissance *f* des faits ; connaissance factuelle.

faktisch effectif ; réel ; ~*e Gesellschaft* société *f* de fait.

Faktor *m,* **en** 1. facteur *m* ; *endogene, exogene ~en* facteurs endogènes, exogènes ; *preisbildende ~en* facteurs qui entrent dans la formation des prix 2. gérant *m* 3. contremaître *m* (imprimerie) 4. (*environnement*) *~ 10* plan *m* de sauvetage de la planète (au terme duquel la consommation par tête d'habitants en ressources naturelles devrait être réduite dans les pays industrialisés à 1/10ᵉ de ce qu'elle est aujourd'hui).

Faktorei *f,* **en** (*hist.*) factorerie *f* ; comptoir *m* colonial.

Faktorenanalyse *f,* **n** (*statist.*) analyse *f* factorielle.

faktorisierbar factorisable.

faktorisieren factoriser.

Faktorkosten *pl* coût *m* factoriel ; coût des facteurs de production (salaire, intérêts des emprunts, loyers).

Faktormarkt *m,* ¨e marché *m* des facteurs de production.

Faktorpreis *m,* **e** coût *m* d'un facteur de production.

Faktorproportionen-Theorem *n* loi *f* de proportion des facteurs ; théorème HOS.

Faktorreihe *f,* **n** série *f* de facteurs.

Faktotum *n,* **s/-ten** factotum *m* ; homme *m* à tout faire.

Faktur *f,* **en** facture *f* ; *beglaubigte ~* facture certifiée.

Faktura *f,* **-ren** (*Autriche*) → *Faktur.*

Fakturapreis *m,* **e** prix *m* facturé.

Fakturenbuch *n,* ¨er facturier *m.*

fakturieren facturer.

Fakturierung *f,* **en** facturation *f* ; *überhöhte ~* surfacturation.

Fakultät *f,* **en** (*université*) faculté ; *gesellschaftswissenschaftliche ~* faculté des sciences sociales ; *juristische ~* faculté de droit ; *wirtschaftswissenschaftliche ~* faculté des sciences économiques.

Fall *m,* ¨e 1. cas *m* ; affaire *f* ; étude *f* de cas ; *in dringenden ~'en* en cas d'urgence ; *im vorliegenden ~* dans le cas présent ; *~ höherer Gewalt* cas de force majeure 2. chute *f* ; baisse *f* ; effondrement *m* ; *tendenzieller ~ der Gewinnrate* baisse tendancielle du taux de bénéfice ; *der ~ der Berliner Mauer* la chute du mur de Berlin ; *einen Plan zu ~ bringen* torpiller un projet.

fallen, ie, a (*ist*) 1. tomber ; baisser ; être en baisse ; chuter ; fléchir ; *die Aktien, die Preise ~* les actions *fpl* sont en baisse, les prix chutent ; *unter ein Gesetz ~* tomber sous le coup d'une loi ; *zur Last ~* être à charge ; *die Entscheidung ist gefallen* la décision est tombée ; *der gesetzliche Feiertag fällt auf einen Wochentag* le jour férié légal coincide avec un jour de semaine 2. échoir à ; *die Erbschaft fällt an Paul* l'héritage *m* échoit à Paul.

fallend dégressif ; décroissant ; en baisse ; ~*e Kosten* coût *m* dégressif ; ~*e Tendenz* tendance *f* à la baisse.

fallieren (*arch.*) faire faillite ; faire banqueroute ; devenir insolvable.

fällig 1. à payer ; à régler, payable ; dû ; exigible ; échu ; *~ sein, werden* arriver, venir à échéance ; ~*er Betrag* somme *f* exigible ; ~*e Forderung* créance *f* due ; ~*e Schulden* dettes *fpl* exigibles ; *in dreißig Tagen ~er Wechsel* traite *f* à trente jours ; traite venant à échéance ; ~*e Zahlung* échéance *f* ; ~*e Zinsen* intérêts *mpl* à échoir 2. attendu ; nécessaire ; *die längst ~e Reform* la réforme indispensable, tant attendue.

Fälligkeit *f,* **en** échéance *f* ; exigibilité *f* ; date *f* de paiement ; *die ~ hinaus/schieben* (*verlängern*) reporter l'échéance ; *~ bei Sicht* échéance à vue ;

~ *der Steuern* exigibilité de l'impôt ; date *f* de paiement de l'impôt ; *ab* ~ à compter de l'échéance ; *bei* ~ *zahlbar* payable à l'échéance ; *vor* ~ avant l'échéance ; avant terme.

Fälligkeitsaufschub *m*, ¨e prorogation *f* d'échéance.

Fälligkeitsdatum *n*, -ten date *f* d'échéance ; *das* ~ *ein/halten* respecter la date d'échéance.

Fälligkeitsfrist *f*, en terme *m* d'échéance.

Fälligkeitshypothek *f*, en hypothèque *f* remboursable à terme fixe.

Fälligkeitstag *m*, e jour *m* de l'échéance.

Fälligkeitstermin *m*, e terme *m*, date *f* de l'échéance.

Fälligkeitsverzeichnis *n*, se échéancier *m*.

Fälligwerden *n*, ø (venue *f* à) échéance *f*.

Falliment *n*, e (*arch.*) faillite *f* ; banqueroute *f* ; cessation *f* de paiement (*syn. Bankrott* ; *Insolvenz*).

fallit : (*arch.*) ~ *sein* être en faillite ; être insolvable.

Fallit *m*, en, en failli *m* ; débiteur *m* insolvable.

Fallpauschale *f*, n forfait *m* individuel ; forfait *m* par cas médical ; (*France*) nombre *m* de K (pour une intervention chirurgicale).

Fallstudie *f*, n étude *f* de cas.

falsch faux ; erroné ; incorrect ; truqué **I.** ~*e Angaben* fausses indications *fpl* ; ~*e Banknoten* faux billets *mpl* ; ~*e Buchung* a) erreur *f* d'écriture b) faux *m* en écriture comptable ; ~*es Geld* fausse monnaie *f* ; *unter* ~*em Namen* sous un faux nom ; ~*er Pass* faux passeport *m* **II.** *an die* ~*e Adresse geraten* frapper à la mauvaise porte ; être éconduit ; (*téléph.*) *Sie sind* ~ *verbunden* vous vous êtes trompé de numéro ; il y a erreur (de numéro).

Falschaussage *f*, n faux témoignage *m*.

Falschbilanzierung *f*, en falsification *f*, maquillage *m* de bilan.

Falschbuchung *f*, en (*comptab.*) **1.** écriture *f* erronée ; erreur *f* d'écriture **2.** faux *m* en écriture.

fälschen falsifier ; contrefaire ; maquiller ; fausser ; *Banknoten* ~ contrefaire des billets de banque ; *eine Bilanz*, *einen Scheck* ~ maquiller un bilan, un chèque ; *eine Unterschrift* ~ imiter une signature.

Fälscher *m*, - falsificateur *m* ; faussaire *m* ; contrefacteur *m* ; faux monnayeur *m*.

Fälscherring *m*, e réseau *m* de faussaires ; réseau de faux monnayeurs.

Fälscherwerkstatt *f*, ¨en atelier *m* de faussaire(s), de faux-monnayeur(s).

Falschgeld *n*, ø fausse monnaie *f* ; ~ *in Umlauf bringen* mettre de la fausse monnaie en circulation ; ~ *aus dem Verkehr ziehen* retirer de la fausse monnaie de la circulation.

Falschinformation *f*, en désinformation *f* ; contre-vérité *f*.

fälschlich faussement ; à tort ; injustifié.

Falschmeldung *f*, en fausse nouvelle *f*.

Falschmünzer *m*, - faux-monnayeur *m*.

Falschmünzerei *f*, en faux-monnayage *m* ; fabrication *f* de fausse monnaie.

Fälschung *f*, en altération *f* ; falsification *f* ; imitation *f* ; contrefaçon *f* ; dénaturation *f* ; faux *m* ; ~ *von Banknoten, einer Bilanz* falsification de billets de banque, truquage *m* d'un bilan.

fälschungserschwerend difficile à falsifier ; anti-falsification.

fälschungssicher infalsifiable.

Fälschungssicherheit *f*, en infalsifiabilité *f*.

Falsifikat *n*, e → *Fälschung*.

falsifizieren → *fälschen*.

Faltblatt *n*, ¨er → *Faltprospekt*.

Faltkarton *m*, s carton *m* d'emballage pliable.

Faltprospekt *m/n*, e dépliant *m* (publicitaire).

Familie *f*, n famille *f* ; ménage *m* ; foyer *m* ; *bedürftige* ~ famille nécessiteuse ; *kinderreiche* ~ famille nombreuse ; *Patchwork-*~ famille recomposée.

Familienabzug *m*, ¨e abattement *m* pour charges de famille.

Familienangehörige/r (*der/ein*) membre *m* de la famille.

Familienbeihilfe *f*, n → *Familienzulage*.

Familienbesitz *m*, ø propriété *f* familiale ; *in* ~ *bleiben* demeurer une entreprise familiale ; rester entre les mains de la famille.

Familienbetrieb *m*, ¨e entreprise *f*, exploitation *f* familiale.
Familienbuch *n*, ¨er livret *m* de famille.
Familienbudget *n*, s budget *m* familial.
familieneigen appartenant à la famille ; familial ; de famille.
Familieneinkommen *n*, - revenu *m* familial.
Familienermäßigung *f*, en réduction *f* pour charges de famille.
Familienernährer *m*, - chef *m* de famille, nourricier.
familienextern hors-famille ; *Verkauf einer Firma an eine ~e Person* cession *f* d'une entreprise à une personne étrangère à la famille.
Familienfahrkarte *f*, n billet *m*, titre *m* de transport familial.
Familienförderung *f*, en (politique d') aide *f* aux familles.
Familienfürsorge *f*, n (mesures *fpl* d') aide *f* aux familles ; aide sociale familiale.
Familiengesellschaft *f*, en société *f* de type familial.
Familiengesetzbuch *n*, ¨er code *m* de la famille.
Familiengut *n*, ¨er bien *m* familial ; bien de famille.
Familien-Haftpflichtversicherung *f*, en assurance *f* responsabilité civile (de) chef de famille.
Familienhaushalt *m*, e famille *f* ; ménage *m*.
Familienkarte *f*, n billet *m* familial ; ticket *m* d'entrée pour couple avec enfant(s).
Familienlastenausgleich *m*, e péréquation *f* des charges de famille ; aide *f* financière pour familles nombreuses.
Familienlohn *m*, ¨e salaire *m* familial.
Familienminister *m*, - ministre *m* de la famille.
Familienmitglied *n*, er membre *m* de la famille ; *anspruchsberechtigtes ~* ayant-droit *m* familial ; *unterhaltsberechtigtes ~* membre à charge.
Familiennachzug *m*, ¨e regroupement *m* familial.
Familienname *m*, ns, n nom *m* de famille ; nom patronymique ; patronyme *m*.
Familienoberhaupt *n*, ¨er chef *m* de famille.

Familienpackung *f*, en emballage *m* familial ; paquet *m*, modèle *m* familial.
Familienplanung *f*, en planning *m* familial ; régulation *f* des naissances.
Familienpolitik *f*, ø politique *f* familiale.
Familienrat *m*, ¨e conseil *m* de famille.
Familiensituation *f*, en situation *f* de famille.
Familienstammbuch *n*, ¨er → *Familienbuch*.
Familienstand *m*, ø situation *f* de famille ; *Alter und ~ an/geben* indiquez votre âge et votre situation de famille.
Familienunterhalt *m*, ø moyens *mpl* de subsistance de la famille ; *für den ~ auf/kommen* subvenir aux besoins de la famille.
Familienunternehmen *n*, - → *Familienbetrieb*.
Familienvater *m*, ¨ chef *m* de famille ; père *m* de famille.
Familienverhältnisse *npl* situation *f* familiale.
Familienvermögen *n*, - patrimoine *m* familial.
Familienversicherung *f*, en assurance *f* familiale ; responsabilité *f* civile.
Familienvorstand *m*, ¨e → *Familienoberhaupt*.
Familienzulage *f*, n supplément *m* familial ; allocations *fpl* familiales ; allocation pour enfant(s) à charge ; *eine ~ beziehen* toucher des allocations familiales.
Familienzusammenführung *f*, en → *Familiennachzug*.
Familienzuschlag *m*, ¨e → *Familienzulage*.
Familienzuschüsse *mpl* sursalaire *m* familial ; allocation *f* pour charges de famille.
Fang *m*, ¨e (*pêche*) prise *f* ; capture *f* ; (*navigation*) prise maritime ; *zum ~ aus/laufen* partir en mer (pour une campagne de pêche) ; *einen guten ~ haben* faire une bonne pêche ; ramener beaucoup de poisson(s).
Fangflotte *f*, n flottille *f* de pêche.
Fanggebiet *n*, e zone *f* de pêche.
Fanggründe *mpl* fonds *mpl* de pêche ; zones *fpl* de pêche ; fonds marins.
Fanglizenz *f*, en licence *f* de pêche.
Fangmenge *f*, n taux *m* de capture ; quantité *f* pêchée.

Fangnetz *n*, **e** filet *m* de pêche ; chalut *m* ; filet dérivant (*syn. Treibnetz*).
Fangquote *f*, **n** quota *m* de capture ; quota de pêche, de poisson pêché.
Fangschiff *n*, **e** bateau *m* de pêche hauturière.
Fangverbot *n*, **e** interdiction *f* de pêche.
Fangzeit *f*, **en** période *f* favorable à la pêche.
FAO (*Food and Agriculture Organization*) Organisation *f* pour l'alimentation et l'agriculture.
FAQ *pl* (*Internet*) (*Frequently Asked Questions*) liste *f* de réponses aux questions les plus fréquemment posées sur un site.
Farbenindustrie *f*, **n** industrie *f* des colorants.
Farbstoff *m*, **e** colorant *m*.
Farm *f*, **s** (*pays anglo-saxons*) **1.** grande exploitation *f* agricole **2.** grand élevage *m* de volailles ou d'animaux à fourrure.
Farmer *m*, **-** **1.** exploitant *m* agricole **2.** éleveur *m* de volailles ou d'animaux à fourrure.
Faser *f*, **n** fibre *f* (textile) ; *chemische* (*synthetische*) ~ fibre synthétique ; *pflanzliche* ~ fibre végétale ; *tierische* ~ fibre d'origine animale.
Fass *n*, ¨**er** tonneau *m* ; fût *m* ; futaille *f* ; (*fig.*) *ein* ~ *ohne Boden* tonneau sans fond ; tonneau des Danaïdes ; panier *m* percé.
fassen **1.** prendre ; saisir ; *einen Beschluss* ~ prendre une décision **2.** arrêter qqn **3.** sertir **4.** contenir **5.** *in Worte* ~ formuler **6.** *Fuß* ~ prendre pied ; s'implanter.
Fasson *f*, **s** (*Autriche, Suisse*) façon *f* ; forme *f* ; manière *f* ; style *m* ; type *m*.
Fassonwert *m*, **e** → *Firmenwert*.
Fassung *f*, **en** **1.** (*bijoux*) monture *f* **2.** version *f* ; rédaction *f* ; *eine kürzere* ~ version abrégée **3.** contenance *f* ; calme *m* ; sang-froid *m*.
Fassungsvermögen *n*, ø contenance *f* ; volume *m* ; capacité *f*.
Fasswagen *m*, **-** wagon-foudre *m* ; wagon de transport de boissons.
Fastfood *n*, ø (*pr. ang.*) fast food *m* ; restauration *f* rapide (*syn. Schnellimbiss* ; *Fertigessen*).
Fastfood-Kette *f*, **n** chaîne *f* de fast food.

faul douteux ; suspect ; louche ; véreux ; ~*e Geschäfte machen* faire des affaires louches ; ~*er Kunde* client *m* douteux ; mauvais payeur *m* ; ~*e Sache* affaire *f* véreuse ; ~*er Scheck* chèque *m* en bois ; chèque sans provision ; ~*er Zahler* mauvais payeur *m*.
faulenzen paresser ; fainéanter.
Faulenzer *m*, **-** paresseux *m* ; fainéant *m* ; tire-au-flanc *m*.
Fauna-Flora-Habitat-Richtlinien *fpl* (*E.U.*) directives *fpl* européennes en matière d'équilibre de la faune, de la flore et de l'habitat.
Faustpfand *n*, ¨**er** gage *m* (mobilier) ; nantissement *m*.
Faustrecht *n*, **e** droit *m* du plus fort.
Faustregel *f*, **n** règle *f* générale, approximative.
Fautfracht *f*, **en** fret *m* à vide.
Favoriten *fpl* (*bourse*) vedette *f* du marché ; valeurs-vedettes *fpl* ; titres *mpl* vedettes de la bourse (*syn. Spitzenwerte* ; *Marktrenner*).
Fax *n*, **e** télécopieur *m* ; (*appareil, document*) fax *m* (*syn. Telefax*).
Faxdienst *m*, **e** service *m* de télécopie.
faxen faxen (*syn. telefaxen*).
Faxnummer *f*, **n** numéro *m* de fax.
Fazilitäten *fpl* : (*politique monétaire*) *ständige* ~ crédits *mpl* accordés par la B.C.E. pour refinancer les banques d'affaires.
FAZ-Index *m*, ø (*bourse*) indice *m* boursier de la *Frankfurter Allgemeine Zeitung*.
Fazit *n*, **e/s** bilan *m* ; résultat *m* final ; *das* ~ *aus etw ziehen* tirer le bilan de qqch.
FCKW *n* (*Fluorchlorkohlenwasserstoff*) chlorofluorocarbure *m* ; C.F.C.
FDGB *m* (*hist. Freier deutscher Gewerkschaftsbund*) Confédération *f* des syndicats allemands de l'ex-R.D.A.
FDJ *f* (*hist. R.D.A : Freie deutsche Jugend*) groupement *m* de jeunes à partir de 14 ans.
FDP *f* (*Suisse : Freisinnig-demokratische Partei der Schweiz*) Parti *m* libéral-démocrate suisse.
F.D.P. *f* (*Allemagne : Freie Demokratische Partei*) Parti *m* libéral.
f.d.R. (*für die Richtigkeit der Abschrift*) copie *f* conforme.

F + E : (*Forschung und Entwicklung*) recherche *f* et développement *m* ; R & D.

federführend responsable ; compétent ; en charge de ; (*fam.*) qui chapeaute ; qui coiffe un projet ; *~es Ministerium* ministère *m* responsable,

Federführung *f,* **en** responsabilité *f* ; régie *f* ; direction *f* ; *unter der ~ des Wirtschaftsministers* sous la haute autorité du ministre de l'économie.

Federn lassen : (*fam.*) (y) laisser des plumes ; payer de sa personne ; *das Unternehmen musste dabei ~ lassen* l'entreprise y a laissé des plumes.

Federstrich *m,* **e** trait *m* de plume ; *etw mit einem ~ streichen* rayer qqch d'un trait de plume.

Federvieh *n,* ø (*agric.*) volaille *f* (*syn. Geflügel*).

Feedback *n,* **s** (*pr. ang.*) feedback *m* ; retombées *fpl* commerciales.

Fehl- (*préfixe*) erroné ; erreur de ; préjudiciable ; manquant.

Fehlabschluss *m,* ¨e → *Fehlbetrag.*

Fehlanlage *f,* **n** mauvais placement *m* ; investissement *m* improductif, mal orienté.

Fehlanzeige *f,* **n** 1. mention *f* "néant", "zéro" 2. résultat *m* nul ; coup d'épée *m* dans l'eau.

Fehlauslegung *f,* **en** interprétation *f* erronée.

Fehlbedienung *f,* **en** erreur *f* de manœuvre, de manipulation ; fausse manœuvre *f* ; mauvaise utilisation *f.*

fehl/besetzen faire occuper un poste par une personne inadéquate ; faire une erreur de distribution, de casting ; se tromper dans le pourvoi d'un poste.

Fehlbesetzung *f,* **en** erreur *f* de distribution (dans l'attribution d'un poste).

Fehlbestand *m,* ¨e stock *m* déficitaire ; déficit *m* (de, en qqch) ; manque *m* à pourvoir ; trou *m* ; *es ergibt sich ein ~ von* il en résulte un déficit (trou) de.

Fehlbetrag *m,* ¨e déficit *m* ; découvert *m* ; différence *f* en moins ; *einen ~ auf/weisen* (*verzeichnen*) accuser un déficit ; *einen ~ aus/gleichen* (*decken*) combler un déficit (*syn. Defizit*).

Fehlbewertung *f,* **en** → *Fehlschätzung.*

Fehleinschätzung *f,* **en** → *Fehlschätzung.*

fehlen manquer ; faire défaut ; *es fehlt ihr an Geld* elle manque d'argent ; *in der Kasse ~ 100 €* il y a un trou de 100 euros en caisse.

Fehlentscheidung *f,* **en** décision *f* erronée ; mauvais choix *m* ; *eine ~ treffen* ne pas prendre la bonne décision.

Fehlentwicklung *f,* **en** évolution *f* préjudiciable ; conséquence *f* négative ; prolongements *mpl* néfastes.

Fehler *m,* - faute *f* ; défaut *m* ; malfaçon *f* ; *~ und Auslassung vorbehalten* sous réserve d'erreur ou d'omission ; *~ beseitigen* éliminer des défauts ; *~ begehen* (*machen*) commettre des erreurs ; *einen ~ berichtigen* corriger une erreur.

fehleranfällig sujet à erreur(s) ; *~es Gerät* appareil *m* peu fiable ; appareil qui tombe souvent en panne.

Fehlerbereich *m,* **e** marge *f* d'erreur.

fehlerfrei sans défaut(s) ; exempt de vices ; *~e Ware* marchandise *f* irréprochable.

Fehlergrenze *f,* **n** (*statist.*) marge *f* d'erreur autorisée ; tolérance *f* ; écart *m* type.

fehlerhaft défectueux ; endommagé ; en mauvais état ; (*statist.*) erroné ; incorrect ; *~e Ware* marchandise *f* endommagée, défectueuse.

Fehlerhaftigkeit *f,* ø défectuosité *f* ; vice *m* ; (*statist.*) interprétation *f* erronée ; faits *mpl* incorrects.

Fehlerlosigkeit *f,* ø absence *f* de fautes, d'erreurs ; sans-faute *m.*

Fehlermeldung *f,* **en** indication *f* d'erreur ; affichage *m* de non fonctionnement.

fehlernährt malnutri ; qui souffre de malnutrition.

Fehlernährung *f,* **en** malnutrition *f.*

Fehlerquelle *f,* **n** source *f* d'erreur.

Fehlerquote *f,* **n** taux *m* de pannes ; fréquence *f* de défauts.

fehlertolerant : (*informatique*) *~ sein* avoir une grande capacité d'auto-correction ; qui dispose d'une large marge d'erreurs.

Fehlertoleranz *f,* ø (*informatique*) tolérance *f* d'erreurs ; marge *f* de dysfonctionnement.

Fehlfunktionen *fpl* dysfonctionnement *m* ; pannes *fpl* de fonctionnement.

Fehlgeld *n,* ø erreur *f* de caisse ; trou *m* dans la caisse.

fehlgeleitet acheminé à la mauvaise adresse ; incorrectement acheminé ; *~er Brief* lettre *f* envoyée à la mauvaise adresse ; destinataire *m* inconnu ; *~e Mittel* fonds *mpl* détournés de leur affectation première.

Fehlgewicht *n*, e manquant *m* sur le poids ; poids *m* manquant.

Fehlgriff *m*, e erreur *f* de stratégie ; raté *m* ; flop *m* ; coup *m* pour rien.

Fehlinformation *f*, en information *f* erronée ; désinformation ; fausse nouvelle *f*.

Fehlinvestition *f*, en → *Fehlanlage*.

Fehlkalkulation *f*, en 1. erreur *f* dans le calcul des coûts ; erreur dans les prévisions budgétaires 2. mauvais calcul *m*.

Fehlkauf *m*, ¨e mauvais achat *m*.

Fehlleistung *f*, en contreperformance *f*.

fehl/leiten acheminer à la mauvaise adresse.

Fehlleitung *f*, en erreur *f* d'acheminement.

Fehlmeldung *f*, en → 1. *Falschmeldung* 2. *Fehlanzeige*.

Fehlmenge *f*, n manquant *m* ; quantité *f* en moins.

Fehlplanung *f*, en erreur *f* de planification ; prévisions *fpl* erronées.

Fehlproduktion *f*, en production *f* défectueuse.

fehlprognostizieren faire une erreur de pronostic ; se tromper dans les pronostics.

Fehlquote *f*, n taux *m* d'absentéisme.

Fehlrechnung *f*, en mécompte *m*.

Fehlschätzung *f*, en évaluation *f*, estimation *f* inexacte ; erreur *f* d'appréciation.

Fehlschichten *fpl* absentéisme *m* (dans le cadre des trois huit) ; heures *fpl* non effectuées.

Fehlschlag *m*, ¨e insuccès *m* ; coup *m* manqué ; échec *m* ; revers *m* ; flop *m* ; *wirtschaftliche ~¨e* ratés *mpl* économiques.

fehl/schlagen échouer ; (*fam.*) être un flop ; *der Vermittlungsversuch hat fehlgeschlagen* la tentative de conciliation a échoué (*syn. scheitern*).

Fehlspekulation *f*, en mauvaise spéculation *f*.

Fehlstart *m*, e lancement *m* manqué ; mauvais départ *m*.

Fehlstelle *f*, n place *f* vacante ; poste *m* à pourvoir.

Fehlstreuung *f*, en mauvaise diffusion *f* ; ventilation *f* insuffisante (des moyens publicitaires).

Fehlstück *n*, e pièce *f* défectueuse ; *ein ~ aus/sondern* éliminer une pièce défectueuse.

Fehlstunde *f*, n heure *f* non effectuée ; heure non faite.

Fehlsumme *f*, n → *Fehlbetrag*.

Fehltag *m*, e journée *m* non travaillée (pour cause de maladie ou de convenance personnelle).

Fehlurteil *n*, e 1. jugement *m* erroné ; erreur *f* de jugement 2. erreur *f* judiciaire.

Fehlverhalten *n*, - faute *f* professionnelle ; manquement *m* ; mauvais comportement *m* ; *~ Dritter* (*jur.*) faute de tiers.

Fehlzeiten *fpl* heures *fpl* non effectuées ; absentéisme *m* sur le lieu de travail ; *die ~ senken* faire baisser le taux d'absentéisme.

Feierabend *m*, e fin *f* du travail ; repos *m* ; *nach ~* après le travail ; après la journée de travail ; *~ machen* cesser le travail.

Feierabendarbeit *f*, en 1. bricolage *m* 2. travail *m* (au) noir.

Feierabendwirtschaft *f*, en économie *f* parallèle ; travail *m* (au) noir.

feiern 1. célébrer ; fêter 2. chômer ; cesser le travail ; être en chômage technique.

Feierschicht *f*, en journée *f* chômée ; heures *fpl* non faites pour cause de chômage technique ; *~en ein/legen* être en chômage technique.

Feiertag *m*, e jour *m* chômé ; jour férié ; *bezahlte ~e* journées *fpl* fériées payées ; *gesetzlicher ~* journée *f* fériée légale ; *an Sonn- und ~en geschlossen* fermé les dimanches et jours fériés ; *einen gearbeiteten ~ ab/feiern* (*nach/feiern*) récupérer un jour férié travaillé (*contr. Werktag*).

feiertags : *sonn- und feiertags geschlossen* fermé (le) dimanche et (les) jours fériés.

Feiertagsarbeit *f*, en travail *m* effectué un jour férié ; jour *m* férié non chômé.

Feiertagszuschlag *m*, ¨e indemnité *f* de salaire, supplément *m* de salaire pour jour férié non chômé.

feil (*arch.*) à vendre ; vénal.

feil/bieten, o, o (*arch.*) mettre en vente ; offrir.

Feilbietung *f*, en 1. mise *f* en vente 2. (*Autriche*) vente *f* aux enchères.

feil/halten, ie, a → *feil/bieten*.

feilschen marchander ; *um den Preis ~* discuter pour rabattre d'un prix.

Feilschen *n,* ø marchandage *m* ; *das ~ um die Kabinettsposten* tractations *fpl* pour des postes ministériels.
fein fin ; de choix ; de qualité ; de précision.
Feinarbeit *f,* **en** travail *m* de précision.
Feinbäcker *m,* - pâtissier-confiseur *m*.
Feinfrost *m,* ø (*emploi régional*) surgelé *m* ; produits *mpl* congelés, surgelés.
Feingehalt *m,* e titre *m* (métal fin) ; titre légal (métaux précieux).
Feingehaltsstempel *m,* - poinçon *m* indiquant le titre de métal fin.
Feingewicht *n,* e poids *m* de métal fin.
Feingold *n,* ø or *m* fin.
Feinkost *f,* ø comestibles *mpl* ; épicerie *f* fine (*syn. Delikatessen*).
Feinkostgeschäft *n,* e épicerie *f* fine.
Feinmechanik *f,* **en** mécanique *f* de précision.
Feinmechaniker *m,* - mécanicien *m,* ajusteur *m* de précision.
feinmechanisch : *~e Industrie* industrie *f* de la mécanique de précision.
Feinplanung *f,* **en** (*comptab.*) planning *f* détaillé.
Feinsilber *n,* ø argent *m* fin.
Feinsteuerungsoperation *f,* **en** (*politique monétaire*) opération *f* de contrôle des liquidités (instrument de la Banque centrale européenne destinée à compenser les fluctuations de liquidités sur le marché par le biais d'achat et de vente de titres).
Feinunze *f,* n once *f* d'or fin.
Feinverteilung *f,* **en** (*énergie*) distribution *f* de courant électrique aux particuliers.
Feld *n,* er 1. champ *m* ; terrain *m* ; *bebautes, braches ~* champ cultivé, en jachère (en friche) ; *kleineres ~* lopin *m* de terre ; *das ~ bestellen* (*bebauen*) cultiver la terre, les champs 2. case *f* (d'un formulaire) ; zone *f* ; tableau *m* ; champ *m* ; *die leeren ~er aus/füllen* remplir les cases laissées en blanc 3. (*fig.*) *das ~ räumen* se retirer (du marché) ; évacuer le terrain ; *freies ~ haben* avoir le champ libre ; *jdn aus dem ~ schlagen* évincer qqn.
Feldarbeit *f,* **en** travail *m* des champs ; travail agricole.
Feldarbeiter *m,* - ouvrier *m* agricole.

Feldbefragung *f,* **en** enquête *f* sur le terrain.
Feldbereinigung *f,* **en** remembrement *m* rural.
Feldbesichtigung *f,* **en** (*agric.*) inspection *f* sur pied.
Felderwirtschaft *f,* **en** assolement *m* triennal.
Feldforschung *f,* **en** enquête *f* sur le terrain (*syn. Primärforschung*).
Feldfrüchte *fpl* produits *mpl* de la terre.
feldmäßig : *~er Gemüsebau* culture *f* légumière à grande échelle.
Feldstudie *f,* n → *Feldforschung*.
Felduntersuchung *f,* **en** → *Feldforschung*.
Feldversuch *m,* e essai *m* en temps réel ; essai en conditions réelles, sur le terrain.
Feldwirtschaft *f,* **en** économie *f* rurale.
Feldzug *m,* ¨e campagne *f* ; croisade *f* ; *einen ~ (für, gegen) führen* mener une campagne (en faveur de, contre) (*syn. Kampagne*).
Feministin *f,* **nen** → *Frauenrechtlerin*.
Fenster *n,* - (*sens général et informatique*) fenêtre *f* ; *Briefumschlag mit ~ enveloppe f* à fenêtre ; (*fam.*) *weg vom ~ sein* être passé de mode ; ne plus être demandé ; *ein ~ zur Welt öffnen* ouvrir une fenêtre sur le monde.
Fenster(brief)umschlag *m,* ¨e enveloppe *f* à fenêtre.
Fenstertechnik *f,* **en** (*informatique*) technique *f* de fenêtres ; fenêtrage *m*.
Ferien *pl* vacances *fpl* (scolaires, universitaires, judiciaires, parlementaires) ; *~ auf auf dem Bauernhof* vacances à la ferme ; *~ haben* être en vacances ; avoir des vacances ; *in (die) ~ fahren* partir en vacances.
Ferienanbieter *m,* - voyagiste *m* ; marchand *m* de vacances ; organisateur *m* de vacances ;
Ferienaufenthalt *m,* e séjour *m* de vacances.
Ferienclubkette *f,* n chaîne *f* de clubs de vacances.
Feriengast *m,* ¨e vacancier *m* ; estivant *m*.
Ferienheim *n,* e centre *m* de vacances d'un comité d'entreprise.
Ferienjob *m,* s job *m* de vacances.

Ferienparadies *n*, **e** paradis *m* touristique.
Ferienpark *m*, **s** complexe *m* touristique.
Ferienstaffelung *f*, **en** étalement *m* des vacances.
Ferienvergütung *f*, **en** indemnité *f* de congés.
Ferienzeit *f*, **en** période *f* de vacances.
Fernamt *n*, ¨**er** central *m* téléphonique ; (service *m*) interurbain *m*.
Fernanschluss *m*, ¨**e** raccordement *m* téléphonique interurbain ; communication *f* interurbaine.
Fernanzeige *f*, **n** (*informatique*) affichage *m* à distance.
Fernbedienung *f*, **en** télécommande *f*.
fern/bleiben, ie, ie (*ist*) s'absenter ; *von der Arbeit* ~ ne pas se présenter au travail ; pratiquer l'absentéisme.
Fernbleiben *n*, ø absentéisme *m* ; *unentschuldigtes* ~ absence *f* non justifiée.
Fernbuchung *f*, **en** réservation *f* à distance ; téléréservation *f*.
Fern-D-Zug *m*, ¨**e** train *m* direct ; rapide *m* ; express *m* ; ICE *m*.
Fernfahrer *m*, - conducteur *m* de poids lourd ; routier *m*.
Fernflug *m*, ¨**e** vol *m* à longue distance ; vol long courrier.
Ferngasversorger *m*, - fournisseur *m* de gaz naturel (par gazoduc).
Ferngasversorgung *f*, **en** approvisionnement *m* en gaz à grande distance.
Ferngespräch *n*, **e** communication *f* interurbaine, à longue distance.
ferngesteuert téléguidé ; télécommandé.
Fernheizung *f*, **en** chauffage *m* urbain, à distance.
Fernkopierer *m*, - → *Fax*.
Fernkurs *m*, **e** téléenseignement *m* ; enseignement *m* à distance (radio, télévision, Internet).
Fernlaster *m*, - poids *m* lourd (pour transport à longue distance) ; routier *m* international.
Fernlastverkehr *m*, ø trafic *m* poids lourds international.
Fernmeldeamt *n*, ¨**er** télécommunications *fpl*.
Fernmeldeanlage *f*, **n** installations *fpl*, réseau *m* de télécommunications.
Fernmeldedienst *m*, **e** service *m* de télécommunications.

Fernmeldegeheimnis *n*, **se** secret *m* des télécommunications.
Fernmeldenetz *n*, **e** réseau *m* de télécommunications.
Fernmeldesatellit *m*, **en**, en satellite *m* de télécomunnications.
Fernmeldeverkehr *m*, ø → *Fernmeldewesen*.
Fernmeldewesen *n*, ø télécommunications *fpl*.
fernmündlich par téléphone (*syn. telefonisch*).
Fernnetz *n*, **e** : ~ *der Bahn* réseau *m* grandes lignes des chemins de fer.
Fernpendler *m*, - banlieusard *m* (dont le domicile est très éloigné du lieu de travail) ; navetteur *m*.
Fernreise *f*, **n** voyage *m* à longue distance.
Fernruf *m*, **e** 1. appel *m* téléphonique 2. numéro *m* de téléphone.
Fernscheck *m*, **s** chèque *m* déplacé ; chèque hors-place (*contr. Platzscheck*).
fern/schreiben communiquer par télex.
Fernschreiben *n*, - télex *m* (message) (*syn. Telex*).
Fernschreiber *m*, - télex *m* (appareil) ; téléscripteur *m*.
fernschriftlich par télex.
Fernsehapparat *m*, **e** → *Fernseher 1*.
fern/sehen, a, e regarder la télé(vision).
Fernsehen *n*, ø télévision *f* ; *digitales* ~ télévision numérique ; *im* ~ à la télévision ; *vom* ~ *übertragen* télévisé ; retransmis sur le petit écran.
Fernseher *m*, - 1. appareil *m* de télévision ; (*fam.*) télé *f* 2. (*rare*) téléspectateur *m*.
Fernsehgebühr *f*, **en** redevance *f* audiovisuelle ; taxe *f*, (de) télévision.
Fernsehspot *m*, **s** spot *m* télévisé (publicité).
Fernsehunterricht *m*, ø téléenseignement *m*.
Fernsehwerbung *f*, ø publicité *f* à la télévision.
Fernsehzuschauer *m*, - télespectateur *m*.
Fernsprech- (*préfixe administratif*) téléphonique ; de téléphone (*syn. Telefon-*).
Fernsprechamt *n*, ¨**er** central *m* téléphonique.
Fernsprechanlage *f*, **n** installation *f* téléphonique.

Fernsprechanschluss *m*, ¨e raccordement *m* téléphonique.
Fernsprechapparat *m*, e téléphone *m* ; appareil *m* téléphonique (*syn. Telefon*).
Fernsprechauftragsdienst *m*, e service *m* des abonnés absents.
Fernsprechauskunftsdienst *m*, e service *m* des renseignements téléphonés.
Fernsprechbetrieb *m*, e exploitation *f* des téléphones.
Fernsprechbuch *n*, ¨er annuaire *m* du téléphone ; bottin *m* (*syn. Telefonbuch*).
Fernsprechdienst *m*, e service *m* téléphonique.
fern/sprechen, a, o (*rare*) téléphoner.
Fernsprecher *m*, - appareil *m* téléphonique ; *öffentlicher* ~ cabine *f* publique.
Fernsprechgebühr *f*, en taxe *f* téléphonique ; *die ~en entrichten* acquitter les redevances téléphoniques.
Fernsprechleitung *f*, en ligne *f* téléphonique.
Fernsprechlinie *f*, n → *Fernsprechleitung*.
Fernsprechnetz *n*, e réseau *m* téléphonique.
Fernsprechnummer *f*, n numéro *m* d'appel (téléphonique) ; numéro de téléphone.
Fernsprechsäule *f*, n poste *m*, borne *f* téléphonique (d'autoroutes).
Fernsprechtarif *m*, e tarif *m* téléphonique.
Fernsprechteilnehmer *m*, - abonné *m* au téléphone.
Fernsprechverbindung *f*, en liaison *f* téléphonique ; *keine ~ bekommen* ne pas obtenir la communication ; *die ~ her/stellen* établir la communication.
Fernsprechverkehr *m*, ø → *Fernsprechwesen*.
Fernsprechvermittlungsstelle *f*, n central *m* téléphonique.
Fernsprechverzeichnis *n*, se → *Fernsprechbuch*.
Fernsprechwesen *n*, ø télécommunications *fpl*.
Fernsprechzelle *f*, n cabine *f* téléphonique ; *öffentliche* ~ cabine *f* publique.
fern/steuern télécommander ; téléguider.
Fernsteuerung *f*, en commande *f* à distance ; télécommande *f* ; téléguidage *m*.

Fernstraße *f*, n grande route *f* ; voie *f* rapide.
Fernstudium *n*, ø → *Fernunterricht*.
Ferntransport *m*, e transport *m* à grande distance.
Fernunterricht *m*, ø enseignement *m* par correspondance, à distance ; téléenseignement *m*.
Fernverkehr *m*, ø service *m* des grandes lignes ; trafic *m* à grande distance.
Fernverkehrsnetz *n*, e réseau *m* grandes lignes.
Fernverkehrsstraße *f*, n route *f*, voie *f* à grande circulation.
fertig 1. fini ; terminé ; *~es Produkt* produit *m* fini, manufacturé ; *~ verpackt* préemballé ; *mit etw ~ werden* venir à bout de qqch ; achever **2.** prêt.
Fertigbau *m*, ø préfabriqué *m*.
Fertigbauweise *f*, n construction *f* en préfabriqué ; *die Herstellung von Sozialwohnungen in* ~ construction de H.L.M. en préfabriqué.
fertigen fabriquer ; manufacturer ; confectionner ; produire ; *Ersatzteile ~ fabriquer des pièces de rechange* ; → *her/stellen* ; *produzieren*.
Fertigerzeugnis *n*, se produit *m* fini, manufacturé.
Fertigfabrikat *n*, e → *Fertigerzeugnis*.
Fertiggericht *n*, e plat(s) *m(pl)* cuisiné(s).
Fertiggüter *npl* produits *mpl* finis ; produits manufacturés.
Fertighaus *n*, ¨er maison *f* préfabriquée.
Fertigkeit *f*, en dextérité *f* ; habileté *f* ; *~en* compétences *fpl* ; savoir-faire *m* ; *eine große ~ haben* être habile de ses dix doigts.
Fertigkleidung *f*, en confection *f* ; prêt-à-porter *m*.
Fertiglager *n*, - stock *m* des produits finis.
Fertignahrung *f*, en → *Fertiggericht*.
Fertigpackung *f*, en marchandise *f* préemballée.
Fertigprodukt *n*, e → *Fertigerzeugnis*.
fertig/stellen achever ; terminer ; *rechtzeitig ~* terminer dans les délais prévus.
Fertigstellung *f*, en achèvement *m* ; exécution *f* ; (*bâtiment*) logement *m* construit.

Fertigstellungsbescheinigung *f,* en certificat *m* de réception provisoire ou définitive.
Fertigstellungstermin *m,* e date *f* limite d'achèvement.
Fertigteil *n,* e **1.** pièce *f* finie **2.** élément *m* préfabriqué.
Fertigung *f,* en fabrication *f* ; production *f* ; *sich in der ~ befinden* être en cours de fabrication ; → *Fabrikation* ; *Herstellung* ; *Produktion* ; *Verarbeitung.*
Fertigungsablauf *m,* ¨e processus *m* de fabrication.
Fertigungsanlagen *fpl* installations *fpl* de production.
Fertigungsbetrieb *m,* e établissement *m* de production, industriel.
Fertigungsdauer *f,* ø temps *m* nécessaire à la fabrication ; durée *f* de fabrication.
Fertigungseinheit *f,* en unité *f* de produit fabriqué ; pièce *f* d'un lot.
Fertigungseinzelkosten *pl* coûts *mpl* directs de fabrication (salaires par ex.).
Fertigungsgemeinkosten *pl* charges *fpl* indirectes de fabrication ; coûts *mpl* généraux de production.
Fertigungsindustrie *f,* n industrie *f* de production.
Fertigungsingenieur *m,* e ingénieur *m* de production.
Fertigungsjahr *n,* e année *f* de fabrication.
Fertigungskette *f,* n chaîne *f* de production.
Fertigungskontenrahmen *m,* - plan *m* comptable industriel.
Fertigungskonto *n,* -ten compte *m* de production.
Fertigungskontrolle *f,* n tableau *m* de bord de la production.
Fertigungskosten *pl* coûts *mpl* de production ; prix *m* de revient de la fabrication ; charges *fpl* de production ; *überhöhte ~* surcoût *m* de production.
Fertigungskostenrechnung *f,* en calcul *m* des coûts de fabrication.
Fertigungskostenstelle *f,* n centre *m* de coûts indirects de fabrication.
Fertigungsleiter *m,* - chef *m* de fabrication.
Fertigungslinie *f,* n ligne *f* de production ; unité *f* de fabrication ; *eine ~ am Stammsitz halten* conserver une unité de production sur le site principal.
Fertigungslogistik *f,* en logistique *f* de production.

Fertigungslöhne *mpl* coûts *mpl* de la main-d'œuvre ; salaires *mpl* directs.
Fertigungsmaterial *n,* -ien matières *fpl* premières (de fabrication).
Fertigungsmittelwirtschaft *f,* en économie *f* des moyens d'exploitation.
Fertigungsnebenkosten *pl* charges *fpl* accessoires de fabrication.
Fertigungsplan *m,* ¨e programme *m,* plan *m* de fabrication ; calendrier *m* de production.
Fertigungsplaner *m,* - responsable *m* de la production (à long terme).
Fertigungsplanung *f,* en planification *f* de la production ; planning *m* de production.
Fertigungsprogramm *n,* e programme *m* de fabrication.
Fertigungsprozess *m,* e → *Fertigungsablauf.*
Fertigungsserie *f,* n série *f* de fabrication.
Fertigungssortiment *n,* e gamme *f,* palette *f* de production.
Fertigungssteuerung *f,* en gestion *f* du flux des matières et produits dans les ateliers.
Fertigungsstraße *f,* n chaîne *f* de production (*syn. Taktstraße*).
Fertigungsstufe *f,* n étape *f* de fabrication ; stade *m* de production.
Fertigungstechnik *f,* en technique *f* de fabrication.
Fertigungstiefe *f,* ø niveau *m* de finition ; *wir verfügen über eine hohe ~* nos produits bénéficient d'un haut degré de finition.
Fertigungsverfahren *n,* - procédé *m* de fabrication.
Fertigungsverlauf *m,* ¨e marche *f,* déroulement *m* de la production.
Fertigungsvorgang *m,* ¨e fabrication *f* ; déroulement *m* de la production ; étape *f* des différentes opérations.
Fertigungsweise *f,* n → *Fertigungstechnik.*
Fertigware *f,* n → *Fertigerzeugnis.*
Fertigwarenindustrie *f,* n industrie *f* des produits finis.
fest ferme ; durable ; fixe ; solide ; régulier ; obligatoire ; irrévocable **I.** *~er Abschluss* → *~es Geschäft* ; *~es Angebot* offre *f* ferme ; *~er Auftrag* ordre *m,* commande *f* ferme ; *~es Einkommen* revenu *m* fixe ; *~er Ertrag* rendement *m* fixe ; *~e Geldanlage* placement *m* immobilisé ;

placement à terme fixe ; ~*e Gelder* fonds *mpl* immobilisés ; ~*es Geschäft* marché *m* ferme ; marché conclu ; ~ *angelegtes Kapital* capitaux *mpl* investis ; fonds *mpl* immobilisés ; ~*e Kosten* coûts *mpl* fixes ; ~*e Kundschaft* clientèle *f* fidèle ; ~*er Kurs* cours *m* stable ; ~*er Preis* prix *m* fixe ; ~*e Stellung* emploi *m* stable ; ~*er Wohnsitz* domicile *m* fixe ; ~*e Zusage* promesse *f* ferme **II.** (*poste*) ~ *angestellt* permanent ; contrat *m* C.D.I. ; *Kapital* ~ *an/legen* immobiliser des capitaux ; ~ *bestellen* passer une commande ferme ; commander ferme ; ~ *kaufen, verkaufen* acheter, vendre ferme ; ~ *vereinbaren* convenir fermement ; ~ *versprechen* faire une promesse ; engager sa parole.

Festangebot *n,* e offre *f* ferme.

Festangestellte/r (*der/ein*) employé *m* en contrat à durée indéterminée ; salarié *m* ayant un C.D.I. ; personne *f* qui a un emploi fixe (*contr. Zeitarbeitnehmer*).

Festanstellung *f,* en engagement *m* ferme ; embauche *f* définitive ; contrat *m* C.D.I.

Festauftrag *m,* ¨e ordre *m*, commande *f* ferme.

Festbetrag *m,* ¨e somme *f* fixe ; montant *m* fixe.

fest/fahren, u, a : *sich ~* s'enliser ; être au point mort ; *die Verhandlungen sind festgefahren* les négociations *fpl* piétinent.

Festgebot *n,* e → *Festangebot.*

Festgehalt *n,* ¨er (traitement *m*) fixe *m*.

Festgeld *n,* er fonds *mpl* immobilisés ; dépôts *mpl* à échéance fixe.

festigen : *sich ~* se raffermir ; se stabiliser.

Festigkeit *f,* en fermeté *f* ; stabilité *f* ; bonne tenue *f* ; ~ *der Kurse* fermeté des cours.

Festigung *f,* en consolidation *f* ; stabilisation *f* ; ~ *der Preise* raffermissement *m* des prix.

Festkauf *m,* ¨e achat *m* ferme.

Festkosten *pl* coûts *mpl* fixes.

Festkurssystem *n,* e (*bourse*) système *m* des taux de change fixes.

Festlaufzeit *f,* en (emprunt à) durée *f* déterminée, fixe.

fest/legen 1. fixer ; déterminer ; retenir ; stipuler ; *in einem Abkommen ~ stipuler par accord ; einen Termin ~* arrêter une date **2.** immobiliser ; placer ; investir ; *Geld auf fünf Jahre ~* placer de l'argent sur (à) cinq ans.

Festlegung *f,* en **1.** fixation *f* ; détermination *f* ; ~ *der Dividende* fixation du dividende **2.** immobilisation *f* ; investissement *m* ; placement *m* ; ~ *von Kapital* immobilisation de capitaux.

Festlegungsfrist *f,* en délai *m* d'immobilisation ou de gel de capitaux.

fest/liegen a, e **1.** (*capitaux*) être immobilisé ; *das Geld liegt für eine Sperrfrist von sechs Jahren fest* les fonds sont immobilisés pendant un délai de blocage de six ans **2.** (*date*) être fixé, arrêté ; *der Termin für die Verhandlungen liegt fest* la date des négociations est arrêtée.

festliegend (*capitaux*) immobilisé ; placé ; gelé ; ~*e Gelder* fonds *mpl* immobilisés ; ~*es Kapital* capital *m* placé.

Festlohn *m,* ¨e salaire *m* fixe ; fixe *m* ; salaire minimal ; *einen ~ beziehen* toucher un (salaire) fixe.

fest/machen arrêter ; confirmer ; décider ; *ein Geschäft ~* conclure une affaire ; *einen Termin ~* convenir d'une date.

Festmeter *m,* - stère *m* (de bois).

Festnetz *n,* e (*télécommunications*) réseau *m* de téléphonie fixe (*contr. Mobilnetz*).

Festnetzanschluss *m,* ¨e abonnement *m* à un réseau fixe.

Festnetzbetreiber *m,* - opérateur *m* de téléphonie fixe.

Festnetztelefon *n,* e téléphone *m* fixe (*contr. Handy*).

Festnetztelefonie *f,* n téléphonie *f* fixe.

Festofferte *f,* n offre *f* ferme.

Festplatte *f,* n (*informatique*) disque *m* dur.

Festpreis *m,* e prix *m* fixe ; prix imposé ; prix ferme.

Festsatz *m,* ¨e taux *m* fixe.

Festsatzkredit *m,* e crédit *m* à taux fixe.

fest/schreiben, ie, ie fixer qqch par contrat ; consigner qqch dans un texte de loi ou un contrat.

Festschreibung *f,* en consignation *f* écrite ; consignation par contrat.

fest/setzen fixer ; établir ; déterminer ; arrêter ; *den Kurs ~* fixer le cours ; coter ; *einen Preis ~* fixer un prix ; *eine Steuer ~* déterminer le montant de l'impôt, d'un droit ; *einen Termin ~* convenir d'une date.

Festsetzung *f,* en fixation *f* ; établissement *m* ; stipulation *f* ; *die ~ der Dividende* fixation *f* du dividende.

Festspanne *f,* **n** marge *f* bénéficiaire fixe.

fest/stehen, a, a être fixé ; être stipulé, convenu ; *der Entschluss steht fest* la décision est prise.

fest/stellen constater ; établir ; déterminer ; arrêter ; *die Bilanz einer AG ~* approuver le bilan d'une société anonyme ; *die Echtheit einer Urkunde ~* établir l'authenticité d'un document ; *die Personalien von jdm ~* établir l'identité de qqn ; *einen Schaden ~* estimer un dommage ; *die Steuer ~* établir l'assiette de l'impôt.

Feststellung *f,* en 1. établissement *m* ; détermination *f* ; constatation *f* 2. *~ der Pension* liquidation *f* de la pension.

Feststellungsbescheid *m,* e avis *m* de l'évaluation fiscale.

festverzinslich à intérêt fixe ; à taux d'intérêt fixe ; *~e Wertpapiere* valeurs *fpl* à revenu fixe.

Festverzinsung *f,* en intérêt *m* fixe.

Festwert *m,* e valeur *f* constante.

Festzinsanleihe *f,* **n** emprunt *m* à taux fixe ; emprunt *m* à intérêt fixe ; rente *f.*

Festzinsen *mpl* taux *mpl* d'intérêt fixes.

Festzinshypothek *f,* en prêt *m* hypothécaire à taux fixe.

Festzinskredit *m,* e → *Festsatzkredit.*

Festzinstender *m,* - adjudication *f* à taux fixes.

fett gras ; *(fam.) ~er Braten* des bénéfices *mpl* substantiels ; *~e Erbschaft* riche héritage *m* ; *~ gedruckt* imprimé en (caractères) gras ; *die ~en Jahre* les années fastes ; la période de(s) vaches grasses.

Fettkohle *f,* ø charbon *m* gras.

Fettsäure *f,* **n** *(alimentaire)* acide *m* gras ; *gesättigte, ungesättigte ~n* acides gras polysaturés, non saturés.

feuerbeständig résistant au feu ; réfractaire.

feuerfest ignifugé ; *~es Material* matériaux *mpl* ignifugés, réfractaires.

Feuerfestigkeit *f,* en résistance *f* au feu ; incombustibilité *f.*

Feuergefahr *f,* en risque *m* d'incendie.

feuergefährlich inflammable ; à tenir à l'écart d'une flamme ; ne pas exposer au feu.

feuern *(fam.) jdn ~* mettre qqn à la porte ; congédier qqn sans préavis ; limoger, virer qqn.

Feuerschaden *m,* ¨ dommage *m* causé par un incendie ; sinistre *m* par incendie.

Feuerschutzbestimmungen *fpl* réglementation *f* en matière de protection contre l'incendie.

feuersicher → *feuerfest.*

Feuerversicherung *f,* en assurance *f* incendie.

Feuerversicherungspolice *f,* **n** police *f* incendie.

FF *(hist. französischer Franc)* franc *m* français.

ff extra ; exquis ; de première qualité.

FH → *Fachhochschule.*

FHZ → *Freihandelszone.*

Fiasko *n,* s fiasco *m* ; flop *m* ; *ein ~ erleben* essuyer un fiasco ; faire un flop.

FIBOR *m (Frankfurt Interbank Offered Rate)* FIBOR *m* (taux interbancaire de l'argent sur la place de Francfort, formé sur le → *LIBOR* : taux auquel les banques se prêtent des fonds sur le court terme).

Fideikommiss *n,* e *(jur.)* fidéicommis *m* (legs testamentaire fait à une personne chargée secrètement de le remettre à une autre).

Fiduziar *m,* e expert *m* fiduciaire.

Fiduziargesellschaft *f,* en société *f* fiduciaire.

Fifo-Verfahren *n,* - *(first in first out)* méthode *f* de gestion des stocks (selon la règle « premier rentré - premier sorti ») ; fifo *m.*

fiktiv fictif ; pour la forme ; hypothétique ; *~er Kurs* cours *m* fictif.

Fiktivlohn *m,* ¨e salaire *m* fictif.

Filialbank *f,* en banque *f* affiliée.

Filialbetrieb *m,* e succursale *f* ; entreprise *f* à succursales multiples.

Filialbetriebswesen *n,* ø succursalisme *m.*

Filiale *f,* **n** succursale *f* ; agence *f* ; filiale *f* ; magasin *m* à succursales multiples ; *eine ~ eröffnen* créer une succursale *(syn. Zweiggeschäft, -niederlassung).*

Filialgeschäft *n,* e → *Filiale.*

Filialist *m,* en, en 1. gérant *m* de succursale ; filialiste *m* 2. propriétaire *m* d'une chaîne de succursales.

Filialleiter *m,* - directeur *m* de filiale ; gérant *m* d'agence.

Filialnetz *n*, e réseau *m* de succursales, d'agences, de filiales.
Filialunternehmen *n*, - → *Filiale*.
Filmindustrie *f*, n industrie *f* cinématographique.
Filmreklame *f*, n → *Filmwerbung*.
Filmverleih *m*, e distribution *f* de films.
Filmverleiher *m*, - distributeur *m* de films.
Filmwerbung *f*, en publicité *f* cinéma(tographique).
Filmwirtschaft *f*, en industrie *f* cinématographique.
Filz *m*, ø → *Filzokratie*.
Filzen (*fisc*) passer au peigne fin.
Filzokratie *f*, n (*fam.*) népotisme *m* ; clientélisme *m*.
Financial Futures *pl* → *Finanztermingeschäfte*.
Finanz *f*, en 1. finance *f* ; monde *m* de la finance ; haute finance 2. ~*en finances fpl* ; Trésor *m* public ; *öffentliche* ~*en* finances publiques ; *die ~ des Staats ordnen* mettre de l'ordre dans les finances publiques 3. ressources *fpl* financières ; moyens *mpl* ; situation *f* financière ; fonds *mpl* disponibles ; *bei knappen ~ sein* avoir des difficultés de trésorerie.
Finanzabkommen *n*, - accord *m* financier.
Finanzabteilung *f*, en service *m* financier ; section *f* financière ; service de caisse.
Finanzamt *n*, ¨er administration *f* des finances ; fisc *m* ; perception *f* ; service *m* des impôts et du Trésor.
Finanzanalyse *f*, n analyse *f* financière (marché des capitaux, investissements possibles).
Finanzanalyst *m*, en, en analyste *m* financier.
Finanzanlagengeschäft *n*, (e) (secteur *m* des) placements *mpl* financiers ; investissements *mpl* financiers.
Finanzaufkommen *n*, - → *Finanzerträge*.
Finanzaufsichtsbehörde *f*, n inspection *f* des finances.
Finanzaufwand *m*, -wendungen charges *fpl* financières.
Finanzausgleich *m*, e (*Allemagne*) répartition *f* des recettes entre les collectivités publiques ; péréquation *f* financière (répartition de certains impôts et taxes à l'échelon fédéral des *länder* et des communes).
Finanzausgleichsabgabe *f*, n impôt *m* compensatoire (versé par une collectivité locale).
Finanzausschuss *m*, ¨e commission *f* des finances.
Finanzausstattung *f*, en dotation *f* financière.
Finanzautonomie *f*, n autonomie *f* financière.
Finanzbeamte/r (*der/ein*) 1. fonctionnaire *m* aux (des) finances 2. fonctionnaire des contributions ; agent *m* du fisc, du Trésor.
Finanzbedarf *m*, ø besoins *mpl* de trésorerie.
Finanzbehörde *f*, n → *Finanzamt*.
Finanzberater *m*, - conseiller *m* financier.
Finanzbericht *m*, e rapport *m* financier ; *einen ~ erstellen, vor/legen* élaborer, présenter un rapport financier.
Finanzbewegungen *fpl* mouvements *mpl* de capitaux.
Finanzblatt *n*, ¨er journal *m* financier.
Finanzbuchführung *f*, en → *Finanzbuchhaltung*.
Finanzbuchhalter *m*, - comptable *m* (financier).
Finanzbuchhaltung *f*, en comptabilité *f* financière (générale).
Finanzcontrolling *n*, s audit *m* financier.
Finanzdecke *f*, n couverture *f*, prévisions *fpl* financière(s) ; trésorerie *f* ; *sich nach der ~ strecken* adapter ses dépenses à l'enveloppe budgétaire.
Finanzderivat *n*, e produit *m* financier dérivé ; dérivé *m* financier.
Finanzdienstleister *m*, - prestataire *m* de services financiers.
Finanzdienstleistung *f*, en prestation *f* de services financiers ; prestation financière.
Finanzdirektion *f*, en (*Suisse*) direction *f* financière d'un canton.
Finanzdispositionen *fpl* : (*kurzfristige*) ~ gestion *f* de trésorerie.
Finanzer *m*, - (*Autriche*) douanier *m*.
Finanzerträge *mpl* produits *mpl* financiers.
Finanzexperte *m*, n, n expert *m* financier.
Finanzflussrechnung *f*, en analyse *f* financière.

Finanzförderungsgesetz *n*, e loi *f* d'incitation financière.
Finanzgebaren *n*, - politique *f* financière ; régime *m* financier ; gestion *f* des finances publiques.
Finanzgericht *n*, e tribunal *m* statuant sur les délits fiscaux.
Finanzgerichtsbarkeit *f*, en juridiction *f* en matière fiscale.
Finanzgeschäft *n*, e opération *f*, transaction *f* financière.
Finanzgesellschaft *f*, en société *f* financière.
Finanzgesetz *n*, e loi *f* de finances.
Finanzgesetzbuch *n*, ¨er législation *f* financière.
Finanzgesetzgebung *f*, en législation *f* financière.
Finanzgewalt *f*, ø → *Finanzhoheit*.
Finanzgewerbe *n*, - les professions *fpl*, les professionnels *mpl* de la finance ; les métiers *mpl* de la finance.
Finanzgröße *f*, n gourou *m* de la finance ; célébrité *f* du monde de la finance.
Finanzgruppe *f*, n groupe *m* financier.
Finanzhai *m*, e (*fam.*) requin *m* de la finance.
Finanzhilfe *f*, n aide *f* financière.
Finanzhoheit *f*, en souveraineté *f* fiscale ; autonomie *f* financière (droit de l'État de prélever des impôts).
finanziell financier ; pécuniaire **I.** ~ e *Beihilfe* aide *f* financière ; subvention *f* ; ~e *Belastung* charge *f* financière ; ~e *Beteiligung* participation *f* financière ; ~e *Hilfe* aide *f* financière ; ~e *Lage* situation *f* financière ; ~e *Mittel* moyens *mpl* financiers ; ~e *Schwierigkeiten* difficultés *fpl* de trésorerie ; difficultés pécuniaires ; ~e *Transaktionen* opérations *fpl*, transactions *fpl* financières ; ~e *Werte* actifs *mpl* financiers **II.** *von jdm ~ abhängig sein* dépendre financièrement de qqn ; (*fam.*) vivre aux crochets de qqn ; ~e *Sorgen haben* avoir des problèmes financiers ; avoir des soucis d'argent ; ~e *Zusicherungen machen* donner des garanties financières ; *jdn ~ unterstützen* accorder un soutien financier à qqn.
Finanzier *m*, s financier *m*.
finanzierbar finançable.
Finanzierbarkeit *f*, en (possibilité *f* d'assurer le) financement *m* ; capacité *f* de financement.
finanzieren financer ; *aus Eigenmitteln* ~ autofinancer ; *gemeinsam* financer en commun ; *aus Steuermitteln* ~ financer par l'impôt ; fiscaliser.
Finanzierung *f*, en financement *m* ; ~ *aus öffentlichen Mitteln* financement sur des fonds publics ; ~ *durch Beteiligung* financement par participations ; ~ *durch Kreditaufnahme* financement par crédit bancaire ; ~ *über die Notenpresse* financement par création monétaire ; financement par mise en action de la planche à billets ; ~ *aus Steuermitteln* financement par l'impôt ; fiscalisation *f* ; ~ *von Umweltausgaben* financement des dépenses d'environnement ; → *Eigen-, Innen-, Kredit-, Re-, Selbst-, Unter-, Vor-, Zwischenfinanzierung*.
Finanzierungsart *f*, en mode *m* de financement.
Finanzierungsbank *f*, en banque *f* d'affaires ; banque de financement, de crédit.
Finanzierungsbedarf *m*, ø besoins *mpl* de trésorerie ; besoins financiers.
Finanzierungsbeteiligung *f*, en participation *f* financière ; participation au financement.
Finanzierungsdefizit *n*, e déficit *m* budgétaire.
Finanzierungsgeschäfte *npl* **1.** opérations *fpl* de financement ; marché *m* à crédit **2.** (*bourse*) opérations de placement d'actions.
Finanzierungsgesellschaft *f*, en société *f* financière, d'investissement.
Finanzierungskosten *pl* coûts *mpl* financiers ; frais *mpl* de financement.
Finanzierungskredit *m*, e crédit *m* de financement.
Finanzierungsleasing *n*, s crédit-bail *m* (de financement).
Finanzierungsmittel *npl* moyens *mpl* de financement ; ressources *fpl* de trésorerie, financières.
Finanzierungsplan *m*, ¨e plan *m* de financement.
Finanzierungsquelle *f*, n source *f* de financement.
Finanzierungsträger *m*, - organe *m*, organisme *m* de financement.
Finanzierungszusage *f*, n promesse *f* de financement ; assurance *f* de soutien financier.
Finanzjahr *n*, e année *f* (budgétaire) fiscale ; exercice *m* financier.

Finanzkanal *m*, ¨e circuit *m*, canal *m* financier.
Finanzkapital *n*, ø capitaux *mpl* financiers.
Finanzkennziffer *f*, n indice *m* financier.
Finanzkommission *f*, en → *Finanzausschuss*.
Finanzkonglomerat *n*, e conglomérat *m* financier.
Finanzkonsortium *n*, -ien groupe *m* financier.
Finanzkontrolle *f*, n contrôle *m* financier.
Finanzkrach *m*, e krach *m*, crash *m* financier.
Finanzkraft *f*, ø capacité *f* financière d'un pays ; possibilités *fpl* financières ; moyens *mpl* financiers.
finanzkräftig financièrement solide ; *~es Unternehmen* entreprise *f* aux reins solides.
Finanzkreise *mpl* milieux *mpl*, cercles *mpl* financiers.
Finanzkrise *f*, n crise *f* financière.
Finanzlage *f*, n situation *f* financière.
Finanzlasten *fpl* charges *fpl* financières.
Finanzleistungen *fpl* services financiers *mpl* ; prestations *fpl* financières.
Finanzleiter *m*, - directeur *m* financier.
Finanzloch *n*, ¨er déficit *m* budgétaire ; trou *m*.
Finanzmarkt *m*, ¨e marché *m* financier ; marché des produits financiers ; marché de l'argent.
Finanzminister *m*, - ministre *m* des finances.
Finanzministerium *n*, -rien ministère *m* des finances.
Finanznot *f*, ¨e problème *m* financier ; difficultés *fpl* de trésorerie ; *in ~ geraten* connaître des difficultés financières.
Finanzorgane *npl* organismes *mpl* financiers ; institutions *fpl* financières.
Finanzpaket *n*, e enveloppe *f* ; aides *fpl* financières ; train *m* de mesures financières.
Finanzpapier *n*, e (*bourse*) titre *m* financier ; valeur *f* financière.
Finanzplan *m*, ¨e plan *m* de financement ; programme *m* d'investissement ; budget *m* de trésorerie.

Finanzplanung *f*, en budget *m* prévisionnel ; planification *f* budgétaire (*syn. Budgetierung*).
Finanzplatz *m*, ¨e place *f* financière ; marché *m* financier.
Finanzpolitik *f*, ø politique *f* financière, budgétaire ; politique de financement.
finanzpolitisch : *~e Maßnahmen* mesures *fpl* (politiques et) financières.
Finanzpolster *n*, - matelas *m* financier ; coussin *m* financier.
Finanzprüfer *m*, - contrôleur *m* financier.
Finanzrahmen *m*, - cadre *m* financier ; enveloppe *f* financière.
Finanzrecht *n*, e législation *f* financière ; droit *m* financier.
Finanzreform *f*, en réforme *f* financière ; *eine ~ durch/führen* réaliser une réforme financière.
Finanzsachverständige/r (*der/ein*) expert *m* financier.
Finanzsanierung *f*, en assainissement *m* des finances.
Finanzschieber *m*, - trafiquant *m* de devises ; financier *m* véreux ; escroc *m* de la finance.
finanzschwach financièrement fragile ; position financière fragile.
Finanzsenator *m*, en (*Berlin, Brême, Hambourg*) ministre *m* des finances.
Finanzspritze *f*, n (*fam.*) injection *f* de capitaux.
finanzstark → *finanzkräftig*.
Finanzsystem *n*, e système *m* financier.
finanztechnisch : *aus ~en Gründen* pour des raisons (de techniques) financières.
Finanztermingeschäfte *npl* instruments *mpl* financiers à terme.
Finanzüberschuss *m*, ¨e excédent *m* financier.
Finanz- und Rechnungswesen *n*, ø services *mpl* financier et comptable.
Finanz- und Wirtschaftsressort *n*, s ministère *m* de l'économie et des finances.
Finanzverbund *m*, e groupe *m* financier.
Finanzvergleich *m*, e compromis *m* financier.
Finanzvermögen *n*, - actif *m* financier ; *~ der öffentlichen Hand* patrimoine *m* provenant du produit des entreprises publiques et des domaines.

Finanzverwaltung *f,* **en** administration *f* des finances.
Finanzvorlage *f,* **n** projet *m* de finances.
Finanzvorschuss *m,* ¨e avance *f* de trésorerie.
Finanzwechsel *m,* - effet *m* financier ; lettre *f* de change ; traite *f* financière.
Finanzwelt *f,* **en** finance *f* ; monde *m* de la (haute) finance.
Finanzwerte *mpl* actif *m* financier.
Finanzwesen *n,* ø système *m* financier ; (le monde de la) finance *f.*
Finanzwirtschaft *f,* **en** économie *f* financière ; gestion *f* des finances ; *öffentliche ~* finances *fpl* publiques.
Finanzwissenschaft *f,* **en** science *f* financière, des finances.
Finanzwissenschaftler *m,* - expert *m* en finances (publiques).
Finanzzölle *mpl* droits *mpl* fiscaux.
Finanzzuweisung *f,* **en** affectation *f* de fonds ; versement *m* émanant d'instances en amont vers des collectivités en aval.
Finder *m,* - personne *f* ayant trouvé un objet perdu ; *(jur.)* inventeur *m.*
Finderlohn *m,* ¨e récompense *f* accordée à l'inventeur d'un objet.
Finderrecht *n,* **e** droit *m* de l'inventeur (d'un objet caché ou perdu).
Finger *m,* - doigt *m* ; *(fig.) die ~ von etw lassen* ne pas toucher à qqch ; *lange (krumme) ~ machen* voler.
Fingerabdruck *m,* ¨e empreinte *f* digitale ; *genetischer ~* empreinte génétique.
Fingerspitzengefühl *n,* ø doigté *m.*
fingiert imaginaire ; fictif ; *~e Rechnung* facture *f* fictive, pro forma ; *~er Wert* valeur *f* imaginaire.
FIO-Klausel *f,* **n** *(transport maritime)* clause *f* fret nu ; clause free in and out.
Firewall *f/m,* **s** *(Internet)* logiciel *m* de protection.
Firma *f,* -men société *f* ; maison *f* (de commerce) ; établissement *m* ; firme *f* ; entreprise *f* ; raison *f* de commerce ; nom *m* social **I.** *ausländische ~* société étrangère ; *eingetragene ~* société inscrite au registre du commerce ; *erloschene ~* maison radiée du registre du commerce ; *unter der ~* sous la raison sociale **II.** *eine ~ auf/lösen* dissoudre une société ; *eine ~ gründen* créer une société ; *Kapital in eine ~ investieren (stecken)* investir des capitaux dans une entreprise ; mettre de l'argent dans une société ; → *Einzel-, Export-, Gesellschafts-, Handels-, Import-, Personen-, Sach-, Speditions-, Versandfirma.*
Firmenänderung *f,* **en** modification *f* de la raison sociale.
Firmenberatung *f,* **en** conseil *m* en entreprise.
Firmenbezeichnung *f,* **en** (libellé *m* de la) raison *f* sociale.
Firmenbond *m,* - emprunt *m* d'entreprises privées.
Firmenchart *m,* **s** analyse *f* graphique d'une entreprise.
firmeneigen appartenant a l'entreprise ; *~er Wagen* voiture *f* de l'entreprise ; véhicule *m* de fonction.
Firmeneintragung *f,* **en** enregistrement *m* de la raison sociale.
Firmeninhaber *m,* - propriétaire *m* d'une entreprise.
firmenintern interne à l'entreprise.
Firmenkasse *f,* **n** caisse *f,* fonds *m* d'une entreprise ; les deniers *mpl* de l'entreprise ; *etw aus der ~ finanzieren* financer qqch sur les fonds propres de l'entreprise.
Firmenkunde *m,* **n,** **n** client *m* professionnel.
Firmenlogo *n,* **s** logo *m* d'entreprise.
Firmenname *m,* ns, **n** raison *f* sociale ; raison de commerce ; nom *m* sous lequel l'entreprise est inscrite au registre du commerce.
Firmenrecht *n,* **e** législation *f* en matière de raison sociale.
Firmenrechtschutzversicherung *f,* **en** assurance *f* professionnelle défense-recours ; assurance assistance juridique d'entreprise.
Firmenregister *n,* - registre *m* du commerce *(syn. Handelsregister).*
Firmenschild *n,* **er** enseigne *f* (portant la raison sociale).
Firmenschutz *m,* ø protection *f* de la raison sociale ; protection de la propriété industrielle.
Firmensitz *m,* **e** siège *m* social.
Firmensprecher *m,* - porte-parole *m* de l'entreprise ; chargé *m* de communication de l'entreprise.
Firmentarifvertrag *m,* ¨ **e** accord *m* d'entreprise ; convention *f* collective d'

(une seule) entreprise (*contr. Flächentarifvertrag*).

Firmenübernahme *f*, **n** prise de contrôle *f* d'une entreprise ; offre *f* publique d'achat (O.P.A.) ; *freundliche, feindliche* ~ O.P.A. *f* amicale, hostile ; *fremdfinanzierte* ~ rachat *m* d'entreprise par endettement.

Firmenvertreter *m*, **-** représentant *m* d'une société.

Firmenverzeichnis *n*, **se** annuaire *m* du commerce ; liste *f* des entreprises.

Firmenwagen *m*, **-** voiture *f* appartenant à l'entreprise ; véhicule *m* de fonction.

Firmenwert *m*, **e** goodwill *m* ; valeur *f* commerciale (d'une entreprise) ; notoriété *f* de l'entreprise ; fonds *m* de commerce *m* ; fonds commercial (actif incorporel de la société, réputation, clientèle, pas de porte, etc.) → *Goodwill*.

Firmenzeichen *n*, **-** logo *m* ; marque *f* de fabrique ; nom *m* commercial ; emblème *m* (d'une marque).

firmieren avoir comme raison sociale ; donner comme nom commercial ; *das Unternehmen firmiert unter dem Namen Müller und Co* l'entreprise a comme raison sociale Müller et Cie.

First in, first out (*pr. ang.*) → *FIFO*.

Fisch *m*, **e** poisson *m* ; ~ *verarbeitende Industrie* industrie *f* de transformation des produits de la pêche.

Fischbestand *m*, **¨e** réserve *f* de poissons ; patrimoine *m* piscicole ; cheptel *m* de poissons ; richesses *fpl* piscicoles ; ressources *fpl* de (la) pêche.

Fischerei *f*, **en** pêche *f* ; pêcherie *f*.

Fischereierzeugnis *n*, **se** produit *m* de la pêche.

Fischereiflotte *f*, **n** flottille *f* de pêche.

Fischereigewässer *n*, **-** zone *f* de pêche.

Fischereigrenze *f*, **n** limite *f* de la zone de pêche.

Fischereihafen *m*, **¨** port *m* de pêche.

Fischereischiff *n*, **e** bateau *m* de pêche.

Fischereischonzeit *f*, **en** période *f* d'interdiction de (la) pêche.

Fischereiwesen *n*, **ø** (ensemble *m* des) activités *fpl* de pêche.

Fischfang *m*, **ø** pêche *f* ; capture *f* du poisson.

Fischgehege *n*, **-** enclos *m*, bassin *m* d'élevage de poissons (de saumons, par ex.).

Fischgründe *mpl* fonds *mpl* de pêche.

Fischhandel *m*, **ø** commerce *m* de (du) poisson.

Fischhändler *m*, **-** poissonnier *m*.

Fischhandlung *f*, **en** poissonnerie *f*.

Fischmarkt *m*, **¨e** marché *m* aux poissons.

Fischmehl *n*, **-sorten** farine *f* de poisson.

fischreich poissonneux.

Fischteich *m*, **e** étang *m* d'élevage piscicole ; vivier *m*.

Fischwirt *m*, **e** pisciculteur *m*.

Fischwirtschaft *f*, **en** (ensemble des) activités *fpl* de la pêche ; industrie *f* du poisson et des produits de la pêche.

Fischzucht *f*, **en** pisciculture *f*.

fiskalisch fiscal (*syn. steuerlich*).

Fiskaljahr *n*, **e** année *f* fiscale.

Fiskallasten *fpl* charges *fpl* fiscales.

Fiskalpolitik *f*, **ø** politique *f* fiscale.

Fiskus *m*, **ø** fisc *m* ; Trésor *m* (public) ; *die Einnahmen des* ~ les recettes *fpl* du Trésor ; *sein Vermögen fällt an den* ~ sa fortune revient au fisc.

fix fixe ; ferme ; stable ; constant ; *~er Auftrag* ordre *m* ferme ; *~e Kosten* coûts *mpl* fixes (constants).

Fixangestellte/r (*der/ein*) (*Autriche*) employé *m* permanent.

Fixauftrag *m*, **¨e** (*bourse*) ordre *m* à terme.

fixen 1. (*bourse*) vendre (des titres) à découvert ; spéculer à la baisse (*syn. leer verkaufen*) 2. faire monter les cours 3. se droguer.

Fixer *m*, **-** 1. baissier *m* (spécule à la baisse) ; vendeur *m* à découvert 2. drogué *m* ; (*fam.*) camé *m*.

Fixgeschäft *n*, **e** (*bourse*) 1. marché *m* à terme ferme ; transaction *f* à terme fixe ; (acceptée par les deux parties) 2. vente *f* de titres à découvert ; *syn.* (*Börsen*)*Leerverkauf*.

fixieren 1. consigner, fixer par écrit ; *ein Recht vertraglich* ~ consigner, stipuler un droit par contrat ; *~ter Wechselkurs* taux *m* de change fixe 2. fixer qqch ; attacher qqch 3. (*fam.*) *auf etw fixiert sein* être fixé sur qqch ; avoir une idée précise sur qqch.

Fixing *n*, **s** (*bourse*) fixing *m* ; fixation *f* ; *Gold~* fixing ; fixation du cours de l'or ; cotation *f* de la barre d'or.

Fixkauf *m*, **¨e** (*bourse*) achat *m* à terme fixe.

Fixkosten *pl* coûts *mpl* fixes (constants) ; charges *fpl* permanentes (amortissements, intérêts, assurances, etc.).

Fixkostendegression *f,* en économies *fpl* d'échelle ; dégressivité *f* des coûts ; → ***Kostendegression*** ; ***Skalenwirtschaft***.

Fixkostenproblem *n,* e problème *m* de coûts fixes (constants).

Fixpreis *m,* e prix *m* fixé ; *den ~ unterlaufen* vendre au-dessous du tarif officiel.

Fixpreissystem *n,* e système *m* du prix fixé ; → ***Preisbindung***.

Fixum *n,* -xa fixe *m* ; traitement *m* fixe.

Fixzeit *f,* en plage *f* fixe ; horaire *m* fixe obligatoire dans le cadre du travail à horaire aménagé (*syn. Kernzeit*).

Fläche *f,* n surface *f* ; emplacement *m* ; superficie *f* ; aire *f* ; terrain *m* ; *bebaute ~* surface construite ; (*agric.*) surface cultivée ; *nutzbare ~* surface utile ; *zur Bebauung erfasste ~* terrain recensé comme constructible ; *überdachte ~* emplacement couvert.

Flächenausnutzung *f,* en utilisation *f* de la surface disponible.

Flächenausstattung *f,* en (*agric.*) équipements *mpl* au sol d'une exploitation.

Flächenbelegung *f,* en surface *f* occupée.

flächendeckend à l'échelle nationale ; généralisé à l'ensemble du territoire national ou d'une région ; concernant l'ensemble d'un secteur déterminé ; *~e Energieversorgung* approvisionnement *m* de l'ensemble d'un secteur en énergie.

Flächendeckung *f,* en couverture *f* (à l'échelle) nationale (par un réseau de téléphonie, par ex.).

Flächenerhebung *f,* en enquête *f* d'occupation des sols.

Flächenertrag *m,* ¨e (*agric.*) rendement *m* à l'hectare.

Flächennutzungsplan *m,* ¨e plan *m* d'occupation des sols (P.O.S.).

Flächenparzellierung *f,* en lotissement *m* d'un terrain à bâtir ; division *f* d'un terrain en parcelles (constructibles).

Flächenproduktivität *f,* en (*agric.*) productivité *f* par surface, par parcelle.

Flächenrecycling *n,* s recyclage *m* d'espaces industriels ; récupération *f* de terrains industriels en jachère.

flächensparend qui économise de la place ; peu encombrant ; *~es Bauvorhaben* projet *m* de construction à faible taux d'occupation au sol ; construction *f* en hauteur.

Flächenstilllegung *f,* en mise *f* en jachère ; gel *m* de(s) terres agricoles.

Flächenstreik *m,* s grève *f* nationale.

Flächentarifvertrag *m,* ¨e conventions *fpl* collectives nationales, non sectorielles ; accord *m* contractuel national ; accord *m* tarifaire global.

Flächenvermietung *f,* en location *f* des emplacements (foire, exposition, murs, etc.).

Flächenwidmungsplan *m,* ¨e (*Autriche*) → ***Flächennutzungsplan***.

Flachs *m,* ø lin *m*.

Flachsanbau *m,* ø culture *f* du lin.

flachsaufbereitend : *~e Industrie* industrie *f* de rouissage.

Flachsspinnerei *f,* en filature *f* de lin.

Flackerstreik *m,* s grève *f* perlée.

Flagge *f,* n pavillon *m* ; *billige ~* pavillon de complaisance ; *unter fremder ~ fahren* battre pavillon étranger ; naviguer sous pavillon étranger ; (*fig.*) *~ zeigen* afficher la couleur.

Flaggschiff *n,* e 1. vaisseau *m* amiral 2. (*fig.*) fleuron *m* ; porte-étendard *m* ; valeur-vedette *f* (d'une industrie).

Flammschutzmittel *n,* - produit *m* ignifuge ; matériau *m* ignifuge.

flankieren : *flankierende Maßnahmen* mesures *mpl* d'accompagnement.

Flankierungsmaßnahme *f,* n mesure *f* d'accompagnement.

Flaschenpfand *n,* ¨er bouteille *f* consignée ; consigne *f*.

Flaterate *f,* s (*pr. ang.*) (*Internet*) forfait *m* ; accès *m* illimité à la Toile.

flau (*bourse*) faible ; déprimé ; stagnant ; morose (*syn. lustlos*).

Flauheit *f,* ø (*Bourse*) lourdeur *f* ; calme *m* ; stagnation *f* ; morosité *f*.

Flaute *f,* n marasme *m* ; accalmie *f* ; morosité *f* ; période *f* creuse ; creux *m* de la vague ; morte-saison *f*.

FLEIPER-Verkehr *m,* ø (*Flug-Eisenbahn-Personenverkehr*) transport *m* de personnes par air-rail ; trafic *m* voyageurs air-fer.

Fleischbeschau *f,* ø inspection *f* (sanitaire) des viandes (effectuée par les services vétérinaires).

Fleischbeschauer *m*, - vétérinaire-inspecteur *m*.

Fleischer *m*, - boucher *m* ; charcutier *m* (*syn. Metzger*).

Fleischerinnung *f*, **en** syndicat *m* de la boucherie.

Fleischhändler *m*, - négociant *m* en viande.

Fleischhygienegesetz *n*, **e** loi *f* sur la salubrité de la viande.

Fleischindustrie *f*, **n** industrie *f* de la viande.

Fleischleistung *f*, **en** (*agric.*) rendement *m* en viande ; *einem Tier immer mehr ~ ab/verlangen* exiger de plus en plus de rendement en viande des animaux.

Fleischpanscher *m*, - fraudeur *m* sur la fraîcheur de la viande (boucherie, supermarché etc.).

Fleischpanscherei *f*, **en** maquillage *m* de viande dépassée ; trafic *m* de viande avariée.

Fleischschauer *m*, - → *Fleischbeschauer*.

Fleischversorgung *f*, **en** ravitaillement *m* en viande.

Fleischverzehr *m*, ø consommation *f* de viande.

Fleischwirtschaft *f*, **en** secteur *m* production, conditionnement et transport de viande.

Fleiß *m*, ø zèle *m* ; application *f* ; assiduité *f*.

Fleißarbeit *f*, **en 1**. travail *m* qui exige une grande assiduité **2**. (*péj.*) travail pénible et peu motivant.

Fleißzulage *f*, **n** prime *f* d'assiduité.

FLEI-Verkehr *m*, ø (*Flug-Eisenbahn-Güterverkehr*) transport *m* de marchandises air-rail.

Flexarbeiter *m*, - travailleur *m* intérimaire (de grande flexibilité ou mobilité professionnelle).

flexibel souple ; mobile ; flexible ; flottant ; *flexible Altersgrenze* âge *m* mobile de départ en retraite ; possibilité *f* de retraite anticipée ; *flexible Arbeitszeit* horaire *m* de travail variable ; travail *m* « à la carte » ; *flexibler Wechselkurs* taux *m* de change flottant.

flexibilisieren flexibiliser ; assouplir ; aménager ; *die Arbeitszeit ~* flexibiliser le temps de travail.

Flexibilisierung *f*, **en** flexibilisation *f* ; souplesse *f* ; assouplissement *m* ; aménagement *m* ; *~ der Altersgrenze* aménagement de l'âge de départ à la retraite ; flexibilisation de l'âge de la retraite ; *~ der Arbeitszeit* aménagement du temps de travail.

Flexibilität *f*, **en** → *Flexibilisierung*.

Flexi-Modell *n*, **e** modèle *m* souple ; concept *m* marqué par une grande flexibilité.

Flextime-System *n*, **e** horaire *m* mobile ; horaire à la carte (*contr. Fixzeit*).

Flickschusterei *f*, **en** (*péj.*) rafistolage *m* ; raccommodage *m* ; replâtrage *m* ; *bei der Rentenreform handelt es sich um konzeptionelle ~* la réforme des retraites n'est qu'un replâtrage conceptuel.

Flickwerk *n*, **e** → *Flickschusterei*.

fliegen, o, o (*ist*) **1**. prendre l'avion ; *nach Deutschland ~* s'envoler pour l'Allemagne ; *in die USA ~* prendre un vol pour les USA **2**. piloter un avion.

Fleischschauer *m*, - → *Fleischbeschauer*.

fliegend volant ; ambulant ; *~e Bauten* constructions *fpl* démontables ; *~er Händler* marchand *m* ambulant ; camelot *m* ; *~es Personal* personnel *m* volant (navigant).

Fließarbeit *f*, **en** → *Fließbandarbeit*.

Fließband *n*, ¨er chaîne *f* (de montage) ; tapis *m* ; *am ~ arbeiten* travailler à la chaîne ; *vom ~ rollen* quitter les chaînes de montage.

Fließbandarbeit *f*, **en** travail *m* à la chaîne.

Fließbandarbeiter *m*, - ouvrier *m*, travailleur *m* à la chaîne.

Fließbandfertigung *f*, **en** fabrication *f* à la chaîne ; production *f* en série.

Fließbandmontage *f*, **n** assemblage *m* à la chaîne.

Fließbandproduktion *f*, **en** → *Fließbandfertigung*.

Fließbandstraße *f*, **n** chaîne *f* de production ; *vollautomatische ~* chaîne *f* entièrement robotisée (*syn. Taktstraße*).

fließend : *~ deutsch sprechen* parler couramment allemand.

Fließfertigung *f*, **en** → *Fließbandfertigung*.

Fließgewässer *npl* eaux courantes *fpl* ; fleuves *mpl* et rivières *fpl*.

Fließhandel *m*, ø (*bourse*) marché *m* en continu.

Fließstraße *f* → *Fließbandstraße*.

floaten (*monnaie*) (*pr. ang.*) flotter ; fluctuer ; *eine Währung ~ lassen* faire flotter une monnaie ; *die Wechselkurse ~* les cours *mpl* de change flottent.

Floater *m*, s (*pr. ang.*) emprunt *m* à taux variable.

Floating *n*, s (*pr. ang.*) flottement *m* ; *~ der Währungen* flottement des monnaies ; libéralisation *f* des cours de change.

Floating-Anleihe *f*, n → *Floater*.

Flop *m*, s (*fam.*) flop *m* ; échec *m* ; fiasco *m*.

floppen (*fam.*) échouer ; faire un flop ; foirer.

florieren être florissant ; prospérer ; *das Geschäft floriert* les affaires *fpl* marchent.

flöten gehen, i, a (*ist*) (*fam.*) être perdu ; aller à vau-l'eau ; péricliter ; *das ganze Geld ist flöten gegangen* tout l'argent a été perdu.

flott : *das Geschäft geht ~* les affaires *fpl* tournent ; *~ machen* remettre sur pieds ; renflouer ; *ein Unternehmen wieder ~* remettre une entreprise à flot.

Flotte *f*, n flotte *f* ; marine *f* ; *eine ~ ab/takeln* désarmer une flotte.

Flottenabkommen *n*, - traité *m* naval.

Flottenstützpunkt *m*, e base *f* navale.

flottierend : *~e Papiere* valeurs *fpl* flottantes ; *~e Schuld* dette *f* flottante ; dette non consolidée.

Flözgas *n*, e gaz *m* méthane.

Fluchtgelder *npl* → *Fluchtkapital*.

Fluchtgewerbe *n*, - commerce *m* de l'immigration clandestine ; trafic *m* de travailleurs immigrés clandestins.

Fluchtkapital *n*, ø capitaux *mpl* expatriés ; évasion *f* des capitaux ; → *Kapitalflucht*.

Flüchtling *m*, e réfugié *m* ; rapatrié *m*.

Flüchtlingsamt *n*, ¨er office *m* des réfugiés.

Flüchtlingshilfe *f*, n assistance *f*, aide *f* aux réfugiés.

Flüchtlingshilfswerk *n*, e organisme *m* d'aide aux réfugiés (*UNHCR*).

Flüchtlingslager *n*, - camp *m* de réfugiés.

Flüchtlingsland *n*, ¨er terre *f* d'accueil ; pays *m* d'accueil pour réfugiés.

Flüchtlingsstrom *m*, ¨e afflux *m* de(s) réfugiés.

Fluchtlinie *f*, n (*urbanisme*) alignement *m*.

Fluchtwährung *f*, en monnaie *f* refuge.

Fluchtwert *m*, e valeur *f* refuge.

Flug *m*, ¨e vol *m* ; *ein ~ nach* un vol pour ; *einen ~ buchen* réserver un vol.

Flugbetrieb *m*, e service *m* aérien ; exploitation *f* (commerciale, civile) d'une compagnie aérienne.

Flugblatt *n*, ¨er tract *m* (publicitaire, politique) ; *~¨er verteilen* distribuer des tracts.

Flugdatenschreiber *m*, - (*aviation*) boîte *f* noire ; enregistreur *m* des données de vol.

Flugdauer *f*, ø durée *f* du vol.

Flügel *m*, - (*polit.*) aile *f* ; *linker, rechter ~ einer Partei* aile gauche, droite d'un parti.

Fluggast *m*, ¨e passager *m* (avion).

Fluggesellschaft *f*, en compagnie *f* aérienne.

Flughafen *m*, ¨ aéroport *m* ; aérodrome *m*.

Flughafenbetreiber *m*, - exploitant *m* d'un aéroport.

Flugkatastrophe *f*, n → *Flugzeugunglück*.

Fluglärm *m*, e nuisances *fpl* sonores dues au trafic aérien.

Flugleitzentrum *n*, -tren centre *m* de guidage ; centre de contrôle aérien.

Fluglinie *f*, n ligne *f* aérienne ; *eine ~ benutzen* emprunter une ligne aérienne.

Fluglinienverkehr *m*, ø service *m* aérien ; trafic *m* aérien.

Fluglotse *m*, n, n aiguilleur *m* du ciel ; contrôleur *m* aérien.

Flugmaschine *f*, n appareil *m* ; avion *m*.

Flugnetz *n*, e réseau *m* aérien.

Flugpassagier *m*, e → *Fluggast*.

Flugpauschale *f*, n forfait *m* aérien.

Flugpersonal *n*, ø personnel *m* de bord ; personnel navigant.

Flugplan *m*, ¨e 1. indicateur *m*, horaire *m* des services aériens 2. plan *m* de vol.

Flugplatz *m*, ¨e aérodrome *m* ; terrain *m* d'aviation.

Flugpost *f*, ø poste *f* aérienne ; *per ~* par avion (*syn. Luftpost*).

Flugpreis *m*, e prix *m* du billet d'avion.

Flugraum *m*, ¨e espace *m* aérien.

Flugroute *f*, n itinéraire *m* de vol ; route *f* aérienne.

Flugschau *f*, en meeting *m* aérien ; salon *m* de l'aviation.
Flugschein *m*, e 1. billet *m* d'avion 2. brevet *m* de pilote.
Flugschneise *f*, n couloir *m* aérien.
Flugschreiber *m*, - → *Flugdatenschreiber*.
Flugschrift *f*, en → *Flugblatt*.
Flugsteig *m*, e quai *m* d'embarquement ; porte *f* d'embarquement.
Flugstunde *f*, n heure *f* de vol.
Flugticket *n*, s → *Flugschein*.
Flugverbindung *f*, en correspondance *f*, liaison *f* aérienne.
Flugverkehr *m*, ø trafic *m* aérien.
Flugweg *m*, e ligne *f*, route *f* aérienne.
Flugzeit *f*, en → *Flugdauer*.
Flugzettel *m*, - → *Flugblatt*.
Flugzeug *n*, e avion *m* ; appareil *m*.
Flugzeugbau *m*, ø construction *f* aéronautique.
Flugzeugbauer *m*, - avionneur *m*.
Flugzeugbestand *m*, ¨e parc *m* aérien.
Flugzeugentführer *m*, - pirate *m* de l'air.
Flugzeugentführung *f*, en détournement *m* d'avion.
Flugzeugindustrie *f*, n industrie *f* aéronautique.
Flugzeugunglück *n*, e catastrophe *f* aérienne ; *Angehörige der Opfer bei ~en entschädigen* indemniser les familles des victimes de catastrophes aériennes.
Fluktuation *f*, en fluctuation *f* ; *konjunkturbedingte~* fluctuation conjoncturelle ; *~ der Arbeitskräfte* fluctuation de la main-d'œuvre ; *~ der Währungen* fluctuation monétaire.
Fluktuationsarbeitslosigkeit *f*, en chômage *m* flottant, frictionnel.
Fluktuationskoeffizient *m*, en, en coefficient *m* des fluctuations de main-d'œuvre.
fluktuieren fluctuer ; changer ; *~de Gelder* capitaux *mpl* errants, flottants ; *~de Preise* fluctuation *f* des prix.
Flurbereinigung *f*, en remembrement *m* parcellaire ; *eine ~ vor/nehmen* procéder à un remembrement ; remembrer.
Flurbuch *n*, ¨er registre *m* cadastral (d'une commune).
Flurhüter *m*, - garde-champêtre *m*.
Flurneuordnung *f*, en → *Flurbereinigung*.
Flurschaden *m*, ¨ dommages *mpl* causés aux cultures.

Flurzersplitterung *f*, en morcellement *m*, émiettement *m* des terres.
Fluss *m*, ¨e fleuve *m* ; rivière *f* ; (*statist.*) flux *m* ; flot *m* ; *schiffbarer ~* rivière navigable.
Flussdiagramm *n*, e (*statist.*) organigramme *m* ; ordinogramme *m* ; schéma *m* directeur.
Flussfracht *f*, en fret *m* fluvial.
Flussfrachtführer *m*, - transporteur *m* fluvial.
flüssig liquide ; disponible ; (*technique*) fluide ; *~e Gelder* capitaux *mpl* disponibles ; *~e Mittel* trésorerie *f* ; *Gelder ~ machen* débloquer des fonds ; mobiliser des capitaux ; *kein Geld ~ haben* ne pas avoir d'argent liquide ; *nicht sehr ~ sein* être financièrement gêné ; *~er Verkehr* trafic *m* fluide.
Flüssiggas *n*, e gaz *m* de pétrole liquéfié ; G.P.L. *m*.
Flüssigkeit *f*, en liquidité *f* ; disponibilité *f*.
Flüssigkristallbildschirm *m*, e (*informatique*) écran *m* plat à cristaux liquides.
Flüssigmachung *f*, en mobilisation *f* de capitaux ; réalisation *f* de fonds.
Flussregulierung *f*, en aménagement *m* d'un fleuve ; modification *f* du tracé d'un fleuve ou d'une rivière.
Flussschifffahrt *f*, en navigation *f* fluviale ; batellerie *f*.
Flut *f*, en flot *m* ; flux *m* ; quantité *f* énorme.
Flutkatastrophe *f*, n catastrophe *f* naturelle (inondation, crue).
Flutkraftwerk *n*, e centrale *f*, usine *f* marémotrice (*syn. Gezeitenkraftwerk*).
Flyer *m*, - → *Flugblatt*.
fm → *Festmeter*.
fob (*free on board*) franco à bord ; F.O.B.
FOB-Klausel *f*, n clause *f* de prix F.O.B.
FOB-Preis *m*, e prix *m* F.O.B. ; prix franco à bord.
foc (*free of charge*) franco de tous frais ; gratuit ; gratuitement.
Föderalismus *m*, ø (*polit.*) fédéralisme *m*.
föderalistisch fédéral ; fédéraliste.
Föderation *f*, en fédération *f*.
föderativ fédératif.
fokussieren (*auf*) focaliser (sur) ; se concentrer (sur).

Fokussierung *f,* **en** (*auf*) focalisation *f* (sur) ; accent *m* mis (sur) ; concentration *f* (sur).

Folge- (*préfixe*) suivant ; consécutif ; qui prolonge qqch ; de suite.

Folge *f,* **n** suite *f* ; conséquence *f* ; effet *m* ; résultat *m* ; *nicht ohne ~n bleiben* ne pas demeurer sans conséquences ; avoir des suites ; *einer Sache ~ leisten* donner suite à une affaire ; *negative ~n nach sich ziehen* avoir (entraîner) des conséquences fâcheuses.

Folgeerscheinung *f,* **en** conséquence *f* ; phénomène *m* secondaire ; retombées *fpl.*

Folgeerzeugnis *n,* **se** produit *m* dérivé.

Folgegeschäfte *npl* retombées *fpl* commerciales ; *sich lohnende ~ erhoffen* (*bei*) espérer des retombées commerciales juteuses (de qqch).

Folgekosten *pl* → *Folgelasten.*

Folgelasten *fpl* charges *fpl* inhérentes ; coûts *mpl* inhérents ; charges financières ; frais *mpl* concomitants ; frais inhérents (à un investissement).

folgenlos sans conséquences.

folgenreich riche de conséquences ; aux conséquences multiples.

folgenschwer lourd de conséquences.

Folgeprämie *f,* **n** prime *f* subséquente.

Folgeschäden *mpl* conséquences *fpl* néfastes ; dommage *m* consécutif.

Folie *f,* **n** feuille *f* (de métal ou de plastique).

folienverpackt emballé sous cellophane, sous blister.

Fonds *m,* - (*pr. fr.*) **1.** fonds *m(pl)* ; capitaux *mpl* ; moyens *mpl* financiers ; réserves *fpl* ; ressources *fpl* **I.** *eigene ~* capitaux (fonds) propres ; *finanzielle ~* capitaux (fonds) financiers ; *fremde ~* capitaux (fonds) étrangers ; *gesellschaftliche ~* fonds sociaux ; *materielle ~* fonds matériels ; *öffentliche ~* fonds publics ; *produktive ~* fonds productifs ; *zweckgebundene ~* fonds affectés (à des fins précises) **II.** *einen ~ bilden* (*errichten*) créer un fonds ; constituer des réserves ; *einen ~ verwalten* administrer (gérer) un fonds ; *Kapital einem ~ zuführen* affecter des capitaux à un fonds **III.** *~ für Notfälle* fonds de secours ; *~ zur Förderung des Fremdenverkehrs* fonds d'aide au tourisme ; *Verwendung eines ~* utilisation *f* d'un fonds ; *Zuführung* (*Zuweisung*) *an einen ~* versement *m* (affectation *f*) à un fonds **2.** (*bourse*) *geschlossener ~* S.I.C.A.F. *f* (société d'investissement à capital fixe) ; *offener ~* S.I.C.A.V. *f* (société d'investissement à capital variable) ; → *Anlage-, Entwicklungs-, Garantie-, Hedge-, Hilfs-, Investitions-, Investment-, Pensions-, Reserve-, Rücklagen-, Sicherheits-, Sonder-, Währungsfonds.*

Fondsanleger *m,* - investisseur *m* dans un fonds (de placement).

Fondsaufwand *m,* **-wendungen** coûts *mpl* en capitaux ; *einmaliger ~* capitaux *mpl* avancés.

fondsaufwendig coûteux en capitaux ; gourmand en capital.

Fondsausstattung *f,* **en** dotation *f* en fonds.

Fondsbildung *f,* **en** constitution *f* en fonds.

Fondsgeschäfte *npl* transactions *fpl* de valeurs ; opérations *fpl* sur titres.

Fondsgesellschaft *f,* **en** société *f* d'investissement ; fonds *m* de placement de type S.I.C.A.V. (*syn. Investmentgesellschaft*).

fondsintensiv à fort coefficient capitalistique.

Fondsinhaber *m,* - détenteur *m* de fonds publics.

Fondsmanagement *n,* **s** gestion *f* d'un fonds de placement, d'une S.IC.A.V.

Fondsrentabilität *f,* **en** rentabilité *f* des fonds investis

Fondstochter *f,* ¨ fonds *m* affilié.

Fondsvermögen *n,* - capitaux *mpl* investis en S.I.C.A.V. et F.C.P.

Fondsversicherung *f,* **en** assurance *f* titres ; "port-folio insurance".

Fondsverwalter *m,* - gestionnaire *m* de fonds (S.IC.A.V.) ; gestionnaire de fonds de placement.

Fondszertifikat *n,* **e** certificat *m* de fonds de placement.

Footsie-Index *m* (*pr. ang.*) → *FTSE-100 Index.*

foq (*Incoterms : free on quay*) franco quai.

FOR / for (*Incoterms : free on rail*) franco départ wagon ; franco sur rail.

forcieren forcer ; accélérer (la production par ex.).

Förder- (*préfixe*) **1.** d'encouragement ; d'aide ; promotionnel **2.** (*extraction*)

Förderabgaben

relatif à la production et à l'extraction (charbon, pétrole, etc.).

Förderabgaben *fpl* royalties *fpl* (redevance acquittée par une compagnie pétrolière pour le passage d'un pipe-line, par ex.).

Förderanlage *f,* **n** installation *f* de transport ou de production.

Förderausfall *m,* ¨**e** perte *f* d'extraction ; déficit *m* de production.

Förderausweitung *f,* **en** augmentation *f* de la production de pétrole ou de minerai.

Förderband *n,* ¨**er** bande *f* transporteuse ; tapis *m* roulant.

Förderer *m,* **-** soutien *m* ; sponsor *m* ; mécène *m* (*syn. Sponsor* ; *Mäzen*).

Förderfonds *m,* **-** fonds *m* d'entraide ; fonds d'aide économique.

Fördergebiet *n,* **e** 1. zone *f* aidée ; zone franche 2. région *f* d'extraction.

Fördergelder *npl* → *Fördermittel*.

Fördergesellschaft *f,* **en** société *f,* organisme *m* de promotion.

Förderkapazität *f,* **en** capacités *fpl* de production ou d'extraction (pétrole, minerai, etc.) ; *ungenützte ~en mobilisieren* mobiliser des capacités de production inexploitées.

Förderkonzept *n,* **e** programme *m* d'aide (économique).

Förderkorb *m,* ¨**e** (*mines*) cage *f* d'extraction.

Förderkredit *m,* **e** crédit *m* d'aide ; *~e der öffentlichen Hand* aide *f* financière des pouvoirs publics.

Förderkreis *m,* **e** association *f* de soutien ; sponsors *mpl*.

Förderleistung *f,* **en** quantité *f* extraite ; production *f* ; extraction *f*.

Fördermaßnahme *f,* **n** mesure *f* d'encouragement ; mesure promotionnelle ; mesure incitative.

Fördermenge *f,* **n** → *Förderleistung*.

Fördermittel *npl* subvention(s) *f* (*pl*) ; subsides *mpl* ; aide *f* financière ; capitaux *mpl* incitatifs ; allocations *fpl* de soutien ; fonds *mpl* d'encouragement.

fordern demander ; réclamer ; exiger ; revendiquer ; *einen unerschwinglichen Preis ~* exiger un prix exorbitant ; *die 35-Stunden-Woche ~* revendiquer la semaine de 35 heures.

fördern 1. encourager ; favoriser ; développer ; promouvoir ; stimuler ; *den Handel ~* stimuler le commerce ; *die unterentwickelten Sektoren ~* encourager les secteurs sous-développés ; *den Verkauf ~* promouvoir les ventes 2. (*tech.*) produire ; extraire ; *Kohle, Erz, Erdöl, Gas ~* extraire du charbon, du minerai, du pétrole, du gaz.

Förderplattform *f,* **en** plate-forme *f* de forage.

Förderprogramm *n,* **e** mesures *fpl* d'encouragement, incitatives ; programme *m* de relance ; programme promotionnel ; projet *m* de relance.

Förderquoten *fpl* quotas *mpl* de production.

Fördersatz *m,* ¨**e** taux *m* d'une bourse d'études (dans le cadre des *Bafög*).

Förderschacht *m,* ¨**e** (*mines*) puits *m* d'extraction ; puits de mine.

Förderschule *f,* **n** école *f* spéciale, centre *m* pour jeunes handicapés.

Förderstufe *f,* **n** (classe *f* d') orientation *f* scolaire.

Förderturm *m,* ¨**e** (*mines*) chevalement *m*.

Forderung *f,* **en** 1. demande *f* ; revendication *f* ; réclamation *f* ; prétention *f* ; *eine ~ durch/setzen* faire aboutir une revendication ; *seine ~en geltend machen* faire valoir ses prétentions ; *eine ~ stellen* présenter une revendication 2. créance *f* **I.** *abgeschriebene ~* créance amortie ; *abgetretene ~* créance cédée ; *ausstehende ~* créance arriérée, à recouvrer ; *befristete ~* créance à terme ; *dubiose (zweifelhafte) ~* créance douteuse ; *eingefrorene ~* créance gelée ; *eintreibbare ~* créance exigible ; *erloschene ~* créance éteinte ; *fällige ~* créance exigible ; *sichergestellte ~* créance garantie ; *uneinbringliche ~* créance irrécouvrable (irrécupérable) ; *verjährte ~* créance prescrite ; (*comptab.*) *~en aus Lieferungen und Leistungen* créances-clients **II.** *eine ~ ab/schreiben, ab/treten* amortir, céder une créance ; *eine ~ an/erkennen, an/melden* reconnaître, produire une créance ; *eine ~ bestreiten* contester le bien-fondé d'une créance ; *eine ~ ein/klagen* recouvrer une créance par voie de justice ; *eine ~ ein/treiben (ein/ziehen)* recouvrer une créance.

Förderung *f,* **en** 1. encouragement *m* ; aide *f* ; promotion *f* ; incitation *f* ; appui *m* ; soutien *m* ; *~ der Spartätigkeit* encouragement à l'épargne ; *steuerliche ~* allègements *mpl* fiscaux ; mesures *fpl* fiscales de réduction d'impôt **2.** (*tech.*) extraction *f* ; production *f.*

Forderungsabschreibung *f,* **en** amortissement *m* d'une créance.

Forderungsabtretung *f,* **en** cession *f* d'une créance.

Forderungsanerkennung *f,* **en** admission *f,* reconnaissance *f* de créance.

Forderungsanfechtung *f,* **en** contestation *f* d'une créance ; action *f* en nullité d'une créance.

Forderungsanmeldung *f,* **en** production *f* de créance.

Forderungsausfall *m,* ¨**e** créances *fpl* impayées.

förderungsbedürftig qui a besoin d'aide ; *~er Wirtschaftszweig* branche *f* économique défavorisée.

Förderungsbeihilfe *f,* **n** subvention *f* ; *eine ~ gewähren* accorder une aide financière.

Forderungsberechtigte/r (*der/ein*) porteur *m,* détenteur *m* d'un titre de créance ; ayant-droit *m.*

Forderungsbetrag *m,* ¨**e** montant *m* de la créance.

Forderungsbonität *f,* **ø** solvabilité *f* du débiteur d'une créance.

Forderungsfälligkeit *f,* **en** exigibilité *f* d'une créance.

Forderungskatalog *m,* **e** catalogue *m* de revendications.

Forderungsklage *f,* **n** action *f* en recouvrement d'une créance.

Forderungslöschung *f,* **en** radiation *f* d'une créance.

Förderungsmaßnahme *f,* **n** mesure *f* d'aide ; programme *m* d'encouragement ; mesure *f* incitative ; *~n treffen* prendre des mesures destinées à promouvoir qqch.

Forderungspaket *n,* **e** plate-forme *f* revendicative ; ensemble *f* de(s) revendications.

Forderungspapier *n,* **e** → *Forderungstitel.*

Forderungspfändung *f,* **en** saisie-arrêt *f* de créance (constituée en gage).

Förderungsprogramm *n,* **e** mesures *fpl* de soutien ; programme *m* d'aide ; train *m* de mesures d'encouragement.

Forderungstilgung *f,* **en** → *Forderungsabschreibung.*

Forderungstitel *m,* - titre *m* de créance.

Forderungsübergang *m,* ¨**e** → *Forderungsübertragung.*

Forderungsübertragung *f,* **en** transfert *m* de créance.

Forderungsverjährung *f,* **en** prescription *f* de/d'une créance.

Forderungsvermögen *n,* - (*comptab.*) créances-clients *fpl.*

Forderungsverzicht *m,* **(e)** abandon *m* de créance.

Förderverein *m,* **e** association *f,* comité *m* de soutien.

forfaitieren vendre à forfait.

Forfaitierung *f,* **en** vente *f* à forfait ; forfait *m* global de financement.

Form *f,* **en** forme *f* ; formule *f* ; *in ~ von* sous forme de ; *notarielle ~* forme notariée ; *rechtsgültige ~* forme exigée par la loi ; *schriftliche ~* forme écrite ; *~en an/nehmen* prendre forme ; prendre tournure.

Formalisierung *f,* **en** formalisation *f.*

Formalismus *m,* **ø** formalisme *m.*

Formalität *f,* **en** formalité *f* ; *die ~en erledigen* régler les formalités.

Format *n,* **e** format *m* ; *genormtes* (*standardisiertes*) *~* format standard, normalisé ; *kleines, mittleres, großes ~* petit, moyen, grand format ; *ein handliches ~ haben* avoir un format maniable.

formatieren (*informatique*) formater.

Formatierung *f,* **en** (*informatique*) formatage *m.*

Formation *f,* **en** formation *f* politique, économique ou sociale.

Formblatt *n,* ¨**er** imprimé *m* ; formulaire *m* ; *vorschriftsmäßig ausgefülltes ~* formulaire dûment rempli.

Formbrief *m,* **e** lettre-type *f* ; lettre avec des formules standard.

Formel *f,* **n** formule *f.*

formell 1. formel ; selon (dans) les formes **2.** formaliste ; de pure forme ; *~e Gründung* constitution *f* pour la forme.

Formfehler *m,* - erreur *f* de procédure ; vice *m* de forme ; *im Vertragstext ist ein ~ unterlaufen* un vice de forme s'est glissé dans le libellé du contrat.

formgerecht en bonne et due forme.

Formgestalter *m,* - styliste *m* ; designer *m.*

Formgestaltung *f,* **en** design *m* ; esthétique *f* industrielle (*syn. Design*).

Formgültigkeit *f,* **en** validité *f.*

förmlich → *formell.*

formlos sans formes ; *einen ~en Antrag stellen* faire une demande sur papier libre.

Formmangel *m*, - → *Formfehler*.
Formular *n*, **e** formulaire *m* ; formule *f* (imprimée) ; *vorgedrucktes ~* imprimé *m* ; *ein ~ aus/füllen* remplir un formulaire.
Formularflut *f*, **en** flot *m* de paperasserie ; paperasserie *f* excessive.
formulieren 1. formuler ; rédiger **2.** ébaucher ; définir ; *einen Vertrag knapp ~* ébaucher les grandes lignes d'un contrat ; *die Ziele für etw ~* définir les objectifs de qqch.
Formulierung *f*, **en** formulation *f*.
Formverstoß *m*, ¨**e** erreur *f* formelle ; vice *m* de forme.
Formzwang *m*, ¨**e** obligation *f* de respecter les formes (imposées par la loi) ; forme *f* obligatoire.
Forschung *f*, **en** recherche *f* ; *angewandte ~* recherche appliquée ; *betriebswirtschaftliche ~* recherche opérationnelle ; *interdisziplinäre ~* recherche interdisciplinaire ; *landwirtschaftliche ~* recherche agronomique ; *~ und Entwicklung* (F&E) recherche et développement *m* (R&D).
Forschungsabteilung *f*, **en** département-recherche *m* ; bureau *m* d'études.
Forschungsassistent *m*, **en**, **en** assistant *m* de recherche.
Forschungsetat *m*, **s** budget *m* de la recherche scientifique.
Forschungsfonds *m*, - fonds *m* de financement de la recherche scientifique.
Forschungsgruppe *f*, **n** groupe *m* de recherche.
Forschungsinstitut *n*, **e** institut *m* de recherche.
Forschungsleiter *m*, - directeur *m* de recherches.
Forschungsschwerpunkt *m*, **e** axe *m* de recherche.
Forschungs- und Entwicklungskosten *pl* frais *mpl* d'étude et de recherche ; budget *m* de recherche et développement.
Forschungs- und Förderinitiativen *fpl* initiatives *fpl* en matière de recherche et de promotion.
Forschungszentrum *n*, **-tren** centre *m* de recherche.
Forschungszweig *m*, **e** secteur *m* de recherche ; branche *f* de recherche.
Forst *m*, **e/en** forêts *fpl* ; exploitation *f* forestière.
Forstamt *n*, ¨**er** → *Forstverwaltung*.
Forstarbeiter *m*, - ouvrier *m* forestier.

Forstbeamte/r (*der/ein*) agent *m* des eaux et forêts.
Forstbehörde *f*, **n** → *Forstverwaltung*.
Forstbetrieb *m*, **e** exploitation *f* forestière.
Forstbezirk *m*, **e** secteur *m*, district *m* forestier.
Forstindustrie *f*, **n** industrie *f* forestière ; industrie du bois ; sylviculture *f*.
Forstverwaltung *f*, **en** administration *f* des forêts ; (*France*) Office *m* national des eaux et forêts.
Forstwirt *m*, **e** exploitant *m* forestier ; sylviculteur *m*.
Forstwirtschaft *f*, **en** exploitation *f* forestière ; sylviculture *f*.
forstwirtschaftlich forestier ; d'économie forestière ; sylvicole ; *~e Fläche* surface *f* boisée *f* ; forêt *f*.
Fortbewegungsmittel *n*, - moyen *m* de locomotion.
fort/bilden perfectionner ; promouvoir la formation professionnelle ; *sich ~* se perfectionner ; suivre des cours de formation continue.
Fortbildung *f*, **en** formation *f* permanente.
Fortbildungskurs *m*, **e** cours *m* de perfectionnement (pour adultes) ; *an einem ~ teil/nehmen* suivre des cours de perfectionnement ; participer à un stage.
Fortbildungslehrgang *m*, ¨**e** → *Fortbildungskurs*.
fortgeschritten 1. avancé ; à la pointe du progrès **2.** (*cours*) avancé ; du niveau supérieur.
fortlaufend continu ; permanent ; *~e Notierung* cotation assistée en continu (C.A.C.) ; cotation sur le marché continu ; *~e Nummer* numéro *m* d'ordre.
FORTRAN *n* (*formula translator*) langage *m* scientifique pour ordinateurs ; Fortran *m*.
fort/schreiben, ie, ie mettre à jour ; actualiser ; réévaluer.
Fortschreibung *f*, **en** mise *f* à jour ; réévaluation *f* ; (*comptab.*) inventaire *m* permanent.
Fortschreibungsveranlagung *f*, **en** réévaluation *f* de l'assiette.
fort/schreiten, i, i (*ist*) progresser ; avancer ; faire des progrès.
Fortschritt *m*, **e** progrès *m* ; avancement *m* ; *~e machen* progresser ; faire des progrès.

fortschrittlich progressiste.
fort/wälzen répercuter ; *eine Preiserhöhung auf den Verbraucher* ~ répercuter une hausse de prix sur le consommateur.
fort/zahlen continuer à payer ; poursuivre le(s) paiement(s).
Fortzahlung *f*, **en** maintien *m*, poursuite *f* du paiement ; ~ *der Löhne und Gehälter* maintien du versement des salaires et traitements.
Forum *n*, **en** 1. forum *m* de discussion ; *ein ~ zu Wirtschaftsfragen veranstalten* organiser un forum de discussion sur des questions économiques 2. groupe *m* de spécialistes ; forum *m* d'experts 3. plate-forme *f* ; lieu *m* privilégié.
FOR-Wert *m* (*Incoterms : Free on rail*) valeur *f* franco-wagon ; valeur FOR.
fossil fossile ; ~*er Brennstoff* combustible *m* fossile.
FOT (*Incoterms : free on truck*) franco sur camion.
Foto *n*, **s** photo *n* ; *digitales* ~ photo numérique.
Fotokopie *f*, **n** photocopie *f*.
Fotokopierer *m*, - photocopieur *m*.
fotokopieren photocopier.
FPÖ *f* (*Autriche : Freiheitliche Partei Österreichs*) parti *m* libéral autrichien ; (parti d'extrême droite).
Fr. → *Franken*.
Fracht *f*, **en** 1. charge *f* ; fret *m* ; marchandise *f* transportée ; chargement *m* ; cargaison *f* ; ~ *zahlbar am Bestimmungsort* fret payable rendu (au lieu de destination) ; *per Eisenbahn, auf dem Landweg, auf dem Wasserweg beförderte* ~ fret ferroviaire, terrestre, fluvial/maritime ; *die ~ ein-, aus/laden* charger, décharger une cargaison ; *die ~ löschen* décharger un navire ; *die ~ um/schlagen* transborder une cargaison 2. fret *m* ; prix *m* du transport ; coût *m* de location ; *Kosten und* ~ coût et fret ; *die ~ beträgt...* le (montant du) fret est de... ; *in ~ nehmen* prendre en location.
Frachtabfertigungsdienst *m*, **e** service *m* d'affrètement.
Frachtanteil *m*, **e** part *f* du fret.
Frachtaufschlag *m*, ¨e supplément *m* de fret.
Frachtbehälter *m*, - conteneur *m*.
Frachtberechnung *f*, **en** calcul *m* du fret ; taxation *f*.
Frachtbörse *f*, **n** bourse *f* de fret de marchandises transportées.

Frachtbrief *m*, **e** (*transports*) lettre *f* de voiture ; (*maritime*) connaissement *m*.
Frachtenbestimmungen *fpl* dispositions *fpl* tarifaires en matière de fret.
Frachtenpool *m*, **s** pool *m* de transporteurs ; pool de commissionnaires de transport.
Frachter *m*, - 1. cargo *m* 2. affréteur *m*.
Frachtfluggesellschaft *f*, **en** compagnie *f* aérienne de transport, de fret.
Frachtflughafen *m*, ¨ aéroport *m* de fret.
Frachtflugzeug *n*, **e** avion *m* de transport ; avion-cargo *m*.
frachtfrei franco de port ; fret, port payé ; exempt de frais de transport ; ~*e Lieferung* livraison *f* en port payé ; *fracht- und zollfrei* franco de fret et de droits.
Frachtführer *m*, - transporteur *m* ; voiturier *m*.
Frachtgebühr *f*, **en** → *Frachtgeld*.
Frachtgeld *n*, **er** prix *m* du transport ; fret *m*.
Frachtgut *n*, ¨er fret *m* ; marchandise *f* transportée ; *auf dem Land-, Luft-, Wasserweg befördertes* ~ fret terrestre, aérien, fluvial ou maritime ; *schwimmendes* ~ cargaison *f* flottante ; *unverpacktes* (*loses*) ~ cargaison en vrac ; ~ *aus/laden* décharger du fret (une cargaison) ; ~ *per Bahn befördern* transporter du fret par rail ; *als* ~ *versenden* (*verschicken*) expédier en petite vitesse.
Frachtgutsendung *f*, **en** envoi *m* en régime ordinaire.
Fracht-Jumbo *m*, **s** gros porteur *m* (avion).
Frachtkahn *m*, ¨e chaland *m* ; barge *f*.
Frachtkarte *f*, **n** → *Frachtbrief*.
Frachtkosten *pl* → *Frachtgeld*.
Frachtladefrist *f*, **en** délai *m* de chargement ; (*fluvial*) jours *mpl* de planches.
Frachtlogistik *f*, **en** logistique *f* de fret.
Frachtmakler *m*, - courtier *m* de transport ; courtier de fret.
Frachtmanifest *n*, **e** manifeste *m* de marchandises ; tableau *m* des marchandises d'une cargaison.
Frachtpreis *m*, **e** prix *m* de/du transport ; fret *m*.
Frachtrabatt *m*, **e** remise *f*, ristourne *f*, rabais *m* sur le fret.

Frachtraum *m*, ¨e (*navires*) cale *f* ; (*avion*) soute *f* à bagages.
Frachtsatz *m*, ¨e taux *m* de fret ; tarifs *mpl* des transports ; *ermäßigter* ~ tarif-fret réduit.
Frachtschein *m*, e → *Frachtbrief*.
Frachtschiff *n*, e → *Frachter 1*.
Frachtsperre *f*, **n** embargo *m* sur le fret.
Frachtstück *n*, e colis *m*.
Frachttarif *m*, e → *Frachtsatz*.
Frachtübernahme *f*, **n** prise *f* en charge du fret.
Frachtunternehmer *m*, - entrepreneur *m* de transport ; transporteur *m* ; commissionnaire *m* de transport.
Frachtverkehr *m*, ø transport *m*, trafic *m* des marchandises.
Frachtversicherung *f*, **en** assurance *f* marchandises.
Frachtvertrag *m*, ¨e contrat *m* d'affrètement ; charte-partie *f*.
Frachtzahlung *f*, **en** paiement *m* du transport ; acquittement *m* du fret.
Frachtzuschlag *m*, ¨e **1.** supplément *m* de frais ; (*fluvial*) surestaries *fpl* **2.** prime *f* de fret (accordée au transporteur).
Frage *f*, **n** question *f* ; demande *f* ; cas *m* ; affaire *f* ; problème *m* ; *verfahrenstechnische* ~ question de procédure ; *eine ~ auf/werfen* soulever une question ; *eine ~ bejahen, verneinen* répondre par l'affirmative, par la négative à une question ; *in ~ kommen* entrer en ligne de compte ; *etw in ~ stellen* mettre qqch en question.
Fragebogen *m*, - / ¨ questionnaire *m* ; *Erhebung durch ~* enquête *f* par questionnaire ; *einen ~ aus/füllen* remplir un questionnaire.
Fragebogenaktion *f*, **en** sondage *m* par questionnaire.
fragen demander ; interroger ; *nach* (*um*) *Arbeit ~* chercher du travail ; *dieser Artikel ist sehr gefragt* cet article est très demandé.
fraglich 1. incertain ; problématique **2.** *die ~en Bestellungen* les commandes *fpl* en question.
fragwürdig 1. suspect ; louche ; douteux ; *~er Gewinn* gain *m* suspect **2.** contestable.
fraktale Fabrik *f*, **en** usine *f* travaillant en autarcie (elle réduit le nombre de ses sous-traitants).

Fraktion *f*, **en** (*polit.*) groupe *m* parlementaire ; fraction *f*.
Fraktionsamt *n*, ¨er fonction *f* au sein d'un groupe parlementaire.
Fraktionsführer *m*, - → *Fraktionsvorsitzende/r*.
Fraktionsgemeinschaft *f*, **en** communauté *f* de groupes parlementaires (au Bundestag).
fraktionslos sans appartenance politique ; *~er Abgeordneter* député sans étiquette.
Fraktionsvorsitzende/r (*der/ein*) président *m* d'un groupe parlementaire.
Fraktionsvorstand *m*, ¨e direction *f* d'un groupe parlementaire.
Fraktionszwang *m*, ø discipline *f* de parti ; obligation *f* de voter suivant les directives du parti.
Franc *m*, **s** (*hist.*) franc *m* français ; *belgischer ~* franc belge.
Franc-Euro-Anleihe *f*, **n** émission *f* d'un emprunt en euro-francs.
1. Franchise *f*, **n** (*pr. fr.*) exonération *f* ; franchise *f* ; exemption *f* (des droits de douane).
2. Franchise *n*, ø (*pr. ang.*) → *Franchising*.
Franchise-Geber *m*, - franchiseur *m* ; société *f* qui met sa marque à la disposition d'une autre société par un contrat de franchisage.
Franchise-Kette *f*, **n** chaîne *f* de franchisage ; groupe *m* de franchisage.
Franchise-Nehmer *m*, - franchisé *m* ; société *f* qui exploite la marque d'une autre société par un contrat de franchisage.
Franchise-Verfahren *n*, - : *im ~* en franchise ; en franchisage.
Franchising *n*, ø (*pr. ang.*) franchise *f* ; franchisage *m* ; franchising *m* (une entreprise A autorise une entreprise B, moyennant paiement, à utiliser sa marque ou sa raison sociale pour commercialiser ses produits ou ses services).
Frankatur *f*, **en** → *Frankierung*.
Franken *m*, - franc *m* suisse (*1 Franken = 100 Rappen*).
frankieren affranchir ; *einen Brief mit 2 Euro ~* affranchir une lettre à 2 euros ; *ungenügend frankierte Sendung* affranchissement *m* insuffisant.
Frankierung *f*, **en** affranchissement *m*.
franko, franco transport, port payé ; *~ Fracht* franco de port ; *~ Haus* franco

domicile ; port payé ; ~ *aller Kosten* franco de tous frais ; ~ *Verpackung* franco d'emballage.

Frankolieferung *f,* en livraison *f* franco.

Frankopreis *m,* e prix *m* franco.

Frankorechnung *f,* en facture *f* franco (à) domicile.

Frau *f,* en femme *f* ; *alleinstehende ~* femme célibataire ; *erwerbstätige (berufstätige) ~* femme qui exerce une activité professionnelle ; femme active ; *(corresp.) sehr geehrte Frau Riegler* Madame ; Madame Riegler.

Frauenanteil *m,* e → *Frauenquote.*

Frauenarbeit *f,* en 1. travail *m* de la femme 2. travail pour femmes.

Frauenbeauftragte *(die/eine)* chargée *f* de la condition féminine ; chargée des questions féminines.

Frauenberuf *m,* e profession *f* féminine.

Frauenbeschäftigung *f,* en effectif *m* féminin dans la population active.

Frauenbewegung *f,* en mouvement *m* féministe.

Frauenförderungsplan *m,* ¨e plan *m,* mesures *fpl* de promotion des femmes au travail.

Frauenquote *f,* n quota *m,* proportion *f* de femmes ; représentation *f* féminine (partis, syndicats, services publics, etc.).

Frauenrechte *npl* droits *mpl* des femmes.

Frauenrechtlerin *f,* nen féministe *f* ; suffragette *f.*

Frauentag *m,* e journée *f* de la femme (le 8 mars).

free : *(pr. ang.) (Incoterms)* ~ *alongside ship (fas/FAS)* franco le long du navire ; ~ *delivered in* livré franco de port à ; ~ *from all average (faa/FAA)* franco de tous risques ; ~ *of charge (foc/FOC)* franco de tous frais ; ~ *on board (fob/FOB)* franco à bord ; franco chargé sur navire ; ~ *on quay (foq/FOQ)* franco à quai ; ~ *on rail (for/FOR)* franco sur rail ; ~ *on truck (fot/FOT)* franco sur camion ; ~ *on waggon (fow/FOW)* franco sur wagon.

Free-TV *n,* ø télévision non codée ; chaîne *f* non-payante, non cryptée.

Freeware *f,* s *(pr. ang.) (Internet)* logiciel *m* gratuit ; graticiel *m.*

frei 1. franco ; exempt de ; exonéré de ; sans ; ~ *Grenze* franco frontière ; ~ *verkäuflich* en vente libre ; ~ *Haus liefern* livrer franco domicile ; *20 kg Gepäck ~ haben* avoir une franchise de bagages de 20 kilos ; ~ *von Konservierungsstoffen* sans conservateurs ; → *free* 2. libre ; facultatif ; vacant ; *der Posten ist ~ geworden* le poste s'est libéré ; *~e Stelle* place *f* vacante 3. libre ; ~ *finanzierter Wohnungsbau* construction *f* non subventionnée ; *~er Mitarbeiter* collaborateur *m* libre ; free-lance *m* ; ~ *von Schulden* libéré de toute dette ; *~er Verkehr* libre circulation *f.*

Freiaktie *f,* n action *f* gratuite.

Freiantwort *f,* en réponse *f* payée.

frei/bekommen, a, o 1. obtenir un congé 2. *gegen eine Kaution ~* dégager, libérer sur caution.

Freiberufler *m,* - libéral *m* ; personne *f* qui exerce une profession libérale ; *die ~* les professions *fpl* libérales.

freiberuflich : ~ *tätig sein* exercer une profession libérale.

Freibetrag *m,* ¨e montant *m* exonéré ; tranche *f* non imposable ; abattement *m* à la base.

freibleibend sans engagement ; non contraignant ; *~es Angebot* offre *f* sans engagement.

Freiexemplar *n,* e exemplaire *m* gratuit ; specimen *m.*

Freifahrt *f,* en gratuité *f* des transports ; voyage *m* gratuit.

Freifläche *f,* n surface *f* d'exposition en plein air *(contr. Hallenfläche).*

Freigabe *f,* n 1. déblocage *m* ; libéralisation *f* ; ~ *der eingefrorenen Gelder* déblocage *m* des fonds gelés ; ~ *der Löhne* déblocage des salaires ; ~ *der Preise, der Wechselkurse* libération *f* des prix, des taux de change 2. *(jur.)* mainlevée *f* ; déréquisition *f.*

frei/geben, a, e 1. débloquer ; libérer ; *die Preise ~* libérer les prix ; *zum Verkauf ~* mettre en vente ; *ein Produkt für den Handel ~* autoriser la mise sur le marché d'un produit 2. donner congé ; *jdm für einen Tag ~* donner sa journée à qqn.

Freigepäck *n,* ø bagages *mpl* en franchise.

Freigewicht *n,* ø franchise *f* de poids.

Freigrenze *f,* n marge *f* libre ; seuil *m* d'imposition ; tolérance *f.*

Freigut *n,* ¨er marchandises *fpl* en franchise.

Freihafen *m*, ¨ port *m* franc.
Freihaltung *f*, **en** : (*agric.*) artgerechte ~ élevage *m* en liberté.
Freihandel *m*, ø libre-échange *m* ; liberté *f* de commerce.
Freihandelsgebiet *n*, **e** → *Freihandelszone*.
Freihandelszone *f*, **n** zone *f* de libre échange.
freihändig à l'amiable ; de gré à gré ; ~*er Verkauf* vente *f* à un tiers pour non exécution d'un contrat par l'acquéreur ; ~ *vergeben* traiter de gré à gré.
Freihändler *m*, - libre-échangiste *m* ; partisan *m* du libre-échange.
freihändlerisch libre-échangiste.
Freihandverkauf *m*, ¨e vente *f* à l'amiable.
Freiheit *f*, **en** liberté *f* ; exemption *f* ; franchise *f* ; latitude *f* ; ~ *des Marktes* liberté du marché ; ~ *der Meinungsäußerung* liberté d'expression ; *jdn der* ~ *berauben* priver qqn de sa liberté.
Freiheitsentzug *m*, ¨e (*jur.*) peine *f* de prison ; privation *f* de liberté ; détention *f* ; *mit* ~ *bestraft werden* se voir infliger une peine de prison.
Freiheitsstrafe *f*, **n** (*jur.*) peine *f* privative de liberté ; prison *f*.
Freijahre *npl* premières années *fpl* d'un remboursement (seuls les intérêts du capital sont versés).
Freikarte *f*, **n** carton *m* d'entrée gratuite ; carte *f*, billet *m* d'entrée gratuite.
Freikauf *m*, ¨e rachat *m*.
frei/kaufen racheter ; dégager qqch ; libérer qqn moyennant argent ; *sich von einer Schuld* ~ se libérer d'une dette.
Freiklausel *f*, **n** clause *f* de franchise.
Freilager *n*, - dépôt *m* de transit.
Freiland *n*, ø (*agric.*) (*culture*) *im* ~ en plein air ; en pleine terre ; en pleine nature ; (*élevage*) en libre parcours ; en liberté.
Freilandhaltung *f*, **en** (*agric.*) élevage *m* (de poulets) en libre parcours.
Freilandpflanze *f*, **n** (*agric.*) plante *f* de pleine terre ; plante cultivée en plein air.
Freilandprodukt *n*, **e** (*agric.*) produit *m* d'élevage en plein air.
Freilaufstall *m*, ¨e (*agric.*) (élevage en) stabulation *f* libre.
Freiliste *f*, **n** liste *f* des marchandises exonérées de droits de douane ; liste des produits libres à l'importation ou à l'exportation.

frei/machen → *frankieren*.
Freimachung *f*, **en** → *Frankierung*.
Freimarke *f*, **n** timbre-poste *m* (*syn.* Briefmarke).
Freimarkt *m*, ¨e marché *m* libre ; marché hors-cote ; marché de gré à gré ; libre-échange *m* ; libre concurrence *f*.
Freimenge *f*, **n** (*douane*) contingent *m* non taxé ; quantité *f* autorisée ; quota *m* autorisé.
Freipass *m*, ¨e laissez-passer *m* permanent.
Freiplatz *m*, ¨e place *f* non payante.
freischaffend : ~*er Künstler* artiste *m* indépendant ; free-lance *m*.
Freischicht *f*, **en** journée *f* de repos.
Freischreibung *f*, **en** (*douane*) exemption *f* ; exonération *f* ; franchise *f*.
frei/setzen 1. dégager ; libérer ; licencier **2.** (*jur.*) *gegen Kaution freigesetzt* libéré sur caution.
Freisetzung *f*, **en 1.** (*énergie*) dégagement *m* ; production *f* **2.** (*capitaux*) dégagement *m* ; déblocage *m* **3.** licenciement *m* ; suppression *f* ; ~ *von Arbeitskräften* suppression d'emplois **4.** (*O.G.M.*) culture *f* en plein champ, à l'air libre.
frei/sprechen, a, o (*jur.*) innocenter ; acquitter ; relaxer.
frei/stehen, a, a être inoccupé (logement).
frei/stellen 1. libérer ; exempter ; *von der Steuer* ~ exonérer de l'impôt **2.** mettre en disponibilité ; dégager ; décharger de ; *jdn von der Haftung* ~ dégager qqn de sa responsabilité ; *von seiner Firma freigestellt werden* être mis en disponibilité par son entreprise **3.** laisser le choix à qqn ; *der Chef stellt mir frei, wie ich mich organisiere* le chef me laisse libre de m'organiser comme je l'entends.
Freistellung *f*, **en** exemption *f* ; libération *f* ; dispense *f* ; exonération *f* ; ~ *von der Arbeit* dispense de travail ; mise *f* en disponibilité ; ~ *von Steuern* exonération d'impôts.
Freistellungsantrag *m*, ¨e demande *f* d'exonération fiscale.
Freistellungsauftrag *m*, ¨e (*banque*) ordre *m* de prélèvement libératoire.
Freistellungsbescheid *m*, **e 1.** (*douane*) acquit *m* de franchise **2.** attestation *f* officielle d'exemption, d'exonération.
Freistellungsjahr *n*, **e** année *f* de mise en disponibilité ; congé sabbatique *m*.

Freiticket *n*, s (*aviation*) billet *m* gratuit.

Freiverkehr *m*, ø **1.** (*bourse*) marché *m* libre ; marché de coulisse ; marché de courtiers ; marché en banque ; (*autrefois*) coulisse *f* ; marché des courtiers en valeurs mobilières ; marché hors cote ; titres *mpl* non encore admis à la cote **2.** (*douane*) marché *m* libre, intérieur ; marché national (*syn. freier Verkehr*).

Freiverkehrsaktien *fpl* (*bourse*) actions *fpl* souscrites sur le marché libre ; actions hors-cote ; actions non admises à la cote.

Freiverkehrsbörse *f*, n (*bourse*) (le marché) hors-cote *m* ; marché *m* libre.

Freiverkehrskurs *m*, e (*bourse*) cours *m* du marché libre.

Freiverkehrsmakler *m*, - courtier *m* (libre) ; courtier en valeurs mobilières ; (autrefois) coulissier *m* (*syn. Kursmakler*).

Freiverkehrspapier *n*, e valeur *f*, titre *m* coté(e) au marché libre.

Freiverkehrsschein *m*, e (*douane*) passavant *m* ; permis *m* de circulation pour marchandises exemptées de droits ou dont les droits ont déjà été acquittés.

freiwillig volontaire ; bénévole ; facultatif ; ~e *Helfer* aides *fpl* bénévoles ; bénévoles *mpl* ; ~e *Kette* chaîne *f* volontaire ; ~e *Leistung* prestation *f* volontaire ; ~es *Mitglied* assuré *m* volontaire ; ~e *Versicherung* assurance *f* privée, volontaire.

Freiwillige/r (*der/ein*) volontaire *m*.

Freiwilligkeit *f*, ø volontariat *m* ; *auf ~ beruhend* facultatif ; sur la base du volontariat.

Freizeichen *n*, - (*téléph.*) tonalité *f* (*contr. Besetztzeichen*).

Freizeichnungsklausel *f*, n clause *f* de réserve ; clause de non-responsabilité ; clause d'exclusion de la responsabilité.

Freizeit *f*, en temps *m* libre ; loisirs *mpl* ; *seine ~ aus/füllen* occuper ses loisirs.

Freizeitangebot *n*, e possibilités *fpl* de loisirs (offertes par une commune ou un organisme) ; choix *m* de loisirs.

Freizeitbeschäftigung *f*, en activité *f* de loisirs.

Freizeitforscher *m*, - sociologue *m* spécialisé dans l'étude des loisirs.

Freizeitgesellschaft *f*, en société *f* des loisirs.

Freizeitgestaltung *f*, en organisation *f* des loisirs.

Freizeitindustrie *f*, n industrie *f* des loisirs.

Freizeitpark *m*, s parc *m* de loisirs.

Freizeitzentrum *n*, en centre *m* de loisirs.

Freizügigkeit *f*, en libre circulation *f* ; liberté *f* de circulation ; liberté de mouvement ; liberté d'établissement ; liberté du choix de (sa) résidence ; *~ von Arbeitskräften, Dienstleistungen und Kapital* libre circulation de la main-d'œuvre, des services et des capitaux.

Fremd- (*préfixe*) inconnu ; étranger ; tierce personne ; extérieur.

fremd étranger ; inconnu ; *~e Arbeitskräfte ins Land holen* faire appel à la main-d'œuvre étrangère ; *~e Mittel* capitaux *mpl* extérieurs ; capitaux de tiers ; *in ~em Namen* au nom de tiers ; *unter ~em Namen* sous un nom d'emprunt ; *für ~e Rechnung* pour le compte d'un tiers ; *~es Verschulden* faute *f* de tiers.

Fremdarbeiter *m*, - travailleur *m* étranger ; ouvrier *m* immigré (*syn. ausländischer Arbeiter* ; *Gastarbeiter*).

Fremdautomat *m*, en, en billetterie *f* automatique (d'une autre banque que la sienne propre).

Fremdbeleg *m*, e document *m* comptable extérieur (factures de fournisseurs, documents bancaires, etc.) (*contr. Eigenbeleg*).

Fremdbesitz *m*, ø détention *f* pour autrui ; propriété *f* médiate (possibilité d'utiliser un bien dont on n'est pas propriétaire).

Fremdbesteuerung *f*, en imposition *f* à l'étranger.

fremdbezogen acheté à l'extérieur ; provenant de l'extérieur, de la sous-traitance.

Fremddienste *mpl* services *mpl* extérieurs ; sous-traitance *f*.

Fremdenbuch *n*, ¨er (*touris.*) registre *m* des voyageurs.

Fremdenführer *m*, - guide *m* touristique.

Fremdenindustrie *f*, n → *Fremdenverkehrsindustrie*.

Fremdenmeldungen *fpl* (*touris.*) nombre *m* d'arrivées ; nombre d'arrivants.

Fremdenpass *m*, ¨e carte *f* de séjour provisoire.

Fremdenschein *m*, e fiche *f* de voyageur.
Fremdenverkehr *m*, ø tourisme *m* ; → *Tourismus*.
Fremdenverkehrsamt *n*, ¨er syndicat *m* d'initiative ; office *m* de tourisme.
Fremdenverkehrsgebiet *n*, e région *f* touristique.
Fremdenverkehrsgewerbe *n*, - professions *fpl* liées au tourisme ; activité *f* touristique.
Fremdenverkehrsindustrie *f*, n industrie *f* du tourisme.
Fremdenverkehrswerbung *f*, en publicité *f* touristique.
Fremdenzimmer *n*, - chambre *f* d'hôte, d'hôtel ; *verfügbare* ~ capacité *f* en chambres disponibles, d'hébergement.
Fremdfinanzierung *f*, en financement *m* par capitaux empruntés ; financement par emprunt, par endettement ; financement externe ; financement par des tiers ; *Kosten der* ~ coût *m* du crédit (*contr. Selbstfinanzierung*).
Fremdfirma *f*, en entreprise *f* sous-traitante.
Fremdflagge *f*, n : (*navigation*) *unter* ~ *verkehren* naviguer sous pavillon étranger.
Fremdgeld *n*, er → *Fremdkapital*.
Fremdguthaben *n*, - avoir *m* en devises étrangères.
Fremdherrschaft *f*, en domination *f* étrangère.
Fremdhilfe *f*, n aide *f* extérieure ; assistance *f* de tiers ; aide de tierce personne.
Fremdhypothek *f*, en hypothèque *f* au profit d'un tiers.
Fremdkapital *n*, ø capitaux *mpl* empruntés ; capitaux étrangers (extérieurs) ; moyens *mpl* financiers empruntés ; fonds *mpl* d'emprunt.
Fremdkapitalkosten *pl* coût *m* des capitaux empruntés.
Fremdkapitalzinsen *mpl* rémunération *f* des capitaux empruntés ; intérêts *mpl* des capitaux de tiers.
Fremdkonto *n*, en compte *m* de tiers.
Fremdleistung *f*, en prestation *f* extérieure ; service *m* de tiers ; sous-traitance *f*.
Fremdmittel *npl* → *Fremdkapital*.
Fremdschuld *f*, en 1. dette *f* en devises étrangères 2. dette *f* d'autrui.
Fremdsprachenkenntnisse *fpl* connaissances *fpl* des langues étrangères.

Fremdsprachenkorrespondent *m*, en, en correspondancier *m* international ; traducteur *m* ; secrétaire *m/f* trilingue.
Fremdumsatz *m*, ¨e chiffre *m* d'affaires extérieur ; *konsolidierter* ~ chiffre d'affaires consolidé des sociétés affiliées.
Fremdverschulden *n*, ø responsabilité *f* d'un tiers.
Fremdversicherung *f*, en assurance *f* pour le compte de tiers.
Fremdwährung *f*, en devise *f*, monnaie *f* étrangère.
Fremdwährungs- (*préfixe*) en devises étrangères ; libellé en monnaie étrangère.
Fremdwährungsanleihe *f*, n emprunt *m* libellé en devise étrangère.
Fremdwährungsemission *f*, en émission *f* (de titres) en devise étrangère.
Fremdwährungsversicherung *f*, en assurance *f* contre les risques de change.
freundlich 1. ~*es Angebot* offre *f* obligeante ; ~*e Börse* bourse *f* bien disposée, bien orientée ; (*corresp.*) *mit* ~*en Grüßen* veuillez agréer l'expression de nos salutations distinguées 2. (*suffixe*) *fußgänger*~ piétonnier ; aménagé pour les piétons ; *käufer*~ dans l'intérêt des acheteurs ; geste *m* commercial ; *kinder*~ aménagé pour les enfants ; *umwelt*~ non polluant.
freundschaftlich amical ; ~*e Beziehungen* relations *fpl* amicales ; *etw* ~ *regeln* régler qqch à l'amiable.
Freundschaftspreis *m*, e prix *m* d'ami, avantageux.
Freundschaftsvertrag *m*, ¨e traité *m* d'amitié.
Frieden *m*, - paix *f* ; *sozialer* ~ paix sociale ; ~ *schließen* faire la paix.
friedenserhaltend : ~*e Maßnahmen* mesures *fpl* visant au maintien de la paix.
Friedensklausel *f*, n clause *f* de paix sociale ; trêve *f* sociale (accord gouvernement - syndicats).
Friedenspflicht *f*, en → *Friedensklausel*.
Friedenspolitik *f*, ø politique *f* de (maintien de la) paix.
Friedensrichter *m*, - (*Suisse*) médiateur *m*.
Friedensvertrag *m*, ¨e traité *m* de paix.
Friedenswirtschaft *f*, en économie *f* de (temps de) paix.

frisch frais ; *~es Gemüse* légumes *mpl* frais ; *auf ~er Tat ertappt werden* être pris en flagrant délit ; être pris sur le fait.

Frischbereich *m,* **e** (*commerce*) secteur *m* des produits frais.

Frischgeldzufuhr *f,* **en** apport *m* d'argent frais.

Frischgewicht *n,* **e** poids *m* avant mise en conserve.

Frischhaltebeutel *m,* **-** emballage *m* isolant ; sac *m* isotherme ; pochette *f* plastique (isolante).

Frischhaltedatum *n,* **-ten** date *f* (limite) de fraîcheur ; délai *m* de conservation ; date de péremption.

Frischhaltung *f,* ø conservation *f* (des aliments).

Frischtheke *f,* **n** rayon *m* des produits frais.

frisieren truquer ; falsifier ; maquiller ; *eine Bilanz ~* maquiller un bilan ; *einen Motor ~* gonfler un moteur.

Frist *f,* **en** délai *m* ; échéance *f* ; terme *m* ; sursis *m* ; temps *m* accordé **I.** *abgelaufene* (*verstrichene*) *~* délai échu, expiré ; *angemessene ~* délai raisonnable ; *feste ~* délai ferme ; *gesetzliche ~* délai légal ; *gesetzte ~* délai imparti ; *auf kurze, mittlere, lange ~* à court, moyen, long terme ; *vereinbarte ~* délai convenu ; *verjährte ~* délai frappé de prescription ; *vertraglich vereinbarte ~* délai contractuel ; *vorgeschriebene ~* délai prescrit ; *vor, nach Ablauf der ~* avant, après expiration du délai **II.** *eine ~ auf/schieben* reporter un délai ; *eine ~ ein/halten* respecter un délai ; *einen weiteren Monat ~ erhalten* obtenir un délai supplémentaire d'un mois ; *eine ~ gewähren* accorder un délai ; *eine ~ setzen* fixer un délai ; *eine ~ überschreiten* dépasser un délai ; *eine ~ verkürzen, verlängern* écourter, proroger (prolonger) un délai ; → *Ablauf-, Gewähr-, Haftungs-, Kündigungs-, Liefer-, Verjährungs-, Zahlungsfrist.*

Fristablauf *m,* ¨e expiration *f* du délai ; *nach, vor ~* après ; avant terme.

Fristbewilligung *f,* **en** octroi *m* d'un délai ; (*jur.*) moratoire *m.*

Fristeinstellung *f,* **en** suspension *f* du délai.

fristen 1. avoir tout juste de quoi vivre ; *sein Leben mit Gelegenheitsjobs ~* vivoter grâce à des petits boulots **2.** (*rare*) *einen Kredit ~* prolonger un crédit.

Fristende *n,* ø → *Fristablauf.*

Fristenlösung *f,* **en** (*jur.*) règlementation *f* en matière d'interruption volontaire de grossesse (I.V.G.).

Fristenplanung *f,* **en** calendrier *m.*

fristgebunden → *fristgemäß.*

fristgemäß dans les délais (impartis) ; comme prévu.

fristgerecht → *fristgemäß.*

Fristigkeit *f,* **en** durée *f* d'un placement.

fristlos sans délai ; sans préavis ; *~ entlassen* (*kündigen*) licencier sans préavis.

Fristsetzung *f,* **en** fixation *f* d'un délai.

Fristüberschreitung *f,* **en** dépassement *m* de délai.

Fristung *f,* **en** sursis *m* ; prorogation *f* d'un délai.

Fristverkürzung *f,* **en** réduction *f* du / d'un délai.

Fristverlängerung *f,* **en** prorogation *f,* prolongation *f* d'un délai.

Fristversäumnis *n/f,* **se** inobservation *f,* non respect *m* d'un délai.

Fristwechsel *m,* **-** traite *f,* effet *m* payable à un certain délai de date.

Fristzahlung *f,* **en** paiement *m* par termes.

Frontalaufprall *m,* **e** (*assur.*) choc *m* frontal ; collision *f* de plein fouet.

Frontenverhärtung *f,* **en** durcissement *m* des forces en présence, des fronts.

Frontoffice *n,* **s** service-contact *m* clientèle ; guichet *m* clients (*contr. Backoffice*).

Frost *m,* ¨e gel *m.*

frostempfindlich sensible au gel ; à protéger du gel.

frostgeschädigt endommagé par le gel ; victime *f* du gel.

Frostschaden *m,* ¨ dégât *m* du gel.

Frostschadenversicherung *f,* **en** assurance *f* contre les dégâts du gel.

Frostware *f,* **n** aliment *m* surgelé ; surgelé *m.*

Frucht *f,* ¨e (*agric.*) fruit *m* ; produit *m* de la terre ; (*fig.*) *die ~¨e seiner Arbeit ernten* récolter les fruits de son travail ; *~¨e tragen* porter des fruits ; être rentable ; s'avérer profitable.

Fruchtbarkeit *f,* ø fertilité *f* ; fécondité *f.*

Fruchtbarkeitsrate *f,* **n** taux *m* de fécondité.

Fruchtbarmachung *f,* **en** (*agric.*) amendement *m* ; fertilisation *f* ; amélioration *f* du sol.

fruchten porter des fruits ; fructifier.

Fruchtfolge *f,* **n** (*agric.*) assolement *m* ; rotation *f* des cultures ; culture *f* alternée.

Frühbucherrabatt *m,* **e** (*transp.*) rabais *m* accordé sur les réservations de la première heure.

Frühdienst *m,* **e** → *Frühschicht.*

Früherkennung *f,* **en** détection *f* précoce ; dépistage *m* précoce.

Frühgemüse *n,* **-** (*agric.*) légumes *mpl* primeurs.

Frühindikator *m,* **en** indicateur *m* (conjoncturel) avancé ; clignotant *m* d'alerte.

Frühinvalidität *f,* **en** invalidité *f* précoce.

Frühjahr *n,* **e** printemps *m.*

Frühjahrs- (*préfixe*) de printemps.

Frühjahrsgeschäft *n,* **e** ventes *fpl* printanières ; affaires *fpl* de (du) printemps.

Frühjahrskatalog *m,* **e** catalogue *m* de printemps.

Frühjahrskollektion *f,* **en** (*haute couture*) collection *f* de printemps.

Frühjahrsmesse *f,* **n** foire *f* de printemps, printemps-été.

Frühjahrsputz *m,* ø (*fig.*) toilettage *m* ; remise *f* à jour (d'une réforme, d'un texte de loi).

Frühkapitalismus *m,* ø précapitalisme *m.*

frühkapitalistisch précapitaliste.

Frühobst *n,* ø primeurs *fpl* ; fruits *mpl* hâtifs.

Frührente *f,* **n** retraite *f* anticipée ; préretraite *f.*

Frührentner *m,* **-** personne *f* en préretraite ; préretraité *m* ; jeune retraité *m.*

Frühschicht *f,* **en** équipe *f* du matin ; poste *m* de début de journée ; ~ **haben** être du matin (*contr. Spätschicht*).

Frühstücksdirektor *m,* **en** (*péj.*) directeur *m* d'opérette.

Frühstückskartell *n,* **e** entente *f* illicite, secrète, illégale (entre entreprises pour réduire la concurrence).

Frühstückspension *f,* **en** (*touris.*) hôtel *m* garni (nuit plus petit déjeuner).

früh verrenten mettre en préretraite.

Frühverrentung *f,* **en** mise *f* en préretraite.

Frühwarnsystem *n,* **e** système *m* d'alerte ou de mise en garde rapide.

Frühzeichner *m,* **-** (*bourse*) souscripteur *m* de la première heure.

FTAA *f* (*Free Trade American Area*) zone *f* de libre échange américaine.

FTSE-100 Index *m* indice *m* Footsie (indice de référence des 100 principales valeurs de la bourse de Londres).

FU *f* (*Freie Universität Berlin*) Université *f* libre de Berlin.

Fühlung *f,* ø contact *m* ; *mit jdm ~ auf/nehmen* prendre contact avec qqn.

Fühlungnahme *f,* **n** prise *f* de contact.

führen 1. conduire ; diriger ; gérer ; *Bücher* ~ tenir les livres, les comptes ; *ein Geschäft* ~ tenir un commerce ; *die Kasse* ~ tenir la caisse ; *Verhandlungen* ~ mener des négociations ; *den Vorsitz* ~ présider ; avoir la présidence **2.** vendre ; avoir en magasin ; tenir ; *wir ~ diese Marke nicht* nous ne faisons pas cette marque.

führend dirigeant ; renommé ; éminent ; en vue ; *auf einem Gebiet ~ sein* faire autorité dans un domaine ; *eine ~er Betrieb* entreprise *f* de pointe ; *eine ~e Position haben* avoir une situation importante, dirigeante.

Führer *m,* **-** **1.** chef *m* ; patron *m* ; leader *m* ; (*fam.*) boss *m* ; ~ *einer Partei* leader d'un parti politique **2.** (*touris.*) guide *m* touristique (personne ou livre).

Führerausweis *m,* **e** (*Suisse*) → *Führerschein.*

Führerschein *m,* **e** permis *m* (de conduire) ; *internationaler* ~ permis international ; *jdm den ~ entziehen* retirer le permis à qqn.

Führerscheinentzug *m,* ¨**e** retrait *m* du permis de conduire.

Führerscheinklasse *f,* **n** catégorie *f* de permis de conduire.

Fuhrgeld *n,* **er** frais *mpl* de transport ; camionnage *m* ; roulage *m.*

Fuhrgewerbe *n,* **e** les transporteurs *mpl* ; les routiers *mpl.*

Fuhrpark *m,* **s** parc *m* automobile ; parc de véhicules ; matériel *m* roulant.

Führung *f,* **en** direction *f* ; conduite *f* ; gestion *f* ; management *m* ; responsabilité *f* ; leadership *m* ; administration *f* ; *die ~ haben* avoir le leadership ; être en tête ; *jdm die ~ überlassen* confier la direction à qqn ; *die ~ einer Firma übernehmen* prendre la direction d'une entreprise (*syn. Leitung*).

Führungsanspruch *m,* ¨e leadership *m.*

Führungsebene *f,* n niveau *m* de direction ; échelon *m* de direction.

Führungsentscheidung *f,* en décision *f* prise par la direction ; décision « qui vient d'en haut ».

Führungserfahrung *f,* en expérience *f* de dirigeant ; compétences *fpl* managériales.

Führungsetagen *fpl* : *aus den ~* au niveau de la direction.

Führungsfähigkeit *f,* en aptitude *f* au commandement, à diriger ; personne *f* présentant des qualités de dirigeant.

Führungsfunktion *f,* en fonction *f* de cadre dirigeant ; fonction de direction.

Führungskraft *f,* ¨e dirigeant *m* ; cadre *m* supérieur ; P.-D.G. *m* ; *~¨e* cadres *mpl* (supérieurs) ; personnel *m* d'encadrement ; *betriebliche ~¨e* cadres d'entreprise ; *kaufmännische ~¨e* cadres commerciaux ; *obere, mittlere ~* cadres supérieurs, moyens (*syn. leitende Angestellte* ; *Management*).

Führungsmannschaft *f,* en équipe *f* dirigeante ; équipe *f* de direction.

Führungsrarbeit *f,* en tâche *f* de direction ; travail *m* de dirigeant.

Führungsriege *f,* n → *Führungsmannschaft.*

Führungsrolle *f,* n leadership *m.*

Führungsspitze *f,* n cadres *mpl* de direction ; hauts responsables *mpl* d'une entreprise ; noyau *m* dirigeant.

Führungsstab *m,* ¨e état-major *m* (opérationnel) ; équipe *f* dirigeante ; les dirigeants *mpl* ; staff *m.*

Führungsstellung *f,* en poste *m* de direction ; position *f* dirigeante.

Führungsstil *m,* e style *m* de direction ; manière *f* de diriger une entreprise.

Führungsteam *n,* s → *Führungsmannschaft.*

Führungswechsel *m,* - changement *m* de direction ; changement de l'équipe dirigeante.

Führungszeugnis *n,* se certificat *m* de bonne conduite (délivré par un employeur à un salarié) ; attestation *f* de bons et loyaux services.

Fuhrunternehmen *n,* - entreprise *f* de transport (*syn. Spedition*).

Fuhrunternehmer *m,* - entreprise *f* de transport.

Fullservice *m,* s (*pr. ang.*) après-vente *m* (multiservices).

Full-Time-Job *m,* s (*pr. ang.*) emploi *m* à plein temps.

Fund *m,* e objet *m* trouvé ; (*jur.*) invention *f.*

Fundament *n,* e fondement *m* ; base *f* ; assise *f* ; *das ~ zu etw legen* poser les bases de qqch.

Fundamentalismus *m,* ø fondamentalisme *m* ; extrémisme *m* ; intégrisme *m.*

Fundamentalist *m,* en, en intégriste *m* ; extrémiste *m.*

Fundamentalwertung *f,* en évaluation *f* fondamentale.

Fundamt *n,* ¨er → *Fundbüro.*

Fundbüro *n,* s bureau *m* des objets trouvés.

Fundgegenstand *m,* ¨e objet *m* trouvé.

fundieren 1. consolider ; garantir ; *~te Anleihe* emprunt *m* consolidé ; *~te Schuld* dette *f* consolidée **2.** argumenter ; étayer.

Fundierung *f,* en consolidation *f* d'une dette ou d'un emprunt.

fündig (*gisement*) riche ; exploitable ; *~ werden* découvrir.

Fundraising *n,* ø (*pr. ang.*) collecte *f* de fonds.

Fundraisingabteilung *f,* en service *m* (d'un organisme, d'une université, etc.) chargé de collecter des fonds.

Fundsache *f,* n → *Fundgegenstand.*

Fünfjahresplan *m,* ¨e plan *m* quinquennal.

fünfjährig âgé de cinq ans.

fünfjährlich tous les cinq ans ; quinquennal.

Fünfprozent-Klausel *f* (*élections*) clause *f* des 5 % (selon laquelle ne peuvent siéger au parlement que les partis ayant obtenu au moins 5 % des suffrages exprimés).

Fünfsternehotel *n,* s hôtel *m* cinq étoiles ; hôtel de grand luxe.

Fünftagewoche *f,* n semaine *f* de cinq jours.

Fünftonner *m,* - (*transports*) (camion *m* de) cinq tonnes *m.*

fungibel fongible ; substituable ; échangeable ; *fungible Wertpapiere* titres *mpl* fongibles.

Fungibilität *f,* ø fongibilité *f* (possibilité d'être remplacé par un bien de même nature).

fungieren fonctionner ; faire fonction de ; faire office de ; *er fungiert als Zeuge* il est là en tant que témoin.

Funk *m,* ø radio *f* ; ~ *und Fernsehen* radio-télévision *f* (*syn. Rundfunk* ; *Radio*).

Funkausstellung *f* : *Internationale* ~ Salon *m* international de la radio et de la télévision de Berlin.

Funktion *f,* en fonction *f* ; activité *f* ; charge *f* ; *eine leitende* ~ *inne/haben* occuper une fonction dirigeante.

Funktionär *m,* e responsable *m* (parti, organisme) ; permanent *m* syndical.

funktionell fonctionnel.

Funktionsablauf *m,* ¨e fonctionnement *m*.

funktionsfähig en état de fonctionner ; fonctionnel ; qui fonctionne ; en état de marche.

Funktionsfähigkeit *f,* en bon fonctionnement *m* ; viabilité *f* ; fonctionnalité *f*.

Funktionsleiste *f,* n (*informatique*) menu *m* déroulant.

Funktionsmängel *mpl* dysfonctionnement *m*.

Funktionsproblem *n,* e problème *m* de fonctionnement.

Funktionsstörung *f,* en → *Funktionsmängel*.

Funktionstaste *f,* n (*informatique*) touche *f* de fonction.

Funktionstest *m,* s test *m* de bon fonctionnement.

Funktionsträger *m,* - dignitaire *m* ; autorité *f* en charge d'une fonction ; personnage *m* officiel.

funktionstüchtig → *funktionsfähig*.

Funktionstüchtigkeit *f,* en → *Funktionsfähigkeit*.

Funktionszulage *f,* n indemnité *f* de poste ; prime *f* de fonction ; indemnité parlementaire.

Funkwerbung *f,* en publicité *f* à la radio.

Fürsorge *f,* ø assistance *f* ; aide *f* ; prévoyance *f* ; *öffentliche* ~ assistance publique ; *soziale* ~ aide sociale ; ~ *für Hilfsbedürftige* assistance aux personnes nécessiteuses ; *Geld aus der* ~ *beziehen* percevoir une aide sociale ; *Kinder der* ~ *übergeben* confier des enfants à l'assistance (à la D.A.S.S.). (*syn. Sozialhilfe*).

Fürsorgeamt *n,* ¨er services *mpl* de l'aide sociale ; bureau *m* d'assistance publique (*syn. Sozialamt*).

Fürsorgeberechtigte/r (*der/ein*) personne *f* assistée ; ayant-droit *m* à l'aide sociale.

Fürsorgeeinrichtung *f,* en organisme *m,* institution *f* de l'aide sociale.

Fürsorgeempfänger *m,* - personne *f* assistée ; prestataire *m,* bénéficiaire *m* de l'aide sociale.

Fürsorgeerziehung *f,* en placement *m* d'enfants en difficulté ; placement d'enfants assistés (à la D.A.S.S.).

Fürsorgefonds *m,* - fonds *m* d'assistance ; fonds de prévoyance.

Fürsorgeleistungen *fpl,* en prestations *fpl* sociales.

fürsorgerisch : ~*e Maßnahmen* mesures *fpl* d'aide sociale.

Fürsorgeunterstützung *f,* en soutien *m* financier ; allocation *f* de soutien.

Fürsorgewesen *n,* ø assistance *f* sociale.

Fürsprache *f,* ø intercession *f* ; intervention *f* ; (*bei jdm*) ~ (*für jdn*) *ein/legen* intercéder (auprès de qqn) (en faveur de qqn).

Fürsprecher *m,* - défenseur *m* ; intercesseur *m* ; partisan *m*.

Fusion *f,* en fusion *f* ; concentration *f* (d'entreprises) ; absorption *f* (union de deux ou de plusieurs entreprises disparaissant juridiquement pour former une nouvelle entité économique) ; *horizontale, vertikale* ~ concentration horizontale, verticale ; *industrielle* ~ fusion industrielle ; ~ *auf europäischer, globalisierter Ebene* ~ fusion à l'échelle européenne, mondiale ; ~ *durch Aufnahme* fusion par absorption ; ~ *von Gesellschaften* fusion de sociétés ; ~*en und Übernahmen* (*Mergers and Acquisitions, M&A*) fusions et acquisitions *fpl* ; → *Unternehmensübernahme* ; *Mergers & Acquisitions* ; *LBO* ; *MBO*.

fusionieren fusionner ; *der Familienbetrieb fusionierte mit einer Auslandsgesellschaft* l'entreprise familiale a fusionné avec une société étrangère (*syn. verschmelzen*).

Fusionierung *f,* en → *Fusion*.

fusionistisch : ~*e Absichten haben* avoir l'intention de fusionner.

Fusionsabkommen *n,* - accord *m* de fusion.

Fusionsfieber *n*, - frénésie *f* de fusions ; fusionnite *f*.

Fusionsvertrag *m*, ¨e contrat *m* de fusion.

fusionswillig favorable à une fusion ; désireux de fusionner.

Fuß *m*, ¨e pied *m* ; *in einem Land ~ fassen* s'implanter dans un pays ; *auf großem ~ stehen* mener (un) grand train (de vie) ; vivre sur un grand pied ; *auf eigenen ~¨en stehen* être indépendant ; ne dépendre de personne.

fußgängerfreundlich piétonnier ; aménagé pour les piétons.

Fußgängerzone *f*, n zone *f* piétonne ; espace *m* piétonnier.

Fußnote *f*, n note *f* en bas de page.

Fustage *f*, n emballage *m* vide ; flaconnage *m*.

Fusti *pl* réduction *f* sur le prix (pour altération, déchets, etc.).

Futter *n*, -sorten (*agric.*) fourrage *m*.

Futteranbaufläche *f*, n surface *f* fourragère ; surface cultivée en fourrage.

Futteranspruch *m*, ¨e besoins *mpl* en fourrage ; *eine Tierrasse mit geringem ~* une race animale nécessitant peu de fourrage.

Futterbaubetrieb *m*, e exploitation *f* de production de plantes fourragères.

Futtergetreide *n*, - céréales *fpl* fourragères.

Futtermittel *npl* fourrages *mpl* ; alimentation *f* animale.

füttern alimenter ; *einen Computer mit Daten ~* mettre des données en mémoire.

Futterpflanzen *fpl* plantes *fpl* fourragères.

Futterpflanzenbau *m*, ø culture *f* fourragère.

Futterrübe *f*, n betterave *f* fourragère.

Futtersilo *n*, s silo *m* à fourrage.

Future *m*, s (*pr. ang.*) (*emploi surtout pl.*) (*bourse*) contrats *mpl* à terme ; marchandises *fpl*, valeurs *fpl* vendues à terme ; *~-Geschäfte* opérations *fpl* (spéculatives) de contrat à terme ; *~-Markt* marché *m* des contrats à terme ; *~-Option* option *f* sur contrats à terme ; *einen ~ auf eine Ware ein/führen* placer un contrat à terme sur une marchandise.

Futurologie *f*, ø futurologie *f*.

Fuzzy *m* (*fam.*) → *FTSE-100-Index*.

FV 1. → *Fachverband* 2. *Fernverkehr* 3. (*future value*) valeur *f* future.

FWB *f* (*Frankfurter Wertpapierbörse*) bourse *f* des valeurs de Francfort.

G

G (*Geld*) (*bourse*) cours *m* acheteur.

G- : ~ *7-Staaten* groupe *m* des pays du G7 (Allemagne, Canada, France, Grande Bretagne, Italie, Japon, U.S.A.) ; ~ *8-Staaten* groupe *m* des pays du G7 plus la Russie ; ~ *24* groupe des 24 pays en voie de développement.

Gabe *f,* n 1. présent *m* ; cadeau *m* ; don *m* 2. donation *f.*

Gafa *f* (*Gartenfachmesse, Köln*) Salon *m* du jardinage et de l'horticulture de Cologne.

Gage *f,* n cachet *m* (artiste) ; rémunération *f.*

galoppierend : ~*e Inflation* inflation *f* galopante.

Gammelfischerei *f,* en pêche *f* non industrielle ; pêche artisanale.

Gammelfleisch *n,* ø (*agric.*) viande *f* avariée.

Gang *m,* ¨e 1. marche *f* ; allure *f* ; action *f* ; fonctionnement *m* ; déroulement *m* ; *der ~ der Geschäfte ist schleppend* les affaires ne vont pas fort fort ; *eine Maschine in ~ setzen* mettre une machine en route ; *Verhandlungen wieder in ~ bringen* relancer des négociations 2. *~ an die Börse* (*Börsengang*) entrée *f* en bourse.

gangbar → *gängig*.

gängig usité ; courant ; ayant cours ; négociable ; ~*e Münze* monnaie *f* ayant cours ; ~*e Ware* marchandise *f* qui se vend bien ; article *m* de bon débit.

Gant *f,* en (*Suisse, Autriche*) vente *f* aux enchères publiques.

Ganzfabrikat *n,* e produit *m* fini.

Ganzinvalide *m,* n, n invalide *m* à 100 %.

ganztägig : *~ arbeiten* travailler à temps complet.

Ganztagsarbeit *f,* en → *Ganztagsbeschäftigung*.

Ganztagsbeschäftigung *f,* en travail *m* à plein temps ; emploi *m* à temps complet (*contr. Halbtags-, Teilzeitbeschäftigung*).

Ganztagsbetreuung *f,* en prise *f* en charge à plein temps (enfants, personnes dépendantes, etc.).

Ganztagskraft *f,* ¨e personne *f* à plein temps ; travailleur *m* à temps complet.

GAP *f* (*Gemeinsame Agrarpolitik*) P.A.C. *f* (politique agricole commune).

Garant *m,* en, en répondant *m* ; garant *m* ; caution *f* ; personne *f* qui se porte caution ; gardien *m* ; dépositaire *m* (*syn. Bürge*).

Garantie *f,* n garantie *f* ; caution *f* ; cautionnement *m* ; engagement *m* ; responsabilité *f* ; couverture *f* ; *angemessene ~* garantie appropriée **I.** *von der ~ ausgenommen* être exclu de la garantie ; *ohne ~* sans garantie ; sans être couvert ; *die ~ auf (für) ein Gerät* la garantie d'un appareil ; *vertragliche ~* garantie contractuelle **II.** *die ~ des Geräts ist abgelaufen* l'appareil n'est plus sous garantie ; *die ~ in Anspruch nehmen* recourir à la garantie ; *sich auf die ~ berufen* se prévaloir de la garantie ; *die Reparatur fällt noch unter die ~* l'appareil est encore sous garantie ; *eine ~ gewähren* accorder une garantie ; *einen Betrag als ~ hinterlassen* déposer une somme en garantie ; *unter ~ stehen* être sous garantie ; *die ~ für eine Anleihe übernehmen* garantir un emprunt ; se porter garant d'un emprunt.

Garantieanspruch *m,* ¨e droit *m* de recours à la garantie ; droit à faire jouer la garantie.

Garantieausschluss *m,* ¨e exclusion *f* de la garantie.

Garantiebetrag *m,* ¨e montant *m* garanti ; montant *m* de la garantie.

Garantiebezeichnung *f,* en sigle *f* d'appellation contrôlée ; label *m* de garantie d'origine.

Garantiefonds *m,* - fonds *m* de garantie ; fonds à capital garanti ; *einen ~ auf/legen* mettre un fonds de garantie en souscription.

Garantiefrist *f,* en délai *m* de garantie.

Garantiegeber *m,* - → *Garant*.

Garantiegeschäft *n,* e opération *f* bancaire sous contrat de cautionnement.

Garantiehinterlegung *f,* en dépôt *m* de garantie.

Garantiekapital *n,* ø capital *m* de garantie ; capital propre.

Garantieleistung *f,* en constitution *f* de garantie ; cautionnement *m* ; prestation *f* versée au titre de garantie ; (*assur.*) couverture *f* du risque ; règlement *m* du sinistre.

Garantielohn *m,* ¨e salaire *m* (minimal) garanti.

Garantiemenge *f,* **n** quantité *f* garantie.
Garantiemengenregelung *f,* **en** (*U.E.*) garantie *f* des quotas laitiers.
Garantienehmer *m,* **-** bénéficiaire *m* de la garantie ; personne *f* à qui profite la caution.
Garantiepreis *m,* **e** (agricole) prix *m* garanti.
garantieren garantir ; se porter garant (caution) ; cautionner ; *für die Qualität einer Ware* ~ garantir la qualité d'un produit.
Garantieschein *m,* **e** certificat *m* de garantie ; bon *m* de garantie.
Garantieübernahme *f,* **n** acceptation *f* d'assumer la garantie ; prise *f* en charge d'une garantie ; garantie *f* assumée par un tiers.
Garantieurkunde *f,* **n** → *Garantieschein*.
Garantieverpflichtung *f,* **en** obligation *f* de garantie ; engagement *m* du vendeur de garantir l'objet vendu.
Garantieversicherung *f,* **en** assurance *f* de garantie.
Garantievertrag *m,* ¨**e** contrat *m* de garantie.
Garantieverzinsung *f,* **en** taux *m* d'intérêt garanti.
Garantiewechsel *m,* **-** effet *m* de garantie.
Garantiezeichen *n,* **-** label *m* de garantie ; marque *f* de garantie.
Garantiezeit *f,* **en** période *f* de garantie ; durée *f* de la garantie ; *die ~ ist abgelaufen* la garantie est expirée.
Gartenbau *m,* ø horticulture *f* ; culture *f* maraîchère.
Gartenbauausstellung *f,* **en** exposition *f* horticole ; Salon *m* de l'horticulture.
Garten-Center *n,* **-** garden-center *m* ; jardinerie *f* ; grande surface *f* pour le jardinage.
Gas *n,* **e** gaz *m* ; *Erd~* gaz naturel ; *Erdöl~* gaz de pétrole liquéfié (G.P.L.) ; *Flüssig~* gaz liquide.
gasbefeuert : *~es Kraftwerk* centrale *f* alimentée au gaz naturel.
Gasgewinnung *f,* **en** production *f* de gaz.
Gasheizung *f,* **en** chauffage *m* au gaz.
Gasrechnung *f,* **en** facture *f* du gaz ; facture de la consommation de gaz.
Gast *m,* ¨**e** hôte *m* ; invité *m* ; client *m* (hôtel, restaurant).
Gastanker *m,* **-** méthanier *m* ; navire *m* citerne transporteur de gaz liquide.
Gastarbeiter *m,* **-** (*arch.*) travailleur *m* immigré ; ouvrier *m* étranger (*syn. Fremdarbeiter ; ausländischer Arbeiter*).
Gästebetreuung *f,* **en** (*touris.*) service *m* de la clientèle ; ensemble *m* des structures d'accueil.
Gästebuch *n,* ¨**er** livre *m* d'hôtes ; registre *m*.
Gästekartei *f,* **en** fichier *m* des clients (hôtellerie).
Gästeverkehr *m,* ø mouvements *mpl* de la clientèle (restauration, hôtellerie).
Gastfamilie *f,* **n** (*échanges scolaires*) famille *f* d'accueil.
Gastgewerbe *n,* **-** → *Gaststättengewerbe*.
Gasthaus *n,* ¨**er** → *Gaststätte*.
Gasthof *m,* ¨**e** → *Gaststätte*.
Gastland *n,* ¨**er** pays *m* d'accueil ; pays-hôte *m*.
Gastprofessor *m,* **en** professeur *m* détaché.
Gaststätte *f,* **n** restaurant *m* ; (petit) hôtel *m* ; auberge *f* ; café *m* ; bistrot *m*.
Gaststättenerlaubnis *f,* **se** autorisation *f* d'exploitation d'un débit de boissons.
Gaststättengewerbe *n,* **-** hôtellerie *f* ; industrie *f* hôtelière ; (activité de la) restauration *f*.
Gastwirtschaft *f,* **en** → *Gaststätte*.
Gasverbrauch *m,* ø consommation *f* de gaz.
Gasverflüssigung *f,* **en** liquéfaction *f* du gaz.
Gasversorger *m,* **-** fournisseur *m* de gaz naturel ; société *f* d'approvisionnement en gaz naturel.
Gasversorgung *f,* **en** approvisionnement *m* en gaz.
Gaswerk *n,* **e** usine *f* à gaz.
GATT (*hist. General Agreement on Tariffs and Trade, 1948*) GATT *m* ; accord général sur les tarifs douaniers et le commerce ; le GATT a fait place en 1996 à l'Organisation mondiale du commerce (O.M.C.) → *Welthandelsorganisation* ; *WTO*.
Gattung *f,* **en** genre *m* ; variété *f* ; espèce *f* ; *Waren jeder* ~ marchandises *fpl* en tout genre et de toute provenance.
Gattungsbegriff *m,* **e** terme *m* générique.

Gattungskauf *m*, ¨e achat *m* de genre ; achat *m* ou vente *f* d'une chose fongible (*contr. Spezieskauf*).

GAU *m*, s (*größter anzunehmender Unfall*) accident *m* technique le plus grave d'une centrale nucléaire ; catastrophe *f* nucléaire.

Gauck-Behörde *f* Office *m* fédéral en charge des dossiers des services de sécurité de l'ex-RDA.

Gaussverteilung *f*, en (*mathématique*) distribution *f*, loi *f* de Gauss.

GAV *m* (*Gesamtarbeitsvertrag*) contrat *m* collectif de travail ; CCT *m*

GdbR *f* (*Gesellschaft des bürgerlichen Rechts*) société *f* de droit civil.

GdED *f* (*Gewerkschaft der Eisenbahner Deutschlands*) syndicat *m* des cheminots allemands.

gebärfähig : *in ~em Alter sein* être en âge d'avoir des enfants, de procréer.

Gebarung *f*, en (*Autriche*) comptabilité *f* ; gestion *f*.

Gebäude *n*, - bâtiment *m* ; immeuble *m* ; édifice *m* ; construction *f* ; *gewerbliches ~* bâtiment à usage industriel ; *landwirtschaftliches ~* bâtiment d'exploitation agricole ; *öffentliches ~* bâtiment public.

Gebäudefläche *f*, n surface *f* bâtie.

Gebäudekomplex *m*, e complexe *m* immobilier ; ensemble *m* de bâtiments.

Gebäudekosten *pl* frais *mpl* d'acquisition et d'entretien des bâtiments.

Gebäudenutzfläche *f*, n surface *f* construite utile.

Gebäudereiniger *m*, - entreprise *f* de nettoyage de façades de bâtiment.

Gebäudereinigung *f*, en 1. nettoyage *m* de bâtiments 2. entreprise *f* de nettoyage de bâtiments.

Gebäudesteuer *f*, n impôt *m* sur la propriété foncière bâtie.

Gebäudeversicherung *f*, en assurance *f* immobilière.

geben, a, e donner ; procurer ; accorder ; attribuer ; *Auskunft ~* fournir des renseignements ; *Rabatt ~* faire une remise ; *etw in Verwahrung ~* déposer qqch en garde.

Geber *m*, - donneur *m* ; donateur *m* ; bailleur *m* de fonds.

Geberland *n*, ¨er pays-prêteur *m* ; pays donateur *m*.

Gebiet *n*, e région *f* ; zone *f* ; secteur *m* ; territoire *m* ; domaine *m* ; *dicht, dünn besiedeltes ~* région fortement, faiblement peuplée ; *ländliches, städtisches ~* espace *m* rural, urbain ; *(un)bebautes ~* espace (non) bâti ; *auf wirtschaftlichem ~* dans le domaine économique ; *auf seinem ~ ist er ein Fachmann* c'est un expert dans son domaine ; *ein ~ erschließen* équiper une région ; ouvrir une région à l'urbanisation.

Gebietsansässige(r) (*der/ein*) résident *m*.

Gebietsanspruch *m*, ¨e revendication *f* territoriale ; prétentions *fpl* territoriales.

Gebietserweiterung *f*, en 1. extension *f* du territoire 2. élargissement *m* d'un domaine d'activité.

Gebietsfremde/r (*der/ein*) non-résident *m*.

Gebietsgrenze *f*, n limite *f* territoriale.

Gebietshoheit *f*, en souveraineté *f* territoriale.

Gebietskartell *n*, e cartel *m* régional ; entente *f* régionale de commercialisation de produits.

Gebietskörperschaft *f*, en collectivité *f* (régionale, territoriale : commune, land, etc.) ; personne *f* morale territoriale.

Gebietskrankenkasse *f*, n (*Autriche*) caisse *f* de maladie régionale.

Gebietsmonopol *n*, e monopole *m* territorial ; monopole national.

Gebietsschutz *m*, ø exclusivité *f* territoriale.

Gebietstarifvertrag *m*, ¨e convention *f* collective régionale.

Gebietsverflechtungsmodell *n*, e (*statist.*) modèle *m* régional input-output.

Gebietsverkaufsleiter *m*, - directeur *m* régional des ventes.

Gebietswerbung *f*, en publicité *f* régionale.

geboren (*geb.*) *Maria Straub ~e Sorg* Maria Straub née Sorg ; *ein ~er Berliner* un Berlinois de naissance ; *er ist ein ~er Kaufmann* c'est un commerçant né ; il a le commerce dans le sang.

Gebot *n*, e 1. commandement *m* 2. décret *m* ; loi *f* 3. offre *f* ; enchère *f* ; *vorteilhaftes ~* offre avantageuse ; *ein ~ ab/geben* faire une offre ; *ein höheres ~ machen* surenchérir 4. disposition *f* ; *jdm zu ~(e) stehen* être à la disposition de qqn ; *das nötige Geld steht mir im Moment nicht zu ~(e)* je ne dispose actuellement pas des fonds nécessaires.

Gebrauch *m*, ø emploi *m* ; maniement *m* ; utilisation *f* ; usage *m* ; *eigener* ~ usage privé, personnel ; *zum täglichen* ~ pour l'usage quotidien ; (*corresp.*) *wir machen gerne von Ihrem Anerbieten* ~ nous donnons volontiers suite à votre offre ; *außer* ~ *kommen* tomber en désuétude ; *im* ~ *sein* être en usage ; *vor* ~ *gut schütteln !* bien agiter avant l'emploi ; *sparsam im* ~ économique.

gebrauchen se servir de ; employer ; utiliser ; *die erhaltene Ware können wir nicht* ~ nous ne pouvons tirer aucun parti de la marchandise reçue.

gebräuchlich usuel ; d'usage ; habituel ; *ein ~es Verfahren* procédé *m* courant ; *das ist hier nicht* ~ cela ne se pratique pas ici ; cela ne se fait pas chez nous.

Gebrauchsanleitung → *Gebrauchsanweisung*.

Gebrauchsanmaßung *f*, en utilisation *f* illicite ; usage *m* non autorisé.

Gebrauchsanweisung *f*, en mode *m* d'emploi ; instructions *fpl* d'utilisation ; manuel *m*, logiciel *m* d'utilisateur.

Gebrauchsartikel *m*, - → *Gebrauchsgegenstand*.

Gebrauchsausführung *f*, en modèle *m* courant.

gebrauchsfähig utilisable ; (encore) en état de fonctionnement.

Gebrauchsfahrzeug *n*, e véhicule *m* utilitaire.

gebrauchsfertig prêt à l'usage ; prêt à l'emploi.

Gebrauchsgegenstand *m*, ¨e objet *m* d'usage courant ; article *m* usuel ; *persönliche ~¨e* effets *mpl* personnels.

Gebrauchsgrafik *f*, en art *m* graphique appliqué (à des fins autres qu'artistiques : publicité, etc.).

Gebrauchsgrafiker *m*, - dessinateur *m*, artiste *m* publicitaire ; affichiste *m*.

Gebrauchsgüter *npl* biens *mpl* (de consommation) durables ; articles *mpl* d'usage. courant ; *langlebige* ~ biens de consommation durables ; objets *mpl* d'usage courant

Gebrauchsmarke *f*, n marque *f* d'usage.

Gebrauchsmöbel *npl* mobilier *m* (d'usage) courant.

Gebrauchsmuster *n*, - modèle *m* d'utilité ; *eingetragenes* ~ modèle déposé.

Gebrauchsmusterschutz *m*, ø protection *f* des modèles déposés ; *Internationales Abkommen über den* ~ Convention *f* internationale sur la protection des marques déposées.

Gebrauchsrecht *n*, ø droit *m* d'usage.

gebrauchstüchtig résistant à l'usage ; *~er Apparat* appareil *m* qui fera de l'usage ; appareil résistant à l'usage.

Gebrauchsvermögen *n*, - fortune *f*, patrimoine *m* constitué(e) de biens meubles d'usage (voitures, antiquités, objets d'art, bijoux).

Gebrauchsvorschrift *f*, en → *Gebrauchsanweisung*.

Gebrauchsware *f*, n → *Gebrauchsgüter*.

Gebrauchswert *m*, e valeur *f* d'usage.

gebraucht usagé ; d'occasion ; ~ *kaufen* acheter d'occasion.

Gebrauchtbuchhändler *m*, - marchand *m* de livres d'occasion ; libraire *m* spécialisé dans l'occasion ; bouquiniste *m*.

Gebrauchtwagen *m*, - voiture *f* d'occasion.

Gebrauchtwagenmarkt *m*, ¨e marché *m* de l'occasion ; marché de la voiture d'occasion.

Gebrauchtware *f*, n marchandise *f*, article *m* d'occasion ; deuxième main *f*.

Gebrüder : *Gebr. Sorg* (*Spedition*) Sorg frères (transporteurs) ; maison *f* Sorg-frères.

Gebühr *f*, en droit(s) *m*(*pl*) ; taxe *f* ; tarif *m* ; frais *mpl* ; redevance *f* ; honoraires *mpl* ; péage *m* **I.** *ermäßigte* ~ tarif réduit ; *frei von allen ~en* exempt (exonéré) de tous droits ; *gesetzliche* ~ taxe légale ; *vorgeschriebene* ~ taxe exigée **II.** *eine* ~ *auf/erlegen* (*mit ~en belasten*) taxer ; *von einer* ~ *befreien* exonérer d'un droit, d'une taxe ; *die ~en berechnen* calculer les droits, les taxes ; *~en ein/holen* rentrer dans ses frais ; *eine* ~ *entrichten* acquitter un droit ; *eine* ~ *erheben* prélever une taxe ; *die ~en erstatten* rembourser les frais ; *eine* ~ *fest/setzen* fixer le montant d'une taxe ; *eine* ~ *herab-, herauf/setzen* réduire, augmenter une taxe ; *einer* ~ *unterliegen* être passible d'une taxe ; être astreint au paiement d'un droit ; → *Autobahn-, Fernseh-, Fernsprech-, Mahn-, Porto-, Rundfunk-, Zollgebühr(en)*.

Gebührenanhebung *f*, en relèvement *m*, augmentation *f* des frais.

Gebührenansage *f*, n → *Gebührenbescheid*.

Gebührenaufteilung *f*, en répartition *f* des taxes ; ventilation *f* des droits.

Gebührenbefreiung *f*, en exemption *f* des droits ; exonération *f* des taxes.

Gebührenberechnung *f*, en taxation *f* ; calcul *m* de la taxe ; établissement *m* des frais.

Gebührenbescheid *m*, e avis *m* de taxe ; notification *f* de frais (à acquitter).

Gebühreneinheit *f*, en unité *f* de taxation.

Gebühreneinnahme *f*, n **1.** encaissement *m*, recouvrement *m* d'une taxe **2.** ~*n* recettes *fpl* en droits et taxes ; produit *m* des taxes (perçues).

Gebührenerhebung *f*, en perception *f* des droits ; prélèvement *m*, recouvrement *m* des taxes.

Gebührenerhöhung *f*, en majoration *f* des droits.

Gebührenerlass *m*, (¨e) remise *f* des droits ; dispense *f* de taxe.

Gebührenermäßigung *f*, en réduction *f* des droits ; détaxe *f*.

gebührenfinanziert financé par la taxe.

gebührenfrei exempt de droits ; exonéré de taxe ; sans frais.

Gebührenfreiheit *f*, en franchise *f* ; exonération *f* des droits.

Gebühreninkasso *n*, s/i encaissement *m* des taxes.

Gebührenmarke *f*, n timbre *m* fiscal ; marque *f*, cachet *m* ou vignette *f* attestant le paiement de la taxe.

Gebührennachlass *m*, ¨e dégrèvement *m* des taxes ; allègement *m* des taxes.

Gebührenordnung *f*, en barème *m* des honoraires (médicaux par ex.) ; barème de taxation ; tarifs *mpl*.

gebührenpflichtig payant ; passible de droits ; taxé ; taxable ; ~*e Autobahn* autoroute *f* à péage ; ~*e Verwarnung* contravention *f*.

Gebührenplakette *f*, n → *Gebührenmarke*.

Gebührenrechnung *f*, en note *f* de frais ; facture *f* ; *detaillierte* ~ facture *f* détaillée.

Gebührensatz *m*, ¨e taux *m* des droits ; taux des honoraires.

Gebührensenkung *f*, en diminution *f* des droits ; détaxation *f* partielle ; abaissement *m* des droits.

Gebührensteigerung *f*, en relèvement *m*, hausse *f* des droits ; augmentation *f* des taxes.

Gebührentabelle *f*, n barème *m* des taxes.

Gebührenvignette *f*, n (*Suisse*) péage *m* d'autoroutes.

Gebührenvorschuss *m*, ¨e avance *f* sur frais ; provision *f*.

Gebührenzahlungspflicht *f*, en assujettissement *m* à la taxe ; redevance *f* obligatoire.

Gebührenzone *f*, n zone *f* de taxation.

Gebührenzuschlag *m*, ¨e surtaxe *f* ; taxe *f* supplémentaire.

gebunden lié ; fixé ; soumis à contrôle ; imposé ; *vertraglich* ~ lié par contrat ; ~*e Aktie* action *f* liée ; action négociable sous contrat ; action à cessibilité restreinte ; ~*es Kapital* immobilisations *fpl* corporelles ; capital *m* non disponible ; ~*er Preis* prix *m* fixe ; prix imposé ; ~*er Verkehr* trafic *m* soumis aux contrôles douaniers ; ~*e Währung* monnaie *f* contrôlée ; ~*er Zoll* droit *m* de consolidation.

-gebunden (*suffixe*) lié à qqch ; tributaire de qqch ; *hersteller*~ lié à un fabricant ; *standort*~ dépendant du lieu d'implantation.

Geburtenausfall *m*, ¨e → *Geburtendefizit*.

Geburtenbeschränkung *f*, en limitation *f* des naissances ; malthusianisme *m*.

Geburtenbuch *n*, ¨er registre *m* des naissances.

Geburtendefizit *n*, e déficit *m* de naissances.

Geburtenexplosion *f*, en explosion *f* démographique ; forte progression *f* des naissances.

geburtenfördernd : *eine* ~*e Politik treiben* pratiquer une politique nataliste.

geburtenfreudig : ~*er Jahrgang* année *f* à forte natalité.

Geburtenhäufigkeit *f*, en (*stat.*) taux *m* de natalité ; fréquence *f* des naissances.

Geburtenkontrolle *f*, n contrôle *m* des naissances.

Geburtenrate *f*, n → *Geburtenzahl*.

Geburtenregelung *f*, en régulation *f* des naissances.

Geburtenrückgang *m*, ¨e dénatalité *f* ; baisse *f* de la natalité.

geburtenschwach : ~*e Jahrgänge* années *fpl* à faible taux de natalité ; générations *fpl* creuses.

Geburtenschwund *m*, ø recul *m*, regression *f* (du nombre) des naissances.

geburtenstark à forte natalité.

Geburtenüberschuss *m*, ¨e surnatalité *f* ; excédent *m* de(s) naissances (sur les décès).

Geburtenzahl *f*, en natalité *f* ; taux *m* des naissances ; taux de natalité.

Geburtenziffer *f*, n → *Geburtenzahl*.

Geburtenzuwachs *m*, ¨e augmentation *f* de la natalité ; nombre *m* de naissances en hausse, en forte progression.

gebürtig (*aus*) natif (de) ; originaire de ; *aus Frankreich* ~ né en France.

Geburtsanzeige *f*, n 1. déclaration *f* de naissance 2. faire-part *m* de naissance.

Geburtsdatum *n*, en date *f* de naissance.

Geburtsjahr *n*, e année *f*, date *f* de naissance.

Geburtsland *n*, ¨er pays *m* d'origine.

Geburtsort *m*, e lieu *m* de naissance.

Geburtsurkunde *f*, n acte *m* de naissance.

gedeckt : *durch eine Hypothek* ~*es Darlehen* emprunt couvert par une hypothèque ; ~*er Kredit* crédit *m* assorti d'une garantie ; ~*er Scheck* chèque *m* provisionné.

gedeihen, ie, ie (*ist*) prospérer 2. (*négociations*) avancer ; progresser ; marquer une avancée notable.

Gedenkmünze *f*, n pièce *f* (de monnaie) commémorative.

Gedinge *n*, - (*mines*) travail *m* à la tâche, à forfait.

Gedingearbeiter *m*, - (*mines*) tâcheron *m*.

Gedingelohn *m*, ¨e salaire *m* à la tâche ; salaire aux pièces.

gedrückt (*bourse*) morose ; déprimé ; terne.

geehrt : (*corresp.*) *Sehr* ~*er Herr Müller* Monsieur, ; *Sehr* ~*e Damen und Herren* Mesdames, Messieurs.

geeignet apte à ; propre à ; qualifié pour ; *ein* ~*es Mittel* moyen *m* approprié ; *für eine Tätigkeit* ~ *sein* être qualifié pour une activité.

Gefahr *f*, en danger *m* ; risque *m* ; péril *m* ; *auf eigene* ~ à ses risques et périls ; *auf* ~ *des Empfängers* aux risques et périls du destinataire ; *gegen alle* ~*en versichern* assurer tous risques.

gefährden mettre en péril ; mettre en danger ; faire courir un risque ; compromettre ; *die Wettbewerbsfähigkeit der Wirtschaft* ~ mettre en péril la compétitivité de l'économie.

Gefährdung *f*, en danger *m* ; risque *m* ; atteinte *f* ; ~ *des Kredits* atteinte au crédit.

Gefährdungshaftung *f*, en responsabilité *f* du risque créé.

Gefahrenbereich *m*, e secteur *m* dangereux ; zone *f* dangereuse.

Gefahrengemeinschaft *f*, en communauté *f* de risques.

Gefahrenklasse *f*, n (*assur.*) catégorie *f* de risque ; *der Beitrag wird nach* ~*n berechnet* la prime est calculée en fonction du niveau de risque.

Gefahrenprognose *f*, n prévision *f* de risque potentiel.

Gefahrenstelle *f*, n (*trafic*) point *m* noir ; zone *f* dangereuse ; zone à risques.

Gefahrenzone *f*, n → *Gefahrenbereich*.

Gefahrenzulage *f*, n prime *f* de risques.

Gefahrerhöhung *f*, en (*assur.*) aggravation *f* du (des) risque(s).

Gefahrgut *n*, ¨er (*transp.*) marchandise *f* à risques ; matière *f* dangereuse.

Gefahrgutschiff *n*, e navire *m* de transport de marchandises dangereuses.

Gefahrübergang *m*, ø (*assur.*) transfert *m* de risques.

Gefälle *n*, - 1. pente *f* 2. différence *f* ; écart *m* ; disparité *f* ; *preisliches* ~ disparité des prix ; *soziales* ~ différences sociales ; *ein* ~ *aus/gleichen* combler un écart.

-gefälle (*suffixe*) écart de ; *Einkommens*~ écart de revenus ; *Kosten*~ écart de coût ; *Nachfrage*~ écart de demande.

gefällig aimable ; complaisant ; (*corresp.*) *Ihrer* ~*en Antwort entgegensehend* dans l'attente de votre réponse.

Gefälligkeit *f*, en complaisance *f* ; obligeance *f* ; petit service *m* (rendu) ; faveur *f* ; (*fam.*) fleur *f* ; *jdm eine* ~ *erweisen* rendre un service à qqn ; faire une faveur (une fleur) à qqn.

Gefälligkeits- (*préfixe*) de complaisance.

Gefälligkeitsakzept n, e acceptation f de complaisance.
Gefälligkeitsbescheinigung f, en attestation f de complaisance.
Gefälligkeitsgutachten n, - expertise f de complaisance.
Gefälligkeitswechsel m, - traite f, effet m de complaisance.
Gefälligkeitszeugnis n, se certificat m de complaisance.
Gefangenenfürsorge f, ø assistance f aux détenus.
Gefangene/r (*der/ein*) détenu m ; prisonnier m ; *nicht politischer* ~ prisonnier de droit commun.
Gefängnis n, se prison f ; maison d'arrêt, de détention ; centre m pénitentaire.
Gefängnisstrafe f, n peine f de prison.
Geflecht n, e réseau m ; maillage m ; *der Konzern ist ein ~ aus über 200 Gesellschaften* le groupe est constitué d'un maillage de plus de 200 sociétés.
Geflügel n, - volaille f.
Geflügelbetrieb m, e exploitation f avicole ; élevage m de volaille.
Geflügelfarm f, s ferme f (exploitation f) d'élevage de volaille ; (grande) exploitation d'élevage avicole.
Geflügelmast f, ø alimentation f d'engraissage de volaille.
Geflügelpest f, ø grippe f, peste f aviaire.
Geflügelwirtschaft f, en aviculture f.
Geflügelzucht f, ø élevage m de volaille.
Geflügelzüchter m, - éleveur m de volaille ; aviculteur m.
gefördert : *~e Wohnungen* logements mpl subventionnés.
gefragt recherché ; demandé ; *stark ~er Artikel* article m très demandé ; article vedette.
Gefriergut n, ¨er → *Gefrierware*.
Gefrierkette f, n chaîne f de produits surgelés.
Gefrierware f, n marchandise f congelée ; produit m surgelé ; surgelé m (syn. *Tiefkühlkost*).
Gefüge n, - structure f ; système m ; assemblage m.
-gefüge (*suffixe*) structure f ; rapport m ; configuration f ; constellation f ; *Markt~* n configuration du marché.

Gegebenheiten fpl données fpl ; conditions fpl ; *soziale, ökonomische ~* données sociales, économiques.
gegen contre ; moyennant ; en échange de ; ~ *bar* au comptant ; ~ *Entgelt* à titre onéreux ; *Kasse ~ Dokumente* paiement m contre documents ; ~ *Pfand* sur gage ; sur nantissement ; ~ *Quittung* sur reçu ; contre quittance ; ~ *Zahlung* contre remboursement ; moyennant remboursement.
Gegenakkreditiv n, e prêt m adossé (une banque sert d'intermédiaire entre acheteur et vendeur afin de préserver l'anonymat de l'acheteur).
Gegenaktion f, en réponse f ; action f en retour ; *eine ~ starten* lancer une contre-manifestation ; organiser une réplique.
Gegenangebot n, e contre-offre f.
Gegenangriff m, e (*fig.*) contre-attaque f ; contre-offensive f ; *zum ~ an/setzen* passer à la contre-attaque.
Gegenantrag m, ¨e contre-proposition f.
Gegenauftrag m, ¨e contrordre m ; (*corresp.*) *wenn wir keinen ~ von Ihnen erhalten* sauf contrordre de votre part.
Gegenbieter m, - soumissionnaire m.
gegenbuchen (*comptab.*) contre-passer.
Gegenbuchung f, en (*comptab.*) contre-passation f (comptabilité en partie double).
Gegenbürge m, n, n arrière-garant m.
Gegenbürgschaft f, en arrière-caution f.
Gegendarstellung f, en exposé m contradictoire ; *Recht auf ~* droit de réponse.
Gegendienst m, e service m en retour ; (*corresp.*) *zu ~en gern bereit* à charge de revanche ; en espérant pouvoir vous rendre un service analogue.
Gegenexpertise f, n → *Gegengutachten*.
Gegenforderung f, en créance f en contrepartie ; créance f en compensation ; prétention f à titre de réciprocité ; (*jur.*) demande f reconventionnelle.
Gegengebot n, e → *Gegenangebot*.
Gegengeschäft n, e affaire f en contrepartie ; affaire en retour.
Gegengutachten n, - contre-expertise f ; expertise contradictoire.
Gegenkandidat m, en, en candidat m adverse ; adversaire m politique.

Gegenklage *f*, **n** (*jur.*) reconvention *f* ; demande *f* reconventionnelle ; plainte *f* récriminatoire.

Gegenleistung *f*, **en** compensation *f* ; contre-valeur *f* ; équivalent *m* ; contre-prestation *f* ; prestation *f* en retour ; *etw als ~ verlangen* exiger qqch en contrepartie.

Gegenmarke *f*, **n** contre-marque *f*.

Gegenmaßnahme *f*, **n** contre-mesure *f* ; mesure *f* de représailles.

Gegenmodell *n*, **e** contre-modèle *m* ; réponse *f* ; modèle de rechange.

Gegenpartei *f*, **en** partie *f* adverse.

Gegenparteirisiko *n*, **en** (*bourse*) risque *m* de contrepartie.

Gegenposten *m*, **-** (*comptab.*) contrepartie *f*.

Gegenprobe *f*, **n** contre-épreuve *f* ; contre-essai *m* ; vérification *f* d'un vote.

Gegenprojekt *n*, **e** contre-projet *m* ; *ein ~ vor/legen* présenter un contre-projet.

gegen/rechnen solder par décompte ; prendre en décompte.

Gegenrechnung *f*, **en** calcul *m* de vérification ; facture *f* en contrepartie ; *eine ~ auf /stellen* faire le décompte de.

Gegensatz *m*, ¨e contraste *m* ; antagonisme *m* ; divergence *f* ; *im ~ zu etw stehen* être en opposition à qqch ; contraster avec ; *die ~¨e haben sich verschärft* les divergences se sont accentuées.

Gegenschein *m*, **e** (*Autriche*) double *m* d'une commande.

Gegenseite *f*, **n** 1. côté *m* oppposé 2. → *Gegenpartei*.

gegenseitig réciproque ; mutuel ; *~er Beistand* assistance *f* mutuelle ; *im ~en Einvernehmen* d'un commun accord ; *~er Handelsverkehr* échanges *mpl* commerciaux réciproques ; *aus ~em Verschulden* aux torts réciproques ; aux torts partagés.

Gegenseitigkeit *f*, **en** réciprocité *f* ; mutualité *f* ; solidarité *f* ; *Gesellschaft auf ~* société *f* mutuelle ; *Versicherung auf ~* assurance *f* mutuelle ; *auf ~ gegründeter Vertrag* traité *m* de réciprocité.

Gegenseitigkeitsabkommen *n*, **-** accord *m* de réciprocité.

Gegenseitigkeitsklausel *f*, **n** clause *f* de réciprocité.

Gegenseitigkeitsversicherer *m*, **-** mutuelle *f* ; assureur-mutualiste *m*.

Gegenseitigkeitsversicherung *f*, **en** assurance *f* mutuelle.

Gegenseitigkeitsvertrag *m*, ¨e accord *m*, traité *m* de réciprocité ; (*jur.*) contrat *m* synallagmatique.

Gegenspieler *m*, **-** adversaire *m*.

Gegenstand *m*, ¨e 1. objet *m* ; matière *f* ; article *m* ; *kunstgewerblicher ~* objet *m* artisanal ; *~¨e des dringenden Bedarfs* objets de première nécessité ; *~¨e des gehobenen, des täglichen Bedarfs* objets de luxe, d'usage courant ; *~ eines Gesprächs* sujet d'un entretien ; *~ des Unternehmens* objet de l'entreprise 2. élément *m* ; poste *m* ; (*bilan*) *~¨e des Anlagevermögens* éléments de l'actif immobilisé ; (*bilan*) *~¨e des Umlaufvermögens* éléments d'actif circulant ; *einen ~ aus der Konkursmasse aus/sondern* séparer un objet de l'actif de la faillite.

Gegenströmung *f*, **en** 1. contre-courant *m* 2. courant *m* d'opposition.

Gegenstück *n*, **e** 1. pendant *m* ; homologue *m* 2. contraire *m* ; opposé *m*.

gegenteilig contraire ; opposé ; (*corresp.*) *wenn wir nichts Gegenteiliges hören* sauf avis contraire.

gegenüber/stellen opposer ; confronter ; comparer ; (*bilan*) juxtaposer.

Gegenüberstellung *f*, **en** opposition *f* ; confrontation *f* ; comparaison *f* ; (*bilan*) juxtaposition *f*.

Gegenunterschrift *f*, **en** → *Gegenzeichnung*.

Gegenverkehr *m*, ø circulation *f*, trafic *m* en sens inverse ; *Straße mit ~* voie à double sens.

Gegenversicherung *f*, **en** contre-assurance *f*.

Gegenvorschlag *m*, ¨e contre-proposition *f*.

Gegenwart *f* : *in ~ aller Beteiligten* en présence de tous les intéressés.

Gegenwartsbörse *f*, **n** bourse *f* des titres négociables sur le marché du jour.

Gegenwartsgüter *npl* biens *mpl* présents (disponibles dans l'immédiat).

Gegenwartspapiere *npl* valeurs *fpl* mobilières actuelles ; titres *mpl* mobiliers actuels.

Gegenwartswert *m*, **e** valeur *f* actualisée.

Gegenwert *m*, **e** contre-valeur *f* ; montant *m* équivalent ; équivalent *m* ; compensation *f* ; contrepartie *f* ; *amtli-*

cher ~ contre-valeur officielle ; *ausreichender* ~ contre-valeur suffisante ; ~ *in einheimischer Währung* contre-valeur en monnaie locale ; *den vollen ~ ausgezahlt bekommen* obtenir la somme intégrale.

Gegenwertmittel *npl* fonds *mpl* de contrepartie.

Gegenzeichen *n*, - contre-marque *f*.

gegenzeichnen contresigner.

Gegenzeichner *m*, - contresignataire *m*.

Gegenzeichnung *f*, **en** contreseing *m*.

Gegner *m*, - opposant *m* ; adversaire *m* ; ~ *der Deregulierung* opposant de la dérégulation.

Gegnerschaft *f*, **en** hostilité *f* ; opposition *f* ; camp *m* adverse.

gegr. → *gründen*.

1. Gehalt *m*, ¨e contenu *m* ; teneur *f* ; *der ~ eines Vertrags* la teneur d'un contrat ; *der ~ eines Getränkes an Alkohol* le titre d'une boisson en alcool ; *ein geringer ~ an Metall* une faible teneur en métal.

2. Gehalt *n*, ¨er salaire *m* ; traitement *m* ; appointements *mpl* ; *dreizehntes ~* treizième mois ; *festes ~* traitement fixe ; *die ~¨er werden angehoben* les traitements vont être relevés ; *die ~¨er werden am... ausgezahlt* les traitements seront payés le... ; *ein ~ beziehen* toucher (percevoir) un traitement ; *das ~ auf ein Konto überweisen* virer le traitement sur un compte ; *mit dem ~ nicht aus/kommen* ne pas s'en sortir avec son traitement ; avoir du mal à joindre les deux bouts ; → *Lohn*.

gehaltarm à faible teneur en.

Gehaltsabbau *m*, ø → *Gehaltskürzung*.

Gehaltsabrechnung *f*, **en 1.** bulletin *m* de paie **2.** service *m* de la paie ; bureau *m* des traitements.

Gehaltsabzug *m*, ¨e retenue *f* sur salaire ; retenue sur les traitements.

Gehaltsangleichung *f*, **en** alignement *m*, ajustement *m* des traitements.

Gehaltsanspruch *m*, ¨e **1.** droit *m* à un traitement **2.** (*pl. uniquement*) ~¨e prétentions *fpl* salariales.

Gehaltsanweisung *f*, **en 1.** ordre *m* de virement d'un traitement **2.** avis *m* de virement d'un traitement.

Gehaltsaufbesserung *f*, **en** relèvement *m* du salaire ; amélioration *f* du traitement.

Gehaltsauszahlung *f*, **en** paiement *m* des traitements.

Gehaltsbescheinigung *f*, **en** → *Gehaltsstreifen*.

Gehaltsbezüge *mpl* traitement *m* ; somme *f* perçue à titre de traitement ; émoluments *mpl*.

Gehaltseinbuße *f*, **n** perte *f* de salaire ; diminution *f* de traitement.

Gehaltsempfänger *m*, - salarié *m* ; employé *m* ; *die Lohn- und Gehaltsempfänger* les salariés ; l'ensemble des salariés.

Gehaltserhöhung *f*, **en** augmentation *f* de traitement ; relèvement *m* de salaire ; *eine ~ bekommen, gewähren, verlangen* obtenir, accorder, exiger une augmentation ; *eine ~ von 100 Euro* une augmentation de 100 euros.

Gehaltsfestsetzung *f*, **en** fixation *f*, détermination *f* du traitement.

Gehaltsforderung *f*, **en** → *Gehaltsanspruch*.

Gehaltsfortzahlung *f*, **en** maintien *m* du traitement ; salaire *m* maintenu.

Gehaltsgruppe *f*, **n** catégorie *f* de traitement ; échelon *m* à l'intérieur de la grille des salaires).

Gehaltsgruppenkatalog *m*, **e** nomenclature *f* des catégories *f* de traitement.

Gehaltshöchstgrenze *f*, **n** plafond *m* de traitement ; traitement *m* maximum.

Gehaltshöhe *f*, **n** niveau *m* des traitements ; échelon *m* de la grille des traitements.

Gehaltskonto *n*, -ten compte *m* de virement du traitement, du salaire.

Gehaltskürzung *f*, **en** diminution *f* des salaires ; réduction, *f* amputation *f* des traitements.

Gehaltsnachweis *m*, **e** justificatif *m* de traitement, de salaire.

Gehaltsnachzahlung *f*, **en** rappel *m* de traitement, de salaire.

Gehaltsobergrenze *f*, **n** plafond *m* des traitements ; *an die ~ rücken* plafonner.

Gehaltsordnung *f*, **en** barème *m* des traitements ; grille *f* des salaires.

Gehaltspfändung *f*, **en** saisie *f* sur salaire.

Gehaltssperre *f*, **n** suspension *f* de traitement ; blocage *m* du salaire.

Gehaltssprung *m*, ¨e augmentation *f* salariale ; progression *f* d'échelon.

Gehaltsstopp *m*, **s** barème *m* des traitements, salarial.

Gehaltsstreifen *m*, - fiche *f* de paie ; feuille *f* de salaire ; bulletin *m* de paie.

Gehaltsstufe *f,* **n** échelon *m* (de traitement) ; grille *f* des salaires ; ~*n* hiérarchie *f* des salaires ; *in eine höhere ~ auf/rücken* gravir un échelon.
Gehaltstabelle *f,* **n** → *Gehaltsstufe.*
Gehaltsüberweisung *f,* **en** virement *m* du traitement.
Gehaltsumwandlung *f,* **en** réaffectation *f* d'une partie d'un traitement (assurance-vie, fonds de pension, etc.).
Gehaltsverzicht *m,* **(e)** renoncement *m* à une augmentation de salaire ; renoncement à une compensation salariale.
Gehaltsvorrückung *f,* **en** (*Autriche*) promotion *f* salariale ; avancement *m* ; échelon *m* supérieur (chez les fonctionnaires).
Gehaltsvorschuss *m,* ¨**e** avance *f* sur traitement, sur salaire.
Gehaltswünsche *mpl* → *Gehaltsanspruch 2.*
Gehaltszahlung *f,* **en** versement *m* d'un traitement.
Gehaltszettel *m,* **-** → *Gehaltsstreifen.*
Gehaltszulage *f,* **n** supplément *m* de salaire ; rallonge *f* de salaire ou de traitement.
geheim secret ; confidentiel ; crypté ; clandestin ; privé ; occulte ; *streng ~* strictement confidentiel ; *~e Abstimmung* (*Wahl*) vote *m* à bulletins secrets ; *~er Vorbehalt* réserve *f* tacite ; *~ halten* tenir secret ; (*corresp.*) *wir werden Ihre Mitteilungen streng ~ behandeln* ; nous vous assurons de notre entière discrétion.
Geheimabkommen *n,* **-** accord *m* secret.
Geheimabmachung *f,* **en** → *Geheimabsprache.*
Geheimabsprache *f,* **n** entente *f* secrète ; arrangement *m* secret ; collusion *f.*
Geheimdienstler *m,* **-** agent *m* des services secrets.
geheimdienstlich : *~e Tätigkeit* activité *f* relevant des services secrets.
Geheimfonds *m,* **-** fonds *mpl* secrets ; caisse *f* noire.
Geheimhaltung *f,* **en** condidentialité *f* ; discrétion *f* (à respecter) ; garde *f* d'un secret.
Geheimhaltungspflicht *f,* **en** obligation *f* au secret professionnel.
Geheimhaltungsstufe *f,* **en** niveau *m,* degré *m* de confidentialité (État, défense, etc.) ; *die höchste ~ erhalten* être affecté du niveau de confidentialité le plus élevé ; tenir top secret.
Geheimhaltungsvertrag *m,* ¨**e** contrat *m* assorti d'une obligation de secret.
Geheimkonto *n,* **-ten** compte *m* secret.
Geheimnis *n,* **se** secret *m* ; *das ~ (be)wahren* garder le secret.
Geheimniskrämerei *f,* **en** (*fam.*) → *Geheimnistuerei.*
Geheimnistuerei *f,* **en** mystère *m* (fait autour de qqch) ; non-transparence *f.*
Geheimnummer *f,* **n 1.** (*téléph.*) numéro *m* secret (non inscrit dans l'annuaire) **2.** code *m* secret ; numéro confidentiel (carte bancaire, compte, etc.).
Geheimtext *m,* **e** texte *m* codé ; document *m* crypté.
Geheimtipp *m,* **s** tuyau *m* (notamment boursier) pour initiés ; renseignement *m* confidentiel.
Geheimvertrag *m,* ¨**e** contrat *m,* accord *m* secret.
Geheimwahl *f,* **en** vote *m* à bulletins secrets.
Geheimzahl *f,* **en** → *Geheimnummer.*
gehen, i, a (*ist*) **1.** aller ; marcher ; *an die Arbeit ~* se mettre au travail ; *in die Lehre ~* entrer en apprentissage ; *in den Staatsdienst ~* entrer au service de l'État ; entrer dans la fonction publique ; *die Preise ~ in die Höhe* les prix montent ; *in Serie ~* être fabriqué en série **2.** s'en aller ; *er will nächstes Jahr ~* il veut quitter son emploi l'an prochain ; (*fam.*) *der Chef wurde gegangen* le chef a été limogé (débarqué) **3.** se vendre ; bien marcher ; *die Ware geht gut* l'article *m* se vend bien ; *die Geschäfte ~ gut* les affaires *fpl* vont bien.
Gehilfe *m,* **n,** n assistant *m* ; aide *m* (*f*) ; commis *m* ; adjoint *m* ; *vereidigter ~* clerc *m* assermenté.
Gehilfenbrief *m,* **e** certificat *m* d'aptitude professionnelle ; C.A.P. *m.*
Gehilfenprüfung *f,* **en** examen *m* du C.A.P. ; *die ~ machen* passer le C.A.P.
Gehilfenschaft *f,* (**en**) (*Suisse*) (*jur.*) assistance *f.*
Gehirnwäsche *f,* **n** lavage *m* de cerveau.
gehoben : *Güter des ~en Bedarfs* produits *mpl* de luxe ; *~er Dienst* cadres *mpl* supérieurs ; *eine ~e Position bekleiden* occuper un poste important.

Gehörbehinderte/r (*der/ein*) malentendant *m*.

Gehörschädigung *f,* **en** lésion *f* auditive ; surdité *f* (partielle ou totale due à l'activité professionnelle).

GEI *n* (*Gericht erster Instanz*) tribunal *m* de première instance.

Geisel *f,* **n** otage *m*.

Geiselhaft *f,* ø : *jdn in ~ nehmen* prendre qqn en otage.

Geiselnahme *f,* **n** prise *f* d'otage(s).

Geistesarbeit *f,* **en** travail *m* intellectuel, non manuel.

Geistesarbeiter *m,* - travailleur *m* intellectuel.

Geistesgestörte/r (*der/ein*) handicapé *m* mental.

Geisteswissenschaften *fpl* sciences *fpl* humaines ; les lettres *fpl*.

geistig : *~es Eigentum* propriété *f* intellectuelle ; *~e Piraterie* piratage *m* intellectuel.

geizen être avare ; *mit jedem Cent* (*hist. Pfennig*) *~* être près de ses sous ; regarder au moindre centime.

Geizhals *m,* ¨e avare *m* ; harpagon *m*.

Geizpreis *m,* **e** (*fam.*) prix *m* cassé, bradé, écrasé.

gekonnt qui fait montre de savoir-faire ; astucieux ; bien exécuté ; très réussi.

gekoppelt lié ; couplé ; *~er Auftrag* ordre *m* lié ; *~e Produktion* production *f* liée.

gekreuzt : (*arch.*) *~er Scheck* chèque *m* barré → **Verrechnungsscheck**.

gelabelt labelisé.

Gelände *n,* - terrain *m* (à bâtir) ; emplacement *m* ; zone *f* ; territoire *m* ; *bebaubares ~* zone constructible ; *das ~ der Ausstellung* l'enceinte *f* de l'exposition ; *ein ~ mit einem Bauverbot belegen* interdire un terrain à la construction ; refuser le permis de construire ; *ein ~ zur Bebauung frei/geben* rendre un terrain constructible ; autoriser un terrain à la construction.

Geländeaufnahme *f,* **n** relevé *m* cadastral d'un terrain.

Geländebeschaffenheit *f,* **en** configuration *f* d'un terrain.

Geländenutzung *f,* **en** utilisation *f* du terrain.

geländetauglich apte à faire du tout-terrain.

Geländewagen *m,* - véhicule *m* tout-terrain ; quatre-quatre *m*.

gelb jaune ; (*recyclage*) *~er Sack* sac *m* recyclable ; (*téléph.*) *die ~en Seiten* les pages *fpl* jaunes ; annuaire *m* téléphonique par branches professionnelles (*syn. Branchenverzeichnis*).

Geld *n,* **1. er** → **Gelder 2.** ø argent *m* ; monnaie *f* ; (*fam.*) fric *m* ; pèze *m* **1.** *angelegtes ~* argent placé ; *bares ~* espèces *fpl* ; argent comptant ; *billiges ~* argent bon marché ; *falsches ~* fausse monnaie ; *flüssiges ~* argent liquide ; *heißes ~* a) capitaux *mpl* errants b) argent volé dont on veut se débarrasser ; *leichtes ~* argent aisément gagné ; *schmutziges ~* argent sale, malhonnête ; *schnelles ~* argent rapidement gagné ; *tägliches fälliges ~* (*Tagesgeld*) argent au jour le jour **II.** *~ ab/heben, an/legen,* retirer, placer de l'argent ; *~ an/weisen, aus/geben* virer, dépenser de l'argent ; *sein ~ arbeiten lassen* faire fructifier son argent ; *~ ein/zahlen* effectuer un versement ; *~ beiseite legen* mettre de l'argent de côté ; *~ (auf ein Konto) ein/zahlen* verser de l'argent sur un compte ; *~ flüssig machen* réaliser des capitaux ; mobiliser des fonds ; *~ wie Heu haben* avoir de l'argent à ne plus savoir qu'en faire ; *~ machen* faire de l'argent (du fric) ; *im ~ schwimmen* être plein aux as ; *~ zum Fenster hinaus/werfen* jeter l'argent par les fenêtres ; *zu ~ kommen* s'enrichir ; *von seinem ~ leben* vivre de ses rentes ; *etw zu ~ machen* monnayer qqch ; *viel ~ verdienen* (*scheffeln*) gagner (ramasser) beaucoup d'argent ; *~ waschen* blanchir l'argent ; *~ verleihen* prêter d'argent ; *~ wechseln* changer de l'argent ; *hier liegt das ~ auf der Straße* il n'y a qu'à se baisser pour ramasser l'argent ; *das ~ rinnt ihm durch die Finger* l'argent lui file entre les doigts ; il est très dépensier **3.** (*bourse*) acheteur *m* ; demande *f* ; cours *m* demandé ; *~ und Brief* demande et offre *f* ; → **Bar-, Buch-, Taschen-, Termingeld**.

Geldabfindung *f,* **en** indemnité *f* financière.

Geldabfluss *m,* ¨e sortie *f* de capitaux.

Geldabschöpfung *f,* **en** absorption *f* de l'excédent de la masse monétaire ; épongement *m* de la masse monétaire excédentaire.

Geldabwertung *f,* **en** dévaluation *f* ; dépréciation *f* monétaire ; dévalorisation *f*.

Geldadel *m*, ø aristocratie *f* financière.

Geldaggregat *n*, e agrégat *m* de monnaie.

Geldakkumulation *f*, en accumulation *f* monétaire.

Geldangelegenheit *f*, en affaire *f* d'argent ; *in ~en sehr zuverlässig sein* être digne de confiance en matière d'argent.

Geldanlage *f*, n placement *m* financier.

Geldanweisung *f*, en mandat *m* de virement.

Geldaufnahme *f*, n emprunt *m*.

Geldaufwand *m*, -wendungen dépense *f* ; sortie *f* d'argent.

Geldaufwertung *f*, en réévaluation *f* monétaire ; revalorisation *f* de l'argent.

Geldausfuhr *f*, en exportation *f* de capitaux.

Geldausgabeautomat *m*, en, en → *Geldautomat*.

Geldausleiher *m*, - → *Geldverleiher*.

Geldautomat *m*, en, en distributeur *m* (automatique) de billets ; D.A.B. *m* ; billetterie *f*.

Geldbeitrag *m*, ¨e 1. contribution *f* financière 2. cotisation *f*.

Geldbeschaffung *f*, en mobilisation *f* de fonds ; financement *m* ; recherche *f* de capitaux.

Geldbeschaffungsaktion *f*, en mesures *fpl* destinées à mobiliser des fonds ; opération *f* de financement.

Geldbeschaffungskosten *pl* coût *m* de l'argent.

Geldbestand *m*, ¨e → *Geldreserven*.

Geldbetrag *m*, ¨e → *Geldsumme*.

Geldbeutel *m*, - porte-monnaie *m* ; bourse *f* ; *einen kleinen, großen ~ haben* être pauvre, nanti.

Geldbewegung *f*, en mouvement(s) *m(pl)* de capitaux, de fonds.

Geldbezüge *mpl* prestations *fpl* en espèces.

Geldbombe *f*, n cassette *f* métallique ; recettes *fpl* journalières (d'un commerçant pour le coffre-fort de la banque).

Geldbörse *f*, n 1. marché *m* monétaire ; bourse *f* des valeurs 2. *elektronische ~* porte-monnaie électronique ; → *Geldbeutel*.

Geldbrief *m*, e lettre *f* avec valeur déclarée.

Geldbündel *n*, - liasse *f* de billets.

Geldbuße *f*, n → *Geldstrafe*.

Gelddispositionen *fpl* gestion *f* de trésorerie.

Gelddruckerei *f*, en (*fam.*) planches *fpl* à billets ; *die ~en laufen auf Hochtouren* les planches impriment à pleine cadence.

Geldeingang *m*, ¨e rentrée *f* de fonds.

Geldeinheit *f*, en unité *f* monétaire.

Geldeinlage *f*, n dépôt *m* de fonds ; mise *f* de fonds ; apport *m* en numéraire ; contribution *f* en argent.

Geldeinnahme *f*, n recette *f*.

Geldeinnehmer *m*, - → *Geldeintreiber*.

Geldeintreiber *m*, - receveur *m* ; encaisseur *m* ; collecteur *m* de fonds.

Geldelite *f*, n → *Geldadel*.

Geldentschädigung *f*, en → *Geldabfindung*.

Geldentwertung *f*, en 1. dévaluation *f* monétaire ; dépréciation *f* monétaire ; diminution *f* du pouvoir d'achat de la monnaie ; hausse *f* des prix ; érosion *f* monétaire ; inflation *f* ; → *Inflation* 2. démonétisation *f* (ôter sa valeur légale à une monnaie).

Gelder *npl* capitaux *mpl* ; fonds *mpl* ; moyens *mpl* financiers ; deniers *mpl* ; *ausstehende ~* sommes dues ; sommes non rentrées ; *eingefrorene ~* capitaux gelés ; *festgelegte ~* capitaux immobilisés ; *heiße ~* capitaux fébriles ; fonds spéculatifs ; *öffentliche ~* deniers *mpl* publics ; *~ fest/legen* immobiliser des fonds ; *über die nötigen ~ verfügen* disposer des fonds nécessaires ; → *Geldmittel* ; *Fonds* ; *Kapital*.

Geldeswert *m*, ø valeur *f* de l'argent.

Geldfälscher *m*, - faux-monnayeur *m* ; faussaire *m*.

Geldflüssigkeit *f*, en liquidité *f* ; disponibilités *fpl*.

Geldforderung *f*, en créance *f* financière.

Geldfrage *f*, n question *f* d'argent ; *das ist eine ~* c'est une question d'argent.

Geldgeber *m*, - bailleur *m* de fonds ; prêteur *m* d'argent.

Geldgeschäft *n*, e opération *f* financière ; transaction *f* financière.

Geldgeschenk *n*, e don *m* en argent, en espèces ; *steuerabzugsfähiges ~* don déductible des impôts.

Geldgewerbe *n*, - secteur *m* de la finance ; les métiers *mpl* de l'argent, de la finance.

geldgierig âpre au gain ; cupide.
Geldhahn *m* : *den ~ auf/drehen* délier les cordons de la bourse ; *den zu/drehen* couper les vivres, les fonds.
Geldhandel *m*, ø commerce *m* de l'argent ; opérations *fpl* financières.
Geldhaus *n*, ¨er → *Geldinstitut*.
Geldherrschaft *f*, en ploutocratie *f* ; suprématie *f* de l'argent.
Geldhortung *f*, en thésaurisation *f*.
Geldinstitut *n*, e établissement *m* bancaire ; institut *m* financier ; banque *f* (*syn. Kreditinstitut*).
Geldkapital *n*, ø actifs *mpl* financiers (à long terme constitués par les banques) ; capital-argent *m*.
Geldkapitalbildung *f*, en placements *mpl* financiers à long terme (des banques).
Geldkarte *f*, n carte *f* de retrait ; carte de débit (*syn. Debetkarte*).
Geldkaufkraft *f*, ø pouvoir *m* d'achat de la monnaie, de l'argent.
Geldklemme *f* : (*fam.*) *sich in einer augenblicklichen ~ befinden* être momentanément à court d'argent ; avoir des ennuis passagers de trésorerie.
Geldknappheit *f*, en pénurie *f* d'argent.
Geldkosten *pl* coût de l'argent *m*.
Geldkreislauf *m*, ¨e circuit *m* monétaire.
Geldkrise *f*, n crise *f* monétaire.
Geldkurs *m*, e 1. cours *m* du change de la monnaie 2. (*bourse*) cours acheteur, demandé (*contr. Briefkurs*).
Geldleihe *f*, n prêt *m* d'argent.
Geldleiher *m*, - bailleur *m* de fonds ; prêteur *m*.
Geldleihsatz *m*, ¨e loyer *m* de l'argent.
Geldleistungen *fpl* prestations *fpl* en espèces ; aide *f* financière.
geldlich pécuniaire ; monétaire ; financier.
Geldlohn *m*, ¨e salaire *m* en espèces.
geldlos sans espèces ; sans numéraire ; *~e Wirtschaft* économie *f* sans intervention de numéraire ; troc *m*.
Geldmangel *m*, ¨ manque *m* de capitaux ; impécuniosité *f* ; pénurie *f* de fonds.
Geldmann *m*, -leute personnage *m* financièrement influent.
Geldmarkt *m*, ¨e 1. marché *m* interbancaire ; marché *m* de prêts (à court terme) entre banques ; → ***Interbankenmarkt*** 2. marché *m* monétaire (ne pas confondre avec *Kapitalmarkt*).
Geldmarktfonds *m*, - fonds *m* de placement en instruments du marché monétaire ; S.I.C.A.V. *f* monétaire ; O.P.C.V.M. *m* monétaire.
Geldmarktinstrument *n*, e instrument *m* du marché monétaire.
Geldmarktsatz *m*, ¨e : *~ für Tagesgeld* taux *m* au jour le jour.
Geldmarktsteuerung *f*, en réglage *m* monétaire ; régulation *f* du marché monétaire.
Geldmarktzins *m*, en taux *m* du marché monétaire.
Geldmasse *f*, n → *Geldmenge*.
Geldmenge *f*, n masse *f* monétaire (ensemble des moyens de paiement à un moment donné) ; *aktive ~* masse monétaire active ; *umlaufende ~* masse monétaire en circulation ; *die ~ auf/blähen* gonfler la masse monétaire ; *die ~ regulieren* réguler la masse monétaire ; *die ~ M3* agrégat monétaire M3 ; masse monétaire M3.
Geldmengenaggregat *n*, e agrégat *m* monétaire ; agrégat de la masse monétaire (regroupement des différentes formes de monnaie selon leur degré de liquidité) ; → *Geldmenge*.
Geldmengenexpansion *f*, en croissance *f* monétaire.
Geldmengengröße *f*, n → *Geldmengenaggregat*.
Geldmengenmultiplikator *m*, en multiplicateur *m* de crédit.
Geldmengenorientierung *f*, en objectifs *mpl* monétaires quantitatifs.
Geldmengenpolitik *f*, en politique *f* monétaire ; politique d'agrégats monétaires.
Geldmengenregulierung *f*, en régulation *f* de la masse monétaire.
Geldmengentheorie *f*, ø théorie *f* quantitative de la masse monétaire (la quantité de la monnaie en circulation a un impact sur les prix).
Geldmengenwachstum *n*, ø croissance *f* de la masse monétaire ; *regelgebundes ~* règles *fpl* limitant la croissance de la masse monétaire.
Geldmengenziel *n*, e objectif *m* (chiffré) de croissance monétaire ; politique *f* de la masse monétaire ; contrôle *m* de l'agrégat M3 (afin que l'inflation n'excède pas 2 %).

Geldmensch *m*, **en, en** personne *f* qui ne pense qu'à l'argent ; homme *m* d'argent.

Geldmittel *npl* ressources *fpl* financières ; moyens *mpl* financiers.

Geldnachfrage *f*, ø demande *f* sur le marché monétaire.

Geldnehmer *m*, - emprunteur *m* ; demandeur *m* de crédit.

Geldnot *f*, **e** pénurie *f* d'argent ; *in ~ sein* être à court d'argent ; connaître des difficultés financières ; avoir des problèmes de trésorerie.

Geldordnung *f*, **en** système *m* monétaire ; régime *m* monétaire.

Geldpapier *n*, ø papier-monnaie *m*.

Geldpolitik *f*, ø politique *f* financière ; politique monétaire **I.** *abgestimmte ~* politique monétaire concertée ; *antiinflationäre ~* politique monétaire anti-inflationniste ; *expansive, restriktive ~* politique monétaire expansive, restrictive ; *~ der ruhigen Hand* politique de prudence monétaire **II.** *eine wirksame ~ betreiben* pratiquer une politique monétaire efficace ; *die ~ auf die Preisstabilität richten* pratiquer une politique de stabilité des prix ; *Träger der ~ ist die Europäische Zentralbank* c'est la Banque centrale européenne qui gère la politique monétaire.

Geldpolster *n*, - réserves *fpl* d'argent ; réserves monétaires ; matelas *m* financier.

Geldprägung *f*, **en** frappe *f* de la monnaie.

Geldpreis *m*, **e** loyer *m*, coût *m*, prix *m* de l'argent.

Geldpresse *f*, **n** planche *f* à billets ; création *f* monétaire ; *etw über die ~ fianzieren* financer qqch par la création monétaire ; actionner la planche à billets.

Geldquelle *f*, **n** ressources *fpl* (financières) ; source *f* de revenus ; source (d'aide) financière.

Geldrente *f*, **n** rente *f* en espèces ; rente en argent.

Geldreserven *fpl* réserves *fpl* monétaires.

Geldrolle *f*, **n** rouleau *m* de pièces (d'euros, de centimes, etc.).

Geldrückgabe *f*, **n** remboursement *m*, restitution *f* d'une somme d'argent.

Geldsack *m*, ¨e **1.** sac *m* utilisé pour les transports de fonds **2.** (*fam.*) personne *f* riche mais avare ; harpagon *m*.

Geldsammlung *f*, **en** collecte *f* ; quête *f*.

Geldschaffung *f*, **en** → *Geldschöpfung*.

Geldschein *m*, **e** billet *m* de banque (*syn. Banknote*).

Geldschneider *m*, - (*péj.*) usurier *m* ; commerçant *m* âpre au gain.

Geldschneiderei *f*, **en** (*péj.*) usure *f* ; mentalité *f* d'usurier.

Geldschnitt *m*, **e** amputation *f* monétaire.

Geldschöpfung *f*, **en** création *f* monétaire ; création de monnaie, d'argent ; *inflationäre ~* création monétaire inflationniste ; *~ durch die Zentralbank* création monétaire par la banque centrale.

Geldschrank *m*, ¨e coffre-fort *m* ; coffre *m* en banque ; *einen ~ knacken* forcer un coffre (*syn. Tresor, Safe*).

Geldschrankknacker *m*, - braqueur *m* de coffres ; cambrioleur *m* de banque.

Geldschuld *f*, **en** dette *f* d'argent.

Geldschwierigkeiten *fpl* → *Geldnot*.

Geldsegen *m*, - manne *f* financière.

Geldseite *f*, **n** (*presse*) page *f* financière ; page « votre argent » (d'un journal).

Geldsendung *f*, **en** envoi *m* d'argent.

Geldsorten *fpl* espèces *fpl* étrangères ; monnaies *fpl* étrangères.

Geldspende *f*, **n** don *m* d'argent.

Geldspielautomat *m*, **en, en** machine *f* à sous.

Geldspritze *f*, **n** (*fam.*) injection *f* de capitaux ; aide *f* financière.

Geldstrafe *f*, **n** amende *f* ; contravention *f* ; *bei ~* sous peine d'amende ; *eine ~ verhängen* infliger une amende ; *zu einer ~ verurteilen* condamner à une amende (*syn. Bußgeld*).

Geldstück *n*, **e** pièce *f* de monnaie.

Geldsumme *f*, **n** somme *f* d'argent.

Geldsurrogat *n*, **e** paiement *m* de remplacement ; monnaie *f* de fortune.

Geldtransport *m*, **e** transport *m* de fonds ; convoi *m* de fonds.

Geldübergabe *f*, **n** remise *f* d'une somme d'argent ; remise d'une rançon.

Geldüberhang *m*, ¨e excédent *m* du pouvoir d'achat (de l'argent) ; excédent des moyens de paiement.

Geldumlauf *m*, ø masse *f* monétaire en circulation ; circulation *f* monétaire ; mouvement *m* de numéraire ; circulation des espèces.

Geldumlaufgeschwindigkeit *f*, **en** vitesse *f* de la circulation monétaire.

Geldumtausch *m*, ø change *m* ; opération *f* de change ; conversion *f* monétaire.

Geldumtauschstelle *f*, **n** bureau *m*, office *m* de change.

Geldunterschlagung *f*, **en** détournement *m* de fonds.

Geldverfassung *f*, **en** ordre *m* monétaire ; système *m* monétaire.

Geldverflechtungsbilanz *f*, **en** balance *f* financière interbranches ; planification *f* des flux monétaires entre les secteurs économiques et le budget de l'État.

Geldverkehr *m*, ø mouvements *mpl* de capitaux ; circulation *f* monétaire ; *zwischenstaatlicher* ~ règlements *mpl* internationaux.

Geldverknappung *f*, **en** raréfaction *f* des moyens financiers.

Geldverleiher *m*, - prêteur *m*.

Geldverlust *m*, **e** perte *f* d'argent.

Geldvermehrung *f*, **en** 1. création *f* monétaire 2. fructification *f* de l'argent

Geldvermögen *n*, - actif *m* financier net ; moyens *mpl* financiers ; valeurs *fpl* en argent ; *fungibles* ~ patrimoine *m* financier fongible ; part *f* liquide d'un patrimoine financier.

Geldvermögensanlage *f*, **n** placement *m* monétaire ; placement financier.

Geldvermögensbildung *f*, **en** constitution *f* d'épargne financière.

Geldvernichtung *f*, **en** destruction *f* de monnaie (scripturale et numéraire).

Geldverschiebung *f*, **en** trafic *m* de fonds ; transfert *m* illégal de capitaux.

Geldverschwendung *f*, **en** gaspillage *m* financier ; argent *m* jeté par les fenêtres.

Geldvolumen *n*, - → *Geldmenge*.

Geldvorgabe *f*, **n** objectif *m* de croissance monétaire.

Geldwaschanlage *f*, **n** organisme *m* de blanchiment d'argent.

Geldwäsche *f*, **n** blanchiment *m* de capitaux ; blanchiment d'argent (sale).

Geldwäscher *m*, - personne *f* qui blanchit de l'argent ; blanchisseur *m* d'argent sale.

Geldwechsel *m*, - → *Geldumtausch*.

Geldwechselstelle *f*, **n** → *Geldumtauschstelle*.

Geldwechsler *m*, - changeur *m* de monnaie.

Geldwert *m*, ø valeur *f* monétaire ; pouvoir *m* d'achat de la monnaie ; *äußerer, innerer* ~ valeur intérieure, extérieure de la monnaie.

geldwert financier ; pécuniaire ; ~*er Vorteil* avantage *m* financier.

Geldwertminderung *f*, **en** → *Geldwertschwund*.

Geldwertpolitik *f*, **en** politique *f* de stabilité monétaire.

Geldwertschwund *m*, ø érosion *f* monétaire ; détérioration *f* du pouvoir d'achat ; hausse *f* des prix.

Geldwertstabilisierung *f*, **en** stabilisation *f* monétaire.

Geldwertstabilität *f*, **en** stabilité *f* monétaire.

Geldwesen *n*, ø système *m* monétaire ; monnaie *f* ; finance(s) *f(pl)* ; régime *m* fiduciaire.

Geldwirtschaft *f*, **en** économie *f* monétaire, financière.

geldwirtschaftlich monétaire ; financier.

Geldwucher *m*, ø agiotage *m* ; usure *f* ; spéculation *f* (frauduleuse) sur les changes ; ~ *treiben* agioter.

Geldzahlung *f*, **en** paiement *m* (d'une somme) en espèces.

Geldzins *m*, **en** loyer *m* de l'argent.

Geldzufluss *m*, ¨e afflux *m* de capitaux, de fonds, d'argent.

Geldzusteller *m*, - agent *m* payeur ou encaisseur.

Geldzuwendung *f*, **en** allocation *f* en argent ; aide *f* financière ; subside(s) *m(pl)*.

Gelegenheit *f*, **en** occasion *f* ; opportunité *f* ; *bei* ~ à l'occasion ; *eine* ~ *verpassen* manquer une occasion ; *eine* ~ *wahr/nehmen* mettre une occasion à profit.

Gelegenheits- (*préfixe*) occasionnel ; non professionnel ; amateur ; (*fam.*) du dimanche.

Gelegenheitsarbeit *f*, **en** travail *m* occasionnel ; travail intermittent.

Gelegenheitsarbeiter *m*, - travailleur *m* occasionnel ; journalier *m* ; tâcheron *m*.

Gelegenheitsgesellschaft *f*, **en** société *f* civile constituée à titre temporaire.

Gelegenheitsjob *m*, **s** emploi *m* occasionnel ; travail *m* occasionnel ; petit boulot *m*.

Gelegenheitskauf *m*, ¨e occasion *f* ; affaire *f* (avantageuse).

Gelegenheitsverkauf *m*, ¨e offre *f* exceptionnelle ; fin *f* de série ; articles *mpl* soldés ; vente *f* promotionnelle.

Geleise *n*, - → *Gleis*.

geleistete Anzahlungen *fpl* (*bilan*) avances *fpl* et acomptes *mpl* versés.

Geleitbrief *m*, e → *Geleitschein*.

Geleitschein *m*, e document *m* d'accompagnement ; sauf-conduit *m* ; acquit *m* à caution ; laissez-passer *m*.

gelenkt dirigé ; *~e Wirtschaft* économie *f* planifiée (dirigée).

gelernt : *~er Arbeiter* ouvrier *m* qualifié ; *~e Verkäuferin* vendeuse *f* qualifiée.

Gellasystem *n*, e (système *m* de) publicité *f* boule-de-neige.

gelocht perforé ; poinçonné ; composté.

gelten, a, o 1. valoir ; *nicht viel ~* ne pas avoir grande valeur 2. être valable ; avoir cours ; *die Fahrkarte gilt zwei Monate* le billet est valable deux mois ; *diese Briefmarke gilt nicht mehr* ce timbre n'a plus cours 3. s'appliquer à ; *das Gesetz gilt für alle Bürger* la loi s'applique à tous les citoyens 4. être considéré (comme) ; passer pour.

geltend en vigueur ; *nach ~em Recht* selon la législation en vigueur ; *einen Anspruch* (*ein Recht*) *~ machen* faire valoir un droit ; *ein Eigentumsrecht ~ machen* revendiquer la propriété de qqch ; *einen Einwand ~ machen* faire valoir une objection ; *Forderungen ~ machen* formuler des revendications.

Geltendmachung *f*, ø revendication *f* ; affirmation *f* ; mise en avant *f* de qqch ; exercice *m* ; *durch die ~ von… en faisant valoir…* ; *gerichtliche ~* action *f* en justice ; *zur ~ eines Anspruchs* en vue de faire valoir un droit ; en vue de l'exercice d'un droit.

Geltstag *m*, e (*Suisse*) banqueroute *f* ; faillite *f*.

Geltung *f*, (en) valeur *f* ; autorité *f* ; validité *f* ; *~ des Geldes* cours *m* de la monnaie ; *~ haben* faire autorité ; *das Gesetz hat ~* la loi est en vigueur.

Geltungsbereich *m*, e champ *m*, domaine *m* d'application.

Geltungsdauer *f*, ø durée *f* de validité ; durée d'application.

Geltungskonsum *m*, ø consommation *f* de prestige.

Geltungstag *m*, e jour *m* de validité ; *schon am ersten ~ der Aktion waren die Produkte nicht mehr zur Verfügung* dès le premier jour de la campagne les produits n'étaient plus disponibles.

GEMA *f* (*Gesellschaft für musikalische Aufführungen und mechanische Vervielfältigungsrechte*) (*France*) Société *f* des auteurs compositeurs éditeurs de musique ; S.A.C.E.M. *f*.

Gemarkung *f*, en 1. territoire *m* communal 2. bornes *fpl* ; limites *fpl*.

gemäß (+ *D*) conforme ; conformément à ; en vertu de ; selon ; d'après ; *Ihren Anordnungen ~* conformément à vos instructions ; *~ Ihrem Wunsch* selon votre désir.

Gemauschel *n*, ø magouilles *fpl* ; combines *fpl* ; tricherie *f*.

gemein commun ; public ; ordinaire ; *der ~e Mann* l'homme de la rue ; *~er Wert* prix *m* moyen ; *das ~e Wohl* le bien public ; *Interessen mit jdm ~ haben* avoir des intérêts communs avec qqn.

Gemeinbesitz *m*, ø → *Gemeineigentum*.

Gemeinde *f*, n (*division administrative*) commune *f* ; municipalité *f* ; (*groupe social*) communauté *f* ; (*religion*) paroisse *f* ; *ländliche ~* commune rurale.

Gemeindeabgaben *fpl* impôts *mpl* communaux ; taxes *fpl* communales, municipales (taxes foncières, impôts locaux).

Gemeindeammann *m*, ¨er (*Suisse*) 1. maire *m* d'une commune 2. agent *m* d'exécution et de recouvrement.

Gemeindeamt *n*, ¨er services *mpl* administratifs municipaux.

Gemeindebeamte/r (*der/ein*) employé *m* communal, municipal.

Gemeindebehörde *f*, n autorités *fpl* communales ; autorités municipales.

Gemeindebetrieb *m*, e entreprise *f* communale (*syn. Kommunalbetrieb*).

Gemeindebezirk *m*, e 1. territoire *m* communal 2. circonscription *f* municipale ; (*Autriche*) quartier *m* de Vienne intra muros.

gemeindeeigen communal ; qui appartient à la commune.

Gemeindefinanzen *fpl* finances *fpl* communales.

Gemeindeflur *f*, en domaine *m* communal (*syn. Allmende*).

Gemeindegut *n*, ¨er → *Gemeindeflur*.
Gemeindehaushalt *m*, e budget *m* de la commune.
Gemeindekasse *f,* n caisse *f* communale ; recette *f* municipale.
Gemeindeordnung *f,* en régime *m* administratif local ; régime communal ; loi *f* sur l'organisation communale.
Gemeinderat *m,* ¨e 1. conseil *m* municipal 2. conseiller *m* municipal.
Gemeinderatssitzung *f,* en séance *f* du conseil municipal.
Gemeinderatswahl *f,* en élection *f* du conseil municipal.
Gemeindesteuern *fpl* → *Gemeindeabgaben.*
Gemeindeumlagen *fpl* charges *fpl* communales.
Gemeindeväter *mpl* édiles *mpl* ; conseillers *mpl* municipaux.
Gemeindeverband *m,* ¨e syndicat *m* intercommunal ; groupement *m* communal ; (*France*) communauté *f* des communes, d'agglomération.
Gemeindevermögen *n,* - (administration *f* des) finances *fpl* communales.
Gemeindeversammlung *f,* en 1. (*Suisse*) réunion *f* des administrés d'un village pour délibérer d'affaires importantes touchant la commune 2. réunion *f* annuelle des membres d'une paroisse.
Gemeindevertreter *m,* - édile *m* ; membre *m* du conseil municipal.
Gemeindevertretung *f,* en conseil *m* municipal ; édiles *mpl* municipaux.
Gemeindevorstand *m,* (¨e) 1. municipalité *f* ; édiles *mpl* municipaux 2. maire *m* (*syn. Gemeindevorsteher*).
Gemeindevorsteher *m,* - maire *m.*
Gemeindewahlen *fpl* élections *fpl* municipales.
Gemeineigentum *n,* ø collectivité *f* ; biens *mpl* communs ; propriété *f* publique ; *etw in* ~ *überführen* devenir propriété publique ; nationaliser ; collectiviser.
Gemeingebrauch *m,* ø utilisation *f* en commun ; usage *m* public.
gemeingefährlich qui constitue un danger public ; qui peut porter atteinte à l'intégrité des personnes et des biens.
Gemeingläubiger *m,* - créancier *m* d'un failli.
gemeingültig d'application générale.
Gemeingut *n,* ¨er domaine *m* public ; biens *mpl* communs ; ~ *werden* tomber dans le domaine public.

Gemeinjahr *n,* e année *f* normale (de 365 jours).
Gemeinkosten *pl* (*comptab.*) charges *fpl* indirectes ; coûts *mpl* indirects ; frais *mpl* généraux ; dépenses *fpl* communes.
Gemeinkostenanalyse *f,* n (*comptab.*) analyse *f* des frais généraux.
Gemeinkostenanteil *m,* e (*comptab.*) part *f* des frais généraux.
Gemeinkostenaufschlüsselung *f,* en (*comptab.*) ventilation *f* des frais généraux.
Gemeinkostenrechnung *f,* en (*comptab.*) calcul *m* des frais généraux.
Gemeinnutz *m,* ø intérêt *m* général ; bien *m* commun ; ~ *geht vor Eigennutz* l'intérêt général passe avant l'intérêt particulier.
gemeinnützig d'utilité publique ; d'intérêt public, collectif, général ; ~*e Gesellschaft* société *f* d'intérêt public ; ~*er Job* travail d'intérêt général ; travail d'utilité collective ; ~*e Vereinigung* association *f* sans but lucratif ; association *f* 1901.
Gemeinnützigkeit *f,* ø → *Gemeinnutz.*
Gemeinnützigkeitserklärung *f,* en déclaration *f* d'utilité publique.
gemeinrechtlich de droit commun.
gemeinsam en commun ; collectif ; solidaire ; ~*er Besitz* (régime *m* de la) communauté *f* de(s) biens ; propriété *f* en commun ; (*U.E.*) ~*er Besitzstand* acquis *m* communautaire ; ~*e Besteuerung* imposition *f* familiale, par foyer ; ~*e Interessen* intérêts *mpl* communs ; (*hist.*) *Gemeinsamer Markt* Marché *m* commun ; ~*e Währung* monnaie commune *f* ; monnaie communautaire ; ~*e Kasse führen* (*machen*) faire caisse commune ; *das Grundstück gehört uns* ~ le terrain nous appartient en commun ; ~ *haften* être solidairement responsable ; répondre solidairement de qqch.
Gemeinschaft *f,* en I. communauté *f* ; collectivité *f* ; indivision *f* ; *Auflösung der* ~ dissolution *f* de la communauté ; *eheliche* ~ communauté conjugale ; (*hist.*) *Europäische* ~ *für Kohle und Stahl* (*EGKS*) Communauté européenne du charbon et de l'acier (*C.E.C.A.*) II. *in einer* ~ *leben* vivre dans une (en) communauté.
gemeinschaftlich commun ; collectif ; ~*e Benutzung* utilisation *f* commune ; ~*es*

Eigentum parties *fpl* communes d'une copropriété ; ~ *haften* répondre solidairement de qqch ; ~ *zeichnen* signer conjointement ; → *gemeinsam*.

Gemeinschafts- (*préfixe*) communautaire ; commun ; d'équipe.

Gemeinschaftsarbeit *f,* en travail *m* d'équipe ; travail (en) commun.

Gemeinschaftsaufgabe *f,* n 1. tâche *f* à résoudre par une collectivité 2. tâche nationale.

Gemeinschaftsausfuhr *f,* en (*U.E.*) exportations *fpl* communautaires.

Gemeinschaftsbeamte/r (*der/ein*) (*U.E.*) fonctionnaire *m* communautaire.

Gemeinschaftsbeitrag *m,* ¨e (*U.E.*) contribution *f* communautaire.

Gemeinschaftsbehörde *f,* n (*U.E.*) autorité *f* communautaire.

Gemeinschaftsbesitz *m,* e propriété *f* commune.

Gemeinschaftsbetrieb *m,* e entreprise *f* collective ; entreprise en participation.

Gemeinschaftseigentum *n,* (e) copropriété *f*.

Gemeinschaftseinfuhr *f,* en (*U.E.*) importation *f* intracommunautaire.

Gemeinschaftseinrichtung *f,* en établissment *m* collectif ; institution *f* commune.

Gemeinschaftskontenrahmen *m,* - cadre *m* comptable normalisé.

Gemeinschaftskonto *n,* -ten compte *m* joint ; compte commun ; compte à demi.

Gemeinschaftspräferenz *f,* en (*U.E.*) préférence *f* communautaire.

Gemeinschaftspraxis *f,* en cabinet *m* médical groupé ; cabinet de groupe.

Gemeinschaftspreis *m,* e (*U.E.*) prix *m* communautaire.

Gemeinschaftsproduktion *f,* en 1. coproduction *f* ; *etw in* ~ *her/stellen* fabriquer qqch en coproduction 2. (*U.E.*) production communautaire.

Gemeinschaftsrecht *n,* e (*U.E.*) droit *m* communautaire.

Gemeinschaftsschule *f,* n école *f* non confessionnelle ; école publique.

Gemeinschaftsstand *m,* ¨e stand *m* (de foire) commun.

Gemeinschaftssteuern *fpl* impôts *mpl* communautaires.

Gemeinschaftstopf *m,* ¨e pot *m* commun ; (*U.E.*) pot communautaire.

Gemeinschaftsverfahren *n,* - (*U.E.*) procédure *f* communautaire.

Gemeinschaftsvermögen *n,* - biens *mpl* indivis ; masse *f* sociale ; patrimoine *m* commun.

Gemeinschaftsverpflegung *f,* en restauration *f* collective.

Gemeinschaftsversicherung *f,* en assurance *f* collective ; assurance de groupe.

Gemeinschaftswährung *f,* en (*U.E.*) monnaie *f* communautaire ; monnaie commune.

Gemeinschaftswerbung *f,* en publicité *f* collective (faite par tout un secteur industriel pour un produit sans mentionner une firme ou une marque bien précises).

Gemeinschaft *f* **zur gesamten Hand** → *Gesamthandsgemeinschaft*.

Gemeinschuld *f,* en masse *f* de (la) faillite.

Gemeinschuldner *m,* - débiteur *m* en faillite.

Gemeinwert *m,* e valeur *f* commune.

Gemeinwirtschaft *f,* en économie *f* collective ; système *m* économique donnant la priorité à la satisfaction des besoins collectifs ; économie sociale.

gemeinwirtschaftlich : ~*e Lasten* charges *fpl* économiques et sociales.

Gemeinwohl *n,* ø bien *m* public.

Gemeinwohlarbeit *f,* en travail *m* d'intérêt général, d'intérêt public.

gemessen (*an*) en comparaison (de) ; proportionnellement (à).

gemischt mélangé ; mixte ; ~*er Fonds* fonds *m* mixte.

Gemischtbetrieb *m,* e (*agric.*) exploitation *f* agricole de production mixte.

gemischtgenutzt à usage mixte (location et habitation, par ex).

gemischtsprachig : ~*es Land* pays *m* de multilinguisme.

Gemischtwarenhandlung *f,* en supérette *f* ; alimentation-bazar *f* (épicerie, souvenirs, droguerie, etc.) ; magasin *m* de commerce multiple.

Gemischtwarenstrategie *f,* n (*marketing*) stratégie *f* de diversification (*syn. Diversifizierungsstrategie*).

gemischtwirtschaftlich d'économie mixte ; semi-public ; ~*er Betrieb* entreprise *f* semi-publique ; société *f* d'économie mixte.

Gemobbte/r (*der/ein*) victime *f* du mobbing ; victime de persécutions ou de harcèlement sur le lieu de travail.

Gemüse *n*, -/sorten légumes *mpl*.

Gemüseanbau *m*, ø culture *f* maraîchère.

genau 1. exact ; précis **2.** économie ; pacimonieux.

Genbank *f*, en banque *f* d'empreintes génétiques.

Gendatei *f*, en fichier *m* des empreintes génétiques.

Gendaten *pl* carte *f* d'identité génétique ; génome *m*.

genehmigen agréer ; accepter ; approuver ; allouer ; accorder ; autoriser ; *etw amtlich* ~ agréer officiellement ; homologuer ; *einen Vertrag* ~ ratifier un traité ; *vorgelesen, genehmigt, unterschrieben* lu et approuvé plus signature.

Genehmigung *f*, en autorisation *f* ; permission *f* ; consentement *m* ; accord *m* ; approbation *f* ; ratification *f* ; *amtliche* (*behördliche*) ~ agrément *m*, homologation *f* officiel(le) ; *befristete* ~ accord temporaire ; *gewerbliche* ~ licence *f* professionnelle ; *schriftliche* ~ autorisation écrite ; ~ *zur Ausübung eines Berufs, eines Gewerbes* autorisation d'exercer une profession, une activité artisanale ou commerciale ; *eine* ~ *erteilen, verweigern* accorder, refuser une autorisation.

genehmigungsfrei non soumis à autorisation (préalable) ; libre.

Genehmigungspflicht *f*, en autorisation *f* obligatoire ; obligation *f* de demander une autorisation ; ~ *für die Einfuhr einer bestimmten Ware* autorisation d'importation d'une certaine marchandise.

genehmigungspflichtig soumis à (l')autorisation ; autorisation préalable nécessaire.

Genehmigungsverfahren *n*, - procédure *f* d'autorisation.

Genehmigungsvermerk *m*, e mention *f*, visa *m* d'autorisation.

Generalagent *m*, en, en → *Generalvertreter*.

Generalbevollmächtigte/r (*der/ein*) fondé *m* de pouvoir disposant d'une procuration générale ; mandataire *m* général.

Generaldirektor *m*, en directeur *m* général ; P.-D.G. *m* ; (*S.A.*) membre *m* du directoire.

Generalhandel *m*, ø commerce *m* général (exportations, importations, transit).

Generalhandlungsvollmacht *f*, en pouvoir *m* commercial général.

Generalist *m*, en, en personne *f* ayant une bonne formation générale ; personne *f*, cadre *m* polyvalent(e).

Generalkonsul *m*, n consul *m* général.

Generalkonsulat *n*, e **1.** fonction *f* de consul général **2.** consulat *m* général.

Generalstaaten *mpl* parlement *m* néerlandais.

Generalstaatsanwalt *m*, ¨e procureur *m* général.

Generalstreik *m*, s grève *f* générale.

generalüberholen effectuer une révision complète ; *der Wagen wurde generalüberholt* la voiture a été entièrement révisée.

Generalüberholung *f*, en (*techn.*) révision *f* complète.

Generalunternehmer *m*, - (*bâtiment*) maître *m* d'œuvre ; entreprise *f* principale (qui gère l'ensemble des travaux).

Generalversammlung *f*, en assemblée *f* générale (*syn. Hauptversammlung*).

Generalvertreter *m*, - représentant *m* exclusif ; agent *m* général.

Generalvertretung *f*, en agence *f* exclusive ; agence *f* générale.

Generalvertrieb *m*, e exclusivité *f* ; distributeur *m* exclusif.

Generalvollmacht *f*, en procuration *f*, mandat *m* général(e) ; pleins pouvoirs *mpl*.

Generation *f*, en génération *f*.

Generationenvertrag *m*, ¨e contrat *m* des générations (au terme duquel la génération active paie pour la précédente et acquiert le droit d'être prise en charge par la suivante).

Generationswechsel *m*, - changement *m*, renouvellement *m* des générations ; relève *f*.

Generikum *n*, -ka médicament *m* générique ; *preiswerte ~ka verschreiben* prescrire des médicaments génériques bon marché.

Genetik *f*, ø génétique *f*.

genetisch génétique.

Genfeld *n*, er champ *m* cultivé de plantes transgéniques ; cultures *fpl* avec O.G.M.

Genfood *f,* ø → *Genlebensmittel*.
Genforschung *f,* en recherche *f* génétique.
genfrei non transgénique ; sans O.G.M. ; sans manipulations génétiques ; ~*e Futtermittel* aliments *mpl* pour animaux sans O.G.M.
genießen, o, o avoir la jouissance de qqch ; jouir de ; *eine gute Ausbildung genossen haben* avoir eu une bonne formation ; *einen guten Ruf* ~ jouir d'une bonne réputation.
Genlebensmittel *npl* aliments *m* génétiquement modifiés ; aliments transgéniques (O.G.M.).
Genmais *m,* -sorten maïs *m* transgénique.
Genmanipulation *f,* en manipulation *f* génétique.
genmanipuliert génétiquement modifié ; transgénique.
Gennahrungsmittel *n,* - → *Genlebensmittel*.
Genomforschung *f,* en recherche *f* sur le génome.
genormt standardisé ; normalisé ; ~*es Format* format *m* standard.
Genossenschaft *f,* en coopérative *f* ; société *f* coopérative ; association *f* ; syndicat *m* ; *eingetragene* ~ *mit beschränkter Haftpflicht* coopérative déclarée à responsabilité limitée ; *gewerbliche* ~ coopérative industrielle ; *landwirtschaftliche* ~ coopérative agricole ; → ***Absatz-, Berufs-, Einkaufs-, Handels-, Konsum-, Verbrauchergenossenshaft***.
Genossenschafter *m,* - → *Genossenschaftler*.
Genossenschaftler *m,* - associé *m*, adhérent *m* d'une coopérative ; agent *m* coopérateur ; coopérateur *m*.
genossenschaftlich coopératif ; sur une base coopérative ; ~*er Betrieb* entreprise *f* coopérative ; *etw* ~ *verwalten* gérer qqch sur une base coopérative.
Genossenschaftsbank *f,* en banque *f* coopérative ; coopérative *f* de crédit.
Genossenschaftsbauer *m,* n, n agriculteur *m* adhérent d'une coopérative ; coopérateur *m*.
Genossenschaftsbund *m* : *Internationaler* ~ (*IGB*) Alliance *f* coopérative internationale (A.C.I.).
Genossenschaftskredit *m,* e crédit *m* coopératif.
Genossenschaftsverband *m,* ¨e union *f* de coopératives.

Genossenschaftswesen *n,* ø (système *m* des) sociétés *fpl* coopératives.
Genpflanze *f,* n plante *f* transgénique.
Gensaat *f,* en semence *f* de plantes avec O.G.M.
Gentechnik *f,* en génétique *f* ; génie *m* génétique ; technologies *fpl* géniques ; *grüne* ~ génie génétique appliqué aux végétaux ; *Etikett ohne* ~ étiquette *f* sans O.G.M.
Gentechniker *m,* - technicien *m* du génie génétique.
gentechnikfrei sans O.G.M. ; ~*e Nahrungsmittel* aliments *mpl* génétiquement non modifiés.
Gentechnikprodukt *n,* e produit *m* génétiquement modifié ; produit transgénique.
gentechnisch : ~ *verändert* génétiquement modifié ; transgénique ; obtenu par génie génétique ; ~ *veränderter Organismus* (*GVO*) organisme *m* génétiquement modifié ; ~*e veränderte Lebensmittel* denrées *fpl* génétiquement modifiées ; aliments *mpl* transgéniques.
Gentechnologie *f,* n → *Gentechnik*.
Gentherapie *f,* n thérapie *f* génique.
Genuss *m,* (¨e) jouissance *f* ; *in den* ~ *von etw kommen* entrer en jouissance de qqch ; bénéficier de qqch.
Genussaktie *f,* n action *f* de jouissance, de dividende ; action bénéficiaire (dont le remboursement du nominal est intégralement réalisé).
Genussmittel *npl* stimulants *mpl* (café, thé, alcools, tabacs, etc.) ; boissons *fpl* et tabacs *mpl* ; produits *mpl* de (demi-)luxe.
Genussmittelindustrie *f,* n industrie *f* des produits de (demi-)luxe.
Genussrecht *n,* e droit *m* de jouissance.
Genussrechtskapital *n,* ø capital *m* en titres participatifs.
Genussschein *m,* e titre *m* participatif ; certificat *m* de jouissance ; certificat de participation (aux bénéfices, aux dividendes) ; action *f* sans droit de vote.
Genusstauglichkeitsbescheinigung *f,* en certificat *m* sanitaire (viande apte à la consommation).
geöffnet ouvert ; *ab acht Uhr* ~ ouvert à partir de 8 h ; *durchgehend* ~ ouvert en permanence ; ouvert 24 heures sur 24 ; *ganzjährig* ~ ouvert toute l'année.

Geopolitik *f*, ø géopolitique *f*.
geopolitisch géopolitique.
Gepäck *n*, -stücke bagage(s) *m(pl)* ; *kleines ~* bagages à main ; *das ~ auf/geben* faire enregistrer les bagages.
Gepäckabfertigung *f*, en enregistrement *m*, réception *f* des bagages.
Gepäckabholung *f*, en enlèvement *m* des bagages à domicile.
Gepäckanhänger *m*, - étiquette *f* porte-adresse (pour bagages).
Gepäckannahme *f*, n → *Gepäckabfertigung*.
Gepäckaufbewahrung *f*, en consigne *f* des bagages.
Gepäckaufgabe *f*, n → *Gepäckabfertigung*.
Gepäckausgabe *f*, n retrait *m*, livraison *f* des bagages.
Gepäckbeförderung *f*, en transport *m* des bagages.
Gepäckfracht *f*, en prix *m* de transport des bagages.
Gepäckfreigrenze *f*, ø franchise *f* de bagages.
Gepäckmehrgewicht *n*, ø excédent *m* de bagage(s).
Gepäckschalter *m*, - guichet *m* d'enregistrement des bagages.
Gepäckschein *m*, e bulletin *m* de bagages.
Gepäckschließfach *n*, ¨er consigne *f* (de bagages) automatique.
Gepäckstück *n*, e → *Gepäck*.
Gepäckträger *m*, - 1. porteur *m* 2. porte-bagages *m*.
Gepäckversicherung *f*, en assurance-bagages *f*.
Gepäckzustellung *f*, en livraison *f* des bagages à domicile.
gepanscht (*vin*) trafiqué ; frelaté.
gepfeffert (*fam.*) salé ; *die Rechnung ist ~* la facture est salée ; *~e Preise* prix *mpl* exorbitants.
Geprellte/r (*der/ein*) ; personne *f* grugée ; (*fam.*) pigeon *m*.
geprüft : ~ *und für richtig befunden* certifié exact ; *TÜV-~* label *m* de contrôle de sécurité ; → *TUV*.
gerade/stehen, a, a répondre de qqch ; fournir une caution pour qqn ; cautionner qqn.
Gerant *m*, en, en (*pron. fr.*) (*Suisse*) gérant *m* ; administrateur *m*.
Gerät *n*, e instrument *m* ; outil *m* ; appareil *m* ; dispositif *m* ; *datenverarbeitende ~e* ordinateurs *mpl*.

Gerätebestand *m*, ¨e parc *m* de matériel ; équipement *m* en outillage et appareils.
geraten, ie, a (*ist*) arriver ; parvenir ; entrer ; *in Geldschwierigkeiten ~* avoir des problèmes d'argent ; *in Konkurs ~* faire faillite ; *in eine Krise ~* connaître une crise ; *in Schulden ~* s'endetter.
Gerätetreiber *m*, - (*informatique*) pilote *m* de périphérique.
Geräteverleiher *m*, - entreprise *f* de location de matériel ; société *f* de location d'engins.
Geräuschdämmung *f*, en insonorisation *f* ; isolation *f* phonique.
Geräuschpegel *m*, - niveau *m* sonore.
Gerber *m*, - tanneur *m*.
Gerberei *f*, en tannerie *f*.
Gerbung *f*, en tannage *m*.
gerecht juste ; équitable ; *~e Forderung* revendication *f* légitime ; *einen ~en Preis machen* faire un prix honnête ; *jdm ~ werden* rendre justice à qqn.
Gerechtigkeit *f*, ø justice *f* ; équité *f* ; égalité *f* ; probité *f* ; *soziale ~* justice sociale ; *steuerliche ~* équité fiscale ; égalité devant l'impôt.
geregelter Markt (*bourse*) second marché *m*.
Gericht *n*, e tribunal *m* ; juridiction *f* ; justice *f* ; cour *f*, palais *m* de justice **I.** *oberstes ~* tribunal suprême ; *ordentliches ~* juridiction *f* de droit commun ; *zuständiges ~* tribunal compétent **II.** *eine Sache vor(s) ~ bringen* saisir le tribunal d'une affaire ; *vor ~ erscheinen* comparaître en justice ; *vor ~ gehen* se pourvoir en justice ; *vor ~ klagen* attaquer, poursuivre en justice ; *jdn vor ~ laden* citer qqn à comparaître ; *vor ~ stehen* (*auf/treten*) ester en justice ; comparaître devant le tribunal ; *vor ~ ziehen* (*bringen*) traduire en justice ; (*fam.*) traîner devant les tribunaux ; *das ~ zieht sich zur Beratung zurück* la cour se retire pour délibérer ; → *Gerichtshof* ; *Amts-, Arbeits-, Berufungs-, Bundesverfassungs-, Oberlandes-, Oberverwaltungs-, Schieds-, Zivilgericht*.
gerichtlich judiciaire **I.** *~e Anordnung* ordonnance *f* judiciaire ; *~e Beglaubigung* homologation *f* judiciaire ; légalisation *f* ; *~e Beilegung* règlement *m* judiciaire ; *~e Verfügung* acte *m*, décision *f* de justice ; ordonnance *f* judiciaire ; *~e Vorladung* citation *f* en justice ; *auf ~em Wege* par voie de justice **II.** *jdn ~ belan-*

gen (*verfolgen*) poursuivre qqn en justice ; ~ *belangt werden* faire (être) l'objet de poursuites judiciaires ; *ein ~es Verfahren ein/leiten* entamer une procédure judiciaire.

Gerichtsbarkeit *f*, ø juridiction *f* ; compétence *f* juridictionnelle.

Gerichtsbeschluss *m*, ¨e → *Gerichtsentscheidung*.

Gerichtarzt *m*, ¨e → *Gerichtsmediziner*.

Gerichtsbezirk *m*, e secteur *m* juridictionnel.

Gerichtsentscheidung *f*, en décision *f* de justice.

Gerichtsferien *pl* vacances *fpl* judiciaires ; vacation *f* des tribunaux.

Gerichtsgebühren *fpl* frais *mpl* de justice ; droits *mpl* judiciaires.

Gerichtsgutachter *m*, - expert *m* auprès des tribunaux.

Gerichtshof *m*, ¨e cour *f* de justice ; tribunal *m* ; *internationaler* ~ cour de justice internationale ; *oberster* ~ cour suprême.

Gerichtshoheit *f*, ø → *Gerichtsbarkeit*.

Gerichtskosten *pl* → *Gerichtsgebühren*.

Gerichtsmediziner *m*, - médecin-légiste *m* ; médecin *m* expert auprès d'un tribunal.

Gerichtsort *m*, (e) → *Gerichtsstand*.

Gerichtssitzung *f*, en audience *f* (judiciaire).

Gerichtsstand *m*, (¨e) juridiction *f* compétente ; compétence *f* juridictionnelle ; lieu *m* de juridiction ; ~ *Frankfurt* pour toute contestation, le tribunal de Francfort est seul compétent.

Gerichtsstandsklausel *f*, n clause *f* d'attribution de compétence.

Gerichtsstandsvereinbarung *f*, en convention *f* attributive de juridiction.

Gerichtsstelle *f*, n (siège *m* du) tribunal *m*.

Gerichtsverfahren *n*, - procédure *f* (judiciaire).

Gerichtsverhandlung *f*, en débat *m* judiciaire.

Gerichtsvollzieher *m*, - huissier *m* (de justice).

Gerichtsweg *m*, e voie *f* judiciaire ; (*gegen etw*) *auf dem* ~ *vor/gehen* agir (contre qqch) par voie judiciaire ; *Kleindelikte außerhalb des ~es regeln* régler les délits mineurs en dehors des tribunaux.

Gerichtswesen *n*, ø les tribunaux *mpl* ; appareil *m* judiciaire.

gering petit ; modique ; bas ; minime ; inférieur ; ~*e Anzahl* petit nombre *m* ; ~*e Menge* faible quantité *f*.

geringfügig petit ; de moindre importance ; ~*e Beschäftigung* contrat *m* de travail à temps partiel ; (*fam.*) petit boulot *m*.

Geringfügigkeit *f*, ø (*travail*) emploi *m* de moins de 15 heures hebdomadaires.

Geringfügigkeitsgrenze *f*, n maximum *m* hebdomadaire d'heures travaillées (au delà desquelles on doit cotiser à la sécurité sociale) ; seuil *m* des 15 heures/semaine.

Geringfügigkeitsjob *m*, s contrat *m* de travail à temps partiel ; petit boulot *m*.

Geringqualifizierte/r (*der/ein*) personne *f* peu qualifiée.

geringstrahlend : ~*er Müll* déchets *mpl* à faible taux de radioactivité.

Geringverdiener *m*, - → *Kleinverdiener*.

Geringverdienergrenze *f*, n plancher *m*, limite *f* inférieure des bas-salaires ; *die* ~ *erhöhen* relever le plancher bas-salaire.

geringwertig de faible valeur ; de peu de valeur ; de qualité médiocre ; ~*e Wirtschaftsgüter* biens *mpl* économiques à caractère peu productif.

Gerste *f*, ø (*agric.*) orge *f*.

Gerücht *n*, e rumeur *f* ; ragots *mpl*.

Gerüchtekampagne *f*, n campagne *f* de rumeurs, de ragots.

Gerüchteküche *f*, n → *Gerüchtekampagne*.

Gerüstbauer *m*, - (*bâtiment*) monteur *m* d'échaffaudage.

Ges. → **1.** *Gesellschaft* **2.** *Gesetz*.

gesalzen → *gepfeffert*.

gesamt global ; total ; général ; solidaire ; collectif ; ~ *und gesondert* conjointement et solidairement (*syn. einzeln und solidarisch*) ; *Gemeinschaft zur ~en Hand* → *Gesamthandsgemeinschaft* ; *sein ~es Vermögen verloren haben* avoir perdu la totalité de son patrimoine.

Gesamt- (*préfixe*) global ; total ; solidaire ; collectif.

Gesamtarbeitsvertrag *m*, ¨e → *Gesamtvereinbarung*.

Gesamtausfuhr *f*, en exportations *fpl* totales.
Gesamtbebauungsplan *m*, ¨e (*urbanisme*) schéma *m* directeur général.
Gesamtbedarf *m*, ø besoin *m* total.
Gesamtbelegschaft *f*, en ensemble *m* du personnel.
Gesamtbetrag *m*, ¨e somme *f* globale ; montant *m* total.
Gesamtbevölkerung *f*, en population *f* entière, totale.
Gesamtbezüge *mpl* (*bilan*) total *m* des rémunérations.
gesamtdeutsch allemand ; qui concerne l'ensemble des Allemands ; *der ~e Bundestag* le parlement de l'Allemagne réunifiée.
Gesamtdeutschland *n*, ø 1. l'Allemagne toute entière ; l'ensemble de l'Allemagne 2. (*hist.*) les deux Allemagnes (après la Seconde guerre mondiale).
Gesamteinkommen *n*, - revenu *m* global.
Gesamteinnahme *f*, n recette *f* totale.
Gesamterbe *m*, *n*, n héritier *m* universel (*syn. Alleinerbe*).
Gesamtergebnis *n*, se résultat *m* global.
Gesamterlös *m*, e → *Gesamteinnahme*.
Gesamtertrag *m*, ¨e produit *m* total ; rendement *m* global.
Gesamtforderung *f*, en créance *f* totale.
Gesamtgewicht *n*, e poids *m* total en charge (P.T.C.).
Gesamtgläubiger *mpl* créanciers *mpl* solidaires.
Gesamtgröße *f*, n : *wirtschaftliche ~n* agrégats *mpl* économiques (P.I.B., P.N.B, épargne nationale, etc.).
Gesamtgut *n*, ¨er biens *mpl* communs (contrat de mariage sous régime de communauté).
Gesamthaftung *f*, en responsabilité *f*, garantie *f* solidaire ; solidarité *f* collective.
Gesamthandeigentum *n*, ø propriété *f* indivise.
Gesamthänder *m*, - associé *m* ayant une part sociale (uniquement cessible sur consentement de l'ensemble des associés).
Gesamthandlungsvollmacht *f*, en pouvoir *m* commercial collectif.

Gesamthandsgemeinschaft *f*, en indivision *f*.
Gesamthaushalt *m*, e budget *m* global, général (de l'Allemagne).
Gesamtheit *f*, ø totalité *f* ; total *m* ; ensemble *m* ; collectivité *f* ; *~ der Lohn- und Gehaltsempfänger* l'ensemble des salariés.
Gesamthypothek *f*, en hypothèque *f* solidaire.
Gesamtkapital *n*, ø capital *m* total ; totalité *f* des capitaux ; *gesellschaftliches ~* total *m* du capital social.
Gesamtkosten *pl* coût *m* total, global ; totalité *f* des coûts ; *durchschnittliche ~* coût total moyen ; *variable ~* coût variable global ; *~ ermitteln* calculer le coût total.
Gesamtkostenfunktion *f*, en fonction *f* du coût *m* total.
Gesamtlage *f*, n situation *f* générale, d'ensemble.
Gesamtleistung *f*, en résultats *mpl* globaux ; rendement *m* total ; puissance *f* totale ; efficacité *f* générale ; *volkswirtschaftliche ~* produit *m* de l'économie nationale ; production *f* nationale.
Gesamtliste *f*, n liste *f* générale, complète, récapitulative *f*.
Gesamtlohnkosten *pl* ensemble *m* des charges salariales.
Gesamtnachfrage *f*, ø demande *f* globale (sur les différents marchés).
Gesamtnutzen *m*, ø utilité *f* totale.
Gesamtpreis *m*, e prix *m* global.
Gesamtprodukt *n*, e produit *m* brut ; *gesellschaftliches ~* produit social brut.
Gesamtproduktion *f*, en production *f* totale.
Gesamtprokura *f*, -ren procuration *f* collective, conjointe.
Gesamtrechnung *f*, en facture *f* globale ; *betriebliche ~* comptabilité *f* d'exploitation ; *volkswirtschaftliche ~* comptabilité nationale ; comptes *mpl* de la nation.
Gesamtregelung *f*, en règlement *m* d'ensemble.
Gesamtschaden *m*, ¨ montant *m* total du sinistre ; dommage *m* total ; ensemble *m* des dégâts ; *der ~ beläuft sich auf* le montant global du sinistre s'élève à.
Gesamtschuld *f*, en dette *f* totale ; dette solidaire.
Gesamtschuldenstand *m*, ø masse *f* globale de la dette publique.

Gesamtschuldner *m*, - débiteur *m* solidaire.

gesamtschuldnerisch : *~e Haftung* responsabilité *f* solidaire.

Gesamtsumme *f*, n → *Gesamtbetrag*.

Gesamtumsatz *m*, ¨e chiffre *m* d'affaires total ; C.A. *m* global.

Gesamtunternehmer *m*, - (*bâtiment*) entrepreneur *m* ; maître *m* d'œuvre (qui dirige le chantier).

Gesamtverband *m*, ¨e fédération *f* ; union *f* générale.

Gesamtvereinbarung *f*, en (*Suisse*) accord *m* global (entreprises et syndicats) ; convention *f* collective.

Gesamtvergebung *f*, en adjudication *f* en bloc ; adjudication par lots.

Gesamtvergütung *f*, en rémunération *f* globale ; enveloppe *f* globale ; *die ~ der Kassenärzte* l'enveloppe globale des médecins affiliés.

Gesamtverlust *m*, e perte *f* totale.

Gesamtvermögen *n*, - totalité *f* des biens ; avoir *m* total ; fortune *f* totale ; ensemble *m* du patrimoine ; *steuerliches ~* (*personnes*) revenu *m* total imposable ; (*entreprises*) capital *m* global imposable.

Gesamtverschuldung *f*, en endettement *m* collectif.

Gesamtvertretung *f*, en représentation *f* collective.

Gesamtverzehr *m*, ø consommation *f* globale (de biens consommables).

Gesamtvolumen *n*, -/mina volume *m* total global.

Gesamtwert *m*, e valeur *f* totale ; *ein Diebstahl im ~ von* un vol d'un montant global de.

Gesamtwirtschaft *f*, en économie *f* générale ; macro-économie *f*.

gesamtwirtschaftlich macro-économique ; global ; *~e Gegebenheiten* données *fpl* économiques fondamentales ; les fondamentaux *mpl* de l'économie ; *~es Gleichgewicht* équilibre *m* économique global (stabilité des prix, plein-emploi, commerce extérieur en équilibre, croissance régulière) ; *~e Leistung* produit *m* national brut ; P.N.B. *f* ; *~es Realwachstum* croissance *f* économique globale réelle ; *~e Werte* données *fpl* de la comptabilité nationale.

Gesamtzahl *f*, en totalité *f* ; nombre *m* total.

Gesandtschaft *f*, en représentation *f* diplomatique (à l'étranger) ; légation *f*.

gesättigt saturé ; *~er Markt* marché *m* saturé.

gesch. 1. (*geschieden*) divorcé **2.** (*geschätzt*) évalué ; estimé à.

Geschacher *n*, ø (*péj.*) vil marchandage *m*.

geschädigt lésé ; sinistré.

Geschädigte/r (*der/ein*) sinistré *m* ; victime *f* d'un dommage ; partie *f* lésée.

Geschäft *n*, e **1.** occupation *f* ; travail *m* ; besogne *f* ; *seinen ~en nach/gehen* vaquer à ses occupations **2.** affaire *f* ; commerce *m* ; opération *f* commerciale ; transaction *f* ; marché *m* ; les affaires ; activité *f* économique **I.** *einträgliches ~* affaire rentable ; opération lucrative ; *ertragreiches ~* affaire prospère ; *gutes, schlechtes ~* bonne, mauvaise affaire ; *laufende ~e* affaires courantes ; *unsaubere* (*dunkle*) *~e* affaires louches ; magouille *f* **II.** *ein ~ ab/schließen* conclure un marché ; *aus einem ~ aus/steigen* se retirer d'une affaire ; (*fam.*) ne plus être dans le coup ; *im ~ bleiben* rester dans la partie ; ne pas se faire exclure d'une affaire ; *die ~e blühen* les affaires sont florissantes ; (*mit jdm*) *ins ~ kommen* entrer en relations d'affaires (avec qqn) ; *große ~e machen* gagner gros ; brasser des affaires ; *~e an der Börse tätigen* traiter des affaires en bourse ; *das ~ verderben* gâcher les prix, le marché ; *über ~ verhandeln* négocier une affaire ; *sich aus den ~en zurück/ziehen* se retirer des affaires ; *von einem ~ zurück/treten* se retirer d'une affaire **3.** firme *f* ; affaire *f* ; fonds *m* de commerce ; maison *f* (commerciale) ; entreprise *f* ; *ein ~ führen* diriger une affaire, une entreprise ; *in ein ~ ein/steigen* entrer (financièrement) dans une affaire ; prendre une participation dans une entreprise ; *ein ~ übernehmen* reprendre une affaire, une maison ; *ein ~ weiter/führen* prendre la suite d'une affaire ; assurer la direction d'une entreprise **4.** magasin *m* ; boutique *f* ; *die ~e öffnen, schließen um... Uhr* les magasins ouvrent, ferment à... heures.

geschäftehalber pour affaires.

Geschäftemacher *m*, - affairiste *m* ; brasseur d'affaires.

Geschäftemacherei *f*, en affairisme *m* ; (*fam.*) combine *f* ; magouille *f*.

geschäftig actif ; affairé.

geschäftlich 1. d'affaires ; commercial ; *~e Beziehungen* relations *fpl* d'affaires ; *~e Interessen* intérêts *mpl* commerciaux ; *sie ist ~ tätig* elle est dans les affaires ; *~ verhindert sein* être retenu pour affaires **2.** impersonnel ; formel.

Geschäftsablauf *m,* ¨e marche *f* des affaires ; déroulement *m* d'une affaire.

Geschäftsabschluss *m,* ¨e **1.** conclusion *f* d'une affaire, d'un marché **2.** clôture *f* de l'exercice ; bilan *m*.

Geschäftsabwicklung *f,* en déroulement *m* d'une affaire.

Geschäftsadresse *f,* n adresse *f* commerciale, professionnelle.

Geschäftsanfall *m,* ¨e volume *m* de travail.

Geschäftsangelegenheiten : *in ~* en affaires.

Geschäftsanteil *m,* e part *f* sociale.

Geschäftsaufgabe *f,* n cessation *f* de commerce, d'une activité commerciale ; liquidation *f,* fermeture *f* d'une entreprise.

Geschäftsauflösung *f,* en → *Geschäftsaufgabe*.

Geschäftsaufschwung *m,* ø relance *f* de l'activité commerciale ; essor *m* ; reprise *f* des affaires.

Geschäftsaussichten *fpl* perspectives *fpl* commerciales.

Geschäftsausstattung *f,* en mobilier *m* de bureau ; matériel *m* de bureau.

Geschäftsbank *f,* en banque *f* d'affaires ; établissement *m* de crédit ; banque commerciale.

Geschäftsbedingungen *fpl* conditions *fpl* générales (d'un contrat) ; *allgemeine ~* conditions générales (de vente) ; *geben Sie uns bitte umgehend Ihre ~ bekannt* faites nous connaître vos conditions par retour du courrier, s.v.p.

Geschäftsbereich *m,* e ressort *m* ; domaine *m,* secteur *m* d'activité ; *Minister ohne ~* ministre *m* sans portefeuille.

Geschäftsbericht *m,* e rapport *m* d'activité ; rapport de gestion, d'exploitation ; bilan *m* de société ; compte *m* rendu d'exercice.

Geschäftsbesorgung *f,* en **1.** gestion *f* d'affaires **2.** suivi *m* d'une affaire.

Geschäftsbetrieb *m,* **1.** e exploitation *f* commerciale ; entreprise *f* à caractère commercial **2.** ø activité *f* commerciale.

Geschäftsbeziehungen *fpl* relations *fpl* commerciales ; relations d'affaires.

Geschäftsbrief *m,* e lettre *f* commerciale ; lettre d'affaires.

Geschäftsbücher *npl* livres *mpl* de commerce ; livres de comptes.

Geschäftsbuchhaltung *f,* en comptabilité *f* commerciale.

Geschäftseinkäufer *m,* - acheteur *m* professionnel (grands magasins).

geschäftserfahren qui a l'expérience des affaires.

Geschäftserfahrung *f,* en expérience *f* des affaires, commerciale.

Geschäftseröffnung *f,* en ouverture *f* d'un magasin.

Geschäftserweiterung *f,* en agrandissement *m* d'une entreprise.

Geschäftsessen *n,* - repas *m,* déjeuner *m* d'affaires (syn. *Arbeitsessen*).

geschäftsfähig capable de contracter ; habilité à disposer ; ayant capacité pour accomplir un acte juridique.

Geschäftsfähigkeit *f,* ø capacité *f* contractuelle ; capacité juridique ; capacité d'exercer des droits ; *beschränkte ~* capacité restreinte d'exercer des droits ; *unbeschränkte ~* pleine capacité contractuelle.

Geschäftsfeld *n,* er secteur *m* d'activité ; *strategisches ~* domaine *m* d'activité stratégique ; *sich von einem ~ trennen* se séparer d'un domaine d'activité.

Geschäftsflaute *f,* n marasme *m* économique ; ralentissement *m* des affaires ; stagnation *f* de l'activité commerciale.

Geschäftsfrau *f,* en femme *f* d'affaires ; commerçante *f*.

Geschäftsfreund *m,* e relation *f* d'affaires ; correspondant *m* ; partenaire *m*.

geschäftsführend faisant fonction de gérant ; chargé de la gestion ; *~er Direktor* directeur *m* gérant ; *~er Vorstand* comité *m* directeur.

Geschäftsführer *m,* - **1.** gérant *m* ; gestionnaire *m* ; directeur *m* gérant ; administrateur *m* **2.** chef *m* de service ; responsable *m* de département (technique, commercial, etc.).

Geschäftsführerdienstvertrag *m,* ¨e contrat *m* de service de gérant (pas d'équivalent en droit français).

Geschäftsführung *f,* en gérance *f* ; gestion *f* ; direction *f* d'une entreprise ; *wenden Sie sich an die ~* adressez-vous à la direction.

Geschäftsgang *m*, ¨e marche *f* des affaires ; *reger ~* marché *m* (des affaires) animé ; *schleppender ~* marasme *m*, ralentissement *m* des affaires, économique.
Geschäftsgebaren *n*, ø pratiques *fpl* commerciales ; *unlauteres ~* pratiques déloyales.
Geschäftsgebarung *f*, en → *Geschäftsgebaren*.
Geschäftsgebiet *n*, e secteur *m* d'activité.
Geschäftsgeheimnis *n*, se secret *m* commercial, d'entreprise ; secret de fabrication (*syn. Betriebsgeheimnis*).
Geschäftsgeist *m*, ø sens *m* des affaires ; esprit *m* commerçant ; (*fam.*) la bosse du commerce ; *einen guten ~ haben* avoir le sens des affaires.
Geschäftsgepflogenheiten *fpl* coutumes *fpl* en affaires ; usages *mpl* commerciaux.
geschäftsgewandt : *~ sein* avoir le sens des affaires ; être versé dans les affaires ; (*fam.*) avoir la bosse du commerce.
Geschäftsgrundlage *f*, n bases *fpl* commerciales (servant de fondement à un contrat).
Geschäftsgrundstück *n*, e terrain *m* à usage professionnel ; terrain à usage commercial.
Geschäftsgründung *f*, en fondation *f* d'une maison de commerce ; création *f* d'une entreprise.
Geschäftshaus *n*, ¨er maison *f* de commerce ; établissement *m* commercial ; firme *f* ; *Wohn- und ~¨er* locaux *mpl* d'habitation et commerciaux.
Geschäftsherr *m*, n, en (*Suisse*) → *Geschäftsmann*.
Geschäftsinhaber *m*, - propriétaire *m* d'un (magasin de) commerce ; chef *m* d'une entreprise.
Geschäftsinteresse *n*, n intérêts *mpl* commerciaux ; intérêts professionnels ; *die ~ wahr/nehmen* veiller aux intérêts commerciaux.
Geschäftsjahr *n*, e exercice *m* ; année *f* commerciale, comptable ; *abgelaufenes ~* exercice écoulé ; *laufendes ~* exercice en cours ; *ein ~ ab/schließen* clôturer un exercice.
Geschäftskapital *n*, ø capital *m* engagé, de roulement ; fonds *mpl* ; capital social (d'un commerce).

Geschäftskette *f*, n chaîne *f* commerciale (de magasins).
Geschäftsklima *n*, ø climat *m* des affaires ; ambiance *f* commerciale.
Geschäftsklima-Index *m*, ø (*bourse, Munich*) indice *m* boursier de l'Ifo-Institut de Munich qui publie des bulletins de santé commerciale des entreprises allemandes ; baromètre Ifo du moral commercial.
Geschäftskontakte *mpl* contacts *mpl* commerciaux ; *~e aus/bauen, knüpfen* développer, nouer des contacts commerciaux.
Geschäftskonto *n*, -ten compte *m* commercial ; compte professionnel.
Geschäftskorrespondenz *f*, en correspondance *f* commerciale.
Geschäftskosten *pl* frais *mpl* généraux ; *auf ~* aux frais de la maison ; à la charge de l'entreprise ; *auf ~ reisen* voyager aux frais de l'entreprise.
Geschäftskreise *mpl* milieux *mpl* d'affaires ; *wie aus ~en verlautete* comme on l'a appris dans les milieux d'affaires.
Geschäftskunde *m*, en, en client *m* d'affaires ; client professionnel ; *~n* clientèle *f* d'affaires, professionnelle (*contr. Privatkunde*).
Geschäftskundenportal *n*, e (*Internet*) portail *m* pour clients professionnels sur le Net.
geschäftskundig rompu aux affaires ; versé dans les affaires.
Geschäftslage *f*, n 1. situation *f* commerciale ; conjoncture *f* ; *seine ~ bessert sich* ses affaires s'améliorent 2. (*lieu*) emplacement *m* commercial ; lieu *m* géographique ; *in guter ~ sein* être bien situé.
Geschäftsleben *n*, - vie *f* des affaires ; *im ~ stehen* être dans les affaires ; *sich aus dem ~ zurück/ziehen* se retirer des affaires.
Geschäftsleiter *m*, - → *Geschäftsführer*.
Geschäftsleitung *f*, en → *Geschäftsführung*.
Geschäftsleute *pl* commerçants *mpl* ; hommes *mpl* d'affaires ; monde *m* des affaires.
Geschäftsliste *f*, n (*Suisse*) ordre *m* du jour (*syn. Tagesordnung*).
Geschäftslokal *n*, e → *Geschäftsraum*.

geschäftslos (*bourse*) inactif ; calme ; morose ; stagnant ; peu animé.

Geschäftsmann *m*, **-leute** homme *m* d'affaires ; commerçant *m* ; négociant *m* ; → *Geschäftsleute*.

Geschäftsmantel *m*, ø totalité *f* des parts d'une affaire.

geschäftsmäßig 1. selon les usages en affaires ; d'affaires ; *~es Gespräch* conversation *f* d'affaires **2.** professionnel.

Geschäftsmethoden *fpl* méthodes *fpl* en affaires.

Geschäftsname *m*, **ns, n** nom *m* commercial ; appellation *f*, dénomination *f* commerciale.

Geschäftsordnung *f*, **en** règlement *m* intérieur ; *sich an die ~ halten* s'en tenir au règlement.

Geschäftspapiere *npl* papiers *mpl* d'affaires ; documents *mpl* commerciaux.

Geschäftspartner *m*, - partenaire *m* commercial ; associé *m*.

Geschäftspolitik *f*, ø politique *f* commerciale.

Geschäftsraum *m*, ¨e local *m* (à usage) commercial ; local à usage professionnel ; magasin *m* ; bureau *m* ; *~¨e bureaux mpl*.

Geschäftsraummiete *f*, **n** bail *m* commercial.

Geschäftsreise *f*, **n** voyage *m* d'affaires.

Geschäftsreisende/r (*der/ein*) représentant *m* de commerce ; voyageur *m* de commerce ; V.R.P. *m* (voyageur, représentant, placier).

Geschäftsrisiko *n*, **-ken** risque *m* commercial ; risque inhérent aux affaires.

Geschäftsrückgang *m*, ¨e ralentissement *m* des affaires.

geschäftsschädigend : anticommercial ; nuisible aux affaires ; qui fait baisser le chiffre d'affaires ; préjudiciable aux affaires.

Geschäftsschädigung *f*, **en** préjudice *m* commercial.

Geschäftsschließung *f*, **en** fermeture *f* (définitive) ; disparition *f* de magasins, d'un commerce.

Geschäftsschluss *m*, ¨e heure *f* de fermeture (bureaux, magasins, etc.).

Geschäftssinn *m*, ø sens *m* des affaires ; *mit ~ ausgestattet sein* avoir le sens des affaires ; (*fam.*) avoir la bosse du commerce.

Geschäftssitz *m*, **e** siège *m* commercial.

Geschäftssprache *f*, **n** langue *f* des affaires ; langage *m* commercial.

Geschäftsstelle *f*, **n 1.** bureau *m* ; agence *f* ; office *m* **2.** (*jur.*) greffe *m* ; *die ~ des Handelsgerichts* le greffe du tribunal de commerce.

Geschäftsstillstand *m*, ø arrêt *m* (momentané) des affaires ; affaires *fpl* au point mort ; interruption *f* de l'activité économique.

Geschäftsstockung *f*, **en** stagnation *f*, ralentissement *m* des affaires ; marasme *m* économique.

Geschäftsstraße *f*, **n** rue *f* commerçante, marchande ; artère *f* commerciale.

Geschäftsstunden *fpl* → *Geschäftszeiten*.

Geschäftstage *mpl* jours ouvrables *mpl*.

Geschäftstätigkeit *f*, **en** activité *f* commerciale.

Geschäftsteilhaber *m*, - associé *m*.

Geschäftsträger *m*, - chargé *m* d'affaires.

geschäftstüchtig habile en affaires ; rompu aux affaires ; doué pour les affaires.

Geschäftsübernahme *f*, **n** reprise *f* d'une affaire ; reprise d'un fonds de commerce, d'une maison.

Geschäftsübertragung *f*, **en** cession *f* d'une affaire ; passation *f* de pouvoir(s).

Geschäftsumfang *m*, (¨e) volume *m* des affaires, d'opérations commerciales.

Geschäftsunfähigkeit *f*, ø incapacité *f* contractuelle ; incapacité d'exercer des droits en affaires.

Geschäftsunkosten *pl* frais *mpl* généraux (de l'exploitation commerciale).

Geschäftsunterlagen *fpl* documents *mpl* comptables de l'entreprise ; *die ~ eines Unternehmens überprüfen* contrôler les livres et les documents commerciaux d'une entreprise.

Geschäftsveräußerung *f*, **en** cession *f* d'un fonds de commerce ; cession d'une affaire.

Geschäftsverbindung *f*, **en** relation *f* d'affaires ; *~en auf/nehmen* nouer des relations d'affaires ; *mit jdm in ~ stehen* être en relations d'affaires avec qqn ; *mit jdm in ~ treten* entrer en relations d'affaires avec qqn.

Geschäftsverkehr *m*, ø relations *fpl*, transactions *fpl* commerciales ; échanges *mpl* commerciaux.

Geschäftsverlauf *m,* (¨e) (évolution *f* des) résultats ; *mit einem positiven ~ für den Rest des Jahres rechnen* tabler sur des résultats positifs pour les derniers mois de l'année.

Geschäftsverlegung *f,* en transfert *m* d'un magasin.

Geschäftsviertel *n,* - centre *m* des affaires ; quartier *m* commerçant.

Geschäftsvolumen *n,* -/-mina → *Geschäftsumfang.*

Geschäftsvorfall *m* **1.** ¨e transactions *fpl* commerciales **2.** conclusion *f* d'une opération commerciale.

Geschäftsvorgang *m,* ¨e opération *f,* transaction *f* commerciale ; *~¨e étapes fpl* d'une opération commerciale.

Geschäftswagen *m,* - véhicule *m* de livraison ; voiture *f* d'entreprise, professionnelle de fonction.

Geschäftsweg *m,* e trajet *m* professionnel.

Geschäftswelt *f,* en monde *m* des affaires ; milieux *mpl* d'affaires ; univers *m* du négoce.

Geschäftswert *m,* e valeur *f* commerciale ; valeur vénale d'un fonds, d'une entreprise (situation, chiffre d'affaires, clientèle, etc.) ; valeur des éléments immatériels ; goodwill *m* ; → *Goodwill.*

Geschäftszeichen *npl* (*corresp.*) référence *f* ; références *fpl.*

Geschäftszeiten *fpl* heures *fpl* d'ouverture des magasins ; heures de bureau.

Geschäftszentrum *n,* -tren → *Geschäftsviertel.*

Geschäftszweig *m,* e branche *f* commerciale ; secteur *m* d'activité.

geschasst werden (*fam.*) être fichu (foutu) dehors ; être viré, jeté, balancé, lourdé.

Geschehenlassen *n,* ø laisser-faire *m* ; le fait de fermer les yeux (sur qqch d'illégal).

Geschenk *n,* e don *m* ; présent *m* ; cadeau *m.*

Geschenkartikel *m,* - article-cadeau *m* ; article pour offrir.

Geschenkgutschein *m,* e chèque-cadeau *m.*

Geschenkpackung *f,* en paquet-cadeau *m* ; emballage *m* de luxe.

Geschenkpaket *n,* e paquet-cadeau *m.*

geschieden divorcé ; *sie sind ~* ils sont divorcés.

Geschlecht *n,* er sexe *m* ; lignée *f* ; descendance *f.*

Geschlechterausgleich *m,* e parité *f* hommes-femmes ; respect *m* d'un quota féminin.

Geschlechtsdiskriminierung *f,* en discrimination *f* en fonction du sexe.

geschlechtsspezifisch spécifique du sexe ; typiquement masculin ou féminin.

Geschlechtsverteilung *f,* en répartition *f* par sexe ; parité *f* hommes-femmes.

Geschleuste/r (*der/ein*) immigré *m* clandestin ; clandestin *m.*

geschlossen fermé ; clos ; *~er Betrieb* entreprise *f* qui embauche exclusivement des travailleurs appartenant à un syndicat donné ; *~e Gesellschaft* réunion *f* privée ; cercle *m* fermé ; *~e Handelsgesellschaft* société fermée à faible nombre d'actionnaires ; *~er Markt* marché *m* fermé (à de nouveaux soumissionnaires ou acheteurs en raison d'un monopole) ; *die Sitzung ist ~* la séance est levée.

Geschwindigkeit *f,* en vitesse *f* ; *die ~ beschränken* limiter la vitesse.

Geschwindigkeitsbegrenzung *f,* en limitation *f* de (la) vitesse (*syn.* Tempolimit).

Geschwindigkeitskontrolle *f,* n contrôle *m* de vitesse.

Geschwindigkeitsüberschreitung *f,* en → *Geschwindigkeitsübertretung.*

Geschwindigkeitsübertretung *f,* en dépassement *m* de vitesse autorisée ; excès *m* de vitesse.

Geselle *m,* n, n compagnon *m* ; ouvrier *m* artisan ; *einen ~n ein/stellen, entlassen* embaucher, licencier un compagnon.

Gesellenbrief *m,* e brevet *m* de compagnon, de compagnonnage ; certificat *m* d'ouvrier artisan.

Gesellenprüfung *f,* en examen *m* de compagnonnage ; examen de fin d'apprentissage artisanal ; C.A.P. *m* (certificat d'aptitude professionnelle).

Gesellschaft *f,* en société *f* ; groupe *m* ; compagnie *f* ; holding *m/f* ; association *f* **I.** *aktienrechtliche ~* société anonyme ; *beteiligte ~* société participante ; *bürgerlich-rechtliche ~* société civile ; société de droit civil ; *gemeinnützige ~* société d'utilité publique ; *gemischte ~* société mixte ; *handelsrechtliche ~* société de droit commercial ; *~ mit be-*

schränkter Haftung (*GmbH*) société à responsabilité limitée (S.a.r.l./S.A.R.L.) ; *multinationale* ~ société multinationale ; *~ ohne Rechtspersönlichkeit* société de personnes ; *stille* ~ association *f* en participation ; *verstaatlichte* ~ société nationalisée **II.** *eine ~ ab/wickeln* (*liquidieren*) liquider une société ; *eine ~ übernehmen* reprendre une société ; *eine ~ auf/lösen* dissoudre une société ; *eine ~ gründen* (*errichten*) fonder, créer une société ; *eine ~ sanieren* redresser une société ; remettre une société à flot ; *eine um/wandeln* transformer une société ; *eine ~ verstaatlichen* nationaliser une société **III.** *~ für Konsumforschung* société *f* de recherche sur la consommation ; *~ für musikalische Aufführungs- und Vervielfältigungrechte* → *GEMA* ; *BGB-, Dach-, Einmann-, Handels-, Investment-, Mutter-, Personen-, Tochter-, Zweiggesellschaft.*

Gesellschafter *m*, - associé *m* ; sociétaire *m* ; *beschränkt haftender* (*stiller*) ~ commanditaire *m* ; *geschäftsführender* ~ associé gérant ; *stiller* ~ bailleur *m* de fonds ; associé tacite ; *unbeschränkt* (*persönlich*) *haftender* ~ commandité *m* ; → *Kommanditär* ; *Kommanditist* ; *Teilhaber*.

Gesellschafteranteil *m*, e → *Gesellschaftsanteil*.

Gesellschaftereinlage *f*, n → *Gesellschaftseinlage*.

Gesellschafterhaftung *f*, ø responsabilité *f* de l'associé.

gesellschaftlich social ; de société ; *~e Stellung* rang *m* social.

Gesellschaftsanteil *m*, e part *f* sociale.

Gesellschaftseinlage *f*, n apport *m* social ; mise *f* de fonds.

Gesellschaftsfirma *f*, -men raison *f* sociale.

Gesellschaftsform *f*, en forme *f*, structure *f* juridique de la société.

Gesellschaftsführung *f*, en gestion *f*, direction *f* d'une société.

Gesellschaftsgründung *f*, en création *f* d'une société ; constitution *f* d'une société.

Gesellschaftskapital *n*, ø fonds *m* social ; capital *m* social (*syn.* Stamm-, Grundkapital).

Gesellschaftsname *m*, ns, n → *Gesellschaftsfirma*.

Gesellschaftsordnung *f*, en → *Gesellschaftssatzungen*.

Gesellschaftsprüfer *m*, - commissaire *m* aux comptes.

Gesellschaftsrecht *n*, e droit *m* des sociétés.

Gesellschaftsrechtler *m*, - expert *m* juridique en droit des sociétés.

Gesellschaftssatzungen *fpl* statuts *mpl* d'une société.

Gesellschaftsschicht *f*, en couche *f* sociale.

Gesellschaftsschulden *fpl* passif *m* social (*contr.* Gesellschaftsvermögen).

Gesellschaftssitz *m*, e siège *m* social.

Gesellschaftssteuer *f*, n impôt *m* sur les sociétés ; impôt sur les apports en capitaux.

Gesellschaftsstruktur *f*, en → *Gesellschaftsform*.

Gesellschaftsunternehmung *f*, en entreprise *f* constituée en société.

Gesellschaftsurkunde *f*, n acte *m* de constitution de société.

Gesellschaftsvermögen *n*, - actif *m* social ; avoir *m* social ; patrimoine *m* de la société.

Gesellschaftsvertrag *m*, ¨e contrat *m* de société ; acte *m* de société.

Gesellschaftswissenschaften *fpl* sciences *fpl* sociales.

Gesellschaftszweck *m*, e objet *m* de la société.

Gesetz *n*, e loi *f* ; législation *f* ; code *m* **I.** *rückwirkendes* ~ loi rétroactive ; *das ~ von Angebot und Nachfrage* la loi de l'offre et de la demande ; *das ~ gegen den unlauteren Wettbewerb* loi interdisant la concurrence déloyale **II.** *am ~ vorbei* en contrevenant à la loi ; d'une manière illégale ; *ein ~ ab/ändern* amender une loi ; *ein ~ ab/lehnen* rejeter une loi ; *ein ~ an/nehmen* → *verabschieden* ; *ein ~ aus/arbeiten* élaborer une loi ; *das ~ befolgen* se conformer à la loi ; respecter la loi ; *ein ~ außer Kraft setzen* (*auf/heben*) abroger une loi ; *das ~ tritt in Kraft* la loi entre en vigueur ; *ein ~ übertreten* contrevenir à une loi ; *ein ~ umgehen* (con)tourner une loi ; *ein ~ verabschieden* adopter, voter une loi ; *ein ~ verkünden* promulguer une loi ; *ein ~ verletzen* → *übertreten* ; *gegen das ~ verstoßen* contrevenir à la loi ; être en infraction avec la loi.

Gesetzbuch *n*, ¨er code *m* ; *Bürgerliches ~ (BGB)* code civil ; *~ der Arbeit* code du travail.
Gesetzentwurf *m*, ¨e → *Gesetzesvorlage*.
Gesetzesänderung *f*, en amendement *m*.
Gesetzesartikel *m*, - article *m* de loi.
Gesetzesbestimmung *f*, en disposition *f* de la loi.
Gesetzesbrecher *m*, - contrevenant *m* à la loi ; individu *m* en infraction.
Gesetzesbruch *m*, ¨e infraction à la loi *f* ; violation *f* de la loi.
Gesetzesgrundlage *f*, n fondement *m* juridique ; *~n für etw schaffen* créer les bases juridiques de qqch.
Gesetzeshüter *m*, - **1.** dépositaire *m* de la loi **2.** gardien *m* de la paix ; agent *m* de police.
Gesetzesinitiative *f*, n initiative *f* des lois.
Gesetzeskraft *f* : *~ haben* avoir force de loi.
gesetzeskundig qui connaît la loi ; qui connaît ses droits.
Gesetzeslage *f*, n lois *fpl* en vigueur ; situation *f* juridique ; *ein Verstoß gegen die bestehende ~* atteinte *f* à la législation en vigueur.
Gesetzeslücke *f*, n vide *m* juridique.
Gesetzesnovelle *f*, n → *Gesetzesänderung*.
Gesetzespaket *n*, e train *m* de textes juridiques ; ensemble *m* de textes de lois.
Gesetzessammlung *f*, en recueil *m* de lois.
Gesetzesübertretung *f*, en → *Gesetzesverstoß*.
Gesetzesumgehung *f*, en contournement *m*, transgression *f* de la loi.
Gesetzesverstoß *m*, ¨e infraction *f* à la loi ; violation *f* de la loi ; manquement *m* à la loi.
Gesetzesvorlage *f*, n projet *m*, proposition *f* de loi ; *eine ~ ein/bringen* déposer un projet de loi.
Gesetzeswerk *n*, ø ensemble *m* de lois.
Gesetzeszuwiderhandlung *f*, en → *Gesetzesverstoß*.
gesetzgebend : *~e Gewalt* pouvoir *m* législatif ; *~e Versammlung* assemblée *f* législative.
Gesetzgeber *m*, - législateur *m*.
Gesetzgebung *f*, en législation *f*.

gesetzlich légal ; **I.** *~ erlaubt* légal ; autorisé par la loi ; *~ festgelegt* stipulé dans la loi ; *~ geschützt* protégé par la loi ; *~e Bestimmungen* dispositions *fpl* légales ; *~er Feiertag* jour *m* férié légal ; fête *f* légale ; *~e Rente* retraite *f* de la sécurité sociale ; *~e Rücklage (Reserve)* réserve *f* légale ; *~er Vertreter* mandataire *m*, représentant *m* légal ; *~er Vormund* tuteur *m* légal ; *~es Zahlungsmittel* monnaie *f* légale, libératoire **II.** *~ an/erkennen* légitimer ; authentifier ; *die ~e Frist ein/halten* observer le délai légal.
Gesetzlosigkeit *f*, ø **1.** vide *m* juridique ; absence *f* de texte de loi **2.** non-respect *m* de la loi.
gesetzmäßig conforme à la loi ; légal ; légitime ; régulier.
Gesetzmäßigkeit *f*, ø légalité *f* ; légitimité *f*.
gesetzwidrig illégal ; illicite ; contraire à la loi ; *~e Handlung* acte *m* illégal.
Gesetzwidrigkeit *f*, en illégalité *f* ; illégitimité *f*.
gesondert séparé(ment) ; *~ verpacken* faire des emballages séparés ; *etw ~ zu/gehen lassen* adresser qqch sous pli séparé.
gespeichert (*informatique*) enregistré ; mis en mémoire ; *~es Programm* programme *m* enregistré.
gesperrt barré ; bloqué ; coupé ; *~er Bestand* lot *m* interdit à la vente (viande, par ex.) ; *~es Konto* compte *m* bloqué ; *~es Gelände* terrain *m* interdit ; *~e Straße* rue *f*, route *f* barrée.
Gespräch *n*, e entretien *m* ; dialogue *m* ; conversation *f* ; débat *m* ; communication *f* téléphonique ; *dienstliches ~* conversation officielle, de service ; *dringendes, privates ~* communication urgente, privée ; *ein ~ ab/brechen* interrompre une communication ; *ein ~ führen* avoir une conversation.
Gesprächsdauer *f*, ø (*téléph.*) durée *f* de conversation, de communication.
Gesprächseinheit *f*, en (*téléph.*) unité *f* de taxation, téléphonique.
Gesprächsfähigkeit *f*, ø aptitude *f* à dialoguer avec les autres ; ouverture *f* au dialogue.
Gesprächsführungstechnik *f*, en technique *f* d'animation d'un groupe ; technique de communication.

Gesprächsgebühr *f,* en (*téléph.*) taxe *f* (de base) d'une communication.
Gesprächspartner *m,* - interlocuteur *m* ; correspondant *m.*
Gesprächsrunde *f,* n (tour *m* de) discussions *fpl* ; table ronde *f.*
Gesprächsteilnehmer *m,* - → **Gesprächspartner.**
gestaffelt échelonné ; progressif ; gradué.
gestalten aménager ; agencer.
Gestalter *m,* - créateur *m* ; concepteur *m* ; styliste *m* ; designer *m* ; décorateur *m.*
Gestaltung *f,* en agencement *m* ; aménagement *m* ; décoration *f* ; structure *f* ; forme *f* ; *grafische* ~ présentation *f* graphique ; *künstlerische* ~ aménagement, présentation artistique ; ~ *des Arbeitsplatzes, der Umwelt* aménagement *m* du lieu de travail, du cadre de vie ; ~ *der Arbeitszeit* aménagement du temps de travail.
Gestaltungsfläche *f,* n surface *f* d'exposition.
Gestaltungsspielraum *m,* ¨e marge *f* de manœuvre.
gestatten permettre ; autoriser ; *unsere Mittel* ~ *es nicht* nos moyens ne nous le permettent pas ; *der Vertrieb dieses Artikels im Ausland ist nicht gestattet* la distribution, la vente de cet article à l'étranger n'est pas autorisée.
Gestehungskosten *pl* prix *m* de fabrication ; coût *m* de revient ; ~ *pro Produkt* coût de revient par produit (*syn. Herstellungs-, Selbstkosten*).
Gestehungspreis *m,* e → **Gestehungskosten.**
Gestellung *f,* en présentation *f* en douane.
Gestellungspflicht *f,* en obligation *f* de présenter la marchandise en douane.
gestellungspflichtig à présenter obligatoirement en douane.
Gestionsbericht *m,* e (*Autriche*) rapport *m* d'activité.
gestückelt (*billets*) en petites coupures ; fragmenté en petites unités.
Gesuch *n,* e demande *f* ; requête *f* ; sollicitation *f* ; supplique *f* ; pétition *f* ; ~ *um Gewährung einer Beihilfe* demande d'octroi d'une allocation ; *ein* ~ *ab/lehnen* refuser une requête ; *ein* ~ *bewilligen* donner suite à une requête ; accorder une demande ; *ein* ~ *ein/reichen* solliciter qqch ; déposer une requête ; *einem* ~ *entsprechen* (*statt/geben*) accéder à une requête ; donner suite à une demande.
Gesuchsteller *m,* - demandeur *m* ; requérant *m* ; pétitionnaire *m.*
gesucht demandé ; recherché ; (*offres d'emploi*) ~ on demande ; on recherche ; ~*e Ware* marchandise *f* demandée.
gesund sain ; ~*es Unternehmen* entreprise *f* financièrement saine ; ~ *machen* assainir.
gesunden guérir ; redresser ; assainir ; *die Wirtschaft ist wieder gesund* l'économie *f* est en voie de redressement, s'est assainie (*syn. sanieren*).
Gesunderhaltung *f,* ø sauvegarde *f* ; maintien *m* en bonne santé ; ~ *der Gewässer* préservation *f* des eaux, des ressources hydrologiques.
Gesundheit *f,* ø santé *f* ; état *m* sanitaire ; salubrité *f.*
gesundheitlich sanitaire ; hygiénique ; *aus* ~*en Gründen* pour raison de santé.
Gesundheitsamt *n,* ¨er services *mpl* de l'hygiène et de la santé publique.
Gesundheitsattest *n,* e certificat *m* de santé ; certificat médical ; (*vétérinaire*) certificat sanitaire.
Gesundheitsausgaben *fpl* dépenses *fpl* de santé.
Gesundheitsbehörde *f,* n autorités *fpl* sanitaires.
Gesundheitscheck *m,* s bilan *m* de santé ; check-up *m.*
Gesundheitsdienstleister *m,* - prestataire *m* de services de santé.
gesundheitsgefährdend toxique ; polluant ; nocif.
Gesundheitskarte *f,* n carte *f* de santé personnalisée ; (*France*) carte vitale.
Gesundheitskost *f,* ø alimentation *f* diététique ; produits *mpl* diététique(s).
Gesundheitsminister *m,* - ministre *m* de la santé.
Gesundheitsministerium *n,* -rien ministère *m* de la santé publique.
Gesundheitspolitik *f,* ø politique *f* sanitaire, de santé.
Gesundheitsprämie *f,* n (*assur.*) prime *f* d'assurance-maladie (indépendante des revenus).
Gesundheitsprävention *f,* en prévention *f* en matière de santé.
Gesundheitsversorgung *f,* en soins *mpl* ; dépenses *fpl* de santé ; couverture-maladie *f.*

Gesundheitswesen *n*, ø la santé (publique) ; services *mpl* de santé, de l'hygiène.

Gesundheitszustand *m*, ¨e état *m* de santé ; (*vétérinaire*) état sanitaire.

gesund/schreiben, ie, ie rédiger une attestation de reprise du travail ; *der Arzt hat sie gesundgeschrieben* le médecin l'a autorisée à reprendre le travail.

gesund/schrumpfen assainir ; redresser ; remettre à flots ; *eine Firma durch Personaleinsparung ~* redresser une entreprise en procédant à des compressions de personnel.

Gesundschrumpfung *f*, en assainissement *m*, redressement *m* d'une entreprise.

gesund/stoßen, ie, o (*fam.*) se refaire une santé (financière) ; se remettre (financièrement) à flots.

Gesundung *f*, en assainissement *m* ; rétablissement *m* ; *~ der Wirtschaft* redressement *m* économique.

Getränk *n*, e boisson *f* ; *geistige ~e* spiritueux *mpl* ; *Dosenpfand für ~e* consigne *f* (can(n)ettes de bière, etc.).

Getränkeautomat *m*, en, en distributeur *m* de boissons.

Getränkedose *f*, **n** can(n)ette *f* ; boîte *f* métallique.

Getränkemarkt *m*, ¨e (magasin *m* de) vente *f* de boissons ; point *m* de vente de boissons.

Getränkesteuer *f*, **n** impôt *m*, taxe *f* sur les boissons.

Getreide *n*, -/arten céréale(s) *f(pl)* ; blé *m*.

Getreideanbau *m*, ø céréaliculture *f* ; culture *f* céréalière.

Getreidebörse *f*, **n** bourse *f* des céréales.

Getreideernte *f*, **n** récolte *f* céréalière ; récolte des céréales.

Getreideerzeugung *f*, en production *f* céréalière.

Getreidehandel *m*, ø commerce *m* des céréales.

Getreidekammer *f*, **n** grenier *m* à blé (d'un pays).

Getreideland *n*, ¨er pays *m* producteur de céréales.

Getreidemarkt *m*, ¨e marché *m* aux céréales ; marché au grain.

Getreidesilo *n*, s silo *m* à grain.

Getreidespeicher *m*, - → *Getreidesilo*.

Getreidewirtschaft *f*, ø économie *f*, exploitation *f* céréalière.

Getrenntveranlagung *f*, en (*fisc*) imposition *f* séparée.

Getto *n*, **s** ghetto *m*.

gettoisieren ghettoïser ; enfermer dans un ghetto.

Gettoisierung *f*, en ghettoïsation *f* ; enfermement *m* dans des ghettos.

-getreu (*suffixe*) conforme à l'original ; fidèle à l'original ; *wort~* fidèle à la lettre ; *original~er Nachdruck* reproduction *f* conforme à l'original.

getürkt (*fam.*) falsifié ; faux ; bidon.

GEW *f* (*Gewerkschaft Erziehung und Wissenschaften*) Syndicat *m* de l'éducation et des sciences.

Gewächshaus *n*, ¨er (*agric.*) serre *f* ; *Gemüse im ~ ziehen* produire des légumes en serre.

Gewähr *f*, ø garantie *f* ; caution *f* ; *die beste ~ bieten* présenter les meilleures garanties ; *für etw ~ leisten* garantir qqch ; se porter garant de qqch ; *ohne ~* sans garantie.

gewähren accorder ; octroyer ; allouer ; consentir ; donner ; procurer ; *einen Kredit ~* accorder un crédit ; *auf einen Preis 3 % Rabatt ~* accorder une remise de 3 % sur un prix ; *einen Steuernachlass gewähren* accorder une remise d'impôt ; *Subventionen ~* allouer des subventions ; *eine Zahlungsfrist ~* accorder un délai de paiement.

Gewährfrist *f*, en délai *m* de garantie.

gewährleisten garantir ; se porter garant de ; répondre de (*syn. garantieren*).

Gewährleistung *f*, en garantie *f* (contractuelle pour vice ou défaut de fabrication).

Gewährleistungsanspruch *m*, ¨e droit *m* à garantie.

Gewährleistungspflicht *f*, (en) obligation *f* de fournir ou de respecter la garantie.

1. Gewahrsam *m*, ø garde *f* ; dépôt *m* ; sûreté *f* ; *in sicherem ~* en lieu sûr ; *in ~ haben, nehmen* avoir, prendre sous sa garde.

2. Gewahrsam *n*, e prison *f* ; détention *f* ; garde *f* à vue ; *in polizeilichem ~* en garde à vue.

Gewahrsamsinhaber *m*, - dépositaire *m* ; gardien *m* ; détenteur *m* (ayant la garde de la marchandise).

Gewahrsamsklausel *f*, **n** (*douane, assur.*) clause *f* de transitaire, de franchise.
Gewährmangel *m*, - vice *m* rédhibitoire.
Gewährsmann *m*, ¨er/-leute **1.** répondant *m* ; garant *m* ; fidéjusseur *m* **2.** agent *m* ; source *f* (de renseignements) ; informateur *m* ; homme *m* de confiance.
Gewährsträger *m*, - garant *m* ; répondant *m* ; responsable *m*.
Gewährung *f*, **en** octroi *m* ; attribution *f* ; ~ *einer Frist* octroi d'un délai ; ~ *eines Kredits* ouverture *f* d'un crédit ; ~*einer Rente* attribution d'une pension.
Gewalt *f*, **en** pouvoir *m* ; force *f* ; puissance *f* ; *ausübende* (*vollziehende*) ~ pouvoir exécutif ; *gesetzgebende* pouvoir législatif ; *elterliche* ~ puissance parentale ; *höchste* ~ pouvoir suprême ; *höhere* ~ force majeure ; *öffentliche* (*staatliche*) ~ autorité *f*, force publique ; *richterliche* ~ pouvoir judiciaire.
Gewaltanwendung *f*, **en** recours *m* à la force ; emploi *m* d'un moyen coercitif.
Gewaltenteilung *f*, **en** séparation *f* des pouvoirs.
Gewaltentrennung *f*, ø → *Gewaltenteilung*.
Gewaltherrschaft *f*, **en** dictature *f* ; régime *m* totalitaire.
Gewässer *npl* eaux *fpl*.
Gewässerschutz *m*, ø protection *f* des eaux ; préservation des ressources hydrologiques (mer, lacs, rivières).
Gewässerverschmutzung *f*, **en** pollution *f* des fleuves et des rivières.
Gewerbe *n*, - **1.** activité *f* industrielle, commerciale ou artisanale ; *ambulantes* ~ commerce *m* ambulant ; *dienstleistendes* ~ services *mpl* ; *kaufmännisches* ~ commerce *m* ; activité, profession *f* commerciale ; *produzierendes* ~ → **produzierend** ; *verarbeitendes* ~ industrie de transformation **2.** entreprise *f* (industrielle, commerciale, artisanale) ; *Handel und* ~ commerce *m* et industrie *f* ; petites et moyennes entreprises du commerce et de l'industrie ; les P.M.E. ; les P.M.I. **3.** activité *f* professionnelle ; profession *f* indépendante ; activité non salariée ; métier *m* indépendant (sauf professions libérales ou activités agricoles) ; *ein* ~ *aus/üben* (*betreiben*) exercer un métier.

Gewerbe- 1. (*préfixe*) industriel ; professionnel ; du commerce et de l'industrie **2.** **-gewerbe** (*suffixe*) ensemble *m* d'un secteur ou d'une branche ; activités *fpl* de ; *Bau*~ le bâtiment ; *Hotel*~ l'hôtellerie *f* ; *Ernährungs-, Holz-, Verlags*~ secteur *m* de l'agro-alimentaire, activités *fpl* de l'industrie du bois, secteur de l'édition.
Gewerbeabmeldung *f*, **en** déclaration *f* de cessation d'activité artisanale, commerciale ou industrielle ; radiation *f* du registre du commerce.
Gewerbeamt *n*, ¨er → *Gewerbeaufsichtsamt*.
Gewerbeanmeldung *f*, **en** inscription *f* au registre du commerce ; déclaration *f* de création d'une exploitation industrielle ou commerciale.
Gewerbeansiedlung *f*, **en** implantations *fpl* industrielles et/ou commerciales.
Gewerbeaufsicht *f*, **en** inspection *f* du travail et de la main-d'œuvre.
Gewerbeaufsichtsamt *n*, ¨er Office *m* de l'inspection du travail et de la main-d'œuvre.
Gewerbeaufsichtsbeamte/r (*der/ein*) inspecteur *m* du travail.
Gewerbeausstellung *f*, **en** exposition *f* industrielle et/ou commerciale.
Gewerbebank *f*, **en** banque *f* de l'industrie, du commerce et de l'artisanat.
Gewerbebau *m*, **-ten** bâtiment *m* à usage commercial ou industriel.
Gewerbeberechtigung *f*, **en** (*Autriche*) autorisation *f* d'exercer une activité commerciale.
Gewerbebetrieb *m*, **e** entreprise *f* industrielle et/ou commerciale ; entreprise artisanale ; P.M.E. *f* (petite et moyenne entreprise).
Gewerbeerlaubnis *f*, **se** licence *f* professionnelle ; permis *m* d'exploitation industrielle et/ou commerciale.
Gewerbeertrag *m*, ¨e bénéfice *m* industriel ou commercial ; revenu *m* d'une activité industrielle et/ou commerciale.
Gewerbeertragssteuer *f*, **n** impôt *m* sur les bénéfices industriels et commerciaux.
Gewerbeerzeugnis *n*, **se** produit *m* manufacturé.
Gewerbefläche *f*, **n** → *Gewerbegebiet*.

Gewerbefreiheit *f,* **en** liberté *f* d'exercer une activité professionnelle ; liberté du commerce et de l'industrie ; liberté d'entreprise.
Gewerbegebiet *n,* **e** surface *f* industrielle et/ou commerciale ; Z.I. *f* (zone industrielle) ; zone *f* non-résidentielle.
Gewerbegericht *n,* **e** conseil *m* des prud'hommes.
Gewerbehygiene *f,* ø hygiène *f* du travail.
Gewerbeimmobilie *f,* **n** immobilier *m* d'affaires ; immobilier de bureaux, commercial.
Gewerbeinspektion *f,* **en** inspection *f* du travail et de la main-d'œuvre.
Gewerbeinspektor *m,* **en** inspecteur *m* du travail.
Gewerbekammer *f,* **n** chambre *f* des métiers ; chambre professionnelle.
Gewerbekammertag *m,* **e** Union *f* fédérale de l'artisanat.
Gewerbekapital *n,* ø capital *m* d'exploitation.
Gewerbekapitalsteuer *f,* **n** impôt *m* sur le capital d'une exploitation commerciale ou industrielle.
Gewerbekrankheit *f,* **en** maladie *f* professionnelle.
Gewerbekunde *f,* ø technologie *f* ; arts *mpl* industriels ; les arts et métiers.
Gewerbelehrer *m,* - professeur *m* de l'enseignement technique professionnel ; enseignant *m* des arts et métiers.
Gewerbemiete *f,* **n** loyer *m* commercial ou industriel.
Gewerbeordnung *f,* **en** code *m* du travail ; code des professions de l'artisanat, du commerce et de l'industrie ; réglementation *f* sur les professions.
Gewerbepark *m,* **s** → *Gewerbegebiet*.
Gewerbepolizei *f,* ø services *mpl* de police ou municipaux chargés de la répression des infractions au code du travail.
Gewerberecht *n,* ø droit *m* des professions industrielles et commerciales.
Gewerbeschein *m,* **e** licence *f* ; patente *f* ; permis *m* d'exploitation commerciale ou industrielle.
Gewerbeschule *f,* **n** école *f* professionnelle ; (*France*) École des arts et métiers ; école technique.
Gewerbesteuer *f,* **n** taxe *f* professionnelle ; impôt *m* sur les bénéfices industriels et commerciaux ; (*autrefois*) patente *f*.

Gewerbetätigkeit *f,* **en** activité *f* non salariée ; activité *f* indépendante (commerçant, artisan, exploitant industriel : sauf professions libérales et activités agricoles).
gewerbetreibend qui exerce une activité commerciale, artisanale, industrielle (sauf activité libérale ou agricole).
Gewerbetreibende/r *(der/ein)* commerçant *m* ; artisan *m* ; industriel *m* ; personne *f* exerçant une activité non salariée ; petit exploitant *m* (du commerce, de l'industrie ou de l'artisanat) ; personne indépendante travaillant à son propre compte ; (*selb(st)ständiger*) ~ travailleur *m* indépendant (sauf activité libérale ou agricole).
Gewerbeverband *m,* ¨e groupement *m* professionnel ; groupement *m* des P.M.E.
Gewerbezulassung *f,* **en** accès *m* aux professions artisanales, commerciales et industrielles.
Gewerbezweig *m,* **e** secteur *m* artisanal, commercial ou industriel ; branche *f* des P.M.E.
Gewerbler *m,* - (*Suisse*) → *Gewerbetreibende/r*.
gewerblich professionnel ; industriel, commercial ou artisanal ; d'une P.M.E. ; de l'industrie, du commerce ou de l'artisant (sauf professions libérales et activités agricoles) ; ~e *Bauten* bâtiments à usage industriel et/ou commercial ; *nicht* ~er *Beruf* (souvent pour) profession *f* libérale ; ~er *Betrieb* entreprise *f* artisanale, commerciale ou industrielle ; P.M.E. *f* ; ~es *Eigentum* propriété *f* industrielle ; ~e *Einkünfte* revenus *mpl* d'une activité artisanale, commerciale ou industrielle ; ~e *Erzeugnisse* npl produits *mpl* industriels ; ~er *Mietvertrag* bail *m* commercial ; *Räume zu* ~er *Nutzung* locaux *mpl* professionnels ; locaux à usage professionnel ; ~er *Rechtsschutz* protection *f* de la propriété industrielle ; ~e *Tätigkeit* activité *f* industrielle, commerciale ou artisanale ; activité *f* professionnelle ; ~er *Verkehr* trafic professionnel ; ~e *Wirtschaft* industrie *f* et artisanat *m* ; économie *f* manufacturière ; secteur *m* économique de l'industrie et de l'artisanat ; économie *f* des P.M.E.
gewerbsmäßig professionnel ; de métier ; à titre lucratif ; industriel ; commercial ; artisanal.

Gewerke *m, n, n* (*arch.*) **1.** membre *m* d'une société d'exploitation minière **2.** (*Autriche*) fabricant *m*.
Gewerkenbuch *n*, ¨er (*arch.*) registre *m* des détenteurs d'actions minières ; → *Kux*.
Gewerkschaft *f*, en syndicat *m* (ouvrier) ; (con)fédération *f* syndicale ; union *f* **I.** *bergrechtliche* ~ syndicat d'exploitation minière ; *freie* ~ syndicat libre ; *christliche* ~ syndicat chrétien ; *die* ~ *der leitenden Angestellten* syndicat des cadres **II.** *einer* ~ *bei/treten* (*in eine* ~ *ein/treten*) se syndiquer ; adhérer à un syndicat ; *einer* ~ *an/gehören* appartenir à un syndicat ; → *DGB* ; *ver.di* ; *IG-Metall*.
Gewerkschafter *m*, - **1.** syndicaliste *m* ; délégué *m* syndical ; *führender* ~ dirigeant *m* syndical **2.** syndiqué *m* ; adhérent *m* syndical.
Gewerkschaftler *m*, - → *Gewerkschafter*.
gewerkschaftlich syndical ; syndicaliste ; (~) *organisiert sein* être syndiqué.
Gewerkschaftsaktivist *m*, en, en militant *m* syndical ; syndicaliste *m* militant.
Gewerkschaftsalltag *m*, ø routine *f* syndicale ; tout-venant *m* des affaires syndicales ; train-train *m* de la vie syndicale.
Gewerkschaftsarbeit *f*, en travail *m* syndical.
Gewerkschaftsbank *f*, en banque *f* syndicale ; banque des syndicats ouvriers.
Gewerkschaftsbeitrag *m*, ¨e cotisation *f* syndicale.
Gewerkschaftsbewegung *f*, en mouvement *m* syndical ; syndicalisme *m* ouvrier.
Gewerkschaftsbund *m*, ¨e confédération *f* syndicale ; *Deutscher* ~ (*DGB*) Confédération syndicale des travailleurs allemands ; (regroupant 8 fédérations professionnelles) ; (*hist. ex-R.D.A.*) *Freier Deutscher* ~ (*FDGB*) Confédération syndicale des travailleurs de l'ex-R.D.A.
gewerkschaftsfeindlich antisyndical ; opposé aux syndicats ; ennemi du mouvement syndical.
Gewerkschaftsführer *m*, - dirigeant *m* syndical(iste) ; leader *m* syndical.
Gewerkschaftsführung *f*, en → *Gewerkschaftsleitung*.

Gewerkschaftsfunktionär *m*, e dirigeant *m* syndical ; permanent *m*.
gewerkschaftsgebunden lié à une appartenance syndicale.
Gewerkschaftsgebundenheit *f*, en dépendance *f* d'un syndicat ; appartenance *f* syndicale.
Gewerkschaftsgruppe *f*, n section *f* syndicale.
Gewerkschaftshaus *n*, ¨er bourse *f* du travail.
Gewerkschaftskongress *m*, e congrès *m* syndical.
Gewerkschaftsleitung *f*, en direction *f* syndicale ; tête *f*, comité *m* directeur d'un syndicat.
Gewerkschaftsmitglied *n*, er syndiqué *m* ; membre *m* d'un syndicat.
Gewerkschaftsmitgliedschaft *f*, en affiliation *f* à un syndicat ; qualité *f* de membre d'un syndicat.
gewerkschaftsnah proche des syndicats ; sympathisant *m* du mouvement syndical.
Gewerkschaftsorganisation *f*, en organisation *f* syndicale.
Gewerkschaftspresse *f*, ø presse *f* syndicale.
Gewerkschaftsrechte *npl* droits *mpl* syndicaux ; *seine* ~ *aus/üben* exercer ses droits syndicaux.
Gewerkschaftssekretär *m*, e secrétaire *m* général d'un syndicat.
Gewerkschaftstag *m*, e → *Gewerkschaftskongress*.
Gewerkschaftsverband *m*, ¨e confédération *f* de(s) syndicats ; union *f* syndicale.
Gewerkschaftsvertreter *m*, - représentant *m* syndical ; délégué *m* syndical.
Gewerkschaftsvorsitzende/r → *Gewerkschaftssekretär*.
Gewerkschaftsvorstand *m*, ¨e direction *f* du syndicat ; direction syndicale ; les leaders *mpl* syndicaux.
Gewerkschaftswesen *n*, ø syndicalisme *m*.
Gewerkschaftszeitschrift *f*, en bulletin *m* syndical ; revue *f* syndicale.
Gewerkschaftszugehörigkeit *f*, ø appartenance *f* syndicale.
Gewicht *n*, e **1.** poids *m* ; *handelsübliches* ~ poids marchand ; *totes* ~ poids à vide ; *zollpflichtiges* ~ poids soumis au droit de douane ; *zulässiges* ~ poids autorisé ; ~ *der Verpackung* poids de l'embal-

lage ; tare *f* ; *das ~ bestimmen, überschreiten* déterminer, dépasser le poids ; *etw nach ~ verkaufen* vendre au poids **2.** importance *f* ; *ins ~ fallen* entrer en ligne de compte ; avoir une incidence ; *großes ~, kein ~ haben* avoir une grande influence, ne pas peser bien lourd,

gewichten (*statist.*) pondérer ; affecter un coefficient de pondération ; *gewichteter Durchschnitt* moyenne *f* pondérée ; *gewichtet werden* être obtenu par pondération ; *etw neu ~* redéfinir l'importance de qqch ; *etw richtig ~* attribuer sa vraie valeur à qqch ; (*bourse*) *ein Portfolio neutral ~* conserver des titres dans un portefeuille ; maintenir sa position (inchangée).

Gewichtsabgang *m,* (¨e) → *Gewichtsverlust*.

Gewichtsabweichung *f,* en écart *m* de poids ; différence *f* de poids.

Gewichtsangabe *f,* n déclaration *f*, indication *f* de poids.

Gewichtsbestimmung *f,* en détermination *f* d'un poids.

Gewichtslimit *n,* s limite *f* de poids.

Gewichtsmangel *m,* ø → *Gewichtsmanko*.

Gewichtsmanko *n,* ø poids *m* insuffisant ; manque *m* de poids ; déperdition *f*.

gewichtsmäßig (exprimé) en poids.

Gewichtsprozent *n,* e pourcentage *m* en poids (exprimé en grammes pour respectivement 100 grammes de mélange).

Gewichtssatz *m,* ¨e **1.** tarif *m* pondéré, gradué ; tarif au poids, au tonnage **2.** série *f* de poids (livrée avec une balance).

Gewichtsschwund *m,* ø → *Gewichtsverlust*.

Gewichtstabelle *f,* n spécification *f* des poids ; barème *m* des poids.

Gewichtstoleranz *f,* ø tolérance *f* de poids ; excédent *m* de poids toléré.

Gewichtsüberschreitung *f,* en dépassement *m,* excédent *m* de poids.

Gewichtsunterschied *m,* e → *Gewichtsabweichung*.

Gewichtsvergütung *f,* en indemnisation *f* pour perte de poids durant le transport.

Gewichtsverlust *m,* e perte *f* de poids ; déperdition *f*.

Gewichtsverschleierung *f,* en fraude *f* sur le poids ; dissimulation *f* sur le poids réel.

Gewichtsverzollung *f,* en taxation *f* spécifique.

Gewichtszoll *m,* ¨e droit *m,* taxe *f* spécifique du poids ; droit de douane taxé selon le poids.

Gewichtung *f,* en (*statist.*) pondération *f* ; équilibrage *m* ; mise *f* en équilibre ; *eine ~ vor/nehmen* pondérer ; affecter un coefficient de pondération ; *durch ~ errechnen* obtenir par pondérations.

Gewichtungskoeffizient *m,* en, en coefficient *m* de pondération.

Gewinn *m,* e **1.** bénéfice *m* ; profit *m* ; gain *m* ; rendement *m* ; produit *m* **I.** *ansehnlicher ~* bénéfice substantiel ; *ausgeschütteter ~* bénéfice distribué ; *ausgewiesener ~* bénéfice net d'exercice ; *buchmäßiger ~* bénéfice comptable ; *ausgeschütteter ~* bénéfice distribué ; *diskontierter ~* bénéfice actualisé ; *einbehaltener* (*unverteilter*) *~* bénéfice non distribué ; *erwarteter ~* bénéfice escompté ; *gewerbliche ~e* bénéfices industriels ; *kalkulatorischer ~* bénéfice calculé ; *konsolidierter ~* bénéfice consolidé ; *reiner ~* bénéfice net ; *realisierter ~* bénéfice réalisé ; *reinvestierter ~* bénéfice réinvesti ; *steuerpflichtiger ~* bénéfice imposable ; *zweckgebundene ~e* bénéfices affectés **II.** *~ ab/werfen* (*bringen*) rapporter des bénéfices ; *~e aus/schütten* distribuer des bénéfices ; *einen ~ aus/weisen* accuser un bénéfice ; *mit ~ arbeiten* travailler avec bénéfice ; *den ~ berechnen* (*überschlagen*) évaluer les bénéfices ; faire un calcul prévisionnel des bénéfices ; *am ~ beteiligt sein* être intéressé aux bénéfices ; *~e ein/streichen* (*ein/stecken*) empocher des bénéfices ; *~e erzielen* réaliser des bénéfices ; *den ~ ermitteln* évaluer le bénéfice ; *den ~ maxmieren* maximiser le bénéfice ; *aus etw ~ schlagen* tirer profit de qqch ; retirer un bénéfice de qqch ; *mit ~ verkaufen* vendre avec bénéfice ; *aus etw ~ ziehen* tirer profit de qqch **III.** *~ vor Abschreibungen, Rückstellungen und Steuern* bénéfices avant amortissements, provisions et impôts ; *~ aus Kapital* bénéfice de placement **2.** (*loterie*) gain *m* ; billet *m* gagnant.

Gewinnabführung *f,* en → *Gewinnabschöpfung*.

Gewinnabführungsvertrag *m,* ¨e (*comptab.*) contrat *m* de cession des bénéfices à la société-mère.

gewinnabhängig : ~*e Steuer* impôt *m* sur le résultat.

Gewinnabschluss *m*, ¨e → **Gewinnbilanz**.

Gewinnabschöpfung *f*, en (*comptab.*) prélèvement *m* sur les bénéfices.

Gewinnanspruch *m*, ¨e : *seinen ~ bei jdm geltend machen* faire valoir ses droits à un gain auprès de qqn.

Gewinnanteil *m*, e part *f* de bénéfice ; participation *f* aux bénéfices.

Gewinnanteilschein *m*, e (*bourse*) titre *m* participatif ; coupon *m* de dividende.

Gewinnaufschlag *m*, ¨e majoration *f* pour bénéfice.

Gewinnausfall *m*, ¨e manque *m* à gagner ; perte *f* de bénéfice.

Gewinnausschüttung *f*, en distribution *f*, répartition *f* des bénéfices.

Gewinnaussicht *f*, en → **Gewinnchance**.

Gewinnausweis *m*, e bénéfice *m* affiché.

gewinnberechtigt ayant droit à une part des bénéfices ; ouvrant droit à dividende.

gewinnbeteiligt qui participe aux bénéfices ; ~*e Aktie* action *f* bénéficiaire.

Gewinnbeteiligung *f*, en participation *f* aux bénéfices ; *~ der Arbeitnehmer* intéressement *m* des salariés aux bénéfices de l'entreprise ; participation du personnel aux fruits de l'expansion de l'entreprise.

Gewinnbilanz *f*, en (*comptab.*) bilan *m* excédentaire ; bilan se soldant par un bénéfice.

gewinnbringend lucratif ; profitable ; rémunérateur ; avantageux ; porteur ; prometteur ; d'avenir ; ~*e Aktien* actions *fpl* laissant espérer des bénéfices ; *~es Geschäft* affaire *f* qui rapporte, profitable ; *~er Markt* marché *m* lucratif, porteur.

Gewinnchance *f*, n 1. chances *fpl* de gagner (au jeu) 2. chances de réaliser un profit ; bénéfices *mpl* attendus ; profits *mpl* escomptés ; prévisions *fpl*, perspectives *fpl* de gain.

Gewinneinbruch *m*, ¨e chute *f* brutale des bénéfices.

gewinnen, a, o 1. gagner ; acquérir ; remporter ; *neue Kunden ~* gagner de nouveaux clients ; *einen Prozess ~* gagner un procès ; *das große Los ~* gagner (remporter) le gros lot ; *auf jdn Einfluss ~* gagner de l'influence sur qqn 2. extraire ; *Kohle ~* extraire du charbon.

Gewinner *m*, - gagnant *m* ; vainqueur *m*.

Gewinnergebnis *n*, se → **Gewinn- und Verlustrechnung**.

Gewinnerwartung *f*, en → **Gewinnchance**.

Gewinngemeinschaft *f*, en communauté *f* d'intérêts ; pool *m* ; groupement *m* d'entreprises indépendantes (avec mise en commun des pertes et des bénéfices).

Gewinnkalkulation *f*, en (*comptab.*) calcul *m* de la marge bénéficiaire.

Gewinnmarge *f*, n → **Gewinnspanne**.

Gewinnmaximierung *f*, en → **Gewinnoptimierung**.

gewinnmindernd qui réduit le profit ; qui ampute la marge bénéficiaire.

Gewinnmitnahme *f*, n (*bourse*) prise *f* de bénéfices.

Gewinnobligation *f*, en → **Gewinnschuldverschreibung**.

Gewinnoptimierung *f*, en optimalisation *f*, optimisation *f* des bénéfices ; maximisation *f* du profit ; maximalisation *f* des bénéfices.

gewinnorientiert → **gewinnbringend**.

Gewinnpotenzial *n*, e potentiel *m* de bénéfices.

Gewinnprognose *f*, n prévisions *fpl* de bénéfice.

Gewinnquote *f*, n quote-part *f* de bénéfices.

Gewinnrückführung *f*, en (*comptab.*) rapatriement *m* de bénéfices.

Gewinnrücklagen *fpl* (*comptab.*) bénéfices *mpl* mis en réserve ; bénéfices affectés aux réserves.

Gewinnsaldo *m*, -den (*comptab.*) solde *m* bénéficiaire, excédentaire.

gewinnschmälernd → **gewinnmindernd**.

Gewinnschrumpfung *f*, en diminution *f*, régression *f*, tassement *m* des bénéfices.

Gewinnschuldverschreibung *f*, en (*bourse*) obligation *f* indexée, à lots ; obligation non convertible avec droit aux dividendes.

Gewinnschwelle *f*, n (*comptab.*) seuil *m* de rentabilité ; break-even point *m* ; *die ~ errechnen* calculer le seuil de rentabilité (*syn. Nutzschwelle* ; *Break-even-Point*).

Gewinnspanne *f*, **n** marge *f* bénéficiaire.
Gewinnsparen *n*, ø épargne *f* à primes ; épargne à lots.
Gewinnsprung *m*, ¨e forte progression *f*, bond *m* en avant des bénéfices.
Gewinnsteigerung *f*, **en** augmentation *f* du bénéfice ; accroissement *m* du profit.
Gewinnsteuer *f*, **n** impôt *m* sur les bénéfices.
Gewinnstreben *n*, ø recherche *f* du profit.
Gewinnsucht *f*, ø âpreté *f* au gain ; cupidité *f*.
gewinnsüchtig cupide ; âpre au gain.
Gewinnthesaurierung *f*, **en** thésaurisation *f*, non redistribution *f* des bénéfices.
gewinnträchtig → *gewinnbringend*.
Gewinntransfer *m*, **s** transfert *m* des bénéfices.
Gewinnüberschuss *m*, ¨e (*comptab.*) solde *m* bénéficiaire ; excédent *m* de bénéfices.
Gewinn und Verlust (*comptab.*) profits *mpl* et pertes *fpl*.
Gewinn- und Verlustrechnung *f*, **en** (*comptab.*) compte *m* de résultat ; (*autrefois*) compte *m* de pertes et profits ; → *Erfolgs-, Ertragsrechnung*.
Gewinnung *f*, **en** extraction *f* ; exploitation *f* ; *die ~ von Kohle* extraction de charbon.
Gewinnverschleierung *f*, **en** (*fisc*) dissimulation *f* de bénéfices.
Gewinnverteilung *f*, **en** → *Gewinnausschüttung*.
Gewinnverwendung *f*, **en** (*comptab.*) affectation *f* du résultat ; emploi *m* des bénéfices.
Gewinnvortrag *m*, ¨e (*comptab.*) report *m* à nouveau bénéficiaire ; report de l'exercice précédent ; report du solde excédentaire (profit à reporter sur l'exercice suivant pour reconstitution de capital) (*contr. Bilanzverlust*).
Gewinnwachstum *n*, ø (*bourse*) plus-value *f* ; croissance *f* d'un titre.
Gewinnwarnung *f*, **en** (*bourse*) alerte *f* aux résultats ; profit-warning *m* ; (une entreprise met en garde contre des prévisions de résultats trop optimistes).
Gewinnzahl *f*, **en** (*loterie*) numéro *m* gagnant.

Gewinnzone *f*, **n** zone *f* bénéficiaire ; *eine Firma in die ~ bringen* faire entrer une société dans le noir ; *in der ~ liegen* être dans la zone bénéficiaire ; être dans le noir ; *in die ~ rutschen* devenir bénéficiaire ; sortir du rouge.
GewO → *Gewerbeordnung*.
gewogen → **1.** *wiegen* **2.** *gewichtet*.
Gewohnheitsrecht *n*, **e** (*jur.*) droit *m* coutumier.
GEX *m* (*German Entrepreneurial Index*) indice *m* des entreprises dirigées par leur propriétaire.
Gex-Firma *f*, **en** société *f* cotée au GEX.
GEZ *f* (*Gebühreneinzugszentrale*) Office *m* fédéral de la redevance de l'audiovisuel ; (*France*) service *m* de la redevance audiovisuelle.
gez. → *gezeichnet*.
gezeichnet signé ; souscrit ; *~e Aktien* actions *fpl* souscrites ; *~er Betrag* montant *m* souscrit ; *~es Kapital* capital *m* souscrit ; *voll ~* entièrement souscrit.
Gezeitenkraftwerk *n*, **e** centrale *f* marémotrice.
gezinkt : (*fam.*) *mit gezinkten Karten spielen* jouer avec des cartes truquées.
gezogen tiré ; *~er Wechsel* effet *m* tiré ; traite *f* ; *wir haben eine Tratte über... fällig am 28.2. auf Sie ~* nous avons tiré sur vous une traite de... au 28/2.
Gezogene/r (*der/ein*) (*banque*) tiré *m*.
GF → *Geschäftsführer*.
GfK *f* (*Gesellschaft für Konsumforschung*) Institut *m* de recherche sur la consommation.
GG → *Grundgesetz*.
g.g.u. (*gelesen, genehmigt, unterschrieben*) lu et approuvé.
Ghetto *n*, **s** → *Getto*.
Ghostwriter *m*, **-** (*édition*) nègre *m*.
GHz → *Gigahertz*.
Giebelkarton *m*, **-** tetrabrick *m* (emballage pour liquides) ; berlingot *m*.
Gießerei *f*, **en** fonderie *f*.
Gießereiroheisen *n*, ø (*sidérurgie*) fonte *f* de moulage.
Gießkannenprinzip *n*, ø saupoudrage *m* ; attribution *f* uniforme de subventions (qui ne tient pas compte de différences éventuelles entre les bénéficiaires).
Gift *n*, **e** matière *f* toxique ; poison *m*.

Giftgehalt *m*, e teneur *f* en polluants (oxyde de carbone, nitrates, etc.) ; taux *m* de nuisances.
giftig toxique ; polluant.
Giftmüll *m*, ø déchets *mpl* toxiques.
Giftstoffe *mpl* produits *mpl* toxiques.
Gigabyte *n*, (s) (*informatique*) gigaoctet *m* (environ un milliard d'octets) ; (*fam.*) giga *m*.
Gigant *m*, en, en géant *m*.
Gigantomanie *f*, **n** gigantisme *m*.
Gilde *f*, **n** (*hist.*) guilde *f* ; corporation *f*.
Gipfel *m*, - sommet *m*.
Gipfelkonferenz *f*, **en** conférence *f* au sommet.
Gipfelteilnehmer *m*, - participant *m* à une réunion au sommet, à un sommet politique.
Gipfeltreffen *n*, - sommet *m* ; rencontre *f* au sommet.
Gir- (*préfixe : pr. fr.*).
Giralgeld *n*, **er** monnaie *f* scripturale ; monnaie de compte (*syn. Buchgeld* ; *contr. Bargeld*).
Girant *m*, en, en endosseur *m* (*syn. Indossant*).
Girat *m*, en, en → *Giratar*.
Giratar *m*, e endossé *m* ; endossataire *m* (*syn. Indossat*).
girierbar endossable ; ~*er Scheck* chèque *m* endossable (*syn. indossabel*).
girieren endosser ; *einen Scheck* ~ endosser un chèque ; *einen Wechsel auf eine Bank* ~ passer un effet en banque (*syn. indossieren*).
Giro *n*, **s** (*pr. fr.*) 1. endossement *m* ; endos *m* ; *durch* ~ *übertragen* transférer par endossement 2. virement *m* ; *eine Summe durch* ~ *überweisen* virer une somme.
Giroabteilung *f*, **en** service *m* des virements.
Girobank *f*, **en** banque *f* de virement ; banque de dépôts et virements.
Girobuchung *f*, **en** écriture *f* comptable de virement.
Giroeinlagen *fpl* dépôts *mpl* en compte courant ; dépôts à vue.
Girogelder *npl* → *Giroeinlagen*.
Girogeschäft *n*, e opération *f* de virement.
Giroguthaben *n*, - avoir *m* sur un compte courant, de virement.
Girokonto *n*, -ten compte *m* courant, de virement (*syn. Kontokorrentkonto* ; *laufendes Konto*).

Girosammeldepot *n*, **s** dépôt *m* bancaire de titres ; dépôt d'actions en compte-courant ; dépôt collectif de valeurs (*contr. Streifbanddepot*).
Girosammelstück *n*, e titre *m* déposé en compte courant.
Girosammelverkehr *m*, ø dépôt *m* collectif de titres ; dépôt bancaire.
Girosammelverwahrung *f*, **en** dépôt *m* bancaire.
Giroscheck *m*, **s** chèque *m* de virement (*syn. Verrechnungsscheck*).
Giroverband *m*, ¨e association *f* des banques de virement.
Giroverkehr *m*, ø opérations *fpl* de virement ; *im* ~ par virement.
Girozentrale *f*, **n** banque *f* centrale de virement ; ~ *der Sparkassen* centrale *f* de virements des caisses d'épargne.
G-Konto → *Gehaltskonto*.
GKV *f* (*Gesetzliche Kranken-Versicherung*) assurance-maladie *f* obligatoire.
Glas *n*, ¨er verre *m*.
Glasarbeit *f* 1. ø travail *m* du verre 2. œuvre *f*, article *m* en verre.
Glasarbeiter *m*, - ouvrier-verrier *m*.
Glasbläser *m*, - souffleur *m* de verre
Glasbruchversicherung *f*, **en** → *Glasversicherung*.
Glascontainer *m*, - œuf *m* à verre (*syn. Altglasiglu*).
gläsern transparent ; translucide ; en verre ; (*fig.*) ~*er Steuerzahler* transparence *f* fiscale des contribuables.
Glasfaser *f*, **n** fibre *f* optique, de verre.
Glasfasernetz *n*, e réseau *m* de fibres optiques.
Glashütte *f*, **n** verrerie *f* ; cristallerie *f*.
Glasversicherung *f*, **en** assurance *f* bris de verre ; assurance bris de glace.
glatt/stellen 1. réaliser ; équilibrer ; ajuster une position ; *die Buchung* ~ équilibrer les comptes ; (*bourse*) liquider ; lever ; *sein Engagement* ~ solder sa position 2. régler les affaires courantes.
Glattstellung *f*, **en** réalisation *f* ; liquidation *f*.
Gläubiger *m*, - créancier *m* **I.** *ausgeschlossener* ~ créancier forclos ; *bevorzugter* (*privilegierter*) ~ créancier privilégié ; *öffentlicher* ~ créancier public ; *säumiger* ~ créancier retardataire ; *sichergestellter* ~ créancier nanti ; *vor-*

rangiger ~ créancier prioritaire, de rang antérieur **II.** *einen ab/finden* (*befriedigen*) ~ désintéresser, satisfaire un créancier ; *sich mit den ~n vergleichen* s'arranger avec les créanciers ; trouver un accord avec les créanciers.

Gläubigeranfechtung *f,* **en** action *f* révocatoire, paulienne (un créancier demande la révocation d'un acte accompli pour cause de violation de ses droits par le débiteur).

Gläubigeranspruch *m,* ¨e prétention *f* du créancier ; droit *m* à être payé.

Gläubigeraufgebot *n,* **e** convocation *f* des créanciers.

Gläubigerausschuss *m,* ¨e comité *m* de créanciers chargé de contrôler une liquidation.

Gläubigerbank *f,* **en** banque *f* créancière.

Gläubigerbefriedigung *f,* **en** désintéressement *m* des créanciers.

Gläubigerbefriedung *f,* **en** → *Gläubigerbefriedigung*.

Gläubigerbegünstigung *f,* **en** traitement *m* de faveur à l'égard d'un créancier.

Gläubigereffekten *pl* effets *mpl* de créances (emprunts, obligations).

Gläubigerland *n,* ¨er pays *m* créancier ; pays prêteur ; pays qui consent à ouvrir un crédit.

Gläubigermasse *f,* **n 1.** masse *f* (de la faillite) **2.** union *f* des créanciers.

Gläubigerschutzverband *m,* ¨e groupement *m* de défense des créanciers ; association *f* pour défendre les intérêts des créanciers.

Gläubigerversammlung *f,* **en** assemblée *f* des créanciers.

Gläubigerverzeichnis *n,* **se** liste *f* des créanciers ; état *m* des créanciers (qui peuvent être indemnisés au prorata de leurs créances).

Gläubigerverzug *m,* ¨e demeure *f* du créancier (refus d'un créancier d'accepter le versement d'un débiteur).

glaubwürdig crédible ; digne de foi.

Glaubwürdigkeit *f,* ø crédibilité *f*.

Glaubwürdigkeitsproblem *n,* **e** problème *m* de crédibilité.

gleich identique ; semblable ; pareil ; même ; analogue ; équivalent ; ~ *groß* de la même grandeur, taille ; *~er Lohn für ~e Arbeit* à travail égal, salaire égal ; *zu ~en Teilen* à parts égales ; *der Preis ist seit Jahren* ~ le prix est inchangé depuis des années.

Gleichbehandlung *f,* **en** égalité *f* de traitement ; non-discrimination *f*.

Gleichbehandlungsgrundsatz *m,* ¨e principe *m* de l'égalité de traitement.

gleichberechtigt égal en droits ; à droits égaux ; à égalité ; paritaire.

Gleichberechtigung *f,* **en** égalité *f* des droits ; parité *f*.

gleichbleibend constant ; identique ; stable ; invariable.

gleichgeschlechtlich : *~e Gemeinschaft* couple *m* homosexuel.

Gleichgewicht *n,* **e** équilibre *m* ; balance *f* ; *finanzielles, soziales* ~ équilibre financier, social ; ~ *der Kräfte* équilibre des forces ; *labiles, stabiles* ~ équilibre instable, stable ; ~ *auf dem Arbeitsmarkt* équilibre sur le marché du travail ; ~ *der öffentlichen Finanzen* équilibre des finances publiques ; ~ *der Zahlungsbilanz* équilibre de la balance des paiements ; ~ *von Angebot und Nachfrage* équilibre de l'offre et la demande ; *ins* ~ *bringen* équilibrer ; solder ; *aus dem* ~ *bringen* déséquilibrer.

Gleichgewichtslage *f,* **n** situation *f* d'équilibre.

Gleichgewichtspreis *m,* **e** prix *m* d'équilibre ; prix qui égalise l'offre et la demande d'un bien.

Gleichheit *f,* **en** égalité *f* ; parité *f* ; ~ *vor dem Gesetz* égalité devant la loi ; ~ *von Mann und Frau* égalité des droits entre hommes et femmes ; parité homme-femme.

Gleichlaufproduktion *f,* **en** production *f* synchronisée.

gleichlautend conforme ; (à l') identique ; *~e Abschrift* copie *f* (certifiée) conforme.

Gleichmacherei *f,* **en** égalitarisme *m* ; nivellement *m* ; uniformisation *f*.

gleichrangig de rang égal ; de même niveau ; *~e Hypothek* hypothèque *f* de rang égal ; *~e Mitarbeiter* collaborateurs *mpl* de niveau identique.

gleich/setzen mettre sur le même plan ; égaler ; assimiler à ; *Handarbeit und Kopfarbeit* ~ mettre sur le même rang travail manuel et travail intellectuel.

Gleichstellung *f,* **en** égalité *f* ; parité *f* ; non-discrimination *f* ; *die* ~ *von Arbeit und Kapital in den Aufsichtsräten* la parité du travail et du capital dans les conseils de surveillance.

Gleichstellungsgesetz *n,* e loi *f* sur l'égalité des sexes ; loi sur l'égalité des droits entre hommes et femmes.

Gleichteilekonzept *n,* e (*industrie automobile*) concept *m* de pièces identiques pour des modèles de véhicules différents.

Gleichung *f,* en (*mathématique*) équation *f.*

gleichwertig équivalent ; de même valeur ; de même qualité.

Gleichwertigkeit *f,* en équivalence *f* ; égalité *f* de valeur ; ~ *von Diplomen* équivalence des diplômes.

Gleis *n,* e voie *f* ; rails *mpl* ; (*fig.*) *wieder ins ~ bringen* remettre sur la bonne voie ; *auf ein totes ~ geraten* être au point mort ; être sur une voie de garage.

-gleisig (*suffixe*) à... voies ; *eine zweigleisige Strecke* un tronçon à deux voies.

gleiten, i, i (*fam.*) pratiquer le système de l'horaire flexible ; travailler à la carte ; *in unserem Betrieb können wir ~* nous pourrons choisir notre horaire de travail dans notre entreprise.

gleitend mobile ; indexé ; *~e Arbeitswoche* semaine *f* mobile ; *~e Arbeitszeit* horaire *m* mobile, aménagé ; horaire à la carte ; *~er Durchschnitt* moyenne *f* mobile ; *~er Lohn* salaire *m* indexé ; *~e Lohnskala* échelle *f* mobile des salaires ; *~er Ruhestand* cessation *f* progressive d'activité (C.P.A.) ; *~e Versicherung* clause *f* d'indexation mobile.

Gleitklausel *f,* n clause *f* d'échelle mobile ; clause de réajustement ; *eine ~ in einen Vertrag ein/bauen* assortir un contrat d'une clause d'indexation.

Gleitkomma *n,* s virgule *f* flottante ; point *m* flottant.

Gleitkommawert *m,* e valeur *f* en virgule flottante.

Gleitlohn *n,* ¨e salaire *m* mobile ; salaire indexé.

Gleitlohnklausel *f,* n échelle *f* mobile des salaires ; salaires *mpl* indexés.

Gleitpreis *m,* e prix *m* mobile ; échelle *f* mobile des prix.

Gleitpreisklausel *f,* n échelle *f* mobile des prix.

Gleitstundenpolster *n,* - volant *m* d'heures de réserve ; dotation *f* horaire de réserve.

Gleitzeit *f,* en 1. horaire *m* mobile ; horaire aménagé ; travail *m* à la carte 2. plage *f* mbile (*contr. Fixzeit*).

Gleitzinsanleihe *f,* en emprunt *m* à intérêt variable.

Gleitzoll *m,* ¨e droit *m* (de douane) mobile ; tarif *m* variable.

gliedern articuler ; structurer ; classer ; répartir ; ventiler ; décomposer ; *hierarchisch gegliedert* hiérarchisé ; *nach Berufsgruppen gegliedert sein* être classé par catégories professionnelles ; *sich in vier Teile ~* se subdiviser en quatre parties.

Gliederung *f,* en structure *f* ; classification *f* ; organisation *f* ; répartition *f* ; ventilation *f* ; *alphabetische ~* classement *m* alphabétique ; *sozio-professionelle ~* répartition socio-professionnelle.

Gliedstaat *m,* en État *m* membre (d'une fédération).

global 1. mondial ; global ; globalisé ; *~es Unternehmen* entreprise *f* opérant à l'échelle mondiale ; *~er Wettbewerb* concurrence *f* mondiale **2.** d'ensemble ; global ; total ; en bloc.

Global- (*préfixe*) **1.** mondial ; global ; globalisé **2.** d'ensemble ; global ; total ; en bloc.

Globalabschreibung *f,* en (*comptab.*) amortissement *m* global ; taux *m* unique d'amortissement (s'appliquant à toutes les immobilisations).

Globalangebot *n,* e offre *f* globale.

Globalberechnung *f,* en calcul *m* forfaitaire, global.

Globalbetrag *m,* ¨e montant *m* global ; total *m* ; somme *f* totale.

Globalgrößen *fpl* (*finances*) aggrégats *mpl* macro-économiques.

globalisieren mondialiser ; globaliser.

globalisiert mondialisé ; globalisé.

Globalisierung *f,* en mondialisation *f* ; globalisation *f* ; internationalisation *f* de l'économie mondiale ; interpénétration *f* intense des marchés nationaux et internationaux ; *~ der Finanzmärkte, der Industrie* globalisation des marchés financiers, de l'industrie.

Globalisierungsgegner *m,* - altermondialiste *m* ; adversaire *m* de la mondialisation.

Globalisierungsgewinner *m,* - gagnant *m* de la mondialisation, de la globalisation.

Globalisierungskritiker *m*, - → ***Globalisierungsgegner***.

globalisierungskritisch altermondialiste ; *~e Organisation* organisation *f* altermondialiste ; *~e Veranstaltung* manifestation *f* antimondialisation.

Globalisierungsverlierer *m*, - perdant *m* de la mondialisation, de la globalisation.

Globalplayer *m*, - (*pr. ang.*) opérateur *m* global ; global player *m* ; groupe *m* ou entreprise *f* opérant à l'échelle mondiale.

Globalsourcing *n*, ø (*pr. ang.*) global sourcing *m* ; recherche *f* de matières premières et leur exploitation au plan mondial ; recherche *f* de fournisseurs au plan mondial ; partage *m* international du travail.

Globalsteuerung *f*, en contrôle *m* global ; concertation *f* économique.

Globalsumme *f*, n somme *f* globale ; montant *m* total.

Globalzession *f*, en cession *f* en bloc.

Global Zweihundert : 200 régions-clés écologiques, sélectionnées par le *World Wild Found* pour lutter contre la pollution.

Globex *n* (*bourse*) (*weltumspannendes 24-Stunden-Handelssystem*) système *m* d'échanges commerciaux mondiaux informatisés (y participent le MATIF et la DTB).

Glücksspiel *n*, e jeu *m* de hasard.

Glücksspielindustrie *f*, n industrie *f* des jeux ; industrie des casinos.

Glücksspielsteuer *f*, n taxe *f* sur les jeux ; taxe sur le montant des enjeux.

Glückszahl *f*, en chiffre *m* porte-bonheur.

GmbH *f*, s (*Gesellschaft mit beschränkter Haftung*) société *f* à responsabilité limitée ; S.A.R.L./s.a.r.l. *f*.

GmbH & Co. KG *f*, s (*Allemagne uniquement*) société *f* en commandite dont le commandité est une S.A.R.L.).

GMO *f* (*Gemeinsame Marktorganisation für frisches Obst und Gemüse*) Organisation *f* commune des marchés des fruits et légumes frais.

GOÄ *f* (*Gebührenordnung der Ärzte*) nomenclature *f* des actes médicaux.

GOB (*Grundsätze ordnungsmäßiger Buchführung und Bilanzierung*) principes *m* de comptabilité régulière.

Going-public *n*, ø (*pr. ang.*) entrée *f*, introduction *f* en bourse (transformation d'une société de personnes en société anonyme avec introduction simultanée en bourse).

Gold *n*, ø or *m* **I.** *in ~ einlösbar* convertible en or ; *feines ~* or fin ; *legiertes ~* alliage *m* d'or ; *22 karätiges ~* or 22 carats ; *gelbes ~* or jaune (argent, cuivre, or) ; *graues ~* or gris (argent, or) ; *~ in Barren* or en lingots ; *rotes ~* or rouge (cuivre et or) ; *weißes ~* or blanc (argent, cuivre et or) **II.** *etw mit ~ auf/wiegen* payer à prix d'or ; *etw in ~ ausbezahlt bekommen* être payé en or ; *durch ~ gedeckt sein* être garanti sur l'or ; *im ~ schwimmen* rouler sur l'or ; *~ wert sein* valoir son pesant d'or.

Goldabfluss *m*, ¨e sortie *f* d'or.

Goldader *f*, n filon *m* ; *eine ~ entdecken* découvrir un filon.

Goldanleihe *f*, n emprunt *m* or.

Goldaufkauf *m*, ¨e achat *m* d'or.

Goldautomatismus *m*, ø mécanisme *m* de compensation automatique de la balance des paiements entre les pays à monnaie-or.

Goldbarren *m*, - lingot *m* d'or.

Goldbarrenwährung *f*, en → ***Goldkernwährung***.

Goldbestand *m*, ¨e réserves *fpl*, stock *m* d'or ; encaisse-or *f*.

Golddeckung *f*, en couverture-or *f* ; garantie-or *f*.

Golddevise *f*, n devise-or *f*.

Golddevisenstandard *m*, s → ***Golddevisenwährung***.

Golddevisenwährung *f*, en étalon *m* de change or ; monnaie *f* à couverture or.

golden : *die ~e Aktie* l'action majoritaire détenue par l'État et qui confère le droit de véto en cas de décisions stratégiques à prendre ; *~e Bankregel* règle d'or des instituts de crédit (selon laquelle le montant des crédits accordés doit correspondre aux sommes mises à leur disposition) ; *~e Bilanzregel* règle d'or de bilan (selon laquelle les immobilisations doivent être financées par des capitaux propres et des capitaux empruntés à long terme) ; *~ boy* (jeune) spéculateur *m* boursier ; *~e Schallplatte* disque *m* d'or ; *die Goldenen Zwanziger* (*hist.*) les années 20 aux États-Unis et en Europe occidentale qui furent marquées par une grande prospérité économique.

Golderzeugerland *n*, ¨er pays-producteur *m* d'or.

Goldesel *m*, - (*fam.*) poule *f* aux œufs d'or.
Goldfranken *m*, - franc-or *m*.
Goldgehalt *m*, e poids *m* d'or fin ; titre *m* en or ; teneur *f* en or (minerai).
Goldgewicht *n*, e carat *m*.
Goldgewinnung *f*, en production *f* d'or.
Goldgräber *m*, - chercheur *m* d'or.
Goldgräberstimmung *f*, en ambiance *f* fébrile ; fièvre *f* ; ruée *f* vers l'or ; l'âge *m* d'or (de qqch) ; *es herrscht ~ an der Börse* la bourse est fiévreuse.
Goldgrube *f*, n mine *f* d'or.
Goldkernwährung *f*, en étalon *m* de change or ; monnaie *f* à couverture exclusive or ; gold bullion standard *m*.
Goldklausel *f*, n clause *f* or.
Goldkurs *m*, e cours *m* de l'or ; prix *m* de l'or.
Goldlagerstätte *f*, n gisement *m* aurifère.
Goldlegierung *f*, en alliage *m* d'or.
Goldmark *f*, ø (*hist.*) mark-or *m*.
Goldmarkt *m*, ¨e marché *m* de l'or.
Goldminenwerte *mpl* (*bourse*) valeurs *fpl* des mines d'or ; valeurs aurifères.
Goldmünze *f*, n pièce *f* d'or ; monnaie *f* d'or.
Goldparität *f*, en parité *f* or.
Goldpool *m*, ø pool *m* de l'or (groupement des grandes banques européennes visant à compenser les variations du prix de l'or afin de sauvegarder les monnaies indexées sur l'or).
Goldprägung *f*, en frappe *f* de l'or.
Goldpreis *m*, e prix *m* de l'or.
Goldpunkt *m*, e point *m* d'or ; gold point *m* ; parité *f* or (limites de variation extrêmes des cours flottants de l'or) ; *oberer ~* point d'or supérieur de sortie ; *unterer ~* point d'or inférieur d'entrée.
Goldrausch *m*, ø (*hist.*) ruée *f* vers l'or.
Goldreserve *f*, n → *Goldbestand*.
Goldschmied *m*, e orfèvre *m*.
Goldstandard *m*, s → *Goldwährung*.
Goldstück *n*, e → *Goldmünze*.
Goldtranche *f*, n tranche *f* or (les premiers 25 % du fonds de participation au F.M.I. sont à verser en or, les 75 % restants en monnaie nationale).
Goldumlaufwährung *f*, en étalon *m* de numéraire-or.

Gold- und Devisenreserven *fpl* réserves *fpl* en or et en devises.
Goldvorkommen *n*, - gisement *m* d'or ; réserves *fpl*, gisements *mpl* aurifères.
Goldvorrat *m*, ¨e → *Goldreserve*.
Goldwaage *f*, n trébuchet *m*.
Goldwährung *f*, en étalon-or *m* ; monnaie-or *f* ; monométallisme-or *m*.
Goldwährungseinheit *f*, en → *Goldwährung*.
Goldwert *m*, e valeur *f* or.
Goldwertklausel *f*, n clause *f* valeur-or.
Goldzahlung *f*, en versement *m*, paiement *m* en or.
Goldzufluss *m*, ¨e afflux *m* d'or.
Golfanrainer *m*, - État-limitrophe *m* du golfe persique.
Golfstaat *m*, en État *m* du golfe persique.
Gondel *f*, n gondole *f* (grands magasins).
Gönner *m*, - bienfaiteur *m* ; mécène *m* ; sponsor *m* (*syn. Sponsor, Mäzen*).
Gönnerschaft *f*, ø protection *f* ; mécénat *m* ; sponsoring *m* ; libéralité *f* ; faveurs *fpl*.
Goodwill *m*, ø (*pr. ang.*) **1.** goodwill *m* ; valeur *f* commerciale (d'une entreprise) ; valeur immatérielle ; notoriété *f* de l'entreprise ; fonds *m* de commerce *m* ; fonds commercial (actif incorporel de la société, réputation, clientèle, pas de porte, etc.) (*syn. Firmenwert*) **2.** notoriété *f* ; bonne réputation *f* **3.** bonne volonté *f* ; bienveillance *f*.
Goodwillreise *f*, n tournée *f* promotionnelle à l'étranger (destinée à resserrer des liens économiques ou poliques).
googeln (*Internet*) faire des recherches sur Google.
Google (*Internet*) google ; moteur *m* de recherche.
GOST-Normen *fpl* (*hist. R.D.A.*) normes *fpl* industrielles de l'ex-U.R.S.S.
1. GPS *f* (*Suisse*) (*Grüne Partei der Schweiz*) les Verts ; parti *m* écologiste helvétique.
2. GPS *n* (*global positioning system*) G.P.S. *m* ; système *m* de navigation par satellite.
Grabbeltisch *m*, e (*supermarchés*) étal *m* de présentation d'articles en vrac ; présentoir *m* d'articles promotionnels.

Grad *m*, e degré *m* ; grade *m* ; niveau *m* ; taux *m* ; ~ *der Erwerbsminderung* taux d'incapacité de travail ; ~ *der Verschmutzung* taux de pollution ; *akademischer* ~ niveau universitaire *m* ; diplômes *mpl* universitaires ; *miteinander im dritten* ~ *verwandt sein* être apparenté au troisième degré.

Gradmesser *m* : *ein* ~ *(für etw) sein* être un baromètre (pour qqch) ; servir d'étalon de mesure (pour qqch).

graduell graduel.

graduiert pourvu d'un titre universitaire.

Graduierte(r) (*der/ein*) diplômé *m* d'université.

Graf *m*, en, en (*statist.*) graphe *m* ; *bewerteter, finiter* ~ graphe évalué, fini (*syn. Graph*).

Grafik *f*, en graphique *m* ; *hochauflösende* ~ graphique en haute résolution (*syn. Graphik*).

Grafiker *m*, - dessinateur *m* (*syn. Graphiker*).

grafisch : ~*e Darstellung* représentation *f* graphique (*syn. graphisch*).

Gramm *n*, e gramme *m* ; *hundert* ~ cent grammes.

Grasfläche *f*, n (*agric.*) superficie *f* en herbage ; prés *mpl* ; pacage *m* ; pâture *f* ; pâturage *m*.

Grasland *n*, ø (*agric.*) herbage *m* ; pâture *f* ; pâturages *mpl*.

Graswirtschaft *f*, (en) industrie *f* fourragère.

Gratifikation *f*, en gratification *f* ; prime *f* ; enveloppe *f* ; *eine* ~ *erhalten* recevoir une prime d'encouragement.

gratis gratis ; gratuit(ement) ; à titre gracieux ; (*fam.*) à l'œil ; *etw* ~ *ins Haus liefern* livrer qqch franco domicile ; ~ *und franko* franco de port et de tous frais.

Gratisaktie *f*, n action *f* gratuite.

Gratisangebot *n*, e offre *f* gratuite.

Gratisexemplar *n*, e exemplaire *m* gratuit.

Gratisgenussschein *m*, e action *f* de jouissance gratuite.

Gratismuster *n*, - échantillon *m* gratuit.

Gratisnutzung *f*, en utilisation *f* gratuite ; utilisation sans frais.

Gratisprobe *f*, n essai *m*, échantillon *m* gratuit.

Gratisvorstellung *f*, en représentation *f* non payante.

Gratiszeitung *f*, en journal *m* gratuit.

Gratwanderung *f*, en : (*fig.*) *gefährliche, schwierige* ~ passage *m* périlleux ; opération *f* à risques.

grau 1. gris 2. en marge de la légalité ; qui frise l'illégalité ; ~*er Markt* marché *m* illégal mais toléré (par les autorités).

Grau- (*préfixe*) non officiel ; parallèle ; non légal.

Graubereich *m*, e → *Grauzone*.

Grauhändler *m*, - négociant *m* sur le marché parallèle.

Graumarkt *m*, ¨e marché *m* parallèle ; marché non officiel.

Grauzone *f*, n zone *f* d'ombre ; zone qui se situe à la limite de la légalité ; domaine *m* qui échappe à tout contrôle.

Greenback *m*, s (*pr. ang.*) billet vert *m* ; dollar *m*.

Greencard *f*, s (*pr. ang.*) (*USA, Allemagne*) permis *m* de travail ; carte *f* verte ; autorisation *f* de séjour.

Greenshoe *m*, s (*pr. ang.*) (*bourse*) greenshoe *m* ; réserve *f* d'actions (attribuée aux banques à titre optionnel afin de pouvoir satisfaire les petits investisseurs en cas de forte demande) (*syn. Platzierungsreserve*).

Gremium *n*, -ien instance *f* ; comité *m* ; commission *f* ; organe *m* ; groupement *m* ; *wirtschaftliches* ~ commission économique ; *ein* ~ *bilden* constituer une commission.

Grenz- (*préfixe*) 1. frontalier ; frontière ; douanier 2. (*comptab.*) marginal 3. limite.

Grenzabfertigung *f*, en accomplissement *m* des formalités douanières.

Grenzabfertigungsstelle *f*, n bureau *m* de contrôle frontalier.

Grenzanalyse *f*, n (*comptab.*) analyse *f* marginale.

Grenzangebot *n*, e offre *f* limite.

Grenzarbeiter *m*, - travailleur *m* frontalier.

Grenzausgleich *m*, e → *Grenzausgleichsbeträge*.

Grenzausgleichsbeträge *mpl* montants *mpl* compensatoires.

Grenzbahnhof *m*, ¨e gare *f* frontière.

Grenzbeamte/r (*der/ein*) douanier *m* ; fonctionnaire *m* des douanes.

Grenzbereich *m*, e 1. zone *f*, région *f* frontalière 2. secteur *m* douanier ; circonscription *f* douanière.

Grenzberichtigung *f*, en rectification *f* de frontière.
Grenzbetrieb *m*, e exploitation *f*, entreprise *f* marginale.
Grenzbevölkerung *f*, en population *f* frontalière.
Grenzbewohner *m*, - frontalier *m*.
Grenzbezirk *m*, e zone *f* frontalière, frontière.
Grenzbegehung *f*, en (tournée *f* d') inspection *f* d'une frontière.
Grenze *f*, n limite *f* ; frontière *f* ; extrémité *f* ; plafond *m* ; plancher *m* ; seuil *m* **I.** *frei ~* franco (rendu) frontière ; *obere, untere ~* limite supérieure, inférieure ; *die ~n des Wachstums* les limites de la croissance ; *~ der Wirtschaftlichkeit* seuil de rentabilité **II.** *jdn über die ~ ab/schieben* reconduire qqn à la frontière ; expulser qqn ; *eine ~ ab/stecken, berichtigen* délimiter, redresser une frontière ; *an technische ~n stoßen* atteindre les limites de la technique ; *die ~ überschreiten (passieren)* passer la frontière ; *die ~n der Belastbarkeit überschreiten* dépasser le seuil de tolérance ; *die ~n schließen (sperren)* fermer les frontières ; *eine ~ verletzen* violer une frontière ; *eine ~ ziehen* tracer une frontière.
grenzen 1. jouxter ; être contigu à ; être attenant à ; toucher ; constituer une frontière ; *Deutschland grenzt an Österreich* l'Allemagne a une frontière commune avec l'Autriche 2. (*fig.*) friser ; *an Illegalität ~* friser l'illégalité.
Grenzer *m*, - 1. douanier *m* 2. frontalier *m*.
Grenzertrag *m*, ¨e (*comptab.*) rendement *m* marginal ; produit *m* marginal.
Grenzfall *m*, ¨e 1. cas *m* limite 2. cas *m* exceptionnel, particulier.
Grenzfluss *m*, ¨e rivière-frontière *f* ; frontière *f* constituée par une rivière.
Grenzformalitäten *fpl* formalités *fpl* douanières ; *die ~ lockern* assouplir les formalités douanières.
Grenzfrage *f*, n problème *m* frontalier ; question *f* de frontière(s).
Grenzgänger *m*, - frontalier *m* ; ouvrier *m*, travailleur *m* frontalier.
Grenzgängerkarte *f*, n → *Grenzschein*.
Grenzgebiet *n*, e → *Grenzbereich*.
Grenzgemeinschaft *f*, en mitoyenneté *f*.
Grenzgewässer *n*, - eaux *fpl* frontières, limitrophes.
Grenzkarte *f*, n carte *f* de passage d'une frontière ; carte de frontalier.
Grenzkontrolle *f*, n contrôle *m* douanier.
Grenzkontrollpunkt *m*, e point *m* de contrôle frontalier.
Grenzkosten *pl* (*comptab.*) coût *m* marginal ; coûts *mpl* marginaux (accroissement du coût total correspondant aux variations coût-volume-profit) ; *die ~ berechnen* calculer le coût marginal ; *zu ~ verkaufen* vendre au coût marginal.
Grenzkostenkurve *f*, n (*comptab.*) courbe *f* des coûts marginaux.
Grenzkurs *m*, e cours *m* limite ; prix *m* limite.
Grenzlinie *f*, n ligne *f* de démarcation.
Grenznutzen *m*, - utilité *f* marginale ; *gewogener ~* utilité marginale pondérée ; *~ der Arbeit* utilité marginale du travail.
Grenzpendler *m*, - transfrontalier *m*.
Grenzpolizei *f*, en police *f* des frontières.
Grenzposten *m*, - garde-frontière *m* ; poste *m* frontière.
Grenzpreis *m*, e prix *m* limite (que l'on s'est fixé).
Grenzprodukt *n*, e produit *m* marginal ; *abnehmendes ~* produit marginal décroissant.
Grenzproduktivität *f*, en seuil *m* de rendement ; productivité *f* marginale ; *~ der Arbeit* productivité marginale du travail ; *~ des Kapitals* productivité marginale du capital.
Grenzrate *f*, n taux *m* marginal ; *~ der Substitution* taux marginal de substitution.
Grenzregelung *f*, en règlement *m* frontalier.
Grenzregion *f*, en région *f* frontalière (*syn. Randregion*).
Grenzrevision *f*, en révision *f* du tracé des frontières.
Grenzscheidung *f*, en limite *f* de propriété ; bornage *m* d'un terrain.
Grenzschein *m*, e laissez-passer *m* frontalier ; carte *f* frontalière.
Grenzschutz *m*, ø police *f* chargée de la protection des frontières.
Grenzschützer *m*, - policier *m* chargé de la protection des frontières.
Grenzsperre *f*, n fermeture *f* de la frontière ; barrage *m* frontalier.

Grenzstation *f*, en → *Grenzbahnhof*.
Grenzstein *m*, e borne-frontière *f* ; borne de délimitation.
Grenzsteuersatz *m*, ¨e taux *m* marginal d'imposition ; ~ *der Einkommenssteuer* tranche *f* supérieure de l'impôt sur le revenu.
Grenzübergangsstelle *f*, n point *m* de passage de frontière ; poste *m* frontière.
grenzübergreifend → *grenzüberschreitend*.
grenzüberschreitend transfrontalier ; ~*er Handel* commerce *m* avec l'étranger ; ~*er Verkehr* trafic *m*, transport *m* international.
Grenzüberschreitung *f*, en 1. franchissement *m* de la frontière 2. transgression *f* des limites.
Grenzumsatz *m*, ¨e chiffre *m* d'affaires marginal.
Grenzverkehr *m*, ø trafic *m* frontalier ; circulation *f* frontalière.
Grenzverlauf *m*, ¨e tracé *m* de la frontière.
Grenzverletzung *f*, en violation *f* de frontière.
Grenzvertrag *m*, ¨e convention *f* frontalière ; accord *m* frontalier.
Grenzwacht *f*, en (*Suisse*) police *f* des frontières.
Grenzwert *m*, e 1. valeur *f* marginale 2. (*marchandise*) valeur *f* au moment du passage de la frontière 3. seuil *m* de tolérance.
Grenzziehung *f*, en dessin *m*, tracé *m* d'une frontière ; traçage *m* d'une frontière.
Grenzzwischenfall *m*, ¨e incident *m* de frontière.
Griff : *etw in den ~ bekommen* maîtriser une situation, qqch ; *einen ~ in die Kasse tun* piquer dans la caisse ; voler de l'argent.
grob grossier ; approximatif ; sans entrer dans les détails ; *das kostet Sie im ~en Durchschnitt* cela vous coûtera approximativement ; ~*e Fahrlässigkeit* négligence *f* grave ; *in ~en Zahlen* à peu près ; approximativement ; *die ~en Arbeiten* travaux *mpl* pénibles.
Gröbsten : *aus dem ~ raus sein* être tiré d'affaires ; avoir franchi un cap difficile ; avoir passé la période la plus dure.
Gros *n*, - gros *m* ; essentiel *m* ; *das ~ der Landarbeiter* le gros des ouvriers agricoles.

Gros *n*, se (*pr. fr.*) grosse *f* (douze douzaines : 144).
Groschen *m*, - (*hist.*) pièce *f* de dix pfennigs ; sou *m* ; *seine paar ~ zusammen/halten* économiser ses quelques sous.
groß grand ; vaste ; spacieux ; volumineux ; gros ; important **I.** *im Großen* en gros ; en grand ; *eine ~e Auswahl a* un grand choix de ; *ein größerer Betrag* un montant assez important ; somme *f* rondelette ; *in ~en Größen* en grandes tailles ; ~*e Familie* famille *f* nombreuse ; *das ~e Los* le gros lot ; ~*e Packung* paquet *m* familial, géant **II.** *nur ~es Geld bei sich haben* n'avoir que de grosses coupures sur soi ; ne pas avoir de monnaie ; *~ im Geschäft sein* brasser des affaires ; *was kann es ~ kosten ?* (*fam.*) ça va chercher dans les combien ? ; *das ~e Geld verdienen* gagner beaucoup d'argent ; gagner gros ; *im Großen verkaufen* vendre en gros.
Großabnehmer *m*, - gros acheteur *m* ; acheteur en gros ; client *m* important ; gros consommateur *m*.
Großaktion *f*, en action *f* d'envergure ; grande campagne *f*.
Großaktionär *m*, e gros actionnaire *m* ; actionnaire principal.
Großangriff *f*, e attaque *f* en règle ; grande offensive *f*.
Großanlagebau *m*, ø construction *f* d'installations industrielles en grand.
Großanleger *m*, - investisseur *m* institutionnel ; gros investisseur ; (*fam.*) zinzin *m*.
Großaufkäufer *m*, - acheteur *m* en gros.
Großauftrag *m*, ¨e grosse commande *f* ; commande importante.
Großbank *f*, en grande banque *f* à succursales ; banque *f* d'importance internationale (*Deutsche Bank, Dresdner Bank, Commerzbank*, etc.).
Großbauer *m*, n, n gros exploitant *m* agricole ; grand propriétaire *m* terrien.
Großbetrieb *m*, e → *Großunternehmen*.
Großbezüger *m*, - (*Suisse*) → *Großabnehmer*.
Großbezugsrabatt *m*, e réduction *f* sur achat de quantité ; rabais *m* de gros.
Großbürger *m*, - grand bourgeois *m* ; membre *m* de la grande bourgeoisie.

Großbürgertum *n*, ø grande bourgeoisie *f*.
Großcomputer *m*, - ordinateur *m* géant ; superordinateur *m*.
Großcontainer *m*, - conteneur *m* géant.
Größe *f*, *n* **1.** taille *f* ; dimension *f* ; *in großen ~n* en grandes tailles ; *in allen ~n erhältlich* disponible dans toutes les tailles **2.** sommité *f* ; *(fam.)* pointure *f* ; *er ist eine ~ auf seinem Gebiet* c'est une sommité dans son domaine **3.** grandeur *f* ; *konstante ~* constante *f* ; *veränderliche ~* grandeur variable ; → *groß*.
Großeinkauf *m*, ¨e achat *m* en gros ; acquisition *f* en grandes quantités ; *einen ~ im Supermarkt machen* faire de gros achats au supermarché.
Großeinkaufszentrum *n*, -tren centre *m* commercial géant ; galerie *f* commerciale géante.
Großeinsatz *m*, ¨e mise *f* en œuvre à grande échelle ; utilisation *f* en grand.
Größenordnung *f*, en ordre *m* de grandeur.
Großerzeuger *m*, - grand producteur *m* ; gros producteur.
Großflächenanbieter *m*, - grande surface *f* ; → *Super-, Verbrauchermarkt*.
Großflächenplakat *n*, e affiche *f* géante ; affiche pour panneau mural.
großflächig : *~er Handel* grandes surfaces *fpl* commerciales *(contr. kleinflächig).*
Großflughafen *m*, ¨ aéroport *m* international.
großformatig grand format.
Großgemeinde *f*, n communauté *f* d'agglomération.
großgeschrieben 1. important ; d'importance **2.** rare ; *Arbeitsplätze werden ~* les emplois *mpl* se font rares.
Großgrundbesitz *m*, ø grande propriété *f* foncière.
Großgrundbesitzer *m*, - grand propriétaire *m* terrien.
Großhandel *m*, ø commerce *m* de gros *(contr. Kleinhandel).*
Großhandelsgeschäft *n*, e maison *f* de commerce en gros.
Großhandelsindex *m*, -dizes indice *m* des prix de gros.
Großhandelskaufmann *m*, -leute gérant *m* ; directeur *m* d'un commerce de gros.
Großhandelspreis *m*, e prix *m* de gros.
Großhandelsrabatt *m*, e → *Großbezugsrabatt*.
Großhandelsspanne *f*, n marge *f* de grossiste.
Großhandelsunternehmen *n*, - entreprise *f* de vente en gros.
Großhandelsverband *m*, ¨e association *f* du commerce de gros.
Großhandelsverkaufspreis *m*, e prix *m* du commerce de gros.
Großhändler *m*, - grossiste *m* ; négociant *m*, commerçant *m* en gros *(contr. Kleinhändler).*
Großhandlung *f*, en maison *f* de commerce en gros.
Großherzogtum *n* : *~ Luxemburg* Grand Duché *m* du Luxembourg.
Großindustrie *f*, n grande (grosse) industrie *f* ; *die Autobranche gehört zur ~* le secteur automobile fait partie de l'industrie de production.
Großindustrielle/r *(der/ein)* grand industriel *m* ; magnat *m* de l'industrie ; capitaine *m* d'industrie.
Grossist *m*, en, en → *Großhändler*.
großjährig majeur *(contr. minderjährig* ; *syn. volljährig).*
Großjährigkeit *f*, ø majorité *f*.
Großjährigkeitserklärung *f*, en émancipation *f*.
Großkapital *n*, ø grand capital *m*.
Großkaufmann *m*, -leute **1.** → *Großhändler* **2.** homme *m* d'affaires.
Großkonzern *m*, e grand groupe *m* (industriel).
Großkraftwerk *n*, e centrale *f* géante ; supercentrale *f*.
Großkredit *m*, e crédit *m* important (dépassant un certain pourcentage du capital social de l'institut de crédit).
Großkunde *m*, n, n client *m* important ; gros client.
Großkunden-Postleitzahl *f*, en *(France)* C.E.D.E.X. *m (courrier d'entreprise à distribution exceptionnelle).*
Großmacht *f*, ¨e grande puissance *f*.
Großmarkt *m*, ¨e grand marché *m* ; marché de gros ; hypermarché ; *~'e* grande distribution *f* ; grandes surfaces *fpl*.
großmaschig à grandes mailles.
Großpackung *f*, en paquet *m* familial ; emballage *m* géant ; grand conditionnement *m*.

Großraum *m*, ¨e 1. grand espace *m* 2. *im ~ Köln* dans la grande agglomération de Cologne.
Großraumbüro *n*, s bureau *m* paysager ; bureau collectif ; bureaux *mpl* décloisonnés.
Großraumflugzeug *n*, e avion *m* de transport ; gros porteur *m* ; jumbo-jet *m*.
Großraumgeschäft *n*, e magasin *m* à grande surface ; grande surface *f*.
Großraumwirtschaft *f*, ø macroéconomie *f* ; économie *f* des grands espaces ; économie supranationale.
Großrechenanlage *f*, n calculateur *m* ultra-performant ; supercalculateur.
Großreparatur *f*, en travaux *mpl* de réparation importants ; gros travaux.
Großserie *f*, n grande série *f* ; *Fertigung in ~n* fabrication *f* en grande série.
Großsortiment *n*, e fournitures *fpl* en gros.
Großsortimenter *m*, - entrepreneur *m* de fournitures en gros.
Großspeicher *m*, - (*informatique*) mémoire *f* de masse, de grande capacité.
Großstadt *f*, ¨e grande ville *f* (de plus de 100 000 habitants).
Großunternehmen *n*, - grande entreprise *f* ; grand groupe *m* (à partir de 5000 personnes).
Großverbraucher *m*, - grand consommateur *m* ; *die Industrie ist ~ in (von) Öl* l'industrie *f* est grande consommatrice de pétrole.
Großverdiener *m*, - gros salaire *m* ; *die* ~ les gros revenus *mpl* (*contr. Kleinverdiener*).
Großverkauf *m*, ¨e vente *f* en gros.
Großverkaufsfläche *f*, n grande surface *f* de vente ; hypermarché *m*.
Großversandgeschäft *n*, e → *Großversandhaus*.
Großversandhaus *n*, ¨er grande entreprise *f* de vente par correspondance.
Großverschleiß *m*, ø (*Autriche*) → *Großverkauf*.
Großversender *m*, - → *Großversandhaus*.
Großzeichner *m*, - (*bourse*) gros détenteur *m* ou souscripteur *m* de titres.
Grube *f*, n fosse *f* ; mine *f* ; carreau *m* ; *offene* ~ carrière *f* à ciel ouvert ; *er arbeitet in der* ~ il travaille à la mine, au fond ; *in die ~ ein/fahren* descendre dans la mine ; *eine ~ still/legen* fermer un puits ; arrêter l'exploitation d'une mine.

Grubenanteil *m*, e participation *f* minière.
Grubenarbeiter *m*, - mineur *m* de fond.
Grubenbau *m*, ø 1. exploitation *f* minière 2. travaux *mpl* de mine (puits, galeries, etc.).
Grubenbetrieb *m*, e exploitation *f* des mines.
Grubenbrand *m*, ¨e incendie *m* de mine.
Grubengas *n*, e grisou *m*.
Grubenkatastrophe *f*, n catastrophe *f* minière ; accident *m* minier.
grün vert **I.** *die Grünen* les Verts *mpl* ; écologistes *mpl* ; *~er Bericht* rapport *m* annuel sur la situation de l'agriculture ; *~es Gemüse* légumes frais *mpl* ; (*assur.*) *~e Karte* carte *f* verte internationale ; *~es Licht* feu vert ; *~e Liste* liste *f* écologiste ; (*fam.*) *die ~e Minna* panier *m* à salade ; police *f* de la route allemande ; *die ~e Partei* le parti Vert ; *~er Plan* mesures *fpl* de soutien à l'agriculture ; *~e Politik* politique *f* des Verts ; politique écologiste ; *ein V-Markt auf der ~en Wiese* hypermarché en dehors de la ville ; *~er Punkt* label *m* "recyclable" ; *der Trend ins Grüne* tendance *f* à aller s'installer à la campagne, à se « mettre au vert » ; (*U.E.*) *~e Währung* unité *f* de compte agricole ; *~e Welle* feux *mpl* (verts) synchronisés ; *die ~e Woche* Salon *m* de l'agriculture (Berlin) **II.** (*fig.*) *~es Licht geben* donner le feu vert ; donner l'autorisation ; *~e Produkte kaufen* acheter des produits bio ; *auf keinen ~en Zweig kommen* n'arriver à rien (dans la vie) ; *~ wählen* voter vert ; voter pour les écologistes.
Grünanlagen *fpl* → *Grünflächen*.
Grund *m*, ¨e 1. fond *m* ; terrain *m* ; sol *m* ; *~ und Boden* terrains ; terres *fpl* ; (*fig.*) *etw in ~ und Boden wirtschaften* mener qqch à la ruine (par mauvaise gestion) ; (*navigation*) *auf ~ laufen* toucher le fond 2. raison *f* ; motif *m* ; cause *f* ; *aus beruflichen ~"en* pour des raisons d'ordre professionnel ; *den ~ zu etw legen* jeter les bases de qqch.
Grund- (*préfixe*) 1. de base ; fondamental 2. foncier.
Grundabschlag *m*, ¨e remise *f* de base.
Grundausbildung *f*, en formation de base *f*, fondamentale ; tronc *m* commun.

Grundausstattung *f,* en équipement *m* de base.

Grundbau *m,* ø 1. fondations *fpl* 2. parties *fpl* enterrées d'un bâtiment.

Grundbedarf *m,* ø besoins *mpl* essentiels ; besoins vitaux ; première nécessité *f.*

Grundbedarfsartikel *m,* - bien *m* de première nécessité.

Grundbedürfnis *n,* se besoin *m* élémentaire, de base ; *~se* besoins élémentaires (manger, se vêtir, se loger).

Grundbesitz *m,* ø propriété *f* foncière, immobilière ; *bebauter* ~ propriété bâtie ; *ererbter* ~ propriété foncière heritée ; *staatlicher* ~ propriété foncière d'État.

Grundbesitzer *m,* - propriétaire *m* terrien ; propriétaire foncier.

Grundbrief *m,* e titre *m* de propriété foncière.

Grundbuch *n,* ¨er 1. livre *m,* registre *m* foncier ; registre de la conservation des hypothèques ; *Auszug aus dem* ~ extrait *m,* relevé *m* du livre foncier ; *ins ~ ein/tragen* inscrire au livre foncier 2. (*comptab.*) livre *m* journal ; *ins ~ ein/tragen* journaliser.

Grundbuchabschrift *f,* en copie *f* d'inscription au livre foncier.

Grundbuchamt *n,* ¨er bureau *m* du registre foncier ; (*France*) cadastre et bureau de conservation des hypothèques.

Grundbuchauszug *m,* ¨e extrait *m* du registre foncier.

Grundbuchberichtigung *f,* en rectification *f* du registre foncier.

Grundbucheinsicht *f,* ø (droit de) consultation *f* du livre foncier.

Grundbucheintragung *f,* en inscription *f* dans le livre foncier.

Grundbuchführer *m,* - conservateur *m* des hypothèques.

Grundbuchsperre *f,* n interdiction *f* d'enregistrement au grand livre foncier.

Grunddienstbarkeit *f,* en servitude *f* foncière (droit de passage, fenêtres, écoulement des eaux usées, canalisations, alignement, etc.) ; *es stehen dem Bau keine ~en entgegen* la construction est exempte de servitudes.

Grundeigentum *n,* (e) → *Grundbesitz.*

Grundeigentümer *m,* - → *Grundbesitzer.*

gründen fonder ; instituer ; établir ; créer ; *Firma Meyer gegründet 1989* maison *f* Meyer fondée en *1989* ; *sich ~ auf* se fonder sur.

Gründer *m,* - fondateur *m* ; créateur *m* ; promoteur *m.*

Gründeraktie *f,* n action *f* d'apport.

Gründeranteil *m,* e part *f* de fondateur.

Grunderwerb *m,* e acquistion *f* foncière, de terrain.

Grunderwerbssteuer *f,* n droit *m* de mutation immobilière ; impôt *m* sur l'acquistion immobilière.

Grundfesten *pl* fondements *mpl* ; *an den ~ der Verfassung rütteln* ébranler les fondements mêmes de la Constitution.

Grundfonds *mpl* fonds *mpl* fixes, immobilisés.

Gründerhaftung *f,* en responsabilité *f* (civile) des fondateurs.

Gründerjahre *npl* (*hist.*) années *fpl* de 1871 à 1873 caractérisées par l'essor économique et la spéculation.

Gründerkrach *m,* ø (*hist.*) krach *m* des années de spéculation.

Gründerlohn *m,* ¨e rémunération *f* d'un fondateur de société.

Gründerväter *mpl* : *die ~ Europas* les pères fondateurs de l'Europe.

Grunderwerb *m,* (e) acquisition *f* de terrain.

Grunderwerbssteuer *f,* n taxe *f* de mutation (sur les propriétés foncières).

Gründerzeit *f,* en → *Gründerjahre.*

Gründerzentrum *n,* -tren technopole *f* ; technopôle *m* ; parc *m* technologique ; centre *m* de technologies nouvelles.

Grundfahrpreis *m,* e : ~ *je km* prix *m* de base kilométrique.

Grundfreibetrag *m,* ¨e abattement *m* de base.

Grundgebühr *f,* en taxe *f* de base ; (*téléph.*) taxe fixe d'abonnement ; frais *mpl* d'abonnement *m.*

Grundgehalt *n,* ¨er traitement *m* de base.

Grundgesetz *n,* e (*Allemagne*) Loi *f* fondamentale ; Constitution *f* ; *gegen das ~ verstoßen* ne pas respecter la Constitution allemande.

grundgesetzwidrig anti-constitutionnel.

Grundindustrie *f,* n → *Grundstoffindustrie.*

Grundkapital *n,* ø 1. apport *m* ; capital *m* initial 2. capital *m* social (d'une société anonyme) ; *Aufstockung des ~s* augmentation *f* du capital social.

Grundkredit *m,* e crédit *m* foncier.

Grundkreditanstalt *f,* en institut *m,* établissement *m* de crédit foncier.

Grundkreditbank *f,* en → *Grundkreditanstalt.*

Grundlagenfach *n,* ¨er matière *f* fondamentale ; tronc *m* commun.

Grundlagenforschung *f,* en recherche *f* fondamentale.

Grundlagenvertrag *m,* ø (*hist.*) traité *m* fondamental entre la R.F.A. et la R.D.A. en 1972 ; reconnaissance *f* étatique de la R.D.A.

Grundlasten *fpl* charges *fpl* foncières.

Grundlohn *m,* ¨e salaire *m* de base.

Grundmaterial *n,* -ien matières *fpl* de base ; matériel *m* de base.

Grundmiete *f,* n loyer *m* de base.

Grundmittel *npl* (*comptab.*) équipements *mpl* de production.

Grundmittelarten *fpl* (*comptab.*) types *mpl* d'équipements de production.

Grundmittelbewertung *f,* en (*comptab.*) évaluation *f* des équipements de production.

Grundnahrungsmittel *n,* - denrée *f* alimentaire de première nécessité.

Grundpfand *n,* ¨er hypothèque *f* ; gage *m* foncier ; garantie *f* immobilière.

Grundpfandgläubiger *m,* - créancier *m,* possesseur d'un gage foncier.

Grundpfandrecht *n,* e droit *m* de gage foncier, immobilier.

Grundpreis *m,* e prix *m* de base, de référence.

Grundprodukt *n,* e (*agric.*) produit *m* de la terre, agricole.

Grundrecht *n,* e 1. droit *m* fondamental 2. droit foncier.

Grundrechtseingriff *m,* e atteinte *f* aux droits fondamentaux du citoyen.

Grundrente *f,* n 1. rente *f* foncière 2. pension *f* de base.

Grundsatz *m,* ¨e principe *m* ; axiome *m* ; dogme *m.*

Grundsatzdebatte *f,* n (*polit.*) débat *m* de fond sur des questions d'ordre général.

Grundsatzvereinbarung *f,* en accord *m,* déclaration *f* de principe ; *eine ~ treffen* conclure un accord de principe.

Grundschuld *f,* en dette *f* foncière (inscrite au livre foncier).

Grundschule *f,* n école *f* (primaire) élémentaire.

Grundschutz *m,* ø (*assur.*) protection *f* de base ; couverture *f* de base (*contr. Spitzenschutz*).

Grundsicherung *f,* en couverture *f* sociale de base ; assurance *f* complémentaire de base ; retraite *f* de base.

Grundsteuer *f,* n impôt *m* foncier ; taxe *f* foncière ; taxe sur les propriétés bâties et non bâties ; *die ~ wird von den Gemeinden auf Grundbesitz erhoben* la taxe foncière est prélevée par les communes sur la propriété foncière.

Grundsteuererlass *m,* ¨e remise *f* de l'impôt foncier, de la taxe foncière.

grundsteuerpflichtig assujetti à la taxe foncière.

Grundsteuerveranlagung *f,* en cote *f* foncière ; assiette *f* de l'impôt foncier.

Grundstimmung *f,* en (*bourse*) orientation *f* générale.

Grundstoff *m,* e 1. (*chimie*) corps *m* simple ; élément *m* 2. *~e* matières *fpl* premières ; produits *mpl* de base.

Grundstoffindustrie *f,* n industrie *f* (des produits) de base.

Grundstoffpreis *m,* e prix *m* des produits de base.

Grundstoffsektor *m,* en secteur *m* primaire.

Grundstoffwirtschaft *f,* en secteur *m* des produits de base.

Grundstück *n,* e terrain *m* ; bien *m* foncier ; terrain à bâtir ; *bebautes, unbebautes ~* terrain bâti, non bâti ; *belastetes ~* terrain grevé d'une hypothèque, hypothéqué ; *erschlossenes ~* terrain viabilisé ; *gewerblich genutztes ~* terrain industriel ; *landwirtschaftlich genutztes ~* terrain agricole ; *ein ~ ab/grenzen* borner, délimiter un terrain ; *dieses ~ ist mit einer Hypothek belastet* ce terrain est hypothéqué ; *ein ~ erschließen* viabiliser un terrain.

Grundstücksabgrenzung *f,* en bornage *m.*

Grundstücksbelastung *f,* en charge *f* grevant un fonds.

Grundstücksbesitzer *m,* - propriétaire *m* foncier.

Grundstücksfonds *m,* - société *f* d'investissement immobilier.

Grundstücksgesellschaft *f*, en société *f* immobilière.
Grundstücksgeschäft *n*, e opération *f* foncière ; transaction *f* immobilière.
Grundstücksmakler *m*, - agent *m* immobilier ; marchand *m* de biens ; courtier *m* en immeubles.
Grundstücksmarkierung *f*, en → *Grundstücksabgrenzung*.
Grundstücksmarkt *m*, ¨e marché *m* immobilier.
Grundstückspfändung *f*, en saisie *f* immobilière.
Grundstücksspekulation *f*, en spéculation *f* foncière.
Grundstücksspreis *m*, e prix *m* du terrain.
Grundstücksübertragung *f*, en transfert *m* de propriété d'un bien foncier.
Grundstücksumlegung *f*, en remembrement *m* parcellaire ; remembrement rural.
Grundstückveräußerung *f*, en aliénation *f*, vente *f* d'un terrain ; cession *f* de terrain, d'un fonds.
Grundstücksverwaltung *f*, en gérance *f* d'immeubles ; gestion *f* immobilière.
Grundstücksverzeichnis *n*, se liste *f*, état *m* des terrains à vendre.
Grundstudium *n*, -ien (*cursus universitaire*) tronc *m* commun.
Grundteilung *f*, en démembrement *m* (*syn. Realteilung* ; *Dismembration*).
Grund und Boden → *Grund*.
Gründung *f*, en fondation *f* ; institution *f* ; établissement *m* ; ~ *einer Gesellschaft* création *f* d'une société ; ~ *von Tochterfirmen* création de filiales.
Gründungsakt *m*, e acte *m* constitutif ; acte de fondation.
Gründungsaktie *f*, n → *Gründeraktie*.
Gründungsbilanz *f*, en bilan *m* d'ouverture ; inventaire *m* d'ouverture.
Gründungsgesellschafter *m*, - sociétaire *m* fondateur ; associé *m* de la première heure.
Gründungsjahr *n*, e année *f* de fondation.
Gründungskapital *n*, ø capital *m* de fondation ; capital initial.
Gründungskosten *pl* frais *mpl* de constitution ; frais d'établissement de société.
Gründungsmitglied *n*, er membre *m* fondateur ; membre, adhérent *m* de la première heure.
Gründungsurkunde *f*, n acte *m* de fondation ; acte constitutif.
Gründungsvertrag *m*, ¨e acte *m* constitutif de société ; acte de société.
Gründüngung *f*, en amendement *m* des sols par des engrais verts ; amendement biologique.
Grundvergütung *f*, en rémunération *f* de base.
Grundvermögen *n*, - patrimoine *m* foncier ; biens *mpl* immobiliers ; fortune *f* immobilière ; capital *m* foncier.
Grundvermögenssteuer *f*, n impôt *m*, taxe *f* sur les propriétés immobilières.
Grundversicherung *f*, en assurance-maladie *f* de base ; couverture-maladie *f* universelle (C.M.U.).
Grundvertrag *m*, ø → *Grundlagenvertrag*.
Grundwasser *n*, ø nappe *f* phréatique ; eaux *fpl* souterraines ; *das ~ steigt, sinkt ab* le niveau des nappes phréatiques augmente, diminue ; *das ~ verschmutzen* polluer la nappe phréatique.
Grundwert *m*, e 1. valeur *f* de base, fondamentale 2. valeur foncière.
Grünflächen *fpl* espaces *mpl* verts.
Grünfutter *n*, - (*agric.*) fourrage *m* frais.
Grüngürtel *m*, - ceinture *f* verte (en périphérie urbaine).
Grünland *n*, ø herbages *mpl* ; prés *mpl* et prairies *fpl* ; pâturages *mpl* ; superficie *f* laissée en herbe.
Grünlandwirtschaft *f*, en exploitation *f* des herbages.
Gruppe *f*, n groupe *m* ; classe *f* ; échelon *m* ; groupement *m* ; *soziale ~* catégorie sociale.
Gruppenakkord *m*, e forfait *m* par atelier, par équipe ; travail *m* à la pièce par équipe.
Gruppenarbeit *f*, en travail *m* d'équipe.
Gruppenfahrkarte *f*, n billet *m* collectif, de groupe (*syn. Sammelfahrkarte*).
Gruppenfreistellungsverordnung *f*, en (*U.E. : industrie automobile* 1996) directive *f* européenne abrogeant l'affiliation obligatoire d'un revendeur à un groupe ou à une marque ; elle stipule également que tout acheteur de véhicule

peut faire valoir ses droits à garantie dans l'ensemble de l'Union européenne.

Gruppeninteressen *npl* intérêts *mpl* d'un groupe déterminé ; intérêts spécifiques d'une catégorie sociale.

Gruppenpolice *f*, **n** (*assur.*) assurance *f* de groupe ; assurance collective.

Gruppenpreis *m*, **e** prix *m* de groupe ; prix pour commandes groupées.

Gruppenreise *f*, **n** voyage *m* organisé.

gruppenspezifisch spécifique d'un groupe donné ; particulier, propre à un groupe.

Gruppentarif *m*, **e** tarif *m* de groupe.

Gruppenträger *m*, **-** société *f* regroupant en son sein plusieurs entreprises pouvant être dispersées dans différents pays européens.

Gruppenversicherung *f*, **en** assurance *f* de groupe, collective.

gruppieren (re)grouper ; classer.

Gruppierung *f*, **en** classification *f* ; groupement *m* ; *statistische* ~ classification statistique.

Gruppierungsmerkmal *n*, **e** critère *m* de classification.

Gruß *m*, *¨***e** salut *m* ; salutation *f* ; (*corresp.*) *mit freundlichen* (*besten*) *~˝en* veuillez agréer, Madame, Monsieur, l'expression de mes salutations distinguées.

Grußformel *f*, **n** (*corresp.*) formule *f* de politesse, terminative.

GRVST → *Grundvermögenssteuer.*

GSM *n* (*Global System for Mobile Communication*) GSM *m* ; téléphone *m* mobile ; portable *m*.

GS-Zeichen *n*, **-** (*Geräte-Sicherheitsgesetz, geprüfte Sicherheit*) label *m* de contrôle de sécurité (d'un appareil) ; sécurité *f* garantie.

Guillochen *fpl* guillochis *m* (tracés décoratifs difficiles à reproduire, figurant sur les billets de banque).

Gulden *m*, **-** (*hist.*) gulden *m* (ancienne unité monétaire des Pays-Bas).

gültig valable ; valide ; légal ; légitime ; *dieser Geldschein ist nicht mehr ~* ce billet n'a plus cours ; *das Gesetz ist nicht mehr ~* la loi n'est plus en vigueur ; *für ~ erklären* valider ; légaliser.

Gültigkeit *f*, **en** validité *f* ; légitimité *f* ; légalité *f* ; *keine ~ mehr haben* ne plus être en vigueur ; ne plus être valable ; *rückwirkende ~* effet *m* rétroactif.

Gültigkeitsdauer *f*, **ø** durée *f*, période *f* de validité ; *die ~ verlängern* proroger la validité ; proroger un délai de validité.

Gültigkeitserklärung *f*, **en** validation *f* ; déclaration *f* de validité.

Gültigkeitskontrolle *f*, **n** contrôle *m* de validité.

Gummiparagraf *m*, **en, en** paragraphe *m* rédigé de telle manière qu'il autorise toutes les interprétations possibles.

Gunst *f*, **ø** faveur *f* ; grâce *f* ; *zu ~en* (*G*) en faveur de ; *zu Ihren ~en* à votre crédit ; en votre faveur ; *sich zu seinen eigenen ~en verrechnen* commettre une erreur de calcul en sa propre faveur.

günstig favorable ; avantageux ; intéressant ; opportun ; *zu ~en Bedingungen* à des conditions avantageuses ; *~er Preis* prix *m* avantageux ; *die Zeit erscheint mir dafür ~* le moment me parait propice.

Günstigkeitsprinzip *n*, **ø** principe *m* du bénéfice aux salariés (on ne peut déroger aux conventions collectives que si cela profite au salarié).

Günstling *m*, **e** protégé *m* ; favori *m*.

Günstlingswirtschaft *f*, **ø** favoritisme *m* ; népotisme *m*.

Gürtel *m*, **-** ceinture *f* ; (*fam.*) *sich den ~ enger schnallen* se serrer la ceinture (d'un cran).

GUS *f* (*Gemeinschaft unabhängiger Staaten*) C.E.I. *f* (communauté *f* de onze États indépendants : ex-URSS) ; *~-Staaten* États *m* de la C.E.I.

Gusseisen *n*, **ø** fonte *f*.

gut bon ; bien ; *~ dotiert* bien rémunéré ; bien rétribué ; *~ situiert* (*betucht*) nanti ; aisé ; fortuné ; *~ gehend* florissant ; *~ unterrichtet* bien informé.

Gut *n*, *¨***er 1.** produit *m* ; marchandise *f* ; article *m* ; bien *m* ; → *Güter* ; *immaterielles ~* bien immatériel ; *herrenloses ~* bien (réputé) abandonné ; bien sans propriétaire ; *bewegliches ~* bien meuble ; *unveräußerliches ~* bien inaliénable **2.** domaine *m* ; ferme *f* ; bien *m* (immoblier) ; patrimoine *m* ; propriété *f* (terrienne) ; *landwirtschaftliches ~* propriété, exploitation *f* agricole ; *liegende* (*unbewegliche*) *~¨er* biens immeubles ; *das väterliche ~ bewirtschaften* cultiver la terre paternelle ; *sich auf seine ~¨er zurück/ziehen* se retirer sur ses terres ; → *Fracht-, Handels-, Lager-, Sammel-, Zollgut.*

Gutachten *n*, **-** expertise *f* ; avis *m*, rapport *m* d'expert ; *ärztliches ~* expertise médicale ; *ergänzendes ~* expertise complémentaire ; *ein ~ über etw an/fertigen* expertiser qqch ; faire un rapport d'expert de qqch ; *ein ~ an/fordern* demander, exiger une expertise ; *ein ~ ein/holen* recueillir un avis autorisé ; consulter un expert.

Gutachter *m*, - expert *m* ; *einen ~ bestellen* désigner, mandater un expert ; *einen ~ hinzu/ziehen* consulter un expert (*syn. Experte*).

Gutachterbericht *m*, e rapport *m* d'expert ; expertise *f*.

Gutachterfirma *f*, en cabinet *m* d'experts.

gutachterlich (*provenant d'un expert*) d'expert ; à titre consultatif ; *eine ~e Beurteilung* jugement *m* d'expert ; *die ~e Stellungnahme liegt vor* nous avons l'avis d'expertise ; nous sommes en possession de l'avis de l'expert.

gutachtlich (*sous forme d'expertise*) d'expert ; d'expertise ; *sich ~ äußern* émettre un avis d'expert ; *etw ~ bestätigen* confirmer qqch par une expertise.

gut/bringen, a, a → *gut/schreiben*.

Güte *f*, ø 1. bonté *f* ; obligeance *f* ; (*corresp.*) *würden Sie die ~ haben, zu* veuillez avoir l'obligeance de 2. qualité *f* ; solidité *f* ; *erster ~* de première qualité 3. *sich in ~ einigen* s'arranger à l'amiable.

Gütegrad *m*, e → *Güteklasse*.

Güteklasse *f*, n catégorie *f* (de qualité) ; degré *m* de qualité.

Gütekontrolle *f*, n contrôle *m*, test *m* de qualité.

Gütemarke *f*, n label *m* de qualité.

Gütenorm *f*, en → *Gütevorschrift*.

Güter *npl* biens *mpl* ; marchandises *fpl* ; produits *mpl* ; denrées *fpl* ; **I.** *nicht abgeholte ~* marchandises non réclamées ; *~ des gehobenen Bedarfs* produits de luxe ; *~ des täglichen Bedarfs* biens de consommation courante ; *bewirtschaftete ~* marchandises contingentées ; *gewerbliche ~* produits industriels ; *immaterielle* (*unkörperliche*) *~* biens incorporels ; *komplementäre ~* produits complémentaires (par ex. voiture et essence) ; *kurzlebige* (*verderbliche*) *~* denrées *fpl* périssables ; *langlebige* (*haltbare*) *~* biens durables ; *lebenswichtige ~* biens de première nécessité ; *marktfähige, nicht marktfähige ~* produits marchands, non marchands ; *sachliche* (*körperliche*) *~* biens matériels, corporels ; *sperrige ~* marchandises encombrantes ; *substitutive ~* biens substitutables ; *vertretbare ~* biens fongibles **II.** *~ ab/fertigen* expédier des marchandises ; *~ erfassen* procéder au comptage des marchandises ; *~ heran/schaffen* s'approvisionner en marchandises ; *~ verladen, verzollen* charger, dédouaner des marchandises ; → **Ausrüstungs-, Investitions-, Kapital-, Konsum-, Massen-, Produktions-, Produktiv-, Sachgüter**.

Güterabfertigung *f*, en expédition *f* de marchandises.

Güterangebot *n*, e offre *f* de biens.

Güterannahmestelle *f*, n réception *f* de marchandises.

Güterart *f*, en catégorie *f* de marchandises ; nature *f* des produits.

Güteraustausch *m*, ø échange *m* de marchandises.

Güterbahnhof *m*, ¨e gare *f* de marchandises.

Güterbeförderung *f*, en → *Gütertransport*.

Güterbestätiger *m*, - → *Güterbestätter*.

Güterbestätter *m*, - agent *m* de fret ; courtier *m* en fret (*syn. Frachtmakler*).

Güterbewegung *f*, en mouvement *m* de marchandises ; trafic *m* des marchandises.

Gütereinteilung *f*, en classification *f* des marchandises.

Güterempfang *m*, ¨e réception *f* des marchandises.

Güterexpedition *f*, en → *Güterabfertigung*.

Güterfernverkehr *m*, (e) transport *m* de marchandises à grande distance.

Gütergemeinschaft *f*, en (régime *m* de la) communauté de(s) biens.

Güterhafen *m*, ¨ port *m* de (transbordement de) marchandises.

Güterhalle *f*, n entrepôt *m* de marchandises ; halle *f* aux marchandises.

Güterkraftverkehr *m*, ø camionnage *m* ; transport *m* (de marchandises) par camion.

Gütermarkt *m*, ¨e marché *m* des biens, des marchandises.

Gütermenge *f*, n quantité *f* de marchandises.

Güternahverkehr *m*, ø transport *m* de marchandises à petite distance.

Güterrecht *n*, e (*jur.*) régime *m* des biens ; *eheliches ~* droit *m* des biens matrimoniaux ; régime des biens entre époux ; *gesetzliches* ~ régime légal des biens.

Güterschifffahrt *f,* en transport *m* (de marchandises par) bateau.

Güterstand *m,* ø (*jur.*) régime *m* des biens ; régime matrimonial ; *gesetzlicher* ~ régime légal ; *vertraglicher* ~ régime conventionnel.

Gütertarif *m,* e tarif *m* (pour le transport de) marchandises.

Gütertransport *m,* e transport *m* de marchandises.

Gütertrennung *f,* en (*jur.*) (régime *m* de la) séparation *f* des biens.

Güterumschlag *m,* ø transbordement *m* de marchandises.

Güter- und Leistungsaustausch *m,* ø échanges *mpl* de marchandises et de services.

Güterverbindung *f,* en (*jur.*) (*Suisse*) (régime matrimonial de la) communauté *f* réduite aux acquêts.

Güterverkehr *m,* (e) trafic *m,* transport *m* de marchandises.

Güterversand *m,* ø expédition *f* de marchandises.

Güterversicherung *f,* en assurance *f* de marchandises ; assurance du fret terrestre, aérien ou maritime.

Güterwagen *m,* - wagon *m* de marchandises ; fourgon *m* à marchandises ; *gedeckter, offener* ~ wagon couvert, découvert.

Güterzug *m,* ¨e train *m* de marchandises.

Gütesiegel *n,* - → *Gütezeichen.*

Gütestichprobe *f,* n enquête *f* de qualité ; sondage *m* ; prélèvement *m* ; échantillonnage *m.*

Güteverfahren *n,* - (*jur.*) procédure *f* de conciliation ; procédure de règlement à l'amiable.

Gütevorschrift *f,* en normes *fpl* de qualité ; standard *m* de qualité.

Gütezeichen *n,* - label *m* de qualité ; marque *f,* estampille *f* de qualité.

Gutgewicht *n,* e bon poids *m* ; surpoids *m.*

Gutglaubenserwerb *m,* e acquisition *f* de bonne foi.

gutgläubig de bonne foi ; *~er Erwerb* acquisition *f* de bonne foi ; *~ erworbene Rechte* droits *mpl* acquis de bonne foi.

gut/haben avoir à son crédit, à son actif.

Guthaben *n,* - avoir *m* ; actif *m* ; solde *m* créditeur ; crédit *m* ; dépôt *m* ; disponibilités *fpl* ; provision *f* de compte ; créance *f* I. *ausländische* ~ avoirs à l'étranger ; *stillliegendes* ~ compte *m* dormant (sans mouvements) ; *verfügbares (liquides)* ~ avoir disponible ; *täglich fällige* ~ (*bei der Bank*) avoirs à vue ; ~ *in ausländischer Währung* avoirs en devises étrangères II. *von einem* ~ *ab/heben* prélever sur un avoir ; *ein* ~ *auf/stocken* alimenter un compte ; augmenter un avoir ; *ein* ~ *von 1000 € auf/weisen* indiquer un solde créditeur de 1000 € ; *das* ~ *beläuft sich auf...* l'avoir s'élève à... ; ~ *ein/frieren (sperren)* geler, bloquer des avoirs ; *ein* ~ *von... auf der Bank haben* disposer d'un avoir de... en banque.

Guthabenkarte *f,* n carte *f* de paiement ; *eine* ~ *nach/laden* recharger une carte de paiement.

Guthabenkonto *n,* -ten compte *m* courant.

Guthabenposten *m,* - poste *m* créditeur.

Guthabensaldo *m,* -den solde *m* créditeur.

Guthabenscheck *m,* s chèque *m* provisionné.

gütlich (à l') amiable ; *~e Einigung (~er Vergleich)* arrangement *m,* accord *m* amiable ; *auf ~em Weg(e)* à l'amiable ; *einen Streit* ~ *bei/legen* régler un différend à l'amiable.

Gutsbesitzer *m,* - propriétaire *m* terrien.

Gutschein *m,* e bon *m* ; coupon *m* (*syn.* Bon).

gut/schreiben, ie, ie porter à l'actif ; inscrire au crédit ; (*einem Konto*) *einen Betrag von...* ~ créditer une somme de... (à un compte).

Gutschrift *f,* en crédit *m* ; avoir *m* ; écriture *f* au crédit ; avis *m* de crédit ; *zur* ~ *auf das Konto* à porter au crédit de ; *wir bitten um* ~ *und Empfangsbestätigung* nous vous prions de nous créditer de cette somme et de nous en donner confirmation (*contr. Lastschrift*).

Gutschriftanzeige *f,* n avis *m* de crédit, de virement, de versement.

Gutschriftseite *f,* n colonne *f* crédit ; côté *m* du crédit.

Gutsherr *m*, **n, en** propriétaire *m* terrien, foncier.
Gutshof *m*, ¨e domaine *m* ; terre *f* ; ferme *f.*
Gutspacht *f*, **en** fermage *m* ; cession *f* à bail.
Gutsverwalter *m*, **-** gérant *m* d'un domaine ; régisseur *m* ; intendant *m*.

Gutswein *m*, **e** vin *m* de propriétaire-récoltant *m* (de domaine classé).
Gutverdienende *pl* revenus *mpl* élevés ; gros salaires *mpl* ; les nantis *mpl*.
GuV → ***Gewinn und Verlustrechnung***.
GV (*gentechnisch verändert*) → ***gentechnisch***.
Gz → ***Geschäftszeichen***.

H

ha → *Hektar*.

Haager Abkommen *n* convention *f* de La Haye (du 1er mars 1954 relative à la procédure civile).

Habe *f*, ø biens *mpl* ; avoir *m* ; fortune *f* ; propriété *f* ; *fahrende (bewegliche)* ~ immeubles ; *um seine ganze ~ kommen* perdre la totalité de ses biens.

Haben *n*, - crédit *m* ; avoir *m* (côté droit d'un compte) ; *ins ~ stellen* passer, porter au crédit.

Habenbuchung *f*, en écriture *f* au crédit.

Habenichts *m*, e sans-le-sou *m* ; pauvre *m* ; *Klub der ~e* club *m* des pays les plus pauvres.

Habenkonto *n*, en compte *m* créditeur.

Habenposten *m*, - poste *m* créditeur ; poste d'avoir.

Habensaldo *n*, -den solde *m* créditeur.

Habenseite *f*, n colonne *f* crédit ; côté *m* de l'avoir ; *auf der ~ stehen* figurer sur la colonne crédit.

Habenzinsen *mpl* intérêts *mpl* créditeurs ; intérêts versés par les banques au crédit de leurs clients.

Habilitand *m*, en, en thésard *m* ; candidat *m* au doctorat.

Habilitation *f*, en doctorat *m* ; agrégation *f* d'université (droit, médecine, pharmacie).

Habilitationsschrift *f*, en thèse *f* de doctorat.

habilitieren (*sich*) faire, soutenir une thèse de doctorat.

Hab und Gut *n*, ø (*fam.*) les biens (que l'on a en propre) ; *all sein ~ verkaufen* vendre tous ses biens ; vendre tout ce que l'on possède ; → *Habe*.

Hacken *n*, ø piratage *m* informatique.

hacken (*fam.*) pirater ; s'introduire illégalement dans un réseau informatique.

Hacker *m*, - pirate *m* informatique ; fraudeur *m* qui s'introduit dans un système informatique.

Hackerattacke *f*, n attaque *f* de pirates informatiques ; piratage *m*.

Hackerschutz *m*, ø protection *f* contre le piratage informatique.

Hackertum *n*, ø piratage *m* informatique.

Hackordnung *f*, ø ordre *m* hiérarchique, de préséance.

Hafen *m*, - port *m* ; *frei ~* franco port (de destination) ; *einen ~ an/laufen* faire escale dans un port ; *aus einem ~ aus/laufen* quitter un port ; prendre la mer ; *in den ~ ein/laufen* rentrer au port.

Hafenabgabe *f*, n taxe *f* portuaire ; *eine ~ bezahlen* payer une taxe portuaire.

Hafenamt *n*, ¨er autorités *fpl* portuaires ; capitainerie *f* du port.

Hafenanlagen *fpl* installations *fpl*, équipements *mpl* portuaires.

Hafenarbeiter *m*, - docker *m* (*syn. Docker, Schauermann*).

Hafenaufsicht *f*, en surveillance *f* du port ; police *f* du port.

Hafenbecken *n*, - dock *m* ; bassin *m* de déchargement.

Hafenbehörde *f*, n → *Hafenamt*.

Hafeneinfahrt *f*, en entrée *f* du port.

Hafengebühr *f*, en droits *mpl* de quai ; frais *mpl* de port ; frais de relâche.

Hafenmeister *m*, - administrateur *m* du port ; commissaire *m* du port.

Hafenpolizei *f*, ø → *Hafenaufsicht*.

Hafenschlepper *m*, - remorqueur *m* du port.

Hafenumschlag *m*, ø trafic *m* portuaire ; transbordement *m*.

Hafen- und Küstendienste *mpl* services *mpl* portuaires et côtiers.

Hafenverwaltung *f*, en administration *f* portuaire.

Hafenwirtschaft *f*, en activités *fpl* portuaires.

Hafenzoll *m*, 1. ¨e taxe *f* portuaire 2. ø services *mpl* des douanes portuaires.

Hafenzufahrt *f*, en entrée *f* d'un port.

Haft *f*, ø 1. détention *f* ; *jdn aus der ~ entlassen* libérer un détenu ; *jdn in ~ nehmen* mettre qqn en détention 2. peine *f* de prison.

Haftaussetzung *f*, en suspension *f* temporaire de détention.

haftbar (*für*) responsable (de) ; *gegenseitig ~* mutuellement responsable ; *gesamtschuldnerisch (solidarisch) ~* solidairement responsable ; *für etwas ~ sein* répondre de qqch ; être responsable de, garant de ; *jdn für etwas ~ machen* rendre qqn responsable de qqch ; *persönlich ~ sein* être personnellement responsable ; *unbeschränkt ~ sein* être indéfiniment responsable.

Haftbedingungen *fpl* conditions *fpl* de détention ; *die ~ erleichtern, verschärfen* assouplir, durcir les conditions de détention.

Haftbefehl *m*, e mandat *m* d'arrêt.

haften (*für*) répondre de ; se porter garant de ; *für die Schulden persönlich ~* être responsable personnellement des dettes ; *beschränkt, unbeschränkt ~* avoir une responsabilité limitée, illimitée ; *Dritten gegenüber ~* être responsable vis-à-vis de tiers ; *solidarisch (gesamtschuldnerisch) ~* être solidairement responsable ; *mit seinem Vermögen ~* être responsable sur sa fortune.

haftend responsable ; *~es Kapital* capitaux *mpl* à risques ; *unbeschränkt ~er Gesellschafter* associé *m* indéfiniment responsable.

Haftende/r (*der/ein*) 1. responsable *m* 2. (*fisc*) personne *f* responsable de l'impôt ; contribuable *m* subsidiaire.

Haftentlassung *f*, **en** mise *f* en liberté ; levée *f* d'écrou.

Haftpflicht *f*, **en** responsabilité *f* civile ; obligation *f* de réparer les dommages ; *beschränkte ~* responsabilité limitée.

Haftpflichtanspruch *m*, ¨e droit *m* à réparation (dans le cadre de la responsabilité adverse).

Haftpflichtausschluss *m*, ø exclusion *f* de la responsabilité civile.

haftpflichtig civilement responsable.

Haftpflichtklage *f*, **n** action *f* en responsabilité civile.

haftpflichtversichert : *~ sein* avoir une responsabilité civile ; être couvert par la responsabilité civile.

Haftpflichtversicherung *f*, **en** assurance-responsabilité *f* civile (au tiers) ; assurance *f* obligatoire.

Haftrichter *m*, - juge *m* d'application des peines (J.A.P.).

Haftstrafe *f*, **n** peine *f* de prison, d'emprisonnement ; *zu einer ~ auf Bewährung verurteilt werden* être condamné à une peine d'emprisonnement avec sursis.

Haftsumme *f*, **n** caution *f* ; cautionnement *m* ; montant *m* de la responsabilité.

Haftung *f*, **en** responsabilité *f* (juridique et financière) ; (*fisc*) solidarité *f* fiscale **I.** *beschränkte ~* responsabilité limitée ; *persönliche ~* responsabilité personnelle ; *unbeschränkte ~* responsabilité illimitée ; *vertragliche ~* responsabilité contractuelle ; *zivilrechtliche ~* responsabilité civile **II.** *die ~ ab/lehnen* décliner la responsabilité ; *die ~ für den verursachten Schaden aus/lösen (begründen)* établir la responsabilité du préjudice causé ; *von der ~ befreien* exonérer de la responsabilité ; *die ~ für Schäden tragen* supporter la responsabilité de(s) dommages ; *die ~ übernehmen* assumer la responsabilité **III.** *~ für Verschulden Dritter (anderer)* responsabilité du fait d'autrui ; *Gesellschaft mit beschränkter ~ (GmbH) ~* société *f* à responsabilité limitée (S.A.R.L.) ; → *Gesamt-, Kollektiv-, Mängel-, Produkt-, Schadens-, Schulden-, Solidar-, Unternehmerhaftung*.

Haftungsanteil *m*, e part *f* de responsabilité.

Haftungsausschluss *m*, ø exclusion *f* de la responsabilité ; non-responsabilité *f* ; exclusion de garantie.

Haftungsbeschränkung *f*, **en** (dé)limitation *f* de la responsabilité, de la garantie.

Haftungsfrist *f*, **en** délai *m* (d'exclusion) de la responsabilité.

Haftungsgrenze *f*, **n** → *Haftungslimit*.

Haftungshöchstbetrag *m*, ¨e plafond *m* de la responsabilité.

Haftungslimit *n*, **s** 1. limitation *f* de responsabilité 2. plafond *m* d'indemnisation, de garantie ; maximum *m* couvert par l'assurance.

Haftungspflicht *f*, **en** 1. obligation *f* de se porter garant 2. obligation incombant à la personne qui se porte caution ; obligation de garant.

Haftungsrisiko *n*, -ken risque *m* de responsabilité.

Haftungsübernahme *f*, **n** prise *f* en charge de la responsabilité, de la garantie.

Haftungsumfang *m*, ø étendue *f* de la responsabilité.

Haftverschonung *f*, **en** remise *f* de peine.

Hagelschaden *m*, ¨ dégâts *mpl* causés par la grêle.

Hagelversicherung *f*, **en** assurance *f* contre les dégâts causés par la grêle.

-hai (*suffixe*) requin *m* ; *Börsen-, Finanz~* requin de la bourse, de la finance ; usurier *m* ; *Miet~* requin de l'immobilier (loyers prohibitifs).
halbamtlich officieux ; semi-officiel (*syn. offiziös*).
Halbdeckung *f*, **en** (*assur.*) couverture *f* partielle ; couverture de la moitié du risque.
halbe-halbe machen faire, partager moitié-moitié ; (*fam.*) faire fifty-fifty.
Halberzeugnis *n*, **se** → *Halbfabrikat*.
Halbfabrikat *n*, **e** produit *m* semi-fini, intermédiaire.
halbfertig demi-fini ; semi-fini ; semi-ouvré.
Halbfertigbereich *m*, **e** secteur *m* des produits semi-finis.
Halbfertigware *f*, **n** → *Halbfabrikat*.
halbfett (*agro-alimentaire*) allégé ; à teneur réduite en matières grasses.
halbieren diviser par deux ; réduire de moitié ; *sich ~* diminuer de moitié.
Halbierung *f*, **en** réduction *f* de moitié ; diminution *f* par deux ; division *f* par deux.
Halbjahr *n*, **e** semestre *m*.
Halbjahres- (*préfixe*) semestriel.
Halbjahresbilanz *f*, **en** bilan *m* semestriel.
Halbjahresprognose *f*, **n** prévisions *fpl* sur six mois, semestrielles.
Halbjahresrechnung *f*, **en** relevé *m* de comptes semestriel.
Halbjahresschrift *f*, **en** publication *f* semestrielle.
Halbjahreszahlen *fpl* chiffres *mpl* semestriels.
halbjährig de six mois.
halbjährlich tous les six mois ; semestriel.
Halbleiter *m*, **-** (*techn.*) semi-conducteur *m*.
Halbleiterindustrie *f*, **n** industrie *f* des semi-conducteurs.
halbmonatlich par quinzaine ; tous les quinze jours ; bimensuel.
Halbmonatsschrift *f*, **en** revue *f* bimensuelle.
Halbpacht *f*, **en** métayage *m* (bail rural où l'exploitant remet une part des produits en nature au propriétaire).
Halbpension *f*, **en** (*HP*) demi-pension *f* ; *nur ~ nehmen* ne prendre que la demi-pension.
halbstaatlich semi-étatique ; semi-public.

Halbstundentakt : (*transp.*) *im ~ verkehren* circuler toutes les demi-heures.
halbstündig d'une demi-heure ; *eine ~e Fahrt* voyage *m*, traversée *f* de trente minutes.
halbstündlich : *~e Abfahrten* départs *mpl* toutes les demi-heures.
halbtägig d'une demi-journée.
halbtäglich à la demi-journée ; par demi-journée ; *im ~en Wechsel* par rotations de demi-journées ; en changeant toutes les demi-journées.
halbtags à mi-temps ; *~ arbeiten* travailler à mi-temps ; faire du mi-temps.
Halbtagsarbeit *f*, **en** travail *m* à mi-temps ; emploi *m* à temps partiel ; occupation *f* à mi-temps (*contr. Ganztagsarbeit*).
Halbtagsbeschäftigung *f*, **en** → *Halbtagsarbeit*.
Halbtagskraft *f*, **¨e** personne *f* (employée) à mi-temps ; *~¨e* personnel *m* à mi-temps.
Halbtagsstellung *f*, **en** → *Halbtagsarbeit*.
Halbteilung *f*, **en** → *Halbteilungsgrundsatz*.
Halbteilungsgrundsatz *m*, **¨e** (*fisc*) principe *m* selon lequel le fisc ne saurait prélever plus de la moitié des revenus d'un contribuable.
Halbwaise *f*, **n** orphelin *m* de père ou de mère.
Halbware *f*, **n** → *Halbfabrikat*.
Halbwertzeit *f*, **en** période *f* de radioactivité rémanente (de déchets nucléaires, par ex.).
halbwöchentlich bihebdomadaire ; deux fois par semaine.
Halbzeitbeschäftigung *f*, **en** → *Halbtagsarbeit*.
Halbzeitbilanz *f*, **en** bilan *m* intermédiaire ; bilan de milieu de mandature.
Halbzeug *n*, **ø** → *Halbfabrikat*.
Halde *f*, **n** **1.** halde *f* ; terril *m* ; carreau *m* de mine **2.** dépôt *m* ; stock *m* ; *unverkaufte Autos stehen auf ~* des voitures invendues sont stockées dans les dépôts.
Haldenbestand *m*, **¨e** stock *m* (sur le carreau de mine) ; dépôt *m* (voitures).
Haldenvorräte *mpl* → *Haldenbestand*.
Hälfte *f*, **n** moitié *f* ; *zur ~ besetzt* à parité égale ; sièges pourvus à 50 % ; *zur ~ beteiligt* avec une participation (à hauteur) de 50 %.

hälftig moitié-moitié ; paritaire ; à moitié ; à cinquante pour cent ; *den Gewinn ~ teilen* partager les bénéfices par moitié ; *~ von X und Y getragen werden* être supporté à parts égales par X et Y.

Halle *f,* **n** hall *m*, salle *f* d'exposition.

Hallenfläche *f,* **n** surface *f* (de halles) d'exposition couverte (*contr. Freifläche*).

Hallenkapazität *f,* **en** capacité *f* (d'exposition).

Halm *m,* **e** brin *m* ; chaume *m* ; *Weizen vom ~ kaufen* acheter du blé sur pied ; *Getreide auf dem ~ verkaufen* vendre des céréales sur pied.

halsabschneiderisch : *~er Preis* prix *m* exorbitant ; coût *m* de massue.

haltbar conservable ; apte à la conservation ; *lange ~e Lebensmittel* aliments *mpl* de longue conservation.

Haltbarkeit *f,* **en** conservation *f* ; résistance *f* ; durabilité *f* ; (*marchandise*) solidité *f* ; (*aliments*) durée *f* de consommation.

Haltbarkeitsdatum *n,* **-ten** date *f* de fraîcheur ; date *f* limite de vente ; date *f* de péremption (*syn. Verfallsdatum*).

Haltbarmachung *f,* **en** (*aliments*) conservation *f*.

Halten ! (*ordre boursier*) conserver (*contr. Verkaufen !*).

halten, ie, a 1. tenir 2. arrêter 3. supporter 4. maintenir ; *die Kurse ~* maintenir le(s) cours 5. *sein Versprechen ~* tenir parole ; *sich an den Vertrag ~* s'en tenir aux termes du contrat.

Halteplatz *m,* ¨e → *Haltestelle.*

Halter *m,* **-** propriétaire *m* d'un animal (chien, etc.).

Haltesignal *n,* **e** signal *m* d'arrêt.

Haltestelle *f,* **n** point *m* d'arrêt ; arrêt *m* ; station *f.*

Halteverbot *n,* **e** interdiction *f* de stationner, de s'arrêter.

Haltung *f,* **en** 1. position *f* ; attitude *f* ; maintien *m* ; tenue *f* ; fermeté *f* ; *abwartende ~* attitude d'attente ; *feste ~ des Euro* bonne tenue de l'euro ; *unentschlossene ~* flottement *m* (de la bourse) 2. garde *f.*

Haltungssystem *n,* **e** (*agric.*) mode *m* d'élevage.

Hammelsprung *m,* ø (*polit.*) mode *m* de vote au Parlement : les députés quittent la salle puis reviennent derrière leur leader par trois entrées différentes (approbation, rejet, abstention).

Hammer *m,* ¨ marteau *m* ; *unter den ~ kommen* être mis, vendu aux enchères (*syn. versteigern*).

Hamsterkäufe machen faire des achats de précaution ; stocker en vue d'une crise ou d'une pénurie.

hamstern stocker des provisions ; faire des achats de panique, de précaution ; accaparer.

Hamstervorrat *m,* ¨e achat *m*, réserve *f* de précaution ; *sich einen ~ an/legen* constituer des réserves en prévision d'une pénurie.

Hand *f,* ¨e main *f* **I.** *öffentliche ~* pouvoirs *mpl* publics ; autorités *fpl* publiques ; Trésor *m* public ; administrations et entreprises *fpl* publiques ; (*véhicule*) *aus erster, aus zweiter ~* première, seconde main ; *zu (treuen) ~en von* aux bons soins de ; à l'attention de ; c/o (care of) ; *die Tote ~* collectivité *f* de droit public qui ne peut ni vendre, ni léguer ses biens **II.** *mit leeren ~en* les mains vides ; sans résultats ; *~ in ~ arbeiten* travailler la main dans la main ; *beide ~¨e voll zu tun haben* avoir du travail par-dessus la tête ; *schon durch viele ~¨e gegangen sein* être déjà passé par plusieurs mains ; *etw von privater ~ kaufen* acheter qqch à un particulier ; *die letzte ~ an etw legen* mettre la dernière main à qqch ; *das Geld rinnt ihm durch die ~¨e* l'argent lui file entre les doigts ; *von der ~ in den Mund leben* vivre au jour le jour ; *jds rechte ~ sein* être le bras droit de qqn ; *in die öffentliche ~ überführen* nationaliser ; *in jds ~¨e übergehen* changer de mains (de propriétaire) ; *unter der ~ verkaufen* vendre sous le manteau (en sous-main) ; *ein Projekt vor langer ~ vor/bereiten* préparer un projet de longue date ; *überall die ~¨e (mit) im Spiel haben* être impliqué partout ; *die ~ auf der Tasche haben* être près de ses sous ; *eine ~ wäscht die andere* un service en vaut un autre.

Handänderung *f,* **en** (*Allemagne du Sud ; Suisse*) transmission *f* d'un bien immobilier, d'un terrain ; cession *f* de bien immobilier.

Handänderungssteuer *f,* **n** (*Suisse*) taxe *f* sur les cessions immobilières.

Handarbeit *f,* **en** travail *m* manuel ; fabrication *f* à la main.

handarbeiten fabriquer à la main ; faire du travail artisanal.

Handarbeiter *m*, - travailleur *m* manuel ; manœuvre *m*.
Handaufheben *n* : *eine Abstimmung durch ~* un vote à main levée.
Handel *m*, ø commerce *m* ; négoce *m* ; marché *m* ; secteur *m* de la distribution ; (*bourse*) *~ per Erscheinen* négociation *f* de titres avant émission ; négociation anticipée de titres **I.** *ambulanter ~* commerce ambulant ; *ausländischer ~* commerce avec l'étranger ; *binnenländischer (inländischer) ~* commerce intérieur, national ; *genossenschaftlicher ~* commerce coopératif ; *grenzüberschreitender ~* commerce transfrontalier ; *privater ~* commerce privé ; *selb(st)ständiger ~* commerce indépendant ; *staatlicher ~* commerce étatique ; *vermittelnder ~* commerce intermédiaire **II.** *einen ~ ab/schließen* conclure un marché ; (*bourse*) *eine Aktie geht mit... aus dem ~* l'action a clôturé à ; *im ~ befindlich sein* être dans le commerce ; (*nicht*) *im ~ sein* (ne pas) être en vente ; *ein Produkt in den ~ bringen* commercialiser un produit ; introduire un produit sur le marché ; *den ~ deregulieren* déréglementer, déréguler le commerce ; *den ~ liberalisieren* libéraliser le commerce ; *mit jdm in den ~ kommen* entrer en relations commerciales avec qqn ; *einen ~ rückgängig machen* annuler un marché ; *~ treiben (mit)* faire du commerce (avec) ; *etw aus dem ~ ziehen* retirer du commerce **III.** *~ mit dem Ausland* commerce avec l'étranger, extérieur ; (*bourse*) *~ per Erscheinen* négociation *f* de titres avant émission ; négociation anticipée des valeurs ; *~ mit Fertigwaren* commerce des articles manufacturés ; *~ mit Halbfertigwaren* commerce des produits semi-finis ; *~ für eigene Rechnung* commerce pour propre compte ; *~ mit Rohstoffen* commerce des matières premières ; → ***Binnen-, Börsen-, Devisen-, Effekten-, Einzel-, Export-, Fach-, Frei-, Groß-, Import-, Ketten-, Schwarz-, Tausch-, Termin-, Versand-, Wertpapier-, Zwischenhandel.***
handelbar négociable (en bourse) ; commercialisable ; *~e Güter* biens *mpl* exportables ; biens d'échange internationaux.
handeln 1. agir ; *im Namen von... handelnd* agissant au nom de **2.** faire le commerce de ; *en gros ~* faire le commerce de gros ; *im kleinen ~* faire le commerce de détail **3.** marchander **4.** négocier, traiter (à la bourse) ; se négocier à ; *an der Börse gehandelte Aktien* actions *fpl* négociées en bourse ;
Handeln *n*, ø **1.** activité *f* ; action *f* ; *gemeinsames ~* action commune **2.** marchandage *m*.
Handels- (*préfixe*) commercial ; de (du) commerce.
Handelsabkommen *n*, - accord *m* commercial ; convention *f* commerciale ; *ein ~ unterzeichnen* signer un accord commercial.
Handelsagent *m*, en, en agent *m* commercial.
Handelsagentur *f*, en agence *f* commerciale.
Handelsartikel *m*, - → ***Handelsware.***
Handelsattaché *m*, s attaché *m* commercial, de commerce.
Handelsauskunftei *f*, en agence *f* de renseignements commerciaux.
Handelsaustausch *m*, ø échanges *mpl* commerciaux.
Handelsbank *f*, en banque *f* de commerce ; banque commerciale ; banque du commerce extérieur (intégrée au sein des instituts financiers allemands).
Handelsbedingungen *fpl* conditions *fpl* commerciales.
Handelsbeginn *m*, (e) (*bourse*) début *m* des transactions ; ouverture *f*.
Handelsbericht *m*, e rapport *m* commercial.
Handelsbeschränkungen *fpl* restrictions *fpl* commerciales ; limitations *fpl* au commerce.
Handelsbetrieb *m*, e entreprise *f*, exploitation *f* commerciale ; établissement *m* de commerce ; établissement commercial.
Handelsbevollmächtigte/r (*der/ein*) fondé *m* de pouvoir (*syn. Prokurist*).
Handelsbezeichnung *f*, en raison *f* de commerce ; dénomination *f* commerciale.
Handelsbeziehungen *fpl* relations *fpl* commerciales ; *~ mit, nach* échanges commerciaux avec, vers ; *~ her/stellen* établir des relations commerciales ; *~ unterhalten* entretenir des relations commerciales.
Handelsbilanz *f*, en balance *f* commerciale ; bilan *m* commercial ; *aktive (positive, überschüssige) ~* balance commerciale active (positive, excédentaire) ;

passive (*defizitäre, unausgeglichene*) ~ balance commerciale passive (déficitaire, déséquilibrée) ; *die ~ aus/gleichen* équilibrer la balance commerciale.

Handelsbilanzdefizit *n,* e déficit *m* de la balance commerciale.

Handelsbilanzüberschuss *m,* ¨e balance *f* commerciale excédentaire ; excédent *m,* solde *m* positif de la balance commerciale.

Handelsblockade *f,* n → *Handelssperre*.

Handelsboykott *m,* s boycott *m* commercial ; *mit ~ drohen* menacer de boycotter des produits ; faire planer une menace de boycott commercial.

Handelsbranche *f,* n → *Handelszweig*.

Handelsbrauch *m,* ¨e → *Handelsusancen*.

Handelsbücher *npl* livres *mpl* de commerce.

Handelsdelegation *f,* en représentation *f* commerciale (à l'étranger).

Handelsdünger *m,* - (*agric.*) engrais *m* industriel ; engrais non naturel (*contr. natürlicher Dünger*).

handelseigen : *~e Karte* carte-maison *f* ; carte de paiement d'un groupe commercial (*Auchan, Carrefour Leclerc, etc.*).

handelseinig : *~ sein, werden* être, tomber d'accord en affaires ; convenir d'un prix.

handelseins → *handelseinig*.

Handelsembargo *n,* s → *Handelssperre*.

Handelsende *n,* ø (*bourse*) fin *f* des cotations ; fin des transactions à la bourse.

handelsfähig négociable ; commercialisable ; vendable ; marchand.

Handelsfirma *f,* -men maison *f* de commerce ; firme *f* ; raison *f* commerciale.

Handelsflagge *f,* n pavillon-marchand *m* ; pavillon de commerce.

Handelsflotte *f,* n flotte *f* commerciale ; flottille *f* marchande.

Handelsfreiheit *f,* en liberté *f* du commerce.

handelsgängig → *handelsfähig*.

Handelsgehilfe *m,* n, n employé *m* de commerce.

Handelsgenossenschaft *f,* en coopérative *f* commerciale.

Handelsgericht *n,* e tribunal *m* de (du) commerce.

Handelsgerichtsbarkeit *f,* ø juridiction *f* commerciale.

Handelsgeschäft *n,* e transaction *f,* opération *f* commerciale ; acte *m* commercial ; affaire *f* ; maison *f,* fonds *m* de commerce ; *~e ab/schließen* conclure des actes de commerce.

Handelsgesellschaft *f,* en société *f* commerciale ; *Offene ~* (*OHG*) société en nom collectif.

Handelsgesetz *n,* e loi *f* sur le commerce.

Handelsgesetzbuch *n,* (¨er) (*HGB*) code *m* de (du) commerce.

Handelsgesetzgebung *f,* en législation *f* commerciale.

Handelsgewerbe *n,* - activité *f* commerciale ; commerce *m* ; *ein ~ betreiben* exercer une activité commerciale.

Handelsgewicht *n,* ø poids *m* marchand.

Handelsgewohnheit *f,* en → *Handelsbrauch*.

Handelsgremium *n,* -ien commission *f,* organe *m* de commerce.

Handelsgröße *f,* n format *m* standard commercial ; taille *f* standard.

Handelsgut *n,* ¨er → *Handelsware*.

Handelshafen *m,* ¨ port *m* de commerce.

Handelshaus *n,* ¨er maison *f* de commerce.

handelshemmend préjudiciable au commerce ; *~ sein* être une entrave au commerce.

Handelshemmnis *n,* se → *Handelshindernis*.

Handelshindernis *n,* se obstacle *m,* entrave *f* au commerce.

Handelshochschule *f,* n école *f* supérieure de commerce ; école du haut enseignement commcial (HEC ; ESSEC ; ESCP-EAP ; ESCAE ; ESC, etc.).

Handelskammer *f,* n chambre *f* de commerce ; *Industrie- und Handelskammer* (*IHK*) chambre de commerce et d'industrie.

Handelskette *f,* n circuit *m* de distribution ; chaîne *f* volontaire.

Handelsklasse *f,* n (catégorie de) qualité *f* (produits alimentaires).

Handelsklassenbezeichnung *f,* en référence *f* de qualité ; désignation *f* de la catégorie normalisée.

Handelsklausel *f,* **n** clause *f* commerciale ; → *Incoterms.*

Handelskonto *n,* **-ten** compte *m* d'exploitation générale.

Handelskonzern *m,* **e** groupe *m* commercial.

Handelskorrespondent *m,* **en, en** correspondancier *m* commercial.

Handelskorrespondenz *f,* **en** correspondance *f* commerciale.

Handelskredit *m,* **e** crédit *m* commercial ; crédit à court terme.

Handelskreise *mpl* milieux *mpl* commerciaux ; milieux d'affaires.

Handelskrieg *m,* **e** guerre *f* commerciale, économique.

Handelskrise *f,* **n** crise *f* commerciale.

Handelsmacht *f,* ¨**e** puissance *f* commerciale.

Handelsmakler *m,* **-** courtier *m,* agent *m* commercial.

Handelsmarine *f,* **n** marine *f* marchande.

Handelsmarke *f,* **n** marque *f* de la fabrique ; marque commerciale.

Handelsmarkenrecht *n,* **e** droit *m* de propriété des marques.

handelsmäßig commercial ; en usage dans le commerce.

Handelsmatura *f,* ø (*Suisse, Autriche*) bac *m* commercial.

Handelsmesse *f,* **n** foire *f* commerciale.

Handelsmetropole *f,* **n** métropole *f* commerciale.

Handelsministerium *n,* **-ien** ministère *m* du commerce.

Handelsmission *f,* **en** mission *f* commerciale ; représentation *f* consulaire à l'étranger.

Handelsmonopol *n,* **e** monopole *m* commercial.

Handelsname *m,* **ns, n** raison *f* sociale, commerciale ; nom *m* commercial.

Handelsnation *f,* **en** nation *f* commerçante.

Handelsnetz *n,* **e** réseau *m* commercial ; *genossenschaftliches* ~ réseau *m* de coopérateurs.

Handelsniederlassung *f,* **en** établissement *m* commercial ; comptoir *m.*

Handelsorganisation *f,* **en** 1. organisation *f* commerciale 2. (*HO*) (*hist.* *R.D.A.*) organisation *f* nationalisée de commerce (gros et détail).

Handelspackung *f,* **en** emballage *m* standard ; présentation *f* standard.

Handelspanel *n,* **s** panel *m* de distributeurs.

Handelspapier *n,* **e** effet *m* de commerce.

Handelspartner *m,* **-** partenaire *m* commercial.

Handelsplattform *f,* **en** place *f* commerciale.

Handelsplatz *m,* ¨**e** place *f* commerciale ; centre *m* de commercialisation.

Handelspolitik *f,* ø politique *f* commerciale.

Handelspräferenzen *fpl* préférence(s) *f(pl)* commerciale(s).

Handelspraktiken *fpl* pratiques *fpl* commerciales.

Handelspreis *m,* **e** prix-marchand *m.*

Handelsprivileg *n,* **-ien** (*hist.*) privilège *m* commercial.

Handelsrabatt *m,* **e** remise *f* commerciale.

Handelsrechnung *f,* **en** facture *f* commerciale ; ~ *dreifach* facture commerciale en trois exemplaires.

Handelsrecht *n,* ø droit *m* commercial.

Handelsregister *n,* **-** (HR) registre *m* du commerce ; *eine Firma ins ~ ein/tragen* inscrire une entreprise au registre du commerce ; *eine Firma aus dem ~ streichen* radier une entreprise du registre du commerce.

Handelsregisterauszug *m,* ¨**e** extrait *m* K-bis.

Handelsregistereintragung *f,* **en** inscription *f* au registre du commerce.

Handelsreisende/r (*der/ein*) → *Handelsvertreter.*

Handelsrichter *m,* **-** juge *m* au tribunal du commerce.

Handelsriese *m,* **n, n** géant *m* du commerce ; grande surface *f.*

Handelsrisiko *n,* **-ken** risque *m* commercial.

Handelssanktionen *fpl* sanctions *fpl* commerciales ; représailles *fpl* économiques ; *gegen ein Land ~ verhängen* décréter des sanctions économiques à l'encontre d'un pays.

Handelsschiedsgerichtsbarkeit *f,* ø arbitrage *m* commercial international ; juridiction *f* arbitrale commerciale.

Handelsschiff *n,* **e** navire *m* de commerce.

Handelsschifffahrt *f,* **en** navigation *f* commerciale.

Handelsschiffsverkehr *m,* ø navigation *f* marchande ; trafic *m* commercial maritime ou fluvial.

Handelsschranken *fpl* barrières *fpl* douanières ; entraves *fpl* au commerce.

Handelsschule *f,* **n** école *f* de commerce.

Handelsspanne *f,* **n** marge *f* commerciale ; marge brute ; taux *m* de marge brute ; *hohe, niedrige* ~ marge commerciale élevée, faible.

Handelssperre *f,* **n** blocus *m* commercial ; (*über etw*) *eine* ~ *verhängen* mettre l'embargo (sur qqch) ; faire le blocus économique ; *eine* ~ *auf /heben* lever l'embargo (*syn. Embargo*).

Handelsstand *m,* ø profession *f* commerciale.

Handelsstopp *m,* **s** cessation *f,* arrêt *m* des échanges commerciaux (avec un pays).

Handelsstraße *f,* **n** voie *f* commerciale.

Handelsströme *mpl* flux *mpl* d'échange ; mouvements *mpl* commerciaux.

Handelsstufe *f,* **n** stade *m*, phase *f* de (la) commercialisation ; maillon *m* de la chaîne commerciale (producteur, détaillant, consommateur final).

Handelssystem *n,* **e** régime *m* du commerce.

Handelstag *m,* ø : *Deutscher Industrie- und* ~ Fédération *f* des chambres de commerce et d'industrie allemandes.

Handelsüberschuss *m,* ¨e surplus *m*, excédent *m* commercial.

handelsüblich d'usage ; conformément aux usages du commerce ; ~*e Größe* format *m* standard ; dimensions *fpl* standard ; ~*er Rabatt* remise *f* d'usage ; ~*e Verpackung* emballage *m* standard.

Handelsumsatz *m,* ¨e chiffre *m* d'affaires ; volume *m* des échanges commerciaux.

Handelsunternehmen *n,* - entreprise *f* commerciale ; maison *f* de commerce.

Handelsunternehmung *f,* **en** → *Handelsunternehmen*.

Handelsusancen *pl* usages *mpl*, coutumes *fpl* en matière de commerce.

Handelsveranstaltung *f,* **en** manifestation *f* commerciale.

Handelsverbindungen *fpl* → *Handelsbeziehungen*.

Handelsverbot *n,* **e** interdiction *f* de faire du commerce.

Handelsvereinbarung *f,* **en** convention *f*, accord *m* commercial(e) ; *eine* ~ *treffen* conclure un accord commercial.

Handelsverflechtungen *fpl* imbrications *fpl* commerciales.

Handelsvergünstigungen *fpl* avantages *mpl* commerciaux ; facilités *fpl* commerciales.

Handelsverkehr *m,* ø → *Handelsaustausch*.

Handelsvertrag *m,* ¨e traité *m* de commerce ; contrat *m* commercial ; *einen* ~ *ab/schließen* passer un contrat ; signer un accord commercial ; ~*¨e unterzeichnen* signer, passer des accords commerciaux.

Handelsvertreter *m,* - représentant *m* de commerce ; agent *m* commercial ; V.R.P. *m.*

Handelsvertretung *f,* **en** agence *f*, représentation *f* commerciale ; (*ambassade*) section *f* économique.

Handelsvollmacht *f,* **en** procuration *f* commerciale ; (plein) pouvoir *m* ; *jdm eine* ~ *erteilen* donner pouvoir à qqn.

Handelsvolumen *n,* -/mina volume *m* des transactions commerciales.

Handelsvorschriften *fpl* prescriptions *fpl*, règles *fpl* commerciales.

Handelsvorteil *m,* **e** avantage *m* commercial.

Handelswährung *f,* **en** monnaie *f* d'échange.

Handelsware *f,* **n** article *m* de commerce ; produit *m* commercialisé ou commercialisable ; produit revendu en l'état.

Handelswechsel *m,* - effet *m* commercial ; lettre *f* de change.

Handelsweg *m,* **e** 1. voie *f* commerciale 2. circuit *m* commercial (du producteur au consommateur).

Handelswert *m,* **e** valeur *f* marchande, commerciale.

Handelszeichen *n,* - marque *f* de fabrique ; label *m.*

Handelszentrum *n,* **en** métropole *f* commerciale.

Handelszweig *m,* **e** branche *f* commerciale.

handeltreibend qui exerce une activité commerciale ; dans le commerce ;

~er Betrieb entreprise *f* commerciale ; **~e Person** commerçant *m* ; marchand *m* ; personne *f* exerçant une activité commerciale.

Handeltreibende/r (*der/ein*) commerçant *m* ; marchand *m*.

Handfertigkeit *f*, ø (*artisanat*) dextérité *f* ; habileté *f* manuelle ; savoir-faire *m*.

handgearbeitet fait (à la) main ; **~er Schmuck** bijou *m* fait main.

Handgebrauch *m*, ø : *für den ~* pour l'usage courant ; pour un usage quotidien.

handgefertigt → *handgearbeitet*.

Handgeld *n*, (er) (*rare*) 1. acompte *m* ; arrhes *fpl* 2. dessous-de-table *m*.

handgemacht → *handgearbeitet*.

Handgepäck *n*, ø bagage *m* à main ; bagage *m* accompagné.

handgeschrieben manuscrit ; rédigé à la main ; **~er Lebenslauf** C.V. (curriculum vitae) *m* manuscrit.

handhabbar maniable ; d'utilisation facile ; ergonomique.

handhaben manier ; manipuler ; employer ; utiliser.

Handhabung *f*, en maniement *m* ; manipulation *f* ; manutention *f* ; application *f*.

Handikap / Handicap *n*, s (*pr. ang.*) handicap *m*.

handikapen / handicapen (*pr. ang.*) handicaper.

Handkauf *m*, ¨e vente *f* de la main à la main.

Handlager *n*, - matériel *m* sur place ; fournitures *fpl* existant sur le lieu de travail ; (petit) matériel d'usage.

Handlanger *m*, - ouvrier *m* non qualifié ; O.S. *m* ; manœuvre *m* (*syn. ungelernter Arbeiter*).

Handlangerdienste *mpl* : (*péj*) *~ leisten* prêter (la) main.

handlangern travailler en tant que manœuvre.

Händler *m*, - marchand *m* ; commerçant *m* ; négociant *m* ; trafiquant *m* ; (*bourse*) opérateur *m* ; trader *m* ; *ambulanter* (*fliegender*) *~* camelot *m* ; marchand *m* des quatre saisons ; *ein ~ in Textilien* négociant en tissus.

Händlermarge *f*, n → *Händlerspanne*.

Händlernachweis *m*, e liste *f* des revendeurs ; liste des concessionnaires (d'une marque) ; *~ von...* liste *f* des distributeurs, des concessionnaires à demander à...

Händlernetz *n*, e réseau *m* de revendeurs, de concessionnaires.

Händlerpanel *n*, s panel *m* de revendeurs ; revendeurs *mpl* interrogés (lors d'un sondage).

Händlerrabatt *m*, e remise *f*, ristourne *f* accordée aux commerçants.

Händlerring *m*, e réseau *m* de trafiquants.

Händlerspanne *f*, n marge *f* commerciale ; marge de revendeur.

Handlung *f*, en 1. acte *m* ; agissement *m* ; *amtliche ~* acte officiel ; *betrügerische ~* acte frauduleux ; *gesetzwidrige ~* acte illégal ; *strafbare ~* acte, fait délictueux ; *unredliche ~* acte déloyal 2. (*arch.*) magasin *m*.

Handlungs- (*souvent interchangeable avec*) → *Handels-*.

Handlungsagent *m*, en, en 1. agent *m* commercial 2. → *Handelsvertreter*.

Handlungsbefugnis *f*, se pouvoir *m* commercial ; procuration *f* commerciale.

Handlungsbevollmächtigte/r (*der/ein*) fondé *m* de pouvoir ; mandataire *m* commercial.

handlungsfähig en état d'agir ; qui a la capacité d'agir.

Handlungsfähigkeit *f*, en capacité *f* d'action ; capacité d'exercer ses droits et ses devoirs ; capacité d'exercer ses droits civils.

Handlungsfreiheit *f*, en liberté *f* d'action ; autonomie *f*.

Handlungsgehilfe *m*, n, n commis *m* dans le commerce.

Handlungslehrling *m*, e apprenti *m* dans une maison de commerce.

Handlungsreisende/r (*der/ein*) → *Handelsvertreter*.

Handlungsspielraum *m*, ¨e marge *f* d'action, de manœuvre.

Handlungsunfähigkeit *f*, ø incapacité *f* d'agir, d'exercer des droits.

Handlungsvollmacht *f*, en → *Handelsvollmacht*.

Handmehr *n*, ø (*Suisse*) majorité *f* à main levée.

Hand-out *n*, s (*pr. ang.*) matériel *m* d'information (remis aux participants d'un séminaire).

Handschenkung *f*, en don *m* manuel.

Handschlag *m* : *einen Vertrag durch (per)* ~ *besiegeln* conclure, sceller un contrat en topant là.
Handschrift *f,* en 1. écriture *f* ; *(fig.)* marque *f* 2. manuscrit *m.*
handschriftlich écrit, rédigé à la main.
Handwerk *n,* e métier *m* manuel ; artisanat *m* ; profession *f* artisanale **I.** *holzverarbeitendes* ~ activité *f* artisanale du bois ; travail *m* du bois ; *genossenschaftliches* ~ artisanat coopératif ; *industriell produzierendes* ~ artisanat à caractère industriel ; *lederverarbeitendes* ~ activité artisanale du cuir ; travail du cuir ; *traditionelles* ~ artisanat traditionnel **II.** *ein* ~ *betreiben* exercer un métier ; *ein* ~ *erlernen* apprendre un métier ; *(fam.) jdm ins* ~ *pfuschen* piétiner les plates-bandes de qqn ; *sein* ~ *verstehen (beherrschen)* connaître son métier ; s'y connaître.
Handwerker *m,* - artisan *m* ; homme *m* du métier.
handwerklich artisanal ; ~*er Betrieb* entreprise *f* artisanale ; ~*es Können* savoir-faire *m* artisanal.
Handwerksarbeit *f,* en travail *m* d'artisan ; travail artisanal.
Handwerksbetrieb *m,* e entreprise *f* artisanale ; exploitation *f* de type artisanal.
Handwerksberuf *m,* e métier *m* artisanal.
Handwerksgemeinschaft *f,* en collectif *m* d'artisans ; groupement *m* d'artisans.
Handwerksgeselle *m,* n, n compagnon *m* ; artisan *m* qualifié.
Handwerksinnung *f,* en corporation *f* artisanale ; corps *m* de métier.
Handwerkskammer *f,* n chambre *f* des métiers ; chambre *f* artisanale.
Handwerkskarte *f,* n carte *f* d'artisan.
Handwerksleistungen *fpl* prestations *fpl* artisanales ; services *mpl* artisanaux.
handwerksmäßig artisanalement ; de façon artisanale.
Handwerksmeister *m,* - maître-artisan *m* ; agent *m* de maîtrise.
Handwerksmeisterbrief *m,* e brevet *m* de maîtrise ; brevet de maître-artisan.
Handwerksordnung *f,* en code *m* de l'artisanat.

Handwerksrolle *f,* n registre *m* des métiers ; rôle *m*, registre des artisans ; *in die* ~ *eingetragen werden* être inscrit au registre des artisans ; *die* ~ *wird von den Handwerkskammern geführt* le registre des métiers est tenu par la chambre des métiers.
Handwerkswesen *n,* ø artisanat *m* ; secteur *m* des métiers.
Handwerk- und Gewerbekammer-Tag *m* : *Deutscher* ~ Union *f* fédérale de l'artisanat.
Handy *n,* s (téléphone *m*) mobile *m* ; portable *m.*
Handynummer *f,* n numéro *m* de (téléphone) portable.
Handynutzer *m,* - utilisateur *m* de (téléphone) portable.
Handzeichen *n,* - 1. paraphe *m* 2. vote *m* à main levée ; *die Abstimmung erfolgt durch* ~ le vote a lieu à main levée 3. signe *m* de la main.
Handzeichnung *f,* en signature *f* à la main, de sa main ; signature manuscrite.
Handzettel *m,* - tract *m* publicitaire ; prospectus *m.*
Hang *m,* ø propension *f* ; tendance *f* ; ~ *zum Konsum* propension à consommer.
hängig *(Suisse)* en suspens ; non réglé ; qui attend une solution ; *ein* ~*es Verfahren* procédure *f* en cours.
Hang-Seng-Index *m* *(bourse)* indice *m* Hang-Seng de la bourse de Hong Kong.
Hanse *f* la Hanse (association qui, au Moyen Âge, a regroupé plusieurs villes du nord de l'Europe à des fins commerciales : Lübeck, Brême, Hambourg, entre autres).
Hansestadt *f,* ¨e ville *f* hanséatique ; ~ *Hamburg (HH)* ville hanséatique de Hambourg.
HAPAG *f (Hamburg Amerika Paketfahrt AG)* compagnie *f* de navigation Hambourg-USA.
hapern *(fam.)* manquer de ; *es hapert an qualifizierten Kräften* on manque de main d'œuvre qualifiée.
Happening *n,* s *(pr. ang.)* évènement *m* médiatique ; happening *m.*
happig exagéré ; indéfendable ; ~*e Zuschläge* suppléments *mpl* trop élevés.
Hardcover *n,* s *(pr. ang.) (édition)* Hardcover *m* ; reliure *f* dure ; reliure cartonnée *(contr. Paperback).*

Harddisk *f,* **s** (*pr. ang.*) (*informatique*) disque *m* dur (*syn. Festplatte*).

Hardliner *m,* - (*pr. ang.*) (*polit.*) partisan *m* de la ligne dure ; faucon *m.*

Hardselling *n,* **s** (*pr. ang.*) vente *f* intensive ; commercialisation *f* agressive (*contr. Softselling*).

Hardware *f,* **s** (*pr. ang.*) (*informatique*) matériel *m* ; hardware *m* ; ensemble *m* des éléments matériels d'un ordinateur (*contr. Software*).

hardwarekompatibel (*informatique*) compatible matériel.

Hardwarewartung *f,* **en** (*informatique*) maintenance *f* du matériel.

harmonisch : (*statist.*) ~*es Mittel* moyenne *f* harmonique ; ~*es System* système *m* mondial d'harmonisation des droits de douanes.

Harmonisierung *f,* **en** harmonisation *f* ; uniformisation *f* ; homogénéisation *f* ; ~ *der Preise* harmonisation des prix ; ~ *des Steuerwesens* homogénéisation du régime fiscal.

hart fort ; (*négociation*) ~ *auf* ~ dur ; sans merci ; ~*e Währung* monnaie *f* forte.

Härte *f,* **n** 1. dureté *f* ; fermeté *f* ; rigueur *f* ; *eine Debatte in aller* ~ *aus/tragen* mener un débat dans toute son âpreté ; *die ganze* ~ *des Gesetzes zu spüren bekommen* subir toute la dureté de la loi 2. situation *f* difficile ; cas *m* de force majeure ; problème *m* 3. → *Härtefall.*

Härtefall *m,* ¨e cas *m* social, difficile ; cas de rigueur.

Härtefonds *m,* - fonds *m* de secours ; fonds d'urgence pour personnes nécessiteuses.

Härtefreibetrag *m,* ¨e déduction *f* pour cas de force majeure.

Härteklausel *f,* **n** clause *f* dérogatoire aux rigueurs d'un contrat ; clause d'autorisation de rupture de conventions collectives (sur accord des partenaires sociaux).

Härtemaßnahme *f,* **n** (*humanitaire*) mesure *f* d'aide d'urgence ; mesure d'exception.

Härteparagraf *m,* **en, en** → *Härteklausel.*

Härtetest *m,* **s** test *m* de résistance.

Hartgeld *n,* ø monnaie *f* métallique ; pièces *fpl* (par opposition aux billets) ; espèces *fpl* sonnantes et trébuchantes.

Hartwährung *f,* **en** devise *f* forte ; monnaie *f* forte.

Hartwährungsland *n,* ¨er pays *m* à monnaie forte ; pays *m* à devise forte.

Hartz IV-Reform *f,* ø plan *m* de réforme du marché du travail (il envisage la fusion des allocations de chômage et de l'aide sociale au bout d'une année de versement des premières et prend en compte l'ensemble des revenus et des biens du foyer pour l'octroi de l'aide. Il impose également au chômeur d'accepter tout emploi même inférieur à son niveau de qualification et prévoit l'embauche de chômeurs pour les travaux à intérêt général).

Häufigkeit *f,* **en** (*statist.*) fréquence *f.*

Häufigkeitskurve *f,* **n** (*statist.*) courbe *f* de fréquence.

Häufigkeitsverteilung *f,* **en** (*statist.*) distribution *f* de fréquence.

Häufigkeitszahl *f,* **en** (*statist.*) chiffre *m* de fréquence (d'un évènement).

Häufigkeitsziffer *f,* **n** → *Häufigkeitszahl.*

Häufung *f,* **en** accumulation *f* ; cumul *m.*

Haupt- (*préfixe*) principal ; central.

Hauptabnehmer *m,* - client *m,* acheteur *m,* acquéreur *m* principal.

Hauptabsatzgebiet *n,* **e** débouché *m* principal.

Hauptabschlussbilanz *f,* **en** (*comptab.*) bilan *m* général de clôture.

Hauptabteilung *f,* **en** division *f* principale ; section *f* principale.

Hauptabteilungssatz *m,* ¨e (*sécurité sociale*) taux *m* des soins en unité de soins intensifs.

Hauptaktionär *m,* **e** actionnaire *m* principal.

hauptamtlich à titre professionnel ; titularisé ; de carrière.

Hauptamtliche/r (*der/ein*) titulaire *m* (d'un poste).

Hauptarbeit *f,* **en** gros *m* de l'ouvrage ; travail *m* principal ; *die* ~ *ist schon erledigt* le plus dur est fait.

Hauptarbeitsverhältnis *n,* **se** activité *f* principale.

Hauptbahnhof *m,* ¨e gare *f* principale.

Hauptberuf *m,* **e** activité *f* principale.

hauptberuflich professionnel ; à temps complet ; ~*e Beschäftigung* activité *f* professionnelle principale.

Hauptbeschäftigung *f,* **en** activité *f* principale, première ; emploi *m* principal.

Hauptbestandteil *m*, e élément *m* constitutif, principal.

Hauptbetroffene/r (*der/ein*) victime *f* principale ; *die ~en* les plus touchés ; les principales victimes.

Hauptbieter *m*, - soumissionnaire *m* principal.

Hauptbilanz *f*, en bilan *m* général.

Hauptbuch *n*, ¨er grand livre *m* (registre dans lequel le commerçant consigne méthodiquement ses opérations).

Hauptbuchhalter *m*, - chef-comptable *m*.

Hauptbuchhaltung *f*, en comptabilité *f* générale.

Hauptdatei *f*, en → *Hauptkartei*.

Haupteinkommen *n*, - revenu *m* principal.

Haupteinnahmequelle *f*, n source *f* principale de revenus.

Hauptergebnis *n*, se résultat *m* principal.

Haupterwerbsbetrieb *m*, e exploitation *f* dont le propriétaire vit essentiellement de l'agriculture.

Haupterzeugnis *n*, se produit *m* principal ; produit-phare *m*.

Hauptfaktor *m*, en facteur *m* primordial ; facteur prépondérant.

Hauptforderung *f*, en revendication *f* principale ; exigence *f* première.

Hauptgeschäft *n*, e 1. maison-mère *f* ; établissement *m* principal 2. activité *f* principale.

Hauptgeschäftsstelle *f*, n bureau *m* principal d'une entreprise ; bureau central d'une société.

Hauptgeschäftszeit *f*, en heures *fpl* de pointe, d'affluence ; rush *m*.

Hauptgewinn *m*, e 1. gros lot *m* 2. bénéfice *m* principal.

Hauptgewinner *m*, - 1. gagnant *m* du gros lot 2. principal bénéficiaire *m*.

Hauptkartei *f*, en fichier *m* central.

Hauptkosten *pl* charges *fpl* principales.

Hauptlast *f*, en charge *f* principale ; *die ~ der Arbeit tragen* assumer le gros du travail.

Hauptniederlassung *f*, en établissement *m* principal ; siège *m* ; maison-mère *f*.

Hauptnutznießer *m*, - principal bénéficiaire *m*.

Hauptproduktion *f*, en production *f* principale, première ; point *m* fort de la production.

Hauptrefinanzierungsgeschäft *n*, e (*Banque centrale européenne*) opération *f* de refinancement de la B.C.E. ; opérations *fpl* de financement de prêts et de crédits (en agissant sur les taux d'intérêt au sein de l'U.E., elle contrôle la masse monétaire et donne des directives aux banques pour leur politique monétaire).

Hauptsaison *f*, s pleine saison *f*.

Hauptschulabschluss *m*, ¨e certificat *m* de fin d'études primaires.

Hauptschuld *f*, en 1. dette *f* principale 2. faute *f* première ; responsabilité *f* principale ; responsabilité au premier chef.

Hauptschuldner *m*, - débiteur *m* principal.

Hauptschule *f*, n deuxième cycle *m* de l'école primaire.

Hauptsendezeit *f*, en (*médias*) heures *fpl* de grande écoute ; prime-time *m*.

Hauptsitz *m*, e (*société*) siège *m* social ; maison-mère *f*.

Hauptspeicher *m*, - (*informatique*) mémoire *f* principale, centrale.

Hauptstadt *f*, ¨e capitale *f*.

Hauptstelle *f*, n siège *m* central ; office *m* central ; services *mpl* centraux.

Hauptstudium *n*, -ien (*université*) cycle d'approfondissement *m* ; études principales *fpl*.

Haupttätigkeit *f*, en activité *f* principale, première ; occupation *f* habituelle.

Hauptveranlagung *f*, en assiette *f* générale de l'impôt.

Hauptverkehrsstraße *f*, n voie *f*, axe *m* de circulation principale.

Hauptverkehrszeit *f*, en heure(s) *f(pl)* de pointe (*syn. Stoßzeit*).

Hauptversammlung *f*, en (*HV*) assemblée *f* générale ; (*außer*)*ordentliche* ~ assemblée générale (extra)ordinaire ; *die ~ ein/berufen* convoquer une assemblée générale.

Hauptversammlungsbeschluss *m*, ¨e décision *f*, résolution *f* prise en (par l') assemblée générale.

Hauptverwaltung *f*, en administration *f* centrale ; administration générale.

Hauptwerk *n*, e usine *f* principale.

Hauptwohnung *f*, en résidence principale ; *die ~ verlegen* changer de résidence principale.

Haus- (*préfixe*) (de la) maison ; de l'immeuble ; domestique ; à domicile ; appartenant à l'entreprise.

Haus *n*, ¨er maison *f* ; domicile *m* ; firme *f* ; *frei ~ geliefert* livré franco domicile ; *ins ~ liefern* livrer à domicile ; → ***Bank-, Geschäfts-, Kauf-, Miets-, Pfand-, Stamm-, Versand-, Warenhaus.***
Hausarzt *m*, ¨e médecin *m* de famille ; médecin traitant.
Hausarztabonnement *n*, s consultation *f* d'un médecin traitant.
Hausarztmodell *n*, e → ***Hausarztabonnement.***
Hausbank *f*, en banque *f* d'entreprise.
Hausbesitzer *m*, - propriétaire *m* de la maison, d'un immeuble.
Hausbesuch *m*, e visite *f* à domicile ; déplacement *m* à domicile.
Hausbrand *m*, ø combustible *m* domestique.
Hausdetektiv *m*, e détective *m* maison ; détective d'entreprise.
Hausdurchsuchung *f*, en perquisition *f.*
Häusermakler *m*, - agent *m* immobilier.
Häuserviertel *n*, - quartier *m* pavillonnaire.
Hausfrau *f*, en ménagère *f* ; femme *f* au foyer ; → ***Hausmann.***
Hausfrauenzulage *f*, n allocation *f* de femme, de mère au foyer.
Hausfriedensbruch *m*, ¨e violation *f* de domicile.
Hausgebrauch : *für den ~* à usage domestique.
Hausgehilfin *f*, nen → ***Haushaltshilfe.***
hausgemacht interne ; domestique ; *~e Inflation* inflation *f* interne.
Hausgemeinschaft *f*, en habitants *mpl* familles *fpl* résidant dans l'immeuble.
Haushalt *m*, e 1. foyer *m* ; ménage *m* ; famille *f* ; particuliers *mpl* 2. *(finances publiques)* budget *m* (*syn.* Etat) I. *ausgeglichener ~* budget en équilibre ; *nicht ausgeglichener ~* budget en déficit ; *öffentlicher ~* budget public ; *ordentlicher ~* budget ordinaire ; *überschuldeter ~* ménage surendetté ; *~ der Gemeinden und Gemeindeverbände* budget des syndicats intercommunaux II. *den ~ für das kommende Jahr auf/stellen* établir le budget pour l'année à venir ; *den ~ aus/gleichen* équilibrer le budget ; *den ~ verabschieden* adopter le budget ; → ***Budget*** ; ***Etat*** ; ***Familie*** ; ***Einzel-, Mehrpersonen-, Nachtrags-, Staatshaushalt.***

haus/halten, ie, a 1. gérer ; tenir un ménage 2. économiser ; être économe.
haushälterisch 1. budgétaire 2. économique ; rentable ; *~ nutzen* utiliser avec parcimonie ; gérer rationnellement ; *mit etw ~ um/gehen* y aller à l'économie avec qqch.
Haushaltsansatz *m*, ¨e 1. → ***Haushaltsvoranschlag*** 2. crédits *mpl* budgétaires.
Haushaltsartikel *mpl* → ***Haushaltswaren.***
Haushaltsausgaben *fpl* dépenses *fpl* budgétaires.
Haushaltsausgleich *m*, e budget *m* en équilibre.
Haushaltsausschuss *m*, ¨e commission *f* du budget.
Haushaltsausstellung *f*, en Salon *m* des arts ménagers.
Haushaltsbelastung *f*, en charge *f* budgétaire.
Haushaltsbeschränkungen *fpl* → ***Haushaltskürzungen.***
Haushaltsbesteuerung *f*, en imposition *f* par ménage ; imposition par foyer fiscal.
Haushaltsbewilligung *f*, en vote *m*, adoption *f* du budget.
Haushaltsbilanz *f*, en balance *f* du budget d'État.
Haushaltsbuch *n*, ¨er livre *m* de comptes d'un ménage.
Haushaltsdebatte *f*, n débat *m* budgétaire ; discussion *f* budgétaire.
Haushaltsdefizit *n*, e déficit *m* budgétaire ; *das ~ begrenzen* limiter le déficit budgétaire ; *das ~ finanzieren* financer le déficit budgétaire.
Haushaltsdisziplin *f*, en rigueur *f* budgétaire
Haushaltseinkommen *n*, - revenus *mpl* des ménages.
Haushaltseinnahme *f*, n recette *f* budgétaire.
Haushaltsentwurf *m*, ¨e projet *m* de budget.
Haushaltsfehlbetrag *m*, ¨e → ***Haushaltsdefizit.***
Haushaltsführung *f*, en gestion *f* budgétaire.
Haushaltsgeld *n* 1. ø argent *m* du ménage ; *sein ~ mit Nebenverdiensten auf/bessern* arrondir ses revenus par des à-côtés ; *(fam.)* mettre du beurre dans les épinards 2. er → ***Haushaltsmittel.***

Haushaltsgerätehersteller *m*, - fabricant *m* d'électroménager.
Haushaltsgesetz *n*, e loi *f* budgétaire.
Haushaltsgleichgewicht *n*, e équilibre *m* budgétaire.
Haushaltshilfe *f*, n aide *f* ménagère ; auxiliaire *m/f* de vie.
Haushaltsjahr *n*, e budget *m* ; exercice *m*, année *f* budgétaire (*syn. Rechnungsjahr*).
Haushaltskennziffer *f*, n indice *m* budgétaire.
Haushaltskommissar *m*, e (*E.U.*) haut-commissaire *m* au budget.
Haushaltskonsolidierung *f*, en consolidation *f* budgétaire ; assainissement *m* des finances publiques.
Haushaltskonsum *m*, ø consommation *f* domestique.
Haushaltskosten *pl* frais *mpl* du ménage.
Haushaltskürzungen *fpl* compressions *fpl*, restrictions *fpl* budgétaires.
Haushaltslasten *fpl* charges *fpl* budgétaires.
Haushaltsloch *n*, ¨er → *Haushaltsdefizit*.
Haushaltslücke *f*, n → *Haushaltsdefizit*.
haushaltsmäßig budgétaire ; conforme aux règles budgétaires.
Haushaltsmittel *npl* fonds *mpl*, moyens *mpl* budgétaires ; ressources *fpl* budgétaires ; crédits *mpl* ; ~ *beantragen, bewilligen* demander, accorder des moyens budgétaires ; *über ~ finanzieren* financer sur ressources budgétaires ; *die ~ plafonieren* plafonner les moyens budgétaires ; ~ *streichen, verwenden* supprimer, utiliser des moyens budgétaires ; ~ *zur Verfügung stellen* mettre des moyens budgétaires à disposition ; affecter des crédits à.
Haushaltsnachtrag *m*, ¨e budget *m* supplémentaire ; rallonge *f* budgétaire ; collectif *m* budgétaire.
Haushaltspackung *f*, en emballage *m* familial ; paquet *m* familial.
Haushaltsplan *m*, ¨e état *m* prévisionnel ; budget *m* ; *den ~ erstellen (auf/stellen)* établir l'état prévisionnel ; *in den ~ auf/nehmen* inscrire dans l'état prévisionnel ; *den ~ fest/stellen, verabschieden, vor/bereiten* établir, voter, préparer le budget.

Haushaltspolitik *f*, en politique *f* budgétaire ; politique financière (gestion des ressources fiscales, des dépenses publiques, du solde excédentaire ou déficitaire, etc.) ; *antizyklische ~* politique budgétaire anticyclique ; *expansive ~* politique budgétaire expansionniste ; *restriktive ~* politique budgétaire restrictive ; austérité *f* budgétaire.
haushaltspolitisch : *~e Fragen* questions *fpl* de politique budgétaire.
Haushaltsposten *m*, - poste *m* budgétaire.
Haushaltsprüfer *m*, - contrôleur *m* du budget.
Haushaltsprüfung *f*, en contrôle *m* budgétaire.
Haushaltsrecht *n*, e législation *f* en matière de budget ; législation financière.
Haushaltssaldo *m*, -den solde *m* budgétaire.
Haushaltssanierung *f*, en assainissement *m* budgétaire.
Haushaltsscheck *m*, s chèque-service *m* pour emploi à domicile.
Haushaltssicherungsgesetz *n*, e loi *f* visant à contrôler les dépenses budgétaires.
Haushaltssperre *f*, n blocage *m* d'un budget ; gel *m* d'une enveloppe budgétaire ; gel des dépenses budgétaires ; politique *f* d'austérité budgétaire.
Haushaltssünder *m*, - (*U.E.*) contrevenant *m* aux impératifs budgétaires de Maastricht ; État *m* en infraction avec la discipline budgétaire de l'Union européenne ; mauvais élève *m* de l'U.E.
Haushaltsüberschreitung *f*, en dépassement *m* budgétaire.
Haushaltsüberschuss *m*, ¨e excédent *m*, surplus *m* budgétaire.
Haushaltsvoranschlag *m*, ¨e prévisions *fpl* budgétaires ; projet *m* de budget ; état *m* prévisionnel ; projet *m* de loi de finances.
Haushaltsvorstand *m*, ¨e chef *m* de famille (*syn. Familienoberhaupt*).
Haushaltswaren *fpl* articles *mpl* ménagers (à l'exclusion de l'alimentation).
Haushaltszulage *f*, n supplément *m* familial.
Haushaltung *f*, en 1. ménage *m* ; foyer *m* 2. gestion *f* (financière).
Haushaltungskosten *pl* dépenses *fpl* du ménage *m*.

Hausherr *m*, **n**, **en** 1. chef *m* de famille 2. maître *m* des lieux ; propriétaire *m* d'un logement.

Haus-Haus-Beförderung *f*, **en** transport *m*, service *m* porte-à-porte.

hausieren faire du porte-à-porte ; colporter ; faire du démarchage à domicile.

Hausierer *m*, **-** colporteur *m*.

Hausierhandel *m*, **ø** colportage *m* ; démarchage *m* à domicile.

hausintern interne (à l'entreprise) ; ~*e Angelegenheiten* affaires *fpl* internes.

Hausjurist *m*, **en**, **en**, juriste-maison *m* ; avocat-maison *m* ; conseiller *m* juridique attaché à une société.

Häuslebauer *m*, **-** (*fam.*) constructeur *m* de maisons individuelles ; professionnel *m* du bâtiment ; promoteur *m* immobilier.

häuslich : familial ; à domicile ; (*jur.*) *Aufhebung der ~en Gemeinschaft* cessation *f* de la vie commune ; ~*e Pflege* soins *mpl* à domicile ; assistance-autonomie *f*.

Hausmann *m*, **¨er** homme *m* au foyer.

Hausmarke *f*, **n** 1. enseigne *f* ; dénomination *f* commerciale 2. marque *f* préférée.

Hausmeister *m*, **-** concierge *m* ; gardien *m* d'immeuble ; personne *f* responsable de l'entretien de locaux.

Hausmitteilung *f*, **en** 1. information *f* interne ; note *f* de service 2. revue *f* périodique (à l'intention des clients).

Hausmüll *m*, **ø** ordures *fpl* ménagères.

Hausordnung *f*, **en** règlement *m* intérieur (d'un immeuble).

Hausrat *m*, **ø** objets *mpl* mobiliers ; équipement *m* domestique ; ustensiles *mpl* de ménage.

Hausratsmesse *f*, **n** salon *m* des arts ménagers ; arts *mpl* ménagers.

Hausratversicherung *f*, **en** assurance *f* mobilière.

Hausse *f*, **n** (*pron. française* ; *bourse*) hausse *f* ; *konjunkturbedingte ~* hausse cyclique ; *künstliche ~* hausse artificielle ; *auf ~ spekulieren* spéculer à la hausse ; jouer à la hausse ; *auf ~ verkaufen* vendre à la hausse (*contr. Baisse*).

Haussebewegung *f*, **en** mouvement *m* de hausse.

Haussegeschäft *f*, **e** mouvement *m* de hausse.

Haussespekulant *m*, **en**, **en** spéculateur *m* à la hausse.

Haussespekulation *f*, **en** opération *f* à la hausse.

Haussier *m*, **s** (*pron. français*) haussier *m*.

haussieren monter ; être en hausse ; grimper (titres, cours).

Haussist *m*, **en**, **en** → *Haussier*.

Haussuchung *f*, **en** perquisition *f* à domicile.

Haustarifvertrag *m*, **¨e** accord *m* collectif d'entreprise ; contrat *m* de travail maison ; convention *f* passée entreprise par entreprise (*contr. Flächenvereinbarung*).

Haustextilmesse *f*, **n** salon *m* du blanc et du tissu d'ameublement.

Haustürverkäufe *mpl* ventes *fpl* de porte à porte ; démarchage *m* à domicile.

Haustürvertrag *m*, **¨e** contrat *m* négocié par démarchage à domicile.

Haus- und Grundeigentümer *m*, **-** propriétaire *m* foncier.

Hausvereinbarung *f*, **en** → *Haustarifvertrag*.

Hausverwalter *m*, **-** gérant *m* d'immeuble.

Hauswerbung *f*, **en** publicité *f* auprès des particuliers ; publicité directe.

Hauswirt *m*, **e** propriétaire *m* d'une maison ou d'un immeuble.

Hauswirtschaft *f*, **en** économie *f* domestique ; *gemeinsame ~ führen* faire ménage commun ; participer aux charges communes.

Hauszeitschrift *f*, **en** journal-maison *m* (*syn. Werkzeitung*).

Hauszins *m*, **en** (*Suisse*) loyer *m*.

Havarie *f*, **n** avarie *f* ; dégâts *mpl* sur des machines, des installations techniques ; panne *f* d'équipement ; *eine ~ erleiden* subir une avarie.

havariefrei franc d'avarie.

Havarieklausel *f*, **n** clause *f* franc d'avaries particulières.

havarieren 1. (*maritime*) subir une avarie ; être endommagé ; ~*tes Schiff* navire *m* ayant subi une avarie 2. (*Autriche*) avoir un accident de voiture.

Havarieschaden *m*, **¨** avarie *f*.

Havarist *m*, **en**, **en** navire *m* ayant subi une avarie ; propriétaire *m* d'un navire accidenté ou naufragé.

Haverei *f*, **en** → *Havarie*.

HBV *f* (*Handel, Banken und Versicherungen*) Syndicat *m* du commerce, des banques et des assurances.

HDE *m* (*Hauptverband des Deutschen Einzelhandels*) Fédération *f* allemande du commerce de détail.

HDI *m* (*Human Development Index*) indice de développement de l'humanité (élaboré par l'O.N.U., il établit la durée de vie, le niveau culturel et l'accès aux ressources naturelles dont les hommes ont besoin pour élargir leurs possibilités).

Headhunter *m*, - (*pr. ang.*) chasseur *m* de têtes (*syn. Kopfjäger*).

Headhuntfirma *f*, **-men** cabinet *m* de chasseurs de tête.

Headhunting *n*, ø (*pr. ang.*) chasse *f* aux cerveaux ; headhunting *m*.

Hearing *n*, s (*pr. ang.*) hearing *m* ; audition *f* d'experts ; audience *f* (d'une commission d'enquête) ; consultation *f* (*syn. Anhörung*).

Hebeberechtigung *f*, **en** autorisation *f* d'opérer des prélèvements fiscaux.

Hebel *m*, - levier *m* ; *die ~ der Wirtschaft* les leviers (de commande) de l'économie.

Hebeleffekt *m*, e (*bourse*) effet *m* de levier (les fluctuations du cours des actions sont fortement répercutées sur le prix des produits dérivés).

Hebelfaktor *m*, en (*bourse : leverage factor*) indice *m* de variation (donnée chiffrée qui permet de jauger la réaction d'un titre à des variations de cours).

Hebelwirkung *f*, en effet *m* de levier, (quand les bénéfices évoluent d'une manière disproportionnée par rapport au chiffre d'affaires).

heben, o, o 1. soulever 2. relever, augmenter ; *den Zinssatz von... auf... ~* relever le taux d'intérêt de... à...

Hebesatz *m*, ¨e taux *m* de prélèvement ; taux de l'impôt prélevé ; coefficient *m* d'application pour la taxe foncière et professionnelle.

Hebung *f*, en relèvement *m* ; élévation *f* ; augmentation *f* ; amélioration *f* ; *~ des Lebensstandards* relèvement du niveau de vie.

Hedgefonds *m*, s (*bourse*) fonds *m* spéculatif, alternatif, de couverture (il est géré pour que les performances soient dissociées des indices boursiers ; on en compte environ 8 000 dans le monde, gérant plus de 1000 milliards d'euros).

Hedgegeschäft *n*, e 1. (*bourse*) couverture *f* contre un risque ; achat *m* ou vente *f* à terme (pour compenser les effets de fluctuation des cours) 2. (*bourse*) arbitrage *m* ; opération *f* consistant à prendre des positions contraires sur des marchés différents (afin de limiter les pertes éventuelles) 3. (*finance*) compensation *f* des risques de change (provenant de la fluctuation de la valeur des devises).

Heer *n*, e armée *f* ; *das ~ der Arbeitslosen* l'armée des chômeurs.

Heeresbestände *mpl* surplus *m*, stocks *mpl* de l'armée ; *aus ~n verkaufen* vendre des surplus de l'armée.

Heertechnikproduzent *m*, en, en fabricant *m* de matériel militaire.

heften agrafer.

Hefter *m*, - 1. dossier *m* ; chemise *f* ; classeur *m* 2. → **Heftmaschine**.

Heftklammer *f*, n agrafe *f* ; trombone *m* ; attache *f* métallique ou plastique.

Heftmaschine *f*, n agrafeuse *f*.

hegemonial hégémonique ; *~e Ansprüche* prétentions *fpl* hégémoniques.

Hegemonialbereich *m*, e zone *f* de souveraineté ; secteur *m* hégémonique.

Hegemonie *f*, n hégémonie *f*.

hehlen cacher ; receler.

Hehler *m*, - receleur *m*.

Hehlerei *f*, en recel *m*.

Hehlerring *m*, e réseau *m* de receleurs ; *einen ~ auffliegen lassen* débusquer un réseau de receleurs.

Heidenarbeit *f*, en travail *m* colossal, de fou.

Heidengeld *n*, er sommes *fpl* énormes ; *ein ~ kosten* coûter un argent fou.

Heilanstalt *f*, en établissement *m* de soins ; maison *f* de cure.

Heilberufe *mpl* les professions *fpl* de santé.

heilige Kühe *fpl* vaches *fpl* sacrées ; (*fam.*) *~ schlachten* s'attaquer à des tabous ; déboulonner les idoles.

Heim *n*, e domicile *m* ; habitation *f* ; foyer *m* (social) ; *~ für Obdachlose* foyer pour sans-abris ; *~ für ledige Mütter* foyer pour mères célibataires.

Heimarbeit *f*, en travail *m* à domicile.

Heimarbeiter *m*, - travailleur *m* à domicile ; ouvrier *m* à domicile.

Heimatland *n*, ¨er pays *m* d'origine.

Heimatlose/r (*der/ein*) apatride *m*.

Heimatschutzgesetz *n*, e (*environnement*) loi *f* sur la protection du territoire national.

Heimatstaat *m*, en l'État *m* dont on est ressortissant.

Heimatvertriebene/r (*der/ein*) expulsé *m* ; réfugié *m* ; rapatrié *m*.

Heimbewohner *m*, *n* - pensionnaire *m* d'un foyer spécialisé ; résident *m* d'un foyer du troisième âge.

Heimcomputer *m*, - ordinateur *m* ; P.C. *m* ; micro *m*.

heim/fahren, u, a (*fam.*) réaliser ; engranger ; *hohe Überschüsse* ~ engranger des excédents élevés.

Heimfall *m*, ø (*jur.*) dévolution *f* ; retour *m* ; ~ *an den Staat* dévolution à l'État.

Heimgewerbe *n*, - activité *f* professionnelle (artisanale ou commerciale) à domicile.

Heim + Handwerk *f* (*HH*) salon *m* de l'habitat.

Heimindustrie *f*, n industrie *f* à domicile ; économie *f* domestique.

heimisch intérieur ; national ; indigène ; ~*er Markt* marché *m* intérieur.

heimlich secret ; ~*e Steuererhöhung* augmentation *f* larvée des impôts ; dérive *f* fiscale.

Heimpflege *f*, ø soins *mpl* en milieu fermé.

Heimpfleger *m*, - infirmier *m* à domicile.

Heimtextilmesse *f*, n (*Francfort*) Salon *m* du blanc.

Heimtierausweis *m*, e passeport *m* pour animaux domestiques (avec attestation de vaccins à jour, de tatouage obligatoire, etc.).

Heimträger *m*, - organisme *m* gestionnaire d'une maison de retraite ou d'un institut médicalisé spécialisé.

heimwerken travailler chez soi ; bricoler.

Heimwerker *m*, - bricoleur *m*.

Heimwerkerbedarf *m*, ø matériel *m* de bricolage ; matériel pour bricoleurs.

Heimwerkermarkt *m*, ¨e grande surface *f* de bricolage.

Heiratsbeihilfe *f*, n prime *f* de salaire versée par l'employeur à l'occasion du mariage ; indemnité *f* de mariage.

heiratsfähig nubile ; en âge de se marier.

Heiratsgut *n*, ¨er bien *m* acquis par mariage ; bien apporté en mariage ; bien dotal.

Heiratsinstitut *n*, e agence *f* matrimoniale.

heiß : chaud ; (*fig.*) ~*er Draht* téléphone *m* rouge ; ~*e Gelder* capitaux *mpl* flottants, spéculatifs ; ~*e Ware* marchandise *f* illégale, interdite.

Heizbedarf *m*, ø besoins *mpl* en énergie thermique.

Heizkosten *pl* frais *mpl* de chauffage.

Heizkraftwerk *n*, e centrale *f* thermique.

Heiznetz *n*, e réseau *m* de chauffage urbain à distance.

Heizöl *n*, e fuel *m* domestique ; mazout *m*.

Heizöltank *m*, s cuve *f* à mazout ; citerne *f* à mazout.

Heizungsanlage *f*, n installation *f* de chauffage.

Heizungsbauer *m*, - fabricant *m* d'appareils de chauffage ; chauffagiste *m*.

Heizungsfachmann *m*, ¨er chauffagiste *m*.

Heizungskosten *pl* frais *mpl* de chauffage.

Hektar *n/m*, e hectare *m*.

Hektarertrag *m*, ¨e rendement *m* à l'hectare.

Helfershelfer *m*, - complice *m* (*syn. Komplize*).

Heller *m*, - (*hist.*) pièce *f* de monnaie ; *auf ~ und Pfennig bezahlen* payer rubis sur l'ongle ; *das ist keinen roten ~ wert* cela ne vaut pas un sou.

Helpline *f*, s (*pr. ang.*) numéro *m* vert ; aide *f* téléphonique.

hemmen entraver ; ralentir ; freiner ; faire obstacle à ; *Überreglementierung ~t die Mobilität* l'excès de réglementation entrave la mobilité.

-hemmend (*suffixe*) nocif à ; préjudiciable à ; *investitions~* défavorable à l'investissement.

Hemmnis *n*, s entrave *f* ; obstacle *m* ; empêchement *m*.

Hemmschuh *m*, e obstacle *m* ; frein *m* ; ~ *für den Fortschritt* entrave *f* au progrès.

Hemmung *f*, en 1. → *Hemmnis* 2. suspension *f* ; levée *f* ; ~ *der Verjährung* levée de la prescription.

herab/setzen réduire ; diminuer ; abaisser ; *die Preise* ~ baisser les prix ; *den Diskontsatz* ~ abaisser le taux de l'escompte.

Herabsetzung *f*, **en** réduction *f* ; diminution *f* ; abaissement *m* ; ~ *der Altersgrenze* abaissement *m* de l'âge de la retraite.

Herabstufung *f*, **en** rétrogradation ; *berufliche* ~ déclassement *m* professionnel.

heran/bilden → *aus/bilden*.

heran/ziehen, o, o 1. faire appel à ; consulter ; *einen Sachverständigen* ~ faire appel à un expert **2.** prendre en considération ; *alle Vermögenswerte* ~ prendre tous les éléments du patrimoine en considération **3.** faire venir ; engager ; utiliser ; *ausländische Arbeitskräfte* ~ recourir à la main-d'œuvre étrangère.

herauf/setzen augmenter ; relever ; majorer (*contr. herabsetzen*).

Heraufsetzung *f*, **en** relèvement *m* ; majoration *f* ; augmentation *f*.

Heraufstufung *f*, **en** reclassement *m* (catégoriel) ; promotion *f* d'échelon (*contr. Herabstufung*).

Herausforderung *f*, **en** défi *m* ; challenge *m* ; *eine* ~ *an/nehmen* relever un défi.

Herausgabe *f*, **n** (*bien*) restitution *f* ; remise *f* ; publication *f*.

Herausgabeanspruch *m*, ¨e droit *m* de restitution d'un bien (illégalement détenu par un tiers).

Herausgeber *m*, - éditeur *m*.

heraus/schmuggeln passer en fraude ; faire sortir en contrebande.

heraus/wirtschaften dégager, tirer un bénéfice de.

Herbstmesse *f*, **n** foire *f* d'automne.

Herdbuch *n*, ¨er (*agric.*) livre *m* des origines (d'un animal).

herein/holen : *Aufträge* ~ faire rentrer des commandes.

herein/legen : (*fam.*) *jdn* ~ rouler qqn ; embobiner qqn.

her/hinken être en retard ; *hinter dem Fortschritt* ~ être à la traîne du progrès.

herkömmlich traditionnel ; conventionnel ; ~*e Kontingente* contingents *mpl* conventionnels.

Herkunft *f*, ¨e provenance *f* ; origine *f*.

Herkunftsangabe *f*, **n** indication *f* de provenance ; marque *f* de traçabilité ; certificat *m* d'origine.

Herkunftsbereich *m*, **e** (*agric.*) aire *f* de provenance ; terroir *m*.

Herkunftsbescheinigung *f*, **en** certificat *m* d'origine.

Herkunftsbezeichnung *f*, **en** → *Herkunftsangabe*.

Herkunftsland *n*, ¨er pays *m* d'origine.

Herkunftszeichen *n*, - → *Herkunftsangabe*.

Hermes-AG *f* société *f* de promotion des exportations ; (*France*) C.O.F.A.C.E.

Hermes-Bürgschaft *f*, **en** garantie *f* Hermes ; garantie financière de l'État à l'exportation ; caution *f* publique couvrant les dommages subis à l'exportation du fait de l'insolvabilité d'un tiers.

Hermes-Garantie *f*, **n** → *Hermes-Bürgschaft*.

Hermes-Kreditversicherung *f*, **en** → *Hermes-Bürgschaft*.

Herodes-Prämie *f*, **n** (*agric.*) prime *f* « Hérode » (d'abattage des veaux dès leur naissance à fin de transformation en farine animale).

Herr *m*, **n**, **en** (*corresp.*) *Sehr geehrter* ~ *Schmidt* Monsieur, ; *Sehr geehrte* ~*en* Messieurs, ; (*fig.*) ~ *der Lage bleiben* maîtriser la situation ; rester maître de la situation.

Herrenartikel *m*, - article *m* pour homme(s).

Herrenausstatter *m*, - boutique *f* (de luxe) pour homme(s).

herrenlos (*jur.*) sans maître ; ~*es Vermögen* biens *mpl* en déhérence ; ~*e Sachen* objets *mpl* sans propriétaires ; objets réputés abandonnés ; ~ *werden* tomber en déréliction.

Herrschaft *f*, **1.** ø maîtrise *f* ; pouvoir *m* ; domination *f* **2. en** (*arch.*) maîtres *mpl* ; patrons *mpl* (de personnel de maison).

Herrschaftsmethoden *fpl* méthodes *fpl* autoritaires ; autoritarisme *m*.

her/stellen 1. produire ; fabriquer ; manufacturer ; créer ; *serienweise* ~ fabriquer en série (*syn. produzieren, fabrizieren*) **2.** (*relations*) établir ; nouer.

Hersteller *m*, - fabricant *m* ; constructeur *m* ; producteur *m* (*syn. Produzent, Fabrikant*).

Herstellerbetrieb *m*, **e** maison *f*, entreprise *f* productrice, de fabrication ; fabrique *f*.

Herstellergarantie *f,* **n** garantie *f* du constructeur, du fabricant.

Herstellerhaftung *f,* **en** responsabilité *f* du fabricant.

Herstellerpreis *m,* **e** → *Herstellungskosten.*

Herstellung *f,* **en** fabrication *f* ; production *f* ; construction *f* ; confection *f* ; création *f* ; *serienmäßige* ~ production en série ; *in der* ~ *befindlich* en production ; en cours de fabrication (*syn. Produktion, Fertigung, Fabrikation*).

Herstellungsaufwendungen *fpl* (*comptab.*) dépenses *fpl* d'exploitation.

Herstellungsbetrieb *m,* **e** → *Herstellerbetrieb.*

Herstellungsfehler *m,* - défaut *m,* vice *m* de fabrication.

Herstellungsgenehmigung *f,* **en** → *Herstellungslizenz.*

Herstellungsjahr *n,* **e** année *f* de fabrication.

Herstellungskosten *pl* coût *m* de production ; prix *m* de revient de la fabrication.

Herstellungsland *n,* ¨**er** pays producteur *m* ; pays d'origine (*syn. Ursprungsland*).

Herstellungslizenz *f,* **en** licence *f* de fabrication.

Herstellungsmenge *f,* **n** quantité *f* produite.

Herstellungsort *m,* **e** lieu *m* de fabrication.

Herstellungspreis *m,* **e** → *Herstellungskosten.*

Herstellungsprozess *m,* **e** processus *m* de fabrication.

Herstellungsverfahren *n,* - procédé *m* de fabrication.

herunter/drücken → *herab/setzen.*

herunter/handeln diminuer ; faire baisser (en négociant) ; *Forderungen* ~ faire baisser des exigences.

herunterladbar (*Internet*) téléchargeable.

herunter/laden, u, a (*Internet*) télécharger (*syn. downloaden*).

Herunterladen *n,* ø (*Internet*) téléchargement *m* (*syn. Downloading, Downloaden*).

herunter/schrauben : *seine Ansprüche* ~ rabattre ses prétentions.

herunter/spielen minimiser ; *die Folgen von etw* ~ minimiser les conséquences de qqch.

herunter/stufen diminuer d'un cran ; rétrograder d'échelon.

herunter/wirtschaften ruiner ; couler (une entreprise par mauvaise gestion).

herunter/zeichnen : *eine Ware* ~ démarquer un article.

hervorragend excellent ; remarquable ; ~*e Qualität* qualité *f* de premier ordre ; choix *m* exceptionnel ; tout premier choix.

Heu *n,* ø foin *m* ; (*fam.*) *Geld wie* ~ *haben* avoir un argent fou ; avoir des masses d'argent.

Heuer *f,* **n** 1. salaire *m* d'un marin 2. engagement *m* d'un marin.

Heuerbüro *n,* **s** bureau *m* d'engagements maritimes.

heuern (*marine*) engager du personnel navigant ; enrôler un équipage (*syn. an/ heuern*).

Heuernte *f,* **n** (*agric.*) fenaison *f* ; récolte *f* des foins.

Heuervertrag *m,* ¨**e** contrat *m* d'engagement sur un navire.

heurig (*Autriche, Suisse*) de cette année ; ~*e Ernte* récolte *f* de cette année.

Heurige/r (*der/ein*) 1. (*Autriche*) vin *m* de l'année 2. caveau *m* de dégustation du vin nouveau.

Hexenjagd *f,* **en** (*polit.*) chasse *f* aux sorcières.

Hex-Index *m* (*bourse*) indice *m* de la bourse d'Helsinki.

HGB *n* → *Handelsgesetzbuch.*

hieb- und stichfest à toute épreuve ; ~*e Argumente* arguments *mpl* imparables ; ~ *er Vertrag* contrat *m* béton.

Hierarchie *f,* **n** hiérarchie *f* (*syn. Rangfolge*).

Hierarchie-Ebene *f,* **n** échelon *m,* niveau *m* hiérarchique.

hierarchisch hiérarchique ; ~ *aufgebaut sein* avoir une structure hiérarchisée.

Hierarchisierung *f,* **en** hiérarchisation.

hiermit par la présente ; ~ *wird bestätigt, dass* nous confirmons par la présente que.

hieven hisser ; *jdn auf den Chefsessel* ~ hisser qqn au fauteuil de direction.

Highflyer *m,* **s** (*pr. ang.*) (*bourse*) 1. action *f* spéculative ; titre *m* à fortes variations de cours 2. valeur-vedette *f* ; produit *m* phare.

Highspeed-DSL (*pr. ang.*) (*Internet*) haut débit *m* ADSL.

High-Tech *n*/*f* (*pr. ang.*) haute technologie *f* ; technologie de pointe ; secteur *m* (du) high-tech.

High-Tech-Gewächs *n*, ¨e plante *f* issue de la culture transgénique.

High-Tech-Industrie *f*, **n** industrie *f* de la haute technologie ; industrie high-tech ; industrie de pointe.

High-Tech-Markt *m*, ¨e marché *m* de la haute technologie, de la technologie de pointe ; créneau *m* du high-tech.

High-Tech-Produkt *n*, **e** produit *m* high-tech ; produit de haute technologie ; produit technologique haut-de-gamme.

High-Tech-Unternehmen *n*, - entreprise *f* de (technologie) de pointe.

Hijacker *m*, - (*pr. ang.*) pirate *m* de l'air.

Hijacking *n*, ø (*pr. ang.*) piraterie *f* aérienne.

Hilfe *f*, **n** aide *f* ; assistance *f* ; secours *m* ; concours *m* ; soutien *m* **I.** *finanzielle ~* aide financière ; *erste ~* premiers secours *mpl* ; *gegenseitige ~* assistance mutuelle ; *mit Hilfe* (+ G) à l'aide de ; au moyen de ; *technische ~* assistance technique **II.** *jdm zu ~ kommen* venir en aide à qqn ; *jdm ~ leisten* aider qqn ; *jdn zu ~ rufen* appeler qqn à l'aide.

Hilfebezüge *mpl* allocation *f* de soutien ; aide *f* financière.

Hilfeleistung *f*, **en** aide *f* ; assistance *f* ; secours *m* ; soutien *m* financier.

Hilfs- (*préfixe*) auxiliaire ; de secours ; de fortune.

Hilfsaktion *f*, **en** campagne *f* d'entraide ; action *f* de secours ; programme *m* d'assistance.

Hilfsarbeiter *m*, - manœuvre *m* ; journalier *m* ; tâcheron *m* (*syn. ungelernter Arbeiter*).

Hilfsbedürftige/r (*der/ein*) économiquement faible *m* ; personne *f* nécessiteuse ; indigent *m*.

Hilfsbedürftigkeit *f*, ø indigence *f* ; dénuement *m*.

Hilfsbereitschaft *f*, ø générosité *f* (publique) ; esprit *m* d'entraide.

Hilfsdienst *m*, **e** organisation *f* de secours ; organisme *m* d'assistance ; office *m* d'entraide.

Hilfsfonds *m*, - → *Hilfsgelder*.

Hilfsgelder *npl* subvention *f* ; subsides *mpl* ; allocation *f* de secours ; fonds *mpl* de secours.

Hilfsgut *n*, ¨er (premiers) secours *mpl* (sous forme d'aliments, de médicaments) ; aide *f* d'urgence.

Hilfskasse *f*, **n** caisse *f* de secours ; caisse mutuelle d'entraide.

Hilfskomitee *n*, **s** comité *m* de secours ; commission *f* d'assistance.

Hilfskraft *f*, ¨e personnel *m* auxiliaire ; extra *m* ; aide *f* ; contractuel *m*.

Hilfsmaßnahme *f*, **n** mesure *f* d'entraide ; *~n ergreifen* établir un programme d'assistance ; prendre des mesures d'entraide.

Hilfsmittel *npl* moyens *mpl* de secours ; *~ für die Opfer bereit/stellen* dégager des fonds de secours en faveur de sinistrés.

Hilfsorganisation *f*, **en** organisation *f* humanitaire ; organisme *m* caritatif.

Hilfspersonal *n*, ø personnel *m* auxiliaire.

Hilfsprogramm *n*, **e** programme d'assistance, d'aide (économique).

Hilfsstoff *m*, **e** matière *f* auxiliaire ; produit *m* de fonctionnement.

Hilfstätigkeit *f*, **en** activité *f* non spécialisée ; travail *m* de manœuvre.

Hilfs- und Betriebsstoffe *mpl* (*comptab.*) fournitures et matières consommables *fpl*.

Hilfswerk *n*, **e** œuvre *f* caritative, de bienfaisance, de secours.

Himmelsschreiber *m*, - (*publicité*) avion *m* qui fait de la publicité aérienne.

Himmelsschrift *f*, **en** message *m* publicitaire aérien.

hinauf/treiben, ie, ie faire monter ; faire grimper ; pousser ; *Kurse, Preise ~* faire monter les cours ; faire flamber les prix.

hinaus/laufen, ie, au (*ist*) viser à ; revenir à ; déboucher sur ; *das läuft auf eine Rationalisierung des Betriebs hinaus* cela revient à une rationalisation de l'entreprise.

hinaus/schieben, o, o repousser dans le temps ; surseoir à ; ajourner ; reporter à ; déplacer ; renvoyer à plus tard.

hinaus/schmuggeln faire sortir en fraude, en contrebande.

hin/blättern : (*fam.*) *Geldscheine ~* casquer ; aligner des billets de banque.

hindern empêcher ; entraver ; contrecarrer.

Hindernis *n,* **se** obstacle *m* ; entrave *f* ; *ein ~ werden* devenir un obstacle.

hinein/schmuggeln faire entrer clandestinement, en fraude ; faire entrer en contrebande.

hinein/wählen : *jdn in einen Ausschuss ~* élire qqn dans une commission ; coopter qqn.

Hinfahrt *f,* **en** aller *m* simple ; *Hin- und Rückfahrt* ; aller-retour *m.*

hinfällig caduc ; périmé ; *der Vertrag wird ~* le contrat devient caduc.

Hinflug *m,* ¨e *(avion)* vol *m* aller ; *Hin- und Rückflug* vol aller-retour.

Hinfracht *f,* **en** 1. fret *m* transporté à l'aller 2. coût du fret à l'aller.

hin/legen → *hin/blättern.*

hin/nehmen, a, o accepter l'idée de ; se résoudre à ; *schwere Verluste ~ müssen* se résigner à de lourdes pertes.

Hinreise *f,* **n** voyage-aller *m.*

hinsichtlich à l'égard de ; concernant ; se référant à ; au vu de ; *~ Ihres Bewerbungsschreibens* me référant à votre lettre de candidature.

Hinterbliebenenfürsorge *f,* **n** assistance *f,* aide *f* de l'État aux ayants-droit survivants (veuves, orphelins).

Hinterbliebenenrente *f,* **n** pension *f* de survivant, au dernier vivant ; pension de réversion.

Hinterbliebenenversorgung *f,* **en** *(fonctionnaires, militaires)* assistance *f* à l'ayant droit ; assistance aux survivants.

Hinterbliebene/r *(der/ein)* ayant droit *m* survivant.

Hintergrundinformationen *fpl* informations *fpl* détaillées, approfondies ; infos qui éclairent les dessous d'une affaire.

Hinterhand : *Milliarden in der ~ haben* avoir des milliards en réserve ; avoir des milliards sous le coude.

hinterher/hinken traîner la patte derrière qqn ; suivre péniblement.

Hinterlassenschaft *f,* **en** héritage *m* ; succession *f.*

hinterlegen 1. mettre en dépôt ; consigner 2. déposer (de l'argent) ; *als Pfand ~* déposer en nantissement ; *als Sicherheit ~* déposer en garantie ; *Wertpapiere bei einer Bank ~* mettre des titres en dépôt dans une banque *(syn. deponieren).*

Hinterleger *m,* - déposant *m (syn. Deponent).*

Hinterlegung *f,* **en** consignation *f* ; dépôt *m* (pour garantie) ; *gegen ~ von Wertpapieren* contre dépôt de valeurs ; *~ von Pflichtexemplaren* dépôt légal.

Hinterlegungsfrist *f,* **en** délai *m* de dépôt.

Hinterlegungsgelder *npl* fonds *mpl* détenus pour le compte de tiers.

Hinterlegungskasse *f,* **n** caisse *f* de dépôt et consignation.

Hinterlegungspflicht *f,* **en** obligation *f* de dépôt.

Hinterlegungsschein *m,* **e** certificat *m* de dépôt ; bulletin *m* de dépôt.

Hinterlegungsstelle *f,* **n** caisse *f* de consignation ; bureau *m,* organisme *m* de dépôt.

Hintermann *m,* ¨er 1. endosseur *m* subséquent 2. informateur *m* 3. instigateur *m* ; personne *f* qui tire les ficelles ; cerveau *m* ; homme *m* de paille.

Hintertreffen : *ins ~ geraten* passer à l'arrière-plan, au second plan.

Hintertür *f,* **n** *(fig.)* petite porte *f* ; *eine Reform durch die ~ ein/führen* introduire une réforme par la petite porte.

hinterziehen, o, o détourner, soustraire de l'argent ; *Steuern ~* frauder, gruger le fisc.

Hinterziehung *f,* **en** détournement *m* ; fraude *f* ; dissimulation *f.*

Hin- und Rückfahrkarte *f,* **n** ticket *m,* billet *m* aller-retour.

hin- und zurück aller-retour ; *eine Fahrkarte ~ lösen* prendre un billet aller-retour.

Hinweisschild *n,* **er** panneau *m* indicateur.

Hinweistafel *f,* **n** → *Hinweisschild.*

hinzu/verdienen gagner en plus (du salaire normalement perçu) ; *ich habe mir etw hinzuverdient* je me suis fait un petit supplément de salaire.

Hinzuverdienst *m,* **e** salaire *m* d'appoint ; *(fam.)* beurre *m* dans les épinards.

Hinzuverdienstgrenze *f,* **n** plafond *m* de revenus autorisé en complément de la retraite.

Hinzuwahl *f,* **en** cooptation *f (syn. Kooptation).*

hinzu/wählen coopter *(syn. kooptieren).*

Hirse *f,* **-arten** *(agric.)* mil *m* ; millet *m.*

Hit *m,* **s** article *m* à succès ; best-seller *m* ; tube *m (syn. Renner).*

Hitliste *f*, **n** hit-parade *m* ; liste *f* des best-sellers.

Hitzebehandlung *f*, **en** (*agric.*) traitement *m* (des farines animales) par la chaleur.

hitzebeständig résistant à la chaleur ; qui ne craint pas la chaleur.

H-Milch *f*, ø lait *m* (de) longue conservation ; lait U.H.T.

HO *f* → *Handelsorganisation*.

Hobby *n*, **s** passe-temps *m* ; hobby *m* ; dada *m*.

Hobbybereich *m*, **e** secteur *m* de l'activité d'agrément ; secteur des activités de loisirs.

hoch haut ; élevé ; important.

Hochachtung *f*, ø (*corresp.*) haute considération *f* ; estime *f* ; *mit vorzüglicher* ~ je vous prie de croire à l'expression de mes sentiments respectueux.

hochachtungsvoll : (*corresp.*) veuillez agréer... l'expression de mes sentiments distingués.

hochangereichert : ~ *es Uran* uranium *m* hautement enrichi.

hoch/arbeiten (**sich**) gravir les échelons ; se hisser à la force du poignet.

hochauflösend (*techn.*) à haute résolution.

Hochbau *m* **1.** ø bâtiment *m* ; *Ingenieur für* ~ ingénieur *m* en bâtiment **2. -ten** superstructures *fpl* ; construction *f* en surface.

hochbelastet (*techn.*) très sollicité ; soumis à des contraintes importantes.

hochbesoldet → *hochbezahlt*.

hochbesteuert lourdement imposé, taxé.

Hochbetagte *pl* personnes *fpl* très âgées ; vieillards *mpl*.

Hochbetrieb *m*, ø période *f* de pointe ; activité *f* intense.

hochbezahlt bien payé ; grassement rémunéré ; ayant un salaire élevé.

Hochburg *f*, **en** bastion *f* ; haut lieu *m*.

hochdotiert → *hochbezahlt*.

hochentwickelt hautement développé ; de haute technologie ; ~*es Industrieland* pays *m* hautement industrialisé (*contr. unterentwickelt*).

Hochfinanz *f*, ø haute finance.

hoch/gehen, i, a (*ist*) → *hoch/klettern*.

Hochgeschwindigkeitszug *m*, ¨**e** (*HGZ*) T.G.V. *m* ; train *m* à grande vitesse.

hochgiftig hautement toxique.

Hochhaus *n*, ¨**er** building *m* ; tour *f* d'habitation.

hochindustrialisiert hautement, fortement industrialisé.

hochkarätig 1. (*métal précieux*) à nombre de carats élevés **2.** (*fam.*) compétent ; qualifié.

hoch/klettern (*ist*) grimper ; monter ; flamber ; *die Preise klettern hoch* les prix flambent.

Hochkonjunktur *f*, **en** haute conjoncture *f* ; période *f* de prospérité économique ; boom *m* conjoncturel.

Hochkostenland *n*, ¨**er** → *Hochlohnland*.

hoch/krempeln : *die Ärmel* ~ retrousser les manches ; se mettre sérieusement au travail.

Hochleistung *f*, **en** haute performance *f* ; haut rendement *m* ; rendement très élevé.

Hochleistungs- (*préfixe*) à haute performance ; à rendement élevé.

hochleistungsfähig ultra-performant.

Hochleistungssorte *f*, **n** (*agric.*) variété *f* à haut rendement.

Hochlohnland *n*, ¨**er** pays *m* à coût salarial élevé ; pays à coût de production élevé ; pays où les salaires sont trop élevés.

Hochlohnstandort *m*, **e** site *m* industriel à coût salarial élevé ; lieu *m* d'implantation à fort coefficient salarial.

hochmodern ultramoderne.

Hochofen *m*, ¨ haut fourneau *m*.

hoch/päppeln (*fam.*) remettre sur pieds, à flot ; renflouer.

Hochpreisgeschäft *n*, **e** magasin *m* haut de gamme ; boutique *f* de luxe.

hochpreisig à prix élevé ; haut-de-gamme ; de luxe.

Hochpreispolitik *f*, ø politique *f* de hauts prix, des prix forts.

Hochprozenter *m*, - (*fam.*) titre *m*, rente *f* à taux d'intérêt élevé.

hochprozentig à pourcentage élevé ; à fort pourcentage.

hoch/puschen (*bourse*) (*fam.*) faire monter ; faire grimper (le cours d'une action) ; (*fam.*) booster.

hochqualifiziert hautement qualifié ; ~*e Arbeitskräfte* personnel *m* hautement qualifié.

hoch/rangeln (**sich**) (*fam.*) se hisser à, vers ; *sich zum Größten des Markts* ~

se hisser au premier rang ; devenir le numéro un du marché.

hoch/rechnen extrapoler ; faire une estimation ; déduire un résultat à partir de données partielles ou fragmentaires.

Hochrechnung *f,* en extrapolation *f* ; estimation *f* ; projection *f* ; fourchette *f* (élections).

hochrentierlich de grand rapport ; de rapport élevé ; de haute rentabilité.

Hochrüstung *f,* en (*polit.*) surarmement *m.*

Hochsaison *f,* s/en haute saison *f* (touristique, hôtelière, théâtrale).

hoch/schnellen (*ist*) (*prix*) flamber ; monter en flèche ; *noch nie schnellte der Goldpreis so hoch* on n'avait encore jamais assisté à une telle flambée du prix de l'or.

Hochschnellen *n,* ø (*prix*) envolée *f* ; montée *f* en flèche ; ~ *der Kosten* envolée des coûts.

hoch/schrauben relever ; remonter ; *den Zinssatz* ~ relever le taux d'intérêt.

Hochschulabgänger *m,* - → *Hochschulabsolvent.*

Hochschulabschluss *m,* ¨e diplôme *m* universitaire.

Hochschulabsolvent *m,* en, en diplômé *m* ; licencié *m.*

Hochschulbildung *f,* en formation *f* universitaire.

Hochschule *f,* n université *f* ; école *f* supérieure ; établissement *m* d'enseignement supérieur ; *pädagogische* ~ I.U.F.M. *m* (*institut universitaire de formation des maîtres*) ; *technische* ~ I.U.T. *m* (*Institut universitaire de technologie*) ; établissement *m* d'enseignement supérieur technique.

Hochschullehrer *m,* - professeur *f* d'université ; *emeritierter* ~ professeur universitaire émérite.

Hochschulrahmengesetz *n,* e loi-cadre *f* sur les universités et l'enseignement supérieur.

Hochschulreform *f,* en réforme *f* de l'enseignement supérieur.

Hochschulreife *f,* ø grade *m* de bachelier (qui donne accès à l'enseignement supérieur).

Hochschulstudium *n,* -ien études *fpl* supérieures ; *ein* ~ *erfolgreich ab/schließen* obtenir un diplôme d'études supérieures.

Hochseefischerei *f,* en pêche *f* hauturière ; pêche *f* en haute mer.

Hochseeflotte *f,* n flottille *f* de pêche hauturière.

Hochsee- und Küstenfischerei *f,* en pêche *f* hauturière et côtière.

Hochsommer *m,* ø plein été *m* ; cœur *m* de l'été.

hoch/spielen monter en épingle.

höchst- (*préfixe*) maximum ; le plus élevé ; le plus grand ; plafond.

Höchstalter *n,* - âge *m* limite ; *das* ~ *zum Eintritt in* l'âge limite pour entrer dans, à.

Hochstand *m,* ¨e niveau-record *m* ; plafond *m.*

Höchstangebot *n,* e offre *f* la plus élevée ; enchère *f* la plus haute.

Hochstapelei *f,* en escroquerie *f.*

hoch/stapeln pratiquer l'imposture.

Hochstapler *m,* - escroc *m* ; imposteur *m* ; chevalier *m* d'industrie.

Höchstbeitrag *m,* ¨e plafond *m* de cotisation ; cotisation *f* maximale.

Höchstbelastung *f,* en charge *f* maximale (autorisée) ; charge limite.

Höchstbetrag *m,* ¨e plafond *m* ; somme *f* maximale ; montant *m* maximal ; *bis zu einem* ~ *von* jusqu'à concurrence de.

Höchstbietende/r (*der/ein*) le plus offrant.

Hochsteuerland *n,* ¨er pays *m* à taux d'imposition élevé ; pays surfiscalisé.

Höchstfangquote *f,* n quota *m* de pêche maximum.

Höchstgarantie *f,* n garantie *f* maximum.

Höchstgebot *n,* e enchère *f* maximum.

Höchstgehalt *n,* ¨er traitement *m* maximal.

Höchstgeschwindigkeit *f,* en vitesse *f* maximale.

Höchstgewicht *n,* e poids *m* maximal (autorisé).

Höchstgrenze *f,* n plafond *m* ; limite *f* supérieure ; limite à ne pas dépasser ; *die* ~ *erreichen* plafonner ; *die* ~ *überschreiten* dépasser, crever le plafond.

Höchstkurs *m,* e cours *m* maximal ; plus haut cours *m.*

Höchstlast *f,* en → *Höchstbelastung.*

Höchstleistung *f,* en rendement *m,* productivité *f* maximal(e) ; puissance *f* maximale ; (*sport*) record *m.*

Höchstlohn *m,* ¨e salaire *m* plafond, maximal ; plafond *m* de rémunération.

Höchstmarke *f,* n chiffre *m* supérieur ; limite *f* supérieure.
Höchstmaß *n,* e maximum *m* ; dimension *f* maximale ; *ein ~ an Fachkenntnissen* un maximum de connaissances spécialisées (*syn. Maximum*).
Höchstmenge *f,* n quantité *f* maximale.
Höchstmengenverordnung *f,* en (*agro-alimentaire*) réglementation *f* en matière d'adjonction de conservateurs ou d'additifs dans les produits alimentaires.
Höchstpreis *m,* e prix *m* limite ; prix-plafond ; prix maximal.
Hochstraße *f,* n route *f* surélevée ; route en surélévation ; route aérienne.
Höchststand *m,* ¨e niveau *m* maximal ; plafond *m* ; (*bourse*) cours *m* record ; *den ~ erreichen* plafonner.
Höchsttarif *m,* e tarif *m* maximal.
hoch/stufen (*bourse*) relever une cote ; évaluer à la hausse.
Höchstversicherungssumme *f,* n montant *m* maximal de l'assurance ; plafond *m* de l'assurance ; valeur *f* maximale garantie.
Höchstwert *m,* e valeur *f* maximale.
Höchstzahl *f,* en nombre *m,* chiffre *m* maximum.
höchstzulässig : *~ es Zuggewicht* charge *f* maximale autorisée ; poids *m* total en charge autorisé.
hochtechnisch de haute technicité.
Hochtechnologie *f,* n technologie *f* de pointe ; haute technologie *f* ; high-tech *m* ; → *High-Tech.*
Hochtechnologiebereich *m,* e secteur *m* (du) high-tech ; domaine *m* de la haute technologie.
Hochtechnologiekonzern *m,* e groupe *m* de haute technologie.
Hochtechnologiewerte *mpl* (*bourse*) titres *mpl* de haute technologie ; valeurs *fpl* high-tech.
Hochtour *f,* en cadence *f* soutenue ; rythme *m* élevé ; *auf ~en laufen* marcher, tourner à plein rendement ; battre son plein.
Hochtouristik *f,* ø alpinisme *m* ; tourisme *m* de haute montagne.
hoch/treiben, ie, ie faire monter ; faire grimper ; *die Preise ~* faire grimper les prix.
Hoch- und Fachschulwesen *n,* ø enseignement *m* supérieur (technique et professionnel) ; universités *fpl* et écoles *fpl* supérieures.

Hoch- und Tiefbau *m,* ø le bâtiment et les travaux publics ; B.T.P. *m* ; génie *m* civil.
hochverschuldet surendetté ; endetté jusqu'au cou ; criblé de dettes.
hochverzinslich d'un rendement élevé ; à taux d'intérêt élevé.
hochverzinst à taux d'intérêt élevé.
Hochwald *m,* ¨er haute futaie *f.*
Hochwasser *n,* - (*navigation*) hautes eaux *fpl* ; crue *f* ; *das ~ hat große Schäden verursacht* les crues ont provoqué des dégâts importants.
Hochwassergefahr *f,* en risque *f* de crue.
Hochwasserschaden *m,* ¨ dégâts *mpl* dus aux inondations, à une crue.
Hochwasserschutzgesetz *n,* e loi *f* sur la prévention des crues et inondations ; (*France*) plan *m* de prévention des risques d'inondation (P.P.R.I.).
Hochwasserüberliegezeit *f,* en surestarie *f* pour cause de rivière en crue ; dépassement *m* du temps dû aux inondations.
hochwertig 1. de grande valeur ; précieux ; haut de gamme ; de premier choix ; sophistiqué ; *~e Konsumgüter* biens *mpl* de consommation de qualité ; haut *m* de gamme 2. (*minéral*) à haute teneur ; riche.
Hochwertrecycling *n,* s réutilisation *f,* recyclage *m* par les fabricants et les producteurs de pièces détachées de valeur ; (*électronique*) récupération *f* de pièces détachées nobles.
Hoch-Zeiten *fpl* conjoncture *f* favorable ; période *f* de(s) vaches grasses ; les beaux jours *mpl.*
Hochzinsanleihe *f,* n emprunt *m* à taux d'intérêt élevé.
Hochzinsphase *f,* n phase *f* de forts taux d'intérêt ; période *f* de taux d'intérêt élevés.
Hochzinspolitik *f,* ø politique *f* de l'argent cher ; *~ betreiben* pratiquer une politique de taux d'intérêt élevés.
Hochzinswährung *f,* en monnaie *f* à rendement élevé.
Hochzinszeit *f,* en → *Hochzinsphase.*
Hochzollpolitik *f,* ø politique *f* des tarifs douaniers élevés.
Hof *m,* ¨e ferme *f* ; exploitation *f* agricole ; *einen ~ auf/geben* quitter la terre.
Hofbesitzer *m,* - propriétaire *m* d'une exploitation agricole.

hoffen espérer ; (*coresp.*) *wir ~ auf baldige Antwort* en espérant une réponse rapide.

Hoffnung *f,* **en** espoir *m* ; *in der ~ auf etw* dans l'espoir de qqch ; *in der ~, dass* en espérant que.

Hoffnungsträger *m,* **-** (*marché*) secteur *m* prometteur ; marché *m* porteur.

hofieren courtiser (un concurrent, un fournisseur).

Höflichkeitsformel *f,* **n** formule *f* de politesse.

HO-Geschäft *n,* **e** → *Handelsorganisation.*

Höhe *f,* **n** niveau *m* ; hauteur *f* ; montant *m* ; *bis zur ~ von* jusqu'à concurrence de ; *in ~ von* à concurrence de ; *in die ~ gehen* monter ; être à la hausse ; grimper ; *Preise in die ~ treiben* pousser, faire monter les prix.

Hohe Haus (*das*) → *Parlament.*

Hoheit *f,* **(en)** souveraineté *f* ; autonomie *f* ; autorité *f* ; → *Finanz-, Gerichts-, Landes-, Münz-, Staats-, Steuer-, Zollhoheit.*

Hoheitsakt *m,* **e** acte *m* de souveraineté.

Hoheitsgebiet *n,* **e** territoire *m* d'un État ; territoire national.

Hoheitsgewalt *f,* **(en)** pouvoir *m* de souveraineté.

Hoheitsgewässer *npl* eaux *fpl* territoriales.

Hoheitsgrenze *f,* **n** limite *f* territoriale.

Hoheitsrecht *n,* **e** droit *m* de souveraineté.

Höhenflieger *m,* **-** (*bourse*) valeur *f,* titre *m* qui atteint des sommets ; valeur-vedette *f.*

Höhenflug *m,* ¨**e** envolée *f* (d'une monnaie, d'un cours).

höher plus élevé ; supérieur ; *~er Beamter* haut fonctionnaire *m* ; *~e Gewalt* force *f* majeure ; *~e Instanz* instance *f* supérieure.

Höherbewertung *f,* **en** taxation *f* plus élevée ; plus-value *f* ; valorisation *f* ; réévaluation *f.*

Höhereinstufung *f,* **en 1.** reclassement *m* catégoriel ; promotion *f* ; avancement *m* **2.** passage *m* dans une tranche supérieure d'imposition.

Höhergruppierung *f,* **en** avancement *m* ; gravissement *m* d'un échelon ; reclassement *m* catégoriel.

höher/stufen reclasser ; promouvoir ; faire gravir un échelon.

höherwertig à valeur ajoutée élevée ; à forte valeur ajoutée.

Höker *m,* **-** brocanteur *m* ; revendeur *m* ambulant ; camelot *m* ; marchand *m* des quatre-saisons.

Hökerhandel *m,* **ø** brocante *f* ; commerce *m* forain ; *~ (be)treiben* faire de la brocante.

Hold : (*conseil boursier*) conserver.

Holding *f,* **s** (*pr. ang.*) holding *f/m* ; société *f* holding ; société de participation (groupe financier détenant des participations dans d'autres sociétés dont elle assure l'unicité de direction et le contrôle des activités P.S.A., par ex, est une holding française contrôlant Peugeot et Citroën, Metro est une holding allemande contrôlant plusieurs groupes de distribution) (*syn. Dachgesellschaft*).

Holdinggesellschaft *f,* **en** → *Holding.*

Holschuld *f,* **en** dette *f* quérable ; créance *f* payable au domicile du débiteur (*contr. Bringschuld*).

Holzeinschlag *m,* ¨**e** exploitation *f* de bois de chauffage et de construction ; coupe *f* de bois.

Holzindustrie *f,* **n** industrie *f* du bois.

Holzklasse *f,* **n** catégorie *f* de bois ; qualité *f* de bois.

Holzschlag *m,* **1. ø** (travail de la) coupe *f* du bois ; abattage *m* **2.** ¨**e** coupe *f* forestière ; secteur *m* forestier de coupe.

holzverarbeitend : *~e Industrie* industrie *f* de transformation du bois.

Holzverarbeitung *f,* **en** travail *m* du bois.

Holzverarbeitungsindustrie *f,* **n** industrie *f* de transformation du bois.

Holzveredelung *f,* **en** traitements *mpl* qualitatifs du bois ; bois *m* traité.

Holzwaren *fpl* produits *mpl* manufacturés du bois.

Holzwirtschaft *f,* **en** activités *fpl* du bois.

Homebanking *n,* **s** (*pr. ang.*) gestion *f* de compte en ligne ; banque *f* à domicile ; téléservices *mpl* bancaires.

Homecomputer *m,* **-** (*pr. ang.*) → *Heimcomputer.*

Homepage *f,* **s** (*pr. ang.*) page *f* d'accueil (d'un site) ; site *m* Web ; page *f* sur le Web ; page d'un service ; carte de visite *f* d'un service sur Internet ; page personnelle d'un individu ; *eine ~ im*

Internet haben avoir un site ; *die ~ ab/rufen* appeler un site.

Homeshopping *n, s* (*pr. ang.*) téléachat *m* ; achats *mpl* sur Internet.

Honorant *m, en*, en intervenant *m* ; recommandataire *m* (tiers qui peut faire honneur à l'une des signatures figurant sur un effet de commerce).

Honorar *n*, e honoraires *mpl* ; *ärztliches ~* honoraires du médecin ; *gegen ~ arbeiten* travailler moyennant honoraires ; (*für etw*) *ein ~ zahlen* verser des honoraires (pour qqch).

Honorarrechnung *f, en* note *f* d'honoraires.

Honorarsatz *m,* ¨e taux *m* d'honoraires.

Honoratioren *pl* notables *mpl* ; notabilités *fpl* ; (*fam.*) les huiles.

honorieren honorer ; faire honneur à ; *einen Wechsel ~* honorer une traite.

Honorierung *f, en* 1. rémunération *f* des libéraux ; paiement *m* de droits d'auteur 2. acceptation *f*, paiement *m* d'une traite.

Hörbehinderte/r (*der/ein*) malentendant *m*.

Horchposten *m,* - poste *m* d'écoute ; *einen ~ auf/stellen* aménager un poste d'écoute.

Hörer *m,* - 1. (*radio*) auditeur *m* 2. (*téléph.*) combiné *m*.

Hörerbrief *m, e* courrier *m* des auditeurs ; "les auditeurs ont la parole".

Hörfunk *m, ø* radio(diffusion) *f* ; *im ~* à la radio (*syn. Rundfunk, Radio*).

Hörfunkbetreiber *m,* - exploitant *m* d'une station de radio.

Hörfunkwerbung *f, en* publicité *f* à la radio ; publicité sur les ondes.

horizontal horizontal ; *~e Konzentration* concentration *f* horizontale ; (*fam.*) *~es Gewerbe* prostitution *f*.

Horizontalkonzern *m, e* concentration *f* industrielle horizontale ; ensemble *m* industriel d'entreprises du même stade de production.

hormonbehandelt : *~ es Fleisch* viande *f* traitée aux hormones.

Hormonrückstand *m,* ¨e (*agric.*) traces *fpl* d'hormone (dans la viande).

Hormonverbot *n, e* (*agric.*) interdiction *f* d'utiliser des hormones (dans l'élevage du bétail).

horten thésauriser ; stocker ; accumuler (*syn. thesaurieren*).

Hortung *f, en* thésaurisation *f* ; stockage *m* ; accumulation *f*.

Hortungskauf *m,* ¨e achat *m* spéculatif.

Hostess *f, en* 1. hôtesse *f* d'accueil 2. hôtesse de l'air.

Hostmaster *m,* - (*Internet*) hébergeur *m* de sites.

Hotel *n, s* hôtel *m* ; *Drei-Sterne-~* hôtel 3 étoiles.

Hotelauslastung *f, en* fréquentation *f* hôtelière ; *~ auf niedrigem Niveau* fréquentation hôtelière à faible niveau.

Hotelbelegung *f, en* → *Hotelauslastung*.

Hotelfach *n, ø* 1. formation *f* à l'école hôtelière 2. secteur *m* hôtelier.

Hotelfachfrau *f, en* → *Hotelkauffrau*.

Hotelfachmann *m,* ¨er → *Hotelkaufmann*.

Hotelfachschule *f, n* école *f* hôtelière.

Hotelführer *m,* - guide *m* des hôtels.

Hotelgewerbe *n,* - industrie *f* hôtelière.

Hotelkauffrau *f, en* cadre *m* (féminin) hôtelier.

Hotelkaufmann *m,* ¨er cadre *m* hôtelier.

Hotelkette *f, n* chaîne *f* hôtelière.

Hotellerie *f, ø* → *Hotelgewerbe*.

Hotellogiernächte *fpl* (*tourisme*) nuitées *fpl* (*syn.* Übernachtungen).

Hotelnachweis *m, e* → *Hotelführer*.

Hotel- und Gaststättengewerbe *n,* - hôtellerie *f* ; industrie *f* hôtelière.

Hotelverzeichnis *n, se* → *Hotelführer*.

Hotelzimmer *n,* - chambre *n* d'hôtel.

Hotline *f, s* (*pr. ang.*) ligne *f* d'assistance téléphonique ; aide *f* en ligne.

Hotliner *m,* - (*pr. ang.*) conseiller *m* en ligne ; assistant *m* technique ; hotliner *m*.

h.p. (*arch. HP : horse power*) cheval vapeur *m*.

hPa (Hektopascal) hectopascal *m*.

HR → *Handelsregister*.

Hr./Hrn. → *Herr*.

Hrsg./Hg. → *Herausgeber*.

HSI → *Hang-Seng-Index*.

HTML (*Internet : Hypertext Markup Language*) langage *m* usuel de programmation sur Internet.

http (*Internet : Hyper Text Transfer Protocol*) http ; type de langage commun entre clients et serveurs.

Hubraum *m*, ø (*auto.*) cylindrée *f.*
Hubraumklasse *f*, n (catégorie *f* de) cylindrée *f.*
hubraumstark de forte cylindrée.
Hubraumsteuer *f*, n vignette-auto *f* (calculée d'après la cylindrée).
Huckepackverkehr *m*, ø ferroutage *m* ; trafic *m* combiné rail-route.
Hudelei *f*, en travail *m* bâclé.
hudeln bâcler le travail ; saloper.
Hühnerfarm *f*, en élevage *m* de volaille, de poules (*syn. Geflügelfarm*).
Hühnerpest *f*, ø grippe *f*, peste *f* aviaire.
Hülle : *in ~ und Fülle* en abondance ; en grande(s) quantité(s).
Humanengineering *n*, ø (*pr. ang.*) étude *f* des conditions psychologiques et sociologiques du monde du travail.
Humanisierung *f* : *~ der Arbeitswelt* humanisation *f* du monde du travail.
Humankapital *n*, ø capital *m* humain ; ressources *fpl* humaines.
Humanresources *pl* (*pr. ang.*) direction *f* des ressources humaines ; D.R.H. *f* ; service *m* du personnel.
hundertprozentig cent pour cent ; 100 %.
Hundertsatz *m*, ¨e pourcentage *m* (*syn. Prozentsatz*).
Hundesteuer *f*, n taxe *f*, impôt *m* sur les chiens.
Hungerlohn *m*, ¨e salaire *m* de misère, de crève-la-faim.
Hungersnot *f*, ¨e famine *f.*
Hungerstreik *m*, s grève *f* de la faim.
Hungerstreikende/r (*der/ein*) gréviste *m* de la faim.
Hungertuch *n* : *am ~ nagen* tirer le diable par la queue ; avoir du mal à joindre les deux bouts.
Hürde *f*, n obstacle *m* ; barre *f* ; seuil *m* ; *eine ~ nehmen* franchir un obstacle ; (*polit.*) *an der fünf-Prozent-~ scheitern* échouer sur l'obstacle des 5 % (des voix).
Hut *m*, ¨e chapeau *m* ; (*fam.*) *den ~ nehmen* démissionner ; tirer sa référence.
Hüter *m*, - gardien *m* ; défenseur *m.*
Hütte *f*, n 1. cabane *f* 2. usine *f* métallurgique ; aciérie *f* ; forge *f* ; fonderie *f.*
Hüttenarbeiter *m*, - ouvrier *m* métallurgiste ; (*fam.*) métallo *m* (*syn. Metaller*).
Hütteningenieur *m*, e ingénieur *m* en métallurgie ; ingénieur des Arts et Métiers.

Hüttenkombinat *n*, e (*hist. R.D.A.*) combinat *m* sidérurgique.
Hüttenkonzern *m*, e groupe *m* sidérurgique ; konzern *m* sidérurgique.
Hüttenproduktion *f*, en production *f* sidérurgique.
Hüttenwerk *n*, e forges *fpl.*
Hüttenwesen *n*, ø métallurgie *f.*
HV → *Hauptversammlung.*
HVB → *Hypovereinsbank.*
HVPI *m* (*Harmonisierter Verbraucher-Preisindex*) indice *m* des prix à la consommation harmonisé (pour tenir compte des variations d'habitudes de consommation entre les différents pays).
Hybridmotor *m*, en (*auto.*) moteur *m* hybride ; propulsion *f* mixte (essence et moteur électrique).
Hydrierwerk *n*, e usine *f* d'hydrogénation.
Hype *m*, s (*pr. ang.*) publicité *f* agressive ; battage *m* publicitaire, médiatique.
Hyperlink *n*, s (*pr. ang.*) (*Internet*) hyperlink *m* ; système *m* de documents reliés entre eux par un système de renvois.
Hypertext *m*, e (*Internet*) hypertexte *m* (regroupement de données numérisées stockées sur un support électronique et structuré en unités d'informations reliées par des liens).
Hypothek *f*, en hypothèque *f* **I.** *eingetragene ~* hypothèque inscrite ; *erste, zweite ~* hypothèque de premier, de second rang **II.** *eine ~ auf /heben* donner mainlevée d'une hypothèque ; *eine ~ (auf ein Haus) auf /nehmen* prendre une hypothèque (sur une maison) ; *mit einer ~ belasten* hypothéquer ; grever d'une hypothèque ; *eine ~ bestellen* constituer une hypothèque ; *eine ~ ein/räumen* consentir une hypothèque ; *eine ~ auf seinem Grundstück haben* avoir une propriété foncière grevée d'une hypothèque ; avoir hypothéqué son immeuble ; *eine ~ löschen* (*lassen*) radier une hypothèque ; *eine ~ tilgen* amortir une hypothèque ; rembourser la dette pour laquelle une hypothèque a été constituée **III.** *Bestellung einer ~* constitution *f* d'une hypothèque ; *Eintragung einer ~ (ins Grundbuch)* inscription *f* d'une hypothèque (au registre foncier) ; *Löschung einer ~* radiation *f* d'une hypothèque.

Hypothekargläubiger *m*, - → *Hypothekengläubiger*.

hypothekarisch hypothécaire ; *~e Anleihe* emprunt *m* hypothécaire ; *~ belastetes Grundstück* immeuble *m*, propriété *f* foncière grevé(e) d'une hypothèque ; *gegen ~e Sicherheit* sur hypothèque ; *~ sichern* hypothéquer ; *eine Forderung ~ sichern* garantir une créance par une hypothèque.

Hypothekarkredit *m*, e crédit *m* hypothécaire.

Hypothekenanlagen *fpl* placements *mpl*, fonds *mpl* hypothécaires.

Hypothekenanleihe *f,* n emprunt *m* hypothécaire, sur hypothèque.

Hypothekenbank *f,* en banque *f* hypothécaire ; banque de prêts hypothécaires ; institut *m* de crédit foncier.

hypothekenbelastet grevé d'une hypothèque ; hypothéqué.

Hypothekenbelastung *f,* en charge *f* hypothécaire.

Hypothekenbestand *m*, ¨e portefeuille *m* des hypothèques sur prêts (accordés aux clients d'une banque).

Hypothekenbestellung *f,* en constitution *f* d'hypothèques.

Hypothekenbrief *m*, e enregistrement *m* d'une hypothèque au livre foncier ; cédule *f* hypothécaire.

Hypothekenbuch *n*, ¨er registre *m* des hypothèques ; grand livre *m* foncier.

Hypothekendarlehen *n*, - prêt *m* hypothécaire ; prêt sur hypothèque.

Hypothekeneintragung *f,* en inscription *f* d'une hypothèque.

Hypothekenforderung *f,* en créance *f* hypothécaire.

hypothekenfrei non hypothéqué ; exempt, libre d'hypothèques.

Hypothekengeschäft *n*, e opération *f* hypothécaire.

Hypothekengläubiger *m*, - créancier *m* hypothécaire ; prêteur *m* sur hypothèque.

Hypothekenlöschung *f,* en purge *f*, radiation *f*, mainlevée *f* d'une hypothèque.

Hypothekenpfandbrief *m*, e obligation *f* hypothécaire, foncière.

Hypothekenregister *n*, - → *Hypothekenbuch*.

Hypothekenschuld *f,* en dette *f* hypothécaire ; dette garantie par constitution d'hypothèque.

Hypothekenschuldner *m*, - débiteur *m* hypothécaire.

Hypothekenschuldverschreibung *f,* en → *Hypothekenpfandbrief*.

Hypothekentilgung *f,* en amortissement *m*, purge *f* de l'hypothèque.

Hypothekenumwandlung *f,* en conversion *f* d'hypothèque.

Hypothekenvorrang *m*, ¨e priorité *f* d'hypothèque.

Hypothekenzinsen *mpl* intérêts *mpl* hypothécaires.

Hypovereinsbank *f* (*HVB*) la « Hypovereinsbank » ; banque *f* privée d'Allemagne.

I

i.A. 1. (*im Auftrag*) par ordre ; par délégation ; au nom de **2.** (*in Abwicklung*) en liquidation **3.** (*in Auflösung*) en liquidation ; en dissolution.

IAA *n* **1.** (*Internationales Arbeitsamt*) (Bureau *m* international du travail) ; B.I.T. *m* **2.** (*Internationale Automobil-Ausstellung*) Salon *m* de l'auto(mobile).

IAB *n* (*Institut für Arbeitsmarkt und Berufsforschung*) Institut *m* de recherches appliquées au marché de l'emploi et aux professions.

IAO *f* **1.** (*Internationale Arbeitsorganisation*) Organisation *f* internationale du travail **2.** (*Internationale Atomenergie-Behörde*) Commissariat *m* international à l'énergie atomique.

IAS *pl* (*International Accounting Standards*) normes *fpl* comptables internationales.

IATA *m* (*Internationaler Verband der Luftfahrtgesellschaften*) Association *f* du transport aérien international (A.T.A.I.).

IBAN *f* (*International Bank Account Number*) code IBAN *m* ; code international interbanques en usage pour les virements électroniques.

IBIS *n* (*bourse*) (*Integriertes Börsenhandels-, Informations- und Abwicklungssystem*) système *m* intégré de transactions, d'informations et d'opérations boursières (marché informatisé des transactions sur les 30 valeurs de l'indice DAX et les principales obligations).

ICE *m* → *Intercity-Express*.

Ich-AG *f*, **s** entreprise *f* individuelle, unipersonnelle (pour chômeurs) ; société bénéficiant d'une aide de l'État.

Icon, s (*pr. ang.*) (*informatique*) icône *f*.

IC-Zug → *Inter-City-Zug*.

IDA *f* (*International Developement Association*) Organisme *m* international de développement (filiale de la banque mondiale qui élabore des programmes d'aide à taux bonifié aux pays pauvres).

Idealverein *m*, **e** association *f* sans but lucratif.

Idealwert *m*, **e 1.** valeur *f* idéale **2.** valeur affective.

ideell immatériel ; incorporel ; ~*er Schaden* préjudice *m* moral.

Ideenwettbewerb *m*, **e** concours *m* d'idées innovantes ; *einen ~ veranstalten* organiser un concours d'idées.

Identifikation *f*, **en** → *Identifizierung*.

identifizieren identifier ; *sich mit dem Betrieb ~* s'identifier à l'entreprise.

Identifizierung *f*, **en** identification *f*.

Identität *f*, **en** identité *f*.

Identitätsnachweis *m*, **e 1.** preuve *f* de l'identité **2.** (*douane*) identification *f* d'une marchandise.

IE *f* (*Internationale Einheit*) unité *f* internationale.

IEA *f* (*Internationale Energie-Agentur*) Agence *f* internationale de l'énergie (Paris).

IFO *f* (*Institut für Wirtschaftsforschung*) Institut *m* de recherche économique.

IG *f* → **1.** *Industrie-Gewerkschaft* **2.** *Interessen-Gemeinschaft*.

IGA *f* (*Internationale Gartenausstellung*) Salon *m* international de l'horticulture.

IGBCE *f* (*Industrie-Gewerkschaft Bergbau, Chemie, Energie*) Fédération *f* syndicale des mines, de la chimie et de l'énergie.

IGEDO *f* (*Internationale Modemesse, Düsseldorf*) Salon *m* international de la mode et de la haute couture.

IG-Farben (*hist. Interessen-Gemeinschaft der deutschen Farbenindustrie*) groupement *m* d'intérêts de l'industrie allemande des colorants ; trust *m* de l'industrie chimique sous le IIIe Reich.

IG-Medien *f* Syndicat *m* de la presse et des médias *IG-Medien* ; → *Ver.di*.

IHK *f* **1.** (*Internationale Handelskammer*) Chambre *f* de commerce internationale **2.** → *Industrie- und Handelskammer*.

IHM *f* (*Internationale Handwerks-Messe*) Salon *m* international de l'artisanat.

i. J. (*im Jahre*) dans l'année.

i. K. (*in Konkurs*) en faillite.

IKR *m* (*Industrie-Kontenrahmen*) cadre *m*, plan *m* comptable industriel.

i. L. (*in Liquidation*) en liquidation.

ILA *f* (*Internationale Luftfahrtausstellung, Berlin*) Salon *m* aéronautique international de Berlin.

illegal illégal ; clandestin ; ~*e Einwanderung* immigration *f* illégale, clandestine.

Illegale/r (*der/ein*) immigré *m* clandestin ; clandestin *m*.
Illegalität *f,* **en** illégalité *f* ; clandestinité *f* ; *in die ~ ab/tauchen* disparaître dans la clandestinité.
illiquid 1. non liquide **2.** insolvable (*syn. zahlungsunfähig*).
Illiquidität *f,* **en** insolvabilité *f* ; manque *m* de trésorerie.
Illustrierte *f,* **n** revue *f* ; magazine *m* illustré ; illustré *m*.
ILO *f* (*International labour organization*) Organisation *f* internationale du travail à Genève.
Image *n,* **s** (*pr. ang.*) image *f* de marque ; profil *m* ; *ein gutes ~ haben* avoir une bonne image de marque.
Imageeffekt *m,* **e** effet *m* d'image ; *einen positiven ~ haben* avoir un effet positif sur l'image d'une marque.
Imagekampagne *f,* **n** campagne *f* de promotion d'une image de marque.
Imagepflege *f,* **n** entretien *m* d'une image de marque.
Imagepfleger *m,* **-** conseiller *m* en communication.
Imageschaden *m,* ¨ dégradation *f,* ternissement *m* d'une image de marque.
Imageverlust *m,* **e** atteinte *f* à une image de marque ; coup *m* porté à une réputation.
Imbissbetreiber *m,* **-** gérant *m* d'un snack, d'une restauration rapide.
Imbissbude *f,* **n** stand-buvette *m* ; snack *m* ; vente *f* ambulante de boissons ; sandwicherie *f*.
Imitat *n,* **e** mauvaise (pâle) imitation *f* (d'un objet de valeur).
Imitation *f,* **en** imitation *f* ; contrefaçon *f* ; falsification *f* ; piratage *m* ; *~ eines Markenprodukts* contrefaçon d'un produit de marque.
Imker *m,* **-** (*agric.*) apiculteur *m*.
Imkerei *f,* **en** apiculture *f*.
imkern pratiquer l'apiculture.
Immaterialgüterrecht *n,* **e** droit *m* sur la propriété intellectuelle.
immateriell immatériel ; moral ; *~e Anlagewerte* valeurs *fpl* incorporelles ; éléments *mpl* incorporels ; *~e Bedürfnisse* besoins *mpl* immatériels ; *~e Güter* biens *mpl* incorporels ; *~er Schaden* dommage *m,* préjudice *m* moral.
Immatrikulation *f,* **en 1.** inscription *f* universitaire ; *die ~ vor/nehmen* s'inscrire à l'université **2.** (*Suisse*) immatriculation *f* automobile.

Immatrikulationsbescheinigung *f,* **en** certificat *m* d'inscription en faculté.
immatrikulieren 1. enregistrer l'inscription d'étudiants **2.** *sich ~* s'inscrire à l'université **3.** (*Suisse*) faire immatriculer un véhicule.
Immatrikulierung *f,* **en** → *Immatrikulation*.
Immigrant *m,* **en, en** immigrant *m* (*syn. Einwanderer*).
Immigration *f,* **en** immigration *f*.
immigrieren immigrer.
Immission *f,* **en** (*sing. rare*) nuisances *fpl* ; pollution *f*.
Immissionsgrenzwerte *mpl* taux *m* limite de nuisances ; limite *f* maximale de nuisances.
Immissionsquelle *f,* **en** source *f* de nuisances.
Immissionsrichtwert *m,* **e** norme *f* de tolérance en matière de nuisances.
Immissionsschutz *m,* ø protection *f* contre les nuisances.
Immobiliarklausel *f,* **n** procuration *f* relative à la vente ou à la prise d'hypothèque sur des terrains (pour fondés de pouvoir).
Immobiliarkredit *m,* **e** → *Hypothekarkredit*.
Immobiliarpfändung *f,* **en** saisie *f* immobilière.
Immobiliarvermögen *n,* **-** → *Immobilienvermögen*.
Immobiliarversicherung *f,* **en** assurance *f* immobilière, des immeubles.
Immobilie *f,* **n** bien *m* immobilier, foncier ; immeuble *m* ; *in ~n an/legen* investir dans l'immobilier.
Immobilienblase *f,* **n** bulle *f* spéculative immobilière.
Immobilienerwerb *m,* **(e)** acquisition *f* d'un bien immobilier ; investissment *m* immobilier.
Immobilienfirma *f,* **-men** → *Immobiliengesellschaft*.
Immobilienfonds *m,* **-** fonds *m* de placement immobilier ; société *f* immobilière de placement.
Immobiliengesellschaft *f,* **en** société *f* immobilière.
Immobilienhandel *m,* ø immobilier *m* ; commerce *m,* vente *f* d'immeubles ; *~ betreiben* travailler dans l'immobilier ; faire le commerce d'immeubles.
Immobilienhändler *m,* **-** marchand *m* de biens ; agent *m* immobilier.

Immobilienmakler *m*, - → *Immobilienhändler*.
Immobilienmarkt *m*, ¨e marché *m* (de l') immobilier ; marché foncier.
Immobilienportfolio *n*, s portefeuille *m* de valeurs immobilières.
Immobiliensparte *f*, n département *m*, service *m* immobilier (d'une banque, etc.).
Immobilienvermögen *n*, - patrimoine *m* immobilier, foncier.
Immobilienverwalter *m*, - gérant *m* immobilier ; gestionnaire *m* d'immeubles.
Immobilienverwaltung *f*, en gestion *f* d'immeubles ; gérance *f* immobilière.
immobilisieren immobiliser (des fonds) ; *Kapital* ~ immobiliser, placer des capitaux (à long terme).
Immobilisierung *f*, en immobilisation *f* (de fonds).
Immunität *f*, en immunité *f* (diplomatique, parlementaire) ; *die ~ auf/heben* lever l'immunité.
Immunitätsaufhebung *f*, en levée *f* de l'immunité ; *die ~ beantragen* demander la levée d'immunité.
Impact *m*, s (*pr. ang.*) impact *m* publicitaire.
imperativ : (*polit.*) *~es Mandat* mandat *m* qui impose à un député de respecter la discipline du parti.
Impfausweis *m*, e certificat *m* de vaccination.
impfen 1. *gegen eine Krankheit* ~ vacciner contre une maladie 2. (*agric.*) amender le sol (en l'enrichissant en bactéries).
Impfpflicht *f*, en vaccination *f* obligatoire.
Impfschein *m*, e → *Impfausweis*.
Impfstoff *m*, e vaccin *m*.
Impfung *f*, en vaccination *f* ; *~en vor/nehmen* vacciner ; procéder à une vaccination.
implementieren appliquer ; mettre en pratique ; mettre en œuvre ; implémenter.
Implementierung *f*, en application *f* ; mise *f* en pratique ; mise *f* en œuvre ; implémentation *f*.
Import *m*, e 1. importation *f* ; *eine Firma für ~ und Export* une firme d'import-export 2. marchandises *fpl* importées ; importations *fpl* ; *zollpflichtige ~e* importations assujetties au droit de douane ; *~ von Kapitalgütern* (*Investitionsgütern*) importation de biens d'équipement (d'investissement) ; → *Einfuhr* ; (*contr. Export* ; *Ausfuhr*).
Importabgabe *f*, n → *Importsteuer*.
Importanstieg *m*, e augmentation *f*, hausse *f* des importations.
Importartikel *m*, - article *m* d'importation.
Importausgleichsabgabe *f*, n taxe *f* de compensation sur les importations.
Importbeschränkung *f*, en restriction *f* à l'importation ; limitation *f* des importations.
Importbestimmungen *fpl* modalités *fpl* d'importation ; dispositions *fpl* légales en matière d'importation.
Importbewilligung *f*, en permis *m* d'importer ; licence *f* d'importation ; autorisation *f* d'importer.
Importdeckungsrate *f*, n taux *m* de couverture des importations (proportion des achats à l'étranger payés par les exportations).
Importdrosselung *f*, en coup *m* de frein à l'importation.
Importembargo *n*, s embargo *m* sur les importations ; arrêt *m*, suspension *f* des importations ; *ein ~ verhängen* mettre l'embargo sur les importations.
Importerlaubnis *f*, se → *Importbewilligung*.
Importeur *m*, e importateur *m* ; négociant *m* en commerce d'importation (*syn. Einfuhrhändler*).
Importfinanzierung *f*, en financement *m* des importations.
Importfirma *f*, -men maison *f* d'importation ; firme *f* importatrice.
Importgeschäft *n*, e 1. maison *f* d'importation 2. commerce *m* d'importation.
Importgut *n*, ¨er denrée *f*, marchandise *f* d'importation ; *~¨er* biens *mpl* importés ; marchandises importées ; *Preisindex der ~¨er* indice *m* des prix à l'importation.
Importhandel *m*, ø commerce *m* d'importation.
Importhändler *m*, - → *Importeur*.
importieren importer ; *importierte Inflation* inflation *f* importée ; *etw aus einem Land* ~ importer qqch d'un pays (*syn. einführen* ; *contr. ausführen* ; *exportieren*).
Importintensität *f*, en quote-part *f* des importations (ratio de valeur des importations par rapport au revenu national disponible).

Importkaufmann *m*, -leute → *Importeur*.

Importkontingent *n*, e → *Importquote*.

Importkontingentierung *f,* en contingentement *m* à l'importation.

Importliberalisierung *f,* en libération *f,* déblocage *m* des importations.

Importlizenz *f,* en → *Importbewilligung*.

Importpreis *m*, e prix *m* à l'importation ; prix-import.

Importpreisindex *m*, -indizes indice *m* des prix à l'importation.

Importquote *f,* n contingent *m* d'importation ; valeur *f* des importations établie au pourcentage par rapport au produit national brut.

Importrestriktion *f,* en → *Importbeschränkung*.

Importsperre *f,* n → *Importembargo*.

Importsteuer *f,* n taxe *f* sur les importations.

Importstopp *m*, s → *Importembargo*.

Importsubstitution *f,* en substitution *f* d'importation (création d'industries destinées à produire des biens de consommation jusque là importés).

Importsubvention *f,* en subvention *f* à l'importation.

Importüberschuss *m*, ¨e excédent *m*, surplus *m* d'importation.

Importumsatzsteuer *f,* n taxe *f* sur les produits importés.

Importverbot *n*, e interdiction *f* d'importation ; prohibition *f* d'entrée.

Importverteuerung *f,* en renchérissement *m* des importations.

Importvolumen *n*, -/mina volume *m* des importations.

Importware *f,* n marchandise *f* d'importation ; bien *m* importé.

Importzoll *m*, ¨e droit *m* d'entrée ; taxe *f* d'importation.

Impuls *m*, e impulsion *f* ; *dem Handel neue ~e geben* relancer le commerce.

Impulsgeber *m*, - initiateur *m*.

Impuls(iv)kauf *m*, ¨e achat *m* coup-de-cœur ; achat spontané ; achat sans motivation précise.

IN → *Industrienorm*.

Inangriffnahme *f,* n : *~ eines Projekts, einer Arbeit* mise en chantier *f* d'un projet, d'un travail.

Inanspruchnahme *f,* n utilisation *f* ; emploi *m* ; recours *m* ; mise *f* à contribution ; occupation *f* ; *~ eines Kredits* recours à un crédit.

inbegriffen y compris ; inclus ; *alles ~* tout compris ; *im Preis ~ sein* être inclus dans le prix (*syn. inklusive, einbegriffen*).

Inbesitznahme *f,* n prise *f* de possession.

Inbetriebnahme *f,* n mise *f* en service, en activité, en circuit (d'une machine, d'installations industrielles).

Inbetriebsetzung *f,* en → *Inbetriebnahme*.

Incentive *n*, s (*pr. ang.*) stimulant *m* ; stimulation *f* ; mesure *f* incitative ; incitation *f*.

Incentivereise *f,* n voyage *m* de motivation (offert par une entreprise à certains collaborateurs).

Incoming *n*, ø (*touris.*) accueil *m* et prise *f* en charge de touristes étrangers sur leur lieu de villégiature.

Incoterms pl (*International Commercial Terms*) incoterms *mpl* ; conventions *fpl* internationales permettant l'interprétation des clauses contractuelles ; règles *fpl* de commerce entre vendeur et acheteur dressées en 1953 (FOB, CIF, FAS, etc.).

Indentgeschäft *n*, e ordre *m* d'achat reçu de l'étranger.

Indentvertreter *m*, - agent *m*, représentant *m* d'un importateur à l'étranger.

Index *m*, e/-dizes 1. (*statist.*) indice *m* ; indicateur *m* I. *amtlicher ~* indice officiel ; *einfacher ~* indice élémentaire (simple) ; *gewichteter (gewogener) ~* indice pondéré ; *(saison)bereinigter (berichtigter) ~* indice corrigé (des variations saisonnières) ; *verketteter ~* indice en chaîne ; *volkswirtschaftlicher ~* indice macro-économique ; *vorläufiger ~* indice provisoire ; *zusammengesetzter ~* indice composé (composite) II. *~ der Einzelhandelspreise* indice des prix de détail ; *~ der Lebenshaltungskosten* indice du coût de la vie ; *~ der industriellen Produkte* indice de la production industrielle ; *~ der Verbraucherpreise* indice des prix à la consommation 2. (*bourse*) indice boursier ; *~ der Aktienkurse* indice du cours des actions ; *~ der Industriewerte* indice des valeurs industrielles ; *Dow-Jones ~* indice Dow Jones ;

*in den DAX- ~ aufgenommen werden entrer dans les valeurs de l'indice DAX ; → **Kaufkraft-, Kurs-, Lohn-, Mengen-, Preisindex**.*

Indexanleihe *f,* **n** (*bourse*) emprunt *m* indexé ; obligation *f* indexée (sur l'or, les matières premières, le coût de la vie, etc.).

Indexaufnahme *f,* **n** (*bourse*) entrée *f* dans les valeurs officielles d'un indice boursier ou statistique.

Indexbindung *f,* **en** indexation *f* ; *~ der Löhne* échelle *f* mobile des salaires.

Indexfamilie *f,* **n** (*statist.*) famille-type *f.*

Indexfonds *m,* **-** (*bourse*) fonds *m* commun de placement indexé (sur un indice déterminé : Euro Stoxx 50, Dow Jones Stoxx 50, etc.).

indexgebunden indexé ; *~e Anleihe* emprunt *m* indexé (type "rente Pinay").

indexieren indexer.

indexiert → ***indexgebunden***.

Indexierung *f,* **en** → ***Indexbindung***.

Indexklausel *f,* **n** clause *f* d'indexation ; *an eine ~ knüpfen* être assorti d'une clause d'indexation ; *mit ~* indexé.

Indexkomponenten *fpl* (*bourse*) éléments *mpl* d'un indice.

Indexlohn *m,* ¨**e** salaire *m* indexé.

Indexobligation *f,* **n** → ***Indexanleihe***.

Indexoptionsschein *m,* **e** (*bourse*) titre *m* à option indexé.

Indexpunkt *m,* **e** (*statist.*) point *m* d'indice ; point indiciaire.

Indexreihe *f,* **n** (*statist.*) progression *f,* évolution *f* des indices.

Indexrente *f,* **n** rente *f* indexée.

Indexrückgang *m,* ¨**e** (*statist.*) recul *m* indiciaire.

Indextracker *m,* **-** (*bourse*) fonds *m* indiciel négocié en bourse.

Indexwährung *f,* **en** (*monnaie*) monnaie *f* indexée.

Indexzahl *f,* **en** (*statist.*) indice *m* ; chiffre-indice *m.*

Indexzertifikat *n,* **e** (*bourse*) certificat *m* de placement indexé sur l'évolution d'un indice boursier (Dax, Euro Stoxx 50, Stoxx 50, etc.).

Indexziffer *f,* **n** → ***Indexzahl***.

Indikationsmodell *n,* **(e)** → ***Fristenlösung***.

Indikator *m,* **en** indicateur *m* ; baromètre *m* ; indice *m* (économique).

indirekt indirect ; *~e Abschreibung* amortissement *m* indirect ; *~e Steuern* impôts *mpl* indirects.

Individualbereich *m,* **e** sphère *f,* vie *f* privée ; domaine *m* privé.

individualisieren personnaliser ; individualiser ; *Reiseprogramme ~* personnaliser des programmes de voyages ; *individualisierte Werbung* publicité *f* personnalisée.

Individualsparen *n,* ø épargne *f* individuelle.

Individualversicherung *f,* **en** assurance *f* individuelle.

indiziell indiciaire.

indizieren → ***indexieren***.

Indizierung *f,* **en** → ***Indexierung***.

indossabel endossable ; cessible par endossement ; *indossable Wertpapiere* papiers *mpl* à ordre ; titres *mpl* cessibles par endossement.

Indossament *n,* **e** endossement *m* ; endos *m* ; *durch ~ übertragbar* cessible par endossement ; *durch ~ übertragen* céder par endossement.

Indossant *m,* **en, en** endosseur *m* ; cédant *m* (syn. Girant).

Indossat *m,* **en, en** → ***Indossatar***.

Indossatar *m,* **e** endossataire *m* ; endossé *m* (syn. Girat ; Giratar).

Indossent *m,* **en, en** → ***Indossant***.

indossierbar → ***indossabel***.

indossieren endosser (syn. girieren).

Indossierung *f,* **en** → ***Indossament***.

Indosso *n,* **s/-dossi** → ***Indossament***.

Industrial Design *n,* **s** (*pr. ang.*) → ***Industriedesign***.

Industrial Engineering *n,* ø (*pr. ang.*) ingénierie *f* industrielle (science et technologie des processus de travail dans l'industrie).

industrialisieren industrialiser.

Industrialisierung *f,* **en** industrialisation ; *forcierte, kapitalistische ~* industrialisation forcée, capitaliste ; *umfassende, unzureichende ~* industrialisation massive, insuffisante ; *~ einer Region* industrialisation d'une région.

Industrialisierungsgrad *m,* **e** degré *m* d'industrialisation.

Industrialisierungsprozess *m,* **e** processus *m* d'industrialisation.

Industrie *f,* **n** industrie *f* **I.** *arbeitsintensive ~* industrie *f* à forte intensité en main-d'œuvre ; *arbeitskostenintensive ~* industrie *f* à fort coût de main-d'œuvre ;

binnenmarktintensive ~ industrie *f* tournée vers le marché intérieur ; (*ein*)*heimische* ~ industrie nationale ; *exportabhängige* ~ industrie *f* tributaire des exportations ; *feinmechanische* ~ industrie de la mécanique de précision ; *holzverarbeitende* ~ industrie de transformation du bois ; *metallverarbeitende* ~ industrie de transformation des métaux ; *optische* ~ industrie optique ; *örtliche* ~ industrie locale ; *papierverarbeitende* ~ industrie du papier ; *pharmazeutische* ~ industrie pharmaceutique ; *verarbeitende* ~ industrie de transformation ; *wettbewerbsfähige* ~ industrie compétitive **II.** *eine moderne ~ auf/bauen* mettre sur pied une industrie moderne ; *die ~ blüht* l'industrie est florissante ; *in die ~ gehen* (aller) travailler dans l'industrie ; *die ~ modernisieren* moderniser l'industrie ; → *Eisen- und Stahl-, Elektro-, Erdöl-, Fertigungs-, Grundstoff-, Heim-, Metall-, Schlüssel-, Schwer-, Verarbeitungs-, Vered(e)lungsindustrie.*

Industrieabfälle *mpl* → *Industriemüll.*

Industrieabgase *npl* émanations *fpl* de gaz industriels.

Industrieabsatz *m*, ¨e écoulement *m*, vente *f* de produits industriels.

Industrieabwässer *npl* eaux *fpl* résiduelles de l'industrie.

Industrieanlagen *fpl* équipements *mpl* industriels ; installations *fpl* industrielles.

Industrieanleihe *f*, n emprunt *m* industriel.

Industrieansiedlung *f*, en implantation *f* industrielle.

Industriearbeiter *m*, - ouvrier *m* de l'industrie ; *die* ~ les travailleurs *mpl* de l'industrie.

Industrieausstellung *f*, en exposition *f* de machines et de produits industriels.

Industrieballungsgebiet *n*, e zone *f* à forte concentration industrielle.

Industriebauten *mpl* bâtiments *mpl* industriels.

Industrieberater *m*, - conseil *m* en entreprise industrielle

Industriebereich *m*, e secteur *m* industriel

Industriebeschäftigte/r (*der/ein*) personne *f* employée dans l'industrie ; travailleur *m* de l'industrie.

Industriebestand *m*, ¨e parc *m* industriel.

Industriebeteiligung *f*, en participation *f* industrielle ; titre *m* de participation à une société industrielle.

Industriebetrieb *m*, e entreprise *f* industrielle.

Industrieboss *m*, e (*fam.*) patron *m* d'industrie ; boss *m* d'un groupe industriel.

Industriebrache *f*, n désert *m* industriel ; zone *f* industriellement sous-développée ; jachère *f* industrielle.

Industriebranche *f*, n → *Industriebereich.*

Industriedesign *n*, s design *m* industriel ; esthétique *f* industrielle.

Industrieerzeugnis *n*, se produit *m* industriel.

Industrieerzeugung *f*, en production *f* industrielle.

Industriefläche *f*, n surface *f* industriellement utilisée.

Industrieförderung *f*, en encouragement *m*, aide *f* à l'industrie.

Industrieforschung *f*, en recherche *f* industrielle.

Industriegebiet *n*, e région *f*, zone *f* industrielle ; district *m* industriel.

Industriegelände *n*, - terrain *m* industriel.

Industriegesellschaft *f*, en société *f* industrielle.

industriegesponsert sponsorisé par l'industrie.

Industrie-Gewerkschaft *f*, en (*IG*) syndicat *m* d'industrie ; syndicat des ouvriers industriels ; union *f* syndicale (d'une branche industrielle) ; *IG-Bergbau* Union syndicale des mineurs ; *IG-Metall* Union syndicale des métallos.

Industriegigant *m*, en, en géant *m*, magnat *m* de l'industrie.

Industriegüter *npl* produits *mpl*, biens *mpl* industriels.

Industriekammer *f*, n Chambre *f* de l'industrie.

Industriekapitän *m*, ¨e (*arch.*) baron *m*, capitaine *m* d'industrie.

Industriekassamarkt *m*, ¨e (*bourse*) marché *m* au comptant des valeurs industrielles.

Industriekauffrau *f*, en ingénieure *f* technico-commerciale ; cadre *m* (féminin) commercial.

Industriekaufmann *m*, -leute ingénieur *m* technico-commercial ; cadre *m* commercial (comptabilité, vente, service du personnel, etc.).

Industriekombinat *n*, e (*hist. R.D.A.*) combinat *m* industriel.

Industriekomplex *m*, e complexe *m* industriel.

Industriekontenrahmen *m*, - (*comptab.*) plan *m* comptable analytique.

Industriekonzern *m*, e groupe *m*, trust *m* industriel.

Industriekredit *m*, e crédit *m* industriel.

Industrieland *n*, ¨er pays *m* industriel.

industriell industriel ; de l'industrie ; *~e Anlagen* installations *fpl* industrielles ; *~e Produktion* (*Erzeugung*) production *f* industrielle ; *~e Revolution* révolution *f* industrielle ; *~es Verfahren* procédé *m* industriel ; *~es Wachstum* croissance *f* industrielle.

Industrielle/r (*der/ein*) industriel *m*.

Industriemacht *f*, ¨e puissance *f* industrielle.

Industriemagnat *m*, en, en magnat *m* de l'industrie.

industriemäßig de type industriel ; ~ *produzieren* fabriquer industriellement.

Industriemechaniker *m*, - technicien *m* de l'industrie mécanique.

Industriemesse *f*, n foire *f* industrielle.

Industriemüll *m*, ø déchets *mpl*, résidus *mpl* industriels.

Industrienation *f*, en nation *f* industrielle.

Industrienorm *f*, en norme *f* industrielle ; *DIN* : *Deutsche Industrie-Norm*(*en*) norme(s) de l'industrie allemande.

Industrieobligation *f*, en obligation *f* industrielle.

Industriepapiere *npl* → ***Industriewerte***.

Industriepark *m*, s zone *f* industrielle ; terrain *m* d'activités industrielles ; pôle *m* industriel.

Industriepolitik *f*, ø politique *f* industrielle.

Industriepotenzial *n*, e potentiel *m* industriel.

Industriepreis *m*, e prix *m* industriel, de l'industrie.

Industriepreisindex *m*, e/-dizes indice *m* des prix industriels.

Industrieprodukt *n*, e → ***Industrieerzeugnis***.

Industrieproduktion *f*, en production *f* industrielle ; *die ~ boomt, stagniert* la production industrielle est florissante, stagne.

Industrieroboter *m*, - robot *m* industriel.

Industrieschau *f*, en show *m* industriel ; grande manifestation *f* industrielle ; foire-exposition *f* de l'industrie.

industrieschwach faiblement industrialisé.

Industriesektor *m*, en → ***Industriebereich***.

Industriespionage *f*, n espionnage *m* industriel ; veille *f* industrielle.

Industriestaat *m*, en État *m* industriel ; nation *f* industrielle.

Industriestandort *m*, e site industriel *m* ; pôle *m* industriel ; lieu *m* d'implantation (industriel).

Industriestruktur *f*, en structures *fpl*, infrastructure *f* industrielle(s).

Industrie- und Handelskammer *f*, n (*IHK*) Chambre *f* du commerce et de l'industrie.

Industrie- und Handelstag *m* : *Deutscher ~* Fédération *f* des chambres de commerce et d'industrie allemandes.

Industrieunternehmen *n*, - → ***Industriebetrieb***.

Industrieverband *m*, ¨e fédération *f* de l'industrie ; lobby *m* industriel ; groupement *m* syndical de l'industrie.

Industrieverlagerung *f*, en déplacement *m*, transfert *m*, délocalisation *f*, de l'industrie ; redéploiement *m* industriel.

Industrieviertel *n*, - quartier *m* industriel.

Industriewerte *mpl* (*bourse*) valeurs *fpl* industrielles ; actions *fpl* de l'industrie.

Industriewirtschaft *f*, en économie *f* industrielle ; secteur *m* économique de l'industrie.

Industriewüste *f*, n → ***Industriebrache***.

Industriezeitalter *n*, ø (*hist.*) ère *f* industrielle.

Industriezentrum *n*, en centre *m* industriel.

Industriezweig *m*, e → ***Industriebereich***.

ineffizient inefficace ; non rentable ; non performant.

Ineffizienz *f*, (en) inefficacité *f* ; non rentabilité *f*.

Inflation *f*, en inflation *f* **I.** *angebotsinduzierte ~* inflation par l'offre ; *galop-*

pierende ~ inflation galopante ; *gesteuerte (zurückgestaute)* ~ inflation refoulée, contenue ; *hausgemachte* ~ inflation interne ; *heimliche (verkappte, verpuppte)* ~ inflation larvée, latente ; *importierte* ~ inflation importée ; *kosteninduzierte (kostenbedingte)* ~ inflation (induite) par hausse des coûts ; *lohninduzierte* ~ inflation (induite) par les salaires ; *nachfrageinduzierte* ~ inflation par excès de demande ; *schleichende* ~ inflation rampante ; *strukturelle (nicht konjunkturelle)* ~ inflation structurelle **II.** *die* ~ *bekämpfen* combattre l'inflation ; *die* ~ *ein/dämmen* endiguer, maîtriser l'inflation ; *die* ~ *in die Höhe treiben* favoriser, attiser l'inflation ; *die* ~ *stoppen* stopper, maîtriser l'inflation (*contr. Deflation*).
inflationär → *inflationistisch*.
inflationieren (*rare*) favoriser l'inflation ; *~de Länder* pays *mpl* inflationnistes.
inflationistisch inflationniste ; *~er Druck* tension *f* inflationniste.
Inflationsausgleich *m,* e indemnité *f* de vie chère ; compensation *f* financière.
Inflationsbekämpfung *f,* en lutte *f* anti-inflation ; lutte, contre l'inflation.
inflationsbereinigt corrigé du taux de l'inflation.
Inflationsbeschleunigung *f,* en accélération *f* de l'inflation.
inflationsdämpfend : ~ *wirken* faire reculer l'inflation ; avoir un effet de tassement de l'inflation.
Inflationsdruck *m,* ø poussée *f* inflationniste ; pression *f* exercée par l'inflation.
Inflationsfaktor *m,* en facteur *m* inflationniste, d'inflation.
inflationsfördernd générateur d'inflation ; inflationniste.
Inflationsgedämpft freiné par l'inflation ; ralenti par l'inflation.
Inflationsgefahr *f,* en danger *m* inflationniste ; risque *m* d'inflation.
Inflationsgefälle *n,* - différentiel *m* d'inflation ; disparité *f,* écart *m* de taux d'inflation.
Inflationsgeld *n,* er argent *m* émis en période d'inflation ; argent sans valeur, dévalorisé.
Inflationsgewinn *m,* e gain *m* spéculatif en période inflationniste.
Inflationsgewinnler *m,* - profiteur *m,* bénéficiaire *m* de l'inflation.

inflationshemmend anti-inflationniste.
Inflationskampf *m,* ¨e → *Inflationsbekämpfung*.
Inflationsneigung *f,* en → *Inflationstendenz*.
inflationsneutral sans incidence sur l'inflation ; sans répercussions inflationnistes.
Inflationspolitik *f,* ø politique *f* inflationniste.
Inflationsrate *f,* n taux *m* d'inflation ; *mittlere jährliche* ~ moyenne *f* annuelle du taux d'inflation ; *zweistellige* ~ taux d'inflation à deux chiffres ; *die* ~ *unter 10 % drücken* ramener le taux d'inflation à moins de 10 % ; *die* ~ *messen* mesurer le taux d'inflation.
Inflationsschub *m,* ¨e poussée *f* inflationniste.
inflationssicher à l'abri de l'inflation.
Inflationsspirale *f,* n spirale *f* inflationniste.
Inflationsstoß *m,* ¨e choc *m* inflationniste ; coup *m* porté par l'inflation.
Inflationstempo *n,* s rythme *m* de l'inflation.
Inflationstendenz *f,* en tendance *f* inflationniste.
inflationstreibend inflationniste ; facteur *m,* générateur d'inflation.
Inflationstrend *m,* s tendance *f* inflationniste.
Inflationszunahme *f,* n renforcement *m* de l'inflation ; inflation en augmentation.
inflatorisch → *inflationistisch*.
Inflow *m,* ø (*pr. ang.*) afflux *m,* apport *m* de capitaux (spéculatifs à court terme).
Infobahn *f,* en autoroute *f* de l'information (*syn. Datenautobahn*).
Infoline *f,* s (*pr. ang.*) numéro *m* vert.
Informand *m,* en, en 1. participant *m* à un programme de formation, à un séminaire **2.** ingénieur *m* en phase d'initiation aux différents services d'une entreprise et à leur fonctionnement.
Informant *m,* en, en informateur *m*.
Informatik *f,* ø informatique *f* ; théorie *f* de l'informatique ; science *f* de l'informatique ; → *Computer* ; *EDV* ; *PC*.
Informatiker *m,* - informaticien *m*.
Informatikingenieur *m,* e ingénieur *m* informaticien.
Informatikaufmann *m,* -leute cadre *m* supérieur diplômé en informatique.
Informatiknutzer *m,* - utilisateur *m* d'informatique.

Information *f,* en 1. information *f* ; renseignement *m* 2. (*informatique*) donnée *f* ; information *f* ; *~en auf den neuesten Stand bringen* actualiser des informations ; *~en löschen* effacer des informations ; *~en speichern* stocker, mémoriser des informations ; *~en übertragen* transmettre, véhiculer des informations ; *~en verarbeiten* traiter des informations (*syn. Daten*).

Informationsaustausch *m,* ø échange *m* d'informations.

Informationsautobahn *f,* en → *Infobahn*.

Informationsbank *f,* en banque *f* de données (*syn. Datenbank*).

Informationsbeschaffung *f,* en recherche *f* de renseignements ; collecte *f* d'informations.

Informationsblatt *n,* ¨er bulletin *m* d'informations.

Informationsbüro *n,* s → *Informationsdienst*.

Informationsdatei *f,* en fichier *m* d'informations.

Informationsdienst *m,* e service *m* de renseignements ; bureau *m* d'information ; point *m* « I » ; point-info *m*.

Informationsdienstleistungen *fpl* services *mpl* informatiques.

Informationseinheit *f,* en unité *f* d'information.

Informationsfluss *m,* ø circulation *f* de l'information ; flot *m* d'informations.

Informationsflut *f,* en abondance *f* de l'information ; pléthore *f* d'informations.

Informationsgehalt *m,* ø teneur *f* d'une information.

Informationsgesellschaft *f,* en société *f* de la communication et de l'information.

Informationsgespräch *n,* e entretien *m* informel.

Informationslücke *f,* n manque *m,* absence *f* d'information(s).

Informationsmaterial *n,* -ien documentation *f* ; (*fam.*) doc *f* ; ~ *an/fordern* demander de la doc(umentation).

Informationsmittel *npl* moyens *mpl,* techniques *fpl* d'informations (presse, radio, télévision, Internet).

Informationsquelle *f,* n source *f* d'informations.

Informationsrecht *n,* e droit *m* à l'information ; droit de s'informer.

Informationsschutz *m,* ø protection *f* des informations.

Informationssperre *f,* (n) interdiction *f* de communiquer des informations (aux médias).

Informationsstand *m* 1. ¨e → *Informationsdienst* 2. ø niveau *m* de connaissances ; informations *fpl* dont on dispose ; *über einen hohen, niedrigen ~ verfügen* être bien, insuffisamment informé.

Informationssystem *n,* e système *m* informatque, d'informations.

Informationstechnik *f,* en → *Informationstechnologie*.

Informationstechniker *m,* - informaticien *m* ; spécialiste *m* de l'information et de la communication.

Informationstechnologie *f,* n (*IT*) technologie *f,* techniques *fpl* de l'information et de la communication.

Informationsträger *m,* - (*informatique*) support *m* de données.

Informationsübertragung *f,* en transmission *f,* transfert *m* d'informations.

Informations- und Kommunikationssystem *n,* e système *m* de communication et d'informations.

Informationsverarbeitung *f,* en informatique *f* ; traitement *m* des données ; traitement de l'information.

Informationsvorsprung *m,* ¨e (*bourse*) informations *fpl* d'initié, privilégiées.

Informationswert *m,* ø valeur *f* informative ; valeur attribuée à une information.

Informationswirtschaft *f,* en secteur *m* de l'information ; *Bundesverband ~, Telekommunikation und neue Medien* (*BITKOM*) Office *m* fédéral des secteurs de l'information, des télécommunications et des nouveaux médias.

Informationswissenschaft *f,* en théorie *f* de l'information.

informatisieren informatiser.

Informatisierung *f,* en informatisation *f* ; → *EDV* ; *Computerisierung*.

informativ informatif.

informell informel.

informieren informer (de qqch) ; *jdn über den Stand der Dinge ~* informer qqn de l'état de la situation ; *nach Angaben informierter Kreise* selon les indications de(s) milieux bien informés.

Info- → *Informations-*.

Infostand *m,* ¨e → *Informationsdienst*

Infotainment *n,* ø (*Information* + *Entertainment*) présentation *f* de l'information sous forme de show.

Infothek *f,* **en** centre *m* d'informations multimédia, en ligne ; infothèque *f.*

Infowirtschaft *f,* **en** → *Informationswirtschaft.*

Infragestellung *f,* **en** mise *f* en question.

Infrastruktur *f,* **en** infrastructure *f* (voies ferrées, routes, canaux, etc.) ; *städtische* ~ infrastructure urbaine ; ~ *des Transportwesens* infrastructure de transport.

Infrastrukturabgabe *f,* **n** taxe *f* d'infrastructures (finance principalement le réseau routier).

Ing. → *Ingenieur.*

Ingangsetzungsaufwendungen *fpl* (*comptab.*) frais *mpl* d'établissement.

Ingenieur *m,* **e** ingénieur *m* ; *beratender* ~ ingénieur-conseil ; *graduierter* ~ ingénieur diplômé (d'un I.U.T.) ; *leitender* ~ ingénieur en chef ; ~ *für Tiefbau* ingénieur du génie-civil ; ingénieur des travaux publics ; → *Diplomingenieur* ; *Wirtschaftsingenieur.*

Ingenieurbau *m* **1.** ø génie *m* civil **2.** -ten travaux *mpl* du génie civil (ponts, gratte-ciel, etc.).

Ingenieurbüro *n,* **s** bureau *m* d'études ; société *f* d'ingénieurs-conseil ; société *f* de conseil en ingénierie.

Ingenieurleistungen *fpl* ingénierie *f.*

Ingenieurschule *f,* **n** école *f* d'ingénieurs.

Inh. → *Inhaber.*

Inhaber- (*préfixe*) au porteur.

Inhaber *m,* **-** (*jur.*) détenteur *m* ; possesseur *m* ; propriétaire *m* (d'un fonds de commerce) ; (*droit*) titulaire *m* ; (*banque, bourse*) porteur *m* ; *auf den* ~ *lauten* être (libellé) au porteur ; *an den* ~ *zahlbar* payable au porteur ; → *Aktien-, Dritt-, Geschäfts-, Konto-, Scheckinhaber.*

Inhaberaktie *f,* **n** (*bourse*) action *f* au porteur.

Inhaberanleihe *f,* **n** (*bourse*) emprunt *m* au porteur.

Inhaberpapiere *npl* (*bourse*) papiers *mpl*, titres *mpl* au porteur.

Inhaberschaft *f,* ø (*jur.*) possession *f* ; propriété *f* ; détention *f.*

Inhaberscheck *m,* **s** (*banque*) chèque *m* au porteur (*syn. Überbringerscheck*).

Inhaberschuldverschreibung *f,* **en** (*bourse*) obligation *f* au porteur.

Inhaberwechsel *m,* **-** **1.** (*jur.*) changement *m* de titulaire, de détenteur ; changement de mains **2.** lettre *f* de change au porteur.

Inhaberzertifikat *n,* **e** (*bourse*) certificat *m* au porteur.

Inhalt *m,* **e** contenu *m* ; contenance *f* ; teneur *f* ; sujet *m.*

Inhaltsangabe *f,* **n** sommaire *m* (livre) ; table *f* des matières ; résumé *m* ; (*marchandise*) déclaration *f* ; spécification *f.*

Inhaltserklärung *f,* **en** déclaration *f* de contenu (d'une expédition, d'un envoi).

Inhaltsverzeichnis *n,* **se** répertoire *m* ; catalogue *m* ; table *f* des matières.

Inhibitorium *n,* **-ien** interdiction *f* faite à un débiteur d'encaisser une créance.

Inhorgenta *f* (*München*) Salon *m* international de l'horlogerie et de la bijouterie (Munich).

initialisieren (*informatique*) initialiser.

Initialisierung *f,* **en** (*informatique*) initialisation *f.*

Initialisierungsmenü *n,* **s** (*informatique*) menu *m* d'initialisation.

Initialzündung *f,* **en** déclic *m* ; facteur *m* déclenchant.

Initiativantrag *m,* ¨e (*polit.*) initiative *f* parlementaire.

Initiativbegehren *n,* **-** (*Suisse, polit.*) demande *f* d'initiative parlementaire.

Initiative *f,* **n** initiative *f* ; *persönliche* ~ initiative personnelle ; *die* ~ *ergreifen* prendre l'initiative ; *etw aus eigener* ~ *tun* faire qqch de sa propre initiative ; *jdm die* ~ *überlassen* laisser l'initiative à qqn ; *auf private* ~ *zurück/gehen* être dû à une initiative privée.

Initiativgruppe *f,* **n** initiative *f* de citoyens.

Initiativrecht *n,* **e** (*polit.*) droit *m* d'initiative parlementaire.

Initiator *m,* **en** initiateur *m* ; animateur *m* ; promoteur *m* ; ~ *einer parlamentarischen Diskussion* initiateur d'un débat parlementaire.

initiieren **1.** initier ; être à l'origine de qqch **2.** initier qqn à qqch ; mettre au courant.

Inkassant *m,* **en, en** (*Autriche*) encaisseur *m.*

Inkasso *n,* **s/-kassi** (*banque*) encaissement *m* ; recouvrement *m* ; ~ *berechtigt* habilité à encaisser ; *zum* ~ pour encaissement ; *die mit dem ~ beauftragte Bank* la banque chargée du recouvrement ; *einen Wechsel zum ~ vor/legen* présenter une traite à l'encaissement ; *das ~ vor/nehmen* procéder au recouvrement ; faire l'encaissement (*syn. Einziehung* ; *Beitreibung*).

Inkassoabteilung *f,* **en** (*banque*) service *m* des recouvrements.

Inkassoanzeige *f,* **n** (*banque*) avis *m* d'encaissement.

Inkassoauftrag *m,* ¨e (*banque*) ordre *m* de recouvrement ; mandat *m* d'encaissement.

Inkassobank *f,* **en** (*banque*) banque *f* de recouvrement, d'encaissement ; société *f* de recouvrement de créances.

Inkassobüro *n,* **s** (*banque*) agence *f* d'encaissement ; société *f* de recouvrement de créances.

Inkassogebühren *fpl* (*banque*) frais *mpl* de recouvrement ; droits *mpl* d'encaissement.

Inkassogeschäft *n,* **e** (*banque*) opération *f* de recouvrement, d'encaissement.

Inkassoklausel *f,* **n** (*banque*) clause *f* « sous réserve d'encaissement ».

Inkassoprovision *f,* **en** (*banque*) commission *f* d'encaissement.

Inkassospesen *pl* → *Inkassogebühren*.

Inkassostelle *f,* **n** → *Inkassobüro*.

Inkassoverfahren *n,* - (*banque*) mode *m* de recouvrement.

Inkassovollmacht *f* : (*banque*) *~ haben* avoir procuration pour l'encaissement.

Inkassowechsel *m,* - (*banque*) effet *m* à recouvrer ; effet au recouvrement ; lettre *f* de change remise à l'encaissement.

inklusive inclusivement ; inclus ; *~ aller Versandkosten* frais d'expédition inclus ; *~ Porto* port compris (*syn. einbegriffen* ; *inbegriffen*).

Inklusivpreis *m,* **e** prix *m* total (suppléments compris).

inkompatibel incompatible.

Inkompatibilität *f,* **en** incompatibilité *f.*

inkompetent 1. incompétent **2.** non compétent ; non habilité à.

Inkompetenz *f,* **en** incompétence *f.*

inkonvertibel non convertible.

Inkraftsetzung *f,* **(en)** (*jur.*) mise *f* en vigueur.

Inkrafttreten *n,* ø (*jur.*) entrée *f* en vigueur.

Inkubator *m,* **en** incubateur *m* ; société *f* qui encourage des initiatives innovantes ; aide *f* aux start-ups.

Inland *n,* ø intérieur *m* ; territoire *m* national ; *die Waren sind für das ~ bestimmt* les marchandises sont destinées au marché national (*contr. Ausland*).

Inland(s)- (*préfixe*) national ; interne ; intérieur.

Inländer *m,* - habitant *m* du pays ; ressortissant *m* du territoire national ; indigène *m* ; *die ~* les nationaux.

inländisch national ; intérieur ; métropolitain.

Inlandsabsatz *m,* ¨e débouché *m* national ; ventes *fpl* intérieures ; échanges *mpl* commerciaux sur le marché national.

Inlandsanleihe *f,* **n** emprunt *m* intérieur ; emprunt national.

Inlandsaufträge *mpl* commandes *fpl* provenant du marché intérieur ; commandes intérieures.

Inlandsbedarf *m,* ø besoins *mpl* intérieurs.

Inlandserzeugung *f,* **en** production *f* nationale.

Inlandsflug *m,* ¨e vol *m* intérieur.

Inlandsfluggesellschaft *f,* **en** compagnie *f* aérienne intérieure.

Inlandsflugverkehr *m,* ø trafic *m* intérieur ; vols *mpl* intérieurs.

Inlandsgeschäft *n,* **e** affaire *f,* transaction *f* (commerciale) intérieure.

Inlandshandel *m,* ø marché *m* national.

Inlandsmarkt *m,* ¨e marché *m* intérieur (*syn. Binnenmarkt*).

Inlandsnachfrage *f,* **n** demande *f* intérieure.

Inlandsorder *f,* **s** commande *f* passée sur le marché national ; *~s* commandes intérieures.

Inlandsporto *n,* **s** port *m* dépendant du régime intérieur ; affranchissement *m* en régime intérieur.

Inlandspreis *m,* **e** prix *m* intérieur ; prix sur le marché national.

Inlandsprodukt *n,* **e** produit *m* national.

Inlandsproduktion *f,* **en** production *f* nationale.

Inlandsstrecke *f,* **n** vol *m* intérieur ; ligne *f* aérienne intérieure.

Inlandstarif *m,* **e** tarif *m,* régime *m* intérieur.

Inlandstourismus *m*, ø tourisme *m* intérieur.
Inlandsverbrauch *m*, ø consommation *f* intérieure.
Inlandsvermögen *n*, - patrimoine *m* soumis au régime fiscal intérieur.
Inlandsversorgung *f*, en approvisionnement *m* du marché intérieur.
Inlandswaren *fpl* marchandises *fpl* de la production nationale.
Inlandswährung *f*, en monnaie *f* nationale.
Inlandszahlungen *fpl* règlements *mpl* intérieurs.
inliegend (*Autriche*) ci-inclus ; ci-joint.
in natura en nature ; *Vergütung* ~ rétribution *f* en nature.
inne/haben 1. avoir en sa possession **2.** occuper un poste ; exercer une fonction.
Innenausbau *m*, ø aménagement *m* intérieur.
Innenausstattung *f*, en équipement *m* intérieur ; aménagement *m* intérieur.
Innendienst *m*, e service *m* administratif ; bureaux *mpl*, services internes d'une entreprise ; *im* ~ *arbeiten* avoir un poste d'administratif ; travailler dans les bureaux.
Innendienstmitarbeiter *m*, - collaborateur *m* administratif ; collaborateur attaché au service interne (d'une entreprise).
Inneneinrichtung *f*, en aménagement *m* d'intérieur.
Innenfinanzierung *f*, en autofinancement *m* (financement des investissements d'une entreprise par des ressources telles que bénéfices non distribués, provisions, amortissements).
Innenminister *m*, - ministre *m* de l'intérieur.
Innenministerium *n*, -ien ministère *m* de l'intérieur.
Innenorganisation *f*, en organisation *f* interne.
Innenpolitik *f*, ø politique *f* intérieure.
Innenressort *n*, s → *Innenministerium*.
Innenrevision *f*, en (*finance*) audit *m* interne ; contrôle *m* interne de gestion ; service *m* de vérification comptable.
Innenrevisor *m*, en (*finance*) audit *m*, auditeur *m* interne.

Innenstadt *f*, ¨e centre *m* ville (*syn. City*).
Innenverkleidung *f*, en (*auto.*) habillage *m* intérieur.
inner intérieur ; interne ; intrinsèque ; ~*er Aufbau* structure *f* interne ; ~*er Wert* valeur *f* intrinsèque ; (*bourse*) valeur spécifique d'une action (calculée à partir du capital propre de l'entreprise, de ses réserves déclarées et de son report de bénéfices) ; *Ministerium des I~en* ministère *m* de l'Intérieur.
innerbetrieblich intra-entreprise ; interne à l'entreprise ; ~*e Ausbildung* formation *f* professionnelle interne ; ~*e Leistungen* travaux *mpl* exécutés par l'entreprise pour son propre compte.
innerdeutsch 1. allemand-allemand ; inter-allemand ; (affaire) interne à l'Allemagne ; ~*er Verkehr* lignes *fpl* intérieures ; trafic *m* intérieur **2.** (*hist.*) ~*er Handel* commerce *m* inter-allemand ; commerce entre les deux Allemagnes (R.F.A. et R.D.A.).
innerdienstlich de service interne ; ~*e Angelegenheiten* affaires *fpl* internes ; *etw* ~ *regeln* régler qqch en interne, sur place.
innerfranzösisch franco-français ; interne à la France.
innergemeinschaftlich intracommunautaire (entre pays de l'Union européenne) ; ~*er Warenverkehr* circulation *f* des marchandises au sein de l'U.E.
innergesellschaftlich : ~ *er Handel* transactions *fpl* effectuées entre les sociétés d'un même groupe.
innergewerkschaftlich interne au syndicat ; ~*e Konflikte* querelles *fpl* syndicales intestines.
innerhalb 1. (+ *G*) à l'intérieur de ; ~ *der Landesgrenzen* à l'intérieur des frontières du pays **2.** (+ *G/D/von*) dans l'intervalle de ; dans un délai de ; en l'espace de ; ~ *einer Woche* en une semaine ; ~ (*von*) *fünf Monaten* dans un délai de 5 mois.
innerorts en ville.
innerörtlich en agglomération ; en ville ; ~*er Verkehr* circulation *f* en agglomération.
innerparteilich (*polit.*) interne à un parti ; au sein d'un parti.
innerstaatlich interne à un État ; ~*er Konflikt* conflit *m* interne, national.

Innovation *f,* en innovation *f* ; introduction *f* d'un produit nouveau ; application *f* d'un procédé nouveau.
innovationsfeindlich rétrograde ; hostile aux innovations.
innovationsfreundlich → *innovativ.*
Innovationskraft *f,* ¨e capacité *f* d'innovation ; potentiel *m* innovant.
Innovationsschub *m,* ¨e poussée *f* innovatrice ; potentiel *m* innovant.
Innovations- und Gründerzentrum *n,* en *(IGZ)* parc *m,* pôle *m* technologique ; pépinière *f* d'entreprises.
Innovationsverbund *m,* e/¨e regroupement *m* d'équipes de recherche et de développement de différentes entreprises pour favoriser l'innovation.
innovativ innovant ; innovateur ; favorable à l'innovation.
innovatorisch → *innovativ.*
Innung *f,* en chambre *f* de métiers ; corporation *f* ; organisation *f* professionnelle *(syn. Zunft).*
Innungskrankenkasse *f,* n caisse *f* privée d'assurance maladie d'un syndicat d'artisans.
Innungsmeister *m,* - président *m,* responsable *m* d'une chambre de métier.
Innungsverband *m,* ¨e fédération *f* syndicale.
Innungswesen *n,* - corporatisme *m.*
inoffiziell inofficiel ; sans caractère officiel ; ~e *Mitteilung* communiqué *m* non officiel.
Input *m/n,* s **1.** *(informatique)* entrée *f* des données dans un ordinateur ; input *m* **2.** input ; intrants *mpl* ; facteurs *mpl* de production engagés ; facteurs nécessaires à la production ; biens *mpl* ou services *mpl* qui entrent dans les processus de fabrication (économies d'échelle).
Input-Output-Analyse *f,* n *(comptab.)* analyse *f* input-output ; analyse du tableau entrées-sorties de la comptabilité nationale ; analyse des extrants-intrants.
Input-Output-Tabelle *f,* n *(comptab.)* tableau *m* des échanges interbranches ; tableau input-output ; tableau entrées-sorties ; (économies d'échelle) tableau des rendements factoriels.
Input-Output-Verhältnis *n,* se *(comptab.)* rapport *m* des échanges industriels ; rendement *m* technique.
Inrechnungstellung *f,* en *(comptab.)* facturation *f* ; comptabilisation *f* ; *überhöhte* ~ surfacturation.

in saldo *(comptab.)* encore redevable ; dû *(syn. im Rückstand).*
Insasse *m,* n, n **1.** passager *m* (d'un véhicule) **2.** pensionnaire *m* (d'un asile, d'une maison de retraite, etc.).
Insassen-Unfallversicherung *f,* en assurance *f* passagers ; assurance *f* des personnes transportées.
Insektenbekämpfungsmittel *n,* - *(agric.)* insecticide *m (syn. Insektizid).*
Inserat *n,* e annonce *f* ; *ein* ~ *auf/geben* passer une annonce *(syn. Anzeige ; Annonce).*
Inseratenblatt *n,* ¨er journal *m* d'annonces.
Inseratenteil *m,* e page *f* des petites annonces dans un journal.
Inserent *m,* en, en annonceur *m.*
inserieren passer une annonce ; *in der Zeitung* ~ insérer une annonce dans un journal.
Insert *n,* s **1.** encart *m* avec bon de commande ; insert *m* de demande de renseignements dans un magazine **2.** *(télé.)* tableau *m* synoptique projeté sur l'écran ; insert *m.*
Insertion *f,* en passage *m* d'une annonce.
Insertionspreis *m,* e prix *m* d'une annonce (dans un journal).
Insider *m,* - *(pr. ang.)* initié *m* ; personne *f* bien informée ; insider *m.*
Insiderdelikt *n,* e *(bourse)* délit *m* d'initié.
Insidergeschäft *n,* e *(bourse)* opération *f* d'initié(s) ; transaction *f* boursière réalisée sur les conseils d'un initié.
Insiderhandel *m,* ø *(bourse)* opérations *fpl,* transaction *fpl* d'initié(s).
Insiderinformation *f,* en *(bourse)* informations *fpl* d'initiés.
Insidervergehen *n,* - → *Insiderdelikt.*
Insiderwissen *n,* ø → *Insiderinformation.*
insolvent *(jur.)* insolvable ; défaillant *(syn. zahlungsunfähig).*
Insolvenz *f,* en *(jur.)* insolvabilité *f* ; cessation *f* de paiement ; défaillance *f* ; ~ *an/melden* se déclarer en faillite ; déposer le bilan ; être en état de cessation de paiement *(syn. Zahlungsunfähigkeit).*
Insolvenzabsicherung *f,* en *(assur.)* garantie *f* en cas d'insolvabilité ; assurance-insolvabilité *f.*
Insolvenzantrag *m,* ¨e *(jur.)* demande *f* d'insolvabilité ; dépôt *m* de bilan ;

Insolvenzgläubiger

einen ~ stellen se déclarer en cessation de paiement ; se déclarer en faillite ; déposer le bilan.
Insolvenzgläubiger *m*, - (*jur.*) créancier *f* de la faillite.
insolvenzgesichert (*jur.*) garanti contre le risque d'insolvabilité.
Insolvenzkassenabgabe *f*, **n** taxe *f* de financement des retraites en cas de faillite (versée par les entreprises).
Insolvenzreserve *f*, **n** (*jur.*) réserve *f* d'insolvabilité.
Insolvenzrichter *m*, - (*jur.*) juge *m* des faillites.
Insolvenzsicherung *f*, **en** → *Insolvenzabsicherung*.
Insolvenzverfahren *n*, - (*jur.*) procédure *f* d'insolvabilité.
Insolvenzverwalter *m*, - (*jur.*) administrateur *m* judiciaire ; liquidateur *m* de faillite ; syndic *m* de faillite ; *jdn zum ~ bestellen* désigner un administrateur judiciaire.
Insourcing *n*, ø (*pr. ang.*) production *f* interne ; production maison ; production sans sous-traitance ; → *Outsourcing* ; *Externalisierung.*
Inspekteur *m*, **e** 1. inspecteur *m* en chef 2. (*armée*) inspecteur général aux armées ; officier-inspecteur de la marine.
Inspektion *f*, **en** 1. inspection *f* ; contrôle *m* 2. contrôle technique d'un véhicule 3. services *mpl* de l'inspection.
Inspektor *m*, **en** 1. fonctionnaire *m* en bas de l'échelle des cadres supérieurs ; fonctionnaire débutant du cadre supérieur 2. inspecteur *m*.
Inspektorat *n*, **e** (*Autriche, Suisse*) inspection *f.*
inspizieren inspecter ; passer l'inspection de qqch.
instabil instable.
Instabilität *f*, **(en)** instabilité *f* ; *politische, preisliche ~* instabilité politique, des prix.
Installateur *m*, **e** (*métier*) installateur *m* (de chauffage, d'électricité, etc.).
Installation *f*, **en** (*informatique, technique*) installation *f.*
Installationsbetrieb *m*, **e** entreprise *f* d'installation (d'électricité, de chauffage, de plomberie, etc.).
Installationskosten *pl* frais *mpl* d'établissement ; frais d'installation.
Installationssoftware *f*, **s** (*informatique*) logiciel *m* d'installation.

installieren (*informatique, technique*) installer.
instand (in Stand) halten maintenir en état.
Instandhaltung *f*, **en** (*matériel*) entretien *m* ; maintenance *f.*
Instandhaltungskosten *pl* frais *mpl* d'entretien ; frais de maintenance.
instand (in Stand) setzen remettre en état ; réparer.
Instandsetzung *f*, **en** remise *f* en état ; réparation *f.*
Instanz *f*, **en** 1. instance *f* ; autorité *f* compétente 2. voie *f* hiérarchique.
Instanzenweg *m*, **(e)** voie *f* hiérarchique, administrative ; *den ~ nehmen* suivre la voie hiérarchique ; *auf dem ~ par* la voie hiérarchique.
Institut *n*, **e** institut *m* ; *~ für Konjunkturforschung* institut d'études conjoncturelles ; *~ für Marktforschung* institut d'études de marché ; *~ für Meinungsforschung* institut de sondage d'opinion ; → *Bank-, Geld-, Kreditinstitut.*
Institut *n* **der deutschen Wirtschaft** (*IW, Köln*) Institut *m* de l'économie allemande.
Institut *n* **für Weltwirtschaft** *n* (*IfW, Kiel*) Institut *m* de l'économie mondiale.
Institut *n* **für Wirtschaftsforschung** *n* (*DIW*) Institut *m* de recherche économique.
Institution *f*, **en** institution *f* publique, étatique ; organisme *m* public.
institutionalisieren institutionnaliser.
institutionell institutionnel ; *~e Anleger* investisseurs *mpl* institutionnels ; (*fam.*) les zinzins *mpl.*
instruieren 1. donner des instructions 2. mettre au courant ; instruire.
Instrukteur *m*, **e** instructeur *m.*
Instruktion *f*, **en** instruction *f* ; directive *f* ; *~en erteilen, erhalten* donner, recevoir des instructions ; *an ~en gebunden sein* être lié par des directives.
Instruktor *m*, **en** (*Autriche*) → *Instrukteur.*
Instrument *n*, **e** instrument *m* ; outil *m* ; *wirtschaftspolitische ~e* instruments de la politique économique.
instrumentalisieren instrumentaliser ; considérer comme un instrument ; rendre purement utilitaire.
Instrumentalisierung *f*, ø instrumentalisation *f.*

Instrumentarium *n*, -ien dispositifs *mpl* ; arsenal *m* ; moyens *mpl* (d'une politique).

Intabulation *f,* en (*Autriche*) inscription *f* d'une opération foncière.

Integration *f,* en intégration *f* (dans) ; *politische, wirtschaftliche* ~ intégration politique, économique ; *die* ~ *der in Deutschland lebenden Ausländer* l'intégration des étrangers vivant en Allemagne.

integrierbar intégrable.

integrieren (*in*) intégrer (dans).

integriert intégré ; (*agric.*) *~er Anbau* culture *f* intégrée ; agriculture *f* raisonnée (fondée sur l'utilisation sélective et calculée d'engrais et de pesticides) ; *~e Schaltkreise* circuits *mpl* intégrés.

Intelligenz *f,* (en) 1. intelligence *f* ; *künstliche* ~ intelligence artificielle 2. intellectuels *mpl* ; intelligentsia *f.*

Intelligenzquotient *m*, en, en quotient *m* d'intelligence ; Q.I. *m.*

intensiv intensif ; (*agric.*) *~e Bodenbewirtschaftung* culture *f* intensive.

Intensivanbau *m*, ø (*agric.*) culture *f* intensive.

Intensivhaltung *f,* en (*agric.*) élevage *m* intensif.

intensivieren intensifier ; amplifier ; augmenter ; accélérer.

Intensivierung *f,* en intensification *f* ; renforcement *m* ; augmentation *f* ; accélération *f* ; ~ *des internationalen Wettbewerbs* intensification de la compétition (concurrence) internationale.

Intensivkurs *m*, e → *Intensivlehrgang*.

Intensivlehrgang *m*, ¨e stage *m* intensif ; cours *m* intensif.

Intensivmedizin *f,* ø (unité *f* de) soins *mpl* intensifs.

Intensivstation *f* , en unité *f* de soins intensifs.

interaktiv interactif ; *~es Medium* média *m* intercatif.

Interbankengeschäft *n*, e opérations *fpl*, transactions *fpl* interbanques.

Interbankenmarkt *m*, ¨e marché *m* interbancaire ; marché *m* des prêts (à court terme) entre banques ; → *Geldmarkt*.

Interbankhandel *m*, ø opérations *fpl* interbancaires ; transactions *fpl* interbanques.

interbankmäßig interbancaire.

Interbankrate *f,* n taux *m* de l'argent interbanques (taux auquel les banques se prêtent de l'argent).

Intercity-Express *m*, e (*ICE*) train *m* régional à grande vitesse.

Inter-City-Netz *n*, e réseau *m* ferroviaire interurbain.

Intercity-Verkehr *m*, ø trafic *m* interurbain ; lignes *fpl* rapides reliant les grandes villes.

Intercity-Zug *m*, ¨e (*IC*) train *m* rapide inter-villes ; T.G.V. *m.*

interdisziplinär interdisciplinaire.

Interdependenz *f,* en interdépendance *f* ; dépendance *f* réciproque.

Interesse *n*, n (*an*) intérêt *m* (à, pour) I. *allgemeines* ~ intérêt général ; *beiderseitiges* ~ interêt mutuel, réciproque ; *geschäftliches* ~ intérêt commercial ; *materielles* ~ intérêt matériel ; *öffentliches* ~ intérêt commun ; chose publique II. *jds ~n vertreten* défendre les intérêts de qqn ; *jds ~n wahren* veiller aux intérêts de qqn.

Interessenausgleich *m*, e accord *m* d'intérêts ; compromis *m* d'intérêts ; formule *f* de compromis entre des intérêts respectifs.

Interessengegensatz *m*, ¨e intérêts *mpl* contradictoires, opposés ; conflit *m* d'intérêts.

Interessen-Gemeinschaft *f,* en (*IG*) communauté *f*, groupement *m* d'intérêts ; *mit jdm eine* ~ *ein/gehen* fonder une communauté d'intérêts.

Interessen-Gemeinschaftsvertrag *m*, ¨e contrat *m* de groupement d'intérêts.

interessengerecht compte tenu des intérêts en cause ; conformément aux intérêts en cause.

Interessengruppe *f,* n → *Interessenverband*.

Interessenkollision *f,* en → *Interessenkonflikt*.

Interessenkonflikt *m*, e conflit *m* d'intérêts.

Interessensphäre *f,* n sphère *f* d'intérêts.

Interessent *m*, en, en intéressé *m* ; personne *f* intéressée ; acheteur *m* potentiel.

Interessenverband *m*, ¨e groupe *m* de pression ; groupement *m* d'intérêts ; lobby *m* (*syn. Pressuregroup* ; *Lobby*).

Interessenvertreter *m*, - représentant *m*, défenseur *m* de s intérêts ; lobbyiste *m.*

Interface *n*, s (*pr. ang.*) (*informatique*) interface *f*.
intergenerativ intergénérationnel ; *~er Lastenausgleich* péréquation *f* intergénérationnelle des charges.
Interim *n*, s **1.** intérim *m* **2.** solution *f* transitoire ; réglementation *f* provisoire.
interimistisch intérimaire.
Interims- (*préfixe*) intérimaire ; provisoire ; temporaire.
Interimsarbeit *f*, en travail *m* intérimaire ; intérim *m*.
Interimskonto *n*, -ten compte *m* d'attente ; compte de passage.
Interimslager *n*, - lieu *m* de stockage provisoire de déchets radioactifs.
Interimslösung *f*, en solution *f* transitoire, provisoire.
Interimsquittung *f*, en quittance *f* provisoire.
Interimsregelung *f*, en réglementation *f* provisoire ; règlement *m* intérimaire.
Interimsschein *m* , e certificat *m* provisoire.
Interna *pl* affaires *fpl* internes ; informations *fpl* internes (à ne pas divulguer).
international international ; *~e Arbeitsorganisation* Organisation *f* internationale du travail ; *~e Bank für Wiederaufbau und Entwicklung* (*IBRD*) Banque *f* internationale pour la reconstruction et le développement (B.I.R.D.) ; *~e Gewerbeunion* (*IGU*) Union *f* internationale des professions artisanales, commerciales et industrielles ; *~e Handelskammer* chambre *f* de commerce internationale ; *internationale Gewässer* eaux *fpl* internationales ; *~er Währungsfonds* Fonds *m* monétaire international ; *~er Zahlungsverkehr* règlements *mpl* internationaux.
Internationalisierung *f*, en internationalisation *f* ; mondialisation *f* ; globalisation *f* ; *~ der Finanzmärkte* internationalisation des marchés financiers.
Internet *n*, ø Internet *m* ; Net *m* ; Web *m* ; Toile *f* ; *ans ~ angeschlossen sein* être connecté au réseau Internet ; *zum ~ Zugang haben* avoir accès à Internet ; *über das ~ Waren bestellen* commander des marchandises par Internet ; acheter des articles en ligne ; → *Netz* ; *Netzwerk* ; *online* ; *surfen*.
Internet-Adresse *f*, n adresse-Internet *f* ; adresse électronique.

Internet-Anschluss *m*, ¨e branchement *m* Internet ; connexion *f* au réseau Internet.
Internet-Broker *m*, - société *f* de transactions boursières via Internet.
Internet-Café *n*, s cybercafé *m*.
Internet-Einwahlnummer *f*, n identifiant *m* d'accès à Internet.
internetfähig connectable à Internet ; relié au Web ; connecté à la Toile.
Internet-Gemeinde *f*, n collectivité *f* des internautes.
Internet-Geschäft *n*, e affaires *fpl* traitées sur Internet ; *groß ins ~ ein/steigen* traiter des affaires à grande échelle sur Internet.
Internet-Nutzer *m*, - utilisateur *m* d'Internet ; internaute *m* ; cybernaute *m*.
Internet-Portal *n*, e portail *m* Internet.
Internet-Provider *m*, - fournisseur *m* d'accès à Internet.
Internet-Seite *f*, n page *f* (sur) Internet.
Internet-Site *f*, s → *Internet-Seite*.
Internet-Surfen *n*, ø surf *m* sur Internet, en ligne ; navigation *f* sur le Web.
Internet-User *m*, - → *Internet-Nutzer*.
Internet-Wirtschaft *f*, en économie *f* en ligne, par Internet ; Net-économie *f*.
Internet-Zugang *m*, ¨e accès *m* à Internet.
Inter-Rail-Karte *f*, n titre *m* de chemin de fer à tarif réduit pour les jeunes (permettant de voyager à travers l'Europe).
Interregiozug *m*, ¨e (*IR*) train *m* rapide interrégional.
Intershop *m*, s (*hist. R.D.A.*) magasin « Intershop » (vente de marchandises étrangères et d'articles de luxe est-allemands contre des devises).
intervalutarisch : *~er Devisenhandel* arbitrage *m* de (en) devises ; *~er Kurs* parité *f*.
intervenieren 1. intervenir ; *am Devisenmarkt ~* intervenir sur le marché des changes **2.** (*polit.*) protester.
Intervenieren *n*, ø → *Intervention*.
Intervention *f*, en intervention *f*.
Interventionismus *m*, ø interventionnisme *m* ; politique *f* d'intervention.
Interventionsbestände *mpl* (*U.E.*) réserves *fpl*, stocks *mpl* d'intervention.
Interventionsfonds *m*, - fonds *m* d'intervention.

Interventionsgrenze *f,* **n** seuil *m* d'intervention ; *untere, obere* ~ taux-pivot *m* inférieur, supérieur d'intervention.

Interventionskauf *m,* ¨e achat *m* de soutien (des cours).

Interventionspreis *m,* e prix *m* d'intervention.

Interventionspunkt *m,* e point *m,* seuil *m* d'intervention ; *oberer, unterer* ~ cours-pivot *m* supérieur, inférieur ; cours *m* acheteur, vendeur ; *den* ~ *erreichen* atteindre le point d'intervention.

Interventionsspanne *f,* n marge *f* d'intervention.

Interview *n,* s *(pr. ang.)* interview *f.*

Interviewer *m* , - interviewer *m* ; enquêteur *m.*

Interviewte/r *(der/ein)* interviewé *m.*

Interzonenhandel *m,* ø *(hist. R.D.A.)* commerce *m,* trafic *m* interzones ; trafic interallemand.

Intranet *n,* s *(informatique)* Intranet *m* ; réseau *m* informatique interne à une entreprise ; → *Internet.*

Intimsphäre *f,* n vie *f* privée.

Invalide *m,* n, n invalide *m.*

Invalidenrente *f,* **n** pension *f* d'invalidité.

Invalidenversicherung *f,* en asurance-invalidité *f.*

Invalidität *f,* **(en)** invalidité *f* ; *dauernde, zeitweilige* ~ incapacité de travail permanente, temporaire.

Inventar *n,* e *(comptab.)* inventaire *m* (état des biens) ; *ein ~ auf/stellen* établir, dresser un inventaire ; *lebendes ~* cheptel *m* vif d'une exploitation agricole ; *totes ~* matériel *m* d'exploitation.

Inventaranpassung *f,* en *(comptab.)* ajustement *m* d'inventaire.

Inventaraufnahme *f,* **n** *(comptab.)* établissement *m* de l'inventaire.

Inventarbewertung *f,* en *(comptab.)* évaluation *f* d'inventaire.

inventarisieren *(comptab.)* faire l'inventaire de ; inventorier.

Inventarisierung *f,* en *(comptab.)* inventoriage *m* ; établissement *m* d'un inventaire.

Inventarverzeichnis *n,* se *(comptab.)* relevé *m* d'inventaire.

Inventarwert *m,* e *(comptab.)* valeur *f* d'inventaire.

Inventur *f,* en *(comptab.)* inventaire *m* physique ; *körperliche, permanente* ~ inventaire matériel, permanent ; ~ *machen* établir, dresser l'inventaire.

Inventurausverkauf *m,* ¨e *(comptab.)* soldes *mpl* après inventaire ; vente *f,* liquidation *f* des stocks.

Inventurdifferenzen *fpl (comptab.)* différences *fpl* d'inventaire.

Inventurminusdifferenz *f,* en *(comptab.)* mali *m,* différence *f* en moins d'inventaire.

Inventurplusdifferenz *f,* en *(comptab.)* boni *m,* différence *f* en plus d'inventaire.

Inventurstichtag *m,* e *(comptab.)* jour *m* de l'inventaire.

Inverkehrbringen *n,* ø mise *f* sur le marché ; mise en circulation.

Inverwahrnahme *f,* n prise *f* en dépôt, en garde.

investieren investir ; faire un investissement ; placer ; *Kapital in einem (einen) Betrieb ~* investir des capitaux dans une entreprise ; → **an/legen.**

Investierung *f,* en investissement *m* ; action *f* d'investir.

Investition *f,* en investissement *m* ; placement *m* (de capitaux) **I.** *industrielle ~* investissement industriel ; *induzierte ~* investissement induit ; *infrastrukturelle ~* investissement d'infrastructure ; *innovationsfördernde ~* investissement d'innovation ; *kapitalintensive ~* investissement hautement capitalistique ; *planmäßige ~* investissement planifié ; *private ~* investissement privé ; *(nicht) produktive ~en* investissements (non) productifs ; *selbstfinanzierte ~* investissement autofinancé ; *staatliche* ~ investissement public ; *steuerbegünstigte ~* investissement défiscalisé **II.** *~en wirtschaftlich gestalten* rentabiliser des investissements ; *~en in Höhe von... vor/nehmen* opérer des investissements d'un montant de... ; *~en aus öffentlichen Mitteln finanzieren ~* financer des investissements sur fonds publics ; → *Anlage* ; *Anlage-, Ausrüstungs-, Fehl-, Kapital-, Re-, Sachinvestition.*

Investitionsakzelerator *m,* en accélérateur *m* d'investissement.

Investitionsanleihe *f,* **n** emprunt *m* d'investissement.

Investitionsaufwand *m,* -wendungen dépenses *fpl* d'investissement.

Investitionsausgaben *fpl* → *Investitionsaufwand.*

Investitionsaussichten *fpl* perspectives *fpl* en matière d'investissements.
Investitionsbank *f*, **en** banque *f* d'investissements.
Investitionsbedarf *m*, ø besoins *mpl* en investissements.
Investitionsboom *m*, **s** boom *m* de l'investissement.
Investitionsdarlehen *n*, **-** prêt *m* d'équipement.
Investitionsfähigkeit *f*, ø capacité *f* d'investissement.
Investitionsfinanzierung *f*, **en** financement *m* des investissements.
Investitionsflaute *f*, **n** ralentissement *m*, tassement *m* des investissements ; désinvestissement *m*.
Investitionsfonds *m*, **-** → *Investmentfonds*.
investitionsfördernd favorable à l'investissement.
Investitionsförderung *f*, **en** aide *f*, encouragement *m* à l'investissement.
Investitionsförderungsgesetz *n*, **e** loi *f* destinée à promouvoir l'investissement.
Investitionsförderungsmaßnahme *f*, **n** mesure *f* de relance de l'investissement.
investitionsfreudig enclin, diposé à investir.
investitionsfreundlich : *ein ~es Klima schaffen* créer un climat propice aux investissements.
Investitionsgelder *npl* → *Investitionskapital*.
Investitionsgüter *npl* biens *mpl* d'équipement ; biens d'investissement (servant à la production : machines, véhicules, locaux etc.) (*syn. Ausrüstungsgüter*).
Investitionsgüterindustrie *f*, **n** industrie *f* des biens d'équipement.
investitionshemmend de nature à freiner les investissements ; défavorable à l'investissement.
Investitionshilfe *f*, **n** aide *f* à l'investissement.
Investitionskapital *n*, ø capitaux *mpl* d'investissement ; fonds *mpl* disponibles pour les investissements.
Investitionskoeffizient *m*, **en**, coefficient *m* d'investissement (qui définit le rapport entre production et investissement).
Investitionskonjunktur *f*, ø climat *m* favorable aux investissements ; boom *m* des investissements.

Investitionskredit *m*, **e** crédit *m* d'investissement.
Investitionslenkung *f*, **en** orientation *f* des investissements ; dirigisme *m* en matière d'investissement.
Investitionslust *f*, ø propension *f* à investir.
Investitionsmittel *npl* → *Investitionskapital*.
Investitionsmultiplikator *m*, **en** multiplicateur *m* d'investissements (mécanisme qui contribue à réguler la conjoncture).
Investitionsneigung *f*, **en** → *Investitionslust*.
Investitionspläne *mpl* plans *mpl*, projets *mpl* d'investissements.
Investitionsplanung *f*, **en** état *m* prévisionnel des investissements ; planification *f* des mesures d'investissement ; *operative ~* planification des investissements à court terme ; *perspektivische ~* planification des investissements à long terme.
Investitionspolitik *f*, ø politique *f* d'investissement.
Investitionsprämie *f*, **n** prime *f* à l'investissement.
Investitionsquote *f*, **n** taux *m*, quota *m* d'investissement (rapport entre investissements et P.I.B.).
Investitionsrate *f*, **n** taux *m* des investissements.
Investitionsrücklage *f*, **en** provisions *fpl* pour investissements.
Investitionsschub *m*, ¨e poussée *f*, accroissement *m* des investissements.
Investitionsschwerpunkt *m*, **e** point *m* fort d'un investissement ; investissement *m* prioritaire.
Investitionsschwund *m*, ø désinvestissement *m* ; régression *f* des investissements.
Investitionsspritze *f*, **n** injection *f* de capitaux d'investissement.
Investitionstätigkeit *f*, **en** activité *f* sur le marché des investissements ; investissements *mpl*.
Investitionsträger *m*, **-** → *Investor*.
Investitionsverhalten *n*, **-** comportement *m* d'investissement ; comportement des investisseurs.
Investitionsvolumen *n*, -/**mina** volume *m* des investissements.
Investitionswelle *f*, **en** vague *f* d'investissements.

Investitionszulage *f,* n aide *f,* prime *f* à l'investissement.

Investitionszurückhaltung *f,* en réticence *f* des investissements ; retenue *f* des investisseurs ; désinvestissement *m.*

Investitionszuschuss *m,* ¨e subvention *f,* prime *f* à l'investissement.

investiv : ~*e Ausgaben* dépenses *fpl* d'investissement.

Investivlohn *m,* ¨e épargne *f* salariale ; part *f* du salaire investie en actions, fonds de pension, etc.

Investment *n,* s **1.** capitaux *mpl* placés en certificats d'investissement (du type S.I.C.A.V. et F.C.P.) **2.** (*en mots composés*) investissements *mpl* ; → *Investition* ; *Anlage.*

Investmentanteil *m,* e → *Investmentzertifikat.*

Investmentbank *f,* en banque *f* d'affaires ; banque d'investissement, de placement ; société *f* d'investissement.

Investmentbanker *m,* - analyste *m* financier ; conseil(ler) *m* en investissements ; conseiller financier.

Investmentbanking *n,* ø (*USA*) opérations *fpl* d'investissements par les banques d'affaires (placements lucratifs, nouveaux produits financiers, O.P.A., fusions et acquisitions, etc.).

Investmentberater *m,* - → *Investmentbanker.*

Investmentclub *m,* s club *m* d'investissement.

Investmentfonds *m,* s fonds *m* d'investissement, de placement ; fonds commun de placement (placements multiples pour diminuer les risques).

Investmentgesellschaft *f,* en société *f* de placement ; (*France*) S.I.C.A.V. *f* (société d'investissement à capital variable) ; société de F.C.P. (fonds commun de placement) ; O.P.C.V.M. *m* (organisme de placement collectif en valeurs mobilières) (gestion collective de l'épargne individuelle par les banques et les institutions financières : portefeuille diversifié, diminution des risques) ; → *Kapitalanlagegesellschaft.*

Investmenthaus *n,* ¨er société *f* d'investissements.

Investmentsparen *n,* ø épargne *f* en O.P.C.V.M. (organisme de placement collectif en valeurs mobilières).

Investmentsparer *m,* - épargnant *m* ; investisseur-épargnant *m.*

Investmentsparte *f,* n département *m* investissements d'une banque ou d'un institut financier.

Investmenttrust *m,* s → *Investmentgesellschaft.*

Investmentzertifikat *n,* e certificat *m* d'investissement ; certificat, part *f* d'un fonds de placement (S.I.C.A.V., F.C.P.).

Investor *m,* en investisseur *m* ; *institutionelle* ~*en* investisseurs institutionnels ; (*fam.*) les zinzins *mpl* ; *potenzieller, privater* ~ investisseur potentiel, privé ; → *Kapitalanleger.*

involviert : *in eine Affäre* ~ *sein* être impliqué dans une affaire.

Inzahlungnahme *f,* n acceptation *f* en paiement ; prise *f* en compte (de l'ancien dans l'achat du neuf) ; reprise *f* de l'ancien.

IP (*pr. ang.*) (*Internet-Protocol*) protocole *m* IP.

i.R. 1. (*im Ruhestand*) en retraite **2.** (*im Rückfall*) en cas de récidive.

IRK *n* (*Internationales Rotes Kreuz*) la Croix-Rouge (internationale).

Irre : *den Verbraucher in die* ~ *führen* induire le consommateur en erreur ; tromper le consommateur.

irreführend trompeur ; fallacieux ; ~*e Werbung* publicité *f* mensongère.

Irreführung *f,* en duperie *f* ; tromperie *f* ; manœuvre *f* frauduleuse, fallacieuse.

Irrtum vorbehalten sauf erreur ou omission (S.E.O.).

irrtümlicherweise par erreur.

ISBN *f* (*Internationale Standard-Buchnummer*) numéro *m* international standard d'un livre.

ISDN *n* (*Integrated services digital network*) R.N.I.S. *m* (réseau numérique à intégration de services).

ISE *n* (*Institut für statistische Erhebungen*) (*Allemagne*) Institut *m* de recherches statistiques.

ISI *n* (*Institut für Systemtechnik und Innovationsforschung*) Institut *m* supérieur de de la recherche technologique et des innovations.

ISO *f* (*International Standards Organization*) Organisme *m* international de normalisation.

ISO-Zertifikat *n,* e label *m* ISO ; certificat *m* de conformité à l'ISO.

Ist- (*préfixe*) réel ; effectif ; constaté (*contr. Soll-*).

Ist-Aufgaben *fpl* (*comptab.*) dépenses *fpl* réelles.

Ist-Aufkommen *n*, - (*comptab.*) rentrées *fpl* réelles ; recettes *fpl* effectives.

Ist-Bestand *m*, ¨e (*comptab.*) stock *m*, inventaire *m* réel.

Ist-Bilanz *f*, en (*comptab.*) bilan *f* réel.

Ist-Erlös *m*, e (*comptab.*) produit *m* réel, constaté, effectif.

Ist-Größe *f*, n (*comptab.*) quantité *f* réelle ; résultat *m* comptable.

Ist-Kosten *pl* (*comptab.*) coûts *mpl* réels, constatés.

Ist-Reserve *f*, n (*comptab.*) réserve *f* effective.

Ist-Stärke *f*, n → *Ist-Bestand*.

Ist-Werte *mpl* (*comptab.*) valeurs *fpl* réelles.

Ist-Zahlen *fpl* (*comptab.*) chiffres *mpl* réels ; chiffres réalisés ; chiffres comptables.

Ist-Zustand *m*, ¨e (*comptab.*) état *m* des lieux ; situation *f* effective.

IT → *Informationstechnologie* ; *Informationstechnik*.

ITB *f* (*Internationale Tourismus-Börse, Berlin*) Salon *m* international du tourisme de Berlin.

IT-Beruf *m*, e métier *m* de la technologie de l'information et de la communication.

IT-Markt *m*, ¨e marché *m* de la technologie de l'information et de la communication ; marché des technologies nouvelles.

IT-Spezialist *m*, en, en informaticien *m* de haut niveau ; spécialiste *m* des technologies nouvelles.

IT-Systemelektroniker *m*, - ingénieur *m* des télécommunications et des sciences de l'information.

IT-Systemkaufmann *m*, -leute diplômé *m* des sciences de l'information et de la communication ; titulaire *m* d'un D.U.T. d'informatique.

i.V. 1. (*in Vertretung*) par délégation ; par procuration **2.** (*in Vollmacht*) par procuration.

IVG *m* (*Industrieverband Garten*) Fédération *f* allemande de l'horticulture et du jardinage.

IW *n* (*Institut der deutschen Wirtschaft*) Institut *m* de l'économie allemande.

IWF *m* (*Internationaler Währungsfonds*) → *international*.

iX (*International Exchanges : Londoner Index der Frankfurter Börse*) indice *m* londonien de la bourse de Francfort.

J K

Jagd *f*, en chasse *f* ; *eine ~ pachten* prendre une chasse à bail ; louer une chasse.

jagdbar : *~e Tiere* gibier *m* autorisé ; espèces *fpl*, animaux *mpl* que l'on peut chasser.

Jagdberechtigung *f*, en autorisation *f* légale de chasser ; droit *m* de chasse.

Jagdgesellschaft *f*, en 1. société *f* de chasse 2. participants *mpl* à une chasse.

Jagdpacht *f*, en bail *m*, location *f* de chasse ; chasse *f* louée.

Jagdpächter *m*, - locataire *m* d'une chasse.

Jagdrecht *n*, e 1. réglementation *f* en matière de chasse 2. → *Jagdberechtigung*.

Jagdreservat *n*, e réserve *f* de chasse.

Jagdrevier *n*, e chasse *f* gardée ; territoire *f* de chasse.

Jagdschein *m*, e permis *m* de chasse.

Jagdschonzeit *f*, en période *f* de fermeture de la chasse ; période de chasse interdite.

Jagd- und Fischereisteuer *f*, n taxe *f* sur la pêche et la chasse.

Jagdverband *m*, ¨e fédération *f* de chasseurs.

Jagdverbot *n*, e défense *f* de chasser ; chasse *f* interdite.

Jagdzeit *f*, en période *f* d'ouverture de la chasse ; saison *f* de la chasse.

Jahr *n*, e année *f* ; an *m* ; (*comptab.*) exercice *m* ; *laufendes ~* année en cours ; *fette ~e* période *f* faste ; années de(s) vaches grasses ; *geburtenarmes, -reiches ~* année à faible, à fort taux de naissances ; *magere ~e* période de(s) vaches maigres ; → *Betriebs-, Dienst-, Finanz-, Geburts-, Geschäfts-, Kalender-, Lehr-, Rechnungs-, Steuer-, Versicherungs-, Wirtschaftsjahr*.

Jahrbuch *n*, ¨er annuaire *m* ; *statistisches ~* annuaire statistique.

Jahres- (*préfixe*) annuel.

Jahresabonnement *n*, s abonnement *m* annuel.

Jahresabrechnung *f*, en (*comptab.*) comptes *mpl* de fin d'année ; liquidation *f* de fin d'année ; bilan *m* annuel, de fin d'année ; clôture *f* de l'exercice ; *konsolidierte ~* documents *mpl* comptables annuels consolidés.

Jahresabschluss *m*, ¨e (*comptab.*) bilan *m* annuel ; clôture *f* de l'exercice comptable ; états *mpl* financiers annuels ; documents *mpl* comptables annuels ; comptes *mpl* annuels ; *den ~ auf/stellen* établir le bilan annuel ; *den ~ offen legen* publier les comptes de fin d'année ; → *Bilanz* ; *Gewinn- und Verlustrechnung* ; *Ertragsrechnung*.

Jahresabschlussbericht *m*, e (*comptab.*) compte *m* rendu de fin d'année ; rapport *m* annuel du gouvernement fédéral sur l'évolution de l'économie.

Jahresabschlussbilanz *f*, en (*comptab.*) bilan *m* de fin d'année, d'exercice.

Jahresabschlussprüfung *f*, en (*comptab.*) vérification *f* annuelle des comptes ; contrôle *m* annuel.

Jahresabschreibung *f*, en (*comptab.*) amortissement *m* annuel.

Jahresabsetzung *f*, en (*fisc*) déduction *f*, défalcation *f* annuelle.

Jahresabsetzungsbetrag *m*, ¨e (*fisc*) montant *m* annuel déductible.

Jahresarbeitszeit *f*, en temps *m* de travail annuel.

Jahresauftakt *m*, e début *m* de l'année ; *zum ~* en début d'année ; au début de l'année.

Jahresausgaben *fpl* dépenses *fpl* annuelles.

Jahresausgleich *m*, e (*fisc*) péréquation *f* fiscale de fin d'année.

Jahresausstoß *m*, ¨e → *Jahresproduktion*.

Jahresbasis : *auf ~ umgerechnet* (*hochgerechnet*) annualisé ; exprimé en rythme annuel.

Jahresbeitrag *m*, ¨e cotisation *f* annuelle.

Jahresbericht *m*, e compte rendu *m* annuel ; rapport *m* annuel.

Jahresbezüge *mpl* sommes *fpl* annuellement perçues ; appointements *mpl*, émoluments *mpl* annuels.

Jahresbilanz *f*, en (*comptab.*) bilan *m* de l'exercice ; bilan de fin d'année, annuel (document financier décrivant l'état du patrimoine de l'entreprise à la clôture de l'exercice comptable).

Jahresbot/Jahresbott *n*, e (*Suisse*) réunion *f* annuelle des membres d'une association.

Jahresdefizit *n*, e (*comptab.*) perte *f* de l'exercice.

Jahresdurchschnitt *m*, e moyenne *f* annuelle ; *im* ~ en moyenne annuelle ; sur la moyenne de l'année.
Jahreseinkommen *n*, - revenu *m* annuel.
Jahreseinkünfte *fpl* → *Jahreseinkommen*.
Jahreseinnahmen *fpl* → *Jahreseinkommen*.
Jahresendgratifikation *f*, en gratification *f*, prime *f* de fin d'année ; treizième mois *m* (*syn. Weihnachtsgeld*).
Jahresendprämie *f*, n → *Jahresendgratifikation*.
Jahresendquartal *n*, e dernier trimestre *m* ; quatrième trimestre.
Jahresergebnis *n*, se (*comptab.*) résultat *m* de l'exercice ; résultat calculé sur une année (différence entre la somme des produits et celle des charges).
Jahresfehlbetrag *m*, ¨e → *Jahresdefizit*.
Jahresfrist *f*, en période *f* d'un an ; *binnen* ~ d'ici un an ; *nach* ~ dans un délai d'un an ; passé un an.
Jahresgebühr *f*, en taxe *f* annuelle ; redevance *f* annuelle.
Jahresgehalt *n*, ¨er traitement *m* annuel.
Jahresgewinn *m*, e (*comptab.*) bénéfice *m*, résultat *m* annuel ; gain *m* de l'exercice.
Jahresgutachten *n*, - expertise *f* annuelle (rapport annuel de conjoncturistes chargés de conseiller le gouvernement en matière de politique économique).
Jahreshauptversammlung *f*, en assemblée *f* générale annuelle.
Jahreshaushaltsbericht *m*, e rapport *m* annuel du budget.
Jahreshoch *n*, s valeur *f* maximale de l'année ; sommet *m*, pic *m* annuel.
Jahresinventur *f*, en inventaire *m* annuel.
Jahreskarte *f*, n 1. → *Jahresnetzkarte* 2. abonnement *m* annuel (spectacles, etc.).
Jahreslohn *m*, ¨e salaire *m* annuel.
Jahresmittel *n*, - → *Jahresdurchschnitt*.
Jahresnetzkarte *f*, n carte *f* de transport annuelle.
Jahrespauschale *f*, n forfait *m* annuel.
Jahresplan *m*, ¨e plan *m* annuel.
Jahresplanung *f*, en planification *f* annuelle ; *betriebliche* ~ planification annuelle de l'entreprise.

Jahresprämie *f*, n prime *f* annuelle.
Jahresproduktion *f*, en production *f* annuelle.
Jahresprotokoll *m*, e protocole *m* annuel (convention d'échange de produits entre pays).
Jahresrechnung *f*, en → *Jahresabrechnung*.
Jahresrate *f*, n annuité *f*.
Jahresrente *f*, n rente *f* annuelle ; annuité *f*.
Jahresschluss *m*, ¨e 1. fin *m* de l'année 2. (*comptab.*) clôture *f* de l'exercice.
Jahresschlussprämie *f*, n → *Jahresendgratifikation*.
Jahresschnitt *m*, e → *Jahresdurchschnitt*.
Jahressoll *n*, ø (*hist. R.D.A.*) production *f* annuelle imposée, prévue.
Jahrestagung *f*, en congrès *m* annuel (association, parti politique, etc.).
Jahresteuerung *f*, en renchérissement *m* annuel du coût de la vie ; augmentation *f* annuelle du coût de la vie.
Jahresteuerungsrate *f*, n (taux *m* de) hausse *f* annuelle des prix.
Jahrestief *n*, (s) creux *m* de la vague ; niveau *m* annuel le plus bas ; cours *m* plancher (d'un titre).
Jahrestiefststand *m*, ¨e niveau *m* annuel le plus bas.
Jahrestranche *f*, n tranche *f* annuelle.
Jahresüberschuss *m*, ¨e (*comptab.*) bénéfice *m* de l'exercice ; → *Bilanz* ; *Gewinn- und Verlustrechnung* ; *Ertragsrechnung*.
Jahresumsatz *m*, ¨e chiffre *m* d'affaires annuel ; transactions *fpl* annuelles ; *einen hohen* ~ *erzielen* réaliser un chiffre d'affaires annuel élevé.
Jahresverbrauch *m*, ø consommation *f* annuelle (denrées, marchandises, énergie).
Jaresverdienstgrenze *f*, n plafond *m* des revenus annuels.
Jahresverlauf *m* : *im* ~ sur l'ensemble de l'année ; en glissement annuel.
Jahresverlust *m*, e → *Jahresdefizit*.
Jahresversammlung *f*, n → *Jahreshauptversammlung*.
Jahresvertrag *m*, ¨e contrat *m* d'un an ; *einen* ~ *nicht erneuern* ne pas renouveler un contrat annuel.
Jahreswagen *m*, - (*auto.*) 1. voiture *f* de l'année ; auto *f* primée 2. voiture *f* de collaborateur (qui ne peut être vendue qu'à la fin de la première année).

Jahreswende *f,* n tournant *m* de l'année ; *nach der* ~ depuis les premiers mois de l'année ; *um die* ~ au tournant de l'année ; en fin / en début d'année.

Jahreswirtschaftsbericht *m,* e (*comptab., polit.*) rapport *m* annuel sur l'économie nationale ; → **Sachverständigenausschuss** ; **Stabilitätsgesetz** ; **magisches Dreieck**.

Jahreszahl *f,* en année *f* ; millésime *m*.

Jahreszahlung *f,* en annuité *f* ; versement *m* annuel.

Jahreszeit *f,* en saison *f* ; *Entwicklung nach ~en* évolution *f* saisonnière.

jahreszeitlich bedingt saisonnier ; *~e Schwankungen* fluctuations *fpl*, variations *fpl* saisonnières (*syn.* saisonbedingt).

Jahreszeitvergleich *m* : *im* ~ en comparaison de la même période de l'année précédente (*syn.* im Vorjahresvergleich).

Jahreszinsen *mpl* intérêts *mpl* annuels.

Jahreszinsschein *m,* e (*bourse*) coupon *m* annuel.

Jahreszuwachsrate *f,* n taux *m* de croissance annuel.

Jahrgang *m,* ¨e classe *f* d'âge ; année *f* ; génération *f* ; (*enseignement*) promotion *f* ; (*vin*) millésime *m* ; *der ~ 1996* la classe 1996 ; les personnes nées en 96 ; *geburtenschwache, geburtenstarke ~¨e* classes creuses, nombreuses ; classes à faible, à forte natalité ; *weiße ~¨e* classes non appelées sous les drapeaux ; *dieser Wein ist ein guter* ~ ce vin est un bon millésime, une bonne année.

Jahrhundertgeschäft *n,* e marché *m*, affaire *f* du siècle.

Jahrhundertvertrag *m* (*hist. R.F.A., expiré en 1995*) le « contrat du siècle » (accord passé entre les mines de charbon allemandes et les entreprises privées de distribution d'énergie, concernant la fourniture de houille nationale pour la production de courant et de chaleur).

jährlich annuel ; annuellement ; par an ; *~e Rentenanpassung* réajustement *m* annuel des retraites ; *im ~en Turnus* par rotation annuelle ; *~ zu zahlender Beitrag* cotisation *f* annuelle ; *eine Wachstumsrate von ~ zwei Prozent* un taux de croissance annuel de deux pour cent.

Jährling *m,* e (*agric.*) animal *m* âgé d'un an ; (*chevaux*) yearling *m*.

Jahrmarkt *m,* ¨e foire *f* foraine.

Jahrtausend *n,* e millénaire *m*.

Jahrzehnt *n,* e décennie *f* ; période *f* de dix ans.

Java *n,* ø langage *m* de programmation.

J/D (*Juni/Dezember*) intérêts *mpl* payables le 1/6 et 1/12 de chaque année (pour les valeurs à revenu fixe).

Jedermannsaktie *f,* n action *f* populaire (*syn.* Volksaktie).

Jedermannsrecht *n,* e droit *m* de tout un chacun ; droit de chaque citoyen.

je Kopf par tête (*syn. pro Kopf*).

Je-Kopf-Sozialprodukt *n,* e part *f* du P.N.B. par tête d'habitant.

Jet *m,* s (*pr. ang.*) jet *m* ; avion *m* à réaction.

Jetliner *m,* - → Jet.

Jeton *m,* s (*pr. fr.*) jeton *m* (téléphone, parcmètre, machines à sous).

Jetset *m,* s (*pr. ang.*) jet set *m* (catégorie de gens aisés qui ne se déplacent qu'en avion).

jetten (*pr. ang.*) prendre un jet ; se déplacer en avion).

J/J (*Januar/Juli*) intérêts *mpl* payables le 1/1 et 1/7 de chaque année (pour les valeurs à revenu fixe).

Job *m,* s (*pr. ang.*) 1. travail *m* (provisoire) ; boulot *m* ; job *m* ; *einen ~ suchen* chercher un travail 2. (*informatique*) tâche *f*.

jobben (*fam.*) avoir un travail, un boulot.

Jobber *m,* - 1. agent *m* de change à la bourse de Londres (travaillant pour son propre compte) 2. (*péj.*) spéculateur *m* ; agioteur *m* 3. (*fam.*) travailleur *m*.

Jobbörse *f,* n bourse *f* de l'emploi ; agence *f* privée de l'emploi.

Jobcenter *n,* - job-center *m* ; regroupement *m* des agences de travail et des services sociaux (afin de faciliter les démarches des chômeurs en rapprochant les offres d'emploi des demandeurs).

Jobdatei *f,* en (*informatique*) liste *f* des projets, des tâches.

Jobenlargement *n,* ø (*pr. ang.*) augmentation *f* des tâches (pour une personne) ; activité *f* accrue.

Jobenrichment *n,* ø (*pr. ang.*) enrichissement *m* des tâches.

Jobfloater *m,* - (*pr. ang.*) prêt *m* bonifié (pour les entreprises qui embauchent des chômeurs de longue durée).

Jobhopper *m*, - (*pr. ang.*) personne *f* qui change souvent d'emploi ou d'employeur.

Jobhopping *n*, s (*pr. ang.*) changement *m* fréquent d'emploi ou d'employeur ; nomadisme *m* professionnel.

Jobkiller *m*, - (*pr. ang.*) suppresseur *m* d'emplois ; mangeur *m* d'emplois.

Jobrotation *f*, s (*pr. ang.*) passage *m* (d'un futur cadre) par tous les départements d'une entreprise.

Jobsharer *m*, - (*pr. ang.*) personne *f* travaillant sur un poste en emploi partagé ; mi-poste *m*.

Jobsharing *n*, s (*pr. ang.*) partage *m* du travail ; emploi *m* partagé ; travail *m* à mi-temps (deux personnes se partageant la responsabilité d'un poste).

Jobticket *n*, s (*pr. ang.*) titre *m* de transport public (acheté en gros par un employeur et redistribué à ses employés au prix coûtant).

Jobvergabe *f*, n attribution *f* d'emplois, de postes.

Jobvermittlung *f*, en bureau *m* de placement.

Jointventure *n*, s (*pr. ang.*) joint-venture *m* ; coentreprise *f* ; entreprise *f* en participation ; opération *f* conjointe ; entreprise collective ; participation *f* commune.

Jointventure-Betrieb *m*, e → *Jointventure*.

Jo-Jo-Effekt *m*, e effet *m* de yoyo.

Journal *n*, e (*pr. fr.*) 1. (*comptab.*) livre-journal *m* ; main *f* courante ; brouillard *m* ; *ein ~ führen* tenir un journal ; *etw ins ~ ein/tragen* reporter ; consigner qqch dans le livre-journal 2. (*navigation*) journal de bord *m*.

Journalbeamte/r (*der/ein*) (*Autriche*) fonctionnaire *m* de service ; employé *m* de service.

Journalsdienst *m*, ø (*Autriche*) → *Bereitschaftsdienst*.

Joystick *m*, s (*pr. ang.*) (*informatique*) levier *m*, manette *f* de commande.

JPY : code *m* monétaire international pour le yen japonais (¥).

jr. → *Junior*.

Jubiläum *n*, -äen anniversaire *m* (commercial) ; *das 100-jährige ~ einer Firma feiern* fêter le centième anniversaire d'une firme.

Jubiläumsbonus *m*, se/-ni bonus *m*, prime *f* d'anniversaire.

Jubiläumsfeier *f*, n fête-anniversaire *f* célébrée dans le cadre d'une entreprise.

Judikative *f*, n pouvoir *m* judiciaire ; → *Exekutive* ; *Legislative*.

Jugend *f*, ø jeunesse *f* ; les jeunes *mpl* ; relève *f* (de génération).

Jugendamt *n*, ¨er service *m* d'aide à la jeunesse.

Jugendarbeit *f*, en 1. travail *m* des jeunes 2. œuvres *fpl* sociales pour la jeunesse ; formation *f* des jeunes (par l'État, les églises, les filières privées, etc.) 3. (*artistes, écrivains*) œuvre *f* de jeunesse.

Jugendarbeitslosigkeit *f*, en chômage *m* des jeunes.

Jugendarbeitsschutzgesetz *n*, e loi *f* sur la protection de l'emploi des jeunes ; loi sur le travail des mineurs ; loi sur la protection des jeunes travailleurs.

Jugenderzieher *m*, - éducateur *m*.

Jugendfürsorge *f*, n (*arch.*) → *Jugendhilfe*.

Jugendherberge *f*, n auberge *f* de la jeunesse.

Jugendhilfe *f*, n aide *f* sociale à la jeunesse ; (*Allemagne*) office *m* fédéral d'aide à l'enfance et à la jeunesse.

Jugendkriminalität *f*, ø délinquance *f* juvénile.

Jugendliche/r (*der/ein*) jeune *m* ; *die ~n* jeunesse *f* ; les jeunes *mpl* ; mineurs *mpl* ; relève *f* de génération.

Jugendrichter *m*, - juge *m* des enfants ; juge pour enfants.

Jugendschutz *m*, ø lois *fpl* en matière de protection de l'enfance et de la jeunesse ; protection *f* des mineurs.

Jugendverbot *n*, e interdit aux mineurs.

Jugendwerk *n*, ø 1. office *m* de la jeunesse 2. → *Jugendarbeit 2, 3*.

Jugendwohnheim *n*, s foyer *m* de jeunes.

Jumbo-Pfandbrief *m*, e obligation *f* hypothécaire d'un minimum de 500 millions d'euros.

Jumelage *f*, n (*pr. fr.*) jumelage *m* (villes, communes, etc.).

jung : ~e *Aktie* action *f* nouvelle (émise lors d'une augmentation de capital).

Jungakademiker *m*, - jeune diplômé *m* de l'université.

Jungarbeiter *m*, - jeune travailleur *m*.

Jungbauer *m*, n, n jeune agriculteur *m*.

Jungbürger *m*, - (*Autriche, Suisse*) jeune électeur *m*.
Jungfernfahrt *f,* en première traversée *f* ; voyage *m* inaugural ; premier voyage.
Jungfernflug *m*, ¨e vol *m* inaugural.
Junggeselle *m*, n, n célibataire *m* (homme) (*syn. Single*).
Junggesellensteuer *f,* n imposition *f* supplémentaire des célibataires.
Junggesellin *f,* nen célibataire *f* (femme) (*syn. Single*).
Jungmanager *m*, - jeune chef *m* d'entreprise ; jeune cadre *m* supérieur ; jeune manager *m* ; jeune loup *m*.
Jungsenioren *mpl* jeunes retraités *mpl*.
Jungsozialist *m*, en, en → *Juso*.
jüngst dernier (en date) ; le plus récent ; *nach ~en Schätzungen* selon les estimations les plus récentes.
Jungunternehmer *m*, - → *Jungmanager*.
Jungwähler *m*, - jeune électeur *m* (de 18 à 24 ans).
Junior *m*, en junior *m* ; fils *m* du chef d'entreprise ; *der ~ übernimmt die Firmenleitung* c'est le fils qui reprend la direction de l'entreprise.
Juniorfirma *f,* en junior-entreprise *f.*
Juniorpartner *m*, - associé *m*, partenaire *m* minoritaire.
Junkbond *m*, s (*pr. ang.*) (*bourse*) (*USA*) obligation *f* à haut risque ; titre *m* de pacotille (obligation à intérêt élevé, émise notamment pour financer le rachat d'une société) (*syn. Schundobligation*) ; → *Anleihe* ; *Leveraged Management By Out* ; *Übernahme.*
Junkfood *n*, ø (*pr. ang.*) nourriture *f* malsaine ; (*fam.*) malbouffe *f* (hypercalorique et trop riche en graisses et en sucres).
Junktim *n*, s dépendance *f* mutuelle ; interdépendance *f* (de deux projets) ; (*loi*) vote *m* bloqué ; *zwei Verträge in ein ~ binden* bloquer, fusionner deux contrats en un seul.
Junktimgeschäft *n*, e interdépendance *f* des échanges commerciaux.
juridisch (*arch.*) → *juristisch.*
Jurisdiktion *f,* en juridiction *f.*

Jurisprudenz *f,* ø jurisprudence *f* ; disciplines *fpl* juridiques.
Jurist *m*, en, en juriste *m*.
Juristendeutsch *n*, ø (*péj.*) jargon *m* (juridique).
juristisch juridique ; *~e Argumente* arguments *mpl*, arguties *fpl* juridiques ; *~e Fakultät* faculté *f* de droit ; *~e Person* personne *f* morale.
Jus *n*, ø (*jur.*) droit *m* ; ~ *naturale* droit naturel ; ~ *sanguis* droit du sang ; ~ *soli* droit du sol.
Juso *m*, s (*Allemagne*) jeune social-démocrate *m* ; membre *m* de la section jeunesse du parti social-démocrate.
justieren 1. (*appareil*) mettre au point ; ajuster **2.** (*traitement de texte*) justifier **3.** contrôler le poids légal d'une pièce de monnaie.
Justierung *f,* en réajustement *m* ; ~ *nach unten, nach oben* réajustement vers le bas, vers le haut.
just in time (*pr. ang.*) juste à temps ; à/en flux tendu.
Just-in-time-Lagerung *f,* en (*pr. ang.*) stocks *mpl* en flux tendu *m*.
Just-in-time-Produktion *f,* en (*pr. ang.*) production *f* en flux tendu.
Justitiar *m*, e → *Justiziar.*
Justiz, ø justice *f.*
Justizapparat *m*, ø appareil *m* judiciaire.
Justizbeamte/r (*der/ein*) fonctionnaire *m* de justice.
Justizbehörde *f,* n autorité *f* judiciaire ; administration *f* judiciaire.
justiziabel justiciable ; *diese Straftaten sind nicht mehr ~* ces délits ne relèvent plus de la justice.
Justiziar *m*, e chef *m* d'un service juridique ; conseiller *m* juridique ; juriste *m* d'entreprise ; responsable *m* du service contentieux.
Justizirrtum *m*, ¨er erreur *f* judiciaire ; *Opfer eines ~s sein* être victime d'une erreur judiciaire.
Justizministerium *n*, ien ministère *m* de la justice.
Juwelier *m*, e (*métier*) bijoutier *m* ; joaillier *m*.
Juwelierladen *m*, ¨ bijouterie-joaillerie *f.*

K

Kabel *n*, - **1.** câble *m* **2.** (*arch.*) télégramme *m*.
Kabelfernsehen *n*, ø télévision *f* par câble.
Kabeljau *m*, s/e (*pêche*) morue *f* fraîche ; cabillaud *m*.
Kabelkunde *m*, n, n téléspectateur *m* câblé ; abonné *m* au câble.
kabeln (*arch.*) câbler ; télégraphier.
Kabelnetz *n*, e réseau *m* câblé.
Kabine *f*, n **1.** (*navigation*) cabine *f* (d'un paquebot) **2.** (*élections*) isoloir *m* **3.** gondole *f* ; cabine *f* d'un téléphérique.
Kabinett *n*, e (*polit.*) gouvernement *m* ; conseil *m* des ministres ; cabinet *m*.
Kabinettsbeschluss *m*, ¨e décision *f* gouvernementale ; décret *m* promulgué en conseil des ministres.
Kabinettsentscheidung *f*, en → *Kabinettsbeschluss*.
Kabinettssitzung *f*, en conseil *m* des ministres.
Kabinettsumbildung *f*, en remaniement *m* ministériel ; remaniement de l'équipe gouvernementale.
Kabotage *f*, ø (*pr. fr.*) **1.** cabotage *m* ; navigation *f* marchande le long des côtes **2.** transport *m* de personnes ou de marchandises à l'intérieur d'un pays.
Kader *m*, - **1.** cadre *m* ; spécialiste *m* **2.** sportif *m* **3.** (*hist. R.D.A.*) cadre *m* supérieur ; personne *f* assumant des responsabilités importantes dans le domaine économique ou politique
Kaderschmiede *f*, n pépinière *f* (de cadres) ; centre *m* de formation de responsables politiques, économiques ou de hauts fonctionnaires de l'État.
Kadi : (*fam.*) *jdn vor den* ~ *bringen* traduire qqn en justice ; traîner qqn devant les tribunaux.
kaduzieren rendre caduc ; annuler ; *einen Anteil* ~ déclarer prescrite une part de sociétaire.
Kaduzierung *f*, en **1.** déclaration *f* de nullité ; déchéance *f* ; extinction *f* ; caducité *f* **2.** déclaration *f* de prescription d'une part de sociétaire.
Käfer *m*, - coccinelle *f* (surnom donné à l'ancienne *Volkswagen*).
Kaffeebauer *m*, n planteur *m* de café.
Kaffeebohne *f*, n (*bourse*) café *m* en grain.
Kaffeefahrt *f*, en excursion *f* publicitaire (organisée par une entreprise pour le troisième âge, par ex. ; on y vend des produits en abusant de la situation et de la crédulité des gens).
Kaffir *m*, s (*bourse*) action *f* minière (principalement de mines d'or) hautement spéculative.
Käfigei *n*, er (*agro-alimentaire*) œuf *m* de poules élevées en batterie (*contr. Freilandei*).
Käfighaltung *f*, en (*agric.*) élevage *m* en batterie.
Kahlpfändung *f*, en saisie *f* immédiate sur la totalité des biens.
Kahlschlag *m*, ¨e saignée *f* déboisée ; zone *f* déforestée ou détruite ; coupe *f* claire ; (*fig.*) coupe sombre (dans un budget).
Kahn *m*, ¨e chaland *m* ; péniche *f*.
Kai *m*, s/e quai *m* ; *ab* ~ (*verzollt*) (pris) à quai (dédouané) ; *franko* (*frei*) ~ livré quai.
Kaianlagen *fpl* quais *mpl*.
Kaiarbeiter *m*, - docker *m*.
Kaigebühren *fpl* droits *mpl* de quai ; taxe *f* de quayage.
Kaigeld *n*, er → *Kaigebühren*.
Kaizen *n*, ø (*Japon*) technique *f* d'amélioration continue des processus de gestion et de fabrication (cercles de qualité, etc.).
Kalenderjahr *n*, e année *f* civile ; année calendaire.
Kali *n*, ø potasse *f*.
Kalibergbau *m*, ø extraction *f* de la potasse.
Kalibergwerk *n*, e mine *f* de potasse.
Kaliindustrie *f*, n industrie *f* d'extraction et de transformation de la potasse.
Kalivorkommen *n*, - gisement *m* de potasse.
Kalk *m*, ø chaux *f* ; *gelöschter, ungelöschter* ~ chaux éteinte, chaux vive ; *mit* ~ *düngen* chauler un terrain ; amender un terrain à la chaux.
Kalkdüngung *f*, en (*agric.*) chaulage *m* ; amendement *m* d'un terrain à la chaux.
Kalkulation *f*, en (*comptab.*) calcul *m* (de prix de revient) ; calcul des frais, des coûts ; ~ *der Fertigungskosten* calcul du coût de production ; ~ *des Gegenwartswertes* calcul de la valeur nette.
Kalkulationsabteilung *f*, en (*comptab.*) service *m* de calcul des coûts et des prix.

Kalkulationsbasis *f*, ø (*comptab.*) base *f* de calcul, dans les comptes.
Kalkulationsfehler *m*, - (*comptab.*) erreur *f* de calcul.
Kalkulationspreis *m*, e (*comptab.*) prix *m* calculé.
Kalkulationsquote *f*, n → *Handelsspanne*
Kalkulationsrichtlinie *f*, n (*comptab.*) principes *mpl* de détermination des prix et des coûts de revient.
Kalkulationsschema *n*, s/-men (*comptab.*) schéma *m* de la fixation du prix.
Kalkulationssystem *n*, e (*comptab.*) système *m* de cost-accounting.
Kalkulator *m*, en (*comptab.*) calculateur *m* ; aide-comptable *m*.
kalkulatorisch (*comptab.*) calculé ; préétabli ; à inclure dans le calcul des coûts ; à intégrer dans le calcul du prix de revient ; ~*e Abschreibung* amortissement *m* incorporable dans le budget des coûts ; ~*e Buchführung* comptabilité *f* des coûts ; ~*e Vorrechnung* coûts *mpl* préétablis ; ~*e Kosten* coûts *mpl* précalculés, comptables ; coûts incorporables.
kalkulierbar (*comptab.*) calculable.
kalkulieren (*comptab.*) calculer ; faire des calculs prévisionnels ; évaluer ; *falsch* ~ faire une erreur de calcul ; *scharf* ~ calculer au plus juste.
kalorienarm pauvre en calories ; hypocalorique
Kaloriengehalt *m*, e (*agro-alimentaire*) teneur *f* en calories ; valeur *f* calorique.
kalorienreduziert → *kalorienarm*.
kalorienreich riche en calories.
Kaltbesamung *f*, en (*agric.*) fécondation *f* artificielle à partir de sperme congelé ; insémination *f* artificielle.
Kälteindustrie *f*, n industrie *f* du froid ; industrie frigorifique.
Kältemittel *n*, - agent *m* frigorifique ; produit *m* frigorifique.
Kältetechnik *f*, en technique *f*, technologie *f* du froid.
Kaltgewicht *n*, e (*agric.*) poids *m* de la carcasse froide.
Kaltmiete *f*, n loyer *m* sans frais de chauffage (*contr. Warmmiete*).
kalt/stellen mettre au placard, au rancart.
Kaltstellung *f*, en mise *f* au rancart ; mise sur une voie de garage.
kambial cambial ; qui a rapport au change.

kambieren effectuer des opérations de change.
Kambist *m*, en, en cambiste *m* ; personne *f* qui s'occupe des changes.
kameralistische Buchführung *f*, en comptabilité *f* publique ; comptabilité des administrations.
Kammer *f*, n chambre *f* ; *berufsständische* ~ chambre corporative professionnelle.
Kämmerei *f*, en administration *f* des finances communales.
Kämmereivermögen *n*, - biens *mpl* communaux ; terrains *mpl* communaux.
Kämmerer *m*, - administrateur *m* des finances communales.
Kammergericht *n*, e tribunal *m* supérieur (Berlin).
Kampagne *f*, n 1. campagne *f* publicitaire ou électorale ; *eine* ~ *starten* lancer (démarrer) une campagne ; *eine* ~ *läuft* une campagne est en cours 2. pleine saison *f* agricole.
Kampagnearbeiter *m*, - (ouvrier *m*) saisonnier *m*.
Kampf *m*, ¨e lutte *f* ; combat *m* ; action *f* ; *der* ~ *um höhere Löhne* lutte pour des augmentations de salaire.
Kampfaktion *f*, en action *f* revendicative.
Kampfansage *f*, n déclaration *f* de guerre ; entrée *f* en opposition ouverte ; défi *m* ; ~ *der Gewerkschaften an die Arbeitgeber* défi lancé par les syndicats au patronat.
Kampfbereitschaft *f*, ø combativité *f*.
Kampfhandlung *f*, en action *f* de lutte ; action sociale ; *die ~en ein/stellen* suspendre les actions de lutte.
Kampfhundeführerschein *m*, e permis *m* de posséder un chien de combat.
Kampfleitung *f*, en direction *f* des parties en présence (direction des organisations syndicale et patronale).
Kampfmaßnahme *f*, n mesure *f* de rétorsion ; moyen *m* de lutte ; *eine* ~ *zur Durchsetzung höherer Löhne* action revendicative pour obtenir des augmentations de salaire.
Kampfmittel *n*, - moyen *m* d'action, de pression (dans les conflits sociaux).
Kampfparole *f*, n mot d'ordre *m* politique ; slogan *m* politique de combat.
Kampfpreis *m*, e prix *m* d'attaque ; prix-choc *m* ; prix compétitif, écrasé ; dumping *m*.

Kampfstrategie *f,* n stratégie *f* de combat.
Kampfzoll *m,* ¨e taxe *f* de rétorsion ; taxe de représailles (*syn. Vergeltungszoll*).
Kanal *m,* ¨e **1.** (*navigation*) canal *m* **2.** canalisation *f* **3.** (*médias*) canal *m* ; chaîne *f* ; *eine Sendung auf dem zweiten ~ sehen* regarder une émission sur la deuxième chaîne **4.** voie *f* ; direction *f* ; (*argent sale*) *in dunkle ~¨e fließen* suivre des voies obscures, des chemins illicites.
Kanalarbeiter *m,* - **1.** égoutier *m* **2.** (*polit.*) homme *m* politique qui agit dans l'ombre au service de qqn.
Kanalfähre *f,* n bac *m* trans-Manche ; ferry-boat *m.*
Kanalgebühr *f,* en droits *mpl* de canal.
Kanaltunnel *m,* ø tunnel *m* sous la Manche ; Eurotunnel *m.*
Kanalverkehr *m,* ø navigation *f* sur les canaux.
Kanban-System *n,* ø (*Japon*) système *m* Kanban (principe de production où l'on réduit les coûts de fabrication grâce à la réduction des stocks de matériaux).
Kandare *f* : *jdn in die ~ nehmen* surveiller qqn de près ; tenir la bride serrée à qqn ; limiter la marge de manœuvre de qqn.
Kandidat *m,* en, en candidat *m* ; aspirant *m* ; *einen ~en auf/stellen* présenter un candidat ; *sich als ~ auf/stellen lassen* être candidat (*syn.* Bewerber).
Kandidatenaufstellung *f,* en établissement *m* d'une liste de candidats.
Kandidatenstatus *m,* - (*U.E.*) statut *m* de candidat à l'entrée dans l'Union européenne ; *~ heißt nicht automatisch EU-Mitgliedschaft* le statut de candidat ne signifie pas automatiquement appartenance à l'U.E.
Kandidatur *f,* en candidature *f* ; *seine ~ anmelden* se porter candidat ; (dé)poser sa candidature ; *seine ~ zurück/ziehen* retirer sa candidature.
kandidieren se porter candidat ; postuler ; présenter une candidature ; faire acte de candidature ; *für ein Amt ~* postuler une charge.
Kann-Bestimmung *f,* en disposition *f* facultative ; disposition non coercitive, non contraignante.
Kann-Leistung *f,* en prestation *f* facultative.

Kann-Vorschrift *f,* en → *Kann-Bestimmung.*
kannibalisieren cannibaliser ; phagocyter ; prendre progressivement la place d'un produit sur le marché.
Kannibalisierung *f,* en cannibalisation *f* ; phagocytage *m.*
Kante *f* : (*fam.*) *Geld auf die hohe ~ legen* mettre de l'argent de côté.
Kanton *m,* e (*Suisse*) canton *m.*
kantonal (*Suisse*) (*polit.*) cantonal.
Kantonsrat *m* (*Suisse*) (*polit.*) **1.** ø parlement *m* cantonal **2.** ¨e membre *m* du parlement cantonal.
Kanzlei *f,* en chancellerie *f* ; greffe *m* du tribunal ; bureau *m* ; étude *f* de notaire.
Kanzleidiener *m,* - huissier *m.*
Kanzleigebühr *f,* en droit *m* de greffe.
Kanzleischreiber *m,* - greffier *m* ; employé *m* de chancellerie.
Kanzleistil *m,* e style *m* administratif ; style du palais.
Kanzleivorsteher *m,* - **1.** (*Suisse*) chef *m* d'un service administratif **2.** premier clerc *m* de notaire.
Kanzler *m,* - chancelier *m.*
Kanzleramt *m,* ø (*Allemagne*) **1.** chancellerie *f* **2.** fonction *f* de chancelier/de chancelière fédéral(e).
Kanzlerin *f,* nen chancelière *f.*
Kanzlermehrheit *f,* en (*Allemagne*) majorité *f* des membres du Bundestag ; majorité gouvernementale.
Kanzlerrunde *f,* n réunion *f* au sommet des chefs d'entreprise et des responsables syndicaux sous la présidence du chancelier/de la chancelière fédéral(e).
Kanzlerschaft *f,* en mandat *m* du chancelier/de la chancelière fédéral(e) ; années *fpl* de fonctions d'un chancelier/de la chancelière fédéral(e).
Kapazität *f,* en capacité *f* (de production) ; *ausgelastete ~* capacité pleinement utilisée, exploitée à plein ; *nicht ausgenutzte* (*ungenutzte*) *~* capacité en sous-charge, inemployée ; *freie ~* capacité disponible ; *industrielle ~* capacité industrielle ; *wettbewerbsfähige ~* capacité compétitive ; *~en aus/bauen* développer les capacités.
Kapazitätsabbau *m,* ø réduction *f* de capacité.
Kapazitätsausbau *m,* ø accroissement *m,* extension *f* de la capacité.
Kapazitätsauslastung *f,* en degré *m* de rentabilisation des capacités ; utilisa-

tion *f* maximale des capacités ; *die ~en ein/schränken, erhöhen* limiter, augmenter les capacités (le plan de charge).

Kapazitätsauslastungsplan *m*, ¨e plan *m* de charge ; plan d'utilisation maximale de la capacité.

Kapazitätsausnutzung *f*, en utilisation *f* de la capacité de production ; *geplante ~* utilisation prévue de la capacité ; *intensive ~* utilisation intensive de la capacité ; *mögliche ~* utilisation théorique de la capacité ; *tatsächliche ~* utilisation réelle de la capacité.

Kapazitätsausnutzungsgrad *m*, e degré *m* de charge ; taux *m* d'utilisation.

Kapazitätsausweitung *f*, en augmentation *f* de la capacité de production.

Kapazitätserweiterung *f*, en → *Kapazitätsausweitung*.

Kapazitätsgrenze *f*, n limite *f* de capacité.

Kapazitätsüberhang *m*, ø excès *m* de capacités productives.

KapCoRiLiG (*Kapitalgesellschaften- und Co-Richtlinie-Gesetz*) directives *fpl* qui alignent les sociétés commerciales personnelles à responsabilité limitée sur les sociétés de capitaux en matière de contrôle, de présentation et de publication des comptes ; → *Kapitalgesellschaften*.

Kapital *n*, (e/ien) capital *m* ; fonds *mpl* ; capitaux *mpl* I. *amortisiertes ~* capital amorti ; *angelegtes ~* capital investi, placé ; *eingesetztes ~* capital utilisé ; *fiktives ~* capital fictif ; *finanzielles ~* capital financier ; actifs *mpl* financiers ; *fixes (stehendes) ~* capital fixe ; *fluktuierendes ~* capitaux flottants ; *flüssiges ~* capital liquide ; *gezeichnetes ~* capital souscrit ; *konstantes ~* capital constant ; *totes ~* capital mort ; *umlaufendes (zirkulierendes) ~* capital circulant ; *(un)produktives ~* capital (im)productif ; *variables ~* capital variable ; *zinsloses ~* capital non productif d'intérêts ; *zinstragendes ~* capital productif d'intérêts II. *~ an/legen (in) (investieren in)* placer des capitaux (dans) ; *~ auf/bringen (beschaffen)* réunir, rassembler des capitaux ; *~ auf/stocken (erhöhen)* augmenter le capital ; *~ binden* immobiliser des capitaux ; *~ ein/frieren* geler des capitaux ; *ein ~ flüssig machen* réaliser un capital ; *(fig.) ~ aus etw schlagen* tirer profit de qqch ; → *Aktien-, Anlage-, Betriebs-, Eigen-, Fremd-, Geschäfts-, Gesellschafts-, Grund-, Gründungs-, Mindest-, Nenn-, Nominal-, Sach-, Stamm-, Umlaufkapital*.

Kapitalabfindung *f*, en indemnité *f*, allocation *f* en capital.

Kapitalabfluss *m*, ¨e → *Kapitalabwanderung*.

Kapitalabschreibung *f*, en amortissement *m* du capital.

Kapitalabwanderung *f*, en fuite *f*, exode *m* de(s) capitaux.

Kapitaladäquanzrichtlinie *f*, n (*banques, U.E.*) directive *f* concernant l'adéquation du capital (les banques évaluent leurs capitaux propres par des méthodes standardisées).

Kapitalanlage *f*, n placement *m* financier ; investissement *m* (de capitaux) ; *festverzinsliche ~* investissement à rendement fixe ; *gewinnbringende ~* investissement lucratif ; *sichere ~* placement sûr ; *unzureichende ~* sous-investissement ; *~ mit hoher Rendite* investissement à haut rendement ; → *Portfolio*.

Kapitalanlagebetrug *m*, ¨e fraude *f* à l'investissement financier ; placement *m* frauduleux.

Kapitalanlagegesellschaft → *Investmentgesellschaft*.

Kapitalanleger *m*, - investisseur *m* de capitaux ; bailleur *m* de fonds ; capitaliste *m*.

Kapitalanteil *m*, e 1. (*société*) part *f* du capital ; participation *f* au capital 2. quote-part *f* du capital engagée à la production.

kapitalarm pauvre en capitaux ; *~e Gesellschaft* société *f* financièrement peu solide.

Kapitalaufbringung *f*, en → *Kapitalbeschaffung*.

Kapitalaufstockung *f*, en augmentation *f* de/du capital ; *~ aus Gesellschaftsmitteln* augmentation de capital par incorporation de réserves.

Kapitalaufwand *m*, ø dépenses *fpl* en capital ; investissement *m* financier.

Kapitalaufwendung *f*, en → *Kapitalaufwand*.

Kapitalausfuhr *f*, en exportation *f* de capitaux ; déplacement *m* des capitaux vers l'étranger.

Kapitalausstattung *f,* en dotation *f* en capital ; ressources *fpl* propres.

Kapitalauszahlung *f,* en versement *m* d'un capital.

Kapitalbedarf *m,* ø besoins *mpl* en capitaux ; demande *f* de capitaux.

Kapitalbereitstellung *f,* en mise *f* à disposition de capitaux ; mobilisation *f* de fonds.

Kapitalberichtigung *f,* en redressement *m,* ajustement *m* de capital.

Kapitalbeschaffung *f,* en obtention *f,* recherche *f* de capitaux ; financement *m* ; apport *m* de capitaux ; mobilisation *f* de fonds.

Kapitalbestand *m,* ¨e stock *m* de capital.

Kapitalbeteiligung *f,* en **1.** épargne *f* en actions des salariés d'une entreprise ; participation *f* au capital ; ~ *der Arbeiter* actionnariat *m* ouvrier **2.** participations *fpl* financières ; ~ *im Bankgewerbe* participations bancaires.

Kapitalbeteiligungsgesellschaft *f,* en société *f* de participation ; société *f* capital-risque.

Kapitalbewegungen *fpl* mouvements *mpl* de capitaux, de fonds.

Kapitalbilanz *f,* en balance *f* des opérations en capital ; balance *f* des mouvements de capitaux (balance partielle inscrite dans la balance des paiements) ; → *Zahlungsbilanz.*

kapitalbildend de/par capitalisation ; constitutif de capital ; ~*e Altersvorsorge* prévoyance *f* vieillesse couverte par capitalisation (type fonds de pension) ; ~*e Lebensversicherung* assurance-vie *f* de capitalisation ; ~*e Rente* retraite *f* par capitalisation.

Kapitalbildung *f,* en constitution *f* de capitaux ; capitalisation *f* ; formation *f* de capitaux.

Kapitalbindung *f,* en capitaux *mpl* immobilisés ; immobilisation *f* de capitaux.

Kapitaldecke *f,* n couverture *f* en capitaux.

Kapitaldeckung *f,* en financement *m* par capitalisation ; couverture *f* des besoins en capitaux.

Kapitaldeckungsverfahren *n,* - système *m* de retraites par capitalisation (*contr. Umlageverfahren*).

Kapitaldienst *m,* e service *m* du capital (montant annuel des amortissements et des intérêts).

Kapitaleigner *m,* - détenteur *m* de capitaux, de fonds.

Kapitaleinbringung *f,* en apport *m* de capital.

Kapitaleinbuße *f,* n perte *f* de capital.

Kapitaleinfuhr *f,* en → *Kapitalimport.*

Kapitaleinkommen *n,* - → *Kapitaleinkünfte.*

Kapitaleinkünfte *fpl* revenu *m* de capitaux ; revenu en dividendes et intérêts.

Kapitaleinlage *f,* n mise *f* de fonds ; apport *m* de capitaux.

Kapitaleinsatz *m,* ¨e mise de fonds *f* ; engagement *m* de capitaux.

Kapitaleinzahlung *f,* en versement *m* de capital ; versement de fonds.

Kapitalentnahme *f,* n prélèvement *m,* ponction *f* sur le capital.

Kapitalentwertung *f,* en dépréciation *f* du capital.

Kapitalentzug *m,* ¨e retrait *m* de capitaux ; rappel *m* de capitaux ; désinvestissement *m.*

Kapitalerhöhung *f,* en → *Kapitalaufstockung.*

Kapitalertrag *m,* ¨e rendement *m* du capital ; revenu *m* du capital ; cash flow *m* ; *diskontierter* ~ cash flow actualisé.

Kapitalertragsteuer *f,* n impôt *m* sur les revenus du capital.

Kapitalexport *m,* e → *Kapitalausfuhr.*

Kapitalflucht *f,* en → *Kapitalabwanderung.*

Kapitalfluss *m,* ¨e fluidité *f* des capitaux ; flux *m* financier.

Kapitalflussrechnung *f,* en tableau *m* de financement.

Kapitalgeber *m,* - bailleur *m* de fonds.

kapitalgedeckt → *kapitalbildend.*

Kapitalgesellschaft *f,* en société *f* de capitaux (société commerciale constituée par apports de capitaux, la personnalité des apporteurs devient un élément secondaire) ; → *Aktiengesellschaft* ; *AG* ; *KGaA* ; *GmbH.*

Kapitalgewinn *m,* e plus-value *f* en capital.

Kapitalgüter *npl* biens *mpl* d'investissement, d'équipement (biens destinés à la production) (*syn. Investitionsgüter*).

Kapitalhilfe *f,* n secours *mpl* financiers ; aide *f* en capitaux.

Kapitalhinterziehung *f,* en (*fisc*) dissimulation *f* de capitaux.

Kapitalimport *m*, e importation *f* de capitaux.

Kapitalintensität *f*, ø intensité *f* capitalistique (rapport du facteur capital au facteur travail).

kapitalintensiv à fort coefficient de capital ; *~e Produktion* production *f* dépendant principalement des coûts financiers, des charges d'amortissement et des immobilisations (bâtiments, machines, etc.).

Kapitalinvestition *f*, en investissement *m* de capitaux.

Kapitalisation *f*, ø → *Kapitalisierung*.

kapitalisieren capitaliser ; *die Zinsen ~* capitaliser les intérêts ; *kapitalisierter Wert einer Rente* (valeur de la) capitalisation *f* d'une rente.

Kapitalisierung *f*, en capitalisation *f* ; *~ von Zinsen* capitalisation des intérêts ; *~ einer Rente* capitalisation d'une rente ; → *Marktkapitalisierung*.

Kapitalisierungsanleihe *f*, n emprunt *m* de capitalisation, de consolidation.

Kapitalisierungssatz *m*, ¨e taux *m* de capitalisation.

Kapitalismus *m*, ø capitalisme *m* ; régime *m* capitaliste ; *angelsächsischer ~* capitalisme anglo-saxon ; *digitaler ~* capitalisme de l'ère numérique ; *liberaler ~* capitalisme libéral ; *regulierter ~* capitalisme régulé (par l'État) ; *rheinischer ~* capitalisme rhénan ; *(staats)monopolistischer ~* capitalisme monopolistique (d'État).

Kapitalist *m*, en, en capitaliste *m*.

kapitalistisch capitaliste.

Kapitalknappheit *f*, en pénurie *f*, manque *m* de capitaux.

Kapitalkoeffizient *m*, en, en coefficient *m* de capital (rapport entre capitaux engagés et production réalisée) ; *durchschnittlicher ~* coefficient moyen de capital ; *marginaler ~* coefficient marginal de capital ; *sektoraler ~* coefficient sectoriel de capital.

Kapitalkonto *n*, -ten compte *m* de capital.

Kapitalkosten *pl* frais financiers *mpl* ; coût *m* du capital.

kapitalkräftig financièrement solide ; disposant de capitaux importants ; ayant les reins solides ; ayant du répondant.

Kapitallebensversicherung *f*, en assurance-vie *f* de capitalisation.

Kapitalleistung *f*, en prestation *f* en capital ; fourniture *f*, apport *m* de fonds.

Kapitallücke *f*, n trou *m* financier ; capitaux *mpl* manquants ; déficit *m*.

Kapitalmangel *m*, ¨ manque *m* de fonds ; insuffisance *f* de capitaux.

Kapitalmarkt *m*, ¨e marché *m* financier ; marché des capitaux ; marché des titres (actions et obligations) ; *den ~ stützen* soutenir le marché financier ; → *Aktien-, Rentenmarkt*.

Kapitalmarktpapiere *npl* valeurs *fpl* mobilières.

Kapitalmarktrendite *f*, n taux *m* de rendement sur le marché des capitaux.

Kapitalmarktzins *m*, en taux *m* d'intérêt à long terme ; taux pratiqué sur le marché des capitaux.

Kapitalmehrheit *f*, en majorité *f* du capital ; *die ~ haben* détenir la majorité du capital ; détenir le contrôle financier.

Kapitalnachfrage *f*, n demande *f* de capitaux.

Kapitalnachfrager *m*, - demandeur *m* de capitaux.

Kapitalnachschub *m*, ¨e approvisionnement *m* en capitaux ; renforts *mpl* de capitaux.

Kapitalnot *f*, ¨e → *Kapitalknappheit*.

Kapitalproduktivität *f*, en productivité *f* du capital (rapport du produit intérieur brut (B.I.P.) au stock de capital ; *marginale ~* productivité marginale du capital.

Kapitalquote *f*, n quote-part *f* de capital.

Kapitalrendite *f*, n (coefficient *m* de) rendement *m* du capital.

Kapitalrentabilität *f*, en retour *m* sur investissement ; → *Return on Investment* ; *Rendite*.

Kapitalrente *f*, n rente *f* d'un capital ; intérêts *mpl* d'un capital.

Kapitalrückfluss *m*, ¨e reflux *m*, retour *m* de capitaux.

Kapitalrückflussquote *f*, n taux *m* de de retour de capitaux.

Kapitalrücklagen *fpl* (*bilan*) réserves *fpl*.

Kapitalrückwanderung *f*, en rapatriement *m* de capitaux.

Kapitalrückzahlung *f*, en remboursement *m* de capital nominal.

Kapitalsammelbecken *n*, - → *Kapitalsammelstelle*.

Kapitalsammelstelle *f*, en organisme *m* collecteur d'épargne, de capitaux (fonds de placement, sociétés d'assurances) ; investisseur *m* institutionnel ;

centre *m* collecteur de capitaux ; → **Investmentgesellschaft**.
Kapitalschöpfung *f,* en création *f* de capitaux.
Kapitalschuld *f,* en endettement *m* financier.
kapitalschwach financièrement fragile ; manquant de capitaux ; ~ *sein* avoir les reins financièrement fragiles.
Kapitalschwund *m,* ø consomption *f,* érosion *f* des capitaux.
kapitalsparend économe en capitaux ; faiblement capitalistique.
Kapitalsparvertrag *m,* ¨e contrat *m* d'épargne par capitalisation.
Kapitalspritze *f,* n injection *f* de capitaux ; *einem Unternehmen eine ~ verabreichen* injecter des capitaux dans une entreprise ; renflouer une entreprise en difficulté.
kapitalstark financièrement solide.
Kapitalsteuer *f,* n impôt *m* sur le capital.
Kapitalstock *m,* s stock *m* de capital ; somme *f* du capital fixe à un moment donné ; (volant de) capitaux *mpl* ; matelas *m* financier ; *der öffentliche ~* les capitaux publics ; *einen Teil des Beitragsaufkommens zum Aufbau eines ~s verwenden* employer une part des recettes de cotisations à la constitution d'un capital de base.
Kapitalstockverfahren *n,* - → **Kapitaldeckungsverfahren**.
Kapitalstrom *m,* ¨e → **Kapitalfluss**.
Kapitalstückkosten *pl* coût *m* par unité produite ; rapport *m* capital/coût par unité produite.
Kapitaltilgung *f,* en → **Kapitalabschreibung**.
Kapitaltitel *m,* - titre *m* financier.
Kapitaltransfer *m,* s transfert *m* de fonds, de capitaux.
Kapitalüberfluss *m,* ø pléthore *f,* surabondance *f* de capitaux.
Kapitalüberführung *f,* en → **Kapitaltransfer**.
Kapitalumlauf *m,* ø circulation *f* du capital.
Kapitalumsatz *m,* ¨e volume *m* des capitaux en circulation.
Kapitalumschichtung *f,* en (*comptab.*) restructuration *f* du passif ; recapitalisation *f.*
Kapitalumschlag *m,* ø rotation *f,* roulement *m* des capitaux.
Kapitalverflechtung *f,* en interpénétration *f* des capitaux ; participations *fpl* croisées et prises de contrôle ; interdépendance *f* de sociétés de capitaux (du fait de leurs participations) ; *eine ~ ein/gehen* échanger des participations ; → **Fusion** ; **Übernahme** ; **Jointventure**.
Kapitalverhältnisse *npl* situation *f* financière (d'une entreprise).
Kapitalverkehr *m,* ø mouvement *m,* circulation *f* de capitaux ; opérations *fpl* financières ; *freier ~* libre circulation des capitaux ; *Liberalisierung des ~s* libéralisation *f* des mouvements de capitaux.
Kapitalverkehrsbilanz *f,* en balance *f* des capitaux ; balance des opérations en capital ; solde *m* des comptes transferts sans contrepartie directe ; → **Zahlungsbilanz**.
Kapitalverkehrskontrolle *f,* n contrôle *m* des mouvements de capitaux.
Kapitalverkehr(s)steuer *f,* n impôt *m* sur les mouvements ; impôt sur les transferts de capitaux ; taxe *f* sur les opérations financières ; taxe sur les mutations de capital.
Kapitalverknappung *f,* en raréfaction *f* des capitaux.
Kapitalverlagerung *f,* en délocalisation *f* de capitaux.
Kapitalverlust *m,* e → **Kapitaleinbuße**.
Kapitalverminderung *f,* en diminution *f,* réduction *f* du capital.
Kapitalvermögen *n,* - fortune *f* en capital ; capital *m* ; capitaux mobiliers ; patrimoine *m.*
Kapitalvernichtung *f,* en destruction *f* de capital.
Kapitalversicherung *f,* en assurance *f* de capitalisation (assurance-vie, assurance-vieillesse, par ex.) ; *~ mit doppelter Auszahlung bei Tod durch Unfall* doublement *m* du capital assuré en cas de décès par accident.
Kapitalverwaltungsgesellschaft *f,* en société *f* de gestion de capitaux ; société de placement, de portefeuille.
Kapitalverwässerung *f,* ø ponction *f* dans le capital social ; dilution *f* du capital ; augmentation *f* du capital social par émission d'actions gratuites.
Kapitalverwertung *f,* en valorisation *f* du capital.
Kapitalverzehr *m,* ø dépréciation *f* des valeurs en capital ; usure *f* du capital.

Kapitalverzinsung *f,* en rémunération *f* du capital.

Kapitalwahlrecht *n,* ø (*assurance-vie*) droit *m* d'opter pour une sortie (du contrat d'assurance-vie) en un versement unique ou en rentes mensuelles.

Kapitalwert *m,* e valeur *f* du (en) capital ; bénéfice *m* actualisé (un projet n'est rentable que si son bénéfice est positif).

Kapitalwertzuwachs *m,* ¨e accroissement *m* de la valeur du capital.

Kapitalzahlung *f,* en versement *m* d'un capital.

Kapitalzins *m,* en intérêt *m* du capital.

Kapitalzufluss *m,* ¨e afflux *m* de capitaux.

Kapitalzuführung *f,* en apport *m* de capitaux ; apport de fonds.

Kapitalzusammenlegung *f,* en fusion *f,* regroupement *m* de(s) capitaux.

Kapitalzuwachs *m,* ¨e plus-value *f* du capital ; accroissement *m* du capital.

Kapitalzuwachssteuer *f,* n impôt *m* sur la plus-value des capitaux mobiliers.

Kapitalzuweisung *f,* en dotation *f* en capital.

Kapitän *m,* e 1. commandant *m* à bord d'un navire ; ~ *auf großer Fahrt* capitaine au long cours 2. (*avion*) commandant de bord.

Kapovaz *f* (*kapazitätsorientierte variable Arbeitszeit*) temps *m* de travail variable en fonction des capacités de production.

kappen couper ; amputer ; réduire ; *die Inflation* ~ stopper net l'inflation ; *die Telefonleitung* ~ couper le téléphone.

Kappungsgrenze *f,* n limitation *f* (légale) d'augmentation des loyers.

Kaptation *f,* en captation *f* d'héritage.

kaputt/arbeiten : (*fam.*) *sich* ~ se tuer au travail.

kaputt/sparen : (*fam.*) *die Wirtschaft* ~ ruiner l'économie à force de restrictions budgétaires.

Karat *n,* e carat *m* (1 carat = 0,2 gr.) ; quantité *f* d'or contenue dans un alliage.

-karätig : (*associé à un chiffre*) *zehn*~ de dix carats.

Karenz *f,* en → *Karenzzeit.*
Karenzfrist *f,* en → *Karenzzeit.*
Karenztag *m,* e journée *f* de maladie non prise en charge par la sécurité sociale ; journée non payée.

Karenzzeit *f,* en (*assurance-maladie*) délai *m* de carence ; période *f* d'attente ; jours *mpl* après lesquels l'indemnité journalière commence à être versée ; (*concurrence*) période *f* d'interdiction d'embauche chez un concurrent pour un salarié démissionnaire ou licencié.

Kargo/Cargo *m,* s cargaison *f.*
Kargoversicherung *f,* en assurance *f* sur facultés, sur marchandises.

karitativ caritatif ; de bienfaisance ; ~*e Einrichtungen* œuvres *fpl* de charité ; organismes *mpl* de bienfaisance ; ~*e Organisationen* organisations *fpl* caritatives ; ~*e Spenden* dons *mpl* à des œuvres ; *sich* ~ *betätigen* militer dans le caritatif ; ~*en Zwecken dienen* servir à des fins caritatives.

Karoshi *m,* ø (*Japon*) mort *f* par surmenage.

Karriere *f,* n carrière *f* ; ~ *machen* faire carrière (*syn. Laufbahn*).

Karriereaussichten *fpl* perspectives *fpl* de carrière.

Karriereentwicklung *f,* en évolution *f* de carrière.

Karrierefrau *f,* en 1. femme *f* qui a bien réussi sa carrière 2. (*péj.*) femme carriériste.

Karrieremacher *m,* - carriériste *m* ; arriviste *m.*

Karriereplanung *f,* en plan *m* de carrière.

Karrierismus *m,* ø carriérisme *m.*
Karrierist *m,* en, en → *Karrieremacher.*

Karte *f,* n 1. fiche *f* ; carte *f* I. *grüne* ~ assurance *f* automobile internationale ; carte *f* verte ; (*fig.*) *rote* ~ carton rouge *m* ; blâme *m* II. (*négociations*) *die letzte* ~ *aus/spielen* abattre sa dernière carte ; *die* ~*n auf den Tisch legen* dévoiler ses projets ; abattre son jeu ; *alles auf eine* ~ *setzen* jouer le tout pour le tout ; prendre tous les risques ; *auf die falsche* ~ *setzen* miser sur le mauvais cheval 2. carte postale 3. titre *m* de transport (abréviation de *Fahrkarte, Flugkarte*) 4. billet *m* de spectacle 5. (*tourisme*) *nach der* ~ *essen* manger à la carte

Kartei *f,* en fichier *m* ; cartothèque *f* ; *eine* ~ *an/legen* créer une cartothèque ; *in der* ~ *nach/sehen* consulter un fichier.

Karteibereinigung *f,* en mise *f* à jour d'un fichier.

Karteikarte *f,* **n** fiche *f* ; carte *f.*
Karteikasten *m,* - fichier *m* ; bac *m,* boîte *f* à fiches.
Karteileiche *f,* **n** fiche *f* périmée ou sans objet (dans un fichier).
Karteizettel *m,* - → *Karteikarte.*
Kartell *n,* **e** cartel *m* ; entente *f* (entre plusieurs entreprises d'une même branche industrielle pour dominer le marché et limiter la concurrence entre les entreprises membres) ; *internationales* ~ cartel international ; *nationales* ~ cartel national ; *einem* ~ *an/gehören* faire partie d'un cartel ; *ein* ~ *auf/lösen* démanteler une entente ; *ein* ~ *bilden* constituer un cartel ; → ***Preis-, Gebiets-, Rabattkartell.***
Kartellabmachung *f,* **en** → *Kartellabsprache.*
Kartellabsprache *f,* **n** convention *f* de cartel ; entente *f* de cartel (partage du marché, prix, production, concurrence, etc.).
Kartellamt *n* (*Allemagne*) Office *m* des cartels ; *Bundes~* (*in Berlin*) Administration *f* fédérale pour la réglementation des cartels.
Kartellbehörde *f,* **n** office *m* des cartels ; autorités *fpl* compétentes en matière d'ententes.
Kartellbildung *f,* **en** constitution *f* d'un (de) cartel(s) ; cartellisation *f.*
Kartellfahnder *m,* - fonctionnaire *m* chargé de la répression des fraudes en matière de cartels, d'ententes.
Kartellgesetz *n,* **e** loi *f* sur les cartels ; loi antitrusts.
Kartellgesetznovelle *f,* **n** amendement *m* à la loi sur les cartels.
kartellieren cartelliser ; constituer un cartel ; réunir en cartels.
Kartellierung *f,* **en** → *Kartellbildung.*
Kartellrecht *n,* **e** législation *f* sur les cartels.
Kartellrechtler *m,* - juriste *m* spécialisé dans le droit de la concurrence.
kartellrechtlich : *aus ~en Gründen* en raison de la législation sur les cartels.
kartellrechtswidrig contraire à la loi sur les cartels ; en infraction à la loi antitrusts.
Kartellverbot *n,* **e** interdiction *f* (frappant la création) de cartels.
Kartellvereinbarung *f,* **en** convention *f* de cartel ; accord *m* de cartel ; entente *f* entre entreprises.

Kartellvertrag *m,* ¨e → *Kartellvereinbarung.*
Kartenbrief *m,* **e** carte-lettre *f.*
Kartenverkauf *m,* ¨e vente *f* de billets ou de titres de transport.
Kartenvorverkauf *m,* ¨e réservation *f* de billets.
kartieren mettre qqn en fiche et classer ; carter.
Kartierung *f,* **en** classement *m* par fiches ; rangement *m* au fichier.
Karton *m,* **s** carton *m* d'emballage ; *Waren in ~s verpacken* conditionner, emballer des marchandises dans des cartons.
Kartonage *f,* **n** 1. emballage *m* en carton 2. (*édition*) cartonnage *m.*
Kartonagefabrik *f,* **en** cartonnerie *f.*
Kartonverbund-Verpackung *f,* **en** poly-emballage *m* cartonné ; pack *m* (bricks de lait, jus de fruit, berlingots, etc.).
Kartothek *f,* **en** → *Kartei.*
Käseblatt *n,* ¨er (*fam.*) (*presse*) canard *m* ; feuille *f* de chou ; (*péj.*) torchon *m.*
Käserei *f,* **en** 1. fabrication *f* de/du fromage 2. fromagerie *f* ; boutique *f* de fromager.
Kasino-Kapitalismus *m,* ø capitalisme *m* sauvage, effréné.
Kasko *f,* **s** → *Kaskoversicherung.*
Kaskoschaden *m,* ¨ (*assur.*) dommages *mpl* au véhicule de l'assuré.
Kaskotarif *m,* **e** → *Kaskoversicherung.*
Kasko- und Ladungspolice *f,* **n** police *f* d'assurance (au) tiers et cargaison.
kaskoversichert assuré contre les dommages causés au véhicule.
Kaskoversicherung *f,* **en** assurance-véhicule *f* ; assurance *f* dommages causés au véhicule ; (*navigation*) assurance *f* sur corps ; *Voll~* assurance tous risques.
Kassa : (*bourse*) *ein Geschäft per ~ ab/schließen* négocier au comptant (titres) ; négocier en disponible ; *per* (*gegen*) ~ *bezahlen* payer au comptant ; (*maritime*) ~ *gegen Dokumente* comptant contre documents ; documents *mpl* contre paiement ; (*clause commerciale*) comptant à livraison.
Kassa *f,* -ssen (*Autriche*) caisse *f* ; → *Kasse.*
Kassaauftrag *m,* ¨e (*bourse*) ordre *m* au comptant.
Kassabericht *m,* **e** (*Autriche*) situation *f* de caisse.

Kassabuch *n,* ¨er(*bourse*) livre *m* des opérations au comptant.
Kassageschäft *n,* e (*bourse*) **1.** (*valeurs*) opération *f* au comptant ; marché *m,* transaction *f* au comptant (*syn. Prompt-, Bar-, Tagesgeschäft*) **2.** (*marchandises*) affaire *f,* marché *m* au comptant (*syn. Loko-, Spotgeschäft*).
Kassahandel *m* : (*bourse*) börsenmäßiger ~ opérations *fpl* de bourse au comptant.
Kassakauf *m,* ¨e (*bourse*) achat *m* au comptant, en disponible.
Kassakurs *m,* e (*bourse*) cours *m* au comptant.
Kassamarkt *m,* ¨e → *Kassahandel.*
Kassaorder *f, s* → *Kassaauftrag.*
Kassapapier *n,* e valeur *f,* titre *m* négocié(e) au comptant.
Kassapreis *m,* e (*bourse*) prix *m* au comptant.
Kassaschein *m,* e (*Autriche*) bon *m* de caisse.
Kassation *f,* (**en**) (*jur.*) cassation *f* ; annulation *f.*
Kassationsgericht *n,* e (*jur.*) cour *f,* tribunal *m* de cassation.
Kassationshof *m,* ¨e → *Kassationsgericht.*
Kassazahlung *f,* en paiement *m* (au) comptant.
Kasse *f,* n **1.** caisse *f* ; encaisse *f* ; avoir *m* en caisse **I.** *gemeinsame* ~ caisse commune ; (*fisc*) *öffentliche* ~ caisse publique ; *schwarze* ~ caisse noire **II.** *jdn zur* ~ *bitten* faire payer qqn ; *die* ~ *führen* tenir la caisse ; ~ *machen* faire recette ; *die* ~*n klingeln* l'argent rentre ; la caisse se remplit **2.** (*magasin*) caisse ; *Kasse machen* faire la caisse ; *die* ~ *ist geschlossen* la caisse est fermée **3.** (*Sparkasse*) caisse d'épargne ; *Geld auf der* ~ *haben* avoir de l'argent à la caisse d'épargne ; *Geld auf die* ~ *bringen* déposer de l'argent à la caisse d'épargne **4.** (*Krankenkasse*) caisse de maladie ; *einer* ~ *bei/treten* adhérer à une caisse ; *in einer* ~ *sein* être affilié à une caisse de maladie ; *es geht auf* ~ c'est remboursé par la caisse de maladie **5.** cassette *f* ; caisse personnelle ; porte-monnaie *m* ; (*fam.*) *in meiner* ~ *herrscht Ebbe* je suis fauché ; *gemeinsame* ~ *führen* faire caisse commune ; *getrennte* ~ *haben* faire caisse séparée ; *gut, schlecht bei* ~ *sein* être en fonds, avoir des problèmes de trésorerie ; **III.** ~ *bei Auftragserteilung* paiement *m* à la commande ; *gegen* ~ au comptant ; ~ *gegen Dokumente* comptant contre documents ; *netto* ~ comptant net.
Kassenabschluss *m,* ¨e arrêté *m* de caisse ; balance *f* de caisse.
Kassenabzug *m,* ¨e → *Kassenskonto.*
Kassenanweisung *f,* en bon *m* de caisse ; bon à payer.
Kassenarzt *m,* ¨e médecin *m* conventionné ; médecin des caisses d'assurance-maladie.
Kassenärzteschaft *f,* en médecins *mpl* conventionnés ; caisses *fpl* conventionnées.
kassenärztlich : ~*e Vereinigung f* association *f* de médecins conventionnés.
Kassenausgänge *mpl* sorties *fpl* de caisse.
Kassenausweis *m,* e → *Kassenbestand.*
Kassenband *n,* ¨er tapis (roulant) *m* d'une caisse de super-marché.
Kassenbeleg *m,* e ticket *m,* bon *m* de caisse ; document *m* de caisse ; récépissé *m.*
Kassenbericht *m,* e compte rendu *m* de caisse.
Kassenbestand *m,* ¨e encaisse *f* ; avoir *m* en caisse.
Kassenbilanz *f,* en balance *f* de caisse.
Kassenblock *m,* ¨e quittancier *m.*
Kassenbon *m, s* → *Kassenbeleg.*
Kassenbuch *n,* ¨er livre *m* de caisse.
Kassendefizit *n,* e déficit *m* de caisse ; erreur *f* de caisse en moins ; (*fam.*) trou *m* dans la caisse.
Kassenebbe *f,* ø (*fam.*) caisses *fpl* vides ; *bei uns herrscht* ~ nous sommes à court d'argent.
Kasseneingänge *mpl* recette *f,* rentrées *fpl* de caisse.
Kassenerfolg *m,* e article *m* à succès ; succès *m* de vente ; produit *m* qui fait recette (*syn. Verkaufsschlager*).
Kassenfehlbetrag *m,* ¨e → *Kassendefizit.*
Kassenführer *m,* - **1.** caissier *m* ; trésorier *m* (d'une association par ex.) **2.** (*Trésor public*) receveur *m.*
Kassenführung *f,* en gestion de(s) comptes.
Kassenfüller *m,* - → *Kassenerfolg.*
Kassenkredit *m,* e avance *f* de trésorerie ; crédit *m* de caisse, à court terme ; découvert *m* autorisé.

Kassenlage *f*, n situation *f* de caisse ; état *m* de trésorerie.
Kassenmitglied *n*, er → *Kassenpatient*.
Kassenmittel *npl* avoir *m* en caisse ; encaisse *f* ; trésorerie *f*.
Kassenmittelbedarf *m*, ø besoins *mpl* de trésorerie.
Kassenobligation *f*, en bon *m* de caisse.
Kassenpatient *m*, en, en patient *m*, affilié *m* à une caisse de maladie.
Kassenprüfung *f*, en vérification *f* de la caisse.
Kassensaldo *m*, -den solde *m* de caisse.
Kassenschalter *m*, - guichet *m* de caisse.
Kassenschein *m*, e → *Kassenbeleg*.
Kassenschlager *m*, - → *Kassenerfolg*.
Kassenskonto *m/n*, s escompte *m* au comptant.
Kassenstand *m*, ¨e situation *f* de (la) caisse.
Kassenstunden *fpl* heures *fpl* d'ouverture des guichets.
Kassensturz *m*, (¨e) vérification *f*, état *m* de caisse ; ~ *machen* vérifier, faire la caisse.
Kassenüberschuss *m*, ¨e caisse *f* excédentaire ; excédent *m* de caisse.
Kassenumsatz *m*, ¨e mouvements *mpl* de caisse.
Kassenverein *m* : *Deutscher* ~ *AG* Société *f* allemande de compensation des valeurs mobilières nationales.
Kassenverkehr *m*, ø → *Kassenumsatz*.
Kassenverwalter *m*, - administrateur *m* d'une caisse ; trésorier *m* ; gestionnaire *m* de fonds.
Kassenvorgang *m*, ¨e opération *f* de caisse.
Kassenvorschuss *m*, ¨e avance *f* de caisse.
Kassenvorsteher *m*, - caissier *m* principal ; (*Trésor*) receveur *m* principal.
Kassenwahl *f* : *freie* ~ libre choix *m* de la caisse d'assurance-maladie.
Kassenwart *m*, e → *Kassenführer*.
Kassenzettel *m*, - → *Kassenbeleg*.
Kassier *m*, e (*Autriche*) caissier *m*.
kassieren encaisser ; toucher ; faire la recette ; percevoir ; *die Miete* ~ encaisser le loyer.

Kassierer *m*, - caissier *m*.
KatA. → *Katasteramt*.
Katalog *m*, e catalogue *m* ; *illustrierter* ~ catalogue illustré ; *einen* ~ *an/fordern* demander un catalogue.
katalogisieren classer par ordre alphabétique ; répertorier.
Katalognummer *f*, n numéro *m* du catalogue ; référence *f*.
Katalogpreis *m*, e prix-catalogue *m* ; prix *m* marqué ; tarif *m*.
Katalogversand *m*, ø envoi *m* de catalogues.
Katalysator *m*, en (*automobile*) pot (d'échappement) catalytique.
Kataster *m/n*, - cadastre *m*.
Katasteramt *n*, ¨er office *m*, bureau *m* du cadastre.
Katasterauszug *m*, ¨e extrait *m* du cadastre ; extrait cadastral.
Katatsterfläche *f*, n surface *f* figurant au cadastre ; surface cadastrale.
Katasterkarte *f*, n carte *f* cadastrale.
katastermäßig : ~ *erfasstes Grundstück* terrain *m* figurant au cadastre ; terrain cadastré.
Katatsternummer *f*, n numéro *m* du cadastre.
katastrieren cadastrer.
Katastrophe *f*, n catstrophe *f* ; sinistre *m*.
Katastropheneinsatz *m*, ¨e service *m* d'intervention en cas de catastrophe naturelle ; (*France*) → plan *m* O.R.S.E.C. (organisation des secours).
Katastrophengebiet *n*, e zone *f* sinistrée ; zone touchée par la/une catstrophe.
Katastrophenmedizin *f*, ø médecine *f* d'urgence ; (*France*) médecine d'urgence dans le cadre du plan O.R.S.E.C.
Katastrophenschutz *m*, ø protection *f* contre les catastrophes naturelles.
Kategorie *f*, n catégorie *f* ; groupe *m* ; classe *f* ; *einer* ~ *an/gehören* appartenir à une catégorie ; *in eine* ~ *ein/ordnen* classer, ranger dans une catégorie ; *in eine* (*zu einer*) ~ *gehören* relever d'une catégorie.
kategorisieren catégoriser.
Kategorisierung *f*, en catégorisation *f*.
Kauf *m*, ¨e achat *m* ; acquisition *f* ; marché *m* ; vente *f* I. *fester* ~ achat ferme ; ~ *auf Abzahlung* (*auf Raten*) achat à tempérament ; ~ *auf Katalog* achat sur catalogue ; ~ *auf Kredit* achat à

crédit ; ~ *auf (zur) Probe* vente à l'essai, à l'examen ; ~ *nach Probe* achat sur échantillon ; ~ *auf Zeit (auf Ziel)* vente à terme ; ~ *aus erster, aus zweiter Hand* achat de première, de seconde main **II**. *einen* ~ *ab/schließen* conclure un achat ; *zum* ~ *an/bieten* mettre en vente ; *einen* ~ *rückgängig machen* annuler un achat ; *zum* ~ *stehen* être en vente.

Kaufabend *m,* e ouverture *f* (d'un magasin) en soirée ; nocturne *f.*

Kaufabschluss *m,* ¨e conclusion *f* d'un marché.

Kaufabsichten *fpl* intentions *fpl* d'achat.

Kaufangebot *n,* e offre *f* d'achat.

Kaufanreiz *m,* e incitation *f* à l'achat.

Kaufauftrag *m,* ¨e → *Kauforder.*

Kaufbedingungen *fpl* conditions *fpl* d'achat ; conditions de vente.

Kaufboykott *m,* s/e boycott *m* des achats, d'une marchandise.

Kaufbrief *m,* e (*jur.*) acte *m* de vente ; certificat *m* d'acquisition ; titre *m* de propriété.

Kaufempfehlung *f,* en conseil *m* d'achat ; recommandation *f* à l'achat.

kaufen acheter ; acquérir ; *von (bei) jdm etw* ~ acheter qqch à qqn ; (*gegen*) *bar* ~ acheter (au) comptant ; *billig* ~ acheter bon marché ; *aus zweiter Hand* ~ acheter en seconde main, d'occasion ; *auf Kredit, auf Raten* ~ acheter à crédit, à tempérament (*contr. verkaufen*).

kaufenswert qui vaut la peine d'être acheté ; valable ; intéressant.

Kaufentscheidung *f,* en décision *f* d'achat.

Käufer *m,* - acheteur *m* ; preneur *m* ; acquéreur *m* ; client *m* ; ~ *finden* trouver preneur, acquéreur.

Käuferandrang *m,* ø afflux *m* d'acheteurs ; affluence *f* ; ruée *f* sur les magasins.

Käuferansturm *m,* ¨e → *Käuferandrang.*

Käuferkreis *m,* e → *Käuferschicht.*

Käufermarkt *m,* ¨e marché *m* des acheteurs ; marché favorable à l'acheteur (l'offre est plus importante que la demande) (*contr. Verkäufermarkt*).

Käuferschaft *f,* ø acheteurs *mpl* ; clientèle *f.*

Käuferschicht *f,* en catégorie *f,* groupe *m* d'acheteurs.

Käuferschlange *f,* n file *f* d'acheteurs ; queue *f.*

Käuferstreik *m,* s grève *f* des achats ; boycott(age) *m* des consommateurs.

Käuferstrom *m,* ¨e afflux *m* d'acheteurs ; affluence *f.*

Käuferstromanalyse *f,* n (*marketing*) analyse *f* d'affluence-clients.

Käufervereinigung *f,* en groupement *m* d'achats.

Kauffrau *f,* en commerçante *f* (inscrite au registre du commerce).

Kaufgegenstand *m,* ¨e objet *m* du marché.

Kaufgeld *n,* ø prix *m* d'achat, de vente.

Kaufgewohnheiten *fpl* habitudes *fpl* d'achat (de la clientèle).

Kaufhalle *f,* n grand magasin *m* ; supermarché *m* ; grande surface *f* ; galerie *f* marchande.

Kaufhaus *n,* ¨er grand magasin *m* ; galeries *fpl* (*syn. Warenhaus*).

Kaufhöhe *f,* n montant *m* de l'achat ; *je nach* ~ suivant la valeur de l'achat.

Kaufinteresse *n,* n intérêt *m* à acheter ; motivation *f* d'achat.

Kaufkontrakt *m,* e → *Kaufvertrag.*

Kaufkraft *f,* ø pouvoir *m* d'achat ; *reale* ~ pouvoir d'achat réel ; ~ *des Geldes* pouvoir d'achat de la monnaie ; *der Löhne* pouvoir d'achat salarial ; *der Verbraucher* pouvoir d'achat des consommateurs ; ~ *des verfügbaren Einkommens* pouvoir d'achat du revenu disponible ; *die* ~ *erhöht sich, verschlechtert sich* le pouvoir d'achat augmente, diminue ; *die überschüssige* ~ *ab/schöpfen* absorber le pouvoir d'achat excédentaire.

Kaufkraftabschöpfung *f,* (en) résorption *f,* absorption *f* du pouvoir d'achat.

kaufkraftbereinigt corrigé des variations du pouvoir d'achat ; en termes constants.

Kaufkrafterhaltung *f,* (en) maintien *m* du pouvoir d'achat.

kaufkräftig qui a les moyens ; financièrement solide ; à fort pouvoir d'achat ; solvable.

Kaufkraftindex *m,* e/-dizes indice *m* du pouvoir d'achat (indice des prix à la consommation, indice des revenus nominaux).

Kaufkraftminderung *f,* en → *Kaufkraftverlust.*

Kaufkraftparität *f,* en parité *f* de pouvoir d'achat.

Kaufkraftschöpfung *f,* en création *f* de pouvoir d'achat.

Kaufkraftschwund *m*, ø → *Kaufkraftverlust*.

Kaufkraftüberhang *m*, (¨e) excédent *m* du pouvoir d'achat ; *den ~ ab/schöpfen* absorber, éponger l'excédent de pouvoir d'achat.

Kaufkraftverfall *m*, ø → *Kaufkraftverlust*.

Kaufkraftverlust *m*, e diminution *f*, baisse *f* du pouvoir d'achat ; détérioration *f* du pouvoir d'achat ; érosion *f* monétaire.

Kaufkraftzuwachs *m*, ¨e augmentation *f*, progression *f* du pouvoir d'achat.

Kaufkurs *m*, e (*bourse*) cours *m* d'achat.

käuflich 1. achetable ; à vendre ; sur le marché ; *~ erwerben* acheter ; *~ überlassen* vendre ; *~e Ware* marchandise *f* en vente. **2.** vénal ; corruptible.

Käuflichkeit *f*, ø vénalité *f*.

Kauflust *f*, ø propension *f* à l'achat ; engouement *m* des acheteurs ; envie *f* d'acheter ; *die ~ an/regen* inciter à l'achat (*contr. Kaufunluft*).

Kaufmann *m*, -leute commerçant *m* ; marchand *m* ; négociant *m* ; gestionnaire *m* ; *technischer ~* ingénieur *m* technico-commercial ; → **Einzel-, Industrie-, Minder-, Muss-, Schein-, Soll-, Vollkaufmann.**

kaufmännisch commercial ; marchand ; *~er Angestellter* employé *m* de commerce ; *~er Betrieb* exploitation *f* commerciale ; *~er Direktor* directeur *m* commercial ; *~er Leiter* cadre *m* commercial.

Kaufmannschaft *f*, ø les commerçants ; les négociants (en général).

Kaufmannsdeutsch *n*, ø → *Kaufmannssprache*.

Kaufmannslehrling *m*, e apprenti *m* d'une maison de commerce ; élève *m* préparant un C.A.P. commercial.

Kaufmannssprache *f*, en langue *f* commerciale ; jargon *m* des commerçants, du commerce.

Kaufmannsstand *m*, ¨e **1.** état *m* de commerçant **2.** les commerçants *mpl* ; le monde *m* du commerce.

Kaufoption *f*, en option *f* d'achat ; *eine ~ auf etw erwerben* acquérir une option d'achat sur qqch.

Kauforder *f*, s (*bourse*) ordre *m* d'achat.

Kaufpreis *m*, e prix *m* d'achat ; valeur *f* marchande ; *der ~ beträgt 100 €* le prix d'achat est de 100 € ; *einen Betrag auf den ~ an/rechnen* décompter une somme du prix d'achat.

Kaufrausch *m*, ø fièvre *f*, flambée *f* des achats ; frénésie *f* d'achat.

Kaufrückvergütung *f*, en ristourne *f*, remise *f* sur le prix d'achat.

Kaufstelle *f*, n point *m* d'achat, de vente.

Kaufsucht *f*, ø folie *f*, manie *f* des achats.

Kaufsumme *f*, n → *Kaufpreis*.

Kaufunlust *f* → *Kaufzurückhaltung*.

Kaufunterlagen *fpl* contrat de vente *m* ; documents *mpl* commerciaux liés à un achat.

Kaufurkunde *f*, n acte *m* de vente ; certificat *m* de vente.

Kaufverhalten *n*, - comportement *m* d'achat, des acheteurs.

Kaufverpflichtung *f*, en obligation *f* d'achat.

Kaufversprechen *n*, - promesse *f* d'achat ; promesse de vente.

Kaufvertrag *m*, ¨e contrat *m* de vente, d'achat ; *~ mit Rückgaberecht* contrat de vente à condition ; *~ mit Eigentumsvorbehalt* contrat de vente assorti d'une clause de réserve de propriété ; *vom ~ zurück/treten* résilier un contrat ; revenir sur un contrat ; se dédire.

Kaufwelle *f*, n vague *f* d'achats.

Kaufwert *m*, e valeur *f* d'achat ; valeur vénale.

Kaufzurückhaltung *f*, en réticence *f*, tiédeur *f* des acheteurs ; attentisme *m*.

Kaufzwang *m*, (¨e) → *Kaufverpflichtung*.

Kautel *f*, en clause *f* restrictive ; clause *f* de garantie (dans un contrat) ; *eine ~ in einen Vertrag setzen* insérer une clause restrictive dans un contrat.

Kaution *f*, en caution *f* ; garantie *f* ; cautionnement *m* ; *gegen ~* moyennant caution ; contre garantie ; *eine ~ in bar zahlen* payer une caution en espèces, au comptant ; *eine ~ fest/setzen* fixer une caution ; *eine ~ hinterlegen* déposer une caution ; *eine ~ (für jdn) stellen* fournir un cautionnement (pour qqn) ; verser une caution (*syn. Bürgschaft*).

kautionsfähig garant ; capable de fournir une caution ; capable de servir de garantie.

Kautionskredit *m*, e crédit *m* accordé sur garanties ; crédit octroyé moyennant caution.

kautionspflichtig caution obligatoire ; soumis à cautionnement.

Kautionssumme *f,* n montant *m* du cautionnement, de la caution.

Kautionsversicherung *f,* en assurance *f* de cautionnement.

Kautionswechsel *m*, - effet *m* de garantie.

Kavaliersdelikt *n,* e peccadille *f* ; délit *m* mineur ; bagatelle *f*.

KB 1. (*Kilo-Byte*) (*informatique*) kilobyte *m* (1024 bytes) **2.** (*agric.*) (*Kaltbesamung*) insémination *f* artificielle.

KBV *f* (*Kassenärztliche Bundesvereinigung*) Fédération *f* nationale des médecins conventionnés.

kehren : (*fam.*) *Probleme unter den Teppich ~* ignorer, masquer des problèmes.

Kehrgutbehälter *m*, - benne *f* à ordures.

Keidanren *m* (*Japon*) Union *f* des organisations économiques du Japon.

Keiler *m*, - (*boursier, péj.*) démarcheur *m* en produits financiers (cherche à les placer coûte que coûte).

Keiretsu *m* (*Japon*) keiretsu *m* (structure verticale de production fondée sur une pyramide de donneurs d'ordres et de sous-traitants).

Keller *m*, - cave *f* ; (*fam.*) *die Preise fallen* (*purzeln*) *in den ~* les prix dégringolent ; (*fam.*) *die Stimmung der Verbraucher ist im ~* le moral des consommateurs est au plus bas.

Kellerei *f,* en caves *fpl* ; chais *mpl* ; château *m* ; celliers *mpl* ; *ab ~* pris à la propriété ; *frei ~* livré en cave.

Kellerwechsel *m*, - titre *m* douteux ; effet *m*, billet *m* de complaisance ; traite *f* bidon.

Kennedy-Runde *f* (*hist.*) Kennedy Round *m* (négociations menées de 1964 à 1967 à l'initiative du président Kennedy et destinées à abaisser les barrières douanières).

Kenngröße *f,* n chiffre *m* ; mesure *f* ; indice *m* ; ratio *m* ; *nur eine ~ weist nach oben* une seule donnée indique une progression.

Kennkarte *f,* n carte *f* d'identité ; *amtliche ~* carte d'identité officielle, nationale (*syn. Ausweis*).

Kenn-Nr. → *Kennnummer*.

Kennnummer *f,* n numéro *m* de référence ; numéro d'ordre.

Kenntnis *f,* se connaissance *f* ; *~se* : connaissances ; savoir *m* ; *fachliche ~* connaissances techniques ; *organisatorische ~* connaissances, compétences organisationnelles ; *in ~ der Sachlage* en connaissance de cause ; *von etw ~ bekommen* avoir connaissance de qqch ; *von etw ~ nehmen* prendre connaissance de qqch ; *jdn in ~ setzen* informer qn.

Kenntnisnahme *f* **:** *nach ~ von* après avoir pris connaissance de ; *zur* (*gefälligen*) *~* pour information.

Kennwort *n,* ¨er mot *m* de passe ; code *m* secret ; nom *m* de code.

Kennzahl *f,* en → *Kennziffer*.

Kennzeichen *n*, - signe *m* ; indice *m* ; caractéristique *f* ; numéro *m* minéralogique.

Kennzeichenschild *n,* er plaque *f* minéralogique (véhicules).

kennzeichnen indiquer l'origine de qqch ; indiquer la présence ou l'absence d'O.G.M. ; permettre la traçabilité d'un produit.

Kennzeichnung *f,* en marquage *m* ; traçabilité *f* ; origine *f* (d'un produit).

kennzeichnungsfrei dispensé de marquage.

Kennzeichnungspflicht *f,* en obligation *f* de marquage, de traçabilité ; certification *f* obligatoire d'origine ; *~ für gentechnisch veränderte Nahrungsmittel* obligation d'indiquer l'origine d'aliments génétiquement modifiés.

kennzeichnungspflichtig avec marquage obligatoire ; avec indication d'origine obligatoire.

Kennziffer *f,* n (*statist., comptab.*) indice *m* ; chiffre-indice *m* ; coefficient *m* ; ratio *m* ; indicateur *m* **I.** *demografische ~* indice démographique ; *erzeugnisbezogene ~* indice du produit ; *geplante ~* indice planifié ; *quantitative ~* indice quantitatif ; *realwirtschaftliche ~* indice en nature ; indice fixé en quantités ; *statistische ~* indice statistique ; *verbindliche ~* indice obligatoire ; *volkswirtschaftliche ~* indice *m* économique ; *wertmäßige ~* indice en valeur **II** (*comptab.*) *~ der Aktivseite der Bilanz* ratio de structure de l'actif ; *~ der Erfolgsbewertung* critère *m* d'appréciation des résultats ; *~ der Passivseite der Bilanz* ratio de structure du passif ; ~ *der Umschlaghäufigkeit der Bestände* ratio de rotation des stocks ; ~ *der Umschlaghäufigkeit des Gesamtkapitals* ratio de rotation des capitaux engagés.

Kennziffernprogramm *n,* **e** (*statist.*) liste *f* d'indices.

Kennziffernsystem *n,* **e** (*statist.*) système *m* d'indices.

Kern *m,* **e** noyau *m* ; centre *m* ; cœur *m* ; (*grève*) *der harte* ~ *der Belegschaft* noyau dur du personnel.

Kern- (*préfixe*) **1.** de base ; stable ; du noyau ; fixe ; principal **2.** nucléaire ; atomique (*syn. Atom-, Nuklear-*).

Kernarbeitsgebiet *n,* **e** activité *f* de base, principale ; secteur *m* de base.

Kernarbeitszeit *f,* **en** plage *f* fixe (du travail) (dans le cadre des horaires mobiles) (*syn. Fixzeit*).

Kernbelegschaft *f,* **en 1.** personnel *m* permanent ; personnel stable **2.** personnel réduit (à son plus strict minimum).

Kernbereich *m,* **e** essentiel *m* ; activité *f* principale.

Kernbrennstoff *m,* **e** combustible *m* nucléaire.

Kernenergie *f,* **n** énergie *f* nucléaire (*syn. Atomenergie*).

Kernenergienutzung *f,* **en** utilisation *f* de l'énergie nucléaire.

Kernenergierisiko *n,* **-ken** risque *m* nucléaire.

Kernfach *n,* ¨**er** (*enseignement*) matière *f* principale.

Kernfamilie *f,* **n** cellule *f* familiale réduite ; famille *f* d'une seule génération (*contr. Großfamilie*).

Kernforschung *f,* **en** recherche *f* nucléaire.

Kernforschungszentrum *n,* **-tren** centre *m* de recherches nucléaires.

Kernfrage *f,* **n** question *f* essentielle, principale.

Kernfusion *f,* **en** fusion *f* nucléaire.

Kerngeschäft *n,* **e** activité *f* principale (d'une entreprise) ; activité de base.

Kernindustrie *f,* **n** industrie *f* nucléaire.

Kerninflation *f,* (**en**) inflation *f* tendancielle.

Kernkompetzenzen *fpl* compétences *fpl* spécifiques (d'une entreprise).

Kernkraft *f,* ø énergie *f,* force *f* nucléaire ; *Anteil der* ~ *an der Energieversorgung* part *f* de l'énergie nucléaire dans l'approvisionnement énergétique.

Kern(kraft)anlage *f,* **n** installation *f* nucléaire ; centrale *f* nucléaire.

Kernkraftbefürworter *m,* **-** partisan *m* de l'énergie nucléaire, du nucléaire.

Kernkraftgegner *m,* **-** antinucléaire *m* ; adversaire *m* du nucléaire.

Kernkraftwerk *n,* **e** (*KKW*) centrale *f* nucléaire (*syn. Atomkraftwerk, AKW*).

Kernleistung *f,* **en** prestation *f* de base (assurance-maladie).

Kernmaterialien *npl* matières *fpl* nucléaires.

Kernreaktor *m,* **en** réacteur *m* nucléaire ; pile *f* atomique.

Kernsektor *m,* **en** secteur-clé *m.*

Kernsparte *f,* **n** → *Kernbereich.*

Kernwaffen *fpl* armes *fpl* nucléaires.

Kernwaffenversuch *m,* **e** essai *m* nucléaire.

Kernwaffenverzicht *m,* **e** renoncement *m* à l'arme nucléaire.

Kernwählerschaft *f,* **en** électorat *m* traditionnel.

Kernzeit *f,* **en 1.** plage *f* fixe (dans le cadre des horaires mobiles) **2.** moment *m* essentiel d'une journée de travail.

Kesselkohle *f,* **n** charbon-vapeur *m* (pour centrales thermiques).

Kesselschmied *m,* **e** (*profession*) chaudronnier *m.*

Kesseltreiben *n,* ø : (*fam.*) *ein* ~ *gegen jdn in Gang setzen* mener une campagne diffamatoire contre qqn.

Kesselwagen *m,* **-** wagon-citerne *m.*

Kette *f,* **n** chaîne *f* ; *freiwillige* ~ chaîne *f* volontaire.

Kettenarbeitsvertrag *m,* ¨**e** (*droit du travail*) conclusion *f* de contrats à durée déterminée successifs (C.D.D.) ; contrat *m* à relais.

Kettengeschäft *n,* **e** magasin *m* à succursales multiples ; magasin membre d'une chaîne volontaire.

Kettenhandel *m,* ø **1.** commerce *m* par intermédiaires **2.** chaînes *fpl* volontaires.

Kettenladen *m,* ¨ → *Kettengeschäft.*

Kettenreaktion *f,* **en** réaction *f* en chaîne ; *eine* ~ *aus/lösen* déclencher une réaction en chaîne.

Kettenrestaurant *n,* **s** restaurant *m* affilié à une chaîne commerciale.

Kettenvertrag *m,* ¨**e** → *Kettenarbeitsvertrag.*

Kettung *f*, **en** (*informatique*) enchaînement *m* ; chaînage *m*.

Key-Account-Management *n*, **s** (*pr. ang.*) gestion *f* des grands comptes (des industries-clé, des grands groupes industriels).

Key-Account-Manager *m*, - (*pr. ang.*) responsable *m* de compte fournisseur.

Keyboard *n*, **s** (*pr. ang.*) (*informatique*) clavier *m* d'un ordinateur.

keynesianisch keynésien.

Keynesianismus *m* keynésianisme *m* ; théorie *f* keynésienne (ensemble des réflexions économiques inspirées par les paradigmes de J. M Keynes (1883-1946) : relance de la consommation, baisse du taux d'intérêt, investissements publics pour assurer le plein-emploi).

KFX-Index *m* (*bourse*) indice *m* boursier du Danemark.

Kfz. → *Kraftfahrzeug*.

Kfz-Haftpflichtversicherung *f*, **en** assurance *f* au tiers.

Kfz-Bestand *m*, ¨e parc *m* automobile.

Kfz-Steuer *f*, **n** taxe *f* sur les véhicules automobiles ; (*hist. France*) vignette *f* auto.

Kfz-Versicherung *f*, **en** assurance-auto *f* ; → *Vollkasko-, Teilkaskoversicherung*.

Kfz-Zulassung *f*, **en** immatriculation *f* ; autorisation *f* de circuler.

KG *f*, **s** (*Kommandit-Gesellschaft*) société *f* en commandite simple ; → *Kommanditgesellschaft*.

KGaA *f* (*Kommandit-Gesellschaft auf Aktien*) société *f* en commandite par actions ; → *Kommanditgesellschaft*.

KGV *n* → *Kurs-Gewinn-Verhältnis*.

Kibbuz *m* e/-im (*Israël*) kibboutz *m*.

Kibbuznik *m*, **s** membre *m* d'un kibboutz ; kibboutzin *m*.

Kiel *m*, **e** (*navigation*) quille *f* ; carène *f* ; *einen neuen Tanker auf ~ legen* mettre un nouveau pétrolier en chantier.

Kiellegung *f*, **en** mise *f* en chantier d'un navire ; entrée *f* en docks de construction ; mise sur cale.

killen (*fam.*) tuer ; casser ; démolir ; *einen Wettbewerber ~* éliminer un concurrent.

Kilo *n*, **s** kilo *m*.

Kilobyte *n*, **s** (*KByte*) (*pr. ang.*) (*informatique*) kilobyte *m* (unité de 1024 bytes).

Kilometerabrechnung *f*, **en** kilométrage *m* (à prendre en compte pour l'application d'une taxe).

Kilometergeld *n*, **er** indemnité *f* kilométrique ; frais *mpl* de déplacement.

Kilometerkostensatz *m*, ¨e (*fisc.*) indice *m* et kilométrage *m* (du barème kilométrique fiscal).

Kilometerpauschale *f*, **n** forfait *m* kilométrique.

Kilometersatz *m*, ¨e → *Kilometerpauschale*.

Kilometertarif *m*, **e** barème *m* kilométrique.

Kilopreis *m*, **e** prix *m* au kilo.

Kiloware *f*, **n** marchandise *f* vendue au poids.

Kilowatt *n*, ø (*kW*) kilowatt *m*.

Kilowattstunde *f*, **n** (*kWh*) kilowatt-heure *f*.

Kind *n*, **er** enfant *m* ; *eheliches ~* enfant légitime ; *natürliches ~* enfant naturel ; *überlebendes ~* enfant survivant ; *uneheliches ~* → *natürliches ~* ; *unterhaltsberechtigtes ~* enfant à charge ; *~er und Kindeskinder* descendants *mpl* ; *jdn an ~es Statt an/nehmen* adopter un enfant.

Kinderarbeit *f*, **en** travail *m* des enfants ; travail des mineurs.

Kinderarbeiter *m*, - enfant qui travaille *m* ; enfant exploité.

Kinderbeihilfe *f*, **n** → *Kindergeld*.

Kinderbetreuerin *f*, **nen** garde *f* d'enfant à domicile ; assistante *f* familiale ; (*fam.*) nounou *f*.

Kinderbetreuungskosten *pl* frais *mpl* de garde d'enfant.

Kinderbüro *n*, **s** enfants-service *m* (service chargé de procurer des places de crèche ou des nourrices aux salariés d'une société).

Kinderermäßigung *f*, **en** réduction *f* pour famille nombreuse ; réduction pour enfants.

Kinderfrau *f*, **en** garde *f* d'enfant(s).

Kinderfreibetrag *m*, ¨e abattement *m* pour enfants à charge.

Kinderfürsorge *f*, ø aide *f* sociale à l'enfance.

Kindergartenplatz *m*, ¨e place *f* de crèche.

Kindergeld *n*, **er** allocations *fpl* familiales ; supplément *m* pour enfant(s) à charge.

Kindergeldkasse *f,* **n** caisse *f* d'allocations familiales.

Kinderhilfswerk *n,* e organisme *m,* organisation *f* d'aide à l'enfance ; œuvre *f* sociale d'aide à l'enfance.

Kinderkrippe *f,* **n** crèche *f.*

Kinderladen *m,* ¨ 1. magasin *m* d'articles pour enfants 2. crèche *f* privée.

Kinderlose *pl* couples *mpl* sans enfants ; ménages *mpl* sans enfant.

Kinderpause *f,* **n** interruption *f* de l'activité professionnelle pour l'éducation des enfants ; congé *m* parental.

Kinderpflegekosten *pl* frais *mpl* de garde d'enfants.

Kinderpflegerin *f,* **nen** assistante *f* maternelle ; puéricultrice *f.*

kinderreich : ~*e Familie* famille *f* nombreuse.

Kinderreichtum *m,* ø famille(s) nombreuse(s) *f(pl).*

Kinderschutzgesetz *n,* e loi *f* sur la protection de l'enfance.

Kinderschutzorganisation *f,* **en** organisme *m* de protection de l'enfance.

Kinderschwester *f,* **n** (*profession*) infirmière *f* en service de pédiatrie.

Kindersterblichkeit *f,* **en** mortalité *f* infantile.

Kindertagesstätte *f,* **n** (halte-)garderie *f,* accueil *m* d'enfants.

Kinderwunsch *m,* ¨e désir *m* d'enfant(s) ; *Berufstätigkeit und ~ verbinden* allier activité professionnelle et désir d'enfant.

Kinderzulage *f,* **n** → *Kindergeld.*

Kinderzuschlag *m,* ¨e → *Kindergeld.*

Kindesmisshandlung *f,* **en** mauvais traitement *m* à enfant.

Kindschaftsrecht *n,* e droit *m* en matière de légitimité parentale.

Kippe *f,* **n** → *Müllkippe.*

Kirchenaustritt *m,* e sortie *f* officielle d'une église ; abandon *m* d'une appartenance confessionnelle.

Kirchenaustrittserklärung *f,* **en** déclaration *f* de renonciation à une appartenance confessionnelle ; *eine ~ an das Finanzamt ab/geben* remettre une déclaration de sortie d'une église confessionnelle aux services fiscaux.

Kirchensteuer *f,* **n** impôt *m* du culte (prélevé par l'État auprès des contribuables appartenant aux cultes protestant, catholique, israélite et destiné à être reversé aux institutions religieuses respectives).

Kirchgeld *n,* er denier *m* du culte.

KISS *n* (*bourse*) (*Kurs-Informations-Service-System*) service *m* informatisé d'informations en temps réel sur les tendances boursières de la bourse de Francfort, sur le cours des valeurs mobilières qui composent l'indice DAX.

Kita *f,* **s** → *Kindertagesstätte.*

Kitchenette *f,* **s** (*tourisme*) kitchenette *f* ; *Ferienwohnung mit ~* location *f* de vacances avec coin cuisine.

Kiste *f,* **n** caisse *f* ; *etw. in ~ packen* emballer dans des caisses.

kistenweise par caisses (entières) ; en caisse ; dans une caisse.

Kiwi-Bond *m,* **s** emprunt *m* libellé en dollars néo-zélandais.

KKW *n,* **s** → *Kernkraftwerk.*

Kladde *f,* **n** main *f* courante ; brouillon *m* ; brouillard *m* (livre de commerce sur lequel on inscrit les opérations journalières).

klaffen béer ; se creuser ; s'ouvrir ; *eine ~de Haushaltslücke aus/füllen* combler un trou budgétaire béant.

klagbar (*jur.*) qui peut faire l'objet d'une action en justice ; *~ machen* porter devant la justice.

Klagbarkeit *f,* ø (*jur.*) possibilité *f* (de faire l'objet) d'une action en justice.

Klage *f,* **n** (*jur.*) plainte *f* ; demande *f* ; action *f* (en justice) **I.** *~ auf Entschädigung* action en indemnisation ; *~ auf Herausgabe* action en restitution ; *~ auf Nichtigkeit(serklärung)* action en annulation (en demande de nullité) ; *~ auf Schaden(s)ersatz* action en dommages et intérêts ; action en réparation ; *~ auf Zahlung* plainte en paiement **II.** *eine ~ ab/weisen* rejeter une plainte ; déclarer une plainte irrecevable ; *eine ~ (gegen jdn) an/strengen* intenter une action contre (qqn) ; *eine ~ erheben* déposer plainte ; *die ~ ist zulässig* la plainte est recevable ; *eine ~ zu/stellen* notifier, signifier une demande.

Klageabweisung *f,* **en** (*jur.*) jugement *m* de rejet ; jugement de débouté.

Klagebefugnis *f,* **(se)** (*jur.*) droit *m* d'ester en justice ; qualité *f* pour agir en justice.

Klageeinreichung *f,* **en** → *Klageerhebung.*

Klageerhebung *f,* **en** (*jur.*) déposition *f* d'une plainte ; formation *f* d'une instance.

Klageerwiderung *f,* en demande *f* reconventionnelle (formulée par un défendeur contre celui qui, le premier, en à formulé une contre lui).

Klageführer *m,* - → **Kläger**.

Klagegemeinschaft *f,* en (*jur.*) communauté *f,* association *f* de plaignants.

Klagegrund *m,* ¨e (*jur.*) objet *m* de la demande ; motif *m* de la plainte ; grief *m*.

klagen (*jur.*) porter plainte ; intenter une action en justice ; *gegen eine Firma* ~ porter plainte contre une entreprise ; attaquer une maison commerciale ; *vor Gericht* ~ poursuivre en justice ; *auf Schaden(s)ersatz* ~ intenter une action en dommages et intérêts.

Kläger *m,* - (*jur.*) plaignant *m* ; demandeur *m* ; *als* ~ *auf/treten* poursuivre ; être le demandeur, le poursuivant (*contr. Beklagter*).

Klagerecht *n,* e (*jur.*) droit *m* d'agir (d'ester) en justice.

Klägerschaft *f,* en (*jur.*) (*Suisse*) 1. ensemble *m* des plaignants 2. accusation *f* devant les tribunaux.

Klagerücknahme *f,* n (*jur.*) désistement *m* d'une demande, d'instance ; retrait *m* de la plainte.

Klageschrift *f,* en (*jur.*) plainte *f* ; acte *m* d'accusation ; demande *f* ; placet *m*.

Klageweg *m,* e (*jur.*) voie *f* de justice, judiciaire ; *auf dem* ~ par voie de justice (*syn. Rechtsweg*).

Klagezustellung *f,* en (*jur.*) signification *f,* notification *f* de la demande.

Klammeraffe *m,* - (*informatique*) ar(r)obase *f* (@) ; a *m* commercial.

Kläranlage *f,* n station *f* d'épuration ; bassin *m* de décantation.

Klärbecken *n,* - bassin *m* de décantation.

klären 1. élucider ; tirer au clair ; examiner ; *eine Frage* ~ examiner une question 2. (*eaux*) décanter ; purifier ; assainir.

Klarierung *f,* en dédouanement *m* ; acquittement *m* des droits de douane.

klar/machen expliquer ; mettre au clair ; exposer ; *jdm etw* ~ faire comprendre qqch à qqn.

Klärmittel *n,* - produit *m* désinfectant ; produit dépolluant.

Klarname *m,* n nom *m* réel ; vrai nom (*contr. Deckname*).

Klärschlamm *m,* ¨e boue *f* de décantation ; boue d'épandage ; boues claires des stations d'épuration.

Klarschriftleser *m,* - (*informatique*) lecteur *m* optique.

Klarsichtfolie *f,* n feuille *f* (transparente) alimentaire.

Klarsichtpackung *f,* en emballage *m* transparent ; conditionnement *m* sous cellophane.

Klartext *m,* ø texte *m* en clair, non codé ; *im* ~ en clair.

Klärungsbedarf *m,* ø besoin *m* de clarification ; nécessité *f* d'une mise au point.

Klasse *f,* n 1. classe *f* sociale ; couche *f* ; *arbeitende* (*werktätige*) ~ classe laborieuse ; les travailleurs *mpl* ; *ausgebeutete* ~ classe exploitée ; *besitzende* ~ classe possédante ; *herrschende* (*führende*) ~ classe dirigeante, au pouvoir ; *soziale* ~ classe sociale ; *unterdrückte* ~ classe opprimée 2. (*classification*) catégorie *f* ; famille *f* ; genre *m*.

Klassenauseinandersetzung *f,* en conflit *m* de classes.

Klassenbester *m,* e (*fig.*) meilleur élève *m* (de la classe) ; premier *m* de la classe.

Klassenbewusstsein *n,* ø conscience *f* de classe.

Klassenfeind *m,* e ennemi *m* de la classe ouvrière

Klassengegensatz *m,* ¨e antagonisme *m* de classes.

Klassengeist *m,* ø esprit *m* de classe.

Klassengesellschaft *f,* en société *f* de classes.

Klasseninteressen *npl* intérêts de classes.

Klassenkampf *m,* ¨e lutte *f* des classes ; *ideologischer* ~ lutte idéologique de classes.

Klassenkämpfer *m,* - partisan *m,* adepte *m* de la lutte des classes.

klassenlos sans (distinction de) classes ; ~*e Gesellschaft* société *f* sans classes ; ~*es Krankenhaus* hôpital *m* à régime (tarifaire) unique ; hôpital pour tous

Klassenstärke *f,* n effectif *m* d'une classe ; nombre *m* d'élèves par classe.

Klassenstruktur *f,* en structure *f* de classes.

Klassenunterschied *m,* e distinction *f* entre les classes sociales ; disparité *f* sociale.

Klassifikation *f*, en → *Klassifizierung*.

klassifizieren classifier ; classer.

Klassifizierung *f*, en classification *f* ; classement *m*.

Klassifizierungsmethode *f*, n méthode *f* de classification, de classement *m*.

Klauen *n*, ø (*fam.*) vol *m* ; fauche *f* ; *das ~ in den Supermärkten* la fauche dans les grandes surfaces.

klauen (*fam.*) voler ; piquer ; faucher ; chaparder ; chiper.

Klausel *f*, n clause *f* ; disposition *f* particulière ; *beschränkende ~* clause limitative, restrictive ; *eine ~ an/wenden* faire jouer une clause ; *eine ~ ein/fügen* insérer une clause ; *eine ~ in einen Vertrag ein/setzen* assortir un contrat d'une clause ; *mit einer ~ versehen sein* comporter une clause ; *~ eines Vertrags* clause conventionnelle.

Klausurtagung *f*, en congrès *m* privé ; colloque *m* non public ; séminaire *m* à huis clos.

Klebeetikett *n*, *s/en* étiquette *f* autocollante.

kleben 1. coller **2.** (*fam.*) cotiser (allusion aux vignettes de sécurité sociale que l'on collait autrefois sur un carnet).

Kleeblatt *n*, ¨er échangeur *m* autoroutier.

klein petit ; infime ; faible ; peu important **I.** *~er Angestellter* employé *m* subalterne ; *im K~en* sur une petite échelle ; *die ~en Leute* les petites gens ; *der ~e Mann* l'homme de la rue **II.** *~ an/fangen* débuter petit ; commencer au bas de l'échelle ; *ein ~es Gehalt beziehen* toucher un petit salaire ; *~ machen* changer ; faire la monnaie sur ; *~ reden* minimiser ; *im K~en verkaufen* faire le détail ; vendre au détail.

Kleinaktie *f*, n (*bourse*) petite action *f* ; action de faible valeur nominale.

Kleinaktionär *m*, e (*bourse*) petit actionnaire *m* ; petit porteur *m*.

Kleinanleger *m*, - petit investisseur *m* ; petit épargnant *m*.

Kleinanzeige *f*, n petite annonce *f*.

Kleinanzeigenmarkt *m*, ¨e marché *m* des petites annonces.

Kleinausfuhrerklärung *f*, en déclaration *f* en douane simplifiée.

Kleinbauer *m, n, n* petit exploitant *m* agricole ; petit agriculteur *m*.

Kleinbesitz *m*, ø petite propriété *f*.

Kleinbetrieb *m*, e petite entreprise *f* ; petite exploitation *f* (moins de 20 salariés).

Kleinbürgertum *n*, ø petite bourgeoisie *f*.

Kleincomputer *m*, - mini-ordinateur *m*.

Kleindruck *m* : *in ~* (en) petits caractères.

Kleineigentum *n*, ø → *Kleinbesitz*.

kleine und mittlere Betriebe *mpl* → *Klein- und Mittelbetriebe*.

kleinflächig : *~er Handel* petites surfaces *fpl* commerciales (*großflächig*).

Kleinformat *n*, e petit format *m*.

Kleingedrucktes *n*, ø (*contrat*) clauses *fpl* quasi illisibles ; conditions *fpl* en caractères minuscules.

Kleingeld *n*, ø petite, menue monnaie *f* ; *bitte ~ bereit/halten* préparez la monnaie s.v.p.

Kleingewerbe *n*, - industrie *f* artisanale ; petite industrie ; petites entreprises artisanales, commerciales et industrielles ; petit commerce *m*.

Kleingewerbetreibende/r (*der/ein*) petit commerçant *m* ; entreprise *f* individuelle ; petit artisan *m*.

Kleingut *n*, ¨er paquet *m* ; colis *m* postal.

Kleingutsendung *f*, en envoi *m* d'objets légers.

Kleinhandel *m*, ø petit commerce *m* ; commerce de (au) détail.

Kleinhandelsgeschäft *n*, e magasin *m*, commerce *m* de vente au détail.

Kleinhandelspreis *m*, e prix *m* de (vente au) détail.

Kleinhändler *m*, - petit commerçant *m* ; détaillant *m*.

Kleinkaufmann *m*, -leute petit commerçant *m* ; petit exploitant *m* (non inscrit au registre du commerce).

Kleinkrieg *m*, e petite guerre *f* ; guéguerre *f*.

Kleinrechner *m*, - mini-ordinateur *m*.

Kleinserie *f*, n petite série *f* ; série limitée.

Kleinserienfertigung *f*, en fabrication *f* en petite série.

Kleinsparer *m*, - petit épargnant *m*.

Kleinst- (*préfixe*) minimum ; minimal ; mini ; plancher.

Kleinstadt *f*, ¨e petite ville *f* ; ville de moindre importance (*contr. Großstadt*).

Kleinstauflage *f,* **n** (*édition*) tirage *m* réduit ; mini-tirage ; *Bücher in ~n her/stellen* fabriquer des livres à tirages réduits.

Kleinstbautechnik *f,* **en** miniaturisation *f* ; nanotechnologie *f*.

Kleinstbetrag *m,* ¨e somme *f* minimale ; montant *m* minimal.

Kleinstbetrieb *m,* e petite entreprise *f* ; petite exploitation *f* (moins de 10 salariés).

Kleinstkredit *m,* e mini-crédit *m* ; micro-crédit.

Kleinstpackung *f,* **en** mini-emballage *m*.

Kleinstpreis *m,* e prix-plancher *m* ; mini-prix *m*.

Kleintransporter *m,* - 1. camionnette *f* 2. petite entreprise *f* de transport.

Klein- und Mittelbetriebe *mpl* petites et moyennes entreprises *fpl* ; P.M.E. *fpl* (*syn. Mittelstand* ; *mittelständische Betriebe*).

Kleinunternehmen *n,* - → **Kleinbetrieb**.

Kleinverbraucher *m,* - petit consommateur *m*.

Kleinverdiener *m,* - gagne-petit *m* ; (*fam.*) smicard *m* ; *die ~* les petites bourses ; petits salaires *mpl*.

Kleinverkauf *m,* ø vente *f* au détail.

Kleinverkaufspreis *m,* e prix *m* de (vente au) détail.

Kleinvieh *n,* ø (*agric.*) petit bétail *m* (lapins, volaille, etc.).

Kleinwagen *m,* - petite voiture *f* ; petite cylindrée *f*.

Klemme *f,* ø (*fam.*) pétrin *m* ; mouise *f* ; *in der ~ sein* (*sitzen*) être dans le petrin.

Klempner *m,* - plombier *m*.

Klenganstalt *f,* **en** (*sylviculture*) centre *m* de récolte de graines de résineux.

Kleptomane *m,* **n,** **n** cleptomane/kleptomane *m*.

Kleptomanie *f,* ø cleptomanie/kleptomanie *f*.

kleptomanisch cleptomane/kleptomane.

klettern monter ; grimper ; escalader ; *der Preis ist auf 100 € geklettert* le prix est monté à 100 €.

klicken (*informatique*) cliquer ; *auf die Maus ~* cliquer sur la souris ; *doppel~* double-cliquer.

Klient *m,* **en, en** 1. client *m* d'un avocat 2. (*emploi récent*) client (*syn. Kunde*).

Klientel *f,* **en** 1. clientèle *f* (avocat) 2. clientèle *f*.

Klientele *f,* **n** (*Suisse*) → **Klientel**.

Klientelismus *m,* ø → **Klientenwirtschaft**.

Klientenwirtschaft *f,* **en** clientélisme *m*.

Klima *n,* ø climat *m* ; atmosphère *f* ; relations *fpl* ; ambiance *f* de travail ; *politisches, wirtschaftliches ~* climat politique, économique.

Klimaanlage *f,* **n** climatisation *f* ; (*fam.*) clim *f* ; *mit einer ~ ausgestattet sein* être équipé d'une climatisation.

klimabedingt dû au climat.

Klimaerwärmung *f,* **en** réchauffement *m* climatique.

Klimaforscher *m,* - climatologue *m*.

klimaschädlich qui porte atteinte au climat.

klimatisch climatique.

Klimaveränderung *f,* **en** → **Klimawandel**.

Klimawandel *m,* ø changement *m* climatique.

Klinken putzen (*fam.*) faire du porte à porte ; faire du démarchage à domicile.

Klinkenputzer *m,* - (*péj.*) démarcheur *m* à domicile ; représentant *m* de commerce.

Klon *m,* e clone *m*.

klonen cloner.

Klonen *n,* ø clônage *m*.

Klub *m,* s club *m*.

Klubmitglied *n,* er membre *m* du/d'un club.

Kluft *f,* ¨e écart *m* ; fossé *m* ; *kulturelle, ökonomische ~* fossé culturel, économique ; *es besteht eine tiefe ~ zwischen...* un fossé profond s'est creusé entre.. ; *eine ~ überbrücken* franchir un fossé.

Klüngel *m,* - coterie *f* ; clique *f*.

Klüngelei *f,* **en** copinage *m* ; népotisme *m* ; maf(f)ia *f*.

KNA → **Kosten-Nutzen-Anlyse**.

knacken (*fam.*) 1. forcer ; ouvrir par effraction ; *einen Geldschrank ~* forcer, percer un coffre-fort 2. pirater ; trafiquer (carte à puce, système informatique, etc) 3. *den Jackpot ~* décrocher le jack-pot.

Knackpunkt *m,* e 1. point *m* décisif ; point névralgique 2. point de désaccord, de friction ; pierre *f* d'achoppement.

knallhart agressif ; dur ; *~e Werbung* publicité agressive.

knapp juste ; rare ; faible ; serré ; *~e Mehrheit* faible majorité *f* ; *~ bei Kasse sein* être à court d'argent ; être fauché ; *~ werden* se raréfier s'épuiser ; *die Preise so ~ wie möglich berechnen* calculer les prix au plus juste ; *~ halten* restreindre ; *eine Ware künstlich ~ halten* limiter artificiellement une marchandise sur le marché.

Knappe *m,* **n, n** (*arch.*) mineur *m* de fond.

Knappheit *f,* ø pénurie *f* ; manque *m* ; rareté *f* ; *~ an qualifizierten Arbeitskräften* pénurie de main-d'œuvre qualifiée ; *~ an Devisen* pénurie de devises.

Knappschaft *f,* **en 1.** corporation *f* des mineurs (de fond) **2.** caisse *f* de sécurité sociale des mineurs.

Knappschaftskasse *f,* **n** caisse de maladie *f* et de retraite des mineurs.

Knappschaftsrente *f,* **n** pension *f,* retraite *f* des mineurs.

Knappschaftsversicherung *f,* **en** assurance *f* des mineurs.

knauserig chiche ; avare ; radin ; ladre.

knausern lésiner sur ; être avare de ; *er knausert mit dem Geld* il est chiche de son argent ; il regarde au moindre sou.

Knebel(ungs)vertrag *m,* ¨e (*jur.*) contrat *m* d'asservissement, de dépendance ; contrat léonin (accord privant le débiteur de toute liberté d'action).

Knete *f,* ø (*fam.*) fric *m* ; pognon *m.*

Knick *m,* **e** chute *f* ; baisse *f* brutale ; coup *m* d'arrêt.

Kniff *m,* **e** truc *m* ; manœuvre *f* ; ficelle *f* ; *juristischer ~* artifice *m* juridique.

knitterfest infroissable.

Knochenarbeit *f,* **en** travail *m* de forçat, de force *m* ; travail ingrat.

Knochenmehl *n,* ø (*agric.*) (engrais *m* animal à base de) farine *f* animale.

Knock-out-Anleihe *f,* **n** emprunt *m* remboursable en espèces (euros) ou en actions de l'entreprise avec un léger bonus en euros.

Knoten *m,* - noeud *m.*

Knotenpunkt *m,* **e** centre *m,* point *m* névralgique ; nœud *m* de communication ; plaque *f* tournante ; nœud ferroviaire.

Knotenrechner *m,* - (*Internet*) système *m* serveur.

Know-how *n,* ø (*pr. ang.*) savoir-faire *m* ; know-how *m* ; assistance *f* technique ; tour *m* de main ; *kaufmännisches ~* savoir-faire commercial ; *produktionstechnisches ~* savoir-faire manufacturier.

Know-how-Austausch *m,* ø échange *m* de savoir-faire.

Knüller *m,* - (*fam.*) succès *m* de vente ; sensation *f* ; clou *m* (*syn. Schlager* ; *Renner*).

koalieren/koalisieren (*polit.*) former une coalition ; se coaliser ; s'allier.

Koalition *f,* **en** (*polit.*) coalition *f* ; *eine ~ bilden* former une coalition.

Koalitionär *m,* **e** membre *m* de la coalition.

Koalitionsfreiheit *f,* **en** liberté *f* syndicale ; liberté d'association.

Koalitionspartner *m,* - partenaire *m* de la coalition.

Koalitionsrecht *n,* **e** droit *m* de coalition, d'association ; droit syndical.

Koalitionsregierung *f,* ø gouvernement *m* de coalition.

Koalitionsvereinbarung *f,* **en** programme *m* politique de la coalition au pouvoir.

Koalitionswechsel *m,* - changement *m* de coalition.

Koalitionszwang *m,* ¨e discipline *f* de vote (au sein d'une coalition).

Kode *m,* **s** code *m* ; *alphanumerischer ~* code alphanumérique ; *gewichteter ~* code pondéré ; *numerischer ~* code numérique (*syn. Code*).

ködern (*fam.*) appâter ; attirer ; leurrer ; *die Kundschaft ~* appâter la clientèle.

Kodewort *n,* ¨er/e mot *m* de code.

Kodex *m,* **e/-dizes** code *m* (lois, normes, usages, etc.).

kodieren coder.

Kodierung *f,* **en** codage *m.*

kodifizieren codifier ; *Gesetze ~* codifier des lois.

Kodifizierung *f,* **en** codification *f.*

Kodizil *n,* **e** codicille *m* (acte postérieur à un testament qu'il modifie).

Koeffizient *m,* **en, en** coefficient *m* ; *~ des direkten, indirekten Aufwandes* coefficient des dépenses directes, indirectes ; *~ der Kapitalintensität* coefficient d'intensité capitalistique.

Koeffizientenplanung *f,* **en** (*statist.*) prévisions *fpl* économiques se fondant sur des coefficients de dépenses.

Koexistenz *f*, **en** (*polit.*) coexistence *f* ; *friedliche* ~ coexistence pacifique.

Kohäsionsfonds *m*, - (*U.E.*) Fonds *m* de cohésion (au profit des pays les moins riches ; il est destiné à renforcer la cohésion économique et sociale au sein de l'U.E.).

Kohäsionsgelder *npl* → **Kohäsionsfonds**.

Kohle *f*, **n** 1. charbon *m* ; houille *f* ; lignite *f* ; *weiße* ~ houille blanche ; ~ *ab/bauen* (*fördern*) extraire du charbon 2. (*fam.*) ~*n* argent *m* ; pognon *m* ; fric ; blé *m* ; *die* ~*n stimmen* les comptes sont exacts ; le calcul est juste.

Kohledruckvergasung *f*, **en** gazéification *f* sous pression du charbon, de la houille.

Kohlefaserverbundstoff *m*, **e** composant *m* en fibre de carbone.

Kohle(n)- (*préfixe*) charbonnier ; houiller.

Kohlenabbau *m*, ø extraction *f* de la houille ; production *f* charbonnière ; charbonnage *m* ; exploitation *f* houillère.

Kohlenbecken *n*, - bassin *m* houiller.

Kohlenbergbau *m*, ø mine *f* de charbon ; charbonnages *mpl* ; industrie *f* charbonnière.

Kohlenbergwerk *n*, **e** → **Kohlengrube**.

Kohlendioxidausstoß *m*, ¨e → **Kohlendioxidemission**.

Kohlendioxidemission *f*, **en** émission *f* de dioxyde de carbone.

Kohlendioxidsteuer *f*, **n** taxe *f* de pollution (par gaz d'échappement ou production d'oxyde de carbone).

Kohlenförderung *f*, **en** → **Kohlenabbau**.

Kohlengas *n*, **e** gaz *m* de houille.

Kohlengebiet *n*, **e** bassin *m* houiller.

Kohlengrube *f*, **n** houillère *f* ; mine *f* de charbon.

Kohlenhändler *m*, - marchand *m* de charbon ; (*fam.*) bougnat *m*.

Kohlenheizung *f*, **en** (installation *f* de) chauffage *m* au charbon.

Kohlenhydrierung *f*, **en** hydrogénation *f* du charbon.

Kohlenkraftwerk *n*, **e** centrale *f* électrique à charbon.

Kohlenlager *n*, - 1. gisement *m* houiller 2. stock *m*, dépôt *m* de charbon.

Kohlenlagerstätte *f*, **n** gisement *m* houiller.

Kohlennebenprodukt *n*, **e** (produit *m*) dérivé *m* du charbon.

Kohlenpott *m*, ø (*fam.*) bassin *m* de la Ruhr (*syn. Ruhrgebiet*).

Kohlenrevier *n*, **e** → **Kohlengebiet**.

Kohlensyndikat *n*, **e** cartel *m* houiller ; entente *f* des charbonnages.

Kohlenversorgung *f*, **en** approvisionnement *m* en charbon.

Kohlenvorkommen *n*, - → **Kohlenlager**.

Kohlenvorrat *m*, ¨e approvisionnement *m*, stock *m* de charbon ; réserves *fpl* charbonnières.

Kohlenzeche *f*, **n** → **Kohlengrube**.

Kohleölanlage *f*, **n** usine *f* de retraitement du charbon en vue de récupérer du pétrole.

Kohlepfennig *m*, **e** prélèvement *m* pour la promotion du charbon (1974-1996) ; taxe *f* incluse dans le prix du courant électrique.

Kohleveredelung *f*, (**en**) distillation *f*, affinage *m* de la houille.

Kohleverflüssigung *f*, (**en**) liquéfaction *f* du charbon.

Kohlevergasung *f*, (**en**) gazéification *f* du charbon ; carbonisation *f* de la houille.

Kokerei *f*, **en** cokerie *f* ; installations *fpl* de fabrication de coke.

KoKo (*hist. R.D.A.*) (*Kommerzielle Koordinierung*) coordination *f* commerciale ; organisme *m* du commerce extérieur.

Koks *m*, **e** 1. coke *m* 2. (*fam.*) oseille *f* ; fric *m* ; pèze *m* 3. (*fam.*) cocaïne *f*.

Koksherstellung *f*, **en** cokéfaction *f* ; carbonisation *f* de la houille.

Kokskohlenbeihilfe *f*, **n** aide *f* à la production du coke nécessaire à l'industrie de l'acier.

Kolchos *m/n*, **e** → **Kolchose**.

Kolchosbauer *m*, **n**, **n** (*hist.*) kolkhozien *m*.

Kolchose *f*, **n** (*hist.*) kolkhoze *m* (grande exploitation agricole dans l'ex-Union soviétique).

Kollaps *m*, **e** effondrement *m* ; débâcle *f* (économique).

Kollateralschäden *mpl* dommages *mpl* colatéraux.

Kollateralverwandte/r (*der/ein*) (*jur.*) parent *m* collatéral, en ligne directe.

kollaudieren (*Autriche, Suisse*) procéder à la réception définitive d'un bâti-

Kollaudierung

ment ; réceptionner un bâtiment et en certifier la conformité.
Kollaudierung *f*, **en** (*Autriche, Suisse*) réception *f* définitive d'un bâtiment.
Kollege *m*, **n**, **n** collègue *m*.
Kollegenkreis *m*, **e** cercle *m* de collègues.
Kollegenschaft *f*, ø ensemble *m* des collègues ; les collègues *mpl*.
kollegial collégial ; de collège ; de confrère ; ~*es Verhalten* attitude *f* collégiale.
Kollegialführung *f*, **en** direction *f* collégiale.
Kollegialität *f*, ø 1. collégialité *f* 2. bonne entente *f* entre collègues.
Kollektiv *n*, **e/s** 1. collectif *m* ; équipe *f* 2. (*hist. R.D.A.*) équipe de travail, de production socialiste ; ~ *der sozialistischen Arbeit* collectif du travail socialiste comprenant des brigades de travail socialiste ou des entreprises entières.
kollektiv collectif ; ~*es Sparen* épargne *f* collective.
Kollektivabschreibung *f*, **en** (*comptab.*) amortissement *m* collectif ; dépréciation *f* constante d'un groupe de biens d'équipement.
Kollektivarbeit *f*, **en** travail *m* collectif ; travail de groupe, en équipe.
Kollektivbedürfnisse *npl* besoins *mpl* collectifs.
Kollektivbetrieb *m*, **e** entreprise *f* collectiviste.
Kollektiveigentum *n*, ø propriété *f* collectiviste.
Kollektivgüter *npl*, - biens *mpl* collectifs (utilisables par tous).
Kollektivhaftung *f*, **en** responsabilité *f* collective.
kollektivieren collectiviser ; nationaliser.
Kollektivierung *f*, **en** collectivisation *f*.
Kollektivismus *m*, ø collectivisme *m*.
kollektivistisch collectiviste.
Kollektivprokura *f*, **-en** procuration *f* collective, solidaire ; pouvoir *m* collectif.
Kollektivschuld *f*, **en** dette *f* collective.
Kollektivsparen *n*, ø épargne *f* collective.
Kollektivüberweisung *f*, **en** transfert *m* collectif.
Kollektivvereinbarung *f*, **en** convention *f* collective.

Kollektivversicherung *f*, **en** assurance *f* collective.
Kollektivvertrag *m*, ¨e conventions *fpl* collectives ; traité *m*, contrat *m* collectif.
Kollektivvollmacht *f*, **en** → *Kollektivprokura*.
Kollektivwirtschaft *f*, **en** → *Kolchose*.
kollidieren 1. entrer en collision 2. être en contradiction avec.
Kollisionskurs *m* : *mit jdm auf ~ gehen* aller tout droit vers une confrontation avec qqn.
Kollo *n*, **-lli** colis *m* ; paquet *m*.
Kollokationsplan *m*, ¨e état *m* de collocation ; ordre *m* des créanciers établi par le syndic de faillite.
Kolloquium *n*, **-ien** colloque *m*.
Kollusion *f*, **en** collusion *f* ; entente *f* secrète (au préjudice de qqn).
kolonial colonial.
Kolonialherrschaft *f*, **en** (*hist.*) colonialisme *m* ; régime *m* colonial.
kolonialisieren → *kolonisieren*.
Kolonialismus *m*, ø → *Kolonialherrschaft*.
Kolonialkapitalismus *m*, ø (*hist.*) capitalisme *m* colonial.
Kolonialwaren *fpl* (*arch.*) denrées *fpl* alimentaires ; produits *mpl* exotiques (provenant des colonies).
Kolonialwarengeschäft *n*, **e** (*arch.*) épicerie *f*.
Kolonialwarenhändler *m*, - (*arch.*) épicier *m*.
kolonisieren coloniser.
Kolonne *f*, **n** 1. colonne *f* ; file *f* ; *eine lange ~ von Lastwagen* une longue file de poids-lourds 2. troupe *f* ; équipe *f* de travail ; groupe *m*.
Kolpingwerk *n* (*Köln*) œuvre *f* sociale à but non lucratif "Kolping" (d'après Adolf Kolping ; elle gère des centres de formation et des villages de vacances pour familles nécessiteuses).
Kolumne *f*, **n** (*presse*) 1. colonne *f* de journal 2. éditorial *m*.
Kolumnist *m*, **en**, **en** (*presse*) éditorialiste *m*.
Kombi- (*préfixe*) combiné ; mixte ; multiple.
Kombi *m*, **s** → *Kombiwagen*.
Kombiheizanlage *f*, **n** installation *f* de chauffage mixte.

Kombikraftwerk *n*, **e** centrale *f* mixte (à gaz et à vapeur).

Kombilohn *m*, ¨e salaire *m* subventionné (en partie par l'État) ; salaire mixte (autorisant les petits boulots dans la limite des 325 euros).

Kombinat *n*, **e** (*hist. R.D.A.*) combinat *m* ; union *f* d'entreprises ; grande entreprise *f* regroupant des groupes de la même branche industrielle.

Kombinatorik *f*, ø combinatoire *f* ; analyse *f* combinatoire.

Kombistudiengang *m*, ¨e cycle *m* d'études mixte (techniques et gestion d'entreprise).

Kombiwagen *m*, - fourgonnette *f* ; camionnette *f* (commerciale).

Kombizinsanleihe *f*, **n** emprunt *m* à intérêts combinés (aucun versement d'intérêts sur la première moitié de la durée de l'emprunt, puis un intérêt très élevé sur la seconde).

Komfort *m*, ø confort *m* ; *allen ~ bieten* offrir tout confort ; *mit allem ~ ausgestattet sein* équipé de tout le confort moderne.

komfortabel confortable.

Komfortwohnung *f*, **en** logement *m*, habitation *f* tout confort.

Komitee *n*, **s** comité *m* (*syn. Ausschuss*).

Kommanditaktiengesellschaft *f*, **en** (*jur.*) société *f* en commandite par actions.

Kommanditaktionär *m*, **e** (*jur.*) actionnaire *m* d'une société en commandite par actions.

Kommanditanteil *m*, **e** (*jur.*) participation *f* en commandite ; part *f* de commandite.

Kommanditanteilfonds *m*, - (*jur.*) fonds *m* participatif en commandite.

Kommanditär *m*, **e** (*Suisse*) → **Kommanditist**.

Kommanditbeteiligung *f*, **en** (*jur.*) participation *f* en commandite.

Kommandite *f*, **n** (*jur.*) **1.** comptoir *m* ; succursale *f* ; filiale *f* **2.** (*arch.*) société *f* en commandite.

Kommanditeinlage *f*, **n** (*jur.*) commandite *f* ; fonds *mpl* versés par chaque associé d'une société en commandite.

Kommanditgesellschaft *f*, **en** (*jur.*) (*KG*) société *f* en commandite simple (S.C.S.) (forme juridique d'entreprise dont le capital est réparti entre deux groupes de personnes : les commandités (*Komplementär, Vollhafter*) dont la responsabilité est totale, les commanditaires (*Kommanditist, Teilhafter*) dont la responsabilité n'est limitée qu'aux apports financiers) ; *~ auf Aktien* société en commandite par actions (société en commandite où les commanditaires sont des actionnaires).

Kommanditist *m*, **en**, **en** (*jur.*) commanditaire *m* ; associé *m* en commandite (sa responsabilité n'est limitée qu'aux apports financiers) (*syn. Teilhafter* ; *contr. Komplementär, Vollhafter*).

Kommando *n*, **s** commande *f*.

Kommandohebel *mpl* leviers *mpl* de commande ; *die ~ der Wirtschaft betätigen* actionner les leviers de commande de l'économie.

Kommandowirtschaft *f*, **en** (*hist.*) économie *f* collectiviste, communiste.

Kommassation *f*, **en** remembrement *m* foncier (*syn. Zusammmenlegung von Grundstücken*).

Kommastelle *f*, **n** emplacement *m* de la virgule (dans un nombre) ; *hinter der ~ rechnen müssen* calculer à la virgule près ; calculer à la décimale près.

Kommerz *m*, ø (*péj.*) commerce *m* ; mercantilisme *m*.

kommerzialisieren vendre ; commercialiser ; mettre sur le marché ; mettre en vente ; *Produkte ~* commercialiser des produits (*syn. vermarkten*).

Kommerzialisierung *f*, **en** commercialisation *f* (*syn. Vermarktung*).

kommerziell commercial ; *~es Risiko* risque *m* commercial ; *etw ~ nutzen* utiliser qqch à des fins commerciales.

Kommis *m*, - (*arch.*) commis *m* ; employé *m* de commerce.

Kommissar *m*, **e** **1.** (*U.E.*) haut-commissaire *m* ; *~ für Außenhandel* haut-commissaire au commerce extérieur **2.** (*police*) commissaire *m*.

kommissarisch à titre provisoire.

Kommission *f*, **en** **1.** commission *f* ; comité *m* ; *gemischte ~* commission mixte ; *paritätische ~* commission paritaire ; *ständige ~* commission permanente ; *~ von Sachverständigen* commission d'experts ; *eine ~ bilden* constituer un comité ; former une commission ; *eine ~ ein/setzen* instituer une commission ; mettre un comité en place ; *Mitglied einer ~ für etw sein* être membre d'une commission pour qqch

Kommissionär

(*syn. Ausschuss*) **2.** commission *f* ; mandat *m* (rapport entre commettant et commissionnaire) ; *eine Ware in ~ nehmen* prendre une marchandise en commission.

Kommissionär *m*, **e** commissionnaire *m* (traite des affaires pour le compte d'un tiers).

Kommissionsagent *m*, **en, en** agent *m* commissionnaire.

Kommissionsbasis *f*, ø → *Provisionsbasis*.

Kommissionsbuchhandel *m*, ø librairie *f* intermédiaire entre l'éditeur et la vente de détail.

Kommissionsgebühr *f*, **en** provision *f* ; pourcentage *m* ; commission *f*.

Kommissionsgeschäft *n*, **e** affaire *f* en commission ; maison *f* de commission.

Kommissionsgut *n*, ¨**er** marchandise *f* en commission (avec possibilité de retour des invendus).

Kommissionshandel *m*, ø commerce *m* pour le compte d'autrui.

Kommissionshändler *m*, - commissionnaire *m* ; mandataire *m* ; consignataire *m*.

Kommissionsmitglied *n*, **er** membre *m* d'un comité, d'une commission.

Kommissionssendung *f*, **en** expédition *f* de marchandises en commission.

Kommissionstratte *f*, **n** → *Kommissionswechsel*.

Kommissionsvertrag *m*, ¨**e** contrat *m* de commission (entre commissionnaire et commettant).

Kommissionswechsel *m*, - traite *f* tirée pour compte.

Kommittent *m*, **en, en** mandant *m* ; commettant *m* ; donneur *m* d'ordre.

kommittieren commettre qqn ; donner procuration à un commissionnaire.

kommunal communal ; municipal ; local ; *~e Körperschaft* collectivité *f* locale.

Kommunalabgaben *fpl* taxes *fpl* locales ; taxes municipales.

Kommunalanleihe *f*, **n** emprunt *m* communal.

Kommunalbeamte/r (*der/ein*) → *Kommunalbedienstete/r*.

Kommunalbedienstete/r (*der/ein*) employé *m* communal.

Kommunalbehörde *f*, **n** administration *f* communale ; autorités *fpl* locales.

Kommunalbetrieb *m*, **e** exploitation *f* communale.

Kommunaldarlehen *n*, - prêt *m* aux communes.

Kommunalfinanzen *fpl* finances *fpl* de la commune ; finances communales.

Kommunalkredit *m*, **e** prêt *m* à des collectivités publiques.

Kommunalobligation *f*, **en** obligation *f* communale (émise par une commune).

Kommunalpolitik *f*, ø politique *f* communale.

Kommunalschuldverschreibung *f*, **en** → *Kommunalobligation*.

Kommunalsteuer *f*, **n** impôt *m* communal, municipal ; impôts locaux.

Kommunalverband *m*, ¨**e** syndicat *m* communal ; (*France*) communauté *f* de communes, d'agglomération.

Kommunalverwaltung *f*, **en** services *mpl* municipaux et communaux ; gestion *f* des communes et des municipalités.

Kommunalwahl *f*, **en** élections *fpl* communales, municipales.

Kommunalwirtschaft *f*, **en** → *Kommunalverwaltung*.

Kommune *f*, **n** commune *f* (ville, municipalité) ; *Bund, Länder und ~n* l'État, les Länder et les communes (*syn. Gemeinde*).

Kommunikation *f*, **en** communication *f* ; *eine ~ her/stellen* établir une communication.

kommunikationsfreudig communicatif ; sociable.

Kommunikationsmittel *n*, - moyen *m* de communication.

Kommunikationsnetz *n*, **e** réseau *m* de communications.

Kommunikationsschnittstelle *f*, **n** (*informatique*) interface *f* de communication.

Kommunikationssystem *n*, **e** système *m* de communication.

Kommunikationsträger *m*, - support *m* de communication.

Kommunikationswissenschaftler *m*, - spécialiste *m* de la communication ; chercheur *m* en technologies des médias.

Kommuniquee *n*, **s** communiqué *m* ; *offzielles ~* communiqué officiel.

kommunizieren communiquer.

Kompaktplatte *f*, **n** → *CD*.

Komparativwerbung *f*, **en** publicité *f* comparative (*syn. vergleichende Werbung*).

kompatibel (*informatique*) compatible.
Kompatibilität *f,* en (*informatique*) compatibilité *f.*
Kompensation *f,* en compensation *f* ; *eine ~ in Höhe von* une compensation d'un montant de.
Kompensationsfinanzierung *f,* en financement *m* compensatoire.
Kompensationsforderung *f,* en demande *f* de compensation.
Kompensationsgeschäft *n,* e **1.** opération *f* de compensation, de clearing **2.** (*bourse*) marché *m* de client.
Kompensationskurs *m,* e cours *m* de compensation.
Kompensationsmechanismen *mpl* mécanismes *mpl* de compensation.
kompensatorisch compensatoire ; *~e Maßnahmen* mesures *fpl* compensatoires.
kompensieren compenser ; équilibrer.
kompetent compétent ; qualifié ; *er fühlt sich nicht ~ für diese Aufgabe* il ne se sent pas compétent en la matière (*syn. zuständig*).
Kompetenz *f,* en compétence *f* ; attribution *f* ; *berufliche ~* compétence professionnelle ; *Verteilung der ~en* répartition *f* des compétences ; *es fällt in (unter) die ~ der Verwaltungsbehörden* cela relève de la compétence des autorités administratives ; *seine ~ überschreiten* outrepasser ses compétences ; *es überschreitet meine ~en* cela dépasse le cadre de mes attributions (*syn. Zuständigkeit*).
Kompetenzbereich *m,* e compétences *fpl* ; domaine *m,* champ *m* de compétence.
Kompetenzfeld *n,* er → *Kompetenzbereich*.
Kompetenzkompetenz *f,* ø (*jur.*) **1.** droit *m* d'un État fédéral d'étendre ses compétences aux dépens d'autres États fédérés **2.** droit, pour une instance juridique, de décider de l'étendue de ses propres compétences.
Kompetenzstreit *m,* (e) conflit *m* de compétences, de juridiction.
Kompetenzüberschreitung *f,* en transgression *f* de compétence ; abus *m* de pouvoir.
kompilieren (*informatique*) compiler.
Komplementär *m,* e commandité *m* ; associé *m* indéfiniment responsable (*syn.*
Vollhafter ; *contr. Kommanditist, Teilhafter*) ; → *Kommanditgesellschaft*.
komplementär complémentaire.
Komplementärgüter *npl* biens *mpl* complémentaires ; produits *mpl* secondaires ; produits d'appoint.
Komplementarität *f,* en complémentarité *f.*
komplett complet ; entier ; au total.
Komplettanbieter *m,-* fournisseur *m* d'équipements complets.
Komplettrenovierung *f,* en rénovation *f* complète.
Komplex *m,* e complexe *m* ; ensemble *m* de bâtiments ; grand ensemble ; *industrieller ~* complexe industriel.
Komplexität *f,* en complexité *f.*
Komponente *f,* n composante *f.*
kompostieren (*agric.*) **1.** transformer en compost **2.** amender (un terrain) avec du compost.
Kompostierung *f,* en (*agric.*) compostage *m* ; transformation *f* en compost.
komprimieren (*informatique*) comprimer ; compacter.
Komprimierung *f,* en (*informatique*) compression *f* ; compactage *m.*
Kompromiss *m,* e compromis *m* ; arrangement *m* ; solution *f* de compromis ; *fairer, fauler ~* bon, mauvais compromis ; *einen ~ aus/handeln* négocier un compromis ; *zu einem ~ kommen* parvenir à un compromis ; *einen ~ schließen* conclure un compromis.
kompromissbereit favorable à un compromis ; disposé à (trouver) un compromis.
Kompromissbereitschaft *f,* en esprit *m* de conciliation ; *~ zeigen* adopter une attitude conciliante ; être disposé à faire des concessions.
Kompromissformel *f,* n formule *f* de compromis.
Kompromisskandidat *m,* en, en (*polit.*) candidat *m* de compromis.
Kompromissler *m,* - partisan *m* du compromis à tout prix ; personne *f* conciliante.
Kompromisslösung *f,* en solution *f* de compromis.
Kompromissweg *m* : *auf dem ~* par voie de compromis.
kompromittieren compromettre.
Kondemnation *f,* en conclusion *f* de non réparabilité d'un navire.

Konditionen *fpl* conditions *fpl* ; *Waren zu gewissen ~ an/bieten* offrir des marchandises à certaines conditions (*syn. Bedingungen*).

konditionieren conditionner ; *konditionierter Kredit* crédit *m* assorti d'avantages financiers ; crédit préférentiel ; *konditionierter Reflex* réflexe *m* conditionné.

Konditionierung *f,* en 1. (*psychologie*) conditionnement *m* 2. (*technique*) traitement *m* ; conditionnement *m*.

Konditionierungsanlage *f,* n usine *f* de conditionnement.

Konditionsrabatt *m,* e rabais *m* à condition ; remise *f* conditionnelle.

Konfektion *f,* en prêt-à-porter *m* ; confection *f*.

Konfektionsbetrieb *m,* e entreprise *f* de confection.

Konfektionsgeschäft *n,* e magasin *m* de confection.

Konferenz *f,* en conférence *f* ; *eine ~ ab/halten* tenir une conférence ; *eine ~ an/beraumen* fixer la date d'une conférence ; *in einer ~ sein* être à une conférence ; *an einer ~ teil/nehmen* participer à une conférence.

Konferenzdolmetscher *m,* - interprète *m* de conférence.

Konferenzschaltung *f,* en téléconférence *f*.

Konferenzteilnehmer *m,* - participant *m* à une conférence.

konferieren tenir conférence ; (*mit jdm*) *über etw ~* conférer (avec qqn) de qqch.

Konfiguration *f,* en (*informatique*) configuration *f*.

Konfigurationsmenü *n,* s (*informatique*) menu *m* de configuration.

konfigurierbar (*informatique*) configurable.

konfigurieren (*informatique*) configurer.

Konfiskation *f,* en confiscation *f* (*syn. Beschlagnahme*).

konfiszieren confisquer (*syn. beschlagnahmen*).

Konflikt *m,* e conflit *m* ; litige *m* ; différend *m* ; *einen ~ aus/lösen* déclencher un conflit ; *einen ~ bewältigen* surmonter un conflit ; *in einen ~ geraten* entrer en conflit ; *einen ~ schlichten* arbitrer un différend ; *der ~ hat sich verschärft* le conflit s'est aggravé.

Konfliktbewältigung *f,* en gestion *f* des conflits.

Konfliktfall *m,* ¨e cas *m* conflictuel ; *im ~* en cas de conflit.

Konfliktgegenstand *m,* ¨e matière *f* à conflit ; pomme *f* de discorde.

Konfliktkommission *f,* en commission *f* d'arbitrage (en cas de conflit).

Konfliktlösung *f,* en solution *f* du (au) conflit.

Konfliktsituation *f,* en situation *f* conflictuelle.

konfliktträchtig source de conflit ; générateur de situation conflictuelle.

Konföderation *f,* en confédération *f*.

konföderieren se confédérer ; *die Staaten wollen (sich) ~* les États veulent former une confédération.

Konfrontation *f,* en confrontation *f*.

Konfrontationskurs *m,* e politique *f* de confrontation ; *auf ~ gehen* aller vers une confrontation.

Konglomerat *n,* e → *Konglomeratkonzern*.

Konglomeratkonzern *m,* e conglomérat *m* ; trust *m* hétérogène ; holding *m/f* financier (réunissant des activités économiques tout à fait disparates) ; → *Mischkonzern*.

Kongress *m,* e congrès *m*.

Kongressteilnehmer *m,* - congressiste *m*.

Konjunktur *f,* en conjoncture *f* ; situation *f* économique ; variations *fpl* de l'activité économique I. *rückläufige ~* régression *f* économique ; *sinkende ~* conjoncture de baisse ; *steigende ~* conjoncture ascendante, de hausse ; *überhitzte ~* boom *m* ; surchauffe *f* conjoncturelle II. *die ~ an/heizen* stimuler la conjoncture ; *die ~ an/kurbeln* relancer l'économie ; *die ~ dämpfen* donner un coup de frein à la conjoncture ; *die ~ fördern* favoriser la conjoncture ; *die ~ steuern* réguler la conjoncture ; → *Aufschwung* ; *Boom* ; *Abschwung* ; *Rezession* ; *Flaute*.

Konjunkturabflachung *f,* en → *Konjunkturabschwächung*.

Konjunkturabhängigkeit *f,* en dépendance *f* conjoncturelle.

Konjunkturabschwächung *f,* en ralentissement *m* de la conjoncture ; affaiblissement *m* conjoncturel.

Konjunkturabschwung *m,* ¨e fléchissement *m,* tassement *m* conjoncturel ; récession *f*.

Konjunkturabstieg *m*, ⸚e → *Konjunkturabschwung*.
Konjunkturanalyse *f*, n analyse *f* conjoncturelle.
konjunkturanfällig sensible, sujet aux fluctuations conjoncturelles.
Konjunkturanfälligkeit *f*, en sensibilité *f* aux variations conjoncturelles.
Konjunkturankurbelung *f*, en relance *f* de la conjoncture.
konjunkturanregend destiné à stimuler la conjoncture.
Konjunkturaufschwung *m*, ⸚e essor *m* conjoncturel ; relance *f* ; boom *m*.
Konjunkturausgleichsrücklage *f*, n (*Allemagne*) fonds *m* de stabilisation conjoncturelle ; réserve *f* conjoncturelle compensatoire.
Konjunkturbarometer *n*, - baromètre *m*, indicateur *m* conjoncturel.
konjunkturbedingt conjoncturel ; lié à la conjoncture ; tributaire de la conjoncture.
Konjunkturbelebung *f*, en reprise *f*, relance *f* de l'activité économique ; redressement *m* conjoncturel.
Konjunkturbeobachtung *f*, en observation *f*, étude *f* du cycle de l'activité économique ; étude des mouvements conjoncturels.
Konjunkturbericht *m*, e rapport *m* sur l'activité économique ; note *f* de conjoncture.
Konjunkturberuhigung *f*, en tassement *m* conjoncturel ; accalmie *f* de l'activité économique.
Konjunkturbewegung *f*, en mouvement *m* conjoncturel.
Konjunkturbremse *f*, n frein *m* conjoncturel.
konjunkturdämpfend qui freine, qui ralentit l'activité économique.
Konjunkturdämpfung *f*, en ralentissement *m* conjoncturel ; refroidissement *m* de la conjoncture ; tassement *m* de l'activité économique.
Konjunktureinbruch *m*, ⸚e effondrement *m*, recul *m* conjoncturel ; récession *f*.
konjunkturell conjoncturel ; ~e Arbeitslosigkeit chômage *m* conjoncturel.
konjunkturempfindlich → *konjunkturanfällig*.
Konjunkturempfindlichkeit *f*, (en) sensibilité *f* aux variations conjoncturelles.

Konjunkturentwicklung *f*, en évolution *f* conjoncturelle.
Konjunkturerholung *f*, en redressement *m* économique, de la conjoncture.
Konjunkturerwartungen *fpl* prévisions *fpl* économiques.
Konjunkturflaute *f*, n ralentissement *m* conjoncturel ; marasme *m* économique ; récession *f* ; stagnation *f* de l'activité économique.
Konjunkturforscher *m*, - conjoncturiste *m* ; spécialiste *m* de la conjoncture.
Konjunkturforschung *f*, en étude *f* de conjoncture ; analyse *f* de la situation conjoncturelle.
Konjunkturforschungsinstitut *n*, e institut *m* d'études conjoncturelles.
Konjunkturgefälle *n*, - écart *m* conjoncturel.
Konjunkturhoch *n*, s sommet *m* conjoncturel ; pic *m* de l'activité économique.
Konjunkurindikatoren *mpl* indicateurs *m* conjoncturels ; baromètre *m* économique.
Konjunkturjahr *n*, e année *f* économique faste ; année de prospérité économique.
Konjunkturkurve *f*, n courbe *f* conjoncturelle ; tendances *fpl* conjoncturelles.
Konjunkturlage *f*, n situation *f* conjoncturelle ; situation économique ; *gesamtwirtschaftliche* ~ conjoncture *f* macro-économique.
Konjunkturlandschaft *f*, en paysage *m* conjoncturel ; paysage *m* économique ; situation *f* économique.
Konjunkturlenker *mpl* responsables *mpl* de la conjoncture.
Konjunkturlenkung *f*, en → *Konjunktursteuerung*.
Konjunkturpolitik *f*, ø politique *f* conjoncturelle.
Konjunkturprognosen *fpl* prévisions *fpl* conjoncturelles.
Konjunkturprogramm *n*, e programme *m* de relance ; mesures *fpl* incitatives destinées à stimuler l'activité économique.
Konjunkturprojektion *f*, en → *Konjunkturprognosen*.
Konjunkturrat *m* **für die öffentliche Hand** (*Allemagne*) Conseil *m* conjoncturel en charge des problèmes et questions de crédit du secteur public (il coordonne

les objectifs des politiques économique et financière).
konjunkturresistent peu sensible aux fluctuations conjoncturelles.
Konjunkturrisiko *n*, -ken aléa *m* conjoncturel ; hasards *mpl* de la conjoncture.
Konjunkturrückgang *m*, ¨e → *Konjunkturabschwung*.
Konjunktursachverständige/r (*der/ein*) → *Konjunkturforscher*.
Konjunkturschwankungen *fpl* fluctuations *fpl* conjoncturelles.
Konjunkturspezialist *m*, en, en → *Konjunkturforscher*.
Konjunkturspritze *f*, n injection *f* de capitaux pour relancer la conjoncture.
Konjunktursteuerung *f*, en contrôle *m* de l'économie.
Konjunkturtendenz *f*, en tendance *f* conjoncturelle ; courbe *f* générale de la conjoncture.
Konjunkturtief *n*, s creux *m* conjoncturel ; dépression *f*, récession *f* économique ; creux de la vague (*syn. Talfahrt*).
Konjunkturtrend *m*, s → *Konjunkturtendenz*.
Konjunkturüberhitzung *f*, en surchauffe *f* économique ; emballement *m* de la conjoncture, de l'économie.
Konjunkturumschlag *m*, ¨e retournement *m*, revirement *m* conjoncturel ; retour *m* de balancier conjoncturel.
Konjunkturverlangsamung *f*, en ralentissement *m* de l'activité économique.
Konjunkturverlauf *m*, ¨e tendances *fpl* économiques ; évolution *f* conjoncturelle ; rythme *m* conjoncturel ; *schleppender* ~ activité économique ralentie ; morosité *f* conjoncturelle.
Konjunkturverschlechterung *f*, en détérioration *f* conjoncturelle ; dégradation *f* de l'activité économique ; *weltweite* ~ détérioration *f* mondiale de la conjoncture.
Konjunkturwellen *fpl* hauts et bas *mpl* de l'activité économique ; fluctuations conjoncturelles.
Konjunkturzusammenbruch *m*, ¨e effondrement *m* conjoncturel.
Konjunkturzuschlag *m*, ¨e impôt *m* conjoncturel ; taxe *f* conjoncturelle (instruments destinés à freiner ou relancer l'activité économique).
Konjunkturzyklus *m*, -klen cycle *m* conjoncturel.

Konkubinat *n*, e concubinage *m* ; union *f* libre ; *im* ~ *leben* vivre en concubinage.
Konkurrent *m*, en, en concurrent *m* ; *einen ~en ab/hängen* se débarrasser d'un concurrent ; décrocher un concurrent ; *~en unter Kontrolle bringen* contrôler la concurrence (*syn. Wettbewerber*).
Konkurrenz *f*, en concurrence *f* ; compétition *f* **I.** *freie* ~ concurrence libre ; *monopolistische* ~ concurrence monopolistique ; (*para*)*fiskalische* ~ concurrence (para)fiscale ; *scharfe* ~ âpre concurrence ; *schmutzige* (*unlautere*) ~ concurrence déloyale ; *unerbittliche* ~ concurrence implacable ; *vollkommene, unvollkommene* ~ concurrence parfaite, imparfaite **II.** *die* ~ *aus/schalten* éliminer la concurrence ; *zur* ~ *gehen* (*ab/wandern*) s'adresser à la concurrence ; *bei der* ~ *kaufen* acheter chez un concurrent ; *jdm* ~ *machen* faire concurrence à qqn ; *mit jdm in* ~ *sein* être en concurrence avec qqn ; *ohne* ~ *sein* ne pas avoir de concurrence ; *mit jdm in* ~ *treten* entrer en concurrence avec qqn ; *die* ~ *verschärfen* augmenter la concurrence ; → *Wettbewerb*.
Konkurrenzangebot *n*, e offre *f* concurrente.
Konkurrenzausschluss *m*, ¨e **1.** interdiction *f* de concurrence **2.** élimination *f* de la concurrence.
Konkurrenzbetrieb *m*, e entreprise *f* concurrente.
Konkurrenzdruck *m*, ø pression *f* de la concurrence.
Konkurrenzerzeugnis *n*, se produit *m* concurrent.
konkurrenzfähig compétitif ; concurrentiel ; concurrent (*syn. wettbewerbsfähig*).
Konkurrenzfähigkeit *f*, en compétitivité *f* ; *mangelhafte* ~ manque *m* de concurrence (*syn. Wettbewerbsfähigkeit*).
Konkurrenzfirma *f*, -men maison *f* concurrente.
Konkurrenzfreiheit *f*, ø liberté *f* de concurrence.
Konkurrenzgleichgewicht *n*, e équilibre *m* concurrentiel.
Konkurrenzkampf *m*, ¨e concurrence *f* ; lutte *f* pour la compétitivité.
Konkurrenzklausel *f*, n clause *f* de non-concurrence.
konkurrenzlos défiant toute concurrence ; sans concurrence.

konkurrenzieren (*Autriche, Suisse*) → **konkurrieren**.
Konkurrenzmarkt *m*, ¨e marché *m* concurrentiel, concurrent.
Konkurrenzmodell *n*, e modèle *m* concurrent, de la concurrence.
Konkurrenzposition *f*, en position *f* concurrentielle.
Konkurrenzpreis *m*, e prix *m* compétitif, concurrent.
Konkurrenzstellung *f*, en position *f* compétitive ; situation *f* de concurrence.
Konkurrenzunternehmen *n*, - entreprise *f* concurrente, rivale.
Konkurrenzwirtschaft *f*, en économie *f* concurrentielle ; économie de marché (fondée sur la libre concurrence).
konkurrieren concourir, concurrencer ; *er konkurriert mit ihm um die Gunst der Konsumenten* il lui dispute la faveur des consommateurs.
Konkurs *m*, e faillite *f* ; dépôt *m* de bilan ; banqueroute *f* ; ~ *an/melden* se déclarer en faillite ; déposer son bilan ; *den* ~ *erklären* prononcer la faillite ; *den* ~ *eröffnen* déclarer l'ouverture de la faillite ; *in* ~ *gehen* (~ *machen*) faire faillite ; *vor dem* ~ *stehen* être au bord de la faillite ; *den* ~ *vermeiden* éviter la faillite (*syn. Bankrott* ; *Pleite* ; *Insolvenz*).
Konkursanmeldung *f*, en dépôt *m* de bilan.
Konkursantrag *m*, ¨e demande *f* de mise en faillite ; dépôt de bilan *m*.
Konkursausfallgeld *n*, er indemnité *f* versée aux salariés pour cause de faillite ; indemnité de mise à pied.
Konkursausverkauf *m*, ¨e vente *f* liquidation *f* pour cause de faillite.
konkursbedroht menacé de faillite.
Konkursbeschlag *m*, ¨e dessaisissement *m* du débiteur.
Konkurseinstellung *f*, en suspension *f* de la procédure de faillite.
Konkurserklärung *f*, en déclaration *f* de faillite.
Konkurseröffnung *f*, en ouverture *f* de la faillite.
Konkurseröffnungsantrag *m*, ¨e **1.** demande *f* d'ouverture de la liquidation des biens **2.** assignation *f* en déclaration de faillite (créanciers).
Konkursforderung *f*, en créance *f* de la faillite.
Konkursgläubiger *m*, - créancier *m* de la faillite, de la masse ; *bevorzugter* ~ créancier privilégié de la faillite.

Konkursmasse *f*, n actif *m*, masse *f* de la faillite ; *eine Forderung zur* ~ *an/melden* produire des titres de créance.
Konkursordnung *f*, en règlement *m* des faillites ; législation *f* en matière de faillite.
Konkursprivileg *n*, ø (*Liechtenstein*) privilège *m* en cas de faillite (le bénéficiaire direct d'un contrat d'assurance-vie échappe aux créanciers du failli).
Konkursprozess *m*, e → *Konkursverfahren*.
konkursreif au bord de la faillite.
Konkursrichter *m*, - juge *m* des faillites ; (*France*) juge-commissaire *m*.
Konkursschuldner *m*, - failli *m*.
Konkurstabelle *f*, n état *m* des créances.
Konkursverfahren *n*, - procédure *f* de faillite.
Konkursvermögen *n*, - masse *f* de la faillite ; patrimoine *m*, fortune *f*, biens *mpl* du failli.
Konkursverschleppung *f*, en manœuvre *f* dilatoire pour retarder une faillite.
Konkursverwalter *m*, - syndic *m*, liquidateur *m*, administrateur *m* de la faillite.
Konnossement *n*, e connaissement *m* (récépissé de chargement de marchandises que transporte un navire) (*syn. Frachtbrief*).
Konsens *m*, (e) consensus *m* ; accord *m* ; *sozialer* ~ consensus social ; *zu einem* ~ *kommen* parvenir à un consensus ; *in Sachen Mitbestimmung gibt es einen* ~ *zwischen Arbeitern und Gewerkschaften* en matière de cogestion il y a consensus entre salariés et syndicats.
konsensfähig qui réalise un consensus ; susceptible d'obtenir un consensus ; *ein ~es Konzept liefern* fournir un un projet susceptible de réaliser un consensus.
Konsensgesellschaft *f*, en société *f* de consensus, consensuelle.
Konsensmodell *n*, e modèle *m* consensuel ; recherche *f* de compromis.
Konsensualvertrag *m*, ¨e acte *m* consensuel ; contrat *m* résultant d'un accord réciproque.
konservativ (*bourse*) sûr ; stable ; sans risques ; peu volatil ; *~e Anlage* placement *m* sûr, de tout repos.
Konservendose *f*, n boîte *f* de conserve.

konservieren conserver.
Konservierung *f*, **en** conservation *f* (alimentaire).
Konservierungsstoff *m*, **e** (*agro-alimentaire*) conservateur *m* alimentaire.
Konsignant *m*, **en**, **en** mandant *m* ; commettant *m* ; consignateur *m* (expéditeur).
Konsignatär *m*, **e** commissionnaire-consignataire *m* ; agent *m* maritime.
Konsignation *f*, **en** consignation *f* ; envoi *m* de marchandises à un commissionnaire.
Konsignationshandel *m*, ø commerce *m* de consignation.
Konsignationsware *f*, **n** marchandise *f* en consignation.
konsignieren consigner.
Konsole *f*, **n** (*informatique*) console *f*.
konsolidieren consolider ; *~te Anleihe* emprunt *m* consolidé ; *~te Bilanz* bilan *m* consolidé ; *~te Schuld* dette *f* consolidée ; *die Preise ~* consolider les prix.
Konsolidierung *f*, **en** consolidation *f* ; redressement *m* ; assainissement *m* ; *finanzielle ~* consolidation financière ; *~ der öffentlichen Finanzen* assainissement des finances publiques ; *~ des Haushaltes* consolidation budgétaire ; *~ der Preise* consolidation des prix.
Konsolidierungsanleihe *f*, **n** (*bourse*) emprunt *m* de consolidation.
Konsolidierungsphase *f*, **n** (*bourse*) phase *f* de consolidation.
Konsorten *mpl* 1. membres *mpl* d'un consortium ; consorts *mpl* 2. (*péj.*) complices *mpl* ; suppôts *mpl*.
Konsortialbank *f*, **en** banque *f* de consortium, consortiale ; banque appartenant à un groupe bancaire.
Konsortialführer *m*, - responsable *m* de consortium.
Konsortialkredit *m*, **e** crédit *m* consortial.
Konsortialmitglied *n*, **er** membre *m* d'un consortium.
Konsortium *n*, **-ien** consortium *m* ; (re)groupement *m* ; association *f* ; syndicat *m* ; (groupement d'entreprises associées en vue d'opérations communes) ; *ein ~ bilden* constituer un consortium.
konstant : *in ~en Preisen aus/drücken* exprimer en prix constants.
konstituierend : *~e Sitzung* séance *f* de constitution (d'une assemblée, du parlement, etc.).

Konstrukteur *m*, **e** constructeur *m*.
Konstruktion *f*, **en** construction *f* ; conception *f* ; projet *m* ; montage *m*.
Konstruktionsbüro *n*, **s** bureau *m* d'études (*syn. Planungsbüro*).
Konstruktionsfehler *m*, - défaut *m*, vice *m* de construction.
Konstruktionsleiter *m*, - ingénieur *m* en chef ; ingénieur-conseil *m*.
Konstruktionsmängel *mpl* → *Konstruktionsfehler*.
Konstruktionszeichner *m*, - dessinateur *m* projecteur.
Konsul *m*, **n** consul *m*.
Konsularagent *m*, **en**, **en** agent *m* consulaire.
konsularisch consulaire ; *~es Corps* (*CC*) corps *m* consulaire ; *~e Vertretung* représentation *f* consulaire.
Konsularrecht *n*, **e** droit *m* consulaire.
Konsulat *n*, **e** consulat *m*.
Konsulatsfaktura *f*, **-ren** facture *f* consulaire.
Konsulatsgebühren *fpl* frais *mpl* consulaires.
Konsultation *f*, **en** consultation *f*.
Konsultativgruppe *f*, **n** (*U.E.*) groupe *m* consultatif.
konsultieren consulter.
1. **Konsum** *m*, ø 1. consommation *f* I. *gegenwärtiger ~* consommation présente ; *künftiger ~* consommation future ; *öffentlicher* (*staatlicher*) *~* consommation publique ; *privater ~* consommation privée ; *staatlicher ~* consommation publique ; (*syn. Verbrauch*) II. *~ der Arbeitnehmerhaushalte* consommation des ménages salariés ; *~ der privaten Haushalte an Industrieerzeugnissen* consommation des ménages en produits manufacturés ; → *Verbrauch*.
2. **Konsum** *m*, ø magasin *m* coopératif ; coopérative *f* de vente.
Konsumartikel *m*, - article *m* de consommation courante.
Konsumausgaben *fpl* dépenses *fpl* de consommation.
Konsumbegrenzung *f*, **en** restriction *f* de la consommation.
Konsumdenken *n*, ø conception *f* de la consommation avant tout.
Konsument *m*, **en**, **en** consommateur *m* ; *individueller ~* consommateur individuel ; *produktiver ~* consommateur productif (*syn. Verbraucher*).

Konsumentenbefragung *f*, en enquête *f*, sondage *m* auprès des consommateurs.
Konsumentengeschmack *m*, (¨e) goût *m* des consommateurs.
Konsumentengruppe *f*, n groupe *m* de consommateurs.
Konsumentenkredit *m*, e crédit *m* à la consommation.
Konsumentenmarketing *f*, ø marketing *m* de consommation.
Konsumentennachfrage *f*, n demande *f* des consommateurs.
Konsumentenpräferenzen *fpl* préférences *fpl* du consommateur.
Konsumentenschutz *m*, ø mouvement *m* de défense des consommateurs ; consumérisme *m* ; → ***Konsumerismus***.
Konsumentenstimmung *f*, en moral *m* des consommateurs ; *die ~ ist getrübt* le moral des consommateurs est atteint.
Konsumentenstreik *m*, s grève *f* des consommateurs.
Konsumentenverhalten *n*, ø comportement *m*, attitude *f* des consommateurs.
Konsumentenwünsche *mpl* desiderata *mpl*, désirs *mpl*, souhaits *mpl* des consommateurs.
Konsumentscheidung *f*, en décision *f* de consommation.
Konsumerismus *m*, ø consumérisme *m* ; action *f* concertée des consommateurs en vue de défendre leurs intérêts.
Konsumfähigkeit *f*, (en) pouvoir *m* d'achat ; *die ~ der Verbraucher beschneiden* amputer le pouvoir d'achat des consommateurs.
Konsumfinanzierung *f*, en crédit *m* consommateur ; financement *m* de la vente à crédit.
Konsumfreudigkeit *f*, ø propension *f* à consommer ; forte consommation *f* des ménages ; *schwindende ~* diminution *f* de la consommation.
konsumfreundlich qui stimule la consommation ; *~es konjunkturelles Umfeld* environnement *m* favorable à la consommation.
Konsumgenossenschaft *f*, en coopérative *f* de consommation (*syn. Verbrauchergenossenschaft*).
Konsumgesellschaft *f*, en société *f* de consommation.
Konsumgewohnheiten *fpl* habitudes *fpl* de consommation.
Konsumgüter *npl* biens *mpl* de consommation ; *kurzlebige, langlebige ~* biens de consommation courants, durables.
Konsumgüterangebot *n*, e offre *f* de biens de consommation.
Konsumgüterbilanz *f*, en balance *f* des biens de consommation.
Konsumgüterelektronik *f*, ø → ***Unterhaltungsindustrie***.
Konsumgüterindustrie *f*, n industrie *f* des biens de consommation.
Konsumgütermarkt *m*, ¨e marché *m* des produits de consommation ; *einen Durchbruch auf dem ~ erzielen* faire une percée sur le marché des produits de consommation courante.
Konsumgüternachfrage *f*, n demande *f* de biens de consommation.
Konsumgüterproduktion *f*, en production *f* de(s) biens de consommation.
Konsumgütersektor *f*, en secteur *m* des biens de consommation.
konsumieren consommer (*syn*. verbrauchen).
Konsumklimaindex *m*, e/-dices indice *m* du moral des consommateurs ; indice de tendance de la consommation.
Konsumkraft *f*, ø pouvoir *m* consommateur ; pouvoir *m* d'achat ; capacité *f* de consommation.
Konsumkredit *m*, e → ***Konsumentenkredit***.
Konsummuffel *m*, - (*fam.*) ennemi *m* de la consommation ; mauvais consommateur *m*.
Konsummüll *m*, ø (*péj.*) déchets *mpl* de la consommation des ménages.
Konsumnachfrage *f*, n demande *f* de biens de consommation.
Konsumneigung *f*, en propension *f* à consommer ; tendance *f* à la consommation croissante ; *durchschnittliche ~* propension moyenne à consommer ; *marginale ~* propension marginale à la consommation.
konsumorientiert tributaire des consommateurs ; orienté à la consommation.
Konsumption *f*, en → ***Konsumtion***.
Konsumquote *f*, en taux *m*, quota *m* de consommation.
Konsumrausch *m*, ø frénésie *f* de consommation ; propension *f* à consommer ; excès *m* consumériste.
Konsumtempel *m*, - (*iron.*) temple *m* de la consommation (grand magasin, hypermarché, etc.).

Konsumterror *m*, ø consommation *f* frénétique (manipulation des consommateurs par le matraquage publicitaire).

Konsumtion *f*, en (*terme technique*) consommation *f* ; *gemeinschaftliche ~* consommation collective ; *gesellschaftliche ~* consommation sociale ; *individuelle ~* consommation individuelle ; *produktive ~* consommation productive ; consommation intermédiaire ; → *Konsum 1*.

Konsumtionsbedürfnisse *npl* besoins *mpl* de consommation *f*.

Konsumtionsforschung *f*, en recherche *f* en matière de consommation.

Konsumtionsquote *f*, n quote-part *f* réservée à la consommation.

konsumtiv relatif à la consommation ; *Beschneidung der ~en Ausgaben* amputation *f* des dépenses de consommation.

Konsumverein *m*, e coopérative *f*, association *f* de consommateurs.

Konsumverhalten *n*, - comportement *m* du (des) consommateur(s).

Konsumverweigerer *m*, - anticonsommateur *m* ; ennemi *m* de la consommation.

Konsumverzicht *m*, (e) abstention *f* de consommation ; consommation *f* freinée ; refus *m* de consommer ; retenue *f* des consommateurs.

Konsumware *f*, n marchandise *f*, denrée *f* de consommation courante.

Konsumwert *m*, e (*bourse*) valeur *f*, titre *m* du secteur de la consommation ; *die ~e belegen den ersten Platz* les titres de la (grande) consommation tiennent la vedette.

Konsumzurückhaltung *f*, en ralentissement *m* de la consommation ; retenue *f* des acheteurs.

Konsumzuwachs *m*, ¨e accroissement *m*, surcroît *m* de (la) consommation.

Konsumzwang *m*, ¨e → *Konsumterror*.

Konsumzyklus *m*, -klen cycle *m* de consommation (naissance et mort d'un bien de consommation).

Kontakt *m*, e contact *m* ; *mit jdm ~ auf/nehmen* prendre contact avec qqn ; *den ~ her/stellen* établir le contact ; *den ~ unterbrechen* interrompre le contact ; *~e mit (zu) jdm haben* avoir des contacts avec qqn.

Kontaktadresse *f*, n personne *f* à contacter ; service *m* à contacter ; contact *m*.

Kontaktanbahnung *f*, en → *Kontaktaufnahme*.

Kontaktaufnahme *f*, n prise *f* de contact ; établissement *m* de contacts.

kontakten → *kontaktieren*.

Kontakter *m*, - (*publicité*) (agent *m* de) contact *m* ; personne *f* assurant le contact avec les clients.

kontaktfreudig qui aime les contacts ; sociable.

kontaktieren contacter ; établir des contacts.

Kontaktperson *f*, en personne *f* à contacter ; contact *m* ; intermédiaire *m*.

Kontaktpflege *f*, ø entretien *m* de bons contacts, de bonnes relations (entre partenaires commerciaux).

Kontaktstand *m*, ¨e (*foires-expositions*) bureau *m* de liaison ; stand *m* de liaison.

Kontaktstelle *f*, n point de contact *m*.

Kontamination *f*, en contamination *f*.

Kontaminationsgefahr *f*, en risque *m* de contamination.

kontaminieren contaminer ; infecter.

Kontenabfrage *f*, n consultation *f* de comptes.

Kontenabschluss *m*, ¨e clôture *f* des comptes.

Kontenberichtigung *f*, en redressement *m*, ajustement *m* des comptes.

Kontenführung *f*, en tenue *f* des comptes.

Kontenklasse *f*, n (*comptab.*) classe *f* de comptes du plan comptable.

Kontennummer *f*, n numéro *m* de compte.

Kontenplan *m*, ¨e (*comptab.*) plan *m* comptable.

Kontenrahmen *m*, - (*comptab.*) plan *m* comptable général.

Kontensaldo *m*, -den solde *m* des comptes.

Kontensparen *n*, ø épargne *f* de capitalisation sur des comptes bancaires ou postaux ; épargne en dépôt.

Kontensperre *f*, n blocage *m* des comptes.

Kontensperrung *f*, en → *Kontensperre*.

Konterbande *f*, n 1. → *Schmuggel* 2. rupture *f* d'embargo (transport de matériels de guerre par des navires de pays neutres).

Kontermarke *f*, **n** contremarque *f.*
kontern contrer ; riposter ; *die Unternehmen ~ mit einem neuen Modell* les entreprises ripostent en lançant un nouveau modèle.
kontieren porter en compte ; affecter une destination comptable ; *einen Beleg ~* porter une somme en compte.
Kontierung *f,* en destination *f* comptable ; mention *f* du compte.
Kontingent *n,* e contingent *m* ; quota *m* ; *sein ~ aus/schöpfen* épuiser son contingent ; *~e fest/setzen* fixer des contingents ; *ein ~ kürzen* réduire un contingent.
kontingentieren contingenter ; fixer un contingent.
Kontingentierung *f,* en contingentement *m* ; *~ der Importe* contingentement des importations.
Kontingentierungkartell *n,* e cartel *m* de contingentement.
Kontingentierungszuweisung *f,* en → *Kontingentzuteilung.*
Kontingentzuteilung *f,* en répartition *f* des contingents.
kontinuierlich continu ; *~e Wirtschaftspolitik* continuité *f* de la politique économique.
Kontinuität *f,* en continuité *f.*
Konti-Schicht *f,* en travail *m* (en) continu ; production *f* non-stop.
Konto *n,* s/-ten compte *m* **I.** *abgeschlossenes* (*saldiertes*) *~* compte arrêté (soldé) ; *aktives, passives ~* compte débiteur, créditeur ; *aufgelöstes ~* compte fermé ; *ausgeglichenes ~* compte équilibré ; *eingefrorenes ~* compte gelé ; *gedecktes ~* compte approvisionné ; *gemeinsames ~* compte commun ; *gesperrtes ~* compte bloqué ; *laufendes ~* compte courant ; *persönliches ~* compte personnel ; *totes* (*eingefrorenes*) *~* compte dormant (sans mouvements) ; *überzogenes* (*ungedecktes*) *~* compte à découvert ; *verzinsliches ~* compte rémunéré **II.** *Geld von einem ~ ab/heben* retirer, prélever de l'argent d'un/sur un compte ; *ein ~ ab/schließen* clôturer (arrêter) un compte ; *ein ~ auf/füllen* approvisionner, alimenter un compte ; *ein ~ auf/lösen* arrêter un compte ; *ein ~ aus/gleichen* (*saldieren*) balancer (solder) un compte ; *ein ~ belasten* (*mit*) porter au débit du compte ; débiter un compte (de) ; *ein ~ berichtigen* redresser un compte ; *ein ~ ein/frieren* geler un compte ; *auf ein ~ ein/zahlen* verser sur un compte ; *ein ~* (*bei einer Bank*) *eröffnen* ouvrir un compte (dans, auprès d'une banque) ; *ein ~ haben* avoir un compte ; *einem ~ 100 € gut/schreiben* créditer un compte de 100 €, porter 100 € au crédit d'un compte ; *ein ~ schließen* fermer un compte ; *ein ~ sperren lassen* faire opposition à un compte ; *Geld auf ein ~ überweisen* virer de l'argent à/sur un compte ; *ein ~ überziehen* mettre un compte à découvert ; *~en zusammen/legen* regrouper des comptes ; → **Ander-, Bank-, Depot-, Geschäfts-, Kunden-, Nostro-, Oder-, Personen-, Sach-, Sicht-, Spar-, Und-, Vostro-, Warenkonto**.

Kontoabschluss *m,* ¨e arrêté *m* de compte.
Kontoausgleich *m,* e solde *m* de compte.
Kontoauszug *m,* ¨e extrait *m,* relevé *m* de compte.
Kontoberichtigung *f,* en redressement *m* de compte.
Kontobezeichnung *f,* en libellé *m,* intitulé *m* d'un compte.
Kontobuch *n,* ¨er livre *m* de compte.
Kontodeckung *f,* en couverture *f,* provision *f* d'un compte ; *die ~ eines Kontoinhabers überprüfen* vérifier si un compte est provisionné.
Kontoeröffnung *f,* en ouverture *f* de compte.
kontoführend : *~e Bank* banque *f* titulaire d'un compte.
Kontoführung *f,* en tenue *f* de compte.
Kontoführungsgebühren *fpl* frais *mpl* de tenue de compte ; agios *mpl* de tenue de compte.
Kontoguthaben *n,* - avoir *m* en compte ; *das gesamte ~ ab/heben* vider un compte.
Kontogutschrift *f,* en note *f* de crédit.
Kontoinhaber *m,* - titulaire *m* d'un compte.
Kontokorrent *n,* e → *Kontokorrentkonto.*
Kontokorrentabteilung *f,* en service *m* des comptes courants.
Kontokorrentbuch *n,* ¨er (*comptab.*) grand livre *m* ; livre des comptes courants.
Kontokorrentgeschäft *n,* e opération *f* de/en compte courant.

Kontokorrentkonto *n, s/-ten* compte courant *m* (*syn. laufendes Konto* ; *Girokonto*).
Kontokorrentkredit *m,* e crédit *m* en compte courant ; découvert *m* ; crédit *m* par découvert.
Kontokorrentnummer *f,* n numéro *m* de compte courant.
Kontokorrentstand *m,* ¨e état *m* de compte.
Kontokorrentüberziehung *f,* en → *Kontoüberziehung*.
Kontokorrentverkehr *m,* ø opérations *fpl*, mouvements *mpl* sur les comptes courants.
Kontolastschrift *f,* en note *f* de débit ; débit *m* en compte courant.
Kontonummer *f,* n numéro *m* de compte.
Kontor *n,* e comptoir *m* ; établissement *m* de commerce à l'étranger.
Kontorist *m,* en, en employé *m* de commerce.
Kontostand *m,* ¨e état de compte ; *den ~ ab/fragen* demander un relevé de compte.
Kontoüberziehung *f,* en découvert *m* ; *erlaubte ~* autorisation *f* à découvert ; découvert *m* autorisé.
Kontovertrag *m,* ¨e contrat *m* entre une banque et un particulier portant sur l'ouverture et la tenue d'un compte.
Kontrahent *m,* en, en 1. contractant *m* ; partie *f* contractante ; signataire *m* d'un contrat 2. adversaire *m* ; partie adverse *f*.
kontrahieren contracter ; passer contrat ; *Aufträge im Wert von 100 Millionen Euro ~* passer contrat pour cent millions d'euros.
Kontrahierungszwang *m,* ¨e 1. obligation *f* légale d'accepter ou de servir un client 2. obligation de contracter.
Kontrakt *m,* e contrat *m* ; *einen ~ ab/schließen* conclure un contrat ; *einen ~ brechen* rompre un contrat ; *seinen ~ erfüllen* remplir son contrat ; → *Vertrag*.
Kontraktabschluss *m,* ¨e conclusion *f* d'un contrat.
kontraktbestimmt → *kontraktlich*.
Kontraktbindung *f,* en contrat *m* ; fait *m* d'être lié par contrat ; *eine ~ ein/gehen* signer un contrat ; accepter un contrat.
Kontraktbruch *m,* ¨e rupture *f* de contrat.

kontraktbrüchig en rupture de contrat.
kontraktlich contractuel ; conventionnel ; par contrat.
kontraktwidrig contraire aux termes du contrat ; incompatible avec le contrat.
kontraproduktiv contre-productif ; négatif ; qui nuit à la productivité.
Kontrollabschnitt *m,* e fiche *f*, coupon *m*, talon *m* de contrôle.
Kontrollapparat *m,* e 1. appareil *m* de contrôle 2. organisme *m* de contrôle.
Kontrollbefugnis *f,* se pouvoir *m* de contrôle ; habilitation *f* à contrôler.
Kontrollbehörde *f,* n autorité *f* de contrôle.
Kontrollbit *n,* s (*informatique*) bit *m* de contrôle ; chiffre *m* binaire de contrôle.
Kontrollbyte *n,* s (*informatique*) octet *m* de contrôle.
Kontrolldatum *n,* en date *f* de contrôle.
Kontrolle *f,* n contrôle *m* ; surveillance *f* ; vérification *f* ; *eine ~ aus/üben* exercer un contrôle ; *eine ~ durch/führen* faire un contrôle ; *über etw haben* contrôler qqch ; *jdn unter ~ haben* avoir qqn sous son contrôle.
Kontrolleinrichtung *f,* en instance *f* de contrôle ; organisme *m* de surveillance.
Kontrolleur *m,* e contrôleur *m* ; vérificateur *m* ; inspecteur *m*.
Kontrollgang *m,* ¨e tournée *f* d'inspection ; tournée de contrôle.
Kontrollgruppe *f,* n groupe *m* de contrôle ; témoins *mpl*.
kontrollierbar contrôlable ; vérifiable.
kontrollieren contrôler ; surveiller ; *jds Arbeit ~* contrôler le travail de qqn ; *die Ausweise ~* contrôler les papiers ; *Reisende ~* contrôler des voyageurs.
Kontrollinstanz *f,* en instance *f* de contrôle.
Kontrollinstrument *n,* e instrument *m* de contrôle.
Kontrollkarte *f,* n carte *f* de contrôle.
Kontrollkasse *f,* n caisse *f* de contrôle.
Kontrollliste *f,* n liste *f* de contrôle ; check-up *m*.
Kontrollnummer *f,* n numéro *m* de contrôle.
Kontrollor *m,* e (*Autriche*) → *Kontrolleur*.
Kontrollorgan *n,* e organe *m*, organisme *m* de contrôle.

Kontrollpflicht *f,* en contrôle *m* obligatoire ; obligation *f* de contrôle.
Kontrollschein *m,* e fiche *f,* bulletin *m* de contrôle.
Kontrollschild *n,* er (*Suisse*) plaque *f* minéralogique.
Kontrollstelle *f,* n poste *m,* point *m* de contrôle.
Kontrollstempel *m,* - cachet *m,* timbre *m* de contrôle.
Kontrollsystem *n,* e système *m* de contrôle.
Kontrollturm *m,* ¨e (*aéroport*) tour *m* de contrôle (*syn. Tower*).
Kontrollübernahme *f,* n prise *f* de contrôle (firme) ; O.P.A. *f.*
Kontrolluhr *f,* en horloge *f* de pointage ; contrôle *m* de présence (*syn. Stechuhr*).
Kontrollvermerk *m,* e marque *f,* visa *m* de contrôle.
Kontrollvorrichtung *f,* en dispositif *m,* mécanisme *m* de contrôle.
Kontrollzettel *m,* - → *Kontrollschein.*
Kontroverse *f,* n controverse *f* ; *~n aus/lösen* soulever des controverses.
Kontumazialverfahren *n,* - (*jur.*) procédure *f* judiciaire par contumace.
Konvention *f,* en convention *f* ; entente *f* ; accord *m* ; traité *m* ; *Haager ~ convention* de La Haye ; *gegen die Genfer ~ verstoßen* violer la convention de Genève.
Konventionalstrafe *f,* n peine *f* conventionnelle ; astreinte *f* ; dédit *m.*
Konvergenz *f,* en convergence *f.*
Konvergenzkriterien *npl* : *~ des Maastricht-Vertrages* critères de convergence du Traité de Maastricht (taux d'inflation à 1, 5 %, déficit public à 3 %, dette publique à 60 % du P.I.B.).
konvergieren converger.
Konversion *f,* en conversion *f.*
Konversions- (*préfixe*) de conversion.
Konversionsanleihe *f,* n emprunt *m* de conversion.
Konversionsaufgeld *f,* ø prime *f* de conversion.
Konversionskurs *m,* e cours *m* de conversion ; taux *m* de conversion.
Konversionsschuldverschreibung *f,* en obligation *f* de conversion.
Konversionstabelle *f,* n table *f* de conversion.
Konverter *m,* - (*informatique*) convertisseur *m.*

konvertibel → *konvertierbar.*
Konvertibilität *f,* en → *Konvertierbarkeit.*
konvertierbar convertible ; *frei ~e Währung* monnaie librement convertible.
Konvertierbarkeit *f,* en convertibilité *f* ; *beschränkte ~* convertibilité restreinte ; *teilweise ~* convertibilité partielle.
konvertieren 1. (*monnaie*) convertir 2. (*informatique*) convertir ; transférer.
Konvertierung *f,* en → *Konversion.*
Konvertierungsanleihe *f,* n → *Konversionsanleihe.*
Konvolut *n* , e liasse *f* de documents, de dossiers.
Konzentration *f,* en concentration *f* **I.** *diagonale (konglomerate) ~* concentration conglomérale (regroupement d'entreprises ayant des activités très différentes) ; *horizontale ~* concentration horizontale (regroupement d'entreprises ayant des activités similaires) ; *monopolistische ~* concentration monopolistique (un seul groupe domine le marché) ; *vertikale ~* concentration verticale (regroupement d'entreprises ayant des activités complémentaires) **II.** *~ des Kapitals* concentration du capital ; *~ der Produktion* concentration de la production ; *~ der Produktionsmittel* concentration des moyens de production.
Konzentrationsformen *fpl* formes *fpl* de concentration.
Konzentrationsgrad *m,* e degré *m* de concentration.
Konzentrationsprozess *m,* e processus *m* de concentration.
Konzentrationsstrategie *f,* n stratégie *f* de concentration.
Konzentrationswelle *f,* n vague *f* de concentrations.
konzentrieren concentrer ; *die Produktion konzentriert sich auf Exportgüter* la production se concentre sur des biens d'exportation.
Konzentrierung *f,* en concentration *f* (le fait de concentrer).
Konzern *m,* e groupe *m,* groupement *m* (industriel) ; konzern *m* ; groupement de sociétés ; consortium *m* ; *Zerschlagen der ~e* déconcentration *f* industrielle.
Konzernabkommen *n,* - entente *f* ; accord *m* entre groupes industriels.
Konzernabrechnung *f,* en comptes *mpl* de groupe.

Konzernabschluss *m,* ¨e → *Konzernbilanz.*
Konzernbank *f,* en banque *f* d'un groupe.
Konzernbetrieb *m,* e entreprise *f* affiliée à un groupe.
Konzernbilanz *f,* en bilan *m* consolidé d'un groupe ; documents *mpl* comptables consolidés d'un groupement de sociétés (*syn. konsolidierte Bilanz*).
Konzernbildung *f,* en formation *f* de groupements industriels ; constitution *f* de groupes industriels, de konzerns.
konzerneigen propre à un groupe industriel ; propriété d'un groupe ; ~e *Anteile fpl* propres d'un groupe.
Konzernentflechtung *f,* en démantèlement *m* d'un groupement industriel ; déconcentration *f* industrielle.
Konzernergebnis *n,* se résultat *m* consolidé d'un groupement d'entreprises.
Konzerngeschäftsbericht *m,* e rapport *m* de gestion d'un groupe industriel.
Konzerngewinn *m,* e → *Konzernergebnis.*
Konzernherr *m, n,* en patron *m* d'un groupe (industriel) ; dirigeant *m,* P.-D.G. *m* d'un groupe industriel, d'un konzern.
Konzernierung *f,* en → *Konzernbildung.*
Konzernjahresüberschuss *m,* ¨e bénéfices *mpl* annuels consolidés.
Konzernleitung *f,* en 1. direction *f* d'un consortium 2. personnes *fpl* attachées à la direction d'un groupe.
Konzernspitze *f, n* groupe *m* dirigeant ; direction *f* d'un groupe.
Konzernumsatz *m,* ¨e chiffre *m* d'affaires d'un groupe.
konzernweit à l'échelle du groupe (industriel) ; valable pour l'ensemble d'un groupe industriel ; *eine ~e Rahmenvereinbarung* un accord-cadre appplicable à l'ensemble d'un groupe industriel.
konzertierte Aktion *f,* en (*Allemagne*) action *f* concertée ; concertation *f* entre partenaires sociaux (organismes d'État, syndicats et fédérations patronales).
Konzession *f,* en 1. concession *f* ; ~*en machen* faire des concessions 2. concession *f* ; autorisation *f* ; patente *f* ; licence *f* ; *jdm eine ~ entziehen* retirer la licence à qqn ; *jdm eine ~ erteilen* accorder une concession à qqn.

Konzessionär *m,* e → *Konzessionsinhaber.*
konzessionieren accorder une licence ; autoriser par licence.
Konzessionierung *f,* en attribution *f* d'une concession ; mise *f* sous régime de concession.
Konzessionsabgabe *f, n* taxe *f* de concession.
Konzessionsbereitschaft *f,* en esprit *m* de compromis ; esprit de conciliation ; disposition *f* à faire des concessions.
Konzessionsentzug *m,* ¨e retrait *m* de concession.
Konzessionserteilung *f,* en attribution *f* de concession.
Konzessionsgebiet *n,* e (*mines, pétrole*) concession *f* d'exploitation.
Konzessionsinhaber *m,* - concessionnaire *m* ; titulaire *m* d'une concession.
konzessionslos sans concession ; intraitable ; ~*er Unterhändler* négociateur *m* intraitable.
konzessionspflichtig soumis à autorisation de concession.
Konzessionsrücknahme *f, n* → *Konzessionsentzug.*
Konzipient *m,* en, en (*Autriche*) avocat *m* stagiaire.
Kooperation *f,* en coopération *f* ; *grenzüberschreitende ~* coopération transfrontalière ; *interdisziplinäre ~* coopération interdisciplinaire ; *internationale ~* coopération internationale ; *die ~ intensivieren, stärken* intensifier, renforcer la coopération (*syn. Zusammenarbeit*).
Kooperationsabkommen *n,* - accord *m* de coopération.
Kooperationsbereitschaft *f,* en esprit *m* de coopération.
Kooperationskette *f, n* chaîne *f* d'entreprises travaillant en coopération ; coopération *f* verticale (entreprises produisant des biens qui dérivent les uns des autres).
Kooperationspartner *m,* - partenaire *m* coopérant.
Kooperationsvertrag *m,* ¨e contrat *m* de coopération.
kooperieren coopérer (*syn. zusammen/arbeiten*).
Kooptation *f,* en cooptation *f* (*syn. Hinzuwahl*).
kooptieren coopter (*syn. hinzu/wählen*).
Koordination *f,* en → *Koordinierung.*

Koordinator, en coordinateur *m*.
Koordinierung *f,* **en** coordination *f* ; *zwischenbetriebliche* ~ coordination interentreprises ;
Kopf *m,* ¨e tête *f* ; personne *f* ; *pro* ~ par tête ; par personne ; par habitant ; *Pro-~-Einkommen* revenu *m* par tête d'habitant.
Kopf-an-Kopf-Rennen *n,* - course *f* au coude à coude, serrée.
Kopfarbeiter *m,* - travailleur *m* intellectuel.
Kopfbetrag *m,* ¨e montant *m* par personne, par tête ; somme *f* par personne.
Kopfertrag *m,* ¨e revenu *m* par tête.
Kopfgeld *n,* er 1. prime *f* de capture 2. (somme *f* d') argent *m* par tête.
Kopfgeldjäger *m,* - chasseur *m* de prime.
Kopfjäger *m,* - chasseur *m* de têtes (*syn. Headhunter*).
Kopfpauschale *f,* n (*réforme de la santé*) forfait *m* individuel ; prime *f* de santé (tous les membres d'une caisse de maladie reçoivent une somme unique indépendant de leurs revenus ; ce forfait serait uniquement financé par l'impôt) ; → *Bürgerversicherung*.
Kopfprämie *f,* n prime *m* par tête ; prime individuelle.
Kopfquote *f,* n pourcentage *m* par tête ; taux *m* par tête d'habitant.
Kopfrechnen *n,* ø calcul *m* mental ; *im ~ schwach sein* être faible en calcul mental ; ne pas savoir calculer de tête.
Kopfsteuer *f,* n impôt *m* sur la personne ; impôt de capitation.
Kopie *f,* n 1. copie *f* ; *beglaubigte ~* copie certifiée conforme ; *eine ~ aus/fertigen* établir une copie 2. (*informatique*) copie de sauvegarde 3. (*arts*) *das Gemälde ist nur eine ~* le tableau n'est qu'une copie.
Kopiergerät *n,* e photocopieuse *f* ; machine *f* à photocopier.
Kopiermaschine *f,* n → *Kopiergerät*.
Kopist *m,* en, en plagiaire *m* ; contrefacteur *m* ; imitateur *m*.
koppeln 1. coupler ; jumeler ; *die Entwicklung der Renten an die Arbeitseinkommen ~* coupler l'évolution des pensions et retraites à celle des revenus du travail 2. (*technique*) relier ; raccorder ; connecter 3. faire dépendre de ; subordonner à ; *seine Zustimmung an eine Bedingung ~* subordonner son accord à une condition.

Kopp(e)lung *f,* en couplage *m* ; rattachement *m* ; jumelage *m*.
Kopp(e)lungsgeschäft *n,* e opération *f* jumelée, couplée.
Kopp(e)lungsverkauf *m,* ¨e vente *f* jumelée, couplée.
Koppelwirtschaft *f,* en (*agric.*) assolement *m* des terres ; culture *f* alternée.
Koproduktion *f,* en coproduction *f*.
koproduzieren coproduire.
Korbwährung *f,* en monnaie-panier *f* ; monnaie du panier monétaire.
Korn *n,* ø 1. blé *m* ; grain *m* 2. titre *m* d'argent ou d'or fin d'une monnaie.
Kornkammer *f,* n grenier *m* à blé d'une région, d'un pays ; région *f* productrice de blé ; fournisseur *m* de blé.
Körperbehinderte/r (*der/ein*) handicapé *m* physique, moteur ; infirme *m*.
Körperschaden *m,* ¨ dommages *mpl* corporels.
Körperschaft *f,* en corporation *f* ; collectivité *f* ; personne *f* morale ; corps *m* ; institution *f* ; *beratende ~* corps délibératif ; *gemeinnützige ~* collectivité, institution d'utilité publique ; *gesetzgebende ~* législative ; *öffentliche ~* collectivité publique ; *öffentlich-rechtliche ~* collectivité de droit public.
Körperschaft(s)steuer *f,* n impôt *m* sur les revenus des sociétés ; impôt sur les sociétés.
Körpersprache *f,* n (*marketing*) expression *f* corporelle.
Körperverletzungen *fpl* (*jur.*) coups et blessures.
Korrektur *f,* en correction *f* ; correctif *m* ; rectificatif *m*.
Korrekturbedarf *m* : *~ haben* nécessiter des modifications, des corrections.
Korrelation *f,* en corrélation *f* ; *lineare, multiple ~* corrélation linéaire, multiple.
Korrelationsverhältnis *n,* se rapport *m* de corrélation *f*.
korreliert : *mit etw ~ sein* être en corrélation avec qqch.
Korrespondent *m,* en, en 1. correspondant *m* de presse 2. correspondancier *m*.
Korrespondenz *f,* en correspondance *f* ; courrier *m* ; *in ~ stehen mit jdm* entretenir une correspondance avec qqn (*syn. Schriftverkehr* ; *Schriftwechsel*).

Korrespondenzbüro *n*, s agence *f* de presse.

korrespondieren correspondre avec ; *wir ~ mit der Firma über die Warenlieferung* nous sommes en correspondance avec l'entreprise au sujet de la livraison des marchandises.

korrigieren corriger ; *nach oben, nach unten ~* corriger vers le haut (à la hausse), vers le bas (à la baisse).

Korrosion *f*, en corrosion *f*.

korrosionsfest anti-corrosion ; résistant à la corrosion ; inoxydable.

Korrosionsschutz *m*, ø protection *f* anti-corrosion ; revêtement *m* anti-corrosion.

korrumpierbar corruptible (*syn. bestechlich*).

korrumpieren corrompre (*syn. bestechen*).

korrupt corrompu.

Korruption *f*, en corruption *f* (*syn. Bestechung*).

Korruptionsaffäre *f*, n affaire *f* de corruption.

korruptionsanfällig → *korrumpierbar*.

Korruptionsbeauftragte/r (*der/ein*) haut-fonctionnaire *m* en charge des affaires de corruption, anticorruption.

Korruptionsbekämpfung *f*, en lutte *f* contre la corruption, anticorruption.

Korruptionsermittler *m*, - inspecteur *m* de la brigade anticorruption.

Kosmetika *npl* produits *mpl* cosmétiques.

Kost *f*, ø nourriture *f* ; aliments *mpl* ; table *f* ; couvert *m* ; *jdn in ~ nehmen* prendre qqn en pension ; *~ und Logis haben* être nourri logé.

kostbar précieux ; de grande valeur.

kosten 1. coûter ; *es kostet mich eine Menge Geld* cela me coûte un argent fou 2. goûter, déguster qqch.

Kosten *pl* coût *m* ; coûts *mpl* ; dépenses *fpl* ; frais *mpl* ; charges *fpl* **I.** *abzugsfähige ~* frais déductibles ; *außerplanmäßige ~* surcoûts ; *degressive ~* charges dégressives ; *durchschnittliche ~* coût moyen ; charges moyennes ; *durchschnittliche totale ~* coût total moyen ; *durchschnittliche variable ~* coût total variable ; (*in*)*direkte ~* coût (in)direct ; charges (in)directes ; *konstante (fixe) ~* coût fixe ; charges fixes ; *laufende ~* dépenses courantes ; *nicht planbare ~* surcoûts ; charges exceptionnelles ; *planbare ~* coût standard ; *proportionale ~* charges proportionnelles ; *technologische ~* charges technologiques ; *variable ~* charges variables, opérationnelles ; *volkswirtschaftliche (soziale) ~* coût social ; *zusätzliche ~* frais supplémentaires **II.** *abzüglich der ~* déduction faite des coûts ; *auf ~* (+ *G*) à la charge de ; au détriment de ; *alle ~ inbegriffen* tous frais compris ; *auf eigene ~* à ses frais ; *~ zu Lasten* (+ *G*) frais à la charge de ; *nach Abzug der ~* déduction faite des frais ; *zuzüglich der ~* frais en sus ; u *die ~* (*auf jdn*) *ab/wälzen* répercuter le coût (sur qqn) ; *für die ~ auf/kommen* faire face aux frais ; *seine ~ decken* couvrir ses frais ; *~ ein/sparen* faire une économie de coût ; économiser sur les coûts ; *die ~ fest/setzen* fixer le(s) coût(s) ; *die ~ herab/setzen* diminuer les coûts ; *auf seine ~ kommen* rentrer dans ses frais ; *auf jds ~ leben* vivre aux crochets de qqn ; *die ~ tragen* supporter le(s) coût(s) ; *die ~ übernehmen* assumer les frais ; *die ~ veranschlagen* évaluer le(s) coût(s) ; *die ~ vor/schießen* avancer les frais ; → *Anschaffungs-, Entwicklungs-, Fertigungs-, Fest-, Gemein-, Gesamt-, Geschäfts-, Herstellungs-, Ist-, Lohn-, Personal-, Produktions-, Selbst-, Soll-, Stück-, Unterhalts-, Vertriebs-, Werbe-, Werbungskosten*.

Kostenabbau *m*, ø compression *f* des coûts ; diminution *f* du coût.

Kostenabgrenzung *f*, en (*comptab.*) régularisation *f* des charges.

Kostenabrechnungsverfahren *n*, - (*comptab.*) processus *m* de calcul des coûts.

Kostenabschreibung *f*, en (*comptab.*) amortissement *m* des coûts.

Kostenabweichungen *fpl* (*comptab.*) écarts *mpl* sur les coûts préétablis.

Kostenabzug *m*, ¨e (*comptab.*) déduction *f* du coût, des coûts.

Kostenanalyse *f*, n (*comptab.*) analyse *f* des coûts, des charges ; *~ in Abhängigkeit vom Beschäftigungsgrad* analyse des charges en fonction de l'activité de l'entreprise.

Kostenänderung *f*, en (*comptab.*) modification *f* des coûts.

Kostenanschlag *m*, ¨e → *Kostenvoranschlag*.

Kostenanstieg *m*, e augmentation *f* des coûts.

Kostenanteil *m*, e (*comptab.*) part *f* d'un élément de coût au coût total.

Kostenarten *fpl* (*comptab.*) coûts *mpl* ; charges *fpl* par nature ; catégories *fpl* de coûts, de charges.

Kostenartenrechnung *f*, en (*comptab.*) calcul *m* des coûts par nature ; classification *f* des charges selon leur nature économique (amortissement, frais de personnel, frais de la consommation intermédiaire, etc.) ; *die ~ erfasst alle Kosten der Abrechnungsperiode* le calcul des coûts par nature englobe tous les coûts de la période comptable.

Kostenaufbau *m*, ø (*comptab.*) structure *f* des coûts.

Kostenaufschlüsselung *f*, en (*comptab.*) ventilation *f* des coûts ; répartition *f* des frais ; imputation *f* des charges aux coûts de revient.

Kostenaufstellung *f*, en (*comptab.*) établissement *m* des frais.

Kostenaufteilung *f*, en → *Kostenaufschlüsselung*.

Kostenaufwand *m*, -wendungen (*comptab.*) charges *fpl* ; frais *mpl* ; dépenses *fpl* ; coût financier *f* ; *bei einem ~ von...* € moyennant une dépense de... €.

kostenaufwendig coûteux ; onéreux ; générateur de coûts.

kostenbedingt induit par le coût ; afférent aux coûts ; dépendant du coût.

Kostenbeitrag *m*, ¨e contribution *f*, participation *f* aux frais.

Kostenbelastung *f*, en charge *f* financière.

Kostenberechnung *f*, en (*comptab.*) calcul *m* des coûts ; décompte *m* des frais, des charges.

Kostenbestandteil *m*, e (*comptab.*) partie *f* des frais ; élément *m* du coût.

Kostenbeteiligung *f*, en participation *f* aux frais.

kostenbewusst : *sich ~ verhalten* tenir compte du coût ; se comporter en fonction du coût ; être attentif à la dépense.

Kostenbremse *f*, n : *die ~ an/ziehen* freiner les dépenses.

kostendämpfend → *kostensenkend*.

Kostendämpfung *f*, en → *Kostensenkung*.

kostendeckend : *~ arbeiten* travailler de façon rentable ; rentabiliser son travail.

Kostendeckung *f*, en couverture *f* des frais.

Kostendeckungspunkt *m*, e point *m* de couverture des frais (*syn.* Break-even-Point, Rentabilitätsschwelle).

Kostendegression *f*, en dégressivité *f* des coûts ; économie *f* d'échelle ; → *Fixkostendegression* ; *Skalenwirtschaft*.

Kostendifferenz *f*, en (*comptab.*) différence *f* de(s) coût(s).

Kostendisziplin *f*, ø discipline *f* des coûts.

Kostendruck *m*, ø pression *f* des coûts.

Kostendynamik *f*, ø (*comptab.*) variabilité *f* des charges.

kosteneffizient : *~ sein* être un facteur de baisse du coût, des coûts.

Kosteneinsparungen *fpl* économies *fpl* de coûts.

Kosteneintreibung *f*, en recouvrement *m* des frais.

Kostenentlastung *f*, en décharge *f* des frais ; allégement *m* des coûts.

Kostenentwicklung *f*, en évolution *f* des coûts.

Kostenerfassung *f*, en (*comptab.*) détermination *f* des coûts.

Kostenerhöhung *f*, en relèvement *m*, augmentation *f* des coûts.

Kostenermittlung *f*, en → *Kostenerfassung*.

Kostenersatz *m*, ø → *Kostenerstattung*.

Kostenersparnis *f*, se économies *fpl* de coût(s).

Kostenerstattung *f*, en remboursement *m* des frais.

Kostenexplosion *f*, en explosion *f* des coûts ; montée *f* en flèche des charges.

Kostenfaktor *m*, en (*comptab.*) facteur *m* (de) coûts.

Kostenfalle *f*, n attrape-nigaud *m* financier ; chausse-trape *f* pécuniaire ; (*fam.*) piège *m* à fric.

Kostenfestsetzung *f*, en (*comptab.*) fixation *f*, établissement *m* des frais.

Kostenfrage *f* : *das ist eine ~* c'est une question de coût.

kostenfrei → *kostenlos*.

Kostenfreiheit *f*, en exemption *f* de frais ; exonération *f*.

Kostengefüge *n*, ø → *Kostenaufbau*.

kostengerecht conforme aux frais à engager.

Kostengrenze *f,* **n** limite *f* de coût ; *obere, untere* ~ coût-plafond, coût-plancher ; *eine obere* ~ *fest/setzen* fixer une limite supérieure de coût ; déterminer un coût-plafond.
Kostengründe : *aus* ~*n* en raison du coût (élevé) ; pour des raisons de coût.
kostengünstig avantageux ; rentable ; économique.
Kostenherabsetzung *f,* **en** → *Kostensenkung.*
Kostenhöhe *f,* **n** niveau *m,* hauteur *f* des coûts.
Kosteninflation *f,* **en** inflation *f* par les coûts.
kostenintensiv à coefficient de coût élevé ; générateur de coûts ; coûteux.
Kostenkalkulation *f,* **en** → *Kostenberechnung.*
Kostenkurve *f,* **n** (*comptab.*) courbe *f* des coûts ; *kurzfristige, langfristige* ~ courbe de coût à court, à long terme.
Kostenlage *f,* **n** situation *f* des coûts.
Kostenlawine *f,* **n** avalanche *f* des frais ; croissance *f* démesurée des coûts.
kostenlos gratuit ; à titre gracieux ; sans frais ; exempt de frais.
Kostenmanagement *n,* **s** gestion *f* des coûts.
kostenmäßig en termes de coûts.
Kostenminderung *f,* **en** → *Kostensenkung.*
Kostenminimierung *f,* **en** minimisation *f* des frais.
Kostennachweis *m,* **e** justificatif *m* de frais ; justificatif d'un coût.
kostenneutral sans majoration de coût ; ~ *sein* ne pas avoir d'incidence sur le coût ; être sans effet sur les coûts.
Kostennormativ *n,* **e** (*comptab.*) coût *m* standard.
Kosten-Nutzen-Analyse *f,* **n** (*comptab.*) analyse *f* des coûts et profits ; étude *f* de coût-efficacité ; analyse *f* avantage-coût (*syn. Cost-Benefit-Analyse*).
Kosten-Nutzen-Rechnung *f,* **en** (*comptab.*) calcul *n* des coûts et profits.
Kostenobergrenze *f,* **n** limite *f* supérieure des coûts ; coût-plafond *m.*
kostenoptimal : *etw* ~ *berechnen* calculer qqch au coût optimal, au meilleur coût.
Kostenpauschale *f,* **n** (*fisc*) indemnité *f* forfaitaire de représentation (non imposable).

kostenpflichtig payant ; tenu de payer des frais ; assujetti aux dépens ; ~*e Verwarnung* amende *f.*
Kostenplanung *f,* **en** (*comptab.*) prévisions *fpl* de charges.
Kostenpreis *m,* **e** prix *m* de revient ; prix coûtant *m* (*syn. Selbstkostenpreis*).
Kostenpunkt *m,* **e** (*comptab.*) poste *m* de coûts ; facteur *m* de coût.
Kostenrechner *m,* **-** (*comptab.*) analyste *m* de coûts ; comptable *m* de gestion.
Kostenrechnung *f,* **en** (*comptab.*) comptabilité *f* analytique, industrielle ; calcul *m* des coûts de revient ; compte *m* de frais (moyen de gestion reposant sur le calcul des coûts à tous les stades du processus de production) ; → *Kalkulation* ; *Ist-Kosten.*
Kostenremanenz *f,* **en** (*comptab.*) rémanence *f* des coûts.
Kostensatz *m,* ¨**e** (*comptab.*) pourcentage *m* des frais généraux.
Kostenschere *f,* **n** fourchette *f* de coûts ; *die* ~ *öffnet sich, schließt sich* la fourchette de coût s'élargit, se resserre.
Kostenschnitte *mpl* amputation *f* des coûts ; économies *fpl* (drastiques) de coûts ; réduction *f* des dépenses.
Kostenschub *m,* ¨**e** augmentation *f,* poussée *f* des coûts.
kostenschwer à grands frais ; qui entraîne des frais importants.
kostensenkend entraînant une diminution des frais ; ~ *wirken* avoir un effet réducteur de coût ; réduire les coûts.
Kostensenkung *f,* **en** diminution *f* des frais ; réduction *f* des coûts.
Kosten-Sharing *n,* **s** → *Kostenteilung.*
Kostenspaltung *f,* **en** (*comptab.*) fractionnement *m* des charges ;
kostensparend économique ; qui évite des frais.
Kostenspirale *f,* **n** spirale *f* des coûts.
Kostensprung *f,* ¨**e** (*comptab.*) variation *f* des charges fixes par paliers.
Kostensteigerung *f,* **en** → *Kostenerhöhung.*
Kostenstelle *f,* **n** (*comptab.*) centre *m* de coûts ; centre d'analyse comptable ; poste *m* du prix de revient.
Kostenstellenrechnung *f,* **en** (*comptab.*) comptabilisation *f* par centres de coûts.

kostenteilig à frais partagés ; coûts à partager.
Kostenteilung *f,* en partage *m* des frais ; répartition *f* des coûts.
kostenträchtig générateur de coût ; coûteux ; onéreux.
Kostenträger *m,* - **1.** celui qui supporte les frais **2.** bien *m* ou service *m* supportant les coûts.
Kostenträgerrechnung *f,* en (*comptab.*) imputation *f* des charges aux coûts des biens et services ; calcul *m* des coûts par poste de production ou de prestation.
Kostenträgerstückrechnung *f,* en (*comptab.*) calcul *m* du coût unitaire (de production ou de commercialisation d'un produit ou d'une prestation) par poste.
Kostenträgerzeitrechnung *f,* en (*comptab.*) calcul *m* des coûts afférents à une production ou de prestation pour une période déterminée.
kostentreibend facteur de hausse des coûts ; générateur de coûts ; coûteux ; onéreux ; ~*e Inflation* inflation *f* par les coûts.
Kostenüberdeckung *f,* en (*comptab.*) économie *f* réalisée sur les coûts prévisionnels, sur les coûts budgétés.
Kostenüberhöhung *f,* en (*comptab.*) surcoût.
Kostenübernahme *f,* n prise *f* en charge (sécurité sociale, par ex).
Kostenüberschlag *m,* ¨e aperçu *m* des frais ; devis *m* estimatif.
Kostenumlegung *f,* en (*comptab.*) affectation *f* des coûts ; ventilation *f* des coûts.
Kosten- und Ertragslage *f,* n (*comptab.*) situation *f* des coûts et recettes.
Kosten und Fracht *pl* (*clauses Incoterms*) coût *m* et fret *m* ; C et F.
Kostenunterdeckung *f,* en (*comptab.*) écart *m* de coût (coût réel plus élevé que le coût standard).
Kostenverbrauch *m,* ø (*comptab.*) consommation *f* des coûts ; absorption *f* des coûts.
Kostenverfolgung *f,* en (*comptab.*) suivi *m* des coûts ; *die ~ übernehmen* assurer le suivi des coûts.
Kostenvergleichsrechnung *f,* en (*comptab.*) calcul *m* comparatif des coûts (il détermine le choix de l'investissement le plus favorable).
Kostenverlauf *m,* ø → *Kostenentwicklung.*

Kostenverrechnung *f,* en (*comptab.*) affectation *f,* imputation *f* des charges.
Kostenverringerung *f,* en → *Kostensenkung.*
Kostenverteilung *f,* en → *Kostenaufschlüsselung.*
Kostenverzehr *m,* ø → *Kostenverbrauch.*
Kostenvoranschlag *m,* ¨e devis *m* estimatif ; évaluation *f* des frais ; *einen ~ machen* établir un devis.
Kostenvorausrechnung *f,* en (*comptab.*) prévisions *fpl* de(s) charges.
Kostenvorlauf *m,* ¨e (*comptab.*) coûts *mpl* initiaux.
Kostenvorschuss *m,* ¨e (*comptab.*) provision *f* ; avance *f* des (sur) frais.
Kostenvorteil *m,* e avantage *m* financier (dû à un coût moins élevé).
Kostenwelle *f,* n déferlement *m* de(s) frais ; avalanche *f* de(s) dépenses.
Kostenwert *m,* ø (*comptab.*) prix *m* de revient ; montant *m* des coûts.
Kostenwettbewerb *m,* e concurrence *f* par les coûts.
kostenwirksam rentable ; avantageux.
Kostenwirksamkeit *f,* ø rentabilité *f* ; coût-efficacité *m.*
Kostenzunahme *f,* n → *Kostenerhöhung.*
Kostenzurechnung *f,* en → *Kostenverrechnung.*
Kostenzuschuss *m,* ¨e allocation *f* ; subsides *mpl* ; aide *f* financière ; avance *f* sur frais.
Kostgänger *m,* - pensionnaire *m.*
Kostgeld *n,* ø argent *m* pour vivre ; argent du ménage ; moyens *mpl* de subsistance.
kostspielig coûteux, onéreux (*syn. teuer*).
Kost und Logis: gîte *m* et couvert *m* ; *~ erhalten* avoir le gîte et le couvert ; être nourri logé.
kotieren coter (*syn. notieren*).
Kotierung *f,* en (*bourse*) cotation *f* ; *zur ~ zugelassen werden* être admis à la cote officielle.
Krach *m,* (¨e) (*bourse*) krach *m* ; effondrement *m* des cours (*syn. Crash*) ; (*conflit*) dispute *f.*
kraft : (*jur.*) *~ des Gesetzes* en vertu de la loi ; *~ seines Amtes* en vertu de sa fonction, de sa charge
-kraft (*suffixe*) capacité *f* ; *Finanz~* capacité financière.

Kraft *f,* ¨e **1.** employé(e) *m* (*f*) ; personnel *m* ; *qualifizierte* ~ employé(e) qualifié(e) ; collaborateur *m* compétent ; *teilbeschäftigte* ~¨e personnels employés à temps partiel ; *vollbeschäftigte* ~¨e employés à plein temps ; *weibliche* ~¨e *ein/stellen* engager du personnel féminin **2.** ø (*jur.*) force *f* ; vigueur *f* ; effet *m* ; *ein Gesetz außer* ~ *setzen* abroger une loi ; *in* ~ *setzen* mettre en vigueur, en application ; *außer* ~ *treten* ne plus être en vigueur ; devenir caduc ; *in* ~ *treten* entrer en vigueur **3.** (*technique*) puissance *f*.

Kraftanstrengung *f,* en efforts *mpl*.

Kraftaufwand *m,* ø dépense *f* d'énergie.

Kräfteangebot *n,* e offre *f* de main-d'œuvre.

Kräftebedarf *m,* ø besoins *mpl* de personnel ; besoins en main-d'œuvre.

Kräftegleichgewicht *n,* e (*polit.*) équilibre *m* des forces (en présence).

Kräfteknappheit *f,* en pénurie *f* de personnel ; raréfaction *f* de la main-d'œuvre.

Kräftemangel *m,* ø → *Kräfteknappheit*.

Kräftenachfrage *f,* n demande *f* de main-d'œuvre.

Kräfteverhältnis *n,* se (*polit.*) rapport *m* de forces.

Kraftfahrer *m,* - automobiliste *m*.

Kraftfahrzeug *n,* e véhicule *m* ; automobile *f* ; auto *f* ; → *Kfz*.

Kraftfahrzeugbestand *m,* ¨e parc *m* roulant.

Kraftfahrzeugbrief *m,* e carte *f* grise.

Kraftfahrzeugschein *m,* e → *Kraftfahrzeugbrief*.

Kraftfahrzeugsteuer *f,* n → *Kfz-Steuer*.

Kraftfahrzeugversicherung *f,* en → *Kfz-Versicherung*.

kraftlos (*jur.*) nul ; invalide ; *für* ~ *erklären* annuler ; invalider.

Kraftloserklärung *f,* (en) (*jur.*) abrogation *f* (décret, loi) : annulation *f* ; invalidation *f* ; déclaration *f* de nullité.

Kraftprobe *f,* n épreuve *f* de force ; tour *m* de force.

Kraftquelle *f,* n source *f* d'énergie.

Kraftstoff *m,* e carburant *m* ; essence *f* (*syn. Treibstoff* ; *Benzin*).

kraftstoffsparend qui économise du carburant.

Kraftstoffverbrauch *m,* ø consommation *f* de carburant.

Kraftverkehr *m,* ø trafic *m* motorisé ; transport *m* routier.

Kraftverkehrsunternehmen *n,* - entreprise *f* de transport routier.

Kraftwagenbestand *m,* ¨e → *Kraftfahrzeugbestand*.

Kraftwerk *n,* e centrale *f* (électrique, nucléaire).

Kraftwerkbestand *m,* ¨e parc *m* de centrales (nucléaires).

Kragen *m,* - col *m* (de chemise) ; *die weißen* ~ cols *mpl* blancs ; employés *mpl* de bureau.

Krämer *m,* - (*péj.*) épicier *m* ; boutiquier *m*.

Krämergeist *m,* ø (*péj.*) esprit *m* mercantile ; mentalité *f* d'épicier.

Kramladen *m,* ¨ (*arch.*) alimentation *f* générale ; bazar *m*.

Kranich *m,* e (*aviation*) grue *f* (oiseau migrateur symbole de la Lufthansa).

krank malade.

Krankenanstalt *f,* en établissement *m* hospitalier.

Krankengeld *n,* er allocation *f,* prestation *f* de maladie ; indemnités *fpl* journalières.

Krankenhaus *n,* ¨er hôpital *m* ; *akademisches Lehr*~ C.H.U. *m* (centre *m* hospitalier universitaire).

Krankenhausaufenthalt *m,* e séjour *m* en hôpital ; hospitalisation *f*.

Krankenhauseinweisung *f,* en hospitalisation *f* ; admission *f* à l'hôpital.

Krankenhauskosten *pl* frais *mpl* d'hospitalisation.

Krankenhauspauschale *f,* en forfait *m* hospitalier.

Krankenhauspflegesatz *m,* ¨e taux *m* de la journée d'hospitalisation.

Krankenkasse *f,* n caisse-maladie *f* ; caisse *f* d'assurance-maladie.

Krankenpflegeberuf *m,* e métier *m* d'aide-soignant ; profession *f* d'assistance aux malades ; auxiliaire *m/f* de vie ; ~e personnel *m* soignant.

Krankenpfleger *m,* - membre *m* du personnel soignant ; aide-soignant *m* ; garde-malade *m*.

Krankenschein *m,* e feuille *f* de maladie.

Krankenscheinheft *n,* e carnet *m* de feuilles de maladies.

Krankenschwester *f,* n infirmière *f*.

Krankenstand *m*, ø absentéisme *m* ; taux *m* d'absences pour cause de maladie.

Krankentagegeldversicherung *f*, en indemnité *f* journalière de maladie (versée par l'assurance).

krankenversichern (*sich*) (s')assurer contre la maladie ; prendre une assurance-maladie.

Krankenversichertenkarte *f*, n carte *f* d'assuré social ; carte d'affiliation à une caisse d'assurance-maladie.

Krankenversicherte/r (*der/ein*) assuré-maladie *m*.

Krankenversicherung *f*, en 1. assurance-maladie *f* ; *gesetzliche* ~ assurance-maladie obligatoire ; *private* ~ assurance-maladie privée 2. organisme *m*, caisse *f* d'assurance-maladie.

Krankenversicherungsnachweis *m*, e attestation *f* d'assuré social.

krankenversicherungspflichtig assujetti à l'assurance-maladie obligatoire.

krank/feiern 1. être absent au/du travail ; être malade 2. prétexter une maladie ; avoir une maladie diplomatique.

Krankfeiern *n*, ø absentéisme *m* pour cause de maladie (souvent diplomatique).

krankgemeldet porté malade ; (*fam.*) porté pâle.

krankgeschrieben (*sein*) (être) porté malade.

Krankheit *f*, en maladie *f*.

krankheitsanfällig : ~ *sein* être sujet aux maladies ; tomber facilement malade.

krankheitsbedingt : ~*e Fehlzeiten* (*Ausfallzeiten*) absentéisme *m* lié à la maladie ; heures *fpl* non effectuées pour cause de maladie.

Krankheitsbescheinigung *f*, en certificat *m* de maladie.

krankheitshalber pour cause de maladie.

Krankheitsrente *f*, n rente *f* servie pour incapacité de travail consécutive à une maladie ; pension *f* d'invalidité-maladie.

Krankheitsurlaub *m*, e congé *m* de maladie.

krank/melden : *sich* ~ se faire porter malade.

Krankmeldung *f*, en certificat *m* de maladie ; arrêt *m* de travail ; arrêt-maladie *m* (adressé à l'employeur) ; déclaration *f* d'incapacité de travail pour cause de maladie.

krank/schreiben, ie ie établir un arrêt de travail.

kreativ créatif ; ~*er Texter* rédacteur *m* publicitaire créatif.

Kreativität *f*, en créativité *f*.

Krebs *m*, e cancer *m*.

krebserregend cancérigène.

krebserzeugend → **krebserregend**.

Krebsforschung *f*, en cancérologie *f*.

Krebsfrüherkennung *f*, en → **Krebsvorsorge**.

Krebsvorsorge *f*, ø mesures *fpl* de dépistage systématique du cancer.

Kredit- (*préfixe*) de crédit, de prêt ; (*souvent interchangeable avec* → **Darlehens-**).

Kredit *m*, e 1. crédit *m* ; prêt *m* ; emprunt *m* ; avance *f* **I.** (*nicht*) *beanspruchter* ~ crédit (non) utilisé ; *billiger* ~ crédit bon marché ; *gedeckter* ~ crédit garanti, sur garantie ; *kommerzieller* ~ crédit commercial ; *kündbarer* ~ crédit résiliable ; *kurz-, mittel-, langfristiger* ~ crédit à court, moyen, long terme ; *laufender* ~ crédit ouvert, permanent ; *öffentlicher* ~ crédit public ; *privater* ~ crédit privé ; *verzinslicher* ~ crédit productif d'intérêts ; *revolvierender* ~ crédit revolving ; *zinsloser* ~ crédit sans intérêt ; *zinsverbilligter* ~ crédit à faible taux d'intérêt ; *zinsvergünstigter* ~ crédit bonifié **II.** *einen* ~ *auf/nehmen* recourir à un crédit ; *einen* ~ *beantragen* solliciter un crédit ; *einen* ~ *bewilligen* (*gewähren, ein/räumen*) accorder, octroyer un crédit ; *einen* ~ *erhalten* obtenir un crédit ; *einen* ~ *eröffnen* ouvrir un crédit ; *auf* ~ *kaufen* acheter à crédit ; *einen* ~ *in Anspruch nehmen* recourir à un crédit ; *einen* ~ *tilgen* (*zurück/zahlen*) rembourser un crédit **III.** *ein* ~ (*in Höhe*) *von* un crédit (d'un montant) de ; *Gewährung eines* ~*s* octroi *m* d'un crédit ; *Beanspruchung eines* ~*s* utilisation *f* d'un crédit **2.** (*fig.*) crédit *m* ; réputation *f* ; honorabilité *f* ; → **Darlehen** ; *Anlage-, Bank-, Betriebs-, Kassen-, Konsum-, Konsumenten-, Kunden-, Lieferanten-, Real-, Revolving-, Sach-, Teilzahlungs-, Überbrückungs-, Überziehungs-, Waren-, Zwischenkredit*.

Kreditabkommen *n*, - contrat *m* de crédit, de prêt, d'emprunt.

Kreditabsicherung *f*, en garantie *f* de crédit, de prêt.

Kreditabteilung *f*, en service *m* des crédits, des prêts.

Kreditakte *f,* **n** dossier *m* de crédit.
Kreditaktivität *f,* **en** activité *f* de crédit, de prêt.
Kreditanstalt *f,* **en** → *Kreditinstitut*.
Kreditantrag *m,* ¨e demande *f* de crédit, de prêt.
Kreditanteil *m,* e part *f* des crédits.
Kreditaufnahme *f,* **n** prise *f* de crédit, de prêt ; emprunt *m.*
Kreditauskunftei *f,* **en** société *f* de renseignements commerciaux.
Kreditausschuss *m,* ¨e comité *m,* commission *f* de crédit, de prêt.
Kreditausweitung *f,* **en** desserrement *m* du crédit ; élargissement *m* du crédit ; développement *m* du crédit.
Kreditbank *f,* **en** banque *f* de crédit, de prêts ; établissement *m* de crédit.
Kreditbeanspruchung *f,* **en** recours *m* au crédit ; utilisation *f* d'un emprunt.
Kreditbegrenzung *f,* **en** encadrement *m* du crédit ; limitation *f* des prêts.
Kreditbeschaffung *f,* **en** obtention *f* de crédit, de prêt ; *Erschwerung der ~* resserrement *m* du crédit.
Kreditbeschränkung *f,* **en** → *Kreditbegrenzung*.
Kreditbetrag *m,* ¨e montant *m* du crédit, du prêt.
Kreditbewilligung *f,* **en** → *Kreditgewährung*.
Kreditbewirtschaftung *f,* **(en)** encadrement *m* du crédit, du prêt.
Kreditbremse *f,* **n** coup de frein *m* donné au crédit ; resserrement *m* du crédit.
Kreditbrief *m,* e lettre *f* de crédit ; accréditif *m.*
Kreditbriefaussteller *m,* - accréditeur *m* ; émetteur *m* d'une lettre de crédit.
Kreditbriefinhaber *m,* - accrédité *m.*
Kreditbürgschaft *f,* **en** cautionnement *m* d'un crédit.
Kreditbüro *n,* s **1.** service *m* des crédits (d'un institut financier) **2.** service-crédit *m* d'un grand magasin.
Kreditdrosselung *f,* **en** → *Kreditbegrenzung*.
Krediteinräumung *f,* **en** → *Kreditgewährung*.
Krediterhöhung *f,* **en** relèvement *m* du plafond du crédit, du prêt.
Krediterleichterung *f,* **en** facilités *fpl* de crédit, de prêt.
Krediteröffnung *f,* **en** ouverture *f* de (d'un) crédit.

kreditfähig solvable ; solide.
Kreditfähigkeit *f,* **(en)** solvabilité *f* ; fiabilité *f* commerciale ; capacité *f* d'emprunter.
kreditfinanziert financé par un crédit, par un emprunt.
Kreditfinanzierung *f,* **en** financement *m* par le crédit ; financement par des capitaux extérieurs.
Kreditgarantiegemeinschaft *f,* **en** mutuelle *f* de garantie de crédit.
Kreditgeber *m,* - prêteur *m* ; bailleur *m* de fonds ; créancier *m* ; organisme *m* prêteur *(syn. Gläubiger ; contr. Kreditnehmer, Schuldner).*
Kreditgeld *n,* er monnaie *f* scripturale *(syn. Buchgeld).*
Kreditgenossenschaft *f,* **en** société *f* de crédit mutuel ; crédit *m* mutuel ; coopérative *f* de crédit.
Kreditgeschäft *n,* e **1.** crédit *m* **2.** opération *f* de (à) crédit, de prêt ; achat *m* à crédit.
Kreditgewährung *f,* **en** octroi *m* de crédit ; attribution *f* de crédit ; prêt *m.*
Kreditgewerbe *n,* - crédit *m* (activité) ; les professionnels *mpl* du crédit ; instituts *mpl* financiers ; professions *fpl* bancaires ; système bancaire *m.*
Kreditgläubiger *m,* - → *Kreditgeber*.
Kreditgrenze *f,* **n** plafond *m* du crédit, du prêt.
Kredithahn *m,* ¨e robinet *m* du crédit ; *den ~ zu/drehen* fermer le robinet du crédit ; couper les crédits, les vivres.
Kredithai *m,* e *(fam.)* requin *m,* profiteur *m* du crédit ; usurier *m* ; prêteur *m* malhonnête.
kreditieren créditer ; *jdm eine Summe ~* créditer une somme à qqn.
Kreditierung *f,* **en** inscription *f* au crédit ; fait *m* de créditer.
Kreditinanspruchnahme *f,* **n** → *Kreditbeanspruchung*.
Kreditinstitut *n,* e institut *m,* établissement *m* de crédit *(syn. Bank ; Geldinstitut).*
Kreditkarte *f,* **n** carte *f* bancaire (CB) ; carte de crédit.
Kreditkauf *m,* ¨e vente *f* à crédit ; achat *m* à terme *(syn. Ratenkauf).*
Kreditknappheit *f,* **en** pénurie *f* de crédit ; raréfaction *f* du crédit.
Kreditkontingentierung *f,* **en** contingentement *m* du crédit.
Kreditkosten *pl* coût *m* du crédit, du prêt ; coût du loyer de l'argent.

Kreditlaufzeit *f,* en durée *f* d'un crédit, d'un prêt.
Kreditlenkung *f,* en contrôle *m* du crédit ; dirigisme *m* en matière de crédit.
Kreditlimit *n,* s plafond *m* du crédit ; limites *fpl* du crédit.
Kreditlinie *f,* n ligne *f* de crédit ; limite *f* de crédit (accordé par une banque).
Kreditlockerung *f,* en desserrement *m* du crédit.
Kreditmarkt *m,* ¨e marché *m* des crédits (à court, moyen et long terme).
Kreditmittel *npl* crédits *mpl* ; moyens *mpl* financiers ; fonds *mpl* ; fonds *mpl* empruntés.
Kreditnehmer *m,* - emprunteur *m* ; bénéficiaire *m* d'un prêt (*syn, Schuldner* ; *contr. Kreditgeber, Gläubiger*).
Kreditor *m,* en (*Autriche*) créancier *m* ; créditeur *m*.
Kreditorenauszug *m,* ¨e extrait *m,* relevé *m* de comptes créditeurs.
Kreditorenkonto *n,* -ten compte *m* des créances, des fournisseurs.
Kreditorenposten *m,* - poste *m* créditeur.
Kreditpapier *n,* e titre *m* de crédit.
Kreditplafond *m,* s → *Kreditlimit.*
Kreditpolitik *f,* ø politique *f* du crédit.
kreditpolitisch concernant la politique du crédit ; *~e Maßnahmen* politique *f* de désencadrement du crédit.
Kreditpreis *m,* e prix *m* du crédit ; prix du loyer de l'argent.
Kreditprovision *f,* en commission *f* de crédit.
Kreditrestriktionen *fpl* → *Kreditbegrenzung.*
Kreditrückzahlung *f,* en remboursement *m* d'un crédit, d'un prêt, d'un emprunt ; *vorzeitige ~* remboursement anticipé du crédit.
Kreditsaldo *m,* -den solde *m* créditeur.
Kreditschöpfung *f,* en création *f* de crédit.
Kreditseite *f,* n colonne-crédit *f* d'un compte ; crédit-avoir *m.*
Kreditsperre *f,* n blocage *m* des crédits, des prêts.
Kreditsystem *n,* e régime *m* des crédits ; organisation *f* du crédit.
Kredittilgung *f,* en → *Kreditrückzahlung.*

Kreditüberschreitung *f,* en → *Kreditüberziehung.*
Kreditüberziehung *f,* en dépassement *m* de crédit, de prêt.
Kreditumfang *m,* ø volume *m* du crédit, importance *f* du prêt.
kreditunfähig insolvable.
Kreditunterlagen *fpl* dossier *m* d'ouverture d'un crédit ; pièces *fpl* à fournir pour l'ouverture d'un prêt.
Kreditvergabe *f,* n → *Kreditgewährung.*
Kreditverkehr *m,* ø opérations *fpl* de crédit, de prêt.
Kreditverknappung *f,* en resserrement *m,* raréfaction *f* du crédit.
Kreditverlängerung *f,* en prolongation *f* du crédit.
Kreditvermittlungsbüro *n,* s agence *f* de crédit, de prêts.
Kreditversicherer *m,* - (*assur.*) compagnie *f* d'assurance-crédit.
Kreditversicherung *f,* en (*assur.*) assurance-crédit *f* ; assurance garantissant le remboursement des crédits ; assurance « risques divers » (cartes bancaires, découverts, insolvabilité, malversation, etc.).
Kreditverteuerung *f,* en renchérissement *m* du crédit ; prêt *m* plus cher.
Kreditvolumen *n,* -/mina volume *m* du crédit ; importance *f* des prêts.
Kreditwechsel *m,* - traite *f* tirée en garantie d'un crédit.
Kreditwesen *n,* ø → *Kreditsystem.*
Kreditwirtschaft *f,* ø → *Kreditsystem.*
kreditwürdig solvable ; digne de crédit.
Kreditwürdigkeit *f,* ø solvabilité *f* ; solidité *f* commerciale ; notoriété *f* ; → *Bonität* ; *Schufa.*
Kreditzinsen *mpl* intérêts *mpl* créditeurs.
Kreditzinssatz *m,* ¨e taux *m* du crédit, du prêt.
Kreditzusage *f,* n promesse *f* de crédit ; accord *m* de prêt.
Kreditzuteilung *f,* en attribution *f* de crédit, de prêt.
Kreide *f,* n craie *f* ; *bei jdm in der ~ stehen* avoir des dettes, une ardoise auprès de qqn.
Kreis *m,* e 1. cercle *m* ; *~e* milieux *mpl* ; *informierte* (*gut unterrichtete*) *~e* milieux bien informés 2. district *m* ; canton *m* ; arrondissement *m* ; circonscrip-

tion *f* administrative ; *schwarzer, weißer* ~ zone *f* à loyer bloqué, à loyer libre.
Kreisamt *n,* ¨er service *m* administratif d'un « Kreis ».
Kreiselstreik *m,* s grève *f* tournante.
Kreislauf *m,* ¨e circuit *m* ; cycle *m* ; mouvement *m* cyclique ; *wirtschaftlicher* ~ circuit *m* économique ; ~ *des Kapitals* circuit du capital.
Kreislaufwirtschaft *f,* en (*environnement*) économie *f* de/du recyclage
Kreislaufwirtschafts- und Abfallgesetz *n,* ø (*environnement*) économie *f* du recyclage et de la gestion des déchets.
Kreissparkasse *f,* n caisse *f* d'épargne de district, de « Kreis ».
Kreisstadt *f,* ¨e chef-lieu *m* d'un « Kreis » ; chef-lieu de canton, de district, d'une circonscription administrative.
Kreisverkehr *m,* ø sens *m* giratoire.
Kreisverwaltung *f,* en administration *f* d'un « Kreis ».
Kreuzbandsendung *f,* en envoi *m* sous bande.
Kreuzfahrer *m,* - participant *m* à une croisière.
Kreuzfahrt *f,* en croisière *f.*
Kreuzfahrtreederei *f,* en compagnie *f* d'armement de navires de croisière.
Kreuzfahrtschiff *n,* e navire *m* de croisière ; paquebot *m.*
Kreuzkurs *m,* e taux *m* croisé (taux d'échange entre deux monnaies).
Kreuzpreiselastizität *f,* ø (*commerce*) élasticité *f* croisée ; ~ *der Nachfrage* élasticité croisée de la demande.
Kreuzpreisvergleich *m,* e comparaison *f* croisée des prix.
Kreuzverhör *m,* e (*jur.*) interrogatoire *m* contradictoire (témoins interrogés par l'avocat général, les experts et les avocats).
Krieg *m,* e guerre *f* ; (hist.) *kalter* ~ guerre froide ; *Wirtschafts*~ guerre économique.
kriegen (*fam.*) avoir ; recevoir ; obtenir ; *Arbeitslosengeld* ~ toucher une allocation de chômage.
Kriegsanleihe *f,* n emprunt *m* de guerre.
Kriegsgewinn *m,* e profit *m* de guerre.
Kriegsgewinnler *m,* - profiteur *m* de guerre.
Kriegshinterbliebene/r (*der/ein*) veuve *f* de guerre ; pupille *m* de la nation.

Kriegsopfer *n,* - victime *f* de guerre.
Kriegsproduktion *f,* en production *f* de guerre.
Kriegswaffenkontrollgesetz *n,* e loi *f* sur la règlementation du commerce des armes de guerre.
Kriegswirtschaft *f,* en économie *f* de guerre.
Kriminalität *f,* en criminalité *f* ; délinquance *f.*
Kriminalitätsrate *f,* n taux *m* de criminalité, de délinquance.
Krippe *f,* en crèche *f.*
Krippenerzieherin *f,* nen puéricultrice *f* (en crèche).
Krippenkind *n,* er enfant *m* qui va à la crèche.
Krise *f,* n crise *f* ; marasme *m* **I.** *finanzielle* ~ crise financière ; *konjunkturelle* ~ crise conjoncturelle ; *lang anhaltende* ~ crise de longue durée ; *ökologische* ~ crise écologique ; *sektorielle* ~ crise sectorielle ; *soziale* ~ crise sociale ; *wirtschaftliche (ökonomische)* ~ crise économique ; *zyklische (periodische)* ~ crise cyclique **II.** *die* ~ *flaut ab* la crise s'atténue ; *die* ~ *steht bevor* la crise est imminente ; *in eine* ~ *geraten* entrer dans une période de crise ; *in der* ~ *stecken* être en pleine crise ; *eine* ~ *überwinden* sortir d'une crise.
kriselt : *es* ~ une crise se prépare ; *es* ~ *bei der Firma* l'entreprise traverse une (période de) crise.
krisenabhängig tributaire de la crise.
krisenanfällig sensible aux crises ; sujet à, exposé à la crise.
Krisenanfälligkeit *f,* en sensibilité *f* aux crises économiques.
Krisenapparat *m,* e dispositif *m* de crise ; moyens *mpl* mis en œuvre en cas de crise.
Krisenbevorratung *f,* en constitution *f* de réserves en vue d'une crise.
Krisenbranche *f,* n secteur *m* en crise.
krisenempfindlich → *krisenanfällig.*
Krisenerscheinungen *fpl* phénomènes *mpl* de crise.
krisenfest à l'abri des crises ; non touché par la crise.
Krisenfestigkeit *f,* en résistance *f* aux crises économiques.
krisengebeutelt → *krisengeschüttelt.*
Krisengebiet *n,* e région *f* touchée par une crise,

Krisengefahr *f*, **en** menace *f*, danger *m* de crise.
krisengeschüttelt ébranlé, affecté par une crise ; sévèrement touché par une crise (économique).
Krisenhaushalt *m*, **e** budget *m* de crise.
Krisenherd *m*, **e** foyer *m* de crise.
Krisenhort *m*, **e** valeur-refuge *f*.
Krisenkartell *n*, **e** cartel *m* de crise (créé lorsque les ventes sont en régression constante).
Krisenmanagement *n*, **s** gestion *f* de crise ; manière *f* de gérer la crise ; management *m* de crise.
Krisenprogramm *n*, **e** programme *m* de crise.
krisensicher → *krisenfest*.
Krisensituation *f*, **en** situation *f* de crise.
Krisensitzung *f*, **en** séance *f* de crise ; réunion *f* de crise.
Krisenstab *m*, ¨**e** état-major *m* de crise (constitué d'officiels chargés de résoudre des situations conflictuelles).
Krisenstimmung *f*, **en** atmosphère *f*, ambiance *f* de crise.
Krisenzeit *f*, **en** période *f* de crise ; temps *m* de crise.
Krisenzyklus *m*, **-klen** cycle *m* économique de crise.
Kriterium *n*, **-ien** critère *m* ; ~*ien auf/stellen* établir des critères ; *die Maastrichter ~ien erfüllen (ein/halten)* satisfaire aux critères de Maastricht ; respecter les critères de Maastricht ; *etw als ~ nehmen* prendre qqch comme critère.
Kritik *f*, **en** critique *f* ; ~ *üben an* (+ *D*) faire une critique à/de ; critiquer qqch.
Kritiker *m*, **-** critique *m* ; censeur *m*.
kritisieren critiquer ; censurer.
Krone *f*, **(en)** : *(monnaie) dänische, norwegische, schwedische, tschechische ~ couronne f* danoise, norvégienne, suédoise, tchèque.
Kronzeuge *m*, **n n** témoin *m* principal ; témoin capital.
Kronzeugenregelung *f*, **(en)** (*Allemagne*) législation *f* concernant une diminution de peine pour un délinquant qui livrerait le nom d'un complice.
Kröten *fpl* (*fam.*) fric *m* ; oseille *f* ; flouze *m*.
Kryptierung *f*, **en** codage *m*.
Kryptogesetz *n*, **e** loi *f* sur la réglementation du codage des données informatiques.

Kryptographie *f*, **n** cryptographie *f* ; codage *m* de données (*syn. Datenverschlüsselung*).
KSZE *f* (*Konferenz über Sicherheit und Zusammenarbeit in Europa*) O.S.Z.E. *f* (Organisation *f* pour la sécurité et la coopération en Europe issue en 1995 de la C.S.C.E. et des accords d'Helsinki de1975).
Kto. → *Konto*.
KtoNr. → *Kontonummer*.
Kuchen *m*, **-** (*fam.*) gâteau *m* (que l'on se partage entre les partenaires d'une négociation).
Küchenkabinett *n*, **e** (*polit.*) conseillers *mpl* d'un homme politique.
Kuh : (*fam.*) *Zeit der fetten, der mageren ~¨e* période *f* des vaches grasses (prospérité), des vaches maigres (récession) ; *heilige ~¨e schlachten* renoncer à des avantages acquis ; renoncer à des privilèges ; *BSE ~* → *BSE-Kuh*.
Kuhhandel *m*, ø maquignonnage *m* ; marchandage *m* ; *sich auf keinen ~ ein/lassen* ne pas accepter de marchandage, de compromission.
kuhhandeln marchander ; magouiller.
Kühlanlage *f*, **n** dispositif *m* de refroidissement, de réfrigération ; frigorifique *m*.
Kühlcontainer *m*, **-** conteneur *m*, container *m* réfrigéré ; conteneur pour produits surgelés.
Kühlhauslagerung *f*, **en** entrepôt *m* frigorifique.
Kühlraum *m*, ¨**e** chambre *f* froide ; *Kühl- und Gefrierräume* chambres froides et frigorifiques.
Kühlschiff *n*, **e** navire *m* frigorifique.
Kühlschrank *m*, ¨**e** réfrigérateur *m* ; (*fam.*) frigo *m*.
Kühltheke *f*, **n** rayon « froid » ; vitrine *f* réfrigérée (d'un grand magasin).
Kühltruhe *f*, **n** congélateur *m* ; bac *m* à surgelés.
Kühlwagen *m* , **-** wagon *m* frigorifique.
kulant accommodant ; arrangeant ; prévenant ; *~e Preise* prix *mpl* acceptables, abordables.
Kulanz *f*, ø aisance *f* ; facilité *f* ; prévenance *f* ; *jdn mit ~ behandeln* traiter qqn avec largesse et prévenance ; faire une concession en affaires.
Kulanzleistung *f*, **en** prestation *f* gracieuse (au titre du service à la clientèle).

Kulanzrückstellungen *fpl* (*comptab.*) provisions *fpl* pour garanties accordées aux clients.

Kulanzweg *m* : *auf dem ~* à l'amiable ; dans un esprit de conciliation.

Kulisse *f*, **n** (*bourse*) coulisse *f* ; marché *m* libre.

Kultur *f*, **en** 1. culture *f* ; agriculture *f* 2. culture ; civilisation *f*.

Kulturaustausch *m*, ø échange *m* culturel.

Kulturbeilage *f*, **n** (*presse*) supplément *m* culturel (d'un journal).

Kulturboden *m*, ø terre *f* arable, cultivable.

Kulturfläche *f*, **n** surface *f* cultivée.

Kulturgut *n*, ¨er patrimoine *m* culturel.

Kultursponsoring *n*, ø sponsoring *m*, mécénat *m* culturel.

Kultusministerium *n*, **ien** ministère *m* de l'instruction, de la culture, de la jeunesse et des sports.

Kumpel *m*, s/- 1. mineur *m* 2. camarade *m* de travail.

kumulativ cumulatif ; cumulable ; *~e Vorzugsdividenden* dividendes *mpl* prioritaires cumulatifs.

kumulieren cumuler ; accumuler ; *nicht kumulierende Vorzugsaktie* action *f* préférentielle sans droit de vote ; *bei einer Wahl viele Stimmen auf einen Kandidaten ~* rassembler un grand nombre de voix sur un candidat lors d'un scrutin.

Kumulierung *f*, **en** cumul *m*.

kündbar résiliable ; remboursable ; licenciable ; *~es Darlehen* prêt *m* remboursable sur demande ; *~er Vertrag* contrat *m* résiliable ; *als Beamter ist er nicht ~* en tant que fonctionnaire, on ne peut pas le licencier ; (*fam.*) fonctionnaire *m* indéboulonnable.

Kunde *m*, **n**, **n** client *m* ; acheteur *m* ; consommateur *m* ; *die ~n* clients ; clientèle *f* ; *gelegentlicher ~* client occasionnel ; *insolventer ~* client insolvable ; *potenzieller (möglicher) ~* client potentiel ; *ständiger ~* client régulier ; *Dienst am ~n* service *m* à la clientèle ; service après-vente ; *~n werben* recruter, prospecter de nouveaux clients.

Kundenandrang *m*, ø afflux *m* de clients.

Kundenauftrag *f*, ¨e commande *f* de client.

Kundenbefragung *f*, **en** sondage *m* (effectué) auprès de la clientèle ; questionnaire-client *m*.

Kundenbelieferung *f*, **en** livraison *f* du client.

Kundenberater *m*, - conseil(ler) *m* à la clientèle.

Kundenberatung *f*, **en** service *m* clients ; conseil *m* à la clientèle.

Kundenbeschwerde *f*, **n** réclamation *f* de clients ; plainte *f* de la clientèle.

Kundenbestand *m*, ø clientèle *f* (en tant qu'ensemble).

Kundenbesuch *m*, **e** visite *f* des clients ; prospection *f* de la clientèle.

Kundenbetreuer *m*, - (*banque*) chargé *m* de clientèle ; conseiller *m* en placements ; conseiller bancaire ; responsable *m* du suivi client.

Kundenbetreuung *f*, **en** suivi *m* (du) client ; service *m* clients ; après-vente *m*.

Kundenbindung *f*, **en** fidélisation *f* de la clientèle ; *eine größere ~ erreichen* arriver à fidéliser sa clientèle.

Kundenbuch *n*, ¨er grand-livre *m* des clients.

Kundendepositen *npl* (*banque*) dépôts *mpl* de la clientèle.

Kundendienst *m*, **e** service *m* de la clientèle ; service après-vente ; après-vente *m* ; *technischer ~* assistance *f* technique ; → *Service*.

Kundendienstleistungen *fpl* prestations *fpl* du service-clientèle.

Kundendienstnetz *n*, **e** réseau *m* après-vente.

Kundendienstvertrag *m*, ¨e contrat *m* de service-clientèle, de service après-vente.

Kundendienstwerkstatt *f*, ¨en atelier *m* réparation du service après-vente.

Kundeneinlage *f*, **n** dépôt-client *m* ; avoir-client *m* ; apport *m*, mise *f* de fonds *f* de la clientèle.

Kundenfang *m*, ø racolage *m* (de clients) ; chasse *f* aux clients.

Kundenfinanzierung *f*, **en** facilités *fpl* de financement accordées au client ; crédit-clientèle *m*.

Kundenforderung *f*, **en** exigence *f* de la clientèle.

Kundenfreundlichkeit *f*, ø amabilité *f* ; prévenance *f* envers la clientèle ; qualité *f* du service à la clientèle ; politique *f* du client-roi ; *Mitarbeiter auf ~ schulen* former les collaborateurs à l'amabilité envers la clientèle.

Kundengeschäft *n*, e (*bourse*) transaction *f* effectuée pour le compte de clients (*contr. Eigengeschäft*).
Kundengruppe *f*, n → *Kundenschicht*.
Kundenguthaben *n*, - avoirs *mpl* des clients.
kundenindividuell personnalisé.
Kundenkarte *f*, n 1. carte *f* de fidélité ; carte d'acheteur 2. carte de crédit « maison » (propre à une chaîne de magasins).
Kundenkartei *f*, en fichier-clients *m* ; fichier-clientèle *m*.
Kundenkarteiführung *f*, en gestion *f* du fichier-clients.
Kundenkonto *n*, -ten compte-client(s) *m*.
Kundenkredit *m*, e crédit-client *m* ; crédit accordé à la clientèle.
Kundenkreditkarte *f*, n → *Kundenkarte*.
Kundenkreis *m*, e → *Kundschaft*.
Kundenliste *f*, n liste *f* des clients.
Kundennachfrage *f*, n demande *f* des clients.
Kundennummer *f*, n numéro *m* de client ; *die ~ an/geben* indiquer le numéro de client.
Kundenpflege *f*, ø service *m* du/au client ; assistance *f* à la clientèle.
Kundenproduktion *f*, en production *f* sur commande (des clients).
Kundenrabatt *m*, e escompte *m* au client, au consommateur ; rabais-client *m*.
Kundenschicht *f*, en couche *f* de clients.
Kundensegment *n*, e segment *m* de clientèle.
Kundensicht : *aus ~* du point de vue de la clientèle ; du point de vue des consommateurs.
Kundenskonto *m/n*, s/-ti escompte *m* de règlement, accordé.
Kundenstamm *m*, ø clientèle *f* fidèle ; clients *mpl* réguliers ; portefeuille *m* (de) clients.
Kundenverhalten *n*, - comportement *m* de la clientèle.
Kundenverkehr *m*, ø rapports *mpl*, liaisons *fpl* avec la clientèle.
Kundenwerber *m*, - démarcheur *m* ; recruteur *m* de nouveaux clients.
Kundenwerbung *f*, en démarchage *m* ; démarches *fpl* auprès de la clientèle ; prospection *f*, recherche *f* de clientèle.

Kundenwünsche *mpl* desiderata *mpl* de la clientèle ; désirs *mpl* des clients.
Kundenzeitschrift *f*, en magazine *m* d'information de la clientèle.
Kundenzentrum *n*, -tren agence-clientèle.
Kundgebung *f*, en 1. manifestation *f* ; réunion *f* ; meeting *m* ; *eine ~ veranstalten* organiser une manifestation 2. publication *f* ; notification *f*.
kündigen 1. (*jur.*) dénoncer ; résilier ; *einen Vertrag, einen Tarifvertrag ~* dénoncer, résilier un contrat, une convention collective 2. (*travail*) licencier ; congédier ; donner son congé ; débaucher ; *fristlos ~* licencier sans préavis ; *die Firma hat 10 Arbeitern gekündigt* l'entreprise a licencié 10 salariés ; *ihm wurde gekündigt* il a reçu son avis de licenciement 3. (*banque, bourse*) *einen Kredit ~* exiger le remboursement d'un crédit ; *eine Schuldverschreibung ~* rembourser une obligation.
Kündigung *f*, en 1. (*jur.*) résiliation *f* ; dénonciation *f* d'un contrat ; (*location*) *~ wegen Eigenbedarf* congé *m* donné au locataire aux fins de reprise 2. (*travail*) licenciement *m* ; mise *f* à pied ; congé *m* ; préavis *m* ; *fristlose ~* congé sans préavis ; *ordnungsgemäße ~* congé dans les règles ; *ungerechtfertigte ~* licenciement *m* sans motif, non motivé ; rupture *f* abusive de contrat 3. (*banque, bourse*) remboursement *m* ; retrait *m* ; *mit monatlicher ~* avec préavis d'un mois.
Kündigungsabfindung *f*, en → *Kündigungsentschädigung*.
Kündigungsbrief *m*, e (*jur.*) lettre *f* de licenciement.
Kündigungsentschädigung *f*, en (*jur.*) indemnité *f* de licenciement.
Kündigungsfrist *f*, en (*jur.*) préavis *m* ; délai *m* de préavis ; *mit dreimonatiger ~* à trois mois de préavis ; *gesetzliche ~* délai *m* légal de préavis ; *eine ~ ein/halten* observer un délai de préavis.
Kündigungsgelder *npl* (*banque*) dépôts *mpl* en banque à préavis ; dépôts *mpl* assortis d'un préavis de retrait.
Kündigungsgrund *m*, ¨e 1. motif *m* de résiliation, de dénonciation 2. motif de licenciement.
Kündigungsschreiben *n*, - → *Kündigungsbrief*.

Kündigungsschutz *m,* ø (*jur.*) protection *f* contre le licenciement ; mesures *fpl* anti-licenciement ; protection en matière de résiliation de contrat ; → ***Arbeitsrecht*** ; ***Mietvertrag.***
Kündigungsschutzgesetz *n,* e (*jur.*) loi *f* sur le non-licenciement ; loi en matière de protection contre le licenciement.
Kündigungsschutzklage *f,* n (*jur.*) action *f* en justice pour licenciement injustifié, abusif.
Kündigungstermin *m,* e terme *m* de préavis ; délai *m* congé.
Kündigungszustellung *f,* en (*jur.*) notification *f* de licenciement.
Kundin *f,* **nen** cliente *f* ; acheteuse *f* ; consommatrice *f.*
Kundschaft *f,* en clientèle *f* ; clients *mpl* ; *begüterte* (*wohlhabende*) ~ clientèle fortunée ; *örtliche* ~ clientèle locale ; *potenzielle* ~ clientèle potentielle ; *traditionelle* ~ clientèle traditionnelle ; *in unserer* ~ dans notre clientèle ; parmi nos clients ; *die* ~ *beraten* conseiller les clients ; *sich eine* ~ *schaffen* se faire une clientèle ; *die* ~ *zufrieden stellen* satisfaire la clientèle.
künftig futur ; à venir ; *~e Generationen* générations *fpl* futures.
Kungelei *f,* en magouille(s) *f(pl)* ; népotisme *m.*
kungeln magouiller ; faire des magouilles ; truander.
Kunst- (*préfixe*) **1.** artistique **2.** synthétique.
Kunstdünger *m,* - engrais *m* artificiel, chimique.
Kunstfaser *f,* n fibre *f* synthétique, artificielle.
Kunstfehler *m,* - erreur *f* médicale ; *das Opfer eines ~s sein* être victime d'une erreur médicale.
Kunstgegenstand *m,* ¨e objet *m* d'art.
Kunstgewerbe *n,* - arts *mpl* décoratifs, appliqués, industriels ; industrie *f* d'art.
Kunstgewerbeschule *f,* n École *f* des Arts et Métiers ; École des arts décoratifs.
kunstgewerblich des métiers d'art ; artistique ; *~e Erzeugnisse* objets *mpl* , produits *mpl* d'art artisanaux.
Kunstgüter *npl* objets *mpl* d'art ; œuvres *fpl* d'art.
Kunsthandel *m,* ø commerce *m* d'objets d'art.
Kunsthändler *m,* - marchand *m* (d'objets) d'art.

Kunsthandwerk *n,* e artisanat *m* d'art.
Kunstleder *n,* **-sorten** cuir *m* synthétique ; skaï *m.*
künstlich artificiel ; ~ *Intelligenz* intelligence *f* artificielle ; *~e Preisbildung* fixation *f* artificielle des prix.
Kunstsammlung *f,* en collection *f* d'œuvres d'art.
Kunstseide *f,* ø (*textile*) rayonne *f* ; soie *f* artificielle.
Kunststoff *m,* e matière *f* plastique, synthétique ; produit *m* artificiel, synthétique.
Kunststoffflasche *f,* n bouteille *f* plastique ; *Pfandsystem für ~n* consigne *f* pour bouteilles plastiques.
Kunststoffindustrie *f,* n industrie *f* des matières plastiques.
Kunststoffverarbeitung *f,* en transformation *f* des matières plastiques, synthétiques.
Kupfer *n,* ø cuivre *m* ; ~ *enthaltendes Erz* minerai *m* cuprifère.
Kupfererz *n,* e minerai *m* de cuivre
kupferhaltig cuprifère ; qui contient du cuivre.
Kupfermünze *f,* n pièce *f* de monnaie en cuivre (1, 2 et 5 centimes d'euro, par ex.).
Kupon *m,* s coupon *m* ; *abtrennbarer* ~ coupon détachable ; *abgetrennter* ~ coupon détaché ; *anhaftender* ~ coupon attaché ; *ausstehender* ~ coupon arriéré ; *~s ein/lösen* toucher des coupons.
Kuponbogen *f,* ¨/- (*bourse*) (carnet *m*) feuille *f* de coupons.
Kuponeinlösung *f,* en paiement *m* des coupons.
Kuponfälligkeit *f,* en échéance *f* de paiement des coupons.
Kuponinhaber *m,* - détenteur *m* de coupons.
Kuponschneider *m,* - (*péj.* ; *bourse*) personne *f* qui vit de ses placements sans fournir de travail productif.
Kuponsteuer *f,* n impôt *m,* taxe *f* sur les coupons.
Kupontermin *m,* e échéance *f* du coupon.
Kuppelgeschäft *f,* e affaire *f,* transaction *f* concomitante ; vente *f* jumelée.
Kuppelproduktion *f,* en production *f* jumelée, liée ; → ***Verbundproduktion.***
Kur *f,* en cure *f* ; traitement *m.*
Kuranstalt *f,* en établissement *m* de cure.

Kuratel *f*, en curatelle *f* ; *unter ~ stehen* être sous curatelle ; *unter ~ stellen* placer sous curatelle, sous tutelle.
Kurator *m*, en curateur *m* ; administrateur *m* fiduciaire ; conseil *m* judiciaire ; syndic *m*.
Kuratorium *n*, -ien conseil *m* d'administration (d'un groupe industriel).
Kurgast *m*, ¨e curiste *m*.
Kurierdienst *m*, e service *m* privé de distribution rapide (colis, envois).
Kuriersack *m*, ¨e valise *f* diplomatique.
Kurs *m*, e 1. (*bourse*) cours *m* ; cote *f* ; (*devises*) cours du change ; change *m* **I.** *amtlicher* (*offizieller*) *~* cours officiel ; *anziehender ~* cours en hausse ; *derzeitiger* (*gegenwärtiger*) *~* cours actuel ; *fallender* (*nachgebender*) *~* cours en baisse ; *fester ~* cours stable ; *gehaltener ~* cours soutenu ; *gesetzlicher ~* cours légal ; *notierter ~* cours coté **II.** *die ~e bleiben stabil, unverändert* les cours restent stables, inchangés ; *die ~e bröckeln ab* les cours s'effritent ; *die ~e drücken* faire baisser les cours ; *die ~e fallen* les cours chutent ; *den ~ fest/stellen* fixer le (les) cours ; *die ~e geben nach* les cours fléchissent ; *die ~e manipulieren* manipuler les cours ; *die ~e schließen deutlich fester* les cours se terminent en nette hausse ; *die ~e steigen* les cours montent ; *die ~e ziehen an* les cours sont à la hausse **III.** *außer ~* hors circulation ; *über dem ~* au-dessus du cours ; *unter dem ~* au-dessous du cours ; *zum ~ von* au cours (actuel) de **2.** (*polit.*) orientation *f* ; ligne *f* politique **3.** (*enseignement*) cours *m* **4.** (*transp.*) itinéraire *m* ; route *f* ; → *Aktien-, Börsen-, Brief-, Devisen-, Einführungs-, Emissions-, Eröffnungs-, Geld-, Kassa-, Schluss-, Tages-, Tax-, Termin-, Valuta-, Verrechnungs-, Wechsel-, Zeichnungskurs*.
Kursabbröckelung *f*, en (*bourse*) effritement *m* des cours.
Kursabschlag *m*, ¨e (*bourse*) moins-value *f* boursière ; déport *m* ; différence *f* en moins du pair ; (*devises*) perte *f* au change.
Kursabschwächung *f*, en (*bourse*) affaiblissement *m*, fléchissement *m* des cours.
Kursabweichung *f*, en (*bourse*) écart *m* des cours ; écart sur les cours.
Kursabzug *m*, ¨e (*bourse*) déport *m* ; commission *f* payée par le vendeur à découvert au prêteur des titres (*syn. Deport*).
Kursänderung *f*, en (*fig.*) changement *m* de cap ; changement de direction.
Kursangabe *f*, n (*bourse*) cote *f* ; indication *f* du cours.
Kursanpassung *f*, en (*bourse*) ajustement *m* des cours.
Kursanstieg *m*, e (*bourse*) hausse *f*, (re)montée *f* des cours.
Kursaufschlag *m*, ¨e (*bourse*) report *m* ; différence *f* en plus du pair ; (*devises*) hausse *f* au change (*syn. Report*).
Kursausschlag *m*, ¨e (*bourse*) brusque variation *f* de cours ; sautes *fpl* des cours.
Kursbeeinflussung *f*, en (*bourse*) manipulation *f* des cours.
Kursbericht *m*, e (*bourse*) bulletin *m* de la bourse ; indicateur *m* boursier.
Kursbesserungen *fpl* (*bourse*) redressement *m*, amélioration *f* des cours.
Kursbeständigkeit *f*, ø (*bourse*) fermeté *f*, stabilité *f* des cours.
Kursbewegungen *fpl* (*bourse*) mouvements *mpl* de la bourse ; fluctuations *fpl* des cours ; *nachgebende ~* mouvements de repli.
Kursblatt *n*, ¨er (*bourse*) bulletin *m* boursier ; cote *f* de la bourse.
Kursbuch *n*, ¨er (*transp.*) indicateur *m* des chemins de fer ; (*France*) Chaix *m*.
Kurs-Cash-flow-Verhältnis *n*, se (*KCV*) (*bourse*) ratio *m* de rentabilité d'une action ; rapport *m* cours-cash-flow d'une action.
Kursdämpfung *f*, en (*bourse*) tassement *m* des cours.
Kursdifferenz *f*, en (*bourse*) différence *f*, écart *m* des changes.
Kursdruck *m*, ø (*bourse*) pression *f* sur les cours.
Kurseinbruch *m*, ¨e (*bourse*) affaissement *m*, chute *f* des cours.
Kurseinbuße *f*, n → *Kursverlust*.
Kursentwicklung *f*, en (*bourse*) évolution *f* des cours.
Kurserholung *f*, en (*bourse*) raffermissement *m*, reprise *f*, redressement *m* des cours.
kursfähig (*bourse*) ayant cours ; coté ; négociable.
Kursfestigung *f*, en (*bourse*) consolidation *f*, raffermissement *m* des cours.

Kursfestsetzung *f*, **en** (*bourse*) fixation *f* du cours ; cotation *f*.
Kursfeststellung *f*, **en** → *Kursfestsetzung*.
Kursfreigabe *f*, **n** (*bourse*) libération *f*, déblocage *m* des cours.
Kursgewinn *m*, **e** (*bourse*) bénéfice *m* au change ; gain *m* de change ; bénéfice *m* sur les cours ; ~ *einer Aktie* plus-value *f* d'une action.
Kurs-Gewinn-Verhältnis *n*, **se** (*KGV*) (*bourse*) rapport *m* cours-bénéfices (R.C.B.) (cours d'une action divisé par le dividende qu'elle rapporte) ; P.E.R. *m* (Price-Earnings-Ratio) : rapport bénéfices-prix ; coefficient *m* de capitalisation des résultats (C.C.R.).
Kursglättung *f*, **en** (*bourse*) nivellement *m* des cours.
kursieren courir ; circuler ; avoir cours ; être en cours ; *falsche Banknoten* ~ de faux billets circulent ; *Gerüchte* ~ *über diese Firma* il y a des rumeurs qui courent sur cette entreprise.
Kursindex *m*, **e/-dizes** (*bourse*) indice *m* des cours.
Kurskorrektur *f*, **en** 1. (*bourse*) correction *f* des cours 2. (*fig.*) changement de cap *m* ; infléchissement *m* d'une procédure.
Kurslimit *n*, **s** (*bourse*) cours *m* limite ; plafond *m* des cours.
Kursmakler *m*, **-** (*bourse*) agent *m* de change ; courtier *m* en bourse ; teneur *m* de marché ; *amtlicher* ~ agent de change ; *freier* ~ courtier libre.
Kursmanipulation *f*, **en** (*bourse*) manipulation *f* des cours.
Kursniveau *n*, **s** (*bourse*) niveau *m* des cours ; *über, unter dem* ~ au-dessus, au-dessous du niveau du cours.
Kursnotierung *f*, **en** (*bourse*) cotation *f* ; cote *f*.
Kursor *m*, **en** (*informatique*) curseur *m* ; indicateur *m* de position ; *den* ~ *positionieren* positionner le curseur.
Kursparität *f*, **en** (*bourse, devises*) parité *f* de change, des cours.
Kurspflege *f*, **ø** → *Kursstützung*.
Kurspotenzial *n*, **e** (*bourse*) potentiel *m* de hausse, de croissance d'un titre.
Kurspunkt *m*, **e** (*bourse*) point *m* ; *eine Steigerung von 20* ~*en* une augmentation de 20 points.
kursregulierend (*bourse*) qui exerce un effet régulateur des (sur les) cours.

Kursregulierung *f*, **en** (*bourse*) régulation *f* des cours.
Kursrisiko *n*, **-ken** (*bourse*) risque *m* (du cours) de change.
Kursrückgang *m*, **¨e** (*bourse*) repli *m*, fléchissement *m* des cours ; *einen* ~ *verzeichnen* enregistrer une baisse des cours.
Kursrutsch *m*, **e** (*bourse*) glissement *m* des cours.
Kursschwäche *f*, **n** faiblesse *f* du marché boursier ; faiblesse des cours.
Kursschwankung *f*, **en** (*bourse*) fluctuation *f* des cours.
Kurssicherung *f*, **en** (*bourse*) stabilisation *f*, soutien *m* des cours.
Kursspekulation *f*, **en** (*bourse*) spéculation *f* sur le cours.
Kurssprung *m*, **¨e** (*bourse*) bond *m* en avant d'un cours ; saute *f* d'une cotation.
Kursstabilisierung *f*, **en** → *Kurssicherung*.
Kursstand *m*, **¨e** (*bourse*) niveau *m* des cours.
Kurssteigerung *f*, **en** (*bourse*) hausse *f*, montée *f* des cours.
Kurssturz *m*, **¨e** (*bourse*) chute *f*, effondrement *m* des cours.
Kursstützung *f*, **en** → *Kurssicherung*.
Kurstendenz *f*, **en** (*bourse*) tendance *f* boursière, des cours.
Kurstreiber *m*, **-** (*bourse*) haussier *m* ; spéculateur *m* à la hausse.
Kurstreiberei *f*, **en** (*bourse*) manipulation *f*, hausse *f* artificielle des cours.
Kursturbulenzen *fpl* (*bourse*) turbulences *fpl* boursières.
Kursumschwung *m*, **¨e** (*bourse*) retournement *m* des cours.
Kursveränderungen *fpl* (*bourse*) modifications *fpl*, changements *mpl* des cours.
Kursverfall *m*, **ø** → *Kurseinbruch*.
Kursverlauf *m*, **¨e** → *Kursentwicklung*.
Kursverlust *m*, **e** (*bourse*) perte *f* sur les cours ; moins-value *f* boursière ; (*devises*) perte *f* au (de) change.
Kursversicherung *f*, **en** (*bourse*) assurance *f* sur les risques de perte de change.
Kursversteifung *f*, **en** (*bourse*) raidissement *f* du marché ; durcissement *m* des cours.

Kurswagen *m*, - (*transp.*)voiture *f* directe (chemins de fer) ; ~ *nach Basel* voiture directe pour Bâle.

Kurswechsel *m*, - (*fig.*) changement *m* de cap.

Kurswert *m*, e (*bourse*) cours *m* du change ; cote *f* d'une action ; ~e valeurs *fpl* cotées en bourse ; valeurs négociables.

Kurszettel *m*, - (*bourse*) bulletin *m* de la cote, des cours ; *amtlicher* ~ cote *f* officielle.

Kurszusammenbruch *m*, ¨e (*bourse*) effondrement *m* des cours.

Kurszuschlag *m*, ¨e (*bourse*) report *m*.

Kurtage *f*, n commission *f* de courtier ; prime *f* de courtier (*syn. Courtage*).

Kurtaxe *f*, n taxe *f* de séjour, de cure.

Kururlaub *m*, e congé *m* pour cure thermale.

Kurve *f*, n 1. (*statist.*) courbe *f* 2. (*trafic*) virage *m*.

Kurverwaltung *f*, en service *m* administratif d'une station, d'une ville thermale.

Kurzarbeit *f*, en chômage *m* partiel, technique ; travail *m* à temps réduit ; réduction *f* d'horaires ; ~ *ein/führen* ~ instaurer le chômage partiel, technique ; *zur* ~ *über/gehen* imposer des réductions d'horaires.

kurz/arbeiten être en chômage partiel, technique ; travailler à temps réduit ; *hier wird kurzgearbeitet* ici, on est en chômage partiel, technique.

Kurzarbeiter *m*, - chômeur *m* partiel ; personne *f* en chômage technique.

Kurzarbeiterfonds *m*, - fonds *m* de solidarité pour chômeurs partiels.

Kurzarbeitergeld *n*, ø allocation *f* de chômage partiel ; indemnité *f* de chômage partiel.

Kurzausbildung *f*, en formation *f* accélérée.

Kürze : (*corresp.*) *in* ~ sous peu ; *in* ~ *werden Sie von uns hören* nous vous donnerons de nos nouvelles sous peu.

Kürzel *n*, - sigle *m* ; abréviation *f*.

kürzen réduire ; diminuer ; *den Haushalt* ~ amputer le budget ; ~ *und kappen* faire des coupes claires/sombres ; procéder à des suppressions drastiques.

kürzer/treten, a, e (*ist*) se restreindre.

Kurzfassung *f*, en version *f* abrégée (d'un document).

kurzfristig à court terme ; ~ *an/legen* placer à court terme.

Kurzläufer *m*, - (*bourse*) titre *m* à revenu fixe remboursable à court terme ; obligation *f*, bon *m* du Trésor à courte échéance.

kurzlebig de courte durée ; (*aliments*) périssable ; temporaire ; ~e *Konsumgüter* biens *mpl* de consommation non durables.

Kurznachrichten *fpl* flash *m* d'informations ; nouvelles *fpl* brèves ; les brèves *fpl*.

Kurzschrift *f*, en sténographie *f* (*syn. Stenografie*).

Kurzstreckenverkehr *m*, ø trafic *m* à courte distance.

Kurzstudiengang *m*, ¨e cycle *m* d'études court.

Kürzung *f*, en diminution *f* ; réduction *f* ; amputation *f* ; compressions *fpl* ; ~*en der staatlichen Ausgaben* réduction des dépenses publiques ; ~*en am Haushalt* coupes *fpl* budgétaires.

Kurzurlaub *m*, e congé *m* de courte durée ; *einen* ~ *machen* prendre quelques jours de congé.

Kurzurlauber *m*, - vacancier *m* qui fait des séjours de courte durée.

Kurzwaren *fpl* (articles *mpl* de) mercerie *f*.

Kurzwelle *f*, n (*radio*) ondes *fpl* courtes.

Kurzwoche *f*, n semaine *f* de chômage partiel.

Kurzzeit- (*préfixe*) de courte durée ; limité dans le temps.

Kurzzeitanleger *m*, - investisseur *m* qui procède à des aller-retour sur un titre ; *Daytrader m*.

Kurzzeitvisum *n*, a visa *m* de séjour de courte durée.

kuschen (*fam.*) s'écraser ; s'aplatir ; *vor dem Chef* ~ ramper devant son chef.

Küste *f*, n côte *f*.

Küstenfischer *m*, - pêcheur *m* côtier.

Küstenfischerei *f*, en pêche *f* côtière.

Küstengebiet *n*, e région *f* côtière ; zone *f* côtière.

Küstengewässer *npl* eaux *fpl* côtières, littorales ; eaux territoriales (*syn. Hoheitsgewässer*).

Küstenhandel *m*, ø commerce *m* côtier, maritime.

Küstenland *n*, ø zone *f* côtière.

Küstenschifffahrt *f,* **en** cabotage *m* ; navigation *f* côtière.

Küstenschutz *m,* ø protection *f,* surveillance *f* des côtes ; service *m* des garde-côtes.

Küstenstaat *m,* **en** État *m* côtier.

Kuvert *n,* s/e enveloppe *f* (*syn. Briefumschlag*).

kuvertieren mettre sous enveloppe.

Kuvertierung *f,* **en** mise *f* sous enveloppe.

Kux *m,* **e** titre *m* de participation à une société minière ; action *f* minière.

Kuxinhaber *m,* **-** actionnaire *m* d'une société minière ; détenteur *m* d'actions minières.

KW (*Kalenderwoche*) semaine *f* calendaire ; *voraussichtlicher Liefertermin* ~ 15 date prévue de livraison en semaine 15.

KWG (*Kreditwesengesetz*) loi *f* sur les crédits.

kWh (Kilowattstunde) kilowatt-heure *m*.

Kybernetik *f,* ø cybernétique *f* (étude des mécanismes de contrôle et de réglage de la technique moderne) ; (*université*) *Technische* ~ cours *mpl,* cycle *m* de robotique.

Kybernetiker *m,* **-** cybernéticien *m*.

kybernetisch cybernétique.

Kyoto-Protokoll *n,* **e** (*environnement*) protocole *m* de Kyoto (aux termes duquel 141 nations se proposent de réduire leur production de gaz à effet de serre).

L

l → *Liter.*
Label *n,* s (*pr. ang.*) label *m* ; étiquette *f* ; marque *f* ; autocollant *m.*
labil instable ; en déséquilibre ; fragile ; ~*es Wirtschaftssystem* système *m* économique en déséquilibre, déstabilisé.
Labilität *f,* en instabilité *f* ; déséquilibre *m* ; fragilité *f.*
Labor *n,* s/e laboratoire *m.*
Laboratorium *n,* -ien → *Labor.*
Laborversuch *m,* e essai *m* en laboratoire.
Ladeanlage *f,* n installation *f* de transbordement.
Ladearbeiter *m,* - (*aéroport*) agent *m* de chargement.
Ladebühne *f,* n plate-forme *f* de chargement.
Ladeeinrichtung *f,* en dispositif *m* de chargement et de déchargement.
Ladefähigkeit *f,* en capacité *f* de chargement ; charge *f* utile.
Ladefläche *f,* n surface *f* de chargement.
Ladefrist *f,* en délai *m* de chargement.
Ladegebühren *fpl* droits *mpl* de chargement.
Ladegeld *n,* er → *Ladegebühren.*
Ladegewicht *n,* e poids *m* du chargement ; charge *f* normale.
Ladegrenze *f,* n limite *f* de charge ; charge *f* maximale.
Ladegut *n,* ¨er fret *m* ; chargement *m* ; cargaison *f.*
Ladekai *m,* s quai *m* d'embarquement.
Ladekapazität *f,* en tonnage *m* ; capacité *f* de chargement.
Ladeliste *f,* n liste *f* de chargement.
Lademenge *f,* n chargement *m* ; quantité *f* de fret ; tonnage *m* chargé.
laden, u, a 1. charger 2. inviter ; convier, citer à comparaître ; *vor Gericht* ~ citer en justice.
Laden *m,* ¨ magasin *m* ; boutique *f* ; fonds *m* de commerce ; *einen* ~ *betreiben* tenir un magasin ; *einen* ~ *eröffnen* (*auf/machen*) ouvrir un nouveau magasin ; *der* ~ *an der/um die Ecke* le petit magasin du coin ; ~ *mit Selbstbedienung* (magasin *m* à) libre service *m* **Geschäft.**
Ladenangestellte/r *f ;* → (*der/ein*) employé *m* de magasin, de commerce.
Ladenausstattung *f,* en installation *f* de magasin ; équipement *m* de magasin.
Ladenbesitzer *m,* - propriétaire *m* d'un magasin ; patron *m* du magasin.
Ladendieb *m,* e voleur *m* à l'étalage.
Ladendiebstahl *m,* ¨e vol *m* à l'étalage.
Ladenfenster *n,* - devanture *f* ; vitrine *f.*
Ladenfläche *f,* n surface *f* du magasin, de vente ; surface commerciale.
Ladengehilfe *m,* n, n employé *m* de magasin ; vendeur *m* ; commis *m.*
Ladengestalter *m,* - décorateur *m* de magasin ; étalagiste *m.*
Ladenhüter *m,* - invendu *m* ; article *m* qui ne se vend pas ; rossignol *m.*
Ladeninhaber *m,* - → *Ladenbesitzer.*
Ladenkette *f,* n chaîne *f* de magasins.
Ladenlokal *n,* e locaux *mpl* commerciaux, de commerce.
Ladenmädchen *n,* - apprentie *f* vendeuse.
Ladenmiete *f,* n loyer *m* commercial.
Ladennähe *f,* ø proximité *f* des commerces.
Ladenöffnungszeiten *fpl* heures *fpl* d'ouverture des magasins.
Ladenpassage *f,* n galerie *f* commerçante ; galerie marchande ; passage *m* commerçant.
Ladenpreis *m,* e prix *m* de détail ; prix de vente au public ; prix marqué ; prix-magasin ; *zum* ~ au prix fort.
Ladenschild *n,* er enseigne *f* de magasin.
Ladenschluss *m,* (¨e) heures *fpl* de fermeture légale des magasins.
Ladenschlussgesetz *n,* ø loi *f* sur les heures légales de fermeture des magasins en Allemagne.
Ladenstraße *f,* n rue *f* commerçante.
Ladentisch *m,* e comptoir *m* ; *über den* ~ *gehen* être vendu ; trouver acquéreur ; *etw unter dem* ~ *kaufen, verkaufen* acheter, vendre qqch sous le manteau, en sous-main (en versant un dessous-de-table) ; *hinter dem* ~ *stehen* s'activer derrière le comptoir d'un magasin.
Ladentochter *f,* ¨ (*Suisse*) vendeuse *f.*
Ladentrakt *m,* e → *Ladenpassage.*
Ladentresen *m,* - → *Ladentisch.*
Ladenzeiten *fpl* heures *fpl* d'ouverture et de fermeture du/d'un magasin (*syn. Öffnungszeiten*).

Ladepapiere *npl* documents *mpl* de chargement.
Ladeplatz *m*, ¨e quai *m* de chargement ; lieu *m* de chargement.
Laderampe *f*, n rampe *f* de chargement.
Laderaum *m*, ¨e cale *f* ; soute *f* ; espace *m* de chargement.
Ladeschein *m*, e certificat *m*, bon *m* de chargement.
Lade- und Entladekosten *pl* frais *mpl* de manutention (de chargement et de déchargement).
Ladevermögen *n*, ø possibilités *fpl*, capacité *f* de chargement.
Ladezeit *f*, en temps *m* de chargement.
Ladung *f*, en 1. charge *f* ; chargement *m* ; fret *m* ; cargaison *f* ; *gemischte* ~ cargaison mixte ; *schwimmende* ~ cargaison flottante ; *eine* ~ *löschen* décharger une cargaison ; *mit* ~ *fahren* transporter une cargaison ; *ohne* ~ *fahren* naviguer à vide ; *seine* ~ *sichern* s'assurer du bon arrimage d'une cargaison 2. (*jur.*) citation *f* à comparaître ; assignation *f* ; ~ *zu einem Termin* citation en justice (*syn. Vorladung*).
Lag *m*, s (*pr. ang.*) retard *m* ; décalage *m* (entre un événement et ses conséquences).
Lage *f*, n 1. situation *f* ; conditions *fpl* ; ~ *an der Börse* situation en bourse ; *finanzielle* ~ situation financière ; *ökonomische* ~ situation économique ; *rechtliche* ~ situation juridique ; *in der* ~ *sein* être en mesure 2. (*lieu*) emplacement *m* ; implantation *f* ; site *m* ; ~ *eines Werks* implantation d'une usine.
Lagebericht *m*, e 1. rapport *m* de (sur) la situation ; compte rendu *m* 2. rapport *m* de gestion.
Lagebesprechung *f*, en → *Lagebericht*.
Lagebeurteilung *f*, en évaluation *f* d'une situation donnée.
Lageplan *m*, ¨e plan *m* de situation.
Lager *n*, - 1. entrepôt *m* ; réserve *f* ; stock *m* ; dépôt *m* ; *ab* ~ pris à l'entrepôt ; *auf* ~ *bleiben* rester en magasin, invendu ; *etw auf* ~ *haben* avoir en stock, en magasin ; *auf* ~ *legen* (*nehmen*) stocker ; mettre en stock ; *ein* ~ *räumen* liquider un stock 2. gisement *m* ; couche *f* ; → *Vorrats-, Warenlager*.

Lagerabbau *m*, ø réduction *f*, résorption *f* des stocks ; déstockage *m*.
Lagerabfluss *m*, ¨e écoulement *m* des stocks.
Lageraufüllung *f*, en réapprovisionnement *m* des stocks ; réassortiment *m*, renouvellement *m* des stocks.
Lageraufnahme *f*, n inventaire *m* (des stocks).
Lagerausgänge *mpl* sorties *fpl* de stock.
Lagerbehandlung *f*, en manipulation *f* des marchandises entreposées.
Lagerbestand *m*, ¨e stocks *mpl* disponibles ; marchandise *f* en magasin ; ~ ¨e *ab/bauen* résorber les stocks ; déstocker ; *den* ~ *auf/nehmen* dresser l'inventaire ; établir l'inventaire des marchandises, des stocks.
Lagerbestandsführung *f*, en comptabilité *f* des stocks.
Lagerbildung *f*, en constitution *f* des stocks.
Lagerbuchführung *f*, en comptabilité *f* des stocks ; comptabilité-matières *f*.
Lagerbuchhaltung *f*, en → *Lagerbuchführung*.
Lagerdauer *f*, ø durée *f* de séjour en entrepôt.
Lagereigewerbe *n*, - professionnels *mpl* des consignataires ; métiers *mpl* de l'entreposage.
Lagereingänge *mpl* entrées *fpl* en entrepôt.
Lagerentnahmeschein *m*, e bon *m* de prélèvement des stocks.
lagerfähig stockable.
Lagerfähigkeit *f*, en capacité *f* de stockage.
lagerfest entreposable ; qui ne craint pas le stockage.
Lagerführer *m*, - → *Lagerverwalter*.
Lagergebühren *pl* droits *mpl* de magasinage ; taxe *f* de dépôt ; frais *mpl* de stockage.
Lagergeschäft *n*, e exploitation *f* de magasins généraux ; exploitation d'entrepôts.
Lagergut *n*, ¨er marchandise *f* entreposée.
Lagerjournal *n*, e registre *m* des entrées et des sorties d'entrepôt.
Lagerhalle *f*, n entrepôt *m* ; hall *m* de dépôt.
Lagerhalter *m*, - exploitant *m* d'entrepôt ; entreposeur *m*.

Lagerhaltung *f,* en stockage *m* ; magasinage *m* ; tenue *f* des stocks.
Lagerist *m,* en, en → *Lagerverwalter.*
Lagerkapazität *f,* en → *Lagerfähigkeit.*
Lagerkartei *f,* en fichier *m* des stocks.
Lagerkosten *pl* frais *mpl* d'entrepôt, de stockage.
Lagermiete *f,* n (frais *mpl* de) magasinage *m* ; location *f* d'une surface en entrepôt.
lagern stocker ; mettre en stock ; entreposer ; être stocké.
Lagerobjekte *npl* infrastructure *f* de stockage.
Lagerräume *mpl* entrepôts *mpl.*
Lagerräumung *f,* en liquidation *f* des stocks.
Lagerschein *m,* e warrant *m* ; bulletin *m,* récépissé *m* de dépôt.
Lagerschuppen *m,* - hangar *m* de dépôt ; remise *f.*
lagerstabil (*agric.*) qui se conserve bien en entrepôt ; *die neuen Fruchtsorten müssen ~ sein* les nouvelles variétés de fruits doivent avoir une bonne tenue de conservation.
Lagerstätte *f,* n 1. entrepôt *m* 2. (*minerais*) gisement *m.*
Lagerumschlag *m,* ø rotation *f,* renouvellement *m* des stocks.
Lagerung *f,* en stockage *m* ; magasinage *m* ; mise *f* en stock ; dépôt *m.*
Lagerungskosten *pl* frais *mpl* d'entreposage.
Lagerungsvertrag *m,* ¨e contrat *m* d'entrepôt.
Lagerverwalter *m,* - chef *m* magasinier ; entrepositaire *m.*
Lagerverzeichnis *n,* se inventaire *m* des marchandises en stock ; état *m* des stocks.
Lagervorrat *m,* ¨e stocks *mpl* ; provision *f* en dépôt.
Lagerwirtschaft *f,* en gestion *f* des stocks.
lahmen traîner la patte ; s'essoufler ; *die Konjunktur ~t* l'activité économique marche au ralenti.
lähmen → *lahm legen.*
lahm legen paralyser ; stopper ; *den Verkehr ~* arrêter le trafic.
Lahmlegung *f,* en paralysie *f* ; arrêt *m* total ; blocage *m* (trafic, entreprise).
Lähmung *f,* en → *Lahmlegung.*

Laichplatz *m,* ¨e (*pisciculture*) lieu *m* de reproduction, defrai.
Laie *m,* n, n non-spécialiste *m* ; profane *m.*
Laienrichter *m,* - (*jur.*) 1. juré *m* 2. assesseur *m* 3. juge *m* non professionnel (conseiller prud'homal, par ex.).
Laisser-Faire-Kapitalismus *m,* ø (*pr. fr.*) capitalisme *m* débridé, sauvage.
Laizismus *m,* ø laïcité *f.*
lancieren lancer ; *einen Markennamen ~* lancer une (nouvelle) marque.
Lancierung *f,* en lancement *m.*
Land *n,* ¨er 1. pays *m* ; État *m* ; *assoziertes ~* pays associé ; *blockfreies ~* pays non aligné ; *drittes ~* pays tiers ; *industrialisiertes ~* pays industrialisé ; *rohstoffreiches ~* pays riche en matières premières ; *unterentwickeltes ~* pays sous-développé 2. terre *f* (agricole) 3. (*Allemagne*) land *m.*
Landarbeit *f,* en travail *m* agricole.
Landarbeiter *m,* - ouvrier *m* agricole ; salarié *m,* travailleur *m* agricole.
Landbau *m,* ø : *ökologischer* (*biologischer*) *~* (agri)culture *f* biologique, bio.
Landbesitz *m,* e propriété *f* foncière, rurale.
Landbevölkerung *f,* en population *f* rurale.
Landegebühr *f,* en taxe *f* d'atterrissage.
Landegenehmigung *f,* en autorisation *f* d'atterrissage.
landen (*transp.*) atterrir ; se poser ; accoster.
Landepiste *f,* n piste *f* d'atterrissage.
Landeplatz *m,* ¨e 1. petit aérodrome *m* 2. terrain *m* d'atterrissage 3. débarcadère *m.*
Länder- (*préfixe*) 1. qui a trait aux länder allemands 2. qui a trait à différents pays.
Länderbewertung *f,* en analyse *f* du développement politique et économique des pays ; positionnement *m* d'un pays.
Länderbonität *f,* ø indice *m* de solvabilité d'un pays (d'après une échelle établie de 0 à 100).
Länderebene : *auf ~* à l'échelon régional ; à l'échelon des länder.
Länderei *f,* en terres *fpl* ; domaine *m.*
Länderfinanzausgleich *m,* ø loi *f* fédérale sur la péréquation financière des différents länder (les plus riches subventionnant les moins favorisés).

Länderfürst *m*, **en** (*iron.*) chef *m* de gouvernement d'un land ; → ***Ministerpräsident***.
Länderkammer *f*, **ø** (*Allemagne*) chambre *f* des länder (*syn. Bundesrat*).
Landerschließung *f*, **en** aménagement *m* des espaces ruraux ; désenclavement *m* d'une zone rurale ; viabilisation *f* des campagnes.
länderübergreifend suprarégional ; international ; global.
Landesamt *n*, ¨**er** office *m* administratif régional ; service *m* régional.
Landesbank *f*, **en** (*Allemagne*) institut *m* bancaire des länder ; banque *f* centrale régionale.
Landesbehörde *f*, **n** → ***Landesamt***.
Landesbrauch *m*, ¨**e** coutumes *fpl* en usage dans le pays ; *gemäß dem* ~ conformément aux usages.
Landesebene *f*, (**n**) échelon *m* régional ; *auf* ~ au niveau régional ; au niveau d'un land ; à l'échelle d'un land.
landeseigen 1. propriété *f* d'un land 2. de caractère régional.
Landeshauptmann *m*, ¨**er** (*Autriche*) → ***Ministerpräsident***.
Landeshoheit *f*, **en** souveraineté *f*.
Landesliste *f*, **n** (*polit.*) liste *f* (électorale) de candidats d'un parti (élections au Bundestag).
Landesministerium *n*, -**ien** ministère *m* du land.
Landesparlament *n*, **e** parlement *m* régional, d'un land ; diète *f*.
Landesplanung *f*, **en** aménagement *m* du land, du territoire ; urbanisme *m* régional.
Landesrechnungshof *m*, ¨**e** (*LRH*) cour *f* des comptes régionale, d'un land.
Landesregierung *f*, **en** gouvernement *m* national ; gouvernement du land.
Landessteuer *f*, **n** impôt *m* prélevé par un land.
landesüblich en usage dans le pays ; selon l'usage du pays.
Landesversicherungsanstalt *f*, **en** (*LVA*) direction *f* de l'assurance sociale d'un land ; (*France*) caisse *f* régionale de sécurité sociale.
Landeswährung *f*, **en** monnaie *f* nationale.
landesweit à l'échelon régional.
Landeszentralbank *f*, **en** (*LZB*) banque *f* centrale du land ; succursale *f* de la Bundesbank.

Landflucht *f*, **en** exode *m* rural.
Landfracht *f*, **ø** fret *m* terrestre.
Landfriedensbruch *m*, ¨**e** trouble *m* de l'ordre public.
Landgemeinde *f*, **n** commune *f* rurale.
Landgericht *n*, **e** tribunal *m* régional, du land ; (*France*) tribunal de grande instance.
Landgewinnung *f*, **en** polder *m* ; terre *f* gagnée sur la mer.
Landgut *n*, ¨**er** domaine *m* rural.
Landgutsverwalter *m*, - régisseur *m* d'un domaine ; intendant *m* d'un domaine.
Landkreis *m*, **e** canton *m* rural ; district *m* administratif.
ländlich rural ; *eine* ~ (*landwirtschaftlich*) *geprägte Gegend* une région à vocation rurale, agricole.
Landmaschine *f*, **n** (*agric.*) machine *f* agricole.
Landnutzung *f*, **en** (*agric.*) exploitation *f* des terres agricoles.
Landpacht *f*, **ø** bail *m* rural.
Landrat *m*, ¨**e** landrat *m* ; responsable *m* des services administratifs d'un landkreis ; (*France*) sous-préfet *m*.
Landratsamt *n*, ¨**er** direction *f* administrative du Kreis ; (*France*) sous-préfecture *f*.
Landschaftsgärtner *m*, - (architecte *m*) paysagiste *m*.
Landschaftspflege *f*, **n** entretien *m* des sites naturels ou paysagers ; protection *f* de la nature et du paysage.
Landschaftsschutz *m*, **ø** → ***Landschaftspflege***.
Landschaftsschutzgebiet *n*, **e** site *m* protégé ; zone *f* protégée.
Landschaftsverschandelung *f*, **en** dégradation *f* du milieu naturel ; atteinte *f* à l'environnement.
Landsmann *m*, -**leute** compatriote *m*.
Landtag *m*, **e** landtag *m* ; parlement *m* d'un land ; diète *f*.
Landtagswahlen *fpl* élections *fpl* aux parlements régionaux, d'un land.
Landtransport *m*, **e** transport *m* par voie de terre, par rail, par route.
Landung *f*, **en** 1. (*avion*) atterrissage *m* 2. (*navire*) accostage *m*.
Landungsplatz *m*, ¨**e** débarcadère *m*.
Landvermessung *f*, **en** arpentage *m* ; relevé *m* des mesures d'un terrain.
Landverteilung *f*, **en** répartition *f* des terres.

Landvolk *n,* ø monde *m* rural ; les ruraux *mpl.*

Landwirt *m,* e exploitant *m* agricole ; agriculteur *m* ; cultivateur *m* (*syn. Bauer*).

Landwirtschaft *f,* en agriculture *f* ; culture *f* **I.** *biologische* ~ agriculture bio(logique) ; *diverzifizierte* ~ agriculture diversifiée ; *ertragsorientierte* ~ agriculture productiviste ; *exportintensive* ~ agriculture orientée à l'exportation ; *intensive* ~ agriculture intensive ; *subventionierte* ~ agriculture subventionnée ; *umweltverträgliche* ~ agriculture écologique **II.** *die* ~ *modernisieren* moderniser l'agriculture ; *eine umweltfreundliche* ~ *fördern* favoriser une agriculture respectueuse de l'environnement **III.** *Einkünfte aus der* ~ revenus *mpl* agricoles ; *Erzeugnisse der* ~ produits *mpl* agricoles ; *Intensivierung der* ~ intensification *f* du rendement agricole.

landwirtschaftlich agricole ; agraire ; *~er Arbeiter* ouvrier *m* agricole ; *~er Betrieb* exploitation *f* agricole ; *~e Nutzfläche* surface *f* agricole cultivable ; *~e Erzeugnisse* produits *mpl* agricoles ; *~ Produktionsgenossenschaft* (*LPG*) (*hist. R.D.A.*) coopérative *f* de production agricole.

Landwirtschaftsausstellung *f,* en Salon *m* de l'agriculture ; exposition *f* agricole.

Landwirtschaftsbetrieb *m,* e exploitation *f* agricole.

Landwirtschaftserzeugnis *n,* se produit *m* agricole.

Landwirtschaftskammer *f,* n chambre *f* d'agriculture.

Landwirtschaftsministerium *n,* -ien ministère *m* de l'agriculture.

Landwirtschaftspolitik *f,* ø politique *f* agricole.

Landwirtschaftswissenschaften *fpl* agronomie *f.*

lang : *auf ~e Sicht* à long terme ; à longue échéance.

Langfinger *m,* - (*fam.*) voleur *m* ; pickpocket *m* ; chapardeur *m.*

langfristig à long terme ; à longue durée, échéance ; *~es Darlehen* prêt à long terme (*contr. kurzfristig*).

langgedient blanchi sous le harnais ; de longue date.

langjährig vieux ; ancien ; *~er Kunde* client *m* de longue date.

Langjährigkeit *f,* ø ancienneté *f* ; *die ~ unserer Geschäftsbeziehungen* l'ancienneté de nos relations d'affaires.

Langläufer *m,* - (*bourse*) titre *m* remboursable à longue échéance ; emprunt *m* de longue durée ; bon *m* du Trésor à long terme (*contr. Kurzläufer*).

langlebig qui dure longtemps ; durable ; *~e Konsumgüter* biens *mpl* de consommation durables.

Langlebigkeit *f,* ø → *Lebenserwartung.*

Längsseite : (*Incoterms*) *frei* ~ franco le long du navire ; F.A.S.

längsseits : (*Incoterms*) le long du navire.

Langstreckendienst *m,* e service *m* long-courrier.

Langstreckenflug *m,* ¨e vol *m* long courrier ; vol à longue distance.

Langstreckenflugzeug *n,* e (*avion*) long-courrier *m.*

Langstreckennetz *n,* e réseau *m* grandes lignes, longues distances.

Langwelle *f,* n (*radio*) grandes ondes *fpl.*

Langzeitarbeitslose/r (*der/ein*) chômeur *m* de longue durée (*syn. Dauerarbeitslose/r*).

Langzeitarbeitslosigkeit *f,* ø chômage *m* de longue durée (*syn. Dauerarbeitslosigkeit*).

Langzeitfolgen *fpl* conséquences *fpl* à long terme ; prolongements *mpl.*

Langzeitkranke/r (*der/ein*) malade *m* de longue durée.

Langzeitkrankheit *f,* en maladie *f* de longue durée.

Langzeitschäden *mpl* nuisances *fpl* à long terme.

Langzeitwirkung *f,* en action *f* de longue durée ; effet *m* à long terme.

Laptop *m,* s (*pr. ang.*) (*informatique*) portable *m* ; micro-ordinateur *m* (*syn. Notebook*).

Lärm *m,* ø bruit *m.*

Lärmbekämpfung *f,* en lutte *f* antibruit ; lutte contre le bruit.

Lärmbelästigung *f,* en nuisances *fpl* sonores.

Lärmpegel *m,* - niveau *m* sonore ; *gesundheitsschädigenden ~n ausgesetzt sein* être exposé à des nuisances sonores.

Lärmschutz *m,* ø protection *f* contre le bruit ; protection contre les nuisances sonores.

Lärmschutzwall *m,* ¨e écran *m* antibruit ; mur *m* antibruit.

lasch laxiste ; peu contraignante.

Laser *m,* - (*pr. ang.*) laser *m.*

Laserdrucker *m,* - imprimante-laser *f.*

Laserprinter *m,* - → *Laserdrucker.*

Lasertechnik *f,* en technique *f* laser.

Last *f,* en **1.** charge *f* ; débit *m* **I.** *zu ~en Ihres Kontos* au débit de votre compte ; *Porto zu Ihren ~en* port *m* à votre charge ; *finanzielle ~en* charges financières ; *öffentliche ~en* charges publiques ; *soziale ~en* charges sociales ; *steuerliche ~en* charges fiscales **II.** *zu jds ~ gehen* être à la charge de qqn ; *zur ~ schreiben* passer en dépense ; faire figurer à la colonne débit **2.** poids *m* **3.** cargaison *f.*

Lastauto *n, s* → *Lastkraftwagen.*

lasten être à la charge de ; peser ; *das Arbeitslosenheer lastet auf der Wirtschaft* le poids des chômeurs pèse sur l'économie.

Lastenaufzug *m,* ¨e monte-charge *m.*

Lastenausgleich *m,* e péréquation *f,* compensation *f* des charges.

Lastenausgleichsabgabe *f,* n contribution *f* au titre de la péréquation des charges.

Lastenausgleichsfonds *m,* - fonds *m* de péréquation des charges.

lastenfrei exempt, exonéré de charges.

Lastenheft *n,* e → *Lastenverzeichnis.*

Lastenverteilung *f,* en répartition *f,* ventilation *f* des charges.

Lastenverzeichnis *n,* se cahier *m* des charges (*syn. Pflichtenheft*).

Laster *m,* - → *Lastkraftwagen.*

Lastflugzeug *n,* e avion-cargo *m* ; avion *m* gros porteur.

Lastkahn *m,* ¨e péniche *f* ; chaland *m.*

Lastkraftwagen *m,* - (*Lkw*) poids *m* lourd ; camion *m* ; (*fam.*) gros-cul *m.*

Last-Minute-Angebot *n,* e (*pr. ang.*) (*touris.*) offre *f,* voyage *m,* billet *m* de dernière minute (à un prix avantageux).

Lastschiff *n,* e cargo *m.*

Lastschrift *f,* en (*banque*) écriture *f* au débit ; note *f* de débit.

Lastschriftanzeige *f,* n (*banque*) avis *m* de debit.

Lastschrifteinzugsverfahren *n,* - (*banque*) prélèvement *m* automatique.

Lastwagen *m,* - → *Lastkraftwagen.*

Lastwagengeschäft *n,* ø secteur *m* des poids-lourds.

Lastzug *m,* ¨e camion-remorque *m* ; semi-remorque *m* ; train *m* routier.

latent latent ; *~e Energien* énergies *fpl* latentes, en sommeil ; *~e Steuern* impôts *mpl* différés.

Laterne *f,* n lanterne *f* ; (*fig.*) *die rote ~ bilden* occuper la dernière position ; être la lanterne rouge.

Latifundienwirtschaft *f,* en (*Amérique du Sud*) grandes propriétés *fpl* foncières rurales (exploitées par des agriculteurs indépendants en l'absence du propriétaire en titre).

Lauf *m,* ø cours *m* ; *im ~ (e) dieses Monats* dans le courant du mois.

Laufbahn *f,* en carrière *f* ; *eine (akademische) ~ ein/schlagen* embrasser une carrière (universitaire) (*syn. Karriere ; Werdegang*).

Laufbahnprinzip *n,* -ien principe *m* de l'avancement automatique à l'ancienneté.

Laufbursche *m,* n, n garçon *m* de courses ; coursier *m.*

Laufdauer *f,* ø → *Laufzeit.*

laufen, ie, au (*ist*) **1.** courir ; circuler ; avoir cours ; être valable ; *der Pass läuft nur noch bis zum Jahresende* le passeport n'est plus valable que jusqu'à la fin de l'année **2.** fonctionner ; marcher ; *vom Fließband ~* quitter les chaînes de montage ; *leer ~* tourner à vide ; *auf vollen Touren ~* marcher à plein rendement ; tourner à plein régime **3.** se vendre ; marcher ; *der Laden läuft* les affaires marchent.

laufend courant ; en cours ; *~e Ausgaben* dépenses *fpl* courantes ; *~e Geschäfte* affaires *fpl* courantes ; *~es Jahr* année *f* en cours ; *~es Konto* compte *m* courant ; *~e Nummer* numéro *m* de série ; numéro d'ordre ; *in ~er Rechnung* en compte courant.

Lauffrist *f,* en → *Laufzeit.*

Laufindex *m,* e/-dizes (*bourse*) indice *m* mobile.

Laufjunge *m,* n, n → *Laufbursche.*

Laufkarte *f,* n fiche *f* d'accompagnement.

Laufkunde *m,* n, n client *m* de passage.

Laufkundschaft *f,* en clientèle *f* de passage.

Laufpass *m,* ¨e : (*fam.*) *jdm den* ~ *geben* couper les ponts avec qqn ; se séparer de qqn ; *den* ~ *bekommen* être congédié ; être licencié.

Laufwerk *n,* e (*informatique*) lecteur *m.*

Laufzeit *f,* en **1.** durée *f* ; échéance *f* ; ~ *einer Anleihe* durée d'un emprunt ; ~ *eines Kredits* durée d'un crédit ; ~ *eines Vertrages* durée de validité d'un contrat ; ~ *eines Wechsels* durée d'une traite ; échéance *f* d'un effet ; *Gelder mit* ~ capitaux *mpl* placés à terme ; *Wertpapiere mit kürzeren, längeren* ~*en* titres *mpl* de courte, de longue durée **2.** (*technique*) durée *f* de fonctionnement, de vie ; ~ *von Kernkraftwerken* durée de vie des centrales nucléaires.

Laufzeitfonds *m,* - fonds *m* de placement à terme.

Laufzettel *m,* - **1.** circulaire *f* **2.** (*douane*) fiche *f* suiveuse ; bon *m* d'accompagement ; fiche de passage en douane **3.** feuille *f* d'émargement.

Lauschangriff *m,* e écoute *f* de lignes téléphoniques ; mise *f* sur table d'écoutes.

laut (+ *G ou* + *D*) d'après ; selon ; suivant ; aux termes de ; conformément à ; ~ *Vertrag* aux termes du contrat ; ~ *wirtschaftlichem Gutachten* selon une expertise économique.

lauten être libellé en ; être établi au nom de ; *auf €* ~ être libellé en € ; *die Aktien* ~ *auf den Inhaber* les actions *fpl* sont au porteur ; *die Aktien* ~ *auf den Namen* les actions sont nominatives.

lax laxiste.

Laxheit *f,* en laxisme *m* ; laisser-aller *m.*

Layout *n,* s (*pr. ang.*) mise *f* en page ; layout *m* (d'un journal, par ex.).

Layouter *m,* - (*pr. ang.*) maquettiste *m* ; metteur *m* en page.

Layoutprogramm *n,* e (*informatique*) programme *m* de P.A.O.

LBO → *Leverage-Buy-out.*

LCD *n,* s (*Liquid Crystal Display*) affichage *m* à cristaux liquides.

LCD-Bildschirm *m,* e écran *m* à cristaux liquides.

LDC *pl* (*less developed countries*) pays *mpl* les moins favorisés.

Leanmanagement *n,* s (*pr. ang.*) lean management *m* ; gestion *f* à l'économie ; gestion à faible coût (*syn. verschlanktes Management*).

Leanproduction *f,* s (*pr. ang.*) lean production *f* ; production *f* à faible coût ; fabrication *f* axée sur l'économie des coûts.

Learning by doing *n,* ø (*pr. ang.*) apprentissage *m* en situation ; formation *f* sur le tas.

leasen (*pr. ang.*) avoir en leasing ; souscrire une formule de leasing ; avoir en location-vente ; *geleaster Wagen* voiture en leasing.

Leaser *m,* - → *Leasingnehmer.*

Leasing *n,* s (*pr. ang.*) leasing ; système *m* de location-vente ; crédit-bail *m.*

Leasingfirma *f,* -men firme *f* spécialisée dans le leasing ; société *f* de leasing, de crédit-bail.

Leasinggeber *m,* - loueur *m* ; bailleur *m.*

Leasinggeschäft *n,* e opération *f* leasing ; transaction *f* de crédit-bail ; ~ *mit Immobilien* opérations de crédit-bail immobilier.

Leasinggesellschaft *f,* en → *Leasingfirma.*

Leasingnehmer *n,* - preneur *m* de leasing ; souscripteur *m* d'un crédit-bail.

Leasingvertrag *m,* ¨e contrat *f* de leasing.

Lebendgewicht *n,* e poids-vif *m.*

Lebensabschnitt *m,* e tranche *f* d'âge ; *dritter* ~ troisième âge *m* ; seniors *mpl* ; les personnes *fpl* âgées.

Lebensarbeit *f,* en travail *m* de toute une vie.

Lebensarbeitszeit *f,* en état *m* de services ; durée *f* de vie active ; annuités *fpl* valables pour le calul d'une pension, d'une retraite.

Lebensbedingungen *fpl* conditions *fpl* d'existence, de vie.

Lebensdauer *f,* ø durée *f* d'existence (appareil) ; durabilité *f* ; ~ *von Gebrauchsgütern* durée d'utilisation des biens de consommation.

Lebenserwartung *f,* en espérance *f* de vie ; longévité *f.*

Lebensgefahr *f,* en danger *m* de mort.

Lebensgefährte *m,* n , n concubin *m* ; compagnon *m.*

Lebensgefährtin *f,* nen concubine *f* ; compagne *f.*

Lebensgemeinschaft *f,* en vie *f* de couple ; *nichteheliche* ~ concubinage *m* ; pacs *m* ; couple *m* non marié ; union *f* libre.

Lebenshaltung *f,* **en** niveau *m* de vie ; train *m* de vie ; (*statist.*) coût *m* de la vie ; *Hebung der* ~ relèvement *m* du niveau de vie.

Lebenshaltungsindex *m,* **e/-indizes** indice *m* du coût de la vie ; → *Warenkorb* ; *Preisindex*.

Lebenshaltungskoeffizient *m,* **en, en** coefficient *m* du coût de la vie.

Lebenshaltungskosten *pl* coût *m* de la vie.

lebenslang à vie.

lebenslänglich perpétuel ; *~e Rente* rente *f* viagère ; (*jur.*) ~ *bekommen* être condamné à perpétuité.

Lebenslauf *m,* ¨e C.V. *m* ; curriculum *m* vitae ; *handgeschriebener, tabellarischer* ~ C.V. manuscrit, synoptique.

Lebensmittel *npl* denrées *fpl* alimentaires ; alimentation *f* ; vivres *pl.*

Lebensmittelabteilung *f,* **en** rayon *m* alimentaire (d'un supermarché).

Lebensmittelamt *n,* ¨er office *m* de contrôle sanitaire.

Lebensmittelbestrahlung *f,* **en** ionisation *f* des produits alimentaires (afin d'en prolonger la conservation).

Lebensmittelbranche *f,* **n** secteur *m* alimentaire ; alimentaire *m.*

Lebensmitteldiscounter *m,* - magasin *m* discount alimentaire ; discount *m* alimentaire ; (grande) surface *f* de l'alimentaire à prix discount.

Lebensmittelfälschung *f,* **en** frelatage *m* de produits alimentaires.

Lebensmittelfilialist *m,* **en, en** membre *m* d'une chaîne de produits alimentaires.

Lebensmittelgeschäft *n,* **e** magasin *m* d'alimentation ; épicerie *f.*

Lebensmittelgesetz *n,* ø réglementation *f* en matière de production et de distribution de produits alimentaires.

Lebensmittelhändler *m,* - épicier *m.*

Lebensmittelindustrie *f,* **n** industrie *f* agro-alimentaire.

Lebensmittelkarte *f,* **n** (*hist.*) carte *f* de rationnement (en temps de crise).

Lebensmittelknappheit *f,* **en** pénurie *f* alimentaire, de vivres.

Lebensmittelkontrolleur *m,* **e** inspecteur *m* des fraudes à la consommation alimentaire.

Lebensmittelpreise *mpl* prix *mpl* (des produits) alimentaires.

Lebensmittelsicherheit *f,* ø sécurité *f* alimentaire.

Lebensmittelüberwachungsamt *n,* ¨er Office *m* de contrôle alimentaire.

Lebensmittelzusatz *m,* ¨e additif *m* alimentaire.

Lebensniveau *n,* **s** → *Lebensstandard*.

Lebenspartnerschaft *f,* **en** union *f* ; vie *f* commune.

Lebensplanung *f,* **en** contrat *m* d'assurance-vie.

Lebenspolice *f,* **n** police *f* d'assurance-vie.

Lebensqualität *f,* **en** qualité *f* de la vie.

Lebensstandard *m,* **s** niveau *m* de vie ; *hoher, niedriger* ~ niveau de vie élevé, faible ; *äußere Kennzeichen des ~s* éléments *mpl* du train de vie ; *den ~ heben (erhöhen)* relever le niveau de vie.

Lebensstandardvergleich *m,* **e** comparaison *f* du niveau *m* de vie.

Lebensunterhalt *m,* **e** subsistance *f* ; moyens *mpl* d'existence ; entretien *m* ; *seinen ~ selbst verdienen* subvenir à ses besoins ; avoir ses propres moyens d'existence ; (*fam.*) gagner sa croûte.

Lebensverhältnisse *npl* conditions *fpl* d'existence.

Lebensversicherer *m,* - assureur-vie *m* ; compagnie *f* d'assurance sur la vie.

Lebensversicherung *f,* **en** assurance-vie *f* ; ~ *auf den Erlebensfall* assurance en cas de survie ; ~ *auf den Todesfall* assurance en cas de décès ; *eine ~ ab/schließen* souscrire une assurance-vie.

Lebensversicherungspolice *f,* **n** police *f* d'assurance-vie.

Lebensversicherungsprämie *f,* **n** prime *f* d'assurance-vie.

Lebensversicherungssumme *f,* **n** capital *m* assuré (dans le cadre d'un contrat d'assurance-vie).

Lebensversicherungsvertrag *m,* ¨e contrat *m* d'assurance-vie.

Lebensweise *f,* **n** mode *m* de vie.

lebenswichtig vital ; de première nécessité.

Lebenszeit *f,* **en** durée *f* de vie ; *eines Produktes* cycle *m* de vie d'un produit ; *auf ~* à vie ; *Beamter auf ~* fonctionnaire *m* inamovible, titulaire ; (*jur.*) *zu (bei) ~en* entre vifs ; *Teilung zu ~en* partage *m* par anticipation ; donation-partage *f.*

Lebenszeitrente *f,* **n** rente *f* à vie ; rente viagère.

lebhaft (*bourse*) animé ; vif ; actif ; ~*e Nachfrage* demande *f* soutenue ; marché *m* animé.

Leckage *f*, **n** (*marine*) déperdition *f* ; coulage *m* ; quantité *f* perdue (fuite, avarie, etc).

lecken (*maritime*) prendre eau ; faire eau ; *das Schiff leckt* le navire prend eau.

leckgefährdet : ~*e Einhüllentanker* pétrolier *m* monocoque menacé de voies d'eau.

Lederausstattung *f*, **en** (*auto.*) intérieur cuir *m*.

Ledergewerbe *n*, - professions *fpl* du cuir ; métiers *mpl* du cuir.

ledig célibataire ; ~*e Mutter* mère *f* célibataire ; fille-mère *f*.

Ledige/r (*der/ein*) célibataire *m* (*syn. Single* ; *Junggeselle* ; *Unverheirateter*).

leer vide, à plat ; vacant ; (*bourse*) ~ *aus/gehen* ne pas obtenir d'actions lors d'une émission ; ~ *laufen* tourner, fonctionner à vide ; *ein Konto* ~ *räumen* vider un compte.

Leeraktie *f*, **n** (*bourse*) action *f* sans droit de vote.

Leere : *ins* ~*gehen* tourner court ; *die meisten Kontrollen gehen ins* ~la plupart des contrôles ne donnent rien.

leeren (*informatique*) vider (la mémoire) ; (*poste*) faire une levée.

Leerfahrt *f*, **en** voyage *m* à vide (sans chargement).

Leergewicht *n*, **e** poids *m* à vide ; tare *f*.

Leergut *n*, ¨**er** 1. emballage *m* vide 2. emballage consigné.

Leerkapazität *f*, **en** capacité *f* inexploitée, inutilisée.

Leerkosten *pl* (*comptab.*) coût *m* de sous-activité ; frais *mpl* de sous-emploi ; frais de sous-utilisation de la capacité ; frais de non-charge.

Leerlauf *m*, ¨**e** fonctionnement *m* à vide.

Leerposten *m* , - (*comptab.*) poste *m* pour mémoire.

Leerstand *m*, ¨**e** vacuité *f* d'un logement ; logements *mpl* inoccupés.

Leerstandsquote *f*, **n** proportion *f* de logements vides ; quota *m* de surface de bureaux inutilisé.

Leerstelle *f*, **n** place *f* vacante ; poste *m* vacant.

Leerung *f*, **en** (*poste*) levée *f* ; *nächste* ~ *um 15.00 Uhr* prochaine levée à 15 h.

Leerverkauf *m*, ¨**e** (*bourse*) vente *f* à découvert ; opération *f* à découvert (*syn. Fixen*).

leer verkaufen (*bourse*) vendre à découvert (*syn. fixen*).

Leerverkäufer *m*, - vendeur *m* à découvert ; vendeur *m* de titres qu'on ne possède pas.

Leerzeiten *fpl* temps *mpl* morts.

legal légal (*syn. gesetzlich* ; *gesetzmäßig*).

legalisieren légaliser ; certifier authentique ; valider.

Legalisierung *f*, **en** légalisation *f* ; certification *f* ; authentification *f* ; validation *f* ; ~ *einer Unterschrift* authentification d'une signature.

Legalität *f*, ø légalité *f*.

Legatar *m*, **e** légataire *m* ; bénéficiaire *m* d'un legs.

Legebetrieb *m*, **e** (*agric.*) exploitation *f* de production d'œufs.

Legehenne *f*, **n** (*agric.*) poule *f* pondeuse.

legen mettre ; poser ; placer ; *ad acta* ~ à archiver ; (à) classer "sans suite"; *zu den Akten* ~ joindre aux pièces ; *Geld auf die Bank* ~ déposer de l'argent dans une banque.

Legierung *f*, **en** (*monnaie*) alliage *m*.

Legislative *f*, **n** pouvoir *m* législatif ; parlement *m*.

Legislaturperiode *f*, **n** législature *f*.

legitim légitime ; ~*er Streik* grève *f* légale.

Legitimation *f*, **en** légitimation *f* ; preuve *f* d'identité.

Legitimationskrise *f*, **n** crise *f* de légitimation.

Legitimationspapier *n*, **e** 1. pièce *f* d'identité 2. titre *m* (nominatif) transmissible.

legitimieren autoriser ; légitimer ; habiliter (à) ; *sich* ~ décliner son identité ; *ich bin legitimiert, im Namen der Firma zu handeln* je suis habilité à agir au nom de la firme.

Lehrabschluss *m*, ¨**e** C.A.P. *m* (certificat d'aptitude professionnelle).

Lehramt *n*, ¨**er** poste *m* d'enseignant dans le primaire.

Lehramtsanwärter *m*, - candidat *m* (postulant *m*) à un poste d'enseignant.

Lehrausbilder *m*, - maître formateur *m* ; maître de stage ; instructeur *m* ; tuteur *m*.

Lehbeauftragte/r (*der/ein*) chargé *m* d'enseignement, de cours.
Lehrbefähigung *f,* **en** aptitude *f* (professionnelle) à l'enseignement.
Lehrbetrieb *m,* **e** entreprise *f* formant des apprentis.
Lehrbrief *m,* **e** certificat *m* de fin d'apprentissage.
Lehre *f,* **n** apprentissage *m* ; (*zu jdm*) *in die ~ gehen* aller en apprentissage (chez qqn) ; *die ~* (*bei jdm*) *machen* faire son apprentissage (chez qqn) ; *aus der ~ kommen* avoir terminé son apprentissage.
Lehrgang *m,* ¨e stage *m* ; cours *m* ; *weiterbildender ~* stage *m* de perfectionnement.
Lehrgeld *n,* ø (*hist.*) frais *mpl* d'apprentissage ; (*fig.*) *~ zahlen* apprendre à ses dépens.
Lehrherr *m,* **n, en** → *Lehrlingsbetreuer.*
Lehrjahr *n,* **e** année *f* d'apprentisage.
Lehrjunge *m,* **n, n** apprenti *m.*
Lehrling *m,* **e** apprenti *m* ; *gewerblicher ~* apprenti dans le secteur industriel ; *handwerklicher ~* apprenti artisan ; *kaufmännischer ~* apprenti technicocommercial ; → *Auszubildende/r, Azubi.*
Lehrlingsabgabe *f,* **n** taxe *f* d'apprentissage.
Lehrlingsausbilder *m,* - → *Lehrlingsbetreuer.*
Lehrlingsbetreuer *m,* - (*apprentissage*) maître *m* de stage ; maître-formateur *m* ; instructeur *m* ; maître d'apprentissage ; tuteur *m.*
Lehrlingsgehalt *n,* ¨er rémunération *f* d'apprentissage ; salaire *m* d'apprenti.
Lehrlingsgeld *n,* **er** → *Lehrlingsgehalt.*
Lehrlingsvergütung *f,* **en** → *Lehrlingsgehalt.*
Lehrlingsvermittlung *f,* **en** placement *m* des apprentis.
Lehrlingsvertrag *m,* ¨e contrat *m* d'apprentissage.
Lehrmeinung *f,* **en** doctrine *f* ; théorie *f* ; courant *m* ; *keynesianische ~* courant keynésien ; *liberale ~* doctrine libérale ; *ökonomische ~* théorie économique ; courant de la pensée économique.
Lehrstelle *f,* **n** place *f* d'apprentissage ; place d'apprenti, en apprentissage.
Lehrstellenbewerber *m,* - postulant *m* à une place d'apprenti.

Lehrstellenangebot *n,* **e** offre *f* de places d'apprentis.
Lehrverhältnis *n,* **se** → *Lehre.*
Lehrvertrag *m,* ¨e contrat *m* d'apprentissage.
Lehrwerkstatt *f,* ¨en → *Lehrwerkstätte.*
Lehrwerkstätte *f,* **n** atelier-école *m* ; centre *m* d'apprentissage.
Lehrzeit *f,* **en** temps *m,* durée *f* d'apprentissage.
Leibesvisitation *f,* **en** (*douane*) fouille *f* corporelle.
leiblich : *~e Eltern* parents *mpl* biologiques ; vrais parents ; *~es Kind* enfant biologique ; *~e Mutter, ~er Vater* mère *f,* père *m* biologique.
Leibrente *f,* **n** rente *f* viagère ; pension *f* viagère.
Leiche *f,* **n** cadavre *m* ; (*fig.*) document *m* périmé (dans un fichier, par ex.).
leicht léger ; (*fig.*) *~es Geld* argent *m* facilement gagné ; *~ verderbliche Waren* denrées *fpl* hautement périssables.
Leichtbau *m,* -ten construction *f* légère (en non-dur).
Leichtbauweise *f,* **n** construction *f* en matériaux légers.
Leichtbier *n,* -sorten bière *f* allégée ; bière légère.
leichtentzündlich hautement inflammable.
Leichter *m,* - (*navigation*) allège *f* ; accon/acon *m* (embarcation qui sert au chargement et au déchargement d'un navire).
Leichterung *f,* **en** chargement *m* et déchargement d'une allège ; acconage/aconage *m.*
Leichtgut *n,* ¨er marchandise *f* de faible poids, non pondéreuse.
Leichtindustrie *f,* **n** industrie *f* des biens de consommation ; industrie légère ; → *Schwerindustrie.*
Leichtlohngruppe *f,* **n** salaires *mpl* moins élevés pour travaux réputés « faciles ».
Leichtmetall *n,* **e** métal *m* léger.
Leichtwasserreaktor *m,* **en** réacteur *m* à eau légère.
leidgeprüft (durement) affecté ; éprouvé ; *~e Aktionäre* actionnaires durement éprouvés par la chute des cours.
Leidtragende/r (*der/ein*) victime *f* (d'une faillite, d'une escroquerie) ; *~r ist dabei der Steuerzahler* en fait, la victime

est toujours le contribuable ; c'est le contribuable qui paie.

Leihamt *n*, ¨er → *Leihhaus*.
Leihanstalt *f*, en → *Leihhaus*.
Leiharbeit *f*, en **1.** travail *m* de louage, en régie ; salariat *m* détaché ; prêt *m* interentreprises de salariés **2.** travail intérimaire ; emploi *m* temporaire ; → *Zeitarbeit*.
Leiharbeiter *m*, - **1.** travailleur *m* détaché, prêté **2.** intérimaire *m* ; → *Zeitarbeiter*.
Leiharbeitnehmer *m*, - → *Leiharbeiter*.
Leiharbeitsfirma *f*, en **1.** entreprise *f* cédant (à une autre entreprise) des salariés en régie **2.** entreprise *f* de travail temporaire ; agence *f* d'intérimaires ; → *Zeitarbeitsfirma*.
Leiharbeitsvertrag *m*, ¨e contrat *m* de louage de main-d'œuvre, d'intérim.
Leihe *f*, n prêt *m* gratuit ; commodat *m*.
leihen, ie, ie **1.** *jdm etw* ~ prêter qqch à qqn ; avancer (argent) ; *auf (gegen) Pfand* ~ prêter sur gage ; *zu 5 % Zinsen* ~ prêter à 5 % **2.** emprunter ; *(bei/von jdm) Geld* ~ emprunter de l'argent (à qqn) ; *Geld bei der Bank* ~ demander un crédit à la banque ; solliciter un prêt.
Leihen *n*, ø prêt *m* ; emprunt *m*.
Leiher *m*, - prêteur *m*.
Leihfirma *f*, -men → *Leiharbeitsfirma*.
Leihgabe *f*, n → *Leihe*.
Leihgebühr *f*, en frais *mpl* de location ; taux *m* de prêt.
Leihhaus *n*, ¨er crédit *m* municipal ; établissement *m* de prêt ; *(arch.)* mont-de-piété *m* ; *(fam.)* le clou ; ma tante *(syn. Pfandhaus)*.
Leihkapital *n*, ø **1.** capital *m* prêté **2.** capital emprunté.
Leihkauf *m*, ¨e → *Mietkauf*.
Leihmiete *f*, n prix *m* de location.
Leihmutter *f*, ¨ *(médecine)* mère *f* porteuse.
Leihpacht *f*, en prêt-bail *m*.
Leihschein *m*, e bulletin *m* de prêt ; reçu *m* de dépôt (d'un objet gagé).
Leihverpackung *f*, en emballage *m* consigné.
Leihvertrag *m*, ¨e contrat *m* de prêt.
Leihwagen *m*, - voiture *f* louée.
leihweise à titre de prêt.
Leipziger Messe *f* foire *f* de Leipzig.

leisten accomplir ; réaliser ; produire ; avoir un rendement ; *sich etw (finanziell)* ~ *können* avoir les moyens de s'offrir qqch ; *eine Anzahlung* ~ verser des arrhes ; *eine Arbeit* ~ fournir (accomplir) un travail ; *einen Beitrag* ~ acquitter une cotisation ; *einen Dienst* ~ rendre un service ; *eine Garantie* ~ fournir une garantie ; *eine Unterschrift* ~ apposer une signature ; signer ; *eine Zahlung* ~ effectuer un paiement.
Leistung *f*, en **1.** rendement *m* ; travail *m* (fourni) ; prestation *f* ; accomplissement *m* ; performance *f* ; *durchschnittliche* ~ rendement moyen ; *gesamtwirtschaftliche* ~ P.N.B. *m* ; *höchstmögliche* ~ rendement maximum ; *unternehmerische* ~ performance entrepreneuriale ; ~ *pro Arbeitsstunde* rendement horaire **2.** *(techn.)* puissance *f* ; rendement *m* ; efficience *f* ; performance *f* ; ~ *einer Maschine* rendement d'une machine **3.** *(prestation)* soziale ~en prestations sociales ; ~ *der Sozialversicherung* prestation de la sécurité sociale ; ~en *in Naturalien* prestations en nature ; ~en *beziehen* percevoir, toucher des prestations.
Leistungsabfall *m*, ¨e perte *f* de puissance ; baisse *f* de rendement.
leistungsabhängig fonction du rendement ; proportionnel au rendement ; au mérite ; ~e *Beförderung* promotion *f* au mérite ; ~e *Prämie* prime *f* de rendement.
Leistungsanbieter *m*, - prestataire *m* de services ; prestataire.
Leistungsangebot *n*, e gamme *f* de produits ; palette *f* de prestations.
Leistungsanreiz *m*, e prime *f* d'encouragement ; incitation *f* au rendement.
Leistungsanspruch *m*, ¨e droit *m* aux prestations.
Leistungsanstieg *m*, e augmentation *f* de puissance, accroissement *m* de la capacité de rendement.
Leistungsausweitung *f*, en extension *f* de prestations ; extension de garantie.
leistungsbedingt → *leistungsabhängig*.
Leistungsbegrenzung *f*, en *(sécurité sociale)* plafond *m* des prestations.
Leistungsberechtigte/r *(der/ein)* ayant *m* droit (aux prestations) ; attributaire *m* de prestation ; titulaire *m* d'une prestation ; prestataire *m* (sécurité sociale).

Leistungsbereitschaft *f,* **en** goût *m* de l'effort ; bonne disposition *f* au travail ; aptitude *f* au rendement.

Leistungsbetrag *m,* ¨e montant *m* d'une prestation.

Leistungsbetrüger *m,* - fraudeur *m* (au chômage, à la sécurité sociale).

Leistungsbezieher *m,* - bénéficiaire *m* de prestations sociales ; prestataire *m.*

leistungsbezogen → *leistungsabhängig.*

Leistungsbilanz *f,* **en** (*comptab.*) balance *f* courante ; balance des opérations courantes ; balance des échanges de marchandises et de services ; balance des paiements courants ; compte *m* brut de résultats ; *aktive, passive* ~ balance courante excédentaire, déficitaire.

Leistungsdrosselung *f,* **en** réduction *f* de(s) performances ; diminution *f* de rendement.

Leistungsdruck *m,* ø pression *f* du rendement ; *er steht unter* ~ il est soumis au stress du rendement (à tout prix).

Leistungsdurchschnitt *m,* **e** rendement *m* moyen.

Leistungsempfänger *m,* - → *Leistungsberechtigte/r.*

Leistungsentgelt *n,* **e** rémunération *f* ; dédommagement *m* pour travail fourni.

Leistungserbringer *m,* - prestataire *m* de services.

Leistungserbringung *f,* - prestation *f* de services.

Leistungsentlohnung *f,* **en** → *Leistungsentgelt.*

Leistungserstellung *f,* **en** production *f* de biens et services.

leistungsfähig efficient ; efficace ; productif ; performant.

Leistungsfähigkeit *f,* **en** capacité *f* ; productivité *f* ; potentiel *m* ; puissance *f* de rendement ; *wirtschaftliche* ~ potentiel économique ; capacité de production ; *Hebung der wirtschaftlichen* ~ relèvement *m* de la productivité.

leistungsgebunden → *leistungsabhängig.*

leistungsgerecht → *leistungsabhängig.*

Leistungsgerechtigkeit *f,* ø justice *f* sociale qui s'exerce en fonction des cotisations versées durant la période d'activité (*contr. Bedarfsgerechtigkeit*).

Leistungsgesellschaft *f,* **en** société *f* de rendement, de profit ; société de compétition ; société productiviste.

Leistungsgrad *m,* **e** productivité *f.*

Leistungsgrenze *f,* **n** 1. limite *f* de puissance 2. plafond *m* des prestations.

Leistungsgruppe *f,* **n** catégorie *f* d'emploi.

leistungshemmend contre-productif ; qui freine le rendement ; qui fait obstacle à la production ; ~ *wirken* être contre-productif.

Leistungshöchstbetrag *m,* ¨e → *Leistungsgrenze.*

Leistungskapazität *f,* **en** → *Leistungsfähigkeit.*

Leistungskatalog *m,* **e** 1. (*entreprise*) catalogue *m* des prestations offertes 2. catalogue *m* des prestations remboursées par la sécurité sociale.

Leistungskennziffer *f,* **n** indice *m,* norme *f* de rendement.

Leistungsknick *m,* s/e chute *f,* baisse *f* brutale de rendement.

Leistungskosten *pl* (*comptab.*) charges *fpl* opérationnelles (ensemble des charges liées au fonctionnement de l'entreprise : consommation de matières premières, frais de personnel).

Leistungskraft *f,* ø → *Leistungsfähigkeit.*

Leistungskurve *f,* **n** courbe *f* de rendement.

Leistungskürzung *f,* **en** réduction *f* de prestations (sociales) ; *~en der gesetzlichen Krankenversicherung* diminution *f* des remboursements de la sécurité sociale.

Leistungslohn *m,* ¨e salaire *m* au rendement.

Leistungsminderung *f,* **en** baisse *f* de (la) production ; diminution *f* de/du rendement ; ralentissement *m* de l'activité ; tassement *m* du rendement.

Leistungsmissbrauch *m,* ø (*jur.*) fraude *f* aux prestations sociales.

Leistungsmotivation *f,* **en** motivation *f* au travail.

Leistungsniveau *n,* **s** niveau *m* de rendement.

leistungsorientiert axé sur l'efficacité ; au mérite ; méritocratique ; *~e Gesellschaft* société *f* de rendement ; *~e Vergütung* rémunération *f* au mérite.

Leistungsort *m,* **e** lieu *m* d'exécution, de réalisation d'une opération ; lieu de livraison.

Leistungsprämie *f,* **n** prime *f* de productivité ; bonus *m* de rendement ; supplément *m.*

Leistungsprüfung *f,* en contrôle *m* du rendement ; test *m* de rendement.

Leistungsrechnung *f,* en (*comptab.*) compte *m* résultat ; → ***Erfolgsrechnung*** ; ***Leistungsbilanz*** ; ***Kostenrechnung.***

Leistungsrente *f,* n retraite *f* vieillesse établie au prorata des cotisations versées.

Leistungsrückgang *m,* ¨e → ***Leistungsverlust.***

Leistungsschau *f,* en (*agric.*) manifestation *f* commerciale de présentation de produits ; présentation *f* de produits régionaux.

leistungsschwach à faible rendement ; peu performant.

Leistungsspektrum *n* , en spectre *m* , éventail *m* des prestations ; gamme *f* complète d'une production.

Leistungsstand *m,* ø niveau *m* de rendement ; *hoher technischer* ~ haut niveau technique ; technologie *f* sophistiquée.

Leistungsstandard *m,* s → ***Leistungsstand.***

leistungsstark à haut (fort) rendement ; performant.

Leistungssteigerung *f,* en → ***Leistungsanstieg.***

Leistungsstücklohn *m,* ¨e salaire *m* aux pièces.

Leistungsträger *m,* - organisme *m* prestataire ; *die* ~ *eines Lands* les forces vives *fpl* d'un pays.

Leistungsumfang *m,* ¨e (*assur.*) nombre *m* de prestations garanties ; gamme *f* des risques couverts.

Leistungsvergleich *m,* e comparaison *f* de la performance, du rendement ; concours *m*.

Leistungsvergütung *f,* en rémunération *f* au mérite.

Leistungsverlust *m,* e perte *f* de rendement ; baisse *f* de production.

Leistungsvermögen *n,* - → ***Leistungsfähigkeit.***

Leistungsverrechnung *f,* en (*comptab.*) imputation *f* des charges pour prestations internes (à l'entreprise).

Leistungsverzeichnis *n,* se cahier des charges.

Leistungsverzug *m,* ¨e retard *m* dans l'exécution d'une prestation.

Leistungswettbewerb *m,* e concours *m* de productivité ; production *f* compétitive.

Leistungszulage *f,* n → ***Leistungsprämie.***

Leitartikel *m,* - éditorial *m* ; article *m* de fond.

Leitartikler *m,* - éditorialiste *m*.

Leitbörse *f,* n bourse *f* de référence ; bourse principale ; place *f* boursière d'un pays (Francfort, New-York, Londres, Paris, Zurich).

leiten mener ; conduire ; diriger ; gérer ; ~*der Angestellter* cadre *m* (supérieur) ; *die* ~ *den Angestellten* cadres de direction ; personnel *m* d'encadrement ; ~*der Ausschuss* comité *m* directeur ; ~*er Ingenieur* ingénieur *m* en chef ; ~*de Stellung* position *f* dirigeante ; poste *m* de direction ; → ***führen.***

Leitendenstatus *m,* - statut *m* (des) cadres.

Leitende/r (*der/ein*) cadre *m* (supérieur) ; *die Leitenden* les cadres (de direction) ; personnel *m* d'encadrement ; dirigeants *mpl* (*syn. Führungskraft*).

Leiter *m,* - directeur *m* ; chef *m* ; manager *m* **I.** *kaufmännischer* ~ directeur commercial ; *stellvertretender* ~ directeur adjoint ; *technischer* ~ directeur technique ; *verantwortlicher* ~ directeur responsable **II.** ~ *des internen Controllings* directeur de l'audit interne ; ~ *einer Dienststelle* chef de service ; ~ *der Finanzbuchhaltung* directeur financier et comptable ; ~ *der Rechtsabteilung* chef du service juridique ; ~ *der Werbeabteilung* chef du département de publicité ; → ***Abteilungs-, Ausbildungs-, Betriebs-, Geschäfts-, Personal-, Unternehmens-, Verkaufs-, Vertriebs-, Werbe-, Werkleiter.***

Leitkurs *m,* e (*finance*) cours *m* de référence ; taux-pivot *m*.

Leitkursanpassung *f,* en (*finance*) ajustement *m* des taux pivots.

Leitlinien *fpl* lignes *fpl* directrices.

Leitreferenzpreis *m,* e (*finance*) prix-pivot *m* ; prix de référence.

Leitsatz *m,* ¨e **1.** taux *m* de référence (escompte et avances sur titres) **2.** principe *m* directeur ; directive *f*.

Leitstelle *f,* n service *m* de direction ; poste *m* de commandement ; centrale *f*.

Leitsystem *n,* e (*transp.*) système *m* de guidage.

Leitung *f,* en **1.** direction *f* ; gestion *f* ; administration *f* ; *administrative* ~ gestion administrative ; *eigenverantwort-*

liche ~ direction autonome ; *kaufmännische* ~ direction commerciale ; *kollektive* ~ direction collective ; *staatliche* ~ direction étatique ; *zentrale* ~ direction centrale ; *die* ~ *einer Firma übernehmen* prendre la direction d'une entreprise 2. ligne *f* téléphonique ; *die* ~ *ist besetzt* la ligne est occupée ; *die* ~ *ist gestört, überlastet* la ligne est en dérangement, surchargée ; → *Führung* ; *Management* ; *Betriebs-, Geschäfts-, Unternehmens-, Werkleitung.*

Leitungsebene *f,* **n** échelon *m*, niveau *m* de (la) direction.

Leitungsfunktion *f,* **en** fonction *f* de direction, de management.

Leitungsnetz *n,* **e** réseau *m* de lignes téléphoniques.

Leitungsorgan *n,* **e** organe *m* de direction ; état-major *m* de direction ; staff *m*.

Leitungsstab *m,* ¨**e** → *Leitungsorgan.*

Leitungsstil *m,* **e** style *m* de direction, de management.

Leitungsverantwortung *f,* **en** responsabilité *f* de direction, de gestion, d'administration.

Leitwährung *f,* **en** monnaie *f* de réserve ; monnaie-clé *f* (*syn. Reservewährung*).

Leitzahl *f,* **en** (numéro *m* de) code *m* postal ; indicatif *m* chiffré.

Leitzins *m,* **en 1.** (*banque centrale européenne*) taux *m* directeur de la B.C.E. (pour le financement des crédits aux banques d'affaires) ; *die ~en erhöhen, senken* relever, baisser les taux directeurs **2.** taux de référence, de base, directeur de la Bundesbank.

Leitzinssatz *m,* ¨**e** → *Leitzins.*

Leitzinstief *n,* **s** taux-directeur *m* plancher ; bas niveau *m* du taux directeur.

lenken diriger ; guider ; gouverner ; planifier.

Lenkung *f,* **en** direction *f* ; régulation *f* ; orientation *f* ; dirigisme *m* ; ~ *der Kaufkraft* orientation du pouvoir d'achat ; ~ *der Wirtschaft* dirigisme économique.

Lenkungsausschuss *m,* ¨**e** comité *m* de direction, de contrôle ; comité-directeur *m*.

lenkungsfrei non dirigiste ; de libre concurrence ; libre ; libéral.

Lenkungsmaßnahme *f,* **n** mesure *f* dirigiste.

lenzen dégazer (en mer) ; nettoyer les soutes d'un pétrolier.

Leonardo-Programm *n* (*U.E.*) programme *m* Leonardo (promouvoir les stages à l'étranger pour les jeunes salariés ou apprentis).

leoninisch (*jur.*) léonin ; injuste ; abusif (une personne se réserve la part du lion au détriment de l'autre) ; ~*e Teilung* partage *m* léonin ; ~*er Vertrag* contrat *m* léonin.

Lernbehinderte/r (*der/ein*) élève *m* handicapé ; enfant *m* en difficulté scolaire ; mal-apprenant *m*.

lernen apprendre ; *einen Beruf* ~ apprendre un métier ; *er hat Klempner gelernt* il a appris le métier de plombier ; *sie lernt noch* elle est encore en formation, en apprentissage.

Lernprozess *m,* **e** processus *m* d'apprentissage ; *einen* ~ *durch/machen* passer par une phase d'apprentissage ; faire un apprentissage.

Lernsoftware *f,* **s** didacticiel *m* ; logiciel *m* pédagogique.

lesbar lisible ; déchiffrable.

Lese *f,* **n** (*agric.*) récolte *f* ; cueillette *f*.

Lesegerät *n,* **e** (*informatique*) lecteur *m* (optique).

Lesen *n,* ø lecture *f*.

Leser *m,* - lecteur *m*.

Leserbrief *m,* **e** lettre *f* de lecteur ; ~*e* courrier *m* des lecteurs.

Leserschaft *f,* (**en**) les lecteurs *mpl*.

Lesung *f,* **en** (*parlement*) lecture *f* ; *in zweiter* ~ en seconde lecture.

Letztangebot *n,* **e** dernière offre *f* ; dernière enchère *f*.

Letztbesitzer *m,* - dernier propriétaire *m* connu (*contr. Erstbesitzer*).

Letztbietende/r (*der/ein*) dernier offrant *m* ; enchérisseur *m*.

Letztentscheidungsrecht *n,* **e** décision *f* finale ; *das* ~ *soll der Bundesausschuss behalten* c'est à la commission fédérale que doit revenir la décision finale.

Letztverbraucher *m,* - consommateur *m* final.

Letztverbraucherpreis *m,* **e** prix-client *m*.

letztverfügbar : (*statist.*) ~*er Stand* données *fpl* les plus récentes ; derniers chiffres *mpl* publiés.

letztwillig testamentaire ; ~*e Verfügung* dernières volontés *fpl*.
Leuchtreklame *f*, n → ***Lichtreklame***.
Leuchtschild *n*, er enseigne *f* lumineuse ; panneau *m* lumineux.
Leuchtwerbung *f*, en → ***Lichtreklame***.
Leumund *m*, ø réputation *f* ; *einwandfreien* ~ *setzen wir voraus* réputation irréprochable exigée.
Leumundszeugnis *n*, se (*arch.*) certificat *m* de bonne vie et mœurs ; certificat de moralité.
Leute *pl* gens *fpl* ; *einflussreiche* ~ personnes influentes ; *die kleinen* ~ les petites gens.
Leverage-Buy-out *m/n*, s (*LBO*) (*pr. ang.*) rachat *m* d'entreprise (sous-valorisée) à effet de levier ; prise *f* de contrôle par recours à l'emprunt ; rachat *m* d'entreprise (financé par l'émission de « junk bonds »), obligations à rendement élevé, mais à haut risque).
Leverage-Effekt *m*, (e) effet *m* de levier (un changement du cours ou de l'indice de base d'un titre entraîne en aval un changement encore plus important de son cours final).
Leverage-Management-Buy-out *m/n*, s (*LMBO*) (*pr. ang.*) rachat *m* d'une entreprise par ses salariés (R.E.S) ; rachat d'une entreprise par son état-major ou par ses cadres (grâce à l'émission de « junk bonds », obligations à rendement élevé, mais à haut risque).
lfd.J. (*laufenden Jahres*) de l'année en cours.
lfd.M. (*laufenden Monats*) du mois en cours.
lfd.Nr. (*laufende Nummer*) numéro *m* de série ; numéro d'ordre.
Lfg → ***Lieferung***.
liberal libéral ; ~*e Wirtschaftsordnung* système *m* économique libéral.
Liberale/r (*der/ein*) libéral *m*.
liberalisieren libéraliser ; déréglementer ; déréguler ; *die Handelsbeziehungen* ~ libéraliser les échanges commerciaux ; → ***deregulieren***.
Liberalisierung *f*, en libéralisation *f* ; déréglementation *f* ; dérégulation *f* ; ~ *der Kapitalbewegungen* libéralisation des mouvements de capitaux ; ~ *der Wirtschaft* libéralisation de l'économie.
Liberalismus *m*, ø libéralisme *m* ; doctrine *f* libérale ; *politischer* ~ libéralisme politique ; *radikaler* ~ ultra-libéralisme ; *traditioneller* ~ libéralisme traditionnel ; *wirtschaftlicher* ~ libéralisme économique (propriété privée, concurrence, marché, liberté de contracter, etc.)
Liberalität *f*, ø libéralité *f* ; largesse *f*.
liberal-konservativ libéral conservateur ; ~ *ausgerichtete Partei* parti *m* de tendance libérale-conservatrice.
LIBOR (*London Interbank Offered Rate*) taux *m* interbanques de l'argent sur la place de Londres ; → ***Euribor***.
Licht : *grünes* ~ feu *m* vert ; *jds hinters* ~ *führen* tromper qqn ; berner qqn.
licht clair ; clairsemé ; (*gabarit*) *eine* ~*e Höhe von vier Metern* un gabarit de quatre mètres (de hauteur) ; (*forêt*) ~*e Stelle* surface *f* déboisée ; ~*er Wald* forêt *f* clairsemée ; ~*e Weite* diamètre *m* intérieur ; passage *m* libre.
Lichtblick *m*, e embellie *f* ; éclaircie *f* ; raison *f* d'optimisme ; *es gibt einen* ~ ~ *im Einzelhandel* il y a une embellie dans le commerce de détail.
lichten rendre transparent ; donner de la transparence à qqch ; *das Steuerdickicht* ~ augmenter la transparence fiscale.
Lichtgriffel *m*, - crayon *m*, stylo *m* optique (ordinateur).
Lichtreklame *f*, n publicité *f*, réclame *f* lumineuse.
Liebhaberpreis *m*, e prix *m* d'amateur.
Liebhaberwert *m*, e valeur *f* affective.
Lieferant *m*, en, en fournisseur *m*.
Lieferantenbuch *n*, ¨er registre *m* des fournisseurs.
Lieferantendatei *f*, en fichier *m* des fournisseurs.
Lieferanteneingang *m*, ¨e entrée *f* des fournisseurs.
Lieferantenkartei *f*, en → ***Lieferantendatei***.
Lieferantenkonto *n*, -ten compte *m* fournisseur.
Lieferantenkredit *m*, e crédit-fournisseurs *m*.
Lieferantskonto *m/n*, s/-ti escompte *m* de règlement.
Lieferauftrag *m*, ¨e ordre *m* de livraison ; *öffentlicher* ~ marché *m* public de fournitures.
lieferbar livrable ; disponible ; *zur Zeit nicht* ~ en rupture de stock ; actuellement non disponible.

Lieferbedingungen *fpl* conditions *fpl*, modalités *fpl* de livraison ; termes *mpl* convenus pour la livraison.
Lieferboykott *m*, *s* boycott(age) *m* des livraisons ; boycott des fournitures.
Lieferengpass *m*, ¨e difficultés *fpl* d'approvisionnement ; goulot *m* d'étranglement au niveau des livraisons.
Lieferer *m*, - → *Lieferant*.
Lieferfähigkeit *f*, en possibilité *f* de livrer ; ~ *vorbehalten* sous réserve d'impossibilité de livraison.
Lieferfirma *f*, -men fournisseur *m* ; maison *f* de livraison.
Lieferfrist *f*, en délai *m* de livraison ; *die ~ ein/halten* respecter le délai de livraison ; *die ~ überschreiten* dépasser le délai de livraison.
Liefergarantie *f*, n garantie *f* de livraison.
Lieferkette *f*, n chaîne *f* de transport.
Lieferkosten *pl* frais *mpl* de livraison.
Lieferland *n*, ¨er pays *m* fournisseur.
Liefermarkt *m*, ¨e marché *m* des vendeurs, des fournisseurs, des producteurs ; marché de l'offre.
Liefermenge *f*, n quantité *f* à livrer.
Liefermonopol *n*, e monopole *m* des livraisons ; *das ~ (auf etw) haben* détenir le monopole des livraisons (de qqch).
liefern 1. livrer ; *frei Haus ~* livrer franco domicile ; *ins Haus ~* livrer à domicile 2. produire ; fournir ; *Rohstoffe ~* produire des matières premières.
Lieferort *m*, e lieu *m* de livraison.
Lieferpreis *m*, e prix rendu *m*.
Lieferschein *m*, e récépissé *m*, bon *m*, bordereau *m* de livraison.
Lieferservice *m*, s service *m* de livraison ; *~ ins Haus* livraison *f* à domicile.
Liefersperre *f*, n blocage *m* de livraisons.
Lieferstopp *m*, s cessation *f*, suspension *f* des livraisons.
Liefertermin *m*, e 1. date *f* de livraison 2. délai *m* de livraison.
Liefer- und Zahlungsbedingungen *fpl* conditions *fpl* de livraison et de paiement.
Lieferung *f*, en livraison *f* ; fourniture *f* ; envoi *m* I. *beschleunigte ~* livraison express ; *komplette ~* livraison complète ; *rechtzeitige ~* livraison à temps ; *sofortige (umgehende) ~* livraison immédiate ; *verspätete ~* livraison en retard ; *vertragliche ~* livraison contrac-

tuelle II. *~ auf Abruf* livraison sur appel ; *~ gegen Barzahlung* livraison contre paiement, au comptant ; *~ frei Haus* livraison franco domicile ; *~ innerhalb von acht Tagen* livraison sous huitaine ; *zahlbar bei ~* payable à livraison.
Lieferungsangebot *n*, e soumission *f* ; *ein ~ machen* soumissionner ; → *Ersatz-, Nicht-, Rück-, Terminlieferung*.
Lieferungsannahme *f*, n acceptation *f* de la marchandise ; *(Belgique)* agréation *f*.
Lieferungsanzeige *f*, n avis *m* de livraison.
Lieferungsauftrag *m*, ¨e ordre *m* de livraison.
Lieferungsbewerber *m*, - soumissionnaire *m*.
Lieferungsembargo *n*, s → *Lieferungssperre*.
Lieferungsfrist *f*, en délai *m* de livraison.
Lieferungsgeschäft *n*, e *(bourse)* vente *f* à livrer ; opération *f* à terme.
Lieferungsort *m*, e lieu *m* de livraison.
Lieferungsschein *m*, e bulletin *m* de livraison.
Lieferungssperre *f*, n blocage *m* des livraisons ; embargo *m* sur les livraisons.
Lieferungstermin *m*, e → *Lieferungsfrist*.
Lieferungsverzögerung *f*, en → *Lieferverzug*.
Liefervertrag *m*, ¨e contrat *m* de livraison ; *langfristiger ~* contrat de livraison à long terme ; *den ~ ein/halten* respecter le contrat de livraison.
Lieferverzug *m*, ø retard *m* de livraison, retard à la livraison.
Lieferwagen *m*, - camion *m* de livraison.
Lieferzeit *f*, en délai *m*, date *f* de livraison ; *die ~ ein/halten* respecter le délai de livraison.
liegen, a, e être ; se situer, figurer ; *gut ~* être en bonne position ; être bien placé ; *unter, über dem Durchschnitt ~* être inférieur, supérieur à la moyenne ; *die Preise ~ hoch, niedrig* les prix *mpl* sont élevés, bas.
Liegengebliebene : *das ~* les invendus *mpl*.
Liegenschaften *fpl* terrains *mpl* et constructions *fpl* ; propriété *f* foncière ;

domaine *m* immobilier ; biens *mpl* fonciers ; immeubles *mpl*.

Liegenschaftsamt *n*, ¨er Office *m* fédéral, national des domaines.

Liegenschaftsregister *n*, - fichier *m* cadastral.

Liegeplatz *m*, ¨e mouillage *m* ; ancrage *m*.

Liegetage *mpl* (*navigation*) estarie *f* ; délai *m* de (dé)chargement d'un navire de commerce.

Liegezeit *f*, en 1. (*machine*) temps *m* d'arrêt ; temps de non-utilisation 2. (*navigation*) durée *f* de séjour d'un navire dans un port ; estarie *f*.

Liffe *f* (*London International Financial Futures and Options Exchange / Londoner Terminbörse*) bourse *f* du marché à terme de Londres.

LIFO (*last in, first out*) (*comptab.*) dernier entré, premier sorti (méthode d'évaluation des stocks) ; → *fifo*.

Light-Produkt *n*, e produit *m* allégé.

LIKO-Bank *f*, en → *Liquiditätskonsortialbank*.

Limit *n*, s/e 1. (*prix, crédit*) limite *f* ; plafond *m* ; *festgesetztes* ~ limite fixée ; *oberes, unteres* ~ limite supérieure, inférieure 2. (*bourse*) ordre *m* limite (d'achat ou de vente).

limitieren limiter ; *limitierte Auflage* tirage *m* limité.

Limitkurs *m*, e (*bourse*) cours *m* plafond ; cours-limite *m*.

Limitpreis *m*, e prix plafond ; prix-limite *m*.

linear linéaire ; ~ *progressiv* à progression linéaire ; ~*e Abschreibung* amortissement *m* constant, linéaire ; ~ *variieren* varier linéairement.

Linearität *f*, ø linéarité.

Linie *f*, n 1. (*transp.*) ligne *f* 2. (*généalogie*) ligne ; branche *f* ; *mütterliche* ~ branche maternelle 3. (*polit.*) ligne de conduite.

Linienbetrieb *m*, e (*aviation*) *den* ~ *ein/stellen, wieder auf/nehmen* suspendre, reprendre les vols réguliers.

Liniendienst *m*, e → *Linienverkehr*.

Linienflug *m*, ¨e vol *m* régulier ; vol de ligne.

Linienmaschine *f*, n avion *m* de ligne.

Linienreederei *f*, en compagnie *f* maritime.

Linienschiff *n*, e bateau *m* de ligne.

Linienverkehr *m*, ø trafic *m* régulier, de ligne ; service *m* régulier.

Link *m*, s (*Internet*) lien *m* ; serveur *m*.

Linke *f*, n (*polit.*) gauche *f* ; *äußerste* ~ extrême gauche ; *gemäßigte* ~ gauche modérée (*contr. Rechte*).

links gauche ; de (à) gauche ; ~ (*eingestellt*) *sein* être politiquement à (de) gauche ; (*fig.*) *die heimischen Produkte* ~ *liegen lassen* bouder les produits nationaux.

linksbündig (*traitement de texte*) aligné, justifié à gauche.

Linksextremismus *m*, ø (*polit.*) extrémisme *m* de gauche.

Linksopposition *f*, en (*polit.*) opposition *f* de gauche.

linksorientiert (*polit.*) orienté à gauche.

Linksorientierung *f*, en (*polit.*) orientation *f* à gauche.

Linkspartei *f*, en (*polit.*) parti *m* de gauche.

linksradikal (*polit.*) d'extrême gauche ; ~*e Gruppe* groupuscule *m* gauchiste.

liquid (*comptab.*) liquide ; disponible ; réalisable à court terme ; ~*e Mittel* disponibilités *fpl* ; liquidité *f*.

Liquidation *f*, en 1. (*jur.*) liquidation *f* (procédure de réalisation des actifs immobilisés d'une entreprise en cessation de paiement) ; dissolution *f* ; ~ *einer Firma* dissolution d'une entreprise ; *in* ~ *gehen lassen* mettre en liquidation ; *in* ~ *treten (geraten)* entrer en liquidation 2. (*bourse*) liquidation ; levée *f* ; exécution *f* du marché (à terme) 3. (*professions libérales*) note *f* de frais ; note d'honoraires 4. réalisation *f* (de biens immobilisés) ; → *Abwicklung*.

Liquidationsanteil *m*, e (*jur.*) (quote-) part *f* de liquidation.

Liquidationsantrag *m*, ¨e (*jur.*) demande *f* en liquidation.

Liquidationsbilanz *f*, en (*comptab., jur.*) bilan *m* de liquidation.

Liquidationserlös *m*, e (*jur.*) produit *m* de la liquidation.

Liquidationsgewinn *m*, e (*jur.*) bénéfice *m* de liquidation.

Liquidationskurs *m*, e (*bourse*) cours *m* de liquidation.

Liquidationsmasse *f*, n (*jur.*) masse *f* de la liquidation.

Liquidationspapiere *npl* (*comptab., jur.*) effets *mpl* de trésorerie ; effets de mobilisation.

Liquidationsverfahren *n*, - (*jur.*) procédure *f* de liquidation (vente du patrimoine d'une entreprise en cessation de paiement par un syndic pour régler les créanciers).

Liquidationsvergleich *m*, e (*jur.*) règlement *m* judiciaire ; concordat *m* par réalisation d'actifs.

Liquidationsverkauf *m*, ¨e (*jur.*) vente-liquidation *f*.

Liquidationswert *m*, e (*comptab., jur.*) valeur *f* de liquidation.

Liquidator *m*, en (*jur.*) liquidateur *m* ; *zum ~ bestellen* instituer comme liquidateur.

liquide → *liquid*.

liquidieren 1. (*jur.*) liquider ; réaliser ; rendre liquide ; *eine finanzielle Verpflichtung ~* rembourser une dette **2.** (*polit.*) assassiner ; liquider qqn **3.** *einen Konflikt ~* mettre un terme à un conflit.

Liquidität *f*, en (*comptab.*) liquidité *f* ; solvabilité *f* ; encaisse *f* ; disponibilités *fpl* ; trésoreries *fpl* ; *~ ersten Grades* ratio *m* de liquidité immédiate ; *~ zweiten Grades* ratio *m* de liquidité restreinte ; *~ dritten Grades* ratio *m* de liquidité générale ; *die ~ sicherstellen* assurer la liquidité.

liquiditätsabschöpfend qui éponge, qui absorbe les liquidités.

Liquiditätsanreicherung *f*, en accroissement *m* des disponibilités.

Liquiditätsausstattung *f*, en disponibilités *fpl* ; trésorerie *f* disponible ; liquidités *fpl* ; disponible *m*.

Liquiditätsbedarf *m*, ø besoins *mpl* de (en) liquidités.

Liquiditätsengpass *m*, ¨e → *Liquiditätsschwierigkeiten*.

Liquiditätsentzug *m*, ¨e retrait *m* de (des) liquidités.

Liquiditätsgrad *m*, e degré *m*, coefficient *m*, taux *m* de liquidité.

Liquiditätshaltung *f*, en maintien *m* de la liquidité d'un titre.

Liquiditätskennziffer *f*, n ratio *m*, indice *m* de liquidité.

Liquiditätskoeffizient *m*, en, en coefficient *m* de liquidité.

Liquiditätskonsortialsbank *f*, en (*LIKO-Bank*) banque *f* consortiale de trésorerie.

Liquiditätskredit *m*, e crédit *m* de trésorerie ; avance *f* bancaire de trésorerie.

Liquiditätslage *f*, n état *m* de la trésorerie ; situation *f* de liquidité(s).

Liquiditätsmangel *m*, ¨ manque *m*, insuffisance *f* de liquidité(s).

Liquiditätspapier *n*, e titre *m* de liquidité ; effet *m* de trésorerie (effet du Trésor ou obligation du Trésor).

Liquiditätspolster *n*, - → *Liquiditätsreserven*.

Liquiditätsreserven *fpl* réserves *fpl* de liquidité, de trésorerie ; fonds *mpl* réalisables à court terme.

Liquiditätsschöpfung *f*, en création *f*, constitution *f* de liquidités.

Liquiditätsschwierigkeiten *fpl* difficultés *fpl*, gêne *f* de trésorerie.

Liquiditätsstand *m*, ø état *m* des liquidités ; niveau *m* de la trésorerie.

Liquiditätsverknappung *f*, en resserrement *m*, raréfaction *f* des liquidités.

Liquis *pl* (*bourse*) titres *mpl* de participation issus de la liquidation du groupe *IG-Farben*.

Liste *f*, n liste *f* ; relevé *m* ; état *m* ; catalogue *m* ; tableau *m* ; bordereau *m* ; *schwarze ~* liste noire ; *eine ~ auf/stellen* établir, dresser une liste ; *in eine ~ ein/tragen* porter sur une liste ; *eine ~ erstellen* dresser une liste ; *auf die ~ setzen* mettre sur la liste ; *auf der ~ stehen* figurer sur la liste ; *aus einer ~ streichen* rayer d'une liste.

listen lister ; mettre en liste (*syn. auflisten*).

Listenführer *m*, - **1.** (*élections*) tête *f* de liste **2.** personne *f* qui établit une liste.

Listenplatz *m*, ¨e classement *m*, place *f* sur une liste (électorale).

Listenpreis *m*, e prix-catalogue *m* ; prix *m* affiché ; prix-catalogue *m*.

Listenverbindung *f*, en (*élections*) listes *fpl* électorales groupées ; listes apparentées.

Listenwahl *f*, en scrutin *m* de liste.

Liter *n/m*, - litre *m* ; *ein Barrel fasst 159 ~ Rohöl* un baril contient 159 l de pétrole brut.

Litfaßsäule *f*, n colonne *f* d'affichage, publicitaire ; colonne Morris (*syn. Anschlagsäule*).

Littering *n*, ø rejet *m* sauvage d'emballages perdus.

live (*pr. ang.*) (*radio, télé*) en direct ; *etw ~ senden* diffuser en direct.

Livesendung *f,* en (*radio, télé*) diffusion *f* en direct ; émission *f* en direct.
Liveübertragung *f,* en retransmission *f* en direct.
Lizenz *f,* en (*Lz.*) licence *f* ; concession *f* ; *eine ~ erteilen* délivrer une licence ; *in ~ her/stellen* fabriquer sous licence ; *eine ~ zurück/ziehen* retirer une licence.
Lizenzabgabe *f,* n redevance *f* de licence.
Lizenzabkommen *n,* - → *Lizenzvertrag.*
Lizenzantrag *m,* ¨e demande *f* de licence.
Lizenzausgabe *f,* n édition *f* publiée sous licence.
Lizenzbewilligung *f,* en → *Lizenzerteilung.*
Lizenzentzug *m,* ¨e retrait *m* de licence ; suppression *f* de licence.
Lizenzerlös *m,* e gains *mpl* sur les droits de licence ; produit *m* des droits de licence.
Lizenzerteilung *f,* en concession *f,* octroi *m* de licence.
lizenzfrei sans licence ; exempt de licence.
Lizenzgeber *m,* - concédant *m* ; titulaire *m* du droit (de licence).
Lizenzgebühren *fpl* droits *mpl* de licence (d'exploitation).
lizenzieren concéder une licence, une concession ; autoriser à exploiter une licence.
Lizenzinhaber *m,* - détenteur *m,* bénéficiaire *m* d'une licence ; concessionnaire *m.*
Lizenznehmer *m,* - → *Lizenzinhaber.*
Lizenzträger *m,* - détenteur *m* d'une licence d'exploitation.
Lizenzvergabe *f,* n → *Lizenzerteilung.*
Lizenzvertrag *m,* ¨e contrat *m* de licence.
Lkw ou **LKW** *m,* s camion *m* ; poids lourd *m* ; (*fam.*) gros-cul *m.*
Lkw-Fahrer *m,* - conducteur *m,* chauffeur *m* de poids lourd ; routier *m* ; camionneur *m.*
Lkw-Fracht *f,* en fret *m* transporté par camion.
Lkw-Maut *f,* en droit de péage *m* (pour) poids-lourds.
Lkw-Transport *m,* e transport *m* par camion(s).

LMBO → *Leverage-Management-Buy-out.*
Lobby *f,* s groupe *m* de pression ; lobby *m* (*syn. Interessengruppe*).
Lobbying *n,* s lobbying *m* (méthode d'influence interne) ; trafic *m* d'influence ; tentatives *fpl* de pression exercées par des lobbies sur des parlementaires.
Lobbyismus *m,* ø → *Lobbying.*
Lobbyist *m,* en, en lobbyiste *m* ; membre *m* d'un groupe de pression.
Loch *n,* ¨er trou *m* ; déficit *m* ; (*fam.*) *~¨er in den Finanzen stopfen* combler un déficit budgétaire ; *ein ~ in der Kasse* un déficit de caisse.
lochen poinçonner ; perforer.
Locher *m,* - (*machine*) perforatrice *f* ; poinçonneuse *f.*
Lochkarte *f,* n carte *f* perforée.
Lockangebot *n,* e offre *f* alléchante ; offre d'appel.
Lockartikel *m,* - article *m* d'appel, de lancement.
locker : *das Geld sitzt den Konsumenten nicht mehr so ~ in der Tasche* les consommateurs ne dépensent plus aussi facilement leur argent.
locker/lassen, ie, a (*négociations*) *nicht ~* camper sur ses positions ; ne pas céder un pouce de terrain.
locker/machen : (*fam.*) *Geld ~* délier (les cordons de) la bourse ; rassembler des fonds.
lockern assouplir ; desserrer ; *die Kredite ~* débloquer les crédits.
Lockerung *f,* en assouplissement *m* ; relâchement *m* ; déblocage *m* ; libération *f* (prix, crédits).
Lockerungsmaßnahme *f,* n mesure *f* d'assouplissement.
Lockpreis *m,* e prix *m* d'appel.
Lockvogelangebot *n,* e offre *f* alléchante (souvent trompeuse) ; attrape-nigaud *m.*
Lockvogelpreis *m,* e prix *m* d'appel ; prix très avantageux (destiné à appâter le client).
Lockvogelwerbung *f,* en publicité *f* d'appel (souvent trompeuse et mensongère).
loco 1. sur place ; en ville 2. (*bourse*) disponible ; → *Loko-.*
Logis *n,* - : *gegen Kost und ~* nourri logé ; (*bei jdm*) *Kost und ~ haben* avoir le gîte et le couvert (chez qqn).

Logik *f,* ø logique *f* ; *keynesianische, wirtschaftliche* ~ logique keynésienne, économique.
logisch logique.
Logistik *f,* **en** logistique *f.*
Logistikkosten *pl* coûts *mpl* logistiques.
Logistikorganisation *f,* **en** gestion *f,* organisation *f* logistique ; → *Speditionsgewerbe* ; *Just-in-time-Lagerung.*
Logo *n,* **s** logo *m* (*syn. Signet*).
Lohn *m,* ¨e salaire *m* ; paie *f* ; paye *f* ; rémunération *f* ; gain *m* **I.** *fester* ~ salaire fixe ; *festgesetzter* ~ salaire stipulé, défini ; *garantierter* ~ salaire garanti ; *gleitender* ~ salaire mobile ; *steuerpflichtiger* ~ salaire imposable ; *tariflicher (vereinbarter)* ~ salaire conventionnel ; *tatsächlich bezogener* ~ salaire effectivement perçu **II.** *den* ~ *aus/zahlen* verser, payer un salaire ; *der* ~ *beträgt* le salaire se monte à ; le salaire est de ; *einen* ~ *beziehen* toucher un salaire ; *vom* ~ *ein/behalten* retenir sur le salaire ; *den* ~ *erhöhen* augmenter le salaire ; *den* ~ *fest/setzen* fixer le salaire ; *den* ~ *kürzen* diminuer, réduire le salaire ; *den* ~ *senken* baisser le salaire ; *die* ~¨e *steigen* les salaires augmentent ; (*fig.*) *jdm den angemessenen* ~ *zahlen* payer à qqn le salaire qui lui est dû **III.** *gleiche Arbeit, gleicher* ~ à travail égal, salaire égal ; *Freigabe der* ~¨e libération *f,* déblocage *m* des salaires ; *Nachziehen der* ~¨e rattrapage *m* des salaires ; *Nivellierung der* ~¨e rétrécissement *m* de la fourchette salariale ; écrasement *m* de la hiérarchie des salaires ; *Ungleichheit der* ~¨e disparité *f* des salaires ; disparité salariale ; → *Akkord-, Eck-, Nominal-, Real-, Tarif-, Zeitlohn* ; *Lohn- und Gehalts-* ; *Gehalt.*
Lohnabbau *m,* ø réduction *f* de salaire ; diminution *f* des salaires.
Lohnabhängige/r (*der/ein*) salarié *m* (dont le salaire est le seul revenu).
Lohnabkommen *n,* - accord *m* sur les salaires ; convention *f* salariale.
Lohnabmachungen *fpl* → *Lohnabkommen.*
Lohnabrechnung *f,* **en** → *Lohn- und Gehaltsabrechnung.*
Lohnabschlag *m,* ¨e → *Lohnabzug.*
Lohnabschlüsse *mpl* conventions *fpl* salariales ; accords *mpl* salariaux, tarifaires.

Lohnabsprache *f,* **n** accord *m* salarial.
Lohnabstand *m,* ¨e → *Lohngefälle.*
Lohnabstandsgebot *n,* **e** directive *f* gouvernementale ordonnant un écart minimum de 15 % entre le montant de l'aide sociale et le salaire correspondant le plus bas.
Lohnabteilung *f,* **en** service *m,* bureau *m* de la paie ; service-payeur *m.*
Lohnabzug *m,* ¨e retenue *f* sur le salaire ; prélèvement *m,* ponction *f* sur le salaire.
Lohnangleichung *f,* **en** ajustement *m,* r(é)ajustement *m* des salaires.
Lohnanhebung *f,* **en** relèvement *m,* redressement *m* des salaires.
Lohnanpassung *f,* **en** → *Lohnangleichung.*
Lohnanspruch *m,* ¨e **1.** (*syndicat*) ~¨e revendications *fpl* salariales **2.** prétention *f* salariale ; droit *m* au salaire ; *seine* ~¨e *geltend machen* faire valoir ses prétentions salariales.
Lohnanstieg *m,* **e** progression *f* des salaires.
Lohnanteil *m,* **e** part *f* de salaire ; ~ *an der Wertschöpfung* part des salaires dans la valeur ajoutée.
Lohnarbeit *f,* **en** travail *m* salarié, rémunéré ; *fremde* ~ travail donné en sous-traitance, à l'extérieur ; travaux de sous-traitance.
Lohnarbeiter *m,* - travailleur *m* salarié.
Lohnaufbesserung *f,* **en** → *Lohnanhebung.*
Lohnaufkommen *n,* - masse *f* salariale.
Lohnauftrieb *m,* **e** poussée *f,* flambée *f* des salaires.
Lohnaufwand *m,* -wendungen → *Lohnkosten.*
Lohnaufwertung *f,* **en** revalorisation *f* des salaires.
Lohnauseinandersetzungen *fpl* discussions *fpl* salariales ; table *f* ronde sur les salaires.
Lohnausfall *m,* ¨e perte *f* de salaire ; manque *m* à gagner.
Lohnausfallentschädigung *f,* **en** indemnité *f* pour perte de salaire.
Lohnausgleich *m,* **e** compensation *f* de salaire ; indemnité *f* salariale ; *bei vollem* ~ sans perte de salaire ; *ohne* ~ sans compensation salariale.
Lohnauszahlung *f,* **en** versement *m,* paiement *m* du salaire.

Lohnbedingungen *fpl* conditions *fpl* de salaire, salariales.
Lohnbescheinigung *f,* en attestation *f* de salaire.
Lohnbeschlagnahme *f,* n → *Lohnpfändung.*
Lohnbestandteil *m,* e composante *f* du salaire ; élément *m* du salaire (prime de rendement, participation aux résultats de l'entreprise, etc.).
Lohnbetrieb *m,* e entreprise *f* de sous-traitance ; entreprise de travail à façon ; sous-traitant *m.*
lohnbezogen (en) fonction du salaire ; proportionnel au salaire ; ayant trait au salaire.
Lohnbuchhalter *m,* - agent *m* payeur.
Lohnbuchhaltung *f,* en bureau *m* de paie ; comptabilité *f* de la paie ; comptabilité des salaires.
Lohndifferenzierung *f,* en échelle de(s) salaires *f* ; fourchette *f* salariale ; hiérarchie *f* des salaires ; différenciation *f* salariale ; disparité *f* salariale.
Lohndisziplin *f,* ø discipline *f* salariale ; discipline en matière de salaires.
Lohndrift *f,* en dérive *f* salariale ; dérapage *m* des salaires ; différence *f* entre les salaires des conventions collectives et les salaires réels.
Lohndruck *m,* ø poussée *f,* pression *f* des salaires ; pression sur les salaires.
Lohndrücker *m,* - (*fam.*) main-d'œuvre *f* bon marché (qui nuit à l'augmentation *f* des salaires).
Lohndruckinflation *f,* en → *Lohninflation.*
Lohndumping *n,* s dumping *m* des salaires, salarial.
Lohndurchschnitt *m,* e salaire *m* moyen ; moyenne *f* salariale.
Lohneinbehaltung *f,* en retenue *f* sur le salaire.
Lohneinbuße *f,* n perte *f* de salaire.
Lohneinkommen *n,* - revenu *m* salarial.
Lohneinsparungen *fpl* économies *fpl* de salaires.
Lohneinstufung *f,* en catégorisation *f* salariale ; établissement *m* de la grille des salaires.
Lohnempfänger *m,* - salarié *m* ; *die* ~ les salariés ; classe *f* salariale, salariée.
lohnen : (*fig.*) *sich* ~ être payant ; en valoir la peine.
lohnend payant ; avantageux ; profitable ; lucratif ; rémunérateur.

Lohnentwicklung *f,* en évolution *f,* mouvement *m* des salaires.
Lohnergänzung *f,* en complément *m* de salaire.
Lohnerhöhung *f,* en augmentation *f* salariale ; relèvement *m* des salaires.
Lohnersatzleistung *f,* en substitut *m* salarial ; indemnités *fpl* et prestations *fpl* sociales (chômage, maladie, intempéries, etc).
Lohnexplosion *f,* en explosion *f* du coût des salaires ; explosion des coûts salariaux.
Lohnfestsetzung *f,* en fixation *f,* détermination *f* du salaire.
Lohnflexibilität *f,* en flexibilité *f* des salaires.
Lohnfonds *m,* - fonds *m* salarial ; *betrieblicher* ~ fonds salarial de l'entreprise.
Lohnfolgekosten *pl* → *Lohnnebenkosten.*
Lohnforderungen *fpl* revendications *fpl* salariales ; ~ *durch/setzen* faire aboutir, imposer des revendications salariales.
Lohnformen *fpl* formes *fpl,* types *mpl* de salaires ; *hauptsächliche* ~ formes principales de salaires ; *leistungsorientierte* ~ formes de salaires au mérite, au rendement ; salaires *mpl* axés sur l'efficacité.
Lohnfortzahlung *f,* en maintien *m* du salaire ; ~ *im Krankheitsfall* maintien du salaire en cas de maladie.
Lohnfrage *f,* n question *f* salariale.
Lohnfront *f,* en front *m* salarial.
lohngebunden afférent au salaire.
Lohngefälle *n,* (-) → *Lohndifferenzierung.*
Lohngefüge *n,* (-) grille *f,* hiérarchie *f,* structure *f* des salaires.
Lohngemeinkosten *pl* charges *fpl* salariales indirectes.
Lohngerechtigkeit *f,* ø équité *f* en matière salariale.
Lohngleichheit *f,* en parité *f,* égalité *f* des salaires.
Lohngleichstellung *f,* en nivellement *m,* alignement *m* des salaires ; mise *f* à parité des salaires.
Lohngruppe *f,* n échelon *m* de salaire ; catégorie *f* salariale ; *in* ~ *2 eingestuft werden* être classé dans la catégorie salariale 2.
Lohnherabsetzung *f,* en → *Lohnsenkung.*

Lohnhöhe *f,* **n** niveau *m* de salaire.
Lohnindex *m,* e/-indizes indice *m* de (des) salaires.
Lohninflation *f,* en inflation *f* par les salaires.
Lohnintensität *f,* ø part *f* des charges salariales dans les coûts de revient.
lohnintensiv de coût salarial élevé ; avec des charges salariales élevées ; ~*e Produktion* production *f* à coefficient salarial élevé.
Lohnkampf *m,* ¨e conflit *m* social ; luttes *fpl* pour l'augmentation des salaires.
Lohnkategorie *f,* n catégorie *f* salariale (dans un secteur bien déterminé).
Lohnkonto *n,* -ten compte *m* de(s) salaires.
Lohnkosten *pl* coût *m* salarial ; coûts *mpl* salariaux ; charges *fpl* salariales ; coûts *mpl* de main-d'œuvre (salaires bruts, cotisations patronales, etc.) I. *direkte* ~ coût direct de main-d'œuvre ; *durchschnittliche* ~ coûts salariaux moyens ; *überhöhte* ~ surcoûts salariaux II. ~ *pro (je) Arbeitsstunde* coût salarial horaire ; coût par heure de travail ; ~ *pro (je) Produktionseinheit* coût salarial par unité de production ; *die ~ im Vergleich zur gesamtwirtschaftlichen Produktivität* les coûts salariaux par rapport à la productivité globale.
Lohnkostendruck *m,* ø pression *f,* poids *m* des charges salariales.
Lohnkostengefälle *n,* - écart *m* de coût salarial.
Lohnkostenniveau *n,* s niveau *m* des charges salariales.
Lohnkostenzuschuss *m,* ¨e indemnité *f* versée aux entreprises employant des chômeurs de longue durée ; allègement *m* des charges sociales.
Lohnkürzung *f,* en → *Lohnsenkung*.
Lohnleitlinien *fpl* réglementation *f* sur les salaires ; grandes lignes *fpl* des revendications salariales.
Lohnlenkungspolitik *f,* ø dirigisme *m* en matière de politique des salaires.
Lohnliste *f,* n bordereau *m* des paies, des salaires ; feuille *f* d'émargement des salaires.
Lohnnachweis *m,* e attestation *f* de salaire.
Lohnnachzahlung *f,* en rappel *m* de salaire.

Lohnnebenkosten *pl* coûts *mpl* salariaux indirects, annexes ; charges *fpl* salariales annexes ; *die ~ senken* baisser les coûts salariaux indirects ; réduire les charges salariales.
Lohnniveau *n,* s niveau *m* des salaires.
Lohnnivellierung *f,* en nivellement *m* des salaires.
Lohnoffensive *f,* n offensive *f* des salaires.
Lohnpause *f,* n pause *f* salariale ; trêve *f* salariale.
Lohnpfändung *f,* en saisie-arrêt *f* sur salaire.
Lohnplafonierung *f,* en plafonnement *m* des salaires.
Lohnpolitik *f,* ø politique *f* des salaires ; politique salariale ; *leistungsorientierte* ~ politique salariale liée au rendement, axée sur l'efficacité ; politique salariale au mérite ; *moderate* ~ politique salariale modérée.
Lohn-Preis-Spirale *f,* n spirale *f* des salaires et des prix ; course *f* salaires-prix ; réaction *f* en chaîne des prix et des salaires.
Lohnpyramide *f,* n pyramide *f* des salaires.
Lohnquote *f,* n part *f* salariale ; contribution *f* du niveau des salaires ; part des salariés dans le revenu national.
Lohnrechnung *f,* en comptabilité *f* des charges de personnel ; comptabilité des salaires.
Lohnrichtlinien *fpl* directives *fpl* en matière de salaires.
Lohnrückstufung *f,* en rétrogradation *f* de salaire, d'échelon ; passage *m* à l'échelon inférieur dans la grille des salaires.
Lohnrunde *f,* n négociations *fpl* salariales (entre syndicats et employeurs) ; table *f* ronde.
Lohnsenkung *f,* en abaissement *m,* baisse *f* des salaires.
Lohnskala *f,* -len échelle *f,* grille *f* des salaires ; éventail *m,* fourchette *f* salarial(e) ; *gleitende* ~ échelle mobile des salaires.
Lohnsockel *m,* - salaire *m* de base minimum ; plancher *m* salarial infranchissable.
Lohnstaffelung *f,* en hiérarchie *f* des salaires ; barème *m* des salaires.

Lohnstand *m*, ø situation *f* des salaires.

Lohnsteuer *f*, n impôt *m* sur les salaires et traitements ; impôt sur le revenu des personnes physiques (I.R.P.P.).

Lohnsteuerabzug *m*, ¨e retenue *f* d'impôt sur le salaire ; prélèvement *m* à la source.

Lohnsteuerbescheinigung *f*, en avis *m* d'imposition.

Lohnsteuerjahresausgleich *m*, e régularisation *f* de trop ou de moins perçu en impôt sur le revenu (en fin d'année).

Lohnsteuerkarte *f*, n fiche *f* fiscale (individuelle).

Lohnsteuerklasse *f*, n tranche *f* d'imposition.

lohnsteuerpflichtig assujetti à l'impôt sur les salaires.

Lohnsteuerrückvergütung *f*, en remboursement *m* d'impôts trop perçus ; → *Lohnsteuerjahresausgleich*.

Lohnsteuertabelle *f*, n barème *m* d'imposition salariale.

Lohnstopp *m*, s gel *m*, blocage *m* des salaires ; ~ *im öffentlichen Dienst* gel des salaires dans la fonction publique ; *Aufhebung des* ~*s* déblocage *m* des salaires ; *Lohn- und Preisstopp* blocage des prix et des salaires.

Lohnstreifen *m*, - bulletin *m*, fiche *f* de paie.

Lohnstückkosten *pl* coûts *mpl* salariaux unitaires ; coûts unitaires de main-d'œuvre.

Lohnstufe *f*, n échelon *m* salarial ; catégorie *f*, groupe *m* de salaire.

Lohnsumme *f*, n masse *f* salariale.

Lohnsummensteuer *f*, n taxe *f*, impôt *m* sur la masse salariale (que l'employeur verse au fisc).

Lohntabelle *f*, n barème *m*, grille *f* des salaires.

Lohntag *m*, e jour *m* de (la) paie.

Lohntarif *m*, e tarif *m* salarial ; taux *m* de tarif horaire.

Lohntarifverhandlungen *fpl* négociations *fpl* (collectives) sur les salaires.

Lohntarifvertrag *m*, ¨e convention *f* collective salariale, des salaires.

Lohntüte *f*, n enveloppe *f* de paie ; enveloppe de fin de mois (des ouvriers).

Lohnüberbietung *f*, en escalade *f* salariale ; surenchère *f* salariale.

Lohn und Brot : (*fam.*) (*bei jdm*) *in* ~ *stehen* être employé, salarié (chez qqn).

Lohn- und Gehalts- (*préfixe*) des salaires et traitements ; salarial ; des salaires ; → *Lohn-* ; *Gehalts-*.

Lohn- und Gehaltsabrechnung *f*, en calcul *m*, décompte *m* de salaires ; paiement *m* des salaires et traitements.

Lohn- und Gehaltsbuchhaltung *f*, en comptabilité *f* des salaires et traitements.

Lohn- und Gehaltsempfänger *mpl* ensemble *m* des salariés ; les salariés *mpl* ; salariat *m*.

Lohn- und Gehaltserhöhung *f*, en augmentation *f* des salaires et traitements.

Lohn- und Gehaltsforderungen *fpl* revendications *fpl* en matière de traitements et salaires.

Lohn- und Gehaltsgruppen *fpl* grille(s) *f(pl)* de salaires.

Lohn- und Gehaltskonto *n*, -ten compte-salaire *m*.

Lohn- und Gehaltsstufe *f*, n échelon *m* de salaire ou de traitement.

Lohn- und Gehaltssumme *f*, n masse *f* salariale.

Lohn- und Preisstopp *m*, s blocage *m* des salaires et des prix.

Löhnung *f*, en (*rare*) → *Lohnauszahlung*.

Lohnuntergrenze *f*, n limite *f* inférieure de salaire ; salaire-plancher *m*.

Lohnunterschiede *mpl* disparités *fpl* salariales ; écarts *mpl* de salaire.

Lohnveredelung *f*, en sous-traitance *f* ; travaux *mpl* sur commande ; travail *m* à façon exécuté à l'extérieur ; complément *m* de main-d'œuvre dans le cadre d'un contrat de travail.

Lohnveredelungsvertrag *m*, ¨e contrat *m* de sous-traitance.

Lohnveredler *m*, - sous-traitance *f* ; sous-traitant *m*.

Lohnvereinbarung *f*, en → *Lohnabkommen*.

Lohnvergleich *m*, e comparaison *f* des salaires ; *internationaler* ~ comparaison *f* internationale des salaires.

Lohnverhandlungen *fpl* négociations *fpl* salariales.

Lohnverzerrung *f*, en distorsion *f* des salaires.

Lohnverzicht *m*, (e) diminution *f* (volontaire) de salaire ; renonciation *f* à une partie du salaire ou à une augmentation de salaire.

Lohnvorauszahlung *f*, en → *Lohnvorschuss*.

Lohnvorschuss *m*, ¨e avance *f* sur salaire.

Lohnwerker *m*, - façonnier *m* ; salarié *m* qui travaille à façon.

Lohnzahlung *f*, en paiement *m* des salaires ; *monatliche* ~ mensualisation *f* des salaires ; ~ *für Feiertage* rémunération *f* des jours fériés ; rétribution *f* des jours chômés légaux.

Lohnzahlungsliste *f*, n (*LZL*) bordereau *m* des salaires (d'une entreprise).

Lohnzeit *f*, en temps *m* rémunéré.

Lohnzettel *m*, - → *Lohnstreifen*.

Lohnzugeständnisse *npl* concessions *fpl* salariales.

Lohnzulage *f*, n surpaie *f* ; sursalaire *m* ; prime *f*.

Lohnzurückhaltung *f*, en austérité *f* salariale ; politique *f* de modération salariale.

Lohnzusammensetzung *f*, en composition *f* du salaire ; éléments *mpl* constitutifs du salaire.

Lohnzusatzkosten *pl* → *Lohnnebenkosten*.

Lohnzusatzleistungen *fpl* prestations *fpl* salariales compensatoires.

Lohnzuschlag *m*, ¨e complément *m* salarial ; accessoire *m* de salaire.

Lohnzuwachs *m*, ¨e majoration *f*, augmentation *f* salariale.

Lohnzuwachsrate *f*, n taux *m* de majoration salariale.

Lokal *n*, e 1. local *m* ; salle *f* de réunion 2. bistrot *m* ; café *m*.

lokal local ; ~*er Teil einer Zeitung* page *f* régionale d'un journal.

Lokalbehörde *f*, n autorité *f* locale ; administration *f* locale.

lokalisieren localiser.

Lokalmarkt *m*, ¨e marché *m* local.

Lokalpapier *n*, e (*bourse*) titre *m* négocié dans les bourses régionales.

Lokalpresse *f*, ø presse *f* locale.

Lokation *f*, en 1. forage *m* (lieu) 2. résidence *f* locative.

Lokogeschäft *n*, e → *Kassageschäft*.

Lokomarkt *m*, ¨e → *Kassahandel*.

Lokopreis *m*, e prix *m* (d'une marchandise) sur place ; (*bourse*) cours *m* de la marchandise en disponible.

Lokoware *f*, n (*bourse*) marchandise *f* en disponible.

Lombard *m/n*, e (*banque*) 1. prêt *m* sur gage ; prêt sur nantissement (titres ou marchandises) 2. emprunt *m* sur gage ; emprunt *m* sur nantissement (titres ou marchandises).

Lombarddarlehen *n*, e → *Lombardkredit*.

lombardfähig (*banque*) susceptible d'être gagé ; pouvant servir de gage ; admis en garantie, en nantissement ; susceptible de faire l'objet d'un prêt (sur titres ou marchandises) ; ~*es Wertpapier* valeur *f* garantie, gagée.

Lombardgeschäft *n*, e → *Lombard*.

lombardieren (*banque*) 1. (*prêteur*) prêter sur gage ; prêter sur nantissement (titres ou marchandises) ; *Effekten* ~ prêter sur titres 2. (*emprunteur*) emprunter sur gage ; emprunter sur nantissement (titres ou marchandises).

Lombardierung *f*, en (*banque*) emprunt *m* lombard ; prêt *m* sur titres ou marchandises.

Lombardkredit *m*, e (*banque*) crédit *m*, prêt *m* sur nantissement ; avances *fpl* bancaires sur titres.

Lombardpolitik *f*, en (*banque*) instrument *m* de la politique monétaire de la *Deutsche Bundesbank* (le prêt sur nantissement a été relayé par les → *Spitzenrefinanzierungsgeschäfte* de la Banque centrale européenne).

Lombardsatz *m*, ¨e (*banque*) taux *m* d'avances sur titres ; taux Lombard ; → *Refinanzierungsgeschäfte*.

Lombardschein *m*, e (*banque*) certificat *m* de nantissement ; titre *m* de gage.

Lombardwechsel *m*, - (*banque*) effet *m* déposé en garantie d'un prêt (sur titres ou marchandises).

Lombardzinsen *mpl* intérêts *mpl* des avances sur titres.

Lomé-Abkommen *n* (1975, 1990) accords *mpl* de Lomé (Togo) entre l'U.E. et les États d'Afrique, des Caraïbes et du Pacifique concernant l'aide au développement (crédits bonifiés, subventions non remboursables).

Londoner Club *m* (1996) club *m* de Londres (forum de banques d'affaires internationales en vue de rééchelonner les dettes des pays en difficulté).

Longseller *m*, - (*édition*) record *m* de durée des ventes ; best seller *m* sur le long terme.

Loroeffekten *mpl* ensemble des titres *mpl* en dépôt auprès d'une banque

Loroguthaben *n*, - avoir *m* en banque d'un client.

Lorokonto *n*, -ten compte *m* de client bancaire.

Los *n*, e 1. sort *m* ; destin *m* ; *durch das ~ bestimmen* tirer au sort 2. billet *m* de loterie ; lot *m* ; *das Große ~ gewinnen* tirer, gagner le gros lot.

Losanleihe *f*, n emprunt *m* à lots.

Löschbrücke *f*, n (*port*) pont *m* de déchargement.

löschen 1. éteindre 2. décharger une cargaison ; débarquer ; *eine Schiffsladung ~* décharger une cargaison 3. radier ; rayer ; purger ; amortir ; *eine Firma* (*im Handelsregister*) *~* radier une raison sociale (dans le registre de commerce) ; *eine Hypothek ~* purger une hypothèque ; *eine Schuld ~* amortir une dette 4. (*informatique*) effacer ; supprimer.

Löschen *n*, ø → *Löschung*.

Löschgebühr *f*, en frais *m* de débarquement ; taxe *f* de déchargement (d'un navire).

Löschung *f*, en 1. déchargement *m* d'un navire 2. purge *f*, radiation *f* (d'une hypothèque) ; amortissement *m* d'une dette 3. (*informatique*) *~ einer Festplatte* effacement *m* d'un disque dur.

lose sans emballage ; en vrac ; *~s Blatt* feuille *f* volante ; *~ Ware* marchandise *f* en vrac.

Loseblattbuch *n*, ¨er classeur *m* à feuillets mobiles.

Loseblattbuchführung *f*, en comptabilité *f* à feuillets mobiles ; comptabilité par fiches.

Lösegeld *n*, er rançon *f* ; *gegen ein ~ frei/lassen* libérer contre rançon.

lösen 1. résoudre (un problème) 2. annuler ; *einen Vertrag ~* annuler un contrat 3. acheter ; prendre ; *eine Fahrkarte ~* prendre un billet 4. séparer ; défaire.

Losgröße *f*, n quantité *f* ; lot *m* ; série *f* ; nombre *m* d'articles de même fabrication ; *Vorteile durch hohe ~n haben* avoir des avantages par l'achat de lots importants ; avantages pour achat en série.

los/kaufen racheter ; *eine Dienstbarkeit ~* se libérer d'une servitude ; *Geiseln ~* racheter la libération d'otages.

Loskurs *m*, e (*bourse*) cours *m* d'abandon ; cours de décision de vente d'une valeur en bourse.

Loslösung *f*, en rachat *m* ; libération *f* ; dégagement *m* ; détachement *m*.

Losnummer *f*, n numéro *m* de loterie ; numéro de tombola.

los/sprechen, a, o : *jdn von einer Verantwortung, von einer Verpflichtung ~* dégager qqn d'une responsabilité, d'une obligation.

Losung *f*, en 1. mot *m* d'ordre 2. tirage *m* au sort 3. (*Autriche*) gain *m* ; bénéfice *m* ; recette *f* du jour (d'un détaillant ou d'un grand magasin).

Lösung *f*, en 1. solution *f* ; *eine gütliche ~* solution amiable 2. dissolution *f* 3. résiliation *f* ; rupture *f*.

Lösungsansatz *m*, ¨e amorce *f* de solution.

Lösungsweg *m*, e solution *f* ; *nach ~en suchen* (re)chercher des solutions.

Losungswort *n*, ¨er (*informatique*) mot *m* de passe ; code *m* d'accès.

Losvergabe *f*, n appel *m* d'offres par lots.

Lotse *m*, n, n pilote *m* (navire, avion).

lotsen piloter ; diriger (navire, avion).

Lotsengebühr *f*, en droit *m*, taxe *f* de pilotage.

Lotterie *f*, n loterie *f* (nationale) ; *in der ~ spielen* jouer à la loterie ; *bei der ~ das große Los gewinnen* gagner le gros lot à la loterie.

Lotterieanleihe *f*, n emprunt *m* à lots (par tirage au sort).

Lotterielos *n*, e billet *m* de loterie.

Lotteriesteuer *f*, n impôt *m* sur les loteries.

Lotterieziehung *f*, en tirage *m* de la loterie.

Lotterwirtschaft *f*, en mauvaise gestion *f* ; laisser-aller *m* ; incurie *f*.

Lotto *n*, s loto *m*.

Lottogesellschaft *f*, en société *f* de loto.

Lottogewinn *m*, e gain *m* réalisé au loto.

Low-Cost-Airline *f*, s (*pr. ang.*) compagnie *f* aérienne à bas tarifs, à bas prix ; compagnie low-cost.

Low-Cost-Angebot *n*, e offre *f* à bas prix.

Löwenanteil *m*, (e) part *f* du lion ; part léonine ; *den ~ kassieren* se tailler la part du lion ; *sich um den ~ streiten* se disputer la part du lion ; → *leoninisch*.

LPG *f*, s (*hist. R.D.A.*) → *landwirtschaftlich*.
LSE 1. *London Stock Exchange* 2. *London School of Economics*.
lt → *laut*.
Lücke *f*, n 1. lacune *f* ; brèche *f* ; manque *m* ; insuffisance *f* ; *eine ~ schließen* combler une lacune, un trou (budgétaire) 2. (*marché*) créneau *m* ; → *Marktlücke*.
Lückenbüßer *m*, - bouche-trou *m*.
lückenlos sans lacune ; complet ; *~es Vertriebsnetz* réseau *m* de distribution sans failles.
Lückentest *m*, s test *m* à trous.
Luft *f*, ¨e air *m* ; (*fig.*) *die Zahlen sind aus der ~ gegriffen* les chiffres sont inventés de toutes pièces ; *in der ~hängen* être en suspens ; ne pas encore être décidé ; *in etw ist noch ~ drin* il y a encore de la marge (de manœuvre).
Luftbeförderung *f*, en transport *m* aérien ; transport par air.
Luftbrücke *f*, n pont *m* aérien.
Luftfahrt *f*, ø aviation *f* ; navigation *f* aérienne.
Luftfahrtausstellung *f*, en salon *m* (de l') aéronautique.
Luftfahrtforschung *f*, en recherche *f* aéronautique.
Luftfahrtgesellschaft *f*, en compagnie *f* de messageries aériennes (*syn. Fluggesellschaft*).
Luftfahrtindustrie *f*, n industrie *f* aéronautique.
Luftfracht *f*, en fret *m* aérien.
Luftfrachtbrief *m*, e lettre *f* de transport aérien.
Luftfrachtschein *m*, e → *Luftfrachtbrief*.
Luftfrachtspediteur *m*, e commissionnaire *m* de fret aérien.
Luftfrachtunternehmen *n*, - entreprise *f* de fret aérien.
Lufthansa *f* la Lufthansa ; compagnie *f* aérienne allemande.
Lufthoheit *f*, en souveraineté *f* aérienne.
Luftkissenfahrzeug *n*, e aéroglisseur *m* ; hydroglisseur *m*.
Luftlinie *f*, n ligne *f* aérienne.
Luftpassagier *m*, e (*avion*) passager *m* (*syn. Fluggast*).
Luftpirat *m*, en, en pirate *m* de l'air.
Luftpost *f*, ø poste *f* aérienne ; courrier *m* aérien ; *per (durch) ~ befördern* expédier par avion.

Luftpostbrief *m*, e lettre-avion *f* ; courrier *m* par avion.
Luftpostdienst *m*, e service *m* aéropostal.
Luftpostpaket *n*, e colis-avion *m*.
Luftpostsendung *f*, en envoi *m* par avion.
Luftraum *m*, ¨e espace *m* aérien.
Luftreinhaltung *f*, ø préservation *f* de l'atmosphère.
Luftschadstoff *m*, e polluant *f* atmosphérique.
Luft- und Raumfahrtindustrie *f*, n industrie *f* aérospatiale.
Luftverkehr *m*, ø trafic *m* aérien ; transports *mpl* aériens.
Luftverkehrsgesellschaft *f*, en compagnie *f* de transports aériens.
Luftverkehrslinie *f*, n ligne *f* aérienne.
Luftverpestung *f*, en → *Luftverschmutzung*.
Luftverschmutzung *f*, en pollution *f* atmosphérique ; pollution de l'air ; nuisances *fpl* atmosphériques.
Luftverunreinigung *f*, en → *Luftverschmutzung*.
Luftweg : *auf dem ~* par avion ; en avion ; par la voie des airs.
Luftwerbung *f*, en publicité *f* aérienne.
lukrativ lucratif ; rémunérateur ; qui rapporte (*syn. einträglich, rentabel*).
Lumpenproletariat *n*, ø (*hist.*) sous-prolétariat *m* ; lumpenprolétariat *m* (Marx).
Lumpenproletarier *m*, - (*hist.*) sous-prolétaire *m*.
Lupe *f*, n loupe *f* ; *unter die ~ nehmen* examiner de près ; éplucher (un dossier).
lupenrein sans tache ; irréprochable.
Lupin *m*, e (*agric.*) lupin *m* (ersatz des farines animales).
Lustbarkeitssteuer *f*, n (*arch.*) impôt *m* sur les distractions ; taxe *f* sur les spectacles (*syn. Vergnügungssteuer*).
lustlos (*bourse*) terne ; lourd ; inactif ; morose.
Luxus *m*, ø luxe *m* ; somptuosité *f*.
Luxusartikel *m*, - article *m* de luxe.
Luxusaufwendungen *fpl* dépenses *fpl* somptuaires.
Luxusausführung *f*, en version-luxe *f* ; modèle-luxe *m* ; présentation *f* de luxe.
Luxusgüter *npl* produits *mpl* de luxe.
Luxushotel *n*, s hôtel *m* de luxe ; palace *m* ; quatre, cinq étoiles *m*.

Luxusliner *m*, - transatlantique *m* ; paquebot *m* de luxe.

Luxuspackung *f*, **en** emballage *m* de luxe.

Luxussegment *n*, **e** segment *m* de l'industrie des produits de luxe ; segment du luxe.

Luxussteuer *f*, **n** impôt *m* sur les produits de luxe ; impôt somptuaire.

Luxusware *f*, **n** produit *m* de luxe.

LVA → *Landesversicherungsanstalt*.

Lz. → *Lizenz*.

LZB → *Landeszentralbank*.

LZL → *Lohnzahlungsliste*.

M

M → *Mark*.
M &A → *Mergers & Acquisitions*.
Maastrichter Vertrag *m* traité *m* de Maastricht (décidé le 7/2/1992 et entré en vigueur le 1/11/1993, il institue l'Union européenne).
machbar réalisable ; faisable.
Machbarkeit *f,* **en** faisabilité *f.*
Machbarkeitsstudie *f,* **n** étude *f* de faisabilité.
Machenschaften *fpl* combinaisons *fpl* douteuses ; combines *fpl* ; magouilles *fpl* ; üble (*dunkle*) ~ de sombres machinations *fpl*.
Macher *m,* ¨ **- 1.** exécutant *m* ; réalisateur *m* ; organisateur *m* ; responsable *m* ; *dieser Manager ist ein* ~ ce manager est un battant **2.** (*péj.*) faiseur *m* ; frimeur *m.*
Macherlohn *m,* ¨e coût *m* de la main-d'œuvre ; façon *f* ; prix *m* du façonnage ; rémunération *f* du travail à façon.
Macht *f,* ¨e puissance *f* ; force *f* ; pouvoir *m* ; *wirtschaftliche* (*ökonomische*) ~ puissance économique ; *politische* ~ pouvoir politique ; ~ *aus/üben* exercer un pouvoir.
machtausübend qui détient le pouvoir ; dominant.
Machtbefugnis *f,* **se** pouvoir *m* ; pleins pouvoirs *mpl* ; autorité *f* ; *seine ~se überschreiten* outrepasser ses pouvoirs ; faire un abus de pouvoir.
Machtbereich *m,* **e** sphère *f* d'influence ; compétence *f* ; ressort *m.*
Machtelite *f,* **n** élite *f* qui détient le pouvoir ; classe *f* dirigeante.
Machtgruppe *f,* **n** groupe *m* influent.
mächtig puissant ; *~e Gewerkschaften* syndicats *mpl* influents.
Machtkampf *m,* ¨e lutte *f* d'influence ; lutte pour le pouvoir.
Machtkonzentration *f,* **en** concentration *f* de pouvoir.
Machtmensch *m,* **en, en** homme *m* de pouvoir.
Machtpolitik *f,* ø politique *f* de force.
Machtposition *f,* **en** position *f* de force ; position *f* clé.
Machtprobe *f,* **n** épreuve *f* de force.
Machtstellung *f,* **en** → *Machtposition*.
Machtübernahme *f,* **n 1.** prise *f* de pouvoir **2.** acquisition *f* de la majorité des parts des actions dans une société ; prise *f* de contrôle.

Machtverhältnisse *npl* rapports *mpl* de forces (*syn. Kräfteverhältnis*).
Machtverteilung *f,* **en** répartition *f* des pouvoirs.
machtvoll → *mächtig*.
Machtwechsel *m,* - changement *m* de gouvernement, de dirigeants ; passation *f* de pouvoir.
Machtwort : *ein* ~ *sprechen* faire acte d'autorité ; prendre une décision qui ne souffre aucune réplique.
made in (*pr. ang.*) made in ; fabriqué en ; ~ *Germany* fabriqué en Allemagne.
Maffia *f,* **s** → *Mafia*.
Mafia *f,* **s** mafia *f* ; maffia *f.*
mafiaähnlich maf(f)ieux ; *~e Organisation f* organisation maf(f)ieuse.
Mafiamethoden *fpl* méthodes *fpl* maf(f)ieuses.
Mafioso *m,* **-si** membre *m* de la mafia ; mafioso *m.*
Magazin *n,* **e 1.** entrepôt *m* ; dépôt *m* **2.** magazine *m* ; revue *f.*
Magazinarbeiter *m,* - magasinier *m.*
Magazinbuchhaltung *f,* **en** comptabilité *f* des stocks.
Magazineur *m,* **e** (*Autriche*) chef magasinier *m* ; entrepositaire *m.*
magazinieren (*rare*) emmagasiner ; entreposer.
mager maigre ; *~e Jahre* (*Zeiten*) période *f* de vaches maigres.
Magerkohle *f,* ø charbon *m* maigre.
magisches Viereck *n,* ø (*hist.*) carré *m* magique ; principe *m* économique (prônant des prix stables, le plein emploi, un commerce équilibré, la croissance).
Magister *m,* - diplôme *m* universitaire ; magistère *m* (université) ; mastère *m* (grande école).
Magnat *m,* **en,** en magnat *m.*
Magnet(schwebe)bahn *f,* **en** train *m* à lévitation magnétique.
Mahagoniholz *n,* ø (bois *m* d') ébène *f.*
Mähbinder *m,* - (*agric.*) faucheuse-lieuse *f.*
Mähdrescher *m,* - moissonneuse-batteuse *f.*
mahnbar exigible.
Mahnbescheid *m,* **e** → *Mahnbrief*.
Mahnbrief *m,* **e** lettre *f* de rappel (d'impayé) ; lettre de sommation, d'avertissement ; mise *f* en demeure.

mahnen mettre en demeure ; avertir ; sommer de.
Mahnfrist *f*, en délai *m* d'expiration ; délai *m* de mise en demeure.
Mahngebühr *f*, en → *Mahnkosten*.
Mahnkartei *f*, en fichier *m* d'impayés ; fichier de rappels-clients.
Mahnkosten *pl* frais *mpl* d'avertissement ; frais de sommation.
Mahnliste *f*, n liste *f* de relance(s).
Mahnschreiben *n*, - → *Mahnbrief*.
Mahnung *f*, en sommation *f* ; avertissement *m* ; mise *f* en demeure ; relance *f* (à des débiteurs) ; *gebührenfreie* ~ avertissement sans frais ; *gerichtliche* ~ avertissement par voie d'huissier.
Mahnwesen *n*, ø (*service*) contentieux *m*.
Mailbox *f*, en (*pr. ang.*) messagerie *f* électronique ; boîte *f* aux lettres électroniques.
mailen (*pr. ang.*) communiquer par e-mail (par mail, mél, courriel) ; communiquer par courrier électronique (*syn. emailen*).
Mailing *n*, s (*pr. ang.*) publipostage *m* ; mailing *m*.
Mailingaktion *f*, en opération *f* de mailing.
Mainhattan (*iron.*) (formé sur *Franfurt am Main* et *Manhattan*) appellation *f* humoristique de Francfort, capitale financière de l'Allemagne.
Mais *m*, -sorten (*agric.*) maïs *m* ; *gentechnisch veränderter* ~ maïs génétiquement modifié ; maïs transgénique.
Maisanbau *m*, ø (*agric.*) culture *f* du maïs.
majorisieren obtenir la majorité des suffrages ; mettre en minorité.
Majorität *f*, en → *Mehrheit*.
Majoritätsbeschluss *m*, ¨e → *Mehrheitsbeschluss*.
Majoritätskauf *m*, ¨e (*bourse*) 1. achat *m* effectué par l'actionnaire majoritaire 2. achat effectué pour détenir la majorité.
MAK-Bilanzen *fpl* (*Material-, Ausrüstungs- und Konsumgüterbilanzen*) bilans *mpl* matériel, équipements et biens de consommation.
Makel *m*, - défaut *m* ; tare *f* ; *einen ~ auf/weisen* présenter un défaut.
makellos impeccable ; irréprochable.
makeln négocier des valeurs mobilières ; réaliser des opérations de vente ou d'achat de valeurs mobilières.

Makler *m*, - 1. (*bourse*) courtier *m* ; agent *m* de change ; cambiste *m* ; *freier* ~ courtier libre, non inscrit ; *vereidigter* (*amtlicher*) ~ courtier assermenté, agréé 2. intermédiaire *m* ; courtier *m* ; agent *m* ; → ***Börsen-, Devisen-, Grundstücks-, Handels-, Häuser-, Immobilien-, Kursmakler***.
Mäkler *m*, - → *Makler*.
Maklerbank *f*, en (*bourse*) corbeille *f*.
Maklergebühr *f*, en courtage *m* ; commission *f* (*syn. Courtage, Kurtage*).
Maklergeschäft *n*, e 1. opération *f* de courtage ; courtage *m* 2. cabinet *m* d'affaires ; agence *f* immobilière.
Maklerkammer *f*, n (*bourse*) chambre *f* syndicale des agents de change.
Maklerprovision *f*, en commission *f*, courtage *m* (agent de change, courtier, intermédiaire).
Makro *m/n*, s → *Makrobefehl*.
Makroanalyse *f*, n analyse *f* macroéconomique.
Makrobefehl *m*, e (*informatique*) macro-instruction *f*.
Makrogröße *f*, n grandeur *f* macroéconomique ; agrégat *m* macro-économique.
Makroökonomie *f*, n macro-économie *f* (étude des agrégats économiques globaux : P.I.B., revenu national, exportations de biens, services et capitaux, etc.) ; → ***Volkswirtschaft*** ; ***Mikroökonomie***.
Makroökonomik *f*, ø → *Makroökonomie*.
makroökonomisch macro-économique.
Makroprogrammierung *f*, en (*informatique*) macro-programmation *f*.
Maloche *f*, ø (*fam.*) travail *m* pénible ; sale boulot *m*.
malochen (*fam.*) se tuer au travail ; se crever au boulot.
Malocher *m*, - (*fam.*) manœuvre *m* ; ouvrier *m* non qualifié.
Malrabatt *m*, e remise *f* de fidélité ; rabais *m* de quantité ; ristourne *f* accordée pour commandes groupées.
Malthusianer *m*, - malthusien *m* ; malthusianiste *m* (partisan du ralentissement de la production, de l'expansion et de la population).

Malthusianismus *m*, ø malthusianisme *m* ; limitation *f* démographique et économique ; *wirtschaftlicher ~* malthusianisme économique ; restriction *f* économique et scientifique.

malthusianistisch → *malthusisch*.

malthusisch malthusien ; malthusianiste.

Malus *m, se* → *Malus-Zuschlag*.

Malus-Zuschlag *m*, ¨e (*assur.*) majoration *f* de prime à payer ; malus *m*.

Mammon *m*, ø mammon *m* ; argent *m* ; richesse *f* ; *dem ~ nach/jagen* courir après l'argent.

Mammut- (*préfixe*) colossal ; gigantesque ; énorme.

Mammuthochzeit *f*, en (*iron.*) fusion *f* de deux géants de l'entreprise.

Mammutprojekt *n*, e projet *m* gigantesque ; projet de grande envergure.

Mammutunternehmen *n*, - **1.** entreprise *f* gigantesque **2.** tâche *f* colossale.

MAN (*Maschinenfabrik Augsburg-Nürnberg AG*) constructeur *m* allemand de camions, d'armatures métalliques, de diesels, etc.

Management *n*, s (*pr. ang.*) management *m* ; gestion *f* ; direction *f* des entreprises ; techniques *fpl* de direction ; *mittleres ~* cadres *mpl* moyens ; *oberes ~* cadres supérieurs ; dirigeants *mpl* ; *strategisches ~* management stratégique ; → *Unternehmensführung, -leitung*.

Managementaudit *n*, s contrôle *m* de gestion ; audit *m* de gestion.

Managementausbildung *f*, en enseignement *m* en gestion ; formation *f* en management ; (*France*) ESCP-EAP, ESSEC, HEC, INSEAD).

Managementberatung *f*, en conseil *m* en gestion ; consulting *m* en management.

Managementberatungsgesellschaft *f*, en société *f* de conseil en management ; cabinet *m* d'audit et de conseil.

managementbezogen qui concerne le management ; managerial.

Management-Buy-in *m/n*, s (*MBI*) (*pr. ang.*) rachat *m* d' entreprise par des gestionnaires étrangers à celle-ci et qui en prennent la direction (*syn. Firmenübernahme durch eine externe Geschäftsleitung*).

Management-Buy-out *m/n*, s (*MBO*) (*pr. ang.*) rachat *m* d' entreprise par sa direction et ses cadres (moyennant l'aide fréquente d'investisseurs professionnels) (*syn. Firmenübernahme durch die eigene Geschäftsleitung*).

Managementfehler *m*, - erreur *f* de management ; erreur stratégique de gestion.

Managementinformationssystem *n*, e **1.** centre *m* d'informations pour le management (marketing, clients, distribution, priorités, personnel etc.) **2.** (*informatique*) système *m* intégré de gestion.

managen (*pr. ang.*) diriger ; organiser ; gérer ; manager.

Manager *m*, - (*pr. ang.*) dirigeant *m*, chef *m* d'entreprise ; cadre *m* supérieur ; manager *m* ; P.-D.G. *m* ; gestionnaire *m* ; gérant *m* ; responsable *m* ; organisateur *m* (*syn. Leiter ; Betriebsleiter ; Führungskraft*).

Managergehalt *n*, ¨er traitement *m* des managers, des P.-D.G. ; revenus *mpl* des cadres dirigeants ; *die ~¨er offen legen* publier les revenus des dirigeants.

Managerkrankheit *f*, en stress *m* des managers ; surmenage *m* intellectuel, nerveux.

Manchestertum *n* théories *fpl* de l'école de Manchester ; libéralisme *m* débridé ; dérégulation *f* excessive.

Mandant *m*, en, en **1.** mandant *m* ; commettant *m* **2.** client *m* (d'un avocat).

Mandat *n*, e mandat *m* ; pouvoir *m* ; *ein ~ aus/üben* exercer un mandat ; *ein ~ nieder/legen* renoncer à son mandat ; se démettre d'un mandat.

Mandatar *m*, e **1.** mandataire *m* **2.** (*Autriche*) député *m*.

mandatieren donner mandat ; mandater.

mandatsbedingt : *~e Aufwendungen* dépenses *fpl* de fonctionnement liées à un mandat parlementaire.

Mandatsentzug *m*, ¨e retrait *m* de mandat ; annulation *f* de mandat.

Mandatsgeber *m*, - mandant *m*.

Mandatsgebiet *n*, e territoire *m* sous mandat ; territoire sous tutelle.

Mandatsnehmer *m*, - mandataire *m*.

Mandatsträger *m*, - porteur *m*, détenteur *m* de mandat ; personne *f* investie d'un mandat public ; personne *f* mandatée.

Mandatsverlust *m*, e perte *f* d'un mandat.

Mangel *m*, ¨ **1.** manque *m* ; pénurie *f* ; carence *f* ; rareté *f* ; insuffisance *f* ;

(*jur.*) *aus* ~ *an Beweisen* faute de preuves ; ~ *an Arbeitskräften* pénurie de main-d'œuvre ; ~ *an Flexibilität* manque de flexibilité ; ~ *haben an* manquer de **2.** défaut *m* ; vice *m* ; défectuosité *f* ; *erheblicher (offensichtlicher)* ~ défaut apparent ; *technischer* ~ déficience *f*, vice *m* technique ; *verborgener* ~ vice caché ; *einen* ~ *auf/decken* découvrir un défaut ; *einen* ~ *auf/weisen* présenter un défaut ; *einen* ~ *beheben* remédier à un défaut.

Mängelanzeige *f,* **n** réclamation *f* ; constat *m* de défaut ; notification *f*, déclaration *f* de malfaçon.

Mangelartikel *m,* - article *m* rare ; article manquant.

Mangelberuf *m,* **e** profession *f* déficitaire ; branche *f* professionnelle non saturée.

Mängelbeseitigung *f,* **en** suppression *f* de défauts ; élimination *f* de vices cachés.

mangelfrei sans défaut ; exempt de vice de fabrication ; impeccable.

mangelhaft défectueux ; imparfait ; entaché de défauts ; *~e Verpackung* emballage *m* défectueux.

Mangelhaftigkeit *f,* ø défectuosité *f* ; imperfection *f* ; vice *m* de fabrication.

Mängelhaftung *f,* **en** responsabilité *f* des défauts ou vices de fabrication ; responsabilité *f* du fabricant.

Mangellage *f,* **n** pénurie *f* ; manque *m*.

Mängelliste *f,* **n** liste *f* des défauts, des vices de fabrication ; cahier *m* des doléances.

mangeln manquer de ; faire défaut ; *~d* manquant ; insuffisant ; *~de Deckung* couverture *f* insuffisante ; défaut *m* de couverture ; *es mangelt mir an Geld* je manque d'argent ; je suis à court d'argent.

Mängelriese *m,* **n, n** (*contrôle technique*) modèle *m* ou type *m* présentant le plus de pannes ou de défauts à l'usage.

Mängelrüge *f,* **n** recours *m* en garantie pour vice de fabrication ; réclamation *f* (pour défauts).

mangels (+ *G*) faute de ; à défaut de ; ~ *Annahme* (*Akzept*) faute d'acceptation ; ~ *Masse* faute de capitaux ; ~ *notwendiger Geldmittel* par manque de(s) capitaux indispensables ; ~ *Zahlung* faute de paiement.

Mangelware *f,* **n** marchandise *f* rare ; pénurie *f* ; *Zucker ist* ~ il y a pénurie de sucre.

Mangelwirtschaft *f,* **en** économie *f* de pénurie.

Manifest *n,* **e** manifeste *m* ; proclamation *f* ; *Kommunistisches* ~ manifeste du parti communiste (1848, Marx).

Manipulation *f,* **en** manipulation *f* ; manœuvres *fpl* ; spéculation *f* ; *geschäftliche* ~ manipulation commerciale.

manipulieren manipuler ; *~te Bedürfnisse* besoins *mpl* artificiellement créés ; *den Markt* ~ manipuler le marché.

Manko *n,* **s** manque *m* ; déficit *m* ; lacune *f* ; trou *m*.

Mankogeld *n,* ø indemnité *f* de caisse ; remboursement *m* de l'argent manquant ; erreur *f* de caisse ; différence *f* de caisse en moins.

Mann : (*fig.*) *seine Ware an den* ~ *bringen* placer sa marchandise ; *ein gemachter* ~ *sein* avoir (économiquement) réussi.

Männerberuf *m,* **e** profession *f* réservée aux hommes ; profession masculine.

Männerdomäne *f,* **n** domaine *m* masculin.

Mannschaft *f,* **en** équipe *f* ; personnel *m* ; équipage *m* (*syn. Team*).

Mannschaftsgeist *m,* ø esprit *m* d'équipe.

Mantel *m,* (¨) **1.** (*bourse*) souche *f* ; corps *m* d'un titre ; ~ *einer Aktie* souche d'une action **2.** (*société*) totalité *f* des droits et parts d'une société ; patrimoine *m* intégral.

Mantelgesellschaft *f,* **en 1.** société-mère *f* **2.** → *Mantelgründung*.

Mantelgesetz *n,* **e** loi-cadre *f* (*syn. Rahmengesetz*).

Mantelgründung *f,* **en** fondation *f* camouflée d'une société ; constitution *f* pour la forme d'une société.

Mantelprogramm *n,* **e** (*médias*) programme-cadre *m,* de base ; tronc *m* commun (dans lequel une radio locale injecte ses propres informations).

Manteltarif *m,* **e** conventions *fpl* collectives ; tarif *m* conventionnel (stipulant les conditions de travail: durée, congé, embauche, licenciement) ; *einen* ~ *aus/handeln* négocier un tarif collectif.

Manteltarifvertrag *m,* ¨e → *Manteltarif*.

manuell manuel ; à la main ; ~*e Arbeit* travail *m* manuel.

Manufaktur *f,* **en 1.** (*arch.*) manufacture *f* textile ; usine *f* **2.** (*hist.*) entreprise *f* préindustrielle (mode historique d'organisation du travail reposant sur la division du travail et sur l'emploi des techniques artisanales).

Manufakturwaren *fpl* produits *mpl* textiles.

Manuskript *n,* e manuscrit *m*.

Marathonsitzung *f,* **en** séance *f* marathon ; *an einer ~ teil/nehmen* participer à une séance-marathon.

Marchzinsen *mpl* (*Suisse*) intérêts *mpl* intermédiaires.

Marge *f,* **n** (*pr. fr.*) marge *f* ; différence *f* ; écart *m*.

Margentarif *m,* e tarif *m* à fourchettes.

marginal marginal.

Marginalisierung *f,* **en** marginalisation *f*.

Marginalrechnung *f,* **en** (*comptab.*) calcul *m* marginal.

Marginalwert *m,* e (*math.*) valeur *f* marginale.

Mark *f,* ø/-stücke (*hist.*) mark *m* ; (*Allemagne*) *Deutsche ~* (*DM*) le deutschmark ; (*hist. R.D.A.*) *~ der DDR* (*M*) mark de la R.D.A. ; *3 ~* (*Markstücke*) 3 pièces de 1 mark.

Markaufwertung *f,* **en** (*hist.*) réévaluation *f* du mark.

Marke *f,* **n 1.** marque *f* ; *eingetragene ~* marque déposée ; *geschützte ~* marque protégée ; *registrierte ~* marque enregistrée ; *eine ~ ein/tragen* enregistrer une marque ; *eine ~ löschen* radier une marque ; *eine ~ fälschen* imiter une marque **2.** seuil *m* ; barre *f* ; marque *f* ; *über, unter der Zehn-Prozent-~ bleiben* demeurer au-dessus, au-dessous du seuil des 10 % **3.** (*abréviations*) *~* (*Briefmarke*) timbre *m* ; *~* (*Beitragsmarke*) récépissé *m* de cotisation ; vignette *f*.

Markenamt *n* : *Europäisches ~* Office *m* européen des marques (Alicante, Espagne).

Markenanmeldung *f,* **en** dépôt *m* d'une marque.

Markenartikel *m,* - article *m*, produit *m*, marchandise *f* de marque.

Markenartikler *m,* - **1.** représentant *m* en articles de marque **2.** fabricant *m* d'articles de marque.

Markenbetreuer *m,* - chef *m* de produit (*syn. Produktmanager*).

Markenbild *n,* er image *f* de marque.

Markeneintragung *f,* **en** enregistrement *m* d'une marque.

Markenerzeugnis *n,* se → *Markenartikel*.

Markenfabrikat *n,* e → *Markenartikel*.

Markenfälschung *f,* **en** contrefaçon *f* de marque ; piratage *m* de marques ; imitation *f* frauduleuse de produits de marque.

markenfrei sans tickets ; non rationné.

Markenlizenz *f,* **en** licence *f* de marque.

markenlos : *~e Ware* produit *m* libre ; produit sans marque.

Markennachahmung *f,* **en** contrefaçon *f* de marque ; imitation *f* de marque.

Markennachbildung *f,* **en** → *Markenfälschung*.

markenpflichtig sein être rationné.

Markenpiraterie *f,* **n** → *Markenfälschung*.

Markenregister *n,* - registre *m* des marques de fabrique.

Markenrichtlinie *f,* **n** (*E.U.*) directive *f* européenne en matière de protection des marques.

Markenschutz *m,* ø protection *f* des marques ; protection de la propriété industrielle.

Markentreue *f,* ø fidélité *f* à une marque.

Markenware *f,* **n** → *Markenartikel*.

Markenzeichen *n,* - logo *m* ; signe *m*, emblème *m* de marque ; marque *f* de fabrique ; (*mode*) griffe *f* ; *eingetragenes ~* marque déposée (*syn. Warenzeichen*).

Marketing *n,* ø **1.** marketing *m* ; mercatique *f* ; techniques *fpl* de commercialisation ; *differenziertes ~* marketing différencié ; *industrielles ~* marketing industriel ; *internationales ~* marketing international ; *operatives ~* marketing opérationnel ; *strategisches ~* marketing stratégique **2.** vente *f* ; distribution *f* ; commercialisation *f* **3.** étude *f* de marché ; analyse *f* commerciale d'un projet.

Marketingabteilung *f,* **en** département *m* marketing.

Marketingagentur *f,* **en** agence-conseil *f* en marketing.

Marketingberater *m*, - conseil *m* en marketing ; spécialiste *m* du marketing ; marketicien *m* ; mercaticien *m*.

Marketingconsultant *m*, **en**, **en** → *Marketingberater*.

Marketingleiter *m*, - directeur *m* (du) marketing.

Marketingmanager *m*, - chef *m* (du) marketing.

Marketingmix *m*, ø marketing mix *m* ; marchéage *m* (ensemble des instruments dont dispose le marketing pour promouvoir de nouveaux produits : étude de marché, publicité, prix, service après-vente, etc.).

marketingorientiert conforme aux méthodes du marketing ; *~ produzieren* produire selon les principes du marketing.

Marketingstrategie *f*, **n** stratégie *f* (de) marketing.

Marketmaker *m*, - (*pr. ang.*) (*bourse*) teneur *m* de marché ; contrepartiste *m* (entreprise de courtage qui assure en permanence la contrepartie, achat et vente, sur le marché boursier ou de devises).

markieren marquer ; faire une marque ; étiqueter ; (*informatique*) sélectionner.

Markierung *f*, **en** marquage *m* ; étiquetage *m* ; (*informatique*) sélection *f*.

Markt *m*, ¨e 1. (*local*) marché *m* ; *auf den ~ gehen* aller au marché 2. (*commerce, bourse*) marché I. *amtlicher ~* marché officiel ; *auf dem ~* sur le marché ; *fester ~* marché ferme ; *freier ~* marché libre, parallèle ; *gedrückter ~* marché déprimé ; *geschlossener ~* marché clos ; (*hist.*) *Gemeinsamer ~* Marché commun ; *geregelter ~* (*bourse*) second marché ; *gesättigter ~* marché saturé ; *grauer ~* marché illégal (mais toléré par les autorités) ; *(ein)heimischer ~* marché intérieur ; *lebhafter ~* marché animé ; *lokaler ~* marché local ; *offener ~* marché ouvert ; *stockender ~* marché déprimé ; *übersättigter ~* marché sursaturé ; *wachstumsstarker ~* marché porteur ; *werbewirtschaftlicher ~* marché publicitaire II. *den ~ beherrschen* dominer, contrôler le marché ; *auf den ~ bringen* mettre, lancer sur le marché ; *den ~ erobern* conquérir le marché ; *den ~ erschließen* ouvrir le marché ; *den ~ segmentieren* segmenter le marché ; *den ~ überschwemmen* inonder le marché ; *vom ~ verdrängen* chasser du marché ; *auf den ~ werfen* déverser, jeter sur le marché III. *Einführung auf den ~* lancement *m* (d'un produit) sur le marché ; *Vormachtstellung auf dem ~* domination *f* d'un marché ; *so viel ~ wie möglich, so viel Staat wie nötig* autant de marché que possible, autant d'État que nécessaire ; → *Absatz-, Agrar-, Binnen-, Geld-, Kapitalmarkt*.

Marktabschlüsse *mpl* transactions *fpl* effectuées sur le marché.

Marktabsprache *f*, **n** entente *f*, convention *f* de marché.

Marktanalyse *f*, **n** analyse *f* de marché.

Marktanteil *m*, **e** part *f* de marché ; participation *f* au marché ; *~e gewinnen* gagner des parts de marché ; *seinen ~ vergrößern* accroître sa part du marché.

Marktaufnahmefähigkeit *f*, **en** capacité *f* d'absorption du marché.

Marktaufteilung *f*, **en** compartimentage *m* du marché ; répartition *f* des marchés.

Marktaussichten *fpl* perspectives *fpl* du marché ; prévisions *fpl* du marché.

Marktausweitung *f*, **en** élargissement *m* du marché ; expansion *f* du marché.

Marktbearbeitung *f*, **en** suivi *m* du marché.

marktbedingt déterminé par la situation du marché ; (en) fonction du marché.

Marktbedürfnisse *npl* besoins *mpl* du marché ; demande *f* sur le marché.

Marktbeeinflussung *f*, **(en)** influence *f*, incidence *f* sur le marché ; orientation *f* du marché.

marktbeherrschend dominant le marché ; prépondérant ; qui détient le monopole du marché ; *eine ~e Situation haben* dominer le marché.

Marktbeherrschung *f*, **en** domination *f* du marché.

Marktbelebung *f*, **en** animation *f* du marché.

Marktbeobachtung *f*, **en** observation *f*, étude *f* du marché.

Marktbereinigung *f*, **en** assainissement *m* du marché.

Marktbericht *m*, **e** rapport *m* sur la situation du marché ; mercuriale *f*.

Marktbewegungen *fpl* fluctuations *fpl*, mouvements *mpl* du marché.

Marktbewirtschaftung *f,* en réglementation *f,* contrôle *m* du marché.

Marktchancen *fpl* chances *fpl* commerciales.

Marktdurchdringung *f,* en pénétration *f* d'un marché ; pénétration sur le marché.

Markteinführung *f,* en introduction *f* sur le marché ; lancement *m* d'un produit sur le marché.

markten (*rare*) marchander (pour faire baisser le prix).

Marktentwicklung *f,* en évolution *f* du marché ; *schnell auf die ~en reagieren* réagir rapidement aux évolutions du marché.

Markterfordernisse *npl* exigences *fpl* du marché ; *das Modellprogramm den ~n an/passen* adapter la gamme de produits aux exigences du marché.

Markterholung *f,* en reprise *f* du marché ; redressement *m* du marché.

Markterkundung *f,* en prospection *f,* exploration *f* du marché.

Markterschließung *f,* en ouverture *f* d'un marché ; création *f* d'un marché.

Markterweiterung *f,* en extension *f* du marché ; élargissement *m* du marché.

marktfähig commercialisable ; vendable ; *das Produkt ist noch nicht ~* ce produit n'est pas encore commercialisable.

Marktfahrer *m,* - (*Autriche*) commerçant *m* qui fait les marchés, itinérant ; marchand *m* des quatre-saisons.

Marktfaktor *m,* en facteur *m* influençant le marché ; données *fpl* du marché.

Marktform *f,* en forme *f,* configuration *f* du marché.

Marktforscher *m,* - spécialiste *m* du marketing ; markéticien *m*.

Marktforschung *f,* en analyse *f* de marché ; étude *f* de marché ; marketing *m*.

Marktforschungsinstitut *n,* e institut *m* d'étude de marché.

marktfreundlich favorable au marché ; respectant les lois du marché.

Marktführer *m,* - leader *m* sur le marché ; grand *m,* ténor *m* du marché.

Marktführerschaft *f,* ø position *f* de leader ; leadership *m* du marché ; hégémonie *f* commerciale ; *seine ~ an jdn verlieren* perdre son leadership au bénéfice de qqn.

marktgängig négociable ; vendable ; courant ; marchand ; *~e Ware* marchandise *f* facile à commercialiser ; produit *m* commercialisable.

Marktgängigkeit *f,* ø qualité *f* marchande ; commercialisation *f* facile ; facilité *f* d'écoulement.

Marktgebühr *f,* en (taxe *f* de) hallage *m* ; taxe acquittée au placier.

Marktgefälle *n,* - différence *f* entre le prix d'achat et de vente.

Marktgefüge *n,* - structure *f* du marché.

Marktgegebenheiten *fpl* données *fpl* du marché ; éléments *mpl* du marché.

marktgerecht adapté au marché ; conforme aux conditions du marché.

Marktgeschehen *n,* - fonctionnement *m* du marché.

Marktgleichgewicht *n,* (e) équilibre *m* du marché.

Marktgröße *f,* n étendue *f,* taille *f* du marché.

Markthalle *f,* n marché *m* couvert.

Markthändler *m,* - commerçant *m* sur un marché.

Marktkapitalisierung *f,* en (*bourse*) capitalisation *f* boursière.

marktkonform → *marktgerecht.*

Marktkonformität *f,* ø conformité *f,* compatibilité *f* avec l'économie de marché.

Marktkonstellation *f,* en constellation *f,* données *fpl* du marché ; situation *f* générale du marché.

Marktkonzentration *f,* en concentration *f* du marché.

Marktkräfte *fpl* forces *fpl* en présence sur le marché.

Marktlage *f,* n situation *f* du marché ; comportement *m,* climat *m* du marché.

Marktlücke *f,* n créneau *m* du marché ; niche *f* de marché ; *eine ~ füllen* combler un créneau ; *in eine ~ stoßen* s'insérer dans un créneau ; découvrir une niche.

Marktmacher *m,* - → *Marketmaker.*

Marktmanipulation *f,* en manipulation *f* du marché.

Marktmechanismus *m,* -men mécanisme *m* du marché.

Marktmonopol *n,* e monopole *m* du marché.

Marktnachfrage *f,* n demande *f* du marché/sur le marché ; acheteurs *mpl* du marché.

Marktnische *f*, n → *Marktlücke*.
Marktordnung *f*, en réglementation *f*, règlement *m* du marché ; *landwirtschaftliche* ~ réglementation des marchés agricoles ; *einer* ~ *unterworfen sein* être soumis à une réglementation du marché.
Marktordnungsgesetz *n*, e loi *f* sur la commercialisation des produits agricoles.
Marktpflege *f*, ø soutien *m* du marché ; contrôle *m* du marché (pour maintenir ou renforcer sa position).
Marktpolitik *f*, ø politique *f* de marché.
Marktposition *f*, en position *f* sur le marché ; *die* ~ *aus/bauen* améliorer, consolider sa position sur le marché.
Marktpreis *m*, e prix *m* du marché ; *zu* ~*en* au prix du marché ; *zum* ~ *kaufen* acheter au prix du marché ; *die* ~*e unterschreiten* pratiquer le dumping.
Marktprognosen *fpl* prévisions *fpl* économiques ; pronostics de marché.
Marktrecht *f*, e (*jur.*) législation *f* régissant la tenue des marchés.
Marktregelung *f*, en → *Marktordnung*.
Marktregulierung *f*, en régulation *f* du marché.
marktreif commercialisable ; prêt à être mis sur le marché.
Marktreife *f*, ø maturité *f* commerciale d'un produit ; *ein Produkt zur* ~ *bringen* amener un produit au stade de commercialisation ; mener un produit à sa mise sur le marché.
Marktrichtung *f*, en orientation *f* du marché.
Marktrisiko *n*, -ken risque *m*, aléas *mpl* du marché.
Marktsättigung *f*, en saturation *f* du marché.
marktschreierisch tapageur ; criard ; ~*e Werbung* publicité *f* tapageuse.
Marktschwankungen *fpl* fluctuations *fpl* du marché.
Marktschwemme *f*, n inondation *f* du marché.
Marktsegment *n*, e segment *m* de marché ; *ein neues* ~ *erkunden* explorer un nouveau segment du marché ; *wachstumsträchtiges* ~ segment porteur du marché.
Marktsegmentierung *f*, en segmentation *f* du marché.

Marktsicherung *f*, en sécurisation *f* du marché (lois sur la concurrence déloyale, horaires des magasins, contrôles de qualité, etc.).
Marktsignale *npl* signaux *mpl*, clignotants *mpl* du marché.
Marktstabilisierung *f*, en stabilisation *f* du marché.
Marktstimmung *f*, en ambiance *f* sur le marché ; climat *m* du marché.
Marktstruktur *f*, en structure *f* du marché ; *monopolistische* ~ structure monopolistique du marché ; *oligopolistische* ~ structure oligopolistique du marché.
Marktstudie *f*, n → *Marktanalyse*.
Marktstützung *f*, en soutien *m* du marché.
Markttag *m*, e jour *m* de marché ; *Freitag ist* ~ le marché se tient le vendredi.
Marktteilnehmer *m*, - acteur *m* du marché ; participant *m* au (du) marché.
Markttendenz *f*, en tendance *f*, orientation *f* du marché.
Markttransparenz *f*, en transparence *f* du marché.
Markttrend *m*, s → *Markttendenz*.
Markttyp *n*, en type *m* de marché.
Markttypologie *f*, n typologie *f* des marchés.
Marktübersicht *f*, (en) vue *f* d'ensemble du marché.
marktüblich conformément aux usages du marché ; ~*e Zinsen* intérêts *mpl* habituellement pratiqués sur le marché.
Marktungleichgewicht *n*, e déséquilibre *m* du marché ; marché *m* déséquilibré.
Marktuntersuchung *f*, en → *Marktanalyse*.
Marktusancen *fpl* pratiques *fpl* du marché ; usages *mpl* du marché.
Marktvereinbarung *f*, en accord *m* sur le marché.
Marktverengung *f*, en (goulot *m* d') étranglement *m* du marché ; rétrécissement *m* du marché.
Marktverflechtung *f*, en interdépendance *f* des marchés.
Marktverlauf *m*, (¨e) allure *f* générale du marché ; évolution *f* du marché ; profil *m*, configuration *f* du marché.
Marktversagen *n*, ø défaillance *f*, déficience *f* du marché ; échec *m* des lois du marché.

Marktversorgung *f*, en approvisionnement *m* du marché.

Marktverzerrung *f*, en distorsion *f* du marché ; distorsion entre les marchés.

Marktvorgang *m*, ¨e → *Marktmechanismus*.

Marktwert *m*, e valeur *f* sur le marché ; valeur marchande ; valeur actuelle ; prix *m* courant.

Marktwirt *m*, e → *Marktwirtschaftler*.

Marktwirtschaft *f*, en économie *f* de marché ; *freie* ~ économie libre de marché ; libre-échange *m* ; *soziale* ~ économie sociale de marché (principes : libre jeu de l'offre et de la demande, concurrence, moyens de production privés, intervention ponctuelle de l'État) ; *sozialistische* ~ économie socialiste de marché ; → *Kapitalismus* ; *Liberalismus* ; *Markt* ; *Preis* ; *Wettbewerb*.

Marktwirtschaftler *m*, - adepte *m*, défenseur *m* de l'économie de marché.

marktwirtschaftlich d'économie de marché ; d'économie libre, libérale.

Marktzettel *m*, - mercuriale *f* ; bulletin *m* des cours du marché.

Marktzugang *m*, ¨e accès *m* au marché.

Marktzulassung *f*, en autorisation *f* de mise sur le marché (A.M.M.) ; autorisation d'accès au marché.

Marktzyklus *m*, -klen cycle *m* de vie (d'un produit).

marod(e) malade ; chancelant ; *eine ~e Firma* entreprise malade ; entreprise en difficulté ; (*fam.*) canard boiteux *m*.

Marschroute *f*, n voie *f* ; marche *f* à suivre ; feuille *f* de route ; itinéraire *m*.

Marshallplan *m* (*hist.*) plan *m* Marshall (programme d'aide à l'Europe après la Deuxième Guerre mondiale).

Marxismus *m*, ø marxisme *m*.

Marxist *m*, en, en marxiste *m*.

marxistisch marxiste.

Maschine *f*, n 1. machine *f* ; engin *m* ; *digital gesteuerte* ~ machine à commande numérique ; *eine ~ amortisieren* amortir une machine ; *eine ~ in Gang setzen* mettre une machine en route ; *an einer ~ arbeiten* travailler sur une machine ; *~ schreiben* dactylographier ; taper à la machine ; (*bilan*) *~n und maschinelle Anlagen* outillage *m* 2. moto *f* ; avion *m* ; moteur *m* de voiture.

maschinell mécanique ; à la machine ; *~e Herstellung* fabrication *f* mécanique ; *~e Verpackung* emballage *m* mécanique ; *~ bearbeiten* usiner.

Maschinenarbeit *f*, en travail *m* exécuté à la machine.

Maschinenauslastung *f*, en utilisation *f* des équipements de production ; durée *f* d'utilisation, temps *m* d'utilisation des machines ; *optimale* ~ utilisation optimale des machines.

Maschinenauslastungszeit *f*, en temps *m* d'utilisation des équipements de production.

Maschinenausstattung *f*, en parc *m* de machines ; équipement *m* en machines ; total *m* des équipements de production.

Maschinenbau *m*, ø construction *f* mécanique (machines, outils, véhicules, etc.) ; → *Ausrüstungs-*, *Investitionsgüter* ; *Mittelstand* ; *Export*.

Maschinenbauingenieur *m*, e ingénieur *m* mécanicien.

Maschinenbelegung *f*, en → *Maschinenauslastung*.

Maschinenbestand *m*, ø → *Maschinenausstattung*.

Maschineneinsatz *m*, ¨e emploi *m* de(s) machines ; mise *f* en œuvre de machines.

maschinengeschrieben dactylographié.

Maschinenlaufzeit *f*, en → *Maschinenauslastung*.

maschinenmäßig → *maschinell*.

Maschinenmeister *m*, - 1. responsable *m* de l'entretien du parc des machines ; responsable de la maintenance 2. (*théâtre*) chef-machiniste *m*.

Maschinenpark *m*, s 1. parc *m* de machines 2. (*informatique*) matériel *m* ; hardware *m*.

Maschinenring *m*, e : (*agric.*) landwirtschaftlicher ~ groupement *m* coopératif d'agriculteurs pour l'utilisation de machines agricoles.

Maschinenschaden *m*, ¨ panne *f* de machine ; avarie *f* de machine.

Maschinenschlosser *m*, - assembleur *m* de machines-outils.

Maschinenschrift *f*, en dactylographie *f*.

Maschinenstunde *f*, n heure-machine *f*.

Maschinen- und Anlagenbau *m*, ø → *Maschinenbau*.

Maschinen- und Fahrzeugbau *m*, ø secteur *m* de la construction de machines et de véhicules.

Maschinenzeit *f*, en temps-machine *m*.

Maschinist *m*, en, en **1.** ouvrier *m* spécialisé sur machine **2.** (*navire*) chef *m* mécanicien.

Maß *n*, e mesure *f* ; cote *f* ; dimension *f* ; ~e und Gewichte poids *mpl* et mesures *fpl*.

Maßanfertigung *f*, en (*textiles, habillement*) fabrication *f* sur mesures.

Maßarbeit *f*, en travail *m* sur mesure.

Maßbezeichnung *f*, en indication *f* de mesure(s) ; indication volumétrique.

Masse *f*, n **1.** masse *f* ; quantité *f* ; (*fam.*) *er verdient eine ~ Geld* il gagne un argent fou ; *in ~n her/stellen* fabriquer en série **2.** (*faillite*) masse *f* ; actif *m* ; *bare ~* masse réalisable ; *verfügbare ~* masse disponible ; *Mangel an ~* insuffisance *f* d'actif ; *mangels ~* par manque d'actif, de capitaux.

Massegläubiger *m*, - (*jur.*) créancier *m* de la masse, de la faillite.

Maßeinheit *f*, en unité *f* de mesure.

Massenabfertigung *f*, en (*péj.*) expédition *f* rapide et massive des formalités-clients.

Massenabsatz *m*, ¨e vente *f* massive ; vente en série ; vente en grandes quantités.

Massenandrang *m*, ¨e affluence *f* ; rush *m* ; ruée *f*.

Massenarbeitslosigkeit *f*, en chômage *m* massif, en masse.

Massenartikel *m*, - article *m* de (grande) série.

Massenauflage *f*, n gros tirage *m*.

Massenaustritt *m*, e démission *f* collective.

Massenbedarf *m*, ø besoins *mpl* de masse ; *der ~ an Konsumgütern* les besoins massifs en biens de consommation.

Massenbedarfsgüter *npl* → *Massenkonsumgüter*.

Massenbeförderungsmittel *n*, - moyen *m* de transport de masse ; transports *mpl* en commun.

Massenblatt *n*, ¨er journal *m* à grand tirage ; journal populaire.

Massendemonstration *f*, en manifestation *f* de masse.

Masseneinsatz *m*, ¨e mise *f* en œuvre massive ; emploi *m* massif.

Massenentlassungen *fpl* licenciements *mpl* collectifs ; licenciements massifs.

Massenerzeugung *f*, en → *Massenproduktion*.

Massenfabrikation *f*, en → *Massenproduktion*.

Massenfertigung *f*, en → *Massenproduktion*.

Massenfilialbetrieb *m*, e magasin *m* à succursales multiples.

Massengesellschaft *f*, en société *f* de masse.

Massengüter *npl* **1.** articles *mpl* de grande série **2.** marchandises *fpl* en vrac, pondéreuses ; marchandises de gros tonnage.

Massengutfrachter *m*, - navire *m* transporteur de vrac pondéreux (ciment, graviers, céréales etc.).

Massengutschiff *n*, e vraquier *m*.

Massenherstellung *f*, en → *Massenproduktion*.

Massenkaufkraft *f*, ø pouvoir d'achat *m* des masses ; pouvoir d'achat des salariés, des travailleurs.

Massenkommunikationsmittel *n*, - → *Medien*.

Massenkonsum *m*, ø consommation *f* de masse ; consommation massive, en grand.

Massenkonsumgüter *npl* biens *mpl* de grande consommation ; biens de consommation de masse.

Massenkundgebung *f*, en → *Massendemonstration*.

Massenkündigungen *fpl* → *Massenentlassungen*.

Massenmedien *npl* → *Medien*.

Massenorganisation *f*, en organisation *f* de masse.

Massenprodukt *n*, e produit *m* de grande série ; produit de masse ; article *m* de (grande) série.

Massenproduktion *f*, en fabrication *f* en (grande) série ; production *f* massive, de masse ; *industrielle ~* production industrielle de masse.

Massenstreik *m*, s grève *f* massive.

Massentierhaltung *f*, en élevage *m* industriel ; élevage intensif, en grand.

Massentourismus *m*, ø tourisme *m* de masse.

Massentransportmittel *n*, - → *Massenbeförderungsmittel*.

Massenverbrauch *m*, ø → *Massenkonsum*.

Massenverbrauchsgüter *npl* → *Massenkonsumgüter*.

Massenverkehrsmittel *n*, - → *Massenbeförderungsmittel*.

Masseschuld *f,* en (*jur.*) dette *f* de la masse.

Masseschuldner *m*, - (*jur.*) débiteur *m* de la masse.

Masseverwalter *m*, - (*jur.*) syndic *m* de la faillite.

Massenware *f*, n → *Massenprodukt*.

Maßgabe *f,* n mesure *f* ; norme *f* ; règle ; *nach* ~ dans les conditions de ; conformément à ; *nach* ~ *der Bestimmungen* conformément aux dispositions.

maßgebend → *maßgeblich*.

maßgeblich décisif ; déterminant ; ~ *sein* faire autorité ; être déterminant.

maßgeschneidert sur mesures ; fait sur mesures ; personnalisé ; ~*e Angebote* offres *fpl* personnalisées.

Maßgröße *f,* n (unité de) grandeur *f* ; mesure *f*.

Maßhalteappell *m,* e appel *m* à la modération.

Massierung *f,* en concentration *f* ; regroupement *m* massif ; *die ~ von Arbeitskräften in den Städten* la concentration urbaine de la main-d'œuvre.

mäßig modéré ; mesuré ; ~*er Preis* prix *m* raisonnable, modique.

Mäßigung *f,* en modération *f* ; *lohnpolitische* ~ modération salariale.

Massivbau *m*, -ten immeuble *m*, pavillon *m* construit en dur ; construction *f* en dur.

Maßkonfektion *f,* en (*textile*) confection *f,* vêtements *mpl* sur mesure.

Maßnahme *f,* n mesure *f* ; disposition *f* ; démarche *f* ; ~*n* programme *m* ; train *m* de mesures **I**. *arbeitsplatzabbauende* ~ mesure de suppression d'emplois ; *behördliche* ~ mesure administrative ; *budgetäre* ~ mesure budgétaire ; *drastische* ~ mesure draconienne ; *flankierende* ~ mesure d'accompagnement ; *finanzpolitische* ~ mesure (de politique) financière ; *geldpolitische* ~ mesure (de politique) monétaire ; *gezielte* ~ mesure ciblée ; *lohnpolitische* ~ mesure (de politique) salariale ; *steuerliche* ~ mesure fiscale ; *verbrauchsfördernde* ~ mesure d'incitation à la consommation ; *wirtschaftliche* ~ mesure économique **II**. *ABM-~n* programme d'aide à l'emploi ; mesures de création d'emplois ; ~*n gegen die Inflation ergreifen* prendre des mesures anti-inflationnistes.

Maßnahmenkatalog *m,* e catalogue *m* de mesures ; train *m,* série *f* de mesures.

Maßnahmenpaket *n,* e → *Maßnahmenkatalog*.

Maßregel *f,* n instruction *f* ; directive *f* ; règle *f* d'or.

maßschneidern faire du sur mesure ; personnaliser ; *Werbebotschaften* ~ individualiser des messages publicitaires.

Maßstab *m,* ¨e échelle *f* ; norme *f* ; critère *m* ; *in großem, kleinem* ~ sur une grande, petite échelle ; *etw zum* ~ *nehmen* prendre qqch comme critère.

maßstab(s)gerecht conforme à l'échelle.

maßvoll → *mäßig*.

Maßzahl *f,* en indice *m* de mesure ; cote *f*.

mästen : (*agric.*) *Vieh* ~ engraisser du bétail.

Mastfutter *n*, - (*agric.*) aliment *m* d'engraissement (bétail, volaille, etc.).

Mastvieh *n,* ø (*agro-alimentaire*) bêtes *fpl* à viande ; bétail *m* destiné à l'engraissement ; bétail d'embouche.

Material *n,* ien **1**. matière *f* première (objets de travail) **2**. matériel *m* (ensemble des objets et des instruments de travail mis en œuvre dans une exploitation) ; *benötigtes* ~ matériel nécessaire ; *rollendes* ~ matériel roulant **3**. documentation *f* ; *statistisches* ~ données *fpl*, chiffres *mpl* statistiques ; statistiques *fpl*.

Materialaufkommen *m*, - ressources *fpl* en matières premières.

Materialaufwand *m*, -wendungen (*comptab.*) dépenses *fpl* de consommation intermédiaire ; dépenses de matières premières.

Materialaufwandskoeffizient *m,* en, en (*comptab.*) coefficient *m* de dépenses *fpl* de biens intermédiaires.

Materialausgabe *f,* n **1**. distribution *f* de matériel **2**. service *m* du matériel.

Materialausstattung *f,* en → *Hardware*.

Materialbedarf *m,* ø (*comptab.*) besoins *mpl* en matériel, en matières premières.

Materialbeleg *m,* e (*comptab.*) fiche *f* de stock.

Materialbereitstellung *f,* en mise *f* à disposition de matériel.

Materialbeschaffer *m*, - (*comptab.*) fournisseur *m* de matériels.

Materialbeschaffung *f,* en (*comptab.*) fourniture *f* de matériel ; approvisionnement *m* en matières premières.
Materialbestand *m,* ¨e (*comptab.*) stock *m* de matières premières ; stock de matériel.
Materialbewegung *f,* en (*comptab.*) mouvements *mpl* de matières.
Materialbilanz *f,* en (*comptab.*) balance-matière *f.*
Materialbuchhaltung *f,* en (*comptab.*) comptabilité *f* de stock-matières ; comptabilité-matière.
Materialeinsatz *m,* ¨e mise *f* en œuvre, utilisation *f* du matériel.
Materialeinsparung *f,* en économies *fpl* de matières première, de matériel.
Materialentnahmeschein *m,* e bon *m* d'enlèvement de matériel ; bulletin *m* d'enlèvement.
Materialermüdung *f,* en (*technique*) usure *f* du matériel.
Materialfehler *m,* - (*technique*) défaut *m* de matériel ; vice *m* de matériel.
materialintensiv (*comptab.*) à fort coefficient d'utilisation de matières premières ; *~e Fertigung* fabrication *f* déterminée principalement par le facteur matières premières ; production *f* affectant le poste coût-matières.
Materialintensität *f,* en (*comptab.*) consommation *f* intermédiaire (ratio important faisant partie du coefficient de capital).
Materialismus *m,* ø matérialisme *m* ; *dialektischer, historischer ~* matérialisme dialectique, historique.
Materialknappheit *f,* en (*comptab.*) pénurie *f* de matières premières, de matériel.
Materialkosten *pl* (*comptab.*) charges *fpl* de matières premières ; *direkt, indirekt zurechenbare ~* charges *fpl* directes, indirectes de matières premières.
Materialpreis *m,* e (*comptab.*) prix *m* d'achat de la matière.
Materialprüfung *f,* en contrôle *m* du matériel ; test *m* de résistance des matériaux.
Materialrechnung *f,* en → *Materialbuchhaltung.*
Materialschaden *m,* ¨ → *Materialfehler.*
Materialverbrauch *m,* ø (*comptab.*) consommation *f* intermédiare, de matières ; *überhöhter ~* consommation excessive de matières (premières).

Materialversorgung *f,* en → *Materialbeschaffung.*
Materialverwendung *f,* en (*comptab.*) emploi *m* des matières premières.
Materialvorrat *m,* ¨e (*comptab.*) stock *m* de matières premières.
Materialwert *m,* ø (*comptab.*) coût *m* de revient des matières premières et fournitures.
Materialwirtschaft *f,* en (*comptab.*) gestion *f* des matières premières, du matériel ; gestion des stocks.
materiell matériel ; corporel ; *~e Güter* biens *mpl* corporels, matériels ; *~er Schaden* dommage *m* matériel ; préjudice *m* matériel ; *~er Wert* valeur *f* matérielle.
Matriarchat *n,* e matriarcat *m.*
Matrix *f,* -trizes (*mathématique*) matrice *f.*
Matrize *f,* n (*édition, technique*) matrice *f.*
Matrixdrucker *m,* - imprimante *f* matricielle.
Matura *f,* ø (*Autriche, Suisse*) baccalauréat *m* ; (*fam.*) bac *m.*
Maturand *m,* en, en (*Suisse*) bachelier *m.*
Maturant *m,* en, en (*Autriche*) bachelier *m.*
Maul- und Klauenseuche *f,* ø (*agric.*) fièvre *f* aphteuse.
Maus *f,* ¨e (*informatique*) souris *f* ; (*fam.*) mulot *m.*
Mauschelei *f,* en magouille(s) *f(pl)* ; *~en auf/klären* élucider des magouilles.
mauscheln (*péj.*) magouiller ; combiner en cachette.
Mausklick *m,* s (*informatique*) clic *m* de la souris d'un ordinateur.
Maut *f,* en 1. → *Mautgebühr* 2. poste *m* de péage ; péage *m.*
Mautgebühr *f,* en droit *m* de péage ; péage *m* ; *~en bezahlen* acquitter un droit de péage.
maximal maximal ; maximum ; *~e Kapazität* capacité *f* maximale ; rendement *m* maximal.
Maximalbelastung *f,* en charge *f* maximale.
Maximalbetrag *m,* ¨e montant *m* maximal.
Maximaleindeckung *f,* en (possibilités *fpl* de) stockage *m* maximum.
Maximalladung *f,* en charge *f* maximale ; charge maximum.

Maximalleistung *f,* **en** rendement *m* maximal ; output *m* maximum.
Maximalpreis *m,* **e** prix *m* maximum, maximal ; prix plafond.
maximieren maximiser ; maximaliser ; optimiser ; *den Gewinn* ~ maximaliser le bénéfice (*syn. optimieren*).
Maximierung *f,* **en** maximation *f* ; maximisation *f* ; optimisation *f* (*syn. Optimierung*).
Maximum *n,* **-ma** maximum *m* ; ~ *an Rentabilität* maximum de rentabilité (*syn. Höchstmaß*; *contr. Minimum*).
Mäzen *m,* **e** mécène *m* ; sponsor *m* ; → ***Sponsor***.
Mäzenatentum *n,* **ø** mécénat *m* ; sponsoring *m* ; → ***Sponsoring***.
MB → ***Megabyte***.
MBA *n,* **s** (*Master of Business of Administration*) (*USA*) maîtrise *f* de gestion ; (*équivalents*) magistère *m* ; mastère *m*.
mbH (*mit beschränkter Haftung*) à responsabilité limitée.
MBI → ***Management-Buy-in***.
MBO → ***Management-Buy-out***.
m. c. (*mensis currentis*) (*laufenden Monats*) (du mois) courant.
Md./Mrd. → ***Milliarde***.
M-DAX *m* (*Midcap Aktienindex*) indice *m* des valeurs allemandes de moyenne catégorie ; baromètre *m* boursier des 70 valeurs à chiffre d'affaires moyen qui suivent les 30 premières du → ***DAX***.
MdB. (*Mitglied des Bundestages*) membre *m* du Bundestag.
MdL. (*Mitglied des Landtags*) membre *m* du Landtag ; membre d'un parlement régional.
MDN *f* (*hist.* : *Mark der Deutschen Notenbank*) unité *m* monétaire de la R.D.A. de 1964 a 1968 où elle fut remplacée par le *Mark der Deutschen Demokratischen Republik* (*M*).
mechanisieren mécaniser.
Mechanisierung *f,* **en** mécanisation *f.*
Mechatronik *f,* **ø** mécatronique *f* ; ensemble des disciplines qui traitent du développement des capteurs et microprocesseurs utilisés dans la fabrication des produits dits intelligents (robots industriels, etc.).
Media *npl* (*publicité*) médias *mpl* (publicitaires) ; supports *mpl* publicitaires (journaux, radio, télévision, affiches, Internet, etc.).

Mediaabteilung *f,* **en** (*publicité*) service *m* des médias publicitaires (compétent en matière de mise en œuvre et de choix des supports publicitaires).
Mediaanalyse *f,* **n** (*publicité*) analyse *f* des supports publicitaires ; étude *f* des médias publicitaires (efficacité des supports, groupes-cible, sondages, comportement des consommateurs, revenu, âge, etc.).
medial médiatique.
Mediamix *m,* **ø** (*publicité*) media-mix *m* ; optimisation *f* des médias publicitaires.
Mediaplaner *m,* **-** (*publicité*) mediaplaner *m* ; responsable *m* du choix des médias (sélection des moyens et supports publicitaires, réservation et emplacement des panneaux publicitaires, etc.).
Mediaplanung *f,* **en** (*publicité*) planification *f* ou choix *m* des médias ; médias-planning *m* ; plan-médias *m.*
Mediation *f,* **en** médiation *f.*
mediatisieren médiatiser.
Mediatisierung *f,* **en** médiatisation *f.*
Mediator *m,* **en** médiateur *m.*
Mediawerbung *f,* **en** publicité *f* par voie de presse, à la radio, télévision, etc.
Medien *npl* médias *mpl* (presse, cinéma, radio, Internet, etc.).
Medienbartering *n,* **ø** échange *m* de programmes télévisés entre groupes industriels et chaînes de télévision (financement des programmes par l'industrie en échange de la diffusion gratuite de spots publicitaires).
Medienberater *m,* **-** conseiller *m* en communication.
Medienfachmann *m,* **¨er/-leute** spécialiste *m* des médias.
Medienfonds *m,* **-** (*bourse*) fonds *m* d'investissement dans les médias et la communication (notamment le cinéma).
Mediengewerbe *n,* **-** industrie *f* des médias ; métiers *mpl* de la communication.
Medienimperium *n,* **-ien** empire *m* médiatique.
Medienkontrolle *m,* **n** contrôle *m* des médias ; (*France*) conseil *m* supérieur de l'audiovisuel (C.S.A.).
Medienkonzern *m,* **e** groupe *m* médiatique.
Medienlandschaft *f,* **en** paysage *m* médiatique ; médias *mpl* ; (*France*) P.A.F. *m* (paysage audio-visuel français).

Medienriese *m*, en, en géant *m* des médias.
Medienrummel *m*, ø tapage *m* médiatique.
Medienverbund *m*, e/¨e système *m* multi-médias.
medienwirksam médiatique.
Medienwirkung *f*, en impact *m* des médias ; impact médiatique.
Medienzar *m*, en, en tzar *m* des médias ; baron *m* de la presse.
Medikamentenrückstände *mpl* résidus *mpl* médicamenteux.
Medio *m*, s milieu *m* du mois ; le 15 du mois ; de quinzaine ; *zum ~ getätigte Abschlüsse* contrats *mpl* passés le 15 du mois ; *~ November* mi-novembre *f*.
Medioabrechnung *f*, en (*bourse*) liquidation *f* de quinzaine.
Medioabschluss *m*, ¨e 1. (*bourse*) marché *m* à quinzaine 2. (*comptab.*) clôture *f* des comptes de quinzaine.
Mediofälligkeit *f*, en échéance *f* de quinzaine ; échéance au 15 du mois.
Mediogeld *n*, er crédit *m* boursier de quinzaine ; échéance *f* de quinzaine.
Mediogeschäft *n*, e opération *f* de quinzaine.
Medioliquidation *f*, en (*bourse*) liquidation *f* de quinzaine.
Mediowechsel *m*, - traite *f* à quinzaine ; traite venant à échéance le 15 du mois.
Medizinalbeamte/r (*der/ein*) fonctionnaire *f* de la santé publique.
Medizinalrat *m*, ¨e fonctionnaire *m* de la santé publique du cadre supérieur.
Meeresbelastung *f*, en pollution *f* de la mer ; pollution marine.
Meeresbodenschätze *mpl* ressources *fpl* sous-marines ; richesses *fpl* des fonds marins.
Meeresschadstoff *m*, e produit *m* toxique pour l'eau de mer.
Megabyte *n*, s (*MB*) (*pr. ang.*) megaoctet *m* (1million d'octets).
Megageschäft *n*, e (*fam.*) grosse affaire *f* ; *~ e machen* faire des affaires d'or.
Megaliner *m*, - (*pr. ang.*) (*fam.*) avion *m* de ligne géant ; avion gros porteur.
Megastadt *f*, ¨e mégapole *f* (agglomération urbaine de plus de 10 millions d'habitants).
Mehr- (*préfixe*) supplémentaire ; plus ; excédentaire ; multi- ; poly-.

Mehrarbeit *f*, en travail *m* supplémentaire ; surcroît *m* de travail.
Mehrarbeitszuschlag *m*, ¨e majoration *f* pour heures supplémentaires : indemnité *f* pour travail supplémentaire ; (*fam.*) heures *fpl* sup.
Mehraufwand *m*, -wendungen (*comptab.*) dépenses *fpl* supplémentaires ; surcroît *m* de dépenses.
Mehrausgaben *fpl* → *Mehraufwand*.
Mehrbedarf *m*, ø besoins *mpl* supplémentaires ; besoins accrus *mpl*.
Mehrbelastung *f*, en charges *fpl* supplémentaires ; surcharge *f* ; surcroît *m* de travail.
Mehrbenutzer *m*, - (*informatique*) multi-utilisateur *m*.
Mehrbenutzersystem *n*, e (*informatique*) système *m* multi-utilisateur, multiposte.
Mehrbenutzung *f*, en (*informatique*) multi-utilisation *f*.
Mehrbereichskonzern *m*, e → *Mischkonzern* ; *Konglomerat*.
Mehrbesteuerung *f*, en imposition *f* cumulative.
Mehrbetrag *m*, ¨e montant *m* supplémentaire ; surplus *m*.
Mehrbieter *m*, - (*enchère*) enchérisseur *m*.
Mehrbranchengeschäft *n*, e magasin *m* à filiales multiples.
Mehrbranchenmesse *f*, n foire *f* multibranche.
Mehrdienste-Unternehmen *n*, - entreprise *f* multi-services.
mehrdimensional pluridimensionnel ; multidimensionnel.
Mehrdividende *f*, n (*bourse*) dividende *m* supplémentaire ; bonus *m* ; *Anspruch auf eine ~ gegenüber den Stammaktien haben* avoir droit à un dividende supplémentaire par rapport aux actions ordinaires.
Mehreinkommen *n*, - excédent *m* de revenu ; revenu *m* supplémentaire.
Mehreinnahme *f*, n excédent *m*, surplus *m* de recettes ; *steuerliche ~n* surplus de recettes fiscales.
mehren accroître ; augmenter ; se multiplier.
Mehrerlös *m*, e produit *m* supplémentaire ; surplus *m*.
Mehrertrag *m*, ¨e → *Mehrerlös*.
mehrfach multiple ; successif ; répété ; réitéré ; *~e Preiserhöhungen* aug-

mentations *fpl* successives des prix ; ~*es Stimmrecht* droit *m* de vote plural.

Mehfachbeschäftigte/r (*der/ein*) personne *f* qui cumule plusieurs emplois ; (*péj.*) cumulard *m*.

Mehrfachbesteuerung *f,* **en** imposition *f* cumulative ; imposition en cascade ; taxation *f* multiple.

Mehrfachbewerbung *f,* **en** candidatures *fpl* multiples.

Mehrfachbezieher *m,* **-** **1.** titulaire *m* de plusieurs rentes ou pensions **2.** bénéficiaire *m* de plusieurs prestations.

Mehrfache/s (*das/ein*) multiple *m* ; *ein Mehrfaches an Kosten* des frais *mpl* multiples.

Mehrfachstimmrecht *n,* **e** (*jur.*) droit *m* de vote multiple.

Mehrfachtäter *m,* **-** (*jur.*) multirécidiviste *m*.

Mehrfachversicherung *f,* **en** assurance *f* multiple ; assurance cumulative.

Mehrfamilienhaus *f,* **¨er** immeuble *m* collectif.

Mehrfirmenhandelsvertreter *m,* **-** représentant *m* travaillant pour le compte de plusieurs entreprises commerciales ; V.R.P. *m* multicartes.

Mehrgebot *n,* **e** enchère *f*.

Mehrgepäck *n,* **ø** bagages *mpl* supplémentaires.

Mehrgewicht *n,* **e** excédent *m* de poids.

Mehrgewinn *m,* **e** bénéfice *m* supplémentaire ; superbénéfice *m*.

Mehrgewinnsteuer *f,* **n** impôt *m* sur les excédents de bénéfice.

Mehrheit *f,* **en** majorité *f* ; *absolute* ~ majorité absolue ; *einfache* ~ majorité simple ; *doppelte* ~ (*U.E.*) majorité double ; *knappe* ~ faible majorité ; *qualifizierte* ~ majorité qualifiée, des deux tiers ; *relative* ~ majorité relative ; *überwältigende* ~ majorité écrasante.

mehrheitlich en majorité ; pour la plus grande part.

Mehrheitsaktionär *m,* **e** actionnaire *m* majoritaire.

Mehrheitsbeschluss *m,* **¨e** décision *f* majoritaire ; décision prise à la majorité des voix.

Mehrheitsbesitzer *m,* **-** → *Mehrheitseigner*.

Mehrheitsbeteiligung *f,* **en** participation *f* majoritaire.

Mehrheitseigner *m,* **-** actionnaire *m* majoritaire ; détenteur *m* de la majorité des actions.

Mehrheitsentscheidung *f,* **en** décision *f* majoritaire ; décision prise à la majorité des votants.

Mehrheitserwerb *m,* **(e)** prise *f* de contrôle ; acquisition *f* de la majorité des actions.

mehrheitsfähig susceptible d'obtenir une majorité ; capable de rassembler une majorité sur son nom.

Mehrheitsfähigkeit *f,* **ø** capacité *f* à réunir une majorité (sur son nom).

Mehrheitsgesellschafter *m,* **-** associé *m* majoritaire.

Mehrheitsprinzip *n,* **-ien** principe *m* majoritaire ; principe de la majorité des voix.

Mehrheitsvotum *m,* **en** vote *m,* élection *f* à la majorité des voix.

Mehrheitswahl *f* → *Mehrheitsvotum*.

Mehrjahresplan *m,* **¨e** plan *m* pluriannuel ; ~ *der öffentlichen Finanzen* plan pluriannuel des finances publiques.

mehrjährig 1. pluriannuel ; qui comporte plusieurs années ; ~*e Berufserfahrung* expérience *f* professionnelle de plusieurs années **2.** qui dure depuis de nombreuses années.

Mehrkosten *pl* (*comptab.*) frais *mpl* supplémentaires ; surcoûts *mpl*.

Mehrleistung *f,* **en 1.** augmentation *f* de rendement **2.** prestation *f* supplémentaire.

Mehrleistungsprämie *f,* **n** prime *f* de rendement, de productivité.

Mehrlohn *m,* **¨e** supplément *m* de salaire ; augmentation *f* de salaire ; plus *m* salarial.

Mehrmarkenhändler *m,* **-** concessionnaire *m* multimarques, de plusieurs marques.

Mehrmarkenstrategie *f,* **n** stratégie *f* multimarques.

Mehrparteiensystem *n,* **e** (*polit.*) système *m* pluripartite.

Mehrpersonenhaushalt *m,* **e** ménage *m,* foyer *m* de plusieurs personnes.

Mehrphasenbesteuerung *f,* **en** imposition *f* cumulative, en cascade.

Mehrphasensteuer *f,* **n** taxe *f* cumulative ; impôt *m* à cascade (perçu à chaque niveau de production) ; *kumulative* ~ taxe cumulative en cascade.

Mehrporto *n,* **s** surtaxe *f* postale.

Mehrpreis *m*, e supplément *m*, majoration *f* (de prix) (*syn. Aufpreis*).

Mehrprodukt *n*, e (*finances*) surproduit *m* (partie constitutive du produit social destinée à élargir les facteurs de production)

Mehrproduktmasse *f*, n (*finances*) masse *f* du surproduit.

Mehrproduktrate *f*, n (*finances*) taux *m* du surproduit.

Mehrproduktunternehmen *n*, - entreprise *f* multiproduit.

Mehrprogrammverarbeitung *f*, en → *Multitasking*.

Mehrschichtsystem *n*, e système *m* des trois-huit ; travail *m* d'équipe, posté ; système des roulements d'équipes.

mehrseitig (*polit.*) multilatéral ; *~es Abkommen* accord *m* multilatéral (*syn. multilateral*).

Mehrstellenarbeit *f*, en travail *m* multi-postes ; travail à plusieurs postes.

Mehrstimmenwahl *f*, en vote *m* plural.

Mehrstimmrechtsaktie *f*, n action *f* à vote plural.

Mehrstufenplan *m*, ¨e plan *m* réalisable en plusieurs étapes ; plan étalé dans le temps.

mehrstufig à plusieurs étapes ; à plusieurs degrés.

Mehrumsatz *m*, ¨e augmentation *f* du chiffre d'affaires ; C.A. *m* en hausse.

Mehrung *f*, en augmentation *f* ; accroissement *m*.

Mehrverbrauch *m*, ø surplus *m* de consommation.

Mehrverdienende *pl* hauts salaires *mpl* ; gros revenus *mpl*.

Mehrweg- (*préfixe*) réutilisable ; consignable (*contr. Einweg-*).

Mehrwegflasche *f*, n bouteille *f* consignée ; flacon *m* réutilisable.

Mehrwegverpackung *f*, en emballage *m* réutilisable, réemployable.

Mehrwert *m*, (e) (*hist., finances*) plus-value *f* ; valeur *f* ajoutée ; *absoluter, relativer ~* plus-value absolue, relative ; *einen ~ erzielen* réaliser une plus-value ; créer une valeur ajoutée.

Mehrwerterzeugung *f*, en (*hist., finances*) création *f* de plus-value.

Mehrwertmasse *f*, n (*hist., finances*) masse *f* de la plus-value.

Mehrwertproduktion *f*, en (*hist., finances*) production *f* de (la) plus-value.

Mehrwertsteuer *f*, n (*MwSt.*) taxe *f* sur la valeur ajoutée ; T.V.A. *f* ; *die ~ (vom Kunden) erheben* faire payer la T.V.A. (au client) ; *die ~ ab/ziehen* déduire la T.V.A. ; *die ~ an das Finanzamt ab/führen* verser la T.V.A. au fisc.

Mehrwertsteuererhöhung *f*, en augmentation *f* de la T.V.A.

Mehrwertsteuersatz *m*, ¨e taux *m* de T.V.A. ; *durchschnittlicher, erhöhter, ermäßigter ~* taux *m* moyen, majoré, réduit de T.V.A.

Mehrwerttheorie *f*, ø (*hist.*) théorie *f* de la plus-value (Marx).

Mehrzahl *f*, ø 1. multiplicité *f* ; pluralité *f* 2. majorité *f* ; *die ~ der Teilnehmer war einverstanden* la majorité des participants était d'accord.

Mehrzuteilungsoption *f*, en (*bourse*) option *f* d'attribution supplémentaire.

Mehrzweck- (*préfixe*) à usages multiples ; polyvalent ; multifonctions.

Mehrzweckfahrzeug *n*, e véhicule *m* à usage multiple ; engin *m* tout terrain.

Mehrzweckhalle *f*, n entrepôt *m* polyvalent.

Mehrzweckmaschine *f*, n machine *f* multifonctions ; machine à usages multiples.

Meilensammeln *n*, ø système *m* de collecte de points qualifiants (bonus) par nombre de vols réalisés et qui donne certains avantages.

Meiler *m*, - pile *f* atomique ; réacteur *m* nucléaire.

Meineid *m*, e parjure *m* ; faux serment *m*.

Meinung *f*, en opinion *f* ; avis *m* ; point de vue *m* ; *seine ~ äußern* donner son opinion ; *öffentliche ~* opinion publique.

Meinungsaustausch *m*, ø échange *m* de vues.

Meinungsbefragung *f*, en → *Meinungsumfrage*.

meinungsbildend qui fait l'opinion publique ; qui agit sur l'opinion ; *~e Gruppen* leaders *mpl* d'opinion (publique).

Meinungsbildner *m*, - leader *m* d'opinion.

Meinungsbildung *f*, en orientation *f* de l'opinion publique.

Meinungserhebung *f*, en → *Meinungsumfrage*.

Meinungsforscher *m*, - enquêteur *m* (pour le compte d'un institut de sondage).

Meinungsforschung *f*, **en** sondage *m* d'opinion ; enquête *f* par sondage (*syn. Demoskopie*).

Meinungsforschungsinstitut *n*, **e** institut *m* de sondage d'opinion ; institut démoscopique ; (*France*) S.O.F.R.E.S. ; I.P.S.O.S. ; I.F.O.P.

Meinungsfreiheit *f*, **en** liberté *f* d'opinion.

Meinungskauf *m*, ¨e **1.** (*bourse*) achat *m* spéculatif (d'actions ou de titres, dans l'espoir d'une hausse prochaine des cours) **2.** achat spéculatif ; achat « coup-de-cœur ».

Meinungsmacher *m*, - → *Meinungsbildner*.

Meinungspflege *f*, ø relations *fpl* publiques (*syn. Öffentlichkeitsarbeit* ; *Public Relations*).

Meinungspluralismus *f*, ø pluralisme *m* d'opinions.

Meinungstest *m*, **s** test *m* d'opinion.

Meinungsumfrage *f*, **n** sondage *m* d'opinion ; enquête *f* par sondage.

Meinungsumschwung *m*, ¨e retournement *m* d'opinion ; revirement *m* d'opinion.

Meinungsverkauf *m*, ¨e vente *f* affective, déterminée par des facteurs psychologiques ou affectifs.

Meinungsvielfalt *f*, ø pluralité *f* d'opinions ; diversité *f* d'opinions.

meistbegünstigt le (la) plus favorisé(e).

Meistbegünstigung *f*, **en** traitement *m*, régime *m* préférentiel ; *unbedingte* ~ principe *m* du traitement préférentiel sans contrepartie.

Meistbegünstigungsbehandlung *f*, **en** → *Meistbegünstigung*.

Meistbegünstigungsklausel *f*, **n** clause *f* de la nation la plus favorisée (consiste à faire bénéficier un pays d'avantages économiques, notamment douaniers, dont bénéficient déjà d'autres partenaires commerciaux) ; → *WTO*.

Meistbegünstigungstarif *m*, **e** tarif *m* préférentiel ; tarif de la nation la plus favorisée.

meistbenachteiligt le plus défavorisé.

meistbeteiligt qui détient la participation majoritaire.

meistbietend : ~ *verkaufen* vendre au plus offrant ; vendre aux enchères.

Meistbietende/r (*der/ein*) plus offrant *m* ; dernier enchérisseur *m*.

Meister *m*, - **1.** (*artisanat*) maître-artisan *m* ; maître *m* ; *bei einem* ~ *in die Lehre gehen* aller en apprentissage chez un maître-artisan ; *seinen* ~ *machen* faire sa maîtrise **2.** (*industrie*) chef *m* d'équipe ; contremaître *m*.

Meister-Bafög *n* crédit *m* professionnel (bourse ou prêt à taux bonifié pour compagnons et ouvriers qualifiés en vue d'obtenir le brevet de maîtrise) ; → *Meisterqualifizierung*.

Meisterberuf *m*, **e** corps *m* de métier exigeant un brevet de maîtrise.

Meisterbetrieb *m*, **e** entreprise *f* d'un maître-artisan.

Meisterbrief *m*, **e** brevet *m* de maîtrise ; titre *m* de maîtrise (dans l'artisanat).

Meisterordnung *f*, **en** chambre *f* professionnelle des maîtres-artisans.

Meisterprüfung *f*, **en** examen *m* de maîtrise.

Meisterqualifizierung *f*, **en** maîtrise *f* ; qualification *f* à la maîtrise ; brevet *m* de maîtrise.

Meisterstück *n*, **e** **1.** maîtrise *f* ; objet *m* artisanal à produire ; qualification *f* matérielle **2.** (*fig.*) coup de maître *m*.

Meistertitel *m*, - → *Meisterbrief*

Meisterwerk *m*, **e** chef-d'œuvre *m* ; ~ *an Diplomatie* chef-d'oeuvre de diplomatie.

Meisterzwang *m*, ¨e (*artisanat*) obligation *f* d'être titulaire d'un brevet, d'un diplôme de maîtrise.

Meistgebot *n*, **e** dernière enchère *f* ; enchère ultime ; enchère la plus élevée (*syn. Höchstgebot*).

meistgefragt le plus demandé ; qui a le plus grand succès de vente.

meistgehandelt qui se négocie le mieux ; le plus demandé.

meistgekauft le plus vendu ; qui a le plus grand succès de vente.

meistverkauft le plus vendu ; le plus demandé.

Meldeamt *n*, ¨er services *mpl*, bureau *m* des déclarations.

Meldebehörde *f*, **n** → *Meldeamt*.

Meldefrist *f*, **en** délai *m* de déclaration.

melden annoncer ; déclarer ; rapporter ; signaler ; *sich bei jdm* ~ se présenter à/chez qqn ; *sich krank* ~ se faire porter malade.

Meldepflicht *f,* **en** obligation *f* de déclarer ; déclaration *f,* notification *f* obligatoire.

meldepflichtig soumis à déclaration ; avec déclaration obligatoire.

Melderegister *n,* - registre *m* des déclarations, des inscriptions.

Meldeschluss *m,* ¨e expiration *f* d'un délai de déclaration ; date-limite *f,* date-butoir (candidature, souscription de titres, etc.).

Meldetermin *m,* e → *Meldefrist.*

Meldeverfahren *n,* - procédure *f* de déclaration, d'enregistrement.

Meldeversäumnis *n,* se omission *f* de déclaration (à un service officiel) ; déclaration *f* non faite.

Meldezettel *m,* - bulletin *m,* fiche *f* de déclaration ; (*touris.*) fiche *f* d'hôtel.

Meldung *f,* **en** annonce *f* ; avertissement *m* ; information *f* ; rapport *m* ; message *m* ; *dienstliche* ~ rapport officiel ; *eingehende* ~ rapport détaillé.

Melioration *f,* **en** (*agric.*) amélioration *f,* amendement *m* du sol ; fertilisation *f.*

Meliorationsarbeiten *fpl* (*agric.*) travaux *mpl* d'amélioration des sols.

meliorieren (*agric.*) amender, fertiliser un sol.

melken, o, o (*également faible*) traire ; (*fam.*) *die Touristen* ~ plumer, exploiter les touristes.

Melkkuh *f,* ¨e (*fam.*) vache *f* à lait ; pigeon *m* (que l'on peut plumer).

Menge *f,* **n** quantité *f* ; grand nombre *m* ; masse *f* ; volume *m* **I.** *angebotene* ~ quantité offerte ; *garantierte* ~ quantité garantie ; *gelagerte* ~ quantité stockée ; *gelieferte* ~ quantité (dé)livrée ; *nachgefragte* ~ quantité demandée ; *verfügbare* ~ quantité disponible ; *verlangte* ~ quantité exigée **II.** *in* ~*n ab/setzen* vendre en grande quantité ; (*fam.*) *das kostet eine* ~ cela coûte un argent fou ; *in ausreichender* ~ *vorhanden sein* être disponible en quantité suffisante (*syn. Quantität*).

Mengenabsatz *m,* ¨e vente *f* massive.

Mengenabschlag *m,* ¨e rabais *m* de quantité ; ristourne *f* ; achat *m* en gros ; achat de quantité.

Mengenangabe *f,* **n** indication *f* de la quantité ; donnée *f* quantitative.

Mengenbegrenzung *f,* **en** limitation *f* quantitative.

Mengenbezeichnung *f,* **en** → *Mengenangabe.*

Mengenbonus *m,* -/se → *Mengenabschlag.*

Mengenerwartungen *fpl* prévisions *fpl* quantitatives.

Mengenindex *m,* -dizes indice *m* de volume ; indice de quantité.

Mengenkartell *n,* e cartel *m* de quantité (se proposant de contrôler les volumes des marchés).

Mengenkonjunktur *f,* ø conjoncture *f* en hausse (avec une forte demande sur le marché avec des prix stables ou en baisse qui relancent la consommation).

Mengenkosten *pl* coût *m* variable en fonction de la quantité.

mengenmäßig quantitatif ; en termes de quantité ; en volume ; ~*e Beschränkung* limitation *f* quantitative (*syn. quantitativ*).

Mengennachlass *m,* ¨e → *Mengenabschlag.*

Mengenplus *n,* ø augmentation *f* de (en) quantité.

Mengenprämie *f,* **n** prime *f* de quantité

Mengenpreis *m,* e prix *m* (réduit) de quantité.

Mengenrabatt *m,* e remise *f,* ristourne *f* de quantité ; rabais *m* d'achat en grande quantité.

Mengenrechnung *f,* **en** (*comptab.*) comptabilité *f* des stocks exprimée en quantités.

Mengensteuer *f,* **n** taxe *f* sur la quantité ; impôt *m* de quantité.

Mengentarif *m,* e tarif *m* de quantité.

Mengentender *m,* - (*monétaire*) titre *m* du marché monétaire attribué par appel d'offres ; opération *f* de prise en pension par la Bundesbank qui fixe elle-même le taux.

Mengenumsatz *m,* ¨e volume *m* des ventes exprimé en quantités ; quantités *fpl* commerciales.

Mengenvorschrift *f,* **en** réglementation *f* quantitative.

Menschenhändlerring *m,* e réseau *m* de trafiquants d'immigrés clandestins.

Menschenopfer *n,* - (*assur.*) victime *f* humaine ; ~ *waren nicht zu beklagen* on n'a pas eu à déplorer de vies humaines.

Menschenpotenzial *n,* e ressources *fpl* humaines.

Menschenrechte *npl* (*polit.*) droits *mpl* de l'homme.

Menschenrechtler *m*, - (*polit.*) partisan *m* du respect des droits de l'homme.

mensis currentis (*m. c.*) du mois courant ; de ce mois (*syn. laufenden Monats*).

Menü *n*, s **1.** (*touris.*) menu *m* **2.** (*informatique*) menu *m* (déroulant).

Menüleiste *f*, n (*informatique*) barre *f* des menus.

Menüscheck *m*, s chèque-repas *m* ; chèque-restaurant *m*.

Merchandiser *m*, - (*pr. ang.*) marchandiseur *m* ; spécialiste *m* de marchandisage, de marchéage.

Merchandising *n*, ø (*pr. ang.*) marchandisage *m* ; marchéage *m* (techniques commerciales relatives à la création, présentation et distribution des marchandises) ; → *Verkaufsförderung*.

Mercosur *m* (*mercado commun del cono sur*) marché *m* commun de l'Amérique du Sud (1990, Argentine, Brésil, Paraguay, Uruguay).

Mergers & Acquisitions *(M & A) pl* (*pr. ang.*) (*bourse*) fusions *fpl* et acquisitions *fpl* ; rachat *m* (de sociétés) ; concentration *f* d'entreprises ; offre *f* publique d'achat ; O.P.A. *f* ; → *Firmenübernahme* ; *Fusion* ; *LBO* ; *MBO*.

Merkantilismus *m* (*hist.*) mercantilisme *m* (stratégie commerciale du XVIe au XVIIIe siècle favorisant l'économie nationale ; représentant français : Colbert).

merkantilistisch mercantile ; *eine ~e Einstellung* une attitude mercantile.

Merkmal *n*, e signe *m* ; caractéristique *f* ; marque *f* ; *keine besonderen ~e* absence *f* de signes caractéristiques ; sans signes particuliers ; *technische ~e* caractéristiques techniques.

Merkposten *m*, - poste *m* pour mémoire (bilan).

messbar mesurable ; *~e Größe* grandeur *f* appréciable quantitativement.

Messe *f*, n foire *f* ; exposition *f* ; foire-exposition *f* ; salon *m* ; *auf einer ~ aus/stellen* exposer à une foire ; *an einer ~ teil/nehmen* participer à une foire ; *eine ~ veranstalten* organiser une foire ; *auf einer ~ vertreten sein* être représenté à une foire ; → *Fach-, Frühjahrs-, Handels-, Herbst-, Industrie-, Mustermesse*.

Messeabschluss *m*, ¨e contrat *m* passé lors d'une foire-exposition.

Messeamt *n*, ¨er office *m* d'organisation de la foire.

Messeausschuss *m*, ¨e comité *m* de la foire ; *AUMA (Ausstellungs- und Messeausschuss)* comité des foires et expositions (de l'économie allemande).

Messeaussteller *m*, - exposant *m*.

Messeausweis *m*, e carte *f* d'exposant, d'accès à la foire.

Messebesucher *m*, - visiteur *m* de la foire.

Messebeteiligung *f*, en participation *f* à la foire.

Messeerfolg *m*, e succès *m* à la foire ; succès de vente à la foire.

Messeeröffnung *f*, en ouverture *f* de la foire.

Messefläche *f*, n → *Messegelände*.

Messegebäude *n*, - bâtiment *m* de la foire.

Messegelände *n*, - terrain *m* d'exposition ; enceinte *f* de la foire ; parc *m* des expositions.

Messegeschäft *n*, e contrat *m* passé lors de la foire.

Messegröße *f*, n (*technique*) échelle *f* de mesure ; étalon *m*.

Messehalle *f*, n hall *m* d'exposition sur une foire.

Messekalender *m*, - calendrier *m* des foires-expositions.

Messekatalog *m*, e catalogue *m* de la foire.

Messeleitung *f*, en direction *f* de la foire.

messen, a, e mesurer ; arpenter ; jauger ; *zwei Meter ~* mesurer deux mètres.

Messeneuheit *f*, en nouveauté *f* présentée a la foire.

Messen und Ausstellungen *fpl* foires et expositions *fpl*.

Messepavillon *m*, e → *Messehalle*.

Messeplan *m*, ¨e plan *m* de la foire.

Messer *m*, - (*technique*) **1.** arpenteur *m* ; géomètre *m* **2.** compteur *m* ; appareil *m* de mesure.

Messeschlager *m*, - grand succès *m* de vente à la foire ; best-seller *m*.

Messeschluss *m*, ¨e clôture *f* de la foire.

Messesensation *f*, en → *Messeerfolg*.

Messestadt *f*, ¨e ville *f* de foires-expositions.

Messestand *m*, ¨e stand *m* d'exposition, de foire.

Messeteilnehmer *m*, - participant *m* à la foire.

Messevertretung *f,* **en** représentation *f* à la foire.
Messfehler *m,* - (*technique*) erreur *f* de mesure.
Messlatte *f,* **n** (*technique*) échelle *f* de mesure ; valeur *f* de référence ; étalon *m* ; (*fig.*) *die ~ höher hängen* exiger davantage ; mettre la barre plus haut ; *als ~ nehmen* prendre comme échelle de mesure.
Messstation *f,* **en** (*technique*) station *f,* poste *m* de mesure (du taux d'oxyde de carbone dans l'air).
Messung *f,* **en** mesure *f* ; (*technique*) mesurage *m* ; métrage *m* ; arpentage *m* ; *~ der Arbeitsproduktivität* mesure de la productivité du travail.
Messzahl *f,* **en** (*technique*) indice *m* ; (*statist.*) *~en* valeurs *fpl.*
Messziffer *f,* **n** → *Messzahl.*
Metageschäft *m,* **e** opération *f* en compte à demi (transaction effectuée en commun par deux firmes, avec répartition par deux des pertes et profits).
Metall *n,* **e** métal *m.*
Metallanalyst *m,* **en, en** (*banque*) analyste *m* financier de sociétés minières.
Metallarbeiter *m,* - ouvrier *m* métallurgiste ; sidérurgiste *m* ; (*fam.*) métallo *m.*
Metallbearbeitung *f,* **en** transformation *f* préliminaire des métaux.
Metallbörse *f,* **n** bourse *f* des métaux.
Metaller *m,* - 1. (*fam.*) → *Metallarbeiter* 2. sidérurgiste *m* syndiqué (appartenant au syndicat *IG-Metall*).
Metallgehalt *m,* **e** teneur *f* en métal.
Metallgeld *n,* ø monnaie *f* métallique ; espèces *fpl* sonnantes (*contr. Papiergeld*).
Metallgewerkschafter *m,* - délégué *m* syndical métallurgiste ; permanent *m* du syndicat des métallos.
metallhaltig métallifère.
Metallhüttenwerk *n,* **e** → *Metallindustrie.*
Metallindustrie *f,* **n** métallurgie *f* ; industrie *f* métallurgique.
Metallurgie *f,* ø → *Metallindustrie.*
metallverarbeitend : *~e Industrie* industrie *f* de transformation des métaux.
Metallverarbeitung *f,* **en** usinage *m,* transformation *f* des métaux.
Metallwährung *f,* **en** étalon *m,* monnaie *f* métallique.
Meter *m/n,* - mètre *m.*

Meterware *f,* **n** marchandise *f* vendue au mètre.
meterweise par mètres (entiers) ; en grande quantité.
Methode *f,* **n** méthode *f* ; système *m* ; procédé *m* **I.** *analytische ~* méthode analytique ; *buchhalterische ~* méthode comptable ; *dialektische ~* méthode dialectique ; *experimentelle ~* méthode expérimentale ; *progressive ~* méthode directe, progressive ; *retrograde ~* méthode indirecte, rétrograde **II.** *eine ~ an/wenden* appliquer une méthode ; *~ haben* avoir de la méthode.
methodisch méthodique.
Metier *n,* **s** (*pr. fr.*) (*fam.*) métier *m* ; profession *f* ; *sein ~ kennen* bien connaître son métier, son affaire.
Metist *m,* **en, en** participant *m* (en compte) à demi ; → *Metageschäft.*
metrisch : *~es System* système *m* métrique.
Metropole *f,* **n** métropole *f,*
MEZ (*mitteleuropäische Zeit*) heure *f* de l'Europe centrale.
Mia → *Milliarde.*
MIB-Index *m* (*bourse*) indice *m* de la bourse de Milan.
Miese *f,* **n** (*fam.*) déficit *m* ; *in den ~n sein* être en déficit ; être dans le rouge.
Mietaufwand *m,* **-wendungen** dépenses *fpl,* frais *mpl* de location de matériel ou de biens immobiliers.
Mietausfall *m,* ¨e perte *f* de loyer ; loyer *m* impayé.
Mietauto *n,* **s** voiture *f* de location.
Mietbeihilfe *f,* **n** allocation-logement *f* ; indemnité *f* de résidence.
Miete *f,* **n** 1. loyer *m* ; *fällige ~* loyer échu ; *hohe, niedrige ~* loyer élevé, faible loyer ; *kalte ~* loyer sans chauffage ; *rückständige ~* loyer en retard ; arriéré *m* de loyer ; *warme ~* loyer chauffage compris ; *die ~ (be)zahlen* payer le loyer ; *die ~ ist fällig* le loyer est exigible 2. bail *m* ; location *f* ; *etw in ~ haben* avoir qqch en location ; avoir loué qqch ; (*bei jdm*) *zur ~ wohnen* être en location (chez qqn) 3. (*agric.*) meule *f* ; silo *m* (paillé) souterrain ; *Kartoffeln in die ~ legen* conserver des pommes de terre en silo souterrain.
Mieteinnahmen *fpl* → *Mietertrag.*
mieten louer ; prendre à bail.
Mietenregelung *f,* **en** réglementation *f* en matière de loyers ; règlement *m* locatif.

Mietenstufe *f*, **n** catégorie *f* de loyer.
Mieter *m*, - locataire *m* ; preneur *m* de bail.
Mieterbund *m* : *deutscher* ~ fédération *f* allemande de défense des locataires.
Mieterhaftung *f*, **en** responsabilité *f* civile d'un locataire ; assurance-habitation *f* locataire.
Mieterhöhung *f*, **en** augmentation *f*, majoration *f* de loyer ; relèvement *m* des loyers.
Mieterinitiative *f*, **n** association *f* de défense des locataires.
Mietermarkt *m*, ¨e marché *m* de la location.
Mieterschutz *m*, ø défense *f* des locataires ; protection *f* des locataires.
Mieterschutzgesetz *n*, **e** loi *f* sur la défense des droits des locataires.
Mietertrag *m*, ¨e rapport *m* locatif ; revenu *m* locatif.
Mietfinanzierung *f*, **en** financement *m* en leasing.
Mietfläche *f*, **n** surface *f* locative.
mietfrei exempt de loyer ; sans redevance locative.
Mietgebühr *f*, **en** frais *mpl* de location ; taxe *f* de location.
Mietgeld *n*, **er** → *Mietpreis*.
Miethöhe *f*, **en** niveau *m* de loyer ; montant *m* d'un loyer.
Miethöhegesetz *n*, **e** loi *f* limitant la hausse des loyers ; loi d'encadrement des loyers.
Mietkauf *m*, ¨e location-vente *f* ; leasing *m* ; location-achat *f*.
Mietkaufvertrag *m*, ¨e contrat *m* de location-vente.
Mietkosten *pl* → *Mietnebenkosten*.
Mietkostenzuschuss *m*, ¨e allocation *f* de logement ; aide *f* personnalisée au logement (A.P.L.).
Mietlasten *fpl* → *Mietnebenkosten*.
Mietnebenkosten *pl* charges *fpl* locatives.
Mietobergrenze *f*, **n** loyer-plafond *m* ; limite *f* supérieure de loyer autorisée.
Mietobjekt *n*, **e** objet *m* pris en leasing ; matériel *m* loué.
Mietpartei *f*, **en** locataire *m*.
Mietpreis *m*, **e** loyer *m* ; prix *m* de location.
Mietpreisindex *m*, **e/-indizes** indice *m* des loyers.

Mietquittung *f*, **en** quittance *f* de loyer.
Mietregelung *f*, **en** règlement *m* locatif.
Mietrückstand *m*, ¨e loyer *m* en retard ; arriéré *m* de loyer
Mietschulden *fpl* loyers *mpl* impayés ; loyers dus.
Mietshaus *n*, ¨er maison *f* de location, louée ; immeuble *m* de rapport.
Mietskaserne *f*, **n** (*fam.*) H.L.M. *fpl* ; (*fam.*) cage *f* à lapins.
Mietspiegel *m*, - barème *m* des loyers.
Mietstopp *m*, **s** blocage *m* des loyers.
Mietstreitigkeiten *fpl* litige *m* entre locataire et bailleur.
Miet- und Pachtzinsen *mpl* loyers *mpl* et fermages *mpl*.
Mietverhältnis *n*, **se** → *Mietvertrag*.
Mietverlust *m*, **e** → *Mietausfall*.
Mietverlustversicherung *f*, **en** assurance-loyer *f* contre les impayés.
Mietverpflichtung *f*, **en** obligation *f* découlant d'un contrat de location.
Mietvertrag *m*, ¨e contrat *m* de location ; bail *m* ; *einen* ~ *ab/schließen* signer un bail ; *den* ~ *kündigen* résilier le bail.
Mietvorauszahlung *f*, **en** avance *f* de loyer ; paiement *m* anticipé du loyer.
Mietwagen *m*, - → *Mietauto*.
Mietwert *m*, **e** valeur *f* locative.
Mietwohnung *f*, **en** appartement *m* loué ; logement *m* à usage locatif.
Mietwohnungsbau *m*, ø construction *f* d'immeubles locatifs ; *sozialer* ~ construction de logements sociaux, de H.L.M.
Mietwucher *m*, ø loyer *m* exhorbitant, usuraire.
Mietzahltag *m*, **e** terme *m*.
Mietzahlung *f*, **en** paiement *m* du loyer ; acquittement *m* du loyer.
Mietzeit *f*, **en** durée *f* du bail.
Mietzins *m*, **e** (*Autriche, Suisse*) loyer *m*.
Mietzuschuss *m*, ¨e → *Mietbeihilfe*.
Migrant *m*, **en**, **en** migrant *m*.
Migration *f*, **en** migration *f* (*syn. Ein-, Abwanderung*).
Migrationsstrom *m*, ¨e flux *m* migratoire.
Mikrobauteil *n*, **e** (*informatique*) micro-élément *m*.
Mikrochip *m*, **s** (*informatique*) puce *f* ; microprocesseur *m*.

Mikrocomputer *m*, - micro-ordinateur *m*.
Mikroelektronik *f*, ø micro-électronique *f*.
Mikrofaser *f*, microfilm *m*.
Mikrofiche *n/m*, s microfibre *f*.
Mikrofilm *m*, e microfilm *m*.
Mikroökonomie *f*, n micro-économie *f* (entreprises, ménages) ; → *Betriebswirtschaft* ; *Makroökonomie*.
Mikroökonomik *f*, ø → *Mikroökonomie*.
Mikroprozessor *m*, en → *Mikrochip*.
Mikros *mpl* → *Mikrochip*.
Mikrorechner *m*, - → *Mikrocomputer*.
Mikrosystemtechnik *f*, en technologie *f* de la miniaturisation.
Mikrowelle *f*, ø four *m* à micro-ondes.
Mikrozensus *m*, - (*statist.*) recensement *m* démographique.
Milcherzeugnisse *npl* → *Milchprodukte*.
Milcherzeugung *f*, en production *f* laitière.
Milchkuhbestand *m*, ¨e (*U.E.*) cheptel *m* de vaches laitières.
Milchleistung *f*, en rendement *m* laitier.
Milchmädchenrechnung : (*fig.*) *eine ~ machen* faire un mauvais calcul ; se bercer d'illusions.
Milchprodukte *npl* produits *mpl* laitiers.
Milchquote *f*, n (*U.E.*) quota *m* de lait.
Milchüberschüsse *mpl* (*U.E.*) excédents *mpl* laitiers.
Milchwirtschaft *f*, en économie *f* laitière.
mildern adoucir ; atténuer ; assouplir ; *~e Umstände* circonstances *fpl* atténuantes ; *eine Strafe ~* adoucir une peine.
Milieu *n*, s (*pr. fr.*) milieu *m* ; environnement *m* ; cadre *m* de vie.
Milieuforschung *f*, en recherche *f* fondamentale sur la structure des milieux sociaux.
milieugeschädigt : *~e Jugendliche* jeunes *mpl* en situation difficile ; jeunes issus de milieux défavorisés.
militant militant ; activiste ; *~e Globalisierungsgegner* altermondialistes *mpl* militants.
Militant *m*, en, en militant *m* ; activiste *m*.
Militär *n*, - les militaires *mpl*.
Militärbudget *n*, s budget *m* militaire, de la défense.
Militär-Industrie-Komplex *m*, e complexe *m* militaro-industriel.
militärisch : *~ verwertbare Güter* marchandises *fpl* pouvant être utilisées à des fins militaires.
militarisieren militariser.
Militarisierung *f*, en militarisation *f*.
Mill./Mio. → *Million*.
Mille *f*, - mille *m* ; *zwei pro ~* deux pour mille.
Milleniumswechsel *m*, - changement *m* de millénaire.
Milliardär *m*, e milliardaire *m*.
Milliarde *f*, n (*Md./Mrd./Mia.*) milliard *m*.
Million *f*, en (*Mill./Mio.*) million *m* ; *~en von Arbeitslosen* des millions de chômeurs ; *die Verluste gehen in die ~en* les pertes se chiffrent par millions.
Millionär *m*, e millionnaire *m*.
Millionen- (*préfixe*) des millions de ; qui se chiffre par millions.
Millionenauflage *f*, n gros tirage *m* ; tirage en plusieurs millions d'exemplaires.
Millionenbetrag *m*, ¨e somme *f* se chiffrant par millions ; des millions *mpl*.
Millionengeschäft *n*, e affaire *f* d'un million (d'euros) ou davantage.
Millionengrenze *f*, n seuil *m*, barre *f*, cap *m* du million ; *die ~ überschreiten* dépasser le (cap du) million.
Millionenhöhe : *in ~* par millions ; qui se chiffre par millions.
Millionenstadt *f*, ¨e ville *f* d'un million d'habitants ou plus.
minderbemittelt économiquement faible.
Minderbemittelte/r (*der/ein*) économiquement faible *m/f* ; personne *f* démunie, à faible revenu ; indigent *m* ; *die ~en* les économiquement faibles ; les plus démunis.
Minderbetrag *m*, ¨e moins-value *f*.
Minderbewertung *f*, en sous-évaluation *f* ; moins-value *f*.
Mindereinnahme *f*, n moins-perçu *m* ; recette *f* en moins ; moins-value *f* de recettes ; déficit *m*.
Minderertrag *m*, ¨e rendement *m* moindre ; moins-value *f* ; différence *f* en moins.

Mindergebot *n*, e enchère *f* basse ; enchère insuffisante.
Mindergewicht *n*, e différence *f* de poids en moins.
Minderheit *f*, en minorité *f* ; *ethnische* ~ minorité ethnique ; *in der* ~ *sein* être en minorité (*contr. Mehrheit*).
Minderheitenfrage *f*, (n) problème *m* des minorités (ethniques).
Minderheitenrecht *n*, e droit *m* minoritaire ; droit des minorités.
Minderheitsaktionär *m*, e actionnaire *m* minoritaire.
Minderheitsbeteiligung *f*, en participation *f* minoritaire.
Minderheitsregierung *f*, en gouvernement *m* minoritaire.
Minderheitsvotum *n*, en vote *m* minoritaire.
minderjährig mineur (*contr. volljährig*).
Minderjährige/r (*der/ein*) mineur *m*.
Minderkaufmann *m*, -leute commerçant *m* (non soumis à toutes les règles du droit commercial) ; petit exploitant *m*.
Minderleistung *f*, en rendement *m* insuffisant.
Minderlieferung *f*, en sous-expédition *f* ; sous-livraison *f*.
mindern diminuer ; réduire ; amputer ; abaisser ; modérer.
Minderung *f*, en réduction *f* ; abaissement *m* ; diminution *f* ; ~ *der Erwerbsfähigkeit* diminution de la capacité de travail.
Minderverbrauch *m*, ø sous-consommation *f*.
Minderwert *m*, e moins-value *f* (insuffisance des recettes par rapport aux prévisions du budget de départ).
minderwertig de moindre valeur ; de qualité médiocre, inférieure ; ~*e Ware* camelote *f*.
Minderzahl *f*, ø : *in der* ~ *sein* être en minorité.
Mindest- (*préfixe*) minimum ; minimal ; le plus bas ; plancher.
Mindestabnahmepflicht *f*, ø obligation *f* d'achat minimum.
Mindestalter *n*, ø âge *m* minimum.
Mindestanforderung *f*, en minimum *m* requis, exigé.
Mindestanlage *f*, n investissement *m* minimum ; mise *f* minimum.
Mindestbedarf *m*, ø minimum *m* vital ; besoins *mpl* minima.

Mindestbesteuerung *f*, en imposition *f* minimale ; plancher *m* d'imposition ; ~ *der Kapitalerträge* imposition minimum des revenus du capital.
Mindestbetrag *m*, ¨e somme *f*, montant *m* minimum.
Mindestbietende/r (*der/ein*) (*enchère*) moins offrant *m*.
Mindesteinkommen *n*, - revenu *m* minimum.
Mindesteinlage *f*, n apport *m* minimal ; dépôt *m* initial minimum.
Mindestgebot *n*, e 1. offre *f* minimale 2. enchère *f* minimale.
Mindestgebühr *f*, en taxe *f* minimum ; taxe-plancher *f*.
Mindestgehalt *n*, ¨er traitement *m* minimum ; salaire-plancher *m*.
Mindestgrenze *f*, n limite *f* inférieure ; plancher-limite *m*.
Mindestgröße *f*, n taille *f* minimale.
Mindesthaltbarkeitsdauer *f*, ø (*aliments*) date *f* de péremption ; date limite de conservation.
Mindestkapital *n*, ø capital *m* minimum.
Mindestkosten *pl* coût *m* minimum.
Mindestlohn *m*, ¨e salaire *m* minimum ; *gesetzlich garantierter* ~ salaire minimum garanti ; (*France*) salaire minimal interprofessionnel de croissance (S.M.I.C. *m*) ; (*autrefois*) salaire minimal interprofessionnel garanti (S.M.I.G.).
Mindestlohnempfänger *m*, - travailleur *m* payé au S.M.I.C. ; (*fam.*) smicard *m*.
Mindestmaß *n*, ø mesure *f* minimale ; *etw auf ein* ~ *herab/setzen* minimiser ; réduire au minimum.
Mindest-Order-Größe *f*, en (*bourse*) quotité *f* minimale d'achat de titres ; souscription *f* minimale.
Mindestpreis *m*, e prix *m* plancher ; prix minimal ; *etw zum* ~ *berechnen* compter, calculer qqch au plus juste.
Mindestreserve *f*, n (*banque centrale*) réserves *fpl* obligatoires ; réserve minimale (versements obligatoires sans intérêts effectués par les instituts de crédit auprès de la banque centrale).
Mindestreservepflicht *f*, ø (*banque centrale*) obligation *f* de constitution d'un fonds de réserve.
Mindestreservepolitik *f*, ø (*banque centrale*) politique *f* de réserves obligatoires (instrument de la politique moné-

Mindestreservesatz *m*, ¨e (*banque centrale*) taux *m*, coefficient *m* des réserves obligatoires.

Mindestsatz *m*, ¨e taux *m* minimum ; taux-plancher *m*.

Mindesttarif *m*, e tarif *m* minimal.

Mindestumtausch *m*, ø (*hist. R.D.A.*) change *m* minimum obligatoire.

Mindesturlaub *m*, e congé *m* minimal.

Mindestvorrat *m*, ¨e stock *m* minimum.

Mindestzinssatz *m*, ¨e taux *m* d'intérêt minimum ; taux garanti.

Mindestzeichnungsbetrag *m*, ¨e (*bourse*) montant *m* minimal de souscription ; souscription *f* minimale.

Mindestzuteilung *f*, en (*bourse*) (nombre *m*) minimum *m* d'actions attribuées (lors d'une privatisation, par ex.).

Mindestzoll *m*, ¨e droits *mpl* minimum de douane.

Minengesellschaft *f*, en société *f* minière.

Mineralöl *n*, e pétrole *m* ; hydrocarbure *m* liquide (*syn. Erdöl*).

Mineralölgesellschaft *f*, en compagnie *f*, société *f* pétrolière.

Mineralölprodukt *n*, e produit *m* pétrolier.

Mineralölsteuer *f*, n taxe *f* sur les hydrocarbures ; taxe sur les produits pétroliers.

Mineralölverarbeitung *f*, en raffinerie *f* de pétrole ; industrie *f* de transformation du pétrole.

miniaturisieren miniaturiser.

Miniaturisierung *f*, en miniaturisation *f* ; ~ *von Schaltkreisen* miniaturisation des circuits.

Minicomputer *m*, - mini-ordinateur *m*.

Miniformat *n*, e format *m* réduit.

Minijob *m*, s petit boulot *m* ; activité *m* n'excédant pas un nombre d'heures donné.

Minijobber *m*, - personne *f* excerçant une activité en nombre d'heures réduit.

Minijobregelung *f*, en réglementation *f* en matière de petits boulots (rémunération limitée, charges sociales réduites).

Minimal- (*préfixe*) minimum ; minimal ; le plus bas ; plancher (*contr. Maximal-*).

Minimalbetrag *m*, ¨e montant *m* minimal ; somme *f* minimale ; minimum *m*.

Minimaleindeckung *f*, en stock *m* minimum ; réserves *fpl* minimum.

Minimalkosten *pl* coût minimal.

Minimalprogramm *n*, e programme *m* minimum, minimal.

Minimalsatz *m*, ¨e taux *m* minimum, minimal.

Minimalwert *m*, e valeur *f* minimum, minimale.

Minimax-Strategie *f*, en stratégie *f* minimax (en recherche opérationnelle).

minimieren minimiser ; *Kosten* ~ minimiser des coûts.

Minimierung *f*, en minimisation *f*.

minimisieren → *minimieren*.

Minimum *n*, -ma minimum *m* ; *absolutes* ~ minimun absolu ; *relatives* ~ minimun relatif ; *unter dem* ~ *liegen* être au-dessous du minimum ; *auf ein* ~ *reduzieren* réduire au minimum ; *etw unter dem* ~ *verkaufen* brader ; vendre au prix le plus bas (*contr. Maximum*).

Ministelle *f*, n → *Minijob*.

Minister *m*, - ministre *m* ; ~ *für Auswärtige Angelegenheiten* ministre des Affaires étrangères, des Relations extérieures ; ~ *ohne Geschäftsbereich* ministre sans portefeuille ; ~ *des Inneren* ministre de l'Intérieur.

Ministeramt *n*, ¨er fonction *f* ministérielle ; *ein* ~ *inne/haben* occuper une fonction ministérielle ; avoir un portefeuille ministériel.

Ministerialbeamte/r (*der/ein*) fonctionnaire *m* ministériel, de cabinet.

Ministerialdirektor *m*, en directeur *m* d'un département ministériel.

Ministerialdirigent *m*, en, en sous-directeur *m* d'un département ministériel.

Ministerialrat *m*, ¨e haut fonctionnaire *m* ministériel ou administratif.

Ministerialverwaltung *f*, en services *mpl* administratifs d'un ministère fédéral.

ministeriell ministériel.

Ministerium *n*, -ien ministère *m*.

Ministerpräsident *m*, en, en ministre-président *m* d'un land.

Ministerrat *m*, ¨e conseil *m* des ministres.

Minorat *n*, e (*jur.*) **1**. droit de succession *f* au plus jeune des enfants **2**. héritage *m* dévolu au dernier né.

Minorität *f*, en minorité *f* (*syn. Minderheit*).

Minoritätsbeteiligung *f,* **en** participation *f* minoritaire.

Minus *n,* - 1. déficit *m* ; trou *m* ; différence *f* en moins ; *ein ~ auf/weisen* accuser un déficit ; *ins ~ rutschen* devenir déficitaire ; *im ~ sein* être en déficit 2. désavantage *m* ; *das ist ein ~ für ihn* c'est un point négatif pour lui (*contr. Plus*).

Minusankündigung *f,* **en** (*bourse*) annonce *f* de cotation en moins.

Minusbetrag *m,* ¨e somme *f* en moins ; somme manquante.

Minuskorrekturen *fpl* corrections *fpl* s'inscrivant en négatif ; révision *f* en baisse, à la baisse.

Minusposten *m,* - (*comptab.*) poste *m* déficitaire, négatif (d'un bilan).

Minuspunkt *m,* e point *m* négatif.

Minussaldo *m,* s/-den (*comptab.*) solde *m* déficitaire.

Minusstückzinsen *mpl* (*bourse*) intérêts *mpl* minimum à valoir (versés de la date de souscription d'un emprunt fraîchement émis à celle du début du versement des intérêts).

Minuswachstum *n,* ø croissance *f* négative.

Minuszeichen *n,* - signe *m* négatif.

Mio. → *Million*.

Mischbetrieb *m,* e entreprise *f* à activités mixtes.

Mischehe *f,* **n** mariage *m* mixte.

mischen mélanger ; mixer ; panacher.

Mischfinanzierung *f,* **en** financement *m* mixte (par le Bund et les Länder, par des fonds privés ou publics, etc.).

Mischfonds *m,* - fonds *m* d'investissement mixte ; placement *m* multisupports (actions, obligations, euros).

Mischform *f,* **en** formule *f* mixte (État, privé) ; forme *f* semi-étatique.

Mischkalkulation *f,* **en** calcul *m* compensé des prix (pour assurer la couverture des frais) ; (*U.E.*) subventions *fpl* croisées.

Mischkonzern *m,* e groupe *m* diversifié ; consortium *m* à caractère mixte ; conglomérat *m* mixte, diversifié (société regroupant des activités très différentes qui exige une gestion de diversification appropriée) ; *industrieller ~* groupe industriel diversifié ; → *Konglomerat*.

Mischkost *f,* ø alimentation *f* mixte ; régime *m* mixte.

Mischkosten *pl* charges *fpl* mixtes ; coûts *mpl* mixtes (comportant une partie fixe et une partie variable).

Mischsendung *f,* **en** (*transp.*) envoi *m* groupé.

Mischwald *m,* ¨er (*agric.*) forêt *f* d'essences mixtes ; forêt de résineux et de feuillus.

Mischwirtschaft *f,* **en** économie *f* mixte.

Mischzoll *m,* ¨e droit *m* de douane mixte (ad valorem et droit spécifique).

Misere *f,* (n) misère *f* ; situation *f* catastrophique.

missachten ne pas respecter ; ignorer ; transgresser ; violer ; *die Vorschriften der Verkehrsordnung ~* ne pas respecter le code de la route.

Missachtung *f,* ø non-respect *m* ; inobservance *f* ; transgression *f* ; violation *f*.

Missbrauch *m,* ¨e abus *m* ; emploi *m* abusif ; *~ der Amtsgewalt* abus de pouvoir ; *~ von Ämtern und öffentlichen Mitteln* abus de pouvoir et de biens sociaux.

missbrauchen abuser de qqch.

Missbrauchsaufsicht *f,* ø contrôle *m* des abus ; office *m* anti-cartel ; lutte *f* contre les monopoles.

Missbrauchsbekämpfung *f,* **en** lutte *f* contre les abus (fraudes fiscales, monopoles, cartels, etc.).

Missbrauchsermittler *m,* - inspecteur *f* chargé d'enquêter sur les abus sociaux.

Misserfolg *m,* e échec *m* ; insuccès *m* ; (*fam.*) flop *m* ; *einen ~ erleiden* essuyer un échec.

Missernte *f,* **n** mauvaise récolte *f*.

Missgunst *f,* ø malveillance *f* ; envie *f*.

Mission *f,* **en** mission *f* diplomatique.

Missjahr *n,* e mauvaise année *f* ; année néfaste.

Misskredit *m,* ø discrédit *m* ; *jdn in ~ bringen* jeter le discrédit sur qqn.

Missmanagement *n,* s mauvaise gestion *f* ; erreur *f* de management.

Missstand *m,* ¨e inconvénient *m* ; défaut *m* ; dysfonctionnement *m* ; *einen ~ beheben* remédier, pallier un inconvénient ; corriger un défaut.

Misstrauen *n,* ø méfiance *f* ; défiance *f*.

Misstrauensantrag *m*, ¨e (*polit.*) motion *f* de censure ; vote *m* de défiance ; *einen ~ ein/bringen* déposer une motion de censure.

Misstrauensvotum *n*, -ten/-ta (*polit.*) vote *m* de défiance.

Missverhältnis *n*, se déséquilibre *m* ; disproportion *f*.

Missverständnis *n*, se malentendu *m* ; *ein ~ aus/räumen* dissiper un malentendu.

Misswirtschaft *f*, en mauvaise gestion *f* ; désordre *m* économique ; gabegie *f* ; (*agric.*) exploitation *f* abusive (surfumure, monoculture, etc.).

Mitarbeit *f*, (en) collaboration *f* ; coopération *f* ; *sich die ~ eines Experten sichern* s'assurer le concours d'un expert.

mit/arbeiten collaborer ; coopérer ; *an etw ~* coopérer à qqch.

Mitarbeiter *m*, - collaborateur *m* ; associé *m* ; assistant *m* ; *freier ~* collaborateur indépendant ; free-lance *m* ; *~ in leitenden Stellungen* collaborateurs à des postes de responsabilité.

Mitarbeiteraktie *f*, n action *f* de personnel.

Mitarbeiterbeteiligung *f*, en participation *f* du personnel au capital d'une entreprise ; actionnariat *m* participatif ; → **Gewinnbeteiligung**.

Mitarbeiterstab *m*, ¨e équipe *f*, team *m* de collaborateurs.

Mitarbeiterunternehmen *n*, - entreprise *f* de collaborateurs (où tous les collaborateurs sont associés).

Mitbedachte/r (*der/ein*) (*jur.*) colégataire *m*.

Mitbegründer *m*, - cofondateur *m*.

mit/besitzen, a, e posséder en commun ; détenir en copropriété.

Mitbesitzer *m*, - → *Miteigentümer*.

mit/bestimmen (*jur.*) cogérer ; participer à la décision, à la gestion ; *im Betrieb ~* avoir un droit de cogestion au sein de l'entreprise ; *in Fragen der Rationalisierung ~* avoir un droit de regard en matière de rationalisation.

mitbestimmt (*jur.*) cogéré ; *~es Unternehmen* entreprise *f* cogérée.

Mitbestimmung *f*, (en) (*jur.*) **1.** cogestion *f* ; codécision *f* ; *betriebliche ~* cogestion dans l'entreprise ; *kleine (33 % ige) ~* petite cogestion ; loi *f* sur les comités d'entreprise en 1952 (*syn. Betriebsverfassungsgesetz*) ; *paritätische (50 % ige) ~* cogestion paritaire (industrie du charbon et de l'acier en 1951) ; *Ausdehnung der ~ auf andere Kapitalgesellschaften* extension *f* de la cogestion à d'autres sociétés de capitaux en 1976 **2.** participation *f* ; droit *m* de regard ; *~ in der Schule* participation au sein de l'école.

Mitbestimmungsgesetz *n*, e (*jur.*) loi *f* sur la cogestion.

Mitbestimmungsrecht *n*, e (*jur.*) droit *m* de cogestion, de regard ; *~ bei der Leitung* droit de regard sur la gestion ; *~ im Investitionsbereich* droit de regard sur les investissements.

mitbeteiligt participant ; ayant une participation, des parts (dans) ; cointéressé.

Mitbeteiligung *f*, en intéressement *m* ; participation *f*.

Mitbewerber *m*, - concurrent *m* (*syn. Konkurrent*).

Mitbewohner *m*, - colocataire *m*.

mit/bieten, o, o (*enchère*) participer aux enchères ; faire des offres.

Mitbieter *m*, - cosoumissionnaire *m*.

Mitbürge *m*, n, n caution *f* solidaire ; cocaution *f*.

Mitbürger *m*, - concitoyen *m*.

Mitbürgschaft *f*, en caution *f* solidaire.

Miteigentum *n*, ø (*jur.*) copropriété *f*.

Miteigentümer *m*, - (*jur.*) copropriétaire *m*.

Miteigentumsanteil *m*, e (*jur.*) part *f* de copropriété.

Mitentscheidung *f*, en codécision *f* ; décision prise en commun.

Miterbe *m*, n, n (*jur.*) cohéritier *m*.

Miterwerber *m*, - coacquéreur *m*.

Mitfahrer *m*, - passager *m* d'un véhicule.

Mitfahrerzentrale *f*, n société *f* de covoiturage.

mit/finanzieren cofinancer ; participer au financement.

Mitfinanzierung *f*, en cofinancement *m* ; participation *f* au financement ; *gemeinsame, getrennte ~* cofinancement commun, séparé.

mitgerechnet y compris ; inclus ; *nicht ~* non compris (*syn. inklusive* ; *inbegriffen* ; *einbegriffen*).

Mitgeschäftsführer *m*, - cogérant *m*.

Mitgesellschafter *m*, - coassocié *m*.

Mitgesetzgebungsrecht *n*, e (*jur.*) (*U.E.*) droit *m* de colégiférer.

Mitglied *n*, **er** membre *m* ; affilié *m* ; adhérent *m* ; *beitragzahlendes* ~ membre cotisant ; *eingetragenes* ~ membre inscrit ; *ordentliches* (*aktives*) ~ membre actif ; *passives* ~ membre cotisant ; ~ *werden* (*in*) s'affilier, adhérer (à).

Mitgliederhaftung *f*, en (*jur.*) responsabilité *f* des membres ; responsabilité des associés.

Mitgliederschwund *m*, ø perte *f* d'adhérents ; baisse *f* du nombre d'adhérents ; *gewerkschaftlicher* ~ désyndicalisation *f*.

Mitgliederversammlung *f*, en assemblée *f* générale ; assemblée des sociétaires, des membres.

Mitgliedsantrag *m*, ¨e demande *f* d'adhésion.

Mitgliedsaufnahme *f*, n inscription *f* d'un nouveau membre.

Mitgliedsausschluss *m*, ¨e exclusion *f* d'un membre.

Mitgliedsausweis *m*, e carte *f* de membre, d'adhérent.

Mitgliedsbeitrag *m*, ¨e cotisation *f* syndicale ; cotisation d'adhérent.

Mitgliedschaft *f*, en 1. appartenance *f* (à un club, etc) ; qualité *f* de membre ; affiliation *f* ; ; *die* ~ *beantragen* demander son affiliation 2. ensemble *m* des adhérents.

Mitgliedskarte *f*, n → *Mitgliedsausweis*.

Mitgliedsland *n*, ¨er pays *m* membre.

Mitglied(s)staat *m*, en État *m* membre.

Mitgründer *m*, - cofondateur *m*.

Mitgründung *f*, en cofondation *f*.

mit/haften (*jur.*) être responsable solidairement, conjointement.

mithaftend (*jur.*) coresponsable ; responsable solidairement.

Mithaftung *f*, en (*jur.*) responsabilité *f* partagée ; solidarité *f*.

mit/halten, ie, a suivre ; tenir face à la concurrence ; *kleine Geschäfte können mit den Großbetrieben nicht mehr* ~ les petits commerçants ne peuvent plus rivaliser avec les grandes entreprises.

Mithilfe *f*, (n) assistance *f* ; concours *m*.

Mitinhaber *m*, - codétenteur *m* ; copropriétaire *m* ; associé *m*.

Mitinsasse *m*, n, n → *Mitfahrer*.

Mitinvestor *m*, en co-investisseur *m*.

Mitkläger *m*, - (*jur.*) coplaignant *m* ; codemandeur *m*.

Mitläufer *m*, - sympathisant *m* ; individu *m* qui suit le mouvement.

Mitleidenschaft *f* : *in* ~ *ziehen* affecter ; faire subir les conséquences.

mit/mischen participer (activement à qqch) ; avoir son mot à dire ; (*péj.*) magouiller.

Mitnahmepreis *m*, e prix *m* emporté ; prix marchandise enlevée.

Mitnehmepreis *m*, e → *Mitnahmepreis*.

mit/rechnen prendre en compte (dans un calcul) ; inclure dans un compte.

Mitschuld *f*, ø (*jur.*) faute *f* commune, partagée ; coresponsabilité *f* ; responsabilité *f* collective.

Mitschuldner *m*, - (*jur.*) codébiteur *m* ; débiteur solidaire.

Mitspracherecht *n*, e (*jur.*) droit *m* de regard, de cogestion, d'intervention ; ~ *haben* avoir un droit de regard ; (*fam.*) avoir son mot à dire.

mit/steigern participer à des enchères publiques.

Mittäter *m*, - (*jur.*) complice *m* ; coauteur *m* d'un délit.

Mittäterschaft *f*, en (*jur.*) complicité *f* ; *sich der* ~ *schuldig machen* se rendre complice d'un délit.

mit/teilen communiquer ; faire savoir ; *jdm etw* ~ informer qqn de qqch ; *amtlich* ~ notifier.

Mitteilung *f*, en communication *f* ; avis *m* ; communiqué *m* ; information *f* ; ~ *amtliche* (*offizielle*) ~ communiqué officiel ; *dienstliche* ~ note *f* de service ; *mündliche* ~ communication verbale ; *schriftliche* ~ note écrite ; *vertrauliche* ~ message *m* confidentiel.

1. Mittel *n*, - **1.** moyen *m* ; *mit allen* ~ *par tous les moyens* ; *alle* ~ (*für/gegen*) *ein/setzen* mettre tout en œuvre (pour/contre) ; ~ *und Wege suchen* chercher des solutions **2.** moyenne *f* (arithmétique) ; *arithmetisches* ~ moyenne arithmétique ; *im* ~ en moyenne (*syn. Durchschnitt*).

2. Mittel *npl* (*finances*) moyens *mpl* ; capitaux *mpl* ; fonds *mpl* ; ressources *fpl* **1.** *ausreichende* ~ ressources suffisantes ; *begrenzte* ~ ressources limitées ; *eigene* ~ ressources propres ; *finanzielle* ~ moyens financiers, de financement ; *flüssige* (*liquide*) ~ liquidités *fpl* ; *fremde*

~ fonds empruntés ; *investive* ~ capitaux *mpl* d'investisement ; *öffentliche* ~ fonds, deniers *mpl* publics ; *selbstwirtschaftete* ~ capitaux d'autofinancement ; *verfügbare* ~ disponibilités *fpl* ; fonds disponibles **II.** ~ *bereit/stellen* dégager des fonds ; *etw aus eigenen ~n bezahlen* payer qqch sur ses fonds propres ; *etw mit öffentlichen ~n fördern* aider au financement de qqch sur les deniers publics ; subventionner qqch par des fonds publics ; → **Fonds** ; **Gelder** ; **Geldmittel** ; **Kapital**.

Mittelaufnahme *f,* n (recours *m* à l') emprunt *m.*

Mittelausstattung *f,* en dotation *f* en capital ; ~ *eines Fonds* dotation d'un fonds.

mittelbar indirect ; *~e Stellvertretung* représentation *f* indirecte (*syn. indirekt*).

Mittelbeschaffung *f,* en mobilisation *m* de fonds ; ~ *am Kapitalmarkt* recours aux financements du marché de capitaux.

Mittelbetrieb *m,* e moyenne entreprise *f* ; exploitation *f* de moyenne importance.

Mittelbewilligung *f,* en déblocage *m* de fonds ; octroi *m* de crédits.

Mittelbewirtschaftung *f,* en régulation *f* des moyens financiers ; contrôle *m* des ressources.

Mittelentzug *m,* ¨e retrait *m* de fonds ; retrait de capitaux.

mitteleuropäische Zeit *f* → **MEZ**.

Mittelfreigabe *f,* n déblocage *m* de disponibilités ; dégagement *m* de fonds, de crédits.

mittelfristig à moyen terme ; (*comptab. publique*) *~e Finanzplanung* financement *m,* budgétisation *f* à moyen terme ; *~er Kredit* crédit *m* à moyen terme.

Mittelklasse *f,* n 1. classe *f* moyenne 2. milieu *m* de gamme.

Mittelklassemodell *n,* e → *Mittelklassewagen*.

Mittelklassewagen *m,* - (*auto.*) voiture *f* de milieu de gamme ; modèle *m,* version *f* du/de milieu de gamme.

Mittelkurs *m,* e (*bourse*) cours *m* moyen.

Mittelkürzung *f,* en diminutions *fpl* budgétaires ; restriction *f* du crédit ; diminution *f* des capitaux.

mittellos sans ressources ; démuni ; sans moyens d'existence.

Mittellosigkeit *f,* ø dénuement *m* ; indigence *f.*

Mittelmaß *n,* ø taille *f* moyenne ; qualité *f* moyenne.

Mittelmäßigkeit *f,* (en) (*péj.*) médiocrité *f* ; qualité *f* médiocre.

mitteln (*statist.*) calculer la moyenne.

Mittelpreis *m,* e prix *m* moyen.

Mittelschicht *f,* en classe *f* moyenne ; *obere* ~ classe moyenne aisée ; *untere* ~ petite bourgeoisie *f* ; *er gehört zur* ~ il appartient à la classe moyenne.

Mittelsmann *m,* ¨er/-leute médiateur *m* ; intermédiaire *m* ; ombudsman *m* (personne chargée d'arbitrer les conflits).

Mittelsorte *f,* n qualité *f* moyenne ; catégorie *f* moyenne.

Mittelsperson *f,* en → *Mittelsmann.*

Mittelstadt *f,* ¨e ville *f* de moyenne importance (entre 20 000 et 100 000 habitants).

Mittelstand *m,* ø 1. P.M.E. *fpl* ; petites et moyennes entreprises *fpl* ; P.M.I. *fpl* ; petites et moyennes industries *fpl* ; P.M.E.-P.M.I. *fpl* 2. → *Mittelschicht.*

Mittelstandbeauftragte/r (*der/ein*) secrétaire *m* d'État chargé des P.M.E.

mittelständisch 1. *~e Betriebe* (petites et) moyennes entreprises *fpl* ; P.M.E. *fpl* 2. concernant la classe moyenne ; appartenant à la classe moyenne.

Mittelständler *m,* - 1. chef *m* d'une petite ou moyenne entreprise ; représentant *m* des P.M.E.- P.M.I. 2. représentant de la classe moyenne.

Mittelstandsbank *f,* en banque *f* des petites et moyennes entreprises ; banque des P.M.E.-P.M.I.

Mittelstandsbeirat *m,* ¨e comité *m* représentatif des P.M.E.-P.M.I. auprès du ministère de l'économie.

mittelstandsfreundlich en faveur des P.M.E.- P.M.I. ; favorable aux petites et moyennes entreprises et industries.

Mittelstrecke *f,* n moyenne distance *f.*

Mittelstreckenflugzeug *n,* e appareil *m* moyen-courrier ; moyen-courrier *m.*

Mittelung *f,* en (*statist.*) détermination *f* de la valeur moyenne.

Mittelverwendung *f,* en (*comptab.*) emploi *m* de ressources.

Mittelwert *m,* e (*statist.*) valeur *f* moyenne ; valeur intermédiaire.

Mittelwertbildung *f,* en (*statist.*) détermination *f* d'une (valeur) moyenne.

Mittelzufluss *m,* ¨e afflux *m* de fonds ; apport *m* de capitaux.

Mittelzuweisung *f,* en affectation *f* de fonds.
Mittler *m, -* → *Mittelsmann.*
mittler- moyen ; *(fonction publique)* ~*er Dienst* cadre moyen *m* ; ~*e Führungskräfte* cadres *mpl* (d'entreprise) moyens ; ~*er Osten* Moyen-Orient *m* ; ~*e Qualität* qualité *f* moyenne.
Mittlerfunktionen *fpl* : ~ *ein/nehmen* jouer un rôle de médiateur ; jouer les intermédiaires.
Mittlungsprovision *f,* en commission *f* d'agence ; commission d'intermédiaire.
Mitunternehmer *m, -* coexploitant *m* ; associé *m.*
Mitunterzeichner *m, -* cosignataire *m* ; contresignataire *m.*
Mitunterzeichnete/r *(der/ein)* → *Mitunterzeichner.*
Mitunterzeichnung *f, -* cosignature *f* ; contreseing *m.*
mitverantwortlich coresponsable ; responsable solidaire.
Mitverantwortung *f,* en coresponsabilité *f* ; responsabilité partagée, solidaire.
mit/verdienen 1. être obligé de travailler (en parlant d'un conjoint, par ex.) **2.** participer à un profit sur qqch.
mitversichert : ~ *sein* bénéficier de l'assurance d'un conjoint ou d'une tierce personne.
Mitversicherung *f,* en coassurance *f* ; assurance *f* additionnelle.
mit/wirken collaborer ; coopérer ; apporter sa participation, son concours ; *an diesem Projekt haben drei Unternehmen mitgewirkt* trois entreprises ont collaboré (participé) à ce projet.
Mitwirkung *f,* en participation *f* ; concours *m* ; collaboration *f* ; *unter ~* (+ *G*) avec la participation de.
Mitwirkungsrecht *n,* e droit *m* de participation, de regard ; ~ *bei der Kündigung* droit de regard en matière de licenciement.
Mitwisser *m, -* confident *m* ; complice *m* ; dépositaire *m* d'un secret ; ~ *sein* être dans la confidence.
Mitwisserschaft *f,* ø complicité *f.*
mit/zählen comprendre ; englober ; inclure ; *Feiertage zählen nicht mit les jours fériés ne sont pas compris dans le calcul.*
Mitzeichner *m, -* → *Mitunterzeichner.*

mobben harceler (un collègue de travail).
Mobbing *n,* ø harcèlement *m* ; dénigrement *m* ; mauvaise entente *f* sur le lieu de travail.
Möbelfabrik *f,* en fabrique *m* de meubles.
Möbelgeschäft *n,* e magasin *m* d'ameublement.
Möbelindustrie *f,* n industrie *f* du meuble.
Möbelspediteur *m,* e **1.** entreprise *f* de déménagements **2.** commissionnaire *m* de transport de meubles.
mobil mobile ; ~ *machen* mobiliser ; ~*e Gesellschaft* société *f* caractérisée par une grande mobilité (d'emploi).
Mobilfunk *m,* ø téléphone *m* mobile ; portable *m (contr. Festnetz).*
Mobilfunkanbieter *m, -* → *Mobilfunkbetreiber.*
Mobilfunkbetreiber *m, -* opérateur *m* de téléphonie mobile.
Mobilfunkdienst *m,* e services *mpl* de téléphonie mobile.
Mobilfunknetz *n,* e réseau *m* de téléphonie mobile.
Mobiliar *n,* e mobilier *m* ; ameublement *m.*
Mobiliarkredit *m,* e crédit *m* mobilier.
Mobilien *fpl* biens *mpl* meubles ; mobilier *m (contr. Immobilien).*
mobilisieren mobiliser (des capitaux).
Mobilisierung *f,* en mobilisation *f* (de capitaux) ; ~ *von Geldmitteln* mobilisation de fonds.
Mobilität *f,* ø mobilité *f* ; ~ *der Arbeitnehmer* mobilité des travailleurs ; *berufliche ~* mobilité professionnelle ; mobilité de l'emploi.
Mobilitätsgarantie *f,* n *(assur.)* garantie *f* mobilité ; garantie-dépannage d'un véhicule en cas de panne.
Mobilitätszuschuss *m,* ¨ e prime *f* de mobilité.
Mobilkunde *m,* n, n abonné *m* à un réseau de téléphonie mobile.
Mobiltelefon *n,* e téléphone *m* mobile ; portable *m (syn. Handy).*
Mobiltelefonie *f,* n téléphonie *f* mobile *(contr. Festnetztelefonie).*
Mode *f,* n mode *f* ; *aus der ~ kommen* passer de mode ; *(in) ~ sein* être en vogue ; être à la mode ; être in.

Modeartikel *m*, - article *m* de mode.
Modeberuf *m*, **e** profession *f* à la mode ; métier *m* en vogue.
Modegeschäft *n*, **e** boutique *f* de mode.
Modegestalter *m*, - → *Modemacher*.
Modehaus *n*, ¨er maison *m* de haute couture ; maison de mode.
Modeindustrie *f*, **n** industrie *f* de la mode.
Modekollektion *f*, **en** collection *f* de mode.
Model *n*, **s** (*pr. ang.*) photo-modèle *m* ; mannequin *m*.
Modell *n*, **e** modèle *m* ; prototype *m* ; maquette *f* ; *gewerbliches* ~ modèle industriel.
Modellerstellung *f*, **en** modélisation *f*.
Modellfall *m*, ¨e cas *m* modèle ; cas-type *m* ; exemple *m* à suivre.
modellieren modeler ; façonner ; modéliser.
Modellierung *f*, **en** modelage *m* ; conception *f* d'un modèle ; modélisation *f*.
Modellrechnung *f*, **en** 1. calcul *m* type ; évaluation *f* type ; prévision *f* modèle 2. (*fig.*) scénario *m* idéal.
Modelltyp *m*, **en** modèle *m* type.
modeln (*métiers : mannequinat*) faire des séances de photos ; participer à des défilés de mode.
Modem *m/n*, **s** (*Internet*) modem *m*.
Modemacher *m*, - grand couturier *m* ; créateur *m* de mode ; professionnel *m* de la haute couture.
Modemacherzunft *f*, ¨e corporation *f* de la haute couture.
Modemarkt *m*, ¨e marché *m* de la mode ; marché de la haute couture.
Mode(n)schau *f*, **en** présentation *f* de collection, de mode ; défilé *m* de mannequins.
Modepapier *n*, **e** (*bourse*) titre *m* en vogue ; valeur *f* très cotée.
Moderator *m*, **en** (*médias*) présentateur *m* à la télévision ; animateur *m*.
moderieren (*médias*) présenter, animer une émission télévisée.
modern moderne ; ~*e Arbeitsmethoden* méthodes *fpl* de travail modernes.
modernisieren moderniser.
Modernisierung *f*, **en** modernisation *f* ; ~ *der Infrastrukturen* modernisation des infrastructures.

Modernisierungsgrad *m*, **e** degré *m* de modernisation.
Modeschöpfer *m*, - → *Modemacher*.
modifizieren modifier ; changer.
Modifizierung *f*, **en** modification *f* ; changement *m*.
modisch à la mode ; dans le vent ; in.
Modul *n*, **e** (*informatique*) module *m*.
modular (*informatique*) modulaire.
Modus *m*, **-di** mode *m*.
Modusanzeige *f*, **n** (*informatique*) affiche *m* de mode.
mogeln (*fam.*) tricher ; frauder.
Mogelpackung *f*, **en** emballage *m* trompeur (promet davantage qu'il ne contient réellement).
Molkerei *f*, **en** laiterie *f*.
Molkereigenossenschaft *f*, **en** coopérative *f* laitière.
Molkereiprodukte *npl* produits *mpl* laitiers.
Monat *m*, **e** mois *m* ; *am 10. dieses* ~*s* le 10 courant ; *im* ~ *Januar* au mois de janvier ; en janvier ; *im* ~ par mois.
monatlich mensuel ; par mois ; ~*e Rate* mensualité *f* ; ~*e Zahlung* paiement *m* par mensualités.
Monats- (*préfixe*) mensuel.
Monatsabrechnung *f*, **en** décompte *m* mensuel ; relevé *m* mensuel.
Monatsabrechnungsmarkt *m*, ¨e (*bourse*) marché *m* à règlement mensuel ; R.M *m*.
Monatsabschluss *m*, ¨e bilan *m* mensuel.
Monatsausstoß *m*, ¨e production *f* mensuelle.
Monatsbericht *m*, **e** situation *f* mensuelle ; rapport *m* mensuel.
Monatsbilanz *f*, **en** situation *f* comptable mensuelle.
Monatseinheiten *fpl* (nombre *m* d') unités *fpl* produites par mois.
Monatseinkommen *n*, - revenu *m* mensuel.
Monatserste : *der* ~ le premier du mois.
Monatsgebühr *f*, **en** taxe *f* mensuelle ; redevance *f* mensuelle.
Monatsgehalt *n*, ¨er traitement *m* mensuel ; *dreizehntes* ~ treizième mois *m* ; mois *m* double.
Monatsgeld *n*, **er** 1. argent *m* du mois 2. placement *m* à 30 jours ; ~*er* échéances *fpl* de fin de mois.

Monatskarte *f,* n (*transp.*) carte *f* (d'abonnement) mensuelle.
Monatsletzte : *der* ~ le dernier du mois.
Monatslohn *m,* ¨e salaire *m* mensuel.
Monatsrate *f,* n mensualité *f* ; traite *f* mensuelle ; *in ~n bezahlen* payer par mensualités.
Monatsrechnung *f,* en compte *m* de fin de mois.
Monatsultimo *m,* s → *Monatsletzte*.
Monatswechsel *m,* - traite *f* à 30 jours.
Monatszeitkarte *f,* n → *Monatskarte*.
Monatszins *m,* en → *Mietzins*.
Mondpreis *m,* e prix *m* abusif ; prix prohibitif ; (*fam.*) prix d'étrangleur.
monetär monétaire ; *~e Stabilität* stabilité *f* monétaire.
Monetarismus *m,* ø monétarisme *m* ; doctrine *f* monétariste.
Monetarist *m,* en, en partisan *m* d'une politique monétariste ; défenseur *m* de l'argent rare et cher.
monetaristisch monétariste.
Moneten *pl* (*fam.*) fric *m* ; oseille *f* ; pognon *m* ; pèse *m* ; tune *f* ; artiche *f.*
Monetik *f,* ø monétique *f* ; moyens *mpl* bancaires électroniques.
monetisieren transformer en monnaie ; transformer en pouvoir d'achat.
Monetisierung *f,* en monétisation *f* ; transformation *f* en monnaie ; introduction *f* de nouveaux moyens de paiement dans le circuit économique.
monieren critiquer ; *die gelieferte Ware* ~ faire une réclamation concernant la marchandise livrée.
Monitor *m,* en (*informatique*) moniteur *m* ; écran *m.*
Monokultur *f,* en monoculture *f.*
Monometallismus *m,* ø monométallisme *m* (régime monétaire fondé sur un seul métal).
Monopol *n,* e monopole *m* ; *bilaterales* ~ monopole bilatéral (un vendeur unique ne rencontre qu'un acheteur unique) ; *faktisches* ~ monopole de fait ; *staatliches* ~ monopole d'État ; *vollkommenes* ~ monopole absolu ; *ein* ~ *aus/üben* exercer un monopole ; monopoliser ; → *Angebots-, Gebiets-, Handels-, Markt-, Verkaufsmonopol*.
monopolartig monopolistique ; monopoliste.
Monopolbetrieb *m,* e entreprise *f* monopolistique.

monopolisieren monopoliser.
Monopolisierung *f,* en monopolisation *f.*
Monopolist *m,* en, en détenteur *m* d'un monopole ; monopoliste *m.*
monopolistisch monopolistique ; monopoliste ; de monopole.
Monopolkapital *n,* ø capital *m* monopolistique.
Monopolkapitalismus *m,* ø capitalisme *m* monopolistique (caractérisé par une concentration monopolistique des entreprises).
Monopolmissbrauch *m,* ¨e abus *m* de monopole.
Monopolstellung *f,* en situation *f* de monopole ; position *f* monopolistique.
Monopson *n,* e monopsone *m* (un acheteur unique pour une multitude de vendeurs).
Montag : (*fam.*) *blauen* ~ *machen* simuler une maladie le lundi ; avoir la maladie diplomatique du lundi.
Montage *f,* n (*pr. fr.*) montage *m* ; assemblage *m.*
Montageabteilung *f,* en atelier *m,* département *m* d'assemblage.
Montageanleitung *f,* en notice *f* de montage.
Montagearbeit *f,* en travail *m* d'assemblage ; travail de montage.
Montageband *n,* ¨er chaîne *f* de montage.
Montagebau *m,* ø construction *f* en préfabriqué.
Montagehalle *f,* n → *Montageabteilung*.
Montagekapazität *f,* en capacité *f* de montage.
Montagewerk *n,* e usine *f* de montage ; usine d'assemblage ; chaîne *f* de montage.
Montagewerkstatt *f,* ¨en → *Montageabteilung*.
Montagsauto *n,* s (*iron.*) voiture *f* de mauvaise série ; véhicule *m* défectueux.
Montagsproduktion *f,* en (*iron.*) production *f* défectueuse ; marchandise *f* imparfaite.
Montan- (*préfixe*) minier et sidérurgique.
Montanbereich *m,* e secteur *m* de l'industrie du charbon et de l'acier.
Montangemeinschaft *f,* ø → *Montanunion*.
Montangesellschaft *f,* en société *f* minière.

Montanindustrie *f*, **n** industrie *f* du charbon et de l'acier.

montanmitbestimmt société *f* cogérée d'après le modèle de l'industrie du charbon et de l'acier.

Montanmitbestimmung *f*, ø cogestion *f* paritaire dans l'industrie du charbon et de l'acier ; → *Mitbestimmung*.

Montanunion *f*, ø (*hist.*) Communauté *f* européenne du charbon et de l'acier (C.E.C.A.) ; pool *m* charbon-acier de 1951 (première étape dans l'intégration économique de l'Europe) (*syn. EGKS*).

Montanwerte *mpl* titres *mpl*, valeurs *fpl* de l'industrie minière et métallurgique.

Monteur *m*, **e** monteur *m* ; assembleur *m*.

montieren monter ; assembler.

Montierung *f*, **en** montage *m* ; assemblage *f*.

Moratorium *n*, **-ien** moratoire *m* ; délai *m* (de paiement) ; suspension *f* provisoire d'une loi ou d'un décret.

Morbidität *f*, ø (*statist.*) morbidité *f* ; taux *m* de malades sur 1000 à 10 000 personnes-tests.

Morgenschicht *f*, **en** équipe *f* (de travail) du matin.

Mortalität *f*, ø mortalité *f* (*syn. Sterblichkeit*).

Mortalitätsziffer *f*, **n** taux *m* de mortalité.

Motel *n*, **s** motel *m*.

Motivation *f*, **en** motivation *f*.

Motivationsfähigkeit *f*, **en** aptitude *f* à motiver (une équipe de collaborateurs).

motivationslos démotivé.

Motivationsrückgang *m*, ¨**e** baisse *f* de motivation ; démotivation *f*.

Motivationsstudie *f*, **n** (*marketing*) étude *f*, analyse *f* de motivation.

Motivforschung *f*, **en** étude *f* de motivation ; analyse *f* du comportement des consommateurs.

motivieren motiver.

motorisieren motoriser.

Motorisierung *f*, **en** motorisation *f*.

Motorisierungsgrad *m*, **e** taux *m* de motorisation.

Motto *n*, **s** devise *f* ; slogan *m*.

Mrd. → *Milliarde*.

MSCI-Aktienindex *m*, ø indice *m* quotidien publié par la société *Morgan Stanley Capital International* portant sur 1470 actions de 20 pays différents.

MS-DOS *n* (*Microsoft Disk Operating System*) (*informatique*) système *m* d'exploitation MS-DOS.

M.S.T. (*Markenzeichen für schadstoffgeprüfte Textilien*) label *m* de non-toxicité de textiles.

m.u.H. (*mit unbeschränkter Haftung/Haftpflicht*) à responsabilité illimitée.

Müll *m*, ø ordures *fpl* (ménagères) ; déchets *mpl* ; *radioaktiver* ~ déchets radioactifs.

Müllabfuhr *f*, **en** enlèvement *m* des ordures.

Müllabfuhrabgabe *f*, **n** taxe *f* d'enlèvement des ordures ménagères.

Müllabfuhrgebühr *f*, **en** → *Müllabfuhrabgabe*.

Müllaufbereitungsanlage *f*, **n** usine *f* de (re)traitement des ordures.

Müllbeseitigung *f*, **en** → *Müllabfuhr*.

Müllcontainer *m*, **-** conteneur *m* à ordures.

Mülldeponie *f*, **n** décharge *f* (publique).

Müllentsorgung *f*, **en** élimination *f*, évacuation *f* de(s) déchets.

Müllkippe *f*, **n** → *Mülldeponie*.

Mülllagerung *f*, **en** stockage *m* de déchets.

Müllsammeln *n*, ø collecte *f* des ordures ménagères.

Müllsammelsystem *n*, **e** système *m* de collecte de déchets industriels et d'ordures ménagères.

Mülltonne *f*, **n** grande poubelle *f*.

Mülltourismus *m*, ø exportation *f* des déchets des pays riches vers les pays pauvres pour y être traités ; pollution *f* par les riches.

Mülltrennung *f*, **en** tri *m* sélectif des ordures.

Müllverbrennungsanlage *f*, **n** usine *f* d'incinération des ordures.

Müllverwertung *f*, **en** (ré)utilisation *f* des déchets ; recyclage *m* des déchets ménagers.

Müllverwertungsanlage *f*, **n** usine *f* de retraitement, de recyclage des déchets.

Multi *m*, **s** multinationale *f* (*syn. multinationaler Konzern*).

multifunktional multifonctionnel.

multikulti (*fam.*) → *multikulturell*.

multikulturell multiculturel ; ~*e Gesellschaft* société *f* multiculturelle.

multilateral multilatéral ; ~*e Verträge* accords *mpl* multilatéraux.

Multimediagesetz *n*, e loi *f* sur les médias (protection des consommateurs, frein à la diffusion de la pornographie et de la violence).
multimedial multimédias ; relatif à de nombreux médias.
Multimediasystem *n*, e système *m* multimédias.
Multimediatechnik *f*, en technique *f* multimédias ; technologie *f* multimédias.
Multimillionär *m*, e multimillionnaire *m*.
multinational multinational ; *~er Konzern* multinationale *f* (société ou groupe ayant des filiales à l'étranger ainsi que des centres de production dans différents pays).
Multipack *n/m*, s multipack *m* ; emballage *m* multiple.
Multiplan (*informatique*) multiplan.
Multiple-Choice-Verfahren *n*, - (*pr. ang.*) questionnaire *m* à choix multiple ; QCM *m*.
Multiplex *n*, e cinéma *m* en multiplex ; cinéma *m* multisalles.
Multiplikator *m*, en multiplicateur *m*.
multiplizieren multiplier.
Multiprogramming *n*, ø (*pr. ang.*) → *Multitasking*.
Multitasking *n*, s (*pr. ang.*) (*informatique*) multiprogrammation *f* ; multitâche *f*.
Mündel *n*, - (*jur.*) pupille *m* ; personne *f* sous tutelle.
Mündelgelder *npl* (*jur.*) fonds *mpl* de tutelle ; deniers *mpl* pupillaires ; capital *m* de mineur.
mündelsicher (*bourse*) pupillaire ; sûr ; de tout repos ; *~e Anlage* placement *m* de père de famille ; *~e Papiere* titres *mpl* sûrs ; valeurs *fpl* de tout repos ; valeurs *fpl* sans risques (garanties par l'État ou les collectivités).
mündig (*jur.*) majeur ; *~ werden* atteindre la majorité ; *~ sprechen* déclarer majeur ; émanciper.
Mündigkeit *f*, ø (*jur.*) majorité *f* (*syn.* Großjährigkeit).
Mündigkeitserklärung *f*, en (*jur.*) déclaration *f* de (la) majorité.
Mündigsprechung *f*, en (*jur.*) déclaration *f* de majorité ; émancipation *f*.
mündlich oral ; verbal ; de vive voix ; *~es Versprechen* promesse *f* verbale.
mundtot : *jdn ~ machen* réduire qqn au silence ; empêcher qqn de s'exprimer.

Münzanstalt *f*, en → *Münzamt 1*.
Münzautomat *m*, en, en distributeur *m* automatique ; *~ für Zigaretten* distributeur de cigarettes.
Münze *f*, n 1. hôtel *m* des monnaies 2. (*pièce*) monnaie *f* (d'appoint) ; pièce *f* de monnaie I. *falsche ~* fausse monnaie ; *mit klingender* (*barer*) *~ en espèces sonnantes et trébuchantes* ; *silberne ~* pièce d'argent ; *ungültige ~* pièce non valable II. *eine ~ in einen Automaten ein/werfen* mettre une pièce dans un distributeur automatique ; *~n fälschen* faire de la fausse monnaie ; *~n prägen* frapper monnaie (*syn. Geldstück*).
Münzeinheit *f*, en unité *f* de monnaie, monétaire.
münzen battre monnaie ; monnayer.
Münz(en)sammler *m*, - numismate *m* ; collectionneur *m* de pièces de monnaie.
Münz(en)sammlung *f*, en collection *f* de pièces de monnaie ; collection de pièces anciennes.
Münzfälscher *m*, - faux-monnayeur *m*.
Münzfälschung *f*, en falsification *f* de monnaie ; fabrication *f* de fausse monnaie.
Münzfernsprecher *m*, - cabine *f* téléphonique automatique ; taxiphone *m*.
Münzgehalt *m*, e titre *m* des monnaies.
Münzgeld *n*, er espèces *fpl* ; numéraire *m* ; monnaie *f* métallique.
Münzgewicht *n*, e → *Münzgehalt*.
Münzhoheit *f*, en monopole *m* de la frappe des monnaies.
Münzkunde *f*, n numismatique *f* (*syn.* Numismatik).
Münzmonopol *n*, e → *Münzhoheit*.
Münzprägung *f*, en frappe *f* de monnaie.
Münzrecht *n*, e droit *m* de battre monnaie, de monnayage.
Münzumlauf *m*, ø circulation *f* (de la monnaie) métallique.
Münzwesen *n*, ø système *m* monétaire ; monnayage *m* ; administration *f* des monnaies.
Muss *n*, ø obligation *f* ; nécessité *f* ; impératif *m* ; must *m*.
Mussbestimmung *f*, en disposition *f*, réglementation *f* impérative.
Musskaufmann *m*, -leute (*code de commerce allemand*) personne *f* ayant la

qualité de commerçant du fait même de son activité commerciale.

Muster *n*, - échantillon *m* ; modèle *m* ; spécimen *m* ; dessin *m* ; prototype *m* ; *gewerbliches* ~ dessin industriel ; *nach* ~ *kaufen* acheter sur échantillon ; ~ *ohne Wert* échantillon sans valeur.

Musterangabe *f,* **n** désignation *f* de l'échantillon.

Musterauswahl *f,* ø choix *m* d'échantillons.

Musterbauer *m,* **n**, **n** cultivateur-pilote *m* ; agriculteur *m* d'une exploitation agricole pilote.

Musterbetrieb *m,* **e** exploitation *f* modèle ; entreprise *f* pilote ; *landwirtschaftlicher* ~ ferme *f* pilote.

Musterbrief *m,* **e** (*corresp.*) lettre *f* type.

Musterdepot *n,* **s** (*bourse*) portefeuille-modèle *m* ; portefeuille-type.

Mustereinrichtung *f,* **en** installation-pilote *f.*

Musterexemplar *n,* **e** exemplaire *m* modèle ; exemplaire *m* type.

mustergemäß → *mustergetreu.*

mustergetreu conforme à l'échantillon ; conforme au modèle.

Musterkoffer *m,* - mallette *f* d'échantillons ; marmotte *f.*

Musterkollektion *f,* **en** collection *f* de modèles, d'échantillons ; échantillonnage *m.*

Mustermann *m* : *Familie* ~ famille-modèle *f* ; famille-type.

Mustermesse *f,* **n** foire *f* aux échantillons ; foire de démonstration.

Musterpass *m,* ¨e attestation *f* ou certificat *m* d'identité d'une marchandise

Mustersammlung *f,* **en** → *Musterkollektion.*

Musterschutz *m,* ø protection *f* des modèles déposés.

Mustersendung *f,* **en** envoi *m* d'échantillons.

Musterstück *n,* **e** → *Musterexemplar.*

Mustervertrag *m,* ¨e contrat-type *m.*

Musterwohnung *f,* **en** appartement *m* témoin.

Mutter *f,* ¨ mère *f* ; *erwerbstätige* ~ mère exerçant une activité rémunérée ; mère qui travaille ; *ledige* ~ mère célibataire ; (*arch.*) fille-mère *f.*

Mütterberatungsstelle *f,* **n** centre *m* de protection maternelle et infantile ; centre de consultation prénatale.

Muttergesellschaft *f,* **en** maison-mère *f* ; société-mère *f* ; → *Tochtergesellschaft.*

Mutter-Kind-Pass *m,* ¨e (*Autriche*) → *Mutterpass.*

Mutterland *n,* ¨er métropole *f* ; territoire *m* métropolitain.

mütterlicherseits du côté maternel.

Mutterpass *m,* ¨e carnet *m* de maternité.

Mutterschaftsgeld *n,* **er** allocation *f* maternité.

Mutterschaftsurlaub *m,* **e** congé *m* de maternité.

Mutterschutz *m,* ø protection *f* maternelle.

Mutterschutzgesetz *n,* **e** loi *f* sur la protection de la mère au travail et de la future mère de famille.

m/w (*männlich/weiblich*) (*offres d'emploi*) homme ou femme.

MwSt. ou **MWSt.** → *Mehrwertsteuer.*

MwST-Erstattungsdient *m,* **e** service *m* de restitution de la T.V.A.

m.Z. (*mangels Zahlung*) faute de paiement.

N

N → *Nahschnellverkehrszug*.
NABU m (*Naturschutzbund Deutschland*) Office m fédéral de défense de la nature, de protection de l'environnement.
Nachahmemedikament n, e médicament m générique (*syn. Generikum* ; *contr. Originalmedikament*).
nach/ahmen copier ; falsifier ; contrefaire ; imiter ; *eine Unterschrift* ~ contrefaire une signature.
Nachahmer m, - imitateur m ; contrefacteur m ; *gegen die* ~ *vor/gehen* poursuivre les contrefacteurs.
Nachahmung f, en copie f ; imitation f ; falsification f ; contrefacon f ; → *Plagiat* ; *Produktpiraterie*.
Nacharbeit f, en **1.** travail m en retard **2.** → *Nachbesserung*.
nach/arbeiten 1. rattraper un retard de travail **2.** → *nach/bessern*.
Nachbarland n, ¨er pays m voisin.
Nachbarschaft f, en voisinage m.
Nachbarstaat m, en État m limitrophe.
Nachbehandlung f, en (*assur.*) traitement m, soins mpl postérieurs à un accident.
Nachbesitzer m, - (*jur.*) possesseur m subséquent.
nach/bessern retoucher ; faire des retouches ; corriger des défauts ; améliorer.
Nachbesserung f, en retouche f ; travail m de retouche ; réparation f d'une malfaçon ; rattrapage m des pièces défectueuses ; (*loi*) amendement m.
Nachbesserungswerkstatt f, ¨en atelier m de retouches.
nach/bestellen passer une commande ultérieure ; faire une commande supplémentaire ; commander en supplément.
Nachbestellung f, en commande f ultérieure, supplémentaire ; nouvelle commande.
nach/bezahlen payer en supplément ; verser un supplément.
Nachbezahlung f, en paiement m supplémentaire ; versement m ultérieur.
Nachbörse f, ø après-bourse f (affaires conclues après les heures d'ouverture officielles de la bourse) ; → *Vorbörse*.
nachbörslich après clôture ; → *vorbörslich*.
nach/datieren antidater (*contr. vordatieren*).

Nachdatierung f, en antidate f.
Nachdeckungspflicht f, en obligation f de fournir des garanties supplémentaires.
Nachdruck m, e (*édition*) reproduction f ; ~ *auch auszugsweise verboten* reproduction interdite même sous forme d'extraits.
Nachemission f, en (*bourse*) émission f de titres aux mêmes conditions que celles de l'émission précédente.
Nacherbe m, n, n (*jur.*) héritier m gratifié en second lieu ; héritier substitué.
Nacherfüllung f, en (*contrat*) réparation f ou remplacement m de la marchandise défectueuse.
N(a)chf. → *Nachfolger*.
nach/feiern récupérer des heures supplémentaires ou un jour férié travaillé.
nach/finanzieren fournir un complément financier ; faire une rallonge ; combler les trous d'un budget.
Nachfinanzierung f, en financement m complémentaire.
Nachfolge f, n succession f ; *jds* ~ *an/treten* prendre la succession de qqn.
Nachfolgemangel m, - défaut m, carence f de succession.
nachfolgend suivant ; consécutif ; succédant ; subséquent.
Nachfolger m, - successeur m.
Nachfolgeschuldner m, - (*jur.*) débiteur m subséquent.
nach/fordern faire un rappel ; réclamer ; demander en sus/en plus ; *Steuern* ~ faire un rappel d'impôts.
Nachforderung f, en rappel m ; demande f en sus/en plus ; (*fisc*) rappel m d'impôt.
Nachfrage f, n demande f **I.** *abnehmende* ~ demande décroissante ; *binnenwirtschaftliche* ~ demande intérieure ; *effektive* ~ demande effective ; *elastische* ~ demande élastique ; *gesamte* ~ demande globale, totale ; *gesamtwirtschaftliche* ~ demande macro-économique ; *gleichbleibende* ~ demande continue ; *große (starke)* ~ forte demande ; *lebhafte* ~ demande animée, vive ; *saisonbedingte* ~ demande saisonnière ; *steigende* ~ demande croissante ; *übermäßige* ~ demande excessive ; *wachsende* ~ demande croissante ; *weltweite* ~ demande mondiale, globale **II.** *die* ~ *decken* (*befriedi-*

gen) satisfaire la demande ; faire face à la demande ; *die ~ drosseln* (*bremsen*) freiner, ralentir la demande ; *die ~ stärken* renforcer la demande ; *die ~ stützen* soutenir la demande ; *sich der ~ anpassen* s'adapter à la demande **III.** *~ nach Arbeitskräften* demande de main-d'œuvre ; *~ nach Dienstleistungen* demande de services ; *~ nach Investitionsgütern* demande de biens d'équipement ; *~ nach Konsumgütern* demande de biens de consommation ; *Verlangsamung der ~* ralentissement *m*, tassement *m* de la demande ; *Zunahme der ~* augmentation *f* de la demande ; → *Geld-, Gesamt-, Über-, Verbrauchernachfrage.*

Nachfrageänderung *f,* en modification *f* de la demande.

Nachfrageanstieg *m,* e accroissement *m* de la demande.

nachfragebedingt induit par la demande ; lié à la demande.

Nachfragebelebung *f,* en demande *f* animée ; reprise *f* de la demande.

Nachfragedämpfung *f,* en fléchissement *m,* tassement *m* de la demande.

Nachfrageduopol *n,* e duopsone *m* (deux acheteurs face à un grand nombre de vendeurs).

Nachfragedruck *m,* ø pression *f* de la demande.

Nachfrageelastizität *f,* en élasticité *f* de la demande ; *~ in Abhängigkeit vom Preis* élasticité de la demande en fonction du prix.

Nachfrageentwicklung *f,* en évolution *f,* développement *m* de la demande.

Nachfragefunktion *f,* en fonction *f* de la demande ; *elastische, unelastische ~* fonction élastique, rigide de la demande.

Nachfragegesetz *n,* e loi *f* de la demande.

Nachfragekurs *m,* e (*bourse*) cours *m* acheteur ; cours de la demande.

Nachfragemonopol *n,* e monopsone *m* ; monopole *m* (un demandeur pour de nombreux offreurs) ; *beschränktes ~* monopsone contrarié.

nach/fragen 1. s'informer de **2.** demander (une marchandise).

Nachfrageoligopol *n,* e oligopsone *m* (un nombre restreint d'acheteurs face à de multiples vendeurs).

Nachfragepolitik *f,* ø politique *f* de la demande.

Nachfragepreis *m,* e prix *m* de demande ; prix acheteur.

Nachfrager *m,* - demandeur *m* ; acheteur *m*.

Nachfragerückgang *m,* ¨e ralentissement *m,* recul *m* de la demande.

Nachfrageschub *m,* ¨e poussée *f,* augmentation *f* de la demande.

Nachfragesteuerung *f,* en orientation *f* de la demande.

Nachfrageüberhang *m,* ¨e demande *f* excédentaire ; excédent *m* de demande (*contr. Angebotsüberhang*).

Nachfrageumschichtung *f,* en restructuration *f* de la demande.

Nachfrageverlangsamung *f,* en → *Nachfragedämpfung.*

Nachfrageverschiebung *f,* en déplacement *m* de la demande.

nachfragewirksam qui stimule la demande ; *eine ~e Maßnahme* mesure *f* de relance de la demande.

Nachfrist *f,* en délai *m* supplémentaire ; moratoire *m* ; délai de grâce.

nach/geben, a, e 1. fléchir ; reculer ; (*bourse*) céder ; *nachgebender Kurs* fléchissement du/des cours ; *die Börse gibt nach* la bourse cède du terrain ; *die Preise geben nach* les prix fléchissent **2.** faire des concessions ; concéder.

Nachgeben *n,* ø fléchissement *m* ; tassement *m* ; recul *m* ; *~ der Kurse* fléchissement des cours.

Nachgebühr *f,* en surtaxe *f* ; supplément *m* de taxe.

nachgelagert en aval ; *~e Industrien* industries *fpl* en aval (*contr. vorgelagert*).

nachhaltig (*environnement*) durable ; permanent ; continu ; à long terme ; (*conférence de Rio*) *~e Entwicklung* développement *m* durable (selon lequel les ressources renouvelables ne peuvent être exploitées que dans la mesure où elles peuvent se régénérer).

Nachhaltigkeit *f,* ø (*environnement*) durabilité *f* ; permanence *f* ; politique *f* à long terme ; continuation *f.*

Nachholbedarf *m,* ø besoins *mpl* de rattrapage ; demande *f* accumulée ; *den ~ decken* combler le retard.

Nachholeffekt *m,* e → *Nachholwirkung.*

nach/holen 1. récupérer ; rattraper ; *Arbeitsstunden ~* récupérer des heures de travail **2.** (*étrangers*) *die Familie ~* faire un regroupement familial.

Nachholwirkung *f,* **en** effet *m* de rattrapage.

Nachkalkulation *f,* **en** calcul *m* des coûts réels ; calcul des coûts a posteriori.

nach/kaufen acheter ultérieurement ; acheter après coup.

nach/kommen, a, o (*ist*) faire face à ; satisfaire à ; *seinen Verpflichtungen* ~ faire face à ses engagements.

Nachlass *m,* ¨e/e **1.** (*prix*) remise *f* ; ristourne *f* ; réduction *f* ; rabais *m* ; *einen* ~ *bekommen* obtenir une remise ; *einen* ~ *gewähren* accorder une réduction **2.** (*jur.*) succession *f* ; héritage *m* ; *den* ~ *eröffnen* déclarer une succession ouverte ; *den* ~ *ordnen* régler la succession.

Nachlassabwickler *m,* - → *Nachlassverwalter*.

nach/lassen, ie, a 1. rabattre ; diminuer ; ristourner ; *die Hälfte vom Preis* ~ faire un rabais de 50 % ; diminuer le prix de moitié **2.** faiblir ; ralentir ; céder ; *das Wirtschaftswachstum lässt nach* la croissance ralentit **3.** léguer.

nachlassend faiblissant ; en baisse ; en diminution ; *~er Verbrauch* consommation *f* en baisse, en régression.

Nachlasseröffnung *f,* **en** (*jur.*) ouverture *f* de (la) succession.

Nachlassgläubiger *m,* - (*jur.*) créancier *m* de la succession.

Nachlassinventar *n,* **e** (*jur.*) inventaire *m* de la succession ; inventaire successoral.

Nachlasskonkurs *m,* **e** (*jur.*) faillite *f* d'une masse successorale.

Nachlassmasse *f,* **n** (*jur.*) masse *f* successorale.

Nachlasspfleger *m,* - → *Nachlassverwalter*.

Nachlassschuldner *m,* - (*jur.*) débiteur *m* de la succession.

Nachlasssteuer *f,* **n** (*jur.*) taxe *f* successorale ; impôt *m* sur l'héritage.

Nachlassteilung *f,* **en** (*jur.*) partage *m* de succession.

Nachlassverbindlichkeiten *fpl* (*jur.*) passif *m* de la succession.

Nachlassverwalter *m,* - (*jur.*) curateur *m* de la succession (recherche d'héritiers, déshérence, etc.).

Nachleistung *f,* **en** prestation *f* complémentaire.

nach/liefern livrer ultérieurement ; fournir plus tard ; compléter une livraison.

Nachlieferung *f,* **en** livraison *f* ultérieure ; livraison complémentaire.

Nachlieferungsanspruch *m,* ¨e (*jur.*) droit *m* de retour ; droit à une commmande de substitution ; → *Nacherfüllung*.

nach/machen → *nach/ahmen*.

Nachmann *m,* ¨er (*jur.*) endosseur *m* subséquent ; endossataire *m* (*syn.* Indossat ; Hintermann).

Nachmessegeschäft *n,* **e** affaire *f* conclue après la foire ; contrat *m* consécutif à la foire.

Nachmieter *m,* - locataire-successeur *m* ; nouveau locataire.

Nachnahme *f,* **n** remboursement *m* ; *gegen* (*per*) ~ contre remboursement ; *eine Sendung gegen* (*per*) ~ *schicken* effectuer un envoi contre remboursement.

Nachnahmegebühr *f,* **en** → *Nachnahmekosten*.

Nachnahmekosten *pl* frais *mpl* des envois contre remboursement.

Nachnahmesendung *f,* **en** envoi *m* contre remboursement.

Nachnutzung *f* , **en** utilisation *f* ultérieure.

Nachporto *n,* **s** supplément *m* de port ; surtaxe *f*.

nachprüfbar vérifiable.

nach/prüfen vérifier ; contrôler ; revoir ; *die Richtigkeit der Angaben* ~ contrôler la véracité des indications données.

Nachprüfung *f,* **en** vérification *f* ; contrôle *m* ; *steuerliche* ~ contrôle fiscal ; ~ *der Gesetzmäßigkeit* contrôle de la légalité.

nachrangig subordonné ; de second rang ; *~e Schuldverschreibung* titre *m* d'emprunt subordonné.

nach/rechnen vérifier un calcul ; contrôler des comptes.

Nachrechnung *f,* **en** vérification *f* ; calcul *m* a posteriori.

Nachricht *f,* **en 1.** nouvelle *f* ; information *f* ; *vertrauliche* ~ information confidentielle ; ~ *erhalten* avoir des nouvelles **2.** courrier *m* ; *Ihre* ~ *vom* votre courrier en date du ; *wir erwarten Ihre baldige* ~ dans l'attente de votre réponse.

Nachrichtenagentur *f,* **en** agence *f* de presse.

Nachrichtendienst *m,* **e** service *m* des renseignements.

Nachrichtenkanal *m*, ¨e (*télé.*) chaîne *f* d'informations.

Nachrichtennetz *n*, e réseau *m* de télécommunications, de transmissions.

Nachrichtenquelle *f*, n source *f* d'informations.

Nachrichtensatellit *m*, en, en satellite *m* de télécommunications.

Nachrichtensendung *f*, en (*radio, télé*) informations *fpl* ; émission *f* d'informations.

Nachrichtentechnik *f*, en → *Nachrichtenwesen*.

Nachrichtenübermittlung *f*, en transmission *f* des informations ; télécommunications *fpl*.

Nachrichtenübertragung *f*, en → *Nachrichtenübermittlung*.

Nachrichtenwesen *n*, ø télécommunications *fpl* ; techniques *fpl* de communication ; communications *fpl* (*syn. Telekommunikation*).

nach/rüsten (*technique*) moderniser ; compléter un équipement ; réviser.

Nachrüstung *f*, en (*technique*) renouvellement *m* ; modernisation *f* ; équipement *m* supplémentaire ; modification *f* ultérieure.

Nachsaison *f*, s arrière-saison *f*.

Nachsaisonermäßigung *f*, en remise *f* de fin de saison ; réduction *f* d'arrière-saison.

Nachsatz *m*, ¨e → *Nachschrift*.

nach/schicken 1. *sich Post ~ lassen* faire suivre du courrier 2. expédier ultérieurement.

nach/schießen, o, o compléter un versement ; *Geld ~* effectuer un versement supplémentaire.

Nachschrift *f*, en post-scriptum *m* ; notes *fpl* (*syn. Postskriptum*).

Nachschub *m*, ¨e renforts *mpl* ; ravitaillement *m* ; réapprovisionnement *m*.

Nachschubversorgung *f*, en réapprovisionnement *m* (d'un magasin).

Nachschuss *m*, ¨e versement *m* supplémentaire ; apport *m* supplémentaire (de capitaux) ; rallonge *f*.

Nachschusspflicht *f*, en obligation *f* (pour un sociétaire) d'effectuer un versement supplémentaire.

Nachschusszahlung *f*, en versement *m* (d'une contribution) supplémentaire.

nach/sehen, a, e consulter qqch ; vérifier dans ; *auf einer Liste ~* vérifier sur une liste.

Nachsendeauftrag *m*, ¨e ordre *m* de réexpédition, de faire suivre (le courrier).

Nachsendegebühr *f*, en taxe *f* de réexpédition.

nach/senden, a, a réexpédier ; faire suivre ; *bitte ~* prière de faire suivre.

Nachsendung *f*, en réexpédition *f*.

Nachsicht *f*, ø indulgence *f* ; (*corresp.*) *um ~ bitten* solliciter l'indulgence.

Nachsichtwechsel *m*, - effet *m* à un certain délai de vue (effet échu un certain temps seulement après sa présentation).

Nachspiel *n*, e suites *fpl* ; conséquences *fpl* ; *ein gerichtliches ~ haben* avoir des suites judiciaires.

nachstehend ci-après ; ci-dessous.

Nachsteuer *f*, n rappel *m* d'impôt.

Nachsteuerrendite *f*, n rendement *m* après impôt.

Nachtarbeit *f*, en travail *m* de nuit.

Nachtdienst *m*, e service *m* de garde ; permanence *f* de nuit.

Nachteil *m*, e désavantage *m* ; inconvénient *m* ; préjudice *m* ; désagrément *m* ; *finanzielle ~e* préjudices financiers ; *zum ~ von* au détriment de.

nachteilig désavantageux ; préjuciable ; dommageable ; *für ~e Folgen nicht verantwortlich sein* ne pas être responsable de conséquences dommageables.

Nächtigungsgeld *n*, (er) (*Autriche*) indemnité *f* de voyage ; frais *mpl* d'hôtel.

Nachtrag *m*, ¨e 1. additif *m* ; supplément *m* ; annexe *f* 2. (*assur.*) avenant *m* 3. (*testament*) codicille *m*.

nachträglich 1. ultérieur ; postérieur ; après coup ; *~e Genehmigung* approbation *f* donnée ultérieurement ; approbation rétroactive 2. supplémentaire ; additionnel.

Nachtragsbestimmung *f*, en disposition *f* complémentaire ; clause *f* additionnelle ; clause annexe.

Nachtragsetat *m*, s → *Nachtragshaushalt*.

Nachtragshaushalt *m*, e collectif *m* budgétaire ; budget *m* supplémentaire ; budget *m* rectifié.

Nachtragsliste *f*, n liste *f* additionnelle.

Nachtragspolice *f*, n avenant *m* ; rectificatif *m* à la police d'assurance.

Nachtragsvereinbarung *f*, en avenant *m*.

Nachtragszahlung *f*, en versement *m* additionnel.

Nachtschicht *f,* en poste *m* de nuit ; travail *m,* équipe *f* de nuit ; ~ *haben* être de nuit ; ~ *machen* travailler de nuit.

Nachtschichtarbeit *f,* en travail *m* de nuit.

Nachtschichtarbeiter *m,* - travailleur *m* de nuit ; membre *m* de l'équipe de nuit.

Nachttarif *m,* e tarif *m* de nuit.

Nachttresor *m,* e coffre-fort *m* accessible 24 h sur 24.

Nacht-und-Nebel-Aktion *f,* en opération *f* surprise ; opération « coup de poing ».

Nachtzulage *f,* n → *Nachtzuschlag.*

Nachtzuschlag *m,* ¨e prime *f* de travail de nuit.

Nachunternehmer *m,* - entreprise *f* de sous-traitance ; sous-entrepreneur *m.*

nach/versichern prendre une assurance complémentaire.

Nachversicherung *f,* en assurance *f* complémentaire ; extension *f* des garanties.

nach/versteuern exiger un rappel d'impôt ; imposer après coup.

Nachversteuerung *f,* en imposition *f* supplémentaire.

nachwachsend : ~*e Rohstoffe* matières *fpl* premières d'origine végétale renouvelables (sucre, huiles, fibres, colza, etc).

Nachwahl *f,* en élection *f* complémentaire ; seconde élection.

Nachweis *m,* e preuve *f* ; justificatif *m* ; *den* ~ *liefern* fournir la preuve ; ~ *der Echtheit* preuve de l'authenticité.

nachweisbar qui peut être établi ; prouvable ; authentifiable.

nach/weisen, ie, ie prouver ; justifier ; faire la preuve de ; *seine Fähigkeit* ~ prouver sa qualification.

Nachwuchs *m,* ø relève *f* ; les jeunes *mpl* ; génération *f* montante ; *den* ~ *aus/bilden* former les jeunes.

Nachwuchskräfte *fpl* → *Nachwuchs.*

Nachwuchsmangel *m,* ¨ manque *m* de jeunes ; absence *f* de relève ; difficultés *fpl* de recrutement de jeunes.

nach/zahlen 1. payer ultérieurement ; payer après coup 2. payer un supplément ; *Steuern* ~ payer un rappel d'impôts.

nach/zählen recompter ; vérifier un calcul ; *zählen Sie die Geldscheine bitte nach* veuillez vérifier le nombre de billets, s.v.p.

Nachzahlung *f,* en 1. paiement *m* ultérieur ; rappel *m* ; versement *m* d'un arriéré ; *eine Aufforderung zur* ~ un rappel de paiement 2. supplément *m* ; versement *m* complémentaire ; *eine* ~ *leisten* effectuer un versement complémentaire.

Nachzeichnung *f,* en (*bourse*) souscription *f* complémentaire.

Nachzucht *f,* ø (*élevage*) reproduction *f.*

Nachzuchtbulle *m,* n, n (*élevage*) taureau *m* reproducteur ; taureau destiné à la reproduction.

Nachzug *m,* ¨e 1. regroupement *m* familial 2. train *m* supplémentaire.

Nachzügler *m,* - retardataire *m* ; traînard *m.*

NAFTA *f* (*North American Free Trade Trade Agreement*) A.L.E.N.A. *m* ; accord *m* de libre échange nord-américain (entre les USA et le Canada).

nahe proche, voisin ; *der Nahe Osten* le Proche-Orient ; ~*r Verwandter* proche parent *m.*

Nähe *f,* ø proximité *f* ; *die größtmögliche* ~ *zum Konsumenten suchen* essayer d'être le plus proche possible du consommateur.

Naherholungsgebiet *n,* e centre *m* de vacances et de loisirs (à proximité d'une grande ville) ; zone *f* récréative de proximité.

Näherung *f,* ø (*statist.*) approximation *f.*

Näherungswert *m,* e (*statist.*) valeur *f* approximative, approchée ; valeur d'approximation.

Nahost *m* → *nahe.*

Nährmittel *npl* (*agro-alimentaire*) aliments *mpl* ; féculents *mpl.*

Nahrung *f,* en nourriture *f* ; alimentation *f.*

Nahrungsgüterwirtschaft *f,* ø → *Nahrungsmittelindustrie.*

Nahrungsingenieur *m,* e ingénieur *m* dans l'agro-alimentaire.

Nahrungskette *f,* n chaîne *f* alimentaire.

Nahrungsmittel *npl* denrées *fpl,* produits *mpl* alimentaires ; alimentation *f* ; aliments *mpl* ; *ballaststoffreiche* ~ aliments riches en fibres ; *fetthaltige* ~ aliments riches en matières grasses.

Nahrungsmittelbedarf *m,* ø demande *f* alimentaire ; besoins *mpl* alimentaires.

Nahrungsmittelhandel *m*, ø commerce *m* des produits alimentaires.

Nahrungsmittelindustrie *f*, **n** industrie *f* agro-alimentaire ; secteur *m* agro-alimentaire ; l'agro-alimentaire *m*.

Nahrungsmittelkette *f*, **n** chaîne *f* alimentaire.

Nahrungsmittelkonzern *m*, **e** groupe *m* alimentaire.

Nahrungs- und Genussmittel *npl* denrées *fpl* alimentaires et stimulants *mpl* ; alimentation *f*, boissons *fpl*, tabac *m*.

Nährwert *m*, **e** valeur *f* nutritive ; valeur nutritionnelle d'un aliment.

Nährwertangabe *f*, **n** indication *f* de la valeur nutritive (sur les étiquettes).

Nahschnellverkehrszug *m*, ¨e train *m* semi-direct ; train rapide sur courtes distances.

Nahtstelle *f*, **n** point *m* de jonction.

Nahverkehr *m*, ø trafic *m* suburbain ; trafic à courte distance ; *öffentlicher ~* moyen de transport *m* de proximité.

Nahverkehrsmittel *n*, - transports *mpl* en commun urbains et suburbains ; *auf die ~ um/steigen* passer de la voiture aux transports en commun.

Nahverkehrszug *m*, ¨e train *m* de banlieue.

Nahversorger *m*, - commerce *f* de proximité.

Name *m*, **ns**, **n** nom *m* ; dénomination *f* **I.** *~ und Anschrift* nom et adresse ; *in meinem ~n* en mon nom personnel ; *im eigenen ~n für fremde Rechnung* en son nom propre pour le compte d'autrui ; *unter falschem ~n* sous un faux nom ; sous une fausse identité **II.** *die Aktien lauten auf den ~n* les actions *fpl* sont nominatives ; *seinen ~n unter etw setzen* apposer son nom sous qqch.

Namenfirma *f*, **-men** raison *f* sociale (empruntée au nom du commerçant).

namenlos anonyme ; *~e Produkte* produits *mpl* sans marque ; produits libres, maison.

Namenlose/r (*der/ein*) **1.** personne *f* anonyme ; anonyme *m* **2.** produit *m* sans marque ; produit libre, maison.

Namensaktie *f*, **n** (*bourse*) action *f* nominative ; *vinkulierte ~* action nominative négociable.

Namensänderung *f*, **en** changement *m* de nom.

Namensaufruf *m*, **e** appel *m* nominal.

Namenslagerschein *m* , **e** bulletin *m* de dépôt nominatif.

Namensliste *f*, **n** → *Namensverzeichnis*.

Namenspapier *n*, **e** (*bourse*) titre *m* nominatif.

Namensschild *n*, **er** **1.** badge *m* d'identification **2.** plaque *f* avec mention de nom.

Namensverzeichnis *n*, **se** liste *f* nominative.

Namenszug *m*, ¨ **e** griffe *f* ; signature *f* ; sigle *m* ; marque *f*.

Namenszuweisung *f*, **en** affectation *f* de nom.

Nämlichkeit *f*, (**en**) (*douane*) identité *f* (de marchandises en dépôt) ; *die ~ der Waren sichern* assurer l'identification des marchandises.

Nämlichkeitsbescheinigung *f*, **en** (*douane*) certificat *m* d'identification ; passavant *m* (permis de circulation délivré par la douane).

Nämlichkeitsnachweis *m*, **e** (*douane*) preuve *f*, justificatif *m* de l'identité d'une marchandise.

Nämlichkeitsprüfung *f*, **en** (*douane*) vérification *f* de l'identité d'une marchandise.

Nanometer *m/n*, - nanomètre *m* (un milliardième de mètre).

Nanotechnologie *f*, **n** nanotechnologie *f* (intervention et application à l'échelle moléculaire ou atomique).

NASA *f* (*National Aeronautics and Space Administration, USA*) recherches *fpl* aéronautiques et spatiales américaines.

NASDAQ *m* (*National Association of Securities Dealers Automated Quotations*) (*pr. ang.*) (*bourse*) indice *m* NASDAQ (indice qui suit l'évolution des valeurs technologiques à la bourse de New York).

Nase *f*, **n** : *auf die ~ fallen* essuyer un échec ; *sich eine goldene ~ verdienen* gagner gros ; s'en mettre plein les poches.

Natalität *f*, ø natalité *f* (*syn. Geburtenhäufigkeit*).

Natalitätsrate *f*, **n** taux *m* de natalité (nombre de naissances pour mille habitants).

Nation *f*, **en** nation *f*.

national national ; *wirtschaftliche Erfolge auf ~en und internationalen Märkten* succès *mpl* économiques sur le marché national et international.

National- (*préfixe*) national ; d'État ; → *Bundes-* ; *Staats-* ; *Volks-*.

Nationale *n,* ø (*Autriche*) 1. détails *mpl* signalétiques 2. fiche *f* signalétique.

Nationaleinkommen *n,* - revenu *m* national ; → *Volkseinkommen* ; *Sozialprodukt*.

nationalisieren nationaliser ; étatiser ; collectiviser ; *die Schlüsselindustrien* ~ nationaliser les industries-clé (*syn. verstaatlichen*).

Nationalisierung *f,* **en** nationalisation *f* ; ~ *der Privatbanken* nationalisation des banques privées (*syn. Verstaatlichung*).

Nationalität *f,* **en** nationalité *f* (*syn. Staatsangehörigkeit*).

Nationalitätskennzeichen *n,* - plaque *f* de nationalité (sur les véhicules).

Nationalökonom *m,* **en, en** économiste *m* ; spécialiste de l'économie *f* politique, nationale.

Nationalökonomie *f,* ø économie *f* politique, nationale ; → *Volkswirtschaft*.

Nationalrat *m* (*Autriche*) 1. ø Assemblée *f* nationale 2. ¨e député *m,* membre *m* de l'Assemblée Nationale.

Nationalstaat *m,* **en** État *m* national.

Nationalstraße *f,* **n** (*Suisse*) autoroute *f.*

Nationalvermögen *n,* - biens *mpl* nationaux ; patrimoine *m* national.

Nationalversammlung *f,* **en** Assemblée *f* Nationale ; Parlement *m.*

Nationalwährung *f,* **en** monnaie *f* nationale.

Nationenwertung *f,* **en** évaluation *f* ; classement *m* des nations en termes de productivité.

NATO *f* (*North Atlantic Treaty Organization*) O.T.A.N. *f* (Organisation du traité de l'Atlantique-Nord).

Natural- (*préfixe*) en nature.

Naturalabgabe *f,* **n** taxe *f* acquittée en nature.

Naturalaustausch *m,* ø → *Naturalwirtschaft*.

Naturalbezüge *mpl* avantages *mpl* en nature.

Naturalbilanz *f,* **en** (*hist.*) balance *f* en nature ; balance-matières ; balance mesurée en unités physiques.

Naturaleinkommen *n,* - revenu *m* en nature.

Naturalentlohnung *f,* **en** rémunération *f* en nature ; rétribution *f* en nature (*syn. Sachvergütung*).

Naturalersatz *m,* ø indemnité *f* en nature ; dédommagement *m,* remplacement *m* en nature.

Naturalleistung *f,* **en** prestation *f* en nature.

Naturalien *pl* produits *mpl* du sol, naturels ; prestations *fpl* en nature ; *in* ~ *bezahlen* payer en nature ; *Lohn in* ~ salaire *m* en nature.

naturalisieren naturaliser ; *er hat sich in Deutschland* ~ *lassen* il s'est fait naturaliser Allemand.

Naturalisierung *f,* **en** naturalisation *f* (*syn. Einbürgerung*).

Naturallohn *m,* ¨e salaire *m* en nature.

Naturalsteuer *f,* **n** (*hist.*) impôt *m* en nature.

Naturalvergütung *f,* **en** → *Naturalentlohnung*.

Naturalverteilung *f,* **en** (*coopérative agricole*) paiement *m* en nature d'une partie du travail fourni.

Naturalwirtschaft *f,* **en** (économie *f* de) troc *m* (*syn. Tauschwirtschaft*).

naturbelassen : ~*es Produkt* produit *m* resté naturel ; produit non trafiqué.

Naturdünger *m,* - engrais *m* naturel.

Naturerzeugnis *n,* **se** produit *m* naturel.

Naturfaser *f,* **n** fibre *f* naturelle.

Naturgas *n,* (**e**) gaz *m* naturel ; ~ *verflüssigen* liquéfier le gaz naturel.

Naturkatastrophe *f,* **n** catastrophe *f* naturelle ; *klimabedingte* ~ catastrophe climatique.

Naturkostladen *m,* ¨ magasin *m* de produits biologiques ; magasin bio.

Naturlandschaft *f,* **en** (*environnement*) site *m* naturel.

natürlich : ~*es Monopol* monopole *m* naturel ; ~*e Person* personne *f* physique (*contr. juristische Person*).

Naturmilieu *n,* **s** (*environnement*) habitat *m* ; milieu *m* naturel.

Naturpark *m,* **s** parc *m* naturel.

Naturpotenzial *n,* **e** ressources *fpl* naturelles.

Naturprodukt *n,* **e** → *Naturerzeugnis*.

Naturrecht *n,* **e** droit *m* naturel.

Naturreichtümer *mpl* richesses *fpl,* ressources *fpl* naturelles.

naturrein naturel ; nature ; sans additif ; pur ; non trafiqué ; ~*es Öl* huile *f* vierge.

Naturressourcen *fpl* ressources *fpl* naturelles.

Naturschätze *mpl* richesses *fpl* naturelles.

Naturschutz *m,* ø protection *f* de l'environnement ; ~ *fördernde Landwirtschaft* agriculture *f* biologique ; agriculture respectueuse de l'environnement ; *unter ~ stehen* être classé site protégé.

Naturschützer *m,* - défenseur *m* de la nature ; protecteur *m* de l'environnement.

Naturschutzgebiet *n,* e site *m* naturel protégé ; réserve *f* naturelle.

Naturschutzpark *m,* s réserve *f* naturelle ; parc *m* naturel.

Naturschutzrichtlinie *f,* n (*U.E.*) directive *f* européenne en matière de protection de l'environnement.

Naturstoff *m,* e substance *f* naturelle ; élément *m* naturel.

Naturwissenschaften *fpl* sciences *fpl* naturelles et expérimentales.

NAX *m* (*Natur-Aktien-Index*) indice *m* d'actions de sociétés investissant dans l'environnement (recyclage, énergie solaire, éoliennes, etc,).

NB → *notabene.*

ND (*Nebenkosten und Dienstleistungen*) frais *mpl* accessoires et services.

NDR (*Norddeutscher Rundfunk*) Radio-télévision *f* de l'Allemagne du Nord (Hambourg).

Neben- (*préfixe*) accessoire ; secondaire ; annexe ; auxiliaire.

Nebenabgabe *f,* n taxe *f* accessoire ; taxe supplémentaire.

Nebenabsprache *f,* n (*jur.*) convention *f,* stipulation *f* annexe.

Nebenarbeit *f,* en → *Nebenberuf.*

Nebenausgaben *fpl* dépenses *fpl* accessoires ; frais *mpl* annexes.

nebenbei : ~ *arbeiten* faire des à-côtés ; travailler en plus.

Nebenberuf *m,* e activité *f* secondaire, d'appoint.

nebenberuflich à titre de fonction secondaire ; ~*e Beschäftigung* occupation *f* d'appoint.

Nebenbeschäftigung *f,* en → *Nebenberuf.*

Nebenbestimmung *f,* en clause *f* annexe, accessoire.

Nebenbetrieb *m,* e entreprise *f* secondaire, annexe ; établissement *m* supplémentaire.

Nebenbürgschaft *f,* en caution *f* supplémentaire ; garantie *f* supplémentaire.

Nebeneffekt *m,* e effet *m* secondaire ; retombées *fpl* imprévues.

Nebeneinkünfte *fpl* revenus *mpl* annexes ; recettes *fpl* accessoires ; à-côtés *mpl.*

Nebeneinnahmen *fpl* → *Nebeneinkünfte.*

Nebenerwerb *m,* (e) activité *f* secondaire, d'appoint.

Nebenerwerbsbetrieb *m,* e exploitation *f* (agricole) secondaire ; exploitation de pluriactif.

Nebenerwerbslandwirt *m,* e exploitant *m* agricole à temps partiel ; agriculteur *m* à mi-temps.

Nebenerwerbslandwirtschaft *f,* ø agriculture *f* parallèle (les exploitants ne travaillent leur terre qu'après les heures d'usine ou de bureau) ; pluriactivité *f.*

Nebenerzeugnis *n,* se → *Nebenprodukt.*

Nebengebäude *n,* - bâtiment *m* annexe ; annexe *f.*

Nebengeschäft *n,* e 1. magasin *m* annexe ; succursale *f* ; deuxième boutique *f* 2. activité *f* commerciale annexe, parallèle.

Nebenjob *m,* s → *Nebenberuf.*

Nebenklage *f,* n (*jur.*) constitution *f* de partie civile ; → *Privatklage.*

Nebenkläger *m,* - (*jur.*) partie *f* civile ; *als ~ auf/treten* se constituer, se porter partie civile ; → *Privatkläger.*

Nebenkosten *pl* frais *mpl* annexes ; faux frais *mpl.*

Nebenleistungen *fpl* prestations *fpl* accessoires ; prestations périodiques (en nature, souvent).

Nebenlinie *f,* n 1. (*généalogie*) branche *f* latérale 2. (*transp.*) ligne *f* secondaire.

Nebenmarkt *m,* ¨e marché *m* secondaire ; marché parallèle.

Nebenprodukt *n,* e sous-produit *m* ; produit secondaire, dérivé.

nebensächlich sans importance ; accessoire.

nebenstehend ci-contre ; ~ *erwähnt* mentionné ci-contre.

Nebenstelle *f,* n bureau *m* auxiliaire ; annexe *f* ; succursale *f.*

Nebenstraße *f,* n route *f* secondaire (*contr. Hauptstraße*).

Nebenstrecke *f,* n 1. ligne *f* secondaire 2. (*trafic*) itinéraire *m* de dégagement.

Nebentätigkeit *f,* en → *Nebenberuf.*

Nebentätigkeitsverbot *n*, e interdiction *f* d'exercer une activité annexe, parallèle.

Nebenunternehmer *m*, - sous-traitant *m* ; sous-entrepreneur *m*.

Nebenverdienst *m*, e gains *mpl* annexes ; gains supplémentaires ; revenus *mpl* secondaires.

Nebenvereinbarung *f,* en → *Nebenbestimmung*.

Nebenversicherung *f,* en assurance *f* complémentaire.

Nebenwirkung *f,* en → *Nebeneffekt*.

negativ négatif ; sans résultats ; ~*e Auswirkung* incidence *f* négative ; ~*er Saldo* solde *m* déficitaire ; *die Verhandlungen blieben* ~ les négociations *fpl* n'ont pas abouti.

Negativbilanz *f,* en (*comptab.*) bilan *m* négatif.

Negativerklärung *f,* en attestation *f* d'exclusivité d'octroi de garanties (un débiteur s'engage à ne pas fournir les mêmes garanties à un autre créancier).

Negativklausel *f,* n clause *f* suspensive.

Negativliste *f,* n (*sécurité sociale*) liste *f* des médicaments non remboursés par les caisses de maladie ou la sécurité sociale (*contr. Positivliste*).

Negativmittelmethode *f,* n (*budget*) méthode *f* des crédits négatifs.

Negativposten *m*, - (*comptab.*) poste *m* déficitaire ; ~ *der Zahlungsbilanz* poste déficitaire de la balance des paiements.

Negativsaldo *m*, den (*comptab.*) solde *m* négatif ; ~ *des Außenhandels* solde négatif des échanges commerciaux.

Negativtransfer *m*, s ensemble *m* des retenues sur salaire et charges qui pèsent sur un ménage.

Negativwachstum *n*, ø croissance *f* négative.

negoziabel négociable (*syn.* handelsfähig).

Negoziation *f,* en 1. négociation *f* de titres mobiliers 2. cession *f* de traite par transmission.

nehmen, a, o prendre ; *in Empfang* ~ réceptionner ; *in Verwahrung* ~ prendre en dépôt ; *in Zahlung* ~ accepter en paiement.

Nehmer *m*, - preneur *m* ; acheteur *m* ; acquéreur *m* ; cessionnaire *m*.

Nehmerland *n*, ¨er pays *m* preneur ; nation *f* bénéficiaire.

Nehmerstaat *m*, en État *m* acheteur ; pays *m* preneur.

Neigung *f,* en tendance *f* ; propension *f* ; ~ *zu Investitionen* tendance *f* à investir, aux investissements.

Neinsager *m*, - opposant *m* systématique.

Neinstimme *f,* n (*vote*) non *m* ; voix *f* contre.

Nemax 50 *m* (*hist. 1997-2004*) indice *m* Nemax-50 ; indice *m* boursier des valeurs de haute technologie du nouveau marché de Francfort.

NE-Metalle *npl* (*Nichteisen-*) métaux *mpl* non-ferreux.

NE-Metallurgie *f,* n métallurgie *f* des métaux non-ferreux.

Nennbetrag *m*, ¨e → *Nominalbetrag*.

Nennkapital *n*, ø → *Nominalkapital*.

Nennwert *m*, e → *Nominalwert*.

Nennwertaktie *f,* n action *f* à valeur nominale (*contr. Stückaktie*).

Neoliberalismus *m*, ø néolibéralisme *m* ; libéralisme qui n'admet qu'une intervention limitée de l'État ; → *Marktwirtschaft* ; *Wettbewerb*.

Nepotismus *m*, ø népotisme *m* ; favoritisme *m* familial (*syn.* Vetternwirtschaft).

Nepp *m*, ø (*fam.*) arnaque *f* ; duperie *f* ; escroquerie *f* ; filouterie *f*.

neppen (*fam.*) arnaquer ; rouler.

Net *n*, ø → *Netz* ; *Internet*.

Netbank *f,* en banque *f* en ligne.

Netiquette *f,* ø ensemble *m* des règles de comportement sur l'Internet.

Netsurfer *m*, - surfer *m* sur Internet ; internaute *m*.

netto net ; ~ *Barzahlung* paiement *m* net au comptant ; ~ *Kasse* comptant net ; comptant sans escompte ; *der Wagen kostet* ~ le prix net de la voiture est de ; ~ *für* ~ *aus/gleichen* compenser net pour net.

Netto- (*préfixe*) net.

Nettobetrag *m*, ¨e montant *m* net.

Nettobetriebsüberschuss *m*, ¨e (*comptab.*) excédent *m* net d'exploitation.

Nettobezüge *mpl* revenus *mpl* nets.

Nettobuchwert *m*, e (*comptab.*) valeur *f* nette comptable.

Nettoeinkommen *n*, - revenu *m* net ; ~ *pro Kopf der Bevölkerung* revenu net par tête (d'habitant).

Nettoeinnahmen *fpl* recettes *fpl* nettes.

Nettoergebnis *n,* se (*comptab.*) résultat *m* net ; *konsolidiertes* ~ résultat net consolidé.

Nettoerlös *m,* e (*comptab.*) produit *m* net.

Nettoerlöswert *m,* e (*comptab.*) valeur *f* nette de réalisation.

Nettoertrag *m,* ¨e (*comptab.*) produit *m*, résultat *m* net.

Nettofinanzierung *f,* en (*comptab.*) financement *m* net (coûts de revient et fonds d'investissement doivent être assurés par de propres ressources financières).

Nettogehalt *n,* ¨er traitement *m* net.

Nettogewicht *n,* e poids *m* net.

Nettogewinn *m,* e (*comptab.*) bénéfice *m,* profit *m* net.

Nettogewinnverwendung *f,* en (*comptab.*) utilisation *f* du bénéfice net.

Nettogewinnzuwachs *m,* ¨e (*comptab.*) accroissement *m* du bénéfice net.

Nettoguthaben *n,* - avoir *m* net.

Nettoinlandsprodukt *n,* e produit *m* intérieur net ; ~ *zu laufenden Preisen* produit intérieur net en prix courants.

Nettoinlandsproduktion *f,* en production *f* intérieure nette.

Nettoinvestition *f,* en investissement *m* net.

Nettolohn *m,* ¨e salaire *m* net.

nettolohnbezogen en rapport avec le salaire net ; ~*e Rente* retraite *f* calculée sur le salaire net.

Nettomonatsverdienst *m,* e gain *m* mensuel net.

Nettopreis *m,* e prix *m* net ; prix hors-taxe.

Nettoprinzip *n,* ø (*comptab.*) principe *m* net ; méthode *f* de la compensation des soldes (charges et produits sont mutuellement compensés) (*contr. Bruttoprinzip*).

Nettoprodukt *n,* e produit *m* net ; valeur *f* ajoutée nette.

Nettoraumzahl *f,* en (*NRZ*) tonneau *m* de jauge nette.

Nettoregistertonne *f,* n → *Nettoraumzahl*.

Nettorentabilität *f,* en rentabilité *f* nette ; ~ *des eingesetzten Kapitals* rentabilité nette des capitaux engagés.

Nettosozialprodukt *n,* e produit *m* national net ; ~ *zu Faktorkosten* produit national net au coût des facteurs ; ~ *zu Marktpreisen* produit national net au prix du marché.

Nettostundenverdienst *m,* e gain *m* horaire net.

Nettotransfer *m,* s transferts *mpl* nets.

Nettoumlaufvermögen *n,* - (*comptab.*) actif *m* circulant.

Nettoumsatzsteuer *f,* n impôt *m* sur le chiffre d'affaires net.

Nettoverdienst *m,* e → *Nettoeinkommen*.

Nettoverlust *m,* e perte *f* nette.

Nettovermögen *n,* - (*comptab.*) actif *m* net ; patrimoine *m* net ; valeur *f* nette du patrimoine.

Nettowert *m,* e (*comptab.*) valeur *f* nette.

Nettozahler *m,* - (*U.E.*) contributeur *m* net.

Network *n,* s (*pr. ang.*) → *Netzwerk 1*.

Netz *n,* e **1.** réseau *m* ; tissu *m* ; ~ *von Tochtergesellschaften* réseau de filiales ; ~ *von Verkaufsstellen* réseau de points de vente ; *das Telefon an das* ~ *an/schließen* raccorder une ligne de téléphone au réseau ; *ein* ~ *auf/bauen* monter un réseau **2.** (l') Internet *m* ; Toile *f* ; Net *m* ; Web/web *m* ; *im* ~ *surfen* surfer sur Internet ; *ins* ~ *stellen* mettre en ligne ; → *Internet* ; *Net* **3.** *soziales* ~ protection *f* sociale **4.** (*fig.*) *den Steuerfahndern durchs* ~ *gehen* passer au travers des mailles du filet des inspecteurs du fisc.

netzabhängig (*téléph.*) qui fonctionne sur secteur ; relié au (secteur) fixe.

Netzanschluss *m,* ¨e (*téléph.*) branchement *m* au secteur ; rattachement *m* au réseau.

Netzbetreiber *m,* - société *f* d'exploitation de réseaux ; exploitant *m* de réseau.

Netzbetriebslizenz *f,* en licence *f* d'exploitation de réseau.

Netzdichte *f,* ø densité *f* du réseau (routier, ferroviaire, etc.).

Netzkapazität *f,* en capacité *f* d'un réseau.

Netzkarte *f,* n (*transp.*) **1.** carte *f* par zones **2.** carte d'abonnement de transport.

Netznutzer *m,* - (*informatique*) usager *m* d'un réseau ; internaute *m*.

Netznutzung *f,* en utilisation *f* d'un réseau.

Netznutzungsgebühr *f,* en taxe *f* d'utilisation d'un réseau ; taxe de raccordement.

Netzökonomie *f,* ø netéconomie *f* ; économie de l'Internet/Internet.

Netzplantechnik *f,* **en** technique *f* des réseaux.

Netztelefon *n,* **e** téléphone *m* fixe (*syn. Festtelefon*).

netzunabhängig autonome ; qui fonctionne sur piles, sur batterie, sur accus.

Netzwerk *n,* **e** 1. (*informatique*) réseau *m* ; mise en réseau *f* d'ordinateurs 2. (re)groupement *m* de plusieurs partenaires ayant des intérêts communs 3. réseau de relations ; réseau d'entraide.

Netzwerkcomputer *m,* - (*informatique*) ordinateur *m* en réseau.

Netzwerkserver *m,* - (*informatique*) serveur *m* en réseau.

Netzwerkspezialist *m,* **en, en** (*informatique*) architecte *m* de réseau.

Netzwerksteuerung *f,* **en** (*informatique*) commande *f,* contrôle *m* de réseau.

Netzwerkzugriff *m,* **e** (*informatique*) accès *m* au réseau.

neu neuf ; nouveau ; (*bourse*) ~*er Markt* (*hist. 1997 - 2003*) nouveau marché *m* (des valeurs de haute technologie du nouveau marché de Francfort) ; → *Nemax.*

Neu- : (*préfixe*) nouveau ; ré… ; re… ; néo-.

Neuabschluss *m,* ¨e nouveau contrat *m* ; nouvelle affaire *f.*

Neuanlage *f,* **n** placement *m* nouveau ; réemploi *m* de capitaux.

Neuanschaffung *f,* **en** nouvelle acquisition *f.*

Neuanschaffungswert *m,* **e** valeur *f* de remplacement ; valeur de substitution.

Neuantrag *m,* ¨e nouvelle demande *f.*

Neuantragsteller *m,* - nouveau demandeur *m.*

Neuauflage *f,* **n** (*édition*) nouvelle édition *f.*

Neuaufnahme *f,* **n** nouvelle inscription *f* ; réinscription.

Neuaufteilung *f,* **en** nouvelle répartition *f* ; redistribution *f.*

Neuausgabe *f,* **n** 1. (*bourse*) première émission *f* 2. nouvelle édition *f.*

Neuausgebildete *pl* nouveaux arrivés *mpl* sur le marché du travail ; jeunes *mpl* en fin de formation.

Neuausrichtung *f,* **en** (*politique*) nouvelle orientation *f* ; changement *m* de cap.

Neuausschreibung *f,* **en** nouvel appel d'offres *m.*

Neubau *m,* **-ten** construction *f* neuve, nouvelle ; immeuble *m* neuf.

Neubaustrecke *f,* **n** nouveau tronçon *m* (de route, d'autoroute, de ligne ferroviaire).

Neubauviertel *n,* - quartier neuf *m.*

Neubauwohnung *f,* **en** logement *m* neuf.

Neubearbeitung *f,* **en** remaniement *m* ; édition *f* revue et corrigée ; nouvelle version *f.*

Neubegebung *f,* **en** → *Neuemission.*

Neubesetzung *f,* **en** renouvellement *m* ; ~ *der Sitze* renouvellement des sièges.

Neubewertung *f,* **en** (*comptab.*) réévaluation *f* ; revalorisation *f* ; ~ *einer Bilanz* réévaluation d'un bilan.

Neubewertungsrücklagen *fpl* (*comptab.*) réserves *fpl* de réévaluation des actifs.

Neubürger *m,* - citoyen *m* de l'un des cinq nouveaux länder.

Neueinstellung *f,* **en** nouvelle embauche *f* ; nouveau recrutement *m* ; engagement *m* de personnel nouveau ; ~*en* emplois nouveaux *mpl* ; emplois nouvellement créés.

Neueinstufung *f,* **en** reclassement *m* (catégoriel).

Neueinteilung *f,* **en** → *Neuaufteilung.*

Neuemission *f,* **en** (*bourse*) émission *f* nouvelle (actions, titres).

Neuentwicklung *f,* **en** nouveauté *f* ; innovation *f* ; produit *m* nouveau.

Neuerer *m,* - innovateur *m* ; (ré)novateur *m* ; réformateur *m.*

neuern faire œuvre de (ré)novateur.

Neueröffnung *f,* **en** réouverture *f.*

Neuerscheinung *f,* **en** nouvelle parution *f.*

Neuerung *f,* **en** innovation *f* ; amélioration *f* ; *technische* ~ innovation technique.

Neuerungsprozess *m,* **e** processus *m* d'innovation.

Neuerwerb *m,* **e** → *Neuanschaffung.*

Neufassung *f,* **en** refonte *f* ; révision *f* ; réforme *f.*

Neufestsetzung *f,* **en** révision *f* ; réajustement *m* ; réactualisation *f* ; ~ *einer Rente* révision, réactualisation d'une retraite.

Neufinanzierung *f,* **en** recapitalisation *f* ; refinancement *m.*

Neugeschäft *n,* e nouveaux clients *mpl* ; nouveaux contrats *mpl* ; nouvelles affaires *fpl.*
Neugestaltung *f,* en réorganisation *f* ; restructuration *f* ; réaménagement *m* ; redéploiement *m.*
Neugliederung *f,* en restructuration *f.*
Neugründung *f,* en création *f* d'entreprise ex nihilo.
Neuheit *f,* en nouveauté *f* ; ~*en vor/stellen* présenter des nouveautés.
Neulanderschließung *f,* en (*agric.*) mise *f* en valeur de nouvelles terres ; défrichement *m.*
Neulandgewinnung *f,* en → ***Neulanderschließung***.
Neuordnung *f,* en réorganisation *f* ; refonte *f* ; restructuration *f* ; réforme *f* ; réaménagement *m* ; ~ *des Geldwesens* réforme monétaire.
Neuorganisation *f,* en réorganisation *f* ; restructuration *f.*
Neuorientierung *f,* en orientation *f* nouvelle ; réorientation *f* ; réajustement *m.*
Neuregelung *f,* en réglementation *f* nouvelle ; réforme *f* ; refonte *f* ; ~ *der Arbeitszeit* refonte du temps de travail.
Neureiche/r (*der/ein*) nouveau riche *m.*
Neustart *m,* s (*informatique*) redémarrage *m* ; réinitialisation *f* (d'un ordinateur).
neutral neutre ; objectif ; ~*er Ertrag* produit *m* non incorporé ; ~*es Land* pays *m* neutre ; ~*e Person* neutre *m* ; (*bourse*) *unsere Empfehlung :* ~ notre conseil : conservez.
neutralisieren neutraliser.
Neutralität *f,* ø neutralité *f.*
Neutralitätspolitik *f,* ø politique *f* de neutralité.
Neutralitätsverletzung *f,* en violation *f* de la neutralité.
Neuveranlagung *f,* en (*fisc*) établissement *m* d'une nouvelle assiette fiscale ; assiette *f* nouvelle de l'impôt.
Neuvermietung *f,* en relocation *f.*
Neuverschuldung *f,* en nouvel endettement *m.*
Neuverteilung *f,* en redistribution *f* ; ~ *der Einkommen* redistribution des revenus.
Neuwahlen *fpl* nouvelles élections *fpl.*

Neuwert *m,* e 1. (*assur.*) valeur *f* à neuf 2. (*comptab.*) valeur *f* d'entrée ; prix *m* d'acquisition (d'une immobilisation amortissable).
Neuwertersatz *m,* ø (*assur.*) remboursement *m* de la valeur à l'état neuf.
neuwertig à l'état neuf.
Neuwertversicherung *f,* en assurance *f* valeur à neuf ; assurance remboursement au prix d'achat.
Neuzulassung *f,* en immatriculation *f* (automobile) nouvelle.
Neuzustand *m,* ø état *m* neuf.
Newcomer *m,* - (*pr. ang.*) nouveau venu *m* (sur le marché).
New Deal *m* (*pr. ang.*) (*hist.*) New Deal *m* (politique économique du président Roosevelt, entre 1933 et 1939, pour combattre la crise économique et la dépression de 1929).
New Economy *f,* ø (*pr. ang.*) la nouvelle économie ; économie *f* et entreprises *fpl* des technologies de pointe ; → ***Internet*** ; ***IT*** ; ***NASDAQ*** ; ***Risikokapital*** ; ***Spitzentechnologie***.
New Look *m/n,* ø (*pr. ang.*) style *m* nouveau.
News *fpl* (*pr. ang.*) nouvelles *fpl* ; informations *fpl.*
Newsgroup *f,* s (*pr. ang.*) newsgroup *m* ; groupe *m* de discussion ; forum *m* thématique sur Internet.
New York Stock Exchange (*pr. ang.*) → ***NYSE-Index***.
NGG (*Gewerkschaft Nahrung, Genuss, Gaststätten*) Syndicat *m* de l'alimentation, des stimulants et de l'hôtellerie.
NGO *f* (*pr. ang.*) (*Non-governmental organization*) O.N.G. *f* ; organisation *f* non-gouvernementale (type : Greenpeace, Amnesty International, Médecins sans frontières, etc) ; → ***Nichtregierungsorganisation***.
NIC *pl* (*pr. ang.*) (*Newly Industrializing Countries*) P.N.I. *mpl* ; pays nouvellement industrialisés (*syn. Schwellenländer*).
nicht : ~ *abzugsfähig* non-déductible ; ~ *amtlich* non-officiel ; inofficiel ; officieux ; ~ *ausführbar* non-exécutable ; ~ *berechtigt* non-qualifié ; ~ *berufstätig* non-actif ; qui ne travaille pas ; ~ *betrieblich* extérieur (à l'entreprise) ; ~ *bevorrechtigt* non-priviliégié ; ordinaire ; ~ *beziffert* non-chiffré ; ~ *brennbar* ininflammable ; incombustible ; ~ *eheliche*

Gemeinschaft union *f* libre ; concubinage *m* ; P.A.C.S. *m* (pacte civil de solidarité) ; ~ *einlösbar* irrecouvrable ; irrécupérable ; ~ *genehmigt* non-autorisé ; ~ *gewerblich* non-commercial ; non-lucratif ; non industriel et commercial ; ~ *linear* non-linéaire ; ~ *materiell* non-matériel ; immatériel ; ~ *miteinbegriffen* non-compris ; ~ *motorisiert* non-motorisé ; ~ *öffentlich* non-public ; à huis clos ; ~ *organisiert* non-syndiqué ; ~ *quotengebunden* hors-quota ; ~ *rechtsfähig* sans capacité juridique ; sans personnalité juridique ; ~ *rückzahlbar* non-remboursable ; ~ *selb(st)ständig* dépendant ; salarié ; salarial ; ~ *stimmberechtigt* sans droit de vote ; ~ *übertragbar* non-cessible ; non-transmissible ; non-négociable ; ~ *verbrieft* non-garanti par écrit ; ~ *zweckgebunden* sans affectation précise (capitaux, fonds).

Nichtabtretbarkeit *f*, ø (*jur.*) incessibilité *f*.

Nichtabzugsfähigkeit *f*, ø non-déductibilité *f*.

Nichtachtung *f*, ø non-respect *m* ; inobservance *f* ; violation *f*.

Nichtanerkennung *f*, en non-reconnaissance *f*.

Nichtangabe *f*, n (*fisc*) non-déclaration *f* ; non-indication *f*.

Nichtangriffspakt *m*, e (*polit.*) pacte *m* de non-agression.

Nichtannahme *f*, n non-acceptation *f*.

Nichtansässige/r (*der/ein*) non-résident *m*.

Nichtanspruchsnahme *f*, en non prise *f* en compte ; ~ *von Erziehungsurlaub für die Rente* non prise en compte des congés parentaux dans le calcul de la retraite.

Nichtanwendung *f*, en 1. non-utilisation *f* 2. non-application *f*.

Nichtarbeit *f*, ø période *f* d'inactivité ; période non travaillée (chômage ou maladie par exemple).

Nichtausführung *f*, en non-exécution *f*.

Nichtbeachtung *f*, en non-respect *m* ; inobservance *f* ; ~ *von Vorschriften* non-respect de règlements.

Nichtbefolgung *f*, en → *Nichtbeachtung*.

Nichtbegleichen *n*, ø non-acquittement *m* ; non-paiement *m* ; ~ *einer Schuld* non-acquittement d'une dette.

Nichtbeitreibbarkeit *f*, ø irrécouvrabilité *f*.

Nichtbeitreibung *f*, ø non-recouvrement *m* (de l'impôt).

Nichtbelastungsgebiet *n*, e zone *f* protégée (pas d'implantation industrielle).

Nichtbenutzung *f*, ø non-utilisation *f*.

Nichtberechtigte/r (*der/ein*) personne *f* non autorisée, non habilitée.

Nichtberufstätige *pl* → *Nichterwerbstätige*.

Nichtberufsunfall *m*, ¨e (*assur.*) non-accident *m* du travail ; accident survenu en dehors de l'activité professionnelle.

Nichtbestätigung *f*, en non-confirmation *f*.

Nichtbestehen *n*, ø non-existence *f*.

Nichtbezahlung *f*, en → *Nichtbegleichen*.

Nichtdiskriminierungsklausel *f*, n clause *f* de non-discrimination (des facilités douanières accordées à l'un des membres de l'O.M.C. doivent l'être à tous les autres, par ex.).

Nichteinbringungsfall : (*Autriche*) *im* ~ en cas d'insolvabilité.

Nichteinhaltung *f*, en → *Nichtbeachtung*.

Nichteinlösbarkeit *f*, ø irrecouvrabilité *f* ; inconvertibilité *f*.

Nichteinlösung *f*, en non-paiement *m* ; ~ *eines Schecks* non-paiement d'un chèque.

Nichteinmischung *f*, en non-ingérence *f* ; non-intervention *f*.

Nichteisen-Metalle *npl* → *NE-Metalle*.

Nichtentnahme *f*, n thésaurisation *f* ; non distribution *f* d'un dividende ; non distribution d'un bénéfice de société.

Nichterfüllung *f*, en non-exécution *f* ; non-accomplissement *m* ; manquement *m* ; ~ *eines Vertrags* non-exécution d'un contrat.

Nichterscheinen *n*, ø (*jur.*) non-comparution *f* ; contumace *f*.

Nichterwerbstätige *pl* population *f* non active ; inactifs *mpl*.

Nichtfachmann *m*, -leute non-spécialiste *m* ; non-professionnel *m* ; novice *m* ; profane *m* ; amateur *m*.

Nichtgebrauch *m*, ø non-utilisation *f* ; immobilisation *f* ; *Entschädigung für* ~ indemnité *f* d'immobilisation.

Nichtgefallen *n*, ø non-satisfaction *f* ; *bei* ~ *Geld zurück* remboursement *m* en cas de non-satisfaction.

Nichtgeschäftsfähige/r (*der/ein*) personne *f* incapable de contracter ; personne non habilitée à exercer.

Nichtgewünschtes durchstreichen → *Nichtzutreffendes streichen*.

nichtig (*jur.*) nul ; sans effet ; non avenu ; *für null und ~ erklären* déclarer nul et non avenu.

Nichtigerklärung *f*, en (*jur.*) annulation *f* ; invalidation *f*.

Nichtigkeit *f*, en (*jur.*) nullité *f* ; *~ eines Patents* nullité d'un brevet ; *~ eines Vertrags* nullité d'un contrat.

Nichtigkeitserklärung *f*, en déclaration *f* de nullité ; annulation *f*.

Nichtigkeitsklage *f*, n (*jur.*) action *f* en annulation ; action en nullité.

Nichtinanspruchnahme *f*, n non-recours *m* (à) ; non-exercice *m* (de).

Nichtinländer- (*préfixe*) étranger ; non national ; *~-Depositen* dépôts *mpl* étrangers.

Nicht-Kaufmann *m*, -leute non-inscrit *m* au registre du commerce ; non-commerçant *m*.

Nichtkonvertierbarkeit *f*, ø inconvertibilité *f* ; non convertibilité.

Nichtlebensmittel *npl* → *Non-food-Artikel*.

Nichtleistung *f*, en carence *f* ; absence *f*, défaut *m* de prestation.

Nichtlieferung *f*, en non-livraison *f*.

Nichtmitglied *n*, er non-membre *m* ; *die ~er* les non-syndiqués *mpl*.

Nichtorganisierte/r (*der/ein*) non-syndiqué *m*.

Nichtregierungsorganisation *f*, en organisation *f* non-gouvernementale ; O.N.G. *f* ; organisme *m* non-gouvernemental ; → *NGO*.

Nichtschuld *f*, ø 1. somme *f* non due ; indu *m* ; *Rückerstattung der ~* remboursement de l'indu 2. non culpabilité *f*.

Nichtsesshafte/r (*der/ein*) S.D.F. *m* ; sans domicile fixe *m* (*syn. Obdachloser*).

Nichtteilnahme *f*, n non-participation *f*.

Nichtteilnahmeklausel *f*, n (*U.E.*) clause *f* de non-participation (*syn. Opting-Out-Klausel*).

Nichtteilnehmerland *n*, ¨er pays *m* non participant.

Nichtunterzeichnerstaat *m*, en État *m* non signataire.

Nichtveranlagungsbescheinigung *f*, en (*fisc*) certificat *m* de non imposition.

Nichtveräußerlichkeit *f*, ø inaliénabilité *f*.

Nichtverbreitung *f*, ø non-prolifération *f* ; *~ von Atomwaffen* non-prolifération d'armes nucléaires.

Nichtverfügbarkeitserklärung *f*, en attestation *f* d'indisponibilité.

Nichtverlängerung *f*, en non-prolongation *f* ; non-renouvellement *m*.

Nichtvermarktung *f*, ø non-commercialisation *f*.

Nichtversicherte/r (*der/ein*) non-assuré *m*.

Nichtversteuerung *f*, en non-déclaration *f* au fisc.

Nichtvertragsland *n*, ¨er pays *m* non contractant.

Nichtverwandte/r (*der/ein*) étranger *m* à la famille ; non-parent *m*.

Nichtvollziehung *f*, en → *Nichtausführung*.

Nichtvorhandensein *n*, ø pénurie *f* ; manque *m* de ; défaillance *f* ; non-existence *f* ; *wir bedauern das ~ dieser Ware* nous regrettons que cette marchandise nous fasse défaut.

Nichtwählbarkeit *f*, en inéligibilité *f*.

Nichtwähler *m*, - non-votant *m* ; abstentionniste *m*.

Nichtwohngebäude *n*, - immeuble *m* à usage commercial ; bâtiment *m* non affecté à l'habitation.

Nichtzahlung *f*, en → *Nichtbegleichen*.

Nichtzulassungsbeschwerde *f*, n (*jur.*) recours *m* pour refus d'examiner une demande de révision de jugement.

Nichtzuständigkeit *f*, ø non-compétence *f* ; incompétence *f*.

Nichtzustellung *f*, en (*poste*) non remise *f* ; non distribution *f*.

Nichtzutreffendes streichen biffer, rayer les mentions inutiles.

Niedergang *m*, ¨e chute *f* ; déclin *m* ; décadence *f*.

Niederlage *f*, n 1. défaite *f* 2. entrepôt *m* ; dépôt *m*.

nieder/lassen, ie, a : *sich ~* s'installer ; s'établir ; s'implanter ; se fixer ; choisir un site ; établir son domicile ;

Niederlassung *f*, en établissement *m* ; succursale *f* ; implantation *f* ; agence *f* ; *gewerbliche ~* établissement industriel ou commercial ; établissement professionnel ; → *Handels-, Haupt-, Zweigniederlassung*.

Niederlassungsbeschränkung *f,* en limitation *f* du nombre d'installations, de domiciliations (médecins, pharmaciens, etc).
Niederlassungsfreiheit *f,* en liberté *f* d'établissement ; liberté d'implantation.
Niederlassungsnetz *n,* e réseau *m* de succursales, de filiales.
Niederlassungsrecht *n,* e droit *m* d'établissement.
Niederlassungsvertrag *m,* ¨e convention *f* d'établissement.
nieder/legen 1. déposer ; *schriftlich* ~ mettre, consigner par écrit **2.** cesser ; *die Arbeit* ~ cesser le travail ; débrayer **3.** démissionner ; *sein Amt* ~ se démettre de ses fonctions.
Niederlegung *f,* en **1.** dépôt *m* en entrepôt **2.** cessation *f* du travail **3.** démission *f* de fonctions.
nieder/schlagen, u, a 1. réprimer ; détruire ; *einen Streik* ~ réprimer une grève **2.** suspendre ; arrêter ; *einen Prozess* ~ suspendre un procès **3.** *sich* ~ *auf* se répercuter sur ; *die Erhöhung der Ölpreise schlägt sich auf die Produktion nieder* l'augmentation *f* du prix du pétrole se fait sentir au niveau de la production.
Niederschlagung *f,* en (*jur.*) non-lieu *m* ; (*impôts*) non-recouvrement *m.*
nieder/schreiben, ie, ie mettre, passer, consigner par écrit ; noter.
Niederschrift *f,* en procès-verbal *m* ; consignation *f* écrite ; mise *f* par écrit de qqch.
Niederstwertprinzip *n,* ø (*comptab.*) principe *m* d'évaluation de la valeur la plus basse ; principe de la plus basse évaluation, de la valeur minimale.
niedrig bas ; modéré ; modique ; ~*er Preis* prix *m* modique ; *den Verkaufspreis* ~ *halten* maintenir le prix de vente au plancher.
Niedrig- (*préfixe*) niveau *m* bas ; modéré ; raisonnable ; bon marché ; minimal.
Niedrighaltung *f,* en maintien *m* à un bas niveau ; maintien dans des limites raisonnables.
Niedriglohn *m,* ¨e bas salaire *m* ; salaire du bas de l'échelle ; S.M.I.C. *m.*
Niedriglohnarbeitsplatz *m,* ¨e emploi *m,* poste *m* faiblement rétribué.
Niedriglohnempfänger *m,* - salarié *m* à bas salaire ; smicard *m.*

Niedriglohnland *n,* ¨er pays *m* à bas salaire ; pays à main-d'œuvre bon marché ; *Arbeit in* ~ *¨er verlagern* délocaliser des activités dans des pays à faible coût salarial (*contr. Hochlohnland*).
Niedrigpreis *m,* e bas prix *m* ; prix cassé, plancher.
Niedrigpreisland *n,* ¨er pays *m* bon marché ; pays où les prix sont bas ; pays à bas niveau de prix.
Niedrigpreispolitik *f,* ø politique *f* de bas prix ; *eine* ~ (*be*)*treiben* pratiquer une politique des prix bas ; casser les prix.
Niedrigpreisprodukt *n,* e produit *m* bon marché, à bas prix ; article *m* bas de gamme.
Niedrigpreis(waren)haus *n,* ¨er magasin *m* de type "Ed, Leader Price, Lidl".
niedrigprozentig de/à faible pourcentage.
Niedrigst- (*préfixe*) le plus bas ; le moins cher ; minimal ; prix *m* cassé ; prix plancher.
Niedrigstanbieter *m,* - meilleur offrant *m* ; qui casse les prix ; celui qui vend le moins cher.
Niedrigsteuerland *n,* ¨er pays *m* à faible fiscalité ; pays *m* à faible taux d'imposition ; pays à régime fiscal privilégié ; paradis *m* fiscal (*syn. Steueroase*).
Niedrigstkurs *m,* e cours *m* le plus bas ; cours plancher *m.*
Niedrigstwert *m,* e valeur *f* minimale ; valeur plancher *f.*
Niedrigverdiener *mpl* bas salaires *mpl* ; petits revenus *mpl* ; smicards *mpl* ; petites bourses *fpl.*
niedrigverzinslich à faible taux d'intérêt.
Niedrigzinsniveau *n,* s niveau *m* des taux d'intérêt peu élevé ; faible taux *m* d'intérêt.
Niedrigzinspolitik *f,* ø politique *f* des faibles taux d'intérêt.
Niemandsland *n,* ø no man's land *m* ; zone *f* démilitarisée, neutre.
Nießbrauch *m,* ø (*jur.*) usufruit *m* ; *den* ~ *ein/räumen* accorder l'usufruit ; *den* ~ *von etw haben* avoir l'usufruit de qqch ; ~ *an einem Grundstück* usufruit immobilier ; ~ *an einem Recht* usufruit établi sur un droit ; ~ *an einem Vermögen* usufruit établi sur un patrimoine.
Nießbraucher *m,* - (*jur.*) usufruitier *m.*

Nießnutz *m*, ø **1.** → *Nießbrauch* **2.** → *Nutznießung*.
Nießnutzer *m*, - **1.** → *Nießbraucher* **2.** → *Nutznießer*.
Niete *f*, n **1.** (*personne*) nullité *f* ; zéro *m* **2.** numéro *m* perdant de la loterie ou du toto.
Nikkei-Index *m* indice *m* Nikkei ; indice boursier de la place de Tokyo.
Nimmerleinstag : *am* ~ jamais ; à la Trinité ; à la Saint-Glinglin.
Nische *f*, n niche *f* ; créneau *m* (spécialisé) du marché ; segment *m* spécialisé ; *eine* ~ *besetzen* combler une niche ; occuper un créneau du marché.
Nischen- (*préfixe*) qui occupe un créneau ; qui comble une niche.
Nischenanbieter *m*, - : *ein* ~ *sein* combler une niche ; occuper un créneau spécialisé ; satisfaire un segment du marché.
Nischenfahrzeug *m*, e véhicule *m* qui occupe un créneau précis ; voiture *f* qui correspond à une demande ponctuelle.
Nischenmodell *n*, e modèle *m* qui répond à une niche du marché ; niche *f* commerciale.
Nischenprodukt *n*, e produit *m*, article *m* qui répond à une niche du marché.
Nischenpolitik *f*, ø politique *f* de niches, des créneaux spécialisés.
Nischenstrategie *f*, n → *Nischenpolitik*.
Niveau *n*, s niveau *m* ; *kulturelles, wissenschaftliches* ~ niveau culturel, scientifique ; *das* ~ *der Preise* le niveau des prix ; *ein* ~ *heben* relever un niveau ; *das aktuelle* ~ *wahren* maintenir le niveau actuel.
nivellieren niveler ; *soziale Unterschiede* ~ niveler les différences sociales.
Nivellierung *f*, en nivellement *m* ; égalisation *f* ; ~ *der Löhne* resserrement *m* de l'éventail des salaires ; écrasement *m* de la hiérarchie des salaires.
n. J. (*nächsten Jahres*) de l'année suivante ; de l'année prochaine.
nkr (*norwegische Krone*) couronne *f* norvégienne.
n. M. (*nächsten Monats*) du mois suivant.
Nobelmarke *f*, n marque *f* haut de gamme, de luxe ; marque réputée.
Nochgeschäft *n*, e (*bourse*) marché *m* à option ; option du double (au comptant et à terme).
Nomade *m*, n, n nomade *m*.

Nomadentum *n*, ø nomadisme *m*.
Nominal- (*préfixe*) nominal ; → *Nenn-*.
Nominalbetrag *m*, ¨e montant *m* nominal ; *im* ~ *von* d'une valeur nominale de.
Nominaleinkommen *n*, - revenu *m* nominal.
Nominalkapital *n*, ø **1.** capital *m* nominal (S.A.R.L.) **2.** apport *m* social (S.A.).
Nominallohn *m*, ¨e salaire *m* nominal.
Nominallohnindex *m*, e/-dizes indice *m* du salaire nominal.
Nominalwert *m*, e valeur *f* nominale ; *über, unter dem* ~ au-dessus, au-dessous du pair (*syn. Nennwert*).
Nominalzins *m*, en taux *m* d'intérêt nominal ; intérêt *m* nominal (intérêt fixe d'un prêt).
nominell nominal ; *~er Wert eines Wertpapiers* valeur *f* nominale d'un titre.
nominieren nommer ; désigner ; *einen Nachfolger* ~ nommer un successeur.
Nominierung *f*, en nomination *f* ; investiture *f*.
Nonaffektationsprinzip *n*, -ien principe *m* de non-affectation (l'ensemble des recettes publiques peut être amené à couvrir les dettes publiques).
No-Name-Produkt *n*, e produit *m* libre ; article *m* sans marque ; produit-maison *m* (*syn. weiße Ware, Generikum*).
Non-Book-Abteilung *f*, en rayon *m* papeterie d'une librairie ; articles *mpl* autres que des livres (D.V.D., C.D., posters, etc.).
Non-Business-Marketing *n*, ø (*pr. ang.*) marketing *m* sociétal (qui prend en considération les effets de ses produits sur la santé, l'environnement, etc.).
noncom (*Internet*) pour « non commercial ».
Non-Food-Abteilung *f*, en (*supermarché*) rayon *m* non alimentaire.
Non-Food-Produkte *npl* (*supermarché*) produits *mpl* non alimentaires (électroménagers, téléviseurs, ordinateurs, etc.).
Nonkonformismus *m*, ø non-conformisme *m* ; anticonformisme *m*.
Nonkonformist *m*, en, en non-conformiste *m* ; anticonformiste *m*.
Non-Profit-Organisation *f*, en organisation *f* non commerciale ; association *f* à but non lucratif (administration, hôpitaux, universités, etc.).

Nonproliferation *f*, ø (*pr. ang.*) non-prolifération *f* des armes nucléaires.
nonstop non stop ; sans interruption ; sans escale.
Nonstop-Flug *m*, ¨e vol *m* sans escale.
Non-Territorial-Office *n*, s (*pr. ang.*) poste *m* de travail mobile ; poste de travail partagé ; place *f* non définitive.
Nonvaleur *m*, s (*pr. fr.*) titre *m* sans valeur ; non-valeur *f* ; titres qui ne sont plus cotés ou totalement dévalorisés.
Nordrhein-Westfalen Rhénanie-du-Nord-Westphalie *f*.
Nordseeöl *n*, -sorten pétrole *m* de la mer du Nord ; le Brent.
Nord-Süd-Gefälle *n*, e disparité *f* Nord-Sud (différence entre pays riches et pays pauvres).
Norm *f*, en 1. norme *f* ; standard *m* ; *technische ~en fest/setzen* fixer des normes techniques 2. règle *f* de droit 3. rendement *m* exigé ; production *f* exigée ; *die ~ erfüllen* réaliser le rendement exigé ; atteindre les normes (de rendement).
Normabweichung *f*, en écart *m* de la norme ; déviation *f*.
Normal- (*préfixe*) normal ; courant ; ordinaire ; standard ; de base ; lambda.
Normalarbeitstag *m*, e journée *f* normale de travail.
Normalarbeitszeit *f*, en durée *f* normale de travail.
Normalausführung *f*, en version *f* standard ; fabrication *f* courante ; modèle *m* de base ; modèle ordinaire.
Normalbürger *m*, - citoyen *m* lambda ; Monsieur-tout-le-monde *m*.
Normalfall *m*, ¨e cas *m* courant ; cas ordinaire.
Normalformat *n*, e format *m* standard.
Normalgewicht *n*, e poids *m* normal.
Normalien *fpl* 1. règles *fpl* générales ; directives *fpl* générales (construction, usinage d'outillage) 2. normes *fpl* standardisées.
normalisieren normaliser ; *die Beziehungen zu einem Land ~* normaliser les relations avec un pays.
Normalisierung *f*, en normalisation *f* ; *~ der diplomatischen Beziehungen* normalisation des relations diplomatiques.
Normalität *f*, en normale *f* ; *Rückkehr zur ~* retour *m* à la normale.

Normalkosten *pl* (*comptab.*) coûts *mpl* standard ; coûts préétablis, prévisionnels (reflétant les coûts moyens des périodes comptables antérieures).
Normalkostenrechnung *f*, en (*comptab.*) calcul *m* des coûts standard, préétablis.
Normalmaß *n*, e taille *f* courante ; mesure *f* standard.
Normalsatz *m*, ¨e taux *m* normal.
Normalstand *m*, ø normale *f* ; *etw auf den ~ zurück/bringen* ramener qqch à la normale.
Normalverbraucher *m*, - consommateur *m* moyen, lambda.
Normalverdiener *m*, - (personne *f* qui perçoit un) revenu *m* moyen.
Normalverteilung *f*, en (*statist.*) distribution *f* normale, gaussienne.
Normalvertrag *m*, ¨e contrat *m* type.
Normalwert *m*, e (*comptab.*) valeur *f* normale.
normativ normatif ; servant de règle ; obligatoire ; conforme ; *~er Teil eines Tarifvertrags* partie *f* normative d'une convention collective.
Normativ *f*, e (*comptab.*) norme *f* ; règle *f* ; standard *m* ; indice *m* normatif ; directives *fpl* ; *stabiles ~* norme stable ; *~ der Gewinnbildung* norme de constitution du bénéfice.
Normativkoeffizient *n*, en, en (*comptab.*) coefficient *m* normatif.
Normativkosten *pl* → *Normalkosten*.
Normblatt *n*, ¨er répertoire *m* des normes et standards édité par l'office allemand de standardisation (DIN).
normen → *normieren*.
Normenausschuss *m*, ¨e commission *f* des normes ; commission de normalisation, de standardisation.
Normenerfüllung *f*, en réalisation *f*, exécution *f* des normes.
Normenerhöhung *f*, en relèvement *m* des normes ; augmentation *f* des normes.
Normenfestsetzung *f*, en établissement *m*, fixation *f* des normes ; standardisation *f*.
Normenkontrolle *f*, n contrôle *m*, vérification *f* des normes ; office *m* de certification des normes.
normgerecht conforme aux normes.
normieren standardiser ; normaliser.
Normierung *f*, en normalisation *f* ; standardisation *f*.
Normierungsfaktor *f*, en facteur *m* de normalisation *f*.

Normteile *npl* (*technique*) pièces *fpl* normalisées.
Normung *f*, en → *Normierung*.
normwidrig non conforme, contraire aux normes.
N.Ö.S.P.L. (*Neues Ökonomisches System der Planung und Leitung der Volkswirtschaft*) (*hist.* R.D.A.) nouveau système *m* économique de planification et de gestion de l'économie est-allemande dans les années 60 ; libéralisme *m* économique.
Nostalgiemode *f*, n mode *f* rétro.
Nostalgiewelle *f*, n vague *f* rétro.
Nostalgiker *m*, - (*polit.*) nostalique *m* du passé ; passéiste *m* ; partisan *m* de l'immobilisme.
nostalgisch rétro.
Nostrifikation *f*, en 1. reconnaissance *f* d'équivalence d'un diplôme étranger ; homologation *f* 2. naturalisation *f*.
nostrifizieren 1. reconnaître l'équivalence d'un diplôme étranger 2. naturaliser.
Nostro- (*préfixe*) (*banque*) sur notre compte ; nostro.
Nostroguthaben *n*, - (*banque*) avoirs *mpl* propres ; avoirs en compte nostro (avoirs d'une banque dans un autre établissement bancaire).
Nostrokonto *n*, -ten (*banque*) compte *m* nostro ; compte d'une banque dans un autre établissement bancaire.
Nostroverpflichtungen *fpl* (*banque*) engagements *mpl* nostro (d'une banque dans un autre établissement bancaire).
Not *f*, ¨e 1. détresse *f* ; dénuement *m* ; ~¨e problèmes *mpl* ; difficultés *fpl* ; *wirtschaftliche* ~ détresse économique ; *in* ~ *geraten* connaître la misère 2. urgence *f* ; *wenn* ~ *am Mann ist* quand il y a urgence.
Not- (*préfixe*) d'urgence ; de nécessité ; de secours ; de fortune ; au besoin.
Notabeln *pl* les notables (*syn.* Honoratioren).
notabene notez bien (N.B.).
Notabgabe *f*, n impôt *m* de solidarité.
Notabilität *f*, en notable *m* ; célébrité *f*.
Notadressat *m*, en, en recommandataire *m* ; personne *f* habilitée à payer ou à accepter une lettre de change en cas de défaillance du débiteur.
Notadresse *f*, n adresse *f* auxiliaire ; adresse au besoin.

Notar *m*, e notaire *m* ; *einen Vertrag vor einem* ~ *ab/schließen* passer un acte par-devant notaire ; *vor einem* ~ *geschlossen* notarié ; passé par-devant notaire.
Notargebühr *f*, en frais *mpl* (d'enregistrement) notariés.
Notariat *n*, e notariat *m* ; étude *f* de notaire.
Notariatsgehilfe *m*, n, n clerc *m* de notaire.
Notariatskammer *f*, n chambre *f* des notaires.
Notariatskosten *pl* frais *mpl* notariés.
Notariatsurkunde *f*, n acte *n* notarié.
notariell notarié ; (passé) (par-)devant notaire ; ~ *beglaubigte Urkunde* acte *m* notarié ; ~ *beurkundet* dressé par-devant notaire.
Notarzt *m*, ¨e urgentiste *m* ; médecin *m* des services d'urgence ; (*France*) médecin du S.A.M.U.
Notaufnahme *f*, n 1. urgence *f* ; admission *f* d'urgence (à l'hôpital) 2. asile *m* politique.
Notausgleichslager *n*, - (*U.E.*) stock *m* régulateur d'urgence.
Notbehelf *m*, e moyen *m* de fortune ; pis-aller *m* ; expédient *m* ; *als* ~ *dienen* servir de pis-aller.
Notdienst *m*, e service *m* d'urgence ; service de garde ; permanence *f* ; ~ *haben* être de garde, d'astreinte.
Note *f*, n 1. (*polit.*) note *f* (diplomatique) ; ~*n wechseln* échanger des notes 2. ~*n* billets *mpl* de banque ; monnaie *f* fiduciaire ; *falsche* ~*n* faux billets (*syn.* Banknote).
Notebook *n*, s (*pr. ang.*) (ordinateur) portable *m* ; mini-ordinateur *m* : (*fam.*) ordi *m* (*syn.* Laptop).
Notenaufruf *m*, e retrait *m* de billets de banque (de la circulation).
Notenausgabe *f*, n émission *f* de billets de banque.
Notenaustausch *m*, ø échange *m* de notes diplomatiques.
Notenbank *f*, en banque *f* centrale, d'émission ; banque nationale (*syn.* Zentralbank) ; → *Bundesbank*.
Notenbankgouverneur *m*, e gouverneur *m* de la banque centrale, d'émission.
Notenbanksatz *m*, ¨e taux *m* des banques d'émission.
Notenbündel *n*, - liasse *f* de billets.
Notendeckung *f*, en couverture *f* monétaire.

Notengeld *n,* ø monnaie *m* de papier ; monnaie fiduciaire.

Notenpresse *f,* **n** planche *f* à billets ; *die ~ in Gang setzen* actionner la planche à billets.

Notenprivileg *n,* **-ien** prérogative *f* de la banque centrale d'émettre des billets.

Notensystem *n,* **e** (*évaluation*) système *m* de notation.

Notenumlauf *m,* ø circulation *f* fiduciaire ; billets *mpl* en circulation.

Notenwechsel *m,* - → *Notenaustausch.*

Noterbe *m, n,* **n** (*jur.*) héritier *m* réservataire.

Notes *pl* (*pr. ang.*) obligations *fpl* à moyen ou long terme remboursables en une seule fois.

Notfall *m,* ¨e cas *n* d'urgence ; *Geld für den ~ zurück/legen* mettre de l'argent de côté pour des situations d'urgence.

Notfallarzt *m,* ¨e (médecin *m*) urgentiste *m*.

Notfallmedizin *f,* ø médecine *f* d'urgence.

Notfallservice *m,* **s** service *m* d'urgence.

Notgeld *n,* (er) monnaie *f* de fortune ; monnaie auxiliaire ; monnaie obsidionale (frappée en urgence durant une période inflationniste, par ex.).

Notgemeinschaft *f,* **en** association *f* créée pour une situation d'urgence.

Notgesetz *n,* **e** loi *f* d'urgence ; décret *m* d'urgence.

Notgroschen *m,* - (*fam.*) argent *m* mis de côté (en cas de coup dur) ; pécule *m*.

Nothafen *m,* ¨ port *m* de refuge.

Nothilfe *f,* **n** allocation *f* de secours.

notieren 1. (*bourse*) coter ; être coté ; *amtlich ~* coter officiellement ; *an der Börse notiert werden* être coté en bourse ; *den Kurs ~* donner le cours ; *das Papier notiert mit 40 Prozent unter Pari* le titre est coté à 40 % au-dessous du pair ; *unverändert notiert sein* cote inchangée 2. noter ; prendre note de qqch.

Notierung *f,* **en** (*bourse*) cotation *f* ; cote *f* ; cours *m*(*pl*) ; *amtliche ~* cotation officielle ; *erste ~* premiers cours ; cours d'ouverture ; *letzte ~* derniers cours ; dernière cotation ; *vorbörsliche ~* cotation d'avant-bourse ; *zur ~ zu/lassen* admettre à la cote ; → *Kurs* ; **Aktien-, Börsen-, Devisen-, Kurs-, Mengen-,** **Preis-, Schluss-, Valuta-, Warennotierung.**

Notierungsanstieg *m,* **e** (*bourse*) redressement *m* de la cote.

Notierungsrückgang *m,* ¨e (*bourse*) recul *m* de la cote.

Notifikation *f,* **en** (*jur.*) notification *f* (en cas de non-paiement d'une traite).

notifizieren (*jur.*) notifier (en cas de non-paiement d'une traite).

nötig nécessaire ; *etw ~ haben* avoir un besoin (absolu) de qqch ; *dringend ~ sein* avoir un caractère d'urgence.

Notiz *f,* **en** 1. note *f* ; notice *f* ; *sich ~en machen* prendre des notes 2. (*bourse*) → *Notierung.*

Notizbuch *n,* ¨er carnet *m* ; agenda *m*.

Notizzettel *m,* - fiche *f*.

Notjahr *n,* **e** année *f* de disette, de pénurie ; année de vaches maigres.

Notklausel *f,* **n** clause *f* échappatoire.

Notlage *f,* **n** détresse *f* ; situation *f* critique ; *in eine finanzielle ~ geraten* connaître une situation financière difficile.

not/landen faire un atterrissage forcé.

Notlandung *f,* **en** atterrissage *m* forcé.

notleidend 1. indigent ; nécessiteux 2. en souffrance ; *~er Wechsel* traite *f* en souffrance ; lettre *f* de change non honorée, impayée.

Notleidende/r (*der/ein*) nécessiteux *m*.

Notlösung *f,* **en** solution *f* de fortune, provisoire.

Notmaßnahme *f,* **n** mesure *f* d'urgence, de nécessité.

Notopfer *n,* - taxe *f* provisoire destinée à surmonter une situation difficile ; contribution *f* de solidarité.

Notpfennig *m,* **e** → *Notgroschen.*

Notprogramm *n,* **e** programme *m* d'urgence, d'austérité.

Noträumung *f,* **en** évacuation *f* d'urgence.

Notruf *m,* **e** 1. (*téléph.*) numéro *m* d'appel de secours 2. S.O.S. *m* ; appel au secours.

Notrufberater *m,* - conseiller *m* S.O.S. ; psychologue *m* en appels de détresse.

Notsituation *f,* **en** → *Notlage.*

Notsparen *n,* ø économies *fpl* en cas de besoin ; épargne *f* de prévision.

Notstand *m,* ¨e 1. (*polit.*) état *m* d'urgence 2. → *Notlage.*

Notstandsarbeiten *fpl* travaux *mpl* de premiers secours, d'urgence.
Notstandsgebiet *n*, ¨e zone *f* sinistrée ; région *f* sinistrée.
Notstandsgesetz *n*, e (*polit.*) loi *f* d'exception ; décret *m* d'urgence.
Notunterkunft *f*, ¨e abri *m*, logement *m* de fortune.
Notverkauf *m*, ¨e vente *f* forcée.
Notverordnung *f*, en → *Notstandsgesetz*.
Notvorrat *m*, ¨e réserve *f* de secours, en cas de crise.
Notwehr *f*, ø (*jur.*) légitime défense *f* ; *aus/in* ~ *handeln* agir en état de légitime défense.
Notzeiten *fpl* période *f* de restrictions ; temps *m* de crise ; (temps des) vaches *fpl* maigres.
Novel Food *n*, ø (*pr. ang.*) produits *mpl* génétiquement modifiés ; aliments *mpl* transgéniques ; aliments avec O.G.M.
Novelle *f*, n loi *f* modifiée par amendement ; amendement *m* ; loi dérogatoire.
novellieren apporter un amendement à.
Novellierung *f*, en amendement *m*.
Novität *f*, en nouveauté *f* sur le marché.
Novum *n*, -va nouveauté *f* ; jamais vu *m* ; inédit *m*.
NPO *f*, s → *Non-Profit-Organisation*.
Nr. → *Nummer*.
NRO *f*, s → *Nichtregierungsorganisation*.
NRT → *Nettoregistertonne*.
NRW → *Nordrhein-Westfalen*.
NRZ → *Nettoraumzahl*.
NS (*nach Sicht*) à vue.
nuklear nucléaire ; ~*e Abrüstung* désarmement *m* nucléaire.
Nuklear- (*préfixe*) nucléaire ; atomique ; → *Atom-* ; *Kern-*.
Nuklearmacht *f*, ¨e puissance *f* nucléaire.
null nul ; ~ *und nichtig* → *nichtig*.
Null *f*, en zéro *m* ; ~ *Fehler* zéro faute ; ~ *Toleranz* tolérance *f* zéro ; ~ *Uhr* zéro heure ; *die Zahl* ~ le chiffre zéro.
Nullifikation *f*, en annulation *f* ; abrogation *f* ; suspension *f*.
nullifizieren annuler ; abroger ; suspendre.

Null-Kupon-Anleihe *f*, n (*bourse*) titre *m* d'emprunt à coupon zéro ; emprunt *m* sans coupon.
Nullpunkt *m*, e point *m* zéro ; *auf den* ~ *sinken* tomber au point zéro.
Nullrunde *f*, n : *lohnpolitische* ~ négociations *fpl* salariales qui se traduisent par une augmentation zéro des salaires ; hausse *f* zéro des salaires.
Nullsatz *m*, ¨e taux *m* zéro.
Nullserie *f*, n série zéro *f* ; série-test *f* (avant la fabrication en grande série).
Nullsteuer *f*, n impôt *m* zéro ; absence *f* totale de prélèvements fiscaux.
Nullsummenspiel *n*, e jeu *m* à somme nulle (bénéfices et pertes s'égalisent).
Nulltarif *m*, e gratuité *f* (des transports en commun, principalement).
Nulltoleranz *f*, ø tolérance *f* zéro (dans la répression de la petite et moyenne délinquance).
Nullwachstum *n*, ø croissance *f* zéro (un des postulats du Club de Rome en 1968).
Null-Zins-Anleihe *f*, n → *Null-Kupon-Anleihe*.
Null-Zins-Kredit *m*, e crédit *m* à taux zéro.
Numerik *f*, ø (*informatique*) programmation *f* numérique.
numerisch numérique ; → *digital*.
Numerus clausus *m*, ø numerus clausus *m* ; sélection *f* à l'entrée des universités.
Numismatik *f*, ø numismatique *f* (science des monnaies et médailles).
Numismatiker *m*, - numismate *m*.
Nummer *f*, n numéro *m* ; nombre *m* ; chiffre *m* ; *laufende* ~ numéro d'ordre, de série ; *mit* ~*n versehen* numéroter ; (*téléph.*) *die* ~ *wählen* composer le numéro ; *die* ~ *ist besetzt* la ligne est occupée ; *ich bin unter* ~ ... *zu erreichen* vous pouvez me joindre au numéro ...; *die* ~ *Eins in der Branche sein* être le numéro un de la branche.
nummerieren numéroter ; (*édition*) paginer.
Nummerierung *f*, en numérotation *f* ; (*édition*) pagination *f*.
Nummereingabe *f*, n entrée *f* d'un code ; entrée d'un numéro.
Nummernkonto *n*, -ten (*banque*) compte *m* anonyme ; compte numéroté ; *in Deutschland sind* ~*ten verboten* les comptes numérotés sont interdits en Allemagne.

Nummernschild *n*, er (*auto.*) plaque *f* minéralogique ; plaque d'immatriculation.

Nummernverzeichnis *n*, se liste *f* de numéros.

Nurhausfrau *f*, en femme *f* au foyer à plein temps ; femme au foyer exclusivement.

Nurhausmann *m*, ¨er homme *m* au foyer à plein temps.

Nutzanwendung *f*, en application *f* ; utilisation *f* ; exploitation *f* ; mise *f* en pratique *f*.

nutzbar utilisable ; exploitable.

Nutzbarmachung *f*, en mise *f* en valeur ; exploitation *f*.

Nutzbau *m*, -ten bâtiment *m* utilitaire ; bâtiment fonctionnel.

nutzbringend fructueux ; lucratif ; profitable ; ~ *an/legen* faire un placement fructueux, lucratif.

Nutzeffekt *m*, e rendement *m* ; efficacité *f* ; efficience *f* ; effet *m* ; *maximaler* ~ efficacité maximale ; *ökonomischer* (*wirtschaftlicher*) ~ efficience économique ; *optimaler* ~ effet maximal ; ~ *des Kapitals* rendement du capital ; *den* ~ *erhöhen* augmenter l'efficacité ; *einen hohen* ~ *haben* avoir un haut rendement.

Nutzeffektanalyse *f*, n analyse *f* du rendement, de l'efficacité.

Nutzeffektberechnung *f*, en calcul *m* du rendement ; établissement *m*, évaluation *f* du rendement.

Nutzeffektkennziffer *f*, n indice *m* d'efficacité, de rendement.

Nutzeffektkoeffizient *m*, en, en coefficient *m* d'efficacité, de rendement.

Nutzen *m*, ø utilité *f* ; profit *m* ; bénéfice *m* ; rapport *m* ; avantage *m* ; *abnehmender* ~ utilité décroissante ; *durchschnittlicher* ~ utilité moyenne ; *gesellschaftlicher* ~ utilité sociale ; *marginaler* ~ utilité marginale ; *messbarer* ~ utilité mesurable ; ~ *bringen* être utile, profitable ; ~ *aus einer Situation ziehen* tirer profit d'une situation.

Nutzenabrechnung *f*, en comptabilisation *f* du rendement, de l'efficacité.

Nutzenanalyse *f*, n analyse *f* du rendement, d'utilité.

Nutzen-Kosten-Analyse *f*, n analyse *f* rentabilité-coûts ; analyse de la rentabilité des coûts ; analyse du ratio coût à profit.

Nutzenmaximierung *f*, en maximisation *f* du rendement, d'utilité.

Nutzenprinzip *n*, ø (*fisc*) principe *m* des avantages.

Nutzer *m*, - (*Internet*) utilisateur *m* (*syn. User*).

Nutzerfreundlichkeit *f*, en convivialité *f* ; ergonomie *f* ; ~ *eines Computers* convivialité d'un ordinateur.

Nutzfahrzeug *n*, e véhicule *m* utilitaire.

Nutzfläche *f*, n surface *f* utile ; *landwirtschaftliche* ~ surface agricole utile.

Nutzflächenpreis *m*, e prix *m* de la surface utile.

Nutzholz *n*, -arten bois *m* de construction ; bois d'ouvrage (par opposition au bois de chauffage).

Nutzladung *f*, en → *Nutzlast*.

Nutzlast *f*, en charge *f* utile ; poids *m* utile.

Nutzleistung *f*, en puissance *f* utile ; rendement *m* effectif.

Nützlichkeit *f*, en → *Nutzen*.

Nützling *m*, e (*agric.*) animal *m* utile (*contr. Schädling*).

Nutznießer *m*, - (*jur.*) titulaire *m* d'un droit de jouissance.

Nutznießung *f*, ø (*jur.*) jouissance *f* (légale).

Nutznießungsrecht *n*, ø (*jur.*) droit *m* de jouissance.

Nutzpflanze *f*, n plante *f* de culture ; plante destinée à la consommation

Nutzschwelle *f*, n seuil *m* de rentabilité ; point *m* mort ; → **Gewinnschwelle** ; *Break-even-Point*.

Nutztier *n*, e (*agric.*) animal *m* de rapport, d'élevage.

Nutzung *f*, en utilisation *f* ; usage *m* ; exploitation *f* ; jouissance *f* ; (*agric.*) mise *f* en culture ; *bessere* ~ valorisation *f* ; *friedliche* ~ *der Kernenergie* utilisation *f* pacifique de l'énergie nucléaire ; *gemeinschaftliche* ~ exploitation en commun ; ~ *des Anlagevermögens* exploitation des fonds fixes ; ~ *eines Patents* exploitation d'un brevet ; ~ *der natürlichen Ressourcen* utilisation des ressources naturelles.

Nutzungsänderung *f*, en changement *m* d'affectation ; affectation *f* différée.

Nutzungsart *f*, en utilisation *f* ; mode *m* d'exploitation ; *Änderung der* ~ *eines Gebäudes* réaffectation *f* d'un édifice.

Nutzungsausfall *m*, ¨e perte *f* de jouissance ; manque *m* à gagner *m* (suite à incident sur machine ou véhicule).

nutzungsbedingt : ~*e Kosten* coût *m*, frais *mpl* d'utilisation.

Nutzungsberechtigte/r (*der/ein*) (*jur.*) ayant droit *m* ; usufruitier *m* ; → **Nießnutzer**.

Nutzungsdauer *f,* ø durée *f* d'utilisation, de vie.

Nutzungsgebühr *f,* en redevance *f* ; taxe *f* d'utilisation ; taxe d'abonnement ; (*transp.*) péage *m*.

Nutzungsgrad *m,* e taux *m* d'utilisation.

Nutzungsintensität *f,* (en) degré *m*, taux *m* d'utilisation.

Nutzungslizenz *f,* en licence *f* d'exploitation.

Nutzungspfandrecht *n,* e droit *m* de jouissance (de la chose gagée).

Nutzungsrecht *n,* e droit *m* de jouissance ; droit d'usage, d'utilisation.

Nutzungsschwelle *f,* n → **Nutzschwelle**.

Nutzungsvergütung *f,* en redevance *f*, taxe *f* pour utilisation.

Nutzungsverlust *m,* e perte *f* de la jouissance.

Nutzungswert *m,* e → **Nutzwert**.

Nutzvieh *n,* ø (*agric.*) bétail *m* de rapport ; cheptel *m*.

Nutzwert *m,* e (*comptab.*) valeur *f* d'usage, utile ; valeur économique ; (*logement*) valeur locative.

Nutzwertanalyse *f,* en (*comptab.*) analyse *f* du ratio coût à profit ; analyse de la rentabilité des coûts ; → **Kostenwirksamkeit** ; **Kosten-Nutzen-Analyse**.

Nymex *f* (*New York Mercantile Exchange*) bourse *f*, marché *m* du pétrole de New-York.

NYSE-Index *m* (*New York Stock Exchange*) (*bourse*) indice *m* NYSE des valeurs industrielles de New York.

O

o. a. (*oben angegeben*) mentionné ci-dessus, plus haut.

OAPEC *f* (*Organization of the Arab Petroleum Exporting Countries*) Organisation *f* des pays arabes exportateurs de pétrole.

OAU *f* (*Organization of African Unity*) Organisation *f* de l'unité africaine.

OAU-Staaten *mpl* États *mpl* de l'Organisation de l'unité africaine.

OB → *Oberbürgermeister*

Obdachlosenunterkunft *f*, ¨e foyer *m* pour sans-abri ; refuge *m* pour sans-abri.

Obdachlose/r (*der/ein*) sans-abri *m* ; sinistré *m* ; S.D.F. *m* ; sans domicile fixe *m*.

oben : (*corresp.*) ~ *genannt* mentionné ci-dessus ; susmentionné.

ober supérieur ; ~*e Grenze* limite *f* supérieure ; plafond *m* ; *die* ~*en Klassen* les classes *fpl* supérieures, aisées.

Ober- (*préfixe*) chef ; en chef ; supérieur ; central.

Oberaufseher *m*, - surveillant *m* en chef ; surintendant *m*.

Oberaufsicht *f*, en supervision *f* ; surveillance *f* d'ensemble ; *die* ~ *über etw haben* avoir la haute surveillance de qqch.

Oberbau *m*, -ten 1. superstructure(s) *f(pl)* (d'un batiment) 2. revêtement *m* supérieur d'une chaussée 3. soubassement *m* d'une voie de chemin de fer.

Oberbuchhalter *m*, - chef *m* comptable.

Oberbundesanwalt *m*, ¨e procureur *m* fédéral général.

Oberbürgermeister *m*, - (premier) bourgmestre *m* ; maire *m* (d'une grande ville).

Oberfinanzdirektion *f*, en direction *f* régionale des finances.

Oberfläche *f*, n (*agric.*) surface *f* ; *anbaufähige* ~ surface cultivable.

Oberflächlichkeit *f*, en superficialité *f* ; manque *m* de sérieux ; *die* ~ *einer Arbeit* travail *m* superficiel.

Obergesellschaft *f*, en société *f* de contrôle ; société mère (*syn. Muttergesellschaft* ; *contr. Untergesellschaft*)

Obergrenze *f*, n limite *f* supérieure ; plafond *m*.

Obergutachten *n*, - contre-expertise *f*.

Oberhand : *die* ~ *haben* avoir le dessus ; *die* ~ *gewinnen* triompher.

Oberhaupt *n*, ¨er chef *m* ; ~ *des Staats* chef de l'État.

Oberherrschaft *f*, ø suprématie *f*.

Oberinspektor *m*, en inspecteur-chef *m* ; inspecteur en chef.

oberirdisch aérien ; à ciel ouvert.

Oberkirchenrat *m*, ¨e 1. Conseil *m* supérieur des églises évangéliques 2. membre *m* de ce conseil.

Oberklasse *f*, n 1. (*produit*) haut-de-gamme *m* ; modèle *m* de luxe 2. → *Oberschicht*.

Oberlandesgericht *n*, e (*OLG*) (*Allemagne*) tribunal *m* supérieur ; cour *f* d'appel.

Oberleitung *f*, en 1. direction *f* générale 2. ligne *f* aérienne ; (*transp.*) caténaire *f*.

Oberleitungsomnibus *m*, se trolley-bus *m*.

Oberpostdirektion *f*, ø direction *f* régionale de la poste fédérale.

Oberschicht *f*, en couche *f*, classe *f* supérieure (s'opposant à *Mittelschicht* et *Unterschicht*).

Oberschule *f*, n lycée *m* ; collège *m*.

Oberschwester *f*, n infirmière-chef *f* (responsable d'un service).

oberst suprême ; supérieur ; le plus haut ; ~*es Gericht* cour *f* suprême ; ~*e Gewalt* pouvoir *m* suprême.

Oberstaatsanwalt *m*, ¨e (*jur.*) procureur *m* général.

Oberstadtdirektor *m*, en directeur *m* d'un service administratif municipal.

Obersteiger *m*, - (*mines*) porion *m* ; contremaître *m*.

Oberstudienrat *m*, ¨e professeur en fin de carrière ; (*France*) agrégé *m*.

Oberstufe *f*, n second cycle *m* de l'enseignement secondaire.

Oberverwaltungsgericht *n*, e tribunal *m* fédéral administratif supérieur.

Obhut *f*, ø garde *f* ; protection *f* ; *unter* ~ sous tutelle ; *Waren in seine* ~ *nehmen* prendre des marchandises en charge.

Obhutschaden *m*, ¨ dommage *m* causé à un objet dont on avait la garde.

obig (*corresp.*) ci-dessus ; susdit.

Objekt *n*, e 1. objet *m* ; bien *m* ; marchandise *f* (d'une certaine valeur) ; terrain *m* ; *preisgünstiges* ~ offre *f* avantageuse **2.** (*Autriche*) bâtiment *m* ; immeuble *m* ; objet *m* de vente immobilière.

Objektbesteuerung *f*, en imposition *f* sur les biens réels.

objektiv objectif ; réel ; *~es Urteil* jugement *m* objectif (*contr. subjektiv*).

Objektleiter *m*, - (*commerce*) gérant *m* ; gestionnaire *m* ; chef *m* de projet ; (*bâtiment*) maître *m* d'œuvre.

Objektplanung *f*, en planification *f* de projets.

Objektstandort *m*, e lieu *m* d'implantation (d'un projet) ; site *m*.

Objektsteuer *f*, n (*fisc*) impôt *m* réel ; impôt sur un bien (*contr. Subjektsteuer*).

ob/liegen, a, e incomber ; être à la charge ; *diese Aufgabe obliegt mir* (*liegt mir ob*) cette tâche m'incombe ; *dem Schuldner ~de Leistung* prestation *f* incombant au débiteur ; (*jur.*) *die Beweislast obliegt dem Kläger* la charge de la preuve incombe au plaignant.

Obliegenheit *f*, en devoir *m* ; tâche *f* ; charge *f*.

Obliegenheitsverletzung *f*, en violation *f* des devoirs de l'assuré (vis-à-vis de son assureur) ; non-respect *m* des obligations de l'assuré.

obligat (*Autriche*) → **obligatorisch**.

Obligation *f*, en (*bourse*) obligation *f* ; titre *m* d'obligation (titre de créance reconnaissant une dette ; le créancier touche des intérêts) ; *auslosbare* ~ obligation à lots ; *kündbare* (*tilgbare*) ~ obligation rachetable, remboursable ; *sichergestellte* ~ obligation garantie ; ~ *mit festem Ertrag* obligation à revenu fixe ; *~en aus/geben* émettre des obligations ; *~en ein/lösen* rembourser des obligations ; → ***Schuldverschreibung*** ; *Anleihe* ; *Industrie-, Kommunal-, Wandelobligation*.

Obligationär *m*, e → **Obligationsinhaber**.

Obligationenanleihe *f*, n → **Obligationsanleihe**.

Obligationenausgabe *f*, n émission *f* d'obligations.

Obligationeninhaber *m*, - → **Obligationsinhaber**.

Obligationenrecht *n*, e (*Suisse*) obligations *fpl* et contrats *mpl*.

Obligationenring *m*, e (*Suisse*) corbeille *f* où se négocient les obligations ; marché *m* obligataire.

Obligationsanleihe *f*, n emprunt *m* obligataire ; *festverzinsliche* ~ emprunt obligataire à taux fixe ; *eine* ~ *begeben* lancer un emprunt obligataire.

Obligationseinlösung *f*, en remboursement *m* d'obligations.

Obligationsinhaber *m*, - obligataire *m* ; détenteur *m* d'obligations.

Obligationsmarkt *m*, ¨e marché *m* obligataire (*Rentenmarkt*).

Obligationsschuld *f*, en dette *f* obligataire.

Obligationsschuldner *m*, - débiteur *m* obligataire.

obligatorisch obligatoire ; *~e Sitzung* séance *f* obligatoire (*syn. Pflicht-* ; *verbindlich*).

Obligo *n*, s obligation *f* ; engagement *m* ; garantie *f* ; responsabilité *f* ; *ohne* ~ (*o. O.*) sans engagement ; sous réserve.

OBM → **Oberbürgermeister**.

Obmann *m*, ¨er/-leute surarbitre *m* ; homme de confiance ; président *m*.

Obolus *m*, ø : *seinen* ~ *entrichten* verser son obole.

Obrigkeit *f*, en autorité *f* ; pouvoirs *mpl* publics.

Obrigkeitsstaat *m*, en État *m* autoritaire.

Obsorge *f*, (n) (*Autriche*) garde *f* ; surveillance *f*.

Obst *n*, -sorten fruits *mpl*.

Obst(an)bau *m*, ø culture *f* fruitière ; arboriculture *f*, production *f* fruitière.

Obstbaubetrieb *m*, e exploitation *f* arboricole.

Obstbaumbestand *m*, ¨e peuplement *m* en arbres fruitiers.

Obstbaumzucht *f*, ø arboriculture *f* fruitière.

Obsternte *f*, n récolte *f*, cueillette *f* des fruits.

Obsthändler *m*, - marchand *m* de fruits ; fruitier *m*.

Obsthandlung *f*, en magasin *m* de fruits (et légumes).

Östler *m*, - (*Autriche*) → **Obsthändler**.

Obstplantage *f*, n plantation *f* d'arbres fruitiers.

Obst- und Gemüsehändler *m*, - marchand *m* de primeurs, des quatre-saisons ; commerçant *m* en fruits et légumes.

Obus *m*, se → *Oberleitungsomnibus*.

Oder-Konto *n*, -ten compte *m* commun (dont chaque titulaire peut individuellement disposer sans limites) ; → *Aber-Konto*.

Ödland *n*, ¨er terre *f* inculte ; surface *f* non cultivée ; friche *f*.

OECD *f* (*Organization for Economic Cooperation and Developement*) O.C.D.E. *f* ; Organisation *f* de coopération et de développement économiques (créée en 1961, elle rassemble une trentaine d'États [Union européenne, U.S.A., Canada, Australie, Japon, etc.] et a pour objet de favoriser l'expansion économique des États membres et des États en voie de développement) ; → *OEEC*.

OECD-Länder *npl* pays *mpl* de l'O.C.D.E.

OEEC *f* (*hist. Organization for European Economic Cooperation, 1948*) Organisation *f* européenne de coopération économique (O.E.C.E.) a été remplacée en 1961 par l'O.C.D.E. ; → *OECD*.

OeNB → *ÖNB* (*Österreichische Nationalbank*).

offen 1. ouvert ; à découvert ; en blanc ; *~e Fonds* fonds *m* ouvert (avec possibilité d'arbitrage) ; *~es Giro* endossement *m* en blanc ; *~es Konto* compte *m* ouvert ; *~er Markt* marché *m* ouvert **2.** (*commerce*) ouvert ; *Tag der ~en Tür* journée *f* « portes ouvertes » ; (*fam.*) *eine Ware ~ verkaufen* vendre une marchandise en vrac **3.** vacant ; *~e Arbeitsplätze* emplois *mpl* vacants ; *~e Stelle* emploi *m* vacant ; poste *m* vacant ; *die ~ gebliebenen Stellen* offres *fpl* d'emploi non satisfaites **4.** visible ; déclaré ; *~e Reserven* réserves *fpl* déclarées, visibles **5.** en suspens ; non réglé ; en attente ; *die Entscheidung ist ~ geblieben* la décision demeure en suspens ; *eine Frage ~ lassen* laisser une question ouverte, en suspens ; *~e Rechnung* facture *f* non réglée **6.** (*jur.*) *~er Vollzug* régime *m* de la semi-liberté.

Offenbarungseid *m*, e serment *m* déclaratoire d'insolvabilité ; *den ~ leisten* déposer le bilan.

offene Handelsgesellschaft *f*, en (*OHG*) société *f* en nom collectif ; S.N.C. *f* (forme d'entreprise commerciale dont le capital est réparti entre plusieurs personnes. Les commandités - Vollhafter, Komplementäre - répondent des dettes de l'entreprise sur leur patrimoine social et personnel).

offenkundig notoire ; de notoriété publique ; *~ machen* rendre public ; publier.

offen/lassen, ie, a laisser en suspens ; *eine Frage ~* laisser une question en suspens.

offen/legen publier ; exposer ; mettre à plat ; *die Parteien müssen ihre Finanzen ~* les partis *mpl* doivent publier un état de leurs finances.

Offenlegung *f*, en publication *f* ; *~ der Vermögensverhältnisse* publication de la situation de fortune.

Offenlegungsgrenze *f*, n seuil *m* à partir duquel un montant doit être déclaré ou publié.

Offenlegungspflicht *f*, en **1.** obligation *f* de déclarer qqch **2.** (*banque*) obligation *f* faite aux instituts de crédit d'exiger une déclaration de ressources aux emprunteurs quand le crédit excède un certain plafond.

offen/liegen, a, e être à la disposition du public ; être consultable ; ne pas être secret.

Offenmarktgeschäft *n*, e intervention *f*, opération *f* sur l'open market ; *~ mit Rückkaufsvereinbarung* opération *f* de prise en pension.

Offenmarktpapier *n*, e titre *m* d'open market.

Offenmarktpolitik *f*, ø politique *f* d'open market (pratiquée par la banque centrale pour réguler les liquidités des banques sur le marché monétaire par l'achat ou la vente de titres).

offensiv offensif ; *~e Verkaufspolitik* politique *f* de vente offensive.

Offensive *f*, n offensive *f* ; *die ~ ergreifen* prendre l'offensive.

offen/stehen, a, a 1. être vacant ; *eine Stelle steht offen* un emploi est vacant **2.** rester impayé ; *~der Betrag* montant restant dû ; *die Rechnung steht noch offen* la facture *f* n'est pas encore acquittée.

öffentlich public ; officiel **I.** *~es Aktienkaufangebot* offre *f* publique d'achat (O.P.A.) ; *~e Ausgaben* dépenses *fpl* publiques ; *~e Ausschreibung* appel *m* d'offres public ; *~e Bekanntmachung* avis *m* au public ; *~er Betrieb* entreprise *f* publique ; *~er Dienst* fonction *f* publique ; *~e Fürsorge* assistance *f* publique ; ~*e Gelder* les deniers *mpl* publics ; ~*e Gewalt* force *f* publique ; *die ~e Hand* les pouvoirs *mpl* publics ; l'État *m* ; le secteur *m* public ; ~*e Meinung* opinion *f* publique ; ~*es Recht* droit *m* public ; ~*e Urkunde* acte *m* authentique ; ~*e Verkehrsmittel* moyens *mpl* de transport publics ; ~*e Versteigerung* vente *f* aux enchères publique ; ~*es Wohl* bien *m* public **II**. ~ *auf/treten* paraître en public ; faire une apparition publique ; ~ *aus/schreiben* faire un appel d'offres ; mettre en adjudication administrative ; mettre au concours ; ~ *bekannt machen* rendre public ; *im ~en Leben stehen* être un personnage officiel.

Öffentlichkeit *f,* **(en) I.** (grand) public *m* ; publicité *f* ; *in der ~ en* public ; (*jur.*) *unter Ausschluss der ~* à huis clos ; *die ~ der Sitzung* la publicité de la séance **II.** *an die* (*vor die*) *~ treten* paraître en public ; *der ~ übergeben* livrer à la publicité ; publier ; (*jur.*) *die ~ aus/schließen* ordonner le huis clos.

Öffentlichkeitsarbeit *f,* **en** relations *fpl* publiques (service chargé d'entretenir des rapports amiables avec le public) (*syn. Public Relations* ; *PR-Arbeit*).

Öffentlichkeitsarbeiter *m,* **-** homme *m* de relations publiques ; chargé *m* des relations extérieures (*syn. PR-Mann*).

Öffentlichkeitsreferent *m,* **en, en** chef *m* d'un service de relations publiques.

Öffentlichkeitsprinzip *n,* **-ien** principe *m* de l'ouverture au public, de la transparence administrative, de la publication de documents administratifs.

öffentlichkeitswirksam qui a un fort impact médiatique.

öffentlich-rechtlich de droit public ; ~*e Körperschaft* collectivité *f* de droit public ; personne morale jouissant de droits spécifiques dans l'intérêt de la collectivité (caisses d'épargne, assurances, radio, etc.).

Offerent *m,* **en, en** offreur *m*.

offerieren offrir ; proposer ; *zum Kauf ~* proposer à l'achat.

Offert *n,* **e** (*Autriche*) → ***Offerte***.

Offerte *f,* **n 1**. offre *f* (écrite) ; *eine günstige ~ machen* faire une offre intéressante ; *jdm eine ~ unterbreiten* soumettre une offre à qqn (*syn. Angebot*) **2**. (*Suisse*) candidature *f*.

Offizial *m,* **e** (*Autriche*) fonctionnaire *m* ; cadre *m* moyen.

Offizialverteidiger *m,* **-** (*jur.*) défenseur *m*, avocat *m* (commis) d'office.

offiziell officiel ; *zum ~en Kurs* au cours officiel ; au taux officiel ; *eine ~e Erklärung ab/geben* faire une déclaration officielle ; *einen ~en Charakter haben* avoir un caractère officiel ; ~ *machen* officialiser (*syn. amtlich*).

offiziös officieux (*syn. halbamtlich*).

offline (*pr. ang.*) (*informatique*) autonome ; non connecté à l'Internet ; ~*-Verarbeitung* traitement *m* séquentiel, autonome des informations.

öffnen ouvrir ; *die Räume sind für den Publikumsverkehr wochentags geöffnet* en semaine, les locaux sont ouverts au public ; *neue Absatzmärkte ~ sich der Industrie* de nouveaux marchés, débouchés s'ouvrent à l'industrie.

Öffnung *f,* **en** ouverture *f* ; ~ *der Märkte* ouverture des marchés.

Öffnungsklausel *f,* **n 1**. (*jur.*) clause d'ouverture **2**. (*travail*) clause *f* de suspension provisoire des conventions collectives ; accord *m* entre partenaires sociaux autorisant le paiement de salaires inférieurs aux minima conventionnels.

Öffnungspolitik *f,* **ø** politique *f* d'ouverture.

Öffnungszeit *f,* **en** heures *fpl* d'ouverture.

offshore (*pr. ang.*) off shore ; en mer ; marin ; externe ; au dehors.

Offshore *n,* **ø** (*pr. ang.*) **1**. exploration *f* off shore ; production *f* en mer **2**. place *f* financière off shore ; paradis *m* fiscal **3**. achats *mpl* effectués par le gouvernement américain à l'étranger dans le cadre de sa politique d'aide internationale.

Offshore-Banking *n,* **ø** transactions *fpl* bancaires off shore (Bahamas, îles de la Manche).

Offshore-Bohrung *f,* **en** forage *m* en mer ; forage off shore.

Offshore-Energiegewinnung *f,* **en** production *f* d'énergie off shore.

Offshore-Feld *n,* **er** gisement *m* pétrolier off shore.

Offshore-Finanzplatz *m,* **¨e** place *f* financière off shore ; paradis *m* fiscal.

Offshore-Windpark *m,* **s** parc *m* d'éoliennes off shore, en mer.

ÖGB *m* (*Österreichischer Gewerkschaftsbund*) Confédération *f* syndicale autrichienne.

OHG *f,* s → *offene Handelsgesellschaft.*

Ohr *n,* en oreille *f* ; (*fam.*) *jdn übers ~ hauen* rouler qqn ; *bis über die ~en in Schulden stecken* être endetté jusqu'au cou.

Ohrmarke *f,* n (*animaux*) marquage *m* de reconnaissance (métallique à l'oreille du bétail) ; numéro *m* de traçabilité.

ÖIG *f* (*Österreichische Industrie-Verwaltungsgesellschaft*) organisme *m* administratif de l'industrie nationalisée d'Autriche.

o. K. (*ohne Kosten*) sans frais.

Öko- (*préfixe*) écologique ; biologique ; naturel ; → *Umweltschutz-* ; *Bio-*.

Ökoanbau *m,* ø agriculture *f* biologique ; culture *f* biologique (sans pesticides ni O.G.M.).

Ökoaudit *n/m,* s audit *m* écologique ; éco-bilan *m* (destiné à vérifier la conformité d'une entreprise en matière d'environnement).

Ökobauer *m,* n, n agriculteur *m* bio(logique).

Ökobewegung *f,* en mouvement *m* écologique/écologiste.

Ökobilanz *f,* en bilan *m* écologique.

Ökodienst *m,* e service *m* civil dans l'environnement.

Ökodumping *n,* ø dumping *m* écologique.

ökofair → *fair*.

Ökofonds *m,* - (*bourse*) fonds *m* de placement investi en valeurs de sociétés écologiquement correctes.

Ökokette *f,* n chaîne *f* écologique ; *menschliche ~* chaîne écologique humaine ; *pflanzliche ~* chaîne écologique végétale ; *tierische ~* chaîne écologique animale.

Ökokrieger *m,* - éco-guerrier *m* ; guerrier vert.

Ökolabel *n,* s → *Ökosiegel*.

Ökoladen *m,* ¨ magasin *m* de produits écologiques ; boutique *f* de produits bio.

Ökolandbau *m,* ø → *Ökoanbau*.

Ökologe *m,* n, n spécialiste *m* de l'environnement ; écologiste *m*.

Ökologie *f,* ø écologie *f* (science qui étudie les relations entre les organismes et le milieu naturel).

ökologisch écologique ; bio ; *~e Nische* niche *f* écologique ; *~es Gleichgewicht* équilibre *m* écologique.

Ökonom *m,* en, en 1. économiste *m* 2. (*arch.*) intendant *m* (d'une exploitation agricole).

Ökonometrie *f,* n économétrie *f* (technique de recherche économique qui fait appel à l'analyse mathématique).

ökonometrisch économétrique.

Ökonomie *f,* n 1. sciences *fpl* économiques ; théorie *f* économique ; *keynesianische ~* économie keynésienne ; *klassische ~* économie classique ; *marxistische ~* économie marxiste ; *(neo)-liberale ~* économie (néo-)libérale 2. économie *f* ; utilisation *f* rationnelle 3. (*Autriche*) exploitation *f* agricole.

Ökonomik *f,* ø 1. → *Ökonomie* 2. facteurs *mpl* économiques ; mode *m* de production ; structure *f* économque.

ökonomisch 1. économique ; *~er Sachverständiger* expert *m* économique 2. économique ; économe ; qui consomme peu ; *~es Produktionsverfahren* procédé *m* de fabrication économique.

Ökopartei *f,* en parti *m* des écologistes ; les Verts *mpl*.

Ökosiegel *n,* - label *m* vert ; label écologique ; label anti-pollution.

Ökosozialprodukt *n,* e produit *m* national écologique (il complète le P.I.B. et prend en compte la valeur de toutes les prestations ou nuisances en rapport avec l'environnement).

Ökosponsoring *n,* ø sponsoring *m* écologique.

Ökosteuer *f,* n écotaxe *f* ; taxe *f,* impôt *m* d'environnement.

Ökostrom *m,* ø courant *m* électrique provenant d'une centrale éolienne, solaire ou marémotrice.

Ökosystem *n,* e écosystème *m*.

Ökotop *n,* e biotope *m*.

Ökotourismus, *m,* ø tourisme *m* vert ; écologique.

Oktan *n,* ø (*pétrole*) octane *f* ; *Benzin von 95/98 ~* essence *f* sans plomb 95/98.

Oktanzahl *f,* en (**OZ**) taux *m* d'octane dans l'essence.

Öl *n,* e 1. (*agric.*) huile *f* 2. pétrole *m* ; fuel *m* ; brut *m* ; → *Erdöl*.

Ölaktien *fpl* actions *fpl* de compagnies pétrolières.

Ölausfuhr *m,* en exportation *f* de pétrole.

Ölbohrung *f,* en forage *m* pétrolier.

Old Economy *f,* ø (*pr. ang.*) économie *f* traditionnelle, ancienne ; → *New Economy*.

Öldollar *m*, **s** pétrodollar *m*.
Öleinfuhr *f*, **en** importation *f* de pétrole.
Öleinfuhrabgabe *f*, **n** taxe *f* d'importation sur le pétrole.
Öleinfuhrland *n*, ¨**er** pays *m* importateur de pétrole, de brut.
Öleinheit *f*, **en** unité-pétrole *f* ; *die Energiestoffe in ~en um/rechnen* convertir les matières premières énergétiques en unités-pétrole.
Ölembargo *n*, **s** embargo *m* (mis) sur le pétrole.
Ölersparnisse *fpl* économies *fpl* de pétrole.
Ölexport *m*, **e** → *Ölausfuhr.*
Ölfeld *n*, **er** champ *m* pétrolifère.
Ölfeuerung *f*, **en** chauffage *m* au fuel domestique ; chauffage au mazout.
Ölförderland *n*, ¨**er** pays *m* producteur de pétrole, de brut.
Ölförderung *f*, **en** extraction *f* de pétrole ; production *f* pétrolière.
OLG *n* → *Oberlandesgericht.*
Ölgesellschaft *f*, **en** compagnie *f* pétrolière ; société *f* pétrolière.
Ölgewinnung *f*, **en** → *Ölförderung.*
Ölhahn *m*, ¨**e** (*fig.*) robinet *m*, vanne *f* du pétrole ; *den ~ auf/drehen, zu/drehen* ouvrir, fermer les robinets du pétrole ; augmenter, diminuer la production de pétrole.
ölhaltig : (*agric.*) *~e Pflanzen* plantes *fpl* oléagineuses (colza, noix, arachide, etc.).
Ölheizung *f*, **en** chauffage *m* au mazout, au fuel.
ölhöffig (*pétrole*) (forage *m*) prometteur.
Oligarchie *f*, **n** oligarchie *f* (le pouvoir politique est entre les mains d'une minorité de personnes ou de familles).
Oligopol *n*, **e** oligopole *m* ; marché *m* dominé par quelques grandes entreprises ; *~ mit Preisführerschaft* oligopole dirigé par une firme dominante (qui impose ses prix).
Oligopolist *m*, **en, en** entreprise *f* oligopolistique ; oligopoliste *m*.
oligopolistisch oligopolistique.
Oligopson *n*, **e** oligopsone *m* ; forme *f* de marché comportant peu d'acheteurs face à de nombreux vendeurs.
Ölimport *m*, **e** → *Öleinfuhr.*
Olivenanbau *m*, ø **1.** (*agric.*) culture *f* de l'olivier **2.** oliveraie *f* ; plantation *f* d'oliviers.

Ölkonzern *m*, **e** groupe *m* pétrolier.
Ölkonzession *f*, **en** concession *f* pétrolière.
Ölkrise *f*, **n** crise *f* pétrolière.
Ölleitung *f*, **en** pipe-line *m* ; oléoduc *m* (*syn. Pipeline*).
Ölmarkt *m*, ¨**e** marché *m* du pétrole ; *auf dem freien ~* sur le marché libre du pétrole.
Ölmulti *m*, **s** multinationale *f* du pétrole.
Ölnachfrage *f*, ø demande *f* en pétrole.
Ölpest *f*, ø marée *f* noire ; pollution *f* par le pétrole.
Ölpfennig *m*, **e** (*hist.*) taxe *f* pétrolière (payée par les sociétés pétrolières pour financer le stockage et l'approvisionnement du pétrole).
Ölpflanze *f*, **n** plante *f* oléagineuse.
Ölplattform *f*, **en** plate-forme *f* pétrolière ; plate-forme de forage en mer.
Ölpreis *m*, **e** prix *m* du pétrole, du brut, du fuel domestique.
Ölpreisbindung *f*, **en** indexation *f*, alignement *m* sur le prix du pétrole ; *für das Erdgas gilt die ~* les prix du gaz naturel sont alignés sur ceux du pétrole.
Ölpreiserhöhung *f*, **en** relèvement *m* du prix du pétrole, du prix du brut.
Ölpreissteigerung *f*, **en** → *Ölpreiserhöhung.*
Ölpreiswelle *f*, **n** vague *f* d'augmentation des prix du pétrole.
Ölprodukt *n*, **e** produit *m* pétrolier.
Ölproduktbesteuerung *f*, **en** taxation *f* des produits pétroliers.
Ölproduzent *m*, **en, en** producteur *m* de pétrole.
Ölquelle *f*, **n** source *f* pétrolière, de pétrole.
Ölraffinerie *f*, **n** raffinerie *f* de pétrole.
Ölrechnung *f*, **en** facture *f* pétrolière.
Ölreserven *fpl* → *Ölvorkommen.*
Ölscheich *m*, **e/s** émir *m*, cheikh *m* arabe producteur de pétrole.
Ölschiefer *m*, - schiste *m* bitumineux, bitumeux.
Ölschock *m*, **s** choc *m* pétrolier.
Ölsünder *m*, - (*maritime*) pollueur *m* (dégazage en mer, marées noires, etc.).
Öltanker *m*, - pétrolier *m* ; (super)-tanker *m* ; *~ mit einfacher, mit doppelter Hülle* tanker à simple, à double coque ; *doppelwandiges ~* pétrolier à double coque.

Öltankschiff *n*, e → *Öltanker*.
Ölteppich *m*, e nappe *f* de pétrole (en mer, lors d'une marée noire).
Ölverbrauch *m*, ø consommation *f* de pétrole.
Ölverbraucherländer *npl* pays *mpl* consommateurs de pétrole.
Ölverschmutzung *f*, en pollution *f* par les hydrocarbures.
Ölversorgung *f*, en approvisionnement *m* pétrolier ; ravitaillement *m* en pétrole.
Ölverwertungsindustrie *f*, n industrie *f* pétrochimique ; industrie des dérivés du pétrole.
Ölvorkommen *n*, - gisements *mpl* de pétrole ; réserves *fpl* pétrolières.
Ölvorräte *mpl* réserves *fpl* de pétrole.
Ölwaffe *f*, n arme *f* du pétrole (comme moyen de pression).
Ölwährung *f*, en pétro-monnaie *f*.
Ombudsfrau *f*, en médiatrice *f* ; femme *f* de confiance ; juge-arbitre *m/f*.
Ombudsmann *m*, ¨er/-leute homme *m* de confiance ; juge-arbitre *m* ; médiateur *m* (chargé d'arbitrer les litiges entre citoyens et administration).
Omissivdelikt *n*, e (*jur.*) délit *m* par omission (*syn. Unterlassungsdelikt*).
Omnibus *m*, se autobus *m* ; autocar *m* (*syn. Bus*).
Omnibusbahnhof *m*, ¨e gare *f* routière.
Omnibuslinie *f*, n ligne *f* d'autobus.
ÖNB *f* 1. (*Österreichische Nationalbank*) Banque *f* nationale d'Autriche 2. (*Österreichische Nationalbibliothek*) Bibliothèque nationale d'Autriche.
on call (*pr. ang.*) (*bourse*) sur appel.
on demand (*pr. ang.*) (*bourse*) sur demande.
online (*pr. ang.*) (*informatique*) en ligne ; par Internet ; sur la Toile ; sur le Web ; sur le Net ; électronique ; ~ *gehen* aller sur le Net ; ~ *kaufen* acheter par/sur Internet ; *Bücher* ~ *ordern* commander des livres par Internet ; ~ *sein* être en ligne ; être connecté à l'Internet.
Onlinebank *f*, en banque *f* en ligne ; banque directe.
Onlinebanking *n*, ø (*pr. ang.*) opérations *fpl* bancaires par Internet ; banque *f* en ligne.
Onlinebestellung *f*, en commande *f* par Internet ; commande sur la Toile.
Onlinedienst *m*, e service *m* en ligne, sur le Web.

Onlinehandel *m*, ø commerce *m* en ligne, électronique ; transactions *fpl* sur Internet.
Onlinekauf *m*, ¨e achats *mpl* sur Internet ; achats en ligne.
Onlinekommunikation *f*, en communication *f* en ligne.
Onlinejobbörse *f*, e bourse *f* de l'emploi en ligne, sur Internet.
Onlinemarkt *m*, ¨e marché *m* en ligne.
Onlinenutzer *m*, - internaute *m* ; surfeur *m*, navigateur *m* sur le Web.
Onlinepublikation *f*, en publication *f* en ligne.
Onlineshopper *m*, - client *m* du Web ; acheteur *m* sur Internet.
Onlineüberweisung *f*, en virement *m* par Internet, en ligne.
Onlineverarbeitung *f*, en traitement *m* en ligne.
Onlinezeitung *f*, en version *f* Internet d'un journal ; version *f* électronique du journal.
Onlinezugriff *m*, e accès *m* direct.
o. P. (*ordentlicher Professor*) professeur *m* titulaire.
OP → *Originalpackung*.
OPEC *f* (*Organization of Petroleum Exporting Countries*) Organisation *f* des pays producteurs et exportateurs de pétrole ; O.P.E.P *f* (créée en 1960, regroupe onze États : Algérie, Arabie saoudite, Émirats Arabes Unis, Indonésie, Iran, Irak, Koweit, Libye, Nigeria, Quatar et Venezuela).
OPEC-Länder *npl* pays *mpl* de l' O.P.E.P.
OPEC-Quote *f*, n quota *m* du nombre de barils produits par l'OPEP.
Openshop *m*, s (*pr. ang.*) 1. ordinateur *m* en exploitation libre 2. aux USA, entreprise où l'embauche et l'emploi ne sont pas liés à une appartenance syndicale (*contr. Closedshop*).
Operand *m*, en, en (*informatique*) opérande *f* (donnée qui intervient dans certains calculs).
Operandenadresse *f*, n (*informatique*) adresse *f* opérande ; adresse-facteur *f*.
Operandenregister *n*, - (*informatique*) registre *m* d'opérandes.
Operateur *m*, e → *Operator*.
Operation *f*, en opération *f*.
operationell → *operativ*.
Operationsbase *f*, n base *f* opérationnelle.

Operationsforschung *f,* en → *Operationsresearch.*

Operationsmodus *m,* -di mode *m* opérationnel, opératoire.

Operationsresearch *n/f,* ø (*pr. ang.*) recherche *f* opérationnelle (ensemble des techniques de calcul permettant à l'entreprise de résoudre des problèmes complexes : distribution, stockage, etc.) (*syn. Unternehmensforschung* ; *Optimalplanung*). → *Fallstudie* ; *Unternehmenspiele.*

operativ opérationnel ; stratégique ; (*comptab.*) *~es Ergebnis* (*~er Gewinn*) marge *f* opérationnelle avant amortissements ; *~ vor/gehen* avoir une approche opérationnelle.

Operativplan *m,* ¨e plan *m* opérationnel (à court terme).

Operator *m,* en 1. (*pr. ang.*) (*informatique*) opérateur *m* 2. agent *m* de publicité chargé de la location des panneaux publicitaires dans les transports publics.

operieren opérer ; manœuvrer (habilement) ; *mit hohen Summen ~* manier des sommes importantes.

Opfer *n,* - 1. victime *f* ; sinistré *m* ; *der Rationalisierung zum ~ fallen* être victime de la rationalisation ; *viele ~ fordern* faire de nombreuses victimes 2. sacrifice *m* ; *finanzielle ~ auf sich nehmen* faire (consentir à) des sacrifices financiers ; *keine ~ scheuen* ne craindre aucun sacrifice.

opfern sacrifier.

Opiumschmuggel *m,* ø contrebande *f,* trafic *m* d'opium.

ÖPNV *m* (*öffentlicher Personennahverkehr*) → *Nahverkehrsmittel.*

Opponent *m,* en, en opposant *m* ; adversaire *m* (politique).

opponieren faire opposition ; *gegen jdn ~* s'opposer à qqn.

Opportunist *m,* en, en opportuniste *m.*

opportunistisch opportuniste.

Opportunitätskosten *pl* coût *m* d'opportunité ; coûts *mpl* alternatifs, de renonciation (décision économique entraînant un renoncement à un bénéfice direct et immédiat).

Opposition *f,* en (*surtout polit.*) opposition *f* ; *~ treiben* (*machen*) faire de l'opposition ; s'opposer ; *in die ~ gehen* rejoindre les rangs de l'opposition.

oppositionell de l'opposition ; *~ eingestellt sein* partager des idées de l'opposition.

Oppositionelle/r (*der/ein*) opposant *m.*

Oppositionsführer *m,* - (*polit.*) chef *m,* leader *m* de l'opposition.

Oppositionspartei *f,* en (*polit.*) parti *m* d'opposition.

optieren 1. opter ; choisir 2. faire usage d'un droit d'option ; *auf ein Grundstück ~* prendre une option sur un terrain.

optimal optimum ; optimal ; *~e Kapazität* capacité *f* optimale ; *~er Kostenpunkt* point *m* de rentabilité optimale des coûts ; (*production*) *~e Losgröße* (*einer Fertigung*) nombre *m* efficace d'un lot (de fabrication).

optimalisieren → **optimieren.**

Optimalkosten *pl* coût *m* optimal.

Optimalplanung *f,* en → *Operationsresearch.*

optimieren optimiser ; optimaliser ; *einen wirtschaftlichen Prozess ~* optimiser un processus économique.

Optimierung *f,* en optimisation *f* ; optimalisation *f* ; *diskrete ~* optimisation discrète ; *dynamische ~* optimisation dynamique ; *(nicht) lineare ~* optimisation (non-) linéaire ; *~ des Wirtschaftswachstums* optimisation de la croissance économique.

Optimierungsstrategie *f,* n stratégie *f* d'optimisation.

Optimierungstechnik *f,* en technique *f* d'optimisation.

Optimum *n,* -ma optimum *m* ; *absolutes, relatives ~* optimum absolu, relatif ; *das ~ bestimmen* déterminer l'optimum.

Optingout *n,* ø (*U.E.*) → *Optingout-Klausel.*

Optingout-Klausel *f,* n (*U.E.*) clause *f* d'exemption (ne pas participer à la monnaie unique, par ex.) ; clause de non-participation.

Option *f,* en 1. option *f* ; *eine ~ ausüben* exercer un droit d'option ; *eine ~* (*auf etw*) *erwerben* acquérir, prendre une option (sur qqch) ; *sich eine ~ sichern* s'assurer une option 2. (*bourse*) option *f* (contrat à terme conditionnel permettant à un opérateur de se réserver la faculté de demander l'exécution d'une opération convenue ou d'y renoncer, moyennant le paiement immédiat d'une prime, le prix d'option) ; *Kauf~* option d'achat ;

Verkaufs~ option de vente ; → **Terminmarkt**.
optional optionnel ; facultatif.
Optionsanleihe *f*, **n** (*bourse*) titre *m* d'emprunt convertible ; emprunt *m* à bon de souscription ; emprunt optionnel.
Optionsbörse *f*, **n** (*bourse*) marché *m* à options.
Optionsdauer *f*, **ø** (*bourse*) validité *f* d'une option.
Optionsgeber *m*, **-** (*bourse*) optionnaire *m*.
Optionsgeschäft *n*, **e** (*bourse*) marché *m* à option ; transaction *f* sur options.
Optionshandel *m*, **ø** (*bourse*) marché *m* des options ; *in den ~ ein/steigen* s'engager dans le marché des options.
Optionskontrakt *m*, **e** (*bourse*) contrat *m* d'option ; option *f* ; *der Anleger erwirbt einen ~* l'investisseur prend une option.
Optionsnehmer *m*, **-** (*bourse*) optant *m* ; preneur *m* d' option.
Optionsprämie *f*, **n** (*bourse*) prix *m* d'option ; prime *f* (d'achat ou de vente).
Optionspreis *m*, **e** → ***Optionsprämie***.
Optionsrecht *n*, **e** (*bourse*) droit *m* d'option.
Optionsschein *m*, **e** (*bourse*) titre *m* portant droit ; → ***Warrant***.
Optionstranche *f*, **n** (*budget*) tranche *f* optionnelle.
Optionsübernahme *f*, **n** (*bourse*) prise *f* d'option.
Optionszertifikat *n*, **e** → ***Optionsschein***.
ordentlich régulier ; ordinaire ; conforme ; titulaire ; *~e Ausgaben* dépenses *fpl* ordinaires ; *~e Hauptversammlung* assemblée *f* générale ordinaire ; *~es Mitglied* membre *m* actif titulaire ; *~er Professor* professeur *m* titulaire ; *~e Verpackung* emballage *m* conforme.
Order *f*, **1. s** ordre *m* ; commande *f* ; *an jds ~* à l'ordre de qqn ; *an eigene ~* à son propre ordre ; *an fremde ~* à l'ordre d'un tiers ; *auf ~ lautend* libellé à l'ordre ; *auf ~ und für Rechnung* d'ordre et pour compte ; *online erteilte ~* commande passée par Internet **2. s/n** commandement *m* ; ordre *m*.
Orderbestand *m*, **¨e** stock *m* de commandes ; commandes *fpl* passées fermes.
Orderbuch *n*, **¨er** carnet *m* de commandes ; *unsere ~¨er sind reichlich gefüllt* nos carnets de commandes sont largement remplis (*syn. Auftragsbuch*).

Ordereingang *m*, **¨e** arrivée *f* des commandes.
Ordergeber *m*, **-** donneur *m* d'ordre ; commettant *m*.
Orderklausel *f*, **n** clause *f* à ordre ; mention *f* à ordre.
Orderkonnossement *n*, **e** connaissement *m* à ordre.
Orderlagerschein *m*, **e** bulletin *m* de dépôt à ordre.
Ordermesse *f*, **n** foire *f* catégorielle ; foire spécialisée, professionnelle.
ordern passer commande ; passer des ordres d'achat ou de vente (actions, obligations) ; *Wertpapiere über Internet ~* passer des ordres d'achat/de vente sur Internet ; *die Firma hat die Waren geordert* la maison a commandé les marchandises.
Orderpapier *n*, **e** (*banque*) titre *m* à ordre ; titre *m* endossable ; effet *m* transmissible ; → **Scheck** ; **Wechsel**.
Orderscheck *m*, **s** chèque *m* à ordre.
Ordervolumen *n*, **-mina** (*bourse*) volume *m* d'ordres ; volume de commandes (lors d'une émission d'actions, par ex.).
Orderwechsel *m*, **-** traite *f* à ordre ; billet *m* à ordre.
ordinär 1. bas de gamme ; ordinaire ; *~e Ware* marchandise *f* bon marché ; marchandise premier prix, quelconque **2.** (*arch.*) du tout venant ; ordinaire.
Ordinariat *n*, **e** chaire *f* de professeur (dans une faculté).
Ordinarium *n*, **ien** budget *m* recettes/dépenses habituel (d'une commune ou d'un pays).
Ordinarius *m*, **-rien** professeur *m* titulaire d'une chaire.
Ordinärpreis *m*, **e 1.** prix *m* imposé (pour un livre par l'éditeur) **2.** prix couramment pratiqué.
ordnen ordonner ; ranger ; classer ; mettre de l'ordre ; *geordneter Haushalt* maison *f* bien tenue ; *alphabetisch, chronologisch, tabellarisch ~* classer par ordre alphabétique, chronologique, sous forme synoptique ; *seinen Nachlass ~* régler sa succession.
Ordner *m*, **- 1.** classeur *m* ; *einen ~ an/legen* réunir dans un classeur **2.** personne *f* d'un service d'ordre.
Ordnung *f*, **en 1.** ordre *m* ; classement *m* ; règlement *m* ; règle *f* ; *alphabetische, chronologische ~* ordre alpha-

bétique, chronologique ; *gesellschaftliche* ~ ordre social ; (*machine*) *in* ~ qui fonctionne ; en état de marche ; (*papiers*) en règle ; *der* ~ *halber* pour la bonne forme ; pour la bonne règle ; *öffentliche* ~ ordre public ; *etw in* ~ *bringen* mettre de l'ordre dans qqch ; *zur* ~ *rufen* rappeler à l'ordre ; *gegen jede* ~ *verstoßen* être contraire à toute législation **2.** régime *m* ; système *m* ; ordre *m* ; *kapitalistische* ~ régime capitaliste ; *marktwirtschaftliche* ~ économie *f* de marché ; *sozialistische* ~ régime socialiste ; → ***Börsen-, Dienst-, Geschäfts-, Gesellschafts-, Gewerbe-, Markt-, Prozess-, Raum-, Rechts-, Tages-, Tarif-, Wettbewerbs-, Wirtschafts-, Zollordnung.***

Ordnungsamt *n*, ¨er **1.** bureau *m* des affaires courantes d'une municipalité ; services *mpl* municipaux chargés des affaires courantes **2.** (*jur.*) service *m* officiel chargé de veiller au respect des lois.

Ordnungsdienst *m*, e service *m* d'ordre.

ordnungsgemäß (*jur.*) réglementaire ; conforme aux règles ; ~*e Vollmacht* procuration *f* en bonne et due forme.

Ordnungsgewalt *f*, ø pouvoir *m* de police.

ordnungshalber pour la bonne forme ; pour la bonne règle.

Ordnungshaft *f*, ø (*jur.*) peine *f* de détention.

Ordnungshüter *m*, - gardien *m* de la paix ; agent *m* de police.

Ordnungskräfte *fpl* forces *fpl* de l'ordre.

ordnungsmäßig → *ordnungsgemäß.*

Ordnungsmäßigkeit *f*, en régularité *f* ; conformité *f*.

Ordnungsstrafe *f*, n (*jur.*) sanction *f*, peine *f* disciplinaire.

Ordnungsvorschriften *fpl* (*U.E.*) dispositions *fpl* en matière d'organisation.

ordnungswidrig (*jur.*) contraire au règlement ; non conforme aux règles ; irrégulier.

Ordnungswidrigkeit *f*, en (*jur.*) infraction *f* ; contravention *f* ; irrégularité *f*.

Ordoliberalismus *m* (*hist. R.F.A.*) ordo-libéralisme *m* ; néo-libéralisme allemand (qui défend, après la Seconde guerre mondiale, une doctrine d'économie libérale fondée sur un État-interventionniste ; ce courant a fortement influencé l'économie sociale de marché ; → *soziale Marktwirtschaft.*

ORF *m* (*Österreichischer Rundfunk*) Office *m* de radiodiffusion *m* autrichienne.

Organ *n*, e **1.** organe *m* ; organisme *m* ; institution *f* ; *ausführendes* ~ organe exécutif ; *beratendes* ~ organe consultatif ; *leitendes* ~ organisme de direction ; organe central ; *ständiges* ~ organisme permanent ; *supranationales* ~ institution supranationale ; *territoriales* ~ organe territorial ; *zentrales* ~ organe central **2.** organe *m* de presse ; *das monatlich erscheinende* ~ *der Gewerkschaft* l'organe mensuel du syndicat **3.** (*médecine*) organe *m* ; *ein* ~ *spenden, verpflanzen* faire un don d'organe, une greffe d'organe.

Organbank *f*, en (*médecine*) banque *f* d'organes.

Organempfänger *m*, - (*médecine*) receveur *m* d'organe.

Organentnahme *f*, n (*médecine*) prélèvement *m* d'organe.

Organgesellschaft *f*, en société *f* organique ; société affiliée ; entreprise *f* dépendante (dont les finances et la gestion dépendent d'une autre entreprise).

Organhandel *m*, ø (*médecine*) trafic *m* d'organes.

Organigramm *n*, e organigramme *m* (graphique de la structure hiérarchique d'une entreprise).

Organisation *f*, en organisation *f* ; organisme *m* **I.** *gemeinnützige* ~ organisation d'utilité publique ; *gewerkschaftliche* ~ organisation syndicale ; *gemeinsame* ~ organisation commune ; *supranationale* (*überstaatliche*) ~ organisation supranationale ; *zwischenstaatliche* ~ organisation intergouvernementale **II.** *einer* ~ *an/gehören* faire partie d'une organisation ; *eine* ~ *gründen* fonder une organisation ; *sich zu einer* ~ *zusammen/schließen* se regrouper au sein d'une organisation **III.** *multilaterale* ~ organisation multilatérale ; *pyramidale* ~ organisation pyramidale ; ~ *der Arbeit* organisation du travail ; ~ *der Produktion* organisation de la production ; ~ *der Erdölausführenden Länder* → *OPEC* ; ~ *für europäische wirtschaftliche Zusammenarbeit* → *OEEC* ; ~ *für wirtschaftliche Zusammenarbeit und Entwicklung* → *OECD* ; ~ *der Vereinten Nationen für Ernährung und Landwirtschaft* → *FAO.*

Organisationsbüro *n,* **s** bureau *m* d'études ; bureau *m* d'ingénieurs-conseil ; organisation *f* d'entreprise ; ingénierie *f.*

Organisationsfehler *m,* - erreur *f* d'organisation.

Organisationsform *f,* **en** forme *f,* type *m* d'organisation.

Organisationsgabe *f,* **n** → *Organisationstalent.*

Organisationsgrad *m,* **(e)** taux *m* de syndicalisation ; pourcentage *m* de syndiqués.

Organisationsplan *m,* ¨**e** → *Organigramm.*

Organisationstalent *n,* **e** talent *m* d'organisateur ; esprit *m* d'organisation.

Organisator *m,* **en** organisateur *m.*

organisatorisch organisateur ; organisationnel.

organisch organique ; ~*es Wachstum* croissance *f* organique.

organisieren organiser ; *eine Demonstration* ~ organiser une manifestation.

organisiert organisé ; regroupé en ; ~*e Börse* marché *m* organisé ; ~*es Verbrechen* crime *m* organisé ; *(gewerkschaftlich)* ~ *sein* être syndiqué.

Organisierte/r *(der/ein)* personne *f* syndiquée ; syndiqué *m* ; *Nicht-~er* non-syndiqué *m.*

Organismus *m,* -**men** organisme *m* ; *beratender* ~ organisme consultatif.

Organizer *m,* - *(pr. ang.)* organiseur *m* ; agenda *m* électronique.

Organklage *f,* **n** *(jur.)* plainte *f* devant le tribunal constitutionnel (déposée par un organisme fédéral).

Organschaft *f,* **(en)** *(jur.)* appartenance *f* organique ; société *f* affiliée ; personne *f* morale.

Organschaftsvertrag *m,* **e** → *Organvertrag.*

Organspende *f,* **n** *(médecine)* don *m* d'organe.

Organspender *m,* - *(médecine)* donneur *m* d'organe.

Organverpflanzung *f,* **en** *(médecine)* greffe *f,* transplantation *f* d'organe.

Organvertrag *m,* ¨**e** *(jur.)* contrat *m* organique (par lequel la société mère assume la gestion des affaires d'une ou plusieurs sociétés dépendantes).

orientieren orienter ; *sich an (nach) den Konsumentenbedürfnissen* ~ s'orienter sur les besoins des consommateurs.

-orientiert *(suffixe)* orienté sur ; *bedarfs-, erfolgs-, konsum~* axé sur les besoins, le succès, la consommation.

Orientierung *f,* **en** orientation *f* ; ~ *der Volkswirtschaft* orientation de l'économie nationale ; ~ *der Wirtschaftpolitik* orientation de la politique économique.

Orientierungsdaten *npl* indicateurs *mpl* économiques ; renseignements *mpl* indicatifs ; points *mpl,* valeurs *fpl* de référence (*syn. Eckdaten*).

Orientierungspreis *m,* **e** prix *m* d'orientation.

Orientierungsstufe *f,* **n** *(scolaire)* classe *f,* niveau *m* d'orientation.

Original *n,* **e** original *m* ; document *m* original ; *im* ~ en original ; ~ *einer Rechnung* original d'une facture ; ~ *einer Urkunde* original d'un document, d'un acte.

Originalausgabe *f,* **n** *(édition)* édition *f* originale.

Originaldaten *npl* *(informatique)* données *fpl* d'origine, brutes, non-traitées.

Originaldokument *n,* **e** original *m* ; document *m* original.

Originalfaktura *f,* -**ren** facture *f* originale.

Originalfassung *f,* **en** version *f* originale ; V.O.

originalgetreu conforme à l'original.

Originalmedikament *n,* **e** médicament *m* d'origine (*contr. Generikum*).

Originalpackung *f,* **en** *(OP)* emballage *m* d'origine.

Originaltext *m,* **e** texte *m* original ; texte d'origine.

Originalübertragung *f,* **en** *(médias)* émission *f,* retransmission *f* en direct. (live).

Originalurkunde *f,* **n** document *m* pièce *f* d'origine ; minute *f.*

Originalverpackung *f,* **en** → *Originalpackung.*

1. Ort *m,* **e** lieu *m* ; endroit *m* ; *an und Stelle* sur place ; *zahlbar aller ~en* payable sur toute place bancaire ; ~ *der Lieferung* lieu de livraison ; ~ *der Niederlassung* lieu de succursale

2. Ort *n,* ¨**er** *(mines)* front *m* de taille ; extrémité *f* de la galerie ; *vor* ~ *arbeiten* travailler au fond (de la mine).

orten *(navigation)* positionner ; détecter ; repérer.

Örterbau *m,* ø exploitation *f* partielle d'une mine.

örtlich local ; régional ; *~e Besonderheiten* particularités locales, régionales.

Ortsablage *f*, **n** (*Suisse*) succursale *f* locale ; filiale *f* régionale.

Ortsangabe *f*, **n** indication *f* du lieu ; mention *f* du lieu.

ortsansässig local ; résident ; implanté dans la localité.

Ortsbefund *m*, **e** état *m* des lieux.

Ortschaft *f*, **en** localité *f* ; *geschlossene* ~ agglomération *f* ; ~ *städtischen Charakters* agglomération urbaine.

Ortsdurchfahrt *f*, **en** (*transp.*) traversée *f* d'une localité ; voie *f* qui traverse une agglomération.

Ortsgebühr *f*, **en** → *Ortsgespräch*.

ortsgebunden lié à une région ; ancré dans une région ; (C.V.) *nicht* ~ mobilité *f* géographique.

Ortsgespräch *n*, **e** (*téléph.*) communication *f* locale, urbaine.

Ortskennzahl *f*, **en** (*téléph.*) indicatif *m* local.

Ortsklasse *f*, **n** zone *f* de résidence (prise en considération pour le calcul de l'indemnité de résidence des employés et fonctionnaires du service public).

Ortskrankenkasse *f*, **n** caisse *f* locale d'assurance maladie.

Ortsleitzahl *f*, **en** indicatif *m* de localité.

Ortslohnklasse *f*, **n** zone *f* salariale.

Ortsname *m*, **n**, **n** nom *m* d'une localité.

Ortsnetz *n*, **e** réseau *m* téléphonique local, urbain.

Ortspolizei *f*, ø police *f* locale.

Ortspräsident *m*, **en**, **en** (*Suisse*) président *m* du conseil municipal.

Ortsteil *m*, **e** quartier *m* ; secteur *m* urbain ; commune *f* rattachée.

ortsüblich localement pratiqué ; d'usage local ; *~e Vergleichsmiete* loyer *m* comparatif dans le secteur concerné ; *die Bezahlung liegt unter, über dem Ortüblichen* la rémunération est inférieure, supérieure à celle habituellement pratiquée ici.

Ortsüblichkeit *f*, **en** coutume *f* locale.

Ortsumgehung *f*, **en** rocade *f* de contournement (de localités).

Ortsverkehr *m*, ø 1. trafic *m* urbain local 2. service *m* téléphonique urbain.

Ortsvorsteher *m*, **-** responsable *m* de quartier, d'arrondissement, de commune associée.

Ortswechsel *m*, **-** changement *m* de résidence.

Ortszeit *f*, **en** heure *f* locale.

Ortszulage *f*, **n** → *Ortszuschlag*.

Ortszuschlag *m*, ¨**e** indemnité *f* de résidence (pour employés et fonctionnaires du service public) ; → *Ortsklasse*.

Ortung *f*, **en** (*navigation*) positionnement *m* ; repérage *m*.

Ortzustellbereich *m*, **e** circonscription *f* postale ; périmètre *m* de distribution postale.

Ossi *m*, **s** (*hist.*) ossi *m* ; citoyen *m* de l'un des nouveaux Bundesländer (*contr. Wessi*).

Ost → *Osten*.

Ostalgie *f*, ø (*iron.*) nostalgie *f* du mode de vie de l'ex-R.D.A.

Ostblock *m*, ø (*hist.*) bloc *m* des pays de l'Est ; pays *mpl* socialistes.

Ostblockstaat *m*, **en** (*hist.*) pays *m* du bloc oriental.

ostdeutsch 1. d'Allemagne orientale 2. (*hist.*) relatif à la R.D.A.

Ostdeutschland *n* 1. Allemagne *f* orientale 2. (*hist.*) R.D.A. *f* (*syn. DDR*).

Osten *m*, ø l'Est *m* ; l'Orient *m* ; *der Nahe, Mittlere, Ferne* ~ le Proche-, le Moyen-, l'Extrême-Orient.

Osterweiterung *f*, **en** extension *f* de l'U.E. vers l'Est.

Osteuropa *n*, ø Europe *f* orientale.

osteuropäisch de l'Europe *f* orientale ; est-européen.

Ostpolitik *f*, ø : (*hist.*) *Neue* ~ politique *f* de dialogue de W. Brandt avec la R.D.A. et les pays de l'Est ; l'ostpolitik *f*.

Ostsektor *m*, **en** (*hist.*) secteur *m* oriental.

Ost-West-Dialog *m*, **e** (*hist.*) dialogue *m* Est-Ouest.

Ost-West-Handel *m*, ø (*hist.*) commerce *m*, échanges *mpl* Est-Ouest.

Ost-West-Konflikt *m*, **e** (*hist.*) conflit *m* Est-Ouest.

Ostwirtschaft *f*, **en** économie *f* des cinq nouveaux Länder.

Ostzone *f*, **n** (*hist.*) zone *f* orientale ; zone d'occupation soviétique.

OSZE *f* (*Organisation für Sicherheit und Zusammenarbeit in Europa*) Organisation *f* pour la sécurité et la coopération en Europe ; O.S.C.E. *f*.

O. T. (*ohne Tarifbindung*) sans obligation d'adhésion à la convention tarifaire.

OTC (*over the counter*) (*bourse*) se dit de titres vendus directement entre banques sans faire appel au public.

OTC-Derivat *n*, **e** (*bourse*) produit *m* dérivé négocié directement entre banques ; produit dérivé OTC.

Otto-Normalverbraucher *m*, - (*fam.*) consommateur *m* moyen ; l'homme *m* de la rue.

ÖTV (*Öffentliche Dienste, Transport und Verkehr*) ex-syndicat *m* des services publics et des transports allemands ; → **ver.di** ; **Verdi**.

Outfit *n*, **s** (*pr. ang.*) out-fit *m* ; look *m* ; (re)looking *m* ; présentation *f* extérieure ; manière *f* de se vêtir.

Outplacement *n*, ø (*pr. ang.*) replacement *m* externe ; outplacement *m* ; reclassement *m* d'un cadre à l'extérieur de l'entreprise.

Output *n*, **s** (*pr. ang.*) **1.** (*informatique*) output *m* ; données *fpl* délivrées par l'ordinateur **2.** production *f* totale d'une entreprise ; extrants *mpl* (biens ou services produits) (*contr. Input*).

Outsider *m*, - (*pr. ang.*) **1.** outsider *m* (*syn. Außenseiter*) **2.** entreprise *f* non liée par des accords de limitation de concurrence.

outsourcen (*pr. ang.*) externaliser ; sous-traiter ; transférer ; faire appel à une entreprise extérieure.

Outsourcing *n*, ø (*pr. ang.*) externalisation *f* ; outsourcing *m* ; sous-traitance *f* ; transfert *m* ; délocalisation *f*.

Outsourcing-Firma *f*, **en** entreprise *f* sous-traitante.

Overflow *m*, **s** (*pr. ang.*) (*informatique*) overflow *m* ; mémoire *f* insuffisante (d'un ordinateur).

Overheadprojektor *m*, **en** rétroprojecteur *m*.

ÖVP *f* (*Österreichische Volkspartei*) Parti *m* conservateur autrichien.

OZ → **1.** *Oktanzahl* **2.** *Ortszahl* **3.** *Ortszuschlag*.

Ozean *m*, **e** océan *m*.

Ozeandampfer *m*, - paquebot *m* transatlantique ; géant *m* des mers.

Ozongehalt *m*, **e** taux *m* d'ozone ; teneur *f* en ozone.

Ozonloch *n*, ¨**er** trou *m* d'ozone ; mitage *m* de la couche d'ozone (dû aux chlorofluorocarbones).

Ozonschicht *f*, **en** couche *f* d'ozone ; *die ~ durchlöchern* trouer, percer la couche d'ozone.

P

P 1. (*Papier*) terme *m* de bourse indiquant une offre de titres **2.** → *Polen*.
p. a. (*per annum*) par an ; annuellement.
Paar *n*, **e** paire *f* ; couple *m*.
paarweise par paires.
Pacht *f*, **en** bail *m* ; bail à ferme ; affermage *m* ; fermage *m* ; loyer *m* ; location *f* ; *in* ~ = en location ; *in* ~ *haben* tenir à bail ; avoir en location, en gérance ; *in* ~ *geben* affermer ; donner en gérance ; *in* ~ *nehmen* prendre à ferme, en gérance ; → *Halb-, Jagdpacht*.
Pachtbetrieb *m*, **e** exploitation *f* prise ou donnée en fermage.
Pachtdauer *f*, **ø** durée *f* du bail.
pachten prendre à bail ; louer ; prendre en gérance, en location.
Pächter *m*, **-** preneur *m* à bail ; fermier *m* ; gérant *m*.
Pachtgeld *n*, **er** fermage *m* ; affermage *m* ; prix *m* de la gérance.
Pachtgrundstück *n*, **e** terre *f* à bail.
Pachtung *f*, **en** → *Pacht*.
Pachtvertrag *m*, **¨e** contrat *m* de fermage ; contrat de location.
pachtweise à (titre de) bail ; en fermage.
Pachtzins *m*, **en** fermage *m* ; prix *m* du bail ; loyer *m*.
Package *n*, **s** (*pr. ang.*) (*tourisme*) package *m* ; forfait *m* touristique (vol, réservation d'hôtel, location de véhicule, etc.).
Packagetour *f*, **en** → *Package*.
Päckchen *n*, **-** colis *m* postal ; petit paquet *m*.
packen emballer ; empaqueter ; faire ses bagages.
Packer *m*, **-** emballeur *m*.
Packerei *f*, **en** service *m* emballage et expéditions (d'une entreprise).
Packkosten *pl* frais *mpl* d'emballage.
Packpapier *n*, **e** emballage *m* carton.
Packset *n*, **s** papier *m* d'emballage.
Packung *f*, **en** emballage *m* ; présentation *f* ; paquet *m* ; ~ *Zigaretten* paquet de cigarettes.
Packzettel *m*, **-** 1. fiche *f* de contrôle (de qualité) 2. bulletin *m* d'expédition.
Paket *n*, **e** 1. colis *m* (postal) ; paquet *m* ; *ein* ~ *verschicken* expédier un colis 2. (*fig.*) train *m* de mesures *m* ; ensemble *m* de mesures ; paquet.

Paketannahme *f*, **n** réception *f* des colis.
Paketaufgabe *f*, **n** dépôt *m* des colis ; remise *f* des paquets.
Paketausgabe *f*, **n** distribution *f*, livraison *f* des colis.
Paketbeförderung *f*, **en** transport *m*, acheminement *m* des colis.
Paketdienst *m*, **e** service *m* d'acheminement *m* des colis.
Paketiermaschine *f*, **n** emballeuse *f* ; machine *f* à empaqueter.
Paketkarte *f*, **n** bulletin *m* d'expédition.
Paketporto *n*, **s** frais *mpl* de port ; port *m* (pour colis postal).
Paketpost *f*, **ø** service *m* des colis postaux.
Paketschalter *m*, **-** guichet *m* de remise des colis.
Paketsendung *f*, **en** expédition *f* des colis.
Paketspediteur *m*, **e** commissionnaire *m* de transport de colis.
Paketzustellung *f*, **en** distribution *f* des colis.
Pakt *m*, **e** pacte *m* ; *einen* ~ *schließen* (*mit*) conclure un pacte (avec).
paktieren : *mit jdm* ~ pactiser avec qqn.
Palette *f*, **n** palette *f* ; éventail *m* ; gamme *f* (de produits) ; *breitgefächerte* ~ *von Konsumgütern* large éventail de biens de consommation.
Palettenverkehr *m*, **ø** transport *m* sur palettes ; manutention *f* par palettes.
palettieren expédier à l'aide de palettes ; palettiser.
Palliativstation *f*, **en** (*sécurité sociale*) unité *f* de soins palliatifs.
Palmtop *m*, **s** (*pr. ang.*) → *Notebook*.
panaschieren (*élections*) panacher.
Panaschierung *f*, **en** (*élections*) panachage *m*.
Panel *n*, **s** (*pr. ang.*) panel *m* (groupe de personnes interrogées à intervalles réguliers pour un sondage).
Paneltechnik *f*, **en** technique *f* de sondage par panels.
Panik *f*, **en** panique *f*.
Panikkäufe *mpl* achats *mpl* de panique.
Panikmache *f*, **ø** création *f* d'un climat de panique.

Panne *f*, **n** panne *f* ; *~n beheben* réparer.
Pannenhilfe *f*, **n** (*assur.*) assistance *f* dépannage ; service *m* de dépannage.
Pannentyp *m*, **en** type *m* de panne.
panschen (*vin*) trafiquer ; frelater ; couper.
Panscherei *f*, **en** (*vin*) frelatage *m* ; trucage *m*.
Panzerschrank *m*, ¨**e** coffre-fort *m* ; armoire *f* blindée (*syn. Safe*).
Paperback *n*, **s** (*pr. ang.*) livre *m* cartonné ; livre de poche (*syn. Taschenbuch*).
Papier *n*, **e** 1. papier *m* ; *etw zu ~ bringen* mettre par écrit ; consigner qqch par écrit ; *~ verarbeitende Industrie* industrie *f* de transformation du papier 2. note *f* écrite ; *amtliches ~* note officielle 3. *~e* papiers *mpl* d'identité 4. (*bourse, banque*) effet *m* ; titre *m* ; valeur *f* ; papier *m* ; *bankfähiges ~* papier bancable ; *börsengängiges ~* titre négociable en bourse ; *diskontfähiges ~* effet escomptable ; *festverzinsliches ~* titre à revenu fixe ; *auf den Inhaber lautendes ~* titre au porteur ; *übertragbares ~* papier cessible, transmissible ; *ungestempeltes ~* papier libre ; *ein ~ ab/stoßen* vendre un titre ;→ ***Börsen-, Dividenden-, Geschäfts-, Handels-, Renten-, Versand-, Wertpapier(e)***.
Papierblatt *n*, ¨**er** feuille *f* de papier.
Papierdeutsch *n*, ø style *m* administratif ; allemand *m* de chancellerie.
Papierformat *n*, **e** format *m* de papier.
Papiergeld *n*, ø papier-monnaie *m* ; circulation *f* fiduciaire ; monnaie *f* fiduciaire.
Papiergeldumlauf *m*, ø circulation *f* des billets.
Papierindustrie *f*, **n** industrie *f* du papier.
Papierkram *m*, ø paperasserie *f* (administrative).
Papierkrieg *m*, **e** paperasserie *f* ; *der ~ mit der Bürokratie* tracasseries *fpl* administratives.
Papiertiger *m*, **-** (*péj.*) tigre *m* de papier ; adversaire *m* arrogant mais inoffensif.
Papier- und Pappwaren *fpl* papeterie *f* et cartonnages *mpl* ; industrie *f* du papier et du carton.
Papierwährung *f*, **en** → ***Papiergeld***.
Papierwarenhandlung *f* , **en** papeterie *f*.
Papierwolf *m*, (¨**e**) → ***Reißwolf***.

Paradigmenwechsel *m*, **-** changement *m* de paradigme ; changement de direction ; passage *m* à un autre mode de référence.
Paragraf *m*, **en**, **en** paragraphe *m* ; article *m* (*syn. Paragraph*).
Paragrafendickicht *n*, **e** (*péj.*) fatras *m* de textes et paragraphes administratifs ; complexité *f* administrative.
Paragrafendschungel *m*, **-** → ***Paragrafendickicht***.
Paragrafenreiter *m*, **-** (*péj.*) pinailleur *m* ; *ein ~ sein* être à cheval sur le règlement ; pinailler.
parallel (*zu*) parallèle (à) ; *~ laufen* avoir une évolution parallèle.
Parallele *f*, **n** parallèle *f*.
Parallelmarkt *m*, ¨**e** marché *m* parallèle ; (*bourse*) second marché *m*.
Parallelschaltung *f*, **en** (*informatique*) couplage *m* (en) parallèle.
Parallelwirtschaft *f*, **en** → ***Schattenwirtschaft***.
Parameter *m*, **-** paramètre *m*.
parametrieren paramétrer.
parametrisieren → ***parametrieren***.
Paraphe *f*, **n** paraphe *m* ; griffe *f*.
paraphieren parapher ; revêtir d'un paraphe.
Paraphierung *f*, **en** apposition *f* d'un paraphe.
par avion (*pr. fr.*) par avion (*syn. per Luftpost*).
pari pair ; *unter, über ~* au-dessous, au-dessus du pair ; *al (zu) ~ stehen* être au pair.
Pariausgabe *f*, **n** (*bourse*) émission *f* au pair.
Pariemission *f*, **en** → ***Pariausgabe***.
Parikurs *m*, **e** (*bourse*) cours *m* au pair.
Parirückzahlung *f*, **en** (*bourse*) remboursement *m* au pair.
Parität *f*, **en** parité *f* ; égalité *f* ; *amtliche (offizielle) ~* parité officielle ; *feste ~* parité fixe ; *gleitende ~* parité mobile ; *soziale ~* parité sociale ; *~en fest/legen* fixer les parités.
Paritätsbasis *f*, **-basen** base *f* paritaire, égalitaire.
paritätisch paritaire ; à parité ; à égalité ; *~ vertreten sein* être représenté à parité ; *~e Mitbestimmung* cogestion *f* paritaire.
Paritätsanpassung *f*, **en** alignement *m*, r(é)ajustement *m* des parités.

Paritätskurs *f,* **e** (*monnaie*) change *m* au pair ; taux *m* de change ; *zum* ~ *wechseln* échanger au pair.

Paritätslöhne **mpl** salaires *mpl* paritaires.

Pariwert *m,* **e** (*bourse*) valeur *f* au pair.

parken stationner ; garer.

Parken *n,* ø stationnement *m*.

Parkett *n,* **e** (*bourse*) parquet *m* ; bourse *f* officielle.

Parkettbörse *f,* **n** corbeille *f* ; parquet *m*.

Parketthandel *m,* ø → *Parkettbörse*.

Parkgebühr *f,* **en** taxe *f* de stationnement.

Parkhaus *n,* ¨er immeuble *m* de parkings (sur plusieurs étages).

Parkplatz *m,* ¨e place *f* de stationnement ; parking *m* ; *bewachter* ~ parking surveillé, gardé ; *gebührenpflichtiger* ~ stationnement payant.

Parkposition *f,* **en** (*fig.*) position *f* d'attente.

Parkstudium *n,* -**ien** (*université*) études *fpl* provisoires, en attente d'une place.

Parkuhr *f,* **en** parcmètre *m*.

Parkverbot *n,* **e** interdiction *f* de stationner ; stationnement *m* interdit.

Parlament *n,* **e** parlement *m* ; *europäisches* ~ Parlement européen.

Parlamentarier *m,* - → *Parlamentsmitglied*.

parlamentarisch parlementaire ; ~*e Demokratie* démocratie *f* parlementaire.

Parlaments- (*préfixe*) parlementaire ; du parlement.

Parlamentsausschuss *m,* ¨e commission *f* parlementaire.

Parlamentsbeschluss *m,* ¨e vote *m* du parlement ; décision *f* parlementaire.

Parlamentsfraktion *f,* **en** groupe *m* parlementaire.

Parlamentsmitglied *n,* **er** membre *m* du parlement ; parlementaire *m*.

Parlamentssitzung *f,* **en** séance *f* du parlement ; session *f* parlementaire ; séance du Bundestag ; (*France*) séance de l'Assemblée nationale.

Parlamentswahlen *fpl* élections *fpl* législatives ; les législatives *fpl*.

Parole *f,* **n** mot *m* d'ordre ; slogan *m* ; *die* ~ *aus/geben* faire passer le mot.

Partei *f,* **en** **1.** (*polit.*) parti *m* ; *einer* ~ *bei/treten* adhérer à un parti **2.** (*jur.*) partie *f* ; partie en cause, en justice ; *antragstellende* (*klagende*) ~ partie plaignante ; demandeur *m* ; *beklagte* ~ partie défenderesse ; *gegnerische* ~ partie adverse ; *streitende* ~**en** parties en cause **3.** (*contrat*) partie *f* contractante ; signataire *m* (du contrat) ; *vertragschließende* ~**en** parties contractantes **4.** (*location*) locataire *m* ; occupant *m*.

parteiamtlich qui émane des instances d'un parti.

Parteianhänger *m,* - adhérent *m* ; membre *m* ; fidèle *m* ; militant *m*.

Parteiapparat *m,* **e** appareil *m* d'un parti.

Parteiausschluss *m,* ¨e exclusion *f* d'un parti politique.

Parteiaustritt *m,* **e** départ *m* d'un parti ; défection *f*.

Parteibasis *f,* -**sen** base *f* d'un parti ; militants *mpl*.

Parteichinesisch *n,* ø jargon *m* politique ; langue *f* de bois.

Parteidisziplin *f,* **en** discipline *f* de parti.

Partei(en)finanzierung *f,* **en** financement *m* des partis politiques.

Parteienlandschaft *f,* **en** paysage *m* politique ; éventail *m* des partis.

Parteienverkehr *m,* ø (*Autriche*) heures *fpl* d'ouverture des bureaux.

Parteienwirtschaft *f,* **en** népotisme *m* politique.

Parteifreund *m,* **e** ami *m* politique.

Parteiführer *m,* - chef *m* d'un parti ; leader *m*.

Parteifunktionär *m,* **e** permanent *m*.

parteiintern ~*er Gegner* opposant *m* au sein même d'un parti politique.

parteiisch partial.

Parteikosten *pl* (*jur.*) dépens *mpl* ; frais *mpl* de justice.

parteilich → *parteiisch*.

Parteilichkeit *f,* ø partialité *f* ; esprit *m* partisan.

Parteilinie *f,* **n** ligne *f* politique d'un parti.

parteilos sans étiquette politique ; ~*er Abgeordneter* député sans étiquette.

Parteilose/r (*der*/*ein*) homme politique *m* sans étiquette ; politicien *m* sans appartenance politique.

Parteilosigkeit *f,* ø sans appartenance politique.

Parteimitglied *n,* **er** membre *m*, adhérent d'un parti politique.

Parteimitgliedschaft *f,* **en** appartenance *f* à un parti politique.
parteipolitisch qui concerne la politique d'un parti ; ~*e Fragen* des questions de politique interne à un parti.
Parteispitze *f,* **n** 1. tête *f* d'un parti 2. personnaltés *fpl* marquantes d'un parti ; (*fam.*) éléphants *mpl.*
Parteisprecher *m,* - porte-parole *m* d'un parti politique.
Parteitag *m,* **e** congrès *m* d'un parti politique.
parteiübergreifend au-dessus des partis (politiques) ; au-delà des divisions partisanes ; ~*er Beschluss* décision *f* unanime, indépendante des partis politiques.
Parteivorstand *m,* ¨**e** comité *m* exécutif du parti.
Parteivorsitzende/r (*der/ein*) président *m*, secrétaire *m* général d'un parti.
Parteizugehörigkeit *f,* **en** appartenance *f* à un parti politique.
Partenbrief *m,* **e** quirat *m* ; part *f* de propriété d'un navire.
Partenreederei *f,* **en** armement *m* collectif.
Partie *f,* **n** 1. (*marchandises*) lot *m* (important) d'articles ; quantité *f* 2. (*Autriche*) équipe *f* de travail.
Partiebezug *m,* ¨**e** achat *m* , fourniture *f* de marchandises par lots.
Partieführer *m,* - (*Autriche*) chef *m* d'équipe.
Partiewaren *fpl* lot *m* de marchandises vendues au rabais ; articles *mpl* soldés ; fins *fpl* de série.
partieweise par lots ; *Waren* ~ *kaufen* acheter ses marchandises par lots.
Partizipation *f,* **en** participation *f.*
Partizipationsgeschäft *n,* **e** affaire *f* en participation ; opération *f* en participation.
Partizipationskonto *n,* -**ten** compte *m* de participation.
Partizipationsschein *m,* **e** (*Suisse*) → *Genussschein.*
Partner *m,* - partenaire *m* ; associé *m.*
Partnerland *n,* ¨**er** → *Partnerstaat.*
Partnerschaft *f,* **en** 1. association *f* ; participation *f* ; partenariat *m* 2. jumelage *m* entre deux villes.
Partnerschaftsabkommen *n,* - accord *m* de partenariat.
Partnerstaat *m,* **en** État *m* associé ; pays *m* cocontractant ; partenaire *m.*
Partnerstadt *f,* ¨**e** ville *f* jumelée.

Parzelle *f,* **n** parcelle *f* ; lot *m.*
parzellieren parcelliser ; lotir.
Parzellierung *f,* **en** parcellisation *f* ; lotissement *m.*
Pass *m,* ¨**e** passeport *m* ; *abgelaufener* ~ passeport expiré ; (*un*)*gültiger* ~ passeport (non-)valable ; *einen* ~ *aus/stellen, erneuern* délivrer, renouveler un passeport.
Passabfertigung *f,* **en** contrôle *m* des passeports.
Passage *f,* **n** passage *m.*
Passagier *m,* **e** passager *m* ; voyageur *m* ; *blinder* ~ passager clandestin.
Passagieraufkommen *n,* ø trafic-passagers *m.*
Passagierdampfer *m,* - paquebot *m.*
Passagierdienst *m,* **e** transport *m* de passagers.
Passagierflugverkehr *m,* ø transport *m* aérien de passagers.
Passagiergut *n,* ¨**er** bagages-passager *mpl.*
Passagierschiff *n,* **e** navire *m* de ligne.
Passagiertransport *m,* **e** transport *m* de passagers.
Passamt *n,* ¨**er** bureau *m* des passeports ; service *m* des passeports.
Passbild *n,* **er** photo *f* d'identité du passeport.
passé sein (*fam.*) être démodé, passé (de mode).
Passiergewicht *n,* **e** (*monnaie*) poids *m* minimum de tolérance (pour qu'une pièce soit valable).
Passierschein *m,* **e** laissez-passer *m* ; permis *m* ; autorisation *f.*
Passinhaber *m,* - titulaire *m* d'un passeport.
passiv passif ; déficitaire ; ~*e Bestechung* corruption *f* passive ; ~*e Handelsbilanz* balance *f* commerciale déficitaire ; ~*es Wahlrecht* éligibilité *f* ; droit *m* de se présenter aux élections ; ~*er Widerstand* résistance *f* passive.
Passiva *pl* (*comptab.*) passif *m* ; postes *mpl* du passif ; comptes *mpl* du passif ; masse *f* passive ; déficit *m* ; dettes *fpl* (ensemble de dettes et engagements d'une entreprise ; partie droite du bilan et contrepartie de l'actif) ; *Aktiva und* ~ actif et passif ; → *Aktiva.*
Passivbilanz *f,* **en** (*comptab.*) bilan *m* déficitaire ; balance *f* passive.
Passivgeschäft *n,* **e** (*comptab.*) opération *f,* transaction *f* passive (en faveur du client).

Passivhandel *m*, ø commerce *m* d'importation ; importations *fpl*.
passivieren (*comptab.*) porter, inscrire au passif ; mettre, passer au passif ; comptabiliser au passif ; inscrire dans le passif.
Passivierung *f*, **en** (*comptab.*) inscription *f*, comptabilisation *f* au passif.
Passivkonto *n*, **-ten** (*banque*) compte *m* au passif ; débiteur.
Passivmasse *f*, **n** → *Passiva*.
Passivposten *m*, **-** (*comptab.*) poste *m*, compte *m* passif ; élément *m* de passif.
Passivsaldo *m*, **-den** (*comptab.*) solde *m* passif, débiteur ; balance *f* débitrice.
Passivschuld *f*, **en** dette *f* ; engagement *m*.
Passivseite *f*, **n** (*comptab.*) passif *m* ; colonne *f*, côté *m* passif ; doit *m* ; *auf der ~ aus/weisen* inscrire au passif ; *auf der ~ erscheinen* figurer au passif.
Passivtausch *m*, **e** (*comptab.*) transfert *m* d'écritures entre postes de passif ; jeu *m* d'écritures en postes de passif.
Passivwechsel *m*, **-** (*finance*) effet *m* à payer ; traite *f* de fournisseur.
Passivzinsen *mpl* (*banque*) intérêts *mpl* payés par la banque (au client) ; intérêts débiteurs.
Passkontrolle *f*, **n** contrôle *m* des passeports.
Passstelle *f*, **n** → *Passamt*.
Passus *m*, **-** passage *m* ; clause *f* ; paragraphe *m* ; article *m*.
Passwort *n*, **¨er** (*informatique*) mot *m* de passe ; mot-clé *m*.
passwortgeschützt (*informatique*) protégé par un mot de passe.
Pate *m*, **n**, **n** parrain.
Patenorganisation *f*, **en** organisation *f* de parrainage.
Patenschaft *f*, **en** 1. jumelage *m* (de villes) 2. patronage *m* ; parrainage *m*.
Patenschaftsvertrag *m*, **¨e** contrat *m* de parrainage (soutien économique, culturel et politique).
Patent *n*, **e** 1. brevet *m* de qualification professionnelle 2. brevet (d'invention) ; droits *mpl* de la propriété intellectuelle **I.** *abgelaufenes ~* brevet expiré : brevet tombé dans le domaine public ; *erteiltes ~* brevet délivré **II.** *ein ~ an/melden* déposer un brevet ; *ein ~ erteilen* délivrer un brevet ; (*auf etw*) *ein ~ nehmen* prendre un brevet (sur qqch) ; *durch ~ schützen* protéger par un brevet ; *ein ~ übertragen* céder un brevet ; *ein ~ verwerten* exploiter un brevet **III.** *Alleinrecht zur Nutzung eines ~s* exclusivité *f* d'exploitation d'un brevet ; *Erteilung eines ~s* délivrance *f* d'un brevet ; *Verwertung eines ~s* exploitation d'un brevet ; → *Urheberrechte*.
Patent- (*préfixe*) breveté ; patenté.
Patentabteilung *f*, **en** service *m*, bureau *m* des brevets.
Patentamt *n*, **¨er** office *m* des brevets.
Patentanmeldung *f*, **en** demande *f* de brevet.
Patentantrag *m*, **¨e** → *Patentanmeldung*.
Patentanwalt *m*, **¨e** conseil *m* juridique en matière de brevets ; avocat *m* en droits de la propriété intellectuelle ; avocat-conseil *m* en matière de brevets.
Patentdauer *f*, ø durée *f* d'un brevet.
Patenteintragung *f*, **en** enregistrement *m* d'un brevet.
Patenterneuerung *f*, **en** renouvellement *m* d'un brevet.
Patenterteilung *f*, **en** délivrance *f* d'un brevet.
patentfähig → *patentierbar*.
patentgeschützt breveté ; patenté.
Patentgesetz *f*, **e** loi *f* sur les brevets ; loi sur les droits de la propriété intellectuelle.
patentierbar brevetable.
patentieren breveter ; *~ lassen* protéger par un brevet ; faire breveter.
patentiert breveté.
Patentingenieur *m*, **e** ingénieur-conseil *m* en matière de brevets, de propriété industrielle.
Patentinhaber *m*, **-** détenteur *m* d'un brevet.
Patentkosten *pl* frais *mpl* de brevet.
Patentlizenz *f*, **en** licence *f* de brevet.
Patentlöschung *f*, **en** radiation *f* d'un brevet.
Patentlösung *f*, **en** (*fig.*) solution *f* patentée.
Patentnutzung *f*, **en** exploitation *f* d'un brevet.
Patentrecht *n*, **e** droit *m* des brevets.
Patentregister *n*, **-** registre *m* de la propriété industrielle.
Patentrezept *n*, **e** (*fig.*) recette *f* patentée, miracle ; *ein ~ gegen die Arbeitslosigkeit gibt es nicht* il n'y a pas de panacée universelle contre le chômage.
Patentrolle *f*, **n** → *Patentregister*.

Patentschrift *f*, **en** description *f* de brevet ; document *m* joint au descriptif d'un brevet.

Patentschutz *m*, ø protection *f* des brevets, inventions et droits de la propriété intellectuelle.

Patentsucher *m*, - demandeur *m* en brevet.

Patentübertragung *f*, **en** cession *f* de brevet.

Patenturkunde *f*, **n** certificat *m* de brevet d'invention.

Patentverletzung *f*, **en** violation *f* de brevet ; contrefaçon *f* ; piraterie *f*.

Patentverwertung *f*, **en** exploitation *f* d'un brevet.

Patentwesen *n*, ø régime *m* des brevets et des droits de la propriété intellectuelle.

Patientenverfügung *f*, **en** (*jur.*) droit *m* de mourir dans la dignité.

Patt *n*, **s** pat *m* ; égalité *f* des voix ; *nukleares* ~ équilibre *m* nucléaire.

Pattsituation *f*, **en** 1. → *Patt* 2. impasse *f* ; situation *f* d'impasse ; situation de blocage.

Pausch- (*préfixe*) → *Pauschal-*.

pauschal forfaitaire ; à forfait ; global ; en bloc.

Pauschal- (*préfixe*) → *pauschal*.

Pauschalabfindung *f*, **en** indemnité *f* forfaitaire.

Pauschalabschlag *m*, ¨e → *Pauschalabzug*.

Pauschalabschreibung *f*, **en** amortissement *m* global.

Pauschalabzug *m*, ¨e abattement *m* forfaitaire.

Pauschalbesteuerung *f*, **en** imposition *f* forfaitaire ; taxation *f* forfaitaire.

Pauschalbetrag *m*, ¨e → *Pauschalsumme*.

Pauschalbewertung *f*, **en** évaluation *f*, estimation *f* forfaitaire.

Pauschale *f*, **n** → *Pauschalsumme*.

Pauschalentschädigung *f*, **en** indemnisation *f*, indemnité *f* forfaitaire.

Pauschalerstattung *f*, **en** remboursement *m* forfaitaire.

pauschalieren évaluer forfaitairement ; globaliser ; passer au forfait ; imposer une somme forfaitaire ; *pauschalierte Leistungen* prestations *fpl* forfaitaires ; *pauschalierte Steuer* impôt *m* forfaitaire.

Pauschalierung *f*, **en** règlement *m* forfaitaire ; globalisation *f*.

pauschalisieren (trop) généraliser ; ne pas différencier.

Pauschalität *f*, ø généralisation *f* ; non-différenciation *f*.

Pauschalkauf *m*, ¨e achat *m* en bloc ; achat à forfait.

Pauschalpreis *m*, **e** prix *m* forfaitaire.

Pauschalprovision *f*, **en** commission *f* forfaitaire.

Pauschalreise *f*, **n** voyage *m* (à prix) forfaitaire ; voyage organisé.

Pauschalsatz *m*, ¨e taux *m* forfaitaire.

Pauschalsteuer *f*, **n** impôt *m* forfaitaire ; taxe *f* forfaitaire.

Pauschalsumme *f*, **n** montant *m* global ; somme *f* forfaitaire ; forfait *m*.

Pauschaltarif *m*, **e** tarif *m* forfaitaire.

Pauschalurlaub *m*, **e** forfait-vacances *m*.

Pauschalurlauber *m*, - participant *m* à un voyage organisé.

Pauschalveranstalter *m*, - voyagiste *m* ; tour-opérateur *m*.

Pauschalvergütung *f*, **en** rétribution *f*, paiement *m* forfaitaire.

Pauschalversicherung *f*, **en** assurance *f* forfaitaire.

Pauschalwert *m*, **(e)** valeur *f* forfaitaire.

Pauschalzahlung *f*, **en** paiement *m*, versement *m* forfaitaire.

Pauschbesteuerung *f*, **en** → *Pauschalbesteuerung*.

Pauschbetrag *m*, ¨e → *Pauschalsumme*.

Pauschsatz *m*, ¨e → *Pauschalsatz*.

Pause *f*, **n** pause *f* ; arrêt *m* ; *eine* ~ *ein/legen* faire une pause.

Pavillon *m*, **s** pavillon *m* (de foire).

Payback *n*, ø (*pr. ang.*) bonus *m* ; carte *f* de fidélité (*syn. Bonus*).

Pay-per-View *n*, ø (*pr. ang.*) télévision *f* à la carte.

Pay-TV *n*, ø (*pr. ang.*) chaîne *f* payante ; chaîne cryptée.

p.c. (*pro centum*) pour cent (*syn. Prozent* ; *v.H.*).

PC *m*, **s** (*Personalcomputer*) P.C. *m* ; ordinateur *m* ; ordi *m* ; *Arbeit am* ~ travail *m* sur ordinateur.

PC-Dichte *f*, ø densité *f* d'ordinateurs par nombre d'habitants.

PDA *m*, **s** (*Personal Digital Assistant*) organiseur *m* ; agenda *m* électronique.

PDS *f* (*Partei des Demokratischen Sozialismus*) Parti *m* du socialisme démocratique (a succédé en 1989 au SED, parti communiste est-allemand).

PEG-Verhältnis *n*, se (*bourse : Price-Earning-Growth*) rapport *m* prix-bénéfice-croissance.

pekuniär pécuniaire ; financier.

Pelzhandel *m*, ø pelleterie *f*.

Pendeldienst *m*, e → ***Pendelverkehr***.

pendeln 1. osciller 2. (*transp.*) faire la navette.

Pendeln *n*, ø (*transp.*) allers-retours *mpl* (des banlieusards) ; déplacement *m* ; le fait de faire la navette.

Pendelverkehr *m*, ø service *m* de navette ; navette *f*.

Pendelzeit *f*, en trajet *m* aller-retour ; durée *f* de trajet.

Pendelzug *m*, ¨e train-navette *m* ; train de banlieue ; navette *f*.

Pendler *m*, - travailleur *m* migrant, frontalier ; banlieusard *m* ; actif *m* qui doit se déplacer ; (*Belgique*) navetteur *m*.

Pendlerpauschale *f*, n (*fisc*) déduction *f* forfaitaire pour frais de transport ; prime *f* forfaitaire de transport.

Pendlerzug *m*, ¨e → ***Pendelzug***.

Penetration *f*, en → ***Marktdurchdringung***.

Pension *f*, en 1. pension *f* ; pension de retraite *f* ; *eine ~ beziehen* toucher une pension de retraite ; *in ~ gehen* prendre sa retraite ; *von seiner ~ leben* vivre de sa retraite, de sa pension ; → ***Rente*** 2. (*touris.*) pension *f* (de famille).

Pensionär *m*, e fonctionnaire *m* à la retraite ; pensionnaire-retraité *m* ; pensionné *m*.

pensionieren pensionner ; mettre à la retraite ; *sich ~ lassen* prendre sa retraite.

Pensionierte/r (*der/ein*) → ***Pensionär***.

Pensionierung *f*, en mise *f* à la retraite ; depart *m* en retraite.

Pensionierungsalter *n*, ø âge *m* de (la) mise à la retraite.

Pensionsalter *n*, ø âge *m* de la retraite ; *das ~ erreicht haben* avoir atteint l'âge de la retraite.

Pensionsanspruch *m*, ¨e droit *m* à la retraite.

pensionsberechtigt ayant droit à une pension de retraite.

Pensionsberechtigung *f*, en → ***Pensionsanspruch***.

Pensionsempfänger *m*, - titulaire *m* d'une pension ; retraité *m*.

Pensionsfonds *m*, - fonds *m* de pension ; *betrieblicher ~* fonds de pension constitué par les entreprises (au bénéfice de leurs salariés) ; *die ~ für die Altersversorgung* les fonds de pension pour la retraite ; → ***Investmentfonds***.

Pensionsgeschäft *n*, e prise *f* en pension de titres par la *Deutsche Bundesbank* avant que la B.C.E. ne la remplace par les → ***Hauptrefinanzierungsgeschäfte*** ; octroi *m* d'un prêt sur nantissement de titres.

Pensionskasse *f*, n 1. caisse *f* de pension-retraite 2. → ***Pensionsfonds***.

Pensionskürzung *f*, en diminution *f*, amputation *f* de la pension de retraite.

Pensionslast *f*, en charges *fpl* des pensions et retraites.

Pensionsrückstellungen *fpl* (*comptab.*) provisions *fpl* pour retraites (obligatoires du personnel).

Pensionssatz *m*, ¨e taux *m* de prise en pension (de titres par la banque centrale).

Pensionszahlstelle *f*, n organisme *m* payeur de la pension de retraite.

Pensionszusage *f*, n promesse *f* de versement de retraite.

Penunzen *fpl* (*fam.*) argent *m* ; pognon *m* ; fric *m*.

Pep *m*, ø pep *m* ; punch *m* ; tonus *m* ; *eine Werbung mit ~* une pub avec du pep.

per par ; *~ Aval* bon pour aval ; *~ Bahn* par rail ; par voie ferrée ; *~ Kasse* (au) comptant ; *~ Monat* par mois ; *~ Post* par la poste ; *~ Prokura* (*pp.* ; *ppa*) par procuration ; *~ Saldo* pour solde (de tout compte).

PER (*Price-Earning Ratio*) → ***Kurs-Gewinn-Verhältnis***.

Perestroika *f*, ø (*hist.*) perestroïka *f* (politique de restructuration économique mise en œuvre par Gorbatchev dans l'ex-U.R.S.S.).

Performance *f*, s (*pr. ang.*) (*finances*) performance *f* ; résultat *m* financier ; → ***Rendite***.

Periode *f*, n période *f*.

Periodenbilanz *f*, en (*comptab.*) balance *f* intermédiaire.

periodenfremd (*comptab.*) imputable à une autre période comptable.

Periodenkosten *pl* (*comptab.*) charges *fpl* de structures.

Periodenrechnung *f*, en (*comptab.*) résultat *m* partiel (perte ou profit).

periodisch périodique ; cyclique.

peripher périphérique ; (*informatique*) ~e Zusatzgeräte périphériques mpl.
Peripherie f, n périphérie f.
Peripherieeinheit f, n (*informatique*) unité f périphérique.
Peripheriegerät n, e (*informatique*) périphérique m.
Person f, en personne f ; *dritte* ~ tierce personne ; tiers m ; *erwerbstätige* (*berufstätige*) ~ personne active ; *juristische* ~ personne morale ; *natürliche* ~ personne physique ; → **Einzel-, Erwerbs-, Rechtsperson**.
Personal n, ø personnel m ; salariés mpl I. *erfahrenes* ~ personnel expérimenté ; *fliegendes* ~ personnel volant ; *geschultes* ~ personnel qualifié ; *leitendes* ~ personnel de direction ; cadres mpl ; *zeitweilig eingestelltes* ~ personnel temporaire II. ~ *ab/bauen* réduire le personnel ; ~ *ab/werben* débaucher du personnel ; ~ *an/werben* recruter du personnel ; ~ *ein/stellen* recruter du personnel ; ~ *entlassen* licencier du personnel (*syn. Belegschaft*).
Personalabbau m, ø → **Personaleinsparung**.
Personalabteilung f, en service m du personnel.
Personalakte f, n dossier m individuel ; dossier personnel.
Personalangaben fpl données fpl, indications fpl personnelles.
Personalanwerbung f, en → **Personaleinstellung**.
Personalarbeit f, ø gestion f des ressources humaines.
Personalaufstockung f, en augmentation f des effectifs, du personnel.
Personalaufwand m, -wendungen (*comptab.*) charges fpl de personnel (salaires et charges sociales).
Personalausbildung f, en formation f du personnel.
Personalausstattung f, en dotation f en personnel.
Personalauswahl f, en sélection f du personnel.
Personalausweis m, e carte f d'identité ; pièce f d'identité.
Personalbearbeiter m, - employé m au bureau du personnel.
Personalbedarf m, ø besoins mpl en personnel.
Personalberater m, - consultant m de recrutement ; conseiller m en gestion de personnel.

Personalberatung f, en société-conseil f de gestion de personnel ; cabinet m de recrutement.
Personalbestand m, ¨e effectifs mpl ; personnel m.
Personalbetreuung f, en suivi m du personnel ; assistance f au personnel.
Personalbewegung f, en mouvement m du personnel.
Personalbogen m, -¨ fiche f individuelle.
Personalbüro n, s → **Personalabteilung**.
Personalchef m, s → **Personalleiter**.
Personal Computer m, - ordinateur m ; P.C. m.
Personaldecke f, n volant m de personnel ; couverture f en personnel ; effectifs mpl disponibles.
Personaleinsatzplanung f, en planning m du personnel.
Personaleinsparung f, en compression f de personnel ; économie f de personnel ; dégraissage m.
Personaleinstellung f, en recrutement m, embauche f de personnel.
Personalengpass m, ¨e manque m passager de personnel.
Personalentwicklung f, en évolution f de carrière.
Personalführung f, en → **Personalplanung**.
Personalgesellschaft f, en → **Personengesellschaft**.
Personalien pl identité f ; données fpl personnelles ; *die* ~ *an/geben* décliner son identité.
personalintensiv employant un personnel nombreux ; à fort coefficient de main-d'œuvre.
personalisieren personnaliser ; *eine Werbekampagne* ~ personnaliser une campagne publicitaire.
Personalkartei f, en fichier m du personnel.
Personalkosten pl frais mpl de personnel et coûts salariaux.
Personalkredit m, e crédit m personnel.
Personalkürzung f, en → **Personaleinsparung**.
Personalleasing n → **Leiharbeit**.
Personalleiter m, - directeur m du personnel ; chef m du personnel ; conseil(ler) m en D.R.H. (direction des ressources humaines).

Personalmanagement *n*, s → *Personalplanung*.

Personalmangel *m*, ¨ manque *m* de personnel ; pénurie *f* de main-d'œuvre.

Personalplanung *f*, en gestion *f* du personnel ; D.R.H. *f* (direction des ressources humaines).

Personalnebenkosten *pl* → *Personalzusatzkosten*.

Personalpolitik *f*, ø politique *f* (de recrutement) du personnel.

Personalrat *m*, ¨e → *Personalvertretung*.

Personalreferent *m*, en, en chef *m* de service du personnel (dans l'administration).

Personalsachbearbeiter *m*, - responsable *m* d'un dossier D.R.H.

Personalschnitt *m*, e → *Personaleinsparung*.

Personal-Service-Agentur *f*, en (*PSA*) agence *f* fédérale de placement en intérim pour chômeurs de longue durée (avec pour objectif un contrat en C.DI.).

Personalstamm *m*, ¨e personnel *m* attitré ; personnel stable ; les titulaires *mpl*.

Personalstand *m*, ¨e état *m* du personnel ; effectif *m* du personnel.

Personalstärke *f*, n → *Personalbestand*.

Personalsteuer *f*, n → *Personensteuer*.

Personalüberhang *m*, ¨e sureffectifs *mpl* ; personnel *m* excédentaire ; effectif *m* en surnombre.

Personalunion *f*, en cumul *m* de deux fonctions ; (*fam.*) double casquette *f*.

Personalvermittlung *f*, en agence *f* de placement ; bureau *m* de placement.

Personalverringerung *f*, en → *Personaleinsparung*.

Personalvertreter *m*, - délégué *m* du personnel.

Personalvertretung *f*, en représentation *f* du personnel ; délégation *f* du personnel de la fonction publique.

Personalverwaltung *f*, en → *Personalabteilung*.

Personalverzeichnis *n*, se liste *f* du personnel ; état *m* du personnel.

Personalwechsel *m*, - changement *m*, mouvement *m* de personnel.

Personalwesen *n*, ø → *Personalplanung*.

Personalzusatzkosten *pl* (*comptab.*) charges *fpl* salariales annexes.

personell 1. qui concerne le personnel ; ~*e Schwierigkeiten in einem Betrieb* problèmes *mpl* de personnel dans une entreprise 2. d'ordre personnel ; individuel.

Personenbeförderung *f*, en → *Personenverkehr*.

personenbezogen personnel ; ayant trait à la personne ; adapté à chaque individu ; ~*e Daten* informations *fpl* privées ; renseignements *mpl* d'ordre personnel.

Personenfirma *f*, -men raison *f* sociale ; nom *m* commercial.

Personengesellschaft *f*, en société *f* de personnes (forme juridique d'entreprise ayant plusieurs associés : société en nom collectif, société en commandite) ; → *offene Handels-, Kommandit-, Kapitalgesellschaft*.

Personenkennzahl *f*, en numéro *m* d'identité personnel.

Personenkilometer *m*, - 1. kilomètre-passager *m* ; prix *m* du kilomètre par personne transportée 2. nombre *m* de personnes transportées par kilomètre.

Personenkonto *n*, -ten compte *m* de personnes (clients, fournisseurs, etc.).

Personenkraftwagen *m*, - (*PKW*) → *Personenwagen*.

Personennahverkehr *m*, ø trafic *m* de proximité ; transports *mpl* de proximité ; *öffentlicher* ~ transports publics de banlieue, de proximité.

Personenschaden *m*, - (*assur.*) préjudice *m* aux personnes ; dommage *m* corporel.

Personenstand *m*, ø 1. état civil *m* 2. statut *m* personnel.

Personenstandsbuch *n*, ¨er registre *m* de l'état civil ; *Auszug aus dem* ~ extrait *m*, fiche *f* d'état civil.

Personenstandsurkunde *f*, n acte *m* de l'état civil.

Personensteuer *f*, n impôt *m* personnel ; taxe *f* sur les personnes physiques.

Personenverkehr *m*, ø trafic *m* voyageurs ; transport *m* de voyageurs.

Personenversicherung *f*, en assurance *f* de personnes.

Personenwagen *m*, - 1. voiture *f* particulière (*syn. PKW*) 2. (*chem. de fer*) wagon *m* de voyageurs.

Personenzug *m*, ¨e 1. train *m* omnibus 2. train de voyageurs.

persönlich personnel ; ~*e Haftung* responsabilité *f* personnelle ; ~ *erscheinen* a) faire acte de présence b) (*jur.*) comparaître en personne.
Persönlichkeit *f*, en personnalité *f*.
persönlichkeitsbildend qui forme la personnalité ; formateur.
Persönlichkeitsentfaltung *f*, ø épanouissement *m* de la personnalité.
Persönlichkeitsschutz *m*, ø protection *f* du droit à la vie privée.
Persönlichkeitsverlust *m*, ø dépersonnalisation *f*.
Persönlichkeitswahl *f*, en scrutin *m* uninominal.
Perspektive *f*, n perspective *f* ; avenir *m* ; évolution *f* prévisible.
perspektivisch perspectif ; futur.
Perspektivlosigkeit *f*, ø absence *f* de pespectives d'avenir.
Perzent *n*, e (*Autriche*) → *Prozent*.
Peso *m*, (s) peso *m* (unité monétaire d'Amérique du Sud, d'Amérique centrale et des Philippines).
Pestizid *n*, e (*agric.*) pesticide *m*.
Pestizidrückstände *mpl* (*agric.*) traces *fpl* de pesticides.
Petition *f*, en pétition *f*.
petitionieren présenter, faire une pétition ; pétionner.
Petitionsausschuss *m*, ¨e commission *f* parlementaire chargée d'examiner les plaintes et pétitions des citoyens.
Petitionsrecht *n*, e droit *m* de pétition.
Petrochemie *f*, n → *Petrolchemie*.
petrochemisch → *petrolchemisch*.
Petrodollar *m*, s pétrodollar *m*.
Petrolchemie *f*, n pétrochimie *f*.
petrolchemisch pétrochimique.
PEX *m* (*bourse*) indice *m* des obligations hypothécaires.
Pf. (*hist.*) → *Pfennig*.
Pfand *n*, ¨er (*jur.*) gage *m* ; nantissement *m* ; caution *f* ; hypothèque *f* ; garantie *f* ; (*bouteille*) consigne *f* ; *gegen* ~ sur nantissement ; sur gage ; *als* ~ *behalten* conserver en gage ; *ein* ~ *ein/lösen* retirer un gage ; dégager ; *als* ~ *geben* donner, mettre en gage ; *etw als* ~ *hinterlegen* déposer qqch en gage ; *auf* (*gegen*) ~ *leihen* prêter sur gage ; prêter sur nantissement.
Pfandanleihe *f*, n emprunt *m* hypothécaire ; emprunt sur gage.
Pfandanzeige *f*, n notification *f* de mise en gage.

pfandbar saisissable.
Pfandbarkeit *f*, ø saisissabilité *f*.
Pfandbrief *m*, e obligation *f* hypothécaire ; obligation foncière ; titre *m* (de valeur hypothécaire) à revenu fixe.
Pfandbriefanleihe *f*, n emprunt *m* hypothécaire ; emprunt obligataire.
Pfandbriefanstalt *f*, en banque *f* de crédit hypothécaire.
Pfandbriefmarkt *m*, ¨e marché *m* des obligations hypothécaires (à la bourse des valeurs).
Pfanddarlehen *n*, - prêt *m* sur gage.
Pfanddepot *n*, s dépôt *m* de titres en nantissement ; remise *f* de valeurs en nantissement.
Pfanddose *f*, n can(n)ette *f* consignée (bière).
Pfandeffekten *pl* effets *mpl* nantis ; effets de commerce déposés en gage.
Pfandeinlösung *f*, en retrait *m* du gage, de l'objet gagé.
pfänden (*jur.*) saisir ; faire une saisie ; procéder à une saisie ; *Möbel* ~ saisir des meubles ; *den Lohn* ~ faire saisie sur le salaire.
Pfänder *m*, - huissier *m* de justice.
Pfanderhebungspflicht *f*, ø consigne *f* obligatoire (en matière d'emballages).
Pfandflasche *f*, n bouteille *f* consignée.
Pfandgeber *m*, - → *Pfandschuldner*.
Pfandgeld *n*, er consigne *f*.
Pfandflasche *f*, n bouteille *f* consignée.
Pfandgläubiger *m*, - créancier *m* gagiste ; gagiste *m*.
Pfandhaus *n*, ¨er crédit *m* municipal ; (*arch.*) mont-de-piété *m* ; (*France, fam.*) ma tante ; le clou (*syn. Leihhaus*).
Pfandhinterlegung *f*, en dépôt *m* de gage.
Pfandkredit *m*, e prêt *m* sur gage.
Pfandleihanstalt *f*, en → *Pfandhaus*.
Pfandleihe *f*, n prêt *m* sur gage.
Pfandleiher *m*, - prêteur *m* sur gage.
Pfandleihgesellschaft *f*, en établissement *m* de prêt sur gage.
Pfandnahme *f*, n prise *f* de gage.
Pfandnehmer *m*, - → *Pfandgläubiger*.
Pfandpflicht *f*, ø (*environnement*) obligation *f* (faite aux fabricants et distributeurs) d'éliminer ou de recycler des emballages ; *unter die* ~ *fallen* tomber sous le coup de la législation en matière d'emballages.

Pfandrecht *n*, ø droit *m* de gage.
Pfandrückgabe *f*, **n** restitution *f* de gage:
Pfandsache *f*, **n** gage *m* ; objet *m* gagé ; chose *f* mise en gage.
Pfandschein *m*, **e** reconnaissance, *f*, certificat *m* de gage ; titre *m* de nantissement.
Pfandschuld *f*, **en** dette *f* hypothécaire ; dette gagée.
Pfandschuldner *m*, - gageur *m* ; emprunteur *m* sur gage ; constituant *m* d'un gage.
Pfandsiegel *n*, - scellé *m* apposé sur l'objet gagé.
Pfändung *f*, **en** (*jur.*) saisie *f* ; ~ *von Löhnen und Gehältern* saisie de salaires ; ~ *von Immobilien* saisie immobilière.
Pfändungsbefehl *m*, **e** ordre *m*, mandat *m* de saisie ; saisie-arrêt *f*.
Pfändungsbeschluss *m*, ¨e ordonnance *f* de saisie ; décision *f* de saisie.
pfändungsfrei non saisissable.
Pfändungspfandrecht *n*, **e** gage *m* acquis par exécution.
Pfändungsrecht *n*, ø droit *m* de saisie.
Pfändungsschutz *m*, ø protection *f* contre les saisies abusives.
Pfändungsverfügung *f*, **en** → *Pfändungsbeschluss*.
Pfandveräußerung *f*, **en** vente *f* du gage.
Pfandverpackung *f*, **en** emballage *m* consigné.
Pfandverwahrung *f*, **en** séquestre *m* ; garde *f* du gage.
Pfd. → *Pfund*.
pfeffern poivrer ; *gepfefferte Rechnung* addition *f* salée.
Pfennig *m*, **e** (*hist. fam.*) pfennig *m* ; sou *m* ; centime *m* ; *keinen ~ mehr haben* être fauché ; être sans le sou ; *keinen ~ wert sein* ne pas valoir un centime.
Pfennigfuchser *m*, - (*fam.*) grippe-sou *m*.
Pferdestärke *f*, **n** (*PS*) (*auto.*) puissance *f* exprimée en chevaux-vapeur (C.V.) ; nombre *m* de C.V.
Pferdewettbüro *n*, **e** agence *f* du P.M.U. (pari mutuel urbain).
Pferdewette *f*, **n** pari *m* sur les courses de chevaux ; P.M.U. *m*.
Pflanze *f*, **n** plante *f* ; *genetisch veränderte* ~ plante transgénique.
pflanzen planter.
Pflanzenanbau *m*, ø culture *f* des plantes.

Pflanzenfaser *f*, **n** fibre *f* végétale.
Pflanzenfett *n*, **e** matière *f* grasse végétale ; graisse *f* végétale.
Pflanzenkost *f*, ø régime *m* végétarien.
Pflanzenschutzmittel *n*, - produit *m* phyto-sanitaire ; ~ *ein/setzen* recourir à des produits phyto-sanitaires ; employer des pesticides.
pflanzlich végétal ; ~*e Erzeugnisse npl* produits *mpl* végétaux.
Pflanzung *f*, **en** plantation *f*.
Pflege *f*, **n** 1. (*médecine*) soins *mpl* ; traitement *m* ; *ambulante* ~ soins à domicile ; hôpital de jour *m* ; *stationäre* ~ soins ambulatoires (nécessitant une hospitalisation) ; *ein Kind in* ~ *nehmen* prendre un enfant en nourrice, en pension 2. entretien *m* ; (*technique*) maintenance *f* ; *die* ~ *guter Geschäftsbeziehungen* l'entretien de bonnes relations commerciales.
Pflegeaufwand *m*, -**wendungen** dépenses *fpl* d'assistance ; dépenses de soins pour personnes assistées.
Pflegebedürftige/r (*der/ein*) personne *f* dépendante ; assisté *m*.
Pflegebedürftigkeit *f*, ø besoin *m* d'assistance ; dépendance *f* (personnes âgées).
Pflegebeitrag *m*, ¨e contribution *f* personnelle de participation aux soins ; ticket-modérateur *m*.
Pflegeberuf *m*, **e** profession *f* de santé ; profession médicale ou paramédicale.
Pflegedienst *m*, **e** 1. assistance *f* autonomie ; aide *f* à domicile 2. → *Wartung*.
Pflegeeinrichtung *f*, **en** centre *m* de soins ; centre médicalisé (handicapés, personnes âgées).
Pflegeeltern *pl* (*jur.*) parents *mpl* nourriciers.
Pflegeempfänger *m*, - bénéficiaire *m* de prestations sociales.
Pflegefall *m*, ¨e personne *f* dépendante ; dépendant *m* ; cas *m* d'assistance.
Pflegefallrisiko *n*, -**ken** (*assur.*) risque-dépendance *m* ; garantie *f* dépendance.
Pflegegeld *n*, **er** → *Pflegezulage*.
Pflegegrad *m*, **e** → *Pflegestufe*.
Pflegekind *n*, **er** (*jur.*) enfant *m* placé, en garde ; pupille *m*.
Pflegekosten *pl* (*hôpital*) frais *mpl* de séjour (hospitalier).

Pflegekraft *f,* ¨e aide-ménagère *f* ; auxiliaire *m/f* de vie.

pflegeleicht (*textiles*) d'entretien facile.

Pflegeleistung *f,* en prestation *f* spécifique de dépendance (P.S.D.) ; allocation-autonomie *f.*

pflegen 1. soigner 2. → *warten.*

Pflegepersonal *n,* ø → *Pflegekraft.*

Pfleger *m,* - 1. (*jur.*) curateur *m* (héritage) 2. (*jur.*) tuteur *m* (pour enfants mineurs) 3. → *Pflegekraft.*

Pflegesatz *m,* ¨e taux *m* de pension (maison de retraite) ; coût *m* journalier d'hospitalisation.

Pflegestufe *f,* n niveau *m,* degré *m* de dépendance (1, 2, 3).

Pflege und Wartung *f,* ø (*machine*) maintenance *f* ; entretien *m.*

Pflegeversicherung *f,* en prestation *f* spécifique de dépendance (P.S.D.) ; prestation *f* autonomie ; assurance-dépendance *f.*

Pflegezulage *f,* n prestation *f* d'autonomie ; allocation *f* d'assistance ; aide *f* personnalisée d'autonomie (A.P.A.).

Pflegschaft *f,* en (*jur.*) curatelle *f* ; *die ~ an/ordnen* organiser la curatelle.

Pflicht *f,* en devoir *m* ; obligation *f* ; engagement *m* ; *vertragliche ~* obligation contractuelle ; *als eine ~ betrachten* considérer comme un/son devoir ; *seine ~ erfüllen* accomplir son devoir ; *es gehört zu Ihren ~en* cela relève de vos obligations ; *~ sein* être obligatoire ; *seine ~ verletzen* manquer à son devoir ; *mit gleichen Rechten und ~en* avec les mêmes droits et obligations.

Pflichtaktie *f,* n (*bourse*) action *f* statutaire.

Pflichtanteil *m,* e (*jur.*) quote-part *f* obligatoire.

Pflichtbeitrag *m,* ¨e cotisation *f,* contribution *f* obligatoire ; (fonds de pension) ; *für die Arbeitnehmer einen ~ zur privaten Alterssicherung ein/führen* instaurer une contribution obligatoire privée de prévoyance-vieillesse pour les salariés ; *~¨e an eine Handwerkskammer zahlen* verser des cotisations obligatoires à une chambre des métiers.

pflichtbewusst conscient de ses devoirs.

Pflichteinlage *f,* n apport *m* obligatoire.

Pflichteinstellung *f,* en obligation *f* d'embaucher (des handicapés).

Pflichteintrag *m,* ¨e inscription *f* obligatoire.

Pflichtenheft *n,* e cahier *m* des charges (document fixant les modalités d'exécution d'un contrat) ; *ein ~ erstellen* établir un cahier des charges.

Pflichterbe *m,* n, n → *Pflichtteilsberechtigte/r.*

Pflichtexemplar *n,* e (*édition*) exemplaire *m* du dépôt légal.

Pflichtfach *n,* ¨er (*enseignement*) matière *f* obligatoire.

pflichtgemäß conformément au devoir (d'une charge) ; comme le devoir l'exige.

-pflichtig (*suffixe*) obligatoire ; soumis à ; passible de ; *gebühren~* payant ; *zoll~* passible d'un droit de douane.

Pflichtleistung *f,* en : *~en* prestations *fpl* réglementaires ; prestations courantes (sécurité sociale).

Pflichtmitglied *n,* er (*sécurité sociale*) assuré *m* obligatoire.

Pflichtpfand *n,* ¨er (*environnement*) consigne *f* obligatoire ; *ein ~ auf Einwegverpackungen ist fällig* les emballages jetables sont passibles d'une consigne obligatoire ; → *Dosenpfand.*

Pflichtplatz *m,* ¨e emploi *m* pour handicapé ; *~¨e* emplois *mpl* réservés.

Pflichtreserven *fpl* réserves *fpl* obligatoires (instrument de la politique monétaire de la banque centrale) ; → *Offenmarktpolitik.*

Pflichtsparen *n,* ø épargne *f* forcée.

Pflichtstunden *fpl* (*enseignement*) charge *f* horaire annuelle d'un enseignant ; plan de charge *m* d'un enseignant (*syn. Deputat*).

Pflichtteil *m/n,* e (*jur.*) part *f* réservataire ; réserve *f* légale, héréditaire.

Pflichtteilsberechtigte/r (*der/ein*) (*jur.*) héritier *m* réservataire.

Pflichtumtausch *m,* ø (*monnaie*) change *m* obligatoire.

Pflichtuntersuchung *f,* en visite *f* médicale obligatoire.

Pflichtverletzung *f,* en faute *f* professionnelle ; manquement *m* à ses devoirs ; prévarication *f* ; atteinte *f* aux devoirs d'une charge.

pflichtversichert assuré social d'office ; assuré obligatoire.

Pflichtversicherte/r (*der/ein*) assujetti *m* obligatoire ; assuré *m* obligatoire, soumis à l'assurance obligatoire.

Pflichtversicherung *f,* en assurance *f* obligatoire.

Pflichtversicherungsgrenze *f,* **n** seuil *m* de l'assurance obligatoire ; *die ~ an dem Durchschnittseinkommen der Vollzeitbeschäftigten orientieren* aligner le seuil d'assurance obligatoire sur le revenu moyen des salariés à plein temps.

Pflichtverteidiger *m,* - avocat *m* commis d'office.

Pflichtvorrat *m,* ¨e stock *m* obligatoire.

pflichtwidrig contraire au devoir. ; qui constitue une faute professionnelle ; faute déontologique ; *~ handeln* manquer à ses devoirs.

Pfründe *f,* **n 1.** prébende *f* ; sinécure *f* **2.** avantages *mpl* financiers.

Pfund *n,* **e 1.** (*Pfd.*) livre *f* (*500 g*) **2.** (*monnaie britannique*) *~ Sterling* livre *f* sterling.

Pfusch *m,* ø (*Autriche*) (*fam.*) travail *m* (au) noir.

Pfuscharbeit *f,* en travail *m* bâclé, saboté, (*fam.*) salopé ; mauvais travail.

pfuschen 1. (*fam.*) saboter le travail ; saloper le travail **2.** (*Autriche* ; *fam.*) travailler au noir.

PGiroA → *Postgiroamt.*

Pharmalobby *f,* **s** lobby *m* pharmaceutique ; groupe *m* de pression pharmaceutique.

Pharmamarkt *m,* ¨e marché *m* pharmaceutique.

Pharmariese *m,* **n, n** géant *m* de l'industrie pharmaceutique ; multinationale *f* pharmaceutique.

Pharmasektor *m,* en secteur *m* de l'industrie pharmaceutique.

Pharmazeutika *npl* produits *mpl* pharmaceutiques.

pharmazeutisch pharmaceutique.

Pharming *n,* ø pharming *m* ; fabrication *f* de médicaments à partir d'animaux génétiquement modifiés.

Phase *f,* **n** phase *f* ; stade *m* ; *~ des Produktionszyklus* phase du cycle de production.

Phasenverschiebung *f,* **en** déphasage *m.*

Phosphat *n,* **e** phosphate *m.*

phosphatfrei sans phosphates ; exempt de phosphates.

phosphathaltig phosphaté ; *~e Düngemittel* engrais *mpl* phosphatés.

Photokina *f* salon *m* international de la photo (Cologne).

Physiokratismus *m* (*hist.*) physiocratisme *m* (doctrine économique du XVIIIe siècle donnant la prépondérance à l'agriculture).

Piaster *m,* - piastre *f* (unité monétaire de l'Egypte, du Liban, du Soudan et de la Syrie).

Pibor *m* (*Pariser Interbankensatz*) Pibor *m* (taux interbancaire offert sur la place de Paris ; remplacé par → *Euribor.*

Piepen *pl* (*fam.*) argent *m* ; fric *m.*

Pike *f* : (*fam.*) *von der ~ auf lernen* apprendre son/un métier en commençant à zéro.

Pillenknick *m,* **s** (*hist. fam.*) baisse *f* (brutale) de la natalité due à la pilule.

Pilot- (*préfixe*) -pilote ; expérimental ; qui sert d'exemple.

Pilotanlage *f,* **n** installation-pilote *f.*

Pilotbetrieb *m,* **e** entreprise *f* pilote, expérimentale ; usine-pilote *f* ; (*agric.*) ferme-pilote *f.*

Pilotfunktion *f,* **en** : *~ haben* servir de modèle ; être un modèle à suivre.

Pilotprojekt *n,* **e** projet-pilote *m.*

Pilotstudie *f,* **n** étude *f* préalable à un projet.

Pilotversuch *m,* **e** expérience-pilote *f.*

PIN *f* (*persönliche Identifikationsnummer*) code *m* secret ; code personnel (d'une carte de crédit) ; *~-gesichert* protégé par un code.

PIN-Code /PIN-Kode *m,* **s** → *PIN.*

Pinke *f,* ø (*fam.*) → *Piepen.*

Pionier *m,* **e** pionnier *m.*

Pioniergeist *m,* ø esprit *m* de pionnier ; esprit d'initiative, d'entreprise.

Pioniertat *f,* **en** travail *m* de pionnier ; *eine ~ leisten* faire œuvre de pionnier.

Pipeline *f,* **s** (*pr. ang.*) pipeline *m* ; oléoduc *m.*

Piratensoftware *f,* **s** logiciel *m* piraté ; piratage *m* de logiciel.

Piratenware *f,* **n** marchandise *f* piratée ; piratage *m* de produit.

Piraterie *f,* **n** piratage *m* ; (*C.D., D.V.D.*) copie *f* pirate.

-piraterie (*suffixe*) de piratage ; piraté ; *Software~* piratage *m* de logiciel ; *DVD-~* piratage de D.V.D.

PISA-Studie *f,* ø (*Programm for Internatinal Student Assessment*) (*école*) évaluation *f* internationale des connaissances des élèves (O.C.D.E.) ; classement *m* du savoir des élèves ; score *m* scolaire.

PKV *f* (*private Krankenversicherung*) caisse *f* privée d'assurance-maladie *f*.

Pkw/PKW *m*, *s* (*Personenkraftwagen*) voiture *f* (individuelle) ; véhicule *m* (de tourisme) ; *neuer, gebrauchter ~* voiture neuve, d'occasion.

PKW-Bestand *m*, ¨e parc automobile *m*.

PKW-Inspektion *f*, en contrôle *m* technique automobile ; → *TÜV*.

PKW-Verkehr *m*, ø circulation *f* automobile.

placieren → *platzieren*.

Placierung *f*, en → *Platzierung*.

plädieren (*für*) plaider (pour).

Plädoyer *n*, *s* plaidoyer *m* ; plaidoierie *f* ; *ein ~ halten* plaider.

Plafond *m*, *s* (*pr. fr.*) plafond *m* ; limite *f* supérieure ; somme *f* limite ; *unterer, oberer ~* limite inférieure, supérieure ; plancher *m* ; plafond ; *über den ~ hinaus/gehen* dépasser le plafond (d'un crédit).

plafonieren plafonner ; fixer un plafond, une limite supérieure.

Plafonierung *f*, en plafonnement *m* ; *~ der Kredite* plafonnement des crédits.

Plafonierungsregelung *f*, en régulation *f* du plafonnement ; régime *m* d'encadrement.

Plagiat *n*, e plagiat *m* ; copie *f* ; faux *m* ; contrefaçon *f* ; piraterie *f* ; marchandise *f* imitée ; produit *m* plagié ; *ein ~ begehen* commettre un plagiat.

Plagiator *m*, en plagiaire *m* ; contrefacteur *m* ; démarqueur *m* ; copiste *m* ; pirate *m*.

plagiieren plagier ; imiter ; pirater ; contrefaire ; démarquer.

Plakat *n*, e affiche *f* ; *ein ~ an/schlagen* (*an/kleben*) poser, coller une affiche.

Plakatanschlag *m*, ¨e affichage *m*.

Plakatentwerfer *m*, - affichiste *m*.

Plakatfachmann *m*, -leute affichiste-publiciste *m*.

plakatieren afficher ; placarder.

Plakatierung *f*, en → *Plakatanschlag*.

Plakatkleber *m*, - colleur *m* d'affiches.

Plakatsäule *f*, n colonne *f* d'affichage ; colonne Morris ; → *Litfaßsäule*.

Plakatwand *f*, ¨e mur *m* réservé à l'affichage.

Plakatwerbung *f*, en affichage *m* publicitaire ; publicité *f* par voie d'affiches.

Plakette *f*, n badge *m*.

Plan *m*, ¨e **1.** plan *m* ; projet *m* ; programme *m* ; *einen ~ aus/arbeiten* élaborer un plan ; *einen ~ aus/führen* exécuter un plan ; *einen ~ entwerfen* dresser un plan ; *einen ~ genehmigen* approuver, homologuer un plan ; (*appartement*) *nach ~ kaufen* acheter sur plan ; *es läuft alles genau nach ~* tout se déroule comme prévu ; *der ~ ist gescheitert* le projet a échoué ; *auf dem ~ stehen* être en projet ; *einen ~ verwirklichen* réaliser un projet **2.** (*économie*) prévisions *fpl* ; plan *m* **I.** *bindender* (*verbindlicher*) *~* plan impératif ; *mittelfristiger, langfristiger ~* plan à moyen, à long terme ; *realistischer ~* plan réaliste **II.** *einen ~ auf/stellen* établir un plan ; *einen ~ erfüllen* exécuter un plan ; atteindre l'objectif prévisionnel ; *einen ~ übererfüllen* dépasser les objectifs fixés du plan.

Planablauf *m*, ¨e déroulement *m* du plan.

Planabschnitt *m*, e section *f*, volet *m* du plan.

Planabweichung *f*, en écart *m*, différence *f* par rapport au plan initial.

Planaufgabe *f*, n objectif *m* fixé par le plan.

Planaufstellung *f*, en établissement *m* du plan.

Planausarbeitung *f*, en élaboration *f* du plan.

planbar programmable ; organisable ; susceptible d'être programmé.

Planbestand *m*, ¨e (*comptab.*) stock *m* planifié.

Planbilanz *f*, en (*comptab.*) bilan *m* prévisionnel.

Plandurchführung *f*, en exécution *f*, application *f* du plan ; mise *f* à exécution du plan.

planen 1. faire des projets ; projeter **2.** planifier ; faire des prévions économiques.

Planer *m*, - → *Planwirtschaftler*.

Planerfüllung *f*, en → *Plandurchführung*.

plangemäß conformément au plan ; conforme au plan.

Planifikateur *m*, e → *Planwirtschaftler*.

Planifikation *f*, en planification *f* de l'économie.

Plan-Ist-Kostenrechnung *f*, en (*comptab.*) calcul *m* des coûts préétablis et des coûts réels.

Planjahr *n,* e exercice *m* planifié ; année *f* planifiée.
Plankalkulation *f,* en établissement *m* du budget des coûts prévisionnel.
Plankennziffer *f,* n indice *m* du plan (économique) ; *realwirtschaftliche* ~ indice du plan en nature ; *staatliche* ~ indice obligatoire du plan ; *wertmäßige* ~ indice du plan en valeur.
Plankommission *f,* en commission *f* pour la planification ; commission au plan.
Plankontrolle *f,* n contrôle *m* du plan.
Plankoordinierung *f,* en coordination *f* du plan.
Plankorrekturen *fpl* correctif *m* du plan ; corrections *fpl* apportées aux prévisions.
Plankosten *pl* (*comptab.*) coûts *mpl* préétablis, prévisionnels.
Plankostenrechnung *f,* en (*comptab.*) calcul *m* des coûts préétablis, prévisionnels.
planmäßig planifié ; comme prévu ; régulier ; *~e Abfahrt* départ *m* régulier ; *~e Produktion* production *f* budgétée, conforme aux prévisions.
Planpreis *m,* e prix *m* planifié ; *unveränderlicher* ~ prix constant.
Planrechnung *f,* en calcul *m* du plan.
Planrevision *f,* en révision *f* du plan.
Planrückstand *m,* ¨e retard *m* accusé par le plan.
Plansoll *n,* ø objectif *m* fixé par le plan ; production *f* imposée par le plan.
Planspiel *n,* e jeu *m* d'entreprise ; simulation *f* ; étude *f* de cas ; *computergestütztes* ~ étude de cas *f* virtuelle ; jeu d'entreprise assisté par ordinateur (*syn. Fallstudie* ; *Unternehmensspiele*).
Planspielsoftware *f,* s logiciel *m* de jeux d'entreprise ; logiciel d'études de cas.
Planstelle *f,* n poste *m* budgétaire ; poste inscrit au budget ; emploi *m* budgété, budgétaire ; place *f* de titulaire dans la fonction publique ; *freie* ~ poste vacant.
Plantage *f,* n plantation *f* ; grande exploitation *f* agricole tropicale.
Planung *f,* en planification *f* ; prévisions *fpl* ; études *fpl* prévisionnelles ; planning *m* ; programmation *f* ; organisation *f* **I.** *finanzielle* ~ prévisions financières ; *mittelfristige, langfristige* ~ prévisions à moyen, à long terme ; *operative* ~ prévisions à court terme ; *staatliche* ~ dirigisme *m* étatique ; planification d'État **II.** ~ *des Geldumlaufs* planification de la circulation monétaire ; ~ *nach Zweigen* planification sectorielle.
Planungsablauf *m,* ¨e → *Planablauf.*
Planungsabteilung *f,* en **1.** bureau *m* d'études prévisionnelles ; département *m* de planification ; service *m* de planning **2.** bureau *m* d'études ; ingénierie *f.*
Planungsbüro *n,* s → *Planungsabteilung.*
Planungsinstrument *n,* e instrument *m* de la planification ; méthode *f* prévisionnelle.
Planungskommission *f,* en → *Plankommission.*
Planungsmodell *n,* e modèle *m* de planification ; recherche *f* opérationnelle.
Planwirtschaft *f,* en économie *f* planifiée ; économie dirigée ; dirigisme *m* étatique ; → *Marktwirtschaft.*
Planwirtschaftler *m,* - planificateur *m* de l'économie ; planiste *m.*
Planzeitraum *m,* ¨e période *f* prévisionnelle.
Planziel *n,* e objectif *m* du plan ; objectifs *mpl* prévisionnels ; *quantitative, qualitative ~e* objectifs prévisionnels quantitatifs, qualitatifs ; *das ~ erreichen* atteindre l'objectif fixé par le plan.
Plastik *n,* en plastique ; *aus* ~ en plastique.
Plastikbeutel *m,* - → *Plastiktüte.*
Plastikflasche *f,* n bouteille *f* en plastique.
Plastikgeld *n,* ø (*fam.*) carte *f* bancaire, de crédit.
Plastiktüte *f,* n sac *m* en plastique.
Plastikverpackung *f,* en emballage *m* (en) plastique.
Platte *f,* n **1.** (*informatique, musique*) disque *m* ; *auswechselbare* ~ disque amovible ; *leere* ~ disque vierge (*syn. Festplatte*) **2.** (*verre, béton*) plaque *f* ; dalle *f.*
Plattenbau *m,* -ten barre *f* de tours en béton ; immeuble *m* en béton.
Plattenbauweise *f,* n construction *f* en préfabriqué ; préfabriqué *m* .
Plattenhersteller *m,* - fabricant *m* de disques, de C.D.
Plattenindustrie *f,* n industrie *f* du disque.

Plattenkapazität *f,* **en** (*informatique*) capacité *f* d'un disque.

Plattform *f,* **en** (*technique, fig.*) plateforme *f* ; *eine gemeinsame ~ finden* trouver une plate-forme commune

Platz *m,* ¨e **1.** (*lieu*) place *f* ; emplacement *m* ; endroit *m* **2.** (*banque, bourse*) place *f* ; marché *m* **3.** (*emploi*) place ; poste *m* ; situation *f* ; position *f* ; *seinen ~ wechseln* changer de poste ; → *Arbeitsplatz* ; *Stelle*.

Platzagent *m,* **en, en** → *Platzvertreter*.

Platzbedingungen *fpl* (*banque*) conditions *fpl* en usage sur la place bancaire.

platzen 1. (*traite*) rester impayé(e) ; *geplatzter Wechsel* effet *m* impayé, protesté ; (*fam.*) effet bidon **2.** échouer ; tomber à l'eau ; *der Fusionsversuch ist geplatzt* la tentative de fusion a échoué.

Platzgeschäft *n,* **e 1.** commerce *m* local **2.** affaire *f* traitée sur place.

platzieren placer (capitaux).

Platzierung *f,* **en 1.** placement *m* ; vente *f* ; écoulement *m* (titres, marchandises) ; *~ einer Anleihe* placement d'un emprunt ; **2.** positionnement *m* sur le marché.

Platzierungspreis *m,* **e** (*bourse*) prix *m* de placement (d'actions).

Platzierungsreserve *f,* **n** (*bourse*) réserve, stock *m* d'actions supplémentaires à placer lors d'une émission (*syn. Greenshoe*).

Platzinkasso *n,* **s** (*Autriche*) encaissement *m* sur place.

Platzkauf *m,* ¨e achat *m* sur place.

Platzkostenrechnung *f,* **en** (*comptab.*) calcul *m* des coûts par poste individuel.

Platzmiete *f,* **n** loyer *m* à payer pour un emplacement sur un marché ; loyer de forain.

Platzordner *m,* **-** placier *m* (sur un marché).

Platzreservierung *f,* **en** réservation *f* (de place).

Platzscheck *m,* **s** chèque *m* sur place, direct (*contr. Fernscheck*).

Platzspesen *pl* change *m* de place ; commission *f* bancaire de place.

Platzvertreter *m,* **-** représentant *m* local ; agent *m* local.

Platzvertretung *f,* **en** représentation *f* sur place.

Platzwechsel *m,* **-** effet *m* sur place ; effet sans change de place.

Platzwette *f,* **n** pari *m* placé.

Plausibilitätskommission *f,* **en** (*médecine*) commission *f* de contrôle des actes médicaux (présidée par un médecin).

Plausibilitätskontrolle *f,* **n** (*informatique*) contrôle *m* de vraisemblance.

Plazet *n,* **s** accord *m* ; agrément *m* ; *sein ~ geben* donner son accord.

Pleite *f,* **n** faillite *f* ; banqueroute *f* ; *machen* faire faillite ; *vor der ~ stehen* être au bord de la faillite (*syn. Bankrott* ; *Konkurs* ; *Insolvenz*).

pleite en faillite ; *~ sein* être en faillite.

pleite/gehen, i, a (*ist*) faire faillite.

Pleitegeier *m,* **-** (*fam.*) spectre *m* de la faillite ; *der ~ schwebt über dem Betrieb* le spectre de la faillite plane sur l'entreprise.

Plenarausschuss *m,* ¨e commission *f* plénière.

Plenarsitzung *f,* **en** séance *f* plénière.

Plenarversammlung *f,* **en** assemblée *f* plénière.

Plenum *n,* (**-nen**) → *Plenarversammlung*.

plündern piller ; dévaliser.

Plünderung *f,* **en** pillage *m* ; mise *f* à sac.

Pluralismus *m,* ø pluralisme *m*.

pluralistisch pluraliste ; *~e Gesellschaft* société *f* pluraliste.

Pluralwahlrecht *n,* **e** droit *m* de vote plural.

plus plus ; *Abweichungen von maximal ~ /minus 5 %* des écarts maximum, maxima de plus/moins 5 %.

Plus *n,* ø plus *m* ; surplus *m* ; excédent *m* ; bénéfice *m* ; bonus *m* ; *ein auf/weisen* enregistrer un excédent ; accuser un plus ; *im ~ sein* être excédentaire, bénéficiaire ; *bei einem Geschäft ein ~ machen* réaliser un bénéfice sur une affaire ; (*bourse*) *im ~ schließen* clôturer à la hausse (*contr. Minus*).

Plusbetrag *m,* ¨e différence *f* en plus ; excédent *m* ; surplus *m* (d'argent).

Pluspunkt *m,* **e 1.** point *m* en plus ; point positif **2.** avantage *m*.

Plussaldo *m,* **-den/s** (*comptab.*) solde *m* créditeur, excédentaire.

Plutokrat *m,* **en, en** ploutocrate *m* ; personnage *m* influent de par sa fortune.

Plutokratie *f,* **n** ploutocratie *f* ; gouvernement *m* par les plus riches.

PLZ → *Postleitzahl.*
p. m. : (*pro mille ; per mille*) pour mille.
Podcast *m, s* (*pr. ang.*) (*informatique*) podcast *m* ; téléchargement *m.*
podcasten (*pr. ang.*) (*informatique*) podcaster ; télécharger.
Podiumsdiskussion *f,* **en 1.** (*radio, télé*) tribune *f* de critiques **2.** débat *m* ; colloque *m* en public.
Point of Sale *m, s* (*pr. ang.*) point de vente *m* (*syn. Verkaufsstelle*).
Police *f,* **n** (*assur.*) police *f* (d'assurance) ; *eine ~ aus/stellen* établir une police ; *eine ~ erneuern* renouveler une police.
Policennummer *f,* **n** (*assur.*) numéro *m* de police.
Polier *m,* **e** (*bâtiment*) contremaître *m* ; chef d'équipe *m* (*syn. Vorarbeiter*).
Politbüro *n, s* bureau *m* politique.
Political Correctness *f,* ø (*pr. ang.*) le politiquement correct.
Politik *f,* **(en)** politique *f* **I.** *angebotsorientierte ~* politique de l'offre ; *antizyklische ~* politique anticyclique ; *innere, auswärtige ~* politique intérieure, étrangère ; *investitionsfördernde ~* politique de soutien à l'investissement ; *makroökonomische ~* politique macroéconomique ; *monetaristische ~* politique monétariste ; *nachfrageorientierte ~* politique de la demande ; *neoliberale ~* politique néo-libérale ; *protektionistische ~* politique protectionniste **II.** *eine liberale ~ (be)treiben* pratiquer une politique libérale ; *eine ~ verfolgen* mener, poursuivre une politique **III.** *~ des billigen, teuren Geldes* politique de l'argent bon marché, de l'argent cher ; *~ der Nichteinmischung* politique de non-ingérence ; *~ der Stärke* politique de force.
Politiker *m,* - homme *m* politique ; politicien *m.*
Politikum *n, -ka* affaire *f* politique ; évènement *m* politique ; *die Angelegenheit wird zum ~* cette affaire prend une tournure politique.
Politikverdrossenheit *f,* **en** désintérêt *m* politique ; ras-le-bol *m* de la politique.
politisch politique ; *~es Asyl* asile *m* politique ; *~ korrekt* politiquement correct ; *~e Ökonomie* économie *f* politique ; *~e Entscheidungen treffen* prendre des décisions politiques.
Politische/r (*der/ein*) prisonnier *m,* détenu *m* politique.

politisieren 1. politiser **2.** parler politique **3.** avoir une activité politique.
Politisierung *f,* **en** politisation *f.*
Politologe *m,* **n, n** politologue *m.*
Politologie *f,* ø sciences *fpl* politiques ; politologie *f.*
Politprofi *m, s* pro(fessionnel) *m* de la politique ; animal *m* politique.
Politprominenz *f,* **en** personnalité *f* (de haut rang) politique.
Politszene *f,* **n** scène *f* politique ; monde *m* politique.
Polizei *f,* **(en)** police *f.*
Polizeibeamte/r (*der/ein*) agent *m* de police ; gardien *m* de la paix.
Polizeikräfte *fpl* forces *fpl* de police ; forces du maintien de l'ordre.
polizeilich policier ; par mesure de police ; *sich ~ an/melden* faire une déclaration de domiciliation à la police.
Polizeistaat *m,* **en** État *m* policier ; régime *m* policier.
Polizeistunde *f,* **n** heure *f* de fermeture (des restaurants, discothèques, etc.).
Polizist *m,* **en, en** → *Polizeibeamte/r.*
Polster *n,* **- 1.** matelas *m* ; coussin *m* **2.** *finanzielles ~* matelas financier ; réserves *fpl* financières.
Polypol *n,* **e** concurrence *f* parfaite (autant de demandeurs que d'offreurs).
Polypson *n,* **e** polypsone *m* ; marché *m* demandeur.
Pool *m, s* (*pr. ang.*) **1.** pool *m* ; groupement *m* ; centrale *f* ; organisation *f* ; communauté *f* (charbon-acier) ; *einen ~ bilden* constituer un pool **2.** groupe *m* (de travail) ; atelier *m* (de dactylos) ; équipe *f* (de journalistes).
Poolabkommen *n,* - accord *m* de pool ; entente *f* entre des groupes industriels ; contrat *m* de cartel.
Poolbildung *f,* **en** constitution *f* d'un pool ; mise *f* en commun.
poolen (*pr. ang.*) constituer un pool.
Poolung *f,* **en** constitution *f* de pool ; mise *f* en pool.
populär populaire.
Popularität *f,* ø popularité *f.*
Popularitätskurve *f,* **n** courbe *f* de popularité.
Portal *n,* **e** (*Internet*) portail *m.*
Portefeuille *n, s* (*pr. fr.*) **1.** → *Portfolio* **2.** portefeuille *m* ; ressort *m* ; *Minister ohne ~* ministre *m* sans portefeuille.

Portemonnaie *n*, **s** (*pr. fr.*) portemonnaie *m* ; bourse *f* ; (*fam.*) *ein dickes ~ haben* avoir beaucoup d'argent.

Portfolio *n*, **s** portefeuille *m* de titres ; *sein ~ enthält Aktien und Obligationen* son portefeuille comporte des actions et des obligations.

Portfoliobereinigung *f*, **en** apurement *m* du portefeuille.

Portfoliomanagement *n*, **s** gestion *f* de portefeuille ; gestion de titres et de fonds de placement.

Portfoliomanager *m*, **-** gestionnaire *m* de portefeuille.

Portfolioumschichtung *f*, **en** aménagement *m* du portefeuille ; restructuration *f* des titres et des fonds de placement.

Portfolioverwaltung *f*, **en** → *Portfoliomanagement*.

Portfoliozusammenstellung *f*, **en** composition *f* du portefeuille.

Portmonee *n*, **s** → *Portemonnaie*.

Porto *n*, **s/-ti** port *m* ; affranchissement *m* ; *~ bezahlt* port payé ; *einschließlich ~* port compris, inclus ; *zuzüglich ~* port en plus, en sus.

Portoerlass *m*, (¨e) dispense *f* de port ; franchise *f* postale.

Portoermäßigung *f*, **en** réduction *f* de port ; tarif *m* réduit.

portofrei franco de port ; port payé.

Portogebühr *f*, **en** taxe *f* d'affranchissement ; affranchissement *m*.

Portokasse *f*, **n** caisse *f* de port.

Portokosten *pl* frais *mpl* de port.

portopflichtig port dû ; soumis à la taxe (postale).

Portozuschlag *m*, ¨e supplément *m* de port ; surtaxe *f*.

POS *m* (*Point of Sale*) point *m* achat par carte bancaire, de crédit ; *~-Banking n* paiement *m* par carte bancaire.

Position *f*, **en** 1. (*emploi*) situation *f* ; poste *m* ; *aussichtsreiche ~* situation d'avenir 2. poste *m* (budgétaire) ; *~en eines Haushaltsplans streichen* supprimer des postes d'un plan budgétaire.

positionieren positionner ; *eine Marke im Markt stark ~* positionner solidement une marque sur le marché.

Positionierung *f*, **en** positionnement *m*.

Positionsliste *f*, **n** (*douane*) nomenclature *f*.

Positionswechsel *m*, **-** changement *m* de poste ; changement de situation.

positiv positif ; *~e Antwort* réponse *f* affirmative ; *~es Recht* droit *m* positif ; *sich* (*auf etw*) *~ aus/wirken* avoir des effets positifs, des répercussions positives (sur qqch).

Positivliste *f*, **n** (*sécurité sociale*) liste *f* des médicaments remboursés par la sécurité sociale, par les caisses de maladie ; → *Negativliste*.

Post *f*, **ø** 1. (bureau *m* de) poste *f* ; *etw auf die ~ bringen* mettre qqch à la poste ; *durch die* (*mit der*) *~ schicken* envoyer par la poste 2. courrier *m* ; lettres *fpl* I. *eingehende, ausgehende ~* courrier « arrivée », courrier « départ » ; *elektronische ~* courrier *m* électronique ; e-mail *m* ; *mit getrennter ~* par courrier séparé ; *mit gleicher ~* par le même courrier ; *mit umgehender ~* par retour du courrier II. *die ~ aus/tragen, zu/stellen* distribuer, acheminer le courrier ; *die ~ durch/sehen* dépouiller le courrier ; *die ~ erledigen* faire le courrier.

Postabfertigung *f*, **en** expédition *f* du courrier.

Postabholer *m*, **-** titulaire *m* d'une boîte postale.

Postabholungsstelle *f*, **n** service *m* du retrait de courrier ; (*entreprise*) Cedex *m*.

Postadresse *f*, **n** → *Postanschrift*.

postalisch postal ; *auf ~em Weg* par voie postale ; par la poste.

Postamt *n*, ¨er bureau *m* de poste ; agence *f* postale.

postamtlich → *postalisch*.

Postamtsvorsteher *m*, **-** receveur *m* des postes ; directeur *m* d'une agence postale.

Postangestellte/r (*der/ein*) → *Postbeamte/r*.

Postanschrift *f*, **en** adresse *f* postale.

Postanweisung *f*, **en** mandat-poste *m* ; mandat *m* postal ; *internationale ~* mandat-poste international.

Postauftrag *m*, ¨e mandat *m* de recouvrement postal.

Postausgang *m*, ¨e courrier-départ *m*.

Postbank *f*, **en** banque *f* postale.

Postbeamte/r (*der/ein*) employé *m* des postes ; postier *m*.

Postbeamtin *f*, **nen** employée *f* des postes ; postière *f*.

Postbeförderung *f*, **en** acheminement *m* postal ; transport *m* postal.

Postbehörde *f*, **n** administration *f* des postes ; direction *f* des postes.

Postbenutzer *m*, **-** client *m* de la poste.

Postbezirk *m*, e secteur *m* postal.
Postbezug *m*, (¨e) abonnement *m* postal.
Postbote *m*, n, n facteur *m* ; préposé *m* (*syn. Briefträger*).
postdatieren postdater.
Postdienst *m*, e service *m* postal.
Postdienststelle *f*, n agence *f* postale.
Postdirektion *f*, en direction *f* des postes.
Posteingang *m*, ¨e courrier *m* « arrivée ».
Posteinlieferungsschein *m*, e récépissé *m* postal.
Posten *m*, - 1. emploi *m* ; poste *m* ; place *f* ; *einen ~ aus/schreiben* mettre un poste au concours ; déclarer un emploi vacant ; *einen guten ~ haben* avoir une bonne place ; *von einem ~ zurück/treten* démissionner d'un poste 2. (*comptab.*) poste *m* ; rubrique *f* ; article *m* ; *eingetragener ~* article passé en compte, en écriture ; *einen ~ buchen* comptabiliser un article ; *~ der Rechnungsabgrenzung* comptes *mpl* de régularisation 3. lot *m* (de marchandises).
Postenjäger *m*, - (*péj.*) coureur *m* de sinécures ; chasseur *m* de bonnes planques.
Poster *n/m*, s (*pr. ang.*) poster *m* ; affiche *f*.
poste restante (*pr. fr.*) → *postlagernd*.
Postfach *n*, ¨er → *Postschließfach*.
Postformblatt *n*, ¨er feuille *f* au format standard de la poste.
postfrei affranchi (*syn. freigemacht*).
Postgebühr *f*, en taxe *f* postale ; *~en* tarifs *mpl* postaux.
Postgebührenfreiheit *f*, ø franchise *f* postale.
Postgeheimnis *n*, (se) secret *m* postal.
Postgiroamt *n*, ¨er service *m* de virement postal.
Postgirokonto *n*, -ten compte-courant *m* postal.
Postgiroteilnehmer *m*, - détenteur *m* d'un compte-courant postal.
Postgiroverkehr *m*, ø opérations *fpl* en comptes-courants postaux.
Postgut *n*, ¨er colis *m* postal.
Posthorn *n*, (¨er) (*hist.*) cor *m* du postillon (symbole actuel de la poste allemande).
postindustriell : *~e Gesellschaft* société *f* postindustrielle.
postkapitalistisch postcapitaliste ; *~e Gesellschaft* société *f* postcapitaliste.

Postkarte *f*, n carte *f* postale ; *~ mit Rückantwort* carte-réponse *f*.
Postladen *m*, ¨ boutique *f* postale ; poste-boutique *f* (services postaux et autres).
postlagernd poste restante.
Postleitraum *m*, ¨e région *f* déterminée par un code postal (1, 2, 3, etc. premier chiffre) ; secteur *m* postal.
Postleitzahl *f*, en (*PLZ*) code *m* postal ; numéro *m* de code postal.
Postleitzahlenbuch *n*, ¨er annuaire *m* des codes postaux.
Postler *m*, - → *Postbeamte/r*.
Postministerium *n*, -ien ministère *m* des postes et télécommunications.
Postnachsendung *f*, en réexpédition *f* du courrier.
Postnebenstelle *f*, n bureau *m* de poste auxiliaire.
postnumerando : *zahlbar ~* payable à terme échu ; *~ zahlen* payer à réception de la marchandise.
Postnumeration *f*, en paiement *m* supplémentaire ; versement *m* complémentaire.
Postordnung *f*, en règlement *m* des postes ; réglementation *f* postale.
Postpaket *n*, e colis *m* postal ; paquet-poste *m*.
Postquittung *f*, en quittance *f* postale.
Postsachen *fpl* (*fam.*) courrier *m*.
Postsack *m*, ¨e sac *m* postal.
Postschalter *m*, - guichet *m* postal.
Postscheck *m*, s chèque *m* postal.
Postscheckamt *n*, ¨er (*PschA*) centre *m* de chèques postaux.
Postscheckdienst *m*, e service *m* des comptes chèques postaux (C.C.P.).
Postscheckguthaben *n*, - avoir *m* sur un C.C.P.
Postscheckinhaber *m*, - titulaire *m* d'un C.C.P.
Postscheckkonto *n*, -ten (*PSchKto*) compte *m* (de) chèque postal (C.C.P.).
Postscheckkunde *m*, n, n → *Postscheckinhaber*.
Postscheküberweisung *f*, en virement *m* postal.
Postscheckverkehr *m*, ø opérations *fpl* de comptes chèques postaux ; service *m* des C.C.P.
Postschließfach *n*, ¨er boîte *f* postale.
Postsendung *f*, en envoi *m* postal.
Postskript *n*, e (*PS*) post-scriptum *m*.
Postskriptum *n*, -ta → *Postskript*.

Postsparbuch *n*, ¨er livret *m* d'épargne postal.
Postspareinlage *f*, n dépôt *m* de fonds ; versement *m* de fonds sur un compte d'épargne postal.
Postsparkasse *f*, n caisse *f* d'épargne postale.
Postsparkonto *n*, -ten compte *m* d'épargne postal.
Poststelle *f*, n → *Postamt*.
Poststempel *m*, - cachet *m* de la poste ; *das Datum des ~s ist maßgebend* le cachet de la poste faisant foi.
Postüberweisung *f*, en virement *m* postal.
Post- und Fernmeldewesen *n*, ø postes *fpl* et télécommunications *fpl*.
Postverkehr *m*, ø trafic *m* postal.
Postverwaltung *f*, en administration *f* des postes.
Postvollmacht *f*, ø procuration *f* postale.
Postweg : *auf dem ~* par voie postale ; par la poste.
postwendend par retour du courrier.
Postwertzeichen *n*, - timbre-poste *m* (terme officiel pour → *Briefmarke*).
Postwesen *n*, ø (administration *f* des) postes *fpl*.
Postwurfsendung *f*, en envoi *m* postal collectif ; courrier *m* hors sac.
Postzeitungsdienst *m*, e service *m* postal de distribution des journaux et périodiques.
Postzustellung *f*, en distribution *f* (postale du courrier) ; acheminement *m* du courrier.
Potenzial *n*, e potentiel *m* ; capacité *f* ; puissance *f* ; *technologisches, wirtschaftliches ~* potentiel technologique, économique ; *das ~ an Rohstoffen* le potentiel de matières premières.
potenziell potentiel ; théorique ; possible ; *~er Käufer* client *m*, acheteur *m* potentiel (prospection).
potenzieren potentialiser ; accroître ; augmenter.
P2P (*Peer to Peer*) (*Internet*) copiage *m* de la musique (sur Internet) ; téléchargement *m* musical.
p.p./p.p.a. → *Prokura*.
PR *f*, ø (*Public Relations*) relations *fpl* publiques ; relations extérieures ; *die ~ - Arbeit* travail *m* de relations publiques ; *der ~-Mann* homme *m* de relations publiques ; conseiller *m* en relations publiques ; → *Öffentlichkeitsarbeit*.

Präambel *f*, n préambule *m* ; *die ~ zu einem Vertrag* le préambule d'un contrat.
Prädikatswein *m*, e grand cru *m* ; vin *m* de qualité supérieure ; vin d'appellation contrôlée.
Präferenz *f*, en préférence *f* ; faveur *f* ; (*douane*) *~ genießen* jouir d'un traitement préférentiel.
Präferenzabkommen *n*, - accord *m* préférentiel.
Präferenzbehandlung *f*, en traitement *m* préférentiel.
präferenziell préférentiel ; *~e Zölle* tarifs *mpl* douaniers préférentiels.
Präferenzliste *f*, n liste *f* préférentielle.
Präferenzpreis *m*, e prix *m* préférentiel.
Präferenzregelung *f*, en régime *m* préférentiel ; accord *m* préférentiel.
Präferenzsatz *m*, ¨e taux *m* préférentiel.
Präferenzspanne *f*, n différentiel *m* de taux douanier (entre le taux préférentiel et le taux standard).
Präferenzstellung *f*, en position *f* préférentielle ; situation *f* préférentielle.
Präferenzsystem *n*, e système *m* préférentiel.
Präferenzzoll *m*, ¨e droit *m* de douane préférentiel.
Prägeanstalt *f*, en monnaie *f* ; hôtel *m* des monnaies.
prägen (*monnaie*) frapper ; *Münzen ~* battre monnaie.
Prägestempel *m*, - (*monnaie*) poinçon *m*.
Pragmatiker *m*, - pragmatiste *m*.
pragmatisch pragmatique.
pragmatisieren (*Autriche*) titulariser (à vie).
Pragmatismus *m*, ø pragmatisme *m*.
Prägung *f*, en (*monnaie*) frappe *f* ; monnayage *m* ; empreinte *f*.
Präjudiz *n*, e/-ien (*jur.*) 1. cas *m* de jurisprudence ; *ein ~ schaffen* faire jurisprudence ; créer un précédent 2. décision *f* préjudicielle.
präjudiziert : *~er Wechsel* traite *f* protestée hors des délais.
präkludieren (*jur.*) forclore.
Präklusion *f*, en (*jur.*) forclusion *f* ; péremption *f*.
präklusiv (*jur.*) entraînant la forclusion, la péremption.
Präklusivfrist *f*, en (*jur.*) délai *m* de forclusion.

Praktik *f,* **en** pratique *f* ; conduite *f* ; *diskriminierende ~en* pratiques discriminatoires ; *illegale ~en* pratiques illégales ; *wettbewerbsfeindliche ~en* pratiques anticoncurrrentielles.
praktikabel praticable.
Praktikant *m,* **en, en** stagiaire *m.*
Praktikantenplatz *m,* ¨e place *f* de stage ; stage *m.*
Praktiker *m,* - praticien *m.*
Praktikum *n,* -ka stage *m* ; *kaufmännisches ~* stage commercial ; *ein ~ machen* faire un stage.
praktisch pratique ; *~er Arzt* généraliste *m* ; *~ durch/führen* mettre en pratique.
praktizieren (*médecin*) pratiquer la médecine.
Prämie *f,* **n 1.** prime *f* d'assurance ; *die ~ für die Kfz-Versicherung ist fällig* la prime d'assurance-automobile arrive à échéance **2.** (*bourse*) prime *f* **3.** subvention *f* ; aide *f* ; prime *f* ; complément *m* ; *~ zur Förderung* prime d'encouragement **4.** récompense *f* ; → *Ausfuhr-, Jahres-, Risiko-, Spar-, Versicherungsprämie.*
Prämienabschlag *m,* ¨e (*assur.*) diminution *f* de prime.
Prämienangleichsklausel *f,* **n** (*assur.*) clause *f* de réajustement des primes.
Prämienanleihe *f,* **n** (*bourse*) emprunt *m* à primes, à lots ; obligation *f* à primes, à lots.
Prämienaufgabe *f,* **n** → *Prämienverzicht.*
Prämienaufschlag *m,* ¨e (*assur.*) majoration *f* de la prime.
prämienbegünstigt assorti d'une prime ; *~es Sparen* épargne *f* à taux bonifié ; prime-épargne *f.*
Pramienbemessung *f,* **en** (*assur.*) calcul *m* du montant des primes d'assurance.
Prämienfälligkeit *f,* **en** (*assur.*) échéance *f,* exigibilité *f* d'une prime.
Prämienfonds *m,* - fonds *m* de primes ; aides *fpl* financières incitatives.
prämienfrei (*assur.*) libéré du paiement de la prime.
Pramienfreiheit *f,* ø (*assur.*) exonération *f* (du paiement) des primes.
Prämiengeschäft *n,* **e** (*bourse*) marché *m* à prime ; opération *f* à prime.
Prämienlohn *m,* ¨e salaire *m* avec primes.
Prämienlos *n,* **e** (*bourse*) lot *m* ; prime *f* d'un emprunt à lots.

Prämienobligation *f,* **en** → *Prämienanleihe.*
Prämienrückgewähr *f,* ø (*assur.*) restitution *f* de la prime ; remboursement *m* des primes.
Prämienrückstand *m,* ¨e (*assur.*) primes *fpl* impayées, dues ; arriérés *mpl* de primes.
Prämienrückvergütung *f,* **en** (*assur.*) bonus *m* ; ristourne *f* de prime d'assurance (pour conduite sans accidents).
Prämienschuldverschreibung *f,* **en** → *Prämienanleihe.*
prämiensparen se constituer une épargne à taux bonifié ; avoir un compte d'épargne assorti d'une prime.
Prämiensparen *n,* ø prime-épargne *f* ; épargne à taux bonifié.
Prämienübernahme *f,* **n** (*bourse*) levée *f* de prime.
Prämienverzicht *m,* **e** (*bourse*) abandon *m* de la prime.
Prämienzahlung *f,* **en** versement *m* des primes.
Prämienzeitlohn *m,* ¨e salaire *m* au temps avec prime.
Prämienzuschlag *m,* ¨e supplément *m* de prime ; surprime *f.*
prämi(i)eren primer ; accorder un prix ; récompenser.
Präm(i)ierung *f,* **en** attribution *f* d'une récompense, d'un prix, d'une prime.
pränumerando par anticipation ; anticipé.
Pränumerandozahlung *f,* **en** paiement *m* anticipé ; paiement par anticipation.
Pränumeration *f,* **en** paiement *m* anticipé.
Präsenzbörse *f,* **n** corbeille *f* ; bourse *f* à la criée ; bourse de présence (les agents de change s'y réunissent pour fixer les cours officiels).
Präsenzliste *f,* **n** liste *f* de présence.
Präsenzpflicht *f,* ø présence *f* obligatoire ; *bei etw ~ haben* être tenu d'assister à qqch.
Präsident *m,* **en, en** président *m* (*syn. Vorsitzender*).
Präsidentenwahl *f,* **en** élection *f* présidentielle ; élection du président ; les présidentielles *fpl.*
Präsidentschaft *f,* (**en**) présidence *f* ; *rotierende ~* présidence tournante ; rotation *f* présidentielle.

Präsidentschaftskandidat *m*, **en**, **en**, candidat *m* à la présidence.
Präsidentschaftswahlen *fpl* élections *fpl* présidentielles.
Präsidialausschuss *m*, ¨e comité directeur *m*.
Präsidialdemokratie *f*, **n** démocratie *f* présidentielle.
Präsidialgewalt *f*, ø pouvoirs *mpl* présidentiels.
Präsidialsystem *n*, e régime *m* présidentiel.
präsidieren présider ; *eine Sitzung* ~ présider une séance.
Präsidium *n*, **-ien** 1. présidence *f* ; comité *m* directeur 2. bureau *m* (d'un parti) ; *erweitertes* ~ bureau élargi.
prävalieren prévaloir ; l'emporter sur.
Prävention *f*, **en** prévention *f* ; mesures *fpl* préventives.
Praxis *f*, **1.** ø pratique *f* ; expérience *f* ; *in die* ~ *um/setzen* mettre en pratique **2.** **-xen** cabinet *m* d'affaires ; cabinet médical ; *eine* ~ *eröffnen* ouvrir un cabinet.
praxisbezogen orienté, axé sur la pratique ; ~*e Ausbildung* formation *f* pratique.
Praxiserfahrung *f*, **en** expérience *f* pratique.
Präzedenzentscheidung *f*, **en** (*jur.*) décision *f* qui constitue un précédent.
Präzedenzfall *m*, ¨e (*jur.*) précédent *m* ; cas *m* de jurisprudence ; *einen* ~ *schaffen* créer un précédent.
präzis(e) précis ; exact.
präzisieren préciser.
Präzision *f*, **en** précision *f*.
Präzisionsarbeit *f*, **en** travail *m* de précision.
Präzisionsinstrument *n*, e instrument *m* de précision.
Preis *m*, e **1.** prix *m* ; tarif *m* **I.** *angemessener* ~ prix raisonnable ; *behördlich anerkannter* ~ prix homologué ; *durchschnittlicher* ~ prix moyen ; *zu ermäßigtem* ~ à tarif réduit ; *erschwinglicher* ~ prix abordable ; *fester* ~ prix fixé ; *gebundener* ~ prix imposé ; *gepfefferter* (*gesalzener*) ~ prix exagéré ; *gesetzlicher* ~ prix légal ; *zum halben* ~ à moitié prix ; à demi-tarif ; *hoher* ~ prix élevé ; *konstanter* ~ prix constant ; *laufender* ~ prix courant ; *marktgerechter* ~ prix du marché ; *niedriger* ~ prix bas ; *offizieller* ~ prix officiel ; *relativer* ~ prix relatif ; *überhöhter* ~ prix excessif ; *unerschwinglicher* ~ prix exorbitant ; *verbindlicher* ~ prix définitif ; prix ferme ; *vereinbarter* ~ prix convenu ; *wettbewerbsfähiger* ~ prix compétitif **II.** *einen* ~ *aus/machen* convenir d'un prix ; ~*e binden* imposer des prix ; *die* ~*e drücken* écraser, casser les prix ; *die* ~*e ein/frieren* geler les prix ; *die* ~*e erhöhen* augmenter les prix ; *die* ~*e fallen* les prix baissent ; *die* ~*e festigen* raffermir les prix ; *einen* ~ *fest/setzen* fixer, établir un prix ; *die* ~*e frei/geben* libérer les prix ; *die* ~*e herab/setzen* baisser les prix ; *den* ~ *herunter/handeln* négocier le prix à la baisse ; *vom* ~ *nach/lassen* rabattre du prix ; *die* ~*e sacken ab* les prix s'effondrent ; *die* ~*e senken* baisser les prix ; *die* ~*e sinken* les prix chutent ; *die* ~*e schlagen auf* les prix augmentent ; *die* ~*e steigen* les prix montent ; *die* ~*e überwachen* contrôler, surveiller les prix ; *die* ~*e unterbieten* faire du dumping ; *einen* ~ *vereinbaren* convenir d'un prix ; *über einen* ~ *verhandeln* négocier, débattre un prix **III.** ~ *frei Haus* prix franco domicile ; ~ *ab Lager* prix départ entrepôt ; ~ *nach Vereinbarung* prix convenu ; ~ *frei Verpackung* prix franco d'emballage ; ~ *ab Werk* (*ab Fabrik*) prix départ usine ; *zum* ~ *von* au prix de **2.** récompense *f* ; prix (à un concours) ; *den ersten* ~ *gewinnen* remporter le premier prix ; → ***Einkaufs-, Einzel-, End-, Fabrik-, Geld-, Handels-, Höchst-, Laden-, Markt-, Netto-, Richt-, Selbstkosten-, Verbraucher-, Verkaufs-, Weltmarktpreis.***
Preisabbau *m*, ø diminution *f* de prix ; baisse *f* du prix.
Preisabkommen *n*, - accord *m* sur les prix ; entente *f* sur les prix.
Preisabmachungen *fpl* → ***Preisabkommen***.
Preisabschlag *m*, ¨e diminution *f* de prix ; remise *f* ; rabais *m*.
Preisabsprache *f*, **n** → ***Preisabkommen***.
Preisabstand *m*, ¨e écart *m* de prix ; disparité *f* entre les prix.
Preisabweichung *f*, **en** écart *m* de prix.
Preisagentur *f*, **en** agence *f* d'information sur les prix (comparaison et communication de prix).
Preisänderung *f*, **en** modification *f* de prix ; changement *m* de tarif.

Preisangabe *f,* **n** indication *f* de prix.
Preisangleichung *f,* **en** → *Preisanpassung.*
Preisanhebung *f,* **en** → *Preiserhöhung.*
Preisanpassung *f,* **en** r(é)ajustement *m* des prix.
Preisanstieg *m,* **e** montée *f* des prix.
Preisaufschlag *m,* ¨**e** → *Preiserhöhung.*
Preisaufsicht *f,* ø contrôle *m* des prix.
Preisauftrieb *m,* **e** poussée *f,* flambée *f* des prix ; valse *f* des étiquettes.
Preisaufwärtsbewegung *f,* **en** mouvement *m* de hausse des prix ; valse *f* des étiquettes.
Preisausgleich *m,* **e** péréquation *f* des prix.
Preisaushang *m,* ¨**e** affichage *m* des prix ; prix *m* affiché ; étiquetage *m*.
Preisausschläge *mpl* → *Preisschwankungen.*
Preisausschreiben *n,* **-** concours *m* (avec attribution de prix).
Preisauszeichnung *f,* **en** affichage *m* des prix.
Preisauszeichnungspflicht *f,* **en** affichage *m* obligatoire des prix ; obligation *f* d'afficher les prix.
preisbedingt dépendant du prix ; fonction du prix ; dicté par les prix.
Preisbehörde *f,* **n** commission *f* de contrôle des prix.
Preisberechnung *f,* **en** calcul *m* des prix ; tarification *f*.
Preisbereich *m,* **e** gamme *f* de prix ; ordre *m* de prix.
preisbereinigt exprimé en chiffres réels ; exprimé en termes constants ; traduit en termes réels ; correction faite de la variation des prix ; ~ *von konjunkturellen Einflüssen* prix *mpl* corrigés des facteurs conjoncturels.
Preisbereinigung *f,* **en** correction *f* des prix ; correction en termes constants ; prix *mpl* corrigés.
Preisberichtigung *f,* **en** révision *f,* rectification *f* des prix.
Preisbeschränkung *f,* **en** limitation *f* des prix.
Preisbeständigkeit *f,* ø stabilité *f* des prix.
Preisbestandteil *m,* **e** élément *m* constitutif des/du prix.
Preisbewegungen *fpl* mouvements *mpl* des prix ; fluctuation *f* des prix.

preisbewusst qui a conscience des prix ; ~ *ein/kaufen* acheter intelligemment ; être un consommateur averti.
preisbildend qui détermine le prix.
Preisbildung *f,* **en** formation *f* des prix ; élaboration *f* des prix.
Preisbindung *f,* **en** prix *mpl* imposés ; contrôle *m* des prix ; accord *m* sur les prix ; obligation *f* de respecter les prix établis ; ~ *der zweiten Hand* (*vertikale* ~) prix (de détail) imposés par les fabricants et les revendeurs ; imposition *f* des prix dans le sens vertical ; *horizontale* ~ imposition des prix dans le sens horizontal.
Preisbrecher *m,* **-** casseur *m* de prix.
Preisdifferenz *f,* **en** différence *f* entre les prix ; écart *m* de prix.
Preisdiktat *n,* **e** diktat *m* des prix.
Preisdrosselung *f,* **en** coup *m* d'arrêt à la hausse des prix ; ralentissement *m* de la hausse des prix.
Preisdruck *m,* ø pression *f* des (sur les) prix.
Preisdrückerei *f,* ø compression *f* des prix ; écrasement *m* des prix.
Preiseinbruch *m,* ¨**e** → *Preissturz.*
Preiselastizität *f,* **en** → *Preisflexibilität.*
Preisempfehlung *f,* **en** recommandation *f* de prix ; prix *m* recommandé ; *unverbindliche* ~ prix conseillé.
preisempfindlich sensible aux variations de prix.
Preisentwicklung *f,* **en** évolution *f* des prix.
Preiserhöhung *f,* **en** augmentation *f,* majoration *f,* relèvement *m* de prix.
Preisermäßigung *f,* **en** diminution *f* de prix ; réduction *f* ; rabais *m* ; ristourne *f*.
Preisermittlung *f,* **en** détermination *f* des prix.
Preiserwartungen *fpl* prix *mpl* escomptés.
Preisexplosion *f,* **en** explosion *f* des prix ; flambée *f* des prix ; valse *f* des étiquettes.
Preisfestigung *f,* **en** consolidation *f* des prix ; plus grande fermeté *f* des prix.
Preisfestsetzung *f,* **en** fixation *f* des prix ; établissement *m* des prix.
Preisfixierung *f,* **en** → *Preisfestsetzung.*
Preisflexibilität *f,* **en** flexibilité *f* des prix ; mobilité *f* des prix.

Preisforderung *f*, **en** exigence *f* de prix ; *überhöhte ~en stellen* avoir des exigences de prix trop élevés.
Preisfreigabe *f*, **n** libéralisation *f* des prix ; déblocage *m* des prix.
Preisfront *f*, **en** front *m* des prix ; *an der ~* sur le front des prix.
Preisführer *m*, **-** leader *m* en matière de prix ; *als ~ auf/treten* dicter les prix.
preisgebunden à prix imposé ; *~er Markenartikel* article *m* de marque à prix imposé.
Preisgefälle *n*, **-** disparité *f*, éventail *m* des prix ; fourchette *f* de prix.
Preisgefüge *n*, **-** ensemble *m*, structure *f* des prix.
preisgekrönt primé ; couronné ; récompensé ; *~es Modell* modèle *m* ayant obtenu un prix.
Preisgeld *n*, **ø** somme *f* allouée à titre de récompense ; montant *m* d'un prix.
preisgesenkt à prix réduit ; démarqué ; en solde ; en promotion.
Preisgestaltung *f*, **en** → *Preisbildung*.
preisgestoppt prix bloqué.
Preisgleitklausel *f*, **n** clause *f* de révision des prix ; clause révisionnelle des prix.
Preisgrenze *f*, **n** limite *f* des prix ; *obere, untere ~* prix-plafond *m*, prix-plancher.
preisgünstig d'un prix avantageux ; d'un prix intéressant ; bon marché.
Preishebel *m*, **-** facteur *m* de hausse ou de baisse des prix.
Preisherabsetzung *f*, **en** → *Preisermäßigung*.
Preisheraufsetzung *f*, **en** → *Preiserhöhung*.
Preishöchstgrenze *f*, **n** → *Preislimit*.
Preishöhe *f*, **ø** niveau *m* des prix.
Preisindex *m*, **e/-dizes** indice *m* des prix ; *~ des Bruttosozialprodukts* (*BIP*) indice des prix du produit intérieur brut (P.I.B.) ; *~ der Industrieproduktion* indice des prix à la production industrielle ; *~ der Lebenshaltung*(*skosten*) indice des prix à la consommation ; *~ der Rohstoffe* indice des prix des produits primaires.
Preisindexklausel *f*, **n** clause *f* d'indexation des prix.
Preisindizierung *f*, **en** indexation *f* des prix.
Preiskalkulation *f*, **en** → *Preisberechnung*.

Preiskampf *m*, **¨e** lutte *f* des prix.
Preiskartell *n*, **e** cartel *m* des prix.
Preiskarussell *n*, **ø** → *Preislawine*.
Preisklasse *f*, **n** gamme *f* de prix ; catégorie *f* de prix ; *die höhere ~* prix *m* du haut de gamme.
Preisknüller *m*, **-** (*fam.*) → *Preisschlager*.
Preiskonkurrenz *f*, (**en**) concurrence *f* des prix.
Preiskontrolle *f*, **n** contrôle *m* des prix.
Preiskorrektur *f*, **en** rectification *f*, correctif *m* des prix.
Preiskurant *m*, **e** (*Autriche*) liste *f* des prix courants ; tarif *m*.
Preislage *f*, **n** → *Preisklasse*.
Preislawine *f*, **n** flambée *f* des prix ; valse *f* des étiquettes.
Preis-Leistungs-Verhältnis *n*, **se** rapport *m* prestation-prix.
Preislenkung *f*, **en** réglementation *f* des prix ; contrôle *m* des prix ; régulation *f* des prix.
preislich qui concerne le prix ; relatif au prix ; *~e Unterschiede* différences *fpl* de prix ; *das ist ~ interessant* le prix est intéressant.
Preislimit *n*, **s** prix *m* plafond.
Preisliste *f*, **n** prix *m* courant ; tarifs *mpl* ; *die ~ an/fordern* demander la liste des prix.
Preis-Lohn-Spirale *f*, **n** spirale *f* des salaires et des prix.
Preismanipulation *f*, **en** manipulation *f* des prix.
Preismaßstab *m*, **¨e** étalon *m* des prix.
Preismechanismus *m*, **-men** mécanisme *m* des prix.
Preisminderung *f*, **en** → *Preisermäßigung*.
Preismodell *n*, **e** modèle *m* de fixation de prix.
Preisnachlass *m*, **¨e** → *Preisermäßigung*.
Preisnehmer *m*, **-** preneur *m* au prix du marché (en situation de concurrence parfaite, l'offreur ou l'acheteur n'a aucune influence sur les prix, il ne peut influer que sur la quantité) (*syn. Mengenanpasser*).
Preisniveau *n*, **s** → *Preishöhe*.
Preisnotierung *f*, **en** cotation *f* des prix ; (*bourse, devise*) incertain *m*.
Preisobergrenze *f*, **n** prix-plafond *m*.
Preispolitik *f*, **ø** politique *f* des prix.

Preis-Qualitäts-Verhältnis *n*, se rapport *m* qualité-prix.
preisreduziert à prix réduit ; soldé.
Preisregelung *f*, en → *Preislenkung*.
Preisregulierung *f*, en → *Preislenkung*.
Preisrelation *f*, en rapport *m* des prix.
Preisrevision *f*, en révision *f*, réaménagement *m* des prix.
Preisrückgang *m*, ¨e recul *m* des prix ; baisse *f* des prix ; prix *mpl* en baisse.
Preisrunde *f*, n négociations *fpl*, table *f* ronde sur les prix.
Preisrutsch *m*, ø dérapage *m* des prix.
Preissanierung *f*, en assainissement *m* des prix.
Preisschere *f*, n **1.** différence *f* entre deux catégories de prix ; fourchette *f* de prix **2.** écart *m* entre le coût de production et le prix de vente.
Preisschild *n*, er étiquette *f*.
Preisschlager *m*, - prix *m* imbattable ; prix record ; prix-choc ; premier prix.
Preisschleuderei *f*, (en) braderie *f* ; écrasement *m* des prix ; vente *f* à vil prix.
Preisschraube *f* : *an der ~ drehen* augmenter les prix (d'un cran).
Preisschub *m*, ¨e poussée *f* des prix.
Preisschwankungen *fpl* fluctuations *fpl* des prix.
Preissenkung *f*, en diminution *f* des prix.
Preisskala *f*, s/-len gamme *f* de prix ; éventail *m*, fourchette *f* de prix.
Preisspanne *f* , n fourchette *f* de/des prix.
Preisspiegel *m*, - tableau *m* synoptique des prix ; tableau comparatif des prix.
Preisspielraum *m*, ¨e latitude *f* de manœuvre pour fixer les prix.
Preissprung *m*, ¨e bond *m* spectaculaire d'un/des prix ; (*fam*) culbute *f*.
Preisstabilisierung *f*, en stabilisation *f* des prix.
Preisstabilität *f*, (en) stabilité *f* des prix.
Preisstaffelung *f*, en échelle *f* des prix ; échelonnement *m* des prix.
Preissteigerung *f*, en → *Preiserhöhung*.
Preissteigerungsrate *f*, n augmentation *f* moyenne des prix (sur un mois, un an, etc.).

Preissteuerung *f*, en → *Preislenkung*.
Preisstopp *m*, s blocage *m* des prix ; *Aufhebung des ~s* déblocage *m* des prix.
Preisstufe *f*, n → *Preisklasse*.
Preissturz *m*, ¨e effondrement *m* des prix ; dégringolade *f* des prix.
Preisstützung *f*, en soutien *m* des prix.
Preistabelle *f*, n barème *m* des prix.
Preistafel *f*, n tableau *f* d'affichage des prix.
Preisträger *m*, - lauréat *m* d'un prix ; grand gagnant *m* d'un prix.
preistreibend inflationniste ; *sich ~ aus/wirken* faire flamber les prix.
Preistreiber *m*, - responsable *m* de la flambée des prix.
Preistreiberei *f*, en flambée *f* (artificielle) des prix ; valse *f* des étiquettes.
Preistrend *m*, s tendance *f* des prix.
Preisüberschreitung *f*, en excédent *m* de prix ; dépassement *m* des (du) prix.
Preisüberwachung *f*, en → *Preiskontrolle*.
Preisunterbieter *m*, - casseur *m* de prix.
Preisunterbietung *f*, en dumping *m* ; vente *f* à vil prix ; bradage *m* (*syn. Dumping*).
Preisuntergrenze *f*, n prix-plancher *m* ; plancher *m* des prix.
Preisunterschied *m*, e différence *f* de prix ; écart *m* de prix ; disparité *f* des prix.
Preisvereinbarung *f*, en entente *f* sur les prix ; accord *m* de prix.
Preisverfall *m*, ø chute *f*, dégradation *f*, détérioration *f* des prix.
Preisvergleich *m*, e comparaison *f* de(s) prix.
Preisvergünstigung *f*, en avantage *m* accordé sur un/les prix ; facilités *fpl* en matière de prix.
Preisverordnung *f*, en ordonnance *f* ; disposition *f* officielle en matière de prix.
Preisverstoß *m*, ¨e infraction *f* à la réglementation sur les prix.
Preisverteuerung *f*, en renchérissement *m* des prix.
Preisverzeichnis *n*, se → *Preisliste*.
Preisverzerrung *f*, en distorsion *f* des prix.
Preisvorschriften *fpl* réglementation *f* des prix.
Preisvorteil *m*, e avantage *m* en matière de prix ; prix *m* réduit ; *~e an die*

Kunden weiter/geben répercuter des baisses de prix sur les clients.
Preiswahrheit und -klarheit *f*, ø vérité *f* et transparence *f* des prix.
Preiswelle *f*, **n** hausse *f* des prix.
preiswert avantageux ; bon marché ; ~*es Angebot* offre *f* intéressante.
Preiswettbewerb *m*, **e** concurrence *f* sur les prix.
Preiswucher *m*, ø prix *mpl* exorbitants, usuraires ; exagération *f* de prix.
preiswürdig → *preiswert*.
Preiswürdigkeit *f*, ø adéquation *f* d'un prix ; bas prix *mpl* ; prix bon marché.
Preiszerfall *m*, ø (*Suisse*) → *Preisverfall*.
Preiszettel *m*, - étiquette *f* de prix.
Preiszugeständnisse *npl* concessions *fpl* sur un prix ; ~ *machen* rabattre (sur) un prix.
Preiszuschlag *m*, ¨e supplément *m*, majoration *f* de prix.
prekär précaire ; difficile ; fragile ; critique.
prellen duper ; escroquer ; arnaquer.
Prellerei *f*, **en** escroquerie *f* ; duperie *f* ; arnaque *f*.
Premier *m*, **s** (*pr. fr.*) Premier ministre *m*.
Premierminister *m*, - → *Premier*.
premium de première qualité ; haut de gamme ; de première classe ; extra.
Premiummarke *f*, **n** marque *f* haut-de-gamme.
Prepaidhandy *n*, **s** (*pr. ang.*) (*téléph.*) portable *m*, mobile *m* prépayé.
Prepaidkarte *f*, **n** carte *f* payée d'avance, prépayée, rechargeable.
Presse *f*, ø presse *f* ; journaux *mpl* ; *eine gute, schlechte* ~ *haben* avoir bonne, mauvaise presse.
Presseagentur *f*, **en** agence *f* de presse.
Presseamt *n*, ¨er office *m* de presse ; agence *f* officielle d'information de la presse.
Pressebericht *m*, **e** reportage *m* ; article *m* d'un correspondant de presse.
Pressedienst *m*, **e** service *m* de presse.
Pressefreiheit *f*, ø liberté *f* de presse.
Pressekampagne *f*, **n** campagne *f* de presse ; *eine* ~ *starten* lancer une campagne de presse.
Pressekommunikee *n*, **s** → *Pressemitteilung*.

Pressekonferenz *f*, **en** conférence *f* de presse ; *eine* ~ *ab/halten* donner une conférence de presse.
Pressekonzern *m*, **e** (grand) groupe *m* de presse.
Pressekorrespondent *m*, **en**, **en** correspondant *m* de presse.
Pressemitteilung *f*, **en** communiqué *m* de presse.
Presseorgan *n*, **e** organe *m* de presse.
Presserat *m*, ¨e : *deutscher* ~ Conseil *m* de la presse allemande (contrôle volontaire de la presse écrite).
Presseschau *f*, **en** revue *f* de presse.
Pressesprecher *m*, - attaché *m* de presse ; porte-parole *m* (d'une institution).
Pressestimmen *fpl* opinions *fpl* de la presse ; échos *mpl* de la presse ; commentaires *mpl* de presse.
Pressetribüne *f*, **n** tribune *f* de presse.
Presse- und Informationsdienst *m*, ø Service *m* de presse et d'information allemand.
Pressewesen *n*, ø journalisme *m* ; la presse (en général).
Pressezar *m*, **e** magnat *m* de la presse.
Pressezensur *f*, **en** censure *f* gouvernementale de la presse.
Pressure-Group *f*, **s** (*pr. ang.*) groupe *m* de pression (*syn. Interessengruppe* ; *Lobby*).
Prestige *n*, ø (*pr. fr.*) prestige *m*.
Prestigeaufwendungen *fpl* dépenses *fpl* de prestige.
Prestigegewinn *m*, **e** gain *m* de prestige.
Prestigekonsum *m*, ø consommation *f* d'articles de prestige ; consommation haut de gamme, de luxe.
prestigeträchtig prestigieux ; de prestige ; de réputation.
Prestigeverlust *m*, **e** perte *f* de prestige ; détérioration *f* d'une image de marque.
Prestigewerbung *f*, **en** publicité *f* de prestige.
Price-Earning Ratio *n* (*PER*) → *Kurs-Gewinn-Verhältnis*.
prima de première qualité ; ~ *Ware* marchandise *f* de premier ordre.
Primaakzept *n*, **e** (*traite*) première *f* de change ; acceptation *f* (portée) sur une première de change.
Primage *f*, **n** (*pr. fr.*) → *Primgeld*.

Primapapier *n,* **e** (*traite*) effet *m* de premier ordre ; valeur *f* d'excellent rapport.

Primaqualität *f,* ø (*commerce*) première qualité *f.*

primär primaire ; ~*er Sektor* secteur *m* primaire (agriculture, sylviculture, pêche).

Primäreinkommen *npl* revenus *mpl* primaires ; ~ *der Betriebe* revenus primaires des entreprises ; ~ *der Bevölkerung* revenus primaires de la population.

Primärenergie *f,* **n** énergie *f* primaire (charbon, pétrole, gaz naturel).

Primärenergiebedarf *m,* ø besoins *mpl* en énergie primaire.

Primärenergieverbrauch *m,* ø consommation *f* d'énergie primaire.

Primärgruppen *fpl* groupes *mpl* primaires ; groupes de proximité directe (comme la famille, la communauté villageoise, etc.).

Primärkosten *pl* coût *m* direct.

Primat *m/n,* **e** primauté *f* ; primat *m* ; ~ *der Politik, der Wirtschaft* primauté de la politique, de l'économie.

Primaware *f,* **n** marchandise *f* de première qualité ; article *m* de premier ordre.

Primawechsel *m,* - première *f* de change.

Prime Rate *f,* **s** (*pr. ang.*) (*USA*) taux *m* d'intérêt préférentiel (offert par les grandes banques à leurs meilleurs clients).

Primetime *f,* **s** (*pr. ang.*) (*médias*) heure *f* de grande écoute ; prime-time *m*.

Primgeld *n,* **er** primage *m* (prime versée au capitaine d'un navire).

Printmedien *npl* presse *f* écrite.

Printwerbung *f,* **en** publicité *f* dans la presse (journaux, magazines, revues).

Prinzip *n,* -ien principe *m*.

prinzipiell de/en principe ; par principe.

Prinzipienfrage *f,* **n** question *f* de principe.

Prinzipienreiter *m,* - coupeur *m* de cheveux en quatre ; (*fam.*) pinailleur *m*.

Priorität *f,* **en** priorité *f* ; préférence *f*.

Prioritätsaktie *f,* **n** (*bourse*) action *f* préférentielle ; action privilégiée.

Prioritätsanleihe *f,* **n** (*bourse*) emprunt *m* de priorité ; emprunt privilégié.

Prioritätsdividende *f,* **n** (*bourse*) dividende *m* prioritaire.

Prioritätsgläubiger *m,* - créancier *m* privilégié.

Prioritätskarte *f,* **n** carte *f* de priorité.

Prioritätsobligation *f,* **en** (*bourse*) obligation *f* privilégiée ; obligation de préférence.

Prise *f,* **n** (*navigation*) prise *f* de navire ou de cargaison ; *ein Schiff als* ~ *erklären* déclarer un navire en état de prise maritime.

Prisengericht *n,* **e** tribunal *m* maritime compétent en matière de prises maritimes.

privat privé ; particulier ; ~*e Angelegenheiten* affaires *fpl* privées ; ~*es Eigentum* propriété *f* privée ; ~*e Finanzierung* financement *m* privé ; ~*e Haushalte* particuliers *mpl* ; ménages *mpl* ; ~*e Krankenkasse* caisse *f* privée d'assurance-maladie ; ~*er Verbrauch* consommation *f* des ménages ; ~ *versichert sein* être affilié à une caisse d'assurance-maladie privée.

Privatadresse *f,* **n** adresse *f* personnelle ; adresse privée.

Privatangelegenheit *f,* **en** affaire *f* privée.

Privatanleger *m,* - investisseur *m* privé (*contr. institutioneller Anleger*)

Privatanwender *m,* - utilisateur *m* privé.

Privatbank *f,* **en** banque *f* privée.

Privatbesitz *m,* ø → *Privateigentum*.

Privatbetrieb *m,* **e** → *Privatunternehmen*.

Privatdozent *m,* **en, en** (*université*) professeur *m* de l'enseignement supérieur non titulaire ; maître *m* de conférences non titulaire.

Private-Equity-Gesellschaft *f,* **en** (*pr. ang.*) société *f* de participation ; fonds *m* d'investissement ; → *Investmentfonds* ; *Hedgefonds*.

Privateigentum *n,* ø propriété *f* privée.

Privatgebrauch *m,* ø usage *m* privé, non professionnel.

Privatgespräch *n,* **e** communication *f,* conversation *f* privée.

Privatgrundstück *n,* **e** terrain *m* privé.

Privathand : *aus/von* ~ provenant de fonds privés d'un particulier.

Privathaushalt *m,* **e** ménage *m* de particuliers.

Privatheit *f,* ø caractère *m* privé.

Privatindustrie *f*, **n** industrie *f* privée.
Privatinitiative *f*, **n** initiative *f* privée ; *die ~n fördern* encourager l'initiative privée.
Privatinteressen *npl* intérêts *mpl* privés.
privatisieren 1. transférer dans le secteur privé ; *einen staatlichen Betrieb ~* dénationaliser une entreprise 2. vivre de sa fortune ; vivre de ses rentes.
Privatisierung *f*, **en** dénationalisation *f* ; privatisation *f* ; *~ des öffentlichen Dienstes* privatisation du secteur public.
Privatisierungserlös *m*, **e** produit *m* d'une privatisation ; recettes *fpl* provenant de la privatisation.
Privatisierungspolitik *f*, **ø** politique *f* de privatisation.
Privatklage *f*, **n** (*jur.*) constitution *f* de partie civile ; *~ erheben* se constituer partie civile ; engager des poursuites judiciaires contre qqn ; → **Nebenklage**.
Privatkläger *m*, **-** (*jur.*) partie *f* civile ; → **Nebenkläger**.
Privatklinik *f*, **en** clinique *f* privée.
Privatkorrespondenz *f*, **en** correspondance *f* personnelle.
Privatkrankenkasse *f*, **n** caisse *f* privée d'assurance-maladie.
Privatkunde *m*, **en**, **en** particulier *m* ; client *m* privé.
Privatkundengeschäft *n*, **e** (*banque*) opération *f* avec la clientèle privée ; transactions *fpl* avec la clientèle non institutionnelle.
Privatkundschaft *f*, **en** clientèle *f* privée, de particuliers.
Privatmann *m*, **-leute** 1. → **Privatperson** 2. rentier *m* ; individu *m* qui vit de ses rentes.
Privatmittel *npl* moyens *fpl* financiers personnels ; capitaux *mpl* privés.
Privatpatient *m*, **en**, **en** patient *m* privé.
Privatperson *f*, **en** particulier *m*.
Privatrecht *n*, **ø** droit *m* privé ; *internationales ~* droit international privé.
privatrechtlich de droit privé.
Privatsache *f*, **n** affaire *f* privée.
Privatschulwesen *n*, **ø** enseignement *m* privé.
Privatsektor *m*, **en** secteur *m* privé.
Privatsphäre *f*, **n** vie *f* privée ; intimité *f*.
Privatunternehmen *n*, **-** entreprise *f* privée.
Privatunternehmer *m*, **-** entrepreneur *m* privé.
Privaturkunde *f*, **n** (*jur.*) acte *m* sous seing privé.
Privatverbrauch *m*, **ø** consommation *f* privée ; consommation personnelle.
Privatvermögen *n*, **-** fortune *f* personnelle ; biens *mpl* personnels.
Privatversicherung *f*, **en** assurance *f* privée.
Privatwirtschaft *f*, **en** secteur *m* privé.
Privatwohnung *f*, **en** domicile *m* privé.
Privileg *n*, **-ien** privilège *m* ; *verbriefte ~ien* privilèges dûment garantis par écrit ; *~ ien an/tasten* toucher à des privilèges.
privilegiert privilégié ; *~er Gläubiger* créancier *m* privilégié.
Privilegierte/r (*der/ein*) privilégié *m*.
pro : *~ Kopf* par tête d'habitant ; *~ Person* par personne ; *~ Stück* par unité ; *~ Tag* par jour (*syn. je*).
Pro *n*, **ø** pour *m* ; *das ~ und Kontra* le pour et le contre.
Probe *f*, **n** 1. essai *m* ; épreuve *f* ; test *m* ; *Kauf auf ~* achat *m* à l'essai, conditionnel ; *Kauf nach ~* achat sur échantillon ; *Kauf zur ~* achat-test *m* ; *ein Auto ~ fahren* essayer, tester une voiture ; *auf ~ ein/stellen* engager à l'essai ; *auf die ~ stellen* mettre à l'épreuve 2. échantillon *m* ; spécimen *m* ; *eine ~ entnehmen* prélever un échantillon.
Probeabstimmung *f*, **en** vote-test *m* ; vote *m* de sondage.
Probearbeit *f*, **en** 1. échantillon *m* de ce que l'on sait faire 2. travail *m* à l'essai.
Probearbeitsvertrag *m*, **¨e** contrat *m* de travail probatoire, à l'essai.
Probeauftrag *m*, **¨e** → **Probebestellung**.
Probeauswahl *f*, **en** échantillonnage *m*.
Probebelastung *f*, **en** (*technique*) test *m* de charge ; épreuve *f* de charge.
Probebestellung *f*, **en** commande *f* à titre d'essai ; commande à l'essai.
Probebetrieb *m*, **e** exploitation-test *f* ; exploitation *f* à l'essai (d'une centrale, par ex.).
Probeentnahme *f*, **n** prélèvement *m* d'échantillon.
Probeexemplar *n*, **e** spécimen *m* ; échantillon *m* d'essai.

Probefahrt *f,* en essai *m* (automobile) ; test *m* auto.
probehalber → *probeweise.*
Probejahr *n,* e année *f* probatoire ; année d'essai.
Probekauf *m,* ¨e achat *m* à l'essai.
Probelauf *m,* ¨e essai *m* ; tour *m* d'essai ; test *m* machine.
Probelieferung *f,* en envoi *m* pour essai ; livraison *f* à titre d'essai.
proben essayer ; tester ; mettre à l'essai.
Probenahme *f,* n (*statist.*) échantillonnage *m* ; prise *f* d'échantillon.
Probenahmemethode *f,* n (*statist.*) méthode *f* d'échantillonnage.
Probenummer *f,* n → *Probeexemplar.*
Probesendung *f,* en envoi *m* d'échantillons ; envoi de spécimens.
Probestück *n,* e échantillon *m* gratuit ; spécimen *m.*
probeweise à titre d'essai.
Probezeit *f,* en période *f* probatoire ; période d'essai.
Problem *n,* e problème *m* ; *ein ~ lösen* résoudre un problème.
problematisch problématique.
Problemgebiet *n,* e zone *f* critique.
Problemmüll *m,* ø déchets *mpl* toxiques ; déchets polluants, contaminants.
Problemstellung *f,* en position *f* du problème.
Producer *m,* - (*pr. ang.*) **1.** fabricant *m* **2.** (*médias*) producteur *m* de films ou de musique **3.** (*radio*) régisseur *m.*
Product-Placement *n,* s (*pr. ang.*) (*publicité*) placement *m* de produit (film, télévision) ; promotion *f* d'article.
Produkt *n,* e **I.** produit *m* ; bien *m* ; marchandise ; article *m* ; *arbeitsintensives ~* produit à haut coefficient de travail ; *fertiges ~* produit fini ; *gewerbliches ~* produit industriel ; *halbfertiges ~* produit semi-fini ; semi-produit ; *landwirtschaftliches ~* produit agricole ; *pflanzliches ~* produit d'origine végétale ; *strategisches ~* produit stratégique ; *tierisches ~* produit d'origine animale ; *umweltfreundliches ~* produit écologique, vert ; éco-produit ; *~ mit hoher Wertschöpfung* produit à forte valeur ajoutée **II.** *ein ~ her/stellen* fabriquer un produit ; *ein ~ ab/setzen* écouler, vendre un produit ; *ein ~ vertreiben* distribuer un produit ; → *Erzeugnis* ; *Ware* ; *Gut* ; *Artikel* ; *Fabrikat* ; *End-, Fertig-,*
Neben-, Roh-, Ur-, Vor-, Zwischenprodukt.
Produkteinführung *f,* en mise *f* d'un produit sur le marché ; lancement *m* d'un produit.
Produktenbörse *f,* n bourse *f* des marchandises ; bourse de commerce (*syn. Handels-, Warenbörse*).
Produktengruppe *f,* n groupe *m,* famille *f* de produits.
Produktenhandel *m,* ø commerce *m* des produits naturels, agricoles.
Produktenmarkt *m,* ¨e → *Produktenhandel.*
Produktentwicklung *f,* en élaboration *f,* mise *f* au point de nouveaux produits.
Produktfälschung *f,* en contrefaçon *f* ; piraterie *f* ; imitation *f* de produits.
Produktgestaltung *f,* en design *m,* esthétique *f* industriel(le).
Produkthaftung *f,* en (*jur.*) responsabilité *f* du fabricant ; responsabilité du producteur.
Produktinformation *f,* en information *f* sur un produit.
Produktion *f,* en **1.** production *f* ; fabrication *f* ; *kapital-, lohnintensive ~* production à fort coefficient de capital, à fort coefficient salarial ; *nachgelagerte, vorgelagerte ~* production en aval, en amont ; *saisonbedingte ~* production saisonnière ; *tierische ~* production animale ; *die ~ an/kurbeln* relancer la production ; *die ~ ein/stellen* suspendre la production ; *die ~ erhöhen (steigern)* augmenter la production ; *die ~ senken (drosseln)* baisser la production ; *die ~ verlagern* délocaliser la production **2.** service *m* de la production, de la fabrication ; département *m* production ; *in der ~ arbeiten* travailler dans le service production (à la production) ; → *Herstellung* ; *Fertigung* ; *Erzeugung.*
Produktionsablauf *m,* ¨e déroulement *m,* processus *m* de production.
Produktionsabnahme *f,* n recul *m,* baisse *f* de la production ; production *f* en baisse.
Produktionsabteilung *f,* en division *f,* atelier *m* de fabrication.
Produktionsanlagefonds *m,* - fonds *mpl* productifs fixes.
Produktionsanlagen *fpl* appareil *m* productif ; immobilisations *fpl* industrielles ; installations *fpl* industrielles.

Produktionsanpassung *f*, en ajustement *m* de la production.
Produktionsaufnahme *f*, n mise *f* en production.
Produktionsausfall *m*, ¨e perte *f* de production.
Produktionsausstoß *m*, ¨e volume *m* de la production ; quantité *f* produite ; output *m*.
Produktionsausweitung *f*, en élargissement *m* de la production ; diversification *f*.
Produktionsbereich *m*, e secteur *m* de production.
Produktionsbeschränkung *f*, en limitation *f* de (la) production.
Produktionsbetrieb *m*, e entreprise *f* de production.
Produktionsdrosselung *f*, en réduction *f* de la production ; coup de frein *m* donné à la production.
Produktionseinbuße *m*, n perte *f* de production ; manque *m* à gagner.
Produktionseinheit *f*, en unité *f* de production.
Produktionseinschränkung *f*, en → *Produktionsbeschränkung*.
Produktionsfaktor *m*, en facteur *m* de production (sol, travail, capital) ; *komplementärer* ~ facteur complémentaire de production ; *variabler* ~ facteur variable de production.
Produktionsfluss *m*, ø flux *m*, (bon) écoulement *m* de la production.
Produktionsfonds *mpl* fonds *mpl* productifs.
Produktionsfunktion *f*, en fonction *f* de production ; *volkswirtschaftliche* ~ fonction de production macro-économique.
Produktionsgebiet *n*, e région *f* de production.
Produktionsgenossenschaft *f*, en coopérative *f* de production ; *handwerkliche, landwirtschaftliche* ~ coopérative artisanale, agricole de production.
Produktionsgüter *npl* biens *mpl* de production (tels que matières premières utilisées pour produire d'autres biens de consommation ou d'équipement).
Produktionsindex *m*, e/-dizes indice *m* de production.
Produktionskapazität *f*, en capacité *f* de production.
Produktionskosten *pl* coût *m* de production ; *durchschnittliche* ~ coût moyen de production ; *soziale* ~ coût *m* social de production.

Produktionsleistung *f*, en → *Produktivität*.
Produktionsleiter *m*, - chef *m* de production.
Produktionsleitung *f*, en direction *f* de la production.
Produktionslenkung *f*, en orientation *f*, contrôle *m* de la production.
Produktionsmenge *f*, n quantité *f* produite.
Produktionsmittel *npl* moyens *mpl* de production ; facteurs *mpl*, biens *mpl* de production ; *Vergesellschaftung der* ~ socialisation *f* des moyens de production.
Produtionsmöglichkeitskurve *f*, n → *Transformationskurve*.
Produktionsoptimierung *f*, en optimisation *f* de la production.
Produktionsplan *m*, ¨e plan *m* de production ; *den* ~ *erfüllen* exécuter le plan de production ; *operativer* ~ plan opérationnel de production ; *optimaler* ~ plan optimal de production.
Produktionspotenzial *n*, e potentiel *m* de production.
Produktionsprämie *f*, n prime *f* de productivité.
Produktionsprogramm *n*, e programme *m* de production.
Produktionsprozess *m*, e procédé *m*, processus *m* de production.
Produktionsrückgang *m*, ¨e → *Produktionsabnahme*.
Produktionsschwankungen *fpl* fluctuations *fpl* de la production ; *die* ~ *ab/fangen* parer aux variations de production.
Produktionsschwerpunkt *m*, e point *m* fort de la production ; secteur *m* productif porteur.
Produktionssoll *n*, ø production *f* imposée ; objectif *m* de production.
Produktionsspitze *f*, n pic *m* de production.
Produktionsstand *m*, ¨e niveau *m* de production.
Produktionsstandort *m*, e → *Produktionsstätte*.
Produktionsstätte *f*, n lieu *m* de production ; site *m* de production.
Produktionssteigerung *f*, en augmentation *f* de la production ; relèvement *m* de la production.
Produktionssteuerung *f*, en → *Produktionslenkung*.

Produktionsstraße *f*, n chaîne *f* de production (*syn. Fertigungsstraße*).

Produktionsstufe *f*, n stade *m*, phase *f* de production ; *nachgelagerte, vorgelagerte* ~ phase de production en aval, en amont ; *Ausstattung der ersten* ~ équipement *m* de base.

Produktionstempo *n*, s cadence *f* de production ; rythme *m* de production.

Produktionsstilllegung *f*, en cessation *f* de production ; arrêt *m* de fabrication.

Produktionstochter *f*, ¨ filiale *f* de production.

Produktionsüberschuss *m*, ¨e surplus *m*, excédent *m* de production.

Produktionsumfang *m*, ¨e → *Produktionsvolumen*.

Produktionsumlauffonds *m*, - (*comptab.*) fonds *mpl* circulants.

Produktionsumstellung *f*, en reconversion *f* de la production.

Produktionsverfahren *n*, - procédé *m* de production.

Produktionsverlagerung *f*, en délocalisation *f*, déplacement *m* de la production.

Produktionsverlauf *m*, ¨e → *Produktionsablauf*.

Produktionsvolumen *n*, -/mina volume *m* de production.

Produktionsvorgang *m*, ¨e → *Produktionsprozess*.

Produktionswert *m*, ø valeur *f* de la production.

Produktionsziel *n*, e objectif *m* de production ; *das* ~ *erreichen* atteindre les objectifs de production.

Produktionsziffer *f*, n chiffre *m* de production.

Produktionszuwachs *m*, ¨e → *Produktionssteigerung*.

Produktionszweig *m*, e secteur *m* de production, productif ; branche *f* de production.

produktiv productif ; *nicht* ~ improductif ; stérile ; ~*e Arbeit* travail *m* direct, productif ; ~*es Kapital* capital *m* productif ; ~*e Kosten* coûts *mpl* directs, productifs ; ~*e Löhne* salaires *mpl* directs ; coût *m* direct de main-d'œuvre.

Produktivgüter *npl* biens *mpl* de production ; biens d'équipement ; biens d'investissement.

Produktivität *f*, (en) productivité *f* ; rentabilité *f* ; rendement *m* ; *die* ~ *steigern* accroître la producivité ; augmenter le rendement.

Produktivitätsgefälle *n*, - écart *m* de productivité ; disparité *f* de productivité.

produktivitätsorientiert axé sur la productivité ; ~*e Lohnpolitik* politique *f* salariale adaptée à l'évolution de la productivité du travail.

Produktivitätsprämie *f*, n prime *f* de productivité.

Produktivitätsrückstand *m*, ¨e retard *m* de productivité.

Produktivitätszuwachs *m*, ¨e accroissement *m* de la productivité.

Produktivkapital *n*, ø capital *m* productif.

Produktivkräfte *fpl* forces *fpl* productives (moyens de production, main-d'œuvre, science, technologie, etc.) ; *materielle* ~ forces productives matérielles ; *unmittelbare* ~ forces productives directes.

Produktivvermögen *n*, - → *Produktivkapital*.

Produktleiter *m*, - → *Produktmanager*.

Produktlinie *f*, n ligne *f*, éventail *m* de produits.

Produktmanagement *n*, s gestion *f* de produits.

Produktmanager *m*, - chef *m* de produits.

Produktpalette *f*, n gamme *f* de produits.

Produktpirat *m*, en, en contrefacteur *m* d'articles de marque ; pirate *m* de produit.

Produktpiraterie *f*, -ien piratage *m* industriel ; piratage de produit, de marque ; contrefaçon *f* ; → *Markenpiraterie*.

Produktpolitik *f*, ø politique *f*, stratégie *f* de produits ; → *Marketing-Mix*.

Produktschutzversicherung *f*, en assurance-protection *f* d'un produit (contre les risques de sabotage ou de piratage).

Produkttest *m*, s test *m* de produit.

Produzent *m*, en, en producteur *m* ; *vom* ~*en zum Konsumenten* du producteur au consommateur ; → *Fabrikant* ; *Hersteller* ; *Erzeuger*.

Produzentenhaftung *f*, en → *Produkthaftung*.

Produzentenpreis *m*, e prix *m* à la production.

produzieren produire ; fabriquer ; *just in time* ~ produire en flux-tendu ; → *fabrizieren* ; *her/stellen* ; *erzeugen*.

produzierend : (*statist.*) *~es Gewerbe* activités *fpl* industrielles ; secteur *m* secondaire ; secteur de production (automobile, agro-alimentaire, métallurgie, construction mécanique, artisanat, chimie, bâtiment, énergie, etc,) ; → *sekundär* ; *Sektor*.

Professional *m*, s (*pr. ang.*) → *Profi*.

professionalisieren professionnaliser.

Professionalisierung *f*, en professionnalisation *f*.

Professionalismus *m*, ø (*sport*) professionnalisme *m*.

professionell professionnel.

Professionist *m*, en, en (*Autriche*) artisan *m* ; ouvrier *m* spécialisé.

Professor *m*, en professeur *m* d'université ; (*Autriche aussi*) professeur de lycée ; *ordentlicher ~* professeur titulaire (d'une chaire) ; *außerordentlicher ~* professeur *m* sans chaire ; *emeritierter ~* professeur émérite.

Professorin *f*, en professeur(-femme) *f* d'université.

Professur *f*, en chaire *f* de professeur d'université.

Profi *m*, s (*sport*) professionnel *m* ; (*sens général*) pro *m* ; spécialiste *m*.

Profil *n*, e profil *m* ; *das gewünschte ~ haben* avoir le profil requis.

profilieren (*sich*) (se) profiler.

Profilierungswettbewerb *m*, ø concurrence *f* de positionnement sur le marché ; concurrence de démarquage.

Profisport *m*, -arten sport *m* professionnel.

Profilstahl *m*, ¨e (*sidérurgie*) acier *m* long ; (acier) profilé *m* .

Profit *m*, e (*souvent péj.*) profit *m* ; gain *m* ; bénéfice *m* ; *~ bringend* profitable ; rentable ; *industrieller, kommerzieller ~* profit industriel, commercial ; *einen ~ machen* (*erzielen*) réaliser un profit ; (*fig.*) *aus etw ~ schlagen* tirer un bénéfice de ; *mit ~ verkaufen* vendre à profit.

profitabel rentable ; lucratif ; *~es Unternehmen* entreprise *f* rentable.

Profitabilität *f*, ø profitabilité *f* ; rentabilité *f* ; → *Produktivität* ; *Rentabilität*.

Profitbesteuerung *f*, en imposition *f* des plus-values ; impôt *m* sur les sociétés.

Profitcenter *n*, - centre *m* de profit (unité indépendant au sein d'une entreprise assumant sa propre responsabilité en matière de chiffre d'affaires, de coûts et de résultats).

Profiterwartung *f*, en attente *f* de bénéfice ; bénéfices *mpl* attendus, escomptés.

Profiteur *m*, e profiteur *m*.

Profitgeier *m*, - profiteur *m* ; requin *m*.

profitgeil (*fam.*) → *profitgierig*.

Profitgier *f*, ø âpreté *f*, avidité *f* au gain ; appât *m* au gain.

profitgierig avide de profit.

profitieren profiter ; tirer avantage de ; *von einem Konkurs ~* profiter d'une faillite.

Profitjäger *m*, - → *Profiteur*.

Profitmacher *m*, - → *Profiteur*.

Profitmacherei *f*, en course *f* au profit ; recherche *f* à tout prix du profit.

Profitmaximierung *f*, en maximalisation *f* du profit ; maximisation *f* des bénéfices.

Profitrate *f*, n taux *m* de profit ; *durchschnittliche ~* taux de profit moyen.

Profitspanne *f*, n marge *f* de profit (*syn. Gewinnspanne*).

Profitstreben *n*, ø recherche *f* du profit, du gain.

Profitsucht *f*, ø → *Profitgier*.

pro forma pour la forme.

Proforma-Rechnung *f*, en facture *f* pro forma ; facture fictive.

Proforma-Wechsel *m*, - billet *m* de complaisance ; effet *m* de complaisance.

Prognose *f*, n prévision *f* ; pronostic *m* ; perspectives *fpl* ; *gesamtwirtschaftliche ~n* prévisions macro-économiques ; *die ~n nach unten korrigieren* réviser les prévisions à la baisse ; *eine ~ stellen* établir un pronostic.

prognostizieren pronostiquer ; faire des prévisions ; prévoir.

Programm *m*, e 1. programme *m* ; plan *m* ; *ein ~ auf/stellen* établir un programme 2. (*informatique*) programme ; *dem Computer ein ~ ein/geben* programmer un ordinateur 3. (*télé.*) *Erstes, Zweites ~* première, deuxième chaîne.

Programmabruf *m*, e (*informatique*) appel *m* de programme.

Programmauswahl *f*, ø sélection *f* de programmes.

Programmdatei *f*, en (*informatique*) fichier *m* de programme.

Programmdaten *npl* (*informatique*) données *fpl* de programme.

Programmeingabe *f*, n (*informatique*) entrée *f* de programme.

Programmeinheit *f*, en (*informatique*) unité *f* de programme.

programmgemäß suivant le programme ; conformément au programme.
Programmgestalter *m*, - programmeur *m* ; concepteur *m* de programme(s).
Programmgestaltung *f*, en → *Programmierung*.
programmgesteuert (*informatique*) commandé par programme.
Programmhoheit *f*, ø (*médias*) indépendance *f*, autonomie *f* des programmes ; souveraineté *f* audiovisuelle.
programmierbar programmable.
programmieren programmer ; mettre au programme.
Programmierer *m*, - (*informatique*) programmeur *m*.
Programmierfehler *m*, - (*informatique*) erreur *f* de programmation ; bogue *m*.
Programmiersprache *f*, n (*informatique*) langage *m* de programmation.
Programmierung *f*, en programmation *f*.
Programmmacher *m*, - concepteur *m* de programmes.
Programmmodul *m*, e (*informatique*) module *m* de programme.
Programmmodus *m*, -di (*informatique*) mode *m* de programme.
Programmspeicher *m*, - (*informatique*) mémoire *f* de programme.
Programmspeicherung *f*, en (*informatique*) mémorisation *f*, stockage *m* de programmes.
Programmsprache *f*, n (*informatique*) programme *m* ; langage *m*.
Programmsteuerung *f*, en (*informatique*) commande *f* par programme.
Programmverzahnung *f*, en (*informatique*) multiprogrammation *f*.
Programmvorschau *f*, en annonces *fpl* de programmes.
Progression *f*, en progression *f* ; mouvement *m* en avant ; *arithmetische* ~ progression arithmétique.
Progressionssatz *m*, ¨e taux *m* de progression.
Progressionstarif *m*, e tarif *m* progressif.
Progressionsvorbehalt *m*, e (*fisc*) prise en compte *f* des primes et allocations diverses dans l'établissement de l'assiette fiscale.
progressiv 1. progressif ; qui avance régulièrement ; ~*e Abschreibung* amortissement *m* progressif **2.** progressiste ; de progrès ; ~*e Partei* parti *m* progressiste.
Progressivlohn *m*, ¨e salaire *m* progressif.
Progressivsteuer *f*, n impôt *m* progressif.
Prohibition *f*, en (*hist.*) prohibition *f* ; interdiction *f* (des boissons alcooliques aux USA entre 1919 et 1933).
prohibitiv prohibitif.
Prohibitivzoll *m*, ¨e (*douane*) droits *mpl* prohibitifs.
Projekt *n*, e projet *m* ; *industrielles* ~ projet industriel.
Projektassistent *m*, en, en assistant *m* de projet.
projektbezogen ciblé sur un projet précis ; qui a trait à un projet déterminé ; fonction d'un projet bien défini ; *nicht* ~ hors-projet.
Projektentwickler *m*, - concepteur-réalisateur *m* de projet.
Projektentwicklung *f*, en développement *m* de projet(s).
projektgebunden → *projektbezogen*.
Projektgruppe *f*, n groupe *m* de travail attaché à un projet.
Projektierung *f*, en ingénierie *f*.
Projektierungsgesellschaft *f*, en société d'ingénierie.
Projektierungsleistungen *fpl* prestations *fpl*, services *mpl* d'ingénierie.
Projektion *f*, en projection *f*.
Projektleiter *m*, - responsable *m* de projet ; chef *m* de projet.
Projektleitung *f*, en **1.** direction *f* d'un projet **2.** responsables *mpl* d'un projet.
Projektmanagement *n*, ø gestion *f* d'un projet ; management *m* de projets spécifiques et limités dans le temps.
projektorientiert → *projektbezogen*.
Projektsteuerung *f*, en pilotage *m* de projet.
Projektteam *n*, s équipe *f* s'occupant d'un projet spécifique.
projizieren projeter ; effectuer une projection.
Pro-Kopf- (*préfixe*) par tête ; par personne ; par individu ; par habitant.
Pro-Kopf-Einkommen *n*, - revenu *m* par tête d'habitant.
Pro-Kopf-Produktion *f*, en production *f* par habitant, par tête.

Pro-Kopf-Produktivität *f,* en productivité *f* par habitant, par tête.
Pro-Kopf-Verbrauch *m,* ø consommation *f* par tête d'habitant ; consommation individuelle.
Pro-Kopf-Wertung *f,* en évaluation *f* par tête d'habitant.
Prokura *f,* -ren (*jur.*) procuration *f* ; procuraton commerciale générale ; *per ~ (pp., ppa.)* par procuration ; *die ~ entziehen* révoquer la procuration ; *die ~ ist erloschen* la procuration est expirée ; *(jdm) ~ erteilen* donner procuration (à qqn) ; *per (in) ~ zeichnen* signer par procuration.
Prokuration *f,* en délégation *f* générale de pouvoir ; mandat *m* général.
Prokurist *m,* en, en fondé *m* de pouvoir ; fondé de procuration ; personne *f* investie d'une procuration commerciale générale.
Prolet *m,* en, en (*fam.*) prolo *m.*
Proletariat *n,* e prolétariat *m* ; *akademisches ~* prolétariat *m* intellectuel.
Proletarier *m,* - prolétaire *m.*
proletarisch prolétaire ; prolétarien.
proletarisieren prolétariser.
Proletarisierung *f,* ø prolétarisation *f.*
Proll *m,* s (*fam.*) → **Prolet**.
Prolongation *f,* en prolongation *f* ; prorogation *f* ; report *m* ; renouvellement *m* (d'échéance) ; *einem Schuldner ~ gewähren* accorder une prolongation à un débiteur.
prolongationsfähig prolongeable ; reportable.
Prolongationsgeschäft *n,* e (*bourse*) opération *f* de report ; report *m* (consiste à proroger jusqu'à la liquidation suivante un marché arrivé à son terme).
Prolongationssatz *m,* ¨e (*bourse*) taux *m* de report ; report *m* ; loyer *m* de l'argent placé en report.
Prolongationswechsel *m,* - traite *f* prolongée ; effet *m* reporté.
prolongieren prolonger ; proroger ; reporter ; ajourner ; différer ; (*bourse*) prolonger sa position ; *einen Wechsel ~* proroger un effet ; renouveler une traite.
Prolongierung *f,* en prolongation *f* ; report *m* ; prorogation *f.*
Promesse *f,* n 1. promesse *f,* engagement *m* écrit(e) 2. reconnaissance *f* de dette.
Promi *m,* s (*fam.*) → **Prominente/r**.

pro mille pour mille ; pro mille (*syn.* pro tausend ; fürs Tausend ; vom Tausend*).
Promille *n,* - 1. millième *m* ; pour mille ; *die Provision beträgt 7 ~* la commission s'élève à 7 pour mille 2. taux *m* d'alcoolémie.
Promillegrenze *f,* n (*transp.*) alcoolémie *f* ; taux *m* d'alcool autorisé dans le sang ; *die ~ liegt bei 0, 5 Promille* le taux d'alcoolémie autorisé est de 0, 5 pour mille.
Promillesatz *m,* ¨e taux *m* pour mille.
prominent éminent ; marquant.
Prominente/r (*der/ein*) personnalité *f* ; notable *m* ; célébrité *f.*
Prominenz *f,* en personnalités *fpl* ; notables *mpl* ; autorités *fpl* ; (*fam.*) gratin *m.*
promoten (*pr. ang.*) faire la promotion (de qqch) ; faire de la publicité (pour qqch).
Promoter *m,* - (*pr. ang.*) organisateur *m* ; promoteur *m.*
Promotion *f,* s (*pr. ang.*) promotion *f* ; publicité *f.*
Promotion *f,* en (*université*) doctorat *m.*
promovieren (*université*) passer son doctorat.
prompt sans délai ; *~e Lieferung* livraison *f* immédiate.
Promptgeschäft *n,* e → **Kassageschäft**.
Propaganda *f,* ø propagande *f* (politique) ; publicité *f* ; réclame *f.*
propagieren préconiser ; propager.
Propergeschäft *n,* e opération *f* commerciale en nom propre ; transaction *f* commerciale en nom propre.
Proportion *f,* en proportion *f.*
proportional proportionnel ; *direkt, umgekehrt ~* directement, inversement proportionnel ; *~e Besteuerung* imposition *f* proportionnelle.
Proportionalität *f,* en proportionnalité *f* ; *~ zwischen Lohnzuwachs und Produktivität* proportionnalité entre l'accroissement des salaires et la productivité.
Proportionalregel *f,* n (*assur.*) règle *f* proportionnelle d'indemnisation des dommages (au prorata du montant assuré, au « marc le franc »).
Proportionalwahl *f,* en (*Suisse, Autriche*) → **Proporzwahl**.

Proporz *m*, e → *Proporzwahl.*
Proporzdenken *n*, ø (*polit.*) esprit *m*, conception *f* de la répartition proportionnelle (dans l'attribution de fonctions ou de sièges entre les partis).
Proporzwahl *f*, en (*polit.*) représentation *f* proportionnelle ; élection *f* à la proportionnelle ; proportionnelle *f*.
Propre- (*préfixe*) en nom propre ; en nom personnel.
Propregeschäft *n*, e → *Propergeschäft.*
Proprehandel *m*, ø commerce *m* en nom personnel.
Prorogation *f*, en prorogation *f* ; prolongation *f* ; report *m*.
prorogieren proroger ; prolonger ; reporter.
Prospekt *m/n*, e **1.** prospectus *m* ; brochure *f* ; ~e *verteilen* distribuer des prospectus **2.** (*bourse*) note *f* d'information ; prospectus *m* d'émission.
Prospektbetrug *m*, ¨e prospectus *m* mensonger ; tromperie *f* sur l'article vanté.
Prospekthaftung *f*, ø responsabilité *f* de l'émetteur d'un prospectus quant à son contenu.
prospektieren (*géologie*) prospecter ; *den Meeresboden* ~ prospecter les fonds marins.
Prospektion *f*, en **1.** (*géologie*) prospection *f* (du sol, des mers.) **2.** imprimés *mpl* publicitaires.
Prospektmaterial *n*, -ien prospectus *mpl* ; matériel *m* de réclame ; documentation *f* publicitaire ; (*fam.*) pub *f*.
Prospektor *m*, en (*géologie*) prospecteur *m*.
Prospektwerbung *f*, en publicité *f* par prospectus.
Prospektzwang *m*, ¨e (*bourse*) obligation *f* (pour une société) de publier une notice d'information lors d'une émission de titres.
prosperieren prospérer.
Prosperität *f*, ø prospérité *f* ; boom *m*.
Protektionismus *m*, ø protectionnisme *m* (barrières douanières ou réglementaires en vue d'empêcher ou de limiter la libre circulation des biens et des services) ; *latenter* ~ protectionnisme latent ; *tarifärer* ~ protectionnisme tarifaire (*contr. Freihandel* ; *WTO*).
Protektionist *m*, en, en protectionniste *m*.

protektionistisch protectionniste.
Protektorat *n*, e protectorat *m* ; *unter* ~ *stehen* être sous protectorat.
Protest *m*, e **1.** (*polit.*) protestation *f* ; (*gegen etw*) ~ *erheben* protester (contre qqch) **2.** (*traite, chèque*) protêt *m* ; ~ *mangels Annahme* protêt faute d'acceptation ; ~ *mangels Zahlung* protêt faute de paiement ; *ohne* ~ sans protêt ; ~ *erheben* dresser un protêt ; protester ; *einen Wechsel zu* ~ *gehen lassen* protester une lettre de change, une traite ; → *Scheck-, Wechsel-, Zahlungsprotest.*
Protestaktion *f*, en **1.** (*polit.*) protestation *f* ; contestation *f* **2.** (*traite*) action *f* en protêt.
Protestanzeige *f*, **n** (*traite*) notification *f* de protêt.
Protestbewegung *f*, en (*polit.*) mouvement *m* de protestation.
Protesterlass *m*, e/¨e (*traite*) dispense *f* de protêt.
protestieren 1. (*polit.*) élever une protestation ; s'opposer à ; refuser **2.** (*traite*) dresser un protêt ; protester ; *protestierter Wechsel* effet *m* protesté.
Protestierende/r (*der/ein*) (*traite*) requérant *m* d'un protêt ; personne *f* qui fait dresser un protêt.
Protestierer *m*, - → *Protestler.*
Protestkundgebung *f*, en (*polit.*) manifestation *f* de protestation.
Protestler *m*, - (*polit.*) contestataire *m* ; contestateur *m*.
Protestpartei *f*, en (*polit.*) parti *m* contestataire.
Protestregister *n*, - (*traite*) registre *m*, liste *f* des protêts.
Proteststreik *m*, s (*polit.*) grève *f* de protestation.
Protesturkunde *f*, **n** (*traite*) acte *m* de protêt.
Protestwähler *m*, - (*polit.*) électeur *m* protestataire.
Protestwelle *f*, **n** (*polit.*) vague *f* de protestation.
Protokoll *n*, e **1.** procès-verbal *m* ; constat *m* ; compte *m* rendu ; *ein* ~ *errichten* dresser, établir un procès-verbal ; *zu* ~ *geben* consigner au procès-verbal ; *etw zu* ~ *nehmen* inscrire qqch au procès-verbal **2.** (*polit.*) protocole *m* ; *Chef des* ~*s* chef *m* du protocole.
Protokollant *m*, en, en → *Protokollführer.*

Protokollführer *m*, - rédacteur *m* du procès-verbal ; rédacteur du compte rendu ; secrétaire *m* de séance.

protokollieren dresser procès-verbal ; verbaliser.

Prototyp *m*, en prototype *m*.

Protz *m*, en, en (*fam.*) nouveau riche *m* ; richard *m*.

Provenienz *f*, en provenance *f* (*syn. Ursprung* ; *Herkunft*).

Proviant *m*, e approvisionnement *m* ; vivres *mpl* ; victuailles *fpl*.

Provider *m*, - (*pr. ang.*) (*Internet*) serveur *m* ; fournisseur *m* d'accès Internet (*syn. Anbieter*).

Provinzfürst *m*, en, en (*iron.*) ministre-président *m* d'un land.

Provision *f*, en **1.** commission *f* ; pourcentage *m* ; *ausgezahlte ~* commission payée ; *übliche ~* commission habituelle ; *eine ~ erhalten* toucher une commission ; *auf* (*gegen*) *~ arbeiten* travailler moyennant commission ; (*fam.*) travailler à la comm ; *auf ~ reisen* voyager à la commission **2.** (*courtier*) courtage *m* **3.** remise *f* (du commissionnaire) **4.** tantième *m* (au prorata des ventes) ; guelte *f* ; **Bank-, Inkasso-, Überziehungs-, Umsatz-, Verkaufs-, Wechselprovision.**

Provisionsbasis *f* : *auf ~ arbeiten* travailler à la commission, (*fam.*) à la comm.

Provisionsberechnung *f*, en calcul *m* de la commission ; compte *m* bordereau ; décompte *m* de commission.

provisionsfrei franc de commission ; sans commission.

provisionspflichtig soumis au versement d'une commission.

Provisionsreisende/r (*der/ein*) → ***Provisionsvertreter***.

Provisionssatz *m*, ¨e **1.** taux *m* de commission **2.** tarif *m* de courtage.

Provisionsvertreter *m*, - voyageur *m* de commerce rétribué à la commission.

provisorisch provisoire ; transitoire.

Provisorium *n*, -ien solution *f* provisoire, transitoire.

Prozedur *f*, en procédure *f*.

Prozent *n*, e **1.** pour cent ; *zu wie viel ~?* à quel pour cent/pourcentage ? *eine Mehrwertsteuer von 19 ~* une T.V.A. de 19 % **2.** *~e* pourcentage *m* ; *~e an etw haben* toucher un pourcentage sur qqch ; *in ~en* en pour cent (*syn. v.H.* ; *p.c.* ; *%*).

prozentig quantité exprimée en pourcentage ; *eine 2-~e Erhöhung* une augmentation de 2 %.

Prozentkurs *m*, e (*bourse*) cours *m* coté en pour cent de la valeur nominale d'un titre.

Prozentpunkt *m*, e point *m* (de pourcentage).

Prozentrechnung *f*, en mode *m* de calcul de pourcentages.

Prozentsatz *m*, ¨e pourcentage *m* ; taux *m* ; prorata *m* ; *ein geringer ~* un faible pourcentage.

Prozentspanne *f*, n (taux *m* de) marge *f* bénéficiaire exprimée en pourcentage.

prozentual (exprimé) en pourcentage ; proportionnel ; *~ am Gewinn beteiligt sein* avoir un pourcentage sur le(s) bénéfice(s).

prozentuell (*Autriche*) → ***prozentual***.

prozentuieren établir en pourcentage.

Prozentwert *m*, e valeur *f* exprimée en pourcentage.

Prozess *m*, e **1.** (*jur.*) procès *m* ; litige *m* ; procédure *f* ; cause *f* ; *gegen jdn einen ~ an/strengen* intenter un procès à qqn ; *einen ~ führen* conduire un procès **2.** procédé *m* ; processus *m* ; *einen ~ durch/machen* passer par un processus.

Prozessakten *fpl* (*jur.*) dossier *m*, pièces *fpl* du procès.

prozessfähig (*jur.*) capable d'ester en justice.

prozessfreudig (*jur.*) procédurier ; porté sur la judiciarisation.

prozessführend : (*jur.*) *die ~en Parteien* les plaignants *mpl*.

Prozessführer *m*, - (*jur.*) plaideur *m*.

Prozessgebühren *fpl* (*jur.*) frais *mpl* de justice.

Prozessgegner *m*, - (*jur.*) partie *f* adverse.

Prozesshansel *m*, - (*jur.*) personne *f* procédurière ; personne portée sur la judiciarisation.

prozessieren (*jur.*) intenter un procès ; se montrer procédurier ; *gegen jdn ~* intenter un procès à qqn.

Prozessinnovation *f*, en (*technique*) innovation *f* en procédés.

Prozesskosten *pl* (*jur.*) frais *mpl* de procédure ; dépens *mpl*.

Prozesskostenhilfe *f*, n (*jur.*) exemption *f* des frais de procédure (accordée aux nécessiteux) ; assistance *f* défense-recours *f* judiciaire.

Prozessor *m*, en (*informatique*) processeur *m*.

Prozessorleistung *f*, en (*informatique*) performance *f* de processeur.

Prozessordnung *f*, en (*jur.*) (code *m* de) procédure *f*.

Prozesspartei *f*, en (*jur.*) l'une des deux parties en présence (à un procès).

Prozessrechner *m*, - (*informatique*) ordinateur *m* de techniques industrielles.

Prozessrecht *f*, ø (*jur.*) procédure *f* ; droit *m* formel.

prozessual : (*jur.*) *von jdm ~ vertreten sein* être représenté à un procès par qqn.

Prozessverfahren *n*, - (*jur.*) procédure *f* (judiciaire) ; affaire *f* ; procès *m*.

Prozessvertretung *f*, en (*jur.*) représentation *f* juridique à un procès.

Prozessvollmacht *f*, en (*jur.*) pouvoir *m* d'assistance et de représentation (dans une cour de justice).

prozesswütig (*jur.*) procédurier ; porté sur la judiciarisation ; *~e Bürger* citoyens *mpl* procéduriers.

Prüfbehörde *f*, n autorité *f* de contrôle ; commission *f* de contrôle.

Prüfbericht *m*, e rapport *m* d'analyse ; rapport d'une commission d'enquête, d'examen.

prüfen examiner ; vérifier ; contrôler ; tester ; *die Bilanz ~* contrôler le bilan ; *ein Produkt auf Schädlichkeit ~* tester la nocivité, la toxicité d'un produit.

Prüfer *m*, - 1. examinateur *m* 2. contrôleur *m* 3. (*comptab.*) réviseur *m* ; (*fisc.*) vérificateur *m*.

Prüferbilanz *f*, en bilan *m* comptable établi par un commissaire aux comptes.

Prüffeldmeister *m*, - (*industrie*) responsable *m* des essais ; chef *m* de la piste d'essais.

Prüfgerät *n*, e appareil *m* de contrôle.

Prüfgruppe *f*, en (*statist.*) échantillon *m* testé.

Prüfplakette *f*, n vignette *f* de contrôle technique délivrée par le → TÜV.

Prüfstand *m*, ¨e banc *m* d'essai ; *etw auf dem ~ erproben* tester qqch sur le banc d'essai.

Prüfstelle *f*, n centre *m* de contrôle ; service *m* de vérification.

Prüfung *f*, en examen *m* ; vérification *f* ; contrôle *m* ; test *m* ; *gutachtliche ~* expertise *f* ; *nach* (*bei*) *näherer ~* après plus ample examen ; (*comptab.*) *~ der Bücher* vérification de la comptabilité ; *etw einer ~ unterziehen* soumettre qqch à un contrôle ; → *Kontrolle* ; *Test*.

Prüfungsausschuss *m*, ¨e commission *f* de contrôle, d'examen ; jury *m* d'examen.

Prüfungsbericht *m*, e rapport *m* d'expertise.

Prüfungsgebühr *f*, en 1. frais *mpl* d'examen ; frais d'inscription 2. frais *m* de vérification, de contrôle.

Prüfungsverfahren *n*, - procédure *f* d'examen.

Prüfungsvermerk *m*, e visa *m* de contrôle.

Prüfverfahren *n*, en procédé *m* de contrôle ; méthode *f* d'estimation ; test *m* d'hypothèse.

Prüfzeichen *n*, - poinçon *m* de contrôle ; marque *f* de vérification ; estampille *f*.

PS 1. (*Pferdestärke*) chevaux-vapeur *mpl* ; *~-starkes Modell* forte cylindrée *f* **2.** → *Postskript(um)*.

PSchA → *Postscheckamt*

PSchKto → *Postscheckkonto*.

Publicity *f*, ø (*pr. ang.*) 1. publicité *f* ; image *f* de marque ; notoriété *f* publique (d'un homme politique, d'une vedette) 2. recherche *f* de l'image de marque ; vedettariat *m* ; vedettisation *f*.

Public Relations *pl* (*pr. ang.*) relations *fpl* publiques, extérieures ; → *Öffentlichkeitsarbeit* ; *PR-*.

publik public ; *~ machen* rendre public.

Publikation *f*, en publication *f* ; *wissenschaftliche ~* publication scientifique.

Publikum *n*, ø public *m*.

Publikumserfolg *m*, e succès *m* grand public

Publikumsfonds *m*, - → *Investmentfonds*.

Publikumsgesellschaft *f*, en société *f* anonyme ouverte au public ; société à nombre élevé d'actionnaires ; société faisant appel à l'épargne publique.

Publikumsgunst *f*, ø faveur *f* du public.

Publikumshit *m*, s → *Publikumsrenner*.

Publikumsrenner *m*, - valeur-vedette *f* ; titre *m* très demandé ; grand succès *m* (de vente) auprès du public ; grand succès *m* de vente.

Publikumstag *m*, **e** (*foires, expositions*) journée *f* réservée au grand public.
Publikumsverkehr *m*, ø : *es herrscht reger* ~ il y a grande affluence.
publikumswirksam médiatique ; qui a du succès auprès du public.
publizieren publier.
Publizist *m*, **en**, **en** journaliste (politique) ; éditorialiste *m*.
Publizistik *f*, ø journalisme *m* ; communication *f*.
Publizität *f*, ø publicité *f*.
Publizitätspflicht *f*, **(en)** obligation *f* de publier les comptes annuels (société anonyme, S.A.R.L.).
Puffer *m*, **-** tampon *m*.
Pufferreserve *f*, **n** stock *m* régulateur (achats de réserve à bon marché en cas de crise).
Pufferstaat *m*, **en** État *m* tampon.
Pufferzone *f*, **n** zone-tampon *f*.
Pulverfass *n*, ¨**er** baril *m* de poudre ; poudrière *f* ; *auf einem* ~ *sitzen* être assis sur un véritable baril de poudre ; être explosif.
Pump *m*, **e** (*fam.*) crédit *m* ; emprunt *m* ; *auf* ~ *finanziert werden* être financé par l'emprunt ; *auf* ~ *kaufen* acheter à crédit ; *auf* ~ *leben* vivre d'emprunts.
pumpen 1. pomper ; *in ein Unternehmen Geld* ~ injecter des capitaux dans une entreprise **2.** (*fam.*) *jdm Geld* ~ prêter de l'argent à qqn ; *bei* (*von*) *der Bank Geld* ~ emprunter de l'argent à la banque (*syn. leihen* ; *borgen*).
Pumppolitik *f*, ø (*fam.*) politique *f* d'emprunt.
Punkt *m*, **e** point *m* ; article *m* ; ~ *für* ~ point par point ; *strittiger* ~ point litigieux ; *toter* ~ point mort, zéro ; *etw auf den* ~ *bringen* préciser qqch ; *die Verhandlungen sind an einem toten* ~ *angekommen* les négociations sont au point mort.
punkten marquer des points.
Punkt(e)system *n*, **e** système *m* d'évaluation ou de notation par points ; *etwas nach einem* ~ *bewerten* évaluer qqch selon un système par points.
Punktetabelle *f*, **n** tableau *m* par points ; graphique *m* exprimé en nombre de points obtenus.
Punktezahl *f*, **en** nombre *m* de points obtenus ; *eine hohe* ~ *ausweisen* obtenir un nombre de points élevé.
pünktlich ponctuel ; ~ *Lieferung* livraison *f* dans les délais.
Punktnachteil *m*, **e** malus *m*.
Punktsieg *m*, **e** victoire *f* aux points.
punktuell ponctuel.
Punktverlust *m*, **e** perte *f* d'un point ; *einen* ~ *hin/nehmen* enregistrer une baisse d'un point.
Punktvorteil *m*, **e** bonus *m*.
Punktwert *m*, **e** valeur *f* du point (évaluation du calcul de points de rémunération).
Punktwertung *f*, **en** → **Punkt(e)system**.
Put-Option *f*, **en** (*bourse*) option *f* de vente (*syn. Verkaufsoption /contr. call option*).
Pütt *m*, **s** (*fam.*) puits *m* de mine.
putzen nettoyer.
Putzkraft *f*, ¨**e** technicien/ne *m/f* de surface ; femme *f* de ménage.
Putzkolonne *f*, **n** équipe *f* de nettoyage industriel.
PVC *n*, (**s**) (*Polyvinylchlorid*) P.V.C. *m*.
Pyramide *f*, **n** pyramide *f* ; ~ *der Einkommen* pyramide des revenus.

Q

Q → *Quetzal.*
qkm → *Quadratkilometer.*
Quadrat *n,* e carré *m* ; *im ~ au carré.*
Quadratkilometer *m,* - kilomètre *m* carré (km²/qkm).
₂**Quadratmeter** *m/n,* - mètre carré ; m².
Quadratmetermiete *f,* n loyer *m* du mètre carré.
Quadratzahl *f,* en nombre *m* carré.
Qualifikation *f,* en qualification *f* ; *berufliche ~* qualification professionnelle ; *erforderliche ~* qualification requise.
Qualifikationsanforderungen *fpl* qualifications *fpl* exigées ; exigences *fpl* du poste de travail.
Qualifikationsebene *f,* n catégorie *f* de qualification ; niveau *m* de qualification.
Qualifikationserhalt *m,* ø **1.** obtention *f* d'une qualification **2.** maintien *m* d'une qualification.
Qualifikationsnachweis *m,* e attestation *f* des compétences professionnelles ; *(France)* certificat *m* d'aptitude professionnelle (C.A.P.).
Qualifikationsniveau *n,* s niveau *m* de qualification.
Qualifikationsstand *m,* ø → *Qualifikationsniveau.*
Qualifikationsstufen *fpl* grille *f* de qualification.
qualifizieren qualifier ; assurer une qualification à un jeune ; *er hat sich für diesen Posten qualifiziert* il a obtenu la qualification exigée par le poste.
qualifiziert *(für/zu)* qualifié (pour) ; *hoch ~* hautement qualifié ; *~er Arbeiter* ouvrier *m* qualifié ; *~e Mehrheit* majorité *f* des deux tiers ou davantage ; *(E.U.)* majorité *f* dépendant du nombre d'habitants d'un pays membre ; *~e Mitbestimmung* cogestion *f* paritaire ; *~e Straftat* délit *m* qualifié ; *(travail) ~es Zeugnis* attestation *f* des qualifications (professionnelles et comportementales) d'un collaborateur ; *(für etw) ~ sein* être qualifié (pour qqch).
Qualifizierung *f,* en qualification *f* ; formation *f* professionnelle continue.
Qualifizierungslehrgang *m,* ¨e stage *m* de qualification.
Qualität *f,* en qualité *f* ; *abfallende ~* qualité en baisse ; *anerkannte ~* qualité reconnue ; *ausgesuchte ~* premier choix ; *ausgezeichnete (vorzügliche) ~* excellente qualité ; *beste ~* de la meilleure qualité ; le top ; *durchschnittliche ~* qualité moyenne ; *gleichwertige ~* qualité équivalente, constante ; *mindere ~* qualité inférieure ; *mittlere ~* qualité standard ; *Waren guter, schlechter ~* marchandises de bonne, de mauvaise qualité ; → *Güte.*
qualitativ qualitatif ; *~e Analyse* analyse *f* qualitative ; *~e Beschaffenheit von Gütern* qualité *f* des produits.
Qualitätsabschlag *m,* ¨e remise *f,* rabais *m* pour qualité défectueuse.
Qualitätsabweichung *f,* en différence *f* de qualité (par rapport à l'échantillon) ; écart *m* qualitatif.
Qualitätsansprüche *mpl* exigences *fpl* de qualité.
Qualitätsarbeit *f,* en travail *m* de qualité ; travail soigné ; main-d'œuvre *f* de qualité.
Qualitätsattest *n,* e attestation *f* de qualité ; certificat *m* de qualité garantie.
Qualitätsaudit *n/m,* s audit *m* de qualité ; → *Zertifizierung.*
Qualitätsbeweis *m,* e preuve *f* de qualité.
qualitätsbewusst : *~e Verbraucher* consommateurs *mpl* attentifs à la qualité ; consommateurs avertis.
Qualitätsbewusstsein *n,* ø recherche *f* de la qualité ; comportement *m* de consommateur averti.
Qualitätsbezeichnung *f,* en désignation *f* de la qualité.
Qualitätserzeugnis *n,* se produit *m* de qualité.
Qualitätsförderung *f,* ø politique *f* de l'amélioration qualitative ; promotion *f* de la qualité (des produits).
Qualitätsforderungen *fpl* exigences *fpl* (en matière) de qualité ; *~ stellen* être exigeant sur la qualité.
Qualitätsgarantie *f,* n garantie *f* de qualité ; label *m* de qualité, de fiabilité.
Qualitätsklasse *f,* n catégorie *f* qualificative *(syn. Güteklasse).*
Qualitätskonkurrenz *f,* en → *Qualitätswettbewerb.*
Qualitätskontrolle *f,* n contrôle *m* de qualité ; test *m* de qualité.
Qualitätskriterien *npl* critères *mpl* de qualité.

Qualitätskurs : *auf ~ sein* viser, privilégier la qualité.
Qualitätsmanagement n, ø politique f de qualité ; gestion f de la qualité (chacun vise à son amélioration constante).
Qualitätsmarke f, n → *Qualitätszeichen*.
Qualitätsmerkmal n, e caractéristique f d'un produit qui en fait la qualité.
Qualitätsminderung f, en baisse f de qualité.
Qualitätsmuster n, - échantillon m de qualité ; standard m qualitatif.
Qualitätsnachweis m, e garantie f de qualité ; preuve f de qualité.
Qualitätsnorm f, en norme f qualitative.
Qualitätsprüfung f, en → *Qualitätskontrolle*.
Qualitätssicherung f, en mesures fpl destinées à garantir la qualité d'une marchandise.
Qualitätssiegel n, - → *Qualitätszeichen*.
Qualitätsstandard m, s standard m de qualité ; *den ~ erfüllen* satisfaire aux normes de qualité.
Qualitätssteigerung f, en amélioration f de la qualité.
Qualitätsunterschied m, e différence f de qualité.
Qualitätsverbesserung f, en → *Qualitätssteigerung*.
Qualitätsvergleich m, e comparaison f qualitative.
qualität(s)voll de qualité (supérieure).
Qualitätsware f, n marchandise f de qualité ; article m de premier choix.
Qualitätswein m, e vin m de qualité supérieure ; vin d'appellation contrôlée (A.O.C.) ; grand cru m classé.
Qualitätswettbewerb m, e concurrence f de qualité (cherchant à s'imposer sur le marché par des prix compétitifs mais aussi par la qualité des produits).
Qualitätszeichen n, - label m de qualité ; marque f de qualité (*syn. Gütezeichen*).
Qualitätszirkel m, - cercle m de qualité.
quantifizierbar quantifiable.
quantifizieren quantifier.
Quantifizierung f, en quantification f.
Quantität f, en quantité f ; *bei dieser Arbeit kommt es mehr auf Qualität als auf ~ an* pour ce travail, la qualité passe avant la quantité (*syn. Menge* ; *Masse*).
Quantitätstheorie f : *~ des Geldes* théorie f quantitative de l'argent (la masse monétaire en circulation influe sur le prix).
quantitativ quantitatif (*syn. mengenmäßig*).
Quantum n, -ten quantité f ; portion f.
Quarantäne f, n quarantaine f ; *die ~ auf/heben* lever la quarantaine ; *über ein Schiff ~ verhängen* mettre un navire en quarantaine.
Quartal n, e trimestre m ; *im dritten ~ dieses Jahres* au cours du troisième trimestre de cette année ; *zum ~ kündigen* donner son congé à la fin du trimestre.
Quartal(s)- (*préfixe*) trimestriel.
Quartal(s)abrechnung f, en (*comptab.*) décompte m trimestriel ; détermination f du résultat trimestriel.
Quartal(s)abschluss m, ¨e (*comptab.*) bilan m trimestriel ; arrêté m trimestriel.
Quartal(s)bilanz f, en (*comptab.*) bilan m trimestriel.
Quartal(s)ende n, n fin f de trimestre.
Quartal(s)ergebnis n, se (*comptab.*) résultat m trimestriel.
Quartal(s)gewinn m, e (*comptab.*) bénéfice m trimestriel.
Quartal(s)miete f, n loyer m trimestriel.
Quartal(s)prämie f, n prime f trimestrielle.
quartal(s)weise par trimestre ; trimestriellement ; tous les trois mois.
Quartal(s)zahlen fpl chiffres mpl trimestriels.
Quartal(s)zahlung f, en paiement m trimestriel.
Quartier n, e 1. logement m ; *bei jdm ~ nehmen* loger chez qqn 2. (*Suisse*) quartier m.
quasi quasi(ment) ; pour ainsi dire.
Quasidelikt n, e (*jur.*) quasi-délit m.
Quasigeld n, er fonds mpl non disponibles dans l'immédiat (par ex. avoirs à terme).
Quasimonopol n, e quasi-monopole m ; monopole de fait.
quasiöffentlich quasi public.
quasioffiziell quasi officiel.
Quasisteuer f, n prélèvement m (qui a tout d'un impôt).

Quelle *f*, **n** source *f* ; *aus gut unterrichteter* ~ de source bien informée ; *offizielle* ~ source officielle ; *sichere* ~ source sûre ; *Steuern an der* ~ *ein/behalten* retenir, prélever l'impôt à la source ; *Besteuerung (Abzug) an der* ~ imposition *f* (prélèvement *m*) à la source ; → *Absatz-, Bezugs-, Einkommens-, Einnahme-, Energie-, Finanzierungsquelle.*

Quellenabzug *m*, ¨e → *Quellenbesteuerung.*

Quellenabzugsverfahren *n*, - procédé *m* de prélèvement à la source ; système *m* de retenue à la source.

Quellenangabe *f*, **n** indication *f* des sources ; références *fpl.*

Quellenbesteuerung *f*, **en** retenue *f* à la source ; prélèvement *m* fiscal à la source ; imposition *f* à la source ; impôt *m* prélevé à la source ; *die* ~ *wird auf die Dividenden erhoben* la retenue à la source est opérée sur les dividendes ; le prélèvement libératoire affecte les dividendes ; *Löhne und Gehälter sind der* ~ *unterzogen* les salaires et les traitements sont soumis à l'imposition à la source ; il y a une retenue à la source pour les salaires.

Quellennachweis *m*, **e** → *Quellenangabe.*

Quellenschutzvertrag *m*, ¨e contrat *m* garantissant la discrétion des sources (informations sur la provenance de capitaux, par ex).

Quellensicherung *f*, **en** système *m* antivol à la source (placé par le fabricant dans/sur l'article à protéger).

Quellensteuer *f*, **n** → *Quellenbesteuerung.*

Quellensteuersatz *m*, ¨e taux *m* d'imposition à la source.

Quellenverzeichnis *n*, **se** table *f* des sources, des références ; bibliographie *f.*

Quellkode *m*, **s** (*informatique*) code *m* source, d'origine.

Quellverkehr *m*, ø (*transp.*) trafic *m* professionnel ; point *m* de trafic local.

Querdenker *m*, - non-conformiste *m* ; penseur *m* original ; franc-tireur *m.*

Quereinsteiger *m*, - personne *f* non-issue du sérail ; personne extérieure ; carrière *f* atypique.

quer/legen : (*fam.*) *sich* ~ se mettre en travers de qqch ; faire obstacle à qqch.

quer/schießen, o, o (*fam.*) mettre des bâtons dans les roues.

Querschnitt *m*, **e** coupe *f* transversale ; moyenne *f* ; éventail *m* ; choix *m* ; *repräsentativer* ~ échantillonnage *m* représentatif ; moyenne *f* représentative.

Querschnittsbranche *f*, **n** secteur *m* économique polyvalent (qui touche à de nombreuses activités économiques).

quer/schreiben, ie, ie : *einen Wechsel* ~ accepter une traite ; signer en travers d'un document.

Querschreiben *n*, ø signature *f* du tiré (sur une traite) ; acceptation *f* d'une traite.

Quersubventionierung *f*, **en** 1. financement *m* croisé 2. subventionnement *m* par la bande ; subventionnement illicite.

quitt quitte ; ~ *sein* être quitte ; *aller Schulden* ~ *sein* être dégagé de toute dette.

quittieren 1. acquitter ; quittancer ; accuser réception ; *den Empfang einer Sendung* ~ accuser réception d'un envoi ; *eine Rechnung* ~ acquitter une facture ; *auf der Rückseite einer Rechnung* ~ signer au dos d'une facture 2. abandonner ; *den Dienst* ~ quitter le service.

Quittung *f*, **en** quittance *f* ; reçu *m* ; récépissé *m* ; acquit *m* de paiement ; décharge *f* ; *gegen* ~ contre quittance ; sur reçu ; *eine* ~ *aus/stellen (schreiben)* établir une quittance ; *eine* ~ *unterschreiben* signer un reçu.

Quittungsblock *m*, ¨e quittancier *m* ; bloc *m* à quittances.

Quittungsbuch *n*, ¨er carnet *m* de quittances ; carnet d'émargement.

Quittungsformular *n*, **e** formule *f* de récépissé.

Quittungsliste *f*, **n** liste *f* d'émargement (pour décharge).

Quittungsmarke *f*, **n** timbre-quittance *m.*

Quittungsstempel *m*, - timbre *m* de quittance ; cachet *m* de quittances.

Quittungsvermerk *m*, **e** mention *f* d'acquit.

Quorum *n*, **-ren** quorum *m* ; nombre *m* requis ; *das* ~ *ist nicht erreicht* le quorum n'est pas atteint.

Quotation *f*, **en** cotation *f* en bourse ; indication *f* du cours.

Quote *f*, **n** 1. quota *m* ; quote-part *f* ; part *f* ; taux *m* ; pourcentage *m* ; proportion *f* ; (*polit.*) parité *f* hommes-femmes ; *vorläufige* ~ quota conservatoire ; *nach* ~*n auf /teilen* partager par quote-part 2.

(*médias*) audimat *m* ; taux *m* d'écoute ; ~ *machen* faire de l'audimat ; *die ~ ist auf ein neues Hoch gestiegen, auf ein neues Tief gefallen* le taux d'écoute a atteint un nouveau record, a connu une nouvelle chute-record ; → ***Einwanderungs-, Export-, Import-, Spar-, Verlustquote.***

Quotelung *f,* en répartition *f* par quotas ; contingentement *m*.

Quotenaktie *f,* **n** action *f* de quotité (exprimée par un pourcentage du capital) ; action sans valeur nominale.

Quotenbringer *m,* - (*médias*) succès *m* d'audimat ; émission *f* qui fait grimper les sondages.

Quotenfestsetzung *f,* en **1.** fixation *f* d'un contingent ; détermination *f* des quotas **2.** (*polit.*) contingent *m* de places réservées aux femmes.

Quotenfrau *f,* **en** (*fam.*) femme-quota *f* ; femme *f* qui occupe un poste ou une fonction en vertu de la règle des quotas.

quotengebunden par quota(s) ; sous quota(s).

Quotenkartell *n,* e cartel *m* de contingentement.

Quotenkönig *m,* e (*médias*) roi *m* de l'audimat.

Quotenkonsolidierung *f,* en (*comptab.*) consolidation *f* par intégration proportionnelle.

Quotenkürzung *f,* en réduction *f* des quotas.

quotenmäßig au prorata (dans l'attribution de postes) ; en proportion du pourcentage obtenu ; (*jur.*) au marc le franc ; ~*er Anteil* part *f* proportionnelle.

Quotenmethode *f,* **n** (*médias*) méthode *f* de sondage par échantillonnages représentatifs.

Quotenregelung *f,* en régime *m* des quotas ; règlement *m* au prorata.

Quotenrückversicherung *f,* en (*assur.*) réassurance *f* en quote-part ; réassurance en participation.

quotenschwach : (*médias*) ~*e Sendungen* émissions *fpl* à faible audimat ; programmes *mpl* à faible taux d'écoute.

quotenstark : (*médias*) ~*e Sendungen* émissions *fpl* à fort audimat ; programmes *mpl* à taux d'écoute élevé.

Quotenstichprobe *f,* **n** sondage *m* par quotas.

Quotensystem *n,* e système *m* des quotas.

quotenträchtig (*médias*) qui fait monter l'audimat ; à fort taux d'écoute.

Quotenüberschreitung *f,* en dépassement *m* des quotas.

Quotient *m,* en, en quotient *m*.

quotieren coter ; indiquer un cours.

Quotierung *f,* en → ***Quotation***.

quotisieren diviser en quotes-parts ; répartir au prorata, à la proportionnelle.

Quotisierung *f,* en répartition *f* proportionnelle ; répartition au prorata.

Quotitätssteuer *f,* **n** impôt *m* de quotité.

R

Rabatt *m*, e remise *f* ; ristourne *f* ; réduction *f* de (sur le) prix ; rabais *m* ; *üblicher* ~ remise habituelle ; *unzulässiger* ~ rabais illicite ; *einen* ~ *gewähren* accorder une remise ; consentir un rabais ; → *Einzelhandels-, Handels-, Kunden-, Mengen-, Sonder-, Treue-, Warenrabatt*.
Rabattberechnung *f*, en calcul *m* des remises.
Rabattgewährung *f*, en octroi *m* d'une remise, d'un rabais.
rabattieren (*rare*) accorder une remise ; rabattre du prix.
Rabattkartell *n*, e entente *f* concernant les remises sur les produits.
Rabattmarke *f*, n bon *m* de réduction ; timbre-ristourne *m*.
Rabattsatz *m*, ¨e taux *m* de remise.
Rabattschlacht *f*, en guerre *f* des rabais.
Rabattspanne *f*, n marge *f* de la remise.
Rack-Jobbing *n*, s (*pr. ang.*) rack-jobbing *m* ; réapprovisionnement *m* des rayons d'un détaillant par un grossiste ou un fabricant sous contrat.
Radar *n/m*, e radar *m*.
Radarfalle *f*, n → *Radarkontrolle*.
Radargerät *n*, e → *Radar*.
Radarkontrolle *f*, n (*circulation*) contrôle-radar *m*.
radikal (*polit.*) radical ; extrême ; extrémiste.
Radikale/r (*polit.*) extrémiste *m* ; ultra *m*.
radikalisieren (*polit.*) radicaliser.
Radikalkur *f*, en cure *f* de cheval.
radioaktiv radioactif ; ~*e Abfälle* déchets *mpl* radioactifs ; ~*e Niederschläge* retombées *fpl* radioactives.
Radioaktivität *f*, en radioactivité *f*.
Raffinade *f*, n sucre *m* raffiné.
Raffinat *n*, e produit *m* raffiné.
Raffination *f*, en raffinage *m*.
Raffinerie *f*, n raffinerie *f*.
Raffineriekapazität *f*, en capacité *f* de raffinage.
raffinieren raffiner.
Ragionenbuch *n*, ¨er (*Suisse*) registre *m* du commerce.
Rahm *m*, ø : (*fam.*) *den* ~ *ab/sahnen* se sucrer au passage ; profiter abusivement d'une situation.

Rahmen *m*, - cadre *m* ; limite *f* ; *den* ~ (*für etw*) *ab/stecken* délimiter un cadre (pour/à qqch) ; *im* ~ *bleiben* rester dans la norme ; *nicht in den* ~ *passen* ne pas être conforme aux normes ; *einen zeitlichen* ~ *setzen* fixer une limite dans le temps.
Rahmenabkommen *n*, - accord-type *m* ; convention-type *f*.
Rahmenarbeitszeit *f*, en plage *f* de travail fixe, obligatoire.
Rahmenbedingungen *fpl* conditions *fpl* générales ; orientation *f* générale ; lignes *fpl* directrices ; environnement *m* ; fondamentaux *mpl* ; *rechtliche* ~ environnement juridique ; *wirtschaftliche* ~ fondamentaux économiques.
Rahmenbestimmungen *fpl* dispositions *fpl* type, de base ; fondamentaux *mpl*.
Rahmengesetz *n*, e loi-cadre *f* (normes comportant des directives que les différents länder peuvent compléter dans certains domaines).
Rahmenkredit *m*, e ligne *f* de crédit ; engagement *m* de crédit.
Rahmenpersonal *n*, ø 1. personnel *m* d'encadrement 2. personnel stable (permanent).
Rahmenplan *m*, ¨e plan-type *m*.
Rahmenrichtlinie *f*, n orientation-cadre *f* ; contrat-type *m* ; tarif *m* collectif.
Rahmentarif *f*, e → *Manteltarif*.
Raider *m*, - (*pr. ang.*) raider *m* ; prédateur *m* (qui effectue une O.P.A. ou une O.P.E. pour s'approprier une industrie-clé).
Raiffeisengenossenschaft *f*, en coopérative *f* agricole « Raiffeisen » (d'après le fondateur F.W. Raiffeisen) ; banque *f* de crédit mutuel agricole.
Raiffeisenkasse *f*, n → *Raiffeisengenossenschaft*.
RAL *m* (*Reichsausschuss für Lieferbedingungen und Gütesicherung*) commission *f* pour l'étude et le contrôle des normes de qualité ; office *m* de certification et de labellisation.
Rallonge *f*, n (*pr. fr.*) volet *m* supplémentaire d'un chèque ou d'un titre (quand le verso ne suffit pas à l'endossement).
Rallye *f/n*, s (*pr. ang.*) (*bourse*) cours *m* à la hausse.

RAM *n*, (s) (*random access memory*) (*informatique*) RAM *f* ; ~*-Speicher* mémoire *f* vive ; mémoire à accès aléatoire.

Ramsch *m*, e 1. camelote *f* 2. marchandise *f* de fin de série ; article *m* soldé ; *im* ~ *kaufen* acheter en vrac ; acheter en bloc.

ramschen acheter en bloc des articles soldés ou de fin de série.

Ramscher *m*, - 1. amateur *m* de braderies ; amateur de brocante 2. soldeur *m* ; acheteur *m* en gros de marchandises bradées, de stocks invendus.

Ramschware *f*, n → *Ramsch*.

Rand *m*, ¨er bord *m* ; bordure *f* ; marge *f* ; *am* ~ en marge.

Randbemerkung *f*, en mention *f* marginale ; remarque *f* marginale.

Randbereich *m*, e activité *f* marginale ; domaine *m* marginal.

Randgebiet *n*, e 1. territoire *m* frontalier ; région *f*, zone *f* limitrophe 2. périphérie *f* urbaine ; banlieue *f*.

Randgruppe *f*, n groupe *m* marginal ; *die* ~*n* les marginaux.

Random *m* (*pr. ang.*) accès *m* aléatoire.

randomisieren (*statist.*) faire un choix au hasard ; assurer une répartition aléatoire.

Randomisierung *f*, en (*statist.*) casualisation *f* ; choix *m* aléatoire ; dispersion *f* systématique.

Randomzahl *f*, en (*statist.*) nombre *m* aléatoire ; nombre au hasard.

Randsiedlung *f*, en cité *f* en périphérie urbaine.

Randstaat *m*, en État *m* limitrophe.

Randvermerk *m*, e → *Randbemerkung*.

Randverteilung *f*, en répartition *f*, distribution *f* marginale.

Rang *m*, ¨e rang *m* ; classe *f* ; échelon *m* ; grade *m* ; *ersten* ~*es* de premier ordre ; de première classe.

Rangälteste/r (*der/ein*) le plus ancien en grade ; le plus gradé ; doyen *m*.

Rangerhöhung *f*, en avancement *m* ; promotion *f*.

Rangfolge *f*, n → *Rangordnung*.

Ranghöchste/r (*der/ein*) le plus gradé ; qui occupe le rang le plus élevé ; le plus titré.

Rangierbahnhof *m*, ¨e gare *f* de triage.

rangieren 1. (*chemin de fer*) garer ; trier 2. avoir tel ou tel rang ; se classer ; *an erster Stelle* ~ occuper la première place.

Rangliste *f*, n hiérarchie *f* ; ordre *m* de préséance ; classement *m*.

Rangniedere/r (*der/ein*) le moins gradé ; qui occupe le rang hiérarchique le plus bas.

Rangordnung *f*, en hiérarchie *f* ; ordre *m* préférentiel ; *berufliche* ~ hiérarchie professionnelle ; *gesellschaftliche* (*soziale*) ~ hiérarchie sociale.

Rangstufe *f*, n rang *m* dans la hiérarchie ; classement *m* hiérarchique.

Ranking *n*, s (*pr. ang.*) classement *m* ; rang *m* ; positionnement *m* ; position *f*.

Raps *m*, -sorten (*agric.*) colza *m*.

Rapsmethylester *m*, ø biocarburant *m* ; carburant vert (à base de colza) ; diester *m*.

rar rare ; ~ *werden* se raréfier.

Rarität *f*, en rareté *f*.

Rastplatz *m*, ¨e aire *f* de repos (autoroutes).

Raststätte *f*, n relais *m* (auto)routier ; restoroute *m* ; aire *f* de repos.

1. Rat *m*, ¨e 1. conseil *m* ; assemblée ; (*U.E.*) ~ *der Wirtschafts- und Finanzminister* conseil économique et financier (E.C.O.F.I.N.) ; *EU-*~ conseil européen, des ministres 2. membre *m* d'un conseil 3. (*rare*) conseiller *m*.

2. Rat *m*, -schläge conseil *m* ; avis *m* ; *jdn zu Rate ziehen* solliciter l'avis, les conseils de qqn.

Rate *f*, n versement *m* (fractionné) ; terme *m* ; échéance *f* ; quote-part *f* ; mensualité *f* ; taux *m* I. *halbjährliche* ~ terme semestriel ; *monatliche* ~ mensualité *f* ; *rückständige* ~*n* arrérages *mpl* échus ; *überfällige* ~ échéance en retard ; *vierteljährliche* ~ terme trimestriel II. *auf* ~*n kaufen* acheter à tempérament ; *in* ~*n* (*be*)*zahlen* (*ab/zahlen*) payer à tempérament ; payer en plusieurs versements ; → ***Investitions-, Jahres-, Monats-, Tilgungs-, Wachstumsrate***.

Ratenanleihe *f*, n emprunt *m* remboursable par annuités constantes.

Ratengeschäft *n*, e vente *f* à tempérament ; opération *f* à crédit.

Ratenkauf *m*, ¨e 1. achat *m* à crédit, à tempérament 2. vente *f* à crédit, à tempérament.

Ratenkäufer *m*, - acheteur *m* à crédit ; acheteur à tempérament.

Ratenkredit *m,* **e** crédit *m* remboursable par versements échelonnés.
Ratenprämie *f,* **n** (*assur.*) prime *f* fractionnée.
Ratensparvertrag *m,* ¨**e** contrat *m* d'épargne à versements fixes.
Ratensystem *n,* **e** système *m* de paiement par versements échelonnés ; opération *f* à crédit.
Ratenverpflichtung *f,* **en** engagement *m* de remboursement d'un emprunt, de traites ; *Nichterfüllung der* ~ défaillance *f* dans le remboursement d'un emprunt.
Ratenwechsel *m,* **-** lettre *f* de change à échéances fractionnées.
ratenweise par mensualités ; à tempérament ; *etw* ~ *bezahlen* payer qqch par mensualités ; rembourser un crédit.
Ratenzahlung *f,* **en** paiement *m* à tempérament ; paiement fractionné ; versement *m* échelonné ; achat *m,* vente *f* à crédit.
Ratenzahlungskredit *m,* **e** crédit *m* de paiement échelonné ; crédit fractionné.
Ratenzuschlag *m,* ¨**e** (*assur.*) supplément *m* de prime ; majoration *f* de la prime (sur paiement fractionné).
Ratgeber *m,* **-** 1. conseiller *m* ; conseilleur *m* ; conseil *m* ; consultant *m* 2. (*livre*) guide *m* ; manuel *m* pratique ; ~ *für Handwerker* guide pratique pour artisans.
Rathaus *n,* ¨**er** mairie *f* ; hôtel *m* de ville ; *jdn ins* ~ *wählen* élire qqn au conseil municipal.
Ratifikation *f,* **en** → *Ratifizierung*.
ratifizieren ratifier ; *einen Vertrag* ~ ratifier un traité.
Ratifizierung *f,* **en** ratification *f* ; *die* ~ *eines Vertrags, eines Abkommens* la ratification d'un traité, d'un accord.
Rating *n,* **s** (*pr. ang.*) rating *m* ; classement *m* de solvabilité (d'une entreprise) ; notation *f* ; évaluation *f*.
Ratingagentur *f,* **en** agence *f* de rating (comme Moody's, Standard & Poor's pratiquant une notation financière des sociétés selon leur degré de solvabilité).
rationalisieren rationaliser ; *Arbeitsabläufe* ~ rationaliser le travail (conditions, procédés, cadre).
Rationalisierung *f,* **en** rationalisation *f* ; modernisation *f* ; restructuration *f* ; ~ *der Arbeit* rationalisation du travail ; ~ *der Produktionstechnik* rationalisation des techniques de production.
Rationalisierungsinvestition *f,* **en** investissement *m* de modernisation, de productivité, de rationalisation.
Rationalisierungsprozess *f,* **e** processus *m* de rationalisation.
rationell rationnel ; économique ; économe ; ~ *wirtschaften* gérer de façon économique.
rationieren rationner.
Rationierung *f,* **en** rationnement *m*.
Rationierungsmaßnahme *f,* **n** mesure *f* de rationnement.
Ratiosystem *n,* **e** techniques *fpl* de vente hautement rationalisées (par ex. disposition des articles).
Ratspräsidentenschaft *f,* **en** → *Ratsvorsitz*.
Ratssitzung *f,* **en** réunion *f* du conseil (municipal).
Ratsvorsitz *m,* ø présidence *f* d'un conseil (officiel) ; *den* ~ *haben* présider un conseil.
Raub- (*préfixe*) pirate ; piraté.
Raubbau *m,* ø exploitation *f* abusive, sauvage ; surexploitation *f* ; (*mit etw*) ~ *treiben* faire une exploitation abusive (de qqch) ; faire de la surexploitation.
Raubdruck *m,* **e** édition *f* pirate ; publication *f* pirate.
Raubkopie *f,* **n** copie *f* pirate ; piraterie *f* ; contrefaçon *f* ; imitation *f* (produits, médicaments, logiciel, ordinateur, etc.).
Raubkopieren *n,* ø piratage *m*.
raubkopieren pirater ; faire une copie-pirate ; repiquer.
Raubkopierer *m,* **-** copieur *m* pirate.
Raubpressung *f,* **en** reproduction *f* illicite.
Raubrittermethode *f,* **n** méthode *f* digne des chevaliers pillards ; brigandage *m*.
Raubtierkapitalismus *m,* ø capitalisme *m* sauvage.
Raubüberfall *m,* ¨**e** vol *m* à main armée.
Raubwirtschaft *f,* **en** économie *f* prédatrice.
Rauchwaren *fpl* 1. pelleterie *f* (*syn. Pelzwaren* ; *Pelze*) 2. cigarettes *fpl* et tabac *m*.
Rauchwarenmesse *f,* **n** salon *m* de la pelleterie, de la fourrure.

Rauhgewicht *n*, e poids *m* total d'un alliage (*contr. Feingewicht*).
Raum *m*, ¨e **1.** espace *m* ; lieu *m* ; local *m* ; *gewerblicher* ~ local professionnel ; ~ *sparend* prenant peu de place ; peu encombrant **2.** volume *m* ; capacité *f* **3.** zone *f* ; espace *m* géographique ; région *f* administrative ; *im* ~ *Frankfurt/Köln* dans la région Francfort/Cologne.
Raumausstatter *m*, - décorateur *m* d'intérieur ; styliste *m* d'intérieur ; architecte *m* d'intérieur.
Räumdienst *m*, e (*voierie*) service *m* de déblaiement (neige, décombres, etc.).
räumen vider ; évacuer ; liquider ; *das Lager* ~ liquider les stocks.
Raumfähre *f*, n → *Raumfahrzeug*.
Raumfahrt *f*, en aéronautique *f* ; *bemannte, unbemannte* ~ vol *m* aérospatial habité, non-habité.
Raumfahrtforschung *f*, en recherche *f* aéronautique et spatiale.
Raumfahrzeug *n*, e vaisseau *m* spatial ; navette *f* spatiale.
Raumflug *m*, ¨e vol *m* spatial.
Raumforschung *f*, en recherche *f* spatiale.
Raumgestalter *m*, - architecte *m* d'intérieur.
Raumgestaltung *f*, en aménagement *m* de l'espace.
Raumindustrie *f*, n industrie *f* spatiale.
Rauminhalt *m*, e volume *m* ; capacité *f*.
Raummeter *m/n*, - mètre *m* cube.
Raumnot *f*, ¨e manque *m* d'espace ; pénurie *f* de place.
Raumordner *m*, - spécialiste *m* de l'aménagement du territoire.
Raumordnung *f*, en aménagement *m* du territoire ; aménagement des espaces urbains.
Raumpflegerin *f*, en → *Reinigungskraft*.
Raumplanung *f*, en **1.** aménagement *m* du territoire **2.** (*entreprise*) organisation *f* fonctionnelle des locaux.
Raumpolitik *f*, ø politique *f* d'aménagement du territoire.
Raumschiff *n*, e vaisseau *m* spatial.
Räumung *f*, en **1.** liquidation *f* (dépôt) **2.** expulsion *f* ; évacuation *f* ; *die* ~ *einer besetzten Fabrik an/ordnen* ordonner l'évacuation d'une usine occupée.

Räumungsausverkauf *m*, ¨e → *Räumungsverkauf*.
Räumungsfrist *f*, en délai *m* d'évacuation d'un logement (donné à un locataire) ; délai donné pour libérer les lieux.
Räumungsklage *f*, n demande *f* d'expulsion (d'un logement).
Räumungspreis *m*, e prix *m* de liquidation.
Räumungsverfahren *n*, - procédure *f* d'expulsion.
Räumungsverkauf *m*, ¨e liquidation *f* (générale ou totale) des stocks ; vente-liquidation *f*.
Raumwirtschaftstheorie *f*, ø théorie *f* de l'influence de la répartition démographique sur les prix et les revenus.
Rauschgift *n*, e stupéfiant *m* ; drogue *f* ; *mit* ~ *handeln* se livrer au trafic des stupéfiants ; dealer *m* (*syn. Droge*).
Rauschgifthandel *m*, ø trafic *m* des stupéfiants.
Rauschgifthändler *m*, - trafiquant *m* de stupéfiants ; dealer *m* (*syn. Dealer*).
Rauschgiftkonsum *m*, ø consommation *f* de drogues.
Rauschgiftsucht *f*, ø toxicomanie *f* ; dépendance *f* de la drogue.
Rauschgiftsüchtige/r (*der/ein*) drogué *m* ; toxicomane *m* (*syn. Drogensüchtiger*).
Rayon *m*, s (*pr. fr.*) rayon *m* (d'un grand magasin).
Rayonchef *m*, s (*Autriche*) chef *m* de rayon.
rayonieren (*Autriche*) subdiviser en districts ; subdiviser en circonscriptions.
Razzia *f*, -ien/s razzia *f* ; descente *f* de police ; rafle *f*.
Rbl → *Rubel*.
rd. → *rund*.
RE → *Rechnungseinheit*.
Reaganomics *pl* (*hist.*) politique *f* économique du président américain Reagan (dans les années 80) ; → *Deregulierung*.
reagieren réagir ; *die Börse reagiert auf die Euro-Aufwertung* la bourse réagit à la forte progression de l'euro.
Reaktion *f*, en réaction *f* ; réponse *f*.
reaktivieren 1. réactiver ; relancer **2.** (*comptab.*) porter à l'actif.
Reaktor *m*, en réacteur *m* nucléaire ; pile *f* atomique.
Reaktorbau *m*, ø construction *f* d'une centrale nucléaire.

Reaktorkern *m*, e cœur *m* d'un réacteur nucléaire.
real réel ; effectif ; réaliste ; concret.
Real- (*préfixe*) réel ; effectif ; foncier ; corporel.
Realausgaben *fpl* dépenses *fpl* réelles ; *konsumptive* ~ dépenses réelles de consommation.
Realbank *f*, en → *Realkreditinstitut*.
Realeinkommen *n*, - revenu *m* réel (exprimé en prix constants, il reflète le pouvoir d'achat du revenu national) ; ~ *der Bevölkerung* revenus réels de la population.
Realignement *n*, s (*pr. ang.*) réalignement *m* monétaire.
Realinvestition *f*, en investissement *m* matériel, productif ; investissement en capital fixe.
Realisation *f*, en → *Realisierung*.
realisierbar réalisable ; négociable.
Realisierbarkeit *f*, en faisabilité *f* ; possibilité *f* de réaliser qqch.
realisieren réaliser ; exécuter ; vendre ; liquider ; négocier ; *Wertpapiere* ~ réaliser des titres.
Realisierung *f*, en réalisation *f* ; exécution *f* ; ~ *von Vermögenswerten* réalisation (mobilisation *f*) d'éléments de patrimoine.
Realismus *m*, ø réalisme *m*.
Realität *f*, en réalité *f*.
realistisch réaliste.
Realitätenhändler *m*, - (*Autriche*) agent *m* immobilier.
Realkapital *n*, ø (*comptab.*) immobilisations *fpl* corporelles ; biens *mpl* corporels immobilisés ; capital *m* technique.
Realkassenhaltungseffekt *m*, e (*banque*) effet *m* d'encaisse réelle ; effet de richesse.
Realkauf *m*, ¨ achat *m* (au) comptant ; vente *f* de la main à la main (*syn. Handkauf*).
Realkaufkraft *f*, ø pouvoir *m* d'achat réel.
Realkonkurrenz *f*, ø (*jur.*) pluralité *f* d'actes répréhensibles ; cumul *m* d'actes punissables.
Realkontrakt *m*, e → *Realvertrag*.
Realkosten *pl* coût *m* réel.
Realkredit *m*, e crédit *m* immobilier, foncier (garanti par une hypothèque).
Realkreditinstitut *n*, e établissement *m* de crédit immobilier ; institut *m* de crédit foncier ; banque *f* hypothécaire.

Reallast *f*, en charge *f* foncière ; redevance *f* foncière.
Reallohn *m*, ¨e salaire *m* réel (pouvoir d'achat effectif du salaire).
Realo *m*, s (*fam.*) partisan *m* d'une politique réaliste (surtout dans le parti des Verts) (*contr. Fundi*).
Realobligation *f*, en lettre *f* de gage (*syn. Pfandbrief*).
Realpolitiker *m*, - partisan *m* d'une politique réaliste.
Realprodukt *n*, e produit *m* réel.
Realschule *f*, n cycle *m* court de l'enseignement secondaire en Allemagne.
Realsteuer *f*, n impôt *m* réel (impôt perçu sur un objet bien précis, un terrain par ex.).
Realtime *f*, ø (*pr. ang.*) (*informatique*) temps *m* réel (*syn. Echtzeit*).
Realvermögen *n*, - → *Realkapital*.
Realvertrag *m*, ¨e contrat *m* réel (versement comptant obligatoire).
Realwert *m*, e valeur *f* réelle.
Realwirtschaft *f*, en secteur *m* réel de l'économie.
Realzins *m*, en rendement *m* réel (d'un capital investi).
Realzinssatz *m*, ¨e taux *m* d'intérêt réel ; taux d'intérêt nominal corrigé de l'inflation.
Reassekuranz *f*, en → *Rückversicherung*.
Rebbau *m*, ø viticulture *f*.
Rebe *f*, n vigne *f*.
Rebfläche *f*, n pièce *f* de vigne ; surface *f* plantée de vignes ; superficie *f* viticole.
Rebland *n*, ø 1. vignoble *m* ; terre *f* à vignes 2. pays *m* viticole ; région *f* viticole.
Reblaus *f*, ¨e phylloxéra *m*.
Rebsorte *f*, n cépage *m*.
Rechenanlage *f*, n → *Rechner*.
Recheneinheit *f*, en unité *f* de compte.
Rechenfehler *m*, - erreur *f*, faute *f* de calcul ; *einen* ~ *begehen* commettre une erreur de calcul.
Rechenmaschine *f*, n machine *f* à calculer ; calculatrice *f*.
Rechenschaft *f*, en rapport *m* ; compte rendu *m* ; (*über etw*) ~ *ab/legen* rendre compte (de qqch) ; *von jdm* ~ *verlangen* exiger des comptes de qqn ; *jdn zur* ~ *ziehen* demander des comptes à qqn.

Rechenschaftsbericht *m*, e (*comptab.*) rapport *m* sur les comptes ; rapport d'activité, de gestion ; reddition *f* de comptes.

Rechenschaftslegung *f*, en → **Rechenschaftsbericht**.

Rechenschaftspflicht *f*, en (*comptab.*) obligation *f* de reddition de comptes ; obligation de rendre des comptes.

rechenschaftspflichtig : *jdm ~ sein* devoir rendre des comptes à qqn.

Rechentrick *m*, s artifice *m* comptable ; astuce *f* comptable.

Rechenzentrum *n*, -tren centre *m* de calcul informatique.

Recherchen *fpl* (*pr. fr.*) recherches *fpl* ; *~ an/stellen* faire des recherches ; *die ~ unserer Rechtsabteilung haben nichts ergeben* les recherches de notre service contentieux n'ont pas abouti.

recherchieren enquêter ; entreprendre des recherches (fiscales, policières).

rechnen 1. calculer ; compter **2.** estimer ; évaluer à ; tabler sur ; *in Euro ~* compter, calculer en euros ; *wir ~ mit einer Preissteigerung von 10 %* nous tablons sur une augmentation de 10 %.

Rechner *m*, - (*informatique*) ordinateur *m* ; → **Computer** ; *EDV* ; *Informatik*.

Rechnerarchitektur *f*, (en) (*informatique*) architecture *f* d'ordinateur.

rechnergesteuert informatisé ; à commande électronique.

rechnerisch comptable ; par le calcul ; arithmétique ; par voie de calcul ; *~e Ergebnisse der Buchhaltung* résultats *mpl* comptables ; *~er Wert* valeur *f* comptable ; *~ richtig, falsch* calcul exact, erroné ; *etw ~ ermitteln* arriver à un résultat par un calcul.

Rechnerkonfiguration *f*, en (*informatique*) configuration *f* d'ordinateur.

rechnerunterstützt assisté par ordinateur.

Rechnerverbund *m*, ø (*informatique*) réseau *m* informatique ; ordinateurs *mpl* en réseau.

Rechnung *f*, en compte *m* ; calcul *m* ; facture *f* ; note *f* ; addition *f* ; mémoire *m* ; *ausstehende ~* facture à recouvrer ; impayé *m* ; *eine ~ über 200 Euro* une facture de 200 euros **I.** *auf (für) eigene ~* pour son propre compte ; *für fremde ~* pour compte de tiers ; *laufende ~* compte courant ; *quittierte ~* facture acquittée ; *unbezahlte ~en* factures non acquittées **II.** *eine ~ aus/stellen* établir une facture ; *eine ~ begleichen* régler une facture ; *die ~ beläuft sich auf 200 Euro* la facture se monte à/est de 200 euros ; *auf ~ kaufen* acheter sur facture ; *in ~ stellen* mettre en compte ; porter en compte ; *eine ~ vor/legen* présenter une facture ; *(fig.) in ~ ziehen* prendre en compte ; tenir compte de.

Rechnungsabgrenzung *f*, en (*comptab.*) régularisations *fpl* de compte ; séparation *f* des exercices ; cut off *m*.

Rechnungsabgrenzungsposten *m*, - (*comptab.*) compte *m* de régularisation.

Rechnungsabschlag *m*, ¨e (*comptab.*) escompte *m* de facture.

Rechnungsabschluss *m*, ¨e (*comptab.*) clôture *f* des comptes ; arrêté *m* de(s) comptes.

Rechnungsamt *n*, ¨er office *m* de contrôle des comptes ; commission *f* des comptes.

Rechnungsaufstellung *f*, en (*comptab.*) établissement *m* de compte ; relevé *m* de compte.

Rechnungsausgleich *m*, e (*comptab.*) solde *m* de compte.

Rechnungsausstellung *f*, en (*comptab.*) facturation *f*.

Rechnungsauszug *m*, ¨e (*comptab.*) **1.** extrait *m* de compte **2.** relevé *m* de factures.

Rechnungsbearbeitung *f*, en (*comptab.*) traitement *m* des factures.

Rechnungsbeleg *m*, e (*comptab.*) pièce *f* comptable justificative.

Rechnungsbestätigung *f*, en (*comptab.*) approbation *f* des comptes.

Rechnungsbetrag *m*, ¨e (*comptab.*) montant *m* de la facture.

Rechnungsbuch *n*, ¨er (*comptab.*) journal *m* ; livre *m* de comptabilité ; registre *m* comptable ; *etw ins ~ ein/tragen* porter qqch en compte.

Rechnungseinheit *f*, en (*RE*) (*monnaie*) unité *f* de compte.

Rechnungserstellung *f*, en (*comptab.*) établissement *m* d'une ou de factures.

rechnungsfähig (*comptab.*) comptabilisable ; (*assur.*) *~e Versicherungsjahre* annuités qui peuvent être prises en compte.

Rechnungsführer *m*, - (*comptab.*) agent *m* comptable.

Rechnungsführung *f*, en (*comptab.*) comptabilité *f* ; gestion *f* comptable.

Rechnungsgeld *n*, **er** monnaie *f* de compte (*syn. Buchgeld ; Bankgeld*).

Rechnungshof *m*, ¨e Cour *f* des comptes.

Rechnungsjahr *n*, **e** (*comptab.*) exercice *m* comptable, budgétaire ; année *f* comptable ; année financière.

Rechnungslegung *f*, **en** (*comptab.*) comptabilité *f* ; états *mpl* financiers ; comptes *mpl* annuels ; présentation *f* des comptes ; Reporting *n*.

rechnungsmäßig comptable ; selon le calcul ; conformément au(x) calcul(s).

Rechnungsnummer *f*, **n** (*comptab.*) numéro *m* de facture.

Rechnungsperiode *f*, **n** période *f* de calcul.

Rechnungsposten *m*, - (*comptab.*) article *m* de compte ; poste *m* de comptabilité.

Rechnungsprüfer *m*, - (*comptab.*) **1.** commissaire *m* aux comptes ; vérificateur *m* des comptes **2.** expert-comptable *m*.

Rechnungsprüfung *f*, **en** (*comptab.*) expertise *f* comptable ; vérification *f* des comptes.

Rechnungsrat *m*, ¨e (*comptab.*) conseiller *m* référendaire ; auditeur *m* à la cour des comptes.

Rechnungssaldo *m*, **-den/s** (*comptab.*) solde *m* de compte.

Rechnungsübertrag *m*, ¨e (*comptab.*) report *m*.

Rechnungsvorlage *f*, **n** (*comptab.*) présentation *f* de (d'une) facture.

Rechnungswährung *f*, **en** monnaie *f* de compte.

Rechnungswert *m*, **(e)** (*comptab.*) montant *m* de la facture ; somme *f* facturée.

Rechnungswesen *n*, ø (*comptab.*) comptabilité *f* ; *betriebliches* ~ comptabilité d'exploitation ; *innerbetriebliches* ~ comptabilité industrielle, commerciale ; comptabilité des prix de revient ; *internes (kalkulatorisches)* ~ comptabilité analytique d'exploitation ; *öffentliches* ~ comptabilité publique ; *pagatorisches (externes)* ~ comptabilité générale.

Recht *n*, **e** (*jur.*) **1.** droit *m* ; règle *f* juridique **2.** loi *f* ; législation *f* ; justice *f* **3.** droit (subjectif) ; demande *f* **I.** *bürgerliches* ~ droit civil ; *geltendes* ~ droit en vigueur ; *gemeines* ~ droit commun ; *internationales* ~ droit international ; *öffentliches* ~ droit public ; *positives* ~ droit positif ; légalité *f* ; *subjektives* ~ droit privé ; *ungeschriebenes* ~ droit coutumier, oral ; droit non écrit ; *unveräußerliches* ~ droit inaliénable ; *verfassungsgemäßes* ~ droit constitutionnel ; *vertragliches* ~ droit contractuel **II.** *ein ~ aus/üben* exercer un droit ; *sein ~ behaupten* faire valoir ses droits ; *ein ~ auf etw haben* avoir droit à qqch ; *von einem ~ Gebrauch machen* user d'un droit ; *ein ~ geltend machen* faire valoir un droit ; *ein ~ genießen* jouir d'un droit ; *jdm ein ~ streitig machen* contester un droit à qqn ; *seine ~e überschreiten* outrepasser ses droits ; *seine ~e veräußern* céder ses droits ; *jds ~e wahr/nehmen, verletzen* défendre, violer les droits de qqn **III.** ~ *auf Arbeit* droit au travail ; *~e Dritter an einem Patent* les droits de tiers sur un brevet ; *~ auf Einsichtnahme* droit de regard ; *von ~s wegen* de plein droit ; juridiquement ; *alle ~e vorbehalten* tous droits réservés ; → ***Aktien-, Arbeits-, Bank-, Bürger-, Eigentums-, Erb-, Gesellschafts-, Gewohnheits-, Grund-, Handels-, Menschen-, Mitbestimmungs-, Steuer-, Straf-, Streik-, Urheber-, Wohnrecht(e).***

Rechte *f*, **(n)** (*polit.*) droite *f* ; *äußerste* ~ extrême droite ; *gemäßigte* ~ droite modérée.

Rechte *npl* : *die ~ studieren* étudier le droit (*syn. Jura*).

rechtens 1. à juste titre **2.** de droit **3.** *für ~ erklären* déclarer légal ; ~ *sein* être légal.

Rechteverkauf *m*, (¨e) vente *f* de droits d'exploitation (sur un film, etc.).

Rechteverwerter *m*, - exploitant *m* de droits ; → *Rechtsverwerter*.

rechtfertigen justifier ; légitimer.

Rechtfertigung *f*, **en** justification *f* ; défense *f*.

rechtlich juridique ; légitime ; légal ; *die ~e Seite einer Sache* l'aspect juridique d'une affaire ; ~ *an/erkennen* légaliser ; légitimer.

rechtmäßig légitime ; légal.

Rechtmäßigkeit *f*, ø légitimité *f* ; légalité *f*.

rechts (*polit.*) de droite ; ~ *stehen* être (situé) à droite.

Rechtsaberkennung *f*, **en** privation *f* d'un droit ; déchéance *f* d'un droit.

Rechtsabteilung *f,* **en** service *m* juridique ; (service du) contentieux *m*.
Rechtsabtretung *f,* **en** abandon *m* d'un droit ; cession *f* d'un droit.
Rechtsanspruch *m,* ¨e droit *m*, titre *m* juridique ; ~ *auf etw haben* avoir un droit légitime, pouvoir prétendre à qqch ; *jds* ~¨*e vertreten* défendre les intérêts de qqn.
Rechtsanwalt *m,* ¨e avocat *m* ; *sich einen ~ nehmen* prendre un avocat (*syn.* Advokat).
Rechtsanwendung *f,* **en** application *f* du droit ; recours *m* à la loi en vigueur.
Rechtsauslegung *f,* **en** interprétation *f* d'un texte de loi, d'un texte juridique.
Rechtsausübung *f,* **en** exercice *m* d'un droit.
Rechtsbehelf *m,* e → *Rechtsmittel.*
Rechtsbeistand *m,* ¨e assistance *f* juridique ; avocat-conseil *m*.
Rechtsberater *m,* - conseil(ler) *m* juridique ; avocat-conseil *m*.
Rechtsberatung *f,* **en** consultation *f* juridique ; assistance *f* juridique.
Rechtsbeschwerde *f,* **n** recours *m* juridique ; pourvoi *m*.
Rechtsbestimmung *f,* **en** ordonnance *f* juridique ; disposition *f* juridique.
Rechtsbeugung *f,* **en** → *Rechtsbruch.*
Rechtsbruch *m,* ¨e violation *f* du droit ; délit *m* de justice ; infraction *f* à la loi ; *einen ~ begehen* commettre une infraction ; *des ~s für schuldig befunden werden* être convaincu (accusé) de violation du droit.
Rechtseinwand *m,* ¨e pourvoi *m* ; objection *f* juridique.
rechtsfähig ayant la capacité juridique ; *~ sein* avoir la jouissance de ses droits civils ; avoir la capacité juridique ; *~er Verein* association *f* déclarée et (juridiquement) reconnue ; *nicht ~er Verein* association de fait.
Rechtsfähigkeit *f,* ø capacité *f* juridique.
Rechtsfall *m,* ¨e affaire *f* ; cas *m* litigieux ; cause *f.*
Rechtsfehler *m,* - vice *m* de forme ; *einen Prozess auf ~ überprüfen* vérifier qu'un procès n'est pas entaché de vice de forme.
Rechtsform *f,* **en** forme *f* juridique.
Rechtsfrage *f,* **n** question *f* de droit ; problème *m* juridique.

rechtsfrei : *~er Raum* zone *f* de non-droit ; vide *m* juridique.
Rechtsfrist *f,* **en** délai *m* de recours.
Rechtsgeschäft *n,* e acte *m* juridique ; *ein ~ an/fechten* contester un acte juridique ; *ein ~ vor/nehmen* accomplir un acte juridique.
Rechtsgrundlage *f,* **en** fondement *m* juridique.
rechtsgültig légal ; valide ; dûment ; à bon droit ; authentique ; *~ unterschrieben* dûment signé.
Rechtsgültigkeit *f,* ø validité *f* juridique ; légalité *f.*
Rechtsgutachten *n,* - expertise *f* juridique ; avis *m* juridique.
Rechtsgüterschutz *m,* ø protection *f* des biens des personnes.
Rechtshandel *m,* ¨ procès *m* ; affaire *f* judiciaire.
Rechtshilfe *f,* **n** aide *f* juridique ; assistance *f* judiciaire.
Rechtshilfeersuchen *n,* - commission *f* rogatoire.
Rechtshüter *m,* - gardien *m* du droit ; garant *m* de la loi.
Rechtsinhaber *m,* - détenteur *m* de la propriété d'exploitation d'un brevet.
Rechtsirrtum *m,* ¨er vice *m* de forme ; vice de procédure.
Rechtsklage *f,* **n** action *f* en justice ; plainte *f* déposée auprès des tribunaux.
Rechtskraft *f,* ø force *f* de loi ; autorité *f* de la chose jugée ; *~ erlangen* acquérir l'autorité de la chose jugée ; *~ haben* avoir force de loi ; *einer Verfügung ~ verleihen* conférer force de loi à un décret ; rendre une ordonnance définitive.
rechtskräftig qui a force de loi ; passé en loi ; exécutoire (acte juridique ou jugement dont un tiers doit tenir compte) ; *~es Urteil* jugement *m* définitif ; *~ sein, werden* avoir force de loi ; acquérir force de loi.
rechtskundig versé dans le droit.
Rechtskundige/r (*der/ein*) juriste *m* ; jurisconsulte *m* ; homme *m* de loi ; légiste *m.*
Rechtslage *f,* **n** situation *f* juridique.
Rechtslehre *f,* **n** droit *m* ; science *f* juridique.
Rechtslücke *f,* **n** vide *m* juridique ; → *rechtsfrei.*
Rechtsmangel *m,* ¨ vice *m* de procédure ; vice juridique.

rechtsmäßig légal(ement).
Rechtsmissbrauch *m*, ¨e abus *m* de droit.
Rechtsmittel *npl* voies *fpl*, moyens *mpl* de recours ; *von ~n Gebrauch machen* exercer un recours.
Rechtsnachfolger *m*, - ayant droit *m* ; ayant cause *m* (personne à qui des droits juridiques ont été transmis) ; → ***Rechtsvorgänger***.
Rechtsnorm *f*, en règle *f*, norme *f* juridique.
Rechtsordnung *f*, en législation *f*.
Rechtspartei *f*, en parti *m* de droite.
Rechtsperson *f*, en personne *f* civile, morale (*syn. juristische Person*).
Rechtspersönlichkeit *f*, en personnalité *f* juridique ; *ein Unternehmen mit eigener ~* entreprise *f* constituée en société juridique ; *Unternehmen ohne eigene ~* entreprise *f* personnelle.
Rechtspflege *f*, (n) justice *f*.
Rechtspfleger *m*, - fonctionnaire *m* de justice.
rechtsprechende Gewalt *f*, en pouvoir *m* judiciaire.
Rechtsprechung *f*, en jurisprudence *f*.
rechtsradikal d'extrême droite ; *~ eingestellt sein* avoir des idées d'extrême droite.
Rechtsradikale/r (*der/ein*) extrémiste *m* de droite.
Rechtsrahmen *m*, - cadre *m* juridique.
Rechtsraum *m*, ¨e espace *m* juridique.
Rechtssache *f*, n cas *m* juridique ; affaire *f* relevant des tribunaux.
Rechtsschutz *m*, ø protection *f* juridique ; *gewerblicher ~* protection de la propriété industrielle.
Rechtsschutzversicherung *f*, en assurance *f* défense-recours ; assurance recours-juridique ; assistance *f* juridique ; *die ~ schützt vor Kosten, die bei Rechtsstreitigkeiten entstehen* l'assistance juridique garantit l'assuré contre les frais engendrés par des litiges juridiques.
Rechtssprechung *f*, en jurisprudence *f*.
Rechtsspruch *m*, ¨e verdict *m* ; jugement *m* ; sentence *f* ; arrêt *m* du tribunal ; décision *f* de justice.
Rechtsstaat *m*, en État *m* de droit ; État constitutionnel.
Rechtsstaatlichkeit *f*, ø constitutionnalité *f* ; légalité *f*.

Rechtsstatus *m*, - statut *m* juridique.
Rechtsstellung *f*, en situation *f* juridique.
Rechtsstreit *m*, (e) litige *m* ; procès *m* ; cause *f* ; affaire *f*.
Rechtstitel *m*, - titre *m*, qualité *f* juridique.
Rechtsuchende/r (*der/ein*) requérant *m* ; demandeur *m*.
rechtsunfähig qui n'a pas la capacité juridique.
rechtsungültig non valable au regard de la loi ; invalide (juridiquement).
Rechtsunkenntnis *f*, se ignorance *f* en matière de droit ; méconnaissance *f* de la loi.
Rechtsunsicherheit *f*, en flou *m* juridique.
rechtsunwirksam → ***rechtsungültig***.
Rechtsvakuum *n*, ø → ***Rechtslücke***.
rechtsverbindlich (juridiquement) obligatoire ; ayant force de loi ; juridiquement valable ; valide.
Rechtsverbindlichkeit *f*, en obligation *f* juridique.
Rechtsverdreher *m*, - personne *f* qui tourne la loi à son avantage.
Rechtsverdrehung *f*, en entorse *f* à la loi ; arrangement *m* avec la loi ; avocasserie *f*.
Rechtsverfahren *n*, - procédure *f* juridique.
Rechtsverhältnisse *npl* 1. condition *f* juridique ; *~ der eingetragenen Firma* condition juridique de l'établissement immatriculé 2. fondement *m* juridique.
Rechtsverkehr *m*, ø (*transp.*) circulation *f* à droite ; conduite *f* à droite.
Rechtsverletzung *f*, en → ***Rechtsverstoß***.
Rechtsverordnung *f*, en ordonnance *f* juridique.
Rechtsverstoß *m*, ¨e violation *f* de la loi, d'un droit ; infraction *f* à la loi.
Rechtsvertreter *m*, - représentant *m* légal ; représentant juridique ; mandataire *m*.
Rechtsvertretung *f*, en représentation *f* légale.
Rechtsverweigerung *f*, en déni *m* de justice (refus d'un juge d'examiner une affaire par ex.).
Rechtsverwerter *m*, - (*médias*) exploitant *m* de droits (de retransmission, d'édition etc.).

Rechtsverwirkung *f*, **en** forclusion *f* ; péremption *f* ; déchéance *f*.
Rechtsvorfahrt *f*, ø (*transp.*) priorité *f* à droite.
Rechtsvorgänger *m*, - prédécesseur *m* en droit ; auteur *m* (personne de qui un autre détient un droit ou une obligation) ; → *Rechtsnachfolger*.
Rechtsvorschlag *m*, ¨e (*Suisse*) recours *m* contre une exécution forcée.
Rechtsvorschrift *f*, **en** législation *f* ; disposition *f* législative ; (*U.E.*) *Angleichung f der ~en* harmonisation *f* des législations.
Rechtsweg *m*, **e** voie *f* judiciaire ; *auf dem ~* par voie judiciaire ; *der ~ ist ausgeschlossen* sans possibilité de recours ; *den ~ beschreiten* avoir recours aux tribunaux.
Rechtswesen *n*, ø le droit *m* ; les professions *fpl* juridiques.
rechtswidrig illégal ; illicite ; contraire au droit.
Rechtswidrigkeit *f*, **en** illégalité *f*.
rechtswirksam → *rechtskräftig*.
Rechtswissenschaft *f*, **en** science *f* juridique ; jurisprudence *f*.
Rechtszug *m*, ¨e instance *f* (juridique) ; *im ersten ~* en première instance (*syn. Instanz*).
rechtzeitig à temps ; dans les délais ; en temps utile.
Recorder *m*, - appareil *m* enregistreur.
recycelbar/recyclebar recyclable.
recyceln/recyclen recycler (*syn. wieder/verwerten*).
Recycling *n*, ø (*pr. ang.*) recyclage *m* ; réutilisation *f* (de matières ayant déjà servi auparavant) (*syn. Wiederverwertung, -verwendung*).
recyclingfähig → *recyclebar*.
Recyclingfreundlichkeit *f*, ø recyclabilité *f*.
Recyclingpapier *n*, ø papier *m* recyclé.
Recyclingsystem *n*, **e** système *m* de recyclage.
Recyclingwirtschaft *f*, **en** économie *f* de recyclage ; économie de récupération des matières premières.
Redakteur *m*, **e** (*médias*) rédacteur *m* ; *leitender ~* rédacteur en chef.
Redaktion *f*, **en** (*médias*) rédaction *f*.
redaktionell (*médias*) rédactionnel.
Redefreiheit *f*, **en** liberté *f* d'expression ; liberté de parole.

Redhibition *f*, **en** (*jur.*) annulation *f* d'un contrat pour vices cachés ; annulation d'une vente pour vice rédhibitoire.
Rediskont *m*, **e** réescompte *m* ; escompte *m* auprès de la banque centrale (la banque centrale achète un effet avant son échéance à une banque ou à un organisme financier qui l'a déjà escompté) ; → *Diskont*.
Rediskontbank *f*, **en** banque *f* de réescompte.
rediskontfähig réescomptable ; *~er Wechsel* effet *m* (de commerce) réescomptable.
Rediskontgeschäft *n*, **e** opération *f* de réescompte.
rediskontierbar réescomptable.
rediskontieren réescompter.
Rediskontierung *f*, **en** (opération *f* de) réescompte *m*.
Rediskontkontingent *n*, **e** marge *f* des réescomptes auprès des banques centrales ; plafond *m* de réescompte.
Rediskontkredit *m*, **e** crédit *m* de réescompte ; crédit réescomptable.
Rediskontsatz *m*, ¨e taux *m* de réescompte ; taux d'escompte (auprès de la banque centrale).
Redistribution *f*, **en** redistribution *f* ; nouvelle répartition *f* ; *~ der Einkommen* redistribution des revenus.
Reduktion *f*, **en** → *Reduzierung*.
reduzieren réduire ; diminuer ; *die Preise, die Ausgaben ~* diminuer les prix, les dépenses.
reduziert à prix réduit (*syn. preisermäßigt*).
Reduzierung *f*, **en** réduction *f* ; abaissement *m* ; diminution *f*.
Reeder *m*, - armateur *m* ; fréteur *m*.
Reederei *f*, **en** société *f* d'armement maritime ; compagnie *f* maritime.
Reengineering *n*, **s** (*pr. ang.*) restructuration *f* d'entreprise (baisse de coûts, flexibilité, rationalisation du travail, etc.).
REFA *f* (*1924 : Reichsausschuss für Arbeitszeitermittlung*) Refa *f* ; groupe *m* d'étude sur l'organisation et la rationalisation du travail ; bureau *m* des temps élémentaires.
REFA-Fachmann *m*, **-leute** contrôleur *m*, représentant *m* de la Refa.
REFA-Verband *m*, ø (*depuis 1955*) organisme *m* de la Refa.
Refaktie *f*, **n** réfaction *f* ; réduction *f* sur marchandises pour non-conformité ou dégâts à la livraison.

refaktieren accorder un rabais (sur les marchandises endommagées ou manquantes).
Referat *n*, **e 1.** service *m* ; département *m* ; section *f* ; bureau *m* ; *er ist zuständig für das ~ Wirtschaftshilfe* il est responsable du département « aide économique » **2.** rapport *m* ; compte *m* rendu ; exposé *m* ; *ein ~ halten* faire un exposé.
Referatsleiter *m*, - chef *m* de cabinet ministériel ; haut fonctionnaire *m* ministériel.
Referendar *m*, **e 1.** haut fonctionnaire *m* stagiaire (titulaire de la première partie du diplôme d'État) **2.** professeur *m* stagiaire.
Referendum *n*, **-den/-da** (*Suisse*) référendum *m*.
Referent *m*, **en, en 1.** rapporteur *m* **2.** chef *m* de service ; *~ für Exportfragen im Außenministerium* chef de service pour l'exportation au ministère des Affaires étrangères ; *persönlicher ~* conseiller *m* personnel ; attaché *m* à la personne de qqn ; directeur *m* de cabinet.
Referentenentwurf *m*, ¨**e** projet *m* de loi établi par un rapporteur (ministériel).
Referenz *f*, **en 1.** référence *f* ; *als ~ an/führen* citer en référence **2.** *~en* références *fpl* ; recommandations *fpl* ; *über gute ~en verfügen* avoir de bonnes références ; *von jdm ~en verlangen* exiger des références de qqn.
Referenzindex *m*, **e/-indizes** (*finance*) indice *m* de référence.
Referenzjahr *n*, **e** (*statist.*) année *f* de référence.
Referenzkurs *m*, **e** (*Banque centrale européenne*) cours *m* de référence ; *die Europäische Zentralbank setzte den ~ auf 1,2331 Dollar fest* la B.C.E. a fixé le cours de référence à 1, 2331 dollar.
Referenzlohn *m*, ¨**e** salaire *m* de référence.
Referenzperiode *f*, **n** (*statist.*) période *f* de référence ; *gegenüber der ~ des Vorjahres* par rapport à la période de référence de l'année précédente.
Referenzpreis *m*, **e** (*statist.*) prix *m* de référence ; *den ~ des Euro auf ... Dollar fest/legen* établir le prix de référence de l'euro à ... dollars.
Referenzziffer *f*, **n** (*corresp.*) chiffre *m* de référence.

referieren faire un rapport ; rapporter ; exposer ; *beim Vorstand über die Verhandlungen ~* faire un compte rendu des négociations au directoire.
refinanzieren refinancer.
Refinanzierung *f*, **en** refinancement.
Refinanzierungsgeschäft *n*, **e** opération *f* de refinancement.
Refinanzierungskredit *m*, **e** crédit *m* de refinancement.
Refinanzierungspolitik *f*, ø politique *f* de refinancement (mesures de la Banque centrale européenne destinées à influencer l'approvisionnement des banques d'affaires en capitaux).
Reflation *f*, **en** réflation *f* (augmentation de la masse monétaire en circulation).
Reform *f*, **en** réforme *f* ; réorganisation *f* ; *~ der Krankenversicherung* réforme de l'assurance-maladie ; *~ des Föderalismus* réforme du fédéralisme ; *~en durch/führen* faire des réformes.
reformbedürftig qui nécessite une réforme.
Reformbedürftigkeit *f*, ø nécessité *f* d'une réforme ; réforme *f* nécessaire.
Reformer *m*, - réformiste *m* ; réformateur *m* ; partisan *m* d'une réforme.
Reformflügel *m*, - aile *f* réformatrice (d'une organisation ou d'un parti).
Reformhaus *n*, ¨**er** magasin *m* d'alimentation de régime ; commerce *m* de produits diététiques.
reformierbar réformable.
reformieren réformer.
Reformkost *f*, ø produits *mpl* diététiques.
Reformkurs *m*, **e** politique *f* de réformes.
Reformpaket *n*, **e** train *m*, mesures *fpl* de réformes ; *ein ~ beschließen* décider un train de réformes.
Reformstau *m*, **s** blocage *m* d'une réforme.
reformwillig partisan *m* de(s) réformes.
Regal *n*, **e** étagère *f* ; rayon *m* ; rayonnage *m* ; linéaire *m*.
Regalauffüller *m*, - (*magasin*) responsable *m* des linéaires.
Regalbetreuung *f*, **en** → *Regalpflege*.
Regalien *npl* régale *f* ; monopole *m* ; privilège *m*.
Regalpflege *f*, ø présentation *f* et aménagement *m* d'un rayon de magasin ; suivi *m* des linéaires.

Regel *f,* n règle *f* ; règlement *m* ; réglementation *f* ; régulation *f* ; norme *f* ; ordre *m* ; *in der* ~ en règle générale ; *eine* ~ *an/wenden* appliquer une règle ; *die geltenden* ~*n beachten* observer la réglementation en vigueur ; *sich an eine* ~ *halten* s'en tenir à la règle ; se conformer à une réglementation ; *eine* ~ *verletzen* contrevenir à une règle ; ne pas se conformer à une réglementation.

Regelaltersgrenze *f,* n âge *m* normal du départ en/à la retraite ; âge de la retraite.

Regelaltersrente *f,* n retraite *f* minimale légale.

Regelanfrage *f,* n enquête *f* administrative préalable à toute embauche de fonctionnaire.

Regelarbeitszeit *f,* en durée *f* de travail réglementaire.

Regelbeförderung *f,* en avancement *m* à l'ancienneté ; (*fonctionnaires*) avancement au petit choix.

Regelfall *m,* ¨e cas *m* normal ; cas (le plus) courant ; cas-type ; règle *f* générale ; *der* ~ *sein* être le cas-type.

regelgemäß conforme ; régulier ; normal (*contr. regelwidrig*).

Regelleistung *f,* en remboursement *m* minimum de la caisse de maladie ; prestation *f* minimale de la sécurité sociale.

Regellohn *m,* ¨e rémunération *f* habituelle.

regelmäßig régulier ; régulièrement ; réglé.

Regelmäßigkeit *f,* en régularité *f.*

regeln réglementer ; régler ; réguler ; régulariser ; *gütlich* ~ régler à l'amiable.

Regelrentenalter *n* , ø âge *m* normal de départ en retraite.

Regelsatz *m,* ¨e unité *f* de base ; taux *m* normal, usuel ; taux réglementé (servant au calcul de l'aide sociale, des retraites, etc.).

Regelstudienzeit *f,* en (*université*) limite *f* de la durée des études.

Regelstudium *n,* -dien (*université*) durée *f* prévue des études.

Regeltarif *m,* e tarif *m* normal, usuel.

Regelung *f,* en 1. règlement *m* ; réglementation *f* ; régulation *f* ; disposition *f* ; *gesetzliche* ~ réglementation officielle ; *vertragliche* ~ disposition contractuelle ; *die* ~ *tritt sofort in Kraft* la réglementation est immédiatement applicable 2. arrangement *m* ; accord *m* ; *gütliche* ~ arrangement à l'amiable.

Regelungsausschuss *m,* ¨e (*U.E.*) commission *f* des réglementations européennes.

Regelungsbefugnis *f,* se pouvoir *m* normatif.

Regelungstechnik *f,* en technique *f* de la régulation ; cybernétique *f.*

Regelverfahren *n,* - procédure *f* normale.

Regelverletzung *f,* en transgression *f* d'une règle ; violation *f* des textes règlementaires.

Regelverstoß *m,* ¨e → *Regelverletzung.*

Regelwerk *n,* e ensemble *m* de règlements ; réglementation *f.*

regelwidrig contraire à la règle, à la réglementation ; irrégulier ; anormal.

Regelwidrigkeit *f,* en → *Regelverletzung.*

Regen *m,* ø : *saurer* ~ pluies *fpl* acides.

Regenbogenkrieger *m,* - (*environnement*) (*fam.*) éco-guerrier *m* ; militant *m* d'un mouvement écologique.

Regenbogenpresse *f,* ø presse *f* people ; presse du cœur.

Regeneration *f,* en (*environnement*) régénération *f.*

regenerativ renouvelable ; ~*e Energiequellen* énergies *fpl* renouvelables.

regenerieren régénérer.

Regenwald *m,* ¨er forêt *f* tropicale.

Regie *f,* ø (*pr. fr.*) régie *f* ; (*cinéma*) mise *f* en scène.

Regiebetrieb *m,* e entreprise *f* en régie ; régie d'État ; entreprise publique à caractère commercial ou industriel ; (*transp.*) régie *f* de transports ; → *öffentlich-rechtlich.*

regieren gouverner ; diriger ; régir.

Regierung *f,* en gouvernement *m* ; règne *m* I. *de facto* ~ gouvernement de fait ; *de jure* ~ gouvernement légal ; *legitime* ~ gouvernement légitime II. *eine* ~ *auf/lösen* dissoudre un gouvernement ; *eine* ~ *bilden* former un gouvernement ; *eine* ~ *stürzen* renverser un gouvernement ; *die* ~ *ist zurückgetreten* le gouvernement a démissionné.

Regierungsabkommen *n,* - accord *m* (inter)gouvernemental.

Regierungsamt *n,* ¨er fonction *f* gouvernementale ; poste *m* gouvernemental.

Regierungsantritt *m,* e entrée *f* en fonctions d'un chef de gouvernement.

Regierungsbank *f,* ¨e banc *m* du Bundestag réservé aux membres du gouvernement fédéral ; *(France)* banc des membres du gouvernement.
Regierungsbezirk *m,* e circonscription *f* administrative (correspondant à un ou plusieurs départements français).
Regierungsbündnis *n,* se alliance *f* gouvernementale ; coalition *f* gouvernementale.
Regierungschef *m,* s chef *m* de/du gouvernement.
Regierungsebene *f,* n échelon *m* gouvernemental ; *auf* ~ à l'échelon gouvernemental.
Regierungserklärung *f,* en déclaration *f* gouvernementale, ministérielle.
regierungsfähig apte à gouverner ; habilité à gouverner ; *eine ~e Mehrheit* majorité *f* de gouvernement.
regierungsfeindlich hostile au gouvernement ; antigouvernemental.
regierungsfreundlich pro-gouvernemental ; proche du gouvernement.
Regierungsgeschäfte *npl* affaires *f* gouvernementales.
Regierungskoalition *f,* en coalition *f* gouvernementale.
Regierungskreise *mpl* milieux *mpl* gouvernementaux.
regierungsnah → *regierungsfreundlich.*
Regierungsorgan *n,* e organisme *m,* organe *m* gouvernemental.
Regierungspartei *f,* en parti *m* gouvernemental, de la majorité.
Regierungsrat *m,* ¨e **1.** *(Allemagne)* fonctionnaire *m* supérieur ; inspecteur *m* **2.** *(Suisse)* conseil *m* d'un canton.
Regierungssitz *m,* e siège *m* du gouvernement.
Regierungssprecher *m,* - porte-parole *m* du gouvernement.
Regierungsumbildung *f,* en remaniement *m* ministériel.
Regierungsvertreter *m,* - représentant *m* gouvernemental ; délégué *m* du gouvernement.
Regierungsvorlage *f,* n projet *m* de loi gouvernemental.
Regierungswechsel *m,* - changement *m* de gouvernement.
Regime *n, -/s* régime *m* ; *totalitäres ~* régime totalitaire.
Region *f,* en région *f* ; *ländliche ~* région rurale.

regional régional ; territorial ; *~ begrenzt* limité à une région.
Regionalausschuss *m,* ¨e comité *m* des régions.
Regionalbahn *f,* en *(RB)* réseau *m* ferroviaire suburbain ; → *Nahverkehrszug.*
Regionalbank *f,* en banque *f* régionale.
Regionalexpress *m,* e *(RE)* express *m* régional ; *(France)* R.E.R. *m.*
Regionalförderung *f,* en développement *m* des régions.
Regionalindustrie *f,* n industrie *f* régionale.
regionalisieren régionaliser.
Regionalisierung *f,* en régionalisation *f.*
Regionalismus *m,* ø régionalisme *m.*
Regionalplanung *f,* en planification *f* régionale ; aménagement *m* régional.
Regionalpolitik *f,* ø politique *f* régionale ; → *Finanzausgleich.*
Regionalpresse *f,* n presse *f* régionale.
Regionalstruktur *f,* en structure *f* régionale.
Register *n,* - registre *m* ; liste *f* ; rôle *m* ; index *m* ; *in einem ~ verzeichnen* inscrire dans un registre ; *ein ~ (über etw) führen* tenir un registre (sur qqch).
Registerauszug *m,* ¨e extrait *m* de registre.
Registereintragung *f,* en enregistrement *m* ; inscription *f* dans un registre ; inscription au registre.
Registernummer *f,* n numéro *m* du registre, d'enregistrement ; numéro d'inscription au registre.
Registertonne *f,* n tonneau *m* de jauge ; tonneau de registre.
Registrator *m,* en greffier *m* ; archiviste *m* ; employé *m* d'enregistrement.
Registratur *f,* en enregistrement *m* ; fichier *m* ; archives *fpl* ; greffe *m.*
Registraturgebühren *fpl* → *Registraturkosten.*
Registraturkosten *pl* frais *mpl* d'enregistrement.
registrieren enregistrer ; inscrire ; *in einer Kartei registriert sein* figurer au (dans un) fichier ; être fiché ; *ein Patent ~ enregistrer* un brevet.
Registrierkasse *f,* n caisse *f* enregistreuse.

Registriernummer *f,* n numéro *m* d'enregistrement.
Registrierung *f,* en enregistrement *m*.
Registrierurkunde *f,* n acte *m* officiel d'enregistrement.
reglementieren réglementer.
Reglementierung *f,* en réglementation *f* ; élaboration *f* d'un règlement.
regredieren (*jur.*) exercer un recours contre qqn.
Regress *m,* e (*jur.*) recours *m* ; droit *m* de recours ; *~ gegenüber einem Dritten* recours à l'encontre d'un tiers ; *~ nehmen gegen* avoir recours (contre).
Regressanspruch *m,* ¨e (*jur.*) droit *m* de recours ; *~ gegenüber Dritten* droit *m* d'engager une action, des poursuites contre des tiers.
Regressforderung *f,* en (*jur.*) créance *f* en cours.
Regression *f,* en dépression *f* économique ; (*statist.*) régression *f* ; *lineare ~* régression linéaire.
Regressionskurve *f,* n (*statist.*) courbe *f* de régression *f*.
regressiv régressif ; *~e Kosten* coûts *mpl* régressifs.
Regressklage *f,* n (*jur.*) action *f* récursoire ; action en recours ; *gegen jdn eine ~ ein/reichen* intenter une action en garantie contre qqn.
Regressnehmer *m,* - (*jur.*) bénéficiaire *m* du recours.
Regresspflicht *f,* en (*jur.*) obligation *f* de garantie ; responsabilité *f* civile.
regresspflichtig (*jur.*) civilement responsable ; soumis au recours ; *jdn ~ machen* rendre qqn civilement responsable.
Regressrecht *n,* e (*jur.*) droit *m* de recours.
Reg.-T → *Registertonne*.
regulär habituel ; régulier ; coutumier ; *~e Arbeitszeit* temps de travail habituel (normal) ; *den ~en Preis bezahlen* payer le prix normal, affiché.
Regularien *pl* affaires *fpl* courantes (à l'ordre du jour d'une assemblée, par ex.).
Regulator *m,* en régulateur *m* ; *~ des Markts* régulateur du marché.
regulieren 1. réguler ; régler ; contrôler 2. régulariser ; payer ; *eine Forderung ~* régulariser une créance ; → *deregulieren*.
Regulierung *f,* en 1. régulation *f* ; contrôle *m* ; *wirtschaftliche ~* régulation économique 2. régularisation *f* ; règlement *m* ; → *Deregulierung*.

Regulierungsbehörde *f,* n autorité *f* de contrôle ; instance *f* de régulation.
Regulierungsmechanismus *m,* -men mécanisme *m* régulateur.
Rehabilitand *m,* en, en personne *f* en réinsertion professionnelle.
Rehabilitation *f,* en 1. réinsertion *f* ; *berufliche, soziale ~* réinsertion professionnelle, sociale 2. (*médecine*) rééducation *f* ; réadaptation *f* ; *medizinische ~* réadaptation fonctionnelle 3. → *Rehabilitierung*.
Rehabilitationsklinik *f,* en clinique *f* de réadaptation ; centre *m* de rééducation fonctionnelle.
rehabilitieren 1. réhabiliter 2. réintégrer ; réinsérer.
Rehabilitierung *f,* en réhabilitation *f*.
Reha-Klinik *f,* en → *Rehabilitationsklinik*.
Reha-Messe *f,* n (*Düsseldorf*) Salon *m* du matériel médical et para-médical.
Reibach *m,* ø (*fam.*) profit *m* (frauduleux) ; lucre *m*.
Reibereien *fpl* frictions *fpl*.
Reibungen *fpl* → *Reibereien*.
reibungslos sans frictions ; sans problème ; sans incident ; *~e Zusammenarbeit* collaboration *f* harmonieuse.
Reibungspunkt *m,* e point *m* de friction ; pomme *f* de discorde.
reich 1. riche ; *ein an Bodenschätzen ~es Land* un pays riche en ressources minières ; *sagenhaft (unermesslich) ~ sein* être à la tête d'une fortune colossale ; être immensément riche 2. abondant ; *eine ~e Ernte* une récolte abondante 3. varié ; *eine ~e Auswahl* un vaste choix.
-reich (*suffixe*) riche en ; hyper- ; *kalorien~* hypercalorique.
Reichsabgabenordnung *f,* ø (*RAO*) (*hist.*) code *m* de la fiscalité de 1919, aussi appelé *Abgabenordnung*.
Reichsmark *f,* ø (*RM*) (*hist.*) Reichsmark *m* (a remplacé le mark en 1924 jusqu'à la réforme monétaire de 1948 où il fut remplacé par le DM, lui-même remplacé par l'euro en 2002).
Reichtum *m,* ¨er richesse *f* ; *~¨er fortune f* ; patrimoine *m* ; biens matériels *mpl* ; *materieller ~* richesses matérielles ; *~¨er eines Lands* ressouces *fpl* naturelles d'un pays ; *zu ~ kommen* devenir riche ; *~¨er an/häufen* accumuler des richesses ; *seinen ~ mehren, verwalten* faire fructifier, gérer sa fortune.

Reichtumsakkumulation *f,* en accumulation *f* de richesse(s).

Reichweite *f,* n étendue *f* ; portée *f* ; ~ *eines Werbeträgers* rayon *m* d'action d'un support publicitaire.

Reife *f,* ø maturité *f ; mittlere* ~ (correspond à peu près à) brevet *m* d'études du premier cycle (B.E.P.C.) ; brevet des collèges ; *technologische* ~ maturité technologique.

Reifegrad *m,* e degré *m* de maturité.

Reifeprüfung *f,* en baccalauréat *m* (*syn. Abitur* ; *Autriche et Suisse : Matura*).

Reifezeugnis *n,* se diplôme *m* de bachelier.

Reihe *f,* n rangée *f* ; colonne *f* ; suite *f* ; série *f* ; succession *f* ; *arithmetische* ~ série arithmétique ; *nach der* ~ à tour de rôle ; tour à tour.

Reihenfertigung *f,* en fabrication *f* en série.

Reihenfolge *f,* n suite *f* ; ordre *m* de priorité ; hiérarchie *f* ; *in alphabetischer* ~ par ordre alphabétique ; *in chronologischer* ~ par ordre chronologique.

Reihenhaus *n,* ¨er maison *f* individuelle construite en série ; ~*¨er* alignement *m* de maisons individuelles.

rein net ; pur ; ~*er Ertrag* produit *m* net ; ~*er Gewinn* bénéfice *m* net ; ~*er Verlust* perte *f* nette.

Rein- (*préfixe*) net.

Reineinkommen *n,* - revenu *m* net ; *produziertes* ~ produit net créé ; *realisiertes* ~ produit net réalisé ; ~ *der Betriebe* revenu net des entreprises.

Reinerlös *m,* e produit *m* net.

Reinertrag *m,* ¨e → *Reinerlös*.

Reinfall *m,* ¨e (*fam.*) échec *m* ; fiasco *m* ; (*fam.*) coup *m* fourré.

rein/fallen, ie, a (*ist*) (*fam.*) donner (tomber) dans le panneau ; se faire avoir.

Reingewicht *n,* e poids *m* net.

Reingewinn *m,* e bénéfice *m* net.

Reinheitsgebot *n,* e (*Allemagne*) loi *f* sur la pureté d'un produit ; ordonnance sur la composition de la bière (orge, malt, houblon, eau, levure).

Reinheitsgrad *m,* e taux *m,* niveau *m* de pureté.

reinigen 1. (*bureaux*) nettoyer 2. (*technique*) purifier ; purger.

Reinigung *f,* en 1. (*bureaux*) nettoyage *m* ; *chemische* ~ pressing *m* 2. (*technique*) purification *f* ; épuration *f*.

Reinigungsdienst *m,* e activité *f* de nettoyage.

Reinigungskraft *f,* ¨e agent *m* de surface ; employé(e) *m(f)* d'une société d'entretien, de nettoyage.

Reinverdienst *m,* e gain *m* net.

Reinverlust *m,* e perte *f* nette.

Reinvermögen *n,* - patrimoine *m* net ; avoir *m* net ; actif *m* net.

reinvestieren (*in*) réinvestir (dans).

Reinvestition *f,* en réinvestissement *m*.

rein/waschen, u, a (*fam.*) blanchir ; innocenter ; *jdn vom Verdacht des Steuerbetrugs* ~ innocenter qqn de suspicion de fraude fiscale.

Reise *f,* n voyage *m* ; *eine* ~ *ins Ausland* voyage à l'étranger ; *eine* ~ *buchen* s'inscrire pour un voyage.

Reiseakkreditiv *n,* e accréditif *m* de voyage (lettre ouvrant un crédit à un client auprès d'une banque).

Reiseausgaben *fpl* frais *mpl* de déplacement.

Reisebüro *n,* s agence *f* de voyage ; agence de tourisme.

Reisebüroverband *m,* ¨e union *f* syndicale des agences de voyage.

Reisedevisenzuteilung *f,* en allocation *f* touristique en devises.

Reisediscounter *m,* - discounter *m* touristique.

Reisegepäck *n,* ø bagage *m* accompagné.

Reisegepäckversicherung *f,* en assurance-bagages *f*.

Reisegesellschaft *f,* en participants *mpl* à un voyage organisé.

Reisegewerbe *n,* ø industrie *f* touristique ; professionnels *mpl* du tourisme ; voyagistes *mpl*.

Reisegruppe *f,* n groupe *m* de voyage, de voyageurs ; voyage *m* organisé.

Reisegutschein *m,* e chèque (de) voyage.

Reisekosten *pl* → *Reisespesen*.

Reisekostenpauschale *f,* n indemnité *f* forfaitaire de frais de déplacement.

Reisekostenvergütung *f,* en indemnité *f* de déplacement ; remboursement *m* des frais de déplacement.

Reisekreditbrief *m,* e lettre *f* de crédit circulaire, touristique ; lettre de voyage.

Reiseland *n,* ¨er pays *m* touristique.

Reiseleiter *m,* - responsable *m* de l'organisation d'un voyage ; accompagnateur *m*.

Reisemarkt *m*, ¨e marché *m* du tourisme ; marché des vacances.
reisen (*ist*) **1.** voyager ; partir en voyage ; être en voyage ; *mit der Bahn, mit dem Flugzeug* ~ voyager en train, par avion **2.** *in Textilien* ~ être représentant de commerce en textiles.
Reisende/r (*der/ein*) **1.** voyageur *m* ; touriste *m* **2.** voyageur de commerce ; resprésentant *m*.
Reisepass *m*, ¨e passeport *m*.
Reiserückholversicherung *f,* **en** (*assur.*) assurance *f* rapatriement (en cas de maladie ou d'accident).
Reiserücktrittsversicherung *f,* **en** assurance *f* de dédit pour voyage organisé.
Reisescheck *m*, **s** chèque *m* (de) voyage ; traveller's chèque *m* (*syn. Travellerscheck*).
Reisespesen *pl* frais *mpl* de voyage, de déplacement ; frais de route.
Reisetagegeld *n* , **er** indemnité *f* journalière de déplacement.
Reiseunternehmer *m*, - → *Reiseveranstalter*.
Reiseveranstalter *m*, - voyagiste *m* ; tour-opérateur *m* ; organisateur *m* de voyages
Reiseverkehr *m*, ø **1.** tourisme *m* ; *geschäftlicher* ~ tourisme d'affaires ; → *Tourismus* ; *Fremdenverkehr* **2.** trafic *m* touristique ; migrations *fpl* des vacanciers.
Reiserversicherung *f,* **en** assurance *f* de voyage.
Reißbrett *n*, **er** planche *f* à dessin.
Reißer *m*, - grand succès *m* de librairie ; film *m* à succès.
reißerisch (*publicité*) qui accroche ; *~es Werbeplakat* affiche *f* publicitaire tape-à-l'œil.
Reißwolf *m*, ¨e destructeur *m* de documents (*syn. Papierwolf*).
Reitwechsel *m*, - effet *m* de complaisance ; traite *f* de cavalerie (lettres de change de complaisance tirées par deux commerçants l'un sur l'autre, sans opération commerciale réelle, pour se procurer frauduleusement de l'argent).
rekapitalisieren recapitaliser.
Rekapitalisierung *f,* **en** recapitalisation *f.*
Reklamation *f,* **en** (*jur.*) réclamation *f* ; *berechtigte* ~ réclamation justifiée, légitime ; *unbegründete* ~ réclamation sans fondement ; *eine* ~ *an/erkennen* admettre le bien-fondé d'une réclamation ; *eine* ~ *machen* faire une réclamation ; *eine* ~ *zurück/weisen* rejeter une réclamation (*syn. Beanstandung*).
Reklamationsabteilung *f,* **en** (service *m*) contentieux *m* ; réclamations *fpl.*
Reklamationsbearbeitung *f,* **en** traitement *m* des plaintes et réclamations.
Reklame *f,* **n** (*souvent péj.*) réclame *f* ; publicité *f* ; pub *f* ; ~ *im Rundfunk, im Fernsehen* publicité à la radio, à la télévision ; *für etw* ~ *machen* faire de la pub pour qqch ; → *Werbung.*
Reklameanzeige *f,* **n** annonce *f* publicitaire.
Reklameartikel *m*, - cadeau *m* publicitaire ; article *m* en réclame ; article promotionel.
Reklameberieselung *f,* **en** imprégnation *f* publicitaire ; arrosage *m* publicitaire.
Reklameblock *m*, ¨e (*médias*) plage *f* de spots publicitaires à la télévision.
Reklamefachmann *m*, -**leute** publicitaire *m* ; homme *m* de publicité.
Reklamefläche *f,* **n** espace *m* publicitaire ; emplacement *m* réservé à la publicité ; panneau *m*, surface *f* publicitaire.
Reklamegeschenk *n*, **e** cadeau *m* publicitaire.
Reklamemuffel *m*, - publiphobe *m* ; adversaire *m* de la publicité.
Reklameplakat *n*, **e** affiche *f* publicitaire.
Reklamepreis *m*, **e** prix *m* publicitaire ; prix-réclame *m* ; prix d'appel ; prix de lancement.
Reklameprospekt *m/n*, **e** prospectus *m* publicitaire.
Reklamerummel *m*, ø battage *m* publicitaire ; matraquage *m* publicitaire.
Reklameschild *n*, **er** enseigne *f* publicitaire.
Reklamespruch *m* ¨e slogan *m* publicitaire.
Reklametafel *f,* **n** panneau *m* publicitaire.
Reklametrick *m*, **s** truc *m* publicitaire ; ficelle *f* publicitaire.
Reklametrommel *f,* **n** battage *m* publicitaire ; *die* ~ *rühren* faire du battage publicitaire ; faire du matraquage publicitaire.
Reklameverkauf *m*, ¨e vente-réclame *f* ; vente promotionnelle.
reklamieren 1. réclamer ; faire une réclamation ; *eine beschädigte Sendung*

~ déposer une réclamation pour envoi défectueux 2. réclamer ; exiger la restitution ; *ein Paket bei der Post* ~ réclamer un paquet à la poste ; *ein nicht reklamierter Gegenstand gehört nach einem Jahr dem Finder* tout objet non réclamé appartient à son inventeur au bout d'une année.

Rekord *m*, e record *m* ; *einen* ~ *auf/stellen* établir un record ; *einen* ~ *brechen* (*schlagen*) battre un record.

Rekordabsatz *m*, ¨e vente *f* record.

Rekordbesuch *m*, e fréquentation *f* record ; nombre *m* de visiteurs record.

Rekordbeteiligung *f*, en participation *f* record.

Rekorddefizit *n*, e déficit *m* record ; *ein* ~ *verzeichnen* enregistrer un déficit record.

Rekordergebnis *n*, se résultat *m* record.

Rekordgewinn *m*, e bénéfice *m* record.

Rekordquartal *n*, e trimestre *m* record.

Rekordstand *m*, ¨e : *neue* ~ ¨e *erreichen* atteindre, battre de nouveaux records.

Rekordzahl *f*, en → *Rekordziffer*.

Rekordziffer *f*, n chiffre *m* record.

rekrutieren (*aus*) recruter (dans, parmi) ; *die Firma rekrutiert ihre Leitenden aus den Akademikern* la maison recrute ses cadres parmi les diplômés universitaires.

Rekrutierung *f*, en recrutement *m*.

Rektagiro *n*, ø → *Rektaklausel*.

Rektaindossament *n*, e → *Rektaklausel*.

Rektaklausel *f*, n clause *f* nominative (de non-transmissibilité à un tiers) ; mention « non endossable ».

Rektapapier *n*, e titre *m* non transmissible ; titre nominatif.

Rektascheck *m*, s chèque *m* nominatif à personne dénommée ; chèque non à ordre (*Nicht an Order*); *ein* ~ *kann nur durch den namentlich genannten Begünstigten eingelöst werden* un chèque non à ordre ne peut être encaissé que par la personne nommément désignée.

Rektawechsel *m*, - traite *f* nominative ; effet *m* non négociable.

Rekurs *m*, e (*Autriche, Suisse*) recours *m* (administratif).

Rekursverfahren *n*, - (*Autriche, Suisse*) procédure *f* de recours.

relevant pertinent ; significatif ; important.

Relevanz *f*, (en) importance *f* ; pertinence *f*.

Religionsbekenntnis *f*, se déclaration *f* d'appartenance à une confession (pour l'établissement de l'impôt du culte).

Religionszugehörigkeit *f*, en appartenance *f* à un culte, à une religion.

Remailing *n*, s (*pr. ang.*) réexpédition *f* de courrier (de l'étranger où les tarifs sont moins cher).

Rembours *m*, - (*pr. fr.*) 1. règlement *m* à l'exportation (au moyen de crédits bancaires) 2. crédit *m* documentaire.

Remboursgeschäft *n*, e opération *f* (de crédit) documentaire (financement d'opérations avec l'étranger ; une tierce banque accepte et agit pour le compte de la banque du client).

remboursieren honorer une créance (lors d'une transaction avec l'Outre-Mer).

Rembourskredit *m*, e crédit *m* bancaire sur documents ; crédit *m* bancaire à l'importation de marchandises négociées outre-mer.

Remisier *m*, s (*pr. fr.*) (*bourse*) remisier *m* (intermédiaire professionnel qui fournit des clients aux sociétés de bourse).

Remittent *m*, en, en bénéficiaire *m* d'une traite ; preneur *m* d'effet ; remettant *m*.

renaturieren : (*environnement*) *ein Gelände* ~ rendre un terrain à son état naturel.

Renaturierung *f*, en (*environnement*) retour *m* à l'état naturel (zone agricole, région) ; remise *f* en friche d'une zone cultivée ; régénération *f* écologique.

Rendite *f*, n rendement *m* financier ; taux *m* de rendement ; performance *f* ; rentabilité *f* financière ; rente *f* ; taux de capitalisation, de placement ; revenu *m* régulier ; retour *m* sur investissement ; ~ *einer Aktie* rentabilité d'une action ; ~ *eines angelegten Kapitals* rendement d'un capital placé ; retour sur investissement ;~ *eines Wertpapiers* performance d'un titre ; → *Effektivverzinsung* ; *Investmentfonds* ; *Rentabilität*.

Renditeabstand *m*, ¨e différentiel *m* de rendement.

Renditeobjekt *n*, e objet *m* de (bon) rendement ; immobilier *m* de rapport.

renditestark à fort taux de rendement ; *die grünen Firmen sind* ~ *geworden* les entreprises vertes ont atteint des taux de rendement élevé.

renditeträchtig (*placement*) prometteur ; juteux.

Rennen *n*, - course *f* ; *diese Firma liegt in der Spitzentechnologie gut im ~* cette entreprise figure en bonne position dans le secteur de la technologie de pointe.

Renner *m*, - article-vedette *m* ; article très demandé ; best-seller *m*.

Renovierung *f*, en rénovation *f* ; remise *f* à neuf.

Renovierungsarbeiten *fpl* travaux *mpl* de rénovation.

renovierungsbedürftig qui nécessite une remise en état ; exigeant une réforme.

rentabel rentable ; lucratif ; profitable (*syn. gewinnbringend* ; *lohnend*).

Rentabilität *f*, en rentabilité *f* ; productivité *f* financière ; bon rendement *m* ; profitabilité *f* ; *finanzielle ~* rentabilité financière ; *gesellschaftliche ~* rentabilité sociale ; *wirtschaftliche ~* rentabilité économique ; *~ des Betriebskapitals* rentabilité des capitaux engagés ; *~ des Eigenkapitals* rentabilité des capitaux propres ; *~ pro Erzeugnis* rentabilité par produit ; → ***Ertrag*** ; ***Produktivität*** ; ***Profitabilität*** ; ***Wirtschaftlichkeit***.

Rentabilitätsanalyse *f*, n analyse *f* de rentabilité.

Rentabilitätsgrenze *f*, n → ***Rentabilitätsschwelle***.

Rentabilitätskennziffer *f*, n indice *m*, ratio *m* de rentabilité.

Rentabilitätsprinzip *n*, -ien principe *m* de rentabilité.

Rentabilitätsrate *f*, n taux *m* de rentabilité ; *kapitalbezogene ~* taux de rentabilité des fonds productifs.

Rentabilitätsrechnung *f*, en calcul *m* de rentabilité.

Rentabilitätsschwelle *f*, n seuil *m* de rentabilité ; break-even-point *m*.

Rente *f*, n 1. (*prestation-vieillesse*) retraite *f* ; pension *f* ; pension de retraite ; *dynamische ~* retraite indexée (sur les salaires) ; *fällige ~* rente payable, exigible ; *eine ~ aus/zahlen* verser une rente ; servir une pension ; *eine ~ bestellen* constituer une rente ; *eine ~ beziehen* bénéficier d'une retraite ; *eine ~ gewähren* accorder une pension ; *die ~n erhöhen, kürzen* augmenter, diminuer les retraites ; *in (auf) ~ sein, gehen* être à la retraite, prendre sa retraite ; → ***Pension*** ; ***Altersruhegeld*** 2. (*produit financier*) rente *f* ; annuité *f* ; rapport *m* ; revenu *m* ; *aufgewertete ~* rente revalorisée ; *ewige ~* rente perpétuelle ; *lebenslängliche (lebenslange) ~* rente viagère ; *~ auf Lebenszeit* rente à vie ; *verbundene ~* rente sur deux têtes ; → ***Alters-, Invaliden-, Kapital-, Unfall-, Zusatzrente***.

Rentenabfindung *f*, en indemnité *f* sous forme de rente.

Rentenabschlag *m*, ¨e amputation *f*, diminution *f* de la retraite.

Rentenalter *n*, ø âge *m* de la retraite ; *das ~ erreichen* atteindre l'âge de la retraite ; *über das ~ hinaus/arbeiten* travailler au-delà de l'âge normal de la retraite ; *Erhöhung des ~s* relèvement *m* de l'âge de la retraite.

Rentenangleichung *f*, en → ***Rentenanpassung***.

Rentenanhebung *f*, en → ***Rentenanstieg***.

Rentenanleihe *f*, n (*finance*) emprunt *m* perpétuel.

Rentenanpassung *f*, en revalorisation *f* des pensions et retraites ; réajustement *m* des pensions et retraites ; rééquilibrage *m* des retraites.

Rentenanspruch *m*, ¨e droit *m* à une rente ; droit à la pension ; annuités *fpl* à prendre en compte pour le calcul de la retraite, d'une pension.

Rentenanspruchsberechtigte/r (*der/ein*) bénéficiaire *m* d'une rente ; ayant droit *m* d'un titre de pension.

Rentenanstalt *f*, en caisse *f* de retraite.

Rentenanstieg *m*, ø relèvement *m* des retraites ; majoration *f* des pensions.

Rentenantrag *m*, ¨e demande *f* de pension.

Rentenanwartschaft *f*, en droit *m* à une pension, à une retraite ; annuités *fpl* donnant droit à l'ouverture d'une pension ; point *m* de retraite ; *genug ~en erworben haben* avoir acquis suffisamment de points de retraite ; *~ geltend machen* faire valoir ses droits à la retraite.

Rentenaufbesserung *f*, en → ***Rentenanstieg***.

Rentenauszahlung *f*, en versement *m* d'une pension ; paiement *m* d'une retraite.

Rentbasis *f* : (*finance*) *auf ~* sur la base d'une rente viagère ; *ein Haus auf ~ kaufen* acheter une maison en viager.

Rentenbeitrag *m*, ¨e cotisation *f* de retraite.

Rentenbemessung *f,* en détermination *f* du montant d'une retraite ; assiette *f* d'une pension.
Rentenbemessungsgrundlage *f,* n base *f* de l'assiette d'une pension ; calcul *m* de la retraite.
Rentenberechtigte/r *(der/ein)* → ***Rentenanspruchsberechtigte/r.***
Rentenbescheid *m,* e notification *f* du départ à la retraite ; *(France)* inscription *f* au grand livre de la dette publique.
Rentenbezieher *m,* - → ***Rentner.***
Rentenbezüge *mpl* revenus *mpl* d'une retraite, d'une pension.
Rentenbezugsdauer *f,* ø période *f* de perception d'une pension ; durée *f* de versement d'une pension/retraite.
Renteneinkommen *n,* - **1.** revenu *m* d'une pension, d'une rente **2.** *(finance)* rente *f* au titre d'un capital placé ou prêté.
Renteneintrittsalter *n,* - âge *m* effectif d'entrée en retraite ; âge de départ à la retraite.
Rentenempfänger *m,* - → ***Rentner.***
Rentenfinanzierung *f,* en financement *m* des retraites, des pensions.
Rentenfonds *m,* - *(finance)* fonds *m* de pensions, d'investissement (composé presque exclusivement de titres à revenu fixe) ; fonds de placement en obligations ; *betrieblicher* ~ fonds de pension-entreprise ; → ***Fonds*** ; ***Pensionsfonds.***
Rentengewährung *f,* en attribution *f* d'une pension ; octroi *m* d'une rente.
Rentengrenze *f,* n → ***Rentenalter.***
Rentengrundbetrag *m,* ¨e retraite *f,* pension *f* de base.
Rentenhöchstbetrag *m,* ¨e plafond *m* de la rente ; pension *f* maximum/maximale.
Rentenhöhe *f,* ø montant *m* de la retraite ; importance *f* dune pension.
Rentenkurs *m,* e *(finance)* cours *m* des titres à revenu fixe.
Rentenmark *f (hist.)* monnaie *f* créée au lendemain de l'inflation de 1923.
Rentenmarkt *m,* ¨e *(finance)* marché *m* des obligations ; marché obligataire des fonds publics ; marché *m* des titres d'État ; marché des rentes ; marché des valeurs à revenu fixe.
Rentenmarktverschuldung *f,* en *(finance)* endettement *m* obligataire.
Rentennachzahlung *f,* en versement *m* rétroactif au titre d'une pension ou d'une rente.
Rentenpapiere *npl* → ***Rentenwerte.***

rentenpflichtig tenu de verser une rente.
Rentenportfolio *n,* s *(finance)* portefeuille *m* d'obligations, de titres de rente.
Rentenreform *f,* en réforme *f* des retraites, des pensions.
Rentensatz *m,* ¨e taux *m* de la retraite, de la pension.
Rentenschein *m,* e *(finance)* titre *m* de rente.
Rentensparfonds *m,* - *(finance)* fonds *m* d'épargne retraite.
Rentensplitting *n,* s *(jur.)* partage *m* des droits à la pension de vieillesse acquis par les deux époux jusqu'à la date du divorce.
Rentensystem *n,* e système *m* des retraites, des pensions.
Rententitel *m,* - *(finance)* titre *m* de rente sur l'État.
Rententräger *m,* - organisme *m* de retraite ; caisse *f* de retraite.
Rentenversicherung *f,* en assurance-retraite *f.*
Rentenverwalter *m,* - administrateur *m* d'une caisse de retraite.
Rentenwerte *mpl* *(finance)* valeurs *fpl* à revenu fixe ; obligations *fpl* d'État ; effets *mpl* publics ; rentes *fpl* sur l'État ; *~e verbriefen einen festen Zinsanspruch, aber kein Anteilsrecht* les valeurs obligataires garantissent le droit à un taux d'intérêt fixe mais pas de droit de participation à une société.
Rentenzahlung *f,* en versement *m* d'une retraite, d'une pension.
Rentier *m,* s **1.** *(finance)* rentier *m* ; personne *f* qui vit de ses rentes ; qqn qui dispose de revenus financiers **2.** *(arch.)* retraité *m.*
rentieren : *sich ~* être rentable ; se rentabiliser ; rapporter.
Rentner *m,* - retraité *m* ; bénéficiaire *m* d'une retraite, d'une pension.
Rentnerbeitrag *m,* ¨e cotisation *f,* contribution *f* versée par les retraités.
Reorganisation *f,* en réorganisation *f* ; refonte *f.*
reorganisieren réorganiser ; refondre.
reparabel réparable.
Reparationen *fpl* réparations *fpl.*
Reparationsleistung *f,* en prestation *f,* paiement *m* à titre de réparations.
Reparatur *f,* en *(techn.)* réparation *f* ; remise *f* en état ; *(an etw) eine ~ vor/nehmen* procéder à la réparation (de qqch).

reparaturanfällig sujet *m* à des pannes fréquentes ; fragile ; peu fiable.

reparaturbedürftig en mauvais état ; qui nécessite une réparation.

Reparaturkosten *pl* coût *m*, frais *mpl* de remise en état ; coût de la réparation.

Reparaturwerkstatt *f,* ¨en atelier *m* de réparation.

reparieren réparer ; remettre en état.

repartieren (*bourse*) répartir ; ventiler ; répercuter ; attribuer ; assigner.

Repartierung *f,* en (*bourse*) répartition *f* de l'offre par quantités limitées en cas de surdemande ; rationnement *m* de titres à l'achat ou à la vente.

repatriieren 1. rapatrier 2. réintégrer dans la nationalité.

Repatriierung *f,* en rapatriement *m*.

Report *m,* e (*bourse*) report *m* (opération de bourse permettant à un spéculateur à terme de proroger sa position sur la liquidation suivante).

Reporteur *m,* e → *Reportgeber*.

Reportgeber *m,* - (*bourse*) vendeur *m* reporteur ; reporteur *m*.

Reportgelder *npl* (*bourse*) fonds *mpl* employés en report de bourse ; placement *m* en report

Reportgeschäft *n,* e (*bourse*) report *m* ; opération *f* de report.

reportieren (*bourse*) reporter ; prolonger son report.

Reporting *n,* s reporting *m* ; rapport *m* (comptabilité, informatique, etc.).

Reportkredit *m,* e (*bourse*) crédit *m* de report.

Reportkurs *m,* e (*bourse*) cours *m,* taux *m* de report ; prix *m* du report.

Reportnehmer *m,* - (*bourse*) reporté *m* ; acquéreur *m* reporté ; spéculateur *m* dans une opération de report.

Reportsatz *m,* ¨e (*bourse*) taux *m* de report.

Repo-Satz *m,* ¨e taux *m* « repo » ; taux d'intérêt des opérations de pension livrée ; taux de prise en pension de titres par la banque fédérale (*syn. Zinsen für Wertpapierpensionsgeschäfte*).

Repräsentant *m,* en, en représentant *m*.

Repräsentanz *f,* en → *Repräsentationsbüro*.

Repräsentation *f,* en représentation *f* ; ~ *einer Firma* représentation d'une entreprise.

Repräsentationsbauten *mpl* constructions *fpl* de prestige.

Repräsentationsbüro *n,* s bureau *m* de représentation.

Repräsentationsgüter *npl* biens *mpl* de prestige.

Repräsentationskosten *pl* frais *mpl* de représentation.

Repräsentationsspesen *pl* indemnité *f* (pour frais) de représentation.

repräsentativ représentatif ; ~*er Querschnitt* (~*e Auswahl*) échantillon *m* représentatif ; ~*e Umfrage* enquête *f* représentative ; *das ist ~ für den Normalverbraucher* ceci est représentatif du consommateur moyen, lambda.

Repräsentativbefragung *f,* en enquête *f* représentative ; sondage *m* ; *eine ~ durch/führen* faire un sondage.

Repräsentativerhebung *f,* en → *Repräsentativbefragung*.

Repräsentativität *f,* ø représentativité *f*.

Repräsentativsystem *n,* e (*polit.*) système *m* de représentativité (du peuple par les corps élus).

Repräsentativumfrage *f,* n → *Repräsentativbefragung*.

repräsentieren représenter ; *XY repräsentiert die Firma im Ausland* XY représente l'entreprise à l'étranger.

Repressalie *f,* n représailles *fpl* ; *zu wirtschaftlichen ~n greifen* recourir à des représailles économiques.

Reprise *f,* n (*bourse*) reprise *f* des cours ; tendance *f* à la hausse.

reprivatisieren dénationaliser ; rendre au secteur privé ; reprivatiser.

Reprivatisierung *f,* en dénationalisation *f* ; transfert *m* au secteur privé.

Reproduktion *f,* en reproduction *f* ; processus *m* de reproduction ; renouvellement *m* ; *gütermäßige ~* reproduction en matériel ; *wertmäßige ~* reproduction en valeur.

Reproduktionsziffer *f,* n (*démographie*) taux *m* de reproduction démographique ; *die ~ von 2,1 Kinder je Frau* le taux de reproduction est de 2,1 par femme.

Reproduktionszyklus *m,* -klen cycle *m* de reproduction ; rythme *m* de renouvellement.

reproduzierbar reproductible.

Reproduzierbarkeit *f,* en reproductibilité *f*.

Reprografie *f,* n (*imprimerie*) reprographie *f*.

reprografieren (*imprimerie*) reprographier.

Reptilienfonds *m*, - (*polit.*) fonds *mpl* secrets ; caisse *f* noire.

Republikaner *m*, - (*polit.*) (*Allemagne*) Républicains *mpl* ; parti *m* d'extrême droite.

Repudiation *f*, **en** répudiation *f* ; rejet *m* (refuser une monnaie en raison de son faible pouvoir d'achat).

Reputation *f*, **en** réputation *f* ; renommée *f* ; renom *m* ; notoriété *f*.

Reservat *n*, **e** (*environnement*) réserve *f* naturelle, protégée ; réserve animalière.

Reserve *f*, **n** 1. réserve *f* ; stock *m* ; *eiserne ~n* réserves minimales obligatoires ; *freie ~n* réserves libres ; *offene ~n* réserves visibles ; réserves déclarées ; *stille ~n* réserves occultes ; réserves latentes ; *~n bilden* (*schaffen*) constituer des réserves 2. (*rare*) provision *f*.

Reservebestände *mpl* stocks *mpl* de réserve.

Reserve-Charge-Verfahren *n*, - (*fisc*) procédure *f* fiscale selon laquelle l'acheteur d'un bien immobilier ou d'une entreprise verse directement au fisc la taxe sur le chiffre d'affaires.

Reservefonds *m*, - fonds *m* de réserve ; *dem ~ Kapital zu/weisen* affecter des capitaux au fonds de réserve.

Reserve-Ist *n*, ø (*banque*) montant *m* effectif des réserves.

Reservekonto *n*, **-ten** compte *m* de réserve.

Reservelager *n*, - stock *m* de réserve.

Reservenbildung *f*, **en** constitution *f* de réserves.

Reservepolster *n*, - stock *m*, matelas *m* de réserves.

Reservesatz *m*, ¨ (*banque*) coefficient *m* de réserve (dépôts que les banques gardent à titre de réserve).

Reserve-Soll *n*, ø (*banque*) montant *m* théorique des réserves.

Reservetranche *f*, **n** (*finance*) tranche *f* de réserve (partie des droits de tirage du F.M.I.).

Reservewährung *f*, **en** monnaie *f* de référence, de réserve (*syn. Leitwährung*).

reservieren retenir ; réserver ; garder.

Reservierung *f*, **en** réservation *f*.

Reservoir *n*, **e** (*pr. fr.*) réservoir *m* ; réserves *fpl* ; *~ an Arbeitskräften* réservoir de main-d'œuvre.

Residenzpflicht *f*, **en** 1. obligation *f* de résidence (faite à un fonctionnaire de résider à proximité de son poste) 2. (*jur.*) obligation faite à un avocat admis au barreau d'avoir un cabinet.

Residenzzulage *f*, **n** indemnité *f* de résidence.

resistent résistant ; *Pflanzen gentechnisch gegenüber Insekten ~ machen* rendre des plantes génétiquement immuno-résistantes aux insectes.

Reskription *f*, **en** (*Suisse*) obligation *f* à trois mois.

Resolution *f*, **en** (*polit.*) résolution *f* ; *eine ~ an/nehmen* (*verabschieden*) voter une résolution.

resozialisieren réinsérer dans la société ; resocialiser.

Resozialisierung *f*, **en** réinsertion *f* sociale.

Respektfrist *f*, **en** délai *m* de grâce.

respektieren respecter ; *Gesetze, Vorschriften ~* se conformer aux lois, aux instructions.

Respektierung *f*, ø respect *m* ; observance *f* ; *~ der gegenseitigen Interessen* respect des intérêts réciproques.

Respekttage *mpl* → **Respektfrist**.

Ressort *n*, **s** (*pr. fr.*) ressort *m* ; compétence *f* ; domaine *m* de compétences ; département *m* ; portefeuille *m* (ministériel) ; ministère *m* ; *es gehört* (*nicht*) *zu meinem ~* cela (ne) relève (pas) de ma compétence ; *ein ~ in einem Ministerium leiten* être à la tête d'un département ministériel ; *für Export ist mein ~ nicht zuständig* l'exportation ne relève pas de la compétence de mes services ; *ein ~ übernehmen, verwalten* prendre un département en charge, administrer un département ministériel.

Ressortleiter *m*, - directeur *m* de cabinet ; chef *m* de département.

Ressortminister *m*, - ministre *m* compétent.

Ressortministerium *n*, **-ien** ministère *m* de tutelle ; ministère compétent.

Ressourcen *fpl* ressources *fpl* ; réserves *fpl* (financières, énergétiques, etc.) ; *begrenzte ~* ressources limitées ; *natürliche ~* ressources naturelles ; *regenerative ~* ressources renouvelables ; *verfügbare ~* ressources disponibles.

Ressourcenausstattung *f*, **en** dotation *f* en ressources *f*.

Ressourcenerschöpfung *f*, (**en**) épuisement *m* des ressources naturelles.

Ressourcenknappheit *f*, (en) rareté *f* des ressources.
Ressourcenökonomie *f*, **n** économie *f* des ressources.
ressourcenreich riche en ressources naturelles.
Ressourcensparsamkeit *f*, ø utilisation *f* parcimonieuse des ressources naturelles.
Ressourcentransfer *m*, **s** transfert *m* de ressources (qui permettent de contribuer au développement économique et social des pays pauvres).
Ressourcenvergeudung *f*, **en** gaspillage *m* des ressources naturelles.
Ressourcenzuweisung *f*, **en** affectation *f* des ressources.
Rest *m*, **e** reste *m* ; reliquat *m* ; solde *m* ; résidu *m* ; surplus *m*.
Restaktie *f*, **n** (*bourse*) rompu *m* (fraction d'une valeur mobilière).
Restant *m*, **en, en** 1. débiteur *m* en retard 2. titre *m* laissé pour compte 3. invendu *m* ; rossignol *m*.
Restantenliste *f*, **n** (*bourse*) liste *f* des valeurs non converties à la date d'échéance.
Restarbeitslosigkeit *f*, ø chômage *m* résiduel.
Restaurant *n*, **s** (*pr. fr.*) restaurant *m*.
Restaurantkette *f*, **n** chaîne *f* de restaurants.
restaurieren restaurer.
Restaurierung *f*, **en** restauration *f*.
Restbestand *m*, ¨**e** reliquat *m* ; reste *m* ; solde *m*.
Restbetrag *m*, ¨**e** somme *f* restante ; restant *m* ; solde *m* ; reliquat *m* ; *der ~ ist 8 Tage vor der Abreise einzuzahlen* solde payable 8 jours avant le départ.
Restbuchwert *m*, **e** (*comptab.*) valeur *f* résiduelle comptable (prix d'achat diminué du montant cumulé des amortissements).
Restdividende *f*, **n** (*bourse*) solde *m* du dividende ; complément *m* du dividende.
Restebuchhandel *m*, ø vente *f* de reliquats, d'invendus d'éditeurs.
Restehändler *m*, - (magasin *m* de) surplus *m* ; marchand *m* de stocks invendus (vêtements usagés, etc.).
Resteverkauf *m*, ¨**e** vente *f* de postes restants ; vente d'invendus, de reliquats.
Resteverwertung *f*, **en** réutilisation *f* des restes.

Restforderung *f*, **en** reliquat *m* d'une créance ; restant *m* de la créance.
Restguthaben *n*, - (*banque*) solde *m* d'avoir.
Restitutionsklage *f*, **n** (*jur.*) action *f* en révision d'un jugement.
Restkaufbetrag *m*, ¨**e** somme *f* restant à payer sur un achat ; solde *m* ; somme due.
restlich restant ; de reste ; dû ; *~er Betrag* solde *m*.
Restlohn *m*, ¨**e** salaire *m* net (après déduction de l'impôt et des charges sociales).
Restmasse *f*, **n** (*jur.*) masse *f* restante.
Restmüll *m*, ø déchets *mpl* non recyclables.
Restposten *mpl* invendus *mpl* ; reste *m* ; articles *mpl* vendus en solde.
Restriktion *f*, **en** restriction *f* ; *~en in der Ölversorgung* restrictions dans l'approvisionnement en pétrole.
restriktiv restrictif.
Restsaldo *m*, **-den** (*banque*) solde *m* résiduel ; laissé-pour-compte *m*.
Restschuld *f*, **en** reliquat *m* de dette ; somme *f* restant due ; montant *m* à payer.
Restschuldbefreiung *f*, **en** remise *f* (conditionnelle) de dette ; exemption *f* de payer le reliquat d'une dette ; annulation *f* de dette.
Resturlaub *m*, **e** journées *fpl* de congé qui restent à prendre.
Restwaren *fpl* → *Restposten*.
Restwert *m*, **e** (*comptab.*) valeur *f* résiduelle (d'un bien).
Restzuständigkeiten *fpl* : (*U.E.*) *~ der Mitgliedstaaten* compétences *fpl* résiduelles des États membres ; compétences relevant des pays membres.
Resultat *n*, **e** résultat *m* ; *außergewöhnliches ~* résultat exceptionnel ; *fehlerhaftes ~* résultat erroné ; *ungenaues ~* résultat imprécis ; *~ des Geschäftsjahres* résultat d'exploitation, de l'exercice ; *ein ~ erzielen* obtenir un résultat (*syn. Ergebnis*).
Retentionsrecht *n*, **e** droit *m* de rétention ; droit de retenue.
Retorsion *f*, **en** rétorsion *f*.
Retorsionszoll *m*, ¨**e** taxe *f* douanière de rétorsion, de représailles.
Retourbillett *n*, **e** (*Suisse*) (*transp.*) billet-retour *m*.
Retouren *fpl* marchandises *fpl* retournées ; retours *mpl* ; chèques *mpl* impayés.

Retourenquote *f*, **n** pourcentage *m* de marchandises retournées, de retours.

Retourgeld *n*, ø (*Autriche*) monnaie *f* (que l'on rend).

Retourscheck *m*, **s** chèque *m* retourné (pour défaut, insuffisance de provision, etc.).

retournieren retourner la marchandise (au fournisseur).

Retoursendung *f*, **en** (*Autriche*) retour *m* (d'une marchandise au fournisseur).

Retourware *f*, **n** marchandise *f* retournée ; ~n retours *mpl*.

retrozedieren 1. (*jur.*) rétrocéder 2. réassurer.

Retrozession *f*, **en** 1. (*jur.*) rétrocession *f* 2. réassurance *f*.

Return *m* **on Investment** (*ROI*) (*pr. ang.*) retour *m* sur investissement ; → *Kapitalrentabilität* ; *Rendite*.

Reugeld *n*, **er** dédit *m* ; arrhes *fpl* perdues (somme à payer en cas de non-accomplissement d'un contrat ou de rétractation d'un engagement pris).

Reukauf *m*, ¨e vente *f* avec possibilité de dédit.

revalieren : *eine Schuld* ~ honorer une dette ; s'acquitter d'une dette.

Revalierung *f*, **en** remboursement *m* d'une dette ; paiement *m* d'une dette.

Revalorisierung *f*, **en** revalorisation *f* ; réévaluation *f*.

Revalvation *f*, **en** réévaluation *f*.

revalvieren réévaluer.

Revers *m*, **e** (*pr. fr.*) 1. (*monnaie*) envers *m*, revers *m* d'une pièce 2. déclaration *f* de garantie ; lettre *f* de garantie.

Reverse-Zertifikat *n*, **e** (*bourse*) certificat *m* de reverse (proposé pour parier sur la baisse d'une bourse ; un repli de l'indice correspond à une hausse du capital pour le souscripteur).

Reverssystem *n*, **e** système *m* de prix imposés auquel s'engagent les intermédiaires et les détaillants.

revidieren 1. vérifier ; examiner ; expertiser ; contrôler ; *die Rechnungen, Geschäftsbücher einer Firma* ~ vérifier les comptes, les livres d'une entreprise 2. réviser ; revoir ; modifier ; *eine Prognose nach oben, nach unten* ~ revoir un pronostic à la hausse, à la baisse ; *einen Vertrag* ~ modifier les termes d'un contrat.

Revidierung *f*, **en** 1. vérification *f* ; examen *m* 2. révision *f* ; contrôle *m*.

Revier *n*, **e** 1. bassin *m* minier 2. la Ruhr (*syn. Ruhrgebiet*) 3. canton *m* forestier (de coupe de bois).

Revision *f*, **en** 1. (*comptab.*) vérification *f* ; examen *m* ; audit *m* ; contrôle *m* ; expertise *f* ; *externe* ~ (*Audit*) audit externe ; *interne* (*betriebsinterne*) ~ audit interne ; ~ *der Geschäftsbücher* vérification des livres de comptes ; ~ *und Treuhand* audit ; *eine* ~ *vor/nehmen* procéder à une vérification ; → *Audit* ; *Wirtschaftsprüfer* 2. (*jur.*) cassation *f* ; pourvoi *m* en cassation ; révision *f* ; *beim Gerichtshof gegen ein Urteil* ~ *ein/legen* se pourvoir en cassation auprès d'un tribunal contre un jugement.

Revisionsfrist *f*, **en** (*jur.*) délai *m* de pourvoi en cassation.

Revisionsgericht *n*, **e** (*jur.*) cour *f* de cassation.

Revisionsinstanz *f*, **en** (*jur.*) instance *f* de cassation ; instance en révision.

Revisionsrichter *m*, - (*jur.*) juge *m* des révisions.

Revisionsverband *m*, ¨e (*comptab.*) chambre *f* d'experts ; chambre de vérification ; association *f* de commissaires aux comptes.

Revision und Treuhand(wesen) (*RT*) (*comptab.*) audit *m*.

Revisor *m*, **en** expert-comptable *m* ; commissaire *m* aux comptes ; vérificateur *m* ; audit *m*.

Revolution *f*, **en** révolution *f* ; *demografische* ~ révolution démographique ; *industrielle* ~ révolution industrielle ; *technologische* ~ révolution technologique.

Revolvinggeschäft *n*, **e** opération *f* financée par un crédit revolving.

Revolvingkredit *m*, **e** crédit *m* revolving ; crédit à renouvellement automatique ; crédit renouvelable.

revozieren révoquer.

REX *m* (*Deutscher Rentenindex*) indice *m* allemand des obligations d'État (établi sur 30 emprunts-types).

Rezept *n*, **e** ordonnance *f* médicale ; prescription *f* ; *ein* ~ *aus/stellen* rédiger une ordonnance ; *nur auf* ~ *erhältlich* uniquement sur ordonnance.

rezeptfrei (délivré) sans ordonnance ; ~*es Produkt* produit grand public ; produit sans ordonnance.

rezeptieren rédiger une ordonnance ; prescrire un médicament.

rezeptpflichtig (délivré) sur ordonnance ; ~*es Arzneimittel* médicament *m* uniquement sur ordonnance.

Rezession *f,* en récession *f* ; recul *m* ; *hausgemachte, weltweite* ~ récession interne, mondiale ; *eine* ~ *befürchten* redouter une récession ; *eine* ~ *überwinden* sortir d'une récession (*syn. Flaute*).

Rezessionsgefahr *f,* en risque *m,* menace *f* de récession.

RFID (*radio frequency identification*) : *RFID-Chip m* puce *f* de protection (radio).

R-Gespräch *n,* e (*téléph.*) communication *f* en P.C.V.

RGW *m* (*hist. Rat für gegenseitige Wirtschaftshilfe*) conseil *m* d'assistance économique mutuelle (C.A.E.M.) ; Comecon *m.*

Rial *m,* s rial *m* (monnaie iranienne).

Ricambiowechsel *m,* - → *Rückwechsel.*

Richt- (*préfixe*) conseillé ; recommandé ; indicatif ; de référence ; de base ; normal.

Richtbetrieb *m,* e exploitation *f* type ; établissement *m* pilote.

Richtcharakter *m,* - caractère *m* indicatif.

richten 1. arranger ; préparer 2. s'orienter sur ; se conformer à ; *sich nach den Anweisungen* ~ se conformer aux instructions 3. être fonction de ; dépendre de ; *der Preis richtet sich nach der Qualität* le prix est fonction de la qualité 4. adresser ; *eine Mahnung an jdn* ~ adresser un avertissement à qqn 5. juger ; porter un jugement ; *nach dem Recht* ~ juger selon le droit ; *über jdn* ~ juger qqn.

Richter *m,* - juge *m* ; magistrat *m* ; *bestellter* ~ juge mandaté ; ~ *am Handelsgericht* juge auprès du tribunal du commerce.

Richterbeschluss *m,* ¨e décision *f* judiciaire.

Richterschaft *f,* en les juges *mpl* ; les magistrats *mpl.*

Richtgeschwindigkeit *f,* en vitesse *f* conseillée.

Richtgröße *f,* n valeur *f* indicative.

richtig juste ; exact ; *die Rechnung ist* ~ le compte est bon.

Richtigkeit *f,* en véracité *f* ; exactitude *f* ; *für die* ~ *der Abschrift* pour copie conforme ; pour ampliation.

richtig/stellen rectifier ; ajuster (des comptes).

Richtkosten *pl* (*comptab.*) coût *m* standard, prévisionnel.

Richtlinie *f,* n directive *f* ; orientation-cadre *f* ; ligne *f* de conduite ; ~ *über den Jahresabschluss* directive sur les comptes annuels ; ~ *zur Koordinierung* directive visant à la coordination ; *die* ~*n beachten* se conformer aux directives ; *die* ~*n der Wirtschaftspolitik fest/legen* fixer les grandes lignes de la politique économique.

Richtlohn *m,* ¨e salaire *m* indicatif, pilote ; salaire de base.

Richtpreis *m,* e prix *m* recommandé ; prix indicatif ; *empfohlener* ~ prix conseillé.

Richtpreisindex *m,* -dizes indice *m* de référence.

Richtqualität *f,* en qualité *f* de référence.

Richtsatz *m,* ¨e taux *m* normal ; taux de base ; taux de référence.

Richtsatzplan *m,* ¨e (*comptab.*) plan *m* de financement des actifs d'exploitation.

Richtsatzplanbestand *m,* ¨e (*comptab.*) stock-outil *m* ; stock des actifs circulants.

Richtung *f,* en direction *f* ; *einen Schritt in die richtige* ~ *machen* faire un pas dans la bonne direction.

Richtungsgewerkschaft *f,* en syndicat *m* proche d'un parti politique.

Richtungskampf *m,* ¨e lutte *f* de tendances ; conflit *m* dû à une divergence d'orientations politiques.

Richtungswahl *f,* en élections *fpl* pouvant déboucher sur une alternance politique.

Richtungswechsel *m,* - changement *m* d'orientation, de cap ; renversement *m* de tendance ; revirement *m.*

richtungsweisend qui détermine les grandes orientations futures ; qui indique la direction à suivre.

Richtwert *m,* e (*statist.*) valeur *f* de référence, indicative.

Richtzahl *f,* en (*statist.*) chiffre-indice *m.*

Richtzinssatz *m,* ¨e (*banque*) taux *m* de base bancaire ; taux d'intérêt de référence.

Riese *m,* n, n géant *m* ; colosse *m.*

Rieselfeld *n,* er (*agric.*) champ *m* d'épandage.

Riesenerfolg *m,* e succès *m* (de vente) éclatant ; (*fam.*) (*spectacle*) clou *m* ; best-seller *m.*

Riesengewinn *m*, e gain *m* énorme ; super bénéfice *m*.
Riesentanker *m*, - supertanker *m* ; pétrolier *m* géant.
Riester-Rente *f*, n → *Altersvorsorge* ; *Zusatzrente*.
Rikambio *m*, ien → *Rückwechsel*.
Rimesse *f*, n remise *f* d'une traite (acceptée comme moyen de paiement).
Rind *n*, er bœuf *m* ; ~*er züchten* élever des bovins.
Rinderbestand *m*, ¨e cheptel *m* bovin.
Rinderindustrie *f*, n industrie *f* de la viande bovine.
Rinderpass *m*, ¨e (*U.E.*) certificat *m* de traçabilité des bovins.
Rinderprämie *f*, n prime *f* aux éleveurs de bovins.
Rinderwahn *m*, ø maladie *f* de la vache folle ; E.S.B. *f* (encéphalite spongiforme bovine) ; → *BSE*.
Rinderzucht *f*, ø élevage *m* de bovins.
Rinderzüchter *m*, - éleveur *m* de bétail.
Rindfleisch *n*, ø viande *f* de bœuf.
Rindfleischmarkt *m*, ¨e marché *m* de la viande bovine.
Ring *m*, e groupement *m* ; réseau *m* (de trafiquants, etc.).
Ringnetzwerk *n*, e (*informatique*) réseau *m* en anneau, en boucle.
Ringsendung *f*, en (*médias*) émission *f* multi-émetteurs ; émission *f* à laquelle participent plusieurs stations.
Ringstraße *f*, n périphérique *m* ; rocade *f* de contournement.
Ringstruktur *f*, en → *Ringnetzwerk*.
Rio-Deklaration *f* déclaration *f* de Rio (sur l'environnement, signée par 170 pays en 1992).
Risiko *n*, -ken/s risque *m* I. *ausgeschlossenes* ~ risque non couvert ; *finanzielles* ~ risque financier ; *gedecktes* ~ risque couvert ; *gemeinschaftliches* ~ risque collectif ; *kalkulierbares* ~ risque calculé ; *laufendes* ~ risque en cours ; *unternehmerisches* ~ risque entrepreneurial ; *verbundenes* ~ risque associé ; *versicherbares* ~ risque assurable ; *versichertes* ~ risque assuré II. *die ~en bedenken* évaluer les risques ; *ein ~ ein/gehen* courir un risque ; *ein ~ in Kauf nehmen* accepter un risque ; *ein ~ übernehmen* assumer un risque ; → *Geschäfts-, Kurs-, Markt-, Unternehmer-, Währungsrisiko*.

Risikoabschätzung *f*, en évaluation *f* du risque.
Risikoaufschlag *m*, ¨e → *Risikoprämie*.
risikobereit disposé à prendre des risques ; ~*er Anleger* capital-risqueur *m* ; investisseur *m* à risque.
Risikobereitschaft *f*, en esprit *m* à prendre des risques.
Risikobewertung *f*, en évaluation *f* des risques.
Risikodeckung *f*, en couverture *f* des risques ; garantie *f* des risques.
Risikofaktor *m*, en facteur *m* de risques.
Risikofonds *m*, s fonds *m* de placement à risque ; → *Hedgefonds*.
Risikofreudigkeit *f*, ø → *Risikobereitschaft*.
Risikogeschäft *n*, e affaire *f* à risque ; opération *f* comportant des risques.
Risikogruppe *f*, n groupe *m* à risque.
Risikokapital *n*, ø capital-risque *m* ; capital *m* à risque ; capitaux *mpl* à risque (fournis par des sociétés spécialisées à des entreprises en création ou en développement) ; → *Wagniskapital* ; *Venturecapital*.
Risikokapitalfonds *m*, - fonds *m* de placement investi en capital-risque ; capital-risqueur *m*.
Risikokapitalgesellschaft *f*, en société *f* de capital-risque.
risikolos sans risque ; ~*e Anlage* placement *m* de père de famille.
Risikomanagement *n*, s gestion *f* des risques (politique d'entreprise consistant à reconnaître et à évaluer les risques afin de minimiser les pertes éventuelles).
Risikominderung *f*, en diminution *f* du risque.
Risikopolitik *f*, en politique *f* du risque.
Risikopotenzial *n*, e potentiel *m* de risques.
Risikoprämie *f*, n prime *f* de risques.
risikoreich risqué ; à risque ; hasardeux ; qui comporte des risques.
risikoscheu qui craint les risques ; frileux ; timoré.
Risikostreuung *f*, en répartition *f* des risques ; diversification *f* des risques.
Risikostrukturausgleich *m*, e (*Allemagne*) compensation *f* pour risque structurel ; péréquation *f* des risques structurels

des caisses de maladie (les caisses les plus favorisées aident les moins riches).
Risikostudie *f,* **n** étude *f* de risques.
Risikoversicherung *f,* **en** assurance *f* de risques.
Risikoverteilung *f,* **en** → *Risikostreuung.*
Risikovorsorge *f,* **n** provisionnement *m* des risques.
riskant → *risikoreich.*
riskieren risquer ; courir un risque ; *er hat sein ganzes Vermögen riskiert* il a risqué toute sa fortune.
Riskontro *n,* **s** → *Skontro.*
ristornieren contre-passer ; annuler une écriture erronée.
Ristorno *m/n* annulation *f* d'une écriture erronée ; contre-passation *f.*
RKW *n (Rationalisierungskuratorium der deutschen Wirtschaft)* Commissariat *m* à l'innovation et à la rationalisation de l'économie.
RME *m (Rapsmethylester)* bio-carburant *m* ; diester *m (syn. Biodiesel).*
Roadshow *f,* **s** *(pr. ang.)* manifestation *f* publicitaire ; *(bourse)* road-show *m* ; tournée-démarchage *f* des analystes-conseillers financiers auprès des institutionnels étrangers afin de placer des actions lors d'une émission.
Robinsonliste *f,* **n** liste *f* de personnes qui ne veulent plus recevoir d'envois publicitaires.
roboten *(fam.)* travailler dur ; trimer.
Roboter *m,* **-** robot *m* ; *intelligenter ~ robot intelligent.*
Roboterbestand *m,* ¨**e** parc *m* de robots.
Roboterdichte *f,* ø densité *f* de robotisation.
Robotereinsatz *m,* ¨**e** robotisation *f.*
Robotergreifarm *m,* **e** bras *m* mécanique, robotisé.
Robotertechnik *f,* **en** robotique *f* ; robotisation *f* ; *die ~ ein/setzen* recourir à la robotique ; robotiser.
Robotik *f,* ø → *Robotertechnik.*
robotisieren robotiser.
Rodeland *n,* ø friche *f* ; essart *m.*
roden défricher ; essarter.
Rodung *f,* **en** défrichage *m.*
ROE *n (bourse : return on equity)* rentabilité *f* des fonds propres.
Roggen *m,* **-arten** *(agric.)* seigle *m.*
roh brut ; *~e Jahresziffer* taux *m* brut annuel ; *nach ~er Schätzung* approximativement.

Roh- *(préfixe)* brut ; non ouvré ; non transformé.
Rohbau *m,* **-bauten** gros-œuvre *m.*
Rohbilanz *f,* **en** *(comptab.)* bilan *m* brut, estimatif ; bilan de contrôle.
Roheinkommen *n,* **-** revenu *m* brut.
Rohertrag *m,* ¨**e** *(comptab.)* valeur *f* ajoutée ; solde *m* intermédiaire de gestion.
Roherzeugnis *n,* **se** → *Rohprodukt.*
Rohfassung *f,* **en** version *f* brute ; avant-projet *m.*
Rohgewicht *n,* **e** poids *m* brut.
Rohgewinn *m,* **e** *(comptab.)* marge *f* brute ; bénéfice *m* brut.
Rohmaterial *n,* **ien** matière *f* brute ; matière première.
Rohöl *n,* **e** pétrole *m* brut ; crude *m.*
Rohölpreis *m,* **e** prix *m* du (pétrole) brut ; prix du crude ; *den ~ je Barrel um 2 Dollar erhöhen* augmenter le prix du baril de brut de 2 dollars.
Rohprodukt *n,* **e** produit *m* brut ; *~e* produits non-manufacturés.
Rohr *n,* **e** tuyau *m* ; canalisation *f* ; conduite *f* (oléo-, gazoducs, etc.).
Röhre *f,* **n** → *Rohr.*
Röhrenbau *m,* ø construction *f* de canalisations.
Röhrenbauer *m,* **-** constructeur *m* de canalisations.
Rohrleitung *f,* **en** pipe-line *m* ; tuyauterie *f.*
Rohstahl *m,* (**e**) acier *m* brut ; acier non-transformé.
Rohstoff *m,* **e** matière *f* première ; produit *m* de base ; *kostengünstige ~e* matières premières à faible coût ; *strategischer ~* matière première stratégique *(syn. Grundstoff).*
rohstoffarm pauvre en matières premières.
Rohstoffbedarf *m,* ø besoins *mpl* en matières premières.
Rohstoffeinsparung *f,* **en** économie *f* de matières premières.
Rohstoffgewinnung *f,* **en** production *f* de matières premières.
rohstoffintensiv fortement tributaire des matières premières ; *~er Industriezweig* branche *f* industrielle à forte dépendance des matières premières.
Rohstoffknappheit *f,* **en** → *Rohstoffmangel.*
Rohstoffkonto *n,* **en** *(comptab.)* compte *m* de matières premières.

Rohstoffkosten *pl* coûts *mpl* de matières premières.

Rohstoffland *n*, ¨er pays *m* producteur de matières premières.

Rohstoffmangel *m*, ø pénurie *f* de matières premières.

Rohstoffmarkt *m*, ¨e marché *m* des matières premières.

Rohstoffpreis *m*, e prix *m* des matières premières.

Rohstoffpreisverfall *m*, ø effondrement *m* des prix des matières premières.

Rohstoffquellen *fpl* ressources *fpl* en matières premières.

rohstoffreich riche en matières premières.

Rohstoffverarbeitung *f*, en transformation *f* de(s) matières premières.

Rohstoffverbrauch *m*, ø consommation *f* de matières premières.

Rohstoffverknappung *f*, en raréfaction *f* des matières premières.

Rohstoffversorgung *f*, en approvisionnement *m* en matières premières.

Rohstoffwirtschaft *f*, en économie *f* des matières premières.

Rohwolle *f*, ø laine *f* brute.

Rohzustand *m*, ø état *m* brut ; *im ~* à l'état brut.

ROI → *Return on Investment*.

Rolle *f*, n 1. rôle *m* ; registre *m* ; (*militaire*) matricule *m* ; (*marine*) rôle d'équipage 2. (*rôle que l'on joue*) *die soziale ~ des Staats* le rôle social de l'État 3. rouleau *m* (de pièces) ; *Geldstücke in ~n verpacken* constituer des rouleaux de pièces.

rollende Landstraße *f*, n → *Huckepack-Verkehr*.

Rollfuhrdienst *m*, e factage *m* ; service *m* de camionnage.

Rollfuhrunternehmen *n*, - entreprise *f* de camionnage.

Rollgeld *n*, er frais *mpl* de camionnage, de transport ; coût *m* de voiturage.

Rollgut *n*, ¨er marchandise *f* à transporter par camions.

rollieren : *~des System* système *m* par roulement, par rotation ; *~des Feriensystem* système tournant de périodes de vacances.

Roll-on-Roll-off-Schiff *n*, e ferry-boat *m* avec portes de chargement avant et arrière ; navire *m* roulier ; navire roll-on roll-off.

Roll-over-Kredit *m*, e crédit *m* à taux variable ; crédit roll-over.

ROM *n*, (s) (*informatique : read only memory*) ROM *f* : mémoire *f* inaltérable, morte (seulement pour la lecture).

Rom-Abkommen *n*, - → *Römische Verträge*.

Römische Verträge *mpl* traité *m* de Rome (25/3/1957) ; naissance *f* de l'Union européenne.

Ro-Ro-Schiff *n*, e → *Roll-on-Roll-off-Schiff*.

Rosskur *f*, en cure *f*, remède *m* de cheval ; *der Wirtschaft eine ~ verordnen* prescrire une cure de cheval à l'économie.

rot rouge ; *~e Karte für die Regierung* carton *m* rouge pour le gouvernement ; *in die ~en Zahlen geraten* devenir déficitaire ; plonger dans le rouge ; *aus den ~en Zahlen kommen* ne plus être déficitaire ; sortir d'une situation financière difficile ; sortir du rouge ; *~e Zahlen schreiben* être dans le rouge ; *keinen ~en Heller mehr haben* ne plus avoir un sou vaillant ; *die Marktampeln stehen auf ~* les clignotants du marché sont au rouge.

Rotation *f*, en rotation *f* ; roulement *m*.

Rotationssystem *n*, e système *m* tournant, de roulement ; système de rotation.

Rot-Grün (*polit.*) coalition *f* sociaux-démocrates et écologistes.

rotieren effectuer un roulement ; faire qqch à tour de rôle.

Rotstift *m*, e crayon *m* rouge ; *den ~ an/setzen* réduire les dépenses ; faire des économies ; *dem ~ zum Opfer fallen* faire les frais de mesures d'austérité ; être l'objet de coupes claires (sombres) dans un budget.

Round-Table-Konferenz *f*, en table *f* ronde.

Route *f*, n itinéraire *m* ; route *f* ; cap *m* ; cours *m*.

Routine *f*, ø routine *f* ; train-train *m* ; *etwas aus ~ machen* faire qqch par routine ; *es wird zur ~* cela devient routinier.

Routinearbeit *f*, en travail *m* de routine, travail routinier ; train-train *m*.

Routinekontrolle *f*, n contrôle *m* de routine,

Rp → *Rupiah*.

RT → *Registertonne*.

Rubel *m*, - rouble *m* ; (*fig.*) *der ~ rollt* les affaires marchent.
rück- en arrière ; retour ; retard ; rétro ; → *zurück*.
Rückabtretung *f,* en rétrocession *f.*
rückabwickeln réembobiner ; revenir en arrière (sur qqch) ; *die Transaktion lässt sich nicht ~* la transaction est irréversible.
Rückantwort *f,* en réponse *f* ; *bezahlte ~* réponse payée.
Rückantwortschein *m,* e coupon-réponse *m* (postal) international.
Rückbeförderung *f,* en transport-retour *m.*
rückbestätigen confirmer par retour du courrier.
rückbuchen ristourner.
Rückbuchung *f,* en ristourne *f* ; contre-passation *f.*
Rückbürge *m,* n, n certificateur *m* de caution ; arrière-garant *m.*
Rückbürgschaft *f,* en sous-caution *f* ; arrière-caution *f.*
rückdatieren antidater.
Rückdatierung *f,* en antidate *f.*
Rückdeckung *f,* en (*finance*) couverture *f* ; réassurance *f.*
Rückdiskont *m,* e réescompte *m.*
Rückendeckung *f,* en (*fig.*) protection *f* des arrières ; *~ erhalten* être couvert ; se voir protéger ses arrières ; (*fam.*) ouvrir un parapluie.
Rückenwind *f,* (*fig.*) *~ haben* avoir le vent en poupe.
Rückerbittung *f* : *unter ~* prière de bien vouloir retourner (le document joint, la pièce en annexe, etc.).
rückerstatten rembourser ; restituer.
Rückerstattung *f,* en remboursement *m* ; restitution *f.*
Rückerstattungsantrag *m,* ¨e demande *f* de remboursement.
Rückerstattungsfrist *f,* en délai *m* de restitution.
Rückerwerb *m,* (e) → *Rückkauf.*
Rückfahrkarte *f,* n billet *m* (de transport) aller-retour.
Rückfall *m,* ¨e récidive *f ;* rechute *f.*
rückfällig récidiviste ; *~ werden* récidiver.
Rückfallkriminalität *f,* en (criminalité *f* par) récidive *f.*
Rückfallquote *f,* n taux *m* de récidive.
Rückfalltäter *m,* - récidiviste *m* .
Rückflug *m,* ¨e vol-retour *m.*

Rückflugticket *n,* s billet *m* de vol retour.
Rückfluss *m,* ¨ reflux *m* ; retour *m* (de capitaux).
rückfordern demander la restitution.
Rückforderung *f,* en demande *f* en restitution ; demande de remboursement ; *~ einer Überzahlung* remboursement d'un trop-perçu.
Rückfracht *f,* en chargement *m* de retour ; fret *m* de retour.
Rückfrachtkosten *pl* frais *mpl* de retour.
Rückfrage *f,* n demande *f* de renseignements, de précisions.
rückfragen demander des précisions ; se renseigner auprès de.
Rückführung *f,* en 1. rapatriement *m* (d'étrangers dans leur pays d'origine) **2.** *~ von Industriemüll* recyclage *m* de déchets industriels.
Rückgabe *f,* n restitution *f* ; retour *m.*
Rückgabeanspruch *m,* ¨e demande *f* de restitution de biens.
Rückgabefrist *f,* en délai *m* de retour.
Rückgaberecht *n,* e droit *m* de restitution d'une marchandise ; droit de retourner un article ; droit de retour de marchandises.
Rückgang *m,* ¨e recul *m* ; baisse *f* ; fléchissement *m* ; ralentissement *m* ; récession *f* **I.** *demografischer ~* recul démographique ; *konjunktureller (konjunkturbedingter) ~* récession conjoncturelle ; *saisonaler (saisonbedingter) ~* baisse saisonnière ; *struktureller ~* régression *f* structurelle **II.** *einen ~ von 3 % verzeichnen* enregistrer une baisse de 3 % **III.** *~ der Kaufkraft* baisse, perte du pouvoir d'achat ; *~ des Reallohns* baisse du salaire réel.
rückgängig machen annuler ; résilier (*syn. annullieren*).
Rückgängigmachung *f,* en annulation *f* ; résiliation *f* ; *die ~ eines Vertrags* la résiliation d'un contrat.
Rückgespräch *n,* e → *R-Gespräch.*
Rückgewinnung *f,* en recyclage *m* ; récupération *f* ; *~ von Energie* récupération d'énergie/de l'énergie.
Rückgriff *m,* e → *Regress.*
Rückgut *n,* ¨er → *Rückware.*
Rückholaktion *f,* en → *Rückrufaktion.*
rückholbar récupérable.
Rückholung *f,* en (*assur.*) rapatriement *m* ; *~ eines fahruntüchtigen Autos*

rapatriement d'un véhicule accidenté ; (*déchets*) récupération *f*.

Rückkauf *m*, ¨e rachat *m* ; réméré *m*.

rückkaufen racheter.

Rückkaufgarantie *f*, **n** garantie *f* de rachat.

Rückkaufsklausel *f*, **n** droit *m* de rachat ; droit de réméré.

Ruckkaufswert *m*, e valeur *f* de rachat ; valeur de reprise.

Rückkehr *f*, ø retour *m* ; rapatriement *m*.

Rückkehrhilfe *f*, **n** indemnité *f* de rapatriement (pour les travailleurs étrangers) ; aide *f* au retour.

Rücklage *f*, **n** (*comptab.*) réserve *f* (bénéfices réalisés par une entreprise, mais non redistribués, les réserves forment avec le capital social les capitaux propres) **I.** *ausgewiesene* ~n réserves déclarées ; réserves inscrites au bilan ; *erwirtschaftete* ~n réserves incorporées ; *freie* ~n réserves facultatives ; *gesetzliche* ~n réserves légales ; *offene* ~n réserves déclarées ; *satzungsmäßige* ~n réserves statutaires ; *stille* ~n réserves occultes, latentes ; *versteckte* ~n réserves provenant d'une majoration des provisions pour pertes et charges **II.** ~n *bilden* constituer des réserves ; *die* ~ *stehen auf der Passivseite der Bilanz* les réserves sont inscrites au passif du bilan **III.** ~ *für die Bestandserneuerung* réserves pour le renouvellement des stocks ; ~ *für die Erneuerung des Anlagevermögens* réserves pour le renouvellement des immobilisations ; → ***Deckungs-, Dividenden-, Gewinn-, Sicherheits-, Wertminderungsrücklage.***

Rücklagenbildung *f*, **en** (*comptab.*) constitution *f* de réserves.

Rücklagenfonds *m*, - (*comptab.*) fonds *m* de réserve.

Rücklagenkapitalisierung *f*, **en** (*comptab.*) capitalisation *f* de réserves.

Rücklagenkonto *n*, -**ten** (*comptab.*) compte *m* des réserves.

Rücklauf *m*, ¨e retour *m* ; renvoi *m* ; ~ *unzustellbarer Steuerkarten* retour (par la poste) de cartes fiscales dont le destinataire est inconnu à l'adresse indiquée.

rückläufig rétrograde ; régressif ; en régression ; ~*e Entwicklung* évolution *f* régressive ; ~*er Gewinn* bénéfices *mpl* en régression ; ~*e Tendenz* tendance *f* à la régression ; ~ *sein* régresser ; être en recul.

Rückleuchte *f*, **n** feu *m* arrière.

Rücklieferung *f*, **en** livraison *f* retournée ; retour *m* d'une livraison.

Rücknahme *f*, **n** reprise *f* ; retrait *m* ; *100 %* ~-*Garantie* garantie *f* de remboursement intégral ; *der Verkäufer ist zur* ~ *dieser Ware verpflichtet* le vendeur est tenu de reprendre cet article.

Rücknahmebehälter *m*, - bac *m* de récupération (verre, vieux papiers, emballage perdu).

Rücknahmepreis *m*, **e** prix *m* de rachat ; valeur *f* de remboursement.

Rücknahmerecht *n*, **e** droit *m* de retrait.

Rücknahmestelle *f*, **n** point *m* de collecte (de déchets).

Rücknahmesystem *n*, **e** système *m* de reprise (de déchets).

Rückporto *n*, **s** port *m* de retour ; port pour la réponse.

Rückprämie *f*, **n** prime *f* à la baisse.

Rückprämiengeschäft *n*, **e** opération *f* de vente à prime.

Rückreise *f*, **n** voyage-retour *m*.

Rückreiseverkehr *m*, ø grands retours *mpl* (de vacances) ; reflux *m* des vacanciers.

Rückruf *m*, **e** 1. (*téléph.*) rappel *m* 2. rappel *m* à l'usine ; retrait *m* d'une marchandise défectueuse (par le fabricant).

Rückrufaktion *f*, **en** rappel *m* à l'usine d'un produit (pour malfaçon) ; rappel de matériel défectueux (par le fabricant).

Rucksacktourist *m*, **en**, **en** (*touris.*) touriste *m* sans bagages ; touriste « à sac à dos » et, de ce fait, peu dépensier.

Rückscheck *m*, **s** chèque *m* retourné ; chèque découvert (pour défaut de paiement ou opposition).

Rückschein *m*, **e** accusé *m* de réception ; *etw als Einschreiben mit* ~ *schicken* envoyer qqch en recommandé avec accusé de réception.

Rückschlag *m*, ¨e échec *m* ; répercussion *f* négative ; *einen geschäftlichen* ~ *erleiden* essuyer un revers commercial.

Rückschluss *m*, ¨e conclusion *f* ; ~*e erlauben* permettre des conclusions.

Rückschritt *m*, **e** pas *m* en arrière ; régression *f* ; (*polit.*) réaction *f*.

rückschrittlich (*polit.*) réactionnaire ; rétrograde.

Rückschrittlichkeit *f*, ø (*polit.*) caractère *m* réactionnaire ; aspect *m* rétrograde.

Rückseite *f*, **n** verso *m* (d'une feuille) ; dos *m* (lettre de change, timbre).

Rücksendequote *f*, **n** nombre *m* de retours ; chiffre *m* de marchandises retournées (au fabriquant).

Rücksendung *f*, **en** renvoi *m* ; envoi *m* en retour.

Rücksicht *f*, **en** considération *f* ; égard *m* ; *ohne ~ auf Verluste* sans tenir compte des pertes.

Rücksprache *f*, **n** entretien *m* ; pourparlers *mpl* ; *nach (laut) ~ mit* après consultation de ; *mit jdm ~ nehmen* conférer avec qqn.

Rückstand *m*, ¨e **1.** (*finance*) arriéré *m* ; arrérages *mpl* ; *~ ¨e ein/treiben* recouvrer des arriérés **2.** retard *m* ; *struktureller ~* retard structurel ; *im ~ sein* être en retard **3.** résidu *m* ; déchet *m*.

rückständig en retard ; arriéré ; dû ; impayé ; *~er Betrag* arriéré *m* ; *~e Lieferung* livraison *f* en retard ; *~e Steuern* impôts *mpl* non payés.

Rückständigkeit *f*, **ø** retard *m* (accumulé).

Rückstellungen *fpl* (*comptab.*) **I.** provisions *fpl* (anticipations comptables de charges ou de pertes pour couvrir des risques futurs) ; *betriebsfremde ~* provisions hors exploitation ; provisions exceptionnelles ; *frei verfügbare ~* provisions non affectées ; *zweckgebundene ~* provisions affectées **II.** *~ vor/nehmen* constituer des provisions ; *den ~ zu/führen* affecter aux provisions **III.** *~ für Abschreibungen* provisions pour amortissement ; provisions pour dépréciation des immobilisations ; *~ für uneinbringliche Forderungen* provisions pour créances douteuses ; *~ für Garantieleistungen* provisions pour garanties accordées aux clients ; *~ für Kulanzleistungen* provisions pour litiges réglés à l'amiable ; *~ für Liegenschaftsrisiken* provisions pour risques immobiliers ; → **Pensions-, Steuer-, Verlustrückstellungen**.

Rückstellungsbildung *f*, **en** (*comptab.*) constitution *f* de provisions.

Rückstellungsfonds *m*, - (*comptab.*) fonds *m* pour provisions ; *einem ~ Geldmittel zu/führen* affecter des fonds à un compte de provisions.

Rückstellungskonto *n*, **en** (*comptab.*) compte *m* de provisions.

Rückstellungsmethode *f*, **n** (*comptab.*) méthode *f* de provisionnement.

Rückstufung *f*, **en** déclassement *m* ; rétrogradation *f* ; *gehaltsmäßige ~* rétrogradation salariale, d'échelon.

Rücktransport *m*, e → ***Rückholung***.

Rücktritt *m*, e **1.** (*fonction, emploi*) retrait *m* ; démission *f* ; *seinen ~ erklären* donner sa démission **2.** (*contrat*) résiliation *f* ; désistement *m*.

Rücktrittserklärung *f*, **en 1.** (*fonction, emploi*) déclaration *f* officielle de démission **2.** (*contrat*) déclaration de retrait d'un contrat ; déclaration de résiliation.

Rücktrittsforderung *f*, **en** demande *f* de démission (par des tiers) ; démission *f* exigée.

Rücktrittsfrist *f*, **en** délai *m* de rétractation.

Rücktrittsgesuch *n*, **e** offre *f* de démission ; *sein ~ ein/reichen* donner sa démission.

Rücktrittsrecht *n*, **ø** droit *m* de résiliation ; droit de retrait d'un contrat ; droit de se retirer du marché.

rückübertragen, u, a (*jur.*) rétrocéder.

Rückübertragung *f*, **en** (*jur.*) rétrocession *f* ; retransfert *m*.

Rückumschlag *m*, ¨e enveloppe-réponse *f* ; enveloppe-T ; enveloppe de réexpédition.

Rückverflechtung *f*, **en** reconcentration *f*.

Rückverfolgbarkeit *f*, **en** traçabilité *f* (reconstituer le parcours d'un produit depuis sa production jusqu'à sa diffusion) ; *~ von Rindfleisch* traçabilité de la viande bovine ; *eine ~ in allen Produktions- und Vertriebsstufen vor/schreiben* ordonner la traçabilité à tous les stades de fabrication et de distribution (*syn. Kennzeichnungspflicht*).

Rückverfolgungsbescheinigung *f*, **en** certificat *m* de traçabilité.

rückvergüten rembourser ; ristourner.

Rückvergütung *f*, **en** remboursement *m* ; ristourne *f*.

Rückverlagerung *f*, **en** rapatriement *m* d'entreprises délocalisées.

Rückversicherer *m*, - réassureur *m*.

rückversichern réassurer.

Rückversicherte/r (*der/ein*) réassuré *m*.

Rückversicherung *f*, **en** réassurance *f* ; *in ~ geben* faire réassurer ; céder en

réassurance ; *in* ~ *nehmen* réassurer ; accepter en réassurance (*syn. Reassekuranz*).
Rückversicherungsvertrag **m,** ¨e contrat *m* de réassurance.
rückwälzen répercuter en amont ; faire supporter (à/par).
Rückwälzung *f,* **en** répercussion *f* de l'impôt en amont.
Rückwanderer **m,** - rapatrié *m*.
Rückwanderung *f,* **en** retour *m* ; ~ *von Kapital* retour de capitaux.
Rückwaren *fpl* marchandises *fpl* retournées ; retours *mpl*.
Rückwärtsversicherung *f,* **en** assurance *f* rétroactive.
Rückwechsel **m,** - retraite *f* ; rechange *m* (lettre de change tirée par le porteur d'une traite impayée sur le tireur de celle-ci ou sur l'un de ses endosseurs).
rückwirkend (*validité*) rétroactif ; ~*e Kraft besitzen* avoir (un) effet rétroactif ; *die Lohnerhöhung gilt ~ vom 1. Januar* augmentation *f* salariale avec effet rétroactif à compter du 1er janvier.
Rückwirkung *f,* **en** (*validité*) rétroactivité *f* ; effet *m* rétroactif.
rückzahlbar remboursable ; ~ *in 9 Monatsraten* remboursable en neuf mensualités.
rückzahlen rembourser.
Rückzahlung *f,* **en** remboursement *m* ; (*dette*) amortissement *m* ; *volle ~* remboursement intégral ; *vorzeitige ~* remboursement anticipé ; *~ eines Kredits* remboursement d'un crédit ; *~ auf Sicht* remboursement à vue ; *~ zum Nennwert* remboursement du nominal, au pair.
Rückzahlungsagio **n,** **s** (*banque*) prime *f* de remboursement (des obligations).
Rückzahlungsanspruch **m,** ¨e droit *m* au remboursement.
Rückzahlungskurs **m,** **e** (*banque*) prix *m* de remboursement (d'une obligation).
Rückzahlungsrate *f,* **n** quote-part *f* d'amortissement ; quote-part du montant remboursable.
Rückzahlungstermin **m,** **e** date *f* de remboursement ; délai *m* de remboursement.
Rückzoll **m,** ¨e draw-back *m* ; remboursement *m*, ristourne *f* des droits de douane ; prime *f* à l'exportation.
Rückzugsgefecht *n,* **e** combat *m* d'arrière-garde.

Ruf **m, e** 1. réputation *f* ; renommée *f* ; image *f* ; *geschäftlicher ~* réputation commerciale ; *einen guten ~ haben* jouir d'une bonne réputation ; avoir une bonne image (de marque) 2. (*téléph.*) appel *m*.
Rufbereitschaft *f,* en permanence *f* téléphonique ; *~ haben* être de permanence.
Rufmord **m, e** dénigrement *m* ; calomnie *f* ; diffamation *f* ; (*an jdm*) *~ betreiben* calomnier (qqn).
Rufmordkampagne *f,* **n** campagne *f* de diffamation, de dénigrement.
Rufname **m, ns, n** prénom *m* usuel.
Rufnummer *f,* **n** (*téléph.*) numéro *m* d'appel.
Rufnummeranzeige *f,* **n** (*téléph.*) indicateur *m* d'appel.
Rufsäule *f,* **n** borne *f* d'appel téléphonique.
Rüge *f,* **n** blâme *m* ; réprimande *f* ; réclamation *f* ; *eine ~ erteilen* administrer un blâme.
Rügefrist *f,* **en** délai *m* de réclamation (pour marchandise non conforme).
Ruhegehalt *n,* ¨er pension *f* de retraite ; pension ; retraite *f* ; *ein ~ beziehen* toucher une retraite (*syn. Pension. Rente*).
Ruhegehaltsanspruch **m,** ¨e droit *m* à une pension.
Ruhegehaltsempfänger **m,** - retraité *m* ; pensionné *m*.
Ruhegeld *n,* **er** retraite *f* ; pension *f*.
Ruhen *n,* ø arrêt *m* momentané ; suspension *f* (provisoire).
ruhen 1. se reposer 2. être suspendu ; ne pas fonctionner ; *am Wochende ruht die Arbeit* on ne travaille pas le week-end ; (*agric.*) *der Acker ruht* le champ est en jachère ; *das Arbeitsverhältnis ruht* le contrat de travail est provisoirement suspendu.
ruhend au repos ; oisif ; *~es Kapital* capital inemployé, improductif, dormant.
Ruhepause *f,* **n** pause *f* dans le travail ; *eine ~ ein/legen* faire une pause.
Ruheposten **m,** - poste *m* de tout repos ; sinécure *f* ; (*fam.*) planque *f*.
Ruhestand **m,** ø retraite *f* ; *im ~ sein* être à la retraite ; *in den ~ treten* prendre sa retraite ; *in den ~ versetzen* mettre à la retraite (*syn. Pension ; Rente*).
Ruheständler **m,** - fonctionnaire *m* à la retraite ; retraité *m*.

Ruhestandsbeamte/r (*der/ein*) fonctionnaire *m* à la retraite.
Ruhestandsbezüge mpl (montant de la) retraite *f* ; pension *f* de retraite.
Ruhestörung *f,* **en** perturbation *f* ; trouble *m* du repos ; *Klagen von Anwohnern wegen ~* plaintes *fpl* de riverains pour nuisances sonores.
Ruhezeitregelung *f,* **en** réglementation *f* en matière de temps de repos.
Ruhrgebiet *n,* ø bassin *m* de la Ruhr.
Ruhrpott *m,* ø → *Ruhrgebiet.*
Ruin *m,* ø ruine *f* ; *die Firma geht ihrem ~ entgegen* l'entreprise court à sa perte.
ruinieren ruiner ; *jdn wirtschaftlich ~* couler, torpiller qqn sur le plan économique.
ruinös ruineux ; *~e Konkurrenz* concurrence *f* ruineuse ; → *Verdrängungswettbewerb.*
Rumpfgeschäftsjahr *n,* **e** (*comptab.*) exercice *m* réduit.
Run *m,* **s** (*pr. ang.*) ruée *f* ; rush *m* ; *der ~ auf die Bankschalter* le rush vers les guichets de banque (*syn. Rush*).
rund 1. rond ; *eine ~e Summe von* une somme globale de ; *in ~en Zahlen* en chiffres ronds ; *~ um die Uhr* 24 heures sur 24 ; en continu ; non-stop 2. (*rd*) environ ; *das kostet Sie ~ 300 Euro* cela vous coûtera dans les 300 euros (*syn. ungefähr* ; *zirka* ; *etwa* ; *an die*).
Rundbrief *m,* **e** circulaire *f* ; lettre *f* circulaire.
Runde *f,* **n** 1. tour *m* ; round *m* ; cycle *m* de négociations ; *wirtschaftspolitische ~ table f* ronde sur l'économie ; (*fam.*) *über die ~n kommen* s'en sortir financièrement 2. tour *m* ; tournée *f* ; virée *f* ; *eine ~ durch die Stadt machen* faire une petite virée en ville.
Rundfrage *f,* **n** enquête *f.*
Rundfunk *m,* ø radio(diffusion) *f* ; *im ~* à la radio ; *~ hören* écouter la radio ; *über den ~* sur les ondes ; *über den ~ verbreiten* radiodiffuser (*syn. Radio* ; *Funk*).
Rundfunkanstalt *f,* **en** station *f* de radio(diffusion).
Rundfunkgebühr *f,* **en** redevance *f* radiophonique.
Rundfunksendung *f,* **en** émission *f* radio.
Rundfunkwerbung *f,* **en** radio-publicité *f* ; publicité sur les ondes ; publicité à la radio.

Rundgespräch *n,* ¨e → *Rundtischgespräch.*
Rundreisefahrschein *m,* **e** billet *m* circulaire.
Rundschreiben *n,* - → *Rundbrief.*
Rundtischgespräch *n,* **e** (*fig.*) table *f* ronde ; tour *m* de table.
Rundum- (*préfixe*) total ; intégral.
Rundumbetreuung *f,* **en** assistance *f* (technique) permanente ; assistance totale ; prise en charge *f* 24 heures sur 24.
Rundumerneuerung *f,* **en** renouvellement *m* ; refonte *f* totale.
Rundumreform *f,* **en** refonte *f* totale ; réforme *f* tous azimuts.
Rundumversicherung *f,* **en** couverture *f* totale d'assurance maladie.
Rundung *f,* **en** (*math.*) arrondi *m* ; arrondissement *m.*
rundungsbedingt : (*math.*) *~e Differenzen* écarts *mpl* exprimés en chiffres ronds.
Rundungsregel *f,* **n** (*math.*) règle *f* des chiffres ronds.
runter/fahren, u, a (*hat*) (*fam.*) diminuer ; réduire ; *die Ausgaben ~* diminuer les dépenses.
runter/handeln (*fam.*) négocier un prix à la baisse ; débattre un prix.
runter/wirtschaften (*fam.*) ruiner ; faire une mauvaise gestion ; *einen Betrieb ~* ruiner une entreprise.
Rupiah *f,* - roupie *f* (monnaie officielle d'Indonésie).
Rupie *f,* **n** roupie *f* (unité monétaire de l'Inde, Sri Lanka, du Népal, du Pakistan, de l'île Maurice et des Seychelles).
Rushhour *f,* **s** (*pr. ang.*) heure *f* de pointe ; affluence *f* (*syn. Stoßzeit* ; *Hauptverkehrszeit*).
rußfrei : non polluant (par la suie) ; *~es Fahrzeug* véhicule équipé d'un filtre à particules.
Rußpartikel *f,* **n** (*environnement*) particule *f* de suie.
rüsten armer ; *sich für etw ~* s'équiper en vue de ; se préparer à.
Rüstung *f,* **en** armement *m.*
Rüstungsabbau *m,* ø désarmement *m.*
Rüstungsetat *m,* **s** budget *m* de la défense ; budget de l'armée.
Rüstungsfirma *f,* **-men** groupe *m* d'armement.
Rüstungsgüter *npl* biens *mpl* d'équipement militaire.

Rüstungsindustrie *f,* n industrie *f* de l'armement.
Rüstungskontrolle *f,* n contrôle *m* des armements.
Rüstungswettlauf *m,* ¨e course *f* aux armements.
Rüstzeit *f,* **en** temps *m* de préparation ; travail *m* préparatoire (réglage de machines, etc.).
Rutsch *m,* **e** (*fam.*) glissade *f* ; dérapage *m* ; ~ *ins Minus* entrée *f* dans le déficit, dans le rouge.
rutschen (*ist*) (*fam.*) glisser ; déraper ; chuter ; *die Preise beginnen zu* ~ les prix commencent à chuter ; *ins Minus* ~ devenir déficitaire ; passer dans le rouge.
RWI *n* (*Rheinisch-Westfälisches Institut für Wirtschaftsforschung*) institut *m* de conjoncture allemand,
RV → *Rentenversicherung*.

S

Saarluxlor *n* Saarluxlor *m* : grand ensemble régional constitué par la Sarre, le Luxembourg et la Lorraine.
Saat *f*, **(en)** semences *fpl* ; *gentechnisch verändertes* ~ semences génétiquement modifiées.
Saatgut *n*, ø → *Saat*.
Sabbatical *n*, **s** (*pr. ang.*) → *Sabbatjahr*.
Sabbatjahr *n*, **e** année *f* sabbatique (*syn. Bildungsurlaub*).
Sabotage *f*, **n** sabotage *m*.
Saboteur *m*, **e** saboteur *m*.
sabotieren saboter.
Sach- (*préfixe*) en nature ; réel ; corporel.
Sachanlage *f*, **n** **1.** (*comptab.*) ~*n* immobilisations *fpl* corporelles ; actifs *mpl* immobilisés ; actifs fixes, physiques (valeur comptable des terrains, installations technniques, immeubles, machines, etc. de l'entreprise) **2.** potentiel *m* productif ; capacités *fpl* de production.
Sachanlagegüter *npl* (*comptab.*) biens *mpl* d'immobilisation.
Sachanlagevermögen *n*, **-** (*comptab.*) immobilisations *fpl* corporelles.
Sachaufwand *m*, **-wendungen** (*comptab.*) → *Sachaufwendungen*.
Sachaufwendungen *fpl* (*comptab.*) dépenses *fpl* matérielles ; dépenses d'équipement, de matériel ; ~ *pro Produkteinheit* dépenses matérielles par unité de produit.
Sachausgaben *fpl* (*comptab.*) dépenses *fpl* de fonctionnement ; charges *fpl* d'exploitation ; dépenses matérielles.
Sachbearbeiter *m*, **-** **1.** expert *m* ; spécialiste *m* ; personne *f* compétente ; responsable *m* du suivi d'un dossier **2.** fonctionnaire *m* d'encadrement ; chef *m* de service.
Sachberater *m*, **-** conseiller *m* technique.
Sachbereich *m*, **e** domaine *m* ; secteur *m*.
Sachbeschädigung *f*, **en** dégâts *mpl* matériels ; détérioration *f* volontaire.
Sachbeweis *m*, **e** (*jur.*) preuve *f* matérielle.
Sachbezüge *mpl* avantages *mpl* en nature.
Sachdebatte *f*, **n** débat *m* sur le fond.
sachdienlich pertinent ; significatif ; pratique ; utile.

Sachdienlichkeit *f*, **ø** pertinence *f* ; utilité *f*.
Sache *f*, **n** **1.** chose *f* ; objet *m* ; bien *m* ; marchandise *f* ; *beschädigte* ~ bien endommagé ; *bewegliche* ~ bien mobilier ; *gepfändete* ~ objet saisi ; *persönliche* ~*n* effets personnels ; *unbewegliche* ~ bien immobilier **2.** affaire *f* ; cause *f* ; *in eigener* ~ *sprechen* plaider sa cause ; *eine* ~ *tot/schweigen* étouffer une affaire.
Sacheinlage *f*, **n** (*comptab.*) apport *m* en nature (d'une société).
Sachenrecht *n*, **e** (*jur.*) biens *mpl* et droits *mpl* réels.
Sachentnahme *f*, **n** prélèvement *m* en nature.
Sachentschädigung *f*, **en** indemnité *f* en nature.
Sachfirma *f*, **-men** raison *f* de commerce.
Sachfrage *f*, **n** problème *m* de fond ; ~*n erörtern* procéder à un débat de fond ; débattre au fond des choses.
Sachgebiet *n*, **e** domaine *m* ; matière *f* ; *nach* ~*en ordnen* regrouper par matière.
sachgemäß → *sachgerecht*.
sachgerecht approprié ; conforme ; comme il faut.
Sachgeschädigte/r (*der/ein*) (*assur.*) sinistré *m* ; victime *f* d'un préjudice matériel.
Sachgründung *f*, **en** (*jur.*) constitution *f* de société par apports en nature.
Sachgüter *npl* (*jur.*) biens *mpl* tangibles ; biens corporels, réels.
Sachhaftung *f*, **en** (*jur.*) responsabilité *f* matérielle.
Sachhehlerei *f*, **en** (*jur.*) recel *m* (d'objets).
Sachinvestitionen *fpl* (*comptab.*) dépenses *fpl* d'équipement ; ~*en* investissements en biens corporels ; investissements en actifs physiques.
Sachkapazität *f*, **en** capacité *f* productive.
Sachkapital *n*, **ø** (*comptab.*) biens *mpl* corporels immobilisés ; immobilisations *fpl* corporelles ; capital *m* technique (*syn. Realkapital*).
Sachkapitalbildung *f*, **en** (*comptab.*) formation *f* de capital en biens corporels ; formation de capital réel.
Sachkatalog *m*, **e** → *Sachverzeichnis*.

Sachkenner *m*, - expert *m* ; spécialiste *m* ; (grand) connaisseur *m*.
Sachkenntnis *f*, se compétences *fpl* ; connaissance *f* des faits.
Sachkonto *n*, -ten (*comptab.*) compte *m* matières, matériel ; compte principal (*contr. Personenkonto*).
Sachkosten *pl* (*comptab.*) frais *mpl* matériels ; charges *fpl* d'équipement.
Sachkredit *m*, e → *Realkredit*.
sachkundig expert ; compétent ; ~*er Verkäufer* vendeur *m* expérimenté.
Sachkundige/r (*der/ein*) → *Sachverständige/r*.
Sachlage *f*, **n** situation *f* ; état *m* de choses ; état de fait.
Sachleistung *f*, en prestation *f* en nature.
sachlich objectif ; impartial ; conforme aux faits ; réaliste ; réel ; corporel.
Sachlohn *m*, ¨e salaire *m* en nature (*syn. Naturallohn*).
Sachmängel *mpl* vice *m* ; défaut *m* ; défectuosité *f*.
Sachmängelanspruch *m*, ¨e (*jur.*) droit *m* de contestation pour marchandise défectueuse ; droit à annulation de contrat ou à diminution de prix pour qualité non conforme.
Sachmängelhaftung *f*, (en) (*jur.*) responsabilité *f* du constructeur ou du fabricant pour vice de fabrication.
Sachpatent *n*, e brevet *m* de produit.
Sachprämie *f*, n prime *f* en nature ; prime-cadeau *f*.
Sachregister *n*, - répertoire *m* ; table *f* des matières.
Sachschaden *m*, ¨ (*jur.*) dommage *m*, dégât *m* matériel (*contr. Personenschaden*).
Sachspende *f*, n don *m* en nature.
Sachsteuern *fpl* impôts *mpl* réels, sur les biens ; impôts in re.
Sachvergütung *f*, en rémunération *f*, indemnisation *f* en nature.
Sachverhalt *m*, e état *m* des faits ; faits *mpl* matériels ; circonstances *fpl* ; tenants et aboutissants *mpl* ; *den ~ dar/legen* exposer les faits ; *den wahren ~ verschweigen* cacher la véracité des faits.
Sachvermögen *n*, - (*comptab.*) biens *mpl* corporels ; biens réels ; immobilisations *fpl* corporelles.
Sachversicherung *f*, en (*assur.*) assurance *f* de biens matériels (incendie, bris de verre, etc.).

Sachverstand *m*, ø compétence *f* ; savoir-faire *m* ; expertise *f* ; know-how *m*.
Sachverständigenausschuss *m*, ¨e commission *f* d'experts ; comité *m* d'experts, des sages.
Sachverständigenbericht *m*, e compte-rendu *m* d'expert ; rapport *m* d'expert.
Sachverständigengutachten *n*, - expertise *f*.
Sachverständigenrat *m*, ¨e → *Sachverständigenausschuss*.
Sachverständige/r (*der/ein*) expert *m* ; spécialiste *m* ; *vereidigter Sachverständiger* expert assermenté ; *einen Sachverständigen hinzu/ziehen* consulter un expert (*syn. Experte*).
Sachverzeichnis *n*, se catalogue *m* analytique ; index *m* par matière.
Sachwalter *m*, - administrateur *m*, gérant *m* de biens ; syndic *m*.
Sachwert *m*, e 1. valeur *f* réelle ; valeur intrinsèque, corporelle 2. ~e biens *mpl* réels ; *Flucht in die ~e* fuite *f*, repli *m* vers les valeurs-refuge.
Sachwertklausel *f*, n (*jur.*) clause *f* de la valeur fournie ; clause de l'unité de contrat.
Sachzwang *m*, ¨e contrainte *f* incontournable.
Säckel *m*, - (*fam.*) cordons *mpl* de la bourse.
Sackgasse *f*, n cul-de-sac *m* ; *in eine ~ führen* mener à une impasse.
Safe *m/n*, s (*pr. ang.*) coffre-fort *m* ; compartiment *m* en chambre forte ; *im ~ deponieren* déposer dans un coffre-fort ; déposer au coffre.
Sagen *n* : *das ~ haben* avoir le pouvoir de décision ; commander ; avoir le dernier mot.
Saison *f*, s/en (*pr. fr.*) saison *f* ; *außerhalb der ~* hors saison ; *stille (tote) ~* morte-saison ; *während der ~* pendant la saison.
saisonabhängig → *saisonal*.
saisonal saisonnier ; ~*e Arbeitslosigkeit* chômage *m* saisonnier.
Saisonarbeit *f*, en travail *m*, emploi *m* saisonnier ; activité *f* saisonnière.
Saisonarbeiter *m*, - travailleur *m*, ouvrier *m* saisonnier ; saisonnier *m*.
Saisonarbeitskräfte *fpl* main-d'œuvre *f* saisonnière ; saisonniers *mpl*.
Saisonaufschlag *m*, ¨e supplément *m* saisonnier, de pleine saison.

Saisonausverkauf m, ¨e soldes mpl saisonniers.
saisonbedingt → *saisonal*.
saisonbereinigt (*statist.*) corrigé des variations saisonnières ; en données corrigées des variations saisonnières ; désaisonnalisé (modifier les données statistiques pour éliminer les distorsions dues aux variations saisonnières).
Saisonbereinigung f, en prise f en compte des variations saisonnières.
Saisonbeschäftigung f, en → *Saisonarbeit*.
Saisonbetrieb m, e **1.** activité f saisonnière ; affluence f de saison **2.** entreprise f, exploitation f saisonnière.
Saisoneröffnung f, en ouverture f de la saison.
Saisonindex m, e/-indizes (*statist.*) indice m des variations saisonnières.
Saisonnier m, s (*Suisse*) saisonnier m.
Saisonschlussverkauf m, ¨e soldes mpl de fin de saison.
Saisonschwankung f, en fluctuation f saisonnière.
Saisonwanderung f, en migrations fpl saisonnières (de main-d'œuvre).
saisonweise : jdn nur ~ beschäftigen n'employer qqn que pour la saison.
Saisonzuschlag m, ¨e → *Saisonaufschlag*.
Salär n, e (*Suisse*) salaire m ; honoraires mpl ; traitement m.
salarieren (*Suisse*) rémunérer ; rétribuer.
Salarierung f, en (*Suisse*) → *Salär*.
Saldenausgleich m, e (*comptab.*) règlement m du solde ; balance f des soldes.
Saldenbilanz f, en (*comptab.*) balance f des soldes.
Saldenliste f, n (*comptab.*) balance f des comptes particuliers.
saldieren (*comptab.*) **1.** solder ; *ein Konto* ~ solder un compte ; établir la balance ; *saldiert* payé ; pour acquit **2.** (*Autriche*) confirmer un paiement.
Saldierung f, en (*comptab.*) arrêté m de compte ; liquidation f d'un compte.
Saldo m, -den/s (*comptab.*) solde m ; reliquat m ; balance f ; différence f (entre les colonnes débit et crédit d'un compte) **I.** berichtigter ~ solde redressé ; buchmäßiger~ solde comptable ; *negativer, positiver* ~ solde déficitaire, excédentaire ; *per* ~ pour solde ; *verfügbarer* ~ solde disponible ; *vorgetragener* ~ solde reporté **II.** *einen* ~ *auf/weisen* accuser un solde ; *den* ~*fest/stellen* établir le solde ; *einen* ~ *übertragen* reporter un solde **III.** ~ *zu Ihren Gunsten* solde en votre faveur ; ~ *der Handelsbilanz* solde de la balance commerciale ; ~ *der Kapitalbilanz* solde de la balance des capitaux ; ~ *eines Kontos* solde d'un compte ; ~ *zu Ihren Lasten* solde en notre faveur ; ~ *der Leistungsbilanz* solde de la balance des transactions courantes ; ~ *der Zahlungsbilanz* solde de la balance des paiements ; → *Aktiv-, Gewinn-, Guthaben-, Haben-, Kredit-, Minus-, Plus-, Rechnungs-, Rest-, Schluss-, Verlustsaldo*.
Saldoauszug m, ¨e (*comptab.*) relevé m du solde ; extrait m de compte soldé.
Saldobetrag m, ¨e (*comptab.*) montant m du solde.
Saldoguthaben n, - (*comptab.*) solde m créditeur.
Saldorest m, e (*comptab.*) reliquat m du solde.
Saldoübertrag m, ¨e (*comptab.*) report m du solde ; solde m à nouveau.
Saldovortrag m, ¨e (*comptab.*) → *Saldoübertrag*.
Saldozahlung f, en (*comptab.*) paiement m pour solde.
Salesmanager m, - (*pr. ang.*) chef m des ventes (*syn. Verkaufsleiter*).
Salespromoter m, - (*pr. ang.*) promoteur m des ventes.
Salespromotion f, s (*pr. ang.*) promotion f des ventes (*syn. Verkaufsförderung*).
Sammelabschreibung f, en (*comptab.*) amortissement m forfaitaire.
Sammelaktion f, en collecte f de fonds ; quête f.
Sammelanleihe f, n (*bourse*) emprunt m collectif.
Sammelauftrag m, ¨e → *Sammelbestellung*.
Sammelbeleg m, e (*comptab.*) pièce f comptable récapitulative.
Sammelbestellung f, en commande f groupée, collective.
Sammeldepot n, s (*banque*) dépôt m collectif, multiple (de titres dans une banque).
Sammelfahrschein m, e (*transp.*) billet m collectif, de groupe.
Sammelgut n, ¨er marchandises fpl de groupage ; *als* ~ en groupage.

Sammelgutunternehmen *n*, - entreprise *f* de groupage ; transporteur *m* de marchandises groupées.

Sammelgutverkehr *m*, ø expéditions *fpl* groupées ; transport *m* collectif ; transport par groupage.

Sammelhinterlegung *f*, en → **Sammeldepot**.

Sammeljournal *n*, e (*comptab.*) compte *m* récapitulatif.

Sammelkasse *f*, n caisse centrale *f* d'un grand magasin.

Sammelkäufe *mpl* achats *mpl* groupés.

Sammelklage *f*, n (*jur.*) pétition *f*, plainte *f* collective ; action *f* (en justice) groupée.

Sammelkonnossement *n*, e connaissement *m* groupé ; police *f* de chargement collective.

Sammelkonto *n*, -ten compte *m* groupé.

Sammelladung *f*, en groupage *m* de marchandises.

sammeln rassembler ; (re)grouper ; collectionner.

Sammelpackung *f*, en (emballage) multipack *m*.

Sammelpass *m*, ¨e passeport *m* collectif.

Sammelpolice *f*, n (*assur.*) police *f* collective ; police groupée.

Sammelpunkte *mpl* points-bonus *mpl* ; ~ *für zurückgelegte Bahnkilometer* points bonus par kilomètres de rail parcourus.

Sammelsendung *f*, en envoi *m* collectif.

Sammelstelle *f*, n 1. (*objets*) dépôt *m* central 2. (*personnes*) point *m* de ralliement.

Sammeltarif *m*, e tarif *m* groupé.

Sammeltransport *m*, e transport *m* collectif ; transport groupé.

Sammelversicherung *f*, en assurance *f* collective ; assurance de groupe.

Sammelverwahrung *f*, en (*banque*) garde *f* de titres en dépôt sur un compte courant.

Sammelware *f*, n marchandises *fpl* collectées ; (*un*)*sortierte* ~ collecte *f* (non) triée.

Sammler *m*, - 1. collectionneur *m* 2. quêteur *m*.

Sammlung *f*, en 1. (*argent*) quête *f* ; collecte *f* 2. (*objets*) collection *f* 3. (*personnes*) rassemblement *m*.

Sample *n*, s (*pr. ang.*) échantillon *m* représentatif ; panel *m* ; échantillon *m*.

samplen *n*, s (*pr. ang.*) effectuer, procéder à un échantillonnage.

Sandwichman *m*, -men homme-sandwich *m*.

sanieren assainir ; rénover ; réorganiser ; restructurer ; *einen Betrieb* ~ redresser financièrement une entreprise.

Sanierung *f*, en assainissement *m* ; redressement *m* (financier) ; restructuration *f* ; ~ *von Städten* rénovation *f* urbaine.

sanierungsbedürftig en difficultés (financières) ; dans une situation financière critique.

sanierungsfähig qui réunit les conditions nécessaires à un redressement ; renflouable ; ~*es Unternehmen* entreprise susceptible de redresser sa situation financière.

Sanierungsfall *m*, ¨e cas *m* à problèmes ; entreprise *f* en difficultés ; société *f* à renflouer.

Sanierungsgebiet *n*, e ; région *f* à assainir ; (*France*) zone *f* d'aménagement concerté (Z.A.C.).

Sanierungskosten *pl* coûts *mpl* d'assainissement.

Sanierungsmaßnahme *f*, n mesure *f* de redressement ; politique *f* d'assainissement.

Sanitätsbehörde *f*, n autorités *fpl* sanitaires ; services *mpl* de l'hygiène et de la santé publique.

Sanitätsgeschäft *n*, e magasin *m* spécialisé d'articles sanitaires et paramédicaux.

Sanitätsrat *m*, ¨e (*Autriche*) commission *f* d'experts auprès du ministre de la santé publique.

Sanktion *f*, en 1. sanction *f* ; rétorsion *f* ; *finanzielle* ~*en* sanctions financières ; *wirtschaftliche* ~*en* sanctions économiques ; ~*en* (*gegen, über jdn*) *verhängen* prendre des sanctions (envers qqn) ; sanctionner (qqn) 2. (*jur.*) approbation *f* ; confirmation *f*.

sanktionieren 1. prendre des sanctions 2. (*jur.*) confirmer ; approuver ; *einen Gesetzentwurf* ~ adopter un projet de loi.

Satellit *m*, en, en satellite *m*.

Satellitenfernsehen *n*, - télévision *f* par satellite.

satellitengestützt par satellite.

Satellitennavigation *f,* en navigation *f* par satellite.
Satellitenortung *f,* en repérage *m* par satellite.
Satellitenschüssel *f,* n antenne *f* parabolique ; parabole *f.*
Satellitenstaat *m,* en État *m* satellite.
Satellitenstadt *f,* ¨e ville *f* satellite.
Satellitenübertragung *f,* en retransmission *f* par satellite.
Sattelanhänger *m,* - (*transp.*) semi-remorque *f.*
Sattelauflieger *m,* - (*transp.*) plateforme *f* autoportée (chargeable directement sur wagon).
Sattelschlepper *m,* - (*transp.*) semi-remorque *f* ; tracteur *m* ; véhicule *m* de traction.
sättigen saturer.
Sättigung *f,* en saturation *f* ; ~ *des Marktes* saturation du marché.
Sättigungsgrad *m,* e taux *m,* degré *m* de saturation.
Satz *m,* ¨e **1.** taux *m* ; barème *m* ; tarif *m* ; *fester* ~ taux fixe ; *veränderlicher* ~ taux variable ; → **Rate** ; **Quote 2.** série *f* ; jeu *m* ; assortiment *m* ; pack *m.*
Satzung *f,* en statut *m* ; règlement *m* ; documents *mpl* constitutifs d'une société ; *etw in die ~en auf/nehmen* consigner qqch dans les statuts ; *die ~ ändern* modifier les statuts (*syn. Statut*).
satzungsändernd qui modifie les statuts.
Satzungsänderung *f,* en modification *f* des statuts.
satzungsgemäß statutaire.
satzungsmäßig → *satzungsgemäß.*
satzungswidrig contraire aux statuts.
sauber : *~es Geld* argent *m* propre (*contr. schmutziges Geld*).
Saubermann *m* : (*polit.*) Herr ~ Monsieur *m* Propre ; Monsieur mainspropres.
säubern nettoyer ; assainir ; purger.
Säuberungsaktion *f,* en opération *f* de nettoyage, d'assainissement ; (*polit.*) ~ *einer Partei* purge *f* politique.
sauer : *saurer Regen* pluies *fpl* acides (pollution chimique, gaz d'échappement, etc.).
Säuglingssterblichkeit *f,* en mortalité *f* du nourrisson ; mortalité infantile.
säumig retardataire ; en retard ; défaillant ; *~er Zahler* mauvais payeur *m.*
Säumigkeit *f,* en défaillance *f* ; carence *f.*

Säumnis *f/n,* se (*jur.*) retard *m* ; négligence *f.*
Säumniszuschlag *m,* ¨e pénalité *f* , majoration *f* de retard.
Sauregurkenzeit *f,* en (*fam.*) saison *f* creuse, morte-saison *f* ; creux *m* estival.
Saxony *n,* ø (*iron.*) « Saxony-valley », par allusion à « Silicon valley » : la Saxe, haut-lieu de la biotechnologie allemande.
SB libre-service *m* ; → *Selbstbedienung.*
S-Bahn *f,* en (*Schnellbahn*) métro-express *m* ; réseau *m* express.
SBB (*Schweizerische Bundesbahnen*) chemins *mpl* de fer suisses.
SB-Geschäft *n,* e magasin *m* en libre-service ; libre-service *m.*
SB-Laden *m,* ¨ → *SB-Geschäft.*
SB-Warenhaus *n,* ¨er grand magasin *m* en libre-service ; grande distribution *f.*
scannen (*pr. ang.*) scanner (*syn. ein/lesen*).
Scanner *m,* - (*pr. ang.*) scanner *m* ; scanneur *m* ; numériseur *m.*
Scannerkasse *f,* n caisse *f* scanner ; caisse à codes-barres.
S-Card *f,* s carte *f* (de crédit) de paiement des caisses d'épargne allemandes ; carte multi-fonctions.
Schacher *m,* - marchandage *m* sordide.
Schacherei *f,* en (*péj.*) vil marchandage *m.*
schachern (*péj.*) trafiquer ; traficoter ; se livrer à un marchandage sordide ; *um einen Preis* ~ marchander un prix.
Schacht *m,* ¨e puits *m* de mine.
Schachtelbeteiligung *f,* en participation *f* croisée ; participation de la société-mère au capital social d'une société contrôlée.
Schachteldividende *f,* n dividende *m* de participations (distribué par une société à une autre société dans le cadre d'une entente à participation croisée).
Schachtelgesellschaft *f,* en société *f* en participation ; société à participation croisée.
Schachtelprivileg *n,* -ien (*fisc*) privilège *m* fiscal pour les sociétés à participation croisée ; dégrèvement *m* fiscal accordé aux sociétés mères.
schaden nuire à ; être nocif pour ; porter préjudice à ; *jdm geschäftlich* ~ nuire à qqn sur le plan commercial ; *dem Unternehmensruf* ~ porter atteinte à la réputation de l'entreprise.

Schaden *m*, ¨ (*assur.*) dommage *m* ; préjudice *m* ; sinistre *m* ; dégâts *mpl* **I.** *erlittener* ~ dommage subi ; *finanzieller* ~ dommage financier ; *ideeller* (*immaterieller*) ~ préjudice moral ; *materieller* ~ dommage matériel ; *zu unserem* ~ à notre détriment **II.** *den* ~ *ab/schätzen* évaluer les dégâts ; *einen* ~ *beziffern* chiffrer un sinistre ; *einen* ~ *decken* couvrir un dommage ; *einen* ~ *erleiden* subir un dommage ; *einen* ~ *ersetzen* indemniser un dommage ; *den* ~ *fest/stellen* faire le constat du sinistre ; *für den* ~ *haften* porter la responsabilité du sinistre ; *einen* ~ *der Versicherung melden* signaler un sinistre à la compagnie d'assurances ; *sich gegen* ¨~ *versichern* s'assurer contre des risques ; ¨~ *verursachen* causer des dommages.

Schadenabschätzung *f*, en (*assur.*) estimation *f* d'un sinistre ; évaluation *f* du dommage.

Schadenanzeige *f*, **n** → *Schadensmeldung*.

Schadenberechnung *f*, en (*assur.*) évaluation *f* des dommages ; calcul *m* d'un sinistre ; montant *m* de l'indemnisation à accorder.

Schadenbericht *m*, e (*assur.*) compte-rendu *m* de sinistre ; rapport *m*, procès-verbal *m* de sinistre.

Schadendeckung *f*, en (*assur.*) couverture *f* du dommage.

Schadenersatz *m*, ø (*assur.*) dommages-intérêts *mpl* ; dommages et intérêts *mpl* ; dédommagement *m* ; indemnité *f* ; réparation *f* civile ; ~ *beanspruchen* réclamer une indemnité ; *auf* ~ *klagen* intenter une action en dommages-intérêts ; ~ *leisten* réparer un dommage ; verser des dommages et intérêts ; *jdn auf* ~ *verklagen* poursuivre qqn en dommages-intérêts.

Schadenersatzanspruch *m*, ¨e (*assur.*) droit *m* à dommages-intérêts ; droit à réparation, à indemnisation.

Schadenersatzforderung *f*, en (*assur.*) demande *f* d'indemnisation, de dommages et intérêts.

Schadenersatzklage *f*, **n** (*assur.*) plainte *f*, action *f* en dommages et intérêts.

Schadenersatzleistung *f*, en (*assur.*) indemnisation *f* ; dédommagement *m* ; réparations *fpl* civiles.

schadenersatzpflichtig (*assur.*) astreint au versement de dommages et intérêts ; *sich* ~ *machen* se rendre passible du versement obligatoire de dommages et intérêts.

Schadenersatzverfahren *n*, - (*assur.*) procédure *f* de demande de dommages et intérêts.

Schadenfall *m*, ¨e → *Schadensfall*.

Schadenfeststellung *f*, en (*assur.*) constat *m* des dégâts, du sinistre ; constatation *f* des dommages ; (*marine*) constat d'avarie.

Schadenforderung *f*, en (*assur.*) demande *f* de dommages et intérêts.

Schadenfreiheitsrabatt *m*, e (*assur.*) bonus *m* pour conduite sans accidents.

Schadenklage *f*, **n** → *Schadenersatzklage*.

Schadennachweis *m*, e → *Schadenfeststellung*.

Schadenquote *f*, **n** (*assur.*) taux *m* de sinistres ; taux d'accidents, de dommages.

Schaden(s)- (*préfixe*) sinistré ; sinistre.

Schadensabteilung *f*, en (*assur.*) service *m* des sinistres.

Schadensanfälligkeit *f*, en fréquence *f* des pannes ; fiabilité *f* technique.

Schadensattest *n*, e (*assur.*) certificat *m* de dommages ; attestation *f* d'avaries.

Schadensbegrenzung *f*, en (*assur.*) limitation *f*, minimisation *f* d'un dommage.

Schadensbeseitigung *f*, en (*assur.*) réparation *f* de dommages.

Schadensersatz *m*, ø → *Schadenersatz*.

Schadensfall *m*, ¨e (*assur.*) sinistre *m* ; *im* ~ en cas de sinistre.

Schadensfallservice *m/n*, s (*assur.*) service-dépannage *m* ; SOS-dépannage (plombier, vitrier, serrurier, etc.).

Schadensfestsetzung *f*, en (*assur.*) détermination *f* (de l'importance) du sinistre ; estimation *f* du dommage.

Schadenshaftung *f*, en (*assur.*) responsabilité *f* pénale ; responsabilité partagée ; part *f* de responsabilité dans un sinistre.

Schadenshäufigkeit *f*, en (*assur.*) fréquence *f* des sinistres ; taux *m* de sinistralité, de sinistres.

Schadenshöhe *f*, **n** (*assur.*) montant *m* des dommages ; montant des dégâts.

Schadensmeldung *f*, en (*assur.*) déclaration *f* de sinistre.
Schadensprotokoll *n*, e (*assur.*) constat *m* de dommages, d'avaries.
Schadensquote *f*, n **1.** (*assur.*) pourcentage *m* des dommages ; hauteur *m* du sinistre **2.** (*banque*) taux *m* de rejet des cartes de crédit.
Schadensumfang *m*, ø (*assur.*) étendue *f* des dommages, des dégâts, du sinistre.
Schadensursache *f*, n (*assur.*) cause *f* des dégâts, du sinistre.
Schadensverhütung *f*, en (*assur.*) prévention *f* des dégâts, du sinistre.
Schadensversicherung *f*, en (*assur.*) assurance-dommages *f*.
Schadensverursacher *m*, - (*assur.*) auteur *m* de dommages ; responsable *m* de dégâts ; *als ~ in die Pflicht genommen werden* se voir contraint d'assumer la responsabilité de dommages.
Schadenswiedergutmachung *f*, en (*assur.*) réparation *f* des dommages.
Schadfraß *m*, ø (*agric.*) dommages *mpl* causés par des insectes et animaux nuisibles.
schadhaft défectueux ; endommagé ; détérioré ; en mauvais état.
Schadhaftigkeit *f*, ø défectuosité *f* ; défaut *m*.
schädigen nuire à ; causer un dommage ; *den guten Ruf der Firma ~* porter préjudice à la bonne réputation de la maison.
Schädigung *f*, en endommagement *m* ; préjudice *m* ; détérioration *f* ; lésion *f*.
Schadinsekt *n*, en (*agric.*) insecte *m* nuisible.
schädlich (+ *D/für*) dommageable (à) ; nuisible (à) ; préjudiciable (à).
Schädling *m*, e (*agric*) animal *m* ou plante *f* nuisible ; nuisible *m* ; *von ~en vernichtete Ernte* récolte *f* détruite par des insectes.
Schädlingsbefall *m*, ø (*agric.*) atteinte *f* par des (insectes/animaux) nuisibles ; dégâts *mpl* dus à des parasites.
Schädlingsbekämpfung *f*, en (*agric.*) lutte *f* contre les nuisibles ; campagne *f* phyto-sanitaire ; élimination *f* des parasites.
Schädlingsbekämpfungsmittel *n*, - (*agric.*) pesticide *m* ; insecticide *m*.
schädlingsresistent (*agric.*) parasito-résistant.

schadlos indemne ; *sich ~ halten an* (+*D*) se rattraper sur ; se dédommager de.
Schadlosbürge *m*, n, n (*jur.*) arrière-caution *f*.
Schadloshaltung *f*, (en) (*jur.*) indemnisation *f* ; dédommagement *m*.
Schadstoff *m*, e (*environnement*) déchet *m* toxique ; agent *m* toxique ; matière *f* polluante ; nuisances *fpl*.
schadstoffarm peu polluant ; écologique ; respectueux de l'environnement.
Schadstoffausstoß *m*, ¨e émanation *f* de nuisances ; rejet *m* d'émanations toxiques ; rejet *m* de matières toxiques.
Schadstoffbelastung *f*, en nuisances *fpl* provoquées par des agents toxiques, par des polluants.
Schadstoffemission *f*, en → *Schadstoffausstoß*.
schadstofffrei non toxique ; non polluant.
Schadstoffmessung *f*, en mesure *f* du degré, du niveau de pollution.
schadstoffreduziert à faible taux de pollution ; peu polluant.
Schadwirkung *f*, en (*environnement*) nocivité *f* ; pollution *f* engendrée.
Schaf *n*, e mouton *m* ; (*fig.*) *schwarzes ~* brebis *f* galeuse.
Schafbestand *m*, ¨e cheptel *m* ovin.
1. schaffen, u, a créer ; produire ; *Arbeitsplätze ~* créer des emplois.
2. schaffen 1. *Platz, Ordnung ~* faire de la place, de l'ordre **2.** mettre ; transporter ; *Schwarzgeld ins Ausland ~* passer de l'argent noir à l'étranger **3.** réussir ; *er hat es allein geschafft* il a réussi tout seul.
Schafzucht *f*, ø élevage *m* de moutons.
Schalldämpfung *f*, en (*bâtiment*) isolation *f* phonique.
Schallschutzklasse *f*, n (*bâtiment*) catégorie *f* de protection sonore (exprimée en décibels).
Schallschutzmaßnahme *f*, n mesure *m* de protection anti-bruit.
Schalter *m*, - guichet *m* ; *der ~ ist/hat geschlossen* guichet fermé.
Schalterabholung *f*, en retrait *m* au guichet.
Schalterbeamte/r (*der/ein*) guichetier *m*.
Schalterdienst *m*, e service *m* au/du guichet.

Schaltergeschäft *n*, **e** → *Tafelgeschäft*.
Schalterhalle *f*, **n** hall *m* des guichets.
Schalteröffnungszeiten *fpl* → *Schalterstunden*.
Schalterstunden *fpl* heures *fpl* d'ouverture des guichets.
Schalthebel *m*, - levier *m* de commande ; (*fig.*) *an den ~n der Wirtschaft sitzen* détenir les leviers de commande de l'économie.
Schaltjahr *n*, **e** année *f* bissextile.
Schaltkreis *m*, **e** (*informatique*) circuit *m* ; *integrierte ~e* circuits intégrés.
Schaltnetz *n*, **e** (*informatique*) réseau *m* commuté, de commutation.
Schaltpult *n*, **e** (*informatique*) pupitre *m* de commande.
Schaltpultspezialist *m*, **en, en** (*informatique*) pupitreur *m*.
Schaltuhr *f*, **en** horloge *f* programmable.
Schaltung *m*, **e** → *Schaltkreis*.
Schaltzentrale *f*, **n** centrale *f* de direction.
Schattendirektor *m*, **en** directeur *m* de fait ; éminence *f* grise d'un directeur.
Schattenhaushalt *m*, **e** budget *m* parallèle ; budget-fantôme *m* ; fonds *mpl* secrets.
Schattenkabinett *n*, **e** cabinet *m*, gouvernement *m* fantôme.
Schattenpreise *mpl* prix *mpl* fictifs.
Schattenwirtschaft *f*, **en** économie *f* parallèle ; marché *m* parallèle ; économie *f* souterraine, informelle (qui échappe au contrôle fiscal, par ex. travail au noir, blanchiment de l'argent, drogues, etc) (*syn*. *Untergrundwirtschaft*) ; → *Schwarzarbeit*.
Schatz *m*, ¨e trésor *m* ; richesse *f* ; *~¨e eines Landes* ressources *fpl* naturelles d'un pays.
Schatzamt *n*, ¨er Trésor *m* ; trésorerie *f*.
Schatzanweisung *f*, **en** bon *m* du Trésor ; obligation *f* publique ; titre *m* d'emprunt public ; *~ titre de la dette publique* ; *~ mit 30-jähriger Laufzeit* bon du Trésor à 30 ans ; *bei ~n werden die Zinsen vom Kaufpreis abgezogen* les intérêts des bons du Trésor sont déduits du prix d'achat ; → *Anleihe* ; *Bundesschatzbrief* ; *Obligation* ; *Schuldverschreibung*.
schätzen évaluer ; estimer ; *der Schaden wird auf 1000 Euro geschätzt* les dommages sont évalués à 1000 euros.

Schätzfehler *m*, - erreur *f* d'estimation, d'évaluation.
Schatzkammer *f*, **n** chambre *f* du trésor.
Schatzkanzler *m*, - (*GB*) chancelier *m* de l'échiquier.
Schatzmeister *m*, - trésorier *m*.
Schätzpreis *m*, **e** prix *m* d'estimation.
Schatzschein *m*, **e** → *Schatzanweisung*.
Schätzung *f*, **en** évaluation *f* ; estimation *f* ; taxation *f* ; *amtliche ~* évaluation officielle ; *annähernde ~* évaluation approximative ; *statistische ~* évaluation statistique ; *versicherungsmathematische ~* évaluation actuarielle ; *eine ~ des Gedäudes vornehmen lassen* faire procéder à une estimation du bâtiment.
Schätzungsbetrag *m*, ¨e montant *m* estimé.
Schätzungswert *m*, **e** valeur *f* d'estimation ; valeur estimative.
Schatzwechsel *m*, - bon *m* du Trésor (à trois mois) ; effet *m* de trésorerie ; → *Schatzanweisung* ; *Liquiditätspapier*.
Schätzwert *m*, **e** valeur *f* d'estimation ; prix *m* estimatif.
Schau *f*, **en** exposition *f* ; présentation *f* (modes) ; show *m* ; *etw zur ~ stellen* présenter qqch.
Schaubild *n*, **er** schéma *m* ; tableau *m* ; graphique *m* ; diagramme *m*.
Schaufenster *n*, - vitrine *f* ; devanture *f* ; étalage *m* ; *etw im ~ aus/stellen* présenter, exposer en devanture.
Schaufensterbummel *m*, - lèche-vitrines *m* ; *einen ~ machen* faire du lèche-vitrines.
Schaufensterdekoration *f*, **en** décoration *f* de vitrine, de devanture.
Schaufenstergestalter *m*, - décorateur-étalagiste *m*.
Schaugeschäft *n*, ø show-business *m* ; show-biz *m* ; *ins ~ ein/steigen* se lancer dans le show-biz.
Schaumwein *m*, **e** vin *m* mousseux.
Schaumweinsteuer *f*, **n** taxe *f* sur les vins mousseux.
Schaupackung *f*, **en** emballage *m* factice ; échantillon *m* de décoration.
Schausteller *m*, - marchand *m* forain ; forain *m*.
Scheck *m*, **s** chèque *m* **I.** *beglaubigter ~* chèque certifié ; *fauler ~* chèque en bois ; *gedeckter ~* chèque provisionné ;

gefälschter ~ chèque falsifié ; *unausgefüllter* ~ chèque en blanc ; chèque non rempli ; *ungedeckter* ~ chèque sans provision ; *verjährter* ~ chèque périmé **II.** *einen* ~ *(über 100 €) aus/stellen* tirer, émettre un chèque (de 100 €) ; *einen* ~ *ein/lösen* encaisser un chèque ; *einen* ~ *indossieren* endosser un chèque ; *der* ~ *lautet auf meinen Namen* le chèque est libellé à mon nom ; *einen* ~ *sperren lassen* faire opposition à un chèque ; *per (mit)* ~ *zahlen* payer par chèque ; → *Bank-, Bar-, Blanko-, Inhaber-, Order-, Post-, Reise-, Traveller-, Überbringer-, Überweisungs-, Verrechnungsscheck.*

Scheckabrechnung *f,* en compensation *f* des chèques.

Scheckabteilung *f,* en service *m* des chèques.

Scheckaussteller *m,* - tireur *m* du chèque ; émetteur *m* d'un chèque.

Scheckausstellung *f,* en établissement *m* d'un chèque ; émission *f* de chèque.

Scheckbeglaubigung *f,* en certification *f* d'un chèque.

Scheckbetrag *m,* ¨e montant *m* du/d'un chèque

Scheckbetrug *m,* ø paiement *m* frauduleux par chèque (sans provision ou chèque volé).

Scheckbezogene/r *(der/ein)* tiré *m.*

Scheckbuch *n,* ¨er → *Scheckheft.*

Scheckbürge *m,* n, n donneur *m* d'aval ; avaliste *m* ; avaliseur *m* (d'un chèque).

Scheckbürgschaft *f,* en aval *m* d'un chèque.

Scheckdeckung *f,* en provision *f* du chèque.

Scheckdiskontierung *f,* en escompte *m* de chèques.

Scheckdomizilierung *f,* en domiciliation *f* d'un chèque.

Scheckeinlösung *f,* en encaissement *m* du chèque.

Scheckempfänger *m,* - bénéficiaire *m* du chèque.

Scheckfähigkeit *f,* ø capacité *f* en matière de chèque ; habilitation *f* à tirer et à endosser des chèques ; *aktive* ~ capacité d'émettre ou d'encaisser un chèque ; *passive* ~ capacité pour recevoir un chèque en tant que tiré (par ex. la banque).

Scheckfälscher *m,* - falsificateur *m* de chèques.

Scheckfälschung *f,* en falsification *f* (en matière) de chèques.

Scheckformular *n,* e → *Scheckvordruck.*

Scheckheft *n,* e chéquier *m* ; carnet *m* de chèques.

Scheckindossant *m,* en, en endosseur *m,* cédant *m* d'un chèque.

Scheckindossat *m,* en, en endossataire *m,* cessionnaire *m* d'un chèque.

Scheckindossierung *f,* en endossement *m* d'un chèque.

Scheckinhaber *m,* - porteur *m* d'un chèque.

Scheckinkasso *n,* s → *Scheckeinlösung.*

Scheckkarte *f,* n **1.** carte-chèque *f* ; carte de garantie de chèque (remise par une banque à ses clients ; elle en garantit la solvabilité jusqu'à concurrence d'une certaine somme) **2.** carte *f* bancaire ; carte de crédit ; carte bleue ; → *Kreditkarte* ; *Bankkarte.*

Scheckkonto *n,* -ten compte-chèque *m.*

Schecknummer *f,* n numéro *m* de chèque.

Scheckprotest *m,* e protêt *m* d'un chèque.

Scheckrecht *n,* ø législation *f* en matière de chèques.

Schecksperre *f,* n opposition *f* faite sur un chèque.

Scheckverkehr *m,* ø opérations *fpl,* transactions *fpl* par chèques.

Scheckvordruck *m,* e formulaire *m,* formule *f* de chèque.

Scheckvorladungsfrist *f,* en délai *m* de présentation d'un chèque.

Scheckzahlung *f,* en paiement *m* par chèque.

scheffeln : *(fam.) Geld* ~ ramasser beaucoup d'argent ; se faire un fric fou.

Scheich *m,* s/e cheikh *m* (des émirats pétroliers).

Scheidemünze *f,* n monnaie *f* divisionnaire ; billon *m* (monnaie métallique dont la valeur libératoire ne correspond pas à la valeur du métal).

scheiden, ie, ie **1.** *der ~de Amtsinhaber* le titulaire sortant ; *aus dem Dienst* ~ quitter ses fonctions **2.** *sich* ~ *lassen* divorcer.

Scheidungsanwalt *m* e, ¨ avocat *m* spécialisé dans les affaires de divorce.

Scheidungsklage *f,* n demande *f* de divorce.

1. Schein *m*, **e** attestation *f* ; certificat *m* ; récépissé *m* ; bulletin *m* ; billet *m* de banque ; *einen ~ aus/stellen* établir un bon.
2. Schein *m*, ø apparence *f* ; semblant *m* ; caractère *m* fictif.
Schein- (*préfixe*) fictif ; simulé ; pseudo- ; faux ; imaginaire ; (*fam.*) bidon.
Scheinarbeitslosigkeit *f*, ø pseudo-chômage *m*.
Scheinbeschäftigung *f*, **en** emploi *m* fictif ; (*fam.*) emploi bidon.
Scheinbilanz *f*, **en** bilan *m* fictif.
Scheinehe *f*, **n** mariage *m* fictif ; mariage blanc.
Scheinfirma *f*, **-men** → *Scheingesellschaft*.
Scheinflagge *f*, **n** pavillon *m* de complaisance.
Scheinforderung *f*, **en** créance *f* fictive.
Scheingefecht *n*, **e** lutte *f* pour la forme ; combat *m* d'arrière-garde.
Scheingeschäft *n*, **e** transaction *f* fictive ; opération *f* bidon.
Scheingesellschaft *f*, **en** société *f* fictive.
Scheingewinn *m*, **e** gain *m*, bénéfice *m* fictif.
Scheingründung *f*, **en** constitution *f* fictive, d'opportunité.
Scheinkauf *m*, ¨**e** achat *m* simulé ; vente *f* fictive.
Scheinkaufmann *m*, **-leute** gérant *m* d'une société fictive ; gérant *m* fictif.
Scheinkonto *n*, **-ten** compte *m* fictif.
Scheinrechnung *f*, **en** facture *f* fictive.
Scheinselb(st)ständigkeit *f*, **en** (*travail*) statut *m* de pseudo-indépendant ; faux statut d'indépendant ; indépendance *f* fictive.
Scheinverlust *m*, **e** perte *f* fictive.
Scheinvertrag *m*, ¨**e** contrat *m* fictif ; convention *f* de complaisance.
scheitern (*ist*) échouer ; *der Schlichtungsversuch ist gescheitert* les tentatives de conciliation ont echoué.
Scheitern *n*, ø échec *m* ; non-réussite *f* ; fiasco *m* ; faillite *f*.
Schekel *m*, - unité *f* monétaire d'Israël.
Schengener Abkommen *n* (1985 et 1990) accords *mpl* de Schengen (abolition des contrôles de personnes et de marchandises, politique commune du droit d'asile et de la sécurité).

Schengenland *n* espace *m* Schengen.
Schema *n*, **s/-ta** schéma *m*.
Schemabrief *m*, **e** lettre-type *f*.
schematisch schématique.
schematisieren schématiser.
Schematisierung *f*, **en** schématisation *f*.

schenken offrir ; donner ; faire cadeau.
Schenkende/r (*der/ein*) (*jur.*) donateur *m*.
Schenker *m*, - → *Schenkende/r*.
Schenkung *f*, **en** (*jur.*) donation *f* ; don *m* ; *~ unter Auflage* donation grevée de charge(s) ; *~ unter Ehegatten* donation entre époux ; *~ unter Lebenden* donation entre vifs ; *eine ~ ab/lehnen* refuser une donation ; *eine ~ an/fechten* contester une donation ; *eine ~ (an jdn) machen* faire une donation (à qqn).
Schenkungsanfechtung *f*, **en** (*jur.*) contestation *f* de donation ; action *f* en annulation de donation.
Schenkungssteuer *f*, **n** (*jur.*) impôt *m* sur les donations entre vifs.
Schenkungsurkunde *f*, **n** (*jur.*) acte *m* notarié de donation.
schenkweise (*jur.*) à titre de donation.
Schere *f*, **n** 1. (paire de) ciseaux *mpl* 2. fourchette *f* d'estimation (sondages, prix) 3. *die ~ öffnet sich* l'écart se creuse.
Scherflein *n*, - : *sein ~ zu etw bei/tragen* donner son obole ; contribuer, participer financièrement à qqch.
Schicht *f*, **en** 1. journée *f* (de travail) ; relève *f* de huit heures ; poste *m* ; *in ~en arbeiten* faire les trois-huit 2. équipe *f* 3. couche *f* sociale ; classe *f* ; strate *f* ; *die herrschenden ~en* les classes dirigeantes ; *die oberen, unteren ~en* les classes supérieures, inférieures ; le haut, le bas de l'échelle sociale ; *soziale ~* couche sociale.
Schichtablösung *f*, **en** → *Schichtwechsel*.
Schichtarbeit *f*, **en** travail *m* posté, continu ; travail en équipe ; travail par roulement ; les trois-huit *mpl* (*Früh-, Spät-, Nachtschicht*).
Schichtarbeiter *m*, - travailleur *m* posté.
Schichtbetrieb *m*, **e** système *m* de travail continu.
Schichtdienst : *im ~ beschäftigt sein* faire les trois-huit ; avoir un travail posté.
Schichter *m*, - → *Schichtarbeiter*.

schichtfrei de (au) repos (dans le cadre des trois-huit).
Schichtführer *m*, - chef *m* d'équipe ; chef de poste.
Schichtleistung *f*, en rendement *m* par poste, par équipe.
Schichtmeister *m*, - responsable *m* d'une équipe faisant les trois-huit.
Schichtplan *m*, ¨e planning *m* des tours de service ; organisation *f* des différents postes de travail.
Schichtprämie *f*, n prime *f* de travail par équipe.
Schichtwechsel *m*, - relève *f* (des équipes).
Schichtzulage *f*, n → *Schichtzuschlag*.
Schichtzuschlag *m*, ¨e prime *f* pour travail posté.
schicken envoyer ; adresser ; faire parvenir ; *jdm (an jdn) einen Brief* ~ envoyer une lettre à qqn ; *einen Brief als Einschreiben* ~ envoyer une lettre en recommandé.
Schickeria *f*, ø le gratin, la fine fleur de la société.
Schickschuld *f*, en (*jur.*) dette *f* portable (les sommes doivent être payées au domicile du créancier ; → *Holschuld*.
schieben, o, o 1. trafiquer ; *mit Rauschgift* ~ se livrer au trafic de la drogue 2. (*bourse*) reporter ; prolonger.
Schieber *m*, - trafiquant *m* ; profiteur *m*.
Schieberei *f*, en → *Schiebergeschäft*.
Schiebergeschäft *n*, e affaire *f* louche ; truandage *m* ; trafic *m* ; magouilles *fpl*.
Schiebung *f*, en 1. trafic *m* ; manœuvres *fpl* frauduleuses 2. (*bourse*) report *m* ; prolongation *f*.
schiedlich-friedlich (*jur.*) à l'amiable ; *sich* ~ *einigen* s'arranger à l'amiable ; trouver un compromis amiable (*syn. gütlich*).
Schiedsabrede *f*, n (*jur.*) 1. convention *f* d'arbitrage 2. → *Schiedsklausel*.
Schiedsentscheidung *f*, en (*jur.*) décision *f* d'arbitrage.
Schiedsgericht *n*, e (*jur.*) tribunal *m* d'arbitrage ; organisme *m* arbitral ; commission *f* d'arbitrage.
schiedsgerichtlich (*jur.*) arbitral ; ~*es Urteil* sentence *f* arbitrale.
Schiedsgerichtsbarkeit *f*, ø (*jur.*) juridiction *f* arbitrale ; arbitrage *m*.
Schiedsgerichtshof *m*, ¨e (*jur.*) cour *f* d'arbitrage ; tribunal *m* arbitral.

Schiedsgerichtsverfahren *n*, - (*jur.*) procédure *f* arbitrale, d'arbitrage.
Schiedsgutachter *m*, - (*jur.*) arbitre-expert *m*.
Schiedsklausel *f*, n (*jur.*) clause *f* d'arbitrage ; clause compromissoire.
Schiedskommission *f*, en (*jur.*) commission *f* d'arbitrage.
Schiedsmann *m*, ¨er/-leute (*jur.*) arbitre *m* ; ombudsman *m*.
Schiedsrichter *m*, - (*jur.*) arbitre *m* (rapporteur) ; juge-arbitre *m* ; *einen* ~ *bestellen* nommer un arbitre.
Schiedsspruch *m*, ¨e (*jur.*) sentence *f* arbitrale ; arbitrage *m* ; *durch* ~ *entscheiden* arbitrer ; *einen* ~ *fällen, vollstrecken* prononcer, exécuter une sentence arbitrale.
Schiedsverfahren *n*, - (*jur.*) procédure *f* arbitrale.
Schiedsweg *m*, e (*jur.*) voie *f* arbitrale ; *auf dem* ~ par voie d'arbitrage.
Schiene *f*, n rail *m* ; *vom LKW auf die* ~ *um/steigen* passer de la route au rail.
Schienennetz *n*, e réseau *m* ferroviaire ; réseau ferré.
Schienenverkehr *m*, ø trafic *m* ferroviaire ; trafic par rail.
Schiene-Straße-Verkehr *m*, ø transport *m* combiné rail-route ; ferroutage *m*.
Schiff *n*, e navire *m* ; bateau *m* ; *ab* ~ *ex ship* ; pris sur navire ; *frei Längsseite* ~ franco le long du navire (FAS).
schiffbar navigable.
Schifffahrt *f*, en navigation *f*.
Schifffahrtsamt *n*, ¨er services *mpl* de la navigation.
Schifffahrtsbehörde *f*, n autorités *fpl* maritimes ; office *m* de la batellerie.
Schifffahrtsgesellschaft *f*, en compagnie *f* maritime, de navigation.
Schifffahrtsstraße *f*, n route *f* maritime ; couloir *m* de navigation.
Schiffsagentur *f*, en agence *f* maritime.
Schiffsbau *m*, ø construction *f* navale.
Schiffsbedarf *m*, ø avitaillement *m* ; approvisionnement *m* d'un navire.
Schiffsbefrachter *m*, - affréteur *m*.
Schiffsbefrachtung *f*, en affrètement *m*.
Schiffsbeteiligung *f*, en quirat *m* ; part *m* d'un navire de la marine marchande.
Schiffsbrief *m*, e certificat *m* d'immatriculation d'un navire.

Schiffsfracht *f,* **en** cargaison *f* ; fret *m.*
Schiffshypothek *f,* **en** hypothèque *f* maritime.
Schiffsladeschein *m,* **e** connaissement *m* ; certificat *m* d'embarquement.
Schiffsladung *f,* **en** cargaison *f* ; fret *m* ; chargement *m.*
Schiffsmakler *m,* **-** courtier *m* maritime ; agent *m* maritime.
Schiffsmanifest *n,* **e** état *m* nominatif de la cargaison.
Schiffsmieter *m,* **-** affréteur *m.*
Schiffsmietevertrag *m,* ¨**e** contrat *m* d'affrètement ; charte-partie *f.*
Schiffspapiere *npl* documents *mpl* de bord d'un navire.
Schiffspart *m,* **s/e** → *Schiffsbeteiligung.*
Schiffspfandbrief *m,* **e** cédule *f* hypothécaire maritime ; obligation *f* maritime.
Schiffspfandbriefbank *f,* **en** banque *f* de financement de la construction navale.
Schiffsraum *m,* ¨**e** cale *f* (d'un navire).
Schiffsregister *n,* **-** registre *m* d'inscription maritime.
Schiffsreiseveranstalter *m,* **-** organisateur *m* de croisières.
Schiffsvermieter *m,* **-** fréteur *m.*
Schiffszertifikat *n,* **e** (certificat *m* d') enregistrement *m* d'un navire au registre d'inscription maritime.
Schikane *f,* **n** chicanerie *f* ; tracasserie *f.*
Schild *n,* **er** écriteau *m* ; panneau *m* ; enseigne *f* ; plaque *f.*
Schilling *m,* **e** (*hist.*) schilling *m* (ancienne unité monétaire de l'Autriche).
Schirmherr *m,* **n, en** protecteur *m* ; patron *m.*
Schirmherrschaft *f,* **(en)** (haut) patronage *m* ; protection *f* ; *unter der ~ von* sous les auspices de ; sous l'égide de.
Schlachtabfälle *mpl* carcasses *fpl* de viande ; carcasses d'animaux ; déchets *mpl* d'abattoir.
schlachten abattre (animaux).
Schlachtgewicht *n,* **e** poids *m* abattu du bétail ; poids mort (*contr.* Lebendgewicht).
Schlachthof *m,* ¨**e** abattoir(s) *m(pl).*
Schlachtprämie *f,* **n** prime *f* d'abattage.
Schlachtschwein *n* , **e** (*agric.*) porc *m* de boucherie.
Schlachtung *f,* **en** abattage *m* (de bétail).

Schlachtvieh *n,* ø bétail *m* destiné à l'abattoir ; bêtes *fpl* à viande.
Schlachtviehbeschau *f,* ø inspection *f* vétérinaire des abattoirs.
Schlafkonto *n,* **-ten** compte *m* dormant ; compte sans mouvements de fonds.
Schlafstadt *f,* ¨**e** cité-dortoir *f.*
Schlager *m,* **-** 1. succès *m* de vente ; hit *m* ; *der große ~ der Saison sein* être le grand succès de la saison (*syn.* Verkaufsschlager ; Renner) 2. (*musique*) tube *m.*
Schlagwort *n,* **e/¨er** slogan *m.*
Schlagzeile *f,* **n** (*journal*) manchette *f* ; gros titre *m* ; à la une ; *~n machen* faire la une des journaux.
schlampen saboter le travail.
Schlamperei *f,* **en** mauvais travail *m* ; travail saboté, salopé ; laisser-aller *m.*
Schlampigkeit *f,* **en** → *Schlamperei.*
Schlange *f,* **n** serpent *m* ; file *f* ; *~ stehen* faire (la) queue.
schlank allégé ; à personnel dégraissé ; efficace ; compétitif ; *~e Firma* entreprise *f* rationalisée par des compressions de personnel ; *~e Produktion* production allégée ; *~er Staat* État *m* en cure d'austérité ; État à budget de fonctionnement réduit ; *~ machen* dégraisser ; licencier ; supprimer des emplois ; → *verschlankt.*
Schlankheitskur *f,* **en** (*fig.*) cure *f* d'austérité ; allègement *m* du budget de fonctionnement ; dégraissage *m* ; allègement *m* du personnel.
schlecht : *~ bezahlt* mal payé ; mal rétribué ; *die Konkurrenz ~ machen* dénigrer la concurrence.
Schlechtwettergeld *n,* **er** indemnité *f* de mauvais temps ; indemnité de chômage technique (pour cause d'intempéries).
schleichend rampant ; *~e Inflation* inflation *f* rampante.
Schleichhandel *m,* ø trafic *m* illicite ; commerce *m* illicite, clandestin ; activité *f* de contrebande.
Schleichhändler *m,* **-** trafiquant *m* de marché noir.
Schleichwerbung *f,* **en** publicité *f* déguisée, larvée (presse, radio, télévision).
schleppen 1. remorquer ; (*bateau*) haler 2. (*personnes*) faire passer clandestinement 3. traîner ; traîner en longueur.

schleppend (*marché*) languissant ; morose ; inactif ; terne.

Schlepper *m*, - 1. remorqueur *m* 2. (*personnes*) passeur *m*.

Schlepperkriminalität *f*, **en** criminalité *f* des passeurs clandestins ; délits *mpl* relatifs à l'immigration clandestine.

Schlepperlohn *m*, ¨e salaire *m* du passeur clandestin.

Schlepperorganisation *f*, **en** organisation *f* de trafic de main-d'œuvre clandestine.

Schleppkahn *m*, ¨e péniche *f*.

Schlepptau *m*, e câble *m* de remorquage ; (*fig.*) *im ~ hängen* (*von*) être à la remorque (de).

Schleuderpreis *m*, e prix *m* sacrifié, écrasé ; *zu ~en verkaufen* vendre à bas prix ; brader ; solder.

Schleuderware *f*, **n** camelote *f* ; marchandise *f* bradée.

Schleuse *f*, **n** écluse *f* ; *eine ~ öffnen, schließen* ouvrir, fermer une écluse.

schleusen 1. écluser ; faire passer une écluse ; sasser 2. faire passer (clandestinement) ; introduire (en fraude).

Schleusengeld *n*, **er** droit *m* d'écluse.

schlichten régler à l'amiable ; arbitrer ; accommoder ; *einen Streit ~* aplanir un différend.

Schlichter *m*, - conciliateur *m* ; médiateur *m* ; monsieur *m* bons offices.

Schlichtung *f*, **en** conciliation *f* ; médiation *f* ; arbitrage *m*.

Schlichtungsabkommen *n*, - accord *m* de conciliation.

Schlichtungsausschuss *m*, ¨e commission *f* de médiation, d'arbitrage ; commission de conciliation.

Schlichtungskommission *f*, **en** → *Schlichtungsausschuss*.

Schlichtungsverfahren *n*, - procédure *f* de conciliation.

Schlichtungsversuch *m*, e tentative *f* de conciliation, de médiation.

schließen, o, o 1. fermer ; *der Schalter ist geschlossen* guichet *m* fermé 2. terminer ; finir ; clore ; *mit einem Gewinn ~* se solder par un bénéfice 3. conclure ; *einen Vertrag ~* passer un contrat 4. déduire ; *daraus ist zu ~* on peut en conclure.

Schließfach *n*, ¨er 1. (*banque*) compartiment *m* de coffre-fort 2. (*poste*) boîte *f* postale 3. consigne *f* automatique.

Schließtag *m*, e jour *m* de fermeture.

Schließung *f*, **en** 1. fermeture *f* ; *gegen die ~ eines Betriebs demonstrieren* manifester contre la fermeture d'une entreprise 2. (*contrat* ; *mariage*) conclusion *f* 3. (*séance*) clôture *f*.

schlucken avaler ; absorber ; *die Verbrauchermärkte ~ die Kleinhändler* les hypermarchés tuent le petit commerce.

Schluderarbeit *f*, **en** travail *m* bâclé ; travail salopé.

Schluderei *f*, **en** → *Schluderarbeit*.

schludern saboter, bâcler, saloper le travail ; *mit Material ~* gaspiller du matériel.

Schlupfloch *n*, ¨er : *steuerliches ~* niche *f* fiscale.

Schlussabrechnung *f*, **en** (*comptab.*) compte *m* définitif ; compte final ; bilan *m* de clôture ; arrêté *m* de compte.

Schlussbericht *m*, e rapport *m* final.

Schlussbilanz *f*, **en** (*comptab.*) bilan *m* de clôture ; bilan *m* des soldes définitifs ; bilan de fin d'exercice.

Schlussbörse *f*, ø bourse *f* de clôture.

Schlussbrief *m*, e lettre *f* de confirmation d'un achat.

Schlusseinheit *f*, **en** (*bourse*) quotité *f* nécessaire ; (pour la vente d'actions au règlement différé).

Schlüssel *m*, - clé *f* ; code *m* ; barème *m*.

Schlüsselbetrieb *m*, e entreprise-clé *f*.

schlüsselfertig clés en main ; *~e Anlagen liefern* livrer des installations clés en main.

Schlussformel *f*, **n** (*corresp.*) formule *f* terminale, finale ; formule de courtoisie.

Schlüsselfrage *f*, **n** question-clé *f*.

Schlüsselfunktion *f*, **en** fonction-clé *f*.

Schlüsselgewalt *f*, ø (*jur.*) mandat *m* domestique ; *die ~ haben* avoir un mandat domestique (le pouvoir de représentation de l'un des conjoints par l'autre).

Schlüsselindustrie *f*, **n** industrie-clé *f*.

Schlüsselposition *f*, **en** → *Schlüsselstellung*.

Schlüsselqualifikation *f*, **en** : *~en erwerben* acquérir une qualification déterminante.

Schlüsselrolle *f*, **n** rôle-clé *m* ; *der Gewerkschaft kommt eine ~ zu* le syndicat se voit attribuer un rôle déterminant.

Schlüsselstellung *f*, en position-clé *f* ; poste-clé *m* ; *eine ~ ein/nehmen* occuper une position-clé.

Schlüsseltechnologie *f*, n → **Spitzentechnologie**.

Schlüsselwährung *f*, en monnaie-clé *f*.

Schlüsselwort *n*, e/ ¨er mot-clé *m* ; code *m*.

Schlüsselzinssatz *m*, ¨e → **Leitzins**.

Schlüsselzuweisungen *fpl* (*Allemagne*) affectation *f* de fonds des länder aux communes.

Schlussfassung *f*, en version *f* finale, définitive ; résolution *f* finale.

Schlussformel *f*, n (*corresp.*) formule *f* de politesse.

Schlussgewinnbeteiligung *f*, en (*bourse*) bonus *m* pour fin de contrat anticipée.

Schlusskurs *m*, e (*bourse*) cours *m* de clôture ; cours de fin de séance.

Schlusslicht *n*, er (*fig.*) queue *f* de liste ; queue de peloton ; lanterne *f* rouge.

Schlussnote *f*, n (*bourse*) bordereau *m* d'achat ; bordereau de vente ; avis *m* d'opéré.

Schlussnotierung *f*, en (*bourse*) cote *f*, cotation *f* de clôture.

Schlussrechnung *f*, en 1. (*comptab.*) compte *m* final 2. (*faillite*) état *m* des créances (établi par le syndic de la faillite).

Schlusssaldo *m*, -den/s (*comptab.*) solde *m* final (d'un compte).

Schlusssitzung *f*, en séance *f* de clôture.

Schlussstrich *m*, e : *einen ~ unter etw ziehen* tirer un trait final sous qqch.

Schlussverhandlung *f*, en (*jur.*) audience *f* de clôture ; clôture *f* des débats.

Schlussverkauf *m*, ¨e soldes *mpl* ; *etw im ~ kaufen* acheter qqch en solde.

Schlussvermerk *m*, e mention *f* finale.

Schlussverzeichnis *n*, se (*jur.*) liste *f* des créanciers (dans une procédure de liquidation).

Schlusswert *m*, e valeur *f* résiduelle ; valeur finale.

Schmähpropaganda *f*, ø campagne *f* de dénigrement.

schmälern diminuer ; réduire ; alléger ; amputer ; (*fam.*) rabioter.

Schmarotzer *m*, - parasite *m*.

Schmerzensgeld *n*, er (*assur.*) dommages-intérêts *mpl* pour préjudice moral ; pretium doloris *m* ; *eine Klage auf ~* action *f* en dommages et intérêts.

Schmerzgrenze *f*, n (*fig.*) seuil *m* critique ; *die ~ erreichen* atteindre les limites du tolérable.

schmieren graisser la patte à qqn ; acheter, corrompre qqn.

Schmiergeld *n*, er pot-de-vin *m* ; dessous de table *m* ; *~er zahlen* verser des pots-de-vin.

Schmierkohle *f*, n charbon *m* gras.

Schmuckwarenindustrie *f*, n industrie *f* de la joaillerie ; bijouterie *f*.

Schmuggel *m*, ø contrebande *f* ; fraude *f* ; *~ treiben* faire de la contrebande.

Schmuggelei *f*, ø → **Schmuggel**.

Schmuggelgut *n*, ¨er → **Schmuggelware**.

Schmuggelhandel *m*, ø trafic *m* de contrebande.

schmuggeln faire de la contrebande ; passer en fraude ; *Tabak ~* faire passer du tabac en fraude.

Schmuggelware *f*, n marchandise *f* de contrebande ; article *m* passé en fraude ; contrebande *f*.

Schmuggler *m*, - contrebandier *m*.

Schmugglerring *m*, e réseau *m* de contrebande.

Schmutzarbeit *f*, en travail *m* pénible ; gros ouvrage *m* ; besogne *f* salissante.

schmutzarm peu polluant ; écologique.

Schmutzzulage *f*, n indemnité *f* pour travail salissant.

Schnäppchen *n*, - (*fam.*) bonne affaire *f* ; bonne occase *f* ; bon coup *m*.

Schnäppchenjagd *f*, (en) (*fam.*) chasse *f* à la bonne occase.

Schnäppchenmarkt *m*, ¨e (*fam.*) marché *m* aux bonnes affaires ; foire *f* aux bonnes occases.

Schnäppchenpreis *m*, e (*fam.*) prix *m* défiant toute concurrence ; prix bradé, cassé.

Schnäppchenreise *f*, n (*fam.*) voyage *m* à prix cassé, à bas coût, low cost bonne affaire *f* touristique.

Schneckentempo *n* : (*fam.*) *im ~* lentement ; à une vitesse d'escargot.

Schneeballeffekt *m*, e (*fig.*) effet *m* boule de neige.

Schneeballsystem *n*, e (*fig.*) système *m* de vente boule de neige (avantages consentis à un client qui en recrute de nouveaux).

schnell rapide ; ~*er Brüter* surgénérateur *m* ; surrégénérateur *m* ; ~*es Geld* argent rapidement gagné.

Schnellausbildung *f*, en formation *f* accélérée.

Schnellbahn *f*, en → *S-Bahn*.

Schnellbauweise *f*, n construction *f* en préfabriqué.

Schnelldienst *m*, e service *m* rapide.

Schnelldurchgang : *im* ~ en vitesse accélérée ; (*fam.*) grand V.

Schnellgaststätte *f*, n snack *m* ; snack-bar *m* ; restauration *f* rapide.

Schnellimbiss *m*, e → *Schnellgaststätte*.

Schnellkurs *m* cours *m* accéléré.

Schnelllebigkeit *f*, ø cycle *m* de vie court ; faible durée *f* de vie (de produits, d'appareils, etc.).

Schnellstraße *f*, n voie *f* rapide ; voie express.

Schnelltender *m*, - (*banque*) opération *f* de prise en pension de titres de courte durée (pour couvrir des besoins passagers de liquidités) ; adjudication *f* à court terme.

Schnelltransporter *m*, - (*transp.*) camion *m* de transport rapide.

Schnellverfahren *n*, - procédure *f* accélérée ; *etw im* ~ *erledigen* accélérer qqch.

Schnellverkehr *m*, ø 1. trafic *m* à vitesse minimale imposée 2. service *m* rapide inter-villes.

Schnellverkehrsstraße *f*, n route *f* à grande circulation ; voie *f* rapide ; voie express.

Schnellwarnsystem *n*, e système *m* d'alerte rapide.

Schnellzug *m*, ¨e rapide *m*.

Schnitt *m*, ø 1. moyenne *f* ; *im* ~ en moyenne ; *wir rechnen einen* ~ *von nous calculons une moyenne de* ; → *Durchschnitt* 2. coupe *f* claire/sombre ; amputation *f* 3. (*fam.*) *seinen* ~ *bei etw machen* réaliser un gros bénéfice sur qqch.

Schnittlinie *f*, n ligne *f* d'intersection.

Schnittpunkt *m*, e intersection *f*.

Schnittstelle *f*, n 1. (*informatique*) interface *f* ; port *m* entrée-sortie 2. (*fig.*) interface *f* ; intersection *f* ; point *m* de recoupement ; point de rencontre.

Schnittware *f*, n marchandise *f* vendue au mètre ; marchandise à détailler.

Schnitzer *m*, - (*fam.*) bévue *f* ; boulette *f* ; bavure *f* ; gaffe *f*.

schnurlos : ~*es Telefon* téléphone *m* sans fil ; → **Handy**.

Schock *m*, s choc *m* ; secousse *f* ; ébranlement *m* ; *einen* ~ *verursachen* provoquer un choc.

Schocktherapie *f*, e (*fig.*) thérapie *f*, thérapeutique *f* de choc ; cure *f* de cheval.

Schöffe *m*, n, n (*jur.*) juré *m* ; *die* ~*n* le jury ; (*Belgique*) magistrat *m* municipal ; (*hist.*) échevin *m*.

Schöffengericht *n*, e tribunal *m* comportant un jury populaire.

Schokoladenjahre *npl* (*fam.*) années *fpl* fastes ; période *f* de vaches grasses.

schonen ménager ; soigner.

schönen : *eine Bilanz* ~ maquiller un bilan.

Schönfärberei *f*, en enjolivement *m* d'une situation.

Schonfrist *f*, en → *Schonzeit*.

Schongebiet *n*, e réserve *f* protégée ; réserve naturelle ; (*pêche*) zone *f* de pêche interdite.

Schonung *f*, en 1. ménagement *m* 2. → *Schonwald*.

Schonwald *m*, ¨er réserve *f* forestière.

Schönwetterperiode *f*, n (*fig.*) période *f* faste ; boom *m* économique.

Schornstein *m*, e cheminée *f* ; (*fam.*) *etw in den* ~ *schreiben* passer qqch par pertes et profits ; *eine Schuld in den* ~ *schreiben* faire son deuil d'une dette ; *der* ~ *raucht* les affaires marchent bien.

Schranke *f*, n barrière *f* ; *gegen die ausländische Konkurrenz* ~*n errichten* élever des barrières contre la concurrence étrangère.

Schraube *f*, n vis *f* ; (*fig.*) *die* ~*n fester an/ziehen* donner un tour de vis.

schrauben visser ; serrer ; (*fig.*) *Preise in die Höhe* ~ faire monter les prix.

Schraubenzieherfabrik *f*, en (*fam.*) usine *f* de montage ; usine tournevis (qui se contente de monter des pièces détachées d'importation).

Schrebergärten *mpl* jardins *mpl* ouvriers (appelés ainsi d'après le médecin Schreber, 1808-1861).

Schreckensmarke *f*, n seuil *m* crucial ; limite *f* fatidique.

Schreckensmeldung *f*, en nouvelle *f* alarmiste.

Schreckensszenario *n*, s/-rien scénario *m* catastrophe.

Schredder *m*, - casse *f* automobile ; entreprise *f* de récupération de carcasses d'automobiles.

Schredderanlage *f*, n usine *f* de retraitement des véhicules-épaves ; usine de recyclage des carcasses automobiles.

Schreibarbeiten *fpl* travaux *mpl* d'écriture.

schreiben, ie, ie écrire ; *mit der Hand* ~ écrire à la main ; *auf/mit der Maschine* ~ taper à la machine.

Schreiben *n*, - écrit *m* ; lettre *f* ; courrier *m* ; *Ihr* ~ *vom...* votre courrier (en date) du... ; → **Brief**.

Schreibgebühren *fpl* frais *mpl* de transcription ; frais d'enregistrement.

Schreibkraft *f*, ¨e sténo-dactylo *f* ; employée *f* de secrétariat ; secrétaire *m/f*.

Schreibmaschine *f*, n machine *f* à écrire.

Schreibwaren *fpl* articles *mpl* de papeterie ; fournitures *fpl* de bureau.

Schreibwarenhandlung *f*, en papeterie *f*.

Schrift *f*, en 1. écrit *m* ; pièce *f* ; acte *m* 2. traité *m* ; brochure *f* ; écriture *f* 3. police *f* 4. (*Suisse*) ~en papiers *mpl* d'identité.

Schriftart *f*, en (*typographie*) type *m* de police ; fonte *f*.

Schriftbild *n*, er (*informatique*) présentation *f* graphique.

Schriftfälschung *f*, en faux *m* en écritures.

Schriftform *f*, ø forme *f* écrite ; *jede Vertragsänderung bedarf der* ~ tout avenant au contrat se fera obligatoirement par écrit.

Schriftführer *m*, - secrétaire *m* (de séance) ; greffier *m* (*syn. Protokollant*).

Schriftgröße *f*, n (*typographie*) taille *f* de la police.

Schriftleiter *m*, - (*journal*) rédacteur *m* en chef (*syn. Redakteur*).

schriftlich par écrit ; ~*es Einverständnis* accord *m* écrit ; ~ *mit/teilen* communiquer par écrit ; ~ *nieder/legen* mettre par écrit ; consigner.

Schriftsachverständige/r (*der/ein*) graphologue *m*.

Schriftsatz *m*, ¨e (*typographie*) police *f* de caractères.

Schriftstück *n*, e écrit *m* ; acte *m* ; document *m* officiel ; ~*e* pièces *fpl* d'un dossier ; *echtes* ~ document authentique.

Schriftverkehr *m*, ø → *Schriftwechsel*.

Schriftwechsel *m*, (-) correspondance *f* ; *mit jdm im* ~ *stehen* avoir une correspondance avec qqn (*syn. Korrespondenz*).

Schritt *m*, e pas *m* ; étape *f* ; stade *m* ; *eine Reform in drei* ~*en machen* faire une réforme en trois étapes.

schröpfen (*fam.*) plumer ; ponctionner ; *Kunden* ~ soutirer de l'argent aux clients.

Schrott *m*, e ferraille *f* ; vieux métaux *mpl* ; *leichter* ~ ferrailles légères ; *loser* ~ ferraille en vrac ; ~ *sammeln* collecter de la ferraille.

Schrottanleihe *f*, n (*bourse*) → *Junkbond*.

Schrotthandel *m*, ø commerce *m* de récupération de métaux, de ferraille.

Schrotthändler *m*, - ferrailleur *m*.

schrottreif bon pour la casse ; irrécupérable.

Schrottrückführung *f*, en recyclage *m* des vieux métaux ; réutilisation *f* de déchets de métaux.

Schrottsammlung *f*, en récupération *f* de la ferraille, des vieux métaux.

Schrottwert *m*, e 1. valeur *f* à la casse ; ~ *haben* être bon pour la casse ; *nach einem Unfall nur noch* ~ *haben* ne plus avoir qu'une valeur d'épave après un accident 2. (*comptab.*) valeur *f* résiduelle (prix d'un bien d'équipement après son cycle de vie) 3. (*statist.*) variations *fpl* résiduelles.

schrumpfen se rétrécir ; régresser ; se contracter ; ~*de Wirtschaft* économie *f* en déclin ; économie de repli ; *das Kapital ist auf die Hälfte geschrumpft* les fonds *mpl* ont diminué de moitié.

Schrumpfkur *f*, en cure *f* de dégraissage, d'amaigrissement.

Schrumpfung *f*, en rétrécissement *m* ; régression *f* ; perte *f*.

Schrumpfungsprozess *m*, e processus *m* de tassement, de diminution.

Schub *m*, ¨e poussée *f* ; *demografischer* ~ poussée démographique.

Schubkraft *f*, ¨e poussée *f* ; dynamique *f* ; *eine starke* ~ *kommt von der Investitionsseite* une forte poussée s'exerce du côté des investisseurs.

Schubschiff *n*, e remorqueur-pousseur *m*.

Schubschifffahrt *f,* en *(bateau)* poussage *m.*

Schufa *f,* ø *(Schutzgemeinschaft für allgemeine Kreditsicherung)* société *f* garantissant le crédit (en étudiant la solvabilité des clients) ; fichier *m* des faillites et impayés.

Schufa-Klausel *f,* **n** clause *f* de la "Schufa".

schuften *(fam.)* se tuer au travail ; trimer ; bosser.

Schuhgeschäft *n,* **e** magasin *m* de chaussures.

Schuhindustrie *f,* **n** industrie *f* de la chaussure.

Schulabbrecher *m,* **-** élève *m* qui interrompt ses études ; élève en rupture de scolarité.

Schulabschluss *m,* ¨e diplôme *m* de fin de scolarité.

Schulalter *n,* ø âge *m* scolaire ; *im ~ sein* être en âge scolaire.

Schulbesuch *m,* ø fréquentation *f* scolaire ; *Dauer des ~s* durée *f* des études.

Schuld *f,* **en** 1. *(comptab.)* dette *f* **I.** *fällige ~* dette exigible ; *konsolidierte ~* dette consolidée ; *öffentliche ~* dette publique ; *private ~* dette privée ; *schwebende ~* dette flottante ; *uneinbringliche ~* dette irrecouvrable, irrécupérable **II.** *für eine ~ auf/kommen* répondre d'une dette ; *seine ~en bezahlen (begleichen)* payer ses dettes ; *eine ~ erlassen* remettre une dette ; *in ~en geraten* s'endetter ; *~en haben, machen* avoir, faire des dettes ; *eine ~ tilgen* amortir une dette 2. *(jur.)* faute *f* ; tort *m* ; culpabilité *f* ; responsabilité *f* ; → **Anleihe-, Bring-, Buch-, Hol-, Hypotheken-, Passiv-, Steuer-, Tilgungs-, Zinsschuld.**

Schuldabschreibung *f,* **en** amortissement *m,* liquidation *f* d'une dette.

Schuldabtragung *f,* **en** → **Schuldabschreibung.**

Schuldanerkenntnis *n/f,* **se** → **Schuldanerkennung.**

Schuldanerkennung *f,* **en** reconnaissance *f* de dette.

schuldbeladen criblé de dettes ; endetté jusqu'au cou.

Schuldbereinigung *f,* **en** apuration *f* d'une dette.

Schuldbrief *m,* **e** → **Schuldtitel.**

Schuldbuch *n,* ¨er 1. livre *m* des comptes débiteurs 2. grand livre *m* de la dette publique.

Schuldbuchforderung *f,* **en** créance *f* inscrite au grand livre de la dette publique.

Schulddienst *m,* **e** → **Schuldendienst.**

Schuldeintragung *f,* **en** inscription *f* d'une dette (dans le livre foncier).

schulden être redevable de qqch ; *er schuldet ihm eine beträchtliche Summe* il lui doit une somme importante ; *geschuldete Leistung* prestation *f* due.

Schuldenabbau *m,* ø désendettement *m* *(syn. Entschuldung).*

Schuldenbegrenzung *f,* **en** limitation *f* des déficits.

Schuldenbeitreibung *f,* **en** recouvrement *m* de créances.

Schuldenbereinigungsplan *m,* ¨e → **Schuldentilgungsplan.**

Schuldenberg *m,* **e** montagne *f* de dettes ; *den ~ ab/bauen* réduire les dettes.

Schuldenbonität *f,* **(en)** cote *f* de crédit.

Schuldendienst *m,* **e** service *m* de la dette ; paiements *mpl* au titre de la dette.

Schuldeneintreiber *m,* **-** encaisseur *m* ; société *f* d'encaissement ; *(fam.)* chasseur *m* de dettes.

Schuldenerblast *f,* **en** héritage *m* de la dette d'État (lors d'un changement de gouvernement).

Schuldenerlass *m,* ¨e remise *f* d'une dette.

Schuldenerleichterung *f,* **en** allègement *m* de dette.

Schuldenfalle *f,* **n** *(fam.)* piège *m* de l'endettement ; spirale *f* d'endettement ; *in die ~ treiben* pousser au surendettement.

schuldenfrei exempt de dettes ; dégagé, net de dettes.

Schuldenhaftung *f,* ø responsabilité *f* des dettes ; obligation *f* d'acquitter les dettes (d'un tiers).

Schuldenkriterien *npl* : *(U.E.) die ~ für die Wirtschaftsunion erfüllen* remplir les conditions d'endettement de l'Union européenne.

Schuldenlast *f,* **en** dettes *fpl* ; endettement *m* ; passif *m.*

Schuld(en)löschung *f,* **en** extinction *f* d'une dette.

Schuldenmanagement *n,* **s** gestion *f* de la dette.

Schuldenmasse *f,* **n** passif *m* ; masse *f* (faillite).

Schuldenmillionär *m,* **e** *(fam.)* personne *f* criblée de dettes.

Schuldenquote *f*, n taux *m* de l'endettement ; ratio *m* dépenses publiques/ P.I.B.
Schuld(en)rückstand *m*, ¨e reliquat *m* de dettes ; dettes *fpl* ; sommes *fpl* restant dues.
Schuldenstand *m*, ø (niveau d') endettement *m* ; dettes *fpl* ; *der ~ liegt über dem Limit von* le niveau d'endettement se situe au-dessus de.
Schuldenstreichung *f*, en annulation *f* de dettes ; remise *f* de dette.
Schuldentilgung *f*, en amortissement *m*, liquidation *f* des dettes.
Schuldentilgungsplan *m*, ¨e plan *m* d'amortissement de l'endettement.
Schuld(en)übernahme *f*, n reprise *f* d'une dette.
Schulderlass *m*, ¨e → *Schuldenstreichung*.
Schuldfälligkeit *f*, en échéance *f* d'une créance ; échéance du remboursement d'une dette.
Schuldforderung *f*, en créance *f*.
schuldig 1. (*jur.*) coupable 2. qui a des dettes ; *er ist mir 100 Euro ~* il me doit 100 euros 3. (*comptab.*) redevable ; exigible ; *~er Betrag* montant *m* dû.
Schuldner *m*, - débiteur *m* ; *konkursreifer ~* débiteur au bord de la faillite ; *säumiger ~* débiteur en retard ; *zahlungsunfähiger ~* débiteur insolvable.
Schuldnerberater *m*, - conseiller *m* en surendettement.
Schuldnerberatungsstelle *f*, n commission *f* de surendettement ; office *m* d'assistance aux surendettés.
Schuldnerland *n*, ¨er pays *m* débiteur ; pays-emprunteur *m*.
Schuldnervermögen *n*, - patrimoine *m* du débiteur ; *pfändbares ~* biens *mpl* saisissables.
Schuldnerverzeichnis *n*, se liste *f* des débiteurs.
Schuldnerverzug *m*, ø dette *f* en retard ; retard *m* dans l'acquittement d'une dette ; (*jur.*) demeure *f* du débiteur.
Schuldposten *m*, - (*comptab.*) poste *m* débiteur.
Schuldrückzahlung *f*, en remboursement *m* d'une dette.
Schuldschein *m*, e → *Schuldtitel*.
Schuldscheindarlehen *n*, - prêt *m* (accordé) avec reconnaissance de dette (il n'a pas valeur de titre négociable) ; prêt sous seing-privé.

Schuldsicherstellung *f*, en constitution *f* d'une garantie, d'une caution.
Schuldspruch *m*, ¨e (*jur.*) sentence *f* de culpabilité ; attribution *f* de responsabilité.
Schuldtilgung *f*, en amortissement *m*, extinction *f* d'une dette.
Schuldtitel *m*, - titre *m* de créance ; cédule *f* ; *~ in Anlagevermögen ein/tauschen* changer des titres de créance en immobilisations.
Schuldübernahme *f*, n reprise *f* d'une dette ; *befreiende ~* reprise privative d'une dette ; *kumulative ~* reprise cumulative de dette.
Schuldübertragung *f*, en transfert *m*, cession *f* d'une dette (sur une autre personne).
Schuldumwandlung *f*, en → *Umschuldung*.
Schuldunfähigkeit *f*, ø (*jur.*) incapacité *f* juridique de contracter une dette.
Schuldverhältnis *n*, se ensemble *m* des rapports entre créancier et débiteur ; rapport *m* d'obligation.
Schuldverjährung *f*, en extinction *f* d'une dette par prescription.
Schuldverpflichtung *f*, en obligation *f* de rembourser une dette ; obligation d'honorer ses engagements financiers.
Schuldverschreibung *f*, en obligation *f* ; *inflationsindexierte ~* obligation indexée sur l'inflation ; *öffentliche ~* obligation publique ; *tilgbare ~* obligation amortissable ; *~en aus/geben* émettre des obligations ; *~en ein/lösen* rembourser des obligations ; *Inhaber einer ~* obligataire *m* ; → *Anleihe* ; *Industrie-, Kommunalobligation* ; *Obligation* ; *Rentenmarkt* ; *Wandelschuldverschreibung*.
Schuldverschreibungsausgabe *f*, n émission *f* d'obligations.
Schuldverschreibungseinlösung *f*, en remboursement *m* d'obligations.
Schuldverschreibungsinhaber *m*, - obligataire *m* ; détenteur *m* d'obligations.
Schuldwechsel *m*, - (*comptab.*) effet *m* à payer *m* ; traite *f* à payer (établie pour acquitter une facture.
Schuldzahlung *f*, en paiement *m*, acquittement *m* d'une dette.
Schuldzinsen *mpl* dettes *fpl* d'intérêts ; intérêts *mpl* d'une somme due ; intérêts d'emprunt.
Schuldzinsenabzug *m*, ¨e déductibilité *f* des intérêts d'emprunt.

Schuldzuweisung *f,* en (*jur.*) attribution *f* de la responsabilité (de qqch à qqn) attribution de faute ; culpabilité *f.*

Schule *f,* e école *f* ; *öffentliche, private, konfessionelle* ~ école publique, privée, confessionnelle.

schulen entraîner ; former ; *Mitarbeiter* ~ former des collaborateurs.

Schüleraustausch *m,* e échange *m* scolaire.

Schulpflicht *f,* ø : *allgemeine* ~ école *f* obligatoire ; scolarité *f* obligatoire.

schulpflichtig : *im ~en Alter* en âge scolaire ; *ein ~es Kind* enfant en âge scolaire obligatoire.

Schulsparen *n,* - (*Allemagne*) incitation *f* à l'épargne *f* scolaire ; épargne *f* pédagogique (organisée par l'école pour sensibiliser les enfants à l'épargne).

schultern supporter ; assumer ; être à la hauteur de ; *den Großteil der Kosten allein* ~ supporter seul la majeure partie du coût.

Schulterschluss *m,* ¨e (*fam.*) entente *f* ; entraide *f* ; alliance *f* tacite.

Schulung *f,* en formation *f* ; entraînement *m* ; initiation *f* ; stage *m* ; séminaire *m* ; *interne* ~ séminaire de formation (interne à l'entreprise) ; *an einer* ~ *teil/nehmen* participer à un stage de formation.

Schulungskurs *m,* e programme *m* de formation ; cours *m* de formation.

Schulwesen *n,* ø l'enseignement *m* ; l'éducation *f.*

Schulzwang *m,* ø → *Schulpflicht.*

Schummelei *f,* en (*fam.*) tricherie *f* ; magouille *f* ; truande *f.*

schummeln 1. (*fam.*) tricher ; truander ; magouiller.

Schund *m,* ø camelote *f* ; toc *m.*

Schundware *f,* n camelote *f* ; marchandise *f* de rebut.

schürfen prospecter ; fouiller ; *nach Gold* ~ chercher de l'or.

Schürfen *n,* ø prospection *f* ; fouilles *fpl* ; ~ *nach Bodenschätzen* prospection du sous-sol.

Schürferlaubnis *f,* se → *Schürfrecht.*

Schürfrecht *n,* e droit *m* de prospecter ; permis *m* d'exploitation ; concession *f* minière.

Schürfung *f,* en → *Schürfen.*

Schurwolle *f,* n laine *f* vierge.

Schutt *m,* ø gravats *mpl* ; gravois *mpl* ; décombres *mpl.*

Schutt(ablade)platz *m,* ¨e décharge *f* ; dépotoir *m.*

Schüttgut *n,* ¨er marchandises *fpl* en vrac (céréales, charbon).

Schutz *m,* ø protection *f* ; (sauve-)garde *f* ; garantie *f* ; couverture *f* ; ~ *des geistigen Eigentums* protection de la propriété intellectuelle ; *unter dem* ~ *des Gesetzes* sous le couvert de la loi.

Schutzanforderungen *fpl* : *den* ~ *genügen* (*entsprechen*) satisfaire aux exigences de sécurité.

Schutzbrief *m,* e titre *m* de rapatriement ; carte *f* verte internationale ; assurance *f* dépannage-secours ; (*hist.*) sauf-conduit *m.*

schützen protéger ; garantir ; (*technique*) sécuriser ; *gesetzlich* ~ protéger par la loi ; *sich vor Diebstählen* ~ se prémunir contre des vols.

Schutzfrist *f,* en (*brevets, marques*) délai *m* de protection légale.

Schutzgebiet *n,* e (*environnement*) réserve *f* naturelle ; zone *f* protégée.

Schutzgebühr *f,* en taxe *f* de soutien ; taxe autorisée.

Schutzgeld *n,* er argent *m* du rackett, de la mafia ; prix *m* exigé par les racketteurs ; *~er zahlen* payer pour être protégé.

Schutzgelderpresser *m,* - racketteur *m.*

Schutzgelderpressung *f,* en rackett *m.*

Schutzgemeinschaft *f,* en association *f* de sauvegarde ; comité *m* de défense.

Schutzhaft *f,* ø (*jur.*) détention *f* préventive.

Schutzherrschaft *f,* en (*polit.*) protectorat *m.*

Schutzimpfung *f,* en (*médecine*) vaccination *f* préventive.

Schutzklausel *f,* n (*jur.*) clause *f* de sauvegarde.

Schutzkleidung *f,* en vêtement *m* de protection.

Schutzmacht *f,* ¨e (*polit.*) puissance *f* protectrice ; État *m* protecteur.

Schutzmann *m,* ¨er/-leute agent *m* de police.

Schutzmarke *f,* n : *eingetragene* ~ marque *f* déposée, protégée.

Schutzmaßnahme *f,* n mesure *f* de protection ; *handelspolitische* ~ mesure protectionniste.

Schutzpolizei *f,* ø gardiens *mpl* de la paix.

Schutzrecht *n,* e (*jur.*) droit *m* à la protection de la propriété intellectuelle et industrielle (marques, modèles déposés, etc.).

Schutzstaat *m,* en (*polit.*) **1.** État *m* protecteur **2.** protectorat *m*.

Schutz-und-Trutz-Bündnis *n,* se (*arch.*) alliance *f* défensive.

Schutzverband *m,* ¨e → ***Schutzgemeinschaft***.

Schutzvorrichtung *f,* en dispositif *m* de protection ; dispositif de sécurité.

Schutzwall *m,* ¨e barrière *f* protectionniste ; mur *m* protectionniste.

Schutzzoll *m,* ¨e droits *mpl* protecteurs ; taxe *f* à l'importation.

Schutzzollpolitik *f,* ø politique *f* protectionniste.

Schutzzollsystem *n,* e protectionnisme *m*.

Schutzzone *f,* n → ***Schutzgebiet***.

schwach faible ; (*bourse*) ~ (*schwächer*) faible ; en repli ; tendance à la baisse ; ~*e Beteiligung* faible participation ; ~*e Währung* monnaie *f* faible ; *die wirtschaftlich Schwachen* les économiquement faibles ; les oubliés de la croissance.

Schwäche *f,* n faiblesse *f* ; fragilité *f* ; impuissance *f*.

Schwächeanfall *m,* ¨e accès *m* de faiblesse.

schwächeln montrer des signes de faiblesse ; fléchir ; faiblir.

schwächen affaiblir ; *die Position der Konkurrenz* ~ affaiblir (la position de) la concurrence.

Schwachstelle *f,* n point *m* faible ; zone *f* de fragilité.

Schwächung *f,* en affaiblissement *m* ; diminution *f* ; amoindrissement *m*.

Schwangere (*die/eine*) femme *f* enceinte ; future maman *f*.

Schwangerenberatung *f,* en centre *m* de planning familial.

Schwangerenfürsorge *f,* n assistance *f* aux femmes enceintes.

Schwangerengeld *n,* er → ***Schwangerschaftsbeihilfe***.

Schwangerschaft *f,* en grossesse *f* ; maternité *f*.

Schwangerschaftsabbruch *m,* ¨e interruption *f* de grossesse ; avortement *m* (*syn. Abtreibung*).

Schwangerschaftsbeihilfe *f,* n allocation *f,* prestations *fpl* de maternité ; allocation prénatale.

Schwangerschaftsurlaub *m,* e congé *m* de maternité.

schwanken osciller ; fluctuer ; flotter ; *Preise und Kurse* ~ les prix et les cours fluctuent.

Schwankung *f,* en fluctuation *f* ; variation *f* ; *konjunkturelle* ~ variation conjoncturelle ; *periodische* ~ variation périodique ; *saisonbedingte* (*saisonale*) ~ fluctuation saisonnière ; *zyklische* ~ variation cyclique.

Schwankungsbreite *f,* n marge *f,* zone *f* de fluctuation ; fourchette *f* de variation ; battement *m* autorisé ; marge *f* d'intervention ; ~ *gegenüber dem Dollar* marge de fluctuation par rapport au dollar.

schwarz noir ; au noir ; illégal ; clandestin **I.** (*polit.*) ~*-rot* CDU-SPD ; (*polit.*) ~*-rot-goldene Fahne* drapeau *m* national ; (*polit.*) *das* ~*e Bayern* la Bavière conservatrice, catholique ; ~*es Brett* tableau *m* d'affichage ; ~*es Gold* charbon *m* ; pétrole *m* ; *Schwarzer Freitag* vendredi noir (effondrement des cours à la bourse de Wall Street, en 1929) ; ~*es Geld* argent (gagné au) noir ; ~*e Liste* liste *f* noire ; ~*er Markt* marché *m* noir **II.** *auf der* ~*en Liste stehen* être à l'index ; *etw* ~ *auf weiß besitzen* posséder qqch rédigé noir sur blanc ; avoir un document écrit ; (*wieder*) ~*e Zahlen schreiben* être bénéficiaire.

schwarz- /**Schwarz-** (*préfixe*) clandestin ; illégal.

Schwarzarbeit *f,* en travail *m* (au) noir ; activité *f* non-déclarée, clandestine.

schwarz/arbeiten faire du travail (au) noir ; travailler au noir ; avoir une activité non-déclarée.

Schwarzarbeiter *m,* - travailleur *m* non déclaré ; travailleur au noir.

Schwarzbau *m,* ø construction *f* sauvage (sans permis de construire).

Schwarzdienstleister *m,* - prestataire *m* de services au noir.

schwärzen noircir ; (*Autriche*) faire de la contrebande.

schwarz/fahren, u, a (*ist*) **1.** voyager sans billet **2.** conduire sans permis.

Schwarzfahrer *m,* - **1.** voyageur *m* sans billet ; (*fam.*) resquilleur *m* **2.** conducteur *m* sans permis.

Schwarzgeld *n,* er argent *m* (gagné au) noir.

Schwarzgeldkonto *n,* -ten compte *m* secret à l'étranger (pour blanchiment d'argent noir) ; caisse *f* noire.
Schwarzgeschäft *n,* e affaire *f* illégale, louche ; trafic *m* de marchandises prohibées ou rationnées.
Schwarzhandel *m,* ø marché *m* noir ; trafic *m* illégal.
Schwarzhandelspreis *m,* e prix *m* au noir ; prix pratiqué au marché noir.
Schwarzhändler *m,* - trafiquant *m* au marché noir ; marchand *m* clandestin.
schwarz/hören écouter la radio sans avoir déclaré le poste.
Schwarzhörer *m,* - fraudeur *m* à la redevance.
Schwarzkauf *m,* ¨e achat *m* non-déclaré ; achat illégal.
Schwarzkontensystem *n,* e système *m* des caisses noires.
Schwarzmarkt *m,* ¨e marché *m* noir.
Schwarzmarktpreis *m,* e prix *m* pratiqué au marché noir ; prix au noir.
schwarz/schlachten (*agric.*) tuer clandestinement un animal ; abattre illégalement un animal.
Schwarzschlachten *n,* ø (*agric.*) abattage *m* clandestin.
schwarz/sehen, a, e 1. être pessimiste **2.** regarder la télé sans avoir acquitté la redevance obligatoire ; frauder la redevance télé.
Schwarzseher *m,* - **1.** pessimiste *m* **2.** fraudeur *m* à la redevance-télé.
schwebend en attente ; en suspens ; en cours ; flottant ; ~*es Verfahren* procédure *f* en cours.
Schwefel *m,* ø soufre *m.*
schwefelarm à faible teneur en soufre ; peu soufré ; ~*er Kraftstoff* carburant *m* faible en soufre.
Schwefelgehalt *m,* e teneur *f* en soufre.
schwefelhaltig à (forte) teneur en soufre ; soufré.
Schweigeerklärung *f,* **en** déclaration *f* d'engagement au devoir de réserve.
Schweigegeld *n,* er pot-de-vin *m* destiné à acheter le silence de qqn ; prix *m* du silence.
Schweigepflicht *f,* ø secret *m* professionnel ; obligation *f* de réserve (fonctionnaires).
Schweigerecht *n,* ø (*jur.*) droit *m* de garder le silence ; *von seinem ~ Gebrauch machen* faire usage de son droit de ne pas révéler ses sources.
Schweinebestand *m,* ¨e (*agric.*) cheptel *m* porcin.
Schweinemastbetrieb *m,* e (*agric.*) exploitation *f* d'élevage porcin.
Schweinepest *f,* **en** (*agric.*) peste *f* porcine.
Schweinezucht *f,* ø (*agric.*) élevage *m* de porcs, porcin.
Schweizerische Bankvereinigung *f,* **en** (*Suisse*) association *f* des banques suisses.
Schwelle *f,* **n** seuil *m* ; plancher *m* ; cap *m* ; *die ~ der Rentabilität erreichen* atteindre le seuil de rentabilité.
Schwellenland *n,* ¨er pays *m* nouvellement industrialisé (P.N.I.) ; nation *f* émergente (pays au seuil de l'industrialisation, en train de sortir du sous-développement).
Schwellenpreis *m,* e (*U. E.* ; *agric.*) prix *m* agricole garanti ; prix-plancher imposé (pour les produits agricoles importés).
Schwellenwert *m,* e valeur-butoir *f* ; seuil *m* ; *über, unter dem ~ liegen* être au-dessus, au-dessous du seuil.
Schwemme *f,* **n 1.** excédent *m* ; surplus *m* ; offre *f* excessive ; surabondance *f* **2.** (*Autriche*) rayon *m* d'articles à petits prix dans un grand magasin.
schwer lourd ; pénible ; dur ; ~*e Arbeit* travail *m* de force ; (*fam.*) ~*es Geld kosten* coûter beaucoup d'argent.
Schwerarbeit *f,* **en** travail *m* de force ; travail pénible.
Schwerarbeiter *m,* - travailleur *m* de force.
Schwerarbeiterzulage *f,* **n** prime *f* de pénibilité ; indemnité *f* de travail pénible.
Schwerbehindertengesetz *n,* e législation *f* sur l'insertion sociale des handicapés.
Schwerbehinderte/r (*der/ein*) grand handicapé *m.*
Schwerbeschädigte/r (*der/ein*) → **Schwerbehinderter.**
Schwergut *n,* ¨er marchandises *fpl* pondéreuses (*contr. Leichtgut*).
Schwerindustrie *f,* **n** industrie *f* lourde ; sidérurgie *f* et industrie minière ; → **Schwerindustrie.**
Schwerlaster *m,* - (*transp.*) poids-lourd *m* ; gros camion *m* ; (*fam.*) gros-cul *m.*

Schwerlastverkehr *m,* ø trafic *m* poids-lourds.

Schwermetall *n,* e métal *m* lourd.

Schwerpflegebedürftige/r (*der/ein*) grand handicapé *m* ; personne *f* fortement dépendante (75 %, nécessitant au moins 3 h d'assistance par jour).

Schwerpunkt *m,* e priorité *f* ; point fort *m.*

Schwerpunktindustrie *f,* n → *Schlüsselindustrie.*

schwerpunktmäßig concentré sur certains points vitaux ; ~*er Streik* grève *f* bouchon ; grève sectorielle.

Schwerpunktprogramm *n,* e programme *m* à thèmes.

Schwerpunktstreik *m,* s grève-bouchon *f* ; grève-thrombose *f* ; grève sectorielle ; grève (ponctuelle) dans un centre vital.

Schwerstarbeiter *m,* - → *Schwerarbeiter.*

Schwerstfall *m,* ¨e cas *m* difficile ; cas désespéré ; incasable *m.*

Schwerstkriminalität *f,* ø grande criminalité *f* ; criminalité aggravée.

Schwerstpflegebedürftige/r (*der/ein*) personne *f* totalement dépendante (100 %, nécessitant au moins 5 h d'assistance par jour).

Schwerverkehr *m,* ø trafic *m* poids-lourds.

Schwerverkehrsabgabe *f,* n (*Suisse*) taxe *f* de transit poids-lourds (*syn. Brummisteuer*).

Schwervermittelbare/r (*der/ein*) chômeur *m* incasable.

schwerwiegend de poids ; *nicht ~* bénin ; ~*er Entschluss* décision *f* lourde de conséquences ; ~*er Fehler* faute *f* (professionnelle) lourde.

Schwesterfirma *f,* -men → *Schwestergesellschaft.*

Schwestergesellschaft *f,* en société-sœur *f* ; société affiliée.

Schwesterpartei *f,* en (*polit.*) parti-frère *m.*

Schwierigkeit *f,* en difficulté *f* ; problème *m* ; tracas *m* ; ~*en haben* avoir des difficultés ; *in ~en kommen* (*geraten*) connaître des difficultés ; *auf ~en stoßen* rencontrer des problèmes ; ~*en überwinden* surmonter des difficultés.

Schwimmdock *n,* s dock *m* flottant.

schwimmend flottant ; ~*e Ladung* cargaison *f* flottante ; *~ kaufen, verkaufen* acheter, vendre flottant.

Schwindel *m,* - tromperie *f* ; escroquerie *f* ; duperie *f* ; arnaque *f.*

Schwindelangebot *n,* e offre *f* fallacieuse ; offre trompeuse.

Schwindelfirma *f,* -men maison *f,* entreprise *f* véreuse.

schwindeln mentir ; bluffer ; duper ; tromper ; arnaquer.

Schwindler *m,* - escroc *m* ; arnaqueur *m.*

Schwund *m,* ø perte *f* ; diminution *f* ; disparition *f* ; coulage *m.*

Schwurgericht *n,* e (*jur.*) cour *f* d'assises ; jury *m* d'assises.

SDAX *m* (*bourse*) indice *m* boursier allemand d'entreprises moyennes ; sociétés *fpl* à faible capitalisation boursière ; → *DAX.*

SdK *f* (*Schutzgemeinschaft der Kapitalanleger*) association *f* de défense des investisseurs de capitaux.

Second-Hand- (*préfixe*) (*pr. ang.*) de seconde main ; d'occasion.

Secondhandladen *m,* ¨ magasin *m* (de marchandises ou de vêtements) d'occasion.

Secondhandshop *m,* s → *Secondhandladen.*

Secondhandwaren *fpl* marchandises *fpl* d'occasion ; vêtements *mpl* de seconde main, usagés.

SED *f* (*hist. R.D.A. : Sozialistische Einheitspartei Deutschlands*) parti *m* socialiste unifié de la R.D.A ; parti communiste de l'ex-Allemagne de l'Est.

See *f,* n mer *f* ; *auf ~* en (sur) mer ; *auf hoher ~* en haute mer ; → *Meer.*

Seeassekuranz *f,* en → *Seeversicherung.*

seebeschädigt avarié ; endommagé.

Seeblockade *f,* n blocus *m* maritime.

Seefischerei *f,* en pêche *f* maritime.

Seefracht *f,* en fret *m* maritime.

Seefrachtbrief *m,* e connaissement *m* ; → *Konnossement.*

Seefrachthandel *m,* ø commerce *m* de transport maritime.

Seefrachtvertrag *m,* ¨e contrat *m* d'affrètement maritime.

Seefreihafen *m,* ¨ port *m* franc.

Seegebiet *n,* e zone *f* maritime ; territoire *m* maritime.

Seegerichtshof *m,* ¨e cour *f* suprême maritime.

Seehafen *m,* - port *m* de mer ; port maritime.

Seehandel *m*, ø commerce *m* maritime.
Seeherrschaft *f*, ø 1. suprématie *f* maritime 2. souveraineté *f* marine.
Seeladeschein *m*, e → *Seefrachtbrief*.
Seemacht *f*, ¨e puissance *f* maritime.
Seemann *m*, -leute marin *m* ; matelot *m*.
seemäßig : ~ *verpackt* en emballage maritime ; *~e Verpackung* emballage *m* à l'épreuve des risques de mer.
Seepolice *f*, en (*assur.*) police *f* d'assurance maritime.
Seerecht *n*, ø droit *m* maritime.
Seeschaden *m*, ¨ avarie *f* ; sinistre *m* en mer.
Seeschifffahrt *f*, en navigation *f* maritime.
Seeschifffahrtsweg *m*, e → *Seeweg*.
Seespediteur *m*, e agent *m* maritime ; commissionnaire-expéditeur *m* maritime.
Seetransport *m*, e transport *m* maritime.
Seeversicherung *f*, en (*assur.*) assurance *f* maritime.
Seeweg *m*, e voie *f*, route *f* maritime ; *auf dem* ~ par mer.
Segment *n*, e segment *m*.
segmentieren segmenter ; *den Markt* ~ segmenter le marché.
Segmentierung *f*, en segmentation *f* ; ~ *des Produktionsprozesses* segmentation des processus de production.
Seifenblase *f*, n bulle *f* (de savon) ; (*bourse*) *spekulative* ~ bulle spéculative.
Seifenblasenwirtschaft *f*, en bulle *f* financière.
Seite *f*, n 1. côté *m* ; *Geld auf der* ~ *haben* avoir de l'argent de côté ; *Geld auf die* ~ *legen* mettre de l'argent de côté 2. page *f* ; *gelbe ~n* pages jaunes de l'annuaire.
Seitenlinie *f*, n (*jur.*) ligne *f* collatérale.
Seitenverwandschaft *f*, en (*jur.*) parenté *f* collatérale.
Sekretär *m*, e 1. secrétaire *m* ; rédacteur *m* 2. responsable *m* ; leader *m* (politique ou syndical).
Sekretariat *n*, e secrétariat *m*.
Sekretärin *f*, nen secrétaire *f*.
Sektor *m*, en 1. *dynamischer* ~ secteur *m* dynamique ; *exportorientierter* ~ secteur orienté vers l'exportation ; ~ *sec*teur *m* dynamique ; *gewerblicher* ~ activités *fpl* artisanales, industrielles et commerciales ; *öffentlicher* ~ secteur public ; *privater* ~ secteur privé ; *primärer, sekundärer, tertiärer* ~ secteur primaire (agricole), secondaire (industriel), tertiaire (des services) ; *privater* ~ secteur privé ; *strategischer* ~ secteur stratégique 2. (*sociologie moderne*) *erster* ~ secteur primaire (État et institutions) ; *zweiter* ~ marché *m* (groupes économiques, entreprises et organismes commerciaux) ; *dritter* ~ domaine *m* entre État et marché.
sektoral sectoriel.
Sekunda *f*, en → *Sekundawechsel*.
sekundär secondaire ; dérivé ; *~es Produkt* produit *m* dérivé ; → *Sektor* ; *produzierend*.
Sekundäreinkommen *npl* revenus *mpl* secondaires ; revenus sociaux, de transfert, de redistribution,
Sekundärenergie *f*, n énergie *f* secondaire (essence, gaz de ville, courant électrique, etc.).
Sekundärhandel *m*, ø (*bourse*) marché *m* secondaire (où sont échangés des titres qui ont déjà été émis).
Sekundärrohstoffe *mpl* matières *fpl* premières de récupération.
Sekundawechsel *m*, - (*finance*) seconde *f* de change.
selbst soi-même ; personnellement ; ~ *erwirtschaftet* produit soi-même ; autofinancé ; ~ *genutzt* à usage personnel ; (*jur.*) ~ *verschuldet* par sa propre faute ; de son propre fait ; ~ *verwaltet* autogéré ; ~ *kontrahieren* contracter pour son propre compte ; (*bourse*) faire la contrepartie ; ~ *vermarkten* vendre directement (au consommateur).
Selbstabholer *m*, - acheteur *m* qui enlève lui-même la marchandise achetée (meubles, etc.).
selbständig → *selbstständig*.
Selbständige/r (*der/ein*) → *Selbstständige/r*.
Selbständigkeit *f*, (en) → *Selbstständigkeit*.
Selbstbedienung *f*, en libre-service *m* ; self-service *m* ; *Waren in* ~ *an/bieten* vendre des marchandises en libre-service ; → *SB*.
Selbstbedienungsgeschäft *n*, e (magasin *m*) libre-service *m* ; self-service *m* ; self *m* ; *kleines* ~ supérette *f*.
Selbstbedienungsladen *m*, ¨ → *Selbstbedienungsgeschäft*.

Selbstbehalt *m*, e → *Selbstbeteiligung*.
Selbstbeschränkung *f*, en autolimitation *f*.
Selbstbeschränkungsabkommen *n*, - accord *m* d'autolimitation.
Selbstbestimmung *f*, (en) (*polit.*) autodétermination *f*.
Selbstbestimmungsrecht *n*, (e) (*polit.*) droit *m* à l'autodétermination.
Selbstbeteiligung *f*, en **1.** (*assur.*) franchise *f* d'assurance ; participation *f* aux frais ; *eine ~ von 50 Euro bezahlen müssen* devoir payer une franchise de 50 euros **2.** (*sécurité sociale*) part *f* non couverte par la sécurité sociale ; (*France*) ticket *m* modérateur **3.** *finanzielle ~* autofinancement *m*.
Selbstbewirtschaftung *f*, en **1.** exploitation *f* directe (par l'intéressé) ; autogestion *f* **2.** (*agric.*) faire-valoir *m*.
Selbsteintritt *m*, (e) (*jur.*) contrepartie *f* ; privilège *m* du commissionnaire (droit de se porter acquéreur ou vendeur en son propre nom, en contrepartie de ses avances ou (et) déboursés).
Selbsterzeuger *m*, - producteur *m* en autarcie ; producteur autosuffisant.
Selbstfinanzierung *f*, en → *Eigenfinanzierung*.
Selbstgebrauch *m*, ø usage *m* personnel.
Selbsthilfe *f*, n entraide *f* ; autodéfense *f* ; légitime défense *f* ; *zur ~ greifen* se faire justice soi-même.
Selbsthilfegruppe *f*, n groupe *m* d'entraide ; aide *f* psychologique (alcooliques, etc.).
Selbstkosten *pl* (*comptab.*) prix *m* de revient, coûtant ; coût *m* de revient (somme des coûts d'achat, de production et de distribution du bien ou du service proposé à la vente) ; *die ~ senken* abaisser le prix de revient.
Selbstkostenanalyse *f*, n (*comptab.*) analyse *f* des coûts de revient.
Selbstkostenberechnung *f*, en (*comptab.*) calcul *n* du coût de revient.
Selbstkostenkalkulation *f*, en → *Selbstkostenberechnung*.
Selbstkostenpreis *m*, e (*comptab.*) coût *m* de revient (*syn. Kostenpreis, Kostpreis*).
Selbstkostenrechnung *f*, en (*comptab.*) comptabilité *f* analytique (*syn. Kostenrechnung*).

Selbstläufer *m*, - (*fam.*) produit *m* qui marche tout seul.
Selbstmontage : *zur ~* livré en kit ; à monter soi-même.
Selbstregulierung *f*, en autorégulation *f*.
Selbstschuldner *m*, - (*jur.*) débiteur *m* pour son propre compte ; *sich als ~ verbürgen* se porter caution solidaire.
selbstschuldnerisch : (*jur.*) *~e Bürgschaft* caution *f* solidaire.
selbstständig indépendant ; non-salarié ; *~e Erwerbstätigkeit* activité *f* non-salariée ; *sich ~ machen* s'établir à son compte.
Selbstständige/r (*der/ein*) indépendant *m* ; personne *f* non-salariée ; non-salarié *m* ; → *Freiberufler* ; *Handwerker* ; *Landwirt* ; *Unternehmer*.
Selbstständigkeit *f*, (en) indépendance *f* ; autonomie *f* ; *finanzielle ~* autonomie *f* financière.
Selbstverbrauch *m*, ø consommation *f* privée ; autoconsommation *f*.
Selbstverkäufer *m*, - propriétaire *m* négociant ; producteur-vendeur *m* ; propriétaire-récoltant.
Selbstvermarktung *f*, en vente *f* directe (du producteur au consommateur).
Selbstverpflegung *f*, en autoravitaillement *m*.
Selbstverpflichtung *f*, en engagement *m* personnel.
Selbstverpflichtungserklärung *f*, en déclaration *f* d'engagement personnel.
Selbstverschulden *n*, ø : (*jur.*) *durch ~* par sa propre faute ; de sa propre responsabilité ; de son propre fait.
Selbstversorger *m*, - consommateur *m* autosuffisant ; personne *f* vivant de sa propre production.
Selbstversorgung *f*, en autarcie *f* ; autosuffisance *f* ; auto-approvisionnement *m*.
Selbstversorgungsgrad *m*, e degré *m* d'autosuffisance ; degré d'autarcie ; taux *m* d'auto-approvisionnement.
Selbstverwaltung *f*, en autonomie *f* (administrative) ; autogestion *f* ; *~ der Gemeinden* autonomie communale, municipale.
Selbstverwaltungsgremium *n*, -ien comité *m* d'autogestion.
Selbstverwaltungskörperschaft *f*, en collectivité *f* territoriale dotée d'autono-

mie administrative ; personne *f* morale autonome.

Selbstverwaltungsorgan *n,* e organisme *m* autogéré ; institution *f* autogérée.

Selbstvorsorge *f,* ø prévoyance *f* volontaire, individuelle ; assurance *f* privée.

selektieren sélectionner.

Selektion *f,* en sélection *f.*

Selektionierung *f,* en → *Selektion.*

Selfmadefrau *f,* en (*pr. ang.*) self-made-woman *f* ; femme *f* qui a réussi à la force du poignet.

Selfmademan *m,* -men (*pr. ang.*) self-made-man *m* ; homme *m* qui a réussi par lui-même.

Selfservice *m,* ø (*pr. ang.*) → *Selbstbedienung.*

sell : (*conseil boursier*) allégez votre position ; (*titre*) conseillé à la vente ; vendez.

Sellingcenter *n,* - ensemble *m* des responsables de la vente d'un produit.

Sellingout *n,* s (*pr. ang.*) (*bourse*) vente *f* de titres en catastrophe.

Seminar *n,* e séminaire *m.*

Senat *m,* e 1. (*tribunal*) chambre *f* 2. (*Berlin, villes hanséatiques*) organe *m* exécutif ; gouvernement *m* 3. sénat *m* 4. (*université*) conseil *m.*

Senator *m,* en 1. sénateur *m* 2. membre *m* de l'exécutif ; ministre *m* à Berlin et dans les villes hanséatiques.

1. senden, a, a envoyer ; expédier ; faire parvenir ; → *schicken.*

2. senden transmettre ; (radio)diffuser ; *einen Werbespot* ~ diffuser un spot publicitaire.

Sender *m,* - (*radio, télé*) émetteur *m* ; station *f* d'émission.

Sendung *f,* en 1. envoi *m* ; expédition *f* ; *eingeschriebene* ~ objet *m* recommandé ; *portofreie* ~ envoi franco de port ; *postlagernde* ~ envoi poste restante ; *unzustellbare* ~ envoi mis au rebut ; ~ *mit Wertangabe* envoi avec valeur déclarée 2. (*radio, télé*) diffusion *f* ; émission *f.*

Senior *m,* en 1. senior *m* ; *die ~en les* seniors ; personnes *fpl* âgées ; troisième âge *m* 2. président *m* ; ancien *m* ; doyen *m* d'âge ; *von dem ~ auf den Junior über/gehen* être transmis du senior (d'une famille) au junior.

Seniorchef *m,* s senior *m* ; père *m* ; fondateur *m* d'une entreprise familiale.

Seniorenheim *n,* e maison *f* de retraite ; résidence *f* du troisième âge.

Senioritätsprinzip *n,* ø principe *m* de la priorité à l'ancienneté ; principe du bénéfice de l'âge.

senken diminuer ; réduire ; *die Preise* ~ baisser les prix ; *die Produktionskosten um 10 %* ~ réduire les coûts de production de 10 %.

Senkung *f,* en réduction *f* ; diminution *f* ; abaissement *m* ; baisse *f* ; ~ *der Kaufkraft* baisse du pouvoir d'achat.

Sensal *m,* e (*bourse*) (*Autriche*) courtier *m* ; agent *m* de change.

Sensarie *f,* n (*bourse*) (*Autriche*) courtage *m.*

Sensationspresse *f,* n presse *f* à sensation.

sensibel sensible ; délicat ; difficile ; *sensible Ware* marchandise *f* sensible (armes, technologie, etc.).

Sensibilitätsanalyse *f,* en analyse *f* de sensibilité ; analyse de vente (dans le cadre de la recherche opérationnelle).

Sensor *m,* en (*technique*) capteur *m.*

separat séparément ; à part ; ~ *bestellen* commander séparément.

Separatkonto *n,* -ten compte *m* à part ; compte séparé.

Separatorenfleisch *n,* ø (*agric.*) pièces *fpl* de viande séparées des carcasses et incorporées dans de la charcuterie bon marché.

Sequenzer *m,* - (*informatique*) séquenceur *m.*

sequenziell (*informatique*) séquentiel ; *~er Zugriff* accès *m* séquentiel.

sequenzieren (*informatique*) séquencer.

Sequester *m,* - (*jur.*) séquestre *m* chargé d'une liquidation judiciaire.

sequestrieren (*jur.*) placer sous séquestre.

Serie *f,* n série *f* ; *etw in* ~ *her/stellen* fabriquer qqch en série ; *diese ~ läuft aus* cette série est en passe d'être épuisée ; fin *f* de série.

Serien(an)fertigung *f,* en → *Serienproduktion.*

Serienartikel *m,* - article *m* de série.

Serienausführung *f,* en modèle *m* de série.

Serienbau *m,* ø construction *f* en série.

Serienherstellung *f,* en → *Serienproduktion.*

serienmäßig de série ; en série ; *ein Produkt nur ~ fertigen* ne fabriquer un produit qu'en série.

Seriennummer *f,* **n** numéro *m* de série.

Serienproduktion *f,* **en** production *f* en série ; fabrication *f* de série.

serienreif prêt pour la (fabrication en) série.

Serienwagen *m,* **-** voiture *f* de série.

serienweise → *serienmäßig.*

seriös sérieux ; solide ; engageant ; *~e Firma* maison *f* sérieuse.

Seriosität *f,* **en** sérieux *m* d'une société.

Server *m,* **-** (*pr. ang.*) (*Internet*) serveur *m* ; fournisseur *m* d'accès, de services.

Service *m/n,* **s** (*pr. ang.*) **1.** service après-vente (*syn. Kundendienst ; Dienst am Kunden*) **2.** service *m* (hôtellerie, tourisme) (*syn. Bedienung*).

Serviceheft *n,* **e** (*auto.*) carnet *m* d'entretien.

Serviceleistungen *fpl* prestations *fpl* (offertes dans le cadre d'un service-clients).

Servicenetz *n,* **e** réseau *m* après-vente ; *ein ~ auf/bauen* créer un réseau après-vente.

Serviceprovider *m,* **-** (*pr. ang.*) (*Internet*) serveur *m* (ne possède pas de réseaux propres mais achète des capacités auprès des grands).

Serviceschulung *f,* **en** entraînement *m* au service-clientèle ; stage *m* de formation au service de la clientèle.

Servicesektor *m,* **en** secteur *m* tertiaire (*syn. Dienstleistungssektor*).

Serviceunternehmen *n,* **-** entreprise *f* de services.

Servituden *fpl* → *Dienstbarkeiten.*

Servolenkung *f,* **en** (*auto.*) direction *f* assistée.

sesshaft sédentaire ; résident ; domicilié.

Sesshaftigkeit *f,* ø sédentarité *f.*

Sesshaftwerdung *f,* ø sédentarisation *f.*

Set *n/m,* **s** → *Satz.*

SET *n* (*Secure Electronic Transactions*) standard *m* de sécurité des transactions électroniques (pour éviter le piratage de cartes de crédit sur Internet).

setzen : *eine Frist, einen Termin ~* fixer un délai, une date ; *etw in Gang ~* mettre qqch en marche ; *sich in Verbindung ~* se mettre en relation.

Seuche *f,* **n** épidémie *f.*

Seuchenbekämpfung *f,* **en** lutte *f* contre les épidémies.

Seuchengefahr *f,* **en** risque *m* d'épidémie ; danger *m* de contagion.

sexuell : *~e Belästigung am Arbeitsplatz* harcèlement *m* sexuel sur le lieu de travail.

Share *m,* **s** (*pr. ang.*) (*bourse*) action *m* ; → *Aktie.*

Shareholder *m,* **-** (*pr. ang.*) (*bourse*) actionnaire *m* ; → *Aktionär.*

Shareholder-Return *m,* **s** (*pr. ang.*) augmentation *f* moyenne annuelle du cours d'une action en incluant le dividende des trois dernières années.

Shareholder-Value *m,* **s** (*pr. ang.*) valeur *f* actionnariale ; valeur *f* d'une entreprise évaluée en termes de dividendes versés aux actionnaires ; bonne santé *f* des petits actionnaires ; patrimoine *m* des petits épargnants.

Shareware *f,* **s** (*pr. ang.*) (*informatique*) logiciel *m* contributif ; partagiciel *m* ; logiciel en libre essai.

Shop *m,* **s** boutique *f* ; magasin *m.*

Shopbetreiber *m,* **-** exploitant *m,* gérant *m* d'une boutique.

shoppen faire du shopping ; faire du lèche-vitrines.

Shopper *m,* **-** personne *f* qui fait les boutiques ; personne *f* qui fait du lèche-vitrines.

Shopping *n,* **-** shopping *m* ; lèche-vitrines *m.*

Shoppingcenter *n,* **-** centre *m* commercial ; → *Einkaufszentrum.*

Shoppinggoods *pl* (*pr. ang.*) produits *mpl* haut de gamme.

Shoppingpassage *f,* **n** galerie *f* commerçante ; passage *m* commerçant.

short (*bourse*) à découvert.

Shortposition *f,* **s** (*pr. ang.*) (*bourse*) placement *m* à découvert.

Showbusiness *n,* ø (*pr. ang.*) show-business *m* ; show-biz *m* ; industrie *f* du spectacle.

Shuttleservice *m,* **-** (*pr. ang.*) service *m* de navettes.

Sicherheit *f,* **en 1.** sécurité *f* ; sûreté *f* ; *materielle ~* sécurité matérielle ; *~ am Arbeitsplatz* sécurité de l'emploi ; *innere ~* sécurité intérieure, de l'État **2.** (*jur.*) (*garantie*) sécurité *f* ; caution *f* ; garantie

Sicherheits- *f* **I.** *hypothekarische* ~ garantie hypothécaire ; *kaufmännische* ~ garantie commerciale ; *sachliche* (*dingliche*) ~ garantie réelle **II.** *als* ~ *dienen* servir de garantie ; ~*en fordern* exiger des garanties ; *etw als* ~ *halten* détenir qqch en garantie ; *als* ~ *hinterlegen* déposer à titre de garantie ; *für jdn* ~ *leisten* cautionner qqn ; servir de caution à qqn ; ~*en stellen* fournir des garanties.

Sicherheits- (*préfixe*) de/en garantie ; de sécurité ; de sûreté ; conservatoire.

Sicherheitsabkommen *n*, - accord *m* de sécurité.

Sicherheitsauflagen *fpl* impératifs *mpl* de sécurité ; conditions *fpl* de sécurité.

Sicherheitsbeauftragte/r (*der*/*ein*) chargé *m* de la sécurité (sur le lieu de travail).

Sicherheitsbegleiter *m*, - convoyeur *m* ; agent *m* de sécurité.

Sicherheitsbestände *mpl* (*comptab.*) stocks *mpl* de sécurité ; stocks prévisionnels ; volant *m* de sécurité.

Sicherheitsbestellung *f*, en (*jur.*) constitution *f* de garantie ; constitution d'une sûreté.

Sicherheitsbestimmungen *fpl* → *Sicherheitsvorschriften*.

Sicherheitsbetrag *m*, ¨e somme *f* déposée en garantie ; caution *f*.

sicherheitsbewusst : ~*er Anleger* investisseur *m* recherchant des placements sans risques.

Sicherheitsdepot *n*, s dépôt *m* de garantie.

Sicherheitsdienst *m*, e service *m* de sécurité.

Sicherheitsfaden *m*, ¨ fil *m* de sécurité (argenté) (sur les billets de banque).

Sicherheitsfonds *m*, - fonds *m* de garantie.

Sicherheitsgeber *m*, - (*jur.*) garant *m* ; répondant *m* ; caution *f*.

Sicherheitsgewerbe *n*, - professions *fpl* de la sécurité ; métiers *mpl* du gardiennage.

Sicherheitsgründen : *aus* ~ pour des raisons de sécurité.

Sicherheitsklausel *f*, n (*jur.*) clause *f* de garantie.

Sicherheitskopie *f*, n (*informatique*) copie *f* de sauvegarde.

Sicherheitsleistung *f*, en (*jur.*) constitution *f* de garantie ; dépôt *m* de garantie ; versement *m* d'une garantie ; *nur gegen* ~ contre dépôt de garantie uniquement.

Sicherheitslücke *f*, n lacune *f* au niveau de la sécurité ; sécurité *f* insuffisante.

Sicherheitsmaßnahme *f*, n mesure *f* de sécurité.

Sicherheitsnetz *n*, e filet *m* de sécurité ; *soziales* ~ protection *f* sociale.

Sicherheitsnorm *f*, en norme *f* de sécurité.

sicherheitsorientiert → **sicherheitsbewusst**.

Sicherheitspaket *n*, e train *m* de mesures de sécurité.

Sicherheitspfand *n*, ¨er gage *m*.

Sicherheitsrat *m*, ø (*O.N.U.*) Conseil *m* de sécurité.

Sicherheitsreserve *f*, n → *Sicherheitsrücklage*.

Sicherheitsrücklage *f*, n (*comptab.*) réserve *f* de garantie ; volant *m* de sécurité.

Sicherheitssoftware *f*, s logiciel *m* anti-piratage ; programme *m* anti-virus.

Sicherheitsstandard *m*, s norme *f* de sécurité.

Sicherheitsstellung *f*, en prise *f* de garanties.

Sicherheitsvorkehrungen *fpl* : ~*en treffen* prendre des mesures préventives, des mesures de sécurité.

Sicherheitsvorrichtung *f*, en dispositif *m* de sécurité.

Sicherheitsvorschriften *fpl* consignes *fpl* de sécurité.

Sicherheitswechsel *m*, - (*finance*) titre *m* déposé en nantissement ; traite *f* remise à titre de garantie.

sichern protéger ; assurer ; garantir ; *hypothekarisch gesichertes Darlehen* prêt *m* garanti par hypothèque, hypothéqué.

sicher/stellen 1. garantir ; mettre en sûreté ; *sichergestellte Forderung* créance *f* garantie **2.** confisquer ; mettre sous séquestre.

Sicherstellung *f*, en (*jur.*) **1.** garantie *f* ; sûreté *f* ; constitution *f* ; prestation *f* de sûreté *f* ; mesure *f* conservatoire ; *hypothekarische* ~ garantie hypothécaire **2.** confiscation *f* ; mise *f* sous séquestre.

Sicherung *f*, en garantie *f* ; sécurité *f* ; sauvegarde *f* ; ~ *des Arbeitsplatzes* sauvegarde de l'emploi ; ~ *der Währung* sauvegarde de la monnaie ; *soziale* ~ couverture *f* sociale.

Sicherungsabtretung *f*, en (*jur.*) cession *f* (de créance) à titre de garantie.
Sicherungsetikett *n*, e système *m* antivol.
Sicherungsfonds *m*, - fonds *m* de sécurité ; fonds de garantie.
Sicherungsgeber *m*, - (*jur.*) **1.** cédant *m* d'une garantie ; garant *m* ; caution *f* ; personne *f* qui se porte caution (*syn. Bürge*) **2.** aliénateur *m* fiduciaire ; → *Sicherungsnehmer*.
Sicherungsgeld *n*, er somme *f* déposée en garantie ; caution *f*.
Sicherungsgrundschuld *f*, en (*jur.*) dette *f* foncière de garantie.
Sicherungshypothek *f*, en (*jur.*) hypothèque *f* de garantie.
Sicherungskopie *f*, n (*informatique*) copie *f* de sauvegarde.
Sicherungsleistung *f*, en (*jur.*) fourniture *f* d'une garantie ; cautionnement *m*.
Sicherungsmaßnahme *f*, n → mesure *f* de sécurité, (*jur.*) conservatoire.
Sicherungsnehmer *m*, - (*jur.*) **1.** mandataire *m* ; personne *f* qui exige une caution ; institut *m* financier **2.** acquéreur *m* fiduciaire ; → *Sicherungsgeber*.
Sicherungssystem *n*, e système *m* de protection.
sicherungsübereignen (*jur.*) remettre, céder un bien à titre de garantie.
Sicherungsübereignung *f*, en (*jur.*) remise *f* d'un bien en propriété à titre de garantie ; cession *f* à titre de sûreté ; dation *f* en séquestre.
Sicherungsverwahrung *f*, en (*jur.*) détention *f* préventive (*syn. Untersuchungshaft*).
Sicherungszession *f*, en (*jur.*) cession *f* de créances ; cession de garanties.
Sicht *f*, ø **1.** vue *f* ; terme *m* ; échéance *f* ; *auf* (*bei*) ~ *zahlbar* payable à vue, sur présentation ; *auf kurze, lange ~* à court, à long terme ; *dreißig Tage nach ~ zahlbar* payable à trente jours de vue ; *Fälligkeit bei ~* échéance *f* à vue **2.** *aus ~* (+ *G*) du point de vue de ; *aus ~ der Kunden, der Arbeitgeber* du point de vue des clients, des employeurs.
Sichtdepositen *npl* dépôts *mpl* à vue.
Sichteinlage *f*, n → *Sichtdepositen*.
sichten examiner ; passer au crible ; *einen Nachlass ~* examiner une succession.
Sichtfenster *n* : *Briefumschlag mit ~* enveloppe *f* à fenêtre.

Sichtgerät *n*, e (*informatique*) moniteur *m* ; écran *m* de visualisation ; visu *m*.
Sichtgeschäft *n*, e opération *f*, transaction *f* à vue.
Sichtguthaben *n*, - avoir *m* à vue.
Sichtkonto *n*, -ten compte *m* à vue (dont on peut retirer des fonds à tout moment).
Sichtkontrolle *f*, n contrôle *m* à vue, visuel.
Sichttag *m*, e jour *m* de l'échéance d'un effet ; date *f* de présentation.
Sichttratte *f*, n → *Sichtwechsel*.
Sichtung *f*, en **1.** détection *f* **2.** examen *m* ; vérification *f* ; *~ der Angebote* dépouillement *m* des offres.
Sichtvermerk *m*, e visa *m* (*syn. Visum*).
Sichtwechsel *m*, - effet *m* à vue ; traite *f* à vue ; effet à un certain délai de date (*contr. Verfallwechsel*).
Sichtwerbung *f*, en publicité *f* visuelle dont les supports sont exposés dans des endroits très fréquentés (colonne d'affichage, couloirs du métro, autobus, etc.).
Sieb *n*, e passoire *f* ; (*fig.*) *durch das ~ fallen* échapper à des statistiques ; passer entre les mailles du filet.
sieben filtrer ; trier ; passer au crible ; *Bewerber gründlich ~* trier les candidats sur le volet.
Siebener Gruppe *f* → *G7-Staaten*.
Siedler *m*, - **1.** colon *m* **2.** résidant *m* d'une cité.
Siedlung *f*, en agglomération *f* ; lotissement *m* ; cité *f* ouvrière ; grand ensemble *m*.
Siedlungsdichte *f*, (n) densité *f* de population (*syn. Bevölkerungsdichte*).
Siedlungsgebiet *n*, e zone *f* d'habitation, de lotissement.
Siedlungsgesellschaft *f*, en société *f* d'aménagement et de construction de lotissements.
Siedlungsnetz *n*, e tissu *m* urbain et rural.
Siedlungsplanung *f*, en politique *f* d'aménagement du territoire.
Siegel *n*, - sceau *m* ; scellés *mpl* ; cachet *m* ; *ein ~ an/bringen* apposer les scellés ; *unter dem ~ der Verschwiegenheit* sous le sceau du secret.
Siegelbewahrer *m*, - garde *m* des Sceaux ; ministre *m* de la Justice.

Siegelbruch *m*, ¨e rupture *f* de scellés.
Signal *n*, **e** signal *m* ; indication *f* ; *ein ~ überfahren* brûler un signal de circulation ; *für die Wirtschaft stehen alle ~e auf Grün, auf Rot* tous les clignotants du marché sont au vert, au rouge.
Signalpreis *m*, **e** prix *m* incitatif.
Signalwirkung *f*, ø : *~ haben* avoir valeur de signe, de signal.
Signatarstaat *m*, **en** État *m* signataire.
Signatur *f*, **en** paraphe *m* ; griffe *f* ; *elektronische ~* signature électronique.
Signaturgesetz *n*, **e** loi *n* qui reconnaît à la signature électronique la même valeur que la signature manuscrite.
Signet *n*, **e** logo *m* ; emblème *m* de marque (*syn. Logo*).
signieren 1. signer une œuvre ; *von Hand signiert* signé (à la main) 2. parapher.
Silber *n*, ø argent *m* ; *aus ~* en argent.
Silberbarren *m*, - lingot *m* d'argent.
Silberfaden *m*, ¨ → *Sicherheitsfaden*.
silberhaltig argentifère ; qui contient de l'argent.
Silberlegierung *f*, **en** alliage *m* d'argent.
Silbermünze *f*, **n** pièce *f* d'argent.
silbern en argent.
Silberwährung *f*, **en** monnaie *f* d'argent ; étalon-argent *m*.
silieren ensiler.
Silo *m/n*, **s** silo *m* ; *im ~ ein/lagern* ensiler.
SIM-Karte *f*, **n** (*Subscriber Identity Module*) carte *f* SIM (des téléphones portables).
simsen envoyer un S.M.S.
Simulant *m*, **en**, **en** simulateur *m*.
Simulationsspiel *n*, **e** simulation *f*.
simulieren 1. simuler ; *~te Krankheit* maladie *f* diplomatique 2. faire une simulation ; *ökonomische Prozesse ~* faire une simulation de processus économiques.
Simultangründung *f*, **en** (*jur.*) création *f* simultanée d'une société par souscription des actions par les fondateurs eux-mêmes (*contr. Stufengründung, Sukzessivgründung*).
Single *m*, **s** (*pr. ang.*) célibataire *m* ; personne *f* seule.
Singlehaushalt *m*, **e** (*statist.*) ménage *m* d'une seule personne.

sinken, **a**, **u** (*ist*) baisser ; diminuer ; *die Preise sind um 10 % gesunken* les prix ont diminué de 10 %.
Sinken *n*, ø baisse *f* ; diminution *f* ; *~ der Kurse* chute *f* des cours.
1. SIS *n* (*Schengener Informations-System*) ordinateur *m* central de Strasbourg (il centralise les résultats d'enquêtes de personnes au passage des frontières dans le cadre des accords de Schengen).
2. SIS *m* (*Stelleninformationsdienst für Arbeitsuchende*) service *m* d'information sur Internet pour demandeurs d'emploi.
sistieren 1. effectuer un contrôle d'identité 2. (*jur.*) *ein Verfahren ~* suspendre une procédure.
Site *f*, **s** (*pr. ang.*) (*Internet*) site *m* sur Internet ; page *f* Web ; → **Website**.
Sit-in *n*, **s** (*polit.*) sit-in *m*.
situiert : *gut, schlecht ~ sein* avoir une bonne, une mauvaise situation financière.
Sitz *m*, **e** 1. (*polit.*) siège *m* ; *~e im Parlament erringen* gagner des sièges au parlement 2. siège social ; *seinen ~ haben in* siéger à ; *den ~ einer Gesellschaft verlegen* transférer le siège d'une société 3. domicile *m* ; résidence *f*.
Sitzgesellschaft *f*, **en** société *f* boîte aux lettres (par ex. au Liechtenstein) (*syn. Briefkastengesellschaft*).
Sitzstreik *m*, **s** 1. grève *f* sur le tas ; grève avec occupation d'usine 2. sit in *m*.
Sitzung *f*, **en** séance *f* ; réunion *f* ; session *f* ; (*tribunal*) audience *f* **I.** *außerordentliche ~* session extraordinaire ; *nichtöffentliche ~* réunion à huis clos ; *öffentliche ~* audience publique **II.** *eine ~ ab/halten* tenir une séance ; *die ~ eröffnen* ouvrir la séance ; *eine ~ leiten* présider une séance ; *eine ~ schließen* clore une séance.
Sitzungsgeld *n*, **er** jetons *mpl* de présence.
Sitzungsprotokoll *n*, **e** compte-rendu *m* de séance.
Sitzverteilung *f*, **en** (*polit.*) répartition *f* des sièges.
Skala *f*, **-len** échelle *f* ; barème *m* ; gamme *f* ; *gleitende ~* échelle mobile.
Skaleneffekt *m*, **e** effet *m* d'économies d'échelles.
Skalenertrag *m*, ¨e rendement *m* d'échelle ; revenus *mpl* d'échelle ; → **Skalenwirtschaft**.

Skalenwirtschaft *f,* en économie *f* d'échelles ; dégressivité *f* des coûts ; → *Fixkostendegression* ; *Kostendegression.*
Skandalpresse *f,* ø presse *f* à scandale.
SKE → *Steinkohle-Einheit.*
skontieren escompter ; accorder un escompte ; donner une remise (au comptant).
Skonto *m/n,* s escompte *m* ; remise *f* au comptant ; *2 % ~ gewähren* accorder 2 % d'escompte (pour paiement comptant) ; → *Kassen-, Kunden-, Lieferantenskonto.*
Skontration *f,* en inventaire *m* permanent des entrées et des sorties.
skontrieren (*comptab.*) relever (les entrées et les sorties) ; solder ; *ein Konto ~ faire* un relevé de compte.
Skontro *n,* -tren **1.** (*comptab.*) arrêté *m* de compte **2.** relevé *m* de marchandises en magasin.
Slogan *m,* s (*pr. ang.*) slogan *m* (publicitaire, politique).
Slums *mpl* (*pr. ang.*) bidonville *m* ; taudis *m.*
Smartcard *f,* s carte *f* intelligente (terme générique pour toute carte électronique à microprocesseur intégré).
SMI-Index *m* (*bourse suisse*) (*Swiss market index*) indice *m* boursier suisse (établi sur 22 valeurs).
Smiley *n,* s (*pr. ang.*) → *Emoticons.*
SMS *f,* - (*Short Message Service*) SMS *m* ; *eine ~ erhalten* recevoir un SMS ; *eine Nachricht per ~ verschicken* envoyer un message par SMS.
Social-Engineering *n,* ø (*pr. ang.*) ingénierie *f* sociale ; ergonomie *f* sociale (prise en compte des besoins humains dans la programmation d'emplois ou la mise en œuvre de machines).
Social-Sponsoring *n,* ø (*pr. ang.*) sponsoring *m* d'institutions sociales ; sponsoring social.
Sockel *m,* - socle *m* ; base *f* fixe.
Sockelarbeitslose *pl* nombre *m* stable (de base) de chômeurs ; base *f* fixe de chômeurs.
Sockelbetrag *m,* ¨e fixe *m* ; somme *f* fixe ; montant *m* fixe d'une augmentation salariale.
Soffex *f* (*Suisse*) marché *m* à terme de Zürich.
Sofort- (*préfixe*) immédiat ; d'urgence.
Sofortbedarf *m,* ø besoins *mpl* immédiats.

Soforthilfe *f,* n aide *f* immédiate.
sofortig immédiat ; *zur ~en Lieferung* à livrer immédiatement.
Sofortlieferung *f,* en livraison *f* immédiate.
Sofortmaßnahme *f,* n mesure *f* d'urgence ; mesure immédiate.
Sofortprogramm *n,* e programme *m* d'urgence.
Sofortzugriff *m,* e (*informatique*) accès *m* immédiat.
Softselling *n,* s (*pr. ang.*) vente *f* par des méthodes de persuasion ou de suggestion (produits de beauté, etc.) ; (*contr. Hardselling*).
Software *f,* s (*pr. ang.*) (*informatique*) logiciel *m* ; *die ~ aktualisieren* actualiser le logiciel (*contr. Hardware*).
Softwareentwickler *m,* - concepteur *m* de logiciels.
Softwareingenieur *m,* e ingénieur *m* système ; analyste-programmeur *m.*
Softwarepiraterie *f,* n piratage *m* de logiciels.
Solarbetrieb *m,* e fonctionnement *m* à l'énergie solaire.
Solardach *n,* ¨er toit *m* pourvu de capteurs solaires.
Solarkraft *f,* ø énergie *f* solaire.
Solarstrom *m,* ø courant *m* électrique solaire.
Solartechnik *f,* en technologie *f* solaire.
Solarzelle *f,* n capteur *m* solaire.
Solawechsel *m,* - (*finance*) billet *m* à ordre ; billet de trésorerie ; seule *f* de change ; *beim ~ sind Aussteller und Bezogener die gleiche Person* avec un billet à ordre, le tireur et le tiré sont la seule et même personne (*syn. Eigenwechsel*).
Sold *m,* (e) solde *f* (d'un militaire).
Soli *m* (*fam.*) → *Solidaritätszuschlag.*
Solidarabgabe *f,* n → *Solidaritätszuschlag.*
Solidarbürge *m,* n, n (*jur.*) caution *f* solidaire.
Solidarbürgschaft *f,* en (*jur.*) garantie *f* solidaire ; cautionnement *m* solidaire.
Solidarhaftung *f,* en (*jur.*) responsabilité *f* solidaire.
solidarisch (*jur.*) solidaire ; *sich ~ erklären* (mit) ; se solidariser (avec) ; *~ haften* (*für*) être solidairement responsable (de) ; *~e Haftung* responsabilité *f* solidaire ; coresponsabilité *f.*

solidarisieren : *sich mit jdm* ~ se solidariser avec qqn.
Solidarität *f,* ø solidarité *f* ; *finanzielle* ~ solidarité financière.
Solidaritätsabgabe *f,* n → *Solidaritätszuschlag.*
Solidaritätsstreik *m,* s grève *f* de solidarité.
Solidaritätszuschlag *m,* ¨e **1.** contribution *f* de solidarité ; contribution d'aide aux cinq nouveaux länder ; financement *m* de la réunification allemande **2.** (*France*) C.S.G. *f* (contribution sociale généralisée).
Solidarpakt-Ost *m* (1994) pacte *m* de solidarité avec les cinq nouveaux länder.
Solidarschuldner *m,* - (*jur.*) (*Suisse*) débiteur *m* solidaire (*syn. Gesamtschuldner*).
solid(e) solide ; sérieux ; consciencieux ; digne de confiance ; ~*e Arbeit* travail *m* bien fait ; ~*e Preise* prix *mpl* modérés ; ~*er Stoff* étoffe *f* robuste ; ~*e Ware* marchandise *f* de qualité.
Soll *n,* (s) **1.** (*comptab.*) doit *m* ; débit *m* ; ~ *und Haben* doit et avoir ; débit et crédit ; *im* ~ *buchen* (*verbuchen*) porter, inscrire au débit ; ~ *und Haben gegenüber/stellen* comparer les dépenses et les recettes ; *im* ~ *stehen* être à découvert ; *einen Beitrag im* ~ (*ver*)*buchen* porter une somme en compte à la colonne débit (*syn. Debet*) **2.** objectif *m* prévisionnel ; but *m* à atteindre ; *sein* ~ *erfüllen* atteindre l'objectif prévu ; *hinter dem* ~ *zurück/bleiben* être en retard sur le plan ; → *Jahres-, Produktionssoll.*
Soll- (*préfixe*) à atteindre ; prévisionnel ; théorique ; pré-établi.
Sollarbeitszeit *f,* en temps *m* de travail réglementaire.
Sollausgaben *fpl* (*comptab.*) dépenses *fpl* théoriques, prévues, budgétées.
Sollbestand *m,* ¨e (*comptab.*) avoir *m,* inventaire *m* théorique ; effectif *m* prévu.
Sollbuchung *f,* en (*comptab.*) écriture *f* au débit.
Solleinnahme *f,* n (*comptab.*) recette *f* théorique, prévue.
Sollerfüllung *f,* en (*hist. R.D.A.*) exécution *f* de la production inscrite au plan.
Sollertrag *m,* ¨e (*comptab.*) rendement *m* prévisionnel ; (*fisc*) recettes *fpl* fiscales prévisionnelles.
Soll-Ist-Vergleich *m,* e (*comptab.*) comparaison *f* entre les chiffres prévisionnels et les chiffres réalisés ; confrontation *f* réalisation-prévision.
Sollkaufmann *m,* -leute commerçant *m* inscrit au registre du commerce ; exploitant *m* patenté.
Sollkosten *pl* (*comptab.*) coût *m* standard.
Soll-Kosten-Rechnung *f,* en (*comptab.*) calcul *m* des coûts prévisionnels, budgétés ; budget *m* prévisionnel des coûts.
Sollleistung *f,* en rendement *m* prévu, théorique ; rendement *m* à atteindre.
Sollposten *m,* - (*comptab.*) poste *m* débiteur.
Sollrechnung *f,* en (*comptab.*) prévisions *fpl* budgétaires ; budget *m* prévisionnel (de l'État).
Sollseite *f,* n (*comptab.*) doit *m* ; colonne-débit *f* d'un compte ; côté *m* du débit (*contr. Habenseite*).
Sollstärke *f,* n → *Sollbestand.*
Sollzahlen *fpl* chiffres *mpl* prévisionnels ; chiffres théoriques.
Sollzeit *f,* en temps *m* théorique.
Sollzinsen *mpl* intérêts *mpl* débiteurs ; agios *mpl.*
Sollzustand *m,* ø but *m* à atteindre ; objectif *m* visé (*contr. Ist-Zustand*).
solvent solvable.
Solvenz *f,* en solvabilité *f* (*syn. Kreditwürdigkeit* ; *Zahlungsfähigkeit*).
Sommerloch *n,* ø creux *m* estival ; ralentissement *m* des affaires durant les mois d'été.
Sömmern *n* , ø (*agric.*) estivage *m* ; emmener les animaux en transhumance.
Sommerpause *f* , n pause *f* estivale ; (*théâtre*) relâche *f* d'été ; (*tribunaux*) vacances *fpl* parlementaires.
Sommersaison *f,* s saison *f* d'été.
Sommerschlussverkauf *m,* ¨e (*SS*) soldes *mpl* d'été.
Sonder- (*préfixe*) spécial ; exceptionnel ; particulier.
Sonderabgabe *f,* n taxe *f* spéciale.
Sonderabschlussvergütung *f,* en prime *f* spéciale de rendement (pour signature de nouveaux contrats).
Sonderabschöpfung *f,* en (*U.E.*) prélèvement *m* extraordinaire.
Sonderabschreibung *f,* en (*comptab.*) amortissement *m* exceptionnel ; amortissement dérogatoire ; ~ *für die Wertminderung* amortissement exceptionnel de la dépréciation.

Sonderaktion *f,* **en** campagne *f* promotionnelle ; offres *fpl* spéciales.
Sonderanfertigung *f,* **en** fabrication *f* hors série.
Sonderangebot *n,* **e** offre *f* spéciale ; promotion *f.*
Sonderarbeitsbeschaffungsmaßnahme *f,* **n** indemnité *f* de création d'emploi pour chômeurs de longue durée.
Sonderaufgabe *f,* **n** mission *f* spéciale.
Sonderausführung *f,* **en** modèle *m* hors-série ; version *f* spéciale.
Sonderausgabe *f,* **n** 1. édition *f* spéciale 2. *(fisc)* ~*n* dépenses *fpl* particulières (déductibles).
Sonderausschuss *m,* ¨e commission *f* spéciale.
Sonderbeauftragte/r *(der/ein)* chargé de mission *m* spéciale.
Sonderbestimmung *f,* **en** disposition *f* spéciale.
Sondererlaubnis *f,* **se** → ***Sondergenehmigung.***
Sonderermächtigung *f,* **en** → ***Sondergenehmigung.***
Sonderermäßigung *f,* **en** remise *f* spéciale.
Sonderfonds *m,* - fonds *m* spécial.
Sondergenehmigung *f,* **en** autorisation *f* spéciale.
Sonderinteressen *npl* intérêts *mpl* particuliers ; *jds* ~ *berücksichtigen* prendre les intérêts particuliers de qqn en considération.
Sonderkonto *n,* **-ten** compte *m* spécial.
Sonderlagerung *f,* **en** *(environnement)* entreposage *m* à part ; entreposage séparé.
Sondermüll *m,* ø *(environnement)* déchets *mpl* spéciaux (dangereux, radioactifs) ; déchets industriels *(contr. Hausmüll).*
Sonderparteitag *m,* **e** *(polit.)* congrès *m* extraordinaire.
Sonderprämie *f,* **n** prime *f* exceptionnelle.
Sonderpreis *m,* **e** prix *m* spécial ; prix exceptionnel.
Sonderrabatt *m,* **e** remise *f* spéciale, exceptionnelle.
Sonderregelung *f,* **en** réglementation *f* spéciale.
Sonderrückstellung *f,* **en** *(comptab.)* provision *f* spéciale.

Sonderschicht *f,* **en** heures *fpl* effectuées en travail supplémentaire ; *eine ~ ein/legen* faire des heures supplémentaires.
Sonderschule *f,* **n** école *f* pour handicapés (remplacée par *Förderschule*).
Sondersitzung *f,* **en** séance *f* extraordinaire.
Sonderstellung *f,* **en** situation *f* à part ; position *f* exceptionnelle ; *eine ~ ein/nehmen* occuper une place à part.
Sondersteuer *f,* **n** impôt *m* exceptionnel ; taxe *f* exceptionnelle.
Sondertarif *m,* **e** tarif *m* spécial.
Sondertilgungsrecht *n,* ø *(banque)* droit *m* de remboursement anticipé, partiel ou total (d'un prêt).
Sonderurlaub *m,* **(e)** congé *m* spécial.
Sondervergütung *f,* **en** indemnité *f* spéciale.
Sondervermögen *n,* - *(régime matrimonial)* biens *mpl* propres ; *(banque)* fonds *mpl* spéciaux.
Sondervollmacht *f,* **en** *(jur.)* pouvoir *m* spécial ; procuration *f* restreinte, limitée.
Sonderweg *m,* **e** *(polit.)* cavalier *m* seul ; cheminement *m* individuel ; voie *f* à part ; *(France)* exception *f* culturelle.
Sonderwirtschaftszone *f,* **n** zone *f* économique spéciale ; zone franche économique.
Sonderziehungsrechte *npl* *(SZR)* droits *mpl* de tirage spéciaux (D.T.S.) (possibilités de crédit accordées par le F.M.I. aux États membres comportant des unités de compte monétaires calculées à partir d'un panier de monnaies telles que euro, dollar, yen et livre) ; → ***Special-Drawing-Rights.***
Sonderzulage *f,* **n** allocation *f* exceptionnelle ; prime *f* spéciale (exceptionnelle) ; bonus *m.*
Sonderzuwendung *f,* **en** → ***Sonderzulage.***
Sondierungsgespräch *n,* **e** conversations *fpl* exploratoires ; prise *f* de contact.
Sonnenenergie *f,* **n** énergie *f* solaire.
Sonnenkollektor *m,* **en** capteur *m* solaire.
Sonnenkraftanlage *f,* **en** → ***Sonnenkraftwerk.***
Sonnenkraftwerk *n,* **e** centrale *f* (à énergie) solaire.

Sonnenstrom *m*, ø courant *m* électrique (produit par énérgie solaire).
Sonnenwärmekraftwerk *n*, e centrale *f* solaire.
Sonntagsarbeit *f*, en travail *m* du dimanche ; dimanche *m* travaillé.
Sonntagsdienst *m*, e 1. service *m* de fin de semaine 2. personnel *m* de permanence durant le week-end.
Sonntagsfahrverbot *n*, e (*transp.*) interdiction *f* (faite aux poids-lourds) de circuler le dimanche ; interdiction de rouler le week-end.
Sonntagsruhe *f*, ø repos *m* dominical.
Sonntagszuschlag *m*, ¨e supplément *m* de salaire pour travail du dimanche.
Sonn- und Feiertagsregelung *f*, en (*transp.*) règlementation *f* en matière d'interdiction de circuler les dimanches et jours fériés.
Sorgenkind *n*, er 1. enfant *m* à problème 2. (*fig.*) affaire *f*, entreprise *f* à problème ; gros problème *m*.
Sorgepflicht *f*, en (*jur.*) obligation *f* de subvenir aux besoins des enfants ; obligation d'assistance.
Sorgerecht *n*, e (*jur.*) droit *m* de garde des enfants.
Sorgfalt *f*, ø soin *m* ; *einen Auftrag mit größter ~ aus/führen* exécuter un ordre avec le plus grand soin.
sorgfältig soigneux ; minutieux ; *~e Arbeit* travail *m* soigné.
Sorgfaltspflicht *f*, en devoir *m* de vigilance ; obligation *f* de conscience professionnelle ; *seine ~ verletzen* manquer à ses responsabilités professionnelles.
Sorgfaltsprüfung *f*, en (*fisc*) contrôle *m* de la provenance de fonds (pour lutter contre l'argent sale).
Sorte *f*, n sorte *f* ; marque *f* ; qualité *f* ; *beste ~* qualité supérieure.
Sorten *fpl* devises *fpl* étrangères ; billets *mpl* de banque étrangers.
Sortenfertigung *f*, en → *Sortenproduktion*.
Sortengeschäft *n*, e → *Sortenhandel*.
Sortenhandel *m*, ø opérations *fpl* de change ; marché *m* des monnaies étrangères ; commerce *m* des effets et billets de banque étrangers.
Sortenkurs *m*, e cours *m* des devises étrangères.
Sortenproduktion *f*, en production *f* parallèle ; production simultanée de produits similaires.
Sortenschalter *m*, - (*banque*) guichet *m* de change.
Sortenverzeichnis *n*, se 1. liste *f* des marchandises disponibles avec tarifs correspondants 2. → *Sortenzettel*.
Sortenzettel *m*, - bordereau *m* d'espèces.
Sortierband *n*, ¨er chaîne *f* de tri.
sortieren trier ; classer ; assortir.
sortiert : *gut, schlecht ~es Geschäft* magasin *m* bien, mal achanlandé.
Sortiermaschine *f*, n trieuse *f* ; chaîne *f* de tri.
Sortierprozess *m*, e processus *m* de sélection ; processus de tri.
Sortierstation *f*, en centre *m* de tri.
Sortiertechnik *f*, en technique *f* de tri (postal).
Sortierung *f*, en tri *m* ; classement *m* ; *~ nach Gruppen, nach Namen* tri par groupes, par noms.
Sortiment *n*, e 1. assortiment *m* ; choix *m* ; collection *f* ; *ein großes ~ an Möbeln* un grand choix de meubles ; *das ~ erneuern* renouveler l'assortiment 2. → *Sortimentsbuchhandel*.
Sortimenter *m*, - libraire-distributeur *m* de plusieurs éditeurs.
Sortimentsbreite *f*, ø éventail *m* de produits ; palette *f*, gamme *f* de produits différents ; assortiment *m* horizontal.
Sortimentsbuchhandel *m*, ø librairie *f* d'assortiment (livres de tous les éditeurs) (*contr. Verlagsbuchhandel*).
Sortimentstiefe *f*, ø éventail *m* de produits de même nature ; palette *f* de produits similaires ; assortiment *m* vertical.
Souverän *m*, e (*Suisse*) conseil *m* souverain de la confédération helvétique.
souverän souverain.
Souveränität *f*, ø souveraineté *f*.
Sowchos *m/n*, e → *Sowchose*.
Sowchose *f*, n (*hist.*) sovkhoze *m* (U.R.S.S.) ; ferme-modèle *f* d'État.
Sowjet *m*, s (*hist.*) 1. soviet *m* ; conseil *m* 2. soviétique *m*.
sowjetisch soviétique.
Sowjetunion *f* (*hist.*) Union *f* soviétique ; U.R.S.S. ; → *UdSSR* ; *GUS*.
sozial social I. *~e Bewegung* mouvement *m* social ; *~er Bruch* fracture *f* sociale ; *~e Einrichtungen* avantages *mpl* sociaux ; *~er Fortschritt* progrès *m* social ; *~e Fürsorge* assistance *f* sociale ; aide *f* sociale ; *~e Gerechtigkeit* justice *f*

sociale ; ~e *Gesetzgebung* législation *f* en matière sociale ; ~e *Indikatoren* indicateurs *mpl* sociaux ; ~e *Konflikte* conflits *mpl* sociaux ; ~e *Lasten* charges *fpl* sociales ; ~e *Leistungen* prestations *fpl* sociales ; ~e *Marktwirtschaft* économie *f* sociale de marché ; ~es *Netz* protection *f* sociale ; couverture *f* sociale ; ~e *Ordnung* ordre *m* social ; ~es *Produkt* produit *m* national ; ~ *Schwache* les économiquement faibles *mpl* ; ~es *Sicherungssystem* système *m* d'assurances sociales ; ~er *Wohnungsbau* construction *f* de logement sociaux **II.** ~ *auf/steigen* gravir les échelons de l'échelle sociale ; ~ *denken, handeln* penser, agir en termes de social ; ~ *eingestellt sein* avoir des idées sociales ; être porté sur le social ; ~e *Arbeit leisten* travailler dans le social ; être travailleur social ; *die* ~e *Frage lösen* régler le problème social.

Sozial- (*préfixe*) social (souvent interchangeable avec *Gesellschafts-* et *gesellschaftlich*).

Sozialabbau *m*, ø suppression *f* d'acquis sociaux ; suppression des prestations sociales.

Sozialabgaben *fpl* charges *fpl* sociales ; versements *mpl* aux assurances sociales.

Sozialabstieg *m*, e déchéance *f* sociale ; régression *f* sociale.

Sozialamt *n*, ¨er assistance *f* publique ; services *mpl* sociaux ; services *mpl* de l'aide sociale.

Sozialarbeit *f*, en travail *m* social ; travaux *mpl* d'intérêt général.

Sozialarbeiter *m*, - travailleur *m* social.

Sozialaufwand *m*, -wendungen : *betrieblicher* ~ charges *fpl* sociales d'une entreprise.

Sozialausgaben *fpl* dépenses *fpl* sociales.

Sozialausschuss *m*, ¨e commission *f* des affaires sociales.

Sozialbau *m*, ø construction *f* de logements sociaux.

Sozialbeitrag *m*, ¨e cotisation *f* de sécurité sociale ; ~*e* cotisations sociales.

Sozialbericht *m*, e bilan *m* social (contenu dans le rapport de gestion).

Sozialberuf *m*, e → *Sozialarbeit*.

Sozialbesitzstände *mpl* acquis *mpl* sociaux.

Sozialbindung *f*, en obligation *f* de vocation sociale.

Sozialbrache *f*, n jachère *f* sociale ; désert *m* social.

Sozialbudget *n*, s budget *m* social (mise à plat de toutes les prestations sociales et de leur financement).

Sozialcharta *f*, s : *die europäische* ~ (*1993*) charte *f* sociale européenne.

Sozialdemokrat *m*, en, en social-démocrate *m*.

Sozialdemokratie *f*, (n) social-démocratie *f*.

sozialdemokratisch social-démocrate.

Sozialdezernent *m*, en, en chef *m* des services sociaux ; chargé *m* des affaires sociales.

Sozialdienst *m*, e service *m* social.

Sozialdumping *n*, ø dumping *m* social.

Sozialeinkommen *n*, - revenu *m* social (assurances sociales, prestations sociales, allocations familiales, allocations de chômage, etc.).

Sozialeinrichtungen *fpl* services *mpl* sociaux.

Sozialetat *m*, s budget *m* social.

Spzialforum *n*, -ren forum *m* social.

Sozialfrage *f*, n question *f* sociale.

Sozialfürsorge *f*, n → *Sozialhilfe*.

Sozialfürsorger *m*, - → *Sozialhelfer*.

Sozialgefüge *n*, - structure *f* sociale.

sozialgerecht conforme à la justice sociale ; socialement correct.

Sozialgerichtsbarkeit *f*, ø juridiction *f* en matière sociale.

Sozialgeschädigte/r (*der/ein*) inadapté *m* social.

Sozialgesetzbuch *n*, ¨er (*SGB*) code *m* de législation sociale.

Sozialgesetzgebung *f*, en législation *f* sociale.

Sozialhärtefall *m*, ¨e → *Sozialhilfefall*.

Sozialhelfer *m*, - assistant *m* social ; travailleur *m* social ; éducateur *m* spécialisé.

Sozialhilfe *f*, n aide *f* sociale ; allocation *f* de fin de droits.

Sozialhilfebezieher *m*, - → *Sozialhilfeempfänger*.

Sozialhilfeempfänger *m*, - bénéficiaire *m* de l'aide sociale ; allocataire *m*.

Sozialhilfefall *m*, ¨e cas *m* social ; cas relevant de l'aide sociale.

Sozialhilfesatz *m*, ¨e taux *m* de l'aide sociale.

Sozialhilfeschwelle *f,* **n** seuil *m* à partir duquel on perçoit l'aide sociale.
Sozialhilfeträger *m,* - organisme *m* d'aide sociale.
sozialisieren socialiser ; nationaliser ; *sozialisierter Betrieb* entreprise *f* nationalisée.
Sozialisierung *f,* **en** socialisation *f* ; nationalisation *f.*
Sozialismus *m,* ø socialisme *m.*
Sozialist *m,* **en, en** socialiste *m.*
sozialistisch socialiste.
Sozialkapital *n,* ø capital *m* social.
Sozialkasse *f,* **n** caisse *f* d'entraide sociale.
Sozialkompetenz *f,* **en** (aptitude *f* à l') autonomie *f* sociale.
Sozialkonsens *m,* **e** consensus *m* social.
Sozialkosten *pl* coûts *mpl* sociaux ; charges *fpl* sociales de l'entreprise ; *gesetzliche* ~ charges sociales légales au titre de la sécutrité sociale.
Soziallasten *fpl* charges *fpl* sociales.
Sozialleistung *f,* **en** prestation *f* (de la sécurité) sociale ; *~en* avantages *mpl* sociaux ; *freiwillige ~en* prestations sociales *fpl* volontaires de l'entreprise.
Sozialleistungsmissbrauch *m,* ¨e fraude *f* en matière de charges sociales ; perception *f* abusive de prestations sociales ; abus *m* de biens sociaux.
Sozialleistungsquote *f,* **n** taux *m* de prestations sociales par rapport au produit national.
Soziallohn *m,* ¨e salaire *m* familial, social ; sursalaire *m* familial (se calcule en fonction de critères sociaux).
Sozialmedizin *f,* ø médecine *f* sociale.
Sozialmieter *m,* - locataire *m* d'un logement social ; locataire de H.L.M.
Sozialmissbrauch *m,* ¨e → *Sozialleistungsmissbrauch*.
Sozialnetz *n,* **e** filet *m* de protection sociale ; système *m* social ; appareil *m* social ; ensemble *m* des mesures et institutions sociales (d'un pays).
Sozialökonomie *f,* **n** économie *f* politique.
sozialökonomisch socio-économique ; *~e Gruppe* groupe *m* socio-économique.
Sozialordnung *f,* ø ordre *m* social.
Sozialpartner *m,* - partenaire *m* social ; *die ~ organisations fpl* patronales et syndicales ; partenaires sociaux (*syn. Tarifpartner*).

Sozialpartnerschaft *f,* **en** partenariat *m* social.
Sozialplan *m,* ¨e plan *m* d'aide sociale ; (*entreprise*) plan social de restructuration ; (*personnes*) aide *f* aux salariés licenciés.
Sozialpolitik *f,* ø politique *f* sociale.
sozialpolitisch : *~e Maßnahmen* mesures *fpl* de politique sociale.
Sozialprestige *n,* ø prestige *m* social.
Sozialprodukt *n,* **e** produit *m* national (*syn. Volkseinkommen*) ; → **Bruttozialprodukt** ; *Nettosozialprodukt*.
Sozialrecht *n,* **e** droit *m* social.
Sozialrente *f,* **n** rente *f* versée par les assurances sociales ; retraite *f* de la sécurité sociale.
Sozialstaat *m,* **en** État *m* social.
Sozialstütze *f,* **n** (*fam.*) aide *f* sociale ; *von der ~ leben* vivre de l'aide sociale.
Sozialumbau *m,* ø restructuration *f* sociale.
Sozialverbindlichkeiten *fpl* (*comptab.*) charges *fpl* sociales
Sozialvermögen *n,* ø 1. budget *m* de l'entreprise affecté à ses œuvres sociales 2. patrimoine *m* social d'un pays à la disposition de la collectivité (infrastructures routières, ponts, etc.).
Sozialversicherte/r (*der/ein*) assuré *m* social ; affilié *m* à l'assurance sociale.
Sozialversicherung *f,* **en** sécurité *f* sociale ; assurance *f* sociale.
Sozialversicherungsausweis *m,* **e** carte *f* d'assuré social.
Sozialversicherungsbeitrag *m,* ¨e cotisation *f* à la sécurité sociale.
sozialversicherungsfrei exonéré du versement de cotisations sociales.
Sozialversicherungsfreiheit *f,* **en** exonération *f* de cotisations sociales ; exemption *f* de cotisation à la sécurité sociale.
Sozialversicherungspflicht *f,* ø assujettissement *m* obligatoire à la sécurité sociale.
sozialversicherungspflichtig obligatoirement assujetti à l'assurance sociale ; obligation *f* de déclarer une activité salariée à la sécurité sociale ; *ein ~er Job* un travail donnant droit à la sécurité sociale.
Sozialversicherungsträger *m,* - organisme *m* de sécurité sociale ; caisse *f* primaire de sécurité sociale.

sozialverträglich socialement acceptable ; supportable au plan social ; socialement supportable, correct.
Sozialverträglichkeit *f,* ø acceptabilité *f* sociale ; le socialement supportable.
Sozialwahlen *fpl* élections *fpl* des représentants des différents organismes de la sécurité sociale.
Sozialwerk *n,* e œuvres *fpl* sociales ; entraide *f.*
Sozialwesen *n,* ø le social ; secteur *m* social ; ensemble *m* des mesures sociales ; système *m* de protection sociale.
Sozialwissenschaften *fpl* → *Soziologie.*
Sozialwohnung *f,* en logement *m* social ; H.L.M. *m/f* (habitation à loyer modéré).
Sozialwohnungsbau *m,* ø construction *f* de logements sociaux.
Sozialwohnungsbauträger *m,* - organisme *m* de construction de logements sociaux.
Sozialzulage *f,* n supplément *m* familial ; allocation *f* vieillesse, etc.
Sozietät *f,* en association *f* de professions libérales ; groupement *m* d'avocats ; cabinet *m* de groupe.
Soziologe *m,* n, n sociologue *m.*
Soziologie *f,* n sociologie *f* ; sciences *fpl* sociales (*syn. Gesellschafts-, Sozialwissenschaften*).
sozio-professionell socio-professionnel ; *~e Gliederung* répartition *f* socio-professionnelle.
Sozius *m,* -zien associé *m* (professions libérales).
S&P 500 → *Standard & Poor's.*
spalten scinder ; diviser.
Spaltung *f,* en scission *f* ; division *f.*
Spam *n,* s (*pr. ang.*) spam *m* ; e-mails *mpl* publicitaires indésirables.
Spam-Filter *m,* - filtre *m* anti-spams.
spammen (*pr. ang.*) envoyer des spam.
Spanne *f,* n marge *f* ; écart *m* ; différence *f* ; *~ zwischen Brutto- und Nettogehalt* marge entre traitement brut et net.
Spannenkalkulation *f,* en calcul *m* des marges.
Spannung *f,* en tension *f* ; *soziale ~en* tensions sociales.
Spannweite *f,* n marge *f* ; jeu *m* ; intervalle *m* ; fourchette *f* ; *~ der Inflationsraten* fourchette des taux d'inflation.
Sparanlage *f,* n placement *m* d'épargne ; épargne *f.*

Sparanreiz *m,* e incitation *f* à l'épargne.
Sparaufkommen *n,* - épargne *f* ; volume *m* de l'épargne.
Sparbemühungen *fpl* efforts *mpl* d'austérité budgétaire.
Sparbetrag *m,* ¨e montant *m* de l'épargne ; revenu *m* économisé ; épargne *f.*
Sparbrief *m,* e bon *m* d'épargne ; bon *m* de caisse ; *~e werden von Banken und Sparkassen verkauft und werden nicht an der Börse notiert* les bons d'épargne sont vendus par les banques et les caisses d'épargne et ne sont pas cotés en bourse.
Sparbuch *n,* ¨er → *Sparkassenbuch.*
Spareckzins *m,* en taux *m* d'intérêt des dépôts d'épargne avec préavis normal.
Spareinlage *f,* n dépôt *m* d'épargne ; *hohe Zinssätze für ~n* taux *mpl* d'intérêt élevé sur dépôts d'épargne.
Spareinlagenaufkommen *n,* ø fonds *m* d'épargne ; produit *m* de l'épargne.
sparen 1. épargner ; économiser ; mettre de côté 2. *mit etw ~* être économe de qqch ; se montrer parcimonieux avec qqch ; *mit Benzin ~* économiser l'essence ; *am falschen Ende ~* faire des économies de bouts de chandelle.
Sparen *n,* ø épargne *f* ; économie *f* ; *erzwungenes, freiwilliges ~* épargne forcée, volontaire ; → *Bau-, Investment-, Prämien-, Zwangs-, Zwecksparen.*
Sparer *m,* - épargnant *m* ; *die kleinen ~* les petits épargnants.
Sparertrag *m,* ¨e produit *m* d'épargne.
Sparförderung *f,* en encouragement *m,* incitation *f* à l'épargne (par des primes et avantages fiscaux).
Sparfreibetrag *m,* ¨e tranche *f* d'épargne non-imposable ; abattement *m* pour constitution d'épargne.
Sparfreudigkeit *f,* ø goût *m* de l'épargne ; propension *f* à l'épargne ; envie *f* d'épargner.
Spargelder *npl* épargne *f* ; fonds *mpl* d'épargne ; capitaux *mpl* d'épargne.
Spargirokonto *n,* -ten compte *m* de virement d'épargne.
Spargiroverkehr *m,* ø opérations *fpl* de virement d'épargne.
Spargroschen *m,* - pécule *m* ; argent *m* mis de côté.

Sparguthaben *n*, - dépôt *m* d'épargne ; économies *fpl* ; épargne *f.*

Sparhaushalt *m*, e budget *m* d'austérité.

Sparkapital *n*, ø capital *m* d'épargne ; *Zinsen fallen auf das ~ an* le capital d'épargne produit des intérêts.

Sparkasse *f*, n caisse *f* d'épargne ; *Geld auf die ~ bringen* mettre de l'argent à la caisse d'épargne.

Sparkassenbrief *m*, e → *Sparbrief.*

Sparkassenbuch *n*, ¨er livret *m* de caisse d'épargne.

Sparkassen- und Giroverband *m*, ø association *f* des caisses d'épargne et de virement.

Sparkonto *n*, -ten compte *m* d'épargne ; compte sur livret ; *~ mit dreimonatiger Kündigungsfrist* compte d'épargne avec un délai de préavis de trois mois (*contr. Girokonto*).

Sparleistung *f*, en capacité *f* d'épargne (des consommateurs).

Sparmaßnahmen *fpl* 1. mesures *fpl* d'économie 2. mesures destinées à encourager l'épargne.

Sparmuffel *m*, - (*fam.*) cigale *f* ; personne *f* dépensière qui répugne à économiser.

Sparneigung *f*, en → *Sparfreudigkeit.*

Sparopfer *n*, - sacrifice *m* financier ; *erhebliche ~ erbringen* faire, consentir de grands sacrifices financiers.

Sparpaket *n*, e train *m* de mesures d'austérité ; ensemble *m* de(s) mesures d'économies budgétaires.

Sparpolitik *f*, ø politique *f* d'austérité, de rigueur ; (*fam.*) période *f* de vaches maigres.

Sparpolster *n*, - économies *fpl* (en cas de coup dur) ; matelas *m* de sécurité.

Sparprämie *f*, n prime *f* d'épargne.

Sparprogramm *n*, e → *Sparpolitik.*

Sparquote *f*, n taux *m* d'épargne ; part *f* du revenu national affecté à l'épargne.

Sparrate *f*, n → *Sparquote.*

sparsam économe ; économique ; *mit etw ~ um/gehen* être économe de qqch.

Sparsamkeit *f*, ø économie *f* ; parcimonie *f* ; sobriété *f* (d'un véhicule).

Sparstrumpf *m*, ¨e bas *m* de laine.

Spartarif *m*, e tarif *m* économique ; tarif réduit.

Spartätigkeit *f*, en (activité d') épargne *f.*

Sparte *f*, n branche *f* ; secteur *m* ; section *f* ; domaine *m* ; rubrique *f* ; rayon *m.*

Spartenkanal *m*, ¨e (*télé.*) chaîne *f* thématique ; chaîne spécialisée.

Sparüberhang *m*, ø excès *m* d'épargne.

sparunwillig hostile aux économies ; peu enclin à économiser.

Sparverkehr *m*, ø opérations *fpl* d'épargne ; mouvements *mpl* enregistrés sur les dépôts d'épargne.

Sparvertrag *m*, ¨e contrat *m* d'épargne.

Sparvolumen *n*, - → *Sparaufkommen.*

Sparwesen *n*, ø épargne *f.*

Sparzinsen *mpl* intérêts *mpl* d'épargne.

Sparzinssatz *m*, ¨e taux *m* d'intérêt de l'épargne.

Sparzulage *f*, n prime *f* d'épargne.

Sparzwang *m*, ¨e économies *fpl* forcées ; épargne *f* forcée.

Spätlese *f*, n (*agric.*) vendanges *fpl* tardives.

Spätschaden *m*, ¨ (*assur.*) séquelles *fpl* (d'un accident).

Spätschicht *f*, en équipe *f* de l'après-midi ; *~ haben* être de l'après-midi (les trois-huit : *Früh-, Spät-, Nachtschicht.*)

SPD *f* (*Sozialdemokratische Partei Deutschlands*) parti *m* social-démocrate allemand.

Special-Drawing-Rights *pl* (*pr. ang.*) → *Sonderziehungsrechte.*

Spediteur *m*, e transporteur *m* ; commissionnaire *m* de transport ; expéditeur *m* ; agent *m* de logistique ; → *Bahn-, Möbel-, Transportspediteur.*

Spediteurhaftung *f*, ø responsabilité *f* du transporteur, du commissionnaire de transport.

Spedition *f*, en 1. expédition *f* ; envoi *m* ; logistique *f* 2. entreprise *f* de transport 3. service *m* d'expédition (dans une entreprise).

Speditionsfirma *f*, -men entreprise *f* de transport ; maison *f* de déménagements ; société *f* de factage *m* ; messageries *fpl.*

Speditionsgeschäft *n*, e 1. → *Speditionsfirma* 2. opération *f* de commission de transport.

Speditionsgewerbe *n*, ø activité *f* de commissionnaire de transport ; expédition *f* de marchandises ; logistique *f.*

Speditionskaufmann *m*, **-leute** commissionnaire *m* de transports ; transporteur *m*.
Speditionsunternehmen *n*, - → *Speditionsfirma*.
Speicher *m*, - **1.** grenier *m* ; entrepôt *m* ; silo *m* **2.** (*informatique*) mémoire *f* ; stockage *m* ; *externer* ~ mémoire externe ; *interner* ~ mémoire interne ; *löschbarer* ~ mémoire effaçable ; *virtueller* ~ mémoire virtuelle ; *zeitweiliger* ~ mémoire temporaire ; ~ *mit direktem Zugriff* mémoire à accès direct.
Speicherbank *f*, **en** (*informatique*) banque *f* de mémoire.
Speicherchip *m*, **s** (*informatique*) puce *f* (de mémoire).
Speicherchipkarte *f*, **n** (*informatique*) carte *f* à mémoire ; carte à puce.
Speichererweiterung *f*, **en** (*informatique*) extension *f* de mémoire.
Speicherfähigkeit *f*, **en** (*informatique*) capacité *f* de mémoire ; volume *m* de stockage.
Speicherkapazität *f*, **en** → *Speicherfähigkeit*.
speichern 1. emmagasiner ; entreposer **2.** (*informatique*) stocker ; mémoriser ; enregistrer ; *Daten* ~ stocker des données.
Speicheroperation *f*, **en** (*informatique*) opération *f* de mémorisation, de stockage.
Speichersteuerung *f*, **en** (*informatique*) contrôle *m*, commande *f* de mémoire.
Speicherumfang *m*, ø (*informatique*) taille *f* de la mémoire ; capacité *f* de stockage.
Speicherung *f*, **en 1.** stockage *m* ; emmagasinage *m* **2.** (*informatique*) mise *f* en mémoire ; mémorisation *f* ; stockage *m*.
Speicherzugriff *m*, **e** (*informatique*) accès *m* mémoire ; *direkter* ~ accès direct mémoire.
speisen alimenter ; *einen Computer mit Daten* ~ mettre des données en mémoire (*syn. ein/speisen*).
Speisung *f*, **en** (*technique*) alimentation *f*.
Spekulant *m*, **en, en** (*bourse*) spéculateur *m* ; affairiste *m* ; boursicoteur *m*.
Spekulation *f*, **en** (*bourse*) spéculation *f* ; *hemmungslose* ~ spéculation effrénée ; *gewinnbringende* ~ spéculation lucrative ; ~*en an/stellen* spéculer ; ~ *gegen den Euro* spéculation sur (le cours de) l'euro.
Spekulationsblase *f*, **n** (*bourse*) bulle *f* spéculative ; *die* ~ *ist zerplatzt* la bulle spéculative a éclaté.
Spekulationsfieber *n*, ø (*bourse*) poussée *f*, fièvre *f* spéculative.
Spekulationsgeschäft *n*, **e** opération *f* spéculative.
Spekulationsgewinn *m*, **e** gain *m* spéculatif ; plus-value *f* provenant de cessions spéculatives.
Spekulationskauf *m*, ¨**e** achat *m* spéculatif ; vente *f* spéculative.
Spekulationspapier *n*, **e** titre *m* spéculatif (sujet à de fortes fluctuations).
Spekulationssteuer *f*, **n** taxe *f*, impôt *m* sur les plus-values spéculatives.
Spekulationsverkauf *m*, ¨**e** vente *f* spéculative.
Spekulationsverlust *m*, **e** perte *f* spéculative ; perte enregistrée à la suite d'une spéculation.
Spekulationswert *m*, **e** valeur *f* spéculative.
spekulativ spéculatif ; ~ *orientierte Anleger* investisseurs *mpl* spéculateurs ; ~*e Werte* titres *mpl* spéculatifs ; valeurs *fpl* spéculatives.
spekulieren spéculer ; *auf Baisse/Hausse* ~ spéculer à la (sur la) baisse/hausse ; jouer à la baisse/hausse ; *an der Börse* ~ spéculer en bourse.
Spende *f*, **n** don *m* ; aide *f* financière ; largesse *f* ; obole *f* ; (*péj.*) pot-de-vin *m*.
spenden faire don de ; offrir.
Spendenaktion *f*, **en** collecte *f* de dons ; appel *m* à la générosité publique.
Spendengelder *npl* dons *mpl* en espèces.
Spender *m*, - **1.** donateur *m* ; bienfaiteur *m* **2.** personne *f* qui fait un don d'organe ou de sang ; donneur *m*.
Spenderorgan *n*, **e** organe *m* obtenu par don d'organe ; organe transplanté.
spendieren payer ; distribuer avec largesse ; *Milliarden* ~ dépenser des milliards.
spendierfreudig généreux ; large.
Spendierhose *f*, **n** : (*fam.*) *die* ~ *an/haben* être large ; se montrer généreux.
Sperrbezirk *m*, **e 1.** zone *f* interdite **2.** (*agric.*) zone *f* contaminée (par une épi-

Sperre

démie) **3.** secteur *m* urbain interdit à la prostitution.

Sperre *f,* **n** blocage *m* ; blocus *m* ; barrage *m* ; embargo *m* ; *eine ~ verhängen, auf/heben* mettre, lever l'embargo (*syn. Embargo*).

sperren bloquer ; geler ; faire opposition ; interdire ; (*bourse*) *gesperrte Aktionäre* actionnaires *mpl* bloqués (qui n'ont pas encore le droit de se dessaisir de leurs titres) ; *die Ausfuhr, die Einfuhr ~* interdire l'exportation, l'importation ; *ein Konto ~* bloquer un compte ; *die Grenzen ~* fermer les frontières ; *einen Scheck ~ lassen* faire opposition sur un chèque.

Sperrfrist *f,* en → *Sperrzeit.*
Sperrgebiet *n,* e → *Sperrbezirk.*
Sperrgut *n,* ¨er marchandise *f* encombrante.

Sperrguthaben *n,* - (*banque*) avoir *m* gelé ; compte *m* bloqué.

sperrig volumineux ; encombrant ; *~e Güter* marchandises *fpl* encombrantes ; les encombrants *mpl*.

Sperrjahr *n,* e délai *m* de blocage d'un an ; année *f* d'attente, de blocage.

Sperrklausel *f,* **n** (*jur.*) clause *f* de blocage ; clause restrictive.

Sperrkonto *n,* -ten (*banque*) compte *m* bloqué, gelé ; avoir *m* bloqué.

Sperrliste *f,* **n** liste *f* noire ; (*bourse*) liste des titres disparus ou frappés d'opposition ; (*banque*) registre *m* des comptes ou des livrets bloqués.

Sperrmark *f,* ø (*hist.*) avoirs *mpl* étrangers en monnaie allemande sur des comptes de marks bloqués entre 1945 et 1954.

Sperrminderheit *f,* (en) → *Sperrminorität.*

Sperrminorität *f,* (en) (*jur.*) minorité *f* de blocage (actionnaires) ; véto *m* ; *die ~ (in einer Gesellschaft) erwerben* acquérir la minorité de blocage (dans une société).

Sperrmüll *m,* ø ordures *fpl* encombrantes.

Sperrregel *f,* **n** (*bourse*) clause *f* d'interdiction de vente de titres (durant une certaine période après l'achat) ; *gegen die ~ verstoßen* contrevenir à l'interdiction de vente de titres.

Sperrstück *n,* e (*bourse*) valeur *f* non négociable ; titre *m* non négociable en bourse (actions de personnel à leur émission, par ex.).

Sperrstunde *f,* **n** couvre-feu *m* ; heure *f* de clôture (*syn. Polizeistunde*).

Sperrung *f,* en blocage *m* ; fermeture *f* ; interdiction *f* ; embargo *m* ; (*Autriche*) fermeture définitive (d'usine).

Sperrvermerk *m,* e (*jur.*) mention *f* de blocage, de refus ; mention restrictive ; *~ im Sparbuch eines Minderjährigen* mention restrictive dans le livret d'épargne d'un mineur.

Sperrverzeichnis *n,* se → *Sperrliste.*

Sperrzeit *f,* en (*jur.*) durée *f,* période *f* de blocage (compte, paiements) ; délai *m* de suspension ; période de non négociabilité de titres ; (*chômage*) suspension *f* du versement des indemnités de chômage.

Sperrzoll *m,* ¨e (*douane*) droit *m* prohibitif, exagéré ; taxe *f* prohibitive (*syn. Prohibitivzoll*).

Spesen *pl* frais *mpl* ; dépenses *fpl* ; *nach Abzug aller ~* tous frais déduits ; *jdm die ~ vergüten* (*zurück/erstatten*) rembourser les frais à qqn.

Spesenabrechnung *f,* en note *f* de frais ; *bei den ~en sparsamer sein müssen* devoir se montrer plus économe pour les notes de frais.

Spesenbeleg *m,* e justificatif *m* de dépenses.

Spesenbetrug *m,* ¨e fraude *f* à la note de frais.

Spesenbetrüger *m,* - fraudeur *m* à la fausse facture ; personne *f* qui établit de fausses notes de frais.

spesenfrei net de tous frais ; sans frais.

Spesenplatz *m,* ¨e (*banque*) place *f* bancaire payant les effets déplacés.

spesenpflichtig (*banque*) payable sur une autre place ; encaissement *m* déplacé.

Spesenrechnung *f,* en → *Spesenabrechnung.*

Spesenvergütung *f,* en remboursement *m* des frais.

Spesenvorschuss *m,* ¨e avance *f* sur frais.

spetten (*Suisse*) intervenir en dépannage ; faire de l'intérim.

Spezial- (*préfixe*) **1.** spécial ; particulier (*syn. Sonder-*) **2.** spécialisé ; de spécialité.

Spezialanfertigung *f,* en → *Spezialausführung.*

Spezialbank *f,* en banque *f* spécialisée (*contr. Universalbank*).

Spezialausführung *f,* en modèle *m* sur commande ; fabrication *f* hors série ; version *f* spéciale.
Spezialfonds *m,* - (*bourse*) fonds *mpl* (d'investissement) spéciaux (réservés aux investisseurs institutionnels).
Spezialisation *f,* en → *Spezialisierung.*
spezialisieren spécialiser ; *sich ~ (auf)* se spécialiser (dans).
Spezialisierung *f,* en spécialisation *f* ; *berufliche ~* spécialisation professionnelle.
Spezialisierungsgrad *m,* e degré *m* de spécialisation.
Spezialisierungsprinzip *n,* -ien principe *m* de spécialisation.
Spezialist *m,* en, en spécialiste *m.*
Spezialität *f,* en spécialité *f.*
Spezialitätenfonds *m,* - (*bourse*) fonds *m* d'investissement spécialisé (titres spécifiques à des pays, à des régions, à un secteur industriel, etc.).
Spezialmarkt *m,* ¨e marché *m* spécialisé.
speziell spécial ; particulier ; spécifique.
Spezieskauf *m,* ¨e achat *m,* vente *f* d'une chose non fongible (*contr. Gattungskauf*).
Speziessache *f,* n chose *f* fongible (qui ne peut être remplacée par une autre de même nature).
Spezifikation *f,* en 1. spécification *f* 2. (*technique*) instructions *fpl* concernant la fabrication 3. (*arch.*) état *m* ; liste *f.*
Spezifikationskauf *m,* ¨e (*code de commerce allemand*) vente *f* avec clause de spécification (l'acheteur se réserve le droit de spécifier la marchandise au moment de la livraison).
Spezifikationsliste *f,* n liste *f* de spécifications.
spezifisch spécifique ; *~er Zoll* taxe *f* spécifique.
spezifizieren spécifier ; détailler ; *Ausgaben ~* donner le détail des dépenses ; *eine spezifizierte Rechnung verlangen* exiger une facture détaillée.
Spezifizierung *f,* en spécification *f.*
Spielautomat *m,* en, en machine *f* à sous ; bandit *m* manchot.
Spielbank *f,* en casino *m* ; maison *f* de jeux.
Spielbankabgabe *f,* n taxe *f* régionale acquittée par les maisons de jeux et casinos.

Spielbanklizenz *f,* en licence *f* de casino, de maison de jeux.
Spielcomputer *m,* - ordinateur *m* de jeux.
Spielerei *f,* en : *technische ~* gadget *m.*
Spielfilm *m,* e long métrage *m* ; film *m* commercial ; comédie *f* (dramatique, fantastique, etc.).
Spielraum *m,* ¨e marge *f* de manœuvre ; liberté *f* de mouvement ; *genügend ~ lassen* laisser suffisamment de champ libre.
Spielregel *f,* n règle *f* du jeu.
Spielsoftware *f,* s logiciel *m* de jeux.
Spieltheorie *f,* n théorie *f* des jeux ; jeux *mpl* stratégiques ; → *Operationsresearch.*
Spielwarenhandel *m,* - commmerce *m* de jouets et de jeux.
Spielwarenindustrie *f,* n industrie *f* du jouet.
Spielwarenmesse *f,* n Salon *m* du jouet.
Spielzeughersteller *m,* - fabricant *m* de jouets.
Spillover-Effekt *m,* e (*pr. ang.*) (*marketing*) effet *m* de contagion ; phénomène *m* externe ; cause *f* positive ou négative (une publicité d'un produit peut être également bénéfique à un produit concurrent, par ex.).
Spinnerei *f,* en (*industrie*) filature *f.*
Spinnwebtheorem *n,* ø théorème *m* de la « toile d'araignée » (processus d'adaptation mutuelle du prix à la quantité demandée sur un marché, dont la représentation graphique évoque une toile d'araignée).
Spin-off *n,* s 1. retombées *fpl* technologique ; transfert *m* technologique (recherche spatiale vers le secteur privé, etc.) 2. externalisation *f* ; délocalisation *f.*
Spion *m,* e espion *m.*
Spionage *f,* ø espionnage *m* ; (*industrie*) veille *f* (par Internet).
Spionagenetz *n,* e réseau *m* d'espionnage.
Spionagering *m,* e → *Spionagenetz.*
spionieren espionner ; faire de l'espionnage ; (*industrie*) faire de la veille.
Spirituosen *pl* spiritueux *mpl* ; alcools *mpl* et eaux *fpl* de vie.
Spitze *f,* n 1. pointe *f* ; sommet *m* ; maximum *m* ; tête *f* ; *an der ~ liegen* être en tête ; *sich an die ~ setzen* gagner le

peloton de tête ; *an der ~ eines Konzerns stehen* être à tête d'un groupe industriel ; *an die ~ treten* prendre la tête ; prendre la première place **2.** (*ventes*) record *m* absolu ; *die absolute ~ erreichen* atteindre le record absolu.

Spitzen- (*préfixe*) de pointe ; haut de gamme ; de qualité ; dirigeant ; maximum ; extrême ; → *Hoch-* ; *Schlüssel-*.

Spitzenbelastung *f,* en (*technique*) période de pointe *f* ; période d'utilisation maximale.

Spitzenbetrieb *m,* e entreprise *f* de pointe.

Spitzeneinkommen *n,* - revenu *m* élevé ; haut salaire *m*.

Spitzenerzeugnis *n,* se produit *m* haut de gamme ; article *m* de qualité.

Spitzenfunktionär *m,* e (*polit.*) secrétaire *m* général d'un syndicat ; leader *m* syndicaliste.

Spitzengehalt *n,* ¨er salaire *m* élevé ; traitement *m* de P.D.G.

Spitzengespräch *n,* e (*polit.*) entretien *m* au sommet.

Spitzenindustrie *f,* n industrie *f* de pointe.

Spitzenkandidat *m,* en, en (*polit.*) candidat *m* tête de liste.

Spitzenklasse *f,* n qualité *f* supérieure ; super-qualité *f* ; haut de gamme *m* ; nec plus ultra *m* ; excellence *f*.

Spitzenleistung *f,* en rendement *m* élevé ; performance *f* ; record *m*.

Spitzenlohn *m,* ¨e haut salaire *m* ; revenu *m* élevé.

Spitzenmannschaft *f,* en équipe *f* dirigeante ; tête *f* d'une entreprise.

Spitzenorganisation *f,* en (*polit.*) organisation *f* centrale ; centrale *f* ; confédération *f* (syndicale ou patronale) ; *gewerkschaftliche ~* centrale syndicale (*syn.* Dachorganisation).

Spitzenpapier *n,* e (*bourse*) valeur-vedette *f* ; titre *m* vedette ; valeur-phare *f*.

Spitzenplatz *m,* ¨e → *Spitzenposition*.

Spitzenpolitiker *m,* - (*polit.*) vedette *f* de la politique ; leader *m* politique ; (*fam.*) éléphant *m* d'un parti politique.

Spitzenposition *f,* en position-clé *f* ; poste *m* élevé ; position dirigeante ; *einen ~ an/streben* viser le leadership.

Spitzenprodukt *n,* e produit *m* haut de gamme.

Spitzenqualität *f,* en excellente qualité *f* ; qualité première ; top-qualité.

Spitzenrefinanzierungsfazilität *f,* en crédits *mpl* de refinancement (permettant aux banques commerciales de recourir à des crédits garantis par la banque centrale et la B.C.E.) ; → *Lombard*.

Spitzenreiter *m,* - leader *m* du marché.

Spitzenschuldenland *n,* ¨er pays *m* très endetté, à fort endettement.

Spitzenschutz *m,* ø (*assur.*) protection *f* maximale contre les risques ; couverture *f* de risques maximale.

Spitzenstellung *f,* en position *f* clé ; position phare.

Spitzensteuersatz *m,* ¨e (*fisc*) taux *m* plafond de l'impôt (sur le revenu) ; plafond *m* fiscal.

Spitzentechnologie *f,* n technologie *f* de pointe (*syn.* High-Tech ; Hochtechnologie).

Spitzenverband *m,* ¨e → *Spitzenorganisation*.

Spitzenverdiener *m,* - gros salaire *m* ; *die ~* les revenus *mpl* élevés.

Spitzenverkehrszeit *f,* en (*transp.*) période *f* de pointe ; heures *fpl* de pointe.

Spitzenwerte *mpl* (*bourse*) valeurs *fpl* vedettes ; valeurs-star.

Spitzenzeit *f,* en → *Spitzenverkehrszeit*.

Spitzfindigkeiten *fpl* finasseries *fpl* ; subtilités *fpl*.

Split *m,* s (*pr. ang.*) fractionnement *m* des actions.

Splitaktien *fpl* actions *fpl* nouvelles (issues du fractionnement des anciennes).

splitten 1. (*actions*) fractionner **2.** (*élections*) répartir ses deux voix sur deux partis différents ; partager ses voix.

Splitterpartei *f,* en (*polit.*) petite formation *f* politique ; groupuscule *m* politique (résultant de l'éclatement d'un parti).

Splitting *n,* ø (*pr. ang.*) **1.** → *Ehegattensplitting* **2.** (*bourse*) fractionnement *m* d'action ; fractionnement *m* de la valeur nominale ; division *f* de la valeur nominale d'un titre **3.** (*élections*) *~ der Stimmen* partage *m* des voix.

SPÖ *f* (*Autriche*) (*Sozialdemokratische Partei Österreichs*) parti *m* social-démocrate d'Autriche.

sponsern sponsoriser ; *gesponsert* sponsorisé.

Sponsern *n*, ø sponsoring *m* ; parrainage *m* ; mécénat *m* ; soutien *m* financier.

Sponsor *m*, s sponsor *m* ; mécène *m* ; personne *f* qui parraine qqch ; organisme *m* financier ; *~ dieses Projekts ist unsere Firma* c'est notre société qui sponsorise le projet (*syn. Mäzen* ; *Förderer*).

Sponsorengeld *n*, er fonds *mpl* avancés par un sponsor ; capitaux *mpl* de sponsoring ; fonds de mécénat.

Sponsorentum *n*, ø → *Sponsern*.
Sponsoring *n*, s → *Sponsern*.
Sponsorschaft *f*, ø → *Sponsern*.

Spontankauf *m*, ¨e achat *m* spontané ; achat d'impulsion ; achat coup-de-cœur.

Sponti *m*, s (*polit.*) spontanéiste *m* ; membre *m* d'un groupuscule gauchiste.

Sporko(gewicht) *n*, e poids *m* brut ; → *Bruttogewicht*.

Sportartikel *m*, - article *m* de sport.

Sportartikelgeschäft *n*, e magasin *m* d'articles de sport.

Sportartikelmarkt *m*, ¨e marché *m* des articles de sport.

Spot *m*, s spot *m* ; flash *m* ; film *m* publicitaire de courte durée.

Spotgeschäft *n*, e (*bourse*) opération *f* au comptant ; marché *m* en disponible ; livraison *f* immédiate (bourses de marchandises internationales) (*syn. Lokogeschäft* ; *contr. Termingeschäft*).

Spotmarkt *m*, ¨e (*bourse*) marché *m* au comptant ; marché libre, en disponible ; *Rohöl auf den ~"en finden* trouver du brut sur les marchés libres (*contr. Terminmarkt*).

Spotmarktpreis *m*, e (*bourse*) prix *m* sur le marché libre.

spottbillig très bon marché ; d'un prix dérisoire ; donné.

Spottgeld *n*, ø somme *f* ridicule ; montant *m* dérisoire.

Spottpreis *m*, e prix *m* sacrifié ; *zu einem ~* à un prix dérisoire ; c'est donné.

Sprache *f*, n langage *m* ; *formalisierte ~* langage formalisé ; *künstliche ~* langage artificiel.

Sprachendienst *m*, e service *m* de traduction ; bureau *m* des traducteurs.

Spracherkennung *f*, ø (*informatique*) reconnaissance *f* vocale.

Spracherkennungssoftware *f*, s logiciel *m* à reconnaissance vocale.

sprachgesteuert à commande vocale.

Sprachkurs *m*, e cours *m* de langue ; *~ für Ausländer* cours de langue pour étrangers.

Spread *m*, s (*pr. ang.*) (*bourse*) différentiel *m* (de rendement) ; écart *m* (cours, prix).

Spreading *n*, s (*pr. ang.*) (*bourse*) spreading *m* ; achat *m* et vente *f* simultanés de titres à des prix différents (afin de compenser un risque de perte éventuelle en spéculant à la hausse ou à la baisse).

Sprecher *m*, - porte-parole *m*.

Sprecherausschuss *m*, ¨e (*cogestion*) organe *m* représentatif des cadres supérieurs (pour qui la loi sur l'organisation du travail dans les entreprises ne s'applique pas).

Sprechtag *m*, e jour *m* d'ouverture au public ; jour d'audience.

Springer *m*, - remplaçant *m* ; personnel *m* intérimaire.

Spritze *f*, n injection *f* (de capitaux).

Spruch *m*, ¨e 1. (*jur.*) sentence *f* ; verdict *m* ; décision *f* 2. slogan *m* (publicitaire, politique).

Spruchband *n*, ¨er banderole *f* ; calicot *m*.

Spruchstellenverfahren *n*, - (*jur.*) procédure *f* d'arbitrage.

Sprung *m*, ¨e bond *m* ; saut *m*.

sprungartig → *sprunghaft*.

Sprungbrett *n*, er tremplin *m* ; *ein ~ zu neuen Märkten* un tremplin vers de nouveaux marchés.

sprungfixe Kosten *pl* coûts *mpl* fixes engendrés par une augmentation de production nécessitant davantage de personnel.

sprunghaft : *~ steigen* grimper en flèche ; faire un bond en avant.

Sprungrevision *f*, en (*jur.*) procédure *f* immédiate de révision ; recours *m* direct en cassation devant la cour fédérale.

SPS *f* (*Suisse*) (*Sozialdemokratische Partei der Schweiz*) parti *m* social-démocrate suisse.

Spur *f*, en trace *f* ; piste *f* ; (*agric.*) *~en von verschiedenen Chemikalien auf/weisen* révéler des traces de différents produits chimiques.

Spürhund *m*, e (*douane*) chien *m* renifleur, détecteur de drogue ou d'explosifs.

Squatter *m*, - (*pr. ang.*) squatter *m*.

SS (*Sommersemester*) (*université*) semestre *m* d'été.

Staat *m,* en État *m* ; *blockfreier* ~ pays *m* non aligné ; *kapitalistischer* ~ pays capitaliste ; *neutraler* ~ pays neutre ; *souveräner* ~ État souverain ; *sozialistischer* ~ pays socialiste ; *totalitärer* ~ État totalitaire.
Staatenbund *m,* e confédération *f* d'États.
Staatenbündnis *n,* se fédération *f* d'États.
Staatengemeinschaft *f,* en communauté *f* d'États.
staatenlos apatride.
Staatenlose/r (*der/ein*) apatride *m.*
staatenübergreifend supranational ; international.
staatlich de l'État ; d'État ; étatique ; national ; public ; ~*er Beauftragter* représentant de l'État ; personne *f* mandatée par l'État ; ~*er Betrieb* entreprise *f* nationale publique ; régie *f* de l'État ; ~ *geprüft* diplômé d'État ; examen *m* d'État ; ~*e Kontrolle* contrôle *m* de l'État ; ~*e Mittel* fonds *mpl* publics ; deniers *mpl* de l'État ; ~ *anerkannter Sachverständiger* expert *m* assermenté ; ~*e Souveränität* souveraineté *f* nationale ; *etw* ~ *subventionieren* subventionner qqch sur des fonds publics ; *unter* ~*er Verwaltung stehen* être administré, géré par l'État.
Staatsamt *n,* ¨er haute fonction *f* dans l'État.
Staatsangehörige/r (*der/ein*) ressortissant *m.*
Staatsangehörigkeit *f,* en → **Staatsbürgerschaft.**
Staatsangelegenheit *f,* en affaire *f* d'État.
Staatsanleihe *f,* n emprunt *m* d'État ; emprunt obligataire ; rente *f* d'État ; fonds *m* d'État ; bon *m* du Trésor ; obligation *f* du Trésor ; *tilgbare, untilgbare* ~*n* rentes amortissables, perpétuelles.
Staatsanteil *m,* e part *f* de l'État dans l'économie nationale.
Staatsanwalt *m,* ¨e (*jur.*) procureur *m.*
Staatsanwaltschaft *f,* en (*jur.*) parquet *m* ; ministère *m* public.
Staatsapparat *m,* e appareil *m* étatique ; appareil de l'État.
Staatsaufsicht *f,* en contrôle *m,* surveillance *f* de l'État.
Staatsauftrag *m,* ¨e commande *f* d'État.
Staatsausgaben *fpl* dépenses *fpl* publiques.

Staatsbank *f,* en banque *f* d'État.
Staatsbankrott *m,* e effondrement *m* des finances de l'État.
Staatsbeamte/r (*der/ein*) → **Staatsdiener.**
Staatsbedienstete/r (*der/ein*) agent *m* des services publics ; agent de l'État.
Staatsbesitz *m,* e propriété *f* de l'État.
Staatsbetrieb *m,* e entreprise *f* publique, nationale ; établissement *m* d'État ; régie *f.*
Staatsbürger *m,* - citoyen ; *französischer* ~ citoyen français ; de citoyenneté française.
staatsbürgerlich civique ; citoyen ; ~*e Pflicht* devoir *m* citoyen ; ~*e Rechte* droits civiques ; ~*e Rechte und Pflichten* droits et devoirs du citoyen.
Staatsbürgerschaft *f,* en nationalité *f* ; citoyenneté *f* ; *doppelte* ~ double nationalité ; *die deutsche* ~ *an/nehmen, besitzen* prendre, avoir la nationalité allemande ; *jdm die* ~ *ab/erkennen* déchoir qqn de sa nationalité.
Staatsbürgerschaftsrecht *n,* e législation *f* en matière de nationalité, de citoyenneté.
Staatchef *m,* s → **Staatsoberhaupt.**
Staatsdiener *m,* - fonctionnaire *m* ; → **Beamte/r.**
Staatsdienst *m,* (e) service *m* public ; *in den* ~ *treten* entrer dans la fonction publique.
staatseigen nationalisé ; étatisé.
Staatseigentum *n,* ø propriété *f* nationale, publique ; propriété de l'État.
Staatseingriff *m,* e intervention *f* de l'État.
Staatseinkommen *n,* - revenu *m* de l'État.
Staatseinnahmen *fpl* recettes *fpl* publiques ; rentrées *fpl* budgétaires.
Staatsexamen *m,* - (*université*) diplôme *m* d'État.
Staatsfinanzen *fpl* finances *fpl* publiques ; budgets *mpl* publics ; finances de l'État ; *konsolidierte* ~ équilibre *m* des finances publiques ; finances publiques consolidées.
Staatsform *f,* en régime *m* ; forme *f* de gouvernement.
Staatsgebiet *n,* e territoire *m* national.
Staatsgeheimnis *n,* se secret *m* d'État.
Staatsgelder *npl* → **Staatsmittel.**
Staatsgewalt *f,* ø autorité *f* de l'État ; autorité gouvernementale.

Staatsgut *n*, ø domaines *mpl* ; domaine *m* public.

Staatshandelsland *m*, ¨er pays *m* où l'État détient un monopole en matière de commerce extérieur ; pays *m* à commerce d'État.

Staatshaushalt *m*, e budget *m* de l'État ; *an den ~ ab/führen* verser au budget de l'État.

Staatshoheit *f*, en souveraineté *f* de l'État, nationale.

Staatsinterventionismus *m*, ø interventionnisme *m* d'État ; volontarisme *m* étatique.

Staatskanzlei *f*, en chancellerie *f.*

Staatskapitalismus *m*, ø capitalisme *m* d'État.

Staatskasse *f*, n **1.** Trésor *m* public ; fisc *m* **2.** caisse *f* de l'État ; deniers *mpl* publics.

Staatskassenverwalter *m*, - trésorier-payeur *m* ; receveur *m* des finances.

Staatskommissar *m*, e haut-commissaire *m* ; contrôleur-inspecteur *m* de l'État ; délégué *m* général du gouvernement.

Staatskonzern *m*, e groupe *m* public.

Staatskörper *m*, - corps *m* politique.

Staatskosten : *auf ~* aux frais de l'État ; (*fam.*) aux frais de la princesse.

Staatslenkung *f*, en État *m* interventionniste ; interventionnisme *m* étatique.

Staatsmann *m*, ¨er homme *m* d'État ; homme *m* politique.

Staatsminister *m*, - ministre *m* d'État.

Staatsministerium *n*, -ien ministère *m* d'État.

Staatsmittel *npl* fonds *mpl*, deniers *mpl* publics.

Staatsmonopol *n*, e monopole *m* d'État.

Staatsmonopolkapitalismus *m* (*Stamokap*) (*d'après Marx*) capitalisme *m* monopolistique d'État (dépendance de l'État vis-à-vis des monopoles dont il doit défendre les intérêts).

Staatsoberhaupt *n*, ¨er chef *m* d'État ; chef de l'État.

Staatsobligation *f*, en → *Staatsanleihe.*

Staatsorgan *n*, e organisme *m* public ; organe *m* de l'État.

Staatspapiere *npl* → *Staatsanleihe.*

Staatsquote *f*, n part *f* des dépenses publiques (bund, länder, communes) dans le P.N.B. (dépenses de l'État et de la sécurité sociale par rapport au P.I.B.) ; taux *m* des prélèvements obligatoires.

Staatsräson *f*, ø raison d'État ; *etw aus* (*Gründen der*) *~ tun* agir par raison d'État.

Staatsrat *m*, ø (*Suisse*) conseil *m* fédéral ; (*hist. R.D.A.*) conseil *m* d'État.

Staatsrecht *n*, e droit *m* public.

Staatsrechtler *m*, - juriste *m* de droit public.

staatsrechtlich de droit public.

Staatssäckel *m*, - (*fam.*) caisses *fpl* de l'État ; deniers *mpl* publics.

Staatsschuld *f*, en dette *f* publique ; endettement *m* public.

Staatsschuldbuch *n*, ¨er grand livre de la dette publique.

Staatsschuldschein *m*, e → *Schatzwechsel.*

Staatsschuldverschreibung *f*, en → *Schatzanweisung.*

Staatsschützer *m*, - (*polit.*) fonctionnaire *m* de la police politique ; (*France*) agent *m* de la D.S.T.

Staatssekretär *m*, e secrétaire *m* d'État.

Staatssektor *m*, en secteur *m* public ; secteur étatique.

Staatssicherheitsdienst *m*, ø (*Stasi*) (*hist. R.D.A.*) services *mpl* de sécurité de l'État ; *Ministerium n für ~* (MfS) ministère *m* chargé de la sécurité de l'État.

Staatsstreich *m*, e coup *m* d'État.

Staatsunternehmen *n*, - → *Staatsbetrieb.*

Staatsverbrauch *m*, ø dépenses *fpl* publiques au titre des administrations (de l'État).

Staatsverschuldung *f*, en endettement *m* de l'État ; endettement public.

Staatsvertrag *m*, ¨e traité *m* (politique) ; traité d'État ; traité intergouvernemental ; protocole *m* international.

Staatsverwaltung *f*, en administration *f* de l'État.

Staatswesen *n*, ø État *m* ; entité *f* politique.

Staatswirtschaft *f*, en économie *f* publique ; économie politique ; finances *fpl* publiques ; secteur *m* public.

Staatswissenschaften *fpl* sciences *fpl* politiques.

Staatswohl *n*, ø bien *m* public ; salut *m* public ; *parteipolitische Interessen zugunsten des ~s hintan/stellen* faire passer l'intérêt public avant les intérêts partisans.

Staatszuschuss *m*, ¨e subvention *f*, aide *f* de l'État.

Stab *m*, ¨e groupe *m* ; équipe *f* ; département *m* ; ~ *Rechtsberatung* département juridique.

Stabex *m* (*System zur Stabiliserung der Exporterlöse*) (*U.E.*) système *m* de stabilisation des revenus à l'exportation des pays en voie de développement, l'U.E. leur garantissant des revenus minimum pour un certain nombre de produits agricoles.

stabil stable ; ~*e Preise* prix *mpl* stables.

stabilisieren stabiliser ; (*bilan*) consolider.

Stabilisierung *f*, en stabilisation *f* ; ~ *der Arbeitslosiggkeit* stabilisation du chômage ; ~ *der Finanzen* consolidation *f* financière.

Stabilität *f*, ø stabilité *f* ; ~ *der Währung* stabilité monétaire.

Stabilitätsanforderung *f*, en (*U.E.*) exigence *f* de stabilité économique de la part des pays membres de l'U.E.

Stabilitätsgesetz *n*, ø (*Allemagne*) loi *f* sur la stabilité et la croissance économique ; → *Jahreswirtschaftsbericht*.

Stabilitätskriterium *n*, -ien → *Stabilitätspakt*.

Stabilitätspakt *m*, e (*U.E.*) pacte *m* de stabilité (interdiction d'un endettement supérieur à 3 % du P.N.B.) ; *den ~ erfüllen* satisfaire aux critères du pacte de stabilité ; *gegen den ~ verstoßen* contrevenir aux critères du pacte de stabilité.

Stadt *f*, ¨e ville *f* ; cité *f* ; municipalité *f* ; commune *f* urbaine.

Stadtamann *m* (*Suisse*) 1. (*dans certains cantons*) maire *m* 2. (*canton de Zurich*) huissier *m* de justice.

Stadtanleihe *f*, n emprunt *m* communal.

Stadtautobahn *f*, en 1. desserte *f* urbaine 2. rocade *f*.

Stadtbauamt *n*, ¨er services *mpl* municipaux de l'urbanisme.

Stadtbezirk *m*, e district *m* urbain ; arrondissement *m*.

Städtebau *m*, ø urbanisme *m*.

städtebaulich urbanistique.

stadteigen propriété *f* de la ville ; propriété de la municipalité.

Städtepartnerschaft *f*, en jumelage *m* de villes.

Städteplaner *m*, - urbaniste *m*.

Städteplanung *f*, en urbanisme *m*.

Städter *m*, - citadin *m*.

Städtetag *m* : *deutscher* ~ conférence *f* permanente des municipalités allemandes.

Stadtexpress *m*, e (*SE*) réseau *m* express urbain.

Stadtgas *n*, ø gaz *m* de ville.

Stadtgebiet *n*, e territoire *m* communal.

Stadtgemeinde *f*, n communauté *f* urbaine.

städtisch urbain ; municipal ; ~*er Angestellter* employé *m* municipal.

Stadtkämmerer *m*, - administrateur *m* des finances communales ; trésorier *m* municipal.

Stadtkanton *m*, e (*Suisse*) ville-canton *f* (Bâle, Berne, Zurich).

Stadtkreis *m*, e ville *f* ayant le statut de « Kreis », de circonscription administrative.

Stadtplaner *m*, - → *Städteplaner*.

Stadtplanung *f*, en → *Städteplanung*.

Stadtrand *m*, ¨er banlieue *f* ; périphérie *f* urbaine.

Stadtrandsiedlung *f*, en cité *f* suburbaine ; lotissement *m* de banlieue ; cité-dortoir *f*.

Stadtrat *m*, ¨e 1. conseil *m* municipal 2. conseiller *m* municipal ; édile *m*.

Stadtschaft *f*, en banque *f* hypothécaire ; établissement *m* de crédit hypothécaire.

Stadtstaat *m*, en (*Allemagne*) ville-État *f* ; ville ayant le statut d'un land (Hambourg, Brême, Berlin).

Stadtväter *mpl* conseillers *mpl* municipaux ; édiles *mpl*.

Stadtverordnetenversammlung *f*, en réunion *f* du conseil municipal.

Stadtverordnete/r (*der/ein*) conseiller *m* municipal.

Stadtverwaltung *f*, en municipalité *f* ; services *mpl* municipaux.

Stadtwerke *npl* services *mpl* techniques ; entreprises *fpl* communales.

Stadtzentrum *n*, en centre-ville *m*.

Staffel- (*préfixe*) échelonné ; progressif ; étalé ; par paliers ; gradué.

Staffelanleihe *f*, n emprunt *m* à taux progressif ou dégressif.

Staffelbesteuerung *f*, en imposition *f* progressive ; imposition par tranches.

Staffelbeteiligung *f*, en participation *f* progressive.

Staffelmiete *f*, n loyer *m* échelonné ; loyer progressif.

staffeln échelonner ; graduer ; *gestaffelte Preise, Tarife* prix *mpl*, tarifs *mpl* échelonnés ; *über 3 Jahre* ~ échelonner sur 3 ans.

Staffelpreis *m*, e prix *m* échelonné, par paliers.

Staffelrechnung *f*, en bordereau *m* de calcul d'intérêts ; bordereau des intérêts encore dus (avec indication du solde).

Staffelspanne *f*, n marge *f* proportionnelle ; marge dégressive, progressive.

Staffeltarif *m*, e tarif *m* progressif ; tarif proportionnel.

Staffelung *f*, en échelonnement *m* ; progression *f* ; progressivité *f* ; graduation *f* ; ~ *der Löhne* hiérarchie *f* des salaires ; ~ *der Steuersätze* progression des taux d'intérêt.

Staffelzins *m*, en intérêt *m* à taux progressif.

Stagflation *f*, en stagflation *f* (simultanéité de la stagnation de la production et de l'inflation des prix, du ralentissement économique et d'un chômage élevé).

Stagnation *f*, en stagnation *f* ; marasme *m* ; *wirtschaftliche* ~ stagnation économique ; ~ *der Löhne* stagnation des salaires.

stagnieren stagner.
stagnierend stagnant.
Stahl *m*, (¨e)/(e) acier *m*.

Stahlarbeiter *m*, - ouvrier *m* métallurgiste ; sidérurgiste *m* ; métallo *m* (*syn. Metaller*).

Stahlbeton *m*, ø béton *m* armé.

Stahlerzeugung *f*, en production *f* d'acier.

Stahlhütte *f*, n → *Stahlwerk*.

Stahlindustrie *f*, n industrie *f* de l'acier ; *Eisen- und* ~ industrie sidérurgique.

Stahlkocher *m*, - sidérurgiste *m* ; producteur *m* d'acier ; maître *m* des forges.

Stahlproduktion *f*, en → *Stahlerzeugung*.

Stahlrohr *n*, e tube *m* d'acier.
Stahlwerk *n*, e aciérie *f*.
Stahlwerker *m*, - → *Stahlarbeiter*.

Stall *m*, ¨e (*bovins*) étable ; (*équins*) écurie *f* ; (*ovins*) bergerie *f* ; (*porcins*) porcherie *f* ; (*volaille*) poulailler *m*.

Stamm- (*préfixe*) habituel ; fixe ; permanent ; ordinaire ; social ; d'origine.

Stamm *m*, ¨e 1. (*arbre*) tronc *m* 2. (*document*) talon *m* ; souche *f* 3. personnel *m* stable (fixe) 4. clientèle *f* fidélisée (stable) 5. tribu *f* ; groupe *m* ethnique.

Stammabschnitt *m*, e souche *f* ; talon *m*.

Stammaktie *f*, n (*bourse*) action *f* ordinaire ; action de capital.

Stammarbeiter *mpl* → *Stammpersonal*.

Stammbelegschaft *f*, en → *Stammpersonal*.

Stammdaten *npl* données *fpl* de base, permanentes.

Stammdividende *f*, n (*bourse*) dividende *m* des actions ordinaires.

Stammeinlage *f*, n (*société*) mise *f* de fonds initiale ; apport *m* initial, social ; apport effectué par un associé.

stammen être originaire de ; émaner ; (*temps*) dater ; *aus einfachen Verhältnissen* ~ être d'origine modeste ; *aus Deutschland* ~ être d'origine allemande.

Stammgast *m*, ¨e habitué *m*.
Stammhaus *n*, ¨er → *Stammsitz*.

Stammkapital *n*, ø (*société*) capital *m* social, initial ; fonds *m* social ; capitaux sociaux, propres ; capital d'établissement.

Stammkunde *m*, n, n client *m* fidèle, régulier ; habitué *m*.

Stammkundschaft *f*, en clientèle *f* attitrée ; vieux clients *mpl* ; habitués *mpl*.

Stammland *n*, ¨er pays *m* d'origine.
Stammmarke *f*, n marque-maison *f*.

Stammpersonal *n*, ø personnel *m* stable, permanent, fixe.

Stammregister *n*, - talon *m*, souche *f* d'un carnet de chèques, de factures, etc.

Stammrolle *f*, n registre *m* matricule (service militaire) ; rôle *m*.

Stammsitz *m*, e siège *m* (d'une entreprise) ; maison *f* mère.

Stammwähler *m*, - électeur *m* traditionnel.

Stammwerk *n*, e usine *f* principale.

Stamokap *m*, ø → *Staatsmonopolkapitalismus*.

Stand *m* 1. ø position *f* ; situation *f* ; état *m* ; ~ *der Arbeiten* état d'avancement des travaux ; *auf den neuesten* ~ *bringen* mettre à jour ; actualiser 2. ø cote *f* ; cours *m* ; *seinen höchsten* ~ *erreichen* atteindre son plus haut niveau 3. ¨e stand *m* (foire).

Standard- (*préfixe*) standard ; type ; normalisé ; standardisé.

Standard *m*, **s** standard *m* ; norme *f* ; type *m* ; étalon *m*.

Standardabweichung *f*, **en** (*statist.*) écart *m* type.

Standard & Poor's (*S & P*) (*pr. ang.*) (*bourse*) une des plus importantes agences de notation financière ; ~-*Index* indice *m* des 500 principales entreprises.

Standardausführung *f*, **en** modèle *m* standard.

Standardausrüstung *f*, **en** équipement *m* standard.

Standardausstattung *f*, **en** → *Standardausrüstung*.

Standardbrief *m*, **e** lettre *f* standard, normalisée.

Standarderzeugnis *n*, **e** produit *m* standard.

Standardformat *n*, **e** format *m* standard.

Standardformulierung *f*, **en** formule *f* standard, type.

Standardgröße *f*, **n** dimension *f* standard.

standardisieren standardiser ; normaliser.

Standardisierung *f*, **en** standardisation *f* ; normalisation *f* ; homogénisation *f*.

Standardklausel *f*, **n** clause *f* type ; clause standard.

Standardkosten *pl* (*comptab.*) coûts *mpl* standards (coûts prévisionnels calculés à partir de conditions d'exploitation considérées comme possibles et souhaitables).

Standardkostenrechnung *f*, **en** (*comptab.*) calcul *m* des coûts standards.

Standardlohnsatz *m*, ¨**e** taux *m* salarial conventionnel ; taux standard.

Standardmodell *n*, **e** modèle *m* courant, de série ; modèle type.

Standardpapiere *npl* → *Standardwerte*.

Standardpreis *m*, **e** prix *m* standard.

Standardvertrag *m*, ¨**e** contrat *m* type.

Standardwerte *mpl* (*bourse*) valeurs *f* standards ; valeurs représentatives ; valeurs les plus négociées en bourse ; titres *mpl* de référence ; valeur de portefeuille.

Stand-by *n*, **s** (*pr. ang.*) **1.** (*avion*) stand-by *m* ; position *f* d'attente **2.** (*informatique*) position *f* de veille **3.** (*finance*) soutien *m* ; secours *m* ; ~-*Kredit* crédit-relais *m* ; crédit *m* d'assistance.

Ständerrat *m*, ¨**e** (*Suisse*) **1.** conseil *m* des représentants des cantons **2.** conseiller *m* cantonal.

Standesamt *n*, ¨**er** (bureau de l') état *m* civil.

standesamtlich de l'état-civil ; ~*e Trauung* mariage *m* civil ; ~*e Urkunde* acte *m* de l'état civil.

Standesamtsregister *n*, - registre *m* de l'état civil.

Standesbeamte/r (*der/ein*) officier *m* de l'état civil.

Standesorganisation *f*, **en** organisme *m* corporatif.

Standesregeln *fpl* déontologie *f*.

standeswidrig contraire à toute déontologie ; ~*es Verhalten* faute *f* professionnelle.

Standgeld *n*, **er** droits *mpl* d'ouverture de stand ; taxe *f* de placier, d'étalage (sur un marché) ; hallage *m*.

ständig permanent ; ~*er Ausschuss* comité *m* permanent ; ~*es Büro* bureau *m* permanent ; ~*e Konferenz* conférence *f* permanente.

ständige Fazilitäten *fpl* instrument *m* de la politique monétaire de la Banque centrale européenne sous forme de crédits octroyés aux instituts financiers afin de leur permettre de financer les demandes de prêts.

Standing *n*, ø (*pr. ang.*) standing *m*, rang *m* social ; prestige *m*.

Standmiete *f*, **n** → *Standgeld*.

Standort *m*, **e** lieu *m* d'implantation ; site *m* ; localisation *f* ; situation *f* géographique ; ~ *Deutschland* l'Allemagne, site industriel ; l'Allemagne, site d'activités économiques ; *seinen ~ wechseln* changer de lieu d'implantation ; opter pour un autre site ; → *Verlagerung*.

standortbedingt lié au site ; fonction du lieu d'implantation ; tributaire de la localisation.

Standortbestimmung *f*, **en** → *Standortwahl*.

Standortfaktor *m*, **en** facteur *m* de localisation.

Standortfrage *f*, **n** problème *m* du site ; question *f* de la localisiation.

standortgebunden → *standortbedingt*

Standortnachteil *m*, **e** désavantage *m* d'un site ; points *mpl* négatifs d'une localisation.

Standortorientierung *f,* en facteurs *mpl* déterminants pour le choix d'un site.

Standortpolitik *f,* en politique *f* d'implantation ; politique économique régionale.

Standortsicherungsgesetz *n,* ø loi *f,* accord *m* sur le maintien d'un lieu d'implantation ; → *Solidarpakt-Ost.*

Standortverlagerung *f,* en délocalisation *f* d'un site.

Standortverlegung *f,* en → *Standortverlagerung.*

Standortvorteil *m,* e atout *m* d'un site ; avantage *m* industriel.

Standortwahl *f,* en choix *m* du site ; choix d'implantation.

Standortzwischenlager *n,* - (*SZL*) (*environnement*) entrepôt *m* provisoire de déchets nucléaires.

Standpunkt *m,* e point de vue *m* ; *vom wirtschaftlichen ~ aus* du point de vue économique ; *einen ~ vertreten* défendre un point de vue.

Stange *f,* n barre *f* ; tringle *f* ; (*vêtement*) *ein Anzug von der ~* costume *m* confection ; (*fam.*) *eine* (*schöne*) *~ Geld kosten* coûter un (beau) paquet d'argent.

Stapel *m,* - 1. pile *f* ; stock *m* 2. entrepôt *m* 3. (*maritime*) cale *f* ; *vom ~ laufen* être lancé ; être mis à l'eau.

stapeln stocker ; emmaganiser ; empiler.

Stapeln *n,* ø stockage *m* ; emmagasinage *m* ; empilement *m.*

Stapelplatz *m,* ¨e lieu *m* de stockage ; entrepôt *m.*

Stapelung *f,* en → *Stapeln.*

Stapelware *f,* n 1. produit *m* de stockage 2. textiles *mpl* hors mode destinés à la vente massive.

stapelweise par lots.

Stärke *f,* n 1. force *f* ; solidité *f* ; robustesse *f* ; résistance *f* 2. effectif *m* ; nombre *m* 3. capacité *f* ; puissance *f* 4. intensité *f.*

stärken renforcer ; consolider ; *seine Position ~* consolider sa position.

Stärkung *f,* en renforcement *m* ; raffermissement *m* ; consolidation *f* ; *~ der Inlandsnachfrage* raffermissement de la demande intérieure.

starr fixe ; rigide ; *~e Wechselkurse* taux *mpl* de change fixes.

Start *m,* s départ *m* ; démarrage *m* ; lancement *m* ; *~ einer Werbekampagne* lancement d'une campagne publicitaire.

Startauflage *f,* n (*édition*) premier tirage *m* ; tirage de lancement.

starten partir ; démarrer ; lancer.

Starthilfe *f,* n aide *f* au/de démarrage ; tremplin *m* ; *~ für Jungunternehmen* aide à la création d'entreprises.

Startkapital *n,* ø capital *m* de départ, de lancement.

startklar prêt à démarrer ; (*avion*) prêt à décoller.

Startloch *n,* ¨er : (*fig.*) *in den ~¨ern sitzen* être dans les starting-blocks.

Startphase *f,* n phase *f* de lancement ; phase de démarrage.

Start-up *n,* s → *Start-up-Unternehmen.*

Start-up-Unternehmen *n,* - jeune pousse *f* ; start-up *f* ; jeune entreprise *f* qui monte ; société *f* high-tech à fort potentiel de croissance.

Stasi *f/m* → *Staatssicherheitsdienst.*

Station *f,* en 1. station *f* ; gare *f* 2. (*hôpital*) division *f* de soins 3. centre *m* technique ; station *f.*

stationär : *~e Behandlung* traitement *m* en milieu hospitalier (*contr. ambulant*).

Statistik *f,* en statistique *f* ; *démografische ~* statistique démographique.

Statistiker *m,* - statisticien *m.*

statistisch statistique ; *~e Aufbereitung* exploitation *f* statistique ; *~ erfasst sein* être chiffré ; être recensé dans les statistiques ; *~es Bundesamt* Office *m* fédéral des statistiques ; (*France*) I.N.S.E.E.

statt : *an Eides ~* tenant lieu de serment ; *Erklärung an Eides ~* déclaration *f* sur l'honneur ; *an Zahlungs ~* à titre de paiement ; *jdn an Kindes ~ an/nehmen* adopter un enfant.

statt/geben, a, e accéder à ; *einem Antrag, einer Klage ~* donner suite à une requête, à une plainte.

statuieren statuer.

Status *m,* - statut *m* ; régime *m* ; état *m* (juridique) ; *~ quo* statu quo *m.*

Statussymbol *n,* e marque *f,* symbole *m* de statut social ; bien *m* de prestige (propriété, résidence secondaire, etc.).

Statut *n,* en statut *m* ; règlement *m* ; *die ~en ändern, auf/setzen* modifier, rédiger les statuts (*syn. Satzung*).

statutarisch → *statutengemäß.*

statutengemäß statutaire ; conforme aux statuts.

statutenwidrig non conforme aux statuts ; contraire aux statuts.
Stau *m*, s/e bouchon *m* (circulation) ; embouteillage *m*.
Stauanlage *f,* **n** barrage *m* hydraulique.
Staudamm *m*, ¨e digue *f* de retenue.
stauen fixer ; arrimer.
Stauraum *m*, ¨e volume *m* utile du coffre (d'un véhicule).
Stausee *m*, **n** lac *m* de barrage ; lac de retenue.
Staustufe *f,* **n** (*navigation*) retenue *f* d'eau ; système *m* d'écluse ; bief *m*.
Stauung *f,* **en** arrimage *m* (d'une cargaison sur un navire, par ex.).
Stauwerk *n*, **e** → *Stauanlage.*
Std(e). → *Stunde.*
stechen, **a**, **o** pointer (horloge de pointage).
Stechkarte *f,* **n** carte *f*, fiche *f* de pointage.
Stechuhr *f,* **en** horloge *f* de pointage.
stecken (*fam.*) investir ; placer ; mettre ; *viel Geld in ein Projekt* ~ investir beaucoup d'argent dans un projet ; → *investieren* ; *an/legen.*
stehlen, **a**, **o** voler ; dérober ; *Waren im Wert von hundert Euro* ~ voler (pour) cent euros de marchandises.
steigen, **ie**, **ie** (*ist*) monter ; augmenter ; *die Preise sind um 10 % gestiegen* les prix *mpl* ont augmenté de 10 % ; *von... auf* ~ passer de... à.
Steigen *n*, ø montée *f* ; hausse *f* ; ~ *der Kurse* hausse des cours ; ~ *der Löhne* progression *f* salariale.
Steiger *m*, - ingénieur *m* des mines ; chef-porion *m*.
Steigerer *m*, - enchérisseur *m* ; offrant *m*.
steigern augmenter ; faire monter ; hausser ; *den Absatz* ~ augmenter les ventes.
Steigerung *f,* **en** accroissement *m* ; augmentation *f* ; hausse *f* ; ~ *des Lebensstandards* relèvement *m*, augmentation *f* du niveau de vie.
steigerungsfähig améliorable ; susceptible d'augmenter, de progresser ; *~er Gewinn* à fort potentiel de bénéfices.
Steigerungsrate *f,* **n** taux *m* d'augmentation ; ratio *m* d'accroissement.
steil abrupt ; raide ; *~e Karriere* carrière *f* fulgurante ; *~ ansteigende Preise* prix *mpl* qui montent en flèche.

Steinbruch *m*, ¨e carrière *f* de pierres.
Steingut *n*, **-arten** (*industrie*) faïence *f*.
Steinkohle *f,* **n** houille *f* ; → *Kohle* ; *Braunkohle.*
Steinkohleeinheit *f,* **en** (*SKE*) unité *f* d'équivalent-houille.
Steinkohlenbergbau *m*, ø charbonnages *mpl*.
Steinkohlenförderung *f,* **en** extraction *f* de la houille.
Steinkohlenindustrie *f,* **n** industrie *f* houillère.
Steinkohlenlager *n*, - gisement *m* houiller.
Steinkohlenverstromer *m*, - producteur *m* d'énergie électrique à partir de la houille.
Steinkohleverstromung *f,* **en** production *f* électrique à partir de la houille ; transformation *f* de la houille en énergie électrique.
steinreich 1. pierreux 2. riche comme Crésus ; richissime.
Stellage *f,* **n** (*pr. fr.*) (*bourse*) stellage *m* ; double option *f* ; opération *f* à double prime (marché à terme avec option entre achat ou vente à l'échéance prévue).
Stellagegeschäft *n*, **e** → *Stellage.*
Stelle *f,* **n** 1. place *f* ; lieu *m* ; *an erster* ~ *stehen* occuper la première place 2. poste *m* de travail ; emploi *m* **I.** *befristete, unbefristete* ~ emploi fixe, temporaire ; C.D.D. *m*, C.D.I. *m* ; *freie* (*unbesetzte*) ~ poste vacant ; (*annonces*) *offene ~n* offres *fpl* d'emploi ; *gut, schlecht bezahlte* ~ emploi bien, mal rétribué **II.** *eine* ~ *besetzen* pourvoir un poste ; *sich um eine* ~ *bewerben* solliciter un empoi ; *eine* ~ *inne/haben* (*haben*) occuper un poste ; *eine* ~ *schaffen* créer un poste 3. bureau *m* ; *zuständige* ~ service(s) *mpl* compétent(s).
stellen placer ; poser ; mettre ; *in Rechnung* ~ a) facturer b) prendre en considération ; *unter Strafe* ~ menacer de sanction ; *vor Gericht* ~ entamer des poursuites judiciaires ; *Ansprüche* ~ prétendre à ; revendiquer ; *Forderungen* ~ exprimer des revendications.
Stellenabbau *m*, ø suppression *f* d'emplois ; compression *f* de personnel ; dégraissage *m* ; down-sizing *m*.
Stellenangebot *n*, **e** offre *f* d'emploi.
Stellenantritt *m*, **e** entrée *f* en fonctions ; prise *f* de poste.

Stellenanzeige *f*, **n** (*presse*) annonce *f* d'emploi.

Stellenausschreibung *f*, **en** mise *f* au concours d'un poste ; avis *m* de vacance d'un emploi ; avis de recrutement.

Stellenbeschreibung *f*, **en** description *f* d'un poste ; profil *m* d'un emploi.

Stellenbesetzungsplan *m*, ¨e plan *m* des postes à pourvoir ; tableau *m* des postes vacants.

Stellenbestand *m*, ¨e nombre *m* d'emplois sur le marché du travail.

Stellenbewerber *m*, - candidat *m* à un poste ; postulant *m*.

Stellenbörse *f*, **n** bourse *f* de l'emploi.

Stellendienstalter *n*, - échelle *f*, ordre *m* hiérarchique.

Stelleneinsparung *f*, **en** → *Stellenabbau*.

Stellengesuch *n*, **e** demande *f* d'emploi.

stellenlos sein être sans emploi.

Stellenlose/r (*der/ein*) sans-emploi *m* ; chômeur *m* ; sans-travail *m*.

Stellenmarkt *m*, ¨e marché *m* de l'emploi, du travail (*syn. Arbeitsmarkt*).

Stellennachweis *m*, **e** → *Stellenvermittlungsbüro*.

Stellenplan *m*, ¨e tableau *m* des effectifs ; organigramme *m*.

Stellenstreichung *f*, **en** → *Stellenabbau*.

Stellensuche *f*, **n** recherche *f* d'un emploi.

Stellensuchende/r (*der/ein*) demandeur *m* d'emploi (*syn. Arbeitsuchende/r*).

Stellenvergabe *f*, **n** attribution *f* de postes ; attribution d'emplois.

Stellenvermittler *m*, - employé *m* d'une agence d'emploi.

Stellenvermittlung *f*, **en** placement *m* (de la main-d'œuvre).

Stellenvermittlungsbüro *n*, **s** bureau *m* de placement ; agence *f* d'emploi ; → *Arbeitsagentur*.

Stellenwechsel *m*, - changement *m* d'emploi.

Stellenwert *m*, **e** rang *m* ; importance *f* ; *einen hohen ~ haben* occuper une place privilégiée ; être le must.

Stellenzulage *f*, **n** indemnité *f* de fonction.

Stellenzuwachs *m*, ¨e augmentation *f* du nombre de postes ; augmentation du nombre d'emplois.

Stellfläche *f*, **n** endroit *m* réservé à la publicité ; surface *f* ; panneau *m* publicitaire.

Stellgeschäft *n*, **e** → *Stellage*.

Stellung *f*, **en 1.** emploi *m* ; poste *m* ; *beamtenähnliche ~* emploi assimilé à la fonction publique ; *führende (leitende) ~* poste de direction ; fonction *f* de cadre supérieur ; → *Stelle* **2.** situation *f* ; position *f* ; rang *m* **I.** *abhängige ~* situation dépendante ; *beherrschende ~* position dominante ; *marktbeherrschende ~* position de monopole.

Stellungnahme *f*, **n** prise *f* de position ; *um ~ wird gebeten* pour avis.

stellungslos sein → *stellenlos sein*.

Stellung(s)suche *f*, **n** recherche *f* d'emploi.

Stellung(s)suchende/r (*der/ein*) → *Stellensuchende/r*.

Stellungswechsel *m*, - changement *m* d'emploi ; changement de poste.

stellvertretend adjoint ; suppléant ; remplaçant ; faisant fonction de ; *~er Direktor* directeur *m* adjoint ; *~es Mitglied* membre *m* suppléant ; *~er Vorsitzender* vice-président *m*.

Stellvertreter *m*, - adjoint *m* ; remplaçant *m* ; suppléant *m* ; représentant *m* ; mandataire *m*.

Stellvertretung *f*, **en** remplacement *m* ; *die ~ übernehmen* remplacer ; assumer la suppléance.

Stempel *m*, - cachet *m* ; timbre *m* ; marque *f* ; *einen ~ auf eine Urkunde drücken* apposer un cachet sur un document.

Stempelgänger *m*, - (*fam.*) chômeur *m* ; pointeur *m* au chômage.

Stempelgebühr *f*, **en** → *Stempelsteuer*.

Stempelgeld *n*, **er** (*fam.*) allocation *f* (de) chômage ; *~ kassieren* toucher des allocations chômage, des A.S.S.E.D.I.C.

Stempelmarke *f*, **n** timbre *m* fiscal ; timbre-quittance ; vignette *f* fiscale.

stempeln 1. timbrer ; *Briefmarken ~* oblitérer des timbres **2.** poinçonner (or, argent) **3.** (*fam.*) *~ gehen* pointer au chômage.

stempelpflichtig soumis au droit de timbre ; timbrage *m* obligatoire.

Stempelsteuer *f*, **n** droit *m* de timbre ; timbre *m* fiscal.

Stempeluhr *f*, **en** → *Stechuhr*.

Stempelung *f,* en timbrage *m* ; apposition *f* d'un cachet ; oblitération *f.*
Steno *f,* ø → ***Stenografie.***
Stenogramm *n,* e sténogramme *m* ; *ein ~ auf/nehmen* prendre en sténo.
Stenograf *m,* en, en sténographe *m.*
Stenografie *f,* n sténographie *f* (*syn. Kurzschrift, Eilschrift*).
stenografieren sténographier ; prendre en sténo.
stenotypieren prendre en sténo, puis retranscrire à la machine.
Stenotypistin *f,* nen sténodactylo *f.*
Sterbebegleitung *f,* en soins *mpl* palliatifs.
Sterbefall *m,* ¨e décès *m* ; *~¨e* (taux *m* de) mortalité *f.*
Sterbegeld *n,* ø 1. capital-décès *m* 2. allocation *f* pour frais de funérailles.
Sterbekasse *f,* n caisse *f* d'assurances-obsèques ; caisse de capital-décès.
Sterbeklinik *f,* en centre *m* de soins palliatifs.
Sterbetafel *f,* n table *f* de mortalité.
Sterbeurkunde *f,* n certificat *m* de décès.
Sterbeziffer *f,* n taux *m* de mortalité.
Sterblichkeit *f,* ø mortalité *f* ; *~ nach Berufen* mortalité professionnelle.
Sterblichkeitsrate *f,* n → ***Sterbeziffer.***
Sterling *m,* e sterling *m* ; livre *f* sterling.
Sterlingzone *f,* ø zone *f* sterling.
Steuer *n,* - volant *m* (véhicule) ; gouvernail *m* (navire) ; commandes *fpl* (avion) ; *Betrunkenheit am ~* ivresse *f* au volant ; (*fig.*) *das ~ führen* tenir les commandes ; diriger.
Steuer *f,* n impôt *m* ; contribution *f* ; taxe *f* ; droit *m* **I.** *direkte, indirekte ~* impôt direct, indirect ; *örtliche ~* impôt local ; *progressive ~* impôt progressif ; *proportionale ~* impôt proportionnel ; *staatliche ~* impôt d'État **II.** *von der ~ ab/setzen* défalquer, déduire de l'impôt ; *von der ~ ab/ziehen* déduire de l'impôt ; *eine ~ auf/erlegen* frapper d'un impôt ; *taxer* ; *von einer ~ befreien* exonérer ; dispenser, exempter d'un impôt ; *~n bei/treiben* recouvrer l'impôt ; *mit ~n belasten* frapper d'impôts ; *mit einer ~ belegen* imposer, taxer qqch ; *~n ein/nehmen* (*ein/ziehen*) procéder au recouvrement de l'impôt ; *~n erheben* percevoir, lever des impôts ; *die ~n erhöhen* augmenter les impôts ; relever les taxes ; *~n hinterziehen* frauder le fisc ; *der ~ unterliegen* être assujetti à l'impôt ; *eine ~ veranlagen* asseoir un impôt ; établir l'assiette d'un impôt ; *~n zahlen* (*entrichten*) payer des impôts ; → ***Degressiv-, Einkommen(s)-, Erbschafts-, Gesellschafts-, Gewerbe-, Grund-, Kapitalertrag(s)-, Kapital-, Kapitalzuwachs-, Kfz-, Kirchen-, Kopf-, Körperschaft(s)-, Lohn-, Mehrwert-, Mineralöl-, Objekt-, Quellen-, Real-, Subjekt-, Umsatz-, Veranlagungs-, Verbrauch(s)-, Verkehrs-, Vermögen(s)-, Wertzuwachs-, Zwecksteuer.***
Steuerabschlagszahlung *f,* en versement *m* d'un acompte provisionnel, d'un tiers provisionnel.
Steuerabzug *m,* ¨e déduction *f* fiscale ; retenue *f* fiscale.
Steuerabzugsbetrag *m,* ¨e montant *m* du prélèvement fiscal à la source.
Steuerakten *fpl* dossier *m* fiscal.
Steueränderung *f,* en modification *f* fiscale.
Steueränderungsbescheid *m,* e avis *m* de redressement fiscal.
Steueranfechtung *f,* en contestation *f* en matière fiscale.
Steueranpassung *f,* en ajustement *m* fiscal.
Steueranreiz *m,* e incitation *f* fiscale.
Steueransatz *m,* ¨e taux *m* d'imposition.
Steueranteil *m,* e contribution *f* fiscale.
Steueraufkommen *n,* - produit *m* des impôts ; produit fiscal ; recettes *fpl* fiscales.
Steueraufschlag *m,* ¨e taxe *f* additionnelle ; surtaxe *f* fiscale.
Steueraufsicht *f,* en contrôle *m* fiscal ; services *mpl* de l'inspection du fisc ; service des contrôles fiscaux.
Steuer-auf-Steuer-Effekt *m,* e effet *m* d'impôts cumulés.
Steueraufwand *m,* ø charges *fpl* fiscales.
Steuerausfall *m,* ¨e moins-value *f* fiscale ; perte *f* d'impôt ; perte fiscale.
Steuerausgleich *m,* e péréquation *f* des impôts.
Steuerausländer *m,* - contribuable *m* non-résident.
steuerbar → ***steuerpflichtig.***
steuerbefreit exempté d'impôt ; exonéré d'impôt ; exempt de taxe.

Steuerbefreiung *f*, **en** exonération *f* fiscale ; exemption *f* d'impôt.

steuerbegünstigt bénéficiant d'avantages fiscaux ; bonifié ; ~*es Sparen* épargne *f* bonifiée.

Steuerbegünstigung *f*, **en** → *Steuererleichterung*.

Steuerbehörde *f*, **n** (service du) fisc *m* ; perception *f* (*syn. Fiskus*).

Steuerbeitreibung *f*, **en** → *Steuererhebung*.

steuerbelastet imposé ; redevable de l'impôt ; taxé.

Steuerbelastung *f*, **en** → *Steuerlast*.

Steuerbemessungsgrundlage *f*, **n** base *f* d'imposition ; assiette *f* de l'impôt.

Steuerberater *m*, - conseiller *m* fiscal ; fiscaliste *m*.

Steuerberatungsfirma *f*, **-men** (cabinet de) conseil *m* fiscal.

Steuerberichtigung *f*, **en** redressement *m* fiscal.

Steuerbescheid *m*, **e** avis *m* d'imposition ; feuille *f* d'impôt.

Steuerbetrag *m*, ¨e montant *m* de l'impôt.

Steuerbetrug *m*, ø → *Steuerhinterziehung*.

Steuerbetrüger *m*, - fraudeur *m* du fisc.

Steuerbewilligung *f*, **en** vote *m* (par le parlement) de l'impôt.

Steuerbilanz *f*, **en** bilan *m* fiscal.

Steuerbonus *m*, **se/-ni** bonus *m* fiscal.

Steuerbürger *m*, - contribuable *m*.

Steuerdegression *f*, **en** imposition *f* dégressive ; dégressivité *f* de l'impôt.

Steuerdickicht *n*, **e** fatras *m* de la règlementation fiscale ; jungle *f* fiscale.

Steuerdomizil *n*, **e** domicile *m* fiscal.

Steuerdrittel *n*, - tiers *m* provisionnel

Steuereinbehaltung *f*, **en** retenue *f* de l'impôt à la source ; prélèvement *m* fiscal à la source.

Steuereingänge *mpl* recettes *fpl* fiscales.

Steuereinkommen *n*, - revenu *m* fiscal.

Steuereinnahmen *fpl* → *Steueraufkommen*.

Steuereinnehmer *m*, - percepteur *m* (des impôts) ; receveur *m* (des contributions).

Steuereintreibung *f*, **en** → *Steuererhebung*.

Steuereinziehung *f*, **en** → *Steuererhebung*.

Steuerentlastung *f*, **en** allègement *m*, dégrèvement *m* fiscal ; exonération *f* fiscale.

Steuererfassung *f*, **en** imposition *f* des citoyens.

Steuererhebung *f*, **en** recouvrement *m* de l'impôt ; perception *f* de l'impôt.

Steuererhöhung *f*, **en** majoration *f* d'impôt.

Steuererklärung *f*, **en** déclaration *f* d'impôt(s) ; feuille *f* d'impôt(s).

Steuererlass *m*, **e/¨e** détaxe *f* ; remise *f* de l'impôt.

Steuererleichterungen *fpl* avantages *mpl* fiscaux ; allégement *m*, dégrèvement *m* fiscal ; diminution *f* de l'impôt ; (*fam.*) carotte *f* fiscale.

Steuerermäßigung *f*, **en** réduction *f* d'impôt(s) ; décote *f* ; dégrèvement *m*.

Steuerermittlung *f*, **en** → *Steuerveranlagung*.

Steuererstattung *f*, **en** remboursement *m* (d'un trop perçu) d'impôt.

Steuerertrag *m*, ¨e → *Steueraufwand*.

Steuerfachmann *m*, **-leute** expert *m* fiscaliste ; fiscaliste *m*.

Steuerfahnder *m*, - inspecteur *m* du fisc ; vérificateur *m* (des services fiscaux) ; polyvalent *m*.

Steuerfahndung *f*, **en** 1. détection *f* et répression *f* de la fraude fiscale ; enquête *f* fiscale 2. inspection *f* du fisc ; brigade *f* de vérificateurs du fisc.

Steuerfestsetzung *f*, **en** → *Steuerveranlagung*.

steuerfinanzieren financer par l'impôt ; ~*t* financé par l'impôt et les taxes.

Steuerfinanzierung *f*, **en** financement *m* par l'impôt.

Steuerflucht *f*, **en** évasion *f* fiscale ; exode *m* fiscal.

Steuerfortwälzung *f*, **en** → *Steuerüberwälzung*.

steuerfrei non-imposable ; exonéré d'impôt ; exempté d'impôt ; défiscalisé.

Steuerfreibetrag *m*, ¨e abattement *m* à la base ; tranche *f* non imposable ; montant *m* exonéré.

Steuerfreigrenze *f*, **n** seuil *m* d'imposition.

Steuerfreiheit *f*, **en** exonération *f* fiscale ; franchise *f* d'impôts.

Steuerfreistellung *f,* en exonération *f* d'impôt ; non-imposition *f.*
Steuergebiet *n,* e pays *m* d'imposition ; territoire *m* fiscal.
Steuergefälle *n,* - disparité *f* fiscale.
Steuergegenstand *m,* ¨e matière *f* imposable.
Steuergeheimnis *n,* se secret *m* fiscal.
Steuergelder *npl* recettes *fpl* fiscales ; fonds *mpl* publics ; deniers *mpl* publics.
Steuergerechtigkeit *f,* ø justice *f,* équité *f* fiscale.
Steuergeschenk *n,* e (*fam.*) cadeau *m,* avantage *m* fiscal.
Steuergesetzgebung *f,* en législation *f* fiscale.
Steuergleichheit *f,* ø égalité *f* devant l'impôt ; → *Steuergerechtigkeit.*
Steuergrenze *f,* **n** plafond *m* d'imposition.
Steuergrundlage *f,* n → *Steuerbemessungsgrundlage.*
Steuergruppe *f,* n → *Steuerklasse.*
Steuergutschrift *f,* en crédit *m* d'impôt ; avoir *m* fiscal.
Steuerharmonisierung *f,* en harmonisation *f* fiscale.
Steuerhinterzieher *m,* - fraudeur *m* du fisc.
Steuerhinterziehung *f,* en fraude *f* fiscale ; dissimulation *f* en matière d'impôt.
Steuerhoheit *f,* ø souveraineté *f* (en matière) fiscale ; pouvoir *m* fiscal ; droit *m* d'imposition.
Steuerinländer *m,* - contribuable *m* résident.
Steuerinspektor *m,* en inspecteur *m* des contributions directes, du fisc.
Steuerinzidenz *f,* en incidence *f* fiscale.
Steuerjahr *n,* e année *f* fiscale ; exercice *m.*
Steuerkarte *f,* **n** carte *f* fiscale (des salariés).
Steuerklasse *f,* **n** tranche *f* d'imposition ; classe *f,* catégorie *f* fiscale ; cédule *f* ; *die ~ wechseln* changer de tranche d'imposition.
Steuerkompetenz *f,* en compétence *f* fiscale.
Steuerkraft *f,* ø capacité *f* fiscale ; faculté *f* contributive d'une personne physique.

Steuerkraftmesszahl *f,* en (*U.E.*) indicateur *m* de capacité fiscale.
Steuerkurswert *m,* e (*bourse*) évaluation *f* fiscale de titres permettant d'évaluer la valeur d'un portefeuille.
Steuerlast *f,* en charge *f* fiscale ; pression *f* fiscale ; poids *m* de la fiscalité.
Steuerlastquote *f,* **n** rapport *m* entre recettes fiscales et produit national brut.
Steuerleistung *f,* en prestation *f* d'impôt(s).
steuerlich fiscal ; *~ befreit* exonéré d'impôt(s) ; *~ begünstigt* dégrevé ; bonifié ; *~ belastet* grevé d'impôt(s) ; *~e Einstufung* classement *m* dans une tranche d'imposition ; *~e Veranlagung* taxation *f* fiscale ; établissement *m* de l'assiette de l'impôt ; *~e Vergünstigungen* avantages *mpl* fiscaux.
Steuermahnung *f,* en avertissement *m* fiscal.
Steuermarke *f,* **n** timbre *m* fiscal ; timbre-quittance ; (*France*) vignette *f.*
Steuermehreinnahmen *fpl* plus-values *fpl* fiscales.
Steuermessbetrag *m,* ¨e montant *m* servant de base au calcul de l'impôt.
Steuermesszahl *f,* en coefficient *m* applicable au calcul de l'impôt (pour les taxes foncière et professionnelle).
steuermindernd réducteur d'impôt ; *~ wirken* diminuer le montant imposable ; *~ geltend gemacht werden* faire valoir en déductibilité.
Steuermindestsatz *m,* ¨e taux *m* minimal d'imposition ; taux-plancher d'imposition.
Steuermittel *npl* → *Steueraufkommen.*
Steuermobilität *f,* ø mobilité *f* fiscale ; variabilité *f* du lieu de déclaration fiscale.
Steuermoral *f,* ø morale *f* fiscale ; honnêteté *f* fiscale ; comportement *m* du citoyen vis-à-vis de l'impôt.
steuern contrôler ; diriger ; *die Preise ~* surveiller les prix.
Steuernachforderung *f,* en rappel *m* d'impôt.
Steuernachlass *m,* ¨e → *Steuerermäßigung.*
Steuernachzahlung *f,* en redressement *m* fiscal.
Steueroase *f,* **n** → *Steuerparadies.*
Steuerobjekt *n,* e → *Steuergegenstand.*

steueroptimal : ~ *an/legen* faire des placements intéressants du point de vue fiscal.

steueroptimiert : *~er Fonds* fonds *m* de placement assorti d'avantages fiscaux ; fonds *mpl* bonifiés.

Steuerpaket *n*, e train *m* de mesures fiscales ; arsenal *m* de lois fiscales.

Steuerparadies *n*, e paradis *m* fiscal ; refuge *m* fiscal.

Steuerpauschale *f*, **n** forfait *m* fiscal.

Steuerpflicht *f*, **en** assujettissement *m* à l'impôt ; *der ~ unterliegen* être soumis à l'impôt.

steuerpflichtig assujetti à l'impôt ; imposable ; *~es Einkommen* revenu *m* imposable.

Steuerpflichtige/r (*der/ein*) contribuable *m* ; personne *f* redevable de l'impôt ; débiteur *m* du fisc.

Steuerpolitik *f*, ø politique *f* fiscale.

Steuerprivileg *n*, -ien privilège *m* fiscal.

Steuerprogression *f*, **en** progression *f*, progressivité *f* de l'impôt ; impôt *m* progressif.

Steuerprüfer *m*, - 1. (*comptab.*) vérificateur *m* des livres 2. contrôleur *m* du fisc ; vérificateur *m*.

Steuerquellen *fpl* ressources *fpl* fiscales.

Steuerquote *f*, **n** taux *m* de fiscalité ; taux de la pression fiscale.

Steuerrecht *n*, ø droit *m* fiscal ; législation *f* fiscale.

Steuerrechtler *m*, - juriste *m* fiscaliste ; fiscaliste *m* ; conseiller *m* fiscal.

steuerrechtlich fiscal ; qui concerne la législation fiscale ; *~e Vorschriften* textes *mpl* législatifs fiscaux ; directives *fpl* des services du fisc.

Steuerreform *f*, **en** réforme *f* fiscale.

Steuerrolle *f*, **n** rôle *m* des contributions.

Steuerrückerstattung *f*, **en** restitution *f* d'impôt ; remboursement *m* du trop-versé ; dégrèvement *m* fiscal pour trop-perçu.

Steuerrücklage *f*, **n** (*comptab.*) réserves *fpl* (pour charges) fiscales.

Steuerrückstände *mpl* arriérés *mpl* d'impôt(s).

Steuerrückstellungen *fpl* (*comptab.*) provisions *fpl* pour impôts.

Steuerrückwälzung *f*, **en** rétrocession *f* de la T.V.A. (du commerçant au producteur).

Steuerrückzahlung *f*, **en** → ***Steuerrückerstattung***.

Steuersachen : *in ~* en matière d'impôt(s) ; en matière fiscale.

Steuersachverständige/r (*der/ein*) expert *m* fiscaliste ; fiscaliste *m*.

Steuersäckel *m*, - (*fam.*) recettes *fpl* fiscales.

Steuersatz *m*, ¨e taux *m* d'imposition.

Steuerschätzung *f*, **en** évaluation *f* de la recette fiscale.

Steuerschlupfloch *n*, ¨er niche *f* fiscale.

Steuerschraube *f* : *an der ~ drehen* augmenter les impôts ; donner un tour de vis fiscal.

Steuerschuld *f*, **en** dette *f* fiscale ; impôts *mpl* à payer, dus.

Steuerschuldner *m*, - → ***Steuerzahler***.

steuerschwach économiquement faible ; non-imposable.

Steuerschwindel *m*, - → ***Steuerbetrug***.

Steuersenkung *f*, **en** dégrèvement *m* fiscal ; diminution *f* de l'impôt.

Steuersitz *m*, e domicile *m* fiscal.

steuersparend : *~e Maßnahmen* mesures *fpl* d'économies d'impôt ; *~ wirken* avoir un effet réducteur d'impôt.

Steuersparmodell *n*, e épargne *f* bonifiée ; économies *fpl* d'impôts.

Steuerstaffelung *f*, **en** imposition *f* progressive ; progressivité *f* de l'impôt par tranches fiscales.

Steuerstrafe *f*, **n** pénalité *f* fiscale ; amende *f* fiscale.

Steuerstrafrecht *n*, ø (*jur.*) fiscalité *f* pénale ; législation *f* fiscale en matière de poursuites pénales.

Steuerstraftat *f*, **en** (*jur.*) délit *m* fiscal ; fraude *f* fiscale.

Steuerstrafverfahren *n*, - (*jur.*) procédure *f* judiciaire pour fraude fiscale.

Steuerstundung *f*, **en** sursis *m* de paiement des impôts.

Steuersubjekt *n*, e → ***Steuerzahler***.

Steuersünder *m*, - fraudeur *m* fiscal ; fraudeur du fisc.

Steuersystem *n*, e → ***Steuerwesen***.

Steuertabelle *f*, **n** barème *m* de l'impôt.

Steuertarif *m*, e tarif *m* fiscal ; *progressiver ~* tarif fiscal progressif ; *proportionaler ~* tarif fiscal proportionnel.

Steuertermine *mpl* dates *fpl* de versement de l'impôt ; échéances *fpl* fiscales.

Steuerträger *m*, - personne *f* ou organisme *m* redevable ; redevable *m* ; contribuable *m*.

Steuertrick *m*, s (*fam.*) combine *f* pour frauder le fisc.

Steuerüberwälzung *f,* **en** répercussion *f* de l'impôt ou de la taxe ; déplacement *m* de la charge fiscale ; incidence *f* fiscale (répercuter l'impôt sur celui qui le supporte finalement et réellement).

Steuerumgehung *f,* **en** évasion *f* fiscale ; fraude *f* fiscale ; détournement *m* de l'impôt.

Steuer- und Abgabenlast *f,* **en** pression *f* fiscale ; poids *m* des prélèvements obligatoires.

Steuerung *f,* **en 1.** contrôle *m* ; commande *f* ; direction *f* ; orientation *f* ; régulation *f* ; pilotage *m* ; ~ *der Kreditversorgung* encadrement *m* du crédit **2.** (*technique*) commande *f* ; gouverne *f*.

Steuerungsinstrument *n,* **e** dispositif *m*, instrument *m* de commande.

Steuerveranlagung *f,* **en** établissement *m* de l'assiette de l'impôt ; calcul *m* de l'impôt.

Steuervereinfachung *f,* **en** simplification *f* des formalités et procédures fiscales ; simplification de l'impôt.

Steuervergehen *n,* **-** (*jur.*) délit *m*, fraude *f* fiscal(e).

Steuervergünstigung *f,* **en** avantage *m* fiscal ; *~en* allégements *mpl* fiscaux.

Steuervergütung *f,* **en** → *Steuergutschrift*.

Steuerversäumnis *n/f,* **e** non-paiement *m* de l'impôt dans les délais ; retard *m* de paiement de l'impôt.

Steuerversäumniszuschlag *m,* ¨e pénalité *f* fiscale (de retard).

Steuerverwaltung *f,* **en** ø administration *f* fiscale ; fisc *m* ; services *mpl* du fisc.

Steuervorauszahlung *f,* **en** acompte *m* provisionnel sur l'imposition ; tiers *m* provisionnel.

Steuervorteil *n,* **e** avantage *m* fiscal.

Steuerwesen *n,* ø fiscalité *f* ; système *m* fiscal ; les impôts *mpl*.

Steuerwettbewerb *m,* **e** concurrence *f*, compétition *f* fiscale ; *unlauterer* ~ compétition fiscale déloyale.

Steuerzahler *m,* **-** → *Steuerpflichtige/r*.

Steuerzahlerbund *m,* ø association *f* des contribuables.

Steuerzahlung *f,* **en** paiement *m*, acquittement *m* de l'impôt ; *verspätete* ~ retard *m* de paiement de l'impôt.

Steuerzuschlag *m,* ¨e majoration *f* fiscale.

Steward *m,* s (*pr. ang.*) steward *m*.

Stewardess *f,* **en** (*pron. anglaise*) hôtesse *f* de l'air ; hôtesse d'accueil.

StGB → *Strafgesetzbuch*.

Stichentscheid *m,* **e** (*polit.*) décision *f* prise en cas de partage des voix ; voix *f* déterminante ; voix double (lors d'un vote).

Stichkurs *m,* **e** (*bourse : opérations à prime*) pied *m* de prime (en cas de retrait, l'acheteur ou le vendeur doit verser une prime fixée à l'avance suivant la valeur du titre en question).

Stichprobe *f,* **n** (*statist.*) échantillon *m* (prélevé au hasard) ; échantillonnage *m* ; sondage *m* ; (*douane*) fouille-surprise *f* ; *zufällige* ~ échantillon aléatoire.

stichprobenartig (*statist.*) prélevé au hasard ; aléatoire ; *etw* ~ *prüfen* procéder à des contrôles aléatoires.

Stichprobendaten *npl* (*statist.*) données *fpl* de l'échantillon.

Stichprobenerhebung *f,* **en** (*statist.*) échantillonnage *m*.

stichprobenhaft → *stichprobenartig*.

Stichprobenmethode *f,* **n** → *Stichprobenverfahren*.

Stichprobenverfahren *n,* **-** (*statist.*) méthode *f* d'échantillonnage ; échantillonnage *m*.

Stichtag *m,* **e** jour *m* fixé ; jour "J"; (*jur.*) jour préfixé ; date *f* d'échéance ; *der erste Januar ist der ~ für...* le 1er janvier est le jour fixé pour...

Stichtagsbestand *m,* ¨e (*comptab.*) stock *m* à un moment donné.

Stichwahl *f,* **en 1.** (*polit.*) scrutin *m* de ballottage ; *in die ~ kommen* être en ballotage **2.** sélection *f* finale.

Stickstoffdünger *m,* **-** (*agric.*) engrais *m* azoté.

Stiefelternteil *m,* **e** père *m*, mère *f* non-biologique ; beau-père, belle-mère par remariage.

Stiefkind *n,* **er** (*fig.*) parent *m* pauvre ; laissé-pour-compte *m*.

stiefmütterlich : ~ *behandelt werden* être traité en parent pauvre ; être lésé.

Stift *m,* **e 1.** apprenti *m* **2.** *elektronischer* ~ crayon *m* optique.

stiften 1. donner des fonds en vue d'une fondation **2.** faire un don.

Stifter *m,* **-** **1.** fondateur *m* **2.** donateur *m*.

Stiftergeld *n,* **er** capitaux *mpl* provenant d'une donation ; moyens *mpl* financiers destinés à une fondation.

Stiftung *f,* **en** 1. fondation *f* ; institution *f* ; ~ *Warentest* organisme *m* de test de produits et de certification (au service des consommateurs) 2. donation *f* ; don *m* ; somme *f* allouée.

Stiftungsregister *n,* - registre *m* des legs et donations.

Stiftungsurkunde *f,* **n** actes *mpl* de fondation.

still : ~*er Gesellschafter* bailleur *m* de fonds ; associé *m* tacite ; ~*e Reserve* **a)** (*comptab.*) réserve *f* cachée ; réserves occultes **b)** (*travail*) main-d'œuvre *f* disponible, potentielle.

Stillhalteabkommen *n,* - 1. (*jur.*) accord *m* moratoire ; moratoire *m* ; accord de prorogation ; moratorium *m* (décision de suspension de certaines obligations légales) 2. trêve *f* politique ; suspension *f* des hostilités.

Stillhalteklausel *f,* **n** clause *f* de statu quo.

Stillhalten *n,* ø prolongation *f* ; reconduction *f*.

still/halten, ie, a (*bourse*) prolonger ; reconduire ; attendre la réponse du preneur (au jour de la réponse des primes) ; → **Stellage**.

Stillhaltepakt *m,* **e** → **Stillhalteabkommen**.

Stillhalter *m,* - (*bourse*) vendeur *m* d'une option.

still/legen fermer ; immobiliser ; arrêter l'exploitation ; *das Werk wird stillgelegt* on ferme l'usine.

Stilllegung *f,* **en** fermeture *f* (d'une entreprise) ; arrêt *m* ; cessation *f* ; immobilisation *f*.

Stilllegungsprämie *f,* **n** prime *f* de fermeture d'usine ; prime de cessation d'exploitation.

still/liegen, a, e être fermé (usine) ; ne pas être exploité ; chômer.

stillschweigend tacite ; implicite ; ~*e Übereinkunft* accord *m* tacite ; ~ *verlängerter Vertrag* contrat *m* renouvelé tacitement.

Stillstand *m,* ø arrêt *m* total ; paralysie *f* de l'activité économique ; stagnation *f* ; *zum ~ bringen* arrêter ; paralyser ; immobiliser ; *in den Verhandlungen gab es einen ~* une pause est intervenue dans les négociations.

still/stehen a, a, s'arrêter ; être arrêté ; chômer.

Stimmabgabe *f,* **n** (*polit.*) vote *m* ; suffrage *m* ; élection *f*.

stimmberechtigt : ~*es Kapital* capital *m* votant ; ~ *sein* avoir (un) droit de vote ; *alle ~en Bürger* tous les citoyens ayant le droit de vote.

Stimmberechtigte/r (*polit.*) (*der/ein*) votant *m*.

Stimmberechtigung *f,* **en** (*polit.*) droit *m* de vote.

Stimmbeteiligung *f,* **en** (*polit.*) participation *f* électorale.

Stimmbezirk *m,* **e** (*polit.*) circonscription *f* électorale.

Stimmbürger *m,* - (*Suisse*) électeur *m*.

Stimme *f,* **n** (*polit.*) voix *f* ; vote *m* ; suffrage *m* **I.** *beratende ~* voix consultative ; *beschließende ~* voix délibérative ; *gültige, ungültige ~* suffrage valable, nul **II.** *seine ~ ab/geben* voter ; *sich der ~ enthalten* s'abstenir (de voter) ; *jdm seine ~ geben* voter pour qqn ; *die ~n zählen* dépouiller le scrutin.

stimmen (*polit.*) (*für, gegen*) voter (pour, contre).

Stimmenanteil *m,* **e** (*polit.*) nombre *m* de voix (exprimées).

Stimmenauszählung *f,* **en** (*polit.*) dépouillement *m* du scrutin ; comptage *m* des bulletins exprimés.

Stimmengewinn *m,* **e** (*polit.*) gain *m* de voix.

Stimmengleichheit *f,* (**en**) (*polit.*) égalité *f* de(s) voix ; *bei ~* en cas d'égalité de voix.

stimmenmäßig (*polit.*) en voix ; en nombre de suffrages.

Stimmenmehrheit *f,* (**en**) (*polit.*) majorité *f* des voix, des suffrages.

Stimmensplitting *n,* ø (*polit.*) système *m* des deux voix dont dispose tout électeur allemand (une voix pour un parti, une voix pour un candidat).

Stimmenthaltung *f,* **en** (*polit.*) abstention *f*.

Stimmenverlust *m,* **e** (*polit.*) perte *f* en voix ; recul *m* électoral.

Stimmenverteilung *f,* **en** (*polit.*) répartition *f* des voix (des votants).

Stimmenzahl *f,* **en** (*polit.*) nombre *m* de voix ; *abgegebene ~* nombre de suffrages exprimés ; *die erforderliche ~ erreichen* atteindre le quorum.

Stimmenzählung *f,* en (*polit.*) dépouillement *m* du scrutin ; comptage *m*, décompte *m* des voix.

Stimmgewichtung *f,* en (*polit.*) pondération *f* en nombre de voix.

Stimmrecht *n,* e (*polit.*) droit *m* de vote ; *allgemeines* ~ suffrage *m* universel.

Stimmrechtsaktie *f,* n (*bourse*) action *f* à droit de vote privilégié.

stimmrechtslos : (*bourse*) ~*e Aktien* action *f* sans droit de vote ; certificat *m* d'investissement.

Stimmung *f,* en climat *m* ; atmosphère *f* ; (*bourse*) tendance *f* ; *gedrückte* ~ tendance à la morosité ; *lebhafte, lustlose* ~ bourse *f* animée, indécise.

Stimmungsbarometer *n,* - (*bourse*) baromètre *m* de tendance.

Stimmungseinbruch *m,* ¨e (*bourse*) baisse *f* du moral ; déprime *f* boursière ; chute *f* brutale des cours.

Stimmungswandel *m,* - (*bourse*) changement *m* de climat boursier ; revirement *m* de tendance.

Stimmzettel *m,* - (*polit.*) bulletin *m* de vote ; *leerer* ~ bulletin blanc ; *den* ~ *ab/geben,* déposer son bulletin de vote ; *die* ~ *aus/zählen* dépouiller les bulletins de vote.

stimulieren stimuler ; encourager ; ~*de Wirkung haben* avoir un effet stimulant.

Stimulierung *f,* en stimulation *f* ; encouragement *m*.

Stipendiat *m,* en, en boursier *m* ; bénéficiaire *m* d'une bourse d'études.

Stipendium *n,* -ien bourse *f* (d'études).

Stipulation *f,* en stipulation *f* ; convention *f* ; accord *m*.

stipulieren stipuler ; convenir ; spécifier.

Stock *m,* s 1. stock *m* ; réserve *f* ; fonds *mpl* 2. → **Grundkapital** ; **Kapitalbestand**.

stocken stagner ; ralentir ; *stockender Markt* marché déprimé.

Stocken *n,* ø arrêt *m* ; stagnation *f* ; ralentissement *m* ; embouteillage *m* ; *ins* ~ *geraten* ralentir ; marquer le pas.

Stock-Option *f,* s (*pr. ang.*) → **Stock-Option**.

Stock-Option *f,* en stock-option *f* ; option *f* sur achat d'action ; option de souscription d'actions (système de rémunération des dirigeants de l'entreprise qui reçoivent des actions à un prix préférentiel) ; *eine* ~ *aus/üben* exercer une stock-option.

Stockung *f,* en → **Stocken**.

Stoff *m,* e 1. matière *f* ; matériau *m* ; *schädlicher, radioaktiver* ~ substance *f* nocive, matière radioactive 2. étoffe *f* ; tissu *m* ; *rein wollener* ~ tissu *m* pur laine ; *knitterfreier* ~ tissu infroissable.

Stoffkosten *pl* coût *m* des matières premières.

Stoffkreislauf *m,* ¨e circuit *m* de production.

Stop-and-go-Politik *f,* ø (*pr. ang.*) politique *f* du stop-and-go ; politique économique consistant en une alternance de coups d'arrêt à la croissance et de mesures de relance.

Stopp-Kurs *m,* e (*bourse*) ordre *m* à (seuil de) déclenchement ; ordre à plage de déclenchement.

Stopp-Order *f,* s (*bourse*) ordre *m* stop ; achat *m* ou vente *f* au mieux ; ordre *m* d'achat ou de vente à seuil de déclenchement (dès que la limite fixée par le client est franchie).

Stopp *m,* s arrêt *m* ; blocage *m*.

stoppen (s')arrêter ; stopper ; bloquer ; *gestoppter Preis* prix *m* bloqué.

Stoppmaßnahme *f,* n mesure *f* de blocage.

Stopppreis *m,* e prix-plafond *m*.

störanfällig (*technique*) sujet à pannes (fréquentes) ; peu fiable.

Störanfälligkeit *f,* ø survenue *f*, objet *m* de pannes fréquentes.

stören déranger ; troubler.

Störfaktor *m,* en facteur *m* perturbateur.

Störfall *m,* ¨e incident *m* technique ; cas *m* de défaillance.

stornieren 1. annuler ; *einen Auftrag* ~ annuler une commande 2. (*comptab.*) redresser ; rectifier ; contre-passer ; *eine Buchung* ~ redresser une écriture.

Stornierung *f,* en 1. annulation *f* 2. (*comptab.*) redressement *m* ; rectification *f* ; contre-passation *f*.

Storno *m/n,* -ni 1. annulation *f* ; extourne *f* (contre-écriture sur un compte ou annulation d'une opération) 2. (*comptab.*) redressement *m* ; contre-passation *f*.

Stornobuchung *f,* en (*comptab.*) redressement *m* d'écriture ; écriture de contre-passation.

stoßfest antichoc ; à l'épreuve des chocs.
Stoßpreis *m*, **e** prix-choc *m* ; prix d'attaque.
Stoßverkehr *m*, **ø** trafic *m* de pointe.
Stoßzeit *f*, **en** heures *fpl* de pointe ; heures d'affluence.
Stotterkauf *m*, ¨**e** (*fam.*) achat *m* à crédit.
stottern bégayer ; (*fam.*) *auf Stottern kaufen* acheter à crédit ; → *ab/stottern*.
Stoxx → *Euro-Stoxx-50*.
StPO → *Strafprozessordnung*.
Strafaktion *f*, **en** action *f* de représailles ; sanction *f*.
Strafandrohung *f*, **en** menace *f* de sanction.
Strafantrag *m*, ¨**e** dépôt *m* de plainte ; demande *f* de sanction ; réquisitoire *m* ; *einen ~ stellen* porter plainte ; *einen ~ zurück/nehmen* retirer sa plainte.
Strafanzeige *f*, **n** → *Strafantrag*.
Strafaussetzung *f*, **en** suspension *f* de peine ; sursis *m* à l'exécution d'une peine.
strafbar punissable ; répréhensible ; condamnable ; passible d'amende ; *~e Handlung* acte *m* délictueux.
Strafbarkeitslücke *f*, **n** vide *m* juridique en matière pénale.
strafbefreiend : *~ wirken* avoir une action suspensive de peine.
Strafe *f*, **n** peine *f* ; sanction *f* ; amende *f* ; punition *f* ; *mit einer ~ belegen* frapper d'amende ; *einer ~ unterliegen* être passible d'une sanction ; *eine ~ verhängen* infliger une peine, une amende.
strafen punir ; pénaliser (*syn. bestrafen*).
Straferlass *m*, **e/¨e** remise *f* de peine.
straferschwerend : *~er Umstand* circonstance *f* aggravante.
Straffall *m*, ¨**e** infraction *f* ; délit *m* ; acte *m* répréhensible.
Straffreiheit *f*, **en** exemption *f* de peine ; impunité *f*.
Strafgeld *n*, **er** → *Strafmandat*.
Strafgerichtsbarkeit *f*, **en** juridiction *f* pénale ; juridiction correctionnelle.
Strafgesetzbuch *n*, ¨**er** (*StGB*) code *m* pénal.
Strafgesetze *npl* → *Strafgesetzbuch*.
Strafkammer *f*, **n** chambre *f* pénale ; correctionnelle *f*.
Strafmandat *n*, **e** amende *f* ; contravention *f* (*syn. Bußgeld*).

Strafmaß *n*, **ø** sanctions *fpl* ; durée *f* de la peine ; sanction *f* infligée.
Strafmaßnahme *f*, **n** sanction ; *~n verhängen* infliger des sanctions.
strafmildernd : *~e Umstände* circonstances *fpl* atténuantes.
Strafmilderung *f*, **en** réduction *f* de peine ; allègement *m* de la peine.
strafmündig sein avoir la majorité pénale ; être pénalement responsable.
Strafprozessordnung *f*, **en** (*StPO*) code *m* de procédure pénale.
Strafpunkt *m*, **e** (*permis à point*) point *m* de pénalité.
Strafrecht *n*, **ø** droit *m* pénal.
strafrechtlich pénal ; *~e Haftung* responsabilité *f* pénale ; *~es Verfahren* procédure *f* pénale.
Strafregister *n*, - casier *m* judiciaire.
Straftat *f*, **en** délit *m* ; infraction *f* ; fait *m* illicite ; acte *m* délictueux, punissable.
Straftäter *m*, - délinquant *m*.
Strafverfahren *n*, - procédure *f* judiciaire ; *ein ~ (gegen jdn) ein/leiten* engager une procédure judiciaire (contre qqn) ; *ein ~ läuft gegen X* une procédure judiciaire contre x est en cours.
Strafverfolgung *f*, **en** action *f* pénale ; poursuite *f* pénale.
Strafverfolgungsbehörden *fpl* autorités *fpl* judiciaires.
Strafverfügung *f*, **en** 1. fixation *f* de la peine, de la contravention 2. (*Suisse*) deuxième jugement *m* après un pourvoi en cassation.
Strafvermerk *m*, **e** inscription *f* au casier judiciaire.
strafverschärfend → *straferschwerend*.
Strafverschärfung *f*, **en** majoration *f*, aggravation *f* de la peine.
Strafversetzung *f*, **en** mutation *f* disciplinaire ; déplacement *m* d'office.
Strafverteidiger *m*, - avocat *m* en correctionnelle ; défenseur *m* en pénal.
Strafvollstreckung *f*, **en** → *Strafvollzug*.
Strafvollzug *m*, **ø** exécution *f* de la peine.
Strafvollzugsanstalt *f*, **en** maison *f* d'arrêt, de détention ; établissement *m* pénitentiaire.
Strafzettel *m*, - → *Strafmandat*.
Strafzinsen *mpl* intérêts *mpl* de pénalité.

Strafzoll *m*, ¨e sanction *f*, pénalité *f* douanière ; surtaxe *f* ; ~¨e *verhängen* infliger une taxe de pénalité.
Strafzumessung *f*, en → *Strafverfügung*.
Strahlenbelastung *f*, en nuisances *fpl* par exposition à un rayonnement.
Strahlengeschädigte/r (*der/ein*) victime *f* d'irradiation ; personne *f* irradiée.
Strahlenschutz *m*, ø radioprotection *f* ; protection *f* antiradiations.
strahlenverseucht irradié.
Strahlenwert *m*, e mesure *f* de taux d'irradiation ; nombre *m* de rems.
Straße *f*, n rue *f* ; chaussée *f* ; route *f* ; voie *f* routière ; *jdn auf die ~ setzen* jeter qqn à la porte, à la rue.
Straßenbahn *f*, en tramway *m*.
Straßenbahner *m*, - traminot *m* .
Straßenbahnfahrer *m*, - 1. conducteur *m* de tramway 2. usager *m* des tramways.
Straßenbau *m*, ø construction *f* de(s) routes.
Straßenbauamt *n*, ¨er services *mpl* des ponts et chaussées.
Straßenbenutzungsgebühr *f*, en → *Straßenmaut*.
Straßenfernverkehr *m*, ø trafic *m* routier à grande distance ; trafic international.
Straßenhandel *m*, ø commerce *m* ambulant ; commerce sur la voie publique.
Straßenhändler *m*, - marchand *m* ambulant ; camelot *m*.
Straßeninterview *n*, s (*sondage*) micro-trottoir *m*.
Straßenmaut *f*, en péage *m* routier ; taxe *f* d'utilisation du réseau routier.
Straßennahverkehr *m*, ø trafic *m* routier à petite distance ; trafic suburbain.
Straßennetz *n*, e réseau *m* routier.
Straßensperre *f*, n rue *f* barrée ; barrage *m* routier.
Straßentransport *m*, e transport *m* routier, par route.
Straßenverkauf *m*, ¨e → *Straßenhandel*.
Straßenverkehr *m*, ø circulation *f* routière ; trafic *m* routier.
Straßen(verkehrs)ordnung *f*, (en) (*StVO*) code *m* de la route.
Straßenwacht *f*, ø assistance *f* routière.
Stratege *m*, n, n stratège *m*.

Strategie *f*, n stratégie *f*.
Strategiespiel *n*, e jeu *m* de stratégie ; → *Fallstudie* ; *Unternehmenspiele*.
Strategiewahl *f*, en choix *m* stratégique.
strategisch stratégique ; ~*e Entscheidung* décision *f* stratégique.
Strecke *f*, n 1. distance *f* ; trajet *m* ; parcours *m* ; itinéraire *m* ; *eine ~ zurück/legen* parcourir une distance 2. tronçon *m* ; ligne *f* ; *elektrifizierte ~* ligne électrifiée.
Streckengeschäft *n*, e affaires *fpl* traitées entre deux places ; affaires par correspondance (*syn. Distanzgeschäft*).
Streckennetz *n*, e → *Straßennetz*.
Streckenwerbung *f*, en publicité *f* sur un parcours donné.
streichen, i, i 1. rayer ; *Nichtzutreffendes ~* biffer la mention inutile 2. annuler ; radier ; *Kredite ~* supprimer des crédits.
Streichung *f*, en annulation *f* ; suppression *f* ; radiation *f* ; biffage *m*.
Streifband *n*, ¨er bandelette *f* ; bande *f* (publicitaire) ; *unter ~* sous bande.
Streifbanddepot *n*, s (*banque*) dépôt *m* de titres cacheté (titres gardés séparément de ceux de la banque proprement dite.
Streifbandsendung *f*, en envoi *m* sous bande.
Streik *m*, s grève *f* ; cessation *f* du travail **I.** *allgemeiner ~* grève générale, nationale ; *befristeter, unbefristeter ~* grève limitée, illimitée ; *flächendeckender ~* grève (à l'échelle) nationale ; (*gewerkschaftlich*) *organisierter ~* grève organisée ; *rollender ~* grève tournante ; *spontaner ~* grève spontanée ; *wilder ~* grève sauvage (non autorisée par les syndicats) **II.** *einen ~ ab/brechen* (*ein/stellen*) cesser une grève ; suspendre une grève ; *einen ~ an/kündigen* donner un préavis de grève ; *zum ~ auf/rufen* appeler à une grève ; *einen ~ aus/lösen* déclencher une grève ; *einen ~ aus/rufen* lancer un mot d'ordre de grève ; *einen ~ fort/setzen* poursuivre une grève ; *einen ~ nieder/schlagen* réprimer une grève ; *in den ~ treten* se mettre en grève ; débrayer ; → *Ausstand* ; *Arbeitsniederlegung* ; *Urabstimmung* ; *Bummel-, General-, Konsumenten-, Protest-, Sitz-, Sympathie-, Teil-, Voll-, Warnstreik*.

Streikaktion *f*, **en** mouvement *m* de grève ; *eine ~en fort/setzen* poursuivre un mouvement revendicatif.
Streikanführer *m*, - meneur *m* (de grève).
Streikankündigung *f*, **en** préavis *m* de grève.
Streikaufforderung *f*, **en** → *Streikaufruf*.
Streikaufruf *m*, **e** appel *m* à la grève ; mot *m* d'ordre de grève.
Streikausbruch *m*, ¨e déclenchement *m* d'une grève.
Streikbeteiligung *f*, **en** participation *f* à une grève.
Streikbewegung *f*, **en** mouvement *m* de grève.
Streikbrecher *m*, - briseur *m* de grève ; jaune *m*.
Streikdrohung *f*, **en** menace *f* de grève.
Streikeinstellung *f*, **en** suspension *f*, cessation *f* de la grève.
streiken faire (la) grève ; être en grève ; se mettre en grève ; débrayer.
Streikende/r (*der/ein*) gréviste *m*.
Streikführer *m*, - → *Streikanführer*.
Streikkasse *f*, **n** fonds *m* de grève ; fonds de solidarité.
Streikklausel *f*, **n** (*contrat*) clause *f* de suspension ou d'annulation de livraison pour cause de grève.
Streikkomitee *n*, **s** comité *m* de grève.
Streikparagraf *m*, **en**, **en** (*jur.*) paragraphe *m* 116 du code du travail (selon lequel un salarié n'a pas droit à une indemnité de chômage technique induit par une grève).
Streikparole *f*, **n** mot *m* d'ordre de grève ; consigne de grève *f*.
Streikposten *m*, - piquet *m* de grève ; *~ auf/stellen* placer des piquets de grève.
Streikrecht *n*, **e** droit *m* de grève.
Streikunterstützung *f*, **en** 1. soutien *m* apporté à une grève 2. allocation *f* de soutien aux grévistes.
Streikwelle *f*, **n** vague *f* de grèves.
Streit *m*, (e) différend *m* ; litige *m* ; contestation *f* ; *mit jdm in ~ geraten* entrer en conflit avec qqn ; *in ~ liegen* être en litige ; *einen ~ schlichten* apaiser, régler un différend.
streitanfällig litigieux ; sujet à litige.
Streitbeilegung *f*, **en** règlement *m* de différends.

streitbereinigend d'apaisement ; *~e Wirkung* effet *m* d'apaisement.
streiten, i, i avoir un litige ; *sie ~ sich um die Erbschaft* ils se disputent l'héritage ; *~ über* se quereller à propos de ; *~ für* combattre pour.
Streitfall *m*, ¨e différend *m* ; *im ~* en cas de litige.
Streitfrage *f*, **n** question *f* litigieuse ; point *m* litigieux ; pomme *f* de discorde.
Streitgegenstand *m*, ¨e objet *m* du litige.
streitig litigieux ; contesté ; *~e Gerichtsbarkeit* juridiction *f* contentieuse ; *etw ~ machen* contester qqch.
Streitigkeit *f*, **en** différend *m* ; contestation *f* ; litige *m* ; *eine ~ regeln* trancher un litige.
Streitkräfte *fpl* forces *fpl* armées.
Streitsache *f*, **n** → *Streitfall*.
Streitwert *m*, (e) valeur *f* en litige ; somme *f* litigieuse (décidée par le tribunal, elle permet de calculer les frais de justice et les honoraires d'avocat).
streng strict ; sévère ; *~ vertraulich* strictement confidentiel ; *strengstens verboten* formellement interdit.
Stress *m*, (e) stress *m* ; fatigue *f* nerveuse.
Stressfaktor *m*, **en** facteur *m* de stress.
Streuaktionäre *mpl* petits actionnaires *mpl* ; petits porteurs *mpl*.
Streubereich *m*, **e** 1. zone *f* de dispersion 2. (*publicité*) zone touchée par la campagne de diffusion publicitaire.
Streubesitz *m*, ø propriété *f* disséminée (entre de nombreuses mains) ; *im ~ sein* être entre les mains de nombreux actionnaires ; être détenu par les petits porteurs.
Streubesitzaktionäre *mpl* → *Streuaktionäre*.
Streubreite *f*, **n** → *Streubereich*.
streuen disséminer ; disperser ; atomiser.
Streugebiet *n*, **e** → *Streubereich*.
Streukosten *pl* coût *m* de la diffusion des supports publicitaires.
Streuplan *m*, ¨e plan *m* de diffusion des supports publicitaires ; diffusion *f* du matériel publicitaire.
Streusiedlung *f*, **en** habitat *m* dispersé.
Streuung *f*, **en** (*statist.*) dispersion *f* ; répartition *f* ; écart-type *m* ; déviation-

standard *f* ; variance *f* ; diffusion *f* (des moyens publicitaires).
Streuungskoeffizient *m*, **en, en** (*statist.*) coefficient *m* de dispersion (d'actions, par ex.).
Streuverlust *m*, **e** (*publicité*) déperdition *f* d'impact par dispersion (d'un message publicitaire) ; *den ~ der Werbung minimieren* minimiser la déperdition de l'impact publicitaire.
Strich : *unter dem ~* au-dessous de la ligne ; tout bien considéré ; au total.
Strichcode *m*, **s** code *m* barres.
Strippe *f*, **n** (*fam.*) fil *m* (téléphonique) ; *er hängt an der ~* il est pendu au téléphone.
strittig contentieux ; litigieux ; *~e Forderung* créance *f* litigieuse ; *~er Punkt* point *m* litigieux.
Strohmann *m*, ¨**er** homme *m* de paille ; prête-nom *m*.
Strom *m*, ¨**e 1.** courant *m* (électrique) **2.** fleuve *m*.
Stromabnehmer *m*, **-** consommateur *m* de courant électrique.
Stromanbieter *m*, **-** → *Stromversorger*.
Stromanschluss *m*, ¨**e** branchement *m* électrique.
Stromeinsparungsgesetz *n*, **e** (*environnement*) loi *f* sur la promotion des énergies renouvelables, des économies d'énergie.
Stromer *m*, **-** (*fam.*) → *Stromversorger*.
Stromerzeuger *m*, **-** → *Stromversorger*.
Stromerzeugung *f*, **en** production *f* de courant.
Strommarkt *m*, ¨**e** marché *m* de l'électricité.
Stromnetz *n*, **e** réseau *m* électrique.
Stromverbrauch *m*, ø consommation *f* électrique ; consommation d'électricité.
Stromverbraucher *m*, **-** → *Stromabnehmer*.
Stromversorger *m*, **-** société *f* de production d'énergie électrique ; entreprise *f* productrice de courant électrique.
Stromversorgung *f*, **en** alimentation *f*, approvisionnement *m* en électricité.
Strong Buy (*conseil boursier*) acheter ; renforcez votre position sur le titre.
Strong Sell (*conseil boursier*) vendre ; prendre ses bénéfices.

Struktur *f*, **en** structure *f* ; *föderale* (*föderative*) *~* structure fédérale ; *räumliche ~* structure géographique ; *wirtschaftliche ~* structure économique.
Strukturänderung *f*, **en** changement *m* structurel.
Strukturanpassung *f*, **en** adaptation *f* structurelle.
strukturbedingt structurel ; *~e Arbeitslosigkeit* chômage *m* structurel.
strukturell → *strukturbedingt*.
Strukturfonds *m*, **-** fonds structurel *m* (destiné à compenser les inégalités socio-économiques au sein de l'U.E.).
strukturieren structurer.
Strukturierung *f*, **en** structuration *f*.
Strukturkrise *f*, **n** crise *f* structurelle.
Strukturlenkung *f*, **en** redéploiement *m* industriel.
Strukturpolitik *f*, ø politique *f* d'aménagement régional ; politique structurelle.
Strukturreform *f*, **en** réforme *f* de structure.
Strukturveränderung *f*, **en** → *Strukturänderung*.
Strukturwandel *m*, ø changement *m* structurel ; mutation *f* structurelle ; modification *f* des structures ; *industrieller ~* restructuration *f* industrielle.
Stück *n*, **e** pièce *f* ; unité *f* ; partie *f* ; morceau *m* ; *Preis pro ~* prix *m* unitaire, à l'unité ; prix pièce ; *eine Arbeit nach ~ bezahlen* rémunérer un travail à la pièce ; payer à l'unité ; (*fig.*) *ein schönes ~ Geld kosten* coûter une jolie somme (d'argent).
Stückakkord *m*, **e** contrat *m* de travail à la pièce, à la tâche.
Stückaktie *f*, **n** (*bourse*) action *f* sans valeur nominale ; action à valeur réelle (la valeur nominale sera égale au capital divisé par le nombre d'actions émises).
Stückarbeit *f*, **en** travail *m* aux pièces, à la tâche ; travail au rendement (*syn. Akkordarbeit*).
Stückarbeiter *m*, **-** ouvrier *m* aux pièces ; travailleur *m* à la pièce ; tâcheron *m*.
Stückekonto *n*, **-ten** compte *m* de titres ; dépôt *m* de valeurs.
Stückelung *f*, **en** morcellement *m* ; fractionnement *m* ; division *f* du capital en actions ; coupure *f* (de 20, 50 euros, etc.).
Stückeverzeichnis *n*, **se** (*banque*) bordereau *m*, liste *f* des titres confiés en dépôt à une banque.

Stückfracht *f*, en fret *m* au poids.
Stückgut *n*, ¨er petite marchandise *f* ; colis *m* de détail.
Stückgutsendung *f*, en expédition *f* de (au) détail ; groupage *m* ; (*rail*) envoi *m* isolé.
Stückkosten *pl* (*comptab.*) coût *m* unitaire, de l'unité ; coût moyen (coût total rapporté à la production) ; *die ~ ermitteln* déterminer le coût unitaire ; *fixe ~* coût fixe moyen ; charges *fpl* fixes unitaires ; *variable ~* coût variable moyen ; charges *fpl* variables unitaires.
Stückkostenkalkulation *f*, en (*comptab.*) calcul *m* des coûts unitaires ; calcul du coût unitaire de production.
Stückkurs *m*, e (*bourse*) cours *m* unitaire (cours du plus petit fractionnement d'un titre indépendamment de sa valeur nominale).
Stückliste *f*, n liste *f* exhaustive des pièces nécessaires à la fabrication.
Stücklohn *m*, ¨e salaire *m* aux pièces ; salaire au rendement ; *im ~ arbeiten* travailler à la pièce (*syn. Akkordlohn*).
Stücklohnkosten *pl* (*comptab.*) coût *m* salarial par unité produite.
Stücknotierung *f*, en (*bourse*) cotation *f* à l'unité.
Stückpreis *m*, e prix *m* unitaire.
Stückrechnung *f*, en → *Stückkostenkalkulation*.
Stückspanne *f*, n marge *f* unitaire brute.
Stücktarif *m*, e tarif *m* unitaire.
Stückware *f*, n marchandise *f* vendue à la pièce.
stückweise à la pièce.
Stückwerk *n*, e : *~ sein, bleiben* rester incomplet ; demeurer inachevé.
Stückzahl *f*, en nombre *m* de pièces.
Stückzeit *f*, en temps *m* (passé) par pièce.
Stückzinsen *mpl* 1. intérêts *mpl* accumulés 2. (*bourse*) dividendes *mpl* d'actions.
Student *m*, en, en étudiant *m*.
Studentin *f*, nen étudiante *f*.
Studie *f*, n étude *f* ; analyse *f* ; examen *m*.
Studienabbrecher *m*, - jeune *m* en rupture d'études.
Studienabschluss *m*, ¨e diplôme *m* de fin d'études.
Studiengang *m*, ¨e filière *f* ; cycle d'études *m*.

Studiengebühren *fpl* frais *mpl* d'études ; de scolarité.
studieren 1. étudier ; faire des études ; *Betriebswirtschaft ~* faire des études de gestion 2. étudier ; examiner ; *Akten ~* étudier un dossier.
Studium *n*, -ien études *fpl* (universitaires).
Stufe *f*, n étape *f* ; échelon *m* ; degré *m* ; palier *m* ; *in ~n* graduellement ; par étapes.
Stufenfolge *f*, n hiérarchie *f* ; échelle *f*.
Stufengründung *f*, en (*sociétés*) création *f* par étapes d'une société anonyme par introduction partielle d'actions sur le marché des capitaux (*contr. Simultangründung*).
Stufenleiter *f*, n échelle *f* ; *soziale* (*gesellschaftliche*) *~* échelle sociale.
Stufenplan *m*, ¨e plan *m* par étapes ; plan échelonné.
Stufenprodukt *n*, e produit *m* intermédiaire, semi-fini,
Stufentarif *m*, e tarif *m* progressif ; tarif échelonné.
Stufenverfahren *n*, - procédure *f* échelonnée ; procédure graduelle.
stufenweise par étapes ; par degrés ; progressivement.
Stunde *f*, n heure *f* ; *bezahlte ~* heure rémunérée.
stunden ajourner ; reporter ; surseoir à ; proroger ; *eine Zahlung ~* différer un paiement.
Stundendeputat *n*, e plan *m* de charge horaire d'un enseignant ; nombre *m* d'heures d'un enseignant.
Stundenentgelt *n*, e rémunération *f*, rétribution *f* horaire.
Stundenhonorar *n*, e cachet *m* ; honoraires *mpl*.
Stundenkilometer *m*, - kilomètre-heure *m* ; kilomètre à l'heure.
Stundenlohn *m*, ¨e salaire *m* horaire.
Stundensatz *m*, ¨e taux *m* horaire.
Stundentakt *m* : (*transp.*) *im ~ verkehren* circuler toutes les heures.
Stundung *f*, en ajournement *m* ; sursis *m* de paiement ; prorogation *f* ; report *m* ; moratoire *m*.
Stundungsgesuch *n*, e demande *f* de report ; demande de sursis de paiement.
Stundungszinsen *mpl* intérêts *mpl* moratoires.

Sturz *m*, ¨e chute *f* ; effondrement *m* ; ~ *der Kurse, der Preise* chute des cours, des prix ; ~ *der Regierung* renversement *m* du gouvernement.

stürzen chuter ; s'effondrer.

Sturzgut *n*, ¨er marchandise *f* (à charger) en vrac.

Stütze *f*, n appui *m* ; soutien *m* ; aide *f* sociale ; (*fam.*) *von der ~ leben* vivre de l'aide sociale ; être RMIste ; être érémiste.

stützen consolider ; appuyer ; soutenir ; *Kurse* ~ soutenir les cours.

Stützpreis *m*, e prix *m* de soutien.

Stützpunkt *m*, e point *m* d'appui ; tête *f* de pont ; base *f* opérationnelle.

Stützung *f*, en consolidation *f* ; soutien *m*.

Stützungsaktion *f*, en action *f* de soutien.

Stützungsintervention *f*, en intervention *f* de soutien (marché des changes, bourse, etc.).

Stützungskauf *m*, ¨e achat *m* de soutien.

Stützungsmaßnahme *f*, n mesure *f* de soutien ; *konjunkturelle ~n* programme *m* d'aide économique.

StVO → *Straßenverkehrsordnung*.

subaltern subalterne.

Subalterne/r (*der/ein*) employé *m* subalterne.

Subjektsteuer *f*, n impôt *m* personnel (*contr. Objektsteuer*).

Subleistung *f* , en travail *m* de sous-traitance ; prestation *f* de sous-traitance.

Submission *f*, en 1. adjudication *f* administrative 2. soumission *f* (d'offre) ; appel *m* d'offres (par consultation publique) ; mise *f* au concours de travaux publics.

Submissionsbewerber *m*, - soumissionnaire *m*.

Submissionsgeschäft *n*, e marché *m* de travaux publics ; appel *m* d'offres.

Submissionskartell *n*, e entente *f* d'entreprises sur les marchés de travaux publics (pour respecter certaines conditions d'adjudication des marchés).

Submissionsweg : *auf dem* (*im*) ~ par voie d'adjudication ; par appel d'offres.

Submittent *m*, en, en 1. adjudicataire *m* (*syn. Auftragnehmer*). 2. soumissionnaire *m* ; offrant *m* (*syn. Bieter*).

submittieren soumissionner ; se porter candidat à une soumission.

subsidiarisch subsidiaire.

Subsidiarität *f*, ø subsdidiarité *f* ; délégation *f* de pouvoirs (à l'échelon inférieur, les instances supérieures n'exerçant leurs compétences que si l'échelon inférieur n'est pas en mesure de les assumer).

Subsidiaritätsprinzip *n*, -ien 1. (*U.E.*) principe *m* de subsidiarité (consistant à décentraliser au maximum les pouvoirs de décision ; l'U.E. ne règlera que les problèmes qui ne peuvent pas être résolus à l'échelon inférieur) 2. (*social*) principe selon lequel l'État vient en aide aux déshérités et aux plus défavorisés.

Subsidien *pl* subsides *mpl* ; soutien *m* financier.

Subsistenzwirtschaft *f*, en économie *f* en autarcie ; production *f* destinée à couvrir ses besoins personnels.

Subskribent *m*, en, en souscripteur *m*.

subskribieren (*auf*) souscrire (à) ; (*édition*) acheter un ouvrage en souscription.

Subskription *f*, en souscription *f*.

Subskriptionspreis *m*, e prix *m* de souscription.

Substandardwohnung *f*, en logement *m* ne correspondant pas aux normes standard (sans eau courante ni toilettes) ; logement sous-équipé.

Substanz *f*, en substance *f* ; capital *m* ; fortune *f* acquise ; patrimoine *m*.

Substanzsteuer *f*, n impôt *m* perçu sur le patrimoine, la fortune (mais pas sur le revenu).

Substanzverlust *m*, e dépréciation *f* de la valeur intrinsèque ; déperdition *f*.

Substanzverringerung *f*, en → *Substanzverlust*.

Substanzwert *m*, e (*bourse*) valeur *f* réelle ; valeur intrinsèque de remplacement ; valeur substantielle.

substituierbar : *~e Güter* biens *mpl* interchangeables ; biens substituables.

Substitution *f*, en substitution *f* ; remplacement *m*.

Substitutionserzeugnis *n*, se produit *m* de substitution.

Substitutionswert *m*, e valeur *f* de substitution ; valeur de remplacement.

subtrahieren soustraire.

Subunternehmer *m*, - sous-traitant *m* ; sous-traitance *f* ; → *Zulieferer*; *Zulieferfirma*.

Subunternehmerverhältnis *n,* se sous-traitance *f* temporaire de main-d'œuvre.

Subvention *f,* **en** subvention *f* ; *illegale ~en* subventions illégales ; *verschleierte ~en* subventions déguisées ; *~en gewähren* accorder des subventions (*syn. Zuschuss*).

subventionieren subventionner ; *aus dem Staatssäckel ~* subventionner sur les deniers de l'État ; donner des subventions sur les fonds publics (*syn. bezuschussen*).

Subventionierung *f,* **en** octroi *m* de subventions.

Subventionsabbau *m,* ø réduction *f,* diminution *f* des subventions.

Subventionsbezieher *m,-* subventionné *m* ; bénéficiaire *m* d'une subvention ; allocataire *m* .

Subventionsempfänger *m,* - → *Subventionsbezieher.*

Subventionsfonds *m,* - fonds *m* de subvention ; fonds d'aide financière.

Subventionstopf *m,* ¨e (*fam.*) subventions *fpl* ; aide *f* de l'État.

Subventionstropf : *am ~ hängen* vivre des subventions de l'État ; vivre de l'aide de l'État.

Suche *f,* **n** quête *f* ; recherche *f* ; *auf der ~ nach einem Job sein* être à la recherche d'un emploi.

suchen chercher ; rechercher ; être en quête de ; demander ; (*bei jdm*) *Rat ~* chercher conseil (auprès de qqn) ; *nach einem Fehler ~* rechercher une erreur.

Suchfunktion *f,* **en** (*Internet*) fonction *f* de recherche.

Suchmaschine *f,* **n** (*Internet*) moteur *m* de recherche.

Suchwort *n,* ¨er (*Internet*) mot-clé *m.*

Südfrüchte *fpl* fruits *mpl* exotiques ; agrumes *mpl.*

Sukzessivgründung *f,* **en** → *Stufengründung.*

Summe *f,* **n** somme *f* ; montant *m* ; total *m* **I.** *fehlende ~* somme manquante ; *eine hübsche* (*schöne*) *~* une belle somme d'argent ; *geschuldete ~* somme due, exigible ; *runde ~* somme arrondie **II.** *eine ~ (be)zahlen* régler une somme (*syn. Betrag*).

Summenbilanz *f,* **en** → *Rohbilanz.*

Summenrabatt *m,* e → *Mengenrabatt.*

Summenversicherung *f,* **en** assurance *f* garantissant le paiement de la somme fixée par contrat (quels que soient les montants du sinistre)

summieren additionner ; totaliser ; *sich ~* s'additionner, s'accumuler.

Summierung *f,* **en** totalisation *f* ; addition *f.*

Sündenbock *m,* ¨e bouc *m* émissaire.

Sünder *m,* - (*fig.*) personne *f* qui ne respecte pas un interdit ; contrevenant *m* → *Steuer-, Verkehrssünder.*

Super *n,* ø essence *f* super ; super *m.*

Supergewinn *m,* e superbénéfice *m.*

superiore Güter *npl* (*marketing*) produits *mpl* (durables) de luxe.

Supermacht *f,* ¨e (*polit.*) superpuissance *f* (*syn. Großmacht*).

Supermarkt *m,* ¨e supermarché *m* (surface de 400 à 2 500 m^2) ; *~ mittlerer Größe* supérette *f* ; → *SB* ; *Einzelhandel* ; *Tante-Emma-Laden.*

Supertanker *m,* - pétrolier *m* géant.

supranational supranational (*syn. überstaatlich*).

Supranationalität *f,* ø supranationalité *f.*

surfen (*Internet*) surfer ; naviguer (sur le Web) ; *im Internet ~* surfer sur Internet.

Surfer *m,* - (*Internet*) surfer *m* ; navigateur *m.*

Surrogat *n,* e produit *m* de remplacement ; ersatz *m.*

Surrogation *f,* **en** subrogation *f* ; équivalence *f* réelle.

suspendieren relever ; suspendre (de ses fonctions).

Suspendierung *f,* **en** → *Suspension.*

Suspension *f,* **en** suspension *f* ; relèvement *m* de fonctions.

SVP *f* (*Suisse : Schweizerische Volkspartei*) Parti *m* populaire suisse.

Swap *m,* s (*pr. ang.*) (*banque, bourse*) swap *m* ; crédit *m* croisé ; échange *m* financier ; opérations *fpl* liées ; opérations *fpl* d'échange de devises entre deux banques centrales.

Swap-Abkommen *n,* - acord *m* de swap.

Swap-Geschäft *n,* e → *Swap.*

Swap-Kredit *m,* e swap *m* ; crédit *m* croisé (à court terme entre banques centrales).

Swapper *m,* - (*pr. ang.*) courtier *m* en produits financiers.

Swift-Code *m,* s code *m* Swift ; code-lettres de reconnaissance interbanques pour virements électroniques.

Swing *m*, ø (*pr. ang.*) crédit *m* swing ; crédit réciproque à découvert ; crédit de dépassement sans intérêts (crédit plafond entre deux États dans le cadre d'accords commerciaux bilatéraux).

Switchgeschäft *n*, e (*commerce extérieur*) transaction *f* avec l'étranger effectuée par le biais d'un pays tiers ; opération *f* triangulaire de compensation.

Symbol *n*, e symbole *m* ; image *f* ; *grafisches* ~ symbole graphique.

symbolisieren symboliser ; représenter.

symbolisch symbolique ; emblématique.

Sympathiestreik *m*, s grève *f* de solidarité.

Sympathisant *m*, en, en (*polit.*) sympathisant *m*.

Symposium *n*, -ien symposium *m* ; congrès *m* ; colloque *m*.

Syndikat *n*, e 1. entente *f* ou cartel *m* pour achat et vente en commun 2. fonctions *fpl* de conseiller juridique.

Syndikus *m*, se/-dizi 1. syndic *m* 2. conseiller *m* juridique d'une entreprise.

Synergie *f*, n synergie *f*.

Synergieeffekt *m*, e effet *m* de synergie.

Synthetics *pl* (*textiles*) tissus *mpl* synthétiques.

System *n*, e système *m* ; régime *m* ; *kapitalistisches* ~ régime capitaliste ; *parlamentarisches* ~ système parlementaire ; *sozialistisches* ~ système socialiste ; *totalitäres* ~ régime totalitaire.

Systemadministrator *m*, en (*informatique*) gestionnaire *m* de système informatique.

Systemanalyse *f*, n (*informatique*) analyse *f* de système.

Systemanalytiker *m*, - (*informatique*) analyste *m* de système ; analyste-programmeur *m* ; ingénieur *m* système.

Systemarchitektur *f*, en (*Internet*) architecture *f* de réseaux.

systematisch systématique.

systematisieren systématiser.

Systemfehler *m*, - faute *f*, erreur *f* inhérente à un système.

Systementwickler *m*, - → *Systemanalytiker*.

SZR → *Sonderziehungsrechte*.

T

T → *Taxkurs.*
t → *Tonne.*
Tabakanbau *m*, ø culture *f* du tabac.
Tabakgeschäft *n*, e bureau *m* de tabac ; débit *m* de tabac.
Tabakladen *m*, ¨ → *Tabakgeschäft.*
Tabakmonopol *n*, e monopole *m* du tabac.
Tabaksteuer *f*, **n** impôt *m*, taxe *f* sur le tabac.
Tabakwaren *fpl* produits *mpl* du tabac ; articles *mpl* pour fumeurs.
Tabakwerbeverbot *n*, e interdiction *f* de faire de la publicité pour le tabac.
Tabakwerbung *f*, **en** publicité *f* pour le tabac.
tabellarisch → *tabellenförmig.*
tabellarisieren → *tabellieren.*
Tabelle *f*, **n** tableau *m* ; table *f* ; barème *m* ; classement *m* ; **Steuer-, Umrechnungstabelle.**
Tabellenbuchhaltung *f*, **en** comptabilité *f* américaine.
Tabellenform *f*, **en** forme *f* de tableau ; *in* ~ sous forme de tableau.
tabellenförmig sous forme de tableau synoptique.
Tabellenkalkulation *f*, **en** tableur *m* ; tableau *m* de calculation.
tabellieren mettre sous forme de tableau ; (re)présenter sous forme de tableau (synoptique) ; tabuler.
Tabelliermaschine *f*, **n** tabulatrice *f.*
Tabellierung *f*, **en** mise *f* en tableau ; tabulation *f.*
Tabulator *m*, **en** tabulateur *m.*
Tadel *m*, - blâme *m* ; reproche *m* ; réprimande *f.*
tadellos sans défaut ; impeccable ; ~*e Ware* marchandise *f* irréprochable.
Tafelgeschäft *n*, e (*banque, bourse*) remise *f* de titres ou de devises de la main à la main (et contre paiement comptant).
Tafelpapier *n*, e (*banque, bourse*) titre *m* acheté au guichet (avec anonymat garanti).
Tafta (*Trans Atlantic Free Trade Area*) zone *f* de libre-échange transatlantique (entre l'U.E. et les États-Unis).
Tag *m*, e jour *m* ; journée *f* ; *arbeitsfreier* ~ jour chômé ; journée chômée ; *binnen 8* ~*en* sous huitaine ; *am festgesetzten* ~ à la date fixée ; *in den nächsten* ~*en* dans les prochains jours ; (*mines*) *über* ~(*e*) au jour ; à ciel ouvert ; (*mines*) *unter* ~(*e*) au fond ; *vor acht* ~*en* il y a huit jours ; *drei* ~*e nach Sicht* à trois jours de vue ; *einen* ~ *für etw fest/setzen* prendre date pour qqch ; ~ *der offenen Türen* journée *f* portes ouvertes.
Tagdienst *m*, **e** service *m* de jour ; ~ *haben* être de jour (*contr. Nachtdienst*).
Tag(e)bau *m*, ø (*mines*) exploitation *f* à ciel ouvert, au jour.
Tagebuch *n*, ¨er 1. (*comptab.*) livre-journal *m* 2. (*jur.*) main-courante *f.*
Tag(e)geld *n*, **er** indemnité *f* journalière ; frais *mpl* de déplacement ; jetons *mpl* de présence.
Tag(e)lohn *m*, ¨e salaire *m* journalier ; *im* ~ *arbeiten* travailler à la journée.
Tag(e)löhner *m*, - journalier *m* ; homme *m* de tâche ; tâcheron *m* à la journée.
tagen siéger ; tenir ses assises.
Tagesbericht *m*, **e** rapport *m* quotidien.
Tageseinnahme *f*, **n** recette *f* quotidienne ; rentrées *fpl* journalières.
Tagesgebühr *f*, **en** taxe *f* journalière.
Tagesgeld *n*, **er** (*banque*) argent *m* au jour le jour ; dépôts *mpl* à vue ; argent à vingt quatre heures.
Tagesgeldmarkt *m*, ¨e (*banque*) marché *m* de l'argent au jour le jour.
Tagesgeldsatz *m*, ¨e (*banque*) taux *m* de l'argent au jour le jour ; taux d'intérêt du marché au jour le jour.
Tagesgeschäft *n*, **e** 1. affaires *fpl* courantes ; le quotidien 2. → *Kassageschäft.*
Tageshoch *n*, ø (*bourse*) cours *m* le plus élevé ; pic *m* de cotation.
Tageskarte *f*, **n** (*foire-exposition*) carte *f* d'entrée journalière ; (*transp.*) carte journalière.
Tageskasse *f*, **n** 1. caisse *f* ouverte les jours ouvrables 2. recette *f* du jour.
Tageskurs *m*, **e** (*bourse*) cours *m*, cote *f* du jour.
Tagesleistung *f*, **en** rendement *m* journalier ; cadence *f* journalière ; production *f* par jour.
Tageslohn *m*, ¨e rémunération *f* par jour ; salaire *m* à la journée.
Tagesnachrichten *fpl* nouvelles *fpl* du jour ; (*radio*) (bulletin *m* d') informations *fpl* ; (*télé.*) journal *m* télévisé.
Tagesordnung *f*, **en** ordre *m* du jour ; *die* ~ *auf/stellen* établir l'ordre du jour ;

(*fig.*) *an der* ~ *sein* être courant ; *auf die* ~ *setzen* inscrire à l'ordre du jour ; *auf der* ~ *stehen* être à l'ordre du jour ; *zur* ~ *über/gehen* passer à l'ordre du jour ; *Punkt 1, 2, 3 der* ~ points 1, 2, 3 de l'ordre du jour.

Tagespendler *m*, - migrant *m* journalier ; banlieusard *m*.

Tagespreis *m*, e prix *m* du marché ; prix du jour.

Tagesproduktion *f*, en production *f* journalière ; rendement *m* par jour.

Tagessatz *m*, ¨e (*médecine*) prix *m* d'une journée d'hôpital.

Tagesschicht *f*, en → *Tagschicht*.

Tagesschnitt *m*, e moyenne *f* quotidienne ; *im* ~ en moyenne par jour.

Tagesspesen *pl* frais *mpl* journaliers.

Tagesstand *m*, ø → *Tageskurs*.

Tagestief *n*, ø (*bourse*) cours *m* le plus bas ; creux *m* de cotation.

tagesüblich pratiqué durant le jour ; (*transp.*) *im ~en Takt fahren* circuler aux horaires de jour.

Tagesumsatz *m*, ¨e chiffre *m* d'affaires journalier ; ventes *fpl* journalières.

Tagesverbrauch *m*, ø consommation *f* journalière.

Tageswechsel *m*, - → *Tagwechsel*.

Tageswert *m*, e 1. valeur *f* actuelle ; valeur commerciale du moment 2. (*bourse*) → *Tageskurs*.

Tageszeitung *f*, en quotidien *m*.

Tageszins *m*, en (*banque*) taux *m* (d'intérêt) au jour le jour ; *~en* intérêts *mpl* journaliers.

taggleich : (*banque*) *~e Wertstellung* valeur-jour *f*.

täglich quotidien ; journalier ; tous les jours ; *~er Bedarf* besoins *mpl* quotidiens ; *~es Geld* argent *m* au jour le jour ; ~ *kündbar* congédiable sans préavis, du jour au lendemain.

Tagschicht *f*, en équipe *f* de jour ; ~ *haben* être de jour.

Tagung *f*, en congrès *m* ; colloque *m* ; réunion *f* ; session *f* ; assises *fpl* ; séance *f* ; *eine* ~ *ab/halten* tenir une réunion ; *an einer* ~ *teil/nehmen* participer à une réunion.

Tagungsort *m*, e ville *f*, lieu *m* où se tient le congrès.

Tagungsteilnehmer *m*, - congressiste *m*.

Tagwechsel *m*, - (*banque*) effet *m* à échéance fixe ; traite *f* (payable) à date fixe.

Take-over *n/m*, s (*pr. ang.*) reprise *f* d'une entreprise ; rachat *m* d'entreprise ; O.P.A. *f* ; → *Übernahme*.

Takt *m*, e cadence *f* ; rythme *m*.

takten respecter les cadences (de travail).

Taktik *f*, en tactique *f*.

Taktiker *m*, - tacticien *m*.

taktisch tactique ; opérationnel.

Taktstraße *f*, n chaîne *f* (de production) (*syn.* Fließband).

Taktzeit *f*, en 1. (*téléph.*) unité *f* téléphonique 2. (*chaîne de montage*) cadence *f* ; temps *m* d'un cycle (de production).

Talfahrt *f*, en → *Talsohle*.

Talon *m*, s (*pr. fr.*) talon *m* de contrôle ; souche *f* (renouvellement de titres).

Talsohle *f*, n creux *m* de la vague ; marasme *m*.

Talsperre *f*, n barrage *m* hydraulique.

TAN *f* → *Transaktionsnummer*.

Tank *m*, s réservoir *m* ; cuve *f* ; citerne *f*.

tanken prendre de l'essence ; *20 Liter Benzin* ~ prendre 20 litres d'essence ; *voll* ~ faire le plein.

Tanker *m*, - pétrolier *m*.

Tankerflotte *f*, n flotte *f* pétrolière.

Tankschiff *n*, e → *Tanker*.

Tankstelle *f*, n station *f* d'essence ; station-service *f* ; *freie ~n* stations-service à prix réduit.

Tankstellenbetreiber *m*, - → *Tankstellenpächter*.

Tankstellenpächter *m*, - gérant *m* de station-service.

Tankwagen *m*, - camion-citerne *m*.

Tante-Emma-Laden *m*, - (*fam.*) épicerie *f* du coin ; petit épicier *m* ; détaillant *m* (souvent par opposition aux grandes surfaces *Supermarkt, Verbrauchermarkt*).

Tantieme *f*, n (*pr. fr.*) tantième *m* ; part *f* sur les bénéfices ; *Aufteilung, Ausschüttung der ~n* partage *m*, distribution *f* des tantièmes ; *~n beziehen* toucher des tantièmes.

Tantiemenabrechnung *f*, en 1. calcul *m* des tantièmes 2. versement *m*, paiement *m* des tantièmes.

Tara *f*, -ren tare *f* ; poids *m* d'emballage.

tarieren tarer ; calculer la tare ; peser (un emballage, un récipient) avant de le remplir afin de pouvoir déduire son poids du poids total brut.

Tarif *m*, e 1. tarif *m* ; barème *m* **I.** *allgemeiner* ~ tarif général, normal ; *degressiver* ~ tarif dégressif ; *direkter* ~ tarif direct ; *einheitlicher* ~ tarif uniforme, unique ; *ermäßigter* ~ tarif réduit ; *fester* ~ tarif fixe ; *öffentlicher* ~ tarif public ; *progressiver* ~ tarif progressif ; *proportionaler* ~ tarif proportionnel **II.** *einen* ~ *auf /stellen* établir un tarif ; *den (für etw)* ~ *fest/setzen* fixer le tarif (pour qqch) **2.** (*travail*) barème *m* des salaires ; convention *f* collective ; → *Einheits-, Fernsprech-, Güter-, Mindest-, Steuer-, Zolltarif.*

Tarif- (*préfixe*) tarifaire.

Tarifabkommen *n*, - **1.** (*travail*) convention *f* collective ; accord *m* sur les conventions collectives **2.** accord *m* tarifaire.

Tarifabschluss *m*, ¨e (*travail*) signature *f*, conclusion *f* d'une convention collective ; accord *m* salarial.

Tarifänderung *f*, en modification *f* du tarif ; changement *m* de tarif.

Tarifangestellte/r (*der/ein*) (*travail*) employé *m* rémunéré au tarif conventionnel.

Tarifarbeitszeit *f*, en (*travail*) horaire *m* de travail fixé par les conventions collectives ; horaire *m* conventionnel.

Tarifauseinandersetzungen *fpl* → *Tarifrunde.*

Tarifausschuss *m*, ¨e → *Tarifkommission.*

Tarifautonomie *f*, n (*travail*) autonomie *f* des partenaires sociaux.

Tarifbereich *m*, e (*travail*) champ *m* d'application d'une convention collective.

Tarifbeschluss *m*, ¨e (*travail*) convention *f* tarifaire ; accord *m* tarifaire.

Tarifbestimmungen *fpl* dispositions *fpl* tarifaires.

Tarifbindung *f*, en (*travail*) respect *m* des conventions collectives ; adhésion *f* donnée à une convention collective ; obligation *f* de respecter un tarif.

Tarifbruch *m*, ¨e (*travail*) rupture *f* des conventions collectives ; atteinte *f* aux conventions tarifaires.

Tarifeinhaltung *f*, en respect *m* des tarifs, des conventions collectives.

Tarifeinstufung *f*, en (*travail*) catégorie *f* de salaire conventionnel ; échelon *m* salarial conventionnel.

Tarifentscheidung *f*, en (*douane*) avis *m*, décision *f* de classement tarifaire.

Tariferhöhung *f*, en 1. relèvement *m* de (du) tarif **2.** (*travail*) augmentation *f* des salaires conventionnels.

Tariffonds *m*, - fonds de pension *m* institué dans le cadre des conventions collectives.

Tarifgebiet *n*, e → *Tarifbereich.*

tarifgebunden (*travail*) lié par les conventions collectives ; tributaire des conventions collectives ; fixé par un tarif.

Tarifgefüge *n*, ø (*travail*) conventions *fpl* collectives ; échaffaudage *m* des conventions collectives ; structure *f* tarifaire.

Tarifgehalt *n*, ¨er (*travail*) traitement *m* contractuel ; traitement établi par les conventions collectives.

tarifgemäß → *tariflich.*

Tarifgespräch *n*, e (*travail*) dialogue *m* paritaire, social ; réunion *f* paritaire (entre syndicat et patronat).

Tarifgruppe *f*, n classe *f* tarifaire ; (*assur. auto*) catégorie *f*, groupe *m* tarifaire (critères professionnels et régionaux).

Tarifhoheit *f* : (*travail*) ~ *der Sozialpartner* autonomie *f* tarifaire (des partenaires sociaux en matière de conventions collectives).

tarifieren 1. insérer dans un tarif **2.** fixer le tarif.

Tarifierung *f*, en tarification *f* ; établissement *m* de la nature tarifaire.

Tarifklasse *f*, n → *Tarifgruppe.*

Tarifkommission *f*, en (*travail*) commission *f* des conventions collectives (composée de représentants syndicaux et patronaux).

Tarifkonflikt *m*, e (*travail*) conflit *m* tarifaire (entre partenaires sociaux).

Tarifkündigung *f*, en (*travail*) dénonciation *f* d'une convention collective.

tariflich 1. tarifaire **2.** (*travail*) conventionnel ; prévu par la convention collective ; ~ *festgesetzter Lohn* salaire *m* contractuel (établi dans le cadre des conventions collectives).

Tariflohn *m*, ¨e (*travail*) salaire *m* contractuel conventionnel ; salaire établi dans le cadre d'une convention collective ; salaire minimal garanti ; (*France*) S.M.I.C.

tarifmäßig → *tariflich.*

Tarifordnung *f*, en 1. tarification *f* **2.** (*travail*) convention *f* collective ; *betriebliche* ~ accord salarial *m* d'entreprise.

Tarifpaket *n*, e (*travail*) ensemble *m* de conventions collectives ; train *m* de mesures tarifaires.

Tarifpartei *f*, en → **Tarifpartner**.

Tarifpartner *m*, - (*travail*) partenaire *m* social ; partie *f* (prenante) à une convention collective (*syn. Sozialpartner*).

Tarifpflicht *f*, en → **Tarifbindung**.

Tarifpolitik *f*, ø (*travail*) politique *f* tarifaire.

Tarifrecht *n*, e (*travail*) règlementation *f* en matière de conventions collectives ; règlementation tarifaire.

Tarifregelung *f*, en disposition *f*, réglementation *f* tarifaire.

Tarifrunde *f*, n (*travail*) négociations *fpl* (interprofessionnelles) sur les conventions collectives ; discussions *fpl* salariales interbranches.

Tarifsatz *m*, ¨e prix *m* figurant au tarif ; tarif *m* ; taux *m* tarifaire ; *voller* ~ plein tarif.

tarifschließend : (*travail*) *die ~e Arbeitgebervereinigung* association *f* patronale signataire des conventions collectives.

Tarifsenkung *f*, en réduction *f* du tarif.

Tarifstaffelung *f*, en échelonnement *m* tarifaire ; hiérarchie *f* des taux tarifaires.

Tarifstreitigkeit *f*, en (*travail*) litige *m* à propos des conventions collectives ; *~en am Verhandlungstisch bei/legen* régler les litiges en matière de conventions collectives à la table des négociations.

Tarifstrukur *f*, en → **Tarifgefüge**.

Tarifsystem *n*, e tarification *f*.

Tarifvereinbarung *f*, en → **Tarifabschluss**.

Tarifverhandlungen *fpl* → **Tarifrunde**.

Tarifvertrag *m*, ¨e (*travail*) convention *f* collective ; accord *m* collectif ; *einen ~ ab/schließen (mit)* conclure une convention collective (avec) ; *einen ~ aus/handeln* négocier une convention collective.

tarifvertraglich : *~ vereinbart* contractuel ; établi par des conventions collectives ; *etw ~ fest/legen* fixer qqch dans le cadre de conventions collectives.

Tarifvertragsbruch *m*, ¨e → **Tarifbruch**.

Tarifvertragsgesetz *n*, e (*travail*) loi *f*, législation *f* en matière de conventions collectives.

Tarifvertragspartei *f*, en → **Tarifpartner**.

tarifwidrig 1. contraire au tarif **2.** (*travail*) non conforme à la convention collective.

Tarifzone *f*, n (*douane, transports*) zone *f* tarifaire.

Tarifzuständigkeit *f*, en (*travail*) compétence *f* pour signer une convention collective.

Tarifzwang *m*, ¨e **1.** obligation *f* de respecter les tarifs ; obligation de publier les prix **2.** (*travail*) adhésion *f* obligatoire à la convention collective ; assujettissement *m* aux conventions collectives.

tarnen camoufler ; dissimuler.

Tarnfirma *f*, en société-écran *f* ; société *f* fictive, fantôme.

Tarngesellschaft *f*, en → **Tarnfirma**.

Tarnname *n*, n nom-écran *m* ; prête-nom *m* ; faux-nom *m* ; nom d'emprunt.

Tarnorganisation *f*, en organisation *f* fantôme.

Tasche *f*, n poche *f* ; *in die eigene ~ wirtschaften* réaliser un profit (d'une façon illégale) ; *etw aus eigener ~ bezahlen* payer qqch de sa poche ; *die eigenen ~n füllen* s'enrichir ; s'en mettre plein les poches ; *in die ~ greifen* payer ; casquer ; *jdm auf der ~ liegen* vivre aux crochets de qqn ; *jdm Geld aus der ~ ziehen* soutirer habilement de l'argent à qqn.

Taschenbuch *n*, ¨er livre *m* de poche.

Taschendieb *m*, e pickpocket *m* ; voleur *m* à la tire.

Taschendiebstahl *m*, ¨e vol *m* à la tire.

Taschengeld *n*, er argent *m* de poche.

Taschenrechner *m*, - calculatrice *f* (de poche) ; calculette *f*.

Task *m*, s (*informatique*) objectif *m* ; programme *m* d'exploitation.

Task-Force *f*, s (*pr. ang.*) groupe *m* constitué pour traiter un objectif donné ; groupe d'experts de diverses spécialités assurant une mission ponctuelle.

Tastatur *f*, en (*informatique*) clavier *m* ; touches *fpl*.

Taste *f*, n touche *f* de fonction.

Tat *f*, en **1.** action *f* ; acte *m* ; fait *m* **2.** (*jur.*) délit *m* ; crime *m* ; *jdn auf frischer ~ ertappen* prendre qqn en flagrant délit, sur le fait.

Tatbestand *m*, ¨e **1.** état *m* de fait ; faits *mpl* ; énoncé *m* des faits **2.** (*jur.*) circonstances *fpl* d'une affaire ; éléments *mpl* constitutifs (de l'infraction) ; *er verschleiert den richtigen ~* il dissimule la réalité des faits.

Tatbestandsaufnahme *f,* n (*jur.*) constat *m* ; procès-verbal *m* de constat ; constatations *fpl.*

Täter *m,* - **1.** auteur *m* **2.** (*jur.*) coupable *m* ; malfaiteur *m* ; délinquant *m* ; criminel *m ; nach dem ~ fahnden* rechercher le coupable.

tätig actif ; *~e Unterstützung* soutien *m* actif ; *~ sein* (*als*) travailler (comme) ; *in der Produktion, bei der Post ~ sein* travailler à la production, à la poste ; *im Betrieb sind vier Teilzeitbeschäftigte ~* l'entreprise emploie quatre salariés à temps partiel ; (*corresp.*) *wir sind auf dem deutschen Markt ~* notre activité s'exerce sur le marché allemand.

tätigen effectuer ; conclure ; *einen Abschluss ~* conclure un accord ; passer un contrat ; *Geschäfte ~* réaliser, traiter des affaires,

Tätigkeit *f,* en **1.** activité *f* ; profession *f* ; emploi *m* ; métier *m* ; travail *m* **I.** *abhängige ~* activité dépendante ; salariat *m ; berufliche ~* activité professionnelle ; *bezahlte ~* activité rémunérée ; *freiberufliche ~* activité libérale ; *gewerbliche ~* activité industrielle ou commerciale ; *handwerkliche ~* activité artisanale ; *kaufmännische ~* activité commerciale ; *selb*(*st*)*ständige ~* activité indépendante ; *unselb*(*st*)*ständige ~* activité salariée ; *unternehmerische ~* activité entrepreneuriale ; **II.** *eine selb*(*st*)*ständige ~ aus/üben* exercer une activité indépendante ; être indépendant ; *seine ~ ein/stellen* cesser ses activités ; *in ~ sein* être en activité ; *in ~ treten* entrer en fonctions **2.** (*machine*) fonctionnement *m ; in ~ setzen* faire marcher ; → ***Erwerbs-, Geschäfts-, Neben-, Spar-, Wirtschaftstätigkeit.***

Tätigkeitsbereich *m,* e domaine *m* d'activité ; champ *m* d'action.

Tätigkeitsbericht *m,* e rapport *m* d'activité, de gestion.

Tätigkeitsbeschreibung *f,* en spécification *f* de l'activité, du travail.

Tatkraft *f,* ø dynamisme *m* ; énergie *f* ; activité *f.*

tatkräftig dynamique ; énergique ; actif.

Tatsache *f,* n fait *m* ; réalité *f* ; *entlastende ~* fait à décharge ; *entscheidende ~* fait décisif ; *vollendete ~* fait accompli ; *~ ist, dass* c'est un fait que.

Tatsachenmaterial *n,* (-ien) données *fpl* concrètes ; exposé *m* des faits.

tatsächlich effectif ; réel ; *~er Bedarf* demande *f* effective ; *~e Kosten* coût(s) *m*(*pl*) réels.

Tatverdächtige/r (*der/ein*) (*jur.*) suspect *m.*

Taube *f,* n (*polit.*) colombe *f* ; partisan *m* de la méthode douce (*contr. Falke*).

tauglich apte à ; capable ; valable ; *~ für eine Arbeit* apte à un travail ; *zum Wehrdienst ~* apte au service militaire.

Tauglichkeit *f,* ø validité *f* ; aptitude *f* ; capacité *f.*

Tauglichkeitskriterien *npl* critères *mpl* d'aptitude.

Tauglichkeitszeugnis *n,* se certificat *m* d'aptitude, de qualification.

Tausch *m,* (e) **1.** échange *m* ; troc *m ; im ~ gegen* en échange de ; *in ~ geben* donner en échange ; *in ~ nehmen* accepter en échange **2.** (*monnaie*) change *m* (*syn. Wechsel*).

tauschen 1. échanger ; troquer ; faire du troc **2.** (*monnaie*) changer ; *Euro gegen Dollar ~* changer des euros contre des dollars (*syn. wechseln*).

täuschen tromper ; abuser ; duper ; leurrer.

tauschfähig échangeable ; substituable.

Tauschgeschäft *n,* e opération *f* d'échange, de troc.

Tauschhandel *m,* ø troc *m* ; échanges *mpl ; ~ treiben* faire du troc ; troquer.

Tauschobjekt *n,* e objet *m* d'échange.

Tauschrate *f,* n taux *m* d'échange.

Täuschung *f,* en tromperie *f* ; fraude *f* ; abus *m* ; duperie *f.*

Täuschungsabsicht *f,* en intention *f* dolosive ; *mit, ohne ~* (avec, sans) intention *f* frauduleuse.

Täuschungsversuch *m,* e tentative *f* de fraude ; manœuvre *f* frauduleuse.

Tauschverhältnis *n,* se rapport *m* d'échange, de troc.

Tauschweg *m* : *etw auf dem ~ erwerben* acquérir qqch par voie d'échange ; troquer qqch contre autre chose.

tauschweise par voie de troc ; en échange.

Tauschwert *m,* e valeur *f* d'échange.

Tauschwirtschaft *f,* en économie *f* d'échange ; système du troc ; S.E.L. (système d'échanges locaux).

tausend (*1000*) mille ; *einige* ~ quelques milliers de ; *mehrere* ~ plusieurs milliers de ; ~ *Stück* mille (exemplaires de qqch).

Tausend *n*, **e** mille *m* ; millier *m* ; ~*e von Menschen* des milliers d'hommes ; *in die* ~*e gehen* se chiffrer par milliers ; *zu* ~*en* par milliers ; *zehn vom* ~ (abréviation : *v.T., p.m., 0/00*) dix pour mille.

Tauziehen *n*, ø (*fam.*) épreuve *f* de force ; bras *m* de fer.

Taxameter *n/m*, **-** taximètre *m*.

Taxamt *n*, ¨**er** office *m* de taxation (prix, valeur, etc.).

Taxation *f*, **en** → *Taxierung*.

Taxator *m*, **en** taxateur *m* ; commissaire-priseur *m* ; estimateur *m*.

Taxe *f*, **n 1.** impôt *m* ; taxe *f* ; contribution *f* ; *einer* ~ *unterliegen* être soumis, assujetti à une taxe **2.** évaluation *f* ; estimation *f* **3.** → *Taxi*.

taxfrei exempt, net de taxe ; dispensé d'impôt.

Taxi *n*, **s** taxi *m* ; *ein* ~ *nehmen* prendre un taxi.

taxieren estimer ; évaluer ; *zu hoch* ~ surtaxer ; surestimer.

Taxierung *f*, **en** estimation *f* ; évaluation *f* ; mise *f* à prix.

Taxkurs *m*, **e** (*bourse*) cours *m* estimé, estimatif ; cours indicatif.

Taxpreis *m*, **e 1.** prix *m* taxé ; prix fixé **2.** (*enchères*) mise *f* à prix ; prix *m* de départ.

Taxwert *m*, **e** valeur *f* d'estimation (*syn. Schätzwert*).

Taylorismus *m* (*pr. ang.*) → *Taylorsystem*.

Taylorsystem *n*, ø système *m* Taylor ; taylorisme *m* ; rationalisation *f* du travail industriel ; organisation *f* scientifique du travail ; spécialisation *f* stricte des tâches de travail ; → *Arbeitsteilung*.

Team *n*, **s** (*pr. ang.*) équipe *f* ; *ein* ~ *bilden* constituer une équipe ; *in einem* ~ *arbeiten* travailler en équipe (au sein d'une équipe) (*syn. Mannschaft*).

Teamarbeit *f*, **en** travail *m* d'équipe ; travail collectif.

teamfähig apte à travailler en équipe.

Teamfähigkeit *f*, **en** aptitude *f* à travailler en équipe.

Teamgeist *m*, ø esprit *m* d'équipe ; *den* ~ *stärken* fortifier l'esprit d'équipe.

Teamwork *n*, (**s**) → *Teamarbeit*.

TecDAX *m* indice *m* TecDAX de la bourse de Francfort ; il porte sur 30 valeurs moyennes de la haute technologie et prend le relais du Nemax 50.

TechMARK *m* (*bourse de Londres*) indice *m* londonien de valeurs high-tech (comparable au NASDAQ).

Technik *f*, **en** technique *f* ; *umweltverträgliche* ~ technique environnementale, écologique ; ~ *des Verkaufs* technique de vente.

Techniker *m*, **-** technicien *m* ; spécialiste *m*.

Technikfolgenabschätzung *f*, **en** évaluation *f* des chances et des risques des technologies nouvelles pour la société.

Technikstudiengang *m*, ¨**e** filière *f* technique.

Technikum *n*, **-ka/-ken** école *f* professionnelle.

technisch technique ; mécanique ; ~*e Abteilung* service *m* technique ; ~*er Ausdruck* terme *m* technique ; ~*er Leiter* ingénieur *m* en chef ; directeur *m* technique ; ~*es Personal* personnel *m* technique ; *infolge* ~*er Störungen* en raison d'incidents techniques ; ~*er Zeichner* dessinateur *m* industriel ; ~*es Zeichnen* dessin *m* industriel.

technisieren techniciser ; automatiser.

Technisierung *f*, **en** technicisation *f* ; recours *m* à la technologie ; automatisation *f* ; mécanisation *f*.

Technisierungsgrad *m*, **e** degré *m* technologique, technique ; degré d'automatisation, de mécanisation.

Technokrat *m*, **en, en** technocrate *m* ; haut fonctionnaire *m*.

Technokratie *f*, **n** technocratie *f* ; règne *m* des technocrates.

Technologie *f*, **n** technologie *f* ; → *Spitzentechnologie* ; *High-Tech*.

Technologiebörse *f*, **n** bourse *f* des valeurs de la haute technologie (du type NASDACQ).

Technologiefeindlichkeit *f*, **en** hostilité *f* aux technologies nouvelles ; techno-phobie *f*.

technologieintensiv : ~*e Güter* matériels *mpl* de haute technologie ; hightech *m*.

Technologiekonzern *m*, **e** (grand) groupe *m* technologique.

Technologiepark *m*, **s** pôle *m* technologique ; technopôle *m* ; technopole *f* ;

centre *m* technologique ; parc *m* de technologie et d'innovations ; pépinière *f* d'entreprises.
Technologiesprung *m*, ¨e bond *m* technologique.
Technologietransfer *m*, s transfert *m* technologique ; retombées *fpl* technologiques.
Technologie- und Gründerzentrum *n*, en (*TGZ*) → *Technologiepark*.
Technologie- und Innovationspark *m*, s → *Technologiepark*.
Technologiewerte *mpl* (*bourse*) valeurs *fpl*, titres *mpl* technologiques.
technologisch technologique ; *eine ~e Lücke aus/füllen* combler une lacune technologique ; → *technisch*.
Technostruktur *f*, en technostructure *f* (ensemble des fonctionnaires, cadres et scientifiques participant au processus de décision).
1. Teil *m*, e **1.** partie *f* ; part *f* ; portion *f* ; quote-part *f* ; *sich zu gleichen ~en an einem Geschäft beteiligen* participer à une affaire à parts égales **2.** (*jur.*) partie *f* ; *beklagter ~* partie défenderesse ; défendeur *m* ; *klagender ~* partie plaignante ; demandeur *m* ; *frei verfügbarer ~* (*héritage*) quotité *f* disponible.
2. Teil *n*, e (*technique*) pièce *f* détachée ; accessoire *m* ; *ein defektes ~ ersetzen* remplacer une pièce défectueuse.
Teil- (*préfixe*) partiel.
Teilabrechnung *f*, en décompte *m* partiel.
Teilaktie *f*, n (*bourse*) fraction *f* d'action.
Teilakzept *n*, e (*finance*) acceptation *f* partielle.
Teilanrechnungssystem *n*, e système *m* d'imputation partielle.
Teilarbeitslose/r (*der/ein*) → *Teilzeitarbeitslose/r*.
Teilausgleich *m*, e règlement *m* partiel ; *zum ~* en règlement partiel.
teilbar divisible ; partageable.
Teilbeschäftigung *f*, en → *Teilzeitarbeit*.
Teilbetrag *m*, ¨e montant *m* partiel ; *gebührenfreier ~* tranche *f* de franchise.
teilen diviser ; partager ; *den Gewinn ~* partager le(s) bénéfice(s).
Teilbilanz *f*, en (*comptab.*) sous-bilan *m*.
Teilfabrikat *n*, e → *Halbfabrikat*.

Teilfertigung *f*, en fabrication *f* de sous-éléments ; sous-traitance *f*.
Teilfinanzierung *f*, en financement *m* partiel.
Teilhabe *f*, ø participation *f*.
Teilhabemodell *n*, e (*retraite*) du vivant des conjoints, retraite proportionnelle aux droits respectivement acquis par chacun des époux, mais de 70 % de la totalité à la mort de l'un des conjoints.
teil/haben participer à ; *am Gewinn ~* avoir part au bénéfice.
Teilhaber *m*, - (*jur.*) associé *m* ; partenaire *m* **I.** *aktiver* (*tätiger*) *~* associé prenant part à la gestion de l'entreprise ; *commandité m* ; *beschränkt haftender ~* commanditaire *m* ; *geschäftsführender ~* associé-gérant *m* ; *persönlich haftender ~* commandité ; *stiller ~* bailleur *m* de fonds **II.** *jdn als ~ auf/nehmen* prendre un associé ; *als ~ ein/treten* entrer en qualité d'associé.
Teilhaberpapier *n*, e (*bourse*) titre *m* de participation.
Teilhaberschaft *f*, en (*jur.*) association *f* en participation ; participation *f* ; qualité *f* d'associé.
Teilhafter *m*, - (*jur.*) commanditaire *m* (il ne répond que sur son apport) (*syn*. *Kommanditist* ; *contr. Vollhafter*).
Teilhaftung *f*, (en) (*jur.*) responsabilité *f* partielle.
Teilhändler *m*, - entreprise *f* de pièces détachées ; société *f* de pièces détachées.
Teilhersteller *m*, - fabricant *m* de pièces détachées ; sous-traitant *m*.
Teilinvalidität *f*, ø invalidité *f* partielle.
Teilkapitaldeckungsverfahren *n*, - (*retraite*) système *m* de financement des retraites par capitalisation partielle.
teilkaskoversichert (*assur.*) couvert par une assurance multirisques limitée (vol, incendie, explosion, par ex.) ; assuré au tiers.
Teilkaskoversicherung *f*, en (*assur.*) assurance *f* multirisques limitée ; assurance au tiers ; → *Vollkaskoversicherung*.
Teilladung *f*, en chargement *m* partiel.
Teilmarkt *m*, ¨e segment *m* de marché.
Teilnahme *f*, n participation *f* ; coopération *f* ; concours *m* ; *~ an der Messe* participation à la foire (*syn*. *Beteiligung*).

Teilnahmebedingung *f,* en condition *f* de participation ; condition préalable à l'entrée dans une affaire.
teilnahmeberechtigt autorisé à participer ; ayant droit de participer.
teil/nehmen, a, o participer ; prendre part à ; *an der Leitung des Unternehmens aktiv ~* prendre une part active à la direction de l'entreprise.
Teilnehmer *m,* - participant *m*.
Teilnehmergebühr *f,* en redevance *f* téléphonique.
Teilnehmerland *n,* ¨er pays *m* participant.
Teilnehmerverzeichnis *n,* se 1. feuille *f* de présence 2. (*téléph.*) liste *f* des abonnés.
Teilnehmerzahl *f,* en nombre *m* de participants ; participation *f*.
Teilpacht *f,* en (*agric.*) métayage *m* ; colonage *m* partiaire (bail rural dans lequel l'exploitant remet au propriétaire, en paiement du loyer, une partie des fruits de la terre louée).
Teilpächter *m,* - (*agric.*) métayer *m* ; colon *m* (partiaire).
Teilrentner *m,* - salarié *m* en cessation progressive d'activité (C.P.A.).
Teilschaden *m,* ¨ (*assur.*) sinistre *m* partiel ; dommages *mpl,* dégâts *mpl* partiels.
Teilschuld *f,* ø (*jur.*) part *f* de responsabilité ; torts *mpl* partagés ; responsabilité *f* partielle.
Teilstreik *m,* s grève *f* partielle ; grève tournante.
Teilung *f,* en séparation *f* ; fractionnement *m* ; morcellement *m* ; (*jur.*) partage *m* ; *gerichtliche ~* partage judiciaire ; *gütliche ~* partage amiable ; *provisorische ~* partage provisoire ; *~ zur Hälfte* partage par moitié.
Teilungsmasse *f,* n (*jur.*) masse *f* à partager ; actif *m* distribuable.
Teilungsurkunde *f,* n → ***Teilungsvertrag***.
Teilungsvertrag *m,* ¨e (*jur.*) acte *m,* convention *f* de partage (notarié).
Teilunternehmen *n,* - entreprise *f* de sous-traitance.
Teilunternehmer *m,* - sous-traitant *m*.
Teilverkauf *m,* ¨e vente *f* partielle.
Teilversicherung *f,* en assurance *f* partielle.
Teilvollmacht *f,* en procuration *f* partielle ; procuration limitée.

Teilwert *m,* e valeur *f* au prorata ; valeur partielle.
Teilwertabschreibung *f,* en (*comptab.*) amortissement *m* partiel (possibilité donnée aux entreprises d'amortir des investissements ou achats qui s'avéreraient négatifs ou non rentables).
Teilzahlung *f,* en paiement *m* partiel, échelonné ; règlement *m* fractionné ; opération *f* à crédit ; *monatliche ~* paiement mensuel ; *~en leisten* effectuer des paiements partiels ; *auf (in) ~ kaufen* acheter à crédit, à tempérament ; → ***Ratenzahlung***.
Teilzahlungsbank *f,* en banque *f* de crédit à la consommation.
Teilzahlungsbasis *f* : *auf ~* par versements fractionnés ; à tempérament ; à crédit.
Teilzahlungskauf *m,* ¨e achat *m* à tempérament, à crédit (*syn. Ratenkauf*).
Teilzahlungskredit *m,* e crédit *m* à la consommation ; achat *m* à tempérament.
Teilzahlungssystem *n,* e système *m* de paiement à tempérament ; opération *f* à crédit.
Teilzeit *f,* ø → ***Teilzeitarbeit***.
Teilzeitarbeit *f,* en travail *m,* emploi *m* à temps partiel ; → ***Halbtagsarbeit***.
Teilzeitarbeiter *m,* - travailleur *m* à temps partiel ; salarié *m* à temps partiel.
teilzeitbeschäftigt employé à temps partiel.
Teilzeitbeschäftigte/r (*der/ein*) → ***Teilzeitarbeiter***.
Teilzeitbeschäftigung *f,* en → ***Teilzeitarbeit***.
Teilzeiter *m,* - → ***Teilzeitarbeiter***.
Teilzeitjob *m,* s → ***Teilzeitarbeit***.
Teilzeitkräfte *fpl* personnel *m* travaillant à temps partiel ; main-d'œuvre *f* à temps partiel ; → ***Vollzeitkräfte***.
Teilzeitstelle *f,* n poste *m,* emploi *m* à temps partiel.
Telearbeit télétravail *m* ; → ***Heimarbeit***.
Telearbeiter *m,* - télétravailleur *m*.
Telearbeitsplatz *m,* ¨e emploi *m* de télétravail ; poste *m* de travail à domicile (ordinateur ; Internet).
Telefax *n,* e → ***Fax***.
Telefaxdienst *m,* e → ***Faxdienst***.
telefaxen → ***faxen***.
Telefaxnummer *f,* n → ***Faxnummer***.
Telefon *n,* e téléphone *m* (*syn. Fernsprecher*).

Telefonanbieter *m*, - compagnie *f* de téléphone.
Telefonanruf *m*, e appel *m* téléphonique ; coup *m* de fil.
Telefonanschluss *m*, ¨e branchement *m* téléphonique.
Telefonapparat *m*, e appareil *m* téléphonique ; combiné *m*.
Telefonat *n*, e → *Telefonanruf*.
Telefonbanking *n* , ø téléservices *mpl* bancaires ; banque *f* électronique.
Telefonbeantworter *m*, - (*Suisse*) répondeur *m* automatique ; → *Anrufbeantworter*.
Telefonbenutzer *m*, - abonné *m* au téléphone.
Telefonbetreiber *m*, - → *Telefonanbieter*.
Telefonbuch *n*, ¨er annuaire *m* téléphonique ; (*France*) bottin *m* (*syn. Fernsprechbuch*).
Telefongebühr *f*, en taxe *f* téléphonique.
Telefongespräch *n*, e conversation *f*, communication *f* téléphonique.
Telefonhandel *m*, ø transactions *fpl* par téléphone ; opérations *fpl* commerciales par téléphone.
Telefonie *f*, ø téléphonie *f*.
telefonieren téléphoner ; *mit jdm* ~ téléphoner à qqn (*syn. an/rufen*).
telefonisch téléphonique ; par téléphone ; ~*e Mitteilung* communication *f* téléphonique ; ~ *an/fragen* demander par téléphone ; *jdn* ~ *erreichen* joindre qqn par téléphone.
Telefonist *m*, en, en standardiste *m* ; opérateur *m*.
Telefonistin *f*, nen standardiste *f* ; opératrice *f*.
Telefonkunde *m*, n, n → *Telefonbenutzer*.
Telefonleitung *f*, en ligne *f* téléphonique.
Telefonnetz *n*, e réseau *m* téléphonique.
Telefonnummer *f*, n numéro *m* de téléphone ; *eine* ~ *wählen* composer un numéro de téléphone.
Telefonverbindung *f*, en communication *f* téléphonique ; *eine* ~ *her/stellen* établir une communication.
Telefonverkehr *m*, ø 1. trafic *m* téléphonique 2. → *Telefonhandel*.
Telefonzelle *f*, n cabine *f* téléphonique.
Telefonzentrale *f*, n standard *m* ; central *m* (téléphonique).
Telegraf *m*, en, en télégraphe *m*.
telegrafieren télégraphier ; envoyer un télégramme.
telegrafisch télégraphique ; par télégramme.
Telegramm *n*, e télégramme *m*.
Telegrammadresse *f*, n adresse *f* télégraphique (*syn. Drahtanschrift*).
telegraphieren → *telegrafieren*.
Teleheimarbeit *f*, en télétravail *m* ; travail *m* à domicile.
Teleheimarbeiter *m*, - télétravailleur *m*.
Teleinformatik *f*, ø téléinformatique *f*.
Telekolleg *n*, s → *Telelearning*.
Telekom *f*, ø (*Deutsche Telekom AG*) télécommunications *fpl* allemandes.
Telekom-Dienst-T-Online *m*, ø serveur *m* allemand sur Internet.
Telekommunikation *f*, en télécommunications *fpl*.
Telekommunikationsbetreiber *m*, - opérateur *m* de télécommunications, des télécoms ; exploitant *m* de réseaux.
Telekommunikationskonzern *m*, e groupe *m* de télécommunications ; société *f* des télécoms.
Telekomwerte *mpl* (*bourse*) titres *mpl*, valeurs *fpl* des télécoms.
Telekonferenz *f*, en conférence *f* en duplex, en multiplex ; téléconférence *f*.
Telekopierer *m*, - → *Fax*.
Telelearning *n*, ø télé-enseignement *m* ; (*France*) C.N.E.D. (centre national d'enseignement à distance).
Telemarketing *n*, ø télé-marketing *m* (démarchage téléphonique ; vente par émission TV, etc.).
Telematik *f*, ø télématique *f*.
Telephon *n*, e → *Telefon*.
telephonieren → *telefonieren*.
Teleshopping *n*, ø achats *mpl* en ligne ; télé-achats *mpl*.
Teletex *m*, e vidéotex ; télétex *m* ; vidéographie *f* interactive ; télex *m* par minitel.
Teletext *m*, e → *Videotext*.
Telex *n/m*, e (service) télex *m* ; échange *m* par téléscripteur (*syn. Fernschreiber*).
Telexanschrift *f*, en adresse *f* télex.
telexen envoyer un télex ; communiquer par téléscripteur.

Telexnetz *n*, **e** réseau *m* télex.
Tempo *n*, **s** vitesse *f* ; cadence *f* ; rythme *m* ; allure *f* ; *das ~ beschleunigen* augmenter la cadence ; *das ~ verringern* diminuer la cadence.
Tempolimit *n*, **s** limitation *f* de vitesse.
TEN *npl* (*U.E. Transeuropäische Netze*) réseaux *mpl* transeuropéens en matière de circulation, télécommunications et transport d'énergie.
Tendenz *f*, **en** tendance *f* ; évolution *f* (des cours) ; *fallende ~* tendance à la baisse ; *steigende ~* tendance à la hausse ; *~ zum Dirigismus* tendance dirigiste.
Tendenzbetrieb *m*, **e** (*Allemagne*) entreprise *f* à caractère scientifique, politique ou journalistique (avec limitation des comités d'entreprises et de cogestion).
tendenziell tendanciel.
Tendenzwende *f*, **n** (*bourse*) renversement *m*, retournement *m* de tendance.
Tender *m*, **-** 1. (*banque centrale*) appel *m* d'offre ; adjudication *f* ; soumission *f* 2. (*train*) tender *m* ; (*navire*) convoyeur *m*.
Tenderanleihe *f*, **n** (*banque centrale*) emprunt *m* mis sur le marché par la banque centrale par appel d'offre.
Tendersatz *m*, **¨e** (*banque centrale*) taux *m* des appels d'offre.
Tenderverfahren *n*, **-** (*banque centrale*) procédure *f* par appel d'offre ; → *Mengentender* ; (*bourse*) procédure par appel d'offre (sur des valeurs du marché libre ; les acheteurs font des propositions d'achat à partir d'un cours minimum fixé par l'émetteur); *im ~* par adjudication.
Tenderzins *m*, **en** → *Tendersatz*.
tendieren (*zu*) marquer une tendance (à) ; *die Börse tendiert lustlos* la bourse tend à la morosité ; *die Kurse ~ fester* les cours se raffermissent, se reprennent.
Termin *m*, **e** 1. date *f* ; terme *m* ; échéance *f* ; délai *m* ; *auf ~* à terme ; *fester ~* terme fixe ; *letzter ~* dernier délai ; *einen ~ ein/halten* respecter un délai ; *einen ~ fest/setzen* fixer une date ; *einen ~ überschreiten* dépasser un délai ; *einen ~ verlegen* reporter à une date ultérieure ; ajourner 2. (*jur.*) assignation *f* ; audience *f*.
1. Terminal *n*, **s** (*pr. ang.*) (*informatique*) terminal *m* ; *an ein ~ angeschlossen sein* être relié à un terminal (*syn. Datenendstation*).

2. Terminal *m*, **s** (*pr. ang.*) 1. (*aéroport*) terminal *m* 2. gare *f* destinataire ; gare d'arrivée.
Terminangebot *n*, **e** offre *f* à terme.
Terminbestimmung *f*, **en** fixation *f* d'une date, d'un délai.
Terminbörse *f*, **n** marché *m* à terme.
Termindepositen *npl* → *Termineinlage*.
Termindevisen *fpl* devises *fpl* à terme.
Termineinlage *f*, **n** dépôt *m* à terme ; placement *m* à terme.
Terminerfüllung *f*, **en** respect *m* des délais.
termingebunden à terme ; lié à un délai.
Termingeld *n*, **er** → *Termineinlage*.
Termingeldkonto *n*, **-ten** (*banque*) compte *m* à terme, bloqué.
termingemäß dans les délais ; à l'échéance ; *~ (be)zahlen* payer en temps voulu.
termingerecht → *termingemäß*.
Termingeschäft *n*, **e** opération *f*, marché *m* à terme ; → *Terminmarkt*.
Terminhandel *m*, **ø** → *Termingeschäft*.
terminieren 1. prévoir, fixer une date 2. fixer un délai.
Terminkalender *m*, **-** 1. carnet *m* d'échéances ; échéancier *m* 2. emploi *m* du temps ; agenda *m* ; semainier *m*.
Terminkauf *m*, **¨e** (*bourse*) achat *m* à terme.
Terminkontrakt *m*, **e** (*bourse*) contrat *m* (d'achat ou de vente) à terme ; *~e auf Aktienindizes* contrats à terme sur indices boursiers ; *~ mit Hebelwirkung* contrat à terme avec effet de levier.
Terminkurs *m*, **e** (*bourse*) cours *m* à terme.
Terminlieferung *f*, **en** (*bourse*) livraison *f* à terme.
Terminmarkt *m*, **¨e** (*bourse*) 1. (*valeurs*) marché *m* à terme ; opération *f* à terme ; (*contr. Kassamarkt, -geschäft*) 2. (*marchandises*) marché *m* à terme, à livrer ; (*contr. Loko-, Spotmarkt*) 3. (*valeurs, marchandises*) *fester ~* marché à terme ferme ; *bedingter ~* marché à terme conditionnel.
Terminplaner *m*, **-** carnet *m* de rendez-vous ; *elektronischer ~* agenda *m* électronique ; organiseur *m*.
Terminpreis *m*, **e** prix *m* à terme.

Terminüberschreitung *f*, **en** dépassement *m* de la date, du délai.
Terminverkauf *m*, ¨e (*bourse*) vente *f* à terme.
Terminverlängerung *f*, **en** prolongation *f*, prorogation *f* de délai.
Terminverschiebung *f*, **en** report *m* d'un délai ; ajournement *m*.
Terminzahlung *f*, **en** (*bourse*) règlement *m*, paiement *m* à terme.
Terms of trade *pl* (*pr. ang.*) → ***Incoterms***.
territorial territorial.
Territorialgewässer *npl* eaux *fpl* territoriales.
Territorialplanung *f*, **en** planification *f* régionale.
Territorialprinzip *n*, ø (*jur.*) droit *m* du sol (lieu de naissance déterminant pour la naturalisation) (*contr. Abstammungsprinzip*).
Territorialitätsprinzip *n*, ø (*jur.*) principe de territorialité (qui reconnaît la souveraineté territoriale d'un État).
Territorium *n*, -ien territoire *m*.
Terror *m*, ø terreur *f*.
terrorisieren terroriser.
Terrorist *m*, **en**, **en** terroriste *m*.
tertiär tertiaire ; ~*er Wirtschaftssektor* secteur *m* tertiaire (prestations et services) ; → ***primär*** ; ***sekundär***.
Test *m*, **s** test *m* ; épreuve *f*.
Testament *n*, **e** (*jur.*) testament *m*.
testamentarisch (*jur.*) par testament ; testamentaire ; *etw* ~ *bestimmen* (*verfügen*) stipuler, disposer par testament ; *etw* ~ *hinterlassen* laisser qqch par testament.
Testamentsbestimmung *f*, **en** (*jur.*) disposition *f* testamentaire.
Testamentseröffnung *f*, **en** (*jur.*) ouverture *f* d'un testament.
Testamentsklausel *f*, **n** (*jur.*) clause *f* testamentaire.
Testamentsnachtrag *m*, ¨e (*jur.*) codicille *m*.
Testamentsvollstrecker *m*, - (*jur.*) exécuteur *m* testamentaire.
Testamentszusatz *m*, ¨e → ***Testamentsnachtrag***.
Testat *n*, **e** attestation *f* ; certification *f*.
Testator *m*, **en** (*jur.*) testateur *m*.
Testbetrieb *m*, **e** entreprise *f* pilote ; exploitation *f* type.

testen tester ; *ein Produkt auf Qualität* ~ tester la qualité d'un produit.
Tester *m*, - personne *f* chargée de tester un produit ; testeur *m*.
Testfahrer *m*, - (*auto.*) pilote *m* d'essai.
Testflug *m*, ¨e vol *m* d'essai.
Testgruppe *f*, **n** groupe *m* à tester ; panel *m*.
testieren 1. attester ; certifier 2. tester ; faire un testament.
Testierfähigkeit *f*, ø (*jur.*) capacité *f* à tester ; *jdm die volle* ~ *bescheinigen* reconnaître, certifier la capacité de tester de qqn.
Testkäufer *m*, - acheteur-test *m* ; consommateur *m* pilote.
Testladen *m*, ¨ magasin *m* pilote ; boutique *f* pilote.
Testmarkt *m*, ¨e marché *m* pilote ; marché-test *m*.
Testperson *f*, **en** personne *f* à tester ; sujet *m* à tester ; sujet testé ; (*fam.*) cobaye *m*.
Testphase *f*, **n** phase *f* d'observation.
Testreihe *f*, **n** série *f* de tests ; batterie *f* d'épreuves.
Testserie *f*, **n** → ***Testreihe***.
Teststopp *m*, **s** arrêt *m* des essais nucléaires.
Teststoppvertrag *m*, ¨e (*polit.*) accord *m* sur la cessation des essais nucléaires.
Testverfahren *n*, - procédé *m*, procédure *f* de test ; méthode *f* d'enquête.
Testwahl *f*, **en** (*polit.*) élection-test *f*.
teuer cher ; coûteux ; onéreux ; ~ *bezahlen* payer cher ; *jdm* ~ *zu stehen kommen* revenir cher à qqn ; *teurer werden* renchérir ; ~ *wohnen* payer un loyer très élevé (*syn. kostspielig* ; *contr. billig*) ; → ***verteuern***.
Teuerung *f*, **en** renchérissement *m* ; hausse *f* des prix ; cherté *f* de la vie ; → ***Verteuerung***.
Teuerungsrate *f*, **n** taux *m* d'inflation, de renchérissement de la vie.
Teuerungswelle *f*, **n** valse *f* des étiquettes ; flambée *f* des prix.
Teuerungszulage *f*, **n** indemnité *f* de vie chère.
Teuerungszuschlag *m*, ¨e → ***Teuerungszulage***.
Textbausteine *mpl* (*corresp.*) modules *mpl* de texte ; textes *mpl* stéréotypés ; formulations *fpl* prérédigées.

texten concevoir des textes et slogans publicitaires.
Texter *m*, - rédacteur *m* publicitaire ; concepteur *m* de textes et slogans publicitaires.
Texterfassung *f*, **en** (*informatique*) saisie *f* d'un texte.
Textformatierung *f*, **en** (*informatique*) formatage *m* d'un texte.
Textgestaltung *f*, **en** composition *f*, mise *f* en page d'un texte.
Textilarbeiter *m*, - ouvrier *m*, salarié *m* du textile.
Textilchemie *f*, **n** chimie *f* de l'industrie textile.
Textilfaser *f*, **n** fibre *f* textile.
Textilgewerbe *n*, - → *Textilindustrie.*
Textilien *pl* textiles *mpl*.
Textilindustrie *f*, **n** industrie *f* textile.
Textilveredelung *f*, **ø** affinage *f* ; transformation *f* des produits de l'industrie textile.
Textscanner *m*, - (*informatique*) scanner *m* alphanumérique.
Textverarbeiter *m*, - (*informatique*) programmeur *m* (*syn. Programmierer*).
Textverarbeitung *f*, **en** (*informatique*) traitement *m* de texte.
TH *f*, **s** (*Technische Hochschule*) université *f* des sciences et de technologie.
Themengebiet *n*, **e** thème *m* ; rubrique *f* ; *nach ~en sortiert sein* être classé par rubriques, par thèmes.
Themenpark *m*, **s** parc *m* de loisirs à thèmes ; (*foire-exposition*) parc à thèmes.
theoretisch théorique.
Theorie *f*, **n** théorie *f* ; *monetaristische ~* théorie monétariste ; *ökonomische ~* théorie économique ; *~ der Wirtschaftszyklen* théorie des cycles économiques.
thesaurieren thésauriser ; amasser de l'argent (*syn. horten*).
Thesaurierung *f*, **en** thésaurisation *f*.
Thinktank *m*, **s** (*pr. ang.*) groupe *m* de réflexion.
Ticket *n*, **s** ticket *m* ; billet *m* d'entrée ; titre *m* de transport.
Tief *n*, **s** creux *m* de la vague ; dépression *f* ; mauvaise passe *f* économique.
Tiefbau *m*, **ø** travaux *mpl* publics d'infrastructure ; construction *f* souterraine ; *Hoch- und ~* génie *m* civil ; B.T.P.
Tieferstufung *f*, **en** déclassement *m* ; rétrogradation *f* (d'échelon).
Tiefgang *m*, **ø** (*navigation*) tirant *m* d'eau.

tiefgefroren → *tiefgekühlt.*
tiefgekühlt surgelé ; congelé ; *~es Gemüse* légumes *mpl* surgelés.
Tiefgekühltes *n*, **ø** → *Tiefkühlkost.*
Tiefkühlkette *f*, **n** chaîne *f* du froid.
Tiefkühlkost *f*, **ø** produits *mpl* surgelés ; aliments *mpl* surgelés ; surgelé *m*.
Tiefkühltruhe *f*, **n** congélateur *m* ; bac *m* pour produits surgelés.
Tiefkühlung *f*, **ø** congélation *f* ; surgélation *f*.
Tiefpreis *m*, **e** prix-plancher *m* ; prix cassé ; bas prix ; prix d'appel.
Tiefseebergbau *m*, **ø** exploitation *f* minière sous-marine ; forage *m* en haute mer.
Tiefseeforschung *f*, **en** recherche *f* sous-marine.
Tiefstand *m*, **ø 1.** niveau *m* plancher ; point *m* bas ; dépression *f* **2.** (*mer*) étiage *m* ; basse mer *f*.
Tiefstkurs *m*, **e** cours *m* plancher ; cours le plus bas.
Tiefstmarke *f*, **n** → *Tiefstkurs.*
Tiefstpreis *m*, **e** prix *m* le plus bas ; prix plancher.
Tiefststand *m*, **ø** niveau *m* le plus bas ; dépression *f*.
Tiefstwert *m*, **e** valeur *f* minimale ; valeur plancher.
Tier *n*, **e 1.** animal *m* ; *lebende ~e* animaux sur pied **2.** (*fam.*) *ein hohes ~* personnage *m* important ; (*fam.*) huile *f*.
Tierarzt *m*, ¨e vétérinaire *m*.
Tierarztkontrolle *f*, **n** contrôle *m* vétérinaire.
Tierfertignahrung *f*, **en** alimentation *f* animale complète ; alimentation industrielle.
Tierhalter *m*, - propriétaire *m* d'un animal ; *der ~ haftet für seine Tiere* le propriétaire est responsable de ses animaux.
Tierhaltung *f*, **en** détention *f* d'animaux ; élevage *m* d'animaux.
tierisch animal, e ; *~e Erzeugnisse npl* produits *mpl* animaux, d'origine animale.
Tierklinik *f*, **en** clinique *f* vétérinaire.
Tierkörpermehl *n*, (**e**) (*agric.*) farine *f* animale.
Tierkörperverwertung *f*, **en** réutilisation *f*, recyclage *m* des carcasses animales.
Tiermast *f*, **ø 1.** aliment *m* d'engraissement animal **2.** engraissement *m* animal.

Tiermehlverbot *n,* e interdiction *f* des farines animales (carnées).
Tiermehlverfütterung *f,* en (*agric.*) alimentation *f* du bétail à base de farines animales.
Tierschutzverein *m,* e société *f* protectrice des animaux (S.P.A.).
Tierzucht *f,* en élevage *m* d'animaux.
Tierzüchter *m,* - éleveur *m* d'animaux.
Tiger *mpl* (*fam.*) les « dragons » *mpl* ; pays *mpl* asiatiques à forte croissance (Corée du Sud, Taiwan, Singapour, Chine, Vietnam).
Tigerstaat *m,* en État *m* asiatique en plein boom économique.
tilgbar amortissable ; remboursable ; rachetable ; ~e *Schuldverschreibung* obligation *f* amortissable.
tilgen amortir ; rembourser ; racheter ; liquider ; purger ; *eine Anleihe* ~ amortir un emprunt ; *eine Hypothek* ~ purger une hypothèque (*syn. amortisieren*).
Tilgung *f,* en amortissement *m* ; remboursement *m* ; extinction *f* ; suppression *f* ; radiation *f* ; ~ *einer Anleihe* amortissement d'un emprunt ; ~ *einer Hypothek* purge *f* d'une hypothèque ; ~ *eines Kredits* remboursement d'un crédit ; ~ *zum Nennwert* amortissement au pair ; ~ *einer Schuld* extinction d'une dette (*syn. Amortisation*) ; → **Anleihe-, Darlehens-, Hypotheken-, Kapital-, Schuldentilgung**.
Tilgungsanleihe *f,* n emprunt *m* d'amortissement.
Tilgungsbetrag *m,* ¨e → *Tilgungssumme*.
Tilgungsdauer *f,* ø durée *f* d'amortissement.
tilgungsfrei sans remboursement.
Tilgungsfrist *f,* en délai *m* de remboursement.
Tilgungskapital *n,* ø capital *m* amortissable.
Tilgungskredit *m,* e crédit *m* d'amortissement.
Tilgungskurs *m,* e prix de remboursement *m*.
Tilgungsplan *m,* ¨e plan *m* d'amortissement, de remboursements.
Tilgungsrate *f,* n taux *m* d'amortissement ; *jährliche* ~ annuité *f* d'amortissement.
Tilgungsschuld *f,* en dette *f* amortissable.

Tilgungssumme *f,* n montant *m* de l'amortissement ; somme *f* amortissable ; annuité *f* ; *jährliche* ~ montant de l'annuité.
Tilgungstabelle *f,* n tableau *m* d'amortissement.
Tilgungszeitraum *m,* ø période *f* d'amortissement ; planning *m* de remboursement.
Timelags *mpl* (*pr. ang.*) temps *m* de réaction ; décalage *m* (entre un évènement économique et ses répercussions sur l'ensemble de l'économie).
Timesharing *n,* s (*pr. ang.*) (*informatique*) temps *m* partagé ; travail *m* en temps partagé ; time-sharing *m*.
Timesharing-Prinzip *n,* ø (*informatique*) principe *m* du temps partagé.
Timing *n,* s (*pr. ang.*) timing *m* ; coordination *f* précise de chaque phase d'une opération ; choix *m* du moment adéquat (pour l'achat ou la vente de titres, pour conclure une transaction boursière, etc.).
Tintenstrahldrucker *m,* - imprimante *f* à jet d'encre.
Tipp *m,* s 1. tuyau *m* ; *jdm einen* ~ *geben* donner un tuyau à qqn 2. (*fam.*) grille *f* du loto.
tippen taper ; dactylographier ; *einen Brief* ~ écrire, taper une lettre.
Tippfehler *m,* - faute *f* de frappe.
TIR (*transit international routier*) internationaler Straßengüterverkehr *m*.
Titel 1. titre *m* (honorifique) ; *einen* ~ *verleihen* conférer un titre 2. titre ; en-tête *m* ; *dieser* ~ *ist vergriffen* ce titre est épuisé (en librairie).
Titelschutz *m,* ø (*édition*) protection *f* des titres (d'ouvrages déjà publiés).
Titelträger *m,* - titulaire *m*.
TL (*türkische Lira*) Lira *f* turque ; unité *f* monétaire de la Turquie.
TO → *Tarifordnung*.
Tobin-Abgabe *f,* n taxe *f* Tobin (d'après l'économiste américain James Tobin qui a proposé au début des années 1970 l'instauration d'une taxe sur les transactions internationales en devises ; cette idée a été reprise par les altermondialistes).
Tochtergesellschaft *f,* en filiale *f* ; société *f* affiliée, filiale ; → *Muttergesellschaft*.
Tochterunternehmen *n,* - → *Tochtergesellschaft*.

Tod *m*, ø mort *f* ; décès *m* ; *bürgerlicher* ~ mort civile ; *gewaltsamer* ~ mort violente ; *vorzeitiger* ~ décès prématuré.

Todesfall *m*, ¨e : *das Geschäft ist wegen* ~(*s*) *geschlossen* fermé pour cause de décès.

Todesfallkapital *n*, ø capital-décès *m*.

Todesfallversicherung *f*, en assurance-décès *f*.

Todesfolge *f*, ø : (*jur.*) *Körperverletzung mit* ~ blessures ayant entraîné la mort.

Todesschein *m*, e certificat *m* de décès.

Todesurkunde *f*, n acte *m* de décès.

Todesursache *f*, n cause *f* du décès, de la mort.

Toleranz *f*, ø tolérance *f* ; largesse *f* d'esprit ; (*technique*) *maximale* ~ tolérance *f* maximum.

Toleranzbereich *m*, e écart *m* toléré ; zone *f* de tolérance.

Toleranzgrenze *f*, n seuil *m*, limite *f* de tolérance.

Tonnage *f*, n tonnage *m*.

Tonnagesteuer *f*, n (*fisc*) taxe *f* sur le tonnage (elle permet d'évaluer le bénéfice en fonction de la taille du navire).

Tonne *f*, n 1. tonne *f* (1000 kg) 2. tonneau *m* ; baril *m*.

Tonnengehalt *m*, e tonnage *m*.

Tonnenkilometer *m*, - prix *m* du kilomètre par tonne transportée.

Top- (*préfixe*) tête *f* ; top- ; sommet *m*.

Topf *m*, ¨e → ***Subventionstopf***.

Toplage *f*, n situation *f* exceptionnelle ; quartier *m* recherché.

Topleistung *f*, en prestation *f*, réalisation *f* de très haut niveau ; top *m*.

Topmanagement *n*, s direction *f*, management *m* au plus haut niveau ; top-management *m*.

Topmanager *m*, - dirigeant *m*, manager *m* au plus haut niveau ; top-manager *m*.

Topposition *f*, en poste *m* de direction ; position *f* de commandement ; *eine* ~ *haben* avoir des responsabilités de dirigeant.

Tortendiagramm *n*, e (*statist.*) diagramme *m* en camembert, à secteurs.

tot mort ; ~*e Hand* mainmorte *f* (état des biens inaliénables appartenant à une collectivité) ; ~*es Inventar* matériel *m* d'exploitation ; ~*es Kapital* capital improductif ; ~*es Konto* compte *m* sans mouvement ; compte dormant ; compte de matières.

total total ; global ; complet ; ~*e Produktion* fabrication *f* totale d'un article (assumée de A à Z par un seul ouvrier) ; filière *f* industrielle.

Totalausverkauf *m*, ¨e liquidation *f* générale, totale.

Totalisator *m*, en → *Toto*.

totalisieren totaliser ; faire le total (de qqch).

totalitär (*polit.*) totalitaire ; ~*er Staat* État *m* totalitaire.

Totalitarismus (*polit.*) totalitarisme *m*.

Totalkosten *pl* (*comptab.*) coûts *mpl* globaux ; *fixe, variable* ~ charges *fpl* globales fixes, variables.

Total-Quality-Management *n*, ø (*pr. ang.*) total-quality-management *m* (augmentation de la productivité par des structures allégées et la délégation de responsabilités) ; → ***Qualitätsmanagement***.

Totalschaden *m*, ¨ (*assur.*) sinistre *m*, dommage *m* intégral ; dégâts *mpl* rendant un véhicule irrécupérable ; *der Wagen hat* ~ la voiture est irréparable ; le véhicule est bon pour la casse.

Totalverlust *m*, e perte *f* totale.

Totenschein *m*, e → ***Todesschein***.

toto : *in* - en totalité.

Toto *n*/*m*, s loto *m* sportif.

Totogewinn *m*, e gain *m* réalisé au → loto.

Totzeit *f*, en (*technique*) temps *m* mort.

Tour *f*, en tournée *f* ; excursion *f* ; (*machine*) *auf vollen* ~*en laufen* tourner à plein rendement, à plein régime.

touren faire la tournée de qqch.

Tourismus *m*, ø tourisme *m* ; *sanfter* ~ écotourisme ; *ein Ferienkgebiet für den* ~ *erschließen* ouvrir une région au tourisme ; → ***Fremdenverkehr***.

Tourismusbörse *f* : *internationale* ~ (*Berlin*) Salon *m* international du tourisme (Berlin).

Tourismusgewerbe *n*, - industrie *f* du tourisme.

Tourist *m*, en, en touriste *m*.

Touristenkarte *f*, n billet *m* spécial de transport (sub)urbain pour touristes.

Touristenklasse *f*, n classe *f* touriste (prix avantageux sur avion et bateau).

Touristik *f*, ø → ***Tourismus***.

Touristik-Börse *f*, n salon *m* du tourisme et des voyagistes.
touristisch touristique.
Trabantenstadt *f,* ¨e ville-satellite *f* ; ville-dortoir *f* ; grand ensemble *m*.
Tracker *m*, - (*pr. ang.*) → *Indextracker*.
Trademark *f,* s (*pr. ang.*) marque *f* de fabrique ; → *Marke*.
Trader *m*, - (*pr. ang.*) négociant *m* ; commerçant *m* ; marchand *m* ; (*bourse*) opérateur *m* de marché ; courtier *m* ; contrepartiste *m*.
Tradingbuy *n,* s (*pr. ang.*) (*bourse*) achat *m* pour le court terme.
Trading-Market *n,* ø (*pr. ang.*) (*bourse*) transactions *fpl* importantes avec faibles fluctuations de cours.
Traditionskonzern *m,* e grand groupe *m* industriel traditionnel (Siemens, Volkswagen, etc.).
Traditionspapier *n,* e titre *m*, document *m* cessible par endossement (connaissement, bulletin de dépôt, etc.).
Trafik *f,* en (*Autriche*) bureau *m* (de tabac).
Trafikant *m,* en, en (*Autriche*) propriétaire *m,* exploitant *m* d'un bureau (de tabac).
tragen, u, a **1.** porter ; supporter ; *die Kosten* ~ supporter les frais ; *die Verantwortung* ~ assumer la responsabilité **2.** produire ; rapporter ; *das Kapital trägt Zinsen* le capital produit des intérêts.
Träger *m*, - **1.** porteur *m* ; détenteur *m* ; titulaire *m* ; représentant *m* ; support *m* ; ~ *der Wirtschaft* représentant de l'économie **2.** organisme *m* ; institution *f* ; organe *m ;* ~ *der Krankenversicherung* organisme d'assurance-maladie.
Trägergesellschaft *f,* en société *f* promotrice ; (*bourse*) société de portefeuille.
Trägerrakete *f,* n (*espace*) fusée *f* porteuse.
Trägerschaft *f,* en : *in privater/öffentlicher* ~ *sein* être financé, supporté par le secteur privé/public.
Tragfähigkeit *f,* en limite *f* de chargement ; capacité *f* de charge.
Traglast *f,* en charge *f*.
Tragweite *f,* n portée *f* ; étendue *f*.
Trainee *m,* s (*pr. ang.*) stagiaire *m*.
Traineeprogramm *n,* e formation *f* et stage *m* en entreprise (surtout pour les étudiants).

Traineezeit *f,* en période *f* de formation en entreprise.
Training on the job *n,* ø formation *f* sur le tas ; entraînement *m* sur place.
Trainer *m*, - entraîneur *m* (sportif).
Traktandenliste *f,* n (*Suisse*) ordre *m* du jour.
Trampschifffahrt *f,* en tramping *m* ; navigation *f* à la demande (sans itinéraire fixe).
Tranche *f,* n (*pr. fr.*) tranche *f* ; montant *m* fractionné d'un titre.
Transaktion *f,* en transaction *f* (économique) ; opération *f* financière ; ~*en tätigen* effectuer des transactions.
Transaktionsnummer *f,* n (*TAN*) numéro *m* permettant d'effectuer des transactions bancaires sur Internet.
transeuropäisch transeuropéen.
Trans-Europ-Express *m* (*hist.*) (*TEE*) Trans-Europe-Express *m*.
Transfair *f* (*Allemagne, Cologne*) société *f* « Transfair » (elle décerne le label "Transfair" aux produits négociés selon le principe du commerce équitable, « fair », qui obéit à une certaine éthique de production ; association *f* d'aide au commerce équitable avec le Tiers-Monde ; → *fairer Handel*.
Transfair-Siegel *n*, - label *m* « Transfair » ; label « commerce équitable », Max Havelaar.
Transfer *m,* s transfert *m* ; ~ *von Geldmitteln* transfert de fonds ; ~ *von Know-how* transfert de savoir-faire.
Transferabkommen *n*, - accord *m* sur les transferts.
Transferbetrag *m,* ¨e somme *f* faisant l'objet d'un transfert.
transferierbar transférable.
transferieren 1. transférer (de l'argent) **2.** (*Autriche*) muter qqn.
Transferleistungen *fpl* transferts *mpl*.
Transferverbot *n,* e interdiction *f* de transfert.
Transferzahlung *f,* en transfert *m* d'argent ; *eine* ~ *vor/nehmen* effectuer un transfert.
Transformationskurve *f,* n (*technique*) courbe *f*, graphique *m* des possibilités de production.
tranformieren transformer.
transgen (*agric.*) transgénique ; génétiquement modifié ; avec O.G.M.

Transit *m*, e transit *m* ; *Waren im* ~ *befördern* transiter des marchandises.
Transitausfuhr *f*, en (marchandises *fpl* d') exportation *f* en transit ; sortie *f* de marchandises transitant par un pays tiers.
Transitdokumente *n*, e documents *mpl* de transit.
Transitfracht *f*, en fret *m*, marchandises *fpl* en transit.
Transitgüter *npl* marchandises *fpl* en transit.
Transithafen *m*, ¨ port *m* de transit.
Transithandel *m*, ø commerce *m* transitaire, de transit.
Transithändler *m*, - transitaire *m*.
transitieren transiter.
transitorisch transitoire ; (*comptab.*) ~*e Posten* comptes *mpl* de charges payées ou comptabilisées d'avance (paiement anticipé de loyers, par ex.).
Transitreisende/r (*der/ein*) voyageur *m* en transit.
Transitschein *m*, e fiche *f* d'accompagnement d'une marchandise en transit ; acquit *m* de transit.
Transitspediteur *m*, e → *Transithändler*.
Transitverbot *n*, e interdiction *f* de transiter.
Transitverkehr *m*, ø trafic *m* de (en) transit.
Transitversand *m*, ø expédition *f* en transit.
Transitvisum *n*, -sa visa *m* de transit.
Transitware *f*, n marchandise *f* en transit.
Transitwechsel *m*, - → *Auslandswechsel*.
Transitzoll *m*, ¨e droits *mpl* de transit.
transnational → *multinational* ; *globalisiert*.
transparent transparent ; ~*e Verpackung* emballage *m* transparent.
Transparent *n*, e 1. transparent *m* 2. banderole *f* ; pancarte *f* ; calicot *m* ; *die Demonstranten tragen* ~*e* les manifestants portent des banderoles.
Transparenz *f*, ø transparence *f* ; ~ *des Marktes* transparence du marché.
Transparenzliste *f*, n (*médecine*) liste *f* des médicaments existant sur le marché et permettant d'en comparer les prix.
Transport *m*, e transport *m* ; ~ *per Bahn* transport par chemin de fer ; ~ *auf dem Landweg* transport par route ; ~ *auf dem Luftweg* transport aérien, par avion ;
~ *auf dem Wasserweg* transport fluvial ; → *Beförderung* ; *Bahn-, Fern-, Güter-, Sammel-, Seetransport*.
Transportarbeiter *m*, - manutentionnaire *m* ; débardeur *m*.
Transportart *f*, en mode *m* de transport.
Transportaufkommen *n*, - ensemble *m* du fret ; marchandises *fpl* transportées.
Transportband *n*, ¨er → *Förderanlage*.
Transportbehälter *m*, - → *Container*.
Transportbescheinigung *f*, en certificat *m* de transport.
Transporter *m*, - (*véhicule*) transporteur *m* ; camionnette *f*.
Transporterlaubnis *f*, se → *Transportgenehmigung*.
Transporteur *m*, e → *Transportunternehmer*.
Transportflugzeug *n*, e avion *m* de transport ; avion-cargo.
Transportgenehmigung *f*, en autorisation *f* de transport.
Transportgewerbe *n*, - activité *f* des transports ; les transports *mpl*.
Transportgut *n*, ¨er marchandise *f* transportée.
Transporthaftung *f*, ø responsabilité *f* du transporteur.
transportieren transporter ; *Güter auf Lastwagen* ~ transporter des marchandises par camion ; → *befördern*.
Transportkapazität *f*, en capacité *f* de transport ; *die* ~ *erhöhen* augmenter la capacité de transport.
Transportkosten *pl* frais *mpl* de transport ; coût *m* du transport.
Transportmittel *n*, - moyen *m* de transport ; *öffentliche* ~ transports *mpl* en commun.
Transportnetz *n*, e réseau *m* de transports.
Transportpapiere *npl* documents *mpl* de transport.
Transportspediteur *m*, e commissionnaire *m* de transport.
Transportsystem *n*, e système *m* de transport.
Transportunternehmen *n*, - entreprise *f* de transport.
Transportunternehmer *m*, - entrepreneur *m* de transport ; transporteur *m* ; commissionnaire *m* de roulage.
Transportversicherung *f*, en assurance *f* de transport.

Transportvorschriften *fpl* 1. consignes *fpl*, instructions *fpl* de transport 2. réglementation *f* en matière de transport.

Transportwesen *n*, ø les transports *mpl* ; *das ~ modernisieren* moderniser les transports.

Transrapid *m*, ø train *m* magnétique à grande vitesse.

Trassant *m*, en, en (*lettre de change*) tireur *m* ; → *Tratte*.

Trassat *m*, en, en (*lettre de change*) tiré *m* ; → *Tratte*.

Trasse *f*, n (*transp.*) voie *f* de circulation ; tracé *m* (chemin de fer, autoroute, etc.).

trassieren (*rare*) tirer ; *einen Wechsel auf eine Bank ~* tirer un effet sur une banque.

Tratte *f*, n effet *m* tiré ; traite *f* ; lettre *f* de change acceptée ; *eine ~ aus/stellen* émettre une traite ; *eine ~ honorieren* honorer une traite ; → *Wechsel* ; *Dokumenten-, Sichttratte*.

Trattenbuch *n*, ¨er registre *m* des acceptations d'effets.

Travellerscheck *m*, s chèque *m* de voyage ; traveller's chèque *m* (*syn. Reisescheck*).

treiben, ie, ie pousser ; faire marcher ; se livrer à ; *Handel ~* faire du commerce ; *Preise in die Höhe ~* faire monter, flamber les prix.

Treiber *m*, - (*informatique*) pilote *m* ; contrôleur *m* ; gestionnaire *m* ; driver *m*.

Treiberkonfiguration *f*, en (*informatique*) configuration *f* du gestionnaire.

Treibgas *n*, e 1. carburant *m* gazeux ; G.P.L. 2. gaz *m* sous pression en atomiseur.

Treibhaus *n*, ¨er (*agric.*) serre *f*.

Treibhauseffekt *m*, e effet *m* de serre.

Treibhausgas *n*, e gaz *m* à effet de serre ; *den Ausstoß des ~es senken* diminuer la production d'oxyde de carbone.

Treibhauskultur *f*, en culture *f* en serre.

Treibstoff *m*, e carburant *m* ; → *Benzin, Biokraftstoff, Diesel, Kraftstoff*.

Treibstoffeinsparung *f*, en économie *f* de carburant.

Treibstofflager *n*, - dépôt *m* de carburant.

Treibstoffsteuer *f*, n taxe *f*, impôt *m* sur les carburants.

Treibstofftank *m*, s réservoir *m* de carburant.

Treibstoffversorgung *f*, en approvisionnement *m* en carburant.

Trend *m*, s (*statist.*) trend *m* ; tendance *f* ; mouvement *m* ; *allgemeiner ~ tendance générale* ; *linearer ~* tendance linéaire ; *einem ~ folgen* suivre une tendance.

Trendanalyse *f*, n (*statist.*) analyse *f* de tendance.

Trendermittlung *f*, en (*statist.*) détermination *f* de tendance.

Trendsetter *m*, - 1. instigateur *m* d'une mode nouvelle ; faiseur *m* de modes nouvelles 2. produit *m* à l'origine d'une tendance nouvelle ; produit innovant.

Trendwechsel *m*, - → *Trendwende*.

Trendwende *f*, n renversement *m*, retournement *m* de tendance.

trendy (*fam.*) à la mode ; en vogue ; dans le vent ; branché ; in.

trennen séparer ; *getrennt leben* vivre séparé(s) ; *getrennt veranlagt werden* être imposés séparément.

Trennungsentschädigung *f*, en indemnité *f* d'éloignement du milieu familial.

Trennungsgeld *n*, er → *Trennungsentschädigung*.

Tresor *m*, e coffre-fort *m* ; chambre *f* forte (d'une banque) ; *einen ~ knacken* forcer, percer un coffre-fort (*syn. Panzerschrank* ; *Safe*).

Tresorvermietung *f*, en location *f* d'un coffre-fort.

treu fidèle ; loyal ; sûr ; *zu ~en Händen* aux bons soins (de qqn) ; en mains sûres ; *auf Treu und Glauben* en (toute) bonne foi.

Treuarbeit *f*, en travail *m* de vérification fiduciaire.

Treubruch *m*, ¨e (*jur.*) acte *m* déloyal ; abus *m* de confiance ; manquement *m* à la parole donnée.

Treue *f*, ø fidélité *f* ; loyauté *f* ; bonne foi *f*.

Treueaktie *f*, n action *f* de fidélité (doivent être conservées un certain temps).

Treuepflicht *f*, (en) (*jur.*) 1. obligation *f* faite à des contractants de respecter les termes du contrat 2. obligation *f* faite à un employé (ou à un associé) de ne pas nuire aux intérêts de son employeur (confidentialité, non-concurrence, etc.).

Treueprämie *f*, n prime *f* de fidélité.

Treuerabatt *m,* **e** rabais *m,* ristourne *f* de fidélité ; escompte *m* accordé aux clients de longue date.

Treuhand *f,* ø (*jur.*) **1.** tutelle *f* ; fiducie *f* ; fidéicommis *m* ; administration *f* fiduciaire ; administration sous curatelle (gestion de biens en son nom propre mais, en fait, pour le compte d'un tiers) ; (*comptab.*) *Revision und ~ audit* **2.** → **Treuhandanstalt.**

Treuhandabkommen *n,* - (*jur.*) accord *m* de tutelle.

Treuhandanstalt *f,* ø (*hist.*) (*Allemagne*) Office *m* de privatisation (1990 – 1994) ; société *f* fiduciaire chargée de la privatisation des entreprises de l'ex-R.D.A.

Treuhandbank *f,* **en** banque *f* de gestion de patrimoine.

Treuhänder *m,* - (*jur.*) agent *m* fiduciaire ; administrateur *m* séquestre ; mandataire *m* ; dépositaire *m* ; curateur *m*.

Treuhänderdepot *n,* **s** (*jur.*) dépôt *m* de consignation.

treuhänderisch (*jur.*) fiduciaire ; *~ verwalten* administrer à titre fiduciaire ; *unter ~er Verwaltung* sous curatelle.

Treuhänderschaft *f,* ø administration *f* fiduciaire ; fiducie *f.*

Treuhandgebiet *n,* **e** (*jur.*) territoire *m* sous tutelle.

Treuhandgesellschaft *f,* **en** (*jur.*) société *f* fiduciaire ; société de fiducie, de révision comptable ; cabinet *m* d'audit (expertise comptable, commissariat aux comptes) ; administrateur *m* ; séquestre *m* ; mandataire *m* ; dépositaire *m* ; curateur *m.*

Treuhandkonto *n,* **en** compte *m* d'attente (de garantie) ; compte bloqué.

Treuhandschaft *f,* ø → **Treuhand.**

Treuhandvertrag *m,* ¨e (*jur.*) contrat *m* fiduciaire.

Treuhandverwalter *m,* - → **Treuhänder.**

Treuhandverwaltung *f,* **en** → **Treuhand.**

Treu und Glauben : (*jur.*) loyauté et confiance réciproques ; *nach ~* de bonne foi ; (*jdm etw*) *auf ~ überlassen* confier (qqch à qqn) en toute confiance.

Trick *m,* **s** truc *m* ; combine *f* ; ficelle *f* ; astuce *f.*

tricksen tricher ; (*fam.*) truander.

Trickser *m,* - tricheur *m ;* fraudeur *m* ; magouilleur *m.*

Trickserei *f,* **en** escroquerie *f* ; arnaque *f* ; artifice *m* financier.

Triebwagen *m,* - (*transp.*) motrice *f.*

Trinkgeld *n,* **er** pourboire *m.*

TRIPS *n* (*Agreement on "Trade-Related Aspects of Intellectual Property Rights"*) accord *m* de l'O.M.C. sur les aspects commerciaux de la propriété intellectuelle ; → **Urheberrechte** ; **Wiedergaberechte** ; **Copyright.**

Triptyk/Triptik *n,* **s** (*hist.*) triptyque *m* ; carnet *m* de passage en douane (il évitait à un véhicule de payer les droits d'entrée dans un pays).

Trittbrettfahrer *m,* - (*fam.*) ouvrier *m* non syndiqué ; opportuniste *m* ; profiteur *m* d'avantages acquis.

trocken sec.

Trockendock *n,* **s** bassin *m,* cale *f* de radoub ; cale *f* sèche.

Trockenfracht *f,* **en** marchandises *fpl* solides en vrac.

Trockenfütterung *f,* **en** alimentation *f* animale à base d'aliments secs.

Trockengebiet *n,* **e** zone *f* aride.

Trockengewicht *n,* **e** poids *m* à sec (*contr. Nassgewicht*).

Trockenheit *f,* **en** sécheresse.

Trockenlagerung *f,* **en** stockage *m* de déchets nucléaires en conteneurs de type « Castor ».

Trockenstabilat *n,* **e** (*environnement*) déchets *mpl* réduits sous forme de matière sèche stabilisée.

Trödel *m,* ø brocante *f* ; bric-à-brac *m.*

Trödelhandel *m,* ø brocante *f.*

Trödelmarkt *m,* ¨e marché *m* aux puces ; brocante *f.*

Trödelware *f,* **n** brocante *f.*

Trödler *m,* - brocanteur *m.*

Tropf : (*fam.*) *am ~ hängen* être subventionné ; vivre des aides de l'État.

Truck *m,* **s** (*pr. ang.*) camion *m ;* poids-lourd *m* (*syn. Lastwagen*).

Trucker *m,* - (*pr. ang.*) chauffeur *m* de poids-lourd (*syn. Lastwagenfahrer*).

Trucksystem *n,* **e** (*hist.*) mode *m* de rémunération en nature ; troc *m.*

Trug *m,* ø tromperie *f* ; imposture *f.*

trügerisch mensonger ; dolosif ; *~e Werbung* publicité *f* mensongère.

Trumpf *m,* ¨e atout *m* ; carte *f* maîtresse ; (*fig.*) *einen ~ in der Tasche haben* avoir un atout en poche.

Trunkenheitsdelikt *n*, e (*jur.*) délit *m* de conduite en état d'ivresse.

Trust *m*, e/s (*pr. ang.*) trust *m* ; groupe *m* ; grande entreprise *f* concentrée ; fusion *f* (entreprise qui résulte de la fusion de plusieurs entreprises anciennes en une seule, en vue de l'acquisition d'une position privilégiée ou dominante sur le marché, parfois même de monopole) ; *heterogener* ~ trust hétérogène ; *horizontaler* ~ trust horizontal ; *vertikaler* ~ trust vertical ; → **Kartell** ; **Holding** ; **Konglomerat** ; **Konzern**.

Trustbildung *f*, en formation *f* de trust.

Trustee *m*, s (*pr. ang.*) agent *m* fiduciaire ; → **Treuhänder**.

TS (*Tratte nach Sicht*) traite *f* à vue.

Tsd → **Tausend**.

TU *f*, s (*Technische Universität*) → **TH**.

Tür *f*, en porte *f* ; *Tag der offenen* ~ journée *f* « portes ouvertes ».

Turbine *f*, n turbine *f*.

Turbinenantrieb *m*, e turbo-propulsion *f*.

turbinengetrieben turbopropulsé ; propulsé par turbines.

Turboeffekt *m*, e effet-turbo *m*.

Turbokapitalismus *m*, ø capitalisme *m* sauvage ; ultra-capitalisme.

Turbomotor *m*, en (*auto.*) moteur *m* turbo.

Turnaround *m/n*, s (*pr. ang.*) renversement *m* de vapeur ; inversement *m* de tendance ; retournement *m* de tendance (vers le mieux).

Turnus *m*, se 1. roulement *m* ; rotation *f* ; *im* ~ par roulement ; à tour de rôle 2. (*Autriche*) travail *m* posté.

turnusgemäß par roulement ; à tour de rôle.

turnusmäßig → *turnusgemäß*.

Tüte *f*, n 1. cornet *m* (papier, carton) 2. brique *f* ; berlingot *m* ; *eine ~ Milch* un berlingot de lait.

Tutorium *n*, ien tutorat *m*.

TÜV *m* (*Technischer Überwachungsverein*) office *m* de contrôle technique (automobile, électroménager, etc.) ; ~-*geprüft* certifié conforme aux normes techniques ; (*France*) label N.F. ; *einen Wagen durch den* ~ *bringen* faire passer une voiture au contrôle technique.

TV (*pron. allemande et anglaise*) de télévision ; par T.V.

TV-Sender *m*, - chaîne *f* de télévision.

Typ *m*, en type *m* ; modèle *m*.

typen standardiser ; normaliser.

Typenbezeichnung *f*, en appellation *f* ; dénomination *f* (du type).

Typengenehmigung *f*, en (*auto.*) certificat *m* de conformité ; *die ~ mit dem Kraftfahrzeugbrief bei Wagenübergabe aus/händigen* remettre le certificat de conformité avec la carte grise lors de la remise d'un véhicule.

Typenkauf *m*, ¨e achat *m* sur échantillon.

Typenklassentarif *m*, e (*assur. auto.*) tarif *m* établi par types de véhicules ; barème tarifaire.

Typenmuster *n*, - échantillon-type *m*.

typisieren → *typen*.

Typisierung *f*, en → *Typung*.

Typung *f*, en standardisation *f* ; normalisation *f*.

TZ-Kredit *m*, e → *Teilzahlungskredit*.

U

u.A.w.g. (*um Antwort wird gebeten*) répondre, s'il vous plaît ; R.S.V.P.
U-Bahn *f*, **en** (*Untergrundbahn*) métro *m*.
über- (*préfixe*) au-dessus de ; au-delà ; sur- ; excédent *m* de.
überaltert vieilli ; trop vieux ; suranné ; (*technique*) vétuste ; obsolète ; ~*e Bevölkerung* population *f* vieillissante, sclérosée.
Überalterung *f*, **en** vieillissement *m* ; (*technique*) vétusté *f* ; obsolescence *f* ; ~ *der Bevölkerung* vieillissement de la population ; ~ *des Produktionsapparats* vétusté de l'appareil de production.
Überangebot *n*, **e** offre *f* excédentaire ; suroffre *f* ; surabondance *f* ; ~ *von Waren auf dem Markt* surabondance de produits sur le marché.
überanstrengen surmener.
Überanstrengung *f*, **en** surmenage *m*.
überantworten remettre ; livrer ; *dem Gericht* ~ remettre à la justice.
überarbeiten 1. retoucher ; réviser ; revoir ; remanier ; *ein Manuskript* ~ mettre la dernière main à un manuscrit ; *einen Entwurf* ~ remanier un projet **2.** *sich* ~ se surmener.
Überarbeitung *f*, **en 1.** révision *f* ; remaniement *m* ; retouche *f* ; ~ *eines Gesetzes* révision d'une loi **2.** surmenage *m*.
Überbau *m*, **-ten** superstructure *f*.
überbeanspruchen surmener ; surcharger ; (*technique*) surutiliser ; ~*t sein* être débordé de travail ; être dépassé par les évènements.
Überbeanspruchung *f*, **en** surmenage *m* ; surcharge *f* ; (*technique*) surutilisation *f*.
überbelasten → *überbeanspruchen*.
Überbelastung *f*, **en** → *Überbeanspruchung*.
überbelegt en surnombre ; en sureffectif.
Überbelegung *f*, **en** sureffectif *m* ; surnombre *m* ; surcharge *f* ; ~ *eines Krankenhauses* hôpital *m* saturé.
Überbeschäftigung *f*, ø suremploi *m* (les salariés effectuent un nombre d'heures supérieur au nombre légal) (*contr. Unterbeschäftigung*).
überbesetzt en surnombre ; ~*e Dienststelle* service *m* en sureffectif.

überbesteuern surimposer.
Überbesteuerung *f*, **en** surimposition *f* ; excès *m* de taxation ; surfiscalité *f*.
überbetrieblich : ~*e Mitbestimmung* cogestion *f* paritaire ; ~*e Zusammenarbeit* coopération *f* interentreprise ; ~ *organisiert sein* être organisé au plan national ; être structuré à l'échelon sectoriel (organisation interentreprise, etc.).
Überbevölkerung *f*, **en** → *Übervölkerung*.
überbewerten surévaluer ; surestimer.
Überbewertung *f*, **en** surévaluation *f* ; surestimation *f* ; ~ *des Euro(s)* surévaluation de l'euro.
überbezahlen 1. surpayer ; *er ist überbezahlt* il est surpayé **2.** payer au-dessus du prix réel.
überbieten, **o**, **o** surenchérir ; faire une surenchère ; *jdn* ~ enchérir sur qqn ; *ein Angebot* ~ monter sur une enchère ; faire une enchère supérieure.
Überbieter *m*, **-** surenchérisseur *m* ; plus-offrant *m*.
Überbietung *f*, **en** surenchère *f* ; enchère *f* supérieure.
Überbringer *m*, **-** (*banque*) porteur *m* ; présentateur *m* ; *zahlbar an den* ~ payable au porteur.
Überbringerklausel *f*, **n** mention *f* « au porteur ».
Überbringerscheck *m*, **s** chèque *m* au porteur (*syn. Inhaberscheck*).
Überbringung *f*, **en** remise *f* ; transmission *f*.
überbrücken surmonter ; venir à bout de ; *die Krise* ~ surmonter la crise.
Überbrückungs- (*préfixe*) transitoire ; -relais ; intérimaire ; temporaire ; à court terme.
Überbrückungsgeld *n*, **er** aide *f* temporaire ; soutien *m* (financier) transitoire ; aide passagère ; allocation *f* de soutien (chômeur) ; ~ *in die Selb(st)ständigkeit* prêt *m* d'installation à son compte.
Überbrückungshilfe *f*, **n** → *Überbrückungsgeld*.
Überbrückungskredit *m*, **e** crédit *m* relais ; crédit de fonctionnement, de trésorerie ; crédit technique ; *zinsloser* ~ crédit relais sans intérêts, à taux zéro.
Überbrückungsregelung *f*, **en** règlementation *f* provisoire.

Überbrückungszeit *f,* en période *f* transitoire.

überbuchen (*transp.*) surbooker ; faire du surbooking, de la surréservation.

Überbuchung *f,* en surréservation *f* ; surbooking *m.*

überdimensioniert surdimensionné.

Überdimensionierung *f,* en surdimensionnement *m.*

überdisponieren 1. trop prévoir par rapport aux besoins réels **2.** dépasser le plafond de crédit.

Überdividende *f,* n (*bourse*) superdividende *m* ; boni *m.*

überdurchschnittlich au-dessus de la moyenne ; supérieur à la moyenne.

übereignen (*jur.*) transmettre ; transférer ; céder en propriété ; *das Haus wurde ihm übereignet* la maison lui a été cédée en propriété.

Übereignung *f,* en (*jur*) transfert *m* de propriété ; transmission *f* d'un bien.

überein/kommen, a, o (*ist*) tomber d'accord sur ; s'accorder ; *mit jdm ~* se mettre d'accord, s'arranger avec qqn.

Übereinkommen *n,* - accord *m* ; convention *f* ; arrangement *m* ; *durch beiderseitiges ~* d'un commun accord ; *gütliches ~* arrangement à l'amiable ; accord amiable ; *mehrseitiges ~* accord multilatéral ; *stillschweigendes ~* accord tacite ; *zu einem ~ gelangen* parvenir à un accord.

Übereinkunft *f,* ¨e → *Übereinkommen.*

überein/stimmen s'accorder ; concorder ; être conforme ; *die Abschrift stimmt mit dem Original überein* la copie est conforme à l'original.

Übereinstimmung *f,* en accord *m* ; concordance *f* ; conformité *f* ; *in ~ mit dem Kaufvertrag* conformément aux termes du contrat ; *in ~ bringen* faire concorder ; accorder.

übererfüllen dépasser ; *die Normen ~* dépasser les normes.

Übererfüllung *f,* en dépassement *m* ; *~ der Norm* dépassement de la norme.

überfällig 1. en souffrance ; en retard ; arriéré ; *~e Forderung* créance *f* en retard ; *~er Wechsel* traite *f* non honorée à l'échéance **2.** *~ sein* être en retard ; *die Reformen sind längst ~* les réformes se font attendre depuis longtemps.

Überfinanzierung *f,* en → *Überkapitalisierung.*

überfischen épuiser, surexploiter les fonds de pêche ; faire de la surpêche.

Überfischung *f,* en surpêche *f* ; pêche excessive, abusive.

Überfluss *m,* ø excédent *m* ; surabondance *f* ; *einen ~ an etw haben* avoir un excédent de ; *etw im ~ besitzen* abonder en.

Überflussgesellschaft *f,* en société *f* d'abondance.

überflüssig 1. superflu ; inutile ; *das ist eine ~e Doppelarbeit* cela fait double emploi **2.** abondant ; à profusion.

überfordern 1. surmener **2.** exiger trop (de qqch ou qqn).

Überforderung *f,* en demande *f* exagérée ; prétention(s) *fpl* exagérée(s) ; surdemande *f* ; surmenage *m.*

Überforderungsklausel *f,* n (*sécurité sociale*) clause *f* de prise en charge à 100 % (pour personnes en difficulté).

überfremden entraîner un afflux d'étrangers ; *das Land ist überfremdet* le pays est envahi d'étrangers.

Überfremdung *f,* (en) **1.** surpopulation *f* étrangère **2.** (*bourse*) influence *f* prépondérante des valeurs étrangères sur le marché des capitaux ; prise *f* de contrôle d'une société nationale par des capitaux étrangers.

Überfülle *f,* ø surabondance *f* ; profusion *f* ; pléthore *f* ; *~ des Angebots* offre *f* excessive ; *in ~* en abondance.

Übergabe *f,* n **1.** remise *f* ; livraison *f* ; *Zahlung gegen ~ der Waren* paiement *m* contre remise des marchandises **2.** (*polit.*) reddition *f* ; capitulation *f.*

Übergang *m,* ¨e **1.** passage *m* (d'une frontière) ; point *m* de passage **2.** transition *f* **3.** passerelle *f.*

Übergangs- (*préfixe*) transitoire ; intérimaire ; provisoire.

Übergangsbestimmung *f,* en disposition *f* transitoire.

Übergangserscheinung *f,* en phénomène *m* transitoire.

Übergangsgelder *npl* indemnités *fpl* transitoires ; indemnités d'attente ; aide *f* temporaire ; soutien *m* (financier) transitoire

Übergangshilfe *f,* n aide *f* transitoire.

Übergangslösung *f,* en solution *f* transitoire.

Übergangsmaßnahme *f,* n mesure *f* transitoire, provisoire.

Übergangsregelung f, en réglementation f, régime m transitoire.
Übergangsvergütung f, en (U.E. ; agric.) indemnité f transitoire compensatoire.
übergangsweise à titre provisoire, transitoire ; provisoirement.
Übergangszeit f, en 1. période f transitoire 2. mi-saison f.
übergeben, a, e remettre ; délivrer ; céder ; *eigenhändig* ~ remettre en main(s) propre(s) ; *dem Verkehr* ~ ouvrir à la circulation ; *zur Aufbewahrung* ~ remettre en dépôt.
Übergebot n, e surenchère f.
Übergebühr f, en surtaxe f.
übergemeindlich supracommunal.
übergeordnet supérieur ; ~*e Instanz* f instance f supérieure.
Übergepäck n, ø bagages mpl en surcharge ; excédent m de bagages.
Übergewicht n, e 1. surpoids m ; *der Brief hat* ~ la lettre a un excédent de poids 2. supériorité f ; *das* ~ *der Multis* l'influence prépondérante des sociétés multinationales.
übergewichten (*bourse*) favoriser une ligne de titres (dans un portefeuille de titres) ; *unsere Empfehlung :* ~ notre conseil : renforcez la position ; achetez.
Übergewichtung f, en (*bourse*) ~ *von Aktien in einem Portefeuille* renforcement m d'une ligne de titres ; le fait de privilégier une ligne de titres dans un portefeuille (*contr. Untergewichtung*).
Überhang m, ¨e excédent m ; ~ *der Waren* surplus m de marchandises.
Überhangmandat n, e (*polit.*) mandat m supplémentaire.
überhitzt surchauffé ; ~*e Wirtschaft* économie f en surchauffe.
Überhitzung f, ø surchauffe f ; emballement m ; *konjunkturelle* ~ surchauffe conjoncturelle ; emballement de l'activité économique.
überhöhen (*prix, taxes*) augmenter excessivement ; exagérer ; *überhöhte Rechnung* surfacturation f.
überholen 1. (*trafic*) dépasser ; doubler 2. (*technique*) réviser ; remettre en état ; réparer 3. ~*t* dépassé ; passé de mode ; obsolète ; suranné.
Überholspur f, en voie f de dépassement ; (*fig.*) *sich auf der* ~ *bewegen* être en passe de doubler la concurrence.
Überholung f, en (*technique*) révision f (véhicule, machine).

Überindustrialisierung f, en surindustrialisation f ; surdéveloppement m de l'outil industriel.
Überinvestitionen fpl surinvestissements mpl.
Überkapazitäten fpl surcapacités fpl.
Überkapitalisierung f, en surcapitalisation f ; excès m de capitalisation (moyens financiers trop importants par rapport à la capacité de l'entreprise).
Überkreuzbeteiligung f, en → *Überkreuzverflechtung*.
Überkreuzverflechtung f, en participation f croisée (par ex., les membres du directoire d'une S.A. sont également représentés dans le conseil de surveillance d'une autre société et inversement).
überladen, u, a surcharger ; *das Schiff ist* ~ le bateau est en surcharge.
Überlandhandel m, ø commerce m ambulant ; commerce forain.
Überlandverkehr m, ø trafic m interurbain.
überlassen, ie, a remettre ; céder ; confier ; *jdm etw* ~ céder qqch à qqn ; *etw als Pfand* ~ remettre qqch en gage.
Überlassung f, en cession f ; concession f ; abandon m ; transfert m ; ~ *von Herstellungslizenzen* concession de licences de fabrication.
Überlassungsvertrag m, ¨e contrat m de cession ; contrat de mise à disposition (de personnel).
überlastet sein être surchargé de travail ; (*fam.*) crouler sous le travail.
Überlastung f, en surcharge f de travail ; (*technique*) surcharge (réseau, machine, etc.).
überleben survivre ; *überlebender Gatte* conjoint m survivant.
Überlebende/r (*der/ein*) survivant m ; rescapé m (catastrophe).
Überlebensfall m, ¨e (*jur.*) cas m de rente de survie ; assurance f en cas de survie.
Überlebenskampf m, ¨e combat m pour la survie.
Überlebensrente f, n pension f de réversion (veuve, veuf).
Überlebensversicherung f, en (*assur.*) assurance f de survie ; rente f de survie ; assurance en cas de survie.
Überlebenswahrscheinlichkeit f, en (*assur.*) probabilité f de survie.
Überliegegeld n, er surestarie f ; indemnité f de retard (versée à l'armateur lors d'un (dé)chargement).

Übermaß *n*, e excès *m* ; trop *m* ; *ein ~ an Arbeit* excès de travail ; *etw im ~ haben* avoir qqch en (sur)abondance.

übermäßig excessif ; démesuré ; exorbitant ; *~e Besteuerung* surimposition *f*.

übermitteln transmettre ; communiquer ; faire parvenir ; *eine Bestellung ~* transmettre une commande.

Übernachfrage *f*, n demande *f* excessive ; surdemande *f*.

Übernachtung *f*, en nuitée *f* (hôtel).

Übernachtungspreis *m*, e prix *m* de la chambre pour une nuit ; prix d'une nuitée.

Übernahme *f*, n prise *f* en charge ; entrée *f* en fonction ; acceptation *f* ; réception *f* ; (*sociétés*) rachat *m* ; acquisition *f* ; prise *f* de contrôle ; reprise *f* ; *~ eines Amtes* entrée en fonction ; *~ einer Arbeit* exécution *f* d'un ouvrage ; *~ einer Erbschaft* acceptation d'un héritage ; *~ einer Gesellschaft* prise de contrôle d'une société ; O.P.A. *f* ; rachat d'entreprise ; acquisition d'une entreprise ; absorption *f* d'un groupe ; *~ unter Vorbehalt* acceptation sous réserve.

Übernahmeangebot *n*, e (*sociétés*) offre *f* de rachat ; proposition *f* d'acquisition ; *öffentliches ~* offre *f* publique d'achat ; O.P.A *f* ; *freundliches, feindliches ~* O.P.A. amicale, hostile ; (*einer Gesellschaft*) *ein ~ machen* lancer une O.P.A. (sur une société) ; → **Unternehmensübernahme** ; *Fusion* ; *Mergers & Acquisitions* ; *LBO* ; *MBO*.

Übernahmeangriff *m*, e lancement *m* d'une O.P.A.

Übernahmebescheinigung *f*, en bon *m* de réception ; attestation *f* de prise en charge.

Übernahmefieber *n*, ø (*sociétés*) fièvre *f* des rachats d'entreprise ; des O.P.A. ; (*fam.*) fusionnite *f* aiguë.

übernahmegefährdet (*sociétés*) opéable ; menacé d'une O.P.A.

Übernahmegerüchte *npl* (*sociétés*) bruits *mpl* de reprise, de rachat d'entreprise.

Übernahmegesellschaft *f*, en (*sociétés*) société *f* repreneuse.

Übernahmegründung *f*, en (*sociétés*) création *f* d'entreprise par reprise.

Übernahmekandidat *m*, en, en (*sociétés*) candidat *m* au rachat ; candidat à la reprise d'une entreprise.

Übernahmekonnossement *n*, e connaissement *m* « reçu pour embarquement ».

Übernahmekurs *m*, e (*bourse*) cours *m* de souscription d'un emprunt, d'actions.

Übernahmeofferte *f*, n → **Übernahmeangebot**.

Übernahmepreis *m*, e (*sociétés*) prix *m* de rachat ; prix de reprise ferme ; prix *m* proposé pour le rachat d'actions lors d'une O.P.A..

Übernahmesatz *m*, ¨e tarif *m* de prise en charge ; tarif forfaitaire.

Übernahmeschlacht *f*, en (*sociétés*) lutte *f* pour la prise de contrôle d'une société ; prise *f* de contrôle musclée.

Übernahmespekulationen *fpl* (*sociétés*) spéculations *fpl* de reprise, de rachat.

Übernahmestelle *f*, n bureau *m* de réception.

Übernahmevertrag *m*, ¨e contrat *m* de prise en charge ; (*sociétés*) contrat de reprise, de rachat.

übernational supranational.

übernehmen, a, o **1.** accepter ; prendre en charge ; *ein Amt ~* entrer en fonction ; *ein Geschäft ~* prendre la direction d'un magasin **2.** assumer ; prendre à sa charge ; *die Haftung ~* assumer la responsabilité ; *die Kosten ~* prendre les frais à sa charge ; *die Risiken ~* couvrir les risques ; *die Verantwortung ~* assumer la responsabilité.

übernehmend : *~e Gesellschaft* société *f* repreneuse, absorbante.

Überorganisation *f*, en excès *m* d'organisation ; hyper-organisation *f*.

überorganisiert très organisé ; hyperorganisé.

überörtlich suprarégional ; *~er Bankverkehr* opérations *fpl* entre places bancaires ; transactions *fpl* interbancaires.

Überpari-Ausgabe *f*, n → **Überpari-Emission**.

Überpari-Emission *f*, en (*bourse*) émission (de titres) au-dessus du pair.

überparteilich (*polit.*) au-dessus des partis ; neutre.

Überpfändungsverbot *n*, e (*jur.*) interdiction *f* de prolonger une caution au-delà de de ce qui est nécessaire pour satisafaire les créanciers.

überplanmäßig qui excède les prévisions du plan ; (*budget*) supérieur aux possibilités budgétaires.

Überpreis *m*, **e** prix *m* excessif, exorbitant.

überpreist surcoté ; surévalué.

Überproduktion *f*, **(en)** surproduction *f*.

überproportional disproportionné ; proportionnellement plus élevé ; ~ *steigen* croître dans des proportions supérieures, exagérées.

überprüfen examiner ; contrôler ; expertiser ; *sein Konto* ~ contrôler son compte.

Überprüfung *f*, **en** examen *m* ; contrôle *m* ; vérification *f* ; révision *f* ; *buchhalterische* ~ révision comptable ; ~ *der Personalien* vérification d'identité.

Überprüfungsinstanz *f*, **en** instance *f* de contrôle, de vérification.

Überprüfungskommission *f*, **en** commission *f* de contrôle, de surveillance.

überqualifiziert surqualifié.

Überraschungsstreik *m*, **s** grève-surprise *f*, sauvage ; grève sans préavis.

überregional suprarégional ; à l'échelon national ; *(Allemagne)* fédéral.

Überrepräsentation *f*, **en** surreprésentation *f* ; représentation massive.

überrepräsentiert : ~ *sein* être surreprésenté.

überrunden doubler ; dépasser ; prendre de l'avance sur.

übersättigen sursaturer.

Übersättigung *f*, **en** sursaturation *f* ; ~ *des Marktes* sursaturation du marché.

überschätzen surévaluer ; *den Wert des Angebots* ~ surestimer la valeur de l'offre.

Überschätzung *f*, **en** surestimation *f* ; surévaluation *f*.

Überschlag *m*, **¨e 1.** calcul *m* approximatif ; approximation *f* ; estimation *f* ; *im* ~ *rechnen* compter approximativement ; *einen* ~ *der Kosten machen* faire une évaluation rapide du coût **2.** *(assur. auto)* *(accident)* tonneau *m* ; *einen* ~ *machen* faire un tonneau.

überschlagen, u, a 1. calculer, évaluer approximativement ; *Kosten* ~ évaluer les coûts **2.** *sich* ~ se bousculer ; rivaliser ; *Online-Anbieter* ~ *sich mit günstigen Angeboten* les serveurs en ligne rivalisent d'offres intéressantes.

überschlägig approximatif ; ~*e Berechnung* calcul *m* approximatif.

überschlaglich → *überschlägig*.

Überschlagsrechnung *f*, **en** calcul *m* approximatif ; estimation *f*.

überschreiben, ie, ie 1. *(jur.)* céder ; *ein Grundstück* ~ céder un terrain **2.** *(comptab.)* porter au crédit **3.** *(traite)* endosser (une traite).

Überschreibung *f*, **en** *(jur.)* cession *f* **2.** *(comptab.)* somme *f* portée au crédit **3.** *(traite)* endossement *m*.

überschreiten, i, i 1. dépasser, excéder ; *Ihr Kredit ist bereits um 500 Euro überschritten* vous avez déjà dépassé votre crédit de 500 euros **2.** *(jur.)* transgresser ; enfreindre ; *ein Gesetz* ~ violer une loi.

Überschreitung *f*, **en 1.** dépassement *m* ; excès *m* ; ~ *einer Frist* dépassement d'un délai **2.** infraction *f* ; ~ *der Befugnisse* abus *m* de pouvoir.

überschulden *(sich)* (se) surendetter ; être insolvable.

überschuldet surendetté ; criblé de dettes ; insolvable ; défaillant.

Überschuldung *f*, **en** surendettement *m* ; insolvabilité *f* ; défaillance *f*.

Überschuldungsausschuss *m*, **¨e** commission *f* de surdendettement.

Überschuss *m*, **¨e** excédent *m* ; surplus *m* ; *die grünen* ~*¨e* les excédents agricoles ; ~ *an Arbeitskräften* excédent de main-d'œuvre ; *einen* ~ *registrieren* enregistrer un excédent.

Überschussbeteiligung *f*, **en** *(assurance-vie)* participation *f* excédentaire (les compagnies reversent aux assurés les excédents dus à un trop versé).

Überschussbetrag *m*, **¨e** somme *f* excédentaire ; montant *m* en excédent.

Überschussbilanz *f*, **en** *(comptab.)* balance *f* excédentaire, positive.

Überschussgebiet *n*, **e** région *f* excédentaire.

überschüssig excédentaire ; ~*e Kaufkraft* pouvoir *m* d'achat excédentaire.

Überschussland *n*, **¨er** pays *m* excédentaire.

Überschussproduktion *f*, **en** production *f* excédentaire.

überschwemmen inonder ; submerger ; *ausländische Waren* ~ *den Markt* des produits étrangers inondent le marché.

Überschwemmung *f*, **en** inondation *f*.

Übersee : *in* ~ outre-mer ; *nach* ~ *gehen* aller s'établir outre-mer ; *Waren von (aus)* ~ marchandises *fpl* d'outremer.

Übersee-Club *m* : *Hamburger* ~ club *m* de rencontres de commerçants et d'hommes d'affaires de tous pays.

Überseegebiet *n*, e territoire *m* d'outre-mer.
Überseehandel *m*, ø commerce *m* d'outre-mer.
Übersee-Institut *n* : *deutsches* ~ Institut *m* allemand d'outre-mer (s'occupe de politique, d'économie et de sciences sociales concernant l'Afrique, l'Asie et l'Amérique latine).
überseeisch d'outre-mer.
Überseeverkehr *m*, ø trafic *m* avec l'outre-mer.
übersenden, a, a envoyer ; faire parvenir ; expédier ; *in der Anlage ~ wir Ihnen...* nous vous adressons ci-inclus ; vous trouverez ci-joint.
Übersendung *f*, en envoi *m* ; expédition *f* ; transmission *f*.
übersetzen traduire.
Übersetzer *m*, - 1. traducteur *m* 2. (*informatique*) compilateur *m* ; traducteur *m*.
Übersetzung *f*, en traduction *f* ; *beglaubigte* ~ traduction certifiée conforme.
Übersetzungsprogramm *n*, e (*informatique*) programme *m* de compilation ; compilateur *m*.
Übersetzungssoftware *f*, s (*informatique*) logiciel *m* de traduction.
Übersicht *f*, en vue *f* d'ensemble ; tableau *m* synoptique ; résumé *m* ; aperçu *m* ; *allgemeine* ~ aperçu général ; *statistische* ~ état *m* statistique.
übersichtlich clair ; lisible ; immédiatement compréhensible ; bien disposé.
über/siedeln 1. s'établir en un autre lieu ; changer d'implantation 2. émigrer.
Übersiedler *m*, - (*hist.*) réfugié *m* venant de l'ex-R.D.A. ; Est-Allemand *m* passé à l'Ouest.
Übersiedlung *f*, en 1. changement *m* d'implantation, d'adresse ; changement de résidence 2. émigration *f*.
Übersoll *n*, ø contingent *m* excédentaire.
Übersommerung *f*, en (*agric.*) estivage *m*.
übersozialisiert surprotégé social ; assisté ; ~*e Arbeitslose* chômeurs socialement surprotégés.
überstaatlich supranational ; superétatique ; ~*e Institutionen* institutions *fpl* supranationales.
übersteigen, ie, ie excéder ; dépasser ; *die Nachfrage übersteigt das Angebot* la demande est supérieure à l'offre.

übersteigern renchérir sur ; faire monter ; *übersteigerte Preise* prix *mpl* surhaussés, surfaits ; *jdn* ~ surenchérir sur qqn.
Übersteigerung *f*, en 1. surenchérissement *m* (des prix) 2. surenchère *f*.
überstimmen mettre en minorité (lors d'un vote) ; repousser (projet de loi).
Überstunden *fpl* heures *f* supplémentaires ; ~ *machen* faire des heures supplémentaires ; *Zuschlag für* ~ majoration *f* pour heures supplémentaires.
Überstundenabbau *m*, ø suppression *f* des/d' heures supplémentaires.
Überstundengeld *n*, er somme *f* gagnée en heures supplémentaires.
Überstundenkosten *pl* coût *m* des heures supplémentaires.
Überstundenvergütung *f*, en rémunération *f* des heures supplémentaires.
Überstundenzuschlag *m*, ¨e majoration *f* pour heures supplémentaires.
Übertagearbeiter *m*, - (*mines*) ouvrier *m*, mineur *m* de jour.
Übertagebau *m*, ø extraction *f* à ciel ouvert.
übertariflich au-dessus du tarif (conventionnel) ; hors tarif ; hors grilles ; extra-tarifaire ; extra-conventionnel.
überteuert : ~*er Preis* prix *m* surfait, prohibitif ; (*bourse*) surcoté.
Überteuerung *f*, en renchérissement *m*.
Übertrag *m*, ¨e (*comptab.*) report *m* (à nouveau).
übertragbar 1. (*jur.*) cessible ; transmissible ; négociable ; ~*e Aktie* action *f* négociable ; *durch Indossament* ~ transmissible par endossement ; ~*es Papier* titre *m* cessible, endossable 2. applicable ; transposable ; tranférable ; *diese Bestimmung ist auf andere Gebiete* ~ cette disposition est applicable à d'autres domaines 3. (*maladie*) transmissible.
Übertragbarkeit *f*, (en) cessibilité *f* ; transmissibilité *f* ; négociabilité *f* ; transférabilité *f*.
übertragen, u, a 1. (*jur.*) transférer ; céder ; transmettre ; *Aktien* ~ transférer des actions 2. (*comptab.*) reporter 3. (*traite*) endosser 4. (*radio, télé.*) diffuser 5. (*maladie*) transmettre par contagion.
Übertragung *f*, en 1. (*jur.*) transfert *m* ; cession *f* ; ~ *der Forderung* transfert de créance ; ~ *eines Rechts* délégation *f*

d'un droit **2.** (*comptab.*) report *m* ; solde *m* reporté **3.** (*traite*) endossement *m* **4.** (*radio, télé.*) ~ *der Nachrichten* diffusion *f* des informations **5.** (*maladie*) transmission *f* ; contamination *f*.

Übertragungsbilanz *f,* **en** (*comptab.*) balance *f* des transferts de capitaux entre pays.

Übertragungsbuchung *f,* **en** (*comptab.*) écriture *f* en report.

Übertragungshaushalt *m,* **e** budget *m* de report.

Übertragungssystem *n,* **e** système *m* de transmission, de diffusion.

Übertragungsurkunde *f,* **n** (*jur.*) acte *m* de cession.

übertreten, a, e (*jur.*) violer ; transgresser ; *ein Gesetz* ~ transgresser une loi.

Übertretung *f,* **en** (*jur.*) transgression *f* ; violation *f* ; infraction *f*.

übertrieben exagéré ; surfait ; *~er Preis* prix *m* excessif, prohibitif.

überversichert surassuré (*contr. unterversichert*).

Überversicherung *f,* **en** surassurance *f*.

übervölkern surpeupler.

Übervölkerung *f,* **en** surpeuplement *m* ; surpopulation *f*.

übervorteilen léser ; duper ; rouler ; (*fam.*) arnaquer ; *die Konkurrenten suchten sich gegenseitig zu* ~ les concurrents essayaient de se gruger l'un l'autre.

Übervorteilung *f,* **en** tromperie *f* ; duperie *f* ; (*fam.*) arnaque *f*.

überwachen surveiller ; contrôler ; *die Preise* ~ contrôler les prix.

Überwachung *f,* **en** surveillance *f* ; contrôle *m* ; *polizeiliche* ~ contrôle policier ; *technische* ~ contrôle technique.

Überwachungsbehörde *f,* **n** autorités *fpl* de contrôle.

überwachungspflichtig soumis à surveillance ; contrôle officiel obligatoire.

Überwachungsstaat *m,* **en** (*polit.*) État *m* totalitaire ; État-policier.

Überwachungsstelle *f,* **n** office *m* de contrôle.

überwälzen répercuter ; *die Kosten auf den Verbraucher* ~ répercuter les coûts sur le consommateur.

Überwälzung *f,* **en** répercussion ; ~ *auf die Preise* répercussion sur les prix.

überweisen, ie, ie virer ; transférer ; *auf ein Konto* ~ virer sur un compte ; *Gelder ins Ausland* ~ transférer des fonds à l'étranger.

Überweisung *f,* **en** virement *m* (bancaire, postal) ; transfert *m* ; ~ *auf ein Konto* virement sur un compte ; ~ *von Geldern* virement de fonds ; *eine* ~ *vor/nehmen* effectuer un virement.

Überweisungsauftrag *m,* ¨e ordre *m,* mandat *m* de virement.

Überweisungsbetrag *m,* ¨e montant *m* du virement ; somme *f* à transférer.

Überweisungsdienst *m,* **e** service *m* des virements.

Überweisungsformular *n,* **e** mandat *m* de virement ; mandat-carte *m*.

Überweisungsprovision *f,* **en** commission *f* sur opération de virement.

Überweisungsscheck *m,* **s** chèque *m* de virement.

Überweisungssumme *f,* **n** → **Überweisungsbetrag**.

Überweisungsverfahren *n,* **-** paiement *m* par virement.

Überweisungsverkehr *m,* ø opérations *fpl* de paiement par virement ; virements *mpl*.

Überzahl *f,* **en 1.** surnombre *m* ; supériorité *f* numérique ; sureffectif *m* ; *in der* ~ *sein* être en surnombre **2.** (*an*) grande quantité *f* (de) ; grand nombre *m*.

überzahlen → *überbezahlen*.

überzählig en surnombre ; excédentaire ; *~er Beamter* fonctionnaire *m* surnuméraire, en sureffectif.

Überzahlung *f,* **en** trop-payé *m* ; trop-versé *m*.

überzeichnen (*bourse*) sursouscrire ; *überzeichnete Anleihe* emprunt *m* sursouscrit.

Überzeichnung *f,* **en** (*bourse*) souscription *f* surpassée (d'un emprunt) ; sursouscription (pour une offre de titres insuffisante) ; souscription *f* dépassant le montant fixé ; → **Unterzeichnung**.

Überzeit(arbeit) *f,* **en** (*Suisse*) heures *fpl* supplémentaires.

überziehen, o, o (*banque*) mettre à découvert ; *er hat sein Konto (um 500 Euro) überzogen* son compte fait apparaître un découvert (de 500 euros) ; il a un découvert (de 500 euros) ; *einen Kredit* ~ dépasser le plafond d'un crédit.

Überziehung *f,* **en** (*banque*) découvert *m* (de compte).

Überziehungsgenehmigung *f,* **en** (*banque*) autorisation *f* de découvert.

Überziehungskredit *m,* e (*banque*) découvert *m* de compte toléré par les banques ; avance *f* sur compte courant (*syn. Dispositions-, Dispokredit*).

Überziehungsprovision *f,* en (*banque*) commission *f* de découvert.

Überziehungszinsen *mpl* (*banque*) agios *mpl*, intérêts *mpl* de découvert.

Ubiquität *f,* ø (*marketing*) présence *f* en tout lieu ; omniprésence (d'un article, d'une prestation).

üble Nachrede *f,* n (*jur.*) propos *mpl* diffamatoires ; calomnie *f*.

üblich usuel ; d'usage ; habituel ; *allgemein* ~ généralement admis ; *nicht mehr* ~ hors d'usage ; ~*e Bedingungen* conditions *fpl* d'usage ; ~*e Preise* prix *mpl* habituellement pratiqués.

übrig de reste ; *wir haben Geld* ~ il nous reste de l'argent.

Übungsfirma *f,* en entreprise *f* d'entraînement ; junior-entreprise *f*.

UGA *m* (*Umweltgutachter-Ausschuss*) commission *f* d'experts de l'environnement.

U-Haft *f,* ø (*jur.*) (*Untersuchungshaft*) détention *f* préventive.

ULA *f* (*Union der leitenden Angestellten*) Union *f* syndicale des cadres.

ultimativ ultimatif ; ~*e Forderung* revendication *f* sous forme d'ultimatum.

Ultimatum *n,* -ten/s ultimatum *m* ; *ein* ~ *stellen* adresser un ultimatum.

ultimo au dernier jour du mois ; à la fin du mois ; *bis* ~ jusqu'à fin de mois ; *per* ~ à fin de mois ; ~ *März* fin mars ; ~ *des gleichen* (*laufenden*) *Monats* fin courant.

Ultimo *m,* s (*finance*) dernier jour *m* ouvrable du mois ; fin *f* de mois ; *Zahlungsfrist bis* (*zum*) ~ paiement *m* en fin de mois.

Ultimoabrechnung *f,* en (*finance*) liquidation *f* de fin de mois ; arrêt *m* des comptes de fin de mois.

Ultimoabschluss *m,* ¨e (*finance*) arrêt *m*, arrêté *m* des comptes de fin de mois.

Ultimofälligkeit *f,* en (*finance*) échéance *f* de fin de mois.

Ultimogeld *n,* er (*finance*) échéance *f* de fin de mois ; échéances *fpl* remboursables en fin de mois.

Ultimogeschäft *n,* e (*finance*) opération *f* à liquider en fin de mois.

Ultimoliquidation *f,* en (*finance*) liquidation *f* à la fin du mois.

Ultimowechsel *m,* - (*finance*) traite *f* (payable) en fin de mois.

Umbau *m,*-ten restructuration *f* ; réaménagement *m* ; *interne* ~*ten* restructurations internes.

Umbauarbeiten *fpl* (travaux *mpl* de) transformations *fpl*.

um/bauen restructurer ; réaménager ; réaffecter ; réorganiser ; transformer.

um/besetzen changer le personnel (d'un service, d'une entreprise).

Umbesetzung *f,* en changement *m* de poste, d'affectation ; redistribution *f* des postes ; remaniement *m* du personnel.

um/bewerten (*comptab.*) réévaluer.

Umbewertung (*comptab.*) réévaluation *f* ; ~ *der Aktiva* réévaluation des biens d'actif ; ~ *des Anlagevermögens* réévaluation des capitaux fixes ; ~ *des Umlaufvermögens* réévaluation des capitaux circulants d'actif.

um/bilden remanier ; transformer ; *das Kabinett* ~ remanier le gouvernement.

Umbildung *f,* en réorganisation *f* ; remaniement *m* (ministériel).

Umbrella-Fonds *m,* - (*bourse*) fonds *m* de placement multisupports avec grande facilité d'allers-retours à l'intérieur du fonds ; fonds de placement à compartiments multiples.

um/buchen 1. (*comptab.*) contrepasser ; transférer ; faire un jeu d'écritures ; passer sur un autre compte ; virer d'un compte à un autre **2.** (*transp.*) changer la date de réservation.

Umbuchung *f,* en **1.** (*comptab.*) contrepassation *f* ; transfert *m* ; jeu *m* d'écritures ; virement *m* d'un compte à un autre **2.** (*transp.*) modification *f* de réservation.

um/datieren 1. modifier une date ; changer une date **2.** repousser à une date ultérieure.

um/disponieren changer ses dispositions ; modifier ses projets.

Umdisponierung *f,* en changement *m* de dispositions ; modification *f* d'un projet.

um/etikettieren changer l'étiquette (d'un produit).

Umetikettierung *f,* en changement *m* d'étiquette.

Umfahrung *f,* en (*Autriche*) → *Umgehungsstraße*.

Umfang *m*, ¨e étendue *f* ; volume *m* ; ampleur *f* ; *in großem* ~ sur une grande échelle ; ~ *des Handelsverkehrs* volume des échanges ; *die Kosten werden in vollem* ~ *erstattet* les frais sont intégralement remboursés.

umfangreich volumineux ; étendu ; large ; ~*es Exportvolumen* important volume *m* des exportations.

Umfeld *n*, ø environnement *m* ; conditions *fpl* ; cadre *m* ; *soziales* ~ environnement social ; conditions sociales ; *wirtschaftliches* ~ environnement économique.

um/finanzieren changer les modes de financement.

Umfinanzierung *f*, **en** redistribution *f* d'un financement ; nouvelle répartition *f* d'un financement ; ~ *von Fremd- in Eigenkapital* changement *m* des capitaux empruntés en capitaux propres.

um/firmieren changer de raison sociale ; changer de forme juridique.

Umfirmierung *f*, **en** changement *m* de raison sociale ; transformation *f* de la forme juridique d'une société (une *AG* en *GmbH* par ex.).

Umfrage *f*, **n** enquête *f* ; sondage *m* (d'opinion publique) ; *repräsentative* ~ enquête représentative ; *eine* ~ *machen (durch/führen)* réaliser un sondage ; faire une enquête.

um/funktionieren changer la fonction (première) de qqch ; transformer en.

Umfunktionierung *f*, **en** changement *m* de fonction ; affectation *f* d'une nouvelle fonction ; transformation *f*.

umgehen, i, a (*hat*) tourner ; se soustraire à ; ne pas respecter ; *ein Gesetz* ~ tourner une loi ; frauder.

um/gehen, i, a (*ist*) : *mit etw sparsam* ~ être économe de ; économiser qqch.

umgehend par retour du courrier ; *wir bitten um* ~*en Bescheid* nous vous prions de répondre par retour du courrier.

Umgehung *f*, **en** 1. violation *f* ; non-respect *m* ; contournement *m* 2. → *Umgehungsstraße*.

Umgehungsstraße *f*, **n** rocade *f* ; route *f* de contournement ; périphérique *m*.

Umgehungsstrategie *f*, **n** stratégie *f* de contournement.

Umgemeindung *f*, **en** remaniement *m* territorial d'une commune.

umgerechnet (*monnaie*) calculé en ; converti en.

umgesetzt werden (*bourse*) être négocié ; → *um/setzen*.

um/gestalten réorganiser ; remanier ; transformer ; restructurer ; refondre.

Umgestaltung *f*, **en** refonte *f* ; remaniement *m* ; restructuration *f* ; réforme *f* ; ~ *eines Betriebes* réorganisation *f* d'une entreprise.

Umgliederung *f*, **en** restructuration *f* ; refonte *f*.

um/gründen (*jur*.) changer de forme juridique ; *eine GmbH in eine AG* ~ transformer une S.A.R.L. en S.A.

um/gruppieren regrouper ; reclasser.

Umgruppierung *f*, **en** regroupement *m* ; reclassement *m* ; (*agric*.) remembrement *m*.

Umladebahnhof *m*, ¨e gare *f* de transbordement.

Umladegut *n*, ¨er marchandise *f* à transborder.

Umladehafen *m*, ¨ port *m* de transbordement.

um/laden, u, a transborder.

Umladung *f*, **en** transbordement *m* ; *eine* ~ *auf Schiff übernehmen* assurer un transbordement sur navire.

Umlage *f*, **n** 1. (*comptab*.) répartition *f* (au prorata des frais) ; ventilation *f* (des charges) 2. cotisation *f* ; contribution *f* ; participation *f* (au prorata) 3. (*fisc*) prélèvement *m* ; → *Umlegung* ; *um/legen*.

Umlagebefreiung *f*, **en** dispense *f* de prélèvement.

Umlagebetrag *m*, ¨e montant *m* d'un/du prélèvement.

umlagefähig : ~*e Mietnebenkosten* charges *fpl* d'habitation éligibles aux dépenses communes.

umlagefinanziert (*retraite*) financé par les cotisations (*contr. kapitalgedeckt*).

Umlagefinanzierungssystem *n*, **e** (*retraite*) système *m* de financement des retraites par répartition ; retraite *f* par répartition (*contr. Kapitaldeckungssystem*).

umlagefrei exonéré de(s) prélèvements (fiscaux).

Umlagekosten *pl* dépenses *fpl* communes ; frais *mpl* indivis.

Umlagepflicht *f*, **en** prélèvement *m* obligatoire ; contribution *f* obligatoire.

umlagepflichtig assujetti au prélèvement (fiscal).

Umlageprinzip *n*, -**ien** → *Umlagefinanzierungssystem*.

Umlagerente *f*, **n** retraite *f* par répartition.

Umlagesystem *n*, e → *Umlagefinanzierungssystem*.
Umlageverfahren *n*, - (*comptab.*) système *m* de répartition.
Umlauf *m*, ø (*banque*) circulation *f* ; mouvement *m* ; *im* ~ *sein* être en circulation ; *Banknoten in* ~ *setzen* (*bringen*) mettre des billets de banque en circulation ; *aus dem* ~ *ziehen* retirer de la circulation.
umlaufend en circulation ; ~*e Banknoten* billets *mpl* en circulation ; ~*es Kapital* capital *m* roulant.
Umlaufer *m*, - (*Autriche*) (*lettre*) circulaire *f*.
Umlauffonds *m*, - (*comptab.*) fonds *mpl* circulants, de roulement ; stocks *mpl* ; valeurs *fpl* d'exploitation ; → *Umlaufvermögen*.
Umlaufgeschwindigkeit *f*, en vitesse *f* de rotation (capitaux) ; vitesse de roulement (marchandises) ; ~ *des Geldes* vitesse de circulation de la monnaie.
Umlaufkapital *n*, ø → *Umlaufvermögen*.
Umlaufmittel *npl* (*comptab.*) actifs *mpl* circulants, de circulation ; fonds *m* de roulement ; moyens *mpl* circulants ; *eigenfinanzierte* ~ fonds de roulement propre ; *fremdfinanzierte* ~ fonds de roulement étranger ; *minimale, optimale* ~ fonds de roulement minimal, optimal ; → *Umlaufvermögen*.
Umlaufmittelausstattung *f*, en (*comptab.*) dotation *f* en fonds de roulement.
Umlaufmittelbedarf *m*, ø (*comptab.*) besoins *mpl* en fonds de roulement.
Umlaufrendite *f*, n (*bourse*) taux *m* de rendement d'un emprunt d'État.
Umlaufvermögen *n*, - (*comptab.*) actif *m* circulant ; actifs *mpl* d'exploitation réalisables ; capital *m*, fonds *m* de roulement ; *das* ~ *steht kurzfristig dem Unternehmen zur Verfügung* l'entreprise peut disposer du fonds de roulement dans le court terme ; *Bankguthaben, Forderungen und Vorräte gehören zum* ~ avoirs *mpl* bancaires, créances *fpl* et provisions *fpl* font partie du fonds de roulement ; → *Anlagevermögen*.
um/legen 1. (*comptab.*) répartir ; imputer ; répercuter ; ventiler ; affecter ; *die Kosten auf alle Beteiligten* ~ répartir les coûts sur l'ensemble des participants ; *die Sozialversicherung wird auf die jeweiligen Arbeitgeber umgelegt* la

sécurité sociale est ventilée sur les employeurs respectifs **2.** remettre ; *einen Termin* ~ ajourner ; reporter ; remettre à une date ultérieure.
Umlegung *f*, en **1.** (*comptab.*) ventilation *f* ; imputation *f* ; affectation *f* ; répartition *f* **2.** (*agric.*) remembrement *m*.
Umlegungsschlüssel *m*, - (*comptab.*) clé *f* de ventilation.
Umlegungsverfahren *n*, - (*comptab.*) méthode *f* d'imputation, d'affectation ; système *m* de répartition.
um/leiten dévier ; détourner ; *den Verkehr* ~ dévier la circulation.
Umleitung *f*, en (voie *f* de) déviation *f*.
um/lernen se recycler ; apprendre un nouveau métier ; suivre une formation, un stage de recyclage professionnel.
Umlernen *n*, ø recyclage *m*.
um/melden faire une demande de changement de nom, d'immatriculation, d'adresse, de carte grise etc.
um/nutzen réaffecter ; modifier l'affectation de qqch.
Umnutzung *f*, en réaffectation *f* ; changement *m* d'affectation.
Umorganisation *f*, en réorganisation *f* ; restructuration *f* ; refonte *f*.
um/organisieren réorganiser ; restructurer ; opérer une refonte.
um/orientieren trouver une nouvelle orientation ; réorienter.
Umorientierung *f*, en réorientation *f* ; changement *m* d'orientation, de cap.
um/programmieren (*informatique*) reprogrammer.
Umprogrammierung *f*, en (*informatique*) reprogrammation.
um/rechnen 1. (*devises*) changer ; convertir ; *in Euro* ~ convertir en euros **2.** *auf ein Jahr umgerechnet* calculé sur 12 mois ; annualisé.
Umrechnung *f*, en (*devises*) conversion *f* (d'une monnaie).
Umrechnungsgewinne *mpl* (*devises*) gains *mpl* résultant de la conversion en monnaies étrangères.
Umrechnungskurs *m*, e (*devises*) taux *m* de change ; cours *m* de conversion.
Umrechnungstabelle *f*, n (*devises*) (*devises*) barème *m* de conversion ; table *f* de change.
Umrechnungsverhältnis *n*, se (*devises*) rapport *m* de change ; rapport de conversion (*syn. Tauschverhältnis*).

Umrechnungswert *m,* ¨e (*devises*) valeur *f* de conversion.

um/rüsten rééquiper ; réadapter ; apporter des modifications techniques ; renouveler les équipements.

Umrüstung *f,* en rééquipement *m* ; changement *m* de matériel(s) ; modification *f* technique.

um/satteln (*fam.*) changer de profession, de métier ; chercher un autre job.

Umsatz *m,* ¨e chiffre *m* d'affaires ; C.A. *m* ; (*fam.*) chiffre *m* ; volume *m*, chiffre des ventes ; transaction *f* ; débit *m* ; recettes *fpl* **I.** *hoher (starker)* ~ gros chiffre d'affaires ; *niedriger (schwacher)* ~ faible chiffre d'affaires **II.** *den ~ erhöhen* augmenter le chiffre d'affaires ; *einen ~ erzielen* réaliser un chiffre d'affaires ; *~ haben* faire du chiffre (d'affaires) ; *der ~ beläuft sich auf 10 Milliarden Euro* le chiffre d'affaires s'élève à 10 milliards d'euros **III.** *~ zu Eigenkapital* ratio *m* ventes à capitaux propres ; *~ Umlaufvermögen* ratio ventes à capital engagé ; ratio volume-ventes à actifs d'exploitation ; *Bruttogewinn zum ~* ratio *m* bénéfice brut à chiffre d'affaires ; *Reingewinn zum ~* ratio *m* bénéfice net à chiffre d'affaires ; → **Handels-, Jahres-, Kapital-, Mengen-, Tages-, Waren-, Wertumsatz.**

Umsatzanalyse *f,* n analyse *f* du chiffre des ventes.

Umsatzanstieg *m,* e progression *f* du chiffre d'affaires, des ventes.

Umsatzausfall *m,* ¨e manque *m* à gagner ; perte *f* de chiffre d'affaires.

Umsatzbelebung *f,* en progression *f* du chiffre d'affaires ; C.A. *m* en hausse.

Umsatzbesteuerung *f,* en imposition *f* du chiffre d'affaires.

Umsatzbeteiligung *f,* en participation *f* au chiffre d'affaires.

umsatzbezogen (calculé en) fonction du chiffre d'affaires ; en rapport avec le C.A.

Umsatzbilanz *f,* en → *Rohbilanz.*

Umsatzbringer *m,* - générateur *m* de chiffre d'affaires.

Umsatzentwicklung *f,* en évolution *f* du chiffre d'affaires ; courbe *f* du C.A.

Umsatzerlös *m,* e produit *m* des ventes.

Umsatzkapital *n,* ø (*comptab.*) capital *m* roulant ; capital circulant.

Umsatzkostenverfahren *n,* - (*comptab.*) méthode *f* du ratio coût-chiffre d'affaires.

umsatzmäßig exprimé en termes de chiffre d'affaires.

Umsatzmaximierung *f,* en maximation *f* du chiffre d'affaires.

Umsatzminus *n,* - baisse *f*, recul *m* du chiffre d'affaires ; C.A. *m* en baisse.

Umsatzplus *n,* - hausse *f*, progression *f* du chiffre d'affaires ; *ein ~ verzeichnen* enregistrer une progression du chiffre d'affaires.

Umsatzprämie *f,* n → *Umsatzvergütung.*

Umsatzprovision *f,* en commission *f* sur le chiffre d'affaires ; participation *f* au C.A. ; tantième *m* au prorata des ventes ; (*arch.*) guelte *f*.

Umsatzrendite *f,* n rendement *m* exprimé en pourcentage du chiffre d'affaires ; (*distribution*) taux *m* de marge commerciale ; (*industrie*) taux de marge brute.

Umsatzrenner *m,* - produit-vedette *m* ; grand succès *m* de vente.

Umsatzrentabilität *f,* en ratio *f* de marge nette ; rapport *m* bénéfice net sur le chiffre d'affaires ; → *Umsatzrendite.*

Umsatzrückgang *m,* ¨e baisse *f*, recul *m* du chiffre d'affaires.

umsatzschwach à faible chiffre d'affaires.

Umsatzschwankungen *fpl* fluctuations *fpl* du chiffre d'affaires.

Umsatzschwund *m,* ø diminution *f*, recul *m* du chiffre d'affaires.

umsatzstark à fort chiffre d'affaires ; qui réalise un C.A. élevé.

Umsatzsteigerung *f,* en → *Umsatzanstieg.*

Umsatzsteuer *f,* n impôt *m*, taxe *f* sur le chiffre d'affaires.

Umsatzsteuer-Identifikationsnummer *f,* n (*U.E.*) numéro *m* d'identification, identifiant *m* d'un redevable de la taxe sur le chiffre d'affaires ; (*France*) numéro de S.I.R.E.T.

umsatzsteuerfrei exonéré de la taxe sur le chiffre d'affaires ; exempt de taxe sur le C.A. ; *~er Betrag* somme *f* non soumise à l'imposition du C.A.

umsatzsteuerpflichtig imposable sur le chiffre d'affaires.

umsatzträchtig à fort potentiel de chiffre d'affaires ; au chiffre d'affaires prometteur ; à fort potentiel de vente ; *~er Markt* marché *m* porteur.

Umsatzträger *m,* - produit *m* porteur ; article *m* qui fait du chiffre.
Umsatzvergütung *f,* en bonus *m,* prime *f* sur le chiffre d'affaires.
Umsatzvolumen *n,* -/-mina volume *m* du chiffre d'affaires.
Umsatzwerte *mpl* (*statist.*) indices *mpl* du chiffre d'affaires.
Umsatzzahlen *fpl* ratios *mpl* d'activité ; chiffres *mpl* des ventes.
Umschicht *f,* en (*mines*) changement *m* d'équipe(s) ; relève *f.*
um/schichten 1. (*bourse*) regrouper ; remanier ; tranférer ; changer de support ; *von Pfandbriefen in Bundesanleihen* ~ se dégager des emprunts hypothécaires pour (investir dans) les emprunts d'État ; *bei einem Wertpapier* ~ faire des allers et retours sur un titre **2.** regrouper ; réaménager ; remanier ; redistribuer.
Umschichtung *f,* en **2.** (*bourse*) remaniement *m* des titres ; regroupement *m* des valeurs ; allers-retours *mpl* sur un titre **2.** regroupement *m* ; rééquilibrage *m* ; réaménagement *m* ; *soziale* ~ remaniement *m* social.
Umschlag *m,* ¨e **1.** (*marchandises*) transbordement *m* ; manutention *f* ; mouvement *m* des marchandises **2.** rotation *f* ; débit *m* des ventes ; ~ *des Kapitals* rotation du capital **3.** (*lettre*) enveloppe *f.*
Umschlagbahnhof *m,* ¨e gare *f* de transbordement.
um/schlagen, u, a 1. (*marchandises*) transborder ; manutentionner ; manipuler **2.** (*capitaux*) travailler ; rouler ; tourner **2.** (*tendance*) s'inverser ; basculer.
Umschlaggeschwindigkeit *f,* en vitesse *f* de rotation ; ~ *der Bestände* vitesse de rotation des stocks ; ~ *des Geldes* vitesse de rotation de la monnaie.
Umschlaghafen *m,* ¨ port *m* de transbordement.
Umschlagplatz *m,* ¨e **1.** place *f* de transbordement ; centre *m* de chargement et de déchargement des marchandises **2.** (*fig.*) lieu *m* d'échanges.
Umschlagskredit *m,* e crédit *m* reconductible ; crédit de fonctionnement ; crédit-revolving *m* (*syn.* Revolving-Kredit).
Umschlagsquote *f,* n (*capitaux, stocks*) coefficient *m* de rotation.
um/schreiben, ie, ie 1. (*jur.*) transférer à (droits, propriété) ; *einen Grundbesitz (auf jds Namen)* ~ transférer la propriété d'un bien foncier (au nom de qqn) **2.** (*comptab.*) procéder à un jeu d'écritures ; transcrire.
Umschreibung *f,* en (*jur.*) transfert *m* ; transcription *f* ; acte *m* translatif de propriété ; ~ *einer Aktie* transfert d'une action.
um/schulden (*finance*) rééchelonner la dette ; restructurer, convertir la dette.
Umschuldung *f,* en (*finance*) rééchelonnement *m* de la dette ; restructuration *f,* conversion *f* de la dette ; report *m* de créances.
Umschuldungsanleihe *f,* n (*bourse*) emprunt *m* de conversion.
Umschuldungsantrag *m,* ¨e (*finance*) accord *m* de rééchelonnement (de la dette).
Umschuldungsverfahren *n,* - (*finance*) procédure *f* de rééchelonnement (de la dette).
Umschuldungszeitraum *m,* ¨e (*finance*) période *m* de rééchelonnement (de la dette).
um/schulen (se) reconvertir ; recycler ; *sich* ~ *lassen* se reconvertir ; acquérir une nouvelle qualification.
Umschüler *m,* - personne *f* en stage de recyclage ; stagiaire *m* en reconversion professionnelle.
Umschulung *f,* en reconversion *f* ; recyclage *m* ; *berufliche* ~ reconversion professionnelle.
Umschulungsbeihilfe *f,* n prime *f* de reconversion ; indemnité *f* de reclassement.
Umschulungslehrgang *m,* ¨e stage *m* de recyclage, de reconversion.
Umschulungsmaßnahme *f,* n mesure *f* de reconversion ; stage *m* de reconversion professionnelle.
Umschwung *m,* ¨e changement *m* brusque ; revirement *m* ; rebondissement *m* ; ~ *der Konjunktur* renversement *m* de la conjoncture ; retournement *m* conjoncturel.
umseitig au verso ; *die ~en Regelungen sind den Vertragsparteien bekannt* les parties contractantes ont pris connaissance des dispositions figurant au verso.
umsetzbar 1. commercialisable ; vendable **2.** applicable ; *in die Praxis* ~ transposable dans la pratique.
um/setzen 1. vendre ; écouler ; commercialiser ; débiter ; réaliser un chiffre d'affaires ; *eine Million Euro jährlich* ~

faire un chiffre d'affaires annuel d'un million d'euros ; *Waren* ~ vendre des marchandises (*syn. verkaufen* ; *kommerzialisieren*) **2.** transférer (immobilisations).

Umsetzer *m*, - (*informatique*) convertisseur *m* ; dispositif *m* de transcription d'un code à un autre.

Umsetzung *f,* **en 1.** (*comptab.*) cession *f* ; transfert *m* (immobilisations) ; ~ *von Betriebsmitteln* cession d'éléments actifs immobilisés **2.** déplacement *m* ; mutation *f* (sur mesure disciplinaire).

um/siedeln transférer ; transplanter (population) ; changer de pays.

Umsiedler *m*, - personne *f* transplantée, déplacée.

Umsiedlung *f,* **en** transfert *m* (forcé) de population ; transplantation *f* ; déplacement *m* de population.

Umsiedlungsbeihilfe *f,* **n** prime *f* de réinstallation ; indemnité *f* de changement de résidence.

Umstand *m*, ¨e circonstance *f* ; fait *m* ; situation *f* ; *erschwerende* ~¨e circonstances aggravantes ; *mildernde* ~¨e circonstances atténuantes ; *infolge unvorhergesehener* ~¨e par suite de circonstances imprévues.

umständehalber vu les circonstances ; *das Grundstück ist* ~ *zu verkaufen* étant donné les (au vu des) circonstances, le terrain est à vendre.

Umsteigebahnhof *m*, ¨e gare *f* de correspondance.

um/steigen, ie, ie (*ist*) **1.** (*transp.*) changer (de train) ; prendre une correspondance **2.** changer ; passer à autre chose ; *auf eine andere Automarke* ~ changer de marque de voiture ; *auf einen anderen Energieträger* ~ changer de source d'énergie ; passer à une autre forme d'énergie.

Umsteiger *m*, - (*fam.*) **1.** (*transp.*) ticket *m* de correspondance **2.** personne *f* qui change de train, de moyen de transport **3.** personne *f* qui change de profession ou de travail.

Umsteigezentrum *n,* **en** (*transp.*) centre *m* de transbordement ; plaque *f* tournante de correspondance.

Umstellbahnhof *m*, ¨e gare *f* de triage.

um/stellen réorganiser ; réadapter (re) convertir ; *einen Betrieb* ~ réorganiser une entreprise ; *auf Goldwährung* ~ adopter l'étalon-or ; *auf Maschinenbetrieb* ~ mécaniser ; *auf eine andere Produktion* ~ reconvertir une production ; passer à une production différente.

Umstellung *f,* **en** réorganisation *f* ; (re)conversion *f* ; réadaptation *f* ; transformation *f* ; *berufliche* ~ reconversion professionnelle ; *industrielle* ~ reconversion industrielle ; *strukturelle* ~ reconversion structurelle ; ~ *der Landwirtschaft* reconversion de l'agriculture ; ~ *auf Computer* informatisation *f*.

Umstellungsgesetz *n*, ø (*hist.*) loi *f* de 1948 sur la refonte du système monétaire en Allemagne occidentale.

Umstellungsinvestition *f,* **en** dépenses *fpl* de redéploiement ; investissement *m* de restructuration.

Umstellungszulage *f,* **n** prime *f* de reconversion.

UmstG → *Umstellungsgesetz.*

Umstieg *m*, e reconversion *f* ; changement *m*.

umstritten controversé.

um/strukturieren restructurer ; *einen Betrieb* ~ réorganiser une entreprise.

Umstrukturierung *f,* **en** restructuration *f* ; reconversion *f* ; redéploiement *m* ; ~ *der Industrie* restructuration industrielle ; redéploiement (industriel).

Umstrukturierungsplan *m*, ¨e plan *m* de restructuration.

um/stufen 1. (*main-d'œuvre*) reclasser ; requalifier **2.** changer de catégorie ; changer d'échelon.

Umsturz *m*, ¨e renversement *m* ; bouleversement *m* ; révolution *f*.

um/stürzen renverser ; bouleverser.

um/taufen rebaptiser ; débaptiser ; *eine Firma* ~ changer de raison sociale ; rebaptiser une firme commerciale.

Umtausch *m,* (e) **1.** échange *m* ; ~ *nicht gestattet* les marchandises ne seront ni reprises ni échangées ; *Kauf auf* ~ vente *f* avec droit d'échange **2.** (*monnaie, bourse*) change *m* ; conversion *f* ; ~ *zum Nennwert* conversion au pair.

Umtauschangebot *n,* e (*bourse*) offre *f* publique d'échange (O.P.E.).

umtauschbar échangeable ; convertible ; interchangeable ; ~e *Währung* monnaie *f* convertible (*syn. konvertierbar*).

Umtauschbarkeit *f,* ø convertibilité *f* (monnaie) (*syn. Konvertierbarkeit*).

um/tauschen échanger ; convertir ; *Euro gegen Dollar* ~ convertir des euros

en dollars ; € *in ausländische Devisen* ~ convertir des € en devises étrangères (*syn. wechseln*).
umtauschfähig → *umtauschbar*.
Umtauschfrist *f,* **en** délai *m* d'échange.
Umtauschgebühren *fpl* → *Umtauschkosten*.
Umtauschkosten *pl* frais de change *mpl.*
Umtauschkurs *m,* **e** (*monnaie*) taux *m* de conversion.
Umtauschrecht *n,* **e** (*bourse*) droit *m* d'échange ; *Anleihe mit* ~ obligation *f* convertible.
Umtauschverhältnis *n,* **se** (*monnaie*) rapport *m* de change ; *das* ~ *Dollar - Euro* rapport de change entre dollar et euro ; (*bourse*) conditions *fpl* de l'échange ; (actions anciennes en actions nouvelles).
UMTS-Netz *n* (*Universal Mobil Telecommunication System*) réseau *m* universel de téléphonie mobile ; portable *m* avec accès direct à (l') Internet.
um/verteilen redistribuer ; faire une nouvelle répartition.
Umverteilung *f,* **en** redistribution *f* ; nouvelle répartition *f* ; ~ *des Volkseinkommens* redistribution du revenu national.
um/wälzen renverser ; bouleverser ; révolutionner.
Umwälzung *f,* **en 1.** renversement *m* ; bouleversement *m* ; mutation *f* ; révolution *f* **2.** ~ *der Lagerbestände* rotation *f* des stocks.
umwandelbar 1. convertible **2.** (*jur.*) commuable.
um/wandeln changer ; transformer ; *Aktien* ~ convertir des actions ; *eine Anleihe* ~ convertir un emprunt ; *in Kapital* ~ transformer en capital.
Umwandlung *f,* **en** changement *m* (juridique) ; transformation *f* ; conversion *f* ; ~ *von einer GmbH in eine AG* transformation d'une S.A.R.L. en S.A. ; ~ *in Kapital* capitalisation *f.*
Umwandlungsprämie *f,* **n** (*bourse*) prime *f* de transformation (d'actions préférentielles en actions ordinaires, par ex.).
Umwandlungsprogramm *n,* **e** (*informatique*) programme *m* de conversion.
um/wechseln → *um/tauschen*.
Umwelt *f,* **(en)** environnement *m* ; milieu *m* environnant, ambiant ; monde *m* environnant ; *die* ~ *schützen* protéger le milieu naturel ; *die* ~ *belasten, verschmutzen, zerstören* altérer, polluer, détruire l'environnement ; *die* ~ *schädigen* (*der* ~ *schaden*) nuire, porter atteinte à l'environnement.
Umweltabgabe *f,* **n** éco-taxe *f* ; taxe *f* écologique ; taxe sur les déchets.
Umweltagentur *f,* **ø** (*U.E.*) agence *f* (européenne) de l'environnement.
Umweltaktivist *m,* **en, en** (*polit.*) militant *m* écologiste ; éco-guerrier *m.*
Umweltaudit-Gesetz *n,* **e** → *Ökoaudit*.
Umweltauflagen *fpl* contraintes *fpl* (financières, techniques) en matière d'environnement ; impératifs *mpl* environnementalistes ; normes *fpl,* règles *fpl* imposées en matière d'environnemt.
Umweltaufwendungen *fpl* dépenses *fpl* d'environnement.
Umweltauto *n,* **s** voiture *f* non polluante ; voiture écologique, propre.
Umweltbedingungen *fpl* conditions *fpl* d'environnement ; conditions ambiantes.
Umweltbelastung *f,* **en** → *Umweltschäden*.
Umweltbewusstsein *n,* **ø** conscience *f* écologique.
Umweltbilanz *f,* **en** → *Ökoaudit*.
Umweltbundesamt *n,* **ø** Office *m* fédéral de l'environnement.
Umweltdelikt *n,* **e** (*jur.*) délit *m* écologique ; atteinte *f* au milieu naturel.
Umwelteinflüsse *mpl* influences *fpl* ambiantes.
Umweltentlastung *f,* **en** réduction *f* de la pollution de l'environnement ; dépollution *f.*
Umwelterklärung *f,* **en** déclaration *f* de conformité écologique ; déclaration de compatibilité avec les impératifs de l'environnement.
umweltfeindlich polluant ; nuisible ; nocif à l'environnement ; générateur de nuisances.
Umweltfonds *m,* **-** fonds *m* d'investissement en faveur de l'environnement.
Umweltforscher *m,* **-** écologiste *m* ; spécialiste *m* de l'environnement.
Umweltforschung *f,* **en 1.** écologie *f* **2.** étude *f* des modifications du milieu naturel du fait de l'homme.
umweltfreundlich non-polluant ; écologique ; antipolluant.

umweltgefährdend polluant ; anti-écologique ; nuisible à l'environnement ; ~e *Stoffe* matières *fpl* polluantes.
umweltgerecht → *umweltfreundlich*.
Umweltgutachter *m,* - expert *m* en matière d'environnement (délivre des certificats de conformité écologique).
Umweltingenieur *m,* e ingénieur *m* de l'environnement.
Umweltkapital *f,* ø capital *m* écologique, naturel (ensemble des ressources naturelles, renouvelables et non-renouvelables).
Umweltkatastrophe *f,* n catastrophe *f* écologique.
Umweltkriminalität *f,* ø atteinte *f* à l'environnement ; délits *mpl* écologiques ; infractions *fpl* en matière d'environnement ; crime *m* de lèse-écologie.
Umweltkrise *f,* n crise *f* de l'environnement.
Umweltlizenzen *fpl* → *Umweltzertifikate*.
Umweltmanagement *n,* s gestion *f* de l'environnement ; éco-management *m*.
Umweltmarketing *n,* ø marketing *m* vert.
umweltneutral écologique ; sans incidence (néfaste) sur le milieu naturel ; écologiquement correct.
Umweltökonomie *f,* (n) économie *f* de l'environnement (secteur des sciences économiques cherchant à évaluer les coûts de pollution et les avantages d'une préservation de la nature).
Umweltpapier *n,* e papier *m* recyclé.
Umweltpolitik *f,* ø politique *f* de l'environnement, environnemental(ist)e.
Umweltsanierung *f,* (en) sauvegarde *f* et défense *f* de l'environnement ; réhabilitation *f* du milieu naturel.
umweltsäubernd dépolluant.
Umweltschäden *mpl* nuisances *fpl* ; dommages *mpl* causés au milieu naturel ; dégradation *f* de l'environnement.
umweltschädlich → *umweltfeindlich*.
umweltschonend respectueux de l'environnement ; non-polluant.
Umweltschutz *m,* ø protection *f* de l'environnement ; défense *f* du milieu naturel ; écologie *f* ; *im ~ arbeiten* travailler dans la protection de l'environnement.
Umweltschutzauflagen *fpl* → *Umweltauflagen*.

Umweltschützer *m,* - protecteur *m* de l'environnement ; écologiste *m* ; défenseur *m* du milieu naturel ; → *Grüne*.
Umweltschutzgesetzgebung *f,* ø législation *f* sur la protection de l'environnement.
Umweltschutznorm *f,* en norme *f* anti-pollution.
Umweltschutzverband *m,* ¨e association *f* de défense de l'environnement.
Umweltschutzvorschriften *fpl* réglementation *f* en matière de protection de l'environnement ; règles *fpl* de protection de l'environnement.
Umweltstandard *m,* s normes *fpl* écologiques ; normes imposées en matière d'environnement.
Umweltsteuer *f,* n éco-taxe *f.*
Umweltstraftat *f,* en → *Umweltdelikt*.
Umweltsünder *m,* - pollueur *m* ; contrevenant *m* à la législation antipollution.
Umweltverband *m,* ¨e association *f* de défense de la nature.
Umweltverschandelung *f,* en défiguration *f* du milieu naturel ; massacre *m* de l'environnement.
umweltverschmutzend polluant ; générateur de nuisances ; anti-écologique.
Umweltverschmutzung *f,* en pollution *f,* dégradation *f* de l'environnement.
Umweltverseuchung *f,* en → *Umweltverschmutzung*.
umweltverträglich écologique ; non-polluant ; compatible avec l'environnement ; respectueux du milieu naturel ; ~e *Energieversorgung* approvisionnement énergétique propre ; ~es *Produkt* produit *m* vert ; produit biologique.
Umweltverträglichkeit *f,* en compatibilité *f* écologique ; compatibilité avec l'environnement ; *ein Produkt auf seine ~ testen* tester la compatibilité écologique d'un produit.
Umweltverträglichkeitsprüfung *f,* en évaluation *f* des incidences sur le milieu, sur l'environnement ; étude *f* de compatibilité environnementale ; étude *f* d'impact sur l'environnement.
Umweltverunreinigung *f,* en → *Umweltverschmutzung*.
Umweltzertifikate *npl* permis *mpl* de pollution ; *handelbare ~* permis de pollution négociables ; → *Emissionshandel*.

umwerben, a, o courtiser ; être aux petits soins avec qqn ; *Kunden* ~ rechercher le (les) client(s).

Umworbene/r (*der/ein*) consommateur *m* potentiel ; client *m* sollicité ; consommateur courtisé par la publicité.

um/ziehen, o, o (*ist*) déménager ; changer de logement.

Umzug *m*, ¨e départ *m* ; transfert *m* ; déménagement *m*.

Umzugskosten *pl* frais *mpl* de déménagement.

unabdingbar (*jur.*) inaliénable ; inabandonnable ; indispensable ; ~*es Recht* droit *m* inaliénable.

Unabdingbarkeit *f*, ø (*jur.*) caractère *m* inaliénable ; inaliénabilité *f*.

unabhängig indépendant ; autonome ; ~ *sein* être indépendant.

Unabhängige/r (*der/ein*) personne *f* indépendante (*syn. Selb(st)ständiger*).

Unabhängigkeit *f*, (en) indépendance *f* ; autonomie *f* ; *wirtschaftliche* ~ indépendance économique ; autarcie *f* ; ~ *der Justiz* indépendance de la justice.

unablösbar non-rachetable.

unabsetzbar 1. invendable **2.** (*fonctionnaires*) inamovible ; non-destituable.

unanfechtbar incontestable ; ~*es Testament* testament *m* inattaquable.

unangefochten incontesté.

unangemessen inadapté ; inapproprié.

unantastbar (*jur.*) inviolable ; intangible.

Unantastbarkeit *f*, ø (*jur.*) inviolabilité *f* ; intangibilité *f*.

unaufgefordert sans contrainte ; de sa propre initiative ; ~*e Bewerbung* candidature *f* spontanée.

unausgefüllt : ~*es Formular* formulaire *m* vierge ; formulaire non-rempli.

unausgelastet non entièrement utilisé ; en sous-charge ; ~*e Produktionskapazität* capacité *f* en sous-charge.

Unausgewogenheit *f*, (en) déséquilibre *m* ; inégalité *f* ; deux poids, deux mesures (dans le traitement de qqch) ; *soziale* ~ fracture *f* sociale.

unbar (*comptab.*) par écritures ; par virement (*syn. bargeldlos* ; *contr. bar*).

unbeanstandet sans réclamation ; incontesté ; *eine Qualitätskontrolle* ~ *passieren* subir un contrôle de qualité avec succès.

unbeantwortet (*corresp.*) (laissé) sans réponse ; *unser Schreiben ist* ~ *geblieben* notre courrier est resté sans réponse.

unbearbeitet brut ; non-travaillé ; non-ouvré.

unbebaut non-bâti ; ~*es Grundstück* terrain *m* non-bâti ; terrain nu.

Unbedenklichkeitsbescheinigung *f*, en 1. (*fisc*) attestation *f*, certificat *m* de non-opposition (attestant que le contribuable a payé ses impôts) **2.** (*marchandise*) attestation de marchandise conforme ; certificat d'innocuité ; certificat de bonne provenance ; (*construction*) certificat de conformité.

unbefrachtet à vide ; sans chargement ; sans cargaison.

unbefriedigt non-satisfait ; ~*er Bedarf* besoins *mpl* non-satisfaits ; ~*e Nachfrage* demande *f* non-satisfaite.

unbefristet illimité ; ~*er Arbeitsvertrag* contrat *m* (de travail) à durée indéterminée ; C.D.I. *m* ; ~*er Streik* grève *f* illimitée.

unbefugt non-autorisé ; ~*e Ausübung eines Berufs* exercice *m* illégal d'une profession.

Unbefugte/r (*der/ein*) (*jur.*) personne *f* non autorisée ; *Unbefugten ist der Zutritt verboten* entrée *f* interdite à toute personne étrangère au service.

unbegebbar non-négociable.

unbeglichen non-payé ; non-acquitté ; dû/due.

unbegrenzt illimité ; *in* ~*er Höhe* sans limitation de montant ; montant illimité.

unbehelligt impunément ; ~ *bleiben* ne pas être inquiété.

unbekannt : *Empfänger* ~ inconnu à l'adresse indiquée ; *Anzeige gegen* ~ plainte *f* contre X.

unbelastet non-grevé.

unbemannt sans équipage ; automatisé.

unbemittelt désargenté ; sans fortune.

Unberechenbarkeit *f*, en imprévisibilité *f* ; caractère *m* imprévisible.

unberechtigt sans y avoir droit ; indû ; *Arbeitsgeld* ~ *beziehen* percevoir une allocation de chômage indue.

unberücksichtigt dont on n'a pas tenu compte ; ignoré.

unbeschädigt intact ; sans dommage ; non-endommagé.

Unbescholtenheit *f*, ø réputation *f* d'intégrité.

unbeschränkt illimité ; sans réserve ; ~ *haftbar* indéfiniment responsable ; ~*e Haftung* responsabilité *f* illimitée.
unbesetzt inoccupé ; vacant.
unbeständig instable ; ~*er Markt* marché *m* instable.
Unbeständigkeit *f*, **(en)** instabilité *f* ; *konjunkturelle* ~ instabilité conjoncturelle.
unbestätigt non-confirmé ; ~*es Akkreditiv* accréditif *m* non confirmé ; *nach* ~*en Meldungen* selon des nouvelles non-confirmées.
unbestechlich (*jur.*) incorruptible ; intègre.
Unbestechlichkeit *f*, **ø** (*jur.*) incorruptibilité *f* ; intégrité *f*.
unbestellt (*agric.*) inculte ; non cultivé, en friche.
unbesteuert non-imposable ; non-taxé ; non-assujetti à l'impôt.
unbestreitbar incontestable ; inattaquable.
unbestritten 1. incontesté 2. incontestable.
unbeweglich immobilier ; ~*e Güter* biens *mpl* immeubles.
unbezahlt impayé ; non-réglé ; dû ; non-acquitté.
unbrauchbar inutilisable ; inexploitable.
UNCTAD *f* (*United Nations Conference on Trade and Development*) Conférence *f* des Nations unies pour le commerce et le développement.
undatiert sans date ; non-daté ; sans mention de date.
Underground *m*, **ø** (*pr. ang.*) avant-garde *f* (artistique, contestataire, etc.).
Und-Konto *n*, **-ten** (*banque*) compte *m* joint (les titulaires de compte ne peuvent en disposer que conjointement).
unecht faux ; non-authentique ; falsifié ; simili ; toc.
unehelich : (*jur.*) ~*es Kind* enfant *m* illégitime, né hors mariage.
uneinbringlich irrécouvrable ; à fonds perdu(s) ; ~*e Forderung* créance *f* irrécouvrable ; créance irrécupérable.
uneingelöst impayé ; non-réglé.
uneingeschränkt illimité ; inconditionnel ; sans réserve.
uneinheitlich non unitaire ; hétérogène ; qui manque d'homogénéité ; ~*e Vorschriften* directives *fpl* multiples et variées ; (*bourse*) *Tokio schließt* ~ la bourse de Tokyo est partagée en clôture.

unentgeltlich à titre gracieux ; ~*es Darlehen* prêt *m* gratuit (*syn. kostenlos*).
Unentgeltlichkeit *f*, **ø** gratuité *f*.
unerfahren inexpérimenté ; sans expérience ; novice.
unergiebig improductif ; stérile.
Unergiebigkeit *f*, **ø** improductivité *f*.
unerlaubt interdit ; défendu ; illégal ; ~*e Handlung* acte *m*, fait *m* illicite.
unerledigt en souffrance ; non encore réglé ; ~*e Angelegenheit* affaire *f* en suspens.
unerschwinglich hors de prix ; ~*er Preis* prix *m* exorbitant, inabordable.
UNESCO *f* (*United Nations Educational, Scientific and Cultural Organization*) UNESCO *f* ; ~ Organisation *f* des Nations unies pour l'éducation, la science et la culture.
unfachgemäß (maniement) incorrect ; non-conforme ; *die Ware wurde durch* ~*e Behandlung beschädigt* la marchandise a été endommagée à la suite d'une erreur de manipulation.
unfähig (*zu*) incapable (de) ; inapte (à) ; ~*er Mitarbeiter* collaborateur *m* incompétent.
Unfähigkeit *f*, **en** incompétence *f* ; incapacité *f* ; inaptitude *f* ; (*jur.*) inhabilité *f*.
Unfall *m*, **¨e** accident *m* ; *tödlicher* ~ accident mortel ; *durch* ~ par accident ; *einen* ~ *haben* avoir un accident ; *gegen* ~ *versichert sein* avoir une assurance accident.
Unfallbericht *m*, **e** constat *m* d'accident (amiable).
Unfallentschädigung *f*, **en** indemnité *f* d'accident ; indemnisation *f* suite à accident.
Unfallfahrer *m*, **-** (*assur.*) conducteur *m* responsable de l'accident.
Unfallflucht *f*, **en** (*jur.*) délit *m* de fuite (lors d'un accident de la route).
Unfallgegner *m*, **-** (*assur.*) partie *f* adverse ; conducteur *m* du véhicule B.
Unfallgeschädigte/r (*der/ein*) (*assur.*) personne *f* accidentée ; victime *f* d'un sinistre.
Unfallgeschehen *n*, **-** (*statist.*) nombre *m* d'accidents ; situation *f* statistique exprimée en nombre d'accidents.
Unfallhäufigkeit *f*, **en** fréquence *f* des accidents.
Unfallhergang *m*, **¨e** circonstances *fpl* d'un accident.

Unfallmeldung *f*, en (*transp.*) déclaration *f* d'accident.
Unfallopfer *n*, - victime *f* d'un accident ; personne *f* accidentée.
Unfallrente *f*, n rente *f* accident ; pension *f* versée à un accidenté par la compagnie d'assurances ; pension en cas d'accident.
Unfallrisiko *n*, -ken risque *m* d'accident.
Unfallschaden *m*, ¨ (*assur.*) dommages *mpl* subis ; dégâts *mpl* consécutifs à un accident.
Unfallstatistik *f*, en statistiques *fpl* d'accidents.
unfallträchtig générateur d'accidents ; accidentogène.
Unfallverhütung *f*, en prévention *f* des accidents ; prévoyance *f* contre les accidents.
Unfallversicherung *f*, en assurance *f* accidents.
Unfallziffer *f*, n nombre *m* d'accidents.
unfrankiert (*lettre*) non affranchi ; en port dû.
unfreundlich hostile ; inamical ; ~e Übernahme O.P.A. *f* hostile.
ungedeckt (*banque*) non (ap)provisionné ; à découvert ; ~es Konto compte *m* non (ap)provisionné ; ~er Scheck chèque *m* sans provision ; chèque en bois.
ungeeignet inapproprié ; impropre ; inapte ; incompétent ; *ein ~er Bewerber* candidat *m* inapproprié ; postulant *m* non-qualifié.
ungefähr approximatif ; autour de ; ~ *1000 Euro* dans les 1000 euros (*syn. etwa* ; *zirka* ; *an die*).
ungekündigt qui n'a pas résilié son contrat de travail ; non-licencié ; *er ist in ~er Stellung* il est toujours en poste.
ungelernt : ~er Arbeiter ouvrier *m* non-qualifié ; manœuvre *m* (*syn. Hilfsarbeiter*).
ungerechnet non-compris ; non-compté ; sans compter ; *Porto ~* port non-inclus.
Ungerechtigkeit *f*, en (*jur.*) injustice *f* ; *steuerliche ~* injustice fiscale.
ungerechtfertigt injustifié ; illégitime ; *~e Bereicherung* enrichissement *m* illicite.
ungeschützt non-protégé ; ~er Name nom *m* non-protégé.

ungesetzlich (*jur.*) illégal ; illégitime ; *für ~ erklären* déclarer illégal.
Ungesetzlichkeit *f*, ø (*jur.*) illégalité *f* ; illégitimité *f*.
ungeteilt (*jur.*) indivis ; en indivision ; ~er Besitz propriété *f* indivise ; ~es Gut bien *m* en indivision.
Ungleichbehandlung *f*, en différence *f* de traitement ; *steuerliche ~ von Einkünften* différence de traitement des revenus.
Ungleichgewicht *n*, e déséquilibre *m* ; *~ der Handelsbilanz, der Zahlungsbilanz* déséquilibre de la balance commerciale, de la balance des paiements.
Ungleichheit *f*, en inégalité *f* ; disparité *f* ; *soziale ~* inégalité *f*, fracture *f* sociale.
ungleichmäßig inégal ; irrégulier ; disparate ; *~e Verteilung des Volkseinkommens* répartition *f* inégale du revenu national.
Unglück *n*, e → **Unglücksfall**.
Unglücksfall *m*, ¨e sinistre *m* ; accident *m*.
ungültig (*jur.*) non-valable ; nul ; ~er Pass passeport *m* périmé ; ~e Stimme voix *f* nulle ; *für ~ erklären* annuler ; déclarer nul ; *~ werden* se périmer ; expirer.
Ungültigkeit *f*, ø (*jur.*) nullité *f* ; invalidité *f* ; *~ eines Vertrags* nullité *f* d'un contrat.
Ungültigkeitserklärung *f*, en (*jur.*) invalidation *f* ; déclaration *f* de nullité.
Ungunst *f*, ø défaveur *f* ; *sich jds ~ zu/ziehen* s'attirer la disgrâce, les foudres de qqn.
Ungunsten : *zu jds ~* en défaveur de ; au détriment de qqn.
ungünstig défavorable ; désavantageux.
UNHCR *m* (*United Nations High Commissioner for Refugees*) haut commissariat *m* aux réfugiés de l'O.N.U.
Unikat *n*, e modèle *m* unique ; seul et unique spécimen *m*.
Unionsbürger *m*, - citoyen *m* de l'Union européenne.
Unionseuropäer *m*, - → **Unionsbürger**.
Unionsmitgliedschaft *f*, en appartenance *f* à l'U.E. ; qualité *f* de membre de l'Union européenne.
Unionsparteien *fpl* (*Allemagne*) partis *mpl* de l'Union chrétienne-démocrate ; partis CDU et CSU.

unionsregiert (*Allemagne*) à majorité chrétienne-démocrate ; partis *mpl* CDU-CSU au gouvernement.

Unionsvertrag *m*, ¨e traité *m* de l'Union européenne.

Universalbank *f*, **en** (*Allemagne*) banque *f* universelle, polyvalente, multi-services ; banque à vocation générale (exerçant toutes les opérations bancaires).

Universalerbe *m*, **n**, **n** (*jur.*) légataire *m*, héritier *m* universel ; *jdm zum ~n ein/setzen* instituer qqn son légataire universel.

Universalkarte *f*, **n** carte *f* de crédit universelle.

Universalversicherung *f*, **en** assurance *f* multirisques ; assurance universelle.

Universitätsabschluss *m*, ¨e diplôme *m* universitaire.

Universitätsabsolvent *m*, **en**, **en** diplômé *m* de l'enseignement supérieur.

UNIX *n*, ø (*informatique*) système *m* d'exploitation.

unkalkulierbar incalculable.

Unkosten *pl* frais *mpl* ; dépenses *fpl* ; coûts *mpl* indirects ; (*jur.*) dépens *mpl* **I.** *abzüglich der ~* moins les frais ; *allgemeine ~* frais généraux ; *nach Abzug aller ~* tous frais déduits ; *laufende ~* frais fixes ; dépenses de fonctionnement ; *steigende ~* frais croissants **II.** *für die ~ auf/kommen* supporter les frais ; *die ~ decken* couvrir les frais ; *jdm die ~ erstatten* rembourser les frais à qqn ; *~ machen* (*verursachen*) faire, occasionner des frais.

Unkostenanteil *m*, **e** → *Unkostenbeitrag*.

Unkostenbeitrag *m*, ¨e contribution *f*, participation *f* aux frais.

Unkostenpauschale *f*, **n** indemnité *f* forfaitaire pour frais généraux.

Unkostenumlage *f*, **n** ventilation *f* des coûts indirects.

Unkostenvergütung *f*, **en** remboursement *m* des (faux-) frais.

Unkrautvernichtungsmittel *n*, - (*agric.*) herbicide *m*.

unkündbar 1. non-résiliable ; perpétuel ; consolidé ; *~es Darlehen* prêt *m* non remboursable ; *~e Rente* rente *f* perpétuelle ; *~e Schuld* dette *f* consolidée ; *~e Stellung* poste *m* permanent ; C.D.I. *m* **2.** non-révocable ; inamovible ; indestituable (fonctionnaire).

Unkündbarkeit *f*, ø **1.** non-résiliabilité *f* **2.** non-révocabilité (des fonctionnaires).

unlauter déloyal ; illicite ; *~er Wettbewerb* concurrence *f* déloyale.

Unmenge *f*, **n** grande quantité *f* ; *wir haben ~n von Artikeln auf Lager* nous avons des quantités d'articles en stock.

unmittelbar direct ; *~e Folge* conséquence *f* directe, *~er Nachkomme* descendant *m* direct ; *~er Verbrauch* consommation *f* immédiate ; *~er Vorgänger* prédécesseur *m* immédiat.

unmündig (*jur.*) mineur ; non-majeur (*syn. minderjährig*).

Unmündigkeit *f*, ø (*jur.*) minorité *f* (*contr. Großjährigkeit* ; *Volljährigkeit*).

UNO *f* (*United Nations Organization*) Organisation *f* des Nations unies ; O.N.U. *f* (*syn. Vereinte Nationen*).

Unorganisierte/r (*der/ein*) non-syndiqué *m* (*syn. Nichtorganisierter*).

unparteiisch impartial ; *~e Begutachtung* expertise *f* impartiale.

unparteilich → *unparteiisch*.

Unperson *f*, **en** personne *f* consciemment ignorée des médias ; Monsieur "Personne".

unpfändbar (*jur.*) insaisissable ; *~e Forderung* créance *f* non susceptible de saisie.

unpolitisch apolitique.

unproduktiv improductif ; sans rendement ; stérile ; *~e Kosten* coûts *mpl* indirects ; coûts improductifs ; dépenses *fpl* communes.

Unproduktivität *f*, ø improductivité *f*.

unqualifiziert non-qualifié ; *~ e Arbeitskräfte* main-d'oeuvre *f* non qualifiée.

unquittiert non-acquitté.

Unrechtbereinigungsgesetz *n*, ø (*jur.*) législation *f* sur la réparation des préjudices.

unrechtmäßig (*jur.*) illégal ; illégitime ; *~er Besitz* propriété *f* illégalement acquise ; biens *mpl* mal acquis ; *sich etw ~ an/eignen* usurper qqch.

Unrechtmäßigkeit *f*, **(en)** (*jur.*) illégitimité *f* ; illégalité *f*.

Unrechtstaat *m*, **en** État *m* antidémocratique, totalitaire.

unrentabel improductif ; non-lucratif ; *unrentabler Betrieb* entreprise *f* non-rentable.

Unrentabilität *f*, ø non-rentabilité *f* ; improductivité *f.*
unrichtig faux ; erroné ; ~*e Angaben* renseignements *mpl* inexacts.
Unruhen *fpl* troubles *mpl* ; désordres *mpl* ; *soziale* ~ troubles sociaux.
Unruhestifter *m*, - fauteur *m* de troubles ; agitateur *m*.
unsachgemäß incorrect ; impropre ; non-professionnel ; ~*e Handhabung einer Maschine* mauvaise utilisation, maniement incorrect d'une machine.
Unschädlichkeit *f*, **en** inocuité *f.*
Unschuldsvermutung *f*, **en** (*jur.*) présomption *f* d'innocence (principe juridique qui consiste à présumer innocente toute personne mise en cause par la justice, tant que sa culpabilité n'est pas établie).
unselb(st)ständig dépendant ; salarié ; ~*e Arbeit* travail *m* salarié ; ~*e Berufstätigkeit* activité *f* professionnelle salariée ; ~*e Erwerbsperson* personne *f* active salariée.
unseriös pas sérieux ; malhonnête ; peu fiable ; ~*es Geschäft* maison *f* douteuse.
unsichtbar invisible ; ~*e Ausfuhren, Einfuhren* exportations *fpl*, importations *fpl* invisibles ; ~*e Reserven* réserves *fpl* occultes.
unsortiert non trié ; en vrac ; ~*e Waren* marchandises *fpl* en vrac.
Unsumme *f*, **n** somme *f* colossale, énorme.
Untätigkeitsklage *f*, **n** (*jur.*) recours *m* en carence.
untaxiert non-taxé.
unteilbar indivisible ; non fractionnable ; *ein* ~*es Ganzes bilden* constituer un tout indivisible.
untenerwähnt → *untenstehend*.
untengenannt → *untenstehend*.
untenstehend (mentionné) ci-dessous.
Unterabteilung *f*, **en** sous-division *f* ; subdivision *f* ; sous-section *f.*
Unterauftrag *m*, ¨e commande *f* en sous-traitance ; marché *m* passé en sous-traitance.
Unterausschuss *m*, ¨e sous-commission *f* ; sous-comité *m*.
Unterbau *m*, -ten base *f* ; fondement *m* ; infrastructure *f.*
unterbelastet (*technique*) sous-utilisé ; sous-employé ; non-saturé ; en sous-charge ; sous-occupé.

Unterbelastung *f*, **en** (*technique*) sous-utilisation *f* ; utilisation *f* insuffisante.
unterbelegt (*hôtel*) sous-occupé.
Unterbelegung *f*, **en** (*hôtel*) sous-occupation *f* ; occupation *f* insuffisante.
unterbeschäftigt sous-employé ; occupé à temps partiel.
Unterbeschäftigung *f*, **en** sous-emploi *m* ; *dauerhafte* ~ sous-emploi durable ; *konjunkturelle* ~ sous-emploi conjoncturel ; *vorübergehende* ~ sous-emploi temporaire ; *die* ~ *beseitigen* résorber le sous-emploi.
unterbesetzt 1. (*personnel*) en sous-effectif ; *die Dienststelle ist* ~ le service est en sous-effectif 2. (*logement*) insuffisamment occupé ; en sous-occupation.
Unterbesetzung *f*, **en** 1. (*personnel*) sous-effectif *m* 2. (*logement*) sous-occupation *f.*
Unterbesteuerung *f*, **en** taxation *f* insuffisante.
unterbewerten sous-évaluer ; sous-estimer ; sous-coter.
Unterbewertung *f*, **en** sous-évaluation *f* ; sous-estimation *f* ; ~ *des Yuan(s)* sous-évaluation du yuan.
unterbezahlt sous-payé ; ~*e Arbeitskräfte* main-d'œuvre *f* sous-payée.
Unterbezahlung *f*, **en** sous-paiement *m* ; sous-rétribution *f.*
unterbieten, o, o pratiquer le dumping ; offrir au-dessous du prix réel ; *der Preis ist nicht zu* ~ prix imbattable ; *einen Konkurrenten* ~ vendre moins cher que la concurrence.
Unterbietung *f*, **en** dumping *m* ; écrasement *m* des prix ; offre *f* au rabais ; → *Dumping*.
Unterbilanz *f*, **en** (*comptab.*) bilan *m* passif, déficitaire ; *mit* ~ *arbeiten* travailler à perte.
unterbrechen, a, o interrompre ; suspendre ; *Verhandlungen* ~ interrompre des pourparlers, des négociations.
Unterbrecherwerbung *f*, **en** (*marketing*) publicité *f* d'interruption (pendant la diffusion d'une émission télévisée ou d'un long métrage).
Unterbrechung *f*, **en** interruption *f* ; arrêt *m* ; suspension *f* ; ~ *der Arbeit* arrêt du travail ; ~ *des Streiks* suspension de-la grève ; reprise *f* du travail.
unterbreiten soumettre ; présenter ; *ein Angebot* ~ soumettre une offre.

Unterbreitung *f*, **en** soumission *f* ; présentation *f* ; mise *f* à l'étude.

unterbringen, a, a 1. (*finance*) placer ; vendre ; *eine Anleihe ~* placer un emprunt **2.** héberger ; *jdn ~* loger qqn.

Unterbringung *f*, **en 1.** (*finance*) placement *m* ; vente *f* ; *~ eines Wertpapiers* placement d'un titre **2.** hébergement *m* ; logement *m*.

Unterdeckung *f*, **en** (*assur.*) couverture *f* insuffisante ; sous-assurance *f* ; financement *m* insuffisant.

unter der Hand sous le manteau ; en cachette ; *etw ~ verkaufen* vendre qqch en sous-main.

unterdurchschnittlich au-dessous de la moyenne ; *~e Qualität* qualité *f* inférieure à la moyenne ; qualité médiocre.

unterentwickelt sous-développé ; en voie de développement ; *~e Länder* pays *mpl* sous-développés ; pays en voie de développement ; → **Entwicklungsländer**.

Unterentwicklung *f*, **en** sous-développement *m* ; *wirtschaftliche ~* sous-développement économique.

unterernährt sous-alimenté.

Unterernährung *f*, **en** sous-alimentation *f*.

unterfertigen → *unterzeichnen*.

Unterfertigte/r (*der/ein*) → *Unterzeichner 1*.

unterfinanziert sous-financé ; d'un financement insuffisant.

Unterfinanzierung *f*, **en** financement *m* insuffisant.

Unterfonds *m*, **-** (*finance*) branche *f* d'un fonds multiplacements ; fonds *m* secondaire.

Unterführung *f*, **en** (*transp.*) souterrain *m* ; passage *m* en tunnel.

Untergebene/r (*der/ein*) subalterne *m* ; surbordonné *m* (*contr. Vorgesetzter*).

untergeordnet subalterne ; subordonné ; inférieur (hiérarchique) ; *~e Fragen* questions secondaires, de moindre importance ; *~e Stellung* situation *f* subalterne.

Untergesellschaft *f*, **en** société *f* contrôlée, filiale ; société sous contrôle ; → *Muttergesellschaft*.

untergewichten (*bourse*) soulager un portefeuille de titres ; alléger une ligne de valeurs mobilières ; ne pas privilégier (un titre dans un portefeuille) ; *unsere Empfehlung : ~* notre conseil : allégez votre position ; vendez (*contr. übergewichten*).

Untergewichtung *f*, **en** (*bourse*) allègement *m* d'une ligne de titres (*contr. Übergewichtung*).

Untergrenze *f*, **n** plancher *m* ; valeur-plancher *f* ; limite *f* inférieure ; *~n für Löhne und Gehälter fest/legen* fixer des limites inférieures pour les salaires et traitements.

Untergrundbewegung *f*, **en** (*polit.*) mouvement *m* clandestin.

Untergrundwirtschaft *f*, **en** → *Schattenwirtschaft*.

Unterhalt *m*, **ø** entretien *m* ; subsistance *f* ; aliments *mpl* ; pension *f* alimentaire ; *für jds ~ auf/kommen* subvenir aux besoins de qqn ; *seinen ~ bestreiten* subvenir à ses besoins ; *seinen ~ (selbst) verdienen* gagner sa vie.

unterhalten, ie, a 1. entretenir ; *ein Konto ~* avoir un compte ; *gute Geschäftsverbindungen ~* entretenir de bonnes relations d'affaires **2.** alimenter ; nourrir ; subvenir aux besoins (de qqn).

Unterhaltersatzmodell *n*, **e** (*retraite*) pension *f* de réversion (chaque époux reçoit, au décès de son conjoint, sa propre retraite en intégralité ainsi que 60 % de celle acquise par le défunt).

Unterhaltsanspruch *m*, ¨e droit *m* à pension alimentaire ; droit à une rente d'entretien ; *~¨e Person* *mpl*.

Unterhaltsaufwand *m*, **ø** frais *mpl* d'entretien et de réparation (*syn. Erhaltungsaufwand*).

unterhaltsbedürftig nécessiteux ; à charge.

Unterhaltsbeitrag *m*, ¨e contribution *f* aux frais d'entretien.

unterhaltsberechtigt *~e Person* personne *f* à charge ; personne ayant droit à une pension alimentaire.

Unterhaltsberechtigung *f*, **en** droit *m* à une pension alimentaire.

Unterhaltsgeld *n*, **(er)** pension *f* alimentaire.

Unterhaltsklage *f*, **n** (*jur.*) plainte *f* pour non-versement de pension alimentaire.

Unterhaltskosten *pl* frais *mpl* d'entretien.

Unterhaltsmittel *npl* moyens *mpl* d'existence.

Unterhaltspflicht *f*, **en** obligation *f* alimentaire.

unterhaltspflichtig tenu à l'obligation alimentaire ; tenu de verser une pension alimentaire ou d'assumer les frais d'entretien ; ~*e Kinder haben* avoir des enfants à charge ; ~ *sein* avoir une obligation d'entretien ; avoir une obligation alimentaire ; être obligé de subvenir aux besoins de qqn.

Unterhaltsrente *f*, n pension *f* alimentaire ; *jdm eine* ~ *zahlen* verser une pension alimentaire à qqn.

unterhaltsverpflichtet → *unterhaltspflichtig*.

Unterhaltsverpflichtung *f*, en → *Unterhaltspflicht*.

Unterhaltung *f*, en 1. entretien *m* ; maintenance *f* 2. divertissement *m*.

Unterhaltungsanspruch *m*, ¨e droit *m* à l'entretien.

Unterhaltungselektronik *f*, ø électronique *f* grand public ; électronique des loisirs.

Unterhaltungsgewerbe *n*, - → *Unterhaltungsindustrie*.

Unterhaltungsindustrie *f*, n industrie *f* des loisirs ; professionnels *mpl* des loisirs.

Unterhaltungskosten *pl* frais *mpl* d'entretien.

Unterhaltungssoftware *f*, s logiciel *m* de divertissement ; logiciel de jeux.

unterhandeln être en pourparlers ; négocier.

Unterhändler *m*, - négociateur *m* ; intermédiaire *m* ; courtier *m*.

Unterhandlung *f*, en pourparlers *mpl* ; *in ~en treten* entamer des négociations.

unterkapitalisiert sous-capitalisé.

Unterkapitalisierung *f*, en sous-capitalisation *f* ; insuffisance *f* de capital.

Unterkommission *f*, en → *Unterausschuss*.

Unterkonto *n*, -ten compte *m* secondaire ; compte auxiliaire.

Unterkunft *f*, ¨e (*touris.*) hébergement *m* ; logis *m* ; ~ *und Verpflegung* le gîte et le couvert.

Unterkunftsmöglichkeiten *fpl* (*touris.*) possibilités *fpl* d'hébergement.

Unterlagen *fpl* pièces *fpl* justificatives ; dossier *m* ; documentation *f* ; informations *fpl* ; données *fpl* I. *statistische* ~ données statistiques ; *technische* ~ documentation technique II. ~ *auf/bewahren* conserver les pièces ; ~ *beschaffen* produire des pièces ; *alle erforderlichen* ~ *ein/reichen* faire parvenir les pièces nécessaires ; ~ *sammeln* rassembler une documentation III. *Angebote mit den üblichen* ~ *an...* les offres *fpl* accompagnées des pièces justificatives d'usage sont à adresser à... ; *nach Prüfung der* ~ au vu des pièces.

unterlassen, ie, a omettre ; s'abstenir de.

Unterlassung *f*, en omission *f* ; lacune *f* ; négligence *f* ; défaut *m* ; abstention *f* ; manquement *m* ; défaillance *f*.

Unterlassungsanspruch *m*, ¨e (*jur.*) droit *m* d'opposition ; droit d'exiger le retrait ou l'annulation de qqch (décision administrative, atteinte aux droits légitimes, article de presse, etc.)

Unterlassungsdelikt *n*, e (*jur.*) délit *m* d'omission ; abstention *f* délictueuse.

Unterlassungserklärung *f*, en (*jur.*) déclaration *f* d'abstention ; déclaration de renonciation (à qqch).

Unterlassungsklage *f*, n (*jur.*) action *f* en rétablissement dans ses droits légitimes.

unterlaufen, ie, au 1. (*hat*) tourner qqch ; contourner ; passer outre à qqch ; *die Einfuhrschranken* ~ tourner les barrières douanières ; *eine Regelung* ~ ignorer une réglementation 2. (*ist*) commettre ; *ihm ist ein Fehler* ~ il a commis une erreur.

Unterlieferant *m*, en, en sous-traitant *m* ; entreprise *f* sous-traitante ; → *Zulieferer*.

unterliegen, a, e 1. (*ist*) être battu ; *bei einer Wahl* ~ être battu lors d'une élection 2. (*hat*) être soumis à ; être assujetti à ; *der Schweigepflicht* ~ être soumis au devoir de réserve.

Unterliquidität *f*, en liquidités *fpl* insuffisantes ; manque *m* de liquidité.

Unterlizenz *f*, en sous-licence *f*.

Untermiete *f*, n sous-location *f* ; sous-bail *m*.

Untermieter *m*, - sous-locataire *m*.

unternehmen, a, o entreprendre ; *eine gemeinsame Aktion* ~ entreprendre une action commune.

Unternehmen *n*, - 1. action *f* ; opération *f* 2. entreprise *f* ; firme *f* ; société *f* ; exploitation *f* I. *blühendes* ~ entreprise florissante ; *erwerbswirtschaftliches* ~ entreprise à but lucratif ; *gemischtwirtschaftliches* ~ société d'économie mixte ; *globales* ~ opérateur *m* global ; *industrielles* ~ entreprise industrielle ; *innovatives* ~ entreprise innovante ; *kapi*-

Unternehmensberater

talistisches ~ entreprise capitaliste ; *kaufmännisches* ~ entreprise commerciale ; *landwirtschaftliches* ~ exploitation agricole ; *leistungsfähiges* ~ entreprise performante ; *marktbeherrschendes* ~ entreprise leader sur le marché ; *mittleres* ~ entreprise (de taille) moyenne ; *multinationales* ~ entreprise multinationale ; ~ *der öffentlichen Hand* entreprise publique ; *privates* ~ entreprise privée ; *staatliches* ~ entreprise nationale ; *verstaatlichtes* ~ entreprise nationalisée ; *wettbewerbsfähiges* ~ entreprise compétitive **II.** *ein* ~ *bewerten* évaluer une entreprise ; *ein* ~ *gründen* fonder une entreprise ; *ein* ~ *errichten (im Ausland)* installer une entreprise (à l'étranger) ; *ein* ~ *schließen* fermer une entreprise ; *ein* ~ *verlagern* délocaliser une entreprise ; → **Betrieb** ; **Gesellschaft** ; **Firma** ; **Handels-, Industrie-, Klein-, Speditions-, Transportunternehmen**.

Unternehmensberater *m*, - conseil *m* en entreprise ; consultant *m* (d'entreprise) (*syn. Wirtschaftsberater ; Consultant*).

Unternehmensberatung *f*, en conseil *m* d'/en entreprise ; audit *m* ; cabinet *m* de conseil et d'audit (*syn. Wirtschaftsberatung ; Consulting*).

Unternehmensbesteuerung *f*, en fiscalité *f* des entreprises ; → **Körperschaft(s)steuer**.

Unternehmensbeteiligung *f*, en participation *f* dans une entreprise.

Unternehmensbewertung *f*, en (*comptab.*) évaluation *f* de l'entreprise.

Unternehmensbezeichnung *f*, en (*jur.*) nom *m* commercial ; raison *f* sociale.

Unternehmensergebnis *n*, se (*comptab.*) résultat *m* d'exploitation, d'exercice.

Unternehmensethik *f*, (en) éthique *f* d'entreprise, patronale.

Unternehmensfinanzierung *f*, en financement *m* de l'entreprise.

Unternehmensform *f*, en forme *f* (juridique) d'une entreprise (*syn. Rechtsform*).

Unternehmensforschung *f*, en → **Operationsresearch**.

Unternehmensführung *f*, en direction *f* de l'entreprise ; gestion *f* ; management *m* ; → **Betriebsführung** ; **Management** ; **Vorstand**.

Unternehmensfusion *f*, en fusion *f* d'entreprises.

Unternehmensgröße *f*, n taille *f* de l'entreprise.

Unternehmensgründung *f*, en création *f* d'entreprise (*syn. Existenzgründung*).

Unternehmensinsolvenz *f*, en société *f* en dépôt de bilan ; insolvabilité *f* de l'entreprise.

Unternehmenskonzentration *f*, en concentration *f* d'entreprises (par croissance interne et externe) ; → **Konzentration**.

Unternehmenskonzept *n*, e politique *f* générale de l'entreprise.

Unternehmensfusion *f*, en fusion *f* d'entreprises.

Unternehmenskultur *f*, en culture *f* d'entreprise.

Unternehmenslandschaft *f*, en paysage *m* entrepreneurial ; *die deutsche* ~ les entreprises *fpl* allemandes.

Unternehmensleiter *m*, - chef *m* d'entreprise.

Unternehmensleitung *f*, en → **Unternehmensführung**.

Unternehmensorganisation *f*, en organisation *f* de l'entreprise.

Unternehmenspolitik *f*, ø politique *f* d'entreprise (*syn. Geschäftspolitik*).

Unternehmensspiele *npl* jeux *mpl* d'entreprise (*syn. Planspiel ; Fallstudie*).

Unternehmensspitze *f*, n direction *f* de l'entreprise ; direction générale.

Unternehmenssteuer *f*, n → **Körperschaft(s)steuer**.

Unternehmenssteuerreform *f*, en réforme *f* de la fiscalité des entreprises.

Unternehmensstrategie *f*, n stratégie *f* de l'entreprise.

Unternehmensübergabe *f*, n transmission *f* de l'entreprise.

Unternehmensübernahme *f*, n rachat *f* d'entreprise ; offre *f* publique d'achat ; O.P.A. *f* ; *freundliche, feindliche* ~ O.P.A. amicale, hostile ; → **Mergers & Acquisitions** ; **LBO** ; **MBO**.

Unternehmenszentrale *f*, n maison-mère *f*.

Unternehmenszusammenschluss *m*, ¨e → **Unternehmensfusion**.

Unternehmer *m*, - chef *m* d'entreprise ; entrepreneur *m* ; gestionnaire *m* ; manager *m* ; décideur *m* ; patron *m*.

Unternehmereinkommen *n*, - revenu *m* de l'entrepreneur.

Unternehmerfreiheit *f*, en liberté *f* d'entreprise.

Unternehmergewinn *m*, e bénéfice *m*, profit *m* d'entrepreneur.
Unternehmerhaftung *f*, en → ***Produkthaftung***.
Unternehmerin *f*, **nen** dirigeante *f* d'entreprise ; (femme *f*) chef *m* d'entreprise ; gestionnaire *f*.
unternehmerisch entrepreneurial ; *~e Fähigkeiten* aptitudes *fpl* entrepreneuriales.
Unternehmerkreise *mpl* milieux *mpl* patronaux ; monde *m* des entrepreneurs.
Unternehmerorganisation *f*, en → ***Unternehmerverband***.
Unternehmerrisiko *n*, -ken risque *m* de l'entrepreneur.
Unternehmerschaft *f*, ø → ***Unternehmertum***.
Unternehmersicht : *aus* ~ du point de vue des chefs d'entreprise.
Unternehmertätigkeit *f*, en activité *f* de chef d'entreprise, d'entrepreneur.
Unternehmertum *n*, ø patronat *m* ; dirigeants *mpl* d'entreprise ; patrons *mpl* ; camp *m* des entrepreneurs ; *freies* ~ libre entreprise *f*.
Unternehmerverband *m*, ¨e organisation *f* patronale.
Unternehmerwirtschaft *f*, en économie *f* de libre entreprise.
Unternehmung *f*, en 1. → ***Unternehmen*** 2. (*activité*) projet *m* ; opération *f* ; action *f*.
Unternehmungsgeist *m*, ø esprit *m* d'entreprise ; esprit d'initiative.
unterordnen 1. *sich den Anweisungen der Geschäftsführung* ~ se soumettre aux consignes de la direction 2. *untergeordnet sein* être placé sous l'autorité de ; *dem Finanzministerium/untergeordnet sein* dépendre, relever du ministère des finances 3. faire passer qqch après autre chose ; *seine eigenen Interessen dem Gemeinwohl* ~ faire passer ses propres intérêts après l'intérêt général.
Unterpari-Ausgabe *f*, n → ***Unterpari-Emission***.
Unterpari-Emission *f*, en (*bourse*) émission *f* au-dessous du pair.
unterprivilegiert sous-privilégié.
Unterproduktion *f*, en sous-production *f* ; production *f* déficitaire.
Unterproletariat *n*, ø sous-prolétariat *m* ; quart-monde *m*.
Unterredung *f*, en entretien *m*.
unterrepräsentiert sous-représenté ; *im Parlament* ~ *sein* être sous-représenté au parlement.

Unterricht *m*, (e) enseignement *m* ; *berufsorientierter* ~ enseignement professionnel ; *progammierter* ~ enseignement programmé.
Unterrichtsfach *n*, ¨er matière *f* enseignée.
Unterrichtswesen *n*, ø l'enseignement (en général).
untersagen défendre ; prohiber ; *die Einfuhr* ~ interdire l'importation (*syn. verbieten*).
unterschätzen sous-estimer ; sous-évaluer.
Unterschätzung *f*, en sous-évaluation *f* ; sous-estimation *f*.
unterscheiden, ie, ie différencier ; distinguer.
Unterscheidung *f*, en différenciation *f* ; distinction *f*.
Unterschicht *f*, en couche *f* sociale défavorisée ; classe *f* inférieure ; prolétariat *m* (s'opposant à *Mittelschicht* et *Oberschicht*).
Unterschied *m*, e différence *f* ; distinction *f* ; écart *m* ; disparité *f* ; *gesellschaftliche ~e* différences sociales.
unterschiedlich différent ; ~ *behandeln* traiter différemment.
Unterschiedsbetrag *m*, ¨e différence *f* (correspondant à une somme d'argent).
unterschlagen, u, a (*jur.*) 1. détourner ; soustraire ; *Gelder* ~ détourner des fonds 2. intercepter (document, lettre).
Unterschlagung *f*, en (*jur.*) 1. détournement *m* ; malversation *f* ; soustraction *f* frauduleuse ; abus *m* de confiance ; ~ *von öffentlichen Geldern* dilapidation *f* de fonds publics ; concussion *f* 2. interception *f* (documents).
unterschreiben, ie, ie signer ; *blanko* ~ signer en blanc ; *vorgelesen, genehmigt, unterschrieben* (*v.g.u.*) lu et approuvé (*syn. unterzeichnen*).
unterschreiten, i, i tomber au-dessous de ; descendre à ; *die Tariflöhne* ~ payer au-dessous des tarifs conventionnels.
Unterschrift *f*, en signature *f* (matérielle) ; *digitale* ~ signature *f* numérique ; *eigenhändige* ~ signature autographe ; *(un)leserliche* ~ signature (il)lisible ; *eine* ~ *beglaubigen, beglaubigen lassen* légaliser, authentifier une signature ; faire certifier conforme une signature ; *eine* ~ *ein/holen* obtenir une signature ; *eine* ~ *fälschen* falsifier une

signature ; *eine ~ leisten* signer officiellement (qqch) ; *~en sammeln* recueillir des signatures ; pétitionner ; *seine ~ unter etw setzen* apposer sa signature au bas de qqch ; *seine ~ verweigern* refuser de signer ; *zur ~ vor/legen* présenter qqch à la signature.
Unterschriftsbefugnis *f, se* (*jur.*) pouvoir *m* de signer ; avoir la signature.
Unterschriftsbeglaubigung *f,* en (*jur.*) légalisation *f,* authentification *f* de signature.
unterschriftsberechtigt (*jur.*) habilité à signer ; autorisé à signer ; (personne) qui a la signature.
unterschriftsreif bon pour signature ; prêt à être signé ; ne plus attendre que la signature.
Unterschriftsvollmacht *f,* en (*jur.*) procuration *f* pour signer.
unterstehen, a, a être sous les ordres de qqn ; *einer Behörde ~* dépendre (administrativement) d'une autorité.
unterstellen 1. (*hiérarchie*) placer sous les ordres ; *jdm ~t sein* être placé sous les ordres de qqn ; être subordonné à qqn **2.** (*jugement*) *jdm etw ~* faire un procès d'intention à qqn.
Unterstellung *f,* en **1.** (*hiérarchie*) subordination *f* ; dépendance *f* **2.** (*jugement*) procès *m* d'intention.
Unterstellungsverhältnis *n, se* (*travail*) lien *m* de subordination, de dépendance.
unterstützen aider ; assister ; subventionner ; *jdn finanziell ~* aider qqn financièrement.
Unterstützung *f,* en aide *f* ; assistance *f* ; secours *m* ; allocation *f* ; subvention *f* ; *finanzielle ~* aide financière ; *gegenseitige ~* assistance mutuelle ; *staatliche ~* subvention d'État ; *jdm eine ~ gewähren* accorder une aide à qqn.
unterstützungsbedürftig économiquement faible ; nécessiteux.
Unterstützungsbeihilfe *f,* n allocation *f* de soutien, de secours.
Unterstützungsempfänger *m,* - bénéficiaire *m* d'une aide ; allocataire *m*.
Unterstützungsfonds *m,* - fonds *m* de soutien ; fonds d'entraide.
Unterstützungskasse *f,* n caisse *f* d'entraide ; caisse (syndicale) de soutien.
Unterstützungsprogramm *n,* e programme *m* de soutien ; mesures *fpl* d'assistance.

Unterstützungsstreik *m, s* grève *f* de soutien, de solidarité.
untersuchen 1. examiner ; contrôler **2.** (*jur.*) enquêter ; instruire.
Untersuchung *f,* en **1.** examen *m* ; contrôle *m* ; *ärztliche ~* examen médical **2.** (*jur.*) instruction *f* ; enquête *f* ; *nach genauer ~* après enquête approfondie ; *eine ~ an/ordnen* ordonner une enquête ; *eine ~ durch/führen* mener une enquête.
Untersuchungsausschuss *m, ¨e* (*jur., polit.*) commission *f* d'enquête ; *parlamentarischer ~* commission d'enquête parlementaire.
Untersuchungshaft *f,* ø → *U-Haft.*
Untersuchungshäftling *m,* e (*jur.*) prévenu *m.*
Untersuchungskommission *f,* en → *Untersuchungsausschuss.*
Untersuchungsrichter *m,* - (*jur.*) juge *m* d'instruction.
Untersuchungsverfahren *n,* - (*jur.*) procédure *f* d'enquête.
Untertag(e)arbeiter *m,* - (*mine*) mineur *m* de fond.
Untertag(e)bau *m,* ø (*mine*) exploitation *f* au fond ; exploitation souterraine.
Untertag(e)leistung *f,* en (*mine*) rendement *m* au fond.
untertariflich sous-tarifaire ; au-dessous du tarif conventionnel ; *~ bezahlen* payer au-dessous du tarif conventionnel ; rémunérer au-dessous du tarif fixé par les conventions collectives.
unterteilen subdiviser, ventiler.
Unterteilung *f,* en subdivision *f* ; ventilation *f.*
Unterunternehmer *m,* - sous-entrepreneur *m* ; sous-traitant *m* ; → *Zulieferer* ; *Subunternehmer.*
untervermieten sous-louer.
Untervermietung *f,* en sous-location *f.*
unterversichert insuffisamment assuré.
Unterversicherung *f,* en sous-assurance *f* ; asssurance insuffisante.
unterversorgt sous-approvisionné.
Unterversorgung *f,* en sous-approvisionnement *m* ; approvisionnement *m* insuffisant.
Untervertreter *m,* - sous-agent *m.*
Untervertretung *f,* en sous-agence *f.*
unterwandern (*polit.*) infiltrer ; noyauter ; *der Parteiapparat wurde ~t* l'appareil du parti a été noyauté.

Unterwanderung *f,* **en** (*polit.*) infiltration *f* ; noyautage *m* ; travail *m* de sape.

Unterwelt *f,* ø pègre *f* ; milieu *m.*

unterzeichnen signer (un document officiel) ; souscrire ; *das Abkommen wurde unterzeichnet* l'accord a été signé ; *den Wechsel* ~ signer la traite (*syn. unterschreiben*).

Unterzeichner *m,* **- 1.** (*document*) signataire *m* ; partie *f* signataire ; soussigné *m* ; *Ich der ~ bevollmächtige Herrn...* Je soussigné donne procuration à Monsieur... **2.** (*contrat*) contractant *m* ; partie *f* contractante.

Unterzeichnerland *n,* ¨er pays *m* signataire.

Unterzeichnete/r (*der/ein*) → **Unterzeichner.**

Unterzeichnung *f,* **en 1.** (*polit.*) signature *f* ; acte *m* de signature ; ratification *f* ; ~ *der Römischen Verträge* signature du traité de Rome (*syn. Unterschrift*) **2.** (*bourse*) souscription *f* insuffisante (d'un emprunt) ; souscription *f* n'atteignant pas le montant fixé ; → *Überzeichnung.*

Unterzeichnungsprotokoll *n,* e (*polit.*) protocole *m* de signature.

Unterzeichnungsurkunde *f,* n (*polit.*) instrument *m* de signature (accords internationaux).

untilgbar (*bourse, banque*) non-amortissable ; irremboursable ; *~e Anleihe* emprunt *m* non-amortissable ; *~e Papiere* valeurs *fpl* perpétuelles.

Untreue *f,* ø (*jur.*) abus *m* de confiance ; manquement *m* à la parole donnée (lors d'une vente) ; concussion *f* ; exaction *f.*

unüberbietbar imbattable ; *~es Angebot* offre *f* défiant toute concurrence.

unübersichtlich non-transparent ; opaque ; non-lisible.

Unübersichtlichkeit *f,* ø manque *m* de transparence ; opacité *f* ; flou *m.*

unübertragbar (*jur.*) incessible ; intransférable ; *~e Dokumente* documents *mpl* non négociables.

Unübertragbarkeit *f,* ø (*jur.*) incessibilité *f* ; intransmissibilité *f.*

unveränderlich non-variable ; fixe ; *~e Kosten* frais *mpl* fixes ; coût *m* fixe.

unverändert inchangé.

unverantwortlich irresponsable ; *~e Leichtsinnigkeit* négligence *f* impardonnable.

Unverantwortlichkeit *f,* ø irresponsabilité *f.*

unverarbeitet brut ; non-raffiné.

unveräußerlich (*jur.*) inaliénable ; *~e Rechte* droits *mpl* inaliénables.

Unveräußerlichkeit *f,* ø (*jur.*) inaliénabilité.

unverbindlich sans engagement ; sans obligation ; à titre indicatif ; *~es Angebot* offre *f* sans engagement ; *~er Preis* prix *m* indicatif.

unverbleit (*environnement*) sans plomb (*syn. bleifrei*).

unverbrauchbar inconsommable.

unverbürgt non-confirmé ; non-garanti ; sans caution.

unverein incompatible.

Unvereinbarkeit *f,* **en** incompatibilité *f.*

unvererblich (*jur.*) non-transmissible par succession ; non légable.

unverfälscht non-falsifié ; pur ; authentique ; *~er Wein* vin *m* non frelaté.

unverheiratet célibataire ; non-marié.

unverjährbar (*jur.*) imprescriptible.

Unverjährbarkeit *f,* ø (*jur.*) imprescriptibilité *f* ; *~ von Nazi- Verbrechen* imprescriptibilité des crimes nazis.

unverkäuflich invendable ; non destiné à la vente ; *~e Ware* marchandise *f* invendable ; article *m* non commercialisable.

Unverkäuflichkeit *f,* ø caractère *m* invendable, non commercialisable de qqch.

unverkauft invendu ; *~e Waren* invendus *mpl.*

unverletzlich (*jur.*) inviolable.

Unverletztlichkeit *f,* en (*jur.*) inviolabilité *f.*

Unverlierbar-Garantie *f,* n (*placements*) capital *m* garanti ; garantie *f* de maintien du capital investi ; garantie de récupérer son capital à l'échéance.

unvermittelbar : *~er Arbeitsloser* chômeur *m* incasable ; sans-emploi *m* non-intégrable.

Unvermögen *n,* ø **1.** incapacité *f* ; impuissance *f* **2.** indigence *f* ; insolvabilité *f* ; *Erklärung über das ~* déclaration *f* d'indigence.

Unvermögensfall : *im ~* en cas d'insolvabilité.

unverpackt non-emballé ; *~e Ware* marchandise *f* en vrac ; article *m* non-emballé.

unverschlüsselt en clair ; décodé ; non codé ; *eine Sendung ~ aus/strahlen* diffuser une émission en clair.

unversehrt intact ; *das Paket ist in einem ~en Zustand angekommen* le colis est arrivé en parfait état.

unversichert non-assuré.

unversteuert non-imposé ; non-taxé ; *~es Einkommen* revenu *m* non-imposé.

unverzinslich non-productif ; qui ne rapporte pas d'intérêts ; dormant ; *~es Darlehen* prêt *m* sans intérêts ; *~e Schatzanweisung* obligation *f* du Trésor (à court ou moyen terme) non-productive d'intérêts ; → **Zerobond**.

unverzollt 1. non dédouané 2. en entrepôt ; *~ verkaufte Ware* marchandise *f* vendue en entrepôt.

unverzüglich (*corresp.*) immédiat ; sans délai ; *~ antworten* répondre dans les meilleurs délais.

unvollständig incomplet ; lacuneux.

unvorhergesehen imprévu ; *~e Kosten* frais *mpl* imprévus.

Unwägbarkeiten *fpl* impondérables *mpl*.

unwählbar inéligible.

unwiderlegbar irréfutable ; incontestable ; (*jur.*) irréfragable ; *~er Beweis* preuve *f* irréfutable.

unwiderruflich (*jur.*) irrévocable ; *~es Akkreditiv* accréditif *m* irrévocable.

Unwiderruflichkeit *f*, ø (*jur.*) irrévocabilité *f* ; impossibilité *f* de retour en arrière.

unwirksam nul ; inexistant ; caduc ; *etw für ~ erklären* considérer qqch comme nul et non avenu.

unwirtschaftlich → *unrentabel*.

Unwirtschaftlichkeit *f*, ø → **Unrentabilität**.

Unze *f*, **n** once *f* ; unité *f* de mesure anglo-saxonne ; 28,3 g ; (*or*) 31,1 g.

Unzeit : *die Reform kommt zur ~* la réforme intervient au mauvais moment.

unzensiert non-censuré.

unzulänglich insuffisant ; déficient ; *~e Verpackung* emballage *m* défectueux.

Unzulänglichkeit *f*, **en** insuffisance *f* ; déficience *f* ; (*finance*) *~ der Masse* insuffisance d'actif.

unzulässig inadmissible ; irrecevable ; (*jur.*) *~e Klage* plainte *f* irrecevable.

unzumutbar inacceptable ; excessif ; qu'on ne peut (raisonnablement) pas demander à qqn ; *~e Forderungen zurück/weisen* repousser des revendications inacceptables.

unzuständig (*jur.*) incompétent.

Unzuständigkeit *f*, **en** (*jur.*) incompétence *f* ; *eine Strafsache wegen ~ an ein anderes Gericht abgeben* se dessaisir d'une affaire pénale pour incompétence et l'envoyer devant un autre tribunal.

unzustellbar (*poste*) destinataire *m* inconnu à l'adresse indiquée ; *~e Sendung* envoi *m* en souffrance ; envoi tombé au rebut.

Update *n*, **s** (*pr. ang.*) (*informatique*) mise *f* à jour ; (ré)actualisation *f*.

updaten (*pr. ang.*) (*informatique*) mettre à jour ; (ré)actualiser.

Upgrade *n*, **s** (*pr. ang.*) (*touris.*) première classe *f* ; service-client *m* amélioré ; version *f* améliorée ; (*informatique*) version *f* la plus récente d'un logiciel.

upgraden (*pr. ang.*) (*touris.*) assurer le meilleur service possible ; améliorer la prestation.

UPI *f* (*United Press International*) (*pr. ang.*) agence *f* de presse américaine.

Upperclass *f*, ø (*pr. ang.*) gratin *m* ; (*fam.*) dessus *m* du panier ; le tout-Paris.

urabstimmen lassen, ie, a faire procéder à un vote de la base ; consulter les salariés par référendum (grève).

Urabstimmung *f*, **en** 1. (*syndicat*) référendum *m* à la base ; vote *m* sur la grève ; vote de la base ; consultation *f* ouvrière 2. (*Suisse*) enquête *f* par écrit au sein d'une association.

Uran *n*, ø uranium *m* ; *angereichertes ~* uranium enrichi.

Urananreicherungsanlage *f*, **n** usine *f* d'enrichissement d'uranium.

Uranbrenner *m*, - pile *f*, réacteur *m* nucléaire (*syn. Atomreaktor*).

Uranerz *n*, **e** minerai *m* d'uranium.

uranhaltig uranifère.

Uranindustrie *f*, **n** industrie *f* de l'uranium.

Uranreaktor *m*, **en** réacteur *m*, pile *f* à uranium.

Uranvorkommen *n*, - gisement *m* uranifère, d'uranium.

urbanisieren urbaniser.

Urbanisierung *f*, **en** urbanisation *f*.

urbanistisch urbaniste ; urbanistique.

urbar (*agric.*) cultivable ; *~ machen* défricher ; en faire une terre de culture.

Urbarisierung *f*, **en** (*Suisse*) → **Urbarmachung**.

Urbarmachung *f*, en (*agric.*) défrichage *m* ; défrichement *m* ; mise *f* en valeur.

urgieren (*Autriche*) accélérer qqch ; pousser à qqch.

Urheber *m*, - auteur *m* ; responsable *m*.

Urheberrecht *n*, e (*jur.*) droits *mpl* d'auteur ; protection *f* juridique des auteurs ; droits de la propriété intellectuelle ; propriété *f* littéraire (et artistique) (*syn. geistiges Eigentum* ; *Copyright*) ; → *Verwertungsgemeinschaft Wort* ; *Verwertungsgesellschaft*.

urheberrechtlich geschützt (*jur.*) tous droits d'auteurs réservés ; reproduction interdite.

Urheberrechtsgesetz *n*, e (*jur.*) loi *f* sur la propriété littéraire (et artistique).

Urheberrechtsschutz *m*, ø (*jur.*) protection *f* de la propriété intellectuelle ; protection *f* des droits d'auteur.

Urheberrechtsverletzung *f*, en (*jur.*) violation *f* des droits d'auteur ; atteinte *f* aux droits à la propriété intellectuelle.

Urheberschaft *f*, en (*jur.*) paternité *f* intellectuelle ; qualité *f* d'auteur.

Urheberschutz *m*, ø → *Urheberrechtsschutz*.

Urkunde *f*, n (*jur.*) acte *m* ; document *m* ; titre *m* ; pièce *f* **I.** *amtliche* ~ acte officiel ; *beglaubigte* ~ acte légalisé, authentique ; *gefälschte* ~ faux document ; *notarielle* ~ acte notarié ; *öffentliche* ~ acte officiel, public ; *standesamtliche* ~ pièce d'état civil ; ~ *der Verwaltungsbehörde* document administratif **II.** *eine* ~ *ab/fassen* rédiger un acte ; *eine* ~ *aus/stellen* établir un acte ; *eine* ~ *überreichen* transmettre un document ; *eine* ~ *unterzeichnen* signer un acte ; *~n vernichten* détruire des documents ; *~n vor/legen* produire des pièces ; → **Besitz-, Eigentums-, Geburts-, Original-, Schenkungs-, Unterzeichnungsurkunde**.

urkunden (*jur.*) 1. enregistrer qqch sur un document officiel 2. être officiellement attesté.

Urkundenausfertigung *f*, en (*jur.*) 1. établissement *m* d'un document, d'un acte 2. le document, l'acte *m* lui-même.

Urkundenbeweis *m*, e (*jur.*) preuve *f* documentaire.

Urkundenfälscher *m*, - (*jur.*) falsificateur *m* de documents ; faussaire *m*.

Urkundenfälschung *f*, en (*jur.*) falsification *f* de documents ; faux *m* en écriture ; *eine* ~ *begehen* commettre un faux ; faire un faux.

Urkundenregister *n*, - (*jur.*) registre *m* des minutes ; registre officiel ; minutier *m*.

Urkundensammlung *f*, en (*jur.*) archives *fpl*.

Urkundensteuer *f*, n (*jur.*) taxe *f* sur les actes.

Urkundenurschrift *f*, en (*jur.*) acte *m* original ; document *m* authentique.

urkundlich (*jur.*) document(s) *mpl* à l'appui ; *etw* ~ *beweisen* prouver qqch documents à l'appui.

URL *f/m*, s (*Uniform Resource Locator*) identification *f* de chaque page d'un site Internet par une adresse ; adresse *f* Internet.

Urlaub *m*, (e) congé *m* ; vacances *fpl* **I.** *bezahlter* ~ congé payé ; *gesetzlicher* ~ congé légal ; ~ *aus persönlichen Gründen* congé pour convenance personnelle ; *tariflicher* ~ congé conventionnel ; *unbezahlter* ~ congé sans solde **II.** ~ *beantragen* demander, solliciter un congé ; ~ *haben* avoir congé ; ~ *nehmen* prendre un (du) congé ; *in (auf)* ~ *sein* être en congé.

urlauben (*fam.*) être en congé ; prendre ses vacances.

Urlauber *m*, - vacancier *m*.

Urlaubsabgeltung *f*, en indemnité *f* compensatrice de congé payé (pour congés non pris en fin de contrat de travail).

Urlaubsanspruch *m*, ¨e droit *m* aux congés (stipulé par des conventions collectives).

Urlaubsdauer *f*, ø durée *f* du congé.

Urlaubsgeld *n*, er 1. prime *f* de vacances 2. budget-vacances *m* ; cagnotte *f* économisée pour financer les vacances.

Urlaubsort *m*, e lieu *m* de villégiature.

Urlaubsstaffelung *f*, en étalement *m* des vacances, des congés.

Urlaubstag *m*, e jour *m* de congé ; jour de repos.

Urlaubsvertretung *f*, en 1. remplacement *m* de personnel en congé 2. remplaçant *m* d'un collaborateur en congé.

Urlaubszeit *f*, en période *f* des vacances, des congés ; *gleitende* ~ → *Urlaubsstaffelung*.

Urne *f*, n 1. (*polit.*) urne *f* électorale ; (*die Bürger*) *zu den ~n rufen* appeler (les citoyens) aux urnes ; appeler à voter **2.** urne *f* funéraire.
Urnengang *m*, ¨e (*polit.*) tour *m* de scrutin ; passage *m* aux urnes.
Urprodukt *n*, e matière *f* première ; produit *m* primaire.
Urproduktion *f*, en production *f* primaire (agriculture, pêche, mines).
Urschrift *f*, en (*jur.*) original *m* ; *in ~ en original* ; *die ~ einer Urkunde* l'original d'un document.
Ursprung *m*, ¨e origine *f* ; provenance *f* ; source *f*.
Ursprungsangabe *f*, n indication *f* d'origine (*syn. Herkunftsangabe*).
Ursprungsbescheinigung *f*, en certificat *m* d'origine.
Ursprungsland *n*, ¨er pays *m* d'origine (*syn. Herstellungsland*).
Ursprungslandprinzip *n*, ø (*fisc*) principe *m* du pays d'origine (pour l'acquittement de la T.V.A.).
Ursprungsnachweis *m*, e attestation *f* d'origine.
Ursprungsvermerk *m*, e → *Ursprungsangabe*.
Ursprungszeugnis *n*, se certificat *m* d'origine.
Urteil *n*, e (*jur.*) jugement *m* ; sentence *f* ; verdict *m* ; arrêt *m* **I.** *erstinstanzliches ~* jugement en première instance ; *freisprechendes ~* jugement d'acquittement ; *rechtskräftiges (vollstreckbares) ~* jugement exécutoire ; *willkürliches ~* jugement arbitraire **II.** *ein ~ auf/heben* casser, annuler un jugement ; *ein ~ aus/sprechen (fällen)* prononcer un jugement ; *ein ~ vollstrecken* exécuter un jugement.
urteilen 1. juger ; *über eine Sache ~* porter un jugement sur une affaire ; *auf Grund der Akten ~* juger sur pièces **2.** (*jur.*) rendre un jugement, une sentence.
Urteilsanfechtung *f*, en (*jur.*) contestation *f* d'un jugement.
Urteilsaufhebung *f*, en (*jur.*) annulation *f* d'un jugement ; invalidation *f* d'une sentence.
Urteilsaussetzung *f*, en (*jur.*) renvoi *m* d'un jugement ; mise *f* en délibéré.
Urteilsbegründung *f*, en (*jur.*) attendus *mpl* du jugement.
Urteilsspruch *m*, ¨e (*jur.*) jugement *m* ; sentence *f*.

Urteilsverkündung *f*, en (*jur.*) prononcé *m* d'un jugement.
Urteilsvollstreckung *f*, en (*jur.*) exécution *f* du jugement.
Urteilswortlaut *m*, ø (*jur.*) (*jur.*) libellé *m*, termes *mpl* du jugement.
Urteilszustellung *f*, en (*jur.*) notification *f* du jugement.
Urwahl *f*, en vote *m* direct ; scrutin *m* direct.
Usance *f*, n (*pr. fr.*) usage *m* (commercial) ; usances *fpl* ; us *mpl* et coutumes *fpl* (*syn. Handelsbrauch*).
Usancenhandel *m*, ø commerce *m* de change (par ex. un commerçant allemand négocie des dollars avec une firme russe au cours de Zurich).
usancenmäßig d'usage.
Usanz *f*, en (*Suisse*) → *Usance*.
USB *m*, s (*Universal Serial Bus*) (*informatique*) port *m* USB.
U-Schätze *mpl* (*unverzinsliche Schatzanweisungen*) obligations *fpl* du Trésor (à court ou moyen terme) non-productives d'intérêts ; obligations à intérêt zéro ; → *Zerobond* ; *unverzinslich*.
USD *m* (*United States Dollar*) code *m* monétaire pour le dollar américain.
US-Dollar *m*, s dollar *m* américain ($).
User *m*, - (*pr. ang.*) utilisateur *m* ; usager *m* (de l'Internet) ; internaute *m* (*syn. Nutzer* ; *Anwender*).
Usertreffen *n*, - (*Internet*) rencontre *f* d'internautes sur le Web.
Uso *m*, ø → *Usus*.
Usowechsel *m*, - (*finance*) traite *f* d'usage ; lettre *f* de change à trente jours.
Usukapion *f*, ø (*jur.*) usucapion *f* ; prescription *f* acquisitive ; acquisition *f* d'un droit ou d'un objet suite à une possession prolongée (*syn. Ersitzung*).
Usurpation *f*, en (*jur.*) usurpation *f* ; appropriation *f* indue, illégitime.
usurpieren (*jur.*) usurper ; *die Macht ~* usurper le pouvoir.
Usurpierung *f*, en → *Usurpation*.
Usus *m*, ø usage *m* ; tradition *f* ; *das ist hier so ~* (comme) c'est l'usage (par ici).
Ususfruktus *m*, ø (*jur.*) usufruit *m* ; → *Nießbrauch*.
Utilitarismus *m*, ø utilitarisme *m* (doctrine selon laquelle l'utile est le principe de toutes les valeurs économiques, politiques et sociales).

Utilitarist *m*, **en, en** utilitariste *m*.
utilitaristisch utilitariste.
Utility *n*, **s** (*pr. ang.*) (*informatique*) utilitaire *m*.
Utility-Programm *n*, **e** (*informatique*) programme *m* utilitaire ; utilitaire *m*.
Utility-Software *f*, **s** (*pr. ang.*) (*informatique*) logiciel *m* utilitaire.

u.ü.V. (*unter üblichem Vorbehalt*) sous (avec) les réserves d'usage.
u.W. (*unseres Wissens*) à notre connaissance.
UWG *n* (*Gesetz gegen den unlauteren Wettbewerb*) loi *f* sur la concurrence déloyale.

V

VA → *Vorzugsaktie*.
Vabanque-Spiel *n*, **e** (*pr. fr.*) (*fig.*) jeu *m* à hauts risques ; risque *m* extrême.
VAE *npl* (*Vereinigte Arabische Emirate*) Émirats *mpl* arabes unis.
vakant vacant ; libre ; inoccupé ; ~**e Stelle** poste *m* vacant.
Vakanz *f*, **en** vacance *f* ; poste *m* vacant.
Vakuum *n*, **-kua/-kuen** vide *m* ; lacune *f* ; trou *m*.
vakuumverpackt emballé sous vide.
Vakuumverpackung *f*, **en** emballage *m*, conditionnement *m* sous vide.
validieren (*jur.*) valider.
Validierung *f*, **en** (*jur.*) validation *f*.
Validität *f*, **ø** (*jur.*) validité *f*.
valorem : *ad* ~ selon la valeur (la taxe sur la marchandise importée est proportionnelle à sa valeur).
Valoren *pl* valeurs *fpl* ; objets *mpl* de valeur.
Valorenversicherung *f*, **en** assurance *f* de titres et d'objets de valeur.
Valorisation *f*, **en** 1. valorisation *f* ; réévaluation *f* 2. mesures *fpl* de maintien des prix à la production.
valorisieren 1. valoriser ; réévaluer 2. prendre les mesures nécessaires au maintien des prix à la production.
Valorisierung *f*, **en** → *Valorisation*.
Value-at-risk-Methode *f*, **n** (*pr. ang.*) (*bourse*) méthode *f* de calcul de la plus grande perte possible d'un titre ou d'un produit dérivé par journée de bourse.
Valuta *f*, **-ten** devise *f* ; monnaie *f* étrangère ; *starke, schwache* ~ devise forte, faible ; → *Devise*.
Valutaanleihe *f*, **n** emprunt *m* (libellé) en monnaie étrangère ; emprunt en devises.
Valutageschäft *n*, **e** opération *f* de change ; transaction *f* en devises.
Valutagewinn *m*, **e** bénéfice *m* de change.
Valutaguthaben *n*, **-** avoirs *mpl* en devises ; avoirs de change.
Valutaklausel *f*, **n** clause *f* de protection de change sur la valeur fournie.
Valutakonto *n*, **-ten** (*banque*) compte *m* en devises.
Valutakredit *m*, **e** crédit *m* de change.
Valutakurs *m*, **e** taux *m* de change ; cours *m* du change ; *beweglicher, fester* ~ taux de change flottant, fixe.

Valutanotierung *f*, **en** cote *f* des changes ; cotation *f* des monnaies étrangères.
Valutapapier *n*, **e** titre *m* étranger, valeur *f* étrangère libellé(e) en monnaie étrangère.
valutaschwach à monnaie faible.
Valutaspekulation *f*, **en** spéculation *f* sur les changes.
valutastark à monnaie forte.
Valuten *fpl* (*bourse*) coupons *mpl* de titres étrangers.
valutieren 1. affecter une valeur à 2. fixer une date.
Valutierung *f*, **en** → *Wertstellung*.
Valvation *f*, **en** estimation *f* ; fixation *f* de la valeur d'une monnaie.
variabel variable ; ~**ble Preise** prix *mpl* variables.
Variante *f*, **n** variante *f*.
Varianz *f*, **en** (*statist.*) variance *f*.
Varianzanalyse *f*, **n** (*statist.*) analyse *f* de variance.
Variation *f*, **en** variation *f* ; ~ *der Kosten* variation des coûts.
variieren varier ; *die Preise* ~ *stark* on note une forte variation des prix.
vaterlos orphelin(e) de père ; sans père.
Vaterschaft *f*, **en** paternité *f* ; *die* ~ *leugnen, an/erkennen* nier, reconnaître la paternité.
Vaterschaftsklage *f*, **n** (*jur.*) action *f* en recherche de paternité.
VC → *Venture-Capital*.
VDax *m* (*Volatilitäts-DAX*) indice *m* de volatilité des 30 meilleures valeurs allemandes.
VDMA *m* (*Verband deutscher Maschinen- und Anlagenbau*) Fédération *f* des constructeurs de machines et de biens d'équipement allemands.
VDR *m* (*Verband deutscher Rentenversicherungsträger*) Fédération *f* des caisses de retraite allemandes.
VDV *m* (*Verband deutscher Versicherungsträger*) Fédération *f* des assureurs allemands.
VE → *Verrechnungseinheit*.
VEB *m*, **s** (*Volkseigener Betrieb*) (*hist. R.D.A.*) entreprise *f* industrielle nationalisée ; entreprise d'État.
Veblen-Effekt *m*, **e** (*marketing*) effet *m* Veblen ; effet prestige (relation entre

les prix et les articles de luxe, nouveau symbole de richesse d'après l'économiste B. Veblen).
VEG *n*, **s** (*Volkseigenes Gut*) (*hist.* R.D.A.) exploitation *f* agricole d'État ; domaine *m* agricole nationalisé.
Venture-Capital *n*, ø (*pr. ang.*) → *Risikokapital* ; *Wagniskapital*.
verabreden 1. convenir ; stipuler **2.** sich (*mit jdm*) ~ prendre rendez-vous (avec qqn).
Verabredung *f*, **en 1.** stipulation *f* ; arrangement *m* ; entente *f* ; convention *f* **2** rendez-vous *m* ; (*mit jdm*) *eine ~ treffen* prendre rendez-vous (avec qqn).
verabschieden 1. *sich ~* prendre congé ; faire ses adieux **2.** licencier ; congédier ; *er wurde verabschiedet* il a été remercié **3.** (*jur.*) adopter ; voter ; *ein Gesetz ~* voter une loi ; *den Haushalt ~* adopter le budget.
Verabschiedung *f*, (**en**) **1.** congé *m* **2.** renvoi *m* ; licenciement *m* **3.** (*jur.*) adoption *f* ; vote *m*.
veralten vieillir ; *Computer ~ schnell* les ordinateurs sont rapidement dépassés ; *Maschinen ~* usure *f* des machines.
Veralten *n*, ø vieillissement *m* ; usure *f* ; obsolescence *f*.
veränderlich variable ; *Wertpapiere mit ~em Ertrag* titres *mpl* à revenu variable.
verändern changer ; modifier ; transformer.
Veränderung *f*, **en** changement *m* ; mutation *f* ; modification *f* ; transformation *f* ; *technologische ~* changement technologique ; *strukturelle ~* changement de structure.
Veränderungsdruck *m*, ø pression *f* du changement.
veranlagen (*fisc*) **1.** établir l'assiette de l'impôt ; *die Arbeitnehmer (steuerlich) ~* établir l'assiette (fiscale) des salariés **2.** imposer ; *mit 40 000 Euro veranlagt werden* être imposé sur la base de 40 000 euros ; *zur Einkommensteuer veranlagt werden* être assujetti à l'impôt sur le revenu des personnes physiques (I.R.P.P.).
Veranlagung *f*, **en** (*fisc*) **1.** assiette *f* d'un impôt **2.** imposition *f*.
Veranlagungsgrundlage *f*, **n** (*fisc*) base *f* d'imposition.
Veranlagungssteuer *f*, **n** (*fisc*) assiette *f* de l'impôt ; impôt *m* perçu par voie de rôle.

Veranlagungszeitraum *m*, ¨e (*fisc*) période *f* d'imposition.
veranschlagen (*finance, assur.*) évaluer ; estimer ; *den Schaden auf eine Million ~* évaluer le dommage subi à un million ; *zu hoch ~* surévaluer ; *zu niedrig ~* sous évaluer ; *die veranschlagten Kosten überschreiten* dépasser les coûts prévus ; être supérieur au devis.
Veranschlagung *f*, **en** (*finance, assur.*) évaluation *f* ; estimation *f* ; devis *m*.
veranstalten organiser ; mettre sur pied ; *eine Meinungsumfrage ~* organiser un sondage.
Veranstalter *m*, - organisateur *m*.
Veranstaltung *f*, **en** organisation *f* ; manifestation *f* ; fête *f*.
Veranstaltungskalender *m*, - calendrier *m* des manifestations.
verantworten 1. *sich für etw ~* se justifier de qqch ; *sich wegen Untreu ~ müssen* devoir rendre des comptes pour abus de confiance **2.** répondre de ; assumer la responsabilité de ; *er muss die Kosten ~* il doit supporter les frais ; → *haften*.
verantwortlich responsable ; *~e Stellung* poste *m* de responsabilité ; *jdn für etw ~ machen* rendre qqn responsable de qqch ; *für etw ~ sein* être responsable de qqch ; *~ zeichnen* engager sa responsabilité.
Verantwortlichkeit *f*, (**en**) → *Verantwortung*.
Verantwortung *f*, **en** responsabilité *f* **I.** *finanzielle ~* responsabilité financière ; *politische ~* responsabilité politique ; *zivilrechtliche ~* responsabilité civile **II.** *die ~ ab/lehnen* décliner la responsabilité ; *(für etw) die ~ tragen, übernehmen* avoir, assumer la responsabilité (de qqch) ; → *Haftung*.
Verantwortungsbereich *m*, **e** (domaine *m* de) responsabilité *f* ; (domaine de) compétences *fpl* ; *in jds ~ liegen* relever de la responsabilité de qqn.
verantwortungsbewusst conscient de ses responsabilités ; *~er Manager* manager conscient et responsable.
verantwortungslos irresponsable ; *~ handeln* agir à la légère, sans réfléchir.
Verantwortungslosigkeit *f*, ø irresponsabilité *f*.
verantwortungsvoll responsable ; *~e Stellung* poste *m* de responsabilité.
verarbeitbar transformable ; *~er Stoff* matière *f* transformable.

verarbeiten transformer ; travailler ; fabriquer manufacturer ; usiner ; œuvrer ; utiliser ; *50 Tonnen Kohle täglich* ~ traiter 50 tonnes de charbon par jour ; *~de Industrie* industrie *f* transformatrice.

verarbeitendes Gewerbe *n*, - secteur *m* manufacturier ; industrie *f* de transformation ; activités *fpl* de transformation.

Verarbeitung *f*, en travail *m* de transformation ; usinage *m* ; traitement *m* ; *in* ~ *befindlich* en cours de transformation.

Verarbeitungsbetrieb *m*, e entreprise *f* de transformation.

Verarbeitungsindustrie *f*, n industrie *f* de transformation, transformatrice.

Verarbeitungskapazität *f*, en capacité *f* de traitement.

Verarbeitungskosten *pl* coûts *mpl* de transformation.

Verarbeitungspreis *m*, e prix *m* de la transformation ; prix de façon.

Verarbeitungsverfahren *n*, - procédé *m*, procédure *f* de traitement.

Verarbeitungszeugnis *n*, se (*agric.*) produit *m* dérivé.

verarmen s'appauvrir.

Verarmung *f*, ø appauvrissement *m* ; paupérisation *f*.

verauktionieren → **versteigern**.

verausgaben 1. dépenser ; *den gesamten Betrag* ~ dépenser la totalité de la somme ; *sich* ~ dépenser tout son argent ; se ruiner **2.** émettre de nouveaux timbres.

Verausgabung *f*, en dépense *f*.

verauslagen avancer (de l'argent) ; débourser (*syn. aus/legen*).

Verauslagung *f*, en déboursement *m*.

veräußerlich aliénable ; cessible ; *~es Recht* droit *m* aliénable.

veräußern vendre ; céder ; aliéner ; *Aktien* ~ se défaire d'actions ; *Rechte* ~ céder des droits.

Veräußerung *f*, en vente *f* ; cession *f* ; aliénation *f*.

Veräußerungsfreibetrag *m*, ¨e exonération *f* sur la vente d'un bien ; abattement *m* fiscal.

Veräußerungsgewinn *m*, e plus-value *f* de cession (sur la vente d'un terrain, par ex.) ; *Besteuerung der ~e* taxation *f* des plus-values sur les ventes.

Veräußerungswert *m*, e valeur *f* de cession.

Verband *m*, e association *f* ; groupement *m* ; union *f* ; fédération *f* ; syndicat *m* **I.** *beliehene ~¨e* associations semi-publiques, consulaires (chambres de commerce et d'artisans) ; *berufsständischer* ~ chambre professionnelle ; *gemeinnütziger* ~ association reconnue d'utilité publique ; *internationaler* ~ union internationale ; *öffentlich-rechtlicher* ~ association de droit public ; *privat-rechtlicher* ~ association de droit privé **II.** *einem* ~ *bei/treten* adhérer à une association ; *einen* ~ *gründen* fonder une association **III.** *~ deutscher Wertpapierbörsen* Fédération des bourses de valeurs allemandes ; ~ *österreichischer Banken und Bankiers* Association des banques autrichiennes ; → **Fach-, Spitzen-, Zweckverband**.

Verbändevereinbarung *f*, en accord *m* conclu entre les fédérations d'une branche industrielle ; accord professionnel interfédérations.

Verbandsfunktionär *m*, e permanent *m* d'une fédération (syndicale).

Verbandskasse *f*, n caisse *f* d'une association.

Verbandsklage *f*, n (*jur.*) action civile *f* ; recours *m* d'une association (contre une atteinte).

Verbandsleiter *m*, - → **Verbandsvorsitzende/r**.

Verbandsmitglied *n*, er membre *m*, adhérent *m* d'une association.

Verbandsvorsitzende/r (*der/ein*) président *m* d'une association, d'une fédération.

verbeamten fonctionnariser ; titulariser ; multiplier le nombre de fonctionnaires (dans les services administratifs).

Verbeamtung *f*, (en) fonctionnarisation *f* ; titularisation *f*.

verbessern améliorer ; réformer ; corriger ; *die Qualität* ~ relever la qualité ; *sich in einer Stellung* ~ améliorer sa situation.

Verbesserung *f*, en amélioration *f* ; réforme *f* ; ~ *der Arbeitsbedingungen* amélioration des conditions de travail ; ~ *der Handelsbilanz* redressement *m* de la balance commerciale.

verbesserungsfähig perfectible ; susceptible d'amélioration.

Verbesserungsvorschlag *m*, ¨e proposition *f* d'amélioration ; boîte *f* à idées.

verbieten, o, o interdire ; défendre ; prohiber ; *mein Geldbeutel verbietet es mir* ma bourse ne me le permet pas.

verbilligen diminuer, baisser le prix ; rabattre d'un prix ; *verbilligte Eintrittskarte* billet *m* à prix réduit.
Verbilligung *f*, **(en)** réduction *f* de prix.
verbinden, a, u unir ; réunir ; (re)lier ; joindre ; (*téléph.*) *falsch verbunden* il y a erreur ; vous vous êtes trompé de numéro ; *mit Kosten verbunden sein* entraîner des frais ; *verbundene Produktion* production *f* liée ; *verbundene Versicherung* assurance *f* multirisques.
verbindlich 1. obligeant ; courtois ; ~*e Worte* paroles *fpl* de courtoisie ; ~*sten Dank* avec mes plus vifs remerciements **2.** (*jur.*) obligatoire ; ferme ; coercitif ; ~*es Angebot* offre *f* ferme ; ~*er Tarif* tarif *m* obligatoire ; *sich* ~ *machen zu…* s'engager à ; ~ *sein* être obligatoire, définitif, contraignant.
Verbindlichkeit *f*, **en 1.** (*jur.*) obligation *f* ; engagement *m* ; directivité *f* ; caractère *m* impératif **I.** *gegenseitige* ~ engagement mutuel ; *ohne* ~ sans engagement ; *vertragliche* ~ engagement contractuel **II.** *eine* ~ *ein/gehen* contracter, assumer une obligation ; *eine* ~ *erfüllen* satisfaire une obligation ; *seinen* ~*en nach/kommen* respecter ses engagements **2.** obligeance *f* ; complaisance *f* ; → *Wechsel-, Zahlungsverbindlichkeit.*
Verbindlichkeiten *fpl* (*comptab.*) dettes *fpl* ; obligations *fpl* ; engagements *mpl* financiers ; exigibilités *fpl* ; passif *m* **I.** *kurzfristige* ~ dettes à court terme ; *langfristige* ~ dettes à long terme **II.** ~ (*gegenüber jdm*) *haben* avoir des dettes (envers qqn) ; ~ *ein/gehen* prendre des engagements financiers ; contracter des dettes **III.** ~ *gegenüber Banken* dettes auprès des banques ; ~ *an Lieferanten* dettes envers les fournisseurs ; *Rückstellungen für* ~ provisions *fpl* pour risques et charges ;
Verbindung *f*, **en** liaison *f* ; jonction *f* ; relation *f* ; communication *f* ; contact *m* **I.** *geschäftliche* (*kommerzielle*) ~ relations commerciales ; *langjährige* ~ relations de longue date **II.** *mit jdm* ~*en an/knüpfen* établir des contacts avec qqn ; *mit jdm* ~ *auf/nehmen* prendre contact avec qqn ; *sich mit jdm in* ~ *setzen* se mettre en rapport avec qqn ; *mit jdm in* ~ *stehen* être en relation avec qqn.
Verbindungsbüro *n*, **s** bureau *m* de liaison.

Verbindungsgebühr *f*, **en** (*technique*) taxe *f* de raccordement, de connexion.
Verbindungsleitung *f*, **en** (*technique*) ligne *f* de connexion.
Verbindungsmann *m*, ¨**er/-leute** agent *m* de liaison ; homme *m* de liaison ; intermédiaire *m* ; contact *m* ; personne *f* à contacter.
Verbindungsstelle *f*, **n** bureau *m* de liaison ; point *m* de jonction.
Verbindungsweg *m*, **e** voie *f*, axe de communication.
verbleit : ~*es Benzin* essence *f* au plomb.
Verbot *n*, **e** (*jur.*) défense *f* ; interdiction *f* ; prohibition *f* **I.** *gesetzliches* ~ prohibition légale ; ~ *unlauteren Wettbewerbs* interdiction de se livrer à la concurrence déloyale **II.** *ein* ~ *erlassen* ordonner, décréter une interdiction ; *ein* ~ *übertreten* passer outre à une interdiction.
verboten (*jur.*) interdit ; défendu ; prohibé ; illicite.
verbotswidrig (*jur.*) en infraction ; interdit ; ~*es Parken* stationnement *m* interdit.
Verbrauch *m*, (¨**e**) consommation *f* ; *durchschnittlicher* ~ consommation moyenne ; *gewerblicher* ~ consommation industrielle ; *gleichbleibender* ~ consommation constante ; *häuslicher* ~ consommation domestique, des ménages ; *laufender* ~ consommation courante ; *privater* ~ consommation des ménages ; consommation privée ; *produktiver* ~ consommation productive ; ~ *an Luxusgütern* consommation de produits de luxe ; ~ *pro Kopf der Bevölkerung* consommation par tête d'habitant ; *der* ~ (*an/von*) *nimmt zu, nimmt ab* la consommation (de) augmente, diminue ; *einen großen* ~ *an etw haben* être grand consommateur de ; *den* ~ *steigern, drosseln* augmenter, réduire la consommation ; *der Wagen ist sparsam im* ~ la voiture est très économique ; → *Konsum.*
verbrauchen 1. consommer ; *Lebensmittel* ~ consommer des denrées alimentaires ; → *konsumieren* **2.** utiliser ; épuiser ; *den ganzen Vorrat* ~ épuiser tout le stock.
Verbraucher *m*, - consommateur *m* ; usager *m* ; utilisateur *m* ; *inländischer* ~ consommateur national ; *auf den* ~

ab/wälzen répercuter sur le consommateur ; → *Endverbraucher* ; *Konsument*.
Verbraucheranalyse *f,* n enquête *f* auprès des consommateurs.
Verbraucheraufklärung *f,* en information *f,* conseils *mpl* aux consommateurs ;
Verbraucherbedarf *m,* ø besoins *mpl* des consommateurs.
Verbraucherberatung *f,* en → *Verbraucheraufklärung*.
verbraucherfreundlich favorable au consommateur ; dans l'intérêt des consommateurs (*syn. konsumfreundlich*).
Verbrauchergenossenschaft *f,* en coopérative *f* de consommateurs.
Verbrauchergruppe *f,* n → *Verbraucherpanel*.
Verbraucherkredit *m,* e crédit *m* à la consommation ; crédit aux consommateurs.
Verbraucherland *n,* ¨er pays *m* consommateur.
Verbrauchermarkt *m,* ¨e hypermarché *m* ; grande surface *f* (magasin, supérieur à 2 500 m², vendant en libre-service des denrées alimentaires et des produits non-alimentaires) ; (*France*) Auchan, Carrefour ; Leclerc, etc.
Verbrauchernachfrage *f,* n demande *f* des consommateurs.
Verbraucherorganisation *f,* en association *f,* organisation *f* de consommateurs.
verbraucherorientiert orienté vers le consommateur ; tourné vers les consommateurs.
Verbraucherpanel *n,* s panel de consommateurs.
Verbraucherpolitik *f,* ø politique *f* envers les consommateurs (État, industrie, commerce, mouvement des consommateurs, etc).
Verbraucherpreis *m,* e prix-consommateur *m* ; prix *m* à la consommation ; prix public.
Verbraucherpreisindex *m,* -indizes (*statist.*) indice *m* des prix à la consommation.
Verbraucherschicht *f,* en catégorie *f* (socio-professionnelle) de consommateurs.
Verbraucherschutz *m,* ø mouvement *m* de défense des consommateurs ; consumérisme *m* ; (*Autriche, Suisse : Konsumentenschutz*) ; → *Konsumerismus*.

Verbraucherschützer *m,* - défenseur *m* des consommateurs.
Verbraucherumfrage *f,* n enquête *f* auprès des consommateurs.
Verbraucherverband *m,* ¨e → *Verbraucherorganisation*.
Verbraucherverhalten *n,* - comportement *m* du consommateur.
Verbraucherzeitschrift *f,* en revue *f* de consommateurs ; (*Allemagne*) *Plus* ; *Öko-Test, Guter Rat* ; (*France*) « 60 Millions de consommateurs » ; « Que choisir ».
Verbraucherzentrale *f,* n centrale *f* de consommateurs.
Verbraucherzurückhaltung *f,* ø réserve *f* des consommateurs ; tiédeur *f* des achats.
Verbrauchsabgabe *f,* n → *Verbrauch(s)steuer*.
verbrauchsarm économique (du point de vue de la consommation).
Verbrauchsgenossenschaft *f,* en coopérative *f* de consommation (*syn. Konsumgenossenschaft*).
Verbrauchsgewohnheit *f,* en habitude *f* de consommation ; *die ~en ändern* changer les habitudes de consommation.
Verbrauchsgüter *npl* biens *mpl* de consommation ; produits *mpl,* articles *mpl* de consommation courante ; *kurzlebige* ~ biens de consommation courante ; *langlebige* (*dauerhafte*) ~ biens de consommation durables (*syn. Konsumgüter*).
Verbrauchsgüterherstellung *f,* en production *f* de biens de consommation.
Verbrauchsgüterindustrie *f,* n industrie *f* des biens de consommation (*syn. Konsumgüterindustrie*).
Verbrauchslenkung *f,* en orientation *f* de la consommation, des consommateurs (par la publicité, etc.).
Verbrauchsquote *f,* n taux *m* de consommation.
Verbrauch(s)steuer *f,* n taxe *f* à la consommation ; accise *f* ; droit *m* d'accise ; *Verbrauchsgüter wie Strom, Kraftstoffe, Tabak, Kaffee usw. unterliegen der* ~ des biens de consommation courante tels que électricité, carburants, tabac, café, etc. sont soumis à la taxe à la consommation.
Verbrechen *n,* - (*jur.*) crime *m* ; acte *m* criminel ; *gemeingefährliches* ~ acte criminel constituant un danger public ; *das organisierte* ~ le crime organisé ; *ein* ~ *begehen* commettre un crime.

verbriefen (*jur., finance*) confirmer, garantir par écrit ; *~t* titrisé ; *~ter Kredit* crédit titrisé ; *~ter Kredit sous forme de titres* ; *~tes Recht* droit *m* garanti, inaliénable.

Verbriefung *f,* **en** (*jur., finance*) consignation *f* écrite ; titrisation *f* ; *~ von Kreditforderungen* titrisation *f* de créances.

Verbriefungsgeschäft *n,* **e** (*finance*) vente *f* à terme de créances de l'État.

verbuchen 1. (*comptab.*) comptabiliser ; porter en compte ; passer en écriture ; passer dans les livres ; *Geschäftsvorgänge ~* enregistrer des opérations ; *wir ~ den Verlust auf das Konto von ...* nous passons la perte au compte de ... ; → **buchen 2.** enregistrer ; *einen Rekord ~* enregistrer un record.

Verbuchung *f,* **en** (*comptab.*) comptabilisation *f* ; passation *f* en écritures ; inscription *f* en compte ; *~ unter Kapitel ... des Haushaltsplans von* imputation *f* budgétaire de ... au chapitre ... ; *Konten zur vorläufigen ~* comptes *mpl* d'attente.

Verbund- (*préfixe*) relié à ; intégré ; jumelé ; associé à ; (*technique*) composite.

Verbund *m,* **e 1.** fusion *f,* regroupement *m* d'entreprises ; entreprise *f* liée, jumelée **2.** (*technique*) matériau *m* composite.

verbünden : *sich mit jdm ~* faire alliance avec qqn ; faire cause commune avec qqn.

verbunden : *~e Produktion* production *f* jumelée, liée ; *~e Produktionsprozesse* processus *mpl* de production liés ; procédés *mpl* de fabrication jumelés ; *~es Unternehmen* entreprise *f* intégrée, jumelée (avec accord de participation, mais juridiquement indépendante) ; *~e Versicherung* assurance *f* multirisques ; (*corresp.*) *Ich bin Ihnen für Ihre Hilfe sehr ~* Je vous suis très reconnaissant de votre aide.

verbundfahren (*ist*) avoir un billet de transport combiné (train, bus, etc.) ; (*Paris*) avoir un passe « Navigo ».

Verbundkarte *f,* **n** (*transp.*) carte *f* de transports combinés.

Verbundkonzept *n,* **e** concept *m* de la production liée, jumelée.

Verbundproduktion *f,* **en** production *f* liée, jumelée (lorsque la fabrication d'un produit implique la fabrication simultanée d'un autre produit (*syn. Kuppelproduktion*).

Verbundstoff *m,* **e** (*technique*) matériau *m* composite.

Verbundstruktur *f,* **en** structure *f* liée, intégrée ; organisation *f* jumelée ; (*transp.*) structure *f* de transport combiné ; réseau *m* d'interconnexion.

Verbundsystem *n,* **e 1.** → *Verbundwirtschaft* **2.** (*transp.*) transport *m* combiné ; réseau *m* d'interconnexion ; (*Paris*) métro-R.E.R.-bus-tramway.

Verbundunternehmen *n,* - entreprise *f* intégrée, jumelée.

Verbundwerbung *f,* **en** publicité *f* commune ; publicité collective.

Verbundwirtschaft *f,* **en** économie *f* intégrée, jumelée ; économie de production liée (par ex, dans l'U.E., la collaboration d'entreprises du secteur énergétique pour dispatcher l'électricité entre les différents pays en cas de besoin).

verbürgen (*jur.*) garantir ; cautionner ; *sich für jdn ~* se porter garant de qqn ; répondre de qqn.

Verbürgung *f,* ø (*jur.*) garantie *f* ; cautionnement *m*.

verbürokratisieren bureaucratiser ; fonctionnariser.

verbüßen (*jur.*) purger ; *eine Strafe ~* purger une peine.

verchartern (*navires ; avions*) louer : donner en location.

Verdacht *m,* ø (*jur.*) soupçon *m* ; suspicion *f*.

verdächtig (*jur.*) soupçonné ; suspect.

verdächtigen (*jur.*) soupçonner ; suspecter.

verdaten (*informatique*) informatiser.

Verdatung *f,* **en** (*informatique*) informatisation *f*.

verdeckt masqué ; caché ; non révélé ; *~e Arbeitslosigkeit* chômage *m* non répertorié ; *~e Konten* caisse *f* noire ; comptes *mpl* cachés.

verderben, a, o s'abîmer ; se détériorer (alimentation) ; *verdorbene Ware* marchandise *f* abîmée ; *die Preise ~* gâcher les prix.

verderblich périssable ; *~e Lebensmittel* denrées *fpl* périssables.

Verderbquote *f,* **n** taux *m* de perte (de marchandise) ; taux de marchandises mises au rebut ou avariées.

Verdi *f* → *ver.di*.

ver.di *f* (*Vereinte Dienstleistungsgewerkschaft*) Verdi *m* ; Fédération *f* des syndicats de services unifiés (fédération syndicale regroupant le syndicat des transports (*ÖTV*), celui du commerce, des banques et des assurances (*Handel, Banken und Versicherungen*), celui des postes (*Postgewerkschaft*) ainsi que celui des médias (*IG-Medien*) : il regroupe environ 3 millions de membres).

verdichtet condensé ; ~*e Daten* données *fpl* compressées, comprimées.

Verdichtungsraum *m*, ¨e zone *f* à forte concentration de population ; ~ *Ruhrgebiet* mégapole *f* de la Ruhr.

verdienen 1. gagner ; *an einem Geschäft viel Geld* ~ gagner beaucoup d'argent sur une affaire ; *gut* ~ bien gagner sa vie ; *seinen Lebensunterhalt* ~ gagner sa vie ; *nebenbei* ~ faire des à-côtés **2.** mériter ; être digne ; *dieses Angebot verdient volle Aufmerksamkeit* cette offre mérite toute notre attention.

Verdiener *m*, - personne *f* qui travaille (celui qui ramène l'argent à la maison) ; *die kleinen* ~ les petits salaires ; les smicards *mpl* ; *die mittleren* ~ les revenus moyens ; les classes moyennes.

Verdienst *m*, e **1.** salaire *m* ; traitement *m* ; → *Lohn* ; *Gehalt* **2.** gain *m* ; revenu *m* ; bénéfice *m* ; profit *m*.

Verdienst *n*, e mérite *m*.

Verdienstabrechnung *f*, en fiche *f* de paie.

Verdienstausfall *m*, ¨e manque *m* à gagner ; perte *f* de salaire.

Verdienstentgang *m*, ¨e (*Autriche*) → **Verdienstausfall**.

Verdienstentwicklung *f*, en évolution *f* des salaires ; évolution des revenus.

Verdiensthöhe *f*, n niveau *m* de rémunération.

Verdienstmöglichkeit *f*, en possibilité *f* de gain.

Verdienstquelle *f*, n source *f* de revenu.

Verdienstspanne *f*, n marge *f* bénéficiaire.

verdingen (*arch.*) embaucher ; *sich* ~ se mettre au service (de qqn) ; prendre du service ; accepter une tâche.

Verdingung *f*, en (*jur.*) soumission *f* ; appel *m* d'offres (par consultation publique) ; adjudication *f* (administrative) ; marché *m* public ; → *Ausschreibung*.

Verdingungsordnung *f*, en (*jur.*) règlement *m* sur les adjudications de travaux publics ou administratifs.

Verdingungsvertrag *m*, ¨e (*jur.*) contrat *m* de marché sur adjudication.

verdoppeln doubler ; *der Umsatz hat sich verdoppelt* le chiffre d'affaires a doublé.

Verdopp(e)lung *f*, en doublement *m*.

verdrahten câbler ; relier au réseau câblé.

verdrängen écarter ; éliminer ; supplanter ; *vom Markt* ~ évincer du marché.

Verdrängung *f*, en élimination *f* ; éviction *f*.

Verdrängungskampf *m*, ¨e concurrence *f* sauvage ; concurrence acharnée.

Verdrängungswettbewerb *m*, e concurrence *f* ruineuse ; concurrence sauvage, (destinée à évincer les concurrents).

verdreifachen tripler ; *sich* ~ tripler.

verdunkeln maquiller ; cacher ; masquer (des faits).

Verdunk(e)lung *f*, (en) (*jur.*) dissimulation *f* (de preuves, de faits à charge).

Verdunk(e)lungsgefahr *f*, en (*jur.*) risque *m* de dissimulation ; risque de destruction de preuves ou de documents à charge.

veredeln améliorer ; affiner ; finir ; *Produkte* ~ affiner des produits.

Vered(e)lung *f*, en amélioration *f* ; affinage *m* ; finissage *m* ; valorisation *f* ; ennoblissement *m* ; ~ *von Naturprodukten* affinage de produits naturels.

Vered(e)lungsgrad *m*, e degré *m* de transformation, de valorisation (d'un produit).

Vered(e)lungsindustrie *f*, n industrie *f* d'affinage, de finissage ; industrie de transformation.

Vered(e)lungsprodukt *n*, e produit *m* transformé ; produit affiné.

Vered(e)lungsverkehr *m*, ø trafic *m* de perfectionnement ; (*douane*) *aktiver* ~ admission temporaire de produits étrangers à fin d'amélioration ; *passiver* ~ exportation *f* industrielle temporaire ; sortie *f* temporaire de produits nationaux à fin de perfectionnement.

Vered(e)lungswirtschaft *f*, ø industries *fpl* de transformation des produits du secteur agro-alimentaire.

vereiden (*arch.*) → *vereidigen*.

vereidigen (*jur.*) assermenter ; *~ter Makler* courtier *m* assermenté ; *einen Zeugen ~* faire prêter serment à un témoin.

Vereidigung *f,* **en** (*jur.*) prestation *f* de serment.

Vereidung *f,* **en** (*arch.*) → *Vereidigung.*

Verein *m,* **e** (*jur.*) association *f* ; société *f* ; ligue *f* ; union *f* ; cercle *m* ; amicale *f* ; *eingetragener ~* (*e.V.*) association inscrite au registre ; *gemeinnütziger ~* association reconnue d'utilité publique ; *nicht wirtschaftlicher ~* association sans but lucratif.

vereinbar (*mit*) compatible (avec).

vereinbaren convenir de ; conclure ; *~tes Geschäft* affaire *f* conclue ; *~ter Preis* prix *m* convenu ; *einen Termin ~* convenir d'une date ; *wie vereinbart* comme convenu.

Vereinbarkeit *f,* **en** compatibilité *f.*

Vereinbarung *f,* **en** (*jur.*) convention *f* ; accord *m* ; contrat *m* ; entente *f* ; stipulation *f* **I.** *ausdrückliche ~* convention explicite, expresse ; *gütliche ~* arrangement *m* (à l') amiable ; *internationale ~* convention internationale ; *mündliche ~* accord verbal ; *nach ~* selon accord ; comme convenu ; *schriftliche ~* convention écrite ; *stillschweigende ~* accord tacite ; *vertragliche ~* accord contractuel ; stipulation *f* par contrat **II.** *sich an eine ~ halten* s'en tenir aux termes d'un accord ; *eine ~ treffen* conclure un accord ; *gegen eine ~ verstoßen* contrevenir à un accord ; enfreindre une convention.

vereinbarungsgemäß conformément aux accords ; comme convenu.

Vereinbarungspreis *m,* **e** prix *m* négocié, convenu, contractuel.

vereinen (*sich*) (se) réunir ; (se) regrouper ; *Unternehmen unter einem Dachverband ~* regrouper des entreprises au sein d'une confédération.

vereinfachen simplifier ; *vereinfachtes Verfahren* procédure *f* sommaire.

Vereinfachung *f,* **en** simplification *f* ; *~ der Zollformalitäten* simplification des formalités douanières.

vereinheitlichen unifier ; uniformiser ; standardiser ; harmoniser.

Vereinheitlichung *f,* **en** harmonisation *f* ; standardisation *f* ; normalisation *f* ; *~ der Tarife* harmonisation *f* des tarifs.

Vereinigung *f,* **en** (*jur.*) association *f* ; (re)groupement *m* ; union *f* ; *berufliche ~* association professionnelle ; *gemeinnützige ~* association reconnue d'utilité publique ; *wirtschaftliche ~* union économique.

Vereinigungsfreiheit *f,* ø (*jur.*) liberté *f* d'association.

Vereinigungsrecht *n,* **e** (*jur.*) droit *m* de réunion ; droit d'organisation.

vereinnahmen encaisser ; percevoir ; toucher ; faire la recette.

Vereinsautonomie *f,* **n** (*jur.*) autonomie *f* juridique interne propre aux associations et aux sociétés ; droit *m* de gérer et de régler d'éventuels conflits ; juridiction *f* propre ; droit *m* d'arbitrage d'une association.

Vereinssatzung *f,* **en** (*jur.*) statut *m* d'une association.

Vereinswesen *n,* ø (*jur.*) vie *f* associative.

Vereinte Nationen *fpl* (*VN*) Nations *fpl* unies ; → *UNO.*

verelenden s'appauvrir ; être en voie de paupérisation.

Verelendung *f,* (**en**) appauvrissement *m* ; paupérisation *f.*

Verelendungstheorie *f,* ø théorie *f* de la paupérisation (Marx).

vererbbar → *vererblich.*

vererben (*jur.*) léguer ; transmettre en héritage ; *jdm ein Haus ~* laisser une maison en héritage à qqn.

vererblich (*jur.*) héréditaire ; successible ; transmissible par voie de succession ; *~es Recht* droit *m* transmissible par succession.

Vererblichkeit *f,* ø (*jur.*) hérédité *f* ; successibilité *f* ; transmissibilité *f* par voie de succession.

Vererbung *f,* **en** 1. hérédité *f* 2. (*jur.*) transmission *f* par succession ; dévolution *f.*

Verfahren *n,* - 1. (*jur.*) procédure *f* (juridique) ; modalité *f* ; mode *m* **I.** *offenes, nicht offenes ~* procédure *f* ouverte, restreinte ; *gerichtliches ~* procédure juridique ; *schriftliches ~* procédure écrite **II.** *gegen diese Firma ist ein ~ anhängig* (*läuft ein ~*) une procédure est en cours contre cette société ; *ein ~ ein/leiten* engager une procédure ; *das ~ ein/stellen* arrêter, suspendre la procédure ; *das ~ wieder auf/nehmen* reprendre la procédure 2. (*technique*) procédé *m* ; *patentiertes* ~ procédé breveté ; *ein* ~ *an/wenden* utiliser un procédé ; *nach den neuesten* ~ *arbeiten* travailler selon les techniques de pointe.

verfahren, u, a procéder ; agir ; opérer.

Verfahrensantrag *m*, ¨e (*jur.*) motion *f* de procédure.

Verfahrenseinstellung *f*, **en** (*jur.*) non-lieu *m* ; cessation *f* de la procédure.

Verfahrensfrage *f*, **n** (*jur.*) question *f* de procédure ; *~n regeln* régler des points de procédure.

Verfahrenskosten *pl* (*jur.*) frais *mpl* de procédure.

Verfahrensmangel *m*, ¨ (*jur.*) vice *m* de procédure.

Verfahrensordnung *f*, **en** (*jur.*) règlement *m* de procédure.

Verfahrenspatent *n*, **e** (*jur.*) brevet *m* de fabrication, de procédé.

verfahrensrechtlich : (*jur.*) *~e Frage* question *f* de procédure.

Verfahrensstreit *m*, ø (*jur.*) querelles *fpl* procédurières.

Verfahrenstechnik *f*, **en** procédé *m* technique.

Verfahrensverstoß *m*, ¨e (*jur.*) vice *m* de procédure ; *einen* ~ *fest/stellen* constater un vice de procédure.

Verfahrensweg *m*, **e** (*jur.*) procédure *f* ; démarches *fpl* de procédure.

Verfahrensweise *f*, **n** mode *m* de procédure.

Verfall *m*, ø **1.** (*date*) échéance *f* ; expiration *f* ; terme *m* ; *bei* ~ à l'échéance ; à expiration ; *vor* ~ avant l'échéance ; ~ *eines Wechsels* échéance d'une traite **2.** (*jur.*) déchéance *f* ; ~ *eines Anspruchs* déchéance d'un droit **3.** effondrement *m* ; chute *f* ; *wirtschaftlicher* ~ effondrement économique ; ~ *des Dollars* chute du dollar.

verfallen (*jur.*) expiré ; périmé ; échu ; déchu ; caduc ; *~er Anspruch* droit *m* déchu ; *~e Dividenden* dividendes *mpl* prescrits ; *~er Fahrausweis* billet *m* périmé ; *~e Geldscheine* billets *mpl* de banque périmés ; billets qui n'ont plus cours.

verfallen, ie, a (*ist*) **1.** (*date*) expirer ; *der Wechsel verfällt am 1. Mai* la traite arrive à échéance le 1ᵉʳ mai (*syn. fällig werden*) **2.** échoir à ; revenir à ; *die beschlagnahmten Waren* ~ *dem Staat* les marchandises confisquées reviennent à l'État **3.** être soumis à ; *dem Gesetz* ~ être soumis à la loi.

Verfall(s)datum *n*, **-ten** → *Verfall(s)tag*.

Verfall(s)klausel *f*, **n** (*jur.*) clause *f* de déchéance, commissoire (dont l'inexécution annule l'acte sur lequel elle figure).

Verfall(s)tag *m*, **e** (*jur.*) jour *m* d'échéance ; date *f* d'expiration ; (*produits*) date *f* de péremption ; *Aufschub des ~s* report *m* d'échéance ; *am* ~ à l'échéance ; *bis zum* ~ jusqu'à l'échéance.

Verfall(s)zeit *f*, **en** date *f* d'échéance ; terme *m*.

verfälschen altérer ; fausser ; falsifier ; *verfälschte Bilanz* bilan *m* falsifié ; *verfälschter Wein* vin *m* frelaté ; *Urkunden* ~ falsifier des documents.

Verfälschung *f*, **en** falsification *f* ; altération *f* ; contrefaçon *f*.

verfassen rédiger ; écrire ; *einen Brief* ~ rédiger une lettre.

Verfassung *f*, **en** (*jur.*) constitution *f* ; charte *f* ; *Europäische* ~ Constitution européenne ; *geschriebene* ~ constitution écrite ; *ungeschriebene* ~ constitution coutumière ; *die* ~ *ändern* réviser la constitution ; *gegen die* ~ *handeln* commettre un acte anticonstitutionnel.

Verfassungsänderung *f*, **en** (*jur.*) révision *f*, amendement *m* constitutionnel(le).

Verfassungsbeschwerde *f*, **n** (*jur.*) recours *m* constitutionnel ; recours contre une atteinte aux droits civiques ; *eine* ~ *ein/reichen* (*erheben*) introduire un recours devant la cour constitutionnelle.

Verfassungsbruch *m*, ¨e (*jur.*) violation *f* de la constitution ; acte *m* anticonstitutionnel.

verfassungsfeindlich (*jur.*) anticonstitutionnel.

verfassungsgebend (*polit.*) constituant ; *~e Versammlung* assemblée *f* constituante.

verfassungsgemäß → *verfassungsmäßig*.

Verfassungsgericht *n*, **e** (*jur.*) cour *f*, tribunal *m* constitutionnel(le).

Verfassungshüter *m*, - (*jur.*) gardien *m* de la Constitution.

Verfassungsklage *f*, **n** (*jur.*) action *f* en recours ; dépôt *m* de plainte devant la cour constitutionnelle.

verfassungsmäßig (*jur.*) constitutionnel ; conforme à la Constitution.
Verfassungsmäßigkeit *f*, ø (*jur.*) constitutionnalité *f*.
Verfassungsrecht *n*, ø (*jur.*) droit *m* constitutionnel.
Verfassungsrechtler *m*, - (*jur.*) juriste *m* constitutionnel.
verfassungsrechtlich (*jur.*) de droit constitutionnel.
Verfassungsschutz *m*, ø (*polit.*) protection *f* de la Constitution ; (*Allemagne*) *Amt für* ~ services *mpl* du contre-espionnage ; sûreté *f* de l'État.
Verfassungsschützer *m*, - (*polit.*) gardien *m* de la Constitution.
Verfassungsstaat *m*, en (*polit.*) État *m* constitutionnel ; État de droit.
Verfassungsväter *mpl* (*polit.*) pères *mpl* de la Constitution.
verfassungswidrig (*jur.*) anticonstitutionnel.
Verfassungswidrigkeit *f*, ø (*jur.*) anticonstitutionnalité *f*.
verfechten, o, o défendre ; prendre la défense.
Verfechter *m*, - défenseur *m* ; champion *m* ; partisan *m* ; avocat *m*.
verfehlen manquer qqch.
Verfehlung *f*, en (*jur.*) manquement *m* (à ses devoirs) ; faute *f* (professionnelle).
verfertigen fabriquer ; confectionner ; manufacturer.
Verfertigung *f*, en fabrication *f* ; confectionnement *m*.
verfilzen être intimement mêlé ; *er ist mit Gewerkschaften und Großindustrie verfilzt* il a partie liée avec les syndicats et l'industrie.
Verfilzung *f*, en népotisme *m* ; maf(f)ia *f* ; clientélisme *m* ; → *Filz* ; *Filzokratie* ; *Vetternwirtschaft*.
verflechten, o, o concentrer ; former des trusts ; internationaliser ; globaliser (*contr. entflechten*).
Verflechtung *f*, en interdépendance *f* ; interpénétration *f* ; concentration *f* ; formation *f* de trusts ; participations *fpl* croisées ; globalisation *f* ; ~ *der Märkte* interdépendance des marchés ; *wirtschaftliche* ~ interpénétration économique (*contr. Entflechtung*) ; → *Konzentration* ; *Globalisierung*.
Verflechtungsbilanz *f*, en (*statist.*) balance *f* interbranches ; *wertmäßige* ~ balance interbranches en valeur ; ~ *in konstanten Preisen* balance interbranches en prix constants.
Verflechtungskoeffizient *m*, en, en (*statist.*) coefficient *m* input-output.
Verflechtungsprozess *m*, e processus *m* d'interdépendance ; interpénétration *f* des marchés ; globalisation *f*.
verflüssigen 1. liquéfier ; *Kohle* ~ liquéfier du charbon 2. réaliser (un capital).
Verflüssigung *f*, en liquéfaction *f* ; dilution *f*.
verfrachten fréter ; affréter ; charger ; expédier ; transporter.
Verfrachten *n*, ø → *Verfrachtung*.
Verfrachter *m*, - armateur *m* ; fréteur *m*.
Verfrachtung *f*, en fret *m* ; affrètement *m* ; chargement *m* ; expédition *f* ; transport *m*.
verfügbar disponible ; *~es Geld* argent *m* disponible ; *~e Menge* quantité *f* disponible ; *~e Mittel* fonds *mpl*, capitaux *mpl* disponibles ; *dieser Artikel ist im Augenblick nicht* ~ cet article n'est actuellement pas disponible ; cette marchandise est en rupture de stock.
Verfügbarkeit *f*, ø disponibilité *f*.
verfügen 1. disposer ; *über einen Betrag* ~ disposer d'une somme 2. (*jur.*) décréter ; ordonner ; *die Schließung eines Geschäfts* ~ ordonner la fermeture d'un commerce.
Verfügung *f*, en (*jur.*) disposition *f* ; arrêté *m* ; décret *m* ; décision *f* ; ordonnance *f* **I.** *amtliche* ~ décision administrative ; *einstweilige* ~ ordonnance provisoire, de référé ; mesure *f* de référé (procédure d'urgence par laquelle le tribunal règle provisoirement un litige sans se prononcer sur le fond de l'affaire) ; *letztwillige* ~ disposition testamentaire **II.** *zu seiner* ~ *haben* avoir à sa disposition ; *jdm zur* ~ *stehen* être à la disposition de qqn ; *jdm etw zur* ~ *stellen* mettre qqch à la disposition de qqn.
verfügungsberechtigt (*jur.*) autorisé à disposer.
Verfügungsgewalt *f*, ø (*jur.*) 1. pouvoir *m* de disposition ; droit *m* de disposer 2. pouvoir *m* discrétionnaire.
verfüttern : *Daten an Computer* ~ alimenter un ordinateur en données ; entrer des données dans un ordinateur.
Vergabe *f*, n 1. octroi *m* ; ~ *von Krediten* octroi de crédits 2. appel *m*

Vergaberecht

d'offres ; adjudication *f* ; passation *f* d'un marché (public) ; ~ *öffentlicher Arbeiten* adjudication de marchés de travaux publics ; → *Ausschreibung.*
Vergaberecht *n,* e législation *f* en matière d'attribution de marchés.
Vergabestelle *f,* n lieu *m* de distribution, de remise, d'attribution de qqch. ; bureau *m* de placement.
Vergabeverfahren *n,* - procédure *f* d'adjudication.
vergammelt (*aliments*) non consommable.
vergeben, a, e 1. attribuer ; *die Stelle ist schon ~* la place a déjà été attribuée **2.** adjuger ; passer un marché ; → *ausschreiben.*
Vergebung *f,* en → *Vergabe.*
Vergehen *n,* - (*jur.*) atteinte *f* ; délit *m* ; violation *f.*
Vergeltung *f,* en (*polit.*) représailles *fpl* ; rétorsion *f* ; vengeance *f.*
Vergeltungsmaßnahme *f,* n mesure *f* de rétorsion ; *wirtschaftliche ~n ergreifen* user de représailles économiques.
vergemeinschaften (*U.E.*) rendre communautaire ; communautariser.
Vergemeinschaftung *f,* en (*U.E.*) communautarisation *f.*
vergesellschaften 1. transformer, mettre en société **2.** (*polit.*) socialiser ; collectiviser ; étatiser ; *das Privateigentum ~* nationaliser la propriété privée (*syn. verstaatlichen* ; *nationalisieren*).
Vergesellschaftung *f,* en **1.** transformation *f,* mise *f* en société **2.** (*polit.*) socialisation *f* ; collectivisation *f* ; nationalisation *f* ; étatisation *f* ; *~ der Produktionsmittel* socialisation des moyens de production.
vergeuden → *verschwenden.*
vergewerkschaften placer sous obédience syndicale.
Vergleich *m,* e **1.** (*statist.*) comparaison *f* ; référence *f* ; *statistischer ~* comparaison statistique ; *wertmäßiger ~* comparaison en valeur ; *~ der Wachstumsraten* comparaison des taux de croissance ; *im ~ zum Vorjahr* par rapport à l'an dernier **2.** (*jur.*) compromis *m* ; accord *m* ; arrangement *m* ; conciliation *f* ; transaction *f* ; *gütlicher ~* arrangement (à l') amiable ; *durch ~ bei/legen* concilier sur la base d'un compromis ; *einen ~ schließen* passer un accord ; conclure une transaction ; *zwischen beiden Parteien kam es zum ~* un accord transactionnel est intervenu entre les deux parties **3.** (*jur.*) règlement *m* judiciaire ; concordat *m* (pour éviter la faillite, la liquidation des biens) ; *den ~ gerichtlich bestätigen* homologuer le concordat.
Vergleichbarkeit *f,* en (*statist.*) comparabilité *f* ; comparaison *f* possible.
vergleichen, i, i 1. (*statist.*) comparer ; recourir à une référence **2.** (*jur.*) concilier ; conclure un arrangement ; *sich mit jdm ~* s'arranger avec qqn ; arriver à un compromis.
Vergleichsabschnitt *m,* e → *Vergleichsperiode.*
Vergleichsantrag *m,* ¨e (*jur.*) **1.** demande *f* d'intervention en conciliation **2.** *einen ~ stellen* déposer une requête en vue d'obtenir l'ouverture d'une procédure de règlement judiciaire.
Vergleichsgläubiger *m,* - (*jur.*) créancier *m* concordataire (participe au règlement judiciaire).
Vergleichsgröße *f,* n (*statist.*) élément *m* de comparaison.
Vergleichsjahr *n,* e (*statist.*) année *f* de base, de référence.
Vergleichslohn *m,* ¨e (*statist.*) salaire *m* de référence.
Vergleichsmaßstab *m,* ¨e (*statist.*) échelle *f* de comparaison.
Vergleichsmiete *f,* n (*statist.*) loyer *m* comparatif.
Vergleichsperiode *f,* n (*statist.*) période *f* de référence, de comparaison.
Vergleichsschuldner *m,* - (*jur.*) débiteur *m* en règlement judiciaire.
Vergleichstest *m,* s (*technique*) test *m* comparatif ; test d'évaluation des performances ; banc *m* d'essai.
Vergleichsverfahren *n,* - (*jur.*) règlement *m* judiciaire ; procédure *f* de conciliation.
Vergleichsverwalter *m,* - (*jur.*) syndic *m* .
Vergleichsware *f,* n (*statist.*) marchandise *f,* article *m* de comparaison.
Vergleichswert *m,* e → *Vergleichsgröße.*
Vergleichszeitraum *m,* ¨e → *Vergleichsperiode.*
Vergnügungsindustrie *f,* n industrie *f* des spectacles, des loisirs ; show-biz *m.*
Vergnügungspark *m,* s parc *m* de loisirs.
Vergnügungsreise *f,* n voyage *m* d'agrément.

Vergnügungssteuer *f*, **n 1.** impôt *m* sur les spectacles (cinémas, jeux, dancings, etc.) **2.** (*Suisse*) droit *m* des pauvres.

vergriffen épuisé (livres ; articles) ; *zur Zeit* ~ actuellement épuisé.

vergrößern agrandir ; augmenter ; élargir ; *sich* ~ s'accroître.

Vergrößerung *f*, **en** agrandissement *m* ; extension *f* ; accroissement *m* ; élargissement *m*.

vergünstigen faire une faveur ; *vergünstigte Preise* prix *mpl* de faveur ; prix réduits.

Vergünstigung *f*, **en** avantage *m* ; faveur *f* ; privilège *m* ; *außertarifliche* ~ avantage accordé hors tarif ; *eine steuerliche* ~ *gewähren* accorder un avantage fiscal.

Vergünstigungstarif *m*, **e** tarif *m* de faveur.

vergüten 1. rémunérer ; rétribuer ; payer **2.** indemniser ; dédommager ; *Unkosten* ~ rembourser les frais.

Vergütung *f*, **en 1.** rémunération *f* ; rétribution *f* ; paiement *m* ; *leistungsorientierte* ~ rénumération au mérite ; ~ *der Arbeit* rémunération du travail **2.** indemnisation *f* ; remboursement *m*.

Vergütungssystem *n*, **e** système *m* de rémunération.

Verhalten *n*, ø comportement *m* ; conduite *f* ; *konsumorientiertes* ~ comportement orienté à la consommation ; ~ *der privaten Haushalte* comportement des ménages.

verhalten, ie, a : *sich* ~ se comporter ; se conduire.

Verhaltensregeln *fpl* code *m* de conduite.

Verhaltenstraining *n*, **s** stage *m* comportemental (pour cadres d'entreprise).

Verhältnis *n*, **se 1.** (*statist.*) rapport *m* ; relation *f* ; proportion *f* ; ratio *m* ; *im* ~ *zu* proportionnellement à ; par rapport à ; *im umgekehrten* ~ *zu* inversement proportionnel à ; *in keinem* ~ *stehen* (zu) être sans rapport (avec) ; ~ *von Angebot und Nachfrage* rapport entre l'offre et la demande **2.** ~*se* circonstances *fpl* ; conditions *fpl* ; *berufliche* ~*se* relations *fpl* professionnelles ; *wirtschaftliche* ~*se* situation *f* économique ; *in bescheidenen* ~*sen leben* vivre modestement ; *über seine* ~*se leben* vivre au-dessus de ses moyens.

Verhältnisanteil *m*, **e** (*statist.*) part *f* proportionnelle ; quote-part *f*.

Verhältnis-Listenwahlsystem *n*, **e** (*polit.*) système *m* proportionnel à scrutin de liste.

verhältnismäßig proportionnel ; relatif ; toute proportion gardée ; ~*er Teil* part *f* proportionnelle ; *zu* ~ *niedrigen Preisen* à des prix relativement peu élevés ; ~ *wenig* relativement peu.

Verhältnisstichprobe *f*, **n** (*statist.*) échantillon *m* proportionnel.

Verhältniswahl *f*, **en** (*polit.*) vote *m* proportionnel ; suffrage *m*, scrutin *m* proportionnel ; proportionnelle *f* ; → **Mehrheitswahl**.

verhandelbar négociable.

verhandeln négocier ; discuter ; (*mit jdm*) *über den Preis* ~ débattre du prix (avec qqn).

Verhandler *m*, - (*Autriche*) → **Verhandlungspartner**.

Verhandlung *f*, **en 1.** négociation *f* ; pourparlers *mpl* ; discussion *f* ; ~*en ab/brechen* rompre des pourparlers ; ~*en auf/nehmen* entamer des négociations ; ~*en blockieren* bloquer des négociations ; ~*en ein/stellen* suspendre des négociations ; *in* ~*en treten* entamer des négociations ; ~*en vertagen* ajourner des négociations **2.** (*jur.*) audience *f* ; *öffentliche* ~ audience publique **3.** délibération *f*.

Verhandlungsbasis *f*, **-sen** base *f* de négociation.

Verhandlungsbefugnis *f*, **se** pouvoir *m* de négociation.

verhandlungsbereit disposé à négocier ; ~*e Partner* des partenaires *mpl* prêts a négocier.

Verhandlungsbereitschaft *f*, **en** disposition *f* à négocier.

verhandlungsfähig : ~*es Angebot* offre *f*, proposition *f* acceptable ; avancée *f* significative.

Verhandlungsführer *m*, - → **Verhandlungspartner**.

Verhandlungsgeschick *n*, **e** talent *m* de négociateur.

Verhandlungsgrundlage *f*, **n** → **Verhandlungsbasis**.

Verhandlungskommission *f*, **en** commission *f* (en charge) de négociations.

Verhandlungsleiter *m*, - chef *m* des négociations.

Verhandlungsmarathon *m*, s négociations-marathon *fpl*.
Verhandlungspartner *m*, - négociateur *m* ; *geschickter* ~ habile négociateur ; *als harter* ~ *gelten* passer pour un âpre négociateur ; être dur en négociations.
Verhandlungsprotokoll *n*, e protocole *m* de négociation.
Verhandlungspunkt *m*, e point *m* de négociation.
Verhandlungsrunde *f*, n tour *m*, séance *f* de négociations ; *die Tagesordnung für die nächste ~ fest/legen* fixer l'ordre du jour des prochaines négociations.
Verhandlungssache *f* : ~ *sein* être affaire de négociation.
verhandlungssicher aptitude *f* à négocier en langue étrangère ; *~e Deutsch-, Englischkenntnisse sind erfordert* le poste exige que le postulant soit apte à négocier en allemand, en anglais.
Verhandlungsspielraum *m*, ¨e marge *f*, liberté *f* de manœuvre ; *den ~ ein/schränken* restreindre la marge de manœuvre.
Verhandlungsstärke *f*, ø pouvoir *m* de négociation ; poids *m* en tant que négociateur.
Verhandlungstisch *m* : *sich* (*mit jdm*) *an den ~ setzen* s'asseoir autour de la table des négociations (avec qqn) ; négocier (avec qqn) autour d'un tapis vert.
Verhandlungsweg *m*, e voie *f* de négociation ; *auf dem ~* par voie de négociation.
verhängen infliger ; décréter ; imposer ; *ein Embargo über ein Produkt ~* mettre l'embargo sur un produit ; *eine Strafe über jdn ~* infliger une peine à qqn.
verharmlosen minimiser ; diminuer l'importance de qqch.
Verharmlosung *f*, en minimisation *f* (d'un danger, d'un risque).
verhehlen cacher ; dissimuler.
verheimlichen cacher ; taire ; dissimuler ; passer sous silence.
Verheimlichung *f*, en dissimulation *f*.
Verheiratete *pl* (*fisc*) couples *mpl* mariés.
verhindern empêcher ; faire obstacle ; *ein Vorhaben ~* faire obstacle à un projet.
Verhinderung *f*, en empêchement *m* ; obstacle *m* ; entrave *f*.

Verhinderungsfall *m* : *im ~* en cas d'empêchement.
verhökern (*fam.*) bazarder ; vendre ; liquider ; brader.
verhundertfachen centupler.
verhüten empêcher ; prévenir ; *Reklamationen ~* prévenir des réclamations.
verhütten fondre (des minerais) ; traiter en usine.
Verhüttung *f*, en traitement *m* métallurgique ; transformation *f* d'un minerai.
Verhütung *f*, en empêchement *m* ; prévention *f* ; *~ von Betriebsunfällen* prévention des accidents du travail.
Verhütungsmittel *n*, - (moyen *m*) contraceptif *m*.
verjährbar (*jur.*) prescriptible ; *~e Ansprüche* droits *mpl* prescriptibles.
Verjährbarkeit *f*, ø (*jur.*) prescriptibilité *f*.
verjähren (*jur.*) se périmer ; être périmé ; se prescrire ; *der Scheck ist verjährt* le chèque est périmé.
Verjährung *f*, ø (*jur.*) prescription *f* ; péremption *f* ; *die Klage wurde wegen ~ abgewiesen* la plainte a été rejetée pour (cause de) prescription.
Verjährungsfrist *f*, (en) (*jur.*) délai *m* de prescription ; *Ablauf der ~* expiration *f* du délai de prescription.
verjubeln (*fam.*) gaspiller ; dilapider ; *sein Geld ~* dépenser son argent à la légère ; claquer son fric.
verkabeln (*télé.*) câbler.
Verkabelung *f*, en (*télé.*) câblage *m*.
verkalkulieren: *sich ~* (*fam.*) se tromper dans ses calculs ; faire une erreur de calcul.
Verkauf *m*, ¨e vente *f* ; commercialisation *f* ; débit *m* ; écoulement *m* **I.** *betrügerischer ~* vente frauduleuse ; *freihändiger ~* vente à l'amiable ; *gerichtlicher ~* vente judiciaire ; *unzulässiger ~* vente irrégulière **II.** *etw zum ~ an/bieten* mettre qqch en vente ; *~¨e tätigen* effectuer des ventes **III.** *der ~ an jdn* la vente à qqn ; *~ gegen bar* vente au comptant ; *~ unter Eigentumsvorbehalt* vente avec (clause de) réserve de propriété ; *~ unter der Hand* vente en sous-main ; *~ mit Gewinn* vente à bénéfice ; *~ von Haus zu Haus* vente à domicile ; démarchage *m* ; *~ über Internet* vente par Internet ; *~ auf Kredit* vente à crédit ; *~ zu herabgesetzten Preisen* vente au rabais ; soldes *mpl* ; *~ mit Rückkaufsrecht* vente à réméré ; ~

mit Verlust vente à perte ; → *Absatz* ; *Kommerzialisierung* ; *Vermarktung* ; *Vertrieb* ; *Aus-, Bestens-, Deckungs-, Direkt-, Einzel-, Freihand-, Leer-, Räumungs-, Reste-, Zwischenverkauf.*

verkaufen vendre ; commercialiser ; débiter ; écouler ; *jdm etw ~ (etw an jdn ~)* vendre qqch à qqn ; *gegen bar (gegen Kasse)* ~ vendre (au) comptant ; *billig* ~ vendre bon marché ; *einzeln* ~ vendre au détail ; détailler ; *mit Gewinn* ~ vendre avec profit ; *en gros (im Großen)* ~ vendre en gros ; *auf Kredit* ~ vendre à crédit ; *auf Raten* ~ vendre à tempérament ; *zum Selbstkostenpreis* ~ vendre au prix coûtant ; *auf Termin* ~ vendre à terme ; *teuer* ~ vendre cher ; *mit Verlust* ~ vendre à perte.

Verkäufer *m*, - vendeur *m* ; employé *m* de magasin.

Verkäuferin *f*, **nen** vendeuse *f* ; employée *f* de magasin.

Verkäufermarkt *m*, ¨e (*bourse*) marché-vendeur *m* (demande supérieure à l'offre) (*contr. Käufermarkt*).

Verkäuferschulung *f*, **en** formation *f* des vendeurs.

Verkäuferstab *m*, ¨e force *f* de vente ; staff *m* de vendeurs.

verkäuflich à vendre ; vendable ; qui peut être commercialisé ; commercialisable ; *leicht* ~ de vente facile ; facile à commercialiser ; *schwer* ~ de vente difficile ; difficile à écouler.

Verkaufs- (*préfixe*) de la vente ; de(s) vente(s) ; commercial ; de la distribution.

Verkaufsabteilung *f*, **en** service *m* des ventes ; département *m* commercial.

Verkaufsargument *n*, **e** argument *m* de vente ; ~*e* argumentaire *m* de vente.

Verkaufsartikel *m*, - article *m* en vente.

Verkaufsauftrag *m*, ¨e ordre *m* de vente.

Verkaufsausstellung *f*, **en** exposition-vente *f*.

Verkaufsautomat *m*, **en, en** distributeur *m* automatique.

Verkaufsbedingungen *fpl* conditions *fpl* de vente.

Verkaufsboom *m*, **s** boom *m* commercial.

Verkaufsbüro *n*, **s** bureau *m* de(s) vente(s).

Verkaufschef *m*, **s** → *Verkaufsleiter*.

Verkaufseinbruch *m*, ¨e baisse *f* spectaculaire des ventes ; net recul *m* des ventes.

Verkaufserfolg *m*, **e** grand succès *m* de vente ; grosses ventes *fpl* ; *ein großer* ~ *sein* (*fam.*) faire un tabac (*syn. Knüller ; Renner*) ; → *Verkaufsschlager*.

Verkaufserlös *m*, **e** produit *m* de la vente, des ventes ; recettes *fpl* de vente.

Verkaufsfläche *f*, **n** surface *f* de vente ; ~ *von Super- und Verbrauchermärkten* surface de vente de supermarchés et d'hypermarchés.

Verkaufsförderer *m*, - promoteur *m* de(s) vente(s) (*syn. Salespromoter*).

verkaufsfördernd promotionnel ; qui stimule les ventes ; favorable à la vente ; commercial ; *~e Maßnahmen* mesures *fpl* promotionnelles (*contr. verkaufshemmend*).

Verkaufsförderung *f*, **en** promotion *f* des ventes ; stratégie *f* promotionnelle ; → *Incentive* ; *Merchandising* ; *Promotion* ; *Sales-promotion*.

Verkaufsgenossenschaft *f*, **en** coopérative *f* de vente.

Verkaufsgespräch *n*, **e** entretien *m* vendeur-client (le vendeur cherchant à convaincre l'acheteur par ses arguments).

verkaufshemmend anti-commercial ; qui freine les ventes ; défavorable à la vente (*contr. verkaufsfördernd*).

Verkaufsingenieur *m*, **e** ingénieur *m* commercial ; *technischer* ~ ingénieur technico-commercial.

Verkaufskartell *n*, **e** cartel *m* de vente.

Verkaufskraft *f*, ¨e vendeur *f* /vendeuse *f* ; ~ ¨e personnel *m* de vente ; force *f* de vente.

Verkaufsleiter *m*, - chef *m* des ventes ; directeur *m* de(s) vente(s).

Verkaufslimit *n*, **s** prix *m* plafond.

Verkaufslizenz *f*, **en** licence *f* de vente.

Verkaufsmesse *f*, **n** foire *f* d'échantillons.

Verkaufsmethode *f*, **n** méthode *f* de vente.

Verkaufsmonopol *n*, **e** monopole *m* des ventes.

Verkaufsnetz *n*, **e** → *Vertriebsnetz*.

Verkaufsobjekt *n*, **e** objet *m* de (la) vente.

verkaufsoffen : ~*er Samstag* samedi avec ouverture des magasins.
Verkaufsoption *f*, **en** option *f* de vente.
Verkaufsorder *f*, **s** → *Verkaufsauftrag*.
Verkaufsorganisation *f*, **en** organisation *f* de vente, de distribution.
Verkaufspersonal *n*, **ø** personnel *m* de vente ; les vendeurs/-euses.
Verkaufspolitik *f*, **ø** politique *f* de(s) vente(s) ; stratégie *f* commerciale.
Verkaufspraktiken *fpl* → *Verkaufsmethode*.
Verkaufspreis *m*, **e** prix *m* de vente ; *den ~ berechnen* calculer le prix de vente.
Verkaufsprovision *f*, **en** commission *f* sur les ventes ; commission du vendeur.
Verkaufspsychologie *f*, **ø** psychologie *f* de la vente.
Verkaufsrenner *m*, **-** → *Verkaufsschlager*.
Verkaufsrückgang *m*, ¨**e** recul *m*, tassement *m* des ventes ; ventes *fpl* en baisse.
Verkaufsschau *f*, **en** → *Verkaufsausstellung*
Verkaufsschlager *m*, **-** succès *m* de vente ; article *m* à succès ; best-seller *m* ; *sich als ~ erweisen* s'annoncer comme un best-seller ; (*fam.*) faire un tabac ; (*syn. Renner* ; *Hit* ; *Knüller*).
Verkaufsschluss *m*, **ø** → *Ladenschluss*.
verkaufsschwach : ~*e Saison* mauvaise saison *f* commerciale ; saison à faible chiffre d'affaires.
Verkaufsspanne *f*, **n** → *Handelsspanne*.
Verkaufsstand *m*, ¨**e** stand *m*.
verkaufsstark : ~*e Saison* bonne saison *f* commerciale ; saison où l'on a bien vendu.
Verkaufsstart *m*, **s** démarrage *m* des ventes.
Verkaufsstätte *f*, **n** → *Verkaufsstelle*.
Verkaufsstelle *f*, **n** point *m* de vente ; comptoir *m* de vente.
Verkaufstechnik *f*, **en** technique *f* de vente, de commercialisation.
Verkaufstisch *m*, **e** comptoir *m* (de vente).
Verkaufsstrategie *f*, **n** stratégie *f* de vente ; politique *f* de distribution.
Verkaufs- und Einkaufsgenossenschaft *f*, **en** coopérative *f* d'achat et de vente.

Verkaufsurkunde *f*, **n** acte *m* de vente.
Verkaufsverbot *n*, **e** interdiction *f* de vente ; vente *f* interdite.
Verkaufsversprechen *n*, **-** promesse *f* de vente.
Verkaufsvertrag *m*, ¨**e** → *Kaufvertrag*.
Verkaufsvolumen *n*, **-/-mina** volume *m* des ventes ; importance *f* du chiffre d'affaires.
Verkaufswelle *f*, **n** vague *f* de ventes ; période *f* de ventes importantes.
Verkaufswert *m*, **e** valeur *f* vénale ; valeur de vente.
Verkaufszahlen *fpl* chiffres *mpl* des ventes ; *steigende, rückläufige ~ verzeichnen* enregistrer des chiffres de vente en hausse, en baisse.
Verkaufszeit *f*, **en** → *Geschäftszeit*.
Verkaufszentrale *f*, **n** centrale *f* de vente ; groupement *m* pour la vente.
Verkaufsziel *n*, **e** objectif *m* de vente ; → *Sollzahlen*.
Verkaufsziffern *fpl* → *Verkaufszahlen*.
Verkehr *m*, **(e) 1.** trafic *m* ; circulation *f* ; transport *m* ; moyens *mpl* de transport ; *fließender ~* trafic fluide ; *gewerblicher ~* transport professionnel ; *grenzüberschreitender (internationaler) ~* trafic international ; *innerstädtischer ~* transport urbain ; *stockender ~* bouchons *mpl* ; *~ zu Land, zu Wasser, in der Luft* trafic par voie de terre, maritime et fluvial, aérien **2.** commerce *m* ; échanges *mpl* commerciaux **3.** (*personnes*) relations *fpl* ; rapports *mpl* **4.** (*argent*) circulation *f* ; *in ~ bringen* mettre en circulation ; *Banknoten aus dem ~ ziehen* retirer des billets de banque de la circulation.
verkehren circuler ; avoir commerce avec ; être en relation avec ; *zwischen Hamburg und Paris ~* circuler entre Hambourg et Paris ; *mit jdm brieflich ~* entretenir une correspondance avec qqn.
Verkehrsabgabe *f*, **n** taxe *f* de circulation, de transport.
Verkehrsachse *f*, **n** → *Verkehrsader*.
Verkehrsader *f*, **n** axe *m* routier ; voie *f*, artère *f* de communication.
Verkehrsampel *f*, **n** feu *m* de signalisation ; *die ~ zeigt rot* le feu est (au) rouge.
Verkehrsamt *n*, ¨**er** office *m* de tourisme ; syndicat *m* d'initiative ; → *Tourismus*.

Verkehrsanbindung *f,* en desserte *f* d'autoroute ; bretelle *f* (auto)routière ; liaison *f* ; accès *m* aux voies de communicatio.
verkehrsarme Zeit *f,* en heures *fpl* creuses, de faible trafic.
Verkehrsaufkommen *n,* - densité *f* du trafic ; volume *m* du trafic routier ; *ein hohes* (*starkes*) ~ *auf den Autobahnen* trafic intense sur les autoroutes.
Verkehrsbelastung *f,* en → *Verkehrsdichte*.
Verkehrsberuhigung *f,* en réduction *f* du trafic de véhicules ; vitesse *f* limitée (villes, quartiers résidentiels).
Verkehrsbetrieb *m,* e entreprise *f* de transport ; ~*e transports mpl* en commun.
Verkehrsblockade *f,* n circulation *f* bloquée ; blocage *m* de la circulation.
Verkehrsbüro *n,* s → *Verkehrsamt*.
Verkehrschaos *n,* ø embouteillages *mpl* ; chaos *m* routier.
Verkehrsdelikt *n,* e infraction *f* au code de la route.
Verkehrsdichte *f,* ø densité *f,* intensité *f* du trafic.
Verkehrsentlastung *f,* en délestage *m* routier ; résorption *f* des bouchons.
Verkehrsetat *m,* s budget *m* des transports.
verkehrsfähig : (*bourse*) ~*e Wertpapiere* titres *mpl* négociables.
Verkehrsflugzeug *n,* e avion *m* commercial, de ligne.
Verkehrsfluss *m,* ø fluidité *f* du trafic.
Verkehrsgewerbe *n,* ø les transports *mpl*.
Verkehrshypothek *f,* en (*banque*) hypothèque *f* conventionnelle.
Verkehrsinsel *f,* n refuge *m* pour piétons.
Verkehrsknotenpunkt *m,* e nœud *m* d'un réseau (auto)routier ; plaque *f* tournante.
Verkehrskontrolle *f,* n contrôle *m* routier ; contrôle de la circulation.
Verkehrslage *f,* n situation *f* du trafic.
Verkehrsmeldung *f,* en → *Verkehrsnachrichten*.
Verkehrsministerium *n,* -ien ministère *m* des transports.
Verkehrsmittel *npl* moyens *mpl* de transport ; *öffentliche* ~ transports *mpl* en commun ; transports publics.
Verkehrsnachrichten *fpl* informations *fpl* routières.

Verkehrsnetz *n,* e réseau *m* de transport ; *dichtes* ~ réseau à forte densité de transport.
Verkehrsopfer *n,* - victime *f* de la route.
Verkehrsordnung *f,* en code *m* de la route ; *Verstoß gegen die* ~ infraction *f* au code de la route.
Verkehrsplanung *f,* en planification *f* de l'infrastructure routière et ferroviaire.
verkehrspolitisch en matière de politique des transports.
Verkehrspolizist *m,* en, en agent *m* de la circulation.
Verkehrsregel *f,* n règle *f* de circulation.
Verkehrsregelung *f,* en réglementation *f* de la circulation.
verkehrsreich très fréquenté ; animé ; très circulant ; à forte densité de trafic.
Verkehrsschild *n,* er panneau *m* de circulation, de signalisation.
Verkehrsschrift *f,* en sténographie *f* ; sténo (*syn. Kurzschrift*).
Verkehrssicherheit *f,* ø sécurité *f* routière.
verkehrsstark → *verkehrsreich*.
Verkehrsstau *m,* s/e bouchon *m* ; encombrement *m* ; embouteillage *m*.
Verkehrssteuern *fpl* (*fisc*) taxes *fpl* sur les transactions (elles frappent les transactions commerciales et les services : transports, assurances, mutations, etc.) ; (*France*) services *mpl* de l'enregistrement et du timbre.
Verkehrsstockung *f,* en → *Verkehrsstau*.
Verkehrsstraße *f,* n route *f,* voie *f* à grande circulation.
Verkehrssünder *m,* - contrevenant *m* (au code de la route) ; conducteur *m* en infraction.
Verkehrssünderkartei *f,* en → *Verkehrszentralregister*.
Verkehrsteilnehmer *m,* - usager *m* de la route ; automobiliste *m*.
Verkehrstote/r (*der/ein*) → *Verkehrsopfer*.
Verkehrsträger *m,* - transporteur *m* ; entreprise *f* de transports publics ; mode *m* de transport ; moyen *m* de transport.
Verkehrs- und Tarifverbund *m,* ø → *Verkehrsverbund*.
Verkehrsunfall *m,* ¨e accident *m* de la route, de la circulation.

Verkehrsverband m, ¨e (touris.) 1. → *Verkehrsamt* 2. union f des syndicats d'initiative.
Verkehrsverbindung f, **en** communication f (routière, ferroviaire, etc.).
Verkehrsverbund m, ø transport m combiné ; réseau m de transports en commun ; syndicat m de transports urbains ; (Paris) passe m Navigo.
Verkehrsverein m, e → *Verkehrsamt*.
Verkehrsverstopfung f, **en** → *Verkehrsstau*.
Verkehrswarnfunk m, ø radioguidage m ; (fam.) inforoute f.
Verkehrswerbung f, **en** (touris.) publicité f touristique.
Verkehrswert m, ø (finance) valeur f commerciale, courante ; prix m pouvant être obtenu à la vente ; valeur f au jour de l'évaluation.
Verkehrswesen n, ø transports mpl ; transports mpl et communications fpl.
verkehrswidrig en infraction (au code de la route).
Verkehrswissenschaftler m, - spécialiste m des problèmes de transport et de circulation.
Verkehrszeichen n, - signalisation f routière ; *die ~ beachten* respecter la signalisation routière.
Verkehrszentralregister n, - fichier m central des conducteurs (Flensburg) ; fichier des mauvais conducteurs ; *vier Punkte beim ~ ein/büßen* perdre quatre points au fichier central des conducteurs, (France) sur son permis.
verklagen (jur.) porter plainte ; *jdn ~* intenter une action contre qqn ; *auf Schadenersatz ~* poursuivre en dommages-intérêts.
verklappen dégazer en mer.
Verklappung f, **en** dégazage m en mer ; immersion f de produits toxiques en mer.
Verklarung f, **en** rapport m de mer ; constat m d'avarie.
verklauseln → *verklausulieren*.
verklausulieren 1. insérer des clauses (restrictives) (dans un contrat) 2. embrouiller (volontairement) ; rendre obscur.
verknappen diminuer ; réduire qqch ; *sich ~* devenir rare ; se raréfier.
Verknappung f, **(en)** pénurie f ; rareté f ; raréfaction f ; *~ der Arbeitskräfte* pénurie de main-d'œuvre.

verkohlen carboniser ; réduire en, à l'état de charbon.
verkoken cokéfier ; transformer la houille en coke.
Verkokung f, ø cokéfaction f.
verkonsumieren (fam.) consommer.
verkraftbar supportable.
verkraften 1. venir à bout de ; supporter ; digérer ; encaisser ; *einen Verlust ~* assumer une perte **2.** électrifier un réseau.
verkrustet sclérosé ; *~e Strukturen auf/fweichen* assouplir des structures sclérosées.
Verkrustung f, **en** sclérose f ; structures fpl figées ; *~en im Management* management m sclérosé.
verkünden (jur.) annoncer ; publier ; promulguer ; prononcer ; *ein Gesetz ~* promulguer une loi ; *ein Urteil ~* prononcer un jugement.
verkürzen raccourcir ; écourter ; diminuer ; *die Lieferfrist ~* réduire le délai de livraison.
Verkürzung f, **en** réduction f ; raccourcissement m ; *~ der Arbeitszeit* réduction f du temps de travail ; R.T.T. f.
Verladeanlage f, **n** installation f de chargement ; équipement m de manutention.
Verladebahnhof m, ¨e gare f des marchandises ; gare de chargement.
Verladedokumente npl documents mpl d'expédition, de manutention ; récépissés mpl d'expéditioin.
verladen, u, a charger ; expédier ; manutentionner ; *auf Schiff ~* charger sur navire ; *die Waren in den Waggon ~* charger les marchandises dans/sur le wagon.
Verladeort m, e lieu m de chargement ; lieu d'embarquement ; site m de manutention.
Verlader m, - expéditeur m ; manutentionnaire m ; chargeur m.
Verladerampe f, **n** rampe f de chargement.
Verladung f, **en** chargement m ; manutention f ; expédition f.
Verlag m, e maison f d'édition ; groupe m éditorial.
verlagern déplacer ; transférer ; délocaliser ; *die Produktion ins Ausland ~* délocaliser la production à l'étranger ; *Aktivitäten ins Internet ~* transférer ses activités sur le Web ; *den Schwerpunkt der Aktivität auf das Leasing ~* déplacer

le centre de l'activité sur la vente en leasing.

Verlagerung *f,* **en** déplacement *m* ; transfert *m* ; délocalisation *f* ; ~ *der Kaufkraft* transfert du pouvoir d'achat ; ~ *von Dienstleistungen in Billiglohnländer* délocalisation de services dans des pays à main-d'œuvre bon marché.

Verlagerungstrend *m,* **s** tendance *f* à la délocalisation ; vague *f* de délocalisation.

Verlagsbuchhändler *m,* - libraire-éditeur *m.*

Verlagsgruppe *f,* **n** groupe *m* d'édition, éditorial.

Verlagshaus *n,* ¨er → *Verlag.*

Verlagswesen *n,* ø monde *m* de l'édition ; édition *f* ; édition *f* et commerce *m* du livre ; *im ~ arbeiten* travailler dans l'édition.

verlangen exiger ; demander ; revendiquer ; *einen Zahlungsaufschub ~* demander un sursis de paiement.

Verlangen *n,* ø demande *f* ; exigence *f* ; revendication *f* ; désir *m* ; *Muster auf ~* échantillon *m* sur demande.

verlängern allonger ; prolonger ; renouveler ; proroger ; reconduire ; *eine Frist ~* proroger un délai ; *um einen Monat ~* prolonger d'un mois ; *einen Pass ~ lassen* faire renouveler un passeport.

Verlängerung *f,* **en** prolongation *f* ; renouvellement *m* ; prorogation *f* ; allongement *m* ; *stillschweigende ~* (renouvellement par) reconduction *f* tacite ; *~ einer Frist* prolongation d'un délai ; *~ der Lebenserwartung* allongement de l'espérance de vie.

verlangsamen ralentir ; *das Arbeitstempo ~* réduire la cadence de travail.

Verlangsamung *f,* ø ralentissement *m* ; décélération *f* ; *saisonbedingte ~* ralentissement saisonnier.

Verlassenschaft *f,* **en** (*Autriche, Suisse*) (*jur.*) héritage *m* ; succession *f.*

verlautbaren communiquer ; publier ; déclarer ; *amtlich wird verlautbart, dass* on déclare officiellement que ; on apprend de source officielle que.

Verlautbarung *f,* **en** communiqué *m* ; *amtliche ~* communiqué officiel.

verlauten → *verlautbaren.*

verleasen donner en leasing (*contr.* leasen).

Verleaser *m,* - loueur *m* ; société *f* de leasing ; → *Leasinggesellschaft, -geber.*

verlegen 1. éditer ; publier ; *Kunstbücher ~* publier des ouvrages d'art **2.** déplacer ; transférer ; délocaliser ; *den Firmensitz einer Gesellschaft ~* transférer le siège social d'une société ; → *verlagern* **3.** (*date*) ajourner ; différer ; reporter ; *einen Termin ~* repousser à une date ultérieure ; *die Lieferung ist auf die nächste Woche verlegt* la livraison est repoussée à la semaine prochaine **3.** (*technique*) *Kabel ~* poser des câbles ; *eine Ölleitung ~* poser un oléoduc **4.** *etw ~* égarer qqch ; *ein Schreiben ~* égarer un écrit.

Verleger *m,* - éditeur *m.*

Verlegung *f,* **en 1.** transfert *m* ; déplacement *m* ; délocalisation *f* ; *~ der Produktion* délocalisation de la production ; → *Verlagerung* **2.** (*date*) ajournement *m* ; prolongation *f* **3.** (*technique*) installation *f,* mise en place *f* de réseaux.

Verleih *m,* **e** (entreprise *f* de) location *f* ; *~ von Arbeitskräften* agence *f* d'intérim *m* ; agence *f* de main-d'œuvre temporaire ; *~ von Filmen* location de films ; → *Leasing.*

verleihen, ie, ie **1.** prêter ; louer ; *Geld auf Zinsen ~* prêter de l'argent à intérêt → *leihen* ; *borgen* **2.** (*jur.*) conférer ; *ein Recht ~* conférer un droit.

Verleiher *m,* - **1.** bailleur *m* de fonds ; prêteur *m* **2.** loueur *m* ; bailleur *m* ; *~ der Konzession* concédant *m* **3.** (*main-d'œuvre*) agence d'intérim *f* ; agence *f* de main-d'œuvre temporaire.

Verleihfirma *f,* -men **1.** (*main-d'œuvre*) société *f* d'intérim ; entreprise *f* de travail temporaire ; société de travail par intérim ; → *Zeitarbeitsfirma* **2.** (*cinéma*) société *f* de distribution, de location.

Verleihmarkt *m,* ¨e marché *m* de la location.

Verleihung *f,* (**en**) **1.** prêt *m* ; location *f* ; concession *f* ; *die ~ von Rechten* la cession de droits **2.** attribution *f.*

Verleihunternehmen *n,* - → *Verleihfirma.*

verletzen (*jur.*) blesser ; léser ; violer ; *ein Gesetz ~* violer une loi ; *seine Pflicht ~* manquer à son devoir.

Verletztengeld *n,* ø (*assur.*) indemnité *f* d'incapacité de travail temporaire.

Verletztenrente *f,* **n** (*assur.*) pension *f* d'invalidité ; *einem Versicherten eine ~ gewähren* accorder une pension d'invalidité à un assuré.

Verletzung f, en (*jur.*) blessure f ; violation f ; ~ *der beruflichen Schweigepflicht* violation du secret professionnel, du devoir de réserve ; ~ *einer Vorschrift* infraction f à un règlement.

verleumden (*jur.*) calomnier.

Verleumdungskampagne f, n (*jur.*) campagne f de calomnie.

verlieren, o, o perdre ; *an Wert* ~ se déprécier ; *seine Stellung* ~ perdre sa place, son emploi.

Verlierer m, - perdant m (*contr. Gewinner*).

Verlust m, e 1. perte f ; déficit m I. *bei* ~ en cas de perte ; *beträchtlicher* ~ perte sensible ; *mit* ~ à perte ; *reiner* ~ perte nette, sèche ; *unersetzlicher* ~ perte irréparable II. ~ *bringen* causer une perte ; *einen* ~ *entschädigen* (*ersetzen*) réparer, indemniser une perte ; *einen* ~ *erleiden* subir une perte ; *mit* ~ *ab/schließen* se solder par une perte ; *mit* ~*en rechnen* s'attendre à des pertes ; *mit Verlust verkaufen* vendre à perte ; *einen* ~ *verursachen* occasionner une perte ; *einen* ~ *wett/machen* compenser une perte III. ~ *an Marktanteilen* perte de parts de marché ; ~ *des Arbeitsplatzes* perte de l'emploi 2. préjudice m ; dommage m ; (*jur.*) déchéance f.

Verlustabschluss m, ¨e → *Verlustbilanz* ;

Verlustanzeige f, n déclaration f, avis m de perte.

Verlustausgleich m, e compensation f de(s) pertes.

Verlustbetrieb m, e entreprise f qui travaille à pertes, déficitaire.

Verlustbilanz f, en (*comptab.*) bilan m passif ; bilan déficitaire ; perte f d'exploitation ; → *Erfolgsbilanz* ; *Verlust- und Gewinnrechnung*.

verlustbringend déficitaire ; ~*es Geschäft* affaire f non rentable.

Verlustbringer m, - facteur m de pertes financières ; produit m déficitaire ; secteur m responsable des pertes.

Verlustgemeinschaft f, en (*jur.*) masse f des créanciers.

Verlustgeschäft f, e opération f à perte ; affaire f déficitaire ; mévente f.

verlustig (*jur.*) privé de ; déchu de ; *seiner Rechte* ~ *gehen* être déchu de ses droits.

Verlustjahr n, e (*comptab.*) année f déficitaire ; exercice m déficitaire.

Verlustkonto n, -ten (*comptab.*) compte m de pertes ; *auf das* ~ *setzen* inscrire au poste des pertes.

Verlustliste f, n état m des pertes.

Verlustmacher m, - → *Verlustbringer*.

Verlustmeldung f, en (*assur.*) déclaration f de perte.

Verlustpreis m, e prix m déficitaire ; *zum* ~ *verkaufen* vendre à perte.

Verlustquote f, n pourcentage m de perte.

Verlustrechnung f, en (*comptab.*) compte m de pertes, déficitaire ; → *Verlust- und Gewinnrechnung*.

verlustreich → *verlustbringend*.

Verlustrückstellungen fpl (*comptab.*) provisions fpl pour risques et pertes.

Verlustrücktrag m, ¨e (*comptab.*) report m en arrière (des déficits) (*contr. Verlustvortrag*).

Verlustsaldo m, -den (*comptab.*) solde m déficitaire.

Verlust- und Gewinnrechnung f, en (*comptab.*) → *Ergebnisrechnung* ; *Ertrag(s)rechnung* ; *Erfolgsbilanz*.

Verlustverlagerung f, en (*fisc*) comptabilisation f de pertes antérieures dans la déclaration de l'année suivante.

Verlustvortrag m, ¨e (*comptab.*) report m à nouveau (des déficits) ; report des des pertes sur l'excercice suivant ; pertes fpl à reporter sur l'exercice suivant (*contr. Verlustrücktrag*).

Verlustzone f, n zone f rouge ; zone déficitaire ; *in die* ~ *ab/steigen* entrer dans le rouge ; devenir déficitaire.

Verlustzuweisung f, en (*comptab.*) affectation f de pertes ; report m d'un déficit sur l'exercice suivant ; → *Verlustvortrag*.

vermachen (*jur.*) léguer ; *durch Testament* ~ léguer par testament.

Vermächtnis n, se (*jur.*) legs m ; *ein* ~ *aus/schlagen* renoncer à un legs ; refuser un héritage ; *ein* ~ *aus/setzen* faire un legs ; *jdm etw als* ~ *hinterlassen* léguer qqch à qqn.

Vermächtnisnehmer m, - (*jur.*) légataire m.

vermakeln servir d'intermédiaire (dans une transaction).

vermarkten commercialiser ; distribuer ; vendre ; *Produkte* ~ commercialiser des produits ; *dieses Produkt lässt sich gut* ~ ce produit est facile à commercialiser ; (*syn. kommerzialisieren*).

Vermarkter *m*, - personne *f* ou entreprise *f* commercialisant un produit ; distributeur *m* ; société *f* de marketing.
Vermarktung *f*, **en** commercialisation *f* ; distribution *f* ; vente *f* ; marketing *m* (*syn. Kommerzialisierung*).
Vermarktungskosten *pl* frais *mpl* de commercialisation ; coûts *mpl* de distribution.
Vermarktungspolitik *f*, ø politique *f* de commercialisation, de vente ; stratégie *f* de marketing.
vermehren augmenter ; *seinen Reichtum* ~ accroître sa richesse.
Vermehrung *f*, **en** augmentation *f* ; accroissement *m*.
Vermehrungsgut *n*, ¨er (*agric.*) matériel *m* de reproduction.
Vermerk *m*, e 1. remarque *f* ; note *f* ; mention *f* ; *den* ~ *tragen* porter la mention 2. clause *f* ; réserve *f*.
vermerken mentionner ; noter ; indiquer ; *im Protokoll* ~ consigner au procès-verbal ; *etw am Rande* ~ noter en marge (d'un document).
vermessen, a, e prendre les mesures de qqch ; *sich* ~ se tromper dans les mesures.
Vermessung *f*, **en** arpentage *m*.
Vermessungsamt *n*, ¨er (services *mpl* du) cadastre *m* (*syn. Katasteramt*).
Vermessungsingenieur *m*, e géomètre-expert *m*.
Vermessungstechniker *m*, - géomètre *m*.
vermieten donner en location, à bail ; louer ; *zu* ~ à louer ; → ***mieten***.
Vermieter *m*, - loueur *m* ; bailleur *m* ; → ***Mieter***.
Vermietung *f*, **en** location *f* ; louage *m* ; bail *m* à loyer ; loyer *m* (perçu par le propriétaire).
vermindern diminuer ; réduire ; *die Kosten* ~ diminuer les coûts.
Verminderung *f*, **en** diminution *f* ; réduction *f*.
vermitteln 1. servir d'intermédiaire, de médiateur ; *zwischen zwei Gegnern* ~ concilier deux parties adverses 2. procurer ; donner ; *ein Geschäft* ~ procurer une affaire ; *jdm eine Stelle* ~ procurer un emploi à qqn 3. *ein Telefongespräch* ~ établir une communication téléphonique.
Vermittler *m*, - intermédiaire *m* ; médiateur *m* ; correspondant *m* ; *als* ~ *auf/treten* servir de médiateur ; agir en qualité d'intermédiaire.

Vermittlerrolle *f*, **n** rôle *m* d'intermédiaire ; *die* ~ *spielen* servir d'intermédiaire.
Vermittlung *f*, **en** médiation *f* ; entremise *f* ; intervention *f* ; « bons offices » *mpl* ; *durch* ~ *von par* l'intermédiaire de ; ~ *von Arbeitskräften* placement *m* de la main-d'œuvre ; *durch* ~ *der Handelskammer* par l'intermédiaire de la chambre de commerce.
Vermittlungsausschuss *m*, ¨e 1. commission *f* de conciliation, de médiation 2. (*polit.*) *parlamentarischer* ~ commission parlementaire.
Vermittlungsgebühr *f*, **en** droits *mpl* de commission ; courtage *m* ; ducroire *m*.
Vermittlungsprovision *f*, **en** → ***Vermittlungsgebühr***.
Vermittlungsstelle *f*, **n** 1. office *m* de placement (de la main-d'œuvre) 2. (*téléph.*) central *m* téléphonique ; centre de commutation *m*.
Vermittlungsversuch *m*, e tentative *f* de médiation.
Vermögen *n*, - 1. fortune *f* ; biens *mpl* ; patrimoine *m* **I.** *bewegliches* ~ biens mobiliers ; *erworbenes* ~ biens acquis ; acquêts *mpl* (au cours du mariage) ; *persönliches* ~ biens personnels ; fortune individuelle ; *staatliches* ~ biens publics, d'État ; *unbewegliches* ~ fortune immobilière ; biens immobiliers **II.** *ein* ~ *erwerben* acquérir une fortune ; ~ *haben* être fortuné ; *mit seinem ganzen* ~ *haften* être responsable sur tout son patrimoine ; *von seinem* ~ *leben* vivre de ses rentes **III.** ~ *der privaten Haushalte* patrimoine des ménages ; ~ *der öffentlichen Hand* patrimoine d'État ; ~ *der Toten Hand* biens de mainmorte (appartenant à des personnes morales et non transmissibles par succession) ; *Einkünfte aus beweglichem, unbeweglichem* ~ revenus *mpl* mobiliers, fonciers 2. pouvoir *m* ; faculté *f* ; → ***Aktiv-, Anlage-, Betriebs-, Eigen-, Grund-, Kapital-, Umlaufvermögen***.
Vermögensabgabe *f*, **n** → ***Vermögen(s)steuer***.
Vermögensabtretung *f*, **en** (*jur.*) cession *f* de(s) biens.
Vermögensanlage *f*, **n** placement *m* d'un patrimoine.
Vermögensanteil *m*, e part *f* de la fortune ; quote-part *f* du patrimoine.

Vermögensaufstellung *f,* en relevé *m* de fortune ; inventaire *m* des biens ; état *m* du patrimoine.

Vermögensauseinandersetzung *f,* en (*jur.*) liquidation *f* de(s) biens (en cas d'indivision).

Vermögensberater *m,* - conseiller *m* en investissement ; conseil(ler) *m* en patrimoine (*syn. Anlageberater*).

Vermögensbeschlagnahme *f,* n → *Vermögenseinziehung.*

Vermögensbesteuerung *f,* en imposition *f* de la fortune.

Vermögensbeteiligung *f,* en participation *f* au capital.

Vermögensbetreuung *f,* en gestion *f* de patrimoine.

Vermögensbewertung *f,* en évaluation *f* des biens ; estimation *f* du patrimoine.

Vermögensbildung *f,* en constitution *f* d'un capital ; formation *f* d'un patrimoine ; capitalisation *f* ouvrière (par l'épargne ou l'intéressement des salariés aux bénéfices) ; ~ *für die Altersvorsorge* capitalisation pour la retraite.

Vermögensbildungsgesetz *n,* ø loi *f* sur la constitution de patrimoine ; loi sur la constitution de capital.

Vermögenseinkommen *n,* - revenus *mpl* du patrimoine.

Vermögenseinziehung *f,* en confiscation *f,* saisie *f* de(s) biens.

Vermögensertrag *m,* ¨e revenu *m* du capital ; rendement *m* financier du patrimoine.

Vermögensgegenstand *m,* ¨e (*comptab.*) biens *mpl* ; immobilisations *fpl* ; *immaterielle* ~¨e immobilisations incorporelles (valeur comptable des concessions, des droits de propriété industrielle, du fonds commercial, etc.) ; *materielle* ~¨e immobilisations corporelles (valeur comptable des terrains, des constructions, des installations techniques, de l'outillage industriel, etc.).

Vermögenslage *f,* n situation *f* financière ; état *m* patrimonial.

Vermögensliquidation *f,* en (*jur.*) liquidation *f* de biens.

Vermögensmasse *f,* n (*jur.*) masse *f* des biens.

Vermögensmehrung *f,* ø → *Vermögenszuwachs.*

Vermögensnachweis *m,* e déclaration *f* de fortune ; état *m* des biens à déclarer.

Vermögenspolitik *f,* ø ensemble *m* des mesures gouvernementales favorisant la constitution de capital (actionnariat des salariés, épargne populaire, capitalisation pour la retraite privée, etc.) .

Vermögenspolster *n,* - matelas *m* financier.

Vermögensrechte *npl* (*jur.*) droits *mpl* patrimoniaux.

Vermögensrücklagen *fpl* (*comptab.*) réserves *fpl* patrimoniales.

Vermögen(s)steuer *f,* n impôt *m* sur le patrimoine ; taxe *f* sur la fortune ; (*France*) impôt sur la fortune (I.S.F.).

Vermögensstruktur *f,* en structure *f* de patrimoine, de l'actif.

Vermögensübertragung *f,* en (*jur.*) transmission *f* de patrimoine ; cession *f* de biens ; transfert *m* de biens ; ~ *auf die Kinder* transmission du patrimoine aux enfants.

Vermögensumschichtung *f,* en meilleure répartition *f* de la fortune ; restructuration *f* des actifs ; rééquilibrage *m* des biens.

Vermögensverhältnisse *npl* situation *f* patrimoniale, financière ; état *m* de la fortune.

Vermögensverwalter *m,* - administrateur *m* de biens ; gérant *m* de biens ; gestionnaire *m* de patrimoine ; curateur *m*.

Vermögensverwaltung *f,* en gestion *f* de biens.

Vermögensverwaltungsbank *f,* en banque *f* de gestion de patrimoine.

Vermögensverwaltungsgesellschaft *f,* en société *f,* cabinet *m* de gestion de patrimoine.

Vermögenswerte *mpl* (*comptab.*) actif *m* ; valeurs *fpl* d'actifs ; biens *mpl* ; avoirs *mpl* ; *fixe* ~ actif immobilisé ; *realisierbare* ~ actif circulant.

vermögenswirksam favorisant l'épargne ; constitutif d'épargne ; visant la constitution d'un patrimoine ; constituant un capital ; *~e Leistungen* prestations *fpl* qui s'ajoutent au salaire (actions, fonds, etc.) ; *~e Maßnahmen* mesures *fpl* de relance de l'épargne ; *~es Sparen* épargne *f* salariale (subventionnée par l'employeur et l'État) ; → *Vermögensbildung.*

Vermögenszuwachs *m,* (¨e) accroissement *m* de fortune (personnelle) ; aug-

mentation *f* du patrimoine ; plus-value *f* d'actif.
vernetzen (*technique*) relier à un réseau ; constituer un réseau ; (inter)connecter ; câbler.
Vernetzung *f,* **en** (*technique*) mise *f* en réseau ; constitution *f* d'un réseau ; (inter)connexion *f* ; connectique *f.*
Vernichtungswettbewerb *m,* **e** → *Verdrängungswettbewerb.*
veröden (*environnement*) se désertifier.
Verödung *f,* **en** (*environnement*) désertification *f.*
veröffentlichen 1. publier ; rendre public ; *durch Anzeigen* ~ publier par voie d'annonce **2.** (*jur.*) promulguer (loi).
Veröffentlichung *f,* **en 1.** publication *f* ; ~ *der Preise* publication des prix **2.** (*jur.*) promulgation *f.*
Veröffentlichungspflicht *f,* **(en)** obligation *f* pour une société anonyme de publier ses statuts, son bilan.
verordnen (*jur.*) décréter ; ordonner.
Verordnung *f,* **en** (*jur.*) décret *m* ; ordonnance *f* ; arrêté *m* ; *eine* ~ *erlassen* promulguer un décret ; rendre une ordonnance.
Verordnungsweg : (*jur.*) *auf dem* ~ par décret ; par ordonnance.
verpachten 1. donner à bail ; donner en gérance **2.** donner à ferme ; affermer.
Verpächter *m,* - bailleur *m* (à ferme).
Verpachtung *f,* **en 1.** bail *m* ; mise *f* en gérance **2.** bail à ferme ; affermage *m.*
verpacken emballer ; empaqueter ; conditionner ; *vorschriftsmäßig* ~ faire un emballage réglementaire.
Verpackung *f,* **en** emballage *m* ; conditionnement *m* ; paquetage *m* ; *mangelhafte* ~ emballage défectueux ; *maschinelle* ~ emballage automatique ; *umweltfreundliche* ~ éco-emballage ; emballage biodégradable ; *verlorene* ~ emballage perdu ; *wieder verwertbare* ~ emballage recyclable ; *zuzüglich* ~ emballage en sus.
Verpackungsgewicht *n,* **(e)** poids *m* de l'emballage ; tare *f.*
Verpackungskosten *pl* frais *mpl* de conditionnement, d'emballage.
Verpackungsmaterial *n,* **-lien** matériel *m* d'emballage ; de conditionnement.
Verpackungsmüll *m,* ø déchets *mpl* provenant d'emballages perdus.
Verpackungssteuer *f,* **n** taxe *f* sur les emballages perdus.

Verpackungsverordnung *f,* **en** (*Allemagne*) ordonnance *f* sur les emballages (72 % obligatoirement réutilisables).
verpesten → *verschmutzen.*
Verpestung *f,* **en** → *Verschmutzung.*
verpfänden (*jur.*) donner en gage ; mettre en gage ; gager ; donner en nantissement ; (*arch.*) mettre au mont-de-piété ; *verpfändete Ware* marchandise *f* gagée ; *verpfändetes Wertpapier* titre *m,* valeur *f* nanti(e) ; (*fig.*) *sein Wort* ~ engager sa parole ; → *Pfand.*
Verpfänder *m,* - (*jur.*) metteur *m* en gage ; gagiste *m* (*syn. Pfandgeber*).
Verpfändung *f,* **en** (*jur.*) mise *f* en gage ; constitution *f* de gage ; nantissement *m* ; ~ *gegen Lagerschein* warrantage *m* ; *Darlehen gegen* ~ *von Wertpapieren* prêt *m* sur titres nantis ; → *Lombardierung.*
verpflegen nourrir ; ravitailler.
Verpflegung *f,* **en** ravitaillement *m* ; repas *m* .
Verpflegungs- und Übernachtungskosten *pl* frais *mpl* de repas et d'hébergement.
verpflichten (*jur.*) engager ; obliger ; *sich* ~ (*zu*) s'engager (à) ; *durch Bürgschaft* ~ se porter caution ; cautionner ; *sich gegenseitig* ~ s'engager mutuellement ; *sich vertraglich* ~ s'engager par contrat.
verpflichtend (*jur.*) obligatoire ; obligeant ; engageant ; contraignant ; *gegenseitig* ~*er Vertrag* contrat *m* bilatéral.
verpflichtet sein 1. (*corresp.*) être obligé ; *ich bin Ihnen dafür sehr zu Dank* ~ je vous en suis extrêmement obligé **2.** (*jur.*) être astreint, tenu ; *er ist vertraglich dazu* ~ il s'(y) est engagé par contrat ; il y est tenu par contrat.
Verpflichtung *f,* **en** (*jur.*) obligation *f* ; engagement *m* **I.** *finanzielle* ~ obligation financière ; *gesamtschuldnerische* ~ engagement, obligation solidaire ; *rechtliche* ~ engagement juridique ; *vertragliche* ~ engagement contractuel, conventionnel **II.** *eine* ~ *ein/gehen* prendre un engagement ; *seinen* ~*en nach/kommen* (*seine* ~*en erfüllen*) s'acquitter de ses obligations ; faire face à ses engagements ; → *Garantie-, Zahlungsverpflichtung.*
Verpflichtungsermächtigung *f,* **en** (*jur.*) autorisation *f* d'engagement de fonds ; crédits *mpl* d'engagement (cela

concerne certains avoirs non encore sollicités des communes, provenant de subventions de l'État pour des projets de construction).

Verpflichtungsschein *m*, **e** (*jur.*) certificat *m* d'engagement ; reconnaissance *f* de dette.

Verpflichtungsverfahren *n*, - (*jur.*) procédure *f* d'engagement.

verpfründen : (*Suisse*) *jdm etw* ~ céder qqch en viager à qqn.

verpfuschen (*fam.*) bousiller ; saboter (son travail).

verplanen 1. faire une erreur de planification **2.** programmer ; prévoir ; *auf Monate hinaus verplant sein* carnet *m* de rendez-vous complet sur des mois.

verplomben plomber (wagon, conteneur, etc.).

verpulvern (*fam.*) claquer du fric.

verramschen (*fam.*) solder ; bazarder ; brader.

Verramschung *f*, (**en**) braderie *f* ; liquidation *f* d'un stock (à bas prix).

verrechnen 1. (*comptab.*) porter au compte ; passer en compte ; imputer ; affecter (*syn. buchen, verbuchen*) **2.** (*finance*) régler ; compenser ; faire une compensation **3.** *sich* ~ faire une erreur de calcul.

Verrechnung *f*, **en 1.** (*comptab.*) enregistrement *m* comptable ; passation *f* en compte ; virement *m* ; imputation *f* ; *nur zur* ~ à porter en compte ; par virement exclusivement ; ~ *durch Scheck* paiement *m* par chèque ; chèque *m* à porter en compte **2.** (*finance*) règlement *m* ; compensation *f* ; clearing *m* ; *internationale ~en* règlements *mpl* internationaux ; *~en in konvertierbaren Währungen* règlements en devises convertibles ; → **Clearing**.

Verrechnungsabkommen *n*, - accord *m* de compensation, de clearing.

Verrechnungsbank *f*, **en** banque *f* de compensation, de clearing.

Verrechnungseinheit *f*, **en** (*VE*) unité *f* de compte ; monnaie *f* de compte.

Verrechnungsgeschäft *n*, **e** opération *f* de compensation, de clearing.

Verrechnungskonto *n*, **-ten** compte *m* de compensation, de clearing.

Verrechnungskurs *m*, **e** cours *m* de compensation, de clearing ; coefficient *m* de conversion.

Verrechnungsmechanismus *m*, **-men** mécanisme *m* de compensation, de clearing.

Verrechnungsscheck *m*, **s** chèque *m* à porter en compte ; chèque barré.

Verrechnungsstelle *f*, **n** office *m*, chambre *f* de compensation.

Verrechnungssystem *n*, **e** système *m* de compensation, de règlement.

Verrechnungsverfahren *n*, - procédure *f* de clearing ; *im* ~ par voie de clearing.

Verrechnungswährung *f*, **en** monnaie *f* de compte ; devise *f* de règlement.

verrenten 1. mettre à la retraite **2.** transformer (un capital placé) en rente.

Verrentung *f*, **en 1.** mise *f* à la retraite ; départ *m* à la retraite ; *vorgezogene* (*vorzeitige*) ~ préretraite ; retraite anticipée **2.** transformation *f* d'un capital en un versement de rentes mensuelles ; ~ *der Leistung einer Lebensversicherung* choix de sortie d'un capital d'assurance-vie sous forme de rente (versée à l'expiration du contrat).

verrichten exécuter ; faire ; accomplir ; *eine Arbeit* ~ s'acquitter d'une tâche ; *seinen Dienst* ~ remplir ses fonctions.

Verrichtung *f*, **en** exécution *f* ; accomplissement *m*.

verringern diminuer ; réduire ; baisser ; abaisser ; *das Arbeitstempo* ~ diminuer les cadences ; réduire la cadence, le rythme de travail.

Verringerung *f*, **en** diminution *f* ; réduction *f* ; baisse *f* ; abaissement *m* ; ~ *des Personalbestands* compression *f* des effectifs.

versagen échouer ; faillir ; ne pas fonctionner ; *auf der ganzen Linie* ~ échouer sur toute la ligne.

Versagen *n*, ø échec *m* ; non-fonctionnement *m* ; *technisches* ~ défaillance *f* technique.

versammeln réunir ; rassembler ; *sich* ~ se réunir.

Versammlung *f*, **en** réunion *f* ; assemblée *f* ; rassemblement *m* ; meeting *m* **I.** *außerordentliche* ~ assemblée extraordinaire ; *beratende* (*konsultative*) ~ assemblée consultative ; *beschließende* ~ assemblée délibérante ; *gesetzgebende* ~ assemblée législative ; *gewählte* ~ assemblée élue **II.** *eine* ~ *ein/berufen* convoquer une assemblée ; *eine* ~

ab/halten tenir une assemblée ; *an einer* ~ *teil/nehmen* assister à une assemblée, à une réunion.
Versammlungsfreiheit *f*, ø (*polit.*) liberté *f* de réunion.
Versand *m*, ø envoi *m* ; expédition *f* ; livraison *f*.
Versandabteilung *f*, en service *m* (d') expédition.
Versandanzeige *f*, n avis *m* d'expédition.
Versandbahnhof *m*, ¨e gare *f* expéditrice.
versandbereit → *versandfertig*.
Versandbuchhandel *m*, ø vente *f* de livres par correspondance, par Internet ; distribution *f* directe (club, guilde du livre, Amazon).
versandfertig prêt à être expédié ; *Waren* ~ *machen* préparer l'expédition de(s) marchandises.
Versandfirma *f*, -men **1.** firme *f* d'expédition **2.** maison *f* de vente par correspondance ; (*Internet*) commerce *m* en ligne ; distribution *f* directe.
Versandgebühren *fpl* frais *mpl* d'expédition.
Versandgeschäft *n*, e maison *f* de vente par correspondance ; distribution *f* directe.
Versandgut *n*, ¨er marchandise *f* à expédier.
Versandhandel *m*, ø vente *f* par correspondance ; distribution *f* directe (catalogue, CD-ROM, Internet, etc.).
Versandhaus *n*, ¨er **1.** maison *f* de vente par correspondance ; distribution *f* directe **2.** → *Versandfirma*.
Versand(haus)katalog *m*, e catalogue *m* de vente par correspondance.
Versandkauf *m*, ¨e achat *m*, vente *f* par correspondance ; transaction *f* par distribution directe.
Versandkosten *pl* frais *mpl* d'envoi ; frais d'expédition.
Versandort *m*, e lieu *m* d'expédition.
Versandpapiere *npl* papiers *mpl*, documents *mpl* d'expédition ; documents *mpl* douaniers de transit.
Versandschein *m*, e bulletin *m*, bordereau *m* d'expédition.
Versandverfahren *n*, - (*U.E.*) opérations *fpl* de transit ; *gemeinschaftliches* ~ transit *m* communautaire.
Versandwechsel *m*, - → *Distanzwechsel*.

Versatz *m*, ø mise *f* en gage ; *in* ~ *geben* donner en gage.
Versatzamt *n*, ¨er (*Autriche*) crédit *m* municipal ; (*arch.*) mont-de-piété *m*.
Versatzstück *n*, e gage *m* ; objet *m* gagé.
versäumen manquer ; omettre.
Versäumnis *n/f*, se (*jur.*) manquement *m* ; omission *f* ; oubli *m* ; *ein(e)* ~ *nach/holen* réparer un oubli.
Versäumnisurteil *n*, e (*jur.*) jugement *m* par défaut.
verschachern (*fam.*) vendre (après marchandage) ; brader.
verschachteln concentrer ; former des trusts.
Verschachtelung *f*, en participation *f* de sociétés au capital d'autres sociétés ; participations croisées, réciproques ; concentration *f* par prise de participations ; holding *f/m* ; ~ *von Unternehmen* interdépendance *f* d'entreprises.
verschaffen procurer ; *sich Geld* ~ se procurer de l'argent ; trouver des fonds.
Verschaffung *f*, en fourniture *f* ; action *f* de procurer qqch.
verschandeln : (*environnement*) *eine Landschaft* ~ défigurer un paysage ; polluer visuellement un site.
Verschand(e)lung *f*, en (*environnement*) défiguration *f* ; ~ *der Landschaft durch Windkraftanlagen* défiguratioin d'un site par des éoliennes.
verschärfen aggraver ; intensifier ; durcir ; *Kontrollen* ~ renforcer les contrôles.
Verschärfung *f*, ø aggravation *f* ; durcissement *m* ; ~ *der Krise* aggravation de la crise.
verscherbeln (*fam.*) vendre ; brader.
verscheuern (*fam.*) → *verscherbeln*.
verschicken envoyer ; expédier ; *Prospekte, Kataloge* ~ envoyer des prospectus, des catalogues (*syn. versenden*).
Verschickung *f*, en envoi *m* ; expédition *f* (*syn. Versand*).
Verschiebebahnhof *m*, ¨e gare *f* de triage (*syn. Rangierbahnhof*).
verschieben, o, o **1.** différer ; ajourner ; retarder ; *um acht Tage* ~ remettre à huitaine **2.** décaler ; surseoir à ; déplacer **3.** se livrer à un trafic illégal, clandestin de ; trafiquer ; *Waren* ~ se livrer à un trafic de marchandises ; *Waffen ins Ausland* ~ faire du trafic d'armes avec l'étranger.

Verschiebung *f,* **en** 1. ajournement *m* ; report *m* ; ~ *des Liefertermins* report du délai de livraison 2. déplacement *m* ; décalage *m* ; ~ *der Nachfrage* déplacement de la demande 3. trafic *m* illégal ; ~ *von Geldern* transfert *m* illégal de capitaux ; trafic de devises.
verschiffen transporter par voie maritime ; embarquer ; mettre à bord.
Verschiffung *f,* **en** chargement *m* ; embarquement *m* ; transport *m* par voie maritime ou fluviale ; mise *f* à bord.
Verschiffungshafen *m,* ¨ port *m* de chargement, d'embarquement.
verschlanken alléger ; réduire ; dégraisser ; *das Personal* ~ réduire le personnel ; *den Staat* ~ alléger le budget de fonctionnement de l'État.
Verschlankung *f,* **en** dégraissage *m* ; allègement *m*.
verschlechtern aggraver ; détériorer ; *sich* ~ empirer ; se dégrader.
Verschlechterung *f,* **en** détérioration *f* ; aggravation *f* ; ~ *der Arbeitsmarktlage* dégradation *f* du marché de l'emploi ; ~ *der Zahlungsbilanz* détérioration de la balance des paiements.
verschleiern dissimuler ; truquer ; *verschleierte Arbeitslosigkeit* chômage *m* larvé, caché ; *die Bilanz* ~ maquiller le bilan.
Verschleierung *f,* **en** dissimulation *f* ; ~ *der Vermögenslage* dissimulation de la situation financière.
Verschleierungstaktik *f,* **en** procédé *m* de camouflage ; pratique *f* mensongère.
Verschleiß *m,* **e** 1. (*comptab.*) usure *f* ; dépréciation *f* amortissable ; *technischer* ~ usure physique ; ~ *durch Abnutzung* usure du matériel utilisé ; → *Abschreibung* 2. (*Autriche*) vente *f* ; débit *m*.
verschleudern 1. brader ; vendre à vil prix 2. dilapider ; gaspiller ; *sein Vermögen* ~ dilapider sa fortune.
Verschleuderung *f,* **en** 1. braderie *f* ; vente *f* à vil prix 2. dilapidation *f* ; gaspillage *m*.
verschlimmern → *verschlechtern*.
Verschluss *m,* ¨e (*douane*) fermeture *f* ; scellés *mpl* ; *unter* ~ sous clé ; plombé ; *einen* ~ *an/legen* apposer un sceau ; *unter* ~ *halten* garder en lieu sûr ; *eine Ware in* ~ *legen* mettre une marchandise à l'entrepôt.

Verschlussanerkenntnis *f,* **e** (*douane*) certificat *m* d'agrément ; certificat de clôture douanière.
verschlüsseln chiffrer ; coder ; verrouiller ; crypter ; *verschlüsselte Nachricht* ~ message *m* codé ; *Daten* ~ coder des informations.
Verschlüsselung *f,* **en** chiffrage *m* ; codage *m* ; codification *f* ; cryptage *m*.
Verschlüsselungstechnik *f,* **en** technique *f* de codage.
Verschlüsselungstechniker *m,* - spécialiste *m* du codage.
Verschlusssache *f,* **n** document *m* à conserver en lieu sûr ; document *m* secret, confidentiel.
verschmelzen, o, o 1. (*ist*) fusionner ; *mit einer Gesellschaft* ~ fusionner avec une société 2. (*hat*) *zwei AGs* ~ fusionner deux sociétés anonymes ; → *fusionieren*.
Verschmelzung *f,* **en** fusion *f* ; ~ *durch Aufnahme* fusion par absorption, par annexion ; → *Fusion*.
verschmutzen polluer ; salir ; *die Umwelt* ~ polluer l'environnement.
Verschmutzer *m,* - pollueur *m*.
Verschmutzung *f,* **en** pollution *f* ; *industrielle* ~ pollution par l'industrie ; ~ *der Luft* pollution atmosphérique.
verschrotten (*voiture*) mettre à la ferraille, à la casse ; (*bateau*) désarmer ; (*fusées, armes*) démanteler.
Verschrottung *f,* **en** envoi *m* à la casse ; mise *f* à la casse ; mise au rebut ; destruction *f*.
Verschrottungsprämie *f,* **n** prime *f* de mise à la casse.
verschulden 1. (*jur.*) être responsable de ; causer par sa faute ; *einen Unfall* ~ causer un accident 2. *sich* ~ s'endetter.
Verschulden *n,* ø (*jur.*) faute *f* ; culpabilité *f* ; fait *m* illicite ; *durch eigenes* ~ par sa propre faute ; *durch fremdes* ~ par la faute d'un tiers ; *vertragliches* ~ faute contractuelle.
verschuldensunabhängig : (*jur.*) ~*e Haftung* responsabilité *f* objective.
verschuldet sein être endetté ; être criblé de dettes.
Verschuldung *f,* **en** endettement *m* ; *kurz-, mittel-, langfristige* ~ endettement à court, moyen, long terme ; *übermäßige* ~ surendettement ; *wachsende* ~ endettement croissant ; ~ *der Dritten Welt* endettement du Tiers-Monde ; ~ *der öffentlichen Hand* endettement public.

Verschuldungsgrad *m,* e niveau *m* d'endettement ; ratio *m* d'endettement.
verschwenden gaspiller ; dilapider ; *Geld* ~ gaspiller de l'argent.
Verschwendung *f,* **en** gaspillage *m* ; ~ *öffentlicher Gelder* dilapidation *f* des deniers publics.
Verschwendungssucht *f,* ø (manie *f* du) gaspillage *m*.
verschwiegen discret ; réservé.
Verschwiegenheit *f,* ø discrétion *f* ; *wir bitten um* ~ nous sollicitons votre discrétion.
Verschwiegenheitspflicht *f,* **(en)** devoir *m* de discrétion ; *berufliche* ~ obligation *f* au secret professionnel ; *(fonctionnaires)* obligation de réserve.
Versehen *n,* - faute *f* ; méprise *f* ; *aus* ~ par inadvertance.
versehen, a, e munir ; revêtir ; pourvoir ; *mit seiner Unterschrift* ~ apposer sa signature ; *mit Vollmacht* ~ investir d'un pouvoir.
verselb(st)ständigen : *sich* ~ se mettre à son compte ; se rendre indépendant.
Verselb(st)ständigkeitsanalyse *f,* **n** *(médecine)* analyse *f* du besoin d'assistance d'une personne handicapée.
versenden, a, a expédier ; envoyer ; *ins Ausland* ~ expédier à l'étranger *(syn. verschicken).*
Versender *m,* - expéditeur *m* ; commissionnaire *m* de transport.
Versendung *f,* **en** envoi *m* ; expédition *f* ; → *Versand.*
Versendungsland *n,* ¨er pays *m* de provenance *(syn. Herkunftsland ; contr. Bestimmungsland).*
versetzen 1. muter ; changer d'affectation ; *versetzte Arbeitszeiten* horaires *mpl* décalés ; *einen Beamten* ~ muter, déplacer un fonctionnaire **2.** mettre en gage ; mettre au mont-de-piété ; donner en nantissement ; *seine Uhr* ~ mettre sa montre en gage.
Versetzung *f,* **en** mutation *f* ; nouvelle affectation *f* ; ~ *in den Ruhestand* mise *f* à la retraite ; ~ *in den Wartestand* mise en disponibilité.
verseuchen polluer ; infecter ; contaminer.
Verseuchung *f,* **en** pollution *f* ; infection *f* ; *radioaktive* ~ contamination *f* radioactive.
versicherbar assurable ; *~es Risiko* risque *m* pris en charge (couvert) par l'assurance.

Versicherer *m,* - assureur *m*.
versichern assurer ; garantir ; couvrir ; *ausreichend, unzureichend versichert sein* être bien, mal assuré ; *sich gegen Diebstahl* ~ s'assurer contre le vol ; *sein Leben* ~ s'assurer sur la vie ; contracter une assurance-vie.
Versicherte/r *(der/ein)* assuré *m* ; souscripteur *m* d'assurance ; preneur *m* d'assurance ; *freiwillig* ~ assuré *m* volontaire.
Versicherung *f,* **en 1.** assurance *f* ; *eine* ~ *ab/schließen* contracter une assurance ; *eine* ~ *kündigen* résilier une assurance ; *durch eine* ~ *abgedeckt sein* être couvert par une assurance ; ~ *gegen Arbeitsunfälle* assurance contre les accidents du travail ; ~ *auf Gegenseitigkeit* assurance mutuelle ; ~ *auf den Todesfall* assurance-décès *f* **2.** *(jur.) eidesstattliche* ~ attestation *f* sous (la foi du) serment ; affidavit *m* ; → *Erlebens-, Lebens-, Rückversicherung.*
Versicherungsablauf *m,* ¨e expiration *f* d'une assurance.
Versicherungsabschluss *m,* ¨e conclusion *f* d'une assurance ; signature *f* d'un contrat d'assurance.
Versicherungsagent *m,* **en, en** → *Versicherungsvertreter.*
Versicherungsanspruch *m,* ¨e **1.** garanties *fpl* couvertes par un contrat d'assurances **2.** (sommes *fpl* investies en) contrats *mpl* d'assurances.
Versicherungsanstalt *f,* **en** → *Versicherungsgesellschaft.*
Versicherungsauszug *m,* ¨e avenant *m* d'assurance (acte constatant des modifications aux clauses primitives d'un contrat) *(syn. Policenachtrag).*
Versicherungsbeitrag *m,* ¨e → *Versicherungsprämie.*
Versicherungsbestätigungskarte *f,* **n** *(auto.)* attestation *f* d'assurance (à présenter avant la mise en circulation d'un véhicule).
Versicherungsbetrug *m,* ¨e fraude *f,* escroquerie *f* à l'assurance.
Versicherungsbetrüger *m,* - fraudeur *m* à l'assurance.
Versicherungsdauer *f,* ø durée *f* d'une assurance.
versicherungsfähig → *versicherbar.*
Versicherungsfall *m,* ¨e sinistre *m*.
versicherungsfremd hors-assurance ; non-couvert par l'assurance ; *~e Leis-*

tungen prestations *fpl,* risques *mpl* non-couvert(e)s par l'assurance ou la sécurité sociale.

Versicherungsgeber *m,* - → **Versicherer.**

Versicherungsgesellschaft *f,* en compagnie *f,* société *f* d'assurances ; ~ *auf Gegenseitigkeit* société *f* mutuelle d'assurances.

Versicherungsgewerbe *n,* - les assurances *fpl* ; le secteur des assurances.

Versicherungsjahr *n,* e **1.** année *f* du contrat d'assurance **2.** année *f* de cotisation ; année cotisée à l'assurance-vieillesse ; annuité *f.*

Versicherungskarte *f,* n : (*auto.*) *internationale* ~ carte *f* verte (*syn. grüne Deckungskarte*).

Versicherungskaufmann *m,* ¨er/leute → **Versicherungsmakler.**

versicherungskaufmännisch : *eine ~e Ausbildung machen* suivre une formation de courtage en assurances.

Versicherungskonzern *m,* e groupe *m* d'assurances.

Versicherungsleistung *f,* en prestation *f* d'assurance.

Versicherungsmakler *m,* - courtier *m* en assurances ; agent *m* d'assurances.

Versicherungsmarkt *m,* ¨e marché *m* de l'assurance.

Versicherungsmathematiker *m,* - actuaire *m* (statisticien spécialisé dans les questions d'assurances et de prévoyance sociale).

versicherungsmathematisch actuariel ; relatif aux calculs de probabilité ; *~e Methoden* méthodes *fpl* d'actuaire ; analyses *fpl* actuarielles.

Versicherungsnachweis *m,* e attestation *f* d'assurance.

Versicherungsnehmer *m,* - → **Versicherte/r.**

Versicherungspflicht *f,* en obligation *f* d'assurance ; assujettissement *m,* affiliation *f* obligatoire (aux assurances sociales).

Versicherungspflichtgrenze *f,* n plafond *m* de la sécurité sociale ; salaire-plafond *m* servant au calcul des cotisations.

versicherungspflichtig assujetti à l'assurance ; assurance obligatoire.

Versicherungspolice *f,* n police *f* d'assurance ; *übertragbare* ~ police d'assurance transmissible.

Versicherungsprämie *f,* n prime *f* d'assurance.

Versicherungsprodukt *n,* e produit *m* d'assurance.

Versicherungsrückkauf *m,* ¨e rachat *m* d'assurance.

Versicherungsschein *m,* e → **Versicherungsnachweis.**

Versicherungsschutz *m,* ø couverture *f* d'assurance ; garanties *fpl.*

Versicherungssumme *f,* n capital *m* assuré ; montant *m* de l'assurance ; somme *f* assurée.

Versicherungssystem *n,* e → **Versicherungswesen.**

versicherungstechnisch → **versicherungsmathematisch.**

Versicherungsträger *m,* - assureur *m* ; organisme *m* d'assurance.

Versicherungsunternehmen *n,* - → **Versicherungsgesellschaft.**

Versicherungsverein *m* **auf Gegenseitigkeit** mutuelle *f* ; société *f* d'assurances mutuelle.

Versicherungsvertrag *m,* ¨e contrat *m* d'assurance ; *Ablauf des ~s* expiration *f* du contrat d'assurance ; *Abschluss eines ~s* conclusion *f* d'un contrat d'assurance ; *Laufzeit des ~s* durée *f* du contrat d'assurance.

Versicherungsvertreter *m,* - agent *m* d'assurance(s) ; courtier *m* en assurances.

Versicherungswert *m,* e valeur *f* assurée, d'assurance ; *taxierter* ~ valeur agréée.

Versicherungswesen *n,* ø secteur *m* des assurances ; les assurances *fpl.*

Versicherungswirtschaft *f,* en → **Versicherungswesen.**

Versicherungszeiten *fpl* période *f* assurée, cotisée ; nombre *m* d'annuités à prendre en compte pour établir le montant de la retraite.

versiegeln (*jur.*) sceller ; cacheter ; *gerichtlich* ~ apposer les scellés.

versiegen tarir (source) ; *bald ~ die Ölquellen* les sources *fpl* de pétrole seront bientôt taries.

versilbern 1. argenter **2.** (*fam.*) vendre ; monnayer.

versorgen 1. approvisionner ; ravitailler ; distribuer ; *mit Lebensmitteln* ~ fournir des vivres **2.** *seine Kinder* ~ subvenir aux besoins de ses enfants ; *immer mehr Rentner werden von immer weniger*

Berufstätigen versorgt de moins en moins d'actifs subviennent aux besoins de plus en plus de retraités.

Versorger *m,* - distributeur *m* ; ravitailleur *m* ; fournisseur *m* ; approvisionneur *m*.

Versorgung *f,* en 1. approvisionnement *m* ; distribution *f* ; fourniture *f* ; ravitaillement *m* ; ~ *mit Arbeitskräften* fourniture de main-d'œuvre ; ~ *mit Nahrungsmitteln* approvisionnement en denrées alimentaires ; ~ *mit Rohstoffen* approvisionnement en matières premières 2. entretien *m* ; charge *f* ; aide *f* sociale ; prévoyance *f* ; retraite *f.*

Versorgungsanspruch *m,* ¨e (*jur.*) droit *m* à une pension, à une retraite.

Versorgungsanteil *m,* e participation *f* de la sécurité sociale aux soins.

Versorgungsanwartschaft *f,* en (*jur.*) droits *mpl* à la retraite en cours de formation ; nombre *m* d'annuités acquises.

Versorgungsausgleich *m,* e (*jur.*) règlement *m* des prestations compensatoires après divorce.

versorgungsbedürftig nécessiteux ; défavorisé ; ~*e Haushalte* ménages *mpl* défavorisés.

versorgungsberechtigt ayant droit à une pension ; bénéficiaire de l'aide sociale.

Versorgungsbeträge *mpl* sommes *fpl* versées au titre d'une pension, d'une rente.

Versorgungsbetrieb *m,* e entreprise *f* (publique ou privée) de production et de distribution (eau, gaz et électricité) ; entreprise de transport ; (*Allemagne*) RWE ; E.on ; (*France*) E.D.F.-G.D.F. ; R.A.T.P.

Versorgungsbezüge *mpl* assistance *f* financière ; rente *f* ; pension *f*.

Versorgungskasse *f,* n caisse *f* de pension, de retraite ; *die selb*(*st*)*ständigen ~n* les caisses de retraite indépendantes.

Versorgungskrise *f,* n crise *f* d'approvisionnement ; impasse *f* de ravitaillement.

Versorgungsleistung *f,* en allocation *f* (type R.M.I.) ; prestation *f* sociale.

Versorgungslücke *f,* n trou *m* financier ; *eine ~ durch private Vorsorge schließen* combler un déficit par l'assurance-prévoyance privée.

Versorgungsniveau *n,* s niveau *m* d'approvisionnement ; niveau de couverture sociale.

Versorgungsplan *m,* ¨e plan *m* de retraite.

Versorgungsprinzip *n,* -ien régime *m* d'allocation ; régime d'indemnisation.

Versorgungsquellen *fpl* sources *fpl* d'approvisionnement.

Versorgungsstaat *m,* en (*polit.*) État *m* social ; État à vocation sociale ; → **Wohlfahrtsstaat**.

Versorgungsträger *m,* - organisme *m* chargé de verser les pensions et retraites.

Versorgungswerk *n,* - œuvre *f* sociale (d'entreprise).

Versorgungswirtschaft *f,* ø secteur *m* de l'énergie, du gaz, de l'électricité et des transports ; (*France*) E.D.F.-G.D.F. ; R.A.T.P.

verspekulieren perdre en spéculation ; *sich ~* se tromper ; *er hat sein Vermögen verspekuliert* il a perdu sa fortune en spéculations hasardeuses.

verspielen perdre (les bonnes grâces de qqn) ; *das Vertrauen bei den Anlegern ~* perdre la confiance des investisseurs.

Versprechen *n,* - promesse *f* ; *privatschriftliches ~* promesse sous seing privé.

versprechen, a, o 1. promettre 2. *sich ~* faire un lapsus.

verstaatlichen étatiser ; nationaliser ; socialiser ; *Privatbetriebe ~* nationaliser des entreprises privées (*syn. nationalisieren, sozialisieren, vergesellschaften*).

Verstaatlichung *f,* en nationalisation *f* ; étatisation *f* ; socialisation *f* (*contr. Privatisierung*).

verstädtern 1. urbaniser 2. adopter un mode de vie citadine.

Verstädterung *f,* (en) urbanisation *f.*

Verständigung *f,* en entente *f* ; arrangement *m* ; accord *m* ; *gütliche ~* accord amiable.

Verständigungsverfahren *n,* - procédure *f* de règlement amiable.

Versteigerer *m,* - commissaire-priseur *m* (*syn. Auktionator*).

versteigern vendre aux enchères ; mettre aux enchères ; *die beschlagnahmten Waren wurden versteigert* les marchandises *fpl* saisies ont été vendues aux enchères.

Versteigerung *f,* en vente *f* aux enchères ; adjudication *f* ; vente à l'encan ; *gerichtliche ~* vente judiciaire ;

versteuerbar 748

vente sur adjudication ; *öffentliche ~* vente (aux enchères) publique(s) ; → *Auktion* ; *Zwangsversteigerung.*
versteuerbar imposable ; taxable.
versteuern imposer ; taxer ; payer des impôts sur qqch ; déclarer au fisc ; *sein Einkommen ~* déclarer ses revenus ; *versteuert* tous droits payés.
Versteuerung *f,* **en** imposition *f* ; taxation *f* ; versement *m* d'impôts.
Versteuerungsgrundlage *f,* **n** assiette *f* de l'impôt.
Verstoß *m,* ¨**e** (*jur.*) infraction *f* ; faute *f* ; atteinte *f* ; *~ gegen die Vorschrift* infraction au règlement.
verstrahlen contaminer par radioactivité ; irradier.
Verstrahlung *f,* **en** contamination *f* radioactive ; irradiation *f.*
verstromen transformer en courant électrique ; produire de l'électricité.
Verstromung *f,* **en** transformation *f* en courant électrique.
Verstromungsgesetz *n,* **e** (*Allemagne*) loi *f* en faveur de l'utilisation du charbon dans les centrales électriques.
Verstromungskohle *f,* **(n)** houille *f* destinée à la production d'électricité.
Versuch *m,* **e** essai *m* ; expérimentation *f* ; tentative *f.*
Versuchsballon *m,* **s** ballon *m* d'essai ; *einen ~ steigen lassen* lancer un ballon d'essai.
Versuchsbetrieb *m,* **e** entreprise *f* pilote.
Versuchsfeld *n,* **er** (*agric.*) champ *m* réservé à la culture expérimentale de plantes transgéniques.
Versuchslabor *n,* **s/e** laboratoire *m* d'expérimentation ; centre *m* d'essais ; centre de tests.
Versuchsmarkt *m,* ¨**e** marché-test *m* ; marché *m* pilote.
Versuchsreihe *f,* série *f* d'expériences, d'essais.
Versuchsstadium *n,* **-dien** stade *m* expérimental.
Versuchsstation *f,* **en** station *f* d'essais.
vertagen ajourner ; reporter ; différer ; *eine Hauptversammlung ~* ajourner une assemblée générale ; *auf unbestimmte Zeit ~* remettre à une date ultérieure ; repousser sine die.
Vertagung *f,* ø ajournement *m* ; remise *f.*

Verteidiger *m,* - (*jur.*) avocat *m* (*syn. Anwalt*).
Verteidigung *f,* **en** (*jur.*) défense *f* (en justice).
verteilen 1. répartir ; distribuer ; partager ; dispatcher ; ventiler ; *Gewinne ~* distribuer des bénéfices **2.** *sich ~ über* s'étaler sur.
Verteiler *m,* - distributeur *m* ; dispatcheur *m* ; répartiteur *m* ; (*corresp.*) (services) destinataires *mpl* ; liste *f* des destinataires.
Verteilernetz *n,* **e** réseau *m* de distribution.
Verteilerring *m,* **e** réseau *m* (illégal) de distribution.
Verteilung *f,* **en** répartition *f* ; distribution *f* ; partage *m* ; ventilation ; dispatching *m* ; *statistische ~* distribution statistique ; *~ nach Berufen* répartition professionnelle ; *~ der Kosten* ventilation des coûts ; *~ der Steuerlast* répartition des impôts.
Verteilungsgerechtigkeit *f,* ø (*fisc*) justice *f* fiscale par répartition ; répartition *f* fiscale équitable ; équité *f* devant l'impôt ; → *Steuergerechtigkeit.*
Verteilungsmechanismus *m,* **-men** mécanisme *m* de répartition.
Verteilungsnetz *n,* **e** (*énergie*) réseau *m* de distribution.
Verteilungsprinzip *n,* **-ien** principe *m* de répartition.
Verteilungsregel *f,* **n** règle *f* proportionnelle.
Verteilungsschlüssel *m,* - clé *f,* base *f* de répartition.
Verteilzentrum *n,* **-tren** (*poste*) centre *m* de distribution du courrier.
verteuern rendre plus cher ; (r)enchérir ; *sich ~* augmenter ; *die Maschinen haben sich um 30 % ~t* les machines ont augmenté de 30 %.
Verteuerung *f,* **en** (r)enchérissement *m* ; hausse *f* des prix ; *~ des Euro(s)* renchérissement de l'euro ; *~ der Lebenshaltungskosten* renchérissement du coût de la vie.
vertikal vertical ; *~e Konzentration* concentration *f* verticale ; *~er Zusammenschluss* concentration verticale d'entreprises (*contr. horizontal*).
Vertikalkonzern *m,* **e** groupe *m* vertical ; konzern *m* formant une concentration verticale.

Vertrag *m*, ¨e **1.** (*jur.*) contrat *m* ; convention *f* **I.** *befristeter* ~ contrat à durée déterminée ; *bindender* ~ contrat ferme ; *durch* ~ *par* contrat ; *kurz-, langfristiger* ~ contrat à court, à long terme ; *laut* ~ (*dem* ~ *nach*) aux termes du contrat ; *schriftlicher* ~ contrat écrit ; *stillschweigend geschlossener* ~ contrat tacite **II.** *mit jdm einen* ~ (*ab*)/*schließen* passer un contrat avec qqn ; *einen* ~ *brechen* rompre un contrat ; *einen* ~ *ein/halten* se conformer aux clauses d'un contrat ; *einen* ~ *kündigen* dénoncer, résilier un contrat ; *einen* ~ *rückgängig machen* annuler un contrat ; *von einem* ~ *zurück/treten* dénoncer un contrat **2.** (*polit.*) traité *m* ; accord *m* ; *bilateraler, multilateraler* ~ accord bilatéral, multilatéral ; ~ *über die Europäische Union* traité de l'Union européenne ; → *Bauspar-, Gesellschafts-, Gründungs-, Handels-, Kauf-, Liefer-, Miet-, Tarif-, Werkvertrag*.

vertraglich contractuel ; conventionnel ; *sich* ~ *verpflichten* s'engager par contrat ; *~e Vereinbarung* accord *m* contractuel, sous contrat.

verträglich (*mit*) compatible (avec).

Verträglichkeit *f*, **en** compatibilité *f*.

Vertragsabschluss *m*, ¨e conclusion *f*, signature *f* d'un contrat.

Vertragsänderung *f*, **en** avenant *m* à un contrat ; *jede* ~ *bedarf der Schriftform* toute modification de contrat sera stipulée par écrit.

Vertragsarbeiter *m*, - ouvrier *m* contractuel, sous contrat.

Vertragsaufhebung *f*, **n** → *Vertragskündigung*.

vertragsauflösend suspensif ; résolutoire ; qui annule un contrat.

Vertragsauflösungsklausel *f*, **n** clause *f* résolutoire.

Vertragsbedingungen *fpl* → *Vertragsklausel*.

Vertragsbestand *m*, ¨e nombre *m* de contrats à l'actif d'une société.

Vertragsbruch *m*, ¨e rupture *f* de contrat ; violation *f* de contrat.

vertragsbrüchig werden 1. être en rupture de contrat **2.** violer un traité, un accord.

vertragschließend : *die ~en Parteien* les parties *fpl* contractantes.

Vertragschließende/r (*der/ein*) contractant *m* ; partie *f* contractante.

Vertragsdauer *f*, ø durée *f* du contrat.

Vertragsdisziplin *f*, (**en**) discipline *f* contractuelle ; respect *m* du contrat.

Vertragsentwurf *m*, ¨e projet *m* de contrat.

Vertragserfüllung *f*, **en** exécution *f* du contrat.

Vertragsfirma *f*, **-men** maison *f* sous contrat ; maison affiliée.

Vertragsfracht *f*, **en** prix *m* contractuel de transport.

vertragsgebunden lié, tenu par contrat.

Vertragsgegenstand *m*, ¨e objet *m* du contrat.

vertragsgemäß conforme ; conformément au contrat ; stipulé par contrat ; *einen EU-Beschluss* (*nicht*) ~ *um/setzen* (ne pas) appliquer une résolution de l'U.E.

Vertragsgestaltung *f*, **en** montage *m* d'un contrat.

Vertragshaftung *f*, (**en**) responsabilité *f* contractuelle.

Vertragshändler *m*, - (*auto.*) concessionnaire *m* ; distributeur *m* exclusif ; → *Alleinvertrieb* ; *Alleinverkauf*.

Vertragshändlersystem *n*, **e** (*auto.*) réseau *m* de concessionnaires ; système *m* de distribution exclusive.

Vertragshotel *n*, **s** hôtel *m* adhérent d'une chaîne.

Vertragsklausel *f*, **n** clause *f* contractuelle ; clause stipulée dans le contrat.

vertragskonform → *vertragsgemäß*.

Vertragskündigung *f*, **en** résiliation *f* du contrat.

Vertragsland *n*, ¨er pays *m* contractant.

vertragsmäßig → *vertragsgemäß*.

Vertragsmuster *n*, - formulaire *m* de contrat-type.

Vertragsobliegenheiten *fpl* → *Vertragspflicht*.

Vertragspartei *f*, **en** → *Vertragschließende/r*.

Vertragspartner *m*, - → *Vertragschließende/r*.

Vertragspflicht *f*, **en** obligation *f* contractuelle ; obligation de s'en tenir aux termes du contrat ; *seine ~en erfüllen* satisfaire à ses obligations contractuelles.

Vertragschluss *m*, ¨e → *Vertragsabschluss*.

Vertragsstrafe *f*, **n** sanction *f* contractuelle ; astreinte *f* ; amende *f* contractuelle.
Vertragstarif *m*, **e** tarif *m* contractuel.
Vertragstext *m*, **e** termes *mpl* d'un contrat ; libellé *m* d'un contrat.
Vertragstreue *f*, **ø** respect *m* du contrat ; fidélité *f* à un contrat.
Vertragsunterlagen *fpl* éléments *mpl* d'un contrat ; pièces *fpl* d'un contrat.
Vertragsunterzeichnung *f*, **en** signature *f* du contrat.
Vertragsverletzung *f*, **en** → *Vertragsbruch*.
Vertragsverletzungsverfahren *n*, - procédure *f* introduite à la suite d'une rupture de contrat ou de violation d'un traité.
Vertragswerk *n*, **(e)** contrat *m* (en termes de volume) ; *das 200 Seiten dicke ~* le contrat de 200 pages.
Vertragswerkstatt *f*, **¨en** (*auto*) centre agréé *m* de contrôle technique ; atelier *f* d'un concessionnaire automobile ; garage *m* sous contrat avec le fabricant.
Vertragswerkstätte *f*, **n** → *Vertragswerkstatt*.
vertragswidrig non conforme aux termes du contrat ; non contractuel.
vertrauen avoir confiance ; *jdm ~* avoir confiance en qqn ; faire crédit à qqn.
Vertrauen *n*, **ø** confiance *f* ; crédit *m* ; *das ~ der Anleger besitzen* avoir la confiance des investisseurs ; *das ~ der Kunden gewinnen* gagner la confiance des clients ; *in die Währungspolitik ~ haben* avoir confiance dans la politique monétaire ; *diese Ware verdient ihr volles ~* cette marchandise mérite votre entière confiance.
Vertrauensarzt *m*, **¨e** médecin-conseil *m* ; médecin de la securité sociale.
Vertrauensbruch *m*, **¨e** → *Vertrauensmissbrauch*.
Vertrauensfrage *f*, **n** (*polit.*) motion *f* de confiance ; *die ~ stellen* poser la question de confiance.
Vertrauensindikator *m*, **en** (*statist.*) baromètre *m* de confiance ; indice *m* de satisfaction ; *~ der privaten Haushalte* baromètre de confiance des ménages.
Vertrauenskrise *f*, **n** crise *f* de confiance.

Vertrauensmann *n*, **¨er/-leute 1.** homme *m* de confiance **2.** délégué *m* du personnel (comité d'entreprise, cogestion).
Vertrauensmissbrauch *m*, **¨e** abus *m* de confiance.
Vertrauensperson *f*, **en** personne *f* de confiance.
Vertrauensschadenversicherung *f*, **en** (*assur.*) assurance *f* contre les risques de détournement et de malversation du personnel ; → *Kreditversicherung*.
Vertrauensschwund *m*, **ø** perte *f* de confiance.
Vertrauensstellung *f*, **en** (*travail*) place *f*, poste *m* de confiance.
Vertrauensverhältnis *n*, **se** climat *m* de confiance ; *ein ~ zwischen Gewerkschaften und Arbeitgebern her/stellen* instaurer un climat de confiance entre syndicats et patronat.
Vertrauensvotum *n*, **-ten** (*polit.*) vote *m* de confiance.
vertrauenswürdig digne de confiance ; *es handelt sich um eine ~e Person* c'est une personne digne de foi.
Vertrauenswürdigkeit *f*, **ø** sûreté *f* ; fiabilité *f*.
vertraulich confidentiel ; *streng ~* strictement confidentiel ; *~er Bericht* rapport *m* confidentiel ; *~e Mitteilung* note *f* confidentielle.
Vertraulichkeit *f*, **en** confidentialité *f* ; secret *m* garanti.
vertreiben, ie, ie 1. vendre ; commercialiser ; écouler ; *Waren ~* commercialiser des marchandises ; → *verkaufen* ; *absetzen* **2.** chasser ; expulser ; expatrier.
vertretbar 1. (*jur.*) remplaçable ; fongible ; *~e Güter* biens *mpl* fongibles **2.** défendable ; acceptable ; *~e Kosten* coûts *mpl* raisonnables.
vertreten, a, e 1. représenter ; *paritätisch ~ sein* être représenté à parité égale **2.** remplacer ; *einen Arbeitskollegen ~* remplacer un collègue de travail.
Vertreter *m*, - **1.** représentant *m* ; délégué *m* ; *~ der Arbeitnehmer* délégué du personnel salarié **2.** remplaçant *m* ; suppléant *m* **3.** agent *m* commercial ; représentant, voyageur *m* de commerce ; V.R.P. *m* (*syn. Handelsvertreter* ; *Reisende/r*).
Vertreterbesuch *m*, **e** visite *f* d'un agent commercial, de représentant.
Vertreternetz *n*, **e** réseau *m* des agents commerciaux.

Vertreterprovision *f,* en commission *f* d'un agent commercial.
Vertreterspesen *pl* frais *mpl* de V.R.P.
Vertreterstab *m,* ¨e force *f* de vente ; équipe *f* des commerciaux.
Vertretung *f,* en **1.** représentation *f* ; *berufsständische* ~ représentation professionnelle ; *gewerkschaftliche* ~ représentation syndicale ; *paritätische* ~ représentation paritaire **2.** remplacement *m* ; suppléance *f* ; *in* ~ par délégation ; *in* ~ *meiner Firma* en qualité de représentant de ma maison.
Vertretungsbefugnis *f,* se → *Vertretungsvollmacht.*
vertretungsberechtigt : (*jur.*) *~e Person* personne *f* ayant pouvoir de représentation ; personne habilitée à représenter qqn.
Vertretungskosten *pl* **1.** frais *mpl* de représentation **2.** commission *f* et frais *mpl* réglés aux représentants.
Vertretungskräfte *fpl* personnel *m* intérimaire ; main-d'œuvre *f* temporaire (*syn. Aushilfskräfte, Zeitkräfte*).
Vertretungsorgan *n,* e organe *m* représentatif.
Vertretungsvollmacht *f,* en (*jur.*) pouvoir *m* de représentation.
vertretungsweise en remplacement (de qqn) ; à titre de remplaçant ; faisant fonction de.
Vertrieb *m,* e distribution *f* ; vente *f* ; commercialisation *f* ; débit *m* ; écoulement *m* ; *direkter* ~ vente directe ; vente-usine ; vente par correspondance ; distribution par Internet ; *die Kosten für den* ~ *berechnen* calculer les frais de distribution ; → *Verkauf* ; *Absatz* ; *Kommerzialisierung.*
Vertriebsabteilung *f,* en service *m* commercial ; service de distribution ; force *f* de vente.
Vertriebsdirektor *m,* en directeur *m* des ventes ; chef *m* de (la) distribution.
Vertriebsform *f,* en forme *f* de distribution.
Vertriebsgemeinkosten *pl* (*comptab.*) frais *mpl* indirects de distribution.
Vertriebsgesellschaft *f,* en société *f* de distribution, de commercialisation.
Vertriebsingenieur *f,* e ingénieur *m* technico-commercial.
Vertriebskanal *m,* ¨e canal *m* de distribution ; voie *f* de commercialisation.

Vertriebskartell *n,* e cartel *m* de vente ; entente *f* pour la commercialisation.
Vertriebskette *f,* n chaîne *f* de distribution.
Vertriebskosten *pl* frais *mpl* de distribution ; coûts *mp* de commercialisation (*syn. Absatzkosten*).
Vertriebsleiter *m,* - chef *m* des ventes ; responsable *m* de la distribution.
Vertriebsmethode *f,* n méthode *f* de distribution, de commercialisation.
Vertriebsnetz *n,* e réseau *m,* circuit *m* de distribution ; *unzureichendes* ~ réseau insuffisant ; *das* ~ *erweitern* agrandir, étendre le réseau de distribution.
Vertriebsniederlassung *f,* en concession *f* ; filiale *f,* agence *f* de distribution.
Vertriebsorganisation *f,* en organisation *f* de distribution ; *die* ~ *rationalisieren* rationaliser l'organisation de commercialisation.
Vertriebspolitik *f,* ø politique *f* commerciale, de vente ; stratégie *f* de distribution.
Vertriebspraktiken *fpl* pratiques *fpl* de vente ; *wettbewerbswidrige* ~ pratiques de distribution anticoncurrentielles.
Vertriebspreis *m,* e prix *m* à la distribution.
Vertriebsrecht *n,* e droit *m* de commercialiser un produit.
Vertriebsstelle *f,* n point *m* de vente.
Vertriebsstrategie *f,* n → *Vertriebspolitik.*
Vertriebsstruktur *f,* en structure *f* de distribution, de commercialisation.
Vertriebssystem *n,* e système *m* de commercialisation, de distribution.
Vertriebstechnik *f,* en technique *f* de distribution, de commercialisation.
Vertriebsvereinbarung *f,* en accord *m* de commercialisation.
Vertriebsweg *m,* e → *Vertriebskanal.*
Vertriebswesen *n,* ø vente *f* ; distribution *f* ; commercialisation *f.*
vertrusten truster ; intégrer dans un trust ; absorber par un trust ; organiser, regrouper en trust ; *die Betriebe sind vertrustet* les entreprises *fpl* sont intégrées dans un trust.
Vertrustung *f,* en formation *f* de trust ; regroupement *m* (de sociétés) en trust ; absorption *f* dans (par) un trust.
verumlagen (*Autriche*) répartir ; ventiler ; *die Kosten auf die verschiedenen*

verunreinigen

Mietparteien ~ répartir les frais sur les différents locataires (*syn. um/legen*).

verunreinigen → *verschmutzen*.

Verunreinigung *f*, **en** → *Verschmutzung*.

veruntreuen (*jur.*) détourner ; escroquer ; *Gelder* ~ détourner des fonds (*syn. unterschlagen*).

Veruntreuung *f*, **en** (*jur.*) détournement *m* ; malversation *f* ; abus *m* de confiance ; abus de biens sociaux ; prévarication *f* ; ~ *öffentlicher Gelder* concussion *f*.

Veruntreuungsversicherung *f*, **en** → *Vertrauensschadenversicherung*.

verursachen causer ; provoquer ; occasionner ; *Kosten* ~ entraîner des frais.

Verursacher *m*, - responsable *m* (d'une pollution) ; fauteur *m*.

Verursacherprinzip *n*, -**ien** (*environnement*) principe *m* du pollueur-payeur ; principe selon lequel les pollueurs seront les payeurs.

verursachungsgerecht : (*environnement*) ~*e Kosten* coûts *mpl* incombant au responsable d'un sinistre ou d'un dommage ; coût *m* incombant au pollueur.

verurteilen (*jur.*) condamner ; *zu einer Hafstrafe* ~*t werden* être condamné à une peine de détention.

Verurteilung *f*, **en** (*jur.*) condamnation *f*.

vervielfachen multiplier (*syn. multiplizieren*).

vervielfältigen reproduire ; polycopier ; ronéotyper ; *ein Rundschreiben* ~ polycopier une circulaire.

Vervielfältigung *f*, **en** reproduction *f* ; ronéotypie *f* ; polycopie *f*.

Vervielfältigungsapparat *m*, **e** machine *f* à polycopier ; ronéo *f*.

Vervielfältigungsverfahren *n*, - procédé *m* de reprographie.

verwählen : (*téléph.*) *sich* ~ se tromper de numéro.

verwahren garder ; conserver ; tenir en lieu sûr ; *Wertpapiere* ~ assurer la garde de titres.

Verwahrer *m*, - (*jur.*) gardien *m* ; dépositaire *m* ; consignataire *m* ; *gesetzlicher* ~ dépositaire légal.

Verwahrstück *n*, **e** (*jur.*) gage *m* ; garantie *f* ; titre *m* donné en nantissement.

Verwahrung *f*, **en** (*jur.*) dépôt *m* ; garde *f* ; *in* ~ *geben* mettre en dépôt ; *in* ~ *nehmen* prendre en dépôt ; ~ *von Wertgegenständen* garde d'objets de valeur.

Verwahrungsgeschäft *n*, **e** (*banque*) opération *f* de dépôt ; garde *f* de titres.

Verwahrungsvertrag *m*, ¨**e** (*jur.*) contrat *m* de dépôt ; contrat de garde.

verwaist 1. orphelin 2. (*poste*) vacant ; inoccupé ; ~*e Praxen* cabinets *mpl* médicaux sans médecin ; *der Chefsessel bleibt* ~ le fauteuil du chef reste vacant.

verwalten gérer ; administrer ; *ein Amt* ~ exercer une fonction ; *ein Vermögen* ~ gérer une fortune ; gérer des biens.

Verwalter *m*, - administrateur *m* ; gérant *m* ; gestionnaire *m* ; intendant *m* ; *gerichtlich bestellter* ~ administrateur judiciaire ; *treuhänderischer* ~ administrateur fiduciaire.

Verwaltung *f*, **en** 1. (*affaires publiques*) administration *f* ; régie *f* ; direction *f* ; *bundeseigene* ~ administration propre du bund ; *kommunale* ~ administration communale ; *landeseigene* ~ administration propre au land ; *öffentliche* ~ administration publique 2. (*commerce*) gestion *f* ; gérance *f* ; management *m* ; *wirtschaftliche* ~ gestion économique ; ~ *von Immobilien* gestion immobilière.

Verwaltungs- (*préfixe*) 1. (*affaires publiques*) d'administration ; administratif 2. (*commerce*) de gestion ; gestionnaire ; de gérance.

Verwaltungsabteilung *f*, **en** service *m* administratif.

Verwaltungsakt *m*, **e** acte *m* administratif.

Verwaltungssaktie *f*, **n** → *Verwertungsaktie*.

Verwaltungsangestellte/r (*der/ein*) employé *m* administratif.

Verwaltungsanordnung *f*, **en** ordre *m* de service ; consigne *f* administrative.

Verwaltungsapparat *m*, **e** appareil *m* administratif.

Verwaltungsaufwand *m*, -**wendungen** frais *mpl* administratifs ; dépenses *fpl* administratives ; frais de gestion ; charges *fpl* de fonctionnement.

Verwaltungsausschuss *m*, ¨**e** comité *m* d'administration ; commission *f* administrative ; (*agric.*) comité *m* de gestion.

Verwaltungsbeamte/r (*der/ein*) fonctionnaire *m* administratif.

Verwaltungsbehörde *f,* n autorité *f* administrative ; administration *f* publique.
Verwaltungsbeschwerde *f,* n recours *m* administratif.
Verwaltungsbezirk *m,* e circonscription *f* administrative.
Verwaltungsdienst *m,* e service *m* administratif ; *höherer* ~ haute fonction *f* dans l'administration.
Verwaltungsdirektor *m,* en directeur *m* administratif.
Verwaltungsfachangestellte/r *(der/ein)* cadre *m* administratif.
Verwaltungsgebäude *n,* - bâtiment *m* administratif.
Verwaltungsgebühr *f,* en frais *mpl*, droits *mpl* administratifs ; *(accessoirement)* frais de constitution de dossier.
Verwaltungsgericht *n,* e *(jur.)* tribunal *m* administratif.
verwaltungsgerichtlich : *~e Klage* action *f* par la voie du contentieux administratif.
Verwaltungsgerichtsbarkeit *f,* ø *(jur.)* juridiction *f* administratitive.
Verwaltungsgerichtshof *m,* ¨e *(jur.)* haute cour *f* de justice administratitive.
Verwaltungskosten *pl* coûts *mpl* de l'administration ; frais *mpl* administratifs ; frais de gestion.
verwaltungsmäßig administratif.
Verwaltungsorgan *n,* e organe *m* administratif.
Verwaltungspersonal *n,* ø personnel *m* administratif, d'administration.
Verwaltungsrat *m,* ¨e conseil *m* d'administration ; directoire *m* (organisme chargé du contrôle de la gestion de collectivités ou d'établissements de droit public).
Verwaltungsrecht *n,* ø *(jur.)* droit *m* administratif.
Verwaltungsrechtler *m,* - *(jur.)* juriste *m* spécialisé dans le droit administratif.
Verwaltungssitz *m,* e siège *m* administratif.
Verwaltungssitzung *f,* en session *f* administrative.
Verwaltungssprache *f,* n langage *m,* jargon *m* administratif (*syn. Amtssprache*).
Verwaltungsstelle *f,* n emploi *m* administratif ; poste *m* dans l'administration.

verwaltungstechnisch : *aus ~en Gründen* pour des raisons d'ordre administratif.
Verwaltungsvereinfachung *f,* en allègement *m* des procédures administratives ; simplification *f* administrative.
Verwaltungsvollmacht *f,* en (*banque*) procuration *f* de gestion (il autorise la gestion d'un patrimoine, mais ne permet pas d'en disposer).
Verwaltungsvorschrift *f,* en directive *f,* consigne *f* administrative.
Verwaltungsweg *m,* e voie *f* administrative ; *auf dem ~ regeln* régler par la voie administrative.
Verwaltungswesen *n,* ø système *m,* régime *m* administratif ; l'administration *f.*
Verwaltungszentrum *n,* -tren centre *m* administratif (d'une ville, d'un pays).
verwandeln transformer ; changer ; *in Kapital ~* transformer en capital.
Verwandlung *f,* en transformation *f* ; métamorphose *f* ; changement *m.*
verwarnen *(jur.)* avertir ; donner un avertissement.
Verwarnung *f,* en *(jur.)* avertissement *m* ; *gebührenpflichtige ~* avertissement payant ; amende *f* ; P.V. *m.*
Verweis *m,* e 1. blâme *m* ; reproche *m* ; *einen ~ erteilen* donner un blâme 2. référence *f* ; *unter ~ auf* en référence à.
verweisen, ie, ie 1. reprocher ; blâmer 2. renvoyer ; *auf gesetzliche Bestimmungen ~* renvoyer à des dispositions légales.
verwendbar *(für)* utilisable (pour) ; applicable (à).
verwenden, a, a (*aussi verbe faible*) utiliser ; employer ; *einen Betrag ~* utiliser une somme ; affecter une somme (à) ; *sein Geld für/zu etw ~* employer, dépenser son argent pour/à qqch.
Verwendung *f,* en utilisation *f* ; usage *m* ; emploi *m* ; affectation *f* ; *gewerbliche ~* usage commercial ; *der Arbeitskräfte* emploi de la main-d'œuvre.
Verwendungsart *f,* en mode *m* d'utilisation.
Verwendungsbereich *m,* e champ *m* d'application ; domaine *m* d'utilisation.
Verwendungszweck *m,* e but *m* ; destination *f.*
verwertbar recyclable ; réutilisable ; *~e Verpackung* emballage *m* recyclable.
verwerten 1. faire valoir ; mettre en valeur ; exploiter 2. *(environnement)*

récupérer ; *Abfälle* ~ recycler des déchets.
Verwerter *m*, - (*environnement*) société *f* de recyclage ; recycleur *m*.
verwerterspezifisch : (*environnement*) *~e Sortierung* tri *m* spécifique de déchets en vue de leur recyclage.
Verwertung *f*, en 1. mise *f* en valeur ; exploitation *f* ; utilisation *f* ; *gewerbliche* ~ exploitation commerciale 2. (*environnement*) recyclage *m* ; récupération *f* ; ~ *von Altmaterial* recyclage de vieux matériaux.
Verwertungsaktie *f*, *n* (*bourse*) action *f* en portefeuille, en réserve (pour fusions, financements, etc.) (*syn. Vorrats-, Verwaltungssaktie*).
verwertungsfreundlich (*environnement*) recyclable.
Verwertungsgemeinschaft Wort *f* (*V-Wort, Allemagne*) société *f* des auteurs et compositeurs dramatiques ; (*France*) S.A.C.E.M.
Verwertungsgesellschaft *f*, en 1. société *f* d'exploitation ; société de mise en valeur 2. (*environnement*) société de récupération de matériaux ; entreprise *f* de recyclage 3. (*édition*) société de défense des droits d'auteurs et éditeurs.
Verwertungsquote *f*, *n* (*environnement*) taux *m* recyclable ; taux de récupérabilité.
Verwertungsrecht *n*, e (*jur.*) droit *m* d'exploitation ; → *Urheberrecht*.
Verwertungsverbot *n*, e (*jur.*) interdiction *f* d'utilisation ; exploitation *f* interdite (de documents, preuves etc).
verwirklichen réaliser ; accomplir ; *die Gesundheitsreform* ~ réaliser la réforme de la santé.
Verwirklichung *f*, en réalisation *f* ; accomplissement *m* ; ~ *eines Projekts* réalisation d'un projet.
Verwirkung *f*, ø : (*jur.*) ~ *eines Rechts* perte *f* d'un droit ; *die* ~ *der Grundrechte* perte des droits fondamentaux.
Verzehr *m*, ø consommation *f* ; *zum baldigen ~ bestimmt* doit être consommé rapidement.
verzehren consommer ; *Lebensmittel* ~ consommer des denrées alimentaires.
Verzehrmenge *f*, *n* quantité *f* consommée.
verzeichnen enregistrer ; inscrire ; coter ; répertorier ; *ein Defizit* ~ accuser un déficit ; *auf einer Liste* ~ consigner sur une liste.

Verzeichnis *n*, se relevé *m* ; liste *f* ; registre *m* ; répertoire *m* ; *alphabetisches* ~ répertoire alphabétique ; *ein ~ auf/stellen* dresser un inventaire.
verzerren distordre ; déformer ; (*statist.*) ~ *te Stichprobe* échantillon *m* biaisé.
Verzerrung *f*, en distorsion *f* ; (*statist.*) biais *m* ; *wirtschaftliche* ~ distorsion économique ; ~ *des Wettbewerbs* altération *f* de la concurrence.
Verzicht *m*, (e) renoncement *m* ; désistement *m* ; abandon *m* ; *unter ~ auf* en renonçant à ; en abandonnant.
verzichten renoncer ; abandonner ; se désister ; *auf ein Recht* ~ renoncer à faire usage d'un droit.
Verzichterklärung *f*, en déclaration *f* d'abandon ; déclaration de renonciation (à qqch).
Verzichtpolitik *f*, ø politique *f* d'abandon.
Verzichtsmentalität *f*, en défaitisme *m* ; mentalité *f* de renoncement ; attitude *f* du « baisser les bras ».
verzinsbar → *verzinslich*.
verzinsen payer des intérêts ; porter intérêts ; *sich* ~ rapporter des intérêts ; se capitaliser ; *diese Schuldverschreibungen ~ sich mit 6 %* ces obligations *fpl* rapportent 6 % d'intérêts.
verzinslich productif d'intérêts ; à intérêt(s) ; *~es Darlehen* prêt *m* à intérêts ; *~es Wertpapier* valeur *f* portant intérêts ; *~ an/legen* placer à intérêts ; *zu 5 % ~ sein* rapporter 5 % d'intérêts.
Verzinsung *f*, en 1. paiement *m* des intérêts 2. taux *m* d'intérêt ; *feste* ~ intérêt *m* fixe ; ~ *zu 9 Prozent* 9 % d'intérêts ; *zur* ~ *aus/leihen* prêter à intérêt.
Verzinsungsfaktor *f*, en taux *m* d'intérêt ; coefficient *m* de capitalisation.
verzögern retarder ; différer ; *die Lieferung wurde um einen Monat verzögert* la livraison a été retardée d'un mois ; *sich* ~ prendre du retard.
Verzögerung *f*, en retard *m* ; ralentissement *m*.
Verzögerungstaktik *f*, en manœuvre *f* dilatoire.
Verzögerungszinsen *mpl* → *Verzugszinsen*.
verzollbar assujetti aux droits de douane.
verzollen dédouaner ; payer les droits de douane ; *haben Sie etw zu* ~ ? avez-vous qqch à déclarer.

Verzollung *f*, **en** dédouanement *m* ; acquittement *m* des droits de douane ; ~ *von Waren* dédouanement de marchandises.

Verzug *m*, ø (*jur.*) retard *m* ; délai *m* non-respecté ; demeure *f* ; *in ~ geraten* prendre du retard ; *mit der Zahlung im ~ sein* être en retard de paiement ; *bei ~* en cas de retard ; *ohne ~* sans délai ; *in ~ setzen* mettre en demeure ; ordonner.

Verzugszinsen **mpl** intérêts *mpl* moratoires ; intérêts de retard.

Veterinär *m*, **e** vétérinaire *m* (*syn. Tierarzt*).

Veterinäramt *m*, ¨**er** direction *f* des services vétérinaires (D.S.V.).

Veterinärmedizin *f*, ø médecine *f* vétérinaire.

Veto *n*, **s** (*polit.*) veto *m* ; *sein ~ (gegen) ein/legen* mettre, opposer son veto (à qqch).

Vetorecht *n*, **e** (*polit.*) droit *m* de veto ; *über ein ~ verfügen* disposer d'un droit de véto.

Vetternwirtschaft *f*, **(en)** népotisme *m* ; favoritisme *m* économique ; maf(f)ia *f* (*syn. Filzokratie*).

v.g.u. → *vorgelesen, genehmigt, unterschrieben.*

V-Gespräch *n*, **e** (*téléph.*) communication *f* avec préavis.

v.H. (*vom Hundert*) pour cent ; % (*syn. Prozent*).

via via ; par ; *nach Freiburg ~ Colmar fahren* se rendre à Fribourg via Colmar.

Videoclip *m*, **s** clip *m* (vidéo) ; vidéoclip *m* (publicitaire).

Videokamera *f*, **s** caméscope *m*.

Videokassette *f*, **n** vidéocassette *f*.

Videokonferenz *f*, **en** vidéoconférence *f* ; visioconférence.

Videorecorder *m*, - magnétoscope *m*.

Video-Shopping *n*, ø télé-achats *m* ; téléshopping *m*.

Videotext *m*, **e** télétexte *m* ; vidéotexte.

Videothek *f*, **en** vidéothèque *f*.

Videoüberwachung *f*, **en** vidéo-surveillance *f* ; surveillance *f* électronique, par caméra.

vidieren (*Autriche*) viser ; certifier ; signer.

Viehbetrieb *m*, **e** (*agric.*) exploitation *f*, ferme *f* d'élevage de bétail.

Vieh *n*, ø bétail *m* ; *das ~ schlachten* abattre le bétail.

Viehbestand *m*, ¨**e** cheptel *m*.

Viehhabe *f*, ø (*Suisse*) cheptel *m*.

Viehhalter *m*, - éleveur *m* de bétail.

Viehhaltung *f*, **en** élevage *m* du bétail.

Viehhändler *m*, - marchand *m* de bétail.

Viehmarkt *m*, ¨**e** marché *m* aux bestiaux.

Viehmäster *m*, - éleveur *m* de bétail.

Viehstand *m*, ¨**e** (*Suisse*) → *Viehbestand.*

Viehwaggon *m*, **s** wagon *m* à bestiaux ; wagon de transport du bétail

Viehwirtschaft *f*, ø élevage *m* bovin ; élevage de bétail.

Viehzucht *f*, ø → *Viehhaltung.*

Viehzüchter *m*, - → *Viehhalter.*

viehzuchttreibend qui fait l'élevage du bétail.

Viereck *n* : (*hist.*) *magisches ~* « carré *m* magique » (les quatre postulats de l'économie : plein emploi, stabilité des prix, équilibre de la balance commerciale, croissance).

Vierte Welt *f*, ø Quart-Monde *m*.

Viertel *n*, - 1. quart *m* 2. quartier *m*.

Vierteljahr *n*, **e** trimestre *m* (*syn. Quartal*).

Vierteljahresdividende *f*, **n** (*bourse*) dividende *m* trimestriel.

Vierteljahresergebnis *n*, **se** résultat *m* trimestriel.

vierteljährig (d'une durée) de trois mois.

vierteljährlich trimestriel ; *~ bezahlen* payer par trimestre, tous les trois mois ; *~e Miete* loyer *m* trimestriel.

vierter Sektor *m*, ø secteur *m* quaternaire (communication, information et technologies de pointe).

Vignette *f*, **n** (*pr. fr.*) (*transp.*) vignette *f* (de péage).

Vindikation *f*, **en** (*jur.*) revendication *f* ; demande *f* en restitution d'un bien immobilier.

vindizieren (*jur.*) demander la restitution d'un bien immobilier.

Vinkulation *f*, **en** (*bourse*) cession *f* d'une valeur mobilière soumise à l'acceptation de la société émettrice.

Vinkulationsgeschäft *n*, **e** (*banque*) préfinancement *m* bancaire sur marchandises moyennant leur nantissement.

vinkulieren (*bourse*) obliger ; lier ; *vinkulierte Namensaktie* action *f* nominative liée ; action nominative non-cessible ; action nominative non-négociable librement.
VIP *m/f*, **s** (*very important person*) personnalité *f* importante ; V.I.P. *m*.
Virement *n*, **s** (*pr. fr.*) (*finance publique*) transfert *m* ; virement *m*.
Virenbefall *m*, ø (*informatique*) contamination *f* par un virus.
Virenbekämpfung *f*, **en** (*informatique*) lutte *f* contre les virus ; programmes *mpl* anti-virus.
Virenschutz *m*, ø (*informatique*) protection *f* anti-virus.
Virtualität *f*, **en** virtualité *f*.
virtuell : ~*e Realität* image *f* virtuelle ; ~*es Unternehmen* entreprise virtuelle (dont les composantes réelles se trouvent à des endroits différents et qui communiquent par Internet).
Virus *n/m*, -ren (*informatique*) virus *m* ; *être contaminé par un* ~ *von einem Virus befallen werden*.
Visitenkarte *f*, **n** carte *f* de visite.
Vistawechsel *m*, - (*finance*) traite *f* à vue.
Visum *n*, -sa/-sen visa *m* ; *ein* ~ *beantragen* demander un visa ; *ein* ~ *erteilen* délivrer un visa.
Visumantrag *m*, ¨e demande *f* de visa ; *einen* ~ *stellen* faire une demande de visa.
visumfrei sans visa ; visa non obligatoire.
visumpflichtig visa obligatoire.
Visumsregelung *f*, **en** réglementation *f* en matière de visas.
Visumzwang *m*, ø visa *m* obligatoire.
Vize- (*préfixe*) vice (*syn. stellvertretend*).
Vizepräsident *m*, **en**, **en** vice-président *m*.
v. J. (*vorigen Jahres*) de l'an dernier.
v. M. (*vorigen Monats*) du mois dernier.
V-Markt *m*, ¨e → *Verbrauchermarkt*.
VN → *Vereinte Nationen*.
VO → *Verordnung*.
Vogelschutzgebiet *n*, **e** (*environnement*) réserve *f* ornithologique.
Vogelschutzrichtlinie *f*, **n** directive *f* européenne sur la protection des oiseaux.
Vogel-Strauß-Politik *f*, ø politique *f* de l'autruche.

Voicemail *f*, **s** (*pr. ang.*) (*portable*) boîte *f* vocale.
volatil (*bourse*) volatil ; fluctuant ; réactif ; ~*e Wertpapiere* titres *mpl* volatils.
Volatilität *f*, **en** (*bourse*) volatilité *f* ; caractère *m* volatil ; variabilité *f* ; réactivité *f* (fluctuations importantes des taux de change ou des titres autour d'une moyenne) ; ~ *der Aktienkurse* volatilité des cours des actions.
Volk *n*, ¨er peuple *m* ; nation *f*.
Völkerbund *m* (*hist.*) Société *f* des Nations (S.D.N.) (1919-1946) ; → *UNO*.
Völkerrecht *n*, ø (*jur.*) droit *m* international.
Völkerrechtler *m*, - (*jur.*) juriste *m* international ; spécialiste *m* du droit international.
Volksabstimmung *f*, **en** (*polit.*) plébiscite *m*.
Volksaktie *f*, **n** action *f* populaire (action dont la diffusion auprès du public est favorisée par l'État) ; → *Vermögensbildung*.
Volksbank *f*, **en** banque *f* populaire.
Volksbefragung *f*, **en** (*polit.*) référendum *m*.
Volksbegehren *n*, - (*polit.*) demande *f* de référendum ; initiative *f* populaire.
Volksdemokratie *f*, **n** → *Volksrepublik*.
Volksdeutsche/r (*der/ein*) (*hist.*) Allemand *m* de souche vivant en Europe centrale et méridionale jusqu'en 1945.
Volksdichte *f*, ø densité *f* démographique, de la population.
volkseigen (*hist. R.D.A.*) nationalisé ; socialiste ; ~*er Betrieb* (*VEB*) entreprise *f* nationalisée ; entreprise d'État.
Volkseigentum *n*, ø (*hist. R.D.A.*) propriété *f* du peuple ; propriété nationale, d'État ; *ins* ~ *überführen* nationaliser ; → *Treuhandanstalt*.
Volkseinkommen *n*, - revenu *m* national ; *Verteilung des* ~*s* répartition *f* du revenu national ; → *Sozialprodukt*.
Volksentscheid *m*, **e** (*polit.*) référendum *m* ; plébiscite *m*.
Volkshochschule *f*, **n** (*Allemagne*) Université *f* populaire ; formation *f* permanente pour les salariés.
Volkskammer *f*, ø (*hist. R.D.A.*) Chambre *f* du peuple (composée de 400 députés).
Volkskapitalismus *m*, ø capitalisme *m* populaire.

Volksrente *f,* n minimum-vieillesse *m* ; retraite *f* minimum-vieillesse (financée par l'impôt).
Volksrepublik *f,* en république *f* populaire ; république socialiste.
Volksschule *f,* n école *f* primaire ; école communale (*syn. Grundschule* ; *Hauptschule*).
Volksvermögen *n,* - richesse *f* nationale.
Volksvertreter *m,* - représentant *m* du peuple.
Volksvertretung *f,* n (*polit.*) représentation *f* populaire ; représentation *f* nationale ; ensemble *m* des députés ; parlement *m*.
Volkswirt *m,* e 1. diplômé *m* en sciences économiques 2. → *Volkswirtschaftler*.
Volkswirtschaft *f,* en économie *f* nationale ; économie politique ; → *Betriebswirtschaft* ; *Makroökonomie*.
Volkswirtschaftler *m,* - économiste *m*.
volkswirtschaftlich d'économie nationale ; macro-économique ; ~*e Gesamtrechnung* (*VGR*) comptabilité *f* nationale ; ~*e Kosten* coûts *mpl* sociaux (et économiques) ; ~*e Planung* planification *f* de l'économie nationale.
Volkswirtschaftslehre *f,* n (*VWL*) macro-économie *f* ; économie *f* nationale, politique (*syn. Nationalökonomie*) ; → *Betriebswirtschaftslehre*.
Volkszählung *f,* en recensement *m* démographique, de la population.
voll plein ; entier ; rempli ; ~*e Auftragsbücher* carnets *mpl* de commande remplis ; ~*er Preis* prix *m*.
Vollakademiker *m,* - universitaire *m* diplômé.
Vollaktie *f,* n (*bourse*) action *f* entièrement libérée.
Vollanrechnungsverfahren *n,* - (*fisc*) mode *m* d'imposition des revenus de l'ensemble du capital investi ; imposition *f* au premier euro.
vollautomatisch entièrement automatique ; ~*er Betrieb* entreprise *f* entièrement automatisée.
vollautomatisiert entièrement automatisé.
Vollautomatisierung *f,* en automatisation *f* totale.
Vollbauer *m,* n, n agriculteur *m* à plein temps (qui vit de et sur son exploitation).

vollberechtigt : ~*es Mitglied* membre *m* à part entière.
vollbeschäftigt (employé) à plein temps ; à temps complet ; ~*er Arbeiter* travailleur *m* à plein temps.
Vollbeschäftigtenstelle *f,* n → *Vollzeitbeschäftigung*.
Vollbeschäftigte/r (*der/ein*) travailleur *m* à plein temps ; salarié *m* à temps plein.
Vollbeschäftigung *f,* ø plein emploi *m* ; plein-emploi (moins de 3 % de chômeurs).
Vollbesitz *m,* ø → *Vollgenuss*.
Vollbeteiligung *f,* en participation *f* à part entière.
Vollbezahlung *f,* en paiement *m* intégral.
Volleinzahlung *f,* en libération *f* (d'une dette) ; versement *m* intégral.
vollenden achever ; *das 60. Lebensjahr vollendet haben* avoir 60 ans révolus.
Vollerwerbsarbeitsplatz *m,* ¨e → *Vollzeitarbeitsplatz*.
Vollerwerbsbetrieb *m,* e exploitation *f* agricole à plein temps (*contr. Teilerwerbsbetrieb*).
Vollerwerbskräfte *fpl* main-d'œuvre *f* à temps plein (*contr. Teilzeitkräfte*).
Vollerwerbstätigkeit *f* → *Vollbeschäftigung*.
Vollgenuss *m,* ø (*jur.*) jouissance *f* complète ; *im ~ seiner geistigen Kräfte* en pleine jouissance de ses facultés intellectuelles.
Vollgewicht *n,* e poids *m* exigé.
Vollgiro *n,* s → *Vollindossament*.
Vollgültigkeit *f,* ø validité *f* sans restriction ; validité pleine et entière, irrécusable.
Vollhafter *m,* - (*jur.*) commandité *m* ; associé *m* responsable et solidaire (ayant une responsabilité illimitée dans une société en commandite simple (*syn. Komplementär*) ; → *Teilhafter*.
Vollindossament *n,* e endossement *m* ordinaire ; endossement pur et simple.
volljährig (*jur.*) majeur (*contr. minderjährig*).
Volljährigkeit *f,* ø (*jur.*) majorité *f* (*syn. Großjährigkeit* ; *contr. Minderjährigkeit*).
Volljährigkeitserklärung *f,* en (*jur.*) émancipation *f* anticipée ; déclaration *f* de majorité anticipée.

Volljurist *m*, en, en (*jur.*) juriste *m* titulaire des deux examens d'État (*Referendar* et *Assessor*).

Vollkaskoversicherung *f*, en (*auto.*) assurance *f* tous risques ; → *Teilkaskoversicherung*.

Vollkaufmann *m*, -leute commerçant *m* inscrit au registre du commerce ; commerçant indépendant (et tenu d'observer les règles du droit commercial).

Vollkosten *pl* (*comptab.*) coût *m* total, intégral ; prix *m* de revient global (la somme des différents coûts au stade final).

Vollkostenkalkulation *f*, en → *Vollkostenrechnung*.

Vollkostenrechnung *f*, en (*comptab.*) calcul *m* du prix de revient global.

Vollmacht *f*, en (*jur.*) procuration *f* ; pouvoir *m* ; mandat *m* ; pleins pouvoirs **I.** in ~ (*i.V.*) par procuration ; *notarielle* ~ procuration notariée ; *schriftliche* ~ pouvoir écrit **II.** *eine ~ aus/stellen* établir une procuration ; (*eine*) ~ *erteilen* donner procuration ; ~ *haben* avoir (les) pleins pouvoirs ; *eine ~ unterschreiben, vor/legen* signer, présenter une procuration ; → *Bank-, Blanko-, Einzel-, General-, Handels-, Vertretungs-, Zeichnungsvollmacht*.

Vollmachtgeber *m*, - (*jur.*) mandant *m* ; auteur *m* de la procuration.

Vollmachtnehmer *m*, - (*jur.*) mandataire *m* ; titulaire *m* d'une procuration.

Vollmachtsentzug *m*, ø (*jur.*) révocation *f*, retrait *m* de la procuration.

Vollmachtserteilung *f*, en (*jur.*) délégation *f* de pouvoir ; mandat *m*.

Vollmachtsinhaber *m*, - → *Vollmachtnehmer*.

Vollmitglied *n*, er (*jur.*) membre *m* de plein droit ; membre à part entière ; membre titulaire.

Vollmitgliedschaft *f*, en (*jur.*) qualité *f* de membre de plein droit, à part entière.

Vollpension *f*, en (*touris.*) pension *f* complète.

Vollperson *f*, en (*jur.*) part *f* (fiscale) ; personne *f* adulte.

Vollprogramm *n*, e (*médias*) programme *m* complet ; chaîne *f* généraliste (*contr. Spartenkanal*).

Vollrente *f*, n **1.** pension *f* d'invalidité à 100 % **2.** retraite *f* intégrale.

Vollständigkeitserklärung *f*, en (*comptab.*) attestation *f* de la véracité d'informations données lors d'un audit par ex.

vollstreckbar (*jur.*) exécutoire ; ~*es Urteil* jugement *m* exécutoire.

Vollstreckbarkeit *f*, ø (*jur.*) caractère *m* exécutoire.

vollstrecken (*jur.*) mettre à exécution ; exécuter ; *ein Testament* ~ exécuter un testament ; *ein Urteil* ~ faire exécuter un jugement.

Vollstrecker *m*, - (*jur.*) exécuteur *m* (testamentaire, etc.).

Vollstreckung *f*, en (*jur.*) exécution *f* ; ~ *eines Urteils* exécution d'un jugement ; → *Zwangsvollstreckung*.

Vollstreckungsbeamte/r (*der/ein*) (*jur.*) fonctionnaire *m* chargé de l'exécution des peines (injonction à payer, sentence, etc.).

Vollstreckungsbefehl *m*, e (*jur.*) mandat *m* exécutoire.

Vollstreckungsbehörde *f*, n (*jur.*) organe *m*, autorité *f* chargé(e) de l'exécution.

Vollstreckungsbescheid *m*, e (*jur.*) décision *f* exécutoire ; ordre *m* d'exécution forcée ; sommation *f* ; injonction *f*.

Vollstreckungskraft *f*, ø : (*jur.*) ~ *haben* avoir valeur exécutoire.

Vollstreckungsübereinkommen *n*, - (*droit international*) convention *f* d'exécution.

Vollstreckungsurteil *n*, e (*jur.*) jugement *m* exécutoire.

Vollstreckungsverfahren *n*, - (*jur.*) procédure *f* d'exécution.

Vollstreik *m*, s grève *f* totale.

Vollversammlung *f*, en (*polit.*) assemblée *f* plénière (*syn.* Plenarversammlung).

vollwertig de qualité égale ; ~*er Ersatz* substitut *m* valable.

Vollwertversicherung *f*, en (*assur.*) assurance *f* de la valeur totale.

vollzählig complet ; ~*e Liste der Kandidaten* liste *f* complète des candidats.

Vollzähligkeit *f*, ø état *m* complet ; « tous présents ».

Vollzeit *f*, en → *Vollzeitbeschäftigung*.

Vollzeitarbeitsplatz *m*, ¨e → *Vollzeitbeschäftigung*.

Vollzeitbeschäftigung *f*, en emploi *m* à plein temps ; poste *m* à plein temps ; emploi à temps plein (*contr. Teilzeitarbeit, -beschäftigung*).

vollzeiterwerbstätig qui exerce une activité salariée à plein temps ; employé à plein temps.
Vollzeitjob *m, s* → *Vollzeitbeschäftigung*.
Vollzeitkraft *f,* ¨e employé(e) *m(f)* à plein temps (*contr. Teilzeitkraft*).
Vollzeitstelle *f, n* → *Vollzeitbeschäftigung*.
vollziehen, o, o (*jur.*) exécuter ; *ein Urteil* ~ exécuter un jugement.
vollziehend : (*polit.*) ~*e Gewalt* pouvoir *m* exécutif (*syn. Exekutive*).
Vollziehungsbeamte/r (*der/ein*) → *Vollstreckungsbeamte/r*.
Vollzugsanstalt *f,* en (*jur.*) établissement *m* pénitentiaire ; pénitencier *m*.
Vollzugsbeamte/r (*der/ein*) (*jur.*) fonctionnaire *m* en établissement pénitentiaire ; fonctionnaire chargé de l'exécution des peines.
Vollzugsbedienstete/r (*der/ein*) → *Vollzugsbeamte/r*.
Vollzugsdienst *m,* e (*jur.*) fonctionnaires *mpl* de justice chargés de l'exécution des peines.
Volontär *m,* e (*rare*) stagiaire *m* ; → *Praktikant*.
Volontariat *n,* e (*rare*) 1. durée *f*, période *f* de stage 2. stage *m*.
volontieren (*rare*) travailler comme stagiaire ; faire du volontariat.
Volumen *n,* -/-mina volume *m* ; ~ *des Handelsaustauschs* volume des échanges commerciaux.
Volumeneinheit *f,* en unité *f* de volume.
Volumenmodell *n,* e (*auto.*) monospace *m* ; volume *m* automobile.
Volumgewicht *n,* ø poids *m* spécifique.
voluminös volumineux.
Vomhundertsatz *m,* ¨e pourcentage *m* (*syn. Prozentsatz*).
Volumprozent *n,* e pourcentage *m* par cent cm³ de volume.
Von-Bis-Preise *mpl* prix *mpl* plancher-plafond.
vorab préalable ; préliminaire ; ~ *festgelegter Preis* prix *m* préalablement fixé.
Vorabbestellung *f,* en commande *f* préliminaire, préalable.
Vorabgewinn *m,* e (*comptab.*) bénéfice *m* préalable ; gain *m* immédiat.

Voranmeldung *f,* (en) 1. → *V-Gespräch* 2. (*fisc*) ~ *zur Umsatzsteuer* déclaration *f* fiscale préalable sur le chiffre d'affaires.
Voranschlag *m,* ¨e devis *m* (estimatif) ; *einen* ~ *machen* faire un devis (*syn. Kostenanschlag*).
Voranzeige *f,* n annonce *f* de la parution d'un ouvrage ; (*film*) bande-annonce *f*.
Vorarbeit *f,* en travail *m* préliminaire, préparatoire.
Vorarbeiter *m,* - contremaître *m* ; chef *m* d'équipe ; agent *m* de maîtrise.
voraus par anticipation ; *im Voraus bezahlen* effectuer un paiement anticipé.
Vorausabzug *m,* ¨e précompte *m* (retenue sur salaire, par ex.).
voraus/bestellen commander (à l') d'avance ; retenir ; réserver.
voraus/bezahlen → *voraus/zahlen*.
Vorausbezahlung *f,* en → *Vorauszahlung*.
voraus/buchen réserver à l'avance.
Vorausbuchung *f* , en réservation *f* à l'avance ; préréservation.
voraus/datieren postdater.
Vorauskasse *f,* ø → *Vorauszahlung*.
Voraussage *f,* n pronostic *m* ; prévision *f*.
voraus/sagen pronostiquer ; prédire.
voraus/schätzen estimer ; évaluer.
Vorausschätzung *f,* en estimation *f* ; évaluation *f* ; prévision *f*.
Vorausschau *f,* ø prévisions *fpl* ; calculs *mpl* prévisionnels ; étude *f* prévisionnelle.
Voraussetzung *f,* en condition *f* préalable.
voraussichtlich : ~*er Liefertermin* date *f* prévue de livraison.
Vorauswahl *f,* en choix *m* provisoire ; préselection *f*.
voraus/zahlen payer d'avance ; payer par anticipation.
Vorauszahlung *f,* en paiement *m* d'avance ; versement *m* anticipé ; *eine* ~ *leisten* payer d'avance.
Vorbedingung *f,* en (*jur.*) condition *f* préalable ; préalable *m*.
Vorbehalt *m,* e (*jur.*) réserve *f* ; restriction *f* ; *mit* (*unter*) ~ sous réserve de ; *ohne* ~ sans restriction ; *unter üblichem* ~ avec les réserves d'usage ; *unter* ~ *aller Rechte* tous droits réservés ; ~*e* (*gegen*) *an/melden* formuler des réserves (à l'égard de).

vorbehalten (*jur.*) réservé ; sous réserve de ; sauf ; *Änderungen* ~ sous réserve de modifications ; *Irrtum* ~ sauf erreur ; *alle Rechte* ~ tous droits réservés.

vor/behalten, ie, a (*jur.*) réserver ; *sich ein Recht* ~ se réserver un droit.

vorbehaltlich (*jur.*) sous réserve de ; ~ *der Genehmigung* sous réserve d'autorisation.

vorbehaltlos (*jur.*) exempt de réserves ; *er stimmt dem Vorschlag* ~ *zu* il approuve la proposition sans réserve.

Vorbehaltsgut *n*, ¨er (*jur.*) (*régime matrimonial*) bien *m* dotal ; bien propre (dans le cadre d'une communauté de mariage réduite aux acquets).

Vorbehaltsklausel *f*, **n** (*jur.*) clause *f* de réserve, restrictive ; clause de sauvegarde.

vorbei/schleusen (*fam.*) ne pas déclarer (au fisc) ; *Zinserträge an der Steuer* ~ ne pas déclarer les intérêts d'un capital au fisc.

vorbei/steuern : (*fam.*) *15 Prozent seines Umsatzes am Fiskus* ~ ne pas déclarer 15 % de son chiffre d'affaires au fisc.

Vorbelastung *f*, **en** (*fisc*) imposition *f* en amont ; imposition à la première étape du circuit.

vor/bereiten préparer.

vorbereitend préparatoire.

Vorbereitung *f*, **en** préparation *f* ; préparatifs *mpl* ; *in* ~ en cours de préparation.

Vorbereitungsarbeiten *fpl* travaux *mpl* préparatoires, préliminaires.

Vorbereitungsjahr *n*, **e** année *f* préparatoire.

Vorbesitzer *m*, - (*jur.*) propriétaire *m* antérieur.

Vorbesprechung *f*, **en** pourparlers *mpl* préalables ; discussions *fpl* préliminaires.

vorbestellen réserver à l'avance.

Vorbestellung *f*, **en** réservation *f* à l'avance ; préréservation.

vorbestraft (*jur.*) qui a un casier judiciaire ; *nicht* ~ *sein* avoir un casier judiciaire vierge ; ne pas avoir d'antécédents judiciaires.

Vorbestrafte/r (*der/ein*) (*jur.*) repris *m* de justice.

Vorbestrafung *f*, **en** (*jur.*) condamnation *f* antérieure.

vor/beugen prévenir ; parer à ; ~ *de Gesundheitspolitik* politique *f* de prévention en matière de santé publique.

Vorbeugehaft *f*, ø (*jur.*) détention *f* préventive.

Vorbeugeuntersuchung *f*, **en** (*médecine*) examen *m* préventif ; examen de dépistage.

Vorbeugung *f*, **en** (*médecine*) prévention *f* ; prophylaxie *f*.

Vorbeugungsmaßnahme *f*, **n** (*médecine*) mesure *f* préventive, prophylactique.

Vorbeugungsprinzip *n*, ø principe *m* de précaution.

vor/bezahlen → ***voraus/bezahlen***.

Vorbörse *f*, **n** (*bourse*) avant-bourse *f* ; marché *m* avant-bourse ; affaires *fpl* en coulisse ; → ***Nachbörse***.

vorbörslich (*bourse*) d'avant-bourse ; avant l'ouverture de la bourse ; ~ *notiert* coté avant l'ouverture de la bourse ; ~*e Notierung* cotation *f* d'avant-bourse ; cote *f* d'avant-bourse ; → ***nachbörslich***.

vor/datieren → ***voraus/datieren***.

Vordenker *m*, - (*polit.*) tête *f* pensante (d'un parti) ; maître *m* à penser *m* ; éminence *f* grise.

Vordermann *m*, ¨er (*jur.*) endosseur *m* précédent ; possesseur *m* précédent.

Vorderseite *f*, **n** recto *m* (d'une feuille) ; *auf der* ~ au recto ; ~ *einer Münze* avers *m* ; ~ *eines Wechsels* recto d'une traite (*contr. Rückseite*).

vordringlich (très) urgent ; ~*e Angelegenheit* affaire *f* urgente ; ~ *zu behandeln* à régler en priorité.

Vordruck *m*, **e** imprimé *m* ; formule *f* imprimée ; formulaire *m* ; *einen* ~ *aus/füllen* remplir un imprimé.

vorehelich (*jur.*) (d') avant mariage ; prénuptial.

Voreinsendung *f*, **en** envoi *m* préalable ; *gegen* ~ *dieses Betrags erhalten Sie...* contre l'envoi préalable de cette somme, vous recevrez...

vorenthalten, ie, a (*jur.*) garder qqch par devers soi ; ne pas verser ; ne pas effectuer le versement de qqch ; *dem Fiskus Millionen Euro* ~ *haben* ne pas avoir déclaré des millions d'euros au fisc.

Vorerbe *m*, **n**, **n** (*jur.*) héritier *m* gratifié en premier lieu ; légataire *m* prioritaire.

vorerwähnt mentionné ci-dessus ; précité ; susdit.

Vorerzeugnis *n*, **se** produit *m* préfinal, demi-fini.

vor/fabrizieren → *vor/fertigen*.
Vorfahrt *f,* ø (*transp.*) priorité *f* ; *die ~ beachten* respecter la priorité ; *~ haben* avoir la priorité.
vorfahrtsberechtigt (*transp.*) prioritaire.
Vorfahrtsstraße *f,* n (*transp.*) route *f* prioritaire.
Vorfaktura *f,* -ren facture *f* provisoire.
Vorfälligkeit *f,* en (*jur.*) échéance *f* anticipée.
Vorfälligkeitszinsen *mpl* (*banque*) intérêts *mpl* de pénalité ; indemnité *f* de remboursement anticipé (d'un prêt).
Vorfeld : *im ~* en amont.
vor/fertigen préfabriquer ; *vorgefertigte Bauteile* modules *mpl* de construction préfabriqués.
Vorfertigung *f,* en préfabrication *f*.
vor/finanzieren préfinancer ; avancer des fonds.
Vorfinanzierung *f,* en préfinancement *m* ; → *Überbrückungs-, Zwischenkredit*.
vorfristig avant terme.
vor/führen présenter ; faire une démonstration ; *ein neues Modell ~* présenter un nouveau modèle.
Vorführdame *f,* n démonstratrice *f*.
Vorführer *m,* - démonstrateur *m*.
Vorführmodell *n,* e modèle *m* de démonstration, d'exposition.
Vorführung *f,* en présentation *f* ; démonstration *f* ; *wir brauchen Muster zur ~* il nous faut des échantillons pour la démonstration.
Vorgabezeit *f,* en temps *m* imparti à la réalisation d'une prestation ; délai *m* de réalisation ; → *REFA*.
Vorgang *m,* ¨e **1.** cours *m* ; marche *f* ; processus *m* **2.** (*comptab.*) opération *f* (comptable).
Vorgänger *m,* - prédécesseur *m*.
vorgedruckt préimprimé ; *~e Formulare* formulaires *mpl* préimprimés.
vorgefertigt → *vor/fertigen*.
vor/gehen, i, a (*ist*) : (*jur.*) *gegen jdn ~* poursuivre qqn en justice ; entamer des poursuites judiciaires contre qqn.
vorgelagert en amont ; *~e Produktionsstufen* étapes *fpl* de production en amont ; *vor- und nachgelagerte Wirtschaftsbereiche* secteurs de l'économie en amont et en aval. (*contr. nachgelagert*) ; → *Vorfeld*.

vorgelesen, genehmigt, unterschrieben (*jur.*) lu et approuvé.
vorgeschrieben prescrit ; de rigueur ; obligatoire ; *~es Formblatt* formulaire *m* préétabli ; *~e Preise* prix *mpl* imposés.
Vorgesellschaft *f,* en (*jur.*) société *f* en voie de constitution ; → *Gründungsgesellschafter*.
Vorgesetztenposition *f,* en poste *m* de cadre dirigeant ; position *f* de supérieur.
Vorgesetztenverhältnis *n,* (se) rapports *mpl* hiérarchiques (de subalterne à supérieur).
Vorgesetzte/r (*der/ein*) supérieur *m* (hiérarchique) ; chef *m* (*contr. Untergebene/r*).
Vorgespräch *n,* e entretien *m* préliminaire, préalable.
vorgezogen : *~er Ruhestand* retraite *f* anticipée ; préretraite ; *~e Wahlen* élections *fpl* anticipées.
vor/haben projeter qqch ; avoir un projet.
Vorhaben *n,* - projet *m* ; plan *m* ; programme *m*.
vorhanden disponible ; *~ sein* avoir en stock ; être disponible.
Vorherrschaft *f,* (en) prédominance *f* ; leadership *m* ; prépondérance *f* ; hégémonie *f* ; suprématie *f* ; *~ auf dem Markt* suprématie sur le marché.
vorher/sagen pronostiquer ; prédire.
Vorhersage *f,* n pronostics *mpl* ; prévisions *fpl* (météorologiques).
vorindustriell préindustriel ; *~e Strukturen* structures *fpl* préindustrielles.
Vorjahr *n,* e an *m* dernier ; année *f* précédente ; *im ~* l'année passée ; *gegenüber dem ~* comparé à la même période de l'année précédente ; *vom ~* de l'année passée.
Vorjahresmonat *m,* e mois *m* de l'année précédente ; *gegenüber dem gleichen ~* par rapport au même mois de référence de l'année écoulée.
vorjährig de l'année précédente.
Vorkalkulation *f,* en (*comptab.*) prévision *f* des dépenses ; calcul *m* du prix de revient en fonction des données prévisionnelles.
vorkalkulieren (*comptab.*) préétablir les coûts.
Vorkasse *f,* ø → *Vorauskasse* ; *Vorauszahlung*.
Vorkauf *m,* ¨e (*jur.*) préemption *f*.

Vorkäufer *m*, - (*jur.*) acheteur *m* usant de son droit de préemption ; acheteur prioritaire.

Vorkaufspreis *m*, **e** (*jur.*) prix *m* de préemption.

Vorkaufsrecht *n*, **e** (*jur.*) droit *m* de préemption ; priorité *f* d'achat ; option *f* ; *das ~ aus/üben* exercer le droit de préemption ; préempter ; *~ ein/räumen* réserver un droit de préemption.

Vorkehrung *f*, **en** disposition *f* ; mesure *f* ; *~en treffen* prendre des dispositions.

Vorkommen *n*, - gisement *m* ; *ein ~ erschließen* exploiter un gisement ; *ein ~ an Erdöl* un gisement pétrolifère.

Vorkostenpauschale *f*, **n** (*fisc*) forfait *m* pour charges et coûts auxiliaires.

vor/laden, u, a (*jur.*) convoquer ; assigner (à comparaître) ; (*témoin*) citer.

Vorladung *f*, **en** (*jur.*) convocation *f* ; mandat *m* de comparution ; assignation *f* (en justice) ; (*témoin*) citation *f*.

vor/legen produire ; présenter ; fournir ; soumettre ; *die Bilanz ~* présenter le bilan ; *eine Urkunde ~* produire un titre ; *zur Zahlung ~* présenter au paiement.

Vorlage *f*, **n** 1. production *f* ; présentation *f* ; *nur gegen ~ eines Ausweises* uniquement sur présentation d'une pièce d'identité ; *zahlbar bei ~* payable à vue 2. modèle *m* ; *etw als ~ benutzen* prendre qqch. pour modèle.

vorläufig provisoire ; temporaire ; intérimaire ; *~e Bilanz* bilan *m* provisoire.

Vorlegung *f*, **(en)** (*jur.*) présentation *f* ; production *f* ; *~ zur Annahme* présentation à l'acceptation ; (*comptab.*) *~ der Bücher* présentation des livres.

Vorlegungsfrist *f*, **en** (*jur.*) délai *m* de présentation.

Vorlegungspflicht *f*, **en** (*jur.*) obligation *f* de présentation.

Vorleistung *f*, **en** prestation *f* préalable ; paiement *m* anticipé ; (*comptab.*) *~en* services *mpl* intermédiaires rendus.

Vormachtstellung *f*, **en** → **Vorherrschaft**.

Vormann *m*, ¨**er** 1. chef *m* d'équipe 2. (*jur.*) endosseur *m* précédent ; cédant *m* ; *einen Wechsel an den ~ zurück/geben* renvoyer une traite à l'endosseur précédent 3. prédécesseur *m*.

vor/merken 1. prendre (bonne) note de qqch 2. réserver ; (s')inscrire.

Vormerkung *f*, **en** inscription *f* préalable ; réservation *f* ; *~ einer Bestellung* réservation d'une commande.

Vormerkverfahren *n*, - (*douane*) admission *f* temporaire (en douane).

Vormund *m*, ¨**er/e** (*jur.*) tuteur *m* ; *einen ~ bestellen* constituer un tuteur.

Vormundschaft *f*, **en** (*jur.*) tutelle *f* ; curatelle *f* ; *unter ~ stehen, stellen* être, mettre sous tutelle ; *die ~ übernehmen* accepter la tutelle ; se charger de la curatelle ; *jdm die ~ übertragen* confier la curatelle à qqn ; *sich aus der staatlichen ~ befreien* se libérer de la tutelle de l'État.

Vormundschaftsgericht *n*, **e** (*jur.*) tribunal *m* des tutelles.

Vorort *m*, **e** 1. → **Vorstadt** 2. *~ eines Verbandes* siège *m* d'une association.

Vor-Ort-Produktion *f*, **en** production *f* sur place.

Vor-Ort-Service *m/n*, **s** service *m* après-vente assuré par le fabricant ; maintenance *f* par le fabricant.

Vorortverkehr *m*, ø trafic *m* de banlieue.

Vorprämie *f*, **n** (*bourse*) prime *f* à la hausse.

Vorprämiengeschäfte *npl* (*bourse*) marché *m* à prime à la hausse.

Vorprodukt *n*, **e** demi-produit *m* ; produit intermédiaire.

vor/programmieren préprogrammer.

Vorrang *m*, ø priorité *f* ; primat *m* ; *einer Sache den ~ geben* donner la priorité à une affaire

vorrangig prioritaire.

Vorrangstellung *f*, **en** priorité *f* ; *~ haben* être prioritaire.

Vorrat *m*, ¨**e** stock *m* ; réserves *fpl* ; provisions *fpl* ; *auf (in) ~* en réserve ; *den ~ ab/bauen* déstocker ; *den ~ an/greifen* entamer le stock ; *einen ~ an/legen* constituer un stock ; *solange der ~ reicht* jusqu'à épuisement des stocks ; *~ an Lebensmitteln* réserves alimentaires.

vorrätig en stock ; disponible ; en magasin ; *~ sein* être en stock ; *etw ~ haben* avoir qqch en stock.

Vorratsabbau *m*, ø déstockage *m*.

Vorratsabgang *m*, ¨**e** sortie *f* de stock.

Vorratsaktie *f*, **n** → **Verwertungs-, Verwaltungsaktie**.

Vorratserneuerung *f*, **en** renouvellement *m*, reconstitution *f* des stocks.

Vorratshaltung *f*, **en** stockage *m* ; constitution *f* de réserves.

Vorratskauf *m*, ¨e achat *m* de stockage ; réserves *fpl* de précaution.
Vorratslager *n*, - entrepôt *m* ; stock *m* (de réserve) ; magasin *m* d'approvisionnement.
Vorratsraum *m*, ¨e local *m* de stockage.
Vorratswirtschaft *f*, ø gestion *f* des stocks ; stocks *mpl* ; stockage *m*.
Vorrecht *n*, e privilège *m* ; prérogative *f* ; *ein ~ genießen* jouir d'un privilège.
Vorrechtsaktie *f*, n (*bourse*) action *f* privilégiée ; action de priorité.
Vorrechtsgläubiger *m*, - (*jur.*) créancier *f* privilégié.
Vorruhestand *m*, ø préretraite *f* ; *jdn in den ~ schicken* mettre qqn en préretraite.
Vorruheständler *m*, - préretraité *m*.
Vorsaison *f*, s/en avant-saison *f* ; basse saison.
Vorsatz *m*, ¨e (*jur.*) préméditation *f* ; intention *f* ; *mit ~* à dessein ; avec préméditation.
vorsätzlich (*jur.*) volontaire ; intentionnel ; prémédité ; *~e Täuschung* fraude *f* caractérisée ; *~e Tötung* homicide *m* volontaire ; *bei ~en Verstößen gegen das Gesetz* en cas d'infractions intentionnelles contre la loi.
vor/schießen, o, o (*fam.*) avancer de l'argent ; prêter (*syn. borgen*).
Vorschlag *m*, ¨e proposition *f* ; offre *f* ; suggestion *f* ; *einen ~ machen* (*unterbreiten*) faire une proposition.
vor/schlagen, u, a proposer ; suggérer ; offrir ; *vorgeschlagene Dividende* dividende *m* proposé.
Vorschlagswesen *n* : *betriebliches ~* liste *f* de recommandations ; suggestions *fpl* du personnel ; boîte *f* à idées (permet aux salariés de faire des propositions pour améliorer les conditions de travail et de production).
vor/schreiben, ie, ie prescrire ; ordonner ; *gesetzlich vorgeschrieben* prescrit par la loi.
Vorschrift *f*, en prescription *f* ; règlement *m* ; ordre *m* ; *gesetzliche ~* prescription légale ; *zwingende ~* prescription impérative ; *die ~en befolgen* observer les, se conformer aux règlements.
vorschriftsmäßig réglementaire ; conforme au règlement ; en bonne et due forme.

vorschriftswidrig contraire aux instructions ; non-réglementaire ; illégal.
Vorschuss *m*, ¨e (*finance*) avance *f* (d'argent) ; acompte *m* ; *~ auf den Lohn* avance sur (le) salaire ; *rückzahlbarer ~* avance remboursable ; *zinsloser ~* avance sans intérêt ; *um ~ bitten* demander une avance ; *einen ~ erhalten* obtenir une avance ; *einen ~ gewähren* accorder une avance.
Vorschussdividende *f*, n (*bourse*) acompte *m* sur dividende ; dividende *m* intérimaire, provisoire.
Vorschussleistung *f*, en → *Vorschuss*.
Vorschusspflicht *f*, en paiement *m* d'une avance obligatoire.
vorschussweise à titre d'avance.
Vorschusszahlung *f*, en paiement *m* à titre d'avance ; versement *m* provisionnel.
Vorschusszinsen *mpl* → *Vorfälligkeitszinsen*.
Vorsicht *f*, ø précaution *f* ; prudence *f* ; circonspection *f* ; *~ zerbrechlich !* fragile.
vorsichtshalber par mesure de précaution ; par prudence.
Vorsichtsmaßnahme *f*, n mesure *f* préventive, de précaution ; *~n treffen* prendre des précautions.
Vorsitz *m*, e présidence *f* ; *unter dem ~ (von)* sous la présidence (de) ; *den ~ haben* (*führen*) présider ; *turnusmäßig wechselnder ~* présidence alternée, à tour de rôle.
vor/sitzen, a, e présider ; *einer Versammlung ~* présider une assemblée.
Vorsitzende/r (*der/ein*) président *m* ; *zum ~en gewählt werden* être élu président ; *geschäftsführender ~er* président en exercice ; *stellvertretender ~er* vice-président ; *~er des Verwaltungsrats* président du conseil d'administration ; *~er des Vorstands* président du directoire (*syn. Präsident*).
Vorsitzer *m*, - → *Vorsitzende/r*.
Vorsorge *f*, n prévoyance *f* ; prévision *f* ; *öffentliche ~* prévoyance publique ; *private ~ für das Alter* assurance-vieillesse *f* privée ; *soziale ~* prévoyance sociale ; *~ treffen* prendre les précautions nécessaires.
Vorsorgeaufwendungen *fpl* (*finance*) dépenses *fpl* de prévoyance ; financements *mpl* prévisionnels ; sommes *fpl* affectées à la prévoyance (retraite, maladie, chômage, assurance-vie, etc.).

Vorsorgeförderung *f,* en aide *f* financière complémentaire (pour familles nombreuses, par ex.).

Vorsorgekasse *f,* n caisse *f* de prévoyance.

Vorsorgeleistung *f,* en somme *f* investie en épargne-retraite ; prime *f* d'épargne-retraite.

vor/sorgen se montrer prévoyant ; prendre les précautions nécessaires ; *für sein Alter* ~ mettre de l'argent de côté pour ses vieux jours.

Vorsorgemedizin *f,* ø médecine *f* préventive.

Vorsorgepauschale *f,* ø (*fisc*) somme *f* forfaitaire déductible des impôts pour dépenses de prévoyance.

Vorsorgepolitik *f,* ø politique *f* de prévention ; politique de prévoyance.

Vorsorgesparen *n,* - épargne *f* de précaution ; épargne de prévoyance.

Vorsorge- und Vorbeugungsprinzip *n,* ø principe *m* de précaution pour la protection de l'environnement.

Vorsorgeuntersuchung *f,* en (*médecine*) examen *m* préventif ; bilan *m* de santé ; dépistage *m* systématique.

Vorsorgeversicherung *f,* en assurance *f* complémentaire.

vorsorglich prévoyant ; par (mesure de) précaution.

vorsortiert présélectionné ; préalablement trié, classé.

Vorsprung *m,* ¨e avance *f* ; *einen technologischen* ~ *haben* avoir une avance technologique ; *den* ~ *verlieren* perdre son avance.

Vorstadt *f,* ¨e banlieue *f* ; faubourg *m.*

Vorstädter *m,* - banlieusard *m* ; habitant *m* de banlieue.

vorstädtisch suburbain.

Vorstand *m,* ¨e **1.** (*société*) directoire *m* ; comité *m* directeur, de direction ; exécutif *m* ; conseil *m* administratif, de direction ; ~ *und Aufsichsrat einer Aktiengesellschaft* directoire et conseil de surveillance d'une société anonyme ; *Mitglied des* ~*s* membre *m* du comité directeur ; *Vorsitzender des* ~*s* président du directoire ; → *AG* ; *Aktiengesellschaft* **2.** (*Autriche*) chef *m* ; préposé *m.*

Vorständler *m,* - → *Vorstandsmitglied.*

Vorstandsbezüge *mpl* émoluments *mpl* des membres d'un directoire ou de chefs de grande entreprise ; salaires *mpl* des grands patrons d'entreprise.

Vorstandschaft *f,* en comité *m* directeur ; direction *f* (d'une association, d'un organisme).

Vorstandsetagen : *in den* ~ au niveau, dans les étages de (la) direction.

Vorstandsmitglied *n,* er membre *m* d'un directoire, d'un comité de direction ; membre de l'exécutif ; administrateur *m* ; *geschäftsführendes* ~ administrateur gérant.

Vorstandssitzung *f,* en séance *f* du directoire ; *an einer* ~ *teil/nehmen* assister à une réunion du directoire.

Vorstandssprecher *m,* - porte-parole *m* du directoire ; porte-parole de la direction.

Vorstandsvorsitzende/r (*der/ein*) président *m* du directoire ; président du comité de direction ; (*France*) P.-D.G. *m.*

Vorstandswahl *f,* en élection *f* des membres du directoire ; élection du comité de direction ; élection de l'exécutif.

vor/stehen, a, a diriger ; *einer Organisation* ~ être à la tête d'une organisation.

Vorsteher *m,* - préposé *m* ; responsable *m* ; chef *m* ; ~ *eines Postamts* receveur *m* des postes.

vor/stellen présenter ; *darf ich Ihnen Herrn Meyer* ~ permettez-moi de vous présenter M. Meyer ; *der Autokonzern stellt sein neues Modell vor* le groupe automobile présente son nouveau modèle.

vorstellig werden : (*bei jdm*) s'adresser (à qqn) ; venir présenter une réclamation, une doléance, etc.

Vorstellungsgespräch *n,* e entretien *m* (d'embauche) ; → *Bewerbung.*

Vorsteuer *f,* n (*fisc*) impôt *m* perçu en amont ; T.V.A. *f* déductible.

Vorsteuerabzug *m,* ¨e (*fisc*) récupération *f* de la T.V.A. ; déduction *f* de la T.V.A.

Vorsteuerabzugsrecht *n,* e (*fisc*) droit *m* de déduire la T.V.A. ; possibilité *f* de récupérer la T.V.A.

Vorsteuerergebnis *n,* se (*comptab.*) résultat *m* avant impôt.

Vorstoß *m,* ¨e percée *f* ; pénétration *f* ; offensive *f* ; ~ *auf dem chinesischen Markt* percée sur le marché chinois.

vor/stoßen, ie, o (*ist*) lancer une offensive commerciale ; *auf einen Markt* ~ s'attaquer à un marché.

vor/strecken → *vor/schießen.*
Vorstufe *f,* **n** étape *f* préliminaire ; stade *m* préalable.
Vorteil *m,* **e** avantage *m* ; bénéfice *m* ; produit *m* ; *finanzielle, materielle ~e avantages* financiers, matériels ; *wirtschaftlicher ~* avantage économique ; *viele ~e bieten* offrir de nombreux avantages ; *~e und Nachteile eines Projekts* le pour et le contre d'un projet ; *den ~ haben, dass* présenter l'avantage que ; *(jdm gegenüber) im ~ sein* être en situation de force (par rapport à qqn) ; *aus einer Situation ~ ziehen* tirer profit, avantage d'une situation.
vorteilhaft avantageux ; profitable ; lucratif ; *(für jdn) ~ sein* êtré avantageux (pour qqn).
Vorteilsgewährung *f,* **en** (*jur.*) octroi *m* d'avantages (financiers) relevant de la corruption active.
Vorteilsnahme *f,* **n** (*jur.*) abus *m* de privilèges ou d'avantages professionnels ; avantages *mpl* tirés d'une situation privilégiée ; *gegen jdn wegen ~ ermitteln* poursuivre qqn pour abus de biens sociaux ; → **Bestechung.**
Vortrag *m,* ¨e **1.** conférence *f* ; rapport *m* ; exposé *m* **2.** (*comptab.*) report *m* ; *~ aus dem vergangenen Geschäftsjahr* report de l'exercice antérieur ; *~ auf neue Rechnung* report à nouveau ; → **Gewinn-, Verlustvortrag.**
vor/tragen, u, a 1. *etw ~* exposer qqch **2.** (*comptab.*) reporter ; *auf neue Rechnung ~* reporter à nouveau.
vorübergehend transitoire ; temporaire ; passager ; *~e Arbeitsunfähigkeit* incapacité *f* de travail temporaire.
Voruntersuchung *f,* **en 1.** (*jur.*) instruction *f* (judiciaire) ; *eine ~ beantragen* demander l'ouverture d'une instruction **2.** enquête *f* préliminaire ; contrôle *m* préalable.
Voruntersuchungsverfahren *n,* - (*jur.*) procédure *f* de l'instruction.
Vorurteil *n,* **e** préjugé *m* ; *(gegen jdn) ~e haben* avoir des préjugés (à l'encontre de qqn).
vorurteilsfrei sans préjugé(s) ; exempt de préjugé(s).
vorurteilslos → *vorurteilsfrei.*
Vorverfahren *n,* - → *Voruntersuchungsverfahren.*
Vorverhandlung *f,* **en** négociations *fpl* préliminaires.

Vorverkauf *m,* ¨e **1.** vente *f* anticipée **2.** (*théâtre*) location *f* ; réservation *f.*
vor/verlegen avancer ; *einen Termin ~* avancer une date.
Vorverlegung *f,* **en** anticipation *f* ; *~ eines Parteitages* avancement *m* de la date du congrès d'un parti politique.
Vorversicherungszeit *f,* **en** annuités *fpl* nécessaires pour le départ en retraite.
Vorvertrag *m,* ¨e (*jur.*) promesse *f* de contrat, de vente ; compromis *m* ; convention *f* préalable.
Vorverurteilung *f,* **en** (*jur.*) condamnation *f* sans preuves ; condamnation anticipée.
Vorvorgänger *m,* - prédécesseur *m* précédent.
vorvorletzt antépénultième.
Vorwahl *f,* **en 1.** (*polit.*) scrutin *m* éliminatoire ; vote *m* préliminaire ; élections *fpl* primaires ; *geschlossene ~en* primaires *fpl* au sein d'un parti politique ; *offene ~en* primaires nationales, au plan national **2.** présélection *f* ; *eine ~ unter den zahlreichen Angeboten machen* faire une présélection parmi une gamme d'offres **3.** (*téléph.*) indicatif *m.*
Vorwahlergebnisse *npl* (*polit.*) résultats *mpl* d'une élection primaire.
Vorwahlnummer *f,* **n** (*téléph.*) indicatif *m* ; *Berlin hat die ~ 030* l'indicatif de Berlin est 030.
Vorwahlsystem *n,* **e** système *m* de présélection.
Vorwarnstufe *f,* **n** niveau *m* d'alerte.
Vorwarnung *f,* **en** avertissement *m* ; signe *m* préliminaire.
vorweg par anticipation ; préalable.
Vorwegabzug *m,* ¨e (*fisc*) déduction *f* anticipée ; prélèvement *m* à la source.
vorweggenommen : (*jur.*) *~e Erbfolge* héritage *m* anticipé.
Vorwegleistung *f,* **en** paiement *m* anticipé ; prestation *f* préalable.
Vorweis *m,* **e** (*Suisse*) présentation *f* d'un document officiel.
vor/weisen, ie, ie montrer ; présenter ; faire voir ; produire ; *den Pass ~* présenter son passeport.
Vorzeigeland *n,* ¨er pays-modèle *m.*
Vorzeigestück *n,* **e** (exemplaire) modèle *m* ; pièce *f* exemplaire.
Vorzeigeunternehmen *n,* - entreprise-pilote *f* ; entreprise-vitrine *f.*
vorzeitig anticipé ; par anticipation ; avant terme ; à l'avance ; prématuré ; *~e*

Pensionierung retraite *f* anticipée ; ~*e Rückzahlung* remboursement *m* anticipé

vor/ziehen, o, o **1.** préférer ; donner préférence (à) **2.** avancer ; anticiper ; *eine Reform* ~ avancer une réforme.

Vorzimmer *n*, - antichambre *f* ; salle *f* d'attente.

Vorzimmerdame *f,* n hôtesse *f* d'accueil.

Vorzug *m*, ¨e préférence *f* ; priorité *f* ; *einer Sache den* ~ *geben* donner la préférence à qqch.

vorzüglich 1. excellent ; ~*e Qualität* qualité *f* exceptionnelle, supérieure **2.** (*corresp.*) *mit ~er Hochachtung* veuillez agréer, Madame, Monsieur, l'expression de mes (nos) sentiments distingués.

Vorzugs- (*préfixe*) préférentiel ; privilégié ; prioritaire.

Vorzugsaktie *f,* n action *f* privilégiée, préférentielle ; action de priorité (donnant, par ex., le droit de participer avant les autres actions à la répartition des bénéfices ou au partage de l'actif social) (*contr. Stammaktie*).

Vorzugsaktionär *m*, e actionnaire *m* privilégié.

Vorzugsangebot *n*, e offre *f* préférentielle.

Vorzugsbedingungen *fpl* conditions *fpl* préférentielles.

Vorzugsbehandlung *f,* **en** traitement *m* de faveur, préférentiel.

Vorzugsgläubiger *m*, - (*jur.*) créancier *m* privilégié.

Vorzugskurs *m*, e (*bourse*) cours *m* préférentiel.

Vorzugspreis *m*, e prix *m* préférentiel ; prix de faveur.

Vorzugsrabatt *m*, e remise *f* de faveur.

Vorzugsrecht *n*, e (*bourse*) droit *m* de priorité ; ~ *bei der Zeichnung neuer Aktien* droit préférentiel lors de la souscription d'actions nouvelles.

Vorzugsstellung *f,* **en** statut *m* privilégié ; position *f* privilégiée.

Vorzugstarif *m*, e tarif *m* préférentiel.

Vorzugszoll *m*, e droit *m* (de douane) préférentiel.

Vostrokonto *n*, -ten (*banque*) (votre) compte *m* (en notre établissement).

votieren (*polit.*) (*für, gegen*) voter (pour, contre).

Votum *n*, -ten/-ta (*polit.*) vote *m* ; suffrage *m*.

Voucher *n/m*, s (*pr. ang.*) **1.** (*touris.*) bon *m* d'échange ; coupon *m* de réduction (hôtel, voiture de location, services, etc.) **2.** pièce *f* justificative ; justificatif *m* de paiement ; pièce comptable **3.** (*personne*) garant *m* ; caution *f.*

V. S. P. (*verte si placet*) bitte wenden t.s.v.p. ; tournez, s'il vous plaît.

v.T. (*vom Tausend*) pour mille.

VVB *f,* s (*hist. R.D.A. : Vereinigung Volkseigener Betriebe*) Union *f* d'entreprises nationalisées (de la R.D.A.).

vwd (*vereinigte Wirtschaftsdienste*) agence *f* de presse économique.

V-Wort → *Verwertungsgemeinschaft Wort.*

W X Y Z

WAA *f* → *Wiederaufbereitungsanlage*.

Waage *f*, **n** balance *f* ; bascule *f* ; pèse-lettres *m* ; (*fig.*) *sich die ~ halten* se contrebalancer.

waag(e)recht horizontal ; *~e Konzentration* concentration *f* horizontale (*syn. horizontal*).

Wachsen *n*, ø croissance *f* ; augmentation *f* ; accroissement *m*.

wachsen, u, a (*ist*) croître ; augmenter ; se développer ; *die Einwohnerzahl ist stark gewachsen* la population a considérablement augmenté ; *einer Lage gewachsen sein* être à la hauteur d'une situation.

Wachstum *n*, ø croissance *f* ; expansion *f* I. *durchschnittliches ~* croissance moyenne ; *extensives, intensives ~* croissance extensive, intensive ; *inflationsfreies ~* croissance non-inflationniste ; *inflationstreibendes ~* croissance génératrice d'inflation ; *nachhaltiges* (*dauerhaftes*) *~* croissance durable ; *negatives ~* croissance négative ; *nominales ~* croissance nominale ; *reales ~* croissance réelle ; *umweltverträgliches ~* croissance respectueuse de l'environnement ; (*un*)*gleichgewichtiges ~* croissance (dés)équilibrée ; *stetiges ~* croissance continue ; *wirtschaftliches ~* croissance économique II. *das ~ ist abgeflacht* la croissance s'est quelque peu ralentie ; *das ~ beschleunigt sich* la croissance s'accélère ; *das ~ fördern* (*stimulieren*) stimuler la croissance ; *mit einem ~ von 2 % rechnen* tabler sur une croissance de 2 % III. *~ des Dienstleistungssektors* croissance du secteur tertiaire ; *~ der Geldmenge* croissance de la masse monétaire ; *~ des internationalen Handels* croissance du commerce international ; *~ des Volkseinkommens* croissance du revenu national ; → *BIP* ; *Produktivität* ; *Sozialprodukt* ; *Zuwachs* ; *Minus-, Nullwachstum*.

Wachstumsabschwächung *f*, ø décélération *f* de la croissance.

Wachstumsaktie *f*, **n** action *f* d'une société en pleine croissance ; action à fort potentiel de croissance.

Wachstumsanreiz *m*, **e** (mesure *f* d') incitation *f* à la croissance.

Wachstumsaussichten *fpl* perspectives *fpl*, prévisions *fpl* de croissance.

Wachstumsbremse *f*, **n** frein *m*, entrave *f* à la croissance.

wachstumsbremsend avec effet de ralentissement sur la croissance ; effet négatif sur la croissance.

Wachstumsdynamik *f*, ø dynamique *f* de croissance.

Wachstumsfaktor *m*, **en** facteur *m* de croissance.

Wachstumsfonds *m*, - (*bourse*) fonds *m* d'investissement (dont les revenus ne sont pas distribués, mais réinvestis).

wachstumsförderlich favorable à la croissance ; qui stimule la croissance.

wachstumsfördernd favorable à la croissance ; facteur *m* de croissance, de relance.

Wachstumsgefälle *n*, ø disparité *f*, écart *m* de croissance.

Wachstumsgeschwindigkeit *f*, (**en**) → *Wachstumstempo*.

wachstumshemmend préjudiciable à la croissance ; qui freine la croissance.

Wachstumsknick *m*, **e** chute *f*, baisse *f* (brutale) de la croissanc.

Wachstumskräfte *fpl* facteurs *mpl* de croissance ; moteur *m* de la croissance.

Wachstumskurs *m* : *auf ~ sein* être en pleine croissance ; connaître un essor (économique).

Wachstumskurve *f*, **n** courbe *f* de croissance.

Wachstumslenkung *f*, **en** croissance *f* dirigée ; croissance contrôlée ; dirigisme *m* en matière de croissance.

Wachstumsmarkt *m*, ¨**e** marché *m* à fort potentiel de croissance ; marché en pleine croissance ; marché-porteur *m*.

Wachstumsmotor *m*, **en** moteur *m*, stimulant *m* de la croissance ; *wichtigster ~ bleibt der Export* ce sont les exportations qui dopent la croissance.

Wachstumsnische *f*, **n** créneau *m* porteur ; secteur *m* en pleine croissance.

wachstumsorientiert axé sur la croissance ; *~e Wirtschaftspolitik* politique *f* de croissance.

Wachstumsphase *f*, **n** phase *f* de croissance.

Wachstumspol *m*, **e** pôle *m* de croissance.

Wachstumspolitik *f,* ø politique *f* de croissance.

Wachstumspotenzial *n,* e potentiel *m* de croissance ; *ein erhebliches ~ haben* avoir un fort potentiel de croissance.

Wachstumsprognose *f,* n pronostics *mpl,* prévisions *fpl* de croissance.

Wachstumsrate *f,* n taux *m* de croissance, d'expansion ; *befriedigende ~* taux de croissance satisfaisant ; *gleichgewichtige ~* taux de croissance d'équilibre ; *eine hohe, niedrige ~ auf/weisen* afficher un taux de croissance élevé, faible.

Wachstumsrückgang *m,* ¨e décélération *f* de l'activité économique ; croissance *f* en baisse.

wachstumsstark à fort potentiel de croissance.

Wachstumstempo *n,* ø rythme *m* de croissance ; rythme *m* de l'expansion ; *das ~ beschleunigen, bremsen* accélérer, freiner le rythme de la croissance.

Wachstumsträger *m,* - facteur *m* de croissance ; produit *m* qui contribue à faire croître la production ; pays *m,* marché *m* porteur.

Wachstumswerte *mpl* (*bourse*) valeurs *fpl* (à fort potentiel) de croissance.

Wächter *m,* - garde *m* ; gardien *m* ; garde *f* ; veilleur *m* de nuit ; vigile *m.*

Wachtposten *m,* - (service de) garde *m* ; vigile *m.*

Wach- und Schließgesellschaft *f,* en entreprise *f* de gardiennage, de surveillance.

Waffe *f,* n arme *f* ; *atomare ~n* armes nucléaires.

Waffenembargo *n,* s embargo *m* sur le commerce des armes, de l'armement.

Waffenexport *m,* e exportation *f* d'armes.

Waffenexporteur *m,* e exportateur *m* d'armes.

Waffenhandel *m,* - commerce *m,* trafic *m* d'armes.

Waffenkäufe *mpl* achats *mpl* d'armes.

Waffenproduktion *f,* en fabrication *f* d'armes ; production *f* militaire ; → *Rüstungsindustrie.*

wagen risquer ; *gewagtes Geschäft* affaire *f* risquée.

wägen 1. peser 2. (*statist.*) pondérer ; (*fig.*) soupeser ; évaluer le pour et le contre.

Wagen *m,* - voiture *f* ; véhicule *m* ; wagon *m.*

Wagenladung *f,* en voiturée *f* ; wagonnée *f* ; chargement *m* d'un wagon ; *Versand als ~* chargement complet ; *volle ~* wagon complet.

Wagenpark *m,* s parc *m* automobile ; matériel *m* roulant.

Wagenstandgeld *n,* ø droit *m* de stationnement ; frais *mpl* d'immobilisation des wagons.

Wagenverkehr *m,* ø circulation *f* automobile.

Waggon *m,* s (*pr. fr.*) wagon *m* ; wagon-citerne ; *franko ~* franco sur wagon.

Waggonladung *f,* en → **Wagenladung.**

waggonweise 1. par wagons ; wagon par wagon 2. par wagons entiers.

Wagnis *n,* se risque *m* (d'entreprise) ; → *Risiko.*

wagnisbereit → *risikobereit.*

Wagniskapital *n* → *Risikokapital* ; *Venturecapital.*

Wägung *f,* en (*statist.*) pondération *f.*

Wägungskoeffizient *m,* en, en (*statist.*) coefficient *m* de pondération.

Wahl *f,* en 1. choix *m* ; sélection *f* ; *Ware erster, zweiter ~* marchandise *f* de premier, de second choix ; *die ~ haben* avoir le choix ; *jdn vor die ~ stellen* mettre qqn dans l'obligation de choisir ; *eine ~ treffen* faire un choix 2. (*polit.*) élection *f* ; vote *m* ; scrutin *m* I. *die allgemeinen ~en* élections générales ; *geheime ~* vote à bulletins secrets ; *indirekte ~* suffrage *m* indirect ; *seine ~ zum Präsidenten* son élection à la présidence II. *zur ~ auf/rufen* appeler aux urnes ; *~en aus/schreiben* organiser des élections ; *zur ~ berechtigt sein* avoir le droit de vote ; *eine ~ für ungültig erklären* invalider une élection.

Wahlabsprache *f,* n accord *m* électoral.

Wahlalter *n,* - majorité *f* électorale ; âge *m* requis pour être électeur.

Wahlausgang *m,* ¨e issue *f* d'une élection ; résultat *m* électoral.

Wahlausschuss *m,* ¨e commission *f* électorale.

wählbar éligible.

Wählbarkeit *f,* ø éligibilité *f.*

wahlberechtigt inscrit.

Wahlberechtigte/r (*der/ein*) électeur *m* inscrit ; inscrit *m.*

Wahlbeteiligung *f,* en participation *f* électorale.

Wahlbezirk *m*, e circonscription *f* électorale.
Wahlbündnis *n*, se alliance *f* électorale.
wählen 1. choisir ; sélectionner ; opter 2. (*polit., jur.*) voter ; élire ; *jdn in den Aufsichtsrat* ~ élire qqn au conseil de surveillance ; *zum Präsidenten* ~ élire à la présidence 3. (*téléph.*) *eine Nummer* ~ composer un numéro.
Wahlenthaltung *f*, en abstentionnisme *m* ; abstention *f*.
Wähler *m*, - 1. électeur *m* ; votant *m* 2. (*technique*) sélecteur *m*.
Wahlergebnis *n*, se résultat *m* des élections.
Wählergruppe *f*, n groupe *m*, catégorie *f* d'électeurs.
Wählergunst *f*, ø faveur *f* dans les sondages ; faveur des électeurs.
Wählerinitiative *f*, n initiative *f* d'électeurs ; groupe *m* de soutien d'une candidature ou d'un parti.
wählerisch difficile (à satisfaire).
Wählerkarte *f*, n carte *f* d'électeur.
Wählerliste *f*, n liste *f* électorale.
Wählerschaft *f*, en électorat *m* ; corps *m* électoral.
Wählerstrom *m*, ø → fluctuations *fpl* de l'électorat.
Wählerverhalten *n*, - comportement *m* de l'électorat.
Wahlfälschung *f*, en fraude *f* électorale ; trucage *m* des urnes.
Wahlgang *m*, ¨e tour *m* de scrutin ; *gleich im ersten* ~ *gewählt werden* être élu dès le premier tour (de scrutin).
Wahlgeheimnis *n*, se secret *m* du vote.
Wahlgesetz *n*, e loi *f* électorale.
Wahlheimat *f*, (en) pays *m* d'adoption ; domicile *m* de son choix.
Wahlhelfer *m*, - 1. scrutateur *m* 2. soutien *m* électoral ; ami *m* politique.
Wahljahr *n*, e année *f* électorale.
Wahlkampagne *f*, n campagne *f* électorale.
Wahlkampf *m*, ¨e campagne *f* électorale.
Wahlkind *n*, er (*Autriche*) enfant *m* adoptif (*syn. Adoptivkind*).
Wahlklientel *f*, en clientèle *f* électorale.
Wahlkreis *m*, e → *Wahlbezirk*.
Wahllokomotive *f*, n locomotive *f* électorale ; tête *f* de liste.
Wahlmann *m*, ¨er représentant *m* élu au sein d'une commission.

Wahlmännergremium *n*, -ien collège *m* des grands électeurs.
Wahlmodus *m*, -di 1. modalités *fpl* d'un scrutin 2. mode *m* de scrutin.
Wahlniederlage *f*, n défaite *f* électorale.
Wahlparole *f*, n slogan *m* électoral.
Wahlpflichtfach *n*, ¨er (*école*) option *f* obligatoire.
Wahlpflicht *f*, en vote *m* obligatoire.
Wahlprogramm *n*, e programme *m* électoral.
Wahlprüfer *m*, - scrutateur *m*.
Wahlrecht *n*, ø droit *m* de vote ; *allgemeines* ~ suffrage *m* universel ; *beschränktes* ~ suffrage restreint ; *passives* ~ éligibilité *f* ; *sein* ~ *aus/üben* exercer son droit de vote.
Wahlsieg *m*, e victoire *f* électorale.
Wahlsieger *m*, - vainqueur *m* ; candidat *m* élu.
Wahlsystem *n*, e système *m* électoral ; mode *m* de scrutin.
Wahlurne *f*, n urne *f*.
Wahlverfahren *n*, - → *Wahlmodus*.
Wahlverteidiger *m*, - (*jur.*) avocat *m* choisi par l'accusé.
Wahlvolk *n*, ø → *Wählerschaft*.
wahlweise au choix ; opitionnel ; facultatif.
Wahlwerber *m*, - (*Autriche*) candidat *m* à une élection.
Wahlzettel *m*, - bulletin *m* de vote.
Wahlzwang *m*, ¨e → *Wahlpflicht*.
wahren garder ; maintenir ; défendre ; *seine Interessen* ~ préserver ses intérêts ; *die Neutralität* ~ garder la neutralité ; *seine Rechte* ~ défendre ses droits ; *den Schein* ~ sauver les apparences ; *einen Vorteil* ~ préserver un avantage.
währen durer.
Wahrheit *f*, en vérité *f* ; sincérité *f*.
Wahrheitsbeweis *m* : *den* ~ *an/treten müssen* devoir fournir la preuve de la véracité de ses dires ou des faits allégués.
Wahrheitsgehalt *m*, e véracité *f* ; *den* ~ *von etw prüfen* vérifier la véracité de qqch.
wahrheitsgetreu conforme à la vérité.
wahr/nehmen, a, o 1. (a)percevoir ; remarquer 2. profiter de 3. assumer ; prendre en charge ; *die Interessen eines Kollegen* ~ représenter, défendre les intérêts d'un collègue 4. (*jur.*) *einen Termin* ~ assister à une audience.

Wahrnehmung *f*, en **1.** perception *f* **2.** sauvegarde *f* ; défense *f* ; préservation *f* ; maintien *m* (intérêts) ; *er ist mit der ~ meiner Interessen betraut* il est chargé de la défense de mes intérêts.

Währschaft *f*, en (*Suisse*) caution *f* ; garantie *f* ; responsabilité *f* des défauts et vices de fabrication.

Wahrscheinlichkeit *f*, en (*statist.*) probabilité *f*.

Wahrscheinlichkeitsverteilung *f*, en (*statist.*) distribution *f*, répartition de probabilité.

Wahrung *f*, en sauvegarde *f* ; maintien *m* ; ~ *von Ansprüchen* préservation *f* de droits acquis ; ~ *der Interessen* défense *f* des intérêts ; ~ *von Rechten* sauvegarde de droits.

Währung *f*, en monnaie *f* ; valeur *f* monétaire ; système *m* monétaire ; étalon *m* ; devise *f* ; change *m* **I.** *ausländische* ~ monnaie étrangère ; *europäische* ~ monnaie, devise européenne ; *fremde* ~ devise étrangère ; *einfache* ~ monométallisme *m* ; *harte, weiche* ~ devise forte, faible ; (*nicht*) *konvertierbare* ~ monnaie (non) convertible ; *labile* ~ monnaie instable ; *manipulierte* ~ monnaie manipulée, trafiquée ; *stabile* ~ monnaie stable ; *über-, unterbewertete* ~ monnaie sur-, sous-évaluée ; *volatile* ~ monnaie volatile **II.** *die* ~ *ab/werten, auf/werten* dévaluer, réévaluer une monnaie ; *die* ~ *stabilisieren* stabiliser la monnaie ; → **Dollar** ; **Euro** ; **Yen** ; **Yuan** ; **Einheits-, Fremd-, Goldkern-, Gold-, Verrechnungswährung.**

Währungsabkommen *n*, - accord *m* monétaire ; accord de change.

Währungsabwertung *f*, en dévaluation *f* de la monnaie.

Währungsangleichung *f*, en alignement *m* monétaire.

Währungsanleihe *f*, n emprunt *m* en devise étrangère ; emprunt monétaire.

Währungsaufwertung *f*, en réévaluation *f* de la monnaie.

Währungsausgleichsbeträge *mpl* (*U.E.*) montants *mpl* compensatoires monétaires.

Währungsausgleichsfonds *m*, - fonds *m* compensatoire monétaire.

Währungsbehörden *fpl* autorités *fpl* monétaires.

währungsbereinigt corrigé des variations monétaires.

Währungsbeziehungen *fpl* relations *fpl* monétaires.

Währungsblock *m*, ¨e bloc *m* monétaire (pays ayant le même système monétaire).

Währungsdumping *n*, s dumping *m* par dévaluation de la monnaie (d'où stimulation des exportations).

Währungseinheit *f*, en unité *f* monétaire ; *europäische* ~ unité monétaire européenne.

Währungsfonds *m*, - fonds *m* monétaire ; *Internationaler* ~ (*IWF*) Fonds monétaire international (F.M.I.).

Währungsgarantie *f*, n garantie *f* de change.

Währungsgebiet *n*, e zone *f* monétaire.

Währungsgefüge *n*, - système *m* des taux de change.

Währungsgeld *n*, ø monnaie *f* légale d'un pays.

Währungsgemeinschaft *f*, en communauté *f* monétaire.

Währungsgesetz *n*, e loi *f* monétaire.

Währungsgewinn *m*, e gain *m* de change.

Währungsgold *n*, ø (mouvement *m* des avoirs en) or *m* monétaire.

Währungsguthaben *n*, - avoirs *mpl* en devises.

Währungshüter *m*, - gardien *m* de la monnaie ; responsable *m* de la stabilité monétaire ; autorités *fpl* monétaires.

Währungskonvertibilität *f*, en → **Währungskonvertierbarkeit.**

Währungskonvertierbarkeit *f*, en convertibilité *f* des monnaies.

Währungskorb *m*, ¨e panier-monnaies *m* ; panier de devises.

Währungskrise *f*, n crise *f* monétaire.

Währungskurs *m*, e cours *m*, taux de change ; *fester, flexibler* ~ taux de change fixe, variable.

Währungslage *f*, n situation *f* monétaire.

Währungsmanipulation *f*, en manipulation *f* monétaire.

Währungsmaßnahme *f*, n mesure *f* monétaire.

Währungsoptionsanleihe *f*, n (*bourse*) emprunt *m* à option de change entre plusieurs devises.

Währungsparität *f*, en parité *f* monétaire, de change ; *Beibehaltung fester* ~*en* maintien *m* de parités fixes.

Währungspolitik *f*, ø politique *f* monétaire.

währungspolitisch qui a trait à la politique monétaire ; ~*e Maßnahme* mesure *f* monétaire.
Währungspolster *n*, - → *Währungsreserve.*
Währungsraum *m*, ¨e → *Währungsgebiet.*
Währungsreform *f*, en réforme *f* monétaire ; → *Währungsstichtag.*
Währungsreserve *f*, n réserve *f* monétaire ; matelas *m* de devises.
Währungssanierung *f*, en assainissement *m* de la monnaie ; rétablissement *m* sanitaire.
Währungsschlange *f*, n (*hist.*) serpent *m* monétaire européen au sein duquel les cours de change des différentes monnaies pouvaient fluctuer.
Währungsschnitt *m*, e → *Währungsreform.*
Währungsschrumpfung *f*, en resserrement *m*, contraction *f* monétaire.
Währungsschwankungen *fpl* fluctuations *fpl* des changes ; fluctuations monétaires.
Währungssicherung *f*, en sauvegarde *f* de la monnaie.
Währungssicherungsklausel *f*, n clause *f* de garantie de change.
Währungssouveränität *f*, (en) souveraineté *f* monétaire.
Währungsspekulation *f*, en spéculation *f* sur la monnaie.
Währungsstabilisierung *f*, en stabilisation *f* de la monnaie.
Währungsstabilität *f*, ø stabilité *f* de la monnaie.
Währungsstandard *m*, e étalon *m* monétaire (de référence).
Währungsstichtag *m* : (*hist.*) le jour « J » de la réforme monétaire, le 21/6/1948, date à laquelle le DM (Deutsche Mark) a remplacé le RM (Reichsmark).
Währungssystem *n*, e système *m* monétaire ; *Europäisches ~* (*EWS*) Système monétaire européen.
Währungsumrechnung *f*, en conversion *f* monétaire.
Währungsumstellung *f*, en 1. réforme *f* monétaire 2. conversion *f* monétaire.
Währungsumtauschgebühren *fpl* frais *mpl* de change.
Währungsunion *f*, en Union *f* monétaire ; → *EWWU.*

Währungsverbund *m*, ø → *Währungsschlange.*
Währungsverfall *m*, ø effondrement *m* monétaire.
Währungsvorschriften *fpl* dispositions *fpl* (en matière) de change.
Währungsverlust *m*, e perte *f* au change.
Waise *f*, n orphelin *m*.
Waisengeld *n*, er → *Waisenrente.*
Waisenrente *f*, n pension *f* d'orphelin.
Wald *m*, ¨er forêt *f*.
Waldarbeiter *m*, - ouvrier *m* forestier ; agent *m* de l'O.N.F. (Office national des forêts).
Waldbestand *m*, ¨e peuplement *m* forestier.
Waldbrand *m*, ¨e incendie *m* de forêt.
Waldfrevel *m*, - atteinte *f* à l'intégrité de la forêt ; délit *m* forestier.
Waldgebiet *n*, e région *f* boisée ; zone *f* forestière.
Waldsterben *n*, ø dépérissement *m* des forêts ; destruction *f* des forêts.
Waldwirtschaft *f*, ø 1. économie *f*, exploitation *f* forestière ; sylviculture *f* 2. reboisement *m* d'une région en espèces variées.
Walzstahl *m*, (¨e/e) acier *m* laminé.
Walzwerk *n*, e laminoir *m*.
Wandel *m*, ø changement *m* ; mutation *f* ; *tiefgreifender* ~ changement *m* en profondeur ; bouleversement *m*.
Wandelanleihe *f*, n (*bourse*) emprunt *m* convertible ; emprunt *m* de conversion ; émission *f* de conversion ; obligation *f* convertible ; *der Besitzer einer ~ kann das Wertpapier in Aktien umtauschen* le détenteur d'un emprunt convertible peut convertir le titre en actions.
Wandelgeschäft *n*, e (*bourse*) marché *m* à option.
Wandelobligation *f*, en (*bourse*) obligation *f* convertible (en actions).
Wandelschuldverschreibung *f*, en → *Wandelobligation.*
Wanderarbeiter *m*, - travailleur *m* migrant ; saisonnier *m*.
Wanderausstellung *f*, en exposition *f* itinérante ; exposition ambulante.
Wanderbursche *m*, n, n (*hist.*) compagnon *m* (itinérant, accomplissant son tour de compagnonnage).
Wandergewerbe *n*, - colportage *m* ; commerce *m* ambulant.

Wandergewerbeschein *m*, e patente *f* ; licence *f* de commerçant ambulant ; permis *m* de colportage.
Wanderung *f*, **en** migration *f* ; mouvement *m* migratoire.
Wanderungsbewegungen *fpl* flux *mpl* migratoires.
Wandlung *f*, **en** 1. changement *m* ; mutation *f* ; bouleversement *m* ; *gesellschaftliche ~en* bouleversements sociaux 2. (*jur.*) *~ eines Kaufvertrags* annulation *f* d'un contrat de vente (pour vice caché ou livraison défectueuse) ; rédhibtion *f.*
Wandlungsfehler *m*, - (*jur.*) vice *m* rédhibitoire.
Wandlungsklage *f*, **n** (*jur.*) action *f* en rédhibition (exiger le remboursement du prix d'achat, par ex.).
Wandlungsprozess *m*, e mutation *f* ; *einen tief greifenden ~ durch/machen* connaître une profonde mutation.
Wandzeitung *f*, **en** 1. panneau *m* mural réservé à l'information du personnel 2. panneau mural réservé à l'affichage de journaux.
Wanze *f*, **n** dispositif *m* d'écoute ; micro *m* caché (espionnage politique ou industriel).
WAP *n* (*pr. ang.*) (*Wireless Application Protocol*) connexion *f* entre téléphones mobiles et (l') Internet.
Ware *f*, **n** marchandise *f* ; article *m* ; produit *m* **I.** *beschädigte ~* marchandise endommagée ; *bewirtschaftete ~* marchandise contingentée ; *eingegangene ~* arrivages *mpl* ; *erstklassige ~* article de première qualité ; *gängige ~* article courant ; *gebrauchte ~* article d'occasion ; *heiße ~* marchandise illégale ; *leichtverderbliche ~* denrée périssable ; *mangelhafte ~* marchandise défectueuse ; *minderwertige ~* marchandise de qualité inférieure ; *sperrige ~* marchandise encombrante ; *unverkaufte ~n* invendus *mpl* ; *zerbrechliche ~* marchandise fragile **II.** *die ~ aus/legen* exposer la marchandise ; *eine ~ aus/zeichnen* afficher le prix d'un article ; étiqueter ; *eine ~ auf den Markt bringen* lancer un produit sur le marché ; *~n führen* avoir des marchandises en magasin ; suivre un article ; *eine ~ auf Lager haben* avoir un article en stock ; *die ~ verkauft sich gut* la marchandise se vend bien ; → *Ausfuhr-, Einfuhr-, Fertig-, Halb-, Handels-, Konsum-, Mangel-, Marken-, Massen-, Qualitätsware(n).*

Warenabkommen *n*, - accord *m* international sur le commerce des marchandises.
Warenabsatz *m*, (¨e) vente *f* de marchandises ; commercialisation *f* des produits.
Warenabsender *m*, - consignateur *m* ; expéditeur *m.*
Warenangebot *n*, **e** offre *f* de marchandise(s).
Warenausfuhr *f*, **en** exportation *f* de marchandises.
Warenausgänge *mpl* sorties *fpl* de marchandises.
Warenausgangsbuch *n*, ¨er registre *m* des sorties.
Warenaustausch *m*, ø → *Warenverkehr.*
Warenautomat *m*, **en, en** distributeur *m* automatique.
Warenbedarf *m*, ø besoins *mpl* en marchandises.
Warenbegleitschein *m*, **e** bordereau *m* d'accompagnement de la marchandise ; lettre *f* d'envoi ; lettre de voiture ; passavant *m.*
Warenbeleihung *f*, **en** prêt *m* sur marchandises ; warrantage *m.*
Warenbestand *m*, ¨e stock *m* de marchandises.
Warenbestandsaufnahme *f*, **n** inventaire *m* des marchandises.
Warenbestellbuch *n*, ¨er carnet *m* de commandes ; livre *m* de commandes.
Warenbezeichnung *f*, **en** désignation *f* de la marchandise.
Warenbezugsgenossenschaft *f*, **en** coopérative *f* d'achats.
Warenbilanz *f*, **en** (*comptab.*) balance *f* commerciale ; balance des marchandises (importées et exportées).
Warenbörse *f*, **n** 1. bourse *f* de commerce, des marchandises ; *an den ~n werden Produkte wie Weizen und Soja gehandelt* à la bourse de commerce se négocient des produits tels que le blé ou le soja (*syn. Produktenbörse*).
Warencharakter *m*, ø nature *f* machande ; caractère *m* commercial ; *~ haben* être négociable, vendable.
Wareneinfuhr *f*, **en** importation *f* de marchandises.
Wareneingang *m*, ¨e 1. arrivage *m* ; rentrée *f* de marchandises 2. *~ ¨e* arrivages *mpl.*
Wareneingangsbuch *n*, ¨er (*comptab.*) journal *m* des entrées en stock.

Warenempfänger *m*, - destinataire *m* ; réceptionnaire *m*.
Warenexport *m*, e → *Warenausfuhr*.
Warenforderungen *fpl* créances *fpl* en marchandises.
Warengattung *f*, en catégorie *f* de marchandise.
warengebunden lié à un produit.
Warengeld *n*, ø monnaie-marchandise *f*.
Warengenossenschaft *f*, en coopérative *f* d'achat et de vente.
Warengruppe *f*, n 1. branche *f* de production 2. groupe *m* de marchandises.
Warenhandel *m*, ø commerce *m* de marchandises.
Warenhaus *n*, ¨er grand magasin *m* ; galeries *fpl* (*syn. Kaufhaus*).
Warenhausdiebstahl *m*, ¨e vol *m* à l'étalage.
Warenhauskette *f*, n chaîne *f* de grands magasins.
Warenimport *m*, e → *Wareneinfuhr*.
Warenkapital *n*, ø (*comptab.*) capital *m* marchand.
Warenkenntnis *f*, se connaissance *f* de la (des) marchandise(s).
Warenkonto *n*, -ten (*comptab.*) compte *m* marchandises.
Warenkontrolle *f*, n contrôle *m* (de qualité) des marchandises.
Warenkorb *m*, (¨e) (*statist.*) panier *m* de la ménagère (qui permet d'évaluer l'indice du coût de la vie).
Warenkredit *m*, e crédit *m* commercial.
Warenkreditbrief *m*, e lettre *f* de crédit commercial.
Warenkunde *f*, ø → *Warenkenntnis*.
Warenlager *n*, - dépôt *m*, entrepôt *m* de marchandises ; magasin *m* ; réserve *f*.
Warenlagerung *f*, en stockage *m* de marchandises.
Warenlieferant *m*, en, en fournisseur *m*.
Warenlieferung *f*, en livraison *f*, fourniture *f* de (la) marchandise.
Warenmakler *m*, - courtier *m* en marchandises.
Warenmarkt *m*, ¨e marché *m* des marchandises.
Warenmesse *f*, n foire *f* marchande.
Warenmuster *n*, - échantillon *m* ; spécimen *m*.
Warennotierung *f*, en (*bourse*) cotation *f* des produits ; cours *mpl* commerciaux.

Warenpalette *f*, n gamme *f* de marchandises ; éventail *m* de produits.
Warenpapier *n*, e → *Frachtbrief*.
Warenposten *m*, - lot *m* de marchandises.
Warenpreis *m*, e prix *m* courant ; prix *m* de la marchandise.
Warenprobe *f*, n → *Warenmuster*.
Warenproduktion *f*, en production *f* de marchandises, marchande.
Warenproduzent *m*, en, en fabricant *m* de marchandises.
warenproduzierendes Gewerbe *n*, - → *produzierend*.
Warenrabatt *m*, e remise *f* sur le prix de la marchandise.
Warenrückvergütung *f*, en ristourne *f* ; reversement *m* d'une part des bénéfices aux membres d'une coopérative.
Warenscheck *m*, s bon *m* d'achat.
Warenschein *m*, e → *Warenscheck*.
Warenschuld *f*, en dette *f* sur marchandise ; dette commerciale ; dette envers un fournisseur.
Warensendung *f*, en envoi *m* de marchandise(s).
Warensicherungssystem *n*, e protection *f* antivol.
Warensortiment *n*, e assortiment *m* ; variété *f* de produits.
Warenspeicher *m*, - → *Warenlager*.
Warensteuer *f*, n taxe *f*, impôt *m* sur les marchandises.
Warenteil *m*, e répertoire *m* des produits.
Warentermingeschäft *n*, e (*bourse*) opération *f* à livrer ; marché *m* à terme des marchandises (*contr. Lokogeschäft*).
Warentest *m*, s 1. test *m* de marchandise 2. (*Allemagne*) Institut *m* de défense des consommateurs.
Warentester *m*, - testeur *m* de produit.
Warenumsatz *m*, ¨e chiffre *m* d'affaires ; C.A. *m* ; chiffre des ventes ; mouvement *m* des marchandises ; → *Umsatz*.
Warenumsatzsteuer *f*, n (*WuSt.*) (*Suisse*) impôt *m* sur le chiffre d'affaires.
Warenumschlag *m*, (¨e) 1. (*transp.*) transbordement *m* de marchandises 2. (*comptab.*) rotation *f* des stocks.
Warenumschließung *f*, en 1. emballage *m*, conditionnement *m* d'une marchandise 2. poids *m* de l'emballage.
Waren- und Dienstleistungsverkehr *m*, ø échanges *mpl* de marchandises et de services.

Waren- und Kapitalverkehr *m*, ø circulation *f* des marchandises et des capitaux.

Warenverfügbarkeit *f*, ø disponibilité *f* de la marchandise.

Warenverkehr *m*, ø trafic *m*, mouvement *m* des marchandises ; échanges *mpl* commerciaux ; *freier* ~ libre circulation des marchandises (*syn. Handelsaustausch*).

Warenverkehrscarnet *n*, s : (*U.E.*) *gemeinschaftliches* ~ carnet *m* communautaire de circulation.

Warenverknappung *f*, en raréfaction *f* des marchandises.

Warenverzeichnis *n*, se 1. liste *f*, nomenclature *f* des marchandises 2. prix *mpl* courants 3. inventaire *m*.

Warenvorrat *m*, ¨e stock *m* de marchandises ; marchandises *fpl* en réserves.

Warenwechsel *m*, - (*finances*) traite *f* commerciale (*contr. Finanzwechsel*).

Warenwert *m*, ø valeur *f* marchande ; valeur de la marchandise.

Warenwirtschaft *f*, en gestion *f* des marchandises.

Warenwirtschaftssystem *n*, e (*WWS*) gestion *f* informatisée des marchandises (achat, vente, stocks, livraison, fournisseurs, clients, facturation, informatique, logistique).

Warenzeichen *n*, - marque *f* de fabrication ; marque de fabrique ; label *m* ; *eingetragenes* ~ marque déposée ; *international eingetragenes* ~ marque internationale (*syn. Schutzmarke ; Handelsmarke*) ; → *Marke* ; *Markenschutz*.

Warenzeichenschutz *m*, ø protection *f* des marques de fabrique.

Wärmedämmung *f*, en isolation *f* thermique.

Wärmeenergie *f*, n énergie *f* calorifique.

Wärmekraftwerk *n*, e centrale *f* thermique.

Wärmemarkt *m*, ¨e marché *m* de l'énergie thermique ; marché de la production de chaleur.

Wärmepumpe *f*, n pompe *f* à chaleur.

Warmmiete *f*, n loyer *m* avec chauffage.

warnen prévenir ; mettre en garde ; *vor Taschendieben wird gewarnt* prenez garde aux pickpockets.

Warnsignal *n*, e signal *m* d'alerte ; clignotant *m* du marché.

Warnstreik *m*, s grève *f* d'avertissement.

Warnung *f*, en mise *f* en garde ; alerte *f* ; *zur* ~ à titre d'avertissement.

Warrant *m*, s (*pr. ang.*) 1. (*douane*) warrant *m* ; récépissé-warrant *m* ; certificat *m* d'entrepôt ; bulletin *m* de dépôt (permet au détenteur d'emprunter en donnant en garantie les marchandises entreposées 2. (*bourse*) warrant *m* (certificat permettant à son détenteur d'acheter à un moment et à un prix défini un certain nombre d'actions).

Warrant-Bond *m*, s (*pr. ang.*) → *Optionsanleihe*.

Warrantvorschüsse *mpl* avances *fpl* sur warrant.

Wartefrist *f*, en délai *m* d'attente.

Wartegeld *n*, er 1. traitement *m* de disponibilité ; indemnité *f* d'attente 2. demi-solde *f* (militaire).

Warteliste *f*, n liste *f* d'attente ; *auf einer* ~ *stehen* figurer sur une liste d'attente.

warten 1. attendre 2. (*machine*) assurer la maintenance ; entretenir ; *eine Maschine* ~ s'occuper de l'entretien d'une machine.

Wartepflicht *f*, ø 1. (*transp.*) obligation *f* de respecter la priorité 2. (*jur.*) obligation de respecter le délai fixé.

Warteschlange *f*, n file *f* d'attente ; queue *f* ; *lange* ~*n an den Kassen* de longues files d'attente aux caisses.

Warteschleife *f*, n position *f* d'attente ; (*avion*) tour *m* d'attente.

Wartezeit *f*, en délai *m* d'attente, de carence ; (*université*) liste *f* d'attente ; ancienneté *f*.

Wartung *f*, en (*machine*) maintenance *f* ; *tägliche* ~ entretien *m* journalier.

Wartungsarbeit *f*, en travail *m* de maintenance.

wartungsarm qui exige peu de maintenance.

wartungsfrei sans maintenance.

wartungsfreundlich d'entretien facile ; peu exigeant au niveau maintenance.

Wartungskosten *pl* frais *mpl* d'entretien.

Wartungspersonal *n*, ø personnel *m* d'entretien, de maintenance.

Wartungsservice *m/n*, s service *m* de maintenance.

Wartungsvertrag *m*, ¨e contrat *m* d'entretien, de maintenance.

Waschanlage *f,* **n** (*station-service*) installation *f* de lavage.
waschen, u, a : *Geld ~* blanchir de l'argent sale.
Wäschetrockner *m,* - sèche-linge *m.*
Waschgeld *n,* **er** argent *m* blanchi ; argent de la fraude.
Waschstraße *f,* **n** lavage *m* automatique de véhicules.
Wasp-Elite *f,* **n** (*USA*) (*polit.*) (*White Anglo-Saxon, Protestant*) élite *f* américaine ; décideurs *mpl* anglo-saxons.
Wasser : (*fig.*) *sich über ~ halten* s'en tirer ; maintenir la tête hors de l'eau.
Wasseraufbereitungsanlage *f,* **n** usine *f* de traitement de l'eau.
Wasser(kraft)werk *n,* **e** centrale *f* hydraulique.
Wasserfracht *f,* **en** fret *m* fluvial, maritime.
Wasserhaushalt *m,* **e** gestion *f* (raisonnée) des nappes phréatiques.
Wasserknappheit *f,* **en** eau *f* rare ; rareté *f* de l'eau ; manque *m* d'eau.
Wasserkraft *f,* ¨e énergie *f* hydraulique, hydro-électrique ; houille *f* blanche.
Wassermangel *m,* ¨ manque *m*, pénurie *f* d'eau.
Wasserschaden *m,* ¨ (*assur.*) dégâts *mpl* des eaux.
Wasserschutzgebiet *n,* **e** réserve *f* hydraulique ; zone *f* de captage des eaux.
Wasserstraße *f,* **n** → *Wasserweg.*
Wassertransport *m,* **e** transport *m* fluvial et maritime.
Wasserverseuchung *f,* **en** pollution *f* des eaux.
Wasserversorgung *f,* **en** approvisionnement *m* en eau.
Wasservorkommen *n,* - ressources *fpl* hydrauliques (naturelles).
Wasservorrat *m,* ¨e réserve *f* d'eau.
Wasserweg *m,* **e** voie *f* navigable ; *Beförderung auf dem ~(e)* transport *m* par eau.
Wasserwirtschaft *f,* ø 1. services *mpl* des eaux 2. politique *f* de gestion de l'eau ; disponibilités *fpl* hydrauliques ; ressources *fpl* en eau.
Wasserzähler *m,* - compteur *m* d'eau.
Wasserzeichen *n,* - (*billet de banque*) filigrane *m.*
WDR (*Westdeutscher Rundfunk*) Radiodiffusion *f* et télévision *f* de Cologne.
WEA *f* (*Windenergieanlage*) éolienne *f.*

Web *n,* ø Web *m* ; Internet *m* ; Net *m* ; Toile *f* ; → *WWW* ; *World Wide Web* ; *Internet.*
webaktiv : *~ sein* utiliser (l')Internet ; surfer sur le Web.
Webmaster *m,* - webmaster *m* ; webmestre *m* ; webmaître *m* ; responsable *m* d'un site Web.
Weblog *n/m,* **s** blog *m* ; *ein ~ führen* publier un blog ; → *Blog.*
Webnutzer *m,* - internaute *m* ; utilisateur *m* d'Internet ; surfer *m* sur le Web.
Webseite *f,* **n** → *Website.*
Website *f,* **s** (*pr. ang.*) site *m* (sur Internet) ; *seine ~ pflegen* assurer le suivi de son site ; actualiser sa page-Web ; *über eine ~ verfügen* avoir un site ; disposer d'une page-Web.
Websurfer *m,* - → *Webnutzer.*
Wechsel *m,* - 1. changement *m* ; (*personnel*) relève *f* ; relais *m* 2. (*devise, monnaie*) change *m* 3. (*finance*) lettre *f* de change ; traite *f* ; effet *m* (de commerce) ; billet *m* à ordre I. *akzeptierter ~* traite acceptée ; *bankfähiger (begebbarer) ~* effet bancable, négociable ; *diskontfähiger ~* effet admis à l'escompte ; *domizilierter ~* effet domicilié ; *eigener ~* billet à ordre ; *eingelöster ~* effet honoré ; *fälliger ~* traite à échéance ; *geplatzter (protestierter) ~* effet protesté ; *gezogener ~* traite ; lettre de change ; effet ; *lang-, kurzfristiger ~* effet à longue, à brève échéance ; *notleidender ~* effet en souffrance ; *überfälliger ~* effet en retard ; *ungedeckter ~* effet non provisionné ; *verpfändeter ~* effet affecté en garantie ; *zurückgewiesener ~* effet retourné II. *einen ~ akzeptieren (an/nehmen)* accepter une traite ; *einen ~ (auf jdn) aus/stellen (ziehen)* tirer une traite (sur qqn) ; *einen ~ diskontieren* escompter un effet ; *einen ~ zum Diskont an/nehmen* accepter un effet à l'escompte ; *einen ~ domizilieren* domicilier une traite ; *einen ~ ein/lösen (honorieren)* honorer une traite ; *einen ~ indossieren* endosser une traite ; *einen ~ prolongieren lassen* proroger une traite ; *einen ~ protestieren lassen* faire dresser protêt, faire protester une lettre de change ; *einen ~ rediskontieren lassen* faire réescompter une traite ; *einen ~ unterzeichnen* signer un effet ; *einen ~ zur Zahlung vor/legen* présenter un effet

à l'encaissement ; einen ~ weiter/geben céder, négocier un effet ; einen ~ (auf jdn) ziehen tirer une lettre de change (sur qqn) ; → **Bürgschafts-, Dokumenten-, Eigen-, Finanz-, Handels-, Inhaber-, Monats-, Platz-, Reit-, Rück-, Sola-, Warenwechsel.**

Wechselabteilung f, en service m du portefeuille (des effets de commerce).

Wechseladresse f, n nom m du tiré sur une traite.

Wechselagent m, en, en agent m de change.

Wechselagio n, s agio m, commission f d'une banque escomptant un effet de commerce.

Wechselakzept n, e acceptation f d'un effet, d'une traite.

Wechselanzeige f, n avis m de traite.

Wechselarbitrage f, n arbitrage m de change ; agiotage m.

Wechselaussteller m, - tireur m, émetteur m d'un effet ; souscripteur m.

Wechselausstellung f, en création f d'une traite ; émission f d'une lettre de change.

Wechselbank f, en banque f de change.

Wechselbegebung f, en négociation f d'une lettre de change.

Wechselbetrag m, ¨e montant m de la lettre de change.

Wechselbeziehungen fpl interaction f ; corrélation f ; rapport m mutuel.

Wechselbuch n, ¨er registre m des effets.

Wechselbürge m, n, n avaliste m ; avaliseur m ; donneur m d'aval ; einen ~n stellen fournir un aval.

Wechselbürgschaft f, en aval m ; eine ~ übernehmen avaliser ; donner un aval (syn. Aval).

Wechseldiskont m, e escompte m d'un effet de commerce.

Wechseldiskontsatz m, ¨e taux m d'escompte.

Wechseldomizil n, e domicile m de la traite.

Wechseldomizilierung f, en domiciliation f d'un effet.

Wechseleinlösung f, en paiement d'un effet.

wechselfähig apte à tirer un effet.

Wechselfähigkeit f, ø capacité f légale pour faire toute opération relative aux lettres de change.

Wechselfälligkeit f, (en) échéance f de l'effet.

Wechselforderung f, en effet m à recevoir ; créance f sur traite.

Wechselformular n, e formulaire m d'une lettre de change.

Wechselfrist f, en usance f (terme le plus long exigé par la banque centrale pour admettre un effet de commerce au réescompte).

Wechselgeber m, - → **Wechselaussteller.**

Wechselgeld n, ø monnaie f de change, d'appoint ; petite monnaie ; monnaie divisionnaire (syn. Kleingeld).

Wechselgeschäft n, e 1. opération f de change 2. bureau m de change.

Wechselgesetz n, e loi f sur les lettres de change.

Wechselgiro n, s endossement f d'une traite.

Wechselgläubiger m, - créancier m d'une lettre de change.

Wechselhändler m, - → **Wechselmakler.**

Wechselinhaber m, - porteur m, détenteur m d'une lettre de change.

Wechselinkasso n, s effets mpl à l'encaissement.

Wechselklage f, n action f en paiement d'un effet.

Wechselklausel f, n mention « Wechsel » (traite) préimprimée sur une traite.

Wechselkosten pl → **Wechselspesen.**

Wechselkredit m, e crédit m d'escompte.

Wechselkultur f, en → **Wechselwirtschaft.**

Wechselkurs m, e cours m, taux m de (du) change ; einheitlicher ~ taux de change unique ; fester ~ cours fixe ; flexibler ~ changes mpl flottants ; cours m flexible ; den ~ frei/geben libérer le taux de change (syn. Devisenkurs).

Wechselkursangleichung f, en réalignement m des parités.

Wechselkursanpassung f, en → **Wechselkursangleichung.**

wechselkursbereinigt corrigé des variations de change.

Wechselkurserwartungen fpl anticipation f de change.

Wechselkursfreigabe f, n libération f du cours du change ; flottement m des monnaies (syn. Floating).

Wechselkursgewinn m, e gain m de change.

Wechselkursmechanismus m, -men mécanismes mpl de change.

Wechselkursrisiko *n*, -ken risque *m* de change.
Wechselkursschwankungen *fpl* fluctuations *fpl* du taux de change.
Wechselmakler *m*, - agent *m* de change ; cambiste *m* ; courtier *m*.
wechseln 1. changer ; *den Beruf* ~ changer de profession ; *Geld* ~ changer de l'argent **2.** échanger ; *mit jdm Briefe* ~ entretenir une correspondance avec qqn.
Wechselnehmer *m*, - preneur *m*, bénéficiaire *m* d'une lettre de change.
Wechselnotierung *f*, en cote *f* des changes.
Wechselobligo *n*, s engagement *m* cambiaire ; engagement de change.
Wechselorder *f*, s désignation *f* du preneur sur une lettre de change.
Wechselordnung *f*, en règlement *m* concernant les lettres de change.
Wechselpari *n*, ø **1.** pair *m* de change **2.** valeur *f* nominale d'une monnaie.
Wechselparität *f*, en parité *f* des changes ; pair *m* de change.
Wechselprotest *m*, e protêt *m* de lettre de change ; *mangels Zahlung* ~ *erheben* protester (dresser un protêt) pour défaut de paiement.
Wechselprovision *f*, en courtage *m* de change ; commission *f* de banque.
Wechselprozess *m*, e procédure *f* sur lettres de change, billets à ordre, et effets de commerce.
Wechselrecht *n*, ø droit *m* cambiaire ; régime *m* juridique des changes ; législation *f* en matière de lettres de change.
Wechselregress *m*, e recours *m* de l'endossataire.
Wechselreiter *m*, - utilisateur *m* de traites de cavalerie ; utilisateur de billets de complaisance.
Wechselreiterei *f*, ø tirage *m* de lettre de cavalerie ; émission *f* de billets de complaisance.
Wechselrembours *m*, - traite *f* documentaire ; rembours *m* de banque.
Wechselrückgriff *m*, e → **Wechselregress**.
Wechselschalter *m*, - bureau *m* de change.
Wechselschicht *f*, en (*travail*) rotation *f* d'une équipe ; changement *m* de la période de travail.
Wechselschichtarbeit *f*, en (*travail*) travail *m* posté ; les trois-huit *mpl*.
Wechselschichtzulage *f*, n (*travail*) prime *f* pour travail posté.

Wechselschuld *f*, en dette *f* par acceptation de traite.
Wechselschuldner *m*, - débiteur *m* de lettre de change.
wechselseitig réciproque ; mutuel.
Wechselseitigkeit *f*, ø réciprocité *f* ; mutualité *f*.
Wechselspekulation *f*, en spéculation *f* sur les changes, sur les effets de commerce.
Wechselspesen *pl* frais *mpl* de change ; frais de banque sur escomptes.
Wechselstelle *f*, n → **Wechselstube**.
Wechselstempel *m*, - timbre *m* d'effet de commerce.
Wechselstempelmarke *f*, n timbre *m* fiscal oblitéré pour lettres de change.
Wechselsteuer *f*, n taxe *f* sur les effets de commerce, sur les lettres de change ; droit *m* de timbre.
Wechselstube *f*, n bureau *m* de change.
Wechselsumme *f*, n somme *f* portée sur une lettre de change.
Wechselverbindlichkeit *f*, en engagement *m* par lettre de change ; *~en* effets *mpl* à payer.
Wechselverfallbuch *n*, ¨er échéancier *m* (lettres de change, effets, traites).
Wechselverkauf *m*, ¨e négociation *f* d'un effet.
Wechselverkehr *m*, ø circulation *f* des lettres de change ; transactions *fpl* par traites.
Wechselverlängerung *f*, en prorogation *f* d'une traite ; renouvellement *m* d'un effet.
Wechselvertrag *m*, ¨e contrat *m* de création ou de vente d'une lettre de change.
Wechselwähler *m*, - (*polit*). électeur *m* qui change fréquemment de camp politique dans son vote ; girouette *f* (politique).
Wechselwirkung *f*, en interaction *f*.
Wechselwirtschaft *f*, ø (*agric.*) assolement *m* ; rotation *f* des cultures ; culture *f* alternée.
Wechsler *m*, - changeur *m* ; cambiste *m*.
Weckdienst *m*, e (*téléph.*) service *m* (du) réveil téléphonique.
Weg *m*, e **1.** chemin *m* ; voie *f* ; route *f* ; itinéraire *m* ; trajet *m* ; parcours *m* ; *auf dem* ~ *nach, von* en allant vers, en venant de ; *den* ~ *bereiten* préparer le terrain, la voie ; *alle ~e ebnen* aplanir tous

les obstacles 2. manière *f* ; méthode *f* ; moyen *m* ; *auf diplomatischem* ~ par la voie diplomatique ; *auf gesetzlichem* ~ par la voie légale ; *auf gütlichem* ~ à l'amiable ; *auf dem schnellsten* ~ au plus vite.

Wegegeld *n,* **er 1.** *(rare)* péage *m* **2.** *(Suisse)* indemnité *f* de déplacement ; prime *f* de transport.

Wegekosten *pl* coût *m* d'infrastructure.

Wegerecht *n,* ø **1.** droit *m* de passage **2.** législation *f* en matière de voierie.

Wegesteuer *f,* **n** taxe *f* de voirie.

Wegeunfall *m,* ¨e accident *m* de trajet.

Wegfahrsperre *f,* **n** *(auto.)* anti-vol *m.*

Wegfall *m,* ø suppression *f* ; *bei* ~ *von Arbeitsplätzen* en cas de suppression d'emplois.

weg/fallen, ie, a *(ist)* être supprimé ; tomber ; *die Transportkosten fallen weg* suppression *f* des frais de transport.

Weggang *m,* ø départ *m.*

Wegnahme *f,* **n** enlèvement *m.*

weg/nehmen, a, o **1.** enlever ; prendre ; ôter ; confisquer **2.** *die Kundschaft* ~ détourner la clientèle.

weg/rationalisieren : *Personal* ~ supprimer des emplois en rationalisant la production.

Wegstrecke *f,* **n** trajet *m* ; parcours *m.*

Wegweisung *f,* **en** signalisation *f* routière.

Wegwerfartikel *m,* - article *m* jetable après usage.

Wegwerfflasche *f,* **n** verre *m* perdu ; bouteille *f* non consignée *(syn. Einwegflasche).*

Wegwerfgesellschaft *f,* **en** société *f* de gaspillage.

Wegwerfpackung *f,* **en** emballage *m* perdu.

Wegwerfware *f,* **n** article *m* à jeter après usage.

Wehrdienst *m,* ø service *m* militaire.

weiblich féminin ; ~*e Erwerbspersonen* main-d'œuvre *f* féminine ; travailleuses *fpl* ; salariées *fpl* ; (femmes *fpl*) actives *fpl.*

Weichwährung *f,* **en** monnaie *f* faible.

Weichwährungsland *n,* ¨er pays *m* à monnaie faible *(contr. Hartwährungsland).*

Weideland *n,* ø pâturage *m* ; pâture *f* ; herbages *mpl.*

Weidewirtschaft *f,* **en** exploitation *f* des pâturages ; économie *f* fourragère.

Weihnachten *n* ou *pl* Noël *m.*

Weihnachtsfreibetrag *m,* ¨e abattement *m* fiscal (pour services exécutés en décembre).

Weihnachtsgeld *n,* **er** prime *f* de fin d'année ; treizième mois *m* ; gratification *f* de Noël.

Weihnachtsgeschäft *n,* **e** affaires *fpl* de fin d'année ; ventes *fpl* de Noël.

Weihnachtsgratifikation *f,* **en** → **Weihnachtsgeld.**

Wein *m,* **e** vin *m.*

Weinanbau *m,* ø → *Weinbau.*

Weinbau *m,* ø culture *f* de la vigne ; industrie *f* viticole ; viticulture *f.*

Weinbauer *m,* **n,** *n* viticulteur *m* ; vigneron *m* ; → *Winzer.*

Weinbaugebiet *n,* **e** région *f* viticole.

Weinbörse *f,* **n** bourse *f* des vins.

Weinertrag *m,* ¨e production *f* viticole

Weingegend *f,* **en** → *Weinbaugebiet.*

Weingut *n,* ¨er domaine *m* viticole.

Weingütesiegel *n,* - label *m* de qualité supérieure d'un vin ; *(France)* A.O.C.

Weinhandel *m,* ø commerce *m,* négoce *m* du vin.

Weinhändler *m,* - marchand *m* de vins ; négociant *m* en vins.

Weinland *n,* ¨er pays *m* viticole ; pays producteur de vin.

Weinlese *f,* **n** vendages *fpl.*

Weinpanscherei *f,* **en** frelatage *m* du vin.

Weinsteuer *f,* **n** taxe *f* viticole ; impôt *m* sur les vins.

weiß blanc ; *schwarz auf* ~ noir sur blanc ; ~*e Kohle* houille *f* blanche ; énergie *f* hydraulique ; *die* ~*en Kragen* les cols blancs ; les cadres *mpl* ; ~*e Marke* produit *m* libre ; article *m* sans marque ; *(bourse)* ~*er Ritter* chevalier *m* blanc ; ~*e Ware* déchets *mpl* du gros électro-ménager ; *die* ~*e Woche* la semaine du blanc.

Weißbuch *n,* ¨er *(polit.)* livre *m* blanc.

Weiße-Kragen-Kriminalität *f,* ø criminalité *f* en col blanc ; criminalité des cadres supérieurs de la politique, des finances, de l'économie et de l'industrie *(syn. White-Collar-Kriminalität).*

Weißmacher *m,* - **1.** *(publicité)* agent *m* blanchissant de la lessive en poudre **2.** *(fam.)* blanchisseur *m* d'argent sale, d'argent de la drogue et du crime.

Weißware *f,* **n** le blanc (vêtement, linge, tissu de couleur blanche).

Weisung *f,* **en** directive *f* ; consigne *f* ; ordre *m* ; injonction *f* ; *die ~en nicht beachten* ne pas se conformer aux directives ; *~en erteilen* donner des instructions.

weisungsgemäß conformément aux instructions (données).

Weisungsrecht *n,* **e** (*jur.*) droit *m* de donner des consignes, des instructions.

weit étendu ; spacieux ; distant de ; éloigné ; *bei ~em* de beaucoup ; *~ über 5 000 Euro* bien supérieur à 5 000 euros.

weiter ultérieur ; additionnel ; autre ; *~ oben, unten* ci-dessus, ci-dessous ; *bis auf ~es* jusqu'à plus ample informé ; *auf ~e 2 Jahre* pour une nouvelle période de 2 ans.

weiter- (*préfixe*) **1.** continuer à **2.** transmettre à un tiers.

Weiterarbeit *f,* **ø** continuation *f,* poursuite *f* du travail.

weiter/arbeiten poursuivre le travail ; continuer de travailler.

weiter/befördern réexpédier ; (ré)acheminer.

Weiterbeförderung *f,* **en** réexpédition *f.*

Weiterbestand *m,* ¨e pérennité *f* ; maintien *m* ; *den ~ des Betriebs sichern* garantir le maintien de l'entreprise.

Weiterbildung *f,* **en** formation *f* continue, permanente ; recyclage *m* professionnel ; perfectionnement *m* (*syn. Fortbildung*).

Weiterbildungsangebot *n,* **e** programme *m* de formation permanente ; stage *m* de formation (continue).

Weiterbildungsteilnehmer *m,* **-** participant *m* à un stage de formation professionnelle ; stagiaire *m* en formation professionnelle.

Weiterführung *f,* **en** continuation *f* ; prolongement *m* ; poursuite *f* (d'une politique).

Weitergabe *f,* **n** transmission *f* ; cession *f* ; *~ eines Schecks* cession d'un chèque ; *~ einer Tratte* transmission, négociation *f* d'une traite.

weiter/geben, a, e 1. transmettre ; faire passer ; *ein Rundschreiben ~* faire passer une circulaire **2.** répercuter ; *Kostensenkungen an die Verbraucher ~* faire bénéficier les consommateurs de la baisse des coûts.

weiter/leiten 1. *ein Gepäckstück ~* acheminer un colis par la poste **2.** *eine Anfrage ~* transmettre une demande.

Weiterleitung *f,* **en 1.** acheminement *m* **2.** transmission *f.*

weiter/senden, a, a réexpédier ; faire suivre.

weiter/verarbeiten transformer en produit fini ; procéder au finissage.

Weiterverarbeitung *f,* **en** transformation *f* complémentaire ; finissage *m.*

Weiterveräußerung *f,* **en** → *Weiterverkauf.*

Weiterverkauf *m,* ¨e revente *f.*

weiter/verkaufen revendre.

weiter/vermieten relouer ; sous-louer.

Weitervermietung *f,* **en** relocation *f* ; sous-location *f.*

weiter/zahlen continuer les versements.

Weizen *m,* **-arten** blé *m* ; froment *m.*

Weizensilo *n,* **s** silo *m* à blé.

Welle *f,* **n** vague *f* ; onde *f* radiophonique ; *grüne ~* feux *mpl* (de circulation) synchronisés ; *auf einer ~ mit/schwimmen* suivre une mode ; *~n schlagen* soulever des remous ; faire des vagues.

Welt *f,* **en** monde *m* ; *die Alte, Neue ~* l'Ancien, le Nouveau Monde ; *die Dritte ~* le Tiers-Monde ; *die Vierte ~* le Quart-Monde ; *die kapitalistische ~* le monde capitaliste ; (*fam.*) *nicht die ~ kosten* ne pas coûter bien cher.

Weltausstellung *f,* **en** exposition *f* universelle.

Weltbank *f,* **ø** Banque *f* mondiale (fondée en 1945 à Washington) ; → *Bretton Woods.*

weltbekannt mondialement connu ; de réputation mondiale.

weltberühmt → *weltbekannt.*

Weltbevölkerung *f,* **ø** population *f* mondiale.

Welternährungsorganisation *f* (FAO/ *Food and Agricultural Organization*) Organisation *f* mondiale des Nations unies pour l'alimentation et l'agriculture.

Welternährungsprogramm *n,* **e** programme *m* alimentaire mondial.

Weltfirma *f,* **-men** société *f* de réputation mondiale ; → *Multi.*

weltführend qui domine le marché mondial ; le numéro un mondial ; leader *m* mondial.

Weltgeld *n,* **ø** monnaie *f* universelle.

Weltgesundheitsorganisation *f* → *WHO*.
weltgrößt le plus grand au monde ; ~**er** *Hersteller* premier producteur *m* mondial.
Welthandel *m*, ø commerce *m* mondial, international ; échanges *mpl* internationaux.
Welthandelsorganisation *f*, ø → *WTO*.
Weltherrschaft *f*, ø hégémonie *f* mondiale.
Weltmacht *f*, ¨e puissance *f* mondiale ; superpuissance.
Weltmarke *f*, n marque *f* de renommée mondiale ; marque de réputation internationale.
Weltmarkt *m*, ¨e marché *m* mondial ; → *Globalisierung*.
Weltmarktanteil *m*, e part *f* du marché mondial.
Weltmarktführer *m*, - leader *m* mondial ; → *Globalplayer*.
Weltmarktpreis *m*, e prix *m* sur le marché mondial.
Weltneuheit *f*, en nouveauté *f* mondiale.
Weltordnung *f*, ø : *die neue ~* le nouvel ordre mondial.
Weltorganisation *f*, en organisation *f* mondiale.
Weltpostverein *m*, ø Union *f* postale universelle (U.P.U.).
Weltproduktion *f*, en production *f* mondiale.
Weltrang : *von ~* de classe internationale.
Weltrangliste *f*, (n) classement *m* mondial ; *an der Spitze der ~ stehen* être en tête du classement mondial.
Weltraumbehörde *f*, n agence *f* spatiale ; *europäische ~* Agence spatiale européenne.
Weltraumforschung *f*, en recherche *f* spatiale.
Weltraummedizin *f*, ø médecine *f* spatiale.
Weltraumstation *f*, en station *f* spatiale.
Weltruhm *m*, ø réputation *f* mondiale ; *~ erlangen* accéder à une renommée mondiale.
Weltspitze *f*, n position *f* de pointe ; *die ~ erreichen* détenir le leadership mondial ; devenir le leader mondial.
weltumspannend → *weltweit*.

Weltverbrauch *m*, ø consommation *f* mondiale.
Weltwährungsfonds *m* → *Währungsfonds*.
Weltwährungssystem *n*, ø système *m* monétaire international.
weltweit mondial(ement) ; mondio- ; *~e Fernsehübertragung* mondiovision *f*.
Weltwirtschaft *f*, en économie *f* mondiale.
Weltwirtschaftskonferenz *f*, en conférence *f* économique mondiale.
Weltwirtschaftskrise *f*, n crise *f* économique mondiale.
Weltwirtschaftssystem *n*, e système *m* économique mondial.
Weltzeit *f*, en temps *m* universel.
Wende *f*, n tournant *m* (politique) ; revirement *m*.
wenden, a, a : *sich an jdn ~* s'adresser à qqn ; *~ Sie sich an die zuständigen Behörden* adressez-vous aux autorités compétentes.
Werbe- (*préfixe*) publicitaire ; relatif à la publicité ; lié à la promotion ; promotionnel.
Werbeabteilung *f*, en service *m* de publicité ; département *m* publicité.
Werbeagentur *f*, en agence *f* de publicité.
Werbeakquisiteur *m*, e prospecteur *m* de publicité.
Werbeaktion *f*, en opération *f* publicitaire.
Werbeanwort *f*, en carte-réponse *f* publicitaire pré-affranchie.
Werbeanzeige *f*, n annonce *f* publicitaire.
Werbeartikel *m*, - article *m* publicitaire, prommotionnel ; réclame *f*.
Werbeatelier *n*, s studio *m* de publicité.
Werbeaufwand *m*, -wendungen coût *m* publicitaire ; dépenses *fpl* publicitaires.
Werbebanner *n*, - → *Werbeleiste*.
Werbebeilage *f*, n supplément *m*, encart *m* publicitaire.
Werbeberater *m*, - publicitaire *m* ; conseil(ler) *m* en publicité.
Werbeblatt *n*, ¨er tract *m* publicitaire.
Werbeblock *m*, ¨e bloc *m* de spots *mpl* publicitaires télévisés ; plages *fpl* publicitaires à la télé.
Werbebrief *m*, e lettre *f* publicitaire.
Werbebroschüre *f*, n brochure *f* publicitaire ; prospectus *m*.

Werbebudget *n*, s budget *m* publicitaire.
Werbedurchsage *f*, n annonce *f* publicitaire à la radio.
Werbeeinblendung *f*, en (*télé*) interruption *f* publicitaire ; programmation *f* d'une plage publicitaire (pendant une émission).
Werbeeinnahmen *fpl* recettes *fpl* publicitaires.
Werbeeinsatzleiter *m*, - responsable *m* d'une campagne publicitaire.
Werbeerfolg *m*, e succès *m* publicitaire.
Werbeerfolgskontrolle *f*, n contrôle *m* d'impact publicitaire ; évaluation *f* du succès d'une campagne publicitaire.
Werbeetat *m*, s → *Werbebudget*.
Werbeexemplar *n*, e exemplaire *m* de publicité.
Werbefachmann *m*, -leute homme *m* de publicité ; publicitaire *m*.
Werbefahrt *f*, en voyage *m* organisé à vocation publicitaire (notamment pour les seniors) (*syn. Kaffeefahrt*).
Werbefeindlichkeit *f*, ø phobie *f* de la publicité.
Werbefeldzug *m*, ¨e → *Werbekampagne*.
Werbefernsehen *n*, ø publicité *f* télévisée.
Werbefilm *m*, e film *m* publicitaire.
werbefinanziert financé par la publicité.
Werbefläche *f*, n espace *m* publicitaire ; panneau *m* d'affichage.
werbefrei sans pub.
Werbefunk *m*, ø publicité *f* radiodiffusée.
Werbegabe *f*, n → *Werbegeschenk*.
Werbegeschenk *n*, e cadeau *m* publicitaire.
Werbegrafik *f*, en affiche *f* publicitaire ; dessin *m* publicitaire.
Werbegrafiker *m*, - dessinateur *m* publicitaire.
Werbehaushalt *m*, e → *Werbebudget*.
Werbeindustrie *f*, n industrie *f* de la publicité.
Werbeinsel *f*, n plage *f* publicitaire.
Werbekampagne *f*, n campagne *f* publicitaire ; *eine ~ starten, durch/führen* lancer, faire une campagne publicitaire.
Werbeknüller *m*, - succès *m* de vente, de pub ; pub *f* réussie.
Werbekosten *pl* frais *mpl* de publicité ; coût *m* de la publicité.

Werbekraft *f*, ø impact *m* publicitaire.
werbekräftig à fort impact publicitaire.
Werbekuchen *m*, - (*fam.*) budget *m* publicitaire (à se partager) ; manne *f* publicitaire.
Werbeleiste *f*, n bandeau *m* d'annonces publicitaires (sur écran T.V. ou sur Internet).
Werbeleiter *m*, - chef *m* de publicité.
Werbemarkt *m*, ¨e marché *m* de la publicité.
Werbematerial *n*, -ien matériel *m* publicitaire ; documentation *f*.
Werbemittel *n*, - moyen *m* publicitaire ; instrument *m* publicitaire.
Werbemüdigkeit *f*, ø saturation *f* publicitaire ; (*fam.*) ras-le-bol *m* de la publicité.
werben, a, o 1. *Arbeitskräfte ~* embaucher de la main-d'œuvre ; *Kunden ~* prospecter des clients 2. *für einen Artikel ~* faire de la publicité pour un article 3. *um die Gunst der Wähler ~* rechercher la faveur des électeurs.
Werbepauke *f*, n : *auf die ~ hauen* faire du battage, du matraquage publicitaire ; → *Werbetrommel*.
Werbeplakat *n*, e affiche *f* publicitaire.
Werbepost *f*, ø publipostage *m* ; mailing *m*.
Werbepräsent *n*, e → *Werbegeschenk*.
Werbepreis *m*, e prix *m*, matraquage *m* promotionnel.
Werbeprospekt *m/n*, e prospectus *m* ; dépliant *m* publicitaire ; (*fam.*) pub *f*.
Werber *m*, - (*fam.*) → *Werbefachmann*.
Werberichtlinien *fpl* directives *fpl* en matière de publicité (télévisée) ; cahier *m* des charges de la publicité.
werberisch qui a trait à la publicité ; de publicité ; publicitaire.
Werberummel *m*, - battage *m*, matraquage *m* publicitaire.
Werbe(rund)schreiben *n*, - circulaire *f* publicitaire ; lettre *f* de prospection publicitaire.
Werbeschlagzeile *f*, n → *Werbespruch*.
Werbeschrift *f*, en → *Werbeprospekt*.
Werbeslogan *m*, s → *Werbespruch*.
Werbespot *m*, s spot *m* publicitaire.

Werbespruch *m*, ¨e message *m*, slogan *m* publicitaire.
Werbespruchband *n*, ¨er calicot *m* publicitaire ; banderole *f* publicitaire.
Werbestrategie *f*, **n** stratégie *f* publicitaire.
Werbetätigkeit *f*, **en** action *f* publicitaire ; *eine große ~ entfalten* déployer une grande activité promotionnelle.
Werbetechnik *f*, **en** techniques *fpl* publicitaires.
Werbetext *m*, **e** texte *m* publicitaire.
Werbetexter *m*, - rédacteur *m* publicitaire ; concepteur *m*.
Werbeträger *m*, - support *m* publicitaire.
Werbeträgeranalyse *f*, **n** analyse *f* des supports publicitaires.
Werbetreibende/r (*der/ein*) personne *f* ou maison *f* qui fait de la publicité (pour son propre compte).
Werbetrick *m*, **s** truc *m*, astuce *f* publicitaire.
Werbetrommel *f*, **n** : *die ~ rühren* faire de la publicité tapageuse ; faire du battage publicitaire.
Werbe- und Persönlichkeitsrecht *n*, **e** (*jur.*) droit *m* d'utiliser la personnalité, l'image médiatique de qqn dans une campagne publicitaire.
Werbeunterbrechung *f*, **en** → *Werbeeinblendung*.
Werbeverkauf *m*, ¨e vente *f* publicitaire.
Werbevertrag *m*, ¨e contrat *m* publicitaire.
Werbewesen *n*, ø (domaine de la) publicité *f* ; réclame *f*.
Werbewettbewerb *m*, **e** concours *m* publicitaire.
Werbewirbel *m*, - : *viel ~ machen* faire un grand battage publicitaire.
werbewirksam à fort impact publicitaire ; d'une grande efficacité (publicitaire).
Werbewirksamkeit *f*, ø impact *m* publicitaire, promotionnel.
Werbewoche *f*, **n** semaine *f* publicitaire ; semaine promotionnelle, commerciale.
Werbezeichner *m*, - dessinateur *m* publicitaire.
werblich publicitaire ; *~e Mittel* moyens *mpl* publicitaires.
Werbung *f*, **en** 1. publicité *f* ; (*fam.*) pub *f* ; réclame *f* **I.** *direkte ~* publicité directe ; *gezielte ~* publicité sélective ; *harte ~* publicité intensive ; matraquage *m* publicitaire ; *informationsreiche ~* publicité informative ; *intensive ~* publicité intensive ; *irreführende (betrügerische) ~* publicité mensongère ; *redaktionelle ~* publicité rédactionnelle ; *unlautere ~* publicité déloyale ; *vergleichende ~* publicité comparative ; *verkaufsfördernde ~* publicité promotionnelle ; *weiche ~* publicité non agressive, douce **II.** *~ machen (treiben) (für)* faire de la publicité, de la pub (pour) ; *diese ~ kommt gut an* cette pub a du succès **2.** embauchage *m* ; recrutement *m* ; → *Marketing* ; *PR* ; *Reklame* ; *Verkaufsförderung* ; *Anzeigen-, Banden-, Direkt-, Einführungs-, Fernseh-, Film-, Funk-, Kunden-, Plakat-, Rundfunk-, Schleich-, Zeitungswerbung*.
Werbungskosten *pl* 1. (*fisc*) frais *mpl* professionnels (déductibles) ; charges *fpl* professionnelles 2. (*rare*) frais *mpl* publicitaires.
Werbungskostenpauschale *f*, ø forfait *m* pour frais professionnels.
Werdegang *m*, ¨e carrière *f* ; cursus *m* (*syn. Laufbahn, Karriere*).
Werft *f*, **en** chantier *m* naval.
Werftarbeiter *m*, - ouvrier *m* d'un chantier naval.
Werftindustrie *f*, **n** industrie *f* de la construction navale.
Werk *n*, **e** 1. œuvre *f* ; ouvrage *m* ; travail *m* ; *sich ans ~ machen* se mettre à l'ouvrage ; *nachgemachtes ~* œuvre contrefaite ; imitation *f* **2.** entreprise *f* ; établissements *mpl* ; usine *f* ; fabrique *f* ; ateliers *mpl* ; *ab ~* départ usine ; *Leiter des ~s* directeur *m* de l'usine ; *ein neues ~ im Ausland errichten* construire une nouvelle usine à l'étranger.
Werkangehörige/r (*der/ein*) membre *m* du personnel d'une usine.
Werkanlagen *fpl* installations *fpl* industrielles.
Werkarbeit *f*, **en** travail *m* manuel (exécuté en atelier d'apprentissage).
Werkarzt *m*, ¨e médecin *m* d'entreprise.
Werkbank *f*, ¨e établi *m*.
Werkbesetzung *f*, **en** occupation *f* d'usine.
werkeigen de l'usine ; appartenant à l'entreprise ; *~e Wohnung* logement *m* d'entreprise.
werken travailler ; œuvrer.

Werker *m*, - travailleur *m* ; *VW-~* ouvriers *mpl* des usines Volkswagen.
Werkerberuf *m*, e emploi *m* de manœuvre.
Werkfahrer *m*, - pilote *m* d'essai d'une marque ; pilote d'usine.
Werkfürsorge *f*, ø assistance *f* patronale au personnel en matière sociale.
Werkgarantie *f*, n garantie-usine *f*.
Werkgelände *n*, - enceinte *f*, terrain *m* de l'usine.
Werkgemeinschaft *f*, en personnel *m* de l'entreprise.
Werkgenossenschaft *f*, en coopérative *f* d'entreprise.
werkgetreu conforme à l'original.
Werkhalle *f*, n atelier *m*.
Werkhandel *m*, ø vente *f* directe ; vente d'usine (sans intermédiaires).
Werklehrer *m*, - professeur *m* d'enseignement technique.
Werkleiter *m*, - directeur *m* de l'usine, de l'entreprise.
Werkleitung *f*, en direction de l'usine.
Werkleute *pl* ouvriers *mpl* ; travailleurs *mpl*, personnel *m* de l'entreprise.
Werklieferungsvertrag *m*, ¨e contrat *m* d'ouvrage ; contrat mixte entreprise-sous-traitance ; contrat de sous-traitance.
Werklohn *m*, ¨e salaire *m* pour travail à façon ; *einen ~ beziehen* travailler à façon.
Werklohnarbeiter *m*, - travailleur *m* à façon ; façonnier *m*.
Werkmeister *m*, - chef *m* d'atelier ; chef d'équipe ; contremaître *m* ; agent *m* de maîtrise.
Werkschließung *f*, en fermeture *f* d'usine, d'une unité de production.
Werkschutz *m*, ø 1. protection *f* des installations de production 2. service *m* de sécurité d'une entreprise.
Werksiedlung *f*, en cité-logement *f* d'entreprise.
Werkspionage *f*, n espionnage *m* industriel.
Werkstatt *f*, -stätten atelier *m*.
Werkstätte *f*, n → *Werkstatt*.
Werkstattleiter *m*, - chef *m* d'atelier.
Werkstattmontage *f*, n montage *m* en atelier.
Werkstattzeichnung *f*, en épure *f*, dessin *m* d'atelier.
Werkstelle *f*, n 1. lieu *m* de travail 2. place *f* d'apprenti.
Werkstoff *m*, e matériau *m* ; matériel *m* ; *neuartige ~e* matériaux nouveaux.

Werkstoffermüdung *f*, en usure *f* des matériaux.
Werkstoffprüfer *m*, - testeur *m*, contrôleur *m* de matériaux.
Werkstoffprüfung *f*, en contrôle *m* des matériaux.
Werkstofftechnik *f*, en technologie *f* des matériaux.
Werkstück *n*, e pièce *f* à usiner ; pièce usinée.
Werkstudent *m*, en, en étudiant *m* salarié (pour financer ses études).
Werktag *m*, e jour *m* ouvrable ; *nur an ~en* en semaine seulement.
werktags les jours ouvrables ; en semaine.
Werktagsarbeit *f*, en travail *m* en/de semaine.
werktätig actif ; *~e Bevölkerung* population *f* active ; travailleurs *mpl*.
Werktätige/r *(der/ein)* travailleur *m* ; personne *f* active ; *die Werktätigen* la population active ; les actifs ; la classe ouvrière.
Werktätigkeit *f*, en activité *f* salariée.
Werktisch *m*, e → *Werkbank*.
Werkunterricht *m*, (e) enseignement *m* technique ; enseignement professionnel.
Werkverkehr *m*, ø transport *m* pour propre compte (*contr. gewerblicher Verkehr*).
Werkvertrag *m*, ¨e → *Werklieferungsvertrag*.
Werkvertretung *f*, en représentation *f* d'entreprise ; délégation *f* d'entreprise.
Werkwohnung *f*, en logement *m* d'entreprise.
Werkzeichnung *f*, en → *Werkstattzeichnung*.
Werkzeitschrift *f*, en journal *m*, bulletin *m* d'entreprise.
Werkzeug *n*, e outil *m* ; outillage *m* ; instrument *m*.
Werkzeugfabrik *f*, en fabrique *f* d'outillage ; outillerie *f*.
Werkzeugherstellung *f*, en fabrication *f* d'outils.
Werkzeugkosten *pl* 1. coût *m* de l'outillage (achat, location, etc.) 2. coût de fabrication de l'outillage.
Werkzeugmaschine *f*, n machine-outil *f*.
Werkzeugmaschinebau *m*, ø construction *f* de machines-outils.

Werkzeugroboter *m*, - robot-outil *m* ; outil *m* robotisé.
wert 1. (*sens de valeur*) *das ist etwas ~ cela a de la valeur* ; *500 € ~ sein* valoir 500 € **2.** (*corresp. arch.*) cher ; honoré ; *Ihr ~es Schreiben vom* votre honorée (en date) du ; *~er Herr Müller* (cher) Monsieur.
Wert *m*, e valeur *f* ; prix *m* **I.** *absoluter ~* valeur absolue ; *angegebener ~* valeur déclarée ; *berichtigter ~* valeur corrigée ; *durchschnittlicher ~* valeur moyenne ; *festgesetzter ~* valeur fixée ; *fiktiver ~* valeur fictive ; *geschätzter ~* valeur estimée ; *nomineller ~* valeur nominale ; *wirklicher ~* valeur réelle ; *versicherter ~* valeur assurée ; *zollpflichtiger ~* valeur taxable en douane ; *im ~(e) von* d'une valeur de ; *von großem, geringem ~* de grande, de faible valeur ; *Muster ohne ~* échantillon *m* sans valeur **II.** *den ~ bestimmen* fixer la valeur ; *an ~ gewinnen* prendre de la valeur ; *keinen ~ haben* être sans valeur ; *über, unter dem ~ verkaufen* vendre au-dessus, au-dessous de la valeur ; → *Werte* ; *Wertpapier* ; *Bar-, Bilanz-, Börsen-, Buch-, Geld-, Geschäfts-, Handels-, Kapital-, Kauf-, Markt-, Minder-, Nenn-, Neu-, Nominal-, Nutz-, Rest-, Schätz-, Tages-, Teil-, Verkaufs-, Versicherungs-, Zollwert.*
Wertabnahme *f*, n → *Wertminderung.*
Wertangabe *f*, n (*douane*) déclaration *f* de valeur ; *mit ~* avec valeur déclarée ; *Sendung mit ~* envoi *m* en valeur déclarée.
Wertarbeit *f*, en travail *m* qualifié, de qualité ; travail soigné.
Wertaufbewahrungmittel *n*, - (*banque*) instrument *m* de réserve de valeur ; moyen *m* de conservation de la valeur.
Wertaufholung *f*, en (*comptab.*) revalorisation *f* des existences ; réévaluation *f* des postes d'un bilan.
Wertbehältnis *n*, se coffre-fort *m* ; armoire blindée *f* pour objets de valeurs.
Wertbemessung *f*, en évaluation *f* de la valeur (en données chiffrées).
wertberichtigen (*comptab.*) réajuster ; corriger ; réévaluer.
Wertberichtigung *f*, en (*comptab.*) provision *f* pour dépréciation ; réévaluation *f* ; réajustement *m* de la valeur ; correction *f* de la valeur ; régularisation *f*, redressement *m* des valeurs.

Wertberichtigungsaktien *fpl* actions *fpl* gratuites (les fonds nécessaires à l'émission de ces actions sont puisés dans les réserves et inscrits au capital).
Wertberichtigungsposten *m*, - (*comptab.*) poste *m* de régularisation.
wertbeständig qui ne se dévalorise pas ; à (de) valeur stable, constante.
Wertbestimmung *f*, en fixation *f* de la valeur.
Wertbrief *m*, e lettre *f* chargée.
Werte *mpl* (*bourse*) valeurs *fpl* (mobilières) ; titres *mpl* ; effets *mpl* **I.** *ausländische ~* valeurs étrangères ; *gefragte ~* valeurs très demandées ; *marktfähige ~* valeurs, titres négociables ; *verpfändete ~* titres donnés en nantissement, en gage ; *volatile ~* valeurs, titres volatil(e)s ; *zyklische ~* valeurs, titres cycliques **II.** *~ an der Börse ein/führen* introduire des valeurs en bourse ; *~ an der Börse zu/lassen* admettre des valeurs à la cotation boursière ; → *Wertpapier* ; *Effekten.*
Werteinbuße *f*, n → *Wertminderung.*
Werteinheit *f*, en unité *f* de valeur.
werten estimer ; apprécier ; taxer.
Wertentwicklung *f*, en évolution *f* d'une valeur.
Werterhaltung *f*, en conservation *f* de la valeur ; maintien *m* de la valeur.
Wertermittlung *f*, en → *Wertbestimmung.*
Wertersatz *m*, ø (*assur.*) dédommagement *m* de valeur correspondante.
Wertfracht *f*, en fret *m* assuré.
Wertgegenstand *m*, ¨e objet *m* de valeur ; *Aufbewahrung von ~¨en* dépôt *m* d'objets de valeur.
wertlos sans valeur ; *~e Briefmarken* timbres *mpl* sans valeur ; vignette *f*.
Wertlosigkeit *f*, ø non-valeur *f* ; absence *f* de valeur.
Wertmarke *f*, n **1.** bon *m* ; coupon *m* **2.** timbre-quittance *m*.
wertmäßig en valeur ; selon la valeur.
Wertmaßstab *m*, ¨e étalon *m* de valeur ; mesure *f* de valeur.
Wertmesser *m*, - → *Wertmaßstab.*
Wertminderung *f*, en diminution *f* de valeur ; dépréciation *f* ; perte *f* de valeur ; moins-value *f* ; dévalorisation *f*.
Wertminderungrücklage *f*, n (*comptab.*) réserve *f* de réévaluation.
Wertpaket *n*, e colis *m* avec valeur déclarée.

Wertpapier *n*, e (*bourse*) valeur *f* (mobilière) ; titre *m* ; effets *mpl* **I.** *ausgelostes* ~ valeur sortie au tirage ; *festverzinsliches* ~ titre à revenu fixe ; *gehandeltes* ~ titre négocié ; *hinterlegtes* ~ titre déposé ; *marktfähiges* ~ titre négociable ; *mündelsicheres* ~ placement *m* de tout repos ; titre de père de famille ; *amtlich notiertes* ~ titre officiellement admis à la cote ; *übertragbares* ~ titre transmissible ; *unverzinsliches* ~ titre non productif d'intérêts **II.** *ein* ~ *ab/stoßen* (*verkaufen*) réaliser un titre ; *~e beleihen* donner un titre en nantissement pour garantir un prêt ; *ein* ~ *deponieren* (*hinterlegen*) déposer un titre en garde ; *ein* ~ *lombardieren* donner un titre en gage ; *ein* ~ *übertragen* céder, transmettre un titre ; → *Werte* ; *Effekten*.
Wertpapieranlage *f*, n placement *m* en valeurs mobilières.
Wertpapierbesitz *m*, ø détention *f* de titres.
Wertpapierbesitzer *m*, - détenteur *m*, possesseur *m* de titres.
Wertpapierbestand *m*, ¨e → *Wertpapierportfolio*.
Wertpapierbörse *f*, n bourse *f* des valeurs (*syn. Effektenbörse*).
Wertpapierdarlehen *n*, - → *Wertpapierleihe*.
Wertpapierfonds *m*, - fonds *m* de placement.
Wertpapierhandel *m*, ø commerce *m* des valeurs mobilières.
Wertpapier(handels)haus *n*, ¨er institut *m* financier de valeurs mobilières.
Wertpapierhändler *m*, - opérateur *m*, courtier *m* en valeurs mobilières.
Wertpapierkonto *n*, -ten compte-titres *m*.
Wertpapierkredit *m*, e crédit *m* sur valeurs mobilières.
Wertpapierleihe *f*, n prêt *m* de valeurs mobilières (à des banques en échange de primes).
Wertpapiermarkt *m*, ¨e marché *m* des valeurs.
Wertpapierorder *f*, s ordre *m* boursier.
Wertpapierpensionsgeschäft *n*, e → *Pensionsgeschäft*.
Wertpapierportefeuille *n*, s → *Wertpapierportfolio*.
Wertpapierportfolio *n*, s portefeuille *m* de valeurs mobilières, de titres.

Wertpapiersammelbank *f*, en banque *f* de dépôt et de virements de titres (*syn. Effektengirobank*).
Wertpapiersparen *n*, ø épargne *f* sur titres *f* ; épargne en valeurs mobilières ; épargne mobilière.
Wertpapiersteuer *f*, n taxe *f* sur les valeurs mobilières.
Wertpapierverkehr *m*, ø mouvements *mpl* de titres ; transactions *fpl* de(s) valeurs mobilières.
Wertpapierverpfändung *f*, en nantissement *m* de titres.
Wertpapierverwahrung *f*, en garde *f* de titres.
Wertpapierverwalter *m*, - gestionnaire *m* de portefeuille.
Wertpapierverwaltung *f*, en gestion *f* de portefeuille.
Wertproduktivität *f*, ø productivité *f* en valeur.
Wertsache *f*, n → *Wertgegenstand*.
wertschaffend productif ; qui donne de la valeur ; ayant une valeur ajoutée ; valorisant.
Wertschöpfung *f*, en création *f* de valeurs ; valeur *f* ajoutée ; création de plus-values ; ~ *je Arbeitsstunde* productivité *f* horaire ; → *Bruttoinlandsprodukt* ; *BIP* ; *Wertzuwachs*.
Wertschöpfungsabgabe *f*, n taxe *f* sur la valeur réelle ; taxation *f* des machines.
Wertschöpfungsanteil *m*, e élément *m* créateur de valeur ajoutée (entreprise créant des produits innovants par ex.).
Wertschöpfungsquote *f*, n taux *m* de valeur ajoutée.
Wertschöpfungsrechnung *f*, en calcul *m* de la valeur ajoutée.
Wertschrift *f*, en (*Suisse*) titre *m* ; valeur mobilière *f*.
Wertschriftendollar *m*, ø dollar *m* financier.
Wertschriftenverwaltung *f*, en gestion *f* de portefeuille.
Wertschwankungen *fpl* fluctuations *fpl* des valeurs.
Wertsendung *f*, en (*transp.*) envoi *m* en valeur déclarée.
Wertsicherungsklausel *f*, n clause *f* d'indice variable ; clause d'indexation sur le coût de la vie ; clause contractuelle de garantie en cas de dépréciation monétaire.

wertstabil : ~*es Geld* argent *m* (à pouvoir d'achat) stable.
Wertsteigerung *f*, en → *Wertzuwachs*.
Wertstellung *f*, **en** (*banque*) jour *m* de valeur ; date *f* de valeur ; entrée *f* en valeur (*syn. Valutierung*).
Wertsteuer *f*, **n** taxe *f* ad valorem.
Wertstoff *m*, **e** matériau *m* de récupération, recyclable.
Wertstück *n*, **e** objet *m* de valeur.
Wertsystem *n*, **e** système *m* de valeur.
Wertumsatz *m*, ¨**e** chiffre *m*, volume *m* d'affaires exprimé en valeur.
Wertung *f*, **en** 1. estimation *f* ; appréciation *f* 2. notation *f*.
Werturteil *n*, **e** jugement *m* de valeur.
Wertverfall *m*, ø dépréciation *f* ; dévalorisation *f* ; (*bourse*) chute *f* d'un cours.
Wertverlust *m*, **e** →*Wertminderung*.
wertvoll de valeur ; précieux ; ~*es Gemälde* tableau *m* de valeur.
Wertzeichen *n*, - timbre-poste *m* (*syn. Briefmarke*).
Wertzoll *m*, ¨**e** taxe *f* de douane ad valorem (calculée en fonction du prix et non selon le poids ou la quantité).
Wertzuwachs *m*, (¨**e**) accroissement *m* de valeur ; valeur *f* ajoutée ; plus value *f* ; → *Wertschöpfung*.
Wertzuwachssteuer *f*, **n** impôt *m* sur les plus-values ; imposition *f* des plus-values.
Wertzuweisung *f*, **en** affectation *f* de valeur.
-wesen (*suffixe*) désigne l'ensemble d'un secteur ; → **Bank-, Bau-, Unterrichts-, Zollwesen**.
Wessi *m*, **s** (*hist., fam.*) Allemand *m* de l'Ouest (*contr. Ossi*).
westdeutsch ouest-allemand.
Westdeutsche/r (*der/ein*) (*hist.*) citoyen *m* ouest-allemand ; citoyen de la R.F.A. ; Allemand *m* de l'Ouest.
Westdeutschland (*hist.*) Allemagne *f* de l'Ouest.
Westeuropäische Union *f* Union *f* de l'Europe occidentale.
Wettannahme *f*, **n** bureau *m* de paris urbains (loto, tiercé, etc.).
Wettbewerb *m*, **e** concurrence *f* ; compétition *f* ; (*épreuve*) concours *m* **I.** *außer* ~ hors concours ; *freier* ~ libre concurrence ; *rücksichtsloser* ~ concurrence sauvage ; *ruinöser* ~ concurrence ruineuse ; *unlauterer* ~ concurrence déloyale ; *unzulässiger* ~ concurrence illicite ; *weltweiter* (*globaler*) ~ concurrence mondiale, globale ; *zerstörerischer* ~ concurrence dévastatrice **II.** *den* ~ *beschränken* limiter la concurrence ; (*mit jdm*) *in* ~ *stehen* être en concurrence (avec qqn) ; (*mit jdm*) *in* ~ *treten* entrer en compétition (avec qqn) ; *den* ~ *verstärken* renforcer la concurrence ; → **Konkurrenz** ; **Markt** ; **Marktwirtschaft**.
Wettbewerber *m*, - concurrent *m* ; compétiteur *m* ; *mit ausländischen* ~*n konkurrieren* être en compétition avec des concurrents étrangers ; → **Konkurrent**.
wettbewerblich (*rare*) → **wettbewerbsfähig**.
Wettbewerbsabkommen *n*, - accord *m* de non-concurrence.
Wettbewerbsbedingungen *fpl* conditions *fpl* concurrentielles.
Wettbewerbsbehörde *f*, **n** office *m* de la concurrence.
Wettbewerbsbeschränkungen *fpl* restrictions *fpl* à la concurrence ; pratiques *fpl* anticoncurrentielles.
wettbewerbsbetont fortement marqué par la concurrence ; ~*es Umfeld* environnement *m* fortement concurrentiel.
Wettbewerbsdruck *m*, ø pression *f* de la concurrence.
wettbewerbsfähig compétitif ; concurrentiel ; *nicht* ~ non compétitif ; → **konkurrenzfähig**.
Wettbewerbsfähigkeit *f*, (en) compétitivité *f* ; *die* ~ *beeinträchtigen* entraver la compétitivité ; *an* ~ *ein/büßen* perdre en compétitivité ; *die* ~ *bewahren* demeurer compétitif ; *die* ~ *verbessern* améliorer la compétitivité ; → **Konkurrenzfähigkeit**.
Wettbewerbsfreiheit *f*, (en) liberté *f* de concurrence.
Wettbewerbshemmnisse *npl* entraves *fpl* à la concurrence ; obstacles *mpl* à la libre concurrence.
Wettbewerbshüter *mpl* responsables *mpl* du maintien de la libre concurrence ; office *m* (fédéral) contrôlant la concentration des entreprises.
Wettbewerbsklausel *f*, **n** clause *f* de non-concurrence.
Wettbewerbsklima *n*, ø climat *m* de concurrence.
Wettbewerbsmarkt *m*, ¨**e** marché *m* concurrenciel.

Wettbewerbsmechanismus *m*, -men mécanisme *m* de concurrence.
wettbewerbsneutral sans incidence sur la concurrence.
Wettbewerbsordnung *f*, en réglementation *f*, code *m* de la concurrence ; législation *f*, régime *m* en matière de concurrence.
Wettbewerbspolitik *f*, ø politique *f* de concurrence.
Wettbewerbsrecht *n*, e droit *m*, législation *f* en matière de concurrence.
wettbewerbsrechtlich zulässig conforme à la législation sur la libre concurrence.
Wettbewerbsregeln *fpl* règles *fpl* en matière de concurrence.
wettbewerbsschädlich anticoncurrentiel ; *~e Praktiken beseitigen* supprimer des pratiques anticoncurrentielles.
Wettbewerbssektor *m*, en secteur *m* concurrentiel.
Wettbewerbssünder *m*, - contrevenant *m* à la législation en matière de concurrence.
Wettbewerbsteilnehmer *m*, - concurrent *m* ; participant *m* à un concours.
Wettbewerbsumfeld *n*, ø environnement *m* concurrentiel.
Wettbewerbsunternehmen *n*, - entreprise *f* concurrentielle.
Wettbewerbsverbot *n*, e interdiction *f* (en matière) de concurrence ; prohibition *f* de concurrence.
Wettbewerbsvereinbarung *f*, en entente *f* entre concurrents ; accord *m* de non-concurrence.
Wettbewerbsverhältnisse *npl* conditions *fpl* de la concurrence.
wettbewerbsverzerrend qui fausse le jeu de la libre concurrence.
Wettbewerbsverzerrung *f*, en distorsion *f* de la concurrence ; concurrence *f* déloyale.
Wettbewerbsvorteil *m*, e avantage *m* compétitif, sur la concurrence.
wettbewerbswidrig 1. qui fait de l'anticoncurrence **2.** contraire à l'esprit de libre concurrence ; anticoncurrentiel.
Wettbewerbswirtschaft *f*, en économie *f* fondée sur la libre concurrence ; économie de marché.
Wette *f*, n pari *m* ; *(mit jdm) eine ~ ab/schließen* conclure un pari (avec qqn) ; *um die ~ arbeiten* rivaliser dans le travail ; *eine ~ auf die Zukunft ein/gehen* prendre un pari sur l'avenir.

wetten parier ; *eine kleine Summe ~* parier une petite somme d'argent ; *auf ein Pferd ~* miser sur un cheval.
Wetteramt *n*, ¨er office *m* météorologique.
Wetterbericht *m*, e bulletin *m* météorologique.
Wetterdienst *m*, e services *mpl* météorologiques.
wetterfest résistant aux intempéries.
wett/machen réparer ; compenser ; *einen Verlust ~* compenser une perte.
WEU *f* (*Westeuropäische Union*) U.E.O. *f* (Union de l'Europe occidentale).
WG → *Wechselgesetz.*
WGB *m* (*Weltgewerkschaftsbund*) Fédération *f* du syndicalisme mondial.
WHO *f* (*World Health Organization*) Organisation *f* mondiale de la santé ; O.M.S. *f.*
Widerhandlung *f*, en (*jur.*) (*Suisse*) infraction *f* ; contravention *f.*
Widerklage *f*, n → *Gegenklage.*
Widerkläger *m*, - (*jur.*) demandeur *m* reconventionnel.
widerrechtlich (*jur.*) illégal ; illicite ; *sich ~ an/eignen* usurper ; s'approprier illégalement.
Widerrechtlichkeit *f*, ø (*jur.*) illégalité *f.*
Widerruf *m*, e (*jur.*) révocation *f* ; rétractation *f* ; retrait *m* ; désaveu *m* ; démenti *m* ; *bis auf ~* jusqu'à nouvel ordre ; *~ eines Auftrags* annulation *f* d'une commande ; *das Recht zum ~ haben* avoir un droit de rétractation.
widerrufbar (*jur.*) révocable ; rétractable.
Widerrufbarkeit *f*, ø (*jur.*) révocabilité *f.*
widerrufen, ie, u **1.** désavouer ; se dédire de **2.** annuler ; décommander ; *einen Befehl ~* donner un contrordre.
widerrufend (*jur.*) révocatoire.
Widerrufsfrist *f*, en (*jur.*) délai *m* de rétractation (d'un achat, d'un contrat).
Widerrufsklausel *f*, n (*jur.*) clause *f* de révision, de révocation.
Widerrufsrecht *n*, ø (*jur.*) droit *m* de rétractation (d'un contrat).
Widerrufung *f*, en → *Widerruf.*
Widersacher *m*, - adversaire *m.*
widersetzen : *sich einer Sache ~* s'opposer à qqch.
Widerspruch *m*, ¨e contradiction *f* ; opposition *f* ; protestation *f* ; contredit

m ; ~ *erheben* protester ; élever une protestation ; ~ *ein/legen gegen* faire opposition à ; *auf heftigen* ~ *stoßen* se heurter à une vive opposition ; *im* ~ *zum/mit dem Gesetz stehen* être en contradiction avec la loi ; être incompatible avec la loi.
Widerspruchsklage *f,* n (*jur.*) recours *m* par un tiers en opposition à la confiscation d'un bien.
Widerspruchsklausel *f,* n (*jur.*) clause *f* d'opposition.
Widerspruchsrecht *n,* e (*jur.*) droit *m* de contestation ; droit de faire opposition.
Widerstand *m,* ¨e résistance *f* ; (*gegen etw*) ~ *leisten* opposer de la résistance (à qqch).
widerrstandsfähig (*technique*) résistant.
widerstehen, a, a résister ; *dem Druck der öffentlichen Meinung* ~ résister à la pression de l'opinion publique.
Wiederankurbelung *f,* en redémarrage *m* ; relance *f* (de l'économie).
Wiederanlage *f,* n réemploi *m* ; réinvestissement *m*.
wieder anlegen réinvestir ; réemployer.
Wiederanschaffung *f,* en rachat *m* ; nouvelle acquisition *f.*
wieder an/stellen réintégrer (dans un emploi) ; réembaucher.
Wiederanstieg *m,* ø remontée *f* ; ~ *der Arbeitslosenquote* remontée du taux de chômage.
wieder auf/arbeiten → *wieder auf/bereiten.*
Wiederaufarbeitung *f,* en → *Wiederaufbereitung.*
Wiederaufbau *m,* ø reconstruction *f.*
wieder auf/bauen reconstruire.
wieder auf/bereiten recycler ; retraiter.
Wiederaufbereitung *f,* en retraitement *m* ; recyclage *m* ; ~ *des Atommülls* retraitement des déchets radioactifs.
Wiederaufbereitungsanlage *f,* n usine *f* de retraitement (des déchets nucléaires).
Wiederaufforstung *f,* en reboisement *m* (des forêts).
Wiederaufnahme *f,* n reprise *f* ; ~ *der Arbeit, der Verhandlungen* reprise du travail, des négociations.
Wiederaufnahmeantrag *m,* ¨e (*jur.*) requête *f* ; demande *f* en révision.
Wiederaufnahmeverfahren *n,* - (*jur.*) procédure *f* en révision.

wieder aufnehmen, a, o reprendre ; renouveler ; *die diplomatischen Beziehungen* ~ renouer les relations diplomatiques.
Wiederaufrüstung *f,* en réarmement *m.*
Wiederausfuhr *f,* en réexportation *f.*
Wiederbelebung *f,* en → *Wiederankurbelung.*
Wiederbeschaffung *f,* en réapprovisionnement *m* ; renouvellement *m* des stocks.
Wiederbeschaffungskosten *pl* coût *m* de réapprovisionnement des stocks.
Wiederbeschaffungspreis *m,* e prix *m* de remplacement ; valeur *f* de substitution.
Wiederbeschaffungswert *m,* e valeur *m* de remplacement.
wieder ein/lösen dégager ; *ein Schmuckstück* ~ dégager un bijou ; récupérer un bijou en gage.
Wiedereinfuhr *f,* en réimportation *f.*
wieder ein/gliedern réintégrer ; réinsérer.
Wiedereingliederung *f,* en réintégration *f* ; *berufliche, soziale* ~ réinsertion *f* professionnelle, sociale.
Wiedereingliederungshilfe *f,* n aide *f* à la réinsertion sociale ou professionnelle.
wieder ein/setzen rétablir ; restituer ; réintégrer ; *jdn in ein Amt* ~ réintégrer qqn dans une fonction.
Wiedereinsetzung *f,* en rétablissement *m* ; réinstallation *f* ; ~ *in frühere Rechte* réintégration *f* dans d'anciens droits.
wieder einstellen réembaucher ; réemployer.
Wiedereinstellungsklausel *f,* n (*jur.*) clause *f* de réemploi ; clause de reconversion professionnelle.
Wiedereinstieg *m,* e réinsertion *f* ; ~ *ins Berufsleben* retour *m* à la vie professionnelle.
Wiedereröffnung *f,* en réouverture *f* (d'un magasin) ; ~ *der Verhandlung* reprise *f* des négociations.
wieder/erstatten rembourser ; restituer.
Wiedererstattung *f,* en remboursement *m.*
Wiedergewinnung *f,* ø récupération *f* ; ~ *von Altmaterial* récupération de vieux matériaux.

wieder/gut/machen réparer ; indemniser ; *einen Schaden ~* réparer un dommage.
Wiedergutmachung *f*, **en** réparation *f* ; indemnisation *f* ; dédommagement *m*.
Wiedergutmachungsanspruch *m*, ¨e (*jur.*) droit *m* à réparation.
Wiedergutmachungsleistungen *fpl* prestations *fpl* au titre des réparations.
wieder/her/stellen 1. rétablir ; *den sozialen Frieden ~* ramener la paix sociale **2.** réparer ; restaurer.
Wiederherstellung *f*, **en** restauration *f* ; rétablissement *m* ; remise *f* en état.
Wiederherstellungskosten *pl* frais *mpl* de réfection.
Wiederholungstäter *m*, - (*jur.*) récidiviste *m*.
Wiederinbetriebnahme *f*, ø (*machine*) remise *f* en marche.
Wiederkauf *m*, ¨e rachat *m* ; réméré *m*.
wieder/kaufen racheter.
Wiederkäufer *m*, - racheteur *m*.
Wiederkaufsklausel *f*, **n** (*jur.*) réméré *m* ; clause *f* de reprise (rachat possible par le vendeur, moyennant la restitution du prix principal ainsi que des frais annexes).
Wiederkaufsrecht *n*, **e** (*jur.*) droit *m* de rachat ; droit de réméré.
wieder/vereinigen réunifier ; réunir.
Wiedervereinigung *f*, **en** réunification *f* ; réunion *f* ; *die Finanzierung der deutschen ~* le financement de la réunification allemande.
Wiederverkauf *m*, ¨e revente *f*.
wieder/verkaufen revendre ; pratiquer la vente au détail.
Wiederverkäufer *m*, - revendeur *m* ; *Haftung des ~s* responsabilité *f* du revendeur.
wiederverwendbar réutilisable.
wieder verwenden réutiliser ; réemployer ; recycler.
Wiederverwendung *f*, **en** réemploi *m* ; réutilisation *f*.
wieder verwerten réutiliser ; recycler ; récupérer (*syn. recyclen*).
Wiederverwertung *f*, **en** réutilisation *f* ; récupération *f* ; recyclage *m* ; *~ von Haus- und Industriemüll* recyclage des ordures ménagères et industrielles (*syn. Recycling*).
Wiedervorlage *f*, (**n**) seconde présentation *f* d'un document ; *zur ~ am...* à représenter le...

Wiederwahl *f*, **en** (*polit.*) réélection *f*.
wieder/wählen (*polit.*) réélire.
Wiegegebühr *f*, **en** droit *m*, frais *mpl* de pesage.
Wiegen *n*, ø pesage *m*.
wiegen, o, o **1.** peser ; *knapp ~* peser au plus juste ; *reichlich ~* peser bon poids **2.** (*fig.*) *schwer ~* peser lourd.
Wiese *f* : *ein Supermarkt auf der grünen ~* un supermarché en périphérie urbaine.
wild sauvage ; *~er Boden* terre *f* inculte ; *~e Ehe* union *f* libre ; concubinage *m* ; *~er Handel* commerce *m* illicite ; *~er Streik* grève *f* sauvage.
Wild *n*, ø gibier *m*.
Wildbestand *m*, ¨e population *f* de gibier.
Wilddieberei *f*, **en** braconnage *m*.
Wilderei *f*, **en** → *Wilddieberei*.
Wilderer *m*, - **1.** braconnier *m* **2.** (*fam.*) utilisateur-pirate *m*.
wildern braconner ; faire du commerce illicite.
Wildpark *m*, **s** réserve *f* naturelle de gibier.
wildreich giboyeux.
Wille *m*, **ns**, ø volonté *f* ; *letzter ~* dernières volontés.
Willenserklärung *f*, **en** déclaration *f* de volonté ; volonté *f* déclarée ; *ausdrückliche ~* volonté *f* expresse.
Willkür *f*, ø arbitraire *m* ; discrétion *f*.
willkürlich arbitraire ; discrétionnaire ; *~e Maßnahme* mesure *f* arbitraire.
Windenergie *f*, **n** énergie *f* éolienne.
Windfall-Profit *m*, **s** (*pr. ang.*) bénéfice *m* inattendu (et exceptionnellement élevé).
Windkraftanlage *f*, **n** → *Windkraftwerk*.
Wind(kraft)maschine *f*, éolienne *f*.
Windkraftwerk *n*, **e** centrale *f* éolienne.
Windowdressing *n*, **s** (*pr. ang.*) → *Bilanzkosmetik, -frisur*.
Windowshopping *n*, **s** (*pr. ang.*) shopping *m* ; lèche-vitrines *m*.
Windpark *m*, **s** parc *m* d'éoliennes.
Windstromer *m*, - fournisseur *m* d'énergie éolienne.
Winterausfallgeld *n*, **er** → *Winterausgleichszahlung*.
Winterausgleichszahlung *f*, **en** indemnité *f* de chômage hivernal ; indem-

nité pour journées chômées en raison d'intempéries hivernales.
Winterdienst *m*, **e** (*transp.*) service *m* d'hiver.
Wintersaat *f,* **en** (*agric.*) semences *fpl* d'hiver.
Wintersaison *f,* **s** saison *f* hivernale ; saison d'hiver.
Winterschlussverkauf *m,* ¨e (WSV) soldes *mpl* d'hiver.
Wintersport *m,* ø sport *m* d'hiver.
Winzer *m,* - vigneron *m* ; viticulteur *m* ; (*Alsace*) *selbstmarkender* ~ propriétaire *m* récoltant.
Winzergenossenschaft *f,* **en** coopérative *f* de viticulteurs.
wirklich réel ; effectif ; vrai ; *~er Wert* valeur *f* réelle.
wirksam 1. efficace **2.** valide ; valable ; ~ *werden* prendre effet ; entrer en vigueur.
Wirksamkeit *f,* ø **1.** efficacité *f* ; efficience *f* **2.** validité *f.*
Wirkstoff *m,* **e** (*technique*) principe actif *m.*
Wirkung *f,* **en** effet *m* ; conséquence *f* ; suite *f* ; action *f* ; efficacité *f* ; activité *f* **I.** *aufschiebende* ~ effet suspensif ; *befreiende* ~ effet libératoire ; *nachteilige* ~ suites *fpl* fâcheuses ; *mit sofortiger* ~ à effet immédiat ; *mit* ~ *vom 15. d.M.* avec effet au quinze de ce mois **II.** *eine entscheidende* ~ *haben* avoir un effet déterminant ; *ohne* ~ *sein* être sans effet.
Wirkungsbereich *m,* **e** champ *m* d'action ; zone *f* d'activité ; (*publicité*) zone *f* de rayonnement ; étendue *f* ; ~ *eines Werbeträgers* zone de rayonnement d'un support publicitaire.
Wirkwaren *fpl* tissages *mpl* ; (articles *mpl* de) bonneterie *f.*
Wirtschaft *f,* **en 1.** économie *f* **I.** *autarke* ~ économie autarcique ; *(de)zentralisierte* ~ économie (dé)centralisée ; *duale* ~ économie duale ; *freie* ~ économie libre, libérale ; *gelenkte* ~ économie dirigée ; *gemischte* ~ économie mixte ; *geschlossene* ~ économie fermée ; *gewerbliche* ~ industrie *f* et artisanat *m* ; *globalisierte* ~ économie globalisée ; *kapitalistische* ~ économie capitaliste ; *konzertierte* ~ économie concertée ; *örtliche* ~ économie locale ; *private* ~ économie privée ; *sozialistische* (*volkseigene*) ~ économie socialiste ; *staatliche* ~ économie d'État, publique ; *überhitzte* ~ surchauffe *f* économique ; *wettbewerbsfähige* ~ économie compétitive **II.** *die* ~ *an/kurbeln* relancer l'économie ; *die* ~ *deregulieren* déréglementer, déréguler l'économie ; *die* ~ *lenken* diriger l'économie ; *die* ~ *liberalisieren* libéraliser l'économie ; *die* ~ *um/stellen* redéployer l'économie **2.** gestion *f* ; exploitation *f* ; → **Betriebs-, Markt-, Plan-, Volkswirtschaft.**
wirtschaften gérer, administrer ; exploiter ; *gut* ~ bien gérer ses affaires, son entreprise ; *sein Kapital* ~ *lassen* faire travailler, fructifier son capital ; *eine Firma in den Ruin* ~ acculer une entreprise à la ruine par mauvaise gestion ; *in die eigene Tasche* ~ (*fam.*) s'en mettre plein les poches ; se sucrer au passage.
Wirtschafter *m,* - gestionnaire *m* ; manager *m* ; manageur *m* ; administrateur *m* ; intendant *m* ; régisseur *m*.
Wirtschaftler *m,* - → **1.** *Wirtschafter* **2.** *Wirtschaftswissenschaftler.*
wirtschaftlich 1. économique ; *~e Planung* planification *f* économique ; *~e Zusammenarbeit* coopération *f* économique **2.** rentable ; *sich als* ~ *erweisen* s'avérer rentable ; être performant **3.** économe ; ~ *denken* penser en termes d'économie.
Wirtschaftlichkeit *f,* ø rentabilité *f* (*syn. Rentabilität*).
Wirtschaftlichkeitsgrenze *f,* **n** seuil *m* de rentabilité ; *unter die* ~ *fallen* tomber au-dessous du seuil de rentabilité ; → **Break-even-Point.**
Wirtschaftlichkeitsrechnung *f,* **en** calcul *m,* évaluation *f* de la rentabilité ; → **Kostenrechnung.**
Wirtschaftsabkommen *n,* - accord *m* économique.
Wirtschaftsabteilung *f,* **en** service *m* économique ; service de gestion d'une entreprise.
Wirtschaftsaufschwung *m,* ¨e boom *m* ; essor *m* économique (*syn. Boom*).
Wirtschaftsausschuss *m,* ¨e commission *f* économique.
Wirtschaftsbarometer *n,* - → **Konjunkturbarometer.**
Wirtschaftsbau *m,* ø construction *f* de bâtiments à usage commercial ou industriel (*contr. Wohnungsbau*).
wirtschaftsbedingt : *~e Arbeitslosigkeit* chômage *m* conjoncturel.
Wirtschaftsbelebung *f,* **en** relance *f* de l'activité économique.

Wirtschaftsberater *m*, - → *Unternehmensberater* ; **Consultant**.
Wirtschaftsberatung *f*, en → *Unternehmensberatung* ; **Consulting**.
Wirtschaftsbereich *m*, e → *Wirtschaftszweig*.
Wirtschaftsbericht *m*, e rapport économique ; rapport sur l'économie.
Wirtschaftsbeziehungen *fpl* relations *fpl* économiques ; *die* ~ *aus/bauen* développer les relations commerciales.
Wirtschaftsblock *m*, ¨e bloc *m* économique.
Wirtschaftsblockade *f*, n blocus *m* économique.
Wirtschaftsboykott *m*, s/e boycott *m*, boycottage *m* économique.
Wirtschaftsbuch *n*, ¨er (*comptab.*) livre *m* de comptes.
Wirtschaftsdaten *npl* indicateurs *mpl*, données *fpl* économiques ; voyants *mpl* économiques ; chiffres *mpl* économiques.
Wirtschaftsdelikt *n*, e délit *m* économique.
Wirtschaftsdepression *f*, en dépression *f* économique.
Wirtschaftsdoktrin *f*, en → *Wirtschaftslehre*.
Wirtschaftseinheit *f*, en unité *f* économique ; complexe *m* économique.
Wirtschaftsembargo *n*, s embargo *m* économique.
Wirtschaftsfachmann *m*, -leute → *Wirtschaftler*.
Wirtschaftsfachschule *f*, n école *f* de commerce ; institut *m* de sciences économiques ; (*France*) I.U.T. *m* de gestion.
Wirtschaftsflaute *f*, n marasme *m* économique ; tassement *m* de l'activité économique ; récession *f*.
Wirtschaftsflüchtling *m*, e réfugié *m* économique.
Wirtschaftsförderer *m*, - conseiller *m* économique chargé d'aider les créateurs d'entreprises dans les nouveaux länder.
Wirtschaftsform *f*, en type *m*, régime *m* économique.
Wirtschaftsforscher *m*, - → *Konjunkturforscher*.
Wirtschaftsforschungsinstitut *n*, e Institut *m* d'études conjoncturelles (de Kiel, Munich, Hambourg).
Wirtschaftsfrage *f*, n problème *m*, question *f* économique.

Wirtschaftsführer *m*, - (haut) responsable *m* de l'économie.
Wirtschaftsführung *f*, en gestion *f* ; management *m*.
Wirtschaftsgefüge *n*, - structure *f* économique.
Wirtschaftsgeld *n*, er → *Haushaltsgeld*.
Wirtschaftsgemeinschaft *f* → *europäisch* ; *EWG* ; *EU*.
Wirtschaftsgeschehen *n*, - activité *f* économique.
Wirtschaftsgut *n*, ¨er bien *m* économique ; *kurzlebige, langlebige* ~¨*er* biens de consommation non durables, durables.
Wirtschaftshilfe *f*, n aide *f* économique.
Wirtschaftshochschule *f*, n école *f* supérieure de gestion, de commerce ; (*France*) ESCP-EAP ; ESSEC ; HEC.
Wirtschaftsinformatiker *m*, - informaticien *m* de gestion.
Wirtschaftsingenieur *m*, e ingénieur-gestion *m* ; ingénieur *m* d'affaires, en sciences économiques.
Wirtschaftsjahr *n*, e (*comptab.*) exercice *m* comptable ; année *f* de gestion, économique.
Wirtschaftsjunior *m*, en jeune chef *m* d'entreprise.
Wirtschaftskapitän *m*, e (*arch.*) (grand) industriel *m* ; capitaine *m* d'industrie.
Wirtschaftskonjunktur *f*, en conjoncture *f* économique.
Wirtschaftskörper *m*, - organisme *m* économique.
Wirtschaftskraft *f*, ¨e puissance *f* économique (d'un pays) ; économie *f* d'un pays (exprimée en termes de rendement).
Wirtschaftskreise *mpl* milieux *mpl* économiques.
Wirtschaftskreislauf *m*, ¨e circuit *m* économique.
Wirtschaftskrieg *m*, e guerre *f* économique.
Wirtschaftskriminalität *f*, en criminalité *f* économique ; délit *m* économique (cols blancs, mafia, etc.).
Wirtschaftskriminelle/r (*der/ein*) auteur *m* d'un délit économique.
Wirtschaftskrise *f*, n crise *f* économique.
Wirtschaftslage *f*, n situation *f*, conjoncture *f* économique.

Wirtschaftslehre *f*, n doctrine *f* économique ; *marxistische, (neo)liberale* ~ doctrine économique marxiste, (néo)libérale.
Wirtschaftsleistung *f*, en production *f* globale ; résultats *mpl* économiques ; activité *f* économique.
Wirtschaftslenkung *f*, en dirigisme *m* économique.
wirtschaftsliberal : *~es Denken* philosophie *f* de l'économie libérale.
Wirtschaftslokomotive *f*, n : *die ~ eines Landes sein* être le moteur économique d'un pays.
Wirtschaftsmacht *f*, ¨e puissance *f* économique.
Wirtschaftsmathematik *f*, ø économétrie *f* ; actuariat *m* ; mathématiques *fpl* économiques.
Wirtschaftsmathematiker *m*, - économètre *m* ; actuaire *m*.
Wirtschaftsminister *m*, - ministre *m* de l'économie.
Wirtschaftsministerium *n*, -rien ministère *m* de l'économie.
Wirtschaftsordnung *f*, en régime *m* économique ; système *m* économique.
Wirtschaftspartner *m*, - partenaire *m* économique.
Wirtschaftsperson *f*, en unité *f* économique.
Wirtschaftsplan *m*, ¨e plan *m* économique.
Wirtschaftsplanung *f*, en planification *f* économique.
Wirtschaftspolitik *f*, ø politique *f* économique.
wirtschaftspolitisch : *~e Maßnahmen* mesures *fpl* économiques ; mesures *fpl* dictées par la politique économique.
Wirtschaftspotenzial *n*, e potentiel *m* économique.
Wirtschaftspresse *f*, ø presse *f* économique.
Wirtschaftsprognosen *fpl* prévisions *fpl* économiques ; perspectives *fpl* économiques.
Wirtschaftsprozess *m*, e processus *m* économique ; *die am ~ Beteiligten* les acteurs *mpl* économiques.
Wirtschaftsprüfer *m*, - expert *m* comptable ; commissaire *m* aux comptes ; vérificateur *m* des comptes ; auditeur *m*.
Wirtschaftsprüfung *f*, en expertise *f* comptable ; audit *m* ; → *Revision*.

Wirtschaftsprüfungsgesellschaft *f*, en cabinet *m* d'expertise comptable ; cabinet d'audit.
Wirtschaftsrat *m*, ¨e conseil *m* économique.
Wirtschaftsraum *m*, ¨e espace *m* économique ; *Europäischer ~* Espace économique européen.
Wirtschaftsrechnung *f*, en (*statist.*) calcul *m* économique ; *~ des Herstellers* calcul économique du producteur ; *~ der privaten Haushalte* calcul économique des ménages.
Wirtschaftsrecht *n*, e droit *m* économique.
Wirtschaftsredakteur *m*, e rédacteur *m* économique.
Wirtschaftsreferent *m*, en, en conseiller *m* économique.
Wirtschaftsregion *f*, en région *f* économique ; tissu *m* économique d'une région.
Wirtschaftssabotage *f*, n sabotage *m* économique.
Wirtschaftssachverständige/r (*der/ein*) expert *m* économique.
Wirtschaftssanktionen *fpl* sanctions *fpl*, représailles *fpl* économiques ; (*über ein Land*) *~ verhängen* infliger des sanctions économiques (à un pays).
Wirtschaftssektor *m*, en secteur *m* économique ; → *primärer, sekundärer, tertiärer Sektor*.
Wirtschaftssenator *m*, en ministre *m* de l'économie (Berlin, Hambourg).
Wirtschaftsspionage *f*, n espionnage *m* industriel.
Wirtschaftsstraftaten *fpl* délits *mpl* économiques.
Wirtschaftssubjekt *n*, e agent *m*, sujet *m* économique.
Wirtschaftssystem *n*, e système *m* économique.
Wirtschaftstätigkeit *f*, en activité *f* économique.
Wirtschaftsteil *m*, e pages *fpl* économiques ; rubrique *f* économique d'un journal.
Wirtschaftstief *n*, s creux *m* de l'économie ; marasme *m* économique.
Wirtschaftsträger *m*, e agent *m* économique.
Wirtschaftsüberschuss *m*, ¨e excédent *m* réalisé en cours d'exercice.
Wirtschaftsumbau *m*, ø restructuration *f* économique.

Wirtschafts- und Sozialausschuss *m* (*U.E.*) Commission *f* économique et sociale (organisme de l'Union européenne qui défend les intérêts des différents groupes de la vie économique et sociale).

Wirtschafts- und Währungsunion *f* (*U.E.*) Union *f* économique et monétaire (U.E.M.).

Wirtschaftsunion *f,* en union *f* économique.

Wirtschaftsverband *m,* ¨e association *f,* groupement *m,* fédération *f* économique.

Wirtschaftsverbrechen *n,* - (*jur.*) crime *m* économique ; acte *m* criminel en matière économique et financière.

Wirtschaftsvergehen *n,* - (*jur.*) délit *m* économique.

Wirtschaftswachstum *n,* ø croissance *f* économique.

Wirtschaftsweise *pl* : *die fünf ~n* les cinq conjoncturistes *m* ; les 5 Sages (du Conseil économique allemand).

Wirtschaftswissenschaften *fpl* sciences *fpl* économiques ; → *Betriebs-, Volkswirtschaftslehre.*

Wirtschaftswissenschaftler *m,* - économiste *m.*

Wirtschaftswunder *n,* ø (*hist.*) miracle *m* économique (reconstruction économique de l'Allemagne de l'Ouest après 1945) ; (*France*) les 30 glorieuses.

Wirtschaftszeischrift *f,* en revue *f* économique.

Wirtschaftszeitung *f,* en journal *m* économique.

Wirtschaftszentrum *n,* -tren centre *m* économique.

Wirtschaftszweig *m,* e branche *f* économique ; secteur *m* de l'économie.

Wissen *n,* ø connaissances *fpl* ; savoir *m.*

Wissensschaft *f,* en science *f.*

Wissensschaftler *m,* - scientifique *m.*

wissenschaftlich scientifique.

Wissenschaftsdisziplin *f,* en discipline *f* scientifique.

Wissenschaftszentrum *n,* -ten cité *f* des sciences.

Wissensstand *m,* ¨e état *m,* niveau *m* des connaissances.

Wissenstransfer *m,* s transfert *m* de savoir, de connaissances.

Witterung *f,* en conditions *fpl* atmosphériques, climatiques.

witterungsbedingt lié aux intempéries.

Witterungsverhältnisse *npl* conditions *fpl* météorologiques.

Witwe *f,* n veuve *f.*

Witwenrente *f,* n pension *f* de réversion.

Witwer *m,* - veuf *m.*

Woche *f,* n semaine *f* ; *Grüne ~* Salon *f* (annuel) de l'agriculture ; Semaine *f* agricole de Berlin ; *laufende ~* semaine en cours ; *die weiße ~* la semaine du blanc.

Wochenarbeitsstunde *f,* n heure *f* de travail hebdomadaire ; *geleistete ~n* nombre *m* d'heures hebdomadaires effectivement passées sur le lieu de travail.

Wochenarbeitszeit *f,* en durée *f* hebdomadaire du travail ; *gesetzliche, tatsächliche ~* durée hebdomadaire légale, effective.

Wochenbericht *m,* e rapport *m,* bulletin *m* hebdomadaire.

Wochenblatt *n,* ¨er (*presse*) hebdomadaire *m* ; revue *f* hebdomadaire.

Wochenendausgabe *f,* n (*presse*) édition *f* de week-end.

Wochenendwohnung *f,* en résidence *f* secondaire, de week-end.

Wochengeld *n,* en (*Autriche*) allocation(s) *f(pl)* de maternité.

Wochenkarte *f,* n (*transp.*) carte *f* hebdomadaire.

Wochenlohn *m,* ¨e salaire *m* hebdomadaire.

Wochenlöhner *m,* - (*arch.*) travailleur *m,* employé *m* payé à la semaine.

Wochenmarkt *m,* ¨e marché *m* hebdomadaire.

Wochentag *m,* e jour *m* de la semaine ; jour ouvrable.

wochentags en semaine ; les jours ouvrables ; un jour ouvré.

wöchentlich hebdomadaire ; *zweimal ~* deux fois par semaine ; bihebdomadaire.

Wochenzeitkarte *f,* n → *Wochenkarte.*

Wochenzeitung *f,* en → *Wochenblatt.*

Wohlfahrt *f,* ø 1. bien-être *m* ; prospérité *f* 2. aide *f,* prévoyance *f* sociale (*syn. Fürsorge*).

Wohlfahrtsamt *n,* ¨er bureau *m* d'aide sociale.

Wohlfahrtseinrichtung *f,* en institution *f,* œuvre *f* sociale ; services *mpl* de l'assistance sociale.

Wohlfahrtsempfänger *m*, - assisté *m* ; bénéficiaire *m* de l'aide sociale.
Wohlfahrtsfonds *m*, - fonds *m* d'aide sociale.
Wohlfahrtsleistungen *fpl* œuvres *fpl* de bienfaisance, caritatives ; allocations *fpl* de l'aide sociale.
Wohlfahrtspflege *f*, ø → ***Wohlfahrtseinrichtung***.
Wohlfahrtsrente *f*, n assistance *f* aux économiquement faibles ; allocation *f* aux personnes nécessiteuses.
Wohlfahrtsstaat *m*, en État *m* social ; État-providence *m* ; welfare-state *m* (prospérité pour tous, gratuité de la santé, retraites décentes, etc.).
Wohlfahrtsträger *m*, - → ***Wohlfahrtsempfänger***.
Wohlfahrtsverband *m*, ¨e association *f* caritative ; association *f* de bienfaisance ; œuvre *f* de charité.
wohlfeil (*rare*) (à) bon marché (*syn. preisgünstig* ; *billig*).
wohlhabend aisé ; nanti ; bien pourvu.
Wohlstand *m*, ø bien-être *m* ; aisance *f* ; richesse *f* ; prospérité *f*.
Wohlstandsbürger *m*, - nanti *m* ; personne *f* aisée.
Wohlstandsgefälle *n*, - disparité *f* de bien-être, de niveau social ; fracture *f* sociale.
Wohlstandsgesellschaft *f*, en société *f* de consommation, d'abondance (*syn. Konsumgesellschaft*).
Wohlstandsindikator *m*, en indicateur *m*, baromètre *m* social.
Wohlstandskriminalität *f*, ø criminalité *f* engendrée par la société d'abondance.
Wohlstandsmüll *m*, ø déchets *mpl* des nantis ; ordures *fpl* de la société de consommation.
Wohltäter *m*, - bienfaiteur *m*.
wohltätig : *Stiftung für ~e Zwecke* fondation *f* de bienfaisance, caritative.
Wohltätigkeit *f*, ø bienfaisance *f* ; charité *f* (*syn. Benefiz*).
Wohltätigkeitsbasar *m*, e vente *f* de charité.
Wohltätigkeitsverein *m*, e association *f* de bienfaisance.
wohlverdient bien mérité ; *~er Ruhestand* retraite *f* bien méritée.
Wohlverhaltensregeln *fpl* code *m* de conduite ; règles *fpl* de bonne conduite.

Wohlverhaltenszeit *f*, en (*surendettement*) période *f* dite de bonne conduite (sept années sans contracter de dettes supplémentaires).
wohlverwahrt en sûreté ; bien gardé ; en lieu sûr.
wohlwollend : *~ prüfen* examiner (candidature, requête) avec bienveillance.
Wohnbau *m*, ø → ***Wohnungsbau***.
Wohnbevölkerung *f*, en population *f* sédentaire, résidente.
Wohnbezirk *m*, e zone *f* résidentielle.
Wohndichte *f*, ø densité *f* de population au km².
Wohneigentum *n*, ¨er propriété *f* ; *selbstgenutztes ~* résidence à usage personnel ; → ***Eigentumswohnung***.
Wohneigentumsförderung *f*, en mesures *fpl* incitatives à l'accession à la propriété.
wohnen habiter ; résider ; être domicilié ; *zur Miete ~* être en location.
Wohnfläche *f*, n surface *f* habitable.
Wohngebäude *n*, - bâtiment *m*, immeuble *m* d'habitation.
Wohngebiet *n*, e zone *f* habitée ; *Tempolimit von 30 km/h in ~en* limitation *f* de 30 km/h dans les zones habitées ; zone *f* 30km/h.
Wohngeld *n*, er → ***Wohngeldzuschuss***.
Wohngeldzuschuss *m*, ¨e indemnité *f* de logement ; allocation-logement *f* ; (*France*) aide *f* personnalisée au logement.
Wohngemeinschaft *f*, en (WG) (*université*) communauté *f* d'habitat : location *f* en commun d'un appartement ; collectif *m* (de jeunes).
Wohngrundstück *n*, e terrain *m* bâti.
wohnhaft : *~ in* domicilié, demeurant à.
Wohnhaus *n*, ¨er maison *f* d'habitation.
Wohnhochhaus *n*, ¨er tour *f* d'habitation.
Wohnlage *f*, n situation *f* d'un logement ; *in guter, schlechter ~* logement bien, mal situé.
Wohnmobil *n*, e mobilehome *m*.
Wohnnebenkosten *pl* dépenses *fpl* locatives ; frais *mpl*, charges *fpl* annexes.
Wohnort *m*, e (lieu *m* de) résidence *f* ; domicile *m* ; adresse *f*.
Wohnortwechsel *m*, - changement *m* de domicile, de résidence.

Wohnraumsteuer *f,* **n** cote *m* mobilière ; taxe *f* d'habitation.
Wohnrecht *n,* **e** (*jur.*) droit *m* au logement.
Wohnrechtsanteil *m,* **e** (*jur.*) part *m* de propriété dans une résidence de vacances.
Wohnsiedlung *f,* **en** cité *f* ; grand ensemble *m*.
Wohnsiedlungsgebiet *n,* **e** zone *f* d'urbanisation.
Wohnsilo *n,* **s** (*fam.*) cité-dortoir *f* ; (*fam.*) cage *f* à lapins.
Wohnsitz *m,* **e** domicile *m* ; résidence *f* ; *mit ~ in* demeurant à ; *ständiger* (*fester*) *~* domicile habituel ; *zweiter ~* résidence secondaire ; *seinen ~ wechseln* changer de résidence.
Wohnsitzland *n,* ¨**er** pays *m* de résidence.
Wohnsitzwechsel *m,* **-** changement *m* de domicile.
Wohnsitzlose/r (*der/ein*) → **Obdachlose/r.**
Wohnturm *m,* ¨**e** → **Wohnhochhaus.**
Wohnung *f,* **en** logement *m* ; habitation *f* ; appartement *m* ; domicile *m* ; résidence *f* ; *billige ~* logement à faible loyer ; *komfortable ~* logement confortable, de confort ; *aus einer, in eine ~ ziehen* déménager, emménager.
Wohnungsamt *n,* ¨**er** office *m* du logement.
Wohnungsbau *m,* **-ten** construction *f* de logements ; *sozialer ~* construction de logements sociaux ; construction d'H.L.M.
Wohnungsbaufinanzierung *f,* **en** financement *m* d'une construction de logement.
Wohnungsbaugenossenschaft *f,* **en** coopérative *f* de construction.
Wohnungsbestand *m,* ¨**e** parc *m* immobilier.
Wohnungseigentum *n,* ø copropriété *f*.
Wohnungseigentümer *m,* **-** propriétaire *m* de logement ; propriétaire de maison individuelle.
Wohnungsfrage *f,* **n** problème *m* du logement.
Wohnungskauf *m,* ¨**e** achat *m* de logement.
Wohnungskrise *f,* **n** crise *f* du logement ; pénurie *f* de logements.
Wohnungsleerstand *m,* ¨**e** logements *mpl* vacants.
Wohnungslose/r (*der/ein*) S.D.F. *m* (sans domicile fixe *m*) (*syn.* **Odachlose/r**).
Wohnungsmakler *m,* **-** agent *m* immobilier ; → ***Immobilienmakler.***
Wohnungsmarkt *m,* ¨**e** marché *m* immobilier ; → ***Immobilienmarkt.***
Wohnungsneubau *m,* **-ten** construction *f* de logements neufs.
Wohnungsnot *f,* (¨**e**) → **Wohnungskrise.**
Wohnungspolitik *f,* ø politique *f* du logement ; politique de l'habitat.
Wohnungssuche *f,* (**n**) recherche *f* de logement ; *auf ~ sein* être en quête d'un logement.
Wohnungssuchende/r (*der/ein*) demandeur *m* de logement.
Wohnungsvermittlung *f,* **en** location *f* (d'appartements) ; office *m* du logement.
Wohnungswesen *n,* ø habitat *m*.
Wohnungszulage *f,* **n** → **Wohngeldzuschuss.**
Wohnungszwangswirtschaft *f,* ø dirigisme *m* en matière de politique du logement ; réglementation *f* du logement.
Wohnverhältnisse *npl* conditions *fpl* d'habitat.
Wohnwagen *m,* **-** (*transp.*) caravane *f*.
Wohnwagenplatz *m,* ¨**e** (*touris.*) terrain *m* de caravaning ; terrain réservé aux caravanes.
Wolfsburg Wolfsburg (ville de Basse-Saxe, siège des usines Volkswagen).
Workshop *m,* **s** (*pr. ang.*) réunion *f*, groupe *m* de travail.
Workstation *f,* **s** (*pr. ang.*) (*informatique*) poste *m* de travail.
World Wide Web *n,* ø World Wide Web *m* ; (l')Internet *m* ; le Web/web ; la Toile.
Wort *n* 1. ¨**er** mot *m* 2. **e** parole *f* ; propos *mpl* ; *in ~en* en toutes lettres ; *um das ~ bitten* demander la parole ; *jdm das ~ geben* (*erteilen*) donner la parole à qqn ; *das ~ haben* avoir la parole ; *sich zu ~ melden* demander la parole.
Wortbruch *m,* ¨**e** manquement *m* à la parole donnée.
Wortlaut *m,* ø texte *m* ; libellé ; *amtlicher ~* texte officiel ; *nach dem ~ des Vertrags* aux termes du contrat ; *in vollem ~* in extenso ; en entier.
wörtlich textuellement, mot à mot.
Wortmarkenverzeichnis *n,* **se** répertoire *m* des marques déposées.

WP → *Wirtschaftsprüfer*.

Wrack *n*, s/e épave *f* ; ruine *f* ; *ein* ~ *verschrotten* mettre une épave à la casse.

WSI *n* (*Wirtschafts- und Sozialwissenschaftliches Institut*) Institut *m* de l'économie et des sciences sociales.

WTO *f* **1.** (*World Trade Organization/Welthandelsorganisation*) O.M.C. *f* ; Organisation *f* mondiale du commerce **2.** (*Welttourismusorganisation*) Organisation *f* du tourisme mondial.

WUF → *Währungsunion*.

Wucher *m*, ø usure *f* ; ~ *treiben* se livrer à l'usure.

Wucherdarlehen *n*, - prêt *m* à un taux usuraire.

Wucherei *f*, ø → *Wucher*.

Wucherer *m*, - usurier *m* ; (*fam.*) étrangleur *m*.

Wuchergesetz *n*, e loi *f* contre l'usure.

Wuchergewinn *m*, e gain *m* usuraire ; bénéfice *m* outrancier.

wucherisch usuraire ; d'exploiteur.

Wuchermiete *f*, n loyer *m* exagéré ; loyer usuraire.

wuchern **1.** pratiquer l'usure ; se livrer à l'usure **2.** foisonner ; pulluler ; (*fig.*) *mit seinen Talenten* ~ faire valoir son talent.

Wucherpreis *m*, e prix *m* usuraire ; prix d'étrangleur ; prix prohibitif.

Wucherzinsen *mpl* intérêts *mpl* usuraires.

Wuchsaktie *f*, n → *Wachstumsaktie*.

Wühlarbeit *f*, en (*péj.*) travail *m* de sape.

Wühltisch *m*, e (*magasin*) tête *f* de gondole ; présentoir *m* d'articles en vrac.

Wunsch *m*, ¨e désir *m* ; souhait *m* ; ~¨e desiderata *mpl* ; *Prospekte auf* ~ prospectus *mpl* sur demande ; *auf allgemeinen* ~ à la demande générale ; *nach* ~ à souhait ; à volonté.

Wunschberuf *m*, e profession *f* souhaitée ; métier *m* de rêve.

wunschgemäß conformément à vos désirs ; selon votre souhait.

Wunschkandidat *m*, en, en candidat *m* idéal.

Wunschkatalog *m*, e catalogue *m* de mesures souhaitées ; desiderata *mpl*.

Wunschliste *f*, n liste *f* de vœux ; desiderata *pl*.

Wunschzettel *m*, - → *Wunschliste*.

Würdenträger *m*, - dignitaire *m*.

würdigen estimer ; respecter ; *ich weiß seine Verdienste zu* ~ je sais apprécier ses mérites à leur juste valeur.

Würdigung *f*, en **1.** estime *f* ; appréciation *f* **2.** *unter* ~ *von* a la lumière de ; au vu de.

Wurfsendung *f*, en (*poste*) envoi *m* collectif ; expédition *f* massive (envois publicitaires).

WuSt → *Warenumsatzsteuer*.

Wüstenbildung *f*, en désertification *f*.

WWU → *Wirtschafts- und Währungsunion*.

www/WWW → *World Wide Web*.

WZO *f* (*Weltzollorganisation*) Organisation *f* mondiale des douanes.

X

X 1. signe *m* mathématique **2.** un grand nombre de ; une foule de ; *davon gibt es X-Sorten* il en existe un grand nombre de variétés **3.** *die Stunde* ~ l'heure H ; *der Tag* ~ le jour J.

X-Achse *f*, n (*statist.*) axe *m* des X ; axe des abscisses.

x-beliebig quelconque ; au hasard ; *eine ~e Zahl* un chiffre au hasard.

Xetra *f* ø (*Exchange Electronic Trading*) bourse *f* électronique de Francfort ; *Aktien über ~ handeln* négocier des actions par Xetra.

Xetra-Handel *m*, ø transactions *fpl* boursières en ligne.

x-fach x fois-

XP-Gespräch *n*, e (*téléph.*) avis d'appel.

x-te : *zum ~n Male* pour la énième fois.

Y

Y-Achse *f*, n (*statist.*) axe *m* des Y ; axe des ordonnées.

Yen *m*, (s) yen *m* ; ¥ (unité monétaire du Japon).

Youngster *m*, s/- (*pr. ang.*) jeune ado *m* (de 6 à 17 ans).

Yuan *m*, (s) yuan *m* (unité monétaire de la République populaire de Chine).

Yuppie *m*, s (*pr. ang.*) (*young urban professional people*) yuppie *m* ; jeune loup *m* ; cadre *m* dynamique ; golden boy *m* ; carriériste *m* ; raider *m*.

Z

Z. A. (*zur Ansicht*) pour examen ; pour information.

Zahl *f*, en nombre *m* ; chiffre *m* ; numéro *m* ; *in runden ~en* en chiffres ronds ; *zweistellige ~* nombre de deux chiffres ; *eine ~ ab/runden* arrondir un chiffre ; *in die roten ~en kommen* se solder par un déficit ; se retrouver dans le rouge ; *schwarze ~en schreiben* sortir du rouge ; être bénéficiaire.

zahlbar payable ; *~ an den Inhaber (Überbringer)* payable au porteur ; *~ bei der Bank* payable à la banque ; *~ bei Bestellung* payable à la commande ; *~ bei Empfang* payable à (la) réception ; *~ bei Lieferung* payable à la livraison ; *~ bei Sicht* payable à vue ; *~ netto gegen Kasse* payable au comptant sans escompte.

zählbar dénombrable.

Zahlbarstellung *f*, en domiciliation *f* (d'une traite) ; exigibilité *f* (d'une prime).

zahlen payer ; régler ; verser ; acquitter ; *bar ~* payer (au) comptant, cash ; *gegen Quittung ~* payer contre reçu ; *in Raten ~* payer à crédit ; *per Scheck ~* régler par chèque ; *im Voraus ~* payer d'avance ; *nicht ~ können* être dans l'impossibilité de payer.

zählen compter ; dénombrer ; recenser ; *Einwohner ~* recenser les habitants ; *Stimmen ~* dépouiller un scrutin.

Zahlenangabe *f*, n indication *f* numérique, chiffrée ; donnée *f* numérique.

Zahlenkolonne *f*, n colonne *f* de chiffres.

zahlenmäßig numérique ; exprimé en chiffres.

Zahlenmaterial *n*, ø (*statist.*) indications *fpl* chiffrées ; données *fpl* numériques ; chiffres *mpl*.

Zahlenreihe *f*, n → *Zahlenkolonne*.

Zahlensystem *n*, e système *m* numérique, de numérotation, des nombres.

Zahlenverhältnis *n*, se proportion *f* numérique.

Zahlenwerk *n*, ø données *fpl* chiffrées ; statistiques *fpl* ; chiffres *mpl*.

Zahler *m*, - payeur *m* ; *pünktlicher ~* bon payeur ; *schlechter (säumiger) ~* mauvais payeur.

Zähler *m*, - **1.** compteur *m* ; *den ~ ab/lesen* relever le compteur **2.** totalisateur *m*.

Zahlkarte *f*, n mandat-carte *m* ; mandat de virement.

Zählkarte *f*, n carte *f* de recensement (population) ; feuille *f* statistique.

Zählliste *f*, n feuille *f* de pointage.

zahllos innombrable.

Zählmaß *n*, ø unité *f* de mesure (demi-douzaine, litre, etc.).

Zahlmeister *m*, - intendant *m* ; responsable *m* des comptes.

zahlreich nombreux.

Zahlschalter *m*, - guichet *m* (des versements et des paiements).

Zahlstelle *f*, n bureau *m* de paiement ; organisme *m* payeur ; agent-payeur *m* ; établissement *m* payeur.

Zahlstellenwechsel *m*, - (*finance*) effet *m* domicilié (domicile du tiré situé au lieu du paiement).

Zahltag *m*, e **1.** jour *m* de paie(ment) ; paie *f* **2.** échéance *f* (traite).

Zahlung *f*, en paiement *m* ; règlement *m* ; versement *m* ; acquittement *m* **I.** *aufgeschobene ~* paiement différé ; *einmalige ~* paiement en une seule fois ; *fällige ~* paiement échu ; *rückständige ~* paiement arriéré ; *sofortige ~* paiement immédiat **II.** *zur ~ auf/fordern* sommer de payer ; *eine ~ ein/stellen* suspendre un paiement ; *~ erfolgt durch Banküberweisung* paiement par virement bancaire ; *eine ~ fordern* exiger un paiement ; *eine ~ hinaus/schieben* différer un paiement ; *eine ~ leisten* effectuer un versement, un paiement ; *in ~ nehmen* accepter en paiement ; *eine ~ stunden* accorder un délai de paiement ; *die ~ verweigern* refuser le paiement **III.** *an ~ Statt* à titre de paiement ; *als ~ für* en paiement de ; *gegen ~* contre, moyennant paiement ; *~ in Monatsraten* paiement par mensualités ; *~ per Scheck, per Überweisung* règlement par chèque, par virement ; → *Bezahlung* ; *Bank-, Bar-, Nach-, Pauschal-, Raten-, Scheck-, Teil-, Vorauszahlung*.

Zählung *f*, en comptage *m* ; recensement *m* ; dénombrement *m* ; (*scrutin*) dépouillement *m*.

Zahlungsabkommen *n*, - accord *m* de paiement.

Zahlungsanweisung *f*, en mandat *m* de paiement ; ordre *m* de paiement.

Zahlungsanzeige *f*, n avis *m* de paiement.

Zahlungsart *f*, **n** mode *m* de paiement.
Zahlungsaufforderung *f*, en sommation *f* de paiement ; invitation *f* à payer ; lettre *f* de rappel.
Zahlungsaufschub *m*, ¨e sursis *m* de paiement ; moratoire *m* ; *einen ~ gewähren* accorder un délai de paiement.
Zahlungsauftrag *m*, ¨e ordre *m* de paiement.
Zahlungsausgleich *m*, e compensation *f* des paiements ; règlement *m* financier par voie de compensation.
Zahlungsbedingungen *fpl* conditions *fpl* de paiement ; modalités *fpl* de règlement ; *unsere ~ lauten* nos conditions de paiement sont les suivantes.
Zahlungsbefehl *m*, e injonction *f* de paiement ; mise *f* en demeure (de payer).
Zahlungsbeleg *m*, e récépissé *m* de paiement ; reçu *m*.
Zahlungsbescheinigung *f*, en → *Zahlungsbestätigung*.
Zahlungsbestätigung *f*, en reçu *m* ; quittance *f* ; acquit *m* ; attestation *f* de règlement.
Zahlungsbilanz *f*, en balance *f* des paiements ; balance des comptes (comparaison des créances et des dettes d'un pays pendant une année civile) ; *aktive, passive ~* balance des paiements excédentaire, déficitaire ; *die ~ aus/gleichen* équilibrer la balance des paiements ; → *Devisen-, Dienstleistungs-, Handels-, Kapital-, Leistungs-, Übertragungsbilanz*.
Zahlungsbilanzdefizit *n*, e déficit *m* de la balance des paiements.
Zahlungsbilanzgleichgewicht *n*, e équilibre *m* de la balance des paiements.
Zahlungsbilanzüberschuss *m*, ¨e excédent *m* de la balance des paiements.
Zahlungsbilanzungleichgewicht *n*, e déséquilibre *m* de la balance des paiements.
Zahlungseingang *m*, ¨e encaissement *m* ; rentrée *f* des paiements, de fonds.
Zahlungseinstellung *f*, en cessation *f*, suspension *f* des paiements.
Zahlungsempfänger *m*, - bénéficiaire *m* d'un versement ; destinataire *m* du paiement.
Zahlungserinnerung *f*, en rappel *m* de paiement ; lettre *f* de rappel.
Zahlungserleichterungen *fpl* facilités *fpl* de paiement ; *~ gewähren* accorder des facilités de paiement.

Zahlungsermächtigung *f*, en ordre *m* de paiement ; autorisation *f* de paiement ; (*budget*) crédit *m* de paiement.
zahlungsfähig solvable.
Zahlungsfähigkeit *f*, ø solvabilité *f* ; *Garantie für ~* garantie *f* de solvabilité.
Zahlungsfrist *f*, en délai *m* de paiement ; terme *m* d'échéance ; échéance *f* ; *eine ~ nicht ein/halten* ne pas respecter un délai de paiement.
Zahlungsklausel *f*, n clause *f* de règlement.
zahlungskräftig → *zahlungsfähig*.
Zahlungsmittel *n*, - moyen *m* de paiement ; *ausländische ~* devises *fpl* ; *bargeldloses ~* moyen de paiement par virement ; *gesetzliches ~* monnaie *f* légale.
Zahlungsmittelumlauf *m*, ø circulation *f* fiduciaire.
Zahlungsmodalitäten *fpl* modalités *fpl* de paiement.
Zahlungsmoral *f*, ø ponctualité *f* des paiements ; *keine ~ haben* être un mauvais payeur.
Zahlungsmoratorium *n*, -ien moratoire *m* de paiement ; *ein ~ für Auslandsschulden gewähren* accorder un moratoire de paiement pour le paiement des dettes extérieures.
Zahlungsort *m*, e lieu *m* de paiement.
Zahlungspflicht *f*, en → *Zahlungsverpflichtung*.
Zahlungsprotest *m*, e protêt *m* faute de paiement.
Zahlungsrückstand *m*, ¨e → *Zahlungsverzug*.
Zahlungsschwierigkeiten *fpl* difficultés *fpl* de paiement ; *in ~ geraten* connaître des difficultés financières.
Zahlungssperre *f*, n → *Zahlungsstopp*.
Zahlungsstopp *m*, s opposition *f* aux paiements ; blocage *m* des paiements.
Zahlungssystem *n*, e régime *m* des paiements.
Zahlungstermin *m*, e → *Zahlungsfrist*.
zahlungsunfähig insolvable ; *sich für ~ erklären* se déclarer insolvable ; déposer son bilan.
Zahlungsunfähige/r (*der/ein*) failli *m*.
Zahlungsunfähigkeit *f*, ø insolvabilité *f* ; faillite *f* ; → *Insolvenz* ; *Pleite* ; *Bankrott*.
zahlungsunwillig (payeur) récalcitrant ; qui n'est pas disposé à payer.

Zahlungsverbindlichkeit *f*, en → *Zahlungsverpflichtung*.

Zahlungsverkehr *m*, ø opérations *fpl* de paiement ; transactions *fpl* financières ; *bargeldloser* ~ paiements *mpl* par chèques et virements ; *internationaler* ~ paiements internationaux.

Zahlungsverpflichtung *f*, en engagement *m* financier ; *seinen ~en nach/kommen* faire face à ses engagements financiers.

Zahlungsversprechen *n*, - promesse *f* de paiement.

Zahlungsverweigerung *f*, en refus *m* de paiement.

Zahlungsverzug *m*, ¨e retard *m*, arriéré *m* de paiement ; paiement *m* en retard.

Zahlungsvorgang *m*, ¨e opération *f* de paiement.

Zahlungsweise *f*, n → *Zahlungsart*.

zahlungswillig disposé à payer ; désireux de payer.

Zahlungsziel *n*, e → *Zahlungsfrist*.

Zahlvater *m*, - père *m* versant une pension alimentaire à un enfant.

Zählwerk *n*, e compteur *m*.

Zahnarzt *m*, ¨e dentiste *m*.

Zahnärzteschaft *f*, ø dentisterie *f* ; les professions *fpl* de santé dentaire.

Zahnbehandlungen *fpl* soins *mpl* dentaires.

Zahnersatz *m*, ø prothèse *f* dentaire.

Zahnersatzleistungen *fpl* (*assur.*) remboursement *m* des soins dentaires.

Zahntechniker *m*, - prothésiste *m* dentaire.

Zahnversicherung *f*, en assurance *f* soins dentaires.

Zapfsäule *f*, n pompe *f* à essence.

zappen (*pr. ang.*) zapper ; faire du zapping.

Zaster *m*, ø (*fam.*) pognon *m* ; fric *m*.

ZDF *n* (*Zweites Deutsches Fernsehen*) deuxième chaîne *f* de télévision (allemande).

ZDH *m* (*Zentralverband des Deutschen Handwerks*) Fédération *f* centrale de l'artisanat allemand.

Zeche *f*, n 1. mine *f* ; houillère *f* 2. consommation *f* ; note *f* ; *die ~ bezahlen müssen* devoir régler l'addition ; payer les pots cassés.

Zechensterben *n*, ø mort *f* de la mine ; fin *f* du charbon ; fermeture *f* des puits.

Zechenstilllegung *f*, en fermeture *f* d'un puits de mine.

Zedent *m*, en, en (*jur.*) cédant *m* ; endosseur *m*.

zedieren (*jur.*) céder (créance, droit, etc.).

Zehnergruppe *f*, ø (*G10*) groupe *m* des dix (commission des gouverneurs des banques d'émission des 10 grandes nations industrielles) ; → *G-7-, G-8-Staaten*.

Zehnerklub *m*, ø → *Zehnergruppe*.

zehnerlei dix sortes de qqch.

Zehnerpackung *f*, en paquet *m* de dix ; pack *m* de dix.

Zehneuroschein *m*, e billet *m* de dix euros.

Zehnjahresplan *m*, ¨e plan *m* décennal.

Zehnkaräter *m*, - pierre *f* précieuse de dix carats.

zehnprozentig à (de) dix pour cent.

Zehntel *n*, - dixième *m*.

Zehntelpunkt *m*, e dixième *m* de point.

Zehntonner *m*, - (camion *m* de) dix-tonnes *m*.

Zeichen *n*, - 1. signe *m* ; marque *f* ; symbole *m* ; caractère *m* 2. référence *f* ; *Ihre, unsere* ~ votre, notre référence.

Zeichengeld *n*, ø monnaie *f* fiduciaire (billets de banque).

Zeichengeldwährung *f*, en papier-monnaie *m*.

Zeichenrolle *f*, n registre *m* des marques ; registre de fabrique.

Zeichenschutz *m*, ø (*jur.*) protection *f* des marques ; protection des labels.

zeichnen 1. dessiner 2. (*bourse, jur.*) souscrire ; signer ; *Aktien* ~ souscrire des actions ; *eine Anleihe* ~ souscrire un emprunt ; *einen Betrag von...* ~ souscrire pour un montant de... ; *per Prokura* ~ signer par procuration.

Zeichner *m*, - 1. souscripteur *m* ; signataire *m* 2. dessinateur *m*.

Zeichnung *f*, en 1. dessin *m* 2. (*bourse*) souscription *f* ; *staatliche* ~ *von Unternehmenskapital* souscription des pouvoirs publics au capital social ; *eine Anleihe zur* ~ *auf/legen* mettre un emprunt en souscription 3. (*corresp., jur.*) signature *f.*

Zeichnungsangebot *n*, e (*bourse*) offre *f* de souscription.

Zeichnungsanmeldung *f,* en (*bourse*) déclaration *f* de souscription.

Zeichnungsantrag *m,* ¨e (*bourse*) demande *f* de souscription de titres ; bon *m* de souscription.

Zeichnungsauftrag *m,* ¨e (*bourse*) ordre *m* de souscription.

Zeichnungsbefugnis *f,* se (*jur.*) droit *m* de signature, de signer.

zeichnungsberechtigt (*jur.*) autorisé, habilité à signer ; ~ *sein* avoir la signature.

Zeichnungsberechtigter (*der/ein*) (*jur.*) personne *f* autorisée à signer.

Zeichnungsberechtigung *f,* en → **Zeichnungsvollmacht**.

Zeichnungsbetrag *m,* ¨e (*bourse*) montant *m* souscrit ; montant de la souscription.

Zeichnungsfrist *f,* en (*bourse*) délai *m* de souscription ; durée *f* d'une souscription.

Zeichnungskurs *m,* e (*bourse*) cours *m* d'émission ; prix *m* de souscription.

Zeichnungspreis *m,* e → **Zeichnungskurs**.

Zeichnungsprospekt *m/n,* e (*bourse*) prospectus *m,* formulaire *m* de souscription.

Zeichnungsrecht *n,* e (*bourse*) droit *m* de souscription ; *alle ~e erwerben, ab/treten* acquérir, céder tous les droits de souscription.

Zeichnungsschein *m,* e → **Zeichnungsantrag**.

Zeichnungs- und Bezugsrechte *npl* (*bourse*) droits *mpl* de souscription et d'attribution.

Zeichnungsvollmacht *f,* en (*jur.*) habilitation *f* à signer ; pouvoir *m* de signer ; *die ~ haben* avoir la procuration pour la signature.

Zeile *f,* n ligne *f* ; *nach ~ bezahlen* payer à la ligne ; rémunérer à la pige.

Zeilenhonorar *n,* e pige *f* ; rémunération *f* à la ligne.

Zeit *f,* en temps *m* ; date *f* ; époque *f* ; délai *m* ; terme *m* ; heure *f* **I.** *auf ~* à terme ; *auf kurze ~* à court terme ; *binnen kurzer ~* sous peu ; à brève échéance ; *verkehrsarme ~* heures creuses **II.** *viel ~ in Anspruch nehmen* prendre, exiger beaucoup de temps ; *mit jdm eine ~ verabreden* convenir d'une heure, d'une date avec qqn ; *~ ist Geld* le temps, c'est de l'argent ; → **Arbeits-, Liefer-, Soll-, Spitzen-, Takt-, Warte-, Zwischenzeit**.

Zeitabschreibung *f,* en (*comptab.*) amortissement *m* prorata temporis.

Zeitakkord *m,* e accord *m* de salaire au temps.

Zeitalter *n,* ø ère *f* ; âge *m* ; siècle *m.*

Zeitangabe *f,* n indication *f* de la date ou de l'heure.

Zeitangestellte/r (*der/ein*) → **Zeitarbeitskraft**.

Zeitansage *f,* (n) horloge *f* parlante.

Zeitarbeit *f,* en travail *m* intérimaire ; travail temporaire ; l'intérim *m* ; → **Teil-, Vollzeit**.

zeitarbeiten faire de l'intérim ; être intérimaire.

Zeitarbeiter *m,* - → **Zeitarbeitskraft**.

Zeitarbeitnehmer *m,* - → **Zeitarbeitskraft**.

Zeitarbeitsauftrag *m,* ¨e mission *f* d'intérim ; mission temporaire.

Zeitarbeitsbranche *f,* n secteur *m* du travail temporaire, intérimaire ; l'intérim *m.*

Zeitarbeitsfirma *f,* -men société *f,* agence *f* d'intérim ; entreprise *f* de travail intérimaire, temporaire (Randstad, Adecco, Manpower, etc.) ; → **Leiharbeitsfirma**.

Zeitarbeitskraft *f,* ¨e intérimaire *m/f* ; personnel *m* intérimaire, temporaire ; main-d'œuvre *f* temporaire ; salarié(e) *m(f)* temporaire ; *als ~ tätig sein* faire de l'intérim ; être intérimaire ; *Zunahme von ~en* augmentation *f* du nombre d'intérimaires (*syn. Aushilfs-, Vertretungskraft*) ; → **Leiharbeiter**.

Zeitarbeitsverhältnis *n,* se contrat *m* de travail temporaire ; contrat d'intérim.

Zeitarbeitsvermittlung *f,* en → **Zeitarbeitsfirma**.

Zeitarbeitsvertrag *m,* ¨e contrat *m* d'intérim ; contrat à durée déterminée ; C.D.D. *m.*

Zeitarbeitsunternehmen *n,* - → **Zeitarbeitsfirma**.

Zeitaufwand *m,* ø temps *m* passé, consacré (à faire qqch).

zeitaufwendig qui nécessite beaucoup de temps ; (*fam.*) bouffeur de temps.

Zeitausfall *m,* ¨e perte *f* de temps de travail.

Zeitbombe *f,* n (*fig.*) bombe *f* à retardement.

Zeitbudget *n,* s budget-temps *m* ; temps affecté à une tâche précise.

Zeitdruck : *unter ~ stehen* être pressé par le temps ; livrer une course contre la montre.

Zeiteinheit *f,* en unité *f* de temps.
Zeiteinteilung *f,* en emploi *m* du temps.
Zeiterfassung *f,* en comptage *m* du temps ; minutage *m* ; évaluation *f* du temps nécessaire à une tâche ; chronométrage *m* ; → *REFA.*
Zeitersparnis *f,* se → *Zeitgewinn.*
Zeitfaktor *m,* en facteur *m* temps.
Zeitfolge *f,* n ordre *m* chronologique.
Zeitfracht *f,* ø (*transp.*) fret *m* à temps.
Zeitgelder *npl* (*banque*) capitaux *mpl* à terme ; dépôts *mpl* à terme.
Zeitgenosse *m,* n, n contemporain *m.*
zeitgenössisch contemporain.
Zeitgeschäft *n,* e → *Terminmarkt.*
Zeitgeschichte *f,* n histoire *f* contemporaine.
Zeitgewinn *m,* (e) gain *m* de temps ; économie *f* de temps.
zeitgleich en temps réel ; temps absolu ; concomitant.
Zeitgutschrift *f,* en → *Zeitscheck.*
Zeithandel *m,* - → *Terminmarkt.*
Zeitkarte *f,* n (*transp.*) carte *f* d'abonnement, de transport.
Zeitkarteninhaber *m,* - (*transp.*) abonné *m.*
Zeitkontingent *n,* e contingent *m,* volant *m* horaire.
Zeitkontrolle *f,* n pointage *m* ; chronométrage *m.*
Zeitkorridor *m,* e fourchette *f* horaire ; *im ~ von 28,8 und 38,8 Wochenstunden arbeiten* travailler dans un créneau de 28,8 à 38,8 heures.
Zeitkraft *f,* ¨e → *Zeitarbeitskraft.*
Zeitlohn *m,* ¨e salaire *m* au temps ; salaire horaire.
Zeitlohnarbeit *f,* en travail *m* au temps ; travail à l'heure.
Zeitlohnarbeiter *m,* - travailleur *m* payé à l'heure ; ouvrier *m* rétribué au temps.
Zeitmangel *m,* ø manque *m* de temps ; *aus ~* faute de temps.
Zeitpacht *f,* en bail *m* temporaire ; bail à terme.
Zeitpersonal *n,* ø → *Zeitarbeitskraft.*
Zeitplan *m,* ¨e horaire *m* ; calendrier *m* ; planning *m* ; *den ~ ein/halten* respecter le planning.
Zeitpolice *f,* n (*assur.*) police *f* temporaire, à temps limité.

Zeitpunkt *m,* e moment *m* ; date *f* ; *zum beabsichtigten ~* en temps voulu ; *einen ~ fest/legen* (*vereinbaren*) convenir d'une date.
zeitraubend → *zeitaufwendig.*
Zeitraum *m,* ¨e période *f* ; durée *f* ; laps *m* de temps.
Zeitscheck *m,* s chèque *m* pour compte-épargne-temps ; chèque temps libre ; crédit *m* de compte-épargne-temps.
Zeitschrift *f,* en revue *f* ; périodique *m.*
Zeitsichtwechsel *m,* - (*finance*) traite *f* payable à un certain délai de vue.
Zeitspanne *f,* n → *Zeitraum.*
zeitsparend qui économise du temps ; qui gagne du temps.
Zeitstudie *f,* n étude *f* des temps ; chronométrage *m* (du temps nécessaire à un certain travail).
Zeittakt *m,* e (*téléph.*) unité *f.*
Zeitteilung *f,* en partage *m* du temps ; → *Timesharing.*
Zeitumstellung *f,* en changement *m* d'horaire ; passage *m* à l'heure d'été ou d'hiver.
Zeitung *f,* en journal *m* ; *eine ~ ab/bestellen* résilier un abonnement ; *eine ~ abonnieren* s'abonner à un journal ; *eine ~ beziehen* être abonné a un journal ; *in einer ~ inserieren* passer une annonce (dans un journal).
Zeitungsannonce *f,* n → *Zeitungsanzeige.*
Zeitungsanzeige *f,* n annonce *f* (insérée) dans un journal.
Zeitungshändler *m,* - marchand *m* de journaux.
Zeitungsinserat *n,* e → *Zeitungsanzeige.*
Zeitungsverlag *m,* e édition *f* de presse.
Zeitungsverleger *m,* - éditeur *m* de presse.
Zeitungsvielfalt *f,* ø pluralisme *m* de la presse.
Zeitungswesen *n,* ø presse écrite *f* ; journalisme *m.*
Zeitverlust *m,* e perte *f* de temps.
Zeitverschwendung *f,* en gaspillage *m* de temps.
zeitversetzt différé ; *~e Sendung* émisssion *f* différée.
Zeitversicherung *f,* en assurance *f* limitée dans le temps.

Zeitvertrag *m,* ¨e contrat *m* de travail à durée déterminée ; C.D.D. *m.*
Zeitwert *m,* ø valeur *f* actuelle, actualisée ; valeur réelle, vénale ; valeur du jour ; (*comptab.*) valeur comptable nette ; *die Versicherung ersetzt nur den ~* la compagnie d'assurances ne rembourse que la valeur actuelle (*syn. Gegenwartswert*).
Zeitzeichen *n,* - top *m* ; top sonore de l'horloge parlante.
Zeitzone *f,* n fuseau *m* horaire.
Zeit-Zonen-Tarif *m,* e (*téléph.*) tarif *m* par zones.
Zeltplatz *m,* ¨e (*touris.*) terrain *m* de camping.
Zelt- und Wohnwagenwesen *n,* ø (*touris.*) camping-caravaning *m.*
zensieren 1. censurer 2. juger ; attribuer une note.
Zensor *m,* en censeur *m.*
Zensur *f,* en 1. censure *f* 2. note *f.*
Zensurbehörde *f,* n (commission *f* de) censure *f.*
zensurieren (*Autriche, Suisse*) → *zensieren*
Zensus *m,* ø → *Volkszählung.*
Zentner *m,* - 1. cinquante kilos *mpl* ; demi-quintal *m* 2. (*Autriche, Suisse*) 100 kilos.
zentral central ; *~e Einkaufsgenossenschaft* centrale *f* d'achats ; (*informatique*) *~e Recheneinheit* unité *f* centrale de traitement ; centre *m* de calcul.
Zentralbank *f,* en banque *f* centrale, d'émission ; *Europäische ~* (*EZB*) Banque centrale europénne (B.C.E.) ; (*syn. Notenbank*) ; → *Bundesbank.*
zentralbankfähig bancable (effet pouvant être réescompté par la banque centrale).
Zentralbankgeld *n,* er monnaie *f* de la banque centrale.
Zentralbankrat *m,* ¨e conseil *m* de la banque centrale.
Zentralbankzins *m,* en taux *m* d'intervention de la banque centrale.
Zentralbehörde *f,* n administration *f* centrale.
Zentrale *f,* n 1. centrale *f* ; bureau *m* central 2. central *m* téléphonique.
Zentraleinheit *f,* en (*informatique*) unité *f* centrale de traitement des données.
Zentralgewalt *f,* ø (*polit.*) pouvoir *m* central.

Zentralisation *f,* en → *Zentralisierung.*
zentralisieren centraliser ; *die Verwaltung ~* centraliser l'administration.
Zentralisierung *f,* en centralisation *f.*
Zentralisierungsgrad *m,* ø degré *m* de centralisation.
Zentralismus *m,* ø centralisme *m.*
zentralistisch centraliste.
Zentralkartei *f,* en fichier *m* central.
Zentralkasse *f,* n caisse *f* centrale.
Zentralkomitee *n,* s (*polit.*) comité *m* central (de l'appareil communiste).
Zentralleitung *f,* en direction *f* centrale.
Zentralnotenbank *f,* en → *Zentralbank.*
Zentralrechner *m,* - (*informatique*) centre *m* de calcul ; terminal *m* (*syn. Terminal*).
Zentralschalter *m,* - guichet *m* central.
Zentralstelle *f,* n office *m* central ; direction *f* centrale.
Zentralverband *m,* ¨e association *f,* organisation *f* centrale ; centrale *f* ; confédération *f* ; *~ der Arbeitnehmer* centrale *f* ouvrière ; *~ des deutschen Handwerks* (*ZDH*) Confédération *f* de l'artisanat allemand.
Zentralverwaltung *f,* en administration *f* centrale.
Zentralverwaltungswirtschaft *f,* en économie *f* dirigée ; économie planifiée.
Zentrum *m,* -tren centre *m* ; centre-ville *m* ; *das industrielle ~ Deutschlands* le centre industriel de l'Allemagne ; *im ~ des Interesses stehen* être le centre d'intérêt ; *im ~ wohnen* habiter en centre-ville.
zerbrechlich fragile.
Zerobond *m,* s (*pr. ang.*) (*bourse*) obligation *f* à coupon zéro ; zero bond *m* ; zero coupon bond *m* ; coupon *m* zéro (emprunt sur lequel la société émettrice ne paie aucun intérêt avant la date de remboursement) ; → *Null-Kupon-Anleihe.*
Zerreißprobe *f,* n 1. (*technique*) test *m* de résistance, de rupture 2. (*fig.*) épreuve *f* de force.
zerschlagen, u, a démanteler.
Zerschlagung *f,* en démantèlement *m* ; *dem Unternehmen droht die ~* l'entreprise est menacée de démantèlement.
zersiedeln urbaniser excessivement.
Zersiedelung *f,* en urbanisation *f* excessive des péripheries des grandes

villes ; ~ *des Landes* mitage *m* ; urbanisation (accélérée) de la campagne.

Zerstörung *f*, **en** destruction *f* ; *schöpferische* ~ destruction créatrice (d'après l'économiste Schumpeter, 1883-1950, création et innovation sont dues à la destruction des anciennes structures).

zerstückeln démembrer ; morceler ; parceller (terres) ; lotir (terrain).

Zerstück(e)lung *f*, **en** morcellement *m* ; démembrement *m* ; lotissement *m*.

Zertifikat *n*, **e** 1. certificat *m* ; label *m* ; *ein Öko-~ erhalten* recevoir un écolabel 2. → *Investmentzertifikat.*

Zertifikation *f*, **en** → *Zertifizierung.*

zertifizieren certifier ; homologuer ; labeliser ; *Qualitätsnormen* ~ homologuer les normes de qualité.

Zertifizierung *f*, **en** certification *f* ; homologation *f* ; labelisation *f* ; ~ *durch den TÜV* homologation par le service technique allemand ; → *TÜV.*

zessibel (*jur.*) cessible.

Zession *f*, **en** (*jur.*) cession *f* ; ~ *von Forderungen* cession de créances.

Zessionar *m*, **e** (*jur.*) cessionnaire *m* (bénéficiaire d'une cession).

Zessionsurkunde *f*, **n** (*jur.*) acte *m* de cession *f*.

Zettel *m*, - papier *m* ; fiche *f* ; bulletin *m* (vote) ; étiquette *f* (prix) ; affiche *f* ; *mit einem ~ versehen* étiqueter.

Zettelkartei *f*, **en** fichier *m* ; répertoire *m*, classeur *m* sur fiches.

Zeuge *m*, **n**, **n** (*jur.*) témoin *m* ; *als ~ aus/sagen* témoigner ; *etw vor ~n erklären* déclarer devant témoins ; *als ~n hören* entendre en témoignage, à titre de témoin.

zeugen (*jur.*) témoigner ; servir de témoin.

Zeugenbeeinflussung *f*, **en** (*jur.*) subornation *f* de témoin ; pression *f* exercée sur un témoin.

Zeugnis *n*, **se** 1. (*jur.*) témoignage *m* ; *unparteiisches* ~ témoignage impartial ; *zum ~ dessen* en foi de quoi 2. certificat *m* ; attestation *f* ; diplôme *m* ; *ärztliches ~* certificat médical ; *ein ~ aus/stellen* établir un certificat ; → **Arbeits-, Dienst-, Führungs-, Ursprungszeugnis.**

Zeugnispflicht *f*, **ø** (*jur.*) obligation *f* de témoigner.

Zeugnisverweigerungsrecht *n*, (**e**) droit *m* de refuser de témoigner ou d'indiquer la provenance de ses sources.

ZGB *n* (*Suisse : Zivilgesetzbuch*) code *m* civil.

z.H. /**z.Hd.** (*zu Händen*) à l'attention de ; en mains propres.

ZI → *Zollinhaltserklärung.*

ziehen, o, o 1. tirer ; (*auf jdn*) *einen Wechsel* ~ tirer une traite (sur qqn) ; *aus etw Nutzen* ~ tirer profit de 2. retirer de ; *Banknoten aus dem Umlauf* ~ retirer des billets de la circulation 3. *jdn zu Rate* ~ demander conseil à qqn ; *jdn zur Rechenschaft* ~ demander des comptes à qqn.

Ziehung *f*, **en** (*finance*) tirage *m* ; *bei einer ~ heraus/kommen* sortir lors d'un tirage.

Ziehungsrechte *npl* (*finance*) droits *mpl* de tirage (achat par un membre du F.M.I. de la monnaie d'autres membres du Fonds pour parer à un déficit de la balance des paiements) (*syn. Drawing-Rights*).

Ziehungstranche *f*, **n** (*finance*) tranche *f* de tirage.

Ziel *n*, **e** 1. but *m* ; objectif *m* ; *ein ~ erreichen* atteindre un objectif ; *sich ein ~ setzen* se fixer un but 2. délai *m* ; terme *m* ; échéance *f* ; *auf* ~ à terme ; *auf zwei Monate* ~ à deux mois d'échéance ; *ein ~ von drei Monaten gewähren* accorder un délai de paiement de trois mois ; → **Verkaufs-, Zahlungsziel.**

Zieldatum *n*, **-ten** date *f* fixée comme objectif ; objectif *m* dans le temps.

Zielgebiet *n*, **e** zone-cible *f*.

Zielgenauigkeit *f*, (**en**) ciblage *m* précis ; précision *f* dans le ciblage.

Zielgruppe *f*, **n** (*marketing*) groupe-cible *m*.

Zielkauf *m*, ¨**e** achat *m* à terme.

Zielland *n*, ¨**er** pays-cible *n* ; pays de destination.

Zielmarke *f*, **n** objectif *m* chiffré ; chiffre *m* à atteindre ; *~n erreichen* atteindre les objectifs fixés.

Zielmarkt *m*, ¨**e** marché *m* ciblé.

Zielmenge *f*, **n** objectif *m* quantitatif.

Zielperson *f*, **en** personne *f* cible, ciblée.

Zielprojektion *f*, **en** programmation *f* d'objectifs ; objectifs *mpl* de référence.

Zielsetzung *f*, **en** objectif *m* ; but *m* ; *wirtschaftliche ~en* objectifs économiques.

Zielsprache *f*, **n** (*informatique*) langage *m* d'exécution.

Zielvorgabe *f*, **n** → *Zielsetzung.*

Zielwerte *mpl* objectifs *mpl* ; chiffres *mpl* indicatifs.

Zielzahlung *f,* **en** règlement *m,* paiement *m* à terme.

Ziffer *f,* **n** chiffre *m* ; nombre *m* ; numéro *m* ; taux *m* ; *in ~n* en chiffres ; *arabische, römische ~n* chiffres arabes, romains ; → ***Rate ; Zahl.***

ziffernmäßig (exprimé) en chiffres.

zig (*fam.*) un grand nombre ; *es waren ~ Leute da* il y avait une foule de gens.

zigmal n-fois.

Zimmer *n,* - chambre *f* ; *~ zu vermieten* chambre à louer.

Zimmerbelegung *f,* **en** taux *m* d'occupation des chambres.

Zimmervermittlung *f,* **en** service *m* d'hébergement ; office *m* du logement.

Zins *m,* **e** (*Autriche, Suisse*) loyer *m.*

Zins *m,* **en** intérêt *m* ; taux *m* d'intérêt ; loyer *m* de l'argent ; prix *m* du crédit **I.** *abzüglich der ~en* sous déduction des intérêts ; *anfallende ~en* intérêts à courir ; *angefallene ~en* intérêts courus ; *einfache ~en* intérêts simples ; *fällige ~en* intérêts dus, exigibles ; *feste ~en* intérêts fixes ; *gestundete ~en* intérêts différés ; *laufende ~en* intérêts courants ; *rückständige (aufgelaufene) ~en* intérêts en retard, arriérés ; *zusammengesetzte ~en* intérêts composés **II.** *die ~en aus/rechnen* calculer les intérêts ; *~en berechnen* compter, totaliser des intérêts ; *~en (ein)bringen* produire, rapporter des intérêts ; *gegen (auf) ~en leihen* prêter à intérêt ; *die ~en laufen vom 1. Januar an* les intérêts courent à compter du 1ᵉʳ janvier ; *von seinen ~en leben* vivre de ses rentes ; *die ~en zum Kapital schlagen (kapitalisieren)* joindre les intérêts au capital ; capitaliser les intérêts ; → ***Haben-, Kapital-, Nominal-, Soll-, Verzugs-, Zinseszins(en).***

Zinsausfall *m,* ¨e perte *f* d'intérêts.

Zinsabschlag *m,* ¨e → ***Zinsabschlagsteuer.***

Zinsabschlagsteuer *f,* **n** taxation *f* forfaitaire des intérêts du capital ; prélèvement *m* libératoire ; → ***Kapitalertragsteuer.***

Zinsabschnitt *m,* **e** → ***Zinscoupon.***

Zinsabzug *m,* ¨e escompte *m* ; déduction *f* d'intérêts.

Zinsanhäufung *f,* **en** cumul *m* d'intérêts ; capitalisation *f* des intérêts.

Zinsanhebung *f,* **en** → ***Zinserhöhung.***

Zinsanpassung *f,* **en** révision *f* d'un taux d'intérêt ; *mit ~* à taux révisable.

Zinsanpassungsklausel *f,* **n** clause *f* d'indexation du taux d'intérêt (selon l'évolution du marché).

Zinsanspruch *m,* ¨e droit *m* à intérêts, au versement d'intérêts.

Zinsarbitrage *f,* **n** (*bourse*) opération *f* d'arbitrage (met à profit les différences d'intérêts versés sur les différentes places boursières).

Zinsaufschlag *m,* ¨e prime *f* de risque.

Zinsaufwand *m,* **-wendungen** frais *mpl* financiers (d'une entreprise) ; coût *m* du loyer de l'argent ; charges *fpl* de remboursement d'intérêts.

zinsbar soumis, assujetti au versement de l'intérêt.

Zinsbelastung *f,* **en** charge *f* d'intérêts.

Zinsberechnung *f,* **en** calcul *m* des intérêts.

Zinsberichtigung *f,* **en** redressement *m* des intérêts.

Zinsbesteuerung *f,* **en** imposition *f* du revenu du capital ; imposition des intérêts de placement.

Zinsbindung *f,* **en** intérêt *m* lié à une immobilisation de capital ; assorti d'un taux d'intérêt.

Zinsbogen *m,* **-/**¨ → ***Zinscoupon.***

zinsbringend productif d'intérêts ; rémunéré ; *~ an/legen* placer à intérêts.

Zinscoupon *m,* **s** coupon *m* d'intérêts (sa remise permet à un actionnaire ou obligataire d'encaisser son revenu) ; *einen ~ ab/trennen* détacher un coupon.

Zinscouponerneuerung *f,* **en** renouvellement *m* de la feuille de coupons ; recouponnement *m.*

Zinsdifferenz *f,* **en** différentiel *m* d'intérêts ; écart *m* de taux d'intérêt.

Zinseinkommen *n,* - revenus *mpl* d'intérêts ; intérêts *mpl* perçus.

Zinseinnahmen *fpl* intérêts *mpl* perçus ; revenus *mpl* d'intérêts.

zinsen (*Suisse*) payer des intérêts.

Zinsendienst *m,* **e** service *m* des intérêts.

Zinsenkonto *n,* **-ten** compte *m* d'intérêts.

Zinsentspannung *f,* **en** détente *f* sur les taux d'intérêt.

Zinsergebnis *n,* se (*bilan*) produits *mpl* financiers.
Zinserhöhung *f,* en relèvement *m* du taux d'intérêt ; augmentation *f* des intérêts.
Zinsermäßigung *f,* en abaissement *m* du taux d'intérêt.
Zinsertrag *m,* ¨e revenus *mpl*, produit *m* d'intérêts ; intérêts *mpl* perçus.
Zinsertragssteuer *f, n* impôt *m* sur les revenus de valeurs mobilières.
Zinserwartung *f,* en anticipation *f* de taux d'intérêt.
Zinseszinsen *mpl* intérêts *mpl* composés ; intérêts cumulés.
zinsfrei sans intérêts ; exempt d'intérêts.
Zinsfuß *m,* ¨e → *Zinssatz.*
Zinsgefälle *n,* - 1. écart *m* entre des taux d'intérêt 2. disparité entre les taux d'intérêts sur le marché de l'argent.
Zinsgefüge *n,* - structure *f* des taux d'intérêt.
Zinsgenuss *m,* ø jouissance *f* d'intérêts ; *mit ~ ab 1. Juni* avec jouissance à compter du 1. 6.
Zinsgeschäfte *npl* opérations *fpl* génératrices d'intérêts.
Zinsgleitklausel *f, n* clause *f* d'intérêts variables ; indexation *f* mobile des intérêts.
zinsgünstig à faible taux d'intérêt ; à taux d'intérêt préférentiel ; *~es Darlehen* prêt *m* à intérêt bonifié.
Zinsgutschein *m,* e bon *m* à intérêts.
Zinsgutschrift *f,* en intérêts *mpl* sur compte d'épargne.
Zinshaus *n,* ¨er (*Autriche, Suisse*) immeuble *m* de rapport.
Zinsherabsetzung *f,* en → *Zinsermäßigung.*
Zinsklausel *f, n* convention *f,* stipulation *f* d'intérêts.
Zinskonvergenz *f,* en convergence *f* des taux d'intérêts ; *~ in der Eurozone* convergence des taux d'intérêts dans la zone-euro.
Zinskonversion *f,* en → *Zinsumwandlung.*
Zinskupon *m,* s → *Zinscoupon.*
Zinslast *f,* en pression *f* des taux d'intérêts élevés.
Zinsleiste *f, n* souche *f* ; talon *m* de renouvellement (titres).
zinslos → *zinsfrei.*
Zinsmarge *f, n* → *Zinsspanne.*

Zinsnachlass *m,* ¨e remise *f* d'intérêts ; réduction *f* des intérêts.
zinspflichtig → *zinsbar.*
Zinspolitik *f,* ø politique *f* des taux d'intérêt.
Zinsrechnung *f,* en calcul *m* des intérêts.
Zinsrückstände *mpl* arriérés *mpl* d'intérêts ; arrérages *mpl.*
Zinsrückzahlung *f,* en remboursement *m* d'intérêts.
Zinssatz *m,* ¨e taux *m* d'intérêt ; taux ; loyer *m* de l'argent ; *hoher, niedriger ~* taux (d'intérêt) élevé, faible ; *nominaler, realer ~* taux (d'intérêt) nominal, réel ; *den ~ erhöhen, herab/setzen* relever, abaisser le taux d'intérêt.
Zinsschein *m,* e → *Zinscoupon.*
Zinsschere *f* : *die ~ öffnet sich weiter* l'écart entre les différents taux d'intérêt se creuse.
Zinsschritt *m,* e augmentation *f* d'un taux d'intérêt par paliers ; relèvement *m* d'un taux par crans successifs.
Zinsschuld *f,* en dette *f* d'intérêts.
Zinssenkung *f,* en baisse *f* des taux d'intérêt.
Zinsspanne *f, n* marge *f* d'intérêts (entre les intérêts débiteurs et créditeurs).
Zinsstundung *f,* en ajournement *m* du paiement des intérêts ; moratoire *m* d'intérêts.
Zinsswapgeschäft *n,* e échange *m* de taux d'intérêt (dans le cadre d'échanges d'emprunts entre deux entreprises).
Zinstabelle *f, n* table *f* des intérêts ; barème *m* des taux.
Zinstender *m,* - adjudication *f* à taux variable, à taux ouvert ; opération *f* de prise en pension dont le taux est fixé par les différents instituts financiers (*contr. Mengentender*).
Zinstermin *m,* e échéance *f* des intérêts ; date *f* de jouissance.
zinstragend → *zinsbringend.*
Zinsumwandlung *f,* en conversion *f* par réduction du taux d'intérêt.
zinsverbilligt à taux d'intérêt bonifié ; à taux d'intérêt réduit.
Zinsverbilligung *f,* en bonification *f* d'intérêts.
zinsvergünstigt → *zinsverbilligt.*
Zinsvergütung *f,* en bonification *f* d'intérêts.
Zinsverpflichtungen *fpl* remboursement *m* des intérêts d'une dette ; *seinen ~*

nicht mehr nachkommen ne plus honorer ses engagements financiers.
Zinsverteuerung *f,* **en** renchérissement *m* du loyer de l'argent.
Zinsvolatilität *f,* ø volatilité *f* des taux d'intéret ; instabilité *f* des taux.
Zinsvorauszahlung *f,* **en** paiement *m* anticipé des intérêts.
Zinsvorteil *m,* **e** taux *m* avantageux.
Zinswucher *m,* ø intérêt *m* usuraire.
Zinszahlung *f,* **en** service *m* de l'intérêt ; paiement *m* des intérêts.
Zinszahlungstermin *m,* **e** échéance *f* d'intérêt.
Zinszuschuss *m,* ¨e bonification *f* de taux d'intérêt.
zirka environ (*syn. circa*).
Zirkaauftrag *m,* ¨e (*bourse*) ordre *m* à limite approximative (le courtier peut s'écarter quelque peu du cours officiel).
Zirkakurs *m,* **e** (*bourse*) cours *m* approximatif.
Zirkaorder *f,* **s** → *Zirkaauftrag.*
Zirkular *n,* **e** (*rare*) circulaire *f* (*syn. Rundschreiben*).
Zirkularkreditbrief *m,* **e** lettre *f* de crédit circulaire.
Zirkulation *f,* **en** circulation *f.*
zirkulieren circuler ; être en circulation.
zitiert werden (*jur.*) être sommé de comparaître.
Zitrusfrüchte *fpl* agrumes *mpl.*
Zivilbehörde *f,* **n** autorité *f* civile.
Zivilberuf *m,* **e** profession *f* civile ; *im ~* dans le civil.
Zivilbeschäftigte/r (*der/ein*) (*militaire*) employé *m* civil des forces armées.
Zivilbevölkerung *f,* **en** population *f* civile.
Zivilcourage *f,* ø courage *m* civique.
Zivildiener *m,* - (*Autriche*) → *Zivildienstleistende/r.*
Zivildienst *m,* **e** (*militaire*) service *m* civil (à la place du service militaire).
Zivildienstleistende/r (*der/ein*) jeune appelé *m* effectuant un service civil.
Zivildienstler *m,* - → *Zivildienstleistende/r.*
Zivilehe *f,* **n** (*jur.*) mariage *m* civil.
Zivilgericht *n,* **e** (*jur.*) tribunal *m* civil.
Zivilgesellschaft *f,* **en** société *f* civile.
Zivilgesetzbuch *n,* ¨er (*jur.*) (*Suisse*) code *m* civil.
Zivilisationskrankheit *f,* **en** maladie *f* de civilisation.

Zivilist *m,* **en, en** civil *m.*
Zivilmakler *m,* - (*jur.*) courtier *m* de droit civil (autre que de commerce) (*contr. Handelsmakler*).
Zivilperson *f,* **en** → *Zivilist.*
Zivilprozess *m,* **e** (*jur.*) procès *m* au civil.
Zivilprozessordnung *f,* **en** (*jur.*) code *m* de procédure civile.
Zivilrechtler *m,* - (*jur.*) juriste *m* du droit civil.
zivilrechtlich (*jur.*) de droit civil ; *~e Klage* action *f* au civil ; *~e Person* doté de la personnalité civile ; *~ gegen jdn vor/gehen* poursuivre qqn au civil.
Zivilsache *f,* **n 1.** (*jur.*) affaire *f* relevant du tribunal civil **2.** vêtement *m* civil.
Zivilstand *m,* ø état *m* civil.
Zivilverfahren *n,* - (*jur.*) procédure *f* civile.
ZK *n,* **s** → *Zentralkomitee.*
zocken (*fam.*) jouer ; flamber ; spéculer ; se livrer à des jeux de hasard.
Zocker *m,* - (*fam.*) flambeur *m* ; spéculateur *m.*
Zoll *m,* ¨e douane *f* ; droit(s) *m(pl)* de douane **I.** *~ ad valorem* droit ad valorem ; *~ bezahlt* droits acquittés ; *einheitlicher ~* droit unique ; *gebundener ~* droit consolidé ; *gleitender ~* droit mobile ; *~ zu Ihren Lasten* droit de douane à votre charge **II.** *beim ~ ab/fertigen* régler les formalités de douane ; *für eine Ware ~ (be)zahlen* payer des droits sur une marchandise ; *einen ~ erheben* prélever un droit de douane ; *die ~¨e erhöhen, senken* relever, abaisser les droits de douane ; *auf dieser Ware liegt kein ~* cette marchandise est exempte de droits ; cet article bénéficie d'une franchise ; *den ~ passieren* passer la douane ; *dem ~ unterliegen* être soumis à la déclaration en douane ; → *Ausfuhr-, Einfuhr-, Export-, Import-, Vorzugs-, Wertzoll.*
Zollabandonnierung *f,* **en** abandon *m* d'une marchandise (au profit de la douane si les droits dépassent la valeur réelle de l'objet).
Zollabbau *m,* ø désarmement *m* douanier ; abaissement *m* des droits de douane.
Zollabfertigung *f,* **en** dédouanement *m.*
Zollabkommen *n,* - accord *m* douanier ; (*U.E.*) convention *f* douanière.
Zollamt *n,* ¨er bureau *m* de douane ; office *m* des douanes ; douane *f.*

zollamtlich : ~*e Bescheinigung* certificat *m* de douane ; ~ *geöffnet* ouvert par les services de douane ; ~*e Untersuchung* visite *f* de douane ; *unter* ~*em Verschluss* entrepôt *m* sous contrôle douanier ; ~ *ab/fertigen* accomplir les formalités de douane.
Zollangabe *f,* n → *Zollanmeldung.*
Zollanmeldung *f,* en déclaration *f* en douane ; *internationale* ~ déclaration douanière internationale.
Zollanschluss *m,* ¨e enclave *f* douanière ; territoire *m* de souveraineté étrangère rattaché à la législation douanière nationale.
Zollaufsicht *f,* en surveillance *f* de la douane ; contrôle *m* douanier.
Zollaufsichtsbehörde *f,* n inspection *f* des douanes.
Zollausland *n,* ø → *Zollausschluss.*
Zollausschluss *m,* ¨e zone *f* franche ; franchise *f* douanière ; territoire *m* de souveraineté étrangère non soumis à la législation douanière nationale.
zollbar → *zollpflichtig.*
Zollbeamte/r (*der/ein*) douanier *m.*
Zollbedienstete/r (*der/ein*) employé *m* des douanes ; fonctionnaire *m* des douanes.
Zollbefreiung *f,* en franchise *f* douanière ; *die ~ erlangen* obtenir l'exonération des droits.
Zollbegleitheft *n,* e carnet *m* T.I.R.
Zollbegleitschein *m,* e acquit-à-caution *m* ; feuille *f* d'accompagnement ; acquit *m* de transit (assure la libre circulation des marchandises taxables, le paiement de l'impôt ne s'effectuant qu'au lieu de destination).
Zollbegleitung *f* : *unter* ~ sous escorte de douane.
Zollbegünstigung *f,* en traitement *m* tarifaire préférentiel.
Zollbehandlung *f,* en régime *m* douanier.
Zollbehörde *f,* n autorités *fpl* douanières ; *Vorführung vor der* ~ présentation *f* en douane.
zollbereinigt corrigé des variations (des taxes) douanières.
Zollbeschau *f,* ø contrôle *m* douanier.
Zollbescheid *m,* e avis *m* de paiement des droits.
Zollbindung *f,* en consolidation *f* tarifaire.

Zollbinnenland *n,* ø territoire *m* douanier national.
Zollbürgschaft *f,* en cautionnement *m* des droits de douane.
Zolldeklarant *m,* en, en agent *m* de douane.
Zolldeklaration *f,* en → *Zollerklärung.*
Zolldokumente *npl* documents *mpl* douaniers.
Zolleingangsschein *m,* e acquit *m* d'entrée.
Zolleinnahmen *fpl* recettes *fpl* douanières.
Zolleinnehmer *m,* - receveur *m* des douanes.
Zolleinschlussgebiet *n,* e → *Zollanschluss.*
Zollerhöhung *f,* en relèvement *m* des tarifs douaniers.
Zollerklärung *f,* en déclaration *f* en douane.
Zollerleichterungen *fpl* facilités *fpl* douanières.
Zollermäßigung *f,* en réduction *f* des tarifs douaniers.
Zollfahnder *m,* - inspecteur *m* de la répression des fraudes (douanes) ; inspecteur des douanes.
Zollfahndungsdienst *m,* e service *m* des enquêtes en douane.
Zollformalitäten *fpl* formalités *fpl* douanières ; *die* ~ *erledigen* accomplir les formalités douanières.
zollfrei exempt (franc) de droits de douane ; en franchise douanière ; ~*es Lager* entrepôt *m* franc ; ~*er Verkauf* vente *f* hors taxe ; duty-free-shop *m* ; *die Waren gehen* ~ *ein* les marchandises *fpl* entrent en franchise ; ~ *sein* être exempté de droits de douane ; ~ *zu/lassen* admettre en franchise.
Zollfreigabe *f,* ø admission *f* en franchise.
Zollfreigebiet *n,* e → *Zollfreizone.*
Zollfreiheit *f,* en franchise *f* douanière.
Zollfreischein *m,* e certificat *m* de franchise de douane ; passavant *m.*
Zollfreischreibung *f,* en dédouanement *m* de marchandises libres ; admission *f* en franchise.
Zollfreistellung *f,* en → *Zollfreigabe.*
Zollfreizone *f,* n zone *f* franche en douane.

Zollgebiet *n*, e territoire *m* douanier.
Zollgebühren *fpl* droits *mpl* de douane ; *die ~ entrichten* payer, acquitter les droits de douane.
Zollgesetz *n*, e → *Zollordnung*.
Zollgesetzgebung *f*, ø législation *f* douanière.
Zollgrenzbezirk *m*, e zone *f* frontalière.
Zollgrenze *f*, n frontière *f* douanière ; ligne *f* de la douane.
Zollgut *n*, ¨er marchandise *f* soumise à la douane.
Zollgutverkehr *m*, ø marchandises *fpl* en transit.
Zollgutversand *m*, ø transit *m* douanier.
Zollhafen *m*, ¨ port *m* douanier.
Zollhinterziehung *f*, en fraude *f* douanière ; délit *m* de douane.
Zollhoheit *f*, en souveraineté *f* douanière.
Zollinhaltserklärung *f*, en → *Zollerklärung*.
Zollinspektor *m*, en inspecteur *m* des douanes.
Zollkontingent *n*, e contingent *m* tarifaire.
Zollkontrolle *f*, n → *Zollaufsicht*.
Zollkrieg *m*, e guerre *f* des tarifs douaniers.
Zolllager *n*, - entrepôt *m* des douanes ; entrepôt de transit.
Zollniederlage *f*, n → *Zolllager*.
Zöllner *m*, - (*arch.*) → *Zollbeamte/r*.
Zollniederlage *f*, n → *Zolllager*.
Zollnomenklatur *f*, en nomenclature *f* douanière.
Zollordnung *f*, en code *m* des douanes.
Zollpapiere *npl* → *Zolldokumente*.
Zollpassierschein *m*, e laissez-passer *m* en douane ; passavant *m* ; triptyque *m* ; carnet *m* de passage en douane.
zollpflichtig soumis au régime douanier ; assujetti à la douane.
Zollpolitik *f*, ø politique *f* douanière.
Zollpräferenz *f*, en préférence *f* douanière ; avantage *m* tarifaire.
Zollprotektionismus *m*, ø protectionnisme *m* douanier.
Zollquittung *f*, en acquit *m* de douane.
Zollrecht *n*, e législation *f* douanière.
Zollregelung *f*, en → *Zollvorschriften*.
Zollrevision *f*, en → *Zollbeschau*.

Zollrevisor *m*, en vérificateur *m* des douanes ; contrôleur *m* des douanes.
Zollrückvergütung *f*, en remboursement *m* des droits de douane ; drawback *m* ; ristourne *f* des frais de douane.
Zollsachen : *in ~* en matière de douane.
Zollsatz *m*, ¨e tarif *m* douanier ; taux *m* de douane ; *die ~¨e erhöhen, ermäßigen* relever, abaisser les droits.
Zollschranken *fpl* barrières *fpl* douanières ; *Abbau der ~* suppression *f* des barrières douanières.
Zollschuld *f*, en droits *mpl* dus à la douane ; dette *f* douanière.
Zollschutz *m*, ø protection *f* douanière ; protectionnisme *m*.
Zollsenkung *f*, en → *Zollermäßigung*.
Zollstelle *f*, n → *Zollamt*.
Zollstrafe *f*, n amende *f* (pour infraction) douanière.
Zollstreitigkeit *f*, en litige *m* douanier.
Zollsystem *n*, e régime *m* douanier.
Zolltarif *m*, e tarif *m* douanier ; *gemeinsamer ~* tarif douanier commun.
Zolltarifierung *f*, en tarification *f* douanière.
Zolltarifposition *f*, en position *f* du tarif douanier.
Zolltarifschema *n*, s → *Zollnomenklatur*.
Zollübereinkommen *n*, - → *Zollvertrag*.
Zollüberwachung *f*, en → *Zollkontrolle*.
Zoll- und Handelsabkommen *n*, - accord *m* sur les tarifs douaniers et le commerce ; → *GATT* ; *Welthandelsorganisation* ; *WTO*.
Zoll- und Passabfertigung *f*, en contrôle *m* de douane et de police.
Zollunion *f*, en union *f* douanière.
Zollverband *m*, ¨e → *Zollunion*.
Zollverein *m*, ø (*hist.*) Union *f* douanière de 1818 à 1870.
Zollverfahren *n*, - procédure *f* douanière.
Zollvergehen *n*, - délit *m* douanier ; infraction *f* au règlement des douanes.
Zollvergünstigungen *fpl* avantages *mpl* douaniers ; facilités *fpl* douanières ; prime *f* à l'exportation.
Zollvergütung *f*, en → *Zollrückvergütung*.

Zollverkehr *m*, ø mouvement *m* des marchandises en douane ; régime *m* douanier.

Zollvormerklager *n*, - entrepôt *m* douanier pour marchandises sous régime suspensif.

Zollvormerkschein *m*, e acquit-à-caution *m* pour marchandises sous régime suspensif.

Zollvormerkverfahren *n*, - régime *m* suspensif.

Zollversandschein *m*, e → *Zollbegleitschein*.

Zollverschluss *m*, ¨e scellement *m* douanier ; *unter* ~ sous (en) douane ; sous plomb de douane ; *unter* ~ *lassen* laisser en entrepôt de douane ; laisser en transit.

Zollvertrag *m*, ¨e règlement *m* douanier ; convention *f* douanière.

Zollverwahrung *f*, en dépôt *m* de douane.

Zollverwaltung *f*, en administration *f* des douanes.

Zollvorschriften *fpl* règlements *mpl* douaniers.

Zollwache *f*, n (*Autriche*) garde *f* douanière.

Zollwert *m*, e valeur *f* en douane.

Zollwertfestsetzung *f*, en évaluation *f* en douane.

Zollwesen *n*, ø douanes *fpl* ; système *m* douanier.

Zollzahlung *f*, en acquittement *m* de la douane ; règlement *m* des droits de douane.

Zollzuschlag *m*, ¨e surtaxe *f* douanière.

Zone *f*, n zone *f* ; territoire *m* ; région *f* ; *entmilitarisierte* ~ zone démilitarisée ; *neutrale* ~ zone neutre.

Zonenabschlag *m*, ¨e abattement *m* de zone.

Zoneneinteilung *f*, en répartition *f* par zones.

Zonentarif *m*, e tarif *m* par zones.

z. T. (*zum Teil*) en partie.

Ztr. → *Zentner*.

z. tr. H. (*zu treuen Händen*) à l'intention de ; aux bons soins de ; à l'attention de.

z. U. (*zur Unterschrift*) (destiné) à la signature.

Zuarbeit *f*, en travail *m* préparatoire, préliminaire.

zu/arbeiten préparer le travail à qqn.

Zubehör *n*, e accessoires *mpl*.

Zubehörindustrie *f*, n → *Zulieferindustrie*.

zu/billigen accorder ; concéder ; *einen Preisnachlass* ~ consentir une remise (*syn. gewähren*).

Zubringer *m*, - 1. → *Zubringerstraße* 2. (*transp.*) navette *f*.

Zubringerbetrieb *m*, e entreprise *f* de sous-traitance.

Zubringerdienst *m*, e (*transp.*) correspondances *fpl* ; service *m* d'acheminement ; service de desserte.

Zubringerlinie *f*, n (*transp.*) ligne *f* de desserte ; ligne secondaire.

Zubringerstraße *f*, n (*transp.*) bretelle *f* de raccordement ; voie *f* d'accès.

Zubringerverkehr *m*, ø (*transp.*) services *mpl* de desserte ; liaison *f* aéroport-ville.

Zubrot *n*, ø (*fam.*) salaire *m* d'appoint ; *sich ein* ~ *verdienen* se faire des à-côtés.

Zucht *f*, (en) → *Züchtung*.

Zuchtbulle *m*, n, n (*agric.*) taureau *m* reproducteur.

züchten (*plantes*) cultiver ; (*animaux*) élever.

Züchter *m*, - cultivateur *m* ; éleveur *m*.

Züchtervereinigung *f*, en groupement *m* d'éleveurs.

Zuchtgenossenschaft *f*, en coopérative *f* d'élevage.

Zuchthaus *n*, ¨er maison *f* d'arrêt ; pénitencier *m* ; travaux *mpl* forcés ; *lebenslängliches* ~ réclusion à perpétuité.

Zuchthausstrafe *f*, n peine *f* de réclusion.

Zuchttier *n*, e animal *m* destiné à la reproduction.

Zucht(tier)bestand *m*, ¨e cheptel *m* de reproduction.

Züchtung *f*, en (*plantes*) culture *f* ; (*animaux*) élevage *m*.

Zuchtvieh *n*, ø animaux *mpl* d'élevage ; bétail *m* d'élevage.

Zucker *m*, ø sucre *m*.

Zuckerraffinerie *f*, n raffinerie *f* de sucre.

Zuckerrohr *n*, e canne *f* à sucre.

Zuckerrübe *f*, n betterave *f* à sucre.

Zuckerverbrauch *m*, ø consommation *f* de sucre.

Zudrang *m*, ø foule *f* ; presse *f* ; afflux *m* ; rush *m*.

zu/eignen : *sich etw* ~ s'approprier qqch de manière illicite.
Zueignung *f,* **en 1.** appropriation *f* illicite **2.** (*édition*) dédicace *f.*
zu/erkennen, a, a attribuer ; *dem Meistbietenden* ~ adjuger au plus offrant.
Zuerkenner *m,* - adjudicateur *m.*
Zuerkennung *f,* **en** attribution *f* ; adjudication *f.*
zu/erteilen adjuger.
Zuerteilung *f,* **en** → *Zuerkennung.*
Zuerwerb *m,* **e** activité *f* d'appoint ; salaire *m* d'appoint.
Zuerwerbsbetrieb *m,* **e** exploitation *f* agricole d'appoint.
Zufahrtsstraße *f,* **n** → *Zubringerstraße.*
Zufall *m,* ̈e aléa *m* ; hasard *m.*
zufällig fortuit ; aléatoire.
Zufallsauswahl *f,* **(en)** sélection *f* au hasard ; sélection aléatoire ; choix *m* au hasard.
Zufallsstichprobe *f,* **n** (*statist.*) échantillon *m* aléatoire.
Zufallsstreuung *f,* **en 1.** diffusion *f* au hasard de moyens publicitaires **2.** (*statist.*) variation *f* aléatoire.
Zufallsteilung *f,* **en** (*statist.*) casualisation *f.*
zu/faxen : *jdm einen Brief* ~ faxer une lettre à qqn.
Zufluchtswährung *f,* **en** monnaie-refuge *f.*
Zufluss *m,* (̈e) afflux *m* ; ~ *von Kapital* afflux de capitaux.
zufrieden (*mit*) satisfait (de).
Zufriedenheit *f,* ø satisfaction *f ; sie arbeiten zu meiner vollen* ~ leur travail me donne entière satisfaction.
zufrieden/stellen donner satisfaction ; satisfaire ; *die Kundschaft* ~ satisfaire, contenter la clientèle.
Zufuhr *f,* **en** approvisionnement *m* ; ravitaillement *m* ; arrivage *m* (de marchandises) ; apport *m* (de population).
zu/führen approvisionner ; affecter ; (*comptab.*) *einem Posten* ~ affecter à un poste ; *der Rücklage* ~ affecter à la réserve.
Zuführung *f,* **en** attribution *f* ; versement *m* ; ~ *von Geldmitteln* attribution de moyens financiers.
Zug *m,* ̈e **1.** train *m* ; *gemischter* ~ train voyageurs-marchandises ; *mit dem* ~ par le train ; *zuschlagpflichtiger* ~ train à supplément ; *den* ~ *verpassen* manquer le train **2.** trait *m* **3.** tendance *f* **4.** cortège *m.*

Zugabe *f,* **n** supplément *m* ; prime *f* ; rallonge *f.*
Zugabewerbung *f,* **(en)** publicité *f* avec primes (*syn. Geschenkwerbung*).
Zugang *m,* ̈e **1.** arrivée *f* ; arrivage *m* ; réception *f* ; rentrée *f* ; *auf dem Konto sind keine* ~ ̈e *zu verzeichnen* on n'enregistre pas de rentrées sur ce compte **2.** accès *m* ; ~ *verboten* accès interdit ; ~ *zum Internet* accès à (l') Internet ; *freier* ~ *zum Meer* libre accès à la mer.
Zugangscode *m,* **s** code *m* d'accès.
Zugangsprüfung *f,* **en** examen *m* d'admission.
Zugangssoftware *f,* **s** logiciel *m* d'accès.
Zugangsstraße *f,* **n** route *f,* voie *f* d'accès.
Zuganschluss *m,* ̈e (*trains*) correspondance *f.*
Zugehör *n,* (**e**) (*Autriche, Suisse*) → *Zubehör.*
Zugehörigkeit *f,* ø appartenance *f* ; adhésion *f* ; affiliation *f* ; *ethnische, religiöse* ~ appartenance ethnique, religieuse ; ~ *zu einer Firma* ancienneté *f* (de service) dans une maison.
Zugeständnis *n,* **se** concession *f* ; ~*se machen* faire des concessions (*syn. Konzession*).
Zugewinn *m,* **e** (*jur.*) (*régime matrimonial*) acquêt(s) *m*(*pl*) ; différence *f* entre la valeur finale et la valeur initiale des biens d'un époux.
Zugewinnausgleich *m,* **e** (*jur.*) (*régime matrimonial*) péréquation *f* des acquêts ; répartition *f* équitable des biens lors d'un divorce.
Zugewinngemeinschaft *f,* **(en)** (*jur.*) (*régime matrimonial*) communauté *f* réduite aux acquêts.
zu/greifen, i, i (*informatique*) (*auf*) avoir accès (à).
Zugriff *m,* **e** (*informatique*) *direkter, sequenzieller* ~ accès *m* direct, séquentiel.
Zugriffsgeschwindigkeit *f,* **en** (*informatique*) vitesse *f* d'accès aux données.
Zugriffsrecht *n,* **e** (*informatique*) droit *m* d'accès.
Zug-um-Zug-Geschäft *n,* **e** (*bourse*) ordre *m* lié (concernant les achats-échanges d'actions).

Zug-um-Zug-Leistung *f,* en donnant-donnant *m* ; exécution *f* simultanée (dans le cadre d'un contrat) ; coup par coup *m.*
zugunsten (+ *G*) au profit de ; ~ *Dritter* en faveur de tiers ; au bénéfice de tiers ; ~ *des Kontos* au profit du compte.
zugut/kommen, a, o : (*ist*) *jdm* ~ profiter à qqn ; bénéficier à qqn.
Zugverbindung *f,* en liaison *f* ferroviaire ; communication *f* par rail ; correspondance *f.*
Zugverkehr *m,* ø trafic *m* ferroviaire.
Zugzwang *m* : *unter* ~ *stehen* être contraint et forcé ; (*fam.*) avoir le couteau sous la gorge.
Zuhilfenahme *f,* n recours *m* (à une aide extérieure) ; *unter* ~ *von* avec le concours de ; avec le secours de.
Zuhörer *m,* - auditeur *m.*
Zukauf *m,* ¨e achat *m,* acquisition *f* supplémentaire ; ~ ¨*e tätigen* réaliser des acquisitions supplémentaires.
zu/kaufen acheter en plus ; réaliser des acquisitions supplémentaires.
Zukunft *f,* ø avenir *m* ; futur *m ; in absehbarer* ~ dans un proche avenir ; *berufliche* ~ avenir professionnel.
zukünftig futur ; à venir ; à l'avenir ; ~*e Kunden* clients *mpl* potentiels.
Zukunftsaussichten *fpl* perspectives *fpl* d'avenir.
Zukunftsbranche *f,* n branche *f* d'avenir, porteuse.
Zukunftsindustrie *f,* n industrie *f* d'avenir.
Zukunftsmusik : *das ist noch* ~ ce n'est pas encore pour demain ; c'est encore à l'état de projet.
Zukunftspläne *mpl* projets *mpl* d'avenir.
zukunftssicher d'avenir assuré.
zukunftsträchtig d'avenir ; prometteur ; porteur.
zukunftsweisend → *zukunftsträchtig.*
Zukurzgekommene/r (*der/ein*) laissé-pour-compte *mpl* ; *die ~n der Gesellschaft* les laissés-pour-compte de la société.
Zulage *f,* n supplément *m* ; allocation *f* ; prime *f* ; complément *m* ; ~ *für die nicht erwerbstätige Frau* allocation de salaire unique ; ~ *für Schwerarbeit* prime de pénibilité.
Zulagensystem *n,* e système *m* de primes.
zu/lassen, ie, a 1. autoriser ; permettre ; admettre ; *eine Aktie* ~ coter une action 2. (*véhicule*) immatriculer.

zulässig permis ; autorisé ; admis ; ~*e Belastung* charge *f* admissible ; charge autorisée ; (*jur.*) recevable ; *diese Klage ist* ~ cette plainte est recevable.
Zulassung *f,* en 1. accès *m* ; admission *f* ; permission *f* ; agrément *m* ; licence *f* ; *einstweilige* ~ admission provisoire ; ~ *zur Börse* (*zur Notierung*) admission à la cote ; ~ *als Kaufmann* agrément *m* commercial 2. (*véhicule*) immatriculation *f* ; permis *m* de circuler.
Zulassungsalter *n,* ø âge *m* d'admission.
Zulassungsantrag *m,* ¨e demande *f* d'admission.
Zulassungsausschuss *m,* ¨e (*bourse*) commission *f* d'admission des valeurs à la cote.
Zulassungsbedingungen *fpl* conditions *fpl* d'admission.
Zulassungsbehörde *f,* n (*véhicule*) service *m* des immatriculations ; (*France*) service *m* des mines.
Zulassungsbescheinigung *f,* en certificat *m* d'agrément.
Zulassungsnummer *f,* n (*véhicule*) numéro *m* d'autorisation ; numéro d'immatriculation, d'enregistrement.
Zulassungspapiere *npl* (*véhicule*) documents *mpl* d'un véhicule ; (*France*) carte *f* grise.
Zulassungsplakette *f,* n (*véhicule*) plaque *f* d'immatriculation, minéralogique.
Zulassungsprüfung *f,* en examen *m* d'admission.
Zulassungsschein *m,* e (*véhicule*) permis *m* de circulation.
Zulassungsschild *n,* er → *Zulassungsplakette.*
Zulassungsstelle *f,* n 1. (*véhicule*) service *m* des immatriculations ; bureau *m* des cartes grises 2. (*bourse*) commission *f* pour l'admission des valeurs à la cote.
Zulassungsverfahren *n,* - (*bourse*) procédure *f* d'admission ; procédure d'autorisation de mise sur le marché.
Zulassungsvoraussetzungen *fpl* conditions *fpl* d'accès.
zulasten/zu Lasten (+ *G*) à la charge de ; *die Kosten gehen* ~ *des Käufers* le coût est à la charge de l'acheteur ; les coûts incombent à l'acquéreur.
Zulauf *m,* ¨e affluence *f* ; afflux *m* ; fréquentation *f* importante ; *großen* ~ *haben* être très fréquenté ; avoir une bonne clientèle.

zu/legen 1. (*bourse*) être en/à la hausse ; progresser ; *die Investmentfonds haben deutlich zugelegt* les fonds d'investissements ont connu une hausse sensible **2.** donner une rallonge ; *bei diesem Kauf haben sie noch eine schöne Summe zulegen müssen* pour cet achat, ils ont dû rajouter une somme rondelette **3.** *sich etw ~* s'offrir, s'acheter qqch ; *er hat sich eine Zweitwohnung zugelegt* il s'est offert une résidence secondaire.

Zulieferant *m,* en, en → *Zulieferer.*

Zulieferbetrieb *m,* e entreprise *f* de sous-traitance ; firme *f* sous-traitante.

Zulieferer *m,* - sous-traitant *m* ; fournisseur *m.*

Zulieferfirma *f,* -men → *Zulieferbetrieb.*

Zulieferindustrie *f,* n industrie *f* de sous-traitance ; industrie sous-traitante ; secteur *m* en amont.

Zulieferkonzern *m,* e groupe *m* industriel de sous-traitance.

zu/liefern sous-traiter ; faire de la sous-traitance ; fournir des accessoires ; livrer des pièces détachées.

Zulieferung *f,* en sous-traitance *f* ; fourniture *f* d'accessoires ; livraison *f* de pièces détachées.

zumutbar acceptable ; raisonnable ; convenable ; pouvant être exigé ; tolérable ; supportable ; *~e Tätigkeit* emploi *m* convenable.

Zumutbarkeit *f,* ø acceptabilité *f* ; tolérance *f* ; *die Grenzen der ~* les limites du tolérable.

Zumutbarkeitskriterien *npl* critères *mpl* d'exigence, de tolérance.

Zumutbarkeitsregelung *f,* en exigences *fpl* contractuelles ; cahier *m* des charges ; *~ für Arbeitslose* obligations *fpl* pouvant raisonnablement être imposées à des chômeurs (ne pas refuser le travail proposé, déménagement éventuel, etc.).

zu/muten exiger ; demander ; *in seinem Beruf hat er sich zu viel zugemutet* il s'est imposé trop de choses dans sa profession.

Zumutung *f,* en demande *f* (exagérée) ; *diese Forderungen sind eine ~* ces revendications dépassent les bornes.

Zuname *m,* n nom *m* de famille ; patronyme *m* ; *Vor- und ~* nom et prénom.

Zunahme *f,* n augmentation *f* ; agrandissement *m* ; progression *f* ; recrudescence *f* ; intensification *f* ; *~ der Arbeitslosigkeit* progression du chômage ; *~ der Spareinlagen* augmentation de l'épargne.

Zündwaren *fpl* allumettes *fpl.*

Zündwarenmonopol *n,* ø monopole *m* des allumettes.

zu/nehmen, a, o augmenter ; croître ; s'agrandir ; connaître une recrudescence ; *überproportional ~* s'accroître dans des proportions démesurées.

zunehmend croissant ; progressif ; *in ~em Maße* dans des proportions croissantes.

Zunft *f,* ¨e corps *m* de métier ; corporation *f* ; *er ist von der ~* il est du métier, de la partie (*syn. Innung*).

Zunftgenosse *m,* n, n confrère *m* ; membre *m* de la corporation.

Zunftordnung *f,* en statuts *mpl* d'une corporation.

Zunftwesen *n,* ø corporations *fpl* ; système *m* corporatif ; corporatisme *m.*

Zunftzwang *m,* ¨e obligation *f* faite à un artisan d'adhérer à une corporation.

zu/ordnen classer, répertorier (parmi) ; (*fisc*) rattacher (à) ; *Kinder werden vom Finanzamt einem der beiden Eltern zugeordnet* les enfants sont rattachés fiscalement à l'un des parents.

Zuordnung *f,* en classement *m* ; (*fisc*) rattachement *m.*

zu/rechnen (*comptab.*) attribuer ; imputer ; affecter.

Zurechnung *f,* en (*comptab.*) attribution *f* ; imputation *f* ; affectation *f* ; *unter ~ aller Kosten* tous frais ajoutés.

zurechnungsfähig (*jur.*) responsable (de ses actes).

Zurechnungsfähigkeit *f,* ø (*jur.*) responsabilité *f* (juridique) de ses actes.

Zurruhesetzung *f,* en mise *f* à la retraite ; *vorzeitige ~* mise à la retraite anticipée.

zurück- en arrière ; retour ; retard ; rétro ; → *rück.*

zurück/ab/treten, a, e (*jur.*) rétrocéder (*syn. retrozedieren*).

Zurückbehaltung *f,* en retenue *f* ; rétention *f* ; *~ vom Lohn* retenue sur salaire.

zurück/bekommen, a, o récupérer ; *sein Geld ~* rentrer dans ses fonds.

zurück/buchen (*comptab.*) contrepasser ; rectifier une écriture.

zurück/datieren antidater.

zurück/erhalten, ie, a → *zurück/bekommen.*

zurück/erstatten restituer ; rembourser ; *die Fahrtkosten (zu)rück/erstatten* rembourser les frais de déplacement.

zurück/fahren, u, a : *die Produktion ~* réduire la production.

zurück/fordern exiger la restitution de ; exiger le remboursement d'une somme.

zurück/fragen demander des précisions.

zurück/führen 1. *(auf)* attribuer à ; s'expliquer par ; *der Schaden ist auf die schlechte Verpackung zurückzuführen* le dommage est imputable à l'emballage défectueux.

Zurückgabe *f,* n restitution *f* ; remboursement *m*.

zurück/geben, a, e rendre, retourner qqch.

zurück/gehen, i, a *(ist)* diminuer ; marquer un recul ; *die Kurse sind zurückgegangen* les cours *mpl* accusent un fléchissement.

zurückgestaut latent ; larvé ; caché ; contenu ; *~e Inflation* inflation contenue.

zurückhaltend hésitant ; réservé ; réticent ; *die Börse ist ~* la bourse est hésitante.

Zurückhaltung *f,* en réserve *f* ; réticence *f* ; modération *f* ; tiédeur *f* ; *lohnpolitische ~* modération salariale.

zurück/kaufen racheter.

zurück/legen 1. *eine Strecke ~* parcourir une distance **2.** *Geld ~* mettre de l'argent de côté.

Zurücknahme *f,* n **1.** reprise *f* ; *~ von Waren* reprise de marchandises **2.** révocation *f* ; contrordre *m* ; *~ einer Kündigung* révocation d'un congé.

zurück/nehmen, a, o reprendre ; retirer ; abandonner ; *ein Angebot ~* retirer une offre ; *eine Klage ~* retirer une plainte.

zurück/rufen, ie, u rappeler une série (de produits) pour malfaçon ; rappeler un produit défectueux.

zurück/schicken retourner ; renvoyer ; réexpédier.

zurück/schrauben *(fam.)* réduire ; *seine Lohnansprüche ~* rabattre ses prétentions salariales.

zurück/senden → *zurück/schicken.*

zurück/stellen 1. ajourner ; différer ; *zurückgestellte Zahlung* paiement *m* différé **2.** *(comptab.)* constituer des réserves.

Zurückstellung *f,* en **1.** ajournement *m* **2.** *(comptab.)* constitution *f* de réserves.

zurück/stufen 1. rétrograder ; déclasser ; *jdn in eine niedrigere Lohngruppe ~* rétrograder qqn (d'un échelon) sur la grille des salaires **2.** *(bourse)* se désengager ; alléger une ligne de titres.

Zurückstufung *f,* en rétrogradation *f* ; déclassement *m*.

zurück/treten, a, e *(ist)* **1.** renoncer à ; démissionner ; *von seinem Amt ~* se démettre de ses fonctions **2.** annuler ; *von einem Vertrag ~* résilier un contrat.

zurück/verfolgen établir la traçabilité (de qqch) ; remonter à l'origine de qqch ; *die Herkunft von Produkten ~* établir la traçabilité de produits ; → **Rückverfolgbarkeit.**

zurück/vergüten rembourser ; ristourner.

Zurückvergütung *f,* en remboursement *m* des frais.

zurück/weisen, ie, ie 1. rejeter ; *eine Klage als unberechtigt ~* rejeter une plainte injustifiée ; *einen Vorschlag ~* repousser une proposition **2.** retourner.

Zurückweisung *f,* en renvoi *m* ; refus *m* ; rejet *m* ; récusation *f*.

zurück/zahlen rembourser.

Zurückzahlung *f,* en remboursement *m*.

zurück/ziehen, o, o retirer ; *ein Angebot, eine Bewerbung ~* retirer une offre, une candidature ; *aus dem Verkehr ~* retirer de la circulation ; *sich ~* prendre sa retraite ; *sich zur Beratung ~* se retirer pour délibérer.

Zurverfügungstellung *f,* en mise *f* à la disposition ; *~ von Kreditmitteln* octroi *m* de crédits.

Zusage *f,* n consentement *m* ; promesse *f* ; *endgültige ~* acceptation *f* définitive ; *bindende ~n geben* donner des engagements fermes.

zu/sagen consentir ; accorder ; *Kredite ~* accorder des crédits.

Zusammenarbeit *f,* en collaboration *f* ; coopération *f* ; *innergemeinschaftliche ~* coopération intracommunautaire ; *wirtschaftliche ~* coopération économique.

zusammen/arbeiten coopérer ; collaborer.

Zusammenballung *f,* en concentration *f* ; *städtische ~* concentration urbaine.

zusammen/brechen, a, o (*ist*) s'effondrer ; *die Firma bricht zusammen* l'entreprise *f* croule.

Zusammenbruch *m*, ¨e effondrement *m* ; faillite *f* ; ruine *f* ; *finanzieller* ~ déroute *f* financière ; *wirtschaftlicher* ~ débâcle *f* économique.

zusammen/fassen 1. résumer ; récapituler ; faire la synthèse ; *nach Sachgebieten* ~ regrouper par matière **2.** réunir ; concentrer.

Zusammenfassung *f,* **en 1.** résumé *m* ; récapitulation *f* **2.** → *Zusammenschluss*.

Zusammengehörigkeit *f,* ø cohésion *f* ; homogénéité *f*.

zusammengesetzt composé ; *~er Index* indice *m* composite.

zusammen/kaufen acheter en bloc ; accaparer.

Zusammenkunft *f,* ¨e rencontre *f* ; entrevue *f* ; rendez-vous *m* ; *eine* ~ (*mit jdm*) *vereinbaren* convenir d'un rendez-vous (avec qqn).

zusammen/legen regrouper ; fusionner ; centraliser ; remembrer ; *Aktien* ~ regrouper des actions ; *die Produktionen* ~ fusionner les productions.

Zusammenlegung *f,* **en** réunion *f* ; concentration *f* ; fusion *f* ; consolidation *f*.

zusammen/rechnen faire le total de ; additionner ; *alles zusammengerechnet* en tout ; au total.

zusammen/schließen, o, o unir ; fusionner ; *sich* ~ s'associer ; se regrouper.

Zusammenschluss *m,* ¨e concentration *f* ; fusion *f* ; association *f* ; *horizontaler, vertikaler* ~ concentration horizontale, verticale.

zusammen/setzen constituer ; assembler ; monter ; constituer.

Zusammensetzung *f,* **en** composition *f* ; constitution *f* ; assemblage *m*.

zusammen/stellen dresser ; établir ; composer ; classer ; rassembler (des documents) ; *eine Liste* ~ établir une liste.

Zusammenstellung *f,* **en** classement *m* ; (re)groupement *m* ; liste *f*.

zusammen/treten, a, e (*ist*) se réunir ; *der Vorstand ist heute zusammengetreten* le directoire s'est réuni ce jour.

Zusammenveranlagung *f,* **en** (*fisc*) (régime *m* d') imposition *f* commune (des époux) ; taxation *f* par ménage (*contr. Ehegattensplitting*).

zusammen/zählen → *zusammen/rechnen*.

Zusatz- (*préfixe*) complémentaire ; additionnel ; supplémentaire ; d'appoint.

Zusatz *m,* ¨e additif *m* ; appoint *m* ; supplément *m* ; annexe *f* ; (*testament*) codicille *m* ; *einen* ~ *zu einem Vertrag an/bringen* rajouter un avenant à un contrat.

Zusatzabkommen *n,* - accord *m* complémentaire.

Zusatzaktien *fpl* (*bourse*) actions *fpl* nouvelles (distribuées aux actionnaires).

Zusatzantrag *m,* ¨e amendement *m*, proposition *f* additionnelle ; libellé *m* complémentaire.

Zusatzausstattung *f,* **en** (*auto.*) équipements *mpl* optionnels.

Zusatzbelastung *f,* **en** charge *f* supplémentaire ; ~ *für Importe* surtaxe *f* sur les importations.

Zusatzbestimmung *f,* **en** disposition *f* complémentaire ; clause *f* additionnelle.

Zusatzbetrag *m,* ¨e montant *m* additionnel.

Zusatzbudget *n,* **s** collectif *m* budgétaire ; budget *m* complémentaire ; rallonge *f* budgétaire.

Zusatzgebühr *f,* **en** taxe *f* supplémentaire ; frais *mpl* supplémentaires.

Zusatzjob *m,* **s** job *m* d'appoint ; petit boulot *m*.

Zusatzklausel *f,* **n** clause *f* additionnelle.

Zusatzkosten *pl* frais *mpl* accessoires ; coût *m* additionnel ; (*comptab.*) charges *fpl* supplétives.

Zusatzkredit *m,* **e** crédit *m* complémentaire.

Zusatzleistung *f,* **en** prestation *f* supplémentaire.

zusätzlich complémentaire ; additionnel ; d'appoint ; *~e Vergütung* rémunération *f* supplémentaire ; ~ *berechnen* compter en supplément.

Zusatzlohn *m,* ¨e salaire *m* d'appoint ; sursalaire *m*.

Zusatzpersonal *n,* ø personnel *m* d'appoint.

Zusatzprämie *f,* **n** surprime *f*.

Zusatzrente *f,* **n** retraite *f*, pension *f* complémentaire ; *private* ~ complément *m* d'une caisse de retraite privée.

Zusatzrentenversicherung *f,* **en** : *freiwillige* ~ caisse *f* complémentaire volontaire de retraite.

Zusatzsteuer *f*, **n** taxe *f* supplémentaire ; impôt *m* supplémentaire.
Zusatzstoff *m*, **e** additif *m*.
Zusatztarif *m*, **e** tarif *m* complémentaire.
Zusatzvereinbarung *f*, **en** convention *f* annexe ; accord *m* complémentaire.
Zusatzvergütung *f*, **en** prime *f* ; *leistungsbezogene* ~ prime *f* de productivité.
zusatzversichern (*sich*) prendre une assurance complémentaire.
Zusatzversicherung *f*, **en** assurance *f* complémentaire.
Zusatzversorgung *f*, **en** retraite *f* complémentaire ; *einen Anspruch auf eine betriebliche* ~ *haben* avoir droit à une retraite complémentaire d'entreprise.
Zusatzversorgungskasse *f*, **n** caisse *f* de retraite complémentaire.
Zusatzversorgungsleistung *f*, **en** prestation *f* versée au titre de la retraite complémentaire.
Zusatzvertrag *m*, ¨**e** avenant *m* ; contrat *m* annexe.
Zusatzzahl *f*, **en** (*jeux*) chiffre *m* complémentaire.
Zuschauerforschung *f*, ø (*télé.*) enquête *f* d'audience, d'audimat.
Zuschauermarktanteile *mpl* parts *fpl* de marché-télé ; pourcentage *m* d'audimat.
zu/schicken → *zu/senden*.
zu/schießen, o, o subventionner ; fournir des fonds supplémentaires ; (*fam.*) allonger une somme.
Zuschlag *m*, ¨**e** 1. supplément *m* ; surtaxe *f* ; ~ *für erste Klasse* supplément (de) première classe ; ~ *für Nachtarbeit* majoration *f* de salaire pour travail de nuit 2. adjudication *f* ; attribution *f* ; *den* ~ *erhalten* être déclaré adjudicataire ; *den* ~ *erteilen* adjuger à ; *bei der Auktion fand ein Gebot von 2000 Euro den* ~ lors de la vente (aux enchères), l'objet a été adjugé à 2000 euros.
Zuschlaggebühr *f*, **en** surtaxe *f* ; taxe *f* supplémentaire.
Zuschlagkarte *f*, **n** (*train*) supplément *m*.
Zuschlag(s)erteilung *f*, **en** adjudication *f*.
zuschlag(s)frei sans supplément (train) ; sans majoration supplémentaire.
Zuschlag(s)kalkulation *f*, **en** (*comptab.*) calcul *m* de l'imputation des dépenses communes aux différents éléments du prix de revient (matériel, salaires, etc.).

zuschlag(s)pflichtig à (avec) supplément ; soumis à surtaxe.
Zuschlag(s)porto *n*, **s** surtaxe *f* ; port *m* supplémentaire.
Zuschlag(s)prämie *f*, **n** surprime *f*.
zu/schlagen, u, a 1. majorer 2. (*enchères*) adjuger ; *dem Meistbietenden* ~ adjuger au plus offrant 3. imputer ; affecter.
zu/schreiben, ie, ie attribuer à ; affecter ; imputer ; *jdm einen Betrag* ~ porter une somme au compte de qqn ; créditer qqn d'une somme ; *jdm ein Grundstück* ~ mettre un terrain au nom de qqn.
Zuschrift *f*, **en** (*médias*) lettre *f* de lecteur, d'auditeur, de téléspectateur.
Zuschuss *m*, ¨**e** 1. subvention *f* ; contribution *f* financière ; subsides *mpl* ; ~¨e *für die Ausfuhr* aide *f* à l'exportation ; *verlorener* ~ subvention à fonds perdu ; ~¨e *erhalten* obtenir des subventions ; ~¨e *gewähren* (*leisten*) accorder des subventions (*syn. Subvention*) 2. (*sécurité sociale*) participation *f* ; remboursement *m*.
zuschussbedürftig nécessitant des subventions ; nécessiteux ; économiquement faible ; en difficultés.
zuschussberechtigt ayant droit *m* (à des subventions).
Zuschussbetrieb *m*, **e** entreprise *f* subventionnée.
Zuschussempfänger *m*, - subventionné *m* ; bénéficiaire *m* d'une aide financière.
Zuschussgebiet *n*, **e** région *f* subventionnée ; zone *f* en difficulté.
zu/senden, a, a expédier ; faire parvenir ; envoyer.
Zusendung *f*, **en** envoi *m*.
zu/setzen 1. ajouter 2. perdre de l'argent ; *dabei setze ich immer zu* j'en suis toujours de ma poche 3. affecter ; porter préjudice ; *die Krise setzte dem Unternehmen schwer zu* la crise a donné bien du fil à retordre à l'entreprise.
zu/sichern garantir ; assurer ; promettre ; *jdm finanzielle Unterstützung* ~ promettre un soutien financier à qqn.
zu/spitzen : *sich* ~ s'aggraver ; *der Konflikt hat sich zugespitzt* le conflit s'est aggravé.
Zuspitzung *f*, (**en**) aggravation *f* (crise, conflit).
Zustand *m*, ¨**e** 1. état *m* ; *in betriebsfähigem* ~ en état de marche 2. situation *f* ; *der derzeitige* ~ la situation actuelle.

zustande (zu Stande) bringen, a, a mettre sur pied ; exécuter ; *ein Geschäft* ~ réaliser une affaire.

zustande (zu Stande) kommen, a, o (*ist*) avoir lieu ; se réaliser ; *ein Abkommen ist zustande gekommen* un accord est intervenu.

zuständig compétent ; responsable ; *~e Behörde* autorité *f* compétente ; *~es Gericht* tribunal *m* compétent ; *von ~er Stelle erfährt man...* on apprend de source autorisée ; *dafür bin ich nicht ~* ce n'est pas de mon ressort ; *sich an die ~e Stelle wenden* s'adresser aux autorités compétentes.

Zuständigkeit *f,* **en** compétence *f* ; ressort *m* ; responsabilité *f* ; qualité *f* ; *es liegt nicht in meiner ~* cela ne relève pas de ma compétence ; *die ~ eines Gerichts an/erkennen* reconnaître la compétence d'un tribunal.

Zuständigkeitsabgrenzung *f,* **en** délimitation *f* des compétences.

Zuständigkeitsbereich *m,* **e** ressort *m* ; compétence *f* ; domaine *m* d'attribution(s).

zuständigkeitshalber pour attribution(s) ; pour suite à donner.

Zustandsbeschreibung *f,* **en** (*fig.*) (description *f* de l') état *m* des lieux.

zu/stehen, a, a : *jdm ~* revenir à qqn ; échoir à ; *der Solidaritätszuschlag steht dem Bund zu* la contribution de solidarité revient à (est affectée à) l'État.

Zustellbereich *m,* **e** → **Zustellbezirk**.

Zustellbezirk *m,* **e** (*poste*) secteur *m* de distribution.

Zustelldienst *m,* **e** (*poste*) service *m* de distribution.

zu/stellen remettre ; délivrer ; distribuer ; *etw zeitig ~* faire parvenir en temps utile ; *eine Rechnung ~* délivrer une facture.

Zustellgebühr *f,* **en** (*poste*) factage *m* ; taxe *f* de livraison à domicile.

Zustellpostamt *n,* ¨**er** (*poste*) bureau *m* distributeur.

Zustellung *f,* **en 1.** (*poste*) distribution *f* (courrier) ; *~ frei Haus* livraison *f* à domicile **2.** (*jur.*) remise *f* ; notification *f* ; *~ in Person* (*eigenhändige ~*) signification *f* remise en mains propres.

Zustellungsbescheinigung *f,* **en** (*poste*) récépissé *m* de remise.

Zustellungsurkunde *f,* **n 1.** (*jur.*) acte *m* de notification **2.** → **Zustellungsbescheinigung**.

Zustellverfügung *f,* **en** (*jur.*) (*Autriche*) ordonnance *f* de signification.

zu/stimmen approuver ; consentir ; *einem Projekt ~* donner son accord à un projet.

Zustimmung *f,* **en** accord *m* ; consentement *m* ; approbation *f* ; *ausdrückliche ~* consentement exprès ; *mündliche ~* accord verbal ; *stillschweigende ~* accord tacite ; *seine ~ erteilen* donner son accord.

zustimmungsbedürftig → *zustimmungspflichtig*.

zustimmungspflichtig soumis à un accord préalable ; tributaire d'une autorisation.

Zustrom *m,* ¨**e** afflux *m* (visiteurs) ; affluence *f*.

zu/teilen 1. attribuer ; distribuer ; affecter à ; *jdm einer Arbeit ~* affecter une tâche à qqn ; *Aktien ~* attribuer des actions **2.** adjuger **3.** rationner ; contingenter.

Zuteilung *f,* **en 1.** attribution *f* ; répartition *f* ; affectation *f* ; *~ von Gratisaktien* distribution *f* d'actions gratuites **2.** adjudication *f* **3.** contingentement *m* ; rationnement *m* ; *durch ~ regeln* rationner.

Zuteilungsantrag *m,* ¨**e** demande *f* d'attribution.

Zuteilungsbetrag *m,* ¨**e** montant *m* alloué, affecté.

Zuteilungsquote *f,* **n** contingent *m,* quota *m* de répartition.

Zuteilungssystem *n,* **e** système *m* de répartition, de rationnement.

Zutreffendes : *~ an/kreuzen* cocher la réponse.

Zutritt *m,* **e** accès *m* ; entrée *f* ; *freier ~* libre accès ; *~ verboten* défense d'entrer.

zuungunsten (+ *G*) au détriment de ; *~ des Kaufmanns* au détriment du commerçant.

zu/verdienen avoir un salaire d'appoint.

Zuverdienen *n,* ø travail *m,* activité *f* d'appoint.

Zuverdienst *m,* **e** salaire *m* d'appoint ; gain *m* supplémentaire.

zuverlässig fiable ; sûr ; sérieux ; digne de confiance ; consciencieux.

Zuverlässigkeit *f,* **en** fiabilité *f* ; sûreté *f* ; solidité *f* ; (*machine*) sécurité *f* de fonctionnement ; (*données*) pertinence *f*.

Zuverlässigkeitsnachweis *m,* e preuve *f* d'honorabilité commerciale.
Zuverlässigkeitstest *m,* s (*technique*) test *m* de fiabilité.
Zuviel *n,* ø surplus *m* ; excédent *m* ; surcroît *m* ; trop *m.*
zuvorkommend prévenant ; obligeant ; empressé ; *~e Bedienung* service *m* aimable, de qualité.
Zuvorkommenheit *f,* en prévenance *f* ; empressement *m* ; obligeance *f.*
Zuwachs *m,* (¨e) accroissement *m* ; progression *f* ; surcroît *m* ; augmentation *f* ; *jährlicher ~* accroissement annuel ; *~ der Arbeitslosigkeit* progression du chômage ; *~ an Vermögen* augmentation du patrimoine ; *~¨e verbuchen* enregistrer une progression ; *einen bedeutenden ~ an (von) Mitgliedern verzeichnen* accuser une forte progression du nombre d'adhérents ; → *Wachstum* ; *Bevölkerungs-, Kaufkraft-, Produktivitäts-, Vermögens-, Wertzuwachs.*
Zuwachsrate *f,* n taux *m* d'accroissement ; *jährliche ~* taux *m* annuel d'accroissement.
Zuwachssteuer *f,* n impôt *m* sur la plus-value, sur l'accroissement de valeur ; impôt sur l'augmentation de fortune.
Zuwachstempo *n,* s/-pi rythme *m* de progression.
Zuwahlleistung *f,* en (*assur.*) prestation *f* supplémentaire au choix.
Zuwanderer *m,* - immigré *m* ; immigrant *m.*
zu/wandern (*ist*) immigrer.
Zuwanderung *f,* en immigration *f* ; apport *m* de population ; afflux *m* de main-d'œuvre (étrangère) ; *gesteuerte ~* immigration contrôlée (*contr. Abwanderung*).
Zuwanderungsgesetz *n,* e loi *f,* législation *f* sur l'immigration (pour faciliter l'arrivée de la main-d'œuvre étrangère).
zu/weisen, ie, ie affecter ; attribuer ; *einem Fonds ~* verser à un fonds.
Zuweisung *f,* en attribution *f* ; allocation *f* ; affectation *f* ; *~ von finanziellen Mitteln* allocation de ressources financières ; *~ an die Rücklagen* affectation aux réserves.
Zuwendung *f,* en subvention *f* ; subsides *mpl* ; aide *f* ; allocation *f* ; affectation *f* ; (*jur.*) donation *f* ; *ehebezogene ~* donation entre époux ; *Mittel aus unent-* *geltlichen ~en* fonds *mpl* reçus à titre gratuit, provenant de dons ou donations.
Zuwendungsempfänger *m,* - bénéficiaire *m* de prestations de l'aide sociale ; bénéficiaire de subventions ; assisté *m.*
Zuwenig *n,* ø déficit *m* ; manque *m* ; trou *m.*
zuwenig : *~ vereinnahmter Betrag* moins-perçu *m.*
zuwider/handeln (*jur.*) enfreindre ; violer ; *einem Gesetz ~* contrevenir à une loi.
Zuwiderhandelnde/r (*der/ein*) (*jur.*) contrevenant *m.*
Zuwiderhandlung *f,* en (*jur.*) infraction *f* ; contravention *f.*
zu/zahlen payer en sus ; régler en supplément ; en être de sa poche.
zu/zählen ajouter ; additionner.
Zuzahlung *f,* en paiement *m,* versement *m* supplémentaire.
Zuzug *m,* ¨e → *Zuwanderung.*
zuzüglich (+ *G*) en sus ; en plus ; *~ (der) Kosten* majoré des frais ; *~ (des) Porto(s)* port en sus.
z. V. (*zur Verfügung*) à la disposition de.
ZVS *f* (*Zentralstelle für die Vergabe von Studienplätzen*) Office *m* central d'attribution de places à l'université, de places d'étudiants.
Zwang *m,* ¨e contrainte *f* ; coercition *f* ; force *f* ; pression *f* ; *~ an/wenden* employer la force ; *unter ~ handeln* agir sous la contrainte ; (*auf jdn*) *~ aus/üben* exercer une contrainte (sur qqn).
Zwangs- (*préfixe*) forcé ; obligatoire ; d'office ; judiciaire.
Zwangsabgabe *f,* n (*jur.*) taxe *f,* contribution *f* obligatoire.
Zwangsanleihe *f,* n (*jur.*) emprunt *m* obligatoire, forcé.
Zwangsarbeit *f,* en 1. travail *m* obligatoire ; travail forcé 2. (*jur.*) (*hist.*) travaux *mpl* forcés.
Zwangsaufenthalt *m,* e (*jur.*) résidence *f* assignée, forcée.
Zwangsausweisung *f,* en expulsion *f* (manu militari).
Zwangsbeitrag *m,* ¨e (*jur.*) cotisation *f,* contribution *f* obligatoire.
Zwangsbeitreibung *f,* en (*jur.*) recouvrement *m* forcé.
Zwangsbeitritt *m,* e adhésion *f,* affiliation *f* obligatoire.
zwangsbewirtschaftet contingenté.

Zwangsbewirtschaftung *f,* en contingentement *m,* rationnement *m* obligatoire.
Zwangseinweisung *f,* en (*jur.*) internement *m* obligatoire ; placement *m* d'office.
Zwangsenteignung *f,* en (*jur.*) expropriation *f* forcée.
Zwangsgeld *n,* er (*jur.*) amende *f* ; astreinte *f* (pénalité infligée à un débiteur pour l'obliger à s'exécuter).
Zwangsgeldbescheid *m,* e (*jur.*) avis *m,* notification *f* d'amende.
Zwangshypothek *f,* en (*jur.*) hypothèque *f* judiciaire.
Zwangskasse *f,* n caisse *f* (à affiliation) obligatoire.
Zwangskauf *m,* ¨e (*jur.*) achat *m* obligatoire.
Zwangslage *f,* n 1. état *m* de contrainte 2. gêne *f* ; *in einer ~ sein* être dans la nécessité.
Zwangsliquidation *f,* en (*jur.*) liquidation *f* judiciaire.
Zwangslizenz *f,* en licence *f* obligatoire.
Zwangsmaßnahme *f,* n mesure *f* coercitive, contraignante.
Zwangsmitgliedschaft *f,* ø (*jur.*) affiliation *f* obligatoire.
Zwangspensionierung *f,* en (*jur.*) mise *f* à la retraite d'office.
Zwangspfand *n,* ¨er (*jur.*) consigne *f* obligatoire ; *die Einweg-Verpackungssysteme mit einem ~ belegen* frapper les emballages jetables (non réutilisables) d'une consigne obligatoire.
Zwangsräumung *f,* en (*jur.*) évacuation *f* (d'un logement) forcée ; expulsion *f.*
Zwangsrückkehr *f,* ø (*étrangers*) retour *m* forcé au pays.
Zwangsschlachtung *f,* en (*agric.*) obligation *f* d'abattre des animaux contaminés.
Zwangsschlichter *m,* - (*jur.*) conciliateur *m,* arbitre *m* commis d'office.
Zwangsschlichtung *f,* en (*jur.*) conciliation *f* obligatoire.
Zwangssparen *n,* ø épargne *f* forcée.
Zwangstarif *m,* e tarif *m* obligatoire.
Zwangsumsiedlung *f,* en (*pol.*) expulsion *f* ; expropriation *f.*
Zwangsumtausch *m,* ø (*devises*) change *m* obligatoire.
Zwangsveranlagung *f,* en (*jur.*) imposition *f,* taxation *f* d'office.

Zwangsveräußerung *f,* en → *Zwangsverkauf.*
Zwangsverfahren *n,* - (*jur.*) procédure *f* coercitive, de contrainte.
Zwangsvergleich *m,* e (*jur.*) concordat *m* forcé ; arrangement *m* judiciaire.
Zwangsverkauf *m,* ¨e (*jur.*) vente *f* forcée.
zwangsversetzen (*jur.*) muter qn d'office.
Zwangsversetzung *f,* en (*jur.*) mutation *f* d'office ; affectation *f* d'office.
Zwangsversicherung *f,* en (*jur.*) assurance *f* obligatoire.
zwangsversteigern (*jur.*) vendre aux enchères publiques ; vendre par exécution forcée.
Zwangsversteigerung *f,* en (*jur.*) vente *f* judiciaire ; vente *f* de biens par voie de justice ; adjudication *f* forcée (faillites, de saisies, etc.).
Zwangsverteidiger *m,* - (*jur.*) avocat *m* nommé d'office.
Zwangsverwalter *m,* - (*jur.*) administrateur *m* judiciaire ; séquestre *m* ; *das Gericht hat einen ~ ernannt* le tribunal a désigné un séquestre.
Zwangsverwaltung *f,* en (*jur.*) séquestre *m* ; mise *f* sous séquestre ; administration *f* séquestre, provisoire ; *die ~ auf/heben* lever les séquestres ; *unter ~ stellen* mettre sous séquestre.
Zwangsvollstreckung *f,* en (*jur.*) exécution *f* forcée ; exécution par voie judiciaire ; (*biens meubles*) saisie-exécution *f* ; (*immobilier*) saisie *f* immobilière.
Zwangswirtschaft *f,* en 1. économie *f* dirigiste, réglementée ; dirigisme *m* (économique) 2. régime *m* de contingentement ; système *m* de rationnement.
Zwanzigerklub *m,* ø le Club des vingt (Club des dix élargi aux pays en voie de développement) → *Zehnerklub.*
Zweck *m,* e but *m* ; dessein *m* ; fin *f* ; intention *f* ; *zu diesem ~* dans ce but ; à cette fin ; *Stiftung für wohltätige ~e* fondation *f* de bienfaisance ; *einen ~ verfolgen* poursuivre un but.
Zweckbau *m,* -ten bâtiment *m* fonctionnel.
zweckbestimmt → *zweckdienlich.*
Zweckbestimmung *f,* en affectation *f* à des objectifs précis ; destination *f* ; *~ von Ausgaben, von Einnahmen* affectation de dépenses, de recettes.

Zweckbindung *f,* en → *Zweckbestimmung.*

zweckdienlich adéquat ; approprié ; fonctionnel ; utile ; affecté ; destiné ; ~*e Mittel* moyens *mpl* affectés à des objectifs précis ; ~*e Rücklage* réserve *f* affectée.

zweckentfremden détourner qqch de sa destination première ; *Gelder* ~ détourner des fonds de leur destination.

zweckentfremdet désaffecté ; détourné de sa fonction (première) ; non conforme ; ~*e Verwendung von Steuermitteln* utilisation non conforme d'impôts.

Zweckentfremdung *f,* en désaffectation *f* (de fonds) ; changement *m* d'affectation (d'une subvention, par ex.).

zweckfremd → *zweckentfremdet.*
zweckgebunden → *zweckdienlich.*
zweckgemäß → *zweckdienlich.*
zweckmäßig → *zweckdienlich.*
Zwecksetzung *f,* en objectif *m.*
Zwecksparen *n,* ø épargne *f* utilitaire, de prévoyance.

Zwecksteuer *f,* n impôt *m* affecté à un but précis.

Zweckverband *m,* ¨e (*jur.*) association *f* de droit public avec des objets spécifiques (logement sociaux, crèches, aides aux handicapés, etc.).

Zweckvermögen *n,* - patrimoine *m* d'affectation.

zweckwidrig inapproprié ; inadéquat ; mal adapté ; indû ; ~*e Verwendung* utilisation *f* indue ; *Gelder* ~ *verwenden* détourtner des fonds de leur affectation première ; utiliser indûment des fonds.

Zweidrittelmehrheit *f,* ø majorité *f* des deux tiers.

Zweifelderwirtschaft *f,* en (*agric.*) assolement *m* biennal.

Zweifelsfall *m,* ¨e question *f* litigieuse ; *im* ~ en cas de doute.

Zweig *m,* e branche *f,* secteur *m* (d'activité).

Zweiggeschäft *n,* e succursale *f* ; filiale *f.*

Zweiggesellschaft *f,* en société *f,* entreprise *f* affiliée ; compagnie *f,* maison *f* annexe ; comptoir *m.*

Zweigniederlassung *f,* en 1. succursale *f* non autonome ; bureau *m* de représentation 2. (*autonome*) établissement *m* secondaire.

Zweigstelle *f,* n agence *f* ; filiale *f* ; annexe *f* ; succursale *f* ; antenne *f.*

Zweigstellenleiter *m,* - gérant *m* de succursale, d'agence.

Zweigstellennetz *n,* e réseau *m* de succursales, d'agences ; annexes *fpl* multiples.

Zweigunternehmen *n,* - → *Zweiggesellschaft.*

Zweijahresveranstaltung *f,* en manifestation *f* bisannuelle ; biennale *f* (tous les deux ans).

Zweikammersystem *n,* e (*polit.*) bicamér(al)isme *m.*

Zwei-Klassen- (*préfixe*) (*fig.*) à deux vitesses.

Zwei-Klassen-Medizin *f,* ø médecine *f* à deux vitesses.

Zweimanngesellschaft *f,* en (*jur.*) société *f* composée de deux associés.

zweimonatlich bimestriel.

Zweiparteiensystem *n,* e (*polit.*) bipartisme *m.*

Zweipersonenhaushalt *m,* e (*statist.*) ménage *m* de deux personnes ; → *Einpersonenhaushalt.*

Zweischeinsystem *n,* e (*stocks*) récépissé-warrant *m.*

zweischichtig : ~*er Betrieb* entreprise *f* pratiquant les deux-huit ; entreprise fonctionnant avec deux équipes.

zweiseitig bilatéral.

Zweitausfertigung *f,* en duplicata *m* ; copie *f* ; double *m* ; (*jur.*) ampliation *f.*

Zweitausführung *f,* en → *Zweitausfertigung.*

Zweiteilung *f,* en subdivision *f.*

zweiter Arbeitsmarkt *m,* ø marché *m* parallèle de l'emploi (personnes employées dans le cadre des mesures de création d'emploi) ; → *ABM* ; *Kombilohn.*

zweiter Bildungsweg *m* → *Fort-, Weiterbildung.*

zweiter Lohn *m* : second salaire *m* (sommes autres que le salaire brut : treizième mois ; primes, etc.).

Zweitjob *m,* s activité *f* annexe ; job *m* d'appoint ; petit boulot *m.*

zweitklassig de deuxième catégorie ; de moindre valeur ; ~*e Qualität* de qualité inférieure.

Zweitmarke *f,* n sous-marque *f.*

zweitrangig de deuxième ordre, de deuxième catégorie ; (*hypothèque*) de second rang.

Zweitstimme *f*, **n** 1. (*polit.*) deuxième voix *f* (l'électeur dispose d'une seconde voix pour élire la liste du parti politique de son choix) 2. deuxième voix (du président du conseil de surveillance dans une entreprise cogérée).

Zweitwagen *m*, - deuxième voiture *f* (d'un ménage).

Zweitwohnung *f*, **en** résidence *f* secondaire.

Zwergbetrieb *m*, **e** mini-exploitation *f* ; micro-entreprise *f*.

zwingend contraignant ; impératif ; ayant force de loi ; ~*e gesetzliche Vorschriften* dispositions *fpl* légales impératives.

Zwischenabkommen *n*, - accord *m* intérimaire.

Zwischenabrechnung *f*, **en** compte *m*, calcul *m* intérimaire.

Zwischenabschluss *m*, ¨e → ***Zwischenbilanz***.

Zwischenauslandsverkehr *m*, ø → ***Transitverkehr***.

Zwischenbericht *m*, **e** rapport *m* intermédiaire.

zwischenbetrieblich interentreprises.

Zwischenbilanz *f*, **en** (*comptab.*) bilan *m* intérimaire.

Zwischendarlehen *n*, - → ***Überbrückungskredit***.

zwischendeutsch : (*hist.*) ~*er Handel* commerce *m* interallemand (entre l'ex-R.D.A. et la R.F.A.) (*syn. innerdeutsch* ; *deutsch-deutsch*).

Zwischendividende *f*, **n** (*bourse*) dividende *m* intérimaire ; acompte *m* sur dividende.

Zwischenerzeugnis *n*, **se** → ***Halberzeugnis***.

Zwischenfall *m*, ¨e incident *m* ; contretemps *m* ; *ärgerlicher* ~ incident fâcheux.

zwischenfinanzieren accorder un crédit relais (dans l'attente du crédit contractuel).

Zwischenfinanzierung *f*, **en** → ***Vorfinanzierung***.

zwischengeschaltet interposé ; intercalé ; (*U.E.*) ~*e Länder* pays-relais *m* (par où transitent les crédits à l'exportation).

Zwischengüter *npl* produits *mpl* intermédiaires.

Zwischenhafen *m*, ¨ port *m* d'escale ; port de relâche ; entrepôt *m* maritime.

Zwischenhandel *m*, ø commerce *m* d'intermédiaire ; commerce de demi-gros.

Zwischenhändler *m*, - intermédiaire *m* ; entrepositaire *m*.

Zwischenkonto *n*, **-ten** compte *m* d'attente, provisoire (*syn. Interimskonto*).

Zwischenkredit *m*, **e** → ***Überbrückungskredit***.

Zwischenlager *n*, - (*transit*) entrepôt intermédiaire.

zwischenlagern stocker, entreposer provisoirement.

Zwischenlagerung *f*, **en** stockage *m* provisoire, non définitif.

zwischenlanden (*ist*) faire escale.

Zwischenlandung *f*, **en** escale *f*.

Zwischenlösung *f*, **en** solution *f* provisoire.

Zwischenmakler *m*, - courtier *m*, agent *m* de change intermédiaire.

Zwischenperson *f*, **en** intermédiaire *m* ; tierce personne *f*.

Zwischenprodukt *n*, **e** → ***Halbfabrikat***.

Zwischenprüfung *f*, **en** 1. (*comptab.*) contrôle *m* intermédiaire des comptes 2. (*université*) examen *m* intermédiaire ; (*France*) D.E.U.G. *m*.

Zwischenregelung *f*, **en** règlement *m* provisoire.

Zwischensaison *f*, **s/en** entre-saison *f* ; intersaison *f*.

Zwischenschein *m*, **e** certificat *m* provisoire.

Zwischenspediteur *m*, **e** sous-commissionnaire *m* (de transports).

zwischenstaatlich interétatique ; intergouvernemental ; international ; ~*e Beziehungen* relations *fpl* internationales ; ~*e Organisation* organisme *m* intergouvernemental ; ~*es Recht* droit *m* international.

Zwischenstufe *f*, **n** stade *m*, étape *f* intermédiaire (de production, de fabrication).

Zwischenverfügung *f*, **en** disposition *f* provisoire ; (*jur.*) décision *f* interlocutoire.

Zwischenverkauf vorbehalten (*clause commerciale*) sauf vente.

Zwischenwert *m*, **e** valeur *f* intermédiaire.

Zwischenzeit *f*, **en** intervalle *m* ; intérim *m*.

Zwischenzinsen *mpl* intérêts *mpl* intérimaires.

zwo (*téléph.*) deux (chiffre annoncé au téléphone, pour éviter la confusion de *zwei* avec *drei*).

Zwölftel *n* : *provisorisches* ~ douzième *m* provisoire (fraction du budget dont le gouvernement peut disposer pendant un mois en cas de retard dans le vote du budget annuel).

Zwölfmeilenzone *f*, **n** limite *f* des douze milles qui limite la zone de souveraineté maritime de certains États.

z.Wv. (*zur Wiedervorlage*) à représenter.

zyklisch cyclique ; périodique ; conjoncturel ; ~*e Bewegung* mouvement *m* cyclique.

Zyklus *m*, **-klen** cycle *m* ; *die konjunkturellen* ~*en* les cycles conjoncturels.

zz (*zurzeit*) actuellement ; pour le moment.

Zz. → *Zinszahl*.

z.Z. (*zur Zeit*) à l'époque de.

zzgl. → *zuzüglich*.

Français-Allemand

Présentation

Ce dictionnaire veut être non seulement un ouvrage de référence pour les spécialistes, mais également un ouvrage accessible à tous ceux qui sont confrontés à la langue de l'économie et des médias d'aujourd'hui, au vocabulaire de la politique et du droit, des technologies nouvelles et des questions environnementales.

Il couvre, entre autres, les domaines tels que :

- **le commerce :** *distribution, grande surface, épicier du coin, code-barres, hypermarché, magasin discount, commerce en ligne* ;

- **l'entreprise :** *mondialisation, délocalisation, entrepreneurial, valeur ajoutée, taux de pénétration, contrôle de gestion, désindustrialisation, externalisation* ;

- **le monde du travail :** *acquis sociaux, flexibilisation, intérimaire, flux tendu, temps partiel, R.T.T., tertiarisation, C.D.I.* ;

- **le monde de la finance, de la bourse et de la banque:** *fusion, O.P.A., opéable, fonds de pension, F.C.P., valeur actionnariale, O.A.T., capital-risqueur, bancassurance, CAC 40, retour sur investissement* ;

- **la publicité et le marketing :** *marché porteur, marketing-mix, groupe-cible, sponsoriser, fidéliser, media-planning* ;

- **les professions :** *consultant, analyste, chargé de mission, free-lance, ingénieur-conseil, expert comptable, téléopérateur, auxiliaire de vie, technico-commercial* ;

- **la comptabilité :** *amortissement, bilan consolidé, plan comptable, calcul des coûts ; résultat d'exploitation* ;

- **la langue des médias :** *presse people, médiatisation, sondage, journal parlé, éditorial, paysage médiatique, P.A.F.* ;

- **la politique :** *scrutin majoritaire, tête de liste, référendum, régionalisation* ;

- **l'environnement :** *développement durable, changement climatique, gaz à effet de serre, biocarburant, émission de dioxyde de carbone, traçabilité* ;

- **le lexique relatif à l'Europe :** *Union européenne (U.E.), Parlement européen, B.C.E., directive européenne, P.A.C.* ;

- **le droit :** *usufruit, nue-propriété, commission rogatoire, vide juridique, usucapion, présomption d'innocence, judiciarisation* ;

- **les technologies et notions nouvelles :** *courriel, en ligne, transgénique, biotechnologie, l'Internet, internaute, surfer, blog, virtuel, portail* ;

- **la formation et l'enseignement :** *L.E.P., formation continue, B.E.P., grande école, classe préparatoire, concours, mastère* ;

- **les termes anglo-américains :** *break-even-point, business-angel, claw back, LBO (leveraged by out), cash flow, turn over, trust, holding.*

L'ouvrage propose également :

- **des flèches de renvoi :** *engineering → ingénierie; trust → holding, groupe ; Web → Internet, Toile, Net ; transgénique → O.G.M.* ;

- **le recensement de concepts français :** *tiers provisionnel, ticket modérateur, U.R.S.S.A.F., U.N.E.D.I.C.* ;

- **la définition de certains concepts :** *franchisage, titrisation ; traçabilité, PER (Price Earning Ratio)* ;

- **des synonymes et des antonymes :** *globalisation (syn. mondialisation); start-up (syn. jeune pousse); E-mail (syn. courriel, mail, mél) ; logiciel (contr. matériel)* ;

- **les sigles et abréviations les plus courants** : *A.O.C., C.N.I.L., G.I.E., O.N.G., P.A.F., R.M.I., R.T.T., T.V.A., T.T.C.* ;

- **les termes historiques :** *GATT, C.E.C.A., C.N.P.F.* ;

- **des expressions familières** ayant droit de cité dans le monde des affaires : *cumulard, valse des étiquettes, piston, se serrer la ceinture, smicard* ;

- **certains mots-clés** (*prix, valeur, économie*, etc.) sont présentés sous forme d'encadrés pour faciliter le repérage ;

- **le noircissement des lettres en marge** facilitera votre recherche.

Grâce au système des renvois matérialisés par une flèche, au commentaire qui accompagne certains concepts (*tontine, R.E.R., S.I.R.E.T., S.I.R.E.N. quirat, MBO, intermittent, méthode B.A.M.S.*), nous nous sommes efforcés de faciliter l'accès de ce monde économique en pleine mutation aux utilisateurs de cet ouvrage. Nous espérons qu'il répondra à leur attente.

Paris, 12 mars 2007

Bernard STRAUB Paul THIELE

FRANÇAIS-ALLEMAND

A

à : (*timbre*) ~ *0,46* zu 0,46 ; ~ *5 € pièce* das Stück zu 5 € ; ~ *bas prix* billig ; zu niedrigen Preisen ; *horaire m ~ la carte* gleitende Arbeitszeit *f* (Glaz) ; ~ *court, moyen, long terme* kurz-, mittel-, langfristig ; ~ *crédit* auf Kredit ; ~ *la douzaine* dutzendweise ; ~ *notre entière satisfaction* zu unserer vollen Zufriedenheit ; ~ *vos frais* auf eigene Kosten ; ~ *intérêts* auf Zinsen ; *prêt m ~ intérêts* verzinsliches Darlehen *n* ; ~ *50 %* zu fünfzig Prozent ; ~ *perte* mit Verlust ; ~ *notre programme* auf unserem Programm ; ~ *vos risques et périls* auf eigene Gefahr ; (*impôts*) *prélèvement m ~ la source* Quellenbesteuerung *f* ; ~ *terme* auf Ziel ; *à tempérament* auf Raten ; ~ *vue* auf Sicht. **A. 1.** *acquitté* bezahlt ; beglichen **2.** *argent* Geld *n* **3.** *avoir* Haben *n* ; Guthaben *n*.

A, AA, AAA (*triple A*) (*bourse : niveau de solvabilité d'une société attribué par une agence de notation*) Bonitätsbewertung *f* einer Handelsgesellschaft ; A (*bonne solvabilité*) kreditwürdig ; AA (*très bonne solvabilité*) sehr kreditwürdig ; AAA (*excellente solvabilité*) unbeschränkte Kreditwürdigkeit *f* (*contr. B, BB, BBB*).

abaissement *m* Herabsetzung *f* ; Senkung *f* ; ~ *de l'âge de la retraite, des impôts, du niveau de vie* Herabsetzung des Rentenalters ; Senkung der Steuern, des Lebensstandards ; ~ *du coût de la vie, du taux d'escompte* Senkung der Lebenshaltungskosten, des Diskontsatzes ; ~ *du temps de travail* Arbeitszeitverkürzung *f*.

abaisser senken, herabsetzen, ermäßigen ; ~ *les coûts de production* die Produktionskosten senken ; ~ *les droits de péage* die Autobahngebühr ermäßigen ; ~ *le taux d'escompte* den Diskontsatz herabsetzen.

abandon *m* **1.** Verzicht *m* ; Aufgabe *f* ; Abkehr *f* ; ~ *de poste* Verlassen *n* des Arbeitsplatzes ; ~ *d'un projet* Ausstieg *m* aus einem Projekt ; Verzicht auf ein Projekt ; ~ *du nucléaire* Ausstieg aus der Kernenergie **2.** (*jur.*) Abandon *m* ; Abtretung *f* ; Aufgabe *f* ; *délai m, droit m d'~* Abandonfrist *f*, -recht *n* ; ~ *de propriété* Eigentumsaufgabe *f* **3.** (*bourse*) ~ *de la prime* Prämienaufgabe *f* ; *cours m d'~* Loskurs *m*.

abandonner 1. verzichten (auf + A) ; aufgeben ; (*quitter*) verlassen ; *objets réputés abandonnés* herrenlose Sachen *fpl* ; ~ *une créance* auf eine Forderung verzichten ; ~ *ses études* das Studium abbrechen ; ~ *ses fonctions* sein Amt aufgeben (niederlegen) ; ~ *la partie* den Kampf aufgeben ; ~ *les poursuites* die Verfolgungen einstellen ; ~ *de ses prétentions* seine Ansprüche mäßigen ; (*prix*) herunterlassen ; absetzen ; (*fig.*) mindern ; herunterschrauben ; klein beigeben ; *faire ~ un projet à qqn* jdn von einem Vorhaben abbringen **2.** (*bourse*) einbüßen ; ~ *la prime* auf die Prämie verzichten ; *l'action a abandonné trois points* die Aktie ist um drei Punkte zurückgefallen.

abattage *m* **1.** (*animaux*) Schlachten *n* ; *campagne f d'~ d'animaux contaminés* Notschlachtaktion *f* ; *plan m d'~* (Not)Schlachtplan *m* ; *poids m d'~* Schlachtgewicht *m* ; Lebendgewicht ; *prime f d'~* Schlachtprämie *f* ; ~ *clandestin* Schwarzschlachten **2.** (*arbres*) Abholzen *n* ; Fällen *n*.

abattement *m* Abschlag *m* ; Preisnachlass *m* ; Freibetrag *m* ; (*impôt*) Ermäßigung *f* ; Nachlass *m* ; ~ *à la base* Freibetrags-, Steuerfreigrenze *f* ; ~ *forfaitaire* Steuerpauschalabschlag ; steuerliche Pauschalermäßigung ; ~ *pour enfant(s) à charge* Kinderfreibetrag ; ~ *pour erreur des services fiscaux* Fehlerfreibetrag *m* ; Entlastung *f* wegen Fehler der Steuerbehörde ; ~ *fiscal* Steuernachlass ; ~ *pour personnes âgées* Altersfreibetrag ; ~ *par zone* Zonenabschlag ; *possibilité f d'~* Steuerabzugsmöglichkeit *f*, -fähigkeit *f* ; *retraite f sans ~* Rente ohne Abzug ; *obtenir un ~* eine Steuerermäßigung erhalten ; *subir un ~* eine Kürzung erfahren.

abattre 1. (*animaux*) schlachten **2.** (*arbres*) abholzen ; fällen **3.** (*négociations*) ~ *ses cartes* (*son jeu*) die Karten auf den Tisch legen **4.** (*fig.*) ~ *du travail, de la besogne* ein tüchtiger Arbeiter sein ; tüchtig arbeiten.

abîmer beschädigen ; verderben.

abolir abschaffen ; abbauen ; (*loi*) außer Kraft setzen ; ~ *le contrôle des*

A

abolition

changes die Devisenbewirtschaftung abschaffen ; ~ *les distances* Entfernungen schrumpfen lassen ; ~ *la peine de mort* die Todesstrafe abschaffen.

abolition *f* Abschaffung *f* ; Abbau *m* ; ~ *de la peine de mort* Abschaffung der Todesstrafe.

abondance *f* Überfluss *m* ; *société f d'*~ Wohlstandsgesellschaft *f*.

abondant, e reichlich ; ausgiebig ; *une récolte* ~*e* eine reiche Ernte.

abondement *m* Arbeitgeberbeiträge *mpl* zum Sparplan für die Altersrente der Arbeitnehmer ; Arbeitgeberanteil *m* am Sparplan für die Altersrente der Arbeitnehmer.

abonder 1. an etw (D) Überfluss haben ; etw im Überfluss besitzen ; *cette région abonde en blé* diese Gegend ist eine reiche Korngegend **2.** reichlich (im Überfluss) vorhanden sein ; strotzen von/vor ; es wimmelt von.

abonné *m* Abonnent *m* ; Bezieher *m* ; ~ *au téléphone* Fernsprechteilnehmer *m* ; Telefonkunde *m* ; ~ *des transports publics* Zeitkarteninhaber *m* ; *liste f des* ~*s* Abonnentenliste *f* ; *nombre m d'*~*s* Abonnentenzahl *f* ; *il n'y a pas d'*~*é au numéro que vous avez demandé* kein Anschluss unter dieser Nummer ; (*S.N.C.F.*) Zeitkarteninhaber *m* ; ~ *du gaz* Gasabnehmer *m* ; (*théâtre*) Theaterabonnent *m* ; *période f d'*~ Bezugsdauer *f*.

abonné, e abonniert ; *être* ~ *à qqch* auf etw abonniert sein ; etw abonniert haben ; *être* ~ *à un journal* eine Zeitung beziehen.

abonnement *m* Abonnement *n* ; (*fam.*) Abo *n* ; (*théâtre*) Theaterabonnement ; ~ *d'essai* Probeabonnement ; ~ *au gaz et à l'électricité* Vertragsverhältnis *n* über Gas- und Stromversorgung ; ~ *de transport* Monats-, Zeitkarte *f* ; ~ *postal* Postbezug *m* ; ~ *au téléphone* Fernsprechanschluss *m* ; *conditions fpl, carte f d'*~ Abonnement(s)bedingungen *fpl*, –karte *f* ; *montant m de l'*~ Abonnement(s)betrag *m* ; *prix m (tarif) de l'*~ Abonnement(s)preis *m* ; Bezugspreis ; *taxe f d'*~ Grundgebühr *f* ; *avoir un* ~ *ein Abonnement haben* ; *avoir un* ~ *de théâtre* im Theater abonniert sein ; *prendre un* ~ *de six mois à un magazine* ein Magazin auf sechs Monate abonnieren ; *résilier un* ~ abbestellen.

abonner : *s'*~ abonnieren ; *s'*~ *à un journal* eine Zeitung abonnieren (beziehen).

abonnés *mpl* **absents** (service des) Fernsprechauftragsdienst *m*.

à bord an Bord ; *franco* ~ (*FOB*) frei an Bord (FOB) ; *tout le monde* ~ alle Mann an Bord ; *prendre des passagers* ~ Passagiere an Bord nehmen.

abordable : *à un prix* ~ zu einem erschwinglichen (annehmbaren) Preis.

abordage *m* (*navigation*) Schiffszusammenstoß *m*.

aborder : ~ *qqn* jdn ansprechen ; ~ *un marché* einen Markt angehen ; in einen Markt einsteigen.

aboutir führen zu ; erfolgreich sein ; zu einem Ergebnis führen ; mit etw durchdringen ; *ne pas* ~ ergebnislos bleiben (sein) ; zu nichts führen ; *empêcher un projet d'*~ ein Vorhaben verhindern ; *faire* ~ *qqch* etw durchsetzen ; etw zu Stande (zustande) bringen ; etw verwirklichen ; *faire* ~ *une revendication* eine Forderung durchsetzen.

aboutissants : *connaître les tenants et les* ~ *d'une affaire* die näheren Umstände einer Angelegenheit kennen ; über die ganze Angelegenheit im Bilde sein.

aboutissement *m* Ausgang *m* ; Erfolg *m*.

abrégé *m* Kurzfassung *f* ; Kurzform *f* ; Zusammenfassung *f* ; Abkürzung *f*.

abréviation *f* Abkürzung *f*.

abri *m* Obdach *n* ; Unterkunft *f* ; *à l'*~ *de* sicher vor (+ D) ; *les sans-*~ *mpl* die Obdachlosen *mpl* ; *être à l'*~ *du besoin* keine Not leiden ; (*fig.*) *mettre des capitaux à l'*~ Gelder (Kapital) bunkern ; *se mettre à l'*~ *de qqch* sich abschotten gegen.

abribus *m* (*transports*) Bus-Wartehäuschen *n*.

abriter unterbringen ; beherbergen ; *le bâtiment abrite plusieurs bureaux* das Gebäude beherbergt mehrere Büros.

abrogation *f* Abschaffung *f* ; Aufhebung *f* ; Außerkraftsetzung *f* ; ~ *partielle d'une loi* Derogation *f* eines Gesetzes ; *l'*~ *d'un décret* Außerkraftsetzung eines Erlasses.

abrogatoire : *clause f* ~ Aufhebungsklausel *f*.

abroger abschaffen ; außer Kraft setzen ; aufheben.

ABS 1. (*aux bons soins de*) zu Händen von (zu Hd. von) **2.** (*industrie. système anti-blocage*) Antiblockiersystem *n*.

abscisse *f* (*statistiques*) Abszisse *f* ; die X-Achse *f*.

absence *f* Abwesenheit *f* ; *(clients, visiteurs)* Ausbleiben *n* ; Fehlen *n* ; Mangel *m* ; ~ *injustifiée* unentschuldigtes Fernbleiben *n* ; ~ *du travail* Arbeitsversäumnis *n* ; *en l'~ de* in (während) jds Abwesenheit ; ~ *pour cause de maladie* Abwesenheit wegen Krankheit ; ~ *de déclaration d'impôt* Fehlen *n* einer Steuererklärung ; *en l'~ de preuves* mangels Beweisen ; ~ *prolongée* längere Abwesenheit ; ~ *de ressources* Mittellosigkeit *f* ; ~ *de texte juridique* Rechtsunsicherheit *f* ; fehlende Rechtsregel *f* ; Gesetzlosigkeit *f* ; Rechtsvakuum *n* ; *(disparition)* Verschollenheit *f*.
absent, e abwesend.
absentéisme *m* (häufiges) Fernbleiben *n* (vom Arbeitsplatz) ; Arbeitsversäumnis *n* ; *(fam.)* Blaumachen *f* ; *taux m d'~* Fehlquote *f* ; Arbeitsausfallquote *f* ; *(maladie)* Krankenstand *m* ; *être rappelé à l'ordre pour ~ injustifié* wegen unentschuldigten Fernbleibens von der Arbeit abgemahnt werden ; *pratiquer l'~ volontaire (fam.)* sich vor der Arbeit drücken.
absentéiste *m* jd, der häufig der Arbeit fernbleibt ; *(fam.)* Blaumacher *m* ; *(péj.)* ~ *professionnel* Drückeberger *m* ; Arbeitsscheue(r).
absenter : *s'~* fernbleiben ; weggehen verreisen ; sich entfernen ; *s'~ de son poste* seinen Arbeitsplatz verlassen.
absorber 1. *(société, marché)* eingliedern ; übernehmen ; aufnehmen ; ~ *un concurrent* sich eine Konkurrenzfirma einverleiben ; *société absorbante, absorbée* übernehmende, übernommene Gesellschaft **2.** *(augmentations, coûts)* auffangen **3.** *(excédents)* abschöpfen ; ~ *le pouvoir d'achat excédentaire* die überschüssige Kaufkraft abschöpfen **4.** *(consommer)* aufzehren **5.** ~ *la moitié des ventes d'un pays* die Hälfte der Produktion eines Lands kaufen **6.** ~ *des titres* Wertpapiere aufkaufen.
absorption *f (société)* Eingliederung *f* ; Übernahme *f* ; Verschmelzung *f* ; ~ *de capital* Kapitalabschöpfung *f* ; ~ *d'une commune par une autre* Eingemeindung *f* ; ~ *du pouvoir d'achat* Kaufkraftabschöpfung *f* ; ~ *par un trust* Vertrustung *f* ; *capacité f d'~* Aufnahmefähigkeit *f* ; *fusion f par ~* Fusion *f* durch Übernahme.
abstenir : *s'~* sich enthalten ; unterlassen ; (ver)meiden ; *(vote)* sich der Stimme enthalten.

abstention *f* Unterlassen *n* ; *(vote)* Stimmenthaltung *f* ; *motion adoptée par dix voix et deux ~s* der Antrag wurde mit zehn Stimmen bei zwei Enthaltungen verabschiedet ; *(UE)* ~ *constructive* Prinzip *n* der konstruktiven Enthaltung *(syn. principe des coopérations renforcées)*.
abstentionnisme *m* Wahlmüdigkeit *f* ; Wählerenthaltung *f*.
abstentionniste *m* Nichtwähler *m*.
abstraction faite de abgesehen von.
abus *m* Missbrauch *m* ; Übergriff *m* ; Überschreitung *f* ; ~ *de biens sociaux* Veruntreuung *f* von Firmengeldern ; Unterschlagung *f* von betrieblichen Vermögenswerten ; Sozialleistungsmissbrauch ; ~ *de confiance* Vertrauensmissbrauch ; Vertrauensbruch *m* ; Untreue *f* ; Unterschlagung *f* ; Veruntreuung *f* ; ~ *de gestion* unredliche Geschäftsführung ; Missmanagement *n* ; Veruntreuung *f* ; ~ *de pouvoir* Amtsmissbrauch ; *lutte f contre les* ~ Missbrauchsbekämpfung *f* ; *faire un* ~ *d'autorité* seine Amtsbefugnisse überschreiten ; *poursuivre qqn pour* ~ jdn wegen Untreue verklagen.
abusif, ive missbräuchlich ; irreführend ; falsch ; übermäßig ; *licenciement m* ~ willkürliche (nicht gerechtfertigte) Entlassung *f* ; *prix m* ~ übertriebener (überhöhter, horrender) Preis ; Wucherpreis.
A.C. 1. *achat au comptant* Barkauf *m* **2.** *acompte m* Anzahlung *f* **3.** *année courante (année en cours)* laufendes Jahr **4.** *assurance f comprise* einschließlich Versicherungskosten.
académie *f* **d'été** Sommerakademie *f*.
A.C.A.D.I. (l') *f (Association des cadres dirigeants de l'industrie)* Verband *m* der leitenden Angestellten in der Industrie.
accablé, e : *être* ~ *de dettes* überschuldet, hoch verschuldet sein ; mit Schulden überhäuft sein ; *(fam.)* bis über die Ohren in Schulden stecken ; mehr Schulden als Haare auf dem Kopf haben ; *être* ~ *de difficultés* in großen Schwierigkeiten sein.
accalmie *f* Flaute *f* ; Geschäftsstille *f*, -rückgang *m* ; Verlangsamung *f* der Geschäfte ; ~ *de la demande* Beruhigung *f*, Rückgang der Nachfrage.
accaparement *m* Aufkauf *m* ; Hamstern *n* ; Hortung *f* ; Hamsterkauf *m*.
accaparer aufkaufen ; hamstern ; horten ; ~ *des céréales en prévision de mauvaises récoltes* in Erwartung von Missernten Getreide aufkaufen.

A

accapareur *m* Aufkäufer *m* ; Hamsterer *m* ; Wucherer *m*.
accédant *m* : ~ *à la propriété* Haus-, Grunderwerber *m*.
accéder Zugang haben (*à zu*) ; ~ *à une demande* (*à une requête*) einem Antrag stattgeben ; (*échelon*) aufrücken ; (*consentir*) zustimmen ; ~ *à un emploi* eine Stelle bekommen ; einen Broterwerb erhalten ; ~ *à de hautes fonctions* zu einem hohen Amt gelangen ; ~ *à la propriété* Eigentum bilden (erwerben) ; ~ *à un poste de direction* in eine Spitzenposition aufsteigen.
accélérer beschleunigen ; *s'*~ sich beschleunigen ; auf Touren kommen.
accentuer (sich) verstärken ; hervorheben ; ~ *son avance* seinen Vorsprung ausbauen ; *la tendance inflationniste s'accentue* die inflationistische Tendenz verstärkt sich.
acceptabilité *f* Akzeptanz *f* ; ~ *sociale* Sozialverträglichkeit *f*.
acceptable akzeptabel ; annehmbar ; akzeptierbar ; *offre f, prix m* ~ akzeptables (annehmbares) Angebot, akzeptabler Preis.
acceptant *m* Empfänger *m* ; Wechselnehmer *m* ; (*succession*) Erbnehmer *m*.
acceptation *f* **1.** ◆ (*commerce*) Akzept *n* ; Annahme *f* ; ~ *bancaire* Bankakzept ; ~ *de complaisance* Gefälligkeitsakzept ; ~ *par intervention* Ehrenakzept ; ~ *de marchandises* Übernahme *f* von Waren ; ~ *d'une traite* Wechselakzept ; Akzeptieren *n* eines Wechsels ; ◆◆ *documents mpl contre* ~ Dokumente *npl* gegen Akzept ; *refus m d'*~ Annahmeverweigerung *f* ; *faute f d'*~ mangels Akzept ; ◆◆◆ *présenter à l'*~ zum Akzept vorlegen ; *revêtir de l'*~ mit dem Akzept versehen **2.** ~ *d'une proposition* Annahme *f* eines Vorschlags ; ~ *d'un risque* Aufsichnehmen *n* eines Risikos.
accepter annehmen ; in Empfang nehmen ; (*se résoudre à*) hinnehmen ; ~ *une lettre de change* einen Wechsel akzeptieren ; ~ *à l'escompte* in Diskont nehmen ; ~ *en paiement* in Zahlung nehmen ; *devoir* ~ *une diminution par deux de ses parts de marché* eine Halbierung seiner Marktanteile hinnehmen müssen.
accepteur *m* (*traite*) Akzeptant *m* ; ~ *de billets* Einzahlungsautomat *m*.
accès *m* Zugang *m* (*à zu*) ; (*inform.*) Zugriff *m* ; ◆ (*Internet*) ~ *direct* direkter Zugriff *m* ; Online-Zugriff ; ~ *par ordinateur aux banques de données* rechnergestützter Zugriff auf Datenbanken ; ~ *de faiblesse d'une monnaie* Schwächeanfall *m* einer Währung ; ~ *au marché* Marktzugang, -zutritt *m* ; ~ *aux quais* zu den Zügen ; ~ *au réseau* Netzzugang ; ~ *séquentiel* sequenzieller Zugriff ; ◆◆ (*avion*) *carte f d'*~ *à bord* Bordkarte *f* ; *code m d'*~ Zugangscode *m* ; *programme m d'*~ *à l'internet* Internet-Zugangsprogramm *n* ; *rampe f d'*~ Rampe *f* ; *voie f d'*~ Zugangsstraße *f* ; ◆◆◆ ~ *interdit* Zugang verboten ; *avoir* ~ *au chef, au marché du travail* Zugang zum Chef, zum Arbeitsmarkt haben ; *avoir* ~ *à toutes sortes d'informations sur l'internet* im Internet Zugriff zu allen möglichen Informationen haben ; *bloquer tous les* ~ alle Zugänge sperren.
accessible 1. *prix m* ~ erschwinglicher (vernünftiger) Preis *m* **2.** *rendre* ~ *à qqn* jdm zugänglich machen ; *rendre le bord de mer* ~ *au public* die Strände der Allgemeinheit zugänglich machen.
accession *f* **1.** Erwerb *m* ; ~ *à la propriété* Eigentumserwerb ; Eigentumsbildung *f* ; *prêt m d'*~ *à la propriété* gefördertes Baudarlehen *n* **2.** (*acte commercial*) Beitritt *m* (zu) ; Aufstieg *m* (zu D) ; ~ *à la deuxième place du marché des ordinateurs* Aufstieg zur Nummer zwei im Computergeschäft.
accessoire Neben-, zusätzlich ; nebensächlich ; *charges fpl sociales* ~*s* Lohnnebenkosten *pl* ; *revenu m* ~ Nebenerwerb *m* ; Erwerb, Einkommen *n* aus nebenberuflicher Tätigkeit ; *frais mpl, dépenses fpl* ~*s* Nebenkosten *pl*, -ausgaben *fpl*.
accessoire *m* Einzel-, Zubehörteil *n* ; ~*s* Zubehör *n* ; ~*s-auto* Autozubehör *n* ; (*Autriche*) Zugehör *n*.
accident *m* Unfall *m* ; Unglück *n* ; Katastrophe *f* ; ◆ ~ *avec arrêt de travail* Arbeitsunfall mit anschließender Arbeitsunterbrechung ; ~ *d'automobile* (*de la route, de la circulation*) Autounfall ; (Straßen)Verkehrsunfall ; ~ *d'avion, de train* Flugzeug-, Eisenbahnunglück ; ~*s de deux-roues* Zweirad-Unfälle ; ~ *pétrolier* (*navire*) Tankerunglück ; (*marée noire*) Ölpest *f* ; ~ *de trajet* Unfall auf dem Weg zur (von der) Arbeitsstelle ; ~ *du travail* Arbeits-, Betriebsunfall ; ◆◆ *assurance f* ~ Unfallversicherung *f* ;

auteur m d'un ~ → *fauteur* ; *déclaration f d'~* Unfallanzeige *f* ; *diminution f de revenus consécutive à un ~* Arbeitsunfall mit Erwerbsminderung ; *fauteur m d'un ~ de la route* Urheber *m* eines Unfalls ; Unfallfahrer *m* ; *protection f contre les ~s* Unfallschutz *m* ; *taux m d'~s* Unfallrate *f* ; *victime f d'un ~ (de la route)* Verkehrsopfer *n* ; *(du travail)* Verunglückte(r) ; Unfallgeschädigte(r) ; ◆◆◆ *avoir un ~* verunglücken ; *déclarer un ~* einen Unfall melden ; *prévenir les ~s du travail* Betriebsunfälle verhüten ; *être responsable d'un ~* einen Unfall verursachen ; an einem Unfall schuld sein ; *(fam.)* einen Unfall bauen.

accidenté *m* Verunglückte(r) ; Unfallverletzte(r) ; Unfallgeschädigte(r).

accidentel, le 1. *(fortuit)* zufällig ; *rencontre f ~le* zufällige Begegnung *f* **2.** *(dû à un accident)* mort *f ~le* Unfalltod *m*.

accise *f* Verbrauch(s)steuer *f* ; Akzise *f*.

acclimatation *f* Akklimatisierung *f* ; Eingewöhnung *f* ; *période f d'~* Einarbeitungszeit *f*.

accommodant, e gefällig ; *se montrer ~* sich entgegenkommend zeigen.

accommodement *m* Abfindung *f* ; Ausgleich *m* ; Übereinkunft *f* ; Abkommen *n*.

accommoder ausgleichen ; schlichten ; *s'~ à qqch.* sich an etw (A) anpassen ; *s'~ avec qqn, qqch.* sich mit jdm, mit etw abfinden ; mit etw vorlieb nehmen ; sich mit etw begnügen müssen.

accompagnateur *m (tourisme)* Reisebegleiter *m*.

accompagnement *m* Begleitung *f* ; *d'~* Begleit- ; *bordereau m d'~* Begleitschein *m* ; *documents mpl d'~* Begleitpapiere *npl* ; *formation f en entreprise et ~ scolaire* betriebliche Ausbildung und schulische Begleitung ; *lettre f d'~* Begleitbrief *m* ; *mesures fpl d'~* flankierende Maßnahmen *fpl* ; Flankierungsmaßnahmen.

accompagner begleiten ; *programme m ~é de mesures de soutien* von Stützungsmaßnahmen flankiertes Programm *n*.

accomplir ausführen ; erfüllen ; beenden ; fertigen ; *~ un forfait* ein Verbrechen begehen ; *~ des formalités* Formalitäten erledigen ; *~ un travail* eine Arbeit leisten (verrichten).

accomplissement *m* : *~ de formalités* Erfüllung *f*, Erledigung *f* von Formalitäten ; *~ des formalités douanières* Zollabfertigung *f*.

accord *m* Abkommen *n* ; Vereinbarung *f* ; Abmachung *f* ; Vertrag *m* ; Absprache *f* ; Abfindung *f* ; Vergleich *m* ; Agreement *n* ; ◆ *~ amiable* gütliche Abmachung (Einigung) ; *~ bilatéral* bilaterales Abkommen ; *~-cadre* Rahmenabkommen ; Rahmenvereinbarung ; *~ de change* Devisenabkommen ; *~ collectif* Kollektivvertrag ; Tarifvertrag ; *~ commercial* Handelsabkommen ; *~ de compensation (de clearing)* Verrechnungs-, Ausgleichsabkommen ; *~ de conciliation* Schlichtungsabkommen ; *~ contractuel* vertragliche Abmachung ; *~ défensif pour la sauvegarde de l'emploi* Defensivabkommen zur Rettung von Arbeitsplätzen ; *~ sur la durée du travail* Arbeitszeitabkommen ; *~ d'entreprise, financier, forfaitaire* Betriebs-, Finanz-, Pauschalabkommen ; *~ sur la fixation et le maintien des prix* Preisbindung *f* ; *~ interbanques, interentreprises, intergouvernemental* Bank-, überbetriebliches, Regierungsabkommen ; *~ interprofessionnel* allgemeines Tarifabkommen ; *~ monétaire, moratoire, de paiement* Währungs-, Stillhalte-, Zahlungsabkommen ; *~s innovants (loi sur les 35 heures)* innovierende Betriebsvereinbarungen ; *~ de joint-venture* Joint-Venture-Abkommen ; Gemeinschaftsabkommen ; *~ de partenariat* Partnerschaftsvertrag ; *~ de participation, sur les prix* Beteiligungs-, Preisabkommen ; *~ de principe* Grundsatzvereinbarung ; *~ sur les salaires* Lohnabkommen, -absprache ; *~ salarial dans le cadre des conventions collectives* Tarifabschluss *m* ; *~ tarifaire* Tarifvereinbarung, -vertrag ; *~ sur les transferts, sur les transports* Transfer-, Verkehrsabkommen ; *~ tacite* stillschweigende Übereinkunft *f* ; *~ type* Rahmenabkommen ; *~ verbal* mündliche Vereinbarung ; ◆◆ *contrairement aux ~s* absprachewidrig ; *dispositions fpl d'un ~* Bestimmungen *fpl* eines Abkommens ; *en ~ avec qqn* im Einvernehmen mit jdm ; in Abstimmung mit jdm ; *signataires mpl d'un ~* Tarifpartner *mpl* ; *stipulations fpl d'un ~* Bestimmungen *fpl* eines Abkommens ; *termes mpl d'un ~* Wortlaut *m* eines Abkommens ; ◆◆◆ *agir en dépit des ~s convenus* absprachewidrig handeln ; *appliquer un ~* ein Abkommen anwenden ; *conclure (faire) un ~* ein Abkommen schließen ; eine

Accord

Vereinbarung über etw (+ A) treffen ; *demander l'~ de qqn* jds Zustimmung einholen ; *dénoncer un ~* ein Abkommen aufkündigen ; *donner son ~* einwilligen (in + A) ; seine Zustimmung erteilen ; *donner un ~ écrit pour consulter un dossier* die schriftliche Bewilligung zur Akteneinsicht geben ; *donner un ~ de principe* einer Sache prinzipiell zustimmen ; *fixer les termes d'un ~* den Wortlaut eines Abkommens festlegen ; *il y a possibilité d'~s horaires individuels* individuelle Stundenvereinbarungen sind möglich ; *jeter les bases d'un ~* die Grundlagen für einen Vertrag legen ; *mettre d'~* in Einklang bringen ; *modifier un ~* ein Abkommen abändern ; *parvenir à un ~* zu einer Vereinbarung gelangen ; eine Einigung erzielen ; zu einem Kompromiss kommen ; *passer un ~* eine Vereinbarung treffen ; eine Vereinbarung schließen ; *reconduire des ~s* Verträge verlängern ; *respecter les termes d'un ~* einen Vertrag einhalten ; *signer un ~* ein Abkommen unterzeichnen ; *s'en tenir à l'~* sich an die Abmachung halten ; *tomber d'~* (sich) einig werden über (+ A) ; *trouver un ~* → *parvenir.*

Accord *m* **général sur les tarifs douaniers et le commerce** (*G.A.T.T.*) (*hist.*) allgemeines Zoll- und Handelsabkommen *n* ; GATT *n.*

Accord *m* **monétaire européen** (*A.M.E.*) Europäisches Währungsabkommen *n* (EWA).

accorder (*crédit*) gewähren ; einräumen ; bewilligen ; zugestehen ; *~ sa confiance* Vertrauen schenken ; *~ un délai* eine Frist gewähren ; *~ un délai de paiement* eine Zahlung stunden ; eine Zahlungsfrist gewähren ; *~ des dommages et intérêts à qqn* jdm eine Entschädigung zuerkennen ; *~ des facilités de paiement, un rabais* Zahlungserleichterungen, einen Nachlass gewähren ; *~ de l'importance à qqch* einer Sache Bedeutung beimessen ; *~ du personnel supplémentaire à qqn* jdm zusätzliches Personal bewilligen ; *s'~ avec les créanciers* sich mit den Gläubigern vergleichen.

accoster am Kai anlegen.

accoutumance *f* Anpassungszeit *f* ; (*après un changement*) Umgewöhnungszeit ; Überbrückungszeit.

accréditation *f* (*diplomatique*) Akkreditierung *f* ; Akkreditieren *n.*

accrédité *m* Zahlungsempfänger *m* eines Kreditbriefs ; Akkreditierte(r).

accrédité, e 1. *~ auprès d'un gouvernement* bei einer Regierung akkreditiert (sein) **2.** *~ auprès d'une banque* bei einer Bank akkreditiert.

accréditer 1. *~ un ambassadeur* einen Botschafter akkreditieren **2.** *~ qqn auprès d'une banque* jdm bei einer Bank einen Kredit verschaffen.

accréditeur *m* **1.** Bürge *m* ; Avalgeber *m* **2.** Akkreditivsteller *m* ; Aussteller *m* eines Kreditbriefs.

accréditif *m* Akkreditiv *n* ; Kreditbrief *m* ; *~ documentaire* Dokumentenakkreditiv ; *~ (ir)révocable* (un)widerrufliches Dokumentenakkreditiv ; *~ de voyage* Reiseakkreditiv ; *confirmer un ~* ein Akkreditiv bestätigen ; *établir (ouvrir) un ~ auprès d'une banque* ein Akkreditiv bei einer Bank (aus)stellen (eröffnen).

accréditif, ive : *carte f ~e* Kredit-, Plastikkarte *f* ; *paiement m par carte ~e* POS-System *n.*

accroche *f* (*presse*) Headline *f* ; aufsehenerregende Schlagzeile *f* ; Blickfang *m.*

accrocheur, euse zugkräftig ; werbewirksam.

accroissement *m* Zuwachs *m* ; Zunahme *f* ; Steigerung *f* ; Ansteigen *n* ; Anwachsen *n* ; *~ des affaires* Geschäftszunahme, - belebung *f* ; *~ de la concurrence* Verschärfung *f* (Zuspitzung *f*) der Konkurrenz ; *~ du capital* Kapitalaufstockung *f* ; *~ des charges salariales, sociales* Lohn-, Sozialastenanstieg *m* ; *~ du chiffre d'affaires* Umsatzsteigerung *f* ; *~ de la demande* Nachfragebelebung *f* ; *~ de la fortune* Vermögenszuwachs *m* ; Zuwachs an Vermögen ; *~ du nombre de chômeurs* Ansteigen der Arbeitslosenzahl ; *~ des parts de marché* Vergrößerung *f* der Marktanteile ; *~ de la population* Bevölkerungszuwachs ; *~ du pouvoir d'achat* Kaufkrafterhöhung *f* ; *~ de la productivité, de la production* Produktivitäts-, Produktionssteigerung ; *~ du revenu familial* Erhöhung des Familieneinkommens ; *~ de valeur* Wertzuwachs ; *taux m d'~* Wachstumsrate *f* ; Zuwachsziffer *f.*

accroître steigern ; vergrößern ; erweitern ; *s'~* zunehmen ; wachsen ; steigen ; sich verbreiten ; *~ ses parts de marché* seine Marktanteile vergrößern ; *~ les tensions sociales* die sozialen Spannungen verstärken ; *la population ne cesse de s'~* die Bevölkerung nimmt ständig zu.

accueil *m* Empfang *m* ; Aufnahme *f* ; Betreuung *f* ; (*aéroport* ; *gare*) Abfertigung *f* ; *comité m, hall m d'~* Empfangskomitee *n*, -halle *f* ; *hôtesse f d'~* Hostess *f* ; Auskunftsdame *f.*

accueillir empfangen ; aufnehmen ; *les propositions de la direction ont été bien ~ies* die Vorschläge der Geschäftsführung sind gut aufgenommen worden ; *l'hôtel peut ~ 50 personnes* das Hotel kann 50 Gäste aufnehmen.

acculturation *f* (*travailleurs étrangers*) kulturelle Anpassung *f* ; Akkulturation *f.*

accumulation *f* Anhäufung *f* ; Ansammlung *f* ; Anhäufen *n* ; Hortung *f* ; *~ de capital* Kapitalansammlung *f* (-anhäufung) ; *~ des charges* **1.** (*fonctions*) Ämterhäufung **2.** (*fiscales, sociales*) Lastenanhäufung.

accumuler anhäufen ; ansammeln ; *~ des dettes* Schulden anhäufen ; *~ du travail* Arbeit anhäufen ; *~ des fonds* Gelder ansammeln ; *~ des marchandises* Waren horten (hamstern) ; *dividendes mpl ~és* aufgelaufene Dividenden *pl* ; *les dividendes ~és se montent à 100 euros* die Dividenden haben sich auf 100 Euro aufgelaufen.

accusé *m* **1.** Bestätigung *f* ; *~ de paiement, de réception* Zahlungs-, Empfangsbestätigung **2.** *lettre f avec ~ de réception* Brief *m*, Schreiben *n* mit Rückantwort (mit Rückschein).

accusé *m* (*jur.*) Angeklagte(r).

accuser 1. aufweisen ; verzeichnen ; *~ un déficit, une hausse* ein Defizit, eine Erhöhung aufweisen ; *~ de grands écarts, de grandes différences de prix* große Preisabweichungen, Preisunterschiede aufweisen ; *~ des pertes* Verluste verzeichnen ; *~ un recul des naissances* einen Rückgang an Geburten verzeichnen ; *les prix ~ent une tendance à la hausse* die Preise zeigen eine steigende Tendenz (die Preise ziehen an, tendieren nach oben) **2.** *~ réception de* den Empfang bestätigen ; *nous accusons réception de votre lettre en date du...* wir bestätigen hiermit den Empfang Ihres Schreibens vom... **3.** (*jur.*) anklagen ; bezichtigen ; *~ qqn d'espionnage industriel* jdn der Industriespionage anklagen (bezichtigen) ; *~ un client de vol* einen Kunden des Diebstahls bezichtigen ; *être ~é de malversations* der Unterschlagung von Geldern beschuldigt werden.

achalandage *m* Kundenstamm *m* ; feste Kundschaft *f.*

achalandé, e 1. (*bien approvisionné*) *être bien ~* eine reiche Auswahl haben ; ein reichhaltiges Warenangebot haben ; *magasin m bien ~* Geschäft *n* mit reichhaltigem Warenangebot ; gut eingeführtes (gut laufendes) Geschäft **2.** (*arch.*) (*qui a des clients*) mit einem großen Kundenstamm ; gutgehend.

achat *m* Kauf *m* ; (*par des professionnels*) Ankauf *m* ; Einkauf *m* ; Anschaffung *f* ; Beschaffung *f* ; (*de la totalité*) Aufkauf *m* ; (*bilan*) Materialaufwand *m* ; ♦ *~ à l'amiable* Kauf aus freier Hand ; *~ sur catalogue* Kauf nach Katalog, Katalogkauf ; *~ avec clause de réserve de propriété* Kauf mit Eigentumsvorbehalt ; *~ au comptant* Barkauf ; *~ coup-de-cœur* Impulsivkauf ; *~ de couverture* Deckungskauf ; *~ à crédit* Kreditkauf ; *~ destiné à la revente* Weiterveräußerung *f* ; Kauf zwecks Weiterverkauf ; *~ au détail* Ankauf im kleinen ; *~ de devises* Devisenkauf ; *~ direct* Direktbezug *m* ; *~ ferme* fester Kauf, *~ fictif* Schein-, Fiktivkauf ; *~ à forfait* Pauschalkauf ; *~ en gros* Großeinkauf ; *~s groupés* Sammelkäufe ; *~ illicite* (*clandestin, illégal, au noir*) Schwarzkauf ; *~ d'intervention* Interventionskauf ; *~ massif* Massenkauf ; (*bourse*) *~ au mieux* Bestkauf ; *~ obligatoire* Zwangskauf ; Kaufverpflichtung *f* ; *~ occasionnel* Gelegenheitskauf ; *~ de placement* Anlagekauf ; Investition *f* ; *~ de précaution* Vorrats(ein)kauf ; *~ prime* Prämienkauf ; *~ au prix coûtant* Kauf zum Selbstkostenpreis ; *~ à propre compte* Kauf auf eigene Rechnung ; *~ de seconde main* Kauf aus zweiter Hand ; Second-hand-Kauf ; *~ sous réserve* Kauf mit Vorbehalt ; *~ de soutien* Stützungskauf ; Interventionskauf ; *~s de stockage* Vorrats-, Hamsterkäufe ; *~ à tempérament* Abzahlungs-, Ratenkauf ; *~ à terme* Terminkauf ; ♦♦ *bon m d'~* Bezugschein *m* ; *bordereau m d'~* Kaufschein *m* ; *centrale f d'~* Einkaufszentrale *f* ; *clause f d'~ minimum* Mindestabnahmeverpflichtung *f* ; *comportement m d'~* Kaufverhalten *n* ; *conditions fpl d'~* Kauf-, Bezugsbedingungen *fpl* ; *contrat m d'~* Kaufvertrag *m* ; *coopérative f d'~s*

Einkaufsgenossenschaft *f* ; *cours m d'~* Abnahme-, Kaufkurs *m* ; *fièvre f d'~* Kaufrausch *m* ; gesteigerte Kauflust *f* ; *fréquence f d'~* Kaufintensität *f* ; *groupement m d'~s* Einkaufsvereinigung *f* ; *habitudes fpl d'~s des consommateurs* Kauf-, Konsumgewohnheiten *fpl* ; *intention f d'~* Kaufabsicht *f* ; Kaufinteresse *n* (für) ; *monopole m d'~* Bezugsmonopol *n* ; *option f d'~* Kaufoption *f* ; *organisme m d'~* Einkaufsstelle *f* ; *ordre m d'~* Kaufauftrag *m* ; *pouvoir m d'~* Kaufkraft *f* ; *prix m d'~* Kauf-, Bezugs-, Anschaffungspreis *m* ; *propension f à l'~* Kauflust *f* ; Kaufneigung *f* ; *service m des ~s* Kaufabteilung *f* ; *valeur f d'~* Kauf-, Anschaffungswert *m* ; ♦♦♦ (*sans*) *obligation d'~* (ohne) Kaufzwang ; *faire ~ de qqch* etw kaufen ; etw erwerben ; *faire des ~s* einkaufen ; Einkäufe machen (tätigen) ; *faire des ~s de précaution* Hamsterkäufe machen.

acheminement *m* Beförderung *f* ; Weiterleitung *f* ; Transport *m* ; (*poste*) Postvermerk *m* ; *~ du courrier* Postbeförderung *f* ; *~ des marchandises* Güterbeförderung *f* ; *durée f d'~ du courrier* Zustellzeit *f* einer Postsendung.

acheminer befördern ; weiterleiten ; *~ par chemin de fer, par voie aérienne, par bateau* per Bahn, auf dem Luftweg, per Schiff befördern (transportieren) ; *~ à la mauvaise adresse* fehlleiten ; *les pourparlers s'~ent vers leur terme* die Verhandlungen gehen dem Ende entgegen ; *s'~ vers sa conclusion* dem Abschluss entgegengehen.

acheter 1. kaufen ; erwerben ; ankaufen ; einkaufen ; abnehmen ; beziehen ; *~ en bloc* im Ganzen aufkaufen ; *~ bon marché* billig kaufen ; *~ comptant* (gegen) bar kaufen ; *~ à crédit* auf Kredit kaufen ; *~ au détail* im kleinen kaufen ; *~ aux enchères* ersteigern ; *~ ferme* fest kaufen ; *~ en gros* im großen (en gros, im Großhandel) kaufen ; *~ au noir* schwarz kaufen ; *~ d'occasion* gebraucht (aus zweiter Hand) kaufen ; *~ au poids* nach Gewicht kaufen ; *~ directement au producteur* direkt vom Erzeuger beziehen ; *~ en sous-main* unter der Hand kaufen ; *~ à tempérament* auf Raten (auf Abzahlung) kaufen ; (*fam.*) abstottern ; (*bourse*) *~ quand les cours sont au plus bas, au plus haut* zu Niedrigstkursen, zu Höchstkursen einsteigen (kaufen) **2.** (*péj.*) *~ qqn* jdn bestechen ; jdn schmieren ; an jdn Schmiergelder zahlen (verteilen).

acheteur *m* (Ein)käufer *m* ; Abnehmer *m* ; Bezieher *m* ; Kunde *m* ; ♦ *~ de dernière minute* (*de la dernière heure*) Späteinkäufer ; *~ en gros* Großeinkäufer ; *~ occasionnel* Gelegenheitskäufer ; *~s potentiels* potenzielle Käufer ; kaufkräftige Bevölkerung *f* ; *~ professionnel* Einkaufsagent *m* ; Einkäufer ; Disponent in Zentraleinkauf ; *~ à réméré* Rückkäufer ; ♦♦ *affluence f des ~s* Käuferandrang *m* ; *catégorie f d'~s* Käuferschicht *f* ; *comportement m des ~s* Kaufverhalten *n* der Verbraucher ; Konsumgewohnheiten *fpl* ; (*bourse*) *cours m ~* Geldkurs *m* ; *engouement m des ~s* Kauflust *f* ; *grève f des ~s* Konsumentenstreik *m* ; *pays-~ m* Abnehmer-, Käuferland *n* ; *retenue f des ~s* Kaufunlust *f* ; zurückhaltendes Kaufverhalten *n* ; ♦♦♦ *avoir un ~* einen Käufer an der Hand haben ; *être (se porter) ~* als Käufer auftreten ; *trouver ~* Abnehmer (einen Käufer) finden ; *je ne suis pas ~* nein danke, ich möchte nichts kaufen.

achèvement *m* Abschluss *m* ; Vollendung *f* ; *~ des études, des travaux* Abschluss des Studiums, der Arbeiten ; *~ de l'Union monétaire* Vollendung der Währungsunion.

achever fertig stellen ; vollenden ; (*des études, une époque, un entretien, des travaux*) abschließen ; *s'~* zum Abschluss kommen (gelangen) ; fertig werden ; *appartement m, logement m ~é* bezugsfertige (beziehbare, fertig gestellte) Wohnung *f*.

achoppement *m* : *pierre f d'~* Stein *m* des Anstoßes ; Zankapfel *m* ; *le point d'~ des négociations* der Knackpunkt der Verhandlungen.

achopper (**sur**) über etw (+ A) stolpern (straucheln) ; hapern an (+ D) ; sich an etw (+ D) stoßen ; durch etw aufgehalten werden ; *les négociations ont ~é sur un détail* die Verhandlungen haben sich an einem Detail gestoßen (haperten an einem Detail).

acidification *f* (*agric.*) Versauerung *f*, Versäuerung (des Bodens) ; Übersäuerung *f*.

acier *m* Stahl *m* ; *~ brut* Rohstahl ; *~ laminé* Walzstahl ; *~ spécial* Edelstahl ; *d'~* aus Stahl ; stählern.

aciérage *m* Verstählung *f.*
aciérie *f* Stahlwerk *n* ; Stahlhütte *f.*
acompte *m* Anzahlung *f* ; Rate *f* ; *par ~s* auf Abschlag ; auf Raten ; *~ sur dividendes* Anschlags-, Zwischendividende *f* ; *(fiscalité) ~ provisionnel* Steuervorauszahlung ; Steuerabschlagszahlung (auf die endgültige Steuerschuld) ; *demander un ~ sur salaire* einen Lohnvorschuss verlangen ; *obtenir un ~ sur salaire* eine Abschlagszahlung auf den Lohn erhalten ; *payer (verser) un ~* eine Anzahlung machen (leisten) ; *payer par ~s* in Raten zahlen ; *verser un ~ sur loyer* eine Mietvorauszahlung leisten.
acoquiner (s') : *s'~ avec qqn* sich mit jdm einlassen ; *~ avec un escroc* sich mit einem Gauner einlassen.
A.C.O.S.S. (l') *f (Agence centrale des organismes de sécurité sociale)* Verband *m* der Sozialversicherungsorgane und -kassen.
à-côtés *mpl* : *avoir (se faire) des ~* Nebeneinkünfte (Nebeneinnahmen) haben.
à-coup *m* : *par ~ s* stoßweise ; ruckartig ; *sans ~ s* reibungslos ; *travailler par ~s* stoßweise (ungleichmäßig) arbeiten ; *les négociations se déroulent sans ~s* die Verhandlungen laufen reibungslos ab (verlaufen glatt).
A.C.P. *pl (États d'Afrique, des Caraïbes et du Pacifique)* AKP-Staaten *mpl* ; Afrika, Karibik und Pazifischer Raum *m.*
acquéreur *m* Erwerber *m* ; Käufer *m* ; Abnehmer *m* ; *se porter ~* als Käufer auftreten ; *cet article n'a pas trouvé ~* für diesen Artikel fand sich kein Käufer.
acquérir erwerben ; anschaffen ; kaufen ; erstehen.
acquêts *mpl* : *(jur.) régime m de la communauté réduite aux ~* Errungenschaftsgemeinschaft *f* ; Zugewinngemeinschaft.
acquiescement *m* Anerkennung *f* ; Einwilligung *f* ; Zustimmung *f* ; Annahme *f* ; *~ pur et simple, tacite* vorbehaltlose, stillschweigende Annahme.
acquiescer annehmen ; anerkennen ; zustimmen (D) ; einwilligen (in A).
acquis : *droits mpl ~* wohlerworbene Rechte *npl.*
acquis *mpl* **communautaires** *(ensemble des traités signés au nom de l'U.E.)* Besitzstand *m*, Errungenschaften *fpl* der Gemeinschaft ; gemeinsames Vertragswerk *n.*

acquis *mpl* **sociaux** soziale Errungenschaften *fpl* ; Sozialbesitzstände *mpl* ; *diminution f des ~* Sozialabbau *m* ; *préservation f des ~* Besitzstandswahrung *f* ; *penser en termes d'~* das Besitzstandsdenken ; Anspruchsdenken *n.*
acquisitif, ive : *prescription f ~e* Ersitzung *f.*
acquisition *f* Ankauf *m* ; Erwerb *m* ; Zukauf *m* ; Anschaffung *f* ; Errungenschaft *f* ; *~ à titre gracieux, à titre payant* unentgeltlicher, entgeltlicher Erwerb ; *~ d'un droit, d'une participation, d'un terrain* Erwerb eines Anspruchs, einer Beteiligung, eines Grundstücks ; *première ~* Erstanschaffung ; *(bilan) ~ d'immobilisations* Anlagenzugang *m* ; *être comptabilisé à son coût d'~* zu Anschaffungskosten bewertet werden ; *élargir ses activités grâce à plusieurs ~s* seine Geschäftstätigkeit durch mehrere Zukäufe erweitern ; *faire l'~ d'un terrain, d'un appareil* ein Grundstück erwerben, sich einen Apparat anschaffen ; *(assur.) rembourser qqch. au prix d'~* etw zum Anschaffungswert erstatten.
acquit *m* Quittung *f* ; Empfangs-, Zahlungsbestätigung *f* ; *pour ~* Betrag erhalten (empfangen) ; *donner ~* den Empfang bescheinigen.
acquit-à-caution *m (de transit)* Zollbegleitschein *m.*
acquit *m* **d'entrée** Zolleingangsschein *m* ; Zollvormerkschein *m.*
acquittable zahlbar ; tilgbar.
acquitté, e 1. quittiert ; bezahlt 2. *(jur.)* freigesprochen.
acquittement *m* 1. *~ d'une dette* Tilgung *f* (Löschen *n* ; Begleichung *f*) einer Schuld ; Abgeltung *f* ; *~ de droits* Entrichtung *f* von Gebühren ; *~ d'une facture* Bezahlung *f* (Begleichung *f*, Quittieren *n*, Quittierung *f*) einer Rechnung ; *~ d'un impôt, de taxes* Bezahlung (Abführen *n*) einer Steuer, von Abgaben ; *~ d'une obligation* Erfüllung *f* einer Verpflichtung 2. *(jur.)* Freisprechung *f* ; Freispruch *m* ; *~ au bénéfice du doute* Freispruch mangels Beweise.
acquitter 1. *(payer)* bezahlen ; zahlen ; *(droits, redevance)* entrichten ; *(facture)* quittieren ; begleichen ; *(dette)* abtragen ; begleichen ; *~ les charges sociales* die Sozialabgaben abführen ; *s'~ de ses fonctions* sein Amt ausüben

acte

(verwalten) ; seinen Dienst versehen ; *s'~ de l'impôt* die Steuerpflicht erfüllen ; *s'~ d'une obligation* einer Verpflichtung nachkommen ; eine Verpflichtung erfüllen ; *s'~ d'une mission, d'une tâche* einen Auftrag ausführen ; sich eines Auftrags entledigen ; *s'~ d'une promesse* sein Versprechen einlösen (erfüllen) ; sein Wort halten 2. *(jur.)* freisprechen.

acte *m* 1. Handlung *f* ; Tat *f* ; ~ *délictueux* strafbare Handlung ; Vergehen *n* 2. *faire ~ de présence* sich zeigen ; sich sehen lassen 3. *(document)* Urkunde *f* ; Dokument *n* ; Schriftstück *n* 4. *~s d'un procès* Prozessakten *fpl* ; *par ~ authentique* durch öffentliche Urkunde ; *par ~ notarié* durch notariellen Vertrag ; *par ~ sous seing privé* durch Privatvertrag ; privatschriftlicher Vertrag ; ◆ ~ *administratif* Verwaltungsakt *m* ; ~ *d'adhésion à l'U.E.* Beitrittsakte *f* zur EU ; ~ *authentique (officiel)* öffentliche (beglaubigte, authentische) Urkunde ; ~ *constitutif de société* Gründungsvertrag *m* (-akt) ; Gesellschaftsurkunde *f* ; *dont* ~ ausgefertigt ; ~ *de cautionnement* Bürgschein *m* (zur Beurkundung) ; ~ *de décès* Sterbeurkunde *f* ; ~ *de dépôt* Depotschein *m* ; Hinterlegungsurkunde ; ~ *de donation* Schenkungsurkunde ; ~ *de l'état civil* standesamtliche Urkunde ; ~ *d'exécution* Zwangsvollstreckung *f* ; *(U.E.)* ~ *final* Schlussakt ; ~ *juridique* Rechtsgeschäft *n* ; Rechtshandlung *f* ; ~ *de mariage* Heiratsurkunde *f* ; Trauschein *m* ; ~ *de naissance* Geburtsurkunde ; ~ *de nantissement* Pfandbrief *m* ; ~ *notarié* notariell beglaubigte Urkunde ; ~ *de notoriété* Offenkundigkeitsurkunde ; eidesstattliche Versicherung *f* ; ~ *de propriété* Eigentumsurkunde ; ~ *sous seing privé* Privaturkunde ; ~ *de société* Gesellschaftsvertrag *m* ; ~ *de vente* Kaufurkunde, -vertrag ; Verkaufsurkunde ; ~ *unilatéral* einseitiger Akt ; *A~ unique européen* → **Acte unique** ; ◆◆ *frais mpl d'~* Kosten *pl* für Rechtsgeschäfte ; ◆◆◆ *authentifier un ~ eine* Urkunde beglaubigen (bescheinigen) ; *dresser ~ de qqch* etw schriftlich beurkunden ; *établir un ~* eine Urkunde ausstellen (ausfertigen) ; *prendre ~ de qqch* etw zu Protokoll nehmen ; etw zur Kenntnis nehmen ; *rédiger un ~* eine Urkunde abfassen ; *signer un ~ de vente chez le notaire* eine Verkaufsurkunde beim Notar unterzeichnen.

acter beurkunden ; verankern ; schriftlich festhalten.

acteur *m* 1. ~ *de la bourse* Akteur *m* an der Börse ; ~ *économique* Wirtschaftsteilnehmer *m* ; am Wirtschaftsprozess Beteiligter (Mitwirkender) ; ~ *du marché* Marktteilnehmer 2. *(artiste)* Schauspieler *m*.

Acte *m* **unique européen** (*1986, qui modifie les traités de Rome en visant à transformer la C.E. en une Union européenne*) Einheitliche Europäische Akte *f*.

actif *m* Aktiva *pl* ; Aktivbestand *m* ; Aktivvermögen *n* ; ◆ ~ *circulant* Umlaufvermögen ; ~ *disponible* freie (verfügbare) Aktiva ; ~ *de la faillite* Konkursmasse *f* ; *~s financiers* Finanzanlagen *fpl* ; Finanzaktiva ; Finanzwerte *mpl* ; Finanzvermögen *n* ; Geldvermögensanlage *f* ; ~ *fixe (immobilisé)* Anlagevermögen ; ~ *immobilier* Sach-, Immobilienvermögen ; ~ *immobilisé* → *fixe* ; *~s incorporels* immaterielle Anlagewerte *mpl* ; ~ *liquide* flüssige Aktiva ; ~ *net* Reinvermögen ; ~ *non imposable* nicht zu versteuernde Vermögenswerte *mpl* ; kurzfristig realisierbare Aktiva ; ~ *permanent* → *fixe* ; ~ *réalisable (mobilisable)* verwertbare (greifbare) Aktiva ; *~s réels* Sachanlagen *fpl* ; ~ *à risques* risikobehaftete Kredite *mpl* ; Risikovermögen *n* ; ~ *social* Gesellschaftsvermögen ; ~ *sous-jacent* zugrundeliegende (zu Grunde liegende) Finanzaktiva ; ~ *d'une succession* Nachlassvermögen ; ◆◆ *compte m de l'~* Aktivposten *m* ; Aktivkonto *n* ; *écriture f d'~* Aktivbuchung *f* ; *élément m d'~ (poste m de l'~)* Aktivposten *m* ; *postes de l'~ d'un bilan* Aktivseite *f* einer Bilanz ; *structure f de l'~* Vermögensstruktur *f* ; *total m de l'~* Gesellschaftsvermögen ; Gesamtaktiva *pl* ; *valeurs fpl d'~* Aktivvermögen *n* ; Aktivwerte ; *valeurs fpl à porter à l'~* aktivierungspflichtige Werte ; ◆◆◆ *faire figurer (inscrire) à l'~* → *passer* ; *juxtaposer l'~ et le passif* Aktiva und Passiva gegenüberstellen ; *liquider l'~ social* das Gesellschafts-vermögen auflösen ; *passer (porter) à l'~* aktivieren ; auf der Aktivseite verbuchen ; jdm etw gutschreiben.

actif, ive erwerbstätig ; tätig ; handelnd ; *(balance, bilan, marché)* aktiv ; reg ; lebhaft ; liquid ; *dettes fpl ~ives*

Außenstände *pl* ; *marché m peu ~* (umsatz)schwacher (träger, illiquider, enger) Markt ; *masse f ~ive* Aktivmasse *f* ; *membre m ~* aktives (ordentliches) Mitglied *n* ; *personne f ~ e* Erwerbstätiger ; Berufstätiger ; *population f ~ive* → *actifs mpl* ; *vie f ~ive* Erwerbsleben *n* ; *entrer dans la vie ~ive* in das Erwerbsleben eintreten ; *(négociations) entrer dans une phase ~ive* zum eigentlichen Thema kommen ; zur Kernfrage kommen (werden).

actifs *mpl (population active)* : *les ~* die Erwerbstätigen *mpl* ; die erwerbstätige Bevölkerung ; Erwerbspersonen *fpl* ; (*hist. R.D.A.*) die Werktätigen.

action *f*
1. *acte, activité*
2. *titre*
3. *action en justice*

1. *(acte, activité)* Aktion *f* ; Tätigkeit *f* ; *~ concertée* konzertierte Aktion ; *~ du gouvernement* Regierungshandeln *n* ; *~ de soutien* Stützungsaktion ; *~ syndicale* Kampfmaßnahme *f* ; *comité m d'~* Aktionsausschuss *m* ; *plan m d'~* Aktionsplan *m* ; *programme m d'~* Aktionsprogramm *n* ; *rayon m d'~* Aktionsradius *m* ; Wirkungsbereich *m* ; Reichweite *f* ; *être, mettre en ~* in Betrieb sein, setzen.

2. *(titre)* Aktie *f* ; Anteilschein *m* ; ♦ *~ ancienne* alte Aktie ; *~ d'apport* Gründeraktie ; *~ d'augmentation de capital* Aufstockungsaktie ; *~ cotée, déposée (en dépôt), entièrement libérée* notierte, hinterlegte, voll eingezahlte Aktie ; *~ gratuite* Gratisaktie ; Freiaktie ; Berichtigungsaktie ; Aufstockungs-, Zusatzaktie ; *~ de jouissance* Genussaktie ; *~ libérée* voll eingezahlte Aktie ; Vollaktie ; *~ non libérée* Leeraktie ; *~ minière* Kux *m* ; *~ minimale* Kleinaktie ; *~ nominative* Namensaktie ; *~ nouvelle* junge Aktie ; *~ ordinaire* Stammaktie ; *~ au porteur* Inhaberaktie ; *~ privilégiée (de préférence)* Vorzugsaktie ; *~ sans valeur nominale* Aktie ohne Nennwert ; *~ de travail (ouvrière)* Belegschafts-, Arbeitsaktie ; *~-vedette* Aktienrenner *m* ; Spitzenwert *m* ; ♦♦ *capital m ~s* Aktienkapital *n* ; *compte m d'épargne en ~ s (CEA)* Aktiensparkonto *n* ; *cotation f des ~s* Aktiennotierung *f* ; *cours m des ~s* Aktienkurs *m* ; *détenteur m d'~s* Aktieninhaber *m*, Anteileigner *m* ; Aktionär *m* ; *émission f d'~s* Aktienausgabe *f* ; *fractionnement m d'une ~* Aktiensplitting *n* ; *gestion f d'un portefeuille d'~ s* Portfoliomanagement *n* ; Portefeuille-Verwaltung *f* ; *indice m du cours des ~s* Aktienindex *m* ; *lot m (paquet m) d'~s* Aktienpaket *n* ; *majorité f des ~s* Aktienmehrheit *f* ; *paquet m d'~s* Aktienpaket *n* ; *portefeuille m d'~s* Portefeuille *n* ; Portfolio *m* ; *porteur m d'~s* Aktieninhaber *m* ; Aktionär *m* ; *produit m d'une ~* Aktienrendite *f* ; *regroupement m d'~s* Aktienzusammenlegung *f* ; *société f par ~s (S.A.)* Aktiengesell-schaft *f* (AG) ; *souscription f d'~s* Aktienzeichnung *f* ; ♦♦♦ *annuler des ~s* Aktien einziehen ; *créer (émettre) des ~s* Aktien ausgeben ; *détenir, négocier des ~s* Aktien besitzen, handeln ; *racheter (retirer) des ~s* → *annuler* ; *souscrire des ~s* Aktien zeichnen ; *vendre un paquet d'~s* ein Aktienpaket abstoßen.

3. *(action en justice)* Klage *f* ; *~ civile* Privat-, Nebenklage ; *~ en diffamation* Beleidigungsklage ; *~ en dommages-intérêts* Schaden(s)ersatzklage ; Klage auf Schaden(s)ersatz ; *~ en nullité d'une créance* Klage auf Anfechtung einer Forderung ; *~ publique* öffentliche Klage ; *~ en radiation* Klage auf Löschung ; *~ en recherche de paternité* Vaterschafts(feststellungs)klage ; *~ en reconnaissance de dette* Klage auf Anerkennung einer Schuld ; *~ en recouvrement de créance sur traite* Wechselklage ; *~ en réintégration dans la possession* Klage auf Wiederherstellung des Besitzes ; *~ en restitution d'un bien* Klage auf Herausgabe, auf Rückgabe ; *~ en séparation de biens* Klage auf Gütertrennung ; *intenter une ~ pour diffamation* Klage wegen Verleumdung erheben (anstrengen) ; wegen Verleumdung gegen jdn klagen ; gegen jdn einen Prozess wegen Diffamierung anstrengen.

actionnaire *m* Aktieninhaber *m* ; Aktienbesitzer *m* ; Aktionär *m* ; Anteilseigner *m* ; *~ majoritaire* Mehrheitsaktionär, -gesellschafter *m* ; *gros, petit ~* Groß-, Kleinaktionär.

actionnarial, e : *valeur f ~e* Shareholder value *f*.

actionnariat *m* : *~ ouvrier* (Ausgabe *f* von) Belegschaftsaktien *fpl* ; Kapitalbeteiligung *f* der Arbeitnehmer ; *~ populaire* breitgestreutes Aktiensparen *n* ;

Kleinsparer *mpl* ; Volksaktien *fpl* ; ~ *salarié* (*des salariés*) betriebliches Aktiensparen.
actionner (*informatique*) : ~ *une touche* eine Taste betätigen.
activation *f* : ~ *de la demande* Anheizen *n* der Nachfrage.
activer (*informatique*) : ~ *une touche de commande* ein Kommando aktivieren ; eine Eingabe bestätigen.
activité *f* Aktivität *f* ; Tätigkeit *f* ; Erwerb *m* ; Beschäftigung *f* ; Gewerbe *n* ; Branche *f* ; Zweig *m* ; Bereich *m* ; (*d'un salarié*) Hauptarbeitsverhältnis *n* ; (*secteur*) Sektor *m* ; ~ *annexe* Nebentätigkeit *f* ; ~ *artisanale* Handwerk *n* ; ~ *artistique* künstlerische Tätigkeit ; ~ *bancaire* Bankgewerbe ; ~ *du bâtiment* Baugewerbe ; Baukonjunktur *f* ; ~ *commerciale* Geschäfts-, Handelstätigkeit ; Handelsgewerbe ; ~ *d'un compte* Kontobewegung *f* ; ~ *économique* Wirtschaftstätigkeit ; ~ *indépendante* selb(st)ständige Beschäftigung *f* ; ~ *industrielle* produzierendes Gewerbe ; ~ (*ir*)*régulière* (un)regelmäßige Beschäftigung ; ~ *libérale* freiberufliche Tätigkeit ; ~ *non salariée* selb(st)ständiger Beruf *m* ; ~ *permanente* Dauerbeschäftigung ; ~ *principale* Hauptberuf *m* ; Hauptbeschäftigung *f* ; (*d'une entreprise*) Haupttätigkeit *f* ; ~ *professionnelle* berufliche Tätigkeit ; ~ *professionnelle principale, secondaire* Haupt-, Nebenberuf *m* ; ~ *salariée* unselb(st)ständige Tätigkeit ; ~ *rétribuée* (*lucrative, rémunérée*) Erwerbstätigkeit ; bezahlte Tätigkeit ; ~ *secondaire* Nebenbeschäftigung ; ~ *syndicale* Gewerkschaftstätigkeit ; ◆◆ *branche f* (*domaine m*) *d'~* Tätigkeitsbereich *m* ; Beschäftigungszweig *m* ; *personnes fpl exerçant une ~ industrielle ou commerciale* Gewerbetreibende *pl* ; *rapport m d'~* Tätigkeitsbericht *m* ; *reprise f de l'~ économique* Wiederbelebung *f* der Geschäfte ; *secteur m d'~* → *branche* ; *sphère f d'~* Geschäftskreis *m* ; *Wirkungsbereich m* ; *taux m d'~* Erwerbsquote *f* ; ◆◆◆ *avoir* (*exercer*) *une ~* eine berufliche Tätigkeit ausüben ; *cesser ses ~s professionnelles* aus dem Berufsleben ausscheiden ; *déclarer une ~ annexe au fisc* dem Fiskus eine Nebentätigkeit anmelden ; *déployer une intense ~* eine fieberhafte Aktivität entwickeln ; sehr dynamisch sein ; *devoir se séparer de certaines ~s* sich von bestimmten Tätigkeiten trennen müssen ; *entrer en ~* in das Erwerbsleben eintreten ; *être capable d'exercer une ~ professionnelle* berufsfähig sein ; (*machine*) *être en ~, hors d'~* in Betrieb, außer Betrieb sein ; (*personne*) *être en ~* im Dienst sein ; *exercer une ~ commerciale* ein Handelsgewerbe betreiben ; *exercer une ~ industrielle* eine gewerbliche Tätigkeit ausüben ; im Industriebereich tätig sein ; *exercer le principal de son ~ dans le secteur de...* den Schwerpunkt im Bereich (+ G) haben ; *exercer une ~ professionnelle* berufstätig sein ; einen Beruf ausüben ; *relancer l'~ économique* die Wirtschaft wieder ankurbeln (beleben) ; *reprendre ses ~s* seine Geschäfte wieder aufnehmen.
actuaire *m* Versicherungsmathematiker *m* ; Diplom-, Wirtschaftsmathematiker ; (*Suisse*) Aktuar *m*.
actualisation *f* Aktualisierung *f* ; ~ *d'investissements* Abzinsung *f* ; *taux m d'~* Kalkulationszinsfuß *m*.
actualiser aktualisieren ; ~ *des investissements* abzinsen ; *valeur f ~ée* Zeitwert *m* ; aktualisierter Wert ; *ré~ une rente* eine Rente dynamisieren.
actuariat *m* Aktuarwesen *n* ; Versicherungsmathematik *f*.
actuariel, le versicherungsmathematisch ; versicherungstechnisch ; *rendement m ~* effektive Anlagerendite *f* (einer Schuldverschreibung in Bezug auf deren Kaufpreis und Laufzeit der Anleihe) ; *science f ~le* Versicherungsmathematik *f* ; *taux m ~ brut* Bruttozinssatz *m* ; Ertragsberechnung *f* (Anleihen, Obligationen, Darlehen) ; Rendite *f* ; *valeur f ~le* versicherungsmathematischer Wert.
A.D. (*avis de débit*) Lastschriftanzeige *f*.

adaptateur *m* Adapter *m*.
adaptation *f* (*à*) Anpassung *f* (an + A).
adapter anpassen ; *s'~* sich anpassen ; *~é à* angepasst an (+ A) ; eingestellt auf (+ A) ; zugeschnitten auf (+ A) ; *production ~ée au goût du grand public* eine auf den Geschmack des breiten Publikums zugeschnittene Produktion ; *des prix ~és à chaque client* auf jeden Kunden zugeschnittene Preise *mpl* ; ~ *un plan de remboursement au revenu du débiteur* einen Schuldbereinigungsplan auf das Einkommen des Schuldners ab-

stimmen ; *il faut savoir s'*~ man muss sich anpassen können ; man muss anpassungsfähig sein ; *s'*~ *aux besoins* sich am Bedarf orientieren.

addendum *m* Nachtrag *m* ; Ergänzung *f.*

additif *m* Zusatz *m* ; Zusatzstoff *m* ; Nachtrag *m* ; ~ *alimentaire* Lebensmittelzusatz *m* ; Zusatzstoff *m.*

addition *f* **1.** Zusatz *m* ; Hinzufügung *f* **2.** (*calcul*) Addition *f* ; Addieren *n* ; Zusammenzählen *n* ; *faire une* ~ zusammenzählen **3.** (*café*) Rechnung *f* ; (*fam.*) Zeche *f* ; *l'*~, *s'il vous plaît* die Rechnung, bitte ! ; bitte zahlen ! ; (*fam.*) *régler l'*~ die Zeche zahlen.

additionnel, le zusätzlich, Zusatz- ; nachträglich ; Nachtrags- ; *centime* ~ Steuerzuschlag *m* ; *taxe f* ~ *le* Zusatzsteuer *f.*

additionner zusammenzählen ; zusammenrechnen ; addieren.

additionneur *m* (*inform.*) Rechenwerk *n.*

A.D.E.M.E. *f* (*agence de l'environnement et de la maîtrise de l'énergie*) Umwelt- und Energiebehörde *f.*

adéquation *f* Ausgleich *m* ; Gleichgewicht *n* ; Ausgewogenheit *f* ; Adäquatheit *f* ; ~ *entre l'offre et la demande* Ausgleich von (Gleichgewicht zwischen) Angebot und Nachfrage.

adhérent *m* Mitglied *n* ; Anhänger *m.*

adhérer 1. beitreten ; ~ *au club de l'euro* dem Euro-Klub beitreten ; ~ *à un pacte, à une convention, à un parti* einem Pakt, einem Abkommen, einer Partei beitreten **2.** (*idée*) zustimmen ; beipflichten ; teilen.

adhésion *f* **1.** (*association*) Beitritt *m* (*à* zu) ; Eintritt (*à* in + A) ; ~ *à l'U.E.* Beitritt zur Europäischen Union ; *faire une demande d'*~ einen Beitrittsantrag (Aufnahmeantrag) stellen **2.** (*approbation*) Zustimmung *f* (*à* zu) ; *donner son* ~ seine Zustimmung geben.

ad hoc zu diesem Zweck ; *commission f* ~ Ad-hoc-Ausschuss *m* ; (*jur.*) *tuteur m* ~ für eine bestimmte Angelegenheit bestellter Vormund *m.*

adjoindre hinzufügen ; hinzuziehen ; *s'*~ *qqn* jdn zu Hilfe nehmen ; jdn hinzuziehen.

adjoint *m* **1.** Stellvertreter *m* ; ~ *au maire* stellvertretender Bürgermeister *m* **2.** Gehilfe *m* ; Sekretär *m* ; Assistent *m* ;

~ *à la direction* Leitende(r) ; Führungskraft *f.*

adjoint, e Aushilfs- ; Hilfs- ; stellvertretend ; *directeur m* ~ stellvertretender Direktor *m* ; *maire m* ~ stellvertretender Bürgermeister *m* ; *être* ~ *à qqn* jdm beigeordnet sein.

adjonction *f* Hinzufügen *n* ; (*technique*) Anbringen *n* ; Einbauen *n* ; (*personnes*) Zuordnung *f* ; Erweiterung *f* ; ~ *de trois nouveaux membres à la commission* Erweiterung des Ausschusses um drei neue Mitglieder.

adjudicataire *m* Ersteigerer *m* ; Submittent *m* ; Auftragnehmer *m* ; Ersteher *m* ; *être déclaré* ~ den Zuschlag erhalten ; jdm den Zuschlag erteilen.

adjudicateur *m* Auktionator *m* ; Auftraggeber *m* ; Ausschreibende(r) ; Zuerkenner *m* ; Versteigerer *m* ; *pouvoirs mpl* ~ *s* die ausschreibenden Stellen.

adjudication *f* **1.** Zuschlag *m* ; Zuschlagserteilung *f* ; Zusprechung *f* ; Zuteilung *f* ; ~ *au rabais* Vergabe *f* an den Mindestfordernden ; ~ *à taux fixe* Mengentender *m* ; ~ *à taux variable* Zinstender *m* ; *émission f par* ~ Emission *f* im Tenderverfahren ; *donner en* ~ den Zuschlag erteilen ; *obtenir l'*~ den Zuschlag erhalten **2.** Versteigerung *f* ; *vente f par* ~ Zwangsversteigerung ; gerichtlicher Verkauf *m* ; öffentliche Versteigerung *f* **3.** (*de travaux*) Ausschreibung *f* ; Preiswettbewerb *m* ; *par voie d'*~ durch Ausschreibung ; *mettre en* ~ öffentlich ausschreiben.

adjuger 1. (*vente aux enchères*) den Zuschlag erteilen ; ~ *au plus offrant* dem Meistbietenden zusprechen ; *être* ~*é pour 200 €* für zwei hundert Euro versteigert werden **2.** (*travaux*) vergeben ; ~ *un marché* einen Auftrag erteilen (vergeben).

adjuvant *m* Beiprodukt *n* ; Additiv *n* ; (*techn.*) Zuschlagsstoff *m* ; Zusatz *m.*

ad libitum nach Belieben ; beliebig.

admettre 1. (*à la bourse*) an der Börse zulassen ; ~ *à la cote* zur Notierung zulassen **2.** (*jur.*) ~ *au barreau* als Anwalt zugelassen werden **3.** ~ *un compte* eine Rechnung für richtig befinden **4.** ~ *en franchise* zollfrei zulassen **5.** *n'*~ *aucun retard* keinen Aufschub dulden.

administrateur *m* Verwalter *m* ; ~ *de biens* Vermögensverwalter ; ~ *de la faillite* Konkursverwalter ; ~ *fiduciaire*

Treuhänder *m* ; Fiduziar *m* ; ~ *indépendant* selb(st)ständiger Verwalter ; ~ *judiciaire* gerichtlich bestellter Verwalter.

administratif *m* Verwaltungsangestellte(r) ; *avoir un poste d'*~ im Innendienst arbeiten.

administratif, ive Verwaltungs- ; behördlich ; administrativ ; *année f* ~*ive* Verwaltungsjahr *n* ; *commission f* ~*ive* Verwaltungskommission *f* ; *corps m* ~ Verwaltungspersonal *n* ; *organe m, siège m, tribunal m* ~ Verwaltungsorgan *n*, -sitz *m*, -gericht *n* ; *elle travaille dans les services* ~*s de l'entreprise* sie arbeitet in der Verwaltung der Firma.

administration *f* Verwaltung *f* ; Behörde *f* ; ◆ ~ *de biens* Vermögensverwaltung ; ~ *centrale* Hauptverwaltung ; ~ *des contributions* (*des finances*) Finanzbehörde ; Finanzamt *n* ; ~ *des domaines* Domänenverwaltung ; Verwaltung des staatlichen Besitzes ; ~ *des douanes* Zollbehörde ; ~ *des eaux et forêts* Forstverwaltung ; ~ *fiscale* (*des impôts*) Steuerbehörde *f* ; ~ *des poids et mesures* Eichamt *n* ; ~ *des postes* Postbehörde ; ~ *publique* öffentliche Verwaltung ; ◆◆ *agent m de l'*~ Verwaltungsangestellte(r) ; *appareil m de l'*~ Verwaltungsapparat *m* ; die staatliche Verwaltung ; *conseil m d'*~ Aufsichtsrat *m* ; *fonctionnaire m de l'*~ Verwaltungsbeamte(r) ; *haute* ~ (*de l'État*) Staatsverwaltung.

administrativement auf dem Verwaltungsweg.

administrés *mpl* Bürger *mpl.*

admis, e zugelassen ; *être* ~ *à faire valoir ses droits à la retraite* pensionsberechtigt sein ; *être* ~ *en bourse* börsenzugelassen ; *être* ~ *à la cotation officielle* zur amtlichen Notierung (zum amtlichen Börsenverkehr) zugelassen werden.

admission *f* Zulassung *f* ; Einführung *f* ; ~ *à la bourse* (*à la cotation*) Börseneinführung *f* ; Zulassung zur Börse ; (*faillite*) ~ *prioritaire* Absonderung *f* ; *demande f d'*~ *à la retraite* Rentenantrag *m* ; *examen m d'*~ Aufnahmeprüfung *f* ; (*douane*) *régime m de l'*~ *en franchise* Zollfreistellungsverfahren *n* ; ~ *temporaire* Zollfreistellung *f* ; *réussir à l'examen d'*~ *dans l'U.E.* die Aufnahmeprüfung in die EU bestehen.

adopter 1. (*enfant*) adoptieren **2.** annehmen ; ~ *à l'unanimité* einstimmig annehmen ; ~ *des mesures* Maßnahme treffen ; ~ *de nouvelles méthodes de travail* neue Arbeitsmethoden übernehmen ; ~ *une motion à main levée* einen Antrag durch Handaufheben annehmen ; ~ *l'ordre du jour* die Tagesordnung annehmen ; ~ *une proposition* einen Vorschlag annehmen (billigen) ; ~ *une solution de rechange* eine Ersatzlösung wählen ; sich für eine Ersatzlösung entscheiden ; *faire* ~ *qqch.* etw durchsetzen ; etw durchbringen **3.** (*loi, budget*) verabschieden ; ~ *des directives* Richtlinien verabschieden ; ~ *un texte de loi* einen Gesetzestext annehmen (verabschieden) **4.** (*méthode, procédé*) einführen.

adoption *f* **1.** Adoption *f* ; Annahme *f* an Kindes Statt **2.** ~ *d'une proposition* Annahme *f* eines Vorschlags **3.** ~ *du budget* Verabschiedung *f* des Haushalts **4.** ~ *d'une nouvelle méthode* Einführung einer neuen Methode.

adosser : ~ *un crédit, un prêt* einen Kredit, ein Darlehen durch Bürgschaft sichern (garantieren).

adoucir mildern ; lockern ; ~ *une politique d'austérité, la dureté de la loi* eine Politik der Sparmaßnahmen, die Härte des Gesetzes mildern.

ADP *f* (*bourse : action à dividende prioritaire*) Aktie *f* mit Vorzugsdividende (mit Vorzugsgewinnanteil).

adresse *f* Adresse *f* ; Anschrift *f* ; Wohnort *m* ; ~ *électronique* E-Mail-Adresse ; Internet-Adresse ; ~ *commerciale* Geschäftsadresse ; ~ *complète* vollständige Adresse ; ~ *de vacances* Urlaubs-, Ferienanschrift ; *bureau m d'*~*s* Adressenbüro *n* ; *changement m d'*~ Adressenänderung *f* ; (*lettre*) *inconnu à l'*~ *indiquée* Empfänger *m*, Adressat *m* unbekannt ; *mettre une mauvaise* ~ einen Brief falsch adressieren ; *prendre le nom et l'*~ *de qqn* jds Namen und Anschrift notieren ; *la société X peut être contactée à l'*~ *Internet...* unter Internet-Adresse... findet sich die Firma X ; *acheminer un envoi en chronopost à l'*~ *indiquée* eine Sendung im Eilverfahren zur angegebenen Adresse schicken.

adresser (*à*) schicken (an) ; senden ; richten (an) ; ~ *une commande* bei jdm eine Bestellung machen ; ~ *une lettre à qqn* einen Brief an jdn schicken ; ~ *la* *parole à qqn* das Wort an jdn richten ; ~ *une question à qqn* jdm eine Frage stellen ; ~ *une requête, une demande* ein Gesuch, einen Antrag einreichen ; *veuillez nous ~ votre candidature* wir bitten um Ihre Bewerbung ; *s'~ à qqn* sich an jdn wenden.

adressier *m* Adressenbüro *n*.

adressographe *m* Adressiermaschine *m*.

ad valorem (*douane*) dem Wert nach ; wertmäßig ; ad valorem.

adverse gegnerisch ; Gegen- ; *partie f ~* Gegenpartei *f* ; (*constat d'accident*) Unfallgegner *m* ; *proposition f ~* Gegenvorschlag *m* ; *témoin m de la partie ~* Gegenzeuge *m*.

A.E. *f* (*autorisation d'exportation*) Ausfuhrerlaubnis *f*.

A.E.L.E. *f* (*Association européenne de libre-échange*) EFTA *f* ; Europäische Freihandelszone *f*.

aérien, ne Luft- ; Flug- ; *centre m de contrôle ~* Flugleitzentrum *n* ; *compagnie f ~ne* Fluggesellschaft *f* ; *fret m ~* Luftfracht *f* ; *navigation f ~ne* Luftfahrt *f* ; *compagnie f de navigation ~ne* Luftverkehrsgesellschaft *f* ; *pont m ~* Luftbrücke *f* ; *poste f ~ne* Luftpost *f* ; *réclame f, publicité f ~ne* Luftreklame *f*, -werbung *f* ; *souveraineté ~ne* Lufthoheit *f* ; *voie f ~ne* Luftstraße *f* ; Luftweg *m* ; Luftkorridor *m*.

aérodrome *m* Flugplatz *m* ; Flughafen *m*.

aérogare *f* City Terminal *m* ; Airterminal ; Flughafenhauptgebäude *n* ; Stadtflughafenbüro *n*.

aérogramme *m* Luftpost(leicht)brief *m*.

aéronef *m* Luftfahrzeug *n* ; *droits mpl sur ~s* Rechte *npl* an Luftfahrzeugen.

aéroport *m* Flughafen *m* ; *taxe f d'~* Flughafengebühr *f* ; *amener qqn à l'~* jdn zum Flughafen bringen.

aéropostal, e Luftpost-.

aérospatiale *f* (Luft- und) Raumfahrt *f*.

A.E.S. *f* (*Université : Administration économique et sociale*) ~ universitäre Studienrichtung *f* : Verwaltungs- und Sozialrecht *n*.

A.F.B. *f* (*Association française des banques*) Dachverband *m* der französischen Banken.

affacturage *m* Factoring *n* ; Forderungs-Factoring ; *opération f d'~* Factoring-Geschäft *n* ; Absatzfinanzierung *f* ; *société f d'~* Factoringgesellschaft *f*.

affaiblir (ab)schwächen ; entkräften ; *s'~* abflauen ; sich abschwächen ; nachlassen ; abflachen ; abebben.

affaiblissement *m* Abflauen *n* ; (Ab)schwächung *f* ; Nachlassen *n* ; Dämpfung *f* ; Abebben *n* ; Abkühlung *f* ; *~ de l'autorité* Autoritätsschwund *m* ; *~ de la conjoncture* Konjunkturabschwächung *f* ; *~ des cours* Kursabschwächung *f* ; *~ du marché* Aufweichung *f* des Markts ; *~ d'une marque* Verwässerung *f* einer Marke ; *~ du pouvoir syndical* Entmachtung der Gewerkschaften.

affaire *f*
1. *commerce, magasin*
2. *opération commerciale*
3. *affaire juridique*
4. *politique : affaires*
5. *autres sens*

1. (*commerce, magasin*) Geschäft *n* ; Betrieb *m* ; Firma *f* ; Unternehmen *n* ; ◆ *une ~ prospère* ein ertragreiches Geschäft ; *~ d'alimentation générale* Lebensmittelgeschäft ; (*d'import-export*) Import-Export-Geschäft ; *gérant m d'une ~* Pächter *m* ; Geschäftsführer *m* ; *propriétaire m d'une ~* Ladeninhaber *m* ; Geschäftsinhaber *m* ; ◆◆◆ *agrandir une ~* ein Geschäft erweitern ; *gérer une ~* ein Geschäft führen ; *mettre une ~ en gérance* ein Geschäft in Pacht geben (verpachten) ; *monter une ~* ein Geschäft aufbauen ; *prendre une ~ en gérance* einen Betrieb pachten ; *renflouer une ~* ein Geschäft sanieren ; *reprendre une ~* ein Geschäft übernehmen ; *vendre une ~* ein Geschäft veräußern (verkaufen).

2. (*opération commerciale*) Geschäft *n* ; Handel *m* ; Abschluss *m* ; Transaktion *f* ; ◆ *~s bancaires* Bankgeschäfte ; *~s de change* Devisengeschäfte ; *~ en contrepartie* Gegengeschäft ; Geschäft auf Gegenseitigkeit ; *~s courantes* laufende Geschäfte ; *~ déficitaire* Verlustgeschäft ; *~ honnête* ehrliches Geschäft ; *~ jumelée* Koppelgeschäft ; *~ louche* dunkles (undurchsichtiges) Geschäft ; *~s nouvelles* Neugeschäfte ; Neuabschlüsse *mpl* ; *~ payante* (*rentable*) lohnendes (einträgliches) Geschäft ; *~ risquée* risikoreiches (gewagtes) Geschäft ; *~ véreuse* faules

affaire

Geschäft ; ♦♦ *agent m d'~s* Kommissionär *m* ; *accroissement m des ~s* Geschäftszunahme *f* ; Boom *m* ; Aufschwung *m* ; Aufwärtsbewegung *f* ; *arrêt m des ~s* Geschäftsstillstand *m*, -flaute *f*, -stille *f* ; *augmentation f des ~* s Absatzsteigerung *f* ; *chargé m d'~s* Geschäftsträger *m* ; *diminution f des ~s* Geschäftsflaute *f* ; Abschwung *m* ; Abwärtsbewegung *f* ; Rückgang *m* der wirtschaftlichen Tätigkeit ; *emballement m des ~s* Konjunkturüberhitzung *f* ; *évolution f des ~s* Geschäftsverlauf *m* ; *femme f, homme m d'~s* Geschäftsfrau *f*, -mann *m* ; *marasme m des ~s* Flaute *f* ; *marché f des ~s* Geschäftsgang *m* ; *milieux mpl d'~s* Geschäftskreise *pl* ; *monde m des ~s* Geschäftswelt *f* ; *mouvement m des ~s* Geschäftsverkehr *m* ; *papiers mpl d'~s* Geschäftspapiere *npl* ; *pour ~s* in Geschäften ; geschäftehalber ; *pratique f des ~s* Geschäftserfahrung *f* ; *recul m des ~s* Geschäftsrückgang *m* ; *relance f des ~s* Wirtschaftsankurbelung *f* ; *relations fpl d'~* s Geschäftsbeziehungen *pl* ; *rendezvous d'~s* Termin *m* ; geschäftliche Verabredung *f* ; *repas d'~s* Geschäftsessen *n* ; *risque m des ~s* Geschäftsrisiko *n* ; *(bourse) sans ~s* lustlos ; *sens m des ~s* Geschäftssinn *m* ; *stagnation f des ~s* Stagnation *f* der Geschäfte ; Geschäftsstockung *f* ; *voyage m d'~s* Geschäftsreise *f* ; *(fonctionnaire)* Dienstreise ; ♦♦♦ *les ~s sont les ~s* Geschäft ist Geschäft ; *conclure une ~* ein Geschäft abschließen ; *entrer (pour 25 %) dans une ~* (mit 25 %) in ein Geschäft einsteigen ; *entrer en relations d'~s* mit jdm ins Geschäft kommen ; *être dans les ~s* in den Geschäften sein ; geschäftlich tätig sein ; *être en ~ avec qqn* mit jdm in Geschäftsverbindung stehen ; *être empêché pour ~s* geschäftlich verhindert sein ; *être versé dans les ~s* geschäftstüchtig sein ; *expédier une ~* ein Geschäft erledigen ; *faire une bonne, une mauvaise ~* ein gutes, ein schlechtes Geschäft machen ; *négocier une ~* über ein Geschäft verhandeln ; *perdre de l'argent (des plumes) dans une ~* bei einem Geschäft Geld verlieren (Federn lassen) ; *réaliser une ~* ein Geschäft abschließen ; *se retirer d'une ~* aus einem Geschäft aussteigen ; *se retirer des ~s* sich aus dem Geschäftsleben zurückziehen ; *voyager pour ~* geschäftlich reisen ; geschäftlich unterwegs sein.

3. *(affaire juridique)* Sache *f* ; Fall *m* ; Prozess *m* ; Rechtsstreit *m* ; Streitsache *f* ; Affäre *f* ; *~ X contre Y* Sache X gegen Y ; *~s criminelles* Strafsachen ; *~ litigieuse* Streitsache ; *~ de pots de vin* Schmiergeldaffäre ; Bestechung *f* ; *classer une ~* einen Fall zu den Akten legen ; *plaider une ~* einen Prozess führen ; *porter une ~ devant les tribunaux* Strafanzeige erstatten ; einen Streit vor Gericht bringen ; mit einem Streitfall vor Gericht gehen.

4. *(politique)* : *~s* Staatsangelegenheiten *fpl* ; *(péjor.)* Affäre *f* ; *les ~s* Korruptionsaffären *fpl* ; *~s étrangères* Auswärtiges Amt *n* ; Außenpolitik *f* ; *~s gouvernementales* Regierungsgeschäfte *npl* ; *les ~s internes d'une entreprise* die Interna *pl* eines Unternehmens ; *~ de corruption* Korruptionsaffäre ; *(ministre m des) ~s sociales* (Minister *m* für) soziale Angelegenheiten ; *chargé m des ~s sociales* Sozialdezernent *m*.

5. *(autres sens)* *~s courantes* die laufenden Geschäfte ; Regularien *pl* ; *c'est ~ de confiance* das ist Vertrauenssache ; *c'est l'~ des experts économiques* das ist Aufgabe (Sache) der Wirtschaftsexperten ; *elle connaît son ~* sie versteht ihre Sache ; sie ist in ihrem Fach sehr bewandert ; *j'en fais mon ~* ich werde mich der Sache annehmen ; ich werde die Sache in die Hand nehmen (die Sache besorgen) ; *mettre de l'ordre dans ses ~s* seine Angelegenheiten ordnen.

affairisme *m* (üble) Geschäftemacherei *f*.

affairiste *m* (gewissenloser) Geschäftemacher *m*.

affaissement *m* Sinken *n* ; Einbruch *m* ; *~ des cours* Kurseinbruch ; *~ de terrain* Boden-, Erdsenkung *f*.

affectation *f* **1.** Zuweisung *f* ; Zuteilung *f* ; Zuführung *f* ; Zweckbestimmung *f* ; Verwendung *f* ; *~ au bénéfice* Gewinnvortrag *m* ; *~ du bénéfice aux réserves* Rücklagenzuführung *f* ; *~ du capital* Kapitalverwendung *f* ; *~ de dépenses, de recettes* Zweckbindung *f* von Ausgaben, von Einnahmen ; *~ de fonds* Bereitstellung *f* (Verwendung, Bewilligung *f*) von Geldern ; *~ de la main-d'œuvre* Verwendung der Arbeitskräfte ; *~ aux réserves* Zuweisung an die Reserven ; *~*

du résultat Gewinnverwendung ; ~ *d'une somme* Verwendung (Bestimmung) eines Betrags ; (*logement*) changement m d'~ Nutzungsänderung f ; *changement d'~ d'un local à usage d'habitation* Zweckentfremdung f eines Wohnraums (von Wohnraum) **2.** Stellenbesetzung f ; (*mutation*) Versetzung f ; ~ *à un autre poste* Versetzung f ; Versetztwerden n ; (*militaire*) Abkommandierung f ; ~ *dans un autre service, dans une autre ville, à Hambourg* Versetzung in eine andere Dienststelle, in eine andere Stadt, nach Hamburg.

affecter 1. zuweisen ; verwenden ; bestimmen ; bereitstellen ; bestimmen ; vorsehen ; ~ *des fonds à qqch.* Geld(er) zweckgebunden in etw (+ A) stecken ; ~ *une somme à qqch* einen Betrag für etw bestimmen (verwenden) ; ~ *des fonds à la réserve* der Rücklage Gelder zuweisen ; Gelder dem Reservefonds zuführen ; *crédit m ~ é* zweckbestimmter Kredit ; *fonds mpl ~ s* zweckgebundene Mittel npl **2.** ~ *qqn à un poste* jdn auf einen Posten setzen (schicken, beordern) ; jdn auf einem Posten einsetzen ; jdm einen Posten zuweisen ; *elle s'est fait ~ à ce poste* sie hat sich auf diesen Posten versetzen lassen ; (*militaire*) *être ~é dans la marine, dans l'avaiation* der Marine, der Luftwaffe zugewiesen werden (zur Luftwaffe kommen) ; *être ~é au front* an die Front abkommandiert werden **3.** (*toucher*) in Mitleidenschaft ziehen ; angeschlagen sein ; ~*é par une crise* krisengebeutelt sein ; durch eine Krise gebeutelt sein ; *le krach affecte surtout les petits actionnaires* der Krach zieht besonders die Kleinaktionäre in Mitleidenschaft ; *le textile est très ~é par la crise économique* der Textilbereich wird durch die Wirtschaftskrise hart betroffen (strapaziert) ; die Krise wirkt sich negativ auf den Textilbereich aus ; *être ~é d'une infirmité* an einem Gebrechen leiden ; ein Gebrechen haben.

afférent, e : *les frais mpl ~s* die damit verbundenen Kosten pl ; die anfallenden Kosten.

affermage *m* (Ver)Pachtung f ; (Ver)-Pachten n ; Pachtvertrag m.

affermer (ver)pachten ; in Pacht geben (nehmen).

affermir (*cours*) fester werden ; festigen.

affermissement *m* **:** ~ *des cours* Festigung f der Kurse.

affichage *m* **1.** Anschlagen n ; Aushang m ; Anschlag m ; Plakatierung f ; ~ *des prix* Preisaushang m ; Preisauszeichnung f ; ~ *publicitaire* Plakatwerbung f ; *double ~ des prix* Doppelbepreisung f ; doppelte Preisauszeichnung f ; ~ *sur/dans les stades* Bandenwerbung f ; *durée f d'~* Anschlagdauer f ; *obligation f d'~ du prix* Auspreisungspflicht f ; *panneau m d'~* Anschlagtafel f ; Schwarzes Brett n **2.** Bekanntmachung f durch Plakat. **3.** (*ordinateurs*) ~ *du tableau de commandes* Bedien-Oberfläche f.

affiche *f* Plakat n ; Anschlag m ; Aushang m ; ~ *aérienne* Flugwerbung f ; ~ *lumineuse* Lichtreklame f ; ~ *publicitaire* Werbeplakat ; ~ *de vitrine* Aushang im Schaufenster ; *annoncer par voie d'~s* durch Aushang bekanntgeben ; *coller (placarder) une ~* ein Plakat (an)kleben.

afficher 1. anschlagen ; ankleben ; (öffentlich) bekanntmachen ; plakatieren ; auszeichnen ; auspreisen ; ~ *un prix* einen Preis angeben (anheften) ; mit einem Preis auszeichnen (versehen) ; auspreisen ; *prix ~é* ausgezeichneter Preis **2.** (*accuser, enregistrer*) aufweisen ; verzeichnen ; ~ *un déficit, un excédent, un taux de croissance/d'inflation de...* ein Defizit, einen Überschuss, eine Zuwachsrate/eine Inflationsrate von... aufweisen **3.** (*fig.*) ~ *un optimisme exagéré* sich übertrieben optimistisch zeigen ; einen übertriebenen Optimismus an den Tag legen ; ~ *des progrès notables sur le marché de l'emploi* bemerkenswerte Fortschritte auf dem Arbeitsmarkt vorweisen.

afficheur *m* **1.** Plakatkleber m **2.** (*écran*) Display n.

affichiste *m* Gebrauchsgraphiker m ; Werbe-, Plakatgrafiker ; Plakatmaler, -fachmann m.

affidavit *m* Affidavit n ; eidesstattliche Erklärung f (Versicherung f).

affilée (d'): *travailler sept heures d'~* sieben Stunden hintereinander (am Stück) arbeiten.

affiliation *f* Beitritt m ; Zugehörigkeit f ; Mitgliedschaft f ; ~ *à une caisse, aux assurances sociales* Mitgliedschaft bei einer Kasse, bei der Sozialversicherung ;

affilié

~ *obligatoire* Zwangsmitgliedschaft ; ~ *syndicale* Gewerkschaftszugehörigkeit *f* ; Mitgliedschaft in einer Gewerkschaft ; ~ *d'une fédération à une centrale syndicale* Anschluss *m* an eine Dachorganisation ; Angliederung *f* an einen Dachverband ; (*bourse*) *privilège m d'*~ Schachtelprivileg *n*.

affilié *m* Mitglied *n* ; Versicherte(r).

affilié, e angegliedert ; angeschlossen ; zugehörig ; (*préfixe*) Mitglieds- ; *société f* ~*e* Zweigstelle *f*, Filiale *f* ; Konzerngesellschaft *f* ; *être* ~ *à un parti* einer Partei angehören ; *être* ~ *à la sécurité sociale* sozialversichert sein ; *être* ~ *à un syndicat* Mitglied (in) einer Gewerkschaft sein.

affilier aufnehmen (in + A) ; angliedern (an + A) ; *s'*~ Mitglied werden.

affiner veredeln ; reinigen ; ausbessern ; raffinieren ; ~ *une méthode* (*une technique*) eine Methode verfeinern.

affinités *fpl* Affinität *f* ; Ähnlichkeit *f* ; Übereinstimmung *f* ; *avoir des* ~ *avec qqn* Affinität zu jdm fühlen (haben) ; ~ *politiques* politische Gemeinsamkeiten *fpl* ; *les deux affaires présentent des* ~ beide Fälle sind ähnlich gelagert.

affirmatif, ive bejahend ; *réponse f* ~*ive* positive Antwort *f*.

affirmation *f* Behauptung *f* ; Erklärung *f* ; Bejahung *f* ; Beteuerung *f* ; Versicherung *f* ; *en dépit de vos* ~*s* trotz Ihrer Versicherungen.

affirmative *f* : *dans l'*~ bejahendenfalls ; im Falle einer Zusage.

affluence *f* Andrang *m* ; Gedränge *n* ; Zustrom *m* von Menschen ; Zulauf *m* ; ~ *des clients* Kundenandrang ; *heures fpl d'*~ Stoßzeit *f* ; Hauptverkehrszeit ; Rushhour *f* ; *avant les fêtes, il y a* ~ *dans les magasins* vor den Ferien herrscht in den Geschäften Hochbetrieb (sind die Geschäfte immer sehr voll) ; *attirer une grande* ~ großen Zulauf haben.

affluer herbeiströmen ; zusammenströmen ; in großer Zahl kommen ; *les dons en faveur des sinistrés affluent de toutes parts* eine Flut von Spenden für die Obdachlosen geht von überall her ein.

afflux *m* Zustrom *m* ; Zufluss *m* ; Zuzug *m* ; Andrang *m* ; ~ *de capitaux, de devises* Kapital-, Devisenzufluss *m* ; *s'attendre à un* ~ *important de la clientèle privée* einen starken Andrang von Privatkunden erwarten.

affolement *m* (*bourse*) : *climat m d'*~ *à la bourse de Paris* panische Angst (große Aufregung) an der Pariser Börse (im « Palais Brongniart »).

afforestage *m* Holzungsrecht *n*.

affouage *m* (*droit de prendre du bois dans une forêt communale*) Holznutzungsrecht *n*.

affouragement *m* (*agric.*) ~ *du gibier* Wildfütterung *f*.

affranchir freimachen ; frankieren ; ~ *une lettre à 2 €* einen Brief mit 2 € freimachen ; *machine f à* ~ Frankiermaschine *f*.

affranchissement *m* 1. Frankieren *n* ; Freimachung *f* ; (*par machine*) Freistempelung *f* ; *surtaxe f pour* ~ *insuffisant* Strafporto *n* für ungenügend frankierte Sendung ; ~ *obligatoire* Frankierungszwang *m* 2. (*montant, somme à payer*) Frankierungssatz *m*.

affrètement *m* 1. Befrachtung *f* ; Charter *f* ; ~ *partiel, total* Teil-, Vollcharter ; *contrat m d'*~ Frachtvertrag *m* 2. (*prix*) Fracht *f* ; Frachtgebühr *f*.

affréter befrachten ; chartern ; mieten.

affréteur *m* Charterer *m* ; Befrachter *m* ; Mieter *m*.

affrontement *m* Konfrontation *f* ; ~ *patronat-syndicats* Konfrontation zwischen den Arbeitgebern und den Gewerkschaften ; *en arriver à un* ~ zu einer Konfrontation kommen.

affronter sich einer Sache/sich jdm stellen ; einer Sache/jdm entgegentreten ; Stirn bieten ; ~ *la concurrence internationale* dem internationalen Wettbewerb entgegentreten (sich der internationalen Konkurrenz stellen).

A.F.M.E. *f* (*Agence française pour la maîtrise de l'énergie*) französische Agentur *f* für Energieeinsparungen (Energiesparmaßnahmen).

A.F.N.O.R. (*Association française de normalisation*) französischer Normenverband *m* ; Französisches Institut für Normung ; (*Allemagne*) DNA *m* (Deutscher Normenausschuss).

A.F.P. (*Agence France Presse*) französische Nachrichtenagentur *f*.

A.G. *f* (*assemblée générale*) Hauptversammlung *f* ; Gesellschaftsversammlung.

âge *m* 1. Alter *n* ; ◆ ~ *légal* gesetzliches Alter ; Mündigkeit *f* ; ~ *maximum, minimum* Höchst-, Mindestalter (die obere, untere Altersgrenze) ; ~ *moyen* Durchschnittsalter ; ~ *normal de la retraite* Regelaltersgrenze ; ~ *nubile* heiratsfähiges Alter ; ~ *d'or* → *âge d'or* ; ~ *requis* vorgeschriebenes Alter ; ~ *scolaire* schulpflichtiges Alter ; *troisième* ~ Senioren *mpl* ; ◆◆ *abaissement m, relèvement de l'*~ *de la retraite* Herab-, Heraufsetzung *f* des Renteneintrittsalters ; *pyramide f d'*~ Alterspyramide *f* ; *structure f d'*~ *de la population* Altersaufbau *m*, -struktur *f* der Bevölkerung ; *tranche f d'*~ Altersgruppe *f* ; Altersstufe *f* ; Alter ; *par* ~ altersbezogen ; ◆◆◆ *à l'*~ *de 18 ans* mit 18 Jahren ; im Alter von 18 Jahren ; *avoir atteint l'*~ *de travailler, de la retraite* das arbeitsfähige Alter, das Rentenalter erreicht haben ; *être atteint par la limite d'*~ die Altersgrenze erreicht haben ; *être en* ~ *de voter* das Wahlalter erreicht haben (im Wahlalter sein) ; *parvenir à l'*~ *de la retraite* ins Rentenalter kommen ; *être en âge scolaire* im schulpflichtigen Alter sein **2.** (*époque*) Zeitalter *n* ; Zeit *f* ; Ära *f* ; Epoche *f*.

A.G.E. *f* (*assemblée générale extraordinaire*) **1.** außerordentliche Hauptversammlung *f* (der Aktionäre) **2.** (*Accord général d'emprunt*) GAB *n* (*General Arrangement to borrow*) Allgemeine Kreditvereinbarung *f*.

âgé, e alt ; *travailleurs* ~*s* ältere Arbeitnehmer *mpl*.

âge *m* d'or das goldene Zeitalter ; Glanzzeit *f* ; die Zeit der fetten Kühe ; die fetten Jahre *npl* ; *l'*~ *des charbonnages* die Glanzzeit der Kohlenbergwerke.

Aged *f* (*allocation de garde d'enfant à domicile*) Bezuschussung *f* von Kinderbetreuung.

agence *f* **1.** Agentur *f* ; Büro *n* ; Zweigstelle *f* ; Niederlassung *f* ; Vertretung *f* ; Vermittlung *f* ; ~ *d'assurance* Versicherungsagentur ; ~ *bancaire* Bankzweigstelle ; Filiale *f* ; (*environnement*) ~ *de bassin* Wasserwirtschaftsamt *n* ; Gewässeragentur ; ~ *de brevets, commerciale* Patent-, Handelsagentur (Handelsvertretung ; Handelsbüro) ; ~ *à l'étranger* Auslandsvertretung ; ~ *en douane* Zollspedition *f* ; ~ *générale* General-, Hauptagentur ; ~ *immobilière* Immobiliengeschäft, -büro ; Maklerbüro ; ~ *d'informations* Nachrichtenagentur ; ~ *d'intérim* Zeitarbeitsfirma *f* ; Zeitarbeitsvermittler *m* ; (*fam.*) *faire les* ~*s d'intérim* die Job-Agenturen abklappern ; ~ *de location* Vorverkaufsstelle *f* ; ~ *matrimoniale* Heiratsvermittlung ; *A*~ *Nationale pour l'emploi* (*A.N.P.E.*) → **Agence nationale pour l'emploi** ; (*bourse*) ~ *de notation* (Bonitäts)Bewertungsagentur ; Bewertungsagentur der Kreditwürdigkeit einer Handelsgesellschaft ; ~ *de placement* Stellenvermittlung(sbüro) *f* ; Stellennachweis *m* ; ~ *postale* Postagentur ; Posthilfsstelle *f* ; ~ *de presse* Presseagentur ; ~ *de publicité* Werbeagentur ; ~ *de renseignements* Auskunftsbüro, -stelle ; (*renseignements économiques*) Auskunftei *f* ; ~ *spatiale* Raumfahrtagentur *f* ; ~ *de tourisme* (*de voyages*) Reisebüro ; Verkehrsamt *n* ; ~ *de travail temporaire* → *intérim* **2.** (*banque*) Zweigstelle *f*, -niederlassung ; Filiale *f*.

agencement *m* Einrichtung *f* ; Gestaltung *f*.

Agence *f* **nationale pour l'emploi** (A.N.P.E.) Arbeitsamt *n* ; Zentralstelle *f* für Arbeitsvermittlung ; (*Allemagne*) Bundesagentur *f* für Arbeit.

agencer einrichten ; organisieren ; ausstatten.

Agence *f* **spatiale européenne** Europäische Raumfahrt-Agentur *f* (ESA).

agenda *m* Terminkalender *m* ; ~ *électronique* elektronisches Notizbuch *n*.

agent *m* **1.** Agent *m* ; (Geschäfts)-Vermittler *m* ; (Handels)Vertreter *m* ; Bevollmächtigte(r) ; ~ *d'achat* Einkäufer *m* ; ~ *d'affaires* Vermittler *m* ; ~ *d'assurances* Versicherungsagent, -vertreter ; ~ *de change* Börsen-, Kurs-, Effektenmakler *m* ; ~ *commercial* Handelsvertreter *m* ; ~ *d'affaires* Handelsmakler *m* ; ~ *comptable* Buchhalter *m* ; ~ *consulaire* Konsultasbeamte(r) ; ~ *exclusif* Alleinvertreter ; ~ *fiduciaire* Treuhändler *m* ; ~ *général* Generalagent, -vertreter ; ~ *de guichet* Schalterbeamte(r) ; ~ *local* örtlicher Bedienstete(r) ; (*industrie*) ~ *de maîtrise* Meister *m* ; ~ *maritime* Schiffsmakler *m* ; ~ *-payeur* (*fin.*) Zahlstelle *f* ; ~ *de publicité* Werbefachmann *m* ; Werbespezialist *m* ; Werber *m* ; ~ *technico-commercial* Industriekaufmann *m* ; ~ *technique* technischer Angestellte(r) ; *charge f d'*~ Maklerbüro *n* **2.** (*administratif*) Beamte(r) ; Angestellte(r) ; Bedienstete(r) ; ~ *contractuel* nicht beamtete(r)

A

agglomération 848

Angestellte(r) ; Vertragsangestellte(r) ; freier Mitarbeiter *m* ; ~ *des douanes* Zollbeamte(r) ; ~ *de l'État* Staatsbeamte(r), -angestellte(r) ; Staatsdiener *m* ; ~ *du fisc* Finanzbeamte(r) ; ~ *public* öffentliche(r) Bedienstete(r) **3.** ~ *économique* Wirt-schaftssubjekt *n* ; Wirtschaftsteilnehmer *m* ; Wirtschaftsträger *m* **4.** Faktor *m* ; (wirkende, treibende) Kraft *f* ; ~s *chimiques, mécaniques, physiques* chemische, me-chanische, physikalische Kräfte *fpl*.

agglomération *f* **1.** geschlossene Ortschaft *f* ; Siedlung *f* ; ~ *ouvrière* Arbeitersiedlung ; *ralentir dans les ~s* die Geschwindigkeit in geschlossenen Ortschaften verlangsamen ; *en périphérie des ~s* am Stadtrand ; *(fam.)* auf der grünen Wiese **2.** Ballungsgebiet *n*, -raum *m*, -zentrum *n* ; Einzugsgebiet ; *l'~ parisienne* Paris und seine Vororte ; Groß-Paris *n* ; *grande ~ économique* Wirtschaftsgebiet ; *grande ~ urbaine* städtisches Ballungsgebiet.

aggravant, e : *circonstances fpl ~es* erschwerende Umstände *mpl*.

aggravation *f* Verschärfung *f* ; Verschlimmerung *f* ; ~ *des peines* Verschärfung der Strafen ; ~ *d'un risque* Risikoerhöhung *f* ; *provoquer l'~ d'une crise* kriseverschärfend wirken.

aggraver : ~ *une crise, une situation* eine Lage, eine Krise verschärfen (verschlimmern) ; *s'~* sich verschärfen ; sich verschlimmern.

agio *m* **1.** Agio *n* ; Aufgeld *n* ; Aufschlag *m* **2.** *(banque)* Bankagio, -provision *f*, -spesen *pl* ; Anschaffungsnebenkosten *pl* ; ~ *de découvert* Überziehungszins *m* **3.** *(bourse)* Aufgeld *n* ; Aufschlag *m* ; Zuschlag *m*.

agiotage *m* Börsenspekulation *f* ; Kurs-, Aktienspekulation ; Agiotage *f*.

agioter (an der Börse) spekulieren ; Kursspekulationen machen ; agioteren.

agioteur *m* Börsenspekulant *m*, -makler *m* ; Agioteur *m*.

agir 1. handeln ; tätig sein ; ~ *contre qqch.* einer Sache (+ D) entgegen-wirken ; etw ankämpfen ; ~ *auprès de qqn* bei jdm intervenieren ; ~ *civilement* eine Zivilklage anstrengen ; ~ *avec légèreté, inconsidérément* fahrlässig, verantwortungslos handeln ; ~ *contre la criminalité économique* der Wirtschaftskriminalität entgegenwirken (Einhalt gebieten) ; ~ *à l'encontre des accords* absprachewidrig handeln ; *faire ~ qqn* jdn zum Handeln bewegen (veranlassen) **2.** *(être efficace)* wirken ; erfolgreich sein **3.** *il s'agit de* es handelt sich um ; es geht um + A ; *quand il s'agit de payer* wenn es ans Zahlen geht.

agissements *mpl* Machenschaften *fpl* ; Umtriebe *mpl* ; *(péj.)* Schliche *pl* ; gefährliches Treiben *n* ; *contrecarrer les ~ de la concurrence* die dunklen Machenschaften der Konkurrenz durchkreuzen.

agitateur *m* *(politique)* Scharfmacher *m* ; Aufwiegler *m*.

agitation *f* Geschäftigkeit *f* ; Unruhe *f* ; Aufruhrstimmung *f* ; Gären *n* ; ~ *monétaire* Währungsunruhe ; ~ *sociale* soziale Unruhen ; Unruhe unter den Arbeitnehmern.

A.G.M. *f (assemblée générale mixte : AGE + AGO)* gemischte Generalversammlung *f* (der Aktionäre) (eine ordentliche + eine außerordentliche Versammlung der Aktionäre).

A.G.O. *f (assemblée générale ordinaire)* ordentliche Hauptversammlung *f* der Aktionäre.

agonisant, e : *l'économie, l'industrie du charbon est ~e* die Wirtschaft, die Kohle(n)industrie siecht dahin (liegt in der Agonie).

agraire Agrar- ; landwirtschaftlich ; *économie f ~* Agrarwirtschaft *f* ; *lois fpl ~s* Agrargesetze *npl* ; *réforme f ~* Agrarreform *f* ; Bodenreform.

agrandir erweitern ; vergrößern ; ausdehnen ; ~ *le réseau routier* das Straßennetz ausbauen.

agrandissement *m* Erweiterung *f* ; Vergrößerung *f* ; Ausbau *m* ; *fermé pour cause d'~* wegen Bauarbeiten geschlossen ; ~ *de la population* Zunahme *f*, Zuwachs *m* der Bevölkerung.

agréage *m* (Über)Prüfung *f* der Warenbeschaffenheit.

agréé, e (amtlich) zugelassen ; *(choses)* zulässig ; *banque f ~e* bevollmächtigte Bank ; *clinique f ~e* (von der Krankenkasse bzw. Sozialversicherung) zugelassene Privatklinik ; *distributeur m (revendeur m) ~* Vertragshändler *m* ; *expert m ~* gerichtlicher Gutachter *m* ; amtlich zugelassene(r) Sachverständige(r) ; *fournisseur m ~ de* anerkannter (zulässiger) Lieferant (+ G) ; *médecin m*

~ (von der Sozialversicherung) zugelassener Arzt *m* ; Kassenarzt.

agréer 1. zulassen ; genehmigen ; zustimmen ; *si cette date vous agrée* wenn Ihnen dieser Termin recht ist **2.** *veuillez ~, Madame* (*Monsieur*), *l'expression de mes sentiments distingués* Hochachtungsvoll ; mit vorzüglicher Hochachtung ; (*moins formel*) mit freundlichen Grüßen.

agrégat *m* (*emploi, inflation, PNB, PIB, épargne nationale, etc.*) globale Größe *f* ; Global-, Gesamtgröße ; Aggregat *n* ; ~ *économique* wirtschaftliches Aggregat ; (*comptab.*) Postenverdichtung *f* ; ~ *de monnaie* Geldaggregat ; *politique f d'~s monétaires* Geldmengenpolitik *f*.

agrément *m* **1.** Zustimmung *f* ; Zulassung *f* ; Genehmigung *f* ; Einwilligung *f* ; Bewilligung *f* ; Agreement *n* ; (*bourse*) *action f avec clause d'~* vinkulierte Aktie *f* ; (*douane*) *certificat d'~ d'un véhicule* Verschlussanerkenntnis *f* ; *lettre f d'~* schriftliche Zustimmung (Zulassung) **2.** Vergnügen *f* ; Zerstreuung *f* ; *voyage m d'~* Vergnügungsreise *f*.

agressif, ive aggressiv ; *politique f ~ive des prix* aggressive Preispolitik *f* ; preisaggressive Politik ; *stratégie f publicitaire ~ive* aggressive Werbemethoden *fpl*.

agricole Landwirtschafts- ; Agrar- ; landwirtschaftlich ; *crédit m, crise f, économie f, excédents mpl ~(s)* Agrarkredit *m*, -krise *f*, -wirtschaft *f*, -überschüsse *mpl* ; *enseignement m ~* landwirtschaftliches Unterrichtswesen *n* ; *exploitation f ~* landwirtschaftlicher Betrieb *m* ; *exploitant m ~* Landwirt *m* ; *exposition f ~* Landwirtschaftsausstellung *f* ; "Grüne Woche" *f* ; *machine f ~* landwirtschaftliche Maschine *f* ; *marché m ~* Agrarmarkt *m* ; *ouvrier m ~* Landarbeiter *m* ; *pays m ~* Agrarland *n* ; *politique f ~* Agrarpolitik *f* ; *politique ~ commune* gemeinsame Agrarpolitik ; Agenda 2010 *f* ; *population f ~* Agrarvolk *n*, -bevölkerung *f* ; *prélèvements mpl ~s* Agrarschöpfungen *fpl* ; *prix mpl ~s* Agrarpreise *mpl* ; *problème m* (*question f*) *~* Problem *n* der Landwirtschaft ; Agrarfrage *f* ; *produits mpl ~s* landwirtschaftliche Erzeugnisse *npl* ; *régime m ~ de sécurité sociale* Sozialversicherung *f* für Landwirtschaftsbeschäftigte ; *région f ~* Agrargebiet *n* ; *revenu m ~* Agrarwirtschaftseinkünfte *fpl* ; Einkünfte aus Land- und Fortswirtschaft ; *secteur m ~* Agrarsektor *m* ; primärer Wirtschaftssektor *m* ; *usage m ~* landwirtschaftliche Nutzung *f*.

agriculteur *m* Landwirt *m* ; Bauer *m* ; *les ~s* die landwirtschaftliche Bevölkerung *f* ; das Bauernvolk *n* ; *~ bio-*(*logique*) Bio-Bauer ; Öko-Bauer.

agriculture *f* Landwirtschaft *f* ; ♦ *~ biologique* Biokultur *f* ; ökologische Agrarwirtschaft *f* ; ökologische Anbauweise *f* ; ökologischer Landbau *m* ; *~ chimique* chemieintensive Landwirtschaft ; *~ extensive ou intégrée* (*emploi réduit d'engrais minéraux, d'insecticides ou de produits phytosanitaires chimiques*) extensive oder integrierte Landwirtschaft ; ♦♦ *chambre f, école f, ministère m de l'~* Landwirtschaftskammer *f*, -schule *f*, -ministerium *n* ; *ministre m de l'~ et de la pêche* Minister für Landwirtschaft und Fischerei ; Landwirtschaftsminister ; *salon m de l'~* landwirtschaftliche Ausstellung *f* ; "grüne Woche" *f* ; Landwirtschaftsmesse *f* ; *encourager l'~* die Landwirtschaft fördern.

agro-alimentaire *m* Ernährungswirtschaft *f* ; Lebensmittelbranche *f*, -sektor *m*.

agro-alimentaire (*adj.*) zur Ernährungswirtschaft gehörend ; zum Ernährungssektor gehörend ; Lebensmittel- ; *produits mpl ~s* landwirtschaftliche Nahrungsmittel ; Erzeugnisse *npl* des Ernährungssektors ; Lebensmittelprodukte *npl* ; *secteur m ~* Ernährungswirtschaft *f* ; Ernährungsgewerbe *f*.

agronome : *ingénieur m ~* Diplomlandwirt *m* ; Agronom *m*.

agronomique Landwirtschafts- ; *institut m ~* Landwirtschaftsinstitut *n* ; *recherche f ~* landwirtschaftliche Forschung *f*.

agrumes *mpl* Zitrusfrüchte *fpl*.

1. aide *f* Hilfe *f* ; Beistand *m* ; Unterstützung *f* ; Fürsorge *f* ; Förderung *f* ; ♦ *~ à l'agriculture, aux chômeurs* Agrar-, Arbeitslosenbeihilfe *f* ; *~ à la construction* (*de logements*) Wohnungsbauhilfe ; Förderung *f* des Wohnungsbaus ; *~ au développement* Entwicklungshilfe *f* ; *~ directe* direkte Hilfe ; *~ à domicile* Pflegedienst *m* ; *~ économique, à l'étranger* Wirtschafts-, Auslandshilfe ;

aide

~ *à l'exportation, à l'importation* Export-, Importförderung ; ~ *extérieure* Hilfe von außen ; von außen kommende Hilfe ; ~ *financière* finanzielle Hilfe ; Fördermittel *npl*, -gelder *npl* ; ~ *gouvernementale* staatliche Beihilfe ; ~ *financière* finanzielle Hilfe ; Geldzuwendung *f* ; ~ *humanitaire* humanitäre Hilfe ; ~ *immédiate* Soforthilfe ; ~*s industrielles* Finanzhilfe (Zuschüsse *mpl*) für die Industriebetriebe ; ~ *à l'investissement* Investitionsförderung ; ~ *judiciaire* Prozesskostenhilfe ; ~ *médicale* ärztliche Hilfe ; ~ *aux pays en voie de développement* Entwicklungshilfe ; ~ *personnalisée au logement* (*APL*) staatliche personalisierte Wohnungsbeihilfe ; ~ *aux personnes âgées, aux personnes handicapées* Altenfürsorge (Altersfürsorge), Behindertenhilfe ; ~ *aux personnes les plus défavorisées* Hilfe für die Minderbemittelten ; ~ *de proximité* Nachbarschaftshilfe ; ~ *aux régions* Regionalförderung *f* ; ~ *sociale* Sozialhilfe ; Sozialfürsorge *f* ; ~ *au tiers monde* Entwicklungshilfe ; ~ *d'urgence* Soforthilfe ; Nothilfe ; Hilfsmaßnahmen *fpl* für Notlagen ; unbürokratische Hilfe ♦♦ ~ *bureau m d'~ sociale* Sozialamt *n* ; *organisme m d'~ à l'enfance* Kinderhilfswerk *n* ; *programme m d'~* Förderprogramm *n* ; Fördermittel *npl* ; *prestations fpl d'~ à domicile* pflegebezogene Leistungen *fpl* ; ♦♦♦ *accorder une ~* eine Unterstützung gewähren ; Hilfen bereitstellen ; *bénéficier d'une ~* eine Unterstützung beziehen ; *les sinistrés ont bénéficié d'une ~ d'urgence* den von der Katastrophe Betroffenen wurde Soforthilfe zuteil ; *solliciter l'~ de qqn* um jds Hilfe bitten ; *venir en ~ à qqn* jdm zu Hilfe kommen.

2. aide *m/f* (*personne*) Hilfskraft *f* ; Hilfe *f* ; Helfer *m* ; Gehilfe *m* ; Assistent(in) *m* (*f*) ; Mitarbeiter(in) *m* (*f*) ; (*préfixe*) Hilfs- ; ~ *à domicile* (*dans le cadre de la prestation-dépendance*) Pflegehilfe ; Pflegedienst(e) *m*(*pl*) zu Hause ; Haushaltshilfe (im Rahmen der Pflegeversicherung) ; (*familiale*) (*ménagère*) Pflegekraft *f* ; Haushaltshilfe ; Familienhelferin *f* ; *pénurie f en personnel d'~s à domicile* Pflegenotstand *m*.

aide-comptable *m/f* Buchhaltungsgehilfe *m*/-gehilfin *f* ; Hilfsbuchhalter *m*/Buchhalterin *f*.

aider helfen (+ D) ; unterstützen ; fördern ; beistehen (+ D) ; Beistand leisten ; ~ *à qqch* zu etw (+ D) beitragen ; *emplois aidés* staatlich unterstützte (geförderte) Arbeitsplätze *mpl* ; ~ *à la réussite d'un projet* zum Gelingen eines Vorhabens beitragen ; ein Projekt fördern.

aide-réviseur *m* Rechnungsprüfer-Assistent *m*.

aide *f* **sociale** Sozialhilfe *f* ; Fürsorge *f* ; Sozialamt *n* ; (*fam.*) Sozialstütze *f* ; ~ *aux chômeurs* Arbeitslosenhilfe ; ~ *à l'enfance et à la jeunesse* Jugendfürsorge ; Jugendamt *n* ; ~ *aux personnes âgées* Altersfürsorge ; ~ *aux personnes handicapées* Behindertenfürsorge ; *cas m d'~* Härtefall *m* ; *organisme m d'~* Sozialhilfeträger *m* ; *taux m de l'~* Sozialhilfesatz *m* ; *demander l'~* zum Sozialamt gehen ; Sozialhilfe beantragen ; *vivre de l'~* von (den Zuwendungen) der Sozialhilfe leben ; von der Sozialhilfe leben ; (*fam.*) von der Stütze leben ; am finanziellen Tropf des Staats hängen.

aide-soignant *m* Pflegehelfer *m*.

aiguillage *m* Weiche *f* ; *erreur f d'~* falsche Weichenstellung *f* ; (*fig.*) Fehlleitung *f* ; *poste m d'~* Stellwerk *n* ; *actionner les ~s* die Weichen stellen.

aiguiller : 1. ~ *un train sur une voie de garage* einen Zug auf ein Abstellgleis umsetzen 2. (*fig.*) ~ *qqn* jdn lenken ; *vous avez été mal ~é* (*vers une mauvaise adresse*) es handelt sich um eine Fehlleitung ; Sie haben an die falsche Tür geklopft.

aiguilleur *m* Weichensteller *m* ; (*trains*) Fahrdienstleiter *m* ; (*avions*) ~ *du ciel* Fluglotse *m*.

aiguillon *m* Stachel *m* ; Impuls *m* ; ~ *conjoncturel* konjunktureller Impuls.

aile *f* Flügel *m* ; (*polit.*) ~ *gauche, droite d'un parti* linker, rechter Flügel einer Partei ; ~ *réformatrice d'un parti, d'un syndicat* Reformflügel einer Partei, einer Gewerkschaft ; (*fig.*) *battre de l'~* angeschlagen sein ; sich in Schwierigkeiten befinden ; *entreprise qui bat de l'~* marode (flügellahme) Firma.

air *m* Luft *f* ; *promesses fpl en l'~* leere Versprechungen *fpl* ; *par ~* auf dem Luftweg ; *route f de l'~* Luftweg *m* ; *traite f en l'~* Kellerwechsel *m* ; *donner un peu d'~ à une entreprise malade* einer maroden Firma eine Atempause verschaffen ; *ravitailler par* ~ aus der Luft versorgen.

airbag *m* (*industrie automobile*) Airbag *m* ; *~-passagers* Beifahrer-Airbag.

aire *f* Fläche *f* ; Platz *m* ; *~ d'atterrissage* Landeplatz ; (*hist.*) ~ *de battage du blé* Dreschplatz ; Dreschtenne *f* ; *~ d'une foire-exposition* Ausstellungsfläche ; *~ de production agricole* Anbaufläche ; *~ d'autoroute* (*de repos*) Autobahnraststätte *f* ; Raststelle *f* ; Rastplatz ; *~ de stationnement* gebührenpflichtiger Parkplatz ; (*techn.*) Abfertigungs-Vorfeld *n* ; *~ de stockage définitif, provisoire* Endlager *n* ; Zwischenlager.

air *m* **liquide** Flüssiggas *n* ; *fabricant m d'~* Flüssiggashersteller *m*.

aisance *f* **1.** Wohlstand *m* ; Wohlhabenheit *f* ; *être dans l'~* wohlhabend (*fam.* betucht) sein ; *jouir d'une certaine ~ in guten (gesicherten) Verhältnissen leben* **2.** Leichtigkeit *f* ; Ungezwungenheit *f* ; *~ de trésorerie* Liquidität *f* ; Zahlungsfähigkeit *f.*

aisé, e 1. wohlhabend ; begütert ; (*fam.*) betucht ; gutsituiert ; vermögend ; *familles ~s* Haushalte *mpl* mit höheren Einkommen ; *allègements fiscaux pour familles peu ~s* Steuervergünstigungen für die Bezieher kleiner Einkommen **2.** ungezwungen ; einfach ; leicht ; *d'un maniement ~* leicht zu handhaben.

à jour auf dem laufenden ; *mettre ~* auf den neuesten Stand bringen ; in Ordnung bringen ; aktualisieren.

ajournement *m* **1.** Aufschub *m* ; Verschiebung *f* ; Vertagung *f* ; *~ d'un paiement* Stundung *f* ; Zahlungsaufschub **2.** (*jur.*) (Vor)ladung *f.*

ajourner 1. vertagen ; aufschieben ; verschieben ; stunden ; *~ une décision* eine Entscheidung aufschieben **2.** (*jur.*) vorladen.

ajouter hinzufügen ; hinzusetzen ; zulegen.

ajustable anpassbar ; anpassungsfähig ; flexibel.

ajustement *m* Angleichung *f* ; Anpassung *f* ; Bereinigung *f* ; *~ des changes* Devisenanpassung ; *~ de consolidation* Bereinigung *f* von Konsolidierungsdifferenzen ; *~s fiscaux* Steueranpassungen ; Steuerregulierung *f* ; *~ indexé* indizierte Bereinigung *f* (Änderung *f*) ; *~ monétaire* Währungsangleichung, -anpassung ; *~ des prix* Preisangleichung ; *~ saisonnier* Saisonbereinigung ; *~ des salaires* Lohnausgleich *m* ; Berichtigung *f* der Löhne und Gehälter.

ajuster angleichen (+ D/an + A) ; anpassen ; berichtigen ; *~ les salaires sur les prix* die Löhne den Preisen (an die Preise) angleichen.

ajusteur *m* (*profession*) Schlosser *m* ; *~-outilleur m* Werkzeugschlosser.

alarmant, e alarmierend ; beunruhigend ; besorgniserregend ; *baisse f de rendement ~e* alarmierender Leistungsabfall *m* ; *évènements mpl, nouvelles ~(e)s* alarmierende Ereignisse *npl*, Nachrichten *fpl* (Meldungen *fpl* ; Hiobsbotschaft *f*).

alarme *f* (*sens général*) Alarm *f* ; *fausse ~* blinder Alarm ; *~ anti-effraction* Einbruchalarmanlage *f* ; *~ incendie* Brandmeldeanlage ; Brandmelder *m* ; *dispositif m* (*système m*) *d'~* Alarmvorrichtung *f*, -anlage ; *~* Störmeldungsanlage ; *signal m d'~* Alarmsignal *n* ; Notsignal ; *donner l'~* Alarm schlagen.

alarmiste alarmierend ; *nouvelles fpl ~s* Schreckensnachrichten *fpl* ; Hiobsbotschaft(en) (*f*)*pl.*

alcool *m* Alkohol *m* ; Branntwein *m* ; *~s et spiritueux mpl* Alkoholika *pl* ; *pauvre en ~* alkoholarm ; *contrebande f d'~* → **trafic** ; *monopole m des ~s* Branntweinmonopol *n* ; *teneur f en ~* Alkoholgehalt *m* ; *trafic m d'~* Alkoholschmuggel *m* ; *ne contient pas d'~* alkoholfrei.

alcoolémie *f* : *taux m d'~* Promillegrenze *f* ; Alkoholspiegel *m* ; *dépasser le taux d'~* die Promillegrenze überschreiten.

alco(o)test *m* Alkoholtest *m* ; *subir un ~* (*fam.*) (in die Röhre) pusten.

aléa *m* (blinder) Zufall *m* ; Risiko *n* ; Wagnis *n* ; *~s du marché* Marktrisiken.

aléatoire gewagt ; risikoreich ; aleatorisch ; zufallsbedingt ; (*préfixe*) Zufalls- ; *contrats mpl ~s* aleatorische Verträge *mpl* ; *degré m du caractère ~* Zufälligkeitsgrad *m* ; *échantillonnage m ~* Zufallstichprobe *f* ; *erreur f ~* Zufallsfehler *m* ; *facteur m ~* Zufallsmoment *n* ; *grandeur f ~* Zufallsgröße *f* ; *nombre m ~* Zufallszahl *f* ; *profession ~* kein zukunftssicherer Beruf *m.*

A.L.E.N.A. *f* (*Accord de libre échange nord-américain*) → **NAFTA**.

alerte f Alarm m ; Warnung f ; ~ à la bombe, à la pollution Bombenalarm ; Verschmutzungsgefahr f ; (bourse) ~ au profit Gewinnwarnung f ; Profit-warning n ; ~ aux virus Virenalarm ; dispositif m d'~ Alarmgeber m ; Alarmvorrichtung f ; état m d'~ Alarmzustand m ; état d'~ 3, d'~ rouge Alarmstufe f 3, rot ; fin f d'~ Entwarnung f ; donner l'~ Alarm schlagen ; das Alarmzeichen geben ; être en état d'~ in Alarmbereitschaft sein (stehen) ; sich in/im Alarmzustand befinden ; mettre une ville en état d'~ eine Stadt in Alarmzustand versetzen.

ALGOL m (inform.) ALGOL n ; Programmiersprache f.

aliénation f 1. (jur.) Veräußerung f ; Verkauf m ; Übertragung f ; ~ d'un fonds Grundstücksveräußerung ; ~ de revenu Einkommensübertragung f 2. (sociologie) Entfremdung f.

aliéner veräußern ; verkaufen ; übertragen ; s'~ qqch. sich etw verscherzen ; s'~ les faveurs de qqn sich jds Zuneigung verscherzen.

aligné, e : (hist.) pays m non ~ blockfreies Land n ; blockfreier Staat m.

alignement m 1. Angleichung f ; Anpassung f ; ~ des cours, des monnaies, des prix, des salaires Kurs-, Währungs-, Preis-, Lohnanpassung ; ~ de qqch sur qqch Angleichung von etw an (+ A) ; (sur la concurrence) Anpassung an die Konkurrenz ; ~ sur le niveau occidental Annäherung f an das Westniveau 2. (urbanisme) Flucht f ; Bauflucht(linie) f ; rue f, maison f frappée d'~ Straße f, Haus n deren/dessen (Bau)Fluchtlinien neu festgesetzt werden ; mettre en/à l'~ in die Flucht bringen.

aligner 1. (sur) angleichen (an + A) ; anpassen (+ D) ; sich orientieren (an + D) ; ~ ses prix sur ceux de la concurrence seine Preise denen der Konkurrenz angleichen ; auf das Preisniveau der Konkurrenten runtergehen 2. (fam.) ~ des billets Geld(scheine) herausrücken ; blechen ; berappen 3. ~ un compte ein Konto abschließen 4. (traitement de texte) ~é à gauche, à droite links-, rechtsbündig ; ~ un paragraphe einen Absatz als Block aufsetzen.

aliment m Nahrungs-, Lebensmittel n ; ~s Lebensmittel npl ; Nahrung f ; ~ bio Bio-, Ökolebensmittel ; (agric.) ~ complet pour animaux Alleinfuttermittel n ; (U.E.) ~s composés pour animaux Mischfutter n ; ~s génétiquement modifiés gentechnisch veränderte Lebensmittel ; ~ d'origine animale, végétale tierisches, pflanzliches Nahrungsmittel ; ~ portant la mention « agriculture biologique » (issus de la culture bio) Lebensmittel mit dem Hinweis « aus ökologischem (biologischen) Anbau » ; ~s à base d'OGM gentechnisch modifizierte Lebensmittel ; animaux uniquement nourris avec les ~s de la ferme nur mit Futter, das vom eigenen Hof stammt, (aus eigenem Anbau) ernährte Tiere ; ~s sans adjonction de farines animales ohne Zusatz von Tierkörpermehl ; fabricant m d'~s pour bétail Futtermittelhersteller m ; aliments → **aliments**.

alimentaire (préfixe) Lebensmittel- ; Nahrungsmittel- ; besoins ~s Nahrungsbedarf m ; (animaux) Futterbedarf ; commerce m ~ Lebensmittelhandel m ; contrôle m des normes ~s Lebensmittelüberwachung f ; denrées ~s Nahrungsmittel npl ; Lebensmittel npl ; industrie f ~ Nahrungsmittelindustrie f ; obligation f ~ Unterhaltspflicht f ; pension f ~ Alimente f ; Unterhaltsgeld n, -beitrag m ; verser une pension ~ à qqn jdm Alimente zahlen ; produit m ~ Lebensmittel n ; régime m ~ Diät f ; secteur m ~ Lebensmittelbranche f ; secteur agro-Ernährungswirtschaft f, -sektor m ; (péj.) travail m ~ nur dem Broterwerb dienende Arbeit ; Broterwerb m ; avoir le devoir d'obligation ~ unterhaltspflichtig sein.

alimentation f 1. Ernährung f ; Ernährungswirtschaft f ; Nahrungsmittelberufe mpl ; ~ pour animaux Tierfutter n ; ~ de base Grundnahrungsmittel npl ; carte f d'~ Lebensmittelkarte f ; magasin m d'~ (générale) Lebensmittelgeschäft n ; les métiers et professions de l'~ Nahrungsmittelberufe mpl ; Ernährungswirtschaft f 2. Versorgung f ; ~ en eau Wasserversorgung f ; ~ en énergie Energieversorgung 3. Zuführung f ; ~ en papier Papierzuführung.

alimenter 1. ernähren 2. ~ un ordinateur einen Computer füttern 3. ~ un compte ein Konto auffüllen (alimentieren) ; einem Konto zuführen ; ~ un fonds einen Fonds speisen 4. (approvisionner) versorgen ; ~ un marché en produits bio einen Markt mit Bio-Produkten versorgen ; (énergie) ~ un réseau, une ville en courant électrique

Strom in ein Netz einspeisen ; eine Stadt mit Strom versorgen ; *centrale f ~ée en charbon, en pétrole* mit Kohle, mit Öl versorgtes Kraftwerk.

aliments *mpl* (*pension alimentaire*) Alimente *pl* ; Unterhaltsbeitrag *m*, -geld *n*, -leistung *f* ; *devoir des ~ à quelqu'un* jdm Alimente schulden ; für jds Unterhalt auf/kommen.

alinéa *m* Absatz *m* ; *commencer un nouvel ~* mit einem neuen Absatz beginnen.

alléchant, e verlockend ; verführerisch ; *crédits mpl ~s* (*péj.*) Lockvogelkredite ; *offre f ~e* verlockendes Angebot *n* ; (*péj.*) Lockvogelangebot.

allée *f* (*hypermarché*) : *~ centrale* Regalstraße *f*.

allégement *m* Erleichterung *f* ; Ermäßigung *f* ; Entlastung *f* ; Verminderung *f* ; *~ de l'appareil de l'État* Verschlankung *f* des Staats ; *~ du crédit* Lockerung *f* der Kreditgewährung ; *~ de dettes, de la dette* Schuldenerleichterungen *fpl* ; Entschuldung *f* ; *~ douanier* Zollerleichterung ; *~s financiers* finanzielle Entlastungen ; *~ fiscal* Steuererlass *m*, -erleichterung *f*, -ermäßigung, -entlastung *f* ; *~ d'une position dans un portefeuille de titres* Untergewichtung *f* einer Wertpapierlinie (einer Wertpapierposition) ; *~ des procédures administratives, juridiques* Verwaltungs-, Rechtsvereinfachung *f* ; *~ de la réglementation* Lockerung *f*, Aufweichung *f* der Reglementierung ; *être en faveur d'un ~ des dépenses de l'État* für einen schlanken Staat sein ; *cette mesure correspond à un ~ pour les contribuables* diese Maßnahme entspricht einer Entlastung der Steuerzahler ; *mener une politique d'~ de la dette* eine Entschuldungspolitik führen (treiben).

alléger erleichtern ; entlasten ; vermindern ; (*cotisations, frais, taxes etc.*) ermäßigen ; *produit m ~é* Light-Produkt *n* ; *~ les charges fiscales des entreprises* die Unternehmen steuerlich entlasten ; die Steuerlast der Unternehmen erleichtern ; *~ les charges sociales* die Sozialabgaben erleichtern ; Lohnnebenkostenzuschüsse gewähren ; *~ les conséquences financières de la prestation dépendance* die finanziellen Folgen der Pflegebedürftigkeit verringern ; *~ l'organisation d'un service* eine Abteilung verschlanken (abspecken) ; *~ un programme* ein Programm begrenzen (einschränken, stofflich entlasten) ; (*bourse*) *~ une position* das Engagement (in einem Wertpapier) reduzieren ; eine Wertpapier-Position untergewichten ; (*fam.*) *il a ~é mon portefeuille de 100 euros* er hat mich um 100 € erleichtert.

aller *m* (*transports*) Hinweg *m* ; Hinfahrt *f* ; Hinreise *f* ; *un ~ simple pour Colmar* einmal Colmar einfach ; *un ~ et retour* Rückfahrkarte *f* ; einmal hin und zurück ; *deux ~s et retour Strasbourg* zweimal Straßburg hin und zurück ; (*avion*) *vol m ~* (Flugticket *n* für den) Hinflug ; *vol ~ et retour* Hin- und Rückflug.

aller-retour *m* **1.** (*transports*) → **aller 2.** (*bourse*) Umschichtung *f* ; *faire des ~ sur un titre* bei einem Wertpapier (oft) umschichten.

alliance *f* **1.** Bündnis *n* ; Bund *m* ; Vereinigung *f* ; Allianz *f* ; *~ électorale* Wahlbündnis *n* ; *~ politique* politisches Bündnis ; *conclure une ~ électorale avec la droite, la gauche* ein Wahlbündnis mit der Rechten, mit der Linken eingehen (abschließen) **2.** Verschwägerung *f* ; Verwandtschaft *f* ; *par ~* angeheiratet ; *cousin m par ~* angeheirateter Vetter.

allié *m* Verbündete(r) ; Alliierte(r).

allier : *~ famille et vie professionnelle* Familie und Beruf miteinander vereinbaren (unter einen Hut bringen) ; (*polit.*) *s'~ à qqn* sich verbünden (mit) ; sich alliieren (mit) ; eine Allianz (ein Bündnis) mit jdm schließen ; *s'~ à une famille* in eine Familie einheiraten.

all-inclusive (*tourisme*) komplettes Beherbergungsprogramm *m* (Kost und Logis, Getränke und Freizeitaktivitäten rund um die Uhr).

allocataire *m* Leistungsempfänger *m* ; Leistungsberechtigte(r) ; Bezieher *m* einer Leistung.

allocation *f* Zuschuss *m* ; Beihilfe *f* ; Zuwendung *f* ; Unterstützung *f* ; *~ d'apprentissage* Ausbildungsbeihilfe ; Lehrgeld *n* ; *~ de chômage* Arbeitslosenunterstützung (Alu) ; Stempelgeld *n* ; (*tourisme*) *~ de devises* (Reise)Devisenzuteilung *f* ; *~ d'études* Studiengeld ; Erziehungszulage *f* ; *~ pour enfants à charge* Kindergeld *n* ; *~s familiales* Familienbeihilfe ; *~ journalière* Tage(s)-

allonge

geld *n* ; ~ (*de*) *logement* Wohnungsgeld *n*, -beihilfe ; ~ *de maternité* Mutterschaftshilfe *f* ; Schwangerschaftsgeld *n* ; ~ *de salaire unique* Alleinverdienerbeihilfe ; ~ *sociale* Versorgungsleistung ; Sozialleistung ; ~ *sous conditions* (*sous réserve*) *de ressources* lohnbedingte Leistung ; einkommensabhängiger Zuschuss *m* ; ~ *de vie chère* Teuerungszulage *f* ; ~ (*de*) *vieillesse* Altersbeihilfe ; *bénéficiaire m d'*~ Bezieher einer Leistung ; *avoir droit à une* ~ auf Beihilfe Anspruch haben ; *toucher* (*percevoir*) *une* ~ eine Unterstützung erhalten.

allonge *f* (*lettre de change*) Allonge *f* ; Wechselanhang *m* ; Anhangzettel *m*.

allongement *m* Verlängerung *f* ; ~ *de l'âge moyen de départ en retraite* Verlängerung des durchschnittlichen Renteneintrittsalters ; ~ *de la durée moyenne de cotisation-retraite* Verlängerung der durchschnittlichen Zeit der Renten-Beitragszahlung.

allonger verlängern ; ~ *la durée du travail* die Arbeitszeit verlängern ; (*fam.*) ~ *une somme* einen Betrag auf den Tisch legen ; *s'*~ sich verlängern ; sich in die Länge Ziehen.

allouer bewilligen ; gewähren ; zugestehen ; zuwenden ; ~ *un crédit, une somme de 5000 euros à un projet* einen Kredit, einen Betrag von 5000 € für ein Projekt gewähren (bewilligen, bereitstellen, einräumen).

alourdi, e (*bourse*) flau ; lustlos ; gedrückt.

alourdir erhöhen ; belasten ; beschweren ; anschwellen lassen ; *la facture s'est sensiblement* ~*ie* die Rechnung hat sich erheblich erhöht (hat erheblich zugenommen) ; ~ (*considérablement*) *la pression fiscale* die Steuerlast (drastisch) erhöhen ; die Steuerschraube anziehen (überdrehen) ; an der Steuerschraube drehen.

alourdissement *m* Mehrbelastung *f* ; Zunahme *f* ; ~ *des impôts* Mehrbesteuerung *f* ; Zunahme *f* der Steuerlast.

allure *f* (*utilisation d'un poste de travail, d'une capacité de production*) Auslastung *f* ; Kapazitätsausnutzung *f*.

alphabet *m* **téléphonique** Telefonalphabet *n*.

alphanumérique (*informatique*) alphanumerisch.

alphapage *m* Cityruf-Empfänger *m* ; Pager *m*.

altérable (*aliments*) leicht verderblich ; nicht haltbar.

altération *f* Verschlechterung *f* ; Veränderung *f* ; Fälschung *f* ; ~ *de document* Urkundenfälschung ; ~ *du marché* Marktverschlechterung.

alternance *f* Wechselfolge *f* ; Wechsel *m* ; Abwechslung *f* ; (*agric.*) ~ *des cultures* Fruchtwechsel ; Fruchtfolge *f* ; ~ *politique* Machtwechsel ; politischer Wechsel ; *formation f en* ~ duale Berufsausbildung *f* ; Dualsystem *n* ; alternierende Ausbildung ; *contrat m de formation en* ~ Dualausbildung *f* ; duales Ausbildungssystem *n*.

alternatif, ive alternativ ; Alternativ- ; *les* ~*s* die Alternativen ; die Alter-nativler ; (*agric.*) *culture f* ~*ive* alternativer Anbau *m* ; *économie f* ~*ive* Alternativwirtschaft *f* ; *énergie f* ~*ive* Alternativenergie *f* ; (*polit.*) *mouvement m* ~ alternative Szene *f* ; alternative Bewegung *f*.

alterner abwechseln ; ~ *avec qqn* sich mit jdm ablösen ; *circulation* ~*ée en cas d'alerte à la pollution* abwechselnder Verkehr bei Smogalarm (*numéros pairs/impairs*) je nach den mit gerader/ungerader endenden Nummernschildern ; *culture f* ~*ée* Fruchtwechsel *m* ; *enseignement m* ~*é* Teilzeit-Berufsausbildung *f* ; *formation f* ~*ée* Dualausbildung *f* ; duales Ausbildungssystem *n*.

amarrer : ~ *une cargaison* eine Ladung festmachen ; ~ *un navire à la bitte d'amarrage* ein Schiff am Poller festmachen.

amasser anhäufen ; (an)sammeln ; ~ *de l'argent* Geld anhäufen ; zusammensparen ; (*péj.*) Geld scheffeln ; ~ *une fortune, des richesses* ein Vermögen, Reichtümer anhäufen.

amateur *m* Liebhaber *m* ; *valeur f d'*~ Liebhaberwert *m* ; (*péj.*) *travailler en* ~ halbe Arbeit (Pfuscharbeit) machen.

amateurisme *m* Dilettantismus *m* ; Amateurismus *m* ; Laienhaftigkeit *f* ; (*péj.*) Stümperhaftigkeit *f*.

ambassade *f* Botschaft *f* ; *attaché m d'*~ Gesandtschaftsattaché *m* ; *le personnel de l'*~ das Botschaftspersonal.

ambassadeur *m* Botschafter *m* ; *échange m d'*~*s* Botschafteraustausch *m*.

ambiance f Stimmung f ; Klima n ; ~ de travail Arbeitsklima.

ambitieux, se ehrgeizig ; *projet m* ~ ambitioniertes Projekt (Vorhaben) ; *avoir des objectifs* ~ ein ambitioniertes Ziel haben.

ambition f Ehrgeiz m ; Ambition f ; *ne pas avoir d'*~s *personnelles* keine Ambitionen haben ; *avoir des* ~s *pour un poste, au siège de président* Ambitionen auf einen Posten, auf den Sessel des Vorsitzenden haben.

ambulant, e wandernd ; herumziehend ; *commerce m* ~ ambulantes Gewerbe n ; Straßenhandel m ; *marchand m* ~ fliegender (ambulanter) Händler m ; (*fam.*) Klinkenputzer m.

ambulatoire : *en service* ~ ambulant ; *le service* ~ die Ambulanz ; (*sécu. sociale*) *traitement m* (*soins mpl*) ~(s) Tagesklinik f ; Durchgangsbehandlung f ; ambulante Pflege f (Behandlung f).

A.M.E. m (*Accord monétaire européen*) Europäisches Währungsabkommen n.

amélioration f (Ver)Besserung f ; Veredelung f ; (*agric.*) Melioration f ; ~ *de la bourse* Erholung f der Börse ; ~ *de la conjoncture* Konjunkturbesserung ; ~ *des relations, des conditions de travail* Verbesserung der Beziehungen, der Arbeitsbedingungen ; ~ *d'une pension* Erhöhung f einer Rente ; ~ *des salaires* Aufbesserung der Löhne ; *industrie f d'*~ Veredelungsindustrie f ; *travaux mpl d'*~ Ausbauarbeiten fpl.

améliorer verbessern ; (*salaires, rémunération*) aufbessern ; *s'*~ (*cours*) sich erholen ; (*qualité*) steigern ; sich verbessern ; (*péj.*) ~ *la balance* die Bilanz frisieren ; ~ *ses connaissances linguistiques* seine Sprachkenntnisse verbessern ; ~ *le niveau de vie* den Lebensstandard verbessern ; ~ *la qualité* (*élevage, produits agricoles*) veredeln ; ~ *les résultats* den Ertrag steigern ; ~ *les retraites, les salaires* die Renten, die Löhne aufbessern ; ~ *la situation de l'emploi* die Beschäftigungslage verbessern ; ~ *un sol* einen Boden meliorieren (verbessern) ; ~ *un texte* einen Text noch einmal überarbeiten ; *version f* ~*ée* überarbeitete Version f (Fassung).

aménagement m 1. Einrichtung f ; Ausstattung f ; Anordnung f ; Einteilung f ; ~ *intérieur* Innenausstattung f 2. Gestaltung f ; ~ *de bureau* Bürogestaltung f ; ~ *du cadre de travail* Arbeitsplatzgestaltung f ; ~ *des loisirs* Freizeitgestaltung ; ~ *du temps de travail* Flexibilisierung f der Arbeitszeit ; Arbeitszeitgestaltung f 3. ~ *de dispositions, de mesures* Lockerung f von Bestimmungen, von Maßnahmen 4. ~s *fiscaux* Steuererleichterungen fpl ; Steuermäßigung f ; Umverteilung f der Steuern ; ~ *des tarifs* Tarifermäßigung f 5. ~ *de la production* Anpassung f der Produktion 6. ~ *d'une région* Ausbau m einer Gegend ; ~ *du territoire* Raumplanung f ; Raumpolitik f, -ordnung f ; *ministère m de l'*~ *du territoire* Raumordnungsministerium n ; *plan m d'*~ *d'une région* Erschließungsplan m einer Region ; *programme m d'*~ Ausbauprogramm n ; *zone f d'*~ *concerté* Gebiet n für konzertierte Raumplanung.

aménager anordnen ; einrichten ; gestalten ; planen ; ~ *un emploi du temps* einen Zeitplan (um)ändern ; ~ *des espaces urbains* Stadtplanungen durchführen ; ~ *des espaces verts, des parkings, des zones piétonnes* Grünflächen, Parkplätze, Fußgängerzonen anlegen ; ~ *l'impôt* Steuererleichterungen schaffen ; Steuern senken (herabsetzen) ; ~ *des locaux* (*en bureaux*) (als Büro) umgestalten (umbauen) ; ausbauen ; ~ *des loisirs* Freizeit gestalten ; ~ *des mesures* Maßnahmen lockern (aufweichen) ; ~ *le temps de travail* die Arbeitszeit flexibilisieren (flexibler gestalten).

amende f Geldstrafe f ; (Geld)Buße f ; Bußgeld n ; Strafmandat n ; (*fam.*) Knöllchen n ; *sous peine d'*~ bei Strafe ; ~ *administrative* Ordnungsstrafe ; ~ *fiscale* Steuerstrafe ; *condamner à une* ~ zu einer Geldstrafe verurteilen ; *infliger une* ~ Bußgeld verhängen ; eine Geldstrafe auferlegen ; mit Geldstrafe belegen ; *payer une* ~ eine Geldstrafe zahlen.

amendement m 1. (*texte, loi*) (Ab)Änderung f ; Novellierung f ; Abänderungsantrag m ; ~ *de loi* Gesetzesabänderungsantrag ; Gesetzesnovelle f ; *demande f d'*~ Änderungsantrag m 2. (*agric.*) ~ *organique* organische Bodenverbesserung f.

amender 1. (*sol*) meliorieren ; düngen 2. (*loi*) abändern ; ändern ; ~ *une loi* ein Gesetz novellieren ; *s'*~ sich bessern.

amener : ~ *des clients à qqn* jdm Kunden zuführen.

amenuisement *m* Verminderung *f* ; Schmälerung *f* ; Abwärtsbewegung *f* ; ~ *des cours* Kursabschwächung *f* ; Kursrückgang *m* ; ~ *du pouvoir d'achat* Kaufkraftschwund *m*.

américanisation *f* Amerikanisierung *f*.

américaniser amerikanisieren.

A.M.F. *m* (*U.E.* : *accord multi-fibres*) Allfaservereinbarung *f*.

ami *m* Freund *m* ; *faire un prix d'~ à qqn* jdm einen Freundschaftspreis machen (einräumen) ; *rendre un service d'~ à qqn* jdm einen Freundschaftsdienst erweisen (leisten).

A.M.I. *m* (*Accord multilatéral d'investissement*) multilaterales Investitionsabkommen *n*.

amiable freundschaftlich ; gütlich ; einvernehmlich ; freihändig ; *à l'~* auf gütlichem Weg ; auf gütliche Weise ; *accord m ~* gütliche Übereinkunft *f* ; *vente f ~* freihändiger Verkauf *m* ; *s'arranger à l'~* (*parvenir à un arrangement ~*) sich mit jdm gütlich einigen ; (*assur.*) *constat m ~* in gegenseitigem Einvernehmen verfasster Unfallbericht ; einvernehmlicher Unfallbericht ; *partage m ~* gütliche Teilung *f* ; *négocier une solution ~* über eine gütliche (außergerichtliche) Lösung verhandeln ; *régler un différend à l'~* einen Streit gütlich beilegen (schlichten) ; nach einer einvernehmlichen Regelung suchen ; *vendre à l'~* aus freier Hand verkaufen.

amiante *f* Asbest *m* ; *poussière f d'~* Asbeststaub *m* ; *combinaison f ignifugée à l'~* feuerfester Asbestanzug *m* ; *maladie professionnelle due à l'~* Asbestose *f* ; *l'~ est considérée comme cancérigène* Asbest gilt als krebserregend.

amianté, e asbestverseucht ; *combinaison f ~e* feuerfester Asbestanzug *m*.

amical, e freundlich ; *OPA f ~e* freundliches Übernahmeangebot *n*.

A.M.M. *f* (*autorisation de mise sur le marché*) Vermarktungsgenehmigung *f* ; Vermarktungserlaubnis *f* ; Marktfähigkeit *f*.

amnistie *f* Amnestie *f* ; ~ *fiscale* Steueramnestie ; Niederschlagung *f* einer Steuerschuld.

amnistier amnestieren ; begnadigen.

amont : oberhalb ; vorgelagert ; (*préfixe*) -aufwärts ; -rückwärts ; *en ~* im Vorfeld ; erzeugernah ; stromaufwärts ; *en ~ de la production* produktionsaufwärts ; *gestion f des besoins en ~* Bedarfsverwaltung *f* ; Beschaffungsverwaltung ; *imposition f ~* (*au premier sujet fiscal*) Vorbelastung *f* ; *industrie f en ~* Zuliefer(er)industrie *f* ; (*marketing*) *intégration f en ~* Rückwärtsintegration *f* ; *marché m en ~* Beschaffungsmarkt *m* ; *secteurs en ~ et en aval* vor- und nachgelagerte Wirtschaftsbereiche *mpl* ; *taxe f prélevée en ~* Vorsteuer *f* ; Vorabgabe *f*.

amorcer : ~ *des négociations* Verhandlungen in die Wege leiten ; ~ *une période difficile* eine komplizierte Phase einleiten ; ~ *la production de maïs transgénique* die Produktion von gentechnisch verändertem (manipuliertem) Mais aufnehmen ; (*polit. économique*) ~ *un virage à 90 degrés* eine radikale Wende einleiten ; *s'~* in Gang kommen ; sich anbahnen ; sich andeuten ; *une tendance inflationniste s'amorce* eine inflationäre Tendenz zeichnet sich ab.

amortir amortisieren ; (*rembourser*) abbezahlen ; tilgen ; begleichen ; löschen ; abtragen ; ~ *un capital* ein Kapital ablösen ; ~ *une dette* eine Schuld tilgen (löschen) ; ~ *une hypothèque* eine Hypothek tilgen (abtragen) ; (*machine*) abschreiben ; amortisieren.

amortissable tilgbar ; abtragbar ; ~ *en 15 ans* in 15 Jahren tilgbar ; abschreibbar ; *capital m, dette f ~* Tilgungskapital *n*, -schuld *f* ; *non ~* untilgbar.

amortissement *m* Abschreibung *f* ; Tilgung *f* ; Löschung *f* ; Amortisation *f* ; Abtragung *f* ; Abzahlung *f* ; Ablösung *f* ; Abbuchung *f* ; ◆ ~ *anticipé* vorzeitige Abschreibung ; ~ *des coûts* Kostenabschreibung ; ~ *d'une créance, d'un crédit* Tilgung einer Forderung, eines Kredits ; ~ *dégressif* degressive Abschreibung ; ~ *exceptionnel* außerordentliche Abschreibung ; ~ *d'un emprunt* Anleihetilgung, -ablösung ; ~ *fiscal* steuerliche Abschreibung ; ~ *de l'hypothèque* Hypothekentilgung ; ~ *linéaire* lineare Abschreibung ; ~ *progressif* progressive Abschreibung ; ~ *d'une rente* Rentenablösung ; ~ *technique* Abschreibung wegen technischem Verschleiß; ~ *technologique* Abschreibung wegen technologischer Veralterung ; ~ *pour usure* (*dépréciation*) Abschreibung für Abnutzung ; ♦♦ **annuité** f (*tranche* f) *d'~* Tilgungsrate f ; *compte m d'~* Abschreibungskonto n ; *date limite f d'un ~* Fälligkeit f einer Abschreibung ; *durée f de l'~* Tilgungsdauer f ; *fonds m d'~* Tilgungs-, Abschreibungsfonds m ; *montant m de l'~* Tilgungsbetrag m ; *plan m d'~* Amortisationsplan m ; *taux m (coefficient m) d'~* Tilgungsquote f ; Abschreibungssatz m ; ♦♦♦ *calculer l'~* die Abschreibung berechnen ; *réemployer des ~s* Abschreibungserlöse (wieder) verwenden ; *réinvestir un ~* eine Abschreibung reinvestieren.

amovibilité f (*fonctionnaire*) Absetzbarkeit f.

amovible 1. (*fonctionnaire*) absetzbar ; versetzbar ; widerruflich **2.** auswechselbar ; abnehmbar.

ample : *pour de plus ~s renseignements, s'adresser à* weitere Auskünfte bei... ; für nähere Auskünfte sich wenden an + A ; Näheres bei....

ampliation f beglaubigte Abschrift f ; *pour ~* für die Richtigkeit.

amputation f Beschneidung f ; Kürzung f ; Verminderung f ; *~ du budget* drastische Haushaltskürzungen, -beschneidungen.

amputer (*budget*) beschneiden ; drastisch kürzen ; *~ le pouvoir d'achat des masses* die Massenkaufkraft mindern.

an m Jahr n ; *d'ici un ~* in einem Jahr ; innerhalb eines Jahres ; *par ~* jährlich ; pro Jahr ; *bon ~, mal ~* im Jahresdurchschnitt ; jahraus, jahrein ; *dans un délai d'un ~* in Jahresfrist ; *passé un ~* nach Jahresfrist, -ablauf ; (*placement*) *à moins, à plus d'un ~* kurz-, langfristig ; *par rapport à la même période de l'an passé* gegenüber dem Vergleichszeitraum des Vorjahrs.

analyse f Analyse f ; Untersuchung f ; Auswertung f ; *~ du bilan* Bilanz-analyse ; *~ des données* Datenanalyse f ; *~ de gestion* Betriebsanalyse ; *~ de (du, des) marché(s)* Marktanalyse, -forschung f ; *~ statistique* statistische Untersuchung ; *~ des ventes* Umsatzanalyse ; *procéder à une ~* eine Analyse machen (vornehmen, durchführen) ; *l'~ a révélé que...* die Analyse hat ergeben, dass....

analyser analysieren ; untersuchen ; eine Analyse durchführen ; *~ les résultats d'un sondage* die Ergebnisse einer Meinungsumfrage analysieren ; *~ une situation conflictuelle* eine Konfliktsituation analysieren.

analyste m **1.** (*finance*) (Finanz)-Analyst m ; Analytiker m **2.** (*inform.*) *~ système* Systemanalytiker m ; EDV-Fachmann m ; Informatiker m ; *~ programmeur* (EDV-)Programmierer m.

ancien, ne 1. alt ; ehemalig ; früher ; ausgeschieden ; dienstälter ; *il est ~ dans l'entreprise* er gehört schon lange zum Unternehmen ; *le plus ~ en grade* der Dienstälteste ; *un ~ commerçant* ehemaliger Kaufmann m ; *logement m ~* Altbauwohnung f **2.** Älteste(r) ; *conseil m des ~s* Ältestenrat m.

ancienneté f (Dienst)Alter n ; Amtsalter ; Berufsalter ; Dienstzeit f ; Anzahl f der Berufsjahre ; Betriebszugehörigkeit f ; *par ordre d'~* dem Dienstalter nach ; *~ de service* Dienstalter ; *avancement m à l'~* Beförderung f nach dem Dienstalter ; *prime f, supplément m d'~* Dienstalterszulage f, -bonus m, -prämie f ; *avoir de l'~ dans une maison* eine lange Betriebszugehörigkeit haben ; *être promu (avancer) à l'~* nach dem Alter befördert werden.

anéantir vernichten ; zerstören ; ruinieren.

animal m Tier n ; *animaux destinés à l'alimentation* Masttiere ; Mastrinder npl (*bovins*) ; Mastschafe npl (*ovins*) ; Mastschweine npl (*porcins*).

animal, e (*agric.*) (*préfixe*) Tier- ; *expérimentation f ~e* Tierversuche npl, -experimente npl ; *farine f ~e* Tier(körper)mehl n ; *production f ~e* Viehprodukte npl, -erzeugnisse npl.

animalerie f Aufzuchtstation f.

animation f (*dans les rues*) reger Betrieb m ; reges Leben und Treiben n ; Belebung f ; (*promotion des ventes*) Verkaufsförderungsaktion f ; Umsatzsteigerungsaktion ; (*bourse, France*) *contrat m d'~* Belebungsvertrag m (Partnerschaft zwischen einer börsennotierten Aktiengesellschaft, einem als Vermittler auftretenden Finanzinstitut und der « société française de bourse », um ein Wertpapier zu beleben).

animé, e : (*bourse*) *marché ~* lebhafter (reger) Markt ; *bourse peu ~e* lustlose (flaue) Börse.

année f Jahr n ; Jahrgang m ; (*classe*) Jahresklasse f ; Jahrgang m ; ♦ *les ~s 20, 30, 40* die zwanziger, dreißiger, vierziger

Jahre ; ~ *d'ancienneté de service* Dienstjahr ; ~ *bissextile* Schaltjahr ; ~ *budgétaire* Haushaltsjahr ; ~ *civile* Kalenderjahr ; ~ *de comparaison* Vergleichsjahr ; ~ *de cotisation* Beitragsjahr ; ~ *courante* laufendes Jahr ; *~s creuses* geburtenschwache Jahrgänge ; ~ *de crise* Krisenjahr ; *déficitaire* Verlust-, Defizitjahr ; ~ *excédentaire* Gewinnjahr ; ~ *d'exercice* Geschäftsjahr ; ~ *de fabrication* Fertigungs-, Fabrikationsjahr ; *les ~s fastes (de vaches grasses)* die fetten Jahre ; ~ *financière* Rechnungsjahr ; ~ *fiscale* Finanzjahr ; ~ *imposable* Veranlagungsjahr ; ~ *passée* voriges (im vorigen) Jahr ; ~ *pauvre* ertragsarmes (mageres) Jahr ; Jahr der mageren Kühe ; ~ *pleine* volles Jahr ; *~s pleines* geburtenstarke Jahrgänge ; ~ *préparatoire* Vorbereitungsjahr ; ~ *prochaine* nächstes (im nächsten) Jahr ; ~ *prospère* ertragreiches Jahr ; ~ *de référence* Bezugsjahr ; (*grand cru*) ~ *réputée* guter Jahrgang *m* ; ~ *touristique* Fremdenverkehrsjahr ; ◆◆ *début m, fin f de l'~* Jahresbeginn *m*, -ende *n* ; *en début d'~* zum Jahresauftakt ; *en cours d'~* im Jahresverlauf ; *gratification f de fin d'~* Weihnachtsgratifikation *f*, -geld *n* ; *inventaire m de fin d'~* Jahresabrechnung ; Inventur *f* ; *meilleure(s) vente(s) f(pl) de l'~* Jahresspitze *f* ; *la voiture de l'~* der Wagen des Jahres ; ◆◆◆ *devoir une ~ de loyer* die Miete von einem Jahr schulden.

annexe *f* **1.** (*à une lettre*) Beilage *f* ; Anlage *f* ; Anhang *m* ; ~ *au bilan, au contrat* Anhang zur Bilanz, zum Vertrag ; *en ~* beiliegend ; *marchandises hors ~* nicht im Anhang des Vertrags aufgeführte Waren *fpl* ; *les remarques figurent dans l'~* die Bemerkungen befinden sich im Anhang **2.** Zweigbetrieb *m* ; Filiale *f* **3.** (*bâtiment*) Nebengebäude *n*.

annexe zusätzlich ; zugehörig ; *activité f ~* Nebenbeschäftigung *f* ; (*fam.*) Zubrot *n*.

annonce *f* Annonce *f* ; Anzeige *f* ; Inserat *n* ; (*Internet*) *~s News pl* ; ~ *encartée* Anzeigenbeilage *f* ; ~ *légale* amtliche Bekanntmachung *f* ; ~ *publicitaire* Werbesendung *f* ; ~ *télévisée* Werbedurchsage *f* ; *agence d'~s* Annoncenexpedition *f* ; *bureau m des ~s* Anzeigenbüro *n* ; *journal m d'~s légales* amtlicher Anzeiger *m* ; (*journal*) *page f* (*rubrique f*) *des ~s* Anzeigenteil *m* einer Zeitung ; *petites ~s* Kleinanzeigen ; *réception f des ~s* Anzeigen-, Inseratenannahme *f* ; *passer une ~ dans un journal* eine Anzeige in einer Zeitung aufgeben ; in einer Zeitung inserieren ; eine Annonce in eine Zeitung setzen ; *publier par voie d'~s* durch Anzeigen veröffentlichen (bekannt machen).

annoncer 1. ankündigen ; bekannt machen ; ~ *l'arrivée d'un train* die Ankunft eines Zugs melden (ankündigen, bekannt geben) ; *le train est ~é en voie 6* der Zug hat Einfahrt auf Gleis 6 ; ~ *des pertes pour le troisième trimestre* einen Verlust für das dritte Quartal ankündigen ; *le VRP a ~é sa visite pour mardi* der Handelsvertreter hat seinen Besuch für Dienstag angekündigt **2.** inserieren ; annoncieren ; anzeigen **3.** *s'~* sich anmelden lassen **4.** (*radio*) ansagen.

annonceur *m* **1.** Inserent *m* ; (*publicité*) Anzeigenkunde *m* ; Anzeigen-Auftraggeber *m* ; Werbekunde *m* **2.** (*télé*) Ansager *m* ; (*radio*) Sprecher *m*.

annonciateur, trice : *signes mpl ~s d'une crise* Vorzeichen *npl*, Vorboten *mpl* einer Krise.

annoncier *m* (*chef des annonces dans un journal*) Anzeigenleiter *m* ; (*typo*) Anzeigensetzer *m*.

annuaire *m* Jahrbuch *n* ; Verzeichnis *n* ; Adressbuch *n* ; ~ *du commerce* Handelsadressbuch ; Branchenverzeichnis ; ~ *du téléphone* Fernsprechbuch, -verzeichnis ; Telefonbuch ; ~ *téléphonique électronique* elektronisches Telefonverzeichnis *n*.

annualisation *f* jährliche Berechnung *f* ; Jahresberechnung *f* (Arbeitszeit, Löhne, Dienstleistungen, etc.) ; jährliche Bezahlung *f* (einmalige Jahresbezahlung) ; Umlegung *f* der Arbeitszeit auf das Jahr ; Jahresarbeitszeit *f* ; Arbeitszeit auf das ganze Jahr ; auf Jahresbasis berechnete Arbeitszeit.

annualiser jährlich (auf Jahresbasis) berechnen ; jährlich bezahlen ; *taux m ~é* im Jahresdurchschnitt ausgedrückter Zinssatz *m* ; ~ *le temps de travail* die Arbeitszeit auf das ganze Jahr umlegen (umstellen, umsetzen) ; eine Jahresarbeitszeit einführen ; ~ *la réduction du temps de travail sur une base moyenne de 1600 heures* die Arbeitszeitverkürzung auf einer Jahresbasis von durchschnittlich 1600 Stunden umsetzen.

annualité f Jährlichkeit f ; ~ d'amortissement Abschreibungsquote f ; (comptabilité) principe m d'~ Prinzip n der Periodenabgrenzung.

annuel, le jährlich ; Jahres- ; *abonnement m* ~ Jahresabonnement n ; *assemblée f ~le* Jahresversammlung f ; *bilan m* ~ *(de clôture)* Jahresabschluss m ; *capacité f ~le* Jahreskapazität f ; *carte f de transport ~le* Jahreskarte f ; *chiffre m (d'affaires)* ~ Jahresumsatz m ; *(bilan) comptes mpl ~s* Jahresabschluss m ; *congé m* ~ Jahresurlaub m ; *contrat m* ~ Jahresvertrag m ; *cotisation f ~le* Jahresbeitrag m ; *exposition f ~le* Jahresausstellung f ; *fermeture f ~le* Betriebsferien pl ; *moyenne f ~le* Jahresdurchschnitt m ; *plan m* ~ Jahresplan m ; *production f ~le* Jahresproduktion f ; *(hist. R.D.A.)* Jahressoll n ; *rapport m* ~ Jahresbericht m ; *redevance f ~le* Jahresgebühr f ; *rendement m* ~ Jahresertrag m ; *rente f ~le* Jahresrente f ; *revenu m* ~ Jahreseinkommen n ; *taxe f ~le* jährliche Abgabe.

annuité f Jahresrate f ; Jahreszahlung f ; jährliche Tilgungsrate f ; Annuität f ; ~ d'amortissement jährliche Abschreibungsrate f ; *amortissement m par ~s constantes* Annuitätentilgung f.

annulatif, ive aufhebend ; annullierend.

annulation f Annullierung f ; Aufhebung f ; Rückgängigmachung f ; Nichtig-, Ungültigkeitserklärung f ; Löschung f ; Streichung f ; Abbestellung f ; Absage f ; Rücktritt m ; Außerkraftsetzung f ; ◆ ~ d'actions Aktieneinziehung f ; ~ d'une commande Abbestellung eines Auftrags ; ~ d'un contrat Rücktritt von einem Vertrag ; ~ d'une écriture Löschung einer Buchung ; ~ de réservation d'hôtel Hotelreservierungs-Absage f ; ~ d'un tarif Außerkraftsetzung eines Tarifs ; Tarifabbau m ; ◆◆ action f en ~ en Klage f auf Ungültigkeitserklärung ; *déclaration f d'~* Nichtig(keits)erklärung f ; *motif m d'~* Annullierungsgrund m.

annuler annullieren, aufheben ; rück-gängig machen ; stornieren ; für nichtig (ungültig) erklären ; abbestellen ; sich abmelden ; absagen ; ~ *un accord, un achat, une décision* eine Vereinbarung, einen Kauf, einen Beschluss rückgängig machen ; ~ *des crédits* Kredite, Haushaltsmittel streichen (absetzen) ; ~ *une dette* eine Schuld löschen ; ~ *un jugement* ein Gerichtsurteil annullieren ; ~ *une réservation d'hôtel* ein Hotelzimmer abbestellen ; ~ *une participation, une visite (programmée)* eine Teilnahme, einen (geplanten) Besuch absagen.

anomalie f Missstand m ; Unregelmäßigkeit f ; Verstoß m ; kleinerer Betrug m ; *découvrir des ~s financières* finanzielle Missstände ausmachen (entdecken).

anonymat m Anonymität f ; *conserver, abandonner l'*~ die Anonymität wahren, aufgeben.

anonyme anonym ; *lettre f ~* anonymer Brief m ; *société f* ~ *(S.A.)* Aktiengesellschaft f (AG).

anonymer anonymisieren.

anormal, e ; *gain m* ~ Übergewinn m.

A.N.P.E. f *(Agence nationale pour l'emploi)* französische Zentralstelle f für Arbeitsvermittlung ; *(Allemagne)* Bundesagentur für Arbeit ; Arbeitsamt n ; *agent m de l'*~ Arbeitsvermittler m ; Angestellte(r) des Arbeitsamts ; *pointer à l'*~ beim Arbeitsamt stempeln ; *s'inscrire à l'*~ sich arbeitslos melden ; sich als Arbeitsloser beim Arbeitsamt registrieren lassen ; *se retrouver à l'*~ beim Arbeitsamt landen.

ANSEA → *ASEAN (Association des pays du Sud-Est asiatique).*

antécédents mpl : *avoir des ~ judiciaires* vorbestraft sein.

antenne f **1.** *(télé)* Antenne f ; ~ *individuelle, commune* Einzel-, Gemeinschaftsantenne ; ~ *parabolique* Parabol-Antenne ; Satellitenschüssel f ; *(pub.)* Werbezeit f ; *temps m en campagne électorale* Wahlkampfsendezeit f ; *acheter du temps d'*~ Werbezeit kaufen **2.** *(représentation d'une entreprise)* Geschäftsstelle f ; Zweigstelle f ; Niederlassung f ; Außenstelle f ; ~ *à l'étranger, en province* Außenstelle im Ausland, in der Provinz ; ~ *locale* örtliche Zweigstelle ; *réseau m d'~s* Netz n der Außenstellen.

antérieur, e vorhergehend ; früher ; älter ; *notre correspondance d'~e* unser früherer Briefwechsel m.

antériorité f Vorrang m ; Priorität f ; *droit m d'*~ Vorrangsrecht n ; *recherche f d'~ d'une marque commerciale* Prioritätsprüfung f einer Handelsmarke.

anti-allumage électronique

anti-allumage *m* **électronique** (*assur. automobile*) elektronische Wegfahrsperre *f*.

antibiorésistant, e (*agric.*) : gène *m* ~ Antibiotika-Resistenzgen *n*.

antibruit : *mur m, écran m* ~ Lärmschutzwand *f* ; *talus m* ~ Lärmschutzwall *m*.

antichambre *f* Vorzimmer *n* ; *faire* ~ antichambrieren ; (*péj.*) katzbuckeln.

anticipation *f* Vorwegnahme *f* ; Vorgriff *m* ; Erwartung *f* ; ~ *de change, d'inflation, de taux d'intérêt* Wechselkurs-, Inflations-, Zinserwartung ; ~ *de paiement* Vorauszahlung *f* ; antizipierte Zahlung ; (Leistung einer) Zahlung vor Fälligkeit ; *se libérer par* ~ im Voraus zahlen.

anticipé, e vorgezogen ; vorzeitig ; *élections fpl, retraite f ~e(s)* vorgezogene Wahlen (vorgezogener Wahltermin) ; vorgezogene Rente *f* ; *rachat m de titres* ~ vorzeitige Kündigung *f* von Anleihen ; *remboursement m ~ d'un prêt, d'un titre participatif* vorzeitige Darlehenstilgung *f* ; Rückzahlung *f* eines Anteilscheins (einer Beteiligungsurkunde) ; *versement m* ~ Vorauszahlung *f*.

anticiper : ~ *un paiement* im Voraus zahlen ; eine Zahlung vor Fälligkeit leisten ; ~ *le premier versement de 8 jours* die erste Zahlung um 8 Tage vorziehen ; ~ *une hausse des taux* Zinsen antizipatorisch erhöhen ; eine Zinserhöhung vorwegnehmen ; ~ *un travail* eine Arbeit vor dem vorgesehenen Termin erledigen (abschließen, fertigstellen) ; *savoir* ~ *sur les évènements*. Ereignissen vorgreifen ; vorzeitige Dinge in die Wege leiten.

anticommercial, e verkaufshemmend.

anticonceptionnel, le empfängnisverhütend ; *moyen m* ~ Verhütungsmittel *n*.

anticoncurrentiel, le wettbewerbswidrig ; *pratiques fpl publicitaires ~les* unlautere Werbepraktiken *fpl* (Werbemethoden).

anticonjoncturel, le konjunkturdämpfend, antizyklisch ; *mesures fpl ~les* antizyklische Maßnahmen *fpl*.

anticonstitutionnel, le verfassungswidrig.

anticrise : *plan m* ~ Krisenmanagement *n* ; krisenvorbeugender Plan *m*.

antidater rückdatieren ; zurückdatieren ; nachdatieren ; *chèque m~é* rückdatierter Scheck *m*.

antidémarrage *m* **électronique** (*assur. automobile*) elektronische Wegfahrsperre *f* ; *faire monter un* ~ *dans un véhicule* eine elektronische Wegfahrsperre in ein Fahrzeug einbauen.

antidémocratique antidemokratisch.

antidoping : *contrôle m* ~ Dopingkontrolle *f*.

antidote *m* (*fig.*) Gegenmittel *n* ; *chercher un* ~ *à la montée du chômage* nach einem Gegenmittel gegen den Anstieg der Arbeitslosigkeit suchen.

antidrogue : *lutte f* ~ Drogenbekämpfung *f* ; *plan m de lutte* ~ Drogenbekämpfungsplan *m* ; *unité f* ~ Antidrogeneinheit *f*.

antidumping : *loi f* ~ Antidumpinggesetz *n*.

anti-écologique umweltfeindlich ; umweltbelastend, -schädlich, -schädigend, -gefährdend ; *mode m de production* ~ umweltfeindliche Produktionsweise *f* ; *avoir un comportement* ~ sich umweltfeindlich verhalten.

anti-économique wirtschaftsfeindlich ; wirtschaftsfremd ; unwirtschaftlich.

antifamille familienfeindlich ; *politique f* ~ familienfeindliche Politik *f*.

antifeu : (*assur.*) *débroussaillage m* ~ Brandschutz-Abholzung *f* ; *écran m* (*porte f*) ~ Brandschutztür *f* ; *mesures fpl* (*politique f*) ~ Brandschutzmaßnahmen *fpl*, -politik *f*.

antifraude : *mesure f* ~ *fiscale* Maßnahme *f* gegen den Steuerbetrug.

antigréviste *m* Streikbrecher *m*.

antihausse : *plan m* ~ inflationshemmender Plan *m* ; Preisstabilisierungsplan *m*.

anti-inflationniste antiinflationistisch ; inflationshemmend.

antimondialiste *m* Globalisierungsgegner *m*.

antinataliste Gegner *m* der Bevölkerungszunahme ; Befürworter *m* der Geburtenkontrolle ; *politique f* ~ auf Geburtenbeschränkung abzielende Politik *f*.

antinucléaire *m* Atomgegner *m* ; Kernkraftwerk-Gegner ; *les ~s* die KKW-Gegner.

antinucléaire 1. Atomschutz- ; Strahlenschutz- **2.** antinuklear ; *manifestation f* ~ Atomgegnerdemonstration *f*.

anti-occidental, e westfeindlich ; antiwestlich ; *attitude f ~e* Antiwestlertum

n ; *avoir un comportement (une attitude)* ~(e) ein antiwestliches Benehmen haben ; sich westfeindlich verhalten.
ANTIOPE → *télétexte*.
anti-ouvrier, ière arbeiterfeindlich.
anti-oxydant *m* (*agro-alimentaire*) Antioxydant *m*.
antiparlementarisme *m* Antiparlamentarismus *m* ; feindliche Einstellung *f* gegenüber dem Parlamentarismus.
antipoison : *centre m* ~ Entgiftungszentrale *f* ; Giftnotrufzentrum *n*.
antipolluant, e umweltfreundlich ; umweltschonend ; *dispositif m* ~ Umweltschutzvorrichtung *f*.
antipollution : umweltfreundlich, -schonend ; *contrôle m* ~ Abgasuntersuchung *f* (AU) ; *dispositif m* ~ Umweltschutzvorrichtung *f* ; *législation f* ~ Umweltschutzgesetzgebung *f* ; *loi f* ~ Umweltschutzgesetz *n* ; *lutte f* ~ Bekämpfung der Umweltverschmutzung.
antiprofessionnel, le berufswidrig.
antiprotectionniste 1. antiprotektionistisch 2. *l'*~ Gegner *m* der Schutzzollpolitik.
anti reflets : (*informatique*) *écran m* ~ flimmerfreier Bildschirm *m*.
antisocial, e antisozial ; unsozial ; sozial nicht gerechtfertigt.
antitrust Antitrust- ; *loi f* ~ Antitrustgesetz *n*.
antivirus *m* (*informatique*) Virenschutzprogramm *n* ; Antivirus *n*.
antivol *m* Diebstahlsicherung *f* ; (*vélo*) Fahrradschloss *n* ; Lenkradschloss ; (*auto*) Steuerradschloss ; *système m* ~ *pour textiles* Hartetikett *n* ; Sicherungsetikett.
A.O.C. *f* (*France* : *Appellation d'origine contrôlée*) französische Qualitätsursprungsbezeichnung *f* ; Gütezeichen *n* (französische Weine, landwirtschaftliche Erzeugnisse) ; geschützte Ursprungsbezeichnung *f* ; *vin m d'appellation contrôlée* Wein *m* aus einem bestimmten Anbaugebiet ; französisches Weinsiegel *n*.
A.O.P. *f* (*Appellation d'origine protégée*) geschützte Herkunftsbezeichnung *f* ; *avoir le label* ~ das AOP-Gütezeichen tragen.
A.P. *m* (*avis de paiement*) Zahlungsanzeige *f*.
A.P.A. *f* (*allocation personnalisée à l'autonomie*) personalisierte Pflegeleistung *f*.

apaisement *m* Beschwichtigung *f* ; Beruhigung *f*.
apaiser beschwichtigen ; beruhigen ; besänftigen ; schlichten.
à partir de (*lieu*) von... ab ; (*temps*) *à partir du 15* vom fünfzehnten an (ab) ; *à partir du 1er courant* vom ersten d.M.
apatride 1. staatenlos 2. *l'*~ Staatenlose(r).
A.P.E. (code) *m* Haupttätigkeitsangabe *f* eines Betriebs.
A.P.E.C. *f* 1. (*Agence pour l'emploi des cadres*) offizielle Arbeitsvermittlung *f* für leitende Angestellte 2. (*Asia-Pacific Cooperation*) asiatisch-pazifische wirtschaftliche Zusammenarbeit *f*.
aperçu *m* Übersicht *f* ; Darstellung *f* ; Bericht *m* ; Überblick *m* ; *avoir un* ~ *très clair de qqch* eine klare Übersicht über etw (+ A) haben ; *avoir un* ~ *provisoire des coûts* einen vorläufigen Kostenüberschlag haben ; *pour vous donner un* ~ *de nos prix* damit Sie sich eine Vorstellung von unseren Preisen machen können.
A.P.L. *f* (*Aide personnalisée au logement*) personalisiertes Wohngeld *n* ; personenbezogene Wohnungsbeihilfe *f*.
aplanir ebnen ; aus dem Weg räumen ; ~ *des difficultés* Schwierigkeiten beseitigen (beheben) ; ~ *un différend* Streitigkeiten schlichten.
aplanissement *m* Schlichtung *f* ; Behebung *f* ; Beseitigung *f*.
apocryphe unecht ; verdächtig ; fälschlich ; *document m* ~ unechte Schrift.
a posteriori nachträglich ; im Nachhinein ; hinterher.
apparaître erscheinen ; zum Vorschein kommen ; auftreten ; *un trou de deux milliards d'euros apparaît dans le budget* der Haushalt weist eine (Deckungs-) Lücke von zwei Milliarden € auf.
1. appareil *m* (*technique*) Apparat *m* ; Gerät *n* ; Vorrichtung *f* ; ~ *de contrôle* Kontrollgerät ; ~ *de démonstration* Vorführgerät ; ~ *ménager* Haushaltsgerät ; ~ *photo* Fotoapparat ; Kamera *f* ; ~ *téléphonique* Fernsprech-, Telefonapparat ; ~ *de télévision* Fernsehapparat ; Fernseher *m* ; (*fam.*) Flimmerkasten *m* ; Glotze *f* ; *mettre un* ~ *en marche, couper un* ~ einen Apparat einschalten, ausschalten.
2. appareil *m* (*organisme*) Apparat *m* ; ~ *administratif* Verwaltungsapparat ; ~ *économique, d'État, financier* Wirtschafts-,

Staats-, Finanzapparat ; ~ *fiscal* Besteuerungsapparat ; ~ *judiciaire, d'un parti politique, de production* Gerichts-, Partei-, Produktionsapparat ; ~ *policier* Polizeiapparat ; ~ *syndical* Gewerkschaftsapparat.

appareiller 1. (*navire*) abfahren ; den Anker lichten **2.** (*assortir*) passend zusammenstellen (kombinieren).

apparent, e sichtbar ; ersichtlich ; *sans défaut* ~ ohne ersichtlichen Mangel ; *sans raison* ~*e* ohne ersichtlichen Grund.

apparenté, e blutsverwandt ; (*fig.*) verbunden ; *listes fpl* ~*ées* verbundene Listen *fpl* ; *personnes fpl* ~*ées* verbundene Personen ; *sociétés fpl* ~*ées* Schwestergesellschaften *fpl* ; *candidat m* ~ *au parti socialiste* mit der Liste der sozialistischen Partei verbundener Kandidat.

apparier paarweise zusammenlegen ; zusammentun.

appartement *m* Wohnung *f* ; ~ *en copropriété* Eigentumswohnung ; ~ *en location* Mietwohnung ; ~ *occupé, vide* besetzte, leerstehende Wohnung ; ~ *de standing* Luxuswohnung ; ~ *témoin* Musterwohnung ; Modellwohnung ; *les charges d'un* ~ die Umlagen *fpl* ; *commerce m en* ~ Etagengeschäft *n* ; *changer d'*~ die Wohnung wechseln ; umziehen ; *quitter un* ~ aus einer Wohnung ausziehen.

appartenance *f* Zugehörigkeit *f* ; Mitgliedschaft *f* ; ~ *à une entreprise* Betriebszugehörigkeit ; ~ *politique* Parteizugehörigkeit, -mitgliedschaft ; *sans* ~ *politique* parteilos ; ~ *syndicale* Gewerkschaftszugehörigkeit.

appartenir 1. gehören ; angehören ; zugehören ; ~ *de droit* von Rechts wegen gehören **2.** *il vous appartient de...* es liegt Ihnen ob, zu.../es obliegt Ihnen, zu...

appâter (*le client*) locken ; (*fam.*) ködern ; *se laisser* ~ *par de l'argent* sich mit Geld ködern lassen.

appauvrir arm machen ; *s'*~ verarmen ; verelenden.

appauvrissement *m* Verarmung *f* ; Verelendung *f* ; ~ *des masses* Verelendung der Massen.

appel *m*	1 *téléphonique* 2. *sens commercial* 3. *publicité* 4. *juridique* 5. *nominal* ; *appel adressé à qqn*

1. (*téléphonique*) Anruf *m* ; Ruf ; ~ *urgent* Notruf ; *indicatif m d'*~ Rufzeichen *n* ; *numéro m d'*~ Rufnummer *f* ; *attendre, recevoir, prendre un* ~ einen Anruf erwarten, erhalten, entgegennehmen.

2. (*sens commercial*) Aufforderung *f* ; Heranziehung *f* ; ♦ ~ *au boycott* Boykottaufruf *m* ; ~ *à candidatures* Stellenausschreibung *f* ; ~ *de capitaux* (*de fonds*) Einforderung *f* von Geldern ; ~ *de dons* Bittbrief *m* ; Bettelbrief ; ~ *de main-d'œuvre* Arbeitskraftnachfrage *f* ; ~ *à la modération* Aufruf zur Mäßigung ; Maßhalteappelle *mpl* ; (*fam.*) Aufruf sich den Gürtel enger zu schnallen ; ~ *d'offres* → *appel d'offres* ; (*bourse*) ~ *aux souscripteurs* Zeichnungsaufforderung ; ~ *à témoins* Suchaktion *f* nach eventuellen Zeugen ; ~ *des témoins* Zeugenaufruf ; ~ *de versement* Aufforderung zur Einzahlung ; ♦♦ (*téléphone*) *indicateur m d'*~ Rufnummeranzeige *f* ; *sur* ~ auf Abruf ; Abruf *m* nach Bedarf ; *vente f sur* ~ Kauf *m* auf Abruf ; ♦♦♦ *acheter sur* ~ auf Abruf kaufen ; *faire* ~ *à qqn* an jdn appellieren ; jdn anrufen ; *faire* ~ *aux capitaux étrangers* auf Fremdkapital zurückgreifen ; *faire* ~ *à la concurrence* sich an die Konkurrenz wenden ; *faire* ~ *à un expert* einen Sachverständigen heranziehen ; *faire* ~ *aux services de qqn* sich an jdn wenden ; *faire un* ~ *de fonds* Kapital heranziehen (einfordern) ; *faire* ~ *à la main-d'œuvre étrangère* ausländische Arbeitskräfte heranziehen ; *lancer un* ~ *à candidatures* eine Stelle ausschreiben.

3. (*publicité*) Anreiz *m* ; Anlocken *n* ; Appell *m* ; *article m* (*marchandise f*) *d'*~ Lock-, Anreizartikel *m* ; Lockware *f* ; *prix m d'*~ Lockpreis *m* ; Sonder-, Vorzugspreis ; *publicité f d'*~ (*péj.*) Lockvogelwerbung.

4. (*juridique*) Berufung *f* ; *chambre f d'*~ Berufungskammer *f* ; *cour f d'*~ Berufungsgericht *n* ; *délai m d'*~ Berufungsfrist *f* ; *juridiction f d'*~ Berufungsgerichtsbarkeit *f* ; *pourvoi m en* ~ Berufungseinlegung *f* ; *procédure f d'*~ Berufungsverfahren *n* ; *aller en* ~ auf Berufung gehen ; *faire* ~ (*se pourvoir en* ~) Berufung einlegen ; *interjeter* ~ → *faire* ~ ; *juger sans* ~ in letzter Instanz entscheiden ; *rejeter un* ~ eine Berufung verwerfen ; *renoncer à recourir en* ~ auf die Berufung verzichten.

5. *(nominal ; appel adressé à qqn)* **a)** Aufruf *m* ; Appell *m* ; ~ *nominal* Namensaufruf *n* ; *(aéroport)* dernier ~ letzter Aufruf ; ~ *sous les drapeaux* Einberufungsbefehl *m* ; *n'entrer que sur* ~ *Eintritt m* nur nach Aufruf ; *procéder à un* ~ einen Appell abhalten ; eine Namensliste verlesen **b)** ~ *à la grève* Streikaufruf *m* ; ~ *à la population* Appell (Aufruf) an die Bevölkerung ; *faire* ~ *à la générosité publique* an die Großmut der Öffentlichkeit appellieren ; *lancer un* ~ *urgent aux consommateurs* einen dringenden Appell an die Verbraucher richten **c)** ~ *radio* Funkspruch *m*.

appel *m* **d'offres** Ausschreibung *f* ; Ausschreibungsverfahren *n* ; Submission *f* ; staatliche Aufträge *mpl* ; ~ *ouvert* offene Aufforderung *f* zur Angebotsabgabe (für etw) ; ~ *public* öffentliche Vergabe *f* ; ~ *restreint* beschränkte Vergabe ; beschränktes Ausschreiben *n* ; ~ *public à concurrence* Ausschreibungsbekanntmachung *f* ; öffentliche Aufforderung zur Teilnahme am Wettbewerb ; *(bourse) taux des* ~s Tendersatz *m* ; *procédure f par* ~s Tenderverfahren *n* ; *l'* ~ *concernant le futur lycée a été effectué* die Ausschreibung des geplanten Gymnasiums ist erfolgt ; *lancer (faire) un* ~ etwas ausschreiben ; eine Ausschreibung bekannt machen (veranstalten, vornehmen) ; *répondre à un* ~ ein Angebot abgeben.

appeler 1. *(téléph.)* anrufen ; telefonieren (mit) **2.** *(capitaux)* einfordern ; auffordern ; heranziehen ; *la cotisation sera appelée par la Caisse nationale d'assurance-retraite* der Beitrag wird von der Altersrenten-Versicherungskasse eingefordert **3.** ~ *d'une décision* gegen eine Entscheidung Berufung einlegen ; *être* ~*é à témoigner à un procès* zu einem Prozess als Zeuge geladen werden **4.** *en* ~ *à* appellieren an (+ A) ; sich berufen auf (+ A) **5.** ~ *qqn à une charge, une fonction, un poste* jdn in ein Amt, auf einen Posten berufen ; *être* ~*é à un grand avenir* zukunftsreich, aufstrebend, zukunftsweisend sein **6.** *s'* ~ heißen ; sich nennen **7.** ~ *sous les drapeaux* einberufen **8.** *(informatique)* ~ *un programme, un menu* ein Programm ein Menü abrufen.

appellation *f* Herkunftsmarke *f* ; Herkunftszeichen *n* ; ~ *contrôlée* geprüfte Herkunftsbezeichnung *f* ; Qualität *f* kontrolliert ; ~ *d'origine* Ursprungs-, Herkunftsbezeichnung *f* ; ~ *d'origine protégée (A.O.P.)* Herkunftsbezeichnung *f* ; *accorder le label d'* ~ *protégée à un produit* einem Produkt das Gütezeichen einer geschützten Herkunftsbezeichnung vergeben ; *avoir le label d'* ~ *protégée* das AOP-Gütezeichen tragen ; → *A.O.C., A.O.P.*

applicabilité *f* Anwendbarkeit *f* ; Durchführbarkeit *f* ; ~ *industrielle d'un brevet* gewerbliche Verwertbarkeit eines Patents.

applicable anwendbar ; verwendbar ; *horaire m* ~ *au 1er octobre* der Fahrplan ist ab 1. Oktober gültig ; *ces dispositions seront* ~s *à compter du...* diese Bestimmungen treten am... in Kraft.

application *f* **1.** Anwendung *f* ; *l'* ~ *d'une disposition à un cas* die Anwendung einer Bestimmung auf einen Fall ; *année f d'* ~ Anwendungsjahr *n* ; *champ m d'* ~ Anwendungsbereich *m* ; *date f d'entrée en* ~ Inkrafttretentermin *m* ; *(jur.) juge m d'* ~ *des peines (adultes)* Richter *m* für die Überwachung des Strafvollzugs ; *(mineurs)* Vollzugsleiter *m* ; *mode m d'* ~ Anwendungsvorschriften *fpl* ; *être mis en* ~ angewendet werden ; Anwendung finden ; zur Anwendung kommen ; *demander l'* ~ *des articles 102 et 103 du traité européen* die Anwendung der Artikel 102 und 103 des Europäischen Vertrags fordern **2.** *(informatique)* Anwendungsprogramm *n* **3.** *(zèle)* Fleiß *m*.

appliquer : ~ *à qqch.* anwenden (auf + A) ; verwenden (für) ; durchführen ; in die Praxis umsetzen ; ~ *un décret* eine Verordnung durchführen ; ~ *un tarif* einen Tarif berechnen ; einen Tarif anwenden ; *s'* ~ *à* sich erstrecken auf (+ A) ; gelten für ; Anwendung finden (für) ; *ces dispositions fpl s'* ~*ent aux grandes entreprises* diese Bestimmungen *fpl* gelten für die Großbetriebe ; *cette réglementation s'* ~*e à l'ensemble du personnel* diese Vorschrift gilt für die gesamte Belegschaft.

appoint *m* **1.** Ergänzung *f* ; Zusatz *m* ; Neben- ; *commande f d'* ~ zusätzlicher Auftrag *m* ; *crédit m d'* ~ Zusatzkredit *m* ; *monnaie f d'* ~ Wechselgeld *n* ; *salaire m d'* ~ Nebenverdienst *m* ; Zusatzlohn *m* ; Hinzuverdienst ; Hinzuerwerb *m* ; *travail m (activité f) d'* ~

appointé, e

Nebenerwerb *m*, -beschäftigung *f* ; *avoir une activité d'~* nebenbei jobben ; einen Nebenjob haben ; *faire l'~* **a)** das Geld abgezahlt bereithalten **b)** den Rest (einer bezahlten Summe) in Kleingeld geben **2.** (*solde de compte*) per Saldo.

appointé, e besoldet ; *être ~ (en catégorie 2)* (nach Gruppe 2) besoldet werden.

appointements *mpl* Entlohnung *f* ; Besoldung *f* ; Bezüge *pl* ; *les ~ des fonctionnaires* Beamtengehälter *npl* ; *~ à débattre* Entlohnung nach Übereinkunft ; *~ demandés* Gehaltsansprüche *mpl* ; *~ mensuels* Monatsgehalt *n* ; *augmenter, réduire les ~ de qqn* jds Besoldung erhöhen, kürzen ; *toucher des ~* ein Gehalt beziehen.

appointer belohnen ; entlohnen ; besolden.

apport *m* **1.** Einlage *f* ; Aufbringung *f* ; Gesellschaftsbeitrag *m* ; *~ en argent* (*en espèces*) Bareinlage ; *~ de capitaux* Kapitaleinlage ; Kapitaleinsatz *m* ; *~ en espèces* → *en numéraire* ; *~ de fonds propres* Eigenkapitalzuführung *f* ; *~ initial* Ersteinzahlung *f* ; *avec, sans ~ initial* mit eigener, ohne eigene Kapitaleinlage ; *~ en nature* Sacheinlage ; Einbringung von Sachwerten ; *~ en numéraire* Bareinlage ; *~ personnel* Eigenmittel *npl*, -beitrag *m* ; Eingebrachtes *n* ; *~ social* Gesellschaftereinlage ; Stammeinlage ; (S.A.) Nominalkapital *n* ; *~ supplémentaire* Nachschusszahlung ; *action f d'~* Gründeraktie ; Einbringungsaktie *f* ; *capital m d'~* eingebrachtes Kapital *n* **2.** *~ de population* Bevölkerungszufuhr *f* **3.** (*fig.*) Beitrag *m* ; *l'~ de la France à la science* Frankreichs Beitrag zur Wissenschaft.

apporter bringen ; beitragen ; zuführen ; *~ de l'argent frais* neues Geld einspritzen (bereitstellen) ; *~ des changements (des modifications) à qqch.* etw modifizieren ; an etw (D) Veränderungen vornehmen ; *~ son concours à qqch.* seinen Beitrag zu etw leisten ; bei etw mitwirken ; *~ un concours financier* eine finanzielle Hilfe gewähren ; jdn finanziell unterstützen ; *~ son concours* bei etw mitwirken ; *~ des difficultés* etw erschweren ; Schwierigkeiten mit sich bringen ; *~ de l'eau au moulin des détracteurs* Wasser auf die Mühle der Kritiker schütten ; *~ le plus grand soin à un travail* eine Arbeit sorgfältigst ausführen ; größte Sorgfalt auf etw (+ A) verwenden ; *veuillez excuser le retard ~é à notre livraison* entschuldigen Sie bitte die Verzögerung unserer Lieferung.

apporteur *m* (*sociétés*) stiller Teilhaber *m* ; Stille(r) *m* ; Kapitalgeber *m*.

apposer anbringen ; ankleben ; aufdrucken ; *~ des affiches* Plakate ankleben (anschlagen) ; *~ un cachet sur qqch* einen Stempel auf etw (+ A) aufdrucken ; *~ des scellés (sur la porte)* (an der Tür) die Siegel anbringen ; (die Tür) gerichtlich versiegeln ; *~ sa signature* etw unterschreiben ; mit seiner Unterschrift versehen.

apposition *f* **de scellés** amtliche Versiegelung *f* ; Anbringen *n* von Siegeln.

appréciation *f* **1.** Schätzung *f* ; Bewertung *f* ; *soumettre qqch à l'~ de qqn* jdm etw zur Beurteilung vorlegen **2.** *~ d'un client* Kunden-Rating *n* ; *~ d'une monnaie* Währungsaufwertung *f* **3.** *Je le laisse à votre libre ~* das überlasse ich Ihrem freien Ermessen.

apprécier (ein)schätzen ; bewerten ; beurteilen ; (*d'une monnaie*) *s'~* an Wert gewinnen ; sich aufwerten ; eine steigende Tendenz haben (verzeichnen).

apprenti *m* Lehrling *m* ; Auszubildende(r) (Azubi) ; Lehrjunge *m* ; (*fam.*) Stift *m* ; (*Suisse*) Lehrknabe *m* ; *~ dans le commerce, l'industrie* kaufmännischer, gewerblicher Lehrling ; *foyer m pour ~s* Lehrlings(wohn)heim *n* ; *place f (poste m) d'~* Lehrstelle *f* ; *salaire m d'~* (*indemnité f d'apprentissage*) Lehrlingsvergütung *f*.

apprentie *f* Lehrmädchen *n* ; Auszubildende *f* (Azubi).

apprentissage *m* Lehre *f* ; Lehrzeit *f* ; Lehrlingsausbildung *f* ; ♦ *un ~ de deux ans* eine zweijährige (2-jährige) Lehre ; *~ en situation* Learning-by-doing *n* ; Lernen *n* in der Arbeitssituation ; ♦♦ *atelier m d'~* Lehrlingswerkstatt *f*, -stätte *f* ; *centre m d'~* Lehrlingsausbildungsstätte *f* ; *contrat m d'~* Lehrvertrag *m* ; *indemnité f d'~* Lehrlingsvergütung *f* ; *période f d'~* Lehrzeit *f* ; *prime f d'~* Lehrlingsvergütung *f* ; Lehrlingsgehalt £*n* ; *taxe f d'~* Lehrlings-, Ausbildungsabgabe *f* ; Studienförderungssteuer *f* ; ♦♦♦ *entrer en ~ chez qqn* bei jdm in die Lehre (ein)treten ; zu jdm in die Lehre gehen ; *être en ~ chez qqn* bei jdm die

Lehre machen ; bei jdm in der Lehre sein ; *mettre qqn en ~* jdn in die Lehre geben (schicken) ; *passer par une phase d'~* einen Lernprozess durchmachen ; *terminer son ~ (sortir d'~)* aus der Lehre kommen.

approbation *f* Zustimmung *f* ; Genehmigung *f* ; Einverständnis *n* ; (Rechnungs)Bestätigung *f* ; *~ d'un bilan* Genehmigung einer Bilanz ; *(S.A.) ~ des comptes de l'exercice* Bestätigungsvermerk *m* ; *soumis à ~* genehmigungspflichtig ; *(France) lois fpl soumises à l'approbation du Sénat* Zustimmungsgesetze *npl* durch den Senat.

approchant, e annähernd ; *des produits de qualité ~e* Produkte (von) vergleichbarer Qualität ; *qqch d'~* etwas Ähnliches ; *rien d'~* nichts Derartiges ; *valeur f ~e* Näherungswert *m*.

approche *f* **1.** *~ d'un problème* Problemansatz *m* ; Problemerfassung *f* ; *à l'~ de la saison d'été, des fêtes de fin d'année, des vacances* beim Herannahen der Sommersaison ; vor dem Weihnachtsgeschäft ; kurz vor den Sommerferien ; *travaux mpl d'~* Annäherungsversuche *mpl* ; *avoir une ~ claire de la situation* eine Lage klar erfassen ; *(ressources humaines) ~ directe* Direktansprache *f* **2.** *(avion)* Anflug *m* **3.** *(marketing) ~ fonctionnelle* Funktionsorientierung *f* ; *~ institutionnelle* institutionelle Marktbetrachtung *f*.

approcher : *~ du but* sich dem Ziel nähern ; *la chute du dollar approche les... %* der Kursverfall des Dollar bewegt sich auf die... Prozent zu (nähert sich dem... Prozentwert).

appropriation *f* **1.** *(jur.)* Aneignung *f* ; Inbesitznahme *f* ; *droit m d'~* Aneignungsrecht *n* **2.** *(rendre propre à)* Anpassung *f*.

approprié, e angemessen ; zweckmäßig ; *obtenir une rémunération ~ée* eine angemessene Vergütung erhalten ; *être ~ aux circonstances* den Umständen angemessen (angepasst) sein ; den jeweiligen Verhältnissen entsprechen.

approprier 1. *s'~ qqch* sich etw (unrechtmäßig) aneignen ; sich etw zu eigen machen ; sich einer Sache bemächtigen **2.** anpassen.

approuver genehmigen ; beipflichten ; billigen ; zustimmen ; *(jur.) lu et approuvé* (vor)gelesen und genehmigt ; *~ un compte* eine Rechnung bestätigen ; *(S.A.) ~ les comptes de l'exercice* Entlastung erteilen *(syn. donner le quitus)* ; *~ une loi en deuxième lecture* ein Gesetz in zweiter Lesung annehmen ; *~ la politique de l'entreprise* der Unternehmenspolitik zustimmen ; *~ un rapport sans débat* einen Bericht ohne Aussprache (Debatte) billigen ; *les augmentations d'impôt sont ~ées par le Parlement* die Steuererhöhungen werden vom Parlament bewilligt.

approvisionné, e : gedeckt ; versorgt ; *le marché est largement ~* der Markt ist reichlich versorgt ; *le compte doit être suffisamment ~* für ausreichende Deckung auf dem Konto ist Sorge zu tragen ; *mon compte est ~* ich habe Geld auf meinem Konto ; ich verfüge über eine ausreichende (Konto)Deckung.

approvisionnement *m* Versorgung *f* ; Belieferung *f* ; Zufuhr *f* ; Beschaffung *f* ; Beschickung *f* ; ◆ *~ en denrées alimentaires* Lebensmittelversorgung ; *~ énergétique* Energieversorgung ; *en main-d'œuvre* Versorgung mit Arbeitskräften ; *~ en matières premières* Rohstoffversorgung ; *~ en pétrole* Ölversorgung ; ◆◆ *accord m exclusif d'~* Alleinbezugsvereinbarung *f* ; *conditions fpl, difficultés fpl d'~* Versorgungs-, Beschaffungsbedingungen *fpl* ; Besorgungsschwierigkeiten *fpl* (-krise, -engpass *m*) ; *contrat m d'~ (pour le client)* Abnahmevertrag *m* ; *perspectives fpl, plan m d'~* Versorgungsaussichten *fpl*, -plan *m* ; *prix m d'~* Beschaffungs-, Bezugspreis *m* ; *source f d'~* Bezugsquelle *f* ; ◆◆◆ *assurer l'~ en carburant* die Kraftstoffversorgung sichern ; die Bedarfsdeckung an Kraftstoff sicherstellen.

approvisionner 1. versorgen (mit) ; beliefern ; etw anschaffen ; *s'~ en qqch (en vue d'une crise)* sich mit etw eindecken ; sich versorgen mit **2.** *~ un compte* einem Konto (Geld) zuführen ; ein Konto auffüllen.

approvisionneur *m* Versorgungsbetrieb *m*.

approximatif, ive annähernd ; ungefähr.

approximation *f* Näherungswert *m*.

appui *m* Unterstützung *f* ; Hilfe *f* ; Beistand *m* ; *pièce f à l'~* Beleg *m* ; Unterlage *f* ; *avoir des ~s* Beziehungen haben ; *(fam.)* Vitamin B haben ; *demander* *son ~ à qqn* um jds Unterstützung bitten ; *donner (fournir) son ~ à qqn* jdm Unterstützung (Beistand) gewähren ; jdn tatkräftig unterstützen ; *je vous adresse à l'~ de ma demande...* als Unterlage zu meinem Antrag übersende ich Ihnen...

appuyer unterstützen ; *~ une demande* einen Antrag (ein Gesuch) befürworten ; *~ une revendication par...* eine Forderung durch etw unterstützen ; mit etw einer Forderung Nachdruck verleihen ; *s'~ sur une majorité parlementaire* sich auf eine Parlamentsmehrheit stützen.

âpre au gain gewinnsüchtig.

après coup : hinterher ; nachträglich ; hinterdrein ; im Nachhinein.

après-guerre *m* die Nachkriegszeit *f*, -ära *f*, -jahre *npl* ; *génération f, phénomène m, troubles mpl de l'~* Nachkriegsgeneration *f*, -erscheinung *f*, -wirren *pl*.

après impôt : nach Steuer(n) ; nach Steuerabzug.

après-bourse *f* Nachbörse *f* ; Nachbörsegeschäfte *npl*.

après-réunification (l') die Zeit *f* nach der Wende ; die Zeit nach der Wiedervereinigung.

après-vente *m* Service *m* ; Kundendienst *m* ; Dienst am Kunden ; Kundenbetreung *f* ; Kundendienstbüro *n* ; Außendienst *m* ; *(prestation)* Kundendienstleistung *f* ; *s'adresser à l'~* sich an den Kundendienst wenden ; *appeler l'~* den Kundendienst anrufen ; *les réparations sont effectuées par notre service ~* Reparaturen werden von unserem Kundendienst durch-, ausgeführt.

âpreté *f* (*lutte syndicale, négociations*) Härte *f* ; Heftigkeit *f* ; Verbissenheit *f* ; *~ de l'hiver* Rauheit *f*, (Härte) des Winters ; *~ de la critique syndicale* scharfe Kritik der Gewerkschaften ; *~ au gain* Gewinnsucht *f*.

apte fähig ; geeignet ; tauglich ; *être ~ à* taugen für ; sich eignen zu ; *être ~ à un travail* für eine Arbeit (zu einer Arbeit) geeignet sein.

aptitude *f* Fähigkeit *f* ; Eignung *f* ; *~ professionnelle* berufliche Eignung ; *~ au travail* Arbeitsfähigkeit *f* ; *certificat m (brevet) d'~* Befähigungsnachweis *m* ; *examen m (épreuve f) d'~* Eignungsprüfung *f* ; *test m d'~* Eignungstest *m* ; *visite f (médicale) d'~* Eignungsuntersuchung *f* ; *présenter une ~ à la communication, à l'intégration dans une équipe* kommunikatives Verhalten, integratives (Team) Vermögen aufweisen.

apurement *m* (*compte*) Bereinigung *f* eines Kontos, Kontoabschluss *m* ; *~ des comptes* Rechungsabschluss *m* ; Rechnungsprüfung *f* ; Rechnungsberichtigung *f* ; *~ du bilan* Bilanzbereinigung *f* ; *~ d'un portefeuille de titres* Portfoliobereinigung.

apurer prüfen ; berichtigen ; für richtig erkennen ; bereinigen ; *~ un compte* ein Konto abschließen ; ein Konto für richtig erkennen ; *~ une dette* eine Schuld begleichen, eine Schuld bereinigen.

aquaculture *f* Aquakultur *f*.

à qui de droit : an die zuständige (verantwortliche) Person.

A.R. *m* (*accusé de réception postal*) eingeschriebene Postzustellung *f* mit Rückschein.

arable bestellbar ; *terre f ~* Ackerboden *m* ; Ackerland *n*.

arbitrage *m* Schlichtung *f* ; Schiedsspruch *m* ; Schiedsgerichtsbarkeit *f* ; (*bourse*) Arbitrage *f* ; *~ sur le change* (*sur les devises*), *sur les taux d'intérêt, sur les titres* Devisen-, Zins-, Effektenarbitrage ; *clause f d'opération d'~* Arbitragegeschäft *n* ; Schiedsklausel *f* ; *commission f d'~* Schlichtungsausschuss *m*, -kommission *f* ; *convention f d'~* Schiedsvertrag *m* ; *Cour f d'~ de La Haye* Haager Schiedsgerichtshof *m* ; *office m d'~* Schiedsstelle *f* ; *procédure f d'~* Schiedsverfahren *n* ; *tribunal m d'~* Schiedsgericht *n* ; *demander l'~* ein Schiedsverfahren beantragen ; *soumettre à un ~* einem Schiedsspruch unterwerfen ; einem Schiedsgericht unterbreiten.

arbitragiste *m* Arbitreur *m* ; Arbitrageur *m*.

arbitral, e (*préfixe*) Schieds- ; schiedsrichterlich ; *jugement m ~* Schiedsspruch *m* ; *juridiction ~e* Schiedsgerichtsbarkeit *f* ; *procédure f, ~e* Schiedsverfahren *n* ; *sentence f ~e → jugement.*

arbitre *m* Schlichter *m* ; Vermittler *m* ; Schiedsrichter *m* ; Schiedsmann *m* ; Ombudsmann *m*.

arbitrer 1. (*conflit*) schlichten ; als Vermittler (Schlichter) auftreten ; sich als Schlichter anbieten **2.** (*bourse*) arbitrieren.

arboriculteur *m* Baumzüchter *m* ; ~ *fruitier* Obstgärtner *m*.

arboriculture *f* **fruitière** Obst(an)bau *m*.

architecte *m* Architekt *m* ; ~ *d'intérieur* Raumausstatter *m* ; (*Internet*) ~ *de réseaux* Systementwickler *m* ; Netzwerkbetreuer *m* ; Netzwerkspezialist *m*.

architecture *f* Architektur *f* ; (*Internet*) Systemarchitektur *f* ; Architekturentwicklung *f*.

archiver archivieren, in ein Archiv aufnehmen, aufbewahren ; ~ *des documents* Urkunden (Schriftstücke) archivieren.

archives *fpl* **1.** Archiv *n* ; Registratur *f* ; *constituer des* ~ ein Archiv anlegen ; *prendre un classeur dans les* ~ einen Ordner aus der Registratur holen **2.** (*lieu*) *travailler aux* ~ in der Registratur (im Archiv) arbeiten ; *service m des* ~ Archivdienst *m*.

ardeur *f* Eifer *m* ; ~ *au travail* Arbeitseifer.

are *m* Ar *n* ou *m*.

1. argent *m* Geld *n* ; Gelder *npl* ; Geldmittel *npl* ; Kapital *n* ; ◆ ~ *blanchi* Geld, das durch eine Waschanlage gelaufen ist ; gewaschenes Geld ; ~ *bon marché* billiges Geld ; ~ *comptant* bares Geld ; Bargeld ; *l'*~ *du contribuable* Steuergelder *npl* ; ~ *disponible* verfügbares Geld ; *l'*~ *de la drogue* mit dem Drogenhandel verdientes Geld ; ~ *durement, facilement gagné* schwer-, leichtverdientes Geld ; ~ *en caisse* Kassenbestand *m* ; ~ *frais* neues Kapital ; neues Geld ; Kapitalspritze *f* ; ~ *immobilisé* festes (fest angelegtes) Geld ; ~ *jeté par les fenêtres* hinausgeworfenes Geld ; ~ *au jour le jour* Tagesgeld ; ~ *liquide, malhonnête, du ménage, monnayé* flüssiges, schmutziges, Haushalts-, gemünztes Geld ; ~ *mort* (*improductif*) totes Kapital ; ~ *noir* Schwarzgeld ; ~ *de poche* Taschengeld ; ~ *propre* sauberes Geld ; ~ *rapidement gagné* schnell verdientes Geld ; ~ *remboursable en fin de mois* Ultimogeld ; ~ *sale* schmutziges Geld ; ~ *sonnant* Hartgeld ; ◆◆ *affaire f d'*~ Geldangelegenheit *f* ; Geldsache *f* ; *aristocratie f de l'*~ Geldaristokratie *f* ; Geldadel *m* ; *dépense f d'*~ Geldaufwand *m* ; *don m en* ~ Geldgeschenk *n* ; Geldspende *f* ; *économie f d'*~ Geldersparnis *f* ; *gaspillage m d'*~ Geldverschwendung *f* ; -vergeudung *f* ; *injection f d'*~ *frais* Kapitalspritze *f* ; *loyer m de l'*~ Zinssatz *m*, -fuß *m* ; *manque m d'*~ Geldverlegenheit *f* ; Mangel *m* an Geld ; Geldnot *f* ; *pénurie d'*~ Geldknappheit *f* ; *perte f d'*~ Geldverlust *m* ; *placement m d'*~ Geldanlage *f* ; *politique f de l'*~ *bon marché, de l'*~ *cher* Politik *f* des billigen, des teuren Gelds ; *problèmes mpl d'*~ Geldschwierigkeiten *fpl* ; Geldprobleme *npl* ; *question f d'*~ Geldfrage *f* ; *raréfaction f de l'*~ Geldverknappung *f* ; *somme f d'*~ Geldbetrag *m*, -summe *f* ; *sortie f d'*~ Geldabfluss *m* ; *soucis mpl d'*~ Geldsorgen *pl* ; *valeur f de l'*~ Geldwert *m* ; ◆◆◆ *avoir un* ~ *fou* Geld wie Heu haben ; im Geld schwimmen ; ein Heidengeld haben ; *ne pas avoir d'*~ *sur soi* kein Geld bei sich haben ; *changer de l'*~ Geld wechseln ; *débourser de l'*~ Geld vorlegen (vorschießen) ; *dépenser de l'*~ (*son* ~) Geld ausgeben ; *emprunter de l'*~ (*à qqn*) Geld leihen (bei jdm) ; (*fam.*) Geld pumpen (bei jdm) ; *être à court d'*~ in Geldverlegenheit sein ; knapp bei Kasse sein ; *faire de l'*~ *avec qqch* aus etw Geld herausschlagen ; *faire fructifier* (*travailler*) *son* ~ sein Geld arbeiten lassen ; *gagner de l'*~ Geld verdienen ; *jeter l'*~ *par les fenêtres* Geld zum Fenster hinauswerfen ; sein Geld verschwenden ; *manger de l'*~ (*dans une affaire*) Geld (bei einem Geschäft) verlieren ; *payer en* ~ *comptant* bar(be)zahlen ; *placer son* ~ *à court, à long terme* sein Geld kurzfristig, langfristig anlegen (investieren) ; *prélever de l'*~ Geld abheben ; *prendre qqch. pour* ~ *comptant* etw für bare Münze nehmen ; *prêter de l'*~ (*à intérêt*) Geld (auf Zinsen) (aus)leihen ; *ramasser beaucoup d'*~ Geld scheffeln ; *recouvrer de l'*~ Geld einkassieren ; *retirer de l'*~ *à la banque* Geld von der Bank abheben ; *toucher de l'*~ Geld erhalten (bekommen) ; *virer de l'*~ *sur un compte* Geld auf ein Konto überweisen.

2. argent *m* (*métal*) Silber *n* ; ~ *en barre* Barrensilber ; *en* ~ (*d'*~) silbern.

argentier *m* Kapital-, Kreditgeber *m* ; *le grand* ~ der Finanzminister ; *les grands* ~*s du G7* die großen Kapitalgeber der G7-Gruppe.

argentifère silberhaltig ; *production f* ~ Silberproduktion *f*.

arguer 1. (*prétexter*) als Vorwand anführen **2.** (*conclure de*) folgern (aus) ; schließen (aus).

argument *m* Argument *n* ; ~ *de vente* Verkaufsargument.

argumentaire *m* Argumentationshilfe *f* ; Verzeichnis *n* mit Verkaufsargumenten ; (*publicité*) Salesfolder *m*.

Argus *m* Argus-Fachzeitschrift *f* ; Marktspiegel für Gebrauchtwagen ; Gebrauchtwagenanzeiger *m* ; Gebrauchtwagenbörse *f*, -preisliste *f* ; *au prix ~* zum Argus-Preis ; *être, ne plus être coté à l'~* im Argus notiert, nicht mehr notiert (angegeben) sein ; *reprendre un véhicule 10 % au-dessous, au-dessus de l'~* ein Fahrzeug zehn Prozent unter, über dem Argus-Preis in Zahlung nehmen.

arguties *fpl* Spitzfindigkeiten *pl*.

armateur *m* Reeder *m* ; Verfrachter *m*.

arme *f* Waffe *f ~ bactériologique* bakteriologische Waffe ; *~ biologique* biologische Waffe ; *~ chimique* chemische Waffe ; *port d'~* m Waffenbesitz *m* ; Mitführen *n* einer Waffe ; *trafic m d'~s* Waffenhandel *m* ; *permis m de port d'~* Waffenschein *m* ; *trafic m d'~s* illegaler Waffenhandel *m* ; Waffenschmuggel *m* ; *trafiquant m d'~s* illegaler Waffenhändler *m* ; Waffenschieber *m*, -schmuggler *m*.

armée *f* Heer *n* ; Armee *f* ; *~ de métier* Berufsarmee ; (*hist.*) *~ d'appelés du contingent* Armee von Wehrpflichtigen ; *l'~ des chômeurs* das Arbeitslosenheer.

armement *m* (*sens général*) Ausrüstung *f* ; Aufrüstung *f* ; Rüstung ; (*maritime*) Reederei *f* ; Ausrüstung ; *~ collectif* Partenreederei.

armer **1.** (*un navire*) ein Schiff ausrüsten **2.** (*une entreprise pour les défis du futur*) ein Unternehmen für die zukünftigen Herausforderungen wappnen **3.** *~ un pays*) ein Land zum Krieg ausrüsten **4.** (*techn.*) *béton m ~é* Eisenbeton *m* ; Stahlbeton.

armoire-classeur *f* Aktenschrank *f*.

arnaque *f* (*fam.*) Trickserei *f* ; Betrug *m* ; Schwindel *m* ; Gaunerstück *n* ; Übertölpelung *f* ; (*vulg.*) Beschiss *m*.

arnaqueur *m* Schwindler *m* ; Betrüger *m*.

arôme *m* (*agro-alimentaire*) Aroma *n* ; Aromastoff *m* ; *~ naturel, artificiel* künstlicher, natürlicher Aromastoff.

arpentage *m* Vermessung *f*.

arpenter vermessen.

arpenteur *m* Feldmesser *m*.

arracher : *~ une augmentation* eine Lohnerhöhung erzwingen (erkämpfen) ; *s'~* reißenden Absatz finden ; eine Ware schnell loswerden ; *on se l'~* man reißt sich darum.

arraisonnement *m* (*d'un navire*) Kontrolle *f* ; Prüfung *f* ; Durchsuchung *f* ; Überprüfung *f* der Ladung eines Schiffs, der Schiffspapiere.

arraisonner (*un navire*) (ein Schiff) kontrollieren, (durchsuchen) ; die Schiffspapiere überprüfen.

arrangement *m* **1.** (*accord, compromis*) Vergleich *m* ; Übereinkommen *n* ; Abkommen *n* ; Abfindung *f* ; *~* (*à l'*) *amiable* (*de gré à gré*) gütlicher Vergleich (Ausgleich) ; *~ financier* finanzielle Absprache *f* ; *~ obligatoire* Zwangsvergleich ; *~ spécial* Sondervereinbarung *f* ; *chercher, conclure, proposer un ~* einen Vergleich anstreben, schließen, anbieten **2.** (*disposition*) Anordnung *f* ; Einrichtung *f*.

arranger 1. (*mettre de l'ordre dans*) in Ordnung bringen **2.** *s'~ avec qqn* mit jdm zu einem Abkommen gelangen ; sich vergleichen mit jdm ; sich mit jdm auseinandersetzen.

arrérages *mpl* **1.** ausstehende Gelder *npl* ; Rückstände *mpl* ; fällige Zahlung *f* **2.** ausstehende Zinsen *mpl* ; fällige Zinsen ; rückständige Zinsen **3.** fällige Rente *f* ; fälliger Betrag *m*.

arrêt *m* **1.** (*des affaires*) Stillstand *m* ; Geschäftsstille *f* ; Stockung *f* der Geschäfte ; *~ de la circulation* Verkehrsstockung *f* ; *~ d'urgence* Notstopp *m* **2.** (*suspension*) Einstellung *f* ; Sperre *f* ; Stopp *m* ; *~ d'embauche* Einstellungsstopp ; *~ des essais nucléaires* Atomteststopp ; *~-maladie* (*longue durée*) (Langzeit-) Krankschreibung *f* ; *~ de paiement* Zahlungseinstellung ; *~ des émissions* Emissionssperre ; *~ d'exploitation* Betriebsunterbrechung ; *~ de l'exploitation* Stilllegung *f* des Betriebs ; *~ des privatisations* Privatisierungsstopp ; (*maladie*) *~ de travail* Beurlaubung *f* wegen Krankheit ; *avis* (*certificat*) *d'~ de travail* Arbeitsunfähigkeitsbescheinigung *f* ; (*grève*) *~ de travail* Arbeitsniederlegung *f*, -einstellung ; Streik *m* ; *~ du travail* Feierabend *m* ; Arbeitsruhe *f* ; Pause *f* ; *faire ~ sur un chèque* einen Scheck sperren lassen **3.** (*fonctionnement*) Betriebsstörung *f* **4.** (*transports*) Haltestelle *f* **5.** (*jur.*) Verhaftung *f* ; *mandat m d'~* Haftbefehl *m*.

arrêt-maladie *m* Krankmeldung *f* ; *avoir un* ~ krank geschrieben werden ; *le nombre des ~s est en régression* die Krankmeldungen sind rückläufig ; *se faire mettre en* ~ sich krank schreiben lassen ; *il est en* ~ er ist krankgeschrieben.
arrêté *m* **1.** Verfügung *f* ; Erlass *m* ; Anordnung *f* ; ~ *d'expulsion* (*locataire*) Räumungsverfügung *f* ; (*apatrides, sans-papiers*) Abschiebung *f* ; Ausweisungserlass, -befehl *m* ; (*municipal*) Stadtverordnung *f* ; ~ *provisoire* einstweilige Verfügung ; *prendre un* ~ eine Verfügung erlassen ; *publier, suspendre un* ~ einen Erlass herausgeben, aufheben ; *aux termes de l'~ du...* nach dem Erlass von... ; laut Verfügung **2.** (*compte*) Abschluss *m* ; ~ *de compte* Kontoabschluss ; ~ *des comptes (de fin de mois)* Rechnungsabschluss (Ultimoabschluss).
arrêter 1. (*suspendre*) einstellen ; sperren **2.** (*le travail*) die Arbeit niederlegen (einstellen) ; in den Streik treten **3.** *s'*~ anhalten **4.** (*qqn*) verhaften **5.** (*un compte*) ein Konto abschließen **6.** (*qqch*) festlegen ; abmachen ; ~ *une date* einen Termin festsetzen **7.** (*Internet*) ~ *un système pour cause de piratage* ein System herunterfahren wegen Hackerattacke.
arrhes *fpl* **1.** (*acompte*) Anzahlung *f* ; Angeld *n* ; *demander des* ~ *à la réservation* eine Anzahlung bei der Buchung fordern ; *verser* (*laisser*) *des* ~ eine Anzahlung leisten (machen) ; *etw* anzahlen **2.** (*dédit*) Reugeld *n* ; Angeld *n* ; Aufeld *n*.
arriéré *m* offenstehender Betrag *m* ; ausstehende Forderung *f* ; Rückstand *m* ; *~s d'impôt* steuerliche Rückstände.
arrière-boutique *f* Ladenstube *f*.
arrière-caution *f* **1.** Rückbürgschaft *f* ; **2.** (*personne*) Rückbürge *m*.
arrière-pays *m* Hinterland *n*.
arrière-garde *f* : *combat m d'*~ Rückzugsgefecht *n*.
arrière-héritier *m* Nacherbe *m*.
arrières : *assurer* (*protéger*) *ses* ~ *auprès de qqn* sich bei jdm Rückendeckung verschaffen ; (*fam. financièrement*) seine Schäfchen ins Trockene bringen.
arrières-pensées *fpl* (*politique*) : *prêter des ~s à un homme politique* einem Politiker Hintergedanken unterstellen.

arrière-saison *f* Nachsaison *f* ; Spätsaison *f* ; Saisonschluss *m*.
arrière-succession *f* Nacherbfolge *f*.
arrimage *m* Festzurren *n* (der Fracht und des Gepäcks) ; Stauen *n* ; Verstauen *n* ; (*dans l'espace*) Ankoppelung *f* ; Andocken *n*.
arrimer 1. (*une cargaison*) stauen ; verstauen **2.** (*dans l'espace*) ankoppeln ; andocken.
arrivage *m* Anlieferung *f* (von Waren) ; eingegangene Waren *fpl* ; Wareneingang *m* ; Zufuhr *f* ; ~ *des bestiaux sur le marché* Auftrieb *m* (an Vieh) ; (*de poissons dans un port*) Anlandung *f*.
arrivée *f* Ankunft *f* ; *gare f d'*~ Ankunftsbahnhof *m* ; ~ *prévue pour 8 h 00* voraussichtliche Ankunft um 8.00 Uhr ; *courrier m* ~ Posteingänge *mpl*.
arriver 1. eintreffen ; ankommen ; (*train*) ~ *à l'heure* fahrplanmäßig eintreffen **2.** (*avoir lieu*) vorkommen ; passieren ; geschehen **3.** ~ *à échéance* fällig sein ; fällig werden **4.** (*sens d'arrivisme*) *vouloir* ~ *à tout prix* um jeden Preis Karriere machen (arrivieren) wollen ; *être un homme ~é* als gemachter Mann dastehen ; ein gemachter Mann sein.
arrivisme *m* Strebertum *n*.
arriviste *m* Arrivist *m* ; Emporkömmling *m* ; Karrieremacher *m* ; Streber *m*.
arroger : *s'*~ *un droit* sich ein Recht anmaßen.
arrondi monétaire *m* (*Euro : chaque conversion arrondie à deux décimales*) Umrechnungsabrundung *f* ; Umrechnungsaufrundung *f*.
arrondir : ~ *ses fins de mois* sich ein Zubrot verdienen ; das Monatseinkommen aufbessern ; ~ *à l'euro le plus proche* auf den nächsten Euro aufrunden ; ~ *une somme* einen Betrag abrunden ; ~ *sa fortune* sein Vermögen abrunden (vermehren) ; ~ *un chiffre à l'unité supérieure, inférieure* eine Zahl nach oben, nach unten abrunden.
arrondissement *m* **1.** Abrundung *f* ; Vermehrung *f* ; Erweiterung *f* **2.** (*France*) Kreis *m* ; Verwaltungsbezirk *m* ; Arrondissement *n*.
arroser (*fam. soudoyer*) bestechen ; Schmiergeld(er) bezahlen (verteilen).
art *m* Kunst *f* ; *commerce m d'objets d'*~ Kunsthandel *m* ; (*maison d'*) *édition f d'*~ Kunstverlag *m* ; *galerie f d'*~ Kunsthalle *f* ; *historien m de l'*~

artère

Kunstwissenschaftler *m* ; *marché m de l'~* Kunstmarkt *m* ; *objet m d'~* Kunstgegenstand *m* ; *œuvre f d'~* Kunstwerk *n* ; *se livrer au commerce de l'~* mit Kunstgegenständen handeln.

artère *f* (*communication*) Verkehrsader *f* ; *~ commerciale* (*commerçante*) Geschäftsstraße *f*.

> **1.** *marchandise*
> **article** *m* **2.** *paragraphe* ; *texte de loi*
> **3.** *de journal*

1. (*marchandise*) Artikel *m* ; Ware *f* ; ◆ *~ courant* gängige Ware ; *~* (*très*) *demandé* beliebte Ware ; *~ d'exportation* Ausfuhr-, Exportartikel ; *~ d'importation* Einfuhr-, Importartikel ; *~ de luxe* Luxusartikel ; *~ de marque* Markenartikel ; *~ d'usage courant* Bedarfsartikel ; *~ de premier, de second choix* Artikel erster, zweiter Wahl ; *~ en promotion* Reklameartikel ; Preisschlager *m* ; Artikel im (Sonder)Angebot ; *~ sans marque* (*produit m libre*) markenlose Ware ; *~ de série* Serien-, Massenartikel ; *~ à vil prix* Schleuderware ; *~s de voyage* Reiseartikel ; ◆◆ *liste f des ~s disponibles* Sortenverzeichnis *n* ; Sortenzettel *m* ; ◆◆◆ *avoir un ~* einen Artikel führen ; *avoir un ~ en magasin* einen Artikel vorrätig haben ; etw auf Lager haben ; *faire l'~* eine Ware führen ; einen Artikel führen ; *lancer un ~ sur le marché* einen Artikel auf den Markt bringen ; eine Ware einführen ; *placer un ~* seine Ware an den Mann bringen ; *cet ~ manque* (*est manquant*) wir haben den Artikel nicht auf Lager ; dieser Artikel ist nicht mehr vorhanden ; *cet ~ se vend bien, mal* diese Ware verkauft sich (geht) gut, verkauft sich (geht) schlecht.
2. (*paragraphe* ; *texte de loi*) Artikel *m* ; Abschnitt *m* ; Absatz *m* ; Passus *m* ; *d'après l'~ 2 de la Constitution* nach (laut) Artikel 2 des Grundgesetzes.
3. (*de journal*) Artikel *m* ; Beitrag *m* ; *~ de fond* Leitartikel *m* ; Sonderbeitrag *m* ; *écrire un ~ dans un journal* einen Artikel in einer Zeitung schreiben.

artifice *m* **comptable** Bilanzkniff *m* ; Bilanz-, Buchhaltungs-, Buchhaltertrick *m* ; Rechenkunststück *n*.

artificiel, le künstlich ; unecht ; (*préfixe*) Kunst- ; *lumière f ~le* künstliches Licht *n* ; *neige f, soie f ~le* Kunstschnee *m* ; -seide *f.*

artificiellement, künstlich ; *maintenir ~ une industrie en vie* eine Industrie künstlich am Leben halten.

artisan *m* **1.** Handwerker *m* ; *apprenti m ~* Handwerkerlehrling *m* ; Azubi *m* ; *chambre f des ~s* Handwerkskammer *f* ; *corporation f des ~s* Handwerkszunft *f* ; *groupement m d'~s* Handwerksgemeinschaft *f* ; *maître m ~* Handwerksmeister *m* ; *ouvrier ~* Geselle *m* ; *faire appel à un ~* einen Handwerker kommen lassen **2.** (*fig.*) Schöpfer *m* ; Urheber *m* ; Wegbereiter *m* ; *être l'un des ~s de la construction européenne* einer der Wegbereiter des europäischen Aufbaus sein.

artisanal, e handwerklich ; Handwerks- ; *de fabrication ~e* (*soignée*) handwerklich hervorragend gearbeitet ; handwerkliche Maßarbeit *f* ; *chambre f ~e* Handwerkskammer *f* ; *corporation f ~e* Handwerkszunft *f* ; *entreprise f ~e* Handwerksbetrieb *m* ; *exposition f ~e* Handwerksausstellung *f* ; *métier m ~* Handwerksberuf *m* ; *profession f ~e* handwerklicher Beruf *m* ; Handwerksberuf *m* ; *travail m ~* handwerkliche Arbeit *f* ; *exercer une activité ~e* ein Handwerk ausüben (betreiben).

artisanat *m* Handwerk *n* ; *~ d'art* Kunsthandwerk *n*.

arts *mpl* **ménagers** (*salon des*) Hausratsmesse *f.*

as *m* : (*fam.*) *faire passer qqch à l'~* (*fisc*) etw nicht versteuern ; *passer des millions à l'~* Millionen am Fiskus vorbeischleusen ; (*douane*) nicht verzollen.

a/S → **ABS 1.**

ascendance *f* aufsteigende Linie *f* ; Aszendenz *f* ; *~ maternelle, paternelle* mütterliche, väterliche Linie *f* ; *de par son ~ maternelle, paternelle* mütterlicher-, väterlicherseits ; (*agric.*) *certificat m d'~* Abstammungsnachweis *m* ; Rückverfolgbarkeitsnachweis.

ascendant, e Aufwärts- ; steigend.

ascendants et descendants *mpl* Verwandte *pl* in auf- und absteigender Linie.

à sec (*fam.*) **1.** (*sans argent*) *être ~* auf dem Trockenen sitzen ; blank sein ; völlig abgebrannt sein **2.** *nettoyer ~* trocken reinigen ; chemisch reinigen.

asile *m* **1.** Asyl *n* ; Zuflucht *f* ; *demandeur d'~* Asylbewerber *m* ; Asylant *m* ;

assimiler

droit m d'~ Asylrecht *n* ; *demander ~ sich* um Asyl bewerben ; um Asyl bitten ; einen Asylantrag stellen **2.** *~ de vieillards* Altersheim *n* ; Altenheim ; Seniorenheim.
A.S.L. *f (Aide sociale au logement)* Wohnungsbeihilfe *f* für Minderbemittelte.
A.S.S. *f (Allocation de soutien social)* (staatliche) soziale Unterstützungsbeihilfe *f.*

asperge *f* Spargel *m* ; *agriculteur m récoltant d'~s* Spargelbauer *m* ; *récolte f d'~s* Spargelernte *f* ; *récolter 100 kilos d'~s par jour* 100 Kilogramm Spargel pro Tag stechen (ernten).

assainir sanieren ; gesunden ; gesundschrumpfen ; *~ une entreprise* einen Betrieb sanieren.

assainissement *m* Sanierung *f* ; Gesundung *f* ; *~ de l'économie, de l'entreprise* Sanierung (Gesundung) der Wirtschaft, des Betriebs ; *~ financier (des finances)* finanzielle Sanierung ; *~ monétaire* Währungssanierung ; *~ des prix* Preissanierung ; *travaux mpl d'~* Sanierungsarbeiten *fpl.*

assaut *m* : *prendre les caisses, les magasins, les hôtels d'~* die Kassen, Läden, Hotels stürmen.

A.S.S.E.D.I.C. *(Association pour l'emploi dans l'industrie et le commerce)* **1.** Verband *m* für die Beschäftigung in Industrie und Handel ; Arbeitslosenversicherungskasse *f* ; autonome gewerbliche Arbeitslosenkasse ; *cotiser aux ~* einen Beitrag zur Arbeitslosenversicherung (Arbeitslosenversicherungsbeiträge) entrichten **2.** Arbeitslosengeld *n* ; *toucher des ~* Arbeitslosengeld beziehen ; Alu beziehen.

assemblage *m* Montage *f* ; *hall m d'~* Montagehalle *f.*

assemblée *f* Versammlung *f* ; Gremium *n* ; Zusammenkunft *f* ; *~ consultative* beratende Versammlung ; *~ des créanciers* Gläubigerversammlung ; *~ générale (extra)ordinaire* (außer)ordentliche Hauptversammlung ; *~ législative* gesetzgebende Versammlung ; *~ nationale* Nationalversammlung ; *(U.E.) ~ parlementaire* parlamentarische Versammlung des Europarats ; *assister à une ~* an einer Versammlung teilnehmen ; *convoquer une ~* eine Versammlung einberufen ; *prendre la parole à une ~* auf einer Versammlung sprechen ; *tenir une ~* eine Versammlung abhalten.

assentiment *m* Zustimmung *f* ; Einwilligung *f* ; Billigung *f* ; Genehmigung *f* ; Zusage *f* ; *~ général* Einstimmigkeit ; *donner son ~ à qqch* seine Zustimmung zu etw geben.

asseoir : *~ une assurance sur la tête de qqn* eine Versicherung auf jdn abschließen ; *~ une hypothèque sur un terrain* ein Grundstück mit einer Hypothek belasten ; *~ un impôt sur qqch* etw mit einer Steuer belegen ; die Steuerbemessungsgrundlage festsetzen.

assermenter vereidigen ; beeidigen ; *officier m ministériel ~é* vereidigter Amtsträger *m* ; *traducteur m ~é* vereidigter Übersetzer *m.*

assesseur *m (jur.)* Beisitzer *m.*

1. assiette *f* Berechnungsgrundlage ; Bemessungsgrundlage *f* ; *~ des cotisations* Beitragsbemessungsgrundlage ; *~ de la pension* Rentenbemessungsgrundlage.

2. assiette *f* **de l'impôt** Steuerveranlagung *f* ; Steuerbemessungsgrundlage *f* ; Besteuerungsgrundlage *f* ; *~ complémentaire* ergänzende Bemessungsgrundlage ; *~ générale, globale* Haupt-, Gesamtsteuerveranlagung *f* ; *base f de l'~* Steuerbemessungsgrundlage ; *redressement m de l'~* Steuerberichtigungsveranlagung *f* ; *établir l'~* die Besteuerungsgrundlage festlegen.

assignation *f* **1.** Zuteilung *f* ; Zuweisung ; *~ à résidence* Anweisung *f* eines Aufenthalts *f* **2.** *(jur.)* Vorladung *f* ; *~ par voie d'huissier* gerichtliche Ladung *f* durch Gerichtsvollzieher.

assigner 1. zuweisen ; zuteilen ; *~ une résidence à qqn* jdm einen Aufenthaltsort zuweisen ; *être ~é à résidence* unter Hausarrest stehen **2.** *(jur.)* vorladen ; *~ qqn en justice* vor Gericht laden ; jdm die Klageschrift zustellen ; *~ qqn à comparaître m* zum persönlichen Erscheinen vor Gericht auffordern **3.** zuteilen ; zuweisen ; bestimmen ; *~ qqn à un poste* jdn auf einen Posten setzen ; *~ une tâche à qqn* jdm eine Aufgabe übertragen ; jdm Arbeit zuweisen.

assimilable 1. anpassungsfähig ; *(calcul de la pension de retraite) période f ~* Ersatzzeit *f* **2.** *~ à* gleichzustellen mit **3.** *(biologique)* assimilierbar.

assimiler gleichstellen (mit) ; *les farines et produits ~s* Mehlsorten und ihnen gleichgestellte Produkte *pl* ;

assis, e

(*finances*) *part f~ée à la plus-value* Ertragsanteil *m* ; *être ~é à gleichstehen* (+ D) ; gleichgestellt sein mit ; *~ le cas d'un salarié à celui d'un indépendant* den Fall eines Arbeitnehmers mit dem eines Selb(st)ständigen gleichstellen ; *être ~é fonctionnaire (à la fonction publique)* einen beamtenähnlichen Status (eine beamtenähnliche Stellung) haben ; *le poste est ~é à celui d'un conseiller ministériel* im Rang steht die Stelle einem Regierungsrat gleich.

assis, e : *impôt (non) ~ sur les revenus* einkommen(un)abhängige, ertrags(un)abhängige Steuer *f* ; *voter par ~ et levé* durch Aufstehen abstimmen.

assise *f* : *disposer d'une bonne ~ financière* über eine solide finanzielle Grundlage verfügen.

assises *fpl* **1.** Tagung *f* ; Kongress *m* ; (*parti*) Parteitag *m* ; *~ annuelles* Jahrestagung ; *tenir ses ~* tagen ; seine Tagung (seinen Kongress) abhalten **2.** (*jur.*) Schwurgericht *n*.

assistanat *m* Mentalität der vollständigen sozialen Absicherung ; (*péjoratif*) Vollkaskomentalität *f* ; Anspruchsmentalität.

assistance *f* **1.** (*présence*) Publikum *n* ; Zuhörerschaft *f* ; die Anwesenden *pl* **2.** (*aide*) Beistand *m* ; Unterstützung *f* ; (Bei)Hilfe *f* ; Fürsorge *f* ; *~ autonomie* Pflegedienst *m* ; *~ chômage* Arbeitslosenfürsorge *f* ; *~ à domicile* häusliche Pflege *f* ; *~ économique* Wirtschaftshilfe ; *~ financière* Finanzhilfe ; *~ juridique* Rechtsbeistand ; Rechtsschutzversicherung *f* ; *~ médicale, maternelle* ärztliche, mütterliche Fürsorge ; *~ en mer* Seeschifffahrtsassistenz *f* ; *~ publique, sociale* öffentliche, soziale Fürsorge ; öffentliches, soziales Fürsorgewesen ; *~ technique* technische Hilfe ; Fachbeirat *m* ; ◆◆ *besoin m d'~* Pflegebedürftigkeit *f* ; *crédit m d'~* Beistandskredit *m* ; Stand-by-Kredit ; *dépenses fpl d'~* Pflegeaufwand *m* ; *enfant m de l'A~* Fürsorgekind *n* ; *médecin m de l'~ publique* Fürsorgearzt *m* ; *mesures fpl d'~* fürsorgerische Maßnahmen *fpl* ; ◆◆◆ (*informatique*) *appeler l'~* die Helpline anrufen ; *prêter ~ à qqn* jdm beistehen (helfen, unter die Arme greifen) ; jdm Beistand leisten ; jdn unterstützen.

assistant *m* **1.** Assistent *m* ; Helfer *m* ; (*suppléant*) Stellvertreter *m* ; *~e dentaire* Zahnarzthelfer *m* ; *~e médical* Arzthelfer **2.** *~ social* Sozialarbeiter *m* ; (Sozial)-Fürsorger *m*.

assistante *f* **1.** Assistentin *f* ; Helferin *f* **2.** *~ sociale* Sozialarbeiterin *f* ; (Sozial)-Fürsorgerin *f*.

assisté *m* Sozialhilfeempfänger *m* ; Fürsorgeempfänger ; Wohlfahrtsträger *m* ; pflegebedürftige Person *f* ; Pflegebedürftige(r) ; *être ~* Sozialhilfe empfangen ; (*péj.*) *avoir une mentalité d'~* eine Anspruchsmentalität haben.

assister 1. (*qqn*) jdm beistehen, helfen ; jdn (finanziell) unterstützen ; *se faire ~* sich helfen lassen ; *demander à se faire ~ par un avocat, un expert, un notaire* um den Beistand eines Rechtsanwalts, eines Experten, eines Notars bitten **2.** (*à qqch*) etw (+ D) beiwohnen ; *~ à une réunion* an einer Versammlung teilnehmen **3.** *assisté par ordinateur* computerunterstützt ; computergestützt ; *fabrication ~ée* computerunterstützte Herstellung *f* ; CAM-Fertigung *f* ; *contrôle de qualité ~é* CAQ-Kontrolle *f* ; computergestützte Qualitätskontrolle *f*.

associatif, ive die Vereinigungen betreffend ; *vie f ~ive* Gesellschafts-, Vereinsleben *n* ; Vereinswesen *n*.

association *f* Verein *m* ; Verband *m* ; Vereinigung *f* ; Gemeinschaft *f* ; Gesellschaft *f* ; Organisation *f* ; Assoziierung *f* ; ◆ *~ affiliée* Zweiggesellschaft *f* ; *~ agréée* zugelassener Verband *m* ; *~ bancaire* Bankverein ; *~ de bienfaisance* Wohltätigkeitsverein ; *~ karitativer* Verband ; *~ centrale* Spitzenverband ; *~ de consommateurs* Konsumverein ; Verbraucherverband ; *~ corporative* Innung *f* ; *~ de défense* Bürgerinitiative *f* ; Schutzgemeinschaft *f* ; *~ de défense des petits porteurs* (*actionnaires*) Schutzgemeinschaft der Kleinaktionäre ; *~ d'employeurs* (*patronale*) Arbeitgeberverband ; *~ d'entreprises* Unternehmerverband ; *~ d'intérêts* Interessengemeinschaft ; *~ ouvrière* Arbeitnehmerverband ; *~ en participation* stille Gesellschaft ; *~ de personnes* Personenvereinigung ; *~ professionnelle* Berufsverband ; *~ sans but lucratif* Verein mit nicht gewerblichen Zielen ; gemeinnütziger Verein ; *~ syndicale* Gewerkschaft *f* ; *~ tarifaire* Tarifgemeinschaft ; *~ reconnue d'utilité* *publique* gemeinnütziger Verein ; ♦♦ *contrat m d'~* Assoziations-, Assoziierungsvertrag *m* ; *liberté f d'~* Vereinigungsfreiheit *f* ; ♦♦♦ *adhérer à une ~* einem Verein beitreten ; *entrer dans une ~* in einen Verein eintreten ; *fonder une ~* einen Verein gründen ; *faire partie d'une ~* einem Verein angehören ; Mitglied eines Vereins sein ; *se regrouper en une ~* sich zu einem Verband zusammenschließen ; sich in einem Verband organisieren ; *se retirer d'une ~* aus einem Verein austreten.

Association *f* française des banques Fachverband *m* französischer Banken.

associé *m* Geschäftspartner *m*, -teilhaber *m* ; Gesellschafter *m* ; Genosse *m* ; Mitarbeiter *m* ; Mitinhaber *m* ; Partner *m* ; Teilhaber *m* ; Sozius *m* ; *~ gérant* geschäftsführender Gesellschafter ; *~ en nom* tätiger Gesellschafter *m* (Teilhaber) ; *~ majoritaire* Mehrheitsgesellschafter *m* ; *~ en participation* stiller Teilhaber.

associé, e assoziiert ; *États mpl ~s à l'U.E.* mit der EU assoziierte Staaten ; *professeur m ~* außerordentlicher Professor *m* ; Gastprofessor *m* ; *être ~ en affaires* geschäftlich verbunden sein.

associer 1. *~ qqn à son affaire* jdn als Partner (Teilhaber, Gesellschafter) in sein Geschäft aufnehmen **2.** *~ qqn au bénéfice* jdn am Gewinn beteiligen **3.** *s'~* sich zusammentun ; sich zusammenschließen ; sich assoziieren ; *s'~ à qqch.* sich an etw (beteiligen).

assolement *m* *(agriculture)* Fruchtfolge *f* ; *~ triennal* Dreifelderwirtschaft *f*.

assorti : *(magasin)* : *être bien ~* eine reiche Auswahl haben ; ein breitgefächertes Warenangebot haben ; ein wohl assortiertes Lager haben.

assortiment *m* reiche Auswahl *f* ; großer Bestand *m* ; Sammlung *f* ; Kollektion *f* ; Sortiment *n* ; *avoir un grand ~ de qqch* ein großes Lager von etw (+ D) haben ; ein reiches Warenangebot haben ; *actualiser, constituer, élargir, réduire l'~* das Sortiment aktualisieren, zusammenstellen, erweitern, reduzieren.

assortir 1. passend zusammenstellen ; sortieren **2.** *(magasin)* mit Waren versehen ; *s'~ de* sich eindecken (versehen) mit **3.** *~ de* begleiten (von) ; versehen (mit) ; ausstatten (mit) ; flankieren ; *être ~i de* von etw begleitet sein ; mit etw ausgestattet (versehen) sein ; *~ d'un taux d'intérêt fixe* mit fester Zinsbindung ; *~ un texte de remarques* einen Text mit Anmerkungen versehen ; *~ une politique d'un train de mesures d'orientation* eine Politik mit einem Bündel von Orientierungsgrößen begleiten (flankieren).

assouplir lockern ; abschwächen ; (ab)mildern ; aufweichen ; *~ le crédit* den Kredit lockern ; die Kreditgewährung aufweichen ; *~ des interdictions, des restrictions* Verbote, Einschränkungen lockern ; *~ une réglementation, des directives* eine Regelung, Vorschriften aufweichen ; *~ sa position lors de négociations* seine Position bei Verhandlungen lockern ; *~ des sanctions économiques* wirtschaftliche Sanktionen lockern ; *les fronts en présence ont ~i leurs positions* die Fronten sind aufgeweicht.

assouplissement *m* Aufweichen *n* ; Lockerung *f* ; (Ab)Milderung *f* ; *~ du crédit* Krediterleichterung *f* ; Aufweichung der Kreditgewährung ; *~ des critères de convergence* Aufweichung der Konvergenzkriterien ; *~ d'un embargo* Lockerung eines Embargos ; *~ des réglementations à l'exportation* Exportlockerung.

assujetti, e -pflichtig ; unterworfen ; *~ à l'assurance sociale* versicherungspflichtig ; *~ aux droits (de douane)* zollpflichtig ; *être ~ à l'impôt sur le revenu des personnes physiques (IRPP)* einkommensteuerpflichtig sein ; zur Einkommensteuer veranlagt werden ; *~ à la sécurité sociale* sozialversicherungspflichtig ; *~ à une taxe* abgabe-, gebührenpflichtig.

assujettir unterwerfen ; verpflichten ; auferlegen ; binden.

assujettissement *m* Pflicht *f* ; Unterwerfung *f* ; Verpflichtung *f* ; Zwang *m* ; *~ à l'assurance-maladie* Krankenversicherungspflicht ; *~ à la cotisation* Beitragspflicht ; *~ à l'IRPP (impôt sur le revenu des personnes physiques)* Einkommensteuerpflicht *f* ; *(assurance) ~ obligatoire* Versicherungspflicht, -zwang ; *~ volontaire* freiwillige Versicherung *f* ; *(sens général)* Bindung *f* ; Unterwerfung *f* ; Abhängigkeit *f* (von) ; *plafond d'~* Höchstgrenze *f* der Versicherungspflicht ; Versicherungspflichtgrenze *f*.

assumer 1. (*tâche, responsabilité*) übernehmen ; auf sich nehmen **2.** ~ *une charge, une fonction* ein Amt bekleiden ; ~ *les frais, un risque* die Kosten, ein Risiko übernehmen (tragen) ; ~ *personnellement le coût de ses études* sein Studium selbst bestreiten.

assurable versicherbar ; versicherungsfähig ; *non* ~ unversicherbar ; *risque* ~ versicherbares Risiko *n*.

assurance *f* **1.** Versicherung *f* ; *~s* Versicherungswesen *n* ; ♦ ~ *accidents* (*du travail*) (Arbeits)Unfallversicherung ; ~ *adverse* gegnerische Versicherungsgesellschaft ; ~ *auto* Kraftfahrzeug-, Autoversicherung ; ~ *camping* Camping-Versicherung ; ~ *chef de famille* Familienhaftpflicht *f* ; ~ *chômage* Arbeitslosenversicherung ; ~ *collective* Kollektivversicherung ; ~ *complémentaire* Zusatzversicherung ; ~ *contre les bris de glace* Glasschadenversicherung ; ~ *contre les dégâts des eaux* Wasserschadenversicherung ; ~ *crédit* Kreditversicherung ; ~ *crédit à l'exportation* Ausfuhrkreditversicherung ; (*garantie par l'État*) Hermes Garantie *f* ; Hermes-Bürgschaft *f* ; ~ *cumulative* Doppelversicherung ; Mehrfachversicherung ; ~ *décès* Versicherung auf den Todesfall ; ~ *défense et recours* (*frais mpl de justice*) Rechtsschutzversicherung ; ~ *dépannage* Verkehrsservice-Versicherung ; ~ *dépendance* Pflegeversicherung ; ~ *au dernier vivant* Hinterbliebenenversicherung ; ~ *dommages* Schadenversicherung ; ~ *contre la foudre* Blitzschadenversicherung ; ~ *de fret* Frachtversicherung ; ~ *contre la grêle, l'incendie* Hagel-, Feuer-(schaden)versicherung ; ~ *insolvabilité* Delkredere-Versicherung ; ~ *insuffisante* Unterversicherung ; ~ *invalidité* Invalidenversicherung ; ~ *limitée* zeitlich begrenzte Versicherung ; *~-maladie* Krankenversicherung ; ~ *maladie universelle* universale (umfassende) Krankenversicherung ; ~ *maritime* Seeversicherung ; ~ *mobilière, multirisques* Gebäude-, Universalversicherung ; ~ *multiple* Doppelversicherung ; Mehrfachversicherung ; ~ *multirisques limitée* Teilkaskoversicherung ; ~ *mutuelle* Versicherung auf Gegenseitigkeit ; ~ *obligatoire* Pflichtversicherung ; ~ *obsèques* Bestattungsversicherung ; ~ *omnium/ tous risques* ; ~ *périmée* abgelaufene Versicherung ; ~ *des personnes transportées* (→ *passagers*) Insassenversicherung ; ~ *responsabilité civile* Haftpflichtversicherung ; ~ *responsabilité civile familiale* Familienschutzversicherung ; ~ *retraite, scolaire, sinistres* Renten-, Schüler-, Schadenversicherung ; ~ *retraite individuelle* individuelle Eigenversorgung *f* ; *~s sociales* Sozialversicherung ; ~ *de survie* Überlebensversicherung ; Erlebensfallversicherung ; ~ *contre la tempête* Sturmschadenversicherung ; ~ *tous risques* Vollkaskoversicherung ; ~ *au tiers* Teilkaskoversicherung ; ~ *transports, vie, vieillesse* Transport-, Lebens-, Altersversicherung ; ~ *vie par capitalisation* kapitalbildende Lebensversicherung ; Kapital-Lebensversicherung ; ~ *vie sur deux têtes* Lebensversicherung auf verbundene Leben ; ~ *contre le vol* (*avec effraction*) (Einbruchs)Diebstahlversicherung ; ~ *voyage* Reiseversicherung ; ♦♦ *agent m d'*~ Versicherungsagent *m*, -vertreter *m* ; *attestation f d'*~ Versicherungsbescheinigung *f*, -bestätigung *f* ; *compagnie f d'~s* Versicherungsgesellschaft *f* ; Versicherungsanstalt *f* ; Versicherung *f* ; *contrat m d'~s* Versicherungsvertrag *m* ; *courtier m d'~s* Versicherungsmakler *m* ; *couverture f d'*~ Versicherungsdeckung *f*, -schutz *m* ; *double* ~ Doppelversicherung ; *employé m d'*~ Versicherungsangestellte(r) ; *escroquerie f à l'*~ Versicherungsbetrug *m*, -schwindel *m* ; *étendue f de l'*~ Umfang *m* der Versicherung ; *organisme m d'*~ *retraite* Rentenversicherungsträger *m* ; *organisme m d'~s sociales* Sozialversicherungsträger *m* ; *période f d'*~ Versicherungszeit *f* ; *police f, prestations fpl, prime f d'~s* Versicherungspolice *f* (-schein *m*), -leistung *f*, -prämie *f* (-beitrag *m*) ; *rachat m d'*~ Versicherungsrückkauf *m* ; *régime m* (*type m*) *d'*~ Versicherungsform *f* ; *représentant m d'~s* Versicherungsvertreter *m* ; *tarif m, taux m d'*~ Versicherungstarif *m*, -satz *m* ; *valeur f d'*~ Versicherungswert *m* ; ♦♦♦ *avoir une* ~ *de 1 000 €* eine Versicherung über 1 000 € haben ; *compléter une* ~ nachversichern ; *contracter* (*souscrire*) *une* ~ eine Versicherung abschließen (eingehen) ; *se constituer une ~ privée complémentaire* eine zusätzliche private Vorsorge aufbauen ; *être assujetti à l'~ obligatoire* versicherungspflichtig sein ; *être couvert par une ~* durch eine Versicherung gedeckt sein ; *l'~ expire, a expiré (est échue)* die Versicherung läuft ab, ist abgelaufen ; *renouveler une ~* eine Versicherung erneuern ; *résilier une ~* eine Versicherung (auf)kündigen ; *toucher une ~ vie* seine Lebensversicherungs-(summe) ausbezahlt bekommen **2.** Zusicherung *f* ; Zusage *f* ; *obtenir (recevoir) l'~ du ministre de soutenir le projet* die feste Zusage (Zusicherung) des Ministers erhalten, das Projekt staatlich zu fördern ; *veuillez agréer l'~ de ma considération distinguée* mit freundlichen Grüßen ; (*plus formel*) mit vorzüglicher Hochachtung ; hochachtungsvoll **3.** (*certitude*) Gewissheit *f* ; *J'ai l'~ qu'elle acceptera mon offre* ich bin gewiss (fest überzeugt), dass sie mein Angebot annehmen wird ; *donner des ~s verbales à qqn* jdm mündliche Zusicherungen machen **4.** (*sûreté de soi*) Selbstsicherheit *f* ; *avoir de l'~* selbstbewusst (selbstsicher) auftreten.

assuré *m* Versicherte(r) ; Versicherungsnehmer *m* ; *~ social obligatoire* sozialversicherungspflichtig Beschäftigte(r) ; *les ~s sociaux* die Sozialversicherten ; *carte f d'~ social (carte Vitale)* Sozialversicherungsausweis *m*.

assurer 1. versichern ; *~ insuffisamment* unterversichern ; *s'~ contre le vol* sich gegen Diebstahl versichern ; *s'~ sur la vie* eine Lebensversicherung abschließen ; *montant m ~é* Versicherungsbetrag *m*, -summe *f* **2.** (*garantir*) sichern ; garantieren ; gewährleisten ; *~ sa subsistance* seinen Unterhalt bestreiten ; *avoir des revenus~és* ein sicheres Einkommen haben ; *s'~ la collaboration de qqn* sich jds Mitarbeit sichern **3.** *~ un service (une permanence)* einen (Bereitschafts)Dienst versehen **4.** *s'~ de qqch* sich einer Sache vergewissern.

assureur *m* Versicherungsgeber *m* ; Versicherer *m* ; Versicherungskaufmann *m* ; Versicherungsgesellschaft *f* ; Versicherungsträger *m* ; *~ conseil* Versicherungsberater *m* ; *~ expert* Versicherungsfachmann *m*.

assurfinances *f* Finanzversicherungsgesellschaft *f*.

astreindre (à) zwingen (zu D) ; verpflichten (zu D).

astreinte *f* **1.** Zwang *m* ; Zwangsmaßnahme *f* **2.** (*jur.*) Beuge-, Erzwingungsstrafe *f* ; Zwangsgeld *n* ; Vertragsstrafe **3.** Notdienst *m* ; Bereitschaftsdienst *m*.

astuce *f* Winkelzug *m* ; *~ juridique* juristischer Winkelzug ; juristischer Trick *m*.

asymétrique : *choc m ~ (crise économique dans un seul pays de l'U.E.)* asymmetrischer Schock *m* (*contr.* *choc symétrique*).

A.T. (*achat à terme*) Terminkauf *m*.

atelier *m* Werkstatt *f*, -stätte *f* ; Arbeitsplatz *m* ; Arbeitsstätte *f* ; Abteilung *f* ; *~ d'apprentissage* Lehrwerkstatt ; *~ clandestin* illegale Werkstätte ; *~ contractuel* Vertragswerkstatt ; *~ de fabrication* Produktionsstätte ; *~ flexible* vollständig robotisierte Werkstatt ; *~ de montage* Montagehalle *f* ; *~ protégé* Werkstatt für Behinderte ; *~ de réparation* Reparaturwerkstatt ; *prime f d'~* Lohnzuschlag *m* ; (*sens fig.*) *~ de travail* Workshop *m* ; *chef m d'~* Werkmeister *m* ; Werkstattleiter *m*.

atermoiement *m* **1.** (*indécision*) Unentschlossenheit *f* ; (*faux fuyants*) Ausflüchte *fpl* **2.** (*jurid.*) Stundung *f* ; Zahlungsaufschub *m* ; Moratorium *n* ; Fristverlängerung *f* ; Prolongation *f*.

atmosphère *f* **1.** Atmosphäre *f* **2.** Stimmung *f* ; *une bonne ~ de travail* ein gutes Arbeitsklima *n* ; eine gute Arbeitsstimmung.

atomicité *f* Zersplitterung *f* ; *~ du marché* Marktzersplitterung.

atone : (*bourse*) matt ; Tendenz : lustlos.

atomique : Atom- ; Nuklear- ; atomar ; Kern- ; *centrale f ~* Atomkraftwerk *n* ; *énergie f ~* Atomenergie *f* ; Kernenergie, -kraft *f* ; *réacteur m ~* Atomreaktor *m*.

atomiser 1. atomisieren ; zerstäuben **2.** (durch Atomwaffen) vernichten ; radioaktiv verseuchen.

atout *m* Trumpf *m* ; *~s d'un site industriel* (*logistique*) Standortvorteil *m* ; Standortgunst *f* ; Trümpfe eines Standorts.

attaché *m* (*diplomatique*) Attaché *m* ; *~ d'administration* Referatsleiter *m* ; *~ d'ambassade* Botschaftsattaché ; *~ com-*

attaché, e

mercial Handelsattaché ; ~ *commercial bancaire* Bankkaufmann *m* ; ~ *de direction* Führungskraft *f* ; Leitende(r) ; ~ *commercial* Verkaufsbeauftragte(r) ; Handelsattaché, -referent ; ~ *de presse* Presseattaché, -referent *m*.

attaché, e *m/f* **de direction** Chef-, Direktionssekretär *m*/-sekretärin *f*.

attaches *fpl* Beziehungen *fpl* ; Verbindungen *fpl* ; ~ *commerciales* Geschäftsverbindungen ; *sans ~ professionnelles ou familiales* ungebunden ; *être sans ~ politiques* politisch ungebunden sein.

attaquable anfechtbar ; *le contrat, la décision, le testament est ~* der Vertrag, die Entscheidung, das Testament ist anfechtbar.

attaque *f* Attacke *f* ; Angriff *m* ; Vorstoß *m* ; Offensive *f* ; ~ *de banque à main armée* bewaffneter Banküberfall *m* ; *~s en provenance de l'étranger* Vorstöße aus dem Ausland ; (*OPA*) *~e hostile* feindselige Attacke ; (*agric.*) *~s parasitaires* Schädlingsbefall *m* ; ~ *d'un pirate informatique* Hacker-Angriff ; *tentative f d'~ hostile* feindlicher (unfreundlicher) Annäherungsversuch *m*.

attaquer angreifen ; überfallen ; (*jur.*) anfechten ; anpacken ; ~ *un nouveau marché* einen neuen Markt in Angriff nehmen ; auf einen neuen Markt vorstoßen ; ~ *qqn dans la rue* jdn überfallen ; ~ *un contrat, un jugement, un testament* einen Vertrag, ein Urteil, ein Testament anfechten ; ~ *un jugement* ein Urteil anfechten ; ~ *en justice* vor Gericht klagen ; gerichtlich belangen ; ~ *un nouveau segment du marché* ein neues Marktsegment angreifen ; ~ *qqn en justice* jdn verklagen ; *s'~ à un problème, à une tâche, à un travail* ein Problem, eine Aufgabe, eine Arbeit anpacken.

atteindre erreichen ; ~ *les limites de la croissance* an die Grenzen des Wachstums stoßen ; ~ *trois fois la teneur en nitrates autorisée* das Dreifache des zulässigen Nitratgehalts betragen.

atteinte *f* Schädigung *f* ; Verstoß *m* ; Beeinträchtigung *f* ; Eingriff *m* ; Verletzung *f* ; ~ *au crédit* Kreditgefährdung *f* ; ~ *à un droit* Rechtsverstoß ; ~ *à la liberté syndicale* Verletzung *f* der gewerkschaftlichen Rechte ; ~ *à la propriété privée* Eingriff *m* in das Privateigentum ; *porter ~* schädigen ; schaden (+ D) ; verletzen.

attendus *mpl* (*d'un jugement*) Urteilsbegründung *f*.

attente *f* **1.** Erwartung *f* ; ~ *à la caisse* Anstehen *n* an der Kasse ; *commande f en ~* zurückgestellter Auftrag *m* ; *dans l'~ de votre réponse* in Erwartung Ihres Schreibens ; *contre toute ~* wider Erwarten ; *entgegen allen Erwartungen* ; *être en ~d'emploi* auf einen Arbeitsplatz warten ; *figurer sur une liste d'~* auf einer Warteliste stehen ; *se faire mettre (inscrire) sur une liste d'~* sich auf die Warteliste setzen (eintragen) lassen ; *mettre en position d'~* auf eine Parkposition, setzen ; *répondre aux ~s de la clientèle* den Kundenwunsch erfüllen ; dem/den Kunden entgegenkommen **2.** *allocation f d'~* Übergangsbeihilfe *f* ; *compte m d'~* Interimskonto *n* ; *dépôt d'~* Asservatenkonto *n* ; *indemnité f (salaire m) d'~* Wartegeld *n*, -lohn *m*.

attention : (*corresp.*) *à l'~ de Monsieur X* zu Händen (z. Hd.) (von) Herrn X.

attentisme *m* abwartende Haltung *f* ; Attentismus *m*.

atténuation *f* Milderung *f* ; Abschwächung *f* ; (*d'une tension sur un marché*) Dämpfung *f* ; (*jur.*) ~ *de peine* Strafmilderung.

atténuer dämpfen ; mildern ; ~ *les effets d'une crise* die Auswirkungen einer Krise abschwächen ; ~ *les effets d'une mesure* die Folgen einer Maßnahme abmildern ; *s'~* sich abschwächen ; abebben ; an Intensität verlieren.

atterrir landen.

atterrissage *m* Landung *f* ; Landen *n* ; *terrain m d'~* Landeplatz *m* ; (*fig.*) ~ *en douceur de l'économie* sanftes Landen der Wirtschaft ; wirtschafliches Softlanding *n*.

attestation *f* Attest *n* ; Bescheinigung *f* ; Zeugnis *n* ; Beurkundung *f* ; Nachweis *m* ; Bestätigung *f* ; Schein *m* ; Beglaubigungsschein *m* ; ~ *authentique* öffentliche Beurkundung ; ~ *de complaisance* Gefälligkeitsattest ; ~ *de conformité* Nachweis der Übereinstimmung ; Unbedenklichkeitsbescheinigung ; ~ *d'em-ploi* Anstellungs-, Beschäftigungsnachweis ; ~ *médicale* ärztliches Attest ; ~ *de paiement, de salaire, de travail* Zahlungs-, Lohn-, Arbeitsbescheinigung ; ~ *sous serment* eidesstattliche Bescheinigung ; Affidavit *n* ; ~ *de versement* Einzahlungsbeleg *m* ; *délivrer, fournir une ~* eine Bescheinigung ausstellen, beibringen.

attester bezeugen ; beweisen ; bescheinigen ; beurkunden ; Zeugnis ablegen (von) ; attestieren.
attirer anziehen ; (*fam.*) ködern ; ~ *les capitaux étrangers, les investissements* ausländisches Kapital, die Investitionen anziehen ; ~ *la clientèle* die Kundschaft anlocken.
attiser schüren ; verschärfen ; ~ *l'inflation* die Inflation anheizen (antreiben, schüren) ; ~ *des rivalités* Rivalitäten schüren ; ~ *un conflit, une crise, des tensions sociales* einen Konflikt, eine Krise, soziale Spannungen verschärfen.
attitré, e 1. amtlich ; beauftragt ; berechtigt ; bestallt **2.** beständig ; regelmäßig ; *clientèle f ~e* Stammkundschaft *f* ; *fournisseurs mpl ~s* feste Lieferanten *mpl* ; *médecin m ~* Hausarzt *m* ; *public m ~* Stammpublikum *n*.
attitude *f* Verhalten *n* ; Benehmen *n* ; Einstellung *f* ; ~ *concertée* aufeinander abgestimmtes (konzertiertes) Verhalten.
attractif, ive attraktiv ; verlockend ; *conditions de travail fpl, offre f, salaire m ~(ive)* attraktive (verlockende) Arbeitsbedingungen *fpl*, attraktives Angebot *n*, attraktiver Lohn *m* ; *les actions sont à nouveau à un cours ~* die Aktien haben wieder (an den Börsen) ein attraktives Kursniveau erreicht ; *la zone euro redevient ~ive pour les investiseurs internationaux* der Euro-Raum wird wieder attraktiv für internationale Anleger.
attraction *f* **1.** (*exercée sur qqn*) Attraktion *f* ; Anziehung(skraft) *f* ; (auf jdn) ; *zone f d'~ commerciale* Einzugsgebiet *n* ; Einzugsbereich *m* **2.** (*spectacle*) Attraktion *f* ; ~ *pour touristes* Touristenattraktion ; *parc m d'~s* Vergnügungspark *m*.
attrape-nigaud *m* Lockvogelangebot *n* ; ~ *financier* Finanzschwindel *m*.
attribuer 1. (*somme, actions*) zuteilen ; bestimmen **2.** (*responsabilité*) zuschreiben **3.** (*importance*) zumessen **4.** (*adjudication*) den Zuschlag erteilen **5.** (*rente*) gewähren **6.** (*marché, travaux*) vergeben ; ~ *un marché* einen Auftrag erteilen ; *le numéro que vous avez demandé n'est plus ~é* die von Ihnen gewählte Rufnummer ist nicht mehr vergeben **7.** (*prix, récompense*) verleihen.
attributaire *m* Empfänger *m* ; ~ *de prestations* Leistungsempfänger.

attributif, ive zuerkennend ; zuerteilend ; ein Recht zuerkennend (übertragend) ; *acte m ~ de propriété* das Eigentumsrecht verleihende Rechtshandlung *f*.
attribution *f* Zuteilung *f* ; Vergebung *f* ; Vergabe *f* ; (*prix*) Verleihung *f* ; Zuwendung *f* ; (*compétences*) *les ~s* Befugnisse *fpl* ; Kompetenzen *fpl* ; Aufgabenbereich *m* ; ~ *d'une fréquence radiophonique* Vergabe *f* von Frequenzen ; ~ *d'actions* Aktienzuteilung ; ~ *gratuite d'actions* Zuteilung von Freiaktien (Gratisaktien) bei einer Neuemission ; (*jurid.*) ~ *de juridiction* Zuerkennung *f* der Zuständigkeit eines Gerichts ; ~ *de marchés* Ausschreibung *f* ; *fraude f à l'~ de marchés* Ausschreibungsbetrügerei *f* ; ~ *de postes* Stellenvergabe *f* ; *avis m d'~* Zustellungsanzeige *f* ; *n'avoir que des ~s limitées* nur beschränkte Befugnisse haben ; *cela dépasse le cadre de mes ~s* das geht über meine Befugnisse ; dafür bin ich nicht zuständig.
AUA *f* (*Austrian Airlines/Österreichische Luftverkehrs-AG*) AUA *f* (*compagnie aérienne d'Autriche*).
audience *f* **1.** (*intérêt porté à qqch.*) Gehör *n* ; Aufmerksamkeit *f* **2.** (*audimat*) Einschaltquote *f* ; *succès m d'~* Quotensieger *m* ; Quotenbringer *m* ; *enregistrer une progression, une chute d'~* steigende, sinkende Zuschauerzahlen registrieren **3.** (*tribunal*) Gerichtssitzung *f* ; Gerichtsverhandlung *f* **4.** (*portée*) Tragweite *f*.
audimat *m* Einschaltquote *f* ; (*fam.*) *faiseur m d'~ → succès d'~* ; *échec m d'~* (zu) niedrige Einschaltquote ; Quotenabsacker *m* ; Quotenniete *f* ; *émission f à faible, à fort ~* quotenschwache, quotenstarke Sendung *f* ; *succès m d'~* Quotenbringer *m* ; Quotensieger *m* ; *roi m de l'~* Quotenkönig *m*.
audio-visuel *m* audiovisuelle Kommunikation *f* ; Audio-Video-Technik *f* ; Bild- und Ton-Technologie *f* ; audiovisuelle Medien *npl*.
audiovisuel, le : audiovisuell ; *communication f ~le* audiovisuelle Kommunikation *f* ; Kommunikation durch Bild und Ton ; *le paysage ~ français (P.A.F.)* die französiche Medienlandschaft *f*.
audit *m* **1.** (*comptab.*) Rechnungs-, Buchprüfung *f* ; Buch-, Betriebsrevision

f ; Revision und Treuhand *f* ; Revisions- und Treuhandwesen *n* ; Controlling *n* ; ~ *d'entreprise* Unternehmensrevision *f* ; Unternehmenprüfung *f* ; ~ *externe* betriebsexterne (betriebsfremde) Revision ; außerbetriebliche Rechnungsprüfung ; externe Bilanzanalyse *f* ; ~ *interne* (betriebs)interne Revision ; Innenrevision ; interne Bilanzanalyse *f* ; ~ *marketing* Marketing-Controlling ; ~ *social* Personal-Controlling ; *cabinet m d'~* Revisions- und Treuhandbüro *n* ; Revisions- und Treuhandgesellschaft *f* ; *comité m d'~* Rechnungskommission *f,* -ausschuss *m* (informiert den Verwaltungsrat über die Betriebsprüfung und die Fiabilität der gelieferten Informationen für den Markt) 2. *(personne)* → *auditeur* 3. *(sens général)* (Über)Prüfung *f* ; Kontrolle *f* und Beratung *f.*

auditer *(comptab.)* Bücher (Rechnungen) prüfen ; (Geschäfts)Bücher revidieren ; eine Betriebsrevision (Rechnungsprüfung, Buchprüfung) vornehmen ; Controlling betreiben.

auditeur *m* 1. Zuhörer *m* ; ~ *libre* Gasthörer 2. *(jur.)* ~ *au Conseil d'État* Auditor *m* 3. *(comptab.)* (Bücher)Revisor *m* ; (Rechnungs)Revisor *m* ; Controller *m* ; Buch-, Wirtschafts-, Rechnungs-, Abschlussprüfer *m* ; ~ *interne* (betriebs)interner Revisor ; Innenrevisor ; ~ *externe* (betriebs)externer (betriebsfremder) Revisor (Prüfer).

audition *f* 1. *(jur.)* Anhörung *f* ; Verhör *n* ; ~ *des parties* Anhörung der Parteien 2. ~ *des comptes* Rechnungsprüfung *f.*

augmentation *f* Erhöhung *f* ; Anstieg *m* ; Vermehrung *f* ; Vergrößerung *f* ; Steigerung *f* ; Zunahme *f* ; *(capital, effectifs)* Aufstockung *f* ; ♦ ~ *de capital réservée (à un ou plusieurs actionnaires afin de consolider une majorité)* prioritäre Kapitalaufstockung ; ~ *de la charge fiscale* steuerliche Mehrbelastung *f* ; ~ *du chiffre d'affaires, de la population* Zuwachs (Zunahme) des Umsatzes, der Bevölkerung ; ~ *de la demande* Nachfragezunahme ; ~ *des dettes, du trafic* Anwachsen *n* (Zunahme) der Schulden, des Verkehrs ; ~ *des frais (coûts), du salaire, du taux d'escompte* Kosten-, Lohn-, Diskontsatzerhöhung ; ~ *brutale des loyers* Mietpreissprung *m* ; ~ *de (des) prix* Preiserhöhung ; Preisaufschlag ; Preissteigerung ; ~ *de la production, du rendement, des ventes* Produktions-, Leistungs-, Absatzsteigerung ; ~ *des retraites, du RMI, des traitements* Anhebung *f* der Renten, des Mindest(eingliederungs)einkommens, der Lohn- und Gehälter ; ~ *de la (en) valeur* Werterhöhung *f* ; Wertzuwachs *m* ; ♦♦ *action f d'~ de capital* Aufstockungsaktie *f.*

augmenter 1. *(transitif)* erhöhen ; vermehren ; vergrößern ; steigern ; wachsen ; ~ *le capital* das Kapital aufstocken ; ~ *de prix* teurer werden ; sich verteuern ; im Preis steigen ; aufschlagen ; ~ *un prix* einen Preis heraufsetzen (erhöhen) ; ~ *la production* die Produktion steigern ; ~ *les salaires* die Löhne erhöhen ; *elle sera ~ée le mois prochain* nächsten Monat erhält (bekommt, kriegt) sie eine Lohnerhöhung 2. *(intransitif)* (an)steigen ; sich erhöhen ; *le carburant a ~é de 3 centimes* der Kraftstoff hat sich um drei Cent verteuert ; *(chômage, impôts, prix)* zunehmen ; *le climat de panique ~e à la bourse* die Panikmache steigert sich (wächst, nimmt... zu) an der Börse ; *les prix, les impôts ont ~é de 2 %* die Preise, die Steuern sind um zwei Prozent gestiegen ; *le taux de natalité, la population mondiale a ~é* die Geburtenrate, die Weltbevölkerung hat zugenommen ; *la vie ~e* das Leben wird teurer.

au mieux : *(bourse)* bestens ; *ordre m* ~ bestens ; Stop-buy-Order *f.*

aumône *f* Almosen *n* ; *(iron.) devoir travailler pour une véritable* ~ für ein Almosen (für einen Hungerlohn) arbeiten müssen *(syn. salaire de misère).*

au pair : *garçon m, fille f* ~ Au-pair-Junge *m* ; Au-pair-Mädchen *n* ; *travailler* ~ als Au-pair-Junge/Mädchen arbeiten ; eine Arbeit als Au-pair-Junge/Mädchen haben.

aurifère goldhaltig/goldhältig ; *minerai m* ~ goldhaltiges Gestein *n* ; *valeurs fpl ~s* Goldminenwerte *mpl.*

auspices *mpl :* *sous les* ~ *de qqn* unter jds Schutzherrschaft ; unter den Auspizien von ; *l'affaire débute sous des* ~ *favorables/défavorables* das Geschäft beginnt unter günstigen (guten)/schlechten Auspizien (unter günstigen Umständen, Vorzeichen).

austérité *f* Härte *f* ; Strenge *f* ; Einschränkung *f* ; *mesure d'*~ Härtemaßnahme ; Notmaßnahme ; Austerity *f* ; *politique d'*~ Austerity-Politik *f* ; Politik der Sparmaßnahmen ; Sparpolitik ; *programme m d'*~ Sparprogramm *n.*

autarcie *f* Autarkie *f* ; Selbst-, Eigenversorgung *f* ; *politique f d'*~ Autarkiepolitik *f* ; *vivre en* ~ in wirtschaftlicher Autarkie leben.

autarcique autark(isch).

auteur *m* **1.** (*édition*) Autor *m* ; Urheber *m* ; Verfasser *m* ; *droits mpl d'*~ Urheberrechte *npl* ; *société f des* ~*s* Verwertungsgemeinschaft « Wort » *f* **2.** (*accident*) Urheber *m* ; Verursacher *m* ; Unfallfahrer *m* ; ~ *d'un dommage* Schadenstifter *m* **3.** (*jur.*) Vorgänger *m.*

authenticité *f* Echtheit *f* ; Authentizität *f* ; Glaubwürdigkeit *f* (*jur.*) Rechtmäßigkeit *f* ; Rechtsgültigkeit *f* ; *certificat m d'*~ Echtheitsnachweis *m* ; *marque f d'*~ Echtheitszeichen *n.*

authentifier beglaubigen ; beurkunden ; amtlich bescheinigen ; gerichtlich bestätigen ; legalisieren ; *faire* ~ *un document par-devant notaire* etw notariell beurkunden.

authentique echt ; authentisch ; (*jurid.*) öffentlich beurkundet ; beglaubigt ; rechtmäßig ; rechtsgültig ; urkundlich ; *copie f* ~ beglaubigte Abschrift *f.*

1. auto- Selbst- ; Eigen- ; Auto-.
2. auto *f* → *automobile.*

autoapprentissage *m* selb(st)ständiges Lernen *n* ; Learning by Doing *n.*

autoapprovisionnement *m* Selbstversorgung *f.*

autoassurance *f* Selbstversicherung *f.*

autochtone *m* Einheimische(r).

autocollant *m* Aufkleber *m.*

autocollant, e (*préfixe*) Klebe- ; *étiquette f* ~*e* Klebeetikett *n.*

autoconsommation *f* Selbst-, Eigenverbrauch *m.*

autocouverture *f* : ~ *d'un risque* Selbsttragung *f* eines Risikos.

autodéfense *f* Selbsthilfe *f* ; *groupe m d'*~ Bürgerwehr *f* ; Selbsthilfegruppe *f* ; *recourir à l'*~ zur Selbsthilfe greifen.

autodénonciation *f* Selbstanzeige *f* ; *se livrer à l'*~ Selbstanzeige erstatten.

autodétermination *f* Selbstbestimmung *f* ; *droit m à l'*~ Selbstbestimmungsrecht *n.*

auto-école *f* Fahrschule *f.*

autofinancement *m* Eigen-, Selbstfinanzierung *f* ; Eigenbedarfsausstattung *f* ; finanzielle Selbstbeteiligung *f* ; *marge f d'*~ Cashflow *m* ; Selbstfinanzierungsquote *f.*

autofinancer aus Eigenmitteln finanzieren ; selbst finanzieren ; *s'*~ sich aus Eigenmitteln finanzieren.

autogéré, e selbstverwaltet ; in Selbstverwaltung ; *entreprise* ~*e* Belegschaftsfirma *f.*

autogestion *f* Selbstverwaltung *f* ; Arbeiterselbstverwaltung.

autolimitation *f* Selbstbeschränkung *f.*

automate *m* Automat *m.*

automation *f* → *automatisation.*

automatique automatisch ; *entièrement* ~ vollautomatisch ; *distributeur m* ~ Automat *m* ; Warenautomat *m* ; *emballage m* ~ maschinelle Verpackung *f* ; (*par*) *prélèvement* ~ (per) Dauerauftrag *m*, Einzugsermächtigung *f* ; *renouvellement m* ~ stillschweigende Verlängerung *f* (Erneuerung *f*) ; *téléphone m* ~ Selbstwähler *m* ; *virement m* ~ Dauerauftrag *m.*

automatisation *f* Automatisierung *f* ; *niveau m d'*~ Automatisierungsgrad *m.*

automatiser automatisieren ; auf automatischen Betrieb umstellen.

automatisme *m* Automatismus *m* ; selbsttätiges Arbeiten *n.*

automédication *f* (*sécurité sociale*) Selbstmedikation *f* ; *produits mpl d'*~ Selbstmedikationsprodukte *npl.*

automne *m* Herbst *m* ; *l'*~ *sera chaud* ihnen steht ein heißer Herbst bevor.

automobile *f* Auto(mobil) *n* ; (Kraft)-Wagen *m* ; Kraftfahrzeug *n* ; *assurance f* ~ Kfz-Versicherung *f* ; *circulation f* ~ Kraftfahrzeugverkehr *m* ; *industrie f* ~ Auto(mobil)industrie *f* ; *salon m de l'*~ Automobilausstellung *f*, -salon *m.*

automobiliste *m* Autofahrer *m* ; Kraftfahrer *m* ; ~ *du dimanche* Sonntagsfahrer *m.*

autonome autonom ; selb(st)ständig ; unabhängig ; *collectivité f* ~ Selbstverwaltungskörperschaft *f* ; *syndicat* ~ autonome Gewerkschaft *f* (die keinem Zentralverband angehört).

autonomie *f* Autonomie *f* ; Selb(st)-ständigkeit *f* ; Unabhängigkeit *f* ; Eigenständigkeit *f* ; ~ *d'action* Handlungsautonomie ; ~ *administrative* Selbst-

auto-partagée 880

verwaltung *f* ; *prestations fpl d'~* Pflegegeld *n* ; Pflegeleistung *f* ; Pflegeversicherung *f* (*syn. prestation dépendance*).

auto-partagée : (*société d'~s*) (*un véhicule partagé parmi plusieurs utilisateurs*) Car-Sharing-Gesellschaft *f* ; Fahrgemeinschaft *f* (*syn. co-voiturage* ; *car-sharing*).

autorégulation *f* Selbstregulierung *f* ; Selbstverwaltung *f*.

autorisation *f* 1. (*pouvoir*) Bevollmächtigung *f* ; Vollmacht *f* ; Ermächtigung *f* ; *délivrer une ~ écrite* eine schriftliche Ermächtigung erteilen ; *~ de paiement* Zahlungsermächtigung *f*. 2. Genehmigung *f* ; Erlaubnis *f* ; Einwilligung *f* ; ◆ *~ d'absence* Dienstbefreiung *f* ; *~ écrite de consultation d'un dossier* schriftliche Bewilligung zur Akteneinsicht ; *~ d'exercer* Genehmigung zur Ausübung eines Berufs ; (*médecine*) Approbation *f* ; *~ d'exportation, d'importation* Ausfuhr-, Einfuhrgenehmigung ; *~ officielle* amtliche (offizielle) Genehmigung ; *~ de prélèvement automatique* Einzugsermächtigung *f* ; *~ de programmes budgétaires* offizielle Genehmigung zur Übernahme von Investitionsausgaben ; *~ de quitter le territoire* Ausreisegenehmigung *f* ; *~ de séjour* Aufenthaltsgenehmigung ; (*douane*) *~ simplifiée de sortie* vereinfachte Ausfuhrerklärung *f* ; *soumis à ~* genehmigungspflichtig ; *~ de travail* Arbeitsgenehmigung *f* ; *sans ~* unbefugt ; unberechtigt ; *sans ~ officielle* ohne behördliche Genehmigung ; ◆◆◆ *accorder, demander, présenter une ~* eine Genehmigung erteilen, beantragen, vorweisen ; *obtenir, refuser, retirer une ~* eine Genehmigung erhalten, verweigern, widerrufen ; *solliciter une ~ d'absence* eine Dienstbefreiungserlaubnis beantragen.

autorisé, e berechtigt ; zugelassen ; ermächtigt ; erlaubt ; genehmigt ; *non ~* ungenehmigt ; nicht zugelassen ; *crédit m ~é* bewilligter Kredit ; *stationnement m non ~* Parkverbot *n* ; *toute la rue est en stationnement non ~* in der ganzen Straße besteht Parkverbot ; *~ à disposer, à signer* verfügungs-, zeichnungsberechtigt ; *dûment ~* gehörig bevollmächtigt ; *milieux mpl ~s* maßgebende Kreise *mpl* ; *personne f (non) ~e* (Un)Berechtigte(r) ;

poids m en charge maximum ~ höchstzulässiges Gesamtgewicht *n* ; *de source ~e* aus offizieller (maßgeblicher) Quelle.

autoriser 1. (*habiliter*) bevollmächtigen ; ermächtigen ; *~ qqn à prendre livraison de qqch* jdn bevollmächtigen, etw abzuholen ; *~ à négocier au nom de qqn* jdn ermächtigen, in jds Namen zu verhandeln ; *~ deux collaborateurs à qqn* jdm zwei Mitarbeiter bewilligen 2. (*permettre*) genehmigen ; erlauben ; einwilligen 3. *s'~ de qqn pour entreprendre qqch.* sich auf jdn berufen, um etw zu unternehmen.

autorité *f* 1. Machtbefugnis *f* ; (Amts)Gewalt *f* ; Autorität *f* ; *~ parentale* elterliche Autorität ; *abus m d'~* Amtsmissbrauch *m* ; *qui fait ~* maßgebend ; maßgeblich ; *sous la haute ~ de* unter der Federführung (+ G)/von ; unter der Schirmherrschaft von ; *de sa propre ~* eigenmächtig ; *être placé sous l'~ de qqn* jdm unterstehen ; *mettre (placer) qqn sous l'~ de* jdn jdm unterstellen 2. (*jur.*) *~ de l'acte administratif* Bestandskraft *f* ; *~ de la chose jugée* Rechtskraft *f* 3. *~(s)* Behörde *f* ; Obrigkeit *f* ; *~s administratives, judiciaires* Verwaltungs-, Justizbehörden ; *~s civiles, militaires* Zivil-, Militärbehörden ; *adressez-vous aux ~s compétentes, à l'~ supérieure (à l'échelon supérieur)* wenden Sie sich an die zuständige Behörde, an die übergeordnete Behörde ; *~ suprême* oberste (Regierungs)Gewalt *f* ; *~ de surveillance, de tutelle* Aufsichts-, Vormundschaftsbehörde *f*.

autoroute *f* Autobahn *f* ; *~ de l'information* Daten-, Informationsautobahn ; Informations-Highway *n* ; Infobahn *f* ; *~ à péage* gebührenpflichtige Autobahn ; *échangeur m d'~s* Autobahnkreuz *n* ; Kleeblatt *n*.

autoroutier, ière Autobahn- ; *échangeur m ~* Autobahnkreuz *n* ; *réseau m ~* Autobahnnetz *n*.

autosuffisance *f* Autarkie *f* ; Selbstversorgung *f* ; Eigenbewirtschaftung *f* ; wirtschaftliche Unabhängigkeit *f* ; *degré d'~* Selbstversorgungsgrad *m*.

autotracté, e (*industrie automobile*) selbstfahrend ; *engin m ~* selbstfahrende Maschine *f*.

autrui Dritte(r) ; dritte Person *f* ; *pour compte d'~* auf/für fremde Rechnung ; für Rechnung Dritter (eines Dritten) ;

dommage m à ~ Drittschaden *m* ; *au nom d'*~ im Namen Dritter.

auxiliaire *m* (Aus)Hilfskraft *f* ; Hilfe *f* ; Gehilfe *m* ; Hilfsarbeiter *m* ; Helfer *m* ; ~ *de cuisine* Küchengehilfe ; ~ *de justice* Gerichtsdiener *m* ; ~ *médical* medizinische Hilfskraft ; ~ *de vie* Pflegekraft ; Hausgehilfe/-gehilfin *m/f* ; *maître m* ~ Hilfslehrer *m*.

auxiliaire (*adj.*) Hilfs- ; Neben- ; zusätzlich ; fördernd ; unterstützend ; helfend ; ~ *de police* Hilfspolizist *m* ; *bureau m* ~ Nebenstelle *f* ; Zweigbüro *n* ; *personnel m* ~ Aushilfspersonal *n* ; *service m* ~ Ersatzdienst *m* ; (*enseignement*) *services mpl* ~*s* Annuitäten *fpl* als Hilfslehrer.

A.V. 1. *avis de virement* Überweisungsanzeige *f* **2.** *à vendre* zu verkaufen.

aval *m* **1.** Aval *m/n* ; Avalierung *f* ; Bürgschaftsübernahme *f* ; Bürgschaftsannahme *f* ; (*bilan*) ~*s* Verbindlichkeiten *fpl* aus begebenen Wechseln ; ~ *de banque* (*bancaire*) Bankbürgschaft ; *bon pour* ~ als Bürge ; per Aval ; *crédit m d'*~ Bankbürgschaft ; *donneur d'*~ Wechselbürge *m* ; *donner un* ~ eine Wechselbürgschaft übernehmen **2.** Talrichtung *f* ; unterhalb ; *en* ~ (*préfixe*) -abwärts ; -vorwärts ; unterhalb ; *en* ~ *du fleuve* stromabwärts ; *industrie f en* ~ weiterverarbeitende Industrie *f* ; *entreprise f en* ~ *de la production* sich produktionsabwärts befindendes Unternehmen *n* ; (*marketing*) *intégration f en* ~ Vorwärtsintegration *f* (*contr. amont*) **3.** *recevoir l'*~ *de qqn* jds Zustimmung erhalten.

avaliser avalieren ; eine Wechselbürgschaft übernehmen ; ~ *une traite* die Bürgschaft für einen Wechsel übernehmen ; einen Wechsel avalieren ; *effet m* ~*é* Avalwechsel *m*.

avaliseur *m* Avalgeber *m* ; Avalist *m* ; Wechselbürge *m*.

avaliste *m* → *avaliseur.*

à-valoir *m* (*sur*) Anzahlung *f* (auf + A) ; Vorschuss *m* ; Abschlagszahlung *f* ; (*édition*) *tirage m couvrant un* ~ Deckungsauflage *f.*

avance *f* **1.** Vorschuss *m* ; Anzahlung *f* ; Vorauszahlung *f* ; ♦ ~ *bancaire* Buchkredit *m* ; ~ *de caisse* (*en espèces*) Barvorschuss ; ~ *à découvert* Blankovorschuss ; ~ *sur effets nantis* Wechsellombard *m* ; ~ *sur fonds publics* Vorschuss aus öffentlichen Geldern ; ~ *de fonds, de frais* Geld-, Kostenvorschuss ; ~ *sur marchandises* Warenlombard *m* ; ~ *sur paiement* Vorschuss auf Zahlung ; ~ *sur salaire, sur titres* Lohn-, Lombarddarlehen *n* ; ~ *sur traitement* Vorschuss auf das Gehalt ; Gehaltsvorschuss ; ♦♦ *taux m d'*~ *sur titres* Lombardsatz *m* ; ♦♦♦ *accorder une* ~ einen Vorschuss gewähren ; *consentir une* ~ *de 1 000* € einen Vorschuss von 1000 € bewilligen ; *demander une* ~ um einen Vorschuss bitten ; *faire une* ~ *à qqn* jdm Geld vorstrecken ; *faire l'*~ *des frais* die Kosten auslegen ; *verser une* ~ eine Anzahlung leisten **2.** *d'*~ (*par* ~) im Voraus ; *charges fpl payées d'*~ vorausbezahlte Aufwendungen *fpl* ; *commande f, paiement m d'*~ Vorausbestellung *f*, -zahlung *f* ; *payable d'*~ im Voraus zahlbar ; *frais mpl payables d'*~ Vorschusspflicht *f* ; *commander d'*~ vorausbestellen ; *nous sommes en* ~ *sur les délais* wir haben einen Zeitvorsprung ; *payer à l'*~ im Voraus (be)zahlen ; vorausbezahlen **3.** (*percée, offensive*) Vorstoß *m* **4.** (*technologique, rendement*) Vorsprung *m* ; *avoir une grande* ~ *sur les concurrents* der Konkurrenz gegenüber einen großen Vorsprung haben.

avancées *fpl* (*négociations*) : *réaliser des* ~ *notables* bemerkenswerte Fortschritte vorweisen ; *des* ~ *significatives ont été réalisées durant les négociations* bedeutende Fortschritte sind bei den Verhandlungen gemacht worden.

avancement *m* **1.** Beförderung *f* ; Aufstieg *m* ; ~ *à l'ancienneté* Beförderung nach dem Dienstalter ; Altersbeförderung *f* ; Laufbahnprinzip *n* ; (*fam. péj.*) Ochsentour *f* ; ~ *au choix* Beförderung auf Vorschlag (der vorgesetzten Dienststelle) ; Bewährungsaufstieg ; ~ *au mérite* leistungsorientierte Beförderung ; ~ *dans un métier* in einem Beruf aufsteigen ; *chances fpl d'*~ Aufstiegschancen *fpl* ; *possibilités fpl d'*~ Aufstiegsmöglichkeiten *fpl* ; *tableau m d'*~ Beförderungs-, Rangliste *f* ; *avoir de l'*~ aufrücken ; befördert werden ; *donner de l'*~ befördern **2.** (*construction*) ~ *des travaux* (erreicht) Bauzustand *m* ; Fortgang *m* der Arbeiten ; ~ *d'un projet* Fortgang eines Projekts ; *état m d'*~ *des travaux* Stand *m* der Arbeiten **3.** Vorverlegung *f* ; ~ *de l'âge de la retraite* Herabsetzung *f* (Vorziehen *n*) des Rentenalters.

avancer 1. fortschreiten ; voran-, vorwärts-, weiterkommen ; ~é fortgeschritten ; hochentwickelt ; *technologie f ~ée* hochentwickelte Technologie *f* ; High Tech *f* ; (*syn. de pointe*) **2.** (*argent*) vorstrecken ; vorschießen ; auslegen ; ~ *des fonds à une entreprise* eine Firma bevorschussen **3.** (*échelons*) aufrücken ; befördert werden ; ~ *à l'ancienneté* nach dem Dienstalter befördert werden **4.** vorziehen ; vorverlegen ; (*envoi, etc.*) eine Lieferung früher vornehmen ; ~ *un départ, une réunion, un rendez-vous* eine Abfahrt, eine Versammlung, einen Termin vorverlegen ; ~ *l'âge de départ à la retraite* das Rentenalter vorziehen (herabsetzen) ; ~ *un rendez-vous d'une heure, une réforme de quelques mois* einen Termin um eine Stunde, eine Reform um ein paar Monate vorziehen **5.** (*travail*) eine Arbeit vorantreiben.

avantage *m* Vorteil *m* ; Nutzen *m* ; Vergünstigung *f* ; ~ *acquis* erworbene Ansprüche *mpl* ; Besitzstände *mpl* ; *~s commerciaux* Handelsvergünstigungen ; ~ *coût* (*financier*) Kostenvorteil ; *~s matériels, financiers* materielle, finanzielle Vorteile ; *~s fiscaux, sociaux* steuerliche, soziale Vergünstigungen ; ~ *en nature* Naturalbezüge *pl* ; Naturalvergütung *f*, -leistung *f* ; geldwerte Leistung *f* ; Deputat *n* ; Sachzuwendungen *pl* ; ~ *de prix* Preisvorsprung *m* ; *~s sociaux* Sozialleistungen ; soziale Vergünstigungen ; *accorder, bénéficier, offrir des ~s* Vergünstigungen gewähren, genießen, bieten ; *faire tourner les négociations à son* ~ die Verhandlungen zu seinen eigenen Gunsten drehen ; *prendre un* ~ *sur la concurrence* sich den Konkurrenten gegenüber einen Vorteil verschaffen ; der Konkurrenz gegenüber besser abschneiden ; *tirer* ~ *de qqch* aus etw Vorteil (Nutzen) ziehen.

avantager begünstigen ; bevorzugen.

avantageux, euse vorteilhaft ; günstig ; *à un* (*d'un*) *prix* ~ preiswert ; preisgünstig ; *affaire f ~euse* lohnendes Geschäft *n* ; *placement m* ~ gewinnbringende Anlage *f*.

avant-bourse *f* Vorbörse *f*.
avant-contrat *m* Vorvertrag *m*.
avant impôt vor Steuer(n) ; vor Steuerabzug.
avant-projet *m* Vorentwurf *m*.
avant-saison *f* Vorsaison *f*.

avant terme vor Fälligkeit ; vor Verfall ; *départ m en retraite* ~ vorzeitiges (vorgezogenes) Ausscheiden aus dem Erwerbsleben.

avarie *f* Havarie *f* ; Beschädigung *f* ; Seeschaden *m* ; Transportschaden ; *déclaration f d'~* Andienung *f* eines Seeschadens ; *avoir* (*subir*), *déclarer une* ~ eine Havarie erleiden, angeben.

avenant *m* Nachtrag *m* ; Zusatz *m* ; ~ *à un contrat* Vertragsänderung *f* ; ~ *à un contrat d'assurances* Zusatz zu einem Versicherungsvertrag ; Versicherungsanhang *m*.

avenir *m* Zukunft *f* ; *à l'~* (zu)künftig ; *dans un* ~ *proche* in absehbarer Zeit ; *marché m d'~* zukunftsträchtiger Markt *m* ; *orienté vers l'~* zukunftsorientiert ; *d'un* ~ *prometteur* vielversprechend ; *assurer l'~* die Zukunft sichern.

avers *m* (*côté face d'une pièce de monnaie*) Vorderseite *f* (*contr. revers*).

averti, e : *non* ~ uneingeweiht.

avertir 1. (*mettre en garde*) verwarnen ; ermahnen ; mahnen **2.** (*informer*) ankündigen ; anzeigen ; bekannt geben ; benachrichtigen ; melden ; mitteilen.

avertissement *m* **1.** Anzeige *f* ; Mahnung *f* ; (Ver)Warnung *f* ; ~ *sans frais* gebührenfreie (unentgeltliche, kostenlose) Verwarnung ; Abmahnung *f* ; ~ *payant* (*taxé*) gebührenpflichtige Verwarnung ; Verwarnungsgeld *n* ; *délai m d'~* Kündigungsfrist *f* ; *lettre f d'~* Mahnbrief *m*, -schreiben *n* ; ~ *de mise en recouvrement* Steuerbescheid *m* ; *recevoir un* ~ *du fisc* eine Mahnung vom Finanzamt bekommen ; *retirer un* ~ eine Abmahnung zurückziehen ; *se voir infliger un* ~ abgemahnt werden ; eine Abmahnung bekommen **2.** Ankündigung *f* ; Anzeige *f* ; Bekanntgabe *f* ; Meldung *f* ; Mitteilung *f*.

aviaire : *grippe f, peste f* ~ Vogelgrippe *f*, -pest *f* ; *agent m pathogène de la grippe* ~ Vogelgrippe-Erreger *m*.

aviation *f* civile Zivilluftfahrt *f*.

aviculteur *m* (*volaille*) Geflügelzüchter *m* ; (*en général*) Vogelzüchter *m*.

aviculture *f* Geflügelzucht *f*.

avion *m* Flugzeug *n* ; Maschine *f* ; ~ *cargo* Frachtflugzeug *n* ; ~ *charter m* Charterflugzeug ; ~ *commercial* Verkehrsflugzeug ; ~ *de ligne* Linien-

flugzeug ; ~ *régulier* → *de ligne* ; *par* ~ **a)** mit dem (per) Flugzeug **b)** mit (durch, per) Luftpost ; ~ *postal* Postflugzeug ; *transport m par* ~ Lufttransport *m* ; *expédier par* ~ durch Luftpost befördern ; *prendre l'*~ *pour Berlin* nach Berlin fliegen.
avionique *f* Flugzeugtechnologie *f.*
avionneur *m* Flugzeugbauer *m*, -konstrukteur *m.*
avis *m* **1.** Anzeige *f* ; Bescheid *m* ; Benachrichtigung *f* ; (*mise en garde*) Warnung *f* ; ◆ ~ *d'appel public à concurrence* Ausschreibungs-Bekanntmachung *f* ; ~ *d'échéances* Terminkalender *m* ; Abzahlungsplan *m* ; *favorable,* ~ *défavorable* günstiger, abschlägiger Bescheid ; *sauf* ~ *contraire* bis auf Widerruf ; ~ *de crédit* Gutschriftanzeige ; ~ *de débit* Lastschriftanzeige ; ~ *de (mise f au) concours (de vacance)* Stellenausschreibung *f* ; ~ *d'échéance* Zahlungsaufforderung *f* ; ~ *d'embarquement* Verschiffungsanzeige ; ~ *d'expédition* Versandanzeige ; ~ *d'experts* Sachverständigengutachten *n* ; ~ *d'imposition* Steuerbescheid ; Erhebungsbescheid ; ~ *de livraison* Liefer(ungs)schein *m* ; (*bourse*) ~ *d'opéré* Ausführungsanzeige, -note *f*, -zettel *m* ; ~ *d'ouverture de crédit* Krediteröffnungsanzeige ; ~ *de passage* Benachrichtigungszettel *m* ; ~ *de perte, de la poste* Verlust-, Postanzeige ; ~ *public* öffentliche Bekanntmachung *f* ; ~ *de réception* (*d'arrivée*) Empfangsbestätigung *f* ; ~ *de sinistre* Schadensanzeige ; ~ *de situation annuel* (*impôts*) steuerlicher Jahresüberblick *m* ; ~ *de tempête* Sturmwarnung ; ~ *de versement* Einzahlungsbescheinigung *f* ; ~ *de virement* Überweisungsanzeige ; ◆◆ *sauf* ~ *contraire* sofern keine gegenseitige Mitteilung vorliegt ; bis auf Widerruf ; (*U.E.*) *procédure f de l'*~ *conforme, de l'*~ *simple* Zustimmungs-, Konsultationsverfahren *n* ; ◆◆◆ *créditer sous* ~ unter Anzeige kreditieren ; (*téléphone*) *avec* ~ *d'appel* XP-Gespräch *n* **2.** (*opinion*) Meinung *f* ; Begutachtung *f* ; Gutachten *n* ; *demander l'*~ *de qqn* jdn um seine Meinung bitten ; *fournir un* ~ *autorisé sur qqch.* ein Gutachten über etw erstatten ; *solliciter l'*~ *d'un expert, un deuxième* ~ das Gutachten eines Experten (Sachverständigen), eine Zweitmeinung einholen.

aviser benachrichtigen ; ankündigen ; anzeigen ; Bescheid geben ; informieren ; melden ; mitteilen ; avisieren ; ~ *d'une livraison* eine (Waren)Lieferung avisieren ; *nous vous en aviserons en temps utile* wir werden Sie rechtzeitig davon benachrichtigen ; *en* ~ *immédiatement la banque* die Bank unverzüglich verständigen.
avitaillement *m* **1.** (*navire*) Catering *n* ; Verpflegung *f* **2.** (*avion*) Versorgung *f* eines Flugzeugs mit Treibstoff (Kerosin).
avitailler 1. (*navire*) ein Schiff mit Lebensmitteln versorgen **2.** ein Flugzeug mit Treibstoff versorgen.
avocat *m* Verteidiger *m* ; Advokat *m* ; (Rechts)Anwalt *m* ; ~ *d'affaires* Rechtsberater *m* in Geschäftsfragen ; für Geschäftsangelegenheiten zuständiger Rechtsanwalt ; ~ *commis d'office* Pflichtverteidiger ; ~-*conseil* beratender Anwalt ; ~-*conseil en matière de brevets et inventions* Patentanwalt ; ~ *de la partie adverse* Gegenanwalt ; ~ *plaidant* plädierender Anwalt ; *cabinet m d'*~ Anwaltsbüro *n* ; Anwaltskanzlei *f* ; Anwaltspraxis *f.*
1. avoir *m* (*actif, crédit*) Guthaben *n* ; Haben *n* ; Gutschrift *f* ; Kredit *m* ; Aktiv-, Habenseite *f* ; Aktiva *pl* ; Gesamtvermögen *n* ; ◆ ~ *en banque* Bankguthaben ; ~ *de change* Währungs-, Devisenguthaben ; Devisenbestände *mpl* ; Auslandsaktiva *pl* ; ~ *en compte* Kontoguthaben ; ~ *en comptes de virement* Giroguthaben ; ~ *en dépôt* (*dépôts*) Depositenguthaben ; ~ *en devises* Devisenbestände ; Devisenguthaben ; ~ *disponible* verfügbares Guthaben ; ~ *en espèces* (*en numéraire*) Barguthaben ; ~*s à l'étranger* Auslandsguthaben, -vermögen *n* ; ~ *fiscal* Steuergutschrift *f* ; ~*s gelés* eingefrorene Gelder *npl* ; ~ *net* Reinvermögen ; ~ *en portefeuille* Wertpapierbestand *m* ; ~*s propres* (*sur le compte banque*) Nostroguthaben ; ~ *en titres* Effektenbesitz ; ~ *total* Gesamtvermögen ; *doit et* ~ Soll und Haben *n* ; *un* ~ *pour des articles manquants* eine Kreditnote für fehlende Artikel ; ◆◆◆ *augmenter un* ~ ein Guthaben aufstocken ; *bloquer un* ~ ein Guthaben sperren ; *geler des* ~*s* Guthaben einfrieren ; *votre relevé de compte indique un* ~ *de 1 000 €* Ihr Kontoauszug weist ein Guthaben von 1 000 € auf ; *portez*

(*passez*) *cette somme à mon* ~ schreiben Sie mir diese Summe gut ; *prélever sur un* ~ von einem Guthaben abheben ; *les intérêts d'~s au Luxembourg sont virés sur un compte auprès de la banque...* Zinszahlungen von einem Luxemburger Guthaben gehen auf ein Konto bei...
2. avoir *m* (*fortune*) Vermögen *n* ; Vermögensbestand *m* ; Besitz *m* ; Habe *f* ; Hab und Gut *n*.

avorter abtreiben ; (*fig.*) *faire ~ un projet* ein Vorhaben (einen Plan) vereiteln.

avoué Anwalt *m* ; Sachwalter *m* ; *constituer un* ~ einen Anwalt bestellen.

axe *m* Achse *f* ; ~ *nord-sud* Nord-Süd-Achse ; (*fig.*) Zielrichtung *f* ; Generallinie *f*.

axé, e (*suffixe*) -orientiert ; ausgerichtet (*sur* auf + A) ; ~ *sur les besoins, les exportations, le rendement* bedarfs-, export-, leistungsorientiert ; *le commerce extérieur de ce pays est très* ~ *sur la France* der Außenhandel dieses Landes ist stark auf Frankreich ausgerichtet.

ayant cause *m* (*jur.*) Rechtsnachfolger *m* ; ~ *du contribuable* Steuerhaftende(r) ; ~ *à titre particulier, à titre universel* Einzel-, Universalrechtsnachfolger.

ayant droit *m* Empfangs-, Anspruchs-, Bezugsberechtigte(r) ; Empfänger *m* ; *les ~s d'un assuré* anspruchberechtigte Angehörige eines Versicherten ; *assistance f aux ~s* Hinterbliebenenversorgung *f* ; *assurance f en faveur des ~s* Hinterbliebenenversicherung *f* ; ~ *à une indemnité, aux prestations, à réparation* Entschädigungs-, Leistungs-, Ersatzberechtigte(r).

azoduc *m* Stickstoffleitung *f*.

azoté, e (*agric.*) stickstoffhaltig ; *engrais mpl ~s* stickstoffhaltiger Dünger ; Stickstoffdünger *m*.

B

B.A. *mpl* (*bénéfices agricoles*) landwirtschaftliches Einkommen *n* ; Einkünfte *fpl* aus der Landwirtschaft.

baby-boom *m* Babyboom *m* ; *la génération du ~* die Babyboomer *mpl* ; die Babyboom-Generation.

baby-sitting *m* Baby-Sitting *n* ; Kinderbetreuung *f.*

bac *m* (*diminutif de*) → **baccalauréat**.

bac *m* (**de récupération**) (*environnement*) Rücknahmebehälter *m.*

baccalauréat *m* Abitur *n* ; Reifeprüfung *f* ; (*Suisse, Autriche*) Matura *f* ; *~-techno* Fachabitur ; *avec niveau ~* mit Abiturniveau ; mit Maturaniveau ; *passer son ~* sein Abitur machen ; *réussir, échouer au ~* das Abitur bestehen, durch das Abitur fallen (*abréviation : bac*).

back-office *m* **1.** Back-Office *n* ; *travailler dans le ~* im Back-Office arbeiten ; vom Publikumsverkehr getrenntes Büro *n* ; (*bourse*) Hinterraum *m* für Verwaltungsaufgaben ohne direkten Kontakt mit der Kundschaft **2.** Nachbörse-Geschäfte *npl.*

bâcler schnell erledigen ; (hin)pfuschen ; verpfuschen ; schlampen ; *~ le travail* schludern ; *l'atelier a ~é la réparation de la voiture* die Autowerkstatt hat bei der Reparatur geschlampt ; *fournir un travail ~é* eine Schluderarbeit leisten (abliefern) ; schlampig arbeiten.

badge *m* Abzeichen *n* ; Button *m* ; Ansteckplakette *f* ; *porter un ~ au revers de la veste* ein Abzeichen am Rockaufschlag tragen.

badger ein Abzeichen tragen ; ein Button haben.

bafouer verhöhnen ; verunglimpfen ; *~ le règlement* die Vorschriften übersehen (ignorieren).

bagage *m* (*fig.*) (geistiges) Niveau *n*, Rüstzeug *n.*

bagages *mpl* Gepäck *n* ; Gepäckstücke *npl* ; ◆ *~ à main* Handgepäck *n* ; mitgeführtes Gepäck ; (*avion*) Kabinengepäck ; *~s enregistrés* aufgegebenes Reisegepäck ; *~s personnels* persönliches Gepäck ; ◆◆ *assurance f ~* Gepäckversicherung *f* ; *bulletin m de ~* Gepäckschein *m* ; *bureau m d'enregistrement des ~* Gepäckannahme(stelle) *f* ; *consigne f des ~* Gepäckaufbewahrung *f* ; *expédition f des ~* Gepäckabfertigung *f* ; *petits, gros ~* Hand-, schweres Gepäck ; ◆◆◆ *amener les ~ à la gare* das Gepäck zum Bahnhof bringen ; *contrôler les ~s* das Gepäck kontrollieren ; *faire enregistrer ses ~* (sein) Gepäck aufgeben ; *réclamer (retirer) ses ~* das Gepäck abholen.

bagagiste *m* Kofferträger *m* ; (*hôtel*) Hoteldiener *m.*

bail Miet-, Pachtvertrag *m* ; Nutzungsrecht *n* ; Miete *f* ; Pacht *f* ; *~ à colonage partiaire* Halb-, Teilpacht *f* ; *~ commercial* Geschäftsraummiete *f* ; gewerblicher Mietvertrag *m* ; *~ emphytéotique* Erbpacht ; *~ à ferme* Pachtvertrag ; *~ d'un fonds de commerce* Geschäfts(pacht)vertrag ; *droit au ~* Nachmieterecht *n* ; Recht auf stillschweigende Erneuerung eines Mietvertrags ; Recht auf Mietvertragsverlängerung ; *droit de ~* Mietvertragsabgabe *f* ; Mietvertragssteuer *f* ; *durée f du ~* Miet-, Pachtzeit *f* ; *expiration f du ~ de location* Ablauf *m* des Mietvertrags ; *preneur m à ~* Pächter *m* ; Mieter *m* ; *donner à ~* verpachten ; vermieten ; *prendre à ~* pachten ; mieten ; *renouveler un ~* einen Pachtvertrag erneuern (verlängern) ; *résilier son ~ de location* das Miet(s)verhältnis lösen.

bailleur *m* (*qui donne en bail*) (*à ferme*) Verpächter *m* ; (*à loyer*) Vermieter *m.*

bailleur *m* **de fonds** Geldgeber *m* ; Kapital-, Kreditgeber *m* ; Geldleiher *m* ; Darlehensgeber *m* ; Darlehens-, Kreditgläubiger *m* ; Investor *m* ; (*société en commandite*) Kommanditist *m* ; stiller Teilhaber *m.*

baisse *f* **1.** Rückgang *m* ; Senkung *f* ; Abschlag *m* ; Sinken *n* ; Sturz *m* ; Abwärtsdrift *f* ; Talfahrt *f* ; Abebben *n* ; Nachlassen *n* ; (*fam.*) Abrutschen *n* ; *~ des coûts unitaires marginaux* Kostendegression *f* ; *~ de la demande* Nachfragerückgang ; ausfallende Nachfrage ; (*enseignement*) *~ du niveau général* Bildungsrückstand *m* ; *~ du niveau des retraites* verminderte Rentenanpassung *f* ; *~ des loyers* Mietnachlass *m* ; *~ sur les produits alimentaires* Senkung bei Lebensmitteln ; *~ du pouvoir d'achat, des prix* Kaufkraftschwund *m* (rückgang), Preisrückgang ; Preissenkung ; *~*

baisser

du taux d'intérêt Zinssenkung *f* ; *~ de la T.V.A.* Senkung der Mehrwertsteuer ; *réduction du temps de travail sans ~ de salaire* Arbeitszeitverkürzung *f* ohne gleichzeitigen Lohnabbau (bei vollem Lohnausgleich) ; *revoir (corriger) à la ~* nach unten korrigieren (revidieren) ; *mes fonds sont en ~* ich bin knapp (nicht gut) bei Kasse ; *(fam.)* in unserer Kasse ist Ebbe ; in meinem Geldbeutel herrscht Ebbe **2.** *(bourse)* Baisse *f* ; Fallen *n* ; Einbruch *m* ; Sturz *m* ; Kursrückgang *m* ; ♦♦ *cours en ~* fallende Kurse *mpl* ; *clause f de ~* Baisseklausel *f* ; *en ~* rückgängig ; rückläufig ; *marché m en ~* fallender Markt *m* ; *vente f à la ~* Stoploss-Verkauf *m* ; ♦♦♦ *croire à la ~* mit einem Kursrückgang rechnen ; *être orienté à la ~* fallende Tendenz haben ; fallen ; im Fallen befindlich sein ; schwächer (nach unten) tendieren ; *espérer à la ~* auf eine Baisse hoffen ; *spéculer à la ~* auf Baisse spekulieren ; *miser sur une ~ des cours* auf einen Kursrückgang setzen (mit einem Kursrückgang rechnen).

baisser 1. herabsetzen ; senken ; *~ les coûts, les prix, le taux d'escompte, la vitesse* die Kosten, die Preise, den Diskontsatz, die Geschwindigkeit senken ; *~ son prix de 10 %* zehn Prozent vom Preis nachlassen ; *faire ~ les prix* (auf) die Preise drücken ; *faire ~ les prix à l'exportation* die Exportgüter verbilligen **2.** *(intr.)* sinken ; fallen ; stürzen ; absacken ; *~ de 3 %* um drei Prozent fallen (zurückgehen, gesenkt werden) ; *~ de 8 à 5 tonnes par an* von acht auf fünf Tonnen pro Jahr fallen (zurückgehen) **3.** *(fam.)* il *n'y a qu'à se baisser pour ramasser* man braucht ja nur zuzugreifen ; etw haufenweise finden.

baissier *m* Baissier *m* ; Baissespekulant *m* ; Blankoverkäufer *m* ; *marché m ~* sinkender (bärischer) Markt *m*.

bakchich *m* **1.** *(pourboire)* Bakschisch *n* ou *m* ; Trinkgeld *n* **2.** *(pot-de-vin)* Bakschisch ; Schmier-, Bestechungsgeld(er) *n(pl)*.

balance *f* **1.** *(instrument de pesée)* Waage *f* ; *étalonner une ~* eine Waage eichen ; *peser à l'aide d'une ~* auf (mit) der Waage wiegen ; *(sens fig. négociations) faire pencher la ~ en faveur de qqn/de qqch.* für jdn/etw entscheiden ; *maintenir la ~ égale entre deux points de vue* zwischen zwei Standpunkten eine neutrale Haltung annehmen **2.** Bilanz *f* ; Bilanzausgleich *m* ; Bilanzierung *f* ; Abschlusssaldo *m* ; Saldierung *f* ; ♦ *~ consolidée, déficitaire* konsolidierte, defizitäre Bilanz ; *~ équilibrée, excédentaire, favorable* ausgeglichene, überschüssige, günstige *~ des biens et services* Güter- und Dienstleistungsbilanz ; *~ de caisse* Kassenbestand *m* ; *~ du commerce extérieur* Außenhandelsbilanz ; *~ commerciale* Handelsbilanz ; *~ d'un compte* Saldo *m* ; *~ des comptes* Haushaltsrechnung *f* ; *~ des comptes courants* Leistungsbilanz ; *~ des dons (pièce comptable sur les transferts à sens unique entre pays)* Schenkungsbilanz ; Übertragungsbilanz ; *~ des échanges extérieurs, du commerce extérieur* ; *~ d'entrée* Eröffnungsbilanz ; *~ générale* Hauptschlussübersicht *f* ; *~ des mouvements de capitaux* Bilanz der Kapitalbewegung ; *~ des mouvements monétaires* Gold- und Devisenbilanz ; *~ des opérations en capital* Summenbilanz ; Kapitalbilanz ; *~ des paiements* Zahlungsbilanz ; *~ des paiements courants (des opérations courantes)* Leistungsbilanz ; *~ de sortie* (Ab)Schlussbilanz ; *~ des transactions courantes, des paiements courants* ; *~ des services* Dienstleistungsbilanz ; *~ des transferts* Übertragungsbilanz (Bilanz der unentgeltlichen Leistungen) ; *~ de trésorerie* Liquiditätsbilanz ; ♦♦♦ *la ~ est déficitaire* die Bilanz ist passiv (negativ) ; *la ~ est excédentaire* die Bilanz ist aktiv (überschüssig) ; *établir une ~ de trésorerie* eine Liquiditätsbilanz aufstellen.

balancer begleichen ; ausgleichen ; abrechnen ; abschließen ; saldieren ; die Bilanz ziehen ; *~ un compte* ein Konto abschließen (ausgleichen, abgleichen) ; eine Rechnung begleichen ; abrechnen ; *~ les livres* die Bücher abschließen ; *se ~ par...* einen Saldo von... aufweisen ; abschließen mit.

balancier *m* Pendel *n* ; *on assiste à un retour du ~ au profit des S.I.C.A.V.* jetzt schlägt das Pendel zu den Investmentgesellschaften zurück.

balayer : *(fig.) ~ qqch d'un trait de plume* etw wegstreichen ; *~ des objections* Einwände vom Tisch fegen ; *~ des résistances* Widerstände aus dem Weg räumen.

balisage *m* **1.** (*pistes de ski*) Abstecken *n* **2.** (*piste d'atterrissage*) Befeuerung *f* einer Landebahn **3.** (*navigation*) Markierung *f* durch Bojen.
balise *f* **de détresse** (*tourisme*) Sendegerät *n* ; Notrufboje *f.*
balisé, e (*tourisme*) itinéraire, piste ~(e) markierte Fahrstrecke *f*, Piste *f.*
balladurette *f* (*hist. fam.*) Verschrottungsprämie *f* (*syn. prime de mise à la casse* ; «*jupette*»).
balle *f* **1.** (*marchandises*) Ballen *m* **2.** la ~ est dans le camp des syndicats der Ball liegt im Spielfeld der Gewerkschaften ; se renvoyer la ~ sich gegenseitig die Verantwortung zuschieben.
ballottage *m* (*scrutin de*) Stichwahl *f* ; *il y a* ~ die Wahl ist unentschieden.
B.A.L.O. *m* (*bulletin des annonces légales obligatoires*) französisches Bulletin der amtlichen Pflichtanzeigen ; Amtsblatt *n* ; (*Allemagne*) Bundesanzeiger *m.*
B.A.M.S. (**méthode**) *f* (*bonjour, au revoir, merci, sourire : accueil chez les commerçants et dans les administrations*) Kundenbetreuungsmethode *f* : Guten Tag, Auf Wiedersehen, Dankeschön, Lächeln.
banalisation *f* **1.** Banalisierung *f* ; (*jur.*) Anwendbarkeit *f* des gemeinen Rechts (für ein Universitätsgelände z.B.) ; ~ *de la drogue* Banalisierung der Droge ; *danger m de* ~ Verwässerungs-, Banalisierungsgefahr *f* **2.** Unkenntlichmachung *f* ; ~ *des voitures de la douane* Unkenntlichmachung der Zollfahndungswagen.
banaliser 1. unkenntlich machen ; *voiture f* ~ée als Privatwagen getarntes Polizeiauto *n* **2.** (*jur.*) unter gemeines Recht stellen **3.** ~ *qqch* banalisieren ; alltäglich (gewöhnlich) machen.
bananier, ière : (*péj.*) *république f* ~*ière* Bananenrepublik *f.*
banc *m* : (*jur.*) ~ *des accusés* Anklagebank *f* ; ~ *de la défense* Verteidigerbank ; ~ *du gouvernement* Regierungsbank.
banc *m* **d'essai** Prüfstand *m* ; *passer un moteur au* ~ einen Motor auf dem Prüfstand erproben.
bancabilité *f* (*d'un effet*) Bankfähigkeit *f.*
bancable bankfähig ; diskontfähig ; diskontierbar ; *effets mpl* ~s bankfähige Wechsel *mpl.*

bancaire Bank- ; bankgemäß; bankgeschäftlich ; bankmäßig ; bankrechtlich ; bankwirtschaflich ; *avoir m* ~ Bankguthaben *n* ; *chèque m* ~ Bankscheck *m* ; *code m* ~ Bankleitzahl *f* ; *coffre m* ~ Banksafe *m* ; *commission* ~ **a)** Bankkommission *f* ; Bank(en)ausschuss *m* **b)** Bankprovision *f* ; Bankagio *n* ; *compte m* ~ Bankkonto *n* ; *dépôt m* ~ Bankeinlage *f* ; *établissement m* ~ Geldinstitut *n* ; Kreditanstalt *f* ; *frais mpl* ~s Bankspesen *pl* ; *garantie f* ~ Bankgarantie *f* ; Bürgschaft *f* ; *krach m* ~ Bankkrach *m* ; *opérations fpl* ~s Bankgeschäfte *npl* ; Bankverkehr *m* ; *ordre m* ~ Bankauftrag *m* ; *procuration f* ~ Bankvollmacht *f* ; *relevé m d'identité* ~ (R.I.B.) (*n'existe pas en Allemagne*) Bankkundenausweis *m* ; Kundenkarte *f* ; *secret m* ~ Bankgeheimnis *n* ; *système m* ~ Bankwesen *n* ; Banksystem *n* ; *transactions fpl* ~s → *opérations* ; *usage m* ~ banküblich ; *virement m* ~ Banküberweisung *f.*
bancal, e wackelig ; *entreprise f* ~*e* marodes Unternehmen *n* ; insolvente (zahlungsunfähige) Firma *f.*
bancarisation *f* **1.** Bankkontendichte *f* ; *taux m de* ~ Zahl *f* der Bankkonten einer Bevölkerung **2.** (*effets*) bankmäßige Erfassung *f.*
bancariser 1. mit einem dichten Bankennetz versehen **2.** bankmäßig erfassen.
bancassurance *f* (*banque qui place aussi des contrats d'assurances*) Allfinanz *f* ; Versicherungsbank *f* ; Bank-Versicherungs-Zusammenschluss *m* ; Bank-Versicherungs-Joint-Venture *n* ; Kooperation *f* zwischen Banken und Versicherungen.
bancatique *f* automatisierte Bankdienstleistung *f.*
banderole *f* Transparent *n* ; *les manifestants mpl portaient des* ~s die Demonstranten *mpl* trugen Transparente.
banlieue *f* Vorort *m* ; *grande* ~ Einzugsgebiet *n* ; ~s *sensibles* Vororte mit Problemen (Krisen) ; *proche* ~ Nahbereich *m* ; Stadtrand *m* ; *trafic m de* ~ Vorortverkehr *m* ; öffentlicher Nahverkehr ; *train m de* ~ Nahverkehrs-, Vorortzug *m* ; *ville f de* ~ Stadt *f* im Nahbereich ; Einzugsgebiet *n* einer Großstadt.

banlieusard *m* Vorortbewohner *m* ; Vorstädter *m* ; Pendler *m*.

banque *f* Bank *f* ; Geldinstitut *n* ; Bankhaus *n* ; Kreditanstalt *f* ; Kreditinstitut *n* ; Bankinstitut *n* ; (*activité*) Bankbetrieb *m* ; Banken *fpl* ; Bankwirtschaft *f* ; Kreditwesen *n* ; ◆ *les ~s* Bankwesen *n* ; Bankgewerbe *n* ; *~ des ~s* (*Banque de France*) Zentralbank und Girozentrale *f* ; *~ d'affaires* Geschäftsbank ; Investmenbank ; Effektenbank ; *~ agricole* Landwirtschaftsbank ; *~ associée* Konsortialbank ; (*Suisse*) *~ cantonale* Kantonalbank ; *~ centrale* Zentralbank ; *~ centrale européenne* (*BCE*) Europäische Zentralbank *f* ; *~ de change* Wechselbank ; *~ de commerce* Handelsbank ; *~ de compensation* Verrechnungsbank ; *~ du commerce extérieur* Außenhandelsbank ; *~ de compensation* Abrechnungsbank (Clearing) ; *~* (*de*) *coopérative* Genossenschaftsbank ; *~ créditrice* Gläubigerbank ; *~ de crédit* Kreditanstalt ; *~ de crédit foncier* Bodenkreditanstalt ; *~ de dépôt* (*de titres*) Depotbank ; *~ de dépôts* Depositenbank ; *~ de dépôts et de virement de titres* Effektengirobank ; *~ directe* Direktbank ; *~ à domicile* Home-Banking *n* ; *~ domiciliataire* Domizilierungsbank ; *~ de données* Datenbank ; *~ émettrice d'un crédit documentaire* Akkreditivbank ; *~ d'émission* Notenbank ; *~ d'épargne* Sparbank ; *~ d'escompte* Diskontbank ; *~ européenne d'exportation* Europäische Exportbank ; *~ européenne d'investissement* (*B.E.I.*) Europäische Investitionsbank ; *~ française du commerce extérieur* (*B.F.C.E.*) französische Außenhandelsbank ; *~ de France* Zentralbank Frankreichs ; *~ habituelle* Hausbank ; *~ hors-lieu* Off-Shore-Bank ; *~* (*de prêts*) *hypothécaire*(*s*) Hypothekenbank ; Realkreditbank ; *~ immobilière* Bodenkreditanstalt *f* ; *~ industrielle* Gewerbebank ; *~ d'investissement* Investitionsbank ; *~ nationalisée* verstaatlichte Bank ; *~ notificatrice* Akkreditivstelle *f* ; *~ populaire* Volksbank ; *~ présentatrice* Inkassobank ; *~ de prêts* Darlehensbank ; *~ privée* Privatbank ; *~ de règlements internationaux* (*B.R.I.*) Bank für internationalen Zahlungsausgleich ; *~ semi-publique* gemischtwirtschaftliche Bank ; *~ spécialisée* Spezialbank ; *~ à succursales* Filialbank ; *~ syndicale* Gewerkschaftsbank ; *~ par téléphone* Telefonbanking *n* ; *~ de virement* Girokasse *f* ; ◆◆ *affaires fpl de ~* Bankgeschäfte *npl* ; *agio m de ~* Bankagio *n* ; *attaque f de ~* Banküberfall *m* ; *billet m de ~* Geldschein *m* ; Banknote *f* ; *coffre m en ~* Banksafe *m* ; Tresor *m* ; (*Suisse*) *commission f fédérale des ~s* Eidgenössische Bankkommission *f* ; *directeur m de ~* Bankdirektor *m* ; *employé m de ~* Bankangestellte(r) ; (*diplômé*) Bankkaufmann *m*, Bankkauffrau *f* ; *frais mpl de ~* Bankgebühren *fpl* ; *guichet m de ~* Bankschalter *m* ; *haute ~* Investitionsbank ; *opération f de ~* Bankgeschäft *n* ; *procuration f de ~* Bankvollmacht *f*, -prokura *f* ; *succursale f de ~* Geschäftsstelle *f* ; Filiale *f* ; Bankniederlassung *f* ; *système m de ~ directe* Direktbanking *n* ; *virement m de ~* Banküberweisung *f* ; ◆◆◆ *aller à la ~* zur Bank (auf die Bank) gehen ; *avoir un compte dans une ~* (*en*) ein Konto bei einer Bank haben ; *avoir de l'argent en ~* Geld auf der Bank (liegen) haben ; *déposer de l'argent à la ~* Geld auf die Bank bringen ; *déposer des titres en ~* Wertpapiere bei der Bank hinterlegen ; *faire ouvrir un compte en ~* ein Konto bei einer Bank eröffnen ; *prélever de l'argent à la ~* Geld von der Bank abheben.

Banque *f* **européenne pour la reconstruction et le développement** (**B.E.R.D.**) Europäische Bank für Wiederaufbau und Entwicklung *f* (EBWE).

Banque *f* **centrale européenne** europäische Zentralbank *f*.

Banque *f* **de France** Bank *f* von Frankreich ; französische Zentralbank *f*.

Banque *f* **populaire** Volksbank *f*.

banquer (*fam.*) bezahlen ; berappen ; blechen ; bluten.

banqueroute *f* Bankrott *m* ; Pleite *f* ; Konkurs *m* ; *~ déclarée, frauduleuse* offener, betrügerischer Bankrott ; *faire ~* Pleite machen ; Bankrott gehen ; *friser* (*être au bord de*) *la ~* vor dem Bankrott stehen ; (*fam.*) vor dem Aus stehen.

banqueroutier *m* Bankrotteur *m*.

banquier *m* Bankier *m* ; Banker *m* ; Bankfachmann *m* ; Bankvorstand *m* ; Bank *f* ; *déposer une somme chez son ~* bei seiner Bank einen Betrag hinterlegen ; *domicilier un effet chez un ~*

einen Wechsel bei einer Bank domizilieren.
bans *mpl* : *publier les ~* das Aufgebot aushängen.
B.A.P. *m* (*billet à payer*) Orderwechsel *m*.
B.A.R. *m* (*billet à recevoir*) gezogener Wechsel *m*.
barboter (*fam.*) klauen ; stibitzen.
barème *m* Tabelle *f* ; Berechnungstafel *f* ; Sätze *mpl* ; Tarif *m* ; Tarifstaffelung *f* ; Tafel *f* ; Skala *f* ; Übersicht *f* ; *~ de conversion, d'imposition, des salaires, des traitements* Umrechnungs-, Steuer-, Lohn-, Gehaltstabelle ; *~ fiscal* Steuertabelle ; Steuertarif ; *~ des prix* Preisliste *f* ; *~ de transports* Frachttarif *m* ; *établir un ~* eine Tabelle aufstellen ; *fixer un ~* (*scolaire*) eine Bewertungstabelle ausarbeiten.
barge *f* (*navigation*) Schute *f* ; *~ chargée de sable* mit Sand beladene Schute.
baril *m* Fass *n* ; (*pétrole*) Barrel *n* ; *un ~ de pétrole brut* (*159 litres*) ein Barrel Rohöl ; *par ~* je Barrel ; (*sens fig.*) *le chômage des jeunes transforme les banlieues en ~ de poudre* die Jugendarbeitslosigkeit verwandelt die Vorstädte in ein Pulverfass.
bariolé, e : *majorité f ~ée* buntgemischte Mehrheit *f*.
baromètre *m* : *~ boursier* Börsenbarometer *n* ; *~ conjoncturel* Konjunktur-, Wirtschaftsbarometer *n* ; Konjunkturdaten *pl* ; *~ de popularité des hommes politiques* Politbarometer.
barquette *f* : (*vente*) *~ en carton, en plastique* Papp-, Plastikschale *f*.
barrage *m* **1.** Staudamm *m* ; Talsperre *f* **2.** *~ de rue* Straßensperre ; *~ routier* Sperrung *f* ; Verkehrs-, Straßensperre *f* ; *contourner un ~ routier* eine Straßensperre (Verkehrssperre) umfahren ; *les conducteurs de poids lourds ont établi des ~s routiers* die LKW-Fahrer haben Straßensperren errichtet ; *forcer un ~ routier* eine Straßensperre durchbrechen.
barre *f* **1.** (*métal*) Barren *m* ; *~ d'or* Goldbarren ; *or en ~* Barrengold *n* **2.** (*gouvernail*) *être à la ~* am Ruder stehen (sein) **3.** Schwelle *f* ; Marke *f* ; *franchir la ~ des 50 %* die 50 %-Schwelle (Grenze) überschreiten ; *on s'approche de la barre des 2 millions* man nähert sich der zwei Millionen-Grenze ; *mettre la ~ très haut* die Messlatte hoch anlegen ; *retomber sous la ~ fatidique des 3 %* unter die Schreckensmarke von drei Prozent fallen ; *la croissance dépasse la ~ des trois pour cent* das Wachstum überschreitet die Drei-Prozent-Schwelle **4.** (*informatique*) *~ des menus* Menüleiste *f* ; Funktionstabelle *f* ; *~ d'outils* Symbolleiste ; *activer la ~ des menus* die Menüleiste aktivieren **5.** (*urbanisme*) *~ de logements* Plattenbau *m*.
barreau *m* (*jur.*) Rechtsanwaltschaft *f* ; Anwaltskammer *f* ; Advokatur *f* ; Anwaltstand *m* ; Anwaltberuf *m* ; *être inscrit au ~* in die Anwaltskammer aufgenommen werden.
barreaux *mpl* : *être derrière les ~ pour fraude fiscale* wegen Steuerbetrug(s) hinter Gitter(n) sitzen ; *mettre qqn derrière les ~* jdn hinter Gitter bringen (ins Gefängnis bringen).
barrer 1. (*route*) (ver)sperren ; *rue, route ~ée* gesperrt ! **2.** (durch)streichen ; (durch)kreuzen ; *chèque m ~é* Verrechnungsscheck *m* ; *~ un chèque* einen Verrechnungsscheck ausstellen ; *prix ~é* durchgestrichener Preis *m*.
barrière *f* Schranke *f* ; (*à la frontière*) Schlagbaum *m* ; *lever, abaisser la ~* den Schlagbaum öffnen, herunterlassen ; *~s commerciales, douanières* Handels-, Zollschranken ; *~s* (*non*) *tarifaires* (nicht) tarifäre Handelshemmnisse *npl* ; *supprimer les ~s douanières* die Zollschranken abbauen (abschaffen).
bas, basse 1. niedrig ; gering ; *les plus basses classes* die untersten Klassen ; *à ~ coût* Low-Cost- ; *au ~ mot* mindestens ; *~ prix m* Niedrigpreis *m* ; *à ~ prix* zu niedrigem Preis ; billig ; preiswert ; preisgünstig ; *politique f des ~ prix* Niedrigpreispolitik *f* ; *importations fpl de pays à ~ niveau de prix* Einfuhren *fpl* aus Niedrigpreisländern ; *~ salaires mpl* Niedriglöhne *mpl* ; *~se vitesse f* geringe Geschwindigkeit *f* ; *l'économie est au plus ~* die Wirtschaft befindet sich in einer Talsohle ; *être toujours au plus ~* im Dauertief sein ; (*bourse*) *les actionnaires ont le moral au plus ~* bei den Aktionären gibt es ein Stimmungstief ; *attirer les cours vers le ~* die Kurse nach unten drücken ; *les cours sont au plus ~ depuis le...* die Kurse haben den

Tiefststand erreicht (haben am stärksten nachgegeben) seit... **2.** *au ~ de cette lettre* am Fuße dieses Schreibens ; *le montant figure en ~ de la page 2* der Betrag steht auf der zweiten Seite unten.

basculement *m* **1.** (*majorité politique*) *~ à droite, à gauche* Rechts-, Linksrutsch *m* ; Rechts-, Linksruck *m* **2.** (*téléphone*) *~ d'appel* Anrufumleitung *f* **3.** (*euro*) *~ à l'euro des administrations publiques, des entreprises* Umstellung auf den Euro (Euroumstellung) der öffentlichen Verwaltungen, der Unternehmen.

basculer 1. (*pol.*) *~ à droite, à gauche* nach rechts, nach links ausschwenken ; einen Rechts-, einen Linksruck machen **2.** (*téléphone*) *~ son numéro de téléphone, ses appels* die Anrufe umleiten lassen **3.** (*euro*) *~ en euros* in/auf Euro umstellen **4.** *~ dans la pauvreté* (*dans l'indigence*) in Armut abgleiten ; verarmen ; *~ dans le rouge* in die roten Zahlen geraten ; rote Zahlen schreiben ; defizitär werden.

bas *m* de gamme Standardprodukt *n* ; Billigware *f* ; Erzeugnis *n* minderer Qualität ; Einsteigerkategorie *f* ; Produkt *n*, Artikel *m* des unteren Qualitätsbereichs ; unterer Qualitätsbereich (*syn. premier prix*).

bas *m* de laine Sparstrumpf *m*.

bas *m* de lettre Brieffuß *m*.

base *f* **1.** Basis *f* ; Grundlage *f* ; Grund *m* ; Fundament *n* ; Ausgangspunkt *m* ; Maßstab *m* ; *sur la ~ de* auf Grund von ; *sur la ~ d'une confiance réciproque* auf der Basis gegenseitigen Vertrauens ; ◆ *~ de calcul, de discussion, d'évaluation, d'imposition* Berechnungs-, Gesprächs-, Bewertungs-, Besteuerungsgrundlage ; *~ de données* → *base de données* ; *les ~s légales* die gesetzlichen Grundlagen ; *~ opérationnelle* → *base opérationnelle* ; *~ de référence* Bezugsgröße *f* ; *~ de revenus* Gewinnkalkulation *f* ; ◆◆ *abattement m* (*exonération f*) *à la ~* (Steuer)Freibetrag *m* ; *industrie f de ~* Grundstoffindustrie *f* ; *modèle* (*version f*) *de ~* Einsteigermodell *n* ; *prélèvement m à la ~* (*à la source*) Quellenabzug *m* ; *prime f, prix m, salaire m, taxe f, traitement m de ~* Grundprämie *f*, -preis *m*, -lohn *m*, -gebühr *f*, -gehalt *n* ; *produit m de ~* Ausgangsprodukt *n* ; *taux m de ~* Grundziffer *f* ; Richtsatz *m* ; *créer les ~s pour qqch* Grundlagen für etw schaffen **2.** (*ensemble des salariés*) die Basis ; *action f de la ~* Basisaktion *f* ; *travail m de la ~* Basisarbeit *f* ; *vote m de la ~* Urabstimmung *f* ; *consulter la ~* (*syndicat*) eine Urabstimmung veranstalten ; *demander l'accord de la ~* die Zustimmung der Basis einholen ; *travailler à la ~* an der Basis arbeiten.

base *f* de données Datenbasis *f* ; Datenbank *f* ; Dateiverwaltungsprogramm *n*.

base *f* opérationnelle (*d'un groupe industriel, de la mafia, etc.*) Operationsbasis *f* ; *délocaliser sa ~ à l'étranger* die Operationsbasen ins Ausland verlagern.

base-or *f* Goldbasis *f*.

basic *m* (*informatique*) Programmiersprache *f* BASIC.

bas salaire *m* Niedriglohn *m* ; *les ~s* die Niedriglöhne ; Leichtlohngruppe *f* ; die unteren Lohngruppen *fpl* ; *pays m à ~* Niedriglohnland *n*.

basses eaux *fpl* (*navigation*) Niedrig-, Kleinwasser *n* ; niedriger Wasserstand *m*.

basse saison *f* Vor-, Nachsaison *f* ; Nebensaison.

bassin *m* **1.** Becken *n* ; *~ de décantation* Klärbecken ; *~ fluvial hydrographique* Wassereinzugsgebiet *n* ; *~ houiller* Kohlenbecken ; *~ Parisien* Pariser Raum *m* ; *~ de la Ruhr* Ruhrgebiet *n* ; (*fam.*) Kohlenpott *m* **2.** (*marine*) *~ flottant* Schwimmdock *n* ; *~ de radoub* Trockendock *n* **3.** *~ d'emplois* Becken ; Reservoir *n* von Arbeitsplätzen ; Arbeits-marktregion *f* ; Beschäftigungsbecken.

bastion *m* (*fig.*) Bastion *f* ; Hochburg *f* ; *~ masculin* Männerbastion.

bataille *f* **des prix** Preisschlacht *f*.

bateau *m* Boot *n* ; Schiff *n* ; *~-citerne m* Tanker *m* ; Tankschiff ; *en ~-stop* als blinder Passagier ; *~ de pêche* Fischereifahrzeug *n*, -schiff ; *prendre le ~ pour New York* mit dem Schiff nach New York fahren.

batellerie *f* Binnen-, Flussschifffahrt *f* (Fluss-Schifffahrt).

bath *m* (*unité monétaire thaïlandaise*) Bath *m*.

bâti, e bebaut ; *espace m ~* bebautes Gebiet *n* ; *propriété f ~e* bebautes Grundstück *n* ; *terrain m ~* bebautes Grundstück.

bâtiment *m* 1. Gebäude *n* ; Bau *m* ; ~s *administratifs* Verwaltungsgebäude ; ~ *d'exploitation* Betriebs-, Wirtschaftsgebäude ; ~ *de la foire* Messegebäude ; ~ *d'habitation* Wohngebäude ; ~s *à usage industriel* gewerblicher Bau ; Gewerberaum *m* ; Nichtwohngebäude ; ~ *public* öffentliches Gebäude 2. *industrie du ~* Baugewerbe *n* ; Bauwesen *n* ; ~ *et travaux publics* Hoch- und Tiefbau *m* ; *entrepreneur m en ~* Bauunternehmer *m* ; *ouvrier m du ~* Bauarbeiter *m* ; Bauhandwerker *m* ; *professions fpl du ~* Bauberufe *mpl* ; *secteur m du ~* Bausektor *m* ; *il est du ~* er ist vom Bau 3. Schiff *n* ; ~ *de commerce* (*marchand*) Handelsschiff *n*.

bâtir bauen ; bebauen ; erbauen ; errichten ; *terrain m à ~* Baugrundstück *n* ; ~ *des maisons, des ponts, des routes, des villes* Häuser, Brücken, Straßen, Städte bauen.

bâtisseur *m* 1. Erbauer *m* ; Baulustige(r) ; (*péj*.) Baulöwe *m* 2. (Be)Gründer *m*.

bâtonnier *m* Vorsitzende(r) der Anwaltskammer.

bâton *m* 1. (*fam. : un million*) eine Million ; *ce flop me coûte trois ~s* dieser Flop kostet mich drei Millionen 2. *mettre des ~s dans les roues de qqn, d'un projet* jdm Knüppel zwischen die Beine werfen ; ein Vorhaben zu vereiteln versuchen.

battage *m* 1. ~ *médiatique* Medienrummel *m* ; ~ *publicitaire* Werberummel ; Reklamerummel ; *faire du ~ autour de qqch* um etw viel Aufhebens machen ; viel Rummel (viel Geschrei) machen ; *faire du ~ publicitaire* die Werbetrommel rühren 2. (*agric*.) Dreschen *n* ; Drescharbeit *f*.

battement *m* Pause *f* ; *période f de ~* Übergangszeit *f* ; *avoir une heure de ~* einen Zeitraum von einer Stunde haben ; *avoir dix minutes de ~ pour changer* (*de train*) zehn Minuten zum Umsteigen vor sich haben.

batterie *f* 1. (*techn*.) Akku *m* ; Batterie *f* ; ~ *solaire* Solarakku ; *équiper un handy d'une ~ solaire* ein Handy mit Solarakku ausrüsten ; *fonctionnant sur ~* akku-, batterieabhängig 2. (*agric*.) *élevage de poulets en ~* Legebatterie *f* ; Batteriehaltung *f* ; Käfighaltung ; *éleveur m de poulets en ~* Batteriebetreiber *m* 3. (*grande quantité de, ensemble de*) Paket *n* ; Katalog *m* ; Satz *m* ; ~ *de tests* Testserie *f* ; Testreihe *f* ; (*fam*.) *prendre une ~ de mesures de lutte contre le chômage* ein Paket von Maßnahmen zur Bekämpfung der Arbeitslosigkeit ergreifen.

batteuse *f* Dreschmaschine *f*.

battre schlagen ; ~ *de l'aile* schlecht gehen ; angeschlagen (flügellahm) sein ; *entreprise f qui bat de l'aile* eine marode Firma *f* ; ~ *monnaie* Münzen prägen ; *la campagne bat son plein* die Kampagne läuft auf vollen Touren (auf Hochtouren) ; ~ *pavillon panaméen* unter panamesischer Flagge fahren ; ~ *un record* einen Rekord brechen.

baud *m* (*informatique*) *unité de vitesse de transmission, d'après l'ingénieur Baudot*) Baud *n*.

bazar *m* Kaufhalle *f* ; Kaufhaus *n* ; Warenhaus *n* ; (*arch*.) Gemischtwarenhandlung *f*, -geschäft *n* ; Basar *m*.

bazarder (*fam*.) verramschen ; verhökern ; verscherbeln ; verscheuern ; verkloppen ; verschachern.

B.B. 1. *billet de banque m* Banknote *f* 2. *bénéfice brut m* Bruttogewinn *m* 3. *balle/ballot* Ballen *m*.

B, BB(Ba), BBB(Baa) : (*niveau de solvabilité d'une société attribué par une agence de notation*) Bonitätsbewertung *f* einer Handelsgesellschaft : B : *mauvaise solvabilité* (schlechte Bonität) ; BB(Ba) : *solvabilité précaire* prekäre Solvabilität ; BBB(Baa) : *très bonne solvabilité* sehr gute Solvabilität.

B.C.E. *f* → *Banque centrale européenne*.

B.d.F. *f* → *Banque de France*.

becquerel *m* Becquerel *n* (Bq).

Bedaux (système) *m* (*système de rémunération du travail fondé sur une unité de travail-minute*) Bedaux-System *n* ; Entlohnungsverfahren nach Minuten-Einheiten.

B.E.I. *f* (*Banque européenne d'investissements*) Europäische Investitionsbank, Luxemburg ; EIB *f*.

benchmarking *m* (*référence comparative*) Benchmarking *n* ; Leistungsvergleich *m* ; Bezugsgröße *f* ; Maßstab *m*.

bénéf *m* : (*fam*.) *être tout ~* reiner Gewinn sein ; *faire* (*réaliser*) *un gros ~ sur une affaire* einen beachtlichen Gewinn aus einem Geschäft erzielen.

bénéfice *m* Gewinn *m* ; Ausbeute *f* ; Erwerb *m* ; Nutzen *m* ; Verdienst *m* ; ◆ *~s affectés* zweckgebundene Gewinne ; *~ agricole* landwirtschaftliches Einkommen ; *~ avant/après impôt* Gewinn vor/nach Abzug der Steuern ; *~s avant amortissements, provisions et impôts* Gewinn vor Abschreibungen, Rückstellungen und Steuern ; *~ de l'année* Jahresüberschuss *m* ; *~ brut d'exploitation* Gewinn vor Steuern ; *~s bruts, commerciaux, comptables* Brutto-, Geschäfts-, Buchgewinn ; *~ sur les cours (de change)* Kursgewinn ; *(bourse) ~ distribuable* auszuschüttender Gewinn ; *~ escompté* erhoffter Gewinn ; *~ de l'exercice* Bilanzgewinn ; Jahresüberschuss ; *~ d'exploitation* Betriebsgewinn ; *~ forfaitaire* Pauschalgewinn ; *~s imposables* steuerpflichtiger Gewinn ; *~s industriels et commerciaux (BIC)* gewerblicher Gewinn ; *~ net* Nettogewinn ; *~s non commerciaux (BNC)* Gewinn aus nichtgewerblicher Tätigkeit ; *~s non distribués* unverteilte Gewinne ; *(bourse)* nicht ausgeschütteter (nicht entnommener, einbehaltener) Gewinn ; *~ sur participation* Gewinn aus Beteiligungen ; *~s de placements* Gewinne aus Kapitalanlagen ; *~ des professions non commerciales (BPNC)* Einkommen *n* aus nichtgewerblichen Berufen ; *~ réalisé* erzielter Gewinn ; *~ spéculatif* Spekulationsgewinn ; ◆◆ *diminution f du ~* Gewinneinbuße *f* ; *distribution f des ~s* Gewinnverteilung *f* ; *excédent m de ~* Gewinnüberschuss *m* ; *hausse f des ~s* Gewinnsteigerung *f* ; *impôt m sur les ~s* Gewinn-, Erwerbs-, Ertragssteuer *f* ; *impôt sur les ~s non commerciaux* Steuer auf Gewinne aus nichtgewerblicher Tätigkeit ; *marge f de ~* Gewinnmarge *f* ; Gewinnaufschlag *m* ; *optimalisation f (maximalisation f) du ~* Gewinnoptimierung *f*, -maximierung *f* ; *part f de (dans les) ~(s)* Gewinnanteil *m* ; *(bourse) prise f de ~* Gewinnmitnahme *f* ; *quote-part f de ~* Gewinnquote *f* ; *réduction f des ~s → diminution* ; *répartition f des ~s* Gewinnausschüttung *f* ; Gewinnverteilung *f* ; *report m, transfert m des ~s* Gewinnvortrag *m*, -abführung *f* ; *avec participation aux ~s* mit Gewinnbeteiligung ; ◆◆◆ *sous ~ d'inventaire (jur.)* Recht *n* eine Erbschaft unter Vorbehalt der Inventarerrichtung anzunehmen ; mit Vorbehalt der Inventarprüfung ; *accuser un ~ net de...* einen Nettogewinn von... ausweisen ; *avoir des chances de réaliser un ~* Gewinnchancen (-aussichten) haben ; *commencer à faire des ~s* in die schwarzen Zahlen kommen ; *distribuer des ~s → répartir* ; *(fam.) empocher des ~s* Gewinne einstreichen ; *être intéressé aux ~s* am Gewinn beteiligt sein ; *évaluer les ~s* Gewinn berechnen (überschlagen) ; *faire un ~* einen Gewinn erzielen ; schwarze Zahlen schreiben ; *participer aux ~s → être intéressé aux ~s* ; *rapporter un ~* einen Gewinn abwerfen ; *être tout ~* reiner Gewinn sein ; *(bourse) prendre son ~* seinen Gewinn mitnehmen ; *réaliser des ~s → faire* ; *réinvestir des ~s* den Gewinn reinvestieren (wieder anlegen) ; *répartir des ~s* Gewinne ausschütten ; *tirer des ~s de qqch* aus etw Gewinn schlagen ; *vendre à ~* mit Gewinn verkaufen.

bénéficiaire *m* Empfänger *m* ; Bezugsberechtigte(r), -nehmer *m* ; Begünstigte(r) ; Beziehter *m* ; Empfangsberechtigte(r) ; *(prestation)* Leistungsempfänger *m* ; *~ d'un chèque* Scheckempfänger *m* ; Zahlungsempfänger *m* eines Schecks ; *~ de mesures d'allègement* Steuerbegünstigte(r) ; *~ d'une assurance, d'un crédit, d'une traite* Versicherungs-, Kredit-, Wechselnehmer *m* ; *~ de l'allocation chômage, d'une prestation, d'une rente* Arbeitslosenunterstützungs-, Leistungs-, Rentenempfänger *m* ; *~ d'une bourse d'études* Stipendiat *m* ; Bafög-Empfänger *m* ; *~ d'un prêt logement* Baudarlehensnehmer *m* ; *~ du programme de mesures de lutte contre le chômage des jeunes* Nutznießer *m* des Programms gegen Jugendarbeitslosigkeit.

bénéficiaire Gewinn- ; *année f, bilan m ~* Gewinnjahr *n*, -bilanz *f* ; *marge f ~* Gewinn-, Verdienstspanne *f* ; *être à nouveau ~* (wieder) schwarze Zahlen schreiben ; aus den roten Zahlen kommen.

bénéficier 1. Nutzen von etw haben ; aus etw einen Nutzen (Vorteil) ziehen ; jdm zugute kommen **2.** *~ de privilèges fiscaux* steuerliche Vergünstigungen genießen ; steuerbegünstigt sein **3.** *d'une rente, d'un traitement* eine Rente, ein Gehalt beziehen.

Benelux *m* Benelux-Staaten *mpl*.

bénévolat *m* Ehrenamtlichkeit *f* ; Freiwilligkeit *f* ; Bürgerarbeit *f* ; Ehrenamt *n* ; *faire du ~* eine ehrenamtliche Tätigkeit ausüben ; ehrenamtlich aktiv sein.
bénévole *m* Ehrenämtler *m* ; ehrenamtliche Hilfskraft *f*, ehrenamtlicher Mitarbeiter *m*.
bénévole unbezahlt ; *à titre ~* unentgeltlich ; ehrenamtlich ; *aides mpl ~s* freiwillige Helfer *mpl* ; *collaboration f ~* freiwillige Zusammenarbeit *f* ; *collaborateur ~* ehrenamtlicher Mitarbeiter *m* ; *pompiers mpl ~s* freiwillige Feuerwehr *f*.
bénévolement unentgeltlich ; ehrenamtlich ; unbezahlt.
B.E.P. *m* (*brevet d'études professionnelles*) Abschlusszeugnis *n* einer Berufsfachschule ; Berufsfachschulabschluss *m* ; Berufsausbildungsbescheinigung *f*.
B.E.P.C. *m* (*brevet d'études du premier cycle*) (*correspondance approx.*) mittlere Reife *f*.
Bercy : (*ministère des finances*) französiches Finanzministerium *n*.
B.E.R.D. *f* → *Banque européenne de la reconstruction et du développement.*
berner betrügen ; prellen ; hereinlegen ; ausnehmen.
besogne *f* Arbeit *f* ; Pensum *n* ; *sale ~* Maloche *f*.
besogner schwer arbeiten ; malochen ; schuften ; sich abschinden.
besogneux *m* Malocher *m* ; Arbeitstier *n*.
besoin *m* **1.** Not *f* ; Notstand *m* ; Mittellosigkeit *f* ; Bedürftigkeit *f* ; *être dans le ~* in (der) Not sein ; *en cas de ~* im Notfall **2.** (*matériel*) Bedürfnis *n* (nach + D) ; *les ~s de la société* die Bedürfnisse der Gesellschaft ; *avoir ~ de qqch* etw brauchen **3.** (*économique*) *~s* (*en*) Bedarf *m* (an + D) ; *~ élémentaire* (*essentiel*) Grundbedürfnis *n* (Nahrung, Kleidung, Wohnung) ; *~ d'emprunt* Finanzierungsbedarf ; Finanzierungsdefizit *n* ; *~s énergétiques* Energiebedarf ; *~s en matières premières* Rohstoffbedarf ; *~s en capital, financiers, immédiats* Kapital-, Finanz-, Sofortbedarf ; *~ de main-d'œuvre, en personnel* Arbeitskräfte, Personalbedarf ; *~ s prévisionnels* Bedarfsplanung *f* ; *~s prévisibles, publics, urgents* voraussichtlicher, öffentlicher, dringender Bedarf ; *selon les ~s* je nach Bedarf ; *les ~s quotidiens en...* der tägliche Bedarf an... ; ◆◆ (*en*) *fonction des,* (*conforme aux*) *~s* bedarfsgerecht ; *calcul m, évaluation f des ~ s* Bedarfsrechnung *f* ; *en cas de ~* für den Bedarfsfall ; ◆◆◆ *nous avons un ~ urgent de...* wir brauchen dringend... ; *avoir des ~s en* Bedarf haben an ; *assurer les ~s d'énergie* den Energiebedarf absichern ; *couvrir des ~s* den Bedarf decken ; *définir les besoins* den Bedarf ermitteln ; *détecter des ~* s Bedürfnisse herausfinden (ausmachen, orten) ; *excéder* (*dépasser*) *les ~s* den Bedarf übersteigen ; *faire un état des ~s* den Bedarf ermitteln (abschätzen) ; *pourvoir aux* (*satisfaire les*) *~s* den Bedarf decken (befriedigen) ; *réduire les ~ s* den Bedarf reduzieren (vermindern, zurückstecken) ; *tenir qqch à disposition en cas de ~* etw für den Bedarfsfall bereithalten.
best-seller *m* Verkaufsschlager *m* ; Bestseller *m* ; Renner *m* ; Verkaufshit *m*.
bétail *m* Vieh *n* ; *gros, petit ~* Groß-, Kleinvieh ; *~ laitier* Milchvieh ; *~ sur pied* lebendes Vieh ; *cheptel m de ~* Viehbestand *m* ; (*Suisse*) Viehhabe *f* ; *commerce m de ~* Viehhandel *m* ; *marchand m de ~* Viehhändler *m* ; *marché m au ~* Viehmarkt *m* ; *élevage m du ~* Viehzucht *f* ; Viehwirtschaft *f* ; *éleveur m de ~* Viehzüchter *m* ; *abattre le ~* Vieh schlachten ; *élever du ~* Viehzucht (be)treiben ; Vieh halten (züchten).
bétaillère *f* Viehtransporter *m* ; Viehwagen *m* ; Anhänger *m* für den Viehtransport.
béton *m* **1.** Beton *m* ; *~ armé* Eisenbeton ; Stahlbeton ; armierter Beton ; *pilasse f de ~* Pfeiler *m* aus Beton ; *ville f de ~* (*péj.*) Betonwüste *f* ; *préparer* (*gâcher*) *du ~* Beton mischen ; (*fig.*) *c'est du ~ !* das ist solide **2.** (*fig.*) unanfechtbar ; wasserdicht ; stichfest ; felsenfest ; *contrat m ~* unanfechtbarer (wasserdichter) Vertrag *m* ; *garantie f* (*en*) *~* felsenfeste Garantie *f* ; *montage m financier ~* wasserdichte Finanzkonstruktion *f* ; *rédiger un contrat ~* einen Vertrag wasserdicht machen.
betterave *f* : (*agric.*) *~ fourragère* Runkelrübe *f* ; Futterrübe ; *~ sucrière* Zuckerrübe ; *champ m de ~s* Rübenacker

betteravier *m* ; Rübenfeld *n* ; *sucre m de ~s* Rübenzucker *m* ; *cultiver la ~ à sucre* Zuckerrüben anbauen.

betteravier (producteur) *m* Rübenerzeuger *m* ; (Zucker)Rüben(an)bauer *m*.

beug *m* (*informatique*) Programmfehler *m* (*syn. bogue*).

beurre *m* Butter *f* ; *~ concentré* Buttereinfett *n* ; *stock m de ~* (*de la C.E.*) (*iron.*) Butterberg *m* ; (*fam.*) *faire son ~ sein(e)* Schäfchen ins Trockene bringen ; gut verdienen ; *mettre du ~ dans les épinards* seine Finanzen aufbessern ; etw dazu verdienen.

bévue *f* Schnitzer *m* ; Versehen *n* ; *commettre, corriger une ~ einen* Schnitzer machen (begehen), ausbessern.

B.F.C.E. (*Banque française du commerce extérieur*) französische Außenhandelsbank *f*.

B.H.V. *m* (*Bazar de l'hôtel de ville*) Pariser Kaufhaus *n*.

bi- (*préfixe*) Zwei-, Doppel-.

biaisé, e (*non*) (un)verzerrt ; *échantillon m ~* verzerrte Stichprobe *f*.

bi-annuel, le halbjährlich ; *contrôles mpl ~s* halbjährlich durchgeführte Kontrollen *fpl*.

bicamérisme *m* (*polit.*) Zweikammersystem *n*.

B.I.C. *mpl* (*bénéfices industriels et commerciaux*) Einkommen *n* (Gewinn *m*) aus Handel und Gewerbe ; Gewinn aus gewerblicher Tätigkeit.

B.I.C.E. (*Banque internationale de coopération économique*) Internationale Bank *f* für wirtschaftliche Zusammenarbeit.

bicentenaire *m* zweihundertjähriges Jubiläum *n* ; Zweihundertjahrfeier *f*.

bicéphale : *direction f ~* Doppelspitze *f* ; zweiköpfiges Direktorium *n* ; zweiköpfige Leitung *f*.

bi-cotisant : *ménage ~* Haushalt *m* mit Doppelverdienst.

bidon **1.** Kanister *m* **2.** (*fam.*) Schwindel *m* ; fiktiv ; *entreprise f ~* Schwindelunternehmen *n* ; *facture f ~* Scheinfaktura, - rechnung *f* ; *traite f ~* (*de complaisance*) Kellerwechsel *m*.

bidonville *m* Elendsviertel *n* ; Slum(s) *m(pl)* ; Obdachlosensiedlung *f* ; Nissen-hüttensiedlung.

bien *m* **1.** (*propriété, avoir*) Habe *f* ; Vermögen *n* ; Vermögenswerte *mpl* ; Gut *n* ; (*propriété rurale*) Gutshof *m* ; ◆ *~s collectifs* Allgemeingut *n* ; *~s communs* Gemeinschaftsvermögen *n* ; *~s dotaux* Mitgift *f* ; *~s à l'étranger* Auslandsvermögen ; *~s de famille* Stammgut , Familienbesitz *m*, -vermögen *n* ; *~-fonds* Besitztum *n* ; *~s héréditaires* (*successoraux*) Nachlassvermögen ; *~ hérité* ererbtes Gut ; *~s immobiliers* liegende Güter ; unbewegliches Vermögen ; Immobilien *pl* ; *~s indivis* Gemeinschaftsvermögen ; *~s investis* Anlagevermögen ; *~s meubles* bewegliches Gut ; fahrende Güter ; *~ périssable* verderbliches Gut ; *~s personnels* Eigenvermögen ; *~s vacants* herrenloses Gut ; ◆◆ *administration f des ~s* Vermögensverwaltung *f* ; *communauté f de ~s* Gütergemeinschaft *f* ; *confiscation f de ~s* Gütereinziehung *f* ; *déclaration f de ~s* Vermögensangabe *f* ; *dissimulation f de ~s* Vermögensverheimlichung *f* ; *état m des ~s* Vermögensaufstellung *f* ; *liquidation f de ~s* Vermögensauseinandersetzung *f* ; *séparation f de ~s* Gütertrennung *f* ; *totalité f des ~s* Gesamtvermögen ; *transfert m de ~s* Vermögensübertragung *f* ; ◆◆◆ *acquérir, exploiter, gérer un ~* ein Gut erwerben, bewirtschaften, verwalten ; *être un ~ de famille depuis toujours* seit jeher im Familienbesitz sein ; *être personnellement responsable sur ses ~s* mit seinem persönlichen Vermögen für etw haften ; *hériter d'un ~* ein Gut erben ; *louer un ~* ein Gut pachten ; *il a dissipé tous ses ~s* er hat all sein Gut verschleudert **2.** (*économie*) *~s* → **biens, biens sociaux**.

bien disposé, e (*bourse*) gut stehend ; sich gut entwickelnd.

bien-être *m* Wohlstand *m* ; *~ matériel* materieller Wohlstand ; *maladies fpl du ~* Wohlstandskrankheiten *fpl* ; *société f de ~* (*de consommation*) Wohlstandsgesellschaft *f* ; *augmenter le ~ d'un pays* den Wohlstand eines Landes anheben.

bienfaisance *f* Wohlfahrt *f* ; Wohltätigkeit *f* ; *bureau m de ~* Wohlfahrtsamt *n* ; *manifestation f organisée par le comité de ~* Wohltätigkeitsveranstaltung *f* ; *œuvre f de ~* Wohltätigkeitsverband *m* ; *organisme m* (*organisation f*) *de ~* Wohlfahrtseinrichtung *f*, -organisation *f* ; *placement m de ~* Geldanlage *f* für einen guten Zweck ; *émission f d'un timbre de ~* Ausgabe *f* einer Wohlfahrtsmarke (eines Wohlfahrts-Postwertzeichens).

bien-fondé *m* Berechtigung *f* ; Rechtmäßigkeit *f* ; Richtigkeit *f* ; ~ *d'une réclamation* Berechtigung einer Beschwerde ; *reconnaître le ~ d'une objection* die Berechtigung eines Einspruchs anerkennen.
bien-fonds *m* Immobilien *pl* ; Grundbesitz *m* ; Liegenschaften *fpl*.
bien *m* **public** Gemeinwohl *n* ; öffentliches Wohl ; (*biens d'État*) Staatsgut *n*.
biens *mpl* (*économiques*) Güter *npl* ; ~ *d'approvisionnement, de consommation, durables* Versorgungs-, Verbrauchs-, Gebrauchsgüter ; ~ *économiques, d'équipement* Wirtschaftsinvestitionsgüter ; ~ *et avoirs* Gut und Habe ; ~ *et services* Güter und Dienstleistungen *pl* ; ~ *immatériels* (*incorporels*) immaterielle Güter ; Dienstleistungen *fpl* ; ~ *immobiliers* Immobilien *pl* ; unbewegliches Vermögen *n* ; ~ *matériels* (*corporels, réels*) Sachgüter ; körperliche (materielle) Güter ; (*bilan*) ~ *mobiliers de l'actif* Vermögenswerte *mpl*, -gegenstände *mpl* ; ~ *de première nécessité* lebensnotwendige Güter ; ~ *de production, substituables* Produktions-, Substitutionsgüter ; ~ *semi-finis* Halbfabrikate *npl*, Halberzeugnisse *npl* ; ~ *d'usage* Gebrauchsgüter.
biens *mpl* **sociaux** Sozialleistungen *fpl* ; *abus m de ~* Sozialleistungsmissbrauch *m*.
bienveillance *f* Wohlwollen *n* ; Entgegenkommen *n* ; (*corresp.*) *nous comptons sur votre ~ habituelle* wir rechnen auf Ihr gewohntes Wohlwollen… ; *il nous a toujours témoigné de la ~* er war uns gegenüber immer sehr entgegenkommend.
bienveillant, e entgegenkommend ; wohlwollend.
bière *f* Bier *n* ; ~ *blonde, brune* helles, dunkles Bier ; *brasseur m de ~* Bierbrauer *m*.
biffer durchstreichen ; ~ *les mentions inutiles* Nichtzutreffendes bitte streichen.
bifurcation *f* (*transports*) Straßengabelung *f* ; Abzweigung *f*.
big-bang *m* Urknall *m* ; (*fig.*) ~ *monétaire* monetärer Urknall.
bihebdomadaire wöchentlich zweimal erscheinend ; halbwöchentlich.
bilan *m* Bilanz *f* ; Abschluss *m* ; Schlussrechnung *f* ; Endergebnis *n* ; ♦ ~ *actif* (*bénéficiaire, favorable*) Aktivbilanz ; Gewinnbilanz ; ~ *actualisé* aktualisierte Bilanz ; ~ *annuel de fin d'année* Jahresabschluss *m* ; ~ *de carrière* Karriere-Bilanz ; ~ *de clôture* (Ab)Schlussbilanz ; ~ *du commerce extérieur* Außenhandelsbilanz ; ~ *de compétences* (*à demander au DRH en quittant une entreprise*) Kompetenzenbilanz ; ~ *condensé des instituts de crédit* zusammengefasste Bilanz der Kreditinstitute ; ~ *consolidé* konsolidierte Bilanz ; ~ *déficitaire* (*défavorable, passif*) Passiv-, Verlustbilanz ; ~ *déguisé* (*falsifié, maquillé, truqué*) verschleierte (frisierte) Bilanz ; ~ *écologique* Ökobilanz ; ~ *économique et social de l'entreprise* Konkursbilanz ; ~ *énergétique* Energiehaushalt *m* ; ~ *excédentaire* überschüssige Bilanz ; ~ *de l'exercice* Rechnungsabschluss ; ~ *d'ouverture* Eröffnungsbilanz ; ~ *de santé* Gesundheits-Check *m* ; ~ *semestriel, annuel, hebdomadaire, mensuel* Halbjahres-, Jahres-, Wochen-, Monatsbilanz ; ~ *normalisé* Bilanzformblatt *n* ; ~ *de situation* Bestandsaufnahme *f* ; ~ *de société* Geschäftsbericht *m* ; ~ *social d'une entreprise* Sozialbericht *m* eines Unternehmens ; ♦♦ *analyse f, apurement m, clôture f du ~* Bilanzanalyse, -bereinigung *f*, -abschluss ; *contrôle m, établissement m du ~* Bilanzprüfung *f*, -aufstellung *f* ; *dépôt m de ~* Konkursanmeldung *f* ; *fabrication f* (*truquage m*) *du ~* Bilanzfälschung, -verschleierung *f* ; Frisieren *n* einer Bilanz ; *jour m du ~* Bilanzstichtag *m* ; *poste m du ~* Bilanzposten *m* ; *sincérité f d'un ~* Wahrhaftigkeit *f* einer Bilanz ; *total m, valeur f du ~* Bilanzsumme *f*, -wert *m* ; ♦♦♦ *approuver le ~* die Bilanz genehmigen ; *camoufler le ~* die Bilanz frisieren (verschleiern) ; *contrôler le ~* die Bilanz prüfen ; *déposer le ~* (den)- Konkurs anmelden ; in Konkurs geraten (gehen) ; *dresser* (*établir, arrêter*) *le ~* die Bilanz aufstellen ; *falsifier le ~* → *camoufler* ; *figurer au ~* in der Bilanz erscheinen ; *maquiller* → *camoufler* ; *porter au ~* in die Bilanz aufnehmen ; (*faillite*) *présenter le ~* die Bilanz vorlegen ; *présenter un ~ négatif, positif* eine Verlust-, eine Erfolgsbilanz vorlegen.
bilatéral, e bilateral ; zwei-, gegenseitig ; *accords mpl bilatéraux* bilaterale (gegenseitige) Verträge *mpl*.

bilingue zweisprachig ; *panneau m indicateur* ~ zweisprachiges Straßenschild *n* ; *secrétaire m/f* ~ zweisprachiger/e Sekretär/in *m/f* ; zwei Sprachen beherrschende/r Sekretär/in.
billes *(fam.)* : *reprendre ses* ~ sich aus einem Geschäft zurückziehen.

billet *m*	1. *traite* 2. *billet de banque* 3. *billet d'entrée* 4. *billet de loterie* 5. *titre de transport*

1. *(traite)* Wechsel *m* ; Schuldschein *m* ; ~ *de complaisance* Keller-, Gefälligkeitswechsel ; ~ *à notre ordre* an unsere Order ; ~ *à ordre* Eigen-, Solawechsel ; Schuldschein *m* ; ~ *au porteur* auf den Inhaber lautender Wechsel ; ~ *du Trésor* Schatzschein *m*.
2. *(billet de banque)* Banknote *f* ; Geldschein *m* ; ~ *vert* Greenback *m* ; Dollar-Schein ; *distributeur m automatique de ~s* Bankomat *m* ; Geldautomat *m* ; *contrefaire des ~s* Banknoten fälschen ; *mettre des ~s en circulation* Banknoten ausgeben (in Umlauf setzen) ; *retirer des ~s de la circulation* Banknoten einziehen ; Banknoten aus dem Umlauf ziehen ; *ces ~s n'ont plus cours* diese Banknoten sind nicht mehr gültig.
3. *(billet d'entrée)* Eintrittskarte *f* ; *prix m du* ~ Eintrittsgeld *n* ; Eintritt *m*.
4. *(billet de loterie)* Lotterielos *n* ; ~ *gagnant* Treffer *m* ; Gewinnlos *n* ; ~ *perdant* Niete *f* ; *tirer un* ~ *(numéro) gagnant* einen Treffer machen.
5. *(titre de transport)* Fahrschein *m* ; Fahrkarte *f* ; ♦ ~ *aller-retour* Hin-und Rückfahrkarte ; ~ *d'avion* Flugschein, -ticket *n* ; ~*-Bon-Dimanche* Sonntagsrückfahrkarte ; ~ *circulaire* Netzkarte ; Rundreisefahrschein ; ~ *collectif* Sammelfahrschein ; ~ *combiné* Bahn-Bus-Fahrkarte ; kombinierter Fahrschein ; Übersteiger *m* ; ~ *de congé annuel* Jahresurlaubskarte ; ~ *de (wagon) couchette* Liegewagenkarte ; *(avion)* ~ *open, stand-by* Open-, Stand-by-Ticket *n* ; ~ *de quai* Bahnsteigkarte ; ~ *simple* einfache Karte ; ~ *touristique* Touristenkarte ; ~ *de week-end* Wochenendkarte ; ~ *avec supplément* Zuschlag *m* ; Zuschlagkarte *f* ; ~ *(non) valable* (un)gültiger Fahrschein ; ♦♦ *contrôle m des ~s*
Fahrkartenkontrolle *f* ; *délivrance f des ~s* Fahrkartenausgabe *f* ; *distributeur m de ~s* Fahrkartenautomat *m* ; *guichet m de délivrance des ~s* Fahrkartenschalter *m* ; *prix m du* ~ Fahrpreis *m* ; ♦♦♦ *composter (poinçonner), prendre un* ~ eine Fahrkarte entwerten (knipsen, lochen), lösen.
billetterie *f* Geldautomat *m* ; Geldausgabeautomat *m* ; Bankomat *m*.
billion *m* **1.** Billion *f* ; *(arch.)* Milliarde *f* **2.** ~ *de billion* Münzgeld *n* von geringem Metallwert.
bimensuel *m* Halbmonatsschrift *f*.
bimensuel, le *(revue)* monatlich zweimal erscheinend.
bimestriel, le zweimonatlich ; alle zwei Monate erscheinend (stattfindend).
bimétallisme *m* Doppelwährung *f* ; Bimetallismus *m*.
binaire Binär- ; *nombres mpl ~s* Binärzahlen *fpl* ; *système m* ~ Binärsystem *n*.
binational, e binational.
bio- *(préfixe)* Bio- ; *agriculture* ~ Bio-Anbau *m* ; Bio-Landwirtschaft *f* ; *aliments mpl, carburant m, emballage m* ~ ~ Bio-Lebensmittel *npl* ; Bio-Treibstoff *m* ; Bio-Verpackung *f* ; *ferme f* ~ ökologisch wirtschaftender Hof *m* (Betrieb *m*) ; *ferme f non* ~ konventionell wirtschaftender Hof.
biocarburant *m* Bio-Treibstoff *m*.
biodégradabilité *f* biologische Abbaubarkeit *f*.
biodégradable biologisch abbaubar ; verwesbar ; zersetzbar ; umweltfreundlich, -schonend.
biodiversité *f* Biodiversität *f*.
bioéthique *f* Bioethik *f*.
biogénétique *f* : *génie m* ~ Gentechnologie *f*.
biologique *(préfixe)* Bio- ; *(label) agriculture f* ~ biologischer Landbau *m* ; *nourriture f* ~ Reformkost *f*.
biotechnologie *f* Biotechnologie *f* ; Bionik *f*.
biotechnologique biotechnisch ; *procédé m de fabrication* ~ *dans l'industrie pharmaceutique* biotechnisches Produktionsverfahren *n* in der Pharmaindustrie.
biotope *m* Biotop *n*.
bipartite *(polit.)* Zweier- ; Zweiparteien- ; Zweimächte- ; *accord m* ~ Zweimächteabkommen *n*.
B.I.R.D. *f (Banque internationale pour la reconstruction et le développe-*

biréacteur *m* (*transports*) zweistrahliges Flugzeug *n*.
bisannuel, le zweijährlich ; alle zwei Jahre stattfindend.
bissextile : *année f* ~ Schaltjahr *n*.
bit *m* (*inform.*) Bit *n* ; ~ *de contrôle* Kontrollbit.
B.I.T. *m* (*bureau international du travail*) Internationales Arbeitsamt *n* ; IAA.
bizness *m* (*fam.*) → *business*.
black out *m* Black-out *m/n* ; (*silence officiel*) Totschweigen *n* ; (*panne de courant*) totaler Stromausfall *m* ; (*guerre*) Verdunkelung *f* ; (*pol.*) *faire le* ~ *sur qqch* etw totschweigen.
blâme *m* Tadel *m* ; *demande f de* ~ Tadelsantrag *m* ; *encourir un* ~ sich einen Tadel zuziehen ; *infliger, recevoir un* ~ einen Tadel erteilen, erhalten.
blanc *m* 1. (*texte*) unbeschrieben ; unbedruckt ; weiße Seite *f* ; blanko ; *en* ~ Blanko- ; *chèque m, procuration f en* ~ Blankoscheck *m*, -vollmacht *f* ; *crédit m en* ~ ungedeckter Kredit ; *signature f en* ~ Blankounterschrift *f* ; *laisser le nom en* ~ den Namen frei (unausgefüllt) lassen 2. (*linge*) Weißwaren *fpl* ; Weißzeug *n* ; *semaine f du* ~ « weiße Woche ».
blanc, blanche weiß ; *bulletin m* ~ leerer Stimmzettel *m* ; (*cadres*) *les cols blancs* die weißen Kragen ; *formulaire m, effet m en* ~ Blankett *n* ; *houille f blanche* Wasserkraft *f* ; *livre m* ~ Weißbuch *n* ; *avoir carte blanche* einen unbegrenzten Spielraum haben ; freie Hand haben ; *posséder qqch noir sur* ~ etw schwarz auf weiß besitzen (haben).
blanchiment *m* Geldwäsche *f* ; Geldwäscherei *f*.
blanchir : 1. (*fam.*) ~ *qqn* jdn rein waschen ; ~ *de l'argent* Geld waschen ; *argent m blanchi* Waschgeld *n* ; ~ *l'argent de la drogue* das Drogengeld weiß waschen 2. *un employé blanchi sous le harnais* ein altgedienter Angestellter.
blanc-seing *m* Blankounterschrift *f* ; Blankovollmacht *f* ; *abus m de* ~ Missbrauch *m* einer Blankounterschrift.
blason *m* : *redorer son* ~ sein Bild, sein Image aufpolieren.
blé *m* 1. Weizen *m* ; Korn *n* ; Getreide *n* ; ~ *à haut rendement* Massenweizen ; ~ *d'hiver* Winterweizen ; *commerce m du, culture f de, silo m à* ~ Getreidehandel *m*, -anbau *m*, -silo *n* ; *vendre le* ~ *sur pied* das Getreide auf dem Halm verkaufen 2. (*fam.*) (*argent*) Zaster *m* ; *aboule le* ~ rück den Zaster raus !
bleu *m* : ~ *de travail* Arbeitskluft *f* ; Arbeitskleidung *f* ; (*fam.*) Blaumann *m* ; (*fam.*) *un petit* ~ Telegramm *n*.
blister *m* Blister *m* ; *sous* ~ Blisterverpackung *f* ; blisterverpackt.
bloc *m* 1. (*bâtiments*) Wohnblock *m* ; Häuserblock 2. (*groupe politique ou économique*) ~ *dollar, sterling* Dollar-, Sterlingblock *m* ; ~ *économique, monétaire* Wirtschafts-, Währungsblock ; ~ *de l'or* Goldblock ; ~ *oriental* (*des pays de l'Est*) Ostblock *m* 3. ~ *sténo* Steno(gramm)block ; *noter sur un* ~ auf einen (einem) Block notieren 4. Masse *f* ; Menge *f* ; *acheter en* ~ in Bausch und Bogen kaufen 5. (*bourse*) ~ *de contrôle* Aktienkontrollmehrheit 6. ~ *publicitaire* Werbeblock ; *des ~s publicitaires interrompent la diffusion des films* Werbeblöcke unterbrechen Spielfilme.
blocage *m* Sperre *f* ; Stopp *m* ; Sperrung *f* ; Blockierung *f* ; Blockade *f* ; (*durée*) Sperrzeit *f* ; ~ *des commandes, du crédit* Auftrags-, Kreditsperre ; ~ *des exportations, des prix, des salaires* Ausfuhr-, Preis-, Lohnstopp ; ~ *de la circulation, des négociations* Blockierung des Verkehrs, der Verhandlungen ; *minorité f de* ~ Sperrminderheit *f* ; *parti m de* ~ Blockade-Partei *f* ; *avoir une attitude de* ~ eine Blockadehaltung haben.
bloc-notes *m* Notizblock *m*.
blocus *m* Blockade *f* ; *imposer le* ~ *d'un pays* eine Blockade über ein Land verhängen ; *lever le* ~ die Blockade aufheben ; *rompre* (*briser*) *le* ~ die Blockade brechen.
blog *m* (*Internet*) Blog *n/m* ; Weblog *n/m*.
blogosphère *f* Blogosphäre *f*.
bloqué, e : *avoirs mpl ~s* Sperrguthaben *n* ; *compte m* ~ Sperrkonto *n*.
bloquer sperren, blockieren ; einfrieren ; abblocken ; stoppen ; (*verrouiller*) abriegeln ; *actif m ~é* Sperraktiva *npl* ; *compte m d'attente ~é* Treuhandkonto *n* ; ~ *les accès, un compte, le crédit, les frontières, une rue* den Zugang, ein Konto, den Kredit, die Grenzen, eine Straße sperren ; ~ *la circulation, les négociations, un port* den Verkehr, die Verhandlungen, einen Hafen blockieren ; ~ *des avoirs, des prix, des salaires* Guthaben, Preise, Löhne einfrie-

ren ; *compte m ~é* Sperrkonto *n* ; *~ (faire arrêt sur) un chèque* einen Scheck sperren lassen ; *la discussion est ~ée* die Diskussion ist (hat sich) festgefahren ; *~ l'entrée et la sortie d'un port* einen Hafen sperren (abriegeln) ; *~ une réforme* eine Reform abblocken ; *~ les raffineries et les dépôts d'essence* die Raffinerien und Benzindepots abriegeln ; *être ~é dans les embouteillages* in den Staus festsitzen.

blue chips *pl* (*USA*) Standardwerte *mpl* (Dow-Jones) ; Blue chips *pl* ; Spitzenwerte ; (ausgesuchte) Wertpapiere *npl* von Großunternehmen und Multis.

bluff *m* Bluff *m* ; Täuschung *f.*
bluffer bluffen ; täuschen ; irreführen.

B.N. (*bénéfices nets*) Nettogewinn *m.*
B.N.C. *mpl* (*bénéfices non commerciaux*) Einkommen *n* aus nicht gewerblichen Berufen ; Gewinn *m* aus nicht gewerblichen Tätigkeiten.
B.N.P.A. *m* (*bénéfice net par action*) Nettogewinn *m* je/pro Aktie.
B.O. *m* (*bulletin officiel*) Amtsblatt *n* ; Amtsanzeiger *m.*

board *m* (*Internet : bandeau publicitaire*) Werbeband *n* im Internet.
bobard *m* (*presse*) Ente *f.*
bogue *m* (*informatique*) Bug *m* ; Programmfehler *m* (*syn.* beug).
bois *m* **1.** Holz *n* ; *~ de chauffage, de construction, de mine* Brenn-, Bau-, Grubenholz ; *industrie f de transformation du ~* holzverarbeitende Industrie **2.** *chèque m en ~* fauler (ungedeckter) Scheck *m* **3.** *manier la langue de ~* doppelzüngig sein ; mit gespaltener (doppelter) Zunge sprechen.
boissons *fpl* : *~ alcoolisées, non alcoolisées* alkoholische, alkoholfreie Getränke *npl*.
boîte *f* **1.** Schachtel *f* ; Büchse *f* ; Dose *f* ; Kasten *m* ; *~ en carton* Pappschachtel ; *~ à conserve* Konservendose ; *~ à idées* Kasten für Verbesserungsvorschläge ; *~ pliante* Faltschachtel ; *~ noire* (*avion*) Flug(daten)-schreiber *m* ; Black box *f* (Blackbox) ; *~ à ordures* Mülleimer *m* ; *~ de réception* (*Internet*) Posteingang *m* **2.** *~ aux lettres* → *boîte aux lettres* **3.** (*fam.*) Firma *f* ; Betrieb *m* **4.** (*automobile*) *~ automatique* Getriebeautomatik *f.*

boîte *f* **aux lettres** Briefkasten *m* ; (*personne-contact*) lebender Briefkasten ; *~ postale* (Post)Schließfach *n* ; *vider une ~* einen Briefkasten leeren ; (*Internet*) Mailbox *f* ; Telebox ; *~ électronique* elektronischer Briefkasten ; *société f* (*firme f*) *~* Briefkastenfirma *f.*

bombe *f* **à retardement** (*fig.*) Zeitbombe *f* ; *l'explosion démographique est une ~ pour le système des retraites* die demografische Entwicklung ist eine Zeitbombe für das Rentensystem.

bon *m* (Gut)Schein *m* ; Bon *m* ; ♦ *~ d'achat, de commande, d'enlèvement, de livraison* Bezugs-, Bestell-, Abnahme-, Lieferschein ; *~ de caisse* Kassenbon ; *~ de cession* Veräußerungsschein ; *~ sur compte courant* bankeigene bei der Banque de France deponierte Schatzanweisung *f* ; (*bourse*) *~ dissociable* getrennt verkäuflicher Bezugsschein ; *~ émis par les caisses d'épargne* Sparbrief *m* ; *~ d'entréee* (*stocks*) Eingangszettel *m* ; *~-loisirs* Freizeitbon ; *~-matière* Materialschein ; *~ au porteur* auf den Inhaber lautender Gutschein ; *~ de réduction* Ermäßigungs-, Verbilligungsschein ; *~ de sortie* (*stocks*) Materialentnahmeschein ; *~ de souscription* Zeichnungs-, Subskriptionsschein ; Zeichnungs-, Optionsschein ; *~ du Trésor* Schatzanweisung *f* ; Schatzbrief *m* ; Schatzwechsel *m* ; *~-vacances* Ferienbon, -schein ; ♦♦ *carnet m de ~s* Gutscheinheft *n* ; *~ à payer* kann bezahlt werden ; *~ pour 10 €* gut für 10 € ; *~ d'essai gratuit* Gutschein für eine Warenprobe ; ♦♦♦ *établir* (*délivrer*) *un ~ de 10 €* einen Gutschein im Wert von 10 € ausgeben ; *manger avec un ~ de cantine* in der Kantine auf Bon essen.

bon an mal an im Jahresdurchschnitt.
bond *m* Sprung *m* ; *~ en avant* Sprung nach vorn ; Fortschritt *m* ; *les prix ont fait un ~ de 3 %* die Preise sind um drei Prozent sprunghaft gestiegen (haben einen drei Prozent-Sprung gemacht ; bedeuten einen Sprung um drei Prozent).
bondé, e überfüllt ; vollgepfropft ; vollgestopft.
boni *m* Überschuss *m* ; Reingewinn ; Mehrbetrag *m* ; Guthaben *n.*
bonification *f* Vergütung *f* ; Bonus *m* ; Rabatt *m* ; *~ fiscale, d'intérêts, sur*

les primes Steuer-, Zinsvergütung *f* (Zinsverbilligung-, vergünstigung *f*) ; Prämienvergütung *f* ; ~ *de taxe* Taxnachlass *m* ; *obtenir une* ~ eine Vergütung erhalten.

bonifier 1. vergüten ; gutschreiben ; bonifizieren ; *~é à intérêts* zinsverbilligt, -begünstigt, -vergütet ; zinsgünstig ; *crédit m ~é* zinsvergünstigter Kredit *m* ; *prêt m à intérêt ~é* zinsgünstiges (zinsverbilligtes) Darlehen *n* ; Darlehen zu verbilligtem Zinssatz ; *épargne f ~ée* Prämiensparen *n* **2.** (*des terres*) meliorieren ; verbessern.

boniment *m* (*marchés, marchands ambulants*) marktschreierische Werbung *f* ; *faire le* ~ seine Ware wortreich (lautstark, mit viel Tamtam) anpreisen.

bonimenteur *m* Marktschreier *m* ; seine Ware wortreich anpreisender Markthändler *m*.

bonne et due forme : *en* ~ formgerecht.

bonnetterie *f* Wirkwaren *fpl* ; Wirk- und Strickwarenindustrie *f* ; Gewirke *n*.

bonne vie et moeurs (certificat *m* de) Leumundszeugnis *n* ; *donner un* ~ ein Leumundszeugnis abgeben.

bonus *m* Bonus *m* ; Erfolgsprämie *f* ; Sonderzuwendung *f* ; (*assurances*) Rabatt *m* für unfallfreies Fahren ; ~ *pour conduite sans accidents* Schadenfreiheitsrabatt *m* ; *accorder un* ~ einen Schadenfreiheitsrabatt einräumen ; (*comptabilité d'inventaire*) Bestandsmehrung *f*.

bonze *m* (*péj.*) Bonze *m* ; *les ~s du parti* Parteibonzen.

bookbuilding *n* (*bourse : évaluation de l'offre et de la demande avant l'émission d'actions d'une société nouvelle*) Bookbuilding-Verfahren *n* (Preisfindungsverfahren bei Emissionen, bei dem der nachfrageabhängige Emissionspreis erst am Ende der Zeichnungsfrist festgelegt wird).

boom *m* (*économique*) Boom *m* ; wirtschaftlicher Aufschwung *m* ; Hochkonjunktur *f* ; Aufwärtsbewegung *f* der Wirtschaft ; ~ *touristique, de la construction, des exportations* Reise-, Bau-, Exportboom ; *connaître un* ~ einen Boom erleben.

B.O.R. *m* (*billet à ordre relevé*) durch EDV-Datenträger-Austausch geschaffener Solawechsel ; maschinenlesbarer (maschinenverwertbarer) Wechsel.

bord *m* **1.** Rand *m* ; ~ *de mer* Strand *m* ; Küstengebiet *n*, -strich *m* ; *être au* ~ *de la faillite* vor dem Konkurs stehen ; *racheter des terrains en* ~ *de mer* Küstenstriche *mpl* aufkaufen **2.** (*navire, avion*) *à* ~ an Bord ; *à* ~ *du navire* (*clause F.O.B. des conventions Incoterms*) frei an Bord ; *journal m de* ~ Logbuch *n* ; *papiers mpl de* ~ Schiffspapiere *npl* ; *radio f de* ~ Bordfunk *m* ; *système m de contrôle de* ~ bordeigenes Überwachungssystem *n* ; *être à* ~ an Bord sein ; *jeter par-dessus* ~ über Bord werfen ; *passer par-dessus* ~ über Bord gehen ; *quitter le* ~ von Bord gehen **3.** (*polit.*) *il est de mon* ~ er steht auf meiner Seite ; er gehört derselben Partei an.

bordereau *m* Verzeichnis *n* ; Schein *m* ; Liste *f* ; Beleg *m* ; Aufstellung *f* ; Auszug *m* ; ~ *d'accompagnement* (*d'expédition, d'envoi*) Begleitschein ; Versandschein ; ~ *d'achat* Kaufschein ; (*bourse*) ~ *d'achat, de vente* Schlussnote *f* ; ~ *de caisse* Kassenzettel *m* ; ~ *de commission* Kommissionsberechnung *f* ; ~ *de compte* Konto-, Rechnungsauszug ; ~ *d'escompte* Diskontrechnung *f* ; ~ *de livraison* Lieferschein ; ~ *d'opération de versement* Einzahlungsbeleg ; ~ *de paie* (*de salaires*) Lohnliste *f* ; Lohn-, Gehaltsaufstellung ; ~ *de paiement* Überweisungsbeleg ; ~ *de remise de chèque* Scheckeinlieferungsschein, -formular *n* ; Scheckabgabeformular ; ~ *de vente, de versement* Verkaufs-, Einzahlungsschein ; *établir un* ~ eine Liste (ein Verzeichnis) aufstellen.

bornage *m* Abgrenzung *f*.

borne *f* **1.** (*supermarché*) elektronisches Preisangabe-Gerät *n* ; ~ *d'appel d'urgence* Notrufsäule *f* ; ~ *électrique de recharge* Stromladestelle *f* (für Elektro-Autos) ; ~ *interactive* Kommunikationspult *n* ; ~ *kilométrique* Kilometerstein *m* ; ~ *téléphonique* Sender-Säule *f* **2.** (*sens fig*) Grenze *f* ; Schranke *f* ; *sans ~s* grenzenlos ; *dépasser les ~s* alles übersteigen ; grenzenlos sein.

borner abgrenzen ; markieren.

boss (*fam.*) Boss *m* ; Chef *m* ; Leiter *m*.

botte *f* (*université*) die Top-Absolventen *mpl* (der Elite-Universitäten).

bottin *m* Telefonbuch *n* ; Fernsprechverzeichnis *n* ; (Firmen)Adressbuch *n*.

bouc *m* **émissaire** Sündenbock *m* ; *chercher, avoir trouvé un* ~ einen Sündenbock suchen, gefunden haben ; *faire des petits commerçants le ~ de la hausse des prix* den Kleinhandel zum Sündenbock für die Preiserhöhungen machen.

bouche *f* : *avoir cinq ~s à nourrir* fünf Kinder zu versorgen haben ; (*fam.*) fünf hungrige Mäuler zu stopfen haben.

bouche *m* **à oreille** (*publicité*) Mundpropaganda *f* ; (*fam.*) Buschfunk ; (*Internet*) Schmoozing *n*.

bouchée *f* **de pain** : *acquérir, vendre qqch pour une* ~ etw für ein Butterbrot bekommen, verkaufen.

bouche-trou *m* Lückenbüßer *m* ; Springer *m* ; *être engagé comme* ~ als Springer eingesetzt werden.

boucher (ver)stopfen ; sperren ; *le carrefour est ~é* die Kreuzung ist verstopft ; *un poids lourd en travers ~e l'autoroute* ein querstehender LKW blockiert die Autobahn.

boucherie *f* (*boutique*) Fleischerei *f* ; Metzgerei *f* ; (*élevage*) *animal m de* ~ Schlachtvieh *n* ; Schlachtkuh *f*.

bouchon *m* **1.** (*circulation*) Verkehrsstau *m*, -stauung *f* ; Verstopfung *f* ; *~ de plusieurs kilomètres* ein kilometerlanger Stau ; *avis m de* ~ Stau-Warnung *f* ; *des ~s se forment à la sortie des villes* Autos stauen sich an den Stadtausfahrten **2.** (*bouteille*) Pfropfen *m* ; Kork(en) *m* **3.** (*automobile*) *~ de carburant verrouillable* abschließbarer Tankdeckel *m*.

boucler : ~ *son budget, son mois* mit seinen Mitteln, mit seinem Monatsgehalt (Lohn) gerade noch auskommen ; (*fam.*) über die Runden kommen ; ~ *un quartier, des voies d'accès* ein Viertel, Zugangswege abriegeln ; (*fam. incarcérer*) einsperren.

bouclier *m* Schild *m* ; ~ *nucléaire* nuklearer Verteidigungsschutzschild *m* ; (*centrale*) ~ *thermique* thermischer Schild *m*.

bouder (*les achats*) kaufunlustig sein ; eine gewisse Kaufzurückhaltung an den Tag legen.

bouilloire *f* (*fam. bourse*) Ringgeschäft *n* ; künstliches Hochtreiben der Kurse.

bouillon *m* : (*fam.*) **1.** (*presse : journaux invendus*) Restexemplare *npl* **2.**

prendre (*boire*) *un* ~ sich verspekulieren ; einen Fehlschlag erleiden.

boule *f* **de neige 1.** (*système de vente*) Schneeballsystem *n* **2.** (*un secteur catégoriel profite de mesures qui ne lui étaient pas destinées*) Mitnahme-Effekt *m*.

boulette *f* → *bévue*.

bouleversement *m* Umwälzung *f* ; Umsturz *m* ; ~ *économique, sociale, technique* wirtschaftliche, soziale, technische Umwälzung ; *des ~s profonds ont affecté l'économie* tiefgreifende Umwälzungen haben sich in der Wirtschaft vollzogen.

boulot *m* (*fam.*) Job *m* ; Arbeit *f* ; Beschäftigung *f* ; *aller au* ~ zur Arbeit gehen ; *avoir un bon* ~ einen guten Arbeitsplatz (Job) haben ; *métro-~-dodo* tagtäglicher Trott *m* ; Einerlei *n* ; *petit* ~ Aushilfstätigkeit *f* ; Gelegenheitsjob *m* ; Geringfügigkeitsjob.

bouquet *m* (*techn. médias*) ~ *satellitaire* satellitengestütztes Kanäle-Paket *n*.

bourg *m* Marktflecken *m* ; *habiter dans un gros* ~ *de province* in einem Provinzstädtchen (Kleinstädtchen) wohnen.

bourgeois *m* Bürger *m* ; (*péj.*) Spießbürger ; Spießer *m* ; Bourgeois *m* ; *grands* ~ Groß-, Besitzbürger ; *petit(s)* ~ Kleinbürger ; Mittelständler *mpl*.

bourgeois, e bürgerlich ; (*péj.*) spießbürgerlich ; spießig ; bourgeois ; *classe f ~e* Bürgerstand *m*, -tum *m*, -schicht *f*.

bourgmestre *m* Bürgermeister *m*.

bourse *f*	1. *la bourse* 2. *porte-monnaie* 3. *bourse d'études*

1. (*bourse*) Börse *f* ; Kurse *mpl* ; Börsengeschäfte *npl* ; (*batiment*) Börsengebäude *n* ; ~ *animée, calme* lebhafte, ruhige Börse ; ~ *déprimée, ferme, flottante* (*hésitante, dans l'expectative*) gedrückte, feste, unentschlossene Börse ; ~ *en ligne* Online-Börse ; Online-Brokerage *n* ; ~ *languissante* (*alourdie, morose*) rückläufige Börse (die Börse ist lustlos) ; ~ *sur ordinateur* computergestützte Börse ; Program Trading *n* ; *terne* flaue Börse ; ~ *des céréales, du commerce* Getreide-, Handelsbörse ; ~ *des devises* Devisenbörse ; ~ *de l'emploi* Stellenbörse ; ~ *des livres* Gebrauchtbücher-Börse ; ~ *des marchandises*

Warenbörse ; Produktenbörse ; ~ *du travail* (*Paris*) Arbeitsbörse ; Gewerkschaftsgebäude *n* ; Gewerkschaftshaus *n* ; ~ *des valeurs* Effektenbörse ; Wertpapierbörse ; ◆◆ *admission f à la* ~ Börsenzulassung *f* ; *après-* ~, *avant* ~ Nachbörse, Vorbörse ; *bulletin m de* ~ Börsenbericht *m* ; *chute f de la* ~ Börsensturz *m*, -einbruch *m* ; *clôture f de la* ~ Börsenschluss *m* ; *cotation f en* ~ Börsennotierung *f* ; *coup m de* ~ geglückte Börsenspekulation *f* ; *cours m* (*cote f*) *de la* ~ Börsenkurs *m* ; Kurszettel *m* ; *faiblesse f de la* ~ schwache Haltung *f* der Börse ; *fléchissement m* (*recul m, repli m*) *de la* ~ Kursrückgang *m* ; Nachgeben *n* (Schwäche *f*) der Kurse ; *gain m en* ~ Börsengewinn *m* ; *heures fpl* (*d'ouverture*) *de la* ~ Börsenzeit *f* ; *manœuvres fpl de* ~ Börsenmanöver *n* ; Börsenmanipulierung *f* ; *négociable en* ~ börsenfähig ; börsengängig ; *négocié en* ~ an der Börse gehandelt ; *opération f* (*transaction f*) *de* ~ Börsengeschäft *n* ; *ordre de* ~ Börsenauftrag *m* ; *ouverture f de la* ~ Börsenbeginn *m* ; *règlement m de la* ~ Börsenordnung *f* ; *reprise f de la* ~ Wiederaufleben *n* (Anziehen *n*) der Börsentätigkeit ; *tendance f de la* ~ Börsentendenz *f* ; *tenue f de la* ~ Börsenstimmung *f* ; *titres mpl de la* ~ Börsenpapiere *npl* ; *valeur f en* ~ Börsenwert *m* ; ◆◆◆ *la* ~ *est animée* die Börse ist (verläuft) lebhaft ; *la* ~ *a monté, baissé* die Kurse sind gestiegen, gefallen ; *le titre est admis en* ~ das Wertpapier ist an der Börse zugelassen ; *coter en* ~ an der Börse einführen ; *le prix du métal jaune a chuté en* ~ der Goldpreis (der Preis für das gelbe Metall) ist an der Börse gesunken ; *être négociable en* ~ börsenfähig sein ; *spéculer à la* ~ an der Börse spekulieren. **2.** (*portemonnaie*) Geldbeutel *m* ; (Geld)Börse *f* ; *serrer les cordons de la* ~ den Daumen auf dem Geldbeutel haben ; *cet article est à la portée de toutes les* ~*s* dieser Artikel ist für jeden Geldbeutel ; diesen Artikel kann sich ein jeder leisten. **3.** (*bourse d'études*) Stipendium *n* ; Studienbeihilfe *f* ; Freistelle *f* ; (*Allemagne*) Bafög *n* ; *bénéficiaire m d'une* ~ Stipendiat *m* ; *accorder, obtenir, solliciter une* ~ ein Stipendium gewähren, erhalten, beantragen ; *avoir une* ~ ein Stipendium bekommen ; (*Allemagne*) Bafög beziehen.

boursier *m* **1.** Börsianer *m* ; Börsenjobber *m* ; Börsenspekulant *m* **2.** Stipendiat *m* ; Stipendiumempfänger *m* ; Bafög-Empfänger *m* ; Freischüler *m* ; *être boursier* (*Allemagne*) Bafög beziehen.

boursier, ière Börsen- ; *capitalisation f* ~ *ière* Börsenkapitalisierung *f* ; *chute f* ~*ière* Börsensturz *m* ; *fluctuations fpl* ~*ières* Kursschwankungen *fpl* ; *cotation f* ~*ière* Börsennotierung *f* ; *indice m* ~ Börsenindex *m* ; *informations fpl* ~*ières* Börsenbericht *m* ; *jargon m* ~ Börsensprache *f* ; *krach m* ~ Börsenkrach *m* ; *séisme m* ~ Börsenkrach *m*, -katastrophe *f* ; *spéculation f* ~*ière* Börsenspekulation *f* ; *titres mpl* ~*s* Börsenpapiere *npl*, -werte *mpl* ; *transactions fpl* (*opérations fpl*) ~*ières* Börsengeschäfte *npl*, -umsätze *mpl* ; *tuyau m* ~ Börsentip *m* ; *valeurs fpl* ~*ières* → *titres* ; *volume m des transactions* ~*ières* Börsenumsatzvolumen *n*.

boursicotage *m* kleine Börsengeschäfte *npl*.

boursicoter an der Börse spekulieren ; kleine Börsengeschäfte machen ; agiotieren.

boursicoteur *m* Börsianer *m* ; Börsenspekulant *m* ; Börsenjobber *m* ; Agioteur *m*.

bousculade *f* : ~ (*des achats*) *de Noël* Weihnachtsrummel *m*.

bousiller (*fam.*) vermasseln ; verpfuschen ; hinschludern, -pfuschen ; schlampig machen ; (*vulgaire*) hinsauen ; ~ *une affaire à qqn* jdm ein Geschäft vermasseln ; ~ *sa carrière* seine Karriere verpfuschen ; *il bousille le travail* er arbeitet schlampig.

bouteille *f* Flasche *f* ; ~ *plastique jetable* Kunststoff-Einwegflasche *f*.

boutique *f* Laden *m* ; Geschäft *n* ; Shop *m* ; (*de mode*) Boutique *f* ; ~-*choc* Laden für den Verkauf von Waren des tagtäglichen Bedarfs (aggressive Verkaufspolitik) ; (*douane*) ~ *franche* Zollfreiladen ; Duty-Free-Shop *m* ; *ouvrir une* ~ einen Laden eröffnen (aufmachen) ; *fermer* ~ einen Laden schließen (*fam.* dichtmachen) ; *servir dans une* ~ in einem Laden bedienen ; *tenir* ~ einen Laden haben ; ein Geschäft betreiben.

boutiquier *m* Ladeninhaber *m* ; Ladenbesitzer *m*.

bouts *mpl* : (*fam.*) *arriver à joindre les deux ~* mit seinem Geld (gerade) auskommen ; *avoir du mal à joindre les deux ~* gerade über die Runden kommen ; die Kosten kaum decken können ; sich kümmerlich durchschlagen.

bovin, e Rind- ; Rinds- ; *cheptel m ~* Rinderbestand *m* ; *encéphalite f spongiforme ~ e* (*ESB*) Rinderseuche *f* ; Rinderwahn *m* (BSE) ; *élevage m ~* Rinderzucht *f* ; *industrie f de la viande ~ e* Rinderindustrie *f* ; *interdiction f d'importer de la viande ~* Rindersperre *f* ; *produit m ~* Rinderprodukt *n* ; *viande f ~e* Rindfleisch *n*.

bovins *mpl* Rind(er) *n(pl)* ; *élevage m de ~* Rinderzucht *f* ; *élever des ~* Rinder züchten ; *éleveur m de ~* Rinderzüchter *m*.

boycott(age) *m* Boykott *m* ; *~ économique* wirtschaftlicher Boykott ; *déclaration f*, *mesure f de ~* Boykotterklärung *f*, -maßnahme *f* ; *menace f de ~* Boykottandrohung *f* ; *décréter le ~ d'un pays* über ein Land den Boykott verhängen ; *lever le ~* den Boykott aufheben.

boycotter boykottieren ; sperren ; den Boykott über etw (+ A) verhängen ; etw mit Boykott belegen ; *~ un pays* einem Land den Boykott erklären ; *appeler à ~ une marchandise* zum Boykott einer Ware aufrufen ; *cesser de ~ qqch* den Boykott aufheben.

B.P. 1. (*boîte f postale*) Postfach *n* **2.** (*bon à payer*) zur Zahlung angewiesen **3.** (*brevet professionnel*) Facharbeiterbrief *m*.

bpd (*baril/jour*) Barrel pro Tag.

B.P.P. *m* : *bon payable au porteur* auf den Inhaber zahlbarer Wechsel *m*.

bradage *m* Ausverkauf *m* ; Verramschung *f* ; Verramschen *n*.

brader verschleudern ; zu Schleuderpreisen verkaufen ; verramschen ; *marchandise f ~ée* Schleuderware *f* ; Ware zu Schleuderpreisen ; Verkauf *m* zu herabgesetzten Preisen ; *~ ses excédents à des pays tiers* seine Überschüsse an Drittländer verkaufen.

braderie *f* (Straßen)Verkauf *m* zu Spottpreisen ; Verkauf zu stark herabgesetzten Preisen ; (*fig.*) Ausverkauf *m*.

bradeur *m* Schleuderer *m* ; jemand der Waren zu Spottpreisen verkauft ; (*fam.*) der billige Jakob.

branche *f* Zweig *m* ; Sektor *m* ; Branche *f* ; Bereich *m* ; *~ d'activité* (*professionnelle*) Berufszweig ; *~ économique* Wirtschaftszweig ; *~ industrielle* Industriezweig ; *l'ensemble m de la ~ de l'industrie textile* die Gesamtbranche der Textilindustrie ; *hors ~* branchenfremd ; *négociations fpl par ~* (*~ par ~*) branchenspezifische Verhandlungen *fpl* ; *avoir de l'expérience dans une ~ donnée* branche(n)kundig sein ; über Branche(n)erfahrung verfügen ; *changer de ~* die Branche wechseln ; *être de la ~* in einer Branche tätig sein ; *être versé dans une ~* branchenkundig sein ; *examiner les revendications ~ par ~* die Forderungen auf der jeweiligen Branchenbasis prüfen ; *mener les négociations par ~ d'activité* branchenspezifische Verhandlungen führen.

branchement *m* Anschluss *m* ; *~ sur le secteur* Netzanschluss ; *~ à une canalisation* Anschluss an eine Kanalisation ; *~ à un serveur Internet* Anschluss *m* an einen Anbieter (Provider, Rechnerknotenpunkt) ; *~ téléphonique* Telefonanschluss ; *frais mpl de ~* Anschlussgebühr *f*.

brancher 1. anschließen (an + A) ; *être ~é sur* (*à*) angeschlossen werden an ; *~ un ordinateur au réseau Numéris* den PC an die ISDN-Leitung anschließen ; *être ~ é sur l'Internet* ans Internet (an das Web) angeschlossen sein ; einen Internet-Anschluss haben ; *être ~ é sur un répondeur automatique* an einen Anrufbeantworter angeschlossen sein **2.** (*appareil, courant électrique*) anschalten **3.** (*sens fig. être à la mode*) Mode ; trendy ; in ; (*Internet*) *site m ~* topaktuelle Site *f* ; *commercialiser un produit ~é* ein Produkt als trendy verkaufen.

braquage *m* : (*fam.*) *~ d'une banque* Banküberfall *m*.

bras *m* : *le ~ de la justice* der Arm des Gesetzes ; *avoir le ~ long* gute Beziehungen haben ; einflussreich sein ; *dépenser de l'argent à tour de ~* das Geld mit vollen Händen ausgeben ; *être le ~ droit du patron* der verlängerte Arm des Chefs sein ; *les fins de série me restent sur les ~* ich bleibe auf den Auslaufmodellen sitzen ; die Auslaufmodelle (Ladenhüter) sind unverkäuflich (verkaufen sich nicht) ; *le secteur du bâtiment manque de ~* dem Baugewerbe mangelt es an Arbeitskräften

bras *mpl* **croisés** : *grève f des ~* Sitzstreik *m*.

bras *m* **de fer** : *partie f de ~ entre le patronat et les syndicats* eine Kraftprobe (Zerreißprobe) zwischen den Arbeitgebern und den Gewerkschaften.

brasser : *~ des affaires* viele Geschäfte machen ; *~ de l'argent* große Geldgeschäfte tätigen ; mit riesigen (Geld)Summen umgehen.

brasserie *f* **1.** Brauerei *f* **2.** Bierlokal *n* ; Bierhalle *f* ; Großgaststätte *f*.

brasseur *m* **1.** (*de bière*) Bierbrauer *m* **2.** *~ d'affaires* Geschäftemacher *m* ; betriebsamer Geschäftsmann *m* ; (*fam.*) Geschaftlhuber *m*.

break-even-point *m* Gewinnschwelle *f* ; Break-even-Point *m* (*syn. seuil de rentabilité*).

brebis *f* (*agric.*) Mutterschaf *n* ; *fromage m, lait m de ~* Schaf(s)käse *m*, -milch *f* ; (*fig.*) *~ galeuse* schwarzes Schaf.

bref, brève kurz ; *dans les délais les plus ~s* umgehend ; sofort ; unverzüglich.

brent *m* (*pétrole de la mer du Nord*) Brent *m* ; *prix m d'un baril de ~* Preis *m* eines Barrels Brent ; Brentpreis.

bretelle *f* (*transports*) Zubringer *m* ; *~ d'accélération, de décélération* Beschleunigungs-, Verzögerungsspur *f* ; *~ de raccordement à l'autoroute* (*~ d'autoroute*) Autobahnzubringer *m* ; Verkehrsanbindung *f* ; *~ d'entrée, de sortie* Autobahnzufahrt *f*, -ausfahrt.

brève *f* (*médias*) Kurznachricht *f* (im Radio).

brèves *fpl* (*presse*) Kurznachrichten *fpl*.

1. brevet *m* (*invention*) Patent *n* ; *~ additionnel* Zusatzpatent ; *~ de barrage* Sperrpatent ; *~ communautaire* Gemeinschaftspatent ; *~ déchu* verfallenes Patent ; *~ expiré* (*radié*) erloschenes Patent ; *~ d'importation* Einfuhrpatent ; *~ industriel* gewerbliches Patent ; *~ principal* Hauptpatent ; *~ de procédé* Verfahrenspatent ; *~ rejeté* abgelehntes Patent ; ♦♦ *agent m en ~* Patentanwalt *m* ; *bureau m* (*office m*) *des ~s* Patentamt *n* ; *cession f de ~* Patentübertragung *f* ; *classification f internationale des ~ s* (*Strasbourg*) Internationales Patentklassifikations-System *n* (IPC) ; *délivrance f de ~* Patenterteilung *f* ; *détenteur m d'un ~* Patentinhaber *m* ; *droit m des ~s* materielles Patentrecht *m* ; *exploitation f d'un ~* Auswertung *f* (Wertung *f*) eines Patents ; *législation f sur les ~s* Patentgesetzgebung *f* ; *objet m du ~* Gegenstand *m* des Patents ; *protection f des ~s* Patentschutz *m* ; *radiation f d'un ~* Patentlöschung *f* ; *régime m des ~s* Patentwesen *n* ; *taxe f sur les ~s* Patentgebühr *f* ; *titulaire m d'un ~* Patentinhaber *m* ; ♦♦♦ *abandonner, acquérir un ~* ein Patent aufgeben, erwerben ; *annuler un ~* ein Patent für (null und) nichtig erklären ; *avoir un ~ de* ein Patent haben für ; *avoir le monopole d'exploitation d'un ~* das Alleinrecht zur Nutzung eines Patents haben ; *céder, délivrer un ~* ein Patent abtreten (vergeben), erteilen ; *déposer un ~* ein Patent anmelden ; *déposer une demande de ~* einen Patentantrag einreichen ; *etw patentieren lassen* ; *enregistrer un ~* ein Patent eintragen ; *le ~ est expiré* das Patent ist erloschen ; *exploiter, maintenir un ~* ein Patent auswerten, aufrechterhalten ; *récuser, révoquer un ~* eine Patentanmeldung ablehnen, widerrufen ; *renouveler, révoquer* (*retirer*) *un ~* ein Patent erneuern, zurücknehmen ; *transmettre une demande de ~* eine Patentanmeldung übermitteln ; *violer un ~* ein Patent verletzen.

2. brevet *m* Diplom *n* ; Zeugnis *n* ; *~ d'apprentissage* Lehrbrief *m* ; Lehrlingsausbildungsvertrag *m* ; *~ d'aptitude* Befähigungsnachweis *m* ; *~ de capitaine* Kapitänspatent *n* ; *~ des collèges* (*B.E.P.C.*) mittlere Reife *f* ; *~ d'études professionnelles* → **B.E.P.** ; *~ de technicien supérieur* Technikerdiplom *n* ; *obtenir le ~ de pilote* (*navire*) das Patent als Steuermann erwerben ; *~ de maîtrise* Meisterbrief *m* ; *~ de pilote d'avion* Pilotenschein *m* ; Flugzeugführerschein *m*.

brevetabilité *f* Patentfähigkeit *f* ; Patentierbarkeit *f* ; *exclure de la ~* von der Patentierbarkeit ausschließen (ausnehmen).

brevetable patentfähig, patentierbar ; zur Anmeldung als Patent geeignet.

breveté *m* Diplominhaber *m* ; Patentinhaber *m*.

breveté, e 1. patentiert ; Patent- ; patentgeschützt **2.** Diplom- ; *interprète m ~* Diplomdolmetscher *m*.

breveter patentieren ; *faire ~* patentieren lassen ; zum Patent anmelden.

B.R.I. *f* (*Banque des règlements internationaux*) Bank *f* für internationalen Zahlungsverkehr und Zahlungsausgleich ; BIZ.

bric-à-brac *m* **1.** Trödel *m* ; Trödelware *f* **2.** Trödelladen *m*.

bricolage *m* **1.** Basteln *n* ; Bastelarbeit *f* ; (*magasin*) *rayon m* (*du*) ~ Bastelecke *f* **2.** stümperhafte Arbeit *f*.

bricoler 1. basteln ; ~ *qqch* basteln an etw (+ D) **2.** (*fam.*) *il ~e à gauche, à droite* er macht nur Gelegenheitsarbeiten ; er verrichtet kleine Arbeiten **3.** (*péj.*) pfuschen.

bricoleur *m* **1.** Bastler *m* ; ~ *s du dimanche* Feierabendbastler ; Gelegenheitsbastler **2.** (*travailleur occasionnel*) Gelegenheitsarbeiter *m* **3.** (*péj.*) Pfuscher *m*.

bricomarché *m* Heimwerkermarkt *m*.

briefing *m* (*réunion d'information et de travail entre responsables d'une entreprise*) Briefing *n* ; Informationsgespräch *n* ; Arbeits-, Lagebesprechung *f*.

brigade *f* : ~ *des frontières* Bundesgrenzschutz *m* (BGS) ; ~ *des stupéfiants* Drogendezernat *n* ; Rauschgiftdezernat.

briguer (*une place, un poste*) sich (um einen Posten) bewerben.

bris *m* : *assurance f contre le* ~ *de glaces* Glasversicherung *f* ; ~ *de clôture* Einbruch *m* ; ~ *de vitres* Fensterscheibenschaden *m*.

briser : ~ *un blocus* eine Blockade brechen ; ~ *une carrière* eine Laufbahn vernichten ; ~ *une grève* einen Streik brechen.

briseur *m* **de grève** Streikbrecher *m*.

brocantage *m* → **brocante** *1*.

brocante *f* **1.** Trödelhandel *m*, -geschäft *n* ; Altwarenhandel ; Antiquitätenhandel **2.** Trödel *m* ; Altwaren *fpl* ; Antiquitäten *fpl*.

brocanteur *m* Altwarenhändler *m* Antiquitätenhändler *m* ; Trödler *m*.

brochure *f* Broschüre *f* ; ~ *d'information* Info(rmations)broschüre ; ~ *publicitaire* Werbeschrift *f*, -broschüre.

broker *m* → **courtier**.

brouillard *m* (*livre de commerce sur lequel on écrit les opérations journalières*) Kladde *f* ; Journal *n* ; *mettre qqch au* ~ etw in die Kladde eintragen.

brouillon *m* Entwurf *m* ; Kladde *f* ; Konzept *n* ; Skizze *f* ; *ébaucher un* ~ einen ersten Entwurf machen.

brousse *f* : (*fam.*) *indemnité f de* ~ (*poste éloigné de tout*) Buschzulage *f*.

broutille *f* Kleinkram *m*.

browser *m* (*Internet : logiciel qui permet de consulter les documents informatiques*) Browser *m* ; Navigationsprogramm *n* ; Programm zum Auffinden, Lesen und Verwalten von Websites (*syn. butineur*).

broyeur *m* **de documents** Aktenvernichter *m* ; Reißwolf *m*.

brucellose *f* (*agric. U.E.*) Brucellose *f* des Rinds ; Viehkrankheit *f*.

bruit *m* : *faire courir* (*circuler*) *un* ~ ein Gerücht in die Welt setzen ; *des ~s courent selon lesquels...* es kursieren Gerüchte, nach denen... ; *le ministère fait courir le* ~ *que...* vom Ministerium geht das Gerücht, dass...

brûler : ~ *de l'alcool* Schnaps brennen ; ~ *les étapes* rasch vorankommen ; rasch Karriere machen ; Etappen überspringen ; ~ *un* (*feu*) *rouge* bei Rot über die Kreuzung fahren.

brûlerie *f* (Branntwein) Brennerei *f*.

brûli *m* (*environnement*) *défrichement m par* ~ Brandrodung *f*.

1. brut, e (*à l'état brut*) unbearbeitet ; roh ; *bois m, matériau m* ~ rohes Holz *n*, Material *n* ; *diamant m* ~ Rohdiamant *m* ; *matière f ~e* Rohstoff *m* ; *pétrole m* ~ Rohöl *n* ; *produit m* ~ Rohprodukt *n*, -ware *f*.

2. brut, e (*commerce*) brutto ; ~ *pour net* brutto für netto ; *bénéfice m* (*marge f*) *~(e)* Bruttogewinn *m* ; *chiffre m d'affaires, excédent m, montant m* ~ Bruttoumsatz *m*, -überschuss *m*, -betrag *m* ; *poids m, prix m* ~ Bruttogewicht *n*, Bruttopreis *m* ; *produit m national* ~ Bruttosozialprodukt *n* ; *rendement m* ~ Bruttoertrag *m* ; *résultat m* ~ Bruttoergebnis *n* ; *revenus mpl ~s* Bruttoeinkommen *npl*, -einkünfte *fpl* ; *salaire m* ~ Bruttolohn *m* ; *salaires mpl* (*gains mpl*) *~s* Bruttoverdienst *m* ; *tonneau m de jauge ~e* Bruttoregistertonne *f* ; *traitement m* ~ Bruttogehalt *n* ; *mon traitement* ~ *est de 2500* € mein Gehalt beträgt 2500 € brutto.

B.S.P.C.E. *m* (*bourse : bon de souscription de parts de création d'entreprise*) Subskriptionsschein *m* von Existenzgründer-Anteilen.

B.T. *m* (*brevet de technicien*) Technikerbrief *m*.
B.T.A.N. *m* (*bon du Trésor à taux fixe et à intérêt annuel*) festverzinslicher Schatzschein mit jährlichem Ertrag.
B.T.P. *m* (*Bâtiment et Travaux publics*) Hoch- und Tiefbau *m*.
B.T.S *m* (*brevet de technicien supérieur*) (höheres) Technikerdiplom *n* ; Ingenieurzeugnis *n*.
budget *m* Budget *n* ; Etat *m* ; Haushalt *m* ; Haushaltsplan *m* ; ◆ ~ *additionnel* (*annexe*) Nachtragshaushalt ; ~ *d'austérité* Sparhaushalt ; ~ *communautaire* EG-Haushalt *m* ; ~ *de la commune* Gemeindehaushalt ; ~ *des coûts* Kostenplanung *f*, -übersicht *f* ; ~ *des dépenses* Ausgabenetat ; ~ *en déséquilibre* (*en déficit*) unausgeglichener Etat ; ~ *en équilibre* ausgeglichener Etat ; ~ *étriqué* knapper Haushalt *m* ; ~ *de l'État* Staatshaushalt ; ~ *familial* Familienhaushalt ; ~ *de fonctionnement* Verwaltungshaushalt ; ~-*habillement* Budget für (neue) Kleidung ; ~ *de lancement* (~ *promotionnel*) Produkteinführungsbudget ; ~ (*extra*)*ordinaire* (außer)ordentlicher Haushalt ; ~ *parallèle* Schattenhaushalt ; Absatzförderungsbudget ; ~ *prévisionnel* Finanzplanung *f* ; Budgetierung *f* ; ~ *public* öffentlicher Haushalt ; ~ *de publicité* Werbeetat *m* ; ~ *des recettes* Einnahmebudget ; ~ *rectificatif* Berichtigungs-Haushaltsplan *m* ; ~ *social* Sozialbudget ; ~ *supplémentaire* Nachtragshaushalt ; ~ *transitoire* Übergangshaushalt ; ~-*vacances* → **budget-vacances** ; ◆◆ *clôture f du* ~ Haushaltsabschluss *m* ; *commission f du* ~ Haushaltskommission *f*, -ausschuss *m* ; *dépôt m du* ~ Einbringung *f* des Haushaltsplans ; *équilibre m du* ~ Etatausgleich *m* ; *établissement m du* ~ Etataufstellung *f* ; *loi f de* ~ Haushaltsgesetz *n* ; *prévu au* ~ etat-, haushaltsmäßig ; *projet m de* ~ Haushaltsvoranschlag *m* ; *vote m du* ~ Haushaltsbewilligung *f* ; *un* ~ *de 100 milliards* ein Etat von 100 Milliarden ; ◆◆◆ *adopter, approuver le* ~ den Haushaltsplan verabschieden, bewilligen ; *amputer le* ~ den Etat kürzen ; *arrêter le* ~ den Haushaltsplan festsetzen ; *avoir du mal à boucler le* ~ mit dem Haushaltsgeld kaum auskommen (kaum über die Runden kommen) ; *le* ~ *se chiffre à...* der Haushalt beläuft sich auf... ; *combler les trous du* ~ die Löcher im Haushalt stopfen ; *dépasser* (*les possibilités de*) *son* ~ seinen Etat überschreiten (übersteigen) ; *déposer le* ~ den Haushaltsplan einbringen ; *discuter le* ~ über den Haushaltsplan beraten ; den Haushaltsplan debattieren ; *notre* ~-*achat est épuisé* unser Etat für Neuanschaffungen ist erschöpft ; *équilibrer le* ~ den Etat ausgleichen ; *le* ~ *est en équilibre* der Etat ist ausgeglichen ; *établir* (*dresser*) *le* ~ das Budget aufstellen ; *se fixer un* ~ *pour qqch.* sich für etw einen bestimmten Etat festlegen ; *préparer le* ~ den Etat vorbereiten ; *cela n'est pas prévu au* ~ das ist im Etat nicht vorgesehen ; *soumettre* (*présenter*) *le* ~ *aux commissions* den Haushaltsplan den Ausschüssen zur Beratung vorlegen ; *voter le* ~ den Haushaltsplan verabschieden.
budgétaire Budget- ; Haushalts- ; Etat- ; *année f* ~ Haushaltsjahr *n* ; *charges fpl* ~s Haushaltslasten *fpl* ; *collectif m* ~ Nachtragshaushalt *m* ; *commission f* ~ Haushaltskommission *f*, -ausschuss *m* ; *compressions fpl* ~s Etatkürzung(en) *f(pl)* ; *crédits mpl* ~s → *moyens* ; *déficit* ~ Etatdefizit *n* ; *dépassement m* ~ Etatüberschreitung *f* ; *dépenses fpl* ~ s Haushaltsausgaben *fpl* ; *discipline f* ~ Haushaltsdisziplin *f* ; *discussion f* ~ Etatberatungen *fpl* ; Haushaltsdebatte *f* ; *économies fpl* ~ s Haushaltseinsparungen *fpl* ; *équilibre m* ~ Etatausgleich *m* ; *fonds mpl* ~s → *moyens* ; *gestion f* ~ Haushaltsführung *f* ; *moyens mpl* ~s Haushaltsmittel *npl* ; *poste m* ~ Etatposten *m* ; *prévisions fpl* ~s Haushaltsvoranschlag *m* ; *recettes fpl* (*rentrées fpl*) ~s Haushaltseinnahmen *fpl* ; *restrictions fpl* ~ s Haushaltskürzungen *fpl* ; *situation f* ~ Etatlage *f* ; *subventions fpl* ~s Etatzuweisungen *fpl* ; *trou m* ~ Loch *n* im Haushalt ; Haushaltslücke *f* ; *dépasser les possibilités* ~s *de qqn* jds Etat übersteigen.
budgéter → **budgétiser**.
budgétisation *f* Budgetierung *f* ; Veranschlagung *f* im Haushalt (im Etat).
budgétiser budgetieren ; (in den Haushalt) einplanen ; einen Etat (ein Budget) aufstellen ; im Etat veranschlagen (vorsehen) ; ~*é* im Haushalt vorgesehen ; geplant ; budgetiert ; planmäßig ; veranschlagt ; *coûts mpl* ~s Budget-

budget-vacances kosten ; Plankosten ; veranschlagte (voraussichtliche) Kosten ; *poste m* ~ Planstelle *f.*

budget-vacances *m* **1.** *(avant et pendant les vacances)* Urlaubskasse *f* ; Urlaubsbudget *n* **2.** *(après)* Urlaubskosten *pl* ; Urlaubsberechnung *f.*

building *m* Hochhaus *n* ; Geschäftshaus *n.*

bulle *f* Seifenblase *f* ; *économie-*~ *(l'économie des années 80 avec la naissance de nombreux conglomérats et l'annonce de la super-autoroute de l'information)* Seifenblasen-Wirtschaft *f* ; *(bourse)* ~ *spéculative* Spekulationsblase ; *la* ~ *spéculative a éclaté* die spekulative Blase ist geplatzt.

bulletin *m* **1.** Zettel *m* ; Schein *m* ; Bericht *m* ; ~ *d'adhésion* Beitrittserklärung *f* ; ~ *de bagages* Gepäckschein *m* ; ~ *de change (de la cote, des cours)* Kurszettel *m* ; ~ *de chargement* Ladeschein ; ~ *de commande* Bestellschein ; ~ *de consigne* Gepäckschein ; ~ *d'expédition* Versandschein ; Frachtbrief *m* ; *(poste)* Paketkarte *f* ; Begleitadresse *f* ; ~ *financier* Börsenbericht ; ~ *de garantie* Garantieschein ; ~ *de marché* Marktbericht ; ~ *météo(rologique)* Wetterbericht ; ~ *officiel* Amtsblatt *n* ; ~ *de paie (salaire)* Lohnzettel ; Lohnabrechnung *f* ; Lohnstreifen *m* ; Gehaltszettel ; ~ *de participation* Teilnahmeschein ; ~ *de santé (médical)* Krankenbericht ; ~ *de souscription* Zeichnungsformular *n* ; ~ *spécial* Sondermeldung *f* ; ~ *de transport* Beförderungsschein ; ~ *de versement* Zahlkarte *f* ; Einzahlungsschein **2.** ~ *de vote* Stimmzettel *m* ; ~ *blanc* leerer Stimmzettel ; *vote m à* ~ *s secrets* geheime Abstimmung *f* ; Geheimwahl *f* ; ~*s exprimés* abgegebene Stimmen *fpl* ; ~ *nul, valable* ungültiger, gültiger Stimmzettel ; *dépouiller les* ~*s* die Stimmen auszählen ; *mettre son* ~ *dans l'urne* den Stimmzettel in die Urne werfen.

buraliste *m* **1.** Postbeamter *m* **2.** Tabakhändler *m* (verkauft auch Brief- und Steuermarken).

bureau *m*	1. *service public* 2. *lieu de travail* 3. *bureau m d'études* 4. *bureau directeur* 5. *informatique*

1. *(service public)* (Dienst)Stelle *f* ; Geschäftsstelle *f* ; Amt *n* ; Amtsstube *f* ; Agentur *f* ; Büro *n* ; Kasse *f* ; Schalter *m* ; ♦ ~ *d'accueil* Empfangs-, Informationsbüro ; ~ *d'aide sociale* Fürsorgeamt ; ~ *d'annonces* Anzeigenannahme *f* ; ~ *auxiliaire* Neben-, Zweigstelle ; ~ *de bienfaisance* Wohlfahrts(fürsorge)amt ; ~ *des brevets* Patentamt ; ~ *du cadastre* Katasteramt ; ~ *central* Hauptstelle ; ~ *de chargement (en douane)* Ladezollstelle *f* ; ~ *comptable* Buchhaltungsabteilung *f* ; ~ *de dédouanement, de départ* Abfertigungs-, Abgangszollstelle ; ~ *de destination* Bestimmungszollstelle ; ~ *de distribution* Zustellpostamt ; ~ *des doléances (des plaintes)* Kummerraum *m* ; ~ *de douane* Zollamt *n* ; ~ *d'embauche* Einstellungsbüro ; ~ *de l'émigration* Auswanderungsstelle ; ~ *d'émission* Ausgabestelle ; ~ *d'entrée* Eingangszollstelle ; ~ *de l'état civil* Standesamt ; ~ *d'expédition* Versandstelle, -abteilung *f* ; ~ *des finances* Finanzamt *n* ; ~ *des hypothèques* Vorrechts- und Hypothekenregisteramt *n* ; ~ *des immatriculations* Zulassungsstelle ; ~ *d'informations* Informationsbüro ; *(comptab.)* ~ *liquidateur* Abwicklungs-, Abrechnungsstelle ; ~ *de location* Vorverkaufsstelle ; ~ *du logement* Wohnungsamt ; ~ *de la main-d'œuvre* Arbeitsamt ; ~ *des objets trouvés* Fundbüro ; ~ *de passage en douane* Durchgangszollstelle ; ~ *des passeports* Pass-Stelle ; ~ *payeur* Zahlstelle ; ~ *de placement* Arbeitsvermittlungsamt ; Stellenvermittlung ; Arbeitsnachweis *m* ; ~ *du port* Hafenamt ; ~ *postal itinérant* Bahnpost *f* ; ~ *de poste* Postamt ; ~ *principal d'une société* Hauptgeschäftsstelle einer Gesellschaft ; ~ *de publicité* Werbeagentur *f* ; ~ *de recensement de la population* Einwohnermeldeamt ; ~ *de réception* Annahme-, Aufnahmestelle ; ~ *de renseignements* Auskunftei *f* ; ~ *de sortie* Ausgangszollstelle ; ~ *de tabac* Tabakladen *m* ; ~ *de tourisme* Verkehrsamt ; ~ *du travail* Arbeitsamt ; ~ *de vente* Verkaufsbüro ; Verkaufsniederlassung *f* ; ~ *de vérification des poids et mesures* Eichamt ; ~ *de vote* Wahllokal *n* ; ~ *de voyages* Reisebüro ; Verkehrsamt.

2. *(lieu de travail)* Büro *n* ; Büroraum *m* ; ~*-paysager* Großraumbüro ; ♦♦

chef m de ~ Bürovorsteher *m*, -chef *m* ; *emploi m de* ~ Bürotätigkeit *f* ; *employé m de* ~ Büroangestellte(r) ; *équipement m de* ~ Büroausstattung *f* ; *fermeture f des ~x* Büroschluss *m* ; *fournitures fpl de* ~ Bürobedarf *m* ; *frais mpl de* ~ Bürokosten *pl* ; *garçon m de* ~ Bürogehilfe *m* ; *heures fpl de* ~ Büro-, Geschäfts-, Dienststunden *fpl* ; *meubles mpl (mobilier m) de* ~ Büromöbel *npl* ; *personnel m de* ~ Büropersonal *n* ; *après les heures de (en dehors des heures de)* ~ nach (außer) den Büroöffnungszeiten ; ◆◆◆ *aller au* ~ ins Büro gehen ; *les ~x ferment à 16 heures* die Büros schließen um 16 Uhr ; *travailler dans un* ~ in einem Büro arbeiten.
3. *(bureau m d'études)* Konstruktionsbüro *n* ; Ingenieurbüro ; technisches Planungsbüro ; Engineering-Büro.
4. *(bureau m directeur)* geschäftsführender Ausschuss *m* ; ~ *élargi* erweitertes Präsidium *n* ; ~ *politique* Präsidium *n*.
5. *(informatique)* Desktop *m*.
bureaucrate *m* Bürokrat *m*, Aktenmensch *m*.
bureaucratie *f* Bürokratie *f* ; *(péj.) la* ~ *de Bruxelles* die Brüsseler Bürokratur *f*.
bureaucratique bürokratisch ; pedantisch ; *la lenteur* ~ die Schwerfälligkeit der Ämter ; die schwerfällige Verwaltung ; *la société devient de plus en plus* ~ die Gesellschaft wird immer mehr bürokratisiert.
bureaucratisation *f* Bürokratisierung *f*.
bureaucratiser bürokratisieren.
bureaucratisme *m* (*péj.*) Bürokratismus *m* ; Amtsschimmel *m*.
bureautique *f* (elektronische) Bürokommunikation *f* ; Büroautomatisierung *f* ; Bürosysteme *npl* ; Bürotechnik *f* (Textverarbeitung, Arbeitsrationalisierung usw.) ; Büro- und Datentechnik *f*.

bus *m* (*fam.*) (Auto)bus *m*.
business *m* (*fam.*) Geschäft *n* ; Business *n* ; *parler* ~ von Geschäften reden ; (*fam.*) fachsimpeln.
business-angel (*Internet*) Business-Angel *m* ; Geschäftsengel *m* ; Privatanleger *m*, der ein Start-up-Unternehmen finanziert.
business-plan *m* (*bourse : plan de développement chiffré*) in Zahlen ausgedrückter Entwicklungsplan eines Start-ups.
businessman *m* (*fam.*) Geschäftsmann *m*.
but *m* Ziel *n* Zweck *m* ; *sans* ~ *lucratif* gemeinnützig ; ohne Erwerbs-, ohne Gewinnzweck ; ohne Gewinnerzielungsabsicht ; ohne Gewinnstreben ; ohne Erwerbscharakter ; *~s d'utilité publique* gemeinnützige Zwecke ; ~ *d'une société* Zweck und Gegenstand einer Firma ; *se fixer un* ~ sich ein Ziel setzen ; *poursuivre un* ~ ein Ziel verfolgen ; (*corresp.*) *le but de notre lettre....* unser Brief soll…
butineur *m* (*Internet : élément de logiciel qui gère la connexion à l'Internet et affiche les informations*) Browser *m* ; Navigationsprogramm *n*.
butoir *m* (*techn.*) Prellbock *m* ; (*contingent tarifaire*) Länderquote *f* ; *date-*~ letzter (äußerster) Termin *m* ; letzte Frist *f*.
Buy-back *m* (*bourse*) Buy-back-Geschäft *n* ; Rückkauf *m* von Aktien durch das Unternehmen ; Rückkauf von Waren, die von einem Dritten mit den Produktionsmitteln des Unternehmens hergestellt wurden.
buzz *m* (*Internet*) Buzz *m* ; gutes Image eines Start-ups durch Mundpropaganda.
B.V.P. *m* (*bureau de vérification de la publicité*) Stelle *f* für Werbekontrolle.

C

C 1. *coté* (an der Börse) notiert **2.** *courant* laufend.
C.A. 1. *chiffre d'affaires* Umsatz *m* **2.** *(société f en) commandite par actions* Kommanditgesellschaft *f* auf Aktien.
C & A (*clause Incoterms*) *coût et assurance* Kosten und Versicherung.
cabine *f* Kabine *f* ; (*avion*) Passagierraum *m* ; ~ *à deux places* (*couchettes*), *single* Zweibett-, Einzelkabine ; ~ *de luxe* Luxuskabine ; ~ *téléphonique* Telefon-, Fernsprechzelle *f* ; ~ *d'essayage* Anprobe-, Umkleidekabine.
cabinet *m* **1.** (*polit.*) Kabinett *n* ; ~ *ministériel* Ministerialkabinett ; *chef m de* ~ Referatsleiter *m* ; Ministerialdirektor *m*, -dirigent *m* ; *se voir confier un* ~ *ministériel* mit einem Referat in einem Ministerium betraut werden ; *prendre la direction d'un* ~ *ministériel* ein Referat übernehmen **2.** Arbeitszimmer *n* ; Büro *n* ; Praxis *f* ; Kanzlei *f* ; ~ *d'affaires* (Geschäfts)Büro *n* ; Maklerbüro ; ~ *d'audit* Wirtschaftsprüfungssoziät *f*, -unternehmen *n* ; Treuhandgesellschaft *f* ; ~ *d'avocats* Anwaltssoziät *f* ; Anwaltskanzlei *f*, -büro ; ~ *de chasseur de têtes* Kopfjäger-, Headhunter-Unternehmen *n* ; ~ *de consultants* Consultants-Büro *m* ; Unternehmensberatung *f* ; ~ *de groupe* (*avocats*) Anwaltsfirma *f* ; Anwaltskollektiv *n* ; (*médecins*) Gemeinschaftspraxis *f* ; ~ *de recrutement* Personalberatungsfirma *f* ; ~ *vétérinaire* Tierarztpraxis *f*.
câble *m* Kabel *n* ; ~ *télégraphique, téléphonique* Telegrafen-, Fernsprechkabel *n* ; Fernsprechleitung *f* ; ~ *en fibre de verre* Glasfaserkabel *n* ; *télévision f par* ~ Kabelfernsehen *n* ; *aménagement m d'un réseau de* ~*s* (*de télévision*) Verkabelung *f* ; *poser des* ~*s* Kabel verlegen ; verkabeln.
câbler 1. (*arch.*) kabeln ; drahten ; ~ *à Berlin* nach Berlin drahten **2.** verkabeln ; Kabel legen ; *ménage m* ~*é* Kabelhaushalt *m* ; *réseau m* ~*é* Kabelnetz *n* ; *ville f* ~*ée* verkabelte Stadt *f*.
cabotage *m* Küstenschifffahrt *f* ; Küstenhandel *m* ; Küstenverkehr *m* ; *grand, petit* ~ große, kleine Kabotage *f* ; *commerce m de* ~ Küstenhandel *m*.
C.A.C. m 1. (*Paris*) *cotation assistée en continu* fortlaufende Notierung *f* ; fortlaufend computernotierte Werte *mpl* **2.** (*ex-Compagnie des agents de change*) Börsenmaklervereinigung *f* ; Syndikatskammer *f* der amtlichen Börsenmakler ; (*indice m*) CAC-40 Pariser Börsenindex *m*.

cacao *m* (*agric.*) Kakao *m* ; ~ *dégraissé* entölte Kakaotrockenmasse *f*.
cache *f* Versteck *n* ; *trouver une* ~ ein Versteck ausfindig machen.
cacher verstecken ; verbergen ; verheimlichen ; verschweigen ; *vices mpl* ~*és* verborgene (heimliche) Mängel *mpl*.
cachet *m* **1.** Stempel *m* ; Siegel *n* ; ~ *officiel* Dienstsiegel ; ~ *de la poste* Poststempel ; *le* ~ *de la poste faisant foi* das Datum des Poststempels ist maßgebend **2.** Honorar *n* ; Gage *f*.
cachetage *m* Versiegeln *n* ; (*lettre*) Zukleben *n*.
cacheter versiegeln ; mit einem Stempel versehen ; *dépôt m* ~*é* Sonderverwahrung *f* ; *sous enveloppe* ~*ée* in versiegeltem Umschlag ; *bouteille* ~*ée* versiegelte Flasche *f* ; ~ *une lettre* einen Brief versiegeln (verschließen).
C.A.C.R.D.B. → *C.R.D.B.*
cadastral, e katastermäßig ; Kataster ; im Flurbereich erfasst ; *plan m* ~ Katasterplan *m* ; *rente f* ~*e* ins Grundbuch eingetragene Pacht *f* ; *revenu m* ~ katastermäßig berechnetes Einkommen *n*.
cadastre *m* Kataster *m* ou *n* ; Katasteramt *n* ; *lot porté au* ~ Katasterparzelle *f* ; *numéro du* ~ Katasternummer *f* ; *plan du* ~ Katasterplan *m* ; *inscrire au* ~ katastermäßig erfassen.
cadastrer katastermäßig erfassen ; ins Katasterbuch eintragen ; katastrieren.
caddie *m* Einkaufswagen *m* ; Caddie *m* ; (*aéroport*) Kofferkuli *m*.
cadeau *m* Geschenk *n* ; ~ *fiscal* Steuergeschenk *n* ; ~ *publicitaire* Werbegeschenk *n* ; Werbeartikel *m* ; Reklamegeschenk *n* ; Werbegabe *f* ; *emballage m* ~ Geschenkpackung *f*.
cadence *f* (*travail à la chaîne*) (Arbeits)Takt *m* ; Arbeitstempo *n* ; Arbeitsrhythmus *m* ; Taktzeit *f* ; *augmenter la* ~ den Arbeitstakt beschleunigen.
cadre *m* **1.** Rahmen *m* ; Bereich *m* ; Schema *n* ; Plan *m* ; *dans le* ~ *de ses fonctions* im Rahmen seiner Tätigkeit ;

innerhalb seiner Befugnisse **2.** Rahmen- ; ~ *comptable* Kontenrahmen ; ~ *comptable industriel* Fertigungskontenrahmen *m* ; ~ *juridique* Rechtsrahmen ; *loi f* ~ Rahmengesetz *n* ; *programme-*~ *m* Rahmenprogramm *n* ; *proposer un* ~ *juridique aux Internautes* den Webnutzern einen Rechtsrahmen bieten **3.**(*dirigeant*) leitende(r) Angestellte(r) ; Leitende(r) ; ~ *administratif* Verwaltungsangestellte(r) ; höherer (leitender) Verwaltungsbeamte(r) im öffentlichen Dienst ; ~ *hôtelier* Hotelfachmann *m* ; ~ *moyen* mittlere Führungskraft *f* ; Leitende(r) im mittleren Management ; oberes Management *n* ; *les* ~*s moyens* mittleres Management *n* ; ~*s supérieurs* Führungskräfte ; Leitende *mpl* (in Führungspositionen) ; (*hist. R.D.A.* ; *Suisse*) Kader *m* ; *fonctionnaire m du* ~ *subalterne, moyen, supérieur* Beamter des einfachen, mittleren (gehobenen), höheren Dienstes ; *passer dans le* ~ *supérieur* in den höheren Dienst wechseln.

-cadre (*suffixe*) Rahmen- ; *contrat m, loi-*~ Rahmenvertrag *m*, -gesetz *n*.

cadre *m* **stagiaire** Trainee *m* (des Managements).

caduc, caduque (*jur.*) unwirksam ; fällig geworden ; abgelaufen ; ungültig ; kraftlos ; verfallen ; hinfällig ; *rendre* ~ kaduzieren.

caducité *f* (*jur.*) Unwirksamkeit *f* ; Ungültigkeit *f* ; Hinfälligkeit *f*.

C.A.E.M. *m* (*hist. RDA : Conseil d'aide économique mutuelle*) RGW *m* (Rat für gegenseitige Wirtschaftshilfe) → ***COMECON***.

C.A.F. / caf 1. (*clause Incoterms : cost, insurance, freight*) cif-Kosten, Versicherung, Fracht ; *vente f* ~ cif-Geschäft *n* **2.** (*capacité d'autofinancement*) Eigenfinanzierungskraft *f*.

cagnotte *f* **1.** Gemeinschaftskasse *f* **2.** (*fam.*) Spargroschen *m* ; Sparpfennig *m* ; Notgroschen *m* ; Sparschwein *n*.

cahier *m* Heft *n* ; ~ *de comptes* (*d'un ménage*) Haushaltsbuch *n* ; ~ *de doléances* Beschwerdeheft ; ~ *des charges* → ***cahier des charges*** ; ~ *de revendications* Forderungsprogramm *n* ; Liste *f* mit Forderungen.

cahier *m* **des charges** Lasten-, Pflichtenheft *n* ; Leistungs-, Anforderungsbeschreibung *f* ; Leistungsverzeichnis *n* ; Aufgabenbereich *m* ; Aufgabenstellung *f* ; Definition *f*, Beschreibung *f* der Aufgabe *n* ; Submissionsbedingungen *fpl* ; ~ *général des charges des marchés publics de fournitures* allgemeine Bedingungen *fpl* für die Vergabe von öffentlichen Lieferaufträgen ; Aufgaben *fpl* ; Aufgabenbereich *m* ; Forderungsprogramm *n* ; *être conforme au* ~ dem Lastenheft (den technischen Anforderungen) entsprechen.

caisse *f* **1.** (*organisme*) Kasse *f* ; ♦ ~ *d'allocations familiales* Familienausgleichskasse ; ~ *d'assurance chômage* (Anstalt *f* für) Arbeitslosenversicherung *f* ; ~ *d'assurance libre agréée* Ersatzkrankenkasse ; ~ *d'assurance maladie* soziale Krankenversicherungskasse *f* ; ~ *d'assurance-vieillesse* Altersversicherungskasse ; ~ *communale* Gemeindekasse ; ~ *commune* gemeinsame Kasse ; ~ *de crédit municipal* Pfand(leih)haus *n* ; ~ *des dépôts et consignations* (staatliche) Hinterlegungs- und Konsignationskasse ; Depositen-Kasse ; ~ *d'épargne* Sparkasse ; ~ *locale primaire d'assurance-maladie* Ortskrankenkasse ; ~ *de maladie* Krankenkasse ; ~- *maladie agricole* Landkrankenkasse ; Krankenkasse für Landwirte ; ~ -*maladie des artisans* Innungskrankenkasse ; ~ *municipale* Stadtkasse ; ~ *mutuelle* Kasse auf Gegenseitigkeit ; Genossenschaftskasse ; *C*~ *nationale d'assurance-retraite* → ***C.N.A.V.*** ; ~ *nationale du crédit agricole* (*Allemagne*) Raiffeisenbank *f* ; ~ *de prévoyance* Vorsorgekasse ; ~ *de retraite* Altersversorgung *f* ; Pensionskasse ; ~ *de retraite complémentaire* Zusatzversorgungskasse ; ~ *de retraite socio-professionnelle inter-entreprises* Belegschaftsfonds ; ~ *de secours mutuel* Unterstützungskasse auf Gegenseitigkeit ; ~ *nationale de sécurité sociale* Zentralamt *n* der Sozialversicherung **2.** (*magasin*) Kasse *f* ; ~ *automatique* Kassenautomat *m* ; ~ *noire* → ***caisse noire*** ; ~ *scanner* Scanner-Kasse ; *facilités fpl de* ~ Dispositionskredit *m* ; Überziehungskredit ; ~ *livre m de* ~ Kassenbuch *n* ; *montant m en* ~ Kassenbestand *m* ; *ticket m de* ~ Kassenzettel *m* ; Kassenbon *m* ; *avoir 500 € en* ~ 500 € in der Kasse haben ; *faire la* ~ Kasse(nsturz) (Kassenabschluss) machen ; *faire* ~ *à part*

caisse de l'État

(*séparée*) getrennte Kasse haben ; *faire ~ commune* gemeinsame Kasse machen (führen) ; *partir avec la ~* mit der Kasse durchbrennen ; *passer à la ~* zur Kasse gehen ; *tenir la ~* die Kasse führen.
caisse *f* **de l'État** Staatskasse *f.*
caisse *f* **noire** Reptilienfonds *m* ; Geheimfonds, -kasse *f* ; Geheimgelder *npl* ; schwarzes Konto *n* ; Schwarzgeldkonto *n* ; *l'argent provient d'une ~* das Geld stammt aus schwarzen Konten.
caissier *m* Kassenführer *m* ; Kassenverwalter *m* ; Kassenhalter *m* ; Kassenbeamte(r) ; Kassierer *m* ; *~ payeur (du Trésor)* Staatskassenverwalter *m.*
caissière *f* Kassiererin *f* ; Fräulein *n* an der Kasse ; Kassenführerin *f.*
calcul *m* **1.** Rechnen *n* ; *faire une erreur de ~* einen Rechenfehler begehen ; sich verrechnen **2.** Berechnung *f* ; Kalkulation *f* ; Errechnung *f* ; Ermittlung *f* ; *~ des bénéfices* Gewinnermittlung *f* ; *~ des coûts* Kostenrechnung ; Kostenberechnung ; Kalkulation ; Kostenkalkulation ; kalkulatorische Rechnung ; *~ différentiel* Differentialrechnung ; *~ des frais* Kostenrechnung *f* ; *~ des intérêts* Berechnung der fälligen Zinsen ; *~ du montant de la retraite* Rentenberechnung ; *~ des prix* Preisberechnung ; Preiskalkulation ; *~ de probabilités* Wahrscheinlichkeitsrechnung ; *unité f de ~* Recheneinheit *f* ; *d'après mes ~s meinen Berechnungen nach ; si l'on fait le ~ sur un an* aufs Jahr umgerechnet ; annualisiert ; *se tromper dans ses ~* sich verrechnen ; sich verkalkulieren.
calculable berechenbar.
calculateur, trice 1. rechnend **2.** vorausschauend ; (*péj.*) berechnend.
calculateur *m* **1.** Kalkulator *m* **2.** Rechengerät *n*, -anlage *f* ; *~ électronique* Elektronenrechner *m* ; EDV-Anlage *f.*
calculatrice *f* Taschenrechner *m* ; Rechenmaschine *f* ; *~ numérique* digitaler Rechner.
calculer rechnen ; berechnen ; abrechnen ; kalkulieren ; überschlagen ; *risque m ~é* wohlbedachtes (einkalkuliertes) Risiko *n* ; *~ CAF, FAB* auf CIF-, FOB-Basis berechnen ; *~ les intérêts* die fälligen Zinsen berechnen ; *~ qqch au plus juste* etw knapp kalkulieren ; *~ large* großzügig kalkulieren.
calculette *f* → *calculatrice.*

calendaire kalendermäßig ; *année f ~* Kalenderjahr *n.*
calendes : *renvoyer qqch aux ~ grecques* etw auf den Sankt Nimmerleinstag (auf einen späteren Termin) verschieben ; etw auf die lange Bank schieben.
calendrier *m* **1.** Kalender *m* **2.** Terminkalender *m* ; Zeit-, Fahrplan *m* ; Timing *n* ; Termine *mpl* ; Programm *n* ; Agenda *f* ; *~ d'une campagne publicitaire* Werbetiming ; *~ européen* europäischer Fahrplan *m* ; (*tourisme*) *~ des manifestations* Veranstaltungskalender ; *~ de(s) privatisations* Agenda für Privatisierungen ; Privatisierungsfahrplan ; *~ d'un remboursement* Abzahlungsplan ; *~ de remboursement d'une dette* Tilgungsplan ; *~ de travaux* Arbeitsplan ; *~ des versements* Teilzahlungsplan ; *accélérer un ~* einen Zeitplan beschleunigen ; *s'en tenir scrupuleusement à un ~* einen Zeitplan genau einhalten.
calicot *m* Spruchband *n* ; Transparent *n.*
call (*bourse : option d'achat*) Kaufoption *f.*
call of more (*bourse*) Nochgeschäft *n* ; nach Käufers Wahl.
call-warrant *m* (*bourse : titre optionnel qui permet d'acheter le support : devises, actions, etc.*) Call-Warrant *m* ; Optionsschein *m.*
calme : (*bourse*) ruhig ; zurückhaltend ; *le ~ est revenu sur le front des prix* bei den Preisen ist die Ruhe wieder eingekehrt ; Beruhigung *f* an der Preisfront.
calomnie *f* Verleumdung *f* ; Verunglimpfung *f.*
calomnier verleumden.
calomnieux, ieuse verleumderisch ; (*jur.*) *dénonciation f ~ieuse* verleumderische Anschuldigung *f* ; *injure ~ieuse* verleumderische Beleidigung *f.*
cambiaire → *cambial.*
cambial, e kambisch ; wechselrechtlich ; Wechsel- ; *droit m, obligation f ~(e)* Wechselrecht *n*, -verbindlichkeit *f* ; *opération f ~e* Wechselgeschäft *n.*
cambiste *m* Devisen-, Wechselmakler *m* ; Devisen-, Geldhändler *m.*
camelote *f* Tinnef *m* ; Schundware *f* ; Schund *m* ; Ramsch *m.*
camion *m* Lastwagen *m* ; Laster *m* ; LKW (Lkw) *m* ; (*fam.*) Brummer *m* ; *~ à remorque* Lkw mit Anhänger ; Lastzug *m* ; *~-citerne m* Tank(last)wagen *m.*

camionnage *m* **1.** Straßentransport *m* ; Transport *m* mit Lastwagen ; Beförderung *f* per LKW (per Achse) ; *entreprise f de* ~ Rollfuhrdienst *m* **2.** (*chemin de fer*) Zustellung.
camionner mit einem Lastwagen befördern.
camionnette *f* Lieferwagen *m* ; Kleinlastwagen *m*.
camionneur *m* Lastwagenführer *m* ; LKW-Fahrer *m* ; Fuhrunternehmer *m*.
camoufler frisieren ; verschleiern ; ~ *un bilan, une voiture accidentée* eine Bilanz, einen Unfallwagen frisieren ; ~ *un scandale* einen Skandal verschleiern (*syn. maquiller*).
camouflet *m* Ohrfeige *f* ; Kränkung *f* ; Beleidigung *f*.
camp *m* Lager *n* ; ~ *patronal, syndical* Arbeitgeber-, Gewerkschaftslager.
campagne *f* **1.** Kampagne *f* ; Feldzug *m* ; Aktion *f* ; ~ *de bienfaisance* Spendenaktion ; ~ *de diffamation* Verleumdungskampagne, -aktion *f* ; ~ *électorale* Wahlkampf *m* ; Wahlkampagne ; ~ *d'information,* ~ *de lancement* Aufklärungs-, Einführungskampagne ; ~ *de prévention contre les incendies de forêt* Aktion zur Verhütung von Waldbränden ; ~ *de promotion* Verkaufsföderungskampagne ; ~ *publicitaire,* ~ *de presse* Werbe-, Pressekampage ; ~ *de sensibilisation* emotional angelegte Aufklärungsaktion *f* ; ~ *touristique* Fremdenverkehrskampagne ; (*polit.*) *crédits mpl de* ~ staatliche Zuwendung zur Finanzierung der Wahlkampfkosten ; (*polit.*) *remboursement m des frais de* ~ Rückerstattung *f* der Wahlkampfkosten ; Wahlkampfkostenerstattung ; *lancer une campagne en faveur de qqch* eine Werbekampagne für etw starten **2.** (*tourisme*) Land(leben) *n* **3.** (*agric.*) Ernte *f* ; Saison *f*.
camping *m* Camping *n* ; *articles mpl de* ~ Campingartikel *mpl*.
camping-caravan(n)ing *m* Zelt- und Wohnwagenwesen *n* ; ~ *itinérant* Etappen-Camping *n*.
campus *m* *universitaire* Universitätsgelände *n* ; Campus *m*.
canal *m* Kanal *m* ; künstliche Wasserstraße *f* ; *par le* ~ *de* über ; durch Vermittlung von ; ~ *de distribution* Vertriebsweg *m*, -kanal ; Absatzweg *m* ; ~ *d'information* Informationskanal ; ~ *intérieur* Binnenkanal ; ~ *de navigation* Schifffahrtskanal.

canalisation *f* Anlegung *f* von Kanälen ; Kanalisation *f* ; Kanalisierung *f*.
canaliser Kanäle anlegen ; kanalisieren ; schiffbar machen ; (*fig.*) kanalisieren ; zusammenbringen ; zentralisieren ; lenken.
canard *m* *boiteux* (*fam.*) (*entreprise en difficulté*) marodes Unternehmen *n* ; angeschlagene (flügellahme) Firma *f*.
cancérigène krebsauslösend.
candidat *m* Bewerber *m* ; Kandidat *m* ; Anwärter *m* ; ~ *à la construction* Bauwillige(r) ; ~ *à une élection* Kandidat bei einer Wahl ; ~ *à l'entrée dans l'U.E.* EU-Beitrittskandidat ; (*polit.*) ~ *sortant* Amtsinhaber *m* ; ~ *au rachat d'entreprise* Übernahmekandidat ; ~ *à un stage de formation* Ausbildungswillige(r) ; *être* ~ *à un poste* sich um eine Stelle werben ; für ein Amt kandidieren ; *se porter* ~ *pour la place de comptable* sich als Buchhalter bewerben ; *nous avons de nombreux* ~*s à ce poste* für diese Stelle gibt es zahlreiche Bewerber.
candidature *f* Bewerbung *f* ; Kandidatur *f* ; Bewerbungsschreiben *n* ; *dossier m de* ~ Bewerbungsunterlagen *fpl* ; *lettre f de* ~ Bewerbungsschreiben *n* ; *adressez votre* ~ *à...* schicken Sie Ihr Bewerbungsschreiben an ; *faire acte de* ~ sich bewerben um ; kandidieren für ; *poser sa* ~ *à un poste* sich um eine Stelle (Stellung) bewerben ; seine Bewerbung einreichen ; seine Kandidatur anmelden ; *retirer sa* ~ seine Bewerbung (seine Kandidatur) zurückziehen ; *la demande de* ~ *doit être manuscrite* die Bewerbung muss (hand)schriftlich erfolgen ; *nous sommes en possession de votre* ~ Ihre Bewerbung liegt uns vor ; *nous avons reçu de nombreuses* ~*s suite à notre annonce* auf die Annonce hin gingen zahlreiche Bewerbungen ein.
cantine *f* Kantine *f* ; Werkküche *f* ; (*Autriche*) Werksküche *f* ; *gérant m de* ~ Kantinenpächter *m* ; *repas m de* ~ Kantinenessen *n* ; Kantinenkost *f*.
canton *m* (*Suisse, Belgique et France*) Kanton *m* ; Bezirkskreis *m*.
cantonal, e (*préfixe*) kantonal- ; (*France*) *élections fpl* ~*es* Kantonalwahlen *fpl* ; Wahl der Departements-Räte ; Bezirks-, Kreiswahlen ; (*Suisse*) *banque* ~*e* Kantonalbank *f* ; *parlement m, tribunal* ~ Kantonsparlament *n*, -gericht *n*.

cantonner (*une hypothèque*) beschränken (auf + A).
CANZAS (**zone**) *f* (*Canada, Nouvelle Zélande, Afrique du Sud*) CANSSA-Zone *f.*
C.A.O. *f* **1.** (*conception assistée par ordinateur*) computergestützte Entwicklung *f* ; computerisierte Herstellung *f* **2.** (*certificat d'appellation d'origine*) Ursprungszeugnis *n*.
caoutchouc *m* (*agric.*) Kautschuck *m* ; Gummi *m* ; ~ *naturel, synthétique* natürlicher, synthetischer Kautschuck ; *récolter le* ~ Kautschuck gewinnen ; *transformer le* ~ *en gomme, vulcaniser le* ~ Kautschuck zu Gummi verarbeiten, vulkanisieren.
cap *m* Kurs *m* ; *changement de* ~ *en matière de politique financière* Kurswechsel *m* im Bereich der Geldpolitik ; *changer de* ~ den Kurs ändern ; *définir le* ~ den Kurs bestimmen ; *dépasser le* ~ *de 10 %* die Marke (die Grenze) von 10 % überschreiten ; *franchir un* ~ *difficile* eine Schwierigkeit überwinden.
C.A.P. *m* (*certificat d'aptitude professionnelle*) Facharbeiterbrief *m* ; Befähigungsnachweis *m* ; Lehrabschluss *m* ; Zeugnis *n* über die berufliche Befähigung (Gesellenbrief, etc).
capable 1. *être* ~ fähig sein ; in der Lage sein **2.** (*personne*) fähig ; befähigt ; tüchtig ; tauglich ; geeignet ; geschickt **3.** (*jur.*) rechtsfähig ; handlungsfähig ; ~ *de contracter* vertrags-, geschäftsfähig ; ~ *d'ester en justice* prozessfähig.
capacité *f* **1.** Fähigkeit *f* ; Kapazität *f* ; (*contenance*) Gehalt *m* ; Raum *m* ; Rauminhalt *m* ; ~ *d'absorption* Aufnahmefähigkeit ; ~ *d'accueil* (*d'hébergement*) Aufnahme-, Beherbergungskapazität ; ~ *en chambres disponibles* verfügbare Fremdenzimmer *npl* ; ~ *hôtelière* Hotelkapazität ; ~ *industrielle,* ~ *de production* Industrie-, Produktionskapazität ; ~ *pleinement utilisée* vollausgelastete Kapazität ; ~*s professionnelles* berufliche Fähigkeiten *fpl* ; ~ *de ravitaillement* Verpflegungskapazität ; ~ *sous-utilisée* (*sous-exploitée*) unausgelastete (unausgenutzte) Kapazität ; (*environnement*) ~ *de tolérance* Belastbarkeit *f* ; *la* ~ *n'est utilisée qu'à 50 %* (*ne tourne qu'à 50 % de la* ~) die Kapazität ist nur zu 50 % ausgelastet ; *réduire les* ~*s* Kapazitäten abbauen **2.** (*jur. et commerciale*) Kraft *f* ; Fähigkeit *f* ; Rechtsfähigkeit *f* ; ~ *d'autofinancement* (*C.A.F.*) Eigenfinanzierungskraft ; ~ *bénéficiaire* Ertragskraft ; ~ *concurrentielle* Wettbewerbsfähigkeit ; ~ *de contracter, d'ester en justice, d'exercer ses droits* Vertragsfähigkeit (Geschäftsfähigkeit), Prozess-, Handlungsfähigkeit ; ~ *financière* Finanzierungsfähigkeit ; Finanzkraft ; finanzielle Leistungsfähigkeit ; ~ *productrice d'une entreprise* Leistungsfähigkeit eines Unternehmens ; ~ *fiscale* Steuerkraft ; ~ *à gouverner* Regierungsfähigkeit ; ~ *innovante* (*d'innovation*) Innovationskraft ; ~ *de prêt* Kreditpotenzial *n* ; *avoir la* ~ *juridique* rechtsfähig sein ; *avoir une forte, faible* ~ *financière* finanzstark, finanzschwach sein **3.** *certificat de* ~ *en droit* Diplom *n* nach zweijährigem Jurastudium (für Nichtabiturienten) **4.** (*informatique*) Speicherkapazität *f.*
capitaine *m* **d'industrie** Großindustrielle(r) ; Industriekapitän *m.*
capital, e 1. Haupt- ; hauptsächlich ; wesentlich ; ausschlaggebend ; entscheidend **2.** (*jur.*) *peine f* ~*e* Todesstrafe *f.*
capital *m* Kapital *n* ; Kapitalvermögen *n* ; Vermögen *n* ; → **capitaux** ; ◆ ~ *actions* Aktienkapital ; Aktienbetrag *m* ; ~ *appelé* eingefordertes Kapital ; ~ *assuré* Versicherungssumme *f* ; ~ *circulant* umlaufendes Kapital ; ~*confiance* Vertrauenskapital ; Vertrauensbonus *m* ; ~ *de départ* Startkapital ; ~ *disponible* (*liquide*) flüssiges (verfügbares) Kapital ; ~ *d'exploitation* Betriebsvermögen, -kapital ; ~ *extérieur* Fremdkapital ; ~ *financier* Finanzkapital ; ~ *fixe* Anlagevermögen ; festliegendes Kapital ; (*assur.*) ~ *garanti* Versicherungssumme *f* ; ~ *initial* Gründungskapital ; ~ *immobilisé, improductif* fest angelegtes, totes (unproduktives) Kapital ; ~ *d'investissement* Investitions-, Anlagekapital ; ~ *libéré* eingezahltes Kapital ; ~ *en nature* Sach-, Realkapital ; ~ (*en*) *obligations* Anleihekapital ; ~ *non encore appelé* noch nicht eingefordertes Kapital ; ~ *risque* Risikokapital ; Wagniskapital ; Venture-Kapital ; ~-*risqueur* Risikoanleger *n* ; risikofreudiger Investor *m* ; Venture-Kapitalist *m* ; ~ *de roulement* Umlaufvermögen ; arbeitendes Kapital ; Betriebskapital ; ~ *social* (*S.A./AG*) Grundkapital ; (*S.A.R.L./GmbH*)

Stammkapital ; ~ *social, nominal* Geschäfts-, Gesellschaftskapital ; (*bourse*) ~ *souscrit* gezeichnetes Kapital ; Beteiligungsanteil *m* ; ◆◆ *constitution f de ~* Kapitalbildung *f* ; *mobilisation f de ~ d'une entreprise* Kapitalbereitstellung *f* ; ◆◆◆ *acquérir une part de ~ d'une entreprise* einen Kapitalanteil an einem Unternehmen erwerben ; *augmenter le ~* das Kapital aufstocken (erhöhen) ; *consommer son ~* sein Kapital aufbrauchen ; *dissiper son ~* sein Kapital verschwenden ; *entamer son ~* sein Kapital angreifen ; *faire fructifier un ~* ein Kapital arbeiten lassen ; *grignoter son ~* das Kapital allmählich aufbrauchen ; *immobiliser, investir un ~* ein Kapital immobilisieren, anlegen ; *mettre du ~ dans une affaire* Kapital in ein Geschäft stecken (investieren).

capitale *f* **1.** Hauptstadt *f* (eines Landes) ; Metropole *f* **2.** Mittelpunkt *m* ; Zentrum *n* ; *~ commerciale* Handelszentrum, -metropole *f* **3.** (*imprimerie*) großer Buchstabe ; *en ~s d'imprimerie* in Blockschrift ; in Druckschrift.

capitalisable kapitalisierbar.

capitalisation *f* **1.** Kapitalansammlung *f* ; Kapitalisierung *f* ; Kapitalisation *f* ; Thesaurisierung *f* ; *~ boursière* Börsenwert *m* ; Börsenkapitalisierung *f* ; Gesamtwert *m* der an der Börse notierten Wertpapiere **2.** Kapitalbildung *f* ; (*fig.*) Ansammeln *n* ; *de ~* vermögenswirksam ; kapitalbildend ; *assurance-vie de ~* kapitalbildende Lebensversicherung *f* ; *contrat m de ~* kapitalbildender Sparvertrag *m* ; *contrat d'assurance-vie de ~* kapitalbildender Lebensversicherungsvertrag *m* ; *système m de retraite par ~* (private) Zusatzrente *f* (Pensionsfonds, Lebensversicherung, etc) ; privates Sparen für die Renten ; *taux m de ~* Kapitalisierungssatz *m* ; Kapitalisierungszinsfuß *m* ; (*rendement*) Kapitalertrag *m* ; Rendite *f*.

capitaliser 1. kapitalisieren (Rente) ; (Zinsen) zum Kapital schlagen ; in Kapital umwandeln ; *intérêts mpl ~és* Zinseszinsen *mpl* ; aufgezinst **2.** Kapital bilden ; (Geld) anhäufen.

capitalisme *m* Kapitalismus *m* ; *~ d'État* Staatskapitalismus ; *~ populaire* Volkskapitalismus ; *~ sauvage* Manchester-Kapitalismus ; Casinokapitalismus.

capitaliste *m* Kapitalist *m* ; *gros ~* Großkapitalist.

capitaliste kapitalistisch ; *système ~* kapitalistisches System *n*.

capitation *f* Kopfsteuer *f*.

capitaux mpl Kapital *n* ; (*rare*) Kapitalien *pl* ; Gelder *npl* ; (Geld)Mittel *npl* ; ◆ *~ circulants* Umlaufvermögen *n* ; *~ flottants* heißes Geld *n* ; hot money *n* ; *~ propres* Eigenkapital ; *accumulation f de ~* Kapitalanhäufung *f*, -ansammlung *f* ; *afflux m de ~* Kapitalzufluss *m* ; *apport m de ~* Kapitalaufbringung *f* ; *fuite f (évasion f) de ~* Kapitalflucht *f* ; *manque m de ~* Kapitalmangel *m*, -knappheit *f*, -verknappung *f* ; *marché m des ~* Kapitalmarkt *m* ; *mouvement m des ~* Kapitalverkehr *m*, -bewegung *f* ; *pénurie f de ~, placement m de ~* Kapitalknappheit *f*, -anlage *f* ; *prélèvement m sur les ~* Kapitalsteuer *f*, -abgabe *f* ; *transfert m de ~* Kapitaltransfer *m* ; ◆◆ *apporter, emprunter des ~* Kapital einbringen (aufbringen), aufnehmen ; *fournir (mobiliser) les ~* Kapital beschaffen (bereitstellen, mobilisieren, verfügbar machen) → *capital*.

capoter : *faire ~ une entreprise* ein Unternehmen ruinieren ; *faire ~ un projet* ein Projekt zum Scheitern bringen.

caprin : *élevage m ~* Ziegenzucht *f*.

captateur *m* (*jur.*) Erbschleicher *m*.

captation *f* (*jur.*) Erbschleichung *f* ; *~ d'héritage* Erbschleicherei *f*.

capter 1. *~ une source* eine Quelle ableiten **2.** *~ un héritage* eine Erbschaft erschleichen **3.** *~ des fonds* Gelder unterschlagen.

capteur *m solaire* Sonnenkollektor *m* ; Sonnenspeicher *m*.

captif, ive : *clientèle f ~e* auf einige Produkte angewiesene Kundschaft ; Kunden *mpl* ohne Produktauswahl ; *marché m ~* monopolistischer Markt *m* ; gebundener Markt ; von einigen Anbietern beherrschter Markt.

capture *f* **1.** Gefangennahme *f* ; Beschlagnahme *f* ; Festnahme *f* ; Erbeutung *f* **2.** (*chose capturée*) Fang *m* ; Beute *f* **3.** (*maritime*) Aufbringung *f* ; *clause f de ~* Aufbringungs- und Beschlagnahmeklausel *f*.

capturer 1. fangen ; beschlagnahmen ; erbeuten ; festnehmen **2.** (*maritime*) aufbringen.

CAQ (*Computer quality control/ contrôle de qualité par ordinateur*) computergestützte Qualitätsprüfung *f*, -kontrolle *f*.

caractère *m* **1.** (*imprimerie*) Druckbuchstabe *m* ; Schriftzeichen *n* ; Buchstabe *m* ; Letter *f* ; Type *f* ; *en gros ~s, en petits ~s* mit großen, kleinen Buchstaben ; groß-, kleingedruckt ; *en ~ gras, en ~ d'imprimerie* fettgedruckt, in Block-, Druckschrift **2.**(*fig.*) Charakter *m* ; Art *f* (und Weise *f*) ; *~ exécutoire* (*décret, sentence*) Vollstreckbarkeit *f* ; *~ illégal* Ungesetzlichkeit *f* ; *à/de ~ commercial* gewerblicher (kommerzieller) Art ; *objet m à ~ scientifique ou culturel* Gegenstand *m* wissenschaftlichen oder kulturellen Charakters ; *la conversation avait un ~ confidentiel* die Besprechung hatte einen vertraulichen Charakter.

caractéristique *f* Kennzeichen *n* ; Merkmal *n* ; Charakteristik *f* ; (*appareils*) *~s techniques* technische Daten *pl* (Angaben *fpl*) ; Beschaffenheit *f* eines Produkts ; technische Eigenschaften *fpl*.

carambolage *m* (*assur.*) Zusammenstoß *m* ; Karambolage *f*.

carat *m* **1.** (*unité de poids des pierres précieuses*) Karat *n* ; *un diamant de dix ~s* ein Diamant von zehn Karat ; *un 10 ~s* Zehnkaräter *m* **2.** (*titre d'or fin d'un alliage*) Karat *n* ; *de dix ~s* zehnkarätig.

caravaning *m* Wohnwagentourismus *m* ; Reisen *n* mit Wohnwagen.

carbone *m* : *dioxyde de ~* Kohlendioxyd *n* ; *production f de dioxyde de ~* Kohlendioxydausstoß *m* ; *réduire les émanations de dioxyde de ~* den Kohlendioxydausstoß reduzieren.

carburant *m* Kraftstoff *m* ; Treibstoff *m* ; (*essence*) Benzin *n* ; *~ Diesel* Diesel(kraftstoff) *m* ; *consommation f en ~* Kraftstoffverbrauch *m* ; *pénurie f de ~* Kraftstoffknappheit *f*.

carcasse *f* **1.** (*agric.*) *~ animale* Tierkadaver *n* **2.** (*automobile*) *~ de voiture* Autowrack *n* ; *usine f de récupération de ~s de voitures* Verschrottungs-, Schreddermüllanlage *f*.

carence *f* **1.** Nichtvorhandensein *n* ; Nichterfüllung *f* ; Ausfall *m* ; Fehlen *n* ; Lücke *f* ; Versagen *n* ; Ausbleiben *n* ; *~ d'approvisionnement* Versorgungslücke *f* **2.** (*assur.*) Karenz-, Wartezeit *f* ; *un délai de ~* eine Karenzzeit von.

car-ferry *m* Autofähre *f*.

cargaison *f* Ladung *f* ; Fracht *f* ; *~ arrimée sur le pont* Deckladung *f* ; *~ en vrac* Schüttladung ; loses Frachtgut *n* ; *~ flottante* schwimmende Ladung *f* ; *~ récupérée* (*après sauvetage*) Bergungsgut *n*.

cargo *m* Frachtschiff *n* ; Frachter *m* ; *~ frigorifique* Kühlschiff *f* ; *~ mixte* kombiniertes Fracht- und Fahrgastschiff ; Frachter mit Passagierkabinen ; *activité f ~* Frachtgeschäft *n*.

caritatif, ive karitativ ; humanitär ; *association f ~ive* karitative Organisation *f* ; Wohltätigkeits-, Wohlfahrtsverband *m* ; Spendenorganisation ; humanitäre Organisation.

carné, e : (*agric.*) *farines fpl ~ées* Tiermehl *n* ; *interdiction f des farines ~ées dans l'alimentation du bétail* Tiermehlverfütterungsverbot *n*.

carnet *m* Notizbuch *n* ; Heft *n* ; *~ d'adresses* Adress(en)buch *n* ; *~ de bord* Fahrtenbuch ; *~ de camping international* internationales Camping-Carnet *n* ; *~ de chèques* Scheckbuch, -heft ; *~ de chômage* Stempelbuch ; *~ de commandes* (*rempli*) (gefülltes) Auftragsbuch, -bestand *m* ; Bestellbuch ; *~ de quittances* Quittungsblock *m* ; *~ de route* Fahrtenprogramm *n* ; *~ de santé* Gesundheitsbuch ; *~ à souche* Heft mit Stammabschnitt ; Talonbuch ; *~ de timbres* Briefmarkenheftchen *n* ; *~ TIR* TIR-Carnet *n* ; Zollbegleitheft.

carotte *f fiscale* (*fam.*) Steueranreiz *m* ; staatliche Steuervergünstigung *f*.

carreau *m* (*mine*) Halde *f* ; Zechenplatz *m* ; Grubeneingang *m* ; *départ m ~ de la mine* ab Grube ; ab Zeche.

carré, e quadratisch ; Quadrat-, mètre *m ~* Quadratmeter *m* ou *n* ; *prix du* m^2 Quadratmeterpreis *m*.

carrefour *m* Kreuzung *f* ; Scheideweg *m* ; Platz *m* ; Markt *m* ; (*réunion de travail*) Arbeitsgruppe *f* ; *~ d'informations* Informationstreff *m*.

carreleur *m* (*métiers*) Fliesenleger *m*.

carrière *f* **1.** (*professionnelle*) Laufbahn *f* ; beruflicher Werdegang *m* ; Karriere *f* ; ◆ *~ administrative* Verwaltungslaufbahn ; *~s de l'enseignement* Lehrberufe *mpl* ; *~ dans la fonction publique* Beamtenlaufbahn ; ◆◆ *en fin de ~* am Ende der Laufbahn ; *indemnité f de fin de ~* Abfindung *f* beim Ausscheiden aus dem Erwerbsleben ; *perspectives fpl de* ~ Berufsaussichten *fpl* ; *(fonctionnaires) traitement de début, de fin de* ~ Anfangs-, Endgehalt *n* ; *plan de* ~ Berufsplanung *f* ; berufliche Planung *f* ; ◆◆◆ *avancer dans la* ~ beruflich aufsteigen ; *embrasser une* ~ einen Beruf ergreifen ; eine Laufbahn einschlagen ; *être en fin de* ~ am Ende seiner Berufstätigkeit sein ; *faire* ~ Karriere machen ; *faire avancer sa* ~ seine Karriere vorantreiben ; *faire un choix de* ~ eine Berufswahl treffen ; *poursuivre une* ~ eine Karriere verfolgen ; *se préparer à une* ~ *dans le fonctionnariat* sich auf die Beamtenlaufbahn vorbereiten 2. (*mines*) Steinbruch *m* ; ~ *de sable* Sandgrube *f* ; *exploitation f d'une* ~ Abbau *m* eines Steinbruchs ; *exploiter une* ~ einen Steinbruch betreiben ; in einem Steinbruch arbeiten.

carriériste *m* (*péj.*) Karrieremacher *m* ; Karrierist *m* ; Karrierehengst *m*.

car-sharing *m* Car-Sharing *n* ; Autoteilung *f* ; *pratiquer le* ~ sich ein Auto teilen.

carte *f* Karte *f* ; Ausweis *m* ; ◆ ~ *d'abonnement* Zeit-, Dauerkarte ; ~ *d'adhérent à un parti politique* Parteibuch *n* ; ~ *bancaire (de crédit, bleue, à débit différé)* Kreditkarte ; Scheckkarte *f* ; ~ *de crédit maison* Kundenkarte ; ~ *à débit différé* → *bancaire* ; ~ *d'électeur* Wahlschein *m*, -ausweis *m* ; Wählerkarte ; ~ *d'embarquement (avion)* Bord-, Einsteigekarte ; (*bateau*) Bord-, Einschiffungskarte ; ~ *d'étudiant* Studentenausweis ; ~ *d'exposant* Messeausweis ; ~ *de famille nombreuse* Ausweis für kinderreiche Familien ; ~ *de fidélité* Kundenkarte *f* ; ~ *graphique* Grafikkarte ; ~ *fax* Fax-Karte ; ~ *grise* Kraftfahrzeugschein *m* ; Kfz- Zulassung *f* ; Fahrzeugbrief *m* ; ~ *hebdomadaire (de transport)* Wochenkarte ; ~ *d'identité* Personalausweis ; Kennkarte ; Identitätskarte ; ~ *d'identification bancaire* Bankkarte ; ~ *de légitimation* Ausweis ; (*négociations*) ~ *maîtresse* Stichkarte ; Trumpfkarte ; ~ *maritime* Seekarte ; (*informatique*) ~ *à mémoire* Chip-Karte ; ~ *multimédias* Multimediakarte ; ~ *orange* Monats-, Wochenkarte (Metro, Bus) ; Verbund-, Netzkarte ; ~ *perforée* Lochkarte ; ~ *permanente* Dauerkarte ; ~ *postale* Ansichtskarte ; Postkarte ; ~ *de presse, de priorité* Presse-, Sonderausweis ; ~ *professionnelle* Gewerbeschein *m* ; ~ *à puce* Chipkarte ; ~ *de rationnement (alimentaire)* Lebensmittelkarte ; ~*-réponse* Antwortkarte ; ~ *routière* Landkarte ; ~ *de santé* → *carte vitale* ; ~ *de séjour* Aufenthaltsgenehmigung *f* ; ~ *son* Soundkarte ; ~ *syndicale* Gewerkschaftsbuch *n* ; ~ *de travail* Arbeitserlaubnis *f* ; ~ *vermeil* Seniorenpass *m* ; (*auto*) ~ *verte (internationale)* grüne (Versicherungs)Karte ; ~ *visa* → *carte bancaire* ; ~ *de visite* Visitenkarte ; ~ *vitale* Chip-Gesundheitskarte ; elektronischer Gesundheitsausweis ; elektronisches Gesundheitsbuch *n* ; ~ *d'unités téléphoniques* telephonische Guthabenkarte ; (*transport*) ~ *de zone* Netzkarte ; ◆◆ *téléphone m à* ~ Karten-Telefon *n* ; Prepaid-Handy *n* ; ◆◆◆ (*fig.*) *abattre ses* ~*s* seine Karten aufdecken (offen auf den Tisch legen) ; *avoir des horaires à la* ~ gleitende Arbeitszeit haben ; gleiten können ; (*fig.*) *avoir toutes les* ~*s en main* alle Karten in der Hand haben ; (*tourisme*) *manger à la* ~ nach der Karte essen ; *payer (régler) par* ~ *bancaire* mit einer Kreditkarte (Plastikkarte) (be)zahlen.

cartel *m* Kartell *n* ; Absprache *f* ; Interessenvereinigung *f* ; Ring *m* ; Zusammenschluss *m* ; Kampfverband *m* ; ~ *d'achat* Einkaufskartell ; ~ *de distribution* Verkaufs-, Absatzkartell ; ~ *illicite* (*fam.*) Frühstückskartell ; ~ *de prix, de production, de rabais, de rationalisation* Preis-, Produktions-, Rabatt-, Rationalisierungskartell ; ~ *de vente* Absatzkartell ; Verkaufskartell.

carton *m* 1. (*matériau*) Pappe *f* ; *boîte f en* ~ Pappschachtel *f* ; *couvercle m en* ~ Pappdeckel *m* 2. ~ *d'emballage* Karton *m* ; *emballer la marchandise dans des* ~*s* die Ware in Kartons verpacken 3. (*fig. blâme*) ~ *rouge* rote Karte ; *recevoir un* ~ *rouge* eine rote Karte bekommen.

cartonné, e kartoniert.

cartonnage *m* Kartonage *f* ; Pappware *f* ; Verpackungsmaterial *n* aus Pappe ; *usine f de* ~ Kartonagefabrik *f* ; Pappwarenindustrie *f*.

cartothèque *f* Kartothek *f* ; Kartei *f*.

cas *m* 1. Fall *m* ; ◆ ~ *difficile* Härtefall ; Schwerstfall ; ~ *grave* → *social* ; ~ *de force majeure* Fall höherer Gewalt ; ~ *isolés* vereinzelte Fälle ; ~ *de* *jurisprudence* Präzedenzfall *m* ; ~ *de légitime défense* (Fall von) Notwehr *f* ; ~ *limite* Grenzfall ; ~ *litigieux* strittiger (streitiger) Fall ; Streitfall ; ~ *de renvoi* Kündigungsgrund *m* ; ~ *social* Sozial-, Härtefall ; ~ *suspect* Verdachtsfall ; ◆◆ *en* ~ *de* im Fall(e) (+ G) ; *en* ~ *d'accident, de décès* bei einem Unfall, im Todesfall ; *en* ~ *de besoin* im Notfall ; im Bedarfsfall ; *en* ~ *d'urgence* in dringenden Fällen ; *au* ~ *par* ~ von Fall zu Fall ; *examen m au* ~ *par* ~ Einzelfallüberprüfung *f* ; *nouveaux* ~ *de contamination par l'ESB* neue BSE-Fälle ; neue BSE-Verseuchungen *fpl* ; ◆◆◆ *décider qqch au* ~ *par* ~ etw von Fall zu Fall entscheiden ; *examiner, traiter un dossier au* ~ *par* ~ jeden Fall eines Dossiers prüfen, behandeln ; *exposer son* ~ seinen Fall (seine Sache) vortragen **2.** Fall *m* ; Fallstudie *f* ; Planspiel *n* ; *faire des études de* ~ mit Fallstudien arbeiten.

casable : *chômeurs difficilement ~s* schwer zu vermittelnde Arbeitslose.

cascade *f* : *imposition en* ~ Mehrphasenbesteuerung *f* ; Allphasensteuer *f*.

case *f* **1.** (*formulaire*) Kästchen *n* ; Feld *n* ; Rubrik *f* ; *cocher la* ~ *correspondante* betreffendes Kästchen bitte ankreuzen ; *indiquez votre adresse dans la* ~ *réservée à cet effet* Ihre vollständige Anschrift in betreffendem Feld angeben **2.** (*casier*) Fach *n*.

caser (*qqn ou qqch*) (jdn, etw) unterbringen (bei).

cash bar ; gegen Barzahlung ; sofort (zahlbar) ; *payer* ~ bar (be)zahlen ; (*syn.*) *comptant*.

cash *m* Bargeld *n* ; Bares *n*.

cash ad carry *m* Cash and carry *n* ; bar bezahlen und mitnehmen, (Vertriebsform des Groß- und Einzelhandels) ; → *discounter*.

cash flow *m* Cash-flow *m* ; Kassenzufluss *m* ; Nettoeinnahmen *fpl*.

cash-management *m* Cash-Management *n*.

cash-settlement *m* (*méthode qui substitue aux règlements physiques des règlements par compensation monétaire*) Cash-Settlement *n* ; Währungsausgleichszahlung *f*.

casier *m* **1.** Fach *n* ; Regal *n* ; Ablagefach *n* ; Fachschrank *m* **2.** Kartei *f* ; Register *n* ; ~ *judiciaire* Strafregister ; Vorstrafe *f* ; *avoir un* ~ *judiciaire* vorbestraft sein ; *avoir un* ~ *vierge* nicht vorbestraft sein ; ~ *de la circulation* (*des mauvais conducteurs*) Verkehrssünderkartei ; Verkehrszentralregister *n* ; *mention f portée au* ~ Strafvermerk *m* im Strafregister ; *demander un extrait de* ~ einen Auszug aus dem Strafregister beantragen.

casino *m* Kasino *n* ; Spielbank *f*.

casquer (*fam.*) (be)zahlen ; blechen ; berappen ; Geld lockermachen ; tief in die Tasche greifen.

Cassandre : (*bourse*) *jouer les* ~ die Anleger in Panik versetzen ; vor einem bevorstehenden Krach warnen.

cassation *f* (*jur.*) Kassation *f* ; Aufhebung *f* (eines Urteils) ; (*Suisse*) Kassationsgericht *n* ; *cour f de* ~ Kassationshof *m*, -gericht *n* ; *pourvoi m en* ~ Revision *f* ; Revisionsantrag *m* ; Kassationsbeschwerde *f* ; *se pourvoir en* ~ Revision einlegen ; in die Revision gehen.

casse *f* **1.** (*véhicules*) Schrott(platz) *m* ; *bon pour la* ~ schrottreif ; abwrackfrei ; nur noch Schrottwert haben ; *mise à la* ~ Verschrottung *f* ; *prime f de mise à la* ~ Verschrottungsprämie *f* ; *valeur f à la* ~ Schrottwert *m* ; *envoyer* (*mettre*) *à la* ~ zum Verschrotten geben ; (ein Auto) verschrotten **2.** (*dégâts*) Schäden *mpl* ; ~ *sociale* Sozialabbau *m* ; Abbau von Arbeitsplätzen ; *faire de la* ~ Schaden anrichten ; *payer la* ~ den Bruch (Schaden) bezahlen ; etw wieder gutmachen ; für die Schäden aufkommen.

casse *m* (*fam.* : *vol par effraction*) : *commettre un* ~ einen Einbruchsdiebstahl begehen.

casser : ~ *une décision, un jugement* einen Beschluss, ein Urteil aufheben ; ~ *les prix* die Preise brechen.

cassette *f* Kassette *f* ; Cassette *f* ; *magnétophone m à* ~ Kassettenrecorder *m*.

casseur *m* **1.** (*véhicules*) Schrotthändler *m* ; Altenwarenhändler **2.** ~ *de prix* Preisbrecher *m* **3.** (*polit.*) Randalierer *m* ; *loi f anti-~s* Anti-Randalierer-Gesetz *n* ; *les ~s seront les payeurs* wer randaliert, muss für die verursachten Schäden aufkommen ; Verursacherprinzip *n*.

castors *mpl* (*bâtiment*) Vereinigung *f* von Privatleuten, die ihre Häuser in Selbsthilfe bauen ; gegenseitige Hilfe *f*

beim Bau eines Eigenheims ; Nachbarschaftshilfe *f.*
casualisation *f* (*statist.*) Zufallsteilung *f* ; Randomisierung *f.*
casuel, le (*statist.*) zufällig ; vom Zufall abhängend ; ungewiss.
catalogue *m* Katalog *m* ; ~ *alphabétique, par matières* alphabetischer Katalog, Sachkatalog ; Schlagwortkatalog ; ~ *alphabétique de matières* alphabetischer Sachkatalog ; ~ *des prix* Preiskatalog ; Preisliste *f* ; ~ *de revendications* Aufstellung *f* von Forderungen *fpl* ; ~ *de vente par correspondance* Versandkatalog ; *prix* ~ Listenpreis *m* ; *commander sur* ~ nach Katalog bestellen ; *dresser un* ~ *des œuvres, des objets* ein Verzeichnis der Werke anlegen ; eine Liste der Gegenstände aufstellen.
cataloguer katalogisieren ; karteimäßig erfassen ; (Waren) in einen Katalog aufnehmen ; (*fig.*) brandmarken ; abstempeln ; ~ *qqn comme mauvais payeur* jdn als säumigen (schlechten) Zahler brandmarken.
catastrophe *f* Katastrophe *f* ; (schweres) Unglück *n* ; ~ *aérienne, ferroviaire, minière, naturelle* Flugzeug-, Eisenbahn-, Gruben-, Naturkatastrophe ; ~ *épidémiologique, nucléaire* Seuchenkatastrophe, nuklearer GAU ; ~ *pétrolière* Ölpest *f* ; Ölkatastrophe ; *atterrissage m en* ~ Notlandung *f* ; *courir droit à la* ~ auf Katastrophenkurs sein.
catastrophique katastrophal ; verheerend ; entsetzlich.
catégorie *f* Kategorie *f* ; Klasse *f* ; Gruppe *f* ; (*fonctionnaires*) ~ *A* der höhere Dienst ; ~*s B, C, D* gehobener, mittlerer, einfacher Dienst ; ~ *d'actions* Aktiengattung *f* ; ~ *d'acheteurs* Käuferschicht *f* ; ~ *d'âge* Altersgruppe *f* ; ~ *d'entreprises* Betriebsgrößenklasse *f* ; Betriebsart *f* ; ~ ~ *fiscale* Steuergruppe *f* ; Steuerklasse *f* ; ~ *de loyer* Mietenstufe *f* ; ~ *d'impôts* Steuergruppe *f* ; Steuerart *f* ; ~ *de marchandise* Güteart *f* ; Warengattung *f* ; ~ *de prix* Preisklasse *f* ; ~ *de produits* Produktart *f* ; Warengattung *f* ; (*bourse de commerce*) Handelsklasse *f* ; Handelssorte *f* ; ~ *professionnelle* Berufsgruppe *f* : Berufskategorie *f* ; Arbeitskategorie ; Berufssparte *f* ; berufliche Einstufung *f* ; ~ *de revenus* Einkommensart *f* ; Einkommensstufe *f* ; ~ *de risques* (*assurances*) Gefahrenklasse

f ; ~ *de salaires* (*salariale*) (Lohn- und) Ge-haltsgruppe ; Besoldungsgruppe ; ~ *sociale* Gesellschaftsgruppe *f* ; Gesellschaftsschicht ; soziale Schicht *f* ; ~ *socio-professionnelle* Stellung *f* im Erwerbsleben (im Beruf) ; Arbeitskategorie *f* ; Berufsstand *m* ; Berufssparte *f* ; *toutes* ~*s confondues* unterschiedslos ; ohne Unterschied ; alles zusammengenommen ; *changer de* ~ *salariale* in eine andere Besoldungsgruppe eingestuft werden.
catégoriel, le kategoriell ; eine bestimmte Gruppe betreffend ; für eine bestimmte Gruppe geltend ; *revendications fpl* ~*les* kategorielle (berufsgruppenspezifische) Forderungen *fpl.*
catégorisation *f* Einordnung *f* nach Kategorien ; Kategorisierung *f.*
catégoriser nach Kategorien ordnen ; kategorisieren.
causalité *f* Kausalität *f* ; ursächlicher Zusammenhang *m* ; ~ *alternative* alternative Kausalität *f* ; ~ *concurrente* konkurriende Kausalität *f* ; *principe de* ~ Verursacherprinzip *n* ; Prinzip *n* der Verursachung ; *rapport m de* ~ Kausalzusammenhang *m.*
cause *f* **1.** Grund *m* ; Ursache *f* ; Begründung *f* ; Anlass *m* ; Bewegungsgrund *m* ; Faktor *m* ; Veranlassung *f* ; Zweck *m* ; *pour* ~ *d'inventaire* wegen Inventur ; *pour* ~ *de maladie* wegen Krankheit ; krankheitshalber **2.** (*jur.*) Schuld *f* ; Verschulden *n* ; Verschuldung *f* ; ~ *de l'accident* Unfallursache *f* ; ~ *de l'annulation* Nichtigkeitsgrund *m* ; ~ *de récusation* Ablehnungsgrund *m* ; ~ *de sinistre* Schadensursache *f* **3.** (*jur.*) Rechtssache *f* ; Prozess *m* ; Angelegenheit *f* ; ◆ *bonne* ~ aussichtsreicher Prozess *m* ; ~ *civile* Zivilsache *f* ; ~ *pénale* Strafsache *f* ; ◆◆◆ (*jur. fig.*) *avoir gain de* ~ den Prozess gewinnen ; Recht bekommen ; ein günstiges Urteil erwirken ; *donner gain de* ~ ein günstiges Urteil erlassen ; einem Antrag stattgeben ; *être en* ~ zur Debatte stehen ; betroffen werden ; in Mitleidenschaft gezogen werden ; *mettre en* ~ in Frage stellen ; in eine Sache hineinziehen ; in Mitleidenschaft ziehen ; *militer pour une* ~ sich für eine Sache einsetzen (engagieren) ; *obtenir gain de* ~ den Prozess gewinnen ; Recht bekommen ; *perdre sa* ~ den Prozess verlieren ; *plaider la* ~ *de qqn* jdn vor Gericht vertreten.

caution *f* **1.** (*jur.*) Bürgschaft *f* ; Kaution *f* ; Garantie *f* ; Gewähr *f* ; Sicherheit *f* ; Schuldgarantie *f* ; Bürgschaftssumme *f* ; ~ *légale* gesetzliche Bürgschaft ; *sous* ~ *gegen* Kaution (Bürgschaft) ; *déposer une* ~ eine Kaution hinterlegen **2.** (*jur.*) Bürge *m* ; Garant *m* ; Garantieträger *m* ; Gewährträger *m* ; ~ *réelle* gesetzlicher Bürge ; ~ *solidaire* Mitbürge ; *se porter* ~ *pour qqn* für jdn bürgen ; für jdn Bürgschaft leisten ; eine Schuldgarantie übernehmen ; *se porter* ~ *solidaire* sich als Selbstschuldner (für Kosten) verbürgen **3.** *sujet à* ~ nicht verbürgt (Information) ; unzulässig ; verdächtig **4.** *être libéré sur* ~ auf Kaution freigelassen werden.

cautionnement *m* **1.** (*jur.*) Bürgschaft *f* ; Kaution *f* ; Bürgschaftsleistung *f* ; Bürgschaftsübernahme *f* ; Garantie *f* ; Garantieleistung *f* ; Kautionsverpflichtung *f* ; Sicherheit *f* ; Deckung *f* ; Bürgschafts-, Garantievertrag *m* ; ~ *réel* Realsicherheit ; *acte f de* ~ Bürgschaftsurkunde *f* ; *contrat m de* ~ Bürgschaftsverhältnis *n* ; *déposer qqch en* ~ etw als Kaution hinterlegen ; *fournir une* ~ eine Kaution stellen **2.** (*fig.*) Unterstützung *f*.

cautionner 1. durch Bürgschaft sichern (garantieren) ; für jdn bürgen ; sich (für etw) verbürgen ; für jdn eine Bürgschaft übernehmen ; Bürgschaft leisten (für) ; *obligations fpl* ~*ées* Obligationen *fpl* mit Bankbürgschaft ; *prêt m* ~*é* durch Bürgschaft gesichertes Darlehen *n* **2.** (*fig.*) unterstützen ; ~ *qqch* gutheißen.

cavalerie : *effet m* (*traite f, papier m*) *de* ~ Reitwechsel *m* ; Finanzwechsel ; *tirage m de traites de* ~ Wechselreiterei *f*.

cave *f* Keller *m* ; *opération f « caves ouvertes »* Tag der offenen Kellertüren ; Wein-Kostprobe-Aktion *f* im Keller.

caviarder unleserlich machen ; streichen ; (*presse*) zensieren ; eine Stelle aus einem Text streichen ; (*Autriche*) zensieren.

caviste *m* Weinhändler *m* ; Kellerverwalter *m*.

C.B. 1. *code bancaire m* Bankleitzahl *f* (BLZ) ; Bankverbindungen *fpl* **2.** *compte bancaire m* Bankkonto *m* **3.** *cours m de la bourse* Börsenkurs *m* **4.** *carte bleue, carte bancaire* Kreditkarte (einer Bank).

C.C. 1. (*Corps consulaire*) CC ; Konsularisches Korps *n* **2.** *code civil m* bürgerliches Gesetzbuch *n* **3.** *code de commerce* Handelsgesetzbuch **4.** *compte-chèques* Scheckkonto *n* **5.** *compte courant* Girokonto ; Kontokorrent *n*.

C.C.C. : *copie certifiée conforme* beglaubigte Abschrift *f*.

C.C.E.D. *f* (*Commission de conciliation et d'expertise douanière*) Schlichtungs- und Gutachter-Zoll-Ausschuss *m*.

C.C.I.P. *f* (*Chambre de commerce et d'industrie de Paris*) Industrie- und Handelskammer *f* von Paris.

C.C.P. *m* (*compte chèques postaux*) Postscheckkonto *n* ; PschKto.

C.C.R. *m* (*coefficient de capitalisaton des résultats*) Price-earning-Ratio *n* ; Kurs-Gewinn-Verhältnis *n*.

C.D. (*Corps diplomatique*) CD *n* ; Diplomatisches Korps *n*.

C.D.C. *f* (*Caisse des dépôts et consignations*) Sparkassen- und Giroverband *m*.

C.D.D. *m* (*contrat à durée déterminée*) befristeter Arbeitsvertrag *m* ; befristete Stelle *f* ; befristetes Arbeitsverhältnis *n* ; Zeitvertrag *m* ; *avoir un* ~ auf Zeit angestellt sein (*contr. C.D.I.*).

C.D.F. *mpl* (*Charbonnages de France*) französische Kohlenbergwerke *npl*.

C.D.I. *m* (*contrat à durée indéterminée*) unbefristeter Arbeitsvertrag *m* ; unbefristetes Arbeitsverhältnis *n* ; Dauerarbeitsvertrag ; *accepter un* ~ ein Dauerarbeitsverhältnis eingehen ; *avoir un* ~ *dans une entreprise* in einem Betrieb fest angestellt sein ; bei einer Firma in einem Dauerarbeitsverhältnis stehen.

CD-ROM *m* CD-Rom *f* ; Speicherplatte *f*.

C.E. *m* **1.** (*Comité d'entreprise*) Betriebsrat *m* **2.** (*conformité européenne*) europäische Konformitätserklärung *f* ; *label m* ~ Prüfsiegel *n* der Europäischen Gemeinschaft.

C.E.A. (*Compte m d'épargne en actions*) Aktien-Sparkonto *n*.

C.E.A. *m* (*Commissariat à l'énergie atomique*) Kommissariat *n* für Atomenergie.

C.E.C.A. *f* (*Communauté européenne du charbon et de l'acier*) EGKS *f* (Europäische Gemeinschaft für Kohle und Stahl) ; Montanunion *f*.

cédant *m* (*jur.*) Abtretende(r) ; Zedent *m* ; Vormann *m* (eines Wechsels) ; Übergebende(r) ; Veräußerer *m*.
céder 1. abtreten ; überlassen ; abgeben ; zedieren ; sich entäußern ; ~ *une affaire* ein Geschäft verkaufen (übertragen, überlassen) ; ~ *à bail* verpachten ; ~ *une chose* sich einer Sache entäußern ; ~ *une créance* eine Schuldforderung abtreten ; ~ *une dette* eine Schuld abtreten ; ~ *dix pour cent du capital à qqn* an jdn zehn Prozent des Kapitals abgeben ; ~ *ses droits* seine Rechte abtreten **2.** nachgeben ; ~ *au chantage* sich erpressen lassen ; ~ *à la pression de la rue* dem Druck der Straße nachgeben ; ~ *du terrain* nachgeben ; schwächer werden ; an Boden verlieren ; *l'indice boursier a ~é quelques points* der Börsenindex ist um einige Punkte gefallen (zurückgegangen) ; der Börsenindex hat um einige Punkte nachgegeben.
cédétiste *m* Mitglied *n* der französischen Gewerkschaft C.F.D.T.
cédérom *m* → **CD-Rom**.
Cedex (CEDEX) *m* (*courrier d'entreprise à distribution exceptionnelle*) gesondert zugestellte Firmenpost *f*.
cédulaire (*constaté par un titre*) verbrieft ; (*hist. jusqu'en 1949*) *impôt* ~ Einkommensteuer *f* nach Einkunftsart ; proportionelle Steuer.
cédule *f* (*titre établissant une créance*) Schuldschein *m* ; Schuldbrief *m* ; ~ *foncière* Grundschuldbrief *m* ; ~ *hypothécaire* Hypothekenbrief *m*.
C.E.E. *f* : (*hist.*) *Communauté économique européenne* Europäische Wirtschaftsgemeinschaft *f*.
C.E.F. *m* (*Conseil économique et financier*) Deutsch-französischer Finanz- und Wirtschaftsrat *m*.
cégétiste *m* Mitglied *n* der französischen Gewerkschaft C.G.T.
C.E.I. *f* (*Communauté des états indépendants*) GUS *f* ; Gemeinschaft *f* unabhängiger Staaten (der ehemaligen UdSSR).
ceinture *f* : (*fam.*) *se serrer la* ~ (*d'un cran*) sich den Gürtel enger schnallen.
C.E.I.P.I. *m* (*Centre d'études internationales de la propriété industrielle, Strasbourg*) Institut *n* für internationalen gewerblichen Rechtschutz.
célibataire *m/f* alleinlebender Mann *m* ; Ledige(r) ; Junggeselle *m* ; Junggesellin *f* ; Single *m* ; alleinlebende Frau *f* ; Ledige ; *il, elle est* ~ er, sie ist Single (lebt als Single) ; er, sie ist ledig.
célibataire (*adj.*) ledig ; unverheiratet ; *mère f* ~ ledige Mutter *f* ; alleinerziehende Mutter *f* ; *être* ~ Junggeselle (Junggesellin) sein.
cellule *f* Zelle *f* ; ~ *de crise* Krisenstab *m* ; *convoquer une* ~ eine Krisensitzung einberufen ; ~ *politique* politische Zelle ; ~ *de réhabilitation* Wiedereingliederungs-, Rehabilitationszelle.
censé, e : *nul n'est* ~ *ignorer la loi* Unkenntnis *f* des Gesetzes schützt vor Strafe nicht.
censure *f* **1.** Zensur *f* ; *commission f de* ~ Zensurbehörde *f* ; (*polit.*) *motion f de* ~ Misstrauensantrag *m* **2.** (*fonctionnaire*) Warnung *f* ; Verweis *m* ; Tadel *m*.
censurer 1. zensieren ; *film m ~é* zensierter Film *m* ; von der Zensur verbotener Film *m* **2.** (*fonctionnaire*) einen Verweis erteilen.
cent : *pour* ~ Prozent *n* ; *cinq pour* ~ fünf Prozent ; 5 % ; 5 p.c. ; 5 p. 100 ; 5 v. H. (vom Hundert) ; *augmentation f de dix pour* ~ zehnprozentige Erhöhung *f* ; *prêter à 10 %* (Geld) zu 10 % Zinsen (ver)leihen ; 10 % Zinsen verlangen.
centime *m* Cent *m* (100 Cent = 1 €) ; (*hist.*) Centime *m* ; der hundertste Teil eines Francs ; (*Suisse*) Rappen *m* ; ~*s additionnels* Steuerzuschlag *m* (der Gemeinden) ; Ergänzungsabgabe *f* ; *ça ne vaut pas un* ~ das ist keinen roten Heller wert.
central *m* (Telefon)Zentrale *f* ; Fern(melde)amt *n* ; Vermittlung *f* ; Call-Center *n*.
central, e zentral ; Zentral- ; Haupt- ; *administration f ~e* Zentralverwaltung *f* ; (*polit.*) *comité m* ~ Zentralkomitee *n* ; *siège m* ~ Hauptsitz *m*.
centrale *f* Kraftwerk *n* ; Dachorganisation *f* ; Spitzenorganisation *f* ; Zentrale *f* ; ~ *d'achats, de consommateurs* Einkaufs-, Verbraucherzentrale *f* ; ~ *ouvrière* Gewerkschaftsbund *m* ; ~ *électrique* Kraftwerk *n* ; Elektrizitätswerk ; E-Werk *n* ; ~ *éolienne* Windkraftwerk ; ~ *hydraulique* Wasserkraftwerk ; ~ *marémotrice* Gezeitenkraftwerk ; ~ *nucléaire* (*atomique*) Atomkraftwerk (AKW) ; Kernkraftwerk (KKW) ; ~ *syndicale* Dachverband *m* einer Gewerkschaft ; ~ *thermique* Wärmekraftwerk *n* ; Heiz-, Dampfkraftwerk *n*.

centralisateur, trice zentralisierend ; zentralistisch.
centralisation *f* Zentralisierung *f* ; ~ *administrative, économique* Zentralisierung der Verwaltung, der Wirtschaft.
centraliser zentralisieren.
centralisme *m* Zentralismus *m*.
centraliste 1. zentralistisch 2. *le* ~ Anhänger *m* des Zentralismus.
centralité *f* (*urbanisme*) : ~ *d'un logement* zentrale Lage *f* einer Wohnung ; Lage im Stadtzentrum.
centre *m* 1. Zentrum *n* ; Mittelpunkt *m* ; Kern *m* ; Kernpunkt *m* ; Schwerpunkt *m* ; Anstalt *f* ; Stätte *f* ; Stelle *f* ; Institut *n* ; ~ *d'accueil* Informationsstelle *f* ; Beratungsstelle *f* ; ~ *d'accueil et d'hébergement* Auffanglager *n* ; ~ *aéré* Kinderferienlager *n* ; ~ *des affaires* Geschäftsviertel *n* ; ~ *d'apprentissage* Lehrwerkstätte *f* ; ~ *de calcul* Rechenzentrum *n* ; ~ *de chargement et de déchargement* Umschlagplatz *m* ; ~ *de chèques postaux* Postscheckamt *n* (PschA) ; ~ *commercial* Einkaufszentrum *f* ; Geschäftsviertel *n* ; Handelsplatz *m* ; Handelszentrum *n* ; ~ *de coûts* Kostenstelle ; Kostenträger *m* ; ~ *culturel* Kulturzentrum ; Bildungsstätte *f* ; (*agric*.) ~ *d'élevage* Tier-, Viehzuchtanlage *f* ; ~ *français du commerce extérieur* Zentrale *f* für den französischen Außenhandel ; ~ *hospitalo-universitaire* (*CHU*) Universitätskrankenhaus *n* ; ~ *de formation professionnelle* Berufs(aus)bildungsstätte *f* ; ~ *logistique* Logistik-Zentrum ; *C*~ *national de la recherche scientifique* → **C.N.R.S.** ; ~ *d'observation* Beobachtungszentrum *n* ; ~ *de production* Produktionsgebiet *n* ; Produktionsstätte *f* ; Produktionszentrum *n* ; Kernbereich *m* ; Produktionsschwerpunkt *m* ; ~ *de profit* Profit-Center *n* ; Erfolgsbereich *m* ; ~ *de recherches* Forschungsinstitut *n*, -zentrum ; ~ *de renseignements* (zentrale) Auskunftsstelle *f* ; ~ *spatial de Kourou* Raumfahrtzentrum von Kourou ; (*espace*) ~ *de tir* Abschussgelände *n* ; ~ *de transbordement* Umschlagstelle *f* ; ~ *de tri postal* Briefzentrum ; Briefverteilamt *n* ; ~ *urbain* Ballungsgebiet *n* ; ~ *de vacances* Ferienzentrum ; Ferienort *m* ; Urlaubsort *m* ; *être au* ~ *de la discussion* das zentrale Gesprächsthema bilden ; im Mittelpunkt der Diskussion stehen 2. (*polit*.) Zentrum *n* ; Zentrumspartei *f* ; ~ *gauche* gemäßigte Linke *f*.
centré, e (*traitement de texte*) zentriert.
centre-auto *m* Autozubehörgeschäft *n*.
centre-droite *m* : (*polit*.) *gouvernement m de* ~ Mitte-Rechts-Regierung *f*.
centre-gauche *m* : (*polit*.) *gouvernement m de* ~ Mitte-Links-Regierung *f*.
centriste *m* Zentrumsanhänger *m* ; *député m* ~ Abgeordnete(r) des Zentrums, der Mitte.
centre-ville *m* Stadtzentrum *n* ; Stadtkern *m* ; City *f*.
cépage *m* (*agric*.) Rebsorte *f*.
C.E.R.C. *m* (*Centre d'études des revenus et des coûts*) Forschungsinstitut *n* für Einkommen und Kosten.
cercle *m* Kreis *m* ; Ring *m* ; Klub *m* ; Zirkel *m* ; ~ *politique* politischer Klub ; ~ *d'études* Arbeitsgemeinschaft *f*, -kreis *m* ; ~ *de qualité* Qualitätszirkel ; ~ *de relations* Bekanntenkreis.
céréale *f* Getreide *n* ; ~*s* Getreidearten *fpl*.
céréalier *m* Getreidebauer *m*.
céréalier, ière Getreide- ; *agriculture f* ~*ière* Getreidewirtschaft *f* ; *culture f, pays m, produit m* ~(*e*) Getreideanbau *m*, -land *m*, -erzeugnis *n*.
C.E.R.N. *m* (*Conseil européen pour la recherche nucléaire*) Europäisches Kernforschungszentrum *n* ; Europäischer Rat *m*, Europäische Organisation *f* für Kernforschung (OERN).
certificat *m* Zeugnis *n* ; Bescheinigung *f* ; Nachweis *m* ; Schein *m* ; ~ *d'actions* Aktienschein ; Aktienzertifikat *m* ; Zertifikat *n* ; ~ *d'aptitude* Befähigungsnachweis ; ~ *d'aptitude professionnelle* (*C.A.P.*) Lehrabschlussprüfung *f* ; (*artisans*) Gesellenbrief *m* ; ~ *d'arrêt de travail* Arbeitsunfähigkeitsbescheinigung, ~ *de conformité* Konformitäts-, Übereinstimmungsbescheinigung ; (*bâtiment*) Bauabnahmebescheid *m* ; Unbedenklichkeitsbescheinigung ; (*techn*.) Güteprüfschein ; ~ *de dépôt* (*d'entrepôt*) Hinterlegungsschein ; Lagerschein ; Depositenzertifikat ; ~ *de domicile* Anmeldebestätigung *f* ; ~ *médical* ärztliches Attest *n* ; ~ (*médical*) *de complaisance* Gefälligkeitsattest *n* ; ~ *d'études primaires* (*C.E.P.*) Abschlusszeugnis der Hauptschule ; ~ *de fabrication* Be-

triebserklärung *f* (was die Warenidentität betrifft) ; Nämlichkeitsbescheinigung *f* ; Musterpass *m* ; ~ *de garantie* Garantiebrief *m* ; ~ *d'investissement* **a)** Investmentzertifikat *n* **b)** stimmrechtlose Aktie *f* **c)** Genussschein *m* ; ~ *d'épargne* Sparbrief *m* ; Sparschuldverschreibung *f* ; ~ *d'obtention végétale* Sortenschutz *m* ; ~ *d'origine* Ursprungszeugnis ; ~ *de propriété* Eigentumsnachweis *m* ; ~ *de provenance* Herkunftszeugnis *m* ; ~ *de qualité* Gütebescheinigung *f* ; Qualitätsattest *m* ; ~ *sanitaire (de l'inspection des viandes)* Genusstauglichkeitsbescheinigung ; ~ *de travail* Arbeitszeugnis, -bescheinigung ; *se faire établir un ~ médical* sich ein ärztliches Attest ausstellen lassen ; *délivrer (établir) un ~* ein Zeugnis ausstellen.

certification *f* Beglaubigung *f* ; Bestätigungsvermerk *m* ; Zertifizierung *f* ; ~ *de caution* Nachbürgschaft *f* ; ~ *de chèque* Scheckbestätigung *f* ; ~ *de signatures* Beglaubigung von Unterschriften ; ~ *matérielle de la signature* für die Richtigkeit der Unterschrift.

certifier beglaubigen ; bescheinigen ; bestätigen ; attestieren ; beurkunden ; *copie f ~ée conforme* beglaubigte Abschrift *f* (Kopie *f*) ; *~é exact* geprüft und für richtig befunden ; *chèque m ~é (syn. chèque de banque)* beglaubigter Scheck *m* ; *professeur m ~é* Gymnasiallehrer *m*.

C.E.S. *m* **1.** (*contrat emploi-solidarité*) Arbeitsbeschaffungsmaßnahme *f* ; ABM-Stelle *f* **2.** (*Conseil économique et social*) Wirtschafts- und Sozialrat *m* **3.** (*enseignement : collège d'enseignement secondaire*) Realschule *f*.

cessation *f* Einstellung *f* ; Aufhören *n* ; Aufhebung *f* ; Beendigung *f* ; Erlöschung *f* ; Stillstand *m* ; Niederlegung *f* ; ~ *d'activité* Ausscheiden *n* aus dem Erwerbsleben ; Gewerbeabmeldung *f* ; Geschäftsaufgabe *f* ; ~ *de bail* Beendigung *f* eines Mietvertrags ; ~ *de commerce* Geschäftsaufgabe *f* ; ~ *de fonctions* Ausscheiden *n* aus dem Amt ; ~ *de paiements* Zahlungseinstellung ; ~ *des poursuites* Einstellung der Strafverfolgung (eines Strafverfahrens) ; ~ *progressive d'activité* (*C.P.A.*) Altersteilzeitarbeit *f* ; gleitender Übergang *m* in den Ruhestand.

cesser aufhören ; einstellen ; beenden ; beendigen ; ~ *l'exploitation* den Betrieb einstellen ; außer Betrieb setzen ; ~ *un paiement* eine Zahlung einstellen (aussetzen) ; ~ *ses fonctions* aus dem Amt scheiden ; ~ *le travail* die Arbeit niederlegen.

cessibilité *f* (*jur.*) Übertragbarkeit *f* ; Abtretbarkeit *f* ; Zedierbarkeit *f*.

cessible (*jur.*) übertragbar ; abtretbar ; begebbar ; zedierbar.

cession *f* (*jur.*) Übertragung *f* ; Zession *f* ; Überlassung *f* ; Abtretung *f* ; Veräußerung *f* ; Übergabe *f* ; Abgabe *f* ; Aufgabe *f* ; Entäußerung *f* ; Verzicht *m* ; Weggabe *f* ; Preisgabe *f* ; ~ *à bail* Mietvertrag *m* ; vorübergehende Abtretung *f* per Mietvertrag ; ~ *de biens* Vermögensabtretung *f* ; Verzicht *m* (des Schuldners) auf sein Vermögen ; ~ *de brevet* Patentübertragung *f* ; ~ *d'un commerce* Geschäftsübertragung *f* ; ~ *de créance* Forderungsabtretung *f* ; ~ *définitive* endgültige Abtretung *f* ; ~ *d'un droit à un tiers* Übertragung (Zession) eines Anspruchs auf einen Dritten ; *taux m de ~* Abgabesatz *m* ; *valeur f de ~* Veräußerungswert *m* ; (*faillite judiciaire*) gerichtlich angeordnete Veräußerung ; *faire ~ de qqch* etw abtreten ; *rédiger l'acte de ~* den Abtretungsvertrag verfassen.

cession-bail *m* Mietkauf *m* (*ne pas confondre avec* → *cession à bail*).

cessionnaire *m* (*jur.*) Zessionar *m* ; Übernehmer *m* (eines abgetretenen Rechts) ; Neugläubiger *m*.

C.F.A. *f* (*Communauté financière africaine*) Afrikanische Finanzgemeinschaft *f* ; *franc-~* CFA-Franc *m*.

C.F.A.C.I. *f* (*Chambre franco-allemande de commerce et d'industrie*) Deutsch-französische Industrie- und Handelskammer *f*.

C.F.A.O. *f* (*conception et fabrication assistées par ordinateur*) computergestützte Fabrikation *f*.

C.F.C. *mpl* (*chlorofluorocarbones*) FCKW *mpl* (Fluorchlorkohlenwasserstoffe) ; *sans ~* FCKW-frei.

C.F.C.E. *m* (*Centre français du commerce extérieur : établissement public d'information et de conseil aux entreprises françaises dans leur approche des marchés étrangers*) Zentrum *n* des französischen Außenhandels.

C.F.D.T. *f* (*Confédération française et démocratique du travail*) sozialistisch ausgerichtete Gewerkschaft *f.*

C.F.F. *m* (*Crédit foncier de France*) Französische Bodenkreditanstalt *f.*

C.F.T.C. *f* (*Confédération française des travailleurs chrétiens*) Französische Gewerkschaft *f* christlicher Arbeiter.

C.G. *m* (*certificat de garantie*) Garantiezeugnis *n.*

C.G.C. *f* (*Confédération générale des cadres*) (leitende) Angestelltengewerkschaft *f.*

C.G.T. *f* (*Confédération générale du travail*) französischer Gewerkschaftsbund, der der kommunistischen Partei nahe steht.

chablis *m* (*agric.* ; *environnement*) Sturmholz *n.*

chaebol *m* (*Corée*) Chaebol *n* ; koreanisches Konglomerat *n.*

chaffing *n* (*Internet* : *méthode de codage en clair*) Chaffing *n* ; Codage-Puzzle *n.*

chai *m* (*agric.*) Kellerei *f* ; *maître de* ~ Kellermeister *m* ; Weinküfer *m.*

chaîne *f* **1.** Kette *f* ; ~ (*volontaire*) (freiwillige) Handelskette ; ~ *de magasins* Ladenkette ; Kettenläden *mpl* ; ~ *humaine* (*d'entraide*) Menschenkette ; ~ *de restaurants, d'hôtels* Restaurant-, Hotelkette **2.** ~ (*de montage*) Fließband *n* ; Montageband ; laufendes Band *n* ; Bandstraße *f* ; *travail m à la* ~ Fließbandarbeit *f* ; *travailleur m à la* ~ Fließbandarbeiter *m* ; *travailler à la* ~ am (Fließ)Band arbeiten ; *être fabriqué à la* ~ am (Fließ)Band hergestellt (gefertigt) werden ; *x voitures quittent chaque année les* ~*s de montage* jedes Jahr rollen x Wagen vom Band **3.** (*télé.*) Programm *n* ; Kanal *m* ; ~ *commerciale* (*privée*) Kommerzkanal ; ~ *culturelle* Kulturkanal ; ~ *numérique* digitales Fernsehen *n* ; Digital-Fernsehen *n* ; ~ *payante* gebührenpflichtiges Fernsehen *n* ; ~ *à péage* Abonnementfernsehen ; ~ *privée* Privatprogramm, -fernsehen ; ~ *publique* öffentlich-rechtliche Fernsehanstalt *f* ; ~ *thématique* Spartenkanal ; *sur la première* ~ im ersten Programm ; *mettre la première, la troisième* ~ das erste, das dritte Programm einschalten **4.** ~ *haute fidélité* Hi-fi-Anlage ; Stereo-Anlage **5.** ~ *alimentaire* Nahrungs(mittel)kette ; ~ *du froid* Tiefkühlkette.

chaire *f* **d'université** Lehrstuhl *m* ; *titulaire m d'une* ~ Lehrstuhlinhaber *m.*

chaise *f* **vide** : *politique f de la* ~ Politik *f* des leeren Stuhls.

chaland *m* **1.** (*litt.*) Kunde *m* **2.** Lastkahn *m.*

chalandise : *zone f de* ~ Einzugsgebiet *n.*

chaleur *f* Wärme *f* ; Hitze *f* ; *résistant à la* ~ hitzebeständig ; *conserver à l'abri de la* ~ vor Hitze schützen (bewahren).

challenge *m* Herausforderung *f* ; schwierige Aufgabe *f*, Situation *f.*

challenger *m* Challenger *m* ; Herausforderer *m* ; Rivale *m.*

chalut *m* (*agric. pêche*) Grundschleppnetz *n* ; Treibnetz *n* ; Trawl *n* ; *pêche f au* ~ Treibnetzfischerei *f.*

chalutier *m* (*maritime*) Trawler *m* ; (Grund)Schleppnetzschiff *n.*

chamboulement *m* (*fam.*) Umwälzung *f* ; Auf-den-Kopf-Stellen *n.*

chambre *f* **1.** Zimmer *n* ; (*tourisme*) ~ *à deux lits* Doppelzimmer ; ~ *avec petit déjeuner* Zimmer mit Frühstück ; ~ *donnant sur la rue, le jardin* Zimmer zur Straße, zum Garten ; ~ *chez l'habitant avec usage de la cuisine* Privatzimmer mit Küchenbenützung ; ~ *d'hôtel* Fremdenzimmer ; ~ *individuelle* Einzelzimmer ; ~ *meublée* möbliertes Zimmer ; ~ *comprenant logement et repas* Unterkunft und Verpflegung ; ~ *comprenant logement et petit déjeuner* Übernachtung mit Frühstück (Ü.F.) ; *service m des* ~*s* Zimmerdienst *m* **2.** (*jur., commerce*) Kammer *f* ; ~ *d'appel* Berufungskammer ; ~ *civile* Zivilkammer ; C~ *de commerce* (*et d'industrie*) (Industrie- und) Handelskammer ; ~ *de compensation* Verrechnungsstelle *f* ; Abrechnungsstelle *f* ; C~ *franco-allemande de commerce et d'industrie* Deutsch-Französische Handelskammer ; (*jur.*) ~ *correctionnelle* Kammer *f* für Strafsachen ; Strafkammer *f* ; C~ *des métiers* Handwerkskammer ; (*jur.*) ~ *des requêtes* mit der Vorprüfung der Revisionsanträge betraute Kammer *f* ; vorbereitende Kammer *f* ; ~ *syndicale* Berufsverband *m* ; ~ *syndicale des agents de change* Börsenmakler-Kammer **3.** ~ *forte* Tresor *m* ; Safe *m/n.*

champ *m* **1.** (*agric.*) Feld *n* ; Acker *m* ; ~ *de blé* Getreidefeld **2.** Bereich *m* ; Gebiet *n* ; Feld *n* ; ~ *d'action* Aktionsradius *m* ; Aktionsfeld ; ~ *d'activité* Tätigkeitsbereich ; Aufgabenbereich ; ~ *d'application* Anwendungsbereich ; Geltungsbereich *m* ; ~ *d'application de l'impôt* Geltungsbereich der Steuer.

chance *f* Chance *f* ; ~s *de carrière* Karrierechancen *fpl* ; *égalité f des* ~s Chancengleichheit *f* ; *augmenter ses* ~s *d'obtenir un emploi* seine Beschäftigungschancen verbessern ; *ne pas avoir la moindre* ~ nicht die geringste Chance (Aussicht) haben ; *saisir sa* ~ die Gelegenheit ergreifen.

chancelier *m* (*polit.*) Kanzler *m* (Deutschland, Österreich).

chancelière *f* (*polit.*) Kanzlerin *f* (Deutschland ; Österreich).

chancellerie *f* 1. Kanzlei *f* ; *style m de* ~ Kanzleistil *m* 2. (*polit.*) Kanzleramt *n* (Deutschland, Österreich).

chandelle : *faire des économies de bout de* ~ am falschen Ende sparen.

change *m* 1. Tausch *m* ; *gagner, perdre au* ~ einen guten, schlechten Tausch machen 2. (*monnaie*) (Geld)-Wechsel *m* ; Geldwechselgeschäft *n* ; Wechselkurs *m* ; Kurs *m* ; Valutaverhältnis *n* ; ◆ ~ *au comptant* Sortenkauf *m* ; ~ *avantageux* günstiger (Wechsel)Kurs *m* ; ~ *du jour* Tageskurs *m* ; ◆◆ *accord m de* ~ Währungsabkommen *n* ; *agent m de* ~ Börsenmakler *m* ; *bureau m de* ~ Wechselstube *f* ; *contrôle m des* ~s Devisenkontrolle *f*, -bewirtschaftung *f* ; Währungszwangswirtschaft *f* ; *cours m des* ~s Kurswert *m* ; Währungskurs *m* ; Devisennotierung *f* ; Wechselkurs *m* ; Valutakurs *m* ; *couverture f de* ~ Währungsabsicherung *f* ; *crédit m de* ~ Devisen-, Valutakredit *m* ; *frais mpl de* ~ Umtauschgebühren *fpl*, -kosten *pl* ; *gain m de* ~ Währungsgewinn *m* ; *garantie f de* ~ Kurssicherung *f* ; *libération f des* ~s Wechselkursfreigabe *f* ; *liberté f des* ~s freie Austauschbarkeit *f* der Währungen ; *marché m des* ~s Devisenmarkt *m* ; Devisenhandel *m* ; Devisen(bewirtschaftungs)stelle *f* ; Währungsmarkt *m* ; *mécanisme m de taux de* ~ Währungsrechnungsmethode *f* ; *opérations fpl de* ~ Devisen-, Wechselgeschäfte *npl* ; *parité f des* ~s Kursparität *f* ; Wechselparität *f* ; *perte f de* ~ Währungsverlust *m* ; *régime m des* ~s Devisenpolitik *f*, -verkehr *m*, -wirtschaft *f* ; *rapport m de* ~ Umrechnungsverhältnis *n* ; Währungsverhältnis *n*, -beziehung *f* ; *réglementation f des* ~s Devisenbestimmungen *fpl* ; Devisenvorschriften *fpl* ; *risque m de* ~ Währungsrisiko *n* ; *spéculation f sur le* ~ Devisenspekulation *f* ; *système m des* ~s *flottants* System *n* der freien Wechselkurse ; *taux m du* ~ Devisenkurs *m* ; Wechselkurs *m* ; Umrechnungskurs *m*.

changement *m* Änderung *f* ; Veränderung *f* ; Abänderung *f* ; Wechsel *m* ; Auswechselung *f* ; Wandel *m* ; Wende *f* ; Mutation *f* ; Umgestaltung *f* ; Umwandlung *f* ; Verwandlung *f* ; ◆ ~ *d'adresse* Änderung der Anschrift ; ~ *de cabinet* Kabinettswechsel ; ~s *climatiques* Klimaverschiebungen *fpl* ; ~ *de la Constitution* Änderung der Verfassung ; ~ *à 180 degrés* Kehrtwendung *f* ; ~ *de dernière minute* kurzfristige Änderung ; ~ *de domicile* Wohnsitzwechsel ; ~ *durable* dauernder Wechsel ; ~ *d'échelon* Besoldungserhöhung *f* ; ~ *d'emploi* Stellenwechsel ; Wechsel des Arbeitsplatzes ; ~ *d'entreprise* Wechsel von einem Betrieb zum anderen ; ~ *de forme de société* Umwandlung *f* in eine andere Gesellschaftsform ; ~ *d'habitudes de consommation* verändertes Konsumverhalten *n* ; ~ *d'heure* Zeitumstellung *f* ; ~ *de mentalité* Umdenken *n* ; ~ *de personnel* Personalwechsel ; ~ *de pouvoir* Machtwechsel ; ~ *de prix* Preisänderung ; ~ *de propriétaire* Besitz(er)wechsel ; Geschäftsübernahme *f* ; ~ *de structure* Strukturwandel ; Umstrukturierung *f* ; ~ *de tendance* Tendenz-, Trendänderung *f* ; ◆◆◆ *amener des* ~s einen Wandel vollziehen ; *le* ~ *s'est effectué rapidement* der Wechsel (Wandel) hat sich rasch vollzogen ; *être en plein* ~ sich im Wandel befinden ; *un* ~ *est intervenu dans le personnel* ein Wechsel ist in der Belegschaft eingetreten ; *nous nous réservons le droit de procéder à des* ~s Änderungen vorbehalten ; *subir des* ~s sich wandeln ; einen Wandel erfahren.

changer 1. (*monnaie*) (um-, ein-, aus)tauschen ; (aus)wechseln ; ~ *de l'argent* Geld wechseln ; ~ *100 euros* 100 Euro wechseln ; ~ *des euros contre des (en) dollars, des dollars en euros* Euro gegen (für) Dollar (ein)tauschen (wechseln) ; Dollar gegen Euro tauschen ; 2. ändern ; verändern ; (aus)wechseln ;

modifizieren ; umgestalten ; ~ *d'appartement, de ville* umziehen ; die Wohnung, die Stadt wechseln ; ~ *de main* den Besitz ändern (wechseln) ; ~ *de marque* die Marke wechseln ; auf eine andere Marke umsteigen ; ~ *de métier* den Beruf wechseln ; (*fam.*) umsatteln ; ~ *de source d'énergie* auf einen anderen Energieträger umsteigen **3.** (*moyens de transport*) umsteigen ; ~ *et prendre la ligne deux* in die Linie zwei umsteigen ; *à Angoulême, vous changez de train pour Bordeaux* in Angoulême steigen Sie in den Zug nach Bordeaux ; ~ *pour les transports publics* (vom Auto) auf öffentliche Verkehrsmittel umsteigen.

changeur *m* Geldwechsler *m* ; Wechsler *m* ; ~ *de monnaie* Geldautomat *m* ; Bankomat *m*.

chantage *m* Erpressung *f* ; ~ *à l'entreprise, au produit* Unternehmens-, Produkterpressung ; *faire du* ~ erpressen.

chanter : *faire* ~ (*qqn* jdn) erpressen.

chanteur : *maître* ~ Erpresser *m*.

chantier *m* Baustelle *f* ; (*mines*) ~ *d'abattage* Abbaustelle *f*, -feld *n* ; ~ *de construction navale* (Schiffs)Werft *f* ; (Schiffs)Werftanlage *f* ; ~ (*international*) *de travail* (internationales) Ferienarbeitslager *n* ; ~ *de travaux publics* Großbaustelle *f* ; *chef m de* ~ Bauführer *m*, -leiter *m* ; *mise f en* ~ Baubeginn *m* ; (*fig.*) *avoir qqch en* ~ an etw (+ D) arbeiten ; *être en* ~ in Arbeit sein ; (*construction*) im Bau befindlich sein ; *mettre en* ~ beginnen ; in Angriff nehmen ; ~ *interdit* das Betreten der Baustelle ist verboten.

chapardage *m* Klauen *n* ; Stibizen *n* ; Mausen *n* ; (*syn. fauche*).

chaparder (etw nicht Wertvolles) klauen ; stibitzen ; mausen ; (*syn. piquer, faucher*).

chapeau *m* kurze Einführung *f* ; Einleitung *f* ; Kopf *m* ; Vorspann *m* ; (*fam.*) *faire le coup du* ~ letzte berufliche Beförderung am Ende einer erfolgreichen Laufbahn ; (*fam. négatif*) *porter le* ~ die Verantwortung (für einen Fehler) tragen.

chapeauter etw kontrollieren ; die Oberaufsicht führen.

chapitre *m* **1.** (*édition*) Kapitel *n* ; Abschnitt *m* ; Titel *m* ; *le* ~ *social du traité de Maastricht* das Sozialkapitel des Maastrichter-Vertrags ; *élargir le* ~ *social du traité* das Sozialkapitel im Vertrag ausweiten **2.** (*bilan*) Posten *m*.

charbon *m* Kohle *f* ; ~ *gras, maigre* Fett-, Magerkohle ; *centrale f au* ~ Kohlekraftwerk *n* ; *extraction du* ~ Kohlenabbau, -förderung *f* ; *mine f de* ~ Kohlenbergwerk *n* ; Zeche *f* ; Grube *f* ; *produit m dérivé du* ~ Kohlenebenprodukt *n* ; Kohlenwertstoff *m* ; (*fam.*) *aller au* ~ die Karre aus dem Dreck ziehen (müssen) ; in erster Linie kämpfen ; sich für etw einsetzen (müssen) ; (*sens propre*) *extraire, stocker du* ~ Kohle abbauen (fördern), Kohle auf Halde legen ; *produire du goudron à partir du* ~ Teer aus Kohle gewinnen ; *renoncer au* ~ auf die Kohle verzichten.

charbonnage *m* Kohlenbergbau *m* ; Kohlenbergwerk *n* ; Zeche *f* ; *les C~s de France* staatliche Bergbaugesellschaft *f* Frankreichs.

charbonnier, ière Kohlen- ; *industrie f ~ière et sidérurgique* Montanindustrie *f.*

charge *f* **1.** Last *f* ; Belastung *f* ; ~ *foncière* Grundlast ; ~ *horaire d'un enseignant* (Stunden)Deputat *n* ; ~ *maximale* Höchstlast ; maximale Belastung ; ~ *de travail* Arbeitsanfall *m* ; ~ *utile* Nutzlast ; *enfant m à* ~ unterhaltsberechtigtes Kind *n* ; *personne f à* ~ zu versorgende (unterhaltsberechtigte) Person ; *être en* ~ *de qqch* mit etw betraut sein ; etw betreuen ; für etw verantwortlich sein ; *elle est en* ~ *du dossier de rénovation des logements anciens* sie betreut das Projekt zur Sanierung der Altbauten **2.** (finanzielle) Last *f* ; Belastung *f* ; Verpflichtung *f* ; Pflicht *f* ; Obliegenheit *f* ; ~*s fiscales* Steuerlast *f* ; Abgabenbelastung *f* ; ~*s salariales* (*annexes*) Lohn(neben)kosten ; ~*s sociales* Sozialasten ; ~ *supplémentaire* Mehrbelastung *f* ; ~*s de famille* Unterhaltsverpflichtungen *fpl* ; *à la* ~ *de la collectivité* zu Lasten der Allgemeinheit ; *en périodes de* ~ *maximale* in Spitzenbelastungszeiten ; *être à la* ~ *de qqn* von jdm unterhalten werden ; (*fam.*) jdm auf der Tasche liegen ; *être à la* ~ *du service public* zu Lasten des öffentlichen Dienstes gehen ; *avoir qqn à* ~ für jdn sorgen müssen ; *prendre qqch à sa* ~ etw übernehmen **3.** (*fonction*) Amt *n* ; Dienst *m* ; Posten *m* ; Stelle *f* ; *s'acquitter de sa* ~ seines Amtes walten ; *occuper une* ~ ein Amt bekleiden ; *dans l'exercice de sa* ~ in Ausübung seines Amtes **4.** (*comp-*

tab.) ~*s* Aufwendungen *fpl* ; Aufwand *m* ; (Lohnzusatz)Kosten *pl* ; Belastungen *fpl* ; ♦ ~*s administratives* Behördenaufgaben *fpl* ; ~*s annexes au salaire* Lohnnebenkosten ; ~*s communes de copropriété* gemeinschaftliche Betriebskosten, -lasten, aufwendungen ; ~*s d'exploitation* Betriebskosten ; ~*s extraordinaires* (*exceptionnelles*) außerordentliche Aufwendungen ; ~*s financières* finanzielle Belastungen ; ~*s fiscales* Steueraufwendungen ; ~*s indirectes* indirekte Kosten ; ~ *locatives* Miet-, Wohnnebenkosten ; zweite Miete *f* ; Umlagen *fpl* ; ~*s non déductibles* neutraler Aufwand ; nicht absetzbarer (nicht abzugsfähiger) Aufwand ; ~*s par nature* Kostenarten ; ~*s patronales* Lohnzusatzkosten ; (*sécurité sociale*) Arbeitgeberanteil *m* ; ~*s à payer* antizipative (transistorische) Passiva *pl* ; ~*s salariales* Lohnkosten ; (*sécurité sociale*) Arbeitnehmeranteil *m* ; ~*s salariales annexes* Lohnnebenkosten ; ~*s sociales* soziale Abgaben *fpl* ; Arbeitgeberanteil *m* an der Sozialversicherung ; Sozialasten ; Lohnnebenkosten ; ~*s variables* variable (veränderliche) Kosten ; ♦♦♦ *augmenter, alléger les* ~*s* die Abgabenbelastung erhöhen, senken ; die Kosten (ab)senken ; *avoir des* ~*s sur une maison* finanzielle Belastungen auf einem Haus haben ; *les* ~*s augmentent chaque année* jährlich wird die Abgabenbelastung größer ; *payer des* ~*s* Gelder an die Sozialkassen abführen ; *réduire les* ~*s* die Belastungen abbauen ; *répercuter les* ~*s sur le consommateur* die Belastungen auf den Verbraucher abwälzen (weitergeben) **5.** (*bilan*) ~*s de matières premières, auxiliaires, consommables et marchandises* Aufwendungen *fpl* für Roh-, Hilfs- und Betriebsstoffe sowie für bezogene Waren ; ~*s diverses après élimination des variations des stocks* Aufwendungen nach Verrechnung mit Bestandsänderungen und Eigenleistungen ; ~*s de gestion* betriebliche Aufwendungen ; ~*s incorporables* kostengleiche (kalkulierbare) Aufwendungen ; ~*s pour retraites et allocations* Aufwendungen für Altersversorgung und soziale Unterstützung **6.** (*jur.*) Anklagepunkt *m* ; Belastung *f* ; Beschwerde *f* ; Beweislast *f* ; Beweismaterial *n* ; belastende Tatsache *f* ; *témoin à* ~ Belastungszeuge *m* ; belastender Zeuge ; *la* ~ *de la preuve incombe au demandeur* die Beweislast trifft den Kläger.

chargé *m* Beauftragte(r) ; Verantwortliche(r) ; Betreuer *m* ; ~ *d'affaires* **a)** (*commercial*) Handelsbeauftragte(r) ; Person *f*, die mit der Wahrung kommerzieller Aufgaben betraut ist **b)** (*diplomatique*) Geschäftsträger *m* ; Chef *m* einer diplomatischen Mission ; Legationsrat *m* ; (*université*) Dozent *m* ; Lehrbeauftragte(r) ; ~ *de clientèle* Kundenberater *m* ; ~ *de la communication* Kommunikationsbeauftragte(r) ; ~ *d'un dossier* Sachbearbeiter *m* ; ~ *de mission* mit einer Mission beauftragte (betraute) Person *f* ; ~ *de mission auprès des rapatriés* Aussiedlerbeauftragte(r) ; ~ *de la prévention* Beauftragte(r) für Verhütungsmaßnahmen ; ~ *de projet* Projektsachbearbeiter *m* ; (*jur.*) ~ *de procuration* Bevollmächtigte(r).

chargé, e 1. beladen ; bepackt ; ~ *de dettes* mit Schulden belastet ; verschuldet ; ~ *de paquets* mit Paketen beladen ; *avoir une semaine* ~*e* eine ausgefüllte Woche haben **2.** *lettre f* ~*e* Wertbrief *m* ; Brief mit Wertangabe **3.** ~ *de* beauftragt (betraut) mit ; verantwortlich für ; ~ *de mission* mit einer Mission beauftragt.

chargement *m* **1.** Aufladen *n* ; Verladen *n* ; Beladung *f* ; Verfrachtung *f* ; (*maritime*) Verschiffung *f* ; ~ *maximal* Höchstbelastung *f* ; ~ *sur le pont d'un navire* Deckladung *f* ; *documents mpl de* ~ (Ver)Ladepapiere *npl* ; *gare f, port m de* ~ Verladebahnhof *m* ; Verladehafen *m* ; *quai m de* ~ Laderampe *f* ; *voie f de* ~ Ladegleis *n* **2.** Wagenladung *f* ; Fuhre *f* **3.** (*utilisation de capacités de production*) Kapazitätsauslastung *f* ; Beanspruchung *f* ; Auflage *f* ; Menge *f* (hergestellter Gegenstände) ; (*poste de travail*) Beschäftigung *f* ; *taux m, temps m de* ~ Beschäftigungsgrad *m*, -zeit *f* **4.** (*informatique*) Herunterladen *n* ; Download *m/n* ; Downloaden *n* **5.** (*assurances*) ~*s* Versicherungsspesen *fpl* ; Versicherungskosten *pl*.

charger 1. (be)laden ; verladen ; verfrachten ; bepacken ; verschiffen **2.** ~ *qqn* jdn belasten ; ~ *une carte de paiement à puce* eine Karte (mit Geld) aufladen ; (*informatique*) ~ *un programme sur un disque dur* ein Programm auf die

Festplatte laden **3.** ~ *qqn de qqch* jdn mit etw beauftragen.

chargeur *m* Auflader *m* ; Verlader *m* ; Verladespediteur *m* ; Befrachter *m* ; Verschiffer *m*.

chariot *m* Einkaufswagen *m* ; Caddie *m* ; Karren *m* ; Rollwagen *m* ; ~ *à bagages* Gepäckkarren ; ~ *élévateur* Gabelstapler *m*.

charitable : *institution f* ~ karitative Einrichtung *f* ; *s'occuper d'œuvres* ~*s* sich mit karitativen Werken beschäftigen.

charité *f* Wohltätigkeit *f* ; Benefiz *n* ; *vente f de* ~ Wohltätigkeitsbasar *m*.

charrette *f* (*fam.*) (Massen)Entlassungen *fpl* ; *faire partie de la prochaine* ~ zu den nächsten Entlassenen gehören ; auf der Abschussliste stehen.

chart *m* (*bourse*) Chart-Analyse *f* ; Chartbild *n* ; graphische Kursentwicklung *f* einer Aktie.

charte *f* Charta *f* ; Urkunde *f* ; ~ *du contribuable vérifié* Steuerzahler-Charta ; Gesetzgebung *f* für Steuerzahler ; ~ *des droits de l'homme* Menschenrechtscharta ; ~ *sociale* (*européenne*) (Europäische) Sozialcharta ; ~ *des Nations unies* Charta der Vereinten Nationen.

charte-partie *f* (*maritime*) Charterpartie *f* ; Chartervertrag *m* ; Befrachtungsbrief *m* ; Schiffsmietvertrag *m*.

charter *m* **1.** Charterflug *m* ; Chartermaschine *f* ; *en* ~ mit einer Chartermaschine **2.** Charter- ; *avion m, compagnie, vol m* ~ Charterflugzeug *n*, Chartergesellschaft *f* (Charterer *m*), Charterflug *m*.

chartiste *m* (*bourse*) Chartanalyst *m* ; Chartist *m*.

chasse *f* Jagd *f* ; (*secteur économique*) Jagdwirtschaft *f* ; ~ *aux fraudeurs du fisc, au travail noir* Jagd auf Steuerbetrüger, auf Schwarzarbeit ; ~ *gardée, interdite* Privatjagd, Jagdverbot *n* ; *bail m, lot m de* ~ Jagdpacht *f*, Jagdrevier *n* ; *période f d'ouverture de la* ~ Jagdzeit *f* ; *permis m de* ~ Jagd(erlaubnis)schein *m* ; *réserve de* ~ Jagdgehege *n* ; Jagdrevier *n* ; *société f de* ~ Jägerverein *n*.

chasseur *m* **de têtes** Kopfjäger *m* ; Headhunter *m* ; Personalberater *m*.

château-hôtel *m* (*tourisme*) Schlosshotel *n*.

chaud, e : *point m* ~ Krisenherd *m*, -punkt *m* ; *prédire un automne* (*social*) ~ einen heißen Herbst ankündigen.

chauffage *m* Heizung *f* ; ~ *central, électrique* Zentral-, elektrische Heizung ; ~ *à l'énergie solaire* Sonnenkollektor-Heizung ; ~ *au gaz, au fuel domestique* Gas-, Ölheizung ; (*petit*) *appareil de* ~ Heizgerät *n* ; *bois m de* ~ Brennholz *n* ; *centrale f de* ~ *collectif* Heizwerk *n* ; kollektive Fernheizung ; *frais mpl de* ~ Heiz(ungs)kosten *pl* ; *installateur m de* ~ Heizungsmonteur *m* ; *installation f de* ~ Heiz(ungs)anlage *f* ; *loyer m avec, sans* ~ Warmmiete *f* ; Kaltmiete *f*.

chauffagiste *m* (Zentral)Heizungsbauer *m* ; Heizungsfachmann *m*.

chauffer heizen ; beheizen.

chauffeur *m* Fahrer *m* ; Chauffeur *m* ; Kraftfahrer *m* ; ~ *de poids-lourd, de taxi* LKW-, Taxifahrer ; *voiture f sans* ~ Leih-, Mietwagen *m*.

chauffeur-livreur *m* Verkaufsfahrer *m* ; Lieferant *m*.

chaussée *f* Straße *f* ; Fahrbahn *f* ; ~ *défoncée* beschädigte Fahrbahn ; Straße mit Schlaglöchern.

check-list *f* Checkliste *f* ; Kontrollliste *f*.

ckeck-up *m* (*bilan de santé*) Ckeckup *m* ; Vorsorgeuntersuchung *f*.

chef *m* **1.** Chef *m* ; Leiter *m* ; Führer *m* ; Direktor *m* ; Vorsteher *m* ; Vorgesetzte(r) ; Kopf *m* ; Boss *m* ; ~ *d'agence* Niederlassungs-, Geschäftsstellenleiter *m* ; ~ *d'atelier* Werkmeister *m* ; ~ *de bureau* Bürovorsteher ; ~ *de cabinet ministériel* Referatsleiter ; Kabinettschef ; Ministerialdirigent *m* ; ~ *de chantier* Bauführer ; ~ *comptable* Haupt-, Chefbuchhalter *m* ; ~ *de département* Dezernent *m* ; ~ *d'entreprise* Unternehmer *m* ; Unternehmensleiter *m* ; Betriebsführer ; Chef eines Unternehmens ; *jeune* ~ *d'entreprise* Jungunternehmer *m* ; ~ *de l'État* Staatsoberhaupt *n* ; Staatschef ; ~ *de famille* Familienoberhaupt *n* ; Haushaltsvorstand *m* ; ~ *de file* Leiter *m*, führender Kopf ; ~ *de groupe* Gruppenleiter ; ~ *du personnel, d'un poste d'aiguillage, de production* Personal-, Fahrdienst-, Produktionsleiter (Fertigungsleiter) ; ~ *de produit* Produktmanager *m* ; ~ *de projet* Projektleiter ; ~ *de publicité, de rayon* Werbe-, Abteilungsleiber ; ~ *de service* Abteilungsleiter *m*, -direktor *m* ; diensthabender Leiter ; Dienstvorgesetzter *m* ; Chef vom Dienst ; ~ *de train* Zugführer *m* ; ~ *des ventes* Verkaufsleiter ; Vertriebsleiter ; Außendienst-, Verkaufsleiter ; *ingénieur m en* ~ Chefingenieur *m* ; *rédacteur m en* ~ Chefredakteur *m* ; *tarif m* ~ *de famille* Familientarif *m* **2.** (*jur.*) (Haupt)Punkt *m* ; ~ *d'accusation* (*d'inculpation*) (Haupt)Anklagepunkt *m*.

chef-lieu *m* Hauptort *m* ; ~ *d'arrondissement* Hauptort eines Arrondissements ; Kreisstadt *f*.

chemin *m* Weg *m* ; Straße *f* ; ~ *d'accès* Zufahrtsweg ; ~ *communal, privé, public* Gemeinde-, Privat-, öffentlicher Weg ; ~ *réservé aux piétons* Fußweg ; *prendre le* ~ *de la baisse* auf Talfahrt sein ; *retrouver le* ~ *de la hausse* wieder anziehen.

chemin *m* **de fer** Eisenbahn *f* ; Bahn *f* ; *employé m des* ~ Eisenbahnbedienstete(r) ; Eisenbahnangestellte(r) ; Bahnbeamte(r) ; Eisenbahner *m*.

cheminée *f* **d'usine** (Fabrik)Schornstein *m* ; Schlot *m*.

cheminot *m* Eisenbahner *m*.

chemise *f* **1.** (*matériel de bureau*) Aktendeckel *m* ; (Sammel)Mappe *f* **2.** (*fam.*) *y laisser sa* ~ alles bis aufs Hemd verlieren.

chenal *m* (*fluvial, maritime*) Fahrrinne *f*.

cheptel *m* Vieh *n* ; Viehbestand *m* ; ~ *bovin, caprin, ovin, piscicole, porcin* Rinder-, Ziegen-, Schaf-, Fisch-, Schweinebestand *m* ; ~ *mort, vif* totes, lebendes Inventar (Pachtviehbestand *m*) ; ~ *de reproduction* Zuchtbestand *m* ; *bail m à* ~ Viehpachtvertrag *m* ; *répartition f du* ~ *bovin et ovin* Anteil *m* an der Kuh- und Schafshaltung ; *augmenter le* ~ *bovin* den Rind(er)bestand aufstocken.

chèque *m* Scheck *m* ; ♦ ~ *bancaire* Bankscheck ; ~ *de banque* → ~ *certifié* ; ~ *de banque à banque* Bank-Orderscheck ; ~ *barré* Verrechnungsscheck ; ~ *non barré* Barscheck ; ~ *en blanc* Blankoscheck ; (*fig.*) Vollmacht *f* ; grünes Licht *n* ; ~ *en bois* fauler (ungedeckter) Scheck ; ~ *certifié* bankbestätigter (beglaubigter) Scheck ; ~ *impayé* nicht bezahlter Scheck ; ~ *à ordre* Order-, Namensscheck ; ~ *à porter en compte* Verrechnungsscheck ; ~ *au porteur* Inhaber-, Überbringerscheck ; ~ *postal* Postscheck ; ~ *provisionné* gedeckter Scheck ; ~ *sans provision* → (*fam.*) *en bois* ; ~ *de virement* Überweisungs-, Verrechnungsscheck ; ~ *de voyage* Reisescheck ; Travellerscheck ; ♦♦ *carnet m de* ~*s* Scheckheft *n*, -buch *n* ; *compte m* ~ *postal* (*C.C.P.*) Postscheckkonto *n* ; *compte m de* ~*s* Scheckkonto *n* ; *émetteur m* (*créateur m*) *d'un* ~ Scheckaussteller *m* ; *falsification f de* ~ Scheckfälschung *f* ; *formule f de* ~ Scheckformular *n*, -vordruck *m* ; *fraude f au* ~ *sans provision* Scheckbetrug *m* ; *opérations fpl par* ~ Scheckverkehr *m* ; *service m des* ~*s* Scheckabteilung *f* ; ♦♦♦ *barrer un* ~ einen Verrechnungsscheck ausstellen ; *certifier un* ~ einen Scheck belaubigen ; *domicilier un* ~ einen Scheck domizilieren ; *encaisser un* ~ einen Scheck einlösen ; *faire* (*émettre, tirer*) *un* ~ (*sur qqn*) einen Scheck (auf jdn) ausstellen ; *faire opposition à un* ~ einen Scheck sperren (lassen) ; *libeller un* ~ *en euros* einen Scheck in Euro ausstellen ; *payer* (*régler*) *par* ~ mit (einem) Scheck (per Scheck) (be)zahlen ; *toucher un* ~ **a)** mit einem Scheck bezahlt werden **b)** einen Scheck einlösen.

chèque *m* **d'accompagnement personnalisé** personenbezogener Sozialhilfescheck *m* (für Bedürftige).

chèque-(emploi)-service *m* Dienstleistungsscheck *m* ; Scheck für Haushaltshilfe (Altenpflege, Kinderbetreuung, etc.).

chèque-essence *m* Benzingutschein *m*.

chèque-repas → *chèque restaurant*.

chèque-restaurant *m* Restaurantscheck *m* ; Mahlzeitgutschein *m* ; Essensgutschein (für ein Restaurant) ; Essensbon *m*.

chéquier *m* Scheckheft *n* ; Scheckbuch *n* ; *être menacé d'interdiction de* ~ mit Scheckausstellungsverbot bedroht werden.

cher, chère teuer ; kostspielig ; *un hôtel pas* ~ ein billiges (preiswertes) Hotel ; *indemnité f de vie* ~*e* Teuerungszuschlag *m* ; *vie f* ~*e* hohe Lebenshaltungskosten *pl* ; *coûter* ~ teuer sein ; viel Geld kosten ; *payer* ~ teuer bezahlen ; *revenir* ~ teuer sein ; teuer zu stehen kommen ; *vendre* ~ teuer verkaufen.

chercher suchen ; auf der Suche nach etw sein ; ~ *un appartement* auf Wohnungssuche sein ; ~ *à emprunter de*

l'argent nach Leihmöglichkeiten suchen ; ~ *du travail, un job* Arbeit, eine Stelle suchen.
chercheur *m* Forscher *m* ; ~ *d'or* Goldgräber *m.*
cherté *f* (Ver)Teuerung *f* ; hoher Preis *m* ; ~ *de la vie* hohe Lebenshaltungskosten *pl.*
chevalier *m* **blanc** (*bourse : investisseur qui se porte au secours d'une société en difficultés ou opéable*) weißer Ritter *m.*
chevalier *m* **noir** (*bourse*) Raider *m* ; feindliche Übernahme *f.*
chevalin, e : (*agric.*) *élevage m* ~ Pferdezucht *f.*
cheval *m* **vapeur** (*CV*) Pferdestärke *f* (PS).
chevaux *mpl* **fiscaux** (*auto.*) nach PS-Zahl gestaffelte Steuerveranlagung *f.*
cheville *f* : (*fig.*) ~ *ouvrière* Haupttriebfeder *f* ; Hauptförderer *m* ; *être la* ~ *d'un projet* Hauptförderer *m* eines Projekts sein ; *être en* ~ *avec qqn* mit jdm gutstehen.
chevronné, e : erfahren ; *enseignant* ~ erfahrener Lehrer *m.*
chicaneries *fpl* **administratives** Behördenschikanen *fpl.*
chien *m* (*dressé pour flairer la drogue*) Suchhund *m* ; Rauschgiftspürhund ; *aliments mpl pour* ~*s* Hundefutter *n* ; *éleveur m de* ~*s* Hundezüchter *m* ; *propriétaire m de* ~ Hundehalter *m* ; *taxe f sur les* ~*s* Hundesteuer *f* ; (*tourisme*) *les* ~*s ne sont pas admis* Hunde nicht zugelassen ; *les* ~*s doivent être tenus en laisse* Hunde sind an der Leine zu führen.
chiffonnier *m* (*métier*) Lumpen- und Altpapiersammler *m.*
chiffrable bezifferbar ; berechenbar ; quantifizierbar.
chiffrage *m* **1.** Berechnen *n* ; Berechnung *f* ; Ausrechnen *n* ; Taxieren *n* ; in Zahlen ausgedrückte Bewertung *f* **2.** Verschlüsseln *n* ; Chiffrieren *n* ; Codieren *n.*
chiffre *m* **1.** Ziffer *f* ; Zahl *f* ; ~*s provisoires* vorläufige Angaben ; ~-*record* Rekordzahl ; *nombre m de deux* ~*s* zweistellige Zahl ; *premier, deuxième* ~ *après la virgule* erste, zweite Stelle nach dem Komma ; *en* ~*s ronds* in runden Zahlen ; *écrire en* ~*s* in Ziffern schreiben ; *additionner, diviser, multiplier,* *soustraire des* ~*s* Zahlen addieren (zusammenzählen), dividieren (teilen), multiplizieren, subtrahieren (abziehen) **2.** Zahl *f* ; Anzahl ; Gesamtzahl ; ~ *d'affaires* → **chiffre d'affaires** ; (*fam.*) *faire du* ~ einen starken Umsatz erzielen ; *faire progresser le* ~ den Umsatz steigern ; ~ *du commerce extérieur* Außenhandelsdaten *pl* ; ~ *des dépenses* Summe *f der* Ausgaben ; ~ *de vente* Umsatzzahlen ; Verkaufsergebnis *n* **3.** (Geheim)-Kode *m* ; Chiffre *f* **4.** ~*s officiels* Amtszählung *f* ; *les* ~*s du chômage* die Arbeitslosenzahl ; ~*s prévisionnels de vente* Absatzerwartungen *fpl* ; *les derniers* ~*s du marché du travail* die neuesten Arbeitsmarktdaten ; ~ *à atteindre* zu erreichende Zielmarke *f.*
chiffre *m* **d'affaires** (*C.A.*) Umsatz *m* ; Handelsumsatz ; Warenumsatz ; Verkaufsergebnisse *npl* ; ~ *annuel, global* Jahres-, Gesamtumsatz ; ~ *à atteindre* (*prévisionnel*) Sollumsatz ; ~ *brut, net* Bruttoumsatz (Rohumsatz), Nettoumsatz (Reinumsatz) ; ~ *consolidé* konsolidierter Fremdumsatz ; ~ *hors groupe* Außenumsatz ; ~ *realisé* (*effectif*) Ist-Umsatz ; tatsächlicher Umsatz ; ~ *record* Rekordumsatz ; *augmentation f du* ~ Umsatzsteigerung *f* ; *baisse f du* ~ Umsatzrückgang *m* ; *augmenter le* ~ den Umsatz erhöhen (steigern) ; *réaliser* (*faire*) *un bon* ~ einen hohen Umsatz erzielen (*syn. fam. chiffre*).
chiffrement *m* Verschlüsselung *f* ; Chiffrierung *f* ; Chiffrieren *n* (*syn. codage*).
chiffrer 1. beziffern ; nummerieren ; *données fpl* ~*ées du commerce extérieur* Zahlenangaben *fpl* des Außenhandels ; *indication f* ~*ée* Zahlenangabe *f* **2.** ~ (*à*) beziffern (auf) ; ansetzen ; ~ *le coût de qqch trop haut, trop bas* die Kosten von etwas zu hoch, zu niedrig ansetzen (beziffern) ; ~ *une dépense* eine Ausgabe veranschlagen ; *se* ~ *à* sich belaufen auf ; betragen ; *se* ~ *par millions* in die Millionen gehen ; *les dégâts matériels sont* ~*és à 2000 €* der Sachschaden wird auf 2000 Euro angesetzt (beziffert) ; (*fam.*) *cela commence à* ~ es kommt teuer zu stehen **3.** chiffrieren ; verschlüsseln.
chimiquier *m* (*navigation*) Chemie-Frachter *m* ; Chemie-Tanker *m.*
chinoiseries *fpl* : ~*s administratives* Amtsschimmel *m* ; Papierkrieg *m* ;

genaue Einhaltung *f* der Dienstvorschriften ; *faire des ~s administratives* den Amtsschimmel reiten.

chiper klauen ; stibitzen ; mausen.

chirographaire nicht bevorrechtigt ; chirografisch ; *créance f ~ chirografische Forderung f* ; nicht bevorrechtigte (nicht gesicherte) Forderung ; *créancier m ~* nicht bevorrechtigter Gläubiger *m* ; *obligation f ~* hypothekarisch nicht gesicherte Schuldverschreibung *f* (*contr. privilégié*).

chlorofluorocarbones **mpl** Fluorchlorkohlenwasserstoffe mpl (FCKW).

choc *m* Schock *m* ; (*assur*.) *~ arrière, ~ frontal* Heck-, Frontaufprall *m ~* ; *pétrolier* Ölschock ; *argument m de ~* treffendes Argument *n* ; *effet m de ~* Schockwirkung *f* ; *patron m de ~* durchgreifender Chef (Boss) *m* ; *prix ~* Preisknüller *m* ; besonders preisgünstig ; sensationeller Preis ; Schleuderpreis ; *administrer un traitement de ~ à l'économie* der Wirtschaft eine Schocktherapie (Schockbehandlung) verabreichen.

choisir wählen ; auswählen ; aussuchen ; auslesen ; optieren ; eine Wahl treffen ; (*emploi*) *temps choisi* gleitende (flexible) Arbeitszeit *f*.

choix *m* Wahl *f* ; Auswahl *f* ; Auslese *f* ; Selektion *f* ; ◆ *au ~* zur gefälligen Auswahl ; *~ au hasard* Zufallsauswahl ; ◆◆ *de premier, de second ~* erster, zweiter Wahl (Qualität) ; *le libre ~ de la profession* freie Berufswahl ; *marchandise f de ~* Qualitätsware *f* ; *promotion f au ~* Beförderung *f* auf Vorschlag des Vorgesetzten ; ◆◆◆ *arrêter (fixer, porter) son ~ sur qqch* etw auswählen ; sich etw aussuchen, *il y a beaucoup de ~* es gibt eine große Auswahl ; *faire un bon, un mauvais ~* eine gute, schlechte Wahl treffen ; *offrir un grand ~* eine große Auswahl (an)bieten ; *avancer au petit, au grand ~* langsamere, schnellere Beförderung je nach Vorschlag des Vorgesetzten.

chômage *m* Arbeitslosigkeit *f* ; Erwerbslosigkeit *f* ; Beschäftigungslosigkeit *f* ; Arbeitsausfall *m* ; (*jour de repos*) Feiern *n* ; Arbeitsruhe *f* ; ◆ *~ accidentel, apparent, caché* (*larvé*) betriebsbedingte, offene, verschleierte Arbeitslosigkeit ; *~ chronique* Dauerarbeitslosigkeit ; *~ conjoncturel, déclaré, déguisé* konjunkturelle, offene, versteckte (verdeckte) Arbeitslosigkeit ; *~ endémique* (*permanent*) Dauerarbeitslosigkeit ; *~ fluctuant* fluktuierende (fluktuationsbedingte) Arbeitslosigkeit ; *~ généralisé* (*de masse*) Massenarbeitslosigkeit ; *~ des jeunes* Jugendarbeitslosigkeit ; *~ de longue durée* Langzeit-, Dauerarbeitslosigkeit ; *~ non déclaré* nicht angemeldete Arbeitslosigkeit ; *~ partiel* Kurzarbeit *f* ; Feierschicht *f* ; nicht gearbeitete Schicht ; *~ saisonnier* saisonbedingte (saisonale) Arbeitslosigkeit ; *~ record* Rekordarbeitslosigkeit ; *~ structurel* strukturelle (strukturbedingte) ; *~ technique* betriebsbedingte (technisch bedingte) Arbeitslosigkeit (z.B. Rationalisierungsmaßnahmen, Einsatz neuer Technologien) ; Feierschicht *f* ; Kurzarbeit *f* ; streikbedingte Arbeitslosigkeit ; *~ technologique → structurel* ; *~ transitoire* vorübergehende Arbeitslosigkeit ; *~ (in)volontaire* (un)gewollte Arbeitslosigkeit ; ◆◆ *allocation f (indemnité f) de ~* Arbeitslosenunterstützung *f* ; (*fam*.) Stempelgeld *n* ; Alu *f* ; *assurance f ~* Arbeitslosenversicherung *f* ; *augmentation f du ~* Zunahme *f* der Arbeitslosigkeit ; *taux m de ~* Arbeitslosenquote *f* ; ◆◆◆ *au ~* arbeitslos ; ohne Arbeit (Beschäftigung) erwerbslos ; *aggraver, faire régresser le ~* die Arbeitslosigkeit verschärfen, senken ; *empêcher la progression du ~* die Arbeitslosigkeit in Schranken halten ; *être au ~* arbeitslos sein ; Stempelgeld bekommen ; (*fam*.) stempeln gehen ; Alu beziehen ; *mettre le personnel d'une entreprise en ~ partiel* die Belegschaft auf Kurzarbeit setzen ; in einem Betrieb Kurzarbeit verordnen.

chômé, e nicht gearbeitet ; *fête f ~* nicht gearbeiteter Feiertag *f* ; *heure f ~e payée* bezahlte Ausfallstunde *f* ; *jour m non ~* gearbeiteter Tag *m* ; *jour m ~ légal* gesetzlicher Feiertag ; *journée ~ée* arbeitsfreier Tag ; Feiertag ; bezahlter Ausfalltag.

chômer 1. arbeitslos sein ; *l'usine ~e* die Arbeit in der Fabrik steht still 2. nicht arbeiten ; feiern ; ruhen ; *~ un jour* an einem Tag nicht arbeiten ; einen Tag feiern ; (*fam*.) blau machen 3. (*fam*.) *on ne ~e pas* an Arbeit fehlt es nicht ; wir haben viel zu tun.

chômeur *m* Arbeitslose(r) ; Erwerbslose(r) ; Stellenlose(r) ; *~ déclaré* arbeitslos Gemeldete(r) ; *~ en fin de* *droits* Arbeitslose(r), der keinen Anspruch mehr auf Arbeitslosenunterstützung hat ; neuer Sozialhilfeempfänger *m* ; ~ *de longue durée* Dauer-, Langzeitarbeitsloser ; ~ *partiel* Kurzarbeiter *m* ; (*statist.*) *les ~s partiels* die Kurzarbeiterzahl *f* ; *être ~* arbeitslos (stellen-, erwerblos) sein ; (*fam.*) stempeln gehen.

chose *f* Gegenstand *m* ; Objekt *n* ; Sache *f* ; ~ *achetée* Kaufsache ; gekaufte Sache ; ~ *commune* Gemeingut *n* ; gemeinsame Sache ; ~ *corporelle* körperliche Sache ; ~ *en dépôt* verwahrte Sache ; in Verwahrung gegebene Sache ; ~ *divisible* teilbare Sache ; ~ *fongible* vertretbare Sache ; ~ *gagée* Beleihungsobjekt ; Pfandobjekt ; Pfandsache ; ~ *immobilière* unbewegliche Sache ; ~ *incorporelle* unkörperliche Sache ; ~ *indivise* gemeinschaftliche Sache ; unteilbare Sache ; ~ *insaisissable* unpfändbare Sache ; ~ *jugée* abgeurteilte (rechtskräftig entschiedene) Sache ; ~ *litigieuse* Streitsache ; ~ *meuble* bewegliche Sache ; ~ *perdue* verlorene Sache ; ~ *publique* Gemeinsache ; öffentliche Ordnung *f* ; ~ *saisie* gepfändeter Gegenstand *m* ; gepfändete Sache ; ~ *sans maître* herrenlose Sache ; derelinguierte Sache ; ~ *unie* untrennbare Sache.

chrétien-démocrate (*Allemagne*) christ(lich)-demokratisch ; *les chrétiens-démocrates* die Christdemokraten.

chroniqueur *m* (*presse*) Kolumnist *m* ; ~ *judiciaire* Gerichtsreporter *m*.

chronologique chronologisch ; Zeit- ; *ordre m ~* chronologische Reihenfolge *f*.

chronopost : Schnellzustellungsdienst *m* ; *envoyer un paquet par ~* ein Päckchen per Chronopost schicken.

chou blanc : (*fam.*) *faire ~* leer ausgehen ; misslingen ; *les grévistes ont fait ~ avec leurs revendications* die Streikenden sind mit ihren Forderungen leer ausgegangen.

C.H.U. *m* (*Centre hospitalier universitaire*) Universitätsklinik *f*.

chute *f* Sturz *m* ; Einbruch *m* ; Fall *m* ; Fallen *n* ; Sinken *m* ; Verfall *m* ; (*déchet*) Ausschuss *m* ; Ausschussware *f* ; ~ *de l'immobilier* Rückgang *m* des Immobiliengeschäfts ; ~ *d'une monnaie* Währungsverfall ; ~ *des prix* Preissturz *m* ; *prix en ~ libre* Preisverfall.

chuter fallen ; stürzen ; sinken ; sacken ; abnehmen ; einbrechen ; ~ *à son niveau le plus bas* auf seinen Tiefststand sinken ; *le cours a ~é* der Kurs ist gefallen ; *les ventes ont ~é d'un tiers* der Absatz brach um ein Drittel ein ; *faire ~ les cours* die Kurse nach unten treiben ; *faire ~ un gouvernement* eine Regierung umstürzen.

C.I. *m* (*certificat d'importation*) Einfuhrbescheinigung *f*.

ciblage *m* (*publicité, marketing*) Zielgruppenstudie *f* ; Zieluntersuchung *f* ; Ausrichtung *f* auf eine bestimmte Zielgruppe.

cible *f* (*publicité, marketing*) Zielgruppe *f* ; ~ *commerciale* Absatzzielgruppe *f* ; *délimiter, déterminer une ~* eine Zielgruppe abgrenzen, bestimmen.

cibler eine Zielgruppe ansprechen ; sich an eine Zielgruppe wenden ; ~ *les consommateurs* die Verbraucher *mpl* gezielt ansprechen ; sich gezielt an die Verbraucher wenden ; *mesure f bien ~ée* gezielte (zielgerichtete) Maßnahme *f*.

ci-dessous unten stehend ; unten erwähnt ; unten genannt.

ci-dessus oben genannt ; obig ; weiter oben ; oben erwähnt.

Cie/Cie (*compagnie*) Gesellschaft *f* ; *et ~* und Co.

C.I.E. *m* (*contrat initiative-emploi*) Beschäftigungs-Initiative-Vertrag *m* ; ABM-Stelle *f*.

C.I.F. *m* (*congé individuel de formation*) individueller Fortbildungsurlaub *m*.

cigale *f* : (*fig.*) *être une ~* (*vivre comme une ~*) wenig bzw. nichts sparen ; sein Geld zum Fenster auswerfen ; mit dem Geld sorglos umgehen (*contr. fourmi*).

ci-inclus → *ci-joint*.

ci-joint beiliegend ; in der Anlage ; *quittance ~* Quittung anbei ; *je vous adresse ~ mon C.V.* (*manuscrit*) *ainsi qu'une copie de mes diplômes* beiliegend sende ich Ihnen meinen (handgeschriebenen) Lebenslauf sowie Zeugnisabschriften.

CIM (*computer integrated manufacturing*) computerunterstützte Entwicklung und Fertigung.

cimenterie f Zementfabrik f.
circonscription f Bezirk m ; Kreis m ; Bereich m ; Gebiet n ; ~ *administrative, économique, électorale, judiciaire* Verwaltungs-, Wirtschafts-, Wahl-, Gerichtsbezirk.
circonscrire abgrenzen.
circonstance f Umstand m ; Lage f ; Gegebenheit f ; ~s *aggravantes, atténuantes* mildernde, erschwerende Umstände ; (*assur.*) *décrire précisiément les ~s d'un accident de la circulation* die Umstände eines Verkehrsunfalls genau schildern ; *faire valoir des ~s particulières* besondere Umstände geltend machen ; (*jur.*) *reconnaître des ~s atténuantes à qqn* jdm mildernde Umstände zubilligen.
circonstancié, e ausführlich ; eingehend ; *rapport ~é m* ausführlicher Bericht m.
circuit m 1. (Wirtschafts)Kreislauf m ; ~ *commercial* Marktkreislauf m ; ~ *économique* Wirtschaftskreislauf m ; ~ *de financement* Finanzierungskreislauf ; ~ *financier et bancaire* Geldkreislauf m ; ~ *monétaire* Geldkreislauf m ; *exploitation f en ~ fermé* geschlossener Betriebskreislauf ; ~ *de vente* (*de distribution*) Verkaufsnetz n ; Vertriebsweg m ; Vertriebskanal m ; (*fig.*) *être hors ~* ausgeschaltet sein ; (*fam.*) out sein 2. (*informatique*) ~ *intégré* integrierter Schaltkreis m ; Chip m 3. (*avion*) ~ *d'attente* Warteschleife f.
circulaire f Rundschreiben n ; Runderlass m ; Zirkular n ; ~ *publicitaire* Werberundschreiben n.
circulaire : *billet m* ~ Netzkarte f.
circulant, e in Umlauf befindlich ; *actif m* ~ Umlaufvermögen n ; *capital* ~ Umsatzkapital n ; *traite f ~e* laufender Wechsel m.
circulation f 1. Verkehr m ; ~ *aérienne, automobile, ferroviaire* Flug-, Auto-, Eisenbahnverkehr ; *libre* ~ *des travailleurs* Freizügigkeit f der Arbeitnehmer ; *la libre* ~ *des personnes, des services et des capitaux au sein de l'U.E.* der freie Personen-, Dienstleistungs- und Kapitalverkehr innerhalb der EU ; (*transports*) *certificat m de* ~ Warenverkehrsbescheinigung f ; *régler la* ~ den Verkehr regeln 2. (*monnaie*) Umlauf m ; Verkehr m ; ~ *fiduciaire* Banknotenumlauf m ; Geldumlauf m ; Bargeldumlauf m, -verkehr m ; ~ *monétaire* Geldumlauf ; (*libre*) ~ *des capitaux* (freier) Kapitalverkehr ; ~ *des marchandises* Waren-, Güterverkehr ; *mise f en* ~ In-Umlauf-Setzen n ; *titres mpl en* ~ umlaufende (im Umlauf befindliche) Wertpapiere npl ; *être en* ~ im Umlauf sein ; *mettre en* ~ in Umlauf setzen ; *retirer de la* ~ (*monnaie*) aus dem Verkehr ziehen ; außer Kurs setzen ; (*billets de banque*) einziehen 3. ~ *des idées* Ideenaustausch m ; ~ *de l'information* Informationsfluss m.
circuler 1. (*véhicules*) fahren ; verkehren ; *interdiction f de* ~ *le dimanche* Sonntagsfahrverbot n ; *ce train ~e tous les jours / tous les jours sauf le samedi / le dimanche et jours fériés* dieser Zug verkehrt täglich / täglich außer samstags / nur an Sonn- und Feiertagen 2. (*monnaie*) in Umlauf sein ; zirkulieren.
citadin m Stadtbewohner m ; *le nombre de ~s ne cesse de croître* die Anzahl der Stadtbewohner nimmt immer mehr zu (steigt... an).
citation f : (*jur.*) ~ *à comparaître* (*en justice*) (Vor)Ladung f vor Gericht ; ~ *en conciliation* (Vor)Ladung zur Sühneverhandlung.
cité f (*urbanisme*) Wohnsiedlung f ; ~ *administrative* Behördenviertel n ; Verwaltungszentrum n ; ~ *de banlieue* Vorstadtsiedlung ; Vorstadtrandsiedlung ; ~ *ouvrière* Arbeitersiedlung.
cité-dortoir f Schlafstadt f ; Trabantenstadt ; Satellitenstadt.
citer 1. zitieren ; (Beispiele) anführen 2. (*jur.*) ~ *qqn en justice* jdn vor Gericht zitieren ; jdn vorladen.
citoyen m (Staats)Bürger m ; Staatsangehörige(r) ; ~ *actif, passif* wahlberechtigter, nicht wahlberechtigter Bürger ; ~ *d'honneur* Ehrenbürger m ; ~ *à part entière* (*de plein droit*) vollberechtigter Bürger ; *près des ~s* bürgernah.
citoyenneté f Staatsbürgerschaft f ; Staatsangehörigkeit f ; *double* ~ doppelte Staatsbürgerschaft.
civil m Zivilist m.
civil, e 1. (*jur.*) Zivil- ; zivilrechtlich ; bürgerlich ; bürgerlich-rechtlich ; bürgerrechtlich ; *affaire f* ~ Zivilprozess m ; *autorités fpl ~es* Zivilbehörde f ; *aviation f ~e* Zivilluftfahrt f ; *chambre f* ~ Zivilkammer ; Kammer f für Zivilsachen ; *Code m* ~ Bürgerliches Gesetzbuch n (BGB) ; *partie f ~e* Zivilverfahren n, -prozess m ; *responsabilité f*

civilement

~e Haftpflicht ; (zivilrechtliche) Haftung *f* ; *se constituer partie ~* vor Gericht gehen ; als Nebenkläger auftreten ; *tribunal m ~* Zivilgericht *n* ; *la responsabilité ~e du propriétaire est engagée* der Besitzer trägt die Haftung dafür **2.** Bürger- ; *année f ~e* Kalenderjahr *n* ; *de droit ~* bürgerrechtlich ; bürgerlichrechtlich ; zivilrechtlich ; *droits mpl ~s* bürgerliche Rechte *npl* ; Bürgerrechte *npl* ; *état m ~* Familien-, Personenstand *m* ; Zivilstand *m* ; (*bureau*) Standesamt *n* ; *mariage m ~* standesamtliche Trauung *f* ; Ziviltrauung *f* ; *service m ~* Zivildienst *m* ; *société ~e* Zivilgesellschaft *f* (Vereine, Bürgerinitiative, Mitsprachemodelle, etc.) ; *dans le ~* im Zivilleben.

civilement 1. standesamtlich ; nicht kirchlich **2.** zivilrechtlich ; nach dem bürgerlichen Recht ; nach dem Zivilrecht ; *être ~ responsable* (*de*) haftpflichtig sein ; (für etw) zivilrechtlich haften ; die zivilrechtliche Haftung (für etw) tragen.

civique (staats)bürgerlich ; *droits mpl ~s* bürgerliche Ehrenrechte *npl* ; staatsbürgerliche Rechte *npl* ; *esprit m ~* staatsbürgerliche Gesinnung *f* ; Bürgersinn *m* ; (*enseignement m*) *instruction f ~* Staatsbürgerkunde *f* ; *accorder à qqn les droits ~s* jdm die Bürgerrechte (die bürgerlichen Rechte) verleihen (gewähren) ; *priver qqn de ses droits ~s* jdm die Bürgerrechte (das aktive und das passive Wahlrecht) entziehen (aberkennen).

civisme *m* Bürgersinn *m* ; Staatsgesinnung *f*.

C.J.D. *m* (*Centre des jeunes débutants*) Verband *m* der Jungunternehmer.

clair : *en ~, cela signifie que...* im Klartext heißt es, dass... ; (*télévision*) *émettre en ~* unverschlüsselt ausstrahlen.

clandestin *m* **1.** blinder Passagier *m* **2.** illegal eingereister Arbeiter *m* ; Arbeiter ohne Arbeitsgenehmigung.

clandestin, e heimlich ; unerlaubt ; verborgen ; schwarz ; *abattage m, brûlerie f ~(e)* Schwarzschlachten *n*, -brennerei *f* ; *commerce ~* Schwarzhandel *m* ; *mouvement m ~* Untergrundbewegung *f* ; *passager m ~* blinder Passagier *m* ; *publicité f ~e* Schleichwerbung *f* ; *travail m ~* Schwarzarbeit *f*.

clandestinement schwarz ; illegal ; *changer ~ des devises* Devisen schwarz umtauschen ; *entrer ~ dans un pays* illegal ein Land betreten ; *introduire ~ dans un pays* in ein Land einschleusen (einschmuggeln) ; *passer ~ la frontière* schwarz über die Grenze fahren.

clandestinité *f* Illegalität *f* ; Untergrund *m* ; *sombrer* (*disparaître*) *dans la ~* in die Illegalität abtauchen (untertauchen) ; *vivre dans la ~* in der Illegalität leben.

claquer (*fam.*) (Geld, Vermögen) verjubeln ; verjuxen ; verschleudern ; auf den Kopf hauen.

clarification *f* Klärung *f* ; Aufhellung *f* (einer Lage).

clarifier (eine Lage) aufklären ; aufhellen.

classe *f* **1.** Klasse *f* ; Schicht *f* ; Stand *m* ; *~ d'âge* Jahrgang *m* ; *~ d'assurances* Schadensklasse ; *les ~s exploitées, opprimées* die ausgebeuteten, unterdrückten Klassen ; *~s moyennes* Mittelstand ; Mittelschicht ; *~ ouvrière* Arbeiterklasse ; *les ~s dirigeantes, possédantes, supérieures* die herrschenden, besitzenden, oberen Klassen ; *société sans ~s* klassenlose Gesellschaft *f* ; *appartenir à la ~ démunie* der Klasse der Besitzlosen angehören **2.** Art *f* ; Gruppe *f* ; Kategorie *f* ; Klasse *f* ; Sparte *f* ; *~ de produits* Handelsklasse ; Handelssorte *f* **3.** (*transport*) *première, deuxième ~* erste, zweite Klasse ; *billet m de deuxième ~* Fahrkarte *f* zweiter Klasse ; *~ affaires* Business-Klasse ; *~ touriste* Touristenklasse **4.** (*comptab.*) *~ de comptes* Kontenklasse *f* **5.** (*enseignement*) Klasse *f* ; *petites, grandes ~s* untere, höhere Klassen ; *aller en ~* in die Schule gehen ; (*re*)*doubler, sauter une ~* eine Klasse wiederholen, überspringen.

classement *m* **1.** Anordnung *f* ; Ordnung *f* ; Einteilung *f* ; (Ein)Ordnen *n* ; Sortieren *n* ; Einstufung *f* (in + A) ; Gliederung *f* ; Reihenfolge *f* ; Gruppierung *f* ; Klassifikation *f* ; Klassifizierung *f* ; *~ alphabétique* alphabetische Einteilung **2.** (*dossier*) Ablage *f* ; Ablegen *n* ; *~ d'une affaire* Abschluss *m* einer Angelegenheit.

classer 1. anordnen ; (ein)ordnen ; (ein)sortieren ; einteilen ; einreihen ; einstufen ; zusammenstellen ; *~ dans une catégorie* in eine Klasse (Kategorie) einstufen **2.** (*dossier*) ablegen ; schließen ; ad acta legen ; zu den Akten legen ; *~ une affaire* einen Rechtsstreit einstellen **3.** (*site, monument*) schützen ;

unter Denkmalschutz (Naturschutz) stellen ; *monument m ~é* (denkmal)geschützt ; *région f ~ée* site naturel unter Naturschutz stehendes Gebiet ; *être ~é* unter Denkmalschutz stehen.

classeur *m* Ordner *m* ; (Schnell)-Hefter *m* ; Ringbuch *n* ; Ablage *f* ; Ablageordner ; Kartei *f* ; Karteikasten *m* ; Aktenschrank *m*.

classification *f* Klassifizierung *f* ; Klassifikation *f* ; Gliederung *f* ; Aufteilung *f* ; Tarifierung *f* ; Einordnen *n* ; Einteilen *n* (in + A) ; *(bilan)* ~ *des comptes* Kontenklassifizierung *f* ; *(statist.)* Aufschlüsselung *f* ; ~ *de marchandises dans un tarif* Einreihung *f* von Waren in einen Tarif.

clause *f* **1.** Klausel *f* ; Bestimmung *f* ; Bedingung *f* ; Voraussetzung *f* ; Vorbehalt *m* ; Vermerk *m* ; ~ *abusive* unzulässige Klausel ; ~ *d'agrément* Zustimmungsklausel ; ~ *d'annulation* kassatorische Klausel ; Verfallklausel ; ~ *comminatoire* komminatorische Klausel ; Rechtsverlustklausel ; ~ *de contrat* Vertragsklausel ; ~ *dérogatoire* Abänderungsklausel ; abweichende Bestimmung *f* ; ~ *exclusive* ausschließliche Vereinbarung *f* ; ~ *d'exclusivité* Konkurrenzausschlussklausel *f* ; ~ *de force majeure* Höhere-Gewalt-Klausel *f* ; ~ *de franchise* *(assur.)* Selbstbeteiligungsklausel *f* ; ~*s générales de vente* Allgemeine Geschäftsbedingungen *fpl* (AGB) ; ~ *de grève* Streikklausel ; ~ *d'indexation* Indexklausel ; ~ *monétaire* Währungs-, Valutaklausel ; ~ *de la nation la plus favorisée* Meistbegünstigungsklausel ; ~ *de non-concurrence* Konkurrenzverbot *n* ; ~ *or* Goldklausel ; ~ *à ordre* Orderklausel ; ~ *non à ordre* Rektaklausel ; ~ *de préemption* Vorkaufsrechtsklausel ; ~ *de réserve de propriété* Eigentumsvorbehaltsklausel ; ~ *résolutoire* (vertrags)auflösende Bestimmung *f* ; Rücktritterklärungsklausel ; ~ *restrictive* einschränkende Klausel ; Kautel *f* ; ~ *de révision* Gleitkostenklausel ; ~ *de sauvegarde* Schutzklausel ; ~ *valeur réelle* Sachwertklausel ; *insérer une dans un contrat* eine Klausel in einen Vertrag einsetzen (einfügen) ; *stipuler dans une* ~ in einer Klausel bestimmen (festlegen) **2.** ~ *de style* übliche Formel *f* ; Floskel *f*.

clavier *m* Tastatur *f* ; Tastenfeld *n* ; Keyboard *n*.

claw back *m* (*bourse* : autorise la modification de la composition de tranches de placement en cas de forte demande et réduit le montant alloué à l'offre internationale) Claw-Back-Verfahren *n* (erlaubt die Umschichtung bei Börsenanlagen ; bei starker Nachfrage reduziert es das internationale Angebot) *(syn. clause de reprise).*

clé *f* Schlüssel *m* ; ~ *de décodage* Kryptoschlüssel ; ~ *de protection d'un logiciel* Kopierschutz *m* ; Hackerschutz ; *appartement livré ~s en mains, usine f ~s en main* schlüsselfertige Wohnung *f*, Fabrik *f*.

clearing *m* Clearing *n* ; ~ *de titres* Wertschriftenclearing ; *accord m de* ~ Clearingabkommen *n* ; *opérations fpl de* ~ Clearingverkehr *m* ; *organisme m de* ~ Clearingstelle *f*.

cleptomanie *f* Kleptomanie *f*.

cleptomane *m* Kleptomane *m*.

clerc *m* Schreiber *m* ; Kanzlist *m* ; ~ *de notaire* Notariatsangestellte(r) ; *principal* ~ Notariatsbürovorsteher *m*.

clic *m* *(informatique)* Klick *m* ; *double* ~ Doppelklick ; *faire un double* ~ doppelklicken.

client *m* Kunde *m* ; Käufer *m* ; *(hôtel)* Gast *m* ; *(avocat)* Klient *m* ; *(commettant)* Auftraggeber *m* ; *(médecin)* Patient *m* ; *les ~s* die Kunden ; die Kundschaft *f* ; ◆ ~ *institutionnel* *(collectivités locales, établissements publics, etc.)* institutioneller Kunde ; ~ *professionnel* Geschäftskunde ; *~-roi* König Kunde *m* ; ◆◆ *à la tête du* ~ (Preis) nach Belieben (nach Gutdünken) ; willkürlicher Preis ; *gros* ~ Großabnehmer *m* ; *chasse f aux ~s* Kundenfang *m* ; *compte m ~s* Kundenkonto *n* ; *fichier m ~s* Kundenkartei *f* ; *numéro m de* ~ Kundennummer *f* ; *politique f du* ~ *-roi* Kundenfreundlichkeit *f* ; König-Kunde-Politik *f* ; *(comptab.) poste ~s* Forderungen *fpl* aus Lieferungen und Leistungen ; *suivi m du* ~ Kundenbetreuung *f* ; ◆◆◆ *attendre le* ~ auf Kunden (Kundschaft) warten ; *être près du* ~ Kundenwünsche berücksichtigen ; auf die Kundschaft eingehen ; eine kundennahe Verkaufspolitik betreiben ; *se faire un nouveau* ~ einen neuen Kunden gewinnen ; *ici, le* ~ *est roi* hier ist der Kunde König ; *il compte parmi nos meilleurs ~s* er zählt zu unseren besten Kunden ; *servir, livrer un* ~ einen Kunden bedienen, beliefern ; *tout faire pour le* ~ alles für die Kundschaft tun.

cliente *f* Kundin *f* ; (*avocat*) Klientin *f* ; (*médecin*) Patientin *f*.

clientèle *f* Kundschaft *f* ; Kunden *mpl* ; Kundenkreis *m* ; (*avocat*) Klientel *f* ; (*médecin*) Patienten *mpl* ; (*hôtel, café*) Gäste *mpl* ; ◆ ~ *d'affaires* Geschäftsreisende *pl* ; ~ *attirée, fidèle (fixe)* Stamm-, Dauerkundschaft ; ~ *électorale* Wahlklientel *f* ; ~ *établie* fester Kundenkreis ; Kundenstamm *m* ; ~ *d'habitués* Stammkundschaft ; Kundenstamm *m* ; ~ *importante* zahlreiche Kundschaft ; ~ *de passage* Lauf-, Durchgangskundschaft ; *potentielle* potenzielle Kunden ; ~ *privée, professionnelle* Privat-, Geschäftskundschaft ; ~ *saisonnière* saisonale, Saisonkundschaft ; (*hôtel*) ~ *de séjour* Dauergäste *mpl* ; ~ *vacancière* Feriengäste ; ◆◆ *assistance f à la ~* Kundenbetreuung *f*, -pflege *f* ; *exigences fpl de la ~* Kundenforderungen *fpl* ; *rapports mpl avec la ~* Kundenverkehr *m* ; *visite f, prospection f de la ~* Kundenbesuch *m* ; *service m à la ~* Service *m* ; Dienst *m* am Kunden ; ◆◆◆ *avoir une grosse ~* eine große Kundschaft (viele Kunden) haben ; *chercher à se faire une ~* sich eine Kundschaft aufbauen ; (*péj.*) auf Kundenfang (aus)gehen ; *faire partie de la ~ fidèle* zur festen Kundschaft gehören ; die Stammkundschaft bilden ; *prospecter la ~* akquirieren ; Kunden gewinnen (werben) ; *visiter la ~* die Kundschaft besuchen.

clientélisme *m* Klientenwirtschaft *f*.

clignotants *mpl* **du marché** Marktsignale *npl* ; (Konjunktur)Indikatoren *mpl* ; *les ~ sont passés au rouge* die Wirtschaftsindikatoren stehen auf Rot.

climatisation *f* Klimaanlage *f* ; Klimatisierung *f*.

clinique *f* Klinik *f* ; ~ *conventionnée* Vertragsklinik ; ~ *vétérinaire* Tierarztpraxis *f*.

cliquer (*informatique*) (an)klicken ; ein Wort (eine Zeile) anklicken ; auf ein Wort klicken ; ~ *sur la souris* auf die Maus klicken ; *double ~* doppelklicken.

cliquet : *effet m de ~* **1.** (*assur. les gains acquis dans le cadre d'un contrat d'assurances ne peuvent pas être repris par la compagnie*) Sperreffekt *m* **2.** (*une augmentation des taxes n'entraîne pas forcément une baisse de prix mais leur hausse l'augmente à coup sûr*) Sperrklinkeneffekt *m*.

clivage *m* : ~ *Nord-Sud* Nord-Süd-Gefälle *n*.

cloisonnement *m* (*morcellement*) Abgrenzen *n* ; Aufteilen *n* ; Aufteilung *f* ; Abschotten *n* ; Abschottung *f* ; Abkapselung *f* ; ~ *des marchés* Abschottung der Märkte.

cloisonner teilen ; abgrenzen ; abschotten ; isolieren.

clonage *m* Klonen *n* ; Klonieren *n* ; Klonierung *f*.

clone *m* Klon *n*.

cloner klonen ; klonieren.

clore abschließen ; beenden ; ~ *une discussion* ein Gespräch abschließen.

clos, e geschlossen ; (*jur.*) *à huis ~* unter Ausschluss der Öffentlichkeit ; hinter verschlossenen Türen ; *l'incident m est ~* der Zwischenfall ist erledigt ; der Streit ist beigelegt ; *le compte est ~* das Konto ist aufgelöst (abgeschlossen) ; *la séance est ~e* die Sitzung ist geschlossen ; ~ *par nécessité* → **nécessité**.

clôture *f* **1.** Zaun *m* ; Umzäunung *f* ; Einfriedung *f* **2.** (Ab)Schluss *m* ; Beendigung *f* ; Schließung *f* ; ~ *du bilan* Bilanzabschluss ; ~ *de la bourse* Börsenschluss ; *à la ~* bei Börsenschluss ; ~ *de compte* Kontoauflösung *f* ; ~ *de l'exercice* Jahresabschluss ; Abschluss des Geschäftsjahres ; ~ *d'une séance* Schließung einer Sitzung ; *bilan m de ~* (Ab)Schlussbilanz *f* ; *cours m de ~* Schlusskurs *m* ; *niveau m de ~* Schlussstand *m* ; *séance f de ~* Schlusssitzung *f*.

clôturer **1.** (*terrain*) einzäunen ; einfrieden **2.** beendigen ; beenden ; (ab)schließen ; ~ *un débat* eine Debatte abschließen ; *une séance* eine Sitzung schließen **3.** ~ *un compte* ein Konto auflösen ; (*bilan*) abschließen ; *l'exercice a bien, a mal ~é* das Geschäftsjahr hat gut, hat schlecht abgeschlossen **4.** (*bourse*) ~ *à la baisse (en baisse)* schwächer schließen ; mit einem Kursverlust schließen ; ~ *en hausse* bei Börsenschluss nach oben gehen ; mit einem Kursgewinn schließen ; *~ant sous la barre psychologique des... points à...* und schloss unter der psychologischen Grenze von... Punkten bei... ; *~ant favorablement* freundlich (im Plus) schließen.

clou *m* **1.** (*mont-de-piété*) *mettre qqch au ~* etw versetzen ; verpfänden **2.** (*point culminant*) Clou *m* ; Glanz-, Höhepunkt *m* **3.** (*fam.*) *ne pas valoir le moindre ~* (*ne pas valoir un ~*) keinen Pfifferling (kei-

nen roten Heller) wert sein **4.** (*circulation*) traverser dans les ~s den Fußgängerweg (den Zebrastreifen) benutzen.
C.L.S. → **contrats locaux de sécurité**.
club *m* **1.** Klub *m* ; Club *m* ; Verein *m* ; ~ *automobile* Automobilklub ; (*Allemagne*) ADAC ; ~ *d'investissement* Investitionsklub ; Investmentclub ; Investmentgesellschaft *f* ; (*tourisme*) ~ *alpin* Alpenverein ; ~ *d'équitation, de golf, nautique, de plongée, de ski* Reit-, Golf-, Segel-, Taucher-, Skiklub ; ~ *de vacances, de voile, de yachting* Ferien-, Segel-, Jachtklub ; ~ *du livre* Buchgemeinschaft *f* **2.** Klubhaus *n* ; Klub.
C.M.F. *m* (*Conseil des marchés financiers : autorité chargée de la conduite d'une offre à prix ferme*) Rat *m* der Finanzmärkte.
C.M.R. : (*lettre de voiture*) Frachtbrief *m* im Straßengüterverkehr.
C.M.U. *f* **1.** (*cotisation maladie universelle*) allgemeiner Krankenkassenbeitrag *m* **2.** (*couverture maladie universelle*) allgemeine Deckung *f* im Krankheitsfall ; Bürgerversicherung *f*.
C.N.A.T. *f* (*Commission nationale d'aménagement du territoitre*) Nationale Raumordnungskommission *f*.
C.N.A.V. *f* (*Caisse nationale d'assurance-vieillesse*) Altersrentenversicherungskasse *f*.
C.N.C. *m* (*Conseil national de la consommation*) Verbraucherschutzbehörde *f*.
C.N.C.E. *m* (*Centre national du commerce extérieur*) Staatliches Zentrum *n* für Außenhandel.
C.N.E.D. *m* (*Centre national d'enseignement à distance*) Fernunterricht *m* ; *préparer un examen par le* ~ sich im Fernunterricht auf ein Examen vorbereiten.
C.N.I.L. *m* (*Commission nationale de l'informatique et des libertés*) Datenschutzbehörde *f* ; Datenschutzkommission *f* ; (*Allemagne*) Datenschutzgesetz *n*.
C.N.P. *f* (*Caisse nationale de prévoyance*) nationale Vorsorgungseinrichtung *f*.
C.N.P.F. *m* (*hist. Conseil national du patronat français*) französischer Arbeitgeberverband *m* → *remplacé par le* **M.E.D.E.F**.
C.N.R.S. *m* (*Centre national de la recherche scientifique*) nationales Forschungszentrum *n*.
c/o bei, c/o ; per Adresse ; p.A.

co- (*préfixe*) Mit- ; (*suffixe*) -partner *m* ; *coassocié m* Mitgesellschafter *m* ; *codirecteur m* Mitdirektor *m* ; *cofondateur m* Mibegründer *m* ; *cocontractant m* Vertragspartner ; *coéditeur* Mitherausgeber *m*.
C.O. *m* (*certificat d'origine*) Ursprungszeugnis *n*.
coaccusé *m* Mitangeklagte(r).
coach *m* Coach *m* ; Betreuer *m* ; Trainer *m*.
coacher coachen ; trainieren.
coaching *m* Coaching *n* ; Betreuung *f* ; Training *n* ; Beratung *f*.
coacquéreur *m* Miterwerber *m*.
coalition *f* (*polit.*) Koalition *f* ; Bündnis *n* ; ~ *électorale* Wahlbündnis ; ~ *gouvernementale* Regierungskoalition ; *droit m* (*liberté f*) *de* ~ Koalitionsfreiheit *f* ; *gouvernement m sans* ~ Alleinregierung *f* ; ~ *SPD, FDP, Verts* Ampelkoalition *f* ; ~ *CDU-Verts* schwarz-grüne-Koalition ; *former une* ~ (*entrer en* ~ *avec*) eine Koalition bilden ; mit einer Partei koalieren ; ein Bündnis eingehen.
coassocié *m* (Mit)Teilhaber *m* ; Partner *m*.
coassurance *f* Mitversicherung *f*.
coassuré *m* Mitversicherte(r).
coassureur *m* Mitversicherer *m*.
coauteur *m* **1.** (*délit*) Mittäter *m* **2.** (*édition*) Koautor *m* ; Mitverfasser *m* ; Miturheber *m*.
C.O.B. *f* (*Commission des opérations de Bourse*) Börsenaufsichtsamt *n* für den Wertpapierhandel ; BaWe *n* ; Börsenaufsichtsbehörde *f* ; Börsenkontrollbehörde *f* ; Börsenkontrolle *f*.
cobaye *m* (*fam.*) Testperson *f* ; Versuchsperson ; (*péj.*) Versuchskaninchen *n*.
cocagne : *pays m de* ~ Schlaraffenland *n*.
cocher ankreuzen ; abhaken ; ~ *des noms sur une liste* Namen auf einer Liste ankreuzen (abhaken).
Cocom *m* (*1949, Paris : Coordinating Committee for East-West Trade Policy*) (*contrôle à l'exportation d'armes et de produits de haute technologie dits sensibles*) Cocom *n* ; Koordinationskomitee *n* für Ost-West-Handelspolitik ; *liste des produits établie par le* ~ Cocom-Liste *f*.
cocontractant *m* (*jur.*) Vertragspartner *m*.
codage *m* Codieren (Kodieren) *n* ; Kodierung *f* ; Verschlüsselung *f* ; Kryptierung *f* ; *clé f de* ~ Kryptographie-Schlüssel *m* ; *puce f de* ~ Krypto-Chip *m*.

code *m* **1.** Gesetzbuch *n* ; Vorschriftensammlung *f* ; Ordnung *f* ; ~ *des assurances* Versicherungsrecht *n* ; ~ *civil* bürgerliches Gesetzbuch (BGB) ; (*hist.* R.D.A.) Zivilgesetzbuch (ZGB) ; ~ *Napoléon* Code *m* Napoléon ; ~ *pénal* Strafgesetzbuch (StGB) ; ~ *de commerce* Handelsgesetzbuch (HGB) ; ~ *des douanes* Zollkodex ; ~ *général des impôts* Abgabenordnung *f* ; Steuergesetze *npl* ; allgemeine Steuerregelung *f* ; ~ *des marchés publics* (*CMP*) Vergabeordnung für öffentliche Aufträge ; ~ *maritime* Seefahrtsrecht *n* ; ~ *moral* Moralkodex ; (*dans le bâtiment*) Verdingungsordnung für Bauleistungen ; ~ *de procédure civile, pénale* Zivil-, Strafprozessordnung *f* ; ~ *de la route* Straßenverkehrsordnung *f* (StVo) ; ~ *du travail* Arbeitsgesetzbuch (AGB) **2.** Code (Kode) *m* ; Codewort *n* ; Kennziffer *f* ; Schlüssel *m* ; ~ *comptable* Buchungsschlüssel *m* ; ~ *confidentiel personnel* persönliche Identifikationsnummer *f* (PIN) ; ~ *secret* Geheimcode ; en ~ verschlüsselt ; chiffriert ; ~ *swift* SWIFT-Code **3.** ~ *bancaire* Bankleitzahl *f* (BLZ) ; ~ *postal* Postleitzahl *f* **4.** (*code de la route, fam.*) **a)** Verkehrsregeln *fpl* ; **b)** Fahrprüfung *f* ; *passer le* ~ die theoretische Fahrprüfung machen (ablegen) **5.** (*bourse*) ~ *valeur* Wertpapier-Kennnummer *f*.

code-barres *m* Strichkode *m* ; EAN-Code (Europäische Artikelnummerierung) ; *article m muni d'un* ~ mit einem Strichcode gekennzeichnete Ware *f*.

codébiteur *m* Mitschuldner *m* ; Solidarschuldner *m*.

codécider mitbestimmen ; mitentscheiden ; *les salariés veulent pouvoir ~ en matière d'horaires à la carte* die Arbeitnehmer wollen in Fragen der flexiblen Arbeitszeit mitbestimmen.

codécision *f* Mitentscheidung *f* ; Mitbestimmung *f* ; Mitspracherecht *n*.

codemandeur *m* gemeinsamer Antragsteller *m* ; Käufer *m* ; (*brevet*) gemeinsamer Anmelder *m* ; (*jur.*) Mitkläger *m*.

coder codieren (kodieren) ; verschlüsseln ; chiffrieren.

code-share *m* (*tourisme*) Code-Share *n* ; Bündnis *n* zwischen zwei Fluggesellschaften zur gemeinsamen Kommerzialisierung ihrer Flugplätze.

codétenteur *m* Mitbesitzer *m* ; Mitinhaber *m* ; Miteigentümer *m*.

C.O.D.E.V.I. *m* (*compte pour le développement industriel*) steuerbegünstigtes Sparkonto *n* zur Förderung der Industrie.

codicille *m* (*jur.*) Zusatz *m* zum Testament ; Kodizil *n*.

codification *f* Kodifizierung *f* ; Verschlüsselung *f* ; ~ *de données* Datenverschlüsselung.

codifier verschlüsseln ; kodifizieren ; festlegen ; ~ *l'égalité devant l'emploi* die Gleichberechtigung im Beruf gesetzlich verankern ; ~ *l'égalité des salaires pour le même travail* die gleiche Bezahlung für die gleiche Arbeit festlegen (verankern).

codirecteur *m* Mitdirektor *m*.

codonataire *m* Mitbeschenkte(r).

coefficient *m* Koeffizient *m* ; Faktor *m* ; Zahl *f* ; Quote *f* ; Grad *m* ; ~ *d'application de la taxe foncière* Grund-Hebesatz *m* ; ~ *de charge* (*de remplissage*) Auslastungskoeffizient ; (*statist.*) ~ *de dispersion* Streuungskoeffizient ; ~ *d'élasticité* Elastizitätskoeffizient ; (*bourse*) ~ *de liquidité* Liquiditätsrate *f* ; Liquiditätskennziffer *f* ; *à fort* ~ *de main-d'œuvre, de personnel, salarial* arbeits-, personal-, lohnkostenintensiv ; ~ *d'occupation des sols* → **COS** ; (*statist.*) ~ *de pondération* Gewichtungskoeffizient ; Wägungsschema *n* ; ~ *de rappel* Erinnerungskoeffizient ; ~ *de variation* Variationskoeffizient.

coentreprise *f* Gemeinschaftsunternehmen *n* ; Joint-Venture *n*.

coercitif, ive *m* Zwangs- ; bindend ; verbindlich ; obligatorisch ; *mesures fpl ~ives* Zwangsmaßnahmen *fpl* ; *moyen m* ~ Druck-, Zwangsmittel *n*.

coercition *f* Zwang *m* ; *mesure f de* ~ Zwangsmaßnahme *f* ; *moyen m de* ~ Zwangs-, Druckmittel *n* ; *par* ~ zwangsweise.

coexistence *f* (*polit.*) Koexistenz *f* ; ~ *pacifique* friedliche Koexistenz.

coexister koexistieren ; nebeneinander existieren.

coffre-fort *m* Panzerschrank *m* ; Geldschrank ; Safe *m/n* ; Tresor *m* ; ~ *de nuit* Nachttresor.

cofinancement *m* Mitfinanzierung *f*.

cofondateur *m* Mitbegründer *m*.

cogérance *f* Mitgeschäftsführung *f*.

cogérant *m* Mitgeschäftsführer *m*.

cogérer 1. (*Allemagne*) (*entreprise*) mitbestimmen (*qqch* in + D) ; *entreprise* *f* ~*ée* Betrieb *m* mit Mitbestimmung ; mitbestimmtes Unternehmen *n* **2.** (*sens large*) mitverwalten ; mitbestimmen ; mitsprechen.

cogestion *f* (*Allemagne*) Mitbestimmung *f* ; ~ *paritaire* paritätische Mitbestimmung (in der Montanindustrie) ; *extension f de la* ~ *à d'autres sociétés de capitaux* Ausdehnung *f* der Mitbestimmung auf andere Kapitalgesellschaften.

cohabitation *f* Zusammenwohnen *n* ; Zusammenleben *n* ; (*polit.*) Kohabitation *f* ; *gouvernement m de* ~ Kohabitationsregierung *f* ; *gouverner sous le régime de la* ~ in Kohabitation regieren.

cohériter miterben ; ein geteiltes Erbe antreten.

cohéritier *m*, **cohéritière** *f* Miterbe *m* ; Miterbin *f*.

cohésion *f* Kohäsion *f* ; Zusammenhalt *m* ; ~ *familiale, sociale* Familienzusammenhalt ; sozialer (gesellschaftlicher) Zusammenhalt ; ~ *des rapports de change* Wechselkurszusammenhalt ; (*U.E.*) *fonds m de* ~ Kohäsionsfonds *m* ; *la globalisation peut être une menace pour la* ~ *sociale* die Globalisierung kann für den sozialen Zusammenhalt eine Gefährdung sein.

coin *m* Ecke *f* ; (*transports*) ~ *couloir* Eckplatz *m* ; ~ *fenêtre* Fensterplatz ; ~ (*non*) *fumeurs* (Nicht) Raucherecke ; *tourner au* ~ *de la /d'une rue* um die Straßenecke biegen (fahren).

coinvestisseur *m* Mitinvestor *m* ; Mitanleger *m*.

cojouissance *f* Mitbenutzung *f* ; Mitgenuss *m* ; *avoir la* ~ *de qqch* ; etw mitbenutzen.

coke *m* Koks *m*.

cokéfier verkoken.

col *m* Kragen *m* ; (*fam.*) ~*s blancs* Angestellte *mpl* ; ~ *bleus* Arbeiter *mpl* ; *criminalité des* ~*s blancs* White-Collar-Kriminalität *f*.

colis *m* Paket *n* ; Frachtgut *n* ; Stückgut *n* ; ~ *à valeur déclarée* Wertpaket ; ~ *avion* Luftpostpaket ; ~ *express* Eilpaket ; ~ *ordinaire* gewöhnliches Paket ; ~ *postal* Postpaket ; ~ *recommandé* Einschreibepaket ; ~ *contre remboursement* Nachnahmepaket ; *déposer, envoyer, ficeler, remettre un* ~ ein Paket aufgeben, verschicken, verschnüren, zustellen.

colisage *m* Lieferschein *m* ; Warenbegleitpapiere *npl*.

colissimo : (*par*) (als) Paketzustellung *f*.

colistier *m* Wahllistenpartner *m*.

collaborateur *m* **1.** Mitarbeiter *m* ; ~ *administratif* Verwaltungsangestellte(r) ; Innendienstmitarbeiter ; ~ *à l'étranger* im Ausland tätiger Mitarbeiter ; *recherche f de* ~*s* Personalsuche *f* ; *voiture f de* ~ Jahreswagen *m* ; Gebrauchtwagen von Mitarbeitern **2.** (*péj.*) Kollaborateur *m*.

collaboration *f* **1.** Mitarbeit *f* ; Zusammenarbeit *f* ; *en* ~ *avec* in Zusammenarbeit mit ; *apporter sa* ~ *à qqch* an etw (+ D) mitarbeiten **2.** (*hist. péj.*) Kollaboration *f*.

collaborer 1. (*à qqch*) (an einer Sache) mitarbeiten ; zusammenarbeiten ; ~ *à un projet* an (bei) einem Projekt mitwirken **2.** (*polit. péj.*) kollaborieren.

collatéral *m* Seitenverwandte(r) ; Verwandte(r) in der Seitenlinie.

collatéral, e in der Seitenlinie verwandt ; (*préfixe*) Seiten- ; *héritier m* ~ Seitenerbe *m* ; *ligne f* ~*e* Seitenlinie ; *succession f* ~*e* Erbfolge *f* aus der Seitenverwandschaft (Seitenlinie).

collecte *f* **1.** Sammlung *f* ; Geldspende *f* ; ~ *de dons* Spendenaktion *f* ; ~ *de fonds* Geldsammel-Aktion ; Fundraising *n* ; ~ *de vêtements* Kleidersammlung *f* ; *jour m de* ~ *de vieux habits* Altkleidertag *m* ; *organisme m de* ~ *de fonds* Geldsammelstelle *f* ; *organiser une* ~ *au profit des sinistrés* eine (Spenden)Sammlung (Sammelaktion) für die Katastrophenopfer veranstalten **2.** (*agric.*) Einsammeln *n* (Milch) **3.** ~ *des ordures ménagères* Müllabfuhr *f*.

collecter 1. (Geld) sammeln ; ~ *des cotisations* Beiträge einziehen ; ~ *des dons* Spenden sammeln ; eine Spendenaktion starten ; (*fisc*) ~ *l'impôt* Steuern einziehen ; *sommes fpl* ~*ées* Sammelbeträge *mpl* **2.** (*agric.*) (ein)sammeln **3.** ~ *les ordures* Abfälle (Müll) beseitigen **4.** ~ *des informations, des renseignements* (*sur qqn/qqch*) Informationen, Auskünfte (über jdn/etw) einholen.

collectif *m* **1.** Kollektiv *n* ; Arbeitsgruppe *f* ; Team *n* **2.** ~ *budgétaire* Nachtragshaushalt *m*.

collectif, ive kollektiv ; Kollektiv- ; Gemeinschafts- ; *antenne f* ~*ive* Gemeinschaftsantenne *f* ; *assurance f* ~*ive* Gruppenversicherung *f* ; *billet m* ~ Sammel-

collection

fahrschein *m* ; Sammel-, Gruppenfahrkarte *f* ; *compte m ~* Sammelkonto *n* ; *convention f ~ive* Tarifvertrag *m* ; *immeuble m ~* Mietshaus *n* ; *licenciement m ~* Massenentlassung *f* ; *publicité f ~ive* Gemeinschaftswerbung *f* ; *raccordement ~ (au câble par ex.)* Gemeinschaftsanschluss *m* (an + A) ; *société f en nom ~* offene Handelsgesellschaft (OHG) *f* ; *stand m ~* Gemeinschaftsstand *m* ; *transports mpl ~s* öffentliche Verkehrsmittel *npl* ; *travail m ~* Gemeinschafts-, Teamarbeit *f*.

collection *f* **1.** Sammlung *f* ; Sortiment *n* ; *~ privée* Privatsammlung ; *~ de timbres* Briefmarkensammlung **2.** Kollektion *f* ; *présentation de ~* Modeschau *f* **3.** *(livres)* (Buch)Reihe *f*.

collectionner sammeln.

collectionneur *m* Sammler *m* ; *~ de cartes postales* Ansichtskartensammler *m* ; *~ d'objets d'art* Kunstsammler *m*.

collectivisation *f* Kollektivierung *f*.

collectiviser kollektivieren ; in Gemeineigentum überführen.

collectivisme *m* Kollektivismus *m*.

collectiviste *m* Kollektivist *m*.

collectiviste kollektivistisch.

collectivité *f* **1.** Gemeinschaft *f* ; Gesamtheit *f* ; Gruppe *f* ; *faire payer la ~* die Allgemeinheit zur Kasse bitten **2.** *(jur.)* Körperschaft *f* ; *~ locale* Gemeinde *f* ; *~s locales* Gebietskörperschaften *fpl* ; *~ territoriale* Gebietskörperschaft *f* (Regionen, Departements, Gemeinden) ; *~ publique (de droit public)* Körperschaft des öffentlichen Rechts ; *à la charge de la ~* zu Lasten des Staats (der Allgemeinheit).

collège *m* **1.** Gremium *n* ; Ausschuss *m* ; Kollegium *n* ; *~ électoral* Wählerschaft *f* ; Wahlversammlung *f* ; die gesamten Wahlberechtigten *pl* ; *~ d'experts* Expertengremium **2.** *~ d'enseignement secondaire (C.E.S.)* Realschule *f*.

collégial, e kollegial ; *comportement m ~* kollegiales Verhalten *n* ; *direction f ~e* kollegiale Geschäftsführung *f* ; leitendes Gremium *n*.

collégialité *f* Kollegialität *f* ; Kollegialsystem *n* ; Kollegialprinzip *n* ; Partnerschaft *f*.

collègue *m* (Berufs-, Arbeits-)Kollege *m*.

coller *(traitement de texte)* einfügen ; *couper-~* ausschneiden-einfügen.

collision *f* Zusammenstoß *m*.

colloque *m* Kolloquium *n* ; Symposium *n* ; Seminar *n* ; *organiser un ~* ein Kolloquium organisieren.

colloquer *(faillite)* die Rangordnung der Gläubiger festsetzen ; *créancier ~é* bevorzugter Gläubiger.

collusion *f* : *(avec la partie adverse)* Rechtsbeugung *f* ; *~ d'intérêts* Interessenverflechtung *f*, -kollision *f* ; *(fam.)* Filzokratie *f*.

colmater abdichten ; (zu)stopfen ; zukleistern ; *~ un déficit* ein Defizit beheben.

colocataire *m* Mit(be)wohner *m* ; Mitmieter *m* ; Hausgenosse *m*.

colombe *f* *(fig. polit.)* Taube *f* ; *m (contr. faucon : Falke, Hardliner)*.

colon *m* Siedler *m*.

colonial, e kolonial ; *puissance f ~e* Kolonialmacht *f*.

colonie *f* Kolonie *f* ; Niederlassung *f*.

colonne *f* **1.** *(journal)* Spalte *f* ; Kolumne *f* ; *sur cinq ~s à la une* in großen Schlagzeilen auf der ersten Seite **2.** *(chiffre)* Kolonne *f* ; *~s de chiffres* Zahlen-, Ziffernkolonnen ; *~ des débits, des crédits* Debet-, Habenseite *f*.

colonne *f* **Morris** Anschlagsäule *f* ; Litfaßsäule *f* (*syn. colonne d'affichage*).

colorant *m* *(agro-alimentaire)* Farbstoff *m*.

coloris *m* Farbe *f* ; *trois articles dans les ~ bleu, vert et orange* drei Artikel in den Farben Blau, Grün und Orange.

colportage *m* **1.** ambulantes Gewerbe *n* ; Wandergewerbe *n* ; Hausieren *n* ; Hausierhandel *m* **2.** *(fig.)* Kolportieren *n* (von Nachrichten) ; Klatsch *m*.

colporteur *m* Hausierer *m* ; *(fam.)* Klinkenputzer *m*.

colza *m* *(agric.)* Raps *m* ; *huile f de ~* Rapsöl *n*.

combat *m* Kampf *m* ; *livrer un ~ pour l'obtention de subventions* einen Kampf um die Gewährung von Zuschüssen liefern.

combatif, ive kampfbereit ; *se montrer ~* sich kampfbereit geben.

combativité *f* Kampfbereitschaft *f* ; Kampf(es)lust *f* ; Durchsetzungsvermögen *n* ; *(lutte sociale) ~ syndicale* Streikbereitschaft *f*.

combattre : *~ le chômage, l'inflation* die Arbeitslosigkeit, die Inflation bekämpfen.

combinard *m* (*fam.*) trickreicher (gerissener) Mensch ; Schlawiner *m*.
combinat *m* Kombinat *n*.
combine *f* (*fam.*) Trick *m* ; Kungelei *f* ; Kungeln *n* ; ~s *criminelles* kriminelle Machenschaften *fpl* ; *être dans la* ~ in Kungeleien verwickelt sein.
combiné *m* (*téléph.*) Hörer *m*.
combiner kombinieren.
combler ausfüllen, decken ; ~ *un déficit* ein Defizit beheben (decken) ; ~ *les vides* die Lücken ausfüllen.
combustible *m* Brennstoff *m* ; Heizmaterial *n* ; ~ *nucléaire* Kernbrennstoff ; *ravitailler une centrale en* ~ ein Kraftwerk mit Brennstoff(en) versorgen.
comestible essbar.
comice *m* Bauernversammlung *f* ; landwirtschaftlicher Verein *n*.
comité *m* Komitee *n* ; Ausschuss *m* ; Kommission *f* ; Gremium *n* ; ~ *de...* Ausschuss (+ G/für + A) ; ~ *d'action* Aktionskomitee ; ~ *d'action et de défense* Bürgerinitiative *f* ; (*polit.*) ~ *central* Zentralkomitee (ZK) ; ~ *de citoyens* Bürgerinitiative *f* ; ~ *de conciliation* Schlichtungsstelle *f* ; ~ *consultatif* beratender Ausschuss ; ~ *de coopération industrielle* Ausschuss für industrielle Zusammenarbeit ; ~ *de coordination* Koordinierungsausschuss ; ~ *directeur* Vorstand *m* ; Lenkungsausschuss ; ~ *d'entreprise* Betriebsrat *m* ; ~ *exécutif* Exekutivausschuss ; ~ *du fonds social européen* Ausschuss des europäischen Sozialfonds ; ~ *de grève* Streikkomitee ; ~ *de soutien* Unterstützungsausschuss ; Hilfskomitee ; Ausschuss zur Förderung (von) ; *en petit* ~ im engsten Kreis.
commandant *m* **de bord** (*avion*) Flugkapitän *m*.
commande *f* **1.** Bestellung *f* ; Auftrag *m* ; Auftragserteilung *f* ; Order *f* ; ◆ *à la* ~ bei Bestellung ; ~s *de l'étranger* Auslandsaufträge, -orders ; ~ *ferme* fester Auftrag ; ◆◆ *bulletin m de* ~ Bestellschein *m*, -karte *f*, -formular *n* ; *carnet m de* ~s Bestellbuch *n* ; *numéro de* ~ Bestellnummer *f* ; *suivi m d'une* ~ Betreuung *f* einer Bestellung ; *sur* ~ auf Bestellung ; ◆◆◆ *annuler une* ~ eine Bestellung rückgängig machen (widerrufen) ; *votre* ~ *est arrivée* Ihre Bestellung ist eingetroffen ; *avoir un carnet de* ~s *bien rempli* ein gut gefülltes Auftragsbuch haben ; *nous avons de nombreuses* ~s viele Bestellungen sind eingegangen ; *cet article n'est fabriqué que sur* ~ dieser Artikel wird nur auf Bestellung angefertigt ; *faire* (*passer*) *une* ~ (*à qqn*) (bei jdm) eine Bestellung machen (aufgeben) ; (jdm) einen Auftrag erteilen ; *prendre* (*enregistrer*) *une* ~ eine Bestellung entgegennehmen ; *réagir rapidement aux variations dans les* ~s auf Auftragsschwankungen prompt reagieren ; *verser un acompte* (*des arrhes, une avance*) *à la* ~ bei Bestellung eine Anzahlung leisten **2.** Befehl *m* ; (Militär)Kommando *n* **3.** (*technique*) Steuerung *f* ; Lenkung *f* ; ~ *automatique* automatische Steuerung ; *à* ~ *numérique* digital gesteuert ; *machine f à* ~ *électronique* rechnergesteuerte Maschine *f*.
commandement *m* Befehl *m* ; ~ *de payer* Mahnung *f* ; (letzte) Zahlungsaufforderung *f* ; (*arch.*) Zahlungsbefehl *m* (*syn. injonction, sommation de payer*).
commander 1. bestellen ; in Auftrag geben ; ~ *par Internet* online bestellen ; online ordern ; ~ *par minitel* über Minitel bestellen ; ~ *qqch par téléphone* etw telefonisch bestellen **2.** befehlen **3.** steuern.
commanditaire *m* **1.** Teilhafter *m* ; Kommanditist *m* ; beschränkt haftender Gesellschafter *m* ; stiller Gesellschafter (Teilhaber) *m* ; (*Suisse*) Kommanditär *m* **2.** (*fig.*) Auftraggeber *m* ; Geldgeber *m* ; Kreditgeber *m*.
commandite *f* **1.** Kommanditgesellschaft *f* ; *société f en* ~ (*simple*) Kommanditgesellschaft *f* (KG) ; *société en* ~ *par actions* Kommanditgesellschaft auf Aktien (KGaA) **2.** Kommanditsumme *f*, -einlage *f*.
commandité *m* Komplementär *m* ; Vollhafter *m* ; unbeschränkt haftender Gesellschafter *m*.
commanditer : ~ *une entreprise* ein Unternehmen finanzieren ; Kapital in ein Unternehmen stecken.
commémoratif, ive (*préfixe*) Gedenk- ; *pièce f* ~*ive, timbre m* ~ Gedenkmünze *f*, Gedenk(brief)marke *f*.
commerçable (*négociable : banque, bourse*) begebbar ; handelsfähig ; handelbar ; (*escomptable*) diskontierbar.
commerçant *m* Kaufmann *m* ; Händler *m* ; Handeltreibende(r) ; Geschäftsmann *m* ; ~s *et artisans* Kaufleute und Handwerker ; *gros* ~ Großkaufmann ; reicher Kaufmann ; *les petits* ~s die Kleinhändler ; die (kleinen) Einzel-

commerçant, e händler ; ~ *de gros* (*en gros*) Großhändler ; Grossist *m* ; Großkaufmann ; ~ *en nom personnel* Einzelkaufmann.

commerçant, e Handels- ; Geschäfts- ; Handel treibend ; *esprit m* ~ Kaufmannsgeist *m* ; kaufmännische Veranlagung *f* ; *femme f* ~*e* Kauffrau *f* ; *peuple m* ~ Handelsvolk *n* ; Handel treibendes Volk ; *rue f* ~*e* Geschäftsstraße *f* ; Einkaufsstraße ; *il est* ~ er ist ein guter (tüchtiger) Geschäftsmann.

commerce *m* **1.** Handel *m* ; Geschäft *n* ; Geschäftsverkehr *m* ; Handelsverkehr *m* ; Handelswesen *n* ; Handelsgewerbe *n* ; ♦~ *de détail* Einzel-, Kleinhandel ; ~ *électronique* elektronischer Handel ; E-Commerce *f* ; Online-Handel *m* ; ~ *de commodités* (*de proximité*) kundennaher Handel ; Geschäft *n* in der Nähe ; Nahversorger *m* ; (*fam.*) Tante-Emma-Laden *m* ; ~ *extérieur* (*international*) Außenhandel ; ~ *de* (*en*) *gros* Großhandel ; Engroshandel ; *le petit* ~ die Einzelhändler *mpl* ; die Kleinhändler *mpl* ; ~ *de détail, de demi-gros* Einzel-, Zwischenhandel ; ~ *en ligne* → *commerce électronique* ; ~ *spécialisé* Fachhandel ; ♦♦*chambre f de* ~ Handelskammer *f* ; *effets mpl de* ~ Handelspapiere *npl*, -wechsel *mpl* ; *employé m de* ~ kaufmännische(r) Angestellte(r) ; *fonds m de* ~ (Handels)Geschäft *n* ; *livres mpl de* ~ Geschäftsbücher *npl* ; *maison f de* ~ Handelshaus *n* ; *registre m du* ~ Handelsregister *n* ; *tribunal m de* ~ Handelsgericht *n* ; ♦♦♦ *avoir la bosse du* ~ guter Geschäftsmann (gute Geschäftsfrau) sein ; den Sinn für das Kaufmännische haben ; *développer le* ~ *avec un pays* den Handel mit einem Land ausweiten ; die Handelsbeziehungen mit einem Land fördern (intensivieren, verstärken) ; *être dans le* ~ **a)** (*y travailler*) im Handel tätig sein ; Kaufmann sein **b)** (*être en vente*) im Handel sein ; *faire du* ~ *avec un pays* mit einem Land Handel (be)treiben ; *inscrire au registre du* ~ ins Handelsregister eintragen ; *mettre un produit dans le* ~ ein Produkt auf den Markt bringen ; *se trouver dans le* ~ im Handel (erhältlich) sein ; *parvenir dans le* ~ in den Handel gelangen ; *retirer un article du* ~ einen Artikel aus dem Handel ziehen **2.** (*établissement commercial*) Geschäft *n* ; Laden *m* ; Ladengeschäft *n* ; Handelsunternehmen *n* ; *tenir un* ~ einen Laden führen ; ein Geschäft haben ; Handel treiben.

commercer (*avec qqn*) (mit jdm) Handel treiben ; (mit jdm) Handelsgeschäfte tätigen ; handeln ; ~ *en euros* in Euro Handel treiben.

commercial *m* (Verkaufs)Außendienst-Mitarbeiter *m* (VADM) ; kaufmännische(r) Angestellte(r).

commercial, e Handels- ; Geschäfts- ; geschäftlich ; kaufmännisch ; kommerziell ; geschäftsmäßig ; handelsüblich ; handelsrechtlich ; *accord m* ~ Handelsabkommen *n* ; *agent m* ~ Handelsvertreter *m* ; *centre m* ~ Einkaufszentrum *n* ; *entreprise f* ~*e* Handelsunternehmen *n* ; kaufmännischer Betrieb *m* ; *locaux mpl commerciaux* Geschäftsräume *mpl* ; gewerbliche Räume ; *marque f* ~*e* Handelsmarke *f* ; *mesure f* ~*e* verkaufsfördernde Maßnahme *f* ; *nom m* ~ Firmenname *m*, -bezeichnung *f* ; Firma *f* ; Handelsname ; *relations fpl* ~*es* Handelsbeziehungen *fpl* ; *traité m* ~ Handelsvertrag *m* ; *valeur f* ~*e* Handels-, Verkehrswert *m*.

commercialisable verkäuflich ; absatz-, markt-, handelsfähig ; handelbar ; marktgängig ; zum (für den) Absatz bestimmt ; *marchandise f* ~ Handelsware *f* ; absatzfähige Ware *f*.

commercialisation *f* Vermarktung *f* ; Kommerzialisierung *f* ; Absatz *m* ; Vertrieb *m* ; Verkauf *m*.

commercialiser vermarkten ; kommerzialisieren ; vertreiben ; in den Handel bringen ; auf den Markt bringen ; verkaufen ; absetzen.

commettant *m* Auftraggeber *m* ; Besteller *m* ; Geschäftsherr *m* ; Kommittent *m*.

comminatoire : *clause f* ~ Androhungsklausel *f*.

commis *m* Beauftragte(r) ; Auftragnehmer *m* ; kaufmännische(r) Angestellte(r) ; Handlungsgehilfe *m* ; (*arch.*) Kommis *m* ; *voyageur* (Handlungs)-Reisende(r) ; Vertreter *m*.

commis, e (*jur.*) beauftragt ; bestellt ; *avocat m* ~ *d'office* Pflichtverteidiger *m*.

commissaire *m* Kommissar *m* ; (*Autriche, Suisse*) Kommissär *m* ; Beauftragte(r) ; Bevollmächtigte(r) ; ~ *aux affaires agricoles* Agrarkommissar ; ~ *aux apports d'une Sarl* Prüfer *m* der Sachanlagen einer GmbH ; ~ *aux* *comptes* Rechnungs-, Wirtschaftsprüfer *m* ; Abschluss-, Bilanzprüfer ; ~ *dépositaire* Kommissionär *m* mit Konsignationslager ; ~ *européen à l'agriculture, aux finances, aux transports* EU-Landwirtschafts-, Finanz-, Verkehrskommissar ; *~-priseur m* Versteigerer *m* ; Auktionator *m*.

commissariat *m* au plan Plankommissariat *n* ; Plankommission *f*.

commissariat *m* général au tourisme Generalkommissariat *n* für den Fremdenverkehr (für den Tourismus).

commissariat *m* de police Polizeirevier *n*.

commission *f* **1.** Auftrag *m* ; Besorgung *f* ; ~*s* (tägliche) Einkäufe *mpl* ; *faire des ~s* Besorgungen machen **2.** (*comité*) Kommission *f* ; Ausschuss *m* ; ~ *d'appel* Berufungskommission ; ~ *de conciliation* Schlichtungs-, Versöhnungsausschuss ; ~ *de contrôle* Kontroll-, Prüfungsausschuss ; ~ *d'enquête* (*d'examen*) Untersuchungsausschuss ; ~ *informatique et liberté* → **C.N.I.L.** ; ~ *des normes* (*de normalisation*) Normenausschuss ; ~ *des opérations de bourse* → **C.O.B.** ; ~ *paritaire, parlementaire* paritätischer, Parlamentsausschuss ; (*jur.*) ~ *rogatoire* → **commission rogatoire** ; ~ *tarifaire* Tarifausschuss ; (*U.E.*) ~ *du plan* Planausschuss **3.** (*rémunération*) Provision *f* ; Vergütung *f* ; Entgelt *n* ; Vermittlungsgebühr *f* ; Umsatzprovision *f* ; prozentualer Gewinnanteil *m* ; Gebühr *f* ; ~ *bancaire* Bankprovision ; Agio *n* ; (*courtier*) Courtage *f* ; Kurtage *f* ; *percevoir* (*toucher*) *10 % de ~* zehn % Provision erhalten ; *travailler à la ~* auf Provisionsbasis arbeiten.

commissionnaire *m* **1.** Kommissionär *m* ; Geschäftsvermittler *m* ; ~ *consignataire* Konsignatär *m* ; ~ *de détail, de gros* Kleinhandels-, Großhandelskommissionär ; ~ *de transport* Spediteur *m* ; ~ *en douane* Zollagent *m* **2.** (*hôtel*) Bote *m* ; Laufbursche *m*.

commissionner bevollmächtigen ; ~ *qqn* jdm einen Auftrag geben ; jdn mit einem Kommissionsgeschäft betrauen ; *être ~é pour* beauftragt (betraut) sein (werden) mit.

commission *f* rogatoire (*jur.*) Rechtshilfeersuchen *n* ; Mandat *n* im Namen eines Gerichts ; gerichtliches Ausführungsmandat ; *délivrer une ~* ein Rechtshilfeersuchen ergehen lassen ; *entendre qqn en ~* jdn kommissarisch vernehmen.

commissoire (*jur.*) aufhebbar ; anfechtbar ; *clause f ~* Verwirkungsklausel *f* ; kassatorische Klausel.

commodant *m* (*jur.*) Verleiher *m*.

commodat *m* (*jur.*) Leihe *f*.

commodataire *m* (*jur.*) Entleiher *m*.

commuable (*jur.*) umwandelbar (in eine mildere Strafe).

commuer (*jur.*) umwandeln ; ~ *une peine* eine Strafe umwandeln.

commun, e **1.** gemeinsam ; gemeinschaftlich ; Gemeinschafts- ; allgemein ; gemein ; gesamt ; kollektiv ; (*de peu de valeur*) gering ; mittelmäßig ; *charges ~es* (*de copropriété*) Umlagen *fpl* ; *compte m ~* Gemeinschaftskonto ; *droit m ~* gemeines Recht *n* ; *intérêt m ~* (All)Gemeinwohl *n* ; gemeinsames Interesse *n* ; *Marché ~* gemeinsamer Markt *m* ; *mise f en ~* Zusammenlegen *n* (von Geld) ; *organisation ~e des marchés* gemeinsame Marktorganisation *f* ; *transports mpl en ~* öffentliche Verkehrsmittel *npl* ; *faire caisse ~e* gemeinsame Kasse machen ; *mettre ses connaissances, son savoir-faire en ~* seine Kenntnisse (sein Wissen), sein Know-How einbringen ; *vivre en ~* zusammen (in Gemeinschaft) leben **2.** alltäglich ; gewöhnlich ; *lieu m ~* Gemeinplatz *m*.

communal, e kommunal ; Kommunal- ; Gemeinde- ; gemeindlich ; städtisch ; *employé m ~* Kommunalbedienstete(r) ; Angestellte(r) einer Gemeinde ; *services mpl municipaux et ~ aux* kommunale Gemeinschaftsdienste *mpl*.

communautaire gemeinschaftlich ; Gemeinschafts- ; (*hist.*) EG- → *EU-* ; (*hist.*) der Europäischen (Wirtschafts)-Gemeinschaft ; der EWG ; *budget m ~* EU-Haushalt *m* ; *législation f, préférence f, taxe f ~* EU-Recht *n*, EU-Präferenz *f*, EU-Abgabe *f* ; *prix mpl agricoles ~s* EU-Agrarpreise *mpl*.

communautarisation *f* **1.** Vergemeinschaftung *f* ; (*U.E.*) ~ *de crédits* Übertragung *f* von Mitteln auf die Gemeinschaft **2.** (*sociologie*) Kommunitarismus *m*.

communauté *f* **1.** Gemeinschaft *f* ; Staat *m* ; Nation *f* ; (*hist.*) C~ (*écono-*

mique) européenne (C.(E.)E.) Europäische (Wirtschafts)Gemeinschaft ; EWG ; EG ; (*hist.*) C~ *européenne du charbon et de l'acier (C.E.C.A.)* Europäische Gemeinschaft für Kohle und Stahl (EGKS) ; Montanunion *f* ; ~ *d'intérêts* Interessengemeinschaft **2.** (*jur.*) ~ *de(s) biens* Gütergemeinschaft ; ~ *réduite aux acquêts* Errungenschaftsgemeinschaft ; (in der Ehe) gemeinschaftliche erworbene Sache *f*.

Communauté *f* **des États indépendants** (ex-URSS) Gemeinschaft *f* Unabhängiger Staaten (GUS) (ex-UdSSR).

Communauté *f* **européenne de défense** Europäische Verteidigungsgemeinschaft *f*.

commune *f* Gemeinde *f* ; Einwohnerschaft *f* ; ~ *rurale, suburbaine (limitrophe)* Land-, Vorortgemeinde ; ~ *sinistrée, urbaine* geschädigte, Stadtgemeinde ; *rattachement m de la* ~ Eingemeindung *f*.

communicateur *m* (*médias*) Kommunikator *m*.

communication *f* **1.** Mitteilung *f* ; Nachricht *f* ; *avoir* ~ *de qqch* von etw Kenntnis haben ; *faire une* ~ *à la presse* eine Mitteilung an die Presse herausgeben ; *faire une* ~ *sur qqch* über etw eine Mitteilung machen **2.** *voies fpl de* ~ Verkehrsverbindungen *fpl* **3.** (*téléph.*) Verbindung *f* ; Gespräch *n* ; ◆ ~ *à longue distance, avec l'étranger* Fern-, Auslandsgespräch ; ~ *avec avis d'appel* XP-Gespräch ; ~ *internationale, interurbaine, locale* Auslands-, Fern-, Ortsgespräch ; ~ *avec préavis* V-Gespräch ; ~ *privée, professionnelle* privates, berufliches (dienstliches) Ferngespräch ; ~ *de proximité (jusqu'à 50 km)* Gespräch im Orts- und Nahbereich ; ~ *téléphonique* Telefon-, Ferngespräch ; ◆◆ *nombre de* ~*s* Gesprächsvolumen *n* ; *donnez-moi la* ~ *avec...* verbinden Sie mich mit... ; *avoir une* ~ *avec Berlin* ein Gespräch mit Berlin führen ; *la* ~ *a été coupée* die Verbindung wurde unterbrochen **4.** Kommunikation *f* ; Kontakt *m* ; Verbindung *f* ; *chargé m de la* ~ *auprès des médias* Medienbeauftragte(r) ; *conseiller m en* ~ Imagepfleger *m* ; *les métiers de la* ~ Kommunikationsberufe *mpl* ; *moyens mpl de* ~ Kommunikationsmittel *npl* ; *réseau m de* ~ Kommunikationsnetz *n* ; *satellite m de* ~*s* Kommunikations-satellit *m* ; *secteur m de la* ~ Kommunikationsbereich *m* ; *séminaire m de* ~ Kommunikationsseminar *n* ; *société f de la* ~ *et de l'information* Informations- und Kommunikationsgesellschaft *f* ; *techniques de l'information et de la* ~ Informations- und Kommunikationstechniken *fpl* ; (IUK) **5.** (*informatique*) ~ *sérielle* serieller Datenaustausch *m*.

communiqué *m* Bekanntmachung *f* ; Mitteilung *f* ; Meldung *f* ; Verlautbarung *f* ; (*polit.*) Kommuniqué *n* ; ~ *d'agence* Agenturmeldung ; ~ *final* Abschlusskommuniqué ; ~ *de presse* Pressemitteilung, -kommuniqué, -meldung, -verlautbarung ; *selon un* ~ *officiel* nach amtlicher Mitteilung ; *lire un* ~ *officiel sur l'état du marché du travail* ein amtliches Kommuniqué über die Lage auf dem Arbeitsmarkt vorlesen ; *publier un* ~ *commun* ein gemeinsames Kommuniqué herausgeben ; *publier un* ~ *de presse* eine Erklärung an die Presse abgeben ; *rédiger un* ~ *final* ein Abschlusskommuniqué erarbeiten (herausgeben).

communiquer mitteilen ; bekanntgeben ; benachrichtigen ; verlautbaren ; (*sur Internet*) chatten ; ~ *qqch à qqn* jdn von etw in Kenntnis setzen.

communisme *m* Kommunismus *m*.

communiste *m* Kommunist *m*.

communiste kommunistisch.

communs (*les*) Neben-, Wirtschaftsgebäude *npl*.

commutation *f* **1.** Austausch *m* ; (*jur.*) ~ *de peine* Strafumwandlung *f* **2.** (*techn.*) Schaltung *f*.

compact, e kompakt ; raumsparend ; *disque m* ~ Kompaktschallplatte *f* ; CD *f* ; *voiture f* ~*e* Kompaktwagen *m* ; Kleinwagen.

compagnie *f* Gesellschaft *f* ; Firma *f* ; *et* ~ (& *C*^{ie}) und Co ; ~ *aérienne* Luftfahrt-, Fluggesellschaft ; ~ *aérienne intérieure* Inlandsfluggesellschaft *f* ; ~ *des agents de change* Maklervereinigung *f* ; ~ *d'assurances* Versicherungsgesellschaft ; ~ *de téléphone privée* private Telefongesellschaft *f* ; privater Telefonanbieter *m*.

compagnon *m* **1.** Gesellschafter *m* ; Teilhaber *m* **2.** Geselle *m* (Handwerk) ; *travailler comme* ~ *chez qqn* bei jdm Geselle sein ; als Geselle arbeiten.

compagnonnage *m* **1.** (*temps de*) Gesellenzeit *f* auf Wanderschaft **2.**

(*ensemble des compagnons*) Geselleninnung *f* **3.** (*état de compagnon*) Gesellenstand *m*.

comparable (*à*) vergleichbar (mit) ; *loyer m ~* Vergleichsmiete *f*.

comparaison *f* Vergleich *m* (mit) ; Gegenüberstellung *f* ; *~ des coûts, des loyers, des prix* Kosten-, Miet-, Preisvergleich ; *en ~* vergleichsweise ; *en ~ de* im Vergleich zu/mit (+ D) ; gegenüber (+ D) ; *année f, mois m, période f de ~* Vergleichsjahr *n*, -monat *m*, -zeitraum *m* ; *échelle f, valeur f de ~* Vergleichsmaßstab *m*, -wert *m* ; *établir une ~ entre deux choses* einen Vergleich zwischen zwei Sachen anstellen (ziehen) ; *prendre à titre de ~* etw zum Vergleich heranziehen.

comparaître (*jur.*) erscheinen ; *~ en justice* vor Gericht erscheinen ; vorgeladen sein ; *~ en personne* persönlich erscheinen ; *être cité à ~* vor Gericht zitiert werden.

comparatif, ive (*préfixe*) Vergleichs- ; *état m ~* Vergleichsübersicht *f* ; *publicité f ~ive* vergleichende Werbung *f* ; *tableau m ~* vergleichende Tabelle *f* ; *établir une liste ~ive des loyers pratiqués dans la localité* die ortsüblichen Vergleichsmieten feststellen.

comparer (*à*) vergleichen (mit) ; gegenüberstellen ; *droit m ~é* vergleichendes Recht *n* ; *~ des prix* Preise (miteinander) vergleichen ; *~ une copie à l'original* eine Kopie mit dem Original vergleichen ; *~é à* gegenüber (+ D) ; *~é au mois précédent* gegenüber dem Vormonat ; *~é à l'année dernière, cela signifie une augmentation de 3 %* gegenüber dem Vorjahr bedeutet es eine Zunahme von drei Prozent.

comparse *m* Helfershelfer *m* ; *on recherche le faussaire et ses ~s* der Fälscher und seine Helfershelfer werden gesucht.

compartiment *m* **1.** (*d'un train*) Abteil *n* **2.** Teilbereich *m* ; Sparte *f* ; Fach *n* **3.** (*catégorie de valeurs*) Aktiengattung *f* ; Branche *f* ; Gruppe *f* ; Wertpapiergattung *f*.

comparution *f* (*jur.*) Erscheinen *n* vor Gericht ; *non ~* (*défaut de ~*) Nichterscheinen.

compatibilité *f* Vereinbarkeit *f* ; Verträglichkeit *f* ; *avec qqch* vereinbar (kompatibel) mit ; (*informatique*) Kompatibilität ; *tester la ~ écologique d'un produit* ein Produkt auf seine Umweltverträglichkeit testen.

compatible vereinbar ; verträglich ; kompatibel ; *ne pas être ~ avec* mit etw nicht zu vereinbaren sein ; *ordinateur ~* kompatibler Computer *m*.

compensable ausgleichbar ; aufrechenbar ; verrechenbar ; kompensierbar ; *chèque m, créance f ~* verrechenbarer Scheck *m*, verrechenbare Forderung *f*.

compensateur, trice (*préfixe*) Ausgleichs- ; ausgleichend ; Ausgleichs- ; *indemnité f ~trice* Abfindungsbetrag *m* ; Entschädigung *f* zum Ausgleich.

compensation *f* **1.** Ausgleich *m* ; Ersatz *m* ; Kompensation *f* ; Kompensationsgeschäft *n* ; Kompensierung *f* ; Entschädigung *f* ; Abfindung *f* ; *en ~* zum Ausgleich ; als Ersatz ; *~ en argent* Geldausgleich *m* ; *~ des coûts* Kostenausgleich *m* ; *~ d'une dette* Schuldaufrechnung *f* ; *~ financière* finanzieller Ausgleich *m* ; finanzielle Abfindung *f* **2.** (*bourse*) Abrechnung *f* ; Clearing *n* ; *chambre f* (*organisme m*) *de ~* Verrechnungsstelle *f* ; Clearingstelle *f* ; *opération f de ~ entre banques* Bankenabrechnung ; *règlement des chèques par voie de ~* Scheckabrechnung *f*.

compensatoire kompensatorisch ; Kompensations- ; Ausgleichs- ; *montants mpl ~s* Ausgleichsabgabe *f* ; Grenzausgleichsbeträge *mpl* ; *prime f ~* Ausgleichsprämie *f* ; *prélever des montants ~s sur les importations* Ausgleichszölle auf den Import erheben.

compenser 1. ausgleichen ; aufrechnen ; kompensieren ; entschädigen ; ersetzen ; *pour ~* als Ersatz ; zum Ausgleich ; *~ une dette* eine Schuld gegen eine Forderung aufrechnen ; *les dépenses ne sont pas ~ées par des recettes* den Ausgaben stehen keine Einnahmen gegenüber ; die Ausgaben werden durch die Einnahmen nicht ausgeglichen **2.** (*jur.*) *~ les dépens, les frais* die (Gerichts)Kosten gegeneinander aufrechnen ; die (Gerichts)Kosten teilen **3.** (*bilan*) verrechnen.

compétence *f* **1.** Fach-, Sachkenntnis *f* ; *avec ~* fachmännisch ; sachverständig ; *domaine m exigeant de hautes ~s* wissensintensiver Bereich *m* ; *transfert m de ~s*

Zuständigkeitsübertragung *f* ; *acquérir de nouvelles ~s* sich neue Kompetenzen aneignen **2.** (*jur.*) Zuständigkeit *f* ; Zuständigkeitsbereich *m* ; Kompetenz *f* ; Befugnis *f* ; *~ du conseil d'administration* Befugnis des Verwaltungsrats ; *~ législative* Gesetzgebungsbefugnis ; *clause f d'attribution de ~* Gerichtsstandsklausel *f* ; *cela relève de la ~ de...* dafür ist... zuständig ; das fällt in die Zuständigkeit (in den Kompetenzbereich) von ; *cela dépasse mes ~s* das liegt außerhalb meiner Kompetenz ; das überschreitet meinen Kompetenzbereich.
compétent, e 1. kompetent ; sachverständig ; fachkundig ; geeignet **2.** (*jur.*) zuständig ; legitimiert ; befugt ; *autorité(s) f(pl) ~e(s)* zuständige Behörde(n) ; *tribunal m ~* zuständiges Gericht *n*.
compétiteur *m* Mitbewerber *m*.
compétitif, ive wettbewerbsfähig ; konkurrenzfähig ; Konkurrenz- ; Wettbewerbs- ; *très ~* wettbewerbsstark ; *produits mpl, prix mpl ~s* konkurrenzfähige Produkte *npl*, Preise *mpl*.
compétition *f* Konkurrenz *f* ; Wettbewerb *m* ; Wettstreit *m* ; *avoir l'esprit de ~* einen Wettbewerbsgeist haben ; *être en ~* miteinander konkurrieren.
compétitivité *f* Konkurrenzfähigkeit *f* ; Wettbewerbsfähigkeit *f* ; *gain m, manque m, perte f de ~* Wettbewerbsgewinn *m*, -mangel *m*, -verlust *m*.
compilateur *m* (*informatique*) Compiler *m* ; Umwandler *m* ; Übersetzer *m*.
compilation *f* Aufbereitung *f* ; Kompilation *f* ; Kompilierung *f*.
compiler (*informatique : traduire en langage-machine*) kompilieren ; *~ un programme* ein Programm kompilieren.
complaisance *f* Gefälligkeit *f* ; *attestation f* (*certificat m*), *traite f de ~* Gefälligkeitsattest *n* (-zeugnis *n*) ; Gefälligkeitswechsel *m* ; *pavillon m de ~* billige Flagge *f* ; Scheinflagge *f* ; *établir un certificat de ~* ein Gefälligkeitszeugnis ausstellen.
complément *m* Ergänzung *f* ; Zulage *f* ; Zuschuss *m* ; Zusatzbetrag *m* ; Zuzahlung *f* ; Zuschlag *m* ; *~ de dividende* Schlussdividende *f* ; *~ familial* Kindergeld *n* ; *~ d'information* ergänzende (zusätzliche) Information *f* ; *~ de retraite* Pensionsergänzung *f*, -zulage *f* ; *~ de salaire* Lohnzuschlag ; *choisir un ~* *de formation* eine Weiterbildung aufnehmen ; *demander un ~ d'information* zusätzliche (nähere) Information verlangen.
complémentaire (*préfixe*) Zusatz- ; Nach- ; ergänzend ; Ergänzungs- ; zusätzlich ; *assurance f ~* Zusatzversicherung *f* ; *chiffre m ~ au loto* Zusatzzahl *f* beim Lotto ; *commande f, livraison f ~* Nachbestellung *f* ; Nachlieferung *f* ; *impôt m ~* Zusatzsteuer ; Nachbesteuerung *f* ; *versement m ~* Nach(be)zahlung *f* ; Nachschuss *m* ; Zuschlag *m* ; Nachtragszahlung *f*.
complémentarité *f* Komplementarität *f* ; wechselseitige Ergänzung *f*.
complet, ète vollständig ; ausführlich ; erschöpfend ; komplett ; (*hôtel*) (voll) belegt ; (*théatre*) ausverkauft ; *être ~* ausgebucht sein ; *les hôtels affichent ~* die Hotels sind ausgebucht (voll belegt).
compléter ergänzen ; vervollständigen.
complexe *m* **1.** Komplex *m* ; *le ~* Komplex *m* ; *~ de bureaux* Bürokomplex ; *~ immobilier* Gebäudekomplex ; *~ industriel* Industriekomplex ; (*hist. R.D.A.*) Kombinat *n* ; *~ sidérurgique* Komplex der Eisen- und Stahlindustrie **2.** *~ d'infériorité, de supériorité* Minderwertigkeits-, Überlegenheitskomplex.
complexe komplex ; vielschichtig kompliziert.
complice *m* Komplize *m* ; Mitschuldige(r) ; Helfershelfer *m* ; Mittäter *m* ; *se rendre ~ de qqch* sich der Mittäterschaft schuldig machen.
complicité *f* Komplizenschaft *f* ; Mitschuld *f* ; Mittäterschaft *f* ; *~ par assistance* Beihilfe *f* ; Tatbeihilfe *f* ; Mittäterschaft durch Beistand, Begünstigung oder Vorschubleistung.
compliment *m* **1.** Kompliment *n* **2.** Empfehlung *f* ; *avec les ~s de* mit den besten Empfehlungen.
compliquer (*se*) verkomplizieren ; komplizierter machen.
comportement *m* Verhalten *n* ; Einstellung *f* ; Benehmen *n* ; Gebarung *f* ; Gebaren *n* ; *~ d'achat* Kaufverhalten *n* ; Käuferverhalten ; *~ antisocial* sozialschädigendes Verhalten ; *~ des consommateurs* Konsumenten-, Verbraucherverhalten ; *~ du consommateur moyen* Verhalten *n* des Durchschnittskonsumenten (des Durchschnittsverbrauchers) ; *étude f du ~* Verhaltensforschung *f*.

comportemental, e : *stage m* ~ Verhaltenstraining *n*.

composant *m* Bauteil *n* ; Bestandteil *m* ; Bauelement *n* ; Komponente *f* ; konstitutives Element ; ~ *du coût* Kostenbestandteil *m* ; Kostenelement *n* ; ~s *mpl électroniques* elektronische Bauteile *npl* ; ~s *modulaires* modulares (bausatzartiges) Komponenten-System *n*.

composante *f* Bestandteil *m* ; (*fig.*) Komponente *f*.

composé : *intérêts mpl* ~s Zinseszinsen *mpl*.

composer 1.(*téléph.*) wählen ; ~ *le mauvais numéro* eine falsche Nummer wählen ; sich verwählen 2. (*négociations*) sich abfinden ; zu einem Vergleich kommen ; sich vergleichen ; ~ *avec qqn* mit jdm einen Kompromiss schließen.

composite (*préfixe*) Verbund- ; *matériau m* ~ Verbund(werk)stoff *m*.

composition *f* 1. Zusammensetzung *f* ; Aufgliederung *f* ; ~ *du capital* Kapitalstruktur *f* 2. (*rédaction*) Abfassen *n* ; Abfassung *f* ; Ausarbeitung *f* 3. (*édition*) Satz *m* ; ~ *informatisée* Computersatz.

compost *m* (*agric.*) Kompostmüll *m* ; *terre f à* ~ Komposterde *f*.

compostage *m* 1. (*amender un sol avec du compost*) Kompostieren *n* ; Kompostierung *f* ; Düngung *f* mit Kompost 2. ~ *d'un titre de transport* Entwerten *n* eines Fahrscheins ; Entwertung *f*.

composter 1. (*titre de transport*) entwerten 2. (*amender un sol avec du compost*) kompostieren ; mit Kompost düngen.

composteur *m* Entwerter *m* ; *introduire le titre de transport dans le* ~ den Fahrschein in den Entwerter stecken.

compréhension *f* (*corresp.*) Verständnis *n* ; *faire preuve de* ~ *vis-à-vis de qqn, de la politique gouvernementale* für jdn, für die Regierungspolitik Verständnis zeigen ; *nous sollicitons votre* ~ *pour les désagréments que nous vous avons occasionnés* wir bitten um Ihr Verständnis für die von uns verursachten Unannehmlichkeiten.

compressible reduzierbar ; *charges fpl* ~s reduzierbare Kosten *pl* (Ausgaben *fpl*).

compression *f* 1. Senkung *f* ; Reduzierung *f* ; Abbau *m* ; Verringerung *f* ; ~s *budgétaires* Haushaltskürzung *f* ; finanzielle Einsparungen *fpl* ; ~ *des coûts* Kostendämpfung *f* ; ~ *des frais* Kostensenkung, -einsparung *f* ; ~ *du personnel* Personalabbau ; Personaleinsparung *f* ; Verringerung *f* der Belegschaft 2. (*informatique*) (Daten)Kompression *f* ; ~ *de données* Datenkomprimierung *f*.

comprimer 1. abbauen ; reduzieren ; senken ; zusammenstreichen ; (*fam.*) abspecken ; ~ *des dépenses* Ausgaben kürzen ; ~ *le personnel* Personal abbauen 2. (*informatique*) komprimieren.

compris, e einschließlich ; mit (e)inbegriffen ; inklusive (inkl.) ; *non* ~ nicht (e)inbegriffen ; ohne ; zuzüglich, exklusive ; *service m non* ~ ohne Bedienung ; zuzüglich Bedienung ; *charges fpl* ~es inklusive Nebenkosten ; *tout* ~ alles (e)inbegriffen.

compromettre gefährden ; in Gefahr bringen ; aufs Spiel setzen ; beeinträchtigen ; ~ *qqn* jdn kompromittieren (bloßstellen) ; *réputation f sérieusement* ~*ise* ramponierter Ruf *m* ; ~ *le succès d'une entreprise* den Erfolg eines Unternehmens aufs Spiel setzen ; *être compromis dans une affaire de blanchiment d'argent* in eine Geldwaschaffäre verwickelt sein (werden).

compromis *m* 1. Kompromiss *m* ; Ausgleich *m* ; Vergleich *m* ; Vergleichsabkommen *n* ; ~ *de vente* Verkaufsvereinbarung *f* ; Verkaufszusage *f* ; Verkaufsvorvertrag *n* ; *faire un* ~ einen Kompromiss schließen ; *parvenir à un* ~ (*trouver une solution de* ~) eine Kompromisslösung finden 2. (*jur.*) Schiedsvertrag *m*.

compta → **comptabilité**.

comptabilisation *f* (Ver)Buchung *f* ; buchmäßige Erfassung *f* ; Abrechnung *f* ; ~ *par centres de coûts* Kostenstellenrechnung *f*.

comptabiliser (ab)buchen ; verbuchen ; buchmäßig (rechnerisch) erfassen ; verrechnen. ~ *à l'actif, au passif* auf die Aktivseite, auf die Passivseite verbuchen ; *être* ~*é* zu Buche stehen.

comptabilité *f* Buchführung *f* ; Buchhaltung *f* ; Rechnungsführung *f* ; Rechnungswesen *n* ; Bücher *npl* ; Geschäftsbücher *npl* ; ◆ ~ *analytique d'exploitation* (*industrielle*) Betriebsbuchführung ; Betriebsabbuchung ; ~ *des coûts courants* Rechnungslegung *f* zum Wiederbeschaffungswert ; ~ *deniers* Finanzbuchhaltung ; ~ *économique* (*nationale*) volkswirtschaftliche Gesamtrechnung (VG) ; ~ *d'exploitation* Betriebsbuchführung ; ~ *générale* Finanzbuchhaltung ; ~ *de gestion* Management *n* accounting ; ~ *des immobilisations* Anlage(n)buchhaltung ; ~ *informatique* EDV-Buchführung ; ~ *des immobilisations* Anlagenbuch *n* ; ~ *intégrée* (*comptabilité des coûts intégrée à celle des engagements*) integriertes Rechnungswesen *n* ; ~ *matière* Material-, Lagerbuchführung ; ~ *nationale* volkswirtschaftliche Gesamtrechnung *f* (VGR) ; Volkseinkommen *n* ; ~ *de paie* Lohn- und Gehaltsrechnung ; ~ *des prix de revient* Betriebskostenrechnung *f* ; Selbstkostenrechnung *f* ; ~ *publique* kameralistisches Rechnungswesen ; öffentliches Rechnungswesen ; ~ *en partie double* doppelte Buchführung ; Doppik *f* ; ~ *en partie simple* einfache Buchführung ; ~-*titres* Depotbuchhaltung ; ◆◆ *système m élargi de* ~ *nationale* (*SECN*) volkswirtschaftliche Gesamtrechnung *f* (VGR) ; ◆◆◆ *vérifier la* ~ (*les livres*) *d'une entreprise* die Buchführung (die Geschäftsbücher) eines Betriebs überprüfen ; *passer en* ~ verbuchen ; *tenir la* ~ die Bücher führen.

comptable *m* Buchhalter *m* ; Buchführer *m* ; Rechnungsführer *m* ; ~ *fiscaliste* Steuerbuchhalter ; ~ *du Trésor* Kämmerer *m* ; Staatskasse *f* ; Fiskus *m*.

comptable buchmäßig ; buchhalterisch ; buchhaltungsmäßig errechenbar ; in der Buchhaltung erfasst ; rechnerisch ; (*conforme au bilan*) bilanzmäßig ; (*préfixe*) Buchungs- ; Buchhaltungs- ; *agent m* ~ Buchhalter *m* ; *année* ~ Rechnungsjahr *n* ; *astuce f* ~ Rechentrick *m* ; Rechnungstrick ; *bénéfice m* ~ Buchgewinn *m* ; buchmäßiger Gewinn *m* ; *cadre m* ~ Kontenrahmen *m* ; (*normalisé*) Gemeinschaftskontenrahmen *m* ; Normalkontenrahmen *m* ; *coûts mpl* ~*s* in der Buchhaltung erfasste Kosten ; buchhalterische Kosten *pl* ; *créance f* ~ Buchforderung *f* ; *déficit m* ~ rechnerisches Defizit *n* ; Rechnungsdefizit *n* ; *dette f* ~ Buchschuld *f* ; *document m* ~ Buchführungsbeleg *m* ; *exercice m* ~ Geschäftsjahr *n* ; Wirtschaftsjahr *n* ; *machine f* ~ Buchungsmaschine *f* ; *normes fpl* ~*s* Buchhaltungsrichtlinien *fpl* ; Buchführungsnormen *fpl* ; *opération f* ~ Buchung *f* ; Buchungsvorgang *m* ; *période f* ~ Abrechnungsperiode *f* ; Rechnungsabschnitt *m* ; *perte f* ~ Bilanzverlust *m* ; Buchverlust *m* ; *pièce f* ~ Buchungsbeleg *m* ; Abrechnungsbeleg *m* ; Rechnungsbeleg *m* ; *plan m* ~ Kontenplan *m* ; (*standardisé*) Einheitskontenplan *m* ; *poste m* ~ Rechnungsposten *m* ; *situation f* ~ (*poste*) Rechnungposition *f* ; (*situation financière*) Finanzlage *f* ; *résultats mpl* ~*s* rechnerische Buchhaltungsergebnisse *npl* ; *valeur f* ~ Buch-, Bilanzwert *m* ; (*action*) Bilanzkurs *m* einer Aktie ; (*amortissement*) bilanzmäßige Abschreibung *f*.

comptage *m* Erfassung *f* ; Auszählung *f* ; (*inventaire*) Bestandsaufnahme *f*.

comptant bar ; (*au*) ~ bar ; in (gegen) bar ; gegen Barzahlung ; gegen Kasse ; cash ; *au* ~ *d'usage* netto Kasse ; bar ohne Abzug ; *achat m, paiement m, vente f au* ~ Barkauf *m*, -zahlung *f*, -verkauf *m* ; *opération f au* ~ Bar-, Kassa-, Loko-, Prompt-, Spotgeschäft *n* ; *acheter, payer* (*au*) ~ bar kaufen, (be)zahlen ; (*bourse*) *négocier au* ~ Kassageschäfte abschließen.

compte *m* 1. Konto *n* ; ◆ ~ *en banque* Bankkonto ; ~*s de bilan* Bilanzkonten ; ~ *bloqué* Sperrkonto ; ~ *de charges à payer* antizipative Aufwendungsposten *mpl* ; ~ *chèque postal* Postscheckkonto ; ~ *client* Kundenkonto ; ~ *collectif* Sammelkonto ; ~ *commun* Gemeinschaftskonto ; ~ *courant* laufendes Konto ; Girokonto ; Kontokorrent *n* ; ~ *créditeur* Aktiv-, Vermögenskonto ; ~ *débiteur* Debet-, Passivkonto ; ~ *à découvert* Überziehungskonto ; ~ *de dépôt* Depot-, Hinterlegungskonto ; ~ *d'épargne* Sparkonto ; ~ *épargne-temps* → **compte épargne-temps** ; ~ *à l'étranger* Auslandskonto ; ~ *d'exploitation* Betriebsrechnung *f* ; ~ *fournisseur* Lieferanten-, Gläubigerkonto ; ~ *de frais* Spesenrechnung *f* ; ~ *général* Sachkonto ; ~*s de gestion* Betriebskonten ; ~ *d'immobilisations* Anlagenkonto ; ~ *individuel* Einzelkonto ; ~ *indivis* (*commun, joint*) gemeinsames Konto ; Gemeinschaftskonto ; ~ *intérimaire* Interimskonto ; ~ *sur livret* Sparkonto ; ~*s de la nation* gesamtwirtschaftliche Finanzierungsrechnung ; ~ *des pertes et profits* Gewinn- und Verlustrechnung *f* ; Aufwands- und Ertragsrechnung *f* ; ~ *de production* Fertigungskonto ; ~*s de produits* Ertragskonten ; ~*s de régularisation* Rechnungsabgrenzungsposten *m* ; ~ *rémunéré* Tagesgeldkonto ; zinsbringendes Konto ; ~ *de résultat* Erfolgsrechnung *f*, -konto ; Gewinn- und Verlustrechnung ; ~*s spéciaux du Trésor* → **comptes spéciaux du Trésor** ; ~ *de stocks* Warenbestandskonto ; ~ *à terme* Festgeld-, Terminkonto ; ~ *(de) titres* Wertpapier-, Depotkonto ; ~ *à vue* Sichtkonto ; ◆◆ *état m, extrait m, numéro m de* ~ Kontostand *m*, -auszug *m*, -nummer *f* ; *frais mpl de clôture, de relevé, de tenue de* ~ Kontoauflösungs-, Kontoauszugs-, Kontoführungsgebühren *fpl* ; *opération f de* ~ *à* ~ Umbuchung(sgeschäft) ; *relevé m de* ~ → *extrait* ; ◆◆◆ *alimenter (approvisionner) un* ~ ein Konto auffüllen ; *arrêter un* ~ ein Konto abschließen ; *bloquer un* ~ ein Konto sperren ; *créditer une somme à un* ~ einem Konto einen Betrag gutschreiben ; *débiter un* ~ ein Konto belasten (mit) ; *fermer un* ~ ein Konto schließen (löschen) ; *effectuer un prélèvement sur un* ~ Geld von einem Konto abheben ; *geler un* ~ ein Konto einfrieren ; *mettre un* ~ *à découvert* ein Konto überziehen ; *s'installer à son* ~ sich selb(st)ständig machen ; *travailler à son* ~ selb(st)ständig sein ; *ouvrir un* ~ *à la banque X* ein Konto bei der Bank X eröffnen ; *passer en* ~ auf dem Konto verbuchen ; buchen ; *pourriez-vous m'indiquer l'état de mon* ~ *?* Könnten Sie mir den Kontostand angeben ? 2. Zählen *n* ; Rechnen *n* ; Berechnung *f* ; Betrag *m* ; Summe *f* ; *faire ses* ~*s* etw zusammenrechnen (zusammenzählen) ; *mettre de l'ordre dans ses* ~*s* seine Finanzen in Ordnung bringen.

compte *m* **à compte** (*virement*) Buchüberweisung *f.*

compte *m* **épargne-temps** (*dans le cadre de la flexibilité du travail, de la R.T.T.*) Zeit(spar)konto *n.*

compte-gouttes *m* : (*fam.*) *distribuer qqch au* ~ etw tröpfchenweise verteilen ; sparsam verteilen.

compter 1. zählen ; rechnen ; verrechnen ; ~ *une somme dans un total* eine Summe mit dem Gesamtbetrag verrechnen ; *se tromper en comptant* sich verrechnen **2.** *devoir* ~ (genau) rechnen müssen.

compte *m* **rendu** Bericht *m* ; Berichterstattung *f* ; Protokoll *n* ; ~ *annuel* Geschäfts-, Jahresbericht ; ~ *de séance* Sitzungsbericht.

comptes *mpl* **de la nation** Konten *pl* der volkswirtschaftlichen Gesamtrechnung (VGR).

comptes *mpl* **spéciaux du Trésor** (*budget de l'État : concernent les opérations financées par des ressources affectées à cet effet*) Sonderkonten *mpl* der Finanzbehörde.

compte tenu de unter Berücksichtigung (+ G) ; wenn man... berücksichtigt... ; in Hinsicht auf (+A) ; hinsichtlich (+ G).

compteur *m* Zähler *m* ; ~ *à gaz* Gaszähler ; Gasuhr *f* ; *changer le* ~ den Gaszähler auswechseln ; *lire le* ~ *à gaz* den Stand des Gaszählers ablesen.

comptoir *m* **1.** Schalter *m* ; Ladentisch *m* ; (*aéroport*) ~ *d'enregistrement* Check-in *m* ; Abfertigungsschalter *m* ; ~ *de transit* Transitschalter *m* **2.** ~ *central d'achats* Einkaufszentrale *f* **3.** (*hist.*) Handelsniederlassung *f* ; Kontor *n.*

compulser (*dossier*) durchsehen ; in etw (+ A) Einsicht nehmen.

concédant *m* Konzessionsgeber *m.*

concéder einräumen ; bewilligen ; eine Genehmigung erteilen.

concentration *f* Konzentration *f* ; Fusion *f* ; Zusammenlegung *f* ; Zusammenschluss *m* ; (*densité*) Ballung *f* ; Dichte *f* ; ~ *économique* wirtschaftliche Konzentration ; ~ *d'entreprises* Unternehmenszusammenschluss ; ~ *horizontale, verticale* horizontale, vertikale Konzentration ; ~ *de pouvoir* Machtkonzentration.

concentrer konzentrieren ; zusammenlegen ; zusammenfassen.

concepteur *m* (*sens général*) Ideen-, Projektgestalter *m* ; Entwickler *m* ; Urheber *m* ; ~ *de logiciel* Software-Entwickler *m* ; ~ *publicitaire* Werbegestalter ; *rédacteur*-~ Werbetexter *m.*

conception *f* **1.** (*projet*) Konzeption *f* (eines Projekts) ; Entwicklung *f* ; ~ *assistée par ordinateur* computerunterstützte Entwicklung ; CAO *f* ; *avoir une* ~ *claire de qqch* ein klares Konzept (von) einer

Sache haben **2.** (*idée*) Vorstellung *f* ; *avoir des ~s dépassées* überholte Ansichten haben.

concertation *f* Absprache *f* ; Abstimmung *f* ; konzertierte Aktion *f* ; *en ~ avec* in Absprache mit.

concerter abstimmen ; übereinkommen ; verabreden ; miteinander übereinstimmen ; *action f ~ée* (*discussion entre partenaires sociaux*) konzertierte Aktion.

concession *f* **1.** Zugeständnis *n* ; Konzession(en) *f(pl)* ; Entgegenkommen *n* ; *~s salariales* Lohnzugeständnisse ; *arracher des ~s à la direction* der Geschäftsführung Konzessionen abringen ; *être contraint, être disposé à faire des ~s* zu Zugeständnissen (Konzessionen) genötigt werden, bereit sein ; *faire des ~s au goût du public* Konzessionen an den Geschmack des Publikums machen **2.** (*autorisation officielle*) Konzession *f* ; (befristete) Genehmigung *f* ; *~ de chauffeur de taxi* Konzession für ein Taxiunternehmen ; *~ d'eau, d'électricité* Genehmigung zum Anschluss an das Wasser-, Stromnetz ; *~ de travaux publics* Vergabe *f* von Bauarbeiten der öffentlichen Hand ; *demande f de ~* Konzessionsgesuch *n* ; *titulaire m de ~* Konzessionsinhaber *m* ; *accorder, obtenir, retirer une ~* eine Konzession erteilen, erwerben, zurückziehen (entziehen) **3.** (*filiale*) Vertriebsniederlassung *f* **4.** (*tombe*) Familiengrab *n* ; *~ à perpétuité* langfristige Pacht *f* eines Begräbnisplatzes.

concessionnaire *m* Vertragshändler *m* ; Konzessionär *m* ; Konzessionsinhaber *m* ; *liste f des ~s* Händlernachweis *m*.

concevoir 1. (*projet*) konzipieren ; entwickeln ; entwerfen ; *~ un message publicitaire* eine Werbebotschaft entwerfen (konzipieren) ; *le véhicule est conçu pour des vitesses très élevées* das Fahrzeug ist für hohe Geschwindigkeiten entworfen (konzipiert) **2.** *~ qqch comme* etwas als… begreifen.

conciliant, e : *se montrer ~* sich konziliant (kompromissbereit) zeigen.

conciliateur *m* Schlichter *m* ; Vermittler *m* ; Mittelsmann *m* ; Ombudsmann *m* / Ombudsfrau *f* ; *proposition f du ~* Schlichterspruch *m* (*syn. médiateur*).

conciliateur, trice ausgleichend ; vermittelnd.

conciliation *f* Schlichtung *f* ; gütliche Einigung *f* ; Schlichtungsverfahren *n* ; Aussöhnung *f* ; Beilegung *f* ; Vergleich *m* ; Sühne *f* ; *commission f de ~* Vermittlungsausschuss *m* ; Schlichtungsstelle *f* ; *instance f de ~* Einigungsstelle *f* ; *politique f de ~* Politik *f* des Interessenausgleichs ; *procédure f de ~* Schlichtungsverfahren *n* ; *tentatives fpl de* Vergleichsversuche *mpl* ; Sühneversuche *mpl*.

concilier vereinbaren ; in Einklang (Übereinstimmung) bringen ; auf einen Nenner bringen ; *~ les activités professionnelles et les tâches ménagères* Berufstätigkeit und Familienpflichten miteinander vereinbaren.

conclure 1. (ab)schließen ; *~ un marché* einen Handel (ab)schließen ; handelseinig werden ; *~ un contrat* einen Vertrag (ab)schließen **2.** folgern ; den Schluss ziehen.

conclusion *f* **1.** Abschluss *m* ; *~ d'une affaire* Geschäftsabschluss ; *~ d'un contrat* Vertragsabschluss **2.** Schlussfolgerung *f* ; *permettre de tirer des ~s quant à qqch* Rückschlüsse auf etw (+A) erlauben (zulassen) ; *tirer les ~s qui s'imposent de qqch* zwingende Schlussfolgerungen aus etw ziehen.

concocter : (*fam.*) *~ un plan* einen Plan aushecken.

concordat *m* Vergleich *m* ; *~ judiciaire* gerichtlicher Vergleich ; Zwangsvergleich.

concordataire Vergleichs- ; *débiteur m ~* Vergleichsschuldner *m*.

concorder übereinstimmen (mit) ; *faire ~ qqch* etw in Übereinstimmung bringen.

concourir 1. *~ à* beitragen zu ; *~ à qqch* an (bei) etw mitwirken **2.** an einem Wettbewerb teilnehmen.

concours *m* **1.** Wettbewerb *m* ; *~ agricole* landwirtschaftlicher Wettbewerb ; *~ publicitaire* Preisausschreiben *n* ; *avis m de ~* Ausschreibungskündigung *f* ; *mettre au ~* (*soumissionner*) eine Ausschreibung vergeben ; (öffentlich) ausschreiben **2.** (*grandes écoles, administration*) Examen *n* ; Aufnahme-, Auswahlprüfung *f* ; Ausleseverfahren *n* ; Hochschul-, Zulassungsprüfung *f* ; (*Allemagne*) Numerus clausus *m* ; *par voie de ~* (*sur ~*) im

Ausleseverfahren ; im Auswahlverfahren ; ~ *d'entrée* Auswahlwettbewerb *m* ; *échouer au* ~ *d'admission* bei einer Aufnahmeprüfung durchfallen ; *s'inscrire à un* ~ sich für eine Prüfung anmelden ; *passer, réussir les ~s administratifs* die Zugangsprüfungen zum öffentlichen Dienst ablegen (machen), bestehen **3.** (*aide*) Unterstützung *f* ; Hilfe *f* ; Mitwirkung *f* ; *avec le* ~ *de l'État* mit der finanziellen Beteiligung des Staats ; *apporter* (*prêter*) *son* ~ (*à qqch*) (etw) unterstützen ; (bei etw) mitwirken ; *solliciter le* ~ *de l'État* eine staatliche Unterstützung beantragen **4.** *par un malheureux* (*malencontreux*) ~ *de circonstances* durch bedauerliche Begleitumstände *mpl* **5.** (*jur.*) ~ *de créanciers* Gleichberechtigung *f* von Gläubigern.

concrétiser konkretisieren ; (*bourse*) einen Gewinn realisieren ; *se* ~ Gestalt annehmen ; *nos espérances se sont ~ées* unsere Hoffnungen haben sich erfüllt.

concubin/e *m/f* Lebensgefährte *m* / Lebensgefährtin *f* ; Lebensabschnittsgefährte/tin ; Lebenspartner *m* ; Lebenspartnerin *f.*

concubinage *m* wilde Ehe *f* ; Konkubinat *n* ; eheähnliche (nichteheliche) Lebensgemeinschaft *f* ; (*fam.*) Schrägstrich-Ehe ; *vivre en* ~ in wilder Ehe leben ; → ***P.A.C.S.***

concurrence *f* **1.** Konkurrenz *f* ; Wettbewerb *m* ; Konkurrenzkampf *m* ; Verdrängungswettbewerb ; ◆ ~ *acharnée* erbitterter (gnadenloser) Wettbewerb ; ~ *déloyale* (*illicite*) unlauterer Wettbewerb ; *libre* ~ freier Wettbewerb ; ~ *des prix* Preiswettbewerb ; ~ *par la qualité* Qualitätswettbewerb ; ~ *sauvage* Verdrängungswettbewerb ; ◆◆ *prix mpl défiant toute* ~ nicht zu unterbietende Preise *mpl* ; *entreprise f, produit m sans* ~ konkurrenzloses Unternehmen, Produkt ; ◆◆◆ *battre, éliminer la* ~ die Konkurrenz schlagen, ausschalten ; *entrer en* ~ *avec qqn* mit jdm in Wettbewerb (Konkurrenz) treten ; *être en* ~ *avec une entreprise* mit einer Firma konkurrieren ; *être en* ~ *pour obtenir un poste* um einen Posten konkurrieren ; *faire* ~ *à qqn* jdm Konkurrenz machen ; *faire appel à la* ~ (*marchés publics*) an Angebotsausschreibungen appellieren ; Angebotsabgaben fordern ; *se livrer une* ~ *acharnée* sich einen erbitterten Wettbewerb liefern ; *soutenir la* ~ konkurrenzfähig sein ; *ne pas pouvoir soutenir la* ~ *avec qqn* mit jdm nicht konkurrieren können **2.** *jusqu'à* ~ *de 1000 €* bis zu 1000 € ; bis zum Betrag von 1000 €.

concurrencer (*qqn*) (jdm) Konkurrenz machen ; (mit jdm) konkurrieren ; (mit jdm) im Wettbewerb stehen.

concurrent *m* Konkurrent *m* ; Mitbewerber *m* ; Wettbewerber *m* ; ~ *sérieux* ernsthafter Konkurrent.

concurrent, e konkurrierend ; Konkurrenz- ; *maison f ~e* Konkurrenzfirma *f,* -unternehmen *n.*

concurrentiel, le (*préfixe*) Wettbewerbs- ; wettbewerbsfähig ; konkurrenzfähig ; *économie f ~le* Wettbewerbswirtschaft *f* ; *entreprise f ~le* Konkurrenzunternehmen *n* ; (*marketing*) *analyse ~le* Benchmarking *n* ; Wettbewerbsanalyse *f.*

condamnation *f* **1.** Verurteilung *f* ; Strafe *f* ; ~ *à mort* Todesurteil *n* ; ~ *par contumace, pour vol* Verurteilung in Abwesenheit, wegen Diebstahls **2.** Verbot *n* **3.** (*option véhicule*) ~ *centralisée des portières* Zentralverriegelung *f* (ZV).

condamner 1. verurteilen ; ~ *à mort* zum Tode verurteilen ; ~ *à la détention à perpétuité* zu lebenslänglicher Haft verurteilen ; ~ *à trois mois de détention avec sursis* zu drei Monaten mit Bewährung verurteilen **2.** (*interdire*) verbieten.

condition *f* **1.** Bedingung *f* ; Voraussetzung *f* ; (*commerciale : pluriel uniquement*) Konditionen *fpl* ; ◆ *~s d'accès* Zulassungsvoraussetzungen, -bedingungen ; *~s de circulation* Verkehrsbedingungen ; *~s de crédit, d'existence, d'expédition, de livraison* Kredit-, Lebens-, Versand-, Liefer(ungs)bedingungen ; (*bourse*) *~s d'échange d'actions anciennes* (*pour des nouvelles*) Umtauschverhältnis *n* ; ~ *féminine* → ***condition féminine*** ; *~s générales de vente* allgemeine Geschäfts-, Verkaufsbedingungen ; *~s particulières d'un contrat* besondere Vertragsbedingungen ; *~s de logement* Wohnverhältnisse *npl* ; *~s de paiement, de transport, de vente* Zahlungs-, Transport-, Verkaufsbedingungen ; ~ *suspensive* Bedingungsklausel *f* ; *~s d'usage* übliche Bedingungen ; ◆◆ *allocation f sous ~s de ressources* einkommensabhängige (einkom-

condition mensbedingte) Beihilfe *f* ; ◆◆◆ *à ~ que* vorausgesetzt, dass ; *acheter sous ~ mit* Rückgaberecht kaufen ; *attirer le client par des ~s spéciales* den Kunden mit Sonderkonditionen locken (ködern) ; *créer les ~s préalables à qqch* die Vorbedingungen (die Voraussetzungen) für etw schaffen ; *être soumis à des ~s* Bedingungen unterliegen ; *la ~ préalable est que...* Vorbedingung ist, dass... ; *faire (consentir) des ~s avantageuses* günstige (vorteilhafte) Konditionen machen ; *imposer, poser des ~s* Bedingungen auferlegen, stellen ; *mettre les aides de l'État sous ~s de ressources* die staatlichen Beihilfen vom Einkommen abhängig machen ; *satisfaire aux ~s d'aide, de prêt* Hilfs-, Kreditbedingungen erfüllen ; *souhaiter des ~s de travail plus humaines* menschlichere Arbeitsbedingungen wünschen **2.** (*marchandises*) Zustand *m* ; Beschaffenheit *f* **3.** Stellung *f* ; *de ~ modeste* bescheidener Herkunft.

condition *f féminine* Rechtsstellung *f* der Frau ; (*U.E.*) *commission f de la ~* Kommission *f* für die Rechtsstellung der Frau ; *secrétaire m/f d'État chargé(e) de la ~* Frauenbeauftragte(r)*e m/f*.

conditionnel, le bedingt ; *accord m, livraison f ~(le)* bedingte Einwilligung *f*, bedingte Lieferung *f* ; *donner un accord ~* nur bedingt zustimmen.

conditionnement *m* **1.** (Waren)-Verpackung *f* ; Aufmachung *f* ; Beschaffenheit *f* ; Packung *f* ; Schutzverpackung *f* ; (Waren)Ausstattung *f* ; Warengestaltung *f* ; *secteur m du ~* Verpackungsbereich *m*, -sektor *m* **2.** (*psych.*) Konditionieren *n* **3.** (*air*) Klimatisierung *f* ; Klimatisation *f*.

conditionner 1. (Waren) verpacken, aufmachen ; packen ; abpacken **2.** bedingen ; (*psych.*) *~ qqn* jdn konditionieren ; *réflexe m ~é* bedingter Reflex *m* **3.** *air ~é* Klimaanlage *f*.

conducteur *m* **1.** Fahrer *m* ; (*assur.*) *~ débutant* (*inexpérimenté*) Fahranfänger *m* ; Führerscheinneuling *m* ; *~ occasionnel* Sonntagsfahrer *m* ; Gelegenheitsfahrer (*contr.*) Vielfahrer ; (*assur.*) *garantie f ~* Fahrerversicherung *f* ; *fichier m des mauvais ~s* Verkehrssünderkartei *f* ; *demander une surprime pour jeunes ~s* einen Risikozuschlag für Führerscheinneulinge fordern (verlangen) ; *instaurer une période probatoire pour ~s débutants* eine Führerscheinprobezeit für Fahranfänger einführen **2.** *~ de travaux* Bauführer *m* ; Bauleiter *m* **3.** (*physique*) Leiter *m* ; *semi-~* Halbleiter.

conduire führen ; leiten ; lenken ; *permis m de ~* Führerschein *m*.

conduite *f* Führung *f* ; Leitung *f* ; *~ des affaires* Geschäftsführung ; *~ automobile* Fahren *n* ; *~ accompagnée* begleitungsabhängige Fahrerlaubnis *f* ; *~ en douane* Gestellung *f* ; *~ en état d'ivresse* Trunkenheit *f* am Steuer ; *bonus m pour ~ sans accident* Schadenfreiheitsrabatt *m* ; *école f de ~* Fahrschule *f* ; *examen m de ~* Fahrprüfung *f* ; *moniteur m de ~* Fahrlehrer *m* ; *avoir un bonus de 50 % pour ~ sans accident* einen Bonus von fünfzig Prozent beim Schadensfreiheitsrabatt haben.

confection *f* **1.** (*vêtement*) Konfektion *f* ; Fertigkleidung *f* ; Kleidung *f* von der Stange **2.** Herstellung *f* ; Ausfertigung *f* ; Verfertigung *f*.

confectionner 1. (*vêtements*) schneidern ; nähen **2.** herstellen ; anfertigen.

confédération *f* Gewerkschaft *f* ; Verband *m* ; Bündnis *n* ; (*hist.*) *~ de l'Allemagne du Nord* norddeutscher Bund *m* ; *~ européenne des syndicats* Europäischer Gewerkschaftsbund *m* ; *~ du Rhin* Rheinbund *m* ; *~ d'États* Staaten(ver)bund *m* ; *~ paysanne* französische Bauerngewerkschaft *f* ; *~syndicale* Gewerkschaftsverbund/-verband *m* → *CGT* ; *CFDT* ; *CGC*.

confédéré, e verbündet ; *États mpl ~s* Staatenbund *m*.

conférence *f* Konferenz *f* ; Besprechung *f* ; Beratung *f* ; Sitzung *f* ; Tagung *f* ; Verhandlung *f* ; (*exposé*) Vortrag *m* ; *~ de presse, au sommet* Presse-, Gipfelkonferenz ; *la ~ a échoué* die Konferenz ist gescheitert (*fam.* geplatzt) ; *être en ~* in (bei) einer Konferenz sein ; konferieren ; *tenir (une) ~* eine Konferenz (Besprechung) abhalten.

conférencier *m* Vortragende(r) ; (Vortrags)Redner *m* ; Referent *m*.

conférer 1. *~ un droit à qqn* jdm ein Recht verleihen (geben, gewähren) ; *droit m ~é par un brevet d'invention* Recht *n* aus einem Patent **2.** konferieren ; verhandeln ; besprechen.

confiance *f* Vertrauen *n* ; (*bourse*) Zuversicht *f* ; *la ~ dans l'euro* das

Vertrauen in den Euro ; ◆◆ *abus m de ~* Vertrauensmissbrauch *m* ; *digne de ~* vertrauenswürdig ; *homme m, personne f de ~* Vertrauensmann *m*, -person *f* ; *maison f de ~* vertrauenswürdige (solide) Firma *f* ; *perte f de ~* Vertrauensschwund *m* ; *poste m de ~* Vertrauensstellung *f* ; *vote m de ~* Vertrauensvotum *n* ; ◆◆◆ *créer un climat de ~* Vertrauen stiften ; vertrauensbildend wirken ; *donner sa ~ à qqn* jdm (sein) Vertrauen schenken ; *gagner la ~ des consommateurs* das Verbrauchervertrauen gewinnen ; *instaurer un climat (une relation) de ~ avec le client* eine Vertrauensbasis mit dem Kunden schaffen ; *rétablir la ~ ébranlée des consommateurs* das angeschlagene Vertrauen der Verbraucher wieder aufbauen ; *retirer sa ~ à qqn* jdm sein Vertrauen entziehen ; *la ~ entre les négociants et investisseurs demeure intacte* die Zuversicht zwischen Händlern und Anlegern bleibt ungebrochen ; *les bourses d'actions reprennent ~* die Aktienbörsen zeigen wieder Zuversicht.

confidence : *en ~* im Vertrauen ; vertraulich.

confidentialité *f* Vertraulichkeit *f* ; Geheimhaltung *f* ; *~ en matière fiscale* Steuervertraulichkeit ; *assurer la ~ de qqch* etw vertraulich behandeln.

confidentiel, le vertraulich ; *à titre ~* vertraulich ; *strictement ~* streng vertraulich ; *code m ~* Geheimkode *m* ; Geheimnummer *f* ; Geheimzahl *f* ; PIN (persönliche Identifikationsnummer) ; *comptabilité f ~le* vertrauliche Buchhaltung *f* ; *entretien m, information ~ (le)* vertrauliche Unterhaltung *f*, Information *f* ; *lettre f ~le* vertrauliches Schreiben *n* ; Brief *m* mit vertraulichem Inhalt ; *communiquer à qqn un renseignement ~* jdm etw vertraulich mitteilen (sagen).

confier 1. *(qqch à qqn)* (jdm etw) anvertrauen ; *~ une fonction, des projets, de l'argent à qqn* jdm ein Amt, Projekte, Geld anvertrauen **2.** *(remettre)* übergeben ; überlassen.

configurable konfigurierbar.

configuration *f* *(pays, terrain)* Beschaffenheit *f* ; Formation *f* ; *(ordinateur)* Konfiguration *f*.

confirmateur, trice : *banque ~ice* bestätigende Bank *f*.

confirmatif, ive bestätigend ; *lettre f ~ive* Bestätigungsschreiben *n*.

confirmation *f* Bestätigung *f* ; *(approbation)* Zustimmung *f* ; Billigung *f* ; *~ de commande* Auftragsbestätigung ; *donner ~ de qqch* etw bestätigen.

confirmer bestätigen ; *accréditif m (non) ~é* (nicht) bestätigtes Akkreditiv ; *~ qqch par écrit* etw schriftlich (brieflich) bestätigen ; *~ le vol de retour* den Rückflug bestätigen.

confiscation *f* Beschlagnahme *f* ; Einziehung *f* ; Konfiskation *f* ; *~ d'une fortune personnelle* Einziehung *f* eines Vermögens.

confisquer beschlagnahmen ; konfiszieren ; (Güter) einziehen ; *~ le produit d'un vol* Diebesgut beschlagnahmen.

conflictuel, le konfliktgeladen ; konfliktreich ; *(préfixe)* Konflikt- ; *situation f ~le* Konfliktsituation *f*.

conflit *m* Konflikt *m* ; Auseinandersetzung *f* ; Streit *m* ; Streitigkeit *f* ; Streitfall *m* ; Kollision *f* ; ◆ *~ étendu* weit reichender Konflikt ; *~ d'intérêts* Interessenkonflikt ; Interessenkollision *f*, -gegensatz *m* ; *~ interne* innerbetrieblicher Konflikt ; *~ localisé* örtlich begrenzter Konflikt ; *~s sociaux* soziale Konflikte ; Arbeitskämpfe *mpl* ; *~ du travail* Arbeitskonflikt ; ◆◆ *atmosphère f lourde de ~* konfliktbeladene Stimmung *f* ; konfliktbeladenes Arbeitsklima *n* ; *gestion f des ~s* Konfliktmangement *n* ; Konflikthandhabung *f* ; *matière f à ~* Konfliktstoff *m* ; ◆◆◆ *arbitrer un ~* einen Konflikt schlichten ; *créer, déclencher un ~* einen Konflikt schaffen, auslösen ; *entrer en ~ avec qqn* mit jdm in Streit geraten ; *être en ~ avec qqn* mit jdm Streit haben ; *être source (générateur) de ~* konfliktträchtig sein ; *éviter l'extension d'un ~* die Ausweitung eines Konflikts vermeiden ; *intervenir dans un ~* in einen Konflikt eingreifen ; *régler un ~* einen Konflikt lösen (beilegen) ; *en venir à un ~ ouvert* zum offenen Konflikt kommen.

confondu : *tous... ~s* alle... inbegriffen ; *tout ~* (alles) zusammengenommen.

conforme gemäß (+ D) ; entsprechend (+ D) ; *~ à la commande* der Bestellung entsprechend ; *~ au contrat, au règlement* vertragsgemäß, vorschriftsmäßig ; *(non) ~ aux normes européennes* (nicht) Europa-konform ; *non ~ au permis de construire* der Baugenehmigung nicht entsprechend ; *certifié*

conformément

~ beglaubigt ; *pour copie* ~ für die Richtigkeit der Abschrift ; *être* ~ *à qqch* entsprechen (+ D) ; sich nach (+ D) richten ; *la rémunération est* ~ *à la prestation* die Bezahlung richtet sich nach der Leistung.

conformément (*à*) (*complément souvent postposé*) gemäß (+ D) ; entsprechend (+ D) ; nach (+ D) ; (*suffixe*) -gemäß ; ~ *à votre souhait* Ihrem Wunsch gemäß ; ~ *à l'article 3 de la loi fondamentale* gemäß Artikel drei des Grundgesetzes ; ~ *au droit en vigueur* nach geltendem Recht ; ~ *à votre ordre* auftragsgemäß ; ~ *à la règlementation de ce pays* den in diesem Land geltenden Bestimmungen gemäß ; *nous agirons* ~ *à vos ordres* wir handeln entsprechend Ihrem Auftrag.

conformer (*se* ~ *à*) sich richten nach ; sich anpassen an (+ A) ; (*s'en tenir à*) sich halten an ; entsprechend (+ D) handeln ; *se* ~ *à des accords, à un contrat, aux lois en vigueur* sich an Abmachungen, an einen Vertrag, an die geltenden Gesetze halten.

conformité *f* Übereinstimmung *f* ; Konformität *f* ; Richtigkeit *f* ; ordnungsgemäße Durchführung *f* ; *en* ~ *de* gemäß (+ D) ; *en* ~ *avec la réglementation* den Vorgaben entsprechend ; (*construction*) *certificat m de* ~ Bauab- nahmebescheid *m* ; Konformitäts-, Unbedenklichkeitsbescheinigung *f* ; *délivrer le certificat de* ~ den Bauab- nahmebescheid geben.

confortable bequem ; komfortabel ; *avoir une retraite* ~ eine ansehnliche Rente haben.

confrère *m* (*professions libérales*) Kollege *m* ; Amtsbruder *m* ; Fachgenosse *m.*

confrontation *f* **1.** Gegenüberstellung *f* ; (*opposition*) Konfrontation *f* ; (*comparaison*) Vergleichung *f* ; ~ *d'idées* Gegenüberstellung von Ideen ; *choisir la voie de la* ~ auf Konfrontationskurs gehen ; *en arriver à une* ~ *entre les syndicats et le patronat* zu einer Konfrontation zwischen den Gewerkschaften und den Arbeitgebern kommen **2.** (*jur.*) Gegenüberstellung *f* ; Konfrontation *f* ; ~ *de l'accusé avec les témoins* Gegenüberstellung des Angeklagten mit den Zeugen.

confronter konfrontieren ; gegenüberstellen ; ~ *un accusé à un témoin* einen Angeklagten einem Zeugen gegenüberstellen ; ~ *qqn à un problème* jdn mit einem Problem konfrontieren ; *se voir* ~*é à qqch, à qqn* sich mit etw, mit jdm konfrontiert sehen.

congé *m* **1.** Urlaub *m* ; Beurlaubung *f* ; ◆ ~ *annuel* Jahresurlaub ; ~ *pour évènements familiaux* Beurlaubung wegen Familienangelegenheiten (aus Privatgründen) ; ~ *exceptionnel* Sonderurlaub ; ~ *de formation* Bildungsurlaub ; ~ *de maladie* Beurlaubung *f* im Krankheitsfall ; Krankschreibung *f* ; Krankenurlaub ; ~ *de maternité* Mutterschaftsurlaub ; ~ *de naissance* Vaterschaftsurlaub ; ~ *parental* Erziehungs-, Elternurlaub ; ~*s payés* bezahlter Urlaub ; ~ *sabbatique* Sabbatjahr *n* ; ~ *sans solde* unbezahlter Urlaub ; ~*s scolaires* Schulferien *fpl* ; ◆◆ *billet m de* ~ *annuel* Jahresurlaubsfahrschein *m* ; *droit m à* ~ Urlaubsanspruch *m* ; *durée f des* ~*s* Urlaubsdauer *f* ; *fermeture f pour* ~*s annuels* wegen Betriebsferien geschlossen ; (*Autriche*) wegen Urlaubssperre geschlossen ; *jour m de* ~ Urlaubstag *m* ; freier Tag *m* ; ◆◆◆ *avoir* ~ freihaben ; freibekommen ; *avoir encore des* ~*s à prendre* noch Resturlaub haben ; noch Anrecht auf Urlaub haben ; *être en* ~ in (im) Urlaub sein ; *être en* ~ *de maladie* krankgeschrieben sein ; *prendre un* ~ Urlaub nehmen ; sich beurlauben lassen ; *prendre un* ~ *sabbatique* ein Sabbatjahr nehmen ; sich ein Jahr lang von der beruflichen Tätigkeit freistellen lassen ; *se faire mettre en* ~ *sans solde* einen unbezahlten Urlaub nehmen **2.** Kündigung *f* ; Entlassung *f* ; (*logement : droit de bail*) *aux fins de reprise* Eigenbedarfskündigung ; Kündigung wegen Eigenbedarf(s) ; ~ *préavis m* Mietvertragskündigung ; *donner son* ~ *à qqn* jdn kündigen ; jdn entlassen ; *donner* ~ *à un locataire* einem Mieter kündigen ; *recevoir son* ~ entlassen (gekündigt) werden **3.** *prendre* ~ *de qqn* sich von jdm verabschieden **4.** (*transport d'alcool*) (Brannt)Weinbegleitschein *m* ; Steuerbanderole *f.*

congédiable kündbar ; ~ *du jour au lendemain* täglich kündbar sein ; *ne pas être* ~ *en tant que fonctionnaire* als Beamter nicht kündbar sein.

congédiement *m* **1.** Entlassung *f* ; Kündigung *f* **2.** Verabschiedung *f.*

congédier (*qqn*) (jdn) entlassen ; (jdm) kündigen ; (*mettre à la porte*) (jdn) vor die Tür setzen ; (jdn) feuern.

congélation *f* Einfrieren *n* ; Einfrierung *f* ; Tiefgefrieren *n* ; Tiefkühlen *n* ; Tiefkühlung *f*.

congeler einfrieren ; (tief)gefrieren ; *~é* tiefgekühlt ; tiefgefroren ; Tiefkühl- ; *aliments mpl ~és* Tiefkühlkost *f* ; tiefgekühlte (Fertig)Gerichte *npl* ; *légumes mpl, viande f ~és/ée* Gefriergemüse *n* ; Gefrierfleisch *n* (tiefgekühltes Gemüse, Fleisch).

congestion *f* (*trafic*) Stau *m* ; Stauung *f* ; ~ *du trafic* Verkehrsstau ; Überlastung *f* des Verkehrs.

congloméral, e diversifizierend ; *concentration f ~e* (*un groupe reprend une entreprise pour diversifier sa production*) Diversifizierungskonzentration *f*.

conglomérat *m* (Firmen)Konglomerat *n* ; Mischkonzern *m* ; Großkonzern *m* ; Zusammenschluss *m* von Unternehmen aus verschiedenen Produktionszweigen.

congrès *m* Kongress *m* ; Tagung *f* ; ~ *d'un parti* Parteitag *m* ; ~ *syndical* Gewerkschaftstag ; *résolution f prise lors d'un ~ politique* Parteitagsbeschluss *m* ; (*France*) *réunion du C~ pour élire le Président de la République ou pour modifier la Constitution* Versammlung *f* von Parlament und Senat zur Präsidentenwahl oder zur Verfassungsänderung ; (*États-Unis*) *le C~ américain* Kongress *m*.

congressiste *m* Kongressteilnehmer *m* ; Tagungsteilnehmer *m*.

conjectures *fpl* Mutmaßung(en) *f(pl)* ; Vermutung *f(pl)*.

conjoint *m* Ehegatte *m* ; Lebensgefährte *m* /-gefährtin *f* ; *~s mpl* Eheleute *pl*.

conjoint, e gemeinsam ; gemeinschaftlich ; (*jur.*) *parties fpl ~es* (durch gemeinsame Interessen) verbundene Personen *fpl*.

conjointement gemeinsam ; gemeinschaftlich ; ~ *et solidairement* einzeln und solidarisch.

conjoncture *f* Konjunktur *f* ; Wirtschaftslage *f* ; ◆ ~ *favorable, surchauffée* günstige, überhitzte Konjunktur ; *sensible à la ~* konjunkturanfällig, -empfindlich ; ◆◆ *analyse f, fluctuations fpl de la ~* Konjunkturanalyse *f*, -schwankungen *fpl* ; *baisse f ~le* Konjunkturrückgang *m* ; *basse, haute ~* Tief-, Hochkonjunktur ; *ralentissement m, renversement m de la ~* Konjunkturabschwächung *f*, -umschwung *m* ; *redressement m (reprise f) de la ~* Neubelebung *f* der Konjunktur ; Konjunkturerholung *f*.

conjoncturel, le konjunkturell ; konjunkturbedingt ; Konjunktur- ; *chômage m ~* konjunkturbedingte Arbeitslosigkeit *f* ; *cycle m ~* Konjunkturzyklus *m* ; *dépression f, fléchissement m ~* Konjunkturabschwächung *f*, -flaute *f* ; *politique f ~le* Konjunkturpolitik *f* ; *prévisions fpl ~les* Konjunkturprognosen *fpl* ; *redressement m (reprise f) ~(le)* Konjunkturerholung *f* ; *renversement m (retournement m) ~* Konjunkturumschwung *m* ; *situation f ~le* Konjunkturlage *f*.

conjoncturiste *m* Konjunkturforscher *m* ; Konjunkturexperte *m*.

conjugal, e Ehe- ; ehelich ; *domicile m ~* (gesetzlicher) ehelicher Wohnsitz *m*.

connaissance *f* **1.** Kenntnis *f* ; Wissen *n* ; ~ *des affaires, des hommes* Geschäfts-, Menschenkenntnisse ; *dans l'état actuel des ~s* beim heutigen Kenntnisstand ; *avoir une bonne ~ des problèmes à traiter* fachkompetent sein ; über Fachkompetenz verfügen ; *porter qqch à la ~ de qqn* jdn von etw in Kenntnis setzen ; (*lettre*) *prendre ~ de* Kenntnis nehmen von ; *utiliser ses ~s professionnelles* seine beruflichen Kenntnisse einsetzen **2.** Bekannte(r) ; Bekanntschaft *f*.

connaissement *m* Frachtbrief *m* ; Konnossement *n* ; ~ *aérien, embarqué, maritime* Luftfrachtbrief, Bord-, Seekonnossement ; ~ *d'entrepôt* Lagerhallenkonnossement ; ~ *net* reines Konnossement ; ~ *à ordre* Rekta-Konnossement ; ~ *négociable* begebbares Konnossement ; ~ *au porteur* Inhaber-Konnossement ; *établir un ~* ein Konnossement ausstellen.

connaître kennen ; erleben ; verzeichnen ; durchmachen ; ~ *une chute, une diminution, un recul* fallen ; abnehmen ; zurückgehen ; ~ *un déficit* im Defizit sein ; (*fam.*) rote Zahlen schreiben ; ~ *un recul sensible du nombre d'abonnés, de visiteurs, de naissances* einen deutlichen Rückgang an Abonnenten, Besuchern, Geburten zu verzeichnen haben ; *s'y ~ en qqch* sich auskennen in (+ D) ; in etw (gut) Bescheid wissen ; ♦♦ *l'exposition a connu un vif succès* die Ausstellung hat einen großen Erfolg verzeichnet ; *l'industrie textile connaît une crise grave* die Textilindustrie macht eine schwere Krise durch ; *j'en connais un bout dans ce domaine* in diesem Bereich kenne ich mich gut aus.

connecter anschließen ; vernetzen ; verbinden (mit) ; (*Internet*) *se ~* sich einloggen ; *~é* online ; *non ~é* offline ; *se ~ à* sich anschließen an (+ A) ; *~ l'ensemble des bureaux à l'Internet* sämtliche Büros ans Internet anschließen ; *se ~ au réseau Internet* sich ins Internet einwählen (einloggen) ; *se ~ à l'Intranet d'une entreprise* sich ins Intranet eines Unternehmens einloggen ; *travailler en mode ~é/déconnecté* im Online/Offline-Modus arbeiten.

connexion *f* (*informatique*) Anschluss *m* ; Verbindung *f* ; *~ à l'Internet* Internet-Anschluss ; *~ route-rail* Verkehrsanbindung *f* von Straßen und Schienen ; *câble m de ~* Verbindungskabel *n*.

conquérir erobern ; erringen ; erwerben ; *~ de nouveaux marchés* neue Märkte erschließen ; neue Absatzmäkte erobern ; *~ des parts de marché* Marktanteile erobern.

conquête *f* Eroberung *f* ; *~ de nouveaux marchés* Erschließung *f* neuer Märkte ; *les ~s sociales* die sozialen Errungenschaften.

consacrer : *~ 1 % de son chiffre d'affaires à qqch* ein Prozent seines Umsatzes für etw abzweigen.

conscience *f* Gewissen *n* ; Gewissenhaftigkeit *f* ; *~ écologique* Ökobewusstsein *n* ; Umweltbewusstsein *n* ; *~ professionnelle* Arbeitsmoral *f* ; Berufsethik *f* ; berufliches Pflichtbewusstsein *n* ; *en toute ~* nach bestem Wissen und Gewissen.

consécutif, ive 1. (*préfixe*) Folge- ; aufeinanderfolgend ; *engagements mpl financiers ~s à un investissement* finanzielle Verpflichtungen *fpl* auf Grund einer Investition ; *trois jours ~s* drei aufeinanderfolgende Tage ; *le deuxième recul ~ du chiffre d'affaires* der zweite Umsatzrückgang hintereinander 2. *être ~ à qqch* die Folge von etw sein ; auf etw (+ A) zurückzuführen sein.

conseil *m* 1. Rat(schlag) *m* ; Tipp *m* 2. Berater *m* ; Consultant *m* ; *~ fiscal, juridique* Steuer-, Rechtsberater ; *~ en organisation d'entreprise* Unternehmensberatung *f* ; *service m de ~ et d'assistance technique* Beratungsservice *m* ; technische Hilfestellung *f* 3. Rat *m* ; Versammlung *f* ; ♦ (*hist.*) *~ d'aide économique mutuelle* (*C.A.E.M.*) Comecon *n* ; Rat *f* für gegenseitige Wirtschaftshilfe (RGW) ; *~ d'administration, d'entreprise* Verwaltungs-, Betriebsrat ; *~ économique et social* Sachverständigenrat für wirtschaftliche und soziale Fragen ; *~ d'État* Staatsrat ; *~ de l'Europe* Europarat ; *~ de famille* Familienrat ; *~ des ministres* Ministerrat ; *~ municipal* Stadtrat ; Gemeinderat ; *~ de l'ordre des avocats, des médecins* Anwalts-, Ärztekammer *f* ; *~ des prud'hommes* Arbeitsgericht *n* ; *~ (comité) des Sages* Sachverständigenrat ; *~ de surveillance* Aufsichtsrat ; *service m ~* Beratungsservice *m* ; ♦♦♦ *être représenté au ~ de surveillance* im Aufsichtsrat vertreten sein ; *siéger au ~ municipal* im Gemeinderat sitzen 4. (*militaire*) *~ de révision* Musterungskommission *f*.

Conseil *m* **constitutionnel** Verfassungsrat *m*.

Conseil *m* **économique et social** Wirtschafts- und Sozialrat *m*.

Conseil *m* **des bourses de valeurs** Ausschuss *m* der Effektenbörsen (der Wertpapierbörsen).

Conseil *m* **des ministres** Ministerrat *m*.

Conseil *m* **d'État** Staatsrat *m*.

Conseil *m* **fédéral** Bundesrat *m*.

Conseil *m* **financier et économique** (*U.E.*) Finanz- und Wirtschaftrat *m*.

Conseil *m* **général** Generalrat *m* eines französischen Verwaltungsbezirks : Generalrat auf departementaler Ebene ; Departementsrat *m*.

conseillé, e : *prix m ~* Richtpreis *m*.

conseiller *m* Berater *m* ; Consultant *m* ; Gutachter *m* ; Sachverständige(r) ; Rat *m* ; *~ en communication* Medienberater ; *~ économique, fiscal* Wirtschafts-, Steuerberater ; *~ d'entreprise* → *en organisation d'entreprise* ; *~ en investissements* Anlageberater ; *~ juridique* Rechtsberater ; Rechtsbeistand *m* ; *~ municipal* Gemeinderat ; *~ en organisation d'entreprise* Unternehmensberater ; *~ en patrimoine* Vermögensberater.

conseiller (*qqn*) (jdn) beraten ; jdm mit Rat und Tat beistehen ; (*bourse*) *~*

des titres à l'achat zum Kauf von Wertpapieren raten.
Conseil *m* **national de la consommation** → *C.N.C.*
Conseil *m* **national du patronat français** (C.N.P.F.) (*hist.*) → *M.E.D.E.F.*
Conseil *m* **de l'ordre** (*médecins, vétérinaires*) Ärzte-, Veterinärkammer *f.*
Conseil *m* **de la politique monétaire** Rat *m* für Währungspolitik.
Conseil *m* **régional** Regionalrat *m.*
consensuel, le konsensfähig ; (*jur.*) *acte ~* Vertrag *m* auf bloße Willensübereinstimmung ; nicht formgebundenes Rechtsgeschäft *n* ; *entretiens mpl ~ls* konsensorientierte Gespräche *npl* ; *diriger une entreprise sur une base ~le* ein Unternehmen auf Konsensbasis führen.
consensus *m* Konsens *m* ; Einverständnis *n* ; Übereinstimmung *f* ; (*bourse*) *~ de marché* Marktkonsens ; *~ social* Sozialkonsens ; (*bourse*) *~ de valeur* Wertkonsens ; *il y a ~ sur* es gibt einen Konsens in (+ D), über (+ A) ; es besteht ein Konsens über (+ A) ; *parvenir à un ~* (*social*) zu einem (sozialen) Konsens kommen.
consentement *m* Bewilligung *f* ; Einwilligung *f* ; Zustimmung *f* ; Zusage *f* ; Genehmigung *f* ; Billigung *f* ; Konsens *m* ; *~ mutuel* gegenseitiges Einverständnis *n* ; *donner (accorder) son ~ à qqn* in etw (+ A) einwilligen ; einer Sache (+ D) zustimmen ; seine Zustimmung erteilen ; *faire qqch avec le ~ de son supérieur hiérarchique* mit (der) Zustimmung seines Vorgesetzten machen ; *nécessiter le ~ de la majorité des associés* die Zustimmung der Mehrheit der Gesellschafter erfordern ; *refuser son ~ à qqn* jdm seine Zustimmung verweigern.
consentir 1. gewähren ; bewilligen ; *~ un délai, un prêt* eine Frist, ein Darlehen gewähren ; *~ un crédit à qqn* jdm einen Kredit bewilligen (zusagen) **2.** beipflichten ; beistimmen ; eine Zusage erteilen.
conséquence *f* Konsequenz *f* ; Folge *f* ; Auswirkung *f* ; *les ~s de la crise économique* die Auswirkungen der Wirtschaftskrise ; *avoir des ~s favorables, défavorables pour qqch* sich auf etw positiv, negativ auswirken ; *avoir pour ~* zur Folge haben ; *il en résulte les ~s suivantes* daraus ergeben sich folgende Konsequenzen ; *tirer les ~s de qqch* aus etw die Konsequenzen ziehen.

conservateur *m* **1.** (*polit.*) Konservative(r) **2.** (*jur.*) *~ des hypothèques* Hypothekenbewahrer *m* ; Grundbuchbeamte(r) ; Grundbuchführer *m* **3.** (*musée*) Konservator *m* ; Kustos *m* ; (*eaux et forêts*) Forstmeister *m* **4.** (*aliments*) Konservierungsstoff *m*, -mittel *n.*
conservateur, trice (*polit.*) konservativ ; *avoir des idées ~trices* konservativ eingestellt sein ; in seinen Ansichten konservativ sein ; *avoir une gestion ~trice de sa fortune* mit seinem Vermögen konservativ umgehen.
conservation *f* **1.** (*aliments*) Konservieren *n* ; Haltbarmachen *n* ; *lait de longue ~* UHT H-Milch *f* ; haltbare Milch **2.** *~ des eaux et forêts* Forstamt *n* ; *~ des hypothèques* Grundbuchamt *n* **3.** (*titres*) Verwahrung *f* von Wertpapieren **4.** *~ des ressources naturelles* Naturschutz *m* ; *~ des sites et du littoral* Landschafts- und Küstengebietsschutz *m* ; (*U.E.*) *convention f relative à la ~ de la vie sauvage et du milieu naturel* Übereinkommen *n* über die Erhaltung freilebender Tiere und wildwachsender Pflanzen in ihrem natürlichen Lebensraum.
conservatoire (*jur.*) Sicherungs- ; *actes mpl ~s* Sicherungs-, Erhaltungsmaßnahmen *fpl* ; *mesure f ~* Sicherheits-, Sicherungs-, Verwahrungsmaßnahme *f.*
conservatoire *m* **du littoral** Schutzverband *m* für das Küstengebiet.
conserve *f* **1.** Konserve *f* ; Eingemachte(s) ; *boîte f de ~* Konservenbüchse *f*, -dose *f* **2.** *musique f en ~* Konservenmusik *f.*
conserver aufbewahren ; konservieren ; frisch halten ; (Obst) einwecken ; einlagern ; *~ au frais* kühl lagern (aufbewahren) ; (*recommandation boursière*) Halten ; *obligation f légale de ~ les pièces comptables* Aufbewahrungspflicht *f* ; (*agro-alimentaire*) *se ~* haltbar sein ; *ne se ~e qu'une semaine après ouverture* nur eine Woche nach Öffnung haltbar.
conserverie *f* Konservenfabrik *f.*
considérant : (*formule d'attendus, de contrats*) in Anbetracht (+ G) ; im Hinblick auf (+ A).
considération *f* **1.** Erwägung *f* ; Berücksichtigung *f* : *prendre qqch en ~* etw in Erwägung ziehen ; etw berücksichtigen **2.** (*corresp.*) *veuillez agréer, Madame, Monsieur, l'assurance de ma haute ~* mit vorzüglicher Hochachtung.

consignable pfändbar ; *bouteille f* ~ Mehrwegflasche *f* ; Pfandflasche.
consignataire *m* **1.** (*jur.*) Verwahrer *m* (einer hinterlegten Sache) **2.** Konsignatar *m* ; Verkaufskommissionär *m.*
consignation *f* **1.** (*jur.*) Hinterlegung *f* ; hinterlegte Sache *f* **2.** Verkaufskommission *f* ; Konsignation *f.*
consigne *f* **1.** (An)Weisung *f* ; ~ *de grève* Streikparole *f* ; Streikaufruf *m* ; ~*s de sécurité* Sicherheitsvorschriften *fpl* ; *appliquer les* ~*s* die Vorschriften (Anweisungen) befolgen ; *donner des* ~*s* Anweisungen geben ; *donner des* ~*s de grève* zum Streik aufrufen **2.** Gepäckaufbewahrung *f* ; ~ *automatique* Schließfach *n* ; ~ *manuelle* Gepäckaufbewahrung ; *déposer à la* ~ in Aufbewahrung geben **3.** (*bouteille*) Pfand *n* ; Dosenpfand ; ~ *obligatoire* (*liquides*) Zwangspfand ; Pfandbetrag *m.*
consigner 1. schriftlich niederlegen ; eintragen ; ~*é par écrit* verbrieft **2.** (Gepäck) zur Aufbewahrung geben **3.** (*jur.*) hinterlegen ; konsignieren **4.** *non* ~*é* keine Rückgabe *f* ; Wegwerf- ; *bouteille f* ~*ée*, *non* ~*ée* Pfandflasche *f,* Einweg-, Wegwerfflasche ; ~ *une bouteille* für eine Flasche Pfand verlangen.
consolidation *f* Konsolidierung *f* ; Konsolidation *f* ; Festigung *f* ; Fundierung *f* ; ~ *de la croissance* Wachstumsfestigung *f* ; ~ *des marchés existants* Sicherung *f* (Konsolidierung *f*) der vorhandenen Märkte ; (*bourse*) *phase f de* ~ Konsolidierungsphase *f.*
consolider konsolidieren ; *bénéfice m* ~*é* konsolidierter Gewinn *m* ; Konzerngewinn ; *bilan m* ~*é* konsolidierte Bilanz *f* ; Konzernbilanz ; *comptes mpl* ~*és* konsolidierte Rechnung *f* ; *dette f* ~*ée* konsolidierte (fundierte) Schuld *f* ; (*bourse*) ~ *son avance* seinen Vorsprung konsolidieren (festigen).
consommable konsumierbar ; verbrauchbar ; essbar ; zu verbrauchen ; verzehrbar ; zu konsumieren.
consommateur *m* Verbraucher *m* ; Konsument *m* ; *les* ~*s* die Verbraucherschaft ; ~ *final* Endverbraucher ; Letztverbraucher ; *association f de* ~*s* Verbraucherverband *m* ; *demande f des* ~*s* Verbrauchernachfrage *f* ; ~ *moyen* Normalverbraucher *m* ; (*fam.*) Otto-Normalverbraucher.

consommation *f* Verbrauch *m* ; Konsum *m* ; Konsum(p)tion *f* ; (*nourriture*) Verzehr *m* ; ♦ ~ *intérieure, journalière* inländischer Verbrauch, Tagesverbrauch ; ~ *des ménages* Verbrauch der (privaten) Haushalte ; privater Verbrauch ; ~ *de pain, de viande* Brot-, Fleischverzehr ; ~ *des particuliers* → *des ménages* ; ~ *privée* privater Konsum ; private Verbrauchsnachfrage *f* ; ~ *publique* Verbrauch (Konsum) der öffentlichen Hand ; Staatsverbrauch ; ~ *par tête d'habitant* Pro-Kopf-Verbrauch ; ♦♦ *article m de* ~ *courante* Artikel *m* des täglichen Bedarfs ; *biens mpl de* ~ (*non*) *durables* (kurzlebige) langlebige Konsumgüter *npl* (Verbrauchsgüter) ; *crédit m à la* ~ Konsumkredit *m* ; *dépenses fpl de* ~ Konsumausgaben *fpl* ; *à faible* ~ *d'essence* benzinsparend ; *habitudes fpl de* ~ Konsumgewohnheiten *fpl* ; *mise f à la* ~ Inverkehrbringen *n* ; *produit m de grande* ~ Massenkonsumprodukt *n* ; *société f de* ~ Konsumgesellschaft *f* ; Wohlstandsgesellschaft.
consommatrice *f* Verbraucherin *f* ; Konsumentin *f* ; ~ *consciente* (*avisée*) konsumbewusste Verbraucherin.
consommer 1. verbrauchen ; konsumieren ; ~ *du carburant* Kraftstoff verbrauchen **2.** (*restaurant*) verzehren.
consomptible (*jur.*) verbrauchbar ; zum Verbrauch bestimmt ; konsum(p)tiv.
consortium *m* Konsortium *n* ; Konzern *m* ; ~ *de banques* Bankenkonsortium ; ~ *économque* Wirtschaftskonsortium ; ~ *financier* Finanzkonsortium ; ~ *industriel* Industriekonsortium ; Industriekonzern.
constant, e (be)ständig ; fest ; gleichbleibend ; *en euros* ~*s* in konstanten Euro berechnet (ausgedrückt) ; *en termes* ~*s* kaufkraftbereinigt ; *prix m* ~ konstanter Preis *m* ; *PIB m à prix* ~*s* BIP zu konstanten Preisen.
constat *m* (amtliches) Protokoll *n* ; Befund *m* ; Beweisaufnahme *f* ; Feststellung *f* ; Feststellungsverfahren *n* ; Feststellungsprotokoll ; ~ *amiable* gütliche Einigung *f* über einen Unfallbericht ; einvernehmlicher (gütlicher) Unfallbericht *m* ; *cocher les cases adéquates du* ~ *amiable* die entsprechenden Kästchen des Unfallberichts ankreuzen ; (*auto.*) *dresser* (*faire*) *un* ~ einen Ver-

kehrsunfall aufnehmen ; *dresser un ~ d'échec* ein Scheitern feststellen.

constatation *f* Feststellung *f* ; Bestätigung *f* ; (*jur.*) *~ des faits* Tatbestandsaufnahme *f* ; *~ d'une infraction* Feststellung *f* eines strafrechtlichen Tatbestands.

constituant, e 1. (*polit.*) konstituierend ; verfassungsgebend ; (*jur.*) begründend ; *assemblée f ~e* verfassungsgebende Versammlung *f* **2.** *partie f ~e* Bestandteil *m*.

constituer 1. errichten ; bilden ; gründen ; *~ un capital* ein Kapital bilden ; *~ un portefeuille de titres* ein Portefeuille (Portfolio) zusammenstellen ; *~ une rente* eine Rente bestellen ; *~ une société* eine Gesellschaft gründen ; *~ des stocks* Vorräte anlegen **2.** *~ un dossier* eine Akte anlegen **3.** *~ un avocat* einen Rechtsanwalt bestellen ; (*jur.*) *se ~ partie civile* als Nebenkläger auftreten ; vor Gericht gehen.

constitutif, ive (*préfixe*) Gründungs- ; *acte m ~ de société* Gesellschaftsvertrag *m* ; Gründungsvertrag ; *assemblée f ~ive* Gründungsversammlung *f* ; *mesure f ~ive de capital* kapitalbildende Maßnahme *f* ; (*jur.*) rechtsbegründend ; *titre m de propriété* eigentumsbegründender Rechtstitel.

constitution *f* **1.** (*polit.*) Verfassung *f* ; (*Allemagne*) → **loi fondamentale** ; *~ coutumière, écrite* ungeschriebene, geschriebene Verfassung ; *adopter, voter une ~* eine Verfassung verabschieden, annehmen ; *déclarer un texte de loi* (*non*) *conforme à la ~* ein Gesetz für verfassungsmäßig (verfassungswidrig) erklären **2.** Gründung *f* ; Bildung *f* ; Errichtung *f* ; Bestellung *f* ; *~ de capital* Kapitalbildung *f* ; *~ d'un dossier* Anlegen *n* einer Akte, eines Dossiers ; *~ d'épargne* Bildung *f* von Geldvermögen (Kapital) ; *~ d'une caution* Hinterlegung *f* einer Kaution ; *~ d'une équipe gouvernementale* Zusammenstellung eines Kabinetts ; Aufstellung *f* einer Regierungsmannschaft ; *~ de garantie* Sicherheitsleistung *f* ; *~ d'hypothèques* Bestellung einer Hypothek ; *~ par apports en nature* Sachgründung *f* ; *~ de patrimoine* Vermögensbildung ; *~ de réserves* Reservenbildung ; *~ d'une rente* Rentenbestellung *f* ; *~ d'une société* Gründung einer Gesellschaft.

constitutionnaliste *m* Staatsrechtler *m*.

constitutionnalité *f* (*polit.*) Verfassungsmäßigkeit *f.*

constitutionnel, le verfassungsmäßig ; verfassungsgemäß ; konstitutionell.

constructeur *m* Hersteller *m* ; Konstrukteur *m* ; (Er)Bauer *m* ; *~ automobile m* Autokonstrukteur *m* ; *~ d'avions* Flugzeugbauer, -konstrukteur *m* ; *~ informatique* Hardware-Hersteller *m* ; *~ de machines* Maschinenbauer *m*.

constructible (*terrain*) zu bebauen(d) ; baureif ; *terrain m ~* Grundstück *n* ; *zone f ~* Baugelände *n*.

construction *f* Bau *m* ; Bauen *n* ; Herstellung *f* ; Konstruktion *f* ; *en ~* im Bau (befindlich) ; *~ automobile* Fahrzeugbau *m* ; *~ européenne* → **construction européenne** ; *~ de logements* Wohnungsbau *m* ; *~ d'immeubles locatifs* Mietwohnungsbau *m* ; *~ mécanique, navale* Maschinen-, Schiff(s)bau *m* ; *~ en préfabriqué* Fertigbauweise *f* ; *code m de la ~ et de l'urbanisme* Baugesetzbuch *n* ; *défaut m de ~* Konstruktionsfehler *m* ; *financement m de la ~ de logements* Wohnungsbaufinanzierung *f* ; *indice m du coût de la ~* Baukostenindex *m* ; *société f de ~* Baugesellschaft *f* ; *financer la ~ de logements sociaux* den sozialen Wohnungsbau finanzieren ; (*bilan*) *~ s* Gebäude *npl*.

construction *f* **européenne** europäischer Aufbauprozess *m* ; *être un artisan de la ~* am europäischen Aufbau mitwirken.

construire bauen ; erbauen ; errichten ; konstruieren ; *permis m de ~* Baugenehmigung *f.*

consul *m* Konsul *m* ; *~ général* Generalkonsul.

consulaire 1. (*diplomatie*) konsularisch ; Konsular- ; Konsulats- ; *accord m ~* Konsularabkommen *n* ; *agent m ~* Konsularagent *m* ; konsularischer Vertreter *m* ; *corps m ~* konsularisches Korps *n* ; *facture f ~* Konsulatsfaktura *f* ; *représentation f ~* konsularische Vertretung *f* **2.** (*jur.*) *juge m ~* Handelsrichter *m.*

consulat *m* Konsulat *n*.

consultant *m* **1.** Konsultant *m* ; Consultant *m* ; (Unternehmens)Berater *m* ; Gutachter *m* ; Experte *m* ; Fachmann *m* ; Ratgeber *m* ; *~ en communication de crise, en organisation, en réduction des coûts, en rémunération* Consultant (Bera-

ter) in Krisensituationen, in Betriebsorganisation, in Kostensenkung, in Vergütungsfragen **2.** (*jur.*) juristischer Berater *m* **3.** beratender Arzt *m* **4.** Ratsuchende(r) ; jd, der eine Beratung wünscht.
consultant, e beratend ; *avocat m ~* beratender Anwalt *m*.
consultatif, ive beratend ; konsultativ ; *commission f ~ive* beratender Ausschuss *m* ; *voix f ~ive* beratende Stimme.
consultation *f* **1.** Beratung *f* ; Konsultation *f* ; Befragung *f* (eines Experten) ; *~ d'un dossier* Einsicht *f* in eine Akte ; *~ paritaire* gemeinsame Konsultationen *fpl* **2.** (*médecin*) Sprechstunde *f* ; *~ prénatale* Mutterberatung *f* **3.** Abstimmung *f* ; *~ électorale* Wahl *f* ; *~ populaire* Volksbefragung *f*.
consulter zu Rate ziehen ; um Rat fragen ; konsultieren ; *~ une banque de données* eine Datenbank abfragen ; *se ~* einander befragen ; miteinander beraten.
consumérisme *m* Konsumerismus *m* ; Verbraucherschutz *m*.
contact *m* Kontakt *m* ; Verbindung *f* ; Fühlung(nahme) *f* ; (*personne à contacter*) Verbindungsmann *m* ; *prise f de ~* Kontaktaufnahme *f* ; *aimer les ~s humains* kontaktfreudig sein ; *entrer en ~ avec qqn* mit jdm Kontakt (Verbindung) aufnehmen ; *entretenir et développer des ~s* Kontakte (mit jdm) pflegen und ausbauen ; *nouer des ~s avec qqn* mit jdm Kontakte aufnehmen (knüpfen) ; zu jdm Kontakt herstellen.
contacter (*qqn*) (mit jdm/zu jdm) Kontakt (Verbindung) aufnehmen ; kontakten ; kontaktieren ; (sich mit jdm) in Verbindung setzen ; *~ des milliers d'investisseurs* Tausende von Investoren ansprechen.
contagieux, se (*agric.*) ansteckend ; übertragbar.
container *m* → *conteneur*.
containérisation → *conténeurisation*.
containériser → *conténeuriser*.
contamination *f* (*agric.*) Verseuchung *f* ; Kontaminierung *f* ; *~ par l'ESB* BSE-Verseuchung ; *~ radioactive* radioaktive Verseuchung.
contaminer verseuchen ; kontaminieren ; anstecken ; *eau f ~ée* kontaminiertes (verseuchtes) Wasser *n* ; *scandale m du sang ~é* Blutspendenskandal *m*.

contenance *f* Inhalt *m* ; Fassungsvermögen *n*.
conteneur *m* (Groß)Behälter *m* ; Container *m* ; *expédition par ~* Containerversand *m* ; *gare f, terminal m de ~s* Containerbahnhof *m*, -terminal *m* ou *n* ; *navire m porte-~s* Containerschiff *n* ; *transport m par ~* Containerbeförderung *f*, -verkehr *m* ; *transporteur m de ~s* Containerlastzug *m*.
conteneuriser 1. in Container verladen **2.** in Containern transportieren ; containerisieren.
conteneurisation *f* **1.** Verladen *n* in Container *n* **2.** Transport *m* in Containern *n*.
contenir 1. enthalten ; fassen ; umfassen **2.** in Grenzen halten ; eindämmen ; begrenzen ; beschränken ; *~ le chômage, la criminalité, l'inflation* die Arbeitslosigkeit, die Kriminalität, die Inflation eindämmen ; *~ la flambée des prix* die Preisexplosion begrenzen (in Grenzen halten).
contenter : *~ un besoin* ein Bedürfnis befriedigen ; *~ la clientèle* die Kunden zufrieden stellen ; *se ~ de* sich begnügen mit ; *devoir se ~ d'un petit boulot mal payé* sich mit einem schlechtbezahlten Job zufrieden geben müssen ; *trouver une solution qui ~e tout le monde* eine Lösung finden, die alle befriedigt.
contentieux *m* **1.** Streitsache(n) *f(pl)* ; Rechtsstreitigkeit *f* ; Mahnwesen *n* ; *~ entre personnes* Rechtsstreit *m* zwischen Personen ; *~ fiscal* Steuerstreit *m* ; *recours m ~* Geltendmachung *f* **2.** Rechtsabteilung *f* ; Streitsachenabteilung *f*.
contentieux, euse streitig ; *affaire f ~euse* Streitsache *f* ; Prozess *m* ; *service m du ~* Rechtsabteilung *f* ; Streitsachenabteilung.
contenu *m* Inhalt *m* ; *~ d'une décision, d'un contrat* Wortlaut *m* eines Beschlusses, eines Vertrags.
contestataire *m* (*polit.*) Protestler *m* ; Protestierende(r).
contestataire (*polit.*) Protest- ; rebellierend ; *mouvement m ~* Protestbewegung *f*.
contestation *f* **1.** Bestreiten *n* ; Beanstandung *f* ; Anfechtung *f* ; **2.** (*polit.*) Protest *m* ; Protestbewegung *f*.
contester 1. bestreiten ; beanstanden ; anfechten ; *~ la compétence de qqn*

jds Kompetenz bestreiten ; ~ *un contrat, un jugement, un licenciement* ein Urteil, einen Vertrag, eine Entlassung anfechten ; ~ *une facture, la qualité d'un travail ou d'un service* eine Rechnung, die Qualität einer Ware oder einer Dienstleistung beanstanden 2. (*polit.*) protestieren.

contingent *m* Kontingent *n* ; Quote *f* ; Anteil *m* ; ~ *d'importation* Einfuhrkontingent ; *épuiser son* ~ sein Kontingent ausschöpfen ; *fixer des ~s* Kontingente festsetzen.

contingentaire kontingentierend ; kontingiert ; kontingentierungspflichtig.

contingentement *m* Kontingentierung *f* ; quotenmäßige Zuteilung *f* ; Quotisierung *f* ; (*contrôle*) Beschränkung *f* ; *lever les mesures de* ~ alle Kontingentierungen aufheben.

contingenter kontingentieren ; quotenmäßig zuteilen ; quotisieren ; (*contrôler*) beschränken ; (*marchandises*) bewirtschaften ; die Zuteilung, den Verbrauch, die Vergabe, den Verkauf von etw staatlich kontrollieren ; *~é* kontingentiert ; ~ *les denrées alimentaires* Nahrungsmittel bewirtschaften ; ~ *les exportations de céréales* Exportquoten für Getreide einführen.

continu, e : stetig ; ununterbrochen ; durchgehend ; anhaltend ; kontinuierlich ; Dauer- ; *amélioration f, évolution f ~e* kontinuierliche (Ver)Besserung *f*, Entwicklung *f* ; (*bourse*) *cotation f en ~* laufende Notierung *f* ; *journée f ~* durchgehende Arbeitszeit *f* ; Arbeitszeit mit kurzer Mittagspause ; *production f en ~* Fließ(band)fertigung *f* ; *faire la journée ~* durchgehend arbeiten.

continuation *f* Weiterbestand *m* ; Weiterbestehen *n* ; Fortführung *f* ; *assurer la ~ de l'entreprise* den Weiterbestand des Unternehmens (des Betriebs) sichern.

continuer (*à*) weiter + infinitif ; ~ *à assurer le transport des passagers* die Passagiere weiterbefördern ; ~ *à travailler, à faire grève* weiterarbeiten, -streiken (den Streik fortführen).

continuité *f* Kontinuität *f* ; ~ *de l'exploitation* Prinzip *n* der kontinuierlichen Geschäftsführung ; Kontinuitätsprinzip ; *assurer la ~ d'une exploitation* die Betriebskontinuität wahren ; *garantir la ~ d'une politique* die Kontinuität einer Politik sichern (wahren).

contournement *m* 1. (*d'une localité*) Ortsumgehung *f* 2. ~ *d'une directive, d'une interdiction, d'une loi* Umgehen *n* einer Vorschrift, eines Verbots, eines Gesetzes.

contourner 1. ~ *une localité* eine Ortschaft umfahren 2. ~ *une interdiction, une loi, un obstacle* ein Verbot, ein Gesetz, ein Hindernis umgehen.

contractant *m* Kontrahent *m* ; Unterzeichner *m* ; Vertragspartner *m* ; Vertragsschließende(r).

contractant, e vertragschließend ; *parties fpl ~es* vertragschließende Parteien *fpl* ; Vertragspartner *mpl*.

contracter einen Vertrag (ab)schließen ; kontrahieren ; ~ *une assurance* eine Versicherung abschließen ; ~ *un bail* einen Mietvertrag schließen ; ~ *un emprunt* ein Darlehen, eine Anleihe aufnehmen ; ~ *des engagements financiers* Verbindlichkeiten eingehen ; ~ *des dettes, des milliards de dettes* Schulden machen ; Milliarden an Schulden aufnehmen ; *liberté f de ~* Abschluss-, Vertragsfreiheit *f* ; *pays m* (*État m*) *~ant* Vertragsstaat *m*.

contracting *m* (*financement par un tiers des travaux d'économie d'énergie*) Contracting *n*.

contraction *f* Schrumpfung *f* ; Kürzung *f* ; Abschwung *m* ; Verringerung *f* ; ~ *d'un crédit* Kreditverknappung *f* ; ~ *monétaire* Verringerung der Geldmenge.

contractuel *m* Mitarbeiter *m* ; Angestellte(r) ohne festen Vertrag ; beamtenähnlicher Angestellter ; freier Mitarbeiter ; (*France*) Hilfspolizist *m* ; *~le f* Politesse *f* (Polizei + Hostess) ; Gemeindeangestellte *f* für die Kontrolle der Einhaltung des Parkverbots.

contractuel, le vertraglich ; vertragsmäßig, -gemäß; Vertrags- ; *sur une base ~le* auf vertraglicher Basis ; *document m ~* Vertragswerk *n* ; *obligations fpl ~les* vertragliche Verpflichtungen *fpl*.

contradictoire 1. widersprüchlich ; gegensätzlich ; *débat m* ~ streitige Verhandlung *f* ; *exposé m* ~ Gegendarstellung *f* ; (*jur.*) *jugement m* ~ kontradiktorisches (umstrittenes) Urteil *n* ; *procédure f* ~ gegensätzliches Verfahren *n* 2. (*en présence des parties*) in Gegenwart der Parteien durchgeführt ; in kontradiktorischer Form durchgeführt.

contraignant, e (*préfixe*) Zwangs- ; einengend ; restriktiv ; *mesure f, règle-*

contraint, e

ment m ~(e) Zwangsmaßnahme *f*, Zwangsregelung *f*.

contraint, e 1. gezwungen 2. *être* ~ *et forcé* unter Druck (und Zwang) stehen ; gezwungenermaßen handeln.

contrainte *f* 1. Zwang *m* ; Zwangsmittel *n* ; Zwangsmaßnahme *f* ; (*servitude*) Auflage *f* ; ~*s budgétaires* Haushaltszwänge *mpl* ; ~*s écologiques* Umweltauflagen *fpl* ; Auflagen im Umweltschutz ; *renforcer les* ~*s écologiques* die Umweltauflagen verschärfen ; *être soumis à des* ~*s* Zwängen unterworfen sein ; *abolir les* ~*s* (die) Zwänge abbauen 2. (*jur.*) Beitreibungsmaßnahme *f* ; *procédure f de* ~ Zwangsverfahren *n* ; *recouvrement m par* ~ Zwangsbeitreibung *f*.

contraire gegensätzlich ; entgegengesetzt ; -widrig ; ~ *au contrat, aux statuts* vertragswidrig, satzungswidrig ; *dans le cas* ~ im gegenteiligen Fall ; *jusqu'à preuve du* ~ bis zum Beweis des Gegenteils ; *sauf avis* ~ bis auf Widerruf ; sofern keine gegenteilige Mitteilung vorliegt.

contrairement à entgegen (+ D) ; im Gegensatz zu ; ~ *toute attente* entgegen allen Erwartungen.

contrat *m* Vertrag *m* ; Kontrakt *m* ; Abkommen *n* ; Vereinbarung *f* ; ◆ ~ *d'achat type* Musterkaufvertrag ; ~ *bilatéral* zweiseitiger (bilateraler) Vertrag ; ~ *d'assistance* (*technique*) Hilfeleistungsvertrag ; ~ *d'assurance, de confiance, de livraison* Versicherungs-, Vertrauens-, Lieferungsvertrag ; ~ *emploi et solidarité* ABM-Vertrag → **CES** ; ~ *d'entreprise* Werkvertrag ; ~ *d'essai* Probevertrag ; ~ *de formation* Ausbildungsvertrag ; ABM-Maßnahme *f* ; ~ *des générations* Generationenvertrag ; ~ *de gérance* Betriebsüberlassungsvertrag ; *Incoterms* → **Incoterms** ; ~ *initiative-emploi* → **contrat initiative-emploi** ; ~ *léonin* leonischer Vertrag ; ~ *de location, de mariage* Miet-, Ehevertrag ; ~ *de société, de solidarité, de transport* Gesellschafts-, Solidaritäts-, Frachtvertrag ; ~ *territorial d'exploitation* → **contrat territorial d'exploitation** ; ~ *de travail* Arbeitsvertrag ; Arbeitsverhältnis *n* ; Beschäftigungsverhältnisse *npl* ; ~ *de travail à durée déterminée* (*C.D.D.*), *indéterminée* (*C.D.I.*) befristeter, unbefristeter Arbeitsvertrag ; ~ *de travail intérimaire* (*intermittent*,

temporaire) Zeitarbeitsvertrag ; ~-*type* Rahmen-, Mustervertrag ; ~ *unilatéral* einseitiger Vertrag ; ~ *de vente* Kaufvertrag ; ◆◆ *conditions fpl générales d'un* ~ allgemeine Vertragsbedingungen *fpl* ; *durée f d'un* ~ Vertragsdauer *f* ; *exécution f d'un* ~ Erfüllung *f* eines Vertrags ; *objet m d'un* ~ Vertragsgegenstand *m* ; *par* ~ vertraglich ; *renouvellement m d'un* ~ Vertragserneuerung *f* ; *résiliation f d'un* ~ Vertragskündigung *f* ; *rupture f de* ~ Vertragsbruch *m* ; *stipulations fpl* (*termes mpl*) *d'un* ~ vertragliche Bestimmungen (Vereinbarungen) *fpl* ; ◆◆◆ *aux termes du* ~ laut Vertrag ; *contraire au* ~ vertragswidrig ; *le* ~ *arrive à échéance* (*expire*) *le...* der Vertrag läuft am... aus ; *dresser un* ~ einen Vertrag abfassen ; *le* ~ *entre, est en vigueur* der Vertrag tritt, ist in Kraft ; *être sous* ~ *chez qqn* bei jdm unter Vertrag stehen (sein) ; *être tenu par* ~ *de faire qqch* zu etw (+ D) vertraglich verpflichtet sein ; *s'engager par* ~ sich vertraglich verpflichten ; *exécuter* (*réaliser*) *un* ~ einen Vertrag erfüllen ; *fixer par* ~ etw vertraglich festlegen ; *garantir qqch par* ~ etw vertraglich zusichern (garantieren) ; *passer, prolonger, renouveler un* ~ einen Vertrag (ab)schließen, verlängern, erneuern ; *prendre qqn sous* ~ jdn unter Vertrag nehmen ; *régler qqch. par* ~ etw vertraglich regeln ; *rédiger* → *dresser* ; *résilier un* ~ einen Vertrag (auf)kündigen ; von einem Vertrag zurücktreten ; *rompre un* ~ einen Vertrag brechen ; *stipuler par* ~ vertraglich festlegen.

contrat *m* **initiative-emploi** Beschäftigungs-Initiative-Vertrag *m* ; ABM-Stelle *f*.

contrat *m* **local de sécurité** (*destiné à gérer les cités de banlieue à problèmes*) lokaler Sicherheitsvertrag *m*.

contrat *m* **territorial d'exploitation** (*agric.* : *régit l'attribution de fonds publics aux régions touchées par une crise*) Flächennutzungsvertrag *m*.

contravention *f* 1. Übertretung *f* ; Verstoß *m* 2. Protokoll *n* ; gebührenpflichtige Verwarnung *f* ; Strafzettel *m* ; Strafmandat *n* ; *avoir une* ~ *pour stationnement interdit* ein Strafmandat für falsches Parken bekommen.

contre : *déposer une plainte* ~ *X* eine Anzeige gegen Unbekannt erstatten.

contrebalancer ausgleichen ; aufwiegen ; (*bourse*) sich gleichstellen ; einander ausgleichen ; *les avantages ~ent les inconvénients* die Vorteile wiegen die Nachteile auf ; *le succès ne ~e pas les capitaux investis* der Erfolg wiegt das investierte Kapital nicht auf.

contrebande *f* Schmuggel *m* ; Schmuggelei *f* ; Schleichhandel *m* ; (*marchandise*) ~ Schmuggelware *f* ; *faire de la* ~ Schmuggel (Schleichhandel) treiben ; schmuggeln.

contrebandier *m* Schmuggler *m* ; Schleichhändler *m*.

contrecarrer entgegenarbeiten ; hemmen ; hindern ; verhindern ; konterkarieren ; ~ *les effets d'une crise* den Auswirkungen einer Krise zuwiderlaufen (entgegenarbeiten).

contrechoc *m* *pétrolier* Öl-Rückschock *m*.

contrecoup *m* (*d'une crise*) Rückschlag *m* ; Rück-, Nachwirkung *f* (auf +A) ; *subir le ~ d'une crise* eine Krise zu spüren bekommen ; unter den Nachwirkungen einer Krise leiden.

contre courant : *à* ~ gegen den Strom ; stromaufwärts ; (*fig.*) *être à* ~ *de la tendance actuelle* gegen (wider) den Strom schwimmen.

contredit *m* Einspruch *m* ; Bestreiten *n*.

contre-expertise *f* Gegengutachten *n* ; Obergutachten *n*.

contrefaçon *f* Nachahmung *f* ; Fälschung *f* ; Plagiat *n* ; Produktpiraterie *f* ; Raubkopie *f* ; Patentverletzung *f* ; ~ *de marques* Imitation *f* von Warenzeichen ; *objets mpl de* ~ gefälschte Gegenstände *mpl*.

contrefacteur *m* Produktpirat *m* ; Produktfälscher *m* ; Nachahmer *m* ; (*brevet*) Patentverletzer *m*.

contrefaire nachahmen ; (ver)fälschen ; ~ *une signature* eine Unterschrift nachahmen ; *marchandises fpl contrefaites* nachgeahmte Waren *fpl* ; *produit m contrefait* Fälschung *f* ; Kopie *f* ; kopiertes Produkt *n* ; Plagiat *n* ; Nachahmung *f* ; Imitation *f*.

contremaître *m* Vorarbeiter *m* ; Werkmeister *m* ; (*bâtiment*) Polier *m*.

contremarque *f* Kontrollmarke *f* ; Kontrollkarte *f*.

contre-mesure *f* Gegenmaßnahme *f*.

contre-offre *f* Gegenangebot *n*.

contre-OPA *f* Gegenangriff *m* gegen einen Übernahmeversuch.

contre-ordre *m* → *contrordre*.

contrepartie *f* 1. Entschädigung *f* ; Ausgleich *m* ; *en ~ de* im Gegenzug für ; *sans* ~ ohne Gegenleistung 2. (*comptab.*) Gegenposten *m*.

contrepartiste *m* Marketmaker *m*.

contre-passation *f* 1. (*comptab.*) Berichtigung *f* ; Stornierung *f* ; Storno *n* 2. (*lettre de change*) Rückgabe *f* ; Rückabtretung *f*.

contre-passer 1. (*comptab.*) berichtigen ; stornieren ; umbuchen 2. (*lettre de change*) (zu)rückgeben ; rückabtreten.

contre-performance *f* schlechte (mangelhafte) Leistung *f* ; Leistungsschwäche *f*.

contrepoids *m* Gegengewicht *n* ; *l'euro doit servir de* ~ *au dollar* der Euro soll ein Gegengewicht zum Dollar werden.

contre-productif, ive kontraproduktiv ; unrentabel ; verlustbringend ; was sich nicht lohnt ; was sich nicht rechnet.

contre-projet *m* Gegenkonzept *n* ; Gegenentwurf *m*.

contre-proposition *f* Gegenvorschlag *m* ; Alternativvorschlag *m*.

contrer kontern ; (jds) Pläne durchkreuzen ; konterkarieren.

contre-remboursement gegen (per) Nachnahme.

contreseing *m* (*jur.*) Gegenzeichen *n* ; Gegenzeichnung *f* ; Kontrasignatur *f*.

contresigner gegenzeichnen ; mitunterzeichnen.

contretemps *m* Hindernis *n* ; Störung *f* ; *à* ~ zur Unzeit ; ungelegen ; unerwünscht ; im ungünstigen Moment ; (*corresp.*) *sauf* ~ *vous serez livré la semaine prochaine* wenn (uns) nichts dazwischenkommt, werden Sie nächste Woche beliefert ; *nous avons eu un* ~ es ist etwas dazwischengekommen.

contre-valeur *f* Gegenwert *m*.

contrevenant *m* Zuwiderhandelnde(r) ; Gesetzesbrecher *m* ; *contribuable-*~ straffälliger Steuerzahler *m*.

contrevenir (*à*) verstoßen (gegen) ; zuwiderhandeln (+ D) ; ~ *à une ordonnance* einer Verordnung zuwiderhandeln.

contribuable *m* Steuerzahler *m* ; Steuerpflichtige(r) ; Steuerschuldner *m* ; Steuersubjekt *n*.

contribuer (*à*) beitragen (zu) ; sich an etw (+ D) beteiligen ; ~ *aux frais* sich an den Kosten beteiligen.

contributif, ive (*préfixe*) Beitrags-; beitragend ; *capacité f ~ive* steuerliche Leistungsfähigkeit *f* ; *économie f non ~ive* Schatten-, Parallelwirtschaft *f* ; *faculté f ~ive d'une personne fiscale* Steuerkraft *f* ; *part f ~ive* Beitragsanteil *m* ; *régime m ~* Beitragssystem *n* ; *(fisc) valeur f ~ive* veranlagter Wert *m*.

contribution *f* **1.** Steuer *f* ; Abgabe *f* ; Beitrag *m* ; Anteil *m* ; *~ fiscale* Steuer *f* ; Abgabe *f* ; *~ foncière* Grundsteuer ; *~s (in)directes* (in)direkte Steuern ; *bureau m des ~s* Finanzamt *n* ; Steueramt ; *~ patronale* Arbeitgeberanteil ; *~ principale* Hauptbeteiligung *f* ; *~ sociale généralisée* → **contribution sociale généralisée** ; *feuille f de ~s* Steuerbescheid *m* ; *fonctionnaire m des ~s* Finanzbeamte(r) ; *inspecteur m, receveur m, rôle m des ~s* Steuerinspektor *m*, -einnehmer *m*, -rolle *f* **2.** *les ~s* Steuerbehörde *f* ; Fiskus *m* **3.** Beitrag *m* (*à* zu) ; Anteil *m* (*à*) (an + D) ; *apporter une ~* einen Beitrag zu etw leisten ; *mettre qqn à ~* jdn in Anspruch nehmen.

contribution *f* sociale généralisée (C.S.G.) Solidaritätsbeitrag *m* ; Solidaritätsabgabe *f*, -steuer *f* ; allgemeine Sozialabgabe (wird auf jedes Einkommen erhoben).

contrôlable kontrollierbar ; überprüfbar ; *risques (non) ~s des OGM* (nicht) beherrschbare (unkontrollierbare) Risiken von gentechnisch veränderten Produkten.

contrôle *m* Kontrolle *f* ; Überwachung *f* ; (Nach)Prüfung *f* ; Überprüfung *f* ; *(surveillance)* Beaufsichtigung *f* ; Aufsicht *f* ; Inspektion *f* ; Revision *f* ; ◆ *~ bancaire* Bank(en)kontrolle ; Bank(en)aufsicht ; *~ des changes* Devisenkontrolle ; Devisenbewirtschaftung *f* ; *~ des comptes* Rechnungsprüfung *f* ; Prüfung der Rechnungslegung ; *~ fiscal* **a)** Steueraufsicht **b)** Steuerprüfung ; Betriebsprüfung ; *~s à la frontière* Kontrolltätigkeit *f* an der Grenze ; *~ de gestion* Controlling *n* ; Betriebskontrolle, -prüfung ; *~ d'identité* Ausweiskontrolle ; Überprüfung der Personalien ; *~ légal des comptes* Pflichtprüfung ; *~ des naissances* Geburtenregelung *f* ; *~ des passeports* Passkontrolle ; Passabfertigung *f* ; *~ des personnes* Personenkontrolle ; *~ des prix* Preiskontrolle, -überwachung *f* ; *~ de la qualité* Qualitätskontrolle *f* ; *(audit) ~ restreint* Teilrechnungsprüfung ; *~ de risques de crédit* Kreditprüfung ; *~-surprise* unangemeldete Überprüfung ; *~ technique* → **contrôle technique** ; *~ vétérinaire* Fleischbeschau *f* ; tierärztliche Gesundheitskontrolle ; ◆◆ *appareil m de ~* Kontrollgerät *n* ; *date f de ~* Kontrolldatum *n* ; *liste f de ~* Kontrollliste *f* ; *marque f, numéro m de ~* Kontrollvermerk *m*, -nummer *f* ; *organisme m (organe m) de ~* Kontrollstelle *f*, -behörde *f*, -organ *n* ; *système m, talon m de ~* Kontrollsystem *n*, -abschnitt *m* ; *talon m de ~ (d'un billet)* Kontrollabschnitt *m* ; *tournée f (visite f) de ~* Kontrollgang *m* ; *vignette f (timbre m) de ~* Kontrollstempel *m* ; ◆◆◆ *avoir le ~ d'une situation (une situation sous ~)* eine (schwierige) Lage unter Kontrolle haben ; eine Situation meistern ; *assouplir les ~s douaniers* die Zollkontrollen lockern ; *être en infraction à la législation sur le ~ des changes* gegen die Devisenkontrollgesetze verstoßen ; *être soumis au ~* der Kontrolle unterliegen ; *être sous ~ permanent* unter ständiger Kontrolle stehen ; *être sous ~ public* in Staatsbesitz (in staatlicher Hand) sein ; öffentliches Eigentum sein ; *exercer un ~* eine Kontrolle ausüben ; *instaurer un ~* eine Kontrolle einführen ; *lever un ~* → *supprimer* ; *mettre (placer) qqn/qqch sous ~* jdn/etw unter Kontrolle stellen ; *passer un ~ douanier* eine Zollkontrolle passieren ; *prendre le ~ d'une société* eine Gesellschaft unter Kontrolle bringen ; die Aktienmehrheit übernehmen ; *renforcer les ~s aux frontières* die Kontrollen an den Grenzen verschärfen ; *reprendre le ~ d'une situation difficile* eine schwierige Lage wieder in (den) Griff bekommen ; *soumettre au ~* der Kontrolle unterwerfen ; *supprimer (lever) un ~* eine Kontrolle aufheben (abschaffen).

contrôler kontrollieren ; (über)prüfen ; überwachen ; beaufsichtigen ; *(liste)* checken ; *~é par les services techniques* TÜV-geprüft ; *~ les bagages, les papiers* das Gepäck, die Ausweise kontrollieren ; *~ la qualité d'une marchandise* eine Ware auf deren Qualität hin kontrollieren ; eine Qualitätskontrolle vornehmen ; *~ une société* die Aktienmehrheit einer Gesellschaft übernehmen ; *tous les voyageurs ont été ~és* alle Reisenden wurden kontrolliert.

contrôle *m* **technique** Technischer Überwachungs-Verein *m* ; TÜV *m* ; TÜV-Kontrolle *f* ; PKW-Inspektion *f* ; *faire passer une voiture particulière au ~* eine PKW-Inspektion durchführen lassen ; ein Fahrzeug durch den TÜV bringen.
contrôleur *m* **1.** Kontrolleur *m* ; Prüfer *m* ; (*aérien*) Fluglotse *m* ; *~ des comptes* Buchprüfer ; Revisor *m* ; (*audit*) *~ externe* unabhängiger Rechnungsprüfer *m* ; *~ de gestion* Controller *m* ; Finanzmanager *m* ; *~ des impôts* (*du fisc*) Steuerprüfer ; Steuerrevisor *m* **2.** (*appareil*) Kontrollgerät *n* ; Kontrolluhr *f* ; Stechuhr *f* **3.** *~ de billets* (Zug)Schaffner *m* ; (Fahrkarten)Kontrolleur *m*.
contrordre *m* Gegenbefehl *m*, -order *f* ; Abbestellung *f* ; Rückgängigmachung *f* ; *sauf ~* vorbehaltlich Widerruf.
controverse *f* Auseinandersetzungen *fpl* ; Meinungsstreit *m*, -verschiedenheit *f* ; Kontroverse *f* (um, über + A).
controversé, e umstritten ; strittig ; *projet m de construction ~* umstrittenes Bauvorhaben *n* ; *question f ~ée* umstrittene Frage *f* ; strittiges Thema *n* ; *l'affaire est encore ~ée* die Sache ist noch nicht geklärt.
contumace *f* (*jur.*)Nichterscheinen *n* vor Gericht ; *jugement m par ~* in Abwesenheit des Angeklagten ergangenes Urteil *n* ; *être condamné par ~* in Abwesenheit verurteilt werden.
convaincre, e 1. überzeugen (von) ; *~ qqn du bien-fondé de son action* jdn von der Richtigkeit seiner Handlungsweise überzeugen **2.** (*confondre*) überführen ; *~ qqn de fraude fiscale* jdn wegen Steuerbetrug (Steuerhinterziehung) überführen.
convenable angemessen ; adäquat ; ordentlich ; *traitement m ~* ordentliches Gehalt *n* ; *prix m ~* angemessener Preis *m* ; *nous considérons ce salaire comme tout à fait ~* wir halten diesen Lohn für angemessen.
convenance *f* : *pour ~ personnelle* aus persönlichen Gründen ; *congé m pour ~s personnelles* Sonderurlaub *m* ; unbezahlter Urlaub ; Beurlaubung *f* vom Dienst aus persönlichen Gründen ; *à votre ~* nach Belieben ; *résilier un contrat de location pour ~ personnelle* einen Vermietungsvertrag wegen Eigenbedarf kündigen.
convenir 1. übereinkommen ; vereinbaren ; abmachen ; *~ d'un prix* (sich) über einen Preis einig werden ; sich handelseinig werden ; *au prix convenu* zum vereinbarten Preis *m* ; *~ d'une date, d'un rendez-vous* einen Termin, eine Verabredung vereinbaren ; *comme convenu* wie vereinbart **2.** (*reconnaître*) einräumen ; zugestehen **3.** (*aller*) jdm recht sein ; passen ; *ceci me convient* das ist mir recht ; *ce travail lui convient* diese Arbeit passt ihm ; *M. X ne convient pas pour ce poste* Herr X eignet sich nicht für diesen Posten.
convention *f* **1.** (*accord*) Abkommen *n* ; Übereinkunft *f* ; Vertrag *m* ; Vereinbarung *f* ; Konvention *f* ; *~ -cadre* → **convention-cadre** ; *~ collective* → **convention collective** ; *~ commerciale, douanière, économique* Handels-, Zoll-, Wirtschaftsabkommen *n* ; *~ sur la durée du travail* Arbeitszeitvereinbarung ; *~ d'entreprise défensive* (*pour réduire les suppressions d'emploi*), *offensive* (*pour créer des emplois*) defensive, offensive Betriebsvereinbarung ; defensives, offensives Betriebsabkommen ; *~ de gré à gré* freihändige Vergabe *f* ; *~ portant création* (*de*) Übereinkommen *n* über die Errichtung (von) ; *~ de stage* Praktikantenvereinbarung ; *~ sur la protection des droits de l'homme* Konvention *f* zum Schutz der Menschenrechte ; *~ tacite, verbale* stillschweigende, mündliche Übereinkunft ; *conclure* (*passer*), *s'en tenir à, signer une ~ d'entreprise* eine Betriebsvereinbarung treffen, halten, unterzeichnen **2.** (*polit.*) Konvention *f* ; *~ de Genève* Genfer Konvention ; Genfer Konferenz *f* ; (*U.E.*) *~ de Paris* Pariser Verbandsübereinkunft *f* ; *violer la C~ de Genève* die Genfer Konvention verletzen (gegen die Genfer Konvention verstoßen) **3.** (*conventions sociales*) Konventionen *fpl* ; *respecter des ~s* Konventionen respektieren.
convention-cadre *f* (*U.E.*) Rahmenübereinkommen *n* ; *~ pour la protection de la couche d'ozone* Rahmenübereinkommen zum Schutz der Ozonschicht.
convention *f* **collective** Tarifvertrag *m* ; Manteltarifvertrag *m* ; Rahmen(tarif)vertrag *m* ; arbeitsrechtliche Gesamtvereinbarung *f* ; *stipulé dans une ~* tariflich festgesetzt ; *législation f en matière de ~s* Tarifrecht *n* ; *réglementation f fixée dans le cadre de ~s* tarifvertragliche Regelungen *fpl* ; *signature f* (*conclusion f*) *d'une ~* Tarifabschluss *m* ;

conventionné, e

violation f d'une ~ Tarifbruch *m*, -verletzung *f* ; *garantir, stipuler qqch par des* ~*s* etw tarifvertraglich absichern, festlegen.

conventionné, e : clinique *f* ~*ée* Vertragsklinik *f* ; *médecin m* ~ Kassenarzt *m* ; *prêt m* ~ zinsgünstiges Darlehen *n* ; zinsverbilligter Kredit *m* ; *tarif m* ~ festgesetzte Honorare *npl*.

conventionnel, le 1. vertraglich ; vertragsgemäß 2. konventionell ; üblich.

conventionnement *m* (*clinique, médecin*) Tarifbindung *f* ; Tarifordnung *f*.

convenu, e vereinbart ; ausgemacht ; *aux conditions* ~*es* zu den vereinbarten Geschäftsbedingungen ; *à la date* ~*e* termingerecht ; zum festgesetzten Termin (Datum) ; *au prix* ~ zum festgesetzten (vereinbarten) Preis ; *somme f* ~*e* ausgemachter Betrag *m*.

convergence *f* Konvergenz *f* ; ~ *d'intérêts, de points de vues* übereinstimmende Interessen *npl*, Standpunkte *mpl* ; (*Maastricht*) *critères mpl de* ~ Konvergenzkriterien *npl* ; (*ne pas*) *satisfaire aux critères de* ~ die Konvergenzkriterien (nicht) erfüllen.

conversion *f* Umwandlung *f* ; Umschuldung *f* ; Konversion *f* ; Konvertierung *f* ; Verwandlung *f* ; (*monnaie*) Umstellung *f* ; Umrechnung *f* ; ◆ ~ *de qqch en autre chose* Umwandlung einer Sache in (+ A) ; ~ *de comptes libellés en devises étrangères* Umrechnung *f* von Abschlüssen in Fremdwährung ; ~ *d'un emprunt* Konversion einer Anleihe ; ~ *de matériels militaires en matériels civils* Konversion *f* (Ersetzung *f*) wehrtechnischer Ausrüstung durch zivile Produktion ; ~ *d'une monnaie* Währungsumstellung *f* ; ~ *en titres nominatifs* Umwandlung in Namensaktien ; ◆◆ *cours m de* ~ Umrechnungskurs *m* ; *rapport m de* ~ Wandelverhältnis *n* ; *taux m de* ~ Umrechnungskurs *m* ; Umrechnungssatz *m* ; *taux de* ~ *entre les monnaies participantes et l'euro* Umtauschverhältnis *n* zwischen den Währungen der Teilnehmerstaaten und dem Euro.

convertibilité *f* 1. (*monnaie*) Konvertierbarkeit *f* ; Konvertibilität *f* ; Umtauschbarkeit *f* ; ~*or* Goldkonvertibilität ; *libre* ~ volle Konvertierbarkeit *f* 2. (*titres*) Umwandelbarkeit *f*.

convertible 1. (*monnaie*) konvertierbar ; umtauschbar 2. (*titres*) umwandelbar ; *obligation f, emprunt m* ~ Wandelanleihe *f* ; Wandelschuldverschreibung *f*.

convertir 1. (*monnaie*) umrechnen ; konvertieren ; umstellen ; ~ *en euros* in Euro umrechnen 2. (*titres*) umwandeln ; konvertieren 3. (*informatique*) ~ *un fichier en...* eine Datei in (+ A) konvertieren ; ~ *un signal anlogique en signal numérique* ein analoges Zeichen in ein digitales umwandeln 4. *se* ~ *à qqch* sich auf etw (+ A) umstellen ; *se* ~ *à l'élevage en libre parcours, en plein air* sich (von der Batteriehaltung) auf Freiland- und Bodenhaltung umstellen ; *se* ~ *à l'énergie éolienne* sich auf Windenergie umstellen.

convertisseur *m* (*informatique*) Umsetzeinrichtung *f* ; Konverter *m* ; ~ *de fichiers* Datenumsetzer *m*.

conviction *f* : (*jur.*) *pièce f à* ~ Beweisstück *n* (für eine Tat) ; Corpus delicti *n*.

convivial, e benutzerfreundlich ; bedienerfreundlich.

convivialité *f* (*informatique*) Benutzerfreundlichkeit *f*.

convocation *f* 1. Einberufung *f* ; Zusammenrufung *f* ; Berufung *f* ; ~ *des actionnaires* Einberufung der Aktionäre 2. (*tribunal, police*) Vorladung *f* ; Ladung *f* ; Aufforderung *f* ; Termin *m*.

convoi *m* Kolonne *f* ; Transport *m* ; (*militaire*) Konvoi *m* ; ~ *de péniches* Schleppzug *m* ; ~ *de réfugiés* Flüchtlingstreck *m* ; *former un* ~ *de réfugiés* einen Flüchtlingstreck bilden.

convoquer 1. einberufen ; ~ *une assemblée générale* eine Hauptversammlung einberufen ; ~ *une cellule de crise pour le...* eine Krisensitzung auf den... einberufen 2. (*tribunal, police*) vorladen ; laden ; auffordern 3.(*faire venir*) zu sich kommen lassen ; zu sich rufen.

convoyer begleiten ; (*protection officielle*) eskortieren ; ~ *des fonds* einen Geldtransport begleiten.

convoyeur *m* (*de fonds*) Geldtransportbegleiter *m*.

coopérant *m* Entwicklungshelfer *m*.

coopérateur *m* Genossenschaft(l)er *m* ; Mitglied *n* einer Genossenschaft.

coopératif, ive 1. kooperativ ; mitarbeitend ; *être très* ~ aktiv mitarbeiten ; sehr hilfsbereit, kooperationsbereit sein 2. genossenschaftlich ; Genossenschafts- ; *société f* ~*ive* Genossenschaft *f*.

coopération *f* **1.** Mitarbeit *f* ; Zusammenarbeit *f* ; Kooperation *f* ; *~ douanière* Zusammenarbeit auf dem Gebiet des Zollwesens ; *accord m de ~* Kooperationsvertrag *m* ; *apporter sa ~ à qqch* an etw (+ D) mitarbeiten (mitwirken) ; (auf einem Gebiet) kooperieren **2.** Entwicklungshilfe *f*.

coopérative *f* Genossenschaft *f* ; genossenschaftlicher Betrieb *m* ; *~ d'achat* Einkaufsgenossenschaft ; Bezugsgenossenschaft *f* ; *~ agricole* landwirtschaftliche Genossenschaft ; *~ artisanale* Handwerkergenossenschaft ; *~ de consommation* Verbrauchergenossenschaft ; Konsumverein *m* ; *~ laitière* Molkereigenossenschaft ; *~ de production, de vente* Produktions-, Absatzgenossenschaft ; *~ viticole (de vignerons)* Winzergenossenschaft.

coopérativité *f* Kooperationsbereitschaft *f*.

coopérer zusammenarbeiten (mit) ; kooperieren (mit) ; *~ dans un domaine* auf einem Gebiet zusammenarbeiten.

cooptation *f* Hinzuwahl *f* ; Kooptation *f*.

coopter hinzuwählen ; kooptieren.

coordinateur/-trice *m/f* Koordinator *m* / Koordinatorin *f*.

coordination *f* Koordination *f* ; Koordinierung *f* ; *comité m de ~ pour...* Koordinierungsausschuss *m* für... ; *manque de ~* mangelnde Koordination.

coordonnateur *m* → *coordinateur*.

coordonnées *fpl* **1.** *(géographiques, mathématiques)* Koordinate *f* ; *(statist.)* Koordinatensystem *n* **2.** *~ bancaires* Bankverbindung *f* ; Bankangaben *fpl* ; Angabe *f* von Bankleitzahl und Kontonummer ; *~ familiales* Familienstand *m* ; *~ personnelles* Personalien *pl* ; Angaben zur Person ; persönliche Daten *pl* ; *indiquer (donner) ses ~* **a)** sich ausweisen ; persönliche Daten angeben **b)** sagen, wo und wie man zu erreichen ist.

coordonner koordinieren ; aufeinander abstimmen ; *~ des projets communs* gemeinsame Projekte miteinander koordinieren.

copie *f* **1.** Kopie *f* ; Abschrift *f* ; Durchschlag *m* ; Doppel *n* ; Duplikat *n* ; Durchschrift *f* ; Zweitschrift *f* ; ◆ *~ authentique (certifiée conforme)* beglaubigte (gleichlautende) Abschrift ; *~ pirate* Raub-, Schwarzkopie ; *(informatique) ~ de sauvegarde* Sicherungs-, Sicherheitskopie ; ◆◆ *appareil m de ~* Kopiergerät *n* ; *faiseur m (facteur m, auteur m) de ~s pirates* Raubkopierer *m* ; *pour ~ conforme* für die Richtigkeit der Abschrift ; für die Übereinstimmung mit dem Original ; ◆◆◆ *conserver une ~ d'un document* Kopie einer Unterlage behalten ; *faire une ~* eine Kopie ausstellen (anfertigen, machen) ; *faire des ~s pirates* etwas schwarz kopieren ; Schwarz-, Raubkopien ausfertigen (anfertigen) ; *garder ~* einen Durchschlag behalten ; *(document notarié) la ~ a valeur d'original* die Ausfertigung hat die Kraft des Originals **2.** *(reprendre qqch à zéro) revoir sa ~* ein Konzept komplett überarbeiten.

copier kopieren ; ablichten ; eine Abschrift anfertigen ; kopieren ; *machine f à ~* Kopiermaschine ; *~ un logiciel sur disquette* ein (Software)Programm auf eine Diskette kopieren.

copieur *m (appareil)* Kopierer *m* ; Kopiermaschine *f*, -gerät *n*.

copieuse *f* (Foto)Kopiergerät *n*.

copinage *m (fam.)* Vetternwirtschaft *f* ; Kungelei *f* ; *(fam.)* Filzokratie *f*.

coprésidence *f* Mitvorsitz *m* ; Mitpräsidentenschaft *f*.

copropriétaire *m* Miteigentümer *m* ; Wohnungseigentümer *m* ; *prouver sa qualité de ~* seine Miteigentümerschaft nachweisen.

copropriété *f* Miteigentum *n* ; Wohnungseigentum *n* ; Gesamthandeigentum *n* ; *(ensemble des copropriétaires)* Eigentümergemeinschaft *f* ; *appartement m en ~* Eigentumswohnung *f* ; *règlement m en ~* Gemeinschaftsordnung *f* ; *syndic m de la ~* (Haus)Verwalter *m* der Eigentümergemeinschaft ; *cette dépense est à la charge de la ~* diese Ausgabe geht zu Lasten der Eigentümergemeinschaft (der Miteigentümer).

copyright *m* Copyright *n* ; Urheberrecht *n*.

coque *f (navigation) double ~* Doppelwand *f* ; *affrètement m de ~ nue* bloße Schiffsmiete *f* ; *tanker m à double ~* doppelwandiges Öltankschiff *n*.

coquille *f (édition)* Druckfehler *m*.

coquille *f* **Saint-Jacques** *(agric.)* Jakobsmuschel *f* ; *la saison de la ~ vient de débuter* die Saison der Jakobsmuscheln hat soeben begonnen.

corbeille *f* **1.** (*bourse*) Corbeille *f* ; Parkettbörse *f* ; Parketthandel *m* ; Maklerbank *f* ; Maklerraum *m* ; *la ~ de Tokyo* die Tokioter Wertpapierbörse (Kabutscho) ; *valeurs fpl de ~* börsennotierte Werte *mpl* ; börsenfähige Wertpapiere *npl* **2.** (*informatique*) Papierkorb *m*.

cordial, e : (*corresp.*) *croyez à mes sentiments cordiaux* mit freundlichen (herzlichen) Grüßen.

cordon *m* **1.** (*maritime*) *~ littoral* Küstenstreifen *m* ; Nehrung *f* **2.** (*agric.*) *~ sanitaire* Sperrgürtel *m* ; Seuchensperre *f* ; *établir un ~ sanitaire* eine Seuchensperre aufstellen ; *établir un ~ de police* (polizeilich) absperren ; Sperrmaßnahmen treffen **3.** *ouvrir, fermer les ~s de la bourse* den (Staats-)Säckel aufmachen, zumachen ; den Geldhahn aufdrehen, zudrehen ; *tenir les ~s de la bourse* die Kasse führen ; (allein) über das (gemeinsame) Geld verfügen.

corentier *m* Empfänger *m* einer Hinterbliebenenrente (*contr. rentier principal*).

corner *m* (*bourse : groupe d'intérêts destiné à faire monter les cours*) Interessengruppe *f* ; Corner / Korner *m*.

corons *mpl* Wohnsiedlung *f* für Bergleute in Nord-Frankreich.

corporatif, ive 1. korporativ ; (berufs)ständisch ; Stände- ; *État m ~* Ständestaat *m* ; *groupement ~* Fachverband *m* ; Fachinnungsverband *m* **2.** (*hist.*) Zunft-.

corporation *f* **1.** (*groupement professionnel*) Berufsverband *m* ; Fachverband *m* ; Innung *f* ; (*métier*) Zunft *f* ; *~ artisanale* Handwerkerzunft *f* ; *~ syndicale* Berufsverband *m* **2.** (*hist.*) Zunft *f* ; Gilde *f*.

corporatisme *m* Korporatismus *m*.

corporel, le körperlich ; materiell ; sachlich ; *biens mpl ~s* Sachvermögen *n* ; Realkapital *n* ; *biens ~s immobilisés* Sachkapital *n* ; *dommage m ~* körperlicher Schaden *m* ; *assurance f dommages ~s* Insassenversicherung *f* ; *immobilisations fpl ~les* bauliche Anlagen *fpl* ; körperliche Anlagen *fpl* ; Fachanlagen *fpl* ; Realkapital *n* ; Sachanlage *f* ; *immobilisations fpl ~les dépréciables* abnutzbares Sachvermögen.

corps *m* **1.** Körperschaft *f* ; Gruppe *f* ; Organ *n* ; *~ diplomatique* diplomatisches Korps *n* ; *~ électoral* Wähler(schaft) *mpl* (*f*) ; *~ médical* Ärzteschaft *f* ; *grands ~ de l'État* Staatsorgane *npl* : oberste Behörden *fpl* ; staatliche Organe mit besonderen Aufgaben ; *~ de métier* (Handwerker)Zunft *f* ; Innung *f* **2.** (*lettre*) Hauptteil *m* (eines Geschäftsbriefs) ; eigentlicher Text *m* ; (*publicité*) Anzeigentext *m* **3.** (*jur.*) *~ du délit* Corpus delicti *n* ; Beweisstück *n* **4.** (*bourse*) (Atkien)Mantel *m*.

correcteur *m* **1.** *~ orthographique* (*traitement de texte*) Rechtschreibeprogramm *n* **2.** (*ind. auto.*) *~de trajectoire (ESP)* Anti-Schleuder-System *n*.

correction *f* Berichtigung *f* ; Richtigstellen *n* ; Verbessern *n* ; Korrektur *f* ; *~ à la baisse, à la hausse* Korrektur nach unten, nach oben ; *~ d'actif* Berichtigung der Aktiva ; (*bourse*) *~ technique* Kurskorrektur ; technische Korrektur (Reaktion) ; *après ~ des variations saisonnières* saisonbereinigt ; nach Abzug der jahreszeitlich bedingten Arbeitslosenzahlen ; *procéder à une ~ des fautes d'impression* eine Berichtigung der Druckfehler vornehmen.

correctionnelle *f* (*jur.*) Landgericht *n* "Abteilung Strafsachen" ; *passer en ~* sich vor der Strafkammer verantworten müssen.

corrélation *f* **1.** *la ~ entre l'offre et la demande* die Korrelation zwischen Angebot und Nachfrage ; *être en ~ avec qqch* mit etw korrelieren ; *mettre qqch en ~ avec* etw in eine Korrelation zu (+ D)/mit (+ D) etw bringen **2.** (*statist.*) Korrelation *f* ; *~ directe, inversée, linéaire, multiple* positive, negative, lineare, multiple Korrelation ; *table f de ~* Korrelationstabelle *f*.

correspondance *f* **1.** Briefwechsel *m* ; Briefverkehr *m* ; Schriftwechsel *m* ; Schriftverkehr *m* ; Korrespondenz *f* ; *~ commerciale* Handelskorrespondenz *f* ; *enseignement m par ~* Fernunterricht *m* ; *vente f par ~* Versandgeschäft *n* ; *dépouiller sa ~* seine Post durchsehen ; *faire la ~* die Korrespondenz führen ; *être en avec qqn* mit jdm in Briefwechsel stehen **2.** (*train*) Anschluss *m* ; (Umsteige)Verbindung *f* ; (*avion*) Flugverbindung *f* ; Anschlussflug *m* ; *~ avec le vol...* Anschluss an Flug… ; (*bateau*) Schiffsanschluss *m* ; *~ pour* Anschluss nach ; *~ assurée* Anschlussbeförderung *f* ; gesicherte Umsteigeverbindungen ; *billet m de ~* Umsteigefahrschein *m* ; *manquer la*

~ den Anschluss verpassen ; *prendre la ~ pour* umsteigen nach **3.** Übereinstimmung *f* ; Entsprechung *f* ; Relation *f*.

correspondancier *m* Handelskorrespondent *m*.

correspondancière *f* Handelskorrespondentin *f*.

correspondant *m* **1.** Korrespondent *m* ; Briefpartner *m* ; Brieffreund *m* ; Agent *m* **2.** Geschäftsfreund *m*, -partner *m* ; *~ à l'étranger* Auslandskorrespondent **3.** (*journal*) Korrespondent *m* ; Berichterstatter *m*.

correspondant, e entsprechend ; passend.

correspondre 1. korrespondieren ; einen Briefwechsel führen ; *~ avec qqn* mit jdm im (in) Briefwechsel stehen ; mit jdm korrespondieren **2.** *~ à, avec* entsprechen (+ D) ; übereinstimmen (mit + D).

corriger verbessern ; korrigieren ; berichtigen ; *~ en/ à la baisse, en/à la hausse* nach oben, nach unten korrigieren ; *~é des effets de change* wechselkursbereinigt ; *~é des prix* preisbereinigt ; *~é du taux d'inflation* inflationsbereinigt ; *~é des variations saisonnières* saisonbereinigt.

corroborer bekräftigen ; bestätigen ; stärken ; unterstützen ; erhärten ; *les mauvais résultats viennent ~ les prévisions pessimistes* die schlechten Ergebnisse bekräftigen die pessimistischen Prognosen.

corrompre bestechen ; korrumpieren ; schmieren.

corrompu, e korrupt ; bestochen ; korrumpiert.

corrosion *f* Korrosion *f* ; *anti-~* korrosionsverhütend ; *résistant à la ~* korrosionsbeständig ; *protéger de la ~* gegen Korrosion schützen.

corruptibilité *f* Bestechlichkeit *f*.

corruptible bestechlich ; korrumpierbar.

corruption *f* Bestechung *f* ; Korruption *f* ; *~ active, passive* aktive, passive Bestechung ; *être mêlé à une affaire de ~* in eine Korruptionsaffäre verwickelt sein ; *être suspecté de ~ de fonctionnaire* der Beamtenbestechung verdächtigt sein.

C.O.S. *m* (*coefficient d'occupation des sols*) Flächennutzungsgrad *m* ; Flächennutzungskoeffizient *m*.

cosignataire *m* Mitunterzeichner *m*.

cosmétiques *mpl* Kosmetika *npl* ; Pflegeprodukte *npl*.

cosociétaire *m* Mitinhaber *m* ; Teilhaber *m*.

cosponsor *m* Ko-Sponsor *m*.

cosponsoriser mitsponsern ; *le projet est ~é par une chaîne de grands magasins* das Projekt wird von einer Warenhauskette mitgesponsert.

cotation *f* **1.** (*bourse*) (Börsen)-Notierung *f* ; Kursberechnung *f* ; Kursfestsetzung *f* ; Quotierung *f* ; Kotierung *f* ; *~ assistée en continu* (C.A.C.) fortlaufend notierte Werte *mpl* ; fortlaufende Notierung ; *~ des cours* Kursnotierung ; *~ en fixing* Fixing *n* ; *~ du jour* Tagesstand *m* ; *mode m de ~* Quotierungsverfahren *n* ; *reprendre la ~* die Notierung wieder aufnehmen ; *suspendre la ~ d'une action* die Notierung einer Aktie aussetzen **2.** (*marchandise*) Preisnotierung *f*.

cote *f* **1.** (*bourse*) Kursnotierung *f* ; Kursfestsetzung *f* ; Kurs *m* ; Kurszettel *m* ; Kursbericht *m* ; *valeurs inscrites à la ~* notierte Wertpapiere ; *~ en banque* Freiverkehrsnotierung ; *~ des changes* Valutanotierung ; *~ de clôture* Schlussnotierung ; *~ des cours* Kursnotierung ; *~ officielle* amtlicher Kurs ; *~ des valeurs* Kursblatt *n* ; *hors ~* nicht notiert ; außerbörslich ; *marché m hors ~* ungeregelter Freiverkehr **2.** Anteil *m* ; Quote *f* ; *~ foncière* Anteil an der Grundsteuer ; *~ mobilière* Wohnraumsteuer **3.**(*de l'Argus*) Preisliste *f* (für Gebrauchtwagen) ; Taxwert *m* **4.** *d'alerte* kritischer Punkt *m* ; (*navigation*) Wasserstand *m* ; Wasserstandsanzeige *f* ; Alarmmeldung *f* ; (*inondations*) Hochwassermarke *f* ; (*fig.*) *avoir atteint la ~ d'alerte* den kritischen Punkt erreicht haben **5.** (*faveur*) *~ favorable* (*d'une personnalité*) Amtsbonus *m* ; Publikums-, Wählergunst *f* ; *~ de popularité* Beliebtheitsgrad *m* ; *avoir la ~ auprès de qqn* bei jdm hoch im Kurs stehen ; gut angeschrieben sein ; bei jdm beliebt sein ; *avoir une ~ défavorable auprès des électeurs* sich die Ungunst der Wähler zugezogen haben **6.** (*courses hippiques*) *sa ~ est à dix contre un* seine Gewinnchancen stehen eins zu zehn.

coté, e 1. *être ~ auprès du public* hoch im Kurs stehen ; bei den Leuten gut ankommen ; beim Publikum gut angeschrieben sein **2.**(*bourse*) (börsen)notiert ;

côté

börsenfähig ; börsengängig ; kursfähig ; *être ~ en bourse* an der Börse notiert werden (sein) ; *valeurs fpl (non) ~ées* (un)notierte Wertpapiere *npl* ; *non ~* nicht notierter (gestrichener) Kurs *m* ; *société f non ~e en bourse* nicht börsennotierte Aktiengesellschaft.

côté : *avoir des à-~s* ein Zuverdienst haben ; eine Nebenbeschäftigung haben ; *(négociations) laisser une question (délibérément) de ~* bei Verhandlungen ein Problem ausgliedern ; *mettre de l'argent de ~* Geld auf die hohe Kante legen ; Geld beiseite legen.

coter 1. *(bourse)* notieren ; kotieren ; den Kurs bestimmen ; den Kurs festsetzen ; quotieren ; *société f non ~ée* unnotierte (nicht kotierte) Gesellschaft *f* ; *~ le cours des valeurs mobilières* den Kurs der Wertpapiere notieren ; *l'action est ~ée douze euros* die Aktie notiert mit zwölf Euro ; die Börse notiert die Aktie mit zwölf Euro **2.** markieren ; nummerieren ; *(prix)* mit einem Preis auszeichnen.

coterie *f* Sippschaft *f* ; Seilschaft *f* ; Klüngel *m* ; Clique *f.*

cotisant *m* Beitragszahler *m* ; Einzahler *m* (in die Sozialversicherung).

cotisant : *membre m ~* zahlendes Mitglied *n.*

cotisation *f* Beitrag *m* ; Beitragsleistung *f* ; Anteil *m* ; *~ aux assurances sociales* Sozialversicherungsbeitrag ; *~ d'assurance-vieillesse* Rentenversicherungsbeitrag ; *~ de l'employeur (patronale)* Arbeitgeberbeitrag (zur Sozialversicherung) ; *~ du salarié (salariale)* Arbeitnehmerbeitrag (zur Sozialversicherung) ; *~ obligatoire* Pflichtbeitrag ; *~s sociales insuffisamment versées, non versées* zu wenig, nicht abgeführte Sozialversicherungsbeiträge *mpl* ; *~ sociale* Sozialabgabe *f* ; Sozialversicherungsbeitrag ; *soumis à ~* beitragspflichtig ; *taux m de la ~ vieillesse* Beitragssatz *m* zur Rentenversicherung ; *payer sa ~* seinen Beitrag entrichten (zahlen) ; *verser les ~s aux caisses d'assurances retraites et maladie* die Beiträge an die Renten- und Krankenversicherung abführen.

cotiser Beiträge leisten ; einen Beitrag entrichten ; *(être membre)* Mitglied sein ; *~ à la sécurité sociale* Sozialversicherungsbeiträge abführen ; Beiträge zur Sozialversicherung entrichten, in die Soialversicherung einzahlen ; *se ~* Geld zusammenlegen (beisteuern) ; Beiträge sammeln.

cotitulaire *m (d'un compte, d'un poste)* Mitinhaber *m* (eines Kontos, eines Amts).

coton *m* Baumwolle *f.*

cotonnier, ière Baumwoll- ; *industrie f ~ière* Baumwollindustrie *f.*

couche *f* Schicht *f* ; Klasse *f* ; *~ moyenne* Mittelschicht *f* ; *~ sociale* Gesellschaftsschicht *f.*

coucher eintragen ; *~ qqch par écrit* schriftlich festlegen ; *~ qqn sur son testament* jdn in einem Testament bedenken ; jdm etw testamentarisch vermachen.

coude *m (routes)* starke Biegung *f* ; Winkel *m* ; *(fig. fam.) avoir de l'argent sous le ~* Geld in Reserve haben (halten) ; *jouer des ~s* die Ellbogen gebrauchen ; *se serrer les ~s* zusammenhalten.

coulage *m* Warenschwund *m* ; Ausfall *m* ; Verlust *m* (durch Diebstahl oder Verschwendung).

couler 1. *(navire, intr.)* sinken ; *(navire, trans.)* versenken **2.** *~ une boîte* eine Firma zugrunde richten ; *~ un concurrent* einen Konkurrenten ruinieren **3.** *(fam.) se la ~ douce* eine ruhige Kugel schieben.

coulisse *f (bourse)* Kulisse *f* ; Freiverkehr *m* ; freier Börsenverkehr *m* ; *valeurs fpl en ~* nicht amtlich notierte Werte *mpl* ; *décider de qqch en ~* das Geschäft hinter den Kulissen bestimmen ; *travailler en ~* im Hintergrund arbeiten.

coulissier *m* Freiverkehrsmakler *m* ; freier Makler ; Kulissier *m.*

couloir *m* : *~ aérien* Luftkorridor *m* ; *(de décollage)* Abflugschneise *f* ; *~ de circulation* Fahrspur *f* ; Bus- und Taxispur ; *~ de navigation* Fahrtroute *f* ; *bruits mpl de ~* Gerüchte *npl* ; *wagon m à ~ central* Großraumwagen *m.*

coup *m* Coup *m* ; *~ d'arrêt, de balai* → **coup d'arrêt, de balai** ; *~ bas* → **coup bas** ; *~ de bourse, de cœur* → **coup de bourse, de cœur** ; *~ dur* → **coup dur** ; *~ de feu, de fil, de filet, de fouet* → **coup de feu, de fil, de filet, de fouet** ; *~ politique* parteipolitischer Coup *m* ; *~ de pouce, de semonce* → **coup de pouce, de semonce** ; *à ~s de millions* unter Aufwand von Millionen ; *faire un ~* einen Coup starten ;

(*fam.*) *en mettre un ~* sich ins Zeug legen ; tüchtig rangehen ; *porter un ~ à une image de marque* dem guten Image einer Marke schaden ; *rater son ~* einen Fehlschlag erleiden ; scheitern ; *réussir du premier ~* auf den ersten Schlag (auf Anhieb) Erfolg haben ; *tomber sous le ~ de la loi* unter die Bestimmungen des Gesetzes fallen.

coupable schuldig ; strafbar ; *déclarer qqn ~* jdn für schuldig erklären ; *plaider ~* sich schuldig bekennen ; *se rendre ~ de fraude* sich eines Betrugs schuldig machen.

coupage *m* (*agric. viticulture*) : *~ de vin* Verschneiden *n* von Wein ; Weinpanscherei *f*.

coup *m* **d'arrêt** Dämpfer *m* ; *donner un ~ à la croissance* das Wachstum bremsen (stoppen) ; *subir un ~* einen Rückschlag erleiden.

coup *m* **de balai** (*fig.*) großes Aufräumen *n*.

coup *m* **bas** Schlag *m* unter die Gürtellinie.

coup *m* **de bourse** gelungene Börsenspekulation *f*.

coup *m* **de cœur** : *achat m ~* Impulsivkauf *m* ; Spontanerwerb *m* ; (*fam.*) *avoir un ~ pour un article* einen Spontankauf machen.

coup *m* **dur** Notfall *m* ; *recourir à ses économies en cas de ~* bei Notfällen auf seine Ersparnisse zurückgreifen.

coup *m* **de feu** (*période de pointe dans un commerce*) Arbeitsanfall *m* ; Rush-hour *f*.

coup *m* **de fil** (*fam.*) (Telefon)Anruf *m* ; *donner* (*passer*) *un ~ à qqn* jdn anrufen.

coup *m* **de filet** (*police*) Fang *m*.

coup *m* **de fouet** Ankurbelungsmaßnahme *f* ; Kreditspritze *f* ; *donner un ~ à une entreprise* einem Unternehmen eine Kapitalspritze verabreichen.

coup *m* **de frein** Bremsmaßnahme *f* ; *donner un ~ à qqch* etw bremsen.

coup *m* **de pouce** : *donner un ~* Hilfestellung leisten ; (*financier*) eine Kapitalspritze verabreichen ; *donner un ~ à un projet* ein Projekt gezielt fördern.

coup *m* **de semonce** Warnschuss *m* ; Schuss vor den Bug.

coup *m* **de téléphone** (Telefon)Anruf *m* ; Telefonat *n* ; *donner un ~ à qqn* jdn anrufen ; mit jdm telefonieren.

couper : *~ l'eau, l'électricité, le gaz* Wasser, Strom, Gas abstellen ; *~ le téléphone à qqn* jdm das Telefon sperren (kappen) ; *~ les vivres à qqn* jdm den Geldhahn zudrehen ; jdm den Brotkorb höher hängen ; (*vin*) verschneiden ; (*péj.*) panschen ; *se ~ de qqch* sich von etw abkapseln ; sich gegen etw abschotten ; (*traitement de texte*) *~-coller* ausschneiden-einfügen.

coupes *fpl* **claires** → *coupes sombres*.

coupes *fpl* **sombres** Kahlschlag *m* ; *~ budgétaires* drastische Haushaltskürzungen *fpl* ; haushälterische Sparmaßnahmen *fpl* ; *faire* (*pratiquer*) *des ~* drastische Einsparungsmaßnahmen treffen ; den Rotstift ansetzen ; einschneidende Kürzungen vornehmen.

couple *m* Paar *n* ; (*marié*) Ehepaar ; *le ~ franco-allemand* das deutsch-französische Paar ; die deutsch-französische Freundschaft ; *~ non marié* unverheiratetes Paar ; *réduction fiscale pour ~ avec enfants* Steuersenkung *f* für Ehepaar mit Kindern.

coupler : *~ qqch* (*à autre chose*) ankoppeln (an + A).

coupon *m* **1.** (Zins)Schein *m* ; Kupon *m* ; Coupon *m* ; Abschnitt *m* ; (abtrennbarer) Schein *m* ; ♦ *~ attaché* Ex-Dividende *f* ; *~ couru* angelaufene Zinsen *mpl* ; anteilsmäßige Berechnung *f* der Kupon-Zinsen einer Schuldverschreibung ; *~ détaché* Ex-Coupon ; *~ de dividende* Dividendenschein, -coupon ; Gewinnanteilschein ; *~ échu, périmé* fälliger, verjährter Zinsschein ; *~ d'intérêts* Zinsschein ; *~ zéro* Nullcoupon ; ♦♦ *détenteur m de ~s* Kuponinhaber *m* ; *emprunt m à ~ unique différé* Nullkupon-Anleihe *f* ; *feuille f de ~s* Kuponbogen *m* ; ♦♦♦ *encaisser* (*toucher*) *les ~s* die Kupons einlösen ; *détacher le ~* den Zinsschein abtrennen ; *payer les ~s* die Kupons zahlen **2.** (*poste*) *~-réponse* Antwortschein ; *~-réponse international* internationaler Rückantwortschein ; Antwortcoupon ; *retourner le ~* den Antwortschein zurückschicken.

couponnement *m* (*emprunt*) Stückelung *f*.

coupure *f* **1.** (kleiner) Geldschein *m* ; *en ~s de dix €* in Zehn-Euro-Scheinen ; *en petites ~s* in kleinen Geldscheinen (Banknoten) **2.** (*titres*) Abschnitt *m* ; Stückelung *f* ; *en petites ~s* klein-

cour

gestückelt ; in kleinen Scheinen ; *des billets de différentes ~s* Banknoten verschiedener Stückelungen **3**. *~ de journal* Zeitungsausschnitt *m* **4**. (*téléph.*) Unterbrechung *f* ; *~ d'eau* Abstellen *n* des Wassers ; *~ d'électricité* Stromausfall *m*.

cour *f* (*de justice*) Gericht(shof) *n* (*m*) ; *~ d'appel, d'assises* Berufungs-, Schwurgericht ; *~ de cassation, des comptes* Kassations-, Rechnungshof *m* ; *~ suprême* (*Allemagne*) Bundesgerichtshof *m*.

courant *m* **1**. laufender Monat *m* ; *dans le ~ du mois* im Laufe des Monats ; *du 15 ~* vom 15. dieses Monats ; *fin ~* Ende des laufenden Monats **2**. *~ des affaires* laufende Geschäfte *npl* ; *prix ~ du marché* Marktpreis *m* ; augenblickliche Lebensmittelpreise **3**. *être, tenir au ~* auf dem Laufenden sein, halten ; *mettre qqn au ~* jdn unterrichten ; jdn einarbeiten **4**. (*électrique*) Strom *m* ; *panne f de ~* Stromausfall *m* ; *couper le ~* den Strom abstellen (sperren) **5**. *~ politique* politische Bewegung *f* ; *~s syndicaux* Gewerkschaftsströmungen *fpl* **6**. (*fleuve*) *descendre, remonter le ~* stromabwärts, stromaufwärts fahren.

courant, e laufend ; üblich ; gültig ; *affaires fpl ~es* laufende Geschäfte *npl* ; *année f ~e* laufendes Jahr *n* ; *compte m ~* laufendes Konto *n* ; Girokonto *n* ; *dépenses fpl ~es* laufende Ausgaben *fpl* ; *main f ~e* Kladde *f* ; *gestion f des affaires ~es* laufende Geschäftsführung *f* ; *monnaie f ~e* gültige Währung *f* ; *prix m ~* (handels)üblicher Preis *m* ; marktgängiger Preis ; *valeur f ~e* Verkehrswert *m*.

courbe *f* Kurve *f* ; *~ de(s) coût(s)* Kostenkurve ; *~ de la demande, de l'offre* Nachfrage-, Angebotskurve ; (*bourse*) *~ d'évolution* (*d'un titre*) Chart *m/n* ; *~ des prix, de vente* Preis-, Verkaufskurve ; *la ~ s'effondre* die Kurve bricht ab.

courir laufen ; *~ après l'argent* hinter dem Geld her sein ; *~ le cachet* ständig um Engagements bemüht sein ; *~ après le client* auf Kundenfang ausgehen ; *~ les magasins* die Geschäfte abklappern ; *~ le risque* Gefahr laufen ; *~ les ventes* (*aux enchères*) von einer Versteigerung zur anderen laufen ; *le mois qui court* der laufende Monat ; *les intérêts courent à partir de...* die Verzinsung beginnt am... ; die Zinsen laufen vom... an.

couronne *f* (*monnaie*) Krone *f* ; *~ danoise, norvégienne, suédoise* dänische, norwegische, schwedische Krone.

courriel *m* (*terme officiel pour le courrier électronique*) → **courrier électronique**.

courrier *m* Post *f* ; Briefe *mpl* ; Korrespondenz *f* ; Briefwechsel *m* ; Postsachen *fpl* ; *~ arrivée, départ* Posteingang, -ausgang *m* ; *~ électronique* → **courrier électronique** ; *par le même ~* mit gleicher Post ; *par retour du ~* postwendend ; *faire son ~* seine Korrespondenz (Post) erledigen ; *par le même ~ nous vous adressons...* mit gleicher Post geht... an Sie (senden wir Ihnen).

courrier *m* **électronique** E-Mail *n* ; elektronische Post *f* ; (*syn. e-mail* ; *mail* ; *mél* ; *courriel*).

courroie *f* **de transmission** (*fig.*) Transmissionsriemen *m* ; Treibriemen.

cours *m* **1**. Kurs *m* ; Lehrgang *m* ; Unterricht *m* ; *~ du soir* Abendschule *f* ; Abendunterricht ; *~ particulier* Nachhilfe *f* ; Privatstunde ; Einzelunterricht ; *suivre les ~ du soir* zur Volkshochschule gehen **2**. (Ver)Lauf *m* ; Dauer *f* ; *affaires fpl en ~* laufende Geschäfte *npl* ; *l'année f en ~* das laufende Jahr ; *en ~ de construction, de fabrication, de transformation* im Bau, in der Herstellung, in der Verarbeitung befindlich **3**. (*bourse*) Kurs *m* ; Kurswert *m* ; Kurszettel *m* ; Notierung *f* ; Preis *m* ; ◆ *au ~ de* zum Kurs von ; *au-dessus, au-dessous du ~* über, unter dem Kurs ; *~ d'abandon* Loskurs ; *~ d'achat et de revente* An- und Verkaufskurs ; *~ acheteurs* Geldkurs (G) ; Angebotspreis *m* ; *~ d'achat* Kaufpreis *m* ; *~ ajusté* berichtigter Kurs ; *~ du change* Wechselkurs ; Umrechnungskurs ; *~ du change* (*des devises*) Wechselkurs ; Devisen-, Währungskurs ; *~ au comptant, à terme* Termin-, Kassakurs ; *~ de clôture* Schlusskurs ; *~ directeur* Leitkurs ; *~ d'émission* Emissionskurs ; Ausgabepreis *m* ; *~ estimé* Taxkurs (T) ; *~s libres* Freiverkehrskurse ; nachbörsliche Preise ; *~ officiel* amtlicher Kurs ; *~ d'ouverture* Eröffnungs-, Anfangskurs ; *~ du jour* Tageskurs ; *~ le plus haut, le plus bas* Tageshoch *n*, Tagestief *n* ; (*ordre boursier*) *~ limité* begrenzte Kauf-,

Verkaufsorder *f* ; ~ *du marché* Markt-, Handelspreis ; ~ *moyen* Mittelkurs ; ~ *d'ouverture* Eröffnungskurs ; ~ *papier* Briefkurs (B) ; ~ *à parité* Paritätskurse ; ~ *pivot* Leitkurs ; ~ *plafond* Höchstkurs ; oberer Interventionspunkt *m* ; ~ *plancher* unterer Interventionspunkt *m* ; Niedrigstkurs ; ~ *pratiqués* getätigte (gehandelte) Kurse ; ~ *de rachat* Einlösungskurs ; ~ *de référence* Referenzkurs ; ~ *vendeur* Briefkurs (B) ; ◆◆ *au* ~ *du jour* Tagesstand *m* ; *alignement m des* ~ Kursangleichung *f* ; *chute f, cote f des* ~ Kurssturz *m* (-einbruch *m*), -notierung *f* ; *fixation f des* ~ Kursfestsetzung *f* ; *fluctuation f, hausse f des* ~ Kursschwankung *f,* -anstieg *m* ; *intervention f sur les* ~ Einflussnahme *f* auf die Kursbildung ; *parité des* ~ Kursparität *f* ; *raffermissement m des* ~ Kursfestigung *f* ; *recul m (régression f) des* ~ Kursrückgang *m* ; *soutien m des* ~ Kursstützung *f* ; Kurspflege *f* ; *stabilité f des* ~ Kursstabilität *f* ; *valeur f du* ~ Kurswert *m* ; ◆◆ *les* ~ *baissent, montent* die Kurse fallen, steigen ; *les actions sont évaluées à leur* ~ *normal (à leur juste ~)* die Aktien sind « angemessen » bewertet ; *les* ~ *s'effondrent, s'effritent* die Kurse brechen zusammen, bröckeln ab ; *quel est le* ~ *de l'euro ?* wie steht der Euro ? *le* ~ *se maintient* der Kurs bleibt fest (behauptet sich) ; *les* ~ *se raffermissent* die Kurse ziehen an (werden fester) ; *les* ~ *sont bas, élevés* die Kurse sind niedrig, hoch ; *faire baisser, monter les* ~ die Kurse drücken, hinauftreiben **4.** *avoir* ~ *(légal)* sich in (im) Umlauf befinden ; *cette monnaie n'a plus* ~ dieses Geld ist ungültig.

course *f* **1.** *(compétition)* Wettrennen *n* ; Wettlauf *m* ; ~ *aux armements* Wettrüsten *n* ; ~ *contre la montre* Wettlauf mit der Zeit ; *(fig.)* ~ *d'obstacles* Hindernis-, Hürdenlauf *m* ; *(syn. marathon administratif)* **2.** *(achat)* → *courses* **3.** *(taxi)* Fahrt *f* ; *prix m de la* ~ Fahrpreis *m*.

courses *fpl (achats)* Einkäufe *mpl* ; Besorgungen *fpl* ; *faire les* ~*s* Besorgungen (eine Besorgung) machen ; einkaufen gehen ; Einkäufe machen.

coursier *m* Laufbursche *m*, Laufjunge *m* ; Bote *m* ; *(administration)* Amtsbote.

court : *être à* ~ *de* fehlen ; mangeln ; *être à* ~ *d'argent* kein Geld (mehr) haben ; knapp bei Kasse sein ; *être à* ~ *d'arguments, de carburant, de liquidités* keine Argumente, keinen Treibstoff, kein Bargeld mehr haben.

courtage *m* **1.** Maklergebühr *f* ; Kurtage (Courtage) *f* ; Maklerprovision *f* ; Vermittlungsprovision *f* **2.** Maklergeschäft *n* ; *faire du* ~ Makler sein.

courtier *m* (Handels)Makler *m* ; Börsenhändler ; Unterhändler *m* ; Vermittler *m* ; ~ *assermenté (inscrit)* vereidigter Makler ; ~ *de change, d'assurances* Wechsel-, Versicherungsmakler ; ~ *de marchandises, maritime* Waren-, Schiffsmakler ; ~ *officiel* amtlich zugelassener Makler ; ~ *en valeurs mobilières* Börsenmakler.

courtiser umwerben ; *les jeunes sont* ~*és par la publicité* die Jugendlichen werden von der Werbung umworben.

couru : *coupon m* ~ angefallene Zinsen *mpl* ; *intérêts* ~*s* Kapitalzinsen ; aufgelaufene Zinsen (Stückzinsen).

coût *m* Kosten *pl (prix)* Kostenpreis *m* ; Kostenpunkt *m* ; Preis *m* ; *(dépenses)* ~*s* Kostenaufwand *m* ; Gesamtkosten ; ◆ ~*, assurance, fret (C.A.F.)* CIF-Preis ; ~ *d'acquisition de l'argent* Geldbeschaffungskosten ; ~ *constant* konstante Kosten ; Fixkosten ; ~ *de la distribution* Vertriebskosten ; ~ *fixe* feste Kosten ; ~ *indirects* Gemeinkosten ; indirekte (mittelbare) Kosten ; Umlagekosten ; ~ *initial* anfängliche Kosten ; ~ *marginal* Grenzkosten ; *mesure réductrice de* ~*s* kostensparende Maßnahme *f* ; ~ *moyen* Durchschnittskosten ; ~ *prévisionnel* Vorkalkulation *f* ; voraussichtliche Kosten ; ~ *de production (de fabrication)* Herstellungs-, Produktionskosten ; ~ *réel* Effektivkosten ; ~ *de revient* Selbstkostenpreis *m* ; ~ *salarial* Lohnkosten ; ~ *en temps* Zeitaufwand *m* ; ~ *total* Gesamtkosten ; ~ *du travail* Arbeitskosten ; ~ *unitaire (par unité)* Stückkosten ; ~ *variables* variable Kosten ; ~ *de la vie* Lebenshaltungskosten ; ◆◆ *au meilleur* ~ billigst ; *calcul m des* ~*s prévisionnels* Kostenplanungsrechnung *f* ; *dépassement m du* ~ Kostenüberschreitung *f* ; *évaluation f des* ~*s* Kostenvoranschlag *m* ; *explosion f des* ~*s* Kostenexplosion *f* ; *facteur m de* ~*s* Kostenfaktor *m* ; *indice m du* ~ *de la vie*

coûtant

Lebenshaltungsindex *m* ; *malgré le ~ élevé* trotz des finanziellen Aufwands ; *projection f des ~s* Kostenprognosen *fpl* ; *réduction f des ~s* Kostenreduzierung *f*, -dämpfung *f* ; *révision f des ~s* Kostenrevidierung *f* ; ◆◆◆ *abaisser les ~s* die Kosten senken ; *calculer les ~s* die Kosten berechnen ; *majorer les ~ de qqch* die Kosten einer Sache erhöhen ; *occasionner des ~s* Kosten verursachen ; *revoir les ~s* die Kosten revidieren ; *supporter les ~s de qqch* die Kosten für etw tragen ; für die Kosten aufkommen ; *supprimer les ~s* die Kosten abbauen.

coûtant : *au prix ~* zum Selbstkostenpreis ; zum Einkaufspreis.

coût-efficacité : *analyse f, rapport m ~* Nutzwertanalyse *f*, -verhältnis *n* ; Kosteneffizienzanalyse, -verhältnis ; Kosten-Nutzen-Analyse, Kosten-Nutzen-Verhältnis.

coûter kosten ; *~ cher* teuer sein ; viel Geld kosten ; *cela m'a ~é 10 €* das hat mich 10 € gekostet ; *~ un argent fou (les yeux de la tête)* ein Heidengeld kosten ; *le tableau lui a coûté une fortune* das Bild hat ihn ein Vermögen gekostet ; *l'infraction vous coûtera trois points* der Verstoß kostet Sie drei Punkte.

coûteux, euse teuer ; kostspielig ; aufwendig.

coutumier : (*jur.*) *droit m ~* Gewohnheitsrecht *n*.

couvert, e gedeckt ; gesichert ; *sous ~ de* unter dem Deckmantel ; unter dem Vorwand ; *sous ~ de l'anonymat* im Schutz der Anonymität ; *prestations fpl non ~es par l'assurance* versicherungsfremde Leistungen *fpl* ; *être ~ contre un risque* gegen ein Risiko (eine Gefahr) (ab)gedeckt sein ; *être ~ par qqn* den Schutz von jdm genießen ; von jdm Rückendeckung erhalten ; (*bourse*) *vendre à ~* mit Deckung verkaufen ; *l'emprunt est ~* die Anleihe ist voll gezeichnet.

couverture *f* 1. Deckung *f* ; Sicherheit *f* ; ◆ *~ maladie* Krankenversicherungsschutz *m* ; *~ d'un marché* Marktabdeckung *f* ; (*assur.*) *~ fournie par la compagnie d'assurances* Versicherungsumfang *m* ; *~ médicale universelle (CMU)* allgemeine medizinische Versorgung *f* ; Bürgerversicherung ; *~ or* Golddeckung *f* ; *~ d'un risque* Risikodeckung ; bestimmter Versicherungsschutz *m* ; *~ sociale* → **couverture sociale** ; *~ suffisante* ausreichende Deckung ; *~ vieillesse* Alters(ab)sicherung *f* ; *sans ~* ohne Deckung ; ungedeckt ; ◆◆ *achat m de ~* Deckungskauf ; *coût de ~ des risques de change* Absicherungskosten *pl* gegen Währungsrisiken ; *coefficient de ~* Deckungsverhältnis ; (*bourse*) *opération f de ~* Deckungs-, Sicherungsgeschäft *n* ; *opération de ~ de risque de change* Kurssicherungsgeschäft ; *taux m de ~* Deckungsverhältnis *n* ; *taux de ~ par fonds propres* Eigenkapitaldecke *f* ; *vente f de ~* Sicherungsverkauf *m* ; ◆◆◆ *assurer la ~ des besoins par des importations* die Deckung durch Bedarfsimporte sichern ; *avoir une bonne ~ vieillesse* im Alter gut abgesichert sein ; *cette assurance, votre contrat offre une ~ à 80 %* diese Versicherung, Ihr Vertrag deckt 80 % (der Kosten) **2.** (*édition*) Einband *m* ; *~ dure (cartonnée)* fester Einband ; Hardcover *m* ; *~ souple (brochée)* weicher Einband ; Paperback *n*.

couverture *f* **sociale** soziales Netz *n* ; soziale (Ab)Sicherung *f* ; *assurer la ~ des salariés* die soziale Absicherung der Arbeitnehmer garantieren (gewährleisten) ; *ne plus avoir de ~ (être sans ~)* durch das Versicherungsnetz fallen ; keine soziale Absicherung mehr haben ; nicht abgesichert sein.

couvrir 1. decken ; (*frais*) ersetzen ; vergüten ; (*emprunt*) (voll) zeichnen ; (*assurance*) (ab)decken ; absichern ; *~ le déficit budgétaire* die Haushaltslücke schließen ; das Haushaltsdefizit abdecken ; *~ les dépenses par des recettes ou des emprunts* Ausgaben durch Einnahmen oder Anleihen decken ; *~ un dommage* für einen Schaden aufkommen ; *~ une enchère* ein höheres (An)Gebot machen ; ein Gebot überbieten ; *~ les frais* die Kosten decken ; die Unkosten wieder hereinbekommen ; *~ un marché* einen Markt abdecken ; *~ une période d'un mois* sich auf einen Monat erstrecken ; *~ qqn* jdn decken ; jdm Rückendeckung gewähren ; *être couvert par une assurance* versichert sein ; (*médias*) *~ une région* ein Gebiet abdecken ; in ein Gebiet ausstrahlen ; *l'argent ne suffit pas à ~ les dettes* das Geld reicht zur Deckung der Schulden nicht aus ; *la compagnie d'assurances couvre la totalité des dommages* die Versicherung übernimmt die volle Deckung der Schäden **2.** *se* ~ *(assur.)* sich gegen ein Risiko (eine Gefahr) absichern ; *(protéger ses arrières)* sich (bei jdm) Rückendeckung verschaffen (holen).

co-voiturage *m* Car-sharing *n* ; Fahrgemeinschaft *f* ; *pratiquer le* ~ sich zu einer Fahrgemeinschaft zusammenschließen ; sich ein Auto teilen.

C.P. 1. *(chèques postaux mpl)* Postschecks *mpl* **2.** *(code postal m)* Postleitzahl *f* **3.** *(conditions particulières fpl)* Sonderbedingungen *fpl.*

C.P.A. *f (cessation progressive d'activité)* Alterszeitarbeit *f* ; gleitender Übergang *m* (vom Erwerbsleben) in den Ruhestand ; Altersteilzeit *f.*

C.P.C. *m (Code de procédure civile)* Zivilprozessordnung *f* (ZPO).

C. P. P. *m (Code de procédure pénale)* Strafprozessordnung *f* (SPO).

C.P.T. *(port payé jusqu'à)* frachtfrei bis.

cpt *(comptant)* bar.

C.R. *(contre remboursement)* gegen Nachnahme.

crans *mpl* **variables :** *système m des* ~ Crawling-Pegs-System *n.*

crayon *m* **optique** *(ordinateur)* Lichtgriffel *m* ; *ordinateur m à* ~ Pen-Computer *m.*

C.R.C. *f (Chambre régionale des comptes)* Regionale Rechnungskammer *f.*

C.R.D. *m (Centre régional de dédouanement)* regionale Zollabfertigungsstelle *f.*

C.R.D.B. *f (contribution représentative du droit de bail)* repräsentativer Beitrag *m* zur Mietvertragssteuer.

C.R.D.S. *f (contribution pour le remboursement de la dette sociale)* Beitrag *m* zur Rückzahlung der sozialen Schuld ; Beitrag zur Gesamtschuldentilgung ; Solidaritätssteuer *f.*

créance *f* (Schuld)Forderung *f* ; fällige Forderung ; Geldforderung ; Anspruch *m* ; ◆ ~ *active (à recouvrer)* Aktivforderung ; Außenstände *mpl* ; ~ *chirographaire* nicht bevorrechtete Forderung ; ~ *dûment établie* ordnungsgemäß festgestellte Forderung ; ~ *douteuse, exigible* dubiose (zweifelhafte), fällige Schuld *f* ; ~ *garantie, gelée* sichergestellte, eingefrorene Forderung ; ~ *hypothécaire* Hypothekenforderung ; ~*s impayées* Forderungsausfall *m* ; ~ *(ir)récouvrable* (un)eintreibbare Forderung ; ~ *de la masse* Masseforderung ; Forderung eines bevorrechtigten Gläubigers ; ~ *passive* Passivforderung ; ~ *privilégiée* bevorrechtigte Forderung ; ◆◆ *accroissement m des* ~*s à l'étranger* Nettozuwachs *m* der Forderungen an das Ausland ; *rentrée f sur* ~ *amortie* Eingang *m* abgeschriebener Forderungen ; ◆◆◆ *céder une* ~ eine Forderung abtreten ; *contester une* ~ eine Forderung bestreiten ; *encaisser une* ~ eine Forderung (eine Schuld) eintreiben (einziehen) ; *faire valoir des* ~*s* Forderungen geltend machen ; *recouvrer des* ~*s* → *encaisser* ; *la* ~ *se monte à 1000 euros* die Forderung beträgt 1000 Euro.

créancier *m* Gläubiger *m* ; ~ *chirographaire* → *privilégié* ; ~ *de la faillite, d'une lettre de change* Konkurs-, Wechselgläubiger ; ~ *privilégié* bevorrechtigter Gläubiger ; Vorzugsgläubiger ; *désintéresser les* ~*s* die Gläubiger abfinden.

créateur *m* **1.** ~ *d'entreprise* Existenzgründer *m* ; Unternehmensgründer ; Firmengründer *m* ; *(design)* Designer *m* ; *équipe f de* ~*s* Kreativteam *n* **2.** *(chèque)* Scheckaussteller *m* ; *(traite)* Wechselaussteller **3.** *(mode)* Modeschöpfer *m* **4.** *(invention)* Erfinder *m* ; ~ *d'arômes alimentaires* Duftdesigner *m.*

créateur, ice : ~ *d'emplois* arbeitsplatz-, arbeitsplätzeschaffend ; *investissements mpl, mesures* ~*s d'emplois* arbeitsplatzschaffende Investitionen *fpl,* Maßnahmen *fpl.*

créatif, ive kreativ ; schöpferisch.

création *f* Schaffung *f* ; Schöpfung *f* ; ◆ ~ *d'argent, de capitaux* Geld-, Kapitalschöpfung ; ~ *d'un chèque* Ausstellung *f* eines Schecks ; ~ *d'emplois* Beschäftigungsmaßnahmen *fpl* ; Arbeitsplatzbeschaffung *f* ; beschäftigungsfördernde Maßnahmen *fpl* ; ~ *d'une entreprise* Unternehmensgründung *f* ; ~ *d'entreprise par essaimage* Ausgründung *f* ; ~ *d'entreprise ex nihilo* Neugründung *f* ; ~ *d'entreprise par reprise* Übernahmegründung *f* ; ~ *de liquidités* Liquiditätsschöpfung ; ~ *monétaire* Geldschöpfung ; ~ *de pouvoir d'achat* Kaufkraftschöpfung ; ~ *d'une traite* Ausstellung *f* (Ziehung *f,* Begebung *f*) eines

Wechsels ; ♦♦ *annonces fpl légales de ~ d'entreprise artisanale ou industrielle* Gewerbeanmeldung *f* ; *mesure f de ~ d'emplois* Arbeitsbeschaffungsmaßnahme *f* (ABM) ; ♦♦♦ *demander la ~ de postes d'enseignants* mehr Stellen für Lehrer fordern ; *favoriser la ~ d'emplois* Beschäftigungsimpulse geben ; artbeitsplatzfördernde Maßnahmen treffen ; *prendre des mesures de ~ d'emplois* Beschäftigungsmaßnahmen (arbeitsplatzfördernde Maßnahmen) ergreifen.

créativité *f* Kreativität *f* ; Erfindungsreichtum *m* ; Ideenvorrat *m*.

crèche *f* Kindergarten *m* ; Kinderkrippe *f* ; Kinderhort *m* ; *~ d'entreprise* Betriebskinderhort ; *offre f de places de ~* Kindergartenangebot *n* ; *obtenir, trouver une place dans une ~* einen Krippenplatz (Kindergarten-, Hortplatz) erhalten, finden.

crédibilité *f* Glaubwürdigkeit *f* ; Glaubhaftigkeit *f*.

crédible glaubwürdig ; glaubhaft.

crédirentier *m* (*jur.*) Rentengläubiger *m* ; Rentenempfänger *m*, -beziher *m*.

1. crédit *m* Kredit *m* ; (Gut)Haben *n* ; ♦ *~ d'acceptation* Akzeptkredit ; *~s affectés* zweckgebundene Mittel *npl* : *~s non affectés* zweckfreie Ausgabensätze *mpl* ; *~-bail* → **crédit-bail** ; *~ en banque* Bankguthaben ; *~ bloqué* eingefrorener Kredit ; *~ de caisse* Kontokorrentkredit ; *~ commercial* Handels-, Kommerzkredit ; *~ en compte courant* Kontokorrent-, Buchkredit ; *~ confirmé* bestätigter Kredit ; *~ à la consommation* Konsum(enten)kredit ; Verbraucher-, Teilzahlungskredit ; *~ à court terme* kurzfristiger Kredit ; *~ à découvert* Blankokredit ; *~ de dépannage* (*temporaire*) → *relais* ; *~-documentaire* → **crédit-documentaire** *~ d'équipement* Investitionsdarlehen *n* ; *~ d'escompte* Diskontkredit ; *~ financier* Finanzkredit ; *~ foncier* Boden-, Hypothekar-, Immobiliarkredit ; *~ (de) formation* Ausbildungskredit ; *~ fournisseurs* Lieferantenkredit ; *~ avec/sans garantie* gedeckter/ungedeckter Kredit ; *~ immobilier* Immobiliar-, Bodenkredit ; Baukredit ; *~ d'impôt* Steuerguthaben, -gutschrift *f* ; von der Einkommensteuer abzugsfähiger Betrag *m* ; *~ industriel et commercial* gewerblicher Kredit ; *~ mobilier* Mobiliarkredit ; *~ non remboursé* Kreditleiche *f* ; *~ permanent* (*personnel*) Dispokredit ; *~ relais* Überbrückungskredit ; Zwischenfinanzierung *f* ; *~ à taux fixe, variable* Festzinskredit, Kredit mit variablem Zinssatz ; *~ de trésorerie* Kassen-, Bar-, Liquiditäts-, Überbrückungskredit ; ♦♦ *achat m à ~* Kauf *m* auf Kredit ; Ratenkauf ; *avis m de ~* Gutschriftanzeige *f* ; *banque f, établissement m de ~* Kreditbank *f*, -anstalt *f* ; *conditions fpl d'un ~* Kreditbedingungen *fpl*, -konditionen *fpl* ; *côté m du ~* Habenseite *f* ; *dépassement m de ~* Kreditüberziehung *f* ; *lettre f de ~* Kreditbrief *m* ; *marge f de ~* Kreditlimit *n*, -marge *f* ; *octroi m, ouverture f d'un ~* Kreditgewährung *f*, -eröffnung *f* ; *plafond m du ~* Kreditgrenze *f*, -plafond *m* ; Kreditlimit *n* ; *politique f de limitation du ~* Politik *f* der Kreditbegrenzung ; *les professionnels du ~* das Kreditgewerbe ; *resserrement m du ~* Krediteinschränkung *f* ; ♦♦♦ *acheter à ~* auf Raten (auf Kredit) kaufen ; *assouplir le ~* die Kreditbedingungen lockern ; *consentir* (*accorder, ouvrir*) *un ~ à qqn* jdm einen Kredit gewähren (bewilligen) ; *demander ~ à un commerçant* (*fam.*) bei einem Händler anschreiben lassen ; *faire ~ à qqn* jdm Kredit gewähren ; *octroyer* (*accorder*) *un ~ à qqn* jdm einen Kredit gewähren (einräumen) ; *à porter au ~ du compte* zur Gutschrift auf das Konto ; *porter* (*passer*) *au ~ de qqn* jdm gutschreiben ; *restreindre le ~* die Kreditbedingungen verschärfen.

2. crédit *m* : *Crédit agricole* ländliche Kreditgenossenschaft *f* ; (*Allemagne*) Raiffaisenkasse *f* ; *~ foncier* Bodenkreditanstalt *f*.

crédit-bail *m* Leasing *n* ; Leasing-Vertrag *m* ; Mietkauf *m* ; Teilzahlungskaufvertrag *m* ; *appareil m pris en ~* geleastes Gerät *n* ; *société f de ~* Leasing-Gesellschaft *f* ; *prendre un ~ sur qqch* etw leasen (*syn. leasing*).

crédit-documentaire *m* Dokumentenakkreditiv *n* ; (*confirmé*) bestätigtes Dokumentenakkreditiv *n* ; (*révocable*) widerrufliches Dokumentenakkreditiv *n* ; (*négociable*) negoziierbares Dokumentenakkreditiv.

crédité *m* Kreditnehmer *m*.

créditer gutschreiben ; kreditieren ; auf die Habenseite buchen ; *~ un compte,*

qqn d'une somme einem Konto, jdm einen Betrag gutschreiben.
créditeur *m* Gläubiger *m* ; Kreditor *m*.
créditeur, trice einen Kredit aufweisend ; kreditorisch ; *colonne f ~trice* Gutschriftsspalte *f* ; *compte m ~* Kreditoren-, Aktivkonto *n* ; *intérêts mpl ~s* Habenzinsen *mpl* ; *avoir une position ~trice* eine Gläubigerstellung innehaben.
Crédit *m* **foncier de France** französische Bodenkreditanstalt *f.*
crédit-formation *m* Ausbildungskredit *m.*
Crédit *m* **immobilier (société de)** Bodenkreditanstalt *f.*
crédit *m* **municipal** Pfandhaus *n* ; Pfandleihe *f* ; städtisches Leihhaus *n* (*syn. Mont-de-piété* ; *fam. le clou, ma tante*).
Crédit *m* **mutuel** (örtlicher) Bankverein *m* auf Gegenseitigkeit ; genossenschaftliches Kreditinstitut *n.*
Crédit *m* **national** (*France*) Wiederaufbau-Kreditanstalt *f.*
créer (be)gründen ; errichten ; (*marché*) erschließen ; (*emplois*) schaffen ; *~ un chèque* einen Scheck ausstellen ; *~ les conditions de la croissance* die (Rahmen)Bedingungen für das Wachstum schaffen ; *~ un fonds d'investissement pour...* einen Fonds zur Entschädigung für... schaffen ; *~ une lettre de change sur qqn* auf jdn einen Wechsel ausstellen (ziehen) ; *~ des liquidités* Liquiditäten schaffen ; *~ une page sur le web* eine Internet-Seite gestalten ; eine Webseite schaffen ; *~ une société* eine Gesellschaft gründen.
crémaillère *f* : *parité à ~* Crawling-Peg-System *n* ; Paritätskorrektur-System der kleinen Schritte.
créneau *m* 1. Marktlücke *f* ; Marktnische *f* ; *~ catégoriel* Spartennische ; *~ du marché* Nischenprodukt *n* ; Marktnische ; *~-porteur* zukunftsträchtige Marktnische ; *stratégie f de ~x* Nischen-, Marktlückenstrategie *f* ; *combler un ~* eine Marktlücke füllen ; *s'insérer dans un ~* in eine Marktlücke stoßen ; eine Marktlücke schließen ; *trouver un bon ~* eine gute (erträgliche) Marktlücke finden 2. (*circulation*) *faire un ~* einparken 3. *monter aux ~x pour la réduction du temps de travail* sich (persönlich) für die Arbeitszeitverkürzung einsetzen ; für die Arbeitszeitverkürzung kämpfen.

creusement *m* (*d'un déficit*) Verschlimmerung *f* ; Vergrößerung *f* ; Verschärfung *f.*
creuser : *~ un déficit* ein Defizit vergrößern (verschlimmern) ; tiefere Löcher in eine Bilanz reißen ; *~ le déficit budgétaire* das Haushaltsloch vergrößern ; *~ l'écart avec la concurrence* seinen Vorsprung (gegenüber der Konkurrenz) ausbauen ; *se ~* sich vergrößern ; tiefer klaffen ; *le fossé entre les couches sociales se ~e de plus en plus* die Kluft zwischen den Gesellschaftsschichten wird immer tiefer.
creux *m* Tief *n* ; Tiefpunkt *m* ; Talsohle *f* ; *~ conjoncturel* Konjunkturtief *n* ; *~ démographique* geburtenschwache Jahrgänge *mpl* ; *~ estival* Sommerloch *n* ; (*fam.*) Saure(n)gurkenzeit *f* ; *~ de la vague* Talsohle *f* ; Konjunkturtief *n* ; *temps m ~* Flaute *f* ; *avoir passé* (*franchi*) *le ~ de la vague* die Talsohle durchschritten haben ; *être dans le ~ de la vague* an einem Tiefpunkt angelangt sein ; die Talsohle erreicht haben.
creux, creuse : *classes fpl ~ses* geburtenschwache Jahrgänge *mpl* ; *heures fpl ~ses* (*circulation*) verkehrsschwache Zeiten *fpl* ; (*commerce*) kundenschwache Zeiten *fpl.*
crever : *~ le plafond* die Höchstgrenze überschreiten ; (*bourse*) explodieren ; (*fam.*) *se ~ au travail* sich zu Tode arbeiten ; schuften ; sich abschinden ; sich abrackern.
cri *m* Schrei *m* ; *~ d'alarme* Warnruf *m* ; (*mode*) *dernier ~* letzter Schrei ; Dernier cri *m.*
crible *m* : *passer au ~* durchsieben ; unter die Lupe nehmen ; genau prüfen (kontrollieren).
criblé : *être ~ de dettes* völlig verschuldet sein ; (*fam.*) bis über beide Ohren in Schulden stecken.
criée *f* 1. *vente f à la ~* öffentliche Versteigerung *f* ; Auktion *f* ; *vendre à la ~* öffentlich versteigern ; auktionieren 2. Verkaufshalle *f* (in einem Fischereihafen) 3. (*bourse*) *à la ~* Handel *m* auf / per Zuruf ; Open-Outcry *n* (Art der Kursbildung) ; Handel *n* an der Präsenzbörse.
crieur *m* Straßenverkäufer *m*, -händler *m* ; fliegender Händler ; Ausrufer *m* ; (*bourse*) Ringhändler *m.*
crime *m* Verbrechen *n* ; Vergehen *n* ; verbrecherische Tat *f* ; Straftat *f* ; *~ éco-*

nomique Wirtschaftsstraftat *f*, -verbrechen *n* ; ~ *organisé* organisierte Kriminalität *f* ; ~ *politique* politisches Verbrechen ; Staatsverbrechen.
criminaliser kriminalisieren.
criminalité *f* Kriminalität *f* ; Verbrechertum *n* ; Straffälligkeit *f* ; ~ *économique* Wirtschaftskriminalität ; Kriminalität der weißen Kragen.
criminel *m* Täter *m* ; Kriminelle(r) ; Verbrecher *m*.
criminel, le kriminell ; strafrechtlich verbrecherisch ; Kriminal- ; *acte m ~* strafbare Handlung *f* ; Straftat *f* ; *affaire f ~le* Kriminalfall *m* ; Strafsache *f* ; *droit m ~* Strafrecht *n* ; *juridiction f ~le* Strafgerichtsbarkeit *f* ; *procédure f ~le* Strafverfahren *n* ; strafrechtliches Verfahren.
crise *f* Krise *f* ; Not *f* ; Mangel *m* ; Verknappung *f* ; ◆ ~ *économique, gouvernementale* Wirtschafts-, Regierungskrise ; ~ *de l'emploi* Arbeitslosen-, Beschäftigungskrise ; ~ *du marché immobilier* Krise auf dem Immobilienmarkt ; ~ *du logement* Wohnungsnot *f* ; ~ *monétaire, pétrolière, politique* Währungs-, Öl-, Staatskrise ; ~ *du logement, des ventes* Wohnungsnot, Absatzkrise ; ~ *structurelle* Strukturkrise ; ◆◆ *à l'abri de la ~* krisenfest ; krisensicher ; *affecté par la ~* von der Krise angeschlagen (betroffen, geschüttelt) ; krisengebeutelt ; *cellule f de ~* Krisenstab *m* ; *gestion f de ~* Krisenmanagement *n* ; *secteur affecté par la ~* Krisenbranche *f* ; ◆◆◆ *connaître une ~* in eine Krise geraten ; eine Krise durchmachen ; *déclencher une ~* eine Krise auslösen ; *être en ~* sich in einer Krise befinden ; es kriselt in (+ D) ; *gérer une ~* eine Krise managen ; *il y a une atmosphère de ~* es kriselt ; *la ~ s'estompe* die Krise flaut ab ; *lutter contre la ~* die Krise bekämpfen ; *surmonter, traverser une ~* eine Krise überwinden, durchmachen.
cristallisation *f* Rentenangleichung *f* (von Auslandssoldaten).
critère *m* Kriterium *n* ; Maßstab *m* ; Charakteristikum *n* ; Kennzeichen *n* ; ◆ *~s d'appréciation* (d'*évaluation*) Bewertungsmaßstäbe ; *~s d'attribution d'emplois jeunes* Vergabekriterien von ABM-Stellen an Jugendliche ; (*publicité*) *~ de cible qualitatif, quantitatif* qualitative, quantitative Zielgruppenmerkmale *npl* ; *~s de convergence* Konvergenzkriterien ; *~ d'endettement* Schulden-, Verschuldungskriterium ; *~s de sélection* Auswahlmerkmal *n* ; ◆◆◆ *appliquer des ~s stricts* strenge Kriterien anlegen ; *établir des ~s d'appréciation* Bewertungsmaßstäbe anlegen ; *être au-dessous, au-dessus des ~s de 3 % de Maastricht* unter, über den Maastricht-Kriterien von drei Prozent liegen ; *satisfaire aux ~s de convergence* die Konvergenzkriterien erfüllen.
critiquer kritisieren ; bemängeln.
crochets : (*fam.*) *vivre aux ~ de qqn* auf jds Kosten leben ; jdm auf der Tasche liegen.
croire : (*corresp.*) *veuillez ~, Madame, Monsieur, à l'expression de mes sentiments distingués* mit freundlichen Grüßen ; (*plus solennel*) mit vorzüglicher Hochachtung ; hochachtungsvoll.
croisé, e gekreuzt ; *comparaison ~ée des prix* gekreuzter Preisvergleich *m* ; *participation f ~ée* Überkreuz-, Schachtelbeteiligung *f* ; Kapitalverflechtung *f* ; *taux m ~* Kreuzkurs *m* ; Cross Rate *n*.
croiser kreuzen ; *nos lettres se sont ~ées* unsere Schreiben (Briefe) haben sich gekreuzt ; *le navire ~e sur l'Atlantique* das Schiff kreuzt auf dem Atlantik ; (*agric.*) *~ une race avec une autre* eine Rasse mit einer anderen kreuzen.
croisière *f* Kreuzfahrt *f* ; Seereise *f* ; *rythme m, vitesse f de ~* Normaltempo *n* ; gleichmäßig laufend ; problemlos.
croissance *f* Wachstum *n* ; Anwachsen *n* ; Zuwachs *m* ; ◆ ~ *démographique, économique* Bevölkerungs-, Wirtschaftswachstum ; ~ *négative* Minuswachstum ; ~ *en valeur, en volume* nominales, reales Wachstum ; ~ *zéro* Nullwachstum ; ◆◆ *coup d'arrêt m à la ~* Wachstumsstillstand *m* ; *facteur m de ~* Wachstumsfaktor *m* ; *les limites fpl de la ~ économique* die Grenzen des wirtschaftlichen Wachstums ; *pays mpl à forte ~* Wachstumsländer *npl* ; *potentiel m de ~* Wachstumspotenzial *n* ; *rythme m de ~* Wachstumstempo *n* ; *secteur m en pleine ~* Wachstumsbranche *f* ; *taux m de ~* Wachstumsrate *f* ; ◆◆◆ *accélérer la ~* das Wachstum beschleunigen ; *donner un coup d'arrêt à la ~* das Wachstum zum Stillstand bringen ; *entraver la ~* das Wachstum hemmen (behindern) ; *être, demeurer sur le chemin de la ~* auf Wachstumskurs sein,

bleiben ; *être en pleine ~* sich auf Wachstumskurs befinden ; *freiner, relancer la ~ économique* das Wirtschaftswachstum bremsen, ankurbeln ; *mesure qui favorise, qui nuit à la ~* wachstumsfördernde, wachstumshemmende Maßnahme *f.*

croissant, e wachsend ; steigend ; zunehmend ; größer werdend ; *besoins mpl financiers ~s* ansteigender Finanzbedarf *m* ; *demande f ~e* steigende Nachfrage *f.*

croître wachsen ; zunehmen ; *~ de cinq %* um fünf Prozent zunehmen.

croix : *marquer d'une ~* ankreuzen.

crouler : *~ sous les dettes* unter der Schuldenlast zusammenbrechen ; *(fam.)* bis über die Ohren verschuldet sein.

C.R.O.U.S. *m (œuvres universitaires)* französisches Studentenwerk *n.*

C.R.P. *m (coupon-réponse postal)* Postantwortschein *m.*

C.R.S. *(Compagnie f républicaine de sécurité)* französische Bereitschaftspolizei *f* ; Einsatzpolizei *f.*

cru *m* Weinberg *m* ; Weingebiet *n* ; Wein *m* ; *grands ~* Prädikatswein ; Spitzenwein ; Cru *n* (Qualitätsbezeichnung für französische Weine).

crue *f* Hochwasser *n* ; *~ du siècle* Jahrhundertflut *f* ; *(assur.) dégâts causés par les ~s* Hochwasserschäden *mpl.*

crustacés *mpl (agro-alimentaire)* Schalentiere *npl.*

crypter verschlüsseln ; chiffrieren ; *(médias) chaîne f ~e* Abonnementfernsehen *n* ; Pay-TV *f* ; Zahlfernsehen *n* ; *~ un message, des données* Nachrichten, Daten verschlüsseln.

cryptographie *f (procédé de codage de données informatiques)* Dateiverschlüsselung *f* ; Kryptographie *f* ; *~ à clé publique révélée* Zwei-Schlüssel-Verschlüsselung *f* ; RSA-Kryptographie.

C.S.G. *f (Contribution sociale généralisée)* Solidaritätssteuer *f* ; Solidarzuschlag *m* ; allgemeiner sozialer Beitrag *m* ; Sozialbeitrag *m* ; (auf alle Einkommen erhobene) allgemeine Sozialabgabe *f* ; *recouvrer, percevoir, supprimer la ~* die Sozialabgabe erheben, einziehen, abschaffen.

C.S.N.E. *m* Zivildienst *m.*

C.S.P. *f (catégorie socio-professionnelle)* Berufsgruppe *f.*

C.T. *(court terme)* kurzfristig.

cubage *m* Rauminhalts(be)messung *f.*

cube *m* **1.** Kubik- ; *mètre m ~* Kubikmeter *m* ; m³ **2.** *(math.) élever un nombre au ~* eine Zahl in die dritte Potenz erheben.

cuber 1. den Rauminhalt bemessen (berechnen) ; *~ 1000 litres* einen Rauminhalt von tausend Litern haben ; tausend Liter fassen **2.** *(mathématiques)* kubieren ; in die dritte Potenz erheben.

cueillette *f (agric.)* Pflücken *n* ; Ernten *n* ; *~ au sol* Pflücken vom Boden ; Stoppeln *n* ; *période f de la ~* Obsternte ; Obstlese *f* ; Erntezeit *f.*

cuir *m* Leder *n* ; *industrie f de transformation du ~* lederverarbeitende Industrie *f* ; *~s et peaux* Häute *fpl* und Felle *npl.*

cuisant, e : *une ~e défaite électorale* eine große Wahlniederlage *f* ; *(fam.)* Wahlschlappe *f.*

cuisine *f :* *(fam.) ~ interne au parti, au syndicat* Interna *pl* ; partei-, gewerkschaftsinterne Abmachungen *fpl* (Vereinbarungen *fpl*) ; *(fam.)* Kungeleien *fpl* in einer Partei, in einer Gewerkschaft.

cuivre *m* Kupfer *n* ; *de, en ~* kupfern ; aus Kupfer ; *mine f de ~* Kupferbergwerk *n* ; *minerai m de ~* Kupfererz *n.*

culbute *f : (fam.) faire la ~ sur un prix* einen doppelten Verkaufspreis verlangen (und bekommen) ; einen großen Gewinn machen ; einen kräftigen Reibach machen.

cul de /du camion : *(fam.) : payer ses commandes au ~* die Bestellungen bei Lieferung bar bezahlen.

cultivable bebaubar ; bestellbar ; *terre f, sol m ~* Ackerboden *m* ; *terres fpl ~s* Ackerland *n.*

cultivateur *m* Landwirt *m* ; Bauer *m.*

cultiver *(agric.)* bebauen ; bestellen ; *surface f ~ée* Anbaufläche *f* ; *terres fpl ~ées* bebautes (bestelltes) Land *n.*

culte *m* Glaubensgemeinschaft *f* ; Konfession *f* ; Religionszugehörigkeit *f* ; *impôt m du ~* Kirchensteuer *f.*

culture *f* **1.** Anbau *m* ; Bestellung *f* ; Landwirtschaft *f* ; Bewirtschaftung *f* ; Zucht *f* ; Wirtschaft *f* ; Kultur *f* ; *~ biologique* biodynamischer Anbau ; Bioanbau, -kultur ; *~ de céréales* Getreidebau ; *~ intensive, extensive* intensive, extensive Bodenbewirtschaftung *f* (Wirt-

cumul

schaft *f*) ; ~ *fruitière, maraîchère, de la vigne* Obst-, Gemüse-, Wein(an)bau *m* ; ~ *raisonnée* integrierter Anbau *m* ; Bio-Landwirtschaft *f* **2.** ~ *générale* Allgemeinbildung *f* ; ~ *d'entreprise* Unternehmenskultur ; ~ *dominante* vorherrschende Kultur ; *différence f de* ~*s* kulturelle Unterschiede *mpl* ; *choc m de deux* ~*s* Zusammenprall *m* zweier Kulturen ; *perte f de sa* ~ Kulturverlust *m*.

cumul *m* Zusammenrechnung *f* ; (An)Häufung *f* ; Kumulierung *f* ; ~ *de fonctions* Ämterhäufung, -kumulierung ; ~ *d'impôts* Steuerkumulierung *f* ; ~ *de mandats* (*de postes*) Ämterhäufung ; ~ *de salaires, de traitements* Doppelverdienertum *n* ; Bezug *m* mehrerer Gehälter ; (*jur.*) ~ *d'actions* Klagenhäufung.

cumulard *m* (*fam.*) Doppelverdiener *m* ; Mehr(fach)verdiener.

cumulatif, ive kumulativ ; *déficit budgétaire m* ~ kumulatives Defizit im Staatshaushalt ; *impôt m* ~ Mehrfachbesteuerung *f*.

cumuler häufen ; kumulieren ; *dettes fpl* ~*ées* kumulierte Verschuldung *f* ; ~ *deux salaires* Doppelverdiener sein ; *impôts mpl sur les bénéfices* ~*s* kumulative Gewinnsteuer *f* ; *intérêts mpl* ~*és* Zinseszinsen *mpl* ; ~ *plusieurs charges* (*fonctions*) mehrere Ämter gleichzeitig bekleiden.

curatelle *f* (*jur.*) Pflegschaft *f* ; Vormundschaft *f* ; Betreuung *f* ; Kuratel *f* ; *être, mettre en* ~ unter Kuratel stehen, stellen.

curateur *m* (*jur.*) Pfleger *m* ; Vormund *m* ; Kurator *m* ; Beistand *m* ; Betreuer *m* ; Sachverwalter *m* ; Verwalter *m*.

cure *f* **1.** (*thermale*) Badekur *f* ; *établissement m de* ~ Kuranstalt *f* **2.** ~ *d'austérité* Sparprogramm *n* ; Sparpolitik *f* ; Austerity *f* ; *administrer une* ~ *de cheval à l'économie* der Wirtschaft eine Rosskur verabreichen.

curriculum (vitae) *m* (*C.V.*) Lebenslauf *m* ; ~ *manuscrit* handgeschriebener Lebenslauf ; ~ *synoptique* tabellarischer Lebenslauf ; *adressez votre lettre de candidature accompagnée d'un* ~ *synoptique à...* richten Sie Ihre Bewerbung mit tabellarischem Lebenslauf an...

curseur (*informatique*) Positionsanzeiger *m* ; Zeiger *m* ; Cursor *m* ; Schreibmarke *f*.

cursus *m* Werdegang *m* ; Bildungsweg *m* ; ~ *mixtes* (*combinés*) Fächermix *m* ; *décire son* ~ *professionnel, universitaire* jdm seinen beruflichen, akademischen Werdegang schildern.

CV (*cheval-vapeur*) (*véhicule*) Steuer-PS *f* (Pferdestärke).

C.V. 1. → **curriculum (vitae) 2.** (*chèque à vue*) Scheck *m* auf Sicht.

C.V.G. *m* (*certificat à valeur garantie*) Zertifikat *n* mit garantiertem Wert.

C.V.S. (*corrigé des variations saisonnières*) saisonbereinigt.

cyber- (*préfixe*) Cyber-.

cyberacheteur *m* Cyberkäufer *m* ; Cyberkunde *m*.

cybercafé *m* Cybercafé *n* ; Internet-Café.

cybercommerçant *m* Cyberkaufmann *m*.

cyberconsommateur *m* Cybernutzer *m* ; Internet-Kunde *m*.

cybercrime *m* Cyberverbrechen *n*.

cyberculture *f* Cyberkultur *f*.

cyberentreprise *f* Cyberbetrieb *m*.

cyberergonome *m* (*il place les rubriques aux endroits considérés comme stratégiques par les entreprises*) Cyberergonomiker *m*.

cyberespace *m* Cyberspace *n* ; visueller Raum *m*.

cybermonde *m* → **cyberespace**.

cybernaute *m* Netsurfer *m* ; Websurfer ; Cybernutzer *m* ; Internetnutzer *m*.

cybernétique *f* Kybernetik *f*.

cyberpolicier *m* Cyberpolizist *m* ; Cyberfahnder *m*.

cybersociété *f* Cybergesellschaft *f*.

cyberspace → **cyberespace**.

cybervendeur *m* Cyberverkäufer *m*.

cyclable : *piste f* ~ Radweg *m*.

cycle *m* Zyklus *m* ; (*études*) Studiengang *m* ; ~ *conjoncturel* (*économique*) Konjunkturzyklus ; (*études*) ~ *court, long* Kurz-, Langstudiengang ; ~ *économique* Konjunkturzyklus ; Konjunkturverlauf *m* ; ~ *d'études en deux, trois ans* zwei-, dreijähriger Studiengang (Studienzyklus) ; ~ *de formation* Ausbildungsgang *m* ; ~ *de perfectionnement* Aufbaustudiengang *m* ; ~ *de production* Produktionszyklus ; ~ *de vie* Lebenszyklus ;

(*université*) *premier, deuxième, troisième* ~ Grund-, Haupt-, Postgraduiertenstudium *n*.

cyclique zyklisch ; Zyklen- ; *chômage m* ~ konjunkturbedingte Arbeitslosigkeit *f* ; *mouvement m* ~ zyklische Bewegung *f* ; periodische Schwankung *f*.

cyclisme *m* professionnel (*métier*) Profiradsport *m*.

cylindrée *f* (*d'un véhicule*) Hubraumklasse *f* ; *véhicule m de faible, de forte* ~ hubraumschwaches, -starkes Fahrzeug *n*.

D

D 1. (*bourse : cours demandé*) Brief 2. *appliquer le système* ~ sich immer zu helfen wissen ; alle Kniffe (und Schliche) kennen.
DA → *droit d'attribution*.
D/A (*documents contre acceptation*) Dokumente *npl* gegen Akzept.
D.A.B. *m* (*distributeur automatique de billets*) Geldautomat *m* ; Bankautomat *m* ; (*Autriche*) Bankomat.
dactylo *f* (*arch.*) Stenotypistin *f* ; (*fam.*) Tippfräulein *n* ; Tippse *f* ; *pool m des ~s* Großraumbüro *n* ; Schreibbüro.
dactylographie *f* Maschine(n)schreiben *n*.
dactylographier maschine(n)schreiben ; mit der Maschine schreiben ; tippen ; *~é* maschine(n)geschrieben ; getippt.
D.A.D.S. *f* (*déclaration annuelle des données sociales*) jährliche Bekanntgabe *f* der sozialen Eckdaten.
danger *m* Gefahr *f* ; ~ *d'inflation* Inflationsgefahr ; *prime f de* ~ Gefahrenzulage *f*.
dangereux, se gefährlich ; gefahrvoll ; gefahrenträchtig ; (*transports*) *croisement m réputé* ~ eine als gefahrenträchtig bekannte Straßenkreuzung *f* ; *produits mpl* ~ Gefahrgut *n* ; Gefahrguttransport *m* ; *zone f ~se* Gefahrzone *f* ; Gefahrenbereich *m*, -gebiet *n*.
dangerosité *f* Gefährlichkeit *f* ; ~ *d'un produit* Gefährlichkeit eines Produkts.
D.A.S.S. *f* (*Direction de l'aide sociale et sanitaire*) Jugendamt *n* ; *être confié à la* ~ dem Jugendamt unterstellt werden.
D.A.T.A.R. *f* (*Délégation à l'aménagement du territoire et à l'action régionale*) Zentrale Raumplanungsbehörde *f*.
datage *m* Datierung *f* ; ~ *en clair des produits surgelés* Klartextdatierung von tiefgefrorenen Lebensmitteln.
datation *f* Datierung *f* ; *~s divergentes* abweichende Datierungen.
date *f* Datum *n* ; Termin *m* ; Zeitangabe *f* ; Zeitpunkt *m* ; (*datation*) Datierung *f* ; (*jur.*) Stichtag *m* ; Tag *m* ; (*année*) Jahresangabe *f* ; Jahreszahl *f* ; (*délai*) Frist *f* ; ♦ ~ *d'arrêté du bilan* Bilanzstichtag ; ~ *butoir* → **date-limite** ; ~ *de dépôt* ~ *de remise* ; ~ *d'échéance* Fälligkeitsdatum ; Verfalltag *m* ; Ablauf-, Verfalldatum ; ~ *d'entrée en vigueur* Zeitpunkt *m* des Inkrafttretens ; ~ *de l'établissement* Ausstellungsdatum ; ~ *de l'émission* → *d'établissement* ; ~ *de l'exercice comptable* Stichtag *m* ; Abrechnungsdatum ; ~ *d'expiration* Ablaufdatum ; ~ *de la facture* Rechnungsdatum ; ~ *de fraîcheur* (*d'un aliment*) Frischhaltedatum ; Verfallsdatum eines Lebensmittels ; ~ *de jouissance* (*distribution d'actions gratuites*) Datum der Verteilung von Gratisaktien ; ~ *de livraison* Liefertermin ; ~ *de naissance* Geburtsdatum ; ~ *de l'ouverture des droits à pension* Eintritt *m* in das Rentenalter ; ~ *de paiement* Zahl(ungs)tag *m* ; -termin ; ~ *prévue d'un voyage* Reisedatum ; ~ *de prise d'effet* Beginn *m* des Inkrafttretens ; ~ *de souscription* Zeichnungs-, Subskriptionstag ; *~s techniques* technische Daten *pl* ; ~ *de vacances* Ferientermin ; ~ *de valeur* Wertstellung *f* ; Wertstellungsdatum ; Valutierungsdatum, -tag ; ♦♦ *votre lettre en ~ du 15 mai* Ihr Schreiben vom 15. Mai ; ♦♦♦ *avancer une* ~ a) (*de quelques jours*) einen Termin (um ein paar Tage) vorziehen b) (*proposer*) einen Termin vorschlagen ; *changer la* ~ *de réservation* umbuchen ; *convenir d'une* ~ einen Termin vereinbaren ; *fixer une* ~ einen Termin festsetzen ; *mettre la* ~ datieren ; *porter une* ~ datiert sein ; *prendre* ~ sich verabreden ; einen Termin vereinbaren ; *repousser (reculer) une* ~ einen Termin vertagen.
date-limite *f* letzter (äußerster) Termin *m* ; Endtermin ; Schlusstermin *m* ; Stichtag *m* ; (*dépôt de dossier*) Abgabetermin ; ~ *de vente, de consommation* Verfallsdatum *n* eines Lebensmittels ; Frischhaltedatum ; ~ *d'expiration* Verfallsdatum ; ~ *des inscriptions* letzter Anmeldetermin ; Meldeschluss *m* ; (*faculté*) Immatrikulierungstermin ; ~ *de réception des offres* Angebotsabgabetermin ; ~ *de souscription* Zeichnungstermin ; ~ *d'utilisation* Verfallsdatum ; *la ~ de paiement est le 15. 11* Stichtag für die Zahlung ist der 15. 11...
dater datieren ; mit einem Datum versehen ; (*être obsolète*) veraltet sein ; *à ~ de ce jour* von diesem Tag an ; *lettre f ~ée du 1er avril* Brief *m* (datiert) vom 1. April ; *non ~é* undatiert.

dateur *m* Datumsstempel *m* ; Zeitstempel ; (*composteur de titres de transport*) Fahrkartenentwerter *m*.

dation *f* **1**. (*jur.*) (*action de donner*) Gabe *f* ; Hingabe *f* ; Bestellung *f* ; Übergabe *f* ; ~ *en paiement* Überweisung *f* an Zahlungs Statt **2**. Begleichung *f* einer Steuerschuld durch Übereignung von Kunstgegenständen an den Staat.

D.A.U. (*douane : Document administratif unique : formulaire douanier harmonisé et adopté par tous les États membres de la C.E.E.*) Einheitspapier *n*.

daub *m* (*agriculture*) Identifikationsnummer *f* von Rindern, von Schlachtvieh.

daube *f* (*fam.*) Schund *m* ; Schundware ; minderwertiges Produkt *n*.

dauphin *m* (Wunsch)Nachfolger *m* ; Kronprinz *m* ; Ziehsohn *m* ; Protégé *m*.

day-time *f* (*médias : horaires avant 20 heures*) Daytime *f* (*contr. Primetime*).

daytrading *n* Daytrading *n* ; Online-Wertpapierhandel *m*.

D.E.A. *m* (*diplôme d'études approfondies*) Universitätsdiplom *n* (BAC + 4 années).

dealer *m* (*fam*) Rauschgifthändler *m* ; Dealer *m*.

D.E.B. *f* (*douane : déclaration d'échange de biens*) Güteraustauscherklärung *f*.

débâcle *f* Zusammenbruch *m* ; ~ *boursière* Börsenkrach *m* ; ~ *financière* Finanzkrach.

déballage *m* Auspacken *n*.

déballer 1. auspacken **2**. zum Verkauf ausstellen.

débaptiser umbenennen ; umtaufen ; ~ *une firme* eine Firma umbenennen.

débarcadère *m* Landungsbrücke *f* ; Anlegeplatz *m* ; Landeplatz.

débardage *m* (*navire*) Löschen *n* ; Ausladen *n* ; (*autres*) Abtransport *m* ; Abfuhr *f*.

débarquement *m* Abladen *n* ; Ausladung *f* ; Löschen *n* ; Landung *f* ; *port m de* ~ Auslade-, Bestimmungshafen *m*.

débarquer ausladen ; löschen ; landen ; an Land gehen.

débat *m* Debatte *f* ; Besprechung *f* ; Kontroverse *f* ; Streitfrage *f* ; Verhandlung(en) *f(pl)* ; ♦ ~ *budgétaire* Haushaltsdebatte ; ~ *de fond* Grundsatzdebatte ; (*jur.*) ~*s judiciaires* Gerichtsverhandlung *f* ; (*polit.*) ~*s parlementaires* Parlamentsdebatte ; ~ *sur les questions de fond* Grundsatzdebatte ; ~ *télévisé* Fernsehdebatte ; ♦♦ *compte-rendu des* ~*s* Parlamentsbericht *m* ; *conférence f suivie d'un* ~ Konferenz *f* mit anschließender Diskussion ; ♦♦♦ *être* (*figurer*) *au* ~ zur Debatte stehen ; *mener, ouvrir, remettre* (*ajourner*), *suspendre* (*interrompre*) *un* ~ die Verhandlung(en) durchführen, eröffnen, vertagen, unterbrechen ; *participer à un* ~ an einer Debatte teilnehmen ; *proposer un* ~ *sur qqch* (*mettre en débat*) etw in die Debatte werfen ; etw zur Debatte stellen ; *intervenir dans un* ~ in eine Debatte eingreifen.

débattre diskutieren ; besprechen ; durchsprechen ; sich handelseinig werden ; *prix m à* ~ auszuhandelnder Preis ; Preis nach Vereinbarung ; ~ *un prix* einen Preis vereinbaren (aushandeln) ; über einen Preis verhandeln ; ~ *de nouveaux tarifs* neue Tarife aushandeln ; *se* ~ *dans les difficultés financières* sich mit finanziellen Schwierigkeiten herumschlagen.

débauchage *m* Abwerben *n*.

débaucher abwerben ; ~ *un ouvrier* einen Arbeiter abwerben ; ~ *la clientèle* die Kundschaft wegnehmen (abspenstig machen).

débet *m* Passivsaldo *m* ; Fehlbetrag *m*.

débeuguer (*inform.*) einen Programmfehler (einen Bug) entfernen (*syn. déboguer*).

débirentier *m* Rentenzahler *m* ; Rentenschuldner *m* (*contr. crédirentier*).

débit *m* **1**. Absatz *m* ; Warenabsatz *m* ; Verkauf *m* ; Vertrieb *m* **2**. Verkaufsstelle *f* ; ~ *de boissons* Ausschank *m* von Getränken ; ~ *de tabac* Tabakladen *m* **3**. (*compte*) Belastung *f* ; Soll *n* ; Debet *n* ; *au* ~ *de votre compte* zu Lasten Ihres Kontos ; *avis m de* ~ Lastschriftanzeige *f* ; Debetnote *f* ; *bordereau m de* ~ → *avis* ; *porter au* ~ *d'un compte* ein Konto belasten ; (*fig.*) *porter au* ~ *de qqn* jdm etw anlasten **4**. (*rendement*) Ertrag *m* ; Förderung *m* ; Output *m* ; Leistung *f* ; (*trafic*) Fluss *m*.

débitable (*compte*) belastungsfähig ; (*vente*) absatzfähig.

débitant *m* Tabakladen *m* ; Tabakwarenhändler *m* ; ~ *de boissons* Inhaber *m* eines Ausschanks ; Schankwirt *m*.

débiter 1. stückweise (einzeln) verkaufen 2. absetzen ; vertreiben ; *se ~ Absatz finden* ; sich verkaufen 3. belasten ; *~ un compte d'une somme* ein Konto mit einem Betrag belasten.

débiteur *m* Schuldner *m* ; *~ insolvable* zahlungsunfähiger (insolventer) Schuldner ; *~s solidaires* Gesamtschuldner *mpl* ; *(bilan) autres ~s* sonstige Forderungen *fpl*.

débiteur, ice schuldend ; schuldig ; *compte m ~* Debetkonto *n* ; *intérêt m ~* Debetzins *m* ; Schuldzins ; *solde m ~* Debet-, Passiv-, Sollsaldo *n*.

déblaiement *m* Räumung *f* ; *~ des routes (enneigées)* Schneeräumung *f* ; *travaux mpl de ~* Räumungsarbeiten *fpl*.

déblocage *m* Freigabe *f* ; Aufhebung *f* (einer Sperre) ; *~ de crédits budgétaires* Lockermachen *n*, Zur-Verfügung-Stellung *f* von Haushaltsmitteln ; *~ de moyens financiers* Bereitstellung *f* von Finanzmitteln ; *~ des prix* Aufhebung des Preisstopps ; Preisfreigabe.

débloquer freigeben ; eine Sperre aufheben ; *~ un compte* ein Konto freigeben ; *~ un crédit* einen Kredit gewähren ; *~ une situation, une crise* eine Situation, eine Krise entschärfen.

débogage *m* (*informatique*) Debugging *n* ; Entfernen *n* von Programmfehlern.

déboguer → *débeuguer*.

déboisement *m* (*sylviculture*) Abholzen *n* ; Abholzung *f* ; Entwaldung *f*.

débordement *m* 1. (*rivière*) Überschwemmung *f* ; Überlaufen *n* ; Ausufern *n* ; Ausuferung *f* 2. (*fig.*) *~ des frais de santé* Ausufern *n* der Gesundheitskosten.

déborder 1. (*cours d'eau*) über die Ufer treten ; ausufern 2. (*fig.*) sprengen ; *~ le cadre d'un accord, d'une question* den Rahmen eines Abkommens, einer Frage sprengen ; *être ~é de travail* mit Arbeit überhäuft sein ; beruflich überlastet sein ; *nous sommes actuellement ~és par le nombre de commandes* wir sind zurzeit mit Aufträgen überlastet.

débouché *m* 1. Absatz *m* ; Absatzmöglichkeit *f* ; Absatzmarkt *m* ; Absatzquelle *f* ; (*canal de distribution*) Absatzweg *m* ; Handelsweg *m* ; *sans ~s* aussichtslos ; *assurer un ~* für Absatz sorgen ; *constituer (être) un ~ important* Großabnehmer sein ; *créer de nouveaux ~s* neue Absatzmärkte erschließen ; *offrir des ~s professionnels* Berufsperspektiven eröffnen ; *trouver un ~* Absatz finden 2. (*professionnel*) Berufsaussichten *fpl* ; Berufsmöglichkeiten *fpl*.

débouillonner (*fam.*) abwählen ; ausbooten ; rausschmeißen.

débours *mpl* ausgelegtes (vorgeschossenes) Geld *n* ; Auslagen *fpl* ; Aufwendung *f* ; Spesen *pl* ; *note f de frais et ~* Unkosten und Auslagenrechnung *f*.

débourser ausgeben ; auslegen ; aufwenden ; *ne pas vouloir ~ un sou pour qqch* keinen Pfennig für etw ausgeben wollen.

debout : (*douane*) *passer ~* durchgehen ; zollfrei passieren.

débouté *m* (*jur.*) 1. Abweisen *n* einer Klage 2. abgewiesener Kläger *m*.

déboutement *m* (*jur.*) Klageabweisung *f*.

débouter (*jur.*) abweisen ; (eine Klage) zurückweisen ; *être ~é de sa demande* mit seiner Klage abgewiesen werden.

débrayage *m* (*fam.*) Arbeitseinstellung *f*, -niederlegung *f* ; Ausstand *m* ; Streik *m*.

débrayer streiken ; die Arbeit niederlegen (einstellen) ; in den Ausstand treten.

débrouiller : *~ une affaire, une question* eine Angelegenheit aufklären, eine Frage aufhellen ; *se ~* sich zu helfen wissen ; alle Kniffe kennen ; *se ~ tant bien que mal* (*difficilement*) sich (kümmerlich) durchschlagen.

débroussailler 1. (*sens propre*) das Gestrüpp entfernen 2. Klarheit in etw (+ A) bringen ; aufhellen ; *~ le terrain* das Gelände auskundschaften.

débudgétisation *f* (*de qqch*) Herausnahme *f* (eines Postens) aus dem Haushalt.

débudgétiser (einen Posten) im Haushalt streichen ; aus dem Haushalt nehmen.

débureaucratisation *f* Entbürokratisierung *f*.

débureaucratiser entbürokratisieren ; *~ l'appareil administratif* den Verwaltungsapparat entbürokratisieren.

débusquer entdecken ; ausheben ; ausfindig machen ; *~ les fraudeurs du fisc* Steuerbetrüger ausfindig machen.

début *m* Anfang *m* ; Beginn *m* ; *salaire m de ~* Einstiegslohn *m* ; Anfangsgehalt *n*.

débutant *m* Anfänger *m* ; Neuling *m*.
débuter anfangen ; ~ *à 1500 € chez Volkswagen* einen Anfangslohn von 1500 € bei VW bekommen (beziehen) ; ~ *sa carrière comme V.R.P.* als Handelsvertreter anfangen.
décacheter entsiegeln ; aufmachen ; öffnen.
décaissement *m* Auszahlung *f*.
décaisser : ~ *de l'argent* Geld auszahlen.
décalage *m* (*d'une date*) Verschiebung *f* ; (*entre deux choses*) Abstand *m* ; Abweichung *f* ; Gefälle *n* ; Unterschied *m* ; Kluft *f* ; Diskrepanz *f* ; Auseinanderklaffen *n* ; ~ *horaire* Zeitverschiebung ; Zeitunterschied ; ~ *de prix* Preisabstand *m* ; Preisunterschied ; ~ *dans le temps* Zeitverschiebung ; *le ~ entre le taux de chômage à l'Est et à l'Ouest se réduit* der Abstand zwischen der Arbeitslosenrate im Osten und im Westen verkleinert sich ; *tenir compte du ~ horaire* die Zeitverschiebung berücksichtigen.
décalé *m* Aussteiger *m* ; *les ~s* Randgruppen *fpl* ; Ausgegrenzte *pl*.
décaler : verlagern ; verschieben ; ~ *un rendez-vous* eine Verabredung verschieben ; *avoir des horaires ~és* versetzte Zeiten haben.
décantation *f* : (*environnement*) *bassin m de ~* Klärbecken *n* ; Absetzbecken.
decartellisation *f* Dekartellisierung *f* ; Entflechtung *f* ; Auflösung *f* von Kartellen.
décédé *m* Verstorbene(r).
décéder sterben ; verscheiden.
décélération *f* Abschwung *m* ; Abschwächung *f* ; Rückgang *m* ; Abebben *n* ; Verlangsamung *f* der Wirtschaftstätigkeit ; Talfahrt *f* ; Rezession *f*.
décennie *f* Jahrzehnt *n*.
décentralisation *f* Dezentralisation *f* ; Dezentralisierung *f* ; ~ *du pouvoir décisionnel* Dezentralisation der Entscheidungsbefugnis.
décentralisé, e dezentral ; dezentralisiert ; *structure f économique ~e* dezentrale Wirtschaftsstruktur *f*.
décentraliser dezentralisieren ; eine Dezentralisation vornehmen ; entflechten.
décès *m* Tod *m* ; Ableben *n* ; Sterbefall *m* ; *acte m de ~* Sterbeurkunde *f* ; Totenschein *m* ; *allocation f ~* Sterbegeld *n* ; *assurance f ~* Versicherung *f* auf Todesfall ; *avis m, déclaration f de ~* Todesanzeige *f* ; *capital m ~* Sterbegeld *n* ; *l'établissement est fermé pour cause de ~* das Geschäft ist wegen Todesfall(es) geschlossen.
décharge *f* 1. ~ *de travail* Arbeitsentlastung *f* ; (*jur.*) Entlastung *f* ; (*douane*) *certificat m de ~* Erledigungsbescheinigung *f* ; *témoin m à ~* Entlastungszeuge *m* ; *donner ~* Entlastung erteilen ; *donner (signer) ~ de la gestion* den Vorstand entlasten ; *obtenir une ~* Entlastung erhalten 2. Quittung *f* ; Lieferschein *m* ; *porter une somme en ~* einen Betrag als bezahlt buchen 3. ~ *publique* Müllkippe *f* ; Müllabladeplatz *m* ; Deponie *f* ; ~ *contrôlée* geordnete Deponie ; ~ *sauvage* wilde Müllhalde *f*.
déchargement *m* Abladen *n* ; Entladung *f* ; *de ~* (*préfixe*) Entlade- ; (*navires*) Löschen *n* ; *ordre m de ~* Löscherlaubnis *f*.
décharger 1. entladen ; ausladen ; löschen ; ~ *une cargaison* eine Schiffsladung löschen ; ~ *les entreprises* die Steuerlast der Unternehmen erleichtern 2. ~ *qqn d'une obligation, d'un travail* jdn von einer Verpflichtung, von einer Arbeit entlasten (entbinden) 3. (*jur.*) entlasten 4. *se ~ de la responsabilité* die Verantwortung von sich wälzen.
déchéance *f* (*jur.*) Verlust *m* ; Verfall *m* ; Wegfall *m* ; (*échéance, péremption, prescription*) Ablaufen *n* ; Fälligkeit *f* ; Verjährung *f* ; Verwirkung *f* ; ~ *d'un droit, des droits civiques* Aberkennung *f* eines Rechts, der Bürgerrechte ; ~ *des droits judiciaires* Entmündigung *f* ; unter Betreuung gestellt ; ~ *de la nationalité* Verlust der Staatsangehörigkeit ; ~ *professionnelle* Beschäftigungsverbot *n* ; ~ *sociale* sozialer Abstieg *m* ; Sozialabstieg ; *cause f de ~* Verfallsgrund *m* ; Verwirkungsgrund ; *laisser tomber qqch en ~* etw verfallen lassen ; *ordonner la ~ d'un patrimoine* den Verfall eines Vermögens anordnen.
déchet *m* Abfall *m* ; Müll *m* ; Rückstände *mpl* ; *~s électroniques* elektronischer Schrott *m* ; *~s du gros électroménager* der Schrott von weißer Ware ; *~s mortels* tödliche Abfälle *mpl* (Rückstände) ; *~s radioactifs* (*nucléaires*) Atommüll ; radioaktive Abfälle *mpl* ; *~s toxiques* Giftmüll ; *enlèvement m des ~s*

déchetterie 984

Entsorgung *f* ; Abfallbeseitigung *f* ; *récupération f (recyclage m, réutilisation f) des ~s* Abfallverwertung *f* ; Müll-Recycling *n* ; *usine f de retraitement des ~s nucléaires* Atom-Wiederaufbereitungsanlage *f* ; *produire des ~s* Abfälle erzeugen (verursachen) ; *recycler (récupérer) des ~s* die Abfälle wieder verwerten.

déchetterie *f* Müllaufbereitungsanlage *f* ; Müllsammelstelle *f* ; Deponie *f* ; Abfall-, Müllrecycling *n*.

déchiffrable lesbar ; entzifferbar ; (*informatique*) maschinenlesbar ; maschinenverwertbar.

déchiffrement *m* Entschlüsselung *f* ; Dekodierung *f* (*syn. décodage*).

déchiffrer entziffern ; dechiffrieren.

déchoir (*jur.*) verlieren ; *~ qqn de ses fonctions* jdm sein Amt aberkennen ; jdn seines Amtes entheben ; jdn von seinem Amt absetzen ; *~ qqn d'un droit* jdm ein Recht aberkennen ; *être déchu de ses droits* seine Rechte verbüßen ; seiner Rechte verlustig gehen.

décibel *m* Dezibel *n* (dB).

décider beschließen ; bestimmen ; entscheiden ; veranlassen (zu) ; *~ de qqch* über etw (+ A) entscheiden ; etw bestimmen ; *~ qqn à acheter* jdn zum Kauf veranlassen ; *se ~ en faveur d'un candidat* sich für einen Bewerber entscheiden ; *dans cette entreprise, ce n'est pas le patron qui décide* in diesem Betrieb hat nicht der Boss das Sagen.

décideur *m* Entscheidungsträger *m* ; Entscheider *m*.

décimal, e dezimal ; *calcul m ~* Dezimalrechnung *f.*

décision *f* **1.** Entscheidung *f* ; Beschluss *m* ; (*résolution*) Entschließung *f* ; Resolution *f* ; Entschluss *m* ; (*arrêt*) Anordnung *f* ; Erlass *m* ; (*administration*) Bescheid *m* ; (*jur*) Richterspruch *m* ; Spruch ; ◆ *~ d'achat* Kaufentscheidung *f* ; *~ d'arbitrage* Schiedsspruch *m* ; *~ lourde de conséquences* entscheidungsschwer ; *~ majoritaire* Mehrheitsbeschluss, -entscheidung ; *~ ministérielle* Ministererlass *m* ; (*marketing*) *~s techniques* operationelles operative Entscheidung ; ◆◆ *niveau m de ~* Entscheidungsebene *f* ; *par ~ ministérielle* laut Ministererlass ; *organe m de ~* Beschlussorgan *n* ; *pouvoir m de ~* Entscheidungsbefugnis *f* ; *selon la ~ de la direction (sur ~ de la direction)* auf (laut) Beschluss der Direktion ; ◆◆◆ *avoir le pouvoir de ~* die Entscheidungsbefugnis haben ; die Federführung (bei einer Sache) haben ; *la ~ concernant cette question est imminente (ne saurait tarder)* die Frage steht vor der Entscheidung ; *être limité dans sa liberté de ~* in der Entscheidungsfreiheit eingeschränkt werden ; *exécuter une ~* einen Beschluss ausführen ; *faire participer les représentants du personnel aux ~s* die Belegschaftsvertreter in die Entscheidungen einbeziehen ; *parvenir à une ~* zu einer Entscheidung kommen ; *prendre une ~* eine Entscheidung treffen ; einen Beschluss fassen ; *se réserver la ~* sich die Entscheidung vorbehalten **2.** (*jur.*) Bestimmung *f* ; Verordnung *f* ; *~ exécutoire* Durchführungsbestimmung, -verordnung, -vorschrift *f* ; *~ de justice* Richterspruch *m* ; Urteil *n* ; Gerichtsbeschluss *m* ; *exécuter une ~ de justice* ein Urteil vollstrecken ; einen Gerichtsbeschluss vollziehen.

décisionnel, le beschlussfassend ; *organe m ~* beschlussfassendes Gremium *n* (Organ) ; Beschlussorgan *n* ; *pouvoir m ~* Entscheidungsbefugnis *f.*

déclaratif, ive : *système m ~ de l'impôt* Selbsteinschätzung *f* der Steuer.

déclaration *f* Anmeldung *f* ; Anzeige *f* ; Meldung *f* ; Erklärung *f* ; Bekanntmachung *f* ; Angabe *f* ; Deklaration *f* ; (*constatation*) Feststellung *f* ; (*document*) Bericht *m* ; Bescheinigung *f* ; Manifest *n* ; Verzeichnis *n* ; ◆ *~ d'un accident* Unfallmeldung *f* ; (*fisc*) *~ conjointe* gemeinsame (Steuer)Erklärung ; *~ en douane* Zoll(inhalts)erklärung ; (*douane*) *~ d'entrée, de sortie* Einfuhr-, Ausfuhrdeklaration ; *~ d'entrée, de sortie d'entrepôt* Lageranmeldung *f,* -abmeldung ; *~ de faillite* Konkurserklärung ; *~ fiscale* Steuererklärung ; *~ de fortune* Vermögenserklärung ; *~ de guerre économique* wirtschaftliche Kampfansage *f* ; *~ de maladie (par le médecin)* Anzeige eines Krankheitsfalls ; *~ obligatoire* Meldepflicht *f* ; Deklarationspflicht ; *~ de politique générale* Regierungserklärung ; *~ des revenus* Einkommensteuererklärung ; *~ de séjour* polizeiliche Anmeldung ; (*fisc*) *~ séparée* getrennte Erklärung ; *~ de sinistre* Schadensmeldung *f* ; (*douane*) *~ sommaire* sum-

décolonisation

marische Zollanmeldung ; ~ *de sortie* (*douane*) Ausfuhrerklärung ; (*entrepôt*) Lagerabmeldung ; ~ *de valeur* Wertangabe *f* ; ◆◆ *certificat m de* ~ *en douane* Zollabfertigungsbescheinigung *f* ; *feuille f de* ~ *d'impôt* Einkommensteuerformular *n* ; Ertragssteuerformular ; *seuil m de* ~ *obligatoire* Meldeschwelle *f*, -grenze *f* ; ◆◆◆ *faire la* ~ *de qqch* etw angeben ; *faire sa* ~ *de séjour* sich polizeilich anmelden ; *faire une* ~ (*sous serment*) eine (eidesstattliche) Erklärung abgeben ; *remplir sa feuille de* ~ *d'impôts* das Einkommensteuerformular ausfüllen.

déclaré, e : *inflation f* ~*ée* offene Inflation *f* ; ~ *au fisc* versteuert ; *rentrées fpl, sommes fpl non* ~*es* unversteuerte Einnahmen *fpl*, Summen *fpl* ; *avec valeur* ~*ée* mit Wertangabe ; *colis m avec valeur* ~*ée* Wertpaket *n*.

déclarer anmelden ; erklären anzeigen ; beantragen ; melden ; (*informer*) bekannt geben ; mitteilen ; (*indiquer*) angeben ; aussagen ; gestehen ; (*constater*) feststellen ; *lettre f avec valeur* ~*ée* Wertbrief *m* ; ~ *nul et non avenu* für null und nichtig erklären ; ~ *des marchandises à la douane* Waren beim Zollamt angeben ; *se* ~ *en faillite* Konkurs anmelden ; *se* ~ *insolvable* sich für zahlungsunfähig erklären ; ~ *une naissance, un décès à l'état-civil* eine Geburt, einen Todesfall beim Standesamt anmelden (anzeigen) ; ~ *qqch au fisc* etw versteuern ; ~ *ses revenus* seine Einkommen angeben.

déclassement *m* Zurückstufung *f* (in eine niedrigere Gehaltsgruppe) ; Rückstufung *f* ; Tieferstufung *f* ; Einstufung *f* in niedrigere Gehaltsklassen ; Deklassierung *f* ; Herabsetzung *f* ; Zurück-, Tieferstufung *f* ; (*matériel vétuste*) Ausmusterung *f* ; ~ *social* gesellschaftliche Deklassierung *f* ; sozialer Abstieg *m*.

déclasser 1. zurückstufen ; deklassieren ; herabsetzen ; in eine niedrigere Klasse einstufen **2.** ~ *des modèles anciens* alte Modelle ausmustern ; *modèles anciens* ~*és* ausgemusterte Modelle *npl*.

déclenchant (**facteur** *m*) Auslöser *m* ; Initialzündung *f* (zu etw).

déclenchement *m* Auslösung *f* ; (*bourse*) *ordre m à* ~ (*à seuil, à plage de* ~) Stopp-Kurs *m* ; *cours m de* ~ Stopp-Wert *m*.

déclencher auslösen ; ~ *un conflit, une grève, une guerre économique* einen Konflikt, einen Streik, einen Wirtschaftskrieg auslösen.

déclic *m* : *provoquer le* ~ etwas auslösen ; einer Sache (+ D) den Impuls geben.

déclin *m* Verfall *m* ; Niedergang *m* ; Abnahme *f* ; Abschwächung *f* ; Abstieg *m* ; Rückgang *m* ; ~ *de la demande* Nachfrageabschwächung ; ~ *économique d'un pays* wirtschaftlicher Abstieg (Niedergang) eines Landes ; ~ *de la puissance syndicale* Abnahme der gewerkschaftlichen Macht ; Gewerkschafts-, Mitgliederschwund *m* ; *être sur le* ~ zuückgehen ; verfallen ; zu Ende gehen ; sich seinem Ende zuneigen ; *nos provisions sont sur le* ~ unsere Vorräte gehen zur Neige.

décliner 1. ~ *une offre* ein Angebot ablehnen ; (*jur.*) ~ *la compétence d'un tribunal* ein Gericht wegen Unzuständigkeit ablehnen ; ~ *la responsabilité* die Verantwortung ablehnen **2.** ~ *son identité* sich ausweisen ; seine Personalien angeben **3.** abnehmen ; zurückgehen ; niedergehen ; verfallen.

décloisonnement *m* Abbau *m* der Schranken ; Verzicht *m* auf Abschottung ; Ende *n* der Abschottung.

décloisonner Schranken abbauen ; auf Abschottung verzichten ; die Trennwände beseitigen.

décoder dechiffrieren ; entschlüsseln ; ~*é* (*en clair*) unverschlüsselt (*contr. encoder*).

décodeur *m* Dekoder *m* ; Decoderbox *f* ; D-Box *f* ; Entschlüsselungsgerät *n* ; *système m de* ~ Dekodersystem *n*.

décollage *m* Abheben *n* ; Start *m* ; Take-off *n* ; (*marketing*) Markteinführung *f* ; *autorisation f de* ~ Starterlaubnis *f* ; ~ *économique* Aufschwung *m*.

décoller 1. (*avion*) abheben ; starten **2.** (*bourse*) *la bourse* ~*e* die Kurse steigen (an) ; *l'économie a enfin* ~*é* endlich befindet sich die Wirtschaft wieder im Aufschwung **3.** ~ *un timbre* eine Briefmarke entfernen.

décolonisation *f* Entkolonisierung *f* ; Entkolonialisierung *f* ; Dekolonisierung ; Dekolonisation *f*.

D

décoloniser entkolonisieren.
décommander abbestellen ; ~ *une chambre d'hôtel* ein Hotelzimmer abbestellen ; *se* ~ (einen Termin) absagen.
décompilation *f* Dekompilierung *f.*
décomposer zergliedern ; zerlegen ; zerteilen ; ~ *les coûts* die Kosten aufteilen ; ~ *un processus* einen Prozess zergliedern.
décomptable abzugsfähig.
décompte *m* **1.** Abrechnung *f* ; detaillierte Rechnung *f* ; Verrechnung *f* ; Abzug *m* ; (*comptage*) Zählung *f* ; ~ *après encaissement* Abrechnung nach Eingang ; ~ *des charges* Aufstellung *f* der Nebenkosten ; ~ *d'exploitation* Betriebsabrechnung ; ~ *des intérêts* Zinsabrechnung ; ~ *des primes* Prämienabrechnung ; *période f de* ~ (*pour le calcul des retraites*) Abrechnungszeitraum *m* ; *faire le* ~ abziehen ; abrechnen **2.** (*vote*) ~ *des voix* Stimmenauszählung *f* ; *faire le* (*procéder au*) ~ *des voix* die Stimmen zählen.
décompter verrechnen ; abrechnen ; in Abrechnung bringen ; abziehen ; abbuchen ; ~ *les charges* die Nebenkosten abrechnen ; ~ *une somme* eine Summe abziehen.
déconcentration *f* (Konzern)Entflechtung *f* ; Dezentralisierung *f* ; Dekartellisierung *f* ; ~ *de l'habitat* Deglomeration *f* ; ~ *du tourisme* Streuung *f* des Fremdenverkehrs.
déconfiture *f* finanzieller Zusammenbruch *m* ; Verfall *m* ; Ruin *m* ; Zahlungsunfähigkeit *f* ; Pleite *f* ; Krach *m* ; *être au bord de la* ~ *totale* vor einem totalen Zusammenbruch stehen.
décongeler : (*agro-alimentaire*) ~ *des produits congelés* Tiefkühlkost auftauen.
décongestionnement *m* Entlastung *f* ; Auflockerung *f* ; Entzerrung *f.*
décongestionner entlasten ; lockern ; entzerren ; ~ *le réseau routier* das Autobahnnetz entlasten.
déconnecter abschalten.
déconseiller (*qqch à qqn*) (jdm von etw) abraten ; (jdm) abraten, etw zu tun.
déconsolidation *f* Dekonsolidierung *f.*
décontamination *f* (*agric.*) Entseuchung *f* ; Entgiftung *f* ; Dekontaminierung *f* ; Desinfektion *f.*
décontaminer (*agric.*) entgiften ; dekontaminieren ; eine Dekontamination vornehmen.

décorateur *m* Dekorateur *m* ; ~ *de magasin* Schaufenstergestalter *m* ; Dekorateur.
décoration *f* Dekoration *f* ; Ausstattung *f* ; ~ *d'intérieur, d'étalage* Innenarchitektur *f* ; Schaufensterdekoration.
décote *f* (*fisc*) Steuerermäßigung *f* ; von der Steuer abzugsfähiger Betrag *m* ; Herabsetzung *f* des Steuersatzes ; Steuernachlass *m* ; (*bourse*) (Kurs)Abschlag *m* ; Unterbewertung *f* ; Wertminderung *f* ; (*différence de prix entre actions convertibles et ordinaires*) Wandel-, Wandlungsabschlag ; (*immobilier*) ~ *pour vétusté* Wertminderung (wegen Abnutzung, Verschleiß, Überalterung) ; (*monnaie*) Abwertung *f* ; Entwertung *f.*
découler (de) sich aus etw ergeben ; entstehen ; folgen (aus) ; *obligation f découlant du contrat* ein aus dem Vertrag sich ergebender Zwang.
découpage *m* (*d'une région*) Aufgliederung *f* ; Abgrenzung *f* ; ~ *administratif* Verwaltungseinteilung *f* ; ~ *électoral* Einteilung, Festlegung *f* der Wahlkreise ; Aufteilung in Wahlbezirke.
découper aufgliedern ; aufteilen ; ~ *en circonscriptions* in Wahlkreise einteilen ; *re*~ neu einteilen.
découvert *m* Fehlbetrag *m* ; (*compte*) Kontoüberziehung *f* ; (*bourse*) Baisseposition *f* ; ~ *autorisé* Dispositionskredit *m* ; *achat m à* ~ Kauf *m* auf Hausse ; *agio m de* ~ Überziehungszins *m* ; *compte m à* ~ überzogenes (ungedecktes) Konto *n* ; *vente f à* ~ Blankoverkauf *m* ; *accoutumé m* (*spécialiste m*) *de la vente à* ~ Fixer *m* ; *être à* ~ ungedeckt sein ; *mettre un compte à* ~ ein Konto überziehen ; *vous avez un* ~ *de 100 €* Sie haben Ihr Konto mit 100 € überzogen ; Ihr Konto ist um 100 € überzogen ; *vendre à* ~ fixen ; leer verkaufen ; Leerkäufe tätigen ; (*sens général*) ohne Deckung verkaufen.
découvrir entdecken ; ~ *des abus, des vices cachés* Missstände, verborgene Mängel aufdecken (ausmachen).
décret *m* Erlass *m* ; Verordnung *f* ; Verfügung *f* ; Anordnung *f* ; Beschluss *m* ; Dekret *n* ; ~ *d'avances* → *décret d'avances* ; *rendre un* ~ eine Verordnung erlassen ; ~-*loi m* Notverordnung ; *par* ~ amtlich ; behördlich.

décret *m* **d'avances** (*budget de l'État : ouvre les crédits nécessaires en cours d'année, au-delà de la dotation initiale*) Verordnung *f* zur Eröffnung eines Nachtragshaushalts.

décréter verordnen ; verfügen ; beschließen ; *~é par l'État* staatlich verordnet ; *~ un blocus* eine Blockade verhängen ; *~ une cure d'austérité, une loi, des mesures* Austerity (einen Sparkurs), ein Gesetz, Maßnahmen verordnen.

décrispation *f* Entschärfung *f* ; Entkrampfung *f* ; *travailler à une ~* auf Entkrampfung hinarbeiten.

décrisper entschärfen ; entkrampfen ; *~ une crise, un débat, un problème, une situation tendue* eine Krise, eine Debatte, ein Problem, eine angespannte Situation entschärfen.

décrocher 1. (*téléph*) *~, raccrocher le combiné* den Hörer abnehmen, auflegen **2.** (*fam.*) *~ une commande* einen Auftrag ergattern ; *~ un emploi* eine Stelle bekommen ; *~ le jack-pot, le gros lot* den Jackpot knacken ; das große Los gewinnen **3.** *~ un concurrent* einen Konkurrenten abhängen (*syn. se débarrasser de*) **4.** (*abandonner une activité*) (einen Beruf) aufgeben.

décroissance *f* Abnahme *f* ; Abwärtsbewegung *f* ; Rückgang *m* ; Abschwungsphase *f* ; Abschwächung *f* ; Schrumpfung *f* ; Wenigerwerden *n* ; *connaître une phase de ~* eine Abschwungsphase durchlaufen.

décroître sinken ; abnehmen ; zurückgehen ; schrumpfen ; fallen ; nachlassen ; schwächer werden.

décrue *f* **1.** Fallen *n* des Hochwassers ; Absinken *n* (des Wasserspiegels) **2.** (*fig.*) *~ du chômage* Rückgang *m* (Abnahme *f*, Abbau *m*) der Arbeitslosigkeit.

décryptage *m* Entschlüsselung *f* ; *~ du génome humain* Entschlüsselung des menschlichen Erbguts.

décrypter entschlüsseln ; entziffern.

D.E.C.S. *m* (*Diplôme d'études comptables supérieures*) Diplom *n* für Wirtschaftsprüfung und Bücherrevision.

décupler verzehnfachen.

dédales *mpl* : *les ~ de l'administration* Behördendschungel *m*.

dédire (se) absagen ; sich von etw zurückziehen ; von etw zurücktreten.

dédit *m* Absage *f* ; Nichteinhaltung *f* ; Widerruf *m* ; Aufkündigung *f* ; Konventionalstrafe *f* ; Vertragsstrafe *f* ; Abstandszahlung *f* ; Reugeld *n* ; *contrat m avec clause de ~* Abstandszahlung *f* (bei Nichteinhaltung eines Vertrags) ; *payer un ~* Reugeld zahlen.

dédommagement *m* Entschädigung *f* ; Entgelt *n* ; Schaden(s)ersatz *m* ; Abfindung *f* ; *droit m à ~* Entschädigungsanspruch *m* ; *réclamer un ~* eine Entschädigung beanspruchen (verlangen).

dédommager entschädigen ; abfinden ; einen Schaden ersetzen ; Ersatz leisten ; *~ qqn de qqch* jdn für etw entschädigen ; *se ~ de qqch* sich an etw schadlos halten ; *~ en argent* in Geld entschädigen ; *~ des frais* für die Unkosten aufkommen.

dédouanement *m* Verzollung *f* ; Zollabfertigung *f*.

dédouaner verzollen ; (zollamtlich) abfertigen ; *marchandise f ~ée* verzollte (zollfreie) Ware *f*.

dédoubler : (*transports*) *~ un train* einen Entlastungszug (einen zusätzlichen Zug) einsetzen.

dédramatisation *f* (*d'un conflit*) Entschärfung *f* ; Entdramatisierung *f* (eines Konflikts).

dédramatiser entschärfen ; entdramatisieren ; *~ une situation de crise* eine Krisensituation entschärfen.

déductibilité *f* Abzugsfähigkeit *f* ; Absetzbarkeit *f* (von Steuern) ; Anrechenbarkeit *f* ; *~ des notes de frais et cadeaux d'entreprise* Abzugsfähigkeit von Bewirtungskosten und Geschenken ; *~ de dépenses ou de pertes* Anrechenbarkeit von Ausgaben oder Verlusten.

déductible abzugsfähig ; absetzbar ; abziehbar ; anrechnungsfähig ; *dépenses fpl, frais mpl ~s* abzugsfähige Aufwendung *f* (erlaubter Aufwand *m*) ; abzugsfähige Unkosten *pl* ; *non ~* nicht abzugsfähig.

déduction *f* (*fisc*) Abzug *m* ; Freibetrag *m* ; Vergünstigung *f* ; Ermäßigung *f* ; zulässige Abweichung *f* ; (*remise*) Preisabschlag *m* ; Rabatt *m* ; Nachlass *m* ; ◆ *~ accordée pour personnes handicapées* Behindertenfreibetrag *m* ; *~ accordée pour la première année d'une installation* Steuerfreibetrag im ersten Jahr ; *~ pour amortissement* steuerlich zulässige Abweichung *f* ; *~ pour biens*

déduire

immobiliers vacants Steuerermäßigung für leerstehende Immobilien ; ~ *pour dons aux œuvres* Spendensteuervergünstigung ; ~ *faite des frais* nach Abzug der Unkosten ; ~ *fiscale* Steuerabzug ; ~ *forfaitaire* Pauschalabzug ; Arbeitnehmerfreibetrag ; ~ *pour frais professionnels* Freibetrag für Werbungskosten ; ~ *pour pertes* Verlustfreibetrag ; ~ *pour primes et cotisations* Beitragsermäßigung ; ~ *pour (ré)investissements* (Re)Investitionsfreibetrag ; ~ *rétroactive d'un déficit* steuerlicher Verlustrücktrag *m* ; ~ *supplémentaire* zusätzlicher Personenfreibetrag ; ◆◆ *sous ~ de (~ faite de)* abzüglich + G ; nach (unter) Abzug + G ; *toutes ~s faites* nach allen Abzügen ; *sous ~ de la remise consentie* abzüglich des gewährten Rabatts ; ◆◆◆ *accorder une ~ pour...* einen Freibetrag für etw gewähren ; *opérer une ~* einen Abzug vornehmen ; abziehen ; *venir en ~* abgezogen werden ; *porter qqch en ~* etw in Abzug bringen ; etw bei einer Berechnung abziehen.

déduire abziehen ; absetzen ; ~ *de l'impôt* von der Steuer absetzen.

déduisible → *déductible*.

défaillance *f* (*jur.*) Versagen *n* ; Wegfall *m* ; Ausbleiben *n* ; Nichterfüllen *n* (einer Vertragsbedingung) ; Vertragsbruch *m* ; (*non-livraison*) Nichtlieferung *f* (durch jdn) ; ~ *bancaire* Bankzusammenbruch *m* ; ~ *d'un débiteur* Nicht-Rückzahlung *f* einer Schuld ; *en cas de ~ d'un fournisseur* bei Nicht-Lieferung ; ~ *humaine* menschliches Versagen *n* ; ~ *technique* technischer Mangel *m* ; Defekt *m* ; *l'accident est dû à une ~ humaine* der Unfall ist auf menschliches Versagen zurückzuführen.

défaillant, e säumig ; ausgeblieben ; nicht erschienen ; *candidat m ~* ausgebliebener Prüfling *m* ; nicht erschienener Kandidat *m* ; *débiteur m ~* säumiger Zahler *m* ; *entreprise f ~e* konkursbedrohtes (in Konkurs gegangenes) Unternehmen *n* ; *être ~* versagen ; nicht erfüllen ; (*ne pas paraître*) nicht erscheinen.

défaire : ~ *un marché* ein Geschäft rückgängig machen ; *se ~ d'un paquet d'actions* ein Aktienpaket abstoßen ; *se ~ d'un secteur d'activité non rentable* sich von einem unrentablen Geschäftsbereich trennen.

défaite *f* **électorale** Wahlniederlage *f* ; Abwahl *f* ; (*fam.*) Wahlschlappe *f* ; *subir une ~ électorale* eine Wahlniederlage erleiden.

défalcable abzugsfähig ; (steuerlich) absetzbar ; abzuziehen.

défalcation *f* Abzug *m* ; Abrechnung *f* ; Absetzung *f* ; ~ *faite des frais* nach Abzug der Unkosten.

défalquer abrechnen ; abziehen ; absetzen ; in Abzug bringen ; *les dons à des organisations caritatives peuvent être ~és du revenu imposable* Spenden an Vereine für wohltätige (karitative) Zwecke sind steuerlich absetzbar (können vom steuepflichtigen Einkommen abgesetzt werden).

défaut *m* **1.** Mangel *m* ; Fehler *m* ; Defekt *m* ; Schaden *m* ; (*absence, manque*) Ausbleiben *n* ; Fehlen *n* ; *à ~ de paiement* mangels Zahlung ; ~ *de fabrication* Fabrikationsfehler *m* ; *~s persistants* nicht behebbare Mängel ; *~s techniques sur les véhicules et les installations* technische Mängel an Fahrzeugen und Anlagen ; *présenter un ~* einen Mangel aufweisen **2.** (*jur.*) ~ *de forme* Formfehler ; *jugement m par ~* Versäumungsurteil *n* ; *faire ~* nicht erscheinen.

défaveur *f* Ungunst *f* ; *s'attirer la ~ de qqn* sich jds Ungunst zuziehen ; *être en ~ auprès du public* beim Publikum in Ungnade stehen ; *nous avons commis une erreur en votre ~, en ~ de notre client* wir haben uns zu Ihren Ungunsten, zu Ungunsten unseres Kunden verrechnet.

défavorable nachteilig ; ungünstig ; *être ~ à un projet* einem Vorhaben (einem Plan) abgeneigt sein.

défavoriser benachteiligen ; *être ~é* benachteiligt sein ; zu kurz kommen ; *les ménages mpl ~és* versorgungsbedürftige Haushalte *mpl* ; *région ~ée* benachteiligtes Gebiet *n* ; im Rückstand gebliebene Gegend *f*.

défavorisés (*les*) die Mittellosen *pl* ; die Zu-kurz-Gekommenen *pl* ; die Ärmsten *pl* ; die Minderbemittelten *pl* ; die Versorgungsbedürftigen *pl*.

défection *f* Fernbleiben *n* ; Nichterscheinen *n* ; Absage *f* ; *quel est le nombre des ~s ?* Wie viele Absagen gibt es ?

défectueux, euse mangelhaft ; defekt ; schadhaft ; beanstandet ; *emballage m ~*

mangelhafte Verpackung *f* ; *remplacer une pièce ~se* ein defektes Teil austauschen.
défectuosité *f* Defekt *m* ; Fehler *m* ; Mangel *m*.
défendable (*idée, projet, thèse*) vertretbar ; haltbar.
défendeur *m* (*jur.*) Beklagte(r) ; beklagte Partei *f*.
défendre 1. verteidigen ; sich (für etw/jdn) einsetzen ; schützen ; *~ les intérêts de qqn* sich für jdn einsetzen ; (*bourse*) *le titre se défend bien* das Papier bleibt fest **2.** (*interdire*) verbieten ; untersagen **3.** *se ~ contre une accusation* sich gegen eine Anschuldigung wehren.
défense *f* **1.** Verteidigung *f* ; Abwehr *f* ; ♦ *~ des* (*intérêts des*) *consommateurs* Verbraucherschutz *m* ; *~ de l'environnement* Umweltschutz *m* ; ♦♦ *association f de ~* Schutzverband *m* ; Schutzorganisation *f* ; *légitime ~* Notwehr *f* ; *mouvement m de ~ des petits commerçants* Schutzbewegung *f* des Kleinhandels ; *mouvement d'auto-~* Selbstschutzbewegung **2.** Verbot *n* ; *~ d'afficher, d'entrer à toute personne étrangère au service, de passer* Plakatankleben (Anschlagen) verboten, Unbefugten Zutritt verboten, Durchfahren verboten **3.** *~ nationale* Landesverteidigung ; *ministère de la ~* Verteidigungsministerium *n* ; *le budget de la ~* Verteidigungsetat *m* **4.** (*assur.*) *assurance f ~ et recours* Rechtschutzversicherung *f* **5.** (*jur.*) Verteidigung *f* ; *assurer la ~ de qqn* jds Verteidung übernehmen ; jdn verteidigen.
défenseur *m* Verteidiger *m* ; Verfechter *m* ; Rechtsbeistand *m* ; Prozessvertreter *m* ; *~ de l'environnement* Umweltschützer *m* ; *~ en justice* Rechtsbeistand *m* ; *~ du néo-libéralisme* Verfechter des Neo-Liberalismus.
défensive *f* : (*négociations*) *acculer qqn à la ~* jdn in die Defensive drängen ; *être sur la ~* in der Defensive sein ; *se mettre en ~* sich in die Defensive begeben ; *passer de la ~ à l'offensive* aus der Defensive zur Offensive übergehen.
déférer : *~ qqn en justice* (*devant le tribunal*) jdn gerichtlich belangen ; jdn vor Gericht bringen.
déferlante *f* unaufhaltsame Entwicklung *f* (von etw) ; *la ~ du téléphone mobile* die rasante Entwicklung des Mobiltelefons.

déferler : *la crise économique mondiale ~e sur les marchés financiers* die Weltwirtschaftskrise bricht über die Finanzmärkte herein.
défi *m* Herausforderung *f* ; *lancer un ~ à qqn* jdn herausfordern ; *se préparer aux ~s du XXIe siècle* sich auf die Herausforderungen des 21. Jahrhunderts vorbereiten ; *relever un ~* eine Herausforderung annehmen.
déficit *m* Defizit *n* ; Fehlbetrag *m* ; Lücke *f* ; Minus *n* ; fehlende Summme *f* ; Manko *n* ; Mangel *m* ; Ausfall *m* ; Minussaldo *m* ; *~ des administrations publiques* staatliche Haushaltsdefizite ; *~ de la balance des paiements* Zahlungsbilanzdefizit ; *~ de caisse* Kassendefizit, -fehlbetrag ; *~ énergétique* Energielücke ; *~ public* Staats-, Haushaltsdefizit ; *accuser, combler un ~* ein Defizit aufweisen, decken (ausgleichen) ; *réduire le ~ budgétaire* das Budgetdefizit reduzieren ; *se solder par un ~* mit einem Fehlbetrag abschließen ; in die roten Zahlen kommen ; rote Zahlen schreiben.
déficitaire Verlust- ; ein Defizit aufweisend ; defizitär ; verlustbringend ; passiv ; unwirtschaftlich ; *balance f commerciale ~* passive Handelsbilanz *f* ; *bilan m ~* Passivbilanz *f* ; *profession f* (*carrière f, métier m*) *~* Mangelberuf *m* ; *secteur m ~* Verlustsektor *m* ; *être ~* defizitär sein ; Verluste machen ; *devenir ~* defizitär werden ; in die roten Zahlen geraten ; rote Zahlen schreiben ; *entraîner une situation ~* ins Minus bringen ; *sortir d'une situation ~* aus den roten Zahlen kommen ; wieder schwarze Zahlen schreiben.
défier herausfordern ; *~ toute concurrence* konkurrenzlos (unschlagbar) sein ; außer Konkurrenz stehen ; *à des prix défiant toute concurrence* zu konkurrenzlosen (unschlagbaren) Preisen.
défiguration *f* (*environnement*) Verschandelung *f*.
défigurer (*environnement*) : *~ un paysage, un site urbain* eine Landschaft, ein Stadtbild verschandeln.
défiler 1. *le cours des actions ~e sur l'écran de l'ordinateur* die Aktienkurse laufen über den (Computer)Bildschirm **2.** *se ~* abspringen ; sich von etw zurückziehen ; zurücktreten ; *l'acheteur s'est ~é au dernier moment* der Käufer ist plötzlich vom Geschäft abgesprungen.

définir festlegen ; festsetzen ; bestimmen ; ~ *une politique d'entreprise, une parité* eine Unternehmenspolitik, eine (Währungs)Parität festlegen (bestimmen) ; ~ *le prix de qqch* den Preis für etw festsetzen ; ~ *une nouvelle date, un programme* einen neuen Termin, ein Programm festlegen.

définitif, ive endgültig ; definitiv ; *la date de clôture ~ive des inscriptions est fixée au...* Einschreibestichtag ist der... ; äußerster (letztmöglicher) Termin für die Immatrikulation (an der Universität) ist der... ; (*bâtiment*) *réception f ~ive* endgültige Abnahme *f* (von Bauarbeiten) ; *réponse f ~ive* endgültige (definitive) Antwort *f*.

définition *f* : ~ *d'un poste de travail* Arbeitsplatz-, Stellenbeschreibung *f*.

défiscalisation *f* Steuerbefreiung *f*.

défiscaliser von der Steuer befreien ; steuerlich begünstigen ; *le livret de caisse d'épargne est ~é* das Sparbuch ist steuerfrei ; die Sparbuchzinsen werden nicht versteuert.

déflaté, e inflationsbereinigt ; in konstanten Euro ausgedrückt (*syn. corrigé de l'inflation* ; *en euros constants*).

déflateur *m* (*indicateur statistique qui élimine l'effet inflationniste artificiellement créé sur la valeur des biens et services*) deflatorischer Preisindex *m* ; ~ *du P.I.B.* Preisindex des Bruttoinlandsprodukts ; ~ *du produit national* Preisindex des Sozialprodukts.

déflation *f* Deflation *f* ; Verminderung *f* des Zahlungsmittelumlaufs ; *politique f de ~* Deflationspolitik *f*.

déflationniste deflationistisch ; deflationär ; deflatorisch.

D.E.F.M. *fpl* (*demandes d'emploi non satisfaites en fin de mois*) monatliche Angabe *f* der nicht vermittelten Stellen (Stellengesuche).

déforestation *f* Entwaldung *f* ; Waldsterben *n*.

déformation *f* Verformung *f* ; ~ *professionnelle* berufsbedingte (einseitige) Beurteilung *f* ; berufliche Einseitigkeit *f*.

défrayer 1. die Spesen zurückerstatten ; jdm seine Unkosten (seine Auslagen) vergüten ; *être ~é de tout* alles frei haben **2.** (*médias*) ~ *la chronique* Schlagzeilen liefern ; für Schlagzeilen sorgen ; von sich reden machen.

défrichement *m* Urbarmachung *f*.

défricher urbar machen ; Neuland erschließen.

défunt *m* Verstorbene(r) ; Erblasser *m*.

défunt, e verstorben.

dégagement *m* **1.** (*fonds*) Beschaffung *f* ; Lockermachen *n* **2.** (*autoroute*) ~ *aménagé* Rastplatz *m* ; *itinéraire de ~* Entlastungs-, Umgehungsstraße *f* ; *manœuvre f de ~* Ausweichmanöver *n* **3.** ~ *d'un objet en gage* Einlösung *f* eines verpfändeten Gegenstands **4.** ~ *du marché* Marktentlastung *f* **5.** ~ *d'une obligation* Befreiung *f* von einer Verpflichtung **6.** ~ *de(s) cadres* Verringerung *f*, Abbau *m* von Führungskräften.

dégager 1. erwirtschaften ; erzielen ; ausweisen ; ~ *un autofinancement* eine Selbstfinanzierung erwirtschaften ; ~ *des bénéfices importants* (*une marge importante*) hohe Gewinne erzielen ; ~ *des crédits, des fonds* Kredite beschaffen, Geldmittel locker machen ; ~ *des excédents* Überschüsse ausweisen ; ~ *des liquidités* sich Liquiditäten verschaffen ; ~ *une marge de 5 %* eine Gewinnspanne von fünf Prozent erzielen ; ~ *x millions d'euros de bénéfices* einen Gewinn von x Millionen Euro erzielen (machen) ; ~ *un potentiel de croissance* Wachstumskräfte freisetzen **2.** ~ *qqn de toute responsabilité* jdn aus der Verantwortung entlassen ; ~ *qqn du secret professionnel* jdn vom Berufsgeheimnis entbinden ; *être ~é de toute dette* schuldenfrei sein ; von jeder Schuld frei sein ; (*hist.*) *être ~é des obligations militaires* wehrdienstbefreit sein ; *se ~ d'un marché* von einem Markt zurücktreten **3.** (*retirer un gage*) ein Pfand einlösen.

dégât *m* Schaden *m* ; Zerstörung *f* ; Beschädigung *f* ; ~*s causés par l'eau* (*des eaux*)*, le gel, l'incendie* Wasser-, Frost-, Brandschaden ; ~*s matériels* Sachschaden ; *causer des ~s* Schäden verursachen ; *le mauvais temps a causé des ~s importants* durch das Unwetter sind große Schäden entstanden ; *chiffrer des ~s* Schäden beziffern ; *un expert de la compagnie d'assurances va expertiser les ~s* ein Versicherungexperte wird die Schäden begutachten ; *réparer des ~s* den entstandenen Schaden wieder gutmachen.

dégazage *m* (*en mer*) Verklappung *f* ; Lenzen *n*.

dégazer (*en mer*) verklappen ; lenzen.

dégazeur *m* Ölsünder *m*.

dégradation *f* Verschlechterung *f* ; Beschädigung *f* ; ~ *du marché du travail (de l'emploi)* Verschlechterung der Arbeitsmarktlage ; ~ *de la propriété d'autrui* Beschädigung fremden Eigentums ; ~ *des services publics* Verschlechterung der öffentlichen Dienste ; *degré m de* ~ Schadstufe *f* ; *signe m de* ~ Schadmerkmal *n* ; Verschlimmerung *f.*

dégrader beschädigen ; *se* ~ sich verschlechtern ; an Wert verlieren ; schlimmer werden ; *la situation de l'emploi s'est ~ée* auf dem Arbeitsmarkt hat sich die Lage verschlechtert.

dégraissage *m* (*fam.*) Abspecken *n* ; Personalabbau *m* ; Ausdünnung *f* der Mitarbeiterzahl ; Verschlankung *f* ; Schlankmachen *n* ; Down-Sizing *n*.

dégraisser (*personnel*) (Personal) abbauen ; reduzieren ; verdünnen ; verschlanken ; down-sizen ; (*fam.*) abspecken.

degré *m* Grad *m* ; Stufe *f* ; ◆ ~ *d'alcool* Alkoholgehalt *m* ; ~ *de dépendance* Pflegebedürftigkeitsgrad ; ~ *d'instruction* Bildungsgrad ; ~ *d'invalidité* Invaliditäts-, Erwerbsunfähigkeitsgrad ; (*jur.*) ~ *de juridiction* Instanz *f* ; ~ *de liquidité, de notoriété* Liquiditäts-, Bekanntheitsgrad ; ~ *de parenté, de pollution* Verwandtschafts-, Verschmutzungsgrad ; ◆◆ (*jur.*) *le premier* ~ das erstinstanzliche Gericht ; *le deuxième* ~ die höhere Instanz ; *mesure du* ~ *de pollution* Immissionsmessung *f* ; ◆◆◆ *parvenir à un haut* ~ *de perfection* einen hohen Grad der Vollkommenheit erreichen ; *présenter le même* ~ *de difficulté* den gleichen Schwierigkeitsgrad haben ; *révéler un haut, un faible* ~ *d'usure* einen hohen, geringen Grad von Verschleiß aufweisen ; (*viticulture*) *ce vin titre à 12 ~s* dieser Wein hat zwölf Prozent.

dégressif, ive degressiv ; abnehmend ; fallend (gestaffelt) ; *amortissement m* ~ degressive Abschreibung *f* ; *coûts mpl* ~*s* degressive Kosten *pl* ; *impôt m* ~ Degressivsteuer *f* ; abnehmender Steuersatz *m* ~ ; *méthode f* ~*ive d'amortissement* degressive Abschreibungsmethode *f* ; *tarif m* ~ degressiver Tarif *m*.

dégressivité *f* 1. (*coûts*) Degression *f* ; degressive (Kosten)Staffelung *f* 2. (*fisc*) Steuerdegression *f* ; progressiv fallender Steuersatz *m* ; degressive Abnahme *f* des Steuersatzes.

dégrèvement *m* Steuererleichterung *f*, -ermäßigung *f*, -nachlass *m* ; Steuerstreichung *f* ; Gebührenerlass *m* ; ~ *pour successions rapprochées* Erbschaftsteuerermäßigung ; Berücksichtigung *f* früherer Erwerber ; ~ *unilatéral* einseitige Steuererleichterung.

dégrever entlasten ; die Steuern vermindern (nachlassen) ; eine Gebühr erlassen ; ~ *une marchandise* die Steuer auf einer Ware herabsetzen ; ~ *un terrain* ein Grundstück von Hypotheken entlasten.

dégriffé, e (Artikel ohne Firmenschild) zu herabgesetztem Preis ; ermäßigt.

dégringolade *f* : (*fam.*) ~ *des prix* Preissturz *m* ; (*d'une entreprise*) Zusammenbruch *m* ; Debakel *n* ; Niedergang *m*.

dégringoler (*fam.*) (*prix*) stürzen ; (*fam.*) in den Keller purzeln ; zusammenbrechen.

dégroupage *m* Stückelung *f* ; (*téléph.*) Netzteilung *f* (mit anderen Telefonbetreibern).

dégrouper stückeln.

déguisé, e verdeckt ; verschleiert ; fiktiv ; *chômage m* ~ verschleierte Arbeitslosigkeit *f.*

dégustation *f gratuite* Gratisprobe *f* ; Kostprobe *f.*

déguster 1. kosten ; probieren 2. (*fam. fig.*) betroffen werden ; *les éleveurs bovins, de volaille ont particulièrement ~é avec la crise* die Rinder-, die Geflügelzüchter wurden besonders von der Krise betroffen.

déhiérarchisation *f* : ~ *des salaires* Nivellierung *f* der Löhne und Gehälter.

déjeuner *m* (*tourisme*) Mittagessen *n* ; ~ *d'affaires* Geschäftsessen ; Arbeitsessen *n* ; ~ *à emporter* Lunchpaket *n* ; ~*-débat* Arbeitsessen ; Essen mit Debatte ; (*hôtel*) *petit-*~ *complet* komplettes Frühstück *n* ; *petit-*~ *servi en chambre* auf dem Zimmer serviertes Frühstück ; *petit-*~ *simple* einfaches Frühstück.

déjouer : ~ *les plans de qqn* jds Pläne vereiteln ; jds Absichten durchkreuzen.

délai *m* Frist *f* ; (*temps accordé*) Ablaufzeit *f* ; festgesetzter Zeitraum *m* ; (*échéance*) Ablaufdatum *n* ; Fälligkeit *f* ; Verfallstermin *m* ; festgesetzter Zeitpunkt *m* ; (*prolongation, report*) Auf-

délaisser

schub *m* ; Stundung *f* ; Verlängerung *f* ; ♦ (*jur.*) ~ *d'appel* Berufungsfrist ; ~ *d'attente* Wartezeiten *fpl* ; *~-congé* Kündigungsfrist ; ~ *de fabrication* Herstellungszeit *f* ; ~ *de grâce* Schonzeit ; (*hôtellerie*) ~ *d'inscription* Anmeldefrist ; Buchungstermin *m* ; ~ *légal* gesetzliche Frist ; ~ *de livraison* Lieferfrist ; ~ *d'opposition* Sperrfrist ; ~ *de présentation de chèque* Vorlegungs-, Präsentationsfrist eines Schecks ; ~ *de paiement* Zahlungsfrist ; Stundung *f* ; ~ *de recours* Rechtsmittelfrist ; Frist zur Einlegung von Rechtsmitteln ; ~ *de réflexion* Bedenkzeit *f* ; ~ *de régularisation* Regularisierungsfrist ; ~ *de rigueur* letzter Termin *m* ; (*fam.*) höchste Eisenbahn ; (*banque, bourse*) ~ *de souscription* Zeichnungs-, Subskriptionsfrist ; ♦♦ *dans les ~s* fristgerecht ; fristgemäß ; *dans les ~s impartis* innerhalb der festgesetzten Frist ; *dans un ~ de huit jours* binnen acht Tagen ; innerhalb von acht Tagen ; *dernier ~* äußerster Termin ; *livraison f de la marchandise dans les ~s* fristgemäße Lieferung einer Ware ; *passé ce ~* nach Ablauf dieser Frist ; *sans ~* fristlos ; unverzüglich ; *soumis à ~* fristgebunden ; ♦♦♦ *accorder, fixer un ~* eine Frist gewähren, festsetzen ; *dépasser un ~* eine Frist überschreiten ; *obtenir une semaine de ~ supplémentaire* eine weitere Woche Frist erhalten ; *prolonger, respecter un ~* eine Frist verlängern, einhalten ; *la marchandise devra être livrée dans ce ~* bis zu dieser Frist muss die Ware geliefert werden ; *le ~ de réclamation est dépassé* die Frist für Reklamationen ist verstrichen (überschritten).

délaisser (*bourse*) vernachlässigen.

délation *f* Denunziation *f* ; Denunziantentum *n*.

délégation *f* **1.** Delegation *f* ; Abordnung *f* ; Vertretung *f* ; Beauftragung *f* ; Auftrag *m* ; ~ *à l'aménagement du Territoire* → *D.A.T.A.R.* ; ~ *locale d'une agence de voyage* örtlicher Reiseveranstalter *m* ; *par ~* in Vertretung (i.V.). ; ~ *parlementaire* (*auprès de*) Parlamentarierdelegation (bei) ; ~ *de personnel* Betriebsvertretung *f* ; ~ *syndicale* Gewerkschaftsdelegation, -vertretung **2.** Vollmacht *f* ; Ermächtigung *f* ; ~ *des compétences* Delegationsvergabe *f* ; ~ *de pouvoirs* Übertragung *f* von Vollmachten ; Vollmacht *f* ; ~ *de signature* Übertragung *f* der Zeichnungsberechtigung.

délégué *m* **1.** Beauftragte(r) ; Auftragnehmer *n* ; Vertreter *m* ; Delegierte(r) ; ~ *du personnel* Arbeitnehmervertreter *m* ; Personalvertreter ; ~ *technico-commercial* technischer Verkaufsbeauftragte(r) **2.** ermächtigen ; bevollmächtigen ; (*jur.*) Bevollmächtigte(r) ; *~e f à la condition féminine* Frauenbeauftragte *f.*

déléguer 1. beauftragen ; delegieren ; bestellen ; (als Vertreter) entsenden ; abordnen ; ~ *des compétences à l'échelon inférieur, à des subordonnés* Verantwortungsbereiche an Untergeordnete abgeben (weitergeben) **2.** (*jur.*) ~ *des pouvoirs à qqn* Befugnisse auf jdn übertragen.

délestage *m* : *itinéraire m de ~* Entlastungsstrecke *f* (Verkehr).

délester (*sens propre*) Ballast lassen (werfen) ; ~ *qqn d'un travail* jdn von einer Arbeit entlasten ; ~ *le trafic* den Verkehr entlasten ; (*fam.*) ~ *qqn de sa fortune* jdn um sein Vermögen bringen.

délibérant → *délibératif.*

déliberatif, ive beratend ; beschließend ; beschlussfassend ; *qui a voix ~ive* stimmberechtigt ; beschließende Stimme *f.*

délibération *f* Beratung *f* ; Verhandlung *f* ; Beschluss *m* ; ~ *en commission* Beratung im Ausschuss ; *par ~ de* durch Beschluss (+ G) ; *procès-verbal m de ~* Protokoll *n* der Beratung ; *engager des ~s* die Beratung aufnehmen ; *mettre une question en ~* eine Frage zur Beratung stellen ; *prendre part aux ~s* an der Beratung teilnehmen.

délibéré *m* (*jur.*) Beratung *f* ; Urteilsfindung *f* ; Beschluss *m* ; Urteil *n* ; *mettre en ~* zur Beratung stellen.

délibéré, e 1. fest ; entschlossen **2.** *de propos ~* mit Vorbedacht ; mit Absicht ; absichtlich.

délibérer (*jury*) beraten ; verhandeln ; beschließen ; (*se réunir*) tagen ; ~ *sur qqch* über etw (+ A) beratschlagen ; *se retirer pour ~* sich zur Beratung zurückziehen.

délictueux, euse strafbar ; *acte m ~* unerlaubte (strafbare) Handlung *f* ; Straftat *f* ; Delikt *n*.

délimitation *f* Abgrenzung *f* ; ~ *de compétences* (*entre*) Abgrenzung der Kompetenzen (zwischen).
délinquance *f* Straffälligkeit *f* ; ~ *des jeunes* Jugendkriminalität *f*.
délinquant *m* Delinquent *m* ; Straftäter *m* ; Straffällige(r).
délinquant, e straffällig ; *jeunesse f ~e* straffällige Jugendliche *pl* ; minderjährige Delinquenten *mpl*.
délit *m* Delikt *n* ; Vergehen *n* ; Gesetzesverletzung *f* ; strafbare (rechtswidrige) Handlung *f* ; Straftat *f* ; Rechtswidrigkeit *f* ; Übertretung *f* ; Verstoß *m* ; *~s écologiques* Umweltkriminalität *f* ; ~ *économique* Wirtschaftsstraftat ; Wirtschaftsverbrechen *n* ; ~ *informatique* Computer-Straftat ; ~ *d'initié* Insiderdelikt ; Insidervergehen ; ~ *mineur* Bagatell-Straftat, -Delikt ; *commettre un* ~ *de fuite* Fahrerflucht begehen ; *prendre qqn en flagrant ~* jdn auf frischer Tat (in flagranti) ertappen.
délivrance *f* Ausstellung *f* ; Erteilung *f* ; Auslieferung *f* ; Aushändigung *f* ; Lieferung *f* ; ~ *d'un brevet* Patentanmeldung *f* ; ~ *d'un certificat* Ausstellung einer Bescheinigung (eines Zeugnisses) ; ~ *du permis de construire* Erteilung der Baugenehmigung.
délivrer 1. ausstellen ; aushändigen ; erteilen ; liefern ; ausfertigen ; ~ *un jugement* ein Urteil fällen ; ~ *un passeport, un visa* einen Pass, ein Visum ausstellen **2.** (*de*) befreien (von).
délocalisation *f* Verlagerung *f* ; Auslagerung *f* ; Verlegung *f* ; ~ *d'une entreprise dans un pays à faible coût salarial* Verlagerung eines Unternehmens in ein Billiglohnland.
délocaliser verlagern ; auslagern ; verlegen ; ~ *une entreprise* einen Betrieb verlagern ; ~ *la production à l'étranger* die Produktion ins Ausland verlagern.
délocalisés (les) die ausgelagerte Belegschaft eines Unternehmens.
déloyal, e unfair ; unlauter ; unredlich ; unehrlich ; *concurrence f ~e* unlauterer Wettbewerb *m* ; *publicité f ~e* irreführende Werbung *f*.
demande *f* **1.** Bitte *f* (*formulaire*) Antrag *m* ; Anfrage *f* ; Anliegen *n* ; Ansuchen *n* ; Ersuchen *n* ; Gesuch *n* ; Petition *f* ; (*demande*) Anmeldung *f* ; Eintragung *f* ; (*revendication*) Forderung *f* ; (*jur.*) Klage *f* ; ◆ ~ *d'adhésion* Beitrittsantrag ; ~ *de brevet* Patentanmeldung *f* ; ~ *de documents* Anforderung *f* von Unterlagen ; ~ *d'emploi* Stellengesuch ; *~s d'emploi non satisfaites en fin de mois* → **D.E.F.M.** ; ~ *de divorce* Scheidungsklage *f* ; ~ *en dommages-intérêts* Schaden(s)ersatzforderung *f* ; ~ *de renseignements* Bitte um Auskunft ; Einholung *f* einer Auskunft ; ~ *de réservation* Buchungsantrag ; ◆◆ *sur* ~ auf Wunsch (Anfrage) ; *objet d'une ~ de brevet* Gegenstand *m* einer Patentanmeldung ; ◆◆◆ *déposer une ~ d'exclusion* einen Antrag auf Ausschluss stellen ; *faire une ~* einen Antrag stellen ; ein Gesuch einreichen ; *faire une ~ d'adhésion à l'U.E.* einen Antrag zur Aufnahme in die EU stellen **2.** (*commerce*) Nachfrage *f* ; ◆ ~ *domestique* heimische Nachfrage ; Binnennachfrage ; ~ *effective, excédentaire, saisonnière* effektive, überschüssige, saisonbedingte Nachfrage ; ~ *intérieure, extérieure* Inlands-, Auslandsnachfrage ; ◆◆ *accroissement m de la ~* Nachfragebelebung *f* ; *élasticité f de la ~* Nachfrageelastizität *f* ; *forte, faible ~* lebhafte (starke), geringe Nachfrage ; *fléchissement m de la ~* Rückgang *m* der Nachfrage ; Nachfrageausfall *m* ; *relance f de la ~* Wiederbelebung *f* der Nachfrage ; *la loi de l'offre et de la ~* das Gesetz von Angebot und Nachfrage ; *une forte ~ de* (*en*) *matières premières* eine starke Nachfrage nach Rohstoffen ; ◆◆◆ *il y a une forte ~ de* es besteht eine starke Nachfrage nach ; *la ~ dépasse l'offre* die Nachfrage übersteigt das Angebot ; *pallier une ~ déficitaire* Nachfragelücken schließen ; *satisfaire la ~* die Nachfrage decken (befriedigen) **3.** (*question*) Frage *f*.
demandé : (*bourse*) *cours ~* Geldkurs (*contr. Briefkurs*) ; *marché m ~* nachfragender Markt ; *être très ~* hoch im Kurs stehen ; stark gefragt sein.
demander 1. (*qqch*) bitten (um) **2.** (*solliciter*) beantragen ; ~ *un congé exceptionnel* einen Sonderurlaub beantragen ; ~ *un délai de réflexion* Bedenkzeit fordern **3.** (*commerce*) nachfragen (nach) ; suchen ; *titre m très ~* stark gefragtes Wertpapier ; *cet article n'est pratiquement plus ~é* dieser Artikel wird kaum noch verlangt (nachgefragt) **4.** (*interroger*) fragen **5.** (*exiger*) verlangen ; ~ *justice* Gerechtigkeit fordern ; ~

réparation eine Ersatzleistung (Wiedergutmachung) beantragen.
demanderesse *f* → *demandeur*.
demandeur *m* **1.** Käufer *m* ; Interessent *m* ; Nachfrager *m* ; Antragsteller *m* ; ~ *d'emploi* Stellensuchende(r) ; Stellung(s)suchende(r) ; Arbeit(s)suchende(r) ; *pays m* ~ Abnehmerland *n* **2.** (*jur.*) Kläger *m* ; klagende Partei *f* ; ~ *en appel* Berufungskläger *m* ; Appellant *m*.

démantèlement *m* (*organisation, entreprise*) Zerschlagung *f* ; Entflechtung *f* ; Aufspaltung *f* ; Abbau *m* ; Abriss *m* ; Demontage *f* ; ~ *d'une entente* Konzernentflechtung *f* ; Zerschlagung *f* eines Konzerns.

démanteler entflechten ; aufspalten ; zerschlagen ; abbauen ; demontieren ; aufgliedern ; ~ *l'appareil d'un parti politique* den Parteiapparat abbauen ; ~ *des groupes industriels* Konzerne in selb(st)ständige Unternehmen entflechten (aufgliedern) ; ~ *les montants compensatoires monétaires* die Währungsausgleichsbeträge abbauen ; ~ *les réseaux mafieux* die mafiösen Strukturen zerschlagen ; ~ *un réseau de trafiquants de drogue* einen Drogenhändlerring zerschlagen.

démarchage *m* Akquistion *f* ; Akquirieren *n* ; Kundenwerbung *f* ; Kundenakquisition *f* ; *vente f par* ~ *à domicile* Haus-(zu)-Haus-Verkauf *m* ; Hausieren *n* ; Hausierhandel *m* ; (*fam.*) Klinkenputzen *n* ; *faire du* ~ akquirieren ; auf Kundenjagd gehen ; (*fam.*) Klinken putzen ; *faire du* ~ *à domicile* (als Vertreter) Hausbesuche machen ; (*fam.*) Klinken putzen ; Kunden abklappern.

démarche *f* Gang *m* ; ~s *administratives* (*officielles*) Behördengang *m* ; *ma* ~ *a abouti* mein Vorgehen war erfolgreich ; *effectuer des* ~s *officielles* Behördengänge erledigen ; *faire* (*entreprendre*) *des* ~s Schritte unternehmen.

démarcher (Kunden) akquirieren ; als Akquisiteur auftreten ; Kunden werben ; Kunden besuchen.

démarcheur *m* Kundenwerber *m* ; Akquisiteur *m* ; Anwerber *m* ; Vertreter *m* ; (*fam.*) Klinkenputzer *m* ; ~ *d'assurances* Versicherungsmakler *m* ; ~ *de banque* Bankagent *m* ; Bankvermittler *m* ; ~ *à domicile* Haushaltsreisende(r).

démarquage *m* **1.** Entfernung *f* des Markenzeichens **2.** Preisherabsetzung *f* ; Preisminderung *f* **3.** Profilierung *f* ; *concurrence f de* ~ Profilierungswettbewerb *m*.

démarque *f* Preisreduzierung *f* ; verbilligter Preis *m* ; *première, seconde* ~ erster, zweiter Preisabschlag *m*.

démarquer 1. das Markenzeichen entfernen ; die Markierung abmachen ; *article m* ~é Artikel *m* ohne Markenzeichen ; markenloser Artikel **2.** im Preis herabsetzen (senken) ; *à un prix* ~é zu herabgesetztem Preis **3.** *se* ~ *de* sich von etw (+ D) unterscheiden ; sich profilieren ; sich einen Namen machen ; *se* ~ *de la concurrence* sich von der Konkurrenz abheben.

démarqueur *m* Plagiator *m* ; Fälscher *m* ; Nachahmer *m*.

démarrage *m* Start *m* ; Anlauf *m* ; Beginn *m* ; Durchbruch *m* ; Take off *n* ; (*aller mieux*) Ankurbelung *f* ; ~ *d'une campagne électorale, publicitaire* Start einer Wahl-, einer Werbekampagne ; ~ *d'une réforme* Beginn *m* einer Reform ; *crédit m de* ~ Anlaufkredit *m* ; *période de* ~ Anlaufperiode *f* ; *salaire m* (*traitement m*) *de* ~ Anfangs-, Einstiegslohn *m* ; Anfangs-, Einstiegsgehalt *n* ; *connaître un* ~ *difficile* einen schwierigen Start haben.

démarrer 1. (*transitif*) (*une campagne, un projet*) starten **2.** (*intransitif*) anlaufen ; anspringen ; beginnen ; einen Aufschwung nehmen ; (*travail*) in Gang kommen ; anlaufen ; *l'économie* ~e die Wirtschaft kommt in Gang ; *la production en série* ~e *demain* die Serienproduktion läuft morgen an.

démasquer (*crime*) enttarnen ; *être* ~é auffliegen ; ~ *un réseau de contrebande* einen Schmuggelring auffliegen lassen.

dématérialisation *f* (*bourse*) Dematerialisation *f* ; Entmaterialisierung *f* ; Entdinglichung *f*.

dématérialiser (*bourse*) dematerialisieren ; entmaterialisieren ; entdinglichen.

démembrement *m* (*terres*) Zerstückelung *f* ; Zergliederung *f* (bäuerlichen Besitztums) ; Grundteilung *f* ; Aufteilung *f* (in Parzellen) ; Realteilung *f* ; ~ *de la propriété terrienne* Übertragung *f* beschränkter dinglicher Rechte an einem Grundstück.

démembrer zergliedern ; aufspalten ; zerstückeln ; teilen ; ~ *un domaine* ein

Gelände in Parzellen aufteilen ; ~ *une organisation criminelle* eine Verbrecherbande unschädlich machen.

déménagement *m* Umzug *m* ; *entreprise f de* ~ Umzugsunternehmen *n* ; *indemnité f de* ~ Umzugskosten-Entschädigung *f,* -Beihilfe *f* ; *le nouvel employeur prend à sa charge les frais de* ~ der neue Arbeitgeber übernimmt die Umzugskosten.

déménageur *m* Umzugshelfer *n*.

démenti *m* Dementi *n* ; Gegenerklärung *f* ; Berichtigung *f* ; Richtigstellung *f* ; Widerruf *m* ; ~ *officiel* amtliches Dementi ; *opposer, publier un* ~ ein Dementi geben (erteilen), veröffentlichen.

démentir dementieren ; berichtigen ; ein Dementi abgeben (erteilen) ; (offiziell) widerrufen.

démettre : ~ *qqn d'une fonction* jdn seines Amtes entheben ; jdn von seinen Funktionen entbinden ; jdn absetzen.

demeurant (*à*) wohnhaft (in + D).

demeure *f* **1.** Wohnsitz *m* ; ständiger Aufenthalt *m* ; ~ *fixe* ständiger Wohnsitz *m* **2.** Aufenthalt(szeit) *m(f)* ; Dauer *f* **3.** (*jur.*) (*non-exécution*) Nichterfüllung *f* ; Auslassung *f* ; Verzug *m* ; *mettre qqn en* ~ jdn auffordern ; jdn mahnen ; jdn in Verzug setzen ; *mise f en* ~ Mahnung *f* ; Aufforderung *f* ; Zahlungsaufforderung *f* ; Zahlungsbefehl *m*.

demeurer 1. wohnen ; ~ *à...* seinen Wohnsitz in... haben ; in... wohnhaft sein **2.** ~ *en poste* seine Stelle behalten ; auf seinem Posten bleiben ; *la situation, le nombre de chômeurs* ~*e inchangé(e)* die Lage, die Arbeitslosenzahl bleibt unverändert.

demi-fini, e halbfertig ; Halb- ; *industrie f de produits* ~*s* Halbzeugindustrie *f* ; *produit* ~ Halberzeugnis *n* ; Halbprodukt *n* ; halbfertiges Produkt *n* ; Zwischenprodukt *n*.

demi-gros *m* Zwischenhandel *m* ; Einzelhandel im Großen ; Halbgroßhandel.

demi-grossiste *m* Halbgrossist *m* ; Zwischenhändler *m*.

demi-journée *f* Halbtag *m* ; *travailler à la* ~ halbtags arbeiten ; eine Halbtagsbeschäftigung, eine Halbtagsarbeit haben ; *employé m à la* ~ Halbtagsbeschäftigte(r).

demi-pension *f* (*tourisme*) Halbpension *f* ; *ne prendre que la* ~ nur Halbpension nehmen.

demi-place : *payer* ~ (um die Hälfte) ermäßigte Eintrittskarte *f* ; (*transports*) ermäßigte Fahrkarte *f* ; Karte zum halben Preis.

demi-produit *m* Halbfabrikat *n* ; Halberzeugnis *n*, -ware *f* ; Halbprodukt *n* ; halbfertiges Produkt *n* ; Zwischenprodukt *n*.

démission *f* Rücktritt *m* ; Abdankung *f* ; Demission *f* ; (*révocation*) Entlassung *f* ; *donner* (*remettre*) *sa* ~ seinen Rücktritt einreichen ; *accepter, refuser la* ~ den Rücktritt annehmen, verweigern.

démissionnaire ausgeschieden ; zurücktretend ; *membre m* ~ ausscheidendes Mitglied *n* ; *je suis* ~ ich trete zurück.

démissionner zurücktreten ; abdanken ; von seinem Amt zurücktreten ; demissionieren.

demi-tarif *m* : *à* ~ zum halben Preis ; *billet m* (*à*) ~ ermäßigte Eintritts-, Fahrkarte *f* ; Karte *f* zum halben Preis.

demi-traitement *m* : *être en* ~ nur den halben Lohn bekommen ; nur das halbe Gehalt beziehen.

démocrate 1. demokratisch **2.** *le* ~ der Demokrat ; *les sociaux-*~*s* die Sozialdemokraten.

démocratie *f* Demokratie *f*.

démocratique → *démocrate 1*.

démocratisation *f* Demokratisierung *f* ; ~ *du tourisme aérien* Popularisierung *f* des Flug-Tourismus.

démocratiser demokratisieren ; popularisieren.

démoder (*se*) aus der Mode kommen.

démographie *f* Demographie *f* ; Demografie *f* ; Bevölkerungsstatistik *f,* -wissenschaft *f* ; Demoskopie *f*.

démographique demographisch ; demografisch ; bevölkerungsstatistisch, -politisch ; *enquête f* ~ demographische (demoskopische) Untersuchung *f*.

démolition *f* Abbruch *m* ; Abbau *m* ; Zerstörung *f* ; (*navires*) Abwracken *n*.

démonétisation *f* (*monnaie*) Außerkurssetzung *f* ; Demonetisierung *f* ; Entwertung *f*.

démonétiser Geld außer Kurs (Umlauf) setzen ; Geld einziehen ; demonetisieren ; entwerten ; den Wert (des Geldes) herabsetzen.

démonstrateur *m,* **trice** *f* Vorführer *m* ; Werbefachmann *m* ; Vorführdame *f* ; Werbeverkäufer(in) *m(f)*.

démonstration *f* Vorführung *f* ; Schau *f* ; Demonstration *f* ; *exemplaire m (modèle m) de* ~ Musterexemplar *n* ; *(appareil)* Vorführgerät *n* ; *véhicule m de* ~ Vorführwagen *m* ; ~ *faite par un vendeur* Vorführung durch einen Verkäufer.

démontage *m* Demontage *f* ; *le* ~ *d'installations industrielles* die Demontage von Fabrikanlagen.

démonter demontieren ; abmontieren ; abbauen ; abbrechen.

démontrer beweisen ; ~ *la fraude fiscale* den Steuerbetrug beweisen ; einen Beweis für Steuerbetrug erbringen.

démoscopique demoskopisch ; *étude f, enquête f* ~ demoskopische Untersuchung *f*.

démotivation *f* Demotivation *f* ; Mangel *m* an Motivation.

démotiver *(qqn)* jdm die Motivation nehmen ; jdn demotivieren ; ~é motivationslos.

démuni, e mittellos ; arm ; bedürftig ; *les plus* ~s die Ärmsten ; die Bedürftigen ; die Mittellosen.

dénatalité *f* Geburtenrückgang *m* ; Geburtenabnahme *f* ; *(fam.)* Babyflaute *f* ; *(fam.)* Pillenknick *m* ; *(iron.)* Nachwuchsmüdigkeit *f*.

dénationalisation *f* Entnationalisierung *f* ; Entstaatlichung *f* ; (Re)Privatisierung *f*, Rückführung *f* in Privathand.

dénationaliser denationalisieren ; entstaatlichen ; (re)privatisieren.

dénaturalisation *f* Ausbürgerung *f* ; Entzug *m* der Bürgerrechte ; Denaturalisation *f*.

dénaturaliser ausbürgern ; denaturalisieren ; jdm die Staatsangehörigkeit aberkennen.

dénaturer *(un produit)* denaturieren ; ein Produkt durch Zusätze verändern ; umwandeln.

déni *m* Versagung *f* ; Absprechen *n* ; Verweigerung *f* ; ~ *de justice* Rechtsverweigerung.

dénicher *(fam.)* finden ; ausfindig machen ; auftreiben ; ~ *un partenaire commercial aux reins solides* einen finanzstarken Geschäftspartner auftreiben.

dénier absprechen ; abstreiten ; ableugnen ; verweigern ; ~ *un droit à qqn* jdm ein Recht absprechen.

denier *m* **du culte** freiwillige Kirchensteuer für Angehörige der katholischen Kirche ; Kirchenspende *f*.

deniers *mpl* Gelder *npl* ; ~ *publics* öffentliche Gelder *npl* ; Staatsmittel *npl* ; *(fam.)* Steuersäckel *n* ; *détournement m des* ~ *publics* Amtsunterschlagung *f* ; *payer qqch sur ses propres* ~ etw aus eigener Tasche bezahlen ; *toucher de l'argent provenant des* ~ *publics* Geld aus dem Steuersäckel erhalten.

dénigrement *m* Verleumdung *f* ; Verunglimpfung *f* ; *(produit)* Schlechtmachen *n* (eines Produkts) ; *campagne f de* ~ Verleumdungskampagne *f*, -aktion *f*.

dénigrer verleumden ; schlecht machen ; anschwärzen.

dénombrer aufzählen.

dénomination *f* Benennung *f* ; Bezeichnung *f* ; ~ *commerciale, professionnelle* Handels-, Berufsbezeichnung ; ~ *sociale* Sachfirma *f*.

dénoncer 1. anzeigen ; denunzieren ; ~ *un collègue (au chef)* einen Kollegen (beim Chef) anschwärzen **2.** ~ *un contrat* einen Vertrag (auf)kündigen ; aus einem Vertrag ausscheiden ; von einem Vertrag zurücktreten.

dénonciation *f* **1.** Anzeige *f*, Denunziation *f* **2.** Kündigung *f* ; Annullierung *f* ; Rückgängigmachung *f* ; ~ *d'une convention collective* Tarifkündigung *f* ; ~ *d'un contrat* Kündigung *f* eines Vertrags ; Vertrags(auf)kündigung *f* ; *délai m de* ~ Kündigungsfrist *f*.

dénouement *m* *(bourse)* Glattstellung *f* (einer Position) ; Abwicklung *f*.

dénouer : ~ *les cordons de la bourse* den Geldhahn aufdrehen ; *(bourse)* ~ *sa position* eine Position glattstellen.

dénoyautage *m* (*fig.*) Entfernen *n* des harten Kerns.

denrée *f* (Ess)Ware *f* ; ~s *alimentaires* Lebensmittel *npl* ; Nahrungsmittel *npl* ; ~s *périssables* (leicht)verderbliche Lebensmittel ; ~ *rare* Mangelware *f* ; Seltenheit *f*.

densité *f* Dichte *f* ; ~ *démographique* Bevölkerungsdichte *f* ; ~ *au km²* Bevölkerungsdichte pro Quadratkilometer ; ~ *maximale, potentielle* größtmögliche, potenzielle Dichte ; ~ *du trafic* Verkehrsaufkommen *n* ; Verkehrsdichte *f* ; ~ *résidentielle* Wohndichte ; *zone f à faible, à forte* ~ *de population* dünn, dicht besiedelter Raum *m*.

dénucléarisation *f* Ausstieg *m* aus der Kernenergie ; Entnuklearisierung *f* ; Schaffung *f* einer atomwaffenfreien Zone.

dénucléariser von Atomwaffen befreien (säubern) ; *zone f ~ée* atomwaffenfreie Zone *f.*

dénué, e ohne ; *~ de tout* ohne alles ; völlig mittellos ; *~ de tout fondement* (völlig) unbegründet ; *soupçon ~ de fondement* unbegründeter Verdacht.

dénuement *m* Mittellosigkeit *f* ; Armut *f* ; *être (vivre) dans le ~ le plus complet* (größte) Not leiden ; in Armut leben ; im äußersten Elend leben.

déontologie *f* Ethik *f* ; (Berufs)Ethos *n* ; (Berufs)Ethik *f* ; Moral *f* ; Deontologie *f* ; Standesregeln *fpl* ; Berufspflichten *fpl* ; *~ médicale* ärztliche Deontologie *f* ; *contraire à toute ~* standeswidrig ; *violer les règles de la ~* die Berufsethik verletzen.

dépannage *m* **1.** Reparatur *f* ; Instandsetzung *f* **2.** *(auto.)* Abschleppen *n* ; Pannenhilfe *f* ; *asssurance f ~-secours* Unfallhilfe-Versicherung *f* ; *service m de ~* Abschlepp-, Pannendienst *m* **3.** *crédit m de ~* Überbrückungskredit *m* ; Überbrückungsbeihilfe *f*, -gelder *npl*.

dépanner 1. eine Panne beheben ; reparieren **2.** *(auto.)* abschleppen **3.** *(fam.) (qqn)* jdm aushelfen ; jdm aus der Verlegenheit helfen.

de par : *~ sa situation* auf Grund seiner Stellung (seiner Lage).

dépareillé, e einzeln ; unvollständig ; nicht zusammenpassend.

départ *m* Abfahrt *f* ; Abreise *f* ; Abflug *m* ; Start *m* ; Anfang *m* ; Beginn *m* ; Einsetzen *n* ; *(personne)* Ausscheiden *n* ; Weggang *m* ; ♦ *~ à la retraite* Ausscheiden *n* aus dem Berufsleben ; Eintritt *m* in den Ruhestand ; *~ d'une garantie* Beginn *m* der Garantiezeit ; *~ d'un parti politique* Austritt *m* aus einer Partei ; *~-usine* ab Werk ; *~ volontaire à la retraite* freiwilliger Abgang *m* ; ♦♦ *allocation f de ~* Abgangsgeld *n* ; *calendrier m des ~s en congé* Urlaubsplan *m* ; *date f des ~s en congé* Urlaubstermin *m* ; *grands ~s* (Sommer)Ferienverkehr *m* ; *heure f de ~* Abfahrts-, Abflugzeit *f* ; *indemnité f de ~* Abschiedsgeld *n* ; *prime f de ~ en retraite* Altersübergangsgeld *n* ; *(tourisme) époque f des grands ~s* Urlaubszeit *f* ; *salaire m de ~* Anfangsgehalt *n* ; Einstiegslohn *m* ; *taux m de ~s en congé* Urlaubsquote *f* ; ♦♦♦ *donner le ~ d'une campagne* das Startzeichen für eine Kampagne geben ; *exiger le ~ d'un collaborateur, d'un ministre* die Entlassung eines Mitarbeiters, die Abberufung eines Ministers fordern ; *(locations) faire sa déclaration de ~* sich abmelden ; *prendre un bon ~* gut starten ; einen guten Start haben ; einen guten Anfang nehmen ; *prendre un nouveau ~* neu beginnen ; einen neuen Anfang (mit etw) machen ; *(aviation) supprimer des ~s (vols)* Starts, Flüge streichen.

département *m* **1.** Abteilung *f* ; Geschäftsbereich *m* ; Ressort *n* ; *~ comptabilité* Buchführungsabteilung *f* **2.** *(France)* französischer Verwaltungsbezirk *m* ; Departement *n*.

départemental, e Departements- ; *route f ~e* Landstraße *f.*

dépassement *m* Überschreitung *f* ; Überziehung *f* ; *(circulation)* Überholen *n* ; *~ budgétaire* Etat-, Haushaltsüberschreitung *f* ; *~ du budget d'une campagne électorale* Überziehung des Wahlkampfetats ; *~ de la capacité d'un ordinateur* Overflow *m* ; *~ de crédit, de délai* Kredit-, Fristüberschreitung ; *~ d'un quota* Überschreitung einer Quote ; *~ de vitesse* Limitüberschreitung *f* ; Geschwindigkeitsübertretung *f* ; *être en ~ (de...)* etw (um…) überschritten haben.

dépasser 1. überholen ; übertreffen ; überschreiten ; übersteigen ; sich höher belaufen ; *(passer outre)* nicht einhalten ; übertreten ; *(comptab.)* überziehen ; *cela dépasse mes attributions* das überschreitet meine Machtbefugnisse ; *~ la barre des 5 %* die Fünf-Prozent-Marke überschreiten ; *~ la concurrence* die Konkurrenten abhängen ; *~ la cote d'alerte* **a)** *(navigation)* die Wasserstandsmarkierung überschreiten **b)** *(fig.)* die Alarmstufe übersteigen ; *~ un crédit* sein Konto überziehen ; *cela ~e mes possibilités* das übersteigt meine finanziellen Möglichkeiten ; *cela ~e les prévisions des spécialistes* es übertrifft die Vorhersagen der Fachleute ; *cela ~e toutes nos espérances* das übertrifft alle unsere Erwartungen ; *les dépenses ~ent les recettes* die Ausgaben übersteigen die Einnahmen ; *l'offre ~e la demande* das Angebot übersteigt die Nachfrage ; *le prix ne ~e pas les 50 euros* der Preis übersteigt keine 50 Euro ; *être ~é par les évènements* den Dingen nicht gewachsen sein ; von den Ereignissen überrollt werden 2. (*bourse*) ~ *la souscription* (*d'un emprunt*) (eine Anleihe) überzeichnen.

dépassionner entschärfen ; versachlichen ; ~ *le débat sur la R.T.T.* die Debatte über die Arbeitszeitverkürzung entschärfen.

dépaysement *m* Luftveränderung *f* ; (*fam.*) Tapetenwechsel *m* ; *indemnité f de* ~ Auslandszulage *f* ; (*fam.*) Buschzulage.

dépêche *f* Depesche *f*.

dépêcher 1. ~ *un courrier* einen Eilboten abschicken 2. *se* ~ sich beeilen.

dépénalisation *f* Entkriminalisierung *f* ; Straffreiheit *f* ; ~ *de la drogue* Entkriminalisierung der Drogen ; Aufhebung *f* der strafrechtlichen Verfolgungen.

dépénaliser entkriminalisieren ; straffrei machen ; strafrechtliche Verfolgungen abschaffen (aufheben).

dépendance *f* 1. Abhängigkeit *f* ; ~ *de la drogue, des pays producteurs de pétrole* Abhängigkeit von der Droge, von den Ölförderländern ; ~ *technologique* technologische Abhängigkeit 2. (*sociale*) (*invalidité*) Bedürftigkeit *f* ; *assurance f* ~ Pflegeversicherung *f* ; Pflegefallrisiko *n* ; *degré m de* ~ Pflege(bedürftigkeits)grad *m* ; Pflegestufe *f* ; *prestation f spécifique de* ~ (*P.S.D.*) Pflegegeld *n* ; Pflegeleistung *f* 3. Nebenbetrieb *m* 4. ~*s* Nebengebäude *npl* ; ~ *à usage locatif* Einliegerwohnung *f*.

dépendant, e abhängig ; unselb(st)ständig ; (*social*) *personne f* ~*e* Pflegebedürftige(r) ; Pflegefall *m* ; *assistance f à personnes* ~*s* pflegebezogene Dienstleistungen *fpl* ; Pflegedienst *m* ; (*drogue*) *il est* ~ Drogenabhängige(r) ; Rauschgiftsüchtige(r) ; *être* ~ *de qqn* von jdm abhängig sein.

dépendre (*de*) abhängen (von) ; von jdm abhängig sein ; angewiesen sein (auf + A) ; ~ *de l'aide, de la bienveillance de qqn* auf jds Hilfe, auf jds Wohlwollen angewiesen sein ; ~ *de l'aide financière des banques* von der finanziellen Unterstützung (Hilfe) der Banken abhängen.

dépens *mpl* 1. Kosten *pl* ; *aux* ~ *de qqn* auf jds Kosten 2. (*jur.*) Prozesskosten *pl* ; *être condamné aux* ~ zur Zahlung der Gerichtskosten verurteilt werden.

dépense *f* Ausgabe *f* ; Kosten *pl* ; Aufwand *m* ; ♦ ~*s administratives* Verwaltungsaufwand ; ~*s de consommation et d'investissement* Konsum- und Investitionsausgaben ; investive und kon-sum(p)tive Ausgaben ; ~*s courantes* laufende Ausgaben ; ~*s d'équipement* Sachanlageninvestitionen *fpl* ; ~*s estimées* Sollausgaben ; ~*s réelles* Istausgaben ; ~*s d'exercice* Betriebsausgaben ; ~*s d'exploitation* Betriebsaufwand ; ~*s de fonctionnement* Sachanlagen *fpl* ; ~*s du ménage* Haushaltsaufwendungen *fpl* ; ~*s nationales* Staatsausgaben ; ~*s de nécessité courante* Lebenshaltungsausgaben ; ~*s ordinaires* gewöhnliche (ordentliche) Ausgaben ; ~*s de personnel* Personalaufwand, -ausgaben ; ~ *publiques* (*de l'État*) öffentliche Ausgaben ; Staatsausgaben ; ~*s de recherche et de développement* Aufwand *m* für Forschung und Entwicklung ; ~*s de santé* (*de la sécurité sociale*) Leistungsausgaben (in der gesetzlichen Krankenversicherung) ; ♦♦ *couverture f des* ~ Deckung *f* der Ausgaben ; ~*s d'investissement* Mehraufwand an Investitionen ; *politique f de* ~*s* Politik *f* der Ausgabewilligkeit ; *supplément m de* ~*s* Mehrausgaben ; ♦♦♦ *augmenter, comprimer* (*limiter*) *les* ~*s* die Ausgaben erhöhen, beschränken ; *effectuer, entraîner des* ~*s* Ausgaben machen, verursachen ; *faire des* ~*s inconsidérées* (*folles*) mit vollen Händen Geld ausgeben ; *faire face à des* ~*s* Ausgaben bestreiten ; *réduire, ventiler* (*répartir*) *les* ~*s* Ausgaben kürzen, aufschlüsseln ; *ne pas regarder à la* ~ keine Kosten scheuen.

dépenser (*argent*) ausgeben ; aufwenden ; verausgaben ; ~ *sans compter* mit vollen Händen Geld ausgeben ; *ne pas vouloir* ~ *un sou* keinen Pfennig (keinen Cent) ausgeben wollen ; (*fig.*) *se* ~ *pour un travail* sich bei einer Arbeit völlig verausgaben.

dépensier, ière verschwenderisch ; *personne f* ~*ière* Verschwender *m*.

dépérissement *m* Absterben *n* ; Verfall *m* ; (*agric.*) ~ *des forêts* Waldsterben *n*.

dépeuplement *m* 1. Entvölkerung *f* 2. Verringerung *f* ; Vernichtung *f* ; ~ *d'une forêt* Bäumefällen *n*.

dépistage *m* Erkennung *f* ; (*médecine du travail*) *examen m de* ~ Vorbeugungs-, Vorsorgeuntersuchung *f* ; Reihenuntersuchung *f* ; ~ (*précoce*) Früherkennung.

déplacement *m* 1. Verlagerung *f* ; Verlegung *f* 2. Ortsveränderung *f* ; *frais mpl de* ~ Reise-, Fahrkosten *pl* ; ~ *de service* Dienstreise *f* ; *indemnité f de* ~

Fahrgeldrückerstattung *f* ; **Auslösung** *f* ; *être en ~* geschäftlich unterwegs sein ; wegen Geschäften verreist sein **3.** *(mutation d'un fonctionnaire)* Versetzung *f* (eines Beamten) ; *(sanction)* Umsetzung *f* ; *~ de personnel* Personalverschiebung *f* ; *~ d'office* Strafversetzung *f.*

déplacer verlagern ; verlegen ; *~ qqn* jdn versetzen ; *~ la population* Menschen umsiedeln (vertreiben) ; *être ~é* umgesiedelt werden ; *se ~ pour raisons professionnelles* geschäftlich unterwegs sein ; *(finances) chèque m, effet m ~é* Distanzscheck *m*, Distanzwechsel *m*.

déplafonnement *m* Herabsetzung *f* der Höchstgrenze ; *~ des cotisations* Abschaffung *f* der Beitragsbemessungsgrenze *f.*

déplafonner (die Höchstgrenze) herabsetzen ; *~ les cotisations de sécurité sociale* die Beitragsbemessungsgrenze senken ; die Höchstgrenze der Sozialversicherungsbeiträge abschaffen.

dépliant *m* Faltprospekt *m* ou *n* ; Flyer *m* ; Broschüre *f* ; Faltblatt *n*.

déplomber *(douane)* den zollamtlichen Verschluss abnehmen ; *~ un compteur* die Plombe eines Zählers entfernen ; entplomben.

déplorer *(corresp.) Nous déplorons ce contretemps et demeurons...* Wir bedauern dieses Hindernis und verbleiben...

dépoli, e : *(ordinateur) écran m ~* entspiegelter Bildschirm *m*.

dépolitiser entpolitisieren.

dépolluer entgiften ; entsorgen ; entseuchen ; von Giftstoffen befreien ; reinigen ; wieder umweltfreundlich machen ; *véhicule m ~é* umweltfreundliches Fahrzeug *n* ; Kat(alysator)-Fahrzeug *n*.

dépollution *f* Umweltsäuberung *f* ; Umweltentlastung *f* ; Entseuchung *f* ; Entgiftung *f* ; Entsorgung *f.*

déport *m* *(bourse)* Deport *m* ; Kursabzug *m* (bei Termingeschäften) ; *opérations fpl de ~* Deportgeschäft *n*.

déposant *m* Hinterleger *m* ; Einzahler *m* ; Einleger *m* ; *(brevets)* Anmelder *m* ; *un grand nombre de ~s* eine große Anzahl von Depotinhabern ; *compte m de ~* Depositenkonto *n* ; *pouvoir m de disposition d'un ~ de brevet* Verfügungsgewalt *f* eines Patentanmelders ; *(jur.)* Zeuge *m* ; Person, die eine Aussage macht.

déposer 1. deponieren ; hinterlegen ; einreichen ; *marque f ~ée* eingetragenes Warenzeichen *n* ; *~ de l'argent à la banque* Geld bei der Bank hinterlegen (deponieren) ; *~ le bilan* Konkurs (Insolvenz) anmelden (beantragen) ; Konkursantrag (Insolvenzantrag) stellen ; *~ un brevet* ein Patent anmelden (hinterlegen) ; einen Patentantrag einbringen ; eine Patentanmeldung einreichen ; *~ un chèque à la banque* einen Scheck bei der Bank abgeben ; *~ une demande* einen Antrag stellen ; *~ un dossier de candidature* Bewerbungsunterlagen einreichen ; *~ une marque* ein Warenzeichen eintragen ; *~ des marchandises chez qqn* Waren bei jdm abgeben ; *~ un préavis de grève* einen Streik ankündigen ; *~ plainte contre qqn* gegen jdn eine Klage einreichen ; *~ un projet de loi* einen Gesetzentwurf einbringen ; *~ une somme* einen Betrag hinterlegen (einzahlen) ; *~ des titres* Effekten hinterlegen (deponieren) ; *~ des titres en garantie d'un crédit* Wertpapiere lombardieren (verpfänden) **2.** *(jur.)* (gerichtlich) aussagen.

dépositaire *m* **1.** Verwahrer *m* ; Treuhänder *m* ; Depositär *m* ; Depositenbewahrer *m* ; *être le ~ de qqch* etw in Verwahrung haben **2.** *~ d'une marque* Vertreter *m* einer Marke ; *seul ~* Alleinausliefer *m* **3.** *~ de l'ordre public* Träger *m* der öffentlichen Gewalt.

déposséder enteignen ; (jdn) einer Sache berauben ; (jdn) um etw bringen ; *l'inflation dépossède les plus modestes* die Inflation enteignet die kleinen Leute.

dépossession *f* Aberkennung *f* der Besitzrechte ; Besitzentziehung *f* ; Besitzverlust *m* ; Enteignung *f* ; *sans ~* ohne (tatsächliche) Besitzübergabe ; ohne Besitzübergang.

dépôt *m* **1.** Deponierung *f* ; Hinterlegung *f* ; Aufbewahrung *f* ; Einlage *f* ; Depositen *pl* ; Depot *m* ; *(de brevet)* Patentierung *f* ; ◆ *~ d'argent, bancaire* Geldeinlage, Bankdepot *n* ; *~ du courrier* Posteinlieferung *f* ; *~ de dessins et modèles* Hinterlegung von Mustern und Modellen ; *~s d'épargne* Spareinlagen ; *~ de garantie* Sicherheitsleistung *f* ; *(publication) ~ légal* rechtliche Hinterlegung (eines Buches) ; Depotzwang *m* ; *~ de marque* Eintragung *f* eines Warenzeichens ; *~ sur un compte joint* gemeinsame Einlage *f* ; *~ de titres*

Wertpapierdepot *n* ; ~ *à vue, à terme* Sichteinlage, Termineinlage ; ~ *à vue rémunéré* zinsbringende Sichteinlage ; ◆◆ *en ~ cacheté* in Streifbandverwahrung ; *caisse f des ~s et consignations* Depositenkasse *f* ; *certificat m de ~* Einlageschein *m* ; *date f de ~ du courrier* Posteinlieferungstermin *m* ; (*brevets*) *formalités fpl de ~* Anmeldeverfahren *n*, -formalitäten *fpl* ; *formule f de ~* Anmeldeformular *n* ; ◆◆◆ *avoir, mettre en ~* in Verwahrung haben, geben ; (*banque*) *mettre, prendre en ~* etw in Kommission geben, nehmen **2.** *~ de bilan* Konkursanmeldung *f* ; Insolvenzantrag *m* ; *demande f de ~ de bilan* Antrag *m* auf Insolvenzverfahren **3.** Lager *n* ; Depot *n* ; Magazin *n* ; Lagerung *f* ; *~ de carburant* Treibstofflager *n* ; *~ d'omnibus* Omnibusdepot *n* ; *~ d'ordures* Müllkippe *f* ; Deponie *f* ; *~-vente m* Kommissionsladen *m* ; Secondhandladen auf Kommissionsbasis.

dépotoir *m* Deponie *f* ; Schutt(ablade)platz *m* ; Müllhalde *f* ; Müllkippe *f*.

dépôts et consignations (*caisse f des*) Hinterlegungs- und Konsignationszentralkasse *f*.

dépouillement *m* (*tri*) Aussortieren und Sichten *n* ; Durchsicht *f* ; (*vote*) Auswertung *f* ; *~ du scrutin* Stimmen(aus)zählung *f*.

dépouiller 1. (*trier*) aussortieren ; sortieren ; durchsehen ; (*examiner*) prüfen ; *~ le courrier* die Post (die Briefe) durchsehen ; *~ des données* Daten aufbereiten ; *~ un questionnaire, des statistiques* eine Umfrage (einen Fragebogen), eine Statistik auswerten ; *~ le scrutin* die Stimmzettel zählen ; die Stimmenauszählung vornehmen **2.** *~ qqn de son avoir* jdn um seine Habe (um sein Vermögen) bringen.

dépourvu, e : *être ~ d'argent* mittellos sein.

dépoussiérage *m* (*fig.*) Auffrischung *f* ; Aktualisierung *f* ; *~ d'un texte de loi* Neugestaltung *f* eines Gesetzes.

dépréciable abnutzbar ; entwertet ; wertvermindert.

dépréciation *f* Entwertung *f* ; Wertminderung *f* ; Wertverlust *m* ; *~ monétaire* Geldwertminderung *f* ; (*comptab.*) *~ par usure* Wertminderung durch Verschleiß ; *provisions fpl pour ~ de* Rückstellungen *fpl* für Wertminderung.

déprécier abnutzen ; abwerten ; entwerten ; schwächer bewerten ; *~ des marchandises* Waren im Preise herabsetzen ; (*monnaie*) *se ~* an Wert verlieren.

déprédation *f* **1.** Plünderung *f* ; Schaden *m* ; Sachbeschädigung *f* **2.** (*argent*) Veruntreuung *f* ; Unterschlagung *f* **3.** (*nature*) Raubbau *m*.

dépression *f* Flaute *f* ; Rückgang *m* ; Rezession. *f* ; (Konjunktur)Abschwächung *f* ; (Konjunktur)Tief *n* ; Talsohle *f* ; Abschwungsphase *f*.

déprime *f* (*bourse*) Tendenz : lustlos.

déprimé, e flau ; gedrückt ; lustlos ; (*bourse*) *bourse f ~ée* lustlose (flaue, deprimierte) Börse *f* ; *cours m ~é* gedrückter Kurs *m* ; *dollar m ~é* Schwäche *f* des Dollar ; *marché m ~é* flauer Markt *m*.

député *m* Abgeordnete(r) ; *~ européen* Europaabgeordnete(r) ; Abgeordnete(r) im Europaparlament.

déraillement *m* Entgleisung *f*.

dérailler entgleisen.

dérangement *m* (*téléphone*) Störung *f* ; *la ligne est en ~* die Telefonleitung ist gestört ; mein Telefon ist außer Betrieb ; *faire réparer une ligne en ~* eine Telefonleitung entstören.

dérapage *m* Schleudern *n* ; Rutsch *m* ; Ausrutscher *m* ; Drift *f* ; Abweichung *f* ; *~ budgétaire* Abdriften *n* des Haushalts ; ausufernde Haushaltsausgaben *fpl* ; *~ des prix* Preisrutsch *m* ; unkontrollierbare Preisbewegung *f* ; *~ des salaires* Lohndrift *f*.

déraper rutschen ; gleiten ; außer Kontrolle geraten ; *~ dans le rouge* ins Minus rutschen ; in die roten Zahlen geraten ; rote Zahlen schreiben ; *les prix ~ent* die Preise geraten außer Kontrolle.

déréférencement *m* Herausnahme *f* aus dem Katalog ; Streichung *f* aus einer Warenliste, aus einem Sortiment (*contr. référencement*).

déréférencer auslisten ; aus dem Katalog, aus dem Sortiment (heraus)nehmen.

déréglementation *f* Deregulierung *f* ; Deregulation *f* ; Entstaatlichung *f* ; Privatisierung *f* ; Liberalisierung *f* ; Aufhebung *f* von Vorschriften ; *~ des prix* Aufhebung *f* des Preisstopps.

déréglementer deregulieren ; entstaatlichen ; privatisieren ; liberalisieren ;

~ *le marché du travail* den Arbeitsmarkt flexibilisieren.
dérégler (*se*) (*machine*) unregelmäßig laufen ; schlecht funktionieren.
dérégulation *f* → *déréglementation*.
déréguler → *déréglementer*.
déremboursement *m* (*médicaments*) Nichtrückerstattung *f* (von Medikamenten) ; Nichtrückerstattungspflicht *f* (von der Sozialversicherung).
déréquisitionner einen beschlagnahmten Gegenstand freigeben.
dérivant → *filet dérivant*.
dérive *f* **1.** (*navigation*) Abdrift *f* **2.** (*fig.*) Abrutschen *n* ; Drift *f* ; ~ *fiscale* verschleierte Erhöhung *f* der Steuer- und Abgabenlast ; *corriger une* ~ *des cours* sinkende Kurse korrigieren ; *opérer une* ~ *politique à droite, à gauche* nach rechts, nach links abdriften **3.** (*péj.*) *cette société va à la* ~ mit dieser Gesellschaft geht es bergab ; dieses Unternehmen kommt auf keinen grünen Zweig.
dérivé *m* Nebenprodukt *n* ; Derivat *n* ; derivatives Finanzprodukt *n* ; ~ *du pétrole* Erdölderivat *n* ; Folgeerzeugnis *n* aus Erdöl.
dérivé, e abgeleitet ; derivativ ; Neben- ; *prix m* ~*é* abgeleiteter Preis ; *produit m* ~ Nebenprodukt *n* ; Nebenerzeugnis *n* ; abgeleitetes Produkt *n* ; (*finances*) *produit* ~*é* Derivat *n* ; derivatives Finanzprodukt *n* ; derivatives Finanzinstrument *n* ; *recourir aux produits* ~*s pour se prémunir des risques à court terme* Derivate einsetzen zur Absicherung gegen kurzfristige Marktrisiken.
dernier, ière 1. (*ultime*) letzt- ; ~ *choix* ~ → ~*ière qualité* ; ~ *délai* letztmöglicher Termin ; Monatsletzter ; (*jur.*) *en* ~*ière instance* letztinstanzlich ; in letzter Instanz ; *le* ~ *jour de juin* ultimo Juni ; *le* ~ *du mois* ultimo ; ~ *né* Letztgeborene(r) ; ~ *propriétaire connu* Letztbesitzer *m* ; *quel est votre* ~ *prix ?* was ist Ihr letzter Preis? ; *de* ~*ière qualité* minderwertige Ware ; von äußerst schlechter Qualität ; Schundware *f* ; *en* ~ *ressort* letztendlich ; (*traites*) ~ *versement* Abschlusszahlung *f* ; ~*ières volontés fpl* letzter Wille *m* ; kraft letztwilliger Verfügung (Bestimmung) **2.** (*le plus récent*) neuest- ; Neu- ; *le* ~ *cri* → *dernier cri* ; ~*ière édition* neueste (letzte) Ausgabe *f* ; Neuausgabe *f* ; *information f de* ~*ière minute* allerneueste Meldung *f* ; letzte Nachricht *f* ; *le* ~ *modèle* das neueste Modell ; ~*ière parution f* Neuerscheinung *f* ; ~*ière version* Neuanfertigung *f*.
dernier *m* **cri** neueste Mode *f* ; letzter Schrei *m* ; *être équipé du* ~ *en matière de technologie* mit den neuesten Errungenschaften der Technik ausgestattet sein.
dérogation *f* (*jur.*) Abweichung *f* ; Ausnahme *f* ; Ausnahmeregelung *f*, -genehmigung *f* ; Befreiung *f* ; Freistellung *f* ; Dispens *m/f* ; (*construction*) Baudispens *m/f* ; ~ *au contrat* Vertragsabweichung *f* ; *par* ~ *à* abweichend von ; ~ *à un règlement* Abweichung *f* von einer Verordnung ; (*conventions collectives*) *clause f de* ~ (Tarif)Öffnungsklausel *f*.
dérogatoire abweichend ; Abweichungs- ; *amortissement m* ~ Sonderabschreibung *f* ; *clause f* ~ Abweichungsklausel *f*.
déroger 1. etw (+ D) zuwiderhandeln ; gegen etw (+ A) verstoßen ; ~ *à un décret, une interdiction, une loi* einer Anordnung, einem Verbot, einem Gesetz zuwiderhandeln (gegen ein Gesetz verstoßen) **2.** ~ *à un contrat* von einem Vertrag abweichen.
déroulement *m* (*évènement, programme, travail*) Ablauf *m* ; (*trafic*) Abwicklung *f* ; (*processus*) Prozess *m* ; ~ *de carrière* dienstliche Laufbahn *f*.
déroute *f* : ~ *d'une entreprise* völliger Zusammenbruch *m* ; Debakel *n*.
déroutement *m* (*transports*) Kursänderung *f* ; Kurswechsel *m* ; Umleitung *f*.
dérouter (*navire*) den Kurs (eines Schiffs) ändern.
derrick *m* Bohrturm *m*.
désabonnement *m* Abbestellung *f* ; Kündigung *f* eines Abonnements.
désabonner (*se*) eine Zeitung abbestellen.
désaccord *m* Uneinigkeit *f* ; Unstimmigkeit *f* ; *être en* ~ *avec qqn ou qqch* mit jdm/einer Sache nicht einverstanden sein ; in einer Sache uneins sein ; *demeurer, se séparer en total* ~ völlig uneins bleiben, scheiden ; *être en* ~ *sur un point du programme* in einem Programmpunkt anderer Meinung sein.
désactiver desaktivieren ; neutralisieren ; entschärfen.

désaffectation f 1. Zweckentfremdung f ; Verwendung f für andere Zwecke 2. (*arrêt*) Stillstand m ; Außerbetriebsetzung f ; ~ d'une usine Stilllegung f eines Werks.
désaffecter 1. (*changer d'affectation*) für andere Zwecke verwenden ; seiner Bestimmung entziehen 2. (*arrêter*) außer Betrieb setzen ; stilllegen ; ~ *une ligne ferroviaire, aérienne, une usine* eine Eisenbahn-, eine Fluglinie, ein Werk stilllegen ; *être ~é* stillliegen ; *ligne f ~ée* stillgelegte Strecke f (Bahnlinie).
désaffection f (*pour qqch*) Abneigung f (gegen etw) ; *éprouver une ~ pour qqch* eine Abneigung gegen etw (+ A) empfinden.
désaisonnalisé, e → *dessaisonnalisé*.
désajustement m Gefälle n ; Verschiebung f ; Unangemessenheit f ; *le ~ entre les salaires et le coût de la vie* das Gefälle zwischen den Löhnen und den Lebenshaltungskosten.
désamiantage m Asbestsanierung f.
désamianté, e asbestsaniert.
désamorcer (*une crise*) (eine Krise) entschärfen.
désapprovisionner vermindern ; reduzieren ; *le stock est ~é* das Lager geht zu Ende ; das Vorratslager muss wieder aufgefüllt werden ; *compte m ~é* überzogenes Konto n.
désargenté, e (*fam.*) ohne Geld ; mittellos ; (*fam.*) abgebrannt ; blank.
désarmement m 1. Abrüstung f 2. (*bateau*) Abwracken n.
désarmer 1. abrüsten 2. (*navire*) (ein Schiff) abwracken.
désavantage m Nachteil m ; Benachteiligung f ; Schaden m ; ~ *économique et géographique* Standortnachteil.
désavantager benachteiligen ; schaden ; *région f économiquement ~ée* wirtschaftlich benachteiligtes Gebiet n ; Gegend f mit Standortnachteil.
désavantageux, euse ungünstig ; nachteilig ; unvorteilhaft.
désaveu m Widerruf m (eines Geständnisses) ; (*désapprobation*) Ablehnung f ; Gegenerklärung f ; Desavouierung f ; ~ *de paternité* Nichtanerkennung f der Vaterschaft ; Anfechtung f der Ehelichkeit eines Kindes ; *opposer un ~ public à un projet* ein Projekt öffentlich ablehnen.

descendance f Herkunft f ; Abstammung f ; Nachkommenschaft f.
descendant m Nachkomme m ; Nachfahre m ; Abkömmling m ; *ne pas avoir de ~s* keine Nachkommen haben.
descendre (*tourisme*) ~ *à terre* an Land gehen ; ~ *dans un hôtel* in einem Hotel absteigen ; (*manifestations*) ~ *dans la rue* auf die Straße gehen ; demonstrieren ; an einer Demo(nstration) teilnehmen ; (*transports*) ~ *un fleuve* stromabwärts (flussabwärts) fahren ; (*mines*) ~ *dans la mine* in die Grube einfahren.
déscolarisés (*les*) Schulabgänger mpl.
descriptif m 1. (*devis*) Baubeschreibung f 2. (*technique*) Kenndaten pl ; technische Beschreibung f.
description f *des postes de travail* Arbeitsplatzbeschreibung f.
désemballer auspacken.
désencadrement m : ~ *du crédit* Aufhebung f der Kreditbeschränkungen.
désencadrer : ~ *le crédit* die Kreditbeschränkungen aufheben ; die Kreditbewirtschaftung lockern.
désenclavement m (*d'une région*) (wirtschaftliche und verkehrsmäßige) Erschließung f (einer Gegend, eines Gebiets) ; Verkehrsanschluss m.
désenclaver 1. (*polit.*) aus einem fremden Staatsgebiet herausnehmen 2. (*terrain*) erschließen ; an den Verkehr anschließen.
désendettement m Entschuldung f ; Schuldenabbau m.
désendetter : *se ~* seine Schulden bezahlen (abtragen).
désengagement m 1. (*d'une obligation*) Befreiung f (von einer Verpflichtung) ; Entpflichtung f 2. (*nucléaire* ; *polit.*) Ausstieg m (aus) ; Rückzug m (aus) ; (*militaire*) Disengagement m ; militärisches Auseinanderrücken n der Machtblöcke ; ~ *de l'État en matière de subventions agricoles* Rückzug des Staats aus der Subventionierung der Landwirtschaft.
désengager 1. von einer Verpflichtung befreien 2. *se ~* aussteigen (aus) ; (*bourse*) *se ~ sur le marché des actions japonais* japanische Aktien (in einem Portfolio) untergewichten.
désengorger : (*transports*) ~ *le trafic* (den Verkehr) entlasten ; ~ *les centres-villes* den Verkehr in der Innenstadt (in der City) entlasten.

désépargne *f* negatives Sparen *n* ; Rückgang *m* der Spartätigkeit ; mangelnde (unzureichende) Spartätigkeit *f.*

désépargner weniger sparen ; (*fam.*) seinen Sparstrumpf plündern.

déséquilibre *m* Ungleichgewicht *n* ; Gleichgewichtsstörung *f* ; Unausgeglichenheit *f* ; *en ~* unausgeglichen ; *~ de la balance commerciale* Ungleichgewicht in der Handelsbilanz ; *~ des forces* Ungleichheit *f* der Kräfte ; *~ entre l'offre et la demande, entre la production et la consommation* Ungleichgewicht zwischen Angebot und Nachfrage, zwischen Produktion und Verbrauch.

déséquilibré, e unausgeglichen ; aus dem Gleichgewicht gekommen.

désert *m* Wüste *f* ; (*fig.*) Durststrecke *f* ; *~ industriel* Industriebrache *f* ; Industriewüste ; *effectuer sa traversée du ~* eine Durststrecke durchstehen.

déserter verlassen ; *la clientèle a ~é les petits commerçants* die Kundschaft kauft bei den Kleinhändlern nicht mehr ein ; (*fam.*) die Kundschaft hat die Tante-Emma-Läden verlassen.

désertification *f* (*dépeuplement*) Landflucht *f* ; Verödung *f* ; Desertifikation *f* ; Wüstenbildung *f* ; Vordringen *n* der Wüste ; Versteppung *f.*

désertique wüstenartig.

désescalade *f* Deeskalation *f* ; Entschärfung *f* ; Entkrampfung *f* ; *assister à une ~* deeskalieren.

désétatiser entstaatlichen ; privatisieren ; deregulieren ; liberalisieren.

désétatisation *f* Entstaatlichung *f* ; Privatisierung *f* ; Deregulierung *f* ; Liberalisierung *f.*

déshérence *f* Erbenlosigkeit *f* ; (*succession*) *tomber en ~* erblos sein ; dem Staat zufallen.

déshériter enterben ; von einem Erbe ausschließen ; *~ ses enfants* seine Kinder enterben.

déshérités (*les*) die Armen ; die Bedürftigen ; die Habenichtse.

déshumanistion *f* Entmenschlichung *f* ; Deshumanisierung *f* ; *~ du monde du travail* Deshumanisierung der Arbeitswelt.

déshydraté, e (*industrie agro-alimentaire*) : *aliments mpl ~s* getrocknete Lebensmittel *npl.*

desiderata *mpl* **1.** Wünsche *mpl* ; Anliegen *npl* **2.** Wunschliste *f* ; Wunschzettel *m* ; *figurer parmi les ~* auf dem Wunschzettel stehen.

design *m* Design *n* ; Formgestaltung *f* ; Entwurf *m* ; Styling *n.*

désignation *f* **1.** (*successeur* ; *tuteur*) Benennung *f* ; Bezeichnung *f* **2.** (*nomination*) Ernennung *f* **3.** (*d'une date, de la nature d'une marchandise*) Angabe *f.*

designer *m* Designer *m* ; (Form)-Gestalter *m* ; *~ de produits industriels* Designer von Industrieprodukten.

désigner benennen ; *~ qqn comme candidat* jdn zum Kandidaten benennen.

désindexation *f* Aufhebung *f* der Indexierung ; *~ des salaires* Befreiung *f* von der Preisindexbindung.

désindexer von der Indexierung befreien ; die Indexbindung abschaffen ; *~ les salaires* die Preisindexbindung der Löhne aufheben.

désindustrialisation *f* Industrieverlagerung *f* (ins Ausland) ; Entindustrialisierung *f.*

désinflation *f* Desinflation *f* ; Desinflationspolitik *f* ; Inflationsbekämpfung *f.*

désinflationniste deflationistisch.

désinformation *f* Falschinformation *f* ; gelenkte Fehlinformation ; Manipulation *f.*

désintéressement *m* **1.** Abfindung *f* ; Entschädigung *f* ; Befriedigung *f* ; *~ d'un créancier* Befriedigung *f* eines Gläubigers **2.** (*altruiste*) Uneigennützigkeit *f.*

désintéresser 1. *~ qqn* jdn abfinden ; jdn entschädigen ; befriedigen **2.** *se ~ de qqch* an etw (+ D) desinteressiert sein.

désinvestir die Investitionen stoppen ; desinvestieren.

désinvestissement *m* Investitionsstopp *m* ; Investitionsunlust *f* ; Desinvestition *f* ; Desinvestierung *f* ; Rückgang *m* der Investitionstätigkeit.

désistement *m* **1.** (*élections*) Verzicht *m* ; (*contrat*) Rücktritt *m* von einem Vertrag ; *~ électoral* Zurückziehen *n* einer Kandidatur ; (*contrat*) *en cas de ~, il sera retenu...* bei Rücktritt werden abgezogen... **2.** (*bourse*) Abtretung *f* ; *~ de droits d'attribution* Abtretung von Bezugsrechten ; *lettre de ~ de droits d'attribution* Abtretungsformular *n* für Bezugsrechte **3.** (*jur.*) Verzichtleistung *f* ; Verzicht *m* (auf + A) ; Rücktritt *m* (von + D) ; *~ d'une action en justice* Rücknahme *f* einer Klage.

désister (*se*) sich zurückziehen ; von etw Abstand nehmen ; (*renoncer à une poursuite*) eine Klage zurücknehmen (zurückziehen) ; *se ~ d'une affaire, d'un contrat* von einem Geschäft, von einem Vertrag zurücktreten ; (*élections*) seine Kandidatur zurückziehen ; *se ~ en faveur de qqn* seine Rechte/seine Ansprüche an jdn abtreten.

désobéissance *f* **civile** ziviler Ungehorsam *m* ; *appeler à la ~* zum zivilen Ungehorsam aufrufen.

désolidarisation *f* **1.** (*sens général*) Distanzierung *f* (von) **2.** (*traiter séparément*) Abkoppelung *f* ; *~ de l'augmentation des retraites de l'évolution des revenus réels* Abkoppelung der Rentenerhöhungen von der Entwicklung der Bruttoeinkommen.

désolidariser (*se*) sich von jdm / von einer Sache distanzieren ; von jdm / von einer Sache Abstand nehmen ; *se ~ d'un mouvement* sich von einer Bewegung distanzieren.

désordre *m* Unordnung *f* ; *~ des finances* Zerrüttung *f* der Finanzen ; *~s monétaires* Währungsturbulenzen *fpl* ; *créer* (*semer*) *le ~* Unruhe (Unfrieden) stiften ; *il a a résulté de graves ~s* es kam zu schweren Unruhen.

désorganisation *f* Desorganisation *f* ; Auflösung *f* der Ordnung ; mangelnde Organisation *f* ; *~ du marché* Marktzerrüttung *f*.

désorganiser durcheinanderbringen ; desorganisieren.

dès réception bei Empfang ; bei Eingang ; bei (nach) Erhalt.

D.E.S.S. *m* (*diplôme d'études supérieures spécialisées* ; *il est obtenu au bout d'une année et est axé sur la vie professionnelle*) fachorientiertes Hochschulstudium *n* ; Vorpromotion *f* in einem Fachstudium.

dessaisir (*jur.*) das Besitzrecht (auf etw) aberkennen ; den Besitz (von etw) entziehen ; *~ qqn d'une affaire, d'un dossier* jdm eine (Rechts)Sache (ein Dossier) entziehen ; *~ un tribunal d'une affaire* dem Gericht ein Verfahren (einen Prozess) entziehen ; *se ~ de* abtreten ; etw aufgeben ; *se ~ d'une affaire* ein Geschäft aufgeben.

dessaisissement *m* (*jur.*) Abtretung *f* ; Aufgabe *f* ; Entäußerung *f* ; Verzicht *m* ; Besitzentzug *m* ; (*faillite*) Verlust *m* ; Entzug *m* ; *~ du débiteur failli* Konkursbeschlag *m* ; *~ de la gestion de biens* Rechtsverlust auf Vermögensverwaltung ; Unzuständigkeitserklärung *f*.

des(s)aisonalisation *f* Saisonbereinigung *f* ; Desaisonalisierung *f*.

des(s)aisonalisé, e saisonbereinigt.

des(s)aisonaliser saisonbereinigen ; (*statist.*) *~é* saisonbereinigt (*syn. corrigé des variations saisonnières*).

desserrement *m* : *~ du crédit* Kreditausweitung *f* ; Lockerung *f*, Erleichterung *f* der Kreditvergabe (Kreditaufnahme) ; Abschaffung *f* der Kreditbeschränkungen.

desserrer lockern ; *~ les cordons de la bourse* (mit dem) Geld herausrücken ; den Geldhahn aufdrehen ; *~ le crédit* die Kreditgewährung erleichtern ; die Kreditbremse lockern.

desserte *f* (*d'autoroute*) Autobahnzubringer *m* ; Verbindungsstraße *f* ; Zufahrtsstraße *f* ; (*trains*) Eisenbahnanschluss *m*, -anbindung *f* ; *~ ferroviaire* Bahnanbindung.

desservir (*trafic*) die Verkehrsverbindung herstellen ; (*avion*) regelmäßig anfliegen ; anlaufen ; *~ un aéroport, une ville* einen Flughafen, eine Stadt anfliegen ; *~ une ligne* eine Linie befliegen ; *ville f bien ~ie* verkehrsgünstig gelegene Stadt *f* ; *ville ~ie par le R.E.R.* mit der S-Bahn erreichbare Stadt ; *~i par l'autoroute A 4* über die Autobahn A 4 erreichbar ; *gare f ~ie* Haltebahnhof *m* ; *ce train dessert les gares de...* dieser Zug hält in....

dessin *m* Zeichnen *n* ; *~ industriel* technisches Zeichnen ; *~s et modèles industriels* gewerbliche Muster und Modelle *npl* ; *~ publicitaire* Werbegraphik (Werbegrafik) *f*.

dessinateur *m* Graphiker/Grafiker *m* ; Zeichner *m* ; *~ d'étude* Konstruktionszeichner ; *~ industriel, publicitaire* (*maquettiste*) Industriegrafiker (technischer Zeichner) ; Werbezeichner ; Werbegraphiker *m* ; Grafik-Designer *m*.

dessous *m* : *les ~ d'une affaire, de la politique* die Hintergründe einer Affäre, die Kehrseite der Politik ; die Interna *pl* ; (*ne pas*) *connaître le ~ des cartes* (nicht) die Hintergründe (einer Angelegenheit) kennen ; *être dans le trente-sixième ~* in einer verzweifelten (katastrophalen) Lage sein.

dessous : *au ~ de* unterhalb + G ; *être ~ du seuil autorisé* unterhalb des zulässigen Schwellenwerts liegen.

dessous-de-table *m* Schmiergelder *npl* ; Bestechungsgelder ; *accepter, verser des ~* Schmiergelder nehmen, (be)zahlen.

dessus : *au ~ de* oberhalb + G ; über ; *enfants ~ de dix ans* Kinder über zehn Jahre ; *la teneur en nitrates est ~ de la limite fixée par la loi* der Nitratgehalt liegt oberhalb des gesetzlich festgesetzten Grenzwerts.

déstabilisation *f* Destabilisierung *f*.

déstabiliser destabilisieren ; aus dem Gleichgewicht bringen ; *~ un État, une situation politique* einen Staat, eine politische Situation destabilisieren.

destinataire *m* Empfänger *m* ; Adressat *m* ; *~ inconnu* Empfänger unbekannt ; unzustellbar ; *~ d'un virement* Überweisungsempfänger *m*.

destination *f* Zweck *m* ; Bestimmung(sort *m*) *f* ; Ziel *n* ; *pays m de ~* Bestimmungsland *n* ; *à ~ de* nach… ; Bestimmungsort… ; *affecter une somme à la ~ convenue* eine (Geld)Summe ihrer eigentlichen Bestimmung zuführen ; *arriver au lieu de ~* am Bestimmungsort eintreffen (ankommen) ; den Bestimmungsort erreichen ; *ce train est à ~ de…* dieser Zug fährt nach…

destiner (*à*) bestimmen zu ; etw einem Zweck zuführen.

destituer absetzen ; *~ qqn de ses fonctions* jdn seines Amtes entheben ; jdn aus seinem Amt entlassen.

destitution *f* Amtsenthebung *f* ; Dienstentlassung *f* ; Absetzung *f* ; Entfernung *f* aus dem Dienst ; *engager une procédure de ~* ein Amtsenthebungsverfahren einleiten (eröffnen).

déstockage *m* Lagerbestandsverkauf *m*, -auflösung *f* ; Abbau *m* der Lagerbestände ; (*de marchandises*) Auslagerung *f*.

déstocker das Lager abbauen (leeren).

destructeur *m* de documents Reißwolf *m*.

désuet, ète veraltet ; altmodisch ; ungebräuchlich ; aus der Mode gekommen.

désuétude *f* Ungebräuchlichkeit *f* ; *tomber en ~* außer Gebrauch kommen ; veralten.

désuni, e : *famille f ~e* zerbrochene Familie *f*.

désurbanisation *f* Entstädterung *f*.

désyndicalisation *f* gewerkschaftlicher Mitgliederschwund *m* ; Mitgliederverlust *m* ; abnehmender Organisationsgrad *m*.

détachable ablösbar ; abnehmbar ; (ab)trennbar ; (*bourse*) *coupon ~* abtrennbarer Kupon *m* ; *volet m ~* abtrennbares Blatt *n*.

détaché, e : *coupon ~é* abgetrennter Kupon *m* ; (*action*) *droit m ~* Aktie *f* ohne Bezugsrecht ; *pièce f ~ée* Einzelteil *n* ; Ersatzteil *n* ; Einzelstück *n*.

détachement *m* **1.** (*affectation*) Abordnung *f* ; Entsendung *f* ; Entsendetwerden *n* ; *en ~* abgeordnet **2.** (*bourse*) *~ du coupon* Abtrennung *f* des Kupons ; Abschnitt *m*.

détacher **1.** (*coupon*) abtrennen ; *~ un droit de souscription* ein Bezugsrecht abtrennen **2.** (*qqn*) jdn abbestellen ; abordnen ; entsenden ; delegieren ; *qqn en province, à Berlin* jdn in die Provinz, nach Berlin abordnen ; *~ du personnel pour des travaux extérieurs* Personal für Außenarbeiten abbestellen (beordern, abkommandieren) ; *~ des délégués à un congrès* Delegierte zu einem Kongress entsenden **3.** (*traiter séparément*) ausgliedern.

détail *m* **1.** Einzelheit *f* **2.** *commerce m de ~* Einzelhandel *m* ; Kleinhandel ; Einzelhandelsgeschäft *n* ; *prix m de ~* Einzelhandelspreis *m* ; *vente f au ~* Einzelverkauf *m* ; Kleinverkauf *m* ; (*arch.*) Detailverkauf *m* ; *vendre au ~* im Kleinen (einzeln) verkaufen.

détaillant *m* Einzelhändler *m* ; Einzelhandelskaufmann *m* ; Kleinhändler ; (*arch.*) Detailhändler ; *prix m chez le ~* Einzelhandelspreis *m* ; *union f des commerçants-~s* Einzelhandelsverband *m*.

détailler **1.** (*vendre au détail*) im Kleinen verkaufen ; einzeln verkaufen **2.** (*commerce de détail*) im Einzelhandel verkaufen ; über den Einzelhandel vertreiben **3.** (*dans le détail*) *~é* ausführlich ; (*téléphone*) *facturation f ~ée* detaillierte Gebührenrechnung *f* ; Einzelverbindungsnachweis *m* ; *rapport m ~é* ausführlicher Bericht *m*.

détaxation *f* Befreiung *f* von einer Gebühr (Abgabe, Steuer) ; Steuerbe-

détaxe

freiung, -senkung *f*, -erleichterung *f* ; Gebührenerlass *m*.
   détaxe *f* Steuersenkung *f* ; Zollerlass *m* ; Gebührenermäßigung *f*.
   détaxer die Steuer senken ; die Gebühren (für etw) herabsetzen (ermäßigen) ; Steuererleichterungen gewähren ; *~é* von der Steuer befreit ; abgabenfrei ; *achat m de marchandises ~ées* abgabenfreier Kauf *m* ; von der Mehrwertsteuer befreite Waren.
   détecter orten ; herausfinden ; ausfindig machen ; ausmachen ; *~ des besoins* Bedürfnisse herausfinden ; *~ une erreur, un réseau de trafiquants* einen Fehler, einen Schmugglerring aufdecken (aufspüren) ; *~ les nouvelles tendances* die neuen Trends orten.
   détecteur *m* : (*aéroport*) *~ de métal* Metalldetektor *m* ; *passer au ~* von Metalldetektoren durchleuchtet werden ; *~ de virus informatique* Virenerkennungsprogramm *n*.
   détection *f* Ausfindigmachen *n* ; Herausfinden *n* ; Ermittlung *f* ; Orten *n*.
   détective privé (**agence** *f* **de**) Detektei *f* ; Detektiv-, Ermittlungsbüro *n*.
   détendre entspannen ; entkrampfen ; entschärfen ; *~ une situation par des négociations* eine Lage durch Verhandlungen entspannen.
   détenir 1. besitzen ; haben ; halten ; innehaben ; *~ des actions, un patrimoine* ein Vermögen, Aktien halten ; *~ le monopole des eaux de vie* das Monopol der Branntweinbrennerei besitzen ; *~ plus de 10 % du capital, plus de 30 % d'une société* über zehn Prozent des Kapitals, über dreißig Prozent an einer Gesellschaft halten ; *~ une part du marché* einen Marktanteil besitzen ; *~ un gage* ein Pfand haben ; *~ en garantie* als Garantie halten **2.** (*prison*) *~ qqn* jdn in Haft (be)halten.
   détente *f* (*bourse* ; *polit.*) Entspannung *f* ; *~ des taux d'intérêt* Entspannung bei den Zinsen ; *politique f de ~* Entspannungspolitik *f* ; *noter* (*constater*) *une ~ sur le marché des actions* das Auftreten einer Entspannung auf dem Aktienmarkt feststellen.
   détenteur *m* Besitzer *m* ; Inhaber *m* ; Halter *m* ; Eigentümer *m* ; Eigner *m* ; *~ d'un compte* Kontoinhaber *m* ; *~ d'actions* Aktieninhaber ; Aktionär *m* ; *~ illégal* unrechtmäßiger Besitzer ; *~ de parts sociales* Anteilseigner *m* ; *~ d'un record* Rekordhalter *m* ; *~ de titres* Wertpapier-, Effekteninhaber ; *~ d'obligations* Obligationsinhaber ; (*Suisse*) Obligationär *m*.
   détention 1. (*jur.*) (mittelbarer) Besitz *m* ; Fremdbesitz *m* ; *~ d'actions, de titres* Aktien-, Wertpapierbesitz *f* **2.** (*prison*) Haft *f* ; Gefangenhaltung *f* ; *~ à perpétuité* lebenslange Freiheitsstrafe *f* ; *~ en attente d'expulsion* Abschiebehaft ; *~ préventive* (*provisoire*) Schutz *m* ; Untersuchungshaft ; Sicherungsverwahrung *f*.
   détenu *m* Häftling *m* ; Inhaftierte(r) ; Sträfling *m* ; Gefangene(r).
   détérioration *f* Verschlechterung *f* ; *~ de la conjoncture* Konjunkturverschlechterung ; *~ de l'emploi* Verschlechterung der Arbeitsmarktlage.
   détériorer verschlechtern ; beschädigen ; *~ la valeur* den Wert beeinträchtigen.
   déterminant, e maßgebend ; ausschlaggebend ; entscheidend.
   détermination *f* Errechnung *f* ; Festlegung *f* ; *~ d'une taxe* Gebührenfestsetzung *f*.
   déterminer bestimmen ; festsetzen ; festlegen ; ermitteln ; *~ les causes de qqch* die Ursachen einer Sache/von etw (+ D) ermitteln ; *qui ~e le prix* preisbildend.
   détonateur *m* : (*fig.*) *avoir un effet de ~ sur la bourse* sich als eine Initialzündung für die Börse auswirken.
   détournement *m* **1.** Veruntreuung *f* ; Unterschlagung *f* ; Missbrauch *m* ; *~ d'actifs* Unterschlagung von Vermögensstücken ; *~ d'impôts* Steuerhinterziehung *f*, -umgehung *f*, -umleitung *f* ; *~ de succession* Entwendung *f* von Vermögensstücken des Erblassers ; *~ de mineur* Verführung *f* von Minderjährigen **2.** *~ d'avion* Flugzeugentführung *f* **3.** *~ du trafic* Verkehrsumleitung *f*.
   détourner 1. veruntreuen ; *~ des biens successoraux* Vermögensstücke eines Erblassers entwenden ; *~ des fonds* Gelder unterschlagen ; Gelder zweckentfremdet verwenden **2.** (*avion*) entführen **3.** (*trafic*) umleiten.
   détracteur *m* Verleumder *m* ; Schmäher *m*.
   détraquer (*se*) aus den Fugen geraten ; in Unordnung geraten.

détresse *f* Not *f* ; Notlage *f* ; (*radio maritime*) *fréquence de* ~ Notfrequenz *f* ; *situation f de* ~ Notlage ; *navire m en* ~ Schiff *n* in Seenot ; *signal m de* ~ Notsignal *n* ; *être en situation de* ~ im Elend (in Not) sein ; in Not und Armut geraten, geraten sein.

détriment *m* Nachteil *m* ; Schaden *m* ; *au* ~ *de* auf Kosten G/von ; zum Schaden G/von ; zu Lasten G/von ; *au* ~ *des consommateurs* auf Kosten der Verbraucher.

dette *f* Schuld *f* ; Verbindlichkeit *f* ; Verpflichtung *f* ; ~s (*passif d'une entreprise*) Passiva *pl* ; Verbindlichkeiten *fpl* ; ◆ ~ *active* ausstehende Schuld ; Forderung *f* ; ~ *amortie* abbezahlte (getilgte) Schuld ; ~s *de l'État* → *publique* ; ~ *exigible* fällige Schuld ~ *extérieure, intérieure* Auslands-, Inlandsverschuldung *f* ; ~s *fournisseurs* Verbindlichkeiten aus Lieferungen und Leistungen ; ~ *passives* Verbindlichkeiten ; (*fisc*) ~ *prioritaire* bevorzugte Forderung *f* ; ~ *publique* öffentliche Schuld ; Staatsschuld ; ~s *à court, à long terme* kurzfristige, langfristige Schulden ; ~ *envers les tiers* externe Verbindlichkeiten ; ◆◆ (*France*) *remboursement m de la* ~ *sociale* (*R.D.S.*) Sonderabgabe *f* zum Abbau des Defizits der Sozialversicherung ; *service m de la* ~ Schuldendienst *m* ; ◆◆◆ *avoir des* ~s *auprès de qqn* bei jdm Schulden haben ; in jds Schuld stehen ; (*fam.*) bei jdm in der Kreide stehen ; *contracter* (*faire*) *des* ~s Schulden machen ; *être criblé de* ~s hochverschuldet sein ; bis über den Kopf verschuldet sein ; *publier la* ~ *du commerce extérieur* die Außenhandelsverschuldung veröffentlichen ; *régler* (*rembourser*) *une* ~ eine Schuld zurückzahlen (abtragen, tilgen).

D.E.U.G. *m* (*diplôme d'études universitaires générales*) Vordiplom *n*.

deux-huit : *faire les* ~ in zwei Schichten arbeiten ; zweischichtig arbeiten.

deuxième zweit- ; ~ *choix m* (*catégorie f*) zweite Wahl *f* ; *un billet de* ~ *classe pour Francfort, svp* bitte, eine Fahrkarte zweiter Klasse nach Frankfurt ; (*soldes*) ~ *démarque* zweite Preisreduzierung *f* ; zweiter (nochmaliger) Preisabschlag *m*.

deuxième *f* **de change** (*pour paiements outre-mer*) Sekundawechsel *m*.

deux-pièces *m* Zweizimmerwohnung *f*.

dévaliser : ~ *un magasin* **a)** ein Geschäft leerkaufen ; alles aufkaufen **b)** (*braquer*) ein Geschäft plündern ; ~ *qqn* jdn ausplündern.

dévalorisation *f* Entwertung *f* ; Wertminderung *f* ; Wertverlust *m* ; ~ *de l'argent* Geldabwertung, -entwertung.

dévaloriser abwerten ; entwerten.

dévaluation *f* (Geld)Abwertung *f* ; Devalvation *f* ; Devaluation *f* ; Entwertung *f*.

dévaluer (*une monnaie*) (eine Währung) abwerten ; entwerten ; devalvieren.

devancer etw zeitlich vorwegnehmen ; ~ *la concurrence* die Konkurrenz übertreffen (überflügeln) ; ~ *une objection* einem Einwand zuvorkommen.

devanture *f* Schaufenster *n* ; Auslage *f*.

dévastateur, rice verheerend ; *les conséquences* ~*rices du chômage* die verheerenden Folgen der Arbeitslosigkeit.

développement *m* Entwicklung *f* ; Förderung *f* ; Wachstum *n* ; ~ *horizontal* Breitenentwicklung *f* ; ~ *du nucléaire* Ausbau *m* der Kernenergie ; *aide f aux pays en voie de* ~ Entwicklungshilfe *f* ; *faible niveau m de* ~ schwaches Entwicklungsniveau *n* ; *pays m en voie de* ~ Entwicklungsland *n* ; *société f de* ~ *régional* Gesellschaft *f* für regionale Entwicklung ; *société f en plein* ~ expandierende Gesellschaft ; *in vollem Aufschwung befindliche Gesellschaft*.

développer entwickeln ; ausbauen ; fördern ; intensivieren ; steigern ; *se* ~ sich entwickeln ; wachsen ; ~ *la capacité d'une installation* die Kapazität einer Anlage ausbauen ; ~ *le réseau routier, un secteur industriel* das Straßennetz, einen Industriezweig ausbauen.

développeur *m* (*informatique*) ~ *de programmes* Systementwickler *m* ; Netzwerkbetreuer *m* ; Netzwerkspezialist *m*.

déversement *m* Schütten *n* ; Ausschüttung *f* ; ~ *d'hydrocarbures dans l'océan* Verklappung *f* ; Schütten *n* von Öl in den Ozean.

déverser : ~ *des flots de touristes dans une région* eine Gegend mit einer Unzahl von Touristen überschwemmen ; ~ *des produits sur le marché* den Markt mit Waren überschwemmen ; Waren auf den Markt werfen.

déviation *f* Abweichung *f* ; (*transports*) Umleitung *f* ; (*statist.*) ~ *standard* Standardabweichung *f* ; *route f de* ~ Umgehungsstraße *f.*

déviationnisme *m* (*polit.*) Abweichlertum *n.*

déviationniste *m* Abweichler *m* ; Deviationist *m.*

devis *m* Kosten(vor)anschlag *m* ; Kostenaufstellung *f* ; *établir un* ~ einen Kosten(vor)anschlag machen (ausarbeiten) ; *établir le* ~ *des coûts* die Kosten vorausschlagen ; eine Vorkalkulation machen.

devise *f* Devise *f* ; Valuta *f* ; Fremdwährung *f* ; ◆ ~ *convertible* konvertierbare Devise ; ~*s étrangères* Valuten *fpl* ; Devisen *fpl* ; ausländische Zahlungsmittel *npl* ; ~ *faible, forte* Weich-, Hartwährung ; ◆◆ *achat m en* ~*s* Devisenbeschaffung *f* ; *avoir m en* ~*s* Devisenguthaben *n* ; *bourse f des* ~*s* Devisenbörse *f,* -handel *m* ; *contrôle m des* ~*s* Devisenkontrolle *f,* -bewirtschaftung *f* ; *cours m des* ~*s* Devisenkurs *m* ; *marché m des* ~*s* Devisenmarkt *m* ; *opération f sur les* ~*s* Devisengeschäft *n* ; *pénurie f de* ~*s* Devisenmangel *m* ; *réglementation f des* ~*s* Devisenbewirtschaftung *f* ; Devisenordnung *f* ; *rentrées fpl de* ~*s* Deviseneingänge *mpl* ; *réserve f de* (*en*) ~*s* Devisenbestand *m* ; Devisenpolster *n* ; *restrictions fpl en matière de* ~*s* Devisenbeschränkungen *fpl* ; Devisenrestriktionen *fpl* ; *sorties fpl, transfert m de* ~*s* Devisenabfluss *m,* -transfer *m.*

devoir 1. (*dette*) (Geld) schulden ; schuldig sein ; *je lui dois 50 euros* ich schulde ihm 50 € **2.** verdanken ; *je lui dois d'avoir obtenu ce poste* Ich verdanke (es) ihm, diese Stelle erhalten zu haben **3.** (*cause*) *être dû à* auf etw (+ A) zurückzuführen sein ; *le retard de livraison est dû à une grève* der Lieferungsverzug ist auf einen Streik zurückzuführen ; ein Streik ist schuld am Lieferungsverzug.

devoir *m* Aufgabe *f* ; Pflicht *f* ; Verpflichtung *f* ; ~*s d'une charge* Amtspflichten ; ~ *civique* Bürgerpflicht ; ~ *d'entretien* Unterhaltspflicht ; *le* ~ *d'informer et de conseiller* Informations- und Konsultationspflicht ; *accomplissement m de ses* ~*s* Erfüllung *f* seiner Pflichten ; *manquement m au* ~ Pflichtverletzung *f* ; *faire son* ~ seine Pflicht erfüllen.

dévolu, e zugefallen ; anheimgefallen ; ~ *à titre d'héritage* erbfällig ; rechtmäßig als Erbe zugefallen ; *biens mpl* ~*s* angefallene Vermögenswerte *mpl* ; *droit m* ~ angefallenes Recht *n* ; *être* ~ *au fisc* dem Fiskus zufallen.

dévolution *f* Anfall *m* ; Heimfall *m* ; Übergang *m* ; Übertragung *f* ; ~ *d'un droit* Rechtsübertragung *f* ; ~ *à l'État* Heimfall *m* an den Staat ; (*succession*) Anfall *m* einer Erbschaft ; Erbanfall *m* ; ~ *légale* (*succession non préparée*) gesetzlicher Erbanfall ; ~ *volontaire* freiwilliger Erbanfall.

dévoué, e : *un serviteur* ~ *de l'État* ein pflichtergebener Staatsdiener ; *veuillez agréer, Madame, Monsieur, l'expression de nos sentiments* ~*s* mit freundlichen Grüßen.

D.F. (*droit fixe*) feste Gebühr *f* ; feste Abgabe *f.*

D.G. *m* (*directeur général*) Generaldirektor *m.*

D.G.C.C.R.F. (*la*) (*Direction générale de la concurrence, de la consommation et de la répression des fraudes*) französische Preisüberwachungsbehörde *f* ; (*équivalent allemand*) Kartellamt *n* (in Berlin).

D.G.I. *f* (*Direction générale des impôts*) oberste Steuerbehörde *f.*

D.I. 1. *destinataire inconnu* Empfänger unbekannt **2.** *dommages et intérêts* Schadensersatz *m.*

diable : *tirer le* ~ *par la queue* am Hungertuch nagen ; in dürftigen Verhältnissen leben ; Not leiden ; von der Hand in den Mund leben.

diagramme *m* Diagramm *n* ; ~ *des réservations hôtelières* Reservierungsspiegel *m* ; *représenter la croissance démographique sur un* ~ den Bevölkerungszuwachs in einem Diagramm darstellen.

dialer *m* (*Internet*) Dialer *m* ; Modem-Bedienung *f.*

dialogue *m* Dialog *m* ; Gespräch *n* ; *aptitude f au* ~ Gesprächsfähigkeit *f* ; *avoir un* ~ *avec qqn* mit jdm einen Dialog führen ; *conduire, poursuivre, rechercher le* ~ den Dialog führen, fortführen, suchen ; *engager, interrompre le* ~ das Gespräch aufnehmen, unterbrechen ; *renouer, reprendre le* ~ mit jdm wieder in Kontakt treten ; das Gespräch wieder aufnehmen ; *le* ~ *s'est instauré* der

diapositive *f* Diapositiv *n* ; (*fam.*) Dia *n*.
dictaphone *m* Diktiergerät *n*.
dictée *f* Diktat *n* ; *écrire sous la ~* nach Diktat schreiben.
dicter diktieren ; *~ ses conditions à qqn* jdm Bedingungen vorschreiben (auferlegen, aufzwingen).
diesel *m* **1.** (*carburant*) Dieselöl *n* ; Diesel(kraftstoff) *m* **2.** (*moteur*) Dieselmotor *m* **3.** (*véhicule*) Diesel(wagen) *m* ; Dieselfahrzeug *n* ; *motrice f -~* Diesel-Triebwagen *m*.
diésélisation *f* (*du parc automobile*) Umstellung *f* auf Dieselwagen.
diététicien *m* Ernährungskundler *m* ; Diätetiker *m*.
diététique *f* Diätetik *f* ; diätetische Ernährungsweise *f*.
diététique : *aliment m ~* Diätetikum *n* ; *magasin m de produits ~s* Reformhaus *n* ; *produits mpl ~s* Reform- und Diätkost *f* ; Diätetika *npl*.
diffamation *f* Diffamierung *f* ; Diffamation *f* ; Verleumdung *f* ; üble Nachrede *f* ; Verunglimpfung *f* ; *procès m en ~* Beleidigungsklage *f*, -prozess *m* ; Verleumdungsklage ; *lancer une campagne de ~ contre qqn* eine Verleumdungskampagne gegen jdn starten ; *porter plainte contre qqn pour ~* gegen jdn eine Verleumdungsklage erheben ; *poursuivre qqn en ~* eine Verleumdungsklage gegen jdn einreichen.
diffamatoire verleumderisch ; diffamatorisch ; *propos mpl ~s* diffamatorische Äußerungen *fpl* ; verleumderische Rede *f* ; üble Nachrede *f*.
diffamer diffamieren ; verleumden ; diskriminieren ; (jdn) in schlechten Ruf bringen ; Rufmord (an jdm) betreiben.
différé (en) : (*télé.*) als Aufzeichnung ; zeitversetzt ; *retransmission f ~* zeitversetzte Übertragung *f* ; *transmettre ~* zeitversetzt senden ; *utiliser du matériel de communication ~* Kommunikationsmaterial zeitversetzt nutzen.
différence *f* Rest *m* ; Fehlbetrag *m* ; Defizit *n* ; Unterschied *m* ; Differenz *f* ; (*écart*) Spannweite *f* ; (*somme d'argent*) Unterschiedsbetrag *m* ; (*bourse*) *~ de change* Kursabweichung *f* ; Wechselkursdifferenz *f* ; (*statist.*) *~ compensée* ausgewogene Differenz ; *~ de cours* Kursunterschied ; *une ~ de trois euros* eine Differenz von drei Euro ; *~ entre les prix* Preisgefälle *n* ; Preisspanne *f* ; Preisunterschied *m* ; *accuser une ~* ein Defizit aufweisen.
différenciation *f* Differenzierung *f* ; Unterscheidung *f*.
différencier differenzieren ; (bis ins Einzelne) unterscheiden ; *se ~ de* sich differenzieren von.
différend *m* Meinungsverschiedenheit *f* ; Differenzen *fpl*.
différentiel *m* Abstand *m* ; Differenz *f* ; Unterschied *m* ; *~ d'inflation* differenzielle Inflationsrate *f* (zwischen zwei Ländern).
différentiel, le gestaffelt ; differenziell ; Differenzial- ; Unterschieds- ; *calcul m ~* Differenzialrechnung *f* ; *coût m ~* Mehrkosten *pl* ; *marques fpl ~les* differenzielle Merkmale *npl* ; *taxe f ~le* gestaffelte Steuer *f* ; (*douane*) Differenzialzoll *m* ; Unterschiedszoll *m*.
différer 1. aufschieben ; *~ le paiement* die Zahlung aufschieben (stunden) ; *actions fpl ~ées* (*les dernières à toucher des dividendes*) Nachzugsaktien *fpl* ; (*bilan*) *charges fpl ~ées* nachträglich getätigte Ausgaben *fpl* ; (*médias*) *~é* zeitversetzt ; *paiement ~é* gestundete Zahlung *f* **2.** *~ de* sich unterscheiden (von) ; voneinander abweichen.
difficulté(s) *f(pl)* Schwierigkeit(en) *f(pl)* ; Problem(e) *n(pl)* ; ◆ *~s financières, matérielles, techniques* finanzielle, materielle, technische Schwierigkeiten(Probleme) ; ◆◆ *entreprise en ~s* marode (notleidende, angeschlagene) Firma *f* ; ◆◆◆ *avoir des ~s de parking* Parkplatzsorgen haben ; *avoir des ~s scolaires* Lernschwächen aufweisen ; *avoir des ~s de trésorerie (financières)* in Finanznöten stecken ; Liquiditätsschwierigkeiten haben ; finanzielle Schwierigkeiten (Geldprobleme) haben ; *connaître des ~s* in Schwierigkeiten stecken ; *faire des ~s à qqn* jdm Schwierigkeiten machen ; *mettre qqn en ~s* jdn in Schwierigkeiten bringen ; *rencontrer (connaître) des ~s* auf Schwierigkeiten stoßen ; in Schwierigkeiten kommen (geraten) ; *surmonter des ~s passagères* vorübergehende Schwierigkeiten, überwinden.
diffuser 1. (*commercialiser*) absetzen ; verkaufen ; vertreiben ; kommer-

zialisieren ; vermarkten **2.** (*médias*) ausstrahlen ; senden ; streuen ; ~ *des informations* Nachrichten senden (bringen) ; *le programme est ~é sur toutes les chaînes* das Programm wird von allen Sendern (über alle Kanäle) ausgestrahlt.

diffuseur *m* Verteiler *m* (*syn. distributeur*).

diffusion *f* **1.** (*commercialisation*) Verbreitung *f* ; Absatz *m* ; Verkauf *m* ; Vertrieb *m* ; Kommerzialisierung *f* ; Vermarktung *f* ; *avoir une forte, une faible ~* eine weite, geringe Verbreitung haben **2.** (*médias*) Sendung *f* ; Ausstrahlung *f* ; Übertragung *f* ; Streuung *f* ; Auflage *f* ; *~ de l'information* Verbreitung *f* von Nachrichten ; *une large ~ publicitaire* eine breite Streuung *f* der Werbung.

digérer (*fam.*) auffangen ; *~ une hausse de prix, une récession économique, un choc pétrolier* eine Preissteigerung, einen Konjunkturrückgang, einen Ölschock auffangen.

digital, e 1. digital ; *bande f ~e* Digitalband *n* ; *programme m, télévision f ~(e)* digitales Programm *n* ; digitales Fernsehen *n* ; (*syn. numérique*) **2.** *empreintes fpl ~es* Fingerabdrücke *mpl*.

digitalisation *f* Digitalisierung *f* ; (*syn. numérisation*).

digitaliser digitalisieren (*syn. numériser*).

digitel *m* Drucktastentelefon *n*.

dignitaire *m* Würdenträger *m* ; (*parti*) Funktionär *m* (einer Partei).

diktat *m* Diktat *n*.

dilapidation *f* Verschleuderung *f* ; Vergeudung *f* ; Verschwendung *f*.

dilapider verschwenden ; verschleudern ; vergeuden ; *~ les fonds publics* öffentliche Gelder verschleudern.

dilatoire verzögernd ; dilatorisch ; *mesures fpl ~s* hinhaltende Maßnahmen *fpl*.

dilemme *m* **1.** Dilemma *n* **2.** (*marketing : produit à fort taux de croissance mais à faible taux de parts de marché*) Question mark *f*.

dilettante *m* Dilettant *m* ; (*péj.*) Stümper *m* ; *travail m de ~* dilettantenhafte Arbeit *f* ; (*péj.*) stümperhafte Arbeit ; Stümperei *f* ; *se comporter en ~* dilettantisch vorgehen.

dilettantisme *m* Dilettantismus *m* ; (*péj.*) Stümperhaftigkeit *f* ; *faire du ~* dilettieren.

diligence *f* Sorgfalt *f* ; *apporter la plus grande ~ à qqch* größte Sorgfalt auf etw (+ A) verwenden.

diligenter einleiten ; *~ une enquête* (*contre qqn*) (gegen jdn) ein Ermittlungsverfahren einleiten ; *~é par* eingeleitet (durchgeführt) von.

diluer verwässern ; *~ le capital* das Kapital streuen.

dilutif, ive (*bourse*) gewinnreduzierend ; *opération f ~ive* (*bénéfice net par action plus faible après une augmentation de capital*) gewinnschmälerndes Geschäft (*contr. relutif*).

dilution *f* (*bourse*) Verdünnung *f* ; Verwässerung *f* ; Gewinnminderung *f* (pro Aktie bei einer Kapitalaufstockung) (*contr. relution*) ; *~ du capital* Kapitalverwässerung ; Kapitalverzehr *m*.

dimanche et fêtes/ dimanche et jours fériés (*transports*) nur an Sonntagen und (gesetzlichen) Feiertagen ; nur an Sonn- und Feiertagen.

dîme *f* (*hist.*) Zehnt(er) *m* ; (*fig.*) *le fisc prélève sa ~* der Fiskus erhebt seinen Zehnt ; das Steueramt schröpft die Bürger.

dimension *f* (*importance, taille*) Größe *f* ; (*surface, volume*) Umfang *m* ; Maß *n* ; Ausdehnung *f* ; *de toutes les ~s* jeder Größe ; *les ~s d'un terrain* die Größe (der Umfang) eines Grundstücks ; *des meubles dans toutes les ~s* Möbelstücke *npl* unterschiedlicher Größe ; *avoir des ~s respectables* einen erheblichen Umfang haben ; *indiquer les ~ s de qqch* die Maße von etw angeben.

diminuer verkleinern ; vermindern ; (ver)kürzen ; senken ; abbauen ; ermäßigen ; herabsetzen ; reduzieren ; schmälern ; schrumpfen ; zurückgehen ; (im Preis) heruntergehen ; *~ le coût de production* die Produktion verbilligen ; *~ le taux d'intérêt* den Zinssatz herabsetzen ; *le personnel a ~é de 5 %* die Belegschaft schrumpfte um 5 Prozent.

diminution *f* Verminderung *f* ; Abbau *m* ; Sinken *n* ; Senkung *f* ; Herabsetzung *f* ; Abnahme *f* ; Beeinträchtigung *f* ; Rückgang *m* ; Beschneidung *f* ; Einbuße *f* ; Kürzung *f* ; Reduzierung *f* ; Schwund *m* ; Verbilligung *f* ; *~ de la demande* Nachfragerückgang *m* ; *~ des effectifs* Personalabbau *m* ; *~ de la natalité* Geburtenrückgang *m* ; (*jur.*) *~ de peine* Verkürzung der Freiheitsstrafe ; *~*

du pouvoir d'achat Kaufkraftschwund *m* ; ~ *de prix* Preisabschlag *m*, -nachlass *m*, -minderung *f* ; ~ *de salaire* Lohnverzicht *m* ; ~ *du temps de travail* Arbeitszeitverkürzung *f* → **R.T.T.** ; ~ *par deux des parts de marché* die Halbierung eines Marktanteils ; (*assur.*) ~ *d'un risque* Risikominderung *f* ; *sans* ~ *de salaire* bei vollem Lohn- und Gehaltsausgleich ; ohne Lohnverzicht.

dink *m* (*double income no kids*) kinderloses Paar *n* mit Doppelverdienst ; Doppelverdiener *mpl* ohne Kinder.

dioxyde *m* **de carbone** Kohlendioxid *n* ; *diminuer les émissions de ~s* den (Kohlen)Dioxidausstoß (die Dioxidemissionen) reduzieren.

diplomate *m* Diplomat *m*.

diplomate (*adj.*) diplomatisch ; schlau ; intelligent ; geschickt ; *être très* ~ sehr geschickt (diplomatisch) sein ; *ce n'était pas très* ~ *de la part du patronat* es war von den Arbeitgebern nicht sehr diplomatisch.

diplomatie *f* Diplomatie *f*.

diplomatique diplomatisch ; *corps m* ~ diplomatisches Korps *n* ; diplomatische Vertretung *f* ; *maladie f* ~ Scheinkrankheit *f* ; *la valise* ~ der diplomatische Kurier ; *créer une représentation* ~ *à l'étranger* eine diplomatische Vertretung im Ausland einrichten ; *nouer, rompre les relations ~s* diplomatische Beziehungen aufnehmen, abbrechen.

diplôme *m* Diplom *n* ; Urkunde *f* ; Zeugnis *n* ; Abschlusszeugnis *n* ; Abschluss *m* ; ~ *de fin d'études* Abschlusszeugnis *n* ; *sans* ~ ohne Bildungsabschluss ; *quitter l'Université sans* ~ die Hochschule ohne Abschluss verlassen.

diplômé *m* Absolvent *m* ; Inhaber *m* eines Diploms ; Akademiker *m*.

diplômé, e mit einem Diplom versehen ; diplomiert ; ~ *de l'enseignement supérieur* Hochschulabsolvent ; Akademiker *m* ; ~ *d'État* staatlich geprüft ; ~ *d'études supérieures de gestion* Diplombetriebswirt *m* ; ~ *d'une grande école de commerce* (*du haut enseignement commercial*) Diplombetriebswirt *m* ; *jeune* ~ Jungabsolvent *m* ; *ingénieur m* ~ Diplomingenieur *m* ; *ingénieur commercial* ~ Diplomkaufmann *m*.

direct, e direkt ; unmittelbar ; *banque f ~e* Direktbank *f* ; *conséquence f ~e de qqch* unmittelbare Folge von etw ; *contributions fpl ~es* direkte Steuern ; *correspondance f ~e* unmittelbare Zug-, Flugverbindung *f* ; *coût m* ~ Einzelkosten *pl* ; Teilkosten *pl* ; auf eine Produktionseinheit entfallende Kosten *pl* ; Primärkosten *pl* ; *impôt m* ~ Direktsteuer *f* ; (*téléph.*) *ligne f ~e* direkter Anschluss *m* ; *mandat m* ~ Direktmandat *n* ; (*informatique*) *mémoire f ~e* Direktzugriffswahl *f* ; *numéro m* ~ Durchwahl *f* ; *retransmission f en* ~ Direktübertragung *f* ; *live* ; *suffrage m* ~ Direktwahl *f* ; *train m* ~ Durchgangszug *m* (D-Zug) ; *vente f ~e* direkter Absatz *m* ; Direktverkauf *m* ; Direktvertrieb *m*, -vermarktung *f* ; *vol m* ~ Direktflug *m*.

directeur *m* Direktor *m* ; Leiter *m* ; Chef *m* ; Abteilungsleiter *m* ; Dezernent *m* ; ~ *d'achat* Einkaufsleiter ; ~ *adjoint* stellvertretender (geschäftsführender) Direktor ; ~ *administratif* Verwaltungsleiter ; kaufmännischer Leiter ; ~ *d'agence* Niderlassungs-, Zweigstellenleiter *m* ; ~ *commercial* Verkaufsleiter ; Vertriebsleiter ; kaufmännischer Leiter ; kaufmännischer Direktor *m* ; ~ *comptable* Chefbuchhalter *m* ; Buchhaltungsleiter *m* ; ~ *d'une entreprise* Betriebsleiter *m* ; ~ *financier* Finanzabteilungsleiter ; Leiter des Rechnungswesens ; ~ *général* Generaldirektor ; leitender Direktor ; Vorstand *m* ; Vorstandsvorsitzende(r) ; ~ *du marketing* Marketingdirektor ; ~ *du personnel* Personalleiter, -chef ; ~ *de production* Produktionsleiter ; ~ *des relations internationales* Direktor für internationale Beziehungen ; ~ *régional* Bezirksdirektor ; ~ *des ressources humaines* Personalberater *m*, -leiter *m* ; Personalmanager *m* ; ~ *de thèse* Doktorvater *m* ; (*cogestion*) ~ *du travail* Arbeitsdirektor ; ~ *technique* technischer Leiter ; technischer Direktor ; ~ *des ventes* Verkaufsleiter ; *nommer qqn* ~ jdn als Direktor einsetzen.

direction *f* Führung *f* ; Leitung *f* ; Lenkung *f* ; Management *n* ; Geschäftsführung *f* ; Vorstand *m* ; Direktion *f* ; oberste Behörde *f* ; ♦ ~ *commerciale* Geschäftsführung ; Leiter der Vertriebsabteilung ; ~ *collégiale* kollegiale Führung ; ~ *de l'entreprise* Unternehmensleitung ; Betriebsführung ; Werksleitung ; ~ *générale* Geschäftsleitung ;

direction assistée

Unternehmensführung, -leitung ; *~ générale des douanes* Zollbehörde ; *~ générale des impôts (D.G.I.)* oberste Steuerbehörde ; *~ d'un groupe industriel* Konzernleitung ; *~ du personnel* Personalabteilung *f* ; *~ des ressources humaines (D.R.H.)* → *direction des ressources humaines* ; *~ unique* einheitliche Leitung ; ◆◆ *assistant m de ~* Direktionsassistent *m* ; *comité m de ~* Vorstand *m* ; *étage m de ~* Chefetage *f* ; *personnel m de ~* Führungskräfte *fpl* ; leitende Angestellte *pl* ; leitendes Personal *n* ; Leitende *pl* ; *poste m de ~* leitende Stellung *f* ; Führungsstellung ; Direktorenposten *m* ; *sous la ~ de* unter der Leitung von ; ◆◆◆ *destituer qqn de son poste de ~* jdn als Direktor absetzen ; *élire qqn à un poste de ~* jdn zum Direktor wählen ; *prendre la ~* die Geschäftsführung übernehmen ; *quitter la ~* aus der Geschäftsführung (aus)scheiden ; die Leitung niederlegen ; *se voir confier la ~ d'une société* mit der Firmenleitung betraut werden.

direction *f* **assistée** *(automobile)* Servolenkung *f.*

direction *f* **des ressources humaines (D.R.H.)** Personalabteilung *f* ; Personalmanagement *n* ; Humanressources-Management *n* ; Direktion *f* für Humankapital.

directive *f* (An)Weisung *f* ; Vorschrift *f* ; Richtlinie *f* ; Anleitung *f* ; Direktive *f* ; *~ européenne* EU-Richtlinie ; EU-Rahmengesetz *n* ; *se conformer à une ~ de la direction* nach einer Weisung der Geschäftsführung handeln ; die Vorschrift der Direktion befolgen (beachten) ; *donner une ~* eine Anweisung geben (erteilen) ; *recevoir des ~s* Weisungen erhalten ; *s'en tenir aux ~s (de qqn)* sich an (jds) Vorschriften halten.

directoire *m* Vorstand *m* (einer AG) ; Direktorium *n* ; leitende Behörde *f* ; *président du ~* Vorsitzende(r) (Sprecher *m*) des Vorstands.

directrice *f* Direktorin *f* ; Leiterin *f* ; *(mode)* Direktrice *f.*

dirigeant *m* Leiter *m* ; Führer *m* ; Manager *m* ; Führungskraft *f* ; leitende(r) Angestellte(r) ; Leitende(r) ; *(hist. R.D.A.)* Kader *m* ; *~ syndicaliste* Gewerkschaftsführer *m*, -funktionär *m.*

diriger führen ; leiten ; lenken ; vorstehen ; *classe f dirigeante* Führungsschicht *f* ; herrschende Klasse *f* ; *économie f ~ée* Planwirtschaft *f* ; Zentralverwaltungswirtschaft ; *~ une entreprise* einen Betrieb leiten.

dirigisme *m* Planwirtschaft *f* ; Wirtschaftslenkung *f* ; Dirigismus *m* ; gelenkte Wirtschaft *f.*

dirigiste dirigistisch ; *mesures fpl ~s* dirigistische Maßnahmen *fpl.*

disagio *m* *(bourse)* Disagio *n* ; Preisabschlag *m* ; Kursabschlag.

disciplinaire disziplinarisch ; Disziplinar- ; *mesure f ~* Disziplinarmaßnahme *f* ; *sanction f ~* Disziplinarstrafe *f* ; Ordnungsstrafe ; *être muté pour raison ~* strafversetzt werden.

discipline *f* **1.** Disziplin *f* ; Zucht *f* ; *~ budgétaire, des coûts, de parti, salariale, syndicale* Haushalts-, Kosten-, Partei-(parteipolitische), Lohn-, Gewerkschaftsdisziplin ; *conseil m de ~* Disziplinargericht *n* ; *manquer à la ~ syndicale* gegen die Gewerkschaftsdisziplin verstoßen **2.** Disziplin *f* ; (Unterrichts)Fach *n* ; Fachbereich *m.*

discount *m* **1.** Discountpreis *m* ; Rabatt *m* ; Preisnachlass *m* ; Preisermäßigung *f* ; *hard ~* Harddiscount *m* **2.** *(magasin ~)* Discountgeschäft *n* ; Discounter *m* ; *prix m ~* Discountpreis *m.*

discounté, e zu Discountpreisen ; zu herabgesetzten Preisen.

discounter *m* Discountgeschäft *n* ; Discountladen *m.*

discours *m* Rede *f* ; Vortrag *m* ; Ansprache *f* ; *~ d'inauguration* Eröffnungsrede.

discrédit *m* Misskredit *m* ; *jeter le ~ sur qqn* jdn in Verruf (in Misskredit) bringen ; jdn verdächtigen.

discréditer in Misskredit bringen ; diskreditieren.

discret, ète diskret ; zurückhaltend ; verschwiegen ; *envoi sous pli ~* diskreter Versand *m.*

discrétion *f* **1.** Verschwiegenheit *f* ; Zurückhaltung *f* ; Diskretion *f* ; *~ assurée* Vertraulichkeit wird zugesichert ; Diskretion zugesichert ; *s'en remettre à la ~ de qqn* sich auf jds Diskretion verlassen ; *(coresp.) Nous pouvons vous assurer de notre entière ~* Wir können Ihnen Vertraulichkeit (absolute Diskretion) zusichern ; *Je sollicite votre entière ~ concernant cette affaire* ich bitte um äußerste Diskretion in dieser

Angelegenheit 2. Ermessen *n* ; Belieben *n* ; *à ~* nach Belieben ; so viel Sie wollen ; *à la ~* nach (freiem) Ermessen ; *laisser à l'entière ~* dem (freien) Ermessen überlassen.

discrétionnaire willkürlich ; dem freien Ermessen überlassen ; *pouvoir m ~* Ermessensfreiheit *f* ; freies Ermessen *n* ; *abus m de pouvoir ~* Ermessensmissbrauch *m* ; *mandat m ~* Generalvollmacht *f.*

discrimination *f* 1. Unterscheidung *f* 2. Diskriminierung *f* ; ungleiche Behandlung *f* ; *~ professionnelle* Diskriminierung in Beschäftigung und Beruf ; *~ raciale, religieuse, sociale* Rassen-, religiöse, soziale Diskriminierung.

discriminatoire diskriminierend ; *régime m ~* unterschiedliche Behandlung *f.*

discriminer 1. unterscheiden 2. diskriminieren.

disculpation *f* Entlastung *f* ; Schuldabweisung *f* ; Schuldbefreiung *f* ; Rechtfertigung *f.*

disculper entlasten ; *se ~* sich rechtfertigen ; die Schuld an etw (+ D) abweisen.

discussion *f* 1. Erörterung *f* ; Diskussion *f* ; Debatte *f* ; Gespräch *n* ; Verhandlung *f* ; *~ du budget* Haushaltsberatung *f* ; Gesprächsrunde *f* ; Tarifauseinandersetzung *f* ; *donner matière à ~* für Diskussionsstoff sorgen ; *être en ~* zur Diskussion (Debatte) stehen ; *faire (être) l'objet de ~s* Gegenstand von Auseinandersetzungen sein ; *interrompre des ~s* Gespräche unterbrechen ; *intervenir dans une ~* sich in ein Gespräch einmischen ; *mettre qqch en ~* etw zur Diskussion (Debatte) stellen ; *participer à des ~s sur qqch* an Gesprächen über etw teilnehmen ; *reprendre des ~s* ein Gespräch wieder aufnehmen ; *ne pas supporter de ~s* keine Widerrede (v)ertragen 2. *(jur.) renoncer au bénéfice de la ~* auf die Einrede der Vorausklage verzichten ; selbstschuldnerisch bürgen.

discutable streitig ; anfechtbar.

discuter diskutieren ; besprechen ; erörtern ; verhandeln ; *~ affaires, politique* über Geschäfte, über Politik diskutieren ; *~ métier (boulot)* fachsimpeln ; *~ sur (de) qqch* über etw sprechen.

disette *f* Hungersnot *f* ; Knappheit *f* ; Mangel *n.*

disgrâce *f (polit.)* Ungnade *f* ; *tomber en ~* in Ungnade fallen ; *être tombé en ~* in Ungnade sein.

disparité *f* Unterschied *m* ; Diskrepanz *f* ; Disparität *f* ; Verschiedenheit *f* ; *~ des prix* Preisdiskrepanz, -unterschied ; *~ des prix et des salaires* Lohn-Preis-Gefälle *n.*

disparition *f* Schwund *m* ; Verschwinden *n* ; *~ des petits commerces, des espèces animales* Laden-, Artensterben *n.*

disparu *m* Vermisste(r) ; Verschollene(r) ; *figurer sur une liste de personnes ~es* auf einer Vermisstenliste stehen.

dispatche *f (navigation : répartition des coûts et dommages en cas d'avarie)* Dispatche *f* ; Schadensberechnung und -verteilung *f* ; *établir une ~* eine Dispatche aufmachen.

dispatcher *(navigation)* dispatchieren ; eine Dispatche erstellen.

dispatcheur *m (maritime)* Dispatcheur *m* ; *(cadre supérieur chargé du contrôle de production industrielle)* Dispatcher *m* ; leitender Angestellte(r), der für den Produktionsablauf zuständig ist ; Sachverständige(r) für Dispatche-Erstellung.

dispatching *n* 1. *(industrie)* Dispatching *n* ; Dipatschersystem *n* ; Produktionsüberwachung *f* 2. *(trafic ferroviaire)* Kontrollstelle *f* für den Zugverkehr und die dazu notwendige Stromverteilung.

dispendieux, euse kostspielig ; mit Ausgaben verbunden.

dispense *f* 1. Befreiung *f* ; Dispensierung *f* ; Dispens *m* ; Entbindung *f* ; *~ d'âge* Aufhebung *f* der Altersgrenze ; *accorder une ~* eine Dispensierung gewähren ; Dispens erteilen ; *demander une ~ d'âge* eine Aufhebung der Altersgrenze beantragen 2. Erlass *m* ; Erlassung *f.*

dispenser *(de)* befreien (von) ; dispensieren ; befreit sein (von) ; entbinden ; *être ~é de service, de taxes* vom Dienst dispensiert, von der Zahlung von Abgaben befreit sein ; *être ~é de timbrage* portofrei sein ; *se ~ d'une obligation* sich einer Verpflichtung entziehen ; einer Verpflichtung nicht nachkommen ; *se faire ~ de qqch* etw unterlassen.

disperser streuen ; zerstreuen ; *~ des manifestants* Demonstranten zerstreuen.

dispersion *f* Zerstreuung *f* ; Zersplitterung *f* ; (*statist.*) Dispersion *f* ; Streuung *f* ; ~ *excessive* Überstreuung *f* ; ~ *insuffisante* Unterstreuung *f* ; *indice de* ~ Streuungsindex *m* ; *zone f de* ~ Streubereich *m*.

disponibilité *f* **1.** Bereitschaft *f* ; Verfügbarkeit *f* ; Lieferbarkeit *f* ; Disponibilität *f* ; ~*s d'hébergement hôtelier* verfügbare (Fremden)Betten *npl* **2.** ~*s* Gelder *npl* ; Geldmittel *npl* ; Liquidität *f* ; verfügbare Liquiditäten *fpl* (Geldbestände *mpl*, Geldmittel) ; (*comptab.*) flüssige Mittel *npl* **3.** ~ *d'une marque ou d'un titre d'ouvrage* Freihalten *n* einer Marke oder eines Buchtitels ; *année f de* ~ *pour convenance personnelle* Freistellungsjahr *n* ; *mise f en* ~ Freistellung *f* ; Beurlaubung *f* ; *être en* ~ beurlaubt sein ; *mettre en* ~ beurlauben.

disponible *m* : *le* ~ Liquidität(en) *f*(*pl*) ; verfügbare Mittel *npl* ; (*bourse*) *affaire f en* ~ Effektivgeschäft *n* ; Loko-, Spotgeschäft ; *acheter, vendre sur* ~ auf Abruf kaufen, verkaufen.

disponible 1. vorrätig ; verfügbar ; lieferbar ; auf Lager ; greifbar ; disponibel ; ~ *chez votre libraire, chez votre marchand de journaux habituel* bei Ihrem üblichen Buch-, Zeitschriftenhändler erhältlich ; ~ *dans tous les kiosques* an allen Zeitungsständen erhältlich ; (*bourse*) *capital m* ~ verfügbares Kapital *n* ; *marchandise f* ~ verfügbare (greifbare) Ware *f* ; *revenu m* ~ *des ménages* verfügbares Einkommen *n* der privaten Haushalte **2.** (*argent*) flüssig ; *avoir m* ~ flüssiges Vermögen *n* ; *fonds mpl* ~*s* flüssige Mittel *npl*.

disposé, e : (*bourse*) *marché bien* ~*é* gut orientierter (freundlicher) Markt *m*.

disposer 1. ~ *de qqch* über etw (+ A) verfügen **2.** ~ *un effet sur une banque* einen Wechsel auf eine Bank ziehen (trassieren) **3.** (*arranger, présenter*) anordnen ; zurechtlegen **4.** *droit m des peuples à* ~ *d'eux-mêmes* Selbstbestimmungsrecht *n* ; *être* ~*é à négocier* sich verhandlungsbereit zeigen **5.** *se* ~ *à* sich anschicken (zu + *inf.*) ; beabsichtigen (zu + *inf.*).

dispositif *m* (*techn.*) Anlage *f* ; Vorrichtung *f* ; ~ *d'aération* Belüftungsanlage *f* ; ~ *policier* Polizeiaufgebot *n*.

disposition *f* **1.** Verfügung *f* ; *avoir la libre* ~ *d'un bien* die freie Verfügung über ein Gut haben ; *être, mettre à la* ~ zur Verfügung stehen, stellen ; *tenir qqch à la* ~ (*de qqn*) etw (für jdn) zur Verfügung halten **2.** (*jur.*) Bestimmung *f* ; Verfügung *f* ; Anordnung *f* ; Aufmachung *f* ; ◆ ~*s fiscales* steuerliche Vorschriften *fpl* (Bestimmungen) ; ~*s légales* gesetzliche Bestimmungen ; ~*s tarifaires* Tarifbestimmungen ; ~*s testamentaires* letztwillige (testamentarische) Verfügungen ; ◆◆ *droit m de libre* ~ Selbstbestimmungsrecht *n* ; *pouvoir m de* ~ Verfügungsgewalt *f* ; *conformément aux* ~*s de l'accord* den Abkommensbestimmungen nach ; ◆◆◆ *se conformer aux* ~*s* Anordnungen nachkommen (befolgen) ; *prendre des* ~*s* Vorkehrungen treffen ; Anordnungen erlassen ; *prendre toutes les* ~*s nécessaires* alle notwendigen Anordnungen (Vorkehrungen) treffen **3.** (*tendance*) Neigung *f* ; Trend *m* ; ~ *des prix à la hausse* Tendenz *f* steigender Preise **4.** (*immobilier*) ~ *d'un appartement* Anordnung *f* (Plan *m*) einer Wohnung **5.** ~ *au travail* Arbeitsbereitschaft *f* ; *favoriser la* ~ *au travail* die Arbeitsbereitschaft fördern.

disputer (*qqch à qqn*) (jdm etw) streitig machen ; *marché m âprement* ~*é* stark umkämpfter Markt *m*.

disque *m* **1.** Schallplatte *f* ; ~ *dur* → **disque dur** ; ~ *laser* Laserplatte ; ~ *compact* CD *f* ; *industrie f du* ~ Schallplattenindustrie *f* **2.** ~ *de stationnement* Parkscheibe *f* ; *mettre le* ~ die Parkscheibe (an der Windschutzscheibe) anbringen **3.** (*informatique*) Diskette *f* ; ~ *magnétique dur* Magnetplatte *f* ; ~ *optique* Bildplatte *f* ; ~ *souple* Floppy-Diskette *f*.

disque *m* **dur** (*informatique*) Festplatte *f* ; Harddisk *f* ; *défaillance f du* ~ Festplattenschaden *m* ; *mettre des données sur le* ~ Daten auf der Festplatte speichern.

disquette *f* (*informatique*) Diskette *f* ; Floppy-disk *f* ; ~ *de programme* Programmdiskette ; ~ *vierge* Leerdiskette ; *lecteur m de* ~*s* Laufwerk *n* ; *introduire une* ~ *dans le lecteur* eine Diskette (ins Laufwerk) einlegen.

dissémination *f* (*de titres*) Streuung *f* ; (*arme nucléaire*) Verbreitung *f* von Nuklearwaffen.

disséminer ausstreuen ; verstreuen ; zerstreuen ; *avoir des filiales ~ées dans le monde entier* weltweit verstreute Niederlassungen besitzen.

dissensions *fpl* Dissens *m* ; Streitigkeiten *fpl* ; Meinungsverschiedenheiten *fpl* (in Bezug auf + A) ; Unfriede(n) *m* ; *il y a des ~ au sujet de cette question* in dieser Frage gibt es einen Dissens ; es bestehen Meinungsverschiedenheiten in dieser Frage.

dissimulation *f* Verheimlichung *f* ; Verschleierung *f* ; Hinterziehung *f* ; Verschweigen *n* ; Verdunk(e)lung *f* ; *~ d'actif, de bénéfices, de capitaux* Bilanz-, Gewinn-, Kapitalverschleierung ; (*jur.*) *~ dolosive* arglistiges Verbergen *n* (Verschweigen *n*) ; *~ de revenus au fisc* Verheimlichung von steuerpflichtigen Einkommen ; Nicht-Versteuerung *f* von steuerpflichtigen Einkünften ; *technique f de ~* Verschleierungstaktik *f* ; *risque m de ~* Verdunk(e)lungsgefahr *f.*

dissimuler verbergen ; verheimlichen ; vorenthalten ; verhehlen ; vertuschen ; verschweigen ; *~ des fonds* Gelder hinterziehen ; *~ une fraude, un scandale* einen Betrug, einen Skandal vertuschen ; *~ des profits* Gewinne verschleiern.

dissiper 1. (*une fortune*) verschwenden ; vergeuden ; verschleudern ; zum Fenster hinauswerfen (*syn. dilapider*) **2.** (*éclaircir*) *~ un malentendu* ein Missverständnis beseitigen.

dissociation *f* Abspaltung *f* ; Auflösung *f* ; Trennung *f* ; Zersetzung *f* ; *~ de la communauté* Auflösung *f* der Gemeinschaft ; *~ comptable* buchhalterische Entflechtung *f.*

dissocier voneinander trennen ; separat behandeln ; abkoppeln ; *ces deux problèmes doivent être ~és* beide Probleme müssen separat behandelt werden (voneinander abgekoppelt werden).

dissolution *f* Auflösung *f* ; Aufhebung *f* ; Lösung *f* ; (*liquidation*) Abwicklung *f* ; *~ de la communauté* Auflösung *f* der Gesellschaft ; gerichtliche Ehelösung *f* ; *~ judiciaire* Zwangsauflösung *f* ; gerichtlich ausgesprochene Auflösung *f* ; *~ du mariage* Auflösung der Ehe ; Eheauflösung ; Ehelösung ; rechtskräftige Scheidung der Ehe ; *~ d'une société* Auflösung der Gesellschaft.

dissoudre auflösen ; aufheben ; *~ le parlement* das Parlament auflösen.

dissuasif, ive *adj* abschreckend ; *mesures fpl ~ives* Abschreckungsmaßnahmen *fpl* (*contr. incitatif*).

distance *f* Entfernung *f* ; Strecke *f* ; *~ d'arrêt d'un véhicule* Bremsweg *m* ; (*préfixe*) *à grande, longue ~* Fern-, Langstrecken- ; *~ parcourue* zurückgelegte Strecke ; *~ de sécurité* Sicherheitsabstand *m* ; *liaison f à longue ~* Fernverbindung *f* ; *trafic m longue ~* Fernverkehr *m* ; *la ~ entre Paris et Berlin* die Strecke Berlin-Paris ; *les banques prennent leurs ~s* die Banken gehen auf Distanz ; *parcourir de longues ~s* weite Strecken (Entfernungen) zurücklegen (überwinden) ; *prendre ses ~s (vis-à-vis de (qqch/ qqn)* sich (von einer Sache/ jdm) distanzieren.

distancer : *~ la concurrence* Konkurrenten abhängen (hinter sich lassen, überholen) ; *être ~é par un concurrent* von einem Konkurrenten überholt werden.

distillateur *m* Branntweinbrenner *m.*

distillation *f* (*agric.*) Branntweinbrennerei *f* ; Destillation *f.*

distiller brennen.

distinct, e : *deux problèmes bien ~s* zwei voneinander abgegrenzte Probleme.

distinctif, ive : *caractère m, signe m ~* Unterscheidungsmerkmal *n.*

distorsion *f* Verzerrung *f* ; (*clivage*) Gefälle *n* ; Verschiebung *f* ; Lag *n* ; *~ dans la concurrence* Wettbewerbsverzerrung *f* ; Wettbewerbsverfälschung *f* ; *~ des prix* Preisverzerrung.

distraction *f* **1.** (*divertissement*) Zerstreuung *f* **2.** (*jur. revendication par un tiers d'un objet indûment inclus dans une saisie*) Aussonderung *f* ; *droit m de ~* Aussonderungsanspruch *m* ; *faire une demande en ~* einen Antrag auf Aussonderung stellen.

distraire (*une somme*) abziehen ; (*malhonnêteté*) unterschlagen ; entwenden ; (*séparer*) aussondern.

distribuable : *bénéfices mpl, dividendes mpl ~s* auszuschüttende Gewinne, Dividenden *pl.*

distribuer 1. (*répartir*) (ver)teilen ; ausschütten ; *dividende m à ~* fällige Dividende *f* ; *~ des bénéfices* Gewinne ausschütten ; *~ proportionnellement (au prorata)* quotenmäßig verteilen ; quotieren **2.** verkaufen ; vertreiben ; vermark-

ten ; absetzen ; kommerzialisieren 3. (*approvisionner*) versorgen 4. (*délivrer*) austragen ; zustellen ; ausliefern 5. (*diffuser*) verbreiten ; (*films*) verleihen.
distributeur *m* 1. Auslieferer *m* ; Vertreiber *m* ; Handelsvertretung *f* ; Niederlage *f* ; ~ *agréé* Vertragshändler *m* ; ~ *d'articles de marque* Markenartikler *m* ; ~ *exclusif* (*d'un produit*) Alleinvertreter *m* (für ein Produkt) ; Alleinvertrieb ; ~ *intermédiaire* Zwischenhändler ; *grand* ~ Großverteiler 2. ~ *automatique* Warenautomat ; (Verkaufs)Automat *m* ; ~ *de billets* Geldautomat ; Bankomat ; ~ *de boissons* Getränkeautomat ; ~ *de monnaie* Kleingeld-, Geldwechselautomat ; ~ *de tickets de parking, de timbres-poste* Parkschein-, Briefmarkenautomat ; *vente f en* ~ Automatenverkauf *m* ; *charger* (*garnir*) *un* ~ *de qqch* einen Automaten mit etw bestücken.
distribution *f* 1. (*répartition, partage*) Aufteilung *f* ; Teilung *f* ; Verteilung *f* ; (*dividende*) Ausschüttung *f* ; ~ *de dividendes* Dividendenausschüttung 2. (*commercialisation*) Vertrieb *m* ; Absatz *m* ; Kommerzialisierung *f* ; Vermarktung *f* ; (*marché*) Absatzmarkt *m* ; (*rare*) Distribution *f* ; ~ *des produits* Vermarktung ; Warenabsatz ; *circuits mpl de* ~ Absatzwege *mpl* ; Handelswege ; Vertriebskanäle *mpl* ; Vertriebswege ; (*les*) *différentes formes de* ~ die verschiedenen Vertriebsformen ; *frais de* ~ Vertriebskosten ; *la grande* ~ Super- und Verbrauchermärkte ; Handelsketten *fpl* ; *marché de* (*la*) ~ Absatzmarkt ; Absatzgebiet ; *organisation de la* ~ Absatzorganisation ; Verkaufsorganisation ; Vertriebsorganisation ; *réseau de* ~ → *circuits* ; *société de* ~ Vertriebsgesellschaft 3. (*approvisionnement*) Versorgung *f* ; Verteilung *f* ; ~ *d'eau, de courant* Wasser-, Stromversorgung *f*. 4. (*délivrance*) Abgabe *f* ; Ausgabe *f* ; Austragung *f* ; Zustellung *f* ; ~ *du courrier* Postzustellung ; Postverteilung 5. (*diffusion*) Verbreitung *f* ; (*films*) Verleih *m* ; (*journaux*) Auflage *f*.
district *m* Bezirk *m* ; Bereich *m* ; Kreis *m* ; Gebiet *n* ; ~ *urbain* Gemeindeverband *m*.
divergence *f* Unterschied *m* ; Verschiedenheit *f* ; Differenz *f* ; Diskrepanz *f* ; Disparität *f* ; Abweichung *f* ; ~ *d'opinions* (*de vues*) Meinungsverschiedenheit ; Differenz(en) *f*(*pl*) ; *régler* (*éliminer*) *les* ~*s* Differenzen beilegen.
divergent, e abweichend ; differierend ; unterschiedlich ; verschiedenartig ; *intérêts, points de vue mpl* ~*s* unterschiedliche Interessen *npl*, Standpunkte *mpl* ; *sommes fpl* ~*es* nicht übereinstimmende Beträge *mpl*.
divers, e sonstig ; *sous la rubrique* ~ unter der Rubrik « Sonstiges » ; (*médias*) *faits mpl* ~ Verschiedenes ; Vermischtes ; vermische Nachrichten ; Lokales ; *frais mpl* ~ diverse Kosten *pl* ; Sonstiges ; *questions fpl* ~*es* diverse Fragen *fpl*.
Diversification *f* Diversifizierung *f* ; Diversifikation *f* ; Differenzierung *f* ; Streuung *f* ; (*banque*) ~ *des actifs* Anlagestreuung *f* ; ~ *de l'offre, de la production* Diversifizierung des Angebots, der Produktpalette ; Produktionsausweitung *f* ; ~ *des risques* Risikostreuung ; ~ *des sources d'approvisionnement* Streuung *f* der Bezugsquellen ; *stratégie f de* ~ Differenzierungsstrategie *f* ; *miser sur la* ~ auf Diversifizierung setzen.
diversifier diversifizieren ; *production f largement* ~*ée* breitgefächerte Produktion *f* ; ~ *ses activités* seinen Tätigkeitsbereich ausdehnen ; *portefeuille m d'actions largement* ~*é* breitgefächertes Aktienportefeuille *n*.
diversion *f* : *manœuvre f de* ~ Ablenkungs-, Täuschungsmanöver *n*.
diversité *f* Vielfalt *f* (an, von) ; ~ *d'opinions* Meinungsvielfalt *f* ; *gamme f de produits d'une grande* ~ weitgefächerte Produktpalette *f*.
dividende *m* Gewinnanteil *m* ; Dividende *f* ; ◆ ~*s accumulés* aufgelaufene Dividenden ; ~*s en actions* in Aktien umgesetzte (ausgeschüttete) Dividenden ; Dividenden in Form von Freiaktien ; ~ *brut, net* Brutto-, Nettodividende ; ~ *majoré* aufgebesserte Dividende ; ~ *prioritaire* (*privilégié*) Vorzugsdividende ; ~ *statutaire* satzungsmäßige Dividende ; ◆◆ *annonce f de* ~*s* Dividendenankündigung *f* ; *coupon m de* ~ Dividendenschein *m* ; *distribution f* (*versement*) *de* ~ Dividendenausschüttung *f* ; *fixation f du* ~ Dividendenfestsetzung *f* ; ◆◆◆ *augmenter le* ~ die Dividende erhöhen ; *avoir droit à un* ~

dividendenberechtigt sein ; *distribuer un* ~ eine Dividende ausschütten (verteilen) ; *donner un* ~ eine Dividende geben ; *fixer le* ~ die Dividende festsetzen ; *rapporter des* ~*s* Dividenden abwerfen (einbringen) ; *toucher un* ~ eine Dividende erhalten ; *verser de gros* ~*s* hohe Dividenden ausschütten (verteilen).

diviser 1. (auf)teilen ; aussondern ; *(mathématique)* dividieren ; ~ *par deux, trois quatre* durch zwei, drei, vier dividieren ; *neuf* ~*é par trois égal trois* neun dividiert (geteilt) durch drei gleich drei ; ~ *la valeur de qqch par deux* den Wert von etw halbieren ; *se* ~ *en* sich teilen (lassen) **2.** *les représentations des salariés sont* ~*ées* die Arbeitnehmervertretungen sind untereinander zerstritten ; *se* ~ *en deux camps* sich in zwei Lager spalten.

division *f* **1.** Teilung *f* ; ~ *du capital* Kapitalstückelung *f* ; ~ *du travail* Arbeitsteilung ; *économie f fondée sur la* ~ *du travail* arbeitsteilige Wirtschaft *f* **2.** Hauptabteilung *f* ; Bereich *m* ; Hauptreferat *n* **3.** *les* ~*s syndicales* gewerkschaftliche Spaltung *f*.

divisionalisation *f* (Auf)Teilung *f* ; Streuung *f*.

divisionnaire 1. *inspecteur m* ~ Bezirksoberinspektor *m* **2.** *monnaie f* ~ Scheidemünze *f*.

divorce *m* (Ehe)Scheidung *f* ; ~ *définitif* endgültiges Scheidungsurteil *n* ; *avocat m spécialisé en procédures de* ~ Scheidungsanwalt *m* ; *demande f de* ~ Scheidungsbegehren *n* ; Scheidungsantrag *m* ; *jugement m de* ~ *conditionnel* bedingtes Scheidungsurteil ; *accepter le* ~ in eine Scheidung einwilligen ; *demander le* ~ die Scheidung(sklage) einreichen ; *être en instance de* ~ in Scheidung leben ; eine Scheidungsklage eingereicht haben ; *prononcer le* ~ die Scheidung aussprechen.

divorcer sich (von jdm) scheiden lassen ; *enfant m de parents* ~*és* Scheidungskind *n* ; (*fam.*) Scheidungswaise *f* ; *être* ~*é* geschieden sein ; in Scheidung leben (liegen).

divulgation *f* **1.** ~ *d'une information par la presse* Verbreitung *f* einer Nachricht durch die Presse **2.** *(fisc)* Offenlegung *f* ; Bekanntmachung *f* ; (*d'un brevet*) Offenbarung *f*.

divulguer verbreiten ; veröffentlichen ; preisgeben ; ausplaudern ; ~ *une information* eine Information verbreiten ; ~ *des informations confidentielles* vertrauliche Informationen verbreiten.

dixième *m* **1.** (*chiffre*) die erste Stelle nach dem Komma **2.** (*fraction*) Zehntel *n*/(*Suisse*) *m* ; *diviser en* ~*s* zenteln **3.** ~ *de la loterie nationale* Zehntel-Los *n* ; (bei der Lotterie) **4.** ~ *de seconde* Zehntelsekunde *f* ; Zehntel *n*.

dix-tonnes *m* (*transports : poids-lourds*) (*camion m de*) ~ Zehntonner *m* ; LKW mit zehn Tonnen Ladegewicht.

DM → *mark.*

D.N. (*documents contre négociation*) Dokumente *npl* gegen Verhandlung.

doc *f* (*fam.*) *demander une/la* ~ Info-Material anfordern → *documentation.*

dock *m* **1.** Dock *n* ; Dockhafen *m* ; ~ *flottant* Schwimmdock **2.** Lager *n* ; Silo *n.*

docker *m* Hafenarbeiter *m* ; Dockarbeiter ; Docker *m.*

docteur *m* Doktor *m* ; ~ *en droit, ès sciences* Doktor der Rechte (Dr. jur.), der Naturwissenschaften (Dr. rer. nat.).

doctorat *m* Doktorarbeit *f* ; Promotion *f* ; Doktortitel *m*, -grad *m* ; *avoir un* ~ promoviert haben ; *obtenir un* ~ einen Doktortitel verliehen bekommen ; (*fam.*) den Doktorhut erwerben ; *passer un* ~ *en économie* zum Doktor der / in Wirtschaft promovieren.

document *m* Urkunde *f* ; Dokument *n* ; Akte *f* ; Aktenstück *n* ; Beleg *m* ; Unterlage *f* ; (*livre des entrées et des sorties de marchandises*) Handelsbuch *n* ; *les* ~*s* Unterlagen *fpl* ; ~ *administratif unique* Einheitspapier *n* ; ~*s d'accompagnement* Begleitpapiere *npl* ; ~*s comptables annuels et consolidés* Konzernabschluss *m* ; konsolidierter Jahresabschluss ; ~*s constitutifs d'une société* Satzung *f* einer Gesellschaft ; ~ *contre acceptation* Dokumente gegen Akzeptleistung ; ~ *contre paiement* Dokumente gegen bar ; Dokumente gegen Zahlung ; *contre remise des* ~*s* gegen Aushändigung der Dokumente ; ~ *de travail* Arbeitspapier *n* ; *présenter des* ~*s* Dokumente vorlegen ; *rédiger un* ~ eine Urkunde ausstellen.

documentaire dokumentarisch ; *crédit m* ~ Dokumenten-, Warenakkreditiv *n* → *accréditif.*

documentaliste *m* Dokumentalist *m* ; Dokumentar *m*.

documentation *f* Dokumentation *f* ; Unterlagen *fpl* ; Informationsmaterial *n* ; *service* *m* *de* ~ Dokumentationsabteilung *f* ; *réunir une* ~ eine Dokumentation zusammenstellen.

doit *m* Soll *n* ; Debet *n* ; Passiva *npl* ; ~ *et avoir* Soll und Haben.

doléances *fpl* Beschwerde *f* ; Reklamation *f* ; Beschwerdeschrift *f* ; *cahier m de* ~ Beschwerdebuch *n* ; *faire (présenter) ses* ~ *(à qqn au sujet de qqch)* sich (bei jdm wegen einer Angelegenheit) beschweren.

dollar *m* Dollar *m* ; *zone f* ~ Dollarraum *m*, -block *m*.

D.O.M. *m(pl) (département(s) d'outre-mer)* französisches Überseeterritorium *n* ; *~s* überseeische Departementes *npl* ; *~-T.O.M.* Überseeprovinzen *fpl*.

domaine *m* **1.** (Erb)Gut *n* ; Landsitz *m* ; Landgut *n* **2.** Domäne *f* ; ~ *privé de l'État* Staatsbesitz *m* ; Besitz *m* der öffentlichen Hand ; ~ *public* öffentliche Sachen *fpl* ; ~ *réservé* vorbehaltenes Wirkungsfeld *n* ; *tomber dans le* ~ *public* allgemein zugänglich werden ; Gemeingut werden **3.** *(champ d'activité)* Domäne *f* ; Bereich *m* ; Fachgebiet *n* ; Zuständigkeit *f* ; ~ *féminin (réservé aux femmes)* Frauendomäne ; ~ *masculin (réservé aux hommes)* Männerdomäne.

domaines *mpl* : *les* ~ Liegenschaftsabteilung *f*.

domanial, e *(préfixe)* Domänen- ; Staats- ; zum Staatsbesitz gehörend ; staatlich ; *forêt f ~e* staatseigener Wald ; Staatswald.

domestique hauswirtschaftlich ; Haus- ; heimisch ; Inlands- ; inländisch ; *économie f* ~ Hauswirtschaft *f*.

domicile *m* Wohnsitz *m*, -ort *m* ; Wohnung *f* ; ◆ ~ *habituel* ständiger Wohnsitz ; ~ *légal* fester (gesetzlicher) Wohnsitz ; ◆◆ *changement m de* ~ Wohnungs-, Domizilwechsel *m* ; *démarchage m à* ~ → *vente* ; *enlèvement m à* ~ Hausabfuhr *f* ; *franco* ~ frei Haus geliefert ; *sans* ~ *fixe (S.D.F.)* Obdachlose(r) ; *travail m à* ~ Heimarbeit *f* ; *travailleur m à* ~ Heimarbeiter *m* ; *vente f à* ~ Hausierhandel *m* ; *violation f de* ~ Hausfriedensbruch *m* ; ◆◆◆ *avoir un* ~ *fixe* einen festen Wohnsitz haben ; *changer de* ~ den Wohnort (Wohnsitz) wechseln ; *élire* ~ sich niederlassen ; seinen Wohnsitz nehmen ; *établir son* ~ sich ansässig machen ; sich niederlassen ; *livrer à* ~ ins Haus liefern ; *(franco)* frei Haus liefern ; *travailler à* ~ Heimarbeit machen.

domiciliataire *m (banque où un effet est payable)* Bankplatz *m* ; Domiziliat *n*.

domiciliation *f* Angabe *f* des Zahlungsorts ; Domizilvermerk *m* ; Domizilierung *f* (eines Wechsels) ; Zahlungsstelle *f*.

domicilié, e 1. ansässig *(à in* + D) ; wohnhaft *(à in* + D) ; sesshaft **2.** *traite f ~e* Domizilwechsel *m*.

domicilier *(traite)* domizilieren ; einen Zahlungsort angeben.

domination *f* **commerciale** Marktführerschaft *f* ; Marktbeherrschung *f* ; *avoir la* ~ *dans un secteur* in einer Branche führend sein.

dominer le marché marktbeherrschend sein ; in einer Branche Marktführer sein ; den Markt beherrschen.

dominical, e *(préfixe)* Sonntags- ; *repos m* ~ Sonntagsruhe *f* ; *(médias) édition f ~e* Sonntagsausgabe *f* ; *supplément m* ~ Sonntagsbeilage *f*.

domino *m* : *effet m* ~ Domino-Effekt *m*.

dommage *m* Schaden *m* ; Beschädigung *f* ; Verlust *m* ; ◆ ~ *corporel* Personenschaden ; *~s causés à l'environnement* Umweltbelastung *f*, -schäden *mpl* ; ~ *matériel* materieller Schaden ; Sachschaden ; *(voiture)* Blechschaden ; ~ *moral* immaterieller (ideeller) Schaden ; *~s-intérêts* Schaden(s)ersatz *m* ; ◆◆◆ *causer, réparer un* ~ einen Schaden verursachen, wieder gutmachen ; *chiffrer un* ~ einen Schaden beziffern ; *constater, évaluer un* ~ einen Schaden feststellen (ermitteln), abschätzen ; *déterminer le montant d'un* ~ einen Schaden beziffern ; *réparer un* ~ einen Schaden ersetzen ; für einen Schaden Ersatz leisten ; *souscrire la garantie ~s au conducteur, aux passagers* eine Fahrer-, eine Insassenversicherung abschließen ; *subir un* ~ einen Schaden erleiden ; *supporter un* ~ einen Schaden abdecken (tragen).

dommageable *(à)* nachteilig (für) ; schädlich (für).

dommages-intérêts *mpl* Schaden(s)ersatz *m* ; Entschädigung *f* ; *action f en*

~ *Klage f auf* Schaden(s)ersatz ; *demande f de* ~ Schaden(s)ersatzforderung *f* ; *droit m à* ~ Schaden(s)ersatzanspruch *m* ; *demander (exiger) des* ~ Schaden(s)ersatz beanspruchen (verlangen) ; *verser des* ~ Schaden(s)ersatz leisten.

don *m* Schenkung *f* ; Spende *f* ; Gabe *f* ; *(d'un particulier à une œuvre)* Dedikation *f* ; ◆ ~ *en argent, en nature* Geld-, Sachspende ; ~ *manuel* Handschenkung *f* ; formlose Schenkung ; *l'affaire des ~s aux partis politiques* die Parteispendenaffäre ; ~ *de campagne électorale* Wahlkampfgelder *npl* ; ~ *d'organe* Organspende ; *(bilan) balance f des ~s* Übertragungsbilanz *f* ; ◆◆◆ *collecter des ~s* Spenden sammeln ; *faire (un)* ~ schenken ; spenden.

donataire *m (jur.)* Beschenkte(r) ; Schenkungsempfänger *m*.

donateur *m* Spender *m* ; Stifter *m* ; Beschenker *m* ; Schenkende(r) *m* ; *(jur.)* Schenker *m*.

donation *f* **1.** Schenkung *f* ; ~ *acceptée, révoquée* angenommene, widerrufene Schenkung ; ~ *au dernier vivant (entre époux)* Schenkung unter Ehegatten, an den überlebenden Ehepartner ; ~ *entre vifs* Schenkung unter Lebenden ; ~- *partage m* Vorausteilung *f* (Nachlassteilung) im Wege der Schenkung ; Übertragung *f* des geteilten Nachlasses bei Lebzeiten ; ~ *avec réserve* Schenkung mit Bedingung ; ~ *simple (à un enfant unique)* einfache Schenkung (an Einzelkind) ; *faire une* ~ eine Schenkung machen ; *il y a un impôt sur les ~s* die Schenkung unterliegt der Steuerpflicht **2.** *(document)* Schenkung(surkunde) *f* ; Schenkungsbrief *m*.

donnant-donnant *m* gegenseitiges Geben und Nehmen *n* ; Zug-um-Zug-Leistung *f* ; nichts ohne Gegenleistung.

donnée *f* (bekannte) Größe *f* ; ~*s* Zahlen *fpl* ; Angaben *fpl* ; Werte *mpl* ; Informationen *fpl* ; *(informatique)* Daten *npl* ; Datenmaterial *n* ; ◆ ~*s de base* Stammdaten ; ~*s comptables* Buchhaltungsangaben *fpl* ; ~*s corrigées* bereinigte Zahlen (Angaben) ; ~*s fondamentales de l'économie (les fondamentaux)* ökonomische Grunddaten ; wirtschaftliche Grundprinzipien *npl* ; gesamtwirtschaftliche Gegebenheiten *fpl* ; ~*s statistiques* statistische Angaben *fpl* ;

(fig.) ~*s économiques, politiques* wirtschaftliche, politische Gegebenheiten *fpl* ; ◆◆ *banque f de ~s* Datenbank *f* ; *base f de ~s* Datenbasis *f* ; *exprimé en ~s réelles* preisbereinigt ; *exprimé en ~s corrigées des variations saisonnières* saisonbereinigt ; ◆◆◆ *étudier les ~s d'un problème* die Ausgangslage eines Problems analysieren ; *(informatique) exploiter, recenser, stocker, traiter, transmettre des ~s* Daten auswerten, erfassen, speichern, verarbeiten, übertragen.

donner : ~ *son appui à son projet, à qqn* ein Projekt unterstützen ; jdm seine Hilfe gewähren ; ~ *en gage* verpfänden ; ~ *des instructions* Anweisungen geben ; Instruktionen erteilen ; ~ *lieu à qqch* zu etw Anlass geben ; ~ *satisfaction* zufrieden stellen ; ~ *un préavis à qqn* jdm kündigen ; (*tourisme) la chambre donne sur la cour, la mer, sur le parc, sur la rue* das Zimmer geht auf den Hof ; es ist ein Zimmer mit Seeblick ; das Zimmer geht auf den Park hinaus, nach der Straße ; *(hypothèque)* ~ *rang* die Rangordnung (einer Hypothek) bestimmen (festlegen) ; *je vous en donne deux cents euros* dafür gebe ich Ihnen zweihundert Euro.

donneur *m* Geber *m* ; Spender *m* ; ~ *d'aval* Avalist *m* ; ~ *d'ordre* Auftrag-, Ordergeber.

doper dopen ; steigern ; stimulieren ; verbessern ; ~ *la consommation des ménages, les marchés financiers* den Verbrauch der Haushalte, die Finanzmärkte stimulieren ; *se* ~ sich dopen.

doping *m* Doping *n* ; *contrôle m anti-* ~ Dopingkontrolle *f*.

dos *m* Rücken *m* ; *au* ~ *d'un chèque* auf der Rückseite eines Schecks ; *avoir le* ~ *au mur* mit dem Rücken an der Wand stehen.

dossier *m* Akte(n) *f(pl)* ; Aktenmaterial *n* ; Unterlagen *fpl* ; Dossier *n* ; Sammelmappe *f* ; *(traitement de texte)* Ordner *m* ; ◆ ~ *de candidature* Bewerbungsunterlagen ; ~ *personnel* Personalakte ; ~ *de presse* Presseunterlagen ; ~ *de santé* Unterlagen eines Patienten ; Krankenakte *f* ; ~ *urgent* dringliche Angelegenheit *f* ; dringend zu behandelnde Akte *f* ; ◆◆ *frais mpl de* ~ Bearbeitungsgebühr *f* ; ◆◆◆ *adressez votre* ~ *complet de candidature à...* senden Sie Ihre vollständigen Bewerbungsunterlagen bitte an… ; *classer un* ~ über etw die Akten schließen ; *constituer un ~* eine Akte anlegen ; Unterlagen zusammentragen ; *consulter (feuilleter) un ~ in une Akte durchsehen (einsehen) ; clore un ~* etw zu den Akten legen ; ein Dossier als erledigt betrachten ; *se familiariser avec un ~* sich in ein Dossier einarbeiten ; *rassembler (réunir) les pièces d'un ~* Material in einem Dossier sammeln ; *régler (élucider) un ~* eine Akte (Angelegenheit) erledigen (klären) ; *suivre (travailler sur) un ~* eine Akte bearbeiten.

dot *f* (*hist.*) Mitgift *f* ; Aussteuer *f* ; Heiratsgut *n* ; Dotation *f*.

dotal, e die Aussteuer betreffend ; zur Aussteuer gehörend ; Dotal- ; *régime m ~* Dotalsystem *n*.

dotation *f* Zuweisungen *fpl* ; Zuwendung *f* ; (Finanz)Ausstattung *f* ; Dotierung *f* ; Dotation *f*.

doter dotieren ; mit Geld ausstatten ; *~ un prix de 1000 €* einen Preis mit 1000 € dotieren.

douane *f* Zoll *m* ; Zollamt *n* ; Zollbehörde *f* ; (*taxe*) Zollgebühr *f* ; ◆◆ *administration f de la ~* Zollverwaltung *f*, -behörde *f* ; *agent m de ~* Zollbeamte(r) *m* ; *bureau m de la ~* Zollamt *n* ; Zollstelle *f* ; *contrôle m de ~* Zollkontrolle *f*, -aufsicht *f* ; *déclaration f en ~* Zollangabe *f*, -deklaration *f* ; (*poste*) Zollinhaltserklärung *f* ; *droit m de ~* Zoll(gebühr) *m* (*f*) ; *formalités fpl de ~* Zollformalitäten *fpl* ; Zollabfertigung *f* ; *franchise f de ~* Zollfreiheit *f* ; *inspecteur m des ~s* Zollfahnder *m* ; *marchandise f exempte, passible des droits de ~* zollfreie, zollpflichtige Ware *f* ; *poste m de ~* Zollstation *f*, -stelle *f* ; *receveur m des ~s* Zolleinnehmer *m* ; *réglementation f de ~* Zollvorschriften *fpl* ; *visite f de la ~* Zolluntersuchung *f*, -beschau *f* ; ◆◆◆ *abaisser (diminuer) les droits de ~* die Zölle senken ; *affranchir des droits de ~* zollfrei machen ; Zoll bezahlen ; *il n'y a pas de droits de ~ sur cette marchandise* auf dieser Ware liegt kein Zoll ; *passer (à) la ~* den Zoll passieren ; durch den Zoll gehen ; *payer la ~* Zoll zahlen ; *supprimer les droits de ~* die Zölle abschaffen.

douanier *m* Zollbeamte(r) ; Zollangestellte(r) ; Zöllner *m*.

douanier, ière Zoll- ; zollamtlich ; zollmäßig ; zollrechtlich ; *barrières fpl ~ières* Zollschranken *fpl* ; *formalités fpl ~ières* Zollformalitäten *fpl* ; Zollvorschriften *fpl* ; *régime m ~* Zollsystem *n* ; *réglementation f ~ière* Zollgesetz *n* ; *tarif m ~* Zolltarif *m* ; *union f ~ière* Zollunion *f* ; *abaisser les barrières ~ières* die Zollschranken abbauen.

double *m.* **1.** das Doppelte ; das Zweifache ; *le ~ du prix* der doppelte Preis ; *le coût a atteint le ~, a augmenté du ~* die Kosten sind auf das (um das) Doppelte gestiegen ; *gagner le ~ de ce que l'on avait avant* das Doppelte von dem verdienen, was man vorher bekam **2.** *le ~ d'un document* Duplikat *n* ; Zweitausfertigung *f* ; Zweitschrift *f* ; Abschrift *f* ; Durchschrift *f* ; Kopie *f* ; (*carbone*) Durchschlag *f* ; *~ de quittance* Duplikatsquittung *f* ; *établir le ~ d'un document officiel* das Duplikat einer Urkunde anfertigen **3.** (*bourse*) *option f du ~* (*opération à terme qui permet à l'acheteur ou au vendeur d'acquérir le droit, moyennant une prime, d'exiger la vente ou la livraison d'une quantité équivalente*) Nochgeschäft *n*.

double (*adj.*) doppelt, zweifach ; (*préfixe*) Doppel- ; ◆ *~ affichage m* Doppelbepreisung *f* ; doppelte Preisauszeichnung *f* ; *~ cotation* Doppelnotierung *f* ; *~ emploi* Doppelarbeit *f* ; unnütze Wiederholung *f* ; *en ~ exemplaire* in doppelter (zweifacher) Ausfertigung ; *fait en ~* in zweifacher Ausfertigung ; *~ imposition* (*dans plusieurs états*) Doppelbesteuerung *f* ; *~ mandat m* Doppelmandat *n* ; *~ nationalité* doppelte Staatsbürgerschaft *f* ; *d'un ~ point de vue* in zweifacher Hinsicht ; *~ salaire* Doppelverdienst *m* ; Doppelverdiener *m* ; (*circulation*) *à ~ sens* zweibahnig ; ◆◆ (*tourisme*) *chambre ~* Doppelzimmer *n* ; *cela compte ~* das zählt doppelt ; *l'avantage de cette solution est ~* diese Lösung hat zwei Vorteile ; (*navigation*) *cloison f ~ d'un pétrolier* Doppelwand (zweifache Wand) eines Öltankers.

double-clic *m* (*informatique*) Doppelklick *m* ; doppelter Mausklick *m*.

double-cliquer doppelklicken.

doublement *m* Verdoppelung *f*.

doubler 1. (*transitif*) verdoppeln ; *~ ses appointements, un capital, son salaire* seine Bezüge, ein Kapital, seinen Lohn verdoppeln ; *~ la mise, sa fortune,*

les exportations den Einsatz, sein Vermögen, den Export verdoppeln ; *on a ~é le personnel* das Personal wurde um die Hälfte aufgestockt ; *on a ~é les trains* die Zahl der Züge wurde verdoppelt **2.** (*intransitif*) sich verdoppeln ; auf das Doppelte ansteigen ; um das Doppelte steigen ; *les prix ont ~é* die Preise sind um das Doppelte gestiegen.

douloureuse *f* (*la*) (*fam.*) gesalzene Rechnung *f.*

douteux, se dubios ; undurchsichtig ; zweifelhaft ; verdächtig ; (*bourse*) *action f ~se* faule Aktie *f* ; *combines fpl ~ses* dubiose Machenschaften *fpl* ; *créances fpl ~ses* zweifelhafte Forderungen *fpl* (Außenstände *mpl*) ; Dubiosa *npl* ; Dubiosen *pl* ; *hôtel m ~* dubioses Hotel *n.*

doux, ce sanft ; *eau f ~ce* Süßwasser *n* ; *énergie f ~ce* sanfte Energie(quelle) *f* ; *les énergies ~ces* sanfte Energiequellen (Sonnen-, Wasser-, Windenergie) ; *publicité f ~ce* sanfte Werbung *f* ; *exercer une pression ~ce sur qqn* auf jdn einen sanften Druck ausüben.

douz. (*douzaine*) Dutzend *n*.

douzaine *f* Dutzend *n* ; *par ~s (à la ~s)* dutzendweise ; im Dutzend.

Dow Jones *m* (*indice boursier, du nom de deux journalistes du Wall Street Journal, Dow et Jones, qui indique le cours des valeurs industrielles à la Bourse de New York*) Dow Jones *m* ; *indice m ~* Dow Jones-Index *m* ; *l'indice ~ a perdu 25 points* der Dow Jones-Index gab um 25 Punkte nach.

down-sizing *m* Verschlankung *f* ; Down-sizing *n* ; (massiver) Personalabbau *m* ; (*fam.*) Abspecken *n* ; massive Gesundheitsschrumpfung *f* eines Betriebs.

doyen *m* (*d'âge, en général*) Alterspräsident *m* ; (Dienst)Älteste(r) *m* ; (*université*) Dekan *m*.

D.P. (*délai de paiement*) Zahlungsfrist *f.*

D.P.S. *m* (*droit préférentiel de souscription*) Subskriptions-Vorzugsrecht *n*.

D.R. (*bourse : demande réduite*) geringe Nachfrage *f.*

draconien, ne drakonisch ; drastisch ; äußerst streng ; *lois fpl, mesures fpl, sanctions fpl ~nes* drakonische Gesetze *npl*, Maßnahmen *fpl*, Strafen *fpl* ; *intervenir avec une sévérité ~ne* mit drakonischer Strenge durchgreifen.

dragons (*les quatre*) (*hist. pays d'Asie : Corée, Taiwan, Singapour, Hongkong*) die vier kleinen asiatischen Tiger *mpl.*

drainage *m* (*agric.*) Entwässerung *f* ; Dränage/Drainage *f* ; *canal m, fossé m de ~* Entwässerungskanal *m*, -graben *m*.

drainer 1. entwässern ; dränen ; drainieren ; trocken legen **2.** an sich ziehen ; *~ des capitaux, des fonds* Kapital anziehen ; Gelder (ein)sammeln.

drapeau *m* (*situation militaire*) Fahne *f* ; *être sous les ~x* den Militärdienst machen ; den Wehrdienst ableisten ; *être appelé sous les ~x* zum Wehrdienst einberufen (eingezogen) werden.

drastique drastisch ; *augmenter les impôts, les prix d'une manière ~* die Steuern, die Preise drastisch erhöhen ; *prendre des mesures ~s* drastische Maßnahmen ergreifen.

drawback *m* (*remboursement des droits d'importation*) Drawback *m* ; Rückzoll *m* ; Zollrückvergütung *f.*

D.R.C.I. *m* (*délai de récupération du capital investi*) Rückgewinnungszeit *f* ; Pay-out-Periode *f* ; Payout *n*.

dresser (*rédiger*) abfassen ; anfertigen ; aufsetzen ; ausstellen ; entwerfen ; errichten ; *~ un acte* eine Urkunde anfertigen ; *~ un bilan* eine Bilanz aufstellen ; *~ un inventaire* ein Inventar aufstellen ; Inventur machen ; *~ une liste* eine Liste aufstellen ; *~ un procès-verbal* ein Protokoll aufnehmen ; *~ une statistique* eine Statistik aufstellen.

D.R.H. 1. (*direction des ressources humaines*) Personalwesen *n* ; Personal-Management *n* ; Direktion *f* für Human-Kapital ; *conseil m en ~* Personalberater *m*, -disponent *m* **2.** (*directeur des ressources humaines*) Personalberater *m* ; Arbeitsdirektor *m*.

drogue *f* Droge *f* ; Rauschgift *n* ; *trafic m de ~* Rauschgifthandel *m* ; *trafiquant m de ~* Rauschgifthändler *m* ; Dealer *m* ; *se livrer au trafic de la ~* mit Rauschgift handeln ; dealen.

droit *m* **1.** Recht *n* ; Berechtigung *f* ; Anrecht *n* ; ♦ *~s acquis* Besitzstände *mpl* ; (*bourse*) *~ d'attribution* Bezugsrecht für Freiaktien ; Zuteilungsrecht ; *~ au bail* Pachtregelung *f* ; Recht auf stillschweigende Erneuerung eines Mietvertrags ; *~ civil* bürgerliches Recht ; *~s*

droite

civils et politiques bürgerliche Ehrenrechte *npl* ; ~ *commercial* Handelsrecht ; ~ *commun* gemeines Recht ; ~ *communautaire* Gemeinschaftsrecht ; ~ *européen* Europarecht ; ~ *d'exploitation* Nutzungsrecht ; ~ *locatif* Mietrecht ; ~*s des locataires* Mieterrechte ; ~ *maritime* Seerecht ; ~ *d'option* Optionsrecht ; ~ *de participation* Mitwirkungsrecht ; ~ *pénal* Strafrecht ; ~ *du plus fort* Recht des Stärkeren ; ~ *de préemption* Vorkaufsrecht ; ~ *de propriété des marques* Handelsmarkenrecht ; ~ *public* öffentliches Recht ; ~ *de regard* Recht auf Einsichtnahme ; Auskunftsrecht ; ~ *de regard sur la gestion* Anspruch auf Einsichtnahme in die Geschäftsführung ; ~ *de réponse* Recht auf Gegendarstellung ; ~ *du sang* Blutrecht ; *jus n sanguinis* ; Abstammungsprinzip *n* ; ~ *de signature* Zeichnungsrecht ; ~ *du sol* Bodenrecht ; *jus n soli* ; Territorialprinzip *n* ; ~ *de visite* (*douane*) Kontroll-, Besichtigungsrecht ; (*divorce*) Verkehrs-, Umgangsrecht ; ~ *de vote* Wahlrecht ; ~*s de tirages spéciaux* (*D.T.S.*) Sonderziehungsrechte ; ◆◆ *à bon* ~ rechtsgültig ; *durée f des* ~*s* Anspruchsdauer *f* ; *État m de* ~ Rechtsstaat *m* ; *perte f des* ~*s civiques et politiques* Aberkennung *f* der bürgerlichen Ehrenrechte ; (*télévision*) ~*s de retransmission* Fernsehübertragungsrechte ; ◆◆◆ *avoir* ~ *à* Anspruch (Recht) haben auf (+ A) ; *accorder un* ~ *à qqn* jdm ein Recht einräumen (gewähren) ; *s'adresser à qui de* ~ sich an die zuständige Stelle (Behörde, Person) wenden ; *avoir un* ~ *de réponse* ein Recht auf Gegendarstellung haben ; *étendre les* ~*s syndicaux et ceux des travailleurs* die Arbeitnehmer- und Gewerkschaftsrechte ausweiten ; *faire* ~ *à une demande* einem Antrag stattgeben ; *la police expire de plein* ~ die Police erlischt automatisch ; *obtenir les* ~*s d'exploitation industrielle sur qqch* gewerbliche Rechte an etw (+ D) erhalten ; (*jur*) *pour* (*valoir*) *ce que de* ~ (*n'existe pas en allemand*) Bestätigung *f* wurde auf Anfrage von… ausgestellt ; an den zuständigen Sachbearbeiter ; an die zuständige Behörde **2.** (*points de retraite*) ~*s* wohl erworbene Anwartschaften *fpl* ; *faire valoir ses* ~*s à la retraite* die Anwartschaft auf eine Rente anmelden **3.** Rechtswissenschaft *f* ; Jura *pl* ; Rechte *npl* ; *faire son* ~ Jura studieren **4.** (*taxes*) ~*s* Gebühr(en) *f*(*pl*) ; Zölle *mpl* ; Zollabgaben *fpl* ; Abgaben *fpl* ; Steuern *fpl* ; ~ *de bail* Mietvertragsabgabe, -steuer ; ~ *d'entrée* (*dans un système de franchisage par ex.*) Eintrittsgeld *n*, -gebühr *f* ; (*douane*) Einfuhrzoll ; ~*s sur les donations* Schenkung(s)steuer ; ~*s d'enregistrement* Verkehrsteuer ; ~*s d'exportation* Ausfuhrzoll *m* ; ~*s de garde* Aufbewahrungsgebühr ; Depotgebühr (für die Aufbewahrung von Wertpapieren) ; ~ « *des pauvres* » (*taxe sur les spectacles et divertissements*) Vergnügungssteuer ; ~ *de péage* Autobahngebühr ; Mautgebühr ; ~ *de port* (*portuaire*) Hafengebühr ; Lagegebühr ; ~*s préférentiels* Vorzugszölle ; ~ *de souscription* → **souscription** ; ~*s de succession* Erbschaft(s)steuer.

droite *f* (*polit.*) Rechte *f* ; *l'extrême* ~ die Rechtsradikalen *pl* ; *les partis mpl de* ~ die Rechtsparteien *fpl* ; *voter à* ~ rechts wählen.

drugstore *m* Drugstore *m* ; Laden *m*, Geschäft *n* (Zeitungen, Luxus- und Geschenkartikel) mit Gaststätte.

D.S.V. *f* (*direction des services vétérinaires*) Französisches Veterinäramt *n*.

D.T.S. *mpl* (*droits de tirages spéciaux*) Sonderziehungsrechte (SZR) *npl*.

dû, due 1. schuldend ; gebührend ; *en port* ~ unfrei ; unfrankiert ; *somme* ~*e* offenstehender (fälliger) Betrag *m* **2.** *le* ~ Forderung *f* ; Ausstand *m* **3.** (*jur.*) *en bonne et due forme* vorschriftsmäßig ; in gehöriger Form ; *être* ~ *à* auf etw (+ A) zurückzuführen sein.

dual : (*préfixe*) Dual- ; *système m* ~ Dualsystem *n* **a)** (*syn. formation en alternance*) **b)** (*syn. tri et recyclage des déchets*).

duché *m* : *grand* ~ *du Luxembourg* Großherzogtum *n* Luxemburg.

ducroire *m* Delkredere *n* ; Bürgschaft(ssumme) *f* ; *se porter* ~ Delkredere übernehmen.

dûment gebührend ; gehörig ; wie es sich gebührt ; (*jur.*) rechtsgültig ; vorschriftsmäßig ; *être* ~ *accrédité, autorisé* beauftragt, bevollmächtigt sein ; *formulaire m* ~ *complété* (*rempli*) *et signé* rechtsgültig ausgefülltes und unterschriebenes Formular.

dumping *m* Dumping *n* ; Dumpingmaßnahmen *fpl* ; Preisunterbietung *f* ; *faire* (*pratiquer*) *du* ~ Dumping betreiben ;

unter dem Preis verkaufen ; zu Schleuderpreisen verkaufen ; die Preise unterbieten.

duopole *m* (*deux vendeurs seulement pour de multiples acheteurs sur le marché*) Duopol *n*.

duper betrügen ; prellen ; übers Ohr hauen.

duperie *f* Betrügerei *f* ; Schwindel *m* ; Betrug *m*.

duplex 1. (*télé.*) *en ~* Duplex-Sendung *f* ; Konferenzschaltung *f* (mit geographisch entfernten Teilnehmern) **2.** zweistöckige Wohnung *f* ; Zweietagenappartement *n*.

duplicata *m* Duplikat *n* ; Zweitschrift *f* ; Doppelausfertigung *f* ; Durchschlag *m* ; Kopie *f* ; Doppel *n*.

duplicateur *m* Kopiergerät *n* ; Vervielfältiger *m*.

dur *m* **1.** (*bâtiment*) *construction f en ~* Massivbau *m* **2.** *les ~s d'un courant politique* die « Falken » *mpl*.

dur, e hart ; *coup ~* harter Schlag *m* ; *hiver m, noyau m ~* harter Winter, harter Kern *m* ; *tendance f ~e d'un syndicat* radikaler Flügel einer Gewerkschaft ; *être ~ en affaires* in geschäftlichen Dingen hart (unnachgiebig) sein ; *être ~ à la tâche* ein unermüdlicher Arbeiter sein ; keine Arbeit scheuen ; *travailler ~* hart arbeiten.

durabilité *f* Nachhaltigkeit *f* ; Dauerhaftigkeit *f* ; *~ de tissus* Haltbarkeit *f* von Stoffen.

durable nachhaltig ; dauerhaft ; beständig ; chronisch ; *biens mpl ~s, non ~s* langlebige, kurzlebige Güter *npl* ; (*environnement*) *développement m ~* nachhaltige Entwicklung *f* ; *être ~* Bestand haben ; fortbestehen ; von Dauer sein.

duration *f* Einschätzung *f* der Volatilität eines Wertpapiers ; Schwankungsrisiko *n* von Zinssätzen.

durcir verhärten ; verschärfen ; *~ sa position* an etw festhalten ; sich auf etw versteifen ; *~ les contrôles, une sanction* die Kontrollen, eine Strafe verschärfen ; *se ~* sich verschärfen ; sich verhärten.

durcissement *m* Verhärtung *f* ; Verschärfung *f* ; Versteifung *f*.

durée *f* Dauer *f* ; Laufzeit *f* ; Periode *f* ; Zeit *f* ; Zeitabschnitt *m* ; Zeitdauer *f* ; Zeitraum *m* ; *~ du travail* Arbeitszeit *f* ; Arbeitsdauer *f* ; *~ de validité* Gültigkeitsdauer *f* ; (*matériau*) Haltbarkeit *f* ; *contrat m de travail à ~ déterminée* (*C.D.D.*), *indéterminée* (*C.D.I.*) befristeter, unbefristeter Arbeitsvertrag *m* ; *de courte, de longue ~* kurzfristig, langfristig ; kurzlebig, langlebig ; *à ~ illimitée, limitée* von unbegrenzter Dauer, von begrenzter Dauer ; *à ~ prorogeable* mit verlängerbarer Laufzeit.

duty free *m* (*hors taxes*) Dutyfree-Verkauf *m* ; Dutyfree-Vertrieb *m* ; *boutique f en ~* Dutyfree-Shop *m*.

D.V.D. *m* DVD *f*.

dysfonctionnement *m* Funktionsstörung *f* ; Fehlfunktion *f* ; Funktionsmängel *mpl* ; Dysfunktionieren *n*.

E

E.A.O. *m* **1.** (*enseignement assisté par ordinateur*) computerunterstützter Unterricht *m* ; computergestütztes Lernen *n* **2.** (*édition assistée par ordinateur*) Desktop- Publishing *n*.
E. (à) P. *m* (*effet à payer*) Schuldwechsel *m*.
E. (à) R. *m* (*effet à recevoir*) Wechsel *m* ; Rimesse *f*.
e-cash *m* e-cash *n* ; elektronisches Geld *n*.
eau *f* Wasser *n* ; ~x Gewässer *npl* ; Abwässer *npl* ; ♦ ~ *chaude et froide* fließendes Warm- und Kaltwasser ; ~ *courante* fließend(es) Wasser ; ~ *douce* Süßwasser ; ~x *grasses* Spülwasser ; ~x *industrielles* Industrieabwässer ; ~x *intérieures* Binnengewässer ; ~x *pluviales* Regenwasser ; ~x *poissonneuses* fischreiche Gewässer ; ~ *potable* Trinkwasser ; ~x *résiduaires* (*vannes*) Abwässer ; ~ *salée* Salzwasser ; ~x *territoriales* Hoheitsgewässer ; ~ *thermale* Thermalwasser ; ~x *usées* Abwässer *npl* ; ♦♦ *alimentation f en* (*distribution f d'*) ~ Wasserversorgung *f* ; *assurance f* (*contre les*) *dégâts des* ~x Wasserschadenversicherung *f* ; *château m d'*~ Wasserturm *m* ; *niveau m d'*~ Wasserspiegel *m*, -stand *m* ; *pollution f de l'*~ Wasserverschmutzung *f*, -verseuchung *f* ; *services mpl des* ~x Wasserversorgung *f* ; Wasserversorgungsamt *n* ; *station f d'épuration des* ~x Kläranlage *f* ; *usine f de distribution d'*~ Wasserwerk *m* ; *ville f d'*~x Bäderstadt *f* ; Bade-, Kurort *m* ; *voie f d'*~ **a)** (*avarie*) Leck *n* ; **b)** (*transport*) Wasserweg *m* ; ♦♦♦ *aller aux* ~x in ein Kurbad reisen ; *prendre les* ~x eine (Trink)Kur machen ; *transporter par voie d'*~ zu (auf dem) Wasser befördern ; per Schiff transportieren.
E.A.U. *mpl* (*Émirats Arabes Unis*) Vereinigte Arabische Emirate *npl*.
eau-de-vie *f* Branntwein *m* ; Schnaps *m* ; *taxe f sur les alcools et eaux-de-vie* ~ Branntweinsteuer *f*.
eaux et forêts *fpl* Forst- und Wasseramt *n* ; *ingénieur m des* ~ Forstmeister *m* ; Forstrat *m*.
ébauche *f* Skizze *f* ; Entwurf *m* ; Vorarbeit *f* ; Vorstufe *f* ; Rohfassung *f*.
ébaucher skizzieren ; (in groben Umrissen) entwerfen ; ~ *un programme* ein Programm entwerfen.

éboueur *m* Müllmann *m* ; *les* ~s die Müllabfuhr *f*.
ébriété *f* Trunkenheit *f* ; ~ *au volant* Trunkenheit am Steuer.
écart *m* Abstand *m* ; Abweichung *f* ; Spanne *f* ; Gefälle *n* ; Schere *f* ; Differenz *f* ; Unterschied *m* ; Streuung *f* ; Toleranz *f* ; (*faute*) Verstoß *m* (gegen + A) ; ♦ (*bourse*) ~ *en/à la baisse* Kursrückgang *m* , -abschlag *m* , -abweichung nach unten ; ~ *des changes* Währungsspanne ; ~ *des cours* Kursabweichung, -differenz *f* ; ~ *cumulé* kumulierte Abweichung ; ~-*étalon* Standardabweichung ; (*bourse*) ~ *en/à la hausse* Kursabweichung, Kurssprung *m* nach oben ; ~ *d'inflation* Inflationsabstand *m* ; differenzielle Inflationsrate *f* ; ~ *inflationniste* inflatorische Lücke *f* ; ~ *de prix* Preisunterschied ; Preisgefälle ; ~ *de production* Produktionsabweichung ; ~ *tarifaire* Tarifspanne ; ~ *entre des taux d'intérêt* Zinsgefälle ; ~ *toléré* zulässige Abweichung ; Toleranzbereich *m* ; ~ *type* Standardabweichung ; ~ *de voix* Stimmenunterschied ; ♦♦♦ *l'*~ *se creuse* der Graben vertieft sich ; die Schere öffnet sich ; *les* ~s *de prix se sont creusés* die Preisunterschiede haben sich verschärft ; *mettre à l'*~ beiseite legen ; *se tenir à l'*~ sich fernhalten von.
écartement *m* (*pilier*) lichte Weite *f* ; (*rails*) Spurweite *f* ; (*statist.*) Streckung *f*.
écarter ausschließen ; entfernen ; ablehnen ; zurückweisen ; ~ *une demande* ein Gesuch abweisen ; ~ *une solution* eine Lösung verwerfen ; *s'*~ *du taux directeur* vom Leitkurs abweichen.
échange *m* Wechsel *m* ; Tausch *m* ; Austausch *m* ; Umtausch *m* ; Tauschgeschäft *n* ; Handelsverkehr *m*, -beziehungen *fpl* ; Handel *m* ; ♦ ~ *d'actions* Aktienumtausch *m* ; ~ *de biens* Güter-, Warenaustausch *m* ; ~s *agricoles* Agrarhandel *m* ; ~s *commerciaux* Warenaustausch, -verkehr ; Handelsverkehr, -volumen *n* ; ~ *de communication* Nachrichtenverkehr *m* ; ~s *économiques* (*commerciaux*) Handels-, Warenverkehr ; ~s *extérieurs* (*en équilibre*) (ausgeglichener) Außenhandel ; ~s *internationaux* internationale Beziehungen *fpl* ; Welthandel *m* ; zwischenstaatlicher Handel ; internationaler Warenaustausch ; ~ *de*

lettres (*correspondance*) Briefwechsel *m* ; ~ *de notes diplomatiques* diplomatischer Notenwechsel ; *~s intracommunautaires* innergemeinschaftlicher Handel ; ◆◆ *à titre d'*~ austauschweise ; *en* ~ *de* als Gegenleistung ; (da)gegen ; (*bourse*) *conditions fpl d'~ d'actions* Aktien-Umtauschverhältnis *n*, -bedingungen *fpl* ; *droit m d'*~ Austauschrecht *n* ; *libéralisation f des ~s* Liberalisierung *f* des Warenverkehrs ; *liberté f des ~s* freier Warenverkehr ; *libre* ~ Freihandel ; *marchandise f d'*~ Tauschware *f* ; *moyen m d'*~ Tauschmittel *n* ; *valeur f d'*~ Tauschwert *m* ; (*bourse*) *vente f avec possibilité d'*~ Verkauf *m* mit Umtauschrecht (Rückgaberecht) ; *volume m des ~s* (*commerciaux*) Handelsvolumen *n* ; *vente f avec possibilité d'*~ Kauf *m* mit Umtauschrecht ; ◆◆◆ *accepter en* ~ in Tausch nehmen ; *donner en* ~ in Tausch geben ; *faire l'*~ *de qqch* etw auswechseln ; *faire un* ~ austauschen ; einen Tausch machen ; *intensifier les ~s* den Handelsverkehr verstärken ; *passé ce délai, aucun* ~ *ne sera plus accepté* nach dieser Frist ist kein Umtausch mehr möglich ; *proposer qqch en* ~ etw zum Tausch anbieten.

échangeabilité *f* Aus-, Umtauschbarkeit *f* ; Tauschfähigkeit *f*.

échangeable austauschbar ; umtauschbar ; tauschfähig ; umtauschfähig ; *article m non* ~ vom Umtausch ausgeschlossene Ware *f*.

échanger aus-, umtauschen ; (ein)tauschen ; *cette marchandise ne sera ni reprise ni ~ée* diese Ware kann nicht umgetauscht werden ; vom Umtausch ausgeschlossen ; (*bourse*) *le titre s'~é à…* das Wertpapier wird zu… gehandelt (getauscht) ; *1000 actions ont été ~ées* 1000 Aktien wurden umgesetzt ; *le yen s'~e à… euros* der Yen wird zum Kurs von… Euro gehandelt.

échangeur *m* **autoroutier** Autobahnkreuz *n* ; Autobahndreieck *n* ; Autobahnknotenpunkt *m* ; Verteiler *m*.

échangiste *m* (*jur.*) Tauschpartner *m* ; Tauschgeschäftspartner *m* ; Tauschende(r).

échantillon *m* Muster *n* ; (Waren)-Probe *f* ; Stichprobe *f* ; Probstück *n* ; Probeexemplar *n* ; Warenmuster *n* ; (*produit type*) Ausfallmuster *n* ; Einheitsmuster *n* ; Qualitätsmuster *n* ; Standard *m* ; Typ *m* ; Typenmuster *n* ; ◆ (*statist.*) ~ *aléatoire* (*au hasard*) Zufallsstichprobe *f* ; Querschnitt *m* ; *~s commerciaux* Warenmuster *npl* ; ~ *d'exposition* (*factice, d'étalage*) Attrappen *fpl* ; ~ *gratuit* Gratis-, Ansichtsmuster ; ~ *prélevé au hasard* Stichprobe *f* ; ~ *représentatif* repräsentative Stichprobe ; ~ *sans valeur* Muster ohne Wert ; *~-type* Ausfall-, Qualitätsmuster ; ◆◆ *carte f d'~s* Musterkarte *f* ; *collection f d'~s* Musterkollektion *f* ; *envoi m d'~s* Mustersendung *f* ; *marchandise f conforme à l'*~ mustergerechte Ware *f* ; *prélèvement m d'~s* Probeentnahme *f* ; *vente f sur ~s* Kauf *m* nach Probe (nach Muster) ; ◆◆◆ *acheter sur ~s* nach Probe (Muster) kaufen ; *demander des ~s* Muster anfordern ; *prélever un* ~ *au hasard* eine Stichprobe machen ; *présenter* (*soumettre*) *des ~s* Muster vorlegen.

échantillonnage *m* **1.** Mustersammlung *f*, -kollektion *f* **2.** Bemusterung *f* **3.** Stichprobenverfahren *n* ; Probenahme *f* ; ~ *aléatoire* Zufallsauswahl *f* ; ~ *simple, double, multiple* einfache, doppelte, mehrfache Stichprobe.

échantillonner 1. bemustern ; sortieren ; mit den Proben vergleichen **2.** Muster sammeln **3.** eine Stichprobe vornehmen.

échappatoire : (*contrat*) *clause f* ~ Ausweichklausel *f* ; Rücktrittsklausel *f* ; Notklausel *f* ; Escape-Klausel *f*.

échappement *m* : *gaz mpl d'*~ Autoabgase *npl* ; Auspuffgas *n*.

échapper : ~ *à tout contrôle* jeder Kontrolle entgehen ; ~ *au fisc* der Steueraufsicht entgehen ; ~ *à une sanction* einer Strafe entgehen.

échéance *f* Fälligkeit *f* ; Fälligkeitsdatum *n* ; Verfall *m* ; (Verfalls)Tag *m* ; Termin *m* ; Zahlungstermin *m* ; Frist *f* ; Zahlungsfrist *f* ; (*dette, exigibilités*) Verbindlichkeiten *fpl* ; fällige Beträge *mpl* ; fällige Zahlung *f* ; (*jour fixe, terme*) Stichtag *m* ; ◆ ~ *de fin de mois* (*fin courant*) Ultimofälligkeit ; ~ *fiscale* Steuertermin *m* ; ~ *trimestrielle* Quartal(s)termin *m* ; ◆◆ *carnet m d'~s* → **échéancier** ; *date f* (*terme m*) *de l'*~ Fälligkeitsdatum *n* (-termin *m*) ; *effet m à* ~ *fixe* Datowechsel *m* ; *effet à courte, à longue* ~ kurzfristiger, langfristiger Wechsel ; *jour m de l'*~ Fälligkeitstag *m* ; *terme m de l'*~ Zahlungstermin ;

échéancier

venue f à ~ Fälligwerden *n* ; ◆◆◆ *à l'*~ bei Fälligkeit ; bei Verfall ; *à courte, à longue* ~ auf kurze, lange Sicht (kurzfristig, langfristig) ; *faire face à ses* ~*s* seine Verbindlichkeiten erfüllen ; *venir (arriver) à* ~ fällig werden, verfallen ; *la somme arrive à* ~ *le...* der Betrag ist am... (bis zum...) fällig.

échéancier *m* Terminkalender *m* ; Fälligkeitsplan *m* ; Timing *n* ; Abzahlungsplan *m* ; Verfallbuch *n* ; Fristenbuch ; Fälligkeitsverzeichnis *n*.

échec *m* Misserfolg *m* ; Fehl-, Rückschlag *m* ; Scheitern *n* ; Niederlage *f* ; Fiasko *n* ; *(fam.)* Schlappe *f* ; *taux m d'*~*s* Durchfallquote *f* ; *essuyer (subir) un* ~ eine Niederlage (Schlappe) erleiden ; einen Fehlschlag hinnehmen müssen ; *se solder par un* ~ erfolglos sein ; mit einem Misserfolg enden ; scheitern.

échelle *f* 1. Leiter *f* 2. Skala *f* ; Maß *n* ; Maßstab *m* ; Tabelle *f* ; *à l'*~ maßgerecht ; ~ *de mesure* Messlatte *f* ; ~ *de satisfaction* Zufriedenheitsskala ; *sur une petite, grande* ~ in geringem, großem Maße ; *à l'*~ *nationale* auf Landesebene ; ~ *d'évaluation* Bewertungsmaßstab ; ~ *de grandeur* Größenskala *f* ; ~ *mobile des salaires* gleitende Lohnskala ; ~ *de parité* Paritätentabelle *f* ; ~ *des prix* Preisskala *f* ; Preisstaffelung *f* ; Preisgefälle *n* ; ~ *des traitements* Gehalts-, Besoldungsskala ; *économie fpl d'*~ → **économie d'échelle** 3. *(échelonnement)* Rangordnung *f* ; Hierarchie *f* ; Staffelung *f* ; Stufenleiter *f* ; ~ *sociale* gesellschaftliche Rangordnung *f*.

échelon *m* Stufe *f* ; Dienstgrad *m* ; Rangstufe *f* ; Einstufung *f* ; Grad *m* ; Höhe *f* ; Staffel *f* ; Ebene *f* ; ◆ ~ *catégoriel* Besoldungsgruppe *f*, -stufe *f* ; ~ *de décision (décisionnel)* Entscheidungsebene *f* ; ~ *d'imposition* Steuerklasse *f* ; *l'*~ *supérieur* die übergeordnete Behörde ; ~ *de traitement* Gehalts-, Besoldungsstufe ; ~ *du tarif* Tarifstufe *f* ; ◆◆ *par* ~*s* stufenweise ; *à l'*~ *fédéral* auf Bundesebene ; *changement m d'*~ Umstufung *f* ; Einstufung *f* in eine andere Besoldungsgruppe ; *rétrogradation f d'*~ Rückstufung *f* des Gehalts ; Zurückstufung *f* ; ◆◆◆ *changer d'*~ umgestuft werden ; *être au dernier* ~ auf der höchsten Stufe stehen ; *grimper les* ~*s* befördert werden ; beruflich aufsteigen ;

aufrücken ; *rétrograder d'*~ zurückstufen.

échelonnement *m* 1. Staffelung *f* ; Abstufung *f* ; Einteilung *f* ; Gliederung *f* ; Rangfolge *f* ; Rangordnung *f* ; Schichtung *f* ; ~ *des prix, des taxes* Preis-, Gebührenstaffelung ; ~ *des traitements par ancienneté d'échelon* Staffelung der Gehälter nach Dienstjahren 2. Verteilung *f* auf verschiedene Zeitabschnitte ; ~ *de la dette* Umschuldung *f* ; Umschulden *n*.

échelonner 1. staffeln ; abstufen ; einteilen ; gliedern ; schichten ; ~*é* gestaffelt ; abgestuft 2. auf verschiedene Zeitabschnitte verteilen ; *paiement par règlements* ~*és* auf Ratenzahlung ; *versements mpl* ~*és* Teilzahlungen *fpl* ; Ratenzahlungen ; *s'*~ *sur six mois* sich über sechs Monate erstrecken.

échiquier *m* 1. Schachbrett *n* 2. ~ *diplomatique* diplomatisches Kräftespiel *n* ; *l'*~ *international* internationale Szene *f* 3. *(Grande-Bretagne) l'Échiquier* Schatzamt *n* ; *chancelier m de l'É*~ Schatzkanzler *m* ; Finanzminister *m*.

écho *m* Echo *n* ; Resonanz *f* ; ~*s dans la presse* Reaktion *f* in der Presse ; Presseecho *n* ; *avoir un* ~ *favorable* Resonanz finden ; auf Resonanz stoßen.

échoir 1. *(arriver à échéance)* verfallen ; fällig werden ; fällig sein ; ablaufen ; *intérêts mpl échus* fällige Zinsen *mpl* ; *à terme échu* nach dem Fälligkeitstag ; nachträglich ; nach Ablauf der Frist 2. *(revenir à)* entfallen ; zuteil werden ; *une somme de 100 € échoit à chaque participant* ein Betrag von 100 € entfällt auf jeden Teilnehmer ; ~ *en héritage (par succession)* als (durch) Erbschaft zufallen ; *la fortune du défunt* ~*t à l'État* das Vermögen des Verstorbenen fällt dem Staat zu ; *cette tâche t'*~*t* diese Aufgabe fällt dir zu.

échoppe *f* Verkaufsbude *f* ; Verkaufsstand *m* ; *(fam.)* Budike *f*.

échouage *m (navigation)* Stranden *n* ; Scheitern *n* ; *lieu m d'*~ Strandungsstelle *f*.

échouer 1. scheitern ; fehlschlagen ; misslingen ; in die Brüche gehen ; *faire* ~ vereiteln ; ~ *à un examen* bei einem Examen durchfallen ; *les négociations ont* ~*é* die Verhandlungen verliefen ergebnislos 2. *s'*~ *(navire)* stranden ; auf Grund laufen ; auflaufen.

échu, e verfallen ; fällig ; zahlbar ; abgelaufen ; (*arriéré*) rückständig ; (*prescrit*) verjährt ; *payable à terme* ~ nachträglich zahlbar ; *à terme* ~ nach Ablauf der Frist ; nach Ablauf der vereinbarten Zeit ; nachträglich ; *intérêts mpl* ~*s* fällige Zinsen *mpl* ; → *échoir.*

éclaircissements *mpl* Erklärung(en) *f(pl)* ; Aufschluss *m* ; Erläuterungen *fpl* ; Auskunft *f* ; *donner, obtenir des* ~ Aufschluss geben, bekommen.

écluse *f* Schleuse *f* ; (*U.E. agric.*) *prix m d'*~ Schwellenpreis ; *ouvrir, fermer une* ~ eine Schleuse öffnen, schließen.

écluser : ~ *un bateau* ein Schiff durchschleusen.

éco-bilan *m* Ökobilanz *f.*

écobuage *m* (*agric., environnement*) Abbrennen *n*, Absengen *n* des Grases zur Düngung des Bodens ; Brandrodung *f.*

éco-emballage *m* Ökoverpackung *f* ; umweltfreundliche, wiederverwertbare Verpackung *f.*

E.C.O.F.I.N. *m* (*Conseil des ministres des finances européens*) Rat *m* der europäischen Wirtschafts- und Finanzminister.

éco-label *m* Umwelt-, Ökosiegel *n* ; *produit m pourvu de l'*~ mit dem Ökosiegel versehenes Produkt *n* ; auf Umweltverträglichkeit getestetes Produkt.

école *f* Schule *f* ; Lehranstalt *f* ; ♦ ~ *commerciale* (*de commerce*) Handelsschule ; ~ *supérieure de gestion* Wirtschaftshochschule ; ~ *hôtelière* Hotelfachschule ; ~ *professionnelle* (*d'apprentissage*) Berufsschule ; Fachschule ; ~ *professionnelle technique* Gewerbeschule ; ~ *supérieure de commerce* Hochschule *f* für höheres Management ; Wirtschaftshochschule ; ♦♦♦ *entrer dans une* ~ in eine Schule eintreten ; *faire* ~ Schule machen ; *fréquenter une* ~ eine Schule besuchen.

écolo *m* (*fam.*) Grüne(r) ; Ökologe *m* ; Umweltschützer *m.*

écologie *f* Ökologie *f* ; Umweltschutz *m.*

écologique ökologisch (vorteilhaft) ; umweltfreundlich ; *anti* ~ umweltfeindlich, -schädlich ; umweltschädigend, -belastend ; *catastrophe f* ~ Umweltkatastrophe *f.*

écologiquement : ~ *nocif* umweltgefährdend ; ~ *nuisible* umweltschädlich, -belastend, -feindlich ; ökologisch nachteilig ; ~ *propre* umweltfreundlich, -gerecht.

écologiste *m* 1. (*spécialiste de l'écologie*) Ökologe *m* ; Umweltforscher *m* 2. (*ami de la nature*) Umweltschützer *m* ; Anhänger *m* des Umweltschutzes ; Ökologe *m* ; *les* ~*s* die Grünen *mpl* ; die Umweltschützer *mpl* ; *la liste des* ~*s* die grüne Liste.

écomusée *m* Freilichtmuseum *n.*

économat *m* 1. (*école, hôpital*) Finanzabteilung *f* ; Verwaltung *f* ; Verwaltungsstelle *f* 2. Verkaufsstelle *f* für Betriebsangehörige.

économe *m* (*école, hôpital*) Verwalter *m* ; Verwaltungsdirektor *m* ; Verwaltungsleiter *m.*

économe sparsam ; wirtschaftlich ; haushälterisch ; ökonomisch ; *être* ~ (*avec qqch*) (mit etw) sparsam sein (umgehen) ; sparsamen Gebrauch machen (von).

économétrie *f* Ökonometrie *f.*

économico- Wirtschaft(s)- ; wirtschaftlich ; ökonomisch.

économie *f*
1. *système économique*
2. *parcimonie*
3. *économies réalisées*

1. (*système économique*) Wirtschaft *f* ; Wirtschaftssystem *n* ; Ökonomie *f* ; (*situation économique*) Wirtschaftslage *f* ; (*activité économique*) Wirtschaftstätigkeit *f* ; Konjunktur *f* ; ♦ ~ *agricole* Agrarwirtschaft ; ~ *agro-alimentaire* Agrar- und Ernährungswirtschaft ; ~ *capitaliste* kapitalistische Wirtschaft ; ~ *en circuit fermé* Kreislaufwirtschaft ; ~ *collective* Gemeinwirtschaft ; ~ *compétitive* wettbewerbfähige Wirtschaft ; Unternehmerwirtschaft ; ~ *concurrentielle* Wettbewerbs-, Konkurrenzwirtschaft ; ~ *de consommation* Verbrauchswirtschaft ; ~ *coopérative* Genossenschaftswirtschaft ; ~ *déréglementée* deregulierte Wirtschaft ; ~ *dirigée* Planwirtschaft ; Zentralverwaltungswirtschaft ; gelenkte Wirtschaft ; Zwangswirtschaft ; ~ *domestique, énergétique* Haus-, Energiewirtschaft ; ~ *financière, forestière, hydraulique* Finanz-, Forst-, Wasserwirtschaft ; ~ *globalisée* globalisierte Wirtschaft ; ~ *intégrée, intérieure* Verbund-, Binnenwirtschaft ; ~ *intensive* intensive Wirtschaft ; ~ *libérale* Marktwirtschaft ; ~ *de libre entreprise* Unternehmerwirtschaft ; ~ *locale* ortsansässige (lokale) Wirtschaft ; ~ *de marché* freie Marktwirtschaft ; ~ *mondiale, monétaire* Welt-, Geldwirtschaft ; ~ *nationale* Staatswirtschaft ; einheimische Wirtschaft ; ~ *nationalisée* verstaatlichte Wirtschaft ; ~ *à planification centrale* Zentralverwaltungswirtschaft ; ~ *planifiée, politique* Plan-, Volkswirtschaft ; ~ *privée, rurale* Privat-, Agrarwirtschaft ; ~ *sociale, socialiste* soziale, sozialistische Wirtschaft ; ~ *solidaire (de solidarité)* Solidaritätswirtschaft ; ~ *souterraine* Schattenwirtschaft ; graue Wirtschaft ; ◆◆ *nouvelle* ~ neue Wirtschaft ; New Economy *f* ; *gardiens mpl de l'*~ Wirtschaftshüter *mpl* ; *magnat m de l'*~ Industriekapitän *m* ; *ministre m, ministère m de l'*~ Wirtschaftsminister *m*, -ministerium *n* ; *relance f de l'*~ Ankurbelung *f* der Wirtschaft ; *surchauffe f de l'*~ Wirtschaftsüberhitzung *f* ; ◆◆◆ *planifier l'*~ die Wirtschaft planen (staatlich lenken) ; *relancer l'*~ die Wirtschaft ankurbeln ; *renflouer l'*~ die Wirtschaft wieder flottmachen (sanieren, gesundschrumpfen).

2. *(parcimonie)* Sparsamkeit *f* ; Wirtschaftlichkeit *f* ; Ökonomie *f* ; ~ *mal placée (mauvaise)* falsche Sparsamkeit ; *voitures fpl construites pour l'*~ auf Sparsamkeit angelegte PKWs *mpl* ; *vivre avec* ~ sparsam (bescheiden) leben.

3. *(économies réalisées)* Ersparnisse *fpl* ; Einsparung(en) *f(pl)* ; Ersparte(s) *n* ; Sparsumme *f* ; Sparguthaben *n* ; *(fam.)* Sparstrumpf *m* ; ◆ ~*s de bouts de chandelles* Knauserei *f* ; Knickrigkeit *f* ; ~*s de carburant* Benzineinsparungen ; ~*s sur les coûts, de devises, de main-d'œuvre* Kosten-, Devisen-, Arbeitskräfteeinsparungen ; ~ *d'échelle* → *économie d'échelle* ; *petites* ~*s (durement réalisées)* Spargroschen *m* ; Notgroschen ; *programme m d'*~*s* Sparprogramm *n* ; ◆◆◆ *faire (réaliser) des* ~*s* sparen ; Geld zurücklegen ; Geld auf die hohe Kante legen ; *faire de mauvaises* ~*s* am falschen Ende sparen ; *faire des* ~*s d'impôt* Steuerersparnisse machen ; *mettre ses* ~*s à la caisse d'épargne, en banque* Geld auf die Sparkasse, auf die Bank bringen ; *placer ses* ~ *en actions* seine Ersparnisse in Aktien anlegen ; *réaliser une* ~ *de 15 euros* fünfzehn Euro einsparen.

économie *f* **d'échelle** Größendegression *f* ; Kostendegression *f* (durch Massenproduktion) ; Fixkostendegression *f* ; Economics of Scale *pl* ; Skalenerträge *mpl* ; Skalengewinne *mpl*.

1. économique *(qui a trait à l'économie)* Wirtschafts- ; wirtschaftlich ; ökonomisch ; volkswirtschaftlich ; *accord m, aide f, biens mpl* ~*(s)* Wirtschaftsabkommen *n*, -hilfe *f*, wirtschaftliche Güter *npl* ; *blocus m, boycottage m, branche f* ~ Wirtschaftsblockade *f*, -boykott *m*, -zweig *m* ; *commission f, communauté f, crime m* ~ Wirtschaftsausschuss *m*, -gemeinschaft *f*, -verbrechen *n* ; *crise f, croissance f* ~ Wirtschaftskrise *f*, -wachstum *n* ; *délit m* ~ Wirtschaftsdelikt *n*, -straftat *f*, -vergehen *n* ; *délits mpl* ~*s* Wirtschaftskriminalität *f* ; *dirigisme m* ~ Wirtschaftslenkung *f* ; *droit m* ~ Wirtschaftsrecht *n* ; *embargo m* ~ Wirtschaftsembargo *n* ; *espionnage m* ~ *(industriel)* Wirtschaftsspionage *f* ; *essor m* ~ Wirtschaftsaufschwung *m*, -boom *m* ; *expert m* ~ Wirtschaftsexperte *m* ; *groupement m, guerre f, intégration f* ~ Wirtschaftsverband *m*, -krieg *m*, -integration *f* ; *intérêts mpl, journal m* ~*(s)* Wirtschaftsinteressen *npl*, -zeitung *f* ; *mesures fpl* ~*s* wirtschaftliche Maßnahmen *fpl* ; *miracle m* ~ Wirtschaftswunder *n* ; *ordre m, partenaire m, planification f* ~ Wirtschaftsordnung *f*, -partner *m*, -planung *f* ; *politique f, potentiel m, prévisions fpl* ~*(s)* Wirtschaftspolitik *f*, -potenzial *n*, -prognosen *fpl* ; *région f, relations fpl* ~*(s)* Wirtschaftsraum *m* ; wirtschaftliche Beziehungen *fpl* ; *responsable m* ~ Wirtschaftsführer *m* ; *sabotage m, sciences fpl* ~*(s)* Wirtschaftssabotage *f*, -wissenschaft *f* ; *secteur m* ~ Wirtschaftssektor *m* (-zweig *m*, -branche *f*) ; *sommet m, système m* ~ Wirtschaftsgipfel *m*, -system *n* ; *union f, vie f* ~ Wirtschaftsunion *f*, -leben *n*.

2. économique *(consommation réduite)* sparsam ; ökonomisch ; wirtschaftlich ; preiswert ; lohnend ; rentabel ; *(avion) classe f* ~ Economy-Klasse *f* ; *voiture f* ~ benzinsparendes Auto *n* ; *utilisation f* ~ *de matières premières* sparsame Verwendung *f* von Rohstoffen.

économiquement faibles *(les) mpl* die Sozialschwachen (die sozial Schwachen) ; die wirtschaftlich Schwachen ; die Minderbemittelten ; die Hilfsbedürftigen ; die Einkommensschwachen.

économiser sparen ; erparen ; einsparen ; ansparen ; sparsam umgehen (wirtschaften) ; (Geld) zurücklegen ; *argent m ~é* Spargeld *n* ; *somme f ~ée* Sparsumme *f* ; *j'ai ~é 1 000 €* ich habe 1000 € gespart (zurückgelegt, angespart) ; *~ chaque sou* jeden Cent (Pfennig) sparen ; *~ des frais, du matériel, des emplois* Kosten, Material, Arbeitsplätze einsparen ; *~ sur tout* an allem sparen ; *~ sur ses revenus* von seinem Einkommen sparen ; *~ pour ses vieux jours* für seine alten Tage sparen ; für das Alter Geld zurücklegen.

économiste *m* Wirtschaftswissenschaftler *m* ; Volkswirt *m* ; Wirtschaftsexperte *m* ; Ökonom *m*.

écosystème *m* Ökosystem *n*.

écot *m* : *payer son ~* seinen Anteil (an der Zeche) bezahlen ; seinen Beitrag leisten.

écotaxe *f* Ökosteuer *f* ; Umweltsteuer ; Ökoabgabe *f.*

écoulement *m* 1. Absatz *m* ; Vertrieb *m* ; Umsatz *m* ; Kommerzialisierung *f* ; *~ des stocks* Lagerabfluss *m* 2. *(trafic)* Verkehrsfluss *m*, -abwicklung *f.*

écouler 1. *(marchandises)* absetzen ; verkaufen ; vertreiben ; *(billets)* in Umlauf setzen (bringen) ; *s'~ facilement, difficilement* sich leicht, schwer verkaufen (absetzen lassen) 2. *le trafic s'~e bien* fließender Verkehr *m* 3. *(temps)* ablaufen ; *année f ~ée* vergangenes (abgelaufenes) Jahr ; *exercice m ~é* abgelaufenes Geschäftsjahr ; *le délai sera ~é le 31 décembre* am 31. Dezember läuft die Frist ab ; *laisser ~ un délai* eine Frist verstreichen lassen.

écoute 1. Abhören *n* ; *les ~s téléphoniques* Abhören *n* ; Lauschangriff *m* 2. *(médias)* Sendezeit *f* ; *taux m d'~* Einschaltquote *f* ; *heure f de grande ~* Prime-Time *f* ; abendliche Hauptsendezeit *f* 3. *être à l'~ du client, de la clientèle* kundennah (kundenorientiert) sein ; den Kundenwünschen entsprechen.

E.C.R. *m* *(envoi contre remboursement)* Postnachnahme *f.*

écran *m* 1. *(inform.)* Schirm *m* ; Monitor *m* ; *~ de contrôle* Datensichtgerät *n* ; *(d'ordinateur)* Terminalschirm *m* ; *~ plat* Flachbildschirm ; *~ radar* Radarschirm ; *~ terminal* Bildschirmeinheit *f* ; *~ de visualisation* Datensichtgerät *n* 2. *petit ~* Fernsehen *n* ; Fernsehschirm *m* ; *(fam.)* Flimmerkasten *m* ; *grand ~* Breitwand *f* ; *l'émission passera sur le petit ~* die Sendung wird vom Fernsehen übertragen ; *~ antibruit* schalldämpfende Wand *f* 3. *société f ~* Tarngesellschaft *f,* -firma *f* ; Briefkastenfirma ; Strohgesellschaft *f.*

écrasement *m* : *~ des prix* Preisunterbietung *f* ; *~ des salaires* Verflachung *f* von Lohn- und Gehaltsunterschieden ; Reduzierung *f* von Unterschieden zwischen Mindest- und Höchstlöhnen.

écraser : *~ les prix* die Preise senken (drücken, unterbieten) ; *prix mpl ~és* Schleuderpreise *mpl.*

écrire schreiben ; niederschreiben ; *~ à la machine* tippen ; *~ à qqn* jdm (an jdn) schreiben ; *~ une somme en toutes lettres* einen Betrag voll ausschreiben ; *~ en capitales* großschreiben ; mit großen Buchstaben schreiben ; *~ en chiffres* in Ziffern schreiben.

écrit, e schriftlich ; brieflich ; *communication f ~e* briefliche Mitteilung *f* ; *droit m reconnu par ~* verbrieftes Recht *n* ; *instructions fpl ~es* schriftliche Anweisungen *fpl* ; *confirmer par ~* schriftlich bestätigen ; *consigner qqch par ~* eine Sache schriftlich machen ; etw in schriftlicher Form festlegen.

écriteau *m* Schild *n* ; Anschlag *m* ; Plakat *n.*

écriture *f* 1. Schrift *f* ; Handschrift *f* 2. *~ lumineuse* Leuchtschrift *f* 3. *(comptab.)* Buchung *f* ; Buchungsvorgang *m* ; Eintragung *f* ; ◆ *~ d'actif, de passif* Aktiv-, Passivbuchung ; *~ comptable* Buchungsposten *m* ; Buchung *f* ; *~ (portée) au débit* Lastschrift *f* ; *~ de clôture (d'inventaire)* Berichtigungsbuchung ; *~ (portée) au crédit* Haben-Buchung ; Buchung ins Haben ; *~ (portée) au débit* Soll-Buchung ; *~ de redressement* Berichtigungsbuchung ; ◆◆ *contrôle m des ~s* Buchprüfung *f* ; *droits mpl d'~* Schreibgebühren *fpl* ; *faux m en ~s* Urkundenfälschung *f* ; *teneur m d'~s (comptable m)* Buchhalter *m* ; ◆◆◆ *arrêter les ~s* die Bücher abschließen ; *contrepasser une ~* eine Buchung berichtigen (ristornieren) ; rückbuchen ; *passer une ~* etw buchen ; eine Buchung vornehmen ; *rectifier une ~* eine Buchung berichtigen ; *tenir les ~s* die Bücher führen 4. *(jur.)* Schriftstück *n* ; Urkunde *f* ; Dokument *n.*

écrou *m* (*jur.*) Einlieferungsvermerk *m* ; *levée f d'~* Haftentlassung *f* ; *registre m d'~* Haftregister *n*.

écroulement *m* Zusammenbruch *m* ; Verfall *m*.

écrouler (s') (*bourse*) *les cours s'~ent* die Kurse brechen zusammen.

E.C.U. *m* (*European Currency Unit*) (*hist.*) ECU *m* ou *f* ; Europäische Rechnungseinheit (ERE) *f* (1979-1998).

écu *m* alte Münze *f* ; Taler *m*.

écureuil *m* (*fam. : caisse d'épargne*) Sparkasse *f* in Frankreich.

E.D.F. (*Électricité de France*) Französische Elektrizitätsgesellschaft *f*.

E.D.I. *m* (*échange de documents informatisés*) Datenverkehr *m*.

édicter verordnen ; (*une loi*) erlassen.

éditer (*livres*) herausgeben ; veröffentlichen ; verlegen ; *cette maison ~e des livres et des œuvres musicales* dieses Haus verlegt Bücher und Musikwerke.

éditeur *m* Verleger *m* ; Herausgeber *m*.

édition *f* **1.** Ausgabe *f* ; Auflage *f* ; Veröffentlichung *f* ; *~ assistée par ordinateur* (*EAO*) Desktop-Publishing *n* ; *nouvelle ~* Neuauflage *f* ; *~ de poche* Taschen-, Billigausgabe ; *~ revue et corrigée* neubearbeitete Auflage ; *~ du matin, du soir* Morgen-, Abendausgabe ; (*livre*) *~ spéciale* Sonderausgabe *f* ; (*journal*) Extrablatt *n* **2.** (*édition*) Verlag *m* ; Verlagshaus *n* ; *~ de presse* Zeitungsverlag ; *directeur m* (*patron m*) *d'une maison d'~* Verlagsleiter *m* ; *lecteur m d'une maison d'~* Verlagslektor *m* ; *maison f d'~* Verlagshaus *n* ; Verlag *m* ; *maison d'~ spécialisée* Sachbuch-, Fachverlag *m* ; *société d'~* Verlagsgesellschaft *f* ; *il travaille dans l'~* er ist im Verlagswesen tätig **3.** (*activité*) Verlagswesen *n*.

éditorial *m* Leitartikel *m* ; *faire un ~* einen Leitartikel schreiben ; (*fam.*) leitartikeln.

éditorial, e : (*préfixe*) Verlags- ; *activités fpl ~es* Verlagswesen *n*.

éditorialiste *m* Leitartikler *m* ; Kolumnist *m*.

éducateur *m* : *~ social* (*spécialisé*) Diplom-, Sozialpädagoge *m* ; Sondererzieher *m* ; Sozialarbeiter *m*.

éducation *f* Erziehung *f* ; Bildung *f* ; Bildungswesen *n* ; Schulbildung *f* ; Schulwesen *n* ; Ausbildung *f* ; *~ nationale* Bildungs- und Schulwesen *n* ; *~ permanente* Weiterbildung ; Fortbildung ; *ministère m de l'~ nationale* Erziehungs-, Unterrichtsministerium *n* ; (*Allemagne*) Kultusministerium ; *système m d'~ alternée* duales Bildungssystem *n* ; Dualsystem (Betrieb und Berufsschule).

E.E.E. *m* (*Espace économique européen*) EWR *m* ; Europäischer Wirtschaftsraum *m*.

effectif(s) *m(pl)* Bestand *m* ; Personalbestand ; Stärke *f* ; Beschäftigten-, Mitgliederzahl *f* ; ◆ *~ prévu* (*théorique*) Sollstärke ; Sollbestand ; *~ réel* Effektivbestand ; Ist-Stärke *f* ; Ist-Bestand *m* ; ◆◆ *augmentation f des ~s* Erhöhung *f* des Personalbestands ; *compression f* (*réduction f*) *des ~s* Personalabbau *m* ; Down-Sizing *n* ; (*fam.*) Abspecken *n* ; *tableau d'~s* Stellenübersicht *f* ; Stellenplan *m* ; ◆◆◆ *augmenter les ~s* den Personalbestand erhöhen ; *réduire* (*comprimer*) *les ~s* das Personal abbauen ; den Personalbestand reduzieren.

effectif, ive wirklich ; tatsächlich ; real ; effektiv ; Ist- ; wirksam ; *avantages mpl ~s* tatsächliche Vorzüge *mpl* ; *capital m ~* Effektivvermögen *n* ; *demande f ~e* tatsächlicher Bedarf *m* ; (*stock*) *inventaire m ~* Istbestand *m* ; *prix m ~* tatsächlicher Preis *m* ; tatsächlich bezahlter Preis *m* ; Effektivpreis *m* ; *salaire m ~* Reallohn *m* ; *salaire m horaire ~* effektiver Stundenlohn *m* ; *pouvoir m d'achat ~* Effektivkaufkraft ; *valeur f marchande ~ive* wirklicher Marktwert *m*.

effectuer ausführen ; tätigen ; verrichten ; durchführen ; leisten ; vornehmen ; *heures fpl ~ées* geleistete Arbeitsstunden *fpl* ; *heures fpl non ~ées* Ausfallstunden ; *temps de travail m ~é* abgeleistete Arbeitszeit *f* ; *~ des démarches* Schritte unternehmen ; *~ une enquête* eine Untersuchung vornehmen ; *~ des paiements* Zahlungen leisten ; *~ des réformes* Reformen durchführen ; *~ un versement* eine Einzahlung vornehmen.

---

effet *m*
1. *action*
2. *effet de commerce*
3. *effets personnels*

1. *(action)* Wirkung *f* ; Wirkungskraft *f* ; Effekt *m* ; Impuls *m* ; Auswirkung *f* ; Einfluss *m* ; *(force)* Kraft *f* ; *(résultat)* Ergebnis *m* ; Folge *f* ; ◆ ~ *d'annonce* Ankündigungseffekt ; ~ *boule de neige* Schneeballsystem *n* ; ~ *de cliquet* Sperrklinkeneffekt ; ~ *dominos* Dominoeffekt ; Kettenreaktion *f* ; ~ *d'entraînement* Auftriebseffekt ; ~ *escompté* gewünschte (erwartete, erhoffte) Wirkung ; ~ *d'éviction* Verdrängungseffekt ; ~ *immédiat* sofortige Wirkung ; ~ *inflationniste* inflationsfördernde (inflatorische) Wirkung ; ~ *de levier* Hebelwirkung *f* (Hebeleffekt ; Leverage-Effekt) ; ~ *libératoire* (schuld)befreiende Wirkung ; ~ *à long terme* Langzeiteffekt ; ~ *multiplicateur* Multiplikatoreffekt ; ~ *de rattrapage* Nachholeffekt ; *(à)* ~ *rétroactif* (mit) rückwirkende(r) Kraft ; rückwirkend ; ~ *secondaire* Nebeneffekt ; ~ *de serre* Treibhauseffekt ; ~ *suspensif* aufschiebende Wirkung ; ~ *de synergie* Synergieeffekt ; ◆◆ *à cet* ~ zu diesem Zweck ; *avec* ~ *du* mit Wirkung von ; ◆◆◆ *prendre* ~ in Kraft treten ; *produire un* ~ wirkungsvoll sein ; *rester sans* ~ ohne (Aus)Wirkung (wirkungslos) sein ; keine Wirkung haben.

2. *(effet de commerce)* Wechsel *m* ; (Wert)Papier *n* ; Handelspapier *n* ; Waren-, Handelswechsel ; ◆ ~ *à trois mois* Dreimonatswechsel ; ~ *admis à l'escompte* diskontfähiger Wechsel ; ~ *bancable* bankfähiger Wechsel ; ~ *bancaire* Bankwechsel ; ~ *affecté en garantie* verpfändeter Wechsel ; ~ *de cavalerie (de complaisance)* Reit-, Kellerwechsel ; ~ *à courte, à longue échéance* Wechsel auf kurze, lange Sicht ; ~ *à date fixe, à délai de date* Tag-, Datowechsel ; ~ *domicilié* domizilierter Wechsel ; ~ *donné en paiement* Kundenwechsel ; ~ *échu* fälliger Wechsel ; ~ *à l'encaissement* Inkassowechsel ; ~ *endossé* indossierter Wechsel ; ~ *escomptable, escompté* diskontierbarer, diskontierter Wechsel ; ~ *sur l'étranger* Auslandswechsel ; ~ *fictif* Keller-, Reitwechsel ; fingierter Wechsel ; Gefälligkeitspapier ; ~ *financier* Finanzwechsel ; ~ *honoré, impayé* eingelöster, unbezahlter Wechsel ; ~ *en monnaie étrangère* Devisenwechsel ; ~ *négociable* bankfähiger (begebbarer) Wechsel ; ~ *nominatif* Namenspapier ; ~ *non provisionné* ungedeckter Wechsel ; ~ *à ordre* Orderpapier ; ~ *à payer* Wechselverbindlichkeiten ; Schuldwechsel ; ~ *en portefeuille* Wechsel im Portefeuille ; ~ *au porteur* auf den Inhaber lautender Wechsel ; ~ *protesté* geplatzter (protestierter) Wechsel ; ~ *à recevoir* Wechselforderung *f* ; Besitz-, Aktivwechsel ; ~ *réescomptable* rediskontierbarer Wechsel ; ~ *rendu (retourné)* Retourwechsel ; zurückgewiesener Wechsel ; ~ *en retard* überfälliger Wechsel ; ~ *en souffrance* notleidender (nicht eingelöster) Wechsel ; ~ *sur place* Platzwechsel ; ~ *tiré* gezogener Wechsel ; ~ *du Trésor* Schatzwechsel, -schein *m* ; ~ *à vue* Sichtwechsel ; ◆◆ *acceptation f d'un* ~ Wechselakzept *n* ; *action f en paiement d'un* ~ Wechselklage *f* ; *apte à tirer un* ~ wechselfähig ; *détenteur m d'*~ Wechselinhaber ; *domiciliation f, échéance f d'un* ~ Wechseldomizilierung *f*, -fälligkeit *f* ; *échéancier m d'*~*s* Wechselverfallbuch *n* ; *émetteur m d'*~ Wechselaussteller *m* ; Wechselgeber *m* ; *escompte m, négociation f, paiement m d'un* ~ Wechseldiskont *n*, -verkauf *m*, -einlösung *f* ; *portefeuille m d'*~*s* Wechselbestand *m*, -portefeuille *n* ; *porteur m d'*~ Wechselinhaber *m* ; *preneur m d'un* ~ Wechselnehmer *m* ; *recouvrement m de l'*~ Einziehung *f* eines Wechsels ; *registre m des* ~*s* Wechselbuch *n* ; *renouvellement m d'un* ~ Wechselverlängerung *f* ; *spéculation f sur les* ~*s* Wechselspekulation *f* ; *timbre m d'*~ Wechselstempel *m* ; ◆◆◆ *accepter un* ~ einen Wechsel annehmen ; *céder un* ~ einen Wechsel weitergeben ; *émettre un* ~ einen Wechsel ausstellen ; *envoyer un* ~ *à l'escompte* Rimessen zum Diskont einsenden ; *escompter un* ~ einen Wechsel diskontieren ; *honorer un* ~ einen Wechsel einlösen (honorieren) ; *négocier un* ~ einen Wechsel begeben ; *présenter un* ~ *à l'acceptation, à l'encaissement (au paiement)* einen Wechsel zum Akzept, zur Zahlung vorlegen (präsentieren) ; *prolonger (renouveler) un* ~ einen Wechsel prolongieren ; *protester un* ~ einen Wechsel protestieren lassen ; *recouvrer, retirer, retourner un* ~ einen Wechsel einkassieren, zurückziehen, zurückweisen ; *signer un* ~ einen Wechsel unterschreiben.

3. *(effets personnels)* persönliche Sachen *fpl* ; bewegliche Habe *f* ; Vermögensstücke *npl* ; Güter *npl*.

efficace wirksam ; wirkungsvoll ; effizient ; erfolgreich ; *aide f, contrôle m* ~ wirksame Hilfe *f,* Kontrolle *f* ; *système m* ~ effizientes System *n* ; *publicité f* ~ wirkungsvolle Werbung *f.*

efficacité *f* Wirksamkeit *f* ; Wirkungskraft *f* ; Effizienz *f* ; Schlagkraft *f* ; Nutzeffekt *m* ; Leistungsfähigkeit *f* ; ~ *d'une campagne publicitaire* Werbewirksamkeit *f.*

efficience *f* Effizienz *f* ; Leistung *f* ; Leistungsfähigkeit *f* ; (besondere) Wirtschaftlichkeit *f* ; Wirksamkeit *f* ; Wirkungsgrad *m* ; Wirkungskraft *f* ; Ertrag *m.*

efficient, e effizient ; wirksam ; leistungsfähig ; wirtschaftlich ; produktiv.

effigie *f* (*monnaie*) Avers *m* ; Porträt *n* ; Bild-, Vorderseite *f* (einer Münze).

effluents *mpl* (*environnement*) Abwässer *npl* ; ~ *industriels* Industrieabwässer ; *épuration f des* ~ Abwässerreinigung *f* (*syn. eaux usées*).

effondrement *m* Zusammenbruch *m* ; Einbruch *m* ; Einsturz *m* ; Ruin *m* ; ~ *boursier* Börsenkrach *m* ; ~ *conjoncturel* Konjunktureinbruch ; ~ *des cours* Kurseinbruch, -sturz *m* , -verfall *m* ; ~ *économique* wirtschaftlicher Zusammenbruch ; ~ *monétaire* Währungszusammenbruch ; ~ *des prix* Preissturz *m* , -einbruch.

effondrer : *s'*~ fallen ; nachgeben ; stürzen ; zusammenbrechen.

effort *m* Anstrengung *f* ; Bemühung *f* ; ~*s d'investissement* Investitionsbemühungen ; *faire des* ~*s* Anstrengungen machen ; sich anstrengen.

effraction *f* Einbruch *m* ; Aufbrechen *n* ; Eindringen *n* ; ~ *dans un appartement* Wohnungseinbruch ; ~ *de voiture* Autoaufbruch *m* ; *vol m par* ~ Einbruch(s)diebstahl *m* ; *commettre une* ~ einen Einbruch verüben.

effritement *m* (*cours*) Abbröckeln *n* ; Schwund *m* ; Rückgang *m* ; ~ *du nombre d'adhérents* Mitgliederschwund *m.*

effriter : *s'*~ abbröckeln ; zerfallen ; *les cotes fpl s'*~*ent légèrement* die (Kurs)Notierungen *fpl* bröckeln leicht ab.

égal, e gleich ; gleichmäßig, -förmig ; ~ *en droits* gleichberechtigt ; *à partie* ~*e* paritätisch ; *à parts* ~*es* zu gleichen Teilen ; *avoir des chances* ~*es* gleiche Chancen haben.

égalitaire egalitär ; auf soziale Gleichheit gerichtet ; die soziale Gleichstellung verfechtend.

égalitarisme *m* Egalitarismus *m* ; soziale Gleichstellung *f.*

égalitariste *m* Verfechter *m* der sozialen Gleichstellung ; Anhänger *m* (Befürworter *m*) des Egalitarismus.

égalité *f* Gleichheit *f* ; Gleichstellung *f* ; Gleichstand *m* ; Parität *f* ; Einheitlichkeit *f* ; Gleichmäßigkeit *f* ; *à* ~ einheitlich ; gleichberechtigt ; paritätisch ; ~ *des chances* Chancengleichheit *f* ; ~ *des droits* Gleichberechtigung *f* ; ~ *fiscale* steuerliche Gleichbehandlung *f* ; Gleichheit vor der Steuer ; Steuergerechtigkeit *f* ; ~ *des salaires* Lohnparität *f* ; (*vote, cogestion*) ~ *des voix* Stimmengleichheit *f* ; Patt-Situation *f* ; *mettre sur un pied d'*~ gleichstellen.

égard *m* Rücksicht(nahme) *f* ; Achtung *f* ; Hinsicht *f* ; Berücksichtigung *f* ; *à l'*~ *de* in Bezug auf (+ A) ; hinsichtlich (+ G) ; *à cet* ~*, à tous* ~*s* in dieser, in jeder Hinsicht ; *sans* ~ *pour* ohne Rücksicht auf (+ A).

égide : *sous l'*~ *de* unter der Schirmherrschaft G/von ; *l'exposition est organisée sous l'*~ *du gouvernement* die Ausstellung findet unter der Schirmherrschaft der Regierung statt.

E.I. *f* (*entreprise individuelle*) Einzelunternehmen *n.*

élaboration *f* (*plan, programme*) Erarbeitung *f* ; Erstellung *f* ; Entwicklung *f* ; Ausarbeitung *f.*

élaborer ausarbeiten ; erarbeiten ; erstellen ; entwickeln ; ~ *un plan* einen Plan ausarbeiten (erstellen).

élargir erweitern ; vergrößern ; ausbauen ; ~ *l'assiette d'imposition* die Bemessungsgrundlage verbreitern ; ~ *l'U.E.* die EU erweitern.

élargissement *m* **1.** Erweiterung *f* ; Vergrößerung *f* ; Ausbau *m* ; Ausweitung *f* ; ~ *vers l'Est de l'Union européenne* Ost-Erweiterung *f* der Europäischen Union ; ~ *des relations commerciales avec l'étranger* Ausweitung der Handelsbeziehungen mit dem Ausland **2.** (*jur.*) Freilassung *f* ; (Haft)Entlassung *f.*

élasticité *f* Elastizität *f* ; Elastizitätswert *m* ; Flexibilität *f* ; Anpassungsfähigkeit *f* ; ~ *de la demande, de l'offre, des prix , des revenus* Nachfrage-, Angebots-, Preis-, Einkommenselastizität ; ~

des prix croisée Kreuzpreiselastizität *f* ; Substitutionselastizität *f.*
élastique : *demande f* ~ elastische Nachfrage *f.*
électeur *m* Wähler *m* ; Stimmberechtigte(r) ; *les ~s* Wählerschaft *f* ; *~ inscrit* Wahlberechtigte(r) ; *collège m des grands ~s* Wahlmännergremium *n* ; *liste f d'~s* Wählerverzeichnis *n* ; Wählerliste *f* ; *recensement m des ~s* Wählerverzeichnis *n.*
électif, ive Wahl- ; *cours m ~* Wahlfach *n.*
élection *f* Wahl *f* ; Abstimmung *f* ; Stimmabgabe *f* ; ◆ *~s anticipées* vorgezogene Wahlen ; vorzeitige Neuwahlen ; *~ à bulletins secrets* geheime Abstimmung ; *~ du bureau* Vorstandswahl ; *~s cantonales et régionales (des conseillers genénéraux)* Kantonal- und Regionalwahlen ; *~s communales* Gemeindewahlen ; (*jur.*) *~ de domicile* Bestimmung *f* des Erfüllungsorts (des Domizils) ; *~s générales* allgemeine Wahlen ; *~s législatives* Parlamentswahlen ; *~ à liste unique* Einheitslistenwahl ; *~ à la présidence* Wahl zum Präsidenten (Vorsitzenden) ; *~ primaire* Vorwahl ; Urabstimmung ; *~ proportionnelle* Verhältniswahl ; *~s prud'homales* Arbeitsgerichtswahlen ; Wahlen zur Besetzung des Arbeitsgerichts ; *~ au scrutin de liste* Listenwahl ; *~ uninominal* Einzelwahl ; ◆◆ *contrôle m des ~s* Wahlprüfung ; (*jur.*) *domicile m d'~* Erfüllungsort *m* (für Rechtsgeschäfte) ; gewählter Wohnsitz *m* ; (*traite*) Zahlungsort *m* ; Wechseldomizil *n* ; *résultat m des ~s* Wahlergebnis *n* ; *~ au scrutin majoritaire* Mehrheitswahl ; *~-test* Testwahl ; ◆◆◆ *confirmer une ~* eine Wahl bestätigen ; *invalider une ~* eine Wahl für ungültig (nichtig) erklären ; *organiser des ~s* Wahlen ausschreiben ; *se présenter à une ~* sich zur Wahl aufstellen lassen ; *proclamer les résultats d'une ~* die Wahlergebnisse bekannt geben ; *se présenter à une ~* sich zu einer Wahl stellen.
électoral, e Wahl- ; *accord m ~* Wahlabsprache *f* ; *campagne f ~e* Wahlkampf *m*, -kampagne *f* ; *circonscription f ~e* Wahlkreis *m* ; Wahlbezirk *m* ; *commission f ~e* Wahlausschuss *m* ; *défaite f ~e* Wahlniederlage *f* ; *fraude f ~e* Wahlbetrug *m* ; *liste f*, *lutte f ~e* Wählerliste *f,* Wahlschlacht *f* ; *participa*-*tion f ~e* Wahlbeteiligung *f* ; *procédure f ~e* Wahlverfahren *n* ; *programme m ~* Wahlprogramm *n* ; *propagande f ~e* Wahlpropaganda *f* ; *système m ~* Wahlsystem *n,* -verfahren *n.*
électoralisme *m* Wahlmache *f* ; Wahltaktik *f* ; Wählerfang *m.*
électoraliste wahltaktisch.
électorat *m* **1.** Wählerschaft *f* ; *l'~* die Wähler *mpl* ; *~ fluctuant* Wechselwähler *mpl* **2.** Wahl-, Stimmrecht *n* ; Wahlberechtigung *f.*
électricité *f* Elektrizität *f* ; Strom *m* ; *~ consommée* verbrauchte Strommenge *f* ; *~ hydraulique, nucléaire* Strom aus Wasserkraft ; Atomstrom ; *distribution f d'~* Elektrizitätsverteilung *f* ; *panne f d'~* Stromausfall *m* ; *production f d'~* Elektrizitätserzeugung *f* ; *société f de production et de distribution d'~* Elektrizitätsgesellschaft *f* ; E-Werk *n* ; *produire de l'~* Elektrizität erzeugen.
électrification *f* Elektrifizierung *f.*
électrifier elektrifizieren.
électrique elektrisch ; Elektrizitäts- ; Strom- ; *centrale f ~* Elektrizitätswerk *n* ; E-Werk ; *consommation f ~* Stromverbrauch *m* ; *courant m ~* (elektrischer) Strom *m* ; *ligne f ~* Stromleitung *f* ; *réseau m ~* Stromnetz *n.*
électro-ménager *m* Elektro(bedarfs)artikel *m* ; elektrische Haushaltsgeräte *npl* ; Elektrogeräte ; *appareil m ~* elektrisches Haushaltsgerät *n* ; *magasin m d'~* Fachgeschäft *n* für Elektroartikel ; *salon m de l'~* Hausratsmesse *f.*
électronicien *m* Elektroniker *m.*
électronique *f* Elektronik *f* ; *~ grand public (des loisirs)* Unterhaltungselektronik.
électronique elektronisch ; *boîte aux lettres f, caisse f ~* elektronischer Briefkasten, *~e* Kasse ; *calculette f ~* elektronischer Taschenrechner *m* ; *commerce m ~* E-Commerce *m* ; elektronischer Handel ; *courrier m ~* E-Mail *f* ; (*poste*) elektronische Post *f* ; *déchets mpl ~s* elektronischer Schrott *m* ; *porte-monnaie m ~* elektronische Geldbörse *f* ; *traitement m ~ des données* elektronische Datenverarbeitung (EDV) *f.*
électrotechnicien *m* Elektrotechniker *m.*
électro-technique *f* Elektrotechnik *f.*
électrotechnique elektrotechnisch ; *industrie f ~* elektrotechnische Industrie *f.*

élément *m* **1.** (*comptab.*) ~(*s*) *d'actif* Aktivposten ; Vermögensgegenstände *mpl* ; ~*s d'actif immobilisés* (*amortissables*) (abschreibungsfähige) Gegenstände *mpl* des Analgevermögens (Vermögensgegenstände) ; ~ *de passif* Passivposten *m* **2.** ~ (*constitutif de qqch*) Bestandteil *m* ; Element *n* ; ~ *du patrimoine* Vermögensbestandteil ; ~*s du train de vie* äußere Merkmale *npl* des Lebensstandards **3.** (*construction*) Element *n* ; Bauteil *n* ; ~ *préfabriqué* Fertigteil *m* **4.** (*facteur*) ~ *de croissance, de production, de risque* Wachstums-, Produktions-, Risikofaktor *m* **5.** (*débuts*) Elemente *npl* ; *en être aux premiers* ~*s de qqch* noch in den ersten Anfängen sein **6.** (*meubles*) *meubles mpl par* ~*s* Anbaumöbel *npl* ; ~*s muraux* Wandschrank *m* **7.** (*fisc*) ~*s de calcul de l'assiette* Bemessungsgrundlage *f* **8** . (*jur.*) ~ *d'un dossier* Tatbestand *m* ; Beweismaterial *n* ; Unterlagen *fpl*.

élevage *m* (*agric.*) Zucht *f* ; Aufzucht ; Züchtung *f* ; ~ *de bétail* Viehzucht ; ~ *intensif* Massentierhaltung *f* ; ~ *de poulets en batterie* Legebatterie *f* ; ~ *de poulets en liberté* Bodenhaltung *f* ; ~ *de poulets en libre parcours* Freilandhaltung ; *animal m, taureau m d'*~ Zuchttier *n*, -bulle *m* ; *provenir de l'*~ *intensif* aus der Massentierhaltung stammen.

élévation *f* Erhöhung *f* ; Steigerung *f* ; Hebung *f* ; Heraufsetzung *f* ; ~ *d'échelon* Höhereinstufung *f* ; ~ *du niveau de vie* Hebung *f* des Lebensstandards ; ~ *des prix, des salaires* Preis-, Lohnerhöhung *f*.

élevé, e hoch ; *emprunt m à taux d'intérêt* ~ Hochzinsanleihe *f* ; *niveau de vie m* ~ hoher Lebensstandard *m* ; *période f de taux d'intérêts* ~*s* Hochzinsphase *f* ; *prix m trop* ~ zu teuer ; übertriebener Preis *m* ; Wucherpreis ; *pays m à salaires* ~*s* Hochlohnland *n*.

élever 1. (*augmenter*) erhöhen ; heben ; heraufsetzen ; steigern ; ~ *le chiffre d'affaires* den Umsatz heben ; ~ *le niveau de vie* den Lebensstandard (an)heben ; ~ *les prix* die Preise erhöhen ; ~ *le taux d'escompte* den Diskontsatz heraufsetzen **2.** *s'*~ *à* betragen ; sich belaufen auf ; *la facture s'élève à 150 €* die Rechnung beläuft sich auf 150 € **3.** (*faire de l'élevage*) züchten **4.** (*des enfants*) erziehen ; großziehen.

éleveur *m* (Tier)Züchter *m* ; ~ *de bétail* Rinderzüchter *m* ; ~ *de poulets* Geflügelzüchter ; Hähnchenmäster *m*.

éligibilité *f* Wählbarkeit *f* ; passives Wahlrecht *n*.

éligible 1. wählbar ; *personnes fpl* ~*s* die wählbaren (wahlfähigen) Bürger *mpl* ; *tout citoyen est* ~ *à partir de 21 ans* mit 21 Jahren ist jeder Staatsbürger wählbar (besitzt jeder Wähler das passive Wahlrecht) **2.** -fähig ; *dépenses fpl d'entretien* ~*s au crédit d'impôt* abzugsfähige Unterhaltungsaufwendungen *fpl* ; *titre m* ~ *au plan d'épargne en actions* (*P.E.A.*) im Rahmen eines Sparplans anlagefähiges Wertpapier *n*.

élimination *f* Beseitigung *f* ; Entfernung *f* ; Eliminierung *f* ; ~ *de déchets* (*nuisances*) Entsorgung *f* ; ~ *du marché* Verdrängung *f* vom Markt.

éliminatoire : *épreuve f* ~ Auswahlverfahren *n* ; (*concours, sports*) *les* ~*s* die Ausscheidungskämpfe *mpl*.

éliminer beseitigen ; aufheben ; wegschaffen ; eliminieren ; abschaffen ; kaltstellen ; ~ *les barrières douanières* Zollschranken abbauen ; ~ *la concurrence / un concurrent* die Konkurrenz / einen Konkurrenten ausschalten ; ~ (*proprement*) *des déchets* Abfälle (umweltgerecht) beseitigen (entsorgen, ausschalten) ; ~ *les nuisances* Immissionen beseitigen.

élire wählen ; abstimmen ; ~ *un député* einen Abgeordneten wählen ; ~ *domicile* sich niederlassen ; seinen Wohnsitz wählen ; ~ *qqn à la présidence* jdn zum Vorsitzenden wählen.

élite *f* Elite *f* ; Führungsschicht *f* ; Auslese *f* ; Auswahl *f* ; *les* ~*s politiques, économiques et culturelles* die politischen, wirtschaftlichen und kulturellen Eliten ; ~ *mondaine* Schickeria *f* ; Jet-set *m*.

élitisme *m* Elitebegriff *m* ; elitäres Prinzip (System) *n*.

élitiste elitär.

e-logisticien *m* (*il automatise les opérations logistiques, de la commande à la livraison*) e-Logistiker *m*.

éloignement *m* : ~ *du lieu de travail* Entfernung *f* zur Arbeit ; *indemnité f* (*prime f*) *d'*~ Wegegeld *n* ; (*fam.*) Buschzulage *f*.

élu *m* Mandatsträger *m* (Abgeordnete, Senatoren, Bürgermeister usw.) ; (*polit.*)

les ~ die Volksvertreter ; die gewählten Vertreter *mpl* ; die Abgeordneten *mpl*.

élucider (auf)klären ; erläutern ; entwirren ; klarstellen ; *~ une affaire* eine Angelegenheit klären ; Licht in eine Sache hineinbringen.

E-mail *m* E-Mail *f* ; elektronische Post *f* ; *adresse f ~* E-Mail-Adresse *f* ; *communiquer par ~s* e-mailen ; emailen ; *envoyer une information par ~* eine Nachricht emailen ; eine Nachricht über E-Mail senden (*syn. courriel* ; *mail* ; *mél*).

émanation *f* **1.** Freisetzen *n* ; Ausstoß *m* ; Ausströmen *n* ; *~ de vapeurs toxiques* Freisetzen von giftigen Ausdünstungen **2.** (*fig.*) Ausstrahlung *f* ; Ausdruck *m* ; Bekundung *f*.

émancipateur, trice emanzipatorisch ; Gleichberechtigungs- ; Emanzipations- ; *aspirations fpl ~trices* emanzipatorische Bestrebungen *fpl*.

émancipation *f* **1.** Emanzipation *f* ; Emanzipierung *f* ; Gleichberechtigung *f* ; rechtliche und gesellschaftliche Gleichstellung *f* ; *mouvement m d'~* Emanzipationsbewegung *f* **2.** (*jur.*) Volljährigkeitserklärung *f* ; *~ d'un mineur* Mündigsprechung *f*.

émancipé, e 1. emanzipiert ; gleichberechtigt ; gleichgestellt **2.** (*jur.*) mündig ; (für) volljährig (erklärt).

émanciper 1. emanzipieren ; befreien ; gleichstellen ; *s'~* sich emanzipieren **2.** (*jur.*) mündig sprechen ; für volljährig (mündig) erklären.

émaner (*de*) ausgehen (von) ; stammen (von) ; hervorgehen (von) ; *le décret ~e du gouvernement* der Erlass wurde von der Regierung herausgegeben.

émargement *m* **1.** (Ab)Zeichnen *n* ; Signierung *f* ; Unterschreibung *f* (am Rande eines Schriftstücks) **2.** *feuille f d'~* Zeichnungsliste *f* ; Quittungsliste *f* ; Lohn- und Gehaltsliste *f*.

émarger 1. abzeichnen ; signieren ; als gesehen kennzeichnen ; *~ au dos d'une facture* auf der Rückseite einer Rechnung quittieren **2.** (*toucher une somme*) eine Vergütung beziehen ; *~ au budget de l'État* sein Gehalt vom Staat beziehen ; *~ à une entreprise* auf der Lohnliste einer Firma stehen **3.** (*cocher*) eine Anwesenheitsliste abhaken.

emballage *m* Verpackung *f* ; Einpacken *n* ; Verpacken *n* ; ◆ *~ automatique* maschinelle Verpackung ; *~ biodégradable* (*écologique*) Bioverpackung ; abbaubare (umweltfreundliche) Verpackung ; *~ bulle* Blisterverpackung ; *~ composite* Verbundverpackung ; *~ compris* einschließlich (inklusive) Verpackung ; *~ consigné* (*vide*) Leergut *n* ; Pfandverpackung ; *~ défectueux, insuffisant* mangelhafte, ungenügende Verpackung ; *~ d'origine* Originalpackung ; *~ perdu* Einwegpackung ; Wegwerfpackung ; *~ de présentation* (*factice*) Schau-, Geschenkpackung ; *~ de protection* Schutzhülle *f* ; *~ retourné* zurückgesandte Verpackung ; *~ réutilisable* (*réemployable*) Mehrfachpackung ; *~ sous blister* Durchdrückpackung ; *~ sous cellophane* Zellophanpackung ; *~ sous vide* Vakuumverpackung ; *~ en sus* zuzüglich Verpackung ; ◆◆ *carton m d'~* Packkarton *m*, -pappe *f* ; *frais mpl d'~* Verpackungskosten *pl* ; *franco de port et d'~* porto- und verpackungsfrei ; *législation f en matière d'~s* Verpackungsverordnung *f* ; *papier m d'~* Packpapier *n* ; *toile f d'~* Packleinen *n* ; ◆◆◆ *consigner un ~* ein Pfand auf eine Verpackung erheben ; *retourner l'~ vide* Verpackung leer (Leergut) zurücksenden.

emballé, e verpackt ; *~ sous cellophane* zellophanverpackt ; *~ sous vide* vakuumverpackt.

emballement *m* : *~ de l'économie* Konjunkturüberhitzung *f*.

emballer 1. verpacken ; einpacken ; *~ dans du papier* in Papier einpacken **2.** *l'économie s'~e* die Konjunktur ist überhitzt ; *la machine s'~* die Maschine ist überlastet.

emballeur *m* Verpacker *m*.

embarcadère *m* Landeplatz *m* ; Verladeplatz *m* ; Anlegestelle *f*.

embargo *m* Embargo *n* ; Handelssperre *f* ; Handelsverbot *n* ; *~ sur les exportations* Ausfuhrsperre *f* ; *levée f de l'~* Aufhebung *f* des Embargos ; *frapper d'~* ein Embargo verhängen ; *mit Embargo belegen* ; *lever l'~* das Embargo aufheben ; *mettre l'~ sur les importations* die Importe mit Embargo belegen ; über die Einfuhren eine Sperre verhängen.

embarquement *m* Anbordbringen *n* ; Verschiffung *f* ; Einschiffung *f* ; Verladung *f* ; *avis m d'~* Verschiffungsanzeige *f* ; *carte f d'~* (*avion*) Bordkarte *f* ; *droit* *m d'~* Verladegebühr *f* ; *documents mpl, gare f d'~* Verladepapiere *npl*, -bahnhof *m* ; *frais mpl, port m d'~* Verladungskosten *pl* ; Verschiffungshafen *m*.

embarquer verschiffen ; einschiffen ; verladen ; an Bord bringen (gehen) ; verfrachten ; *autorisation f d'~* Einschiffungserlaubnis *f*.

embarras *m* : *~ d'argent* (*pécuniaire*) Geldverlegenheit *f* ; Geldnot *f* ; *~ financier, de trésorerie* Zahlungsschwierigkeit *f* ; Liquiditätsschwierigkeiten *fpl* ; *n'avoir que l'~ du choix* eine große Auswahl haben ; *être dans l'~* in einer schwierigen Lage stecken.

embauchage *m* → **embauche**.

embauche *f* Platz *m* ; Arbeit *f* ; Stelle *f* ; Beschäftigung *f* ; Einstellung *f* ; Anstellung *f* ; Anwerbung *f* ; Rekrutierung *f* ; *~ définitive, temporaire* unbefristete, befristete Anstellung ; *arrêt m de l'~* Einstellungsstopp *m*, -sperre *f* ; *avis m* (*attestation f*) *d'~* Einstellungsbescheid *m* ; *bureau m d'~* Einstellungsbüro *n* ; *conditions fpl d'~* Einstellungsbedingungen *fpl* ; *contrat m f d'~* Einstellungsvertrag *m* ; *entretien m d'~* Einstellungsgespräch *n* ; *chercher de l'~* Arbeit (eine Stelle) suchen.

embaucher einstellen ; anstellen ; rekrutieren ; anwerben ; in Dienst nehmen.

embaucheur, euse Anwerber- ; *entreprise f ~euse* Anwerberfirma *f*.

embellie *f* (*fig.*) Lichtblick *m* ; Aufheiterung *f* ; Aufhellung ; *f* ; Besserung *f*.

embellir verschönern ; *~ un bilan* eine Bilanz schönen (frisieren).

emblavage *m* (*agric.*) Bestellung *f* eines Felds ; Einsaat *f*.

emblaver (*agric.*) bestellen ; besäen.

embouteillage *m* 1. (Verkehrs)-Stockung *f* ; Stau *m* 2. (*boissons*) Flaschenabfüllung *f*.

embouteillé, e (*route*) verstopft ; überbelastet.

embranchement *m* (*transports*) Abzweigung *f* ; Gleisanschluss *m*.

embrasser : *~ une carrière* einen Beruf ergreifen ; eine Laufbahn einschlagen ; *~ une cause* für eine Sache Partei ergreifen.

embrigadement *m* Eingliederung *f* ; Einreihung *f*.

embûches *fpl* Hindernisse *npl* ; Schwierigkeiten *fpl* ; *dresser des ~* Fallen stellen (legen).

émergence *f* : *nation f en voie d'~* Schwellenland *n*.

émergent, e : *marchés mpl ~s* aufsteigende Märkte *mpl* ; emerging markets *mpl* ; *nations fpl ~es* Schwellenländer *npl*.

émérite hervorragend ; verdienstvoll ; verdient ; *professeur m ~* emeritierter Professor *m* ; Emeritus *m*.

émetteur *m* 1. (*radio*) Sender *m* ; *~ de télévision* Fernsehsender *m* 2. Aussteller *m* ; Emittent *m* ; *~ d'un chèque, d'un effet* Scheck-, Wechselaussteller *m*.

émetteur, trice emittierend ; ausgebend, ausstellend ; *banque f ~trice* emittierende Bank *f* ; (Handelspapiere) ausgebende Bank ; *organisme m ~* ausgebendes Organ *n* ; *société f ~trice* emittierende Gesellschaft *f*.

émettre 1. (*finances*) ausgeben ; auflegen ; begeben ; ausstellen ; in Umlauf setzen ; *~ des actions au cours de...*, *au pair* Aktien zu..., al pari ausgeben ; *de nouvelles actions ont été émises en bourse* an der Börse sind neue Aktien aufgelegt worden ; *~ de l'argent* Geld in Umlauf setzen ; *~ des billets de banque* Banknoten ausgeben ; *~ un chèque* einen Scheck ausstellen ; *~ un emprunt* eine Anleihe auflegen (ausgeben, begeben) ; *~ une traite de...* (*sur qqn*) einen Wechsel über... (auf jdn) ausstellen 2. (*médias*) senden ; ausstrahlen ; *~ un bulletin d'informations* Nachrichten bringen ; *~ un enregistrement télévisé* eine Fernsehaufzeichnung senden (ausstrahlen) ; *~ sur FM* auf UKW senden 3. (*autres sens*) *~ des appels de détresse* Hilferufe senden ; *~ un avis* eine Meinung äußern ; *~ des exigences* Forderungen stellen ; *~ des prétentions salariales* Gehaltswünsche angeben.

émiettement *m* Zersplitterung *f* ; Zerstreuung *f* ; *~ des terres agricoles* Flurzersplitterung.

émigrant *m* Auswanderer *m* ; Emigrant *m* ; Aussiedler *m*.

émigration *f* Auswanderung *f* ; Emigration *f* ; Übersiedlung *f* ; Aussiedlung *f* ; *~ nette* Auswanderungsüberschuss *m* ; *~ de capitaux* Kapitalabwanderung *f* ; (*fuite*) Kapitalflucht *f* ; *candidat m à l'~* Auswanderungswillige(r) ; *mouvement m* *d'~, politique f de l'~* Auswanderungsbewegung *f,* -politik *f* ; *législation f sur l'~* Auswanderungsgesetzgebung *f.*

émigrer auswandern ; emigrieren ; aussiedeln ; übersiedeln.

éminence *f* **grise** graue Eminenz *f.*

émissaire *m* Bote *m* ; Abgesandte(r) ; Beauftragte(r) ; *bouc ~* Sündenbock *m.*

émission *f* **1.** *(radio, télé)* Sendung *f* ; *~ en direct* Live-Sendung ; Direktübertragung *f* ; *~ publicitaire* Werbesendung ; *~ de télé(vision), télévisée* Fernsehsendung **2.** *(commerce)* Ausgabe *f* ; Emission *f* ; Begebung *f* ; Ausstellung *f* ; ♦ *~ d'actions, de billets de banque* Aktien-, Notenausgabe ; *~ au-dessus du pair* Überpari-Emission ; *~ d'un emprunt* Ausgabe *f* (Emission *f*) einer Anleihe ; Anleihebegebung ; *~ d'obligations, d'une traite* Ausstellung von Schuldverschreibungen, eines Wechsels ; *~ de titres (de valeurs mobilières)* Emission von Wertpapieren ; ♦♦♦ *banque f d'~* Noten-, Währungsbank *f* ; *cours m d'~* Ausgabekurs *m* ; Abgabe-, Begebungskurs *m* ; *date f d'~* Ausstellungstag *m* ; *opération f d'~* Emissionsgeschäft *n* ; *prix m d'~* Emissionspreis *m* ; *valeur f d'~* Emissionswert *m* **2.** *(nuisances)* Ausstoß *m* ; Emission *f* ; *~ de gaz d'échappement, d'oxyde de carbone, de produits toxiques* Emission von Abgasen, Kohlendioxid, Giftstoffen.

emmagasinage *m* (Ein)Lagerung *f* ; Speicherung *f* ; Stapelung *f* ; *frais mpl d'~* Lagergebühren *fpl* ; Lagergeld *n.*

emmagasiner (ein)lagern ; (auf)speichern ; stapeln.

emménager (in eine Wohnung) einziehen.

émoluments *mpl* **1.** Bezüge *pl* ; Gehalt *n* ; Einkünfte *pl* ; *percevoir (toucher) des ~ de fonctionnaire* die Bezüge eines Beamten erhalten **2.** *(jur.)* Erbteil *m.*

émoulu : *frais ~* frisch gebacken ; *un diplômé m d'une école supérieure de commerce fraîchement ~* ein frisch gebackener Diplomkaufmann *m.*

empaquetage *m* **1.** Verpackung *f* ; Verpacken *n* ; Einpacken *n* ; **2.** Packmaterial *n* ; Emballage *f* (Packpapier, Packleinen, Packkarton usw).

empaqueter verpacken ; einpacken ; *~é automatiquement* maschinell verpackt.

empêché : *~ pour cause de maladie, pour raison de service* wegen Krankheit, dienstlich verhindert sein.

empêchement *m* Verhinderung *f* ; (Be)Hinderung *f* ; Hindernis *n* ; *~ à la livraison, au transport* Lieferungs-, Transporthindernis ; *en cas d'~* im Verhinderungsfall(e) ; *avoir un ~ professionnel* geschäftlich verhindert sein.

empêcher verhindern ; hindern (an + D) ; verhüten ; *~ un accident* einen Unfall verhüten.

emphytéose *f* *(droit héréditaire d'exploiter une terre)* Erbpacht *f.*

emphytéote *m* Erbpächter *m* ; Nutzungsberechtigte(r).

emphytéotique Erbpacht- ; *bail m ~* Erbpachtvertrag *m.*

empire *m* Imperium *n* ; *~ économique* Wirtschaftsimperium ; *~ de presse* Presseimperium.

empirer sich verschlimmern ; sich verschlechtern ; *la situation a ~é* die Lage hat sich verschlimmert.

emplacement *m* Stelle *f* ; Platz *m* ; Standort *m* ; *~ réservé à la publicité* für Werbezwecke vorgesehene Stelle ; *changer d'~* den Standort wechseln.

emplette *f* Einkauf *m* ; *faire ses ~s* Einkäufe machen (tätigen) ; einkaufen.

emploi *m* **1.** *(utilisation)* Anwendung *f* ; Gebrauch *m* ; Verwendung *f* ; ♦ *~ abusif* Missbrauch *m* ; *~ de capitaux* Anlage *f* von Geldern ; *~ budgétaire* Planstelle *f* ; *~ d'une somme* Verwendung einer Geldsumme ; *~ du temps* Zeitplan *m* ; Terminkalender *m* ; *(école)* Stundenplan *m* ; ♦♦ *double ~* Doppelarbeit *f* ; unnütze Wiederholung *f* ; *mode m d'~* Gebrauchsanweisung *f* ; *notice f d'~* Gebrauchsvorschrift *f* ; ♦♦♦ *bien agiter avant l'~* vor Gebrauch gut schütteln ; *d'~ économique* sparsam im Gebrauch **2.** *(place, travail)* Beschäftigung *f* ; Anstellung *f* ; Arbeit *f* ; Stelle *f* ; Beschäftigungsverhältnis *n* ; *(fam.)* Job *m* ; ♦ *~ administratif* Verwaltungsstelle *f* ; *~ de bureau* Bürotätigkeit *f* ; *~ durable* Dauerbeschäftigung ; *~ d'exécutant* ausführende Beschäftigung ; *~ fixe, lucratif* feste, lukrative (einträgliche) Beschäftigung ; *~ de main-d'œuvre* Einsatz *m* von Arbeitskräften ; *~ à mi-temps, à plein temps, à temps partiel* Halbtags-, Ganztags-, Teilzeitbeschäftigung ; *~ occasionnel* gelegentliche Beschäftigung

emploi-jeunes

f ; ~ *réservé* (*aux handicapés*) Pflichtplatz ; vorbehaltene Stelle (für Behinderte) ; ~ *saisonnier* Saisonarbeit ; ~ *secondaire* (*d'appoint, accessoire*) Nebenerwerb *m* ; Nebenbeschäftigung ; ~ *subalterne* untergeordnete Beschäftigung ; ~(*s*) *vacant*(*s*) offene Stelle(n) ; ◆◆ *Agence f nationale pour l'emploi* (*A.N.P.E.*) Nationale Agentur *f* für Stellenvermittlung ; (*Allemagne*) Bundesagentur *f* (Bundesanstalt) für Arbeit ; *bureau m de l'~* Stellenvermittlungsamt *n* ; Arbeitsamt *n* ; *changement m d'~* Arbeitsplatzwechsel *m* ; *créateur d'~s* arbeitsplätze-, jobschaffend ; *création f d'~s* Schaffung *f* von Arbeitsplätzen ; *dégradation f de l'~* Verschlechterung *f* des Arbeitsmarkts ; *évolution f de l'~* Entwicklung *f* der Beschäftigungslage ; *garantie f de l'~* Arbeitsplatzgarantie *f* ; *marché m de l'~* Arbeitsmarkt *m* ; *niveau m* (*situation f*) *de l'~* Beschäftigungsstand *m*, -lage *f* ; *offre f d'~s* Stellenangebot *n* ; *offres d'~* offene Stellen *fpl* ; Stellennachweis *m* ; *plein-~ m* Vollbeschäftigung *f* ; *politique f de l'~* Beschäftigungspolitik *f* ; *sans ~* beschäftigungslos ; arbeitslos ; stellenlos ; *sécurité f de l'~* Sicherung *f* des Arbeitsplatzes ; *situation f de l'~* Beschäftigungslage *f* ; *suppression f d'~s* Personalabbau *m*, -einsparung(en) *f*(*pl*) ; *taux m de l'~* Beschäftigungsgrad *m* ; ◆◆◆ *changer d'~* die Stelle wechseln ; *chercher un ~* eine Stelle suchen ; Arbeit suchen ; *créer des ~s* Arbeitsplätze schaffen ; *être à la recherche d'un ~* auf Stellensuche sein ; *être sans ~* arbeitslos (stellenlos) sein ; *perdre son ~* seinen Arbeitsplatz verlieren ; *postuler un ~* sich um eine Stelle bewerben ; *supprimer des ~s* Arbeitsplätze abbauen ; *trouver un ~* Arbeit (eine Stelle) finden.

emploi-jeunes *m* (*Allemagne*) ABM-Maßnahme *f* für Jugendliche ; ABM-Stelle *f* ; Einstiegsjobs *mpl*.

emploi-service *m* Dienstleistungsscheck *m* ; ABM-Maßnahme *f* im Rahmen der Nachbarschaftshilfe.

emploi *m* **et solidarité** *f* Arbeitsbeschaffungsmaßnahme *f* ; ABM-Stelle *f*.

employabilité *f* (*travail flexible*) Einsetzbarkeit *f* ; Beschäftigungsfähigkeit *f* ; (*apte au travail*) Arbeitstauglichkeit *f*.

employable (*travail flexible*) einsetzbar ; beschäftigungsfähig ; (*apte au travail*) arbeitstauglich.

employé *m* Angestellte(r) ; Beschäftigte(r) ; Arbeitnehmer *m* ; Gehaltsempfänger *m*, -bezieher *m* ; (*de l'État*) Beamte(r) ; Staatsdiener *m* ; ~ *administratif, de l'administration publique* Verwaltungs-, Behördenangestellte(r) ; ~ *de banque* Bankangestellte(r), -beamte(r) ; ~ *de bureau* Büroangestellte(r) ; Bürokraft *f* ; Bürokaufmann *m* ; Bürokauffrau *f* ; ~ *du chemin de fer* Bahnbeamte(r) ; ~ *de commerce* kaufmännische(r) Angestellte(r) ; ~ *communal* Kommunalbedienstet(r) ; ~ *aux écritures* Schreibkraft *f* ; ~ *intérimaire* Zeit(arbeits)kraft *f* ; ~ *de magasin* Ladenangestellte(r) ; Verkäufer *m* ; ~ *des postes* Postbeamte(r) ; *avoir un contrat d'~* im Angestelltenverhältnis stehen.

employer 1. verwenden ; anwenden ; (ge)brauchen 2. beschäftigen ; *cette usine emploie mille ouvriers* diese Fabrik beschäftigt tausend Arbeiter ; *il est ~é à la poste* er ist bei der Post beschäftigt (angestellt).

employeur *m* Arbeitgeber *m* ; (*rare*) Dienstherr *m* ; (*iron.*) Brötchengeber *m* ; (*dans les négociations*) Arbeitgeberseite *f* ; *organisation f d'~s* Arbeitgeberverband *m*.

empocher (*fam.*) (*argent*) einstecken ; einstreichen ; (Gewinne) in seine eigene Tasche stecken.

emport *m* : *capacité f d'~* (*avion*) Nutzlast *f*.

emporter 1. mitnehmen ; *à ~* zum Mitnehmen ; *prix m « marchandise ~ée »* Mitnahme-, Mitnehmepreis *m* 2. ~ *un marché* einen Markt erobern ; *l'~ sur la concurrence* die Konkurrenz ausschalten.

emprise *f* Einfluss *m* ; Herrschaft *f* ; Einflussnahme *f*.

emprunt *m*	1. *argent emprunté* 2. *prêt* 3. *emprunt public* 4. *d'emprunt*

1. (*argent emprunté*) geborgtes (geliehenes) Geld *n* ; *vivre d'~s* von geborgtem Geld leben ; (*fam.*) auf Pump leben.

2. (*prêt*) Darleh(e)n *n* ; Kredit *m* ; *payer les intérêts d'un ~* die Zinsen eines

Darlehens zahlen ; *rembourser un* ~ ein Darlehen zurückzahlen.
3. *(emprunt public)* Anleihe *f* ; Staatsanleihe ; Kreditaufnahme *f* ; ~ *à 7 %* siebenprozentige Anleihe ; ◆ ~ *amortissable* Amortisations-, Tilgungsanleihe ; ~ *de consolidation* Konsolidierungsanleihe ; ~ *consolidé* konsolidierte Anleihe ; ~ *de conversion, convertible* Konvertierungsanleihe, Wandelanleihe ; ~ *à court, moyen, long terme* kurz-, mittel-, langfristige Anleihe ; ~ *en euros* Euro-Anleihe ; ~ *d'État (national)* Staatsanleihe ; ~ *foncier, forcé, gagé* Boden-, Zwangs-, gedeckte Anleihe ; ~ *garanti (par l'État)* (staatlich) garantierte Anleihe ; ~ *hypothécaire* Hypothekenanleihe ; ~ *indexé* indexierte (indexgebundene) Anleihe ; Anleihe mit Indexklausel ; ~ *Lombard* → *sur titres* ; ~ *à lots* Los-, Lotterieanleihe ; ~ *municipal (communal)* Kommunalanleihe ; ~ *national (d'État)* Staatsanleihe ; ~ *obligataire* Obligationsanleihe ; ~ *or* Goldanleihe ; ~ *perpétuel* ewige (unbefristete, unkündbare) Anleihe ; ~ *à prime* Prämienanleihe ; ~ *privé, public* Privat-, öffentliche Anleihe ; ~ *remboursable* rückzahlbare Anleihe ; ~ *revalorisé, stable, surpassé* aufgewertete, wertbeständige, überzeichnete Anleihe ; ~ *sur titres* Effektenbeleihung *f* ; Wertpapierlombardierung *f* ; Lombarddarlehen *n* ; Lombardgeschäft *n* ; ~ *du Trésor* Staatsanleihe ; ◆◆ *amortissement m de l'*~ Tilgung *f* einer Anleihe ; Anleiheablösung *f*, -abgeltung *f* ; *dette f d'un* ~ Anleiheschuld *f* ; *durée f d'un* ~ Laufzeit *f* einer Anleihe ; *émission f d'un* ~ Ausgabe *f* (Auflegung *f*, Begebung *f*) einer Anleihe ; *intérêts mpl sur* ~ Anleihezinsen *mpl* ; *lancement m d'un* ~ Auflegung *f* (Begebung *f*) einer Anleihe ; *marché m des* ~*s* Renten, Anleihemarkt *m* ; *remboursement m d'un* ~ Zurückzahlung *f* einer Anleihe ; *souscription f d'un* ~ Zeichnung *f* einer Anleihe ; *titre m d'*~ Anleihepapier *n* ; ◆◆◆ *contracter, dénoncer un* ~ eine Anleihe aufnehmen, kündigen ; *émettre (lancer) un* ~ eine Anleihe auflegen (ausgeben, begeben) ; *offrir (ouvrir) un* ~ *(en souscription publique)* eine Anleihe (zur öffentlichen Zeichnung) auflegen ; *négocier, placer, rembourser un* ~ eine Anleihe vermitteln, unterbringen, zurückzahlen ; *souscrire un* ~ eine Anleihe zeichnen.

4. *(d'emprunt)* Entleihung *f* ; Entlehnung *f* ; *meubles mpl d'*~ geliehene Möbel *npl* ; *nom m d'*~ Deckname *m* ; Pseudonym *n* ; *mot m d'*~ Lehnwort *n*.

emprunter 1. leihen ; entleihen ; ausleihen ; borgen ; *(fam.)* pumpen ; *capital m* ~*é* Tilgungskapital *n* ; ~ *de l'argent à qqn* Geld bei (von) jdm leihen (borgen, pumpen) ; bei jdm Geld aufnehmen ; *(fam.)* jdn anpumpen **2.** ~ *la voie hiérarchique* den Dienstweg beschreiten.

emprunteur *m* **1.** Darlehensnehmer *m* ; Darlehensschuldner *m* ; Kreditnehmer *m* ; *(titre)* Anleihenehmer *m* **2.** Entleiher *m* ; Entlehner *m*.

émulation *f* Wetteifer *m* ; Wettstreit *m*.

E.N.A. *f* (*École nationale d'administration*) staatliche Verwaltungshochschule *f*.

énarque *m* **1.** Absolvent *m* der ENA-Hochschule **2.** Angehörige(r) der Machtelite.

en bonne et due forme ordnungsgemäß.

encadré *m* (*presse*) Kasten.

encadrement *m* **1.** ~ *du crédit* Kreditbewirtschaftung *f*, -kontrolle *f* ; Kreditbeschränkung *f* ; Begrenzung *f* des Kreditvolumens ; ~ *des prix* Preiskontrolle *f* **2.** *personnel m d'*~ die Leitenden *pl* ; Führungskräfte *fpl*, -personal *n* ; Angestellte *pl* in leitender Stellung ; (*hist. R.D.A. et Suisse*) Kader *mpl* ; (*tourisme*) Betreuer *m*.

encadrer 1. (*stagiaires, apprentis, jeunes*) betreuen **2.** (*crédit*) die Kreditaufnahme erschweren ; den Kredit erschweren ; die Kreditgewährung beschränken.

encaissable einkassierbar ; einziehbar.

encaisse *f* Kassenbestand *m* ; Barbestand *m* ; ~ *métallique* Hartgeldbestand ; ~ *or* Goldbestand (Geldbestände *mpl*) ; *avoir une* ~ *en dollars, en euros* einen Barbestand in Dollar, in Euro besitzen.

encaissement *m* Einkassierung *f* ; Einkassieren *n* ; Zahlungseingang *m* ; Inkasso *n* ; ~ *de chèques, d'effets* Scheck-, Wechselinkasso ; *pour* ~ zum Inkasso ; *décompte m des* ~*s* Abrechnung *f* über Inkasso ; *droit m d'*~ Einziehungsgebühr *f* ; *effet m à* ~ Inkassowechsel *m* ; *frais mpl d'*~ Inkassospesen *pl* ; *opération f,*

encaisser

ordre m, taxe f d'~ Inkassogeschäft *n,* -auftrag *m,* -gebühr *f* ; *donner pour* ~ (*chèque, traite*) einlösen ; *effectuer l'*~ das Inkasso vornehmen ; *présenter à l'*~ zum Inkasso vorlegen.

encaisser 1. einkassieren ; ~ *des fonds, des impôts* Gelder, Steuern einziehen ; ~ *un chèque, une traite* einen Scheck, einen Wechsel einlösen **2.** (*mettre en caisses*) in Kisten verpacken **3.** (*fam.*) (*un choc*) verkraften.

encaisseur *m* Einkassierer *m* ; Kassierer *m* ; Inkassobeauftragte(r) ; ~ *de dettes* Schuldeneintreiber *m.*

encan : (*arch.*) *mettre, vendre à l'*~ versteigern ; *vente f à l'*~ Versteigerung *f* ; Auktion *f.*

encart *m* (eingeheftete) Beilage *f* ; Einlage *f* ; ~ *publicitaire* Werbebeilage.

enceinte *f* Bereich *m* ; Umgrenzung *f* ; ~ *de la foire, de l'exposition* Messe-, Ausstellungsgelände *n.*

enchère *f* (höheres) Angebot *n* ; Mehrgebot *n* ; ◆ ~ *la plus forte* (*élevée*) Höchstgebot ; ~*s publiques* öffentliche Versteigerung *f* ; ~ *supérieure* Mehrgebot ; ◆◆ *dernière* ~ Meist-, Höchstangebot ; *vente f aux* ~*s* Versteigerung *f* ; Auktion *f* ; ◆◆◆ *acheter qqch aux* ~*s* etw ersteigern ; etw bei (auf) einer Versteigerung kaufen ; etw auf einer Auktion erstehen ; *couvrir une* ~ überbieten ; ein höheres (An)Gebot machen ; *faire monter* (*pousser*) *les* ~*s* die Preise in die Höhe treiben ; *mettre qqch aux* ~*s* etw versteigern lassen ; etw zur Versteigerung bringen ; *être vendu aux* ~*s* zur Versteigerung kommen ; *faire une* ~ (*plus élevée*) (mehr) bieten ; ein (höheres) Gebot machen (abgeben) ; *vendre qqch aux* ~*s* etw versteigern ; etw meistbietend verkaufen ; (*fam.*) etw unter den Hammer bringen.

enchérir 1. aufschlagen ; teurer werden ; verteuern ; den Preis erhöhen **2.** ein höheres Gebot abgeben ; mehr als ein anderer bieten ; höher bieten ; ~ *sur qqn* jdn überbieten.

enchérissement *m* Verteuerung *f* ; Preissteigerung *f* ; Preisaufschlag *m.*

enchérisseur *m* (*vente aux enchères*) Bieter *m* ; Bietende(r) ; Steigerer *m* ; *le dernier* ~ Höchst-, Meistbietende(r).

enclave *f* douanière Zollanschluss *m.*
encodage *m* Codierung *f.*
encoder verschlüsseln ; codieren (*contr. décoder*).

encombrant(s) *m*(*pl*) Sperrmüll *m.*
encombrant, e : *marchandises fpl* ~*es* sperrige Güter *npl* ; Sperrgut *n.*
encombré, e 1. *route f* ~*ée* verstopfte Straße *f* **2.** *marché m* ~ überfüllter (saturierter, gesättigter) Markt *m* ; *profession f* ~*e* überlaufener (überfüllter) Beruf *m.*

encombrement *m* **1.** (*trafic*) Verkehrsstockung *f* ; (Verkehrs)Stau *m* **2.** (*du marché*) Überangebot *n* ; Marktschwemme *f* **3.** (*d'une profession*) Überfüllung *f* **4.** (*volume*) Raumbedarf *m.*

encontre : *à l'*~ *de* gegen ; gegenüber ; (*suffixe*) -widrig ; *aller à l'*~ *d'un contrat, d'une directive* vertrags-, vorschriftswidrig handeln.

encouragement *m* Förderung *f* ; Unterstützung *f* ; Anreiz *m* ; ~ *à l'épargne, à l'exportation, aux investissements* Spar-, Export-, Investitionsförderung ; *mesure f d'*~ Förderungsmaßnahme *f* ; *moyens mpl destinés à l'*~ Förderungsmittel *npl* ; *prime f d'*~ Förderungsprämie *f.*

encourager ermutigen ; fördern ; anreizen ; unterstützen ; ~ *l'épargne* die Spartätigkeit fördern.

encourir : ~ *une amende* eine Geldstrafe erhalten (bezahlen müssen) ; ~ *une peine* sich strafbar machen ; *risque m encouru*~ bestehendes Risiko *n* ; ~ *un risque* ein Risiko laufen ; ~ *des sanctions* eine Strafe verhängt bekommen.

en-cours/encours *m* Bestand *m* der Kreditvergabe, (*plafond de crédit*) Kreditlimit *n* ; Kreditgrenze *f* ; Kreditspielraum *m* ; (*vis-à-vis d'une banque*) ~ *des engagements* bestehende Bankverbindlichkeiten *fpl* ; ~ *de banque* noch nicht abgewickelte Geschäfte *npl* ; ~ *des opérations* (*d'une banque*) Geschäftsvolumen *n* ; ~ *des prêts* ausstehende Kredite *mpl.*

endetté, e verschuldet ; *fortement* ~ hochverschuldet ; *être* ~ Schulden haben ; (*fam.*) *être* ~ *jusqu'au cou* bis über die Ohren in Schulden stecken.

endettement *m* Verschuldung *f* ; ~ *de l'État* Staatsverschuldung *f* ; ~ *extérieur* (*envers l'étranger*), *intérieur* Auslands-, Inlandsverschuldung ; ~ *public* Verschuldung der öffentlichen Hand ; *excès m d'*~ (*surendettement*) Überschuldung *f* ; *niveau m* (*taux m*) *d'*~ Verschuldungsgrad *m,* -höhe *f* ; *plafond m de l'*~ Verschuldungsgrenze *f,* -limit *n.*

endetter : *s'~* in Schulden geraten ; sich in Schulden stürzen ; (viele) Schulden machen ; (*fam.*) *être ~é jusqu'au cou* bis über die Ohren in Schulden stecken.

endiguer eindämmen ; etw (+ D) Einhalt gebieten ; aufhalten ; *~ la criminalité, l'inflation* die Kriminalität, die Inflation eindämmen.

endogène endogen.

endommagement *m* Beschädigung *f* ; Beschädigen *n*.

endommagé, e beschädigt ; defekt.

endommager beschädigen ; *s'~* beschädigt werden.

endossable indossabel ; indossierbar ; girierbar.

endossataire *m* Indossatar *m* ; Girat *m* ; Giratar *m*.

endossé *m* → *endossataire*.

endos(sement) *m* Indossament *n* ; Giro *n* ; Übertragungsvermerk *m* ; *~ en blanc* Blankogiro ; *~ complet, partiel* Voll-, Teilindossament ; *~ de procuration* Prokura-, Vollmachtindossament ; *~ restrictif* einschränkendes Indossament ; *céder (transmettre) par ~* durch Indossament (Giro) übertragen ; *cessible par ~* durch Indossament übertragbar ; *munir (revêtir) de son ~* mit Indossament versehen.

endosser 1. indossieren ; girieren ; *~ un chèque, une lettre de change* einen Scheck, einen Wechsel indossieren (girieren) **2.** *~ la responsabilité (de qqch)* die Verantwortung (für etw) übernehmen.

endosseur *m* Indossant *m* ; Girant *m* ; Geber *m* ; Vormann *m* ; (*cession*) Zedent *m* ; *~ précédent* Vordermann *m* ; *~ subséquent* Hintermann *m*.

énergétique Energie- ; *approvisionnement m, besoins mpl ~(s)* Energieversorgung *f*, -bedarf *m* ; *consommation f, crise f, déficit m ~* Energieverbrauch *m*, -krise *f*, -lücke *f* ; *demande f, économie f ~* Energienachfrage *f*, -wirtschaft *f* ; *dépendance f ~* Energieabhängigkeit *f* ; *facture f ~* Energieausgaben *fpl* ; *politique f, programme m ~* Energiepolitik *f*, -programm *n* ; *réserves fpl, ressources fpl ~s* Energiereserven *fpl*, -quellen *fpl* ; *production f, secteur m ~* Energieproduktion *f*, -bereich *m*.

énergie *f* Energie *f* ; ◆ *~ atomique (nucléaire)* Kern-, Atomenergie ; *~ éolienne* Windenergie ; *~s douces* sanfte Energien ; *~ fossile* fossile Energie ; *~ hydraulique (hydro-électrique)* Wasserkraft *f* ; *~ marémotrice* Gezeitenenergie ; *~ non polluante* umweltfreundliche Energie ; *~ primaire (charbon, pétrole, gaz naturel)* Primärenergie ; *~ de rechange, de remplacement* Alternativ-, Ersatzenergie ; *~ (non) renouvelable* (nicht) erneuerbare Energie ; *~ solaire* Sonnenenergie ; ◆◆ *apport m, consommation f, coût m de l'~* Energiezufuhr *f*, -verbrauch *m*, -kosten *pl* ; *à faible consommation d'~* energiesparend ; *dépenses fpl, économies fpl d'~* Energieaufwand *m*, -einsparungen *fpl* ; *fournisseur m, fourniture f d'~* Energielieferant *m*, -versorgung *f* ; *pénurie f, production f d'~* Energieknappheit *f*, -erzeugung *f* ; *source f d'~* Energiequelle *f* ; *utilisateur m d'~* Energieverbraucher *m* ; ◆◆◆ *approvisionner en ~* mit Energie versorgen ; *consommer (utiliser) de l'~* Energie verbrauchen ; *gaspiller de l'~* Energie verschwenden ; *économiser l'~* Energie (ein)sparen ; *stocker de l'~* Energie speichern.

énergique energisch ; drastisch ; wirksam ; *prendre des mesures ~s* energische (drastische) Maßnahmen treffen.

énergivorace (*fam.*) energiefressend.

enfance *f* : *aide f à l'~* Kinderfürsorge *f* ; *protection f de l'~* Kinder-Jugendschutz *m*.

enfant *m* Kind *n* ; ◆ *~ à charge* versorgungsberechtigtes (unterhaltsberechtigtes, unterhaltspflichtiges) Kind ; *~ adopté* Adoptivkind ; *~ adultérin* außereheliches Kind ; *~ (il)légitime* (un)eheliches Kind ; *~ d'un premier, d'un second lit* Kind aus erster, aus zweiter Ehe ; ◆◆ *abattement m fiscal pour ~ à charge* Kinderfreibetrag *m* ; Kinderermäßigung *f* ; *allocation f pour ~ à charge* Kindergeld *n* ; *crèche f pour ~s* Kinderkrippe *f* ; *droits mpl de l'~* Kindschaftsrecht *n* ; *juge m pour ~s* Jugendrichter *m* ; *ménage m sans ~* kinderlose Ehe *f* ; *nombre m d'~s dans une famille* Kinderzahl *f* ; (*automobile*) *sécurité f pour ~* Kindersicherung *f* ; *siège m pour ~* Kindersitz *m* ; *supplément m pour ~* Kinderzuschlag *m* ; *travail m des ~s* Kinderarbeit *f* ; *tribunal m pour ~s* Jugendgericht *n*.

enficher (*inform.*) einstecken.

enfouissement *m* : *~ profond de déchets nucléaires (radioactifs)* Tieflagerung *f* von radioaktiven Abfällen.

enfreindre übertreten ; verletzen ; verstoßen (gegen) ; ~ *le code de la route* gegen die Straßenverkehrsordnung verstoßen ; ~ *une interdiction, une loi, un règlement* ein Verbot, ein Gesetz, eine Vorschrift übertreten ; ~ *le secret postal, professionnel* das Brief-, das Berufsgeheimnis verletzen.

engagé, e 1. (*polit.*) engagiert 2. (*capital*) eingesetzt ; *capitaux mpl ~s* Anlagekapital *n* 3. (*mis en gage*) verpfändet ; (*préfixe*) Pfand-.

engagement *m*	1. *obligation*
	2. *en bourse*
	3. *embauche*
	4. *mise en gage*
	5. *personnel*

1. *(obligation)* Verpflichtung *f* ; Verbindlichkeit *f* ; Zusage *f* ; Versprechen *n* ; Haftung *f* ; ◆ ~ *d'acceptation* Akzeptverpflichtung ; ~ *d'apports* Einzahlungsverpflichtungen *fpl* ; ~ *bancaire* Bankhaftung *f* ; ~ *contractuel* (*conventionnel*) vertragliche Verpflichtung ; ~ *à court, moyen, long terme* kurz-, mittel-, langfristige Verbindlichkeit ; ~*s en cours* laufende Verbindlichkeiten ; ~ *écrit, oral* schriftliches, mündliches Versprechen ; ~ *financier* (*de paiement*) Zahlungsverpflichtung ; ~ *de garantie* Bankhaftung *f* ; (*bilan*) ~ *hors bilan* Posten *mpl* unter dem Strich ; ~ *réciproque* gegenseitige Verpflichtung ; ~ *tacite* stillschweigende Verpflichtung ; ◆◆ *offre sans* ~ freibleibendes (unverbindliches) Angebot *n* ; *rupture f d'*~ Vertragsbruch *m* ; *sans* ~ freibleibend ; unverbindlich ; ◆◆◆ *contracter* (*prendre*) *un* ~ eine Verbindlichkeit eingehen (übernehmen) ; *faire honneur à* (*respecter, satisfaire à*) *ses* ~*s* seinen Verpflichtungen nachkommen ; *se libérer d'un* ~ sich von einer Verpflichtung befreien ; *manquer à ses* ~*s* seinen Verpflichtungen nicht nachkommen ; seine Verpflichtungen nicht erfüllen ; *remplir ses* ~*s* seine Verpflichtungen erfüllen ; *rompre un* ~ eine Verpflichtung nicht einhalten.

2. *(en bourse)* Engagement *n* ; ~ *à la baisse, à la hausse* Baisse-, Hausseengagement.

3. *(embauche)* Anstellung *f* ; Einstellung *f* ; Arbeitsverhältnis *n* ; ~ *à l'essai* Anstellung auf Probe ; *avoir un* ~ (*avec qqn*) (mit jdm) in einem Arbeitsverhältnis stehen ; *contracter, dissoudre un* ~ ein Arbeitsverhältnis eingehen, lösen.

4. *(mise en gage)* Verpfändung *f*.

5. *(personnel)* persönlicher Einsatz *m* ; persönliche Investition *f* ; Eintreten *n* (für) ; *cette profession exige un* ~ *personnel total* dieser Beruf erfordert den vollen Einsatz der Person.

engager 1. ~ *qqn* jdn einstellen ; jdn anstellen ; jdn rekrutieren ; ~ *un équipage* eine Mannschaft heuern ; *être* ~*é ferme* fest angestellt werden 2. (*fonds, capitaux*) Geld anlegen ; investieren ; ~ *de l'argent* (*dans*) Geld stecken (in) ; Geld einsetzen 3. (*moralement*) ~ *qqn à qqch* jdn zu etw verpflichten ; *s'*~ *dans un domaine* sich in einem Sektor engagieren ; ~ *qqn à garder le silence, à payer* jdn zum Stillschweigen, zur Zahlung verpflichten ; ~ *sa responsabilité* eine Verantwortung übernehmen ; (*polit.*) die Vertrauensfrage stellen ; *voir sa responsabilité* ~*ée par un tiers* von einem Dritten haftbar gemacht werden ; *s'*~ *par caution* (sich ver)bürgen für ; eine Bürgschaft übernehmen ; *s'*~ *par contrat, par serment* sich vertraglich, durch Eid verpflichten ; *s'*~ *par écrit, mutuellement* sich schriftlich, gegenseitig verpflichten ; *s'*~ *financièrement dans une affaire* in ein Geschäft einsteigen ; *une visite, un renseignement n'engage à rien* ein unverbindlicher Besuch ; eine unverbindliche Auskunft ; *vous ne vous engagez à rien* Sie gehen keinerlei Verpflichtungen ein 4. (*jur.*) ~ *des poursuites judiciaires* (*contre qqn*) (gegen jdn) eine Klage einreichen ; den Rechtsweg beschreiten ; ein gerichtliches Verfahren einleiten 5. ~ *des négociations, des pourparlers* Verhandlungen aufnehmen, Besprechungen ansetzen (anberaumen).

engineering *m* → *ingénierie*.

engin *m* Gerät *n* ; Maschine *f* ; Apparat *m*.

englober umfassen ; ~ *tous les frais* alle Kosten einschließen ; *la somme* ~*e les frais de port et d'emballage* Porto und Verpackung sind beim Betrag mit eingerechnet.

engloutir : ~ *des sommes faramineuses* Unsummen verschlingen.

engorgé, e verstopft ; überfüllt.

engorgement *m* : ~ *de la circulation* Verkehrsstau *m*, -stockung *f.*
engouement *m* Beliebtheit *f* ; Schwärmerei *f* ; ~ *passager* flüchtige Begeisterung *f* ; (*fam.*) Strohfeuer *n* ; *rencontrer un véritable* ~ *auprès de la clientèle* sich bei der Kundschaft einer großen Beliebtheit erfreuen ; sehr gefragt sein.
engrais *m* **1.** Dünger *m* ; Düngemittel *n* ; ~ *azoté* Stickstoffdünger ; ~ *chimique* Kunstdünger ; ~ *minéraux* Mineraldünger ; ~ *phosphaté* Phosphatdünger **2.** Mast *f* ; *bétail m d'*~ Mastvieh *n* ; *mettre du bétail à l'*~ Vieh mästen.
engraissement *m* (*agric.*) Mästen *n* ; *aliment m d'*~ Tiermast *f.*
engraisser 1. mästen ; düngen **2.** (*fam.*) *s'*~ *sur le dos de qqn* sich an jdm bereichern.
engraisseur *m* (*agric.*) Tier-, Viehmäster *m.*
engrangement *m* : (*d'une récolte*) Einfahren *n* ; Einbringen *n.*
engranger einfahren ; ~ *des bénéfices, des profits* Gewinne einfahren (einstecken, scheffeln) ; ~ *la récolte* die Ernte einfahren (in die Scheune bringen).
enherbé, e (*agric.*) : *surface* ~ *ée* graßbewachsene Fläche *f.*
enième : *pour la* ~ *fois* zum zigsten Mal.
enjeu *m* Einsatz *m* ; Herausforderung *f* ; (*fig.*) Aufgabe *f* ; Problem *n.*
enlèvement *m* Abholen *n* ; Abholung *f* ; Abtransport *m* ; Wegnahme *f* ; ~ *des déchets* (Müll)Entsorgung *f* ; ~ *de marchandises* Abnahme von Waren ; ~ *de matériel* Materialentnahme *f* ; ~ *des ordures* Müllabfuhr *f*, -beseitigung *f* ; ~ *à domicile* (*franco*) Abholung *f* frei Haus ; (*tourisme*) ~ *des bagages à domicile* Haus-Haus-Gepäckbeförderung *f* ; *taxe f d'*~ *des ordures ménagères* Müllabfuhrabgabe *f.*
enlever 1. abholen ; abtransportieren ; wegnehmen ; ~ *les ordures* den Müll (Abfall) beseitigen ; ~ *des déchets nucléaires* Atommüll beseitigen ; (ein KKW) entsorgen **2.** ~ *la récolte* die Ernte einfahren (in die Scheune bringen) **3.** ~ *un marché* einen Markt an sich reißen (erobern) **4.** (*marchandises*) *s'*~ reißenden Absatz finden ; sich leicht verkaufen **5.** ~ *un siège de sénateur* einen Sitz als Senator erringen.

en ligne (*Internet*) Online ; online ; *services mpl* ~ Online-Dienste *mpl* ; *acheter* ~ online kaufen.
enlisement *m* (*négociations*) Stocken *n* ; Erlahmen *n* (von Verhandlungen).
enliser (s') : *les négociations s'enlisent* die Verhandlungen stocken (sind ins Stocken geraten, versanden).
énoncé *m* Wortlaut *m* ; Aussage *f.*
E.N.P. *f* (*entreprise en nom personnel*) Einzelfirma *f.*
enquête *f* Untersuchung *f* ; Befragung *f* ; Umfrage *f* ; Erhebung *f* ; Ermittlung *f* ; (Nach)Forschung *f* ; Enquete *f* ; Report *m* ; ◆ ~ *administrative* behördliche Ermittlungen *fpl* ; Ermittlungsverfahren *n* ; ~ *de conjoncture* Konjunkturumfrage ; ~ *auprès des consommateurs* Verbraucherumfrage *f* ; ~ *par échantillons* Repräsentativbefragung *f* ; ~ *fiscale* Steuerfahndung *f* ; ~ *de marché* Marktforschung *f*, -analyse *f* ; ~ *officielle* amtliche Erhebung ; ~ *parlementaire* parlamentarische Untersuchung ; ~ *partielle* Teilerhebung ; ~ *pénale* Strafuntersuchung ; ~ *préliminaire* Voruntersuchung ; ~ *par sondages* Befragung *f* ; Meinungsforschung *f* ; ~ *représentative* Repräsentativbefragung, -untersuchung, -umfrage, -erhebung ; ~ *statistique* statistische Erhebung ; ◆◆ *commission f d'*~ Untersuchungsausschuss *m* ; *juge m chargé d'une* ~ Untersuchungsrichter *m* ; *méthode f, résultats mpl d'*~ Untersuchungsmethode *f*, -ergebnis *n* ; ◆◆◆ *dépouiller une* ~ eine Umfrage auswerten ; *une* ~ *disciplinaire contre X est en cours* disziplinarische Ermittlungen laufen gegen X ; *diligenter* (*ouvrir*) *une* ~ eine Untersuchung (ein Ermittlungsverfahren) einleiten ; *faire une* ~ *sur* eine Umfrage machen (durchführen) über (+ A) ; *mener une* ~ eine Ermittlung führen ; *procéder à une* ~ eine Umfrage vornehmen.
enquêteur *m* **1.** (*jur.*) Untersuchungsbeamter(r) ; Fahnder *m* **2.** (*statist.*) Meinungsforscher *m*, Ermittler *m.*
enregistrement *m* **1.** Eintragung *f* ; Registrierung *f* ; Registratur *f* ; Aufzeichnung *f* ; ◆ ~ *des commandes* Auftragseingang *m* ; Entgegennahme *f* einer Bestellung/von Bestellungen ; ~ *d'une marque* Markeneintragung *f* ; ~ *obligatoire* Eintragungspflicht *f* ; ◆◆ *bureau m*

enregistrer *d'~* Registratur *f* ; *droit m d'~* Eintragungsgebühr *f* ; Verkehrssteuer *f* ; *frais mpl d'~ et de timbre* Registraturkosten *pl* ; Registriergebühren *fpl* ; *numéro m d'~* Buchungsnummer *f* ; *soumis à l'~* eintragungspflichtig ; *visa m d'~* Eintragungsvermerk *m* **2.** *(bagages)* Gepäckaufgabe *f*, -abfertigung *f* ; *bulletin m d'~* Gepäck(aufbewahrungs)schein *m* ; *(aéroport)* ~ *des passagers, des bagages* Einchecken *n* ; (Gepäck)-Abfertigung ; *comptoir m d'~* Check-in *m* ; Abfertigungsschalter *m* ; *liste f d'~* Checkliste *f* **3.** *(sur bandes)* (Band)-Aufnahme *f* **4.** *(inform.)* Speicherung *f* ; ~ *de données* Datenaufzeichnung *f*.

enregistrer 1. eintragen ; registrieren ; (ver)buchen ; verzeichnen ; ~ *une commande* eine Bestellung entgegennehmen ; einen Auftrag buchen ; ~ *au cadastre, au registre du commerce, au registre foncier* ins (in den) Kataster, ins Handelsregister, ins Grundbuch eintragen ; *~é sous le numéro* unter der Nummer... registriert **2.** *faire ~ ses bagages* sein Gepäck aufgeben ; *(aéroport)* das Gepäck abfertigen **3.** verzeichnen ; aufweisen ; ~ *un déficit* ein Defizit aufweisen (verzeichnen) ; ~ *une perte* einen Verlust verzeichnen **4.** ~ *sur bande* auf Band aufnehmen **5.** *(des données)* (Daten) speichern.

enregistreur, se : *appareil m ~* Registrier-, Aufnahmegerät *n* ; ~ *de vol* Flug(daten)schreiber *m* ; *caisse f ~se* Registrierkasse *f*.

enrichir 1. reich machen ; bereichern ; ~ *une collection de pièces nouvelles* eine Sammlung um neue Stücke bereichern **2.** *s'~* sich bereichern ; *s'~ sur le dos de qqn* sich auf jds Kosten bereichern **3.** *uranium ~i* angereichertes Uran *n*.

enrichissement *m* **1.** Bereicherung *f* ; Reicherwerden *n* ; *abus m de biens sociaux sans ~ personnel* Sozialleistungsmissbrauch *m* ohne persönliche Bereicherung ; *détourner des fonds à des fins d'~ personnel* Gelder veruntreuen ; Gelder zur persönlichen Bereicherung zweckentfremden **2.** *(uranium)* Anreicherung *f* ; *procédé m d'~* Anreicherungsverfahren *n*.

enrôler : ~ *qqn au sein d'un groupe* jdn aufnehmen ; *(armée) s'~* sich freiwillig melden ; *s'~ à bord d'un navire* sich auf einem Schiff anmustern lassen ; *s'~ dans un parti politique* in eine Partei eintreten ; einer Partei beitreten.

ensacher einsacken ; einsäckeln ; in Säcke (ab)füllen.

enseignant *m* Lehrkraft *f* ; Erzieher *m* ; *corps m ~* Lehrerschaft *f* ; *personnel m ~* Lehrkräfte *fpl*.

enseigne *f* Aushängeschild *n* ; Ladenschild ; ~ *commerciale* Firmenlogo *n* ; Firmenschild ; Firmenzeichen *n* ; ~ *lumineuse (au néon)* (Neon)Leuchtschild ; Lichtreklame *f* ; ~ *publicitaire* Reklameschild.

enseignement *m* Unterrichtswesen *n* ; Unterricht *m* ; ~ *assisté par ordinateur (E.A.O.)* computerunterstützter Unterricht ; ~ *commercial, par correspondance* Handels-, Fernunterricht ; ~ *général* allgemeinbildender Unterricht ; ~ *à plein temps, à mi-temps* Ganztags-, Halbtagsunterricht ; ~ *obligatoire* Schulpflicht *f* ; ~ *postscolaire* Fortbildung *f* ; ~ *pour adultes* Erwachsenenbildung *f* ; ~ *pré-élémentaire (la maternelle)* Vorschule ; ~ *privé* Privatschulwesen *n* ; ~ *public* öffentlicher Schuldienst *m* ; ~ *professionnel, technique* Fach-, Berufsschulwesen *n* ; *télé~* Fernunterricht.

1. ensemble *m* **1.** Gesamt- ; Gesamtheit *f* ; Ganze(s) ; ◆ *l'~ des frais* die Gesamtkosten *pl* ; *l'~ du personnel* Belegschaft *f* ; *l'~ des travailleurs* die Gesamtheit der Arbeiter ; Arbeiterschaft *f* ; *dans son ~* in seiner Gesamtheit ; *plan m d'~* Gesamtplan *m* ; ◆◆◆ *considérer qqch dans son ~* etw als Ganzes betrachten ; *ne pas perdre l'~ de vue* das Ganze im Auge behalten **2.** Komplex *m* ; ~ *hôtelier, industriel, touristique* Hotel-, Industrie-, Ferienkomplex ; ~ *immobilier* Immobilienkomplex.

2. ensemble *m* **(grand)** Großsiedlung *f* ; Wohnsiedlung *f* ; *(péj.)* Miets-, Wohnkaserne *f* ; *grands ~s* Trabantenstadt *f*.

ensemencement *m (agric.)* Einsaat *f* ; Einsäen *n*.

ensemencer besäen ; *surface f ~ée* Anbaufläche *f*.

ensilage *m* Einlagerung *f* in Silos.

ensiler einlagern ; silieren ; in einem Silo einsäuern ; ~ *des céréales* Getreide in einem Silo lagern.

entaché, e : ~ *d'erreur* fehlerhaft ; *d'illégalité* rechtswidrig ; ~ *de nullité* null und nichtig.

entamer : ~ *une conversation, des négociations* ein Gespräch, Verhandlungen anknüpfen (einleiten) ; ~ *des économies, des réserves, une somme d'argent* Ersparnisse, Reserven, eine Geldsumme angreifen ; ~ *des négociations* Verhandlungen aufnehmen ; ~ *des poursuites* (*contre qqn*) eine gerichtliche Klage (gegen jdn) anstrengen ; (gegen jdn) gerichtlich vorgehen ; ~ *la réputation de qqn* jds Ruf antasten.

entassement *m* Anhäufung *f* ; Aufstapeln *n* ; Scheffeln *n* ; Hamstern *n*.

entasser anhäufen ; aufhäufen ; (auf)stapeln ; ~ *des richesses* Reichtümer anhäufen ; ~ *des profits, de l'argent* Profit, Geld scheffeln ; *s'*~ sich türmen ; aufgestapelt werden.

entendre : ~ *les arguments des deux parties* die Argumente (Argumentation) beider Parteien hören ; ~ *des témoins* Zeugen vernehmen ; *être entendu en commission* im Ausschuss vernommen werden ; *s'*~ (*sur qqch*) sich (über eine Sache) verständigen (einigen) ; *ce prix m s'entend net* (*de toutes taxes*) dieser Preis versteht sich netto.

entente *f* **1.** Einvernehmen *n* ; Verständigung *f* ; Einigung *f* ; Kompromiss *m* ; Ausgleich *m* ; ~ *amiable* gütliche Einigung ; *en* ~ *avec* im Einvernehmen mit ; *parvenir à une* ~ zu einer Verständigung (zu einem Kompromiss) kommen ; (*sécu. sociale*) *faire une demande d'*~ *préalable* einen Antrag auf Einverständnis des Kassenarztes einreichen **2.** Absprache *f* ; Kartell *n* ; Konzernzusammenschluss *m* ; Interessengemeinschaft *f* ; Pool *m* ; Vereinbarung *f* ; ~*s défensives* Abwehrkartelle ; ~ *économique* Wirtschaftsvereinbarung ; ~ *d'entreprises sur le marché des travaux publics* Submissionskartell ; ~ *illicite* unerlaubte Absprache ; (*fam.*) Frühstückskartell ; ~ *tarifaire* Tarifvereinbarung ; *sans* ~ *préalable* ohne vorherige Absprache ; ~ *sur les prix* (*en matière de prix*) Preisabsprache ; ~ *de prix* Preiskartell ; *conclure une* ~ eine Absprache treffen ; *constituer une* ~ ein Kartell bilden ; *démanteler une* ~ ein Kartell auflösen ; entflechten.

entériner billigen ; (gerichtlich) bestätigen ; ~ *un jugement* ein Urteil bestätigen.

en-tête *m* **1.** (*corresp.*) Briefkopf *m* ; *papier m à* ~ Kopfbogen *m* ; Bogen mit Briefkopf **2.** Überschrift *f.*

entorse *f* : ~ *au code de la route* Verstoß *m* gegen die (Straßen)-Verkehrsordnung ; ~ *à la vérité* Verdrehung *f* der Wahrheit (des Tatbestands) ; *faire une* ~ *à la loi, au règlement* gegen das Gesetz verstoßen ; die Vorschriften verletzen.

entouré, e : (*bourse*) *titre m très* ~*é* stark gefragtes Wertpapier *n* ; große Umsätze erzielendes Wertpapier *n*.

en tout insgesamt ; im Ganzen ; alles zusammen ; unter dem Strich.

entraide *f* (gegenseitige) Hilfe *f* ; Beistand *m* ; *comité m d'*~ Hilfskomitee *n.*

entraînement *m* Ausbildung *f* ; Schulung *f* ; Training *n* ; Anlernung *f* ; Einarbeitung *f* ; *entreprise f d'*~ Übungsfirma *f* ; *stage m d'*~ Ausbildungslehrgang *m.*

entraîner **1.** ausbilden ; schulen ; trainieren ; ~ *les jeunes, la génération montante* die jungen Kräfte, den Nachwuchs anlernen **2.** ~ *des frais* Kosten verursachen ; ~ *des inconvénients* Nachteile mit sich bringen.

entrave *f* Hindernis *n* ; Hemmnis *n* ; Hemmung *f* ; Behinderung *f* ; ~ *à la circulation* Verkehrshindernis ; ~ *au commerce* Handelshemmnis ; ~ *à la concurrence* Behinderung des Wettbewerbs ; ~ *au travail* Behinderung Arbeitswilliger ; *délit m d'*~ (*non consultation du personnel, par ex.*) Behinderungs-, Störungsdelikt *n* ; *être une* ~ *au commerce* handelshemmend sein ; *être une* ~ *au progrès* ein Hemmschuh für den Fortschritt sein ; *être une* ~ *à la libre circulation des biens* eine Beeinträchtigung für den freien Güterverkehr sein.

entraver hemmen ; behindern ; beeinträchtigen.

entrée *f*	1. *accès* 2. *entrée en douane* 3. *informatique* 4. *commerce* 5. *administration* ; *grandes écoles*

1. (*accès*) **a)** Eintritt *m* ; Zutritt *m* ; Eingang *m* ; Zuzug *m* ; Zufluss *m* ; Beitritt *m* ; ◆ ~ *en activité* Eintritt ins

entrefilet

Berufsleben ; ~ *d'un associé* Aufnahme *f* eines Gesellschafters ; ~ *en bourse* Gang *m* an die Börse ; ~ *de capitaux dans le capital d'une entreprise* finanzieller Einstieg *m* in einen Betrieb ; Einstieg bei einer Firma ; ~ *en fonctions* Amts-, Dienstantritt ; ~ *illégale de travailleurs étrangers* Einschleusen *n* (illegale Einwanderung *f*) ausländischer Arbeiter ; ~ *interdite* Zutritt verboten ; ~ *libre* freier Eintritt ; ~ *sur un marché* Markteintritt *m* ; Einstieg in einen Markt ; ~ *libre sur le marché* freier Marktzutritt ; ~ *d'un port* Hafenzufahrt *f* ; ~ *dans un port* Hafeneinfahrt *f* ; ~ *en possession* Inbesitznahme *f*, -ergreifung *f* ; ~ *réservée au service* Eintritt nur dienstlich ; ~ *en séance* Eröffnung *f* einer Sitzung ; ~ *en service* Inbetriebnahme *f*, -setzung *f* ; ~ *dans la vie professionnelle* Berufseinstieg *m* ; ~ *en vigueur* Inkraftsetzung *f* ; ◆◆ *carte f* (*billet m*) *d'*~ Eintrittskarte *f*, -preis *m*, -geld *n* ; *droit m d'*~ Eintrittsgebühr *f* **b)** (*d'un bâtiment*) Eingang *m* ; ~ *d'autoroute* Autobahnauffahrt *f* ; ~ *principale* Haupteingang ; *se bousculer à l'*~ sich vor dem Eingang drängeln ; (*fig.*) die Zahl der Bewerber ist sehr hoch **c)** (*dans un territoire, une gare, un port*) Einreise *f* ; Einfahrt *f* ; Einlaufen *n* ; ~ *et sortie du territoire* Ein- und Ausreise *f* ; *autorisation f, interdiction f d'*~ Einreiseerlaubnis *f* (-genehmigung *f*), Einreiseverbot *n* ; *dispositions fpl d'*~ *dans un pays* Einreisebestimmungen *fpl* ; *visa m d'*~ Einreisevisum *n* ; *accorder, refuser le droit d'*~ *à qqn* jdm die Einreise (-erlaubnis) gewähren, verweigern.
2. (*entrée en douane*) (Zoll)Einfuhr *f* ; (*navire en douane*) Einklarierung *f* ; ~ *en franchise* zollfreie Einfuhr ; *acquit m d'*~ Zolleingangsschein *m* ; Zolleinfuhrschein *m* ; *contingentement m à l'*~ Einfuhrkontingentierung *f* ; *droit m d'*~ Einfuhrzoll *m* ; *formalités fpl d'*~ Einfuhrformalitäten *fpl* ; *prélever un droit d'*~ *sur des marchandises* auf bestimmte Waren einen Einfuhrzoll erheben.
3. (*informatique*) Eingabe *f* ; *appareil m d'*~ Eingabegerät *n* ; *carte f d'*~ Eingabekarte *f* ; *contrôle m* ~-*sortie* Eingabe-Ausgabe-Steuerung *f* ; *convertisseur m* (*traducteur m*) *d'*~ Eingabe-Datenübersetzer *m* ; *données fpl d'*~ Eingabedaten *pl* ; *fichier m d'*~ Eingabedatei *f* ; *mémoire f d'*~ Eingabespeicher *m* ; *unité f d'*~ Eingabegerät *n* ; Eingabeeinheit *f* ; *unité f d'*~ *et de sortie* Eingabe-Ausgabe-Einheit *f*.
4. (*commerce*) ~*s* Eingang *m* ; Eingänge *mpl* ; ~ *de(s) commandes* Auftragseingang ; ~ *de marchandises* Wareneingang *m* ; Warenannahme *f* ; ~ *et sortie de marchandises* Wareneingang / Warenausgang *m*.
5. (*administration* ; *grandes écoles*) *concours m d'*~ Auswahlprüfung *f* ; Auswahlverfahren *n* ; Selektion *f* ; *conditions fpl d'*~ Aufnahmevoraussetzungen *fpl*, -bedingungen *fpl* ; *par voie de concours d'*~ im Auswahlverfahren ; *passer un concours d'*~ eine Aufnahmeprüfung (von Elitehochschulen) machen.
entrefilet *m* (*médias*) Zeitungsnotiz *f* ; kurze Pressemeldung *f*.
entremise *f* Vermittlung *f* ; Fürsprache *f* ; *par l'*~ *de* durch (dank der) Vermittlung von ; auf Vermittlung von jdm.
entreposage *m* (Ein)Lagern *n* ; Einlagerung *f* ; Stapeln *n* ; ~ *sous douane* Einlagerung unter Zollverschluss.
entreposer *m* einlagern ; zwischenlagern ; in einem Lagerraum aufbewahren ; auf Lager bringen ; *marchandise f* ~*ée* Lagergut *n* ; ~ *provisoirement des déchets radioactifs* radioaktive Abfälle zwischenlagern.
entreposeur *m* Lageraufseher *m* ; Lagerführer *m*, -verwalter *m*, -halter *m*.
entrepositaire *m* **1.** Lagerhalter *m* ; Lagerhalter-Grossist *m* ; Großhändler *m* **2.** Einlagerer *m*.
entrepôt *m* Lager *n* ; Silo *n* ; Lagerräume *mpl* ; Lagerhaus *n* ; Speicher *m* ; Lagerhalle *f* ; ~ *de céréales* Getreidesilo *f* ; ~ *collectif* Sammellagerung *f* ; ~ *de douane* Zolllager, -verschluss *m* ; ~ *d'exportation* Zollspeicher *m* ; Freilager *n* ; ~ *fictif* Privatniederlage *f* ; ~ *franc* Freilager ; ~ *frigorifique* Kühlhaus *n* ; ~ *maritime* Zwischenhafen *m* ; ~ *public* (*réel*) öffentliches Lagerhaus ; *en* ~ unter Zollverschluss ; unverzollt ; ◆◆ *certificat m, frais mpl, taxe f d'*~ Lagerschein *m*, -kosten *pl*, -gebühr *f* ; *déclaration f d'entrée/de sortie d'*~ Lageranmeldung *f* / Lagerabmeldung *f* ; (*douane*) *régime m de l'*~ Zolllagerverfahren *n* ; *sortie d'*~ Auslagerung *f* ; ◆◆◆ *mettre en* ~ (unter

Zollverschluss) einlagern ; *sortir de l'~* auslagern ; frei machen ; *vendre en ~ Waren* unter Zollverschluss verkaufen.

entreprenant, e unternehmungslustig ; unternehmend ; dynamisch.

entreprendre unternehmen ; *~ un voyage, les démarches* eine Reise, Schritte unternehmen ; *~ une mission* einen Auftrag übernehmen.

entrepreneur *m* **1.** (*bâtiment*) Bauunternehmer *m* ; *~ de travaux publics* Tiefbauunternehmer **2.** (*chef d'entreprise*) ~ Unternehmer *m* ; Industrielle(r) ; (dynamischer) Geschäftsmann *m* ; Manager *m*.

entrepreneurial, e unternehmerisch ; Unternehmer- ; Unternehmens- ; Geschäfts-.

1. entreprise *f* (*qqch que l'on entreprend*) Unternehmen *n* ; Vorhaben *n* ; *~ délicate, risquée, sans issue* schwieriges, gewagtes, aussichtsloses Unternehmen ; *l'~ a échoué, a réussi* das Unternehmen scheiterte, gelang ; *s'engager dans une ~* sich in ein Unternehmen einlassen ; *mener une ~ à bien, y renoncer* ein Vorhaben durchführen, aufgeben.

2. entreprise *f* Betrieb *m* ; Unternehmen *n* ; (*rare*) Unternehmung *f* ; Geschäft *n* ; Firma *f* ; (*arch.*) Handelshaus *n* ; (*hist. R.D.A.*) volkseigener Betrieb *m* (VEB) ; ◆ *~ agricole, artisanale* Landwirtschafts-, Handwerksbetrieb ; *~ associée* Beteiligungsgesellschaft ; *~ d'assurances, à but lucratif, de camionnage* Versicherungs-, Erwerbs-, Rollfuhrunternehmen ; *~ autogérée* selbstverwaltetes Unternehmen ; *~ capitaliste, cogérée, commerciale* kapitalistischer, mitbestimmter, kaufmännischer Betrieb ; *~ concurrente* Konkurrenzbetrieb ; *~ de construction* Bauunternehmen ; *~ diversifiée* diversifiziertes (verzweigtes) Unternehmen ; *~ en difficulté* marode Firma ; sanierungsbedürftiges Unternehmen ; *~ entièrement automatisée* vollautomatisierter Betrieb ; *~ d'État, exportatrice* Staats-, Exportbetrieb ; *~ familiale* Familienbetrieb ; *~ en grève* bestreiktes Unternehmen ; *~ individuelle* Einzelunternehmen ; Einmannbetrieb ; *~ intégrée, louée, de messageries* Verbundunternehmen, Pacht-, Paketbetrieb ; *~ de main-d'œuvre* personalintensive Gesellschaft ; *~ minière, mixte, modèle* Bergbau-, Mischunternehmen ; Musterbetrieb ; *~ multinationale* multinationales Unternehmen ; Multi *m* ; *~ nationalisée* verstaatlichter Betrieb ; *~ en participation* stille Gesellschaft ; *~ pilote* Vorzeigeunternehmen ; Pilot-, Testbetrieb ; *~ de prestation de services* Dienstleistungsunternehmen ; Dienstleister *m* ; *~ privée, de production, à production multiple* Privat-, Erzeuger-, Mehrproduktbetrieb ; *~ publique* Staatsbetrieb ; *~ reprivatisée* reprivatisiertes (in Privatbesitz zurückgeführtes) Unternehmen ; *~ en régie* Regiebetrieb ; *~ saisonnière* Saisonbetrieb ; *~ du secteur public* Wirtschaftsbetrieb der öffentlichen Hand ; *~ semi-publique* gemischtwirtschaftliches Unternehmen ; *~ socialiste* sozialistischer (volkseigener) Betrieb ; *~ subventionnée* Zuschussbetrieb ; subventionierter Betrieb ; *~ à succursales multiples* Filialunternehmen ; *~ de transformation, de transports aériens* Verarbeitungsbetrieb ; Luftverkehrsgesellschaft *f* ; *~ de travaux publics* Tiefbauunternehmen ; *~ unipersonnelle* Einzel-, Einmanngesellschaft ; *~ d'utilité publique* gemeinnütziges Unternehmen ; *~ de vente par correspondance* Versandfirma ; Versandgeschäft *n* ; Versandhaus *n* ; ◆◆ *appartenance f à l'~* Betriebszugehörigkeit *f* ; *branche f d'~* Betriebszweig *f* ; *caisse-maladie f d'~* Betriebskrankenkasse *f* ; *cessation f d'~* Betriebsstilllegung *f* ; *chef m d'~* Betriebsleiter *m* ; *concentration f d'~s* Unternehmenskonzentration *f* ; *comité m d'~* Betriebsrat *m* ; *contrat m d'~* Werkvertrag *m* ; Unternehmensvertrag ; *dimension f d'une ~* Größe *f* (Umfang *m*) eines Unternehmens ; *direction f de l'~* Betriebs-, Werkleitung *f* ; *école d'~* Werkschule *f* ; *économie f de libre ~* Unternehmerwirtschaft *f* ; *esprit m d'~* Unternehmungsgeist *m* ; *fermeture f d'une ~* Stilllegung *f* (Schließung *f*) eines Betriebs ; *fusion f d'~s* Unternehmenszusammenschluss *m*, -fusion *f* ; *gérant m, gestion f d'~* Betriebsführer *m*, -führung *f* ; *grande ~* Großbetrieb *m* ; Unternehmergruppe *f* ; *groupement m d'~s* Konzern *m* ; *interne à l'~* betriebsintern ; *liberté f d'~* Unternehmerfreiheit *f* ; Handels- und Gewerbefreiheit *f* ; *organisation f de l'~* Betriebsorganisation *f* ; *petites et moyennes ~s* (P.M.E.) Klein- und Mittelbetriebe *mpl* ; *politique*

entrer

f de l'~ Unternehmenspolitik *f* ; *propriété de l'~* betriebseigen ; *règlement m, restaurant m de l'~* Betriebsordnung *f* ; Werk-, Betriebskantine *f* ; *restructuration f de l'~* Umstrukturierung *f* des Betriebs ; *risque m de l'~* Betriebsrisiko *n* ; *transfert m d'~* Betriebsverlagerung *f*, -verlegung *f* ; *visite f d'~* Betriebsbesichtigung *f* ; ◆◆◆ *délocaliser une ~* eine Firma verlagern (auslagern) ; *diriger, financer, fonder, liquider une ~* ein Unternehmen leiten, finanzieren, gründen, liquidieren ; *l'~ emploie 1000 personnes* der Betrieb beschäftigt 1 000 Leute ; *être à la tête d'une ~* an der Spitze eines Unternehmens stehen ; *prendre la direction d'une ~* die Betriebsleitung übernehmen.

entrer treten ; eintreten ; beitreten (+ D) ; einfahren ; hinein-, hereinkommen ; *défense f d'~* Zutritt (Eingang) verboten ; kein Zutritt ; *~ en action* in Aktion (Tätigkeit) treten ; *~ dans l'administration* die Verwaltungslaufbahn einschlagen ; *l'argent ~e dans la caisse* das Geld kommt herein ; *~ en circulation (billets)* in Umlauf bringen ; *~ dans l'Union européenne* der EU beitreten ; *~ dans le commerce* Kaufmann werden ; eine kaufmännische Laufbahn einschlagen ; *~ en considération* in Betracht kommen ; *~ des données dans un ordinateur* Daten einlesen (eintippen, eingeben) ; *~ dans un emploi (un poste)* eine Stellung antreten ; *~ (financièrement) dans une entreprise* bei einem Unternehmen einsteigen ; *~ dans la fabrication de qqch* zur Herstellung von etw dienen ; *~ en fonctions* ein Amt antreten (übernehmen) ; *~ en gare* einfahren ; *~ en ligne de compte* in Betracht kommen ; *~ en liquidation* in Liquidation geraten ; *~ dans un parti, dans une association* einer Partei, einem Verein beitreten ; *~ en pourparlers* in Verhandlungen treten ; *~ au service de qqn, de l'État* in jds Dienst, in den Staatsdienst treten ; *~ dans une société* als Teilhaber in eine Firma eintreten ; *~ pour un tiers dans une affaire* mit einem Drittel an einem Geschäft beteiligt sein ; *~ en vigueur* in Kraft treten ; wirksam werden.

entretenir 1. unterhalten ; instand (in Stand) halten ; in gutem Zustand erhalten ; *~ une famille, des bâtiments, une voiture, de bonnes relations (avec qqn), des contacts* eine Familie, Gebäude, einen Wagen, gute Verbindungen (mit, zu jdm), Kontakte unterhalten ; *~ une correspondance (avec qqn) (mit jdm)* im Briefwechsel stehen ; *~ de bons rapports* gute Beziehungen zu jdm pflegen **2.** *s'~ de qqch* sich über etw (+ A) unterhalten **3.** *se faire ~ par qqn* sich von jdm aushalten lassen.

entretien *m* **1.** Erhaltung *f* ; Unterhaltung *f* ; Instandhalten *n* ; Wartung *f* ; *(dépenses)* Unterhalt *m* ; ◆ *~ courant* laufender Unterhalt ; *~ d'un véhicule* Fahrzeugpflege *f* ; ◆◆ *atelier m d'~* Reparaturwerkstatt *f* ; *équipe f d'~* Wartungsmannschaft *f* ; *frais mpl d'~* Instandhaltungs-, Unterhaltungskosten *pl* ; *matériel m d'~* Wartungsmaterial *n* ; *produits mpl d'~* Haushaltsreinigungsmittel *npl* ; *sans ~* wartungsfrei ; *service m de l'~* Reinigungsdienst *m* ; ◆◆◆ *devoir assurer l'~ de qqn* für jds Unterhalt aufkommen ; für jds Unterhalt sorgen müssen ; *être en bon, mauvais état d'~* in gutem, schlechtem Unterhaltungszustand sein **2.** Unterredung *f* ; Unterhaltung *f* ; Gespräch *n* ; *~ d'embauche* Einstellungsgespräch ; *~ individuel* Einzelgespräch.

entrevue *f* Unterredung *f* ; Zusammenkunft *f* ; Treffen *n* ; *arranger une ~* eine Zusammenkunft vermitteln.

entrisme *m* Unterwanderung *f*.

entriste Unterwanderungs- ; *employer une tactique ~* unterwandern.

énuméré : *les articles ~s ci-dessous* die unten aufgezählten (aufgeführten) Artikel.

envahir überschwemmen ; eindringen in (+ A) ; *le marché est envahi de produits étrangers* der Markt wird mit Auslandsprodukten überschwemmt.

enveloppe *f* **1.** (Brief)Umschlag *m* ; *~ affranchie (timbrée)* Freiumschlag ; *~ à fenêtre* Fensterumschlag ; *~ matelassée* gefütterter Umschlag ; Versandbeutel *m* ; *~ pré-affranchie* vorfrankierter Brief *m* ; *~-réponse* Rückumschlag ; *~-standard* (< 20 g) Standardbrief ; (< 50 g) Kompaktbrief ; (< 500 g) Großbrief ; (< 1000 g) *~ géante* Maxi-Brief ; *~- T (ne pas affranchir)* Werbeantwort *f* ; *sous ~* in einem Umschlag ; *fermer une ~* einen Umschlag zukleben ; *mettre sous ~* in einen Umschlag stecken ; couvertieren **2.** *~ budgétaire* Haushaltsvolumen *n* für ein bestimmtes Ressort ; Betrag *m* in einem

Etat ; für einen Posten vorgeschriebene Haushaltsmittel *npl* ; ~ *fiscale* Steuerbetrag ; ~ *globale attribuée aux médecins* die Gesamtvergütung der Ärzte ; (*ne pas*) *dépasser l'*~ *budgétaire* das Etatvolumen (nicht) überschreiten.

environ ungefähr ; etwa ; zirka ; an die ; *cela vous fera* ~ *100 €* das wird Sie rund 100 € kosten.

environnement *m* 1. Umwelt *f* ; *conditions fpl, défenseur m de l'*~, *dégâts mpl causés à l'*~ Umweltbedingungen *fpl*, -schützer *m*, -schäden *mpl* ; *destruction f de l'*~ Umweltzerstörung *f* ; *loi f sur la protection de l'*~ Umweltschutzgesetz *n* ; *législation f en matière d'*~ Umweltgesetzgebung *f* ; *ministère m de l'*~ Umweltministerium *n* ; *pollution f de l'*~ Umweltverschmutzung *f*, -verseuchung *f* ; *problème m de l'*~ Umweltfrage *f* ; *protection f de l'*~ Umweltschutz *m* ; *qui nuit à l'*~ umweltschädigend, -feindlich ; *qui respecte l'*~ umweltfreundlich ; *services mpl* (*du ministère*) *de l'*~ Umweltbehörde *f* 2. (*fig.*) Umfeld *n* ; Umgebung *f* ; Milieu *n* ; ~ *de l'entreprise* Unternehmensumfeld ; ~ *socio-économique* sozioökonomisches Umfeld ; ~ *de travail* Arbeitsumfeld.

environnemental, e (*préfixe*) Umwelt- ; *politique f* ~*e* Umweltpolitik *f*.

environs *mpl* 1. Umgebung *f* ; Umgegend *f* 2. *aux* ~ *de Pâques* um Ostern.

envisager 1. ~ *qqch* etw im Auge haben ; etw ins Auge fassen 2. ~ *de faire qqch* beabsichtigen, etw zu tun ; die Absicht haben, etw zu tun.

envoi *m* 1. Versand *m* ; Sendung *f* ; Abschicken *n* ; Absenden *n* ; Ein-, Zusendung *f* ; Spedition *f* ; Lieferung *f* ; ◆ ~ *d'argent* (*de fonds*) Geldsendung *f* ; ~ *chargé* Sendung mit Wertangabe ; ~ *par chemin de fer* Bahnsendung ; ~ *collectif* Postwurfsendung ; ~ *contre remboursement* Nachnahmesendung ; ~ *d'échantillons* Mustersendung ; ~ *d'espèces, à l'examen* (*à vue*) Bar-, Ansichtssendung ; ~ *exprès* Eilsendung (Sendung per Express) ; ~ *franco* (*en franchise*) *de port* portofreie Sendung ; ~ *en gare restante, groupé* bahnlagernde, Sammelsendung ; ~ *en nombre* (*massifs*) Massensendungen ; ~ *postal* Postsendung ; ~ *poste restante* postlagernde Sendung ; ~ *recommandé* Einschreibesendung ; ~ *en souffrance* unzustellbare (unbestellbare) Sendung ; ~ *sous bande* Kreuzband-, Streifbandsendung ; ~ *sous pli discret* diskreter Versand ; ~ *à titre d'essai* Probesendung ; ~ *tombé au rebut* nicht zustellbare Sendung ; ~ *avec valeur déclarée* Wertsendung ; ~ *en grande vitesse* (*en accéléré*) Eilgut *n* ; ~ *en petite vitesse* Frachtgutsendung ; ◆◆ *bordereau m d'*~ Begleitschein *m*, -zettel *m* ; *date f d'*~ Versanddatum *n* ; *frais mpl d'*~ Versandkosten *pl* ; *lettre f d'*~ Begleitbrief *m* ; *prêt à l'*~ versandfertig, -bereit ; *sous* (*contre*) ~ *de* gegen Einsendung von 2. (*personne*) Entsendung *f* ; ~ *de délégués à un congrès* Entsendung von Delegierten zu einem Kongress.

envolée *f* (*prix, cours*) Hochschnellen *n* ; Hochklettern *n* ; Höhenflug *m*.

s'envoler 1. (ab)fliegen (nach) 2. (*prix*) hochschnellen ; (hoch)klettern ; davonlaufen ; (*bourse*) *les cours s'*~*ent* die Kurse ziehen kräftig an.

envoyé *m* **spécial** Sonderberichterstatter *m* ; Sonderkorrespondent *m*.

envoyer (ab)schicken ; verschicken ; (ab)senden ; zusenden ; befördern ; ~ *de l'argent par mandat-poste* Geld durch die Post überweisen ; ~ *par la poste* mit der (durch die) Post schicken ; ~ *comme colis postal* als Postpaket versenden ; ~ *des questionnaires aux clients* Fragebögen an Kunden verschicken.

envoyeur *m* : *retour à l'*~ zurück an den Absender.

éolienne *f* Windrad *n* ; Windkraftmaschine *f*.

éolien, ne Windkraft- ; *centrale f* ~*ne* Windkraftwerk *n* ; *énergie f* ~ *ne* Windenergie *f* ; Windkraft *f*.

épandage *m* : (*environnement*) *champ m d'*~ Rieselfeld *n*.

épandre : (*agric.*) ~ *du lisier* ein Feld mit Schweinejauche berieseln.

épargnant *m* Sparer *m* ; *petit* ~ Kleinanleger *m* ; Kleinsparer *m* ; der kleine Sparer *m* ; *société f faisant appel aux petits* ~*s* Publikumsgesellschaft *f*.

épargne *f* 1. Ersparnisse *fpl* ; Spargelder *npl* ; Sparbetrag *m* ; Sparguthaben *n* ; (*bas de laine*) Sparstrumpf *n* 2. Sparen *n* ; Sparwesen *n* ; Spartätigkeit *f* ; ◆ ~ *bonifiée* Prämien-Sparen ; ~ *de capitalisation* (*sur les comptes*) Kontensparen ; ~ *collective* Kollektivsparen ; ~ *créatrice* (*utilitaire*) Zwecksparen ; ~

financière Geldvermögensbildung *f* ; ~ *en fonds commun de placement en actions* Aktien-Fondssparen ; *~-logement* → *épargne-logement* ; ~ *mobilière* Effekten-, Wertpapiersparen ; ~ *nationale* volkswirtschaftliche Ersparnisse *fpl* ; ~ *obligatoire (forcée)* Zwangssparen ; erzwungenes Sparen ; ~ *de panique* Angstsparen *n* ; ~ *des particuliers* private Spartätigkeit ; ~ *peu soutenue* flaue Spartätigkeit ; ~ *populaire* Volkssparen ; ~ *prévoyance* Vorsorgesparen ; ~ *primée* Prämiensparen ; ~ *productive (investie dans les entreprises)* Beteiligungssparen ; *(placement)* Anlagesparen ; Sparanlage *f* ; ~ *publique* öffentliches Sparwesen ; *~-retraite* → *épargne-retraite* ; ♦♦ *caisse f d'~ (postale)* (Post)Sparkasse *f* ; *bon m d'~* Sparbrief *m* ; *capital m d'~* Sparkapital *n* ; Angespartes ; *compte m d'~ (compte sur livret)* Sparkonto *n* ; *compte m ~-temps* Arbeitszeitkonto *n* ; *contrat m, dépôts mpl d'~* Sparvertrag *m*, -einlagen *fpl* (-gelder *npl*) ; *encouragement m à l'~* Sparförderung *f* ; Förderung der Spartätigkeit ; *esprit m d'~* Sparsinn *m* ; *habitudes fpl d'~* Spargewohnheiten *fpl* ; *incitation f à l'~* Sparanreiz *m* ; *livret m (de caisse) d'~* Spar(kassen)buch *n* ; *opérations fpl d'~* Sparverkehr *m* ; *prime f d'~* Sparprämie *f* ; *propension f à l'~* Sparneigung *f* ; *service m d'~* Sparabteilung *f* ; *tendance f à l'~* Sparneigung *f* ; *volume m de l'~* Spareinlagenaufkommen *n* ; Sparvolumen *n* ; ♦♦♦ *constituer une ~* ein Sparkapital (ein Sparpolster) bilden ; *encourager (favoriser, stimuler) l'~* die Spartätigkeit fördern (stimulieren, anreizen).

épargne-logement *f* Bausparen *n* ; *souscrire un contrat d'~* einen Bausparvertrag abschließen.

épargner 1. sparen ; sparsam umgehen mit ; ersparen ; Geld zurücklegen ; Geld beiseite legen ; *(fam.)* Geld auf die hohe Kante legen **2.** *(qqch à qqn)* ~ *de l'énervement, des ennuis, une perte de temps, du travail à qqn* jdm Nerven, Ärger, Zeit, Arbeit ersparen ; *ne pas ~ sa peine* keine Mühe scheuen ; *être ~é par la suppression d'emplois* vom Stellenabbau verschont bleiben.

épargne-retraite *f* Alterssparen *n* ; Zusatzrente *f* ; *souscrire un contrat d'~* einen Alterssparvertrag abschließen → *P.E.R.*

épave *f* Wrack *n* ; herrenloses Gut *n* Strandgut *n* ; ~ *automobile* Autowrack ; *droit m d'~* Strandrecht *n*.

épicerie *f* **1.** *(magasin)* Lebensmittelgeschäft *n* ; ~ *du coin (fam.)* Tante-Emma-Laden *m* ; ~ *fine* Delikatessengeschäft *n* **2.** Lebensmittelhandel *m* **3.** Lebensmittel *npl*.

épicier *m* Lebensmittelhändler *m* ; *(arch.)* Krämer *m* ; *(hist.)* Kolonialwarenhändler ; ~ *du coin (fam.)* Kaufmann *m* um die Ecke ; Tante-Emma-Laden *m*.

éponger 1. ~ *un déficit* ein Defizit ausgleichen ; ~ *les dettes de qqn* für jds Schulden aufkommen ; eine Schuld tilgen **2.** ~ *les liquidités, le pouvoir d'achat* die Liquidität, die Kaufkraft abschöpfen.

époux *mpl* Ehegatten *pl* ; Eheleute *pl* ; *(jur.) donation f entre ~* Schenkung *f* unter Ehegatten ; *(jur.)* ~ *communs en biens, séparés en biens* in Gütergemeinschaft, in Gütertrennung lebende Ehegatten.

épreuve *f* **1.** Probe *f* ; Versuch *m* ; Prüfung *f* ; Test *m* ; ♦ ~ *d'aptitude* Eignungsprüfung ; ~ *écrite, orale* schriftliche, mündliche Prüfung ; ~ *de force* Kraft-, Machtprobe ; Zerreißprobe ; Machtkampf *m* ; ~ *au hasard* Stichprobe ; ~ *de résistance* Festigkeitsprobe, -test ; *~-test* Bewährungsprobe ; *à l'~ de l'eau, du feu* wasser-, feuerfest ; *à toute ~* bewährt ; zuverlässig ; ♦♦♦ *mettre à l'~* auf die Probe stellen ; erproben ; *mettre à rude ~* auf eine harte Probe (auf eine Zerreißprobe) stellen ; *soumettre à une ~* einer Probe (einem Test) unterziehen **2.** *(édition)* (Druck)Fahne.

éprouvé, e erprobt ; bewährt ; zuverlässig ; betriebssicher ; *un collaborateur ~* ein bewährter Mitarbeiter.

éprouver 1. erproben ; auf die Probe stellen ; prüfen ; testen ; ~ *la solidité d'un matériau* die Festigkeit eines Materials erproben **2.** fühlen ; empfinden ; ~ *des difficultés de paiement, de trésorerie* in Zahlungs-, Liquiditätsschwierigkeiten geraten.

épuisé, e 1. *(source, pétrole)* versiegt **2.** *(fatigue)* erschöpft **3.** *(filon, carrière)* völlig abgebaut ; ausgebeutet **4.** *(sol)* ausgelaugt ; ausgemergelt **5.** *(réserves)* erschöpft ; aufgebraucht ; *notre stock est ~* wir sind ausverkauft **6.**

(*édition*) *le livre est ~* das Buch ist vergriffen.

épuisement *m* Erschöpfung *f* ; *~ prévisible des ressources naturelles* absehbare Erschöpfung natürlicher Ressourcen ; Versiegen *n* der Bodenschätze ; *jusqu'à ~ des stocks* solange der Vorrat reicht.

épuiser 1. (*carrière*) abbauen ; ausbeuten 2. (*réserves, stocks*) erschöpfen ; aufbrauchen ; verbrauchen ; zu Ende gehen ; *~ un crédit* einen Kredit voll beanspruchen (ausschöpfen) ; *~ toutes les possibilités de négociation* alle Verhandlungsmöglichkeiten ausschöpfen ; *~ les ressources naturelles* die natürlichen Ressourcen erschöpfen (aufbrauchen) ; *les provisions, les stocks s'~ent* die Vorräte, die Lagerbestände gehen zu Ende 3. *~ des marchandises* ausverkaufen ; restlos verkaufen 4. (*personne*) *s'~* erschöpft sein.

épuration *f* 1. (*des pétroles*) Erdölreinigung *f* ; *station f d'~* Kläranlage *f* 2. (*politique*) Säuberung *f*.

équarrissage *m* : (*agric.*) *usine f d'~* Tierkörperbeseitigungsanstalt *f*, -anlage *f* ; Abdeckerei *f*.

équarrisseur *m* Abdecker *m*.

équilibrage *m* Gewichtung *f* ; (*de forces, d'intérêts*) Ausbalancierung *f*.

équilibre *m* Gleichgewicht *n* ; Ausgeglichenheit *f* ; ◆ *~ de la balance commerciale* Ausgeglichenheit der Handelsbilanz ; *~ budgétaire* ausgeglichener Haushalt *m* ; Haushaltsgleichgewicht *n* ; *~ du commerce extérieur* Außenhandelsgleichgewicht ; *~ écologique* ökologisches Gleichgewicht ; *~ économique* wirtschaftliches Gleichgewicht ; *~ financier* Finanzausgleich *m* ; *~ des forces* Gleichgewicht der Kräfte ; *~ du marché* Marktgleichgewicht ; ◆◆◆ *être en ~* ausgeglichen sein ; ausgewogen sein ; *garder, perdre l'~* das Gleichgewicht (bei)behalten, verlieren.

équilibré, e ausgeglichen ; ausgewogen ; *la balance est à nouveau ~ée* die Bilanz ist wieder ausgeglichen.

équilibrer ins Gleichgewicht bringen ; ausgleichen ; in Übereinstimmung bringen ; *~ le budget, un compte* den Haushalt, ein Konto ausgleichen ; *l'offre et la demande s'~ent* Angebot und Nachfrage gleichen sich aus.

équipage *m* Mannschaft *f* ; Team *n* ; (*avion*) Besatzung *f* ; Crew *f*.

équipe *f* Mannschaft *f* ; Team *n* ; Gruppe *f* ; Stab *m* ; Schicht *f* ; ◆ *~ de chercheurs, de spécialistes* ein Team von Forschern, von Fachleuten ; *~ de collaborateurs* Mitarbeiterstab *m* ; *~ de jour, de nuit* Tag-, Nachtschicht ; *~ du matin, du soir, de nuit* Früh-, Spät-, Nachtschicht ; *~ ministérielle* Regierungsmannschaft ; *~ de secours* Rettungsmannschaft ; (*bâtiment*) *~ de travailleurs* Kolonne *f* ; Trupp *m* ; ◆◆ *aptitude f à travailler en ~* Teamfähigkeit *f* ; *changement m d'~* Schichtwechsel *m*, -ablösung *f* ; *chef m d'~* Teamleiter *m*, -manager *m* ; Vorarbeiter *m* ; (*bâtiment*) Polier *m* ; *service m par ~s* Schichtdienst *m* ; *travail m d'~* Team-, Gruppenarbeit *f* ; Gemeinschaftsarbeit ; Teamwork *n* ; ◆◆◆ *constituer une ~* ein Team bilden ; *faire ~* im Team arbeiten ; *faire partie d'une ~* zu einem Team gehören ; *travailler en ~* in einem Team arbeiten.

équipement *m* Ausrüstung *f* ; Ausstattung *f* ; Ausrüstungsmaterial *n*, -gegenstände *mpl* ; (*technique*) Anlagen *fpl* ; Einrichtungen *fpl* ; ◆ *~ de bureau* Büroeinrichtung *f* ; *~s collectifs* Gemeinschaftseinrichtungen ; kollektive Einrichtungen ; *~ industriel* Industrieanlagen, -ausrüstung ; *~ intérieur* Inneneinrichtung *f* ; *~s productifs* Produktionsanlagen ; *~s sociaux* Sozialeinrichtungen *fpl* ; *~ standard* Standardausrüstung ; ◆◆ *biens mpl d'~* Ausrüstungs-, Investitionsgüter *npl* ; *crédit m d'~* Ausstattungs-, Einrichtungs-, Ausrüstungskredit *m* ; *dépenses fpl d'~* Sachausgaben *fpl*, -aufwendungen *fpl* ; gewerbliche Ausrüstungsinvestitionen *fpl* ; *fournisseur m d'~s complets* Komplettanbieter *m* ; *premier ~* Erstausstattung ; *taux m d'~* Ausstattungsgrad *m*.

équipementier *m* (*automobile*) Autozubehör-Hersteller *m* ; Ausrüster *m*.

équiper ausrüsten ; ausstatten ; (*local*) einrichten ; *~ qqch en, de* versehen mit ; ausrüsten mit ; *être insuffisamment ~é* unzureichend ausgerüstet sein.

équitable angemessen ; gerecht ; leistungsgerecht ; *rémunération f ~* leistungsgerechte Entlohnung *f* ; *répartir les charges d'une manière plus ~* die Lasten gerechter verteilen.

équité *f* Gleichheit *f*; Gleichbehandlung *f*; ~ *fiscale* Steuergleichheit; steuerliche Gleichbehandlung *f*; ~ *salariale* Lohngerechtigkeit *f*; *esprit m d'~* Gerechtigkeitssinn *m*.

équivalence *f* Gleichwertigkeit *f*; Gleichrangigkeit *f*; ~ *de diplômes* Äquivalenz *f* (Anerkennung *f*) der Diplome.

équivalent *m* Äquivalent *n*; Gegenwert *m*; Gleichwertige(s); Ersatz *m*; *l'~ en euros* der Gegenwert in Euro; *exiger l'~ (de qqch)* das Äquivalent (für etw) fordern; *obtenir l'~ (en argent)* den Gegenwert erhalten; völlig ausgezahlt werden.

équivalent, e gleichwertig; entsprechend; *être ~ à* entsprechen (+ D).

équivaloir entsprechen (+ D); gleichkommen (+ D); so viel bedeuten wie; mit etwas gleichwertig sein; *cela équivaut au même* das kommt auf eins (das Gleiche) heraus; *la mutation équivaut à une promotion* die Versetzung kommt einer Beförderung gleich; *la prime équivaut à un an de salaire* die Prämie entspricht einem Jahreslohn.

éradication *f* Ausmerzung *f*; Ausrottung *f*; ~ *de l'épidémie de la vache folle* Ausmerzung der Seuche BSE (der Rinderwahn-Seuche).

éradiquer ausmerzen, ausrotten; ~ *une épidémie* eine Seuche eradizieren.

Érasme (Erasmus) (**Programme**) (*programme d'échanges inter-universités*; *relayé par le programme Socrate/Sokrates*) Erasmus-Programm *n*.

ère *f* Zeit *f*; Zeitalter *n*; Ära *f*; Epoche *f*; *l'~ atomique, industrielle* das Atom-, Industriezeitalter; *l'~ capitaliste* die Ära des Kapitalismus; *l'~ de la technique* das Zeitalter der Technik.

E.R.E. *f* (*équipe à responsabilité élargie*) Mannschaft *f*, Team *n* mit erweiterter Verantwortung.

érémiste *m* → **RMIste**.

ergonomie *f* Ergonomie *f*; Ergonomik *f*; Wissenschaft *f* von der Anpassung zwischen dem Menschen und seinen Arbeitsbedingungen.

ergonomique ergonomisch; *organisation f ~ du travail* ergonomische Organisation *f* des Arbeitsplatzes.

éroder erodieren; auswaschen; (*fig.*) entwerten; aufzehren; an etw (+ D) nagen; aushöhlen; untergraben; *l'inflation ~e le pouvoir d'achat* die Inflation höhlt die Kaufkraft aus.

érosion *f* Erosion *f*; (*fig*) Schwund *m*; Verfall *m*; Verschleiß *m*; Entwertung *f*; Aufzehren *n*; allmähliche Wertminderung *f*; ~ *monétaire* Geldwertschwund *m*; fortschreitende (schleichende) Geldentwertung *f*; Kaufkraftschwund *m*; ~ *de l'image d'un produit* Imageverfall *m* eines Produkts.

E.R.P. (système) *m* (*informatique*) (*projiciels de gestion qui permettent aux informations de passer d'un système à l'autre*) ERP-System *n*.

errant, e: *capitaux mpl ~s* heißes Geld *n*; Hot money *n*.

errata, erratum *m* Druckfehler *m*; Druckfehlerverzeichnis *n*.

errement *m* (*fig.*) Irrtum *m*; Fehlentwicklung *f*; Fehler *m*.

erreur *f* Irrtum *m*; Fehler *m*; Versehen *n*; Fehlgriff *m*; (*préfixe*) Fehl-; ◆ ~ *d'appréciation* Schätzungsfehler; ~ *de calcul* Rechenfehler; ~ *de date* falsche Datierung *f*; (*statist.*) ~ *par défaut* Verzerrung *f* nach unten; ~ *économique* Wirtschaftsfehler; ~ *dans l'estimation des coûts* Fehlkalkulation *f*; ~ *d'évaluation* Fehleinschätzung *f*; ~ *de frappe* Tippfehler; ~ *humaine* menschliches Versagen *n*; ~ *judiciaire* Justiz-, Rechtsirrtum; ~ *de manipulation* (*d'utilisation*) Fehlbedienung *f*; ~ *de manœuvre* Missgriff *m*; Fehlgriff *m*; ~ *de planification* Fehlplanung *f*; ~ *sur la personne* Personenverwechslung *f*; Irrtum in der Person; ~ *de stratégie* strategischer Fehlgriff; ~-*type* Standardfehler; ~ *typographique* Druckfehler; ~ *sur la valeur* Irrtum über den Wert; *par ~* versehentlich; aus Versehen; *sauf ou omission (de notre part)* Irrtum vorbehalten; ◆◆◆ *commettre une ~* einen Irrtum begehen; *corriger une ~* einen Irrtum berichtigen; *il doit y avoir ~* es muss ein Irrtum vorliegen; *faire ~* irren; sich täuschen; *une ~ s'est glissée dans...* ein Irrtum hat sich in (+ A) geschlichen; *induire qqn en ~* jdn irreführen; *réparer une ~* einen Fehler verbessern; einen Irrtum wieder gutmachen.

erroné, e irrtümlich; falsch; *adresse f ~e* falsche Adresse *f*; *conclusion f ~e* Fehlschluss *m*; *décision f ~e* irrtümliche Entscheidung *f*; Fehlentscheidung *f*; *renseignement m ~* falsche Angabe *f* (Auskunft *f*); irreführende Auskunft.

ersatz *m* Ersatz *m* ; ~ *de café* Kaffeeersatz ; (*fam.*) Muckefuck *m*.

E.S.B. *f* (*encéphalite spongiforme bovine*) (*agric.*) BSE *f* (Bovine Spongiforme Encephalopathie) ; Rinderwahnsinn *m*.

escalade *f* Eskalation *f* ; Eskalierung *f* ; Zuspitzung *f* ; Höherschrauben *n* ; Verschärfung *f* ; ~ *diplomatique* diplomatische Zuspitzung ; ~ *politique* politische Eskalation ; ~ *des prix* Preisauftrieb *m* ; (*fam.*) Preiskarussell *n* ; ~ *des salaires* Lohneskalation ; Lohnüberbietung *f*.

escalator *m* Rolltreppe *f*.

escale *f* Zwischenlandung *f* ; Flugunterbrechung *f* ; *port m d'*~ Anlegehafen *m* ; *faire une* ~ eine Zwischenlandung machen ; *faire* ~ *dans un port* einen Hafen anlaufen ; in einem Hafen einlaufen ; *faire* ~ *à Munich* in München zwischenlanden ; *vol m sans* ~ Nonstopflug *m* ; Direktflug *m*.

escarcelle *f* : (*fam.*) *cette taxe est tombée dans l'*~ *du ministre des finances* diese Abgabe ist in die Kasse des Finanzministers gefallen.

escargot *m* (*transports*) → **opération escargot**.

escomptabilité *f* Diskontfähigkeit *f*.

escomptable diskontierbar ; diskontfähig.

1. escompte *m* (*commerce*) Rabatt *m* ; Abzug *m* ; Skonto *n* ou *m* ; Ermäßigung *f* ; Nachlass *m* ; ~ *de caisse* Bar(zahlungs)rabatt, -nachlass *m* ; ~ *au comptant* Kassenskonto, -abzug *f* ; ~ *sur les prix* Preisrabatt ; *accorder, demander, obtenir un* ~ ein(en) Skonto gewähren, verlangen, erhalten ; *nous accordons un* ~ *de 3 % sur la facture moyennant paiement comptant sous 10 jours* bei Barzahlung binnen 10 Tagen gewähren wir 3 % Skonto auf den Rechnungsbetrag.

2. escompte *m* (*bancaire*) Diskont *m* ; Diskontieren *n* ; Diskontierung *f* ; Diskontgeschäft *n* ; ◆ ~ *bancaire* Bankdiskont *m* ; ~ *des effets de commerce* (*des traites*) Wechseldiskont ; ~ *en dedans, en dehors* Diskontberechnung *f* nach dem Tageswert, nach dem Nennwert ; ~ *officiel* Bankdiskont *m* ; ◆◆ *abaissement m du taux d'*~ Diskontsenkung *f*, -herabsetzung *f* ; *admis à l'*~ diskontfähig ; *banque f* (*comptoir m*) *d'*~ Diskontbank *f* ; *calcul m d'*~ Diskontberechnung *f* ; *crédit m d'*~, *effet m à l'*~ Diskontkredit *m*, -wechsel *m* ; *marché m de l'*~, *opération f d'*~ Diskontmarkt *m*, -geschäft *n* ; *politique f d'*~ Diskontpolitik *f* ; *relèvement m* (*majoration f*) *du taux d'*~ Diskonterhöhung *f*, -heraufsetzung *f* ; *taux m d'*~ Diskontsatz *m* ; Diskontrate *f* ; Bankrate *f* ; ◆◆◆ *abaisser le taux d'*~ *de 2 %* den Diskontsatz um 2 % herabsetzen (senken) ; *prendre à l'*~ in Diskont nehmen ; *présenter à l'*~ zum Diskont vorlegen (vorzeigen) ; in Diskont geben ; diskontieren lassen ; *relever* (*majorer*) *le taux d'*~ den Diskontsatz erhöhen (heraufsetzen).

escompter 1. (*banque*) diskontieren ; ~ *une lettre de change* einen Wechsel diskontieren ; *faire* ~ *un effet* einen Wechsel in Diskont geben (diskontieren lassen) **2.** (*attendre*) erhoffen ; erwarten ; ~ *un grand succès de vente* mit einem Verkaufserfolg rechnen, einen großen Absatz erhoffen ; *rendement m* ~*é* Leistungserwartungen *fpl* ; Renditeerwartungen.

escroc *m* Schwindler *m* ; Gauner *m* ; Preller *m* ; Betrüger *m* ; Hochstapler *m* ; ~ *au mariage* Heiratsschwindler *m* ; ~ *aux notes de frais* Spesenritter *m*.

escroquer betrügen ; erschwindeln ; ergaunern ; prellen ; hochstapeln ; (*fam.*) (be)schummeln ; übers Ohr hauen ; ~ *l'héritage de qqn* jdn um sein Erbe prellen.

escroquerie *f* Betrug *m* ; Schwindel *m* ; Prellerei *f* ; Gaunerei *f* ; Hochstapelei *f* ; ~ *à l'assurance* Versicherungsbetrug, -schwindel ; ~ *au crédit* Kreditbetrug ; ~ *au mariage* Heiratsschwindel.

E.S.F.P. *m* (*examen de la situation fiscale d'un particulier*) individuelle Steuererklärungsüberprüfung *f*.

espace *m* **1.** Raum *m* ; Fläche *f* ; Land *n* ; ~ *aérien* Luftraum ; Flugraum ; ~ *économique* Wirtschaftsraum ; ~ *économique européen* Europäischer Wirtschaftsraum (EWR) ; ~ *juridique* Rechtsraum ; ~ *public* Gemeinschaftsraum ; ~ *publicitaire* Werbefläche *f* ; ~ *vital* Lebensraum ; ~*s verts* Grünanlagen *fpl*, -flächen *fpl* ; *conquête f de l'*~ Eroberung *f* des Weltraums **2.** ~ *de temps* Zeitraum *m* ; Zeitspanne *f* ; *dans l'*~ *de* innerhalb (+ G/von D) ; binnen (+ D) ; im Laufe.

espacement *m* Abstand *m* ; Zwischenraum *m* ; ~ *des trains* Zugabstand.

espacer Abstand (Platz) lassen zwischen etw (+ D) ; ~ *les versements (paiements)* die Zahlungen in (immer größeren) Abständen vornehmen.

1. espèce *f* Art *f* ; Sorte *f* ; Qualität *f* ; *une* ~ *(de)* eine Art (von) ; *un escroc de la pire* ~ ein Schwindler übelster Art ; *d'*~ *différente, voisine* artverschieden, artverwandt ; *commerce m des* ~*s animales en voie de disparition* Handel *m* mit aussterbenden Tierarten ; *protection f des* ~*s en voie de disparition* Artenschutz *m*.

2. espèces *fpl* bares Geld *n* ; Bargeld *n* ; Barmittel *npl* ; Hartgeld *n* ; ♦ ~ *en caisse* (Kassen)Barbestand *m* ; ~ *sonnantes et trébuchantes* klingende Münze *f* ; Hartgeld ; Metallgeld ; ♦♦ *en* ~ (in) bar ; *apport m en* ~ Bareinlage *f* ; *avance f en* ~ Barvorschuss *m* ; *couverture f en* ~ Bardeckung *f* ; *indemnité f en* ~ Barabfindung *f*, -entschädigung *f* ; *paiement m en* ~ Barzahlung *f* ; *prestation f en* ~ Barleistung *f* ; *règlement m en* ~ Begleichung *f* in Geld ; *rémunération f en* ~ Barentlohnung *f* ; *retrait m d'*~ Barabhebung *f* ; *salaire m versé en* ~ Barlohn *m* ; *versement m en* ~ Bareinzahlung *f*, -auszahlung *f* ; ♦♦♦ *payer (régler) en* ~ bar zahlen ; in bar bezahlen.

espérance *f* Aussichten *fpl* ; Erwartung *f* ; Hoffnung *f* ; ~ *de vie* Lebenserwartung ; *les ventes ont dépassé toutes nos* ~*s* der Absatz hat alle unsere Erwartungen übertroffen.

espéré, e erwartet ; *bénéfices mpl* ~*s* Gewinnaussicht *f*.

espionnage *m* : ~ *industriel* Werkspionage *f* ; Wirtschaftsspionage.

espoir : (*corresp.*) *dans l'*~ *que...* in der Hoffnung, dass... ; wir hoffen, dass... ; *nous avons bon* ~ *que...* in der festen Erwartung, dass... ; *dans l'*~ *de vous lire...* in der Hoffnung, von Ihnen zu hören, verbleiben wir...

esprit *m* Geist *m* ; Sinn *m* ; Geisteshaltung *f* ; ~ *de corps* Korpsgeist ; ~ *d'épargne* Sparsinn ; ~ *d'équipe* Team-, Mannschaftsgeist ; Teamdenken *n* ; *dans l'*~ *de la loi* im Sinne des Gesetzes ; ~ *de lucre* Gewinnsucht *f* ; *avoir l'*~ *d'entreprise* **a)** Unternehmungsgeist haben ; unternehmungslustig sein **b)** unternehmerisch denken ; *avoir l'*~ *d'organisation* Organisationstalent haben.

essai *m* Versuch *m* ; Probe *f* ; Prüfung *f* ; Test *m* ; Versuch *m* ; ♦ ~ *automobile* Probefahren *n* ; ~ *de conciliation (d'arbitrage)* Schlichtungsversuch ; ~ *de contrôle* Gegenprobe ; Gegenversuch ; ~ *d'homologation* Zulassungsprüfung ; Abnahmeprüfung ; ~ *de matériaux* Materialprüfung ; ~ *nucléaire* Atomversuch ; ~ *de rendement* Leistungsprüfung ; ♦♦ *à l'*~ probehalber ; zur Probe ; (*fig.*) *ballon m d'*~ Versuchsballon *m* ; erster Versuch *m* ; *centre m d'*~ Versuchsanstalt *f* ; Versuchsstation *f*, -anlage *f* ; *commande f d'*~ Probebestellung *f*, -auftrag *m* ; *contrat m d'*~ Probevertrag *m* ; *coup m d'*~ Probeversuch *m* ; *période f (temps m) d'*~ Probezeit *f* ; *phase f d'*~ Versuchsstadium *n* ; *pilote m d'*~ Versuchsfahrer *m* ; Testpilot *m* ; *série f d'*~*s* Testreihe *f* ; *terrain m d'*~*s* Versuchsgelände *n* ; *à titre d'*~ zur Probe ; versuchs-, probeweise ; *vente f à l'*~ Kauf *m* auf Probe ; *vol m d'*~ Probe-, Testflug *m* ; ♦♦♦ *envoyer qqch à l'*~ etw auf Probe senden ; *être à l'*~ auf Probe eingestellt (angestellt) sein ; *faire un* ~ einen Versuch machen ; *mettre à l'*~ auf die Probe stellen ; *prendre qqch à l'*~ etw auf Probe kaufen (nehmen) ; *prendre qqn à l'*~ jdn auf Probe einstellen.

essaimer Niederlassungen, Filialgeschäfte gründen.

essayage *m* : (*commerce*) *cabine f d'*~ Umkleide-, Anprobekabine *f* ; *faire un* ~ anprobieren.

essouflement *m* : ~ *du boom, de la demande* Abschwächung *f* des Booms ; Abebben *n* der Nachfrage.

essoufler (s') (*fig.*) abebben ; abflauen.

essence *f* Benzin *n* ; Treibstoff *m* ; Kraftstoff *m* ; (*fam.*) Sprit *m* ; ~ *ordinaire, super* Normalbenzin ; Super(benzin) ; *pompe f à* ~ *(poste m d'*~*)* Tankstelle *f* ; *réservoir m d'*~ Benzintank *m* ; *consommer beaucoup d'*~ viel Sprit verbrauchen ; *faire le plein d'*~ volltanken ; auftanken.

essor *m* Aufschwung *m* ; Aufstieg *m* ; Anstieg *m* ; Aufblühen *n* ; Aufwärtsentwicklung *f* ; Boom *m* ; Expansion *f* ; ~ *conjoncturel* Konjunkturaufschwung ; ~ *économique* wirtschaftlicher

Aufstieg ; *connaître un grand* ~ einen großen Aufschwung erleben (erfahren) ; *être en plein* ~ in voller Blüte (in vollem Aufschwung) sein.

essuyer : ~ *un échec* eine Niederlage erleiden ; (*fam.*) eine Schlappe einstecken ; ~ *des pertes* (*lourdes*) (schwere) Verluste hinnehmen.

Est *m* **1.** Osten *m* ; (*hist.*) *Allemagne f de l'*~ Ostdeutschland *n* ; (*hist.*) Deutsche Demokratische Republik (DDR) *f* ; *Allemand m de l'*~ DDR-Bürger *m* ; Ostdeutsche(r) ; (*péj.*) Ostler *m* ; Ossi *m* ; *bloc m de l'*~ Ostblock *m* ; (*hist.*) *pays mpl de l'*~ Ostblockstaaten *mpl* **2.** *à l'*~ *de* östlich von/G ; *à l'*~ *de la ville, de Berlin* östlich der Stadt, östlich Berlins.

establishment *m* Establishment *n* ; politisch, wirtschaftlich oder gesellschaftlich einflussreiche Gruppen *fpl*.

Est-Allemand *m* (*hist.*) DDR-Bürger *m* ; Ostdeutsche(r) ; (*péj.*) Ossi *m*.

est-allemand, e (*hist.*) DDR- ; der DDR ; ostdeutsch ; *commerce m* ~ DDR-Handel *m*.

estampage *m* **1.** (*technique*) Prägen *n* ; Stanzen *n* **2.** (*fam.*) Nepp *m* ; Prellerei *f* ; Übervorteilung *f* ; Hereinlegen *n*.

estamper 1. (*technique*) prägen ; stanzen **2.** ~ *qqn* (*fam.*) jdn begaunern ; jdn übervorteilen ; jdn reinlegen ; jdn neppen.

estampillage *m* Abstempelung *f* ; Gütekontrollstempel *m*.

estampille *f* (Kontroll)Stempel *m* ; Güte-, Echtheitszeichen *n*.

estampiller (ab)stempeln.

estarie *f* (*navire*) Liegetage *mpl*, -zeit *f* ; Löschzeit *f* ; Liegegeld *n*.

ester : ~ *en justice* vor Gericht auftreten ; einen Prozess führen.

estimatif, ive geschätzt ; (*préfixe*) Schätz- ; veranlagt ; *cours m* ~ Taxkurs *m* ; *devis m* ~ Kosten(vor)anschlag *m* ; Kostenüberschlag *m* ; *prix m* ~ Schätzpreis *m* ; Taxwert *m* ; *valeur f* ~*ive* Schätzungswert *m* ; Taxwert.

estimation *f* **1.** Schätzung *f* ; Ab-, Einschätzung *f* ; Bewertung *f* ; Taxierung *f* ; (*selon une*) ~ *approximative* (nach) ungefähre(r) Schätzung ; ~ *du coût* Kostenvoranschlag *m* ; ~ *du dommage* Schadensschätzung *f* ; ~ *exagérée* Überbewertung *f* ; ~ *forfaitaire* Pauschalabschätzung ; *prix m d'*~ Schätzpreis *m* ; *valeur f d'*~ Schätzwert *m* ; Taxwert *m* ; *faire une* ~ schätzen, bewerten ; taxieren ; *faire une erreur d'*~ sich verschätzen **2.** (*statist.*) Hochrechnung *f* (bei Wahlen).

estimer 1. ~ (ein)schätzen ; abschätzen ; bewerten ; taxieren ; veranschlagen ; werten ; ~ *à* schätzen auf ; ~ *des coûts* Kosten überschlagen ; (*assur.*) ~ *des dégâts* einen Schaden (die Schadenshöhe) abschätzen ; ~ *qqch audessus, au-dessous* etw über-, unterschätzen ; ~ *qqch à sa juste valeur* etw richtig einschätzen ; ~ *un tableau à 5000 €* ein Gemälde auf 5000 € taxieren (schätzen) ; *faire* ~ *sa fortune* sein Vermögen schätzen lassen **2.** ~ *qqn* jdn schätzen ; jdn achten ; jdn respektieren **3.** ~ *que* der Meinung (Ansicht) sein, dass… ; meinen **4.** *s'*~ *heureux, satisfait* sich glücklich schätzen ; zufrieden sein.

estivage *m* (*agric.*) Sommerweide *f* ; Sommerung *f* ; Sömmerung *f*.

estival, e Sommer- ; sommerlich ; *vacances fpl* ~*es* Sommerferien *pl* ; Sommerurlaub *m*.

estivant *m* Feriengast *m* ; Urlauber *m* ; Sommerfrischler *m* ; Sommergast.

estive *f* → *estivage*.

établi, e etabliert ; *groupes mpl bien* ~*s* etablierte Gruppen *fpl* ; *positions fpl* ~*es* Machtpositionen *fpl*.

établir 1. ~ *qqch* errichten ; gründen ; aufstellen ; ausstellen ; herstellen ; ~ *l'assiette de l'impôt* jdn steuerlich veranlagen ; ~ *une attestation* eine Bescheinigung ausstellen ; ~ *un bilan, un inventaire, une liste, un programme* eine Bilanz, ein Inventar, eine Liste, ein Programm aufstellen ; ~ *un chèque, une facture, une quittance* einen Scheck, eine Rechnung, eine Quittung ausstellen ; ~ *son domicile* (*sa résidence*) seinen Wohnsitz nehmen (aufschlagen) ; ansässig werden ; ~ *une expertise* ein Gutachten (eine Expertise) ausarbeiten ; ~ *un prix, un loyer, un montant, un salaire* einen Preis, eine Miete, einen Geldbetrag, einen Lohn festsetzen ; ~ *un procès-verbal* ein Protokoll aufnehmen **2.** (*constater, attester*) nachweisen ; beweisen ; ermitteln ; feststellen ; ~ *l'authenticité d'un produit* den Echtheitsnachweis eines Produkts erbringen **3.** *s'*~ sich niederlassen ; sich ansiedeln ; *s'*~ *à son compte* sich selb(st)ständig machen.

établissement

établissement *m*
1. *installation ; fondation*
2. *entreprise ; société*
3. *document ; projet ; bilan*
4. *constatation, preuve*

1. *(installation ; fondation)* Einrichtung *f* ; Errichtung *f* ; Gründung *f* ; Niederlassung *f* ; ~ *d'une famille* Gründung einer Familie ; ~ *d'une société* Gesellschaftsgründung ; *conditions fpl d'*~ Niederlassungsbedingungen *fpl* ; *droit m d'*~ Niederlassungsfreiheit *f* ; *frais mpl d'* ~ Errichtungskosten *pl* ; *liberté f d'*~ Niederlassungsfreiheit *f.*

2. *(entreprise ; société)* Anstalt *f* ; Institut *n* ; Bank *f* ; Betrieb *m* ; Firma *f* ; Werk *n* ; Geschäft *n* ; Unternehmen *n* ; Haus *n* ; Niederlassung *f* ; ~ *affilié* Mitgliedsanstalt ; ~ *agricole* landwirtschaftlicher Betrieb ; ~ *de l'assistance publique* Wohlfahrtsamt *n* ; ~ *d'assurances* Versicherungsanstalt ; ~ *bancaire* Bankgeschäft ; Geldinstitut ; ~ *commercial* Geschäft *n* ; Niederlassung ; Handelshaus, -firma, -betrieb ; ~ *de crédit* Kreditanstalt ; ~ *de droit public* öffentlich-rechtliche Anstalt ; ~ *émetteur* Emissionshaus, -bank ; Emittent *m* ; ~ *financier* Geld-, Kredit-, Finanzinstitut ; Bank *f* ; ~ *industriel* gewerblicher Betrieb ; ~ *en nom personnel* Einzelfirma ; ~ *payeur* Zahlstelle *f* ; ~ *principal* Hauptgeschäft ; ~ *public* Anstalt des öffentlichen Rechts ; ~ *scolaire* Schule *f* ; Lehranstalt ; ~ *sous contrat* Vertragshaus ; ~ *d'utilité publique* gemeinnütziges Unternehmen ; ~ *de vente en gros, au détail* Groß-, Kleinhandelsbetrieb.

3. *(document ; projet ; bilan)* Aufstellung *f* ; Ausstellung *f* ; Ausarbeitung *f* ; Festsetzung *f* ; ~ *d'un bilan, d'un budget, d'un inventaire, d'une liste, d'un programme, d'un tarif* Aufstellung einer Bilanz, eines Budgets, einer Inventur, einer Liste, eines Programms, eines Tarifs (einer Preisliste) ; ~ *d'un certificat, d'un chèque, d'une facture, d'une quittance* Ausstellung eines Zeugnisses, eines Schecks, einer Rechnung, einer Quittung ; ~ *d'une copie* Anfertigung *f* einer Abschrift ; ~ *d'un contrat* Abschluss *m* eines Vertrags ; ~ *d'un document* Ausfertigung einer Urkunde ; ~ *d'un droit* Begründung *f* eines Rechts ; ~ *de frais* Kostenüberschlag *m* ; *frais mpl d'*~ *de dossier* Bearbeitungsgebühr *f* ; ~ *de l'impôt (de l'assiette de l'impôt)* Steuerveranlagung *f* ; ~ *d'inventaire* Bestandsaufnahme *f* ; ~ *d'un plan* Planung *f* ; Ausarbeitung eines Plans ; ~ *d'un prix, d'un montant, d'un salaire, d'une taxe* Festsetzung *f* eines Preises, eines Geldbetrags, eines Lohns, einer Gebühr ; ~ *du prix de revient* Berechnung *f* des Selbstkostenpreises ; ~ *d'un procès-verbal* Protokollaufnahme *f* ; ~ *de relations commerciales, économiques* Aufnahme *f* von Handels-, Wirtschaftsbeziehungen.

4. *(constatation, faire la preuve de)* Feststellung *f* ; Nachweis *m* ; Ermittlung *f* ; ~ *de l'authenticité, de la validité d'un document* Echtheits-, Gültigkeitsnachweis einer Urkunde.

étage *m* Stock *m* ; Stockwerk *n* ; Etage *f* ; *l'*~ *de la direction* die Chef-, Führungs-, Vorstandsetage ; *(mine)* ~ *d'exploitation* Fördersohle *f.*

étain *m* Zinn *n* ; *marché m de l'*~ Zinnmarkt *m.*

étal *m* **1.** *(marché)* Marktstand *m* **2.** *(boucher)* Fleischbank *f* ; Hackbank.

étalage *m* **1.** *(marchandises)* Ausstellen *n* ; Ausstellung *f* ; Auslegen *n* **2.** *(devanture)* (Schaufenster)Auslage *f* ; Schaufenster *n* ; Auslagetisch *m* **3.** *marchandises fpl à l'*~ Auslage *f* ; ausgestellte Ware *f* ; *droit m d'*~ Standgeld *n* ; *éclairage m d'*~ Schaufensterbeleuchtung *f* ; *marchandise f (article m) d'*~ Schaufensterware *f* ; *vol m à l'*~ Ladendiebstahl *m* ; *voleur m à l'*~ Ladendieb *m* ; *(être) à l'*~ im Schaufenster (liegen) ; *mettre à l'*~ etw ins Schaufenster (in die Auslage) legen ; etw ausstellen **4.** *faire* ~ *de sa fortune* sein Vermögen zur Schau stellen ; mit seinem Vermögen prahlen.

étalagiste *m* Schaufensterdekorateur *m* ; Schaufenstergestalter *m.*

étalement *m* Aufteilung *f* ; Verteilung *f* ; Staffelung *f* ; Entzerrung *f* ; ~ *du crédit* Kreditstaffelung ; ~ *des paiements* Ratenzahlung *f* ; ~ *des prix* Staffelung der Preise ; ~ *des remboursements* (zeitlich) gestaffelte Rückzahlungen ; ~ *des salaires* Lohnstaffelung *f* ; ~ *des vacances scolaires, des congés* Ferienordnung *f* ; Staffelung der Urlaubszeit.

étaler 1. (*à la vente*) ausstellen ; auslegen ; ~ *des marchandises à la devanture* Waren im Schaufenster auslegen **2.** (*dans le temps*) zeitlich staffeln ; verteilen ; *s'*~ *sur* sich verteilen (sich erstrecken) über (+ A) ; *le versement est* ~*é sur plusieurs mois* die Zahlung erstreckt sich über mehrere Monate.

étalon *m* 1. Standard *m* ; Währung *f* ; ~ *de change-or* (*de devise-or*) Golddevisenstandard ; ~ *métallique* Metallwährung ; ~ *monétaire* Währungsstandard ; ~-*or* Goldwährung ; ~-*papier* Papierwährung **2.** Eichmaß *n*, Normalmaß; ~ *des valeurs* Wertmesser *m* ; *mètre* ~ Normalmeter *m* ou *n* ; Urmeter.

étalonnage *m* Eichung *f* ; Eichgebühr *f* ; Eichen *n*.

étalonnement *m* → *étalonnage*.

étalonner eichen ; ~ *des poids, des récipients, des instruments de mesure* Gewichte, Gefäße, Messinstrumente eichen.

étape *f* 1. Etappe *f* ; (Weg)Strecke *f* ; (Flug)Strecke *f* ; *faire* ~ *à* eine Zwischenetappe machen in ; *franchir une* ~ *importante* einen bedeutenden Schritt tun **2.** Phase *f* ; Stufe *f* ; Vorgang *m* ; ~ *de la production* Produktionsstufe *f* ; ~ *de travail* Arbeitsvorgang ; Arbeitsgang *m*.

état *m*	**1.** *nation organisée : État* **2.** *manière d'être* **3.** *liste descriptive* **4.** *condition de vie* ; *situation professionnelle*

1. (*nation organisée*) Staat *m* ; Staatsgebilde *n* ; Land *n* ; Nation *f* ; ◆ *d'*~ Staats- ; staatlich ; ~ *agraire, d'assistance* Agrar-, Fürsorgestaat ; ~ *actionnaire* der Staat als Aktionär ; Aktieninhaber *m* « Staat » ; ~ *central, de droit* Zentral-, Rechtsstaat ; ~ *employeur* der Staat als öffentlicher Arbeitgeber ; ~ *fédéral* Bundesstaat ; ~ *(in)dépendant* (un)abhängiger Staat ; ~ *importateur, exportateur* Einfuhr-, Ausfuhrstaat ; ~ *industriel, limitrophe* Industrie-, Randstaat ; ~ -*membre, participant* Mitglied(s)-, Teilnehmerstaat ; ~ *policier* Polizei-, Überwachungsstaat ; ~-*providence* Wohlfahrtsstaat ; Versorgungsstaat ; ~ *riverain, signataire* Anlieger-(Anrainer-), Unterzeichnerstaat ; ~ *social, socialiste, souverain* Sozial-, sozialistischer, souveräner Staat ; ~ *tampon* Pufferstaat ; ~ *totalitaire* totalitärer Staat ; ◆◆ *affaire f d'*~ Staatsaffaire *f*; *agent m de l'*~ Staatsdiener *m*, -beamte(r), -angestellte(r) ; *appareil m de l'*~ Staatsapparat *m* ; *approuvé par l'*~ staatlich genehmigt ; staatlich anerkannt ; *pour le bien de l'*~ zum Wohl des Staats ; *budget m de l'*~ Staatshaushalt *m* ; *les caisses fpl de l'*~ Staatskasse *f* ; *capitalisme m d'*~ Staatskapitalismus *m* ; *chef m d'*~ Staatsoberhaupt *n* ; Staatschef *m* ; *confédération f d'*~*s* Staatenbund *m* ; *contrôle m de l'*~ Staatsaufsicht *f*, -kontrolle *f* ; *deniers mpl de l'*~ Staatsmittel *npl* ; staatliche Mittel (Gelder *pl*) ; *dépenses fpl de l'*~ Staatsausgaben *fpl* ; *diplômé d'*~ staatlich geprüft ; *direction f de l'*~ Staatsführung *f* ; *dirigeant m de l'*~ Staatslenker *m* ; *emprunt m d'*~, *endettement m de l'*~ Staatsanleihe *f*, -verschuldung *f* ; *entreprise f d'*~ Staatsunternehmen *n* ; staatlicher Betrieb *m* ; *fédération f d'*~*s* Staatenbund *m* ; *finances fpl de l'*~ Staatsfinanzen *fpl* ; *fonctionnaire m d'*~ Staatsbeamte(r), -diener *m* ; *homme m d'*~ Staatsmann *m* ; *institution f d'*~ Staatseinrichtung *f* ; *intervention f de l'*~ staatlicher Eingriff *m* ; *monopole m d'*~ Staatsmonopol *n* ; *obligation f d'*~ Bundesobligation *f* ; *patrimoine m de l'*~ Staatsvermögen *n* ; *propriété f de l'*~ staats-, bundeseigen ; Staatseigentum *n* ; (*hist. R.D.A.*) volkseigen ; *recettes fpl de l'*~ Staatseinnahmen *fpl* ; *reconnu par l'*~ staatlich anerkannt ; *réserves fpl de l'*~ Staatsreserven *fpl* ; *secret m d'*~ Staatsgeheimnis *n* ; *secrétaire m d'*~ Staatssekretär *m* ; *socialisme m d'*~ Staatssozialismus *m* ; *subvention f de l'*~ Staatszuschuss *m*, -subvention *f* ; ◆◆◆ *défendre les intérêts de l'*~ staatliche Interessen vertreten ; *être employé par l'*~ beim Staat sein ; *être subventionné par l'*~ staatlich subventioniert sein ; mit Staatsmitteln subventioniert sein.

2. (*manière d'être*) Zustand *m* ; Stand *m* ; Lage *f* ; Verhältnisse *npl* ; Situation *f* ; ◆ *à l'*~ *brut* unverarbeitet ; im Rohzustand ; *en l'*~ im augenblicklichen Zustand ; *en l'*~ *actuel des choses* bei der

gegenwärtigen Sachlage ; *en bon, mauvais ~* in gutem, schlechtem Zustand ; *~ de choses* Sachlage *f* ; *~ durable* Dauerzustand ; *~ d'exception (d'urgence)* Ausnahmezustand ; Notstand ; *~ des finances* Finanzlage ; finanzielle Lage ; *~ de fortune (des biens)* Vermögenslage *f*, -verhältnisse *npl* ; *en ~ de marche (de service)* betriebsfähig ; betriebsfertig ; *~ des lieux* Abnahme *f* (einer Wohnung, eines Hauses) ; *~ du marché* Marktlage ; *~ d'urgence* Notstand *m* ; ♦♦♦ *(ne pas) être en ~ de* (nicht) imstande (in der Lage) sein zu ; *instaurer, lever l'~ d'urgence* den Ausnahmezustand einsetzen, aufheben ; *(re)mettre en ~ de marche* (wieder) instand (in Stand) setzen.
3. *(liste énumérative, descriptive)* Verzeichnis *n* ; Liste *f* ; Übersicht *f* ; Zusammenstellung *f* ; ♦ *~ alphabétique, détaillé, officiel* alphabetisches, ausführliches, amtliches Verzeichnis ; *~ civil* → **état civil** ; *~ comparatif* vergleichender Bericht *m* ; vergleichende Zusammenstellung *f* ; *~ comptable* buchhalterischer Abschluss *m* ; *~ des comptes* Rechnungsübersicht ; Kontenstand *m* ; *~ des dépenses* Ausgabenverzeichnis ; *~ descriptif* Beschreibung *f* ; *~ des frais* Kostenaufstellung *f* ; *~ de liquidité* Liquiditätsausweis *m* ; *~ de marchandises* Lagerbestand *m* ; *~ néant* Fehlanzeige *f* ; *~ nominatif* namentliches Verzeichnis ; *~ des paiements* Zahlungsaufstellung *f* ; *~ du personnel* Personalverzeichnis, -stand *m* ; *~ des pertes* Verlustliste ; *~ de la population* Bevölkerungsstand *m* ; *~ prévisionnel* Haushaltsplan *m* ; Etat *m* ; *~ prévisionnel des coûts, des dépenses* Kosten(vor)anschlag *m* ; Ausgabenplan *m* ; *~ des salaires* Lohn- und Gehaltsliste ; *~ (signalétique) de services* Dienstlaufbahn *f* ; Dienstalter *n*, -jahre *npl* ; *~ de situation de banque* Bankausweis *m* ; ♦♦♦ *compléter un ~* eine Liste ergänzen ; *dresser un ~* ein Verzeichnis aufsetzen ; eine Liste aufstellen (zusammenstellen) ; *figurer sur un ~* auf der Liste (dem Verzeichnis) stehen ; *(re)porter dans un ~* auf ein Verzeichnis setzen ; in eine Liste aufnehmen ; *présenter un ~* ein Verzeichnis vorlegen ; *rayer des ~s* aus (von) der Liste streichen.
4. *(condition de vie ; situation professionnelle)* Personenstand *m* ; Berufsstand ; *~ matrimonial* Familienstand ; *être avocat de son ~* von Beruf Anwalt sein.

état *m* **civil 1.** *(situation personnelle)* Familien-, Personenstand *m* **2.** *bureau de l'~* Standesamt *n* ; *acte m (document m, pièce f) de l'~* standesamtliche Urkunde *f* ; *officier m de l'~* Standesbeamte(r) ; *registre m de l'~* Standesregister *n* ; *déclarer un décès, une naissance à l'~* einen Todesfall, eine Geburt beim Standesamt anmelden.

étatique staatlich ; Staats-.

étatisation *f* Verstaatlichung *f* ; Etatisierung *f*.

étatisé, e verstaatlicht ; Staats- ; des Staats.

étatiser verstaatlichen ; *~ (nationaliser) les banques* die Banken verstaatlichen.

étatisme *m* Etatismus *m* ; staatliche Planwirtschaft *f* ; Staatssozialismus *m*.

étatiste etatistisch.

état-major *m* *(d'une entreprise, d'un parti)* (Führungs)Stab *m* ; Führungsspitze *f* ; Leitung *f* ; *~ de crise* Krisenstab.

État-providence *m* Wohlfahrtsstaat *m* ; Versorgungsstaat.

États-Généraux *mpl* : *~ de la Sécurité sociale* konzertierte Aktion *f* der Sozialpartner in Sachen Sozialversicherung.

États-Unis *mpl* die Vereinigten Staaten *mpl* ; die USA.

été *m* Sommer *m* ; *heure f d'~* Sommerzeit *f* ; *vacances fpl d'~* Sommerferien *fpl* ; Sommerurlaub *m* ; *passer à l'heure d'~* die Sommerzeit einführen ; zur Sommerzeit übergehen.

étendre 1. ausdehnen ; erweitern ; vergrößern ; vermehren ; ausweiten ; erstrecken (auf + A) ; ausweiten (auf + A) ; *~ les compétences* die Zuständigkeit ausweiten ; *~ son influence* seinen Einfluss ausdehnen ; *~ ses pouvoirs, ses relations* seine Machtbefugnisse, Beziehungen erweitern **2.** *s'~ (dans l'espace ou le temps)* sich erstrecken (über + A) ; sich ausbreiten ; *le plan de remboursement s'étend sur cinq ans* der Tilgungsplan erstreckt sich über fünf Jahre **3.** *(diluer) ~ du vin* Wein panschen.

étendue *f* **1.** Fläche *f* ; Ausdehnung *f* ; Raum *m* **2.** Umfang *m* ; Ausmaß *n* ; *~ de l'assurance* Umfang der Versicherung ; *évaluer l'~ des dommages* die Schadenshöhe (den Schadensumfang) einschätzen.

éthanol *m* Bioalkohol *m*.

éthique *f* Ethik *f* ; Ethos *n* ; Moral *f* ; *l'~ d'une catégorie professionnelle* die Ethik eines Berufsstands ; *~ du travail* Arbeitsmoral *f* ; *commission f d'~* Ethikkommission *f.*

éthylomètre *m* (*circulation*) Alkoholspiegelmesser *m.*

étiage *m* (*navigation*) Niedrigwasser *n* ; niedrigster Wasserstand *m.*

étiquetage *m* Etikettieren *n* ; Etikettierung *f* ; Kennzeichnung *f* ; Auszeichnen *n* (von Waren) ; *~ informatif* Angaben *fpl* über die Beschaffenheit der Ware ; *~ obligatoire des O.G.M.* Kennzeichnungspflicht *f* für gentechnisch veränderte Lebensmittel ; *double ~ des prix* Doppelbepreisung *f* ; Doppelpreisauszeichnung *f* ; *obligation f d'~* Auszeichnungspflicht *f.*

étiqueter etikettieren ; mit einem Etikett versehen ; beschildern ; auszeichnen ; *~ les aliments contenant des O.G.M.* gentechnisch veränderte Nahrungsmittel kennzeichnen.

étiquette *f* **1.** Etikett *n* ; Schild *n* ; Zettel *m* ; *~ de prix* Preisschild *n*, -schildchen *n* ; Preiszettel *m* ; *fraude f sur les ~s* Etikettenschwindel *m* ; *coller une ~* ein Etikett an-, aufkleben ; *munir d'une ~* mit einem Etikett versehen **2.** *~ d'adresse* Adresszettel *n* ; *~ à bagages* Anhänger *m* **3.** Bezeichnung *f* ; Benennung *f* ; Name *m* ; (*polit.*) *sans ~* parteilos ; *mettre une ~ sur qqn* jdn abstempeln als.

étoffer entwickeln ; erweitern ; ausbauen ; ergänzen ; vervollständigen.

étoile *f* : *hôtel m deux, trois ~s* Zwei-, Drei-Sterne-Hotel *n.*

étouffer ersticken ; totschweigen ; (*médecine*) einen Kunstfehler vertuschen ; *~ une affaire, une fraude, un scandale* eine Affäre, einen Betrug, einen Skandal vertuschen.

1. étranger *m* (*personne*) Ausländer *m* ; Fremde(r).

2. étranger *m* (*pays*) Ausland *n* ; *de l'~* Auslands- ; ausländisch ; ◆◆ *affaire f* (*transaction f*) *avec l'~* Auslandsgeschäft *n* ; *agent m, avoirs mpl à l'~* Auslandsvertreter *m*, -vermögen *n* ; *Allemand m vivant à l'~* Auslandsdeutsche(r) ; *biens mpl à l'~* Auslandsvermögen *n* ; *commande f de l'~* Auslandsauftrag *m* ; *correspondant m à l'~* Auslandskorrespondent *m* ; *créance f sur l'~* Auslandsforderung *f* ; *département m ~ d'une entreprise* Auslandsabteilung *f* eines Betriebs ; *dettes fpl envers l'~, emprunt m contracté à l'~* Auslandsverschuldung *f*, -anleihe *f* ; *filiale f à l'~* Auslandsniederlassung *f* ; *investissements mpl à l'~* Auslandsinvestitionen *fpl* ; *relations fpl avec l'~* Auslandsbeziehungen *fpl* ; *représentation f à l'~* Auslandsvertretung *f* ; *séjour m à l'~* Auslandsaufenthalt *m* ; *ventes fpl à l'~* Auslandsabsatz *m* ; ◆◆◆ *aller, voyager à l'~* ins Ausland fahren, reisen ; *délocaliser une entreprise à l'~* eine Firma ins Ausland verlagern ; *faire venir de l'~* aus dem Ausland kommen lassen ; *s'installer à l'~* ins Ausland gehen ; sich im Ausland ansiedeln ; *vivre à l'~* im Ausland leben.

étranger, ère Auslands- ; ausländisch ; fremd ; (*polit.*) Außen- ; auswärtig ; *affaires fpl ~ères* auswärtige Angelegenheiten *fpl* ; *capitaux mpl ~s* Auslandskapital *n* ; Fremdkapital ; *main-d'œuvre f ~ère* ausländische Arbeitskräfte *fpl* ; Gastarbeiter *mpl* ; *marché m ~* Auslandsmarkt *m* ; *Ministère m des affaires ~ères* Auswärtiges Amt *n* ; *en monnaie ~ère* in fremder Währung ; *entrée interdite à toute personne ~ère au service* betriebsfremden Personen ist der Zutritt nicht gestattet ; *politique f ~ère* Außenpolitik *f* ; *ressortissant m ~* ausländische(r) Staatsangehörige(r).

étranglement *m* : *goulot m* (*goulet m*) *d'~* Engpass *m.*

étrangleur *m* : *prix m d'~* Wucherpreis *m.*

étrennes *fpl* Weihnachtsgeld *n*, -geschenk *n*, -gratifikation *f* ; Neujahrszulage *f.*

étroit, e : (*bourse*) *marché m ~* umsatzschwacher (illiquider) Markt *m* ; (*trafic*) *voie f ~e* Schmalspur *f* ; *avoir une marge de manœuvre très ~e* einen engen Handlungsspielraum haben.

Éts (*établissements*) Werk(e) *n*(*pl*) ; Firma /Fa *f.*

étude *f* **1.** (*notaire, avocat*) Büro *n* ; Praxis *f* ; *~ d'avocat* Anwaltsbüro-, praxis **2.** (*pluriel uniquement*) Lernen *n* ; Studieren *n* ; *les ~s* Studium *n* ; Studien *pl* ; Ausbildung *f* ; *~s secondaires* Gymnasialzeit *f* ; *bourse f d'~s* Stipendium *n* ; *diplôme m de fin d'~s* Abschlussprüfung *f* ; *voyage d'~s* Studienreise *f* ; *faire des ~s supérieures* studieren 3. (*analyse*) Untersuchung *f* ; Erforschung *f* ; Prüfung *f* ; Studie *f* ; Analyse *f* ; Vorarbeit *f* ; Entwurf *m* ; Vorbereitung *f* ; ◆ (*marketing*) ~ *de cas* Fallstudie ; Planspiel *n* ; *~s conjoncturelles* Konjunkturforschung *f* ; ~ *de consommation* Verbraucherstudie ; ~ *de marché* Marktforschung *f,* -studie *f,* -analyse *f* ; ~ *de motivation* Motivforschung *f* ; ~ *des postes de travail* Arbeitsplatzbewertung *f* ; ~ *préliminaire* Vorarbeiten *fpl* ; ~ *prévisionnelle* Planung *f* ; ~ *de terrain* Erkundung *f* ; ◆◆ *bureau m d'~s* Konstruktions-, Ingenieurbüro *n* ; *commission f d'~* Fachkommission *f.*

étudiant *m* Student *m* ; ~ *qui travaille* (*pour financer ses études*) Werkstudent ; *mouvement m ~* Studentenbewegung *f.*

étudié, e : *prix m ~* knapp kalkulierter (berechneter) Preis *m.*

étudier 1. studieren ; lernen **2.** prüfen ; untersuchen ; studieren ; bearbeiten ; ~ *le comportement des consommateurs* das Verbraucherverhalten prüfen ; ~ *un dossier, un projet* eine Akte, ein Projekt bearbeiten ; ~ *une proposition* einen Vorschlag prüfen ; ~ *une question* sich mit einer Frage beschäftigen (befassen).

E.U.A. *mpl* (*États-Unis d'Amérique*) Vereinigte Staaten *mpl* von Amerika ; USA *pl.*

EUR (*abréviation officielle de l'€*) Euro *m.*

eurafricain, e eurafrikanisch.

eurasiatique eurasisch.

EURATOM *m* (*1957 zur gemeinsamen Kernforschung und zur friedlichen Nutzung der Kernenergie entstanden*) Europäische Atomgemeinschaft *f* ; Atombehörde *f.*

Eureca *f* (*European Research Coordinating Agency/Agence de coopération européenne de recherche civile et militaire*) Europäische Forschungs- und Koordinationsagentur *f.*

EUREX *f* (*European exchange : marché à terme germano-suisse issu de la fusion de l'ancienne « Deutsche Terminbörse » et de la « Soffex » helvétique*) Eurex *f* (Computerterminmarkt).

Euribor *m* (*taux interbancaire offert dans la zone euro*) Euribor *m.*

E.U.R.L. *f* (*entreprise unipersonnelle à responsabilité limitée*) Ein-Mann-Gesellschaft-mbH *f* ; Einpersonen-GmbH.

euro *m* (€) Euro *m* ; Euro-Währung *f* ; ◆◆ *billet de banque m libellé en ~* Euro(bank)note *f* ; *conversion f en ~* Umrechnung *f* (Umstellung *f*) in Euro ; *cours m de conversion en ~* Umrechnungskurs *m* in Euro ; *libellé en ~* auf Euro lautend ; *pièce de 1, 2 ~*(*s*) Ein-Euro-Münze, Zwei-Euro-Münze *f* ; *pièce f de 10, 20, 50 centimes d'~* 10-, 20-, 50-Eurocent-Münze ; *le symbole de l'~* das Eurosignet ; *la zone ~* der Euro-Raum ; die Euro-Zone ; ◆◆◆ *convertir en ~s* auf Euro umstellen ; *convertir des dollars en ~s* Dollar in Euro umrechnen ; *l'~ a été mis en circulation le 1/1/ 2002* der Euro wurde am 1.1.2002 in Umlauf gebracht ; *l'~ se subdivise en 100 centimes* (*cents*) der Euro ist in 100 Cent (Eurocent) unterteilt.

eurochèque *m* Eurocheque *m* ; Euroscheck *m* ; ec-Scheck ; *carte f ~* Eurocheque-Karte *f.*

eurodevise *f* Eurowährung *f* ; Eurodevise *f* ; *marché m des ~s* Eurogeldmarkt *m.*

euro-émission *f* Euroanleihe *f* ; *les ~s* Euro-Obligationen *fpl* ; *marché m des ~s* Euromarkt *m* ; Markt *m* der Euro-Obligationen.

euroland *m* Euroland *n* ; (*banques*) Eurosystem *n* ; (*monnaies*) Eurozone *f.*

euro-obligation *f* Euroanleihe *f* ; Euroobligation *f* ; Euroschuldverschreibung *f* ; Eurobond *m.*

Europe *f* Europa *n* ; *l'~ des nations* das Europa der Nationen ; *l'~ économique, politique, sociale* das wirtschaftliche, politische, soziale Europa.

européanisation *f* Europäisierung *f.*

européaniser europäisieren.

européen *m* Europäer *m.*

européen, ne europäisch ; EU- ; *accord m monétaire ~* Europäische Währungseinheit (EWE) ; *Acte m unique ~* Europäische Akte ; *Banque f centrale ~ne* Europäische Zentralbank *f* ; *Commission f ~ne* EU-Kommission *f* ; (*hist.*) *Communauté f ~ne* (C.E.) Europäische Gemeinschaft *f* (EG) ; (*hist.*) *Communauté f économique ~ne* (C.E.E.) Europäische Wirtschaftsgemeinschaft *f* ; (*hist.*) *Com-*

munauté ~ne du charbon et de l'acier (C.E.C.A.) Europäische Gemeinschaft für Kohle und Stahl (EGKS) ; *Conseil ~ EU*-Rat *m* ; *Conseil des ministres ~* Europäischer Ministerrat *m* ; *Cour des comptes ~ne* Europäischer Rechnungshof *m* ; *espace m économique ~* Europäischer Wirtschaftsraum *m* ; *marché m unique ~* Europäischer Binnenmarkt *m* ; *Office m des brevets ~* Europäisches Patentamt *n* ; *Parlement m ~* Europäisches Parlament *n* ; Europaparlament ; *système m monétaire ~* Europäisches Währungssystem *n* ; *Union f ~ne (U.E.)* Europäische Union *f* (EU).

Eurostat *m* (*Office statistique de l'U.E.*) Eurostat *n* ; Statistisches Amt *n* der Europäischen Union.

Euro Stoxx 50 *m* (*représente les 50 premières capitalisations de la zone Euro*) EuroStoxx 50 *m*.

euro-yens *mpl* (*yens déposés dans une banque européenne pour les transactions en Europe*) Euroyen *mpl*.

E.V. (*en ville*) (*courrier*) hier.

évacuation *f* Räumung *f* ; Evakuierung *f* ; *exercice m d'~* Sicherheitsübung *f*.

évacuer räumen ; evakuieren.

évaluable abschätzbar ; berechenbar ; taxierbar.

évaluation *f* **1.** (*objets, valeurs*) Schätzung *f* ; Ab-, Einschätzung *f* ; Taxierung *f* ; Bewertung *f* ; Wertbestimmung *f* ; Ermittlung *f* ; ◆ *~ des actifs immobiliers* Immobilienbewertung *f* ; *~ en douane* zollmäßige Schätzung ; Zollwertermittlung *f* ; Warenbewertung ; *~ forfaitaire* Pauschalschätzung ; *~ de l'impôt* Steuerfestsetzung *f* ; *~ inexacte* Fehlschätzung, -bewertung ; *~ insuffisante* Unterbewertung ; *~ d'office* Bewertung von Amts wegen ; *~ des performances* Leistungsbewertung, -schätzung ; *~ d'un poste de travail* Arbeitsplatzbewertung ; *~ de la qualité de la marchandise* Bonitierung *f* ; *~ du/des risque/s* Risikoabschätzung, -bewertung ; Schätzung des Risikos ; ◆◆ *base f d'~* Bemessungsgrundlage *f* ; *critère m d'~* Bewertungsmaßstab *m* ; *erreur f d'~* Bewertungs-, Schätzungsfehler *m* ; Fehlschätzung ; *mode m d'~* Bewertungsart *f* **2.** (*distances*) Abschätzung *f* ; Taxieren *n* **3.** (*coûts, prix*) Überschlag *m* ; Voranschlag *m* ; Berechnung *f* ; *~ approximative* ungefähre (annähernde, approximative) Schätzung ; *~ de biens (de patrimoine)* Vermögensbewertung, -schätzung ; *~ du sinistre* Schadensermittlung ; *~ des coûts* Kosten(vor)anschlag *m*.

évaluer 1. (*objets, valeurs*) (ein)schätzen ; taxieren ; bewerten ; ermitteln ; *~ des dégâts* Schäden abschätzen ; *~ la qualité d'une marchandise* eine Ware bonitieren ; *la maison, est ~ée à... €* das Haus wird auf... € geschätzt ; *~ à sa juste valeur* richtig bewerten ; *faire ~ un terrain, une maison* ein Grundstück, ein Haus taxieren lassen ; *sous-~, sur~* unter-, überschätzen **2.** (*distance*) *~ une distance à* eine Entfernung auf... abschätzen **3.** (*coûts, prix*) überschlagen ; berechnen ; voranschlagen ; *~ les dommages* die Schäden schätzen ; *~ les pertes* die Verluste einschätzen.

évasion *f* Flucht *f* ; *~ des capitaux* Kapitalflucht ; Kapitalabwanderung *f* ; *~ fiscale* Steuerflucht ; Steuerhinterziehung *f*.

événement *m* Ereignis *n* ; Vorfall *m* ; (*manifestion exceptionnelle*) Event *m/n* ; *~ dommageable* Schadensereignis ; *~ de force majeure* Fall *m* der höheren Gewalt ; *~ fortuit, prévisible* zufälliges, vorhersehbares Ereignis.

événementiel, le (*préfixe*) Erlebnis- ; Event-.

éventail *m* Auswahl *f* ; Angebot *n* ; Palette *f* ; Fächer *m* ; Spektrum *n* ; Skala *f* ; *un riche ~ de marchandises* eine große Auswahl an (von) Waren ; *~ des prix* Preisspanne *f*, -staffelung *f* ; *~ des salaires* Lohnskala *f* ; *l'~ des prix s'ouvre, se resserre* die Preisschere öffnet sich, schließt sich.

éventuel, le eventuell ; möglich ; etwaig ; *clients mpl ~s* potenzielle Kunden *mpl* ; *les frais mpl ~s* die etwaigen Kosten *pl*.

éviction *f* : *~ d'un concurrent* Ausschaltung *f* der Konkurrenz ; Verdrängung *f* eines Konkurrenten ; *~ du marché* Marktverdrängung.

évincer verdrängen ; ausschalten, eliminieren ; *~ un concurrent* einen Konkurrenten abhängen.

évitement *m* Ausweichstelle *f* ; Umleitung *f*.

éviter (ver)meiden ; *qui évite du travail* arbeitersparend ; *~ qqch à qqn* jdm etw ersparen.

évoluer sich (fort)entwickeln ; sich verändern ; sich verwandeln ; Entwicklungsstufen durchlaufen ; *la tendance a brusquement ~é* die Tendenz ist umgeschlagen.

évolutif, ive : *poste m ~* Stelle *f* mit Aufstiegsmöglichkeiten.

évolution *f* Entwicklung *f* ; Änderung *f* ; Wandlung *f* ; *~ de la bourse* Börsentendenz *f* ; *~ de carrière* Karriere-Entwicklung ; *~ de la conjoncture, de la consommation, de la demande, du marché* Konjunktur-, Verbrauchs-, Nachfrage-, Marktentwicklung ; *~ économique, structurelle* wirtschaftliche, strukturelle Entwicklung.

ex 1. ehemalig ; früher ; Ex- ; *~-ministre m* Exminister *m* ; *classé ~ aequo* ex aequo ; gleichstehend ; gleichrangig ; gleich eingestuft ; *~ coupon* ohne Kupon ; *~ dividende* ohne Dividende ; *~ droit* ohne Bezugsrecht **2.** *~-magasin* ab Lager ; *~ -wagon* ab Waggon.

exact, e genau ; richtig ; exakt ; *montant m ~* genauer Betrag *m*.

exactions *fpl* Ungesetzlichkeiten *fpl* ; Machtmissbrauch *m*.

exactitude *f* Genauigkeit *f* ; Exaktheit *f* ; Pünktlichkeit *f* ; Richtigkeit *f* ; Zuverlässigkeit *f* ; *~ d'une balance* Genauigkeit einer Waage ; *~ dans les paiements* pünktliche (Be)Zahlung *f* ; Zahlungspünktlichkeit.

exagération *f* Übertreibung *f* ; *~ des prix* überhöhte (übertriebene, überzogene) Preise *mpl*.

exagérer übertreiben ; überziehen ; überwerten ; *~ la valeur de qqch* etw überbewerten ; *avoir des prétentions ~ées* übertriebene Ansprüche haben (stellen).

1. examen *m* (*observation, contrôle*) Untersuchung *f* ; (Über)Prüfung *f* ; Kontrolle *f* ; Mustern *n* ; ♦ *~ approfondi, minutieux* gründliche, sorgfältige Prüfung ; *~ de contrôle* Kontrollprüfung ; *~ en douane* Zolluntersuchung ; *~ des livres* Bücherrevision *f* ; Überprüfung der Bücher ; *~ médical* ärztliche Untersuchung ; *~ de nouveauté* (*d'un brevet*) Neuheitsprüfung ; *~ par prélèvements* Stichprobenerhebung *f* ; (*assur.*) *~ de santé* Gesundheitsprüfung ; ♦♦ *après mûr ~* nach reiflicher (genauer) Prüfung ; *après plus ample ~* bei näherer Prüfung ; *pour ~* zur Einsichtnahme ; zur Überprüfung ; *vente f à l'~* Kauf *m* nach Ansicht (auf Besicht) ; ♦♦♦ *être à l'~* untersucht werden ; *faire l'~ de qqch* etw untersuchen ; etw genau prüfen ; *soumettre à un ~* einer Untersuchung unterziehen.

2. examen *m* (*concours*) Prüfung *f* ; Examen *n* ; ♦ *~ d'admission* Zulassungsprüfung ; *~ d'aptitude* (*probatoire*) Eignungsprüfung ; *~ écrit, oral* schriftliche, mündliche Prüfung ; *~ d'entrée* Aufnahmeprüfung ; *~ de fin d'apprentissage* Lehrabschlussprüfung ; *~ de fin d'études* Abschluss-, Abgangsprüfung ; *~ de maîtrise* Meisterprüfung ; *~ du permis de conduire* Fahrprüfung ; ♦♦♦ *échouer* (*être recalé*) *à un ~* bei einem Examen durchfallen ; *passer un ~* ein Examen machen (ablegen) ; sich einer Prüfung unterziehen ; *rater, repasser un ~* bei/in einer Prüfung versagen ; ein Examen wiederholen *réussir à un ~* ein Examen bestehen.

examiner untersuchen ; prüfen ; überprüfen ; examinieren ; *~ qqch à fond* eine Sache gründlich untersuchen ; *~ des dossiers, des factures, des livres de commerce* Akten, Rechnungen, Bücher einsehen ; *~ un malade* einen Patienten untersuchen ; *~ des papiers* Papiere sichten ; *~ la sécurité de fonctionnement d'une machine* eine Maschine auf Betriebssicherheit untersuchen ; *~ la situation* die Lage beurteilen.

excédent *m* Überschuss *m* ; Überhang *m* ; Mehrbetrag *m* ; Mehr- ; Plus *n* ; ♦ *~s agricoles* Agrarüberschüsse ; *~ annuel* Jahresüberschuss ; *~ de bagages* Mehrgepäck *n* ; Überfracht *f* ; Gepäckübergewicht *n* ; *~ de la balance commerciale* überschüssige Handelsbilanz *f* ; *~ de la balance des transactions courantes* überschüssige Leistungsbilanz ; *~ brut* (*d'exploitation*) Bruttoüberschuss ; *~ de caisse, comptable* Kassen-, Rechnungsüberschuss ; *~ démographique* Bevölkerungsüberschuss ; *~ de frais* Mehrkosten *pl* ; *~ d'importation, d'exportation* Einfuhr-, Ausfuhrüberschuss ; *~ de main-d'œuvre* Überangebot *n* an Arbeitskräften ; überschüssige Arbeitskräfte ; *~ de marchandises* Warenüberhang *m* ; *~ monétaire* Geldüberschuss, -überhang ; *~ de naissances* Geburtenüberschuss ; *~ de poids* Übergewicht *n* ; Mehrfracht *f* ; *~ de pouvoir d'achat* Kaufkraftüberhang ;

überschüssige Kaufkraft *f* ; *~ de recettes* Mehreinnahmen *fpl* ; ◆◆◆ *enregistrer (constater) un ~ de* ein Plus von... feststellen ; *être en ~* überzählig sein ; *il y a un ~ (de qqch)* es besteht Überschuss (an etw) ; es ist ein Überhang (von etw) vorhanden ; *indiquer (révéler) un ~* einen Überschuss aufweisen.

excédentaire überschüssig ; Überschuss- ; Mehr- ; positiv ; *balance f commerciale ~* überschüssige (positive, aktive) Handelsbilanz *f* ; *consommation f, dépenses fpl* Mehrverbrauch *m,* -aufwand *m* ; *revenus mpl ~s* Mehreinkommen *npl* ; *être ~* im Plus (überschüssig) sein ; im Plus stehen.

excéder übersteigen ; überschreiten ; übertreffen ; *~ toutes les prévisions* alle Prognosen übertreffen ; *cela excède mes possibilités financières* es übersteigt meine finanziellen Möglichkeiten.

excellent, e ausgezeichnet ; hervorragend ; vorzüglich ; vortrefflich ; erstklassig ; prima ; *qualité f ~e* hervorragende Qualität *f* ; *nous ne vendons que des articles d'~ qualité* wir führen nur erstklassige (prima) Ware.

excepté außer (+ D) ; ausgenommen (+ A) ; bis auf (+ A) ; mit Ausnahme von/G.

exception *f* Ausnahme *f* ; Sonderfall *m* ; (*jur.*) Einwendung *f* ; Einwand *m* ; ◆◆ *à l'~ de* abgesehen von ; mit Ausnahme (+ G) ; *par ~* ausnahmsweise ; *sans ~* ohne Ausnahme, ausnahmslos ; *sans ~ d'âge ni de sexe* ohne Rücksicht auf Alter und Geschlecht ; *cas m (mesure f) d'~* Ausnahmefall *m* ; Sondermaßnahme *f* ; Ausnahmebestimmung *f* ; *à une ~ près* bis auf eine Ausnahme ; ◆◆◆ *faire ~* eine Ausnahme bilden ; *faire une ~* eine Ausnahme machen ; *pas de règle sans ~* keine Regel ohne Ausnahme ; *l'~ confirme la règle* die Ausnahme bestätigt die Regel ; *ne souffrir aucune ~* keine Ausnahme zulassen.

exception française (l') *f* die französische (kulturelle) Ausnahme ; der französische Sonderweg.

exceptionnel, le Ausnahme- ; Sonder- ; außergewöhnlich ; außerordentlich ; *cas m ~* Ausnahmefall *m* ; *congé m ~* Sonderurlaub *m* ; *événement m ~* Event *n/m* ; einmaliges Ereignis *n* ; *mesure f ~le* Sondermaßnahme *f* ; *occasion f ~le* einmalige Gelegenheit *f*.

exceptionnellement ausnahmsweise.

excès *m* Übermaß (an + D) *n* ; Exzess *m* ; Überschreitung *f* ; *~ de capacité* Kapazitätsüberhang *m* ; *~ de liquidité* Überliquidität *f* ; *~ de population* Übervölkerung *f* ; *~ de pouvoir* Zuständigkeits-, Kompetenzüberschreitung ; *~ de précaution* übertriebene Vorsicht *f* ; *~ de travail* Arbeitsüberlastung *f* ; *~ de vitesse* Geschwindigkeitsüberschreitung ; *~ de zèle* Übereifer *m.*

excessif, ive übermäßig ; übertrieben ; überhöht ; exzessiv ; Über- ; *fiscalité f ~ ive* übertrieben hohe Steuerbelastung *f* ; *prix m ~* übertrieben hoher Preis ; überzogener Preis.

exclu, e ausgeschlossen ; *c'est ~* das ist ausgeschlossen ; das kommt nicht in Frage.

exclure ausschließen ; *~ de la garantie* von der Garantie ausschließen ; *~ d'un parti* aus einer Partei ausschließen ; *~ qqn de la société* jdn ausgrenzen ; sozial marginalisieren.

exclusif, ive ausschließlich ; alleinig ; Allein- ; exklusiv ; *agent m ~* Alleinvertreter *m* ; *article m ~* Exklusivartikel *m* ; *contrat m ~* Exklusivvertrag *m* ; *droit m ~* Alleinrecht *n* ; *droit m de représentation ~ive* Alleinvertretungsrecht *n* ; *interview f ~ive* Exklusivinterview *n* ; *modèle m ~* exklusives Modell *n* ; Exklusivmodell *n* ; *propriété f ~ive* Alleinbesitz *m* ; *propriétaire m (détenteur m) ~* Alleininhaber *m* ; *représentation f ~ive* Alleinvertretung *f* ; *représentant m ~* alleiniger Vertreter *m* ; *vente ~ive* Alleinverkauf *m* ; Alleinvertrieb *m* ; *vente ~ive en pharmacie, dans les maisons spécialisées* nur in Apotheken, in Fachgeschäften erhältlich ; *avoir la vente ~ive de qqch* etw im Alleinvertrieb haben ; den Alleinverkauf von etw haben.

exclus (les) die Ausgegrenzten *pl* ; die Ausgeschlossenen *pl* ; die Randgruppen *pl*.

exclusion *f* Ausschluss *m* ; *~ d'un parti* Parteiausschluss *m* ; *~ de la société* Ausgrenzung *f* ; Ausschließung *f* ; soziale Marginalisierung *f* ; *à l'~ de* mit (unter) Ausschluss von ; (*jur.*) *~ de la responsabilité* Haftungsausschluss ; *~ de la succession* Erbausschluss.

exclusivité *f* 1. Alleinvertrieb *m* ; Alleinverkaufsrecht *n* ; Exklusivvertretung *f* ; Exklusivität *f* ; (*spectacles*)

excursion

Alleinaufführungs-, Alleinveröffentlichungsrecht *n* ; (*édition*) Reproduktionsrecht *n* ; *avoir l'~ de qqch* etw im Alleinvertrieb haben ; den Alleinverkauf von etw haben 2. (*droit du travail*) *clause f, contrat m, droit m d'~* Ausschließlichkeitsklausel *f*, -vertrag *m* (Exklusivvertrag) ; Ausschließlichkeitsrecht *n*.

excursion *f* (*touristique*) Ausflug *m* ; Exkursion *f* ; *~ d'entreprise* Betriebsausflug ; Fahrt *f* ins Blaue ; *~ en groupe* Sammelfahrt *f* ; *faire une ~ d'une journée* einen Tagesausflug (eine Tagestour) machen.

excuse *f* Entschuldigung *f* ; *lettre f d'~* Entschuldigungsschreiben *n* ; *alléguer une ~* eine Entschuldigung vorbringen ; *présenter ses ~s à qqn* jdn um Entschuldigung bitten.

exécutant *m* 1. ausführendes Organ *n* 2. Ausführende(r) ; *un simple ~* ein einfacher Befehlsempfänger *m*.

exécuter ausführen ; erledigen ; durchführen ; vollziehen ; *~ une commande* einen Auftrag ausführen ; eine Bestellung erledigen ; *~ un contrat* einen Vertrag erfüllen ; *~ un ordre de vente* eine Verkaufsorder (einen Verkaufsauftrag) ausführen ; *~ un plan, un projet* einen Plan, ein Vorhaben ausführen (durchführen) ; *~ un jugement* ein Urteil vollstrecken (vollziehen) ; *~ un travail* eine Arbeit erledigen (durchführen) ; *s'~* einer Aufforderung (Verpflichtungen) nachkommen.

exécuteur *m* testamentaire Testamentvollstrecker *m*.

exécutif *m* Exekutive *f* ; *l'~ de Bruxelles* die Brüsseler Exekutive.

exécutif, ive vollziehend ; Exekutiv- ; ausübend ; *autorité f ~ive* Exekutivbehörde *f* ; *bureau m ~* Exekutivbüro *n* ; *comité m ~* Exekutivausschuss *m*, -komitee *n* ; Vorstand *m* ; *organe m ~* Exekutivorgan *n* ; *pouvoir m ~* vollziehende (ausübende) Gewalt *f* ; Exekutive *f* ; Exekutivgewalt *f*.

exécution *f* Ausführung *f* ; Erfüllung *f* ; Erledigung *f* ; Durchführung *f* ; Vollziehung *f* ; Vollstreckung *f* ; (*bourse*) Exekution *f* ; ♦ (*bourse*) *~ d'un acheteur* Exekutionsverkauf *m* ; *~ du budget* Haushaltsvollzug *m* ; *~ d'un contrat* Vertragserfüllung *f* ; *~ partielle* Teilausführung ; *~ d'un travail* Arbeitsausführung ; ♦♦ *dispositions fpl d'~* Ausführungsbestimmungen *fpl* ; *lieu m d'~* Erfüllungsort *m* ; *mise f à ~* Vollziehung *f* ; *modalités fpl d'~* Ausführungsbestimmungen *fpl* ; *personnel m d'~* ausführendes Personal *n* ; *pouvoir m d'~* Ausführungsbefugnis *f* ; *retard m dans l'~* Leistungsverzug *m* ; ♦♦♦ *commencer l'~ de qqch* etw ausführen (wollen) ; *compter sur une prompte ~* auf prompte Ausführung rechnen ; *être en cours d'~* ausgeführt werden ; *mettre à ~* zur Ausführung bringen.

exécutoire exekutorisch ; (*préfixe*) Vollstreckungs- ; *clause f ~* Vollstreckungsklausel *f* ; *décision f ~* auszuführender Beschluss *m* ; Durchführungsentscheidung *f* ; *ordre m ~* Vollstreckungsbefehl *m*, -klausel *f* ; *mesure f ~* Vollstreckungsmaßnahme *f* ; *avoir valeur ~* Vollstreckungskraft haben ; vollstreckbar sein.

exemplaire *m* Exemplar *n* ; Ausfertigung *f* ; Stück *n* ; Muster *n* ; Modell *n* ; *~ d'un contrat* Vertragsabschrift *f* ; *~ dépareillé* Einzelstück *n* ; *~ gratuit* Frei-, Gratisexemplar *n* ; *~ justificatif* (*conservé par un vendeur*) Belegmuster ; *~ de luxe* Prachtexemplar *n* ; *~ original* (Original-)Ausfertigung *f* ; *~ de publicité* Werbeexemplar ; *~ rare* seltenes Stück (Exemplar) ; *~ spécial* Sonderanfertigung *f* ; *en double, triple ~* in zweifacher, dreifacher Ausfertigung.

exemplaire (*adj.*) musterhaft ; mustergültig ; exemplarisch ; *peine f ~* exemplarische Strafe *f* ; *sanctionner un fraudeur de manière ~* einen Betrüger exemplarisch bestrafen.

exemplarité *f* Mustergültigkeit *f* ; *d'une sanction* Mustergültigkeit einer Strafe.

exempt (*de*) frei von ; -los ; -frei ; *~ de cotisation* beitragsfrei ; *~ de déclaration en douane* Zollfreigabe *f* ; *~ de défauts* tadellos ; fehlerfrei ; *~ de droits (de douane)* zollfrei ; *~ de frais* kostenfrei ; *~ d'impôts* steuer-, abgabenfrei ; *~ d'intérêts* zinslos ; *~ de supplément* zuschlagfrei ; *~ de taxes* abgaben-, gebührenfrei.

exempter (*de*) befreien (von) ; dispensieren (von) ; *~ qqn de service* jdn vom Dienst dispensieren ; jdn freistellen.

exemption *f* Befreiung *f* ; *~ forfaitaire* Pauschalfreibetrag *m* ; *~ d'impôts*

Steuerbefreiung ; (*douane*) *en* ~ zollfrei ; (*U.E.*) *clause f d'*~ Enthaltungs-Klausel *f* ; Opting-out *n*.

exercer 1. ausüben ; (be)treiben ; innehaben ; (*médecin*) praktizieren ; als (Arzt, Anwalt) tätig sein ; ~ *une activité commerciale, industrielle* ein kaufmännisches Unternehmen, ein Gewerbe betreiben ; ~ *une charge* ein Amt bekleiden (innehaben) ; ~ *un contrôle, un droit d'option, son droit de vote* eine Kontrolle, ein Optionsrecht, sein Wahlrecht ausüben ; ~ *un métier, une profession* ein Handwerk, einen Beruf ausüben **2.** *s'*~ üben ; trainieren.

exercice *m* **1.** (*entraînement*) Übung *f* ; Trainieren *n* ; Üben *n* **2.** (*d'un droit, d'une profession*) Ausübung *f* ; Bekleidung *f* ; Geltendmachung *f* ; ~ *d'un droit* Ausübung eines Rechts ; Geltendmachung eines Anspruchs ; ~ *des fonctions* Amtsausübung ; ~ *illégal de la médecine, d'une profession* unbefugte (illegale) Ausübung der Medizin, eines Berufs ; ~ *d'un mandat* Ausübung eines Mandats ; ~ *de la souveraineté* Herrschaftsausübung ; ~ *à titre honorifique* Ehrenamt *n* ; *dans l'*~ *de ses fonctions* in Ausübung seines Amts (seiner Funktion) ; *liberté f d'*~ *d'une activité commerciale* Gewerbefreiheit *f* ; *entrer en* ~ sein Amt antreten **3.** (*commerce*) Geschäftsjahr *n* ; Rechnungsjahr ; ◆ ~ *bénéficiaire* Gewinnjahr ; ~ *budgétaire* Haushalts-, Finanz-, Rechnungsjahr ; ~ *clos* abgeschlossenes Rechnungsjahr ; ~ *comptable* Rechnungsjahr ; ~ *en cours* laufendes Geschäftsjahr ; ~ *déficitaire* Verlustjahr ; ~ *écoulé* abgelaufenes Geschäftsjahr ; ~ *d'exploitation* Berichtsjahr ; ~ *financier* Finanzjahr ; ~ *fiscal* Steuerjahr ; ~ *partiel* Rumpfgeschäftsjahr ; ~ *social* Geschäftsjahr (einer Gesellschaft) ; ◆◆ *clôture f de l'*~ Jahresabschluss *m* ; *dividende m de l'*~ Dividende *f* für das Geschäftsjahr ; *en fin d'*~ zum Jahresabschluss ; *rapport m de l'*~ Geschäftsbericht *m* für das (Geschäfts)Jahr **4.** (*bourse*) *prix m d'*~ Ausübungspreis *m* ; Basispreis (eines Optionsscheins oder einer Optionsanleihe).

exergue *f* (*inscription au bas d'une monnaie*) Inschrift *f*.

exhausteur *m* : (*agro-alimentaire*) ~ *de goût* Geschmacksverstärker *m*.

exhérédation *f* Enterbung *f* ; Enterben *n*.

exhéréder → *déshériter*.

exhiber (*des documents*) (Dokumente, Papiere) vorweisen ; vorlegen.

exigeant, e anspruchsvoll ; *se montrer* ~ (*envers qqn*) (an jdn) hohe Anforderungen (Ansprüche) stellen.

exigence *f* (An)Forderung *f* ; Anspruch *m* ; Erfordernis *n* ; ~*s* Ansprüche *mpl* ; ~*s de liquidité* Liquiditätserfordernisse ; ~*s du marché* Markterfordernisse *fpl* ; ~*s de qualité* Qualitätsansprüche, -anforderungen ; ~*s du travail* Arbeitsanforderungen ; *avoir des* ~*s de qualité* Qualitätsanforderungen stellen ; *ne pas être à la hauteur des* ~*s* den Anforderungen nicht gewachsen sein ; *exprimer des* ~ Anforderungen stellen ; *ne pas répondre aux* ~*s* den Anforderungen nicht genügen ; *satisfaire aux* ~*s* allen Anforderungen genügen (gerecht werden).

exiger (er)fordern ; beanspruchen ; verlangen ; ~ *une augmentation salariale, une explication* eine Lohnerhöhung, eine Erklärung verlangen ; *la situation* ~*e que...* die Lage erfordert, dass... ; « *pièces exigées* » vorzulegende Schriftstücke *npl*.

exigibilité *f* (*dette*) Eintreibbarkeit *f* ; Einziehbarkeit *f* ; (*paiement*) Fälligkeit *f* ; fällige Verbindlichkeiten *fpl* ; Schuld *f*.

exigible *m* Verbindlichkeiten *fpl*.

exigible 1. fällig ; rückzahlbar ; geschuldet ; eintreibbar ; *créance f* ~ eintreibbare Forderung *f* ; *impôt m* ~ Steueraußenstände *mpl* ; *intérêts mpl, traite f* ~(*s*) fällige Zinsen *mpl*, fälliger Wechsel *m* ; *passif m* ~ fällige Passiva *pl* ; *la somme est* ~ *au 1er mai* der Betrag ist am (bis zum) ersten Mai fällig **2.** (*jur.*) einklagbar.

existant *m* Bestand *m* ; ~ *en caisse* Kassenbestand ; *tout l'*~ der ganze Vorrat.

existence *f* **1.** Leben *n* ; Dasein *n* ; Existenz *f* ; *conditions fpl d'*~ Lebensbedingungen *fpl* ; *moyens mpl d'*~ Existenz-, Unterhaltsmittel *npl* ; Existenzgrundlage *f* ; *le travail de toute une* ~ Lebenswerk *n* ; *mener une* ~ *difficile* ein kümmerliches Leben fristen **2.** (*comptab.*) Bestand *m* ; Vorhandensein *n* ; (*stocks*) Vorrat *m* ; ~ *juridique* recht-

exode *licher* Bestand ; *augmentation, diminution f des ~s* Bestandszunahme *f*, Bestandsabnahme *f.*

exode *m* Auswanderung *f* ; Abwanderung *f* ; Flucht *f* ; Auszug *m* ; *~ des capitaux* Kapitalflucht *f* ; *~ des cerveaux* Brain drain *n* ; Abwanderung *f* der Intelligenz ; *~ du personnel qualifié* Abwanderung qualifizierter Fachkräfte ; *~ rural* Landflucht *f.*

exonération *f* Befreiung *f* ; Freistellung *f* ; Erlass *m* ; *~ à la base* Freibetrag *m* ; *~ fiscale (d'impôts)* Steuerbefreiung *f*, -erlass *m* ; Befreiung von der Steuer ; *~ fiscale de valeurs corporelles immobilisées* Bewertungsfreiheit *f* ; *~ de la responsabilité* Enthaftung *f* ; *~ pour faibles revenus* Steuerfreibetrag für einkommensschwache Haushalte ; *~ des taxes* Gebührenfreiheit ; Gebührenerlass ; *attestation f d'~* Freistellungsbescheinigung *f* ; *faire une demande d'~ d'impôts* einen Antrag auf Steuerbefreiung stellen.

exonérer (von Steuern, Gebühren) befreien ; freistellen ; erlassen ; entlasten ; *~ qqn de qqch* jdm etw erlassen ; *être ~é d'une taxe* von einer Gebühr befreit sein ; *être ~ de taxe professionnelle, de T.V.A.* gewerbesteuerfrei, mehrwertsteuerfrei sein ; von der Gewerbesteuer, von der MWSteuer befreit sein ; *les plus-values de cession de participations à des sociétés de capitaux sont ~ées* Gewinne aus der Veräußerung von Beteiligungen an Kapitalgesellschaften sind steuerfrei.

exorbitant, e übermäßig ; hoch übertrieben, überhöht ; *loyer m ~* überhöhte Miete *f* ; Wuchermiete ; *prix m ~* unerschwinglicher (horrender) Preis *m.*

exp. (*expéditeur*) Abs. (Absender) *m.*

expansion *f* Expansion *f* ; Erweiterung *f* ; Wachstum *n* ; Ausdehnung *f* ; Ausweitung *f* ; Aufschwung *m* ; Zunahme *f* ; Boom *m* ; ◆ *~ conjoncturelle* Konjunkturboom ; *~ du marché* Marktausweitung ; ◆◆ *besoin m d'~* Expansionsbedürfnis *n* ; *courbe f de l'~* Expansionskurve *f* ; *entreprise f en ~* expandierendes Unternehmen *n* ; *facteur m d'~* Expansionsfaktor *m* ; *politique f d'~* Expansionspolitik *f* ; *secteur m en pleine ~* Wachstumsbranche *f* ; boomender Sektor *m* ; *taux m d'~* Expansionsrate *f* ; ◆◆◆ *être en pleine ~* auf Expansionskurs sein ; *l'entreprise prend de l'~ dans de nombreux secteurs économiques* das Unternehmen expandiert in neue Marktbereiche ; *pratiquer une politique d'~* eine Politik der Expansion betreiben.

expansionniste *m* Anhänger *m* (Vertreter *m*) einer Expansionspolitik.

expansionniste expansiv ; expansionistisch ; expansionswillig ; expandierend ; *poussée f ~* Ausdehnungsdrang *m* ; *pratiquer une politique ~* eine Politik der Expansion betreiben ; eine expansionistische Politik verfolgen.

expatriation *f* Auswanderung *f* ; Emigration *f* ; Ausbürgerung *f* ; *~ fiscale* Steuerflucht *f.*

expatrié *m* Ausgebürgerte(r) ; Ausgewanderte(r) ; Heimatvertriebene(r).

expatrier : *~ des capitaux* Kapital im Ausland anlegen ; *~ qqn* jdn ausbürgern ; *s'~* auswandern ; ins Ausland gehen ; *Allemand, Français ~é* Auslandsdeutsche(r) ; Auslandsfranzose *m* ; *travailleurs mpl ~és* ausländische Arbeitskräfte *fpl.*

expectative *f* : *être, rester dans l'~* sich abwartend verhalten.

expédient *m* Notbehelf *m* ; Ausweg *m* ; *recourir à des ~s* allerlei Tricks anwenden ; zu allerlei Tricks greifen ; *vivre d'~* sich durchlavieren ; sich (so) durchschwindeln ; von der Hand in den Mund leben.

expédier 1. (*courrier, colis*) (ver)senden ; (ver)schicken ; abschicken ; aufgeben ; (*par mer*) verschiffen ; *~ contre remboursement* gegen (als) Nachnahme verschicken ; *~ en grande, en petite vitesse* als Eilgut, als Frachtgut verschicken ; *~ par avion, par train, par la poste, par un transporteur routier* auf dem Luftweg, per Bahn, mit einem Lastkraftwagen (per LKW) befördern ; *~ le courrier, des colis* die Post, Pakete abfertigen ; *~ une lettre* einen Brief abschicken **2.** erledigen ; schnell abfertigen ; *~ des formalités, les affaires courantes* Formalitäten, die laufenden Geschäfte erledigen ; (*fam.*) *~ qqn* mit jdm kurzen Prozess machen **3.** (*jur.*) ausfertigen ; die beglaubigte Abschrift einer Urkunde aushändigen.

expéditeur *m* **1.** Absender *m* ; *retour à l'~* zurück an den Absender **2.** Verfrachter *m* ; Spediteur *m* ; Befrachter *m.*

expéditeur, trice Versand- ; Abgangs- ; *gare f ~trice* Abgangsbahnhof *m*.

expédition *f* **1.** (*affaires*) ~ *des affaires courantes* Erledigung *f* der laufenden Geschäfte **2.** (*envoi*) Versand *m* ; Absendung *f* ; Abfertigung *f* ; Beförderung *f* ; Expedition *f* ; Abtransport *m* ; ◆ *~s collectives* Sammelgut *n* ; *~ en douane* Zollabfertigung ; *~ de messages publicitaires* Postwurfsendung ; *~ par air* Luftfrachtversand ; *~ par chemin de fer* Versand per Bahn (per Schiene) ; Bahnversand ; *~ par la route* Versand per Straßentransport ; *~ par navire* Verschiffung *f* ; ◆◆ *avis m, bordereau m d'~* Versandanzeige *f*, -liste *f* ; *bureau m d'~* Versand-, Abfertigungsstelle *f* ; *commerce m* (*maison f*) *d'~s* Versandgeschäft *n* ; Versandhaus *n* ; *documents mpl d'~* Versandpapiere *npl* ; *frais mpl, lieu m, mode m d'~* Versandgebühren *fpl*, -ort *m*, -art *f* ; *service m des ~s* Expedition *f* (eines Unternehmens) ; Versandabteilung *f* **3.** *~s* (*marchandises expédiées*) verschickte Waren *fpl* **4.** (*copie d'un acte notarié*) Ausfertigung *f* ; beglaubigte Abschrift *f* einer notariellen Urkunde ; *en double ~* in doppelter Ausfertigung ; *pour ~ conforme* für die Richtigkeit der Ausfertigung **5.** (*voyage d'exploration*) Expedition *f* ; Forschungsreise *f*.

expéditionnaire *m* Speditionsgehilfe *m* ; Angestellte(r) einer Versandabteilung oder eines Speditionsunternehmens.

expérience *f* **1.** Erfahrung *f* ; *~ des affaires* Geschäftserfahrung ; *~ commerciale* Handelserfahrung ; *~ pratique* Praxiserfahrung *f* ; *~ professionnelle* Berufserfahrung ; *somme f d'~s* Erfahrungsschatz *m* ; *avoir de longues années d'~* eine langjährige Erfahrung haben ; *nous savons par ~* wir wissen aus Erfahrung ; *on demande des candidats ayant déjà une ~* praxiserfahrene (berufserfahrene) Kandidaten (Bewerber) sind gefragt **2.** (*scientifique*) Versuch *m* ; Experiment *n*.

expérimentation *f* Experimentierung *f* ; *~ animale* Tierversuche *mpl* ; *en être à la phase d'~* in einer Experimentierphase sein.

expérimenté, e erfahren ; *vendeur m ~* erfahrener Verkäufer *m*.

expert *m* Sachverständige(r) ; Experte *m* ; Gutacher *m* ; (*spécialiste*) Fachmann *m* ; Spezialist *m* ; ◆ *~ agréé auprès des tribunaux, assermenté* gerichtlicher, vereidigte(r) Sachverständige(r) ; *~ en assurances* Versicherungssachverständige(r) ; *~ comptable* Buch-, Rechnungsprüfer *m* ; Bücherrevisor *m* ; *~ financier* Finanzsachverständige(r) ; Experte in (für) Finanzfragen ; *~ fiscal* Steuerexperte ; Experte in (für) Steuerfragen ; *~ judiciaire* (*auprès des tribunaux*) Gerichtsgutachter *m* ; ◆◆ *avis m d'~* Sachverständigengutachten *n* ; gutachterliche Stellungnahme *f* ; *commission f d'~s* Sachverständigenausschuss *m*, -rat *m*, -kommission *f* ; *rapport m d'~s* Sachverständigengutachten *n* ; ◆◆◆ *agir en qualité d'~* als Gutachter fungieren (auftreten) ; *commettre* (*désigner*) *un ~* einen Sachverständigen bestellen ; *consulter* (*avoir recours à*) *un ~* einen Sachverständigen hinzuziehen (zu Rate ziehen) ; *nommer un ~* einen Experten ernennen ; *solliciter* (*prendre*) *l'avis d'un ~* sich von einem Fachmann beraten lassen.

expert, e (*en*) erfahren (in + D) ; sachkundig ; fachkundig ; sachverständig.

expertise *f* Gutachten *n* ; Begutachtung *f* ; Sachverständigenbericht *m* ; Expertise *f* ; *~ comptable* → **expertise comptable** ; *~ d'un sinistre* Begutachtung eines Schadenfalls ; *~ judiciaire* juristische (von einem Gericht verordnete) Begutachtung ; *~ médicale* ärztliches Gutachten ; *rapport m d'~* Gutachten ; *société f d'~ comptable* Buchprüfungsgesellschaft *f* ; *demander une ~* (*de qqch*) eine Expertise (über) einholen ; *établir* (*faire*) *une ~* ein Gutachten erstellen ; *faire l'~ de qqch* etw expertisieren ; etw abschätzen ; *soumettre à une ~* zu einer Begutachtung vorlegen.

expertise *f* **comptable** (**cabinet** *m* **d'**) Treuhandgesellschaft *f* ; Buchprüfungsgesellschaft *f* ; Gesellschaft *f* für Wirtschaftsprüfung.

expertiser begutachten ; untersuchen ; ein Gutachten erstellen ; prüfen ; *faire ~ qqch* etw begutachten lassen.

expiration *f* (*délai, contrat*) Ablauf *m* ; Erlöschen *n* ; Ende *n* ; *~ du contrat* Vertragsablauf ; *~ d'un délai* Auslauffrist *f* ; *~ d'une durée* Zeitablauf ; *à l'~ du délai imparti* nach Ablauf der gesetzten Frist ; nach Fristablauf ; *~ de validité* Ende der Geltungsdauer (Gültigkeit) ;

expirer *date f d'~* Verfallstag *m* ; Verfalls-, Ablaufdatum *n*.

expirer *(délai, contrat)* ablaufen ; erlöschen ; enden ; verfallen ; *le délai, le contrat ~e le 1ᵉʳ janvier* die Frist, der Vertrag läuft am ersten Januar ab ; *son mandat, sa dette expire le 2 mai* sein Mandat, seine Schuld erlischt am zweiten Mai ; *~ de plein droit* automatisch erlöschen ; *laisser ~ un délai* eine Frist ablaufen lassen ; einen Termin versäumen.

explicatif, ive erläuternd ; erklärend ; *devis m ~* erläuternder Kostenvoranschlag *m* ; *note f ~ive* Erläuterung *f* ; erläuternde Notiz *f.*

exploitable betriebsfähig ; verwertbar ; *(mines, gisement)* abbaufähig ; *forêt f ~* nutzbarer Wald ; *mine f ~* ausbeutbares (erschließbares) Bergwerk *n* ; *terre f (sol m) ~* anbaufähiger Boden.

exploitant *m* 1. Landwirt *m* ; Bauer *m* ; *~ agricole* Landwirt ; *les petits et les gros ~s* die Klein- und Großbauern 2. *(commerce, magasin)* Betreiber *m* ; Gewerbetreibende(r) ; Unternehmer *m* ; *~ d'un fonds de commerce* Geschäftsinhaber *m* ; *~ d'une salle de cinéma* Kinobesitzer *m* (agric.) *propriétaire m ~* selbst bewirtschaftender Weingutsbesitzer *m*.

exploitation *f*	1. *entreprise* 2. *fonctionnement, utilisation* 3. *sens marxiste* 4. *informatique*

1. *(entreprise)* Betrieb *m* ; Unternehmen *n* ; Gewerbe *n* ; ♦ *~ agricole* landwirtschaftlicher Betrieb ; *~ agricole biologique* ökologisch wirtschaftender Betrieb ; *~ artisanale* handwerklicher Betrieb ; *~ commerciale* Handelsunternehmen *n* ; kaufmännischer Betrieb ; *~ coopérative* Genossenschaftsbetrieb ; *~ déficitaire* Verlustbetrieb ; *~ d'élevage du bétail* Viehzuchtbetrieb ; tierhaltender Betrieb ; *~ familiale, forestière* Familien-, forstwirtschaftlicher Betrieb ; *~ individuelle* Einzelbetrieb ; Einmannbetrieb ; *~ industrielle* Gewerbebetrieb ; *~ moyenne* Mittelbetrieb ; *~ pilote, saisonnière* Muster-, Saisonbetrieb ; ♦♦ *direction f, extension f de l'~* Betriebsführung *f* ; -erweiterung *f* ; *grande, moyenne, petite ~* Groß-, Mittel-, Kleinbetrieb *m* ; *lieu m, siège m de l'~* Betriebsstätte *f*, Sitz *m* des Betriebs ; ♦♦♦ *agrandir, diriger une ~* einen Betrieb erweitern, leiten ; *continuer (poursuivre) l'~* den Betrieb weiterführen ; *reprendre l'~* den Betrieb wieder aufnehmen.

2. *(fonctionnement, utilisation)* Bewirtschaftung *f* ; (Aus)Nutzung *f* ; Betrieb *m* ; Ausbeutung *f* ; Verwertung *f* ; *(culture)* Anbau *m* ; *(ligne aérienne)* Befliegen ; ♦ *en ~* in Betrieb ; *~ abusive des mers et des océans* Überfischung *f* ; *~ à outrance (abusive, sauvage)* Raubbau *m* ; *~ de brevets* Patentverwertung ; *~ de la capacité* Kapazitätsausnutzung, -auslastung *f* ; *~ à ciel ouvert* Tagebau *m* ; *~ collective* Gemeinwirtschaft *f* ; *~ en commun* gemeinschaftliche Nutzung *f* ; *~ continue* Dauerbetrieb *f* ; *~ directe* Selbstbetrieb ; Eigenbewirtschaftung ; *~ au fond* Untertagebetrieb ; Tiefbau *m* ; *~ forcée* Zwangsbewirtschaftung ; *~ générale* Geschäftsergebnis *n* ; *~ d'une invention (d'un brevet d'invention)* Auswertung (Benutzung) einer Erfindung ; *~ d'une mine* Bergbau *m* ; Abbau *m* ; Förderung *f* ; *~ d'un monopole* Monopolbewirtschaftung, -auswertung *f* ; *~ de ressources naturelles* Ausbeutung von Bodenschätzen ; *~ des terres agricoles* Landnutzung *f* ; ♦♦ *accident m, aléa m, arrêt m d'~* Betriebsunfall *m*, -risiko *n*, -stilllegung *f* ; *bâtiments mpl, bénéfice m, biens mpl d'~* Betriebsgebäude *n(pl)*, -gewinn *m*, vermögen *n* ; *bilan m, capital m, charges fpl d'~* Betriebsbilanz *f*, - kapital *n*, -lasten *fpl* ; *chef m, compte m d'~* Betriebsführer *m*, -konto *n* ; *comptabilité f d'~* betriebliches Rechnungswesen *n* ; *frais mpl d'~* Betriebskosten *pl*, -aufwendungen *fpl* ; *mise f en ~* Inbetriebsetzung *f* ; Inbetriebnahme *f* ; *mise en ~ d'un gisement* Erschließung *f* einer Lagerstätte ; *période f, permis m d'~* Betriebsperiode *f*, -genehmigung *f* ; *perte f d'~* Betriebsverlust *m* ; *produit m, recettes fpl d'~* Betriebsertrag *m*, -einnahmen *fpl* ; *règlement m, rendement m, résultats mpl d'~* Betriebsordnung *f*, -leistung *f*, -ergebnisse *npl* ; *société f, système m, taxe f d'~* Betriebsgesellschaft *f*, -system *n*, -abgabe *f* ; ♦♦♦ *arrêter (suspendre) l'~* den Betrieb einstellen ; *être en ~* in Betrieb sein ; *interrompre l'~* den Betrieb unterbrechen ; *mettre en ~* in Betrieb setzen.

3. *(sens marxiste)* Ausbeutung *f*; Ausbeuterei *f.*
4. *(informatique)* ~ *de données* Datenauswertung *f*; *logiciel m d'*~ (Betriebssystem)Software *f*; *système m d'*~ Betriebssystem *n*.

exploiter 1. ~ *une ferme, une terre* einen Bauernhof, ein Land bewirtschaften **2.** ~ *un commerce, une boîte de nuit* ein Geschäft, ein Nachtlokal betreiben (führen) **3.** *(matières premières)* abbauen ; fördern ; gewinnen ; ausbeuten ; ~ *une mine, un gisement* ein Bergwerk, ein Erzvorkommen ausbeuten (abbauen) ; ~ *une mine de charbon* Kohle fördern **4.** ~ *un brevet, une licence* ein Patent, eine Lizenz (gewerblich) verwerten (nutzen) **5.** *(un réseau)* betreiben ; *(transports)* eine Strecke befahren ; ~ *une ligne aérienne* eine Fluglinie befliegen **6.** ~ *abusivement une forêt* an einem Wald Raubbau treiben **7.** ~ *un avantage, une situation* einen Vorteil, eine Situation ausnützen **8.** *(marxiste)* ~ *des clients, des travailleurs* Kunden, Arbeiter ausbeuten **9.** ~ *ses connaissances* seine Kenntnisse einsetzen **10.** ~ *des données, une enquête, des statistiques* Daten, eine Befragung, eine Statistik auswerten.

exploiteur *m* *(marxiste)* Ausbeuter *m.*

explosion *f* Explosion *f* ; ~ *des coûts* Kostenexplosion ; überbordende Kosten *pl* ; ~ *démographique* Bevölkerungsexplosion.

export → *exportation*.

exportable exportierbar ; exportfähig, ausführbar ; ausfuhrfähig.

exportateur *m* Exporteur *m* ; Export-, Ausfuhrhändler *m* ; Exportkaufmann *m* ; *(rare)* Ausführer *m*.

exportateur, trice Ausfuhr-, Export- ; exportierend ; *firme f ~trice* Exportfirma *f* ; *pays m* ~ Export-, Ausfuhrland *n* ; *grand* ~ exportintensiv.

exportation *f* Ausfuhr *f* ; Export *m* ; ~*s (recettes réalisées)* Exportziffer *f* ; ~*s (volume)* Exportvolumen *n* ; ◆ ~ *de capitaux, de céréales* Kapital-, Getreideausfuhr ; ~*s visibles, invisibles* sichtbare, unsichtbare Ausfuhren ; ~*s vers l'Allemagne, l'Iran, la Suisse* Exporte nach Deutschland, in den Iran, in die Schweiz ; ~*s en franchise* zollfreie Ausfuhren ; ◆◆ *accroissement m des* ~*s* Zunahme *f* (Steigerung *f*) der Ausfuhren ; *aide f à l'*~ Exportförderung *f* ; *article m, autorisation f d'*~ Exportartikel *m*, -erlaubnis *f* ; *blocage m des* ~*s* Exportsperre *f* ; Ausfuhrstopp *m* ; *contingent m, commerce m d'*~ Exportkontingent *m*, -handel *m* ; *crédit m à l'*~ Ausfuhrkredit *m* ; *déclaration f d'*~ Ausfuhrerklärung *f* ; *département m* ~ *(d'une entreprise)* Exportabteilung *f* ; *dispositions fpl en matière d'*~ Exportbestimmungen *fpl* ; *droits mpl d'*~ Ausfuhrzoll *m* ; *embargo m sur les* ~*s* Exportsperre *f* ; Ausfuhrstopp *m* ; *encouragement m à l'*~ Exportförderung *f* ; *excédents mpl d'*~ Exportüberschuss *m* ; *financement m des* ~*s* Exportfinanzierung *f* ; *garantie f à l'*~ Ausfuhrgarantie (Hermesgarantie) *f* ; *industrie f d'*~ Exportindustrie *f* ; *interdiction f frappant les* ~*s* Ausfuhrverbot *n* ; *licence f d'*~, *limitation f des* ~*s* Ausfuhrlizenz *f,* Exportbeschränkung(en) *f(pl)* ; *marchandise f d'*~, *marché m de l'*~ Exportware *f*, -markt *m* ; *part f des* ~*s* Exportanteil *m* ; *prime f à l'*~ Ausfuhrprämie *f* ; *produit m, quota m d'*~ Exporterzeugnis *n*, -quote *f* ; *subventions fpl, taxe f à l'*~ Ausfuhrsubventionen *fpl*, -zoll *m* ; *valeur f, volume m des* ~*s* Ausfuhrwert *m*, -volumen *n* ; ◆◆◆ *accroître (développer) les* ~*s* den Export steigern ; *encourager (stimuler) les* ~*s* den Export fördern ; *diminuer les* ~*s* die Ausfuhren drosseln ; *intensifer, limiter les* ~*s* den Export intensivieren, einschränken.

exporter ausführen ; exportieren ; ~ *des agrumes, des capitaux, l'inflation* Südfrüchte, Kapital, die Inflation exportieren (ausführen).

exposant *m* Aussteller *m* ; Ausstellungsteilnehmer *m* ; Ausstellerfirma *f* ; *carte f d'*~ Messeausweis *m* ; *catalogue m des* ~*s* Ausstellerkatalog *m*.

exposé *m* Bericht *m* ; Vortrag *m* ; Darstellung *f* ; Exposé *n* ; Referat *n* ; ~ *général* Gesamtübersicht *f* ; ~ *d'invention* Patentschrift *f* ; ~ *des motifs* Motivierung *f*, Begründung *f.*

exposé, e 1. dargelegt ; erklärt **2.** *(marchandise)* ~ *en vitrine* im Schaufenster ausgestellt ; ~ *à la vente* zum Verkauf angeboten **3.** ~ *au nord* im Norden liegen (gelegen) ; *fenêtres fpl* ~*ées au sud* mit Fenstern nach Süden **4.** *(photo)* belichtet **5.** *être à un poste* ~ an exponierter Stelle stehen.

exposer 1. (*expliquer*) erklären ; darlegen ; vortragen ; auseinandersetzen ; *pour les raisons ~ées ci-dessus* aus den oben dargelegten Gründen **2.** (*à la vente*) (zum Verkauf) ausstellen ; *~ de nouveaux modèles en devanture* neue Modelle im Schaufenster ausstellen **3.** (*à la chaleur, à un danger*) (der Wärme, einer Gefahr) aussetzen **4.** *~é au nord, au sud* Nord-, Südlage *f* **5.** *s'~ à qqch* sich etw (+ D) aussetzen.

exposition *f* **1.** Ausstellung *f* ; Messe *f* ; Schau *f* ; Salon *m* ; ♦ *~ agricole* Landwirtschaftsausstellung *f* ; "Grüne Woche" ; *~ automobile* (*salon m de l'~*) Automobilausstellung, -salon ; *~ horticole* Gartenschau ; *~ industrielle* Industrieausstellung ; *~ itinérante* Wanderausstellung, -schau ; *~ permanente* Dauerausstellung ; *~ spéciale* Sonderschau ; *~ spécialisée* Fachausstellung ; *~ universelle* (*mondiale*) Weltausstellung ; *~-vente* Verkaufsausstellung ; ♦♦ *bâtiments mpl, catalogue m, comité de l'~* Ausstellungsgebäude *npl*, -katalog *m*, -ausschuss *m* ; *direction f de l'~* Ausstellungsleitung *f* ; *organisateur m de l'~* Ausstellungsveranstalter *m* ; *palais m, parc m des ~s* Ausstellungshalle *f*, -park *m* ; *participant m à l'~* Ausstellungsteilnehmer *m* ; *pièce f, salle f, stand m d'~* Ausstellungsstück *n*, -raum *m*, -stand *m* ; *surface f, terrain m de l'~* Ausstellungsfläche *f*, -gelände *n* ; *vitrine f d'~* Ausstellungsvitrine *f* ; ♦♦♦ *l'~ sera ouverte jusqu'au...* die Ausstellung ist bis zum... geöffnet ; *être représenté à une ~* bei einer Ausstellung vertreten sein ; *inaugurer une ~* eine Ausstellung eröffnen (einweihen) ; *participer à une ~* an einer Ausstellung teilnehmen ; *l'~ se tient à Paris* die Ausstellung findet in Paris statt (wird in Paris abgehalten) ; *visiter une ~* eine Ausstellung besuchen **2.** (*rayons*) *~ aux radiations* Bestrahlung *f* ; *danger m d'~ aux radiations* Bestrahlungsgefahr *f*.

exprès *par ~* durch (per) Eilboten ; *colis m ~* Eilpaket *n* ; *distribution f par ~* Eilzustellung *f* ; *envoi m en ~* Eilsendung *f* ; *lettre f ~* Eilbrief *m*.

express *m* Schnellzug *m* ; D-Zug *m* ; *métro-~* S-Bahn *f* (Schnell-Bahn).

expresse : *clause f ~* ausdrückliche Abrede *f* ; *défense f ~* ausdrückliches Verbot *n* ; *sous la condition ~ que* unter der ausdrücklichen Bedingung, dass... .

expressément ausdrücklich.

expression *f* Ausdruck *m* ; *droit m de libre ~* Recht *n* der freien Meinungsäußerung ; *les pays d'~ française* die französisch sprechenden Länder ; (*corresp.*) *Veuillez agréer, Madame, Monsieur, l'expression de ma considération distinguée* mit freundlichen Grüßen ; (*plus formel*) hochachtungsvoll.

exprimer ausdrücken ; äußern ; *~ qqch en termes de pourcentage* etw in Prozent ausdrücken ; *~ en euros constants, en prix constants* in konstanten Euro, in laufenden Preisen ausdrücken ; *~ des doutes* Zweifel (an etw D) äußern ; *~ une pensée, un souhait* einen Gedanken, einen Wunsch aussprechen ; *~ une revendication* eine Forderung geltend machen ; *~ un suffrage* eine Stimme abgeben.

1. expropriant *m* Enteigner *m*.

2. expropriant, e enteignend ; *l'administration f ~e* die enteignende Behörde.

expropriateur *m* → *expropriant*.

expropriation *f* Enteignung *f* ; Zwangsumsiedlung *f* ; *~ pour cause d'utilité publique* Enteignung im öffentlichen Interesse ; *droit m, indemnité f, plan m d'~* Enteignungsrecht *n*, -entschädigung *f*, -plan *m*.

exproprié *m* Enteignete(r).

exproprier enteignen.

expulsé *m* Abgeschobene(r).

expulser abschieben ; vertreiben ; ausweisen ; ausschließen ; ausstoßen ; *~ du pays* des Landes verweisen ; *~ d'un parti* aus einer Partei ausschließen.

expulsion *f* Vertreibung *f* ; Ausweisung *f* ; Abschiebung *f* ; Ausschluss *m* ; *~ d'un locataire* Mieterausweisung ; Zwangsräumung *f* ; (*Autriche*) Delogierung *f* ; *~ d'un parti* Ausschluss aus einer Partei ; *faire une demande d'~ d'un locataire* eine Räumungsklage erheben ; eine Klage auf Räumung einer Wohnung erheben.

extensif, ive extensiv ; *exploitation f* (*culture f*) *~ive* extensive Wirtschaft *f* (Nutzung *f*).

extension *f* Ausdehnung *f* ; Ausweitung *f* ; Erweiterung *f* ; Ausbreitung *f* ; ♦ *~ des activités à de nouveaux marchés* Ausdehnung von Aktivitäten auf neue Märkte ; *~ d'un aéroport* Ausbau *m* eines Flughafens ; *~ des capacités de* *production* Ausweitung der Kapazitäten ; ~ *du chiffre d'affaires* Umsatzerweiterung, -ausweitung ; ~ *d'un conflit* Ausweitung eines Konflikts ; ~ *du crédit* Kreditausdehnung ; ~ *d'une exploitation* Betriebserweiterung ; ~ *de la gamme de produits* Sortimenterweiterung ; ~ *des pouvoirs* Befugniserweiterung ; ◆◆◆ *connaître une grande* ~ eine bedeutende Erweiterung erfahren ; *prendre de l'*~ sich ausdehnen ; sich ausweiten ; sich vergrößern.

extérieur, e Außen- ; ausländisch ; Auslands- ; *affaires fpl ~es* auswärtige Angelegenheiten *fpl* ; *commerce m* ~ Außenhandel *m* ; *investissements mpl ~s* Auslandsinvestitionen *fpl* ; *marché m* ~ Auslandsmarkt *m* ; *ministère m des relations ~es* Auswärtiges Amt *n* ; *politique f ~e* Außenpolitik *f*.

externalisation *f* (*de fonctions d'une entreprise*) Externalisierung *f* ; Auslagerung *f* ; Verlagerung *f* ; Übertragung *f* von Funktionen auf spezialisierte Unternehmen ; Outsourcing *n* ; Auslagerung *f* von Unternehmensbereichen ; Vergabe *f* bestimmter Tätigkeiten an externe Dienstleister ; Verlagerung *f* von Firmenbereichen an betriebsfremde Dienstleistungsunternehmen.

externaliser externalisieren ; (Abteilungen eines Unternehmens) auslagern ; verlagern ; outsourcen ; bestimmte Tätigkeiten an externe Dienstleister vergeben ; Firmenbereiche an Subunternehmen übergeben ; ~ *les activités de recherche et développement* die Forschungs- und Enwicklungsabteilung auslagern.

externalité *f* (*situation où l'activité d'un agent économique a des répercussions sur d'autres agents*) externer Effekt *m* ; Positiveffekt.

externe extern ; Auslands- ; ~ *à l'entreprise* betriebsfremd ; außerbetrieblich ; *financement m* ~ Außenfinanzierung *f* ; *formation f* ~ *à l'entreprise* außerbetriebliche Ausbildung *f*.

exterritorialité *f* Exterritorialität *f*.
extinctif, ive löschend ; befreiend.
extinction *f* Erlöschen *n* ; (*espèce*) Aussterben *n* ; Verschwinden *n* ; ~ *d'un bail* Ablauf *m* eines Mietvertrags ; ~ *d'un contrat* Erlöschen *n* (Annullierung *f*) eines Vertrags ; ~ *d'un droit, d'une obligation* Erlöschen *n* eines Rechts, einer Verbindlichkeit ; ~ *d'une dette* Tilgung *f* (Erlöschen) einer Schuld ; ~ *d'une hypothèque* Löschung *f* einer Hypothek.

extorquer : ~ *des fonds* (*à qqn*) (von jdm) Geld erpressen.

extorsion *f* räuberische Erpressung *f* ; ~ *de fonds* Erpressung von Geldmitteln.

extourne *f* Rückbuchung *f* ; Stornierung *f*.

extra (*qualité supérieure*) ausgezeichnet ; vorzüglich ; prima ; *qualité f* ~ Primaqualität *f* ; Spitzensorte *f*.

extra *m* **1.** Nebenbeschäftigung *f* ; Aushilfe *f* ; Extra-, Zusatzarbeit *f* ; *faire des ~s* eine Aushilfsarbeit machen (übernehmen) ; anderswo aushelfen **2.** (*tourisme*) Aushilfsbedienung *f* ; Aushilfskellner *m*.

extra- außer- ; außerhalb ; außerplanmäßig ; *~-budgétaire* außeretatmäßig ; außerhaushalts(plan)mäßig ; außerplanmäßig ; *~-communautaire* außerhalb der EU ; außergemeinschaftlich ; ~ *-contractuel* außervertraglich ; ~ *-européen* außereuropäisch ; ~ *-muros* außerhalb der Stadt.

extractif, ive : *industrie f ~ive* Förderindustrie *f* ; Bergbauindustrie.

extraction *f* Förderung *f* ; Gewinnung *f* ; Abbau *m* ; ~ *à ciel ouvert* Tagebau *m*.

extrader ausliefern.
extradition *f* Auslieferung *f* ; *faire une demande d'*~ einen Auslieferungsantrag stellen.

extraire fördern ; gewinnen ; abbauen.
extrait *m* Auszug *m* ; ~ (*certifié*) *conforme* beglaubigter Auszug ; ~ *de l'acte de naissance* Geburtsurkunde *f* ; ~ *de casier judiciaire* Führungszeugnis *n* ; Strafregisterauszug *m* ; ~ *du cadastre, du registre du commerce, du registre foncier* Kataster-, Handelsregister-, Grundbuchauszug ; ~ *de comptabilité* Buchungsauszug ; ~ *de compte* Kontoauszug ; ~ *de mariage, de l'acte de décès* Trauschein *m* ; Sterbeurkunde *f*.

extranet *m* (*réseaux internes entre différentes entreprises*) Extranet *n*.

extrants *mpl* (*biens ou services produits*) Outputs *pl* (produzierte Güter und Dienstleistungen).

extraordinaire außergewöhnlich ; außerordentlich ; Sonder- ; *assemblée f, budget m, dépenses fpl ~(s)* außerordentliche Versammlung *f*, außerordentlicher Haushalt *m*, außerordentliche Ausgaben (Sonderausgaben) *fpl*.

extrapolation *f* Extrapolation *f* ; Hochrechnung *f.*

extrapoler extrapolieren ; hochrechnen ; *en ~ant sur toute l'année* auf das ganze Jahr hochgerechnet.

extra-tarifaire außer-, übertariflich.

extra-territorial, e off-shore/ offshore ; *place financière ~* Offshore-Finanzplatz *m.*

extrême äußerst ; extrem ; *l'~ droite, gauche* die äußerste Rechte, Linke ; die Ultrarechte, -linke ; *l'~ limite* die äußerste Grenze ; der äußerste (letztmögliche) Termin ; *l'~ prudence est de rigueur* es wird äußerste Vorsicht empfohlen.

extrémisme *m* (*polit.*) Extremismus *m* ; Radikalismus *m* ; Fundamentalismus *m.*

extrémiste *m* (*polit.*) Radikale(r) ; Extremist *m* ; Fundamentalist *m* ; *~ de droite, de gauche* Links-, Rechtsradikale(r).

ex works (*Incoterms : départ usine ; à l'usine*) ab Werk.

F

F (*Franc*) Franc *m* ; (*Franc suisse*) Franken *m*.

FAB / f.a.b. (*franco à bord*) FOB (free on board) ; frei an Bord ; *calcul m ~* auf FOB-Basis berechnet ; *prix m ~* FOB-Preis *m* ; *calculer le prix sur la base d'un contrat ~* etwas in FOB-Preisen berechnen.

fabricant *m* Fabrikant *m* ; Hersteller *m* ; Produzent *m* ; (*propriétaire*) Fabrikinhaber *m*, -besitzer *m* ; *~ d'automobiles* Auto(mobil)hersteller.

fabrication *f* Herstellung *f* ; (An)-Fertigung *f* ; Produktion *f* ; Verfertigung *f* ; Fabrikation *f* ; Erzeugung *f* ; *~ artisanale* handwerkliche Fertigung ; *~ à la chaîne* Fließbandherstellung ; *~ à la machine* maschinelle Herstellung ; *~ en (grande) série* Massenherstellung ; Massenanfertigung ; Serienfertigung ; Serienproduktion ; serienmäßige Herstellung ; *~ "hors série"* Sonderanfertigung ; *~ sur commande* Auftragsfertigung ; Einzel-(an)fertigung ; *défaut m, frais mpl de ~* Fabrikationsfehler *m*, -kosten *pl* ; *mode m de ~* Herstellungsart *f* ; *procédé m de ~* Herstellungsverfahren *n* ; *processus m de ~* Herstellungsprozess *m* ; *secret m de ~* Fabrik(ations)geheimnis *n* ; *mettre qqch en ~* die Produktion von etw aufnehmen ; mit der Herstellung von etw beginnen.

fabrique *f* Fabrik *f* ; Fabrikbetrieb *m* ; Herstellungs-, Produktionsbetrieb *m* ; Werk *n* ; *~ de chaussures, de meubles* Schuh-, Möbelfabrik ; *marque f de ~* Fabrikmarke *f*, -zeichen *n* ; Warenzeichen *n* ; *prix m de ~* Fabrikpreis *m*.

fabriqué en made in ; hergestellt in ; *~ à la main, à la machine, en série* mit der Hand (von der Hand), maschinell, serienmäßig gefertigt ; *produits mpl ~s à l'étranger* im Ausland hergestellte Produkte *npl*.

fabriquer herstellen ; fertigen ; verfertigen ; erzeugen ; produzieren ; verarbeiten ; *~ en série* serienmäßig (in Serie) herstellen (produzieren) ; *~ sous licence* in Lizenz fertigen.

fac *f* (*fam.*) Uni *f* ; *être à la ~* auf der Uni sein.

F.A.C. (*fonds m d'aide et de coopération*) Fonds *m* für Wirtschaftshilfe und Zusammenarbeit.

face *f* **1.** (*monnaie*) Kopf-, Vorderseite *f* ; *pile ou ~* Kopf oder Zahl **2.** *faire ~ à* mit etw konfrontiert werden ; etw meistern ; *faire ~ à la demande* die Nachfrage befriedigen ; *faire ~ aux dépenses* die Kosten bestreiten ; *faire ~ à ses échéances* (*engagements*) seine Verbindlichkeiten erfüllen ; seinen Verpflichtungen nachkommen.

facial, e : *valeur f ~e* (*valeur inscrite sur l'emprunt* ; *valeur légale d'une monnaie, indépendante de son poids ou de sa valeur proprement dite*) Nennwert *m* ; Nominalwert *m* ; *taux m ~* (*taux d'intérêt défini à l'émission servant à calculer le montant du coupon en pourcentage du nominal*) Nominalsatz *m*.

facile : *argent m ~* leicht verdientes Geld ; *d'accès ~* leicht zugänglich ; *de maniement ~* leicht zu handhaben.

faciliter erleichtern ; leichter machen ; Erleichterungen bringen ; *qui ~e le travail* arbeitserleichternd.

facilités *fpl* Erleichterungen *fpl* ; Vergünstigungen *fpl* ; (*tolérance*) Kulanz *f* ; *~ de caisse* Überziehungskredit *m* ; *~ de crédit* Krediterleichterungen ; *~ douanières* Zollerleichterungen ; *~ de paiement* Zahlungserleichterungen ; günstige Zahlungsbedingungen *fpl* ; *accorder des ~ de crédit, de financement* Kreditmöglichkeiten, -erleichterungen gewähren ; *accorder des ~ de prix* Preisvergünstigungen gewähren.

façon *f* **1.** (*salaire*) Macherlohn *m* ; Werklohn ; (*contrat avec l'étranger*) Lohnveredelung *f* ; *entreprise f de travail à ~* (Werk)Lohnbetrieb *m* ; *travail m (ouvrage m) à ~* (Werk)Lohnarbeit ; Auftragsarbeit ; (*étranger*) Lohnveredelung ; *travailleur m à ~* Lohnarbeiter *m* ; Heimwerker *m* ; *travailler à ~* Lohnarbeit leisten ; unter Werklohnarbeitsvertrag stehen **2.** (*manière, style*) (Mach)Art *f* ; Weise *f* ; Stil *m* ; Ausführung *f*.

façonner bearbeiten ; gestalten ; (ver)formen.

façonnier *m* Lohnhandwerker *m* ; Heimarbeiter *m* (für Zulieferungsaufträge).

fac-similé *m* Faksimilé *n*.

factage *m* **1.** Rollgeld *n* ; Bestellgebühr *f* **2.** *entreprise f de* ~ Rollfuhrunternehmen *n* ; Paketdienst *m* **3.** (*poste*) Zustellung *f.*

facteur *m* **1.** Faktor *m* ; ~ *anti-inflationniste* inflationsdämpfend ; inflationshemmend ; ~ *de baisse des coûts* kosteneffizient ; ~-*coûts* Kostenfaktor ; ~ *de croissance* Wachstumsfaktor ; ~ *de flambée des coûts* kostentreibend ; ~ *humain* Faktor Mensch ; ~*s humains et sociaux* menschliche und soziale Faktoren ; ~ *d'inflation* Inflationsfaktor ; inflationstreibend ; ~ *de* (*la*) *production* Produktionsfaktor **2.** (*poste*) Briefträger *m* ; Postbote *m*.

factice künstlich ; nachgebildet ; *emballage m* ~ Schaupackung *f* ; Attrape *f* ; *besoins mpl* ~*s* künstlich geschaffene Bedürfnisse *npl*.

facto : *de* ~ de facto ; tatsächlich ; *reconnaître qqch* ~ etw de facto anerkennen ; *reconnaissance f* ~ De-facto-Anerkennung *f.*

factoriel, le Faktoren- ; (*statist.*) *analyse f* ~*le* Faktorenanalyse *f.*

factoring *m* (*encaissement des factures pour des tiers, réalisé par des sociétés spécialisées*) Factoring *n* ; Factoring-Geschäft *n* ; *société f de* ~ Factoring-Gesellschaft *f* ; *système m de* ~ Factoring-System *n*.

factotum *m* Faktotum *n*.

facturage *m* → *factoring*.

facturation *f* **1.** Anrechnung *f* ; Inrechnungstellung *f* ; Fakturierung *f* **2.** Ausstellung *f* einer Rechnung ; Rechnungsausstellung *f* **3.** (*service*) Rechnungsabteilung *f.*

facture *f* Rechnung *f* ; Faktur(a) *f* ; ~ *d'achat, acquittée* Einkaufsrechnung, quittierte Rechnung ; ~ *bidon* Scheinrechnung *f* ; ~ *consulaire* Konsulatsfaktur(a) ; ~ *fictive* (*pro forma*) Proforma-Rechnung ; ~ *originale* Originalrechnung ; *établir* (*dresser*) *une* ~ eine Rechnung ausstellen ; *envoyer, présenter une* ~ eine Rechnung schicken, vorlegen ; *payer* (*régler*) *une* ~ eine Rechnung bezahlen (begleichen).

facturer 1. anrechnen ; in Rechnung stellen ; (mit) auf die Rechnung setzen **2.** eine Rechnung ausstellen ; fakturieren **3.** berechnen ; *article m* ~*é dix euros* mit zehn Euro berechneter Artikel *m* ; *prix m, valeur f* ~*é(e)* Fakturapreis *m* ; Fakturawert *m*.

facturier *m* Fakturenbuch *n* ; ~ *d'entrée, de sortie* Eingangs-, Ausgangsbuch.

facultatif, ive fakultativ ; nicht obligatorisch ; Wahl- ; freiwillig ; *clause f* ~*ive* Fakultativklausel *f* ; *réserve* ~*ive* freie Rücklage *f.*

faculté *f* **1.** Fähigkeit *f* ; Vermögen *n* **2.** Fakultät *f* ; Universität *f* ; ~ *de droit, des lettres humaines, des sciences* juristische, philosophische, mathematisch-naturwissenschaftliche Fakultät **3.** (*jur.*) Möglichkeit *f* ; Recht *n* ; Befugnis *f* ; ~ *d'option* Optionsrecht ; Wahlrecht ; ~ *de rachat* Rückkaufsrecht ; Wiederkaufsmöglichkeit *f* ; *laisser à qqn la* ~ *de choisir* jdm die Wahl lassen **4.** (*maritime*) ~*s* (Schiffs)Ladung *f* ; *assurance f sur* ~*s* Ladungsversicherung *f.*

faible schwach ; weich ; *monnaie f* ~ weiche Währung *f* ; *pays m à monnaie* ~ Weichwährungsland *n* ; *les* ~*s revenus* die Einkommensschwachen.

faible *m* : *les économiquement* ~*s* die wirtschaftlich Schwachen ; die Minderbemittelten ; die Hilfsbedürftigen.

faiblesse *f* Schwäche *f* ; ~ *de la bourse* Börsenschwäche.

faiblir abnehmen ; abflauen ; nachgeben.

faille *f* Lücke *f* ; ~ *dans la législation* gesetzliche Lücke ; Lücke im Gesetz ; Rechtsunsicherheit *f* ; ~ *d'un système de protection informatique* Sicherheitslücke ; *combler une* ~ eine Lücke schließen.

failli *m* Gemeinschuldner *m* ; Insolvenzschuldner *m* ; Konkursschuldner *m*.

faillir : ~ *à son devoir* seine Pflicht verletzen ; ~ *à ses engagements* seinen Verpflichtungen nicht nachkommen ; ~ *à une promesse* ein Versprechen nicht einhalten.

faillite *f* **1.** Konkurs *m* ; Insolvenz *f* ; Bankrott *m* ; (*fam.*) Pleite *f* ; ♦ ~ *frauduleuse, simple* betrügerischer, einfacher Bankrott ; ♦♦ *actif m de la* ~ Konkursmasse *f* ; *administrateur m* (*syndic m*) *de la* ~ Konkursverwalter *m* ; *créancier privilégié de la* ~ bevorrechtigter Konkursgläubiger *m* ; *déclaration f de* ~ Konkurserklärung *f* ; *jugement m déclaratif de* ~ Konkurserklärung *f* ; *masse f de la* ~ Konkursmasse *f* ; *ouverture f de la* ~ Konkurseröffnung *f* ; *procédure f de* ~ Konkursverfahren *n* ; ♦♦♦ *se déclarer en* ~ Konkurs anmelden ; *être* *en* ~ in Konkurs geraten sein ; sich in Konkurs befinden ; bankrott (pleite) sein ; *faire* ~ Bankrott machen ; (*fam.*) Pleite machen ; bankrott (pleite) gehen **2.** (*échec*) Versagen *n* ; Misserfolg *m* ; Fehlschlag *m*.

faire-part *m* Anzeige *m* ; ~ *de naissance, de mariage, de décès* Geburts-, Heirats-, Todesanzeige.

faire-valoir *m* **1.** (*agric.*) (Boden)-Bewirtschaftung *f* ; ~ *collectif, direct* Kollektiv-, Eigenbewirtschaftung (Selbstbewirtschaftung) **2.** (*argument publicitaire*) Aushängeschild *n* ; *utiliser son nom comme* ~ *pour une entreprise* mit seinem Namen als Aushängeschild für eine Firma dienen.

faire valoir geltend machen ; ~ *des droits, des revendications* Rechte, Forderungen geltend machen.

fair-play *m* Fairness *f* ; Redlichkeit *f.*

faisabilité *f* Durchführbarkeit *f* ; Ausführbarkeit *f* ; Machbarkeit *f* ; Realisierbarkeit *f* ; *étude f de* ~ Durchführbarkeitsprüfung *f* ; Feasability-Studie *f* ; Machbarkeitsstudie *f.*

fait *m* **1.** Tatsache *f* ; Faktum *n* ; *les* ~*s* Sachverhalt *m* ; Sachlage *f* ; (*jur.*) Tatbestand *m* ; *accompli* vollendete Tatsache **2.** Tat *f* ; Handlung *f* ; ~ *délictueux* strafbare Handlung ; *prendre qqn sur le* ~ jdn auf frischer Tat (in flagranti) ertappen **3.** *de* ~ faktisch ; tatsächlich ; wirklich ; *gouvernement m de* ~ Defacto-Regierung.

fait main handgemacht ; von Hand gefertigt.

faits *mpl* **divers** : (*médias*) *à la rubrique des* ~ unter der Rubrik « Vermischtes ».

fallacieux, euse (*argument*) trügerisch ; irreführend.

falsificateur *m* Fälscher *m* ; Verfälscher *m* ; (*vin*) Panscher *m.*

falsification *f* (Ver)Fälschen *n* ; (Ver)Fälschung *f* ; Frisieren *n* ; ~ *du bilan* Bilanzfälschung, -verschleierung *f* ; ~ *de chèque, de traite* Scheck-, Wechselfälschung ; ~ *de vin* Weinpanscherei *f.*

falsifier 1. ~ *un passeport, une signature* einen Pass, eine Unterschrift fälschen ; ~ *un bilan* eine Bilanz verschleiern (frisieren) **2.** (*vérité*) verfälschen **3.** (*vin*) panschen.

familial, e Familien- ; *allocations* *fpl* ~*es* Kindergeld *n* ; Kinderzulage *f* ; Familienbeihilfe *f* ; *entreprise f* ~*e* Familienunternehmen *n*, -betrieb *m* ; *paquet m* ~ Familienpackung *f* ; *planning m* ~ Familienplanung *f* ; *politique f* ~*e* Familienpolitik *f* ; *situation f* ~*e* Familienverhältnisse *npl*, -stand *m* ; *supplément m* ~ Familienzulage *f.*

famille *f* Familie *f* ; (*communauté*) Großfamilie ; ~ *d'accueil, provisoire* Gastfamilie ; ~ *monoparentale* nur mit einem Elternteil ; alleinstehende(r) Mutter, Vater ; Übergangsfamilie ; ~ *nombreuse* kinderreiche Familie ; ~ *d'ouvriers* Arbeiterfamilie ; ~ *recomposée* Patchwork-Familie ; ~ *traditionnelle* Kleinfamilie ; *chef m de* ~ Familienoberhaupt *n* ; Haushaltsvorstand *m* ; *entreprise f de* ~ Familienbetrieb *m* ; *livret m de* ~ (Familien)Stammbuch *n* ; *situation f de* ~ Familien-, Personenstand *m* ; *soutien m de* ~ Familienernährer *m* ; Brotverdiener *m* ; *sans charge de* ~ ohne Anhang.

famine *f* Hungersnot *f.*

fantôme : *cabinet m* ~ Schattenregierung *f* ; Schattenkabinett *n.*

F.A.O. *f* (*fabrication assistée par ordinateur*) CAM (computer aided manufactoring) ; computergestützte Herstellung *f* (Fertigung *f*, Fabrikation *f*).

farine *f* (*U.E.* : *agro-alimentaire*) Mehl *n* ; ~ *animale* Tier(körper)mehl ; ~ *complète* Vollkornmehl ; ~ *complète de maïs* Maisvollkornmehl ; ~ *de poisson* Fischmehl.

F.A.S. (*Incoterms : free alongside ship*) FAS ; frei Längsseite Schiff.

fascicule *m* Heft *n* ; Handbuch *n* ; Faszikel *n.*

fast food *m* (*restauration rapide*) Schnellimbiss *m* ; Schnellgaststätte *f* ; Fastfood *n* ; Fast-food-Restaurant *n.*

fatigue *f* **1.** Müdigkeit *f* ; Ermüdungserscheinungen *fpl* **2.** ~ *du matériel* Verschleiß *m* ; Abnutzungserscheinungen *fpl.*

fauche *f* : (*fam.*) *il y a de la* ~ *dans ce magasin* in diesem Geschäft wird viel geklaut.

fauché, e : (*fam.*) *être* ~ abgebrannt sein ; blank sein.

faucher (*fam.*) klauen ; stehlen.

faucon *m* (*polit.*) Falke *m* ; Hardliner *m* (*contr. colombe*).

faune *f* Fauna *f* ; Tierwelt *f.*

faussaire *m* Fälscher *m* ; Verfälscher ; Falschmünzer *m* ; (*fam.*) Blütenmacher *m*.

fausser fälschen ; verfälschen ; ~ *le libre jeu de la concurrence* den Wettbewerb beeinträchtigen (verzerren).

faute *f* **1.** Fehler *m* ; ~ *de calcul* Rechenfehler ; *commettre une* ~ einen Fehler machen **2.** Verstoß *m* ; Vergehen *n* ; Verletzung *f* ; Fahrlässigkeit *f* ; (*jur.*) ~ *civile* Verletzung der bürgerlich-rechtlichen Verpflichtungen ; ~ *contractuelle* vertragswidriges Verhalten ; ~ *lourde* grobe Fahrlässigkeit *f* ; ~ *pénale* Verletzung des Strafgesetzes ; ~ *professionnelle* Dienstvergehen ; Verletzung der Berufspflichten ; ~ *professionnelle caractérisée* arbeitsvertragswidriges Verhalten *n* ; Pflichtverletzung *f* ; (*médecin*) Kunstfehler ; *être licencié pour* ~ *professionnelle grave* wegen eines groben Verstoßes entlassen werden.

faute de (*à défaut de*) mangels (+ G/D) ; ~ *de mieux* in Ermangelung eines Besseren ; im Notfall ; ~ *de paiement* mangels Zahlung ; ~ *de preuves* (*irréfutables*) mangels (eindeutiger) Beweise ; mangels Beweise(n) ; ~ *de provision* mangels Deckung.

fauteur *m* : ~ *de grève* Streikanstifter *m* ; ~ *de troubles* Unruhestifter *m* ; Aufwiegler *m*.

faux *m* Fälschung *f* ; Falsifikat *n* ; ~ *en écritures* Urkundenfälschung ; Fälschung von offiziellen Papieren ; Handschriftenfälschung ; ~ *en peinture* Nachahmung *f* ; *inscription f de* (*en*) ~ Fälschungsklage *f* ; Bestreitung *f* der Echtheit einer Urkunde ; *faire un* ~ eine Fälschung begehen ; *être condamné pour* ~ *et usage de* ~ wegen Fälschung und Gebrauch gefälschter Urkunden verurteilt werden.

faux, fausse : ~ *alerte* Fehlalarm *m* ; blinder (falscher) Alarm ; ~ *billet* falsche Banknote *f* ; Blüte *f* ; ~*sse déclaration f* falsche Angabe *f* ; ~*sse déposition f* falsche Aussage *f* ; ~ *frais mpl* Unkosten *pl* ; ~*sse monnaie f* Falschgeld *n* ; ~ *serment m* Meineid *m* ; ~*sse signature f* gefälschte Unterschrift *f* ; ~ *témoin m* falsch aussagender Zeuge *m*.

faux-monnayage *m* Falschmünzerei *f*.
faux-monnayeur *m* Falschmünzer *m*.
faveur *f* **1.** Vergünstigung *f* ; Gunst *f* ; Vorrecht *n* ; *prix m de* ~ Vorzugspreis *m* ; Freundschaftspreis ; *régime m* (*traitement m*) *de* ~ bevorzugte Behandlung *f* ; *taux m de* ~ zinsbegünstigt ; *faire une* ~ *à qqn* jdm eine Gefälligkeit erweisen ; jdm einen Vorteil verschaffen ; *jouir d'un traitement de* ~ bevorzugt behandelt werden **2.** *en* ~ *de* zugunsten von ; *en votre* ~ zu Ihrem Vorteil ; zu Ihren Gunsten ; *en* ~ *d'un tiers* zugunsten eines Dritten ; *solde m en votre* ~ Saldo *m* zu Ihren Gunsten ; *se désister en* ~ *d'un tiers* zugunsten jds zurücktreten ; *se prononcer en* ~ *de qqn* sich für jdn aussprechen.

favorable günstig ; vorteilhaft ; ~ *à l'emploi* beschäftigungsfördernd ; *cours m* ~ günstiger Kurs *m* ; *à des conditions* ~*s* zu günstigen Bedingungen ; *dans le cas le plus* ~ besten-, günstigenfalls ; *trouver un accueil* ~ freundliche Aufnahme finden ; Anklang finden.

favori *m* Favorit *m* ; Liebling *m* ; ~ *du public* Liebling des Publikums ; (*courses*) *jouer le* ~ auf den Favoriten setzen.

favoriser begünstigen ; bevorzugen ; fördern ; *clause f de la nation la plus* ~*ée* Meistbegünstigungsklausel *f* ; ~ *le commerce* den Handel fördern ; (*bourse*) ~ *les portefeuilles d'obligations par rapport aux actions* in einem Portfolio die Obligationen gegenüber Aktien übergewichten (bevorzugen).

favoritisme *m* Günstlingswirtschaft *f* ; Vetternwirtschaft ; (*fam.*) Filzokratie *f*.

fax *m* **1.** Fax *n* ; Telefax *n* ; Fernkopie *f* ; *numéro m de* ~ Faxnummer *f* ; *envoyer un* ~ *à qqn* jdm faxen ; jdm ein Fax (zu)schicken ; jdn anfaxen **2.** (*appareil*) Faxgerät *n*.

faxer faxen ; ~ *qqch à qqn* jdm ein Fax (zu)schicken ; jdm etw (zu)faxen.

F.B.C.F. (*formation brute de capital fixe*) Bruttoanlageinvestition *f*.

F.C.A. (*franco transporteur*) frei Frachtführer (am benannten Ort).

F.C.F.A. *m* (*franc CFA, de la communauté financière africaine*) CFA-Franc *m*.

fco (*franco*) frei.

F.C.P. *m* (*fonds commun de placement*) Fonds *m* ; Investmentfonds *m* ; Sammelanlage-, Beteiligungsfonds ; Zertifikat *n* (einer Kapitalanlagegesellschaft) ; Anteil *m* an einer Investmentgesellschaft ; (Anteil an einem

Investmentfonds *m* ; Investmentfondsanteil *m.*

fébrile : *capitaux mpl ~s* heißes Geld *n* ; hot money *n* ; (*bourse*) *marché m ~* nervöser Markt.

fécondation *f* (*agriculture*) Besamung *f* ; *~ artificielle* künstliche Besamung (von Haustieren) ; *~ in vitro* Kaltbesamung ; in Vitro-Fertilisierung *f* ; Retortenzeugung *f.*

fécondité *f* (*agric.*) Fruchtbarkeit *f* ; *taux m de ~* Fruchtbarkeitsquote *f.*

fédéral, e Bundes-, bundesstaatlich ; föderalistisch ; *l'Allemagne ~e* die Bundesrepublik (Deutschland) ; *autorités fpl ~es* Bundesbehörden *fpl* ; *chancelier m ~* Bundeskanzler *m* ; (*Suisse*) *Conseil m ~* Bundesrat *m.*

fédéralisme *m* Föderalismus *m.*

fédéraliste föderalistisch.

fédératif, ive föderativ.

fédération *f* **1.** (*polit.*) Föderation *f* ; Bündnis *n* ; Bund *m* **2.** Zentralverband *m* ; Dachorganisation *f* ; Spitzenorganisation *f,* -verband ; *~ patronale* Arbeitgeberverband ; *~ professionnelle* Berufsverband ; *~ de syndicats* Gewerkschaftsverband ; gewerkschaftlicher Dachverband ; *~ des syndicats de l'industrie* Industrieverband.

fédérer vereinigen ; *se ~* sich zu einer Föderation zusammenschließen ; sich verbünden ; *se ~ au sein d'un organisme* in einer Organisation zusammengeschlossen sein.

feed-back *m* Feedback *n* ; Antwort *f* ; Rückmeldung *f,* -koppelung *f.*

félicitation *f* Glückwunsch *m* ; Gratulation *f* ; Lob *n* ; *lettre f, télégramme m de ~s* Glückwunschschreiben *n,* -telegramm *n.*

F.E.L.I.N. (*fonds d'État libéré d'intérêt nominal*) Staatsfonds *m* mit getrennt notiertem Kapital und Jahreszinsschein.

féminin, e weiblich ; *de sexe ~* weiblichen Geschlechts ; *magazine m ~* Frauenzeitschrift *f* ; *main-d'œuvre f ~e* weibliche Arbeitskräfte *fpl* ; *mode f ~e* Damenmode *f* ; *pouvoir m ~* Frauenpower *f* ; *profession f ~e* Frauenberuf *m* ; *question f ~e* Frauenfrage *f* ; *travail m ~* Frauenarbeit *f.*

féminisation *f* Feminisierung *f.*

féminiser : (*se*) *la profession se ~ise* in den Berufen gibt es immer mehr Frauen.

féministe Frauen- ; *mouvement m ~* Frauenbewegung *f.*

femme *f* Frau *f* ; *~ active* berufstätige Frau ; *~ au foyer* Hausfrau *f* ; *~ d'affaires* Geschäftsfrau ; *~ célibataire* ledige (unverheiratete) Frau ; Single *m* ; Junggesellin *f* ; *~ commerçante* Kauffrau ; handeltreibende Frau ; *~ au foyer* Hausfrau ; *~ seule* alleinstehende Frau ; *droit m de vote des ~s* Frauenwahlrecht *n* ; *Journée f internationale de la ~* internationaler Frauentag *m.*

fenaison *f* (*agric.*) Heuernte *f.*

féodal, e (*hist.*) feudal ; feudalistisch ; *société f ~e* Feudalgesellschaft *f.*

féodalité *f* **1.** (*hist.*) Feudalherrschaft *f* ; Feudalismus *m* **2.** (*fig.*) mächtige Wirtschaftsgruppe *f* ; Finanzbarone *mpl.*

fer *m* Eisen *n* ; *industrie f du ~ et de l'acier* Eisen- und Stahlindustrie *f* ; *transport m par ~* Schienentransport *m.*

férié, e : *jour m ~* Feiertag *m* ; (*légal*) gesetzlicher Feiertag ; *jour non ~* Werktag ; *jour ~ non chômé* Feiertagsarbeit *f* ; *indemnité f de salaire pour jour ~ non chômé* Feiertagszuschlag *m* ; *fermé le dimanche et les jours ~s* sonn- und feiertags geschlossen.

fermage *m* Halbpacht *f* ; *bail m, contrat m de ~* Pachtvertrag *m.*

ferme *f* **1.** Bauernhof *m* ; (Bauern-, Land)Gut *n* ; *-école* landwirtschaftlicher Lehrbetrieb *m* ; *~ biologique* ökologisch betriebener Hof ; *~ d'État* Staatsgut ; *vacances fpl à la ~* Urlaub *m* auf dem Bauernhof **2.** Pacht *f* ; Verpachten *n* ; *bail m à ~* Pachtvertrag *m* ; *bailleur m à ~* Verpächter *m* ; *preneur m à ~* Pächter *m* ; *donner à ~* verpachten ; in Pacht geben ; *prendre à ~* pachten ; in Pacht nehmen.

ferme (*prix* ; *cours*) fest ; unveränderlich ; gleichbleibend ; *commande f ~* feste Bestellung *f* ; *contrat m ~* unwiderruflicher Vertrag *m* ; *cours mpl ~s* feste Kurse *mpl* ; (*bourse*) *marché m ~* feste Tendenz *f* ; große Festigkeit *f* an der Börse ; *marché m (à terme) ~* festes Geschäft *n* ; Fixgeschäft ; *offre f ~* bindendes Angebot *n* ; feste Offerte *f* ; *prix mpl ~s* feste Preise *mpl* ; *réservation f ~* Festreservierung *f* ; *valeur f ~* unveränderter (gleichbleibender) Wert ; *acheter, vendre ~* fest kaufen, verkaufen ; *engager ~* fest anstellen.

fermer schließen ; ~*é* (*magasin*) geschlossen ; (*hors service*) außer Betrieb ; ~*é pour cessation d'activité* stillgelegter Betrieb *m* ; ~*é pour cause de vacances* wegen Betriebsferien geschlossen ; ~*é à clé* verschlossen ; ~ *une usine* eine Fabrik stilllegen ; *les magasins ferment à 20 h* die Geschäfte machen um 20 Uhr zu.

fermeté *f* **1**. Strenge *f* ; Entschlossenheit *f* ; *faire preuve de* ~ Entschlossenheit beweisen **2**. Festigkeit *f* ; Beständigkeit *f* ; (*bourse*) ~ *des cours* feste Tendenz *f.*

fermeture *f* Schließung *f* ; Schluss *m* ; (*définitive*) Stilllegung *f* ; ~ *annuelle* Betriebs-, Werksferien *pl* ; ~ *des bureaux* Büroschluss ; ~ *de l'entreprise* Betriebsstilllegung *f* ; ~ *des guichets* Schalterschluss ; ~ *hebdomadaire* Ruhetag *m* ; Betriebsruhe *f* ; ~ *des magasins* Laden-, Geschäftsschluss *m* ; *pendant les heures de* ~ außerhalb der Öffnungszeiten ; außerhalb der Geschäfts-, der Dienstzeiten.

fermier *m* **1**. Landwirt *m* ; Bauer *m* **2**. (Grund-, Land)Pächter *m*.

fermier, ière 1. (*agro-alimentaire*) (*préfixe*) Bauern- ; Land- ; *poulet m* ~ auf dem Hof aufgezogenes Huhn *n* (Hähnchen *n*) ; *produit m* ~ Landprodukt *n* **2**. *société f* ~*ière* Pachtgesellschaft *f.*

ferraille *f* **1**. Schrott *m* ; Alteisen *n* ; Altmetall *n* ; *commerce m de la* ~ Schrotthandel *m* ; *mettre à la* ~ verschrotten ; *vendre au prix de la* ~ zum Schrottwert verkaufen **2**. (*fam.*) Klimpergeld *n* ; Münzen *fpl* ; Geldstücke *npl*.

ferrailleur *m* Schrotthändler *m* ; Alteisenhändler.

ferrée : *par voie* ~ per Bahn (Schiene) ; mit der Eisenbahn ; auf dem Schienenweg.

ferreux, euse Eisen- ; eisenartig ; eisenhaltig.

ferroutage *m* Huckepackverkehr *m*.

ferrouter im Huckepackverkehr befördern.

ferroviaire (Eisen)Bahn- ; Schienen- ; *tarif m* ~ Bahntarif *m* ; *trafic m* ~ Bahn-, Zugverkehr *m* ; *transport m* ~ Bahn-, Schienentransport *m*.

ferry-boat *m* Eisenbahnfähre *f* ; Fährschiff *n* ; (Auto)Fähre *f* ; ~ *transmanche* Kanalfähre *f* ; *compagnie f de* ~*s* Fährgesellschaft *f.*

fertile (*agric.*) fruchtbar ; ertragreich ; ergiebig.

fertilisant *m* (*agric.*) Düngemittel *n* ; Dünger *m*.

fertiliser (*agric.*) düngen ; fruchtbar machen.

fertilité *f* (*agric.*) Fruchtbarkeit *f* ; Ergiebigkeit *f* ; Ertrag *m*.

fête *f* Fest *n* ; Feiertag *m* ; ~ *légale* gesetzlicher Feiertag ; ~ *nationale* National-, Staatsfeiertag ; ~ *du travail* Tag *m* der Arbeit ; *les dimanches et* ~*s* an Sonn- und Feiertagen.

feu *m* (*incendie*) Brand *m* ; Feuer *n* ; ~ *de paille* Strohfeuer ; ~ *vert* Zustimmung *f* ; grünes Licht *n* ; *dégâts mpl du* ~ Brandschaden *m* ; *mur m* (*écran m*) *coupe-*~ Brandmauer *f* ; (*par défrichage*) Brandrodung *f* ; *soldat m du* ~ Feuerwehrmann *m*.

feuille *f* **1**. Blatt *n* ; (Papier)Bogen *m* ; *une* ~ *de papier* ein Blatt (Bogen) Papier ; ~ *de papier à lettres* Briefbogen **2**. Schein *m* ; Liste *f* ; ~ *d'impôt* Steuerbescheid *m* ; ~ *de maladie* Krankenschein *m* ; ~ *de paie* Gehalts-, Lohnabrechnung *f* ; Gehaltszettel *m* ; Lohn-, Gehaltsstreifen *m* ; ~ *de présence* Anwesenheitsliste *f* ; ~ *de soins* Behandlungsschein *m* **3**. (*fam.*) ~ *de chou* Käseblatt *n* ; ~ *locale* Lokalzeitung *f* ; Lokalanzeiger *m* **4**. (*bourse*) ~ *de coupons* Kuponbogen *m* ; Zinsscheinbogen *m*.

feuillet *m* Blatt *n* ; *à* ~*s interchangeables, mobiles* lose Blätter ; (*cahier de comptab.*) Folioblatt ; (*timbres, pièces de monnaie*) Numisblatt.

FF (*hist. franc français*) französischer Franc *m* ; französische Francs *mpl*.

fiabilité *f* **1**. (*appareil*) Zuverlässigkeit *f* ; Verlässlichkeit *f* ; Betriebssicherheit *f* ; *d'une grande* ~ von großer Zuverlässigkeit ; *test m de* ~ Zuverlässigkeitstest *m*, -prüfung *f* **2**. (*personne*) Vertrauenswürdigkeit *f* ; Verlässlichkeit ; *collaborateur m sans aucune* ~ unverlässlicher Mitarbeiter *m*.

fiable zuverlässig ; betriebssicher ; verlässlich ; vertrauenswürdig.

fiasco *m* Fiasko *n* ; Misserfolg *m* ; (*fam.*) Reinfall *m* ; *essuyer un* ~ ein Fiasko erleben ; *faire* ~ scheitern ; misslingen.

Fibor (*Frankfurt Interbank Offered Rate* ; *taux interbancaire offert sur la* *place de Francfort*) Fibor *m* ; Frankfurter Interbankensatz *m* (*remplacé par* → **Euribor**).

fibre *f* Faser *f* ; ~ *de carbone* Kohlefaser ; Carbonfaser ; Kohlefaserverbundstoff *m* ; ~ *naturelle* Naturfaser ; ~ *synthétique* Chemie-, Kunstfaser ; synthetische (Textil)Faser ; ~ *textile* Textilfaser ; ~ *de bois, de verre* Holz-, Glasfaser ; (*agro-alimentaire*) *alimentation f riche en* ~*s* ballaststoffreiche Nahrung *f.*

ficeler (*fam.*) schnüren ; ausarbeiten ; konzipieren ; ausdenken ; *contrat m bien, mal* ~*é* gut, schlecht konzipierter Vertrag *m.*

ficelle *f* : ~ *comptable* Buchhaltertrick *m* ; (*affaire louche*) *tireur m de* ~*s* Drahtzieher *m* ; *connaître toutes les* ~*s du métier* alle Kniffe und Tricks des Berufs kennen.

fiche *f* (Kartei)Karte *f* ; Zettel *m* ; Blatt *n* ; Bogen *m* ; (*demande de stage*) ~ *d'agrément* Zulassungsformular *n* ; (*tourisme*) ~ *d'arrivée* Anmeldeformular *n* ; (*hôtel*) Meldeschein *m*, -zettel *m* ; (*informatique*) ~ *de contact* Steckkontakt *m* ; ~ *de contrôle* Kontrollzettel, -schein *m* ; ~ *d'état civil* Personenstandsurkunde *f* ; ~ *de fabrication* Fertigungszettel ; ~ *individuelle* Personalblatt, -bogen *m* ; ~ *informatisée* Fiche *f* ; (*douane*) ~ *de passage* Laufzettel ; ~ *de paie* Lohnstreifen *m*, -zettel *m* ; ~ *de renseignements* Auskunftsbogen *m* ; ~ *de santé* Gesundheitszeugnis *n* ; (*véhicule*) ~ *technique* technische Daten *pl.*

ficher (karteimäßig) erfassen ; registrieren ; *être* ~*é* registriert sein ; in einer Kartei stehen.

fichier *m* 1. Kartei *f* ; Register *n* ; Kartothek *f* ; ~ *central* Zentralregister *n* ; ~ (*de*) *clients* Kundenkartei ; Kundendatenbank *f* ; ~ *manuel* Zettelkasten *m* ; ~ *de mauvais conducteurs* Verkehrssünderkartei ; ~ *de recensement* Meldekartei ; ~ *des stocks* Lagerdatei ; *gestion f de* ~*s* Dateiverwaltung *f* ; *constituer, tenir un* ~ eine Kartei anlegen, führen ; *recenser des données dans un* ~ *central* Daten in einem Zentralregister erfassen 2. (*inform.*) Datei *f* ; Datenbank *f* ; ~ *d'entrée* Eingabedatei ; ~ *principal* Stamm-, Hauptdatei ; *mise à jour f de* ~*s* Karteienbereinigung *f* ; *mettre un* ~ *à jour* eine Kartei bereinigen.

fictif, ive Schein-, Proforma-, fingiert ; fiktiv ; *contrat m* ~ Scheinvertrag *m* ; *emploi m* ~ Scheinarbeit *f* ; Scheinbeschäftigung *f* ; *facture f* ~*ive* Proforma-Rechnung *f* ; *marché m* ~ Scheingeschäft *n* ; *ventes fpl* ~*ives* Scheinverkäufe *mpl.*

fidéicommis *m* (*jur.*) Fideikommiss *n* ; Vermächtnis *n* eines Nießbrauchsgutes.

fidéicommissaire *m* (*jur.*) fideikommissarischer Erbe *m* ; Letztbedachte(r).

fidèle treu ; ~ *à une marque* markentreu ; *clientèle f* ~ Stammkundschaft *f.*

fidèle *m* : ~ *d'une marque* Dauerkunde *m* ; Stammkunde ; markentreuer Kunde.

fidèlement getreu ; genau ; zuverlässig ; *rapporter* ~ genau berichten ; *traduire* ~ *un texte* einen Text wortgetreu übersetzen.

fidélisation *f* : ~ *de la clientèle* Kundenbindung *f* ; Kundenpflege *f* ; Kundenkontakt *m.*

fidéliser : ~ *la clientèle* sich Stammkunden schaffen ; Kunden an sich binden ; einen festen Kundenkreis heranbilden ; eine größere Kundenbindung erreichen.

fidélité *f* 1. Treue *f* ; ~ *à un commerçant, à une marque* Kunden-, Markentreue *f* ; ~ *au contrat* Vertragstreue *f* ; (*bourse*) *action f de* ~ Treueaktie *f* ; *carte f* ~ Treuekarte *f* ; Stammkundenkarte ; *prime f de* ~ Treueprämie *f* ; Kundenrabatt *m* 2. Genauigkeit *f* ; Zuverlässigkeit *f* ; *chaîne f de haute* ~ Hifi-Anlage *f.*

fiducie *f* : *société f de* ~ Treuhandgesellschaft *f.*

fiduciaire *m* (*jur.*) Treuhänder *m.*

fiduciaire 1. (*jur.*) treuhänderisch ; Treuhand- ; fiduziarisch ; *administrateur m, agent m* ~ Treuhänder *m* ; treuhänderischer Verwalter *m* ; *administration f* ~ Treuhandverwaltung *f* ; *société f* ~ Treuhandgesellschaft *f* 2. (*monnaie*) *circulation f* ~ (Bank-)Notenumlauf *m* ; Bargeldumlauf *m* ; *émission f* ~ Banknotenausgabe *f* ; *monnaie f* ~ Zeichengeld *n* ; Papier- und Hartgeld *n.*

fièvre *f* : ~ *des achats* Kaufrausch *m* ; *attiser la* ~ *des achats* die Kauflust steigern ; *succomber à la* ~ *des achats* dem Kaufrausch erliegen.

FIFO *f* (*firts in, firts out*) Fido-Methode *f* ; Bankprovision *f*.

fifty-fifty : (*fam.*) *faire* ~ halbe-halbe machen ; fifty-fifty machen.

figurer : ~ *à l'actif, au passif* auf der Aktivseite erscheinen, auf der Passivseite stehen ; ~ *sur une liste* auf einer Liste stehen.

fil *m* Faden *m* ; (*billet*) ~ *d'argent* (*de sécurité*) Sicherheitsfaden *m* ; Silberfaden ; *coup m de* ~ Anruf *m* ; Telefongespräch *n* ; Telefonat *n* ; *donner* (*passer*) *un coup de* ~ *à qqn* jdn anrufen ; *avoir qqn au bout du* ~ mit jdm telefonieren ; (*fam.*) jdn an der Strippe haben.

filature *f* **1.** (*usine*) Spinnerei *f* ; ~ *de coton, de la laine* Baumwoll-, Wollspinnerei **2.** (*procédé*) Spinnen *n* **3.** (*police*) Beschatten *n* ; *prendre qqn en* ~ jdn beschatten.

file *f* : ~ *d'attente* (*personnes*) Menschenschlange *f* ; (*voitures*) (Auto-)Schlange *f* ; Autokolonne *f* ; *chef m de* ~ Leiter *m* ; führender Kopf *m* ; Leader *m* ; *numéroter à la* ~ fortlaufend nummerieren.

filet *m* Netz *n* ; ~ *de pêche au chalut* Schleppnetz *n* ; ~ *dérivant* (*pêche*) Treibnetz *n* ; ~ *de protection sociale* Sozialnetz ; (*rafle*) *coup m de* ~ Großfahndung *f*.

filiale *f* Tochtergesellschaft *f*, -firma *f*, -betrieb *m* ; Tochter *f* ; Filiale *f* ; Filialgeschäft *n*, -betrieb *m*.

filialiser (*une société*) als Filiale (Tochterunternehmen) übernehmen.

filiation *f* (*jur.*) Abstammung *f* ; Filiation *f* ; ~ *légitime, naturelle* eheliche, uneheliche Abstammung.

filière *f* **1.** Bereich *m* ; Branche *f* ; Sektor *m* ; ~ *en expansion* expandierende Sparte *f* **2.** (Handels)Weg *m* ; Station *f* ; Etappe *f* ; Netz *n* (von Mittelspersonen, Zwischenstationen) ; *arrêteur m* ; *de la* ~ Endabnehmer *m* ; Letztkäufer *m par la* ~ *administrative* auf dem Verwaltungsweg ; *suivre la* ~ *administrative* den Instanzenweg durchlaufen ; den Dienstweg einhalten **3.** (*bourse*) indossabler Lieferschein *m* ; Andienungsschein *m* **4.** (*universitaire*) Studiengang *m*, -richtung *f* ; universitärer Ausbildungsgang ; Disziplin *f* ; ~ *d'évolution professionnelle* beruflicher Werdegang *m* ; ~ *de formation* Ausbildungsgang *m* ; ~ *de perfectionnement* Aufbaustudiengang ; Aufbaulehrgang **5.** (*criminelle*) Ring *m* ; Kette *f* ; *neutraliser, remonter une* ~ eine Verbrecherbande aushebeln, ausheben.

filigrane *m* (*billet de banque*) Wasserzeichen *n* ; Kinegramm *n*.

fille *f* Tochter *f* ; ~ *adoptive* Adoptivtochter ; ~-*mère* ledige (unverheiratete) Mutter *f*.

film *m* Film *m* ; ~ *publicitaire* Werbe-, Reklamefilm.

filon *m* **1.** (*mines*) Flöz *n* ; Ader *f* ; *découvrir, exploiter un* ~ eine Ader entdecken, ausbeuten **2.** (*fam.*) lukrativer Job *m* ; einträglicher Posten *m*.

fils *m* : *Durand et* ~ Durand und Sohn.

filou *m* Betrüger *m* ; Gauner *m* ; Schwindler *m*.

filouterie *f* Betrug *m* ; Gaunerei *f* ; Gaunerstück *n*.

filtrage *m* Aussieben *n* ; ~ *d'informations* Sieben *n* (genaue Kontrolle *f*) von Nachrichten ; (*liquides*) Filtrierung *f* ; (Ab)Filtern *n*.

filtrer filtern ; filtrieren ; sieben ; durchsickern.

fin *f* **1.** Ende *n* ; Schluss *m* ; ◆ ~ *d'alerte* Entwarnung *f* ; ~ *de l'année* Jahresende, -(ab)schluss ; ~ *du contrat* Vertragsende, -ablauf *m* ; ~ *courant* (*à la* ~ *du mois*) Ende des laufenden Monats ; (*chômage*) ~ *de droits* Sozialhilfe *f* ; ~ *d'exercice* Jahresabschluss *m* ; ~ *mai, juin* Ende Mai, Juni ; ~ *de mois* Monatsende ; ~ *prochain* Ende des nächsten Monats ; ~ *de série* Auslaufmodell *n* ; ◆◆ *chômeur m en* ~ *de droits* Sozialhilfeempfänger *m* ; *diplôme m de* ~ *d'études* Abschlusszeugnis *n* ; *examen m de* ~ *d'études* Abschlussprüfung *f* ; *paiement m* ~ *de mois* Zahlungsfrist bis (zum) Ultimo ; ◆◆◆ *améliorer ses* ~*s de mois* sein monatliches Einkommen aufpolieren ; *annoncer la* ~ *d'une crise, d'une alerte* entwarnen ; *arriver en* ~ *de droits* auf Sozialhilfe angewiesen sein ; keine Arbeitslosenunterstützung mehr beziehen ; *mettre* ~ *à qqch* etw beenden ; etw beendigen ; *obtenir le diplôme de* ~ *d'études* die Abschlussprüfung erwerben ; *toucher à sa* ~ zu Ende gehen **2.** (*but*) Ziel *n* ; Zweck *m* ; *à cette* ~ zu diesem Zweck ; *à des* ~*s de documentation* zu Dokumentationszwecken ; *arriver à ses* ~*s* sein(e) Ziel(e) erreichen **3.** (*jur.*) Antrag *m* ; Begehren *n* ; ~ *de non-rece-*

voir abschlägiger Bescheid *m* ; negative Antwort *f* ; (*encaissement*) *sauf bonne ~* unter üblichem Vorbehalt *m* ; *à toutes ~s utiles* zur weiteren Veranlassung ; zur Kenntnisnahme ; (*sens général*) auf alle Fälle ; vorsichtshalber **4.** *~s de série* Reste *mpl* ; auslaufende Modelle *npl* ; Sonderangebote *npl* ; Gelegenheitskäufe *mpl* ; Sonder-, Restposten *mpl.*

fin, e fein ; Fein- ; *épicerie f ~e* Feinkost *f* ; Delikatessen *fpl* ; Feinkostgeschäft *n* ; *or m* ~ Feingold *n.*

final, e (*préfixe*) End- ; Schluss- ; *bilan m ~* Schlussbilanz *f* ; *consommateur m ~* Endverbraucher *m* ; Letztverbraucher ; *décision f ~e* Schlussentscheidung *f* ; *montant m ~* Endbetrag *m* ; *phase f ~e* Schlussphase *f* ; *produit m ~* Endprodukt *n* ; *vote ~* Schlussabstimmung *f.*

finale : *en ~* letztendlich ; unter dem Strich.

1. finance *f* **1.** Finanz *f* ; Geldgeschäft(e) *n(pl)* ; (*monde m de*) *la ~* Finanzwelt *f* ; *haute ~* Hochfinanz *f* ; Geldaristokratie *f* ; *être dans la ~* Geldgeschäfte machen **2.** (Bar)Geld *n* ; *moyennant ~* mit (mit Hilfe von) Geld ; gegen Zahlung ; gegen Entgelt.

2. finances *fpl* Finanzen *fpl* ; Finanzwesen *n* ; Geldmittel *npl* ; *~ publiques* öffentliche Finanzen (Finanzwirtschaft) ; Staatsfinanzen ; Staatshaushalt *m* ; öffentliche Gelder *npl* ; *administration f des ~* Finanzverwaltung *f* ; *ministère m des ~* Finanzministerium *n* ; *ministre m des ~* Finanzminister *m* ; *loi f de ~* Haushalts-, Budgetgesetz *n* ; *projet m de loi de ~* Finanzvorlage *f.*

financement *m* Finanzierung *f* ; Kapital-, Geldbeschaffung *f* ; Geldaufbringung *f* ; Finanzierungsmittel *npl* ; Bereitstellung *f* von Geldmitteln ; *par ~* mit (durch/über) Finanzierung ; ◆ *~ bancaire* Bankfinanzierung ; *~ du capital risque* Wagnisfinanzierung ; *~ par des capitaux empruntés* (*extérieurs*) Fremdfinanzierung ; *~ par création monétaire* Finanzierung über die Notenpresse ; *~ croisé* Querfinanzierung, Quersubventionierung ; *~ par endettement, par emprunt* Fremdfinanzierung ; *~ externe* Außenfinanzierung ; *~ sur fonds propres* Eigenfinanzierung ; *~ interne* Innenfinanzierung ; *~ mixte* Mischfinanzierung ; *~ par participation* Beteiligungsfinanzierung ; *~ des partis politiques* Parteienfinanzierung *f* ; *~ propre* Selbst-, Eigenfinanzierung ; *~-relais* Anschluss-, Überbrückungsfinanzierung ; ◆◆ *base f de ~* Finanzierungsgrundlage *f* ; *coût m du ~* Finanzierungskosten *pl* ; *opération f de ~* Finanzierungsgeschäft *n* ; *plan m, société f de ~* Finanzierungsplan *m*, -gesellschaft *f* ; *source f de ~* Finanzierungsquelle *f.*

financer finanzieren ; Kapital beschaffen (aufbringen) ; *~ en commun* gemeinsam finanzieren ; *~é par des capitaux privés* aus (mit) Privatkapital finanziert ; *~ qqch sur des fonds empruntés, propres* etw aus Fremdmitteln, aus Eigenmitteln finanzieren ; *~ qqch par l'impôt* etw steuerfinanzieren ; *~é par la publicité, par l'impôt, par les cotisations* werbe-, steuer-, beitragsfinanziert.

financier *m* Finanzier *m* ; Bankier *m* ; Banker *m* ; Finanzfachmann *m* ; Geldmann *m* ; *~s* Finanz-, Geldleute *pl* ; *~ risqueur* Wagnisfinanzierer *m.*

financier, ière finanziell ; Finanz- ; Geld- ; *accord m ~* Finanzabkommen *n* ; *aide f ~ière* finanzielle Hilfe *f* ; *contrôle m ~* Finanzkontrolle *f* ; *crise f ~ière* Finanzkrise *f* ; finanzielle Krise *f* ; *difficultés fpl ~ières* finanzielle Schwierigkeiten *fpl* ; Geldschwierigkeiten ; *économie f ~ière* Finanzwirtschaft *f* ; *équilibre m ~* finanzielles Gleichgewicht *n* ; Finanzstabilität *f* ; *groupe m ~* Finanzgruppe *f* ; *marché m ~* **a)** Kapitalmarkt *m* **b)** (*devises*) Finanzmarkt ; *mesures fpl ~ières* finanzpolitische Maßnahmen *fpl* ; *moyens mpl ~s* Finanzmittel *npl* ; finanzielle Mittel ; *opération f ~ière* Geldgeschäft *n* ; *politique f ~ière* Finanzpolitik *f* ; *produits mpl ~s* Finanzerträge *mpl* ; Finanzprodukte *npl* ; *réforme f ~ière* Finanzreform *f* ; *service m ~* Finanzabteilung *f* ; *service m ~ et comptable* Finanz- und Rechnungswesen *n* ; *situation f ~ière* finanzielle Lage *f* ; Vermögensverhältnisse *npl* ; *soucis mpl ~s* Geldsorgen *fpl.*

financièrement finanziell (gesehen).

fin *f* **de droits** Sozialhilfe *f* ; *chômeur m en ~* Sozialhilfeempfänger *m* ; *arriver en ~* auf Sozialhilfe angewiesen sein ; keine Arbeitslosenunterstützung mehr beziehen ; Anspruch auf Sozialhilfe haben ; sozialhilfeberechtigt sein ; *être*

fin de série 1082

en ~ de droits nicht mehr anspruchsberechtigt sein.
fin *f* **de série** Auslaufmodell *n* ; *~ à prix réduit* preisgünstiges Auslaufmodell.
fini, e : *produits mpl ~s* Fertigprodukte *npl* ; Fertigwaren *fpl* ; Fertigerzeugnisse *npl* ; *produit bien, mal ~* gut, schlecht verarbeitetes Produkt.
finir 1. (*terminer*) beend(ig)en ; zu Ende führen ; vollenden **2.** (*technique*) fertig bearbeiten ; endbearbeiten ; fertigstellen.
finissage *m* End-, Fertigbearbeitung ; Fertigstellung *f* ; Vered(e)lung *f*.
finition *f* **1.** Fertigstellung *f* ; Endbearbeitung *f* ; *travaux mpl de ~* Endarbeiten *fpl* **2.** Verarbeitung *f* ; Ausführung *f* ; *~ soignée* gute Verabeitungsqualität *f* ; *niveau m de ~* Fertigungstiefe *f*.
fioul *m* **domestique** → **fuel.**
firme *f* **1.** Firma *f* ; Geschäft *n* ; Betrieb *m* ; Unternehmen *n* ; *~ d'importation* Importfirma **2.** (*raison sociale*) Firmenname *m* ; Handelsname ; Firmenbezeichnung *f*.
fisc *m* Fiskus *m* ; Finanzamt *n* ; Steuerbehörde *f* ; Staatskasse *f* ; *agent m du ~* Steuerbeamte(r) ; *inspecteur m du ~* Steuerprüfer *m* ; (*fam.*) *une descente du ~* (unvorhergesehene) Steuernachprüfung *f* ; *inspecteur m du ~* Steuerfahnder *m* ; *inspection f du ~* Steuerprüfung *f*, -revision *f* ; (*en cas de fraude*) Steuerfahndung *f* ; *somme f dissimulée au ~* hinterzogener Steuerbetrag *m* ; *frauder le ~* Steuern hinterziehen.
fiscal, e steuerlich ; Steuer- ; fiskalisch ; *allègement m ~* Steuererleichterung *f*, -ermäßigung *f* ; *amende f ~e* Steuerstrafe *f* ; *année f ~e* Steuerjahr *n* ; *autorités fpl ~es* Steuerbehörde *f* ; Finanzbehörde *f* ; *avantage m ~* Steuervorteil *m* ; Steuervergünstigung *f* ; *avoir m ~* Steuerguthaben *n* ; Steurgutschrift *f* ; *charges fpl ~es* Steuerlast *f* ; steuerliche Belastungen *fpl* ; Fiskallasten *fpl* ; *conseiller m, dégrèvement m ~* Steuerberater *m*, -nachlass *m* ; *contrôle m ~* Steuerprüfung *f* ; *contrôleur m ~* Steuerprüfer *m* ; *droits mpl fiscaux* Finanzzölle *mpl* ; *exercice m ~* Steuerjahr *n* ; *faute f ~e* Steuerstraftat *f*, -delikt *n* ; *fraude f ~e* Steuerhinterziehung *f* ; Steuerumgehung *f* ; *harmonisation f, immunité f ~e* Steuerangleichung *f*, -freiheit *f* ; *infraction f ~e* Steuervergehen *n* ; Steuerdelikt *n* ; *législation f, politique f ~e* Steuergesetzgebung *f*, -politik *f* ; *pression f, réforme ~e* Steuerlast *f*, -reform *f* ; *recettes fpl* (*rentrées fpl*) *~es* Steueraufkommen *n* ; *situation f ~e steuerliche Lage f* ; *timbre m ~* Steuer-, Stempel-, Gebührenmarke *f* ; *vérification f ~e* → *contrôle* ; *serrer la vis ~e* die Steuerschraube anziehen.
fiscalisation *f* Besteuerung *f*.
fiscaliser 1. besteuern ; eine Steuer erheben auf (+ A) ; mit einer Steuer belegen **2.** über (durch) Steuern finanzieren ; *~ un déficit budgétaire* ein Haushaltsdefizit über Steueraufkommen stopfen.
fiscaliste *m* Steuerfachmann *m* ; Steuerexperte *m*.
fiscalité *f* **1.** Steuerwesen *n* ; Steuersystem *n* ; *~ zéro* Steuersatz Null ; *harmonisation f des ~s européennes* Harmonisierung *f* (Vereinheitlichung *f*) der europäischen Steuersysteme ; *mode m* (*type m*) *de ~* Besteuerungsform *f* ; *pays m à faible ~* Niedrigsteuerland *n* **2.** Steuergesetzgebung *f* ; Steuerrecht *n* ; *réforme f de la ~* Steuerreform *f* **3.** Steuern *fpl* ; Steuerlast *f* ; steuerliche Belastung *f* ; *~ croissante* zunehmende Steuerbelastung *f* ; *~ des entreprises et du capital* Unternehmens- und Kapitalbesteuerung ; *~ excessive* übermäßig hohe Steuerlast ; sehr hohe Besteuerung *f*.
fissile (*atome*) spaltbar ; *matière ~* spaltbares Material *n* ; *produits mpl ~s non recyclables* nicht verwertbare Spaltprodukte *npl*.
fission *f* (*atome*) Spaltung *f* ; *~ nucléaire* Kernspaltung *f*.
fixation *f* Festsetzung *f* ; Festlegung *f* ; Fixierung *f* ; Veranlagung *f* ; *~ d'un délai* Fristsetzung ; *~ du prix, du salaire* Preis-, Lohnfestsetzung ; *~ de la valeur* Wertbestimmung *f* ; Wertfeststellung *f*.
fixe *m* Fixum *n* ; fester Betrag *m* ; festes (fixes) Gehalt *n* ; *toucher un ~* ein Fixum bekommen.
fixe fest, fix ; *coûts mpl ~s* fixe (feste) Kosten *pl* ; *à date ~* zu einem bestimmten Datum ; *à heure ~* zu einer bestimmten Stunde ; *dépôt m à terme ~* Termineinlage *f* ; Festgelder *npl* ; *plage f horaire ~* Fixzeit *f* ; *prix m ~* Festpreis *m* ; fester (verbindlicher) Preis *m* ; *à prix ~* zu festem Preis ; zum Festpreis ; *revenu m ~* festes Einkommen *n* ; fixes (festes) Gehalt *n* ; *sans domicile ~* ohne

festen Wohnsitz ; *valeurs fpl à intérêt* ~ festverzinsliche Werte *mpl* ; *système m des taux de change ~s* System *n* der festen Wechselkurse ; Festkurssystem *n*.

fixer festsetzen ; festlegen ; bestimmen ; fixieren ; ~ *les conditions* die Bedingungen festlegen ; ~ *une date, un délai* einen Termin, eine Frist vereinbaren ; *se* ~ *un objectif* sich ein Ziel setzen ; ~ *les parités de change* die Wechselkurse festsetzen ; *se* ~ (*s'établir*) sich niederlassen ; *se* ~ *des priorités* Prioritäten (Schwerpunkte) setzen ; ~ *un prix* einen Preis festsetzen ; *se* ~ *sur qqch* sich auf etw (+ A) festlegen.

fixing *m* (*bourse*) Fixing *n* ; Goldnotierung *f*.

fixité *f* Fixierung *f* ; Festschreibung *f* ; Starrheit *f* ; ~ *des taux de change* Wechselkursfestschreibung ; Fixierung der Wechselkurse ; festgeschriebene Wechselkurse *mpl*.

flacon *m* (*parfumerie*) Flakon *m/n* ; Glasfläschen *n* ; ~ *s vides* Fustage *f*.

flagrant offenbar ; offenkundig ; unbestreitbar ; *prendre qqn en* ~ *délit* jdn in flagranti (auf frischer Tat) ertappen (erwischen).

flambée *f* : ~ *des cours* Hochschnellen *n* der Kurse ; Höhenflug *m* der (Aktien)Kurse ; ~ *des prix* Preisexplosion *f* ; starker Preisauftrieb *m* ; Preislawine *f* ; Preiskarussel *n* ; *facteur m responsable de la* ~ *des prix* Preistreiber *m*.

flamber 1. (*cours, prix*) in die Höhe (nach oben) schießen ; *faire* ~ *les coûts, les prix* die Kosten, die Preise in die Höhe treiben **2.** (*dépenser inconsidérément son argent*) Geld verschwenden ; sein Geld verspielen ; hohe Einsätze wagen.

flambeur *m* Zocker *m* ; unverbesserlicher Spieler *m*.

flash *m* (*radio, télé*) Kurznachrichten *fpl* ; ~ *publicitaire* Werbespot *m*.

flat tax *f* Flat tax *f* ; Einheitssteuersatz *m* auf Mehrwert- und Körperschaftsteuer.

flèche : *monter en* ~ (*Preise*) in die Höhe schnellen ; emporschnellen ; plötzlich ansteigen.

fléchir 1. (*prix*) fallen ; sinken ; zurückgehen ; an Wert verlieren ; sich abkühlen ; ~ *sous la pression de l'opinion publique* dem Druck der öffentlichen Meinung nachgeben ; *l'épargne a fléchi* die Spartätigkeit ist zurückgegangen **2.** (*bourse*) abschwächen ; abflauen ; nachgeben ; *le dollar fléchit* der Dollar gibt nach.

fléchissement *m* Fallen *n* ; Sinken *n* ; Nachgeben *n* ; Rückgang *m* ; Dämpfung *f* ; Abebben *n* ; Abflauen *n* ; ~ *des commandes* Auftragsrückgang ; ~ *de la conjoncture* Konjunkturabschwächung *f*, -abflachung *f* ; ~ *des cours* Kursrückgang ; ~ *de la demande* Nachfragerückgang, -dämpfung *f* ; ~ *des investissements* Investitionsrückgang ; ~ *des prix* Preisrückgang ; *net* ~ *des prix* Preiseinbruch *m* ; ~ *de la production* Produktionsrückgang ; *accuser* (*marquer*) *un* ~ einen Rückgang aufweisen (verzeichnen).

fleuron *m* Pracht *f* ; Prunkstück *n* ; Glanzstück *n* ; *le* ~ *de l'industrie allemande* das Flaggschiff der deutschen Industrie.

fleuve *m* Strom *m* ; Fluss *m* ; *descendre, remonter un* ~ flussabwärts (stromabwärts), flussaufwärts (stromaufwärts) fahren.

flexibiliser flexibilisieren ; flexibel gestalten ; anpassen ; ~ *le temps de travail* die Arbeitszeit flexibilisieren.

flexibilité *f* (*prix* ; *taux*) Flexibilität *f* ; Anpassungsfähigkeit *f* ; ~ *du travail* Flexibilität des Arbeitsplatzes ; Arbeitszeitflexibilisierung *f*, -anpassung *f* ; Arbeitsmobilität *f*.

flexible (*prix, taux*) flexibel ; elastisch ; anpassungsfähig.

floating *m* Floating *n* ; Floaten *n* ; Freigabe *f* eines Wechselkurses.

flop *m* (*fam.*) Reinfall *m* ; Misserfolg *m* ; Flop *m* ; *être un* ~ ein Flop sein.

floral, e : *salon m* ~ Blumenschau *f*.

floralies *fpl* Blumenschau *f*.

florin *m* (*hist. monnaie néerlandaise*) Gulden *m*.

florissant, e florierend ; blühend ; boomend ; *commerce m* ~ blühender Handel *m* ; *être* ~ florieren ; florierend sein ; boomen.

flot *m* Flut *f* ; *un* ~ *d'immigrants* Einwandererstrom *m* ; (*navire*) *remettre à* ~ (wieder) flottmachen ; (*entreprise*) wieder auf die Beine bringen, gesundschrumpfen.

flottaison *f* → **flottement**.

flottant, e schwimmend ; *capitaux mpl ~s* heißes Geld *n* ; Hot money *n* ; fluktuierende Gelder ; *cours m ~* floatender Kurs ; *dock m ~* nasses Dock *n* ; Schwimmdock *n* ; *marchandise f ~e* schwimmende Ware ; *monnaie f flottante* floatende Währung *f* ; *taux m de change ~* freier Wechselkurs *m*.

flotte *f* Flotte *f* ; *~ de commerce (marchande)* Handelsflotte ; *~ de pêche* Fischer-, Fischereiflotte.

flottement *m* : *~ des monnaies* Floaten *n* ; Floating *n* ; Freigabe *f* der Wechselkurse ; Wechselkursfreigabe *f*.

flotter *(monnaie)* floaten ; schwanken ; *laisser ~ la monnaie* den Wechselkurs einer Währung freigeben ; eine Währung floaten lassen (freigeben).

flou *m* **juridique** Rechtsunsicherheit *f*.

flouse (flousse) *f (fam.)* → *fric*.

fluctuant, e schwankend ; fluktuierend ; Schwankungen unterworfen.

fluctuation *f* Schwankung *f* ; Schwanken *n* ; (Ver)Änderung *f* ; Fluktuation *f* ; *~s de la conjoncture* Konjunkturschwankungen ; *~s des cours* Kursschwankungen ; *~s de la main-d'œuvre* Fluktuation der Arbeitskräfte ; *~s du marché* Marktschwankung, -bewegung *f*, -veränderung ; *~s monétaires* Währungsschwankungen ; *~s des prix* Preisschwankungen ; *~s saisonnières* Saisonschwankungen ; jahreszeitlich bedingte (saisonale) Schwankungen ; *(monnaie) marges fpl de ~* Bandbreiten *fpl* ; *être sujet à des ~s* Schwankungen unterworfen sein.

fluctuer schwanken ; fluktuieren ; *les cours, les prix~ent* die Kurse, die Preise schwanken.

fluence *f* : *(inform.) diagramme m de ~* Flussdiagramm *n*.

fluide *(trafic)* : *circulation f ~* flüssiger (reibungsloser) Verkehr *m*.

fluidité *f* : *~ de la circulation* Flüssigkeit *f* des Verkehrs ; flüssiger Verkehr ; *~ de l'information* Informationsfluss *m*.

fluvial, e Fluss- ; Binnen- ; *navigation f ~e* Flussschifffahrt *f* ; *trafic m ~* Binnenschiff(fahrts)verkehr *m* ; *transport m ~* Transport *m* auf Binnenwasserstraßen.

flux *m* Strom *m* ; Fluss *m* ; *~ en amont* Mittel-Zufluss *m* ; *~ en aval* Mittel-Zustrom *m* ; *~ de biens* Güterstrom ; Warenaustausch *m* ; *~ de capitaux* Kapitalstrom, -fluss *m* ; *~ financiers* → *de capitaux* ; *~ d'informations* Informationsflut *f* ; *~ de liquidités* Casflow *m* ; *~ de marchandises* Warenstrom ; *~ migratoires* Migrationsströme *mpl* ; Wanderungsbewegungen *fpl* ; *~ monétaire* Geld-, Kapitalstrom ; *~ réel* Güterstrom ; *~ de services* Dienstleistungsströme *mpl* ; *~-tendu* → *flux tendu* ; *réglementer le ~ de migration à la frontière* den Grenzübergang gesetzlich regeln.

flux *m* **tendu** Null-Lagerung *f* ; Just-in-time-Lagerung ; genaue Abstimmung *f* von Zuliefer- und Produktionsterminen ; *en ~* Just-in-time-Prinzip *n*, -verfahren *n* ; *production f en ~* Just-in-time-Produktion *f*, -fertigung *f* ; *produire en ~* Just-in-time produzieren.

F.M.E. *m (Fonds monétaire européen)* EWF *m* ; Europäischer Währungsfonds *m*.

F.M.I. *m (Fonds monétaire international)* Internationaler Währungsfonds *m* ; IWF *m*.

F.N.S.E.A. *f (Fédération nationale des syndicats d'exploitants agricoles)* Nationaler Bauernverband *m* ; Dachorganisation *f* der landwirtschaftlichen Verbände.

F.O. *f (Force ouvrière)* französische Arbeitergewerkschaft *f*.

F.O.B. *(free on board)* fob ; frei an Bord ; *clause f, prix m ~* fob-Klausel *f*, -Preis *m*.

foi *f* Glaube *m* ; Vertrauen *n* ; *de bonne ~* in gutem Glauben ; ehrlich ; aufrichtig ; nach dem Grundsatz von Treu und Glauben ; *de mauvaise ~* böswillig ; unehrlich ; wider Treu und Glauben ; *digne de ~* glaubwürdig ; *(jur.) en ~ de quoi* zu Urkund (urkundlich) dessen ; *sous la ~ du serment* unter Eid ; eidlich ; *(texte) faire ~* verbindlich (maßgebend) sein ; *le cachet de la poste faisant ~* es gilt das Datum des Poststempels ; *agir en toute loyauté et de bonne ~* nach den Geboten von Treu und Glauben handeln ; *être de mauvaise ~ etw (Fehler, Irrtum usw) nicht einsehen wollen* ; böswillig (unaufrichtig) sein.

foire *f* Messe *f* ; Ausstellung *f* ; *(autre que commerciale)* Jahrmarkt *m* ; ◆ *~ annuelle* Jahrmarkt *m* ; *~ d'automne, de* *printemps* Herbst-, Frühjahrsmesse ; ~ *aux bestiaux* Viehmarkt *m* ; ~ *commerciale* Handelsmesse ; ~ *d'échantillons* Mustermesse ; *~-exposition* Ausstellungsmesse ; ~ *industrielle, spécialisée* Industrie-, Fachmesse ; ~ *de Hanovre, de Leipzig* Hannover, Leipziger Messe ; ◆◆ *bureau m d'organisation de la* ~ Messeamt *n* ; *carte f d'exposant (de participant) à une* ~ Messeausweis *m* ; *catalogue m de la* ~ Messekatalog *m* ; *nouveauté f présentée sur une* ~ Messeneuheit *f* ; *stand m de* ~ Messestand *m* ; *surface f d'une* ~ Messegelände *n* ; *ville f de* ~ Messestadt *f* ; *visiteur m de la* ~ Messebesucher *m* ; ◆◆◆ *avoir un stand dans une* ~ mit einem Stand auf einer Messe vertreten sein ; *exposer ses produits sur une* ~ seine Produktion auf einer Messe ausstellen ; *participer à une* ~ *internationale* sich an einer internationalen Messe beteiligen ; an einer Messe teilnehmen.

foison (*à*) in Hülle und Fülle ; in/im Überfluss (vorhanden).

folie *f* : ~ *des achats* Kaufrausch *m* ; Ausgabenwut *f* ; *faire une/des* ~(*s*) sich in Unkosten stürzen.

folio *m* **1.** (*comptab.*) Folio *n* ; Folioblatt *n* ; *numéro m de* ~ Buchungsnummer *f* **2.** (*édition*) Folio *n*.

foncier *m* Grundsteuer *f* ; *payer le* ~ *sur les propriétés bâties/non bâties* die Grundsteuer auf bebaute/unbebaute Grundstücke entrichten.

foncier, ière Grund- ; Boden- ; Grundstücks- ; Immobiliar- ; *bien m* ~ Grundstück *n* ; Liegenschaft *f* ; Grundbesitz *m*, -vermögen *n* ; *capital m* ~ Grundvermögen *n* ; *crédit m* ~ Hypothekar-, Immobiliarkredit *m* ; *impôt m* ~ Grundsteuer *f* ; *institut m de crédit* ~ Bodenkreditanstalt *f* ; Realkreditinstitut *n* ; *patrimoine m* ~ Grundbesitz *m* ; *propriétaire m* ~ Grundeigentümer *m* ; *propriété f* ~*ière* Grundbesitz *m* ; Grund und Boden ; *rente f* ~*ière* Grundrente *f* ; *revenu m* ~ Bodenertrag *m* ; Einkünfte *fpl* aus Grund und Boden ; *spéculation f* ~*ière* Bodenspekulation *f* ; *taxe f* ~*ière sur les propriétés (non) bâties* Grundsteuer *f* auf (un)bebaute Grundstücke.

fonction *f* Funktion *f* ; Amt *n* ; Tätigkeit *f* ; Dienst *m* ; Stellung *f* ; (*informatique*) ~ *d'aide* Hilfsfunktion ; ~ *au sein d'un parti* Parteiamt ; (*forfait m*) *pour dépenses de* ~*s* Aufwandspauschale *f* ; ~ *publique* öffentlicher Dienst *m* ; Staatsdienst ; Beamtenschaft *f* ; Staatsbedienstete *pl* ; *agent m de la* ~ *publique* Beamte(r) ; Staatsbedienstete(r) ; Angestellte(r) des öffentlichen Dienstes ; *appartement m, voiture f de* ~ Dienstwohnung *f*, -wagen *m* ; *employé m de la* ~ *publique* Angestellte(r) im öffentlichen Dienst ; *entrée f en* ~*s* Amtsantritt *m* ; *exercice m des* ~*s* Amtsausübung *f* ; ◆◆◆ *cesser ses* ~*s* aus dem Amt ausscheiden ; *démissionner d'une* ~ ein Amt niederlegen ; *entrer en* ~ sein Amt antreten ; *être en* ~ im Amt sein ; tätig sein ; *exercer* (*détenir*) *une* ~ ein Amt ausüben (innehaben, bekleiden) ; *faire* ~ *de...* fungieren als... ; *quitter ses* ~*s* aus dem Amt scheiden ; *revêtir une* ~ ein Amt bekleiden.

fonctionnaire *m* Beamte(r) ; Staatsdiener *m* ; öffentliche(r) Bedienstete(r) ; *les* ~*s* Beamtenschaft *f* ; ~ *assimilé* Angestellte(r) in beamtenähnlicher Stellung ; Beamte(r) auf Zeit ; ~*s du cadre moyen* mittleres Beamtentum *n* ; ~ *de carrière* Beamte(r) auf Lebenszeit ; Laufbahn-, Berufsbeamte(r) ; ~ *civil* Zivilbeamte(r) ; ~ *de l'État* Staatsbeamte(r) ; ~ *du cadre supérieur* gehobener Dienst ; ~ *inspecteur* Kontroll-Beamte(r) ; ~ *de justice* Rechtspfleger *m* ; ~ *subalterne* untere(r) (untergeordneter) Beamte(r) ; *haut* ~ hohe(r) Beamte(r) ; Beamte(r) des höheren Dienstes ; *petit* ~ kleine(r) Beamte(r) ; Beamte(r) des einfachen Dienstes ; *corruption f de* ~*s* Beamtenbestechung *f* ; *état m de* ~ Beamtenstand *m* ; Beamtentum *n* ; *être* ~ im Staatsdienst stehen ; Beamte(r) sein.

fonctionnariat *m* Beamtentum *n* ; Beamtenschaft *f* ; Beamtenstand *m*.

fonctionnarisation *f* **1.** Verbeamtung *f* ; Übernahme *f* ins Beamtenverhältnis **2.** (*péj.*) Bürokratisierung *f*.

fonctionnariser verbeamten ; ins Beamtenverhältnis übernehmen ; den Status eines Beamten gewähren.

fonctionnarisme *m* (*péj.*) Bürokratie *f*.

fonctionnel, le funktionell ; funktional ; zweckentsprechend.

fonctionnement *m* Funktionieren *n* ; Arbeitsweise *f* ; Arbeiten *n* ; (*d'un appareil*) Funktionsweise *f* (eines Geräts) ; *le bon* ~ *de qqch* die Funktionsfähigkeit

fonctionner 1086

(von etw) ; einwandfreies Funktionieren ; ~ *d'une entreprise* Betriebsablauf *m* ; ~ *du marché* Marktgeschehen *n* ; ♦♦ *budget m de* ~ Funktionsbudget *n* ; *défauts mpl de* ~ *administratif* verwaltungstechnische Mängel *mpl* ; *frais mpl de* ~ Betriebskosten *pl* ; *mode m de* ~ Arbeitsweise *f* ; *en état de* ~ funktionsfähig.

fonctionner funktionieren ; arbeiten ; in Betrieb sein ; laufen ; ~ *automatiquement* automatisch funktionieren ; ~ *à 85 % des capacités de l'usine* zu 85 Prozent seiner Werkskapazitäten ausgelastet sein ; ~ *à vide* leer laufen ; *faire* ~ in Gang setzen ; bedienen.

fond *m* 1. Grund *m* ; Boden *m* ; (*mines*) *au* ~ unter Tage ; *mineur m de* ~ Unter-Tage-Arbeiter *m* ; (*pêche*) ~ *de pêche* Fischgründe *mpl* ; *grands* ~*s Tiefsee f* 2. (*fig.*) Inhalt *m* ; Kern *m* ; Wesentliche(s) ; *le* ~ *du problème* der Kern des Problems 3. (*jur.*) (Haupt)Sache *f* ; *juger au* ~ in der Sache urteilen ; *statuer sur le* ~ zur Sache entscheiden 4. ~ *de caisse* Kassengeld *n* ; Klein-, Wechselgeld.

fondamental, e : *besoins mpl* ~*aux* Grundbedürfnisse *npl* ; *recherche f* ~*e* Grundlagenforschung *f.*

fondamentaux *mpl* Wirtschaftsdaten *pl* ; Eckwerte *mpl* ; Grundbegriffe *mpl* ; Grundprinzipien *npl* ; Fundamentalkonzepte *npl*.

fondateur *m* 1. Gründer *m* ; *co-*~ Mitbegründer *m* ; *membre m* ~ Gründungsmitglied *n* ; *part f de* ~ Gründeraktie *f* ; *sociétaire m* ~ Gründungsgesellschafter *m* 2. Stifter *m*.

fondation *f* 1. Gründung *f* ; ~ *d'un commerce* Geschäftsgründung, -eröffnung *f* ; *acte m de* ~ Gründungsurkunde *f* 2. Stiftung *f* ; ~ *privée* Privatstiftung ; ~ *publique* öffentliche Stiftung ; Stiftung des öffentlichen Rechts.

fondé, e begründet ; berechtigt ; gerechtfertigt ; *bien, mal* ~ wohlbegründet, unzureichend begründet.

fondé *m* **de pouvoir** Prokurist *m* ; Bevollmächtigte(r) ; Handlungsbevollmächtigte(r).

fondement *m* Grundlage *f* ; Ausgangspunkt *m* ; Basis *f* ; Begründung *f* ; ~ *juridique* Rechtsgrundlage *f* ; *dénué de tout* ~ unbegründet ; unhaltbar ; *sans* ~ *juridique* ohne Rechtsgrundlage ; *information f sans* ~ gegenstandslose Information *f* ; *cette information est dénuée de tout* ~ diese Nachricht entbehrt jeder Grundlage (ist völlig unbegründet) ; *jeter les* ~*s de qqch* die Grundlagen für etw schaffen ; das Fundament für etw legen.

fonder 1. (*établir les bases*) den Grund legen : basieren (*créer*) gründen ; eröffnen ; errichten ; ~ *une maison de commerce* ein Geschäft errichten ; ~ *une société* eine Gesellschaft gründen 2. (*justifier*) begründen.

fonderie *f* Gießerei *f.*

fondre (ab)schmelzen ; (zusammen)-schrumpfen ; *les bénéfices ont fondu de... €* der Gewinn ist um... € abgeschmolzen.

fonds *m*	1. *biens immeubles ou fonciers* 2. *capitaux ; argent* 3. *fonds de commerce*

1. *(biens immeubles ou fonciers)* Grundstück *n* ; Grund und Boden *m* ; Liegenschaft *f* ; ~ *hypothéqué* hypothekarisch belastetes Grundstück ; *marchand m de* ~ Grundstücksmakler *m*.

2. *(capitaux ; argent)* Geld(er) *n(pl)* ; Geld(mittel) *n(pl)* ; Kapital *n* ; Fonds *m* ; ♦ ~ *affilié* Fondstochter *f* ; (*U.E.*) ~ *de cohésion* Kohäsionsfonds ; ~ *commun de placement* Investment-, Sammelanlage-, Beteiligungsfonds ; (zinsgünstige) Schuldverschreibung *f* ; Obligation *f* ; (ertragreicher) Schatzbrief *m* → **F.C.P.** ; ~ *de compensation* Ausgleichsfonds ; ~ *disponibles* verfügbare (flüssige) Mittel ; ~ *empruntés* aufgenommene Mittel (Gelder) ; Darlehens-, Kreditmittel *npl* ; ~ *en dépôt* Depositen(gelder) *(n)pl* ; ~ *d'épargne* Spargelder ; ~ *d'épargne-retraite* Pensionsfonds ; Rentensparfonds ; ~ *de garantie* Garantie-, Sicherheitsfonds ; ~ *de grève* Streikkasse *f* ; ~ *d'indemnisation* Entschädigungsfonds ; ~ *monétaire international* (*F.M.I.*) Internationaler Währungsfonds (IWF) ; ~ *de participation* Beteiligungsfonds ; ~ *de pension* Pensionsfonds ; (*épargne-retraite*) Altersversorgung *f* ; Zusatzrente *f* ; ~ *de placement* Investmentfonds ; Kapitalanlagefonds ; ~ *de placement (en valeurs mobilières) grand public* Publikumsfonds ; ~ *publics* Staatsgelder ; öffentliche Mittel ; Gelder

der öffentlichen Hand ; ~ *en report* Reportgelder ; ~ *de réserve* Reserve-, Rücklagefonds ; eiserner Bestand *m* ; eiserne Reserve ; ~ *de retraite financé par les entreprises* betrieblicher Pensionsfonds ; ~ *de roulement* Betriebskapital ; Umlaufvermögen *n* ; arbeitendes (umlaufendes) Kapital ; ~ *secret* Geheimfonds ; Reptilienfonds ; geheimer Dispositionsfonds ; ~ *social* Gesellschafts-, Geschäftskapital ; ~ *de solidarité* Solidaritätsfonds ; (*grévistes*) Streikkasse *f* ; (*U.E.*) ~ *structurel* Strukturfonds ; ~ *d'urgence* Notfonds ; ◆◆ *à* ~ *perdu* → ***à fonds perdu*** ; *appel m de* ~ Kapitalanforderung *f* ; Einforderung *f* von Kapital auf Aktien ; *bailleur m de* ~ Geld-, Kapitalgeber *m* ; stiller Teilhaber ; *détenteur m de* ~ Fondsinhaber *m* ; *mise f de* ~ Kapitaleinlage *f* ; Einschuss *m* ; *placement m à* ~ *perdu* zweifelhafte Kapitalanlage *f* ; *rappel m de* ~ Zurückziehung *f* von Geldern ; ◆◆◆ *affecter des* ~ *à qqch* Gelder für etw bereitstellen ; *avancer des* ~ Gelder vorschießen ; *collecter* (*recueillir, réunir*) *des* ~ Gelder auftreiben ; *dégager des* ~ (Geld)Mittel lockermachen ; *déposer des* ~ Gelder deponieren (hinterlegen) ; *détourner des* ~ Gelder unterschlagen ; *emprunter des* ~ Kapital aufnehmen ; *fournir les* ~ Kapital aufbringen ; *immobiliser des* ~ Kapital binden ; *payer sur les* ~ *de l'État* aus öffentlichen Mitteln (be)zahlen ; *rechercher des* ~ Kapital beschaffen ; *utiliser des* ~ Gelder verwenden ; *placer des* ~ Geld(er) anlegen ; *verser des* ~ Gelder einzahlen.

3. (*fonds de commerce*) Geschäft *n* ; Handelsgeschäft, -unternehmen *n* ; Laden *m* ; Firmenwert *m* ; ~ *artisanal* Handwerksbetrieb *m* ; *cession f de* ~ Geschäftsveräußerung *f*.

fonds *mpl* **marins** (*pêche*) Meeresboden *m*.

Fonds *m* **monétaire européen** (**F.M.E.**) Europäischer Währungsfonds *m*.

Fonds *m* **monétaire international** (**F.M.I.**) Internationaler Währungsfonds *m*.

fonds perdu (à) ~ auf Verlustkonto ; ohne Aussicht auf Rückerstattung (Gegenleistung) ; verloren ; *aide f, subvention f* ~ verlorener Zuschuss *m* ; *prêter* ~ Geld unter Verzicht auf Rückzahlung zur Verfügung stellen.

Fonds *m* **social européen** Europäischer Sozialfonds *m*.

fongibilité *f* (*jur.*) Fungibilität *f* ; Austauschbarkeit *f* ; Ersetzbarkeit *f* ; Vertretbarkeit *f* (von Gütern).

fongible (*jur.*) vertretbar ; fungibel ; *biens mpl* ~*s* austauschbare Güter *npl* ; *chose f* ~ vertretbare Sache *f* ; Gattungssache.

fongicide *m* (*agriculture*) Fungizid *n* ; Pilzvernichtungsmittel *n*.

fonte *f* (*métallurgie*) Gießen *n* ; Guss *m* ; Verhütten *n* ; ~ *brute* Roheisen *n*.

footsie *m* (*bourse*) Footsie *m* ; Londoner Börsenindex *m*.

F.O.R. (*incoterms*) → ***free on rail***.

forage *m* Bohren *n* ; Bohrung *f* ; ~ *de pétrole* Bohrung nach Öl ; Ölbohrung.

forain *m* Schausteller *m* ; *roulotte f, caravane f de* ~*s* Schaustellerwagen *m*.

forain, e 1. Jahrmarkt- ; *commerce m* ~ Markthandel *m* ; Wandergewerbe *n* ; Wanderhandel *m* ; *marchand m* ~ Jahrmarkthändler *m* ; fliegender (ambulanter) Händler ; Markthändler *m* **2.** (*jur.*) *audience f* ~*e* auswärtige Gerichtssitzung *f* ; Lokaltermin *m*.

1. force *f* Kraft *f* ; Stärke *f* ; Gewalt *f* ; Macht *f* ; Wirksamkeit *f* ; Zwang *m* ; ◆ *avec* ~ nachdrücklich ; *par la* ~ *des choses* zwangsläufig ; notgedrungen ; ~ *économique* Wirtschaftskraft, -stärke ; ~ *majeure* höhere Gewalt ; Härte *f* ; ~ *libératoire* befreiende Wirkung *f* ; ~ *de loi* Gesetzeskraft ; ~ *rétroactive* rückwirkende Kraft *f* ; Rückwirkung *f* ; ~ *de travail* Arbeitskraft ; ~ *de vente* **a)** Vertriebsabteilung *f* **b)** Vertreterstab *m* ; Außendienst *m* ; Verkaufsmannschaft *f* ; ◆◆ *politique f de* ~ Gewaltpolitik *f* ; *recours m à la* ~ Gewaltanwendung *f* ; *travailleur m de* ~ Schwer(st)arbeiter *m* ; ◆◆◆ *accepter par* ~ gezwungenermaßen annehmen ; *acquérir* ~ *de loi* Gesetzeskraft erlangen ; *avoir* ~ *de loi* Gesetzeskraft haben (besitzen) ; rechtsverbindlich sein ; *c'est un cas de* ~ *majeure* hier liegt höhere Gewalt vor ; *employer* (*recourir à*) *la* ~ Gewalt (Zwang) anwenden ; *être dans la* ~ *de l'âge* auf der Höhe der Schaffenskraft sein ; *la* ~ *prime le droit* Gewalt geht vor Recht.

2. force(s) *f(pl)* Streitmacht *f* ; Streitkräfte *fpl* ; ~*s armées* Streitmacht ; ~ *de frappe* Atomstreitmacht ; ~ *pu-*

forcé, e

blique öffentliche Gewalt *f* ; Polizei *f* ; ~*s de l'ordre* (Ordnungs)Polizei *f* ; Ordnungskräfte *fpl*.

forcé, e erzwungen ; gezwungen ; Zwangs- ; obligatorisch ; *adjudication f* ~*e* Zwangsversteigerung *f* ; *arrêt m* ~ Zwangsaufenthalt *m* ; *cours m* ~ Zwangskurs *m* ; *évacuation f* ~*e* Zwangsräumung *f* ; *exécution f* ~*e* Zwangsvollstreckung *f* ; *expropriation f* ~*e* Zwangsenteignung *f* ; *recouvrement m* ~ Zwangsbeitreibung *f* ; *travaux mpl* ~*s* Zwangsarbeit *f* ; *vente f* (*aux enchères publiques*) ~*e* Zwangsversteigerung *f* ; Zwangsverkauf *m*.

Force ouvrière *f* (**F.O.**) französische Arbeitnehmergewerkschaft *f*.

forcer : ~ *un barrage de police* eine Polizeisperre durchbrechen ; ~ *un blocus* eine Blockade brechen ; ~ *un obstacle* ein Hindernis überwinden.

forcing *m* Kraftanstrengung *f* ; *faire du* ~ große Anstrengungen machen ; viel Energie aufwenden.

forclore (*jur.*) (wegen Fristversäumnis) ausschließen ; präkludieren ; *se laisser* ~ ein Recht nicht fristgemäß ausüben.

forclusion *f* (*jur.*) Rechtsausschluss *m*, -verwirkung *f* ; Anspruchsverjährung *f* ; Präklusion *f* ; *délai m de* ~ Ausschlussfrist *f*.

fordisme *m* Fordismus *m* ; Taylorismus *m* (*contr. Toyotisme*).

forer bohren.

forestier, ière Wald- ; forstwirtschaftlich ; *code m* ~ Fortsrecht *n* ; *garde m* ~ Förster *m* ; *ouvrier m* ~ Waldarbeiter *m* ; *région f* ~*ière* Waldgebiet *n* ; Waldgegend *f*.

forêt *f* **1.** Wald *m* ; Forst *m* ; ~ *domaniale* Staatsforst ; forstwirtschaftliches Staatsvermögen *n* ; ~ *tropicale* Regenwald **2.** *les Eaux et Forêts* Forstwesen *n*.

forfait *m* (*montant fixé*) Pauschalpreis *m* ; Pauschalsumme *f* ; Pauschale *f* ; Pauschalbetrag *m* ; (*contrat*) Akkord *m* ; Akkordvertrag *m* ; (*indemnité*) Abfindung *f* ; Abstandsgeld *n* ; Konventionalstrafe *f* ; ♦ ~ *pour frais professionnels* Kostenpauschale ; (*tourisme*) ~ *individuel* Einzelpauschalreise *f* ; ~ *kilométrique* Kilometerpauschale ; Kilometergeld *n* ; ♦♦ *prix m à* ~ Pauschalpreis *m* ; *ouvrier m à* ~ Akkordarbeiter *m* ; *travail m à* ~ Akkordarbeit *f* ; ♦♦♦ *acheter, vendre qqch à* ~ etw zu einem Pauschalpreis kaufen, verkaufen ; in Bausch und Bogen kaufen, verkaufen ; *être au* ~ (*impôt*) pauschal besteuert werden ; *faire un* ~ *avec un entrepreneur* mit einem Unternehmer auf Pauschalbasis arbeiten, einen Pauschalpreis vereinbaren ; *passer au* ~ pauschalieren.

forfaitage *m* Forfaitierung *f*.

forfaitaire pauschal ; Pauschal- ; *abattement m* ~ Pauschalabschlag *m* ; *estimation f* (*évaluation f*) ~ Pauschalbewertung *f*, -schätzung *f* ; Pauschalierung *f* ; *impôt m* (*prélèvement m*) ~ Pauschalsteuer *f* ; Pauschalbesteuerung *f* ; *indemnisation f* ~ Pauschalentschädigung *f*, -vergütung *f* ; *montant m* ~ Pausch(al)betrag *m* ; *prix m* ~ Pauschalpreis *m* ; *somme f* ~ Pauschalsumme *f*, -betrag *m* ; Pauschale *f*.

forfaitairement pauschal ; *traiter qqch* ~ etw pauschalieren.

forfaiteur *m* Forfaiteur *m*.

forfaiture *f* (*jur.*) Amtsmissbrauch *m* ; Verletzung *f* der Amtspflicht ; Missbrauch *m* der Amtsgewalt.

FOR/FOT (*free on rail/truck*) FOR/FOT ; frei Waggon/LKW.

formaliser formalisieren ; systematisieren ; *logique f* ~*ée* formalisierte Logik *f*.

formalisme *m* (*jur.*) Formalismus *m* ; ~ *administratif, juridique* Verwaltungsformalismus ; juristischer Formalismus.

formalité *f* Formalität *f* ; Formvorschrift *f* ; ~*s administratives* Verwaltungsformalitäten ; ~*s de douane* Zollformalitäten ; ~*s requises* erforderliche Formalitäten ; ~*s d'usage* übliche Formalitäten ; *sans autre* ~ ohne weitere Formalitäten ; *accomplir* (*remplir*) *les* ~*s* die Formalitäten erledigen (erfüllen) ; *être soumis à une* ~ einer Formalität unterliegen.

format *f* Format *n* ; Größe *f* ; ~ *normalisé* genormte Größe ; *petit* ~ Kleinformat ; ~ *de poche* Taschenformat ; ~ *standard* Standard-, Normalformat ; genormte Größe.

formatage *m* (*informatique*) Formatierung *f* ; Formatieren *n*.

formater (*informatique*) formatieren.

formateur *m* Ausbilder *m*.

formation *f* **1.** Bildung *f* ; Entstehung *f* ; ♦ ~ *de capital* (Sach)Kapitalbildung ; Sachvermögensbildung ; ~ *du marché* Marktbildung ; ~ *des prix* Preisbildung ;

Preisfindung *f* ; ~ *de réserves* Bildung von Reserven ; ~ *de société* Gesellschaftsgründung *f* ; ~ *de trust* Trustbildung ; Vertrustung *f* **2.** Ausbildung *f* ; Schulung *f* ; ~ *accélérée* Kurzausbildung ; Fachschnellkurs *m* ; ~ *alternée* Dualausbildung ; duales Ausbildungssystem *n* ; ~ *des cadres* Ausbildung von Führungskräften ; ~ *en entreprise* betriebliche Ausbildung ; ~ *permanente* (*continue*) Fortbildung ; Weiterbildung ; Erwachsenenbildung ; ~ *pratique* praktische Ausbildung ; ~ *professionnelle* Berufsausbildung ; ~ *de réinsertion* Ausbildung zur Wiedereingliederung ; ~ *sur le tas* Ausbildung am Arbeitsplatz ; (*fam.*) von der Pike auf lernen ; ~ *universitaire* akademische Ausbildung ; ~ *validée par un diplôme d'État* staatlich anerkannte Ausbildung ; ♦♦ *chargé m de la ~* Ausbildungsbeauftragte(r) ; *centre m de ~* Ausbildungsstätte *f* ; *congé m de ~* Bildungsurlaub *m* ; *contrat m de ~* Ausbildungsvertrag *m* ; *dépenses fpl de ~* Bildungsausgaben *fpl* ; *niveau m de ~* Ausbildungsstand *m* ; *personnes fpl en ~* Auszubildende *pl* ; Azubis *pl* ; Anlernlinge *mpl* ; *prime f de ~* Ausbildungsvergütung *f*, -prämie *f* ; Ausbildungsbeihilfe *f* ; ♦♦♦ *avoir reçu une solide ~* eine gründliche Ausbildung genossen haben ; *conclure des contrats de ~* Ausbildungsverträge abschließen ; *offrir un stage de ~* ein Ausbildungspraktikum anbieten ; *recevoir une ~* eine Ausbildung bekommen ; an einem Ausbildungslehrgang teilnehmen ; *suivre un stage de ~* eine Ausbildung machen **3.** Gruppierung *f* ; Gruppe *f* ; Formation *f* ; *les grandes ~s politiques* die großen politischen Gruppierungen.

forme *f* Form *f* ; ~ *de distribution, d'énergie, de gouvernement, de société* Vertriebs-, Energie-, Regierungs-, Gesellschaftsform ; *dans les ~s prévues* in der vorgesehenen Weise ; *en bonne (et due)* ~ in gehöriger Form ; in aller Form ; vorschriftsmäßig ; *pour la* ~ formell ; der Form halber ; pro forma ; *sous* ~ *de* in Form von ; *vice m de* ~ Formfehler *m*.

formel, le 1. formell ; förmlich **2.** formal ; (*math.*) *système m ~* formales System *n* **3.** nachdrücklich ; strikt ; entschieden ; *d'une façon ~le* ganz entschieden ; mit Bestimmtheit.

formellement ausdrücklich ; nachdrücklich ; *interdire* ~ strengstens verbieten.

former 1. bilden, gründen ; ~ *une équipe* ein Team bilden (zusammenstellen) ; ~ *un gouvernement* eine Regierung bilden ; ~ *une société* eine Gesellschaft gründen **2.** ausbilden ; schulen ; ~ *des cadres* leitende Angestellte ausbilden (heranbilden).

formulaire *m* **1.** Formular *n* ; Vordruck *m* ; Formblatt *n* ; ~ *d'adhésion* Beitrittsformular *n* ; ~ *de commande* Bestellformular ; ~ *de contrat-type* Vertragsmuster *n* ; ~ *de réservation* Bestellungsformular ; (*voyage*) Buchungsformular ; ~ *imprimé* vorgedrucktes Formular ; *remplir un* ~ ein Formular ausfüllen **2.** (*carnet*) Form(ular)buch *n* ; Formelsammlung *f.*

formule *f* **1.** Formel *f* ; Form *f* ; ~ *toute faite* feste Formulierung *f* ; floskelhafte Redewendung *f* ; (*jur.*) ~ *exécutoire* Vollstreckungsklausel *f* ; ~ *de politesse* Höflichkeitsformel ; Höflichkeitsfloskel *f* **2.** Art *f* ; Typ *m* ; Modus *m* ; ~ *de placement* Anlageform.

formuler formulieren ; abfassen ; ~ *un avis* eine Meinung äußern ; ~ *des objections* Einwendungen erheben ; ~ *des réserves* Vorbehalte äußern.

fort, e stark ; *devise f ~e* harte Währung *f* ; *~e somme f* hohe (beträchtliche) Summe *f* ; *prix m* ~ Höchstpreis *m* ; voller Preis ; *payer le prix* ~ den vollen Preis (be)zahlen ; ziemlich viel (be)zahlen.

F.O.R.T.R.A.N. *m* (*informatique*) FORTRAN *n* ; (problemorientierte) Programmiersprache *f.*

fortuit, e zufällig ; unvermutet ; (*assur.*) *cas* ~ Fall *m* höherer Gewalt ; *événement m* ~ unvorhergesehenes Ereignis *n*.

fortune *f* **1.** Vermögen *n* ; Reichtum *m* ; Besitz *m* ; ~ *immobilière* unbewegliches Vermögen ; Immobiliarvermögen ; ~ *mobilière* bewegliches Vermögen ; Mobiliarvermögen ; ~ *nationale* Volks-, Nationalvermögen ; *déclaration f de* ~ **a)** Vermögensangabe *f* **b)** Vermögenssteuererklärung *f* ; *élément m de ~s* Vermögensbestandteil *m* ; *état m de* ~ Vermögensstand *m* ; Vermögensverhältnisse *npl* ; *évaluation f de la* ~ Vermögensschätzung *f* ; *impôt m sur la* ~ Vermögen(s)steuer *f* ; *impôt sur les*

fortuné, e 1090

grandes ~s Besteuerung *f* der Großvermögen ; *inégalité f des ~s* ungleiche Vermögensverteilung *f* ; *avoir de la ~* Vermögen besitzen ; wohlhabend sein ; *faire ~* ein Vermögen erwerben ; reich werden 2. *de ~* Not- ; Behelfs- ; behelfsmäßig ; *abri m de ~* Notunterkunft *f* ; *logement m de ~* Notwohnung *f* ; *solution f de ~* Notlösung.
   fortuné, e vermögend ; reich ; wohlhabend ; begütert.
   forum *m* Forum *n* ; Forumsgespräch *n*, -diskussion *f* ; *~ consacré à la politique, à l'économie, à l'environnement* Forum über Politik, Wirtschaft, zu Umweltfragen ; *~ de discussion* Diskussionsforum ; *organiser un ~* ein Forum veranstalten ; *participer à un ~* an einem Forum teilnehmen.
   fossile : *combustibles mpl ~s* fossile Brennstoffe *mpl* ; *énergies fpl ~s* fossile Energieträger *mpl*.
   FOT (*Incoterms : free on truck/franco sur camion*) frei Lastkraftwagen/LKW.
   fou, folle (*fam.*) enorm ; irre ; riesig ; *argent m ~* Sünden-, Heidengeld *n* ; irr(sinnig)es Geld ; *prix m ~* irrsinniger (horrender) Preis *m* ; Wucherpreis ; *succès m ~* Riesen-, Bombenerfolg *m* ; (*agric.*) *vaches folles* Rinderwahn(sinn) *m* ; BSE (Bovine Spongioforme Encephalopathie).
   fouille *f* (*personnes, bagages*) Durchsuchung *f* ; (*fam.*) Filzen *n* ; *~ corporelle* Leibesvisitation *f* ; *~ des bagages* Gepäckdurchsuchung ; *procéder à une ~ systématique* etw systematisch durchsuchen.
   fouiller durchsuchen.
   foule Menge *f* ; Masse *f* ; Haufen *m* ; *une ~* (*de*) eine Unmenge (von/an) ; Unzahl *f* ; eine große Zahl.
   four *m* (*fam.*) Flop *m* ; Fiasko *n* ; Misserfolg *m* ; *faire un ~* ein Flop sein.
   fourchette *f* 1. (*prix*) Spanne *f* ; Marge *f* ; (*cours*) Spannweite *f* ; *~ horaire* Zeitkorridor *m* ; *~ des prix* Preisspanne ; *~ des salaires* Lohnschere *f* 2. (*statist.*) Hochrechnung *f* ; Spanne *f* (zwischen zwei extremen Werten) ; *~ d'erreur comprise entre 2 et 4 %* Fehlerquote *f* zwischen zwei und vier Prozent.
   fourgon *m* Gepäckwagen *m* ; *~ postal* Bahnpostwagen.

   fourgonnette *f* Kombi(wagen) *m* ; *~ de livraison* Lieferwagen.
   fourmi *f* : *travail m de ~* mühsame Kleinarbeit *f* ; *être une véritable ~* fleißig wie eine Biene sein ; *faire* (*effectuer*) *un travail de ~* eine mühsame (Präzisions)-Arbeit machen.
   fourni, e geliefert ; geleistet ; ausgestattet ; erbracht ; erteilt ; vorgelegt ; *magasin m bien ~* mit Waren gut ausgestattetes Geschäft *n* ; *nombre m d'emplois ~s* Zahl *f* der zur Verfügung gestellten Arbeitsplätze ; *travail m ~* Arbeitsaufwand *m* ; geleistete Arbeit *f* ; *être bien ~* gut ausgestattet sein ; eine große Auswahl anbieten.
   fournir 1. (be)liefern ; verschaffen ; besorgen ; *~ des capitaux* Kapital beschaffen ; *~ une caution* eine Kaution stellen ; *~ une couverture* decken ; *~ une garantie* eine Garantie leisten ; *~ une prestation* eine Leistung erbringen ; *~ la preuve* den Beweis erbringen 2. *se ~* (*chez*) sich eindecken (bei) ; beziehen (von) 3. *~ un document officiel* eine amtliche Urkunde vorlegen (einreichen) 4. *~ des explications, des indications* Erklärungen abgeben, Hinweise geben.
   fournissement *m* (*jur.*) Einzahlung *f* der Einlage.
   fournisseur *m* 1. Lieferant *m* ; Lieferfirma *f* ; Lieferer *m* ; Lieferbetrieb *m* ; Versorger *m* ; (*vendeur*) Verkäufer *m* ; (*comptab.*) *~s* Warenschulden *fpl* ; Lieferantenverbindlichkeiten *fpl* ; *~ principal* Hauptlieferant ; *compte m des ~s* Lieferantenkonto *n* ; *fichier m des ~s* Lieferantenkartei *f* ; *liste f des ~s* Bezugsquellennachweis *m* ; *pays m ~* Lieferland *n* ; *pays mpl ~s de matières premières* Rohstoffländer *npl* ; Rohstofflieferanten *mpl* 2. Kaufmann *m* ; Händler *m* ; *chez votre ~ habituel* bei Ihrem Kaufmann 3. *~ de services* Dienstleister *m* ; Dienstleistungserbringer *m* 4. (*Internet*) *~ d'accès* Provider *m* ; Anbieter *m* ; Internet-Dienstleister *m* ; *~ de services* Dienstanbieter *m*.
   fourniture *f* 1. Lieferung *f* ; Versorgung *f* ; Bezug *m* ; *~ de courant* Stromversorgung *f* ; *~ de marchandises* Warenlieferung ; *~s publiques* öffentliche Lieferungen ; *contrat m de ~* Lieferungsvertrag *m* 2. Besorgung *f* ; Beschaffung *f* ; Auf-, Erbringung *f* ; Leistung *f* ; *~ de capitaux* Aufbringung

frais

von Kapital ; Kapitalleistung ; ~ *de documents* Beschaffung der Dokumente ; ~ *de service, de travail* Dienst-, Arbeitsleistung **3.** ~*s* Bedarf *m* ; Material *n* ; ~*s de bureau* Bürobedarf ; Büromaterial *n* ; ~*s scolaires* Schulbedarf **4.** (*technique*) Zubehör *n* **5.** (*bilan*) ~*s et matières consommables* Betriebsstoffe *mpl.*

fourrage *m* Futter *n* ; Futtermittel *n* ; *broyeuse f de* ~ Futterzerreißer *m.*

fourrager, ère : *céréales fpl* ~*ères* Futtergetreide *n* ; *plantes fpl* ~*ères* Futterpflanzen *fpl.*

fourrière *f* **1.** Tierheim *n* ; *mettre un animal errant en* ~ ein herumstreunendes Tier in ein Tierheim bringen **2.** *mettre une voiture en* ~ einen Wagen polizeilich abschleppen lassen.

fourrure *f* Pelz *m* ; ~*s* Pelzware *f* ; Rauchware *f* ; *élevage m d'animaux à* ~ Pelztierfarm *f.*

foyer *m* **1.** Haushalt *m* ; Haushaltung *f* ; ~ *conjugal* ehelicher Haushalt *m* ; ~ *fiscal* Haushalt von Steuerzahlern ; (*agric.*) ~ *d'infection* Seuchenherd *m* ; *femme f/homme m au* ~ Hausfrau *f* ; Hausmann *m* ; *salaire m pour mère, pour père au* ~ Erziehungsgehalt *n* ; *fonder un* ~ eine Familie gründen **2.** Heim *n* ; Wohnheim *n* ; ~ *d'accueil* Pflegeltern *pl* ; ~ *d'étudiants* Studenten(wohn)-heim ; ~ *de fortune* Notunterkunft *f* ; Baracke *f* **3.** Herd *m* ; ~ *de conflits* Krisenherd ; Gefahrenherd ; ~ *de troubles sociaux* sozialer Krisenherd *m* **4.** ~ *d'incendie* Brandherd *m.*

fraction *f* Bruch *m* ; Bruchteil *m* ; Anteil *m* ; Teil *m* ; Rate *f* ; ~ *d'action* Teilaktie *f* ; ~ *annuelle* Jahresrate *f* ; ~ *du capital* Bruchteil des Kapitals ; ~ *décimale* Dezimalbruch *m* ; ~ *imposable* steuerpflichtiger Anteil *m* ; ~ *d'indemnité* Teilentschädigung *f* ; *la somme est payable par* ~*s de 50 euros* der Betrag ist in Raten zu/von fünfzig Euro zahlbar.

fractionnaire Bruch- ; *nombre m* ~ Bruchzahl *f.*

fractionnement *m* (*marchandises, titres, actions*) (Auf)Teilung *f* ; (Auf)-Spaltung *f* ; Splitting *n* ; Stückelung *f* ; ~ *du revenu* Einkommenssplitting.

fractionner aufteilen ; stückeln ; zerlegen ; zerteilen ; verteilen ; (*conditionner en de plus petites unités*) abpacken ; ~ *du sucre* Zucker abpacken ; *livraison f* ~*ée* Teillieferung *f* ; sukzessive Lieferung ; *par paiements* ~*és* in Teilzahlungen ; *achat m par règlements* ~*és* Kauf *m* auf Ratenzahlung.

fragile zerbrechlich ; schwach ; anfällig ; (*verre*) ~ Vorsicht Glas ! ; zerbrechlich ; *monnaie f* ~ schwache (weiche) Währung *f.*

fraîcheur *f* : *date f de* ~ Frischhaltedatum *n* ; *emballage m* ~ Frischhaltepackung *f*, -beutel *m.*

frais *mpl* Kosten *pl* ; Unkosten *pl* ; Spesen *pl* ; Kostenaufwand *m* ; Aufwendungen *fpl* ; Ausgaben *fpl* ; Auslagen *fpl* ; Gebühr *f* ; ◆ ~ *accessoires* (*annexes*) Nebenkosten ; Extrakosten ; ~ *accidentels* unvorhergesehene Kosten ; ~ *d'accompagnateur* Begleitergebühr ; ~ *d'acquisition* Anschaffungskosten ; ~ *d'adhésion* Aufnahmegebühr ; ~ *d'arbitrage* Umstiegsgebühr ; Umverteilungsgebühr einer Anlage ; ~ *de banque* Bankspesen ; ~ *de change* (Währungs)-Umtauschgebühren ; ~ *de chargement* Lade-, Verladungskosten ; Verladungsgebühr ; ~ *de constitution de dossier* Bearbeitungsgebühr ; ~ *de construction* Baukosten ; ~ *de déplacement* Reisespesen ; Bewirtungskosten ; Fahrtkostenzuschuss *m* ; ~ *directs* (*spéciaux*) Einzelkosten ; ~ *de distribution* Vertriebskosten ; ~ *divers* sonstige Aufwendungen ; ~ *de dossier* Bearbeitungsgebühren ; ~ *de douane* Zollgebühren ; ~ *d'enregistrement* Einschreibungskosten ; Registriergebühr ; ~ *d'entrée* (*contrat d'assurance-vie*) Einstandsgebühr ; Einstiegskosten ; ~ *d'entrepôt* Lagergeld *n*, -gebühren ; ~ *d'entretien* (*de maintenance*) Unterhaltungs-, Instandhaltungskosten ; Wartungskosten ; ~ *d'envoi* Versandkosten ; ~ *d'études* Studiengebühren ; ~ *d'exploitation* Betriebsaufwendungen ; ~ *de fabrication* Herstellungskosten ; *faux* ~ Nebenkosten ; zusätzliche Kosten (Ausgaben) ; ~ *généraux* allgemeine Unkosten ; Gemein-, Geschäftskosten ; ~ *généraux d'exploitation* Betriebskosten ; Betriebsaufwand ; Betriebsgemeinkosten ; ~ *de gestion d'un compte* Verwaltungsgebühr ; ~ *inclus* einschließlich der Kosten ; alle Spesen inbegriffen ; ~ *d'inscription* (*université*) Einschreibegebühr ; ~ *de justice* Gerichtskosten, -gebühren ; ~ *de lancement* Anlauf-

frais, fraîche

kosten ; ~ *de magasinage* Lagerungskosten ; ~ *de main-d'œuvre* Lohn-, Arbeitskosten ; ~ *de matière* Materialkosten ; ~ *de maintenance* Wartungskosten ; ~ *de participation* Teilnahmegebühr ; ~ *prévisibles* kalkulatorische Kosten ; ~ *de production, de publicité* Produktions-, Werbekosten ; ~ *professionnels* berufliche Aufwendungen ; (*fisc.*) Werbungskosten ; ~ *de recouvrement* Einziehungs-, Eintreibungskosten ; ~ *réels* → **frais réels** ; ~ *de représentation* a) Aufwandskosten ; Repräsentationsspesen b) Vertretungskosten ; ~ *de séjour* Aufenthaltskosten ; ~ *de stationnement* Wagenstandgeld *n* ; ~ *de stockage* Lagerkosten ; ~ *de transport* Transportkosten ; Frachtkosten ; ~ *variables* variable Kosten ; ~ *de voyage* Reisespesen ; Fahrtkosten ; ♦♦ *à grands* ~ mit hohen Kosten ; mit hohem Kostenaufwand ; für viel Geld ; *à peu de* ~ mit wenig Kosten ; ohne große Unkosten ; ohne großen Aufwand ; *sans* ~ kostenfrei ; spesenfrei ; *tous* ~ *compris* alle Spesen inbegriffen ; einschließlich aller Unkosten ; *tous* ~ *payés* spesen-, kostenfrei ; einschließlich Kosten ; *contribution f aux* ~ Unkostenbeitrag *m* ; *déduction f faite de tous les* ~ nach Abzug aller Kosten ; *évaluation f de* ~ Kostenberechnung *f* ; Kostenanschlag *m* ; *exemption f de* ~ Kostenfreiheit *f* ; *note f de* ~ Kosten- und Spesenrechnung *f* ; *participation f aux* ~ Kostenbeitrag *m* ; Kostenbeteiligung *f* ; *réduction f des* ~ Kostenverringerung *f* ; *surcroît m de* ~ Mehrkosten ; *ventilation f des* ~ Kostenverteilung *f*, -aufschlüsselung *f* ; ♦♦♦ *arrêter les* ~ die Kosten einstellen ; (*fig.*) aufhören ; den Geldhahn zudrehen ; *entraîner des* ~ Kosten mit sich bringen (verursachen) ; *établir la note de* ~ die Spesen abrechnen ; die Spesenabrechnung aufstellen ; *être condamné aux* ~ *et dépens* zur Zahlung der Prozesskosten verurteilt werden ; *faire des* ~ Kosten verursachen ; *faire face aux* ~ die Kosten bestreiten ; *se mettre en* ~ sich in Unkosten stürzen ; *occasionner des* ~ Kosten verursachen ; *rembourser les* ~ die Kosten ersetzen (vergüten) ; *rentrer dans ses* ~ auf seine Kosten kommen ; seine Ausgaben wieder hereinbekommen ; *supporter les* ~ die Kosten tragen.

frais, fraîche frisch ; *argent m* ~ neues Kapital *n*.

frais *mpl* **réels** (*fisc*) Werbungskosten *pl* ; *être aux* ~ bei der Ermittlung des steuerpflichtigen Einkommens die Werbungskosten abziehen können (*contr. déduction forfaitaire*).

franc *m* (*hist. monnaie*) Franc *m* ; ~ *C.F.A.* (*unité monétaire africaine*) CFA-Franc ; ~ *suisse* Schweizer Franken *m*.

franc, franche frei ; ~ *d'avarie* frei von Havarie ; unbeschädigt ; ~ *de commission* provisionsfrei ; ~ *de droits* gebührenfrei ; ~ *d'hypothèques* hypothekenfrei ; ~ *d'impôts* steuerfrei ; ~ *de port* porto-, frachtfrei ; franko ; ~ *de tous droits* (*frais*) spesenfrei ; *port m* ~ Freihafen *m* ; *zone f franche* Freizone *f* ; Zollauschlussgebiet *n* (von der Regierung durch Subventionen und Steuerbegünstigungen wirtschaftlich geförderte Zone).

Français *m*/**Française** *f* Franzose *m* /Französin *f* ; französischer Staatsangehörige(r) ; ~ *moyen* Durchschnittsfranzose ; ~ *résidant à l'étranger* Auslandsfranzose *m*.

français, se französisch ; *à la ~se* auf französische Art ; *constitution, nationalité ~se* französische Verfassung *f*, Staatsangehörigkeit *f* ; (*hist.*) *franc m* ~ (französischer) Franc *m* ; *langue f ~se* Französisch *n* ; französische Sprache *f* ; *ressortissant m* ~ französischer Staatsangehörige(r).

France *f* Frankreich *n* ; *la* ~ *métropolitaine* das französische Mutterland.

franchisage *m* (*contrat par lequel une entreprise autorise une autre entreprise à utiliser sa raison sociale et sa marque pour commercialiser des produits ou des services*) Franchising *n* ; Franchise *n* ; *accord m de* ~ Lizenzvertrag *m*.

franchise *f* 1. Freiheit *f* ; Abgaben-, Gebührenfreiheit ; (*douane*) Franchise *f* ; Zollfreiheit ; ~ *de bagages* (*bagages en* ~) Gepäckfreiheit ; Freigepäck *n* ; ~ *douanière* Zollfreiheit ; ~ *générale intracommunautaire* allgemeine innereuropäische Steuerermäßigung *f* ; ~ *à l'importation* Abgabenbefreiung *f* bei der Einfuhr ; ~ *postale* Portofreiheit ; Postgebührenfreiheit ; *en* ~ zoll-, gebühren-, portofrei ; *admettre en* ~ zollfrei zulassen ; *être admis en* ~ (*de droits*) zollfrei eingeführt werden dürfen 2. (*assur.*)

Selbstbeteiligung *f* ; Eigenbehalt *m* ; Franchise *f* ; Freibetrag *m* ; ~ *d'assurance* Selbstversicherung *f* ; Selbstbeteiligung *f* ; *être garanti contre un risque sous réserve d'une ~ de 200 €* bis auf einen Eigenbehalt von 200 € gegen ein Risiko versichert sein **3.** Franchising *n* ; *avoir un commerce en ~* ein Geschäft nach dem Franchising-System betreiben ; eine Verkaufslizenz haben.

franchisé *m* Franchisenehmer *m* ; Franchisingnehmer *m* ; Händler *m* unter Franchise-Vertrag.

franchiseur *m* Franchisegeber *m* ; Franchisinggeber *m*.

franchising *m* → *franchisage*.

franchissement *m* (*frontière*) Grenzüberschreitung *f*.

franciser französieren ; den französischen Verhältnissen angleichen ; etw nach französischem Geschmack gestalten.

franco franko ; frei ; ~ *à bord* frei Schiff ; frei an Bord ; ~ *domicile* frei Haus ; ~ *d'emballage* Verpackung frei ; ~ *frontière* frei Grenze ; ~ *(en) gare* frei Bahn(hof) ; ~ *le long du navire* frei Längsseite (Schiff) ; ~ *de port* fracht-, portofrei ; ~ *(à) quai* frei Kai ; ~ *transporteur* frei Frachtführer ; ~ *wagon* frei Waggon ; frei Güterwagen ; *facture f ~ domicile* Frankorechnung *f* ; *prix m ~* Frankopreis *m*.

franco-allemand, e deutschfranzösisch ; *négociations fpl ~es* deutschfranzösische Verhandlungen *fpl* ; *traité m ~* deutschfranzösischer Vertrag *m*.

franco-français innerfranzösisch ; *une question ~e* eine innerfranzösische Frage.

francophone französischsprachig.

frappe *f* **1.** (*monnaie*) Prägung *f* ; Prägen *n* ; ~ *de monnaie* Münzprägung *f* ; ~ *de l'or* Goldprägung ; *droit m de ~* Präge-, Münzrecht *n* **2.** (*militaire*) *force f de ~* französische Atomstreitmacht *f*.

frapper 1. schlagen ; ~ *monnaie* Geld (Münzen) prägen **2.** belasten ; (be)treffen ; ~ *qqn d'une amende* jdn mit einer Geldstrafe (Geldbuße) belegen ; jdm eine Geldstrafe auferlegen ; ~ *qqn, qqch d'un impôt* jdm eine Steuer auferlegen, etw mit einer Steuer belasten ; ~ *de nullité* für nichtig (ungültig) erklären **3.** (*toucher*) *être ~é par le le chômage* von der Arbeitslosigkeit betroffen sein **4.** ~ *à la bonne, à la mauvaise porte* sich an die richtige, an die falsche Adresse wenden.

fraude *f* **1.** Betrug *m* ; Betrügerei *f* ; Fälschung *f* ; Täuschung *f* ; (*bilan*) Verschleierung *f* ; ~ *sur le change* Devisenvergehen *n* ; ~ *électorale* Wahlbetrug ; ~ *sur les étiquettes* Etikettenschwindel *m* ; ~ *fiscale* Steuerhinterziehung *f* ; Steuerbetrug *m* ; ~ *sur les prix affichés* → *sur les étiquettes* ; ~ *aux subventions* Subventionsschwindel *m*, -betrug **2.** Schmuggel *m* ; *passer qqch en ~* etw (ein-, heraus)schmuggeln.

frauder 1. betrügen ; (ver)fälschen ; täuschen ; (*bilan*) verschleiern ; frisieren ; ~ *la douane* den Zoll hintergehen ; ~ *le fisc* Steuern hinterziehen **2.** (ein-, heraus)schmuggeln.

fraudeur *m* **1.** Betrüger *m* ; Fälscher *m* ; ~ *aux allocations* Leistungsbetrüger ; ~ *du fisc* (*d'impôts*) Steuerhinterzieher *m* ; (*fam.*) Steuersünder *m* **2.** Schmuggler *m*.

frauduleux, euse betrügerisch ; irreführend ; *banqueroute f ~euse* betrügerischer Bankrott *m* ; *bilan m ~* gefälschte (verschleierte, frisierte) Bilanz *f* ; *intention f ~euse* betrügerische Absicht *f* ; *manœuvres fpl ~ses* Betrugsmanöver *npl* ; betrügerische Handlungen *fpl* ; Machenschaften *fpl*.

free-lance : freischaffend ; freelance ; *journaliste m de presse ~* freischaffender Journalist *m* ; *travailler en ~* freier Mitarbeiter sein ; freiberuflich arbeiten ; freelance arbeiten.

free on rail (*FOR*) (*Incoterms*) frei Waggon.

free on truck (*FOT*) (*Incoterms*) frei Lastkraftwagen/LKW.

frein *m* **1.** Bremse *f* **2.** Einschränkung *f* ; Drosselung *f* ; *coup m de ~ donné à la production* drastische Produktionseinschränkung ; *constituer un ~* Bremsklotz sein ; *donner un coup de ~ aux dépenses* auf die Kostenbremse treten ; die Kosten kappen.

freiner (ab)bremsen ; drosseln ; dämpfen ; verlangsamen ; ~ *la production* die Produktion drosseln ; *qui ~e l'activité économique* konjunkturdämpfend.

freinte *f* (*perte de poids d'une marchandise durant le transport ou l'entreposage*) Gewichtsverlust *m* ; Gewichtsschwund *m*.

frelatage *m* Fälschen *n* ; (*vin*) Panschen *n* ; Panscherei *f*.
frelater verfälschen ; (*vin*) panschen.
frénésie *f* : ~ *d'achat, de dépenses* Kauf-, Ausgabenwut *f* ; Konsumrausch *m* ; Konsumterror *m*.
fréquence *f* (*statist.*) Häufigkeit *f* ; ~ *relative* relative Häufigkeit ; ~ *des touristes étrangers* Ausländerfrequenz *f* ; ~ *des trains* Zugdichte *f* ; *courbe f de* ~*s* Häufigkeitskurve *f* ; *distribution f de* ~ Häufigkeitsverteilung *f* ; *taux m de* ~ Häufigkeit *f*.
fréquentation *f* Verkehr *m* ; Besucherzahl *f* ; ~ *des cinémas, des théâtres* Kino-, Theaterbesuch *m*.
frère *m* Bruder *m* ; *Durand* ~*s* Gebrüder *pl* Durand.
fret *m* **1.** Fracht *f* ; Frachtgut *n* ; Ladung *f* ; ♦ ~ *d'aller, de retour* Hin-, Rückfracht ; ~ *aérien, ferroviaire* Luft-, Bahnfracht ; ~ *fixe, intérieur* Fest-, Binnenfracht ; ~ *libre* freie Fracht ; ~ *maritime* Schiffs-, Seefracht ; ~ *port payé* frachtfrei ; ~ *routier* mit LKW beförderte Ladung ; ~ *transportierte* Fracht ; ♦♦ *assurance f sur le* ~ Frachtversicherung *f* ; *contrat m de* ~ Frachtvertrag *m* ; *courtier m de* ~ Frachtmakler *m* ; *taux m de* ~ Frachtsatz *m* ; (*navire*) *donner à* ~ in Fracht geben ; verfrachten ; verchartern ; *expédier par* ~ *aérien* als Luftfracht versenden ; *prendre à* ~ befrachten ; chartern ; *prendre du* ~ Fracht (Ladung) (ein)nehmen **2.** Frachtgeld *n* ; Frachtpreis *m* ; Frachtkosten *pl* ; *franco de* ~ frachtfrei **3.** (*maritime*) Schiffsmiete *f*.
fréter 1. (*maritime*) ein Schiff mieten ; vermieten ; in Fracht geben ; beladen **2.** verfrachten.
fréteur *m* **1.** Reeder *m* ; Schiffsvermieter *m* **2.** Verfrachter *m*.
fric *m* (*fam.*) Knete *f* ; Zaster *m* ; Kohlen *fpl* ; Kröten *fpl* ; Mammon *m* ; Moneten *pl* ; Moos *n* ; Penunze *npl* ; Pinke(pinke) *f* ; *courir après le* ~ dem Geld (Mammon) nachjagen ; *coûter un* ~ *fou* einen Haufen Geld kosten ; *gagner un* ~ *fou* ein Heidengeld verdienen.
friche *f* (*agric.*) Brachland *n* ; Brache *f* ; Rodeland *n* ; *en* ~ brachliegend ; unbestellt ; unbebaut ; *espaces mpl en* ~ Brachgebiete *npl* ; *remise f en* ~ Renaturierung *f* ; *être, laisser en* ~ brachliegen, brachliegen lassen.

friction *f* Reibung *f* ; Unstimmigkeiten *fpl* ; Friktion *f* ; *point m de* ~ Streitfrage *f* ; Zankapfel *m* ; *sans* ~ reibungslos.
frigorifier (*alimentation*) einfrieren ; tiefkühlen ; *viande f* ~*ée* Gefrierfleisch *n*.
frigorifique Gefrier- ; Kühl- ; *entrepôt m* ~ Kühlhaus *n* ; *wagon m* ~ Kühlwaggon *m*.
froid *m* : ~ *industriel* künstliche Kälte *f* ; *chaîne f du* ~ (Tief)Kühlkette *f* ; *protection f contre le* ~ Kälteschutz *m* ; *technologie f du* ~ Kältetechnik *f* ; *vague f de* ~ Kältewelle *f*, -einbruch *m* ; *conserver, entreposer au* ~ kühl aufbewahren, lagern.
froid, e : *chambre f* ~*e* Kühlraum *m*, -kammer *f* ; *saison f* ~*e* kalte Jahreszeit *f* ; *forger, laminer à* ~ kaltwalzen, -schmieden.
froment *m* Weizen *m* ; *farine f de* ~ Weizenmehl *n*.
front *m* Front *f* ; ~ *de l'emploi* Beschäftigungsfront *f* ; (*tourisme*) ~ *de mer* Strandpromenade *f* ; ~ *des prix* Preisfront ; *aborder un problème de* ~ ein Problem direkt angehen.
frontalier *m* Grenzbewohner *m* ; Grenzgänger *m* ; Grenzarbeitnehmer *m* ; *carte f de* ~ Grenzschein *m*.
frontalier, ière Grenz- ; *ouvrier m* (*travailleur m*) ~ Grenzgänger *m* ; Grenzarbeitnehmer *m* ; *population f* ~*ière* Grenzbevölkerung *f* ; *trafic m* ~ (*kleiner*) Grenzverkehr *m* ; *zone f* ~*ière* Grenzland *n* ; Grenzgebiet *n*.
frontière *f* Grenze *f* ; *fermeture f des* ~*s* Schließung *f* der Grenzen ; Grenzsperre *f* ; *incident m de* ~ Grenzzwischenfall *m* ; *ouverture f des* ~*s* Öffnung *f* der Grenzen ; *passage m de la* ~ Grenzübertritt *m*, -überschreitung *f* ; Übergang *m* über die Grenze ; *garde m* ~ Grenzjäger *m* ; Grenzwache *f* ; (*Allemagne*) Bundesgrenzschutz *m* ; *ville f* ~ Grenzstadt *f* ; *zone f* ~ Grenzgebiet *n*, -land *n* ; *fermer, ouvrir les* ~*s* die Grenzen sperren, öffnen ; *franchir (passer) la* ~ über die Grenze gehen ; die Grenze überschreiten ; *reconduire qqn à la* ~ jdn abschieben.
fructifier 1. (*agric.*) ertragreich sein ; Früchte tragen **2.** Zinsen bringen (tragen, abwerfen) ; *faire* ~ *son argent* sein Geld gewinnbringend (zinsbringend) anlegen.
fructueux, se : *affaire f* ~*se* lohnendes (einträgliches, gewinnbringendes) Ge-

schäft *n* ; *collaboration f ~se* fruchtbare Zusammenarbeit *f.*

fructus *m* (*droit locatif*) Fruchtziehungsrecht *n.*

fruit *m* Frucht *f* ; Früchte *fpl* ; Ertrag *m* ; Resultat *n* ; *le ~ d'une vie de travail* die Früchte eines arbeitsreichen Lebens ; (*jur.*) *~s industriels, naturels* erarbeitete, natürliche Früchte ; *redistribuer, répartir les ~s de la croissance* die Früchte des Wachstums umverteilen, verteilen.

fruitier, ière : *arboriculture f ~ière* Obstbaumzucht *f* ; *culture f ~ière* Obstbau *m* ; *plantation f ~ière* Obstplantage *f.*

FS (*franc[s] suisse[s]*) Schweizer Franken *m* ; sfr ; sFr.

F.S. (*faire suivre*) Nachsenden!

FTSE 100 *m* (*bourse*) Footsie *m* ; Londoner Börsenindex *m.*

fuel *m* (*domestique*) Heizöl *n* ; *~ léger, lourd* leichtes, schweres Heizöl.

fuir 1. fliehen ; *~ les responsabilités* die Verantwortungen scheuen ; *les capitaux fuient vers les paradis fiscaux* das Kapital sucht in den Steueroasen Zuflucht **2.** (*avoir une fuite*) leck sein ; eine undichte Stelle haben.

fuite *f* **1.** Flucht *f* ; *~ en avant* Flucht nach vorn ; *~ des capitaux* Kapitalflucht *f* ; *capitaux mpl en ~* Fluchtgelder *npl* ; *~ fiscale* Steuerflucht ; (*jur.*) *délit m de ~* Fahrer-, Unfallflucht **2.** (*fig.*) *~s* Indiskretion *f* ; Durchsickern *n* von (Geheim)Informationen.

fureur : *ce produit fait ~* dieses (Erfolgs)Produkt sorgt für Furore, findet reißenden Absatz.

fuseau *m* *horaire* Zeitzone *f.*

fusion *f* **1.** (*sociétés*) Fusion *f* ; Zusammenschluss *m* ; Zusammenlegung *f* ; Fusionierung *f* ; Verschmelzung *f* (zweier oder mehrerer Unternehmen) ; *~s et acquisitions* Fusionen und Übernahmen *fpl* ; M & A ; *~ par absorption* Fusion durch Aufnahme ; *~ par création de société nouvelle* Verschmelzung *f* durch Neubildung ; *~ d'entreprises* Firmenfusion ; Firmenhochzeit *f* ; *~-gigogne* Schachtelfusion ; *~ de sociétés* Fusion von Gesellschaften ; Gesellschaftsfusion ; *accord m, contrat m de ~* Fusionsabkommen *n*, -vertrag *m* ; *vague f de ~s* Fusionsfieber *n* ; Fusionswelle *f* **2.** *~ nucléaire* Kernschmelze *f.*

fusionnement *m* Fusionierung *f* ; Zusammenschluss *m.*

fusionner (*avec*) fusionieren (mit) ; verschmelzen ; zusammenlegen ; *~ les productions* die Produktion(en) zusammenlegen.

fusionnite *f* (*fam. iron.*) Fusionsfieber *n* ; Fusionitis *f.*

futur *m* Zukunft *f.*

futur, e (zu)künftig ; kommend ; (*jur.*) *biens mpl ~s* zukünftiges Vermögen *n* ; Erbanwartschaft *f* ; *générations fpl ~es* künftige Generationen *fpl.*

futures *pl* (*bourse : contrat à terme d'instrument financier*) (Financial) Futures *pl* ; Future-Geschäfte *npl* ; Finanzterminkontrakt(e) (*m*)*pl* ; (spekulative) Termingeschäfte mit Waren und Wertpapieren ; Termin(waren)kontrakte.

G

G-7 *m* die Siebener-Gruppe ; die G-7-Staaten *mpl* ; *le sommet du* ~ der G-7-Gipfel.

G-8 *m* die Achter-Gruppe (*les 7 + la Russie depuis 1997*).

G-24 *m* (*groupe des 24 pays en voie de développement*) die Vierundzwanziger-Gruppe ; die 24 Entwicklungsländer.

G.A.B. *m* (*guichet automatique de billets de banque*) Geldautomat *m* ; Bankomat *m* ; automatischer Bankschalter *m*.

gabarit *m* **1.** Größe *f* ; Maß *n* ; ~ *de chargement* Lademaß ; Ladeprofil *n* ; ~ *d'encombrement* lichtes Raumprofil *n* ; ~ *d'un pont* lichte Höhe einer Brücke ; *dépassement m de* ~ Lademaßüberschreitung *f* **2.** Modell *n* ; Schablone *f*.

gabegie *f* Misswirtschaft *f* ; Schlamperei *f* ; Verschwendung *f*.

gabelle *f* (*hist.*) Salzsteuer *f*.

gâchage *m* Verpfuschen *n* ; Vergeudung *f* ; ~ *des prix* Preisschleuderei *f* ; Preisunterbietung *f* ; Dumping *n*.

gâcher 1. ~ *sa fortune, son temps* sein Vermögen, seine Zeit vergeuden (verschwenden) **2.** ~ *un travail* eine Arbeit verpfuschen **3.** ~ *les prix, le métier* die Preise verderben (unterbieten) ; das Handwerk verderben **4.** ~ *une occasion* eine Gelegenheit verpassen.

gâcheur *m* Verschwender *m* ; Pfuscher *m* ; Schlamper *m* ; (*prix*) Preisverderber *m*, -unterbieter *m*.

gâchis *m* **1.** Verschwendung *f* ; Vergeudung *f* ; *faire du* ~ verschwenden **2.** (*mauvais travail*) Pfuscharbeit *f* ; Pfusch *m* ; Schluderarbeit *f*.

gadget *m* technische Spielerei *f* ; Spielzeug *n* für Erwachsene ; (*publicitaire*) Gadget *n* ; Werbebeigabe *f* ; (*péj.*) (billiger, wertloser) Schnickschnack *m*.

gadgetière *f* Gadgetladen *m*.

gage *m* **1.** (*objet donné en garantie*) Pfand *n* ; Pfandgegenstand *m* ; Pfandsache *f* ; Verpfändung *f* ; Verwahrstück *n* ; Sicherheitsleistung *f* ; ◆ ~ *hypothécaire* Hypothek *f* ; ~ *immobilier* Grundpfand(recht) *n* ; ~ *manuel* Faustpfand *n* ; ◆◆ *à titre de* ~ pfandweise ; *avances fpl sur* ~*s* Lombardgeschäfte *npl* ; *bailleur m de* ~ Verpfänder *m* ; *certificat m, constitution f, contrat m de* ~ Pfandschein *m*, -bestellung *f*, -vertrag *m* ; *crédit m sur* (*titres en*) ~ Pfandsumme *f* ; Lombardkredit *m* ; *détenteur m de* ~ Pfandinhaber *m* ; *dépôt m d'effets en* ~ Wechsellombardierung *f* ; *prêt m sur* ~ Pfanddarlehen *n* ; Pfandleihe *f* ; Lombarddarlehen *n* ; *prêteur m sur* ~ Pfandleiher *m* ; *réalisation f du* ~ Pfandverkauf *m* ; ◆◆◆ *avoir qqch en* ~ etw pfandweise besitzen ; ein Pfandobjekt in Verwahrung haben ; *constituer un* ~ ein Pfand bestellen ; *déposer en* ~ als Pfand hinterlegen ; *donner en* ~ verpfänden ; als Pfand geben ; beleihen ; lombardieren ; (*au mont-de-piété*) in die Pfandleihe bringen ; etw ins Pfandhaus (ins Leihaus) bringen ; *emprunter sur* ~ gegen Pfand borgen ; *être en* ~ verpfändet sein ; *laisser en* ~ als Pfand hinterlassen ; *prendre en* ~ in Pfand nehmen ; *prêter sur* ~ gegen Pfand ausleihen ; (*banque*) lombardieren ; *réaliser un* ~ einen Pfandgegenstand verkaufen ; *retirer* (*racheter*) *un* ~ ein Pfand einlösen **2.** (*garantie*) Unterpfand *n* ; Beweis *m* ; Zeichen *n* ; Bürgschaft *f* ; *en* ~ *de* als Unterpfand ; als Beweis für.

gageable beleihbar ; lombardfähig ; pfändbar.

gager 1. (*mettre en gage*) verpfänden ; als Pfand geben ; beleihen lassen ; ~*é* verpfändet ; sicherungsübereignet ; *chose f* ~*ée* Pfand *n* ; Pfandgegenstand *m* ; *effet m* ~*é* lombardierter Wechsel *m* ; *emprunt m* ~*é* gesicherte (gedeckte) Anleihe *f* ; *marchandise f* ~*ée* verpfändete Ware *f* ; *prêt m* ~*é* Darlehen *n* gegen Pfand ; Pfanddarlehen *n* ; (*titres*) Lombarddarlehen ; *retirer un objet* ~*é* ein Pfand auslösen **2.** (*littéraire*) wetten.

gages *mpl* (*personnel de maison*) Lohn *m* (eines Hausangestellten) ; Besoldung *f* ; *à* ~ gegen Entgelt ; *tueur m à* ~ gedungener Mörder *m* ; *être aux* ~ *de qqn* in jds Diensten stehen ; von jdm bezahlt (besoldet) werden.

gageur *m* Pfandgeber *m* ; Pfandschuldner *m*.

gagiste *m* (*créancier gagiste*) Pfandnehmer *m* ; Pfandgläubiger *m* ; *créancier* ~ *de premier, de second, de troisième rang* Erst-, Zweit-, Drittpfändende(r).

gagnant *m* Gewinner *m* ; Sieger *m*.

gagnant, e : *billet m* ~ Gewinnlos *n* ; *numéro m* ~ Treffer *m* ; Gewinnzahl *f* ;

être ~ *sur tous les tableaux* überall Erfolge verzeichnen ; *un numéro sur trois est* ~ jedes dritte Los gewinnt.

gagne-pain *m* Broterwerb *m* ; *perdre son* ~ arbeitslos (brotlos, erwerbslos) werden.

gagne-petit *m* Kleinverdiener *m*.

1. gagner (*autre chose que de l'argent*) gewinnen ; ~ *en qqch* an etw (+ D) gewinnen ; *les nouveaux modèles ~ent en sécurité* die neuen Modelle gewinnen an Sicherheit ; ◆ ~ *la confiance d'un client, des consommateurs* das Vertrauen eines Kunden, der Verbraucher gewinnen ; ~ *au jeu* beim Spiel (Geld) gewinnen ; ~ *5000 € à la loterie* in der Lotterie 5000 € gewinnen ; ~ *des parts de marché* Marktanteile gewinnen ; ~ *un prix, un procès, du temps* einen Preis, einen Prozess, Zeit gewinnen ; ~ *du terrain, de la vitesse* an Boden, an Geschwindigkeit gewinnen ; *les actions ont ~é deux points* die Aktien erhöhten sich um zwei Punkte.

2. gagner (*de l'argent*) (Geld) verdienen ; *argent m bien, durement, honnêtement ~é* wohl-, sauer-, ehrlich verdientes Geld *n* ; ~ *25 € (de) l'heure* 25 € in der Stunde (pro Stunde, die Stunde) verdienen ; ~ *gros* einen Haufen Geld (ein Heidengeld) verdienen ; (*fam.*) *elle va* ~ *sa croûte* sie geht Geld verdienen ; ~ *sur un article, sur un marché* an einem Artikel, an einem Geschäft verdienen ; ~ *sa vie* (*en tant que maçon*) seinen (Lebens)Unterhalt (als Maurer) verdienen ; *manque m à* ~ Verdienstausfall *m*.

gain *m* **1.** (*profit*) Gewinn *m* ; ◆ ~ *de cause* → **gain de cause** ; ~ *de change, financier, au jeu* Kursgewinn ; finanzieller, Spielgewinn ; ~ *de placement* Gewinn aus Kapitalanlage ; ~ *de points* Punktgewinn ; ~ *de productivité* Produktivitätszuwachs *m*, -gewinn ; ~ *de puissance* (*de rendement*) Leistungsgewinn ; ~ *de temps* Zeitersparnis *f* ; (*élections*) ~ *de voix* Stimmengewinn ; ◆◆ *âpre au* ~ gewinnsüchtig ; *âpreté f au* ~ (*appât m du* ~) Gewinnsucht *f* ; ◆◆◆ *réaliser des ~s importants* große Gewinne erzielen ; *retirer un* ~ *de qqch* aus etw Nutzen (einen Vorteil) ziehen **2.** (*salaire*) Lohn *m* ; Verdienst *m* ; Einkommen *n* ; *~s annuels, hebdomadaires, horaires, mensuels* Jahreseinkommen *n*, Wochen-, Stundenlohn *m* ; Monatsverdienst *m* ; *~s accessoires* Nebenerwerb *m*.

gain *m* **de cause** : *donner* ~ *à qqn* jdm Recht geben ; *obtenir* ~ Recht bekommen ; sich durchsetzen ; gewinnen ; siegen ; (*lors d'un procès*) einen Prozess gewinnen.

gala *m* **de bienfaisance** Benefizveranstaltung *f* ; Wohltätigkeitsball *m*, -basar *m* ; Wohltätigkeitskonzert *n*, -veranstaltung *f*.

galerie *f* **1.** (*art*) Galerie *f* ; ~ *d'art, de peinture* Kunst-, Gemäldegalerie **2.** ~ *marchande* Einkaufs-, Geschäftspassage *f* ; Ladenpassage *f* ; Ladengalerie *f* ; Kaufhalle *f* ; *les ~s* Kaufhaus *n*.

gallon *m* Gallone *f*.

galopant, e : *inflation ~e* galoppierende Inflation *f* ; *prix m ~s* nach oben schnellende Preise *mpl*.

gamme *f* Sortiment *n* ; Warenangebot *n* ; Skala *f* ; Palette *f* ; Programm *n* ; ◆ ~ *étendue, variée* eine breite Palette, ein vielseitiges Sortiment ; ~ *nouvelle de véhicules* neue Modellreihe *f* ; ~ *des prix* Preisskala ; ~ *de production* Produktionspalette ; Fabrikationsprogramm ; ~ *de produits* Produktenpalette, -skala ; ◆◆ *bas, milieu, haut de* ~ unterer, mittlerer, oberer Qualitätsbereich ; *modèle m bas de* ~ Einstiegsmodell *n* ; *produit m (de) haut de* ~ Spitzenprodukt *n*, -erzeugnis *n* ; Luxusware *f* ; Artikel *m* der oberen Preisklasse ; Premium-Marke *f* ; *produit m (de) milieu de* ~ Produkt *n* mittlerer Güte ; Erzeugnis *n* mittlerer Qualität ; *produit m (de) bas de* ~ Standardprodukt *n* ; Erzeugnis *n* minderer Qualität ; Billigware *f*, -produkt ; ◆◆◆ *avoir une* ~ *étendue (de)* eine reiche Auswahl (an) haben ; *descendre en* ~ Artikel minderer Qualität vertreiben (herstellen) oder kaufen ; Trading-down betreiben ; *monter en* ~ Qualitätsprodukte vertreiben (herstellen) ; Trading-up betreiben.

gap *m* Gefälle *n* ; Abstand *m* ; (*inflation*) differenzielle Inflationsrate *f* ; (*technologie*) technologischer Rückstand *m*.

garage *m* (Reparatur)Werkstatt *f* ; ~ *à étages* Hochgarage ; Parkhaus *n* ; ~ *individuel* Einzelgarage ; ~ *souterrain* Tiefgarage ; (*fig.*) (*fam.*) *mettre qqn sur une voie de* ~ jdn auf ein Abstellgleis stellen ; jdn kaltstellen.

garant *m* Bürge *m* ; Gewährsmann *m* ; Gewährsperson *f* ; Garant *m* ; *se por-*

garanti, e

ter ~ *de* (*qqn/de qqch*) für (jdn/etw) bürgen ; für (jdn/etw) haften ; sich verbürgen ; eine Garantie (Bürgschaft) übernehmen ; für (jdn/etw) einstehen ; ~ *solidaire* Solidarbürge.

garanti, e garantiert ; gedeckt ; gesichert ; sichergestellt ; ~ *par* durch... gesichert (gedeckt) ; ~ *par caution* durch Bürgschaft gesichert ; *créance f* ~*e* gesicherte Forderung *f* ; *crédit m* ~ gedeckter Kredit *m* ; ~ *par dépôt de gage, par hypothèque* durch Pfandhinterlegung, durch Hypothek gedeckt ; ~ *par nantissement de titres* durch verpfändete Wertpapiere gedeckt ; ~ *sur facture* garantiert auf Faktura ; *nos articles sont* ~*s contre tout vice de fabrication* es wird bei unseren Artikeln für alle Fabrikationsfehler Gewähr geleistet ; *non* ~ ungedeckt ; ungesichert ; nicht garantiert ; unverbürgt.

	1. *commerciale*
garantie *f*	2. *responsabilité, caution*

1. (*commerciale*) Garantieleistung *f* ; ◆ ~ *d'un appareil* die (Werk)Garantie für (auf) ein Gerät ; ◆◆ *certificat m* (*bon m*) *de* ~ Garantieschein *m* ; *délai m de la* ~ Garantiefrist *f*, -zeit *f* ; *expiration f* (*fin f*) *de la* ~ Ablauf *m* der Garantie(frist) ; *avec trois ans de* ~ *pièces et main-d'œuvre* mit dreijähriger unbegrenzter Garantie ; mit dreijähriger Garantie für Ersatzteile und Arbeitskosten ; ◆◆◆ *être sous* ~ (*couvert par la* ~) unter Garantie stehen ; unter die Garantie fallen ; *l'appareil n'est plus sous* ~ die Garantie auf (für) das Gerät ist abgelaufen ; *vous avez une* ~ *d'un an* Sie haben ein Jahr Garantie ; *avoir la* ~ *usine* das Werk leistet eine Garantie ; *la réparation est effectuée sous* ~ die Reparatur fällt noch unter die Garantie.

2. (*responsabilité, caution*) Garantie *f* ; Gewähr(leistung) *f* ; Bürgschaft *f* ; Haftung *f* ; Deckung *f* ; Sicherheit *f* ; Sicherung *f* ; Sicherungsschutz *m* ; Kaution *f* ; Sicherstellung *f* ; ◆ ~ *bancaire* Bankgarantie ; ~ *cambiaire* Wechselgarantie *f* ; ~ *des cautions* Absicherung *f* von Kautionen ; ~ *de change* (*de cours*) Kurssicherung *f* ; Wechselkursdeckung *f* ; Währungsgarantie ; ~ (*responsabilité f*) *du constructeur* Herstellerhaftung ; ~ *contre les défauts* (*vices*) *de marchandise* Sachmangelgewähr *f* ; Mängelhaftung ; ~ *de débouchés* Absatzgarantie ; ~ *sur demande d'emprunt* (*de prêt*) Beleihungsgarantie ; ~ *de dommages* Schadensdeckung ; ~ *de l'emploi* Sicherung *f* des Arbeitsplatzes ; Beschäftigungssicherung ; ~ *en espèces* Bardeckung ; ~ *de l'État* Staatsgarantie ; ~ *à l'exportation* Exportrisikogarantie ; (*Allemagne*) Hermesgarantie ; ~ *financière* Finanzgarantie ; *sans* ~ *du gouvernement* (*S.G.D.G.*) unter Haftausschluss des Staats ; ~ *insuffisante* ungenügende Deckung ; ~ *d'intérêts* Zinsgarantie ; ~ *légale* (*exigée*) Mündelsicherheit ; ~ *des locataires* Mieterschutz *m* ; ~*-or* Golddeckung ; ~ *du paiement de dettes* Schuldenhaftung ; ~ *pécuniaire* Bürgschaft ; Haftungsbetrag *m* ; ~ *de prix* Preisgarantie ; ~ *de provenance* Herkunftsbezeichnung *f* ; ~ *de remboursement* Garantie der Rückvergütung ; ~ *de risques* Risikodeckung ; ~ *solidaire* Solidarbürgschaft ; ~ *de solvabilité* Gewähr für Zahlungsfähigkeit ; (*assur.*) ~*s souscrites* versicherte Risiken *npl* ; ◆◆ *accord m* (*contrat m*) *de* ~ Garantievertrag *m* ; *assurance f de* ~ Garantieversicherung *f* ; *avance f sur* ~*s* Pfanddarlehen *n* ; *clause f de* ~ Garantieklausel *f* ; *contre* (*sur*) ~ gegen Kaution ; gegen Sicherheitsleistung ; *déclaration f de* ~ Bürgschafts-, Garantieerklärung *f* ; *délai m de* ~ Garantiezeit *f* ; *déposé à titre de* ~ als Sicherheit hinterlegt ; *dépôt m de* ~ Garantie-, Sicherheitshinterlegung *f*, -depot *n* ; *droit m de* ~ Garantiegebühr *f* ; *exclusion f de la* ~ Haftungsausschluss *m* ; *fonds m de* ~ Garantiefonds *m* ; *limitation f de la* ~ Garantiebeschränkung *f* ; *limite f de* ~ Haftungsgrenze *f* ; *marque f de* ~ Garantiezeichen *n* ; *obligation f de* ~ Garantieverpflichtung *f* ; *opération f de* ~ Garantiegeschäft *n* ; Bürgschaftsgeschäft ; *recours m en* ~ Gewährleistungsklage *f* ; *réserve f de* ~ Sicherheits-, Deckungsrücklage *f* ; *sans* ~ *de notre part* ohne Gewähr ; *valeur f de* ~ Garantiewert *m* ; *suspension f de* ~ Erlöschen *n* des Versicherungsschutzes ; ◆◆◆ *accorder une* ~ eine Sicherheit (Garantie) gewähren ; *constituer une* ~ eine Sicherheit (Garantie) stellen ; *demander* (*exiger*)

des ~s Garantien verlangen (fordern) ; *déposer en ~* als Sicherheit hinterlegen ; eine Kaution stellen ; *donner des ~s* Garantien geben für ; *être tenu en ~* haften ; *fournir une ~* eine Gewähr leisten (geben) ; *limiter la ~ (à)* die Garantie (auf/für) beschränken ; *prendre des ~s* sich absichern ; sich (rück)decken ; Sicherheiten stellen ; *prêter sur ~s* gegen Sicherheitsleistung entleihen ; *présenter toutes ~s* jede Gewähr bieten.
garantir 1. garantieren ; gewährleisten ; (ver)bürgen ; decken ; *~ un appareil deux ans* für ein Gerät zwei Jahre Garantie geben ; *~ un article* Garantie auf/für eine Ware leisten ; *~ des droits* Rechte garantieren ; *~ la qualité d'une marchandise* für die Qualität einer Ware garantieren ; *le nom ~t la qualité* der Name bürgt für Qualität ; *~ un revenu fixe* ein festes Einkommen garantieren ; *~ le salaire minimum* den Mindestlohn garantieren 2. (*assurer de, promettre*) zusichern ; versprechen ; *~ par contrat* vertraglich zusichern ; *~ son soutien (à qqn)* (jdm) seine Unterstützung zusichern 3. (*garantir, assurer contre*) schützen ; absichern ; *se ~ contre* sich absichern gegen ; *se ~ contre les escrocs, contre un risque* sich gegen Betrüger, gegen ein Risiko absichern ; *se ~ par contrat* sich vertraglich absichern.
garçon *m* Junge *m* ; Bursche *m* ; Gehilfe *m* ; *~ de café* Kellner *m* ; Bedienung *f* ; *~ d'ascenseur* Liftboy *m* ; *~ de bureau* Bürogehilfe *m* ; *~-boucher* Fleischergeselle *m* ; *~ de courses* Laufjunge *m*, -bursche *m* ; *~ d'hôtel* Hoteldiener *m*.
garde *m* Wächter *m* ; Aufseher *m* ; Wärter *m* ; *~ champêtre* Feldwächter, -hüter *m* ; *garde-chasse* Jagdaufseher *m* ; *~ forestier* Förster *m* ; *~-frontière* Grenzschutzbeamte(r), -wächter *m* ; *~-magasin* Lagerverwalter *m*.
garde *f* 1. Aufsicht *f* ; Beaufsichtigung *f* ; Bewachung *f* ; Obhut *f* ; (*en dépôt*) Verwahrung *f* ; Aufbewahrung *f* ; ◆ *~ judiciaire* gerichtliche Verwahrung ; *~ de titres* Effektenverwahrung ; ◆◆ *délai m de ~* Aufbewahrungsfrist *f* ; *droit(s) m(pl) de ~* Verwahrungsgebühr *f* ; *frais mpl de ~* Kinderbetreuungskosten *pl* ; *mise f en ~* Verwarnung *f* ; ◆◆◆ *déposer (qqch) en ~* (etw) in Verwahrung geben ; *être de ~* Bereitschaftsdienst haben ; *être sous la ~ (de qqn)* unter dem Schutz (von jdm) sein ; *mettre qqn en ~ contre* jdn vor etw warnen ; *prendre des titres en ~* Effekten in Aufbewahrung nehmen 2. (*personne*) *~ d'enfants* Kinderbetreuerin *f* ; (*hospices, à domicile*) *~ de nuit* Nachtwache *f* 3. (*divorce*) *~ des enfants* Sorgerecht *n* (für die Kinder) ; *~ alternée* abwechselndes Sorgerecht (für die Kinder) ; *~ commune* gemeinsames Sorgerecht *f* ; *~ exclusive des enfants* Alleinsorge *f* ; *parent m n'ayant pas la ~ des enfants* nicht sorgeberechtigter Elternteil *m* ; *règlementation du droit de ~* Sorgeregelung *f* ; *ordonnance f de ~* Sorgebeschluss *m* ; *demander le droit de ~* das Sorgerecht beantragen ; *obtenir la ~ des enfants* das Sorgerecht für seine Kinder erhalten 4. (*service de garde*) Bereitschaftsdienst *m* ; *~ de nuit, de week-end* Nachtbereitschaftsdienst ; Bereitschaftsdienst für das Wochenende ; *médecin m de ~* Bereitschaftsarzt *m* ; diensttuender Arzt ; *service m de ~* Bereitschafts-, Notdienst *m* ; *être de ~* Bereitschaftsdienst haben 5. (*jur.*) *~ à vue* vorläufige Festnahme *f* ; Polizeigewahrsam *m* ; Sicherungsgewahrsam *m* ; Stellung *f* unter Polizeiaufsicht.
gardé, e bewacht ; überwacht ; *chasse f ~e* Jagdrevier *n* ; *parking m ~* bewachter Parkplatz *m* ; *passage m à niveau ~* beschrankt.
garde-champêtre *m* Feldhüter *m* ; (*Suisse*) Weibel *m*.
garde-forestier *m* Förster *m*.
garde-fou *m* (*bourse*) Schutzmaßnahme *f* ; Absicherung *f* ; (*trafic*) Leitplanke *f*.
garde-frontières *m* Grenzwächter *m*.
garde *m* **des Sceaux** französischer Justizminister *m* ; Siegelbewahrer *m*.
garde-malade *m/f* Krankenwärter *m* /Krankenwärterin *f*.
garde-meubles *m* Möbellager *n* ; Möbelspeicher *m* ; Lagerraum *m* für Möbel.
garde-pêche *m* Fischereiaufseher *m*.
garder 1. (*conserver*) aufbewahren ; verwahren ; behalten ; aufheben ; *~ en bon état* in gutem Zustand erhalten ; *~ copie d'un document* Abschrift einer Urkunde aufbewahren ; *~ en dépôt* in Verwahrung nehmen ; aufbewahren ; *~ des marchandises, des denrées* Waren,

Lebensmittel aufbewahren ; *(inform.)* ~ *en mémoire* speichern ; ~ *qqch secret* etw geheim halten ; ~ *sous clé* etw verschlossen halten ; *se* ~ *(aliments)* sich halten ; haltbar sein **2.** *(surveiller)* beaufsichtigen ; bewachen ; hüten ; ~ *qqn à vue* jdn in Polizeigewahrsam halten ; *faire* ~ *ses enfants* seine Kinder in die Kindertagesstätte bringen ; seine Kinder der Kita anvertrauen.

garderie *f* (Kinder)Hort *m* ; Kindertagesstätte *f* ; Kita *f* ; Kinderkrippe *f.*

gardien *m* Aufseher *m* ; Wärter *m* ; Wächter *m* ; Hüter *m* ; ~ *de la loi* Gesetzeshüter *m* ; ~ *d'immeuble* Hausmeister *m*, -wart *m* ; ~ *judiciaire* gerichtlich bestimmter Drittverwahrer *m* ; ~ *de nuit* Nachtwächter *m* ; ~ *de la paix* Schutzmann *m* ; Verkehrspolizist *m* ; ~ *de parking* Parkwächter *m*.

gardiennage *m* Wärter-, Überwachungsdienst *m* ; Bewachung *f* ; Aufseherdienst *m* ; *société f de* ~ Bewachungsgewerbe *n* ; Wach- und Schließgesellschaft *f.*

gare *f* Bahnhof *m* ; ~ *aérienne* Flughafen *m* ; ~ *d'arrivée, d'attache, centrale, de correspondance* Ankunfts-, Heimat-, Haupt-, Anschlussbahnhof (Umsteigebahnhof) ; ~ *de départ, destinataire, douanière* Abgangs-, Bestimmungs-, Zollbahnhof ; ~ *d'embarquement, expéditrice, frontière* Verlade-, Versand-, Grenzbahnhof ; ~ *de marchandises, des messageries, maritime* Güterbahnhof, Eilgutabfertigung *f* ; Hafenbahnhof ; *en* ~ *restante* bahn(hof)lagernd ; ~ *routière* (Omni)Busbahnhof ; LKW-Bahnhof ; ~ *terminus, tête de ligne* Endbahnhof, Kopfbahnhof ; ~ *de transbordement, de transit, de triage* Umlade-, Übergangs-, Rangierbahnhof ; *franco ~-départ, ~-arrivée* franko Abgangs-, Ankunftsbahnhof ; *aller à la* ~ zum Bahnhof gehen ; *entrer en* ~ einfahren.

garer abstellen ; parken ; unterstellen ; festmachen ; *il est interdit de se* ~ *devant l'entrée* vor der Einfahrt ist das Parken verboten ; ~ *une voiture dans une cour* ein Auto in einem Hof abstellen ; ~ *un avion sous un hangar* ein Flugzeug in die Halle bringen ; *le bateau est ~é le long du quai* das Schiff hat am Kai festgemacht.

garni *m* möblierte Wohnung *f* ; möbliertes Zimmer *n* ; *hôtel* ~ Hotel *n* garni (nur mit Frühstück).

gas-oil *m* (*gasoil, gazole*) Dieselöl *n* ; Dieselkraftstoff *m* ; Gasöl.

gaspi : *(fam.) chasse f aux ~s* Jagd *f* auf die Energieverschwender.

gaspillage *m* Verschwendung *f* ; Vergeudung *f* ; Verschleuderung *f* ; ~ *d'argent* Geldverschwendung ; ~ *de capital* Kapitalvergeudung ; ~ *des deniers publics* Vergeudung öffentlicher Gelder ; ~ *de temps* Zeitverschwendung ; *société f de* ~ Wegwerfgesellschaft *f.*

gaspiller verschwenden ; vergeuden ; verschwenderisch umgehen mit ; *(fam.)* verprassen ; ~ *son argent* sein Geld verschwenden ; ~ *de l'énergie* Energie verschwenden.

gaspilleur *m* Verschwender *m.*

gaspilleur, euse verschwenderisch.

gâté, e verdorben ; beschädigt.

gâteau *m* (*fam.*) Kuchen *m* ; *avoir sa part du* ~ ein Stück vom Kuchen abbekommen ; am Gewinn teilhaben ; *(fam.) se partager le* ~ sich den Kuchen aufteilen ; den Gewinn teilen.

gâter verderben ; beschädigen ; ~ *les affaires de qqn* jdm einen Strich durch die Rechnung machen ; *les affaires se ~ent* die Geschäfte gehen schlecht ; *(aliment) se* ~ schlecht werden ; sich verderben.

GATT *m* (*hist.*) (*General Agreement on Tariffs and Trade*) GATT *m* ; Allgemeines Zoll- und Handelsabkommen *n.*

gauche *f* Linke *f* ; *la* ~ die Linksparteien *fpl* ; *l'extrême* ~ die radikale Linke.

gauche links ; *l'aile* ~ *d'un parti* der linke Flügel einer Partei ; *circulation f à* ~ Linksverkehr *m* ; *gouvernement m de* ~ Linksregierung *f* ; *homme m de* ~ ein Linker ; *être à (de)* ~ links eingestellt sein ; *(fam.) mettre de l'argent à* ~ Geld auf die hohe Kante legen ; *voter à* ~ links wählen.

gauche-caviar *f* Toskana-Fraktion *f* (*elle fait de la Toscane son lieu de villégiature*).

gauchisme *m* Linksradikalismus *m* ; Linksextremismus *m.*

gauchiste *m* Linksradikale(r) ; Linksextremist *m.*

gaz *m* Gas *n* ; (*secteur*) Gaswirtschaft *f* ; ◆ ~ *à effet de serre* Treibhausgas ; ~ *d'échappement* Auspuffgase *npl* ; ~ *d'éclairage* Leuchtgas ; ~ *de houille* Flözgas ; ~ *liquide* verflüssigtes Gas ; ~ *liquifié* Flüssiggas ; ~ *de pétrole liquifié* (*GPL*) Autogas ; ~ *naturel* Erdgas ; ~ *de ville* Stadtgas ; ◆◆ *approvisionnement m en* ~ Gasversorgung *f* ; *bonbonne f de* ~ Gasflasche *f* ; *chauffage m au* ~ Gasheizung *f* ; *compteur m de* ~ Gasuhr *f*, *-zähler m* ; *conduite f de* ~ Gasleitung *f* ; *consommation f de* ~ Gasverbrauch *m* ; *économie f du* ~ Gaswirtschaft *f* ; *employé m du* ~ Gasableser *m* ; Gasmann *m* ; *facture f de* ~ Gasrechnung *f* ; *G.D.F.* (*Gaz de France*) französische Gasgesellschaft *f* ; *raccordement m au* ~ Gasanschluss *m* ; *réservoir m de* ~ Gasbehälter *m* ; *usine f à* ~ Gaswerk *n* ; (*fig.*) Seifenblase *f*.

gazéifiable vergasbar.

gazéification *f* Vergasung *f* ; Vergasen *n*.

gazéifier in Gas umwandeln (verwandeln) ; vergasen.

gazier *m* (*fam.*) Gasarbeiter *m* ; Angestellter *m* eines Gaswerks.

gazoduc *m* (Fern)Gasleitung *f* ; *poser un* ~ eine Gasleitung legen.

gazole *m* → *gas-oil*.

gazomètre *m* Gasometer *m* ; Gasbehälter *m*.

G.D. *f* (*gare destinataire* ; *gare de destination*) Bestimmungsbahnhof *m*.

G.D.F. (*Gaz de France*) französische Gasgesellschaft *f*.

géant *m* Riese *m* ; Gigant *m* ; *un* ~ *de l'automobile, du marché, du négoce, d'un secteur économique* Automobil-, Markt-, Handels-, Branchenriese ; ~ *de la distribution* Handelsriese ; Mammutvertreiber *m* ; *travail m de* ~ Riesenarbeit *f*.

géant, e Riesen- ; gigantisch ; riesig ; *entreprise f* ~e Riesenunternehmen *n* ; *paquet m* ~ Familienpackung *f*.

G.E.I.E. *m* (*Groupement européen d'intérêts économiques*) Europäische wirtschaftliche Interessenvereinigung *f*.

gel *m* 1. (*économie*) Einfrieren *n* ; Stilllegung *f* ; ~ *de capitaux* Einfrieren von Geldern ; *le* ~ *des relations diplomatiques* das Einfrieren diplomatischer Beziehungen ; *le* ~ *des salaires* das Einfrieren der Löhne ; Lohnstopp *m*, *-pause f* ; (*agr.*) ~ *des terres* Flächenstilllegung *f* 2. (*intempéries*) Frost *m* ; *dégâts mpl du* ~ Frostschaden *m* ; *marchandise f endommagée par le* ~ frostgeschädigte Ware ; *assurance f contre les dégâts du* ~ Frostschadenversicherung *f*.

geler einfrieren ; ruhen lassen ; ~ *les avoirs à l'étranger* die Auslandsguthaben einfrieren ; ~ *les prix* die Preise einfrieren ; *crédits mpl* ~*és* eingefrorene Kredite *mpl*.

gendarmes *mpl* (*bourse*) institutionelle Anleger *mpl* (*syn. investisseurs institutionnels* ; *zinzins*).

gêne *f* Verlegenheit *f* ; Hindernis *n* ; Not *f* ; ~ *pécuniaire* Geldverlegenheit ; ~ *de trésorerie* Bargeldknappheit *f* ; *être dans la* ~ in Geldverlegenheit sein ; (*fam.*) knapp bei Kasse sein.

gène *m* (*génétique*) Gen *n* ; ~ *antibio-résistant* Antibiotika-Resistenzgen ; ~ *de marquage* Markierungsgen.

gêné, e : *être* ~ in Geldverlegenheit stecken ; knapp bei Kasse sein.

général, e allgemein ; Haupt- ; General- ; *agence f* ~e Hauptagentur *f* ; *amnistie f* ~e Generalamnestie *f* ; *assemblée f* ~e Hauptversammlung *f* ; (*de vente*) *conditions fpl* ~*es* allgemeine Geschäftsbedingungen *fpl* ; *conditions* ~*es de livraison* allgemeine Lieferbedingungen ; *directeur m, direction f* ~e Generaldirektor *m*, -direktion *f* ; *frais généraux mpl* Betriebskosten *pl* ; Geschäftsunkosten *pl* ; *grève f, inspection f* ~e Generalstreik *m*, -inspektion *f* ; *intérêt m* ~ Allgemeininteresse *n* ; *d'intérêt* ~ gemeinnützig ; *procuration f* ~e Generalvollmacht *f* ; *représentation f* ~e Generalvertretung *f* ; *secrétaire m* ~ Generalsekretär *m* ; *tarif m* ~Allgemeintarif ; Regeltarif ; *tendance f* ~e einheitliche Tendenz *f* ; Trend *m* ; *en* ~ im Allgemeinen ; *être dans l'intérêt* ~ im allgemeinen Interesse liegen.

généralisation *f* Verallgemeinerung *f* ; allgemeine Anwendung (Verbreitung) *f* ; ~ *d'une convention collective* Allgemeinverbindlichkeitserklärung *f* eines Tarifvertrags (auf noch nicht tariflich gebundene Arbeitnehmer) ; ~ *d'une grève* Ausweitung *f* eines Streiks.

généraliser verallgemeinern ; allgemein einführen ; *hausse* ~*ée des prix* allgemeiner Preisanstieg *m* ; *se* ~ sich allgemein verbreiten ; *le conflit s'est* ~*é* der Konflikt hat sich ausgeweitet.

généraliste *m* **1.** (*médecine*) praktischer Arzt *m* ; Allgemeinmediziner *m* **2.** (*sens général*) Allroundman *m* ; überall einsatzfähige Person *f* ; Generalist *m*.

générateur *m* Generator *m*.

générateur, trice erzeugend ; bewirkend ; verursachend ; auslösend ; ~ *d'emplois* arbeitsplätzeschaffend ; ~ *de nuisances* umweltfeindlich ; umweltschädigend, -schädlich, -belastend ; *produits ~s de forte valeur ajoutée* Erzeugnisse *npl* mit hoher Wertschöpfung.

génération *f* Generation *f* ; Geschlecht *n* ; Menschenalter *n* ; (*statist.*) Jahrgang *m* ; *la ~ actuelle, montante* die heutige Generation, die Nachwuchskräfte *fpl* ; (*inform.*) *ordinateur m de la deuxième, troisième ~* Computer *m* der zweiten, dritten Generation ; *renouvellement m des ~s* Generationswechsel *m* ; *conflit m de ~s* Generationskonflikt *m* ; Generationenkonflikt.

générationnel, le (*préfixe*) Generations-/Generationen- ; *marketing m ~* generationsspezifisches (generationsorientiertes) Marketing *n*.

générer verursachen ; erzeugen ; generieren ; schaffen ; entstehen lassen ; zur Folge haben.

générique *m* (*pharmacie*) Generikum *n* ; (*pl*) Generika ; Nachahme(r)-Medikament *n* ; Ersatzpräparat *n* ; *prescrire des ~s* Generika verschreiben.

générique : *appellation f ~* Allgemeinbezeichnung *f* ; *marque f ~* Dachmarke *f* ; *médicament m~* → **générique** ; *nom m ~* Sammelname *m* ; *produit m ~* markenlose Ware *f* ; weißes Produkt *n* ; *terme m ~* Gattungsbegriff *m*.

génétique genetisch ; gentechnisch ; *génie m ~* Gentechnik *f* ; Gentechnologie *f* ; *manipulation f ~* Genmanipulation *f*.

génétiquement modifié, e gentechnisch verändert ; genmanipuliert ; genverändert ; *aliments mpl ~s* Gen-Nahrungsmittel *npl* ; gentechnisch veränderte Lebensmittel ; *organisme m ~* (*O.G.M.*) gentechnisch veränderter Organismus *m* (GVO) (*syn. transgénique*).

génie *m* **:** ~ *civil* Bau(ingenieur)wesen *n* ; Hoch- und Tiefbau *m* ; ~ *chimique* (*rural*) Chemie(agrar)technik *f* ; ~ *génétique* → **génétique** ; ~ *maritime* Schiffsbau *m* ; ~ *nucléaire* Bautechnik *f* für Atomanlagen ; Bautechnik auf dem Kerngebiet ; ~ *rural* Land-, Agrartechnik.

génome *m* Erbanlagen *fpl* ; Genom *n* ; *modifier le ~* die Erbanlagen verändern.

genre *m* Art *f* ; Gattung *f* ; Sorte *f* ; *marchandises en tout ~* Waren jeder Gattung (Art).

gens *mpl* Leute *pl* ; Menschen *pl* ; ~ *d'affaires, de loi, de maison, de service* Geschäftsleute ; Juristen *mpl* ; Hauspersonal *n* ; Dienstpersonal *n* ; *les ~ bien placés* Insider *mpl* ; wohlunterrichtete Kreise *mpl* ; *les ~ de la campagne* die Leute vom Land ; *les ~ du peuple* die kleinen Leute ; *les jeunes ~* die jungen Leute ; die Jugendlichen *mpl* ; *les petites ~* die kleinen Leute ; der kleine Mann *m* ; *les vieilles ~* die alten Menschen ; die Senioren ; die Alten *mpl*.

gentleman's agreement *m* Gentleman's Agreement *n* ; Vereinbarung *f* auf Treu und Glauben.

géographique geografisch ; erdkundlich ; ~ *démographique* Bevölkerungsgeografie ; *mobilité f ~ des salariés* räumliche Mobilität *f* der Arbeitnehmer ; *répartion f ~* Verteilung *f* nach Gebieten ; Regionalgliederung *f* ; *secteur m ~ méditérranéen* Mittelmeer-Raum *m*.

géomètre *m* Geometer *m* ; Feldmesser *m* ; ~ *expert* Vermessungsingenieur *m*.

géothermie *f* Geothermie *f* ; Erdwärme *f*.

gérance *f* Geschäftsführung *f* ; Verwaltung *f* ; Pacht *f* ; Verpachtung *f* ; ~ *appointée* Geschäftsführung im Angestelltenverhältnis ; ~ *libre* Pacht ; Pachtung *f* ; Geschäftsführung auf eigene Rechnung ; ~ *d'immeubles* Grundstücks-, Hausverwaltung *f* ; *société f de ~* Geschäftsführungsgesellschaft ; *être chargé de la ~* mit der Geschäftsführung beauftragt sein ; *mettre (donner) en ~* verpachten ; in Pacht geben ; *prendre en ~* pachten ; in Pacht nehmen.

gérant *m* Geschäftsführer *m* ; Betriebsleiter *m* ; Verwalter *m* ; Pächter *m* ; ~ *d'affaires* Geschäftsführer, -leiter *m* ; ~ *associé* geschäftsführender Gesellschafter *m* ; ~ *d'une succursale* Filialleiter *m* ; ~ *d'immeubles* Haus-, Grundstücksverwalter *m* ; ~ *libre* Pächter ; ~ *de patrimoine* Vermögensverwalter *m* ; ~

d'une propriété Gutsverwalter *m* ; ~ *salarié* Geschäftsführer *m* ; im Angestelltenverhältnis stehender Leiter (eines gewerblichen Pachtbetriebs ; ~ *d'une S.A.R.L.* Geschäftsführer einer GmbH ; ~ *de station-service* Tankstellen-Pächter *m* ; *s'adresser au* ~ sich an die Geschäftsführung wenden.

gérer verwalten ; führen ; managen ; leiten ; bewirtschaften ; *affaire bien, mal ~ée* gut, schlecht geführtes Geschäft *n* ; ~ *un bien, une fortune, un immeuble* einen Besitz (ein Gut), ein Vermögen, ein Haus verwalten ; ~ *un conflit social, une crise* einen sozialen Konflikt, eine Krise managen (bewältigen) ; ~ *un portefeuille de titres* ein Portfolio verwalten ; ~ *les risques* die Risiken managen ; ~ *un sinistre* einen Schadensfall abwickeln ; ~ *les titres* Wertpapiere verwalten ; *dépôt m ~é par la banque* bankmäßig geführtes Depot *n*.

gestion *f* Geschäftsführung *f* ; Betriebsführung ; Verwaltung *f* ; Unternehmensführung ; Management *n* ; Führung *f* ; Bewirtschaftung *f* ; Leitung *f* ; Planung *f* ; Steuerung *f* ; ◆ ~ *et administration des entreprises* Geschäftsführung ; ~ *d'affaires* Geschäfts-, Betriebsführung *f* ; ~ *des affaires courantes* laufende Geschäftsführung ; (*État*) ~ *budgétaire* Bewirtschaftung *f* der Haushaltsmittel ; Haushaltsführung ; (*entreprise*) produktionsorientierte Finanzplanung ; ~ *des biens* (*de fortune, de patrimoine*) Vermögensverwaltung ; ~ *de caisse* Kassenführung *f* ; ~ *de conflits* Konfliktbewältigung *f* ; ~ *commerciale* kaufmännische Geschäftsführung ; ~ *comptable* (*de comptes*) Rechnungsführung ; ~ *pour compte de tiers* Asset Management ; ~ *des contingents* Bewirtschaftung der Kontingente ; ~ *des déchets* Abfallwirtschaft *f* ; ~ *directe* Selbstbewirtschaftung ; ~ *de la distribution* Absatzplanung *f* ; ~ *de l'économie* Wirtschaftsführung ; ~ *des entreprises* Betriebsführung ; Unternehmensleitung ; (*science*) Betriebswirtschaft *f* ; Betriebswirtschaftslehre *f* ; ~ *financière* Finanzen *pl* ; Finanzplanung ; Finanzmanagement ; Rechnungsführung ; Finanzgebaren *n* ; Finanzverwaltung ; ~ *des finances publiques* Verwaltung der öffentlichen Finanzen ; Haushaltswirtschaft *f* ; ~ *forcée* Zwangsverwaltung ; ~ *d'immeubles* Gebäudeverwaltung ; ~ *immobilière* Grundstücks-, Hausverwaltung ; ~ *de marché* Marktbearbeitung *f,* -verwaltung ; ~ *du patrimoine* Vermögensverwaltung ; ~ *du personnel* Personalverwaltung, -planung *f* ; ~ *de portefeuille* (*de titres*) Wertpapier-, Effektenverwaltung ; Anlageverwaltung ; Portfolio-Management ; ~ *des risques* Risikomanagement ; Risk Management ; ~ *de(s) stocks* Lagerwirtschaft *f* ; Lagerhaltung *f* ; Lagerverwaltung ; Vorratswirtschaft *f* ; ~ *des stocks de matériel* Materialwirtschaft ; ~ *de trésorerie* Cash-Management ; Gelddispositionen *fpl* ; kurzfristige Finanzdispositionen *fpl* ; ◆◆ *abus m de* ~ unredliche Geschäftsführung ; *année f de* ~ Verwaltungs-, Wirtschaftsjahr *n* ; *cabinet m de ~ de patrimoine* Vermögensverwaltungsfirma *f* ; *école f de* ~ Hochschule *f* für Betriebswirtschaft ; Hochschule des höheren Betriebsmanagements ; *comité m de* ~ Geschäftsführungsausschuss *m* ; *comptes mpl de* ~ Betriebskonten *npl* ; *contrôle m de la* ~ Betriebskontrolle *f,* -prüfung *f* ; Controlling *n* ; *coûts mpl de* ~ Betriebskosten *pl* ; *enseignement de* ~ Betriebswirtschaft(slehre) *f* ; *frais mpl de* ~ Verwaltungskosten *pl* ; *mauvaise* ~ Misswirtschaft *f* ; *organisme m de* ~ Verwaltungsorgan *n* ; *rapport m de* ~ Geschäftsbericht *m* ; *résultat m de* ~ Betriebsergebnis *n* ; *société f de* ~ *de capitaux* Kapitalverwaltungsgesellschaft *f* ; ◆◆◆ *assurer la* ~ *des affaires courantes* das Tagesgeschäft abwickeln ; *être chargé de la* ~ mit der Geschäftsführung beauftragt sein ; *étudier la* ~ *des entreprises* Betriebswirtschaft studieren.

gestionnaire *m* Geschäftsführer *m,* -leiter *m* ; Verwalter *m* ; Wirtschafter *m* ; Betriebswirt *m* ; Sachverwalter *m* ; (*société*) geschäftsführender Gesellschafter *m* ; ~ *de patrimoine* Vermögensverwalter ; ~ *de portefeuille* Portfolio-Manager *m* ; *organisme m de* ~ Verwaltungsorganisation *f.*

gibier *m* Wild *n* ; (*petit*) Niederwild *n* ; (*gros*) Hochwild *n* ; ~ *à poils, à plumes* Haar-, Federwild ; *abondance f de* ~ Wildreichtum *m* ; (*assur.*) *dommages causés par le* ~ Wildschaden *m* ; *enclos m d'élevage m du* ~ Wildgehege *n* ; *parc m à* ~ Wildpark *m* ; *passage m de* ~ Wildwechsel *m*.

giboyeux, se wildreich.

G.I.E. *m* (*Groupement d'intérêt économique*) Interessengemeinschaft (IG) *f* ; wirtschaftlicher Interessenverband *m* ; (*Allemagne*) Arbeitsgemeinschaft *f*.

gigantesque riesig ; gigantisch ; Riesen- ; kolossal ; riesengroß ; gigantischen Ausmaßes.

gigantisme *m* Gigantismus *m* ; Riesenhaftigkeit *f*.

giga-octet *m* Gigabyte *n*.

gilde *f* → **guilde**.

gisement *m* Lagerstätte *f* ; Vorkommen *n* ; Abbaubaugebiet *n* ; Reserve *f* ; Fundstätte *f* ; Fundort *m* ; ~ *de charbon* Kohlevorkommen ; ~ *minerai* Erzlager *n* ; ~ *de pétrole* Erdölvorkommen.

gîte *m* : ~ *rural* Unterkunft *f* auf einem Bauernhof ; Ferienwohnung *f* auf dem Land ; *vacances fpl en* ~ *rural* Ferien *pl* auf dem Bauernhof ; *avoir le couvert et le* ~ bei jdm Kost und Logis haben.

glissement *m* Abgleiten *n* ; Rutsch *m* ; ~ *des cours de la bourse* Kursrutsch ; ~ *de terrain* Erdrutsch ; ~ *des prix* Preisrutsch *m* ; (*polit.*) ~ *vers la gauche* Linksrutsch *m* ; Linksdrall *m*.

glisser (*monnaie, cours*) abrutschen ; nachgeben ; ~ *à son plus bas niveau de l'année* den Tiefststand des Jahres erreichen.

global, e (*préfixe*) Global- ; gesamt ; Gesamt- ; global ; *dette f ~e* Gesamtschuld *f* ; *somme f ~e* Gesamtbetrag *m* ; Globalsumme *f* ; *résultat m* ~ Gesamtergebnis *n* ; *valeur f ~e* Gesamtwert *m* ; *pour une valeur~e de* im Gesamtwert von.

globalisation *f* 1. Globalisierung *f* ; Internationalisierung *f* ; ~ *de l'économie, des marchés* Globalisierung der Wirtschaft, der Märkte ; *adversaire m, partisan m de la* ~ Globalisierungsgegner *m*, -befürworter *m* (*syn*. mondialisation) 2. Pauschalierung *f*.

globaliser 1. globalisieren 2. pauschalieren.

glorieuses (les trente) (*d'après Jean Fourastié : les années fastes de l'après-guerre, de 1946 à 1975*) die dreißig goldenen Jahre (zwischen 1946 und 1975).

glose *f* Glosse *f* ; Bemerkung *f* ; Erklärung *f*.

G.O. (*garanti d'origine*) Herkunfts-, Ursprungsgarantie *f*.

golden boy *m* (*bourse*) Golden boy *m*.

gold point *m* (*niveau auquel les importations ou exportations d'or s'effectuent dans un système de convertibilité*) Goldpunkt *m* ; ~ *d'entrée* Goldimportpunkt ; ~ *de sortie* Goldexportpunkt ; *atteindre le* ~ den Goldpunkt erreichen.

gondole *f* (*de grand magasin*) (Verkaufs)Gondel *f* ; Warenstand *m* ; (*fam.*) Wühltisch *m* ; Grabbeltisch.

gonflement *m* Zuwachs *m* ; Ansteigen *n* ; Aufblähung *f* ; Anschwellen *n* ; ~ *du crédit* Aufblähung des Kreditvolumens.

gonfler aufblähen ; anschwellen ; ansteigen ; ~ *un prix* einen Preis übertreiben ; *vendre à des prix ~és* zu überhöhten Preisen verkaufen.

goodwill *m* Goodwill *m* ; (ideeller) Firmenwert *m* ; Geschäftswert ; Fassonwert ; guter Ruf *m* ; Firmenimage *n*.

goulot *m* : ~ *d'étranglement* Engpass *m*.

gourmand, e (*fam.*) *être très* ~ viel Geld (für etwas) verlangen.

gourou *m* : ~ *de l'économie, des finances* Wirtschafts-, Finanzguru *m*.

goût *m* Geschmack *m* ; Vorliebe *f* ; Gefallen *m* ; ~ *des consommateurs* Konsumentenwünsche *mpl* ; ~ *de l'épargne* Sparsinn *m* ; *au* ~ *du jour* im Zeitgeschmack ; ~ *de l'organisation* Organisationstalent *n* ; ~ *des responsabilités* Verantwortungsfreudigkeit *f* ; ~ *du risque* Risikobereitschaft *f* ; ~ *du sensationnel* Sensationslust *f* ; ~ *des voyages* Reisefreudigkeit *f* ; *pour tous les ~s* in den unterschiedlichsten Geschmacksrichtungen ; *avoir le* ~ *de l'effort* Leistungsbereitschaft an den Tag legen ; *avoir le* ~ *du risque* risikofreudig sein.

gouvernement *m* Regierung *f* ; ◆ ~ *de coalition* Koalitionsregierung ; ~ *contractant* vertragschließende Regierung ; ~ *démocratique, fédéral* demokratische Regierung, Bundesregierung ; ~ *légal, présidentiel* rechtmäßige, Präsidialregierung ; ~ *signataire* Signatarstaat *m* ; vertragschließende (unterzeichnende) Regierung ; ~ *de transition* Übergangsregierung ; ◆◆ *changement m de* ~ Regierungswechsel *m* ; *membre du* ~ Regierungsmitglied *n* ; *porte-parole m du* ~ Regierungssprecher *m* ; *retrait m du* ~ Rücktritt *m* der Regierung ; *siège m du* ~ Regierungssitz *m* ; ♦♦♦ *constituer* (*former*) *le* ~ die Regierung bilden ; *exercer le* ~ die Regierungsgeschäfte ausüben ; *nommer un* ~ eine Regierung ernennen ; *renverser le* ~ die Regierung stürzen.

gouvernemental, e Regierungs- ; *accord m, coalition f, crise f* ~(*e*) Regierungsabkommen *n,* -koalition *f,* -krise *f* ; *décision f, déclaration f, équipe f* ~*e* Regierungsbeschluss *m,* -erklärung *f,* -mannschaft *f* ; *milieux mpl* ~*aux* Regierungskreise *mpl* ; *programme m* ~ Regierungsprogramm *n* ; *remaniement m* ~ Regierungsumbildung *f.*

gouverneur *m* Gouverneur *m* ; Vorsitzende(r) ; Präsident *m* ; ~ *de la banque de France* Gouverneur der Bank von Frankreich ; ~ *de la banque centrale* Präsident *m* der Zentralbank.

G.P.L. *m* (*carburant : gaz de pétrole liquéfié*) Autogas *n.*

grâce *f* **1.** Gnade *f* ; Gunst *f* ; *délai m* (*période*) *de* ~ Nachfrist *f* ; Gnaden-, Schonfrist ; (*effet*) Respektfrist ; Schonzeit *f* ; *être dans les bonnes* ~*s de qqn* jds Gunst genießen **2.** (*jur.*) Begnadigung *f* ; Gnade *f* ; *droit m de* ~ Begnadigungs-, Gnadenrecht *n* ; *recours m en* ~ Gnadengesuch *n* **3.** ~ *à* dank ; ~ *aux progrès techniques* dank (des) technischen Fortschritts.

gracier (*jur.*) begnadigen.

gracieux, euse : (*gratuit*) kostenfrei ; unentgeltlich ; umsonst ; gratis ; (*bénévole*) freiwillig ; (*sans taxe*) gebührenfrei ; *faire qqch à titre* ~ etw umsonst machen.

grade *m* Dienstgrad *m* ; Dienststellung *f* ; Dienstbezeichnung *f* ; Rangstufe *f* ; ~ *universitaire* akademischer Grad ; *avancement m de* ~ Beförderung *f* ; Rangerhöhung *f* ; *insigne m de* ~ Rangabzeichen *n* ; *le plus ancien dans le* ~ Dienstälteste(r) ; Rangälteste(r) ; *avancer au* ~ *de chef de service* zum Abteilungsleiter aufrücken ; *monter en* ~ (in eine höhere Stellung) aufrücken ; befördert werden.

graduel, le stufenweise ; zunehmend ; allmählich ; *processus m* ~ stufenweiser Prozess *m.*

graduer staffeln ; abstufen ; graduieren ; ~ *des difficultés* Schwierigkeiten allmählich steigern ; *les tarifs téléphoniques sont* ~*ées selon les distances* die Telefongebühren staffeln sich nach Entfernung.

graines *fpl* **oléagineuses** Ölsaaten *fpl.*

graisse *f* Fett *n* ; ~ *animale, végétale, synthétique* tierisches, pflanzliches, synthetisches Fett ; *aliments mpl à faible teneur en* ~ fettarme Lebensmittel *npl* ; *fabriqué sans* ~ *animale* ohne tierisches Fett hergestellt.

graisser : (*fam.*) ~ *la patte* (*à qqn*) (jdn) bestechen ; (jdm) Schmiergelder zahlen ; (jdn) schmieren.

gramme *m* Gramm *n* ; *peser 20* ~*s* 20 Gramm wiegen.

grand, e groß; umfangreich ; (*préfixe*) Groß- ; Massen- ; ♦ ~*e affiche f* großformatiges Plakat *n* ; Großplakat *n* ; ~ *âge m* hohes Alter *n* ; ~*e banque f* Großbank *f* ; ~ *capital m* Großkapital *n* ; ~ *capitalisme m* Monopolkapitalismus *m* ; ~ *choix m* reiche Auswahl *f* ; *voie f à* ~*e circulation* Hauptverkehrsstraße *f* ; *sur une* ~*e échelle* in großem Maßstab ; ~*e distribution* Großvertrieb *m* ; Großflächenmärkte *mpl* ; ~*e entreprise f* Großunternehmen *n* ; ~*e exploitation f* Großbetrieb *m* ; ~ *format m* Großformat *n* ; *les* ~*es fortunes fpl* die großen Vermögen *npl* ; *à* ~*s frais* mit großen Kosten ; ~*e industrie f* Großindustrie *f* ; ~ *industriel m* Großindustrielle(r) ; ~*e ligne* Fernverkehrsstrecke *f* ; *train m de* ~*e ligne* D-Zug *m* ; Durchgangszug ; ~*e marque f* Markenartikel *m* ; ~ *modèle m* Großmodell *n* ; *en* ~ *nombre* in großen Zahlen ; *in großen Mengen* ; ~ *producteur m* Großproduzent *m,* -erzeuger *m* ; ~ *propriétaire m foncier* Großgrundbesitzer *m* ; ~ *public* → **grand public** ; ~*e puissance f* Großmacht *f* ; ~*e série f* Großserie *f* ; ~*e surface* → **grande surface** *fpl* ; ~*es tailles fpl* die oberen Größen *fpl* ; ~ *teint* farbecht ; ~*es vacances fpl* Sommerferien *pl* ; ~*e ville f* große Stadt ; Großstadt *f* ; *en* ~ im Großen ; ♦♦ *colis m en* ~*e vitesse* Eilgut *n* ; *maison f de* ~*e distribution* Großvertriebsfirma *f* ; *production en* ~ Massenproduktion *f* ; ♦♦♦ *apporter le plus* ~ *soin* die größtmögliche Sorgfalt verwenden ; *avoir un* ~ *train de vie* auf großem Fuß leben.

grand argentier *m* Finanzminister *m.*

grand cru *m* (*agric.*) Prädikatswein *m.*

grande école *f* Elite(hoch)schule *f.*

grand ensemble *m* Groß-, Wohnsiedlung *f* ; *les* ~*s* Trabantenstädte *fpl.*

grande surface *f* Supermarkt *m* (mindestens 400 m²) ; Verbrauchermarkt *m* (mindestens 1000 m²) ; V-Markt ; Selbstbedienungswarenhaus *n* (über 5000 m² Verkaufsfläche) ; Einkaufszentrum *n* ; Großflächenmarkt ; ~ *de bricolage* Baumarkt *m* ; ~ *de vente* Großverkaufsfläche *f* ; *rayon m non-alimentaire d'une* ~ Non-Food-Abteilung *f* eines Verbrauchermarkts ; *acheter en* ~ in einem Supermarkt/Verbrauchermarkt einkaufen.

grandeur *f* Größe *f* ; ~*s macro-économiques* Makrogrößen ; ~ *mesurable* messbare Größe ; *ordre m de* ~ Größenordnung *f* ; Aggregat *n*.

grand industriel *m* Großindustrielle(r).

grand infirme *m* Schwerbeschädigte(r).

grand-livre *m* Hauptbuch *n* ; ~ *de la dette publique* Staatsschuld(en)buch.

grand magasin *m* Kaufhaus *n* ; Warenhaus ; Kaufhalle *f*.

grand public *m* die breite Öffentlichkeit *f* ; das breite Publikum *n* ; das allgemeine Publikum (*contr. Fachbesucher*) ; *électronique f* ~ Unterhaltungselektronik *f* ; (*foire, exposition*) *journée f* ~ Publikumstag *m* ; *accessible au* ~ für die breite Öffentlichkeit zugänglich ; *être un succès* ~ ein Publikumserfolg sein.

grand-route *f* Fernverkehrsstraße *f* ; Landstraße *f*.

grands *mpl* : *les* ~ *de ce monde* die Großen dieser Welt ; *les quatre* ~ die vier Großmächte *fpl* ; die vier Supermächte ; *les petits et les* ~ Groß und Klein ; die Kleinen und die Großen.

grapheur *m* Grafikprogramm *n* (*syn. logiciel graphique*).

graphiste *m* Grafiker *m*.

graphique grafisch ; schematisch ; zeichnerisch.

graphique *m* Schaubild *n* ; grafische Darstellung *f* ; Diagramm *n* ; ~ *linéaire* Liniendiagramm ; *représentation* ~ grafische (zeichnerische) Darstellung.

grappe *f* : (*médias*) *sondage m par* ~ Klumpenauswahl *f*.

gras, grasse fett ; *en* (*caractères*) ~ fettgedruckt ; *une année de vaches* ~*ses* ein ertragreiches (günstiges) Jahr *n* ; ein Jahr der fetten Kühe ; *terre f* ~*se* ein fruchtbarer Boden *m*.

grassement reichlich ; großzügig ; königlich ; *être* ~ *payé* reichlich bezahlt werden.

graticiel *m* (*Internet : logiciels du domaine public*) Freeware *f*.

gratification *f* Bonus *m* ; Gratifikation *f* ; Sondervergütung *f* ; Zulage *f* ; Zuwendung *f* ; ~ *de Noël* Weihnachtsgratifikation, -geld *n* ; ~ *de nouvel an* Neujahrszuwendung *f*.

gratifier Geld zuwenden ; Geld zukommen lassen ; beschenken ; ~*é d'un legs* Bedachte(r) eines Vermächtnisses ; *héritier m* ~*é en premier, en second lieu* Erstbedachter (Vorerbe), Nachbedachter (Nacherbe).

gratin *m* (*fam.*) : *le* ~ *de la société* die Creme (die Oberschicht) der Gesellschaft ; Schickeria *f* ; die oberen Zehntausend ; die Hautevolee ; (*fam.*) die hohen Tiere.

gratis → *gratuit*.

grattage *m* (*sur un document*) Rasur *f* ; ~ *et surcharge interdits* Verbot *n* von Rasuren und Übermalungen ; (*loterie*) Rubbeln *n* ; *billet m de* ~ Rubbel-Los *n*.

gratte-ciel *m* Wolkenkratzer *m*.

gratter (*sur un document*) (aus)radieren ; schaben ; (*loterie*) rubbeln ; ~ *la case du billet de loterie* das Feld des Loses rubbeln.

gratuit, e 1. gratis ; Frei- ; unentgeltlich ; umsonst ; kostenfrei ; kostenlos ; gebührenfrei ; (*fam.*) zum Nulltarif ; *action f* ~*e* Gratisaktie *f* ; Freiaktie *f* ; *action f de jouissance* ~*e* Gratisgenuss-Schein *m* ; *assistance f médicale* ~*e* kostenlose medizinische Versorgung *f* ; *billet m* ~ Freifahrschein *m*, -karte *f* ; *crédit m* ~ zinsloser Kredit ; *dégustation f* ~*e* Gratiskostprobe *f* ; *échantillon m* ~ Gratisprobe *f* ; Ansichtsmuster *n* ; *entrée f* ~*e* freier Eintritt *m* ; *exemplaire m* ~ Freiexemplar *n* ; *livraison f* ~*e* kostenfreie Lieferung *f* ; *offre f* ~*e* Gratisangebot *n* ; *service m* ~ unentgeltliche Dienstleistung *f* ; *supplément m* (*du journal*) ~ Gratisbeilage *f* ; *titre m de transport* ~ Freifahrschein *m* ; *vol m* ~ Freiflug *m* **2.** (*sans fondement*) unbegründet ; unmotiviert ; *supposition f* ~*e* willkürliche Behauptung *f*.

gratuité *f* **1.** Unentgeltlichkeit *f* ; ~ *de l'enseignement* Schulgeldfreiheit *f* ; Erlass *m* des Schulgeldes ; ~ *des fournitures scolaires* Lehrmittelfreiheit *f* ; ~ *des soins médicaux* freie ärztliche Behandlung *f* ; ~ *des transports publics* Nulltarif *m* (bei öffentlichen Verkehrs-

mittelen) 2. (*sans fondement*) Grundlosigkeit *f* ; Unbegründetheit *f.*
gravats *mpl* Bauschutt *m* ; *enlèvement m des* ~ Bauschuttbeseitigung *f.*
grave schwer ; ernst ; ernsthaft ; gefährlich ; schlimm ; bedeutend ; schwerwiegend ; *conséquences fpl ~s* weitreichende Konsequenzen (Folgen) *fpl* ; *décision f* ~ schwerwiegender Entschluss *m* ; *faute* ~ schweres Vergehen ; schwerer Verstoß.
gravir : ~ *les échelons* emporsteigen ; emporklettern ; im Beruf vorwärtskommen ; ~ *les échelons de l'échelle sociale* gesellschaftlich aufsteigen.
gravité *f* Ernsthaftigkeit *f* ; Bedeutung *f* ; Schwere *f* ; ~ *d'une situation* ernste (besorgniserregende, schlimme) Lage *f.*
gré *m* Belieben *n* ; Gutdünken *n* ; Willkür *f* ; *à votre* ~ nach Ihrem Gutdünken ; *au* ~ *de* nach Belieben ; *bon* ~, *mal* ~ wohl oder übel ; *de* ~ *à* ~ in gegenseitigem Einvernehmen ; nach Vereinbarung ; auf gütlichem Weg ; gütlich ; *de plein* ~ in vollem Einverständnis ; freiwillig ; aus freien Stücken ; *arrangement m de* ~ *à* ~ gütlicher Vergleich *m* ; gütliche Abmachung *f* (Einigung *f*) (*bourse*) *marché m de* ~ *à* ~ freihändig vergebener Auftrag *m* ; außerbörslicher Markt *m* ; Freimarkt *m* ; Freiverkehr *m* ; Telefonverkehr *m* ; *négociations fpl de* ~ *à* ~ außerbörslicher Wertpapierhandel *m* ; *agir contre le* ~ *de qqn* gegen jds Willen handeln ; *traiter, vendre de* ~ *à* ~ freihändig vergeben, verkaufen 2. (*corresp.*) *nous vous saurions* ~ *de...* wir wären Ihnen sehr verbunden, zu…; wir wären Ihnen sehr dankbar, wenn.
green shoe *m* (*bourse*) Greenshoe *m* ; Platzierungsreserve *f.*
greffe *m* (*jur.*) Amtsgericht *n* ; Geschäftsstelle *f* (des Gerichts) ; Kanzlei *f.*
greffier *m* (*jur.*) Urkundsbeamte(r), Amts-, Gerichtsschreiber *m* ; Kanzleibeamte(r).
grêle *f* Hagel *m* ; *assurance f contre le risque de la* ~ Hagelversicherung *f* ; *averse f de* ~ Hagelschauer *m* ; (*avec dégâts*) Hagelschlag *m* ; *dégâts mpl causés par la* ~ Hagelschaden *m* ; *région f sinistrée par la* ~ hagelgeschädigte Gegend *f.*
grenier *m* Speicher *m* ; *être le* ~ *à blé d'un pays* die Kornkammer eines Lands sein.

grève *f* Streik *m* ; Ausstand *m* ; Arbeitsniederlegung *f* ; Streikaktion *f* ; Arbeitseinstellung *f* ; ◆ ~ *abusive* rechtswidriger Streik ; ~ *des achats, administrative, d'avertissement* Käufer-, Behörden-, Warnstreik ; ~ *du bâtiment* Bauarbeiterstreik ; ~ *bouchon* Schwerpunktstreik ; ~ *des bras croisés* Sitzstreik ; ~ *des cheminots, des consommateurs, des dockers* Eisenbahner-, Verbraucher-, Hafenarbeiterstreik ; ~ *dure* Erzwingungsstreik ; ~ *de la faim, générale, illimitée* Hunger-, General-, unbefristeter Streik ; ~ *légale, organisée* rechtmäßiger, organisierter Streik ; ~ *avec occupation de locaux* Streik mit Werksbesetzung ; ~ *partielle* Teilstreik ; ~ *perlée, politique, ponctuelle* Flackerstreik, politischer Streik, Schwerpunktstreik ; ~ *de protestation, sauvage* (*non organisée*) Proteststreik, wilder Streik ; ~*s à répétition* ständige (sich wiederholende) Streikbewegungen *fpl* ; ~ *de solidarité, de soutien* Solidaritäts-, Unterstützungsstreik ; ~-*surprise* Blitz-, Überraschungsstreik ; ~ *sur le tas* (*des bras croisés*)*, surprise* Sitz-, Blitzstreik ; ~ *tournante* Kreiselstreik ; ~ *thrombose* Schwerpunktstreik ; ~ *des transports* Verkehrsstreik ; ~ *du zèle* Bummelstreik ; Arbeit *f* nach Dienstvorschrift ; ◆◆ *affecté par une* ~ bestreikt ; *allocation f de* ~ Streikgeld *n* ; *appel m à la* ~ Streikaufruf *m* ; *briseur m de* ~ Streikbrecher *m* ; *comité m de* ~ Streikausschuss *m* ; *déclenchement m d'une* ~ Streikausbruch *m* ; *droit m de* ~ Streikrecht *n* ; *durée f d'une* ~ Streikdauer *f* ; *entreprise f en* ~ bestreiktes Unternehmen *n* ; *fonds m de* ~ Streikkasse *f,* -fonds *m* ; *indemnité f de* ~ Streikgeld *n,* -unterstützung *f* ; *interdiction f de* ~ Streikverbot *n* ; *menace f de* ~ Streik(an)drohung *f* ; *meneur m de* ~ Streikführer *m* ; *mot m d'ordre de* ~ Streikparole *f* ; *mouvement m de* ~ Streikbewegung *f* ; *piquet m de* ~ Streikposten *m* ; *préavis m de* ~ Streikankündigung *f* ; *vague f de* ~*s* Streikwelle *f* ; ◆◆◆ *annuler une* ~ einen Streik abblasen ; *appeler à la* ~ zum Streik aufrufen ; *briser une* ~ einen Streik brechen ; (*par la force*) einen Streik niederwerfen ; *déclencher, décréter une* ~ einen Streik auslösen, erklären ; *déposer un préavis de* ~ einen

Streik ankündigen ; *établir des piquets de* ~ Streikposten aufstellen ; *être en* ~ streiken ; im Streik stehen, im Streik sein ; *l'entreprise f est en* ~ der Betrieb streikt ; bestreiktes Unternehmen *n* ; faire ~ (*pour, en vue de*) streiken (für) ; einen Streik durchführen ; *fomenter une* ~ einen Streik anstiften ; *interrompre une* ~ einen Streik abbrechen ; *lancer un mot d'ordre de* ~ zum Streik aufrufen ; *menacer de se mettre en* ~ mit Streik drohen ; *se mettre en* ~ in den Streik (Ausstand) treten ; *mettre fin à une* ~ einen Streik beenden ; *obtenir par la* ~ durch Streik erzwingen ; erstreiken ; *organiser une* ~ einen Streik organisieren (durchziehen) ; *paralyser une entreprise par une* ~ einen Betrieb durch einen Streik stilllegen (lähmen) ; ein Unternehmen bestreiken ; *poursuivre la* ~ den Streik fortsetzen ; *voter pour, contre la* ~ für, gegen den Streik stimmen.

grevé, e belastet ; belegt ; beschwert ; ~ *d'un impôt* mit einer Steuer belegt ; versteuert ; *la maison est ~e d'une hypothèque* das Haus ist mit einer Hypothek belastet ; *non* ~ hypothekenfrei ; lastenfrei ; schuldenfrei.

grever (*de*) belasten ; auferlegen ; besteuern ; ~ *le budget* den Haushalt (das Budget) belasten ; ~ *d'impôts* mit Steuern belasten ; steuerlich überlasten ; (*jur.*) ~ *d'un usufruit* mit einem Nießbrauch belasten.

gréviste *m* Streikende(r) ; Streikteilnehmer *m* ; Ausständler *m*.

G.R.H. *f* (*gestion des ressources humaines*) Personalverwaltung *f* ; Human-Kapital-Verwaltung *f*.

grief *m* Beschwerde *f* ; Beschwerdegrund *m* ; Vorwurf *m* ; ~*s d'accusation* Klagegründe *mpl* ; *avoir des ~s* Anlass *m* zur Klage haben ; Beschwerden vorzubringen haben ; *faire* ~ *à qqn de qqch* jdm etwas vorwerfen.

griffe *f* Markenzeichen *n* ; Namensstempel *m* ; Etikett *n* ; (*haute couture*) Modemarke *f*.

grille *f* : ~ *de rémunération* Besoldungsschlüssel *m* ; Vergütungsordnung *f* ; ~ *des salaires et traitements* Lohn- und Gehaltstabelle *f*, -staffel *f*.

grimper (*prix*) steigen ; in die Höhe klettern ; (*prix, cours*) ~ *en flèche* nach oben schnellen.

grippe *f* (*agric.*) ~ *aviaire* Vogelgrippe *f*.

grippe-sou *m* (*fam.*) Pfennigfuchser *m* ; Knauser *m* ; Geizhals *m* ; Geizkragen *m*.

grisou *m* Schlagwetter *n* ; Grubengas *n* ; *coup m de* ~ Schlagwetterexplosion *f*.

grivèlerie *f* Zechprellerei *f*.

gros *m* **1.** Großhandel *m* ; Engroshandel *m* ; ◆◆ *achat m en* ~ Großeinkauf *m* ; *association f du commerce de* ~ Großhandelsverband *m* ; *commerçant m* (*marchand m, négociant m*) *en* ~ Großhändler *m* ; Engroshändler *m* ; Grossist *m* ; *entrepreneur m en, entreprise f de* ~ Großhandelsunternehmer *m*, Großhandelsunternehmen *n* ; Großhandlung *f* ; *indice m des prix de* ~ (*et de détail*) Groß- (und Klein)handelsindex *m* ; *maison f de* ~ Groß-, Engrosgeschäft *n* ; *marché m de* ~ Großmarkt *m* ; *marge f de* ~ Großhandelsspanne *f* ; *prix m de* ~ Großhandelspreis *m* ; *remise f pour achat en* ~ Großhandelsrabatt *m* ; *taxe f sur les ventes en* ~ Großhandelsverkaufssteuer *f* ; ◆◆◆ *acheter en* ~ en gros (im Großen) kaufen ; *faire le* ~ Großhandel treiben ; *pratiquer des prix de* ~ zu Großhandelspreisen verkaufen ; *vendre en* ~*, au prix de* ~ im Großen (en gros), zum Engrospreis verkaufen **2.** *le* ~ *de...* der größte Teil von ; *le* ~ *du travail* die Hauptarbeit *f*.

gros, grosse groß ; Groß- ; ~ *actionnaire m* Großaktionär *m* ; *~se affaire f* **a)** einträgliches Geschäft *n* **b)** Großfirma *f* ; ~ *bagages mpl* Großgepäck *n* ; ~ *bénéfices mpl* große Gewinne *mpl* ; ~ *camion m* schwerer LKW *m* ; (*fam.*) Brummi *m* ; ~ *client m, ~se clientèle*, ~ *commerçant m* Großabnehmer *m*, gute Kundschaft *f*, reicher Kaufmann *m* ; ~ *consommateur m* Großverbraucher *m* ; ~ *débit* großer Absatz *m* ; *~se fortune f* großes Vermögen *n* ; ~ *frais* hohe Kosten *pl* ; ~ *industriel* Großindustrielle(r) ; (*fam.*) *~se légume f* (*huile f*) hohes Tier *n* ; *~se maison f* (*de commerce*) Großfirma *f* ; ~ *marché m* **a)** ~ *porteur* **a)** (*bourse*) Großaktionär *m* **b)** (*avion*) Großraumflugzeug *n* ; ~ *producteur m* Großerzeuger *m* ; ~ *propriétaire foncier* Großgrundbesitzer *m* ; ~ *salaires mpl* die Groß-, Spitzenverdiener *mpl* ; *~se somme f* hohe Summe *f* ; ~ *succès m de vente* großer Verkaufserfolg *m* ; (*médias*) ~ *titre m* Schlagzeile *f*

gros-œuvre *m* Rohbau *m*.
grosse *f* **1.** (*copie*) Ausfertigung *f* ; Abschrift *f* **2.** (*12 douzaines*) Gros *n* ; *vendre à la ~* im Gros verkaufen **3.** (*marine*) Bodmerei *f* ; *prêter à la ~* auf Bodmerei geben **4.** (*jur.*) Vollstreckbarkeitsformel *f* ; vollstreckbare Urteilsausfertigung *f*.
grossesse *f* Schwangerschaft *f* ; *interruption volontaire de ~* (*I.V.G.*) Schwangerschaftsabbruch *m*, -unterbrechung *f*.
grossiste *m* Grossist *m* ; Engroshändler *m* ; Großhändler *m* ; Großkaufmann *m*.
grossoyer eine öffentliche Urkunde (eines vollstreckbaren Urteils) anfertigen → *grosse*.
groupage *m* Sammelgut *n* ; (*de marchandises*) Sammelladung *f* ; *connaissement m de ~* Sammelkonnossement *n* ; *service m de ~* Sammelladungsdienst *m* ; Sammelverkehr *m* ; *expédier des colis en ~* Kolli in Sammelladung verladen.
groupe *m* Gruppe *f* ; Gesellschaft *f* ; Konzern *m* ; (*polit.*) Fraktion *f* ; ♦ *~ d'actionnaires* Stimmrechtskonsortium *n* ; *~ d'âge* Altersgruppe *f* ; *~ d'assurances* Risikogruppe, -klasse *f* ; *~ automobile, de la chimie* Automobil-, Chemiekonzern ; *~ bancaire, de contrôle, économique* Banken-, Kontroll-, Wirtschaftsgruppe ; (*bourse*) *~ de cotation* (*établi selon le degré de liquidité*) Notierungsgruppe ; *~ d'études* → *de travail* ; *~ financier* Finanzgruppe ; *~ d'imposition* Steuergruppe, -klasse *f* ; *~ industriel, d'intérêts, d'intérêts économiques* Unternehmens-, Interressengruppe, wirtschaftlicher Interressenverband *m* ; *~ majoritaire, minoritaire* Mehrheitsfraktion ; Minoritätsgruppe ; *~ mixte* Mischkonzern ; *~ ouvrier, patronal* Arbeiter-, Arbeitgebervereinigung *f* ; *~ parlementaire* Fraktion *f* ; *~ pétrolier* Ölkonzern ; *~ de presse* Zeitungsgruppe ; *~ de pression* → **groupe de pression** ; *~ public* staatlicher Konzern ; *~ de travail* Arbeitsgruppe *f*, -team *n*, -kreis *m*, -gemeinschaft *f* ; ♦♦ *assurance-~ f* Gruppenversicherung *f* ; *chef m de ~* Gruppenleiter *m* ; *travail m en ~* Arbeitsgruppe *f* ; *voyage m en ~* Gesellschaftsreise *f* ; Gruppenfahrt *f*.
groupé, e (*préfixe*) Sammel- ; Gruppen- ; *assurance f ~e* Gruppenversicherung ; *compte m, envoi m ~* Sammelkonto *n*, -sendung *f* ; *lignes téléphoniques fpl ~es* Sammelanschluss *m* ; *numéro m, tarif m ~* Sammelnummer *f*, -tarif *m* ; *transport m ~* Sammeltransport *m* ; Sammelgutbeförderung *f*.
groupe *m* **de pression** Interessengruppe *f* ; Interessenverband *m* ; Lobby *f* ; Pressure-Group *f*.
groupement *m* **1.** (*classement*) Einteilung *f* ; Einordnung *f* ; Gliederung *f* ; Klassifizierung *f* **2.** Gruppe *f* ; Gruppierung *f* ; Verband *m* ; Vereinigung *f* ; Organisation *f* ; Gemeinschaft *f* ; Konzern *m* ; Zusammenschluss *m* ; Konsortium *n* ; *~ d'achats* Einkäufervereinigung, Einkaufsgemeinschaft *f*, -genossenschaft *f* ; *~ d'artisans* Handwerksgemeinschaft *f* ; *~ bancaire* Bankenkonsortium ; *~ de capitaux* Kapitalzusammenlegung *f* ; *~ de consommateurs* Konsumenten-, Verbrauchergruppe ; Konsumverein *m* ; *~(s) coopératif(s)* Genossenschaft *f* ; genossenschaftlicher Zusammenschluss ; *~ économique* Wirtschaftsverband ; *~ d'entreprises* Unternehmenzusammenschluss ; *~ d'études* Arbeitsgemeinschaft ; *~ d'intérêts* Interessengruppe ; *~ d'intérêts économiques* (*G.I.E.*) Interessengemeinschaft *f* ; *~ ouvrier* Arbeitnehmervereinigung *f* ; *~ patronal* (*d'employeurs*) Arbeitgeberverband *m*, -vereinigung ; *~ professionnel* Berufsverband *m* ; Fachverband ; Fachgruppe *f* ; *~ supranational* übernationaler Zusammenschluss ; *~ tarifaire* Tarifverband ; *~ de vente* Verkaufsgemeinschaft *f*.
grouper 1. (*classer*) einorden ; einteilen **2.** gruppieren ; sammeln ; zusammenlegen ; zusammenstellen ; *se ~* sich zusammentun ; sich zusammenschließen ; sich gruppieren ; eine Gruppe bilden.
groupeur *m* Sammel(ladungs)spediteur *m*.
groupuscule *m* Splittergruppe *f* ; Grüppchen *n*.
grue *f* Kran *m* ; *~ de chargement* Ladekran ; *~ flottante* Schwimmkran ; *~ pivotante* Drehkran ; *~ à portique* Torkran ; *~ roulante* Laufkran ; *droits mpl de ~* Krangeld *n*.
grume *f* (*sylviculture*) *bois m en/de ~* berindetes Holz *n* ; Holz mit Rinde.
G.S.S. *fpl* (*grandes surfaces spécialisées*) Fachmärkte *mpl*.

guelte *f* (*pourcentage au vendeur sur les ventes*) Gewinnanteil *m* am Verkauf ; Provision *f.*

guerre *f* Krieg *m* ; Kampf *m* ; Auseinandersetzung *f* ; ◆ ~ *atomique, conventionnelle, économique* Atom-, konventioneller, Wirtschaftskrieg ; ~ *civile, commerciale, froide* Bürger-, Handels-, Kalter Krieg ; ~ *du pétrole* Ölkrieg ; ~ *des prix* Preiskrieg ; ~ *des tarifs* Tarifkrieg ; ~ *d'usure* Abnützungskampf *m* ; Zermürbungskrieg ; ◆◆ *bénéfices mpl de* ~ Kriegsgewinn(e) *m(pl)* ; *charges fpl de* ~ Kriegsfolgelasten *fpl* ; *dettes fpl de* ~ Kriegsschulden *fpl* ; *dommage m, économie f, emprunt m de* ~ Kriegsschaden *m*, -wirtschaft *f*, -anleihe *f* ; *industrie f de* ~ Kriegsindustrie *f* ; *matériel m, risque m de* ~ Kriegsmaterial *n*, -risiko *n* ; (*assur.*) *"risques de* ~ *exclus"* ausschließlich Kriegsrisiko ; *sinistré m, victime f de* ~ Kriegsbeschädigte(r), Kriegsopfer *n* ; ◆◆◆ *déclarer la* ~ *à un pays* einem Land den Krieg erklären ; *être en* ~ sich im Krieg befinden ; im Kriegszustand sein ; (*fig.*) *c'est de bonne* ~ das ist durchaus rechtens ; *faire la* ~ *contre qqch* etw bekämpfen ; einen Kampf führen gegen.

guichet *m* Schalter *m* ; Kasse *f* ; ◆ *les* ~*s* Schalterhalle *f*, -raum *m* ; ~ *automatique* Geldautomat *m* ; Bankomat *m* ; ~ *des bagages* (*d'enregistrement*), *de banque, de poste* Gepäck-, Bank-, Postschalter ; ~ *de gare* Fahrkartenschalter ; ~ *des renseignements* Auskunft *f* ; ◆◆ *employé m de* ~ (*guichetier m*) Schalterbeamte(r), -angestellte(r) ; *fermeture f des* ~*s* Schalterschluss *m* ; *hall m des* ~*s* Schalterhalle *f* ; *vente f au* ~ Schalterverkauf *m* ; ◆◆◆ *le* ~ *est fermé* der Schalter ist geschlossen ; *présenter au* ~ am Schalter vorzeigen.

guichetier *m* Schalterbeamte(r) ; Schalterangestellte(r).

guide *m* **1.** (*tourisme*)(*livre*) Reiseführer *m* ; Ratgeber *m* ; ~ *détaillé* ausführlicher Führer ; ~ *de camping-caravaning* Camping-Caravaning-Führer ; ~ *des chemins de fer* Kursbuch *n* ; ~ *du contribuable* Ratgeber für Steuerzahler ; ~ *des hôtels-restaurants* Hotel- und Gaststättenführer ; ~ *des manifestations et loisirs* Veranstaltungskalender *n* ; ~ *touristigue* Reiseführer ; ~ *de vacances* Ferienführer **2.** (*personne*) (Reise)Führer *m* ; Fremdenführer ; ~ *interprète* sprachkundiger Reiseführer ; ~ *de montagne* Bergführer.

guilde *f* Gilde *f* ; Zunft *f* ; Innung *f* ; genossenschaftliche Vereinigung *f* ; ~ *du disque* Schallplattengilde.

guilloche *f* (*sur les billets de banque*) Guilloche *f.*

G.V. (*grande vitesse*) Eilgut *n.*

G.V.T. (*glissement, vieillissement, technicité : avancement à l'ancienneté des fonctionnaires*) Beamtenbeförderung *f* nach dem Dienstalter.

H

ha Hektar *n* (ha).
H.A. (*hors assurance*) ohne Versicherungskosten.
habile 1. geschickt ; gewandt ; ~ *en affaires* geschäftstüchtig ; kaufmännisch geschickt **2.** (*jur.*) (*capable*) (rechts)fähig ; berechtigt ; zuständig ; ~ *à contracter* vertragsfähig ; ~ *à signer* zeichnungsberechtigt ; ~ *à succéder* erbfähig ; ~ *à tester* testierfähig.
habileté *f* Geschicklichkeit *f* ; Geschicktheit *f* ; Gewandtheit *f* ; (*péj.*) Gerissenheit *f* ; ~ *manuelle* handwerkliche Geschicktheit.
habilitation *f* Ermächtigung *f* ; Erteilung *f* der Rechtsfähigkeit ; Verleihung *f* einer rechtlichen Fähigkeit ; *loi f d'*~ Ermächtigungsgesetz *n*.
habilité, e (*à qqch*) (zu etw) ermächtigt (sein) ; berechtigt (zu) ; *banque ~e* ermächtigte Bank *f*.
habilité *f* (rechtliche) Fähigkeit *f* ; Rechtsfähigkeit *f* ; Machtbefugnis *f* ; Zuständigkeit *f* ; Berechtigung *f* ; ~ *à contracter, à succéder, à tester* Vertrags-, Erb-, Testierfähigkeit.
habiliter (*à*) ermächtigen (zu) ; berechtigen (zu) ; bevollmächtigen (zu).
habillage *m* **1.** (*vêtements*) Anziehen *n* ; Ankleiden *n* **2.** (*d'un produit*) Verpackung *f* ; Aufmachung *f* ; Ausstattung *f* ; ~ *d'une bouteille de vin* Verkapseln *n* einer Weinflasche **3.** (*truquage*) ~ *d'un bilan* Frisieren *n* einer Bilanz.
habillement *m* Bekleidung *f* ; *secteur m de l'*~ Bekleidungssektor *m*.
habilleur *m* (*vitrine, devanture*) Schaufensterdekorateur *m* ; Schaufenstergestalter *m*.
habitabilité *f* (*maison*) Bewohnbarkeit *f* ; (*auto*) Geräumigkeit *f* ; Sitzmöglichkeit *f*.
habitant *m* Einwohner *m* ; Bewohner *m* ; *nombre m d'~s* Einwohnerzahl *f* ; *les ~s* die Einwohnerschaft *f* ; *par* ~ pro Kopf ; *croissance f, revenu m par* ~ Pro-Kopf-Wachstum *n* ; Pro-Kopf-Einkommen *n* ; *loger chez l'*~ privat wohnen ; in einem Privatquartier untergebracht werden.
habitat *m* **1.** Wohnverhältnisse *npl* ; Wohnweise *f* **2.** Siedlung *f* ; ~ *ancien* Altbauten *fpl* ; ~ *concentré, dispersé* geschlossene Siedlung, Streusiedlung ; ~ *rural, urbain* ländliche, städtische Siedlung ; *amélioration f de l'*~ Verbesserung *f* der Wohnverhältnisse ; *politique f de l'*~ Wohnungspolitik *f*.
habitation *f* Wohnung *f* ; ~ *à loyer modéré* (*H.L.M.*) Sozialwohnung ; ~ *mobile* Wohnmobil *n* ; ~ *ouvrière* (*de fonction*) Werkswohnung ; *communauté f d'*~ Wohngemeinschaft (WG) *f* ; *complexe m d'*~ Wohnkomplex *m* ; Wohnanlage *f* ; *conditions fpl d'*~ Wohnverhältnisse *npl* ; *construction f d'~s* Wohnungsbau *m* ; *ensemble m d'*~ Wohnsiedlung *f* ; *immeuble m d'*~ Wohnbau *m* ; *immeuble m neuf à usage d'*~ Wohnungsneubau *m* ; *lieu m d'*~ Wohnort *m* ; *maison f d'*~ Wohnhaus *n* ; *pièce f d'*~ Wohnraum *m* ; *taxe f d'*~ Wohnraumsteuer *f* ; *unité f d'~s* Wohneinheit *f*.
habiter wohnen (in + D) ; bewohnen (+ A) ; (*style administratif*) wohnhaft sein ; ~ *à la campagne, en ville* auf dem Land, in der Stadt wohnen ; ~ *en location, en sous-location* zur Miete, in Untermiete wohnen ; ~ *un immeuble neuf* in einem Neubau wohnen.
habitude *f* Gewohnheit *f* ; *~s d'achat* Kaufgewohnheiten *fpl* ; *~s alimentaires* Ernährungsgewohnheiten *fpl* ; ~ *commerciale* Geschäftsbrauch *m* ; Handelsusancen *pl* ; *~s de consommation* Verbrauchs-, Konsumgewohnheiten ; *comme d'*~ wie üblich ; wie gewöhnlich ; *conserver* (*garder*) *des ~s* Gewohnheiten beibehalten.
habitué *m* (*hôtellerie*) Stammgast *m* ; (*client*) Stammkunde *m* ; (*visiteur*) regelmäßiger Besucher *m* (Gast *m*) ; *clientèle f d'~s* Kundenstamm *m* ; Stammkunden.
habituel, le gewöhnlich ; gewohnheitsmäßig ; Gewohnheits- ; Stamm- ; (*commerce*) *client m* ~ Stammkunde *m* ; (*hôtellerie*) Stammgast *m* ; *électorat m* ~ Stammwähler *mpl* ; *fournisseur m* ~ Hauslieferant *m* ; *public m* ~ Stammpublikum *n*.
hacker *m* Hacker *m* ; Raubkopierer *m*.
hacker hacken ; unberechtigt in andere Computersysteme eindringen.
halage *m* : (*hist. navigation*) *chemin m de* ~ Treidelweg *m* ; Treidelpfad *m*.

haler : (*hist. navigation*) ~ *une péniche* einen Lastkahn treideln.

hall *m* Halle *f* ; Saal *m* ; (*aéroport*) ~ *d'arrivée, d'enregistrement, de transit* Ankunfts-, Abfertigungs-, Transithalle ; ~ *d'exposition* Ausstellungshalle *f* ; ~ *de gare* Bahnhofshalle.

hallage *m* Markt-, Standgeld *n*.

halle *f* (Markt)Halle *f* ; *les ~s de Rungis* die (Groß)Markthallen von Rungis ; *au cours des ~s* zum Großmarktpreis (von Rungis) ; *fort m des ~s* Lastenträger *m* ; *mandataire m aux ~s* Kommissionär *m* ; Zwischenhändler *m* ; *marchand m des ~s* Markthallenverkäufer *m* ; Markthändler *m*.

halte *f* (*route*) Rastplatz *m* ; (*autoroute*) Autobahnraststätte *f* ; *~-garderie f* Kindertagesstätte *f* ; (*fam.*) Kita *f*.

handicap *m* Handikap *n* ; Behinderung *f* ; Nachteil *m* ; ~ *physique* körperliche Behinderung ; *être un ~* ein Handikap sein.

handicapé *m* Behinderte(r) ; ~ *léger, profond* Leicht-, Schwerbehinderte(r) ; ~ *mental* geistig Behinderte(r) ; ~ *moteur* Körperbehinderte(r) ; *accès m réservé aux ~s* Zugang *m* für Behinderte ; *aide f aux ~s pour leur réinsertion sociale* Eingliederungshilfe *f* für Behinderte ; *assistance f aux personnes ~ées* Behindertenbetreuung *f* ; *emploi réservé aux ~s* Behindertenstelle *f*.

handicaper handikapen ; eine Behinderung (einen Nachteil) darstellen.

hangar *m* Schuppen *m* ; Halle *f*.

Hanse *f* (*hist.*) Hanse *f*.

hanséatique Hanse- ; Hansa- ; hanseatisch ; *ligue f ~* Hansebund *m* ; *ville f ~* Hansestadt *f*.

harcèlement *m* Belästigung *f* ; Schikanieren *n* ; ~ *sur le lieu de travail* Belästigung *f* am Arbeitsplatz ; ~ *moral* Mobbing *n* ; Mobben *n* ; ~ *sexuel* sexuelle Belästigung (am Arbeitsplatz).

harceler 1. ~ *qqn de réclamations* jdn mit Reklamationen (Beschwerden) überhäufen **2.** ~ (*moralement*) *au travail* mobben ; gemoppt werden ; schickanieren **3.** ~ *sexuellement qqn* jdn sexuell belästigen.

hardware *m* (*informatique*) Hardware *f* (*syn. matériel*).

harmonisation *f* Angleichung *f* ; Vereinheitlichung *f* ; Harmonisierung *f* ; ~ *des charges sociales, fiscales* Angleichung der Sozial-, Steuerlasten ; ~ *des prix* Preisangleichung ; ~ *des salaires* Lohn- und Gehaltsangleichung ; ~ *des régimes fiscaux* Harmonisierung der Steuersysteme.

harmoniser harmonisieren ; angleichen ; vereinheitlichen.

hasardeux, euse gewagt ; riskiert ; risikoreich ; *entreprise f ~euse* gewagtes Unterfangen *n* ; *spéculation ~euse* risikoreiche Spekulation *f*.

hâte *f* Eile *f* ; Hast *f* ; Überstürzung *f* ; *à la ~* hastig ; überstürzt ; *décision f prise à la ~* überstürzte Entscheidung *f* ; *travail m fait à la ~* Pfuscharbeit *f*.

hausse *f* **1.** (*prix, salaires*) Erhöhung *f* ; Steigerung *f* ; Anstieg *m* ; Hausse *f* ; (*illicite*) Preistreiberei *f* ; ♦ ~ *conjoncturelle* konjunkturbedingte (Preis)Steigerung *f* ; ~ *des coûts* (*des frais*) Kostensteigerung, -anstieg ; ~ *de l'indice* Indexerhöhung ; ~ *du niveau de vie* Hebung *f* des Lebensstandards ; ~ *des prix* Preissteigerung ; Preiserhöhung, -anstieg ; ~ *abusive des prix* Preistreiberei *f* ; ~ *en flèche* jäher Preisanstieg ; ~ *de la productivité* Produktivitätszuwachs *m*, -steigerung ; ~ *de salaire* Lohnerhöhung ; ~ *des salaires* (*salariale*) Ansteigen *n* der Löhne ; Lohnanstieg ; ~ *spectaculaire des prix* Preislawine *f* ; Preiskarussel *n* ; ♦♦♦ *être à la ~* (an)steigen ; *enrayer une ~* eine Preiswelle eindämmen ; *être un facteur de ~* Preistreiber sein ; *subir une ~* eine (Preis)Steigerung erfahren **2.** (*bourse : titres, cours*) Hausse *f* ; Steigen *n* ; Anstieg *m* ; Anziehen *n* ; ♦ ~ *des cours* Steigen der Kurse ; Kursanstieg ; anziehende Kurse *mpl* ; *mouvements m de ~* Haussebewegung *f* ; Aufwärtsbewegung ; *spéculateur m, spéculation f à la ~* Haussespekulant *m*, Haussespekulation *f* ; *tendance f à la ~* Aufwärtstrend *m*, -tendenz *f*, -bewegung *f* ; ♦♦♦ *clôturer à la ~* Tendenz steigend ; im Plus schließen ; *être en/à la ~* steigende Tendenz haben ; nach oben tendieren ; (die Kurse) anziehen ; *les actions sont en ~* die Aktien steigen ; *la bourse a connu des variations à la ~* an der Börse waren Kursveränderungen nach oben festzustellen ; *enregistrer une ~ spectaculaire des cours* gewaltige Kurssprünge verzeichnen ; *spéculer à la ~* auf Hausse spekulieren.

hausser erhöhen ; aufschlagen ; in die Höhe treiben.

haussier *m* Haussespekulant *m* ; Haussier *m* ; auf Hausse Spekulierende(r) ; Kurs-, Preistreiber *m* ; *marché m* ~ bullischer Markt *m*.

haut, e hoch ; *le plus* ~ höchst- ; ◆ *~e administration f* höhere Verwaltungsstelle *f* ; *~e banque f* traditionsreiche Bank *f* ; alteingesessene Bank ; *~e conjoncture f* Hochkonjunktur *f* ; *~es eaux* Hochwasser *n* ; *~e finance f* Hochfinanz *f* ; *~ fonctionnaire m* hoher Beamte(r) ; Spitzenbeamte(r) ; *~ fourneau m* Hochofen *m* ; *~ de gamme* → **haut de gamme** ; *en ~ lieu* an höchster Stelle ; höheren Orts ; *~e mer f* offene See *f* ; *à un (très) ~ niveau* auf hoher (höchster) Ebene ; *~ placé* hochgestellt ; hochstehende Persönlichkeit ; *~e qualité f* hochwertig ; erster Klasse ; prima Qualität ; erstklassig ; extrafein ; ausgewählt ; hervorragend ; von bester Qualität ; erlesen ; *~ rendement m* Hochleistung *f* ; *~e saison f* Hochsaison *f* ; *~ salaire* Besserverdienende(r) ; *(télévision) ~e résolution* hochauflösendes Fernsehen *n* ; *~e société f* die vornehme Gesellschaft *f* ; die oberen Zehntausend *pl* ; die Hautevolee ; *~es sphères fpl (de la politique)* die führenden politischen Kreise *mpl* ; *~e surveillance f* verschärfende Kontrolle *f* ; *~e tension f* Hochspannung *f* ; *de ~e classe* hochwertig ; ◆◆◆ *l'ordre vient d'en ~* der Befehl kommt von oben ; *(fam.) il est parachuté d'en ~* er ist von oben katapultiert ; *viser trop ~* hochfliegende Pläne haben ; zu hoch greifen.

haut-commissaire *m* (*U.E.*) (Hoch)-Kommissar *m* ; *~ au Commerce extérieur, à la concurrence* Außenhandels-, Wettbewerbskommissar *m* ; *~ européen au budget* EU-Haushaltskommissar.

haut-commissariat *m* (Hoch)Kommissariat *n* ; *~ aux réfugiés* Flüchtlingskommissariat.

haute couture *f* Haute Couture *f* ; die Modeschöpfer *mpl* ; die größten Modehäuser *npl* ; *un maître de la ~* Haute Couturier *m* ; Modeschöpfer *m*.

haut *m* **de gamme** Spitzenprodukt *n*, -klasse *f* ; Artikel *m* des oberen Bedarfs ; Ware *f* der oberen Preisklasse ; Produkt *n* im oberen Qualitätsbereich *m* ; *voiture f ~* Spitzenmodell *n* ; Luxuslimousine *f*.

haut-dignitaire *m* Amtsträger *m*.
haute-fidélité *f* Hi-Fi *f* ; *chaîne f ~* Hi-Fi-Anlage *f* ; Stereoanlage.
haute finance *f* Hochfinanz *f*.
hautement hoch- ; *~ développé* hochentwickelt ; *~ industrialisé* hochindustrialisiert ; *~ qualifié* hochqualifiziert ; *~ retribué (rémunéré)* hochdotiert.
haute technologie *f* Hochtechnologie *f* ; Spitzentechnologie ; Hightech *n/f*.
hauteur *f* Höhe *f* ; Stand *m* ; Niveau *n* ; *format m en ~* Hochformat *n* ; *~ de l'indemnisation* Abfindungshöhe ; *être à la ~ d'une tâche* einer Aufgabe gewachsen sein ; *présenter la marchandise à ~ des yeux* die Ware in Augenhöhe (Sichthöhe) ausstellen.
hauturier, ière Hochsee- ; *pilote m ~* Überseelotse *m* ; *navigation f ~ière* Hochseeschifffahrt *f* ; *pêcheur m ~* Hochseefischer *m*.
H.C. (*hors commerce*) nicht im Handel befindlich.
H.D.T. (*hors droits et taxes*) ohne Gebühren und Abgaben.
hebdomadaire *m* Wochenzeitung *f* ; Wochenzeitschrift *f* ; (*rare*) Wochenblatt *n*.

hebdomadaire wöchentlich ; Wochen- ; *bulletin m ~* Wochenbericht *m* ; *marché m ~* Wochenmarkt *m* ; *revue f ~* Wochenschau *f* ; *travail m ~* Wochenarbeitszeit *f*.
hébergement *m* Unterbringung *f* (von Gästen) ; Beherbergung *f* ; *capacité f d'~ hôtelier* Betten-, Beherbungskapazität *f* ; (*sens général*) Beherbergungswesen *n* ; *centre m d'~* Aufnahme-, Flüchtlingslager *n* ; Aufnahmezentrum *n* ; *~ collectif* Sammelunterkunft *f*.
héberger beherbergen ; aufnehmen ; unterbringen ; *~ un site sur Internet* eine Webseite (Website) im Internet beherbergen.
hébergeur *m* (*Internet*) *~ de site* Host-Master *m*.
H.E.C. (*Hautes études commerciales*) Hochschule *f* für das höhere Management ; Wirtschaftshochschule für BWL im Pariser Raum.
hectare *m* Hektar *n* ou *m* ; *dix ~s de forêts, de terre arable et de pâturages* zehn Hektar Wald-, Acker- und Weidegelände ; *prime f à l'~* Anbauzuschuss *m*, -prämie *f* ; *rendement m à l'~* Hektarertrag *m*.

hectogramme *m* Hektogramm *n*.
hectolitre *m* Hektoliter *m* ou *n* (hl).
hectomètre *m* Hektometer *m* ou *n*.
hedging *m* : *opération f de ~ (couverture contre un risque ; opération à terme couplée, lors d'achat de matières premières, par ex. pour se mettre à l'abri des fluctuations de prix)* Hedge-, Deckungsgeschäft *n* ; Risikoabsicherung *f*.
hégémonie *f* Hegemonie *f* ; Vorherrschaft *f* ; Vormachtstellung *f* ; Übergewicht *n* ; *~ mondiale* Weltherrschaft.
hégémonique hegemonial ; *avoir des prétentions ~s* hegemoniale Ansprüche haben.
héliport *m* Heliport *m* ; Landeplatz *m* für Hubschrauber.
héliportage *m* Beförderung *f* durch Hubschrauber.
héliporter durch Hubschrauber befördern.
hélitreuillage *m* Hubschraubereinsatz *m* zur Rettung aus der Luft.
helvétique : *Confédération ~* schweizerische Eidgenossenschaft *f*.
hémisphère *m* : *~ Nord, Sud* Nord-, Südhalbkugel *f*.
hémorragie *f* : *~ de capitaux* Kapitalabfluss *m* ; Kapitalschwund *m*, -abwanderung *f* ; *~ de devises* Devisenabfluss *m* ; *~ de matière grise (des cerveaux) d'un pays* Braindrain *n* ; Brain-Drain ; Abwanderung *f* von hochqualifizierten Arbeitskräften (Wissenschaftlern).
herbage *m* (*agric.*) Weide *f* ; Weideland *n* ; Grasland *n* ; Dauerweide ; *exploitation f des ~s* Grünlandwirtschaft *f*.
herbe *f* : (*fam.*) *couper l'~ sous les pieds de la concurrence* den Konkurrenten den Wind aus den Segeln nehmen ; die Konkurrenten ausstechen.
herbicide *m* (*agric.*) (chemisches) Unkrautvernichtungsmittel *n* ; Herbizid *n*.
héréditaire erblich ; Erb- ; *titre m ~* erblicher Titel *m* ; *actif m ~* Nachlassgegenstände *mpl* ; *biens mpl ~s* Erbschaft *f* ; *masse f ~* Erbmasse *f* ; Nachlass *m* ; *passif m ~* Nachlassschulden *fpl*.
héritage *m* Erbschaft *f* ; Erbe *n* ; Nachlass *m* ; ◆ *~ anticipé* Erbvorzug *m* ; Vorauserbe *n* ; (*fig.*) *~ libéral* liberales Gedankengut *n* ; (*péj.*) *~ politique* Altlasten *fpl* ; ◆ *affaire f d'~* Erbschaftsangelegenheit *f* ; *captation f d'~* Erbschleicherei *f* ; *capteur m d'~* Erbschleicher *m* ; *masse f de l'~* Erbmasse *f* ; *oncle m, tante f à ~* Erbonkel *m*, -tante *f* ; *renonciation f à un ~* Erbverzicht *m* ; ◆◆◆ *accepter un ~* ein Erbe annehmen (antreten) ; *faire un ~* erben ; eine Erbschaft machen ; *laisser qqch en ~* etw vererben ; (den Erben) etw hinterlassen ; *renoncer à un ~* auf ein Erbe verzichten.
hériter erben ; beerben ; *~ d'une grande fortune* ein großes Vermögen erben ; *elle a ~é une maison d'un oncle* sie hat von einem Onkel ein Haus geerbt ; *les enfants ~ent de leur père* die Kinder beerben ihren Vater.
héritier *m* Erbe *m* ; ◆ *~ ab intestat (légitime)* gesetzlicher (rechtmäßiger) Erbe ; *~ collatéral* Seitenerbe ; Seiten-, Nebenlinie *f* ; *~ copartageant* Miterbe ; *~ institué* eingesetzter Erbe ; *~ présomptif* mutmaßlicher (vermeintlicher) Erbe ; *~ substitué* Ersatzerbe ; *~ unique* Allein-, einziger Erbe ; *~ universel* Universalerbe ; ◆◆ *arrière-~* Nacherbe ; *communauté f des ~s* Erbengemeinschaft *f* ; *responsabilité f des ~s* Erbenhaftung *f* ; *sans ~s* erbenlos ; (*fam.*) *les heureux ~s* die lachenden Erben ; ◆◆◆ *instituer qqn (faire de qqn) son ~* jdn zum (als) Erben einsetzen ; *ne rien laisser aux ~s* den Erben nichts hinterlassen.
hertzien, ne : *chaîne f, ondes fpl ~ne(s)* Hertzscher Kanal *m* ; Hertzsche Wellen *fpl*.

	1. *heure (sens général)*
	2. *heure-homme*
heure *f*	3. *heure-machine*
	4. *heures de pointe*
	5. *heure supplémentaire*

1. (*sens général*) Stunde *f* ; Zeit *f* ; Zeitpunkt *m* ; Augenblick *m* ; ◆ *~s d'affluence* Hauptgeschäftszeit ; Hauptverkehrszeit ; Rush-hour *f* ; Stoßzeit *f* ; *~ d'arrivée* Ankunftszeit ; *~s de bourse* Börsenzeit ; *~s de bureau* Bürostunden ; *~s de caisse, de clôture, de consultation* Kassenstunden ; Ladenschluss *m* ; Sprechstunde ; *~s creuses* verkehrsarme Zeit ; verkehrsschwache Stunden ; *~ de départ* Abfahrtszeit ; *~s effectuées* geleistete Arbeitsstunden ; *~ d'été* Sommerzeit ; *~ de l'Europe centrale* mitteleuropäische Zeit (MEZ) ; *~s fixes* feste Zeiten ; *l'~ H* die Stunde X ; *~s de fer-*

meture Ladenschlusszeiten *fpl* ; (*médias*) ~*s de grande écoute* Haupteinschaltzeit ; ~*s d'interdiction* Sperrstunde ; ~ *limite d'enregistrement* Meldeschluss *m* ; ~ *locale* Ortszeit ; ~*s de loisir* Mußestunden ; ~ *de main-d'œuvre* Arbeitsstunde ; ~*s non effectuées* Ausfallstunden ; ~ *de nuit* Nachtstunde ; (*magasins, bureaux*) ~*s d'ouverture* Öffnungs-, Geschäftszeiten ; (*banques*) Schalterstunden ; ~*s ouvrables* Arbeits-, Betriebszeit *f* ; ~ *particulière* Privatstunde ; ~*s de présence* Anwesenheitszeit ; ~ *de réception* Empfangszeit ; ~*s récupérables* nachzuholende Arbeitsstunden ; ~*s de repas* Essens-, Tischzeit ; ~*s de service* Dienststunden ; ~*s de travail* Arbeits-, Betriebszeit ; ~*s de visite* Besuchszeiten ; ~ *de vol* Flugstunde ; ◆◆ *nombre m d'*~*s de travail* Stundenzahl *f* ; *rémunération f, salaire m à l'*~ Stundenvergütung *f* ; Stundenlohn *m* ; *rendement m à l'*~ Stundenleistung *f* ; *à l'*~ (*par heure*) **a**) stündlich ; Stunden- **b**) rechtzeitig ; zu rechter (gegebener) Zeit ; *avant l'*~ vor der Zeit ; *à toute* ~ jederzeit ; zu jeder Zeit ; *de bonne* ~ frühzeitig ; *à certaines* ~*s* nur zu bestimmten Stunden ; *dans les 24 h* binnen (innerhalb von) 24 Stunden ; *24* ~*s sur 24* rund um die Uhr ; ◆◆◆ *avoir 2* ~*s de trajet* 2 Stunden Fahrt haben ; *il y a un train par* ~ die Bahn verkehrt jede Stunde ; *convenir d'une* ~ eine Zeit verabreden (vereinbaren) ; *être payé à l'*~ einen Stundenlohn beziehen (bekommen) ; *être payé 10 € de l'*~ pro (für die, in der) Stunde 10 € verdienen ; (*radio*) *et voici l'*~ *exacte* beim (letzten) Ton des Zeitzeichens ist es genau… ; *avoir la semaine de 35* ~*s* die 35-Stunden-Woche haben ; *passer à l'*~ *d'été, d'hiver* zur Sommer-, zur Winterzeit übergehen ; die Sommerzeit, die Winterzeit einführen ; *travailler 24* ~*s sur 24* rund um die Uhr arbeiten.
2. (*heure-homme*) Arbeiterstunde *f* ; *taux m d'*~*s non effectuées* Arbeitsausfallquote *f*.
3. (*heure-machine*) Maschinenstunde *f*.
4. (*heures de pointe*) Stoßzeit *f* ; Haupt-, Spitzenverkehrszeit ; Rushhour *f*.
5. (*heure supplémentaire*) Überstunsde *f* ; Überstundengelder *npl* ; Mehrarbeitszuschlag *m* ; *faire des* ~*s* Überstunden machen ; *rétribuer les* ~*s en temps de loisir* Überstunden durch Freizeiten vergüten ; *toucher des* ~*s* Überstundengelder beziehen.

hexadécimal, e (*informatique*) hexadezimal.

hexagone *m* : *l'*~ Frankreich *n* ; das französische Hexagon.

hier gestern ; *d'*~ gestrig ; *votre correspondance d'*~ Ihr gestriges Schreiben.

hiérarchie *f* Hierarchie *f* ; Rangordnung *f* ; Abstufung ; Ranking *n* ; Skala *f* ; ~ *des besoins* Rangordnung der Bedürfnisse ; ~ *administrative* Verwaltungshierarchie ; ~ *de l'entreprise* Betriebshierarchie ; ~ *des salaires* Lohnabstufung *f* ; Lohn- und Gehaltsskala *f* ; Staffelung *f* der Löhne und Gehälter ; ~ *sociale* soziale (gesellschaftliche) Rangordnung ; ~ *des valeurs* Wertskala *f* ; *être au sommet de la* ~ in der Rangordnung die höchste Stufe einnehmen ; *gravir les échelons de la* ~ die Stufen der Hierarchie emporklettern.

hiérarchique hierarchisch ; Dienst- ; *autorité f* ~ *supérieure* vorgesetzte Dienststelle *f* ; *échelon m, ordre m* ~ Hierarchieebene *f* ; hierarchische Ordnung *f* ; *recours m* ~ Dienstaufsichtsbeschwerde *f* ; *structure f* ~ hierarchische Ordnung *f* ; *supérieur m* ~ Dienstvorgesetzte(r) ; *voie f* ~ Dienstweg *m* ; Instanzenweg ; *par ordre* ~ der Rangordnung nach ; *par la voie* ~ auf dem Dienstweg ; auf dem Instanzenweg ; *abolir les structures* ~*s* die hierarchischen Strukturen abbauen ; *avoir une structure* ~ hierarchisch aufgebaut sein ; *suivre la voie* ~ den normalen Dienstweg gehen.

hiérarchisation *f* Hierarchisierung *f* ; Ranggliederung *f* ; Abstufung *f* ; Staffelung *f* ; ~ *des salaires* Lohnstaffelung.

hiérarchiser hierarchisieren ; in einer Hierarchie einordnen ; abstufen ; staffeln.

hinterland *m* Hinterland *n*.

histoires *fpl* (*fam.*) Schwierigkeiten *fpl* ; Scherereien *fpl* ; Umstände *mpl* ; Krach *m* ; ~ *d'argent* Geldgeschichten *fpl* ; *avoir des* ~ *avec qqn* mit jdm Scherereien (Krach) haben ; *faire des* ~ *à qqn* jdm Schwierigkeiten machen.

hiver *m* Winter *m* ; *céréales fpl d'*~ Wintergetreide *n*, -weizen *m* ; *horaires* *mpl d'~* Winterfahrplan *m* ; *soldes mpl d'~* Winterschlussverkauf *m* ; *passer à l'heure d'~* die Uhr auf Winterzeit umstellen ; zur Winterzeit übergehen.

hivernage *m* Überwinterung *f.*

hiverner überwintern.

H.L.M. *m* ou *f* (*habitation à loyer modéré*) Sozialwohnung *f* ; sozialer Wohnungsbau *m* ; *locataire m d'~* Sozialmieter *m.*

hobby *m* Hobby *n* ; *~ préféré* Lieblingshobby.

hoirie *f* (Vor)Erbschaft *f* ; Vorauszahlung *f* auf eine Erbschaft ; Vorempfang *m* eines Teils einer Erbschaft.

holding *m* ou *f* Holding *f* ; Holdinggesellschaft *f* ; Dachgesellschaft (Leitungs- und Abstimmungsaufgaben) ; Kontrollgesellschaft ; Beteiligungsgesellschaft ; Finanzierungs- und Verwaltungsgesellschaft ; *~ bancaire, financier, industriel* Bank-, Finanz-, Industrieholding.

homme *m* Mann *m* ; Mensch *m* ; *~(s) d'affaires* Geschäftsmann *m* (-leute *pl*) ; *~ d'argent* Geldmensch *m* ; *~ de confiance* Vertrauensmann ; *~ d'État* Staatsmann ; *~ de loi* Jurist *m* ; *~ de (du) métier* Fachmann ; Experte *m* ; Spezialist *m* ; *~ de paille* Stroh-, Mittelsmann ; *~ politique* Politiker *m* ; *~ public* Person *f* des öffentlichen Lebens ; *~ de publicité* Werbefachmann *m* ; *~ de relations publiques* PR-Mann *m* ; Öffentlichkeitsarbeiter *m* ; *l'~ de la rue* der kleine Mann ; der Mann auf der Straße ; *~ sandwich* Sandwichmann ; Plakatträger *m* ; *boutique f de vêtements pour ~s* Herren(be)kleidungsgeschäft *n* ; *confection f pour ~s* Herrenkonfektion *f* ; *magazine m pour ~s* Herrenmagazin *n.*

homogénéité *f* Homogeneität *f* ; Gleichartigkeit *f* ; Zusammengehörigkeit *f.*

homologation *f* (gerichtliche, amtliche, behördliche) Anerkennung *f* ; Bestätigung *f* ; Beglaubigung *f* ; Beurkundung *f* ; Gültigkeitserklärung *f* ; Vollstreckbarerklärung *f* ; Validierung *f* ; (*véhicule*) (Muster)Zulassung *f.*

homologue *m* (Amts)Kollege *m* ; Ressortkollege *m.*

homologuer (gerichtlich, amtlich, behördlich) bestätigen ; anerkennen ; ɛnehmigen ; beglaubigen ; beurkunɛn ; (*valider*) für gültig erklären ; die Vollstreckbarkeit erklären ; *~ une pièce* ein Schriftstück beurkunden.

honnête ehrlich ; aufrichtig ; rechtschaffen ; bieder ; *prix m ~* angemessener Preis *m* ; *avoir un travail ~* ein ehrliches Handwerk ausüben.

honnêtement ehrlich ; *argent m ~ gagné* ehrlich verdientes Geld *n* ; *sauberes Geld n* ; *gagner ~ sa vie* sein(en) Leben(sunterhalt) ehrlich verdienen.

honnêteté *f* Ehrlichkeit *f* ; Rechtschaffenheit *f* ; Anständigkeit *f* ; *douter de l'~ de qqn* jds Ehrlichkeit anzweifeln.

honneur *m* Ehre *f* ; ♦ *attestation f sur l'~* Bescheinigung *f* auf Ehre und Gewissen ; *membre m d'~* Ehrenmitglied *n* ; *parole f d'~* Ehrenwort *n* ; *président m d'~* Ehrenpräsident *m* ; ♦♦♦ *avoir l'~ de* die Ehre haben, zu ; sich beehren zu ; *nous avons l'~ de vous informer que...* wir geben uns die Ehre (beehren uns), Ihnen mitzuteilen, dass... ; *affirmer sur l'~* auf Ehre (und Gewissen) beteuern (versichern) ; *faire ~ à ses engagements* (*financiers*) seinen (Zahlungs)Verpflichtungen nachkommen ; *faire ~ à sa signature* seine Verpflichtung einhalten ; seine Unterschrift honorieren ; einen Wechsel einlösen (bezahlen, honorieren) ; *ne pas faire ~ à une traite* einen Wechsel nicht einlösen ; *à qui ai-je l'~ ?* mit wem habe ich die Ehre ?

honneurs *mpl* Ehren *fpl* ; Ehrungen *fpl* ; Ehrbezeigungen *fpl.*

honorabilité *f* Ehrenhaftigkeit *f* ; (*solvabilité*) Kreditwürdigkeit *f* ; *l'~ de ce commerçant* die Kreditwürdigkeit dieses Kaufmanns ; *l'~ de cette maison* die Achtbarkeit dieser Firma.

honorable ehrenhaft ; ehrenwert ; achtbar ; achtenswert ; (*solvable*) kreditwürdig ; *commerçant m, profession f ~* ehrbarer Kaufmann *m*, ehrbarer Beruf *m.*

honoraire Ehren- ; *membre m ~* Ehrenmitglied *n.*

honoraires *mpl* Honorar *n* ; Gebühren *fpl* ; Pauschalvergütung *f* ; *~ d'avocat* Anwaltsgebühren *pl* ; *~ d'expert* Sachverständigengebühren, -honorar ; *~ médicaux* ärztliches Honorar ; Arztgebühren ; *~ de notaire* Notargebühren *pl* ; *demande f d'~* Honorarforderung *f* ; *note f d'~* Gebührenhonorar ; Honorarrechnung *f* ; *tarif m* (*barème m*) *d'~* Gebührenordnung *f* ; *convenir des ~* ein Honorar vereinbaren ; *demander, exiger, perce-*

voir des ~ élevés ein hohes Honorar stellen, fordern, erhalten ; *travailler moyennant ~* gegen Honorar arbeiten ; *verser des ~* ein Honorar zahlen.

Honorée : *(corresp.)* *(arch.)* *votre ~ du…* Ihr Geehrtes vom… ; Ihr geehrtes Schreiben vom…

honorer honorieren ; erfüllen ; *(effet)* einlösen ; *~ un crédit* einen Kredit auszahlen ; *~ une dette* einer Zahlungsverpflichtung nachkommen ; *~ ses engagements* seinen Verpflichtungen nachkommen ; seine Versprechen einlösen ; *~ des promesses électorales* Wahlversprechen einlösen ; *~ sa signature* seine Unterschrift honorieren ; *~ une traite* einen Wechsel einlösen (honorieren).

honoriat *m* Ehrentitel *m*.

honorifique ehrenamtlich ; *charge f ~* Ehrenamt *n* ; *fonction f ~* ehrenamtliche Tätigkeit *f* ; *titre m ~* Ehrentitel *m* ; *à titre ~* ehrenamtlich.

hôpital *m* Krankenhaus *n* ; *frais mpl d'~* Krankenhauskosten *pl* ; *séjour m en ~* Krankenhausaufenthalt *m* ; *(traitement) ~ de jour* Tagesklinik *f* ; ambulante Pflege *f* ; ambulante Behandlung *f*.

horaire *m* **1.** *(transports)* Fahrplan *m* ; *(avion)* Flugplan *m* ; *~ d'été, d'hiver* Sommer-, Winterfahrplan ; *être en avance, en retard sur l'~* früher, später als fahrplanmäßig ankommen, abfahren **2.** *(sens général)* Stundenplan *m* ; Zeitplan *m* ; ◆ *~ à la carte (mobile, flexible)* Gleitzeit ; gleitende Arbeitszeit *f* ; *~ alterné* Wechselschicht *f* ; *~ annuel de travail à blocs fixes, avec plages variables* Jahresarbeitszeit mit Breitbandmodell ; Blockzeit mit variablen Randzeiten ; *~s de travail* Arbeitszeit *f* ; *~ de travail variable* gleitende Arbeitszeit ; *(fam.)* Gleitzeit ; freie Wahl *f* des Arbeitsbeginns ; ◆◆ *réduction f (diminution f) des ~s* Arbeitszeitverkürzung *f* ; ◆◆◆ *abaisser (réduire) les ~s* die Arbeitszeit verkürzen ; *allonger les ~s* die Arbeitszeit verlängern ; *avoir des ~s fixes* feste Arbeitszeiten haben.

horaire *(adj.)* Stunden- ; *fuseau m ~* Zeitzone *f* ; *plage f ~ fixe, variable* Fixzeit *f* ; Gleitzeitspanne *f* ; *rendement ~* Stundenleistung *f* ; Ausstoß *m* pro Stunde ; *salaire m ~* Stundenlohn *m*.

horizon *m* : *~ économique, politique* wirtschaftlicher, politischer Horizont *m* ; *faire un tour d'~* sich einen Überblick verschaffen ; *ouvrir de nouveaux ~s* neue Perspektiven (Möglichkeiten) eröffnen.

horizontal, e horizontal ; waagerecht ; *concentration f ~e* horizontale (waagerechte) Konzentration *f*.

horloge *f* (öffentliche) Uhr *f* ; *~ parlante* Zeitansage *f* ; Zeitansagedienst *m* ; *~ de pointage (de contrôle)* Stechuhr ; Kontrolluhr.

horloger, ère : *industrie f ~ère* Uhrenindustrie *f*.

hormone *f* *(agric.)* Hormon *n* ; *viande f traitée aux ~s* hormonbehandeltes Fleisch *n* ; *interdiction d'utiliser des ~s* Hormonverbot *n*.

horodateur *m* Parkuhr *f*.

hors außer- ; *~-bilan* → **hors-bilan** ; *~ bourse (~-cote)* außerbörslich ; nicht amtlich notiert ; *~ budget* außeretatmäßig ; *~ cadres* überzählig ; *~ classe* **a)** Sonderklasse *f* **b)** überplanmäßig ; *~ commerce* nicht im Handel befindlich ; unverkäuflich ; *~ cours (~ circulation)* außer Kurs ; *~ d'état de fonctionner* außer Betrieb ; *~ exploitation* außer Betrieb ; *~ de prix* übermäßig teuer ; unerschwinglich ; *~ programme* außerplanmäßig ; *~ saison* außer Saison ; Nebensaison ; *~ série* **a)** außergewöhnlich **b)** in Sonderanfertigung hergestellt ; Sonderausführung *f* ; *~ service* **a)** außer Betrieb **b)** außerdienstlich ; *~ tarif* außertariflich ; *~-taxes* → **hors-taxes** ; *~ T.V.A.* ohne Mehrwertsteuer (MWSt.) ; MWSt. nicht inbegriffen ; *~ d'usage* unbrauchbar.

hors-bilan außerbilanziell ; bilanzunwirksam ; bilanzunabhängig ; bilanzneutral ; *opérations fpl ~* bilanzneutrale Geschäfte ; aus der Bilanz nicht ersichtliche Geschäfte.

hors-cote *m* *(bourse)* Freiverkehrsbörse *f* ; Börse *f* für nicht amtlich notierte Werte ; Nebenmarkt *m* ; ungeregelter Freiverkehr *m* ; *~ réglementé* geregelter Freiverkehr ; *inscrire un titre sur le ~* ein Wertpapier auf der Freiverkehrsbörse einführen.

hors-taxes ohne Steuern ; Steuern *fpl* nicht inbegriffen.

horticole Gartenbau- ; *exposition f ~* Gartenbauausstellung *f* ; *surface f à usage ~* gartenbaulich genutzte Fläche *f*.

horticulture *f* Gartenbau *m* ; Hortikultur *f*.

hospitalier, ière 1. *établissement m* ~ Krankenanstalt *f* ; Krankenhaus *n* ; *centre m ~ universitaire (C.H.U.)* Universitätsklinik *f* ; *médecine f ~ière* Krankenhausmedizin *f* ; *personnel m* ~ Pflegepersonal *n* ; *soins mpl ~s* stationäre Behandlung *f* 2. *(accueillant)* gastfreundlich.

hospitalisation *f* Hospitalisation *f* ; Einweisung *f* (Einlieferung *f*) ins Krankenhaus ; *frais mpl d'*~ Krankenhauskosten *pl* ; Behandlungs-, Pflegekosten ; *~ de courte, de longue durée* Kurzzeit-, Langzeitkrankenhausaufenthalt *m* ; Dauerpflege *f* ; *centre m d'~ de longue durée* Dauerpflegeheim *n* ; *taux m d'une journée d'*~ Krankenhauspflegesatz *m*.

hospitaliser ins Krankenhaus einweisen ; in ein Krankenhaus aufnehmen.

hostile feindlich ; unfreundlich ; *O.P.A.* ~ feindliches Übernahmeangebot *n* ; unfreundliche Übernahme *f* *(syn. inamical)*.

hôte *m* 1. Gast *m* ; *chambre f d'*~ Fremdenzimmer *n* ; *table f d'~s* Stammtisch *m* 2. Gastgeber *m* ; Wirt *m*.

hôtel *m*	1. hôtel (sens général) 2. hôtel des monnaies 3. hôtel des postes 4. hôtel des ventes 5. hôtel de ville 6. hôtel des impôts

1. *(sens général)* Hotel *n* ; ◆ ~ *château* Schlosshotel ; *~ chic, minable* pikfeines, schäbiges Hotel ; *~-conférence* Konferenz-Hotel ; *~ familial* Familienhotel ; *~-garni* Hotel garni *n* ; Frühstückspension *f* ; *Gästehaus n* ; *~ de passage* Passantenhotel ; *(péj.)* Absteige *f* ; *~ de première classe (quatre étoiles)* erstklassiges Hotel ; Vier-Sterne-Hotel ; *~-restaurant* Hotel mit Restaurant ; *~ saisonnier* Saisonhotel ; ◆◆ *chaîne f d'~s* Hotelkette *f* ; *chambre f d'~* Hotelzimmer *n* ; *liste f des ~s* Hotelverzeichnis *n* ; Hotelnachweis *m* ; *maître m d'*~ Oberkellner *m* ; *réservation f de chambre d'*~ (Hotel)Zimmerreservierung *f* ; ◆◆◆ *descendre dans un ~* in einem Hotel absteigen ; *être à l'*~ im Hotel sein ; *réserver une chambre à l'*~ ein Zimmer im Hotel reservieren.

2. *(hôtel des monnaies)* Münzstätte *f*, -anstalt *f* ; Münzamt *n* ; Prägeanstalt *f*.

3. *(hôtel des postes)* Hauptpostamt *n*.

4. *(hôtel des ventes)* Versteigerungsgebäude *n* ; Auktionshalle *f* ; Kunstauktionshaus *n*.

5. *(hôtel de ville)* Rathaus *n* ; *salle f de réunion de l'*~ Rathaussaal *m* ; *aller à l'*~ zum (aufs) Rathaus gehen.

6. *(hôtel des impôts)* örtliches Finanzamt *n*.

hôtelier *m* Hotelier *m* ; Hotel-, Gaststättenbesitzer *m* ; Gastwirt *m*.

hôtelier, ière Hotel- ; Gaststätten- ; *cadre m ~* Hotelfachmann *m*/-fachfrau *f* ; *chaîne f ~ière* Hotelkette *f* ; *diplômé m d'une école ~ière* gelernter Hotelkaufmann *m* ; *industrie f ~ière* Gaststättengewerbe *n* ; Hotelgewerbe *n*.

hôtellerie *f* Gastgewerbe *n* ; Hotelgewerbe *n* ; Beherbergungsgewerbe *n*.

hôtesse *f* : *~ d'accueil* Empfangsdame *f* ; Hostess *f* ; *~ de l'air* Stewardess *f* ; *~ d'une campagne publicitaire* Werbedame *f*.

hot line *f* Hotline *f* ; direkte telefonische Verbindung *f*.

houblon *m* *(agric.)* Hopfen *m*.

houille *f* Steinkohle *f* ; *~ blanche* Wasserkraft *f* ; *~ grasse, maigre* fette, magere Kohle ; *gisement m de ~* Steinkohlenlagerstätte *f*, -vorkommen *n*.

houiller, ère *(préfixe)* Steinkohlen- ; *bassin m ~* Kohlenbecken *n* ; Steinkohlenrevier *n* ; *industrie ~ère* Steinkohlenindustrie *f*.

houillère *f* Steinkohlenbergwerk *n*, -grube *f* ; (Kohlen)Zeche *f*.

hovercraft *m* Luftkissenfahrzeug *n* ; Hovercraft *n*.

H.S. → *heures supplémentaires*.

H.T. *(hors-taxes)* ohne (Mehrwert)Steuer ; Steuern und Abgaben nicht inbegriffen *(contr. T.T.C.)*.

HTML *(Internet : Hypertext Markup Language)* HTML ; HTML-Sprache *f* ; Präsentationskennzeichen *n* von übermittelten Daten.

HTTP *(Internet : code de connexion des utilisateurs entre eux)* HTTP ; von Servern benuzte Verschlüsselung *f*.

huile *f* 1. Öl *n* ; *~ comestible* Speiseöl *n* ; *~ lourde* Schweröl ; *~ lubrifiante* Schmieröl ; *~ minérale* Mineralöl ; *~s usagées* Altöl ; *(fig.) jeter de l'~ sur le feu* Öl aufs Feuer gießen 2. *(fam.) une ~* ein hohes Tier *n* ; eine hohe Persönlichkeit *f*.

huis-clos *m* Ausschluss *m* der Öffentlichkeit ; *à ~* unter Ausschluss der Öffentlichkeit ; *congrès m, réunion f à ~* Klausurtagung *f* ; *demander le ~* den Ausschluss der Öffentlichkeit beantragen ; *obtenir le ~* die Öffentlichkeit ausschließen ; *siéger à ~* unter Ausschluss der Öffentlichkeit tagen.

huissier *m* **1.** (*ministère*) Amtsdiener *m* ; Amtsbote *m* ; *~ de salle* Konferenzamtsgehilfe *m* **2.** (*jur.*) Gerichtsvollzieher *m* ; Vollstreckungsbeamte(r) ; Zustellbeamte(r) ; *constat m d'~* Feststellungsprotokoll *m* durch (einen) Vollstreckungsbeamten.

huit acht ; *aujourd'hui en ~* heute in acht Tagen ; *dans les ~ jours, sous ~ jours* innerhalb einer Woche ; *journée f de ~ heures* Achtstundentag *m* ; *nombre m de ~ chiffres* eine achtstellige Zahl ; *les trois ~* Mehrschicht(en)system *n* ; Drei-Schichten-System *n* ; *donner ses ~ jours à qqn* jdm kündigen ; jdn entlassen.

huitaine *f* acht Tage *mpl* ; *à ~* für eine Woche ; *à ~ franche* achttägige Frist *f* ; Achttagefrist ; *une ~ de jours* eine Woche ; acht Tage ; *dans une ~* in acht Tagen ; *sous ~* innerhalb von acht Tagen ; *remettre qqch à ~* etw um acht Tage verschieben.

humain, e menschlich ; *facteur m ~* menschlicher Faktor *m* ; *l'accident est dû à une erreur ~e* der Unfall ist auf menschliches Versagen zurückzuführen ; *se montrer ~* sich menschlich zeigen.

humanisation *f* Humanisierung *f* ; Vermenschlichung *f* ; *~ du monde du travail* Humanisierung der Arbeitswelt.

humaniser humanisieren ; menschlich (humaner, sozialer) gestalten ; vermenschlichen.

humidité *f* Feuchtigkeit *f* ; *craint l'~* vor Feuchtigkeit schützen ; *conserver à l'abri de l'~* trocken aufbewahren.

hybride (*préfixe*) Hybrid- ; *auto f ~* Hybridwagen *m* ; *économie f ~* (*publique et privée*) Hybridwirtschaft *f* ; *titres mpl de dette ~s* eigenkapitalähnliche Finanzierungsinstrumente *npl*.

hydraulique hydraulisch ; Wasserkraft- ; *usine f ~* Wasserkraftwerk *n*.

hydrocarbure *m* Kohlenwasserstoff *m* ; *les ~s* Mineralöl *n* ; Erdöl *n* ; Erdgas *n* ; *taxe f sur les ~s et les produits pétroliers* Mineralölsteuer *f*.

hydro-électrique : *centrale f ~* Wasserkraftwerk *n*.

hygiaphone *m* Sprechmembrane *f*.

hygiène *f* Hygiene *f* ; Gesundheitspflege *f* ; Körperpflege *f* ; *~ individuelle, professionnelle* individuelle Hygiene, Gewerbehygiene ; *~ du travail* Arbeitshygiene.

hypermarché *m* Verbrauchermarkt *m*, V-Markt (mindestens 1000 m²) ; Supermarkt (mindestens 400 m²) ; Selbstbedienungswarenhaus *n* ; SB-Warenhaus ; Einkaufszentrum *n* ; Handelsriese *m*.

hypertexte *m* (*Internet*) (*texte offrant un accès direct à d'autres documents*) Hypertext *m* ; → **HTML**.

hypothécable immobilienmäßig verpfändbar ; hypothekenmäßig belastbar.

hypothécaire hypothekarisch (gesichert) ; Hypotheken- ; *affectation f ~* Hypothekenbestellung *f* ; *banque f de prêts ~s* Hypothekenbank *f* ; *charge f, créance f ~* Hypothekenlast *f*, -forderung *f* ; hypothekarisch gesicherte Forderung ; *créancier m, crédit m ~* Hypothekengläubiger *m*, Hypothekarkredit *m* ; *débiteur m, dette f ~* Hypothekenschuldner *m*, -schuld *f* ; *emprunt m, inscription* (*transcription*) *f*) ~ Hypothekenanleihe *f*, -eintragung *f* ; *marché m, obligation f ~* Hypothekenmarkt *m*, -schuldverschreibung *f* ; Hypothekenpfandbrief *m* ; *placement m ~* Hypothekenanlage *f* ; *prêt m ~* hypothekarisch gesichertes Darlehen *n* ; Hypothekendarlehen ; *rente f ~* Hypothekenzinsen *mpl* ; *valeur f ~* (*d'une maison*) hypothekarischer Wert *m* (eines Hauses).

hypothèque *f* Hypothek *f* ; ◆ *une ~ de 25 000 €* eine Hypothek über 25 000 € ; *~ amortissable, ancienne, de garantie* Tilgungs-, Alt-, Sicherungshypothek ; *~ inscrite* (*transcrite*) eingetragene Hypothek ; *~ judiciaire, partielle* Zwangs-, Teilhypothek ; *~ de premier, de second rang* erst-, zweitrangige Hypothek ; Hypothek ersten, zweiten Rangs ; ◆◆ *amortissement m d'une ~* Hypothekentilgung *f* ; *conservateur m des ~s* Hypothekenbewahrer *m* ; *conservation f des ~s* Hypothekenverzeichnis *n* ; *constitution f d'une ~* Hypothekenbestellung *f* ; *conversion f d'~* Hypothekenumwandlung *f* ; *emprunt m sur ~* Hypothekenanleihe *f* ; *franc (libre) d'~* hypo-

hypothéquer

thekenfrei ; *inscription f d'~* Hypothekeneintragung *f* ; *main levée f d'une ~* Hypothekenlöschung *f* ; *prêt m sur ~* Hypothekendarlehen *n* ; *prêteur m sur ~s* Hypothekengläubiger *m* ; *priorité f d'~* Hypothekenvorrang *m* ; *purge f, radiation f d'~* Hypothekentilgung *f*, -löschung *f* ; *transmission f d'une ~* Hypothekenabtretung *f* ; *transcription f d'~* → *inscription* ; ◆◆◆ *amortir une ~* eine Hypothek löschen (tilgen, abtragen) ; *avoir une ~ sur sa maison* eine Hypothek auf seinem Haus haben ; *constituer (consentir) une ~* eine Hypothek bestellen ; *le crédit est garanti par ~* der Kredit ist hypothekarisch (durch Hypothek) (ab)gesichert ; *grever d'une ~ (hypothéquer)* mit einer Hypothek belasten ; *prendre une ~ sur qqch* eine Hypothek auf etw (+ A) aufnehmen ; *prêter sur ~* auf Hypothek leihen ; *purger une ~* eine Hypothek löschen (tilgen, abtragen).

hypothéquer mit einer Hypothek belasten ; hypothekarisch belasten ; verpfänden ; *(fig.) ~ l'avenir* die Zukunft verbauen.

hypothèse *f* Hypothese *f* ; *~ de travail* Arbeitshypothese.

I

I (*intérêts*) Zinsen *mpl*.
IBAN *f* (*International Bank Account Number* : *code-banque international pour virements électroniques*) IBAN-Bankleitzahl *f* für den internationalen Überweisungsverkehr.
Ibis *m* (*système électronique des transactions boursières allemandes*) Ibis-System *n* ; elektronisches Handelssystem der deutschen Börsen.
I.C.C. *m* (*indice du coût de la construction*) Baukostenindex *m*.
icone *m* (*informatique*) Ikon *n* ; Ikone *f* ; Symbol *n*.
idéal, e ideal ; Ideal- ; *solution f ~e* beste Lösung *f* ; Ideallösung.
idée *f* Idee *f* ; Gedanke *m* ; Vorstellung *f* ; Meinung *f* ; *~ directrice* Leit-, Hauptgedanke ; *~ européenne* Europagedanke *m* ; *~ fausse* Irrglaube *m* ; *~ préconçue* vorgefasste Meinung ; *concours m d'~s* Ideenwettbewerb *m* ; *changer d'~* seine Meinung ändern ; sich anders besinnen ; *se faire une ~ de qqch* sich eine Vorstellung von etw machen.
identifiable identifizierbar.
identifiant *m* (*numéro d'*) Indikations-, Kenn-, Kodenummer *f* ; PIN *f* (persönliche Identifikations-Nummer) ; *~-TVA* Umsatzsteuer-Identifikationsnummer ; *~ de la personne* → *S.I.R.E.N*.
identification *f* Identifizierung *f* ; Identifikation ; Kennzeichen *n* ; Kennzeichnung ; (*constatation*) Feststellung *f* ; (*douane*) Nämlichkeit *f* ; (*agric., industrie, agro-alimentaire*) *~ électronique* Kennzeichnung *f* mit Transponder ; elektronische Kennzeichnung ; *numéro m d'~ personnel* persönliche Identitätsnummer (PIN) *f*.
identifier identifizieren ; die Identität feststellen.
identique identisch ; übereinstimmend ; (völlig) gleich ; *des opinions fpl ~s* übereinstimmende Meinungen *fpl*.
identité *f* Identität *f* ; Übereinstimmung *f* ; Eigenständigkeit *f* ; ◆ *~ de l'entreprise* Corporate Identity ; *l'~ judiciaire* Erkennungsdienst *m* ; ◆◆ *carte f d'~* Personalausweis *m* ; *photo f d'~* Passbild *n*, -foto *n* ; Lichtbild *n* ; *pièce f d'~* Ausweis *m* ; Ausweispapier *n* ; *vérification f d'~* Überprüfung *f* der Personalien ; ◆◆◆ *décliner son ~* sich ausweisen ; die Personalien angeben ; *établir l'~ de qqn* jds Personalien feststellen ; *justifier de son ~* → *décliner* ; *voyager sous une fausse ~* unter falschem Namen reisen.
I.F.O.P. *m* (*Institut français d'opinion publique*) französisches Institut *m* für Meinungsforschung.
I.G.A.M.E./igame *m* (*Inspecteur général de l'administration en mission extraordinaire*) Generalinspekteur *m* der Verwaltung im Sonderauftrag.
I.G.F. *m* (*Impôt sur les grandes fortunes*) Besteuerung der großen Vermögen ; Vermögen(s)teuer *f* (*devenu* → *I.S.F.*).
I.G.N. *m* (*Institut géographique national*) nationales geographisches Institut *n*.
ignifuger feuerfest (feuersicher) machen ; das Holz feuersicher imprägnieren.
ignorance *f* Unwissenheit *f* ; Unkenntnis *f* ; *dans l'~ des faits* in Unkenntnis der Tatsachen ; *être dans l'~ de qqch* in Unkenntnis über etw (+ A) sein.
ignorer ignorieren ; übersehen ; übergehen ; *~ la censure, la loi* die Zensur, das Gesetz unterlaufen.
île *f* Insel *f*.
Ile *f* **de France** Ile de de France *f* ; Pariser Becken *n* ; Pariser Raum *m*.
îlien *m* Inselbewohner *m*.
illégal, e illegal ; ungesetzlich ; rechtswidrig ; widerrechtlich ; vorschriftswidrig ; *acte m ~* rechtswidrige Handlung *f* ; *organisation f ~* illegale Organisation *f* ; *travailler de manière ~e* illegal (schwarz) arbeiten.
illégalité *f* Illegalität *f* ; Gesetzwidrigkeit *f* ; Ungesetzlichkeit *f* ; Widerrechtlichkeit *f*.
illégitime 1. gesetzlich nicht anerkannt ; unrechtmäßig ; illegitim **2.** (*enfant*) unehelich ; außerehelich.
illégitimité *f* **1.** Unrechtmäßigkeit *f* ; Ungesetzlichkeit *f* ; Illegitimität *f* **2.** (*enfant*) Unehelichkeit *f* ; Außerehelichkeit.
illicite unerlaubt ; unzulässig ; verboten ; schwarz ; illegal ; *commerce ~* unerlaubtes Handelsgeschäft *n* ; Schwarzhandel *m* ; *prix ~* unzulässiger Preis *m* ; Wucherpreis ; *profit m ~* unerlaubter Gewinn *m*.

illimité, e unbeschränkt ; unbegrenzt ; unbefristet ; *responsabilité f ~e* unbeschränkte Haftung *f.*

illisible unleserlich ; *signé ~* unleserlich unterschrieben.

illusoire illusorisch ; *calculs mpl, prétentions fpl, attentes fpl ~s* Milchmädchenrechnung *f.*

îlot *m* : *~ d'habitations* Häuserblock *m* ; Gebäudekomplex *m* ; *~ insalubre* Komplex baufälliger Gebäude ; *(grève) ~ de résistance* Widerstandsnest *n.*

îlotier *m* Polizeibeamte(r) im Streifendienst ; Streifenbeamte(r).

image *f* Bild *n* ; Image *n* ; *~ de marque* (Marken)Image ; *(télévision) ~ en seize neuvièmes* Breitbild *n* ; *~ d'une société* Firmenimage ; *~ virtuelle* virtuelle Realität *f* ; *publicité par l'~* Bildwerbung *f* ; *améliorer son ~* sein Image verbessern (aufpolieren) ; *soigner son ~ de marque* sein (Marken)Image pflegen.

imbattable *(prix)* nicht zu unterbieten(d) ; unschlagbar.

imitable nachahmbar ; nachzuahmen(d).

I.M.E. *m (hist. Institut monétaire européen)* Europäisches Währungsinstitut *n.*

imitation *f* 1. Nachahmung *f* ; Imitation *f* ; *~ cuir* Kunstleder *n* ; Lederimitation 2. Fälschung *f* ; *~ frauduleuse* Imitat *n* ; betrügerische Nachahmung ; *~-or* Falschgold *n.*

imiter 1. nachahmen ; imitieren 2. fälschen ; *~ une signature* eine Unterschrift fälschen.

immatériel, le immateriell.

immatriculation *f* Anmeldung *f* ; Eintragung *f* ; Registrierung *f* ; Einschreibung *f* ; *(auto.)* Zulassung *f* ; *(faculté)* Immatrikulation *f* ; *~ au registre du commerce* Eintragung ins Handelsregister ; *carte f d'~ à la sécurité sociale* Versicherungsausweis *m* ; *(auto.) numéro m d'~* Zulassungsnummer *f* ; amtliches Kennzeichen *n* ; *obligation f d'~ d'une marque* Firmenöffentlichkeitszwang *m* ; *plaque f d'~* Nummernschild *n* ; *le nombre des nouvelles ~s* die (Anzahl) der Neuzulassungen.

immatriculer eintragen ; einschreiben ; registrieren ; *(faculté)* immatrikulieren ; *(auto.) ~é* zugelassen ; *(Suisse)* immatrikuliert.

immédiat, e sofortig ; umgehend ; unverzüglich ; unmittelbar ; direkt ; *on demande une réponse ~e* um umgehende Antwort wird gebeten.

immerger 1. versenken ; *~ des conteneurs de déchets nucléaires* Container-Atommüll versenken 2. *(stage de langue)* eine Immersion machen.

immersion *f* 1. Versenkung *f* ; Verklappung *f* ; *(de déchets)* Einbringung *f* von Abfallstoffen ; *~ en haute mer de déchets radioactifs* Versenkung *f* von radioaktivem Müll auf hoher See 2. *(stage de langue) pratiquer une ~ linguistique* eine Immersion machen.

immeuble *m* 1. Gebäude *n* ; Haus *n* ; Bau *m* ; Baulichkeit *f* ; *~ bâti* bebautes Grundstück *n* ; *~ en copropriété* in Eigentumswohnungen aufgeteiltes Gebäude ; *~ de bureaux* Bürogebäude ; *~ d'habitations* Wohngebäude ; *~ locatif* Miets(wohn)haus *n* ; *~ de rapport* Rendite-, Mietshaus *n* ; Pachtgrundstück *n* ; *~ résidentiel, de standing* Wohngebäude mit hohem Komfort ; Luxuswohnhaus *n* 2. *(jur.)* unbewegliche Sache *f* ; Grundstück *n* ; *~ indivis* ungeteiltes (unteilbares) Grundstück.

immeuble *(adj.) (jur.)* unbeweglich ; *~ par destination* unbewegliche Sache *f* kraft gesetzlicher Bestimmung ; *~ par nature* Grund und Boden *m* ; Gebäude *n* ; *biens mpl ~s* Immobilien *fpl* ; Liegenschaften *fpl* ; unbewegliche Güter *npl.*

immigrant *m* Einwanderer *m* ; Zuwanderer *m* ; Immigrant *m.*

immigration *f* Einwanderung *f* ; Immigration *f* ; *~ clandestine* illegale Einwanderung ; Einschleusung *f* illegaler Einwanderer ; *~ contrôlée* Immigrationskontrolle *f* ; *~ temporaire* Zuwanderung *f* (von Gastarbeitern) mit zeitlich begrenztem Aufenthalt ; *vague f d'~* Einwanderungswelle *f* ; *décréter un arrêt de l'~* den Anwerbestopp von Gastarbeitern erlassen.

immigré *m* Einwanderer *m* ; Zuwanderer *m* ; Immigrant *m* ; *(ouvrier)* ausländischer Arbeiter *m* ; Gastarbeiter *m* ; *~ clandestin* illegaler Einwanderer ; *filière f d'~s clandestins* illegaler Einwanderungsweg *m* ; *passeur m d'~s clandestins* Schleuser *m.*

immigrer einwandern ; zuwandern ; immigrieren ; *travailleur m ~é* ausländischer Arbeitnehmer *m* ; Fremdarbeiter ; Gastarbeiter *m*.

imminent, e bevorstehend ; unmittelbar stehend ; in Kürze zu erwarten ; *danger m ~* unmittelbare Gefahr *f.*

immobile unbeweglich ; immobil.

immobilier *m* **1.** Immobilienhandel *m* ; Grundstückshandel *m* ; *secteur m de l'~* Immobilienwirtschaft *f* ; *effondrement m de l'~* Konjunktureinbruch *m* im Wohnungsbau ; eingebrochene Baukonjunktur ; *être dans l'~* mit Immobilien (Grundstücken) handeln **2.** *(jur.)* unbewegliche Sache *f.*

immobilier, ière 1. Grundstücks- ; Immobilien- ; *agence f ~ière* Immobilienagentur *f* ; *agent m ~* Immobilienhändler *m* ; Grundstücks-, Wohnungsmakler *m* ; *investissement m ~* Immobilienerwerb *m* (als Kapitalanlage) ; *marché m ~* Immobilien-, Grundstücksmarkt *m* ; *société f ~ière* Immobiliengesellschaft *f* ; *vente f ~ière* Immobilienhandel *m* ; Grundstücksverkauf *m* **2.** *(jur.)* unbeweglich ; *biens mpl ~s* Immobilien *fpl* ; Liegenschaften *fpl.*

immobilisation *f* **1.** *(arrêt)* Stilllegung *f* ; Stillstand *m* ; Blockierung *f* ; Sperre *f* **2.** *(capital)* (langfristige) Anlage *f* ; feste Geldanlage *f* ; Festlegung *f* ; Immobilisierung *f* ; Investition *f* ; Illiquidität *f* ; *~ de capital* Festlegung von Kapital ; Kapitalbindung *f.*

immobilisations *fpl* festliegende Aktiva *pl* ; Anlagegüter *npl* ; Anlagekapital *n* ; Anlagen *fpl* ; Anlagevermögen *n* ; unbewegliches Betriebsvermögen *n* ; *~ corporelles* Sachanlagen ; *~ incorporelles (immatérielles)* immaterielle Vermögenswerte *mpl* ; *~ financières* Finanzanlagen *fpl* ; *~ industrielles* Fabrik-, Produktionsanlagen *fpl.*

immobiliser 1. stilllegen ; blockieren ; zum Stehen bringen **2.** fest anlegen ; immobilisieren ; *~ des capitaux* Kapital fest anlegen ; *actif m ~é* Anlagevermögen *n* ; festliegende Aktiva *pl* ; *l'argent est ~é sur six ans* das Geld ist auf sechs Jahre festgelegt (liegt für sechs Jahre fest).

immobilisme *m* Immobilismus *m* ; Starre *f* ; *sombrer dans l'~* in Starre verfallen.

immobilité *f* Unbeweglichkeit *f* ; Bewegungslosigkeit *f.*

immunité *f* Immunität *f* ; Befreiung *f* ; Freistellung *f* ; Nichtverfolgbarkeit *f* ; *~ diplomatique, fiscale, parlementaire* diplomatische, Steuer-, parlamentarische Immunität ; *lever l'~ parlementaire* die parlamentarische Immunität aufheben.

impact *m* Schlagkraft *f* ; (durchschlagende) Wirkung *f* ; Einfluss *m* ; Durchschlagskraft *f* ; *~ publicitaire* Werbewirksamkeit *f*, -einfluss ; Impact *m* ; *étude f d'~ sur l'environnement* Umweltverträglichkeitsprüfung *f* ; *avoir de l'~ (sur)* Wirkung haben (auf).

impair, e ungerade ; *nombre ~* ungerade Zahl *f* ; *véhicules mpl à plaque d'immatriculation ~e* Fahrzeuge *npl* mit ungeradem Kennzeichen.

impartir einräumen ; bewilligen ; erteilen ; gewähren ; *~ un délai de paiement* eine Zahlungsfrist einräumen.

impasse *f* Sackgasse *f* ; Patt-Situation *f* ; Patt *n* ; *(marchandises)* Engpass *m* ; *~ budgétaire* Haushaltsdefizit *m*, -lücke *f* ; *~ professionnelle* berufliche Sackgasse ; *être dans une ~* in einer Sackgasse stecken ; auf einem toten Punkt angelangt sein.

impayé *m* ausstehende Rechnung *f* ; Außenstände *mpl* ; nicht bezahlte Rechnung ; nicht eingelöster Wechsel *m*, Scheck *m* ; *avis m d'~* Bescheid *m* (Anzeige *f*) über einen uneingelösten Scheck ; *risque m d'~* Nichtzahlungsrisiko *n.*

impayé, e unbezahlt ; nicht eingelöst ; *traite f ~e* nicht eingelöster (notleidender) Wechsel *m.*

impenses *fpl* Aufwand *m* ; Aufwendungen *fpl* ; Unterhaltungskosten *pl* ; *~ nécessaires, utiles* notwendige, nützliche Verwendungen.

impératif, ive zwingend ; dringend ; verbindlich ; bindend ; Zwangs- ; *disposition f ~ive* Mussvorschrift *f* ; unabdingbare Bestimmung *f.*

impératifs *mpl* Gebot *n* ; zwingende Notwendigkeit *f* ; Erfordernisse *npl* ; *les ~ de l'heure* das Gebot der Stunde.

impériale *f* *(transports)* autobus *m* à *~* Doppeldecker-Bus *m* ; doppelstöckiger Omnibus.

impérialisme *m* Imperialismus *m.*

impérialiste 1. imperialistisch **2.** *l'~* der Imperialist.

imperméable undurchlässig ; *(à l'eau)* wasserfest ; wasserdicht ; undurchlässig für Wasser ; *(à l'air)* luftdicht ; luftun-

impermutable

durchlässig ;~ *à la critique* unempfindlich gegen Kritik.
  impermutable nicht übertragbar.
  impétrant *m* (*récipiendaire d'un diplôme*) Empfänger *m* ; Erwerber *m* ; *signature f de l'*~ Unterschrift *f* des Erwerbers (*syn. récipiendaire*).
  implantation *f* **1.** Ansied(e)lung *f* ; Niederlassung *f* ; Standortwahl *f* ; ~ *d'une usine* Ansiedlung einer Industrie ; ~ *d'un produit* (*sur un marché*) Einführung *f* eines Erzeugnisses ; *lieu m d'*~ Standort *m* **2.** Anzahl *f* von Zweigstellen bzw. Niederlassungen eines bestimmten Aktivitätsbereichs.
  implanter ansiedeln ; den Standort bestimmen ; (*produit*) einführen ; ~ *des installations industrielles* Industrieanlagen ansiedeln ; *s'*~ sich niederlassen ; sich ansiedeln ; Fuß fassen ; *être ~é à Hanovre* in Hannover seinen Standort haben ; *nous sommes une entreprise~ée depuis vingt ans sur le marché allemand* unser Unternehmen ist seit 20 Jahren auf dem deutschen Markt tätig.
  implication *f* **1.** Auswirkung *f* ; Folge *f* **2.** (*jur.*) Verwicklung *f* (in eine Straftat).
  implicite mit inbegriffen ; implizit ; (*bourse*) *volatilité f* ~ (*variations attendues d'une valeur*) implizite Volatilität *f*.
  impliquer 1. einbeziehen ; nach sich ziehen ; implizieren **2.** *être ~é dans un accident, un scandale financier* in einen Unfall, in einen Finanzskandal verwickelt werden **3.** *s'*~ *à fond dans son travail* sich für seine Arbeit stark einsetzen.
  impondérables *mpl* Unwägbarkeiten *fpl*.
  impopulaire unbeliebt ; unpopulär ; *mesures fpl ~s* unpopuläre Maßnahmen *fpl* ; *se rendre* ~ sich unbeliebt machen.
  impopularité *f* Unbeliebtheit *f* ; Unpopularität *f*.
  import → *importation*.
  importance *f* Bedeutung *f* ; Wichtigkeit *f* ; Umfang *m* ; ~ *du crédit* Kreditumfang *m* ; ~ *d'un dommage* Schadenshöhe *f* ; Schadensumfang ; *attacher une ~ particulière à qqch* einer Angelegenheit besondere Wichtigkeit beimessen ; *avoir de l'*~ von Bedeutung sein ; *estimer l'*~ *d'un sinistre* die Schadenshöhe abschätzen ; *être de la plus haute* ~ von größter Bedeutung sein ; von höchster Wichtigkeit sein.

important, e bedeutend ; wichtig ; *firme f ~e* bedeutende Firma *f* ; *somme f ~e* beträchtliche Summe *f* ; ansehnlicher Betrag *m*.
  importateur *m* Importeur *m* ; Importhändler *m* ; Importkaufmann *m* ; Einfuhrhändler *m* ; ~ *exclusif* Alleinimporteur.
  importateur, trice Einfuhr- ; einführend ; Import- ; importorientiert ; importierend ; *maison f ~trice* Importfirma *f* ; *pays m ~ de pétrole* Öleinfuhrland *n* ; Öl importierendes Land *n*.
  importation *f* Einfuhr *f* ; Import *m* ; ~*s* Importe *mpl* ; ~*s fpl* Einfuhren *fpl* ; Importgeschäfte *npl* ; Einfuhr-, Importwaren *fpl* ; ~ *invisible* unsichtbare Einfuhr ; *articles mpl d'*~ Einfuhrartikel *mpl* ; *commerce m d'*~ Einfuhrhandel *m* ; Importgeschäft *n* ; *droits mpl d'*~ Einfuhrzölle *mpl* ; *excédent m d'*~ Einfuhrüberschuss *m* ; *maison f d'*~ Importgeschäft *n*, -firma *f* ; *pays m d'*~ Einfuhrland *n* ; Abnehmerland *n* ; *permis m d'*~ Einfuhrbewilligung *f*, Importgenehmigung *f* ; *prime f à l'*~ Einfuhrprämie *f* ; *prix m à l'*~ Einfuhr-, Importpreis *m* ; *restriction f à l'*~ Einfuhrbeschränkung *f* ; *valeur f d'*~ Einfuhrwert *m* ; *volume m des ~s* Einfuhrmenge *f* ; Importvolumen *n* ; *frapper les ~s d'embargo* einen Importstopp verhängen.
  importer einführen ; importieren ; aus dem Ausland beziehen ; ~ *en franchise* zollfrei einführen ; ~ *de France* aus Frankreich importieren ; ~ *aux USA* in die USA importieren ; *quantité f ~ée* Einfuhrmenge *f*.
  import-export *m* Import-Export *m* ; Im- und Export *m* ; *société f d'*~ Import-Export-Gesellschaft *f*.
  imposable *m* → *contribuable*.
  imposable steuerpflichtig ; zu versteuern(d) ; versteuerbar ; anzurechnend ; besteuerbar ; steuerlich veranlagt ; *non* ~ steuerfrei ; (*déductible*) steuerlich absetzbar ; *année f* ~ Veranlagungsjahr *n* ; *bénéfice m* ~ steuerpflichtiger Gewinn *m* ; *entreprise f* ~ umsatzsteuerpflichtiges Unternehmen *n* ; *gains mpl ~s* steuerpflichtige Gewinne *mpl* ; *marchandises fpl ~s* steuerpflichtige Waren *fpl* ; *matière f* ~ Steuerobjekt *n* ; *personne f* ~ steuerlich veranlagte (steuerpflichtige) Person *f* ; *revenu global* ~ zu ver-

steurndes Einkommen *n* ; versteuerbares Gesamteinkommen ; *somme f* ~ zu versteuernder Betrag *m* ; *ne pas être* ~ steuerlich nicht veranlagt werden.

imposé, e 1. vorgeschrieben ; erforderlich ; auferlegt ; festgesetzt ; *prix m* ~ gebundener (festgesetzter) Preis *m* ; *prix mpl ~s (par les fabricants)* Preisbindung *f* (der zweiten Hand) 2. besteuert ; steuerlich ; versteuert ; zu versteuern ; *non* ~ steuerfrei ; steuerlich befreit.

imposer 1. vorschreiben ; auferlegen ; durchsetzen (auf)zwingen ; binden ; ~ *une loi* ein Gesetz durchsetzen ; ~ *la modération en matière de politique salariale* Lohnverzicht verordnen ; bei Tarifverhandlungen mäßige Lohnerhöhungen durchsetzen ; ~ *des normes* Normen auferlegen ; ~ *une obligation à qqn* jdm eine Verpflichtung auferlegen ; ~ *des sacrifices financiers* finanzielle Opfer verlangen 2. besteuern ; mit einer Steuer belegen ; steuerlich erfassen ; ~ *un produit* ein Erzeugnis besteuern.

imposition *f* Besteuerung *f*; Versteuerung *f*; Steuerauflage *f*; Steuerbelastung *f*; Steuer *f*; steuerliche Veranlagung *f*; steuerliche Erfassung *f*; *(fiscalité internationale)* einzelstaatliche Abgabenbelastung *f*; ~ *cumulée* Zusammenveranlagung *f* ; ~ *différée, progressive* aufgeschobene, progressive Steuer *f*; ~ *double, forfaitaire, multiple* Doppel-, Pauschal-, Mehrfachbesteuerung ; ~ *séparée* Familiensplitting *n* ; *avis m d'*~ Steuerbescheid *m* ; ~ *à la source* Quellenbesteuerung ; *période f d'*~ anzurechnende Periode *f* ; *seuil m d'*~ untere Besteuerungsgrenze *f*; Mindestbesteuerung *f* ; *taux m d'*~ Steuersatz *m* ; *tranche f d'*~ **a)** Besteuerungsstufe *f* **b)** steuerpflichtiger Anteil *m* ; *frapper d'une* ~ besteuern.

impossibilité *f* Unmöglichkeit *f*; Unvermögen *n* ; *sauf* ~ *de livrer* Lieferung *f* vorbehalten ; *(corresp.) nous sommes dans l'*~ *de...* wir sind nicht in der Lage (es ist uns unmöglich), zu...

imposteur *m* Hochstapler *m* ; Betrüger *m* ; Schwindler ; Gauner *m*.

imposture *f* Hochstapelei *f*; Betrug *m* ; Schwindelei *f*.

impôt *m* Steuer *f*; Abgabe *f*; Auflage *f*; Gebühr *f*; Umlage *f*; ◆ ~ *additionnel* Zusatzsteuer ; ~ *en cascade* Mehrphasensteuer ; ~ *communal* Gemeindesteuer ; ~ *communautaire* EU-Steuer ; ~ *de consommation* Verbrauch(s)steuer ; ~ *dégressif* degressive Steuer ; ~ *direct, indirect* direkte, indirekte Steuer ; ~*s locaux* lokale Steuern ; Gemeindeabgaben ; kommunale Grundsteuern ; ~ *de luxe* Luxussteuer ; ~ *foncier* Grundsteuer ; ~ *forfaitaire* Pauschalsteuer ; ~ *progressif* Progressionssteuer ; gestaffelte Steuer ; ~ *par répartition* Umverteilungssteuer ; ~ *retenu à la source* Quellensteuer, -besteuerung *f* ; ~ *somptuaire* Luxussteuer ; ~ *successoral* Erbschaftssteuer ; ~ *sur les alcools et spiritueux* Branntweinsteuer ; ~ *sur les bénéfices* Gewinnsteuer ; Ertragsteuer ; ~ *sur les bénéfices exceptionnels* Übergewinnsteuer ; ~ *sur le capital* Kapitalsteuer ; Kapitalverkehrsteuer ; Vermögen(s)steuer Vermögenszuwachssteuer ; ~ *sur le chiffre d'affaires* Umsatzsteuer ; ~ *sur la fortune* Vermögen(s)steuer ; ~ *sur les grandes fortunes (I.G.F.)* Besteuerung *f* der großen Vermögen ; ~ *sur l'héritage* Erbschaftssteuer ; ~ *sur les mouvements de capitaux* Kapitalverkehr(s)steuer ; ~ *sur les opérations de bourse* Börsenumsatzsteuer ; ~ *sur les plus-values* Wertzuwachssteuer ; Vermögenszuwachssteuer ; ~ *sur le revenu (des personnes physiques) (I.R.P.P.)* (veranlagte) Einkommen(s)steuer ; ~ *sur les revenus mobiliers* Zinsertragssteuer ; Zinsabschlagsteuer ; ~ *sur les salaires* Lohnsteuer ; ~ *de solidarité sur la fortune (I.S.F.)* solidarische Vermögen(s)steuer ; ~ *sur les sociétés* Körperschaft(s)steuer ; ~ *spécialisé* zweckgebundene Abgabe ; ~ *sur les successions* Erbschaftssteuer ; ~ *unique* Ein-Phasen-Steuer ; ~ *sur les valeurs mobilières* Kapitalertragsteuer ; ◆◆ *assiette f de l'*~ Steuerveranlagung *f*; *augmentation f des* ~*s* Steuererhöhung *f*; *code m général des* ~*s* Abgabenordnung *f*; *déclaration f d'*~*s* Steuererklärung *f*; *déduction f d'*~ Steuerabzug *m* ; *dégrèvement m d'*~*s* Steuerermäßigung *f*, -nachlass *m* ; *détournement m d'*~ Steuerhinterziehung *f* ; *exonération f de l'*~ Steuerbefreiung *f* ; *feuille f d'*~ Steuerbescheid *m* ; *perception f des* ~*s* Steuererhebung *f* ; *rappel m d'*~ Steuernachforderung *f* ; *recettes fpl d'*~ Steuereinnahmen *fpl* ; *receveur (percepteur) m des* ~*s* Steuereinnehmer *m* ; Finanzamt *n* ;

imprescriptibilité 1126

Fiskus *m* ; *réduction f des ~s* Steuerermäßigung *f*, -herabsetzung *f* ; *remboursement m d'~* Steuerrückvergütung *f*, -rückerstattung *f* ; ♦♦♦ *s'acquitter de l'~* seine Steuerpflicht erfüllen ; *(être) assujetti à l'~* steuerpflichtig (sein) ; *créer un ~* eine Steuer einführen ; *exempt d'~* steuerfrei ; *exempter d'~s* von den Steuern befreien ; *frapper (grever) d'~s* mit Steuern belasten ; besteuern ; *frauder à l'~* Steuern hinterziehen ; *lever des ~s* Steuern erheben ; *net d'~* steuerfrei ; *passible d'~* besteuerbar ; steuerpflichtig ; *payer des ~ (sur)* (auf etw) Steuern zahlen (entrichten) ; *remettre sa déclaration d'~* seine Steuererklärung abgeben ; *retenir des ~s à la source* Steuern an der Quelle einbehalten (erheben).

imprescriptibilité *f* 1. *(jur.)* Unverjährbarkeit *f* 2. *(fig.)* Unantastbarkeit *f*.

imprescriptible 1. *(jur.)* unverjährbar 2. *(fig.)* immer geltend ; unantastbar.

impression *f en relief* *(billets de banque)* Stichtiefdruck *m* ; Reliefprägung *f*.

imprévisible unvorhersehbar ; nicht voraussehbar ; *coût m ~* unvorhersehbare Kosten *pl*.

imprévision *f* Unvorhersehbarkeit *f* ; mangelnde Voraussicht *f*.

imprévu, e unvorhergesehen ; *dépenses fpl ~es* unvorhergesehene Ausgaben *fpl*.

imprévus *mpl* Unwägbarkeiten *fpl* ; Risiken *npl*.

imprimante *f* Drucker *m* ; *~ à jet d'encre* Tintenstrahldrucker *m* ; *~ laser* Laserdrucker ; *~ par ligne* Zeilendrucker ; *~ matricielle* Matrixdrucker ; *terminal m à ~* Druckerterminal *m* ; *sortir un texte sur ~* einen Text ausdrucken.

imprimatur *m (édition)* Imprimatur *f* ; Druckerlaubnis *f* ; Autorisierung *f*.

imprimé *m* 1. Drucksache *f* ; Druckschrift *f* ; *~ à taxe réduite* Drucksache zu ermäßigter Gebühr 2. *(formulaire)* Vordruck *m* ; vorgedrucktes Formular *n* ; Formblatt *n* ; *~ spécial* amtlicher Vordruck 3. *(livre)* Druckwerk *n* ; Gedruckte(s).

imprimé, e 1. *(livre)* gedruckt ; *(papier)* bedruckt ; *(formulaire)* vorgedruckt 2. *(informatique) circuit m ~* Schaltkreis *m*.

imprimer *(livre)* drucken ; *machine f à ~* Druckmaschine *f* ; *faire ~* drucken lassen.

imprimerie *f* 1. Druckerei *f* 2. Buchdruck *m* ; Buchdruckerei *f*.

imprimeur *m* 1. (Buch)Drucker *m* 2. Leiter *m*, Besitzer *m* einer Buchdruckerei.

imprimeur-éditeur *m* Drucker *m* und Verleger *m*.

improductif, ive unproduktiv ; unrentabel ; unwirtschaftlich ; ertraglos ; unergiebig ; *avoir m ~* stillliegendes Guthaben *n* ; *capital m ~* totes Kapital *n* ; *coûts mpl ~s* indirekte (unproduktive) Kosten *pl* ; Unkosten ; *sol m ~* unfruchtbarer Boden *m*.

improductivité *f* Unproduktivität *f* ; Unrentabilität *f* ; Unergiebigkeit *f* ; Ertraglosigkeit *f* (von Geldern).

impropre ungeeignet ; unpassend ; *~ à la consommation* zum Verzehr ungeeignet ; *rendre ~ à la consommation* für den menschlichen Verzehr untauglich machen.

imprudence *f* 1. Unvorsichtigkeit *f* ; *faire (commettre) une ~* eine Unvorsichtigkeit begehen 2. *(jur.)* Fahrlässigkeit *f* ; *homicide m par ~* fahrlässige Tötung *f*.

imprudent, e unvorsichtig ; unbesonnen.

impuissance *f* Unvermögen *n* ; Machtlosigkeit *f* ; Ohnmacht *f*.

impuissant, e machtlos ; ohnmächtig.

impulser ankurbeln ; Auftrieb verleihen ; einen Impuls geben ; anregen ; *~ une vigueur nouvelle à l'économie* die Wirtschaft ankurbeln ; der Wirtschaft einen neuen Impuls geben.

impulsion *f* Impuls *m* ; Anstoß *m* ; Antrieb *m* ; *achat m d'~* Impulsivkauf *m* ; Spontanerwerb *m* ; *donner une ~ nouvelle à l'économie* die Wirtschaft ankurbeln ; der Wirtschaft einen neuen Impuls geben.

impunément unbehelligt.

impuni, e unbestraft ; ungestraft ; straflos ; straffrei ; *laisser un crime ~* ein Verbrechen ungestraft lassen.

impunité *f* Straffreiheit *f* ; Straflosigkeit *f* ; *assurer l'~* Straffreiheit zusichern ; *jouir de l'~* Straffreiheit genießen.

imputabilité *f* 1. Anrechenbarkeit *f* ; Zurechenbarkeit *f* 2. *(jur.)* Zurechnungsfähigkeit *f* (bei einer Straftat).

imputable 1. *être ~ à qqch* einer Sache zuzuschreiben sein ; auf etw (+ A) zurückzuführen sein **2.** anrechenbar ; *coût directement* ~ direkt zurechenbare Kosten *pl* ; *période comptable f* ~ anzurechnender Abrechnungszeitraum *m* ; *être* ~ *sur (à) qqch* auf etw (+ A) anzurechnen sein ; zu Lasten von etw gehen ; *frais mpl ~s sur (à) un compte* Unkosten *pl* zu Lasten eines Kontos.

imputation *f* **1.** Anrechnung *f (à ; sur* auf + A) ; Verrechnung *f* ; Anlastung *f* ; Kontierung *f* ; ~ *des coûts* Kostenverrechnung ; ~ *des frais* Gebührenzuschreibung *f* ; ~ *des frais à (sur) un compte* Belastung *f* eines Kontos mit den Kosten ; ~ *à (sur) une somme* Anrechnung auf einen Betrag ; *système m d'*~ Anrechnungssystem *n* **2.** (*jur.*) Beschuldigung *f* ; ~ *de vol* Bezichtigung *f* des Diebstahls.

imputer 1. (*porter au débit*) belasten ; anrechnen (auf) ; verrechnen (mit) ; aufrechnen ; umlegen ; in Rechnung stellen ; in Anrechnung bringen ; ~ *à (sur) un compte* ein Konto belasten ; ~ *des coûts à (sur) un produit* einem Produkt Kosten zurechnen ; ~ *une dépense sur (à) un compte* eine Ausgabe auf einem Konto verbuchen ; ~ *les frais à qqn* jdm die Kosten auferlegen **2.** ~ *au budget* in den Haushalt setzen **3.** (*fig.*) ~ *qqch à qqn* jdm etw zur Last legen ; jdm etw anlasten ; (*fam.*) jdm etw in die Schuhe schieben.

in : (*fam.*) *être* ~ in sein ; (in) Mode sein.

inabordable : *prix m* ~ unerschwinglicher Preis *m* ; horrender Preis.

inabrogeable unaufhebbar ; *cette loi est* ~ dieses Gesetz kann nicht außer Kraft gesetzt werden.

inacceptable unannehmbar ; inakzeptabel ; unzumutbar ; *conditions fpl ~s* unannehmbare Bedingungen *fpl.*

inactif, ive 1. nicht erwerbstätig ; nicht berufstätig ; *population f ~ive* nicht erwerbstätige Bevölkerung *f* ; Nichterwerbstätige *pl* ; Nichterwerbspersonen *fpl* **2.** *compte m* ~ umsatzloses Konto *n* **3.** (*bourse*) stagnierend ; lustlos ; matt ; ruhig ; *marché m* ~ flauer Markt.

inactifs *mpl* : *les* ~ die Nichterwerbstätigen.

inactivité *f* (*affaire*) Inaktivität *f* ; Untätigkeit *f* ; Stagnieren *n* ; Stillstand *m*.

inadaptation *f* mangelnde Anpassung(sfähigkeit) *f* ; ~ *professionnelle* mangelnde Anpassung im Beruf.

inadapté, e ungeeignet ; unpassend ; *enfant m* ~ schwer erziehbares Kind *n* ; *les ~s sociaux* die Asozialen *pl.*

inadéquat, e unangemessen ; inadäquat.

inadéquation *f* Nichtübereinstimmung *f* ; Unangemessenheit *f* ; Unangemessensein *n* ; Inadäquatheit *f* ; ~ *entre l'offre et la demande* Unangemessenheit von Angebot und Nachfrage.

inadmissibilité *f* Unzulässigkeit *f.*

inadmissible unzulässig ; unerlaubt ; unannehmbar.

inaliénabilité *f* (*jur.*) Unveräußerlichkeit *f.*

inaliénable (*jur.*) unveräußerlich ; unverzichtbar ; *droit m* ~ unveräußerliches Recht *n.*

inamical, e : *O.P.A. ~e f* feindliches Übernahmeangebot *n.*

inamovibilité *f* Unabsetzbarkeit *f* (eines Beamten) ; Unkündbarkeit *f.*

inamovible (*fonctionnaire*) unkündbar ; unabsetzbar.

inapte untauglich ; ungeeignet ; unbrauchbar ; ~ *au service militaire* wehruntauglich ; ~ *au travail* arbeitsunfähig ; *être* ~ *pour un poste* für einen Posten untauglich sein.

inaptitude *f* Untauglichkeit *f* ; Ungeeignetheit *f* ; ~ *au travail* Arbeitsunfähigkeit *f.*

inattaquable unangreifbar ; unanfechtbar.

inauguration *f* Einweihung *f* ; (feierliche) Eröffnung *f* ; Auftakt *m* ; *cérémonie f d'*~ Einweihungsfeierlichkeiten *fpl* ; *séance f d'*~ Eröffnungssitzung *f.*

inaugurer einweihen ; (feierlich) eröffnen ; ~ *une mode* eine Mode einführen ; ~ *une nouvelle politique* eine neue Politik einleiten.

I.N.C. *m* (*Institut national de la consommation*) französisches Institut *n* für Verbraucherforschung ; Verbraucherschutzbehörde *f.*

incalculable 1. (*chiffre*) unermesslich groß **2.** (*fig.*) unberechenbar ; nicht voraussehbar.

incapable unfähig ; ungeeignet ; ~ *de contracter* vertragsunfähig ; geschäftsunfähig.

incapable *m* unfähiger Mensch *m* ; inkompetenter Mitarbeiter *m* ; (*fam.*) Niete *f.*

incapacité f Unfähigkeit f ; Untauglichkeit f ; (jur.) ~ d'exercice Geschäftsunfähigkeit ; ~ partielle verminderte Arbeitsfähigkeit ; Erwerbsminderung ; ~ permanente, temporaire, totale dauernde, vorübergehende, völlige Arbeits-, Erwerbsunfähigkeit ; ~ de travail Arbeits-, Berufs-, Erwerbsunfähigkeit ; attestation f d'~ de travail Arbeitsunfähigkeitsbescheinigung f ; en cas d'~ de travail pour cause de maladie bei Arbeitsunfähigkeit wegen Krankheit.

incassable unzerbrechlich ; matériel m ~ unzerbrechliches Material n.

incendiaire m (assur.) Brandstifter m.

incendie m Brand m ; ~ de forêt Waldbrand ; assurance-~ Feuerversicherung f ; prévention f des s~s de forêt Verhütung f von Waldbränden.

incendier in Brand stecken.

incertain m 1. unsicher ; ungewiss ; avenir m ~ unsichere Zukunft f ; affaire dont l'issue est ~e Geschäft mit unsicherem Ausgang 2. (bourse) direkter Kurs m ; direkte Notierung f ; direkte Preisnotierung f.

incertitude f Unsicherheit f ; Ungewissheit f.

incessibilité f (jur.) Nichtübertragbarkeit f ; Unübertragbarkeit f.

incessible (jur.) unübertragbar ; unabtretbar.

incidence f Auswirkung f ; Folge f Rückwirkung f ; ~ des impôts tatsächliche Auswirkung der Steuern ; Steuerlast f ; avoir une ~ (sur) sich auswirken (auf).

incident m 1. Zwischenfall m ; ~ diplomatique diplomatischer Zwischenfall ; ~ de paiement Zahlungsausfall ; ~ de parcours Panne f ; Missgeschick n ; ~ technique Betriebsstörung f ; technische Panne f ; l'~ est clos der Zwischenfall ist erledigt ; der Streit ist beigelegt 2. (jur.) Inzidentklage f ; Zwischenfeststellungsklage.

incinérateur m Müllverbrennungsofen m, -anlage f.

incinération f Verbrennung f ; Einäscherung f ; usine f d'~ des ordures ménagères Müllverbrennungsanlage f.

incinérer verbrennen ; einäschern.

incitatif, ive (préfixe) Anreiz- ; Ansporn- ; (leistungs)fördernd ; stimulierend ; mesure ~ive à la création d'emplois beschäftigungsfördernde Maßnahme f ; système m ~ Anreizsystem n.

incitation f Anreiz m ; Anregung f ; Förderung f ; ~ à l'épargne Sparanreiz ; ~s financières pour les salariés Leistungsanreize mpl für Arbeitnehmer ; ~ fiscale steuerlicher Anreiz ; ~ à la haine raciale Aufstachelung f (Anstiftung f) zum Rassenhass ; ~ à l'investissement Investitionsanreiz ; Investitionsspritze.

inciter bewegen ; anreizen ; veranlassen (zu).

inclure beifügen ; einbeziehen ; einfügen ; (dans un compte) verrechnen (mit) ; ~ une clause dans un contrat eine Klausel in einen Vertrag aufnehmen (einfügen) ; ~ dans un programme in ein Programm aufnehmen.

inclus, e einschließlich ; inklusive ; frais d'expédition ~ inklusive aller Versandkosten.

inclusion f Einbeziehung f ; Aufnahme f.

inclusivement inbegriffen ; einschließlich ; inklusive.

incomber (à qqn) jdm obliegen ; jdm zukommen ; les frais vous ~ent Sie haben für die Kosten aufzukommen ; Sie haben die Kosten zu tragen ; die Kosten (gehen) zu Ihren Lasten ; il vous incombe de... es obliegt Ihnen,... ; ce travail vous ~e diese Arbeit fällt Ihnen zu.

incommunicabilité f 1. Kommunikationsschwierigkeiten fpl 2. (jur.) Unübertragbarkeit f (von Rechten, Privilegien).

incompatibilité f Unvereinbarkeit f ; (informatique) Inkompatibilität f ; ~ entre deux fonctions Unvereinbarkeit zweier Ämter ; pour ~ de caractère wegen Unvereinbarkeit der Charaktere.

incompatible unvereinbar (avec mit) ; inkompatibel.

incompétence f 1. (jur.) Inkompetenz f ; Un-, Nichtzuständigkeit f ; renvoyer une affaire à un autre tribunal pour ~ eine Sache wegen Unzuständigkeit an ein anderes Gericht verweisen 2. (berufliche) Inkompetenz f ; Unkenntnis f ; Ungeeignetheit f.

incompétent, e 1. (jur.) nicht zuständig ; unzuständig ; inkompetent 2. (personne) inkompetent ; ungeeignet.

incomplet unvollständig.

incompressibilité f : ~ des coûts nicht reduzierbare (einzuschränkende) Kosten ; Fixkosten pl.

incompressible nicht einschränkbar ; nicht reduzierbar ; *charges fpl, dépenses fpl ~s* nicht reduzierbare (einzuschränkende) Belastungen, Kosten (Ausgaben) (*f*)*pl* ; (*jur.*) *peine f ~* Feststrafe *f* ohne Hafterlass.

inconditionnel, le bedingungslos ; uneingeschränkt.

inconnu *m* Unbekannte(r) ; (*jur.*) *déposer une plainte contre ~* Strafanzeige gegen unbekannt erstatten.

inconnu, e unbekannt ; (*poste*) *si ~ à l'adresse, prière de retourner à l'expéditeur* falls unzustellbar, bitte an den Absender zurück(senden).

inconsommable zum Verzehr ungeeignet ; unverbrauchbar ; nicht zu verbrauchend.

inconstitutionnalité *f* Verfassungswidrigkeit *f*.

inconstitutionnel, le verfassungswidrig.

incontestable unbestreitbar ; unstrittig ; unangefochten.

incontesté, e unbestritten ; unstreitig.

incontrôlable unkontrollierbar ; nicht nachprüfbar.

incontrôlé, e unkontrolliert ; nicht nachgeprüft ; außer Kontrolle.

inconvénient *m* Nachteil *m* ; *avoir* (*présenter*) *des ~s* Nachteile haben (aufweisen).

inconvertibilité *f* Nicht-Konvertierbarkeit *f* ; Nicht-Einlösbarkeit *f* ; Nichtumwandelbarkeit *f*.

inconvertible nicht konvertierbar ; nicht umtauschbar ; nicht umwechselbar ; nicht konvertibel ; uneinlösbar ; *monnaie f ~* nicht konvertierbare (umtauschbare) Währung *f*.

incorporable (*bilan*) kalkulierbar ; kalkulatorisch ; *charges fpl ~s, non ~s* betriebsbedingte, betriebsfremde Aufwendungen *fpl* ; kalkulatorische Kosten *pl*.

incorporation *f* 1. Aufnahme *f* ; Einbeziehung *f* ; Eingliederung *f* ; *~ de réserves* Umwandlung *f* von Rücklagen in Nennkapital ; *lieu m d'~ d'une société* satzungsmäßiger Sitz *m* einer Gesellschaft 2. (*armée*) Einberufung *f*.

incorporel, le unkörperlich ; immateriell ; abstrakt ; *biens mpl ~s* immaterielle Güter *npl* ; *éléments mpl ~s* immaterielle Betriebswerte *mpl*.

incorporer aufnehmen ; einbeziehen ; *~ au capital* dem Kapital zuführen ; *~ aux réserves* in die Rücklagen stecken.

incorruptibilité *f* Unbestechlichkeit *f*.

incorruptible unbestechlich.

Incoterms *pl* (*international commercial terms*) Incoterms *pl* ; international geltende Handelsbedingungen *fpl*.

incubateur *m* 1. (*Internet*) Inkubator *m* ; Brutstätte *f* 2. (*élevage*) Brutapparat *m* ; Brutkasten *m*.

inculpation *f* (*jur.*) Beschuldigung *f* ; Anschuldigung ; Anklage *f* ; *être sous l'~ de qqch* (wegen etw) unter Anklage stehen.

inculpé *m* (*jur.*) Beschuldigte(r) ; Angeklagte(r).

inculper : *~ qqn* jdn beschuldigen ; jdn unter Anklage stellen.

inculte 1. (*agric.*) unbebaut ; unbestellt ; *terre f ~* Brachland *n* 2. (*personne*) ungebildet.

incultivable (*agric.*) nicht bebaubar ; nicht bestellbar.

indéfiniment unbeschränkt ; unbegrenzt ; *être ~ responsable* (*de qqch/de qqn*) (für jdn/etw) unbeschränkt haften.

indemne unverletzt ; unversehrt.

indemnisable entschädigungsberechtigt ; zu entschädigen(d).

indemnisation *f* Entschädigung *f* ; Abfindung *f* ; Abfindungszahlung *f* ; Schaden(s)ersatz *m*, -erstattung *f* ; Schaden(s)ersatzleistung *f* ; *action en ~* Schaden(s)ersatzklage *f* ; (*maritime*) *demande f d'~ adressée à un assureur* Andienung *f* eines Seeschadens ; *droit m à ~* Entschädigungs-, Ersatzanspruch *m* ; *demander une ~* Schaden(s)ersatz fordern.

indemniser (*qqn*) (jdn) entschädigen ; (jdm) eine Entschädigung gewähren ; (jdm) einen Schaden ersetzen ; (jdm) Schaden(s)ersatz leisten ; (jdn) abfinden ; *personne f ~ée* Abgefundene(r).

indemnité *f* Entschädigung *f* ; Vergütung *f* ; Schaden(s)ersatz *m* ; Abfindung *f* ; Zulage *f* ; Unterstützung *f* ; Zuschlag *m* ; ◆ *~ en argent* Geldentschädigung ; (*banque*) *~ d'attente* Übergangsgeld *n* ; *~ de chômage* Arbeitslosenunterstützung *f* ; Alu *f* ; (*fam.*) Stempelgeld *n* ; *~ de chômage lié aux intempéries* Schlechtwetterentschädigung ; *~ de départ* Abschiedsgeld ; Ab-

indépendance

findung ; ~ *de départ à la retraite* Abfindung beim Ausscheiden aus dem Berufsleben ; ~ *de dépaysement* Auslandszusage *f* ; ~ *de déplacement* Reisekostenentschädigung ; ~ *d'éloignement* Entfernungspauschale *f* ; ~ *en espèces* Geldentschädigung ; ~ *de fonction* Dienstzulage *f* ; ~ *d'expatriation* → *de dépaysement* ; ~ *forfaitaire* Pauschalabfindung ; ~ *journalière* Krankengeld *n* ; ~ *journalière d'hospitalisation* Krankenhaustagegeld ; ~ *kilométrique* Kilometergeld *n*, -pauschale *f* ; ~ *de licenciement* Kündigungs-, Entlassungsabfindung ; Abfindungszahlung *f* ; Entlassungs-, Kündigungsgeld ; ~ *de logement* Wohngeldzuschuss ; Wohnungszulage ; ~ *en nature* Sachentschädigung ; ~ *parlementaire* Diäten *pl* ; Abgeordnetenzulage *f* ; ~ *de résidence* Ortszuschlag, -zulage ; ~ *de représentation* Aufwandsentschädigung ; ~ *de séjour* Aufenthaltsentschädigung ; ~ *de stage* (*de formation*) Ausbildungsvergütung ; ~ *de transport* Fahrkostenzuschuss *m*, -vergütung ; ~ *de vie chère* Teuerungszulage, -zuschlag ; ♦♦♦ *avoir droit à une* ~ auf eine Vergütung Anspruch haben ; *payer une* ~ Schaden(s)ersatz zahlen ; *réclamer une* ~ Entschädigung fordern.

indépendance *f* Unabhängigkeit *f* ; Selb(st)ständigkeit *f* ; ~ *énergétique* Energieunabhängigkeit.

indépendant *m* Selb(st)ändige(r).

indépendant, e selb(st)ständig ; unabhängig ; *activité f professionnelle* ~*e* selb(st)ständige Berufstätigkeit (Erwerbstätigkeit) *f* ; *personne f* (*travailleur m*) ~(*e*) selb(st)ständige(r) Erwerbstätige(r) ; Selb(st)ständige(r).

indéterminé, e unbegrenzt ; unbestimmt ; *à durée* ~*e* unbefristet ; *pour une durée* ~*e* auf unbestimmte Zeit ; *contrat m de travail à durée* ~*e* (*C.D.I.*) unbefristeter Arbeitsvertrag *m*.

index *m* Register *n* ; Verzeichnis *n* ; Index *m* ; *être à l'*~ auf dem Index stehen ; auf der schwarzen Liste stehen ; *mettre à l'*~ auf den Index setzen ; auf die schwarze Liste setzen.

indexation *f* Indexbindung *f* ; Indizierung *f* ; Anpassung *f* ; Dynamisierung *f* ; ~ *des crédits* Zinsanpassung von Krediten ; Zinsgleitklausel *f* ; ~ *des loyers* Mietindexbindung ; ~ *des salaires* Preisindexbindung ; ~ *par tranches fiscales* Indizierung *f* von Steuerklassen ; *clause f d'*~ Indexklausel *f* ; Gleitklausel ; *système m d'*~ Lohn-Preis-Anpassung *f* ; ~ *sur le coût de la vie* Bindung an den Lebenshaltungsindex ; Anpassung *f* an den Lebenshaltungsindex.

indexé, e indexgebunden ; an einen Index gebunden ; dynamisch ; gekoppelt ; Index- ; Gleit- ; ~ *sur l'or* goldpreisgebunden ; *assurance-vie f* ~*e* dynamische Lebensversicherung ; *emprunt m* ~ indexgebundene Anleihe *f* ; Indexanleihe *f* ; *loyer m* ~*é* Richtsatzmiete *f* ; *rente f* ~*e* dynamische Rente *f* ; *salaire m* ~ indexgebundener (gleitender) Lohn *m* ; Indexlohn *m*.

indexer dynamisieren ; binden (an) ; koppeln (an) ; ~ *qqch sur le coût de la vie* etw an den Lebenshaltungsindex binden ; ~ *les pensions* die Renten dynamisieren ; ~ *les salaires sur l'inflation* die Löhne an die Inflationsraten binden.

indicateur *m* 1. Verzeichnis *n* ; (*des chemins de fer*) ~ Kursbuch *n* 2. Indikator *m* ; Barometer *n* ; Indexzahl *f* ; Anzeiger *m* ; Daten *pl* ; ~ *économique* Wirtschaftsindikator *m* ; wirtschaftliche Kennziffer *f* ; Wirtschaftsdaten *pl* ; ~ *conjoncturel* Konjunkturindikator ; ~ *de marché* Marktanzeiger *m* ; ~*s du marché* Marktsignale *npl* ; ~ *de tendance* Aktienindex *m* ; Kurs-, Tendenzindikator ; Börsenbarometer *n* 3. (*de police*) Spitzel *m* ; Informant *m* ; V-Mann *m*.

indicateur, trice Anzeige- ; Hinweis- ; anzeigend ; *panneau m* ~ Hinweisschild *n*, -tafel *f*.

indicatif *m* 1. (*téléph.*) Vorwahlnummer *f* ; ~ *d'appel* Rufzeichen *n* 2. (*radio*) Kennmelodie *f*.

indicatif, ive anzeigend ; informierend ; orientierend ; zur Information ; *à titre* ~ zur Kenntnisnahme ; zur Information ; *chiffre m* ~ Näherungswert *m* ; *planification f* ~*ive de l'économie* orientierende Wirtschaftsplanung *f* ; *prix m* ~ (unverbindlicher) Richtpreis *m* ; Preisempfehlung *f*.

indication *f* Angabe *f* ; Hinweis *m* ; Anweisung *f* ; Bezeichnung *f* ; Vermerk *m* ; Nachweis *m* ; ~ *de l'heure, de lieu* Zeit-, Ortsangabe ; ~ *d'origine* Ursprungsangabe ; Herkunftsbezeichnung *f* ; ~ *de prix* Preisangabe ; ~ *de provenance* Herkunftsangabe, -bezeichnung *f* ; ~ *de* *la qualité, de la quantité* Qualitäts-, Mengenangabe ; ~ *des sources* Quellennachweis ; *avec ~ de la valeur* mit Wertangabe ; *sauf ~ contraire* sofern nicht anders vermerkt ; *fournir des ~s (sur)* Angaben (zu/über) machen.

indice *m* **1.** Index *m* ; Indexziffer *f* ; Indizes *mpl* ; Indexe *mpl* ; Kennzahl *f* ; Messziffer *f* ; Richtsatz *m* ; ~ *des agents de change* (*boursier*) Börsenindex ; ~ *d'audience* Einschaltquote *f* ; ~ *composite* zusammengesetzter Index ; ~ *corrigé* (wert)berichtigter Index ; ~ *du coût de la construction* Baukostenindex ; ~ *du coût de la vie* Lebenshaltungsindex ; ~ *Dow Jones des valeurs industrielles* Dow-Jones-Index für Industriewerte ; ~*s économiques* gesamtwirtschaftliche Indizes ; ~ *mobile* Laufindex ; ~ *pondéré* gewichteter (gewogener) Index ; ~ *de popularité* Popularitätswert *m* ; ~ *des prix* Preisindex ; ~ *des prix à la consommation* Verbraucherpreisindex ; Preisindex für die Lebenshaltung ; ~ *des prix de détail, de gros* Einzelhandelspreis-, Großhandelspreisindex ; ~ *des prix à la production* Erzeugerpreisindex ; ~ *de la production* Produktionsindex ; ~ *de référence* Bezugsindex ; ~ *des salaires* Lohnindex ; Index der Löhne und Gehälter ; ~ *de satisfaction* Zufriedenheitsskala *f* ; ~ *de tendance* Aktienindex ; ~ *des valeurs industrielles, pétrolières* Industrieaktien-, Ölaktienindex **2.** (*jur.*) Indiz *n* ; Indizienbeweis *m* ; *manque m d'~s* fehlende Indizienbeweise.

indiciaire Index- ; indexgebunden ; indexorientiert.

indigence *f* Bedürftigkeit *f* ; Armut *f* ; Not *f*.

indigent *m* Bedürftige(r) ; Notleidende(r) ; Minderbemittelte(r).

indigent, e bedürftig ; notleidend ; arm ; unbemittelt ; minderbemittelt.

indignité *f* **1.** Unwürdigkeit *f* ; ~ *nationale* Verlust *m* der bürgerlichen Ehrenrechte **2.** (*jur.*) ~ *successorale* Erbunwürdigkeit.

indiqué, e 1. angegeben ; *à l'heure ~e* zur festgesetzten Zeit ; zur angegebenen Stunde **2.** angebracht ; ratsam.

indiquer angeben ; anzeigen ; vermerken ; ~ *la cote* (*le cours*) den Kurs angeben ; ~ *un déficit, un solde* einen Verlust, einen Saldo aufweisen.

indirect, e indirekt ; mittelbar ; *contributions fpl ~es* **a)** indirekte Steuern *fpl* **b)** Steuerbehörde *f* ; Finanzamt *n* ; *coûts mpl ~s* indirekte Kosten *pl* ; Gemeinkosten ; Unkosten ; *impôts mpl ~s* indirekte Steuern *fpl*.

indisponibilité *f* **1.** (*d'un employé*) Ausfallzeit *f* **2.** Nichtverfügbarkeit *f*.

indisponible nicht verfügbar ; *cet article est momentanément ~* dieser Artikel ist zurzeit nicht verfügbar.

individualisation *f* Individualisierung *f*.

individualiser individualisieren ; (*marchandise*) spezifizieren ; konkretisieren ; *horaire m ~é* flexible (gleitende) Arbeitszeit *f* ; Gleitzeit ; *proposer des solutions fpl ~ées* kundenspezifische Lösungen vorschlagen.

individuel, le individuell ; persönlich ; Einzel- ; *cas m ~* Einzelfall *m* ; *initiative f ~le* Eigeninitiative *f* ; *liberté f ~le* persönliche Freiheit *f* ; *maison f ~le* Einfamilienhaus *n* ; Eigenheim *n* ; *responsabilité f ~le* persönliche Haftung *f*.

indivis, e (*jur.*) ungeteilt ; unteilbar ; gemeinschaftlich ; *bien m ~* gemeinschaftliches (unteilbares) Gut *n* ; *cohéritiers mpl ~* Erbengemeinschaft *f* ; *propriété f ~e* **a)** (*indivision*) Gesamthandeigentum *n* **b)** (*copropriété*) Miteigentum *n* **c)** (*par quote-part*) Bruchteilseigentum ; Eigentum *n* nach Bruchteilen.

indivisaire *m* (*jur.*) Gemeinschaftsteilnehmer *m* ; Miteigentümer *m* ; Bruchteilseigentümer *m*.

indivisibilité *f* (*jur.*) Unteilbarkeit *f*.

indivisible (*jur.*) unteilbar ; unaufteilbar ; (*commun*) gemeinschaftlich.

indivision *f* (*jur.*) Unteilbarkeit *f* ; Gesamthandsgemeinschaft *f* ; Gemeinschaft *f* zur gesamten Hand ; Miteigentum *n* ; Bruchteilseigentum *n*.

indu *m* (*jur.*) nicht geschuldeter Betrag *m* ; Nichtschuld *f*.

indu, e 1. *à une heure ~e* zu unpassender Zeit **2.** (*créance*) unberechtigt ; unbegründet ; unrechtmäßig.

induire 1. folgern ; schließen ; *inflation f induite par les coûts* kosteninduzierte Inflation *f* **2.** ~ *en erreur* irreführen.

indûment unberechtigt ; unbegründet ; *argent m ~ perçu* unberechtigterweise bezogenes Geld *n*.

industrialisation *f* Industrialisierung *f*.

industrialiser industrialisieren ; *pays m hautement ~é* hochindustrialisiertes Land *n*.

industrie *f* Gewerbe *n* ; Industriezweig *m* ; Industriewirtschaft *f* ; ◆ *grande, petite ~* Groß-, Kleinindustrie ; *~ aéronautique* Luftfahrtindustrie ; *~ aérospatiale* Luft- und Raumfahrtindustrie ; *~ agro-alimentaire* Nahrungsmittelindustrie ; *~ de l'ameublement* (*du meuble*) Möbelindustrie ; *~ d'armement* Rüstungsindustrie ; *~ automobile* Automobil-, Kraftfahrzeugindustrie ; *~ de base* Grundstoffindustrie ; *~ du bâtiment* Baugewerbe ; *~ des biens de consommation* Verbrauchsgüterindustrie ; Konsumgüterindustrie ; *~ des biens d'équipement* (*d'investissement*) Investitionsgüterindustrie ; *~ chimique* chemische Industrie ; Chemieindustrie ; *~-clé* Schlüsselindustrie ; *~ électronique, électrotechnique* elektronische, elektrotechnische Industrie ; *~ d'exportation* (*exportatrice*) Exportindustrie ; *~ hôtelière* Hotel- und Gaststättengewerbe ; *~ légère, lourde* Leicht- (Konsumgüter-), Schwerindustrie ; *~ locale* ortsansässige Industrie ; *~ des machines-outils* Werkzeugmaschinenindustrie ; *~ manufacturière* Fertigungs-, Fertigwarenindustrie ; *~ mécanique* Maschinenbauindustrie ; *~ de mécanique de précision* feinmechanische Industrie ; *~ métallurgique* Metall-, Hüttenindustrie ; Metallurgie *f* ; *~ minière* Bergbau *m* ; *~ nationale, nationalisée* einheimische, verstaatlichte Industrie ; *~ nucléaire* Kernindustrie ; *~ pétrolière* Mineral-, Erdölindustrie ; *~ de pointe* Spitzenindustrie ; *~ des produits finis* Fertigwarenindustrie ; *~ sidérurgique* Eisen- und Stahlindustrie ; *~ textile* (*des textiles*) Textilgewerbe, -industrie ; *~ touristique* (*du tourisme*) Fremdenindustrie ; Fremdenverkehrsgewerbe ; Tourismus *m* ; *~ transformatrice* (*de transformation*) Verarbeitungsindustrie ; verarbeitende Industrie ; *~ du vêtement* Bekleidungsindustrie ; *~ de la viande* fleischverarbeitende Industrie ; ◆◆ *banque f de l'~* Industriebank *f* ; *branche f d'~* Industriezweig *m*, -branche *f*, -sektor *m*, -bereich *m* ; *capitaine m d'~* Industriekapitän *m* ; *Chambre f de commerce et d'~* (*C.C.I.*) Industrie- und Handelskammer (IHK) *f* ; *emprunt m de l'~* Industrieanleihe *f* ; *géant m de l'~* Industriegigant *m* ; *implantation f d'une ~* Industrieansiedlung *f* ; *ouvrier m de l'~* Industriearbeiter *m* ; *patron m de l'~* Industrieboss *m* ; *production f de l'~* Industrieproduktion *f* ; industrielle Produktion ; *syndicat m de l'~* Industriegewerkschaft *f* (IG) ; (*bourse*) *valeurs fpl de l'~* Industriewerte *mpl* ; ◆◆◆ *aller dans l'~* in die Industrie gehen ; *investir dans l'~* in der (die) Industrie investieren ; *nationaliser l'~* die Industrie verstaatlichen ; *l'~ stagne* die Industrie stagniert ; *travailler dans l'~* in der Industrie arbeiten.

industriel *m* Industrielle(r) ; Industrieunternehmer *m* ; Fabrikant *m* ; Gewerbetreibende(r) ; *grand ~* Großindustrielle(r) ; *petit ~* Kleingewerbetreibende(r).

industriel, le industriell ; Industrie- ; gewerblich ; Gewerbe- ; *arts mpl ~s* Kunstgewerbe *n* ; *banque f ~le* Industriebank *f* ; *bassin m ~* Industriebecken *n* ; *branche f ~le* → *secteur* ; *centre m ~* Industriezentrum *n* ; *concentration f ~le* industrielle Konzentration *f* ; *déchets mpl ~s* Industriemüll *m*, -abfälle *mpl* ; *dessinateur m ~* technischer Zeichner *m* ; Industriegrafiker *m* ; *entreprise f ~le* Industrieunternehmen *n* ; *ère f ~le* Industriezeitalter *n* ; *espionnage m ~* → *veille ~le* ; *esthétique f ~le* industrielle Formgebung *f* ; Design *n* ; *exposition f ~le* Industrieausstellung *f* ; *foire f ~le* Industrieausstellung *f*, -messe *f*, -schau *f* ; *groupe m ~* Industriekonzern *m* ; *ingénierie f* (*engeneering m*) *~le* Industrie-Engeneering *n* ; *installations fpl ~les* Industrieanlagen *fpl* ; *parc m ~* Industriepark *m* ; *pays m ~* Industrieland *n*, -staat *m*, -nation *f* ; *politique f ~le* Industriepolitik *f* ; *produit m ~* Industrieprodukt *n* ; gewerbliches (industrielles) Erzeugnis *n* ; *quartier m ~* Industrieviertel *n* ; *redéploiement m ~* industrielle Umstrukturierung *f* ; *secteur m ~* Industriezweig *m*, -sektor *m*, -branche *f* ; *valeurs fpl ~les* Industriepapiere *npl*, -werte *mpl* ; *région f ~le* Industriegebiet *n* ; *révolution f ~le* industrielle Revolution *f* ; *robot m ~* Industrieroboter *m* ; *travailleur m ~* Industriearbeiter *m* ; *veille f ~le* Marktbeobachtung *f* ; (*péj.*) Werk-, Industrie-

spionage *f* ; *ville f ~le* Industriestadt *f* ; *zone f~le* Industriegebiet *n*.

inédit *m* **1.** (*livre*) unveröffentlichtes Werk *n* **2.** Neuheit *f*.

inédit, e 1. (*livre*) unveröffentlicht ; nicht gedruckt **2.** ganz neu ; noch nicht dagewesen.

inefficace unwirksam ; wirkungslos ; ineffizient.

inefficacité *f* Unwirksamkeit *f* ; Wirkungslosigkeit *f* ; Ineffizienz *f*.

inégal, e ungleich ; *conditions fpl ~es* ungleiche Bedingungen *fpl*.

inégalitaire sozial ungleich ; sozial ungerecht.

inégalité *f* Ungleichheit *f* ; ungleiche Behandlung *f* ; Disparität *f* ; Diskrepanz *f* ; *~ des chances* Chancenungleichheit ; *~ des fortunes* ungleiche Vermögensverteilung *f* ; *~ des revenus* Einkommenungleichheit ; ungleiche Einkommensverteilung *f* ; *~s sur le marché du travail* Ungleichgewichte *npl* am Arbeitsmarkt ; *~ sociale* soziale Ungleichheit ; *~ de traitement* ungleiche (ungleichmäßige) Behandlung *f* ; *réduire des ~s sociales* soziale Ungleichheiten abbauen.

inéligibilité *f* Nichtwählbarkeit *f* ; Entzug *m* des Wahlrechts.

inéligible nicht wählbar.

inemploi *m* Untätigkeit *f* ; Arbeitslosigkeit *f* ; Erwerbslosigkeit *f*.

inemployé, e un(aus)genutzt ; unbenutzt ; (*capacité*) unausgelastet ; *capital m ~* ruhendes (totes) Kapital *n*.

inépuisable unerschöpflich ; *source f ~* nicht versiegende Quelle *f*.

inertie *f* Passivität *f* ; Untätigkeit *f* ; Beharrungsvermögen *n* ; *~ gouvernementale* Passivität der Regierung.

inescomptable nicht diskontierbar ; nicht diskontfähig ; nicht bankfähig.

inestimable unschätzbar ; *d'une valeur f ~* von unschätzbarem Wert.

inexact, e fehlerhaft ; unrichtig ; *renseignements mpl ~s* unrichtige Angaben *fpl*.

inexactitude *f* Ungenauigkeit *f* ; Unrichtigkeit *f*.

inexécutable unausführbar ; unerfüllbar.

inexécuté, e (*contrat*) unerfüllt.

inexécution *f* (*contrat*) Nichterfüllung *f* ; Nichtausführung *f*.

inexigible uneinforderbar ; nicht geschuldet ; *dette f ~* nicht einzufordernde Schuld *f* ; nicht eintreibbare Forderung *f* ; *somme f ~* nicht geschuldeter Betrag *m*.

inexploitable (*gisement*) unabbaubar ; nicht auszubeuten(d).

inexploité, e nicht verwertet ; nicht abgebaut ; nicht ausgebeutet ; (*capacité*) unausgelastet.

in extenso ungekürzt ; vollständig ; in vollem Wortlaut.

infalsifiable fälschungssicher.

inférieur *m* (*hiérarchique*) Untergebene(r) ; untergeordnete Person *f* ; *être l'~ de qqn* jds Untergebene(r) sein ; jdm unterstehen.

inférieur, e 1. unter- (er, e, es) ; Unter- ; *~ à* niedriger als ; *catégorie f ~* untere Kategorie *f* ; *limite f ~e* untere Grenze *f* ; Untergrenze *f* ; *position f ~e* untergeordnete Position *f* **2.** gering- (er, e, es) ; *qualité f ~e* geringe Qualität *f* ; *la somme est ~e à 1 000 €* der Betrag liegt unter 1 000 €.

infertile (*agric.*) unfruchtbar ; unergiebig.

infiltration *f* (*polit.*) Durchdringung *f* ; Unterwanderung *f* ; Einschleusen *n* ; Eindringen *n*.

infiltrer eindringen ; einschleusen ; unterwandern ; infiltrieren.

in fine : *emprunt m ~* (*montant et durée fixés par avance, versement unique à l'échéance*) Endfälligkeitsanleihe *f* (Betrag und Dauer werden im Voraus festgesetzt ; einmalige Zurückzahlung bei Verfall).

infirmation *f* (*jur.*) Aufhebung *f* (eines Urteils).

infirme 1. körperlich behindert **2.** *un ~* Körperbehinderte(r).

infirmer widerlegen ; entkräften ; aufheben ; *~ un jugement* ein Urteil aufheben ; *~ un soupçon* einen Verdacht entkräften ; *~ un témoignage* eine Zeugnisaussage widerlegen.

infirmité *f* Behinderung *f* ; Gebrechen *n* ; Gebrechlichkeit *f* ; *~ physique, mentale* körperliches, geistiges Gebrechen.

inflammable leicht entzündlich ; brennbar ; entzündbar ; feuergefährlich.

inflation *f* Inflation *f* ; ◆ *~ chronique, conjoncturelle* chronische, konjunkturelle Inflation ; *~ par les coûts* Kosteninflation ; kosteninduzierte Inflation ; *~ par la demande* Nachfrageinflation ; nachfrageinduzierte Inflation ; *~ galo-*

pante galoppierende Inflation ; ~ *larvée* verpuppte (verkappte) Inflation ; ~ *latente* versteckte Inflation ; ~ *métallique, monétaire* Metall-, Notengeldinflation ; ~ *permanente* anhaltende Inflation ; ~ *rampante* schleichende Inflation ; ~ *refoulée (comprimée)* zurückgestaute (gesteuerte) Inflation ; ~ *par les salaires* lohninduzierte Inflation ; ~ *structurelle, visible* strukturelle, offene Inflation ; ◆◆ *danger m d'*~ Inflationsgefahr *f* ; *données fpl corrigées de l'*~ inflationsbereinigte Daten *pl* ; *facteur m d'*~ Inflationsfaktor *m* ; *lutte f contre l'*~ Inflationsbekämpfung *f* ; *risque m d'*~ Inflationsrisiko *n* ; *rythme m de l'*~ Inflationstempo *n* ; *taux m d'*~ Inflationsrate *f* ; *tendance f à l'*~ Inflationstendenz *f*, -neigung *f* ; ◆◆◆ *accélérer l'*~ die Inflation beschleunigen ; *l'*~ *augmente, diminue* die Inflation nimmt zu, nimmt ab ; *combattre l'*~ die Inflation bekämpfen ; *endiguer (enrayer) l'*~ die Inflation eindämmen ; *lutter contre l'*~ gegen die Inflation kämpfen ; *ralentir l'*~ die Inflation (ab)bremsen.

inflationnisme *m* Inflationismus *m*.

inflationniste (*préfixe*) Inflations- ; inflationistisch ; inflationär ; inflatorisch ; inflationstreibend ; *danger m* ~ Inflationsgefahr *f* ; *évolution f des prix* ~ inflationäre Preisentwicklung *f* ; *politique f anti-*~ inflationshemmende Politik *f* ; auf Preisdämpfung angelegte Politik ; *politique f* ~ Inflationspolitik *f* ; *poussée f* ~ Inflationsschub *m*, -druck *m* ; *tendance f* ~ Inflationstendenz *f* ; inflationistische Tendenz.

infléchir verändern ; ~ *une politique* einer Politik eine andere Richtung geben ; eine Politik ändern ; *s'*~ zurückgehen ; nachlassen.

infléchissement *m* 1. Rückgang *m* ; Nachlassen *n* 2. Änderung *f* ; Kursänderung *f* ; Ruck *m* ; Drall *m* ; ~ *d'une politique* Politikwechsel *m*.

infliger : ~ *une amende, une astreinte, des sanctions (à qqn)* (jdm) eine Geldbuße, Zwangsgelder, Sanktionen auferlegen ; ~ *une peine* eine Strafe verhängen.

influence *f* Einfluss *m* ; Einwirkung *f* ; ~ *sur le marché* Marktbeeinflussung *f* ; ~ *prépondérante* Vormachtstellung *f* ; Übergewicht *n* ; *sous l'*~ *de* unter dem Einfluss von ; *sphère f d'*~ Einfluss- Sphäre *f* ; Interessensphäre ; (*jur.*) *trafic m d'*~ *passive* Bestechung *f* ; *avoir de l'*~ (*sur*) Einfluss haben (auf) ; *exercer une* ~ *sur qqn* einen Einfluss auf jdn ausüben ; auf jdn Einfluss nehmen.

influencer beeinflussen ; ~ *qqn dans sa décision* jdn bei seiner Entscheidung beeinflussen ; *se laisser* ~ sich beeinflussen lassen.

influent, e einflussreich ; *les personnalités* ~*es* die Einflussreichen.

influer Einfluss nehmen auf (A) ; beeinflussen ; ~ *sur les cours de certaines valeurs* die Kurse bestimmter Wertpapiere beeinflussen.

infogérance *f* EDV-Auslagerung *f* ; Externalisierung *f* der Informatik.

informateur *m* Informant *m* ; Gewährsmann *m* ; Hintermann *m* ; *réseau m d'*~*s* Informantennetz *n*.

informaticien *m* Informatiker *m* ; EDV-Fachmann *m* ; Datenverarbeitungsspezialist *m* ; Computerspezialist *m*.

informatif, ive : *publicité f* ~*ive, peu* ~*ive* informationsreiche, informationsarme (nichtssagende) Werbung *f*.

information *f* **1.** Information *f* ; Nachricht *f* ; Meldung *f* ; Auskunft *f* ; ◆ ~ *des consommateurs* Verbraucheraufklärung *f* ; Unterrichtung *f* der Verbraucher ; ~ *génétique* Erbinformation ; ~ *insuffisante* lückenhafte Information ; Informationslücke *f* ; ~*s locales* Lokalnachrichten ; ~*s routières* Verkehrsnachrichten ; ~*-spectacle* Sensationsjournalismus *m* ; ◆◆ *centre m d'*~ *et de documentation* Informations- und Beratungsstelle *f* ; *circulation f d'*~ Informationsfluss *m* ; *échange m d'*~ Nachrichtenaustausch *m* ; *journal m d'*~ Nachrichten-, Informationsblatt *n* ; *service m d'*~ Nachrichtendienst *m* ; Beratungsstelle *f* ; Informationsbüro *n* ; *source f d'*~ Informationsquelle *f* ; *technologie f de l'*~ Informationstechnologie *f* ; *IT f* ; *à titre d'*~ zur Information ; zur Kenntnisnahme ; ◆◆◆ *aller aux* ~*s* Auskünfte einholen ; Informationen sammeln ; *avoir accès aux* ~*s par l'Internet* über Internet Zugang zu Informationen haben ; *écouter les* ~*s* die Nachrichten hören **2.** (*informatique*) ~*s Daten pl* ; Informationen *fpl* ; Informationsmaterial *n* ; *traitement m de l'*~ (elektronische) Datenverarbeitung *f* ; *actualiser, effacer, mémoriser (stocker)*, *réunir, transmettre des ~s* Informationen (Daten) auf den neuesten Stand bringen, löschen, speichern, sammeln, übertragen **3.** (*jur.*) Ermittlung *f* ; Untersuchung *f* ; *ouvrir une ~* ein Ermittlungsverfahren (eine Untersuchung) einleiten.

informatique *f* (elektronische) Datenverarbeitung *f* ; EDV *f* ; DV *f* ; (*science*) Informatik *f* ; *commission f nationale de l'~ et des libertés (C.N.I.L.)* Datenschutzbehörde *f*, -kommission *f* ; Datenschutzgesetz *n* ; « *Monsieur Informatique* » Bundesbeauftragte(r) für Datenschutz ; *le recours à l'~* Einsatz *m* von Datenverarbeitung.

informatique Datenverarbeitungs- ; EDV- ; die Informatik betreffend ; *centre m de traitement ~* Rechenzentrum *n* ; *moyens mpl ~s* EDV-Mittel *npl* ; EDV-Möglichkeiten *fpl* ; *système m ~* EDV-System *n*, -Anlage *f* ; Rechnersystem *n*.

informatisable computergerecht.

informatisation *f* Computerisierung *f* ; EDV-Einsatz *m* ; Verdatung *f* ; Informatisierung *f* ; Verarbeitung *f* von Daten.

informatisé, e EDV- ; computerisiert ; computergestützt ; computerunterstützt ; rechnergestützt ; von einer PC-Anlage verarbeitet ; *comptabilité f ~ée* EDV-Buchführung *f*.

informatiser computerisieren ; auf EDV umstellen ; verdaten ; Datenverarbeitung einsetzen ; *~ une entreprise* einen Betrieb auf EDV umstellen.

informé *m* (*jur.*) Ermittlung *f* ; Erkundigung *f* ; *jusqu'à plus ample ~* bis auf Weiteres ; bis zur weiteren Klärung der Sachlage.

informé, e informiert ; unterrichtet (über) ; *milieux mpl bien ~s* gut unterrichtete Kreise *mpl* ; *selon les milieux bien ~s* wie aus gut unterrichteten Kreisen verlautet.

informel, le 1. informell ; *rencontre f ~le* informelles Treffen *n* **2.** inoffiziell ; spontan (gebildet) ; *économie f ~le* Schatten-, Parallelwirtschaft *f*.

informer 1. *~* (*qqn de qqch*) (jdn über) informieren ; (jdn über) benachrichtigen ; (jdn von) in Kenntnis setzen ; (jdm etw) mitteilen ; *s'~ de* sich über etw informieren ; *s'~ (auprès)* sich (bei) erkundigen **2.** (*jur.*) *~ contre qqn* Ermittlungen gegen jdn einleiten.

info-route *f* Verkehrsmeldungen *fpl* ; Radiomeldungen zur Verkehrslage.

info-trafic *m* Verkehrsinformationen *fpl.*

infraction *f* Verstoß *m* (*à* gegen) ; Vergehen *n* ; Übertretung *f* ; Straftat *f* ; *~ au code de la route* Verstoß gegen die (Straßen)Verkehrsordnung ; *~ au contrôle des changes* Devisenvergehen ; *~ douanière* Zollvergehen *n* ; Zollhinterziehung *f*, -betrug *m* ; *~ fiscale* Steuervergehen ; *~ à la loi* Gesetzesübertretung ; Verstoß gegen das Gesetz.

infrastructure *f* Infrastruktur *f* ; Unterbau *m* ; Basis *f* ; *~ économique* wirtschaftliche Infrastruktur ; *~ routière* Verkehrsinfrastruktur ; Verkehrsstraßennetz *n*.

infructueux, euse erfolglos ; ergebnislos ; nutzlos ; fruchtlos.

ingénierie *f* (reines, kombiniertes) Engineering *n* ; Consulting *n* ; Ingenieurbüro *n* ; Ingenieurberatung *f* ; Konstruktionsbüro ; technische und finanzielle Planung *f* ; Entwurf *m* und Planung *f* ; *~ financière* Finanz-Engineering *n* ; (umfassende) Finanzberatung *f* ; *~ génétique* Gentechnik *f* ; Gentechnologie *f* ; *~ de haut de bilan* Corporate Finance *f* ; (umfassende) Finanzberatung *f* ; *cabinet m d'~* Engineering-Büro *n* ; *société d'~* Engineering-Gesellschaft *f* (*syn.* Engineering).

ingénieur *m* Ingenieur *m* ; Diplomingenieur *m* ; *~ dans l'agro-alimentaire* Nahrungsingenieur *m* ; *~ agronome* Diplomlandwirt *m* ; *~ en chef* Chefingenieur ; *~ civil* Bauingenieur ; *~ commercial* Vertriebskaufmann *m* ; Vertriebsspezialist *m*, -fachmann *m* ; Verkaufsleiter *m* ; *~-conseil* → **ingénieur-conseil** ; *~ diplômé* Diplomingenieur ; *~ électronicien* EDV-Fachmann *m* ; *~ d'études* Entwicklungsingenieur ; Projektleiter *m* ; *~ logiciel* Software-Fachmann *m* ; *~ maquettiste* Layout-Ingenieur *m* ; *~ des mines* Berg-(bau)ingenieur ; *~ de recherche* Entwicklungsingenieur ; Entwickler *m* ; *~ système* → **électronicien** ; *~ technico-commercial* technischer Kaufmann *m* ; Vertriebs-, Verkaufsfachmann *m* ; *~ de travaux publics* Hoch- und Tiefbauingenieur.

ingénieur-conseil *m* **1.** beratender Ingenieur *m* **2.** (*commerce*) Berater *m* ;

ingéniosité

Beratungsspezialist *m* ; Consulting-Fachmann *m* **3.** Patentanwalt *m*.
ingéniosité *f* Einfallsreichtum *m* ; Erfindungsgeist *m* ; Findigkeit *f*.
ingérable nicht zu verwaltend ; unkontrollierbar ; *devenir ~* außer Kontrolle geraten.
ingrédients *mpl* (*agro-alimentaire*) *liste f des ~s* Zutatenliste *f*.
inhérent (à) (*suffixe*) -bedingt ; anhaftend ; sich ergebend ; innewohnend ; inhärent ; *risque m ~ à la profession* berufsbedingtes Risiko *n* ; *taxe f ~e au salaire* lohngebundene Abgabe *f*.
initial, e Anfangs- ; anfänglich ; *capital m ~* Anfangskapital *n* ; *lettre f ~e* Anfangsbuchstabe *m* ; *salaire m ~* Anfangslohn *m*,-gehalt *n* ; Einstiegslohn ; *valeur f ~e* Anfangswert *m*.
initiales *fpl* Anfangsbuchstaben *mpl* ; *apposer ses ~ sur un document* (*signer de ses ~*) eine Urkunde paraphieren ; (einen Bericht) abzeichnen.
initialiser (*informatique*) initialisieren.
initiation *f* Einweihung *f* ; Einführung *f* (in) ; Einarbeitung *f* (in) ; *stage m d'~* Einführungslehrgang *m* ; *période f d'~* Einarbeitungszeit *f*.
initiative *f* **1.** Initiative *f* ; *~ de citoyens* Bürgerinitiative *f* ; *~ législative* Gesetzesinitiative ; *~ privée* Privatinitiative ; *~ populaire* Volksbegehren *n* ; *de sa propre ~* in eigener Regie ; aus eigenem Antrieb ; *disposer de l'~ des lois* über die Gesetzesinitiative verfügen ; *cela est dû à une ~ privée* das geht auf private Initiative zurück ; *faire* (*entreprendre*) *qqch de sa propre ~* etw aus eigener Initiative tun ; *montrer de l'~* Initiativen entfalten ; *prendre l'~* (in einer Sache) die Initiative ergreifen **2.** *syndicat m d'~* Fremdenverkehrsamt *n* ; Verkehrsverein *m* ; Tourismus-Center *n*.
initié *m* (*bourse*) Insider *m* ; Eingeweihte(r) ; *délit m d'~* Insider-Delikt *n* ; Insider-Vergehen *n* ; Verstoß *m* gegen Insiderwissen ; Vertrauensmissbrauch *m* seitens eines Insiders.
initier 1. einführen ; einweihen ; vertraut machen mit **2.** (*être à l'origine de*) initiieren ; *~ une action, un projet* eine Aktion, ein Projekt initiieren.
injecter : (*fam.*) *~ des capitaux dans l'économie, dans une entreprise* Gelder in die Wirtschaft, in ein Unternehmen stecken (pumpen).

injection *f* **1.** Spritze *f* ; Injektion *f* ; *~ de fonds* Kredit-, Kapitalspritze **2.** (*auto*) *~ directe* Direkteinspritzung *f*.
injonction *f* Anordnung *f* ; Aufforderung *f* ; Mahnbescheid *m* ; Geheiß *n* ; Gebot *n* ; *~ à payer* Zahlungsaufforderung ; Mahnbescheid *m*.
injure *f* Beleidigung *f* (durch Worte) ; Beschimpfung *f* ; Schimpfwort *n* ; Verbalinjurie *f*.
injurier beleidigen ; beschimpfen ; verunglimpfen.
injurieux, euse beleidigend.
injuste ungerecht.
injustice *f* Ungerechtigkeit *f* ; Unrecht *n* ; *~ fiscale* steuerliche Ungerechtigkeit *f* ; *~ sociale* soziale Ungerechtigkeit ; soziales Unrecht.
injustifiable nicht zu rechtfertigen(d).
injustifié, e unberechtigt ; unbegründet.
innocence *f* (*jur.*) Unschuld *f* ; *présomption f d'~* Unschuldsvermutung *f* ; *affirmer* (*clamer*) *son ~* seine Unschuld beteuern.
innocent, e unschuldig (an) ; *être présumé ~* für unschuldig gehalten (angesehen) werden ; als unschuldig gelten.
innocenter (jdn für) unschuldig erklären ; (*fam.*) jdn reinwaschen ; *être ~é en prouvant son innocence* wegen erwiesener Unschuld freigesprochen werden.
innocuité *f* Unschädlichkeit *f* ; *contrôler* (*tester*) *l'~ d'un produit* ein Produkt auf Unbedenklichkeit kontrollieren (testen).
innovant, e innovativ ; erfindungsreich ; *produit m ~* innovatives Produkt *n*.
innovateur *m* Neuerer *m* ; Wegbereiter *m* ; Bahnbrecher *m*.
innovateur, trice innovatorisch ; innovativ ; neue Wege suchend ; *entreprise f ~trice* innovatives Unternehmen *n*.
innovation *f* Innovation *f* ; Neuerung *f* ; *~ technique* technische Neuerung *f* ; *~ hostile aux ~s* innovationsfeindlich ; *introduire des ~s* Neuerungen (Innovationen) einführen.
innover Neuerungen einführen ; innovieren.
inobservance *f* → *inobservation*.
inobservation *f* Nichteinhaltung *f* ; Nichtbefolgung *f* ; Missachtung *f* ; *~ du délai* Nichteinhaltung der Frist.

inoccupation *f* 1. (*emploi*) Beschäftigungs-, Erwerbslosigkeit *f* 2. (*logement*) Nichtbesetzung *f* ; Fehlbelegung *f.*

inoccupé, e 1. beschäftigungslos ; erwerbslos ; unbeschäftigt ; untätig ; müßig 2. (*logement*) leerstehend ; fehlbelegt.

inofficiel, le inoffiziell ; nicht amtlich ; offiziös.

inondation *f* : ~ *du marché par des produits étrangers* Überschwemmung *f* (Überflutung *f*) des Marktes mit ausländischen Produkten.

inonder : ~ *le marché de qqch* den Markt mit etw überschwemmen (überfluten) ; *être ~é de qqch* von etw überschwemmt werden.

inopérable nicht operierbar ; inoperabel.

inopérant, e unwirksam ; wirkungslos ; ineffizient.

inopportun, e unpassend ; unangebracht ; unzweckmäßig.

inopportunité *f* Unzweckmäßigkeit *f* ; Unangebrachtheit *f.*

inopposable : (*jur.*) *être ~ aux tiers* Dritten gegenüber unwirksam (nicht anwendbar) sein.

inoxydable rostfrei.

I.N.P.I. *m* (*Institut national de la propriété industrielle*) französisches Patentamt *n.*

input *m* Input *m/n* ; Gesamtheit *f* der für die Produktion eingesetzten Güter und Dienstleistungen ; *tableau m ~-output* Input-Output-Analyse *f* ; Input-Output-Tabelle *f* ; (*informatique*) Input *n/m* ; Dateneingabe *f.*

insaisissabilité *f* (*jur.*) Unpfändbarkeit *f.*

insaisissable 1. (*jur.*) unpfändbar ; pfändungsfrei 2. *statistiquement ~* statistisch nicht zu erfassen(d).

insalubre ungesund ; gesundheitsschädlich ; *îlot m ~* Elendsviertel *n.*

insalubrité *f* Gesundheitsschädlichkeit *f* ; gesundheitsgefährdender Zustand *m* ; Unzuträglichkeit *f* ; *prime f d'~* Zulage *f* für gesundheitsschädliche Arbeiten.

inscription *f* 1. Anschrift *f* ; Beschriftung *f* 2. Eintragung *f* ; Eintrag *m* ; Registrierung *f* ; Einschreibung *f* ; Buchung *f* ; ◆ *~ au chômage* Meldung *f* als Arbeitsloser ; (*compte*) *~ au crédit,* *au débit* Gutschrift *f,* Lastschrift *f* ; *~ à (dans) une faculté* Immatrikulation *f* ; *~ hypothécaire* (*d'hypothèque*) Hypothekeneintragung ; *~ d'office* Einschreibung von Amts wegen ; *~ à l'ordre du jour* Aufnahme *f* in die Tagesordnung ; *~ au passif (d'un compte*) Passivierung *f* ; *~ au procès verbal* Aufnahme *f* in das Protokoll ; *~ au registre du commerce* Eintragung in das Handelsregister ; *~ au registre foncier* Grundbucheintragung ; ◆◆ *clôture f des ~s* Anmeldeschluss *m* ; *date f d'~* Einschreibedatum *n* ; Anmeldetermin *m* ; *droits mpl d'~* Einschreibegebühren *fpl* ; *feuille f d'~* Anmeldeformular *n* 3. (*jur.*) *~ en faux* Fälschungsklage *f* ; Bestreitung *f* der Echtheit einer Urkunde 4. (*université*) Immatrikulation *f* ; Immatrikulierung *f* ; Einschreibung *f* ; *certificat m d'~ en faculté* Immatrikulationsbescheinigung *f* ; *délai m, droits mpl d'~* Einschreibfrist *f,* -gebühren *fpl* ; *procédures fpl d'~* Bewerbungsverfahren *n.*

inscrire 1. eintragen ; einschreiben ; *~ à l'actif* aktivieren ; auf der Aktivseite verbuchen ; auf das Konto buchen ; *~ au budget* einplanen ; etatisieren ; *~ au compte* verbuchen ; *~ à la cote officielle* amtlich notieren ; *~ une hypothèque* eine Hypothek eintragen ; *~ sur une liste* auf eine Liste setzen ; *~ des opérations* Vorgänge buchen ; *~ à l'ordre du jour* auf die Tagesordnung setzen ; *~ au passif* passivieren ; *~ sur (dans) un registre* in ein Register eintragen ; *~ au registre du commerce* ins Handelsregister eintragen ; *~ une somme au crédit d'un compte* einem Konto einen Betrag gutschreiben ; *~ une somme au débit d'un compte* ein Konto mit einem Betrag belasten ; *~ la valeur* den Wert ansetzen 2. (*bourse*) *s'~ en baisse* zurückgehen ; niedriger notiert sein ; *s'~ en hausse* steigen ; höher notiert sein 3. (*jur.*) *s'~ en faux (contre)* die Echtheit einer Urkunde bestreiten 4. *s'~ à une faculté* sich (an einer Hochschule) immatrikulieren (einschreiben) ; *s'~ à une foire-exposition* sich zu einer Messe anmelden.

inscrit *m* Eingeschriebene(r) ; Angemeldete(r) ; (*faculté*) Immatrikulierte(r) ; (*vote*) *~s* Wahlberechtigte(n) ; *les nouveaux ~s* die Jungwähler *mpl.*

inscrit, e eingeschrieben ; angemeldet ; *~ au budget* etatmäßig ; haus-

haltsmäßig ; planmäßig ; *député m non ~ fraktionslose(r)* (parteiloser) Abgeordnete(r) ; *être ~ (à)* (bei) eingeschrieben sein ; *être ~ à un parti* Mitglied einer Partei sein ; *maison f ~e au registre du commerce* eingetragene Firma *f.*
I.N.S.E.E. *m (Institut national de la statistique et des études économiques)* staatliches Institut *n* für Statistik und Wirtschaftsstudien ; *(Allemagne)* statistisches Bundesamt *n.*
inséminateur *m (agric.)* Besamungstechniker *m.*
insérer einfügen ; (ein)schieben ; stecken ; *~ une annonce* annoncieren ; (in einer Zeitung) inserieren ; aufgeben ; *~ une pièce dans la fente du distributeur* ein Geldstück in den Schlitz des Automaten stecken ; *~ une clause (dans)* eine Klausel einfügen (in) ; *~ dans un texte* in einen Text einfügen ; *~ un tableau* in eine Tabelle einfügen.
insertion *f* **1.** Einfügung *f* ; Einschiebung *f* ; *~ sociale* gesellschaftliche Eingliederung *f* ; *revenu m minimum d'~ (R.M.I.)* Mindesteinkommen *n* (zur sozialen Wiedereingliederung) **2.** *(journal)* Inserat *n* ; Annonce *f* ; Inserieren *n* ; *~ publicitaire* Werbeinserat *n*, -anzeige *f*, -annonce *f* **3.** Veröffentlichung *f* ; Bekanntgabe *f* ; *(jur.) ~ légale* (gesetzlich vorgeschriebene oder gerichtlich angeordnete) Bekanntgabe *f* durch Anzeige in einer Zeitung.
insoluble unlösbar ; *problème m ~* unlösbares Problem *n.*
insolvabilité *f* Zahlungsunfähigkeit *f* ; Insolvenz *f* ; Kreditunfähigkeit *f* ; Überschuldung *f* ; *(Autriche)* Nichteinbringungsfall *m* ; *assurance f ~* Konkursausfallversicherung *f* ; *en cas d'~* im Falle der Nichteintreibbarkeit ; bei Zahlungsunfähigkeit ; *risque ~ de l'acheteur* Delkredererisiko *n.*
insolvable zahlungsunfähig ; insolvent ; überschuldet ; *débiteur m ~* zahlungsunfähiger Schuldner *m* ; Insolvenzschuldner *m.*
insonorisation *f* Schalldämpfung *f* ; Schallisolierung *f* ; Geräuschdämmung *f.*
insourcing *n (production-maison sans recours à la sous-traitance)* Insourcing *n.*
inspecter besichtigen ; kontrollieren ; prüfen ; inspizieren.

inspecteur *m* **1.** Inspektor *m* ; Aufseher *m* ; Prüfer *m* ; Kontrolleur *m* ; *~ en chef* (Chef)Inspekteur ; Oberfahnder *m* ; *~ des douanes* Zollfahnder *m* ; *~ du fisc → des impôts* ; *~ des fraudes* Betrugsfahnder ; *~ des impôts* Steuerprüfer *m* ; Steuerinspektor *m* ; (oberer) Finanzbeamte(r) ; Mitarbeiter *m* der Steuerfahndung ; *~ sanitaire (vétérinaire)* Fleischbeschauer *m* ; Fleischfahnder ; *~ des ventes* Vertriebsinspektor ; *~ du travail* Arbeitsaufsicht *f* ; Gewerbeaufsicht **2.** *(haut fonctionnaire)* Inspektor *m* ; (Ober)Regierungsrat *m* ; *~ des finances (du fisc)* Finanzinspektor *m* ; Steuerfahnder *m* ; *~ général* Generalinspekteur ; Ministerialdirektor *m* ; *~ général de l'administration en mission extraordinaire → I.G.A.M.E.* ; *~ du travail et de la main-d'œuvre* Arbeitsinspektor ; Gewerbeaufsichtsbeamte(r) ; Gewerbeinspektor.
inspection *f* **1.** Inspektion *f* ; Aufsicht *f* ; Kontrolle *f* ; *~ des livres comptables* Prüfung *f* der Bücher ; Buchprüfung ; *certificat m d'~* Kontrollschein *m*, -bescheinigung *f* ; Inspektionszertifikat *n* **2.** Aufsichtsbehörde *f* ; Aufsichtsamt *n* ; *~ des douanes* Zollfahndung *f* ; *~ générale des finances* Generalinspektion *f* der Finanzen ; oberste Finanzaufsichtsbehörde *f* ; *~ sanitaire* gesundheitliche Überwachung *f* ; gesundheitliche Überwachungsbehörde *f* ; *~ du travail et de la main-d'œuvre* Arbeitsaufsicht *f* ; Gewerbeaufsichtsamt *n* ; *~ des viandes* Fleischbeschau *f.*
instabilité *f* Unbeständigkeit *f* ; Schwanken *n* ; Instabilität *f* ; Labilität *f* ; *~ conjoncturelle* konjunkturelle Unbeständigkeit ; *~ des prix* Preisschwankungen *fpl.*
instable unsicher ; unbeständig ; nicht stabil ; instabil ; schwankend ; labil.
installateur *m* Installateur *m* (Heizung, Gas, etc.).
installation *f* **1.** *(appareils)* Installierung *f* ; Installation *f* ; Anlage *f* ; Aufstellung *f* ; Einrichtung *f* ; Montage *f* ; *~s industrielles* Industrie-, Fabrikanlagen *fpl* ; *~s portuaires* Hafenanlagen ; *~s de production* Produktions-, Fertigungsanlagen ; *~ téléphonique* Telefonanschluss *m* ; *frais mpl d'~* Einrichtungskosten *pl* **2.** *(dans ses fonc-*

tions) Amtseinsetzung *f*, -einführung *f* ; Bestallung *f* 3. (*bilan*) ~*s et agencements* Betriebs- und Geschäftsausstattung *f.*

installer 1. (*mettre en place*) aufstellen ; errichten ; ausrüsten ; ausstatten ; einrichten ; installieren **2.** (*créer*) aufbauen ; einführen ; gründen ; schaffen ; *s'~ à son compte* sich selb(st)ständig machen **3.** (*dans une fonction*) (in ein Amt) einsetzen ; bestallen ; einweisen **4.** (*informatique*) ~ *un logiciel* ein Programm installieren.

instamment dringlich ; dringend ; nachdrücklich ; inständig ; *vous êtes ~ prié de...* wir bitten Sie inständig (dringend), zu...

1. instance *f* 1. (*jur.*) Instanz *f* ; (gerichtliches) Verfahren *n* ; Klage *f* ; Prozess *m* ; Rechtssache *f* ; *en première ~* in erster Instanz ; erstinstanzlich ; im ersten Rechtszug ; ~ *d'appel* Berufungsinstanz ; Berufungsverfahren ; ~ *de conciliation* Einigungsstelle *f* ; ~ *en référé* Verfahren zum Erlass einer einstweiligen Verfügung ; *tribunal m d'~* Amtsgericht *n* « Abteilung Zivilsachen » ; *tribunal m de grande ~* Landgericht *n* ; *en ~* rechtshängig ; anhängig ; in Bearbeitung befindlich ; unerledigt ; schwebend ; *aller en dernière ~* in die letzte Instanz gehen ; *engager une ~* ein Verfahren einleiten ; *être en ~ de divorce* in Scheidung leben (liegen) ; *gagner un procès en seconde ~* einen Prozess in zweiter Instanz gewinnen ; *intenter une ~* eine Klage einreichen **2.** (*fig.*) Instanz *f* ; ~ *officielle* Behörde *f* ; ~ *de contrôle* Kontrollinstanz.

2. instance(s) *f(pl)* 1. (*jur.*) Instanzenordnung *f* ; ~ *compétentes* zuständige Stellen *fpl* ; ~ *nationales* einzelstaatliche Stellen (Instanzen) ; *les plus hautes ~ de l'État* die obersten (höchsten) staatlichen Instanzen ; ~ *internationales, politiques, supérieures* internationale, politische, höhere (übergeordnete) Instanzen (Stellen) ; *s'adresser à une ~ supérieure* sich an eine übergeordnete Instanz wenden **2.** dringender Antrag *m* ; inständige Bitte *f*.

instaurateur *m* Begründer *m*.

instauration *f* Begründung *f* ; Errichtung *f* ; Einführung *f* ; Schaffung *f.*

instaurer gründen ; einführen ; errichten ; ~ *une réforme, une politique* eine Reform, eine Politik einleiten.

instigateur *m* Anstifter *m* ; Anführer *m* ; Drahtzieher *m* ; Initiator *m* ; *être l'~ de qqch* etw anzetteln.

instigation *f* Anstiftung *f* ; Anregung *f* ; *à l'~ de qqn* auf jds Anraten hin.

instituer 1. einführen ; errichten ; gründen ; ~ *une fondation* eine Stiftung errichten ; *traité m instituant...* Vertrag *m* zur Gründung von ; Vertrag über **2.** (*jur.*) ~ *un héritier* einen Erben einsetzen.

institut *m* Institut *n* ; Anstalt *f* ; Akademie *f* ; wissenschaftliche Gesellschaft *f* ; ~ *bancaire* Bankinstitut ; ~ *de conjoncture* Konjunkturinstitut ; ~ *de crédit foncier* Bodenkreditanstalt ; Realkreditinstitut *n* ; ~ *démoscopique* (*de sondage*) Meinungsforschungsinstitut ; ~ *d'émission* Emissionsbank *f*, -institut ; Notenbank ; ~ *d'études de marché* Marktforschungsinstitut ; ~ *de recherches* Forschungsinstitut ; ~ *financier* Finanzinstitut ; Geldhaus *f* ; Kreditinstitut ; *Institut National de la Consommation* → *I.N.C.* ; ~ *national de la statistique et des études économiques* (*I.N.S.E.E*) Institut für Statistik und Wirtschaftsforschung ; (*Allemagne*) Statistisches Bundesamt *n* ; ~ *universitaire de technologie* (*I.U.T.*) Fachhochschule *f* für Technologie.

institution *f* 1. Einrichtung *f* ; Anstalt *f* ; Institut *n* ; Institution *f* ; Organ *n* ; ~ *d'assurances* Versicherungsanstalt, -träger *m* ; ~ *autonome* Selbstverwaltungskörperschaft *f* ; ~ *de bienfaisance* Wohlfahrtseinrichtung ; karitative Einrichtung ; ~*s financières* Banken und Versicherungen *fpl* ; ~*s internationales, politiques* internationale, politische Institutionen ; ~ *publique* öffentliche Anstalt *f*, Einrichtung *f* ; ~ *sociale* Sozialeinrichtung ; gemeinnützige Einrichtung **2.** (*jur.*) ~ *d'héritier* Erbeinsetzung *f.*

institutionnalisation *f* Institutionalisierung *f.*

institutionnaliser institutionalisieren ; zu einer festen Einrichtung machen.

institutionnel, le institutionell ; die Organe betreffend ; organisch ; politisch-rechtlich ; *investisseur m ~* institutioneller Anleger *m* ; institutionelle Anlegerschaft *f* ; die großen Kapitalsammelstellen *fpl* ; *cadre m ~* gesetzlicher Rahmen *m* ; *paysage m ~* politisch-rechtliches Umfeld *n*.

institutionnels *mpl* (*les*) die instutionellen Anleger *mpl* (*syn. investisseurs institutionnels* ; (*fam.*) *les zinzins*).
Institut monétaire européen → *I.M.E.*
Institut *m* **national de la propriété industrielle** französisches Patentamt *n* ; (Bundes)Patentamt *n* ; (*Autriche*) Eidgenössisches Amt *n* für geistiges Eigentum.
instructeur *m* 1. Ausbilder *m* ; Unterweiser *m* 2. (*jur.*) *juge m ~* Untersuchungsrichter *m*.
instruction *f* 1. Unterricht *m* ; Ausbildung *f* ; Schulung *f* ; Training *n* ; *~ civique* Sozialpädagogik *f* ; *~ primaire* Grundschulausbildung *f* ; *~ publique* öffentliches Schul-, Bildungswesen *n* ; staatliches Unterrichtswesen ; *~ secondaire* höhere Schulbildung *f* ; *~ supérieure* Hochschulbildung 2. Wissen *n* ; Kenntnisse *fpl* ; Schulbildung *f* ; *avoir de l'~* eine gute (Allgemein)Bildung besitzen 3. (An)Weisung *f* ; Vorschrift *f* ; Instruktion *f* ; *avoir des ~s* Anweisung haben ; beauftragt sein ; *donner des ~s* Anweisungen geben (erteilen) 4. *~s* (Betriebs)Anleitung *f* ; Gebrauchsanweisung *f* ; (*informatique*) Befehl *m* 5. (*jur.*) Untersuchung *f* ; strafrechtliche Voruntersuchung ; *juge m d'~* Untersuchungsrichter *m*.
instruire 1. *~ qqn* jdn unterrichten ; jdn ausbilden ; jdn anleiten ; jdn belehren 2. *~ qqn (de qqch)* jdn (über) unterrichten ; jdn (von) in Kenntnis setzen 3. (*jur.*) *~ une affaire* ein Ermittlungsverfahren durchführen ; eine strafrechtliche Voruntersuchung einleiten 4. (*jur.*) einen Antrag prüfen ; eine Untersuchung durchführen.
instrument *m* 1. Instrument *n* ; Mittel *n* ; Werkzeug *n* ; *~ de crédit* Kreditinstrument ; Kreditmittel *n* ; *~ d'échange* Tauschmittel *n* ; *~s* (*intermédiaires*) *financiers* Financial Futures *pl* ; Future-Kontrakt *m* ; Terminkontrakte *mpl* ; Finanzinstrument *n* ; *~ de gestion* betriebswirtschaftliches Instrument *n* ; *~ de paiement* Zahlungsmittel ; *-instrument* ; *~ de propagande* Propagandamittel, -instrument ; *~ de travail* **a)** Arbeitswerkzeug *n* **b)** (*fisc*) *inclure l'~ de travail dans la base d'imposition* das betrieblich genutzte Vermögen in die Bemessungsgrundlage einbeziehen 2. (*jur.*) Urkunde *f* ; Dokument *n* ; *~ officiel* amtliche Urkunde ; *~ de ratification* Ratifikationsurkunde.
insu : *à l'~ de qqn* ohne jds Wissen ; *à mon ~* ohne mein Wissen ; ohne dass ich es wusste.
insubordination *f* Ungehorsam *m* ; Gehorsamsverweigerung *f*.
insubordonné, e ungehorsam ; unbotmäßig.
insuccès *m* Misserfolg *m* ; Scheitern *n* ; Fehlschlag *m* ; Flop *m*.
insuffisance *f* Unzulänglichkeit *f* ; Mangel *m* ; Lücke *f* ; *~s Schwächen fpl* ; *~ d'actif* Mangel an Masse ; Unzulänglichkeit an Masse ; *~ d'assurance* Unterversicherung *f* ; *~ de capitaux* (*de moyens financiers*) Kapitalmangel ; Kapitalschwäche *f* ; *~ d'emploi* Unterbeschäftigung *f* ; *~ des investissements* Investitionslücke *f* ; *~ de la provision* ungenügende Deckung *f* ; *~ de trésorerie* Liquiditätsengpass *m*, -mangel ; *~ d'un travail* Unzulänglichkeit einer Arbeit.
insuffisant, e ungenügend ; unzureichend ; unzulänglich ; *affranchissement m ~* ungenügende Frankierung *f* ; *couverture f ~e* unzulängliche Deckung *f* ; Unterdeckung ; *production f ~e* Unterproduktion *f*.
insulte *f* Beleidigung *f* ; Beschimpfung *f*.
insulter beleidigen ; beschimpfen.
insurmontable unüberwindlich ; unüberwindbar.
intact, e vollständig ; ganz ; intakt ; unbeschädigt ; unversehrt.
intangibilité *f* Unantastbarkeit *f* ; Verbindlichkeit *f* ; *~ des traités une fois ratifiés* Verbindlichkeit der ratifizierten Verträge ; (*bilan*) *principe m de l'~ du bilan d'ouverture* Prinzip *n* der Bilanzidentität *f*.
intégral, e vollständig ; ganz ; ungekürzt ; völlig ; integral ; *calcul m ~* Integralrechnung *f* ; *remboursement m ~* Rückzahlung *f* des Gesamtbetrags ; *texte m ~* vollständiger Wortlaut *m* ; ungekürzter Text *m*.
intégralité *f* Vollständigkeit *f*.
intégrant, e : *partie ~e* wesentlicher (unerlässlicher) Bestandteil *m* ; *faire partie ~e de qqch* ein integrierender Bestandteil einer Sache sein.
intégration *f* Integration *f* ; Eingliederung *f* ; Aufnahme *f* ; Fusionie-

rung *f* ; Zusammenschluss *m* ; ~ *économique* Wirtschaftsintegration *f* ; wirtschaftliche Integration ; ~ *horizontale* horizontale Integration (Zusammenschluss mehrerer Unternehmen derselben Produktionsstufe) ; ~ *industrielle* industrielle Integration ; ~ *monétaire* Währungsintegration ; Währungsverbund *m* ; ~ *verticale* vertikale Integration (Zusammenschluss mehrerer Unternehmen verschiedener Produktionsstufen) ; *processus m d'~* Integrationsprozess *m* ; *accélérer, faciliter l'~* die Integration beschleunigen, erleichtern.

intègre rechtschaffen ; unbestechlich ; unbescholten.

intégrer aufnehmen ; integrieren (*dans, à* in) ; eingliedern ; *circuits mpl ~és* integrierte Schaltkreise *mpl* ; ~ *des minorités dans une société* Minderheiten in die Gesellschaft integrieren ; *s'~* sich integrieren.

intégrisme *m* Fundamentalismus *m*.

intégriste *m* Fundamentalist *m* ; (*fam.*) Fundi *m*.

intégrité *f* 1. Vollständigkeit *f* ; Integrität *f* ; (*territoire*) Unversehrtheit *f* 2. (*personne*) Unbescholtenheit *f* ; Rechtschaffenheit *f* ; Unbestechlichkeit *f*.

intellectuel *m* Intellektuelle(r) ; Geistesarbeiter *m* ; Kopfarbeiter.

intellectuel, le geistig ; Geistes- ; intellektuell ; *propriété f ~le* geistiges Eigentum *n* ; *quotient m ~ (Q.I.)* Intelligenzquotient *m* (IQ) ; *travail m ~* geistige Arbeit *f* ; *travailleur m ~* Geistes-, Kopfarbeiter *m*.

intelligence *f* 1. Intelligenz *f* ; Geist *m* ; ~ *artificielle* künstliche Intelligenz *f* ; *test m d'~* Intelligenztest *m* 2. (*accord*) Einvernehmen *n* ; (geheimes) Einverständnis *n*.

INTELSAT *f* (*Organisation internationale de télécommunications par satellite*) INTELSAT *f* ; Internationale Fernmeldesatelliten-Organisation *f*.

intempéries *fpl* : *indemnité f d'~s* Schlechtwettergeld *n*.

intendance *f* Verwaltung *f* ; Verwaltungsbüro *n*, -stelle *f* ; *service m d'~ d'une entreprise* Beschaffungswesen *n*.

intendant *m* 1. Verwalter *m* ; (*exploitation*) Gutsverwalter 2. (*lycée*) Verwaltungsdirektor *m* 3. (*militaire*) Intendant *m*.

intensif, ive 1. intensiv ; *propagande f ~ive* intensive (massive) Propaganda *f* 2. (*agric.*) *culture f ~ive* intensive Bodenbewirtschaftung *f* ; Intensivkultur *f*.

intensification *f* Verstärkung *f* ; Intensivierung *f* ; ~ *de la concurrence, de la demande* Verstärkung des Wettbewerbs, der Nachfrage ; ~ *de la production* Intensivierung der Produktion.

intensifier intensivieren ; steigern ; fördern ; ankurbeln ; ~ *le commerce* den Handel fördern.

intensité *f* Intensität *f* ; Stärke *f* ; Dichte *f* ; ~ *de la circulation* Verkehrsdichte ; Verkehrsaufkommen *n*.

intenter : (*jur.*) ~ *une action* Klage erheben ; eine Klage einreichen ; ~ *une action contre qqn* jdn verklagen ; eine Klage gegen jdn anstrengen ; ~ *un procès à qqn* gegen jdn einen Prozess anstrengen ; jdn gerichtlich verfolgen.

intention *f* Absicht *f* ; Vorhaben *n* ; Ziel *f* ; Vorsatz *m* ; Intention *f* ; ~ *délibérée* feste Absicht ; fester Vorsatz ; (*jur.*) ~ *délictueuse* verbrecherische Absicht ; ~ *frauduleuse* betrügerische Absicht ; Täuschungsabsicht ; *déclaration f d'~* Absichts-, Willenserklärung *f* ; *procès d'~* Unterstellung *f* ; *avec ~ de frauder* mit Täuschungsabsicht ; mit betrügerischer Absicht ; *avoir l'~ de...* beabsichtigen ; die Absicht haben, zu...

intentionnel, le absichtlich ; vorsätzlich ; (*jur.*) *acte m ~* vorsätzliche Handlung *f*.

interactif, ive interaktiv ; *médias mpl ~s* interaktive Medien *pl* ; *système m éducatif ~* interaktives Lernen *n*.

interaction *f* Interaktion *f* ; Wechselwirkung *f* ; gegenseitige Beeinflussung *f* ; Zusammenwirken *n*.

interactivité *f* Interaktivität *f*.

interallemand, e innerdeutsch ; gesamtdeutsch ; deutsch-deutsch ; (*hist.*) *commerce m ~* innerdeutscher Handel *m* ; Handel zwischen den beiden deutschen Staaten.

interbancaire Banken- ; Bank-an-Bank- ; *opérations fpl ~s* Bank-an-Bank-, Interbankengeschäfte *npl* ; *taux m ~ offert à Paris* → *P.I.B.O.R.*

interbanques : *transactions fpl ~* Interbankenhandel *m* ; *taux m ~* Interbankenzinssatz *m* ; Interbankenrate *f*.

interchangeabilité *f* Austauschbarkeit *f*; Auswechselbarkeit *f*; Tauschfähigkeit *f*; Substituierbarkeit *f*; Substitutionsfähikeit *f.*

interchangeable austauschbar; auswechselbar; umtauschbar; substituierbar.

intercommunal, e interkommunal; zwischengemeindlich; mehrere Kommunen (Gemeinden) betreffend; zwischenkommunal; *syndicat m* ~ Gemeindeverband *m.*

interconnecter *(informatique)* ~ *les réseaux entre eux* vernetzen; zwischenschalten.

interconnexion *f* Vernetzung *f*; Verbindung *f*; *(transports)* Verbundnetz *n*, -system *n.*

interdépartemental, e mehrere Departements betreffend.

interdépendance *f* **1.** gegenseitige Abhängigkeit *f*; Wechselbeziehung *f*; Interdependenz *f* **2.** *(entreprises)* (enge) Verflechtung *f*; Verschachtelung *f.*

interdiction *f* Verbot *n*; Untersagung *f*; Sperre *f*; Sperrung *f*; *(d'un droit)* Entziehung *f*; Aberkennung *f*; ♦ ~ *de chéquier* Scheckverbot; ~ *de commerce (de commercer)* Handelsverbot; ~ *de construire* Bauverbot; ~ *des droits civiques, civils et de la famille* Aberkennung *f* der staatsbürgerlichen, bürgerlichen und familienrechtlichen Rechte; ~ *d'exercer* Amtsenthebung *f*; ~ *d'exportation* Ausfuhrverbot; Exportsperre; ~ *formelle* ausdrückliches Verbot; ~ *d'importation* Einfuhrverbot; Importsperre; ~ *d'exercer une profession* Berufsverbot; ~ *de séjour* Aufenthaltsverbot; ~ *de stationner* Parkverbot; ~ *de vente* Verkaufsverbot; ♦♦♦ *enfreindre une* ~ ein Verbot übertreten; *frapper d'*~ (gesetzlich) verbieten; *lever une* ~ ein Verbot aufheben; *respecter une* ~ ein Verbot einhalten (beachten).

interdire 1. verbieten; untersagen **2.** *(jur.)* ~ *qqn* jdn entmündigen **3.** *(relever d'une fonction)* eines Amts entheben.

interdisciplinaire interdisziplinär; fachübergreifend; mehrere Fachrichtungen betreffend.

interdit *m (jur.)* Entmündigte(r); ~ *de séjour* Ausgewiesene(r); von einem Aufenthaltsverbot Betroffene(r).

interdit *m* **bancaire** Scheckverbot *n*; Verbot von Scheckausstellung.

interdit, e 1. verboten; untersagt; ~ *aux véhicules* für Fahrzeuge gesperrt; *passage m* ~ Durchgang *m*, Durchfahrt *f* verboten; *reproduction f* ~*e* Nachdruck *m* verboten; Wiedergabe *f* verboten; *entrée f* ~*e à toute personne étrangère au service* Zutritt *m* für Unbefugte verboten; *être* ~ *de chéquier* mit einem Scheckverbot belegt werden **2.** *(jur.)* entmündigt.

interentreprises überbetrieblich; zwischenbetrieblich; *coopération f* ~ überbetriebliche Zusammenarbeit *f.*

intéressant, e interessant; attraktiv; verlockend; vorteilhaft; *offre f* ~*e* attraktives Angebot *n.*

intéressé *m* Interessent *m*; Betroffene(r); Beteiligte(r).

intéressé : *être* ~ *aux bénéfices* an den Gewinnen beteiligt sein; *être* ~ *dans une affaire* an einem Geschäft beteiligt sein.

intéressement *m* Beteiligung *f*; ~ *(des salariés) aux bénéfices de l'entreprise* Gewinnbeteiligung (der Arbeitnehmer); *part f d'*~ Gewinnanteil *m*; *prime f d'*~ Leistungsprämie *f.*

intéresser 1. ~ *qqn aux bénéfices* jdn am Gewinn beteiligen; *être* ~*é pour 40 % dans une affaire* an einem Geschäft mit 40 % beteiligt sein **2.** *s'*~ *à qqch* sich für etw interessieren; an etw interessiert sein.

intérêt *m*	1. *curiosité ; agrément* 2. *avantage ; profit* 3. *intérêt perçu sur un capital ; intérêt dû*

1. *(curiosité ; agrément)* Interesse *n*; Anteilnahme *f*; Bedeutung *f*; *avec* ~ mit Interesse; interessiert; *du plus grand* ~ von höchstem Interesse; *domaine m d'*~ Interessengebiet *n*, -bereich *m*; *manifester de l'*~ *pour qqn, pour qqch* Interesse für jdn, für etw zeigen (bekunden).

2. *(avantage ; profit)* Interesse *n*; Vorteil *m*; Nutzen *m*; ~*s* Belange *mpl*; ♦ ~ *des affaires* Geschäftsinteresse; ~ *assurable, assuré* versicherbares, versichertes Interesse; ~*s collectifs* Kollektivinteressen; kollektive Belange; ~*s commerciaux* Handelsinteressen; ~ *commun* Gemeininteresse; *d'*~ *commun* gemeinnützig; ~ *communautaire* gemeinschaftliches Interesse; ~ *des consommateurs* Verbraucherinteresse; ~

intérêt

économique, financier wirtschaftliches, finanzielles Interesse ; ~ *général* Gemeinnützigkeit *f* ; *d'~ général* gemeinnützig ; von allgemeinem Interesse ; *dans l'~ général* für das Gemeinwohl ; im allgemeinen Interesse ; ~ *légitime* berechtigtes Interesse ; *d'~ local* Lokal- ; ~ *matériel* materielles Interesse ; ~ *particulier* Privatinteresse ; ~ *personnel* persönliches Interesse ; Eigennutz *m* ; ~ *privé* Privatinteresse ; ~s *professionnels* Berufsinteressen ; *dans son propre* ~ im eigenen Interesse ; aus Eigennutz ; ~ *public* öffentliches Interesse ; Gemeinwohl *n* ; ◆◆ *association f d'~s* Interessengemeinschaft *f* ; *centre m d'~* Interessenbereich *m* ; *communauté f d'~s* Interessengemeinschaft *f* ; *conflit m d'~s* Interessenkonflikt *m*, -kollision *f* ; *contraire aux ~s des salariés, du patronat* arbeitnehmer-, arbeitgeberfeindlich ; *groupe m d'~s* Interessenvereinigung *f* ; Lobby *f* ; *groupement m d'~s économiques* wirtschaftlicher Interessenverband *m* ; *sphère f d'~s* Interessensphäre *f* ; *travail m d'~ public* Gemeinwohlarbeit *f* ; *zone f d'~s* Interessensphäre *f* ; Einflussgebiet *n* ; *dans l'~ des petits épargnants* kleinsparerfreundlich ; im Interesse der Kleinsparer ; ◆◆◆ *avoir des ~s dans une entreprise* an einem Unternehmen beteiligt sein ; *concilier les ~s* die Interessen in Einklang bringen ; *défendre les ~s de qqn* jds Interessen verteidigen (vertreten, wahren) ; *favoriser les ~s de l'entreprise* die Betriebsinteressen fördern ; *servir les ~s de qqn* jds Interessen dienen.

3. *(intérêt perçu sur un capital* ; *intérêt dû)* Zins *m* ; Zinsen *mpl* ; ◆ *à ~* verzinslich ; zinsbringend ; zinstragend ; *à 10 % d'~* zu 10 % Zinsen ; ~s *accumulés (accrus)* aufgelaufene Zinsen ; ~ *annuel* Jahreszins ; Annuität *f* ; ~s *annuels* jährliche Zinsen ; ~ *de l'argent* Geldzins ; Kapitalertrag *m* ; ~s *arriérés* rückständige Zinsen ; *à ~ avantageux* zinsgünstig ; ~s *bonifiés* zinsgünstig ; zinsvergütet ; ~ *du capital* Kapitalzins, -ertrag *m*, -rente *f* ; ~s *capitalisés* zum Kapital geschlagene Zinsen ; ~s *composés* Zinseszinsen ; ~s *courants* laufende Zinsen ; ~s *courus* aufgelaufene (angefallene) Zinsen ; ~s *créditeurs* Kredit-, Habenzinsen ; ~s *cumulés* → *composés* ; ~s *débiteurs* Schuld-, Sollzinsen ; ~s *déduits* abgezinst ; nach Abzinsung ; ~s *différés, dûs, échus* gestundete, zu zahlende, fällige Zinsen ; ~s *directeurs* Leitzinsen ; ~ *effectif* Effektiv-, Nominalzins ; *(bilan)* ~s *et charges assimilées* Zinsen und ähnliche Aufwendungen ; *à ~ élevé (à fort taux d'~)* hochverzinslich ; ~ *d'emprunt* Schuldzinsen ; *à ~ faible (à faible taux d'~)* mit niedrigem Zinsniveau ; *à ~ fixe* festverzinslich ; mit festem Ertrag ; ~s *sur fonds propres* Zins auf Eigenkapital ; ~s *moratoires* Aufschub-, Verzugs-, Stundungszinsen ; ~ *net (pur)* Nettozins ; reiner Zins ; ~ *nominal (effectif)* Effektiv-, Nominalzins ; ~s *payés* Zinsaufwand *m* ; ~ *d'un prêt* Darlehenszins ; ~s *de retard* → *moratoires* ; ~s *usuraires* Wucherzinsen ; *à ~ variable* mit veränderlichem Zinssatz (Ertrag) ; ◆◆ *calcul m des ~s* Zins(en)berechnung *f* ; *capitalisation f des ~s* Kapitalisierung *f* der Zinsen ; *compte m d'~s* Zinsenkonto *n* ; *coupon m d'~* Zinsschein *m*, -kupon *m*, -abschnitt *m* ; *créance f d'~ (sur)* Zinsforderung *f* ; *emprunt m à ~* verzinsliche Anleihe *f* ; *jouissance f d'~s* Zinsgenuss *m* ; Verzinsung *f* ; *majoration f de l'~* Zinserhöhung *f* ; *placement m à ~* verzinsliche Kapitalanlage *f* ; *politique des taux d'~ élevés* Hochzinspolitik *f* ; *prêt m à, sans ~* verzinsliches, unverzinsliches Darlehen *n* ; *produit m de l'~* Zinsertrag *m* ; *sans ~* zinslos ; zinsfrei ; *service m des ~s* Zinsdienst *m* ; *table f d'~s* Zinstafel *f*, -tabelle *f* ; *taux m d'~* Zinssatz *m*, -fuß *m* ; Verzinsung *f* ; *valeur f à ~ fixe* festverzinsliches Wertpapier *n* ; *versement m des ~s* Zinszahlung *f* ; ◆◆◆ *abaisser le taux d'~* den Zinssatz senken (herabsetzen) ; *accumuler (bonifier) les ~s* die Zinsen kapitalisieren (anstehen lassen) ; *calculer les ~s* die Zinsen ausrechnen (berechnen) ; *capitaliser les ~s* die Zinsen zum Kapital schlagen ; die Zinsen kapitalisieren ; *demander un ~ de 10 %* 10 % Zinsen verlangen ; *emprunter à (contre) ~* auf Zinsen (aus)leihen ; zinsbringend (ent)leihen ; *faire fructifier les ~s* die Zinsen kapitalisieren (anstehen lassen, zum Kapital schlagen ; *payer des ~s* Zinsen zahlen ; *placer à ~* zinsbringend (verzinslich) anlegen ; *prélever des ~s* Zinsen berechnen ; *prêter à (contre) ~* auf Zinsen leihen ; *porter les ~s en*

interétatique

compte die Zinsen dem Konto gutschreiben ; *produire* (*porter, rapporter*) *des ~s* Zinsen bringen (einbringen, abwerfen, tragen) ; sich verzinsen ; *réduire, relever le taux de l'~* den Zinssatz senken, erhöhen ; *servir des ~s* Zinsen zahlen ; verzinsen.
interétatique zwischenstaatlich.
interface *m* (*informatique*) (Computer)-Schnittstelle *f* ; Interface *n* ; *~ utilisateur* Benutzerinterface *n* ; Benutzerschnittstelle ; *carte f ~* Interface-Karte *f*.
interférence *f* **1.** Interferenz *f* ; Zusammentreffen *n* **2.** (*immixtion*) Einmischung *f* ; Eingriff *m* (in).
interférer 1. interferieren ; sich überlagern ; aufeinander einwirken **2.** eingreifen (in) ; sich einmischen (in).
intergouvernemental, e zwischenstaatlich ; Regierungs-.
intérieur *m* Innere- (er, e, es) ; *l'~ du pays* Landesinnere *n* ; Binnenland *n* ; *ministère m de l'~* Ministerium *n* des Inneren ; Innenministerium *n* ; *à l'~ de l'entreprise* innerhalb des Unternehmens.
intérieur, e inner- (er, e, es) ; (*préfixe*) Innen- ; Binnen- ; *commerce m ~* Binnenhandel *m* ; *demande f ~e* inländische Nachfrage *f* ; Inlandsnachfrage *f* ; *marché m ~* (ein)heimischer Markt *m* ; Binnen-, Inlandsmarkt ; *mer f ~e* Binnenmeer *n* ; *navigation f ~e* Binnenschifffahrt ; Flussschifffahrt *f* ; *politique f ~e* Innenpolitik *f* ; *taux m ~* Inlandszins *m* ; inländischer Zinssatz *m* ; *ventes fpl ~es* Inlandsverkäufe *mpl*.
1. intérim *m* Interim *n* ; Zwischen-, Übergangszeit *f* ; Provisorium *n* ; *crédit m ~* Überbrückungskredit *m*, -beihilfe *f* ; *dividende m ~* Interims-, Abschlagsdividende *f* ; *gouvernement m par ~* Interimsregierung *f* ; *ministre m par ~* Übergangsminister *m*.
2. intérim *m* (*remplacement*) **a)** (*travail intérimaire*) Leih-, Zeitarbeit *f* **b)** (*personne*) Zeitbeschäftigte(r) ; Zeitarbeitskraft *f* ; Aushilfe *f* ; Vertretung *f* ; (*fam.*) Springer *m* ; *agence f d'~* Zeitarbeitsfirma *f* ; Büro *n* für die Vermittlung von Aushilfskräften ; Zeitarbeitsvermittlung *f* ; Leiharbeitsfirma *f* ; *mission f* ; *d'~* Zeitarbeitsauftrag *m* ; *preneur m d'~* Entleiher *m* ; *société f d'~* Verleihfirma *f* ; Personal-Leaser *m* ; Verleiher *m* ; *assurer l'~* jdn vertreten ; jds Vertretung übernehmen ; *employer des ~s* Zeitkräfte beschäftigen ; Aushilfskräfte einsetzen ; *faire de l'~* einen Zeitarbeitsplatz haben ; als Aushilfe arbeiten ; eine Tätigkeit vertretungsweise ausüben.
intérimaire zeitweilig ; vorläufig ; vorübergehend ; interimistisch ; *personnel m ~* Zeit(arbeits)kräfte *fpl* ; Zeitpersonal *n* ; Aushilfskräfte ; Aushilfspersonal ; Vertretungskräfte ; Zeitvertretung *f* ; *travail m ~* **a)** (*côté patronal*) Zeitarbeit *f* ; Zeitbeschäftigung *f* ; Vertretungstätigkeit *f* **b)** (*côté sydical*) Leiharbeit *f* ; *agence f d'~* Zeitarbeitsfirma *f* ; Büro *n* für die Vermittlung von Aushilfskräften ; Zeitarbeitsvermittlung *f* ; Leiharbeitsfirma *f*.
interlocuteur *m* Gesprächspartner *m* ; Verhandlungspartner ; Ansprechpartner.
interlope 1. (*hôtel*) verrufen ; zweideutig **2.** *commerce m ~* Schleichhandel *m* ; Schwarzhandel.
intermédiaire *m* Vermittler *m* ; Mittelsmann *m* ; Mittelsperson *f* ; Mittler *m* ; Zwischenhändler *m* ; Unterhändler *m* ; *~ agréé* zugelassener Vermittler ; *~ en bourse* Börsenmakler *m* ; *~ financier* Finanzvermittler *m* ; *achat m sans ~* direkter Bezug *m* ; *commerce m d'~* Zwischenhandel *m* ; *par l'~ de...* durch Vermittlung von... ; *vente f sans ~* direkter Absatz *m* ; direkter Vertrieb *m* ; *acheter sans ~* aus erster Hand (direkt) beziehen ; *offrir ses services d'~* seine Vermittlungsdienste anbieten ; *servir d'~* (zwischen zwei Personen) vermitteln ; als Vermittler auftreten.
intermédiaire Zwischen- ; Mittel- ; *accord m ~* Zwischenabkommen *n* ; *étape f* (*stade m*) *~* Zwischenstufe *f* ; *produit m ~* Halberzeugnis *n* ; Zwischenprodukt *n* ; Halbfertigware *f* ; Halbprodukt.
intermédiation *f* Vermittlung *f*.
interministériel, le interministeriell ; *commission f ~le* interministerieller Ausschuss *m*.
intermittent *m* Arbeitnehmer *m* mit befristetem Arbeitsvertrag *m* (Theater-, Film, Tanz-, Musikwelt) ; *~ du spectacle* zeitbeschäftigter Künstler *m*, Techniker *m* ; Bühnenpersonal *n* ; Zeitarbeitnehmer *m* in der Unterhaltungsbranche.
intermittent, e unterbrochen ; periodisch ; zeitweilig aussetzend (ausblei-

bend) ; *contrat de travail m* ~ Zeitarbeitsvertrag *m*, -verhältnis *n* ; *travailleur m* ~ Saisonarbeiter *m* ; Arbeitnehmer mit befristetem Arbeitsvertrag.

international, e international ; grenzüberschreitend ; länderübergreifend ; zwischenstaatlich ; (*téléph.*) *communication f* ~*e* Auslandsgespräch *n* ; *coupon-réponse m* ~ internationaler Antwortschein *m* ; *droit m* ~ internationales Recht *n* ; *organisations fpl* ~*es* internationale Organisationen *fpl* ; *politique f* ~*e* internationale Politik *f* ; Weltpolitik *f* ; *relations fpl* ~*es* internationale (zwischenstaatliche) Beziehungen *fpl* ; *trafic m* ~ grenzüberschreitender Verkehr *m*.

internationalisation *f* Internationalisierung *f* ; Globalisierung *f* ; internationale Verflechtung *f* ; ~ *des économies, des marchés* Globalisierung *f* der Wirtschaften, der Märkte.

internationaliser internationalisieren.

internaute *m* Internet-Nutzer *m* ; Internet-User *m* ; Internet -Surfer *m* ; Webnutzer *m*.

interne *m* **1.** (*scolaire*) Internatsschüler *m* **2.** ~ *des hôpitaux* Assistenzarzt *m*.

interne (*adj.*) **1.** innerbetrieblich ; intern ; *affaire f* ~ *à l'entreprise* betriebseigene (betriebsinterne) Angelegenheit *f* ; *financement m* ~ (*à l'entreprise*) Innenfinanzierung *f* ; (*comptab.*) *règlement m* ~ innerbetriebliche Abrechnung *f* **2.** (*préfixe*) Inlands- ; binnenländisch ; innerstaatlich ; *migration f* ~ Binnenwanderung *f*.

Internet *m* Internet *n* ; ◆◆ *adresse f* ~ Internet-Adresse *f* ; *connexion f à l'*~ Internet-Anschluss *m* ; *fournisseur d'accès m* ~ Internet-Provider *m* ; *transactions fpl commerciales sur* ~ Internet-Handel *m* ; E-Handel *m* ; E-Commerce *m* ; *service m de réservation par* ~ Buchungsservice *m* per Internet ; *site m* ~ Internet-Site *f* ; Internet-Homepage *f* ; *sur* ~ im Internet ; *utilisateur m de l'*~ Internet-Nutzer *m* ; Internet-User *m* → *internaute* ; ◆◆◆ *acheter sur* (*l'*) ~ im (über das) Internet einkaufen ; *aller sur l'*~ sich ins Internet begeben ; *avoir accès au réseau* ~ zum Internet Zugang haben ; *être connecté à l'*~ ans Internet angeschlossen sein ; einen Internet-Anschluss haben ; *commander sur* ~ über Internet bestellen ; *consulter l'*~ *etw* im Internet suchen ; *faire de la pub sur* ~*im* Internet werben ; *installer un accès* ~ einen Internet-Anschluss einrichten ; *Vous pouvez nous joindre* (*contacter*) *dès à présent sur* ~ ab sofort können Sie uns im Internet erreichen ; *proposer des marchandises sur l'*~ Waren über Internet anbieten ; *surfer* (*naviguer*) *sur* ~ im Internet surfen ; *trouver qqch. ur l'*~ *etw* im Internet finden (*syn.* la Toile, le Web, le Net).

interopérabilité *f* (*banque*) Austauschbarkeit *f* von Codeschlüsseln.

interpellation *f* **1.** (*polit.*) parlamentarische Anfrage *f* **2.** (*jur.*) Aufforderung *f* ; Mahnung *f* **3.** (*police*) Überprüfung *f* der Personalien ; Sistierung *f*.

interpeller 1. (*polit.*) eine Anfrage richten ; ~ *le gouvernement* eine parlamentarische Anfrage an die Regierung stellen **2.** (*jur.*) auffordern ; mahnen **3.** (*police*) die Personalien überprüfen (feststellen) ; sistieren.

interpénétration *f* Verflechtung *f* ; gegenseitige Durchdringung *f* ; ~ *des capitaux, des crédits* Kapital-, Kreditverflechtung *f* ; ~ *économique* wirtschaftliche Verflechtung ; Wirtschaftsverflechtung *f* ; ~ *des marchés* Verflechtung der Märkte ; Marktverflechtung *f*.

interphone *m* Sprechanlage *f* ; Gegensprechanlage *f* ; Haustelefon *n*.

interposé, e : (*jur.*) *personne f* ~*e* Mittelsmann *m*, -person *f* ; *par personne* ~*e* durch einen Mittelsmann ; durch Dritten ; durch Vermittlung.

interposer : ~ *sa médiation entre deux parties* zwischen zwei Parteien vermitteln ; *s'*~ *dans un conflit* in einen Streit eingreifen ; in einem Streit vermitteln.

interposition *f* Vorschieben *n* ; Vermittlung *f* ; ~ *d'un homme de paille* Vorschieben eines Strohmanns.

interprétariat *m* Dolmetscherwesen *n* ; Dolmetscherberuf *m* ; *école f d'*~ Dolmetscherschule *f*.

interprétation *f* **1.** Interpretation *f* ; Auslegung *f* ; Deutung *f* ; Analyse *f* ; ~ *du bilan* Bilanzanalyse ; Auslegung eines Gesetzes **2.** Dolmetschen *n* ; ~ *consécutive, simultanée, de conférence* Konsekutiv-, Simultan-, Konferenzdolmetschen.

interprète *m* 1. Dolmetscher *m* ; ~ *assermenté* vereidigter Dolmetscher ; *servir d'*~ dolmetschen ; *faire l'*~ den Dolmetscher spielen 2. *(fig.)* Fürsprecher *m* ; Befürworter *m*.

interpréter 1. interpretieren ; auslegen ; deuten ; erklären ; ~ *un bilan* eine Bilanz auswerten 2. (ver)dolmetschen.

interprofessionnel, le überberuflich ; überfachlich ; branchenübergreifend ; mehrere Berufsgruppen umfassend ; *association f* ~*le* überberuflicher Fachverband *m* ; *foire f* ~*le* Fachmesse *f*.

interrégional, e interregional.

interrogatoire *m* (*jur.*) Verhör *n* ; Vernehmen *n* ; ~ *contradictoire* Kreuzverhör ; *subir un* ~ verhört (vernommen) werden.

interrogeable abfragbar ; ~ *à distance* auf Entfernung abfragbar.

interroger (be)fragen ; *(police)* verhören ; vernehmen ; *(sondage)* befragen ; ~ *un ordinateur* Daten abrufen.

interrompre unterbrechen ; einstellen ; sperren ; *(suspendre)* einstellen ; abbrechen ; *les négociations ont été interrompues sans résultat* die Verhandlungen wurden ergebnislos abgebrochen.

interruption *f* Unterbrechung *f* ; Abbruch *m* ; Einstellung *f* ; Sperre *f* ; Störung *f* ; ~ *de l'exploitation* Betriebsunterbrechung ; ~ *publicitaire* Werbeunterbrechung ; ~ *de séance* Sitzungsunterbrechung ; ~ *du travail* Arbeitsunterbrechung ; *(magasin) ouvert sans* ~ durchgehend geöffnet ; ~ *volontaire de grossesse* (*I.V.G.*) Schwangerschaftsabbruch *m* ; Abtreibung *f*.

intersaison *f* Zwischensaison *f* ; Früh- und Spätjahr *n*.

intersection *f* (*trafic*) Kreuzung *f* ; Kreuzstelle *f* ; *(courbes)* Schnittpunkt *m*.

intersectoriel, le intersektoral.

intersyndicale *f* Gewerkschaftsunion *f*.

intersyndical, e mehrere Gewerkschaften betreffend ; gewerkschaftsübergreifend ; *réunion f* ~*e* übergewerkschaftliche Versammlung *f*.

interurbain *m* (*téléph.*) Fern(melde)amt *n*.

interurbain, e Fern- ; zwischen den Städten ; (*téléph.*) *appel m, communication f* ~(*e*) Ferngespräch *n* ; *service m* ~ Fern(melde)amt *n* ; *trafic m* ~ Fernverkehr *m*.

intervalle *m* Abstand *m* ; Intervall *n* ; Zwischenzeit *f* ; Zwischenraum *m* ; Spannweite *f* ; Entfernung *f* ; (*statist.*) ~ *de confiance* Vertrauensbereich *m* ; Konfidenzbereich *m* ; *à* ~*s réguliers* in regelmäßigen Abständen ; *les trains circulent à 20 minutes d'*~ die Züge fahren im 20-Minuten-Takt.

intervenant *m* 1. (*effets de commerce*) Honorant *m* ; Ehrenakzeptant *m* 2. (*marché*) Akteur *m* ; Teilnehmer *m* ; (*formation*) Bildungsanbieter *m* ; Intervenient *m* ; Referent *m* ; Gastdozent *m*.

intervenir 1. eingreifen ; intervenieren ; einschreiten ; sich einmischen (in) ; ~ *dans un pays* in einem Land intervenieren ; ~ *auprès de qqn en faveur de qqch* bei jdm für etw intervenieren ; (*bourse*) ~ *sur les cours* die Kurse beeinflussen 2. (*concilier*) schlichten ; vermitteln 3. (*jur.*) sich an einem Prozess beteiligen (für jdn) ; einem Prozess beitreten 4. (*se produire*) eintreten ; erfolgen ; *un accord est intervenu* eine Übereinstimmung wurde erzielt 5. (*jouer un rôle*) mitspielen.

intervention *f* 1. Eingriff *m* ; Intervention *f* ; Eingreifen *n* ; Einmischung *f* ; ~ *armée* bewaffnete Intervention ; ~ *de l'État* staatlicher Eingriff ; ~ *sur le marché* Markteingriff 2. (*économie, monnaie*) (*préfixe*) Interventions- ; *cours m d'*~ *obligatoire* verbindlicher Interventionspunkt *m* ; *marge f d'*~ Bandbreite *f* (der Interventionspunkte) ; *point m d'*~ Interventionspunkt *m* ; *prix m dérivé, unique d'*~ abgeleiteter, einziger Interventionspreis *m* ; *organisme m d'*~ Interventionsstelle *f* ; *seuil m d'*~ Interventionspunkt *m* ; (*E.U.*) *stocks d'*~ Interventionsbestände *mpl* ; *taux-pivot m d'*~ *supérieur, inférieur* obere, untere Interventionsgrenze 3. (*bourse*) Stützaktion *f* 4. (*jur.*) Beteiligung *f* an einem anhängigen Prozess ; Intervention *f* 5. (*effet de commerce*) acceptation *f par* ~ Ehrenannahme *f* ; Ehrenakzept *n* ; *paiement m par* ~ Ehrenzahlung *f* 6. (*conciliation*) Schlichtung *f* ; Vermittlung *f*.

interventionnisme *m* Interventionismus *m* ; staatliches Eingreifen *n* in die Privatwirtschaft.

interventionniste *m* Anhänger *m* des Interventionismus.

interventionniste interventionistisch ; eingreifend.

interversion *f* Umstellung *f* ; Vertauschung *f* ; ~ *de titre* Änderung *f* einer Eigentumsurkunde.

interview *f* Interview *n* ; Befragung *f* ; ~ *d'embauche* Einstellungsgespräch *n* ; ~ *de groupe, en profondeur* Gruppen-, Tiefeninterview ; *enquête f par* ~ Erhebung *f* durch persönliche Befragung ; *donner une* ~ ein Interview geben (gewähren).

interviewé *m* befragte (interviewte) Person *f* ; Befragte(r).

interviewer interviewen ; befragen.

interviewer *m* Interviewer *m*.

intestat *m* (*jur.*) Erblasser *m*, der kein Testament hinterlässt ; *décédé sans* ~ ohne letztwillige Verfügung verstorben.

intimation *f* **1.** (*jur.*) gerichtliche Ankündigung *f* ; Aufforderung *f* **2.** (*jur.*) Vorladung *f* ; Ladung *f*.

intimé *m* (*jur.*) Berufungsbeklagte(r) ; Appellat *m*.

intimer 1. ~ *l'ordre à qqn* jdm den Befehl erteilen **2.** (*jur.*) gerichtlich ankündigen ; mitteilen **3.** (*jur.*) vorladen.

intimidation *f* **1.** Einschüchterung *f* **2.** Abschreckung *f*.

intimider 1. einschüchtern ; jdm Furcht einflößen **2.** (Gegner) abschrecken.

intitulé *m* **1.** Überschrift *f* ; Titel *m* ; Bezeichnung *f* ; Aufschrift *f* ; Benennung *f* ; ~ *du compte* Kontobezeichnung **2.** (*jur.*) Eingangsformel *f* ; Rubrum *n*.

intituler betiteln ; mit einer Überschrift versehen ; überschreiben.

intracommunautaire (*préfixe*) EU- ; Binnen- ; innerhalb der EU ; innergemeinschaftlich ; *commerce m* ~ innergemeinschaftlicher Handel *m* ; EU-Binnenhandel.

intramarginal, e (*hist.*) *intervention f ~e* Intervention *f* innerhalb der Bandbreiten ; → *S.M.E.*

intra muros innerhalb von Paris.

Intranet *m* Intranet *n* ; internes Betriebsnetz *n*.

intransigeance *f* Unnachgiebigkeit *f* ; Starrsinn *m* ; Kompromisslosigkeit *f*.

intransigeant, e unnachgiebig ; starrsinnig ; kompromisslos.

intransmissibilité *f* Nichtübertragbarkeit *f*.

intransmissible nicht übertragbar.

intrants *mpl* Inputs *pl* ; im Produktionsprozess eingesetzte Produktionsmittel *npl*, Rohstoffe *mpl*, Produkte *npl*.

intrasectoriel, le innersektoral.

intrinsèque innewohnend ; wesentlich ; *valeur f* ~ Sachwert *m* ; Substanzwert *m*.

introductif, ive einleitend ; Einführungs- ; *rapport m* ~ Einführungsbericht *m* ; (*jur.*) ~ *d'instance* den Prozess einleitend.

introduction *f* **1.** Einführung *f* ; Einführen *n* ; ~ *à la* (*en*) *bourse* Börsengang *m* ; Gang *m* an die Börse ; Börseneinführung ; ~ *d'une demande* Einreichung *f* eines Antrags ; Antragstellung *f* ; ~ *d'un produit sur le marché* Einführung einer Ware auf dem Markt **2.** (*jur.*) ~ *d'instance* Klageerhebung *f*.

introduire 1. einführen ; ~ *à la* (*en*) *bourse* an der Börse einführen ; ~ *en fraude* einschmuggeln ; ~ *des innovations* Innovationen (Neuerungen) einführen ; ~ *sur le marché* auf den Markt bringen ; *être introduit en bourse* an die Börse gehen ; an der Börse eingeführt werden **2.** (*jur.*) ~ *une action* eine Klage erheben ; ~ *une action en dommages-intérêts* eine Schaden(s)ersatzklage erheben **3.** (*informatique*) eingeben ; eintippen ; einspeisen ; einfüttern ; ~ *des données* Daten eingeben.

introuvable (*marchandise*) nicht zu finden ; nicht aufzutreiben(d) ; *destinataire m* ~ unzustellbar.

inusable unverwüstlich ; verschleißfest.

inutile nutzlos ; überflüssig ; unnütz ; *rayer la mention* ~ Nichtzutreffendes streichen.

inutilisable unbrauchbar ; unbenutzbar.

inutilisé, e unbenutzt ; ungebraucht ; *capital m* ~ ruhendes (totes, brachliegendes) Kapital *n*.

invalidation *f* (*jur.*) Nichtigkeitserklärung *f* ; Nichtigerklärung ; Ungültigkeitserklärung ; Unwirksamkeit *f* ; (*fig.*) Annullierung *f* ; Aufhebung *f* ; Rückgängigmachung *f* ; Widerruf *m* ; ~ *d'un contrat* Ungültigkeitserklärung eines Vertrags ; *prononcer l'*~ für ungültig erklären.

invalide *m* Invalide *m* ; Arbeitsunfähige(r) ; Erwerbsunfähige(r) ; Dienstuntaugliche(r) ; ~ *de guerre* Kriegsversehrte(r) ; ~ *du travail* Arbeitsunfähige(r) ; Dienstuntaugliche(r).

invalide 1. invalid(e) ; arbeits-, erwerbs-, berufsunfähig ; dienstuntauglich ; *être ~ à 40 %* 40 % erwerbsgemindert sein **2.** (*non valable*) nichtig ; rechtsungültig.

invalider für ungültig erklären ; für null und nichtig (kraftlos) erklären ; (*fig.*) annullieren ; aufheben ; rückgängig machen ; widerrufen.

invalidité *f* **1.** Invalidität *f* ; Arbeits-, Erwerbs-, Berufsunfähigkeit *f* ; Dienstuntauglichkeit *f* ; Erwerbsminderung *f* ; ~ *définitive* endgültige Arbeitsunfähigkeit ; Dauerinvalidität ; dauerhafte Erwerbsminderung ; ~ *partielle* Teilinvalidität ; ~ *permanente* dauerhafte Erwerbsminderung *f* ; ~ *prolongée* fortdauernde Invalidität ; ~ *à la suite d'un accident de/du travail* Invalidität infolge eines Arbeitsunfalls ; ~ *totale* Vollinvalidität ; volle Erwerbsminderung ; ◆◆ *assurance f ~* Invaliditäts-, Invalidenversicherung *f* ; *degré m d'~* Erwerbsunfähigkeits-, Erwerbsminderungsgrad *m* ; *pension f d'~* Invaliditäts-, Invalidenrente *f* ; Erwerbsminderungsrente **2.** Ungültigkeit *f* ; Nichtigkeit *f* ; Kraftlosigkeit *f* ; Hinfälligkeit *f* ; ~ *de contrat* Vertragsungültigkeit.

invariable unveränderlich ; beständig ; *grandeur f ~* unveränderliche Größe.

invendable unverkäuflich ; unabsetzbar.

invendu *m* unverkaufte Ware *f* ; unverkaufter Artikel *m* ; Restposten *m* ; (*fam.*) Ladenhüter *m* ; *taux m d'~s* Restposten-Anteil *m* ; (*édition, livres*) *~s pour malfaçon* Remittenden *fpl*.

inventaire *m* **1.** (*état des biens d'une entreprise, d'une succession*) Inventar *n* ; Inventar-, Bestandsverzeichnis *n* ; Inventarliste *f* ; Verzeichnis ; Aufstellung *f* ; ◆ *~ des biens* Vermögensverzeichnis ; Vermögenserfassung *f* ; *~ comptable* Buchinventar *n* ; *~ de la faillite* Konkurstabelle *f* ; *~ de la fortune* Vermögensaufstellung ; *~ intermédiaire* Zwischeninventar ; *~ matériel* (*physique*) körperliche Inventur *f* ; *~ mobilier* Mobiliarverzeichnis ; *~ de la succession* Nachlassverzeichnis ; ◆◆ *déperdition f d'~* Inventarverlust *m* ; *différence f d'~* Inventardifferenz *f* ; *établissement m d'~* Inventaraufnahme *f* ; Inventarisation *f* ; Bestandsaufnahme des Inventars ; *jour m de l'~* Inventarstichtag *m* ; *objet m d'~* Inventargegenstand *m* ; *perte f d'~* → *déperdition* ; *relevé m d'~* Inventarverzeichnis ; (*sucession*) *sous bénéfice d'~* Annahme *f* (einer Erbschaft) unter Vorbehalt der Inventarerrichtung ; *valeur f d'~* Inventarwert *m* ; ◆◆◆ *dresser un ~* ein Inventar aufstellen (erstellen) ; eine Bestandsaufnahme machen ; inventarisieren **2.** (*opération commerciale*) Inventur *f* ; Bestandsaufnahme *f* ; ~ *intermittent, permanent* periodische, laufende Inventur ; ~ *commercial* Geschäftsinventur ; ~ *comptable* buchmäßige Inventur ; ~ *de fin d'année* Jahresinventur ; *fermé pour cause d'~* wegen Inventur geschlossen ; *liquidation f totale après ~* Inventur(aus)verkauf *m* ; *soldes mpl après ~* Inventurausverkauf *m* ; *vérification f de l'~* Inventurprüfung *f* ; *faire l'~* Inventur machen.

inventer erfinden.

inventeur *m* **1.** Erfinder *m* ; *désignation f, mention f du premier ~* Ernennung *f* des Erfinders ; *principe m du premier ~* Erfindungsprinzip *n* ; *obtenir un certificat d'~* einen Erfinderschein (Erfindungsschein) erlangen **2.** Finder *m* (einer verlorenen Sache) ; Entdecker *m* einer herrenlosen Sache ; *récompense f à l'~* Finderlohn *m*.

invention *f* **1.** Erfindung *f* ; ~ *brevetable, brevetée* patentfähige, patentgeschützte (patentierte) Erfindung ; *brevet m d'~* Patent *n* ; Erfinder-, Erfindungspatent ; *droit m d'~* Erfinderrecht *n* ; *exploitation f d'une ~* Auswertung *f* einer Erfindung ; *exploiter* (*utiliser*) *une ~* eine Erfindung auswerten **2.** Fund *m* einer verlorenen Sache ; Auffindung *f* ; Entdeckung *f*.

inventivité *f* Erfindungsreichtum *m*.

inventorier 1. inventarisieren ; das Inventar aufstellen ; eine Aufstellung über etw (A) machen **2.** Inventur machen.

inversement proportionnel à im umgekehrten Verhältnis zu.

inverser umkehren ; zurückdrehen ; ~ *une tendance déficitaire* einer defizitären Tendenz entgegenwirken.

investigation *f* Untersuchung *f* ; (Nach)Forschung *f* ; Investigation *f* ; ~ *judiciaire* gerichtliche Untersuchung *f* ; *méthode f d'~* Untersuchungsmethode *f* ; *se livrer à des ~s* ausforschen ; ausfragen ; Nachforschungen anstellen.

investir 1. investieren (in) ; anlegen (in) ; *(fam.)* stecken (in) ; ~ *ses capitaux en actions, en obligations* sein Kapital in Aktien, Obligationen investieren (anlegen) ; ~ *des capitaux dans une entreprise* Kapital in einen (einem) Betrieb investieren ; Gelder in einem Unternehmen anlegen ; *propension f à* ~ Investitionslust *f,* -bereitschaft *f,* -neigung *f* ; ~ *à court, à moyen, à long terme* kurz-, mittel-, langfristig anlegen **2.** ~ *qqn d'une charge* jdn in ein Amt einsetzen **3.** ~ *qqn de pouvoirs* jdm Befugnisse übertragen **4.** ~ *qqn d'un droit* jdm ein Recht verleihen ; *investi des pleins pouvoirs* bevollmächtigt.

investissement *m* Investition *f* ; Anlage *f* ; Kapitalanlage ; Investieren *n* ; Investierung *f* ; Investitionsgelder *npl* ; Anlagegelder *npl* ; Vermögensanlage *f* ; ◆ ~ *de biens* Vermögensanlage ; ~ *en biens corporels* Sachinvestition ; ~ *en biens d'équipement* Ausrüstungsinvestition ; *~s bruts, nets* Brutto-, Nettoinvestitionen ; ~ *à court terme* kurzfristige Investition (Anlage) ; ~ *de capital (capitaux)* Kapitalanlage, -investition ; ~ *d'équipement* Anlage-, Ausrüstungsinvestition ; *~s à l'étranger* Auslandsinvestitionen ; *~s étrangers* ausländische Investitionen ; *~s improductifs* unproduktive Investitionen ; *~s industriels* Industrieinvestitionen ; *~s innovants* innovative Investitionen ; *~s institutionnels* Investitionen institutioneller Großanleger ; ~ *de portefeuille* Portfolio-Investition ; *~s privés, publics* private, öffentliche Investitionen ; *~s productifs* produktive (arbeitsschaffende, beschäftigungsfördernde) Investitionen ; ~ *en stocks* Lagerinvestition ; ~ *de substitution (de remplacement)* Ersatzinvestition ; ◆◆ *activité f des ~s* Investitionstätigkeit *f* ; *aide f à l'~* Investitionshilfe *f,* -förderung *f* ; *banque f d'~* Investitions-, Anlagebank *f* ; *biens mpl d'~* Investitionsgüter *npl* ; *certificat m de société financière d'~* Investmentzertifikat *n,* -anteil *m* ; *club m d'~* Investmentclub *m,* -klub *m* ; *crédit m d'~* Anlage-, Investitionskredit *m* ; *dépenses fpl d'~* Investitionsausgaben *fpl,* -aufwand *m* ; *étude f prévisionnelle des ~s* Investitionsplanung *f* ; *financement m d'~s* Investitionsfinanzierung *f* ; *fonds m d'~* Anlagefonds *m* ; Anlagegelder *npl* ; *industrie f des biens d'~* Investitionsgüterindustrie *f* ; *orientation f des ~s* Investitionslenkung *f* ; *politique f (en matière) d'~* Anlage-, Investitionspolitik *f* ; *programme m d'~s* Investitionsprogramm *n* ; *progression f des ~s* starke Investitionstätigkeit *f* ; Investitionsschub *m* ; *propension f à l'~* Investitionsneigung *f,* -lust *f,* -bereitschaft *f* ; *relance f des ~s* Investitionsankurbelung *f* ; *société f d'~s* Investitionsgesellschaft *f* ; Kapitalanlagegesellschaft ; Finanzierungs-, Anlage-, Investmentgesellschaft ; *société f d'~ à capital fixe, variable* geschlossener Fonds, Investmentfonds ; *(bourse) valeurs fpl d'~* Anlagewerte *mpl* ; *volume m des ~s* Investitionsvolumen *n* ; ◆◆◆ *amortir un ~ sur cinq ans* eine Investition über fünf Jahre abschreiben ; *effectuer des ~s* Investitionen tätigen ; *encourager les ~s* die Investitionen fördern ; *faire des ~s* Investitionen vornehmen (machen) ; *financer les ~s* die Investitionen (Anlagen) finanzieren ; *opérer un ~ de...* eine Investition in Höhe von... vornehmen ; *les investissements ont progressé, reculé de...* die Investitionen sind um... gestiegen, zurückgegangen.

investisseur *m* Investor *m* ; Anleger *m* ; Geldanleger *m* ; ~ *financier* Kapitalanleger, -investor ; ~ *épargnant* Investmentsparer *m* ; *grand ~* Großanleger *m* ; *~s institutionnels (fam. zinzins)* institutionelle (Groß)Anleger *mpl* ; ~ *privé* Privatanleger *m* ; Privatinvestor *m* ; ~ *traditionnel* traditioneller Anleger (Investor).

investiture *f* Investitur *f* ; Einsetzung *f* (in ein Amt) ; Nominierung *f* ; Bestallung *f* ; ~ *d'un candidat* Aufstellung *f* eines Kandidaten (zur Wahl) ; *solliciter l'~ d'un parti politique* sich um eine Nominierung durch die Partei bewerben.

inviolabilité *f* Unverletzlichkeit *f* ; Unantastbarkeit *f* ; ~ *du domicile* Unverletzlichkeit der Wohnung.

inviolable unverletzlich ; unantastbar ; *code m ~* unknackbarer Kode *m.*

invisible : *exportations, importations fpl ~s* unsichtbare Ausfuhren, Einfuhren *fpl.*

invisibles *mpl (importation et exportation de services)* unsichtbare Einfuhren und Ausfuhren *fpl* ; *balance f des ~* Bilanz *f* der unsichtbaren Dienstleistungen ; Dienstleistungsbilanz *f* ; *revenus mpl des ~s* unsichtbare Einkünfte *fpl.*

invitation *f* 1. Einladung *f* ; Einladungsschreiben *n* ; *carte f d'~* Einladungskarte *f* 2. (*jur.*) Aufforderung *f* ; Mahnung *f* ; Ladung *f* ; *~ à souscrire* Zeichnungsaufforderung ; *~ à payer* Zahlungsaufforderung ; *~ à soumissionner* Aufforderung zur Angebotsabgabe.

inviter 1. einladen 2. (*jur.*) auffordern ; laden ; ersuchen ; mahnen ; *~ à payer* zur Zahlung auffordern.

involontaire unabsichtlich ; ungewollt ; nicht vorsätzlich ; (*jur.*) *homicide m ~* fahrlässige Tötung *f.*

invoquer sich berufen (auf) ; sich stützen (auf) ; heranziehen ; geltend machen ; *~ un argument* ein Argument anführen ; *~ le paragraphe ... du code du commerce* den Paragraphen ... des Handelsgesetzbuchs heranziehen ; *~ un prétexte* einen Vorwand benutzen.

ionisation *f* (*agro-alimentaire*) Lebensmittelbestrahlung *f.*

I.P.C. *m* (*indice des prix à la consommation*) Verbraucherpreisindex *m.*

ipso facto ipso facto ; durch die Tat selbst ; von selbst.

I.R. → *impôt sur le revenu.*

I.R.P.P. (*impôt sur le revenu des personnes physiques*) (veranlagte) Einkommen(s)steuer *f.*

irradiation *f* Strahlenbelastung *f* ; *dommages mpl dûs à l'~* Strahlenschaden *m*, -schädigung *f* ; *degré m, dose f d'~* Strahlenbelastungsdosis *f.*

irradier radioaktiv verseuchen ; *~é* verstrahlt ; strahlenverseucht ; *décontamination f de bâtiments ~s* Sanierung *f* verstrahlter Gebäude ; *région f ~ée* verstrahltes (verseuchtes) Gebiet.

irréalisable nicht realisierbar ; nicht zu verwirklichen(d).

irréalisé, e nicht verwirklicht ; nicht realisiert.

irréalisme *m* mangelnder Realismus *m.*

irréaliste unrealistisch ; wirklichkeitsfremd.

irrecevabilité *f* (*jur.*) Unzulässigkeit *f.*

irrecevable (*jur.*) unzulässig ; unannehmbar ; *juger qqch ~* etwas für unzulässig erklären ; *rejeter une demande comme ~* eine Klage als unzulässig abweisen.

irrécouvrabilité *f* Nichtbeitreibbarkeit *f* ; Uneinbringlichkeit *f.*

irrécouvrable nicht eintreibbar ; nicht beitreibbar ; uneinbringlich ; *créance f ~* uneinbringliche Forderung *f.*

irrécupérable verloren ; unwiederbringlich ; nicht mehr benutzbar ; (*personne*) nicht resozialisierbar ; *perte f ~* nicht wiedergutzumachender Verlust *m.*

irrécusable (*jur.*) nicht ablehnbar ; *témoin m ~* glaubwürdiger Zeuge *m.*

irréel, le fiktiv ; fingiert ; *dette f ~le* fiktive Schuld *f.*

irréfutable unwiderlegbar.

irrégularité *f* Unregelmäßigkeit *f* ; Irregularität *f* ; Widerrechtlichkeit *f* ; Missstand *m* ; Unstimmigkeit *f* ; Fehler *m* ; Mangel *m* ; Ungesetzlichkeit *f* ; Ordnungswidrigkeit *f* ; *~ en matière de chèque* Scheckbetrug *m* ; *~ de forme* Formfehler ; *~ de procédure* Rechtsirrtum *m.*

irrégulier, ière 1. uneinheitlich ; ungleich ; unregelmäßig 2. ungesetzlich ; ordnungswidrig ; regelwidrig ; illegal ; (*trafic*) *dépassement m ~* verkehrswidriges Überholen *n.*

irremplaçable unersetzbar ; unersetzlich.

irréparable unersetzbar ; *dommage m ~* unersetzbarer Schaden *m.*

irréprochable einwandfrei ; fehlerlos ; tadellos ; makellos ; *marchandise f ~* einwandfreie Ware *f.*

irresponsabilité *f* 1. Nichtverantwortlichkeit *f* 2. (*jur.*) Unzurechnungsfähigkeit *f.*

irresponsable 1. nicht verantwortlich ; verantwortungslos ; *l'~* Verantwortungslose(r) 2. (*jur.*) unzurechnungsfähig ; *l'~* Unzurechnungsfähige(r).

irréversible unumkehrbar ; unabänderlich ; nicht umkehrbar ; irreversibel.

irrévocabilité *f* (*jur.*) Unwiderruflichkeit *f.*

irrévocable (*jur.*) unwiderruflich ; *accréditif m ~* unwiderrufliches Akkreditiv *n.*

irrigation *f* Bewässerung *f* ; *canal m d'~* Bewässerungskanal *m.*

irriguer bewässern.

I.S. *m* (*impôt sur les sociétés*) Körperschaftsteuer *f.*

I.S.B.L. *f* (*institution sans but lucratif*) Gesellschaft *f* (Einrichtung *f*) ohne Erwerbscharakter.

I.S.F. *m* (*impôt sur la fortune*) Vermögensteuer *f* ; Reichensteuer ;

Steuerabgabe *f* für Besserverdienende ; → *I.G.F.*

ISO *f* (*International Organization for Standardization/Organisme international de normalisation*) Internationale Normierungsorganisation *f* ; *certification f ~* ISO-Zertifizierung *f* ; *norme f ~* ISO-Norm *f* ; *être certifié ~* nach der ISO-Norm zertifiziert sein ; *se faire certifier ~* sich nach der ISO-Norm zertifizieren lassen.

isolation *f* Isolierung *f* ; Isolation *f* ; *~ thermique* Wärmeschutz *m*, -dämmung *f.*

isolationnisme *m* (*polit.*) Isolationismus *m.*

isolement *m* (*polit.*) Isolierung *f* ; Isolation *f.*

isoler isolieren.

isoloir *m* (*élection*) Wahlzelle *f* ; Wahlkabine *f.*

isotherme (*préfixe*) Wärmeschutz- ; *camion m ~* Wärmeschutz-LKW *m.*

issu, e abstammend ; hervorgegangen ; *cousins mpl ~s de germains* Vettern *mpl* zweiten Grads.

issue *f* **1.** Ausgang *m* ; Ende *n* ; *~ fatale* tödlicher Ausgang ; *sans ~* aussichtslos ; *~ d'un scrutin* Wahlausgang *m* ; *influer sur l'~ d'un vote* den Wahlausgang beeinflussen **2.** *à l'~ de* am Ende von ; am Schluss von.

itinéraire *m* (Reise)Route *f* ; (Fahr)-Strecke *f* ; (*avion*) Flugstrecke *f.*

itinérant, e Wander- ; *exposition f ~e* Wanderausstellung *f.*

I.U.F.M. *m* (*Institut universitaire de formation des maîtres*) Pädagogische Hochschule *f* (für Grundschullehrer).

I.U.T. *m* (*Institut universitaire de technologie*) (*équivalence approx.*) Fachhochschule *f* (für Technologie).

I.V.G. *f* (*Interruption volontaire de grossesse*) Schwangerschaftsabbruch *m*, -unterbrechung *f* ; Abtreibung *f* ; *remboursement de l'~ par la sécurité sociale* Rückerstattung *f* des Schwangerschaftsabbruchs durch die Krankenkasse.

ivresse *f* Trunkenheit *f* ; betrunkener Zustand *m* ; *~ au volant* Trunkenheit am Steuer ; *retrait m de permis pour conduite en état d'~* Führerscheinentzug *m* wegen Trunkenheit am Steuer.

J K

J : *le jour* ~ der Tag X ; Stichtag *m*.

jachère *f* (*agric.*) Brachliegen *n* ; ~ *industrielle* Industriebrache ; *terre f* (*mise en*) *en* ~ Brachland *n* ; brachliegender Boden ; *être* (*rester*) *en* ~ brachliegen ; *laisser* (*mettre*) *en* ~ brach liegen lassen ; den Boden ruhen lassen.

jackpot *m* Jackpot *m* ; besonders hohe Gewinnquote *f* ; *décrocher le* ~ den Jackpot knacken.

jardinerie *f* Garden-Center *m*.

jargon *m* Jargon *m* ; Chinesisch *n* ; ~ *boursier*, Börsenjargon ; ~ *politique* Parteichinesisch.

jauge *f* **1.** Eichmaß *n* ; Pegel *m* ; ~ *de carburant* Kraftstoffmesser *m* ; *certificat m de* ~ Eichschein *m* **2.** (*navire*) Tonnage *f* ; Tonnengehalt *m* ; ~ *brute, nette* Brutto-, Nettotonnengehalt *m* ; *la* ~ *brute de ce navire est de 9 000 tonneaux* dieses Schiff hat 9 000 Bruttoregistertonnen ; *certificat m de* ~ Schiffsmessbrief *m*.

jaugeage *m* **1.** Messen *n* ; Eichen *n* ; Eichung *f* **2.** (*navire*) Tonnagebestimmung *f*.

jauger 1. messen ; eichen **2.** (*navire*) die Tonnage bestimmen ; ~ *1000 tonneaux* 1000 (Brutto)Registertonnen haben.

jaune *m* (*fam.*) Streikbrecher *m*.

je : (*jur.*) ~ *soussigné, certifie que...* ich, der Unterzeichnete (ich Unterzeichneter) bestätige, dass...

jetable wegwerfbar ; Wegwerf- ; Einweg- ; *produit m* ~ Einwegerzeugnis *n*.

jeter werfen ; ~ *une cargaison à la mer* (*par dessus bord*) eine Ladung über Bord werfen ; (*fam.*) ~ *sur le marché* auf den Markt werfen.

jeton *m* **1.** Marke *f* ; Münze *f* ; Jeton *m* ; ~ *de contrôle* Kontrollmarke ; ~ *de casino* Spielmarke **2.** ~*s de présence* Anwesenheitsvergütung *f* ; Sitzungsgeld *n* ; Diäten *pl*.

jeu *m* **1.** Spiel *n* ; ◆ ~ *d'entreprise* Unternehmensspiel ; *le libre* ~ *de la concurrence* der freie Wettbewerb ; das freie Spiel des Wettbewerbs ; ~*x d'entreprise* Unternehmenspiele ; ◆◆◆ *abattre son* ~ seine Karten aufdecken ; *gagner, perdre au* ~ beim Spiel(en) gewinnen, verlieren ; (*fig.*) *faire le* ~ *de qqn* jdm in die Hände arbeiten ; jds Interessen (unbeabsichtigt) dienen ; *jouer gros* ~ mit hohem Einsatz spielen ; *mener le* ~ Herr der Lage sein ; *mettre en* ~ aufs Spiel setzen ; *perdre tout son argent au* ~ sein Geld verspielen ; sein ganzes Geld beim (im) Spiel verlieren **2.** (*comptab.*) ~ *d'écritures* Buchung *f* ; Umbuchung *f* ; *faire un* ~ *d'écritures* umbuchen **3.** Satz *m* ; Set *n/m* ; Garnitur *f* ; ~ *d'outils* Werkzeugsatz.

jeune jung ; ~ *entrepreneur m* Jungunternehmer *m* ; ~ *génération f* junge Generation *f* ; ~ *loup m* Aufsteiger *m* ; Karrieremacher *m* ; Jungunternehmer *m*.

jeunes *mpl* Jugend *f* ; Jugendliche *pl* ; junge Leute *pl* ; Nachwuchs *m* ; *chômage m des* ~ Jugendarbeitslosigkeit *f* ; *criminalité f des* ~ Jugendkriminalität *f* ; *échange m de* ~ Jugendaustausch *m* ; *former des* ~ Nachwuchs heranbilden ; *place aux* ~ *!* Platz dem Nachwuchs !

jeunesse *f* **1.** Jugend *f* ; Jugendliche *mpl* ; Nachwuchs *m* ; ~ *agricole* Landjugend ; ~ *délinquante* straffällige Jugend **2.** Jugendzeit *f* ; Jugendjahre *npl*.

J.O. *m* (*Journal officiel*) Amtsblatt *n* ; (*Allemagne*) (Bundes)Gesetzblatt ; Amtsblatt ; *publication f d'une loi au* ~ Verkündung *f* eines Gesetzes im Bundesgesetzblatt.

joaillerie *f* **1.** Juwelierkunst *f* ; Juwelierhandwerk *n* **2.** Juweliergeschäft *n* **3.** Juwelen *n/mpl* ; Schmuckwaren *fpl* **4.** Juwelenhandel *m*.

joaillerie-orfèvrerie *f* Juwelier- und Goldwarengeschäft *n*.

joaillier *m* Juwelier *m*.

job *m* (*fam.*) Job *m* ; Beruf *m* ; Arbeit *f* ; Beschäftigung *f* ; Stelle *f*.

joindre 1. verbinden ; vereinigen ; (*fam.*) ~ *les deux bouts* mit seinem Geld gerade so auskommen ; über die Runden kommen ; *avoir du mal à* ~ *les deux bouts* sich kümmerlich durchschlagen ; gerade so über die Runden kommen ; ~ *qqn par téléphone* jdn telefonisch (per Telefon) erreichen ; *où puis-je le* ~ *?* wo kann ich ihn erreichen ? **2.** hinzufügen ; beifügen ; ~ *les intérêts au capital* die Zinsen zum Kapital schlagen ; ~ *aux pièces* den Akten beilegen ; ~ *les pièces nécessaires* die erforderlichen Belege beilegen.

joint, e : *compte m* ~ Gemeinschaftskonto *n* ; gemeinsames Konto ; Und-konto ; *pièce f ~e* (P.J.) Anlage *f* ; Beilage *f* ; *ci-~* anbei ; beiliegend ; (*Autriche*) inliegend.

joint-venture *f* Joint Venture/Joint-venture *n* ; Gemeinschaftsunternehmen *n* ; *créer une ~* ein Gemeinschaftsunternehmen gründen.

jonction *f* Verbindung *f* ; Vereinigung *f* ; *gare f de ~* Anschluss-, Knotenpunktbahnhof *m* ; *point m de ~* Knotenpunkt *m*.

jouer 1. spielen ; *~ à la Bourse* (an der Börse) spekulieren ; *~ à la baisse, à la hausse* auf Baisse, auf Hausse spekulieren 2. *la garantie ~e* die Garantie tritt ein ; *faire ~ une clause contractuelle* eine Vertragsklausel anwenden (zur Anwendung bringen) ; *faire ~ ses relations* seine persönlichen Beziehungen einsetzen 3. *se ~ de qqn* jdn täuschen (betrügen) ; jdn betrügen ; *se ~ des difficultés* Schwierigkeiten meistern ; *se ~ des lois* sich über die Gesetze hinwegsetzen.

jouet *m* Spielzeug *n* ; *foire f du ~* Spielwarenmesse *f* ; *industrie f du ~* Spielzeug-, Spielwarenindustrie *f*.

joueur *m* 1. Spieler *m* 2. (*bourse*) Spekulant *m* ; *~ à la baisse, à la hausse* Baissier *m*, Haussier *m*.

jouir genießen ; besitzen ; im Besitz sein ; profitieren von ; *~ d'une bonne réputation* einen guten Ruf haben ; *~ d'un droit* ein Recht genießen (haben) ; *~ de(s) droits* Rechte haben ; *~ d'une grande fortune* ein großes Vermögen besitzen ; *~ de la protection de la loi* Anspruch auf Rechtsschutz haben ; *~ d'un traitement de faveur* bevorzugt behandelt werden ; *~ de l'usufruit* die Nutznießung haben.

jouissance *f* 1. Nutzung *f* ; Genuss *m* ; Nutzungsrecht *n* ; Nutznießung *f* ; Gebrauchs- und Nutzungsrecht *m* ; ◆ *~ commune* gemeinschaftliche Nutzung ; *~ complète* Vollgenuss ; *~ d'un droit* Genuss eines Rechtes ; *~ des fruits d'une chose* Fruchtgenuss ; Fruchtziehung *f* ; *~ légale* elterliche Nutznießung ; *~ d'un logement* Nutzung einer Wohnung ; *~ d'une pension* Bezug *m* einer Rente ; *~ usufruitière* Nießbrauch *m* ; ◆◆ *droit m de ~* Nutzungsrecht *n* ; Nutznießungsrecht *n* ; (*logement*) *entrée f en ~* Besitznahme *f* ; (*finances*) Anspruchsbeginn *m* ; *perte f de ~* Nutzungsausfall *m* ; ◆◆◆ *avoir la ~ de qqch* die Nutzung von etw haben ; *avoir la ~ d'un droit* ein Recht genießen (besitzen) ; *entrer en ~ de qqch* in den Genuss einer Sache kommen ; *obtenir la ~ de qqch* etw zur Nutzung bekommen 2. (*bourse*) Dividendenanspruch *m* ; Zinsgenuss, -termin *m* ; *action f de ~* Genussaktie *f* ; zinstragende Aktie *f* ; *bon m de ~* Genussschein *m*.

jour *m* Tag *m* ; ◆ (*mines*) *au ~* über Tage ; (*jur.*) *~ d'audience* Audienztag ; Verhandlungstag ; Gerichtstermin *m* ; *~ de banque* Geschäftstag ; *~ de bourse* Börsentag ; *~ calendrier* Kalendertag ; *~ chômé* arbeitsfreier Tag ; Ruhetag ; Feiertag ; *~ de congé* Urlaubstag ; *~ de départ, d'arrivée* Abreise-, Ankunftstag ; *~ d'échéance* Fälligkeitstag ; Verfall(s)tag ; *~ d'émission* Ausgabetag ; *~ férié (légal)* (gesetzlicher) Feiertag ; (*magasin*) *~ de fermeture* Ruhetag ; *le ~ fixé (par une administration)* am Stichtag ; *~ franc* voller Tag ; Frist *f* von 24 Stunden ; (*traite*) *~ de grâce* Respekttag ; *~ J* Tag X ; Stichtag ; (*bourse*) *~ de liquidation* Liquidationstag ; *~ de livraison* Lieferungstag ; *~ de marché* Markttag ; *~(s) ouvrable(s)* Arbeits-, Werktag ; Geschäftstage ; *~ de paie* Zahltag ; Lohnzahlungstag ; *~ de paiement* Zahlungstag, -termin *m* ; (*bourse*) *~ de place* Börsentag ; *~ du protêt* Tag der Protesterhebung ; *~ du recensement* Stichtag der Zählung ; *~ de référence* Stichtag ; *~ de repos* Ruhetag ; *~ de semaine, de travail* Wochen-, Arbeitstag ; (*loterie*) *~ du tirage* Ziehungstag ; *~ de valeur* (*banque*) Wertstellung *f* ; ◆◆ *argent m au ~ le ~* Tagesgeld *n* ; tägliches Geld *n* ; Sichteinlage *f* ; täglich fällige (kündbare) Einlage ; *cours m du ~* Tageskurs *m* ; *dépôts mpl au ~ le ~* Tageseinlagen *fpl* ; *intérêts mpl au ~ le ~* Tageszinsen *mpl* ; *quinze ~s* vierzehn Tage ; ◆◆◆ *être inscrit à l'ordre du ~* auf der Tagesordnung stehen ; *mettre à ~* auf den neuesten Stand bringen ; aktualisieren ; *tenir à ~* laufend ergänzen ; *vivre au ~ le ~* in den Tag hineinleben ; (*projet*) *voir le ~* entstehen ; zustande (zu Stande) kommen ; geschaffen werden.

journal *m*	1. *presse* 2. *comptabilité* 3. *journal de voyage*

1. *(presse)* Zeitung *f* ; Blatt *n* ; *(local)* « Anzeiger » *m* ; ◆ ~ *d'annonces gratuit* Gratisanzeiger ; ~ *de la bourse* Börsenzeitung, -blatt ; ~ *clandestin* Untergrundzeitung ; ~ *commercial* Handelsblatt ; ~ *conservateur* konservative Zeitung ; ~ *du dimanche* Sonntagsblatt ; ~ *économique* Wirtschaftszeitung, -blatt ; ~ *d'entreprise* Werks-, Firmenzeitung ; ~ *financier* Finanzblatt ; ~ *hebdomadaire* Wochenblatt ; wöchentlich erscheinende Zeitung ; ~ *d'information* Nachrichten-, Informationsblatt ; ~ *lumineux* Laufschrift *f* ; ~ *officiel* Amtsblatt ; *(Allemagne)* Bundesgesetzblatt ; ~ *parlé* (Rundfunk)Nachrichten *fpl* ; ~ *populaire* Boulevardzeitung ; ~ *professionnel* Fachzeitung, -blatt ; ~ *publicitaire* Werbeblatt ; ~ *télévisé* (Fernseh)Nachrichten *fpl* ; *(Allemagne)* Tagesschau *f* ; ◆◆ *abonnement m à un* ~ Zeitungsabonnement *n* ; *annonce f dans un* ~ Zeitungsinserat *n* ; *correspondant m d'un* ~ Berichterstatter *m* für eine Zeitung ; Zeitungskorrespondent *m* ; *éditorial m d'un* ~ Leitartikel *m* einer Zeitung ; *publicité f par les journaux* Anzeigenwerbung *f* ; *tirage m d'un* ~ Zeitungsauflage *f* ; ◆◆◆ *s'abonner à un* ~ eine Zeitung abonnieren ; *être abonné à un* ~ auf eine Zeitung abonniert sein ; eine Zeitung beziehen ; *lire dans un* ~ in der Zeitung lesen ; *insérer (mettre) une annonce dans un* ~ eine Anzeige in eine Zeitung setzen.
2. *(comptabilité)* *(livre m)* ~ Journal *n* ; ~ *auxiliaire* Hilfsjournal ; ~ *grand livre* Journal und Hauptbuch *n* ; ~ *de caisse* Kassenbuch *n*, -journal ; ~ *de paie* Lohn- und Gehaltsliste *f*.
3. *(journal de voyage)* Tagebuch *n* ; Reisetagebuch.
journalier *m* Tagelöhner *m* ; Hilfsarbeiter *m* ; Gelegenheitsarbeiter *m*.
journalier, ière täglich ; Tages- ; *extrait de compte m* ~ Tageskontoauszug *m* ; *production f* ~*ière* Tagesproduktion *f*, -ausstoß *m* ; *travail m* ~ tägliche Arbeit *f*.
journalisme *m* Journalismus *m* ; Publizistik *f* ; Zeitungswesen *n* ; ~ *d'investigation* investigativer Journalismus ; *faire du* ~ sich publizistisch betätigen ; (Artikel) für Zeitungen schreiben.
journaliste *m* Journalist *m* ; Berichterstatter *m* ; ~ *économique, financier* Wirtschafts-, Finanzjournalist.

journée *f* **1.** Tag *m* ; ~ *d'action* Aktionstag ; ~ *d'action des chômeurs* Arbeitslosen-Aktionstag ; ~ *continue* durchgehende Öffnung *f* ; ~ *électorale* Wahltag ; ~ *de voyage* Reisetag **2.** Arbeitstag ; Tagesarbeit *f* ; Tag(e)werk *n* ; *(mines)* Schicht *f* ; ◆ ~ *chômée* arbeitsfreier Tag ; Feierschicht *f* ; Ruhetag ; ~ *continue* durchgehende Arbeitszeit ; Arbeitstag mit kurzer Mittagspause ; ~ *d'études* Studientagung *f* ; ~ *de grève* Streiktag ; ~ *non payée* Karenztag ; ~ *perdue* Ausfalltag ; ~ *de repos* Ruhetag ; ~ *de travail* Arbeitstag ; ◆◆ *durée f légale de la* ~ gesetzliche Arbeitszeit *f* ; *femme f de* ~ **a)** Tag(e)löhnerin *f* **b)** Putzfrau *f* ; *homme m de* ~ Tag(e)löhner *m* ; ◆◆◆ *avoir (faire) la* ~ *continue* durcharbeiten ; *faire des* ~*s de huit heures* acht Stunden pro Tag arbeiten ; *travailler à la* ~ im Tag(e)lohn arbeiten ; als Tag(e)löhner arbeiten ; *les magasins font la* ~ *continue* die Geschäfte sind durchgehend geöffnet ; → *jour*.
jubilé *m* fünfzigjähriges Jubiläum *n*.
judiciaire gerichtlich ; richterlich ; auf dem Rechtsweg ; Gerichts- ; Rechts- ; Justiz- ; *acte m* ~ gerichtliche Urkunde *f* ; Gerichtsurkunde *f* ; *adjudication f* ~ Zwangsversteigerung *f* ; *administration f* ~ Justizbehörde *f* ; Justizverwaltung *f* ; *affaire f* ~ gerichtliches Verfahren *n* ; *casier m* ~ Strafregister *n* ; Vorstrafenregister ; *compétence f* ~ Gerichtszuständigkeit *f* ; Gerichtsstand *m* ; *conseil m* ~ Vormund *m* ; *enquête f* ~ gerichtliche Untersuchung *f* ; *erreur f* ~ Justizirrtum *m* ; *formes fpl* ~*s* Prozessformen *fpl* ; *hypothèque f, liquidation f* ~ Zwangshypothek *f*, -liquidation *f* ; *police f* ~ *(P.J.)* Kriminalpolizei *f* ; Kripo *f* ; *pouvoir m* ~ richterliche (rechtsprechende) Gewalt *f* ; Judikative *f* ; *procédure f* ~ Gerichtsverfahren *n* ; gerichtlich angeordnetes Verfahren *n* ; *vente f* ~ Zwangsversteigerung *f* ; öffentliche gerichtliche Versteigerung ; gerichtlich angeordneter Verkauf *m* ; *par voie* ~ auf dem Rechtsweg(e) ; *demander l'aide* ~ Prozesskostenhilfe *(arch.* das Armenrecht*)* beanspruchen ; *demander une expertise* ~ einen Sachverständigen heranziehen.
judiciarisation *f* (langwieriges) Prozessverfahren *n* ; (permanentes) Prozessieren *n*.

juge *m* Richter *m* ; ~ (*des tribunaux*) *administratif(s)* Verwaltungsrichter ; ~ *d'appel* Berufungsrichter ; ~ *arbitre* Schiedsrichter ; ~ (*au*) *civil* Richter in Zivilsachen ; ~ *d'un concours* Preisrichter ; ~ *consulaire* (*du tribunal de commerce*) Handelsrichter ; ~ *de correctionnelle* Richter einer Strafkammer ; ~ *de la cour d'assises* Richter beim Schwurgericht ; ~ *de la faillite* (*commissaire*) Konkursrichter ; ~ *d'instruction* Untersuchungsrichter ; ~ *de paix* Friedensrichter ; Amtsrichter ; ~ *de première instance* Amtsrichter ; ~ *au tribunal d'instance, de grande instance* Amts-, Landgerichtsrat *m* ; ~ *des tutelles* Vormundschaftsrichter.

jugé (au) : ~ *estimation f* ~ nach Augenmaß ; *estimer qqch* ~ etwas über den Daumen peilen ; etwas nach Augenmaß abschätzen.

jugement *m* **1.** (*jur.*) Urteil *n* ; (Urteils)Spruch *m* ; richterliche Entscheidung *f* ; Richterspruch *m* ; ◆ ~ *d'acquittement* Freispruch *m* ; ~ *d'annulation* Aufhebungsurteil ; ~ *arbitral* Schiedsspruch *m* ; ~ *civil* Urteil im Zivilprozess ; ~ *par contumace* Urteil in Abwesenheit des Angeklagten ; Abwesenheitsurteil ; ~ *criminel* Strafurteil ; ~ *par défaut* Versäumnisurteil ; ~ *de faillite* Konkurseröffnungsbeschluss *m* ; ~ *final* Endurteil ; ~ *en premier, en dernier ressort* Urteil in erster, in letzter Instanz ; ~ *du tribunal* Gerichtsurteil ; gerichtliches Urteil ; ◆◆◆ *annuler un* ~ ein Urteil aufheben ; *attaquer un* ~ ein Urteil anfechten ; *obtenir un* ~ ein Urteil erwirken ; *porter un* ~ *sur qqn, qqch* über jdn, etw ein Urteil abgeben (fällen) ; *prononcer un* ~ ein Urteil verkünden ; *rendre un* ~ ein Urteil fällen (abgeben) **2.** (*point de vue*) Beurteilung *f* ; Ansicht *f* ; Standpunkt *m*.

juger 1. (*jur.*) entscheiden ; urteilen ; ein Urteil fällen ; ~ *une affaire* in einer Sache entscheiden ; über eine Sache urteilen ; ~ *à huis clos* unter Ausschluss der Öffentlichkeit entscheiden ; ~ *sur pièces* auf Grund der Akten urteilen ; nach Aktenlage entscheiden ; *chose f ~ée* abgeurteilte Sache *f* ; *autorité f* (*force f de la chose*) *~ée* Rechtskraft *f* ; Urteilskraft *f* ; *acquérir force de la chose ~ée* Rechtskraft erlangen ; rechtskräftig werden ; ~ *sur pièces* auf Grund der Akten entscheiden **2.** beurteilen ; (ab)schätzen ; ~ *apte* für fähig erachten ; ~ *qqch bon* etw für gut halten ; etw für richtig erachten.

juguler unter Kontrolle bringen ; eindämmen ; drosseln ; meistern ; ~ *le chômage, l'inflation* die Arbeitslosigkeit, die Inflation eindämmen.

juilletiste *m* (*tourisme*) Juli-Urlauber *m*.

jumbo-jet *m* Jumbo-Jet *m* ; Jumbo *m*.

jumelage *m* **1.** Verbindung *f* ; Kopp(e)lung *f* **2.** (*villes*) Partnerschaft *f* ; ~ *de villes* Städtepartnerschaft ; Partnerstädte *fpl* ; Patenstädte ; Verschwisterung *f* von Städten.

jumelé, e 1. Zwillings- ; gekoppelt ; *affaire f ~e* Kopp(e)lungsgeschäft *n* **2.** *ville ~e* Partnerstadt *f* ; (*ville*) *~e avec* verschwistert mit.

junior 1. Junioren- ; *~-entreprise f* Juniorfirma *f* ; Übungsfirma *f* ; von Anfängern, Studenten geleitetes Unternehmen *n* ; *catégorie f* ~ Juniorenklasse *f* **2.** *Durand* ~ **a)** (*fils*) Durand junior **b)** (*frère*) der jüngere Durand.

junk bond *m* (*bourse*) Junkbond *m* ; faule Aktie *f* ; minderwertiges Papier *n* ; spekulative Anleihe *f* ; Spekulationspapier *n*.

juré *m* (*jur.*) Geschworene(r) ; Schöffe *m* ; Laienrichter *m*.

juré, e vereidigt ; beeidigt ; *expert m* ~ vereidigte(r) Sachverständige(r) ; vereidigter Experte *m*.

jurer schwören ; beeiden.

juridiction *f* **1.** Gerichtsbarkeit *f* ; Rechtsprechung *f* ; Rechtspflege *f* ; Jurisdiktion *f* ; ~ *administrative, commerciale, pénale* Verwaltungs-, Handels-, Strafgerichtsbarkeit ; ~ *civile* (*ordinaire, de droit commun*) ordentliche Gerichtsbarkeit ; Zivilgerichtsbarkeit ; ~ *prud'homale* Arbeitsgerichtsbarkeit **2.** Gericht *n* ; Instanz *f* ; ~ *d'appel* Berufungsgericht, -instanz ; *avoir recours à la* ~ *supérieure* die höhere Instanz anrufen.

juridictionnel, le richterlich ; Gerichts- ; *compétence f ~le* Gerichtshoheit *f* ; Gerichtsbarkeit *f* ; Rechtsprechungsgewalt *f* ; *pouvoir m* ~ richterliche Gewalt *f*.

juridique 1. juristisch ; rechtlich ; Rechts- ; *assistance f* ~ Rechtshilfe *f* ; *conseil m* ~ Rechtsberater *m* ; *existence f* ~ rechtlicher Bestand *m* ; *forme f* ~

jurisconsulte

Rechtsform *f* ; *personne f* ~ Rechtsperson *f* ; *représentant m* ~ Rechtsvertreter *m* ; *statut m* ~ rechtlicher Status *m* ; Rechtsstellung *f* **2.** gerichtlich ; *action f* ~ gerichtliche Klage *f* ; Klage vor Gericht.
jurisconsulte *m* Rechtsberater *m* ; Jurist *m* ; Rechtsgutachter *m*.
jurisprudence *f* Jurisprudenz *f* ; Rechtswissenschaft *f* ; Rechtsprechung *f* ; Gerichtspraxis *f* ; *cas m de* ~ Präzedenzfall *m* ; *faire* ~ einen Präzedenzfall darstellen ; zum Präzedenzfall werden.
jurisprudentiel, le Rechtsprechungs- ; *précédent m* ~ Präzedenzfall *m*.
juriste *m* Jurist *m*.
jury *m* **1.** (*jur.*) (die) Geschworene(n) *pl* ; Geschworenenbank *f* ; Schöffen *mpl* **2.** Ausschuss *m* ; Kommission *f* ; Jury *f* ; ~ *de concours* Preisgericht *n* ; Preisrichter *mpl* ; ~ *consommateurs* repräsentative Verbrauchergruppe *f* für die Befragung ; ~ *d'examen* Prüfungskommission.
juste 1. angebracht ; angemessen ; richtig ; *estimer qqch à sa* ~ *valeur* etw nach seinem wahren Wert einschätzen ; (*calcul*) *être* ~ stimmen **2.** knapp ; gerade noch ; *prix m le plus* ~ knapp (scharf) kalkulierter Preis *m* ; *calculer au plus* ~ ganz knapp berechnen ; knappstens kalkulieren.
juste-à-temps *m* Just-in-Time-Verfahren *n* ; Just-in-Time-Prinzip *n* ; Just-in-Time-Produktion *f* (*syn. flux tendu*).
justice *f* **1.** Gerechtigkeit *f* ; Recht *n* ; ~ *sociale* soziale Gerechtigkeit **2.** (*jur.*) Justiz *f* ; Rechtsprechung *f* ; Gerichtsbarkeit *f* ; Gerichte *npl* ; ◆ ~ *administrative, civile* Verwaltungs-, Zivilgerichtsbarkeit ; ~ *fiscale* Steuergerechtigkeit *f* ; ◆◆ *action f en* ~ gerichtliche Klage *f* ; Rechtsklage *f* ; Gerichtsverfahren *n* ; *déclaration f en* ~ Aussage *f* vor Gericht ; *décision f de* ~ Gerichtsentscheidung *f* ; *demande f en* ~ Klage *f* ; Klageantrag *m* ; *frais mpl de* ~ Gerichtskosten *pl* ; *palais m de* ~ Gerichtsgebäude *n* ; Gericht *n* ; ◆◆◆ *actionner en* ~ eine Klage anstrengen ; eine Klage vor Gericht bringen ; *aller en* ~ vor Gericht klagen ; gerichtlich vorgehen ; *avoir recours à la* ~ den Rechtsweg beschreiten ; *citer en* ~ verklagen ; vor Gericht laden ; *comparaître en* ~ vor Gericht erscheinen ; *déférer en* ~ vor Gericht bringen ; *faire* ~ **a)** bestrafen **b)** ein gerichtliches Urteil fällen ; *passer en* ~ vor Gericht kommen ; *plaider en* ~ vor Gericht klagen ; *poursuivre en* ~ gerichtlich verfolgen ; *recourir à la* ~ vor Gericht gehen ; gerichtlich vorgehen ; das Gericht anrufen ; *rendre la* ~ Recht sprechen ; *traduire en* ~ vor Gericht bringen.
justiciable *m* der Gerichtsbarkeit unterworfene Person *f* ; rechtsuchender Bürger *m*.
justiciable einer Gerichtsbarkeit unterliegend ; der Zuständigkeit eines Gerichts unterstehend ; *être* ~ *d'un tribunal européen* der europäischen Gerichtsbarkeit unterstehen.
justifiable vertretbar ; zu rechtfertigend.
justificatif *m* Beleg *m* ; Nachweis *m* ; (Rechnungs)Unterlage *f* ; Belegstück *n* ; ~ *de droit d'option, de paiement* Bezugsrecht-, Zahlungsnachweis ; ~ *de frais* Kostennachweis ; ~ *de don à une organisation caritative* Spendenbescheinigung *f* ; *produire des* ~*s* Belege vorlegen.
justificatif, ive 1. Beleg- ; Beweis- ; ~ *comptable* Buchungsbeleg ; Rechnungsunterlage *f* ; *exemplaire m* ~ Belegexemplar *n*, -stück *n* ; *pièce f* ~*ive* Beweisstück ; Beweis *m* ; Beleg *m* ; Unterlage *f* **2.** rechtfertigend ; (*jur.*) *fait m* ~ Rechtfertigungsgrund *m*.
justification *f* **1.** Nachweis *m* ; Beweis *m* ; Beleg *m* ; ~ *d'origine* Ursprungszeugnis *n* ; ~ *de paiement* Zahlungsbeleg ; *demander la* ~ den Nachweis verlangen **2.** Rechtfertigung *f.*
justifier 1. rechtfertigen ; *plaintes fpl, reproches mpl* ~*é(e)s* berechtigte Klagen *fpl*, Vorwürfe *mpl* **2.** beweisen ; nachweisen ; belegen ; ~ *l'emploi des sommes reçues* über die Verwendung der empfangenen Gelder Rechenschaft ablegen ; ~ *de son identité* sich ausweisen ; sich legitimieren ; ~ *d'un paiement* eine Zahlung belegen **3.** (*traitement de texte*) ~ *à gauche, à droite* links-, rechtsbündig gestalten ; *texte m* ~*é à gauche* linksbündiger Text.
juteux, se : *affaire* ~*se* einträgliches (gewinnbringendes, lukratives) Geschäft *n*.
juvénile : *délinquance f* ~ Jugendkriminalität *f.*

K

K : *m* (*critère de remboursement de la sécurité sociale*) nombre de ~ Fallpauschale *f.*

keiretsu *m* (*Japon : structure verticale d'organisation de la production fondée sur une pyramide de donneurs d'ordres et de sous-traitants*) (industrieller, finanzieller) Keiretsu *m.*

keynésien, ne keneysianisch ; *théorie f ~ne* Theorie *f* von Keynes ; *le ~* Keynesianer.

kg → *kilogramme.*

kibboutz *m* Kibbuz *m* ; Gemeinschaftssiedlung *f* (in Israel).

kidnapper kidnappen ; entführen.

kidnappeur *m* Kidnapper *m* ; Entführer *m.*

kidnapping *m* Kidnapping *n* ; Entführung *f.*

kilo *m* Kilo *n* ; *10 ~s* 10 Kilo ; *50 ~s* Zentner *m* ; *marchandise f vendue au ~* Kiloware *f.*

kilogramme *m* Kilogramm *n.*

kilométrage *m* Kilometerzahl *f* ; zurückgelegte Strecke *f* in Kilometern berechnet ; (*auto*) *~ au compteur* Kilometerstand *m* ; Kilometerzahl *f* ; *~ annuel* Jahresfahrleistung *f* ; *avoir un ~ élevé* eine hohe Kilometerzahl haben.

kilomètre *m* (*km*) Kilometer *m* (km) ; *~ carré* (*km²*) Quadratkilometer (km² ; qkm) ; *~-heure m* Stundenkilometer (km/h) ; *~ passager* (*voyageur*) *m* Personenkilometer ; *prix m du ~* Kilometertarif *m* ; *-preis m* ; *tonne f ~* Tonnenkilometer ; *faire beaucoup de ~s* (*abattre des ~s*) viele Kilometer zurücklegen.

kilométrer in Kilometern messen.

kilométrique Kilometer- ; in Kilometern ; kilometrisch ; *compteur m ~* Tacho(meter) *m* ; *distance f ~* Entfernung *f* in Kilometern ; *indemnité f ~* Kilometergeld *n*, -pauschale *f* ; *tonne f ~* Tonnenkilometer *m* ; *unité f ~* Kilometereinheit *f.*

kilo-octet *m* Kilobyte *n* ; Kbyte *n* ; KB *n* ; 1000 Byte.

kilowatt *m* (*kw*) Kilowatt *n* (kw) ; *~-heure f* (*kWh*) Kilowattstunde *f* (kWh).

kiosque *m* Kiosk *m* ; *~ à journaux* Zeitungskiosk, -stand *m.*

kit *m* Satz *m* ; Set *n/m* ; Einzelteile *npl* ; Selbst-, Eigenmontage *f* ; Do-it-your-self-System *n* ; *en ~* im Bausatz ; *meubles mpl en ~* Möbel *npl* zum Zusammenbauen.

kitchenette *f* Kochnische *f.*

kleptomane *m* Kleptomane *m.*

kleptomane kleptomanisch.

kleptomanie *f* Kleptomanie *f* ; krankhafter Stehltrieb *m.*

km → *kilomètre.*

km³ *m* (*kilomètre cube*) Kubikkilometer *m.*

km/h → *kilomètre.*

know-how *m* Know-how *n* ; technisches Können *n* ; Wissen *n* ; (technische) Erfahrung *f* (*syn. savoir-faire*).

kolkhoze *m* Kolchose *f* ; Kolchos *m/n.*

Kondratieff : *les grandes ondes de ~* Kondratieff-Wellen *fpl* (*d'après l'économiste russe Kondratieff, l'évolution conjoncturelle se fait par des cycles longs*).

konzern *m* Konzern *m* ; Unternehmenszusammenschluss *m* ; *démantèlement des ~s* Zerschlagung *f* der Konzerne ; Entflechtung *f.*

krach *m* Krach *m* ; Crash *m* ; Bankrott *m* ; Zusammenbruch *m* ; Pleite *f* ; *~ boursier* Börsenkrach ; *~ financier* Bank-, Finanzkrach.

kraft (**papier**) *m* Packpapier *n.*

kw → *kilowatt.*

kwh (*kilowattheure*) → *kilowatt.*

L

L 1. (*lettre*) Brief ; Angebot (auf Kurszetteln) **2.** (*loi*) Gesetz.

label *m* Waren-, Markenzeichen *n* ; Label *n* ; Standard *m* ; Aufdruck *m* ; Etikett *n* ; ~ (*de garantie*) Garantiezeichen ; ~ *d'origine* Hersteller-, Ursprungszeichen ; ~ *de qualité* Güte-, Qualitätszeichen ; Gütemarke *f* ; Gütesiegel *n* ; *décerner un ~ de qualité à une marque* einer Marke ein Gütesiegel verleihen.

labelisation *f* Labelisierung *f* ; Labelisieren *n*.

labeliser labelisieren ; standardisieren ; *produit m ~é* gelabeltes Produkt *n*.

laborantin *m* (Biologie)Laborant *m* ; Fachkraft *f* in einem Labor(atorium).

laborantine *f* Laborantin *f*.

laboratoire *m* Labor *n* ; Laboratorium *n* ; ~ *de recherches* Forschungslabor.

laborieux, euse 1. mühsam ; schwierig **2.** fleißig ; arbeitsam ; *les classes fpl ~euses* die arbeitenden Klassen *fpl* ; die Arbeiterklasse.

labour *m* Feldbestellung *f* ; bestelltes Ackerland *n*.

labourable bestellbar ; *terre f ~* Ackerland *n*, -boden *m*.

labourage *m* Pflügen *n* ; Ackern *n* ; Ackerbau *m*.

labourer pflügen ; ackern.

lac *m* See *m* ; ~ *artificiel* (*de barrage*) Stausee *m*.

lacunaire lückenhaft ; unvollständig.

lacune *f* Lücke *f* ; Auslassung *f* ; ~ *juridique* Gesetzeslücke ; *combler une ~* eine Lücke schließen (ausfüllen).

laïc, laïque konfessionsfrei ; konfessionslos ; bekenntnisfrei ; *école f ~que* öffentliche (konfessionsfreie) Schule *f* ; *État m ~* bekenntnisneutraler Staat *m*.

laïcisation *f* Entkonfessionalisieren *n* ; Entkonfessionalisierung *f*.

laïciser (*enseignement*) entkonfessionalisieren ; verweltlichen ; verstaatlichen ; bekenntnisfrei gestalten.

laïcité *f* Laizismus *m* ; Prinzip *n* einer radikalen Trennung *f* von Kirche und Staat.

laine *f* Wolle *f* ; ~ *brute* Rohwolle ; *pure ~ vierge* reine Schurwolle.

lainier, ière Woll- ; *industrie f ~ière* Wollindustrie *f*.

laissé-pour-compte *m* **1.** Retourware *f* ; abgelehnte Ware ; nicht angenommene (nicht abgeholte) Ware **2.** Restposten *m* ; unverkäufliche Ware *f* **3.** *les laissés-pour-compte* die (sozial) Zukurzgekommenen *pl* ; die Randgruppen *fpl* ; die Stiefkinder *npl* (der Gesellschaft).

laisser-aller Laisser-Aller *n* ; Schlendrian *m* ; Schlamperei *f* ; Sichgehenlassen *n* ; große Nachlässigkeit *f*.

laissez-passer *m* Passierschein *m* ; Durchlass-Schein ; ~ *de douane* Zollpassierschein ; ~ *frontalier* Grenzpassierschein.

lait *m* Milch *f* ; ~ *en bouteille* Flaschenmilch ; ~ *en boîte* Dosenmilch ; ~ *en poudre* Trockenmilch ; Milchpulver *n* ; *production f de ~* Milchproduktion *f*.

laitier, ière Milch- ; Molkerei- ; *coopérative f ~ière* Molkereigenossenschaft *f* ; *industrie f ~ière* Milchwirtschaft *f* ; *production f ~ière* Milcherzeugung *f*, -gewinnung *f* ; *produit m ~* Milcherzeugnis *n*, -produkt *n* ; Molkereierzeugnis *n*.

laiton *m* Messing *n* ; *fil m de ~* Messingdraht *m*.

laminage *m* (*métallurgie*) Walzen *n* ; ~ *à chaud, à froid* Warm-, Kaltwalzen.

laminer walzen ; strecken ; *acier m ~é* Walzstahl *m*.

laminoir *m* Walzwerk *n* ; ~ *pour l'acier* Stahlwalzwerk ; ~ *à métaux, à tôles, à tubes* Metall-, Blech-, Rohrwalzwerk ; *train m de ~s* Walzstraße *f*.

lancement *m* **1.** Einführung *f* ; Förderung *f* ; Lancierung *f* ; Einleitung *f* ; ~ *d'un article sur le marché* Einführung einer Ware auf dem Markt ; *campagne f de ~* Einführungskampagne *f* ; *prix m de ~* Einführungspreis *m* ; *publicité f de ~* Einführungswerbung *f* ; einführende Werbung *f* ; Verkaufsförderung *f* **2.** (*emprunt*) Auflegung *f* ; Begebung *f* ; Ausgabe *f* ; ~ *d'un emprunt* Auflegung einer Anleihe.

lancer 1. einführen ; ~ *un article* eine Ware einführen ; ~ *sur le marché* auf den Markt bringen ; auf dem Markt einführen ; lancieren **2.** ~ *une émission de titres, un emprunt* eine Emission, eine Anleihe auflegen (ausgeben, begeben) **3.** ~ *un navire* ein Schiff vom Stapel (laufen) lassen 4. ~ *un appel (à qqn)* einen Appell (an jdn) richten ; ~ *un ordre de grève* zum Streik aufrufen ; einen Streik ausrufen 5. ~ *un mandat d'arrêt* einen Haftbefehl erlassen 6. *se* ~ *dans une affaire* in ein Geschäft einsteigen.

land *m* **(länder)** (*Allemagne* ; *Autriche*) Land *n* ; Bundesland.

langage *m* Sprache *f* ; Sprech-, Redeweise *f* ; (*informatique*) Programm-, Programmier(ungs)sprache ; ~ *administratif* Verwaltungs-, Behördensprache ; Amtssprache ; ~ *bancaire, boursier* Bank-, Börsensprache ; ~ *commercial, technique* Handels-, Fachsprache ; (*fig.*) *double* ~ Doppelzüngigkeit *f.*

langue *f* Sprache *f* ; ~ *diplomatique, judiciaire* Diplomaten-, Gerichtssprache ; ~ *maternelle, nationale* Mutter-, Landessprache ; ~ *officielle, de travail* Amts-, Arbeitssprache ; *connaissance f des ~s* Sprachkenntnisse *fpl* ; *dominer une* ~ eine Sprache beherrschen.

languissant, e : *bourse ~e* schleppend ; flau ; lustlos ; gedrückt.

lanterne *f* **rouge** Schlusslicht *n* ; *être la* ~ das Schlusslicht bilden.

larcin *m* kleiner Diebstahl *m*.

larvé, e verschleiert ; verborgen ; schleichend ; verkappt ; versteckt ; *inflation f ~ée* schleichende Inflation *f.*

latitude *f* (*fig.*) Spielraum *m* ; Handlungsfreiheit *f* ; ~ *d'appréciation* Ermessensspielraum.

lauréat *m* Preisträger *m* ; Sieger *m* ; ~ *du prix Nobel* Nobelpreisträger.

lauréat, e preisgekrönt.

laxisme *m* Laxheit *f* ; Laschheit *f.*

laxiste lax ; lasch ; nachlässig.

LBO (*leveraged buy out*) (*finance*) Hebelwirkung *f* ; Hebeleffekt *m* ; Übernahme *f*, Aufkauf *m* durch Hebelwirkung ; *entreprise f sous* ~ LBO-ausgesetztes Unternehmen ; → *LMBO*.

L.E.A. (*Langues étrangères appliquées*) berufsorientiertes Fremdsprachenstudium *n*.

leader *m* **1.** Marktführer *m* ; ~ *en matière de prix* Preisführer ; ~ *de la profession* Branchenführer *m* **2.** (*polit.*) (Partei)Führer *m* ; Chef *m* ; *~s de la bourse* Spitzenwerte *mpl* ; ~ *d'opinion* Meinungsführer *m*, -leader *m* ; ~ *de l'opposition* Oppositionsführer *m* ; ~ *syndical* Gewerkschaftsführer.

leadership *m* Führerschaft *f* ; Führung *f* ; Leitung *f* ; Marktführerschaft *f.*

leasing *m* Leasing *n* ; Leasing-Vertrag *m* ; Mietkauf *m* ; Mietvertrag *m* ; ◆ ~ *financier* Finanzierungsleasing ; ~ *à court, à long terme* kurzfristiges, langfristiges Leasing ; ~ *de véhicules* Fahrzeug-Leasing ; ◆◆ *contrat m de* ~ Leasing-Vertrag *m* ; *loueur m de* ~ Verleaser *m* ; Leasing-Geber *m* ; *opérations fpl de* ~ Leasing-Geschäfte *npl* ; *preneur m (de)* ~ Leaser *m* ; Leasing-Nehmer *m* ; *société f de* ~ Leasing-Gesellschaft *f* ; Leasing-Firma *f* ; *traite f de* ~ Leasingrate *f* ; *véhicule m en* ~ geleastes Fahrzeug ; ◆◆◆ *donner en* ~ verleasen ; im Leasingverfahren vermieten (verpachten) ; *prendre un* ~ leasen ; im Leasingverfahren mieten (pachten).

lèche-vitrines *m* Schaufensterbummel *m* ; *faire du* ~ einen Schaufensterbummel machen ; die Schaufenster ansehen (begucken) ; einen Einkaufsbummel machen.

lecteur *m* **1.** Leser *m* ; ~ *de journaux* Zeitungsleser ; *toucher de nouveaux ~s* neue Leserschichten erschließen **2.** (*édition* ; *université*) Lektor *m* **3.** (*technique, informatique*) Leser *m* ; Lesegerät *n* ; ~ *de bande magnétique* Magnetschriftleser ; ~ *de cartes d'identité* Ausweisleser ; ~ *de cartes à puce* Chipkartenleser *m* ; ~ *(de) cassettes* Kassettenrecorder *m* ; ~ *de C.D./D.V.D.* CD/DVD-Player *m* ; CD/DVD-Spieler *m* ; ~ *de disquettes* Diskettenlaufwerk *n* ; ~ *optique* optischer Leser ; Klarschriftleser.

lecture *f* **1.** (*lettre*) Durchlesen *n* ; (*livre*) Lektüre *f* **2.** (*document*) Verlesen *n* ; Verlesung *f* ; *donner* ~ *d'un document* ein Schriftstück vorlesen **3.** (*parlement*) Lesung *f* ; *adopté en première, en seconde* ~ in erster, zweiter Lesung angenommen.

ledit, ladite (*jur.*) besagt- (er, e, es) ; *le prix dudit terrain* der Preis des besagten Grundstücks.

légal, e gesetzlich ; legal ; rechtmäßig ; legitim ; rechtmäßig ; vorschriftsmäßig ; *âge m* ~ (gesetzlich) vorgeschriebenes Alter *n* ; *année f ~e* Kalenderjahr *n* ; *annonce f ~e* amtliche Bekanntmachung *f* ; *cours m* ~ (*d'une monnaie*) gesetzlicher (amtlicher) Kurs *m* ; *dispositions fpl ~es* gesetzliche

légalisation

Bestimmungen *fpl* ; *domicile m* ~ gesetzlicher Wohnsitz *m* ; Hauptwohnsitz ; *durée f* ~e *du travail* gesetzliche Arbeitszeit *f* ; *fête f* ~e gesetzlicher Feiertag *m* ; *formes fpl* ~es Rechtsformen *fpl* ; *médecine f* ~e Gerichtsmedizin *f* ; *monnaie f* ~e gesetzliches Zahlungsmittel *n* ; *moyens mpl légaux* gesetzliche Mittel *npl* ; Rechtsmittel ; *obligation f* ~e gesetzliche Verpflichtung *f* ; *représentant m* ~ gesetzlicher Vertreter *m* ; gesetzliche Vertretung *f* ; *tuteur m* ~ gesetzlicher Vormund *m* ; *par la voie* ~e auf gesetzlichem (legalem) Weg(e).

légalisation *f* amtliche Beglaubigung *f* ; Legalisierung *f* ; Beurkundung *f* ; ~ *de signature* Unterschriftsbeglaubigung.

légaliser amtlich beglaubigen ; amtlich bestätigen ; legalisieren ; beurkunden ; *faire* ~ amtlich beglaubigen lassen.

légalité *f* Gesetzlichkeit *f* ; Legalität *f* ; Rechtmäßigkeit *f* ; Rechtsgültigkeit *f* ; *s'effectuer dans la plus stricte* ~ völlig legal durchgeführt werden.

légataire *m* (*jur.*) Vermächtnisnehmer *m* ; Legatar *m* ; ~ *universel* Gesamterbe *m* ; Universalerbe ; *faire de qqn son* ~ *universel* jdn zum Universalerben machen.

légiférer Gesetze beschließen (machen) ; *pouvoir m de* ~ gesetzgebende Gewalt *f*.

législateur *m* Gesetzgeber *m*.

législatif, ive gesetzgebend ; gesetzgeberisch ; legislativ ; *assemblée f* ~*ive* gesetzgebende Versammlung *f* ; *corps m* ~ gesetzgebende Körperschaft *f* ; *élections fpl* ~*ives* Parlamentswahlen *fpl* ; *pouvoir m* ~ gesetzgebende Gewalt *f* ; Legislative *f*.

législatives *fpl* : *les* ~ Parlamentswahlen *fpl* ; (*Allemagne*) Bundestagswahlen.

législation *f* 1. Gesetzgebung *f* ; Recht *n* ; Gesetze *npl* ; Rechtsvorschriften *fpl* ; ~ *anticartels* Antikartellgesetzgebung *f* ; ~ *des assurances* Versicherungsrecht ; ~ *bancaire* Bankengesetzgebung *f* ; ~ *boursière* Börsenrecht ; ~ *sur les cartels* (*sur les ententes*) Kartellgesetzgebung, -recht ; ~ *commerciale* Handelsgesetzgebung ; ~ *en matière fiscale* Steuergesetzgebung ; ~ *industrielle* Gewerbegesetzgebung, -recht ; ~ *sur les prix* Preisgesetzgebung ; Preisvorschriften *fpl* ; ~ *professionnelle* Berufsgesetzgebung ; ~ *sociale* Sozialgesetzgebung, -recht ; ~ *du travail* Arbeitsrecht ; arbeitsrechtliche Bestimmungen *fpl* ; ~ *en vigueur* geltendes Recht 2. Rechtswissenschaft *f* ; Jurisprudenz *f* ; ~ *financière* Finanzwissenschaft *f*.

législature *f* 1. Legislaturperiode *f* 2. gesetzgebende Körperschaft *f*.

légiste *m* 1. Jurist *m* ; Rechtsgelehrte(r) 2. *médecin m* ~ Gerichtsarzt *m*, -mediziner *m*.

légitimation *f* 1. (*jur.*) rechtliche Anerkennung *f* ; Legitimierung *f* ; Legitimation *f* ; *délivrer une carte de* ~ einen Ausweis ausstellen 2. Legitimation *f* (eines unehelichen Kindes) 3. Rechtfertigung *f*.

légitime 1. rechtmäßig ; gesetzlich anerkannt ; legitim 2. ehelich ; *enfant m* ~ eheliches Kind *n* ; *femme f* ~ Ehefrau *f* 3. ~ *défense f* Notwehr *f* ; *agir en état de* ~ *défense* aus (in) Notwehr handeln 4. berechtigt ; gerecht ; gerechtfertigt ; *intérêt m* ~ legitimes Interesse *n* ; *revendication f* ~ legitime Forderung *f* ; *salaire m* ~ gerechter Lohn *m*.

légitimer 1. rechtlich anerkennen ; für rechtmäßig erklären ; legitimieren 2. (ein uneheliches Kind) legitimieren ; für ehelich erklären 3. rechtfertigen.

légitimité *f* 1. Rechtmäßigkeit *f* ; Gesetzlichkeit *f* ; Legitimität *f* ; (*enfant*) Ehelichkeit *f* ; eheliche Geburt *f* 2. Berechtigung *f* ; Billigkeit *f*.

legs *m* (*jur.*) Vermächtnis *n* ; Erbe *n* ; Hinterlassenschaft *f* ; ~ *particulier* Stück-, Einzelvermächtnis ; ~ *universel* Gesamtvermächtnis ; Einsetzung *f* zum Alleinerben ; *bénéficiaire m du* ~ Vermächtnisnehmer *m* ; Erbe *m* ; *faire un* ~ ein Vermächtnis aussetzen ; ein Erbe (eine Erbschaft) hinterlassen.

léguer vermachen ; vererben ; hinterlassen.

légume 1. *m* Gemüse *n* ; ~*s frais* frisches Gemüse ; Frischgemüse ; *marché m aux* ~*s* Gemüsemarkt *m* 2. *f* (*fam.*) *une grosse* ~ ein hohes Tier *n* ; ein Bonze *m* ; *les grosses* ~*s du parti* die Parteibonzen.

lenteur *f* : ~ *administrative* bürokratische Kriechfahrt *f* ; (*fam.*) der Amtsschimmel wiehert.

léonin, e leoninisch ; ungerecht ; missbräuchlich ; Löwen- ; *contrat m* ~ Knebelvertrag *m* ; *part f* ~e Löwenanteil *m* ; *partage m* ~ leoninische (ungerechte) Teilung *f*.

L.E.P. *m* **1.** (*livret d'épargne populaire*) Volkssparbuch *n* **2.** (*lycée d'enseignement professionnel*) Berufskolleg *n* ; Berufsschule *f*.

léser benachteiligen ; schädigen ; beeinträchtigen ; *tiers m ~é* geschädigter Dritter ; *~ les droits de qqn* jds Rechte verletzen (beeinträchtigen) ; *être ~é dans un partage* bei einer Teilung benachteiligt werden (zu kurz kommen).

lest *m* (*maritime*) Ballast *m* ; Ladung *f* ; *sur* (*son*) *~* unbefrachtet ; mit Ballast beladen ; *lâcher du ~* **a)** Ballast abwerfen **b)** (*fig.*) teilweise nachgeben ; Konzessionen machen.

	1. *de l'alphabet*
	2. *missive*
	3. *lettre de change*
lettre *f*	4. *lettre de crédit*
	5. *lettre de gage*
	6. *lettre de transport*
	7. *lettre de créance*

1. *(de l'alphabet)* Buchstabe *m* ; Schriftzeichen *n* ; Schrift *f* ; *~ capitale* Kapital, Großbuchstabe ; *~ italique* Kursivschrift ; *~s d'imprimerie* Block-, Druckschrift ; *~ morte* toter Buchstabe ; *au pied de la ~, à la ~* (wort)wörtlich ; im buchstäblichen Sinn(e) ; *en toutes ~s* ausgeschrieben ; in Worten ; in Buchstaben.

2. *(missive)* Brief *m* ; Schreiben *n* ; *~s* Briefe ; Post *f* ; ◆ *~ d'affaires* Geschäftsbrief ; *~ par avion* Luftpostbrief ; *~ de cadrage* Rahmen-Ordnung *f* ; Rahmen-Anweisungen *fpl* ; Richtlinien *fpl* ; *~ de candidature* Bewerbungsschreiben ; *~ chargée* Wertbrief ; *~ circulaire* Rundbrief ; Rundschreiben ; *~ commerciale* (*de commerce*) Geschäftsbrief ; *~ de condoléances* Beileidsbrief ; *~ de confirmation* Bestätigungsschreiben ; *~ de convocation* Vorladung *f* ; Einberufungs-, Einladungsschreiben ; schriftliche Einladung ; *~ de créance* Beglaubigungsschreiben ; Akkreditiv *n* ; *~ d'excuse* Entschuldigungsbrief, -schreiben ; *~ express* Eilbrief ; *~ de félicitations* Glückwunsch-, Gratulationsschreiben *n* ; *~ de grosse* Bodmereibrief ; *~ d'introduction* Einführungsschreiben ; Empfehlungsschreiben ; *~ de licenciement* Kündigungs-, Entlassungsschreiben ; schriftliche Kündigung *f* ; *par ~(s)* brieflich ; *~ de mise en demeure* letzte Mahnung *f* ; *~ en poste restante* postlagernder Brief ; *~ de préavis* Kündigungsschreiben ; *~ publicitaire* Werbeschreiben, -brief ; *~ de rappel* Mahnschreiben ; *~ de recommandation* Empfehlungsschreiben ; *~ recommandée* Einschreib(e)brief ; eingeschriebener Brief ; Einschreiben *n* ; *~ avec valeur déclarée* Wertbrief ; *~ de voiture* Frachtbrief ; ◆◆ *corps m d'une ~* Brieftext *m*, -inhalt *m* ; *échange m de ~s* Briefwechsel *m* ; Schriftwechsel ; Korrespondenz *f* ; *en-tête m de ~* Briefkopf *m* ; *sous forme de ~* in Briefform ; ◆◆◆ *adresser une ~ à qqn* an jdn einen Brief richten ; *affranchir une ~* einen Brief freimachen (frankieren) ; *écrire une ~ à qqn* jdm (an jdn) einen Brief schreiben ; *poster une ~* einen Brief einwerfen.

3. *(lettre de change)* Wechsel *m* ; *~ de change à date fixe* Tag-, Präziswechsel ; *~ de change à délai de date* Dato-, Zeitwechsel ; *~ de change à délai de vue* Nachsichtwechsel ; *~ de change sur l'étranger* Auslandswechsel ; *~ de change nominative* (*non endossable*) Rektawechsel ; *législation f sur les ~s de change* Wechselrecht *n* ; *accepter, créer* (*émettre*)*, domicilier une ~ de change* einen Wechsel akzeptieren, ausstellen, domizilieren ; *encaisser, endosser, protester une ~ de change* einen Wechsel einziehen, indossieren, protestieren → **traite, effet**.

4. *(lettre de crédit)* *~ de crédit* Kreditbrief *m* ; *~ de crédit avisée* avisierter Kreditbrief ; *~ de crédit circulaire* Reise-, Zirkularkreditbrief ; *~ de voyage* (*touristique*) Reisekreditbrief.

5. *(lettre de gage)* Pfandbrief *m* ; *~ de gage hypothécaire* Hypothekenpfandbrief.

6. *(lettre de transport, de voiture)* Frachtbrief *m* ; Luftfrachtbrief *m* ; AWB *m* (Airway Bill) ; *~ de transport maritime* Seefrachtbrief ; *~ de voiture CMR* Frachtbrief im Straßengüterverkehr.

7. *(lettre de créance)* Beglaubigungsschreiben *n* ; Akkreditiv *n* ; *l'ambassadeur présente ses ~s de créance* der Botschafter überreicht sein Beglaubigungsschreiben.

levé, e : *la séance est levée* die Sitzung ist aufgehoben ; *au pied ~* unvorbereitet ; improvisiert ; auf der Stelle ;

levée aus dem Stegreif ; *vote m à main ~ée* Abstimmung *f* durch Handzeichen.

levée *f* **1.** Aufhebung *f* ; Beseitigung *f* ; Behebung *f* ; *~ du blocus* Aufhebung der Blockade ; (*jur.*) *~ d'écrou* Haftentlassung *f* ; *~ de l'embargo* Aufhebung des Embargos ; *~ de l'immunité* Aufhebung der Immunität ; *~ d'une quarantaine* Aufhebung der Quarantäne ; *~ des restrictions* Aufhebung der Beschränkungen ; *~ de sanctions* Aufhebung von Sanktionen ; *~ des scellés* Entfernung *f* der Siegel ; Entsiegelung *f* ; *~ de séance* Schließung *f* der Sitzung **2.** (*boîte aux lettres*) Leerung *f* ; *heures fpl de ~* Leerungszeiten *fpl* ; *faire la ~* den Briefkasten leeren **3.** *~ d'impôts* Erhebung *f* von Steuern **4.** (*banque*) (Geld)-Entnahme *f* ; *~ de compte* Privatentnahme **5.** *~ d'option* Ausübung *f* der Option **6.** (*bourse*) *~ de titres* Übernahme *f* (Inempfangnahme *f*) von Wertpapieren **7.** (*fig.*) *~ de boucliers* starke Opposition *f* ; heftiger Widerstand *m* ; einstimmiger Protest *m*.

lever 1. beseitigen ; aufheben ; abbrechen ; beenden ; *~ l'audience* die Sitzung beenden ; *~ l'écrou* aus der Haft entlassen ; *~ une interdiction* ein Verbot aufheben ; *~ un obstacle* ein Hemmnis aus dem Weg räumen ; *~ les scellés* entsiegeln **2.** *~ le courrier* den Briefkasten leeren **3.** *~ des impôts* Steuern erheben **4.** *~ une option* eine Option ausüben **5.** (*bourse*) *~ la prime* sich liefern lassen ; *~ les titres* die Wertpapiere übernehmen (in Empfang nehmen, abnehmen).

levier *m* Hebel *m* ; *~ de commandes* Kommandostelle *f* ; Steuerknüppel *m* ; (*bourse*) *effet m de ~* Leverage-Effekt *m* ; Hebeleffekt *m* ; *actionner les ~s de commande de l'économie* die Schalthebel der Wirtschaft betätigen.

liaison *f* Verbindung *f* ; Anschluss *m* ; ◆ *~ aérienne, directe, ferroviaire* Flug-, Direkt-, (Eisen)Bahnverbindung ; *~ maritime, postale, radio* Schiffs-, Post-, Funkverbindung ; *~ routière, téléphonique* Straßen-, Telefonverbindung ; ◆◆ *homme m de ~* Verbindungsmann *m* ; *organisme m de ~* Verbindungsstelle *f* ; *service m de ~* Verbindungsdienst *m*, -stelle *f* ; ◆◆◆ *assurer une ~* eine Verbindung gewährleisten ; *établir une ~* eine Verbindung herstellen ; *être en ~ avec qqn* mit jdm in Verbindung stehen.

liasse *f* Bund *m* ; Bündel *n* ; Stoß *m* ; Packen *m* ; *~ de billets* Bündel Banknoten ; Geldbündel ; *mettre en ~* zu einem Bündel zusammenschnüren ; bündeln.

libellé *m* **1.** Wortlaut *m* ; Text *m* ; Fassung *f* ; *~ du contrat* Vertragstext *m*, -wortlaut *m* ; *modifier le ~ d'un contrat* den Wortlaut eines Vertrags abändern **2.** Abfassung *f* ; Aufsetzen *n* ; *~ du jugement* Urteilsabfassung **3.** (*comptab.*) Buchungstext.

libeller 1. aufsetzen ; abfassen ; formulieren ; *ainsi ~é...* folgenden Wortlauts **2.** *être ~é* lauten ; *~é au porteur, en dollars* auf den Inhaber, auf Dollar lautend ; *emprunt m ~é en monnaie étrangère* Auslandsanleihe *f* ; *~ un chèque en euros* einen Scheck in Euro ausstellen.

libéral, e liberal ; frei ; *économie f ~e* freie (Markt)Wirtschaft *f* ; (*polit.*) *parti m ~* liberale Partei *f* ; *personne f exerçant une profession ~e* freiberuflich tätige Person *f* ; Freiberufler *m* ; *les professions ~es fpl* die freien Berufe *mpl* ; die Freiberufler *mpl* ; *économie f ~e* liberale Wirtschaft *f*.

libéralisation *f* Liberalisierung *f* ; Freigabe *f* ; Deregulierung *f* ; *~ du cours du dollar* Freigabe des Dollarkurses ; *~ des échanges commerciaux* Liberalisierung des Handelsverkehrs ; *~ de l'économie* Liberalisierung der Wirtschaft ; wirtschaftliche Deregulierung *f* ; *politique f de ~* Liberalisierungspolitik *f* ; *~ des prix* Preisfreigabe.

libéraliser liberalisieren ; freigeben ; deregulieren.

libéralisme *m* Liberalismus *m* ; *retour m au ~ économique* Rückkehr *f* zur liberalen Wirtschaft.

libéralité *f* **1.** (*générosité*) Freizügigkeit *f* **2.** (*donation*) unentgeltliche Zuwendung *f*.

libération *f* **1.** Freigabe *f* ; Liberalisierung *f* ; *~ des échanges* Liberalisierung des Warenaustauschs (des Handels) ; *~ des prix* Freigabe der Preise **2.** *~ d'une action* Aktieneinzahlung *f* **3.** (*détenu*) Entlassung *f* ; *~ anticipée, conditionnelle* vorzeitige, bedingte Haftentlassung **4.** Entlastung *f* ; Entbindung *f* ; Befreiung *f* ; *~ d'une obligation* Entlassung aus einer Verpflichtung **5.** Befreiung *f* ; Emanzipation *f* ; *~ de la femme* Frauenemanzipation.

libératoire schuldbefreiend ; befreiende Wirkung *f* ; *effet m ~* schuldbefreiende Wirkung *f* (einer Zahlung) ; *paiement m ~* schuldbefreiende Zahlung *f* ; *pouvoir m ~* schuldenbefreiende Wirkung *f* ; *prélèvement m ~* Pauschalsteuer *f* ; Pauschalbesteuerung *f* ; pauschale Abgabe *f* ; pauschale Besteuerung *f*.

libéré, e 1. befreit ; frei ; *~ des obligations militaires* vom Wehrdienst freigestellt ; (*bourse*) *actions fpl ~ées* voll eingezahlte Aktien *fpl* ; *titres mpl ~és* voll eingezahlte Wertpapiere *npl* ; *capital m ~é* voll einbezahltes Kapital ; *sommes fpl, terres fpl ~es* frei gewordene Gelder *npl*, Flächen *fpl* ; *~ de toute dette* schuldenfrei **2.** (*détenu*) entlassen **3.** befreit ; emanzipiert.

libérer 1. freigeben ; liberalisieren ; *~ les échanges* den Warenaustausch liberalisieren ; *~ des fonds* Geldmittel bereitstellen ; *~ les prix* die Preise freigeben ; den Preisstopp aufheben **2.** *~ une action* eine Aktie (voll) einzahlen **3.** *~ un détenu* einen Häftling entlassen **4.** *~ un logement* eine Wohnung räumen **5.** *se ~ d'une dette* eine Schuld bezahlen (abzahlen ; tilgen) ; *se ~ d'un engagement* sich von einer Verpflichtung befreien ; *se ~ d'une hypothèque* eine Hypothek abzahlen (ablösen) **6.** befreien ; emanzipieren.

liberté *f* Freiheit *f* ; (*droit de faire*) Recht *n* ; (*jur.*) Fähigkeit *f* ; Rechtsfähigkeit *f* ; (*mise en liberté*) Haftentlassung *f* ; ◆ *~ d'accès* freier Zugang *m* ; freier Zutritt *m* ; *~ d'action* Handlungsfreiheit ; *~ d'appréciation* Ermessungsfreiheit ; *~ d'association* Vereinigungs-, Vereinsfreiheit ; *~ de circulation* Freizügigkeit *f* ; *~ civile* Genuss *m* der bürgerlichen Rechte ; *~ du commerce* Handelsfreiheit ; *~ du commerce et de l'industrie* Handels- und Gewerbefreiheit ; *~ des conventions* (*des contrats, contractuelle*) Vertragsfreiheit ; *~ des conventions collectives* Tarifvertragsfreiheit ; *~ du culte* Religionsfreiheit ; *~ des échanges* (*commerciaux*) Handelsfreiheit ; *~ d'entreprendre et de contracter* Unternehmens- und Vertragsfreiheit ; *~ d'établissement* Niederlassungsfreiheit ; *~ d'expression* freie Meinungsäußerung *f* ; Redefreiheit ; *~ fondamentale* Grundfreiheit ; *~s individuelles* staatsbürgerliche Grundrechte *npl* ; bürgerliche Freiheiten ; *~ du marché* Freiheit des Marktes ; *~ des mouvements de capitaux* freier Kapitalverkehr *m* ; *~ de négociation* Verhandlungsfreiheit ; *~ d'opinion* Meinungsfreiheit ; *~ de la presse* Pressefreiheit ; *~ des prix* Preisfreiheit ; freie Preisgestaltung *f* ; *~s publiques* Grund-, Freiheitsrechte *npl* ; *~ de rassemblement* (*de réunion*) Versammlungsfreiheit ; *~ des salaires* Freiheit der Lohnvereinbarung ; (*jur.*) *~ surveillée* Freilassung *f* mit Bewährungsaufsicht ; *~ syndicale* Koalitions-, Vereinigungsfreiheit ; *~s syndicales* gewerkschaftliche Rechte *npl* ; *~ tarifaire* Tariffreiheit ; *~ du travail* Freiheit der Arbeit ; Arbeitsfreiheit ; ◆◆ *atteinte f à la ~* Freiheitsbeschränkung *f*, -einschränkung ; *en toute ~* völlig frei ; völlig ungehindert ; *mise f en ~* Freilassung *f* ; ◆◆◆ *agir en* (*avoir*) *toute ~* volle Handlungsfreiheit haben ; *s'exprimer avec une grande ~* sich frei (offen) ausdrücken ; *laisser trop de ~ à qqn* jdm zu viel Freiheit lassen ; *mettre qqn en ~* jdn freilassen ; jdn auf freien Fuß setzen ; *porter atteinte aux ~s syndicales* gegen die freie Ausübung der gewerkschaftlichen Rechte verstoßen ; die gewerkschaftlichen Rechte einschränken.

libraire *m* Buchhändler *m* ; Sortimentsbuchhändler ; Sortimenter *m*.

libraire-éditeur *m* Verlagsbuchhändler *m* ; Verleger *m*.

librairie *f* **1.** Buchhandlung *f* ; *~ de gare* Bahnhofsbuchhandlung ; *~ scientifique* wissenschaftliche Buchhandlung ; *~ technique* Fachbuchhandlung für technische Literatur ; *~ universitaire* Universitätsbuchhandlung **2.** Buchhandel *m* ; Büchermarkt *m* ; Buchmarkt *m* ; *en ~* im Buchhandel ; auf dem Büchermarkt ; *nouveautés fpl parues en ~* Neuerscheinungen *fpl* auf dem Büchermarkt.

libre frei ; (*sans engagement*) ungebunden ; unverbindlich ; ohne Verpflichtung ; (*sans restriction*) offen ; unbeschränkt ; (*non occupé*) leer stehend ; unbewohnt ; vakant ; (*gratuit*) kostenlos ; unentgeltlich ; ◆ *~ de toutes charges* lastenfrei ; *~ circulation f des biens, des capitaux* freier Güter-, Kapitalverkehr *m* ; *la ~ concurrence f* der freie Wettbewerb ; *~ des droits* (*de douane*) zollfrei ; verzollt ; *~ à l'entrée* zollfrei ; *la ~ entreprise* das freie

libre-échange

Unternehmertum *n* ; die freie Wirtschaft *f* ; ~ *d'hypothèques* hypothekenfrei ; ◆◆ *accès m* ~ freier Zugang ; freier Zutritt *m* ; *(université) auditeur m* ~ Gasthörer *m* ; *commerce m* ~ freier Handel *m* ; Freihandel ; *denrée f* ~ unbewirtschaftetes Nahrungsmittel *n* ; *école f* ~ (private) Konfessionsschule *f* ; katholische Schule ; *entrée f* ~ freier Ein-, Zutritt *m* ; *marché m* ~ freier Markt *m* ; *monde m* ~ freie Welt *f* ; *monnaie f* ~ frei konvertierbare Währung *f* ; *passage m* ~ freie Durchfahrt *f* ; *prix m* ~ unverbindlicher (ungebundener, freier) Preis *m* ; *produit m* ~ markenloser Artikel *m* ; *union f* ~ wilde Ehe *f* ; nichteheliche Lebensgemeinschaft *f* ; *ville f* ~ Freie Stadt *f* ; ◆◆◆ *avoir les mains ~s* freie Hand haben ; *être* ~ frei (ungebunden) sein ; *être en vente* ~ frei zu haben sein.

libre-échange *m* Freihandel *m* ; freier Handel *m* ; freier Markt *m* ; *zone f de* ~ Freihandelszone *f*.

libre-échangisme *m* Freihandel *m* ; Freihandelspolitik *f* ; Freihandelssystem *n*.

libre-échangiste *m* Anhänger *m* des Freihandels.

libre-échangiste Freihandels- ; freihändlerisch.

librement frei ; *agir* ~ nach Belieben handeln ; *circuler* ~ sich frei bewegen ; frei verkehren ; ~ *convertible* frei konvertierbar ; *disposer* ~ frei verfügen ; *traduire* ~ frei übersetzen.

libre-service *m* **1.** Selbstbedienung (SB) *f* ; *magasin m de* ~ Selbstbedienungsgeschäft *n*, -laden *m* ; SB-Geschäft ; *système m de* ~ Selbstbedienungssystem *n* ; SB-System **2.** Selbstbedienungsrestaurant *n* ; SB-Restaurant ; Gaststätte *f* mit SB ; *proposer des articles en* ~ Waren in Selbstbedienung anbieten.

licéité *f* Gesetzmäßigkeit *f* ; Zulässigkeit *f*.

licence *f* **1.** Lizenz *f* ; Konzession *f* ; Genehmigung *f* ; Erlaubnis *f* ; Bewilligung *f* ; ◆ ~ *d'achat* Kauflizenz *f* ; Ankaufserlaubnisschein *m* ; ~ *de brevet* Patentlizenz ; ~ *de débit de boissons* Schankkonzession, -erlaubnis ; ~ *contractuelle* vertragliche Lizenz ; ~ *exclusive* ausschließliche (alleinige) Lizenz ; ~ *d'exploitation* Betriebserlaubnis ; ~ *d'exploitation de brevets* Nutzungslizenz an Patenten ; ~ *d'exportation* Ausfuhrgenehmigung ; Exportlizenz ; ~ *de fabrication* Herstellungs-, Produktionslizenz ; ~ *d'importation* Einfuhrgenehmigung ; Importlizenz ; ~ *de marque* Markenlizenz ; ~ *préalable* Vorlizenz ; ~ *professionnelle* Gewerbeerlaubnis, -zulassung *f* ; Gewerbeschein *m* ; ~ *provisoire* Vorlizenz ; ~ *de pêche* Fanglizenz ; ~ *de pilote* Pilotenlizenz ; ~ *territoriale* Gebietslizenz ; ~ *d'usage* Gebrauchslizenz ; ~ *d'utilisation* Benutzungslizenz ; ~ *de vente* Verkaufslizenz ; ◆◆ *cession f de* ~ Lizenzübertragung *f* ; *concédant m d'une* ~ Lizenzgeber *m* ; *concession f de* ~ Lizenzerteilung *f* ; *concessionnaire m de* ~ Lizenzinhaber *m* ; *contrat m de (fabrication sous)* ~ Lizenzvertrag *m* ; *demande f de* ~ Lizenzantrag ; *détenteur m d'une* ~ → *titulaire* ; *droit m de* ~ **a)** Lizenzgebühr *f* **b)** Lizenzrecht *n* ; *office m des ~s* Lizenzamt *n* ; *preneur m de* ~ Lizenznehmer *m* ; *retrait m de* ~ Lizenzentziehung *f* ; *soumis à* ~ genehmigungspflichtig ; *titulaire m de* ~ Lizenzinhaber *m* ; ◆◆◆ *accorder (concéder) une* ~ eine Lizenz erteilen ; *acquérir une* ~ eine Lizenz erwerben ; *construire (fabriquer) sous* ~ in Lizenz bauen (herstellen) **2.** *(université)* Staatsexamen *n* ; akademischer Grad *m* ; französische "Licence" *f*.

licencié *m* **1.** *(exploitant)* Lizenzinhaber *m* ; *(exploitant)* Lizenznehmer *m* ; Patentnutzungsberechtigte(r) **2.** ~ *économique* Entlassene(r) aus betrieblichen Gründen **3.** *(université)* Inhaber *m* einer "Licence" (eines Staatsexamens).

licenciement *m* Entlassung *f* ; Kündigung *f* ; ◆ ~ *abusif* ungerechtfertigte Kündigung ; missbräuchliche Entlassung *f* ; ~ *collectif* Massenkündigung, -entlassung ; ~ *économique* Entlassung aus betrieblichen Gründen ; betriebsbedingte Kündigung *f* ; ~ *pour faute grave* Entlassung wegen schwerwiegender Verfehlung ; ~ *pour faute professionnelle* Kündigung wegen Dienstvergehen (wegen Verletzung der dienstlichen Pflichten) ; ~ *de fonctionnaire* Verabschiedung *f* (eines Beamten) ; Entlassung aus dem Staatsdienst ; ~ *illégal* ungesetzliche Kündigung ; ~ *illicite* ungerechtigte Kündigung ; ~ *immédiat* fristlose Kündigung (Entlassung) ; ~

individuel Einzelkündigung, -entlassung ; ~ *pour motif économique* Kündigung aus wirtschaftlichen Gründen ; ~ *ordinaire* ordentliche Kündigung ; ~ *de personnel* Personalabbau *m* ; Personalentlassung ; ~ *sans préavis* fristlose Kündigung (Entlassung) ; ~ *sec* Entlassungsmaßnahme *f* ohne Sozialplan ; ◆◆ *avis m de* ~ Kündigungsschreiben *n* ; *délai m de* ~ Kündigungsfrist *f* ; *droit m de* ~ Kündigungsrecht *n* ; *indemnité f de* ~ Kündigungsentschädigung *f*, -abfindung *f* ; *lettre f de* ~ Kündigungsschreiben *n* ; Entlassung *f* ; (*fam.*) blauer Brief *m* ; *motif m de* ~ Kündigungsgrund *m* ; *prime f de* ~ Entlassungsabfindung *f* ; *protection f contre le* ~ Kündigungsschutz *m* ; ◆◆◆ *contester les ~s* die Kündigungen anfechten ; *menacer de licenciement* mit Entlassung drohen ; *les ~s se multiplient* die Entlassungen häufen sich ; *procéder à des ~s pour motif économique* betriebsbedingte Kündigungen aussprechen ; *prononcer des ~s* Kündigungen aussprechen ; *refuser les ~s* die Entlassungen verweigern.

licencier jdn entlassen ; jdm kündigen ; (*fonctionnaire*) verabschieden ; ~ *du personnel* Personal freisetzen (abbauen) ; (*fam.*) Personal abspecken.

licitation *f* (*jur.*) Versteigerung *f* eines gemeinschaftlichen Guts durch die Eigentümer ; ~ *amiable* (*volontaire*) freiwillige Versteigerung ; ~ *judiciaire* Zwangsversteigerung ; *vente f par* ~ *judiciaire* Zwangsversteigerung.

licite erlaubt ; befugt ; zulässig ; statthaft ; (*jur.*) *cause m* ~ gesetzlicher Vertragszweck *m*.

liciter (*jur.*) (eine ungeteilte Sache) versteigern.

lié, e gebunden ; ~ *par contrat* vertraglich (durch Vertrag) gebunden ; vertragsgebunden ; ~ *à un délai* termingebunden ; befristet ; ~ *à l'indice* indexgebunden ; an den Index gebunden.

lien *m* Band *n* ; Verbindung *f* ; Bindung *f* ; Zusammenhang *m* ; (*Internet*) Verknüpfung *f* ; Link *m* ; ~ *causal* (*de causalité*) Kausalzusammenhang ; ~ *conjugal* eheliches Band ; ~ *contractuel* Vertragsverhältnis *n* ; ~ *de dépendance* Abhängigkeitsverhältnis *n* ; ~ *légal* gesetzliches Verhältnis *n* ; ~ *de parenté* Verwandtschaftsverhältnis *n*.

lier binden ; verbinden ; verpflichten ; *opération f ~ée* Swapgeschäft *n* ; ~ *conversation avec qqn* mit jdm ein Gespräch anknüpfen (beginnen) ; *se ~ par contrat* sich vertraglich binden ; *se ~ les mains* sich selbst die Hände binden ; *avoir partie ~ée avec qqn* mit jdm gemeinsame Interessen haben.

lieu *m* 1. Ort *m* ; Platz *m* ; Stelle *f* ; Stätte *f* ; ◆ ~ *de chargement* Verladeort ; ~ *commun* Gemeinplatz ; ~ *du crime* (*du délit*) Tatort ; ~ *de départ* Ausgangsort ; ~ *de destination* Bestimmungs-, Zielort ; ~ *d'embarquement* Verschiffungsort ; ~ *d'émission* Ausstellungsort (eines Wechsels) ; ~ *d'établissement* Niederlassungsort ; ~ *d'exécution* Erfüllungsort ; ~ *d'expédition* Versand-, Aufgabeort ; ~ *d'exploitation* Sitz *m* des Betriebs ; Betriebsort ; *haut ~* berühmte Stätte ; Hochburg *f* ; *en haut ~* höheren Orts ; an höherer Stelle ; ~ *d'implantation* Standort ; ~ *de livraison* Lieferort ; ~ *de naissance* Geburtsort ; ~ *d'origine* Herkunftsort ; ~ *de paiement* Zahlungsort ; ~ *de pêche* Fischfanggrund *m* ; ~ *de production* Produktionsstätte ; *dans des ~x publics* an öffentlichen Orten ; ~ *de réception* Empfangsort ; (*statist.*) ~ *de relevé* Erhebungsstelle *f* ; ~ *de séjour* Aufenthaltsort ; ~ *de travail* Arbeitsstätte, -stelle, -platz ; ~ *de vente* Verkaufsort, -stelle ; *en ~ et place de qqn* stellvertretend für jdn ; an jds Stelle ; in Vertretung von jdm ; ◆◆◆ *avoir ~* stattfinden ; *s'il y a ~* gegebenenfalls ; nötigenfalls ; wenn nötig ; *donner ~ à qqch* zu etw Anlass geben 2. (*logement*) *~x* Örtlichkeit *f* ; Räume *mpl* ; *abandon m des ~x* Verlassen *n* der Wohnung ; *état m des ~x* Bestandsaufnahme *f* ; *jouissance f des ~x* Nutzung *f* der Wohnung ; *Wohnrecht n* ; *quitter* (*vider*) *les ~x* die Wohnung räumen ; ausziehen 3. (*jur.*) *~x* Tatort *m* ; *sur les ~x* an Ort und Stelle ; (*jur.*) am Tatort ; *descente sur les ~x* Ortsbesichtigung *f*.

lieu-dit *m* Flurbezeichnung *f* ; Ort *m*, der einen Flurnamen trägt.

ligne *f* 1. (*sens général*) Linie *f* ; Grenze *f* ; ~ *ascendante, descendante* aufsteigende, absteigende Linie ; ~ *budgétaire* Haushaltsansatz *m* ; ~ *de démarcation* Grenzlinie ; Abgrenzung *f* ; Trennung *f* ; ~ *des douanes* Zollgrenze ; *~-frontière* Grenzlinie ; ~ *maternelle,* *paternelle* mütterliche, väterliche Linie ; mütterlicher-, väterlicherseits **2.** (*téléph.*) Leitung *f* ; ~*s groupées* Sammel(ruf)nummer *f* ; ~ *interurbaine* Fernleitung *f* ; ~ *principale* Hauptanschluss *m* ; ~ *supplémentaire* Nebenanschluss *m* ; *avoir qqn en* ~ jdn am Apparat haben ; *les* ~*s sont encombrées* die Leitungen sind überlastet **3.** (*trafic*) Linie *f* ; Strecke *f* ; Bahn *f* ; ~ *régulière* Liniendienst *m* ; Linienverkehr *m* ; (*train*) *grande* ~ Haupt-, Fernstrecke ; ~ *maritime (de navigation)* Schifffahrtslinie ; (*avion*) ~ *régulière* planmäßig beflogene Strecke ; (*train*) ~ *secondaire* Nebenstrecke, -bahn ; ~ *d'autobus, de tramway* Autobus-, Straßenbahnlinie ; ~ *de banlieue* Vorortlinie, -bahn ; ~ *de chemin de fer* Eisenbahnlinie, -strecke ; ~ *de métro* U-Bahn-Linie, -strecke ; *avion m de* ~ Linienflugzeug *n*, -maschine *f* **4.** (*typo.*) Zeile *f* ; *à la* ~ *!* neue Zeile ! neuer Absatz ! ; *aller à la* ~ eine neue Zeile anfangen ; *lire entre les* ~*s* zwischen den Zeilen lesen **5.** (*fig.*) Linie *f* ; ~ *de conduite* Richtschnur *f* ; Leitsatz *m*, -linie ; ~ *directrice* Leitlinie ; ~ *du parti* Parteilinie **6.** ~ *de produits* Produktlinie ; Kollektion *f* ; Angebotspalette *f* ; Artikelserie *f*, -sammlung *f* ; *lancer une nouvelle* ~ *sur le marché* eine neue Produktensammlung auf den Markt bringen **7.** ~ *de crédit* Kreditlinie ; Kreditplafond *m* ; ~ *de crédit permanent* ständige Kreditlinie ; *ouvrir une* ~ *de crédit* eine Kreditlinie eröffnen **8.** (*informatique*) *en* ~ online ; Online- ; *exploitation f en* ~ Online-Betrieb *m* ; *interrogation f en* ~ Online-Abfrage *f* ; *marché m en* Online-Markt *m* ; *services mpl en* ~ Online- Dienste *mpl* ; Dienstleistungen *fpl* online.

ligue *f* Liga *f* ; Bund *m* ; ~ *arabe* Liga der arabischen Staaten ; Arabische Liga ; ~ *des droits de l'homme* Liga für Menschenrechte ; *former une* ~ eine Liga bilden (gründen).

liminaire einleitend ; einführend ; Eingangs-, Anfangs- ; *faire une déclaration f* ~ eine einleitende Erklärung abgeben.

limitatif, ive 1. begrenzend ; beschränkend ; restriktiv **2.** erschöpfend.

limitation *f* Begrenzung *f* ; Beschränkung *f* ; Einschränkung *f* ; Limit *n* ; ~ *du crédit* Kreditbeschränkung, -begrenzung, -verknappung *f* ; ~ *des cultures, des dépenses* Anbau-, Ausgabenbeschränkung ; ~ *du dividende, des naissances* Dividenden-, Geburtenbeschränkung ; ~ *des prix, de production* Preis-, Produktionsbeschränkung ; ~ *de (la) responsabilité, du risque* Haftungs-, Risikobeschränkung ; ~ *du trafic* Verkehrsbeschränkung ; ~ *de vitesse* Geschwindigkeitsbegrenzung, -beschränkung, -limit ; ~ *volontaire des naissances* Geburtenbeschränkung *f*.

limite *f* **1.** Grenze *f* ; Grenzlinie *f* ; Abgrenzung *f* ; Limit *n* ; ♦ ~ *d'âge, de capacité* Alters-, Kapazitätsgrenze ; ~ *de charge* Belastungsgrenze ; Trag-, Ladefähigkeit *f* ; ~ *des coûts, de couverture* Kosten-, Deckungsgrenze ; ~ *de crédit, d'endettement* Kredit-, Verschuldungsgrenze ; ~ *d'exploitation, d'imposition* Betriebs-, Besteuerungsgrenze (Steuerfreigrenze) ; ~ *inférieure* Untergrenze ; ~ *inférieure, supérieure des prix* untere, obere Preisgrenze ; ~ *maximale* Höchstgrenze ; oberste Grenze ; ~ *minimale* unterste Grenze ; ~ *de productivité, de rentabilité, de responsabilité* Produktivitäts-, Rentabilitäts-, Haftungsgrenze ; ~ *du revenu* Einkommensgrenze ; *sans* ~*s* grenzenlos ; unbegrenzt ; ~ *supérieure* Obergrenze ; ~ *de valeur* Wertgrenze ; ♦♦ *cours m* ~ Kurslimit ; Limit *n* ; von einem Kunden für einen bestimmten Wert vorgegebener Ankaufs-, Verkaufskurs ; *dans la* ~ *des stocks disponibles* solange der Vorrat reicht ; *dans la* ~ *de nos moyens* im Rahmen unserer Mittel ; soweit es unsere Mittel erlauben ; ♦♦♦ *assigner (fixer) des* ~*s à qqch* einer Sache Grenzen setzen ; *atteindre ses* ~*s* seine Grenzen erreichen ; *an der Grenzbelastbarkeit sein* ; *avoir des* ~*s* Grenzen haben **2.** Grenz-, Höchst- ; ~ *d'âge* Altersgrenze ; *atteint par la* ~ *d'âge* aus Altersgründen ; *âge m* ~ Höchstalter *n* ; Altersgrenze ; *cas m* ~ Grenzfall *m* ; *charge f* ~ Höchstlast *f* ; *date f* ~ letzter (äußerster) Termin *m* ; Schlusstermin ; *prix m* ~ äußerster Preis *m* ; Preisobergrenze *f* ; Preislimit *n* ; *valeur f* ~ Grenzwert *m* ; *vitesse f* ~ zulässige Höchstgeschwindigkeit *f*.

limiter begrenzen ; beschränken (auf) ; einschränken ; in Grenzen halten ; ♦ (*bourse*) ~*é* limitiert ; ~*é à*

liquidation

beschränkt auf ; (*idée de temps*) befristet (auf) ; *~é dans le temps* zeitlich begrenzt (befristet) ; ◆◆ *aide financière ~ée* zeitlich begrenzte finanzielle Unterstützung *f* ; *offre f ~ée dans le temps* zeitlich begrenztes Angebot *n* ; (*bourse*) *ordre m ~é* limitierter Auftrag *m* ; *société f à responsabilité ~ée* Gesellschaft *f* mit beschränkter Haftung ; ◆◆◆ *~ les dégâts* das Schlimmste verhüten ; größere Schäden verhindern ; *~ les dépenses* mit dem Geld sparsam umgehen ; weniger ausgeben ; (*fam.*) sich den Gürtel enger schnallen ; *~ l'inflation* die Inflation drosseln.

limitrophe angrenzend (an) ; benachbart ; Grenz- ; Anrainer- ; *territoire m ~* Grenzgebiet *n* ; *commune f ~* Randgemeinde *f*.

limogeage *m* Entlassung *f* ; Kaltstellung *f* ; Strafversetzung *f* ; (*fam.*) Abhalfterung *f* ; Rausschmiss *m* ; Feuern *n* ; Absägen *n*.

limoger entlassen ; kaltstellen ; strafversetzen ; (*fam.*) feuern ; absägen ; rausschmeißen.

linéaire *m* Regal *n* ; Regalfläche *f* ; (in Meter ausgedrückte) Warenausstellungsfläche in einem Selbstbedienungsladen (Super-, Verbrauchermarkt).

linéaire (*statist.*) linear ; linienförmig ; *amortissement m ~* lineare Abschreibung *f* ; *fonction f ~* lineare Funktion *f* ; *mesures fpl ~s* Längenmaße *npl* ; *le mètre ~* der/das laufende Meter.

linéarité *f* (*statist.*) Linearität *f*.

lingot *m* 1. Barren *m* ; *~ d'argent* Silberbarren ; *~ d'or* Goldbarren ; *or m en ~s* Barrengold *n* 2. *~ d'acier* Stahlblock *m*.

lion *m* : *se disputer la part du ~* sich um den Löwenanteil streiten ; *se tailler la part du ~* den Löwenanteil kassieren ; sich den Löwenanteil (von etw) sichern.

liquéfaction *f* (*gaz*) Verflüssigung *f* ; Liquefaktion *f*.

liquéfier (*gaz*) verflüssigen.

liquidable 1. (*réalisable*) in Geld umsetzbar ; liquidierbar ; veräußerlich 2. (*calcul de la retraite, assurances : pouvant être pris en compte*) anrechnungsfähig ; *annuités fpl ~s* anrechnungsfähige Beitrags-, Versicherungszeiten *fpl* 3. (*société*) auflösbar.

liquidateur *m* (*jur.*) Abwickler *m* ; Liquidator *m* ; Masseverwalter *m* ; *~ amiable* vertraglich bestellter Liquidator ; *~ de la faillite* Konkurs-, Masseverwalter ; *~ judiciaire* gerichtlich bestellter Liquidator.

liquidation *f* 1. Liquidation *f* ; Liquidierung *f* ; Abwicklung *f* ; Auflösung *f* ; Auseinandersetzung *f* ; ◆ *~ de biens* Vermögensliquidation, -auseinandersetzung ; *~ des biens* Konkurs *m* ; Konkursverfahren *n* ; *~ d'un commerce* Geschäftsauflösung ; *~ d'un compte* Auflösung eines Kontos ; *~ forcée* Zwangsliquidation ; *~ judiciaire* gerichtliche Abwicklung ; *~ partielle* Teilliquidation ; *~ volontaire* freiwillige Liquidation ; ◆◆ *accord m sur la ~* Liquidationsvergleich *m* ; *actif m de ~* Schlussvermögen *n* ; Abwicklungsendvermögen ; Konkursmasse *f* ; *bénéfice m de ~* Liquidations-, Abwicklungsgewinn *m* ; *bilan m d'ouverture de ~* Liquidations(eröffnungs)bilanz *f* ; *clôture f de la ~* Abschluss *m* der Liquidation ; *compte m de ~* Liquidationskonto *n* ; *cours m de ~* Liquidationskurs *m* ; *date f de ~* Liquidationsdatum *n* ; *jour m de ~* Liefertag *m* ; *procédure f de ~* Liquidationsverfahren *n* ; *produit m de ~* Liquidationserlös *m* ; *société f en ~* Liquidationsgesellschaft *f* ; *valeur f de ~* Liquidationswert *m* ; ◆◆◆ *entrer en ~* in Liquidation treten ; *mettre une société en ~* eine Firma auflösen ; *la société est en ~* die Gesellschaft wird abgewickelt 2. (*dettes*) Bezahlung *f* ; Rückzahlung *f* ; Tilgung *f* 3. (*coûts, impôts*) Festsetzung *f* ; Berechnung *f* ; *~ des dépens* Kostenfestsetzung ; *~ de l'impôt* Steuerfestsetzung 4. (*bourse*) Liquidation *f* ; Abrechnung *f* ; Regulierung *f* ; Glattstellung *f* ; *~ (boursière) de fin de mois* Ultimoabschluss *m*, -abrechnung *f*, -liquidation ; Abrechnung *f* am Ende des Börsenmonats ; *~ de quinzaine* Medioliquidation ; *jour m de ~* Liefertag *m* ; Ultimo *n* 5. (*vente*) *~ totale d'un stock* Totalausverkauf *m* ; Räumungsverkauf ; Ausverkauf *m* ; *~ du stock pour cause d'inventaire* Inventurausverkauf *m* ; *~ pour cause de cessation de commerce* Total-, Räumungsausverkauf wegen Geschäftsaufgabe ; *~ pour cause de faillite* Konkursausverkauf ; *~ d'unités de production non rentables* Abwicklung *f* von unrentablen Produktionseinheiten ; *prix m de ~* Räumungspreis *m* ; *vente-~*

liquidatif, ive

Liquidationsverkauf **6.** (*polit.*) ~ *d'un adversaire* Liquidierung *f* (Beseitigung *f*) eines Gegners.
liquidatif, ive Barwert *m*.
liquide *m* Bargeld *n* ; Barmittel *npl* ; Barkapital *n* ; flüssige Gelder *npl* ; Liquidität *f* ; Flüssigkeit *f* ; *ne pas avoir de ~ sur soi* kein bares Geld bei sich haben ; *payer en ~* bar zahlen ; in bar bezahlen ; *perdre tout son ~* seine ganze Barschaft verlieren ; *vendre moyennant du ~* gegen bar verkaufen.
liquide 1. flüssig ; liquid ; bar ; *argent m ~* Bargeld *n* ; Barmittel *npl* ; flüssige (bare, liquide) Mittel *npl* ; *avoir m ~* Barguthaben *n* ; *capital m ~* Barkapital *n* ; *rendre ~* flüssig (liquid) machen **2.** *gaz m ~* Flüssiggas *n*.
liquider 1. liquidieren ; abwickeln ; auflösen ; *~ un compte* ein Konto auflösen (abrechnen) ; *~ une société* eine Gesellschaft liquidieren (auflösen) **2.** (*biens immobilisés*) verkaufen ; veräußern ; flüssig machen **3.** festsetzen ; feststellen ; *~ un impôt* eine Steuer festsetzen **4.** (*bourse*) liquidieren ; abrechnen ; *~ une ligne de portefeuille* eine Position in einem Portefeuille liquidieren **5.** (*dette*) (be)zahlen ; tilgen **6.** (*vente*) ausverkaufen ; *~ des stocks* ein Lager räumen ; Lagerbestände abbauen **7.** (*fam.*) *~ une affaire* ein Geschäft erledigen (abwickeln) **8.** (*polit.*) *~ un adversaire* einen Gegner liquidieren (beseitigen).
liquidité *f* Liquidität *f* ; Flüssigkeit *f* ; Bargeld *n* ; Barmittel *npl* ; flüssiges Kapital *n* ; flüssige (liquide) Mittel *npl* ; ◆ *~s bancaires* Bankliquidität ; *~s de caisse* Kassenliquidität ; *~ comptable* buchmäßige Liquidität ; *~ excessive* Überliquidität ; *~ interne* Inlandsliquidität ; innerstaatliche Liquidität ; ◆◆ *augmentation f de la ~* Liquiditätssteigerung *f* ; *coefficient m de ~* Liquiditätskoeffizient *m* ; *contraction f des ~s* Liquiditätsverknappung *f*, -beengung *f* ; *diminution f de la ~* Liquiditätsminderung *f* ; *état m de ~* Liquiditätsstand *m* ; *excédent (excès m) m de ~* Überliquidität *f* ; *maintien m des ~s* Erhaltung *f* der Liquidität ; *manque m de ~* Illiquidität *f* ; *pénurie f de ~s* Liquiditätsknappheit *f* ; *ratio m de ~* Liquiditätsziffer *f* ; *réserve f de ~* Liquiditätsreserve *f* ; *resserrement m des ~s* Liquiditätsverknappung *f* ; *taux m de ~* Liquiditätsgrad *m* ; *totalité f des ~s dont on dispose* Gesamtheit *f* des verfügbaren Gelds ; ◆◆◆ *augmenter, diminuer la ~* die Liquidität steigern, herabsetzen ; *créer des ~s* Liquiditäten schaffen ; *disposer d'un excédent de ~s* über einen Liquiditätsüberschuss verfügen ; *manquer de ~s* unter Liquiditätsknappheit leiden.
lissage *m* Glättung *f* ; (*bourse*) *~ des cours en bourse* Glättung der Börsenkurse.
liste *f* Liste *f* ; Verzeichnis *n* ; Register *n* ; Aufstellung *f* ; ◆ *~ des abonnés* (*journal*) Abonnentenliste ; (*téléph.*) Teilnehmerverzeichnis ; *~ des abréviations* Abkürzungsverzeichnis ; *~ des absents* Abwesenheitsliste ; *~ d'adresses* Adressenverzeichnis ; *~ alphabétique* alphabetisches Verzeichnis ; *~ d'attente* Warteliste ; Rangliste ; *~ des candidats* Wahlliste ; *~ de desiderata* Wunschliste ; *~ électorale* (*des électeurs*) Wähler-, Wahlliste ; Wählerverzeichnis ; *~ d'inventaire* Inventarliste ; *~ des marchandises* Warenliste, -verzeichnis ; *~ noire* schwarze Liste ; *~ nominative* Namensliste, -verzeichnis ; *~ de paie* Lohn- und Gehaltsliste ; *~ des passagers* Passagierliste ; *~ de présence* Anwesenheitsliste ; *~ des prix* Preisliste ; *~ unique* Einheitsliste ; *~ de vœux* Wunschzettel *m* ; ◆◆ *passager m aérien sur ~ l'attente* Stand-By-Passagier *m* ; *scrutin m de ~* Listenwahl *f*, -abstimmung *f* ; *tête f de ~* Spitzenkandidat *m* ; Listenführer *m* ; ◆◆◆ *dresser (établir) une ~* ein Verzeichnis aufstellen ; *cocher sur une ~* auf einer Liste ankreuzen (abhaken) ; *être sur une ~* auf einer Liste stehen ; (*téléph.*) *être sur la ~ rouge* nicht im Telefonbuch verzeichnet sein ; eine Geheimnummer haben ; *figurer sur une ~ d'attente* auf einer Warteliste stehen ; *inscrire (un nom) sur une ~* (einen Namen) auf eine Liste setzen ; *présenter une ~* einen Wahlvorschlag machen (einreichen) ; *rayer de la ~* von der Liste streichen.
lister auflisten.
listing *m* Listing *n* ; *faire un ~* auflisten.
lit *m* Bett *n* ; *enfant du premier, du second ~* Kind *n* aus erster, zweiter Ehe ; *chambre f à un, deux ~s* Einbettzimmer

n, Doppelzimmer (Zweibett-Zimmer) ; *nombre de ~s disponibles* Anzahl *f* der Fremdenbetten ; (*hôpital*) *nombre m de ~s* Zahl *f* der Krankenbetten.

litige *m* Streit *m* ; Streitfall *m* ; Streitsache *f* ; Streitigkeit *f* ; Rechtsstreit ; *en ~* strittig ; umstritten ; *en cas de ~* im Streitfall ; *montant m du ~* Streitwert *m* ; *point m en ~* Streitpunkt *m* ; *arbitrer un ~* eine Streitigkeit auf dem Schiedsweg regeln ; *faisant l'objet d'un ~* Streitsache ; *régler un ~* einen Streit schlichten ; einen Streitfall beilegen ; *trancher un ~* einen Rechtsstreit entscheiden.

litigieux, euse strittig ; umstritten ; streitig ; nicht geklärt ; *affaire f ~euse* Streitsache *f* ; strittige Angelegenheit *f* ; *créance f ~euse* strittige Forderung *f.*

litre *m* Liter *n* ou *m* ; *bouteille f d'un ~* Literflasche *f* ; *vendre au ~* etw literweise verkaufen.

littéral, e wörtlich ; wortgetreu ; buchstäblich ; *au sens ~ du mot* im wörtlichen (eigentlichen) Sinne des Wortes.

littoral *m* Küstengebiet *n* ; Küste(n) *f*(*pl*) ; *association f de protection du ~* Küstenschutzverein *m* ; *défiguration f du ~* Verunstaltung des Küsten-, des Landschaftsbilds.

littoral, e Küsten- ; *ville f ~e* Küstenstadt *f* ; *zone f ~e* Küstengebiet *n.*

livrable lieferbar ; vorrätig ; verfügbar ; *~ franco domicile* lieferbar frei Haus ; *marchandise f immédiatement ~* sofort lieferbare Ware *f.*

livraison *f* Lieferung *f* ; Ablieferung ; Auslieferung ; Belieferung ; Aushändigung *f* ; (*envoi*) Sendung *f* ; Versand *m* ; Zustellung *f* ; Übergabe *f* ; Empfang *n* ; (*commande*) Auftrag *n* ; Bestellung *f* ; ◆ *~ anticipée* vorzeitige Lieferung ; *~ sur appel* Lieferung auf Abruf ; *~ arriérée* ausstehende Lieferung ; Lieferrückstand *m* ; *~ complémentaire* Nachlieferung *f* ; *~ à domicile* Lieferung frei Haus ; *~ à l'étranger* Auslandslieferung ; Lieferung ins Ausland ; *~ provenant de l'étranger* Auslandslieferung ; Lieferung aus dem Ausland ; *~ pour l'exportation* Exportlieferung ; *~ franco domicile* Lieferung frei Haus ; *~ immédiate* Zug-um-Zug-Geschäft *n* ; sofortige Lieferung ; *~-jour* taggleiche Belieferung *f* ; *~ de marchandises* Warenlieferung ; *~ en nature* Sach-, Natural-, Deputatlieferung ; *~ obligatoire* Pflicht-, Zwangsablieferung ; *~ partielle* Teillieferung ; *~ prioritaire* bevorzugte Lieferung ; *~ à quai* Kaianlieferung ; *~ contre remboursement* Lieferung gegen Nachnahme ; ◆◆ *bon m* (*bordereau, bulletin*) *de ~* Lieferschein *m,* -zettel *m* ; *clause f de ~* Lieferklausel *f* ; *commission f de ~* Auslieferungsprovision *f* ; *conditions fpl de ~* Lieferbedingungen *fpl* ; *contrat m de ~* Liefer(ungs)vertrag ; *date f de ~* Liefertermin *m* ; *délai m de ~* Lieferfrist *f* ; *empêchement m à la ~* Liefer(ungs)hindernis *n* ; *fiche f de ~* Lieferzettel *m* ; *frais mpl de ~* Liefer(ungs)kosten *pl* ; *garantie f de ~* Liefergarantie *f* ; *jour m de la ~* Liefer(ungs)tag *m* ; *lieu m de ~* Lieferort *m* ; *obligation f de ~* Lieferpflicht *f* ; *ordre m de ~* Liefer(ungs)auftrag *m* ; *paiement m à la ~* Zahlung *f* bei Lieferung ; *prix m à la ~* Lieferpreis *m* ; *promesse f de ~* Lieferversprechen *n,* -zusage *f* ; *retard m dans la ~* Lieferverzug *m* ; *service m de ~* (*à domicile*) Liefer(ungs)dienst *m* ; Lieferungsservice *m* ins Haus ; Hauszustellung *f* ; *service m de ~ rapide* Eilbestelldienst *m* ; *taxe f de ~* Zustellgebühr *f* ; Bestellgebühr ; ◆◆◆ *payable à la ~* zahlbar bei Lieferung ; *prendre ~ de qqch* etw in Empfang nehmen ; etw annehmen ; *vendre à ~ différée* auf Abruf verkaufen.

livre *m* Buch *n* ; Register *n* ; Journal *n* ; Rolle *f* ; ◆ *des achats* Einkaufsbuch ; *~ blanc* Weißbuch ; *~ de bilan* Bilanzbuch ; (*navigation*) *~ de bord* Logbuch *n* ; Schiffstagebuch *n* ; *~ de caisse* Kassenbuch ; *~ des commandes* Bestell-, Auftragsbuch ; *~s de commerce* Geschäfts-, Handels-, Rechnungsbücher ; *~ de comptabilité* Geschäfts-, Rechnungsbuch ; *~ de comptes* Kontobuch ; *~ de comptes courants* Kontokorrentbuch ; *~ de comptes du ménage* Haushaltsbuch ; *~ des débiteurs* Debitorenbuch ; *~ de dépôt* Depotbuch ; *~ des entrées de marchandises* Wareneingangsbuch ; *~ foncier* Grundbuch ; *~ d'inventaire* Abschlussbuch ; *~ journal* Tagebuch ; *~ de magasin* Lagerbuch ; *~ de poche* Taschenbuch ; *~ de recettes et dépenses* Einnahmen- und Ausgabenbuch ; *~ des réclamations* Beschwerdebuch ; *~ des sorties* (*des ventes*) *de marchandises*

livre

Warenausgangsbuch ; ~ *spécialisé* Fachbuch ; ◆◆ *clôture f des ~s* Buchabschluss *m* ; *commerce m des ~s* Buchhandel *m* ; *grand ~* Hauptbuch ; *grand ~ de la dette publique* Staatsschuldenbuch ; *industrie f du ~* Buchgewerbe *n* ; *salon m du ~* Buchmesse *f* ; *teneur m de ~s* Buchhalter *m*, -führer *m* ; *tenue f des ~s* Buchführung *f*, -haltung *f* ; ◆◆◆ *arrêter* (*clôturer*) *les ~s* die Bücher abschließen ; *inscrire aux* (*dans les*) *~s* in die Bücher eintragen ; verbuchen ; *porter sur les ~s* verbuchen ; *produire les ~s* die Bücher vorlegen ; *tenir les ~s* die Bücher führen.

livre *f* **1.** (*monnaie*) Pfund *n* ; *~ israélienne, turque* israelisches, türkisches Pfund ; *~ sterling* Pfund Sterling **2.** (*poids*) Pfund *n* (380 und 550 Gramm).

livrer 1. liefern ; ausliefern ; beliefern ; abliefern ; aushändigen ; zustellen ; übergeben ; (*envoyer*) schicken ; senden ; (*procurer*) beschaffen ; erteilen ; *~ à domicile* ins Haus liefern ; (*franco*) frei Haus liefern ; *~ un client* einen Kunden beliefern ; *~ des marchandises* Waren (ab)liefern ; *~ à terme fixe* zum bestimmten Termin liefern ; (*bourse*) *marché m à ~* Terminmarkt *m* ; *vente f à ~* Kauf *m* auf Lieferung ; (*bourse*) Warentermingeschäft *n* **2.** *~ qqn à la justice* jdn dem Gericht übergeben (überantworten) **3.** *se ~ à un commerce illicite* unerlaubten Handel treiben ; *se ~ à une enquête* Nachforschungen anstellen.

livret *m* Buch *n* ; Heft *n* ; (*France*) *~ A* Sparbuch *n* mit einer Höchsteinlage von 1500 € und steuerfreien Zinserträgen ; *~ de caisse d'épargne* Spar-(kassen)buch ; *~ de dépôt* Depotbuch ; *~ d'épargne populaire* Volkssparbuch ; *~ de famille* (Familien)Stammbuch ; Familienbuch ; *~ scolaire* Schulpass *n* ; *compte m sur ~* Sparkonto *n* ; *prendre un ~ de caisse d'épargne* ein Sparbuch anlegen.

livreur *m* **1.** Auslieferer *m* ; (Aus)fahrer *m* ; Anlieferer *m* ; Austräger *m* ; *~ de pizzas* Pizzabote *m* **2.** (*rare*) Lieferant *m* ; Zulieferer *m*.

LMBO (*leveraged management buy out*) Firmenaufkauf *m* durch das Personal ; Unternehmensübernahme *f* durch die Belegschaft ; → *R.E.S., LBO.*

lobby *m* Lobby *f* ; Interessenverband *m*, -gruppe *f* ; Pressure-group *f* (*syn.* groupe de pression).

local *m* Raum *m* ; Lokal *n* ; Lokalität *f* ; *locaux* Räumlichkeiten *fpl* ; *~ commercial* Geschäftsräume ; *~ d'exposition* Ausstellungsraum ; *~ professionnel* gewerblicher Raum ; Geschäftsraum ; *~ de travail* Arbeitsraum ; *~ à usage commercial* Geschäftsraum, -lokal ; *~ à usage d'habitation* Wohnraum.

local, e (*préfixe*) Lokal- ; Kommunal- ; kommunal ; örtlich ; Gemeinde- ; gemeindlich ; Orts- ; lokal ; regional ; einheimisch ; *autorité f ~e* örtliche Behörde *f* ; Ortsbehörde ; *collectivités fpl ~es* Gebietskörperschaften *fpl* ; *à l'échelon ~* auf Gemeindeebene ; *industrie f ~e* ortsansässige Industrie *f* ; *d'intérêt ~* örtliche Belange *mpl* ; von lokalem Interesse ; *produit m ~* einheimisches Produkt *n*.

localisation *f* (*lieu*) Lokalisierung *f* ; Standort *m* ; (*action de circonscrire*) Begrenzung *f* ; Eindämmung *f*.

localiser lokalisieren ; begrenzen ; eindämmen.

localité *f* Ort *m* ; Ortschaft *f* ; Örtlichkeit *f* ; Lokalität *f*.

locataire *m* **1.** Mieter *m* ; *~ ancien* (*précédent*) Vormieter ; *~ nouveau* (*suivant*) Nachmieter *m* ; *~ principal* Hauptmieter ; *défense f des droits des ~s* Mieterschutz *m* ; Schutz *m* der Mieterrechte ; *être ~* zur Miete wohnen **2.** Pächter *m* ; Landpächter.

locatif, ive Miet- ; Mieter- ; *charges fpl ~ives* Mietnebenkosten *pl* ; *Mietumlagen fpl* ; *dépenses fpl ~ives* Mietkosten *pl* ; *immeuble m à usage ~* Mietsgebäude *n*, -haus *n* ; *logement m à usage ~* Mietwohnung *f* ; *réparations fpl ~ives* zu Lasten des Mieters gehende Reparaturen *fpl* ; *surface f ~ive* Mietfläche *f* ; *valeur f ~ive* Mietwert *m*.

location *f* **1.** (*locataire*) Mieten *n* ; (*bailleur*) Vermietung *f* ; Verleih *m* ; Pacht *f* ; Verpachtung *f* ; *~ de coffres forts* Vermietung von Tresoren (von Safes) ; *~ de films* Filmverleih ; *~ avec option d'achat* Leasing *n* ; *~ saisonnière* Miet-Ferienwohnung *f* ; *~ de voitures* Autoverleih ; Autovermietung *f* ; *donner en ~* vermieten ; verpachten ; *prendre en ~* mieten ; pachten **2.** Miete *f* ; Anmietung *f* ; Mietpreis *m* ; *conditions fpl de ~* Mietbedingungen *fpl* ; *contrat m de ~* Mietvertrag *m* ; *société f de ~ de bateaux* Bootsverleih-Gesellschaft *f* ;

être en ~ chez qqn bei jdm zur (Unter-)Miete wohnen **3.** (*théâtre*) Vorverkauf *m* ; (*train, avion*) (Platz)Reservierung *f.*

location-vente *f* **1.** Mietkauf *m* ; Leasing *n* **2.** Verkauf *m* unter Eigentumsvorbehalt.

lock-out *m* Aussperrung *f* ; *ouvriers mpl en ~* ausgesperrte Arbeiter *mpl* ; *appliquer* (*décréter*) *le ~* die Aussperrung verhängen ; aussperren ; *lever le ~* die Aussperrung aufheben.

lock-outer aussperren ; *~ des ouvriers* Arbeiter aussperren.

locomotion : *moyens mpl de ~* Fortbewegungsmittel *npl.*

locomotive *f* **1.** Lokomotive *f* ; Lok *f* ; *~ électrique* elektrische Lokomotive ; E-Lok ; *~ à vapeur* Dampflok(omotive) **2.** (*fig.*) Motor *m* ; Zugpferd *n* ; treibende Kraft *f* ; *~ électorale* Wahllokomotive.

logement *m* Wohnung *f* ; Unterkunft *f* ; ◆ *~ ancien, neuf* Altbau-, Neubauwohnung *f* ; (*tourisme*) *~ chez l'habitant* Unterbringung *f* in Privatquartieren ; *~ en copropriété* Eigentumswohnung ; *~ d'entreprise* Werkswohnung ; *~ de deux pièces* Zweizimmerwohnung ; *~ de fonction* Dienstwohnung ; *~ inoccupé* leerstehende Wohnung ; *~ locatif* Mietwohnung ; *~ à loyer réduit* mietverbilligte Wohnung ; *~ meublé* (*garni*) möblierte Wohnung ; *~ occupé* belegte (bezogene) Wohnung ; *~ ouvrier* Arbeiterwohnung ; *~ provisoire* Übergangs-, Notwohnung ; *~ sans confort* Schlichtwohnung ; *~ de service* Dienstwohnung ; *~ social* Sozialwohnung ; ◆◆ *acquisition f d'un ~ neuf* Erwerb *m* eines Neubaus ; *aide f personnalisée au ~* (*A.P.L.*) Wohngeld *n* ; Mietbeihilfe *f* ; *allocation f de ~* Wohnungsgeld *n*, -zulage *f* ; Mietzuschuss *m* ; *changement m de ~* Wohnungswechsel *m* ; *construction f de ~s locatifs* Mietwohnungsbau *m* ; *crise f du ~* Wohnungskrise *f*, -not *f* ; *épargne-~ f* Bausparen *n* ; *nombre m de ~s inoccupés* Leerstand *m* an Wohnungen ; Zahl *f* der leerstehenden Wohnungen ; *pénurie f de ~* Wohnungsmangel *m* ; *problème m du ~* Wohnungsfrage *f*, -problem *n* ; ◆◆◆ *avoir son propre ~* eine eigene Wohnung haben ; *chercher un ~* eine Wohnung suchen ; *changer de ~* die Wohnung wechseln ; *entrer dans un ~* eine Wohnung beziehen ; *jouir d'un ~ de fonction* über eine Dienstwohnung verfügen ; *quitter un ~* aus einer Wohnung ausziehen.

loger 1. *~ qqn* jdn unterbringen ; jdn beherbergen ; *~ des touristes* Touristen unterbringen (beherbergen) **2.** (*habiter*) wohnen ; Wohnung nehmen ; (*hôtel*) absteigen ; *~ chez qqn* bei jdm wohnen ; *~ chez l'habitant* privat wohnen ; *être ~é et nourri* Unterkunft und Verpflegung haben ; Kost und Logis haben ; freie Kost haben.

logeur *m* Vermieter *m* ; (Haus)Wirt *m* ; Hausherr *m* ; Quartiergeber *m.*

logiciel *m* (*informatique*) Software *f* ; Anwenderprogramm *n* ; (Computer-)Programm *n* ; *~ d'accès* Zugangssoftware ; Browser *m* ; *~ d'application, d'exploitation* Anwendungs-, Betriebssoftware ; *~ de formation* Bildungssoftware ; *~ de traitement de texte* Textverarbeitungssoftware ; *piraterie f de ~* Softwareraub *m* ; *fournir un ~ d'accès* eine Zugangssoftware liefern ; *se procurer des ~s sur le Net* sich Programme (Software) aus dem Netz besorgen (*contr. matériel*).

logis *m* : *avoir la table et le ~* Unterkunft und Verpflegung haben ; Kost und Logis haben.

logistique *f* Logistik *f* ; *~ d'approvisionnement* Beschaffungslogistik ; *~ en aval* Absatzlogistik ; *service m de ~ industrielle* Standortbetreiberdienst *m* ; Abteilung *f* für industrielle Logistik.

logistique logistisch ; *avantage m ~* logistischer Vorteil *m* ; Standortvorteil ; *désavantage ~* logistischer Nachteil *m* ; Standortnachteil ; *soutien m ~* logistische Mittel *npl.*

logo *m* Logo *n* ; Firmenzeichen *n* ; Firmenlogo *n* ; Label *n* ; (*produit*) Marke *f* ; Markenzeichen *n* ; Warenzeichen *n.*

loi *f* Gesetz *n* ; Recht *n* ; Vorschrift *f* ; *~s* Gesetzgebung *f* ; ◆ *~ antitrust* Antitrustgesetz ; Kartellgesetz ; *~ applicable* geltendes (anwendbares) Gesetz ; *~ de budget* Haushaltsgesetz ; *~ sur les banques* Bankgesetz ; *~-cadre* Rahmen-, Mantelgesetz ; *~ sur les cartels* Kartell(verbots)gesetz ; *~ civile* Zivilgesetz ; *~ commerciale* Handelsgesetz ; *~ constitutionnelle* Verfassungsgesetz ; *~ électorale* Wahlgesetz ; *~ d'exception* Notstands-, Ausnahmegesetz ; *~ de finance* Finanzgesetz ; Haushaltsgesetz ; *~ fiscale* Steuergesetz ; *~ fondamentale*

loi-cadre

Grundgesetz ; (*France*) ~ *informatique et libertés* Datenschutzgesetz ; ~ *du plus fort* Faustrecht ; Recht des Stärkeren ; ~ *de l'offre et de la demande* Gesetz von Angebot und Nachfrage ; *~-programme* Rahmengesetz ; ~ *rétroactive* rückwirkendes Gesetz ; ~ *successorale* Erbrecht ; ~ *suprême* oberstes Gesetz ; ~ *du talion* Talionsgrundsatz *m* ; Vergeltungsrecht ;"Auge um Auge, Zahn um Zahn"; ~ *en vigueur* geltendes Gesetz ; in Kraft befindliches Gesetz ; ◆◆ *adoption f d'une* ~ Verabschiedung *f* eines Gesetzes ; *article de* ~ Gesetzesparagraf *m* ; *conforme à la* ~ gesetzmäßig ; gesetzlich ; *contraire à la* ~ gesetzeswidrig ; *de par la* ~ kraft Gesetzes ; *force f de* ~ Gesetzeskraft *f* ; *homme m de* ~ Jurist *m* ; *infraction f à la* ~ Gesetzesverstoß *m* ; *lacune f de la* ~ Gesetzeslücke *f* ; *projet m de* ~ Gesetzesvorlage *f* ; Regierungsvorlage *f* ; *projet de* ~ *de finances* Haushaltsvoranschlag *m*, -entwurf *m* ; Finanzvorlage *f* ; *proposition f de* ~ Gesetzesvorlage *f* ; Initiativantrag *m* ; *texte m de* ~ Gesetzesbestimmung *f* ; Wortlaut *m* eines Gesetzes ; *en vertu de la* ~ kraft Gesetzes ; auf Grund des Gesetzes ; *violation f de la* ~ Gesetzesübertretung *f*, -verstoß *m*, -verletzung *f* ; ◆◆◆ *abolir* (*abroger*) *une* ~ ein Gesetz aufheben ; ein Gesetz außer Kraft setzen ; *adopter une* ~ ein Gesetz verabschieden ; *amender, appliquer une* ~ ein Gesetz abändern, anwenden ; *approuver une* ~ einem Gesetz zustimmen ; *nul n'est censé ignorer la* ~ Unkenntnis des Gesetzes schützt nicht vor Strafe ; *se conformer à la* ~ sich an das Gesetz halten ; *durcir une* ~ ein Gesetz verschärfen ; *enfreindre la* ~ das Gesetz übertreten (verletzen) ; *modifier, proposer une* ~ ein Gesetz abändern, einbringen ; *promulguer une* ~ ein Gesetz verkünden ; *tomber sous le coup de la* ~ unter das Gesetz fallen ; strafbar sein ; *tourner la* ~ das Gesetz umgehen ; *transgresser* (*violer*) *la* ~ das Gesetz übertreten ; gegen das Gesetz verstoßen ; *voter une* ~ ein Gesetz verabschieden (beschließen) ; über ein Gesetz abstimmen.

loi-cadre *f* Rahmengesetz *n* ; Rahmenplan *m* ; ~ *de l'enseignement supérieur* Hochschulrahmengesetz.

loisirs *mpl* Freizeit *f* ; *activité de*(*s*) ~ Freizeitbeschäftigung *f* ; *centre m de* ~ Erholungsgebiet *m* ; *organisation f des* ~ Freizeitgestaltung *f* ; *société f de* ~ Freizeitgesellschaft *f*.

L.O.L.F. *f* (*Loi organique relative aux lois de finance*) sich auf Finanzgesetze beziehendes Gundgesetz *n*.

long, longue lang ; *à la longue* auf (die) Dauer ; mit der Zeit ; *~ue distance* Langstrecke *f* ; *à ~ue durée f* langfristig ; auf lange Sicht ; *~ue maladie f* Langzeitkrankheit *f* ; *à* ~ *terme* langfristig ; auf lange Sicht ; *collaborateur m de ~ue date* langjähriger Mitarbeiter *m* ; *ondes fpl ~ues* Langwellen *fpl* (LW) ; *papier m* ~ (*à long terme*) langfristiges Papier *n* ; langer Wechsel *m* ; *vol m ~-courrier* Langstreckenflug *m* ; *avoir dix mètres de* ~ zehn Meter lang sein ; *avoir le bras* ~ Beziehungen haben ; einen langen Arm haben.

long-courrier *m* 1. (*avion*) Langstreckenflugzeug *n* 2. (*navire*) Übersee-, Ozeandampfer *m*.

long-cours *m* Hochseeschifffahrt *f* ; *flotte f au* ~ Hochseeflotte *f*.

longévité *f* Langlebigkeit *f* ; Lebensdauer *f* ; Dauerhaftigkeit *f* ; (*assur.*) *table f de* ~ Lebenserwartungstafel *f*.

look *m* Look *m* ; (jugendliches) Aussehen *n* ; Modetrend *m* ; (*mode*) *créer un nouveau* ~ einen neuen Look kreieren.

lot *m* 1. Los *n* ; Lotterie *f* ; Gewinn *m* ; Treffer *m* ; (*bourse*) Prämie *f* ; *emprunt m à ~s* Los-, Lotterie-, Prämienanleihe *f* ; *gros* ~ Hauptgewinn *m*, -treffer *m* ; *obligation f à ~s* auslosbare Obligation *f* ; Gewinnobligation ; *valeur f à ~s* verlosbares Wertpapier *n* ; *gagner le gros* ~ das große Los gewinnen 2. Posten *m* ; Partie *f* ; Anteil *m* ; Satz *m* ; ~ *d'actions* Aktienpaket *n* ; ~ *de fabrication* Fabrikationsauftrag *m*, -serie *f* ; ~ *de marchandises* Warenposten, -partie 3. (*jur.*) Anteil *m* ; Teil *m* ou *n* ; ~ *de succession* Erbteil 4. (*terrain*) Parzelle *f* ; Bauland *n*.

loterie *f* Lotterie *f* ; ~ *de bienfaisance* Wohltätigkeitslotterie ; ~ *nationale* Staatslotterie ; *billet m de* ~ Lotterielos *n* ; *jouer à la* ~ (in der Lotterie) spielen.

lotir 1. (*héritage*) aufteilen ; verteilen ; ~ *une succession* einen Nachlass verteilen 2. ~ *un terrain* ein Grundstück parzellieren ; in Parzellen aufteilen.

lotissement *m* **1.** (*action de lotir*) Aufteilung *f* ; Parzellierung *f* (von Land) **2.** (Grundstücks)Parzelle *f* ; Siedlung *f* ; *entreprise f de ~* Siedlungsunternehmen *n* **3.** Aufteilung *f* in Lose (Partien).

louable 1. lobenswert ; löblich ; anerkennenswert **2.** zu vermieten ; vermietbar.

louage *m* (*donner en location*) Vermietung *f* ; Verpachtung *f* ; (*prendre en location*) Mieten *n* ; Pachten *n* ; (*loyer*) Miete *f* ; Pacht *f* ; *~ d'une chasse* Jagdpacht ; *~ de choses* Miete ; *~ d'ouvrage et d'industrie* Werkvertrag *m* ; *~ de service* Dienstleistungs-, Arbeitsverstrag *m* ; *personnel m de ~* Leiharbeitnehmer *mpl* ; Leiharbeitskräfte *fpl* ; Zeitarbeitskräfte ; *donner à ~* vermieten ; *prendre à ~* vermieten.

louer 1. (*donner en location*) vermieten ; verpachten ; *appartement m à ~* Wohnung *f* zu vermieten ; *chambre f à ~* Zimmer frei ; Zimmer zu vermieten **2.** (*prendre en location*) mieten ; pachten **3.** (*ouvrier agricole*) *se ~* eine Arbeit annehmen ; sich verdingen.

loueur *m* Vermieter *m* ; Verleiher *m* ; Verpächter *m* ; *~ d'ouvrage* Arbeitgeber *m* ; Auftraggeber *m* ; Werkunternehmer *m* ; *~ de personnel* Verleiher *m* von (Zeit)Arbeitskräften ; *~ de voitures* Autovermieter.

loup *m* Wolf *m* ; *jeune ~* ehrgeiziger junger Mann *m* ; Aufsteiger *m* ; (*péj.*) Karrieremacher *m* ; Karrierehengst *m*.

lourd, e 1. schwer ; *~ de conséquences* folgenschwer ; schwerwiegend ; *faute f ~e* schweres (grobes, fahrlässiges) Verschulden *n* ; grober Verstoß *m* ; *frais mpl ~s* hohe (Un)Kosten *pl* ; *industrie f ~e* Schwerindustrie *f* ; *poids m ~* Last(kraft)wagen *m* ; LKW *m* ; Laster *m* ; (*fam.*) Brummi *m* **2.** (*bourse*) flau ; lustlos ; rückläufig.

lourdeur *f* **1.** Schwere *f* ; *~ des impôts* drückende Steuerlast **2.** (*bourse*) *~ du marché* Flauheit *f*, Lustlosigkeit *f* der Börse.

low-cost billig ; preiswert ; kostengünstig.

loyal, e loyal ; redlich ; treu ; *concurrence f ~e* ehrlicher (lauterer) Wettbewerb *m* ; *qualité f ~e et marchande* gute Handelsqualität *f*, -klasse *f* ; *loyaux services mpl* treue Dienste *mpl*.

loyauté *f* Loyalität *f* ; Pflichtbewusstsein *f* ; Redlichkeit *f* ; Treue *f* ; Fairness *f* ; Rechtschaffenheit *f*.

loyer *m* **1.** Miete *f* ; Mietpreis *m* ; (*Autriche*) Mietzins *m* ; ♦ *~ arriéré* rückständige Miete ; Mietrückstand *m* ; (*locatif*) *~ de base* Grundmiete ; *~ de bureaux* Büromiete ; *~ avec chauffage* Warmmiete ; *~ commercial* Ladenmiete ; Gewerbemiete ; *~ comparatif* Vergleichsmiete ; *~ conventionné* Vertragsmiete ; *~ exorbitant* überhöhte (horrende) Miete ; *~ légal* gesetzliche Miete ; *~ au mètre carré* Quadratmetermiete ; *~ de référence* (*indexé*) Richtsatzmiete ; *~ trimestriel* Quartalsmiete ; ♦♦ *acompte m sur ~* Mietvorauszahlung *f* ; *allocation f de ~* Mietbeihilfe *f* ; *arriéré m de ~* Mietrückstand *m* ; *assurance f contre le risque de ~s impayés* Mietverlustversicherung *f* ; *barème m des ~s* Mietsspiegel *m* ; *blocage m des ~s* Mietstopp *m* ; *contrôle m des ~s* Mietpreisbindung *f* ; *hausse f des ~s* Mietpreissteigerung *f* ; *majoration f de ~* Mieterhöhung *f* ; *perte f de ~* Mietverlust *m*, -ausfall *m* ; *quittance f de ~* Mietquittung *f* ; ♦♦♦ *avoir un ~ de retard* mit der Miete im Rückstand sein ; *donner à ~* vermieten ; *le ~ est échu* die Miete ist fällig ; *être en ~* zur Miete wohnen ; *payer son ~* die Miete entrichten (zahlen) ; *payer son ~* seine Miete (be)zahlen ; *prendre à ~* mieten ; *réviser un ~* die Miete neu festsetzen **2.** *~ de l'argent* Geldzins *m* ; Zinssatz *m*, -fuß *m*.

lucratif, ive Gewinn bringend ; Gewinn erzielend ; einträglich ; lohnend ; lukrativ ; ertragreich ; ergiebig ; (*jur.*) *association f à but ~* mit Erwerbscharakter ; wirtschaftlicher Verein *m* ; *association f sans but ~* gemeinnütziger Verein *m* ; Idealverein ; Verein ohne Erwerbszweck ; *sans but ~* ohne Erwerbszweck ; ohne Gewinnerzielungsabsicht ; *faire un placement ~* ertragreich anlegen.

lucre *m* (*littéraire*) Gewinn *m* ; *esprit m de ~* Gewinnsucht *f*.

lu et approuvé vorgelesen, genehmigt, unterschrieben.

lumineux, euse Leucht- ; Licht- ; *affiche f ~euse* Leuchtplakat *n* ; Lichtreklame *f* ; *publicité f ~euse* Licht-, Leuchtwerbung *f* ; *réclame f ~euse* Licht-, Leuchtreklame *f* ; Neonreklame.

lutte *f* Kampf *m* ; Bekämpfung *f* ; Auseinandersetzung ; Ringen *n* ; ♦ *~ contre le bruit* Lärmbekämpfung ; *~ contre le chômage* Bekämpfung der

Arbeitslosigkeit ; ~ *des classes* Klassenkampf ; ~ *électorale* Wahlkampf ; ~ *contre l'inflation* Inflationsbekämpfung ; Kampf gegen die Inflation ; ~ *d'intérêts* Interessenkampf ; ~*s internes* innere Auseinandersetzungen ; ~ *pour le pouvoir* Machtkampf ; ~ *sociale* Arbeitskampf ; ~ *ouvrière* Arbeiterkampf ; ◆◆ *de haute* ~ nach hartem Kampf (Ringen) ; *mesures fpl de* ~ Kampfmaßnahmen *fpl* ; *moyens mpl de* ~ *contre le chômage* Kampfmittel *npl* gegen die Arbeitslosigkeit ; ◆◆◆ *mener la* ~ *contre qqch, contre qqn* etw, jdn bekämpfen ; *soutenir la* ~ einen ständigen Kampf führen ; *sortir perdant, vainqueur de la* ~ als Verlierer, Sieger aus dem Kampf hervorgehen.

lutter (*contre*) kämpfen (gegen) ; (etw/jdn) bekämpfen ; ~ *contre le chômage* die Arbeitslosigkeit bekämpfen.

luxe *m* Luxus *m* ; Pracht *f* ; Aufwand *m* ; *article m de* ~ Luxusartikel *m*, -ware *f* ; *cabine f, classe, édition f de* ~ Luxuskabine *f*, -klasse *f*, -ausgabe *f* ; *équipement m de* ~ Luxusausstattung *f* ; *impôt m sur le* ~ Luxussteuer *f* ; *produits mpl de* ~ Luxusgüter *npl,* -waren *fpl* ; Güter *npl* des gehobenen Bedarfs ; *taxe f de* ~ Luxussteuer *f* ; *véhicule m de* ~ Luxuswagen *m* ; Luxuslimousine *f* ; *version f (de)* ~ Luxusausführung *f* ; *s'offrir le* ~ *de qqch* sich etw leisten.

luxueux, euse luxuriös ; prunkvoll ; *appartement m* ~ luxuriöse Wohnung *f* ; Luxuswohnung ; *hôtel m* ~ Luxushotel *n*.

lycée *m* Gymnasium *m* ; höhere Schule *f* ; ~ *agricole* landwirtschaftliches Gymnasium ; ~ *classique* humanistisches Gymnasium ; ~ *commercial* Wirtschaftsgymnasium ; ~ *technique* Fachoberschule.

lycéen *m* Gymnasiast *m* ; Oberschüler *m*.

lyophilisé, e gefriergetrocknet ; pulverisiert ; Pulver- ; *café m* ~ Instantkaffee *m* ; löslicher Kaffee ; Pulverkaffee.

M

> **machine** *f*
> 1. *technique* ; *engin*
> 2. *appareil économique*
> 3. *machine à écrire*

1. *(technique* ; *engin)* Maschine *f* ; Apparat *m* ; Gerät *n* ; Mechanismus *m* ; Motor *m* ; ◆ *à la* ~ automatisch ; maschinell ; mit der Maschine ; ~ *agricole* landwirtschaftliche Maschine ; ~ *à adresser, à affranchir, à calculer* Adressier-, Frankier-, Rechenmaschine ; ~ *comptable* Buchungsmaschine ; Buchführungsmaschine ; ~ *distributrice* Automat *m* ; ~ *électronique* elektronische Maschine ; ~ *en état de marche* betriebsfertige Maschine ; ~ *d'extraction* Fördermaschine ; ~ *à facturer* Fakturiermaschine ; ~-*outil* Werkzeugmaschine ; ~ *à photocopies* Fotokopiergerät ; ~ *à polycopier* Vervielfältigungsmaschine ; ~-*robot* Roboter *m* ; ~ *à sous* Spielautomat *m* ; ~ *textile* Textilmaschine ; ◆◆ *atelier m de réparation de* ~s Machinenreparaturwerkstatt *f* ; *construction f de* ~s Maschinenbau *m* ; *entretien d'une* ~ Wartung *f* einer Maschine ; *équipement*-~ *m* Maschinenausrüstung *f* ; *fabriqué à la* ~ maschinell hergestellt ; maschinenmäßige Herstellung *f* ; *hall m des* ~s Maschinenhalle *f* ; *(informatique) langage m* ~ Maschinensprache *f* ; Programmiersprache ; *lisible par* ~ maschinenlesbar ; *mise f en service des* ~s Inbetriebnahme *f* von Maschinen ; *panne f (avarie f) de* ~ Maschinenschaden *m* ; *parc m de* ~s Maschinenpark *m* ; *responsable m des* ~s Maschinenmeister *m* ; ◆◆◆ *actionner une* ~ eine Maschine betätigen ; *assurer la maintenance des* ~s die Maschinen warten ; *la* ~ *est hors d'état (de fonctionnement)* die Maschine ist außer Betrieb ; *mettre une* ~ *en marche* eine Maschine in Betrieb setzen ; eine Maschine in Gang setzen ; *travailler sur une* ~ an einer Maschine arbeiten ; eine Maschine bedienen.
2. *(appareil économique, administratif, etc.)* Maschinerie *f* ; Apparat *m* ; Räderwerk *n* ; System *n* ; ~ *administrative* Verwaltungsapparat *m* ; Bürokratie *f* ; *(péj.)* Amtsschimmel *m* ; ~ *économique* Wirtschaftsapparat *m* ; *la* ~ *de l'État* der Staatsapparat ; ~ *de la justice* Räderwerk der Justiz ; ~ *politique* politischer Apparat.
3. *(machine à écrire)* Schreibmaschine *f* ; (Text)Computer *m* ; Laptop *m* ; Notebook *n* ; Textverarbeitungssystem *n* ; *écrit (tapé) à la* ~ maschinengeschrieben ; computergetippt ; *écrire (taper) à la* ~ maschinenschreiben ; einen Brief tippen.

machiniste *m* 1. *(responsable des machines)* Maschinist *m* 2. *(transp.)* Schaffner *m*.

maçonnerie *f* (*industrie du bâtiment*) Rohbau *m* ; Rohbauarbeit *f* ; Mauerwerk *n*.

macrobiotique bio- ; *alimentation f, nourriture f* ~ Biokost *f*.

macro-économie *f* Makroökonomie *f* ; Volkswirtschaft *f* ; Großraumwirtschaft ; Gesamtwirtschaft.

madame *f* : *(corresp.)* (*sur une lettre*) *Madame Dupont* Frau Dupont ; (*en tête de lettre*) *Madame,* Sehr geehrte Frau Dupont (Müller), *Madame, Monsieur,* Sehr geehrte Damen und Herren ; *Veuillez agréer, Madame, Monsieur, l'expression de mes sentiments très respectueux* Hochachtungsvoll ; mit vorzüglicher Hochachtung.

mademoiselle *f* : *(corresp.)* (*adresse*) *Mademoiselle Durand,* Fräulein ; Frau ; (*en tête*) *Mademoiselle,* (*arch.*) Sehr geehrtes Fräulein Dupont ; (*courant*) Sehr geehrte Frau Dupont.

maf(f)ia *f* Mafia *f* ; Vetternwirtschaft *f* ; (*fam.*) Verfilzung *f* ; Filzokratie *f*.

maf(f)ieux, se mafios ; mafiaähnlich ; *des groupes de type* ~ mafiaähnliche Gruppen *fpl*.

maf(f)iosi *m* Mafioso *m* ; Mitglied *n* einer Mafia.

1. magasin *m* (*point de vente*) Laden *m* ; Geschäft *n* ; ◆ ~ *d'alimentation* Lebensmittelgeschäft ; ~ *de détail* Kleinhandels-, Einzelhandelsgeschäft, Kleinhandlung *f* ; ~ *d'expédition* Versandgeschäft ; ~ *à grande surface* Supermarkt *m* ; Verbrauchermarkt ; V-Markt *m* ; ~ *de gros* Großhandlung *f* ; Großhandelsgeschäft ; Engrosgeschäft ; ~ *(en) libre service* Selbstbedienungsladen ; SB-Geschäft ; Laden mit SB ; ~ *mini-marge* Discount-Geschäft, -haus *n*, -laden ; Discounter *m* ; ~ *à prix unique (PRISU)* Einheitspreisgeschäft ; ~ *de proximité* Nachbarschaftsladen, -geschäft ; Nah-

magasin

versorger *m* ; ~ *de souvenirs* Andenkenladen ; ~ *spécialisé* Fachgeschäft ; Spezialgeschäft ; ~ *succursale* Filiale *f* ; Zweiggeschäft ; Zweigniederlassung *f* ; ~ *à succursales multiples* Kettenladen ; Filialgeschäft ; Filialist *m* ; ~ *d'usine* Fabrikverkaufsstelle *f* ; Factory-Outlet *n* ; ~ *de vente en gros* Großhandel *m* ; *vente par correspondance* Versandgeschäft ; Versandfirma *f* ; ◆◆ *chaîne f de ~s* Ladenkette *f* ; Kette *f* ; *comptoir m de* ~ Ladentisch *m* ; Tresen *m* ; *employé m de* ~ Ladenangestellte(r) ; *enseigne f de* ~ Ladenschild *n* ; *fermeture f des ~s* Ladenschluss *m* ; *gérant m de* ~ Ladengeschäftsführer *m* ; *grand* ~ Warenhaus *n* ; Kaufhaus ; *ouverture f d'un* ~ Geschäftseröffnung *f* ; *propriétaire m de* ~ Ladeninhaber *m* ; Geschäftsbesitzer *m* ; *vendeuse f de* ~ Verkäuferin *f* ; Ladenmädchen *n* ; *vente f en* ~ Ladenverkauf *m* ; ◆◆◆ *avoir un article en* ~ einen Artikel vorrätig (im Laden) haben ; *courir les ~s (fam.)* von einem zum anderen Geschäft laufen ; die Läden abklappern ; *fermer un* ~ *(pour raison économique)* ein Geschäft schließen (dichtmachen) ; *gérer (tenir) un* ~ ein Geschäft führen (leiten, betreiben) ; *ouvrir un* ~ einen Laden eröffnen *(fam.* aufmachen) ; *rester en* ~ *(invendu)* auf (dem) Lager bleiben ; *tenir un* ~ ein Geschäft führen.
2. magasin *m (entrepôt)* Lager *n* ; Lagerhaus *n* ; Magazin *n* ; Niederlage *f* ; Speicher *m* ; ◆ ~ *frigorifique* Kühlhaus *n* ; Kühlraum *m* ; ~ *général* Lagerhaus ; *~s généraux* öffentliches Lagerhaus ; ~ *de vente* Verkaufsstelle *f* ; ◆◆ *chef m, compte m, droit m de* ~ Lagerverwalter *m*, -konto *n*, -geld *n* (-gebühr *f*) ; *livre m de* ~ Lager-, Bestandsbuch *n* ; Lagerregister *m* ; *marchandises fpl, stock m en* ~ Lagerware *f*, -vorrat *m* ; ◆◆◆ *avoir en* ~ vorrätig (auf Lager) haben ; *garder (conserver) qqch en* ~ etw im Magazin aufbewahren ; *mettre en* ~ auf Lager legen ; lagern ; *pris en* ~ ab Lager.
magasinage *m* 1. Aufbewahrung *f* ; (Ein)Lagerung *f* ; *droits mpl de* ~ Lagergeld *n* ; Lagergebühr *f* ; *frais mpl de* ~ Lagerspesen *pl*, -kosten *pl* 2. Lagerzeit *f*.
magasinier *m* Lagerverwalter *m* ; Warenauffüller *m* ; Lagerhalter *m*, -meister *m* ; Lagerist *m* ; ~ *comptable* Lagerbuchhalter *m*.

magazine *m* Magazin *n* ; Zeitschrift *f* ; Illustrierte *f* ; ~ *politique* politisches Magazin ; ~ *spécialisé* Fachzeitschrift ; ~ *de télévision* Fernsehzeitschrift.
magistère *m* Magister *m* ; Magisterprüfung *f* ; Master *m* ; Universitätsdiplom *n* ; Wirtschafts-, Jura-, Ingenieurdiplom *n* ; → *mastère.*
magistrat *m* hohe(r) Beamte(r).
magistrature *f* 1. hohes Amt *n* ; Magistratur *f* 2. *(jur.)* Richteramt *n* ; Berufsstand *m* der Richter und Staatsanwälte.
magnat *m* Magnat *m* ; Zar *m* ; ~ *de la presse* Zeitungszar.
magnétoscope *m* Videogerät *n*, -recorder *m*.
magnum *m* große Flasche Champagner, Wein (von 1,5 l bis 2 l).
magot *m (fam.)* verborgene Geldsumme *f* ; verstecktes Geld *n* ; Schatz *m*.
magouille *f* Machenschaften *fpl* ; Vettern-, Kumpelwirtschaft *f* ; Kungelei *f* ; *(fam.)* Filzokratie *f* ; Verfilzung *f*.
magouiller *(fam.)* kungeln ; schummeln ; mauscheln ; undurchsichtige Geschäfte machen.
magouilleur *m* Kungel-, Mauschelbruder *m*.
mail *m* E-Mail *f/n* ; *adresse f d'* ~ E-Mail-Adresse *f* ; *envoyer un* ~ *à qqn* jdm eine (ein) E-Mail schicken ; jdm etw e-mailen (emailen) *(syn.* e.mail, mél, courriel, courrier électronique).
mailing *m* Mailing *n* ; Versand *m* von Werbematerial durch die Post ; ~ *publicitaire* Direktwerbung *f (syn.* publipostage).
main *f* Hand *f* ; ◆ *en* ~ *(entre les ~s)* im Besitz ; *en (de) bonnes ~s* in guten Händen ; *à* ~ *levée* freihändig ; *en ~s propres* eigenhändig ; *les ~s vides* mit leeren Händen ; ◆◆ *actionné à la* ~ handbedient ; *bagage(s) m(pl) à* ~ Handgepäck *n* ; *de la* ~ *à la* ~ unmittelbar ; eigenhändig ; direkt ; ohne Quittung ; *changement m de* ~ Besitzerwechsel *m* ; *(Suisse)* Handänderung *f* ; *cousu* ~ handgenäht ; *donation f de la* ~ *à la* ~ Handschenkung *f* ; *écrit à la* ~ handgeschrieben ; *fait (à la)* ~ handgefertigt ; handgemacht ; *en sous-*~ unter der Hand ; heimlich ; *information f de première, de seconde* ~ Information *f* aus erster, aus zweiter Hand ; *(tableau) signé de la* ~ *de l'artiste* handsigniert ; *tour m de*

~ Kunstgriff *m* ; Geschicklichkeit *f* ; *travail m fait (à la)* ~ Handarbeit *f* ; *vente f de la* ~ *à la* ~ Handkauf *m* ; Verkauf *m* ohne Quittung ; *vote m à* ~ *levée* Abstimmung *f* durch Handaufheben (Handzeichen) ; ◆◆◆ *acheter en première, en seconde* ~ aus erster, aus zweiter Hand kaufen ; *s'approvisionner de première* ~ etw (vom Erzeuger) direkt beziehen ; *avoir en* ~*s* im Griff haben ; in den Griff bekommen ; *changer de* ~*s* in andere Hände übergehen ; den Besitzer wechseln ; *donner un coup de* ~ *à qqn* jdm zur Hand gehen ; *forcer la* ~ *à qqn* jdn unter Druck setzen ; jdn zwingen ; *graisser la* ~ *à qqn* jdn bestechen ; *(fam.)* jdn schmieren ; *mettre la* ~ *à la pâte* zupacken ; Hand anlegen ; *passer la* ~ **a)** die Leitung einer Firma aus der Hand geben **b)** *(céder)* nachgeben ; *payer de la* ~ *à la* ~ jdm Geld in bar aushändigen ; (bar) auf die Hand zahlen ; *prendre une affaire en* ~ ein Geschäft in die Hand nehmen ; *(fam.) prendre qqn/être pris la* ~ *dans le sac* jdn auf frischer Tat (in flagranti) ertappen/auf frischer Tat ertappt werden ; *travailler la* ~ *dans la* ~ mit jdm Hand in Hand arbeiten ; *vendre en sous* ~ etw unter der Hand verkaufen.

main-d'œuvre *f* Arbeitskräfte *fpl* ; Arbeiterschaft *f* ; Arbeiter *mpl* ; Belegschaft *f* ; Personal *n* ; ◆ ~ *agricole* landwirtschaftliche Arbeitskräfte ; ~ *bon marché* billige Arbeitskräfte ; ~ *étrangère* Fremdarbeiter ; ausländische Arbeitskräfte ; *(arch.)* Gastarbeiter *mpl* ; ~ *excédentaire* überschüssige Arbeitskräfte ; ~ *hôtelière* Gaststättenpersonal ; ~ *intérimaire* → **intérimaire** ; Zeitpersonal ; ~ *intermittente* → **intermittent** ; ~ *migrante* Wanderarbeiter *mpl* ; ~ *occasionnelle* Aushilfs-, Vertretungskräfte ; Gelegenheitsarbeiter ; ~ *(non) qualifiée* (un)qualifizierte Arbeitskräfte ; Facharbeiter *mpl* ; ~ *temporaire* Zeit-(arbeits)kräfte ; Aushilfs-, Vertretungskräfte ; ◆◆ *besoins mpl en* ~ Arbeitskräftebedarf *m* ; *demande f de* ~ Nachfrage *f* nach Arbeitskräften ; *emploi m de* ~ Arbeitskräfteeinsatz *m* ; *entreprise f de* ~ personalintensives Unternehmen *n* ; *garanti deux ans pièces et* ~ mit einer zweijährigen Garantie für Ersatzteile und Arbeitskosten ; *loueur m de* ~ Verleiher *m* von Zeit(arbeits)kräften ; *mouvements mpl de la* ~ Fluktuation *f* der Arbeitskräfte ; *pénurie f de* ~ Arbeitskräftemangel *m* ; *prix m de* ~ Arbeitskosten *pl* ; Fertigungslohn *m* ; *raréfaction f de la* ~ Arbeitskräfteverknappung *f* ; *recrutement m de* ~ Anwerbung *f* (Einstellung *f*) von Arbeitskräften ; *ressources fpl en* ~ Arbeitskräftepotenzial *n*, -reservoir *n* ; *service m (de placement) de la* ~ Arbeits(kräfte)-vermittlung *f* ; ◆◆◆ *recruter de la* ~ Arbeitskräfte einstellen (anwerben).

main-forte *f* Amtshilfe *f* ; *prêter* ~ Beistand (Hilfe) leisten ; *(administratif)* Amtshilfe leisten.

mainlevée *f* Aufhebung *f* ; Löschung *f* ; Freigabe *f* ; ~ *d'un droit, d'une opposition, du séquestre* Aufhebung eines Rechts, eines Einspruchs, der Zwangsverwaltung ; ~ *d'une hypothèque* Löschung einer Hypothek.

mainmise *f* Beschlagnahme *f* ; Inbesitznahme *f* ; Aneignung *f* ; Kontrolle *f* ; ~ *de l'État sur la presse* Beherrschung *f* der Presse durch den Staat.

mainmorte *f* *(biens appartenant à des personnes morales)* Tote Hand *f* ; unveräußerliche Güter *npl* ; *biens mpl de* ~ Güter *npl* der Toten Hand.

maintenance *f* Wartung *f* ; Warten *n* ; Instandhaltung *f* ; *(usine)* Werkstechnik *f* ; Pflege *f* ; ~ *préventive* Pflegewartung ; *entreprise f de* ~ Wartungsfirma *f* ; *frais mpl, personnel m de* ~ Wartungskosten *pl*, -personal *n*.

maintenir aufrechterhalten ; beibehalten ; erhalten ; wahren ; *(au même niveau)* halten ; ~ *le cap* die Richtung, (den Kurs) beibehalten ; ~ *les effectifs* den Personalbestand aufrechterhalten ; *(portefeuille de titres)* ~ *sa position* gleichgewichten ; ~ *dans son poste* in seinem Amt belassen ; ~ *les prix* die Preise stabil (auf ihrem Niveau) halten ; die Preise (niedrig) halten ; ~ *le statu quo* den Status quo aufrechterhalten ; ~ *en vigueur* aufrechterhalten ; *se* ~ sich halten ; *les cours se maintiennent* die Kurse *mpl* behaupten sich.

maintien *m* Aufrechterhaltung *f* ; Beibehaltung *f* ; Erhaltung *f* ; Fortbestand *m* ; Wahrung *f* ; Instandhaltung *f* ; ~ *en activité (dans l'emploi)* Weiterbeschäftigung *f* ; ~ *d'un contrat* Fortbestand eines Vertrags ; ~ *des droits acquis* Wahrung wohlerworbener

Rechte ; ~ *de l'emploi* Weitererhaltung des Arbeitsplatzes ; ~ *du niveau de vie* Aufrechterhaltung des Lebensstandards ; ~ *de l'ordre* Wahrung *f* der Ordnung ; ~ *des parités fixes* Beibehaltung der festen Paritäten ; ~ *en poste* Belassung *f* in einem Amt (in einer Stellung) ; ~ *du pouvoir d'achat* Aufrechterhaltung der Kaufkraft ; ~ *des prix* (Aufrechter)-Halten *n* der Preise ; ~ *en vigueur* Inkraftbleiben *n* ; Fortbestand ; Weiterbestehen *n*.

maire *m* Bürgermeister *m* ; *(grande ville)* Oberbürgermeister ; *le ~ de Berlin* der Regierende Bürgermeister von Berlin *(syn. le bourgmestre régnant)*.

mairie *f* Rathaus *n* ; Bürgermeisteramt *n* ; Gemeindeamt *n* ; *(d'un arrondissement parisien)* Bezirksamt *n*.

maïs *m* *(agric.)* Mais *m* ; ~ *destiné à l'alimentation du bétail* Futtermais ; ~ *transgénique* Gen-Mais.

1. maison *f* *(de commerce)* Handelshaus *n* ; Firma *f* ; Geschäft *n* ; ~ *affiliée* Zweiggeschäft ; Tochterunternehmen *n* ; ♦ ~ *ancienne* (alt)eingesessene Firma ; ~ *de banque* Bankhaus ; ~ *de commerce* Handelshaus ; Firma ; Geschäft ; ~ *concurrente* Konkurrenzfirma *f* ; ~ *de confiance (sérieuse)* seriöse (solide) Firma ; ~ *d'escompte* Diskontbank *f* ; ~ *d'expédition* Speditionsgeschäft, -firma ; ~ *de gros* Großhandelsgeschäft, -firma ; Großhandlung *f* ; ~ *d'importation* Importfirma, -geschäft ; ~ *de location (de matériel)* Verleih *m* (für) ; ~ *de location de voitures* Autoverleih *m* ; ~ *mère* Stammhaus *n*, -werk *n* ; Muttergesellschaft *f* ; Mutterhaus *n* ; Hauptniederlassung *f* ; ~ *de prêt (sur gage, sur nantissement)* Leihamt *n* ; Pfandleihhaus ; ~ *spécialisée* Fachgeschäft ; ♦♦♦ *avoir 25 ans de* ~ 25 Jahre in einer Firma tätig sein ; *la ~ est en faillite, a fait faillite* die Firma hat Konkurs (Pleite) gemacht ; *travailler dans une ~ de textile* in einer Textilfirma tätig sein.

2. maison *(d'habitation)* Haus *n* ; Wohnhaus *n*, ~ *groupée* Reihenhaus ; ~ *individuelle* Eigenheim *n* ; ~ *isolée* Einfamilienhaus *n* ; ~ *jumelée* Doppelhaus *n* ; ~ *préfabriquée* Fertighaus *n* ; ~ *de rapport* Mietshaus ; ~ *de retraite* Altersheim *n* ; ~ *(livrée) clés en main* bezugsfertiges (schlüsselfertiges) Haus.

maître *m* **1.** Herr *m* ; Meister *m* ; ~ *d'apprentissage* Lehrherr, -meister ; ~ *artisan* Handwerksmeister ; *(université)* ~ *de conférence* Dozent *m* ; ~ *d'hôtel* Oberkellner *m* ; ~ *menuisier* Tischlermeister ; ~ *d'œuvre* Bauherr ; ~ *ouvrier* Aufseher ; ~ *à penser* Vordenker *m* ; *(mines)* ~ *porion* Obersteiger *m* ; *aller en apprentissage chez un* ~ bei einem Meister in die Lehre gehen **2.** *(avocat, notaire) (M^e)* (Herr) Rechtsanwalt, Notar.

maîtrise *f* **1.** *(qualité de maître)* Meisterstand *m* ; Meistertitel *m* ; *agent m de* ~ Werkmeister *m* ; Vorarbeiter *m* ; brevet *m* *de* ~ Meisterbrief *m* ; examen *m* *de* ~ Meisterprüfung *f* **2.** *(contrôle)* Beherrschung *f* ; Vorherrschaft *f* **3.** *(grade universitaire)* Magisterdiplom *n*.

maîtriser meistern ; beherrschen ; in den Griff bekommen ; bewältigen ; ~ *la conjoncture* die Konjunktur im Zaum halten ; ~ *les coûts* die Kosten in den Griff bekommen (dämpfen).

majeur, e 1. volljährig ; großjährig ; mündig ; *être ~ à 18 ans* mit 18 Jahren mündig (volljährig) werden **2.** *la ~e partie* die Mehrzahl ; die Mehrheit ; der größte Teil ; der Großteil **3.** *force f ~e* höhere Gewalt *f* ; *c'est un cas de force ~e* hier liegt höhere Gewalt vor.

major *f* Großkonzern *m* ; Multi *m* ; Holdinggesellschaft *f* ; ~ *cinématographique* Filmgroßkonzern ; ~ *pétrolière* Ölmulti.

majoration *f* Erhöhung *f* ; Heraufsetzung *f* ; Steigerung *f* ; (Preis)-Aufschlag *m* ; Zulage *f* ; Zuschlag *m* ; Aufpreis *m* ; Aufgeld *n* ; ~ *d'ancienneté* Dienstalterzulage ; ~ *de salaire unique* Ehegattenzuschlag ; ~ *des droits* Gebührenerhöhung ; ~ *pour enfant(s) à charge* Kinderzulage ; Kindergeld *n* ; ~ *forfaitaire* Pauschalzuschlag ; ~ *pour heures supplémentaires* Überstundenzuschlag ; Mehrarbeitszuschlag ; ~ *d'impôt* Steuerzuschlag, -erhöhung ; ~ *des minima sociaux* Heraufsetzung des sozialen Mindesteinkommens ; ~ *de primes* Prämienerhöhung ; ~ *de prix* Preisaufschlag ; Aufpreis *m* ; Preiserhöhung ; *(fisc)* ~ *de retard* Säumniszuschlag *m* ; ~ *de salaire* Lohnzuschlag ; Lohnerhöhung ; ~ *des salaires et traitements* Anhebung *f* von Löhnen und Gehältern ; ~ *de vie chère* Teuerungszulage ; *moyennant une ~ de...* gegen einen Aufpreis von… ; *subir une* ~ eine Erhöhung erfahren.

majorer erhöhen ; anheben ; heraufsetzen ; aufbessern ; steigern ; *~é de…* erhöht um… ; *~ des frais* zuzüglich Kosten ; *au taux ~é de cinq %* zum erhöhten Satz von fünf Prozent ; *taux ~é de la TVA* erhöhter Mehrwertsteuersatz ; *~ des intérêts* zuzüglich der Zinsen ; *~ les prix* die Preise heraufsetzen (erhöhen, anheben).

majoritaire Mehrheits- ; *actionnaire m ~* Mehrheitsaktionär *m*, -eigner *m*, -besitzer *m* ; *décision f ~* Mehrheitsbeschluss *m*, -entscheidung *f* ; *fraction f, parti m ~* Mehrheitsfraktion *f*, -partei *f* ; *participation f ~* Mehrheitsbeteiligung *f* ; *scrutin m ~* Mehrheitswahl *f* ; Mehrheitsrecht *n* ; *système m ~* Mehrheitswahlsystem *n*.

majoritairement mehrheitlich.

majorité *f*	1. *sens général* 2. *âge de 18 ans* 3. *majorité silencieuse*

1. *(sens général)* Mehrheit *f* ; Majorität *f* ; ♦ *~ absolue, écrasante, faible, forte* absolute, überwältigende, knappe, starke Mehrheit ; *~ des actions, du capital* Aktien-, Kapitalmehrheit ; *~ des 2/3, des 3/4* Zweidrittel-, Dreiviertelmehrheit ; *~ qualifiée, relative, simple* qualifizierte, relative, einfache Mehrheit ; *~ des suffrages* Stimmenmehrheit ; *avec (à) une ~ de 100 voix* mit einer Mehrheit von 100 Stimmen ; ♦♦♦ *acquérir, perdre la ~* die Mehrheit erwerben (gewinnen), verlieren ; *la ~ s'est prononcée en faveur de…* die Mehrheit hat sich für… entschieden (ausgesprochen) ; *être en ~* in der Überzahl sein ; *être élu à la ~ absolue* mit absoluter Mehrheit gewählt werden ; *réunir (rassembler) la majorité des suffrages sur son nom* die Mehrheit der Stimmen auf seinen Namen vereinigen.

2. *(âge de 18 ans)* Volljährigkeit *f* ; Mündigkeit *f* ; *~ électorale (politique)* Wahlalter *n* ; *~ matrimoniale* Ehemündigkeit *f* ; *~ pénale* Strafmündigkeitsalter *n* ; *déclaration f de ~* Volljährigkeits-, Mündigkeitserklärung *f* ; *avant, après la ~* vor, nach Erreichung der Volljährigkeit ; *atteindre sa ~* volljährig (mündig) werden ; *avoir la ~ électorale* das Wahlalter erreichen.

3. *(majorité silencieuse)* schweigende Mehrheit *f*.

mal schlecht ; übel ; *~ conseillé* schlecht beraten ; *~ payé* schlecht bezahlt ; *réforme f ~ préparée (ficelée)* unausgegorene Reform ; *les affaires vont ~* die Geschäfte gehen schlecht ; die Geschäfte stocken.

malade krank ; *une entreprise ~* ein marodes Unternehmen *n* ; *se faire porter ~* sich krank melden ; *porter ~* krank schreiben (lassen) ; *tomber ~* erkranken ; krank werden.

maladie *f* Krankheit *f* ; ♦ *~s de civilisation* Zivilisationskrankheiten ; *~ longue durée* lang anhaltende Krankheit ; *~ des managers* Managerkrankheit ; *~ professionnelle* Berufskrankheit ; ♦♦ *absentéisme m pour cause de ~* Krankfeiern *n* ; *assurance f ~ (obligatoire)* (gesetzliche) Krankenversicherung *f* ; *caisse f (de) ~* Krankenkasse *f* ; *certificat m de ~* **a)** ärztliches Attest *n* **b)** *(adressé à l'employeur)* Krankmeldung *f* ; *congé m de ~* Krankheitsurlaub *m* ; *cotisation f à la caisse ~* Krankenkassenbeitrag *m* ; *feuille f de ~* Krankenschein *m* ; *frais mpl de ~* Krankheitskosten *pl* ; *indemnité f (allocation f, prestation f) de ~* Krankengeld *n* ; *risque m de ~* Krankheitsrisiko *n*, -gefährdung *f* ; *pour cause de ~* krankheitshalber ; wegen Krankheit ; aus gesundheitlichen Gründen ; *maintien m du salaire en cas de ~* Lohnfortzahlung *f* im Krankheitsfall ; ♦♦♦ *être assuré contre la ~* krankenversichert sein ; *être assujetti à l'assurance ~* krankenversicherungspflichtig sein ; *être en congé pour cause de ~* krankgeschrieben sein ; *être reconnu ~ professionnelle* als Berufskrankheit anerkannt werden.

malentendu *m* Missverständnis *n* ; *~ entre deux partenaires* Meinungsgegensätze *mpl* ; Missverständnisse ; *il doit y avoir un ~* hier liegt wohl ein Missverständnis vor ; *pour éviter tout ~* damit keine Missverständnisse aufkommen ; damit es kein Missverständnis gibt ; *dissiper un ~* ein Missverständnis ausräumen (beseitigen).

malfaçon *f* Konstruktionsfehler *m* ; Defekt *m* ; Fehler *m* ; mangelhafte Ausführung *f* ; schlechte Verarbeitung *f*.

malfaiteur *m* Täter *m* ; Straftäter *m* ; Übeltäter *m* ; Rechtsbrecher *m*.

malnutrition *f* Fehlernährung *f*.

malsain, e gesundheitsschädigend, -schädlich ; ungesund.

malthusianisme *m* Malthusianismus *m* ; ~ *économique* restriktive Wirtschaftspolitik *f* ; wirtschaftlicher Malthusianismus *m*.

malthusianiste *adj.* ou *m* → **malthusien**.

malthusien *m* Malthusianer *m* ; Malthusianist *m*.

malthusien, ne malthusianistisch ; malthusisch ; *politique f démographique* ~ restriktive Bevölkerungspolitik *f*.

malus *m (assur.)* Malus *m* ; nachträglicher Prämienzuschlag *m* (in der Kfz-Versicherung) ; *avoir un ~ de quinze %* einen Malus von fünfzehn Prozent beim Schadensfreiheitsrabatt haben.

malveillance *f* : *acte m de ~* böswillige Handlung *f*.

malversation *f* Veruntreuung *f* ; Unterschlagung *f* ; Hinterziehung *f* ; *~ de fonds (deniers) publics* Unterschlagung öffentlicher Gelder ; *se livrer à des ~s* Unterschlagungen begehen.

management *m* 1. Management *n* ; Unternehmens-, Betriebs-, Geschäftsleitung *f* ; Betriebs-, Unternehmens-, Geschäftsführung *f* ; Leitung *f* ; Führung *f* ; Direktion *f* ; Controlling *n* ; *erreur f de ~* Management-Fehler *m* ; Missmanagement ; Führungsfehler *m* 2. *(ensemble des dirigeants)* Führungskräfte *fpl* ; leitende Angestellte *pl* ; Leitende *pl* ; Arbeitgeber *m* ; Arbeitgeberseite *f*.

management-buy-in *m* Management-Buy-in *n* ; Übernahme *f* durch ein externes Management.

management-by-out *m* Management-Buy-out *n* ; Übernahme *f* einer Firma durch die eigene Geschäftsleitung → *MB0*.

manager *m* Manager *m* ; (Unternehmens)Leiter *m* ; Betriebsführer *m* ; Chef *m* ; Führungskraft *f*.

manager managen ; führen ; leiten.

manageurial, e *(préfixe)* Manager- ; Führungs- ; *faiblesse f ~e* Führungsschwäche *f* ; *avoir des qualités ~es* Führungsqualitäten besitzen.

manchette *f (de journal)* Schlagzeile *f* ; fettgedruckter Titel *m* ; auffällige Überschrift *f* ; *la nouvelle a fait les ~s (la une) des journaux* die Nachricht machte Schlagzeilen.

mandant *m* Auftraggeber *m* ; Vollmachtgeber *m* ; Mandant *m* ; *(commettant)* Besteller *m* ; Kommittent *m*.

mandarin *m (péj.)* Bonze *m*.

mandarinat *m* Kastenwesen *n* ; *~ politique* politische Clique *f*.

mandat *m*
1. *pouvoir ; fonction ; mission*
2. *paiement*
3. *juridique*

1. *(pouvoir, fonction, mission)* Vollmacht *f* ; Bevollmächtigung *f* ; Auftrag *m* ; *(politique)* Mandat *n* ; *(durée)* Amtszeit *f* ; ◆ *~ d'administration* Verwaltungsposten *m* ; *~ électoral* Wahlmandat ; Amtsperiode *f* ; *~ général, spécial, verbal* General-, Spezial-, mündliche Vollmacht ; *~ impératif, libre* imperatives (verbindliches), freies (unverbindliches) Mandat ; *~ implicite* Duldungsvollmacht ; *~ parlementaire* Abgeordnetenmandat ; *renouvellement m d'un ~* Wiederernennung *f* ; Wiederwahl *f* ; *~ verbal* mündlich vereinbarte Vollmacht ; ◆◆◆ *accepter un ~* ein Mandat übernehmen ; *donner ~ à qqn* jdm ein Mandat geben ; jdm eine Vollmacht ausstellen ; *élire qqn pour un nouveau ~* jdn für eine weitere Amtsperiode wählen ; *son ~ est expiré* sein Mandat ist erloschen ; *exercer un ~* ein Mandat ausüben ; einen Auftrag ausführen ; *présenter son ~* seine Vollmacht vorlegen ; *résilier un ~* eine Vollmacht widerrufen ; *renoncer à un ~* ein Mandat niederlegen ; *retirer un ~ à qqn* jdm eine Vollmacht entziehen.

2. *(paiement)* (Zahlungs)Anweisung *f* ; *(poste)* Postanweisung *f* ; ◆ *un ~ de 100 €* eine Anweisung über 100 € ; *~-carte* Zahlkarte *f* ; *~ contributions (d'impôt)* Steuerzettel *m*, -zahlschein *m* ; *~ international* internationale Postanweisung ; Auslandspostanweisung ; *~-poste (postal)* Postanweisung *f* ; *~ de recouvrement* Einziehungs-, Inkassoauftrag *m* ; Einzugsauftragsanweisung *f* ; Postanweisung *f* ; *~ de remboursement* Nachnahme *f* ; Nachnahmepostanweisung ; *~ télégraphique* telegrafische Anweisung ; *~ de versement sur C.C.P.* Zahlkarte *f* ; *~ de virement postal* Überweisungsschein *m*, -auftrag *m* ; Postanweisung ; ◆◆◆ *envoyer par ~* mit

Postanweisung senden ; *établir (émettre) un ~* eine Anweisung ausstellen ; *payer par ~* durch Anweisung bezahlen ; *recevoir un ~* eine Postanweisung erhalten ; *remplir un formulaire de ~* eine Postanweisung ausfüllen. **3.** *(juridique)* Befehl *m* ; *~ d'arrêt* Haftbefehl ; *~ de comparution* Vorladung *f* ; Ladung ; *~ d'exécution* Vollstreckungsbefehl ; *~ de perquisition* Haus(durch)suchungsbefehl ; gerichtlicher Durchsuchungsbeschluss *m*.

mandataire *m* **1.** Mandatar *m* ; Bevollmächtigte(r) ; bevollmächtigter Vertreter *m* ; Beauftragte(r) ; Auftragnehmer ; Prokurist *m* ; offizielle Vertretung *f* ; *~ agréé* zugelassener Vertreter *m* ; *~ commercial* Handlungsbevollmächtigte(r) ; *~ général* Generalbevollmächtigte(r) ; *~-liquidateur* Liquidationsbeauftragte(r) ; Konkursverwalter *m* ; *~ sans mandat* Vertreter ohne Vertretungsmacht ; *autoriser un ~ à...* einen Vertreter ermächtigen zu... ; *constituer un ~* einen Bevollmächtigten bestellen **2.** *~ aux Halles (de Rungis)* Kommissionär *m* ; Zwischenhändler *m*.

mandater 1. *(être chargé de)* beauftragen ; eine Vollmacht erteilen ; bevollmächtigen ; ermächtigen ; *être ~é pour* zu etw bevollmächtigt sein **2.** *(payer avec un mandat)* per Post anweisen ; eine Anweisung ausstellen ; *~ une somme* einen Betrag anweisen.

mander bestellen ; vorladen ; jdn zu sich kommen lassen.

manger : *(fam.) ~ de l'argent* Geld einbüßen, (verlieren) ; *~ ses économies* seine Ersparnisse aufzehren.

maniabilité *f* Bedienbarkeit *f* ; Handhabbarkeit *f* ; *appareil m d'une grande ~* leicht handhabbarer Apparat *m*.

maniable handlich ; handhabbar.

maniement *m* Handhabung *f* ; Betätigung *f* ; Bedienung *f* ; Umgang *m* ; *~ d'affaires* Geschäftsführung *f* ; *~ de fonds* Verwaltung *f* von Geldern ; Kassenführung *f*.

manier handhaben ; betätigen ; gebrauchen ; *~ une machine* eine Maschine betätigen (bedienen) ; *facile, difficile à ~* leicht, schwer zu handhaben ; leicht schwer handhabbar ; *~ de l'argent* mit Geld umgehen ; *il faut savoir ~ l'argent* man soll mit Geld umzugehen wissen.

manieur *m* **:** *~ d'affaires* Geschäftsmann *m* ; *(péj.)* Geschäftemacher *m* ; *(Autriche)* Geschaftlhuber *m* ; *~ d'argent (de fonds)* Finanzmann *m* ; Spekulant *m*.

manif *f (fam.)* Demo *f* ; Demonstration *f*.

manifestant *m* Demonstrant *m* ; Teilnehmer *m* an einer Kundgebung (an einer Demonstration) ; *(Suisse, Autriche)* Manifestant *m* ; *cortège m de ~s* Demonstrationszug *m*.

manifestation *f* **1.** *(polit.)* Demonstration *f* ; Kundgebung *f* ; *(fam.)* Demo *f* ; *~ pacifique, violente* friedliche, gewalttätige Demonstration ; *appeler à une ~* zu einer Demonstration aufrufen ; *organiser une ~* eine Demonstration veranstalten ; *participer à une ~* an einer Kundgebung teilnehmen **2.** Veranstaltung *f* ; *~ culturelle, sportive* kulturelle, sportliche Veranstaltung **3.** Äußerung *f* ; Bekundung *f* ; *~ de soutien* Sympathiekundgebung *f*, -bekundung ; *(sous forme de grève)* Sympathiestreik *m*.

manifeste *m* **1.** *(politique)* Manifest *n* ; Grundsatzerklärung *f* ; dargelegtes Programm *n* ; *~ électoral* Wahlprogramm *n* ; *rédiger un ~* ein Manifest verfassen **2.** *(document de bord d'un avion)* (Zoll)Ladeverzeichnis *n* ; Ladungsverzeichnis ; Manifest.

manifester 1. demonstrieren **2.** äußern ; bekunden ; ausdrücken.

manipulabilité *f* Handhabbarkeit *f*.

manipulable 1. *(d'utilisation aisée) aisément, difficilement ~* leicht, schwer handhabbar ; leicht, schwer zu handhaben **2.** *(fig.)* manipulierbar.

manipulation *f* **1.** Handhabung *f* ; Betätigung *f* ; Umgang *m* ; Bedienung *f* ; Behandlung *f* ; Bearbeitung *f* ; *bonne, mauvaise ~ d'une machine* sachgemäße, unsachgemäße Bedienung einer Maschine **2.** *(péj.)* Manipulation *f* ; Manipulieren *n* ; *~ des cours, de la monnaie* Kurs-, Währungsmanipulation ; *~s électorales* Wahlmanipulationen **3.** Umladung *f* ; Verladen *n* ; Umschlag *m* ; *~ des marchandises* Güterumschlag **4.** *~s génétiques* Gentechnik *f* ; Genmanipulation *f*.

manipuler 1. behandeln ; handhaben ; betätigen ; bedienen ; umgehen mit ; *~ avec précaution* vorsichtig bewegen ; *~ (in)correctement une machine* eine Maschine (un)sachgemäß bedienen

manœuvre 2. *(péj.)* manipulieren ; beeinflussen ; ~ *le marché* den Markt manipulieren.
manœuvre *m (travailleur)* ungelernter Arbeiter *m* ; Hilfsarbeiter *m* ; Handlanger *m*.
manœuvre *f* 1. Manöver *n* ; *faire une fausse* ~ etwas falsch machen ; *disposer d'une grande marge de* ~ über einen großen Handlungsspielraum verfügen 2. *(péj.)* les ~s Machenschaften *fpl* ; Trick *m* ; Betrug *m* ; Kniff *m* ; Manöver *npl* ; ~ *boursière* Börsenmanipulation *f* ; -manöver ; ~s *financières* finanzpolitische Manöver ; ~s *frauduleuses* Betrugsmanöver.
manœuvrer 1. handhaben ; betätigen ; bedienen 2. manövrieren ; manipulieren ; *pour avoir ce poste, il a habilement ~é* er hat sich geschickt in diese Stellung manövriert.
manquant(s) *m(pl)* Manko *n* ; Fehlmenge *f* ; Fehlgewicht *n* ; Fehlbestand *m* ; Fehlbetrag *m* ; Minusbetrag *m* ; fehlende Waren *fpl*.
manque *m* 1. Mangel *m* ; Verknappung *f* ; Knappheit *f* ; Fehlen *n* ; ~ *d'argent, de capitaux* Geld-, Kapitalmangel ; ~ *de formation* fehlende (unzureichende) Ausbildung *f* ; ~ *de main-d'œuvre* Mangel an Arbeitskräften 2. Defizit *n* ; Fehlbetrag *m* ; (Kassen-)Manko *n* 3. ~ *à gagner* Verdienst-, Erwerbs-, Gewinnausfall *m* ; entgangener Gewinn *m* ; ~ *à produire* Produktionsausfall *m* ; entgangene Produktion *f*.
manquement *m (à)* Verstoß *m* (gegen) ; Verletzung *f* ; Nichteinhaltung *f* ; Unterlassung *f* ; ~ *grave, bénin* schwerer, leichter Verstoß; ~ *à un contrat, à un devoir* Vertrags-, Pflichtverletzung *f* ; ~ *au code de la route* Verstoß gegen die Straßenverkehrsordnung ; *(jur.)* recours *m en* ~ Klage *f* wegen eines Verstoßes.
manquer 1. verfehlen ; versäumen ; verpassen ; *(transp.)* ~ *la correspondance* den Anschluss verpassen 2. *(faire défaut)* fehlen ; nicht vorhanden sein ; nicht auf Lager haben ; ausgegangen sein ; *la pièce de rechange ~e actuellement* das Ersatzteil haben wir augenblicklich nicht auf Lager (fehlt) 3. ~ *de qqch* nicht haben ; einen Mangel an etw haben ; es fehlt (mangelt) an ; *il lui ~e les capitaux nécessaires* es fehlt ihm an den nötigen Geldern 4. ~ *à* verstoßen gegen ; etw verletzen ; nicht nachkommen ; ~ *à ses engagements* seinen Verpflichtungen nicht nachkommen.

manteau *m* : *sous le* ~ heimlich ; insgeheim ; unter der Hand ; unter dem Deckmantel ; *vendre qqch sous le* ~ etw unter der Hand verkaufen.

1. manuel *m* Handarbeiter *m* ; gewerblicher Arbeiter ; *intellectuels et ~s* Kopf-(Geistes-) und Handarbeiter *mpl*.
2. manuel *m (livre)* Handbuch *n* ; Lehrbuch ; ~ *d'utilisation* Bedienungshandbuch ; *(informatique)* Programmhandbuch.

manuel, le 1. Hand-, manuell ; körperlich ; *métier m* ~ handwerklicher Beruf *m* ; *travail m* ~ Handarbeit *f* ; körperliche (manuelle) Arbeit ; *(école)* Werkunterricht *m* ; *travailleur m* ~ Handarbeiter *m* ; gewerblicher Arbeiter 2. *(jur.)* don *m* ~ Handschenkung *f*.

manufacture *f* Fabrik *f* ; Werk *n* ; Manufaktur *f* ; Großbetrieb *m* mit Handarbeit ; Manufakturbetrieb *m* ; ~ *de porcelaine, de soie, de tabac* Porzellan-, Seiden-, Tabakmanufaktur, -fabrik ; *directeur de* ~ Manufakturist *m*.

manufacturer (an)fertigen ; verarbeiten ; herstellen ; (in Handarbeit) verfertigen ; ~ *des tapis* Teppiche anfertigen ; ~ *de la porcelaine*, Porzellan herstellen ; *produits mpl ~és* a) handwerkliche Produkte *npl* ; Manufakturwaren *fpl* b) Fertigprodukte *npl* ; gewerbliche und industrielle Erzeugnisse *npl*.

manufacturier *m* Fabrikant *m* ; Hersteller *m* ; Besitzer *m* eines handwerklichen Großbetriebs.

manufacturier, ère Fabrik- ; gewerblich ; industriell ; Manufaktur- ; *industrie f ~ière* verarbeitendes Gewerbe *n* ; gewerbliche Wirtschaft *f*.

manuscrit, e handgeschrieben ; handschriftlich ; *lettre ~e* handgeschriebener Brief *m*.

manutention *f* Beförderung ; (innerbetrieblicher) (Waren)Transport *m* ; Verladen *n* ; Auf-und Abladen ; (Waren-)Behandlung *f* ; Handhabung *f* ; Umschlag *m* ; Umladung *f* ; *chef m de* ~ Lademeister *m* ; *engin m de* ~ Umschlagmaschine *f* ; *entreprise f de* ~ Umschlagunternehmen *n* ; *frais mpl de* ~ Verladekosten *pl*, -gebühren *fpl* ; Umschlagskosten ; *installations fpl de* ~ Umschlaganlagen *fpl* ; *service m de* ~ Güterladedienst *m* ; Güterabfertigung *f*.

manutentionnaire *m* Lagerarbeiter *m* ; Lagerist *m* ; Verlade-, Magazinarbeiter.
manutentionner behandeln ; umladen ; umschlagen ; verladen.
maquette *f* **1.** Modell *n* **2.** *(typographie)* Entwurf *m* ; Layout *n*.
maquettiste *m* *(édition, publicité)* Layouter *m* ; Text- und Bildgestalter *m* (eines Werbemittels, einer Seite).
maquignon *m* **1.** Pferdehändler *m* **2.** Geschäftemacher *m* ; *(péj.)* Rosstäuscher *m* ; Schieber *m* ; Schwindler *m* ; Betrüger *m*.
maquignonnage *m* **1.** Pferdehandel *m* **2.** Betrug *m* ; Schwindel *m* ; Schachern *n* ; Mauschelei *f* ; *(fam.)* Rosstäuscherei *f* ; Kuhhandel *m*.
maquignonner 1. betrügen ; schwindeln **2.** kuhhandeln ; schieben ; mit unlauteren Methoden Geschäfte machen.
maquillage *m* *(falsification)* Fälschung *f* ; Frisieren *n* ; Verschleierung *f* ; Vertuschen *n* ; *~ de bilan* Bilanzkosmetik *f* ; Window-Dressing *n*.
maquiller fälschen ; frisieren ; verschleiern ; vertuschen ; *~ un bilan, des chiffres* eine Bilanz, Zahlen frisieren.
maraîcher, ère Gemüse- ; *culture f, exploitation f ~ère* Gemüseanbau *m*, -anbaubetrieb *m* ; *produits mpl ~s* Gartenbauerzeugnisse *npl*, -erzeugung *f*.
marasme *m* Flaute *f* ; Stillstand *m* ; Stockung *f* ; Stagnation *f* ; Talsohle *f* ; schleppender Geschäftsgang *m* ; Talfahrt *f* der Konjunktur ; *~ des affaires, boursier, économique* Geschäfts-, Börsen-, Wirtschaftsflaute ; *sortir du ~* aus der Stagnation (Talsohle) herauskommen.
maraudage *m* Diebstahl *m* von Feldfrüchten ; Felddiebstahl *m* ; *(hist.)* Mundraub *m*.
marauder 1. Feldfrüchte klauen ; Obst oder Gemüse (auf dem Land) klauen ; *(hist.)* Mundraub begehen.
maraudeur *m* Obst- oder Gemüsedieb *m*.
marc (le franc) : *(partage au prorata des créances ou des intérêts dans une affaire, d'après une ancienne mesure française valant 8 onces) au ~* anteilmäßig ; *payer au ~* anteilmäßig zahlen.
marchand *m* Kaufmann *m* ; Händler *m* ; *~ ambulant* ambulanter Gewerbetreibende(r) ; fliegender (ambulanter, umherziehender) Händler ; *~ de biens* Grundstücks- und Immobilienmakler *m* ; *~ au détail* Einzelhändler *m* ; *~ forain* Schausteller *m* ; Markthändler *m* ; *~ de journaux, de fruits* Zeitungs-, Obsthändler *m* ; *~ en gros* Großhändler *m* ; Grossist *m* ; *~ au noir* Schwarzhändler ; Schieber *m* ; *~ d'objets d'art* Kunsthändler *m* ; *~ des quatre saisons* Obst- und Gemüsehändler.
marchand, e *(préfixe)* Handels-, Geschäfts- ; kaufmännisch ; gewerblich ; handeltreibend ; marktgängig ; gangbar ; leicht verkäuflich ; leicht absetzbar ; *flotte f, foire f, marine f ~e* Handelsflotte *f*, -messe *f*, -marine *f* ; *peuple m ~* handeltreibendes Volk *n* ; *place f ~e* Handelsplatz *m* ; *prix m ~* Einkaufs-, Großhandels-, Engrospreis *m* ; *production ~e* absatzfähige Produktion *f* ; *production non ~e* unentgeltliche Leistungen *fpl* (des Staats) ; nicht absatzfähige Produktion ; *prix m ~* Einkaufspreis *m* ; *qualité f ~e* Handelsqualität *f* ; *quartier m (commerçant)* Geschäftsstraße *f* ; *secteur ~* (Waren) produzierender Sektor *m* ; Industriesektor *m* ; *secteur non ~* dienstleistungsorientierter Sektor *m* ; *valeur f ~e* Handels-, Markt-, Verkaufs-, Verkehrswert *m* ; *ville f ~e* Handelsstadt *f*.
marchandage *m* Feilschen *n* ; Handeln *n* ; *(fam.)* Kuhhandel *m* ; Schachern *n* ; *après de longs ~s* nach langem Feilschen.
marchander feilschen (um) ; (herunter)handeln ; abhandeln ; kuhhandeln ; schachern (um) ; *~ le prix* um den Preis feilschen.
marchandise *f* Ware *f* ; Produkt *n* ; Erzeugnis *n* ; Artikel *m* ; Gut *n* ; Frachtgut *n* ; Handelsgut *n* ; Güter *npl*
◆ *~s (non) acquittées* (un)verzollte Waren ; *~ avariée* verdorbene Ware ; *~s de camionnage* Rollgut *n* ; *~ chère, bon marché* teuere, billige Ware ; *~ en colis* Stückgut ; *~ conforme à l'échantillon* mustergerechte Ware ; *~ contingentée* bewirtschaftete Ware ; *~ de contrebande* Schmuggelgut ; *(fam.)* heiße Ware ; *~ dédouanée* verzollte Ware ; *~ défectueuse* mangelhafte Ware ; *~ à détailler* Schnittware ; *~ difficile à écouler* schwer absetzbare Ware ; *~ disponible sur place* Lokoware ; *~ à la douzaine* Dutzendware ; *~ encombrante* Sperrgut ; sperrige Güter ; *~ endommagée, fragile*

marche

beschädigte, zerbrechliche Ware ; ~ *inflammable* leicht entzündbare Güter ; *~s de groupage* Sammelgut, -güter ; *~ légère, lourde* Leichtgut, Schwergut ; *~ au mètre* Meter-, Schnittware ; *~ de marque, périssable* Markenware ; leichtverderbliche Ware ; *~ de premier choix, de première qualité* erstklassige-, Qualitätsware ; *~ prix emportée* Mitnahmepreis *m* ; *~ retournée* Rückgut *n* ; *~ qui se vend bien* marktgängige Ware ; *~* leicht absetzbare (gutgehende) Ware ; *~ de rebut* Ausschuss-, Ramschware ; Ramsch *m* ; *~s retournées* zurückgesandte Waren ; Retouren *fpl* ; *~ en transit* Transitgut ; *~ en grande vitesse (exprès), en petite vitesse* Eilgut, Frachtgut ; *~ en vrac* Schüttgut ; Massengut ; lose Ware ; Ware ohne Verpackung ; *~s d'usage courant* Waren des täglichen Bedarfs ; ◆◆ *assortiment m de ~s* Warensortiment *n* ; *avance f sur ~* Warenlombard *m/n* ; Warenkredit *m* ; *balance f des ~s* Warenbilanz *f* ; *capital m ~s, chèque-~s m* Warenkapital *n*, -scheck *m* ; *circulation f des ~s et des capitaux* Waren- und Kapitalverkehr *m* ; *commerce m, compte m de ~s* Warenhandel *m*, -konto *n* ; *contrôle m des, courtier m en ~s* Warenkontrolle *f*, -makler *m* ; *créances fpl en ~s* Warenforderungen *fpl* ; *dépôt m de ~s* Warenlager *n* ; Warenspeicher *m* ; *désignation f de la ~* Warenbezeichnung *f* ; *échange m de ~s* Warenaustausch *m* ; *écoulement m de la ~* Warenabsatz *m* ; *entrées fpl et sorties fpl de ~s* Wareneinund ausgang *m* ; *entrepôt m de ~s* → *dépôt* ; *envoi m, expédition f, exportation f de ~s* Warensendung *f*, Güterabfertigung *f*, Warenausfuhr *f* ; *fonds m de ~* → *stock* ; *fourniture f de ~* → *livraison f* ; *gamme f, groupe m de ~s* Warenpalette *f*, -gruppe *f* ; *importation f de, inventaire m des ~s* Wareneinfuhr *f*, -bestandsaufnahme *f* ; *liste f (nomenclature f) de ~s* Warenverzeichnis *n* ; *livraison f de ~s* Warenlieferung *f* ; *lot m de ~s* Warenposten *m* ; *mouvements mpl des ~s* Warenumschlag *m*, -verkehr *m* ; *nature f, offre f de, présentation f de la ~* Warengattung *f*, -angebot *n*, -aufmachung *f* ; *prêt m sur ~* Warenbeleihung *f* ; *prix m de la ~* Warenpreis *m* ; *remise f de la ~* Warenzustellung *f*, -aushändigung *f* ; *rentrée f, sortie f de ~s* Wareneingang *m*, -ausgang *m* ; *stock m de ~* Warenbestand *m*, *-vorrat m* ; *taxe f sur les ~s* Warensteuer *f*, -abgabe *f* ; *test m de ~* Warentest *m* ; *trafic m des ~s* Warenverkehr *m* ; *transit m de ~(s)* Warendurchfuhr *f* ; ◆◆◆ *accuser réception de la ~* den Warenempfang bestätigen ; *avoir la ~ en magasin* den Artikel führen ; *avoir de la ~ en stock* Waren auf Lager (auf Vorrat) haben ; *écouler, exposer la ~* die Ware absetzen, auslegen ; *placer sa ~* seine Ware an den Mann bringen ; *vanter sa ~* die Ware anpreisen ; die Ware loben ; *la ~ se vend bien* die Ware verkauft sich gut (ist marktgängig, verkäuflich).

marche *f* **1.** Gang *m* ; Ablauf *m* ; Verlauf *m* ; Abwicklung *f* ; Betrieb *m* ; ◆ *d'une affaire* Abwicklung *f* eines Geschäfts ; *~ des affaires* Geschäftsgang ; Handelsverkehr *m* ; *bonne ~ d'une entreprise, d'un travail* reibungsloser Betriebsablauf, Arbeitsablauf ; *~ du service* Dienstbetrieb ; *~ à vide* Leerlauf *m* ; ◆◆ *en état de ~* betriebsfähig ; einsatzfähig ; dienstfertig ; *hors d'état de ~* außer Betrieb ; *mise f en ~* Inbetriebnahme *f* ; ◆◆◆ *être en ~, hors de ~* in Betrieb sein, außer Betrieb sein ; *mettre en ~* in Gang setzen.

marché *m*	1. *lieu public* 2. *marché ; bourse ; débouché* 3. *marché, bourse (suivi(e) d'un adj.)* 4. *marché hors-cote, primaire, secondaire, M.A.T.I.F.* 5. *transaction commerciale ; affaire ; contrat* 6. *(adj.) bon marché* 7. *marché noir*

1. *(lieu public)* Markt *m* ; Marktplatz *m* ; ◆ *~ aux bestiaux* Viehmarkt *m* ; *~ couvert* Markthalle *f* ; *~ aux fleurs* Blumenmarkt ; *~ hebdomadaire* Wochenmarkt ; *~ d'intérêt national (M.I.N., de type « Rungis »)* Großmarkt ; Markt für Einzelhändler ; *~ aux poissons* Fischmarkt ; *~ aux puces* Flohmarkt ; Trödlermarkt ; ◆◆ *crieur m sur les ~s* Marktschreier *m* ; *droits mpl de ~* Markt-, Standgeld *n* ; *droit m de tenir* Marktrecht *n* ; *jour m de ~* Markttag *m* ;

marché

lieu m du ~ Marktort *m* ; *place f du ~* Marktplatz *m* ; *stand (étalage m) de ~* Marktstand *m*, -bude *f* ; ◆◆◆ *approvisionner le ~* den Markt beliefern ; *aller au ~* auf den (zum) Markt gehen ; *faire les ~s* auf dem Markt verkaufen ; Markthändler sein ; *faire son ~* auf dem Markt einkaufen ; auf den Markt gehen ; *tenir un ~* einen Markt abhalten ; *le ~ se tient à...* der Markt wird in... abgehalten.
2. *(marché* ; *bourse* ; *débouché)* Markt *m* ; Börse *f* ; Geschäfte *npl* ; ◆ *~ acheteur, des actions* Käufer-, Aktienmarkt ; *~ actuel (réel)* tatsächlicher Markt ; *~ amont, aval* Beschaffungsmarkt ; Absatzmarkt ; *~ d'approvisionnement* Versorgungsmarkt ; *~ automobile, boursier, des capitaux* Automobil-, Börsen-, Kapitalmarkt ; *~ des céréales, des changes, au comptant* Getreide-, Devisen-, Kassamarkt ; *(hist.) ~ commun* Gemeinsamer Markt ; *~ de concurrence* Wettbewerbsmarkt ; *~ de consommation* Verbrauchermarkt ; *~ de coulisse (des courtiers)* Kulisse *f* ; Freiverkehr *m* ; *~ de couverture* Deckungsgeschäft *n* ; *~ du crédit* Kreditmarkt ; *~ des devises, d'émission, de l'emploi* Devisen-, Emissions-, Arbeitsmarkt ; *~s émergents* Schwellenmärkte ; Emerging-Märkte ; *~ des emprunts, de l'énergie, de l'escompte* Anleihen-, Energie-, Diskontmarkt ; *~ étranger* Auslandsmarkt ; *~ d'exportation, extérieur,* Ausfuhr-, Auslands-Markt ; *~ financier* Finanz-, Kapitalmarkt ; *~ aux grains* Getreidemarkt ; *~ de gré à gré* außerbörslicher Handel ; *~ gris (toléré)* grauer Markt ; *~ de gros* Groß(handels)markt ; *~ hypothécaire, immobilier, d'importation* Hypotheken-, Immobilien-, Einfuhrmarkt ; *~ interbanques* Interbankengeschäfte *npl* ; *~ intérieur (interne)* einheimischer Markt ; Inlands-, Binnenmarkt ; *~ libre* freier Markt ; außerbörsliche Geschäfte *npl* ; *~ libre des devises, de l'or* freier Devisen-, Goldmarkt ; *~ local* örtlicher (lokaler) Markt ; *~ du logement* Wohnungsmarkt ; *~ des marchandises, des matières premières, mondial* Waren-, Rohstoff-, Weltmarkt ; *~ monétaire* Geldmarkt ; *~ national* Inlands-, Binnenmarkt ; *nouveau ~* Neuer Markt ; *~ des obligations (obligataire)* Obligationen-, Anleihe-, Rentenmarkt ; *~ de l'occasion* Second-Handmarkt ; *~ officiel* amtlicher Markt (Parkett *n* ; Parquet *n*) ; *~ officiel des changes* amtlicher Devisenmarkt ; *~ d'options à terme (négociables de Paris)* (Pariser) Optionsmarkt ; *~ de l'or* Goldmarkt ; *~ organisé* geordneter (organisierter) Markt ; *~ d'outre-mer* Überseemarkt ; *~ ouvert* offener Markt ; Freiverkehr *m* ; *~ parallèle* Parallelmarkt ; *~ porteur* Wachstumsmarkt ; *~ à la production* Erzeugermarkt ; *~ des produits dérivés* Derivate-Markt ; *~s publics* öffentliche Aufträge *mpl* ; *~ réglementé* bewirtschafteter Markt ; *~ des rentes* Rentenmarkt ; *~ second(aire)* → *marché secondaire* ; *~ spéculatif, à terme* Spekulations-, Terminmarkt ; *~ à terme fixe* Fixgeschäft *n* ; Festgeschäft *n* ; *~ des titres (des valeurs mobilières)* Effektenmarkt ; Wertpapiermarkt ; *~ du tourisme, du travail* Fremdenverkehrs-, Arbeitsmarkt ; *~ de travaux publics* Vergabe *f* von öffentlichen Arbeiten ; Bauleistungsauftrag *m* ; Auftrag der öffentlichen Hand ; *~ unique européen* Europäischer Binnenmarkt ; *~ vendeur* Verkäufer-, Angebotsmarkt ; *-test* Versuchsmarkt ; ◆◆ *accès m à un ~* Marktzugang *m* ; *accord m de ~* Marktabsprache *f* ; *adaptation f du ~* Marktanpassung *f* ; *analyse f de ~* Marktanalyse ; *approvisionnement m du ~* Marktversorgung *f* ; *besoins du ~* Marktsbedürfnisse *npl* ; *concentration du ~* Marktkonzentration *f* ; *conditions fpl du ~* Marktverhältnisse *npl* ; *connaissance f, conquête f du ~* Marktkenntnis *f*, -eroberung *f* ; *contingentement m, contrainte f, contrôle m du ~* Marktbewirtschaftung *f*, -zwang *m*, -kontrolle *f* ; *cours m du ~* (freier) Marktkurs *m* ; Marktpreis *m* ; *créneau m du ~* Marktlücke *f*, -nische *f* ; *demande f sur le ~* Marktnachfrage *f* ; *données fpl du ~* Marktgegebenheiten *fpl* ; *économie f de ~* Marktwirtschaft *f* ; *effondrement m du ~* Marktzusammenbruch *m* ; *entente f de ~* → *accord* ; *entrée f sur le ~* Markteintritt *m* ; *étude du (de) ~* Marktforschung *f*, -analyse *f*, -studie *f* ; *évolution f, expansion f du ~* Marktentwicklung *f*, -expansion *f* ; *fluctuations fpl, fonctionnement m, formation f du ~* Marktschwankungen *fpl*, -geschehen *n*, -bildung *f* ; *interdépendance f (interpénétration f) des ~s* Marktverflechtung *f* ; *lancement m sur le ~*

Markteinführung *f* ; *manipulation f, mécanismes mpl du* ~ Marktmanipulation *f,* -mechanismen *mpl* ; *monopole m de (du)* ~ Marktmonopol *n* ; *organisation f, orientation f du* ~ Marktordnung *f,* -orientierung *f* ; *ouverture f d'un* ~ Markterschließung *f* ; *part f de* ~ Marktanteil *m* ; *participant m au* ~ Marktteilnehmer *m* ; *perspectives fpl du* ~ Marktaussichten *fpl* ; *position f sur le* ~ Marktposition *f,* -stellung *f* ; *prospection f du* ~ Markterkundung *f* ; *rapport m du* ~ *(mercuriale f)* Marktbericht *m* ; *réglementation f, régularisation f du* ~ Marktbewirtschaftung *f,* -regelung *f* (-regulierung *f*) ; *reprise f du* ~ Markterholung *f* ; Wiederbelebung *f* des Markts ; *retrait m du* ~ Zurückziehung *f* vom Markt ; *saturation f du* ~ Marktsättigung *f* ; *segmentation f, situation f du* ~ Marktsegmentierung *f,* -lage *f* ; *soutien m du* ~ Marktstützung *f* ; *stabilisation f du* ~ Marktstabilisierung *f* ; *stratégie f, structure f du* ~ Marktstrategie *f,* -gefüge *n* (-struktur *f*) ; *suprématie f sur le* ~ Vormachtstellung *f* auf dem Markt ; *tendance f, ténor m du* ~ Markttendenz *f,* -führer *m* ; *(bonne) tenue f du* ~ Festigkeit *f* des Markts ; *transparence f, usager m du* ~ Markttransparenz *f,* -teilnehmer *m* ; *valeur f sur le* ~ Marktwert *m* ; *vente f sur le* ~ Marktverkauf *m* ; ◆◆◆ *approvisionner un* ~ einen Markt beliefern (beschicken) ; *assainir, conquérir, dominer le* ~ den Markt sanieren, erobern, beherrschen ; *être coté sur le* ~ an der Börse notiert werden ; *inonder le* ~ *(de)* den Markt (mit) überschwemmen ; *lancer (mettre) un article sur le* ~ eine Ware auf den Markt bringen ; einen Artikel auf dem Markt einführen ; *ouvrir un* ~ einen Markt erschließen ; *prospecter un* ~ einen Markt erkunden ; *refouler (éliminer) du* ~ vom Markt verdrängen ; *se retirer du* ~ aus dem Markt ausscheiden ; sich vom Markt zurückziehen ; *le* ~ *est saturé* der Markt ist übersättigt.

3. *(marché, bourse suivi(e) d'un adj. caractérisant la tendance) actif (animé)* lebhaft ; fest ; anziehend ; *alourdi* schleppend ; *calme* ruhig ; *déprimé* gedrückt ; stockend ; lustlos ; *bien disposé* steht gut ; liegt gut ; *encombré* überfüllt ; *équilibré* ausgeglichen ; *dans l'expectative* abwartend ; unsicher ; *ferme (soutenu)* fest ; *hésitant* zögernd ; unschlüssig ; *inactif (peu animé, mou)* flau ; *languissant (morose)* matt ; lustlos ; *orienté à la hausse* Verkäufermarkt ; *réglementé* bewirtschaftet ; *réservé* zurückhaltend ; *résistant* widerstandsfähig ; *saturé* gesättigt ; *soutenu* fest ; wird gehalten ; *stagnant* stockend ; stagnierend ; *sursaturé* übersättigt ; *tendu* angespannt.

4. *(marché hors-cote, primaire, secondaire, M.A.T.I.F.)* **a)** ~ *hors-cote (valeurs non admises au marché officiel)* ungeregelter Freiverkehr *m* ; Nebenmarkt *m* **b)** ~ *primaire (pour l'émission de valeurs nouvelles)* Primärmarkt *m* ; Emissionsmarkt *(contr. Sekundärmarkt)* **c)** ~ *secondaire (pour la négociation de titres déjà émis)* Sekundärmarkt *m* ; geregelter Markt ; Börsenhandel *m* mit bereits im Umlauf befindlichen Wertpapieren *(contr. Primärmarkt)* **d)** *(M.A.T.I.F.) (a remplacé le « Marché à terme d'instruments financiers depuis 1988)* der französische Futures-Markt ; Terminmarkt *m* für Financial Futures ; Matif *m*.

5. *(transaction commerciale, contrat, affaire)* Geschäft *n* ; Handel *m* ; Vertrag *m* ; Auftrag *m* ; Abschluss *m* ; Deal *m* ; Vergabe *f* ; Vergebung *f* ; ◆ ~ *sur adjudication* (Angebots)Ausschreibung *f* ; Submissionsvertrag ; ~ *des agents de change* amtliche Börse *f* ; ~ *par appel d'offres* Vergabe *f*, Vergebung *f* von Aufträgen durch (öffentliche) Ausschreibung ; ~ *par application* Kompensationsgeschäft *n* ; ~ *de client* → *par application* ; ~ *au comptant* Kassageschäft *n* ; Lokogeschäft ; ~ *de construction* Bauauftrag *m* ; ~ *de corbeille* → *des agents de change* ; ~ *de couverture* Deckungsgeschäft ; ~ *à découvert* Leerverkauf *m* ; ~ *différentiel* Differenzgeschäft ; ~ *d'entreprise* Werkvertrag *m* ; ~ *fictif* Scheingeschäft ; ~ *de fournitures* Lieferauftrag *m* ; ~ *de gré à gré* freihändige Vergebung (Vergabe *f*) ; Freihandsgeschäft ; ~ *individuel à option, à prime, à terme* Einzel-, Options-, Prämien-, Termingeschäft ; ~*s publics* öffentliche Aufträge *mpl* ; öffentliches Beschaffungswesen *n* ; ~ *de travaux publics* öffentliches Vergabewesen *n* ; Angebotsausschreibung *f* ; ◆◆ *adjudication f de* ~*s* Vergabe *f* öffentlicher Arbeiten ; *annulation f d'un* ~ Rückgängigmachen *n* eines Kaufs (eines Vertrags) ; *exécution f d'un ~* Erfüllung *f* eines Vertrags ; *passation f d'un ~* Vergabe *f* eines Auftrags ; Vertrags-, Kaufabschluss *m* ; ◆◆◆ *annuler un ~* ein Geschäft rückgängig machen ; *conclure un ~* einen Kauf (einen Vertrag, ein Geschäft) abschließen ; *exécuter un ~* einen Vertrag erfüllen ; *faire un ~* einen Handel (ein Geschäft) machen ; *passer un ~* → *conclure* ; *résilier un ~* einen Vertrag kündigen ; einen Vertrag auflösen. **6.** *(adj. bon marché)* bon *~* billig ; preiswert ; preisgünstig ; *main-d'œuvre f bon ~* billige Arbeitskräfte *fpl* ; *marchandise f bon ~* Billigware *f* ; *offre f bon ~ (avantageuse)* preiswertes Angebot *n* ; *acheter bon ~* billig (ein)kaufen ; *c'est vraiment bon ~* das ist wirklich (echt) billig ; das wird zu einem Billigpreis verkauft. **7.** *(marché noir)* schwarzer Markt *m* ; Schwarzmarkt *m* ; Schleichhandel *m* ; *affaire f au ~ noir* Schwarzmarktgeschäft *n* ; *prix m de ~ noir* Schwarzmarktpreis *m* ; *trafiquant m de ~ noir* Schwarzhändler *m* ; Schieber *m* ; *acheter qqch au ~ noir* etw auf dem Schwarzmarkt (schwarzen Markt) kaufen ; *faire du ~ noir* etw auf dem Schwarzmarkt (ver)kaufen.

marchéage *m (rare)* → *marketing*.
marchéisation *f* Vermarktung *f*.
marchéiser vermarkten.
marcher 1. *les affaires ~ent* das Geschäft läuft/die Geschäfte laufen gut ; das Geschäft ist rege (blüht) ; *ça marche !* alles klar ! ; *ça a ~é* es hat geklappt **2.** *(fam.) ~ dans une combine* mitmachen **3.** *(techn.)* funktionieren ; laufen ; in Betrieb sein.
marée *f (produit de la pêche)* frische Seefische *mpl* ; Meereserzeugnisse *npl*.
marée *f* **noire** Ölpest *f* ; Ölverseuchung *f* ; Ölverschmutzung *f*.
marémoteur, trice : *centrale f ~trice* Gezeitenkraftwerk *n* ; *énergie f ~trice* Gezeitenenergie *f*.
mareyage *m* Seefischhandel *m*.
mareyeur *m* Seefischhändler *m*.
marge *f* **1.** *(bord)* Rand *m* ; *annotation f, note f en ~* Randbemerkung *f*, -notiz *f* ; *cocher, inscrire en ~* am Rand ankreuzen ; an den Rand schreiben **2.** *(intervalle, espace)* Spanne *f* ; Breite *f* ; Marge *f* ; *~ d'erreur (tolérée)* (zulässige) Fehlergrenze *f*, -quote *f* ; Fehlbereich *m* ; *~s de fluctuation (des cours)* Bandbreiten (der Wechselkurse) ; *~ de manœuvre* Handlungsspielraum *m* ; Bewegungsfreiheit *f* ; Entscheidungs-, Ermessensspielraum *m* ; *~ entre des prix* Preisspanne, -abstand *m*, -unterschied *m* ; *~ de sécurité* Sicherheitsmarge ; *~ de tolérance* Toleranzbereich *m*, -breite *f* **3.** *(commerciale)* Spanne *f* ; Marge *f* ; *~s arrière (illegale)* Gewinnspanne *f* von Handelsriesen ; (erzwungener) Lieferantendiscount ; *~ bancaire* Zinsmarge ; Zinsspanne ; *~ bénéficiaire (de profit)* Gewinn-, Verdienstspanne ; *~ bénéficiaire brute* Bruttogewinn, -spanne *f* ; Handelsspanne ; Rohgewinn ; Warenbruttogewinn ; absolute Handelsspanne ; *~ brute d'autofinancement (M.B.A.)* Cash-flow *n* ; bereinigte Innenfinanzierung *f* ; Umsatzüberschuss *m* (syn. *cash-flow*) ; *~ commerciale* Handelsspanne ; Händlerspanne ; *~ déficitaire* Verlustspanne ; *~ détaillant* Einzelhandelsspanne ; *~ limite* Höchstspanne ; *comprimer (réduire) les ~s bénéficiaires* die Verdienstspannen reduzieren (kürzen) ; *réaliser une ~ confortable sur un article* bei einem Artikel eine satte Gewinnspanne erzielen ; ◆◆ *taux m de ~* Deckungsbeitragssatz *m* ; *taux m de ~ brute* Bruttoaufschlag *m* ; (in Prozent) ausgedrückter Bruttogewinn (Rohgewinn) ; (in Prozent) ausgedrückte Bruttoverdienstspanne (Handelsspanne).

marginal *m* Aussteiger *m* ; Randgruppenangehörige(r) ; Außenseiter *m*.
marginal, e *(préfixe)* Grenz-, Rand- ; *analyse f ~* Marginalanalyse *f* ; *entreprise f ~* zweitrangiges Unternehmen *n* ; unrentabler Betrieb *m* ; *groupes mpl ~aux* Randgruppen *fpl* ; Aussteiger *mpl* ; *coût m ~* Grenzkosten *pl* ; *note f ~e* Randbemerkung *f* ; *phénomène m ~* Randerscheinung *f* ; *productivité f, recette f ~e* Grenzproduktivität *f*, -ertrag *m* ; *région f ~e* Notstandsgebiet *n* ; *taux m ~ d'imposition* (effektiver) Grenzsteuersatz *m* ; marginaler Steuersatz ; *tendance f ~e* Grenzneigung *f*.

margoulin *m (fam.)* Börsenjobber *m*, -spekulant *m*, -schwindler *m* ; Gauner *m* ; Betrüger *m* ; Schwindler *m*.

mariage *m* Eheschließung *f* ; Heirat *f* ; Vermählung *f* ; ~ *blanc* Scheinehe *f* ; ~ *civil* standesamtliche Trauung *f* ; Ziviltrauung ; Zivilehe ; ~ *d'entreprises* Unternehmenszusammenschluss *m*, -fusion *f* ; *(fam. pour de grandes entreprises)* Elefantenhochzeit *f* ; ~ *religieux* kirchliche Trauung ; *acte m de ~* Heiratsurkunde *f* ; *certificat m de ~* Trau-, Eheschein *m* ; *contrat m de ~* Ehevertrag *m* ; *enfant m né hors ~* außereheliches (uneheliches) Kind ; *contracter ~* sich (mit jdm) verheiraten ; jdn heiraten.
marié, e verheiratet.
marina *f* Marina *f* ; Jachthafen *m* ; Motorboothafen.
marine *f* Marine *f* ; Flotte ; ~ *de commerce*, ~ *marchande* Handelsmarine *f* ; ~ *de pêche* Fischereiflotte *f*.
marinier *m* Binnenschiffer *m*.
marin-pêcheur *m* Hochsee-, Küstenfischer *m*.
marital, e ehelich ; *situation f ~e* Familienstand *m*.
maritime See- ; *blocus m, commerce m, droit m ~* Seeblockade *f*, -handel *m*, -recht *n* ; *navigation f, trafic m ~* Seeschifffahrt *f*, -verkehr *m* ; *transport m, voie f ~* Seetransport *m*, -schifffahrtsstraße *f*.
mark *m* (hist.) Mark *f* ; *(Allemagne)* D-Mark ; Deutsche Mark (DM) ; *(ex-R.D.A.)* Mark (M) ; ~ *or* Goldmark ; *trois ~s* drei Mark ; drei Markstücke.
markéticien *m* Marketingfachmann *m*, -spezialist *m*, -berater *m*.
marketing *m* Marketing *n* ; Marktforschung *f*, -erkundung *f* ; Vertriebs-, Absatzforschung ; *agence-conseil f en ~* Marketingagentur *f* ; *expert en ~* Marketingfachmann *m*, -spezialist *m*, -berater *m* ; *produire selon les méthodes du ~* marketingorientiert produzieren *(syn. rares : marchéage, mercatique)*.
marketing-mix *m* (ensemble des instruments dont dispose le marketing pour promouvoir les ventes en vue d'un objectif précis) Marketing-Mix *n*.
marmotte *f* (*boîte à échantillons d'un V.R.P.*) Musterkoffer *m* ; Koffer mit Warenmustern.
marquage *m* Markierung *f* ; Kennzeichnung *f* ; ~ *obligatoire* Kennzeichnungspflicht *f* ; ~ *des prix* Preisauszeichnung *f* ; ~ *des viandes par catégories* Fleischkennzeichnung *f* ; *marchandise f soumise au ~ obligatoire* kennzeichnungspflichtige Ware *f*.
marque *f* Marke *f* ; Marken-, Warenzeichen *n* ; Zeichen *n* ; Bezeichnung *f* ; Markierung *f* ; Vermerk *m* ; Sorte *f* ; ◆ *~s associées* verbundene Marken ; ~ *d'authenticité* Echtheitsmarke ; ~ *collective* Kollektivmarke ; ~ *communautaire* Gemeinschaftsmarke ; ~ *de contrôle* Kontrollstempel *m* ; ~ *déposée* eingetragene (Schutz)Marke ; eingetragenes (hinterlegtes) Warenzeichen ; ~ *de distributeur* Handelsmarke ; ~ *de distribution* Vertriebszeichen ; ~ *de la douane* Zollvermerk *m* ; ~ *enregistrée* → *déposée* ; ~ *de fabricant* Herstellermarke ; ~ *de fabrique* Warenzeichen ; Fabrikmarke, -zeichen ; ~ *de garantie* Garantiezeichen ; Gütesiegel *n* ; Gütezeichen *n* ; ~ *d'immatriculation* Eintragungszeichen ; ~ *maison* Hausmarke ; Stamm-Marke ; ~ *protégée* patentgeschützte (Handels)Marke ; ~ *de propriété* Eigentumszeichen ; ~ *de provenance (d'origine)* Ursprungszeichen ; Herkunftsbezeichnung *f*, -angabe *f* ; ~ *de qualité* Gütezeichen *n* ; Qualitätsmarke ; ◆◆ *article m de ~* Markenartikel *m*, -ware *f*, -erzeugnis *n*, -fabrikat *n* ; *clients mpl fidèles à une ~* markentreue Kunden *mpl* ; *contrefaçon f de ~* Markenfälschung *f* ; *dépôt d'une ~* Markenhinterlegung *f* ; *enregistrement m d'une ~* Markeneintragung *f*, -anmeldung *f* ; *fabricant m d'articles de ~* Markenartikler *m* ; *grande ~* führende Marke ; *image f de ~* Markenimage *n* ; *interdiction f de la ~* Untersagung *f* des Warenzeichens ; *liste f des ~s* (Waren)-Zeichenrolle *f* ; *notoriété f de la ~* Markenbekanntheit *f* ; *produit m sans ~* markenlose Ware *f* ; namenloses Produkt *n* ; *propriétaire m d'une ~* Markeninhaber *m* ; *protection f des ~s* Markenschutz *m* ; *registre m des ~s de fabrique* Markenregister *n* ; Zeichenrolle *f* ; *représentant m en articles de ~* Markenartikelvertreter *m* ; ◆◆◆ *avoir un esprit de ~ affirmé* ein ausgeprägtes Markenbewusstsein haben ; *déclarer une ~ de fabrique* ein Warenzeichen anmelden ; *déposer une (faire le dépôt d'une) ~* eine Marke hinterlegen ; ins Markenregister eintragen lassen ; *positionner une ~* eine Marke positionieren ; *pratiquer une politique de ~* eine Markenpolitik betreiben.

marqué, e 1. markiert **2.** mit (einem) Preisschild ; mit (einem) Zeichen versehen ; ausgezeichnet ; *prix m* ~ Listen-, Katalogpreis *m* ; Auszeichnungspreis.

marquer 1. *(faire une marque)* markieren ; mit Zeichen versehen ; *(agric.)* ~ *un animal* ein Tier kennzeichnen **2.** *(afficher un prix)* ~ *une marchandise* eine Ware auszeichnen ; eine Ware mit einem Preisschild versehen ; den Preis einer Ware angeben **3.** *(fig.)* ~ *des points* punkten ; (Plus)Punkte machen.

masculin, e männlich ; *personne f du sexe* ~ männliche Person *f* ; *profession f* ~*e* männlicher Beruf *m* ; *sexe :* ~ Geschlecht : männlich.

masquer verheimlichen ; kaschieren ; verbergen ; tarnen ; ~ *un bilan* eine Bilanz frisieren.

masse *f* Masse *f* ; Menge *f* ; Volumen *n* ; *de* ~ *(en* ~*)* Massen- ; ♦ ~ *active* Aktivmasse ; Aktiva *pl* ; ~ *de biens* Vermögensmasse ; ~ *budgétaire* Budgetmasse ; Haushaltsvolumen *n* ; ~ *de couverture* Deckungsmasse ; ~ *des créanciers* Gläubigermasse ; ~ *critique* kritische Masse ; ~ *de la faillite* Konkursmasse ; *les* ~*s laborieuses* die werktätigen Massen *fpl* ; ~ *monétaire (en circulation)* → *masse monétaire* ; ~ *passive* Passivmasse ; Passiva *pl* ; ~ *salariale* (Brutto)Lohn- und Gehaltssumme *f* ; Lohnaufkommen *n* ; ~ *sociale* Gesellschaftsvermögen *n* ; ~ *successorale* Erb(schafts)-, Nachlassmasse ; ♦♦ *article m, besoins mpl de* ~ Massenartikel *m*, -bedarf *m* ; *biens mpl de consommation de* ~ Massenkonsumgüter *npl* ; *chômage m de* ~ Massenarbeitslosigkeit *f* ; *créance f, créancier m, débiteur m de la* ~ Masseforderung *f*, -gläubiger *m*, -schuldner *m* ; *à défaut de* ~ mangels Masse ; *dette f de la* ~ Masseschuld *f* ; *distribution f de* ~ Massenvertrieb *m* ; *fabrication f de* ~ Massenproduktion *f*, -fertigung *f*, -fabrikation *f* ; *manifestation f de* ~ Massenkundgebung *f*, -demonstration *f* ; *organisation f de* ~ Massenorganisation *f* ; *production f de* ~ Massenproduktion *f*, -herstellung *f*, -fabrikation *f* ; *publicité f de* ~ massenwirksame Werbung *f* ; *société f, tourisme m de* ~ Massengesellschaft *f*, -tourismus *m* ; ♦♦♦ *affluer en* ~ in Massen herbeiströmen ; *(fam.)* cela me coûte une ~ *d'argent* das kostet mich eine Menge (schöne Stange) Geld ; *inclure qqch dans la* ~ *(de faillite)* etw zur Masse schlagen ; *les meubles n'ont pas été inclus dans la* ~ die Möbelstücke wurden nicht zur Masse geschlagen ; *la procédure de faillite a été suspendue à défaut de* ~ das Konkursverfahren wurde mangels Masse eingestellt.

masse *f* **monétaire** *(en circulation)* (umlaufende) Geldmenge *f* ; Geldvolumen *n* ; Geldumlauf *m* ; *augmenter, diminuer la* ~ die Geldmenge vermehren, verknappen.

massif, ive 1. massiv ; *or m* ~ massives Gold *n* ; *c'est du chêne* ~ das ist massive Eiche **2.** massen- ; massenhaft ; *apparition f* ~*ive (sur le marché)* Massenauftreten *n* (auf dem Markt) ; *consommation f, grève f* ~*ive* Massenverbrauch *m*, -streik *m* ; *licenciements mpl* ~*s* Massenentlassungen *fpl* ; *vente f* ~*ive* Massenabsatz *m*, -verkauf *m*.

massification *f* Vermassung *f*.

massifier *(péj.)* vermassen ; etw zur Massenware machen ; etw zur Dutzendware machen.

mass-médias *pl* Massenmedien *pl* ; Medien.

mastère *m* Magister *m* ; Magisterprüfung *f* ; Master *m* ; Universitätsdiplom *n* ; Betriebswirtschafts-, Ingenieurdiplom *n* ; → *magistère*.

matelas *m* : *(fam.)* ~ *de devises* Devisenpolster *n*.

matérialiser verwirklichen ; konkretisieren ; ~ *un projet* ein Projekt verwirklichen ; *voie de circulation f à quatre voies* ~*ées* vierspurige Straße.

matérialisme *m* Materialismus *m*.

matériau *m* **1.** Material *n* ; Bau-, Werkstoff *m* ; ~*x* Materialien *npl* ; ~*iaux de construction* Baustoffe *mpl* ; ~ *de qualité inférieure, supérieure, résistante* minderwertiges, hochwertiges, haltbares Material ; *vieux* ~*x* Altmaterial ; *tester la résistance d'un* ~ ein Material auf seine Haltbarkeit prüfen (testen) **2.** *(documents) classer, dépouiller, trier des* ~*x* Material ordnen, auswerten, sichten.

matériel *m* **1.** Material *n* ; Gerät *n* ; (Werk)Stoff *m* ; Ausrüstung *f* ; ♦ ~ *agricole* landwirtschaftliche Geräte ; ~ *de bureau* Bürobedarf *m*, -material ; ~ *d'emballage* Verpackungsmaterial ; ~ *flottant* schwimmendes Material ; ~ *publicitaire* Werbematerial ; ~ *roulant*

matériel, le

rollendes Material ; Fuhr-, Wagenpark *m* ; *~ technique* technischer Bedarf *m* ; *~ usagé* Altmaterial ; *~ d'usage* Handlager *n* ; ◆◆ *coûts mpl de ~* Materialkosten *pl*, Aufwand *m* ; *délivrance f, dépôt m, économie f de ~* Materialausgabe *f*, -lager *n*, -einsparung *f* ; *emploi m du ~ → utilisation* ; *fourniture f, réception f, stock m de ~* Materialbeschaffung *f*, -abnahme *f*, -bestand *m* ; *utilisation f du ~* Materialeinsatz *m*, -verwendung *f* ; *vice m de ~* Materialschaden *m*, -fehler *m* ; ◆◆◆ *changer, remplacer le ~* die Ausrüstung wechseln, ersetzen ; *contrôler le ~* das Material (über)prüfen ; *se procurer du ~* sich Material beschaffen **2.** *(informatique)* Hardware *f* **3.** *~ sensible* High tech *f* ; Hoch-, Spitzentechnologie *f*.

matériel, le materiell ; *besoins mpl, biens mpl ~s* materielle Bedürfnisse *npl*, Güter *npl* ; *défaut m ~* Materialfehler *m* ; *dégât m ~* Sachschaden *m* ; *frais mpl ~s* Sachkosten *pl* ; *tirer un avantage ~ de qqch* materiellen Vorteil aus etw ziehen.

matériellement materiell ; finanziell ; *être ~ à l'abri (du besoin)* materiell abgesichert sein.

maternel, le : *aide f ~le* Hilfskraft *f* in einer Kinderkrippe ; *assistance f ~le* Mutterschaftshilfe *f* ; *du côté ~* mütterlicherseits ; *école f ~le* Vorschule *f* ; *langue f ~le* Muttersprache *f* ; *protection f ~le* Mutterschutz *m*.

maternité *f* Mutterschaft *f* ; *allocation f de ~* Mutterschaftshilfe *f* ; *congé m ~* Mutterschaftsurlaub *m*.

matière *f* Stoff *m* ; Materie *f* ; *~ brute* Rohstoff ; *(comptab.) ~s consommables* Hilfs- und Betriebsstoffe ; *(bilan) ~s et fournitures* Hilfs- und Betriebsstoffe ; *~ grise → matière grise* ; *~ imposable* Steuergegenstand *m*, -objekt *n* ; *~s inflammables* entzündbare Stoffe ; *~ litigieuse* Streitsache *f* ; *~ plastique* Kunststoff *m* ; *~ première → matière première* ; *~ de remplacement* Ersatzstoff ; *~ synthétique → plastique* ; *~ en vrac* Schüttgut *n* ; *paiement m en ~s* Zahlung *f* gegen Waren ; *table f des ~s* Inhaltsverzeichnis *n* ; *en ~ commerciale, pénale* in Handels-, Strafsachen.

matière *f* **grise** geistige Substanz *f* ; Elite *f* ; die denkenden Köpfe *mpl* ; *hémorragie f de la ~ d'un pays* Braindrain *m* ; Abwanderung *f* von Wissenschaftlern ins Ausland ; *(savoir faire)* Know-how *n*.

matière *f* **première** Rohstoff(e) *m(pl)* ; ◆ *~s non énergétiques* energiefremde Rohstoffe ; *~s renouvelables* nachwachsende Rohstoffe ; erneuerbare Energiequellen *fpl* ; ◆◆ *approvisionnement m en ~s* Rohstoffversorgung *f* ; *besoins mpl ~s* Rohstoffbedarf *m* ; *compte m, fournisseur m de ~* Rohstoffkonto *n*, -lieferant *m* ; *pays-producteur m de ~s* Rohstoffland *n* ; *pauvre en ~s* rohstoffarm ; *pénurie f ~s* Rohstoffmangel *m*, -knappheit *f* ; *prix m des ~s* Rohstoffpreis *m* ; *riche en ~s* rohstoffreich *f*.

M.A.T.I.F. *m* (Marché à terme international de France ; avant 1988 : Marché à terme d'instruments financiers) *(bourse)* französischer Futures-Markt *m* ; Terminmarkt *m* für Financial Futures ; Matif *m* ; internationaler Terminmarkt *m* für (neue) Finanzprodukte ; Börse *f* mit Termingeschäften für neuartige Finanzierungsinstrumente ; Terminhandel *m* mit Finanzinnovationen ; *(Allemagne)* Deutsche Terminbörse in Frankfurt. *→ marché*.

matraquage *m publicitaire* Werberummel *m* ; Einhämmern *n* von Werbeslogans ; *faire du ~* die Werbetrommel rühren ; auf die Werbepauke hauen.

matraquer 1. *(fam.)* Werbeslogans einhämmern ; mit Werbung berieseln ; die Werbetrommel rühren ; auf die Werbepauke hauen **2.** *~ le client* den Kunden schröpfen ; den Kunden ausnehmen.

matrice *f (registre)* Stammrolle *f* ; Verzeichnis *n* ; *~ cadastrale* Grundsteuerrolle *f*, Katasterbuch *n* ; *(informatique)* Matrix *f* ; *(ressources humaines) ~ de mobilité* Mobilitätsmatrize *f*.

matricule *m* : *numéro m ~* Eintragungs-, Erkennungsnummer *f*.

matricule *f (registre)* Matrikel *f* ; Stammrolle *f* ; Verzeichnis *n* ; Register *n*.

matrimonial, e ehelich ; Ehe- ; *agence f ~e* Heiratsvermittlung *f* ; Eheanbahnungsinstitut *n* ; *droit m ~* Eherecht *n* ; *majorité f ~e* Ehemündigkeit *f* ; *régime m ~* ehelicher Güterstand *m* ; Güterstandsregelung *f*.

mauvais, e schlecht ; Miss- ; *en ~ état* in schlechtem Zustand ; *de ~e foi*

unredlich ; bösgläubig ; wider Treu und Glauben ; ~*e gestion f* Misswirtschaft *f* ; Missmanagement *n* ; ~ *payeur m* säumiger Zahler *m* ; ~*e récolte f* Missernte *f* ; ~ *temps m* Unwetter *n*.
maxima → *maximum*.
maximal, e → *maximum*.
maximalisation *f* Maximierung *f* ; ~ *des bénéfices, du chiffre d'affaires* Gewinn-, Umsatzmaximierung *f*.
maximaliser maximieren ; maximalisieren ; ~ *le profit, le rendement* die Gewinne, den Ertrag maximieren.
maxi-mini (*ordre boursier : ordre à plage de déclenchement*) Maxi-Mini-Börsenorder *f* ; Stop-Order mit Preislimit, falls die Order effektiv wäre.
maximiser → *maximaliser*.
maximisation *f* → *maximalisation*.
1. maximum *m (pl.* ~*s ou maxima)* Maximum *n* ; Höchstmaß *n* ; ~*a* Höchstwerte *mpl* ; *le* ~ *de* das Maximum (Höchstmaß) an ; die meisten ; *(assur.) le* ~ *assuré* Höchstversicherungssumme *f* ; *au* ~ höchstens ; *fixer des* ~*a de production* Höchstwerte festlegen ; *obtenir le* ~ *de rentabilité* ein Maximum an Rentabilität erreichen ; *rester en deçà (au-dessous) du* ~ unter dem Maximum bleiben.
2. maximum Maximal- ; Höchst- ; Spitzen- ; *charge* ~ Maximalbelastung ; *cours m, prix m* ~ Höchstkurs *m*, -preis *m* ; *profit m, rendement m, valeur f* ~ Maximalprofit *m*, -leistung *f*, -wert *m*.
mazout *m* Heizöl *n* ; *chauffage m domestique au* ~ Ölheizung *f*.
mazouté, e mit Öl verschmutzt (vergiftet).
1. M.B.A. *f* (*marge brute d'autofinancement*) → *marge.*
2. MBA *n* (*Master of Business Administration*) *(USA)* MBA *n* ; *(maîtrise de gestion)* Wirtschaftsdiplom *n* ; Betriebswirtschaftsmagister *m*.
MBO *m* (*management buy out : rachat d'une entreprise par le management d'une entreprise*) MBO *n* ; Übernahme *f* eines Unternehmens durch seine eigenen Führungskräfte ; Firmenkauf *m* des Unternehmens durch das Management.
Mᵉ → *Maître.*
mécanique mechanisch ; maschinell ; automatisch ; *construction f* ~ Maschinenbau *m*.

mécanique *f* **de précision** Feinmechanik *f*.
mécanisation *f* Mechanisierung *f* ; Technisierung *f* ; *processus m de* ~ Mechanisierungsprozess *m*.
mécaniser mechanisieren ; ~ *une entreprise, la production* einen Betrieb, die Produktion mechanisieren.
mécanisme *m* Mechanismus *m* ; Einrichtung *f* ; Vorrichtung *f* ; Verfahren *n* ; System *n* ; ~*s de compensation (de péréquation), de contrôle, financiers* Ausgleichs-, Kontroll-, Finanzmechanismen ; ~*s du marché, des prix* Markt-, Preismechanismen.
mécénat *m* Mäzenatentum *n* ; Sponsoring *n*.
mécène *m* Mäzen *m* ; Sponsor *m* ; Förderer *m*.
mécompte *m* **1.** Fehlrechnung *f* ; Fehlbetrag *m* ; Rechenfehler *m* ; ~ *budgétaire* Haushaltslücke *f*, -defizit *n*, -fehlbetrag *m* **2.** Enttäuschung *f*.
médecin *m* Arzt *m* ; *les* ~*s* die Ärzteschaft ; ~ *conseil* Vertrauensarzt ; ~ *contractuel* Vertragsarzt ; ~ *conventionné (d'une caisse)* Kassenarzt ; ~ *d'entreprise* Werksarzt *m* ; ~ *de famille* Hausarzt ; ~ *généraliste* praktischer Arzt ; ~ *légiste* Gerichtsmediziner *m* ; ~ *spécialisé* Facharzt ; ~ *traitant* behandelnder Arzt ; Haus-, Vertrauensarzt ; ~ *du travail* Werks-, Betriebsarzt.
médecine *f* Medizin *f* ; ~ *douce* Alternativ-, Naturheilmedizin ; ~ *libérale* freie (liberale) Medizin ; ~ *du travail* Arbeitsmedizin *f*.
M.E.D.E.F. *m* (*Mouvement des entreprises de France* ; *ex C.N.P.F.*) französischer Arbeitgeberverband *m*.
média *m* Medium *n* ; *mass* ~*s* Massenmedien *npl* ; *(en tant que supports publicitaires)* Werbeträger *m* ; *multi-*~*s* Medienverbund *m* ; *plan m des* ~*s* ⇔ *media-planning* ; *politique f des* ~*s* Medienpolitik *f* ; *recourir à plusieurs* ~*s* etw im Medienverbund einsetzen.
media-planning *m* Mediaplan *m* ; Mediaplanung *f* ; Streuplan (*syn. plan de campagne médiatique*).
médiateur *m* (Ver)Mittler *m* ; Schlichter *m* ; Ombudsmann *m* ; Mittelsmann *m*, -person *f* ; *recourir à un* ~ einen Vermittler (einen Mittelsmann) einsetzen ; sich an einen Schlichter wenden ; *servir de* ~ als Mittler fungieren ;

(in einem Konflikt) vermitteln ; schlichten.
médiathèque *f* Medienthek *f*.
médiation *f* Vermittlung *f* ; Schlichtung *f* ; Vermittlungs-, Schlichtungsverfahren *n* ; *commission f de* ~ Schlichtungskommission *f*, -ausschuss *m*.
médiatique Medien- ; mediengemäß; mediengerecht ; *évènement m* ~ Event *n* ; Medienereignis *n* ; Medienspektakel *n*.
médiatiser mediatisieren ; über Medien verbreiten.
médiatisation *f* Mediatisierung *f* ; Verbreitung *f* über Medien.
médical, e ärztlich ; Ärzte- ; *certificat* ~ ärztliches Attest *n* ; *corps m* ~ Ärzteschaft *f*.
médicament *m* Arzneimittel *n* ; Medikament *n* ; ~ *générique* Generikum *n*.
médico-légal gerichtsmedizinisch.
médiocre mangelhaft ; *qualité f* ~ minderwertige, mangelhafte Qualität *f* ; *revenus mpl* ~*s* dürftige (kümmerliche) Einkommen.
meeting *m* Meeting *n* ; Versammlung *f* ; Treffen *n* ; Sitzung *f* ; (*polit.*) Massenveranstaltung *f* ; ~ *électoral* Wahlversammlung *f* ; ~ *de protestation* Protestversammlung.
méga-octet *m* MByte *n* ; Mega Byte/Megabyte (MB).
mégapole *f* Megastadt *f*.
mél *m* → **mail, e-mail**.
membre *m* Mitglied *n* ; Angehörige(r) ; Teilnehmer *m* ; ♦ ~ *actif* aktives Mitglied ; ~ *à part entière* Vollmitglied ; ~ *d'une association, d'un syndicat* Vereins-, Gewerkschaftsmitglied ; ~ *associé* assoziiertes Mitglied ; ~ *bienfaiteur, coopté* förderndes, zugewähltes Mitglied ; ~ *d'un comité* Ausschussmitglied ; ~ *d'un conseil de surveillance, du directoire* Mitglied eines Aufsichtsrats, des Vorstands ; ~ *dirigeant, fondateur* führendes, Gründungsmitglied ; ~ *honoraire, inscrit* Ehren-, eingeschriebenes Mitglied ; ~ *fondateur (d'une association)* Gründungsmitglied (eines Vereins) ; ~ *ordinaire* ordentliches Mitglied ; ~ *passif* passives Mitglied ; ~ *permanent, sortant (démissionnaire), suppléant* ständiges, ausscheidendes, stellvertretendes Mitglied ; ~ *de l'Union européenne* Mitglied der Europäischen Union ; ♦♦ *carte f, cotisation f de* ~ Mitgliedskarte *f*, -beitrag *m* ; *état* ~ *m* Mitglied(s)staat *m*, -land *n* ; *nombre m de* ~*s* Mitgliederzahl *f* ; *pays* ~ *m* Mitgliedsland *n* ; *qualité f de* ~ Mitgliedschaft *f* ; ♦♦♦ *devenir* ~ *d'un syndicat* einer Gewerkschaft beitreten ; *être* ~ *cotisant d'une association* zahlendes Mitglied eines Vereins (in einem Verein) sein.

1. mémoire *f* (*sens général*) Gedächtnis *n* ; Erinnerung *f* ; *pour* ~ zur Kenntnisnahme ; zur Information ; erinnerungshalber ; Merkposten *m*.
2. mémoire *f* (*informatique*) Speicher *m* ; Speicherkapazität *f* ; ~ *effaçable* löschbarer Speicher ; ~ *d'entrée, d'entrée-sortie* Eingabe-, Eingabe-Ausgabespeicher ; ~ *de fichier* Großraumspeicher ; ~ *externe, interne, centrale* externer, interner, Zentralspeicher ; ~ *morte* Festspeicher ; ROM-Speicher ; ~ *périphérique* externer Speicher ; ~ *de réserve, de sortie* Reserve-, Ausgabespeicher ; ~ *de travail* RAM-, Arbeitsspeicher ; ~ *vive 40 Go* RAM 40 Gb ; *carte f à* ~ Chipkarte *f* ; ♦♦♦ *garder des données en* ~ Daten (auf der Festplatte) speichern ; *mettre (des données) en* ~ (Daten) speichern ; (Daten in den Speicher) eingeben ; einspeisen.
mémoire *m* **1.** Denkschrift *f* ; Memorandum *n* **2.** wissenschaftliche Abhandlung *f* ; Aufsatz *m* **3.** Kostenaufstellung *f* ; Rechnung *f* **4.** (*jur.*) Revisionsschrift *f* **5.** ~*s* Memoiren *pl* ; Erinnerungen *fpl*.
memorandum *m* **1.** Bestellzettel *m* ; Auftragszettel **2.** (*polit.*) Denkschrift *f* ; Memorandum *n*.
mémorisation *f* (*informatique*) Speicherung *f*.
mémoriser (*informatique*) speichern ; ~ *des données* Daten speichern.
menace *f* Drohung *f* ; Gefahr *f* ; Gefährdung *f* ; ~ *de crise* Krisengefahr *f* ; ~ *de grève* Streikdrohung *f* ; ~ *inflationniste* Inflationsgefahr *f* ; ~ *de récession* Rezessionsgefahr *f* ; *constituer une* ~ eine Gefahr darstellen.
menacer bedrohen ; (jdm) drohen (mit) ; gefährden.
ménage *m* Haushalt *m* ; Haushaltung *f* ; Familie *f* ; Ehepaar *n* ; eheliche Gemeinschaft *f* ; ♦ *les* ~*s privés* die privaten Haushalte ; ~ *d'une personne, de plusieurs personnes* Einpersonen-,

Mehrpersonenhaushalt ; ~ *type* Indexfamilie ; ◆◆ *argent m du* ~ Wirtschafts-, Haushaltsgeld *n* ; *articles mpl de* ~ Haushaltswaren *fpl* ; *dépenses fpl de* ~ Haushaltskosten *pl* ; *femme f de* ~ Putzfrau *f* ; Raumpflegerin *f* ; Reinemachefrau *f* ; *jeune* ~ junges Ehepaar *n* ; *membres mpl du* ~ Haushaltsmitglieder *npl* ; *par* ~ pro Haushalt ; *revenu m disponible des* ~*s* (verfügbares) Einkommen *n* der privaten Haushalte.

ménager sparsam umgehen ; vorsichtig haushalten ; ~ *ses forces* mit seinen Kräften haushalten ; (*matériel*) schonen ; (*prévoir*) ~ *une clause* eine Klausel vorsehen.

ménager, ère hauswirtschaftlich ; Haushalts- ; *appareils mpl* ~*s* Haus- und Küchengeräte *npl* ; *articles mpl* ~*s* Haushaltswaren *fpl* ; *salon m des Arts* ~*s* Hausratsmesse *f* ; Haushaltswarenmesse.

ménagère *f* Hausfrau *f* ; *le panier de la* ~ Warenkorb *m*.

mener : ~ *une enquête* eine Untersuchung durchführen ; ~ *des négociations* Verhandlungen führen ; ~ *une politique* eine Politik betreiben ; ~ *qqch à bien (à terme)* etw zustande (zu Stande) bringen ; etw durchführen.

meneur *m* Aufwiegler *m* ; Rädelsführer *m* ; ~ *d'une grève* Streikführer *m*.

mensonge *m* Lüge *f* ; Betrug *m*.

mensonger, ère (be)trügerisch ; irreführend ; falsch ; *manœuvres fpl* ~*ères* betrügerische Manöver *npl* ; *publicité f* ~*ère* irreführende Werbung *f*.

mensualisation *f* 1. monatliche Entlohnung *f* (Besoldung *f* ; Lohnzahlung *f*) ; *introduire le système de* ~ auf monatliche Entlohnung umstellen ; die Monatslohnzahlung einführen 2. monatliche Abzahlung *f* ; ~ *des cotisations, de l'impôt* monatliche Beitrags-, Steuerabzahlung.

mensualiser 1. auf monatliche Entlohnung (Zahlung) umstellen ; die Monatslohnzahlung einführen 2. ~ *les cotisations, les impôts* die Beiträge, die Steuern monatlich abzahlen (abführen).

mensualité *f* 1. Monatsrate *f* ; Monatsbetrag *m* ; *payable en 15* ~*s* in 15 Monatsraten zahlbar ; *rembourser qqch par* ~*s* etw in Monatsraten abzahlen ; (*fam.*) etw abstottern 2. Monatseinkommen *n*, -lohn *m*, -gehalt *n* ; Monatsgeld *n*.

mensuel *m* 1. (*journal*) Monatsheft *n* ; Monatszeitschrift *f* 2. Monatslohnempfänger *m* ; Gehaltsempfänger *m*.

mensuel, le Monats- ; monatlich ; *magazine m* ~ monatlich erscheinendes Magazin *n* ; *numéro m* ~ Monatsheft *n* ; *production f* ~*le* Monatsproduktion *f* ; *revenus mpl* ~*s* Monatseinkommen *n* ; *traitement m* ~ Monatsgehalt *n* ; *virement m* ~ monatliche Überweisung *f*.

mention *f* Angabe *f* ; Anmerkung *f* ; Erwähnung *f* ; Vermerk *m* ; Note *f* ; Klausel *f* ; ◆ ~ *d'acceptation, d'affranchissement* Annahme-, Freimachungsvermerk ; ~ *d'enregistrement*, marginale Eintragungs-, Randvermerk ; ~ *manuscrite* handschriftlicher Vermerk ; ~ *de réserve* Schutzvermerk ; ~ *d'origine (de la provenance)* Herkunftsangabe ; ◆◆◆ *biffer (rayer) les* ~*s inutiles* Nichtzutreffendes (bitte) streichen ; *faire* ~ *de qqch* etw erwähnen.

mentionner erwähnen ; vermerken ; notieren ; ~*é ci-dessous, ci-dessus* unten erwähnt (nachstehend), oben erwähnt (obig) ; *les remarques* ~*ées ci-dessous* die nachstehenden Bemerkungen ; *veuillez adresser la marchandise à l'adresse* ~*ée ci-dessus* schicken Sie bitte die Ware an obige Adresse ; *n'oubliez pas de* ~ *vos coordonnées* vergessen Sie bitte nicht, Ihre Personalien anzugeben.

mentoring *m* Mentoring *n* ; Expertenberatung *f* für Nachwuchskräfte.

menu *m* 1. (*restaurant*) Menü *n* ; ~ *à prix fixe* Tagesmenü (zu festem Preis) 2. (*informatique*) Menü *n* ; (Funktions)-Liste *f*.

menu, e klein ; ~*s frais* Nebenausgaben *fpl* ; ~*e monnaie f* Kleingeld *n* ; kleine Münzen *fpl*.

mer *f* See *f* ; Meer *n* ; ◆ *par* ~ auf dem Seeweg ; *sur* ~ auf See ; *sur terre et sur* ~ zu Wasser und zu Land ; ~ *fermée* Binnenmeer ; geschlossenes Meer ; *haute* ~ hohe See ; ~ *territoriale* Hoheits-, Küstenmeer ; Küstengewässer *npl* ; ◆◆ *appel m de* ~ Seenotruf *m* ; *commerce m par* ~ Seehandel *m* ; *forage en* ~ Offshore-Bohrung *f* ; *navigation f en* ~ Seeschifffahrt *f* ; *pollution f des* ~ Meeresverschmutzung *f* ; Seeverschmutzung *f* durch Öl ; *port m de* ~ Seehafen *m* ; *sinistre m de* ~ Seeschaden *m* ; *transport m par* ~ Seetransport *m*.

mercanti *m* **1.** *(Orient)* Bazarhändler *m* **2.** *(péj.)* Geschäftemacher *m* ; Schwindler *m* ; Schieber *m*.
mercantile 1. merkantil ; merkantilistisch ; kaufmännisch **2.** *(péj.)* krämerhaft ; kleinlich ; kleindenkend.
mercantilisme *m* **1.** *(hist.)* Merkantilismus *m* ; staatliche Wirtschaftslenkung *f* **2.** *(péj.)* Krämergeist *m* ; Profitgier *f*.
mercantiliste *m* Merkantilist *m*.
mercantiliste merkantilistisch.
mercaticien *m* *(rare)* → **markéticien**.
mercatique *f* *(rare)* → **marketing**.
merchandiser *m* **1.** Merchandiser *m* ; Warengestalter *m* **2.** spezieller Vorführtisch *m* ; Vorführelement *n*.
merchandising *m* Merchandising *n* ; Vermarktungstechnik *f* ; verkaufsfördernde Maßnahmen *fpl* ; Verkaufsförderung *f* (Produktgestaltung, Werbung, Kundendienst).
mercuriale *f* **1.** Marktbericht *m* **2.** Marktpreise *mpl* ; Kurs *m*, Wert *m*, Preis *m* von Waren.
mère *f* : **1.** *maison-~* Stammhaus *n* ; Muttergesellschaft *f* **2.** Mutter *f* ; *~-célibataire* allein stehende (allein erziehende, ledige) Mutter *f* ; *~ porteuse* Leihmutter ; *salaire m de ~ au foyer* Erziehungsgehalt *n*.
mérite : *au ~* leistungsbezogen ; erfolgsorientiert ; ertragsabhängig ; *système m de rémunération au ~* erfolgsorientiertes Entlohnungssystem *n* ; *avoir une notation au ~* Leistungsnoten erhalten ; *rétribuer au ~* nach Leistung bezahlen.
méritocratie *f* Leistungs-, Erfolgsdenken *n* ; Leistungsorientierung *f* ; Leistungsabhängigkeit *f* ; Leistungswirtschaft *f*.
méritocratique leistungsabhängig ; leistungsorientiert.
message *m* Botschaft *f* ; Mitteilung *f* ; Information *f* ; Meldung *f* ; Nachricht *f* ; Message *f* ; *~ électronique* E-Mail-Nachricht *f* ; *~ faxé* Fax-Mitteilung *f* ; *~ publicitaire* (Werbe)Spot *m* ; Werbebotschaft *f* ; Werbetext *m* ; *~ téléphoné* telefonische Nachricht *f* ; *(médias) diffuser des ~s* Werbebotschaften (Werbeunterbrechungen) ausstrahlen ; *envoyer un ~* eine Botschaft schicken ; benachrichtigen.
messagerie *f* **1.** Transport-, Fuhrwerksunternehmen *n* ; Speditionsfirma *f* ; *~ aérienne* Luftfrachtagentur *f* ; *~ express* Kurierdienst *m* ; *~s maritimes, aériennes* See-, Lufttransportunternehmen **2.** Gütereilverkehr *m* ; Eilgutabfertigung *f* **3.** *~ de presse* Zeitungsvertriebsgesellschaft *f* **5.** *~-minitel* Informationsaustausch *m* über Btx (Bildschirmtext) ; Btx-Dienst *m* ; *~ électronique* E-Mail *n* ; Mailbox *f* ; elektronischer Briefverkehr *m* ; *~ vocale* Voice-Box *f* ; Voicemail *f*.
Messieurs *mpl* *(corresp.)* Sehr geehrte Herren.
mesurable messbar.

mesure *f*
1. disposition
2. évaluation d'une grandeur
3. modération

1. *(disposition)* Maßnahme *f* ; Maßregel *f* ; ◆ *~ administrative* Verwaltungsmaßnahme ; *~ adéquate (appropriée)* geeignete Maßnahme ; *~ d'austérité* Härte-, Not-, Austeritymaßnahme ; *~s de blocus* Blockade-, Sperrmaßnahme ; *~s de compression budgétaire* Haushaltseinsparungsmaßnahmen ; *~ de contingentement* Kontingentierungsmaßnahme ; *~ dirigiste* dirigistische Maßnahme ; *~ de durcissement* Verschärfungsmaßnahme ; *~ disciplinaire* Disziplinarmaßnahme ; *~ draconienne, économique* drastische, wirtschaftliche Maßnahme ; *~ d'économie* Einsparungs-, Sparmaßnahme ; *~ d'encouragement* Förderungsmaßnahme ; Anreiz *m* ; *~ d'épargne* die Spartätigkeit fördernde Maßnahme ; *~ fiscale* steuerliche Maßnahme ; *incitative* → *d'encouragement* ; *~ judiciaire* gerichtliche Maßnahme ; *~ monétaire, de péréquation* Währungs-, Ausgleichsmaßnahme ; *~ politique* politische Maßnahme ; *~ de précaution, préventive* Vorsichts-, Vorbeugungsmaßnahme ; *~ de prévoyance* vorsorgliche Maßnahme ; *~ de protection* Schutzmaßnahme ; *~ protectionniste, provisoire* protektionistische, vorläufige (provisorische) Maßnahme ; *~ de rationalisation* Rationalisierungsmaßnahme ; *~ de représailles (de rétorsion)* Vergeltungsmaßnahme ; *~ de sécurité* Sicherheitsmaßnahme ; *~ sociale* soziale Maßnahme ; *~ de stabilisation (des prix)* (Preis)Stabilisierungsmaß-

métier

nahme ; ~ *transitoire* Übergangsmaßnahme ; ~ *d'urgence* Notmaßnahme ; ♦♦ *catalogue m de* ~*s* Maßnahmenkatalog *m* ; *contre-*~ Gegenmaßnahme *f* ; *par* ~ *de prudence, de sécurité* vorsichts-, sicherheitshalber ; *sur* ~ zugeschnitten (auf) ; *taillé sur* ~*s* maßgeschneidert ; *train m de* ~*s* Maßnahmepaket *n*, -katalog *m* ; ♦♦♦ *assouplir, durcir une* ~ eine Maßnahme lockern, verschärfen ; *être en* ~ *de* in der Lage sein ; imstande (im Stande) sein ; *prendre (adopter) des* ~*s* Maßnahmen ergreifen ; Vorkehrungen treffen.
2. *(évaluation d'une grandeur)* Maß *n* ; Messung *f* ; Maßstab *m* ; ~ *de capacité, de superficie* Raum-, Flächenmaß; *(textiles)* ~ *industrielle* Maßkonfektion *f* ; ~*s d'un local* die Maße eines Raums ; *appareil m de* ~ Messgerät *n* ; *poids mpl et* ~*s* Maße und Gewichte ; *système m de* ~ Maßsystem *n* ; *unité f de* ~ Maßeinheit *f* ; *(vêtement) sur* ~ nach Maß; maßgeschneidert ; *faire deux poids deux mesures* mit zweierlei Maß messen ; *prendre des* ~*s* Messungen vornehmen (durchführen).
3. *(modération)* Mäßigung *f* ; Maßhalten *n* ; *appel m à la* ~ Maßhalteappell *m* ; *exhorter à la* ~ zur Mäßigung mahnen (aufrufen).

mesurer (ab)messen ; vermessen ; bemessen ; abschätzen ; eichen ; ~ *l'étendue des dégâts* das Ausmaß eines Schadens abschätzen ; ~ *un danger, un risque* eine Gefahr, ein Risiko einschätzen.

métairie *f* (Halb)Pachtgut *n* ; Pachthof *m* ; Pachtbetrieb *m*.

métal *m* Metall *n* ; *en* ~ metallen ; aus Metall ; ~ *en barre, en lingot* Barren-, Blockmetall ; ~ *jaune* Gold *n* ; ~ *monnayable* Münzmetall ; *métaux non ferreux* Nicht-Eisen-Metalle ; NE-Metalle ; *métaux lourds* Schwermetalle ; ~ *précieux (noble)* Edelmetall ; *teneur f en* ~ Metallgehalt *m* ; *transformation f (travail m, usinage m) du* ~ Metallverarbeitung.

métallifère erzhaltig ; metallhaltig ; *gisement m* ~ Erzlagerstätte *f* ; Erzvorkommen *n*.

métallique metallen ; Metall- ; *monnaie f (étalon m)* ~ Metallwährung *f* ; Metallgeld *n* ; *réserve f* ~ Metallbestand *m*, -vorrat *m*, -reserve *f*.

métallo *m (fam.) (contexte syndical)* Metaller *m* ; Metallarbeiter *m*.

métallurgie *f* Metall-, Schwerindustrie *f* ; Hüttenwesen *n* ; Metallurgie *f* ; Erzverhüttung *f*.

métallurgique metallverarbeitend ; Hütten- ; metallurgisch ; *industrie f* ~ Schwerindustrie *f* ; eisenerzeugende und eisenverarbeitende Industrie ; Hüttenindustrie *f* ; *usine f* ~ Hütte *f* ; Hüttenwerk *n*.

métallurgiste *m* Metallurg *m* ; Hütteningenieur *m* ; *ouvrier* ~ *m* Metallarbeiter *m* ; Metaller *m*.

métayage *m (agric.)* Halb-, Teilpacht *f*.

métayer *m (agric.)* Halb-, Teilpächter *m*.

méthanier *m* Gastanker *m*.

méthanol *m* Biogas ; Methanol *n*.

méthode *f* Methode *f* ; Verfahren *n* ; Technik *f* ; System *n* ; Handlungsweise *f* ; ♦ ~ *d'amortissement, d'analyse, de calcul* Abschreibungs-, Untersuchungs-, Berechnungsmethode ; ~ *comparative, comptable* Vergleichs-, Buchungsmethode ; ~ *de fabrication* Fabrikations-, Herstellungsmethode ; ~ *de financement* Finanzierungsmethode ; ~ *hambourgeoise de calcul d'agios (à échelles)* Staffel-, Saldenmethode ; ~ *des nombres (calcul de l'intérêt rapporté par un capital)* Zinsberechnungsmethode ; ~ *de notation, de production* Notierungsverfahren ; Produktionsmethode ; ~ *de répartition du travail* Verteilungs-, Arbeitsmethode ; ~ *de vente* Verkaufsmethode ; ♦♦♦ *selon la* ~ *de…* nach der Methode von… ; *selon une* ~ *éprouvée* nach bewährter Methode ; *appliquer une* ~ eine Methode anwenden ; *élaborer une* ~ eine Methode ausarbeiten ; *prendre une* ~ *à son compte* eine Methode übernehmen ; *utiliser une* ~ → *appliquer.*

méthodique methodisch ; planmäßig ; systematisch.

métier *m* Handwerk *n* ; Beruf *m* ; Gewerbe *n* ; Arbeit *f* ; Erwerbszweig *m* ; *(fam.)* Job *m* ; Metier *m* ; ♦ ~ *d'appoint* Nebenbeschäftigung *f* ; Nebenerwerb *m* ; ~ *artisanal* handwerklicher Beruf ; ~ *artistique (métiers d'art)* künstlerisches (kunstgewerbliches) Handwerk ; Kunstgewerbe *n* ; kunstgewerbliche Beschäftigung *f* ; ~ *de banque* Bankgewerbe ; ~

du bois holzverarbeitendes Handwerk ; *~s féminins* Frauenberufe ; *~ intellectuel* geistiger Beruf ; Kopfarbeit ; *~ manuel* handwerkliche Arbeit ; *~s masculins* Männerberufe ; *~ du secteur tertiaire* Dienstleistungsberuf ; ◆◆ (*École f des) Arts et ~s* (französische) Technische Hochschule *f* ; *branche f de ~* Handwerkszweig *m* ; *chambre f des ~s* Handwerkskammer *f* ; *changement m de ~* Berufswechsel *m* ; *exercice m d'un ~* Berufsausübung *f* ; *homme m de (du) ~* Mann vom Fach ; Fachmann *m* ; *registre m des ~s* Handwerksrolle *f* ; ◆◆◆ *apprendre un ~* ein Handwerk (einen Beruf) erlernen ; *avoir un ~* einen Beruf (eine Arbeit, einen Job) haben ; *avoir du ~* ein handwerkliches Können haben ; Berufserfahrung haben ; *connaître son ~* seine Sache verstehen ; sein Handwerk kennen (verstehen) ; *être depuis 10 ans dans le ~* seit 10 Jahren im Beruf stehen ; *être architecte de ~* von Beruf Architekt sein ; *être du ~* vom Fach sein ; *exercer un ~* einen Beruf (ein Handwerk) ausüben ; ein Gewerbe betreiben ; ein Handwerk betreiben ; *faire son ~* seine Pflicht tun ; *gâcher le ~* das Geschäft verderben ; die Preise drücken ; *parler ~ (parler boutique)* fachsimpeln ; *rien ne vaut un bon ~* Handwerk hat goldenen Boden ; *saboter le ~ à qqn* jdm ins Handwerk pfuschen.

métrage *m* **1.** Abmessen *n* ; Messung *f* nach Metern ; (*tissu*) Meterzahl *f* ; Stoffmenge *f* **2.** (*cinéma*) *court, long ~* Kurzfilm, Spielfilm.

mètre *m* Meter *m* ou *n* ; *~ carré, courant, cube* Quadratmeter, laufender Meter, Kubikmeter ; *marchandise f vendue au ~* Meterware *f* ; Schnittware *f* ; *acheter du tissu au ~* Stoff als Meterware kaufen ; *compter qqch au ~* etw nach Meter berechnen ; *calculer (mesurer) en ~s* nach Metern messen.

métrer nach Metern (ab)messen (berechnen).

métreur *m* Vermesser *m*.

métrique : *système m ~* metrisches System *n*.

métro *m* U-Bahn *f* ; (*Paris*) Metro *f*.

métropole *f* **1.** (*ville*) Metropole *f* ; Haupt-, Weltstadt *f* ; *~ économique* Wirtschaftsmetropole *f* ; wirtschaftliches Zentrum *n* **2.** Mutterland *n*.

métropolitain, e 1. hauptstädtisch **2.** des Mutterlandes ; *départements mpl ~s* mutterländische Departements *npl*.

mettre setzen ; stellen ; legen ; *se ~ d'accord (sur)* (handels)einig werden (über) ; *~ en application* anwenden ; durchführen ; *~ de l'argent dans* Geld investieren in ; Geld in ein Geschäft stecken ; *~ en circulation* in Umlauf setzen ; *~ en communication* in Verbindung setzen ; verbinden ; *~ des conditions* Bedingungen stellen ; *~ à contribution* heran-, hinzuziehen ; *(fam.)* einspannen ; *~ (de l'argent) de côté* Geld beiseite legen ; Geld sparen ; *~ au courant* auf dem Laufenden halten ; informieren ; *~ en dépôt* in Verwahrung geben ; hinterlegen ; *~ à la disposition* zur Verfügung stellen ; *~ aux enchères* versteigern ; *~ à exécution* ausführen ; *~ en marche* in Betrieb (in Gang, in Bewegung) setzen ; *~ en place* einrichten ; einsetzen ; *~ en service* in Betrieb nehmen ; *~ du temps* Zeit brauchen ; Zeit benötigen (in Anspruch nehmen) ; *se ~ au travail* sich an die Arbeit machen ; *(fam.)* eine Arbeit anpacken ; *~ en valeur* verwerten ; erschließen ; *~ en vente* zum Verkauf anbieten.

meuble *m* **1.** Möbel(stück) *n* ; Möbel *npl* ; Mobiliar *n* ; fahrende Habe *f* ; *(jur.)* Fahrnis *f* ; *~s transformables* Umbaumöbel **2.** (*comptab.*) bewegliches Gut *n* ; bewegliches Vermögen *n* ; bewegliche Sache *f* ; *~s meublants* Wohnungseinrichtung *f* ; Mobiliar *n* ; *biens ~s* Mobiliarvermögen *n* ; Mobilien *pl* ; *~ corporel* körperliche bewegliche Sache ; *~ incorporel* immaterielles bewegliches Gut.

meublé *m* möblierte Wohnung *f* ; *habiter en ~* möbliert wohnen.

meublé, e möbliert ; *chambre f ~e* möbliertes Zimmer *n*.

meubler möblieren ; einrichten ; mit Möbeln ausstatten ; *se ~ à neuf* sich neue Möbel kaufen (anschaffen).

mévendre mit Verlust verkaufen ; zu Schleuderpreisen verkaufen ; verramschen.

mévente *f* **1.** Absatzstockung *f*, -flaute *f*, -schwierigkeiten *fpl* ; schlechter Absatz *m* **2.** Verkauf *m* mit Verlust ; Verlustgeschäfte *npl*.

mi Halb- ; halb- ; Mitte *f* ; medio ; *~ juin* Mitte Juni ; medio Juni ; *~-temps* → *mi-temps*.

micro *m* → *micro-ordinateur*.
micro *f* → *micro-informatique*.

micro-absentéisme *m* ein- bis zweitägiges Fernbleiben *n* von der Arbeit.
microcircuit *m* *(informatique)* Mikroschaltkreis *m*.
micro-économie *f* Mikroökonomie *f*.
micro-électronique *f* Mikroelektronik *f*.
micro-foncier *m* *(régime fiscal français)* vereinfachtes Steuersystem *n* für Einkünfte aus Grund und Boden sowie für Mieterträge.
micro-informatique *f* Heimcomputer *m* ; Mini-, Mikrocomputer-, Mikroinformatik *f*.
micro-ordinateur *m* Laptop *m/n* ; Notebook *n* ; Mikro-, Minicomputer *m* ; PC *m* ; Kleinstcomputer *m*.
microprocesseur *m* *(inform.)* Mikroprozessor *m* ; Chip *m* *(syn. puce)*.
micro-trottoir *m* *(médias)* Straßen-Interview *n*.
Mid-CAC *m* *(1995, Paris : indice boursier portant sur 100 sociétés françaises de moyenne capitalisation)* Pariser Mid-CAC-Index *m*.
mieux *m* 1. *(chiffre meilleur)* Plus *n* ; Plusbetrag *m* ; *une différence en ~ Plusdifferenz f ; nous avons réalisé un ~ de 3 %* wir haben (bei dem Geschäft) ein Plus von 3 % gemacht 2. *(amélioration)* Besserung *f*.
mieux besser ; *au ~* bestenfalls ; *le ~* der, die, das Beste ; *les affaires vont ~* die Geschäfte gehen besser ; *faire pour le ~ (de son ~)* das Bestmöglichste tun ; sein Möglichstes tun ; *régler une affaire au ~ des intérêts de qqn* ein Geschäft bestens für jdn regeln ; *(bourse) achat m au ~* Bestkauf *m* ; billigst ; *ordre au ~* Bestauftrag *m* ; Bestensorder *f* ; Billigstorder *f* ; *vente f au ~* Bestens-Verkauf *m* ; bestens.
mieux-disant *m* Meistbietende(r) ; günstigster Bieter *m*.
mieux-être *m* höherer Wohlstand *m* ; höheres Lebensniveau *n* ; höherer Lebensstandard *m*.
migrant *m* : *travailleur m ~* Wanderarbeiter *m* ; Saisonarbeiter.
migration *f* Migration *f* ; Wanderung *f* ; Verschiebung *f* ; *les grandes ~s d'été* sommerlicher Urlaubsstrom *m* ; *les ~s de la population rurale vers les centres urbains* die Wanderbewegungen *fpl* der Landbevölkerung in die Ballungsgebiete ; Landflucht *f* ; *~ saisonnière* Saisonwanderung ; *~ professionnelle* Berufsverschiebung ; *~ sociale* soziale Beweglichkeit *f* ; vertikale Mobilität *f* ; *~ totale* Brutto, Gesamtwanderung.
migratoire : *flux m (mouvements mpl) ~(s)* Wander(ungs)bewegungen *fpl*.
migrer wandern ; zuwandern ; einwandern.
milieu *m* 1. Mitte *f* ; *~ de gamme* Mittelklasse- ; mittlerer Qualitätsbereich *m* ; der mittleren Klasse 2. Umwelt *f* ; Umfeld *n* ; Umgebung *f* ; Lebensraum *m* ; Milieu *n* ; *~ marin* Meeresumwelt ; *~ naturel* (natürliche) Umwelt ; *~ rural* ländliches Milieu ; *~ social* soziales Milieu ; gesellschaftliches Umfeld 3. *~x mpl* Kreise *mpl* ; *~x d'affaires* Geschäftswelt *f* ; Geschäftskreise ; *~x bancaires, boursiers* Bank-, Börsenkreise ; *~x économiques, financiers* Wirtschafts-, Finanzkreise ; *~x influents* einflussreiche Kreise ; *~x patronaux* Unternehmerkreise ; *on laisse entendre dans les ~x bien informés…* aus gut unterrichteten Kreisen wird verlautet 4. *(pègre)* zwielichtiges Milieu ; Unterwelt *f*.
militant *m* aktives Mitglied *n* ; Aktivist *m* ; *~ syndical* aktives Gewerkschaftsmitglied.
militant, e : *un syndicaliste m ~* aktiver Gewerkschaft(l)er *m*.
militantisme *m* Militieren *n* ; Militanz *f*.
militer politisch, gewerkschaftlich aktiv sein ; *~ dans un parti* ein aktives Parteimitglied sein.
mille tausend ; *3 pour ~* drei vom Tausend (v.T.), Promille ; *~ pour cent* tausendprozentig ; *ne pas gagner des ~ et des cents* kein Großverdiener sein ; kein großes Einkommen haben ; *~ fois plus* das Tausendfache.
mille *f* Meile *f* ; *~ nautique* nautische Meile ; *bonus m ~s* Meilenbonus *m (kilomètres gratuits offerts aux clients fidèles par les compagnies aériennes)*.
millésime *m* 1. *(timbres, monnaies)* Jahreszahl *f* 2. *(vins)* guter Jahrgang ; ausgezeichneter Wein *m* ; Prädikatswein.
milliard *m* Milliarde *f* (Md. / Mrd.).
milliardaire *m* Milliardär *m*.
millième *m* Tausendstel *n* ; *(copropriété) nombre m de ~s* (in Tausendstel berechneter) Miteigentumsanteil *m* ; *participer aux réparations au prorata du nombre de ~s* sich an den

Reparaturkosten gemäß den Miteigentumsanteilen beteiligen ; sich anteilmäßig beteiligen.

millier *m* Tausend *n* ; *par ~s* zu Tausenden ; *quelques ~s* einige Tausende ; *des ~s et des ~s de... * Tausende und Abertausende von... ; *le coût se chiffre par ~s* die Kosten gehen in die Tausende.

milligramme *m* Milligramm *n*.

millimètre *m* Millimeter *m* ou *n* ; *travail m au ~ près* Millimeterarbeit *f* ; Präzisionsarbeit.

million *m* Million *f* (Mill., Mio.) ; *par ~s* Millionen- ; *un demi ~, trois quarts de ~, un ~* eine halbe Million, eine dreiviertel Million, eine Million ; *un trou de plusieurs ~s d'€* ein Defizit von mehreren Millionen €; *posséder des ~s* millionenschwer sein.

millionnaire *m* Millionär *m*.

mi-mois : *transaction f à ~* zum Medio getätigter Abschluss *m* ; *(syn.) (per) medio.*

mine *f* **1.** Bergwerk *n* ; Grube *f* ; Zeche *f* ; *(fam.)* Pütt *m* ; Vorkommen *n* ; ◆ *~ d'argent, de cuivre, de plomb, de potasse* Silber-, Kupfer-, Blei-, Kalibergwerk ; *~ de charbon* Kohlengrube, -zeche ; *~ à ciel ouvert* Tagebaubetrieb *m* ; *~ d'or* Goldgrube ; *~ souterraine* Untertagebau *m* ; ◆◆ *accident m dans la ~* Bergwerkunglück *n* ; *directeur m des ~s* Bergwerksdirektor *m* ; *exploitation f des ~s* Bergbau *m* ; *ingénieur m des ~s* Bergbauingenieur *m* ; *prix m (départ m) à la ~* ab Zeche ; *service m des ~s* technischer Überwachungsverein *m (Allemagne)* (TÜV) ; *valeur f (mobilière) des ~s* Kux *m* ; ◆◆◆ *fermer une ~* eine Zeche stilllegen ; *descendre dans la ~* in die Grube einfahren ; *travailler dans la ~* in der Grube (auf der Zeche) arbeiten **2.** *(fig.) ~ d'informations, de renseignements* eine Goldgrube an Informationen, an Auskünften.

minerai *m* Erz *n* ; *~ pauvre, de haut rendement* geringwertiges, hochwertiges Erz ; *exploitation f de ~* Erzgewinnung *f*, -abbau *m* ; *gisement m de ~* Erzvorkommen *n* ; *préparation f (traite f) de ~* Erzaufbereitung *f* ; *production f de ~* Erzförderung *f* ; *teneur f en ~* Erzgehalt *m* ; *transformation f du ~* Erzverarbeitung *f* ; *extraire du ~* Erz abbauen (fördern, gewinnen) ; *transformer du ~ en...* Erz zu etw verarbeiten.

minéralier *m (transport)* Erztransporter *m* ; Erzschiff *n*.

minéralier, ière Erz- ; *extraction f ~ière* Erzbergbau *m* ; *mine ~ière* Erzbergwerk *n*.

minéralogique : *plaque f ~* Nummernschild *n* ; amtliches Kfz-Kennzeichen *n*.

1. mineur *m* Bergarbeiter *m* ; Grubenarbeiter ; Bergmann *m* ; Kumpel *m* ; *~ de fond* Untertagearbeiter.

2. mineur *m (enfant)* Minderjährige(r) ; Unmündige(r) ; Jugendliche(r) ; Heranwachsende(r) ; *émancipation f de ~* Volljährigkeitserklärung *f* ; *émanciper un ~* für volljährig erklären.

mineur, e **1.** minderjährig **2.** nebensächlich ; zweitrangig ; *délit m ~* Bagatelldelikt *n* ; Bagatellverstoß *m* ; *dommages mpl ~s* geringfügige Schäden *mpl*.

miniaturisation *f* Miniaturisierung *f* ; Klein(st)bauweise *f*.

miniaturiser miniaturisieren.

mini-emballage *m* Kleinstverpackung *f*.

minier, ère Gruben- ; Bergwerk- ; *action f (titre m) ~ière* Kux *m* ; Grubenanteil *m* ; Montanwert *m* ; *bassin m ~* Kohlenbecken *n* ; *catastrophe f ~ière* Grubenunglück *n*, -katastrophe *f* ; *concession f ~ière* Bergwerkskonzession *f* ; *exploitation f ~ière* Grubenbetrieb *m* ; *industrie f ~ière* Bergbauindustrie *f* ; Bergbau *m* ; *pays m ~* Kohlengebiet *n* ; Bergbaurevier *n* ; *(fam.)* Kohlenpütt *m*, -revier *n* ; *richesses fpl ~ières* Bodenschätze *mpl* ; *société f ~ière* Bergbaugesellschaft *f* ; Bergwerksgesellschaft.

minima *mpl* **1.** Mindest-; minimal- ; → **minimal** ; *~ horaires (pour l'ouverture de certains droits)* Mindest-Stundenarbeitszeit *f* (zum Erwerb gewisser Rechte) ; *relèvement m des ~ sociaux* Heraufsetzung *f* der Sozialmindestleistungen.

minimal, e Minimal- ; Mindest- ; *cotisation f, enchère f ~e* Mindestbeitrag *m*, -gebot *n* ; *peine f ~e* Mindeststrafe *f* ; *réserves fpl ~es* Mindestreserven *fpl* ; *somme f, taxe f, valeur f ~e* Mindestbetrag *m*, -gebühr *f*, -wert *m*.

minimarge : *magasin m ~* Discounter *m* ; Discountgeschäft *n*, -laden *m*.

minime minimal ; *avantage m, succès m ~* minimaler Vorteil *m*, Erfolg *m* ;

l'avance f de la concurrence est ~ der Vorsprung der Konkurrenz ist minimal.
minimisation *f* Minimierung *f*; Minimisierung *f*.
minimiser minimieren ; minimisieren ; herunterspielen ; bagatellisieren ; ~ *un danger, un risque* eine Gefahr, ein Risiko verharmlosen (herunterspielen) ; ~ *les dommages* die Schäden begrenzen.
minimum Mindest- ; minimal ; *âge m, prix m, salaire m* ~ Mindestalter *n*, -preis *m*, -lohn *m* ; *âge m* ~ *requis* erforderliches Mindestalter *n*.
minimum *m* Minimum *n* ; Mindestmaß *n* ; *un* ~ *de* ein Minimum (Mindestmaß) an ; *(fisc)* ~ *imposé* Mindestbesteuerung *f*; ~ *légal* gesetzlicher Mindestbetrag *m* ; ~ *de participants* Mindestteilnehmerzahl *f* ; ~ *vieillesse* Altersminimum *m* ; Mindestrente *f*; ~ *vital* Existenzminimum *f* ; *être au-dessous, au-dessus du* ~ *vital* unter, über dem Existenzminimum liegen ; *réduire au* ~ auf ein Minimum (Mindestmaß) reduzieren.
mini-ordinateur *m* Minicomputer *m* ; Laptop *m/n* ; Notebook *n*.
miniprix *m* Minipreis *m* ; äußerst niedriger Preis ; Schleuderpreis.
ministère *m* Ministerium *n* ; ~ *des Affaires étrangères* Auswärtiges Amt *n* ; Ministerium für Auswärtige Angelegenheiten ; Außenministerium ; ~ *de l'Agriculture* Landwirtschaftsministerium ; ~ *de l'Économie* Wirtschaftsministerium ; ~ *de l'Économie et des Finances* Ministerium für Wirtschaft und Finanzen ; ~ *de l'Environnement* Ministerium für Umweltfragen ; Umweltministerium ; ~ *de l'Intérieur* Innenministerium ; Ministerium des Innern ; ~ *de la Justice* Justizministerium ; ~ *public (Parquet)* Staatsanwaltschaft *f* ; ~ *de la Santé publique* Gesundheitsministerium ; ~ *des Transports* Verkehrsministerium ; ~ *du Travail* Arbeitsministerium ; ~ *de tutelle* zuständiges Ressortministerium ; Aufsichtsbehörde *f*.
ministériel, le Minister- ; ministeriell ; ministerial ; *banc m* ~ Ministerbank *f* ; *chef m de cabinet* ~ Referatsleiter *m* ; Ministerialdirektor *m* ; *conférence* ~*le* Ministerkonferenz *f* ; *décision f* ~*le* ministerielle Entscheidung *f* ; *département m* ~ Ressort *n* ; Abteilung *f* eines Ministeriums ; *à l'échelon* ~ auf Ministerebene ; *fauteuil m* ~ Ministersessel *m* ; *fonctionnaire (officier m) m* ~ Ministerialbeamte(r) ; *mesure f* ~*le* ministerielle Maßnahme *f*; *portefeuille m* ~ Ministeramt *n*.
ministre *m* Minister *m* ; ~ *des Affaires étrangères* Minister für auswärtige Angelegenheiten ; Außenminister ; ~ *des Affaires sociales* Sozialminister *m* ; ~ *compétent* Ressortminister ; zuständiger Minister ; ~ *d'État* Staatsminister ; ~ *de l'Environnement* Umweltminister ; ~ *des Finances* Finanzminister ; ~ *de l'Intérieur* Minister des Inneren ; Innenminister ; ~ *sans portefeuille* Minister ohne Geschäftsbereich (ohne Ressort) ; *Conseil m des* ~*s* Ministerrat *m* ; *Premier* ~ Premierminister ; Premier *m* ; Ministerpräsident *m* ; *nommer un* ~ einen Minister ernennen.
minitel *m* (*1984-1993*) Btx-System *n* ; Btx-Dienst *m* ; (1993-1995) Datex-J ; (*France*) Minitel *n* ; *par* ~ über Btx ; *commander qqch par* ~ etw über Btx bestellen ; *informer par* ~ über Btx informieren ; *obtenir sur/par* ~ über Btx abrufen ; → *Internet*.
minoratif, ive unterbewertet.
minoration *f* Unterbewertung *f*.
minorer 1. unterbewerten 2. verringern ; mindern ; ~ *un prix de 5%* einen Preis um fünf Prozent ermäßigen.
minoritaire Minderheits- ; Minoritäts-.
minorité *f* Minorität *f* ; Minderheit *f* ; ~ *de blocage* Sperrminorität ; ~ *d'électeurs* Minderheit von Wählern ; ~*s opprimées* unterdrückte Minderheiten ; *droit m, protection f, question f des* ~*s* Minderheitenrecht *n*, -schutz *m*, -problem *n* ; *être en* ~ in der Minderheit sein ; *être mis en* ~ überstimmt werden ; *mettre le président en* ~ den Vorsitzenden überstimmen.
minoterie *f* 1. Mühle *f* ; Mühlenbetrieb *m* 2. Mühlenindustrie *f* ; Mehlhandel *m*.
minutage *m* Timing *n* ; Zeitplan *m* ; *procéder au* ~ *(d'une opération)* den Ablauf (von etw) timen.
minute *f* 1. Minute *f* ; Augenblick *m* ; *changement m de dernière* ~ kurzfristige Änderung *f* ; *respecter une* ~ *de silence* eine Schweigeminute einlegen 2. (*jur.*) Originalurkunde *f* ; Urschrift *f* einer (öffentlichen, notariellen, gerichtlichen) Urkunde ; *dresser une* ~ ein Original

abfassen ; die Urschrift einer Urkunde anfertigen.

minuter 1. timen ; genau messen ; *mon temps est ~é* meine Zeit ist auf die Minute genau gemessen 2. *(jur.)* ein Original abfassen ; die Urschrift einer Urkunde anfertigen.

miracle *m* : ~ *économique* Wirtschaftswunder *n*.

mise *f*	1. *sens général* 2. *mise aux enchères* 3. *mise de fonds*

1. *(sens général)* ~ *en chantier (travail)* Inangriffnahme *f* ; *(construction)* Baubeginn *m* ; *(navire)* Kiellegung *f* ; ~ *en circulation (billets)* Inumlaufsetzen *n* ; *(actions)* Inverkehrbringen *n* ; ~ *au concours* Ausschreibung *f* ; ~ *en congé* Beurlaubung *f* ; ~ *en demeure* Mahnung *f* ; Aufforderung *f* ; ~ *en disponibilité* Versetzung *f* in den Wartestand ; Beurlaubung *f* ; ~ *à la disposition* Zurverfügungstellung *f* ; ~ *aux enchères* → 2 ; ~ *en état* Instandsetzung *f* ; ~ *en examen* Untersuchungshaft *f* ; ~ *en exploitation* Erschließung *f* ; Inbetriebsetzung *f* ; ~ *de fonds* → 3 ; ~ *en gage* Verpfändung *f* ; ~ *en garde* Warnung *f* ; Warnhinweis *m* ; ~ *en gérance* Verpachtung *f* ; ~ *hors service* Außerbetriebsetzung *f* ; Stilllegung *f* ; ~ *en jachère* Flächenstilllegung *f* ; ~ *à jour (édition)* Neubearbeitung *f* ; Aufarbeitung *f* ; Datenaktualisierung *f* ; Datenpflege *f* ; *(logiciel)* Update *n* ; ~ *en marche (en mouvement)* Inbetriebnahme *f* ; ~ *sur le marché* Marktzulassung *f* ; Inverkehrbringen *n* ; ~ *en mémoire* Speicherung *f* ; ~ *en œuvre* Inangriffnahme *f* ; Einsatz *m* ; ~ *en page* Layout *n* ; ~ *à pied* Entlassung *f* ; Kündigung *f* ; Suspension *f* ; Suspendierung *f* vom Dienst ; ~ *en place* Einrichtung *f* ; Einsetzung *f* ; (Amts)Einführung *f* ; ~ *à plat (d'un travail)* Neubeginn *m* ; neue Konzeption (einer Arbeit) ; ~ *au point (projet)* Ausarbeitung *f* ; *(rectification)* Richtigstellung *f* ; ~ *en pratique* Durchführung *f* ; Umsetzung *f* in die Praxis ; ~ *à prix* Preisangabe *f* ,-festsetzung *f* ; Aufstellung *f* des geringsten Gebotes ; ~ *en question* Infragestellung *f* ; ~ *en réseau* Vernetzung *f* ; ~ *en service* Inbetriebnahme *f* ; Indienststellung *f* ; ~

en valeur Erschließung *f* ; Verwertung *f* ; Nutzbarmachung *f* ; ~ *en vente* Verkauf *m* ; Verkaufsangebot *n* ; ~ *en vigueur* Inkraftsetzung *f* ; ~ *aux voix* Abstimmung *f*.

2. *(mise aux enchères)* Gebot *n* ; Versteigerung *f* ; *faire (proposer) une* ~ ein Gebot machen (abgeben).

3. *(mise de fonds)* (Geld)Einlage *f* ; Einschuss *m* ; Kapitalanlage *f* ; Einlagekapital *n* ; ~ *initiale (de départ)* Anfangskapital ; (Stamm)Einlage ; *(affaire)* Beteiligung *f* ; Geschäftsanteil *m* ; ~ *en nature* Sacheinlage.

miser (sur) setzen (auf) ; *(fam.)* ~ *sur le mauvais cheval* auf das falsche Pferd setzen ; ~ *sur une reprise de l'activité économique* auf eine Wiederbelebung der Wirtschaft setzen.

misère *f* Elend *n* ; Not *f* ; Notlage *f* ; Misere *f* ; *être dans la* ~ Not leiden ; in (höchster) Not sein ; *tomber dans la* ~ in Not geraten ; verarmen ; *travailler pour un salaire de* ~ für einen Hungerlohn arbeiten.

mission *f* 1. Auftrag *m* ; Aufgabe *f* ; Mission *f* ; Mandat *n* ; ~s Aufgabenbereich *m* ; Zuständigkeiten *fpl* ; *avoir qqch pour* ~ mit etw beauftragt sein 2. Mission *f* ; Delegation *f* ; Abordnung *f* ; ~ *commerciale* Handelsmission ; ~ *diplomatique* diplomatische Mission ; Botschaft *f* ; *déléguer une* ~ eine Mission entsenden.

missive *f* 1. Brief *m* ; Schreiben *n* 2. *(jur.) lettre f* ~ schriftliche Mitteilung *f* ; Eilbrief *m*.

mitage *m* *(urbanisme)* Zersiedlung *f* (in ländlichen Gebieten).

mi-temps *m* *(travail m à ~)* Halbtagsarbeit *f*, -beschäftigung *f* ; *employé m à* ~ Halbtagskraft *f* ; *avoir un* ~ *(de)* eine Halbtagsbeschäftigung (als) haben ; *travailler à* ~ halbtags arbeiten.

MITI *m* *(Japon, Ministry of International Trade and Industry)* japanisches Ministerium *n* für Handel und Industrie.

mitoyen, ne angrenzend und gemeinschaftlich ; *clôture f ~ne* gemeinschaftlicher Zaun *m* ; Grenzzaun ; *maison f ~* Reihenhaus *n*.

mitoyenneté *f* Grenzgemeinschaft *f*.

mixte gemischt ; Misch- ; *alimentation f ~* Mischkost *f* ; *comité m (commission f)* ~ gemischter Ausschuss *m* ; *coûts ~s* Mischkosten *pl* ; *économie f* ~

Mischwirtschaft f ; *entreprise f à économie* ~ *(semi-publique)* gemischtwirtschaftlicher Betrieb m ; *financement m* ~ Mischfinanzierung f ; *groupe m (industriel)* ~ Mischkonzern m ; *mariage m* ~ Mischehe f ; *navire m* ~ Fracht- und Passagierschiff n ; *transport m* ~ gemischte Beförderung ; *à usage* ~ *(polyvalent)* für mehrere Zwecke verwendbar ; *local m à usage* ~ Mehrzweckraum m ; *taxe douanière f* ~ Mischzoll m.

M.M. *m (marché monétaire)* Geldmarkt m.

M.o. → *méga-octet*.

M.O. *(Moyen-Orient)* Mittlerer Osten m.

mobile *m* 1. Beweggrund m ; Motiv n 2. *(téléphone mobile)* Handy n ; Mobilfunk m ; Funktelefon n 3. ~ *publicitaire* Werbe-, Deckenhänger m.

mobile beweglich ; flexibel ; gleitend ; mobil ; *(indexé)* dynamisch ; dynamisiert ; *échelle f* ~ *des salaires* gleitende Lohnskala f ; *fête f* ~ bewegliches Fest n ; beweglicher Feiertag ; *horaire m* ~ gleitende Arbeitszeit f ; Gleit-, Mobilzeit ; *main-d'œuvre f* ~ mobile Arbeitskräfte *fpl* ; *(statist.) moyenne* ~ gleitender (gewogener) Durchschnitt m ; *prix* ~ Gleitpreis m ; *téléphone m* ~ → *mobile*.

mobilier *m* Mobiliar n ; Möbel npl ; Wohnungseinrichtung f ; *(bilan)* Geschäftsausstattung f.

mobilier, ière beweglich ; Mobiliar- ; *assurance f* ~*ière* Mobiliarversicherung f ; *bien m* ~ bewegliches Gut n ; bewegliche Habe f ; *biens mpl* ~ Mobilien *pl* ; Mobiliarvermögen n ; *cote f* ~*ière* Wohnraumsteuer f ; *crédit m* ~ Mobiliarkredit m ; *fortune f* ~*ière* Mobiliarvermögen n ; *objets mpl* ~*s* Hausrat m ; Hausratgegenstände *mpl* ; *saisie f* ~*ière* Mobiliarpfändung f ; *valeur f* ~*ière* Wertpapier n ; → *valeur*.

mobilisable mobilisierbar ; (in Geld) umsetzbar.

mobilisateur, trice anregend ; mobilisierend.

mobilisation *f* 1. Mobilmachung f Mobilisierung f ; ~ *des grévistes* Mobilisierung der Streikenden 2. Flüssigmachen n ; Mobilisierung f ; ~ *de créances* Refinanzierung f von Forderungen ; ~ *de fonds* Kapitalaufbringung f ; Aufbringung f von Geldmitteln ; Geldbeschaffung f ; *effet m (papier m) de* ~ Finanz-, Mobilisierungswechsel m.

mobiliser 1. mobil machen ; mobilisieren 2. ~ *un capital* ein Kapital flüssig machen ; ~ *des fonds* Geldmittel aufbringen ; Kapital mobilisieren.

mobilité *f* Mobilität f ; Beweglichkeit f ; Flexibilität f ; Anpassungsfähigkeit f ; ~ *professionnelle* berufliche Mobilität ; ~ *de l'emploi, des travailleurs* Mobilität des Arbeitsplatzes, der Arbeitnehmer ; *prime f de* ~ Mobilitätszulage f.

modalité *f* Art f ; Modalität f ; Modus m ; Verfahren n ; Bestimmung f ; ~ *d'application* Durchführungsbestimmung f ; ~*s d'émission d'un emprunt* Ausgabe-, Begebungsbestimmungen *fpl* einer Anleihe ; *fixer les* ~*s d'un paiement* die Zahlungsbedingungen festlegen.

mode *m* Art f ; Weise f ; Methode f ; Modus m ; ~ *de calcul* Berechnungsart ; ~ *de construction* Bauweise ; ~ *d'emballage* Verpackungsart ; ~ *d'emploi* Gebrauchsanweisung f ; -anleitung f ; ~ *d'évaluation (d'appréciation)* Bewertungsverfahren n, -maßstäbe *mpl* ; ~ *d'expédition* Versandart ; ~ *d'exploitation* Betriebs-, Nutzungs-, Bewirtschaftungsart ; ~ *de fabrication (de production)* Fabrikations-, Herstellungs-, Produktionsweise ; ~ *de financement* Finanzierungsart ; ~ *d'imposition* Besteuerungsart ; ~ *de paiement* Zahlungsweise, -modus m ; ~ *de transport* Beförderungs-, Transportart ; ~*-veille (informatique)* Stand-by-, Ruhezustand-Modus m ; ~ *de vie* Lebensweise.

mode *f* Mode f ; *articles mpl de* ~ Modeartikel *mpl*, -waren *fpl* ; *magasin m de* ~ Modegeschäft n ; Boutique f ; *maison f de* ~ Modesalon m ; *profession f à la* ~ Modeberuf n ; *être à la* ~ (in) Mode sein ; in sein ; *mettre à la* ~ etw in Mode bringen ; *suivre la* ~ der Mode folgen ; mit der Mode gehen ; *(fam.)* auf einer Welle mitschwimmen ; *passé de* ~ aus der Mode (gekommen) ; nicht mehr in.

modèle *m* Modell n ; Muster n ; Entwurf m ; *(technique)* Typ m ; Bauart f ; Ausführung f ; ◆ ~ *de base* Einstiegsmodell ; Basisversion f ; ~ *de démonstration* → *de présentation* ; ~ *déposé* Gebrauchsmuster ; ~ *économique* Wirtschaftsmodell ; ~ *familial* Großpackung f ; Familien-, Haushaltspackung ; ~ *industriel* gewerbliches Modell ; ~ *haut de gamme* Spitzenfabrikat *n*, -produkt *n* ; Artikel *m* des oberen Bedarfs ; ~ *de luxe* Luxusausführung (eines Modells) ; ~ *de présentation* Vorführ(ungs)modell ; Ausstellungsmodell ; ~ *specimen* Musterexemplar *n* ; ~ *d'utilité* → *déposé* ; ~ *unique* Unikum *n* ; Unikat *n* ; ◆◆ *collection f de ~s* Musterkollektion *f* ; *dépôt m de ~* Musteranmeldung *f* ; *le dernier ~* das neueste Modell ; *expérience f ~* Modellversuch *m* ; *exploitation f ~* Musterbetrieb *m* ; *projet m-~* Modellprojekt *n* ; *protection f des ~s (déposés)* (Gebrauchs)Musterschutz *m* ; Modellschutz ; ◆◆◆ *adopter un ~* ein Modell übernehmen ; *copier un ~* ein Modell kopieren ; *créer, élaborer un ~* ein Modell schaffen, entwerfen.

modem *m (modulateur-démodulateur)* Modem *m/n*.

modération *f* Mäßigung *f* ; Zurückhaltung *f* ; Verminderung *f* ; Milderung *f* ; ~ *salariale* Lohnverzicht *m* ; Lohnzurückhaltung *f*.

modéré, e mäßig ; gemäßigt ; bescheiden ; *revendications fpl ~es* gemäßigte Forderungen *fpl*.

modérer mäßigen ; mildern ; dämpfen ; abbremsen ; zurückschrauben ; reduzieren ; senken ; ~ *sa consommation d'essence* den Benzinverbrauch einschränken.

modernisation *f* Modernisierung *f* ; *degré m, plan m de ~* Modernisierungsgrad *m*, -plan *m*.

moderniser modernisieren ; *(actualiser)* aktualisieren ; auf den neuesten Stand bringen.

modeste anspruchslos ; *revenus mpl ~s* bescheidenes (geringes) Einkommen *n*.

modicité *f* Niedrigkeit *f* ; geringe Höhe *f* ; ~ *du prix* billiger Preis *m* ; Preiswürdigkeit *f*.

modificatif, ive verändernd ; abändernd- ; *projet m ~* Änderungsvorschlag *m*.

modification *f* Änderung *f* ; Abänderung *f* ; Neu-, Umgestaltung *f* ; Umarbeitung *f* ; Modifizierung *f* ; ◆ ~ *d'un programme, d'un projet* Programm-, Projektänderung ; *~s d'horaire* Fahrplanänderung(en) ; ~ *du marché, d'un prix* Markt-, Preisänderung ; ~ *de réservation* Umbuchung *f* ; ~ *statutaire, d'un tarif* Satzungs-, Tarifänderung ; ◆◆ *sans ~* unverändert ; ohne Änderung ; *sous réserve de ~s* Änderungen vorbehalten ; ◆◆◆ *apporter des ~s (à)* (Ver)Änderungen vornehmen (an) ; *subir une ~* eine Veränderung erfahren.

modifier (ab)ändern ; verändern ; umändern ; umgestalten ; umarbeiten ; modifizieren ; ~ *les statuts, une loi* eine Satzung, ein Gesetz ändern.

modique mäßig ; niedrig ; gering ; klein ; *une ~ somme* eine bescheidene Summe.

modulable ausbaufähig ; wandlungsfähig ; anpassungsfähig ; einstellbar.

modulaire modular ; im Baukastensystem.

modulation *f* Flexibilität *f* ; Anpassung *f* ; Staffelung *f* ; ~ *des horaires de travail* Flexibilität der Arbeitszeiten.

module *m* Modul *m* ; austauschbarer Teil *m* ; *(meubles)* Element *n*.

moduler anpassen ; angleichen ; modulieren ; staffeln ; abstufen ; *(assur.)* ~ *les primes* die Prämien abstufen.

modus *m* **vivendi** Modus *m* vivendi ; Übereinkommen *n* ; *trouver un ~* einen Modus vivendi finden.

moins weniger ; *du ~, au ~* wenigstens ; mindestens ; *de ~ en ~* immer weniger ; *ne pas laisser qqch à ~ de 100 €* etw nicht unter 100 € lassen.

moins-disant *m* billigster Anbieter *m* ; billigstes Angebot *n* ; Mindestfordende(r) ; *adjuger au ~* an den Mindestfordernden vergeben ; dem billigsten Anbieter zuerteilen (*contr. plus-offrant*).

moins-offrant *m* Mindestbietende(r) *m* ; das niedrigste Gebot (bei einer Versteigerung).

moins-perçu *m* Mindereinnahme *f* ; Minderbetrag *m* ; zu wenig erhobener Betrag *m*.

moins-value *f* Minderwert *m* ; Wertverlust *m* ; Ausfall *m* ; *une ~ de…* ein Minderwert von…

mois *m* 1. Monat *m* ; ◆ ~ *boursier* Börsenmonat ; ~ *civil* Kalendermonat ; ~ *dernier (précédent, écoulé)* voriger (letzter, vergangener, verflossener) Monat ; ~ *prochain* nächster (kommender) Monat ; ◆◆ *début m, milieu m, fin f de ~* Anfang *m*, Mitte *f* (Medio), Ende *n* des Monats (Ultimo) ; *en milieu, en fin de ~* zum Medio, zum Ultimo ; *d'ici un ~* in (binnen) Monatsfrist ; innerhalb eines

Monats ; *du ~ courant* dieses Monats ; des laufenden Monats ; *par ~* monatlich ; pro (per) Monat ; *à deux ~ de date* zwei Monate nach dato ; *double ~* dreizehntes Monatsgehalt *n* ; *échéance f de fin de ~* Ultimofälligkeit *f* ; *le premier du ~* Monatserste(r) ; *opération fpl traitées en milieu, en fin de ~* zum Medio, zum Ultimo getätigte Abschlüsse *mpl* ; *traite f à trois ~* Dreimonatswechsel *m* ; ◆◆◆ *avoir le treizième ~* ein dreizehntes Monatsgehalt beziehen ; *le délai de préavis est de trois ~* die Kündigungsfrist beträgt drei Monate ; *être payé au ~* monatlich bezahlt werden ; ein Monatsgehalt beziehen ; *gagner 3500 € par ~* 3500 € pro Monat verdienen **2.** *(traitement)* Monatsgehalt *n* **3.** *(loyer)* Miete *f* ; *devoir un ~ de (loyer)* einen Monat Miete schuldig bleiben.

moisson *f* Ernte *f* ; *les ~s* Erntezeit *f* ; *faire la (les) ~(s)* Ernte halten ; *rentrer la ~* die Ernte einbringen (einfahren, einholen).

moissonneur *m* Erntehelfer *m*.

moitié *f* Hälfte *f* ; *à ~ prix* zum halben Preis ; *la première ~ du mois* die erste Hälfte des Monats ; *diminuer de ~* sich um die Hälfte verringern ; *diviser en deux ~s égales* halbieren ; hälften ; *être de ~ dans une affaire* zur Hälfte an etw beteiligt sein ; *faire moitié-moitié* halbe halbe machen ; *(fam.)* fifty-fifty machen ; *ne faire le travail qu'à ~* die Arbeit nur halb machen ; *partager (faire supporter) les coûts par ~* die Kosten werden je zur Hälfte (von X und Y) getragen ; *réduire la dette, les importations de pétrole de ~* die Schuld, die Öleinfuhr um die Hälfte senken (halbieren) ; *vendre à ~ prix* zum halben Preis verkaufen.

monde *m* Welt *f* ; *~ des affaires* Geschäftswelt *f* ; *~ capitaliste* kapitalistische Welt ; *~ de la finance, du travail* Finanz-, Arbeitswelt ; *~ environnant* Umwelt *f* ; *le quart-~* **a)** die sozial Zukurzgekommenen *pl* **b)** die ärmsten Entwicklungsländer *npl* ; *le tiers-~* die Dritte Welt.

mondial, e Welt- ; weltweit ; *besoins mpl mondiaux* Weltbedarf *m* ; *commerce m, crise f économique ~(e)* Welthandel *m*, -wirtschaftskrise *f* ; *économie f ~e* Weltwirtschaft *f* ; *exposition f ~e* Weltausstellung *f* ; *d'importance (de dimension) ~e* von Weltbedeutung ; von Welt-format ; *marché m, marque f, niveau m ~(e)* Weltmarkt *m*, -marke *f*, -niveau *n* ; *organisation f, politique f ~* Weltorganisation *f*, -politik *f* ; *population f, puissance f ~e* Weltbevölkerung *f*, -macht *f* ; *prix m sur le marché ~* Weltmarktpreis *m* ; *production f ~e* Weltproduktion *f*.

mondialement Welt- ; weltweit ; *marque f ~ connue* weltberühmte (weltbekannte) Marke *f* von Weltruf.

mondialisation *f* Globalisierung *f* ; *~ de l'économie, des marchés* Globalisierung der Wirtschaft, der Märkte ; *adversaire m, partisan m de la ~* Globalisierungsgegner *m*, -befürworter *m* *(syn. globalisation)*.

mondialiser globalisieren ; internationalisieren ; weltweit verflechten ; *commerce m ~é* globalisierter Handel *m* *(syn. globaliser)*.

M.O.N.E.P. *m (Marché des obligations négociables de Paris) (bourse)* Pariser Optionsmarkt *m* ; Markt für börsenfähige Optionen.

monétaire Währungs- ; Geld- ; monetär ; geldlich ; ◆ *accord m, agrégats mpl ~* Währungsabkommen *n*, -aggregate *npl* ; *alignement ~* Währungsangleichung *f* ; *autorités fpl ~s* Währungsbehörden *fpl* ; *assouplissement m de la politique ~* Lockerung *f* der Geldpolitik ; *bloc m ~* Währungsblock *m*, -verbund *m*, -union *f* ; *circulation f ~* Geldumlauf *m* ; *communauté f, compensation f ~* Währungsgemeinschaft *f*, -ausgleich *m* ; *contraction f, conversion f ~* Währungsschrumpfung *f*, -umrechnung *f* (-umstellung *f*) ; *crise f ~* Währungskrise ; *dépréciation f, dévaluation f, fluctuations fpl ~s* Währungsentwertung *f*, -abwertung *f*, -schwankungen *fpl* ; *érosion f ~* schleichende Geldentwertung *f* ; *étalon m ~* Währungsstandard *m* ; *fonds ~ international (F.M.I.)* Internationaler Währungsfonds (IWF) ; *loi f* Währungsgesetz *n* ; *manipulations fpl ~s* Währungsmanipulation *f* ; *marché m ~* Geldmarkt *m* ; *masse f ~* Geldmenge *f* ; Geldumlauf *m* ; *mesure f ~* währungspolitische Maßnahme *f* ; *parité f, politique f ~* Währungsparität *f*, -politik *f* ; *réforme f ~* Währungsreform *f*, -umstellung *f* ; *réserves fpl ~s* Währungsreserven *fpl*, -polster *n* ; *resserrement m ~* Währungsschrumpfung *f* ; *serpent m, stabilité f ~* Währungsschlange *f*, -stabi-

monétarisme

lität *f* ; *système m* ~ Währungssystem *n* ; Geldwesen *n* ; *système m* ~ *européen (S.M.E.)* Europäisches Währungssystem (EWS) *n* ; *standard m, union f* ~ Währungsstandard *m*, -union *f* ; *valeur f* ~ Geldwert *m* ; *zone f* ~ Währungsgebiet *n*, -bereich *m* ; ◆◆◆ *assouplir, durcir la politique* ~ die Währungspolitik lockern, straffen ; *contrôler la croissance de la masse* ~ das Geldmengenwachstum kontrollieren.

monétarisme *m* Monetarismus *m*.

monétariste *m* Monetarist *m* ; Vertreter *m* einer währungspolitischen Wirtschaftspolitik.

monétique *f* Electronic-Banking *n* ; elektronischer Zahlungsverkehr *m* (Geldverkehr).

monétisation *f* Ausmünzung *f* ; Münzenprägung *f* ; Monetisierung *f*.

monétiser 1. ausmünzen ; zu Münzen prägen ; ~ *de l'argent, de l'or* Silber, Gold (zu Geldstücken) ausmünzen **2.** neue Zahlungsmittel einführen.

moniteur *m* **1.** (*formation professionnelle*) Ausbilder *m* ; Betreuer *m* ; ~ *d'auto-école* Fahrlehrer *m* **2.** (*informatique*) Monitor *m* ; Bildschirm *m*.

1. monnaie *f* (*moyen d'échange*) Währung *f* ; Geld *n* ; Zahlungsmittel *n* ; (*étrangère*) Valuta *f* ; Sorten *fpl* ; ◆ ~ *d'argent* Silberwährung ; ~ *auxiliaire* → *de fortune* ; ~ *de banque* → *scripturale* ; ~ *clé* → *de référence* ; (*U.E.*) ~ *commune* Gemeinschaftswährung ; ~ *de compte* (Ab)Rechnungswährung ; Zahlungswährung ; ~ *convertible* konvertierbare (austauschbare) Währung ; ~ *courante* Kurantgeld ; ~ *dépréciée* abgewertete Währung ; ~ *d'échange* Umrechnungsgeld ; Gegenwert *m* ; Handelswährung ; ~ *électronique* Plastikgeld ; elektronisches Geld ; ~*-étalon* → *de référence* ; (*en*) ~ *étrangère* (in) ausländische(r) Währung ; fremde Währung ; ~*s étrangères* fremde Valuta ; fremde Geldsorten *fpl* ; ~ *faible* schwache (weiche) Währung ; ~ *fiduciaire* Noten *fpl* ; Zeichengeld ; Papiergeld ; ~ *flottante* floatende (schwankende) Währung ; ~ *forte* harte Währung ; ~ *de fortune* Notgeld ; ~ *indexée* Indexwährung ; ~ *instable* labile Währung ; ~ *légale* gesetzliche Währung ; gesetzliches Zahlungsmittel *n* ; ~ *librement convertible* frei konvertierbare Währung ; ~ *manipulée* manipulierte Währung ; ~ *manuelle* Kurantgeld ; ~ *métallique, nationale* Münzgeld- (Metall-), Landeswährung ; ~*-or* Goldwährung ; ~*-panier* Korbwährung ; ~ *papier* → *fiduciaire* ; ~*-pivot* Ankerwährung ; ~ *de référence* Leitwährung ; ~*-refuge* Fluchtwährung ; ~ *de réserve* Reservewährung ; ~ *scripturale* Buchgeld ; Bankgeld ; Giralgeld *n* ; Kreditgeld ; ~ *unique* Einheitswährung ; einheitliche Währung ; Gemeinschaftswährung ; ~ *de virement* → *scripturale* ; ◆◆ *ajustement* (*alignement m*) *m de la* ~ Währungsangleichung *f*, -anpassung *f* ; *assainissement m, consolidation f de la* ~ Währungssanierung *f*, -festigung *f* ; *convertibilité f des ~s* Währungskonvertierbarkeit *f* ; Konvertibilität *f* einer Währung ; *cours m des ~s* Währungskurs *m* ; *dépréciation f de la* ~ Währungsverfall *m* ; *dévaluation f, effondrement m de la* ~ Währungsabwertung *f*, -zusammenbruch *m* ; *fausse* ~ Falschgeld ; *flottement m des* ~ Floating *n* ; Floaten *n* ; Freigabe *f* der Wechselkurse ; *Hôtel m de la* ~ Münzanstalt *f* ; *papier-*~ *m* Papiergeld ; *pays m à* ~ *forte* Hartwährungsland *n* ; *pays à* ~ *faible* Weichwährungsland *n* ; *spéculation f sur la* ~ Währungsspekulation *f* ; *stabilisation f, stabilité f m de la* ~ Währungsstabilisierung *f*, -stabilität *f* ; ◆◆◆ *battre (frapper)* ~ Geld prägen ; *convertir de l'argent en* ~ *étrangère* Geld in eine andere Währung umtauschen ; *consolider, dévaluer une* ~ Währung festigen, abwerten ; *faire flotter, réévaluer une* ~ eine Währung floaten lassen, aufwerten ; (*ré*)*ajuster* (*réaligner*) *une* ~ eine Währung angleichen (anpassen) ; (*fig.*) *servir de* ~ *d'échange (contre qqch)* als Austausch (gegen etw) dienen.

2. monnaie *f* (*pièces de monnaie, petite monnaie*) Geldstück *n* ; Klein-, Wechselgeld *n* ; (klingende) Münze *f* ; ◆ ~ *d'appoint* Wechselgeld ; ~ *de billon* (*divisionnaire*) Scheidemünze ; ~ *en cours* (*ayant cours*) gangbare Münze ; ◆◆ (*appareil*) *changeur m de* ~ Geldwechsler *m* ; *petite* (*menue*) *Kleingeld* ; *pièce de* ~ Geldstück *n* ; Münze *f* ; ◆◆◆ *faire de la* ~ Geld wechseln (herausgeben) ; *faire la* ~ *sur un billet de 100 euros* einen Hundert-Euro-Schein wechseln (kleinmachen) ; *gardez*

la ~ *!* Stimmt so *!* ; *ne pas avoir de (petite) ~* kein Kleingeld bei sich haben ; *pouvez vous me faire (de) la ~ sur 100 €* können Sie mir auf 100 € herausgeben? ; *préparez la ~ s.v.p.* Kleingeld bitte bereithalten! ; *rendre la ~* herausgeben ; Wechselgeld (Kleingeld) zurückgeben ; *(fig.) rendre la ~ de sa pièce à qqn* jdm etw heimzahlen.
monnayable in Geld umsetzbar ; *(fam.)* versilberbar.
monnayage *m* Münzprägung *f* ; Ausmünzung *f* ; *faux-~ m* Falschmünzerei.
monnayer 1. ausmünzen 2. zu Geld machen ; *(fam.)* verhökern ; verschachern ; versilbern ; *~ des bijoux* Schmuck verkaufen (versilbern).
monnayeur *m* 1. Münzer *m* ; Münzarbeiter *m* ; *faux-~ m* Falschmünzer *m* 2. *(appareil)* Geldwechsler *m.*
monoculture *f (agric.)* Monokultur *f* ; Einkultursystem *n.*
monométallisme *m* Monometallismus *m* ; (auf einem Metall beruhende Münzwährung).
monoparental, e : *famille f (foyer m)* *~* alleinerziehende Mutter *f,* alleinerziehender Vater *m* ; Familie *f* mit alleinerziehendem Elternteil ; *modèle de famille ~e* Alleinverdienermodell *n.*
monopole *m* Monopol *n* ; monopolartige Stellung *f* ; alleiniges (ausschließliches) Recht *n* ; Alleinrecht *n* ; alleiniger Anspruch *m* ; *(privilège)* Privileg *n* ; Vorrecht *n* ; Regalien *npl* ; ◆ *~ d'achat, des alcools, des allumettes* Bezugs-, Branntwein-, Zündwarenmonopol ; *~ d'approvisionnement, commercial* Versorgungs-, Handelsmonopol ; *~ de distribution* Vertriebs-, Verteilungsmonopol ; *~ d'émission* Emissionsmonopol ; *~ d'État* staatliches Monopol ; Staatsmonopol ; *~ d'exportation* Ausfuhr-, Exportmonopol ; *~ de fabrication* Herstellungs-, Produktionsmonopol ; *~ de fait* natürliches (faktisches) Monopol ; Quasimonopol ; *~ d'importation* Einfuhr-, Importmonopol ; *~ du marché* Marktmonopol ; *~ postal, de représentation, des tabacs* Post-, (Allein-) Vertretungs-, Tabakmonopol ; *~ sectoriel* Gebietsmonopol ; *~ de vente* (Allein-) Verkaufsmonopol ; Angebotsmonopol ; ◆◆ *article m de ~* Monopolware *f* ;

(péj.) capital m des ~s Monopolkapital *n* ; *convention f de ~* Monopolvereinbarung *f* ; *degré m de, détenteur m de ~* Monopolgrad *m,* -inhaber *m* ; *droit m de ~* Monopolrecht *n* ; *entreprise f ~ d'État* staatlicher Monopolbetrieb ; *prix m de (imposé par un) ~* Monopolpreis *m* ; monopolistischer Preis *m* ; *situation f (position f) de ~* Monopolstellung *f* ; *taxe f de ~* Monopolgebühr *f,* -abgabe *f* ; *de ~* Monopol- ; monopolartig ; monopolähnlich ; ◆◆◆ *avoir le ~ de qqch* das Monopol für (auf) etw haben ; *créer un ~* ein Monopol errichten ; *détenir le ~* eine Monopolstellung (monopolartige Stellung) einnehmen (innehaben) ; *être sous ~* monopolistisch ausgerichtet (beherrscht) sein ; *exercer un ~* ein Monopol ausüben ; *obtenir le ~ de qqch* das Monopol für etw erlangen.
monopolisation *f* Monopolisierung *f.*
monopoliser ein Monopol ausüben ; zum Monopol machen ; monopolisieren ; *~ la fabrication des allumettes* die Zündholzherstellung monopolisieren.
monopoliste 1. monopolistisch ; *capitalisme m ~ d'État* Staatsmonopolkapitalismus *m* ; Stamokap 2. *le ~* Monopolkapitalist *m.*
monopolistique monopolähnlich, -artig ; *avoir une situation ~* eine Monopolstellung (monopolartige Stellung) einnehmen.
monoprix *m* Einheitspreisgeschäft *n.*
monoproduction *f* Einproduktherstellung *f.*
monopsone *m* Nachfragemonopol *n.*
monosupport : *(finances) contrat (d'assurance-vie) ~* nicht kombinierter (Lebens)Versicherungsvertrag *m* ; Versicherungsvertrag, der nur aus einem einzigen Bereich finanziert wird (Aktien, Obligationen, Immobilien, Fonds etc.) *(contr. multisupport).*
Monsieur *(corresp.) ~,* Sehr geehrter Herr Müller, Meyer etc. ; *Madame, ~,* Sehr geehrte Damen und Herren, ; *Messieurs,* Sehr geehrte Herren ; *veuillez agréer, Madame, ~, l'expression de mes sentiments distingués* mit freundlichen Grüßen ; *(plus formel)* mit vorzüglicher Hochachtung ; hochachtungsvoll.
Monsieur-bons-offices *m* Schlichter *m* ; Mittelsmann *m* ; Vermittler *m* ; Ombudsmann *m.*
Monsieur-tout-le-monde *m* Herr Jedermann *m* ; Otto-Normalverbraucher

montage *m* ; der kleine Mann ; der Mann von (auf) der Straße *(syn. citoyen lambda)*.

montage *m* **1.** *(technique)* Montage *f* ; Montieren *n* ; Aufstellung *f* ; Zusammenstellung *f* ; atelier *m* de ~ Montagehalle *f*, -werkstatt *f* ; *notice f de ~* Einbauanleitung ; *effectuer des travaux de ~* auf Montage gehen ; *le ~ final des appareils sera effectué à ...* die Maschinen werden in... endmontiert **2.** *(financier)* Planung *f* ; Plan *m* ; Gestaltung *f* ; Konstruktion *f* ; *~ d'un crédit* Kreditplanung ; *~ financier* Finanzierungsplan *m*.

montant *m* Betrag *m* ; Geldbetrag *m* ; Summe *f* ; Höhe *f* ; Größe *f* ; Umfang *m* ; ♦ *~ d'un achat* Kauf-, Anschaffungssumme *f* ; *~ additionnel* Zusatzbetrag ; *~ alloué* bewilligter Betrag ; gewährte Summe ; *~ arrondi* abgerundeter Betrag ; *~ de l'assurance* Versicherungssumme ; *~ de base* Grundbetrag ; Sockelbetrag ; *~ du bilan* Bilanzansatz *m* ; *~ brut* Rohbetrag ; *~ en caisse* Bargeldbestand *m* ; *~s compensatoires* Ausgleichsbetrag, -beträge ; Ausgleichsabgabe *f* ; *~ des coûts* Kostenhöhe ; *~ déductible* absetzbarer (absetzfähiger) Betrag ; *~ de départ* Ausgangshöhe *f* ; *~ déposé* hinterlegte Summe ; Sicherheitsbetrag ; *~ dû* ausstehender (fälliger) Betrag ; *~ en espèces* Barbetrag ; *~ exempt (exonéré) d'impôts* Steuerfreibetrag ; *~ exigible* fälliger Betrag ; Schuldbetrag ; *~ d'une facture, d'une créance, d'un chèque* Rechnungs-, Forderungs-, Scheckbetrag ; *~ forfaitaire* Pauschalsumme ; Pauschbetrag ; *~ global* voller Betrag ; Gesamtsumme ; *~ de l'impôt* Steuerbetrag ; Steuerschuld ; *~ maximum, minimum, net* Höchst-, Mindest-, Nettobetrag ; *~ nominal* Nenn-, Nominalbetrag ; *~ plafonné* Betrag mit (einer) Obergrenze ; *~ d'une prime* Prämienhöhe ; *~ d'un remboursement* Rückzahlungssumme ; *~ d'une rente* Rentenhöhe ; *~ restant à payer* noch zu zahlender Betrag ; Restschuld *f* ; *~ retenu* einbehaltener Betrag ; Abzugsbetrag ; *~ souscrit* gezeichneter Betrag ; Zeichnungsbetrag ; *~ supplémentaire* Mehrbetrag ; *~ total* → *global* ; *~ en toutes lettres* ausgeschriebener Betrag ; Betrag in Buchstaben ; ♦♦ *d'un ~ de...* in Höhe von... ; über ; *un chèque, une traite d'un ~ de...* ein Scheck *m*, ein Wechsel *m* über... ; ♦♦♦ *le ~ s'élève à* die Summe beläuft sich auf ; *la facture, les dégâts s'~ent à 150 €* die Rechnung, der Schaden beträgt 150 € ; *établir un chèque d'un ~ de 500 €* einen Scheck über einen Betrag von 500 € ausstellen ; *le ~ se situe au-dessus, au-dessous de...* der Betrag liegt über, unter... ; *ne pas pouvoir réunir le ~ exigé* den verlangten Betrag nicht aufbringen können.

montant, e : *génération f ~e* Nachwuchskräfte *fpl* ; die junge (heranwachsende, kommende) Generation.

mont-de-piété *m* Leihhaus *n* ; Leihamt *n* ; Pfandhaus ; Leihanstalt *f* ; *mettre une montre au ~* eine Uhr versetzen (verpfänden) *(syn. crédit municipal* ; *fam. au clou, chez ma tante)*.

montée *f* Anstieg *m* ; Aufwärtsbewegung *f* ; Steigen *n* ; Steigerung *f* ; Zunahme *f* ; Aufschlag *m* ; *~ du chômage* Anstieg der Arbeitslosigkeit ; *~ des cours, des salaires* Kurs-, Lohnanstieg ; *~ des prix* Preisanstieg, -steigerung, -erhöhung *f*, -aufschlag.

monter 1. *(dans un véhicule)* (ein)steigen (in) **2.** *(en grade)* befördert werden ; aufrücken ; aufsteigen **3.** *(prix* ; *actions, cours)* steigen ; hinaufgehen ; klettern ; aufschlagen ; anziehen ; *~ en flèche* nach oben (in die Höhe) schießen ; in die Höhe schnellen ; hoch-, emporschnellen ; *les prix ~ent* die Preise steigen (schlagen auf) **4.** *faire ~ les prix, les cours* die Preise, die Kurse in die Höhe treiben (erhöhen) **5.** *~ une entreprise* ein Geschäft gründen ; *~ une machine* eine Maschine montieren **6.** *se ~* à betragen ; sich belaufen auf ; *la facture se ~e à 3000 €* die Rechnung beträgt (beläuft sich auf) 3000 €.

monteur *m (technicien)* Monteur *m*.

morale *f* Ethik *f* ; Ethos *n* ; Moral *f* ; *~ des affaires* Geschäftsmoral *f* ; Handelssitten *fpl* ; *~ du travail* Arbeitsmoral.

moratoire *m* Moratorium *n* ; Stundung *f* ; Aufschub *m* ; Fristverlängerung *f* ; *accorder un ~ de paiement* ein Zahlungsmoratorium gewähren (bewilligen).

moratoire aufschiebend ; *accord m ~* Stillhalte-, Stundungsabkommen *n* ; *intérêts mpl ~s* Verzugs-, Stundungszinsen *mpl*.

moratorium *m* → *moratoire*.

morbidité *f* Morbidität *f* ; Erkrankungshäufigkeit *f* ; Zahl der Krank-

heitsfälle ; *taux m de ~* Erkrankungsziffer *f* ; Morbiditätsziffer *f.*
morceau *m* Stück *n* ; Teil *m* ; *~ de terrain* Grundstück *n* ; ein Stück Boden.
morceler zerstückeln ; (in Parzellen) aufteilen ; parzellieren.
morcellement *m* Zersplitterung *f* ; (Zer)Stückelung *f* ; Aufteilung *f* ; Parzellierung *f* ; *~ des terrains* Grundstücksparzellierung.
morose *(bourse, marché)* matt ; lustlos ; schleppend ; gedrückt ; flau.
morosité *f (bourse, marché)* Lustlosigkeit *f* ; Grämlichkeit *f* ; Gedrücktheit *f* ; Flaute *f* ; Mattigkeit *f.*
mort *f* **1.** Tod *m* ; Ableben *n* ; *acte m à cause de ~* letztwillige Verfügung *f* ; Verfügung *f* von Todes wegen ; *ayant entraîné la ~* (Körperverletzung *f*) mit Todesfolge ; *peine f de ~* Todesstrafe *f* **2.** *(d'un commerce, etc.)* Untergang *m* ; Ende *n* ; Verschwinden *n* ; Ruin *m* ; Zugrundegehen *n* ; *~ du petit commerce* Ruin der Einzelhändler ; Verschwinden der Tante-Emma-Läden.
mort, e geschäftslos ; still ; flau ; *point ~* **a)** toter Punkt *m* ; Leerlauf *m* **b)** Break-eaven-Point *m* ; Gewinnschwelle *f* ; *temps m ~* **a)** tote (stille) Zeit *f* **b)** Ausfallzeit *f* ; *les négociations sont au point ~* die Verhandlungen haben einen toten Punkt erreicht (sind festgefahren).
mortalité *f* Sterblichkeit *f* ; Mortalität *f* ; Zahl *f* der Sterbefälle ; *~ infantile* Säuglings-, Kindersterblichkeit ; *baisse f de la ~ par accidents, par maladies professionnelles* Rückgang *m* der Sterberate bei Unfällen, bei Berufserkrankungen ; *table f de ~* Sterbetafel *f* ; Sterblichkeitstabelle *f* ; *taux m de ~* Sterblichkeitsrate *f*, -ziffer *f* ; Sterbeziffer *f* ; *la ~ a augmenté, régressé* die Sterblichkeit ist gestiegen, ist zurückgegangen.
mortel, le tödlich ; *(assur.) accident m ~* Unfalltod *m* ; *nombre m d'accidents ~s* Unfalltote *mpl.*
morte-saison *f* Geschäftsstille *f*, -flaute *f* ; Flaute *f* ; tote Saison *f* ; Nebensaison *f* ; *(fam.)* Sauregurkenzeit *f.*
mot *m* **1.** Wort *n* ; *au bas ~* bei vorsichtiger Schätzung ; mindestens ; *en un ~* kurz gesagt ; *~ de code* Codewort ; *avoir le dernier ~* das letzte Wort haben (behalten) ; *avoir son ~ à dire* mitreden (wollen) **2.** *(lettre) quelques ~s* ein paar Zeilen ; Kurznachricht *f.*

mot-clé *m* Schlüsselwort *n* ; Schlagwort ; Kennwort ; *faire une recherche par ~* eine Schlagwortrecherche durchführen.
mot *m* **de passe** Codewort *n* ; Kennwort ; Losungswort ; Passwort ; Schlüsselwort.
mot *m* **d'ordre** Parole *f* ; Devise *f* ; Motto *n* ; *~ de grève* Streikaufruf *m* ; *donner un ~* eine Parole ausgeben ; *le ~ est le suivant* die Parole lautet.
moteur *m* **1.** Motor *m* ; *(fig.)* Motor ; Lokomotive *f* ; Dynamik *f* ; Antriebskraft *f* ; Auftriebskräfte *fpl* ; *le ~ de la croissance* Wachstumsmotor **2.** *(Internet) ~ de recherche* Suchmaschine *f.*
motif *m* (Beweg)Grund *m* ; Anlass *m* ; Veranlassung *f* ; Begründung *f* ; Absicht *f* ; Motiv *n* ; ♦ *(jugement) ~s* Entscheidungsgründe ; Urteilsbegründung *f* ; *~ d'une décision* Entscheidungsbegründung ; *~ d'empêchement* Hinderungsgrund *m* ; *~ grave* schwerwiegender Grund ; *~ de licenciement* Kündigungsgrund *m* ; *~s de service* dienstliche Belange *mpl* ; *~ valable* triftiger Grund ; ♦♦ *absence f sans ~ (non motivée)* unentschuldigtes Fernbleiben *n* (von der Arbeit) ; *licenciement m pour ~ économique* betriebsbedingte Kündigung *f* ; *pour quel ~* aus welchem Grund ; *sans ~ apparent* ohne ersichtlichen Grund ; ♦♦♦ *alléguer (invoquer) des ~s* Gründe angeben (vorbringen) ; *faire valoir un ~* einen Grund geltend machen ; *rechercher les ~s de qqch* den Grund für etw suchen.
motion *f* Antrag *m* ; Vorschlag *m* ; *~ de censure, de confiance* Misstrauensantrag (-votum *n*), Vertrauensantrag ; *adopter une ~* einen Antrag annehmen ; *déposer une ~ de censure* ein Misstrauensvotum stellen ; *mettre une ~ aux voix* über einen Antrag abstimmen ; *présenter une ~ au Parlement* einen Antrag im Parlament einbringen ; *rejeter, retirer, voter une ~* einen Antrag ablehnen, zurückziehen, verabschieden.
motivation *f* Motivierung *f* ; Motivation *f* ; Motiv *n* ; Begründung *f* ; Beweggrund *m* ; *~ au travail* Leistungsmotivation ; *étude(s) f(pl) de ~* Motivationsstudie *f* ; Motivforschung *f* ; *lettre f de ~* Bewerbungsschreiben *n* ; *recherche f de ~* Motivforschung *f* ; *stage m de ~* Motivationstraining *n* ; *favoriser*

motivationnel, le *la ~ au travail* die Arbeitsbereitschaft fördern.

motivationnel, le : *recherche f ~le* Motivationsforschung *f*.

motivé, e motiviert ; *mesure f disciplinaire non ~e* unbegründete Disziplinarmaßnahme *f* ; *être ~ au travail* für eine Arbeit motiviert sein.

motiver motivieren ; begründen ; *~ une décision* eine Entscheidung begründen ; *~ une mesure disciplinaire* eine Disziplinarmaßnahme begründen ; *~ qqn au travail* jdn zur Arbeit motivieren.

motorisation *f* Motorisierung *f*.

motoriser motorisieren ; *~ l'agriculture* die Landwirtschaft motorisieren.

mouchard *m*, - (*fam. transp.*) Fahrtenschreiber *m*.

mouillage *m* Ankerplatz *m* ; *être au ~* vor Anker liegen.

mouiller **1.** (*navire*) Anker werfen ; vor Anker gehen ; ankern ; *~ dans le port* im Hafen ankern **2.** (*fam.*) *~ qqn dans une affaire* jdn in eine Affäre verwickeln ; *se ~ pour* sich einsetzen für.

moulin *m* Mühle *f* ; Müllerei *f*.

moulinette *f* (*fam.*) *passer une réforme à la ~* eine Reform abblocken (kleinschreddern).

mouture *f* **1.** (*action de moudre*) Mahlen *n* **2.** (*fig.*) Fassung *f* ; Version *f* ; *texte m dans une ~ nouvelle* Text *m* in einer neuen Fassung.

mouvement *m*	**1.** *mouvement organisé* **2.** *déplacement ; changement ; activité* **3.** *transactions économiques*

1. (*mouvement organisé*) Bewegung *f* ; *~ de défense de l'environnement* Umweltschutzbewegung ; *~ de défense des consommateurs* Verbraucherschutzbewegung ; *~ de grève* Streikbewegung, -aktion *f* ; *~ ouvrier* Arbeiterbewegung ; *~ politique* politische Bewegung ; *~ de solidarité* Solidaritätsbewegung ; *~ syndical* Gewerkschaftsbewegung ; *adhérer à un ~* einer Bewegung beitreten ; in eine Bewegung eintreten.

2. (*déplacement ; changement ; activité*) Bewegung *f* ; Veränderung *f* ; Schwankungen *fpl* ; Verkehr *m* ; *~ de baisse* Abwärtsbewegung ; rückläufige Bewegung ; *~ conjoncturel* konjunkturelle Bewegung ; *~s des cours* Kursschwankungen ; *~ démographique* Bevölkerungsbewegung, -wanderung *f* ; *~ d'émigration* Auswanderungsbewegung ; *~ de hausse* Aufwärts-, steigende Bewegung ; *~ inverse* Gegenbewegung ; *~s de personnel* Personalveränderungen ; Personalwechsel *m* ; *~ de population* → *démographique* ; *~s des prix* Preisentwicklung, -schwankungen ; *~ saisonnier* Saisonbewegung ; *~ des salaires* Lohnentwicklung *f*, -bewegung ; *(se) mettre en ~* (sich) in Bewegung (Gang) setzen.

3. (*transactions économiques*) Umschlag *m* ; Umsatz *m* ; Verkehr *m* ; Bewegungen *fpl* ; *~s boursiers, de(s) capitaux* Börsen-, Kapitalverkehr ; *~s commerciaux* Warenumsatz ; *~s de comptes, des coûts* Konten-, Kostenbewegungen ; *~s des devises* Devisenverkehr ; *~s financiers (de fonds)* Kapitalbewegung ; *~ de l'épargne, des marchandises* Spar-, Waren- (Güter)verkehr ; *~s monétaires* → *financiers* ; *~ des paiements internationaux* internationaler Zahlungsverkehr ; *~s stocks* Lagerbewegungen ; Lagerumsatz *m* ; Bestandsveränderung *f* ; Material-bewegung ; *~s des titres (des valeurs)* Effektenverkehr ; *~s des ventes* Umsatzbewegung ; Umsatzkurve *f* ; *~s de trésorerie* Kassenumsatz *m*.

moyen *m* Mittel *n* ; *au ~ de* mittels ; mit Hilfe von ; durch ; *~ de communication* → *moyen de communication* ; *~ de paiement* → *moyen de paiement* ; *~ de transport* → *moyen de transport* ; *voir aussi* → *moyens*.

moyen, ne durchschnittlich ; Durchschnitts- ; mittlere(r, s) ; Mittel- ; mittelmäßig ; *~ne gamme* mittlerer Qualitätsbereich *m* ; *âge m ~* Durchschnittsalter *n* ; *cadre m ~* mittlere Führungskraft *f* ; Leitende(r) im mittleren Management ; *classes fpl ~nes* Mittelstand *m* ; *cours m ~* Durchschnittskurs *m* ; Kursdurchschnitt *m* ; Mittel-, Normalkurs *m* ; *~ne entreprise f* Mittelbetrieb *m* ; mittlerer Betrieb ; *Français m ~* Durchschnittsfranzose *m* ; *petites et ~nes entreprises (P.M.E.)* kleinere und mittlere Betriebe *mpl* ; Mittelstand *m* ; mittelständische Industrie ; *prix m ~* Durchschnittspreis *m* ;

qualité f ~ne Durchschnittsqualität *f* ; mittlere (durchschnittliche) Qualität ; *revenu m ~* Durchschnittseinkommen *n* ; *les revenus ~s* die mittleren Einkommensbezieher *mpl* ; *salaire m ~* Durchschnitts-, Normallohn *m* ; *taille f ~ne* Mittelgröße *f* ; *taux m ~* Durchschnitts(zins)satz *m*, -rate *f* ; *vie f ~ne* durchschnittliche Lebensdauer *f* ; *vitesse f ~ne* Durchschnittsgeschwindigkeit *f*.

moyen-courrier *m* Mittelstreckenflugzeug *n*.

moyen *m* **de communication 1.** Verkehrsmittel *n* **2.** Verständigungsmittel *n* ; Verbindung *f*.

moyen *m* **de paiement** Zahlungsmittel *n* ; *~ légaux* gesetzliche Zahlungsmittel.

moyen *m* **de transport** Verkehrsmittel *n* ; Transportmittel ; *utiliser les ~s en commun* die öffentlichen Verkehrsmittel benutzen.

moyennant mittels (+ G) ; gegen ; *~ finances* gegen Zahlung ; *~ supplément de première classe* gegen (einen) Zuschlag für die erste Klasse ; *livrer la marchandise ~ paiement* die Ware gegen Bezahlung liefern.

moyenne *f* Durchschnitt *m* ; Schnitt *m* ; (*statist.*) Mittelwert *m* ; Mittel *n* ; *en ~* im Durchschnitt ; im Schnitt ; *~ d'âge* Durchschnittsalter *n* ; *~ annuelle* Jahresdurchschnitt ; *en ~ annuelle* im Jahresdurchschnitt ; *~ mensuelle* Monatsmittel *n* ; (*bourse*) *~ mobile* mobiler Durchschnittswert *m* ; *~ nationale* Landesdurchschnitt ; *~ pondérée* gewogener (gewichteter) Durchschnitt ; gewogenes Mittel ; *~ progressive* gleitender (fortschreitender) Mittelwert ; *~ quotidienne* Tages(durch)schnitt ; *établir la ~* den (Durch)Schnitt ermitteln.

moyens *mpl* Mittel *mpl* ; (*financiers*) (Geld)Mittel *npl* ; ♦ *~ de caisse* Kassenmittel ; *~ étrangers* Fremdkapital *n* ; *~ d'existence* Existenzmittel ; Mittel zur Bestreitung des Lebensunterhalts ; *~ d'exploitation* Betriebsmittel ; *~ de financement* Finanzierungsmöglichkeiten *fpl* ; *~ financiers* Geld-, finanzielle Mittel ; *~ de fortune* Hilfs-, Behelfsmittel ; Behelf *m* ; *~ de production* Produktionsmittel ; *~ propres* Eigenkapital *n* ; eigene Geldmittel ; *~ publicitaires* Werbemittel ; *~ de subsistance* → *d'existence* ; ♦♦♦ (Geld)Mittel *npl* ; *je n'ai pas les ~s* ich kann es mir nicht leisten ; *elle a les ~ de se payer cela* sie kann sich das leisten ; *avoir les ~* begütert (bemittelt, vermögend) sein ; *disposer de ~ importants* über reichliche (Geld)-Mittel verfügen ; *être sans ~ de subsistance* mittellos sein ; ohne Mittel dastehen ; *vivre au-dessus de ses ~s* über seine Verhältnisse leben.

M.P. 1. (*mandat postal*) Postanweisung *f* **2.** (*mois prochain*) nächsten Monat.

M.P.T. *m* (*Ministère des postes et télécommunications*) Postministerium *n*.

M.T. *m* (*marché à terme*) Terminmarkt *m*.

multi- (*préfixe*) Multi- ; Mehrbranchen- ; Mehr-.

multicartes *f* : *représentant m ~* mehrere Firmen vertretender Handelsreisende(r) ; Mehrkarten-Vertreter *m*.

multiculturel, le multikulturell ; *personnes fpl d'origine ~le* (*fam.*) Multikulti *pl* ; *société f ~le* multikulturelle Gesellschaft *f*.

multifonctionnel, le multifunktional.

multilatéral, e multilateral ; mehrseitig ; *accord m ~* multilaterales Abkommen *n* ; *discussions fpl, négociations fpl ~es* multilaterale Gespräche *npl*, Verhandlungen *fpl*.

multimarques (*préfixe*) Mehr-Marken- ; *représentant m ~* → *multicartes*.

multimédias *mpl* Multimediasystem *n* ; Medienverbund *m* ; Medienlandschaft *f*.

multimédia (*préfixe*) Multimedia- ; multimedial ; die Multimedien betreffend.

multimillionnaire *m* Multimillionär *m* ; vielfacher Millionär *m*.

multinational, e multinational ; *société f ~e* multinationale Gesellschaft *f* ; multinationaler Konzern *m* ; Multi *m*.

multinationale *f* Multi *m* ; multinationaler Konzern *m* ; multinationale Gesellschaft *f* ; *~ du pétrole* Ölmulti *m*.

multipack *m* Multipack *n* ou *m* ; Mehrstückpackung *f*.

multipartisme *m* Mehrparteiensystem *n*.

multiplan (*informatique*) Multiplan ; Multiplan-System *n*.

multiple *m* Mehrfaches ; *x est un ~ de y* x ist ein Vielfaches von y ; *~ de capitalisation* → *PER*.

multiple mehrfach ; vielfach ; *causes fpl ~s* mannigfache Ursachen *fpl* ; *entreprise f à activité ~* diversifiziertes Unternehmen *n* ; *frais ~s* ein Mehrfaches an Kosten ; *utilisation f ~* Mehrfachausnutzung *f.*

multiplex *m* Multiplexschaltung *f* ; Multiplexverfahren *n* ; *émission f ~* Sendung *f* mit Konferenzschaltung ; *liaison f en ~* Multiplexschaltung *f* ; *raccordement m ~* Multiplex-Anschluss *m.*

multiplicateur *m* Multiplikator *m* ; *effet m ~* Multiplikator-Effekt *m.*

multiplication *f* Multiplikation *f* ; *(fig.)* Anwachsen *n* ; Zunahme *f.*

multiplier vervielfachen ; vermehren ; vervielfältigen ; multiplizieren ; verstärken.

multiprogrammation *f (informatique)* Multi-Programm-Verfahren *n* ; Multi-Programm-Betrieb *m* ; Multiprogramming *n.*

multipropriétaire *m* Miteigentümer *m* ; Multieigentümer ; Teilzeiteigentümer (eines Ferienhauses) ; Timesharing-Eigentümer ; Eigentümer nach dem Timesharing-Verfahren.

multipropriété *f* Gemeinschaftseigentum *n* ; Multieigentum ; Teilzeiteigentum ; Timesharing-Eigentum *n* ; *appartement en ~* (zeitlich begrenzte) Wohnung *f* mit mehreren Eigentümern.

multirécidiviste *m* Wiederholungstäter *m* ; Mehrfach, -Rückfalltäter *m.*

multirisque : *assurance ~* Universalversicherung *f* ; Versicherungspaket *n* ; kombinierte (verbundene, gebündelte) Versicherung *f.*

multiservices : *banque f ~* Allfinanzunternehmen *f* ; *entreprise f, société f ~* Mehr-Dienste-Betrieb *m* ; Mehr-Dienste-Gesellschaft *f.*

multisupport *(finances) contrat (d'assurance-vie) ~* kombinierter (verbundener) (Lebens)Versicherungsvertrag *m* ; Versicherungsvertrag *m*, der aus mehreren Bereichen finanziert wird (Aktien, Obligationen, Immobilien, Fonds etc.) *(contr. monosupport).*

municipal, e städtisch ; Stadt- ; kommunal ; Kommunal- ; Gemeinde- ; gemeindlich ; *conseil m ~* Gemeinde-, Stadtrat *m* ; *conseil m ~* Gemeinderat *m* ; Stadtrat *m* ; *conseiller m ~* Gemeinderatsmitglied *n* ; Stadtverordnete(r) ; *crédit m ~* → *mont-de-piété* ; *édiles mpl*

municipaux Stadtväter *mpl* ; Stadträte *mpl* ; *élections fpl ~es* Gemeinde-, Kommunalwahlen *fpl* ; *taxe f ~e* Gemeindesteuer *f* ; Kommunalabgabe *f.*

municipalité *f* **1.** Gemeinde *f* ; Stadt-, Gemeindeverwaltung *f* **2.** *(ensemble des élus)* Gemeindevorstand *m* ; Stadtväter *mpl* ; Stadträte *mpl.*

mur *m* Mauer *f* ; *le ~ de Berlin* die Berliner Mauer ; *chute f du ~* Mauerfall *m* ; *~ mitoyen* gemeinschaftliche Grenzmauer.

mural, e *(préfixe)* Wand- ; *affiche f ~e* (Wand)Plakat *n* ; *journal m ~* Wandzeitung *f.*

mutable versetzbar.

mutation *f* **1.** *(personnes)* Versetzung *f* ; (Arbeitsplatz)Wechsel *m* ; *~ disciplinaire* Strafversetzung ; *~ professionnelle* Berufswechsel ; *demander sa ~* um Versetzung bitten ; sich versetzen lassen **2.** *(jur.) (biens)* Veräußerung *f* ; Übertragung *f* ; *~ cadastrale (foncière)* Grundbuchumschreibung *f* ; *~ de propriété* Eigentumswechsel *m* ; *droits mpl de ~* Veräußerungssteuer *f* ; Erbanfallsteuer ; Erbschaftssteuer ; Erbsteuer ; Nachlasssteuer ; *droits de ~ sur le transfert de capitaux* Kapitalübertragungssteuer ; *droits de ~ à titre onéreux sur la vente de locaux professionnels* Verkehrssteuer auf die Veräußerung von gewerblich genutzten Räumen ; *législation f en matière de ~* Übertragungsrecht **3.** *(transformation)* Veränderung *f* ; Wandel *m* ; (Um)-Wandlung *f* ; *~ d'un secteur industriel* Strukturwandel *m* ; *~s technologiques* technologischer Wandel ; *être en pleine ~* einen grundlegenden Wandlungsprozess mitmachen.

muter 1. versetzen ; *~ d'office (par mesure disciplinaire)* strafversetzen ; *~ dans un autre service* in eine andere Behörde versetzen ; *se faire ~* sich versetzen lassen **2.** übertragen.

mutilation *f* Verstümmelung *f.*

mutilé *m du travail* Arbeitsinvalide *m.*

mutiler verstümmeln ; *(dénaturer)* beeinträchtigen ; verstümmeln.

mutualisation *f* (Ver)Teilung *f* (auf) ; Abwälzung *f* (von Kosten, Risiken).

mutualiser teilen ; (gleichmäßig) verteilen (auf) ; (Kosten, Risiken) abwälzen (auf).

mutualisme *m* → *mutualité 3.*

mutualiste genossenschaftlich ; auf Gegenseitigkeit beruhend ; *banque f* ~ genossenschaftliche Bank ; *secteur m* ~ Genossenschaftssektor *m* ; Zusatzversicherung *f* ; Genossenschaftskasse *f.*
mutualité *f* **1.** Gegen-, Wechselseitigkeit *f* ; Solidarität *f* **2.** Versicherung *f* auf Gegenseitigkeit ; Zusatzversicherung *f* ; Genossenschaftskasse *f* **3.** Genossenschaftswesen *n.*
mutuel, le gegenseitig ; gegenseitig bindend ; wechselseitig ; auf Gegenseitigkeit beruhend ; ◆ *assistance f ~le* gegenseitige Unterstützung *f* ; *assurance f ~le* Zusatzversicherung *f* ; Genossenschaftskasse *f* ; Versicherung *f* auf Gegenseitigkeit ; *caisse f ~le* Hilfskasse *f* ; Zusatzversicherung *f* ; *concours m* ~ gegenseitiger Beistand *m* ; *consentement m* ~ gegenseitiges Einverständnis *n* ; *donation f ~le* gegenseitige Schenkung *f* ; *pari m* ~ Totalisator *m* ; Toto *n* ou *m* ; *société f ~le* Zusatzversicherung *f* ; Gesellschaft *m* (Verein *m*) auf Gegenseitigkeit ; ◆◆◆ *être en état de dépendance ~le* in gegenseitiger Abhängigkeit stehen ; *faire des concessions ~les* sich gegenseitige Zugeständnisse machen.
mutuelle *f* Zusatzversicherung *f* ; Genossenschaftskasse *f* ; Versicherungsgesellschaft *f* auf Gegenseitigkeit ; ~ *complémentaire* Zusatzversicherung *f* ; ~ *des étudiants* studentische Krankenversicherung ; ~ *de retraite* Pensions-Sicherungs-Verein *m* auf Gegenseitigkeit (PSVaG).

N

nabab *m* Nabob *m* ; Krösus *m* ; ~ *de la finance* Finanzriese *m*.
naissance *f* **1.** *(enfants)* Geburt *f* ; Abstammung *f* ; Herkunft *f* ; ~ *(il)légitime* (un)eheliche Geburt ; *~s vivantes* Lebendgeburten ; ♦ *acte m de* ~ Geburtsurkunde *f* ; *année de* ~ Geburtsjahr *n* ; *augmentation f des ~s* Geburtenzuwachs *m* ; *contrôle m des ~s* Geburtenkontrolle *f* ; Geburtenregelung *f* ; *date f de* ~ Geburtsdatum *n* ; *de* ~ von Geburt (an) ; gebürtig ; *déclaration f de* ~ Geburtsanzeige *f* ; Meldung *f* einer Geburt ; *excédent m des ~s* Geburtenüberschuss *m* ; *extrait m de* ~ Geburtsurkunde *f* ; *Français m de* ~ Franzose *m* von Geburt ; gebürtiger Franzose *m* ; *limitation f des ~s* Geburtenbeschränkung *f* ; *lieu m de* ~ Geburtsort *m* ; *nombre m de ~s* Geburtenzahl *f* ; *registre m des ~s* Geburtenregister *m* ; *réglementation f des ~s* Geburtenregelung *f* ; *recul m des ~s* Geburtenrückgang *m*, -abnahme *f* ; *(fam.)* Babyflaute *f* **2.** *(commencement, origine)* Entstehung *f* ; Ursprung *m* ; Beginn *m* ; Bildung *f* ; ~ *de l'industrie* Entstehung der Industrie.
naître 1. *(enfants)* geboren werden ; auf die Welt (zur Welt) kommen **2.** *(commencement, origine)* entstehen ; beginnen ; *industrie f naissante* im Aufbau begriffene (befindliche) Industrie *f* ; *faire* ~ schaffen ; ins Leben rufen ; hervorrufen ; erzeugen.
nanotechnologie *f* Nanotechnologie *f*.
nanti *m* Wohlhabende(r) ; Begüterte(r) ; *les ~s* die Wohlhabenden ; die Reichen ; die Besserverdienenden.
nanti, e 1. wohlhabend ; begütert ; besitzend ; reich ; *(fam.)* gut betucht **2.** ~ *de* versehen mit ; ausgestattet mit **3.** *(jur.)* (durch Pfand) gedeckt ; gesichert ; *créancier m* ~ gesicherter Gläubiger *m* ; Pfandgläubiger ; *effet m* ~ lombardierter Wechsel *m* ; *objet m* ~ Sicherungsgut *n* ; *prêt sur titres ~s* Darlehen *m* von Verpfändung von Wertpapieren.
nantir 1. versehen mit ; versorgen mit **2.** *(jur.)* *(donner des gages pour garantir qqch)* (durch ein Pfand) sicherstellen (decken) ; verpfänden ; ~ *des valeurs* Wertpapiere lombardieren (verpfänden) **3.** *(jur.)* *se* ~ *des effets d'une succession* sich zum Erbschaftsbesitzer machen.

nantissement *m* Pfand *n* ; Verpfändung *f* ; *(titres, valeurs)* Lombardierung *f* ; Hinterlegung *f* ; Sicherstellung *f* ; ♦ ~ *sur qqch* Sicherheitsleistung *f* durch Verpfändung (Hinterlegung *f*) von etw ; ~ *sur créances, sur marchandises* Sicherheitsleistung durch Verpfändung *f* von Forderungen, von Waren ; ~ *sur titres* Lombardierung *f* von Wertpapieren ; Wertpapierhinterlegung *f* zwecks Sicherstellung ; ♦♦ *avance f sur* ~ Lombardvorschuss *m* ; *contrat m de* ~ Pfandvertrag *m* ; *effet m en* ~ Sicherheitswechsel *m* ; *prêt m sur* ~ Lombarddarlehen *n* ; *titres mpl remis en* ~ Lombard-, Pfandwertpapiere *npl* ; ♦♦♦ *sur* ~ gegen Hinterlegung (Verpfändung) von ; *avoir en* ~ etw pfandweise besitzen ; etw als Pfand halten ; *donner (remettre) en* ~ verpfänden ; *emprunter, prêter sur* ~ gegen Pfand ausleihen, leihen.

N.A.P. *f* *(Nomenclature des activités et des produits)* Nomenklatur *f* der gewerblichen Aktivitäten und der Produkte.

napoléon *m* französische Goldmünze *f*.

naphte *m* Naphta *n/f* ; Roherdöl *n*.
nappe *f* : ~ *de pétrole* Ölschicht *f* ; Ölfilm *m* ; Ölteppich *m* ; Ölhaut *f* ; ~ *phréatique* Grundwasser *n* ; *polluer la* ~ *phréatique* das Grundwasser verseuchen.
narcodollars *mpl* Drogengeld *n* ; *blanchiment m des* ~ Drogengeldwäsche *f* ; *blanchir les* ~ das Drogengeld weißwaschen.
narcotrafic *m* Drogenhandel *m*.
narco-trafiquant *m* Rauschgift-, Drogenhändler *m*.
NASDAQ *m* *(National Association of Securities Dealers Automated Quotations System)* Nasdaq *f* ; Computerbörse *f* (für High-Tech-Werte).
natal, e Geburts- ; Heimat- ; *pays m* ~ Geburtsland *n* ; *ville f ~e* Heimatstadt *f*.
nataliste *m* Befürworter *m* der Geburtenförderung ; Gegner *m* der Geburtenregelung.
nataliste geburtenfördernd ; *politique f* ~ geburtenfördernde Politik *f*.
natalité *f* Geburtenziffer *f*, -zahl *f* ; Geburten *fpl* ; Geburtenhäufigkeit *f* ; Natalität *f* ; ~ *générale* allgemeine

Fruchtbarkeitsziffer *f* ; ~ *(il)légitime* (un)eheliche Geburten *fpl* ; ~ *vivante* Lebendgeborene *pl* ; Lebendgeburten ; *année f à faible, à forte* ~ geburtenschwacher, geburtenstarker Jahrgang *m* ; *recul m de la* ~ Rückgang *m* der Geburtenziffer ; Geburtenabnahme *f* ; *taux m de* ~ Geburtenhäufigkeit *f*, -ziffer *f*.

natif, ive *(de)* gebürtig (aus) ; *elle est ~ive de France, d'Allemagne* sie ist aus Frankreich, aus Deutschland gebürtig ; gebürtige Französin, gebürtige Deutsche.

nation *f* Nation *f* ; Volk *n* ; Land *n* ; ~ *développée, émergente, en voie de développement* entwickeltes Land, Schwellenland, Entwicklungsland ; ~ *hautement industrialisée* hochindustrialisiertes Land ; ~ *de marchands* ein Volk von Kaufleuten ; ~ *sous-développée* unterentwickeltes Land ; *clause f de la* ~ *la plus favorisée* Meistbegünstigungsklausel *f* ; *comptes mpl de la* ~ volkswirtschaftliche Gesamtrechnung(en) *(pl)f* ; *Organisation f des Nations Unies (O.N.U.)* die Vereinten Nationen ; die UNO.

national, e national ; inländisch ; einheimisch ; staatlich ; überregional ; Inlands- ; Staats-, Landes- ; Volks- ; *(caractéristique d'un peuple)* landeseigen ; *assemblée, banque f* ~ Nationalversammlung *f*, -bank *f* ; *budget m* ~ Staatshaushalt *m* ; *à l'échelon* ~ auf überregionaler Ebene ; auf Landesebene ; *économie f ~e* Volkswirtschaft(slehre) *f* ; Nationalökonomie *f* ; *entreprise f ~e* Staatsunternehmen *n* ; *marché m* ~ Binnen-, Inlandsmarkt *m* ; (ein)heimischer Markt *m* ; *monnaie f ~e* Landeswährung *f* ; inländische Währung *f* ; *Parlement m* ~ Landesparlament *n* ; *production f* ~ Inlandsproduktion *f*, -erzeugung *f* ; inländische Produktion *f* ; *produit m* ~ **a)** Inlandsprodukt *n*, -erzeugnis *n* **b)** Sozialprodukt *n* ; *produit m* ~ *brut/net* Brutto-, Nettosozialprodukt *n* ; *produits mpl* ~ *aux* inländische Produkte *npl* (Waren *fpl*, Erzeugnisse *npl*) ; *revenu m* ~ Volkseinkommen *n* ; *route f ~e* → *nationale* ; *service m* ~ (allgemeiner) Wehrdienst *m*.

nationale *f (France)* Hauptverkehrsstraße *f* ; ~ *à 3 voies (de circulation)* dreispurige Hauptverkehrsstraße *f* ; *(Allemagne)* Bundesstraße *f* ; *(Suisse)* Nationalstraße *f*.

nationalisation *f* Verstaatlichung *f* ; Nationalisierung *f* ; Vergesellschaftung *f* ; Sozialisierung *f* ; *(personne)* Einbürgerung *f* ; ~ *des banques, des entreprises privées* Verstaatlichung des Bankwesens, von Privatunternehmen *(contr. Privatisierung, Deregulierung, Liberalisierung).*

nationalisé, e verstaatlicht ; staatseigen ; *(hist. R.D.A.)* volkseigen.

nationaliser verstaatlichen ; nationalisieren ; in Staatseigentum überführen ; *(personne)* einbürgern ; *(hist. R.D.A.)* in Volkseigentum überführen ; ~ *les entreprises du secteur privé* die Betriebe des privaten Sektors verstaatlichen *(contr. privatisieren, deregulieren, liberalisieren).*

nationalité *f* Staatsangehörigkeit *f* ; Staatszugehörigkeit *f* ; Staatsbürgerschaft *f* ; Nationalität *f* ; ◆◆ *changement m de* ~ Staatsangehörigkeitswechsel *m* ; *code m de* ~ Staatsbürgerschaftsgesetz(e) *n(pl)* ; *double* ~ Doppelstaatsangehörigkeit *f* ; *droit m de la* ~ Staatsbürgerschaftsrecht *n* ; *retrait m de* ~ Entzug *m* der Staatsangehörigkeit ; ◆◆◆ *changer de* ~ die Staatsangehörigkeit wechseln ; *déchoir (priver) qqn de la* ~ jdm die Staatsangehörigkeit aberkennen ; jdn ausbürgern ; *il est de* ~ *belge* er ist belgischer Nationalität ; er besitzt die belgische Staatsangehörigkeit ; *octroyer la* ~ *française* die französische Staatsangehörigkeit verleihen ; *prendre (acquérir) la* ~ *allemande* die deutsche Staatsangehörigkeit annehmen (erwerben).

Nations *fpl* **Unies (les)** die Vereinten Nationen *fpl* ; UNO *f* ; *charte f des* ~ Satzung *f* der Vereinten Nationen ; *Organisation f des* ~ *(O.N.U.)* Organisation *f* der Vereinten Nationen (UNO).

naturalisation *f* Einbürgerung *f* ; Naturalisation *f* ; Naturalisierung *f* ; *demande f de* ~ Einbürgerungsantrag *m*, -gesuch *n* ; *faire (déposer) une demande de* ~ einen Antrag auf Einbürgerung stellen.

naturaliser einbürgern ; naturalisieren ; *il s'est fait* ~ *Français* er hat die französische Staatsbürgerschaft erworben ; er wurde in Frankreich eingebürgert.

nature *f* **1.** *(environnement)* Natur *f* ; Landschaft *f* ; Umwelt *f* ; *(agric.)* expérimentation *f* dans la ~ Freilandversuch *m* ; *protection f de la* ~ Umweltschutz *m* **2.** *(caractère)* Beschaffenheit *f* ; Art *f* ; Wesen *n* ; Natur *f* ; ~ *de l'emballage* Verpackungsart ; ~ *de l'impôt, de l'emploi* Steuerart, Beschäftigungsart ; ~ *juridique (d'une chose)* Rechtsnatur (einer Sache) **3.** *(dans un échange) en* ~ in Naturalien *pl* ; in natura ; in Sach-, Naturalleistungen ; als Deputat ; *apport m en* ~ Sacheinlage *f* ; *avantages mpl en* ~ Natural-, Sachbezüge *mpl* ; *Deputat n* ; *bail m en* ~ Naturalpacht *f* ; *compensation f en* ~ Naturalausgleich *m* ; *indemnité f en* ~ Natural-, Sachentschädigung *f* ; *prestation f en* ~ Sach-, Naturalleistung *f* ; *prime f en* ~ Sachprämie *f* ; *rémunération f en* ~ Sach-, Naturalentlohnung *f* ; Natural-, Sachvergütung *f* ; *revenus mpl en* ~ Naturaleinkommen *n* ; *salaire m en* ~ Deputat *n* ; Naturallohn *m* ; ◆◆◆ *payer en* ~ in Naturalien (in natura) bezahlen ; *recevoir un salaire en* ~ ein Deputat erhalten.

naturel, le natürlich ; Natur- ; naturrein ; *colorant m, fibre f ~(le)* Naturfarbstoff *m,* -faser *f* ; *droit m* ~ Naturrecht ; *enfant m* ~ uneheliches Kind *n* ; *frontières fpl ~les* natürliche Grenzen *fpl* ; *gaz m* ~ Erdgas *n* ; Naturgas *n* ; *parc n* ~ Natur(schutz)park *m* ; *parenté f ~le* Blutsverwandtschaft *f* ; *père m* ~ leiblicher Vater *m* ; *produit m* ~ Naturprodukt *n,* -erzeugnis *n* ; *réserve f ~le* Naturschutzgebiet *n,* -reservat *n* ; *richesses fpl ~les* Bodenschätze *mpl* ; natürliche Reichtümer *mpl* ; *soie f, substance ~le* Naturseide *f,* -stoff *m* ; *uranium m* ~ Natururan *n*.

naufrage *m* Schiffbruch *m* ; Untergang *m* ; *faire* ~ Schiffbruch erleiden.

nautique nautisch.

naval, e Schiff(s)- ; *architecte m* ~ Schiff(s)bauer *m* ; *chantier m* ~ (Schiffs)Werft *f* ; Werftanlage *f* ; *construction f ~e* Schiff(s)bau *m* ; Schiff(s)bauwesen *n* ; *ingénieur m* ~ Schiff(s)bauingenieur *m*.

navette *f* **1.** Pendelverkehr *m* ; *(gare, aéroport)* Zubringerbus *m* ; Zubringerdienst *m* ; *(Eurotunnel)* Pendelzug *m,* -dienst *m* ; ~ *de cars* Busverbindung *f* ; *faire la* ~ pendeln ; mit dem Pendelzug, -bus fahren ; im Pendelverkehr fahren **2.** Pendelverkehrsmittel *n* (Zug, Bus) **3.** ~ *spatiale* Raumfähre *f*.

navigabilité *f* **1.** *(fleuve)* Schiffbarkeit *f* **2.** *(véhicule)* See-, Flugtüchtigkeit *f*.

navigable 1. schiffbar ; befahrbar **2.** see-, flugtüchtig ; *voie f* ~ Schifffahrtsweg *m,* -straße *f* ; Wasserstraße.

navigant *m* : *c'est un* ~ er gehört zum Flugpersonal.

navigant, e 1. *(aviation) personnel m* ~ Flugpersonal *n* **2.** *(marine) les ~s* das (zur See) fahrende Personal.

navigateur *m* **1.** *(Internet)* Browser *m* **2.** *(utilisateur)* Websurfer *m* ; Surfer *m*.

navigation *f* **1.** Schifffahrt *f* ; ◆ *aérienne* Luftfahrt *f* ; *compagnie f de* ~ *aérienne* Luftfahrt-, Fluggesellschaft *f* ; ~ *côtière (de cabotage)* Küstenschifffahrt ; ~ *intérieure (fluviale)* Binnenschifffahrt ; ~ *au long cours* Hochseeschifffahrt ; *große* Fahrt *f* ; ~ *marchande* Handelsschifffahrt ; ~ *maritime* Seeschifffahrt ; ◆◆ *compagnie f, ligne f de* ~ Schifffahrtsgesellschaft *f,* -linie *f* ; *route f, voie f de* ~ Schifffahrtsweg *m,* -straße *f* **2.** *(technique de)* Navigation *f* **3.** *(Internet)* Browsen *n* ; Surfen *n* ; *logiciel m de* ~ Suchprogramm *n* ; Such-Software *f*.

naviguer 1. zur See fahren ; mit dem Schiff fahren **2.** *(avion)* fliegen ; navigieren **3.** *(Internet)* ~ *sur le Web* (im Internet) surfen.

navire *m* Schiff *n* ; ~ *car ferry* Personen- und Autofähre *f* ; ~ *cargo* Frachtschiff ; ~ *de commerce* (~ *marchand)* Handelsschiff ; ~ *frigorifique* Kühlschiff ; ~ *de ligne* Linienschiff ; ~ *marchand* Frachtschiff ; Frachter *m* ; ~ *à passagers* Fahrgastschiff ; Passagierdampfer *m* ; ~ *de pêche* Fischereischiff ; ~ *pétrolier (citerne)* Tanker *m* ; ~ *de plaisance* Ausflug-, Vergnügungsdampfer *m* ; Kreuzfahrtschiff ; ~ *porte-conteneurs* Containerschiff ; *(clause FOB) à bord du* ~ frei an Bord ; fob ; *franco le long du* ~ *(FAS)* frei Längsseite Seeschiff ; fas.

NC → **ordinateur**.

n/c *(notre compte)* unser Konto.

néant *m* **1.** *(sur un questionnaire)* nichts ; entfällt ; *état m* ~ Fehlanzeige *f* ; Fehlbericht *m* ; *signes particuliers :* ~ besondere Kennzeichen : keine ; *réduire à* ~ vernichten.

nécessaire nötig ; notwendig ; erforderlich ; unentbehrlich ; ◆ *l'argent m* ~ das nötige (Klein)Geld *n* ; *les pièces* *(officielles)* ~s die nötigen Schriftstücke *npl* ; die nötigen Unterlagen ; *si* ~ *falls nötig* ; falls erforderlich ; *absolument* ~ unbedingt (absolut) notwendig ◆◆◆ *être* ~ nötig sein ; *faire le* ~ das Nötige veranlassen ; *se limiter au strict* ~ sich auf das Notwendigste beschränken ; *prendre les mesures* ~s die erforderlichen Maßnahmen treffen ; *rendre* ~ notwendig machen.

nécessité *f* **1.** *(sens général)* Notwendigkeit *f* ; ~s Erfordernisse *npl* ; Anforderungen *fpl* ; ~ *du service* Erfordernisse des Dienstes ; dienstliche Erfordernisse ; ~ *vitale* Lebensnotwendigkeit *f* ; *par* ~ notgedrungen ; *clos par* ~ amtlich verschlossen ; *être dans la* ~ *de...* gezwungen sein, zu... **2.** *(sens commercial : besoins)* ~s *fpl* Bedarf *m* ; Bedürfnis *n* ; Erfordernisse *npl* ; ~s *d'approvisionnement, d'investissement* Versorgungs-, Investitionsbedarf ; ~s *de liquidité (de trésorerie)* Liquiditätsbedarf, -erfordernisse ; *articles mpl (produits mpl) de* ~ *courante* Bedarfsartikel *mpl*, -güter *npl* ; *biens mpl de première* ~ Gegenstände *mpl* des täglichen Bedarfs ; lebenswichtige Güter **3.** *(manque, pénurie)* Not *f* ; Mangel *m* ; *cas m de* ~ Notfall *m* ; *état m de* ~ Notstand *m*.

nécessiter erfordern ; nötig (notwendig) machen.

nécessiteux : *les* ~ die Notleidenden *pl* ; die Minderbemittelten *pl* ; die Bedürftigen *pl* ; *(fam.)* die Habenichtse *mpl*.

nécessiteux, euse notleidend ; (unterstützungs)bedürftig ; mittellos ; *familles fpl, population f* ~*euse(s)* notleidende Familien ; mittellose Bevölkerung *f*.

négatif, ive negativ ; ablehnend ; verneinend ; abschlägig ; *(défavorable)* ungünstig ; nachteilig ; Minus ; ◆ *bilan m, chiffres mpl* Negativbilanz *f*, Minuszahlen *fpl* ; *conséquences fpl* ~*ives* negative (nachteilige) Folgen *fpl* ; *issue f* ~*ive* negativer Ausgang *m* ; *réponse f* ~*ive* verneinende (negative, abschlägige) Antwort *f*.

négative : *dans la* ~ im Falle einer abschlägigen Antwort ; *répondre par la* ~ verneinen.

négligence *f* Fahrlässigkeit *f* ; fahrlässige Handlung *f* ; Nachlässigkeit *f* ; Versäumnis *n* ; Vernachlässigung *f* ; Unterlassung *f* ; Versehen *n* ; ~ *coupable* *(fatale)* verhängnisvolles Versäumnis ; ~ *légère, grave, grossière* leichte, schwere, grobe Fahrlässigkeit ; ~ *professionnelle* Fahrlässigkeit in Ausübung des Berufs ; Unachtsamkeit *f* bei der Arbeit ; *par* ~ aus Fahrlässigkeit ; nachlässigerweise ; ~ *ayant entraîné des dommages corporels* fahrlässige Körperverletzung *f* ; *faire preuve de* ~ fahrlässig umgehen mit ; verantwortungslos (leichtsinnig) handeln.

négligent, e nachlässig ; fahrlässig ; leichtsinnig ; unverantwortlich ; verantwortungslos ; *payeur m* ~ säumiger Zahler *m* ; *être (se montrer)* ~ *(avec)* fahrlässig umgehen (mit).

négliger 1. vernachlässigen **2.** versäumen ; unterlassen **3.** nicht berücksichtigen.

négoce *m* Handel *m* ; Geschäft *n* ; Großhandel *m* ; ~ *de céréales* (internationaler) Getreidehandel ; ~ *pour compte propre* Eigenhandel ; *faire du* ~ Handel treiben.

négociabilité *f* **1.** *(titre)* Begebbarkeit *f* ; Übertragbarkeit *f* ; Bankfähigkeit *f* **2.** Verkäuflichkeit *f* ; Handelsfähigkeit *f*.

négociable 1. *(titre)* börsenfähig, -gängig ; *(cessible)* begebbar ; übertragbar ; bankfähig ; *action f* ~ *(en bourse)* börsengängige Aktie ; *(cessible)* übertragbare Aktie ; *emprunt m* ~ handelbare Staatsanleihe **2.** *(vendable)* umsetzbar ; verkäuflich ; verkaufsfähig ; gängig ; *le produit n'est pas encore* ~ das Produkt ist noch nicht marktreif **3.** *point m (non)* ~ (nicht) verhandlungsfähiger Punkt *m* ; *prix m non* ~ endgültiger Preis *m*.

négociant *m* (Groß)Händler *m* ; Kaufmann *m* ; ~ *en blé* Getreidehändler ; ~ *en gros* Großhändler, -kaufmann ; ~ *en vins et spiritueux* Wein- und Spirituosenhändler.

négociateur *m* Unterhändler *m* ; Vermittler *m* ; Verhandlungspartner *m* ; Abschlussmakler *m* ; *(centrales d'achat)* Disponent *m* ; ~ *en chef* Chefunterhändler *m*.

négociation *f*	1. *transmission d'effets de commerce* 2. *affaire ; transaction commerciale* 3. *négociation en vue d'un accord*

négocier

1. *(transmission d'effets de commerce)* Begebung *f* ; Übertragung *f* ; Unterbringung *f* ; Weitergabe *f (syn. cession).*
2. *(affaire, transaction commerciale)* Abschluss *m* ; Geschäft *n* ; ~ *au comptant, à prime, à terme* Kassa-, Prämien-, Termingeschäft ; ~ *de titres en bourse, hors bourse* Wertpapierverkehr *m* an der Börse, auf dem freien Markt.
3. *(négociation en vue d'un accord)* Verhandlung *f* ; Besprechung *f* ; Abschluss *m* ; ◆ ~*s collectives* Tarifverhandlungen *fpl* ; ~ *commerciales* Wirtschaftsverhandlungen ; ~ *d'une convention collective* Abschluss eines Tarifvertrags ; ~*s officielles* offizielle Verhandlungen ; ~*s paritaires, salariales, tarifaires* Verhandlungen zwischen Sozialpartnern, Lohn-, Tarifverhandlungen ; ~*s préliminaires* Vorverhandlungen ; ◆◆ *base f, lieu m de(s)* ~*s* Verhandlungsbasis *f,* -ort *m* ; *marge f de* ~*s* Verhandlungsspielraum *m* ; *objet m des* ~*s* Verhandlungsgegenstand *m* ; *offre f de* ~ Verhandlungsangebot *n* ; ◆◆◆ *ajourner les* ~*s* die Verhandlungen vertagen (aufschieben) ; *diriger les* ~*s* die Verhandlungen führen (leiten) ; *être en* ~ *in Verhandlung stehen* ; *entamer des* ~*s* Verhandlungen aufnehmen ; *entrer en* ~ in Verhandlungen treten ; *être en* ~ *in* Verhandlungen stehen ; *rompre les* ~*s* die Verhandlungen abbrechen.

négocier 1. *(effet, valeur)* weitergeben ; begeben ; negoziieren ; übertragen ; ~ *une traite* einen Wechsel weitergeben ; ~ *un emprunt* eine Anleihe begeben ; eine Anleihe unterbringen ; *(bourse)* ~ *au comptant, à terme* Termingeschäfte, Kassageschäfte abschließen ; ~ *des valeurs mobilières (des titres)* (mit) Effekten (Wertpapieren) handeln **2.** *(une affaire)* abschließen ; umsetzen ; verkaufen ; handeln ; (Handel) treiben ; negoziieren **3.** verhandeln ; unterhandeln (über + A) ; ~ *un accord, un compromis, un contrat, un tarif* ein Abkommen, einen Kompromiss, einen Vertrag, einen Tarif aushandeln ; ~ *une augmentation de salaire, de nouvelles conventions collectives* eine Lohnerhöhung, neue Tarifverträge aushandeln ; ~ *la cessation d'un conflit avec qqn* mit jdm über die Beilegung eines Streits verhandeln ; ~ *une convention collective* einen Tarifvertrag abschließen ; ~ *un prix à la baisse* einen Preis herunterhandeln ; *avoir du talent pour* ~ Verhandlungsgeschick aufweisen ; *être disposé à* ~ verhandlungsbereit sein.

nègre *m (édition)* Ghostwriter *m*.

négrier *m (péj.)* Ausbeuter *m* (von ausländischen Arbeitern oder Arbeitslosen).

néo-liberal, e neoliberal.

népotisme *m* Vetternwirtschaft *f* ; Ämterpatronage *f* ; Protektionswirtschaft ; Nepotismus *m* ; Günstlingswirtschaft *f* ; *(fam.)* Filzokratie *f* ; Verfilzung *f.*

net, nette netto *(abréviation :* nto.) ; Rein- ; rein ; bereinigt ; *(formel)* ausdrücklich ; formell ; kategorisch ; *(exempté de)* ~ *de* frei von ; nach Abzug von ; ◆ ~ *d'impôt, de taxes* steuer-, abgabenfrei ; ~ *à payer* zu zahlender Betrag *m* ; ~ *de tous frais, de toute dette* spesenfrei ; ohne Spesen ; schuldenfrei ; ◆◆ *bénéfice m* ~ Nettogewinn *m* ; Reingewinn ; reiner Gewinn ; *chiffre m d'affaires* ~ Nettoumsatz *m* ; reiner Umsatz ; *comptant m* ~ netto Kasse ; bar ohne Abzug ; *gain m* ~ Nettoverdienst *m*, -ertrag *m* ; *jauge f* ~*te (tonnage m* ~*)* Nettoraumzahl *f* ; *montant m* ~ Nettobetrag *m* ; *paiement m* ~ *au comptant* Nettobarzahlung *f* ; *perte f* ~*te* Nettoverlust *m* ; *poids m* ~ Nettogewicht *n* ; *poids m* ~ *à l'emballage* Füllgewicht *n* ; *prix m* ~ Nettopreis *m* ; Barpreis ; *produit m* ~ Nettoertrag *m* ; Reinertrag *m* ; *recette f* ~*te* Nettoeinnahme *f* ; *revenu(s) m(pl)* ~*(s)* Nettoeinkommen *n*, -einkünfte *fpl* ; *salaire m, traitement m* ~ Nettolohn *m*, -gehalt *n* ; ~ *à trois mois* drei Monate netto ; ◆◆◆ *le poids* ~ *est de 100 kilos* das Gewicht beträgt netto 100 kg ; *refuser* ~ kategorisch abschlagen ; *il reste* ~ der Nettobetrag beläuft sich auf ; es bleiben nach allen Abzügen.

netéconomie *f* Web-Wirtschaft *f* ; elektronischer Handel *m*.

nétique *f (cadre informel des règles à respecter sur Internet)* Netik *f* ; Netiquette *f* ; Internet-Verhaltensregeln *fpl*.

nettoiement *m* Reinigung *f* ; *service m du* ~ (städtische) Müllabfuhr *f.*

nettoyage *m* Reinigung *f* ; ~ *par le vide* Spülungseffekt *m* ; *équipe f de* ~ Putzkolonne *f* ; Putzmannschaft *f* ; *entreprise f de* ~ Reinigungsfirma *f* ; *personnel m de* ~ Reinigungspersonal *n*.

neuf, neuve neu ; ungebraucht ; *état m ~* Neuzustand *m* ; *à l'état de ~* wie neu ; *flambant ~* (funkel)nagelneu ; *logement m ~* Neubauwohnung *f* ; *quartier m ~* Neubauviertel *n* ; *remettre à ~* wieder wie neu machen ; etw aufarbeiten.

neuf *m* Neue(s) *n* ; *(bâtiment)* Neubau *m* ; Neuwert *m* ; *(assur.) clause f de remboursement sur la valeur du ~* Neuwertversicherung *f* ; *valeur f de ~* Neuwert *m* ; *acheter à moitié prix du ~* zur Hälfte des Neuwertpreises kaufen ; *redonner l'apparence du ~* etw auf Neu herrichten.

neutraliser neutralisieren ; ausschalten ; *~ un concurrent* einen Konkurrenten abhängen (verdrängen).

neutralité *f* Neutralität *f* ; Unparteilichkeit *f* ; *respecter une stricte ~* strikte Neutralität einhalten.

neutre *m (cogestion en Allemagne)* Neutrale(r) ; *les ~s* die Neutralen ; die neutralen Staaten *mpl*.

neutre neutral ; unparteiisch.

N.F. *f (norme française)* französische Norm *f*.

N.I.C. *m (numéro interne de classement d'une entreprise)* interne Klassifikationsnummer *f*.

niche *f* Marktnische *f* ; (spezialisierte) Marktlücke *f* ; *~ fiscale* Steuer-Schlupfloch *n* ; Steuerversteck *n* ; *~ technologique* technologische Nische *(syn. créneau)*.

nième zigmal ; *je le lui ai rappelé pour la ~ fois* ich habe ihn schon zigmal daran erinnert.

N.I.R. *m (numéro d'inscription au répertoire de l'I.N.S.E.E.)* Eintragungsnummer *f* im Register der statistischen Behörde.

nitrate *m* Nitrat *n* ; *pollution f de la nappe phréatique par les ~s* Verseuchung *f* des Grundwassers durch Nitrate.

nitrophosphaté, e *: (agric.) engrais mpl ~s* nitrophosphathaltiger Dünger *m*.

niveau *m* Stand *m* ; Höhe *f* ; Grad *m* ; Stufe *f* ; Niveau *n* ; Ebene *f* ; ◆ *~ d'allure* Auslastungs-, Ausnutzungsgrad ; *~ d'automation* Automationsgrad ; *~ de capacité* Kapazitätsniveau ; *~ des cours* Niveau der Kurse ; Kursniveau ; Kursstand ; *~ des coûts* Kostenstand ; *~ de développement* Entwicklungsstadium *n*, -stand, -stufe ; *~ d'emploi* Beschäftigungsgrad ; *~ de l'emploi* Beschäftigungslage *f*, -stand *m* ; Arbeitsmarktlage *f* ; *~ d'endettement* Verschuldungsgrad *m*, -ausmaß *n* ; *~ de formation* Ausbildungsstand *m* ; *~ d'instruction* Bildungsgrad *m* ; *~ maximal* Höchststand ; *~ minimal* Tief(st)stand ; Tief *n* ; *~ des prix* Preisniveau ; *(catégorie qualitative)* Preislage *f* ; *~ de pollution* Verschmutzungsgrad ; *(exprimé en chiffres)* Schmutzwerte *mpl* ; *~ de production* Produktionsstand ; *~ de qualification* Qualifikationsniveau ; Ausbildungsstufe *f* ; *~ record* Höchstgrenze *f* ; Höchststand ; *~ de rendement (de productivité)* Leistungshöhe *f*, -stand ; *~ des revenus* Höhe *f* der Einkünfte ; *~ des salaires (des rémunérations, salarial)* Lohnniveau, -höhe, -stand ; *~ social* soziales Niveau ; gesellschaftliche Stellung *f* ; *~ des taux d'intérêt* Zinshöhe *f* ; *~ sonore* Geräuschpegel *m* ; *~ de vie* → **niveau de vie** ; ◆◆ *bas ~ de prix* Preistief(stand) *n (m)* ; *de haut ~* von hohem Niveau ; *au ~ fédéral, gouvernemental, national* auf Bundes-, Regierungs-, Landesebene ; *au ~ le plus élevé* auf höchster Ebene ; *au ~ social* auf sozialer Ebene ; *comparé au ~ de l'année passée* gegenüber dem Vorjahr ; gegenüber dem Niveau des Vorjahrs ; *par ~x successifs* stufenweise ; ◆◆◆ *augmenter, baisser, maintenir un ~* ein Niveau heben, senken, halten ; *atteindre son plus haut, son plus bas ~* den Höchststand, den Tief(st)stand erreichen ; *mettre sur le même ~* auf eine (die gleiche) Stufe stellen.

niveau *m* **de vie** Lebensstandard *m* ; Lebenhaltungsniveau *n* ; Höhe *f* der Lebenshaltung ; *~ élevé* hohe Lebenshaltung *f* ; *augmenter le ~* den Lebensstandard heben ; *le ~ augmente, baisse* der Lebensstandard steigt, sinkt (schrumpft) ; *avoir un ~ élevé* einen hohen Lebensstandard haben.

niveler nivellieren ; einebnen ; ausgleichen ; auf gleiches Niveau bringen ; *~ les différences sociales* soziale Unterschiede nivellieren (ausgleichen) ; *~ les prix* das Preisgefälle abbauen.

nivellement *m* Nivellierung *f* ; Einebnung *f* ; Ausgleichen *n* ; Angleichung *f* ; *~ de différences de niveau* Nivellierung von Niveauunterschieden ; *~ des prix* Abbau *m* des Preisgefälles ; *~ des salaires* Angleichung der Löhne ; *faire*

nocif, ive

(opérer) un ~ par le bas eine Angleichung nach unten vornehmen.
nocif, ive schädlich ; gesundheitsschädigend ; *substances fpl ~ives* Schadstoffe *mpl*.
nocivité *f* (*d'un produit*) Schadwirkung *f* ; Schädlichkeit *f* ; Gesundheitsgefährdung *f*.
nocturne : *ouverture en ~* späte (abendliche) Öffnungszeiten *fpl* ; *en ~* Geschäft *n* mit verlängerter Öffnungszeit.
Noël *m* Weihnachten *fpl* ; die Weihnacht ; *achats mpl, ventes fpl de ~* Weihnachtseinkäufe *mpl*, -geschäfte *npl* ; *supplément m de ~* Weihnachtsgeld *f n*, -gratifikation *f*.
nœud *m* **1.** *~ de communication* (Verkehrs)Knotenpunkt *m* ; *~ ferroviaire* Bahnknotenpunkt *m* **2.** (*marine*) Knoten *m* ; *filer dix ~s* zehn Knoten machen (laufen).
noir, e schwarz ; *marché m ~ → marché noir* ; *point m ~ (routier)* neuralgischer Verkehrsknotenpunkt ; *travail m (au) ~* Schwarzarbeit *f* ; *travailleur m au ~* Schwarzarbeiter *m* ; (*Autriche*) Pfusch *m* ; *acheter au ~* auf dem schwarzen Markt kaufen ; *écrire des chiffres ~s* schwarze Zahlen schreiben ; aus den roten Zahlen kommen ; in die Gewinnzone bringen ; *travailler au ~* schwarzarbeiten.
nolisement *m* Befrachtung *f* ; Chartern *n* ; Schiffsmiete *f*.
noliser befrachten ; chartern ; mieten.
nom *m* Name *m* ; Benennung *f* ; (Marken)Bezeichnung *f* ; ◆ *~ de baptême* Vorname ; Rufname ; *~ de code* Codename *m* ; *~ commercial* Namensfirma *f* ; *~ déposé* eingetragener Name ; *~ d'emprunt* angenommener Name ; Deckname ; Pseudonym *n* ; *~ de famille (patronymique)* Familienname ; *~ de jeune fille* Mädchenname ; *~ de marque* Markenbezeichnung *f* ; *en ~ propre* auf eigenen Namen ; ◆◆*changement m de ~* Namenswechsel *m*, -änderung *f* ; *faux ~* Deckname ; *liste f des ~s* Namensliste *f*, -verzeichnis *n* ; *prête-~ m* Strohmann *m* ; als Rechtsträger fungierende Person ; *relevé m des ~s → liste* ; ◆◆◆ *agir au ~ de qqn, en son propre ~* in jds Namen, in seinem eigenen Namen handeln ; *apposer (mettre) son ~ au bas d'un document,*

d'une lettre seinen Namen unter ein Dokument, unter einen Brief setzen ; *changer de ~* den Namen wechseln ; *établir une facture au ~ de…* eine Rechnung auf den Namen… ausstellen ; *la voiture est (inscrite) au ~ de…* der Wagen ist auf den Namen (unter dem Namen) von… zugelassen (gemeldet) ; *le chèque est libellé au ~ de* der Scheck lautet auf ; *se faire un ~* sich einen Namen machen ; *ouvrir un compte à son ~* auf seinen eigenen Namen ein Konto eröffnen.
nomade : *population f ~* nicht sesshafte Bevölkerung *f* ; *vie f ~* Nomadenleben *n*.
nomadisme *m* Nomadismus *m*.
1. nombre *m* (*chiffre*) Zahl *f* ; Ziffer *f* ; (*quantité*) Anzahl *f* ; Größe *f* ; Menge *f* ; (*participation*) Anteil *m* ; Beteiligung *f* ; ◆ *~ de chômeurs* Arbeitslosenzahl, -ziffer ; *~ de demandeurs d'emploi* (An)Zahl der Stellensuchenden ; *~ à deux, à trois chiffres* zwei-, dreistellige Zahl ; *~ élevé* hohe (große) Zahl ; *~ entier* ganze Zahl ; *~ d'entrées* Besucherzahl ; *~ fractionnaire* gebrochene Zahl ; *~ d'habitants* Einwohnerzahl ; *~ (im)pair* (un)gerade Zahl ; *~ des offres d'emploi* Zahl der offenen Stellen ; *~ peu élevé* niedrige (kleine) Zahl ; *~ de pièces (d'unités)* Stückzahl ; ◆◆ *au ~ de 12* zwölf an der Zahl ; *envoi m en ~* Massensendungen *fpl* ; *un grand ~ de…* eine große Anzahl von… ; eine beträchtliche Menge *f* von ; *en grand ~* in großer Zahl ; in Massen ; *en ~ inégal* in ungleicher Anzahl ; *en ~s ronds* in runden Zahlen ; *le ~ des participants* die Anzahl der Teilnehmer ; ◆◆◆ *arrondir une somme au ~ inférieur, supérieur* einen Betrag abrunden, aufrunden ; *écrire un ~ en toutes lettres* eine Zahl in Worten (aus)schreiben ; *fixer un ~ (à)* eine Zahl festsetzen (auf).
2. nombre *m* : *~ indice* (statist.) Indexzahl *f* ; Indexziffer *f* ; Messzahl *f* ; Richtzahl *f*.
nombreux, euse zahlreich ; viele ; *famille f ~euse* kinderreiche Familie *f* ; *générations fpl ~ses* geburtenstarke Jahrgänge *mpl* ; *les visiteurs mpl n'étaient pas très ~* die Besucher waren nicht sehr zahlreich.
nomenclature *f* Verzeichnis *n* ; Aufzählung *f* ; Klassifikation *f* ; Register *n* ; Liste *f* ; Katalog *m* ; Nomenklatur *f* ;

~ *douanière* zollamtliche Positionsliste ; Zollnomenklatur ; ~ *de marchandises* Warenliste ; Güterverzeichnis ; ~ *des salaires* Lohngruppenkatalog ; ~ *tarifaire* Tarifschema n.

nominal m (*bourse*) Nennbetrag m ; Nominalwert m (einer Aktie) ; *actions fpl de dix €* ~ Aktien *fpl* im Nennwert von zehn € ; *remboursement m du* ~ Rückzahlung *f* zum Nennwert.

nominal, e (*en valeur nominale*) Nenn- ; Nominal- ; nominell ; (*relatif au nom*) namentlich ; *appel m* ~ namentlicher Aufruf m ; *capital m* ~ Nominal-, Nennkapital n ; *liste f* ~*e* Namensverzeichnis n ; Namensliste *f* ; *revenu m* ~ Nominaleinkommen n ; *salaire m* ~ Nominallohn m ; *montant m* ~ Nenn-, Nominalbetrag m ; *valeur f* ~*e* Nennwert m ; Nominalwert ; *vote m par appel* ~ Abstimmung *f* mit Namensaufruf.

nominalement dem Namen nach ; nominell.

nominatif m : *inscription f (mise f) au* ~ *d'actions au porteur* Umwandlung *f* von Inhaberpapieren in Namensaktien.

nominatif, ive namentlich ; auf einen bestimmten Namen lautend ; Namens- ; *action f* ~*ive* Namensaktie *f* ; *appel m* ~ Namensaufruf m ; *chèque m* ~ Rektascheck m ; beschränkter Scheck m ; *liste f* ~*ive* Namensverzeichnis n, -liste *f* ; *titre m* ~ Namenspapier n ; auf den Namen (einer bestimmten Person) lautendes Papier.

nomination *f* Ernennung *f* ; Nominierung *f* ; Bestellung *f* ; Berufung *f* ; Bestallung *f* ; Einsetzung *f* ; ~ *de* Ernennung zu (als) ; ~ *au poste* Ernennung für den Posten ; ~ *à la présidence* Ernennung zum Vorsitzenden ; Ernennung als Vorsitzender ; ~ *à vie* Ernennung *f* auf Lebenszeit.

nommé, e : *ci-dessous* ~ untenerwähnt ; untenstehend ; *ci-dessus* ~ obenerwähnt ; obenstehend ; *le sus* ~ obengenannte(r) ; obenerwähnte(r) ; *pour la raison ci-dessous* ~*e* aus untenerwähntem Grund ; *un* ~ *Dupont* ein gewisser Dupont.

nommer ernennen ; nominieren ; bestallen ; einsetzen ; bestellen ; berufen ; ~ *qqn à un poste* jdn auf einen Posten berufen ; ~ *à la présidence, un successeur* zum Vorsitzenden ernennen, einen Nachfolger ernennen ; ~ *un candidat à une élection* jdn als Kandidaten für eine Wahl nominieren ; ~ *un tuteur* einen Vormund bestellen.

non-acceptation *f* Nichtannahme *f* ; (*traite*) Akzeptverweigerung *f*.

non-accomplissement m Nichterfüllung *f* (eines Vertrags).

non-acquittement m (*d'une dette*) Nichtbegleichen n (einer Schuld).

non-actif m Nichterwerbstätige(r) ; Nichtberufstätige(r) ; *les* ~s die nichterwerbstätige Bevölkerung *f*.

non-actif, ive nicht arbeitend ; nicht berufstätig ; nicht erwerbstätig ; *la population* ~*ive* die nicht berufstätige Bevölkerung.

non-activité *f* (*fonctionnaire* ; *officier*) einstweiliger Ruhestand m ; Wartestand m.

non-admission *f* (*bourse*) Nicht-Zulassung *f*.

non-affectation *f* Zweckfreiheit *f* ; Nicht-Zweckgebundenheit *f* ; ohne Zweckgebundenheit.

non-affiliation *f* Nicht-Mitgliedschaft *f*.

non-aligné, e blockfrei ; nicht paktgebunden ; *États mpl* ~s blockfreie Staaten *mpl*.

non-alignement m Blockfreiheit *f*.

non-alimentaire m (*supermarché*) Non-Food-Abteilung *f*.

non-apparent, e verborgen ; nicht sichtbar ; *défaut m* ~ versteckter Mangel m.

non-assistance *f* (*à personne en danger*) unterlassene Hilfeleistung *f*.

non-assujetti m Nicht-Steuerpflichtige(r).

non-assujetti, e : ~ *à l'impôt sur le revenu* nicht einkommensteuerpflichtig.

non-assuré, e unversichert.

non-autorisé, e unerlaubt ; illegal ; nicht genehmigt.

non-bancable nicht bankfähig ; nicht diskontierbar.

non-bancaire : *établissements mpl* ~s Nichtbanken *fpl*.

non-barré : *chèque* ~ kein Verrechnungsscheck.

non-bâti, e : *espace m* ~ unbebaute Fläche *f*.

non-budgété, e : *postes mpl* ~s nicht im Stellenplan enthaltene Arbeitsplätze *mpl* ; nicht budgetierte Stellen *fpl*.

non-cessibilité f Nichtübertragbarkeit f ; Unabtretbarkeit f.
non-cessible nicht übertragbar ; nicht zessibel ; unübertragbar.
non-commerçant m Nichtkaufmann m.
non-commercial, e : *bénéfices mpl ~iaux* Einkommen n(pl) aus nichtgewerblichen Berufen ; *professions fpl ~es* nichtgewerbliche Berufe mpl.
non-comparution f (*jur.*) Nichterscheinen n (vor dem Gericht).
non-concurrence f : *clause f de ~* Konkurrenz-, Wettbewerbsklausel f ; Ausschließlichkeitserklärung f.
non-confirmation f Nichtbestätigung f.
non-conforme : *livraison f ~ à l'échantillon* Aliud-Lieferung f.
non-conformité f Nichtübereinstimmung f.
non-consigné, e Einweg- ; *bouteille f ~e* Einweg-, Wegwerfflasche f.
non-constructible Bauverbot n ; zur Bebauung ungeeignet ; *terrain m ~* zur Bebauung ungeeignetes Grundstück n.
non-convertible nicht konvertierbar.
non-convenance f Nichtgefallen n.
non-convertibilité f Nichtkonvertierbarkeit f.
non-coté, e unnotiert ; *valeurs fpl ~es* unnotierte Wertpapiere npl ; *société f anonyme ~e en bourse* nicht börsennotierte Aktiengesellschaft f.
non-déclaré, e unversteuert ; nicht versteuert ; schwarz.
non-dédouané, e unverzollt.
non-déductibilité f (*impôt*) Nichtabzugsfähigkeit f.
non-déductible nicht abzugsfähig.
non-distribué, e 1. *bénéfices mpl ~s* einbehaltene (nicht ausgeschüttete) Gewinne mpl **2.** *courrier m ~* nicht zugestellte Post f.
non-distribution f (*courrier*) Nichtzustellung f.
non-droit : *zone f de ~* rechtsfreier Raum m.
non-durable kurzlebig ; *biens de consommation mpl ~s* kurzlebige Konsumgüter npl.
non-endossable nicht übertragbar ; nicht indossierbar.
non-exécution f (*jur.*) Nichtvollstreckung f ; Nichtvollziehung f ; (*contrat*) Nichtausführung f ; Nichterfüllung f ; Nichtleistung f.

non-exercice m : *~ d'un droit* Nichtanspruchnahme f eines Rechts.
non-exigibilité f (*d'une créance*) Nichtfälligkeit f.
non-ferreux, euse : *métal m ~* Nicht-Eisen-Metall n ; NE-Metall.
non-fondé m Unbegründetheit f.
non-gage : (*France* : *vente de véhicule d'occasion*) certificat m de ~ Pfandrechtsaufhebung f (für Gebrauchtwagen) ; (amtliche Bescheinigung, dass der zu verkaufende Wagen nicht verpfändet ist).
non-gouvernemental, e Nichtregierungs- ; *organisation f ~e* Nichtregierungsorganisation f ; - regierungsunabhängige Organisation f ; NGO f ; nichtstaatliche Einrichtung f (Greenpeace, Amnesty International, etc).
non-gréviste m Nichtstreikende(r) ; Arbeitswillige(r).
non-imposable steuerfrei ; *sommes fpl ~s* steuerfreie Beträge mpl.
non-imposition f Nicht-Besteuerung f ; Steuerfreistellung f ; *certificat m de ~* Nichtveranlagungs-Bescheinigung f ; Steuerbefreiungsschein m.
non-incorporable : *charges fpl ~s* betriebsfremder Aufwand m.
non-jouissance f (*jur.*) Nutzungsausfall m.
non-lieu m (*jur.*) Einstellung f eines Strafverfahrens ; *ordonnance de ~* Einstellungsbeschluss m (eines Strafverfahrens) ; *prononcer un ~* die Einstellung eines Strafverfahrens verordnen.
non-linéaire nicht linear ; *amortissement m ~* nicht lineare Abschreibung f.
non-liquidité f Illiquidität f.
non-livraison f Nichtlieferung f ; *avis m de ~* Unzustellbarkeitsmeldung f.
non-membre m Nichtmitglied n.
non-négociabilité f (*d'un titre*) Nichtbegebbarkeit f.
non-négociable : *traite f ~* nicht begebbarer (nicht negoziierbarer) Wechsel m ; *prix m ~* fester (endgültiger) Preis m ; *titre m ~* nicht begebbares Wertpapier n.
non-officiel, le nicht amtlich ; inoffiziell ; nicht von amtlicher Seite stammend ; offiziös ; halbamtlich ; grau ; *communiqué m ~* inoffizielle Mitteilung m ; *information f ~le* offiziöse Nachricht ; *marché m ~* grauer Markt m.

non-opposition *f* : *déclaration f de* ~ Unbedenklichkeitsbescheinigung *f*.

non-paiement *m* Nicht(be)zahlung *f* ; *en cas de* ~ bei Nichtbezahlung ; *(Autriche)* im Nichteinbringungsfall ; ~ *d'un chèque* Nichteinlösung *f* eines Schecks.

non-participation *f* Nichtteilnahme *f*.

non-payé, e unbezahlt.

non-polluant, e umweltfreundlich ; umweltschonend ; schadstoffarm.

non-présentation *f* Nichtvorlegung *f* ; Nichtvorzeigen *n*.

non-productif, ive unproduktiv ; unrentabel ; ertragslos ; ~ *d'intérêts* unverzinslich.

non-prolifération *f* Nichtweitergabe *f* von Atomwaffen ; *traité m de* ~ *des armes nucléaires* Atomwaffensperrvertrag *m* ; Vertrag über die Nichtverbreitung von Atomwaffen.

non-prolongation *f* Nichtverlängerung *f*.

non-provisionné, e : *chèque m* ~ ungedeckter Scheck *m*.

non-recevabilité *f* Unzulässigkeit *f* (*syn. irrecevabilité*).

non-recevoir : *fin de* ~ abschlägiger Bescheid *m* ; Ablehnung *f* ; Abweisung *f* (einer Klage) ; *opposer une fin de* ~ einen abschlägigen Bescheid geben (erteilen).

non-recouvrable nicht eintreibbar.

non-recouvrement *m* Nichtbeitreibung *f* ; Nichteinziehung *f*.

non-renouvellement *m* Nichterneuerung *f* ; Nichtverlängerung *f*.

non-rentable unrentabel ; unwirtschaftlich ; *exploitation f* ~ unrentabel arbeitender Betrieb *m* ; unrentabler Betrieb.

non-résident *m* 1. Nichtansässige(r) 2. Devisenausländer *m* 3. (*adj.*) gebietsfremd ; *contribuable m* ~ nicht ansässiger Steuerzahler *m* ; Steuerausländer *m*.

non-respect *m* Nichtbeachtung *f* ; Nichtbefolgung *f* ; Nichteinhaltung *f* ; *le* ~ *du règlement* die Nichteinhaltung *f* der Vorschriften.

non-responsabilité *f* Haftungsfreiheit *f*, -ausschluss *m*, -ausschließung *f* ; Nichtverantwortlichkeit *f* ; *(en cas de déficience mentale)* Unzurechnungsfähigkeit *f*.

non-rétroactivité *f* Nichtrückwirkung *f*.

non-révocabilité *f* : ~ *des fonctionnaires* Unkündbarkeit *f* von Beamten.

non-salarié *m* Selb(st)ständige(r) ; selb(st)ständig Erwerbstätige(r) ; *(commerce)* Gewerbetreibende(r) ; *(professions libérales)* Freiberufler *m*.

non-salarié, e : *revenus mpl d'activités* ~*ées* Einkommen *n* aus unselb(st)ständiger Arbeit.

non-satisfaction *f* 1. Nichtgefallen *n* ; *article n repris en cas de* ~ bei Nichtgefallen nehmen wir die Ware zurück 2. *en cas de* ~ *aux conditions* bei Nichterfüllung der Bedingungen.

non-satisfait, e 1. unzufrieden 2. *demandes d'emploi fpl* ~*es* offene (unbesetzte) Stellengesuche *npl*.

non-sédentaire nicht sesshaft ; *commerce m* ~ ambulanter Handel *m*.

non-signataire : *État m* ~ Nichtunterzeichnerstaat *m*.

non-solvable zahlungsunfähig ; insolvent.

non-spécialiste *m* Nichtfachmann *m* ; Laie *m*.

non-stop Nonstop ; ohne Unterbrechung ; *les magasins sont ouverts en* ~ die Läden sind durchgehend geöffnet.

non-syndiqué *m* Nichtorganisierte(r) ; Nichtmitglied *m* einer Gewerkschaft.

non-syndiqué, e nicht (gewerkschaftlich) organisiert ; nicht einer Gewerkschaft angehörend.

non-utilisation *f* Nichtanwendung *f* ; Nichtbenutzung *f*.

non-valeur *f* 1. Ertraglosigkeit *f* ; ertragloser Besitz *m* ; Investition *f*, die keinen Ertrag abwirft 2. nicht beitreibbare (eintreibbare) Forderung *f* 3. *(titre)* wertloses Papier *n*.

non-versé *m* offen stehender Betrag *m* ; noch nicht gezahlte Summe *f*.

normal, e normal ; ordentlich ; ordnungsgemäß; regelmäßig ; *(statist.) écart* ~ Normalabweichung *f*.

normale *f* das Normale ; das Übliche ; *au-dessous, au-dessus de la* ~ unter-, überdurchschnittlich.

normalisation *f* 1. Normierung *f* ; Normung *f* ; Standardisierung *f* ; Typisierung *f* ; *la* ~ *de pièces détachées* die Normung von Ersatzteilen ; *commission f de* ~ Normenausschuss *m* ; *Organisme m international de* ~ Internationale Normenorganisation *f* ; ISO *f* (International Organization for Standardization) 2. *(fig.)* Normalisierung *f*.

normalisé, e 1. normiert ; genormt ; Standard- ; *bilan m* ~ Standardbilanz *f* ; *format m* ~*é* Standardformat *n* ; *tailles fpl*~*ées* genormte Größen *fpl* ; Standardgrößen 2. *(fig.)* normalisiert.

normaliser 1. normen ; normieren ; standardisieren ; vereinheitlichen ; ~ *des pièces de rechange, des emballages, des formats* Ersatzteile, Verpackungen, Formate normen (normieren) 2. *(fig.)* normalisieren.

norme *f (règle)* Norm *f* ; Regel *f* ; Maßstab *m* ; Soll *n* ; Richtlinie *f* ; Vorschrift *f* ; *(type)* Muster *n* ; Standard *m* ; *(temps)* Normenzeit *f* ; ◆ ~ *de production, de qualité,* Produktions-, Qualitätsnorm ; ~*s comptables* Buchführungsstandards ; ~*s françaises homologuées (N.F.)* französische Industrienormen ; ~*s de l'industrie allemande* Deutsche Industrienormen (DIN) ; ~*s sanitaires* Hygienevorschriften ; ~ *standard* Sicherheitsstandard ; Normalien *pl* ; ~*s de sécurité* Sicherheitsnormen ; ◆◆ *augmentation f des* ~*s* Normenerhöhung *f* ; *conforme aux* ~*s* normengerecht ; *écart m de la* ~ Normenabweichung *f* ; *non conforme aux* ~*s* normenwidrig ; ◆◆◆ *atteindre les* ~*s (de production)* die (Produktions)Normen erreichen (erfüllen) ; *s'écarter de la* ~ von der Norm abweichen ; *être conforme à la* ~ *(aux* ~*s)* der Norm entsprechen ; normengerecht sein ; *fixer des* ~*s* Normen festsetzen ; *respecter les* ~*s* die Normen einhalten.

nostro Nostro- ; *compte m* ~ Nostrokonto *n*.

nota bene *(N.B.) (arch.)* notabene ; NB ; wohlgemerkt ; Fußnote *f* ; Anmerkung *f*.

notabilités *fpl* Honoratioren *pl* ; Prominente *pl* ; Notabeln *pl*.

notables *mpl* → *notabilités*.

notaire *m* Notar *m* ; *clerc m de* ~ Notar(iats)gehilfe *m* ; *acte m fait (par-)devant* ~ notarielle Urkunde *f* ; *étude f de* ~ Notariat *n* ; Notar(iats)kanzlei *f,* -büro *n* ; *frais mpl de* ~ Notariatsgebühren *fpl* ; *dressé par devant* ~ notariell beglaubigt ; notariell beurkundet ; *faire (passer) qqch devant (par-devant)* ~ etw notariell beglaubigen lassen ; einen Vertrag vor dem Notar abschließen.

notariat *m* Notariat *n*.

notarié, e notariell (beglaubigt) ; *(Suisse)* notarisch ; *acte m (document m)* ~ notariell beglaubigte Urkunde *f* ; notariell beglaubigtes Dokument *n* ; *inventaire m* ~ notarielles Inventarverzeichnis *n*.

notation *f* 1. Notierung *f* ; Note *f* ; Bemerkung *f* 2. *(bourse, finances)* (Kurs)Notierung *f* ; ~ *de gré à gré entre banques* Interbankennotierung *f* 3. *(marchandises)* Warenauszeichnung *f* 4. Bewertung *f* ; Beurteilung *f* ; Rating *n* ; *agence f de* ~ Bewertungsagentur *f*.

note *f*	1. *sens général* 2. *facture ; addition* 3. *note politique*

1. *(sens général)* Anmerkung *f* ; Notiz *f* ; Vermerk *m* ; Fußnote *f* ; ◆ ~ *brève* kurzer Vermerk ; *(bourse)* ~ *des changes* Kurszettel *m* ; ~ *confidentielle* vertrauliche Mitteilung *f* ; ~ *de crédit* Gutschrift(anzeige) *f* ; ~ *de débit* Lastschriftanzeige *f* ; ~ *écrite* schriftliche Mitteilung *f* ; ~ *manuscrite* handschriftlicher Vermerk ; ~ *marginale* Randvermerk ; Randbemerkung *f* ; ~ *de service* Dienstanweisung *f,* -vorschrift *f* ; Dienstschreiben *n* ; ◆◆◆ *prendre* ~ *de qqch* etw vermerken ; etw notieren ; *nous avons pris bonne* ~ *de votre commande* wir haben uns Ihre Bestellung vorgemerkt (notiert).

2. *(facture ; addition)* Rechnung *f* ; ~ *de commission, de courtage* Kommissionsrechnung ; Courtagerechnung ; Maklergebühr *f* ; ~ *de frais* Spesenrechnung ; Bewirtungskosten *pl* ; ~ *d'honoraires* Honorarrechnung ; *demander la* ~ die Rechnung verlangen ; *régler une* ~ eine Rechnung begleichen (bezahlen) ; *porter sur une* ~ in Rechnung stellen.

3. *(note politique)* Note *f* ; ~ *confidentielle, diplomatique* vertrauliche, diplomatische Note ; ~ *de protestation* Protestnote ; *échange m de* ~*s* Notenaustausch *m*.

noter *(prendre note de)* notieren ; vermerken ; anmerken ; aufzeichnen ; *(constater)* bemerken ; feststellen ; verzeichnen ; *(un travail)* bewerten ; benoten ; ~ *les rentrées et les sorties* Ein- und Ausgänge buchen ; ~ *une société* eine Gesellschaft bewerten ; einem Unternehmen eine Ratingnote geben.

notice *f* Notiz *f* ; Bericht *m* ; *~ d'emploi, d'entretien* Gebrauchsanweisung *f* ; Betriebsanleitung *f* ; *~ explicative* Erläuterung *f* ; beschreibende Erklärung *f* ; *(impôts)* Helfer *m* ; *~ de montage* Montageanleitung *f* ; *~ de voyage* Reisemerkblatt *n*.

notification *f* amtliche Mitteilung *f* ; offizielle Bekanntgabe *f* (Benachrichtigung *f*) ; Bescheid *m* ; *~ d'un jugement* Urteilszustellung *f* ; *~ obligatoire* Meldepflicht *f* ; *~ de refus officiel* Ablehnungsbescheid einer Behörde.

notifier benachrichtigen ; offiziell bekannt geben ; amtlich mitteilen ; *(acte officiel)* zustellen ; avisieren ; *~ le congé* die Kündigung zustellen.

notionnel, le : *emprunt m ~* Terminvertrag *m* ; fiktive Anleihe *f* an der französischen Terminbörse.

notoriété *f* Offenkundigkeit *f* ; allgemeine Bekanntheit *f* ; guter Ruf *m* ; Bekanntheitsgrad *m* ; *de ~ publique* offenkundig ; allgemein bekannt ; *acte m de ~* Offenkundigkeitsurkunde *f* ; *(jur.) certificat m de ~* Erbfähigkeitsnachweis *m* ; *étude de ~* Werbeanalyse *f* zur Einführung eines Artikels ; *publicité f de ~* Einführungswerbung *f* ; einführende Werbung *f* ; *taux m de ~ d'une marque* (Marken)Bekanntheitsgrad *m*.

nouer (an)knüpfen ; aufnehmen ; eingehen ; *~ des relations d'affaires* Geschäftsverbindungen eingehen.

nourri, e : *être logé (et) ~* (freie) Kost und Wohnung (Logis) haben ; unentgeltliche Unterkunft und Verpflegung haben.

nourrice *f* *(métier)* Amme *f* ; *~ agréée* Tagesmutter ; Pflegemutter *f.*

nourricier, ière Nähr- ; Pflege- ; *foyer m ~* Pflegefamilie *f* ; *parents mpl ~s* Pflegeeltern *pl*.

nourrir ernähren ; *être bien, mal nourri* wohlernährt, schlechternährt sein ; *avoir une grande famille à ~* eine große Familie zu ernähren haben.

nourriture *f* Ernährung *f* ; Nahrung *f* ; Kost *f* ; *~ saine, abondante et variée* gesunde, reichliche, abwechslungsreiche Kost ; *~ à ses (propres) frais* Selbstversorgung *f.*

nouveau *m* der, die, das Neue ; *(débutant)* Neuling *m* ; *(nouvel arrivant)* Neuankömmling *m* ; *l'arrivée f de ~x* Neuzugänge *mpl*.

nouveau, nouvelle neu ; neuartig ; Neu- ; *nouvelle acquisition* Neuanschaffung *f* ; *~ Marché* → **Nouveau Marché** ; *~x modèles* neue Muster *npl* ; neue Modelle *npl* ; neue Kollektion *f* ; *le Nouveau Monde* die Neue Welt ; *nouvelle pauvreté f* neue Armut *f* ; *~x pays industrialisés mpl* Schwellenländer *npl* ; *~ riche* Neureiche(r) ; *action f nouvelle* junge Aktie *f* ; *d'un genre ~* neuartig ; *immatriculations nouvelles* Neuzulassungen *fpl* ; *report m à ~* Übertrag *m* auf neue Rechnung ; Saldoübertrag ; *(comptab.) reporter à ~* auf neue Rechnung übertragen.

Nouveau Marché *m* (*bourse de Paris et de Francfort jusqu'en 2003 : pour sociétés à fort potentiel de croissance*) Neuer Markt *m.*

nouveauté *f* Neuerung *f* ; *(nouveau sur le marché, mode)* Neuheit *f* ; Novität *f* ; *(acquisition)* Neuerwerbung *f* ; *(création)* Neuschöpfung *f* ; *(édition, presse)* Neuerscheinung *f* ; ◆ *~ de la mode* neuer Artikel *m* ; modische Neuheit ; Modeartikel *m* ; *~ sociale, technique* gesellschaftliche, technische Neuerung ; ◆◆ *dernière ~* letzte Neuheit ; Dernier Cri *m* ; *magasin m de ~s* Modegeschäft *n* ; ◆◆◆ *c'est une ~ sur le marché* das ist eine Novität (eine Neuerscheinung) auf dem Markt ; *être hostile à toute ~* jeder Form von Neuerung ablehnend gegenüberstehen.

nouveau-venu *m* (*sur le marché*) Neuankömmling *m* ; Newcomer *m* ; *~ à la bourse* Börsenneuling *m* ; *~ sur le marché du travail* Berufseinsteiger *m.*

1. nouvelle *f* Meldung *f* ; Nachricht *f* ; Neuigkeit *f* ; ◆ *~s alarmantes/alarmistes* alarmierende Meldungen ; Hiobsbotschaften *fpl* ; *~s économiques* wirtschaftliche Nachrichten ; *~ officielle* amtliche Meldung ; ◆◆◆ *démentir, publier une ~* eine Nachricht dementieren, bekannt geben ; *recevoir une ~* eine Nachricht erhalten ; *donner de ses ~s* von sich hören lassen.

2. nouvelles *fpl* (*bulletin d'informations*) Nachrichtensendung *f* ; *~ de l'intérieur, de l'étranger* Nachrichten *fpl* aus dem Inland, aus dem Ausland ; *écouter les ~* Nachrichten hören, einstellen ; *je l'ai entendu aux ~* das wurde in den Nachrichten gebracht ; das wurde in den Nachrichten durchgegeben.

novateur *m* Neuerer *m*.
novateur, trice innovativ ; bahnbrechend ; erfindungsreich.
novation *f* (*jur.*) Novation *f* ; Schuldumwandlung *f.*
novice *m* Anfänger *m* ; Neuling *m* ; *je suis ~ en la matière* auf diesem Gebiet bin ich Neuling.
noyau *m* Kern *m* ; *le ~ dur* der harte Kern ; *~ dur des monnaies* harter Währungskern *n.*
noyautage *m* Unterwanderung *f.*
noyauter unterwandern.
N.P.I. *mpl* (*Nouveaux pays industrialisés*) Schwellenländer *npl* ; fortgeschrittene Entwicklungsländer.
N/Réf. (*notre référence*) unser Zeichen.
N.S.C. *m* (*bourse : nouveau système de cotation*) Neues System *n* zur Kursfeststellung und -fortschreibung.
N.T.I.C. *pl* (*nouvelles technologies de l'information et de la communication*) Informationstechnologie *f* ; IT *pl.*
nu, e nackt ; lose ; unverpackt ; *marchandise f ~e* lose Ware *f* ; *(jur.) ~-propriétaire* bloßer Eigentümer *m* ; *(jur.) ~-propriété* bloßes Eigentum *n* ; Eigentum ohne Nutznießung ; *terrain m ~* unbebautes Grundstück *n.*
nucléaire *m* Kern-, Atomenergie *f* ; *anti-~ m* Kernkraftgegner *m* ; *pro-~* Kernkraftbefürworter *m* ; *le tout-~* ausschließlich auf Kernenergie setzen(d).
nucléaire Atom ; atomar ; Kern- ; nuklear ; Nuklear- ; *armes fpl ~s* Atomwaffen *fpl* ; *arrêt m des essais ~s* Atomversuchsstopp *m* ; *catastrophe f ~* Kernreaktorkatastrophe *f* ; Atomgau *m* ; *centrale f ~* Kernkraftwerk *n* ; KKW *n* ; Atomkraftwerk *n* ; AKW *n* ; *déchets mpl ~s* Atommüll *m* ; *énergie f ~* Kern-, Atomenergie *f* ; *ère f ~* Atomzeitalter *n* ; *équilibre m ~ atomares Patt n* ; *fission f ~* Kernspaltung *f* ; *industrie f ~* Atomindustrie *f* ; *propulsion f ~* atomarer Antrieb *m* ; *puissance f ~* Nuklearmacht *f* ; *réacteur m ~* Atom-, Kernkraftreaktor *m* ; *recherche f ~* Kernforschung *f* ; *miser sur le ~* auf die Kernenergie setzen.
nuire schaden (+ D) ; schädigen ; beeinträchtigen ; *cela a nui à ses affaires* das hat ihn geschäftlich geschädigt ; *~ à la bonne réputation d'une maison* dem guten Ruf einer Firma schaden.

nuisances *fpl* Umweltschäden *mpl,* -belastungen *fpl* ; Immissionen *fpl* ; *~ industrielles* Industrieimmissionen ; Luftverpestung *f* durch Industrieanlagen ; *~ sonores* Lärmbelästigung *f* ; *mesures fpl contre les ~* Umweltschutzmaßnahmen *fpl* ; *protection f contre les ~* Immissionsschutz *m.*
nuisible schädlich ; abträglich (+ D).
nuit *f* : *de ~* nachts ; bei Nacht ; *équipe f (poste m) de ~* Nachtschicht *f* ; *indemnité f (supplément m) pour travail de ~* Nachtzuschlag *m* ; Nachtschichtzulage *f* ; *tarif m de ~* Nachttarif *m* ; *train m de ~* Nachtzug *m* ; *travail m de ~* Nacht(schicht)arbeit *f* ; *être de service de ~* Nachtdienst haben ; Nachtschicht haben.
nuitée *f* Übernachtung *f* (im Hotel) ; *~s* Übernachtungsgäste *mpl.*
nul, nulle ungültig ; nichtig ; *(sans objet)* hinfällig ; *(sans valeur)* wertlos ; *(inopérant)* unwirksam ; *(jur.) acte m ~* nichtiges Rechtsgeschäft *n* ; *bulletins mpl ~s* ungültige Stimmen *fpl* ; *~ et non avenu* null und nichtig ; *considérer comme ~ et non avenu* als null und nichtig betrachten ; als ungültig (nichtig) ansehen ; *déclarer un contrat, un mariage, un testament ~* einen Vertrag, eine Ehe, ein Testament für nichtig erklären.
nullité *f* 1. (*jur.*) Nichtigkeit *f* ; Ungültigkeit *f* ; *~ d'un contrat, d'un testament* Nichtigkeit eines Vertrags, eines Testaments ; *action f en ~* Nichtigkeits-, Aufhebungs-, Löschungsklage *f* ; Klage auf Nichtigkeitserklärung ; *cas m de ~* Nichtigkeitsfall *m* ; *déclaration f de ~* Nichtig(keits)erklärung *f* ; *motif m de ~* Nichtigkeitsgrund *m* ; *être entaché de ~* mit einem Nichtigkeitsmangel behaftet sein ; *être frappé de ~* null und nichtig sein 2. (*d'une incompétence totale*) *être une ~* eine Null sein ; eine Niete sein.
numéraire *m* 1. Hart-, Metallgeld *n* ; Münzgeld *n* ; Münzen *fpl* 2. Bargeld *n* ; bares Geld *n* ; Barmittel *npl* ; *en ~* (in) bar ; in Bargeld ; *action f de ~* Aktie *f* für Bareinlage ; *apport m en ~* Bareinlage *f* ; *avoir m en ~* Barguthaben *n* ; *paiement en ~* Barzahlung *f* ; *rémunération f en ~* Barlohn *m* ; *versement m en ~* **a)** Barzahlung *f* **b)** Bargeldeinzahlung ; *payer en ~* (in) bar zahlen ; *(fam.)* in klingender Münze zahlen.

numération *f* Zählung *f* ; Zahlensystem *n*.

numérique 1. Zahlen- ; nummerisch ; *données fpl ~s* Zahlenangaben *fpl* ; Zahlenmaterial *n* 2. *(informatique)* Digital- ; digital ; *calculateur m ~* Digitalrechner *m* ; *à commande ~* digitalgesteuert ; *ère f du ~* das Digitalzeitalter ; *représentation f ~* digitale Darstellung *f* ; Digitalisierung *f* ; *réseau m ~* Digitalnetz *n* ; *signal m ~* Digitalsignal *n* ; *signature f ~* digitale Signatur *f*.

Numeris *m* (**R.N.I.S.**) : *réseau numérique à intégration de services*) ISDN *n* (*Integrated Services Digital Network*).

numérisable digitalisierbar ; *produits ~s (musique, images, films, logiciels)* digitalisierbare Güter *npl* (Musik, Bilder, Filme, Software).

numérisation *f* Digitalisierung *f* ; digitale Darstellung *f*.

numériser digitalisieren.

numéro *m* Nummer *f* ; *~ d'une annonce, d'appel, d'arrivée* Chiffre-, Ruf-, Eingangsnummer ; *~ d'attente* Wartenummer ; *~ de code postal, de commande* Postleitzahl *f*, Bestellnummer ; *~ de client* Kundennummer ; *~ de code secret* Geheimzahl *f* ; *~ de compte, de contrôle, de dossier* Konten-, Kontrollnummer ; Aktenzeichen *n* ; *~ d'immatriculation (véhicules)* Auto-(zulassungs)nummer ; *(université)* Immatrikulierungsnummer ; *~ d'identification nationale (de sécurité sociale)* Identifikationsnummer ; Sozialversicherungsnummer ; *~ d'inscription au registre du commerce* Handelsregisternummer ; *~ minéralogique (auto)* Zulassungsnummer ; amtliches (polizeiliches) Kennzeichen *n* ; *~ d'ordre (courant, suivi)* laufende Nummer ; *~ de référence* Bezugs-, Referenz-, Kenn-Nummer ; *~ de réservation, de série* Buchungs-, Seriennummer ; *~ secret (d'une carte de crédit)* Geheimnummer ; *(revue) ~ spécial* Spezialheft *n* ; Sondernummer ; *~ spécimen* Probenummer (Probeheft *n*) ; *~ tarifaire* Zolltarifnummer ; *~ de téléphone* → *numéro de téléphone* ; *~ vert* → *numéro vert*.

numéro *m* **d'identité bancaire** persönliche Bankkontonummer *f* ; (persönliche) Bankreferenzen *fpl* ; → *R.I.B.*

numéro *m* **de téléphone** Telefon-, Fernsprech-, Rufnummer *f* ; *un faux ~* eine falsche Rufnummer ; *composer ~* eine Nummer wählen ; *vous pouvez me joindre au ~...* ich bin unter der Nummer ...zu erreichen.

numérotage *m* Nummerierung *f*.

numéroter nummerieren ; mit Nummern (Zahlen) versehen ; beziffern ; *~ des billets de banque par séries* Banknoten serienweise nummerieren ; *billets mpl ~és* nummerierte Banknoten *fpl*.

numéro *m* **vert** kostenlose (kostenfreie, gebührenfreie) Rufnummer *f* ; gebührenfreie Telefonnummer ; Bürgertelefon *n* ; Hotline *f*.

numérotation *f* Nummerierung *f* ; Nummerieren *n* ; *~ téléphonique à dix chiffres* zehnzählige Nummerierung *f*.

numéroté, e nummeriert ; *places fpl ~ées* nummerierte Plätze *mpl* ; *avoir un compte ~ en Suisse* ein Nummernkonto in der Schweiz haben.

numismate *m* Numismatiker *m* ; Münzkundige(r) ; Münzsammler *m*.

nuptialité *f* Zahl *f* der Eheschließungen ; *augmentation f de la ~* Anstieg *m*, Zunahme *f* der Zahl der Eheschließungen ; *taux m de ~* Heiratsquote *f*, -zahl *f*.

nutrition *f* Ernährung *f*.

nutritionnel, le (*préfixe*) Ernährungs- ; *recherche f ~le* Ernährungsforschung *f*.

nutritionniste *m* Ernährungswissenschaftler *m* ; *médecin m ~* Ernährungsfacharzt *m*.

O

O.1. (*ordre*) Auftrag *m* **2.** (*bourse*) Briefkurs *m* ; → ***offert***.

O.A.C.I. (*Organisation f de l'aviation civile internationale*) Organisation *f* der internationalen zivilen Luftfahrt ; ICAO *f.*

O.A.T. *f* (*Obligation assimilable du Trésor*) langfristige Staatsanleihe *f* ; (*Allemagne*) Bundesschatzbrief *m*, -wechsel *m* ; BUND *m*.

obédience *f* Gehorsam *m* ; (politische, parteiliche, gewerkschaftliche) Zugehörigkeit *f* ; Gefolgschaft *f* ; *syndicat m d'~ chrétienne* christlich ausgerichtete Gewerkschaft *f.*

obérer mit Schulden belasten ; finanziell belasten ; *être ~é* (*de dettes*) überschuldet sein ; hochverschuldet sein ; in Schulden stecken.

objecter 1. einwenden (gegen) ; Einwand erheben gegen ; *avez-vous qqch à ~ à ce projet ?* haben Sie etw gegen dieses Projekt einzuwenden ? **2.** den Wehrdienst verweigern.

objectif *m* Ziel *n* ; Zielsetzung *f* ; Soll *n* ; Zweck *m* ; *~s* Aufgabenstellung *f* ; Zielvorgabe *f* ; (*banque*) Steuerungsgröße *f* ; *~ de coût* Kostenziel ; *~ imposé* Zielvorgabe *f* ; *~ intermédiaire* Zwischengröße *f* ; *~ monétaire quantitatif* Geldmengenorientierung *f* ; *~ du plan* Plansoll *n* ; Planziel ; *~ prévisionnel* Soll ; Voranschlag *m* ; *~ de production, professionnel* Produktions-, Berufsziel ; *~ qualitatif, quantitatif* qualitatives, quantitatives Ziel ; *~ de vente* Verkaufs-, Absatzziel ; ◆◆ *avec comme ~* mit dem Ziel ; *planification f des ~s* Zielplanung *f* ; ◆◆◆ *atteindre son ~* sein Ziel erreichen ; sein Soll erfüllen ; *avoir pour ~* als Ziel haben ; *dépasser les ~s du plan* das Plansoll übererfüllen ; *se fixer un ~* sich ein Ziel setzen ; *revoir les ~s de croissance à la baisse* das Wachstumsziel nach unten revidieren (korrigieren).

objection *f* Einwand *m* ; Einwendung *f* ; Entgegnung *f* ; (*opposition*) Einspruch *m* ; (*contestation*) Beanstandung *f* ; (*refus*) Ablehnung *f* ; *~ juridique* Rechtseinwand ; ◆◆◆ *faire* (*formuler*) *des ~s* Einwendungen machen (vorbringen) ; *faire valoir une ~* einen Einwand geltend machen ; *infirmer, rejeter une ~* einen Einwand entkräften, zurückweisen ; *soulever une ~ contre qqch* gegen etw einwenden ; gegen etw Einwand erheben.

1. objet : (*corresp.*) Betreff ; Betr. ; Betrifft ; *~ : candidature* Betreff : Bewerbung ; *indiquer l'~ d'une lettre* den Betreff eines Briefs nennen.

2. objet *m* Gegenstand *m* ; Objekt *n* ; Zweck *m* ; Sache *f* ; Ding *n* ; (*commercial*) Ware *f* ; Artikel *m* ; (*but*) Aufgabe *f* ; Funktion *f* ; Ziel *n* ; ◆ *sans ~* gegenstandslos ; *~ du commerce* Handelsfunktion ; Handelsobjekt ; *~ du contrat* Vertragsgegenstand ; *~ de contrebande* Schmuggelware *f* ; *~ d'échange* Tauschobjekt, -gegenstand ; *~ fabriqué* Erzeugnis *n* ; Fabrikat *n* ; *~ gagé* Pfandsache *f* ; *~ de l'impôt* (*imposable*) Steuerobjekt, -gegenstand ; *~ de* (*du*) *litige* Streitgegenstand ; *~s mobiliers* bewegliche Sachen ; *~s personnels* persönliche Gegenstände *mpl* ; bewegliche Habe *f* ; *~ d'un recours* Gegenstand eines Verfahrens ; *~ social* Gesellschaftszweck *m* ; Gegenstand der Gesellschaft ; *~ d'une société* → ***social*** ; *~s trouvés* → ***objets trouvés*** ; *~s d'usage courant* Gebrauchsgegenstände ; Gegenstände des täglichen Bedarfs ; *~ de valeur* Wertgegenstand ; Wertsache *f* ; ◆◆◆ *avoir pour ~* den Zweck haben ; etw zum Ziel haben ; *être l'~ de pourparlers, de discussions* zur Verhandlung, zur Diskussion stehen ; *faire l'~ de* Gegenstand von etw sein ; *faire l'~ d'un codicille, d'un contrat supplémentaire* in einem Kodizil, in einem zusätzlichen Vertrag behandelt werden ; *les objections sont sans ~* die Einwände sind gegenstandslos.

objets *mpl* **trouvés** Fundsache *f* ; -gegenstand *m* ; *appropriation f abusive d'~* Fundunterschlagung *f* ; *bureau m des ~* Fundbüro *n*.

obligataire *m* Obligationeninhaber *m* ; Inhaber *m* einer Schuldverschreibung ; Schuldverschreibungsinhaber ; (*Suisse*) Obligationär *m*.

obligataire eine Schuldverschreibung (eine Obligation) betreffend ; Obligations- ; Renten- ; *emprunt m ~* Obligationsanleihe *f* ; *marché ~* Rentenmarkt ; Obligationenmarkt ; Bondmarkt ; *produits mpl ~s* Rentenprodukte *npl* ; *taux m du marché ~* Zinssatz *m* am Rentenmarkt.

| obligation *f* | 1. *contrainte* ; *engagement*
 2. *titre négociable* |

1. (*contrainte* ; *engagement*) Pflicht *f* ; Verpflichtung *f* ; Verbindlichkeit *f* ; Zwang *m* ; Engagement *n* ; Obligo *n* ; ♦ ~ *alimentaire* Unterhaltspflicht, -verpflichtung ; ~ *d'assurance* Versicherungspflicht ; ~ *de change* Wechselverpflichtung ; ~ *contractuelle* Geschäfts-, Vertragsverbindlichkeit ; vertragliche Verpflichtungen *fpl* ; ~ *de contracter* Abschlusszwang ; ~ *de déclarer, de dépôt* (An)Melde-, Hinterlegungspflicht ; ~ *de garantie* Garantieverpflichtung ; ~ *d'indemnité* (*de réparer*) (Schadens)-Ersatzpflicht ; ~ *de livrer* Lieferungspflicht ; ~ *de non-concurrence* Wettbewerbsverbot *n* ; ~ *de paiement* Zahlungspflicht, -verbindlichkeit ; ~*s professionnelles* berufliche Verpflichtungen ; ~ *de rachat, de rembourser, de remplacer* Einlösungs-, Rückerstattungs-, Ersatzpflicht ; ~ *de réserve* Schweigepflicht ; ~ *de restituer* (Rück)Erstattungspflicht ; ~ *de résultats* Leistungsnachweis-Pflicht ; Erfolgspflicht ; ~ *au secret professionnel* Schweigepflicht ; Geheimhaltungspflicht ; ~ *de service* Dienstpflicht ; Amtspflicht ; dienstliche Verpflichtung ; ~ *statutaire* satzungsgemäße Verpflichtung ; ~ *successorale* Nachlassverbindlichkeit ; ~ *de surveillance* Aufsichts-, Überwachungspflicht ; ~ *au travail* Arbeitspflicht ; ~ *de vote* Wahlpflicht ; ♦♦♦ *contracter une* ~ eine Verbindlichkeit (Verpflichtung) eingehen ; *dispenser d'une* ~ von einer Verpflichtung entbinden ; *être soumis à une* ~ einer Pflicht unterworfen sein (unterliegen) ; *imposer une* ~ *à qqn* jdm eine Verpflichtung auferlegen ; *satisfaire à ses* ~*s* seinen Verpflichtungen nachkommen ; eine Verpflichtung einhalten ; *violer une* ~ gegen eine Verpflichtung verstoßen ; *se voir dans l'*~ *de...* sich gezwungen (sich genötigt sehen) zu...
2. (*titre négociable*) Obligation *f* ; Schuldverschreibung *f* ; Anleihe *f* ; Schatzbrief *m* ; Pfandbrief *m* ; ♦ ~ *à 4 %* vierprozentige Obligation ; ~ *amortie* eingelöste Obligation ; ~ *bancaire* Bankschuldverschreibung ; ~ *à bons de souscription d'actions* (O.B.S.A.) Optionsanleihe ; ~ *communale* Kommunalobligation ; ~ *convertible* Wandelschuldverschreibung ; Wandelanleihe ; ~*s d'État* Staatspapiere *npl*, -obligationen ; (*Allemagne*) Bundesschatzbriefe *mpl* ; (*fam.*) Bundesschätzchen *npl* ; ~ *foncière* → *hypothécaire* ; ~ *garantie par l'État* staatlich gesicherte Obligation ; staatlich garantierte Schuldverschreibung ; ~ *hypothécaire* (Hypotheken)Pfandbrief *m* ; Bodenkreditobligation ; Grundschuldverschreibung ; ~ *indexée, industrielle, à lots* Index-, Industrie-, auslosbare Obligation ; ~*s nationales* → *d'État* ; ~ *nominative* Namensschuldverschreibung ; ~ *non remboursable, payable à vue* unkündbare, bei Sicht zahlbare Obligation ; ~ *au porteur* Inhaberschuldverschreibung ; ~ *à primes* Prämienobligation ; ~ *privilégiée* Vorzugs-, Prioritätsobligation ; ~ *publique* → *du Trésor* ; ~ *à revenu fixe, à revenu variable* Obligation mit festem, mit veränderlichem Ertrag ; ~ *à taux d'intérêt progressif* Obligation mit progressivem (variablem) Zinssatz ; ~ *tirée au sort* ausgeloste Obligation ; ~ (*assimilable*) *du Trésor* (O.A.T.) Staatsanleihe ; Bundesschatzbrief ; Bund *m* ; ~ *véreuse* (*pourrie*) Schrottanleihe ; Junk-Bond *m* ; ♦♦ *capital m, dette f d'*~*s* Obligationskapital *n*, Obligationenschuld *f* ; *droit m des* ~*s* Schuldrecht *n* ; *porteur m d'*~*s* Obligationeninhaber *m* ; (*Suisse*) Obligationär *m* ; *remboursement m des* ~*s* Einlösung *f* von Obligationen ; ♦♦♦ *émettre des* ~*s* Obligationen (Schuldverschreibungen) ausgeben ; *racheter* (*rembourser*) *des* ~*s* Obligationen einlösen.

obligatoire Pflicht- ; verbindlich ; obligatorisch ; vorgeschrieben ; *assujettissement m* ~ Sozialversicherungspflicht *f* ; *assurance f* ~ Pflicht-Versicherung *f* ; *baccalauréat m* ~ (für diese Ausbildung ist das) Abitur (Grund)Voraussetzung ; *conditions fpl* ~*s* vorgeschriebene Bedingungen *fpl* ; (*sécurité sociale*) Beitragspflicht *f* ; Pflichtbeitrag *m* ; *formalité f* ~ verbindliche Formalität *f* ; *normes fpl* ~*s* allgemein verbindliche Normen ; *service m militaire* ~ allgemeine Wehrpflicht ; *vitesse f* ~ vorgeschriebene Geschwindigkeit *f* ; *être* ~ obligatorisch sein ; Pflicht sein ; verbindlich sein.

obligé *m* Schuldner *m* ; Verpflichtete(r) ; ~ *principal* Hauptschuldner.
obligé, e (*corresp.*) **1.** (*reconnaissant*) verpflichtet ; verbunden ; *nous vous serions ~s de bien vouloir...* wir wären Ihnen verbunden, zu... ; wir wären Ihnen dankbar, zu... **2.** (*contraint*) gezwungen ; genötigt ; *nous nous verrions ~s* wir würden uns genötigt sehen, zu... ; *être ~ de...* müssen.
obligeance *f* Entgegenkommen *n* ; Zuvorkommenheit ; Kulanz *f* ; Gefälligkeit *f* ; (*corresp.*) *veuillez avoir l'~ de...* wollen Sie die Freundlichkeit (die Güte) haben, zu... ; seien Sie bitte so freundlich, zu...
obligeant, e zuvor-, entgegenkommend ; gefällig ; *elle est très ~e* sie ist äußerst zuvorkommend.
obliger (*contraindre*) nötigen ; zwingen ; (*engager*) verpflichten ; *s'~ par contrat* sich vertraglich verpflichten ; *~ qqn à démissionner* jdn zum Rücktritt zwingen ; *se voir ~é de faire qqch* sich genötigt (gezwungen) sehen, etw zu tun ; *~ qqn à payer* jdn zur Zahlung verpflichten.
oblitérateur *m* Entwerter *m* ; Entwertungsstempel *m*.
oblitération *f* (*des timbres*) Entwertung *f* (der Briefmarken) ; Abstempeln *n*.
oblitérer entwerten ; abstempeln ; *timbre m ~é* gestempelte (entwertete) Briefmarke *f* ; *un titre de transport* einen Fahrschein entwerten.
obole *f* Obolus *m* ; kleiner Beitrag *m* ; kleine Geldspende *f* ; *donner son ~* seinen Obolus entrichten.
O.B.S.A. *f* (*bourse : Obligation à bon de souscription d'actions*) Optionsanleihe *f* ; festverzinsliche Schuldverschreibung *f* mit Zeichnungsscheinen.
observance *f* (*respect*) Beachtung *f* (einer Vorschrift) ; Befolgung *f* ; Beobachtung *f* ; Einhaltung *f* (von Fristen).
observation *f* **1.** (*respect*) Beobachtung *f* ; Einhaltung *f* ; *collecter des ~s* Beobachtungen anstellen ; *~ du délai* Fristeinhaltung → **observance 2.** (*remarque*) Bemerkung *f* ; Anmerkung *f* ; Stellungnahme *f* ; *~s écrites, orales* schriftliche, mündliche Anmerkungen ; *tenir compte des ~s* Bemerkungen berücksichtigen **3.** (*reproches*) Einwände *mpl* ; Vorhaltungen *fpl* ; *faire des ~s à qqn* jdm Vorhaltungen machen **4.** *~ d'un secret* Wahrung *f* eines Geheimnisses.
observatoire *m* **économique** (*France*) Wirtschafts-Observatorium *n* ; Wirtschaftsbeobachtung *f*.
observer 1. (*se conformer à*) befolgen ; beachten ; einhalten ; beobachten ; *~ des lois, un règlement* Gesetze, Vorschriften befolgen **2.** (*constater*) feststellen ; bemerken.
obsolescence *f* Veraltetsein *n* ; Veralten *n* ; Alterung *f* ; Obsoleszenz *f* ; Überholtsein *n*.
obsolète überholt ; veraltet ; obsolet.
obstacle *m* Hindernis *n* ; Hemmnis *n* ; Behinderung *f* ; Hemmschuh *m* ; ◆ *~ au commerce* Handelshemnis ; *~ à la croissance* Wachstumshindernis ; *~ sérieux* ernstes Hindernis ; ◆◆◆ *il y a quelques ~s à ce projet* diesem Projekt stehen einige Hemmnisse im Weg ; *éliminer des ~s* Hindernisse beseitigen ; Hindernisse aus dem Weg räumen ; *être un ~* ein Hindernis sein ; hemmen ; *faire ~ à* hemmen ; entgegenarbeiten (+ D) ; behindern ; *lever un ~* ein Hindernis aus dem Weg räumen ; *rencontrer des ~s économiques, politiques* auf wirtschaftliche, politische Hindernisse stoßen ; *surmonter des ~s* Hindernisse überwinden ; *des ~s sont survenus* Hindernisse sind aufgetreten.
obtenir erlangen ; erhalten ; erwerben ; erwirtschaften ; erzielen ; erreichen ; durchsetzen ; *~ un accord sur qqch* eine Einigung über etw erzielen ; *~ (par la lutte)* erkämpfen ; *~ de l'avancement* befördert werden ; *~ un compromis* einen Kompromiss aushandeln ; *~ un délai de paiement* einen Zahlungsaufschub gewährt bekommen ; *~ un emploi* einen Posten erlangen ; eine Stelle bekommen ; *~ gain de cause* obsiegen ; Genugtuung erhalten ; Recht bekommen ; *~ un bon prix* einen guten Preis erzielen ; *~ une réponse* eine Antwort erhalten ; *~ des résultats* Ergebnisse erzielen ; *~ satisfaction* Genugtuung erhalten.
obtention *f* **1.** Erlangung *f* ; Erreichung *f* ; Durchsetzung *f* ; Erwirtschaftung *f* ; Beschaffung *f* ; Erzielung *f* ; Erhaltung *f* ; Gewährung *f* ; *~ d'un visa* Visabeschaffung, -besorgung ; *~ de capitaux* Kapitalbeschaffung *f* **2.** *~ végétale* Sortenschutz *m* ; *Office m européen*

des ~s végétales (*Angers*) Europäisches Sortenamt *n*.

occase *f* (*fam.*) Schnäppchen *n* ; *faire* (*dénicher*) *une bonne ~* ein Schnäppchen machen (schlagen) ; *courir* (*chercher*) *la bonne ~* auf Schnäppchenjagd gehen ; → *occasion*.

occasion *f* **1.** Gelegenheit *f* ; Anlass *m* ; Veranlassung *f* ; (*achat*) Gelegenheitskauf *m* ; *manquer, profiter d'une, saisir une ~* eine Gelegenheit verpassen, nutzen, ergreifen ; *sauter sur l'~* eine Gelegenheit ergreifen (beim Schopfe fassen) **2.** *d'~* Gebraucht- ; gebraucht ; gebraucht (alt) gekauft ; aus zweiter Hand ; secondhand ; *article m d'~* Gebrauchtware *f* ; *livre m d'~* antiquarisches Buch *n* ; *marché m de l'~* Gebrauchtwagenhandel *m* ; *véhicule m, voiture f d'~* Gebrauchtfahrzeug *n* ; Gebrauchtwagen *m* ; Wagen aus zweiter Hand.

occasionnel, le Gelegenheits- ; gelegentlich ; *travail m ~* Gelegenheitsarbeit *f*, -job *m*.

occasionner verursachen ; bewirken ; führen zu ; veranlassen zu ; *~ un accident, des frais* einen Unfall, Kosten verursachen.

occulte geheim ; verborgen ; okkult ; *comptabilité f ~* geheime Buchführung *f* ; schwarze Bücher *npl* ; *réserves fpl ~s* stille (unsichtbare) Reserven *fpl*.

occulter verbergen ; verheimlichen.

occupant *m* **1.** (*d'un véhicule*) Insasse *m* ; Mitfahrer *m* ; (*d'un logement*) Bewohner *m* ; (*locataire*) Mieter *m* ; (*propriétaire*) Besitzer *m* ; Wohnungsinhaber *m* ; *premier ~* erster Besitznehmer *m* ; Erstbewohner *m* **2.** (*polit.*) Besatzungsmacht *f*.

1. occupation *f* **1.** (*local, habitation*) Bewohnen *n* ; (*prise de possession*) Besetzung *f* ; Inbesitznahme *f* ; Aneignung *f* ; *~ d'usine* Werks-, Fabrikbesetzung *f* ; *bestreikte Fabrik f* ; *grève avec ~ d'usine* Streik *m* mit Betriebsbesetzung **2.** (*polit.*) Besatzung *f* ; Okkupation *f* ; Besetzung *f* ; *autorités fpl, forces fpl d'~* Besatzungsbehörden *fpl*, -truppen *fpl* **3.** *plan d'~ des sols* (*P.O.S.*) Flächennutzungsplan *m* **4.** (*hôtel, transports*) *taux m d'~* Auslastung *f*.

2. occupation *f* (*activité, emploi*) Beschäftigung *f* ; Betätigung *f* ; Tätigkeit *f* ; ♦ *~ lucrative* einträgliche (lukrative, gewinnbringende) Beschäftigung ; *~ principale* hauptberufliche Beschäftigung ; *~ rémunérée* bezahlte Beschäftigung ; *~ saisonnière* saisonale Beschäftigung ; Saisonbeschäftigung ; *~ secondaire* nebenberufliche, Nebenbeschäftigung ; *~ à plein temps, à mi-temps* Ganztags-, Halbtagsbeschäftigung ; ◆◆◆ *vaquer à ses ~s* seinen Beschäftigungen nachgehen.

occupé, e 1. besetzt ; (*téléph.*) *la ligne est ~e* die Leitung ist besetzt ; *usine f ~e* das Werk ist besetzt ; besetzte Fabrik *f* **2.** (*logement*) *non ~* nicht belegt ; leerstehend ; unbewohnt **3.** *être ~* beschäftigt sein ; viel zu tun haben ; *être ~ à qqch* mit etw beschäftigt sein.

occuper 1. bewohnen ; wohnen in ; *~ un appartement, une maison* eine Wohnung, ein Haus bewohnen **2.** *~ une usine* eine Fabrik besetzen **3.** innehaben ; bekleiden ; *~ une fonction, un poste* ein Amt, einen Posten innehaben ; *~ la sixième place* auf Rang sechs liegen ; den sechsten Platz einnehmen **4.** (*employer qqn*) beschäftigen ; *l'entreprise f ~e 2000 ouvriers* das Unternehmen beschäftigt 2000 Arbeiter **5.** *s'~ de qqch* sich mit etw beschäftigen ; sich mit etw befassen ; sich um etw kümmern ; *je m'~e de votre dossier* ich bearbeite Ihre Unterlagen **6.** *~ de la place* Platz (Raum) einnehmen **7.** *~ son temps* seine Zeit verbringen ; Zeit auf etw verwenden **8.** (*militaire*) besetzen ; okkupieren.

occurrence : *en l'~* im vorliegenden Fall ; in diesem Fall.

O.C.D.E. (*Organisation f de coopération et de développement économiques*) Organisation *f* für wirtschaftliche Zusammenarbeit und Entwicklung ; OECD *f*.

octet *m* (*informatique*) Byte *n* ; acht Bits.

octroi *m* **1.** Gewährung *f* ; Einräumung *f* ; Bewilligung *f* ; Zubilligung *f* ; Verleihung *f* ; Erteilung *f* ; *~ d'un crédit* Kreditgewährung, -einräumung, -vergabe *f* ; *~ d'un délai* Fristbewilligung ; *~ d'une dérogation* Ausnahmegewährung ; *~ d'une indemnité* Erteilung einer Entschädigung ; *~ d'une licence* Lizenzerteilung ; *~ de la nationalité française* Verleihung der französischen Staatsangehörigkeit ; *~ d'un rabais* (*d'une ristourne*) Rabattgewährung ; *~ de subventions* Subventionierung *f* ; Gewährung von

Zuschüssen ; ~ *d'un titre* Verleihung eines Titels **2.** (*hist. taxes sur certaines denrées à leur entrée en ville*) Stadtzoll *m* ; Torgeld *n* ; Zoll *m* ; Oktroi *m.*

octroyer gewähren ; bewilligen ; einräumen ; zubilligen ; zugestehen ; ~ *un crédit, un délai, un prêt* einen Kredit, eine Frist, ein Darlehen gewähren ; *s'~ la part du lion (de qqch)* sich den Löwenanteil (von/an etw) sichern.

oculaire : *témoin* ~ Augenzeuge *m.*

O.E.B. *m* (*Office européen des brevets*) EPA *n* ; Europäisches Patentamt *n.*

O.E.C.E. (*hist.* : *Organisation f européenne de coopération économique*) (1948-1960) Organisation *f* für europäische wirtschaftliche Zusammenarbeit ; OEEC *f* ; → *O.C.D.E.*

œil : *acheter les yeux fermés* etw mit geschlossenen Augen kaufen ; (*fam.*) *avoir qqch à l'~* etw gratis (kostenlos, umsonst, unentgeltlich) bekommen ; *coûter les yeux de la tête* ein Heidengeld (Sündengeld) kosten ; *fermer les yeux sur qqch* die Augen vor etw verschließen.

O.E.R.N. (*Organisation f européenne pour la recherche nucléaire*) Europäische Organisation *f* für die Kernforschung ; CERN.

O.E.R.S. (*Organisation f européenne de recherches spatiales*) Europäische Organisation *f* für Raumforschung.

œuf *m* **1.** Ei *n* ; *~s d'élevage (de poules) en batterie* Käfig-, Batterie-Eier ; *~s de poules élevées en libre parcours* Freiland-Eier ; *exploitation f de production d'~s* Legebetrieb *m* ; *exploitation de production d'~s en batterie* Legebatterie *f* **2.** (*environnement*) ~ *de récupération du verre* Altglas-Iglu *n* ; (*du papier*) Altpapier-Iglu.

1. **œuvre** *m* **:** (*bâtiment*) *gros ~* Rohbau *m* ; *le gros ~ est achevé* das Gebäude ist rohbaufertig ; *maître m d'~* Bauführer *m.*

2. œuvre *f* Werk *n* ; Arbeit *f* ; *~s sociales* → *œuvres sociales* ; *achever son ~* sein Werk vollenden (vollbringen) ; *être à l'~* bei der Arbeit sein ; am Werk sein ; *faire ~ de pionnier* eine Pionierarbeit leisten ; *faire ~ utile* etw Nützliches tun ; *se mettre à l'~* sich ans Werk machen ; sich an die Arbeit machen ; *mettre tout en ~ pour...* alles einsetzen, um (damit)...; alle Hebel in Bewegung setzen.

3. œuvres *fpl* **de bienfaisance** Wohlfahrts-, Wohltätigkeitseinrichtungen *fpl* ; Wohlfahrtsamt *n* ; Wohlfahrtspflege *f* ; Wohltätigkeitsverein *m*, -vereinigung *f.*

4. œuvres *fpl* **sociales** Sozialhilfe *f* ; Hilfswerk *n* ; soziale Einrichtungen *fpl* eines Betriebs ; Sozialdienst *m* ; gemeinnützige Organisation *f.*

O.F.A.J. (*Office m franco-allemand pour la jeunesse*) Deutsch-Französisches Jugendwerk *n* ; DFJW *n.*

offensif, ive offensiv ; *avoir une politique de vente ~ive* eine offensive Verkaufspolitik betreiben.

offensive *f* (*publicité, politique de vente, etc.*) Offensive *f* (*contre* gegen) ; ~ *diplomatique* diplomatische Offensive ; *lancer, mener une ~* eine Offensive starten, durchführen.

offert (*bourse*) Brief *m* ; *cours m ~* Angebots-, Briefkurs *m.*

office *m*	1. *agence ; bureau* 2. *fonction publique ; charge* 3. *d'office* 4. *faire office de* 5. *bons offices*

1. (*agence ; bureau*) Amt *n* ; Stelle *f* ; Büro *n* ; Geschäfts-, Dienststelle ; Behörde *f* ; ~ *d'arbitrage* Schieds-, Schlichtungsstelle ; ~ *des brevets* Patentamt ; ~ *des cartels* Kartellamt ; ~ *central* Zentralstelle ; ~ *des changes* Devisenbewirtschaftungsstelle ; ~ *des chèques postaux* Postscheckamt (PschA) ; ~ *de clearing (de compensation)* Clearingstelle ; Verrechnungsstelle ; ~ *du commerce extérieur* Außenhandelsstelle ; ~ *de la construction* Bauamt ; ~ *de contrôle* Prüfstelle ; Aufsichtsamt ; ~ *de contrôle des prix* Preisüberwachungsstelle ; ~ *franco-allemand pour la jeunesse* → **O.F.A.J.** ; ~ *des H.L.M.* (*Allemagne*) Wohnungsbaugenossenschaft *f* ; Zentralstelle für den Bau von Sozialwohnungen ; ~ *des licences* Lizenzstelle ; ~ *du logement* Wohnungsamt ; ~ *national de l'immigration* (*O.N.I.*) zentrale Einwanderungsbehörde ; ~ *national d'information sur les enseignements et les professions* (*O.N.I.S.E.P.*) staatliches Amt zur Information über Ausbildungsmöglichkeiten und Berufe ; ~ *national de la pro-*

priété industrielle (O.N.P.I.) Patentamt ; *~ national du tourisme (O.N.T.)* offizielle Fremdenverkehrszentrale ; *~ de normalisation (A.F.N.O.R.)* französischer Normenverband *m* ; *~ d'orientation professionnelle (O.O.P.)* Zentralstelle für Berufsberatung ; *~ de paiement* Zahlstelle ; *~ de placement (de la main-d'œuvre)* Arbeitsvermittlungsamt ; Arbeitsnachweis *m* ; *~ de publicité* Annoncen-, Anzeigenbüro ; *~ de surveillance* Aufsichtsamt ; *~ de tourisme (local)* Verkehrsamt ; Verkehrsbüro ; *~ du travail (Allemagne)* Bundesagentur *f* für Arbeit.
2. *(fonction publique ; charge)* Amt *n* ; Praxis *f* ; Büro *n* ; *~ d'agent de change* (Börsen)Maklerbüro *n* ; *~ d'avoué* Rechtsanwaltspraxis *f* ; *~ ministériel* Ministerialamt *n* ; *~ public* öffentliches Amt *n* ; *~ de notaire* Notariat *n*.
3. *(d'office)* von Amts wegen ; dienstlich bedingt ; aus dienstlichen Gründen ; zwangsweise ; Zwangs- ; Pflicht- ; *administration f d'~* Zwangsverwaltung *f* ; *commis d'~* von Amts wegen ; *avocat m commis d'~* Pflicht-, Offizialverteidiger *m* ; *mutation f d'~* Versetzung *f* aus dienstlichen Gründen ; *réquisition d'~* Dienstverpflichtung *f* ; *être mis à la retraite d'~* zwangsweise in den Ruhestand versetzt werden ; *muter un fonctionnaire d'~* einen Beamten zwangsweise versetzen ; *(personne) être réquisitionné d'~* dienstverpflichtet sein.
4. *(faire office de)* fungieren als ; als… tätig sein ; dienen als ; *faire ~ d'agent de liaison* als Verbindungsmann auftreten ; *faire ~ de secrétaire* die Stelle eines Sekretärs einnehmen ; als Sekretär fungieren.
5. *(bons offices)* Vermittlung *f* ; *Monsieur ~* Schlichter *m* ; Mittelsmann *m* ; Ombudsmann *m* ; *grâce aux bons ~s* durch Vermittlung ; *avoir recours aux bons ~s de qqn* die Vermittlung von jdm in Anspruch nehmen ; *offrir (proposer) ses bons ~s* sich als Mittler anbieten ; seine guten Dienste anbieten ; (in einem Streit) vermitteln.

officialisation *f* amtliche Bestätigung *f* ; offizielle Anerkennung *f*.

officialiser amtlich bestätigen ; offiziell anerkennen.

officiel *m* **1.** *(Journal officiel)* Amtsblatt *n* ; *(Allemagne)* Bundesgesetzblatt *n* ; Bundesanzeiger *m* **2.** *~s* (prominente) Persönlichkeiten *fpl* des öffentlichen Lebens ; (die) Prominente(n) ; Vertreter *mpl* des Staates.

officiel, le amtlich ; offiziell ; dienstlich ; Regierungs- ; Amts- ; *non ~* inoffiziell ; nicht in amtlichem Auftrag ; *Bulletin m ~ (B.O.)* Amtsblatt *n* ; *cachet m ~* Dienstsiegel *n* ; *communiqué m ~* amtliche Bekanntmachung *f* (Verlautbarung *f*) ; *cote f, cours m ~ (~le)* offizielle Notierung *f* ; offizieller Kurs *m* ; *document m ~* → *pièce* ; *langue f ~le* Amtssprache *f* ; *pièce f ~le* offizielles Schriftstück *n* ; *sceau m ~* Amtsstempel *m* ; *en service ~* in amtlicher Eigenschaft ; in amtlichem Auftrag ; *de source ~le* von amtlicher Seite ; aus amtlicher Quelle ; von offizieller Stelle ; *titre m ~* Amtsbezeichnung *f* ; *à titre ~* in amtlicher Eigenschaft ; in amtlichem Auftrag ; *visite f ~le* Staatsbesuch *m*.

officier *m* **1.** *(titulaire d'une charge : avoué, huissier, agent de change, notaire, etc.)* Inhaber *m* eines öffentlichen Amts ; Amtsträger *m* ; Beamte(r) ; *~ d'administration* Verwaltungsbeamte(r) ; *~ de l'état civil* Standesbeamte(r) ; *~ ministériel (public)* Amtsträger *m* (z.B. Notar, Gerichtsvollzieher, Börsenmakler) ; *~ municipal* städtischer Beamte(r) ; *~ de paix* Polizeibeamte(r) ; *~ payeur* Zahlmeister *m* ; *~ de police judiciaire* zur Strafverfolgung befugter Beamte(r) **2.** *(militaire)* Offizier *m*.

officieux, euse halbamtlich ; offiziös ; inoffiziell ; *nouvelle f ~euse* halbamtliche Nachricht *f* ; *de source ~euse* von inoffizieller Seite ; aus halbamtlicher Stelle.

offline *(informatique)* : *fonctionner en ~ (en autonome)* offline arbeiten ; *traitement m ~ (autonome) des informations* Offline-Verarbeitung *f*.

offrant *m* Bieter *m* ; Bietende(r) ; Submittent *m* ; Steigerer *m* ; *le plus ~* Meistbietende(r) ; *adjuger au plus ~* dem Meistbietenden zuschlagen.

offre *f*	1. *offre commerciale* 2. *appel d'offres* 3. *offre d'emploi*

1. *(offre commerciale)* Angebot *n* ; Offerte *f* ; *(proposition)* Vorschlag *m* ; *(enchère)* Gebot *n* ; *une ~ de qqch* ein Angebot an ; *~ sur le marché de l'emploi*

Angebot auf dem Arbeitsmarkt ; ◆ ~ *d'achat* Kaufangebot ; verlockendes Angebot ; ~ *avantageuse* (preis)günstiges (vorteilhaftes) Angebot ; ~ *de capitaux* Kapitalangebot ; ~ *écrite* schriftliches Angebot ; ~ *excédentaire* Überangebot ; Angebotsüberhang *m* ; ~ *ferme* feste Offerte ; bindendes Angebot ; Festangebot ; ~ *insuffisante* unzureichendes Angebot ; Angebotslücke *f* ; ~ *de marchandises* Warenangebot ; ~ *maximale, minimale* Höchst-, Mindestangebot ; ~ *de paiement* Zahlungsangebot ; ~ *préférentielle* Vorzugsangebot ; ~ *publique d'achat* (O.P.A.) öffentliches Aktienkaufangebot ; Übernahme *f* ; ~ *publique d'échange* (O.P.E.) öffentliches (Aktien)Tauschangebot *n* ; Übernahme *f* ; ~ *sans engagement* unverbindliches (freibleibendes) Angebot ; ~ *de service* Dienstanerbieten *n* ; Dienstangebot ; Bewerbungsschreiben *n* ; ~ *spéciale, spontanée* Sonderangebot ; freies Angebot ; ~ *de vente* Verkaufsangebot ; ~ *verbale* mündliches Angebot ; ◆◆ *dernière* ~ Letztgebot *n* ; Höchstgebot ; *loi f de l'~ et de la demande* das Gesetz von Angebot und Nachfrage ; *monopole m de l'~* Angebotsmonopol *n* ; *première* ~ (*enchères*) Erstgebot *n* ; *sur-*~ Angebotsüberhang *m* ; ◆◆◆ *accepter, décliner une ~* ein Angebot annehmen, ablehnen ; *c'est ma dernière ~* das ist mein letztes Angebot ; *l'~ excède la demande* das Angebot übersteigt die Nachfrage ; *faire une ~* ein Angebot machen ; *recevoir une ~* ein Angebot erhalten ; *cette ~ est valable jusqu'au 15 mai* dieses Angebot bleibt bis zum 15. Mai gültig ; *solliciter une ~* ein Angebot einholen ; *soumettre une ~ à qqn* jdm ein Angebot unterbreiten.
2. (*appel d'offres*) Ausschreibung *f* ; Ausgeschriebenwerden *n* ; Ausschreibungsverfahren *n*.
3. (*offre d'emploi*) Stellenangebot *n* ; gesucht ; *~s d'emploi* offene Stellen *fpl* ; *~s d'emploi sur Internet* Online-Stellenangebote *npl* ; ~ *de travail* Arbeitsangebot.

offrir 1. (an)bieten ; offerieren ; eine Offerte machen ; etw zum Handel vorschlagen ; ~ *des avantages* Vorteile bieten ; ~ *à meilleur marché* ein billigeres Angebot machen ; einen Preis für etw unterbieten ; ~ *ses bons offices* seine guten Dienste anbieten ; als Vermittler auftreten ; ~ *en paiement* in Zahlung geben ; ~ *une place, un poste* eine Stelle, einen Posten anbieten ; ~ *sur le marché mondial* auf dem Weltmarkt anbieten ; ~ *à un prix intéressant* zu einem günstigen Preis anbieten ; ~ *sans engagement* freibleibend offerieren ; ~ *en (à la) vente* zum Verkauf anbieten **2.** (*faire don*) schenken ; spenden ; *article m pour ~* Geschenkartikel *m* **3.** (*argent, récompense*) ~ *de l'argent* Geld aussetzen ; ~ *une prime, une récompense* eine Prämie, eine Belohnung aussetzen.

offreur *m* Anbieter *m*.

off-shore *m* Off-shore *n* (im Meer) ; *accord m, forage m, livraison f* ~ Offshore-Abkommen *n*, -bohrung *f*, -lieferung *f* ; *champ m de pétrole* ~ Öllagerstätte *f* im Meer ; *place f financière* ~ Offshore-Finanzplatz *f*.

O.F.P. *f* (*offre à prix fixe*) Festpreis-Angebot *n*.

O.G.M. *m* (*organisme génétiquement modifié*) gentechnisch veränderter Organismus *m* ; GVO *m* ; *obligation f d'indiquer la présence d'~s* Kennzeichnungspflicht *f* (*syn. produits transgéniques*).

O.I.T. (*Organisation f internationale du travail*) Internationale Arbeitsorganisation *f* ; IAO *f*.

oléoduc *m* (Erd)Ölleitung *f* ; Pipeline *f* ; *construire, poser un* ~ eine Pipeline bauen, legen.

oligarchie *f* Oligarchie *f* (Herrschaft einer kleinen Gruppe).

oligopole *m* Oligopol *n* (der Markt wird von ein paar Großunternehmen beherrscht).

olographe handschriftlich ; *testament m* ~ eigenhändiges Testament *n*.

O.M.C. *f* (*Organisation mondiale du commerce, a remplacé le GATT*) Internationale Welthandelsorganisation *f* ; WTO (World Trade Organization).

omettre (*volontairement*) auslassen, weglassen ; (*involontairement*) vergessen ; ~ *de faire qqch* (es) unterlassen (versäumen), etw zu tun ; *sans* ~... nicht zu vergessen… ; *mot omis* ausgelassenes Wort *n*.

omission *f* Auslassung *f* ; Unterlassung *f* ; Unterlassen *n* ; Versäumnis *n/f* ; Lücke *f* ; *sauf erreur(s) ou ~(s)* Irrtum (Fehler) und Auslassung vorbehalten.

omnibus *m* Personenzug *m* ; Triebwagen *m* ; (*fam.*) Bummelzug *m*.
omnium *m* Holding *f* ; Holdinggesellschaft *f.*
omnium *f* (*Belgique*) Vollkaskoversicherung *f* ; *avoir une* ~ vollkaskoversichert sein.
O.M.S. (*Organisation f mondiale de la santé*) Weltgesundheitsorganisation *f* ; WHO *f* (World Health Organization).
once *f* Unze *f* ; englisches Gewichtsmaß *n : * 28,3 g ; (Gold) 31,1 g.
onde(s) *f(pl)* Welle(n) *f(pl)* ; ~ *courtes* Kurzwelle(n) (KW) ; ~ *de choc* Schockwelle ; ~ *longues* Langwelle(n) (LW) ; *ondes moyennes* Mittelwelle(n) (MW) ; ~ *ultracourtes* (*modulation de fréquence*) (*MF*) Ultrakurzwelle(n) (UKW) ; *diffuser qqch sur les* ~ etw ausstrahlen ; etw vom (Rund)Funk übertragen.
onéreux, euse kostspielig ; teuer ; aufwendig ; kostenintensiv ; *à titre* ~ gegen Entgelt (Gebühren) ; entgeltlich ; gebühren-, kostenpflichtig ; *mesure f ~euse* kostspielige Maßnahme *f.*
O.N.G. *f* (*Organisation non gouvernementale/Non-Governmental Organization*) Nichtregierungsorganisation *f* ; NGO *f* ; regierungsunabhängige Organisation ; nichtstaatliche Einrichtung *f* (*Terre des hommes* ; *Medico International*).
ongle : *payer rubis sur* (*l'*)~ (sofort) auf Heller und Pfennig bezahlen.
O.N.I.S.E.P. (*Office national d'information sur les enseignements et les professions*) staatliche Behörde *f* zur Information über Ausbildungsmöglichkeiten und Berufe.
O.N.U. (*Organisation f des Nations unies*) Organisation *f* der Vereinten Nationen ; UNO *f.*
O.P. (*ouvrier professionnel*) (hoch qualifizierter) Facharbeiter *m.*
O.P.A. *f* (*offre publique d'achat*) Übernahmeangebot *n* ; Übernahmeofferte *f* ; öffentliches Aktienkaufangebot *n* ; Kontrollübernahme *f* ; Aufkauf *m* einer Firma ; Firmenübernahme, -aufkauf ; ~ *amicale, hostile* freundliches, feindliches Übernahmeangebot ; *lancer une* ~ (*sur une société*) (einer Gesellschaft) ein Übernahmeangebot machen (unterbreiten) ; die Übernahme (einer Gesellschaft) planen ; den Aufkauf (einer Firma) beabsichtigen.

O.P.C.V.M. *m* (*Organisme de placements collectifs en valeurs mobilières*) Investmentgesellschaften *fpl* und Investmentfonds *mpl* ; ~ *actions* Aktienfonds *m* ; ~ *monétaire* Geldmarktfonds *m*.
O.P.E. *f* (*offre publique d'échange*) öffentliches (Aktien)Tauschangebot ; Übernahmeangebot mit Aktienumtausch.
opéable übernahmereif ; übernahmefähig ; übernahmeverdächtig.
open market : *politique f d'*~ Offenmarktpolitik *f.*
O.P.E.P. *f* (*Organisation des pays exportateurs de pétrole*) Organisation *f* der ölexportierenden Länder ; OPEC *f* ; *pays m de l'*~ OPEC-Land *n.*
opérande *f* (*informatique : donnée qui intervient dans certaines conditions*) Operand *m* (zur Durchführung eines bestimmten Arbeitsgangs benutzte Information).
opérant, e wirksam ; rechtswirksam.
opérateur *m* 1. Bedienung *f* ; Bedienungsperson *f* ; (Maschinen)Bediener *m* ; Bedienungspersonal *n* ; Betreuer *m* 2. (*informatique*) Operator *m* 3. (*économique*) Akteur *m* ; Marktteilnehmer *m* ; Marktbeteiligte(r) ; ~ *sur le marché des changes* Devisenhändler *m* ; ~ *sur titres* Wertpapierhändler 4. (*téléph.*) Betreiber *m* ; Betreibergesellschaft *f* ; Netzbetreiber *m* ; Telefonanbieter *m* ; (*Internet*) Online-Dienst *m* ; ~ *de télécommunications* Telekommunikations-Dienstleister *m.*

opération *f*	1. *transaction financière* 2. *opérations bancaires* 3. *mesure que l'on prend* 4. *campagne visant à un but précis* 5. *opération arithmétique*

1. (*transaction financière*) Geschäft *n* ; Abschluss *m* ; Handel *m* ; Transaktion *f* ; ♦ ~ *de banque* (*bancaire*), *de bourse* Bank-, Börsengeschäft ; ~ *de change, commerciale* Wechsel-, Handelsgeschäft (Geschäftsabschluss) ; ~ *de compensation, comptable* Verrechnungs-, Buchungsgeschäft ; ~ *au comptant* Kassageschäft, Loko-, Schaltergeschäft ; ~

opérationnel, le

de couverture, de courtage Deckungs-, Maklergeschäft ; ~ *de crédit, de dépôt, sur devises* Kredit-, Depositen-, Devisengeschäft ; ~ *d'échange, sur effets, d'émission* Tausch-, Effekten-, Emissionsgeschäft ; ~ *d'escompte, fictive* Diskont-, Scheingeschäft ; ~ *de financement, financière,* Finanzierungs-, Geldgeschäft ; ~ *au guichet* Schalter-, Tafelgeschäft ; ~ *immobilière* Immobiliengeschäft ; ~s *d'inventaire* Abschlussprüfung *f* ; ~ *lucrative (payante)* gewinnbringendes (einträgliches, lukratives) Geschäft ; ~ *à perte, à prime* Verlust-, Prämiengeschäft ; ~ *de recouvrement, de réescompte* Inkasso-, Rediskontgeschäft ; ~ *de report* Prolongations-, Reportgeschäft ; ~ *au règlement mensuel* Ultimogeschäft (→ **service à règlement différé**) ; ~ *risquée, de swap* Risiko-, Swapgeschäft ; ~ *spéculative* Spekulationsgeschäft ; ~ *à terme, sur titres* Termin-, Wertpapiergeschäft ; ◆◆◆ *faire (réaliser) une bonne* ~ ein gutes Geschäft machen (abschließen) ; einen vorteilhaften Abschluss tätigen.

2. (*opérations bancaires*) Verkehr *m* ; Geschäfte *npl* ; ~s *bancaires, de compensation, par chèques, d'épargne* Bank-, Clearing-, Scheck-, Sparverkehr ; ~s *en espèces, de paiement, de virement* Bargeld-, Zahlungs-, Giroverkehr (Überweisungsverkehr).

3. (*mesure que l'on prend*) Maßnahme *f* ; ~ *de concentration, de fusion, monétaire* Konzentrations-, Fusions-, Währungsmaßnahme.

4. (*campagne visant à un but précis*) Aktion *f* ; Kampagne *f* ; Offensive *f* ; Handlung *f* ; Verfahren *n* ; Vorgang *m* ; ◆ ~ *administrative* Amtshandlung ; behördliches Verfahren ; ~ *anti-inflation* Anti-Inflationskampagne ; ~ *baisse des prix* Preissenkungsaktion ; ~ *blocage des prix* Preisstoppaktion ; ~ *coup-de-poing* Nacht-und Nebelaktion ; ~ *de grande envergure* großangelegte Aktion (Kampagne) ; (*grève des routiers*) ~ *escargot* Fernfahrerstreik *m* ; (durch Bildung von Staus) ; ~ *journée portes ouvertes* Tag *m* der offenen Tür ; ~ *policière* Polizeieinsatz ; polizeiliche Aktion ; ~ *publicitaire* Werbeaktion, -kampagne ; Aktion zur Verkaufsförderung ; ◆◆◆ *déclencher, mener une* ~ eine Kampagne (eine Aktion) einleiten, führen ; *lancer, projeter une* ~ eine Aktion starten, planen.

5. (*opération arithmétique*) (Rechen) Operation *f* ; Rechenvorgang *m*.

opérationnel, le operationell ; operativ ; einsatzfähig ; betriebsbereit ; betriebsfertig ; funktionsfähig ; operational ; in die Praxis umsetzbar ; (*comptab.*) *marge f ~le* operativer Gewinn *m* ; *recherche f ~le* Unternehmensforschung *f* ; Operationsresearch *f*, Planungsforschung *f*.

opéré *m* : (*bourse*) *avis m d'~* Schlussnote *f* ; Ausführungsanzeige *f.*

opérer 1. (*avoir de l'effet sur*) wirken (auf) ; bewirken ; herbeiführen **2.** (*effectuer*) durchführen ; vornehmen ; leisten ; tätigen ; ~ *un choix* eine Wahl treffen ; ~ *un prélèvement* Geld abheben (abziehen) ; ~ *une saisie* pfänden ; ~ *une transaction* einen Abschluss tätigen ; ein Geschäft abschließen ; ~ *un versement* (Geld) einzahlen ; eine Zahlung vornehmen (leisten) **3.** (*procéder*) verfahren ; handeln ; vorgehen ; operieren ; ~ *avec méthode, précaution* methodisch, vorsichtig vorgehen **4.** *s'*~ sich vollziehen ; sich ereignen ; stattfinden ; *un changement s'est ~é* ein Wandel hat sich vollzogen.

O.P.F. *f* (*offre à prix ferme*) Festpreis-Angebot *n* (bei einer Privatisierung werden den Anlegern Aktien zu einem Festpreis angeboten).

1. opinion *f* (*avis*) Meinung *f* ; Auffassung *f* ; Ansicht *f* ; Standpunkt *m* ; Anschauung *f* ; ◆ ~ *générale* allgemeine Meinung ; *divergences fpl d'~* Meinungsverschiedenheiten *fpl* ; *liberté f d'~* Meinungsfreiheit *f* ; *presse f d'~* parteigebundene Presse *f* ; politisch beeinflusste Presse ; *sans* ~ unentschieden ; ◆◆◆ *exprimer une* ~ eine Meinung äußern ; *je suis de votre* ~ ich bin Ihrer Meinung ; *se faire une* ~ sich eine Meinung bilden ; *les ~s sont partagées* die Meinungen sind geteilt.

2. opinion *f* (*publique*) (öffentliche) Meinung *f* ; Öffentlichkeit *f* ; ◆◆ *institut m de sondage d'~* Meinungsforschungsinstitut *n* ; *I.F.O.P.* (*Institut m français de l'opinion publique*) französisches Meinungsforschungsinstitut *n* ; *leader m d'~* Meinungsführer *m* ; Meinungsmacher *m*, -bildner *m* ; *manipulation f de l'~* Meinungsmache *f*, -manipulierung *f* ; *sondage m d'~* Meinungsumfrage *f*, -befragung *f* ; ◆◆◆

agir sur l'~ meinungsbildend wirken ; *informer l'~* die Öffentlichkeit informieren.

O.P.M. *f* (*bourse : offre à prix minimal*) Mindestpreis-Angebot *n*.

opportun angebracht ; geeignet ; gelegen ; passend ; *en temps ~* zu gegebener Zeit ; bei passender Gelegenheit.

opportuniste *m* Opportunist *m*.

opportunité *f* günstige Gelegenheit *f* ; Opportunität *f* ; *~ (de dépenses)* Zweckmäßigkeit *f* (von Ausgaben) ; *~s* Marktchancen *fpl* ; *saisir une ~* eine günstige Gelegenheit nutzen.

opposable gegenüber Dritten wirksam.

opposant *m* (*adversaire*) Gegner *m* ; Opponent *m* ; (*polit.*) Oppositionelle(r) ; Oppositionspolitiker *m* ; *~ au nucléaire*, Kernkraftgegner ; (*pluriel*) die KKW-Gegner ; (*personne faisant opposition*) Beschwerdeführer *m* ; Einspruch erhebende Partei *f*.

opposer gegenüber-, entgegenstellen ; (*objecter*) einwenden ; einen Einwand vorbringen ; *~ un refus* ablehnen ; eine abschlägige Antwort erteilen ; *s'~ à* sich gegen etw stellen ; hindern ; verbieten ; opponieren.

opposition *f*	1. *sens général*
	2. *juridique*
	3. *politique*

1. (*sens général*) Widerstand *m* ; Opposition *f* ; Gegenpartei *f* ; Widerspruch *m* ; Gegensatz *n* ; Gegensätzlichkeit *f* ; Hindernis *n* ; *par ~ à...* im Gegensatz zu... ; *être en ~ (à)* in Opposition stehen (zu) ; *faire de l'~* Opposition betreiben ; Widerstand leisten ; *une ~ générale s'est manifestée contre...* allgemeiner Widerspruch erhob sich gegen... ; *rencontrer de l'~ chez qqn* bei jdm auf Widerstand stoßen.

2. (*juridique*) Einspruch *m* ; Widerspruch *m* ; Sperrung *f* ; (*chèques*) Sperre *f* ; *~ à un paiement* Zahlungsverbot *n* ; Auszahlungssperre *f* ; *chèque m frappé d'~* gesperrter Scheck *m* ; *délai m d'~* Einspruchsfrist *f* ; Sperrfrist *f* ; *procédure d'~* Einspruchsverfahren *n* ; *examiner une ~* einen Einspruch prüfen ; *faire ~ à un chèque* einen Scheck sperren lassen ; *faire ~ (à)* Einspruch erheben (gegen) ; *frapper d'~* sperren ; eine Sperre verhängen ; *motiver une ~* den Einspruch begründen.

3. (*politique*) Opposition *f* ; *~ parlementaire, politique* parlamentarische, politische Opposition ; *issu des rangs de l'~* aus den Reihen der Opposition ; *leader m de l'~* Oppositionsführer ; *parti m d'~* Oppositionspartei *f* ; *faire partie de l'~* der Opposition angehören.

O.P.R.A. *f* (*offre publique de retrait d'actions*) öffentliches Rückkaufs-Angebot *n* von Aktien ; öffentliches Aktieneinziehungs-Angebot.

optant *m* Optionsnehmer *m*.

opter wählen ; sich entscheiden (für) ; optieren ; *~ pour la nationalité française* sich für die französische Staatsangehörigkeit entscheiden.

optimal, e optimal ; bestmöglich ; Optimal- ; *capacité f ~e optimale* Kapazität *f* ; *rendement ~* optimale Leistung *f* ; optimaler Ertrag *m* ; *sécurité f ~e* optimale Sicherheit *f*.

optimalisation *f* → *optimisation*.

optimaliser → *optimiser*.

optimisation *f* Optimierung *f* ; *~ des circuits de distribution* Optimierung der Vertriebswege.

optimiser optimieren ; optimalisieren.

optimum *m* Optimum *n* ; *~ économique* wirtschaftliches Optimum ; *~ de production* Produktionsoptimum.

option *f* **1.** Option *f* ; Optionsrecht *n* ; Wahl *f* ; Wahlmöglichkeit *f* ; ◆ *~ d'achat, de change* Kauf-, Währungsoption ; ◆◆ *clause f d'~* Optionsklausel *f* ; *droit m d'~* Optionsrecht ; Wahlrecht ; (*lieu d'exécution*) Erfüllungsort *m* ; ◆◆◆ *acquérir une ~ (sur)* eine Option erwerben (auf) ; *s'assurer une ~* sich eine Option sichern ; *délivrer des ~s* Optionen vergeben ; *exercer un droit d'~* (*lever, prendre une ~*) eine Option ausüben ; *renoncer à l'~* auf die Option verzichten **2.** (*bourse*) Option *f* ; (*titre*) Optionsschein *m* ; *~ d'achat* Call-Option ; Optionskauf *m* ; "call" ; Kaufoption ; Aktienbezugsrechtsplan *m* ; *~ de vente* Put-Option ; Optionsverkauf *m* ; "put" ; Verkaufsoption ; *marché m à ~* Nachgeschäft *n* ; Optionsgeschäft *n* ; Prämiengeschäft *n* ; Optionshandel *m* ; Handel mit Optionen **3.** (*véhicule neuf*) Extras *npl* ; Extrazubehör *n* ; Sonderausstattung *f*.

optionnel, le 1. (*sens général*) Wahl- ; zur Wahl gestellt **2.** Options- ; *emprunt m* ~ Optionsanleihe *f.*

optique *f* Optik *f* ; *instruments mpl d'*~ optische Geräte *npl* ; (*fig.*) Perspektive *f* ; Blickwinkel *m* ; *dans une* ~ *de stratégie de vente* unter dem Gesichtspunkt einer Verkaufsstrategie.

optique (*adj.*) optisch ; *disque m* ~ Bildplatte *f* ; *signalisation f* ~ optische Signalisierung *f.*

opto-électronique *f* Optoelektronik *f* ; Optronik *f.*

opulence *f* (*de*) Überfluss *m* (an) ; *vivre dans l'*~ im Überfluss leben.

O.P.V. *f* (*offre publique de vente*) öffentliches Aktienverkaufsangebot *n.*

or *m* Gold *n* ; *d'*~ golden ; Gold- ; ♦ ~ *de 22 carats* 22-karätiges Gold ; *convertible en* ~ in Gold einlösbar ; ~ *fin* Feingold ; ~ *en lingots* Gold in Barren ; Barrengold ; *~-métal* Metallgold ; ~ *monétaire* Währungsgold ; ~ *monnayé* gemünztes Gold ; ~ *natif* gediegenes Gold ; ~ *noir* Erdöl *n* ; ~ *poinçonné* gestempeltes Gold ; ~ *pur* reines (lauteres) Gold ; ~ *rouge* Rotgold ; ~ *vert* Erzeugnisse *npl* der Landwirtschaft ; ♦♦ *achat m d'*~ Goldaufkauf *m* ; *affaire f en* ~ gewinnbringendes Geschäft ; *agio m sur l'*~ Goldagio *n* ; *alliage m d'*~ Goldlegierung *f* ; *clause f* (*valeur*)-~ Gold(wert)klausel *f* ; *convertibilité f en* ~ Einlösung *f* in Gold ; *cours de l'*~ Goldkurs *m* ; *couverture f* ~ Golddeckung *f* ; *devise f, emprunt m, encaisse f* ~ Golddevise *f*, -anleihe *f*, -bestand *m* ; *étalon m* ~ Goldstandard *m*, -währung *f* ; *étalon m de change* ~ Goldkernwährung *f* ; *étalon m de numéraire* ~ Goldumlaufwährung *f* ; *frappe f de l'*~ Goldprägung *f* ; *gisement m d'*~ Goldvorkommen *n* ; *lingot m d'*~, *marché m de l'*~ Goldbarren *m*, -markt *m* ; *mine f d'or* Goldmine *f* (-grube *f*, -lagerstätte *f*) ; *once f d'*~ *fin* Unze *f* Feingold ; *paiement m en* ~ Zahlung *f* in Gold ; *Goldzahlung* ; *parité f* ~ Goldparität *f* ; *plaqué m* ~ Golddoublé *n* ; *poids m d'*~ *fin* Feingoldgewicht *n* ; *point-*~ *m* Goldpunkt *m* ; *production f d'*~ Goldgewinnung *f* ; *réserve*(*s*) *f*(*pl*) *d'*~ Goldbestand *m*, -reserve *f* ; *teneur f en, valeur f* ~ Goldgehalt *m*, -wert *m* ; ♦♦♦ *acquérir qqch à prix d'*~ etw für teures Geld erwerben ; *chercher de l'*~ Gold schürfen ; *être en* ~ *massif* aus massivem (gediegenem) Gold sein ; *être garanti sur l'*~ durch Gold gedeckt sein ; *être indexé sur l'*~ an den Goldpreis gebunden sein ; goldpreisindexgebunden sein ; *payer à prix d'*~ etw mit Gold aufwiegen ; *payer en* ~ etw in Gold bezahlen ; *rouler sur l'*~ steinreich sein ; im Geld schwimmen.

O.R.A. *f* (*bourse : obligation remboursable en actions*) Wandelschuldverschreibung *f* ; in Aktien rückzahlbare (ablösbare) Obligation *f.*

orange : (*hist.*) *carte f* ~ orange ; Verbundfahrkarte *f* ; (*remplacé par*) Navigo ; *les indicateurs conjoncturels sont à l'*~ die konjunkturellen Indikatoren stehen auf Gelb.

orbite *f* **1.** Umlaufbahn *f* ; ~ *géostationnaire* geostationäre Umlaufbahn ; *mettre un satellite sur* ~ einen Satelliten in eine geostationäre Umlaufbahn bringen **2.** (*fig.*) Umkreis *m* ; Wirkungsbereich *m.*

ordinaire (*courant, coutumier*) gewöhnlich ; üblich ; normal ; Alltags- ; (*de qualité moyenne ou ordinaire*) Durchschnitts- ; mittelmäßig ; (*conforme à l'ordre prévu*) ordentlich ; *action f* ~ Stammaktie *f* ; *assemblée f générale* ~ ordentliche Hauptversammlung (Generalversammlung) *f* ; *budget m* ~ ordentlicher Haushaltsplan *m* ; *comme d'*~ wie gewöhnlich ; wie üblich ; *dépenses fpl ~s* ordentliche Ausgaben *fpl* ; *essence f* ~ Normalbenzin *n* ; *juridiction f* ~ ordentliche Gerichtsbarkeit *f* ; *membre m* ~ (*actif*) ordentliches Mitglied *n* ; *prix m* ~ Ladenpreis *m* ; *qualité f* ~ Durchschnittsqualität *f* ; Durchschnittsware *f* ; *tribunal m* ~ ordentliches Gericht *n* ; *vin m* ~ Tafelwein *m.*

ordinateur *m* Computer *m* ; (Elektronen)Rechner *m* ; (elektronische) Rechenanlage *f* ; EDV-Anlage *f* ; Elektronengehirn *n* ; ♦ ~ *domestique* Heimcomputer ; ~ *à haute performance* Rechner mit hoher Leistungsfähigkeit ; *~s intelligents* Experten-System *n* ; ~ *numérique* Digitalrechner ; ~ *portable* Notebook *n* ; Laptop *m/n* ; ~ *de réseau* Network-, Netzcomputer ; ♦♦ *assisté par* ~ computergestützt, -unterstützt ; computergesteuert ; *commandé par* ~ computerisiert ; computergesteuert ; programmgesteuert ; *édition f assistée* *par* ~ Desktop-Publishing *n* ; *fabrication f assistée par* ~ computergestützte Fertigung *f* ; *génération f d'*~ Computergeneration *f* ; *lisible par* ~ computergerecht ; maschinenlesbar ; *micro-*~ → *ordinateur portable* ; Mikrocomputer ; PC *m* ; *mini-*~ Minicomputer ; *mise f sur* ~ Computerisierung *f* ; *simulation f par* ~ Computersimulation *f* ; ◆◆◆ *l'*~ stocke *(mémorise) des données* der Computer speichert Daten (Informationen) ; *interroger l'*~ Daten (vom Computer) abrufen ; *mettre sur* ~ computerisieren ; auf EDV umstellen ; *mettre (des données) sur* ~ einen Computer (mit Daten) füttern (speisen) ; Daten in einem (einen) Computer speichern ; *programmer l'*~ den Computer programmieren *(syn. P.C., micro-ordinateur, micro, ordi).*

ordinogramme *m* Flussdiagramm *n* ; Flowchart *m/n.*

ordonnance *f* **1.** *(disposition législative d'un gouvernement)* Kabinettsbeschluss *m* ; (behördliche) Verordnung *f* ; (amtliche) Verfügung *f* ; Erlass *m* ; ◆ ~ *administrative* behördliche Verordnung (Anordnung) ; ~ *d'application* Durchführungsverordnung, -bestimmungen *fpl* ; ~ *gouvernementale* Regierungsverordnung ; ~ *de police* Polizeiverordnung ; *conformément à l'*~ *ministérielle* gemäß dem Ministeriumserlass ; *se conformer à une* ~ einen Erlass befolgen ; *promulguer une* ~ einen Erlass herausgeben ; *rendre une* ~ eine Verordnung erlassen ; eine Anordnung ergehen lassen **2.** *(disposition émanant d'un juge)* (Gerichts)Beschluss *m* ; Anordnung *f* ; Verfügung *f* ; ~ *de comparution* Aufforderung *f* zum Erscheinen vor Gericht ; Vorladung *f* ; ~ *d'exécution* Aus-, Durchführungsverordnung ; ~ *d'expropriation* Enteignungsverfügung ; ~ *de non-lieu* Einstellungsbeschluss *m*, -verfügung ; ~ *pénale* Strafbefehl *m* ; ~ *de référé* einstweilige Verfügung (Anordnung) ; ~ *de saisie* Pfändungsbeschluss *m* ; ~ *de séquestre* Haftbefehl *m* **3.** *(budget public)* Anweisung *f* ; ~ *de délégation* Ermächtigung *f* zur Leistung der bewilligten Ausgaben ; ~ *de dépenses* Ausgabenanweisung *f* ; ~ *de paiement* Auszahlungsanweisung *f* **4.** *(médicale ; sécurité sociale)* Rezept *n* ; ~ *obligatoire* Verschreibungspflicht *f* ; *vendu sans* ~ rezeptfreies Medikament ; *vendu sur* ~ rezept-, verschreibungspflichtiges Medikament ; *délivrer une* ~ ein Rezept verschreiben.

ordonnancement *m* **1.** *(ordre à un comptable public de payer)* Auszahlungsanordnung *f* ; Zahlungsanweisung *f* ; *l'*~ *de votre traitement sera effectué sous peu* die Anweisung Ihres Gehalts erfolgt demnächst **2.** *(organisation, aménagement)* Gestaltung *f* ; Planung *f* ; Zusammenstellung *f* ; Einteilung *f* ; Anordnung *f* ; ~ *des commandes* Auftragsabwicklung *f* ; ~ *des espaces* räumliche Anordnung ; Raumeinteilung ; ~ *du travail* Arbeitsplanung.

ordonnancer 1. *(donner ordre de payer)* zur Zahlung anweisen ; eine Auszahlungsanordnung erteilen **2.** *(travail)* anordnen ; einteilen ; zusammenstellen ; gestalten ; (eine Arbeit) planen.

ordonnateur *m* Anordnungsbefugte(r) ; Anweisungsberechtigte(r) ; zu Zahlungsanweisungen Berechtigte(r) ; Anweisende(r).

ordonnateur, trice anordnend ; *service m* ~ anordnende Stelle *f.*

ordonnée *f* *(statist.)* Ordinate *f* ; Y-Achse *f.*

ordonner 1. ordnen ; einrichten ; in Ordnung bringen **2.** befehlen ; anordnen ; auffordern ; verfügen ; vorschreiben ; *(jur.)* ~ *l'ouverture d'une enquête (contre)* ein Ermittlungsverfahren einleiten (gegen).

ordre *m*	1. *association ; groupement professionnel* 2. *succession ; rang* 3. *organisation ; système* 4. *injonction ; ordonnance* 5. *bourse* 6. *endossement* 7. *ordre ; commande* 8. *ordre du jour* 9. *ordre public*

1. *(association ; groupement professionnel)* (Berufs)Stand *m* ; (Berufs)-Vereinigung *f* ; Kammer *f* ; Berufs- und Standesvertretung *f* ; ~ *professionnel* berufsständische Organisation *f* ; ~ *des* *avocats* Anwaltskammer ; ~ *national des pharmaciens* Apothekerverband *m* ; ~ *national des vétérinaires* Tierärzteverband ; *conseil m de l'~* Ärztekammer ; *radier du conseil de l'~* aus der Ärztekammer ausschließen.

2. *(succession ; rang)* Ordnung *f* ; Rangordnung *f* ; Reihenfolge *f* ; Gliederung *f* ; ◆ ~ *alphabétique* alphabetisch ; *par ~ alphabétique* in alphabetischer Reihenfolge ; *par ~ d'ancienneté* dem Dienstalter nach ; ~ *chronologique* chronologisch ; zeitlich ; ~ *des héritiers* Erbfolge *f* ; ~ *hiérarchique* Rangordnung ; ~ *de préférence* Prioritätsordnung ; *de premier ~* bester Qualität ; prima ; erstklassig ; erstrangig ; ~ *successoral* → *des héritiers* ; *numéro m d'~* laufende Nummer *f* ; *dans l'~ (par ~)* der Reihe nach.

3. *(organisation ; système)* Ordnung *f* ; System *n* ; Verfassung *f* ; ◆ ~ *constitutionnel* Verfassungsordnung ; ~ *économique* Wirtschaftssystem ; ~ *établi* bestehende Ordnung ; ~ *de grandeur* Größenordnung ; ~ *monétaire* Geldverfassung *f* ; ~ *social* Gesellschaftsordnung.

4. *(injonction ; ordonnance)* Befehl *m* ; (An)Weisung *f* ; Verfügung *f* ; ~ *d'exécution* Vollstreckungs-, Ausführungsbefehl ; ~ *d'expédition* Versandanweisung *f* ; ~ *de grève* Streikaufruf *m* ; ~ *de paiement* Zahlungsanweisung *f*, -aufforderung *f* ; ~ *permanent (prélèvement automatique)* Dauerauftrag ; Abbuchungsauftrag *m* ; ~ *de saisie-arrêt* Pfändungsbefehl ; ~ *de service* Dienstanweisung ; ~ *de virement* Überweisungsauftrag *m* ; ~ *de virement permanent* Dauerauftrag *m* ; ◆◆ *(fig.) par ~* im Auftrag ; *sur ~ de* im Auftrag von ; ◆◆◆ *donner ~ à une banque d'effectuer un versement* eine Bank mit einer Zahlung beauftragen.

5. *(bourse)* ◆ Auftrag *m* ; Order *f* ; ~ *au cours* Auftrag zum Tageskurs ; ~-*jour* für einen Tag gültige Kaufs-/Verkaufsorder ; ~ *lié* Zug-um-Zug-Geschäft *n* ; ~ *limité à...* auf... limitierter Auftrag ; ~ *au mieux* bestens ; Bestens-Order ; Stopp-Buy-Order ; *(achat)* Stopporder ; *(vente)* Stopp-Loss-Auftrag ; ~ *à révocation* Order mit Widerruf ; ~ *tout ou rien* Kauf oder Verkauf einer ganzen Position ; *remettre des ~s libellés en euro* Aufträge in Euro abgeben.

6. *(endossement)* Order *f* ; *à l'~ de...* an (die) Order von... ; *à l'~ de moi-même (à mon ~)* an eigene Order ; *billet m à ~* eigener Wechsel *m* ; Eigenwechsel ; Solawechsel *m* ; *chèque m à ~* Orderscheck *m* ; *clause f à*, *connaissement m à ~* Orderklausel *f*, Orderkonnossement *n* ; *papier m à ~* Orderpapier *n* ; *payable (payer) à l'~ de...* zahlbar an (die) Order von...

7. *(ordre ; commande)* Auftrag *m* ; Bestellung *f* ; Order *f* ; ◆ ~ *d'achat, de banque* Kauf-, Bankauftrag ; ~ *d'encaissement* Inkassoauftrag ; ~ *d'essai* Probebestellung *f* ; ~ *ferme, (il)limité* fester, (un)beschränkter Auftrag ; ~ *de livraison* Lieferungsauftrag ; ~ *de vente, de virement* Verkaufs-, Überweisungsauftrag ; ◆◆ *donneur m d'~* Auftraggeber *m* ; *feuille f d'~* Bestellzettel *m* ; *passation f d'~* Auftragserteilung *f* ; *d'~ et pour compte* im Auftrag und für Rechnung von ; *suivant votre ~* Ihrem Auftrag gemäß ; ◆◆◆ *annuler un ~* einen Auftrag (eine Bestellung) rückgängig machen ; *donner un ~* einen Auftrag erteilen ; *exécuter un ~* einen Auftrag ausführen ; *passer des ~s* Aufträge vergeben ; *prendre un ~* einen Auftrag entgegennehmen ; *recueillir des ~s* Aufträge (Bestellungen) einholen ; *transmettre un ~* einen Auftrag weitergeben.

8. *(ordre du jour)* Tagesordnung *f* ; ◆◆ *inscription f à l'~ du jour* Aufnahme *f* in die Tagesordnung ; *points 1 et 2 figurant à l'~ du jour* Punkt 1 und 2 der Tagesordnung ; ◆◆◆ *adopter l'~ du jour* die Tagesordnung annehmen ; *arrêter (établir) l'~ du jour* die Tagesordnung aufstellen ; *figurer à l'~ du jour* auf der Tagesordnung stehen ; *inscrire (mettre) à l'~ du jour* auf die Tagesordnung setzen ; *passer à l'~ du jour* zur Tagesordnung übergehen.

9. *(ordre public)* öffentliche Ordnung *f* ; Landfriede *m* ; *rappeler qqn à l'~* jdn in seine Schranken weisen ; *troubler, rétablir l'~ public* die öffentliche Ordnung stören, wiederherstellen.

ordures *fpl (ménagères)* Müll *m* ; Abfälle *mpl* ; ~ *ménagères et encombrantes* Haus- und Sperrmüll ; *décharge f (à ~)* Mülldeponie *f*, -abladeplatz *m* ; *élimination f des ~* Entsorgung *f* ; *enlève-*

ment m des ~ Müllabfuhr *f* ; *incinération f des* ~ Müllverbrennung *f* ; *recyclage des* ~ Müllverwertung *f*.

organe *m* **1.** (*institution*) Organ *n* ; Stelle *f* ; Träger *m* ; Instrument *n* ; Körperschaft *f* ; ~ *administratif* Verwaltungsorgan, -träger ; ~ *central* Zentralbehörde *f* ; leitendes Organ ; ~ *communautaire* Gemeinschaftsorgan ; ~ *consultatif* beratendes Organ ; ~ *de décision* Beschlussorgan ; beschlussfassendes Organ ; ~ *délibérant* Beschlussstelle ; ~ *directeur* leitendes Organ ; ~ *exécutif* ausführendes Organ ; ~ *liquidateur* Abwicklungsstelle ; ~ *représentatif* Vertretungsorgan ; repräsentatives Organ ; ~ *suprême* höchste Stelle ; ~ *de surveillance* Überwachungsstelle ; Aufsichtsbehörde *f* ; Kontrollorgan **2.** (*presse, porte-parole*) Presseorgan *n* ; Blatt *n* ; Zeitschrift *f* ; Sprachrohr *n* ; Wortführer *m* ; ~ *gouvernemental* regierungsnahe Zeitung *f* ; ~ *indépendant* unabhängiges Blatt **3.** *don m d'*~ Organspende *f* ; *donneur m, receveur m d'*~ Organspender *m*, -empfänger *m* ; *transplantation f d'*~ Organtransplantation *f*, -verpflanzung *f*.

organigramme *m* **1.** Organigramm *n* ; Organisationsschema *n* ; Organisations-, Stellenplan *m* ; Personalübersicht *f* **2.** (*informatique*) ~ *de programme* Programmablaufplan *m* ; ~ *volume des données* Datenflussplan *m*.

organique organisch ; *droit* ~ Grundrecht *n* ; *loi f* ~ Grundgesetz *n* ; *société f* ~ Organgesellschaft *f*.

organisateur *m* Veranstalter *m* ; Organisator *m* ; ~ *de voyages* Reiseveranstalter.

1. organisation *f* (*manière d'organiser*) Organisation *f* ; Aufbau *m* ; Struktur *f* ; Gestaltung *f* ; Organisierung *f* ; (*manifestation*) Veranstaltung *f* ; Tagung *f* ; ◆ ~ *de l'entreprise* Betriebsorganisation ; ~ *des loisirs* Freizeitgestaltung *f* ; ~ *du marché, de l'ordre social* Marktordnung *f* ; Gestaltung der Sozialordnung ; (*Internet*) ~ *en réseau* Netz-Organisation ; ~ *de la société* Aufbau der Gesellschaft ; ~ *du (temps de) travail* Arbeits(zeit)gestaltung *f* ; ~ *du travail* Arbeitsorganisation, -ablauf *m* ; ◆◆ *défaut m, forme f, problème m d'*~ Organisationsfehler *m*, -form *f*, -problem *n*.

2. organisation *f* (*association*) Organisation *f* ; Verband *m* ; Verein *m* ; ◆ ~ *bancaire* Bankorganisation ; ~ *des banques et du crédit* Bank- und Kreditwesen *n* ; ~ *centrale* Spitzenverband ; Dachorganisation ; ~ *commerciale* Handelsorganisation ; ~ *de consommateurs* Verbraucherorganisation ; ~ *de coopération et de développement économiques* → *O.C.D.E.* ; ~ *des entreprises* Betriebsorganisation ; ~ *européenne pour la recherche nucléaire* → *O.E.R.N.* ; ~ *industrielle, internationale* Industrieverband, internationale Organisation ; ~ *internationale du travail* → *O.I.T.* ; ~ *mondiale du commerce* → *O.M.C.* ; ~ *mondiale de la santé* → *O.M.S.* ; ~ *des Nations unies* → *O.N.U.* ; ~ *non gouvernementale* → *O.N.G.* ; ~ *ouvrière, patronale, politique* Arbeiter-, Arbeitgeber-, politische Organisation ; ~ *professionnelle* berufsständische Organisation *f* ; *les* ~*s professionnelles* die Berufsorganisationen ; ~ *syndicale* Gewerkschaft *f* ; ~ *du Traité de l'Atlantique Nord* → *O.T.A.N.* ; ~ *de tutelle* Dachorganisation ; ~ *d'utilité publique* gemeinnützige Organisation ; ~ *de vente* Absatzorganisation ; ~ *de l'unité africaine* → *O.U.A.* ; ◆◆◆ *appartenir à une* ~ einer Organisation angehören ; *entrer dans une* ~ einer Organisation beitreten ; *fonder une* ~ eine Organisation gründen ; *se regrouper au sein d'une* ~ sich zu einer Organisation zusammenschließen.

organisationnel, le Organisations- ; organisatorisch.

organisé, e organisiert ; *marché m* ~ organisierter (geregelter, reglementierter) Markt ; *service bien* ~ gut organisierter Dienst *m* ; *voyage* ~ Gesellschaftsreise *f* ; *partir en voyage* ~ mit einer Reisegesellschaft verreisen ; *c'est du vol, de l'escroquerie* ~(*e*)*!* das ist reiner Diebstahl, reiner Schwindel!

organiser organisieren ; veranstalten ; gestalten ; einrichten ; planen ; zusammenstellen ; ~ *une exposition, un voyage* eine Ausstellung, eine Reise organisieren ; ~ *une session, un sondage* eine Tagung, eine Umfrage veranstalten ; *s'*~ sich organisieren ; *s'*~ *en coopérative, en syndicats* sich genossenschaftlich, gewerkschaftlich organisieren (zusammenschließen).

organisme *m* Stelle *f* ; Organ *n* ; Organisation *f* ; Organismus *m* ; Einrichtung *f* ; Gremium *n* ; Träger *m* ; Anstalt *f* ; Institution *f* ; ~ *agréé* anerkannte Stelle ; ~ *arbitral* Schiedsstelle ; ~*s de l'assistance publique* Träger der öffentlichen Fürsorge ; ~ *d'assurance* (*assureur*) Versicherungsträger ; Versicherungsanstalt ; ~ *bancaire* Bankinstitut *n* ; ~ *central* Dachorganisation ; Spitzenverband *m* ; Zentralorgan ; ~ *compétent* zuständige Stelle ; ~ *consultatif* beratendes Organ ; ~ *de contrôle* Kontrollorgan ; ~ *de crédit* Kreditanstalt ; ~ *de direction* Leitungsorgan ; ~ *d'épargne* Sparinstitut, -anstalt ; ~ *exécutif* ausführendes Organ ; Exekutivorgan ; ~ *gestionnaire* Verwaltungsträger, -organ ; ~ *gouvernemental* Regierungsstelle ; ~ *international* internationale Organisation ; ~ *payeur* (*de paiement*) Zahl-, Auszahlungsstelle ; ~ *permanent* ständiges Organ ; ~ *de placements collectifs de valeurs mobilières* → *O.P.C.V.M.* ; ~ *politique* politisches Organ ; ~ *privé* private Institution ; ~ *professionnel* Berufsorganisation ; ~ *public* Amt *n* ; Behörde *f* ; ~ *de* (*la*) *sécurité sociale* Sozialversicherungsträger.

orge *f* (*agric.*) Gerste *f*.

orient *m* Osten *m* ; Orient *m* ; *l'Extrême, le Moyen, le Proche* ~ der Ferne, der Mittlere, der Nahe Osten.

oriental, e 1. Ost- ; östlich **2.** orientalisch.

orientation *f* **1.** (*contrôle, réglementation*) Lenkung *f* ; Steuerung *f* ; Reglementierung *f* ; ~ *des besoins, des capitaux* Bedarfs-, Kapitallenkung ; ~ *du crédit* Kreditlenkung ; Kreditbewirtschaftung *f* ; ~ *des débouchés, des investissements* Absatz-, Investitionslenkung ; ~ *des prix, de la production* Preisregulierung *f*, Produktionssteuerung ; ~ *du marché* Marktregulierung ; *mesure f d'*~ Lenkungsmaßnahme *f* **2.** (*orientation, tendance, direction*) Orientierung *f* ; Tendenz *f* ; Richtung *f* ; Kurs *m* ; Trend *m* ; ~ *de la consommation, de la demande* Verbrauchs-, Bedarfsorientierung ; ~ *du marché* Marktorientierung ; ~ *des prix* Preistendenz ; Preistrend ; ~ *professionnelle* Berufsberatung *f*, -orientierung ; *changement m d'*~ Neuorientierung.

orienté, e orientiert ; ~ *à droite, à gauche* rechts-, linksorientiert ; ~ *à/vers l'exportation* exportorientiert ; ~ *vers la pratique* praxisorientiert ; (*bourse*) *la tendance est* ~*e à la hausse, à la baisse* die Aktien tendieren fester (aufwärts), schwächer (abwärts) ; *le marché est bien* ~ der Börsenmarkt weist eine positive Tendenz auf.

orienter 1. orientieren ; lenken ; steuern ; ~ *le pouvoir d'achat, la production* die Kaufkraft, die Produktion lenken ; ~ *dans une nouvelle direction* in eine neue Richtung lenken **2.** ~ *qqn* jdn (in der Berufswahl) beraten **3.** *s'*~ sich orientieren ; sich richten (nach) ; *s'*~ *sur les besoins des consommateurs* sich an (nach) den Konsumentenbedürfnissen orientieren.

orienteur *m* Berufsberater *m*.

originaire gebürtig aus ; stammend aus ; *il est* ~ *d'Allemagne* er ist gebürtiger Deutscher.

original *m* Original *n* ; Originaltext *m* ; Urschrift *f* ; Urkunde *f* ; Originalmuster *n* ; *faire établir une copie de l'*~ eine Kopie des Originals anfertigen lassen.

original, e 1. original ; Original- ; ursprünglich ; *édition f, facture f, pièce f* ~*e* Originalausgabe *f*, -rechnung *f*, -beleg *m* **2.** originell ; *publicité f* ~*e* originelle Werbung *f*.

origine *f* **1.** Herkunft *f* ; Ursprung *m* ; Abstammung *f* ; Original- ; ◆◆ *appellation f d'*~ Herkunftsbezeichnung *f* ; *certificat m d'*~ Ursprungszeugnis *n* ; Herkunftsnachweis *m* ; *désignation f d'*~ Herkunftsbezeichnung *f* ; *emballage m d'*~ Original(ver)packung *f* ; *indication f d'*~ Herkunftsangabe *f* ; *lieu m d'*~ Herkunftsort *m* ; *marque f d'*~ Ursprungsvermerk *m*, -zeichen *n* ; *obligation f d'indiquer l'*~ *d'un produit* Kennzeichnungspflicht *f* ; *pays m d'*~ (*personnes*) Herkunfts-, Ursprungsland *n* ; *vin m d'appellation d'*~ Wein *m* mit Herkunftsbezeichnung ; ◆◆◆ *être à l'*~ *de qqch* auf etw zurückzuführen sein ; *être Français d'*~ gebürtiger Franzose sein ; *établir l'*~ (*de*) die Herkunft (von etw) nachweisen **2.** Ursache *f* ; Entstehung *f* ; ~ *d'une crise économique* Ursache einer Wirtschaftskrise.

O.R.S.E.C. (*Organisation f des secours*) Hilfsaktion *f* ; *plan* ~ Katas-

tropheneinsatzplan *m* ; *déclencher le plan* ~ den Katastrophenplan ausrufen ; eine Hilfsaktion starten.

O.R.T. *f* (*Obligation renouvelable du trésor*) erneuerbare Staatsobligation *f* ; Staatsschuldverschreibung *f*.

O.R.T.F. (*hist. supprimé en 1974*) (*Office m de la radiodiffusion-télévision française*) staatliche französische Rundfunk- und Fernsehanstalt *f*.

O.S. *m* (*ouvrier spécialisé*) angelernter Arbeiter *m*.

oscillation *f* Schwankungen *f* ; Fluktuation *f* ; ~ *conjoncturelle, des cours* Konjunktur-, Kursschwankung.

osciller schwanken ; pendeln ; *le cours* ~*e autour de...* der Kurs schwankt um...

oseille *f* (*fam.*) Geld *n* ; Zaster *m* ; Piepen *pl* ; Penunzen *pl* ; Kohlen *pl* ; Moneten *pl* ; Knete *f* (*syn. fric* ; *blé* ; *flouze* ; *artiche* ; *pèze* ; *pognon* ; *tunes* ; *fraîche*).

ostréiculture *f* (*agric.*) Austernzucht *f*.

otage *m* Geisel *f* ; *en* ~ als Geisel ; *prise f d'*~ Geiselnahme *f*.

O.T.A.N. *f* (*Organisation f du Traité de l'Atlantique Nord*) Nordatlantikpaktorganisation *f* ; NATO *f*.

O.T.C. (*bourse, France : ouvert à toutes cessions* ; *marché hors-cote*) Freier-Markt-OTC ; außerbörslicher Markt (nicht reglementierter Kassamarkt, dessen Geschäfte nach den Systemen der französischen Börsengesellschaft verwaltet werden).

O.T.R. (*obligation à taux révisable*) Obligation *f* mit Zinsanpassung ; veränderbare (dynamische) Schuldverschreibung *f*.

O.U.A. *f* (*Organisation f de l'unité africaine*) Organisation *f* für die Einheit Afrikas (OAE), für afrikanische Einheit.

oubli *m* Unterlassung *f* ; Versäumnis *n* ; Nachlässigkeit *f* ; *à la suite d'un* ~ *regrettable* infolge eines bedauerlichen Versäumnisses.

oublier vergessen ; unterlassen ; versäumen ; (*volontairement*) übersehen ; überhören ; *être* ~*é dans un testament* in einem Testament übergangen werden.

Ouest *m* Westen *m* ; *de l'*~ West-, westlich ; (*hist.*) *Allemagne f de l'*~ Westdeutschland ; die Bundesrepublik Deutschland ; die BRD ; (*hist.*) *conflit m est-*~ Ost-West-Konflikt *m* ; *relations fpl Est-*~ Ost-West-Beziehungen *fpl*.

outil *m* Werkzeug *n* ; ~ *industriel* Maschinenpotenzial *n* ; Maschinenpark *m* ; ~ *de travail* Produktionsapparat *m* ; Werkzeug *n* ; (*fig.*) Instrument *n* ; (*appellation fiscale*) Betriebsausstattung *f* ; *imposition f de l'*~ *de travail* Besteuerung *f* des Produktionsapparates ; *machine-*~ Werkzeugmaschine *f*.

outillage *m* Handwerkzeug *n* ; Werkzeugausstattung *f* ; (technische) Ausrüstung *f* ; (*bilan*) Maschinen und maschinelle Anlagen *fpl* ; ~ *industriel* Anlagen und Maschinen *fpl* ; *matériel m et* ~ Material und Geräte.

outillerie *f* Werkzeugfabrik *f*.

outplacement *m* Outplacement *n* ; Stellenvermittlung *f* ; Arbeitsbeschaffung *f* (für arbeitslose Leitende) ; *cabinet m d'*~ Outplacement-Büro *n* ; Stellenvermittlungsgesellschaft *f*.

output *m* 1. (*informatique*) Output *m/n* 2. Gesamtergebnis *n* der Produktion ; Output *m/n* ; *tableau m économique input-*~ Input-Output-Analyse *f*.

outrage *m* Beleidigung *f* ; Ehrverletzung *f* ; ~ *aux bonnes mœurs* Verstoß *m* gegen die Sittlichkeit ; ~ *à fonctionnaire* Beamtenbeleidigung.

outre : *passer* ~ *à qqch* etw überschreiten ; über etw hinweggehen ; *passer* ~ *à une interdiction* ein Verbot überschreiten.

outre-Atlantique jenseits des Atlantiks ; transatlantisch ; *nos partenaires commerciaux d'*~ unsere amerikanischen Handelspartner.

outre-Manche jenseits des Ärmelkanals ; britisch ; GB-.

outre-mer *m* überseeisch ; Übersee- ; *commerce m d'*~ Überseehandel *m* ; *territoire m d'*~ (*T.O.M.*) Überseegebiet *n* ; *les D.O.M.-T.O.M.* die Überseedepartements und -gebiete.

outrepasser überschreiten ; übertreten ; ~ *ses droits, ses pouvoirs* seine Rechte, seine Befugnisse überschreiten.

outre-Rhin : *d'*~ jenseits des Rheins ; überrheinisch ; deutsch ; *nos voisins d'*~ unsere deutschen Nachbarn.

outsourcing *m* (*délocalisation de secteurs de production*) Outsourcing *n* ; Ausgliederung *f* von Verwaltungsfunktionen ; Auslagerung *f* von Unternehmensbereichen ; Übergabe *f* von (nicht zum Kernbereich gehörenden) Firmenbereichen an spezialisierte (Dienstleistungs)Unternehmen ; Appellieren *n* an Zulieferbetriebe.

ouvert, e geöffnet ; auf ; ◆ ~ *à* zugänglich (+ D) ; zugelassen für ; geöffnet für ; ~ *à la circulation* für den Verkehr freigegeben ; ~ *au public* der Öffentlichkeit zugänglich ; ~ *en permanence (24 heures sur 24)* ständig (durchgehend) geöffnet ; ~ *toute la journée, toute l'année* ganztägig (durchgehend), ganzjährig geöffnet ; ◆◆ *compte m* ~ Kundenkreditkonto *n* ; offenes Konto ; *crédit m* ~ bereitgestellter Kredit *m* ; ◆◆◆ *la chasse est* ~*e* es ist Jagdzeit ; *journée "portes ouvertes" f* Tag *m* der offenen Tür ; *être* ~ *(magasins)* geöffnet sein ; *(séance, exposition)* eröffnet sein.

ouverture *f* (*lettre, paquet*) Aufmachen *n* ; (*magasin, compte, crédit*) Eröffnung *f* ; Beginn *m* ; (*d'un droit*) Erwerb *m* ; (*mise en exploitation*) Erschließung *f* ; (*d'une procédure, d'une enquête*) Einleitung *f* ; ◆ ~ *de la bourse* Börsenbeginn ; ~ *à la circulation* Freigabe *f* für den Verkehr ; ~ *d'un compte* Eröffnung eines Kontos ; Kontoeröffnung ; ~ *des cours* Kurseröffnung, -beginn ; ~ *d'un crédit* Krediteröffnung, -gewährung *f*, -bewilligung *f* ; ~ *des débats* Verhandlungsbeginn ; Eröffnung der Verhandlungen ; ~ *de nouveaux débouchés* Erschließung *f* neuer Absatzmärkte ; ~ *des droits à la retraite* Erwerb *m* (Begründung *f*, Entstehung *f*) des Anspruchs auf Altersversorgung ; ~ *de l'économie sur l'extérieur* außenwirtschaftliche Öffnung *f* ; ~ *d'une enquête* Einleitung einer Untersuchung ; ~ *de la faillite* Konkurseröffnung ; ~ *des frontières vers (l'Europe orientale)* Öffnung der Grenzen (nach Osteuropa) ; ~ *des guichets* Schalter-, Kassenstunden *fpl* ; ~ *d'un magasin* Eröffnung eines Geschäfts ; ~ *des magasins* (Laden)Öffnungszeiten ; Geschäftszeiten *fpl* ; ~ *d'un marché* Markterschließung *f* ; ~ *de(s) négociations* Aufnahme *f* der (von) Verhandlungen ; ~ *d'une procédure judiciaire* Einleitung eines Gerichtsverfahrens ; ~ *d'une succession* Eintritt *m* des Erbfalls ; ~ *d'une séance* Eröffnung einer Sitzung ; ~ *d'un testament* Testamenteröffnung ; ◆◆ *bilan m, cours m d'*~ Eröffnungsbilanz *f*, -kurs *m* ;

heures fpl d'~ Schaltereröffnungszeiten *fpl* ; (*magasins*) Geschäftszeit *f* ; Geschäftsstunden *fpl* ; ◆◆◆ *demander l'*~ *d'un compte* die Eröffnung eines Kontos beantragen ; *pratiquer une politique d'*~ eine Politik der Öffnung verfolgen.

ouvrable 1. (*techn.*) verarbeitbar 2. *jour m* ~ Werktag *m* ; Wochentag *m* ; *les jours* ~ werktags ; werktäglich ; *le train circule les jours* ~*s sauf samedi* der Zug verkehrt werktags außer samstags.

ouvrage *m* 1. Arbeit *f* ; Werk *n* ; *se mettre à l'*~ sich an die Arbeit (ans Werk) machen 2. (*bâtiment*) Bauwerk *n* ; Bau *m* ; *gros* ~ Rohbau *m* ; *maître d'*~ Bauherr *m* ; Auftraggeber *m* ; auftraggebende Instanz *f* 3. (*livre*) Werk *n* ; Buch *n* ; ~ *de référence* Nachschlagewerk.

ouvré, e 1. (*manufacturé*) ausgearbeitet ; bearbeitet ; veredelt ; verfertigt, geformt ; gestaltet ; *produit m* ~ Fertigprodukt *n*, -erzeugnis *n* ; Fertigfabrikat *n*, -ware *f* ; (*artisanat*) handwerkliches Produkt *n* 2. (*travaillé*) Arbeits- ; gearbeitet ; *jour m* ~ Werktag *m* ; Arbeitstag ; verkaufsoffener Tag ; *par heure* ~*e* je erwerbstätige Stunde.

ouvrier *m* (gewerblicher) Arbeiter *m* ; Handarbeiter *m* ; Arbeitnehmer *m* ; (*artisan : peintre, menuisier, etc.*) Handwerker *m* ; *les* ~*s* die Arbeiterschaft ; ◆ ~ *agricole* Landarbeiter ; landwirtschaftlicher Arbeiter ; ~ *du bâtiment, à la chaîne* Bau-, Fließbandarbeiter ; ~ *étranger* ; ausländischer Arbeiter ; Gastarbeiter ; ~ *à façon (à domicile)* Heimarbeiter ; ~ *du fond* Untertagearbeiter ; ~ *à (au) forfait (à la tâche)* Akkordarbeiter ; ~ *de l'industrie* Industriearbeiter ; ~ *à la journée* Tagelöhner *m* ; ~ *manuel* Handarbeiter ; ~ *métallurgiste* Metallarbeiter ; Metaller *m* ; ~ *à mi-temps* Halbtags-, Teilzeitarbeiter ; ~ *à plein temps* Ganztagsarbeiter ; vollbeschäftigter Arbeiter ; ~ *non qualifié* ungeschulter Arbeiter ; Hilfsarbeiter ; ~ *aux pièces, prêté* Akkordarbeiter, geliehener Arbeiter ; ~ *professionnel (O.P.)* Facharbeiter ; hoch qualifizierter Arbeiter ; ~ *qualifié* gelernter Arbeiter ; Facharbeiter ; qualifizierter Arbeiter ; ~ *saisonnier* Saisonarbeiter ; ~ *spécialisé (O.S.)* angelernter Arbeiter ; ~ *à la tâche* Akkordarbeiter ; ~ *à temps partiel* Teilzeitarbeiter ; teilzeitbeschäftigter Arbeiter ; ~ *du textile, d'usine*

Textil-, Fabrikarbeiter ; ◆◆◆ *débaucher, embaucher, licencier des ~s* Arbeiter abwerben, anstellen (einstellen), entlassen (*syn. main-d'œuvre, travailleur, salarié*).

ouvrier, ière Arbeiter- ; arbeitend ; den Arbeiter betreffend ; *action f ~ère* Arbeiter-, Belegschaftsaktie ; *actionnariat m ~* Kapitalbeteiligung *f* der Arbeitnehmerschaft ; Mitbesitz *m* in Form von Belegschaftsaktien ; *cheville f ~ère* treibende Kraft *f* ; *classe f ~ère* Arbeiterklasse *f* ; *comité m ~* Arbeiterausschuss *m* ; *coopérative f ~ère* Arbeitergenossenschaft *f* ; *délégué ~* Belegschafts-, Arbeitnehmervertreter *m* ; *effectif m ~* Arbeitnehmerbestand *m* ; Arbeiterschaft *f* ; *monde m ~* Arbeiterschaft *f* ; *mouvement m ~* Arbeiterbewegung *f* ; *organisation f ~ère* Arbeiterorganisation *f* ; *parti m ~* Arbeiterpartei *f* ; *revendications fpl ~ères* Forderungen *fpl* der Arbeiter(schaft) ; *syndicat m ~* Arbeitergewerkschaft *f.*

ouvrir 1. (*lettre, paquet*) öffnen ; aufmachen **2.** ~ *un commerce* ein Geschäft eröffnen ; ~ *un compte* ein Konto eröffnen (anlegen) **3.** ~ *un crédit* einen Kredit eröffnen (bewilligen) ; Gelder zur Verfügung stellen **4.** (*des droits à qqch*) einen Anspruch auf etw erwerben **5.** (*au trafic, à la circulation*) dem Verkehr übergeben ; für den Verkehr freigeben **6.** (*enquête, procédure*) einleiten **7.** (*négociations*) aufnehmen ; einleiten ; eröffnen **8.** ~ *à l'exploitation* in Betrieb nehmen ; ~ *un pays à l'exploitation* ein Land erschließen **9.** (*magasins*) geöffnet sein ; *le magasin n'ouvre qu'à 8.00 heures* das Geschäft wird erst um 8.00 Uhr geöffnet **10.** (*actions, emprunt*) ~ *une souscription* Aktien, eine Anleihe aufnehmen **11.** (*informatique*) ~ *un fichier* eine Datei öffnen ; ~ *un site* (*sur*) *Internet* eine Website im Internet aufmachen **12.** *s'~* sich öffnen ; *s'~ à la concurrence* für den Wettbewerb geöffnet werden ; sich dem Wettbewerb öffnen ; *de nouveaux marchés s'ouvrent à l'industrie* neue (Absatz)Märkte erschließen sich für die Industrie.

overflow *m* (*dépassement de la capacité de mémorisation d'un ordinateur*) Overflow *n.*

ovidés *mpl* Schafe *npl.*

ovin, e Schaf- ; *cheptel m ~* Schafbestand *m* ; *production f ~e* Schaferzeugung *f.*

ovins *mpl* die Schafe *npl* ; *éleveur m d'~* Schafzüchter *m* ; *troupeau m d'~* Schafherde *f.*

oxyde d'azote (*environnement*) Stickstoff *m* ; Stickoxyd *n.*

oxyde de carbone *m* (*environnement*) Kohlen(mon)oxyd *n.*

oxygène *m* Sauerstoff *m* ; *donner un ballon d'~ à l'économie* die Wirtschaft beleben ; der Wirtschaft neue Impulse geben.

ozone *m* Ozon *n* ; *couche f d'~* Ozonschicht *f* ; *trou m* (*dans la couche*) *d'~* Ozonloch *n* ; *mesurer, contrôler la teneur en ~* den Ozongehalt messen, kontrollieren.

P

P. 1. *payé* bezahlt **2.** *page* Seite.
P.A. *par an(née)* jährlich ; pro Jahr.
P.A.C. *f* (*Politique agricole commune*) gemeinsame Agrarpolitik *f* ; *réforme f de la* ~ Reform *f* der gemeinsamen Agrarpolitik.
pacage *m* Viehweide *f* ; Weideland *n* ; *droit m de* ~ Weiderecht *n*.
pacager das Vieh weiden lassen.
pacifique 1. friedlich **2.** (*jur.*) *possesseur m* ~ ungestörter Besitzer *m*.
pacifiste pazifistisch ; Friedens- ; *mouvement m* ~ Friedensbewegung *f.*
pack *m* : (*emballage*) ~ *de six, de douze* Sechs-, Zwölfpack *m.*
package *m* **1.** (*informatique*) Fertigprogramm *n* **2.** (*touris.*) Pauschalreise *f* ; Pauschalangebot *n* ; Touristik *f* zu Inklusivpreisen **3.** (*ensemble de programmes*) Paket *n* ; Bündel *n.*
pacotille Schundware *f* ; Ramsch *m* ; Tinnef *m.*
P.A.C.S. *m* (*Pacte civil de solidarité*) eingetragene Lebensgemeinschaft *f* ; eheähnliche Partnerschaft *f* ; (*fam.*) Homo-Ehe *f.*
pacser eine eheähnliche Partnerschaft eingehen.
pacte *m* **1.** Pakt *m* ; Bündnis *n* ; Vertrag *m* ; ~ *d'alliance* Bündnispakt ; ~ *d'assistance mutuelle* gegenseitiger Beistandspakt ; ~ *atlantique* Atlantikpakt ; ~ *défensif* Verteidigungsbündnis ; ~ *pour l'emploi* Bündnis *n* für Arbeit ; Beschäftigungspakt ; *conclure un* ~ einen Pakt (Vertrag) schließen **2.** (*jur.*) ~ *commissoire* Verfallklausel *f* ; ~ *de préemption* Vorverkaufsvertrag.
pactole *m* Goldgrube *f* ; Quelle *f* des Reichtums.
P.A.F. *m* (*paysage audiovisuel français*) audio-visuelle Medienlandschaft *f* Frankreichs.
page *f* Seite *f* ; *à la* ~ *10* auf Seite 10 ; (*Internet*) ~ *d'accueil* Homepage *f* ; ~ *des annonces* Anzeigenteil *m* ; ~ *de couverture* Umschlagseite ; ~*s économiques d'un journal* Wirtschaftsteil *m* einer Zeitung ; (*annuaire*) ~*s jaunes* Branchenverzeichnis *n* ; die gelben Seiten *fpl* ; ~ *de publicité* Werbe-, Reklameseite ; ~ *Web* Web-Seite ; ◆◆ *mise f en* ~ Lay-out *n* ; Text- und Bildgestaltung *f* einer Seite ; (*journal*) *première* ~ Titelseite ; ◆◆◆ *être à la* ~ mit der Zeit gehen ; mit der Mode gehen.
paie *f* **1.** Lohn *m* ; Gehalt *n* ; *bordereau m de* ~ Lohnliste *f.* Gehaltsaufstellung *f* ; *bulletin m* (*feuille f*) *de* ~ Lohnabrechnung *f* ; Gehaltsstreifen *m* ; *bureau m de* ~ Lohn-, Gehaltsbüro *n* ; *enveloppe f de* ~ Lohntüte *f* ; *fiche f de* ~ Lohnstreifen *m*, -zettel *m* ; *jour m de* ~ Zahl-, Lohntag *m* **2.** Lohnauszahlung *f* ; Löhnung *f* ; Entlohnung *f.*
1. paiement *m* Zahlung *f* ; Bezahlung *f* ; Begleichung *f* ; Zahlen *n* ; Auszahlung *f* ; (*chèque, traite*) Einlösung *f* ; Honorierung *f* ; (*impôts*) Entrichtung *f* ; ◆ ~ *par annuités* Zahlung in Jahresraten ; Annuitätenzahlung ; ~ *anticipé* (*par anticipation*) Voraus(be)zahlung ; Vorschuss *m* ; ~ *en argent* Barzahlung, Bargeldauszahlung ; ~ *arriéré* rückständige Zahlung ; ~ *par carte* elektronische (bargeldlose) Zahlungsweise *f* ; ~ *par chèque* Scheckzahlung ; ~ *du chèque* Scheckeinlösung ; ~ *par chèques et virements* bargeldloser Zahlungsverkehr *m* ; ~ *compensatoire* Ausgleichszahlung ; (*au*) *comptant* Barzahlung ; ~ *de coupon* Coupon-Zahlung ; ~ *en devises* Devisenzahlung ; ~ *différé* gestundete (hinausgeschobene) Zahlung ; Zahlungsaufschub *m* ; ~ *des dividendes* Dividendenzahlung ; ~ *des droits de douane* Zollabgabe *f* ; ~ *à l'échéance* Zahlung bei Fälligkeit ; ~ *échelonné* Raten-, Teilzahlung ; *échu* fällige Zahlung ; ~ *en espèces* Geldzahlung ; Bargeldauszahlung ; ~ *forfaitaire* Pauschalzahlung ; ~ *fractionné* Raten-, Teilzahlung ; ~ *des impôts* Steuerzahlung ; Steuerentrichtung ; ~ *des intérêts* Zinszahlung ; ~ *à la livraison* Zahlung bei Lieferung ; ~ *par mensualités* Zahlung in Monatsraten ; monatliche Zahlungen ; ~ *en numéraire* Geldzahlung ; Bargeldauszahlung ; ~ *provisionnel* Vorschusszahlung ; ~ *des salaires* Lohnzahlung ; ~ *du solde* Restzahlung ; ~ *pour solde de tout compte* Abschlusszahlung ; ~ *en souffrance* überfällige Zahlung ; ~ *sous réserves* Zahlung unter Vorbehalt ; ~ *supplémentaire* zusätzliche Zahlung ; ~ *à tempérament* Raten-, Teilzahlung ; ~ *total* Voll(ein)zahlung ; ~ *trimestriel* Quartalszahlung ; ~ *en trop* Überzah-

lung ; ~ *ultérieur* Nachzahlung ; ~ *par virement* Überweisung *f* ; Girozahlung ; ◆◆ *accord m de* ~ Zahlungsabkommen *n* ; *autorisation f de* ~ Auszahlungsermächtigung *f* ; *bénéficiaire m d'un* ~ Zahlungsempfänger *m* ; *capacité f de* ~ Zahlungsfähigkeit *f* ; *clause f de* ~ Zahlungsklausel *f* ; *conditions fpl de* ~ Zahlungsbedingungen *fpl* ; *contre* ~ (*d'une somme*) gegen Zahlung (eines Betrags) ; *délai m de* ~ Zahlungsfrist *f* ; *difficultés fpl de* ~ Zahlungsschwierigkeiten *fpl* ; *engagement m de* ~ Zahlungsverpflichtung *f* ; *facilités fpl de* ~ Zahlungserleichterungen *fpl* ; *instrument m de* ~ Zahlungsinstrument *n* ; *jour m de* ~ Zahltag *m*, -termin *m* ; *lieu m de* ~ Zahlungsort *m* ; *mandat m de* ~ Zahlungsanweisung *f* ; *mode m de* ~ Zahlungsart *f*, -weise *f* ; *moyen m de* ~ Zahlungsmittel *n* ; *obligation f de* ~ Zahlungsverbindlichkeit *f*, -verpflichtung *f* ; *ordre m de* ~ Zahlungsauftrag *m* ; *promesse f de* ~ Zahlungsversprechen *n* ; *refus m de* ~ Zahlungsverweigerung *f* ; *retard m dans le* ~ Zahlungsverzug *m* ; *sommation f de* ~ Zahlungsaufforderung *f* ; Mahnung *f* ; *sursis m de* ~ Zahlungsaufschub *m* ; *suspension f de* ~ Zahlungseinstellung *f* ; *terme m de* ~ Zahlungstermin *m* ; ◆◆◆ *anticiper un* ~ im Voraus (be)zahlen ; vorauszahlen ; *différer le* ~ die Zahlung stunden (aufschieben) ; *effectuer (faire) un* ~ eine Zahlung leisten (vornehmen) ; *exiger le* ~ die Zahlung verlangen (fordern) ; *faciliter le* ~ die Zahlung erleichtern ; *refuser le* ~ die Zahlung verweigern.
2. paiements *mpl* Zahlungsverkehr *m* ; Zahlungen *fpl* ; ~ *courants* laufende Zahlungen ; ~ *internationaux* internationaler Zahlungsverkehr ; *balance f des* ~ Zahlungsbilanz *f* ; *blocage m des* ~ Zahlungsstopp *m*, -sperre *f* ; *cessation f des* ~ Zahlungseinstellung *f* ; *reprise f des* ~ Wiederaufnahme *f* der Zahlungen ; *système m de* ~ Zahlungssystem *n* ; *suspendre les* ~ die Zahlungen einstellen.

paierie *f* Zahlstelle *f* (eines Finanzamtes).

paille *f* : *homme m de* ~ Strohmann *m*.

pain *m* Brot *n* ; *le* ~ *quotidien* das tägliche Brot ; *enlever le* ~ *de la bouche à qqn* jdn brotlos machen ; jdn ums Brot bringen ; *gagner son* ~ sein Brot verdienen ; seinen Lebensunterhalt verdienen ;
se vendre comme des petits ~s reißenden Absatz finden ; (*fam.*) wie warme Semmeln weggehen.

pair	1. *chiffre pair* 2. *bourse* 3. *fille au pair*

1. (*chiffre pair*) gerade ; *jours mpl* ~s gerade Tage *mpl* ; (*environnement*) *véhicules mpl* ~ *s* Fahrzeuge *npl* mit geraden Kennzeichennummern.
2. (*bourse*) Pari *n* ; Parikurs *m* ; Paristand *m* ; Nennwert *m* ; ◆ *au* ~ (zum) Nennwert ; (al) pari ; Pari- ; ~ *du change* Wechselparität *f*, -pari *n* ; ◆◆ *action f au* ~ Nennwertaktie *f* ; *cours m du* ~ Parikurs *m* ; *émission f au* ~, *au-dessous*, *au-dessus du* ~ Pari-, Unterpari-, Überpariemission *f* ; *remboursement m au* ~ Parirückzahlung *f* ; *valeur f au* ~ Pariwert *m* ; *valeur reportée au* ~ glatt prolongiertes Wertpapier (weder Deport noch Report) ; ◆◆◆ *émettre au* ~ zum Parikurs ausgeben ; *être au* ~ (al) pari stehen ; *être au-dessous, au-dessus du* ~ unter, über pari stehen ; unter, über dem Nennwert stehen ; *reporter au* ~ glatt prolongieren.
3. (*fille au pair*) Au-pair-Mädchen *n* ; *travailler au* ~ als Au-pair-Mädchen arbeiten ; eine Au-pair-Stelle haben.

paisible 1. friedlich ; friedliebend **2.** (*jur.*) ~ *possesseur m* (in seinem Besitz) ungestörter Besitzer *m*.

paix *f* Frieden *m* ; Friede *m* ; ~ *sociale* Arbeitsfrieden ; sozialer Frieden ; Betriebsfrieden ; (*Belgique*) *juge m de* ~ Friedensrichter *m* ; *négociations fpl de* ~ Friedensverhandlungen *fpl* ; *traité m de* ~ Friedensvertrag *m* ; *conclure la* ~ Frieden schließen ; *signer la* ~ den Frieden(svertrag) unterzeichnen.

palais *m* Palast *m* ; Schloss *n* ; *Palais Bourbon* Sitz *m* der Nationalversammlung in Paris ; *Palais Brongniart* Pariser Börse *f* ; *~ de Justice* Justizpalast ; Gerichtsgebäude *n* ; *gens mpl de (du)* ~ Gerichtspersonen *fpl* ; *langage m du* ~ Juristen-, Kanzleisprache *f* ; *révolution f de* ~ Palastrevolution *f*.

pâle : (*fam.*) *être porté* ~ krankgeschrieben sein ; *se faire porter* ~ sich krank schreiben lassen.

palette *f* (Angebots)Palette *f* ; reiches, vielfältiges Angebot *n* ; *élargir*

la ~ de l'offre die Angebotspalette verbreitern (syn. éventail).
palier *m* Stufe *f* ; Staffel *f* ; Abschnitt *m* ; Gefälle *n* ; *par ~s* stufenweise ; etappenweise ; ~ *de prix* Preisstaffel, -reihe *f* ; Preisstufung *f.*
palliatif *m* Notlösung *f* ; Notbehelf *m* ; vorläufige (unzureichende) Maßnahme *f.*
palliatif, ive *m* : *médicament m* ~ palliatives Mittel *n* ; *mesure f ~ive* Überbrückungsmaßnahme *f* ; *soins mpl ~s* Sterbebegleitungspflege *f* ; *les soins ~s ne sont pas couverts par la prestation de dépendance* die Sterbebegleitung wird von der Pflegeversicherung nicht abgedeckt.
pallier abhelfen (+ D) ; Abhilfe schaffen ; ~ *des difficultés* Schwierigkeiten beseitigen (aus dem Weg räumen).
palmarès *m* 1. Liste *f* der Preisträger ; Preisträger-, Siegerliste 2. Preise *mpl.*
palme *f* (Sieges)Palme *f* ; *remporter la* ~ den Sieg erringen ; die Siegespalme davontragen.
P.A.M.P. *m* (*bourse : prix d'achat moyen pondéré*) durchschnittlicher gewichteter Einkaufspreis *m.*
panacée *f* Universal-, Wundermittel *n* ; Allerweltsmittel ; Allheilmittel.
panachage *m* 1. (*élections*) Panaschieren *n* ; (freie Auswahl der Kandidaten aus den verschiedenen Wahllisten) 2. (*assur.*) ~ *des risques* Risikoverteilung *f,* -streuung *f.*
panacher (*élections*) panaschieren ; ~ *une liste électorale* Kandidaten panaschieren ; Kandidaten aus den verschiedenen Wahllisten auswählen.
panafricain, e panafrikanisch.
pancarte *f* 1. Schild *n* ; Tafel *f* ; Anschlag *m* 2. (*manifestation*) Transparent *n* ; Spruchband *n.*
panel *m* Panel *n* (Meinungsbefragung) ; (Standart)Testgruppe *f* ; ~ *de consommateurs* Verbrauchertestgruppe ; *technique f du* ~ Panelverfahren *n,* -technik *f.*
paneliser durch Paneltechnik befragen ; *personnes* ~ *ées* Testpersonen *fpl* ; durch Paneltechnik befragte Testgruppen, -personen.
panéliste *m* Befragte(r) ; Testperson *f.*
paneuropéen, ne paneuropäisch ; gesamteuropäisch.

panier *m* Korb *m* ; (*statist.*) ~ *de biens* (*de la ménagère*) Warenkorb ; ~ *communautaire* EU-Warenkorb ; ~ *de monnaies* Währungskorb ; Korbwährung *f* ; ~ *à provisions* Einkaufskorb ; (*tourisme*) ~ *-repas* Lunchpaket *n.*
panne *f* Panne *f* ; Betriebsstörung *f* ; Defekt *m* ; Schaden *m* ; Ausfall *m* ; ~ *de courant* Stromausfall *m* ; *la machine tombe en* ~ die Maschine fällt aus ; *les négociations sont en* ~ die Verhandlungen stocken.
panneau *m* Schild *n* ; Tafel *f* ; ~ *d'affichage* Anschlagtafel ; Schwarzes Brett *n* ; ~ *électoral* Anschlagtafel für Wahlplakate ; ~ *publicitaire* Reklametafel ; ~ *réclame* Reklameschild, -tafel ; Werbeschild ; ~ *de signalisation* Verkehrsschild, -zeichen *n* ; *dresser des ~x publicitaires* Reklametafeln aufstellen.
panonceau *m* 1. Amts-, Berufsschild *n* (eines Notars) 2. (kleines) Schild *n.*
panoplie *f* (*fig.*) Paket *n* ; Instrumentarium *n* ; Arsenal *n.*
pantouflage *m* (*France*) Wechsel *m* vom Staatsdienst in die Privatwirtschaft.
P.A.O. *f* (*publication assistée par ordinateur*) Desktop publishing *n.*
P.A.P. *m* (*prêt d'accession à la propriété*) Darlehen *n* zum Eigentumserwerb ; staatlich gefördertes Baudarlehen *n.*
paperasse *f* 1. (*péj.*) Schreibereien *fpl* ; Papierkrieg *m* ; Schreibkram *m* 2. *~s* (alte) Schriftstücke *npl* ; Akten *fpl.*
paperasserie *f* 1. Berge *mpl* von Papieren ; (*péj.*) Papierwust *m* 2. Papierkrieg *m* (mit Behörden) ; ~ *administrative* amtlicher (behördlicher) Papierkram *m.*
paperback *m* (*édition*) Paperback *n* ; Taschenbuch *n* ; weicher Einband *m.*
papeterie *f* 1. Schreibwarengeschäft *n,* -handlung *f* ; *articles mpl de* ~ Schreibwaren *fpl* 2. Papierherstellung *f* ; Papierfabrik *f.*
papetier *m* 1. Schreibwarenhändler *m* ; ~*-libraire m* Buch- und Schreibwarenhändler 2. Papiermacher *m.*

papier *m*	1. *sens général* 2. *effet ; valeur* 3. *papiers ; documents*

1. (*sens général*) a) Papier *n* ; ~ *brouillon* Konzeptpapier ; ~ *buvard*

Löschpapier ; ~-*calque* Pauspapier ; Blaupapier ; ~ *carbone* Kohlepapier ; ~ *à écrire* Schreibpapier ; ~ *d'emballage* Packpapier ; ~ *à en-tête* Briefpapier mit (vorgedrucktem) Briefkopf ; ~ *à lettres* Briefpapier ; ~ *listing* Endlospapier ; Endlosband *n* ; ~ *machine* Schreibmaschinenpapier ; ~ *pelure* Durchschlagpapier ; *sur le* ~ auf dem Papier ; geschrieben ; gedruckt ; *vieux* ~*s* Altpapier b) *un* ~ ein Blatt (ein Stück) Papier ; ein Zettel *m* c) (*fam.*) (*presse*) Artikel *m* ; Bericht *m*.
2. (*effet* ; *valeur*) Papier *n* ; Wechsel *m* ; bankfähiger Wechsel ; ~ *commercial* Handelswechsel, Handelspapier ; ~ *de change* Bankwechsel ; ~ *de complaisance* Gefälligkeitswechsel ; ~ *de crédit* Finanzwechsel, -papier ; ~ *escomptable* diskontfähiges Papier ; ~ *fictif* Scheinwechsel ; ~ *financier* Finanzpapier, -wechsel ; ~ *hors banque* rediskontierbarer Wechsel ; ~-*monnaie* Geldpapier ; ~ *négociable* Bankierwechsel ; rediskontierbarer Wechsel ; ~ *à ordre* Orderpapier ; ~ *de premier ordre* Primapapier ; ~ *sur place* Platzwechsel ; ~ *au porteur* Inhaberpapier ; ~ *à vue* Sichtwechsel, -tratte *f*.
3. (*papiers* ; *documents*) ~s (wichtige) Papiere *npl* ; (*documents*) Unterlagen *fpl* ; Schriftstücke *npl* ; ~s *d'expédition* Versandpapiere ; ~s *falsifiés* gefälschte Papiere ; *faux* ~s falsche Papiere ; gefälschter Personalausweis *m* ; ~s *d'identité* Ausweispapiere.

papillon *m* (abtrennbarer) Zettel *m* ; Klebezettel ; (*contravention*) Strafzettel ; (*fam.*) Knöllchen *n*.

paquebot *m* Ozeandampfer *m* ; Passagierschiff *n* ; ~ *mixte* Passagierfrachtschiff.

paquet *m* **1.** Paket *n* ; Bündel *n* ; ~ *d'actions* Aktienpaket ; ~ *de billets de banque* Bündel Banknoten **2.** (*poste*) Paket *n* ; ~ *lettre* Briefpaket ; *petit* ~ Päckchen *n* **3.** (wirtschaftliches, soziales) Paket *n* ; Gesamtheit *f* von (wirtschaftlichen, sozialen) Maßnahmen.

par 1. ~ *acte notarié* durch notariell beglaubigte Urkunde ; ~ *contrat* vertraglich ; ~ *la loi* im Namen des Gesetzes ; ~ *écrit* schriftlich ; ~ *procuration* per Prokura ; im Auftrag ; *fait* ~-*devant notaire* notariell beglaubigt **2.** pro ; ~ *personne*, ~ *heure* pro Person ; pro Stunde.

parabancaire bankähnlich.

paradis *m* : ~ *fiscal* Steuerparadies *n*, -oase *f*.

paraétatique halbstaatlich ; quasiöffentlich.

parafe → *paraphe*.

parafer → *parapher*.

parafiscal, e steuerähnlich ; *taxe f* ~*e* steuerähnliche Abgabe *f*.

parafiscalité *f* steuerähnliche Abgaben *fpl* ; Parafiskalität *f* ; zweckgebundene Pflichtbeiträge *mpl*.

paragraphe *m* (*texte*) Abschnitt *m* ; Absatz *m* ; Passus *m* ; Paragraph *m* ; (*loi*) Absatz *m*.

parallèle *m* Parallele *f* ; Vergleich *m* ; Gegenüberstellung *f* ; *établir un* ~ eine Parallele ziehen (zwischen) ; miteinander vergleichen ; *formation f* ~ zweiter Bildungsweg.

parallèle 1. (*à*) parallel (zu) **2.** inoffiziell ; nichtamtlich ; (*bourse*) *cours m* ~ außerbörslicher Kurs *m* ; *économie f* ~ Untergrundwirtschaft *f* ; Schattenwirtschaft ; Schwarzarbeit *f* ; *marché m* ~ Parallelmarkt *m* ; grauer Markt *m*.

paralyser lähmen ; lahmlegen ; stilllegen ; zum Stillstand bringen ; *être* ~*é* lahmliegen ; stillliegen.

paralysie *f* Lähmung *f* ; Stillstand *m* ; Stagnation *f* ; ~ *du marché* Marktstockung *f*.

paramédical, e : *professions fpl* ~ *es* arztähnliche Berufe *mpl* ; Heilhilfsberufe ; pflegerische Hilfstätigkeiten *fpl*.

paramètre *m* Parameter *m* ; ~s *économiques* Wirtschaftsdaten *fpl* ; ~ *statistique* statistischer Parameter.

paraphe *m* Namenszeichen *n* ; Abzeichen *n* ; Handzeichen *n* ; Namenszug *m* ; Paraphe *f* ; *apposer un* ~ *au bas d'un contrat* ein Handzeichen (die Initialbuchstaben) unter einen Vertrag setzen.

parapher mit seinem Namenszug versehen ; paraphieren ; abzeichnen ; signieren.

parapluie *m nucléaire* Atomschirm *m*.

parapublic, ique halbstaatlich ; halböffentlich.

parasite *m* Schmarotzer *m* ; Parasit *m*.

parasiter (*fam.*) jdn ausnutzen ; auf jds Kosten leben ; jdn ausnehmen.

parc *m* **1.** (*environnement*) Park *m* ; ~ *national* Nationalpark ; ~ *naturel*

parcellaire

Naturpark **2.** ~ *de stationnement* Parkplatz *m* **3.** (*ensemble*) Park *m* ; Gesamtbestand *m* ; ~ *d'activités* Gewerbepark ; ~ *automobile* Kraftfahrzeugbestand ; Wagen-, Fuhrpark ; ~ *des expositions* Ausstellungs-, Messegelände *n* ; ~ *immobilier* Baubestand *m* ; Immobilienbestand ; ~ *immobilier neuf, ancien* Neubau-, Altbaubestand ; ~ *industriel* Gesamtbestand der maschinellen Anlagen (eines Unternehmens) ; Industriebestand ; ~ *de loisirs* (*d'attractions*) Vergnügungspark ; ~ *de machines* Maschinenbestand, -park ; Maschinen *fpl* ; ~ *roulant* Wagenbestand *m* ; Wagenpark *m* ; Fahrzeugbestand *m* ; ~ *technologique* Innovations- und Gründerzentrum *n* **4.** Lagerplatz *m* ; ~ *à brut* Tanklager *n* für Rohöl.
parcellaire Parzellen- ; Parzellierungs-.
parcellarisation *f* → *parcellisation*.
parcelle *f* Parzelle *f* ; Flurstück *n* ; Grundstück *n* ; Flächeneinheit *f* ; ~ *de terre* Parzelle ; Stück Land ; *division f en* ~*s* Grundstückparzellierung *f*.
parcellisation *f* Parzellierung *f* ; Zerlegung *f*.
parcelliser parzellieren.
parcimonie : *avec* ~ sehr sparsam.
parcimonieux, ieuse (*personne*) geizig ; knaus(e)rig ; (*fam.*) knickrig.
parcmètre *m* Parkuhr *f*.
parcours *m* **1.** Strecke *f* ; Fahrstrecke ; (*fig.*) ~ *du combattant* Hürdenlauf *m* ; Ämtermarathon *m* ; (*magasins*) ~ *fléché* Richtungslenker *m* **2.** Entfernung *f*.
par-devant : ~ *notaire* vor dem Notar ; notariell (beglaubigt).
par-devers : ~ *le juge* vor dem Richter.
parent *m* **1.** Verwandte(r) ; ~*s par alliance* angeheiratete Verwandte ; ~ *isolé* alleinerziehender Elternteil *m* ; (*fig.*) ~*s pauvres* Stiefkinder *npl* ; Zukurzgekommene(n) *pl* ; *allocation f de* ~ *isolé* Kindergeld *n* für alleinstehende Elternteil **2.** ~*s* Eltern *pl* ; ~*s adoptifs* Adoptiveltern ; *chacun des* ~ *s* Elternteil *m*.
parental, e elterlich ; *autorité f* ~*e* elterliche Gewalt *f* ; *congé m* ~ Erziehungsurlaub *m* ; Babyjahr *n* ; *allocation f* ~*e d'éducation* Erziehungsgeld *n*.
parenté *f* Verwandtschaft *f* ; ~ *par alliance* Schwägerschaft *f* ; ~ *consan-*guine Blutsverwandtschaft ; ~ *collatérale* (Bluts)Verwandtschaft *f* in der Seitenlinie ; Seitenverwandtschaft *f* ; ~ *légitime* eheliche Verwandtschaft ; *degré m* (*lien m*) *de* ~ Verwandtschaftsgrad *m*, -verhältnis *n*.
parenthèse *f* **1.** Einschub *m* ; eingeschobener Satz *m* **2.** (runde) Klammer *f* ; *entre* ~*s* **a)** in (zwischen) Klammern **b)** (*fig.*) beiläufig gesagt ; nebenbei bemerkt.
parer (*à*) vorbeugen (+ D) ; abhelfen (+ D) ; ~ *à une crise* einer Krise vorbeugen.
parère *m* Urkunde *f* über das Bestehen eines Handelsbrauchs.
pari *m* Wette *f* ; Einsatz *m* ; Wettsumme *f* ; ~ *mutuel urbain* (*P.M.U.*) staatliches Wettbüro *n* (für Pferderennen) ; Pferdewette ; *faire, gagner, perdre un* ~ eine Wette eingehen, gewinnen, verlieren.
parier wetten ; ~ *sur l'avenir* auf die Zukunft bauen ; ~ *sur un cheval* auf ein Pferd setzen ; ~ *sur l'euro* auf den Euro setzen.
paritaire paritätisch (besetzt) ; gleichberechtigt ; gleichgestellt ; *commission f* ~ paritätisch zusammengesetzter Ausschuss *m* (von Arbeitgebern und Arbeitnehmern) ; *négociations fpl* ~*s* Tarifverhandlungen *fpl* ; Verhandlungen der Sozialpartner ; *politique f* ~ Tarifpolitik *f* ; *représentation f* ~ paritätische Vertretung *f*.
parité *f* Parität *f* ; Gleichheit *f* ; Gleichstellung *f* ; ◆ ~ *des changes* Währungsparität, Wechselkursparität ; ~ *concurrentielle* Wettbewerbsparität ; ~ *de change* Währungsparität *f* ; ~ *directe* direkte Parität ; ~ *du dollar* Dollar-Parität ; ~ *fixe* (*entre plusieurs monnaies*) feste Währungsparität ; ~ *glissante* (*mobile*) gleitende Parität ; ~ *monétaire* Währungsparität ; ~ *officielle* amtliche (offizielle) Parität ; amtlicher Wechselkurs *m* ; Umrechnungskurs ; ~*-or* Goldparität ; ~ *des pouvoirs d'achat* (*P.P.A.*) Kaufkraftparität ; ~ *des prix* Preisparität ; ~ *des revenus* Einkommensparität ; ~ *salariale* (*des salaires*) Lohnparität, -gleichheit ; ~ *sociale* soziale Gleichheit ; ~ *de souscription* Zeichnungs-, Subskriptionsparität *f* ; ~ *des suffrages* (*de voix*) Stimmengleichheit ; ◆◆ *alignement m de* ~

Paritätsangleichung *f* ; *changement m de ~* Paritätsänderung *f* ; *clause f de ~* Paritätsklausel *f* ; *commissions fpl représentées à ~ égale* paritätisch besetzte Ausschüsse *mpl* ; *échelle f de ~* Paritätstabelle *f* ; *réajustement m des ~s* Wechselkursangleichung *f.*

parjure *m* **1.** Meineid *m* ; Eidbruch *m* ; falscher Eid *m* **2.** Eidbrüchige(r) ; Meineidige(r).

parjurer : *se ~* eidbrüchig werden ; einen Meineid leisten.

parking *m* Parkplatz *m* ; *~ gardé, payant* bewachter, gebührenpflichtiger Parkplatz ; *~ souterrain* Tiefgarage *f* ; *emplacement m de ~* Parkraum *m.*

parlé : *(radio) journal m ~* Nachrichten *fpl.*

parlement *m* Parlament *n* ; *(Allemagne)* Bundestag *m* ; *au ~* im Parlament ; im Bundestag ; *~ européen* europäisches Parlament ; *~ régional* Landesparlament ; *membre m du ~* Parlamentsmitglied *n* ; *(Allemagne)* Mitglied des Bundestages (MdB) ; *(France)* Abgeordnete(r) der Nationalversammlung.

parlementaire *m* Parlamentarier *m* ; Parlamentsmitglied *n* ; Abgeordnete(r) ; Mandatsträger *m.*

parlementaire parlamentarisch ; Parlaments- ; *commission f ~* parlamentarischer Ausschuss *m* ; *groupe m ~* Fraktion *f* ; *mandat m ~* Abgeordnetenmandat *n* ; *régime m ~* Parlamentarismus *m* ; parlamentarisches Regierungssystem *n.*

parlementarisme *m* Parlamentarismus *m.*

parole *f* Wort *n* ; Versprechen *n* ; *liberté de ~* Redefreiheit *f* ; *(jur.) liberté f sur ~* Freilassung *f* auf Ehrenwort ; *temps m de ~* Redezeit *f* ; *demander la ~* ums Wort bitten ; sich zu Wort melden ; *donner la ~ à qqn* jdm das Wort erteilen ; *prendre la ~* das Wort ergreifen ; *rompre sa ~* wortbrüchig werden ; *tenir (sa) ~* (sein) Wort halten.

parquer 1. *(auto)* parken **2.** *(bétail, personnes)* einpferchen ; einschließen.

parquet *m* **1.** *(ministère public)* Staatsanwaltschaft *f* ; Anklagebehörde *f* (eines Gerichts) ; *déférer au ~* vor Gericht bringen **2.** *(bourse)* Parkett *n* ; amtliche Börse *f* ; amtlicher Markt ; Markt der amtlich notierten Wertpapiere **3.** Gesamtheit *f* der Börsenmakler.

parrain *m* **1.** Pate *m* **2.** *(fig.)* Fürsprecher *m* ; Bürge *m* (z.B. für eine Klubaufnahme) **3.** *(mafia)* Chef *m* ; Boss *m* ; Pate *m.*

parrainage *m* **1.** Fürsprache *f* ; Bürgschaft *f* ; wohlwollende Unterstützung *f* **2.** Patenschaft *f* ; Gönnerschaft *f* ; Schutzherrschaft *f* ; *~ culturel* Kulturförderung *f* ; Kultursponsoring *n* ; *accepter le ~ de qqch* die Schirmherrschaft für etw übernehmen ; eine Patenschaft übernehmen.

parrainer 1. *~ qqn* für jdn als Fürsprecher (Bürge) eintreten ; für jdn Pate stehen ; für jdn bürgen ; *être ~é par qqn* unter der Schirmherrschaft von jdm stehen **2.** *~ qqch* die Schirmherrschaft für etw übernehmen.

1. part *f* Teil *m* ; Anteil *m* ; Teilbetrag *m* ; *(papier)* Anteilschein *m* ; Anteilrecht *m* ; *(quote-part)* Quote *f* ; ◆ *la ~ de qqch à* der Anteil von/ an ; *~ bénéficiaire* **a)** Gewinnanteil **b)** Gründeranteil *m* ; *(au) capital* Kapitalanteil, -beteiligung *f* ; *~ de capital social (d'une S.AR.L.)* Stammkapitalanteil ; *(d'une S.A.)* Anteil am Grundkapital ; *~ de commandite* Kommanditanteil ; *~ de copropriété* Miteigentumsanteil ; *à ~s égales* zu gleichen Teilen ; *à ~ entière* vollberechtigt ; mit allen Rechten ; *~ de l'État* Staatsquote ; Staatsanteil ; *~ de fondateur* Gründeranteil ; *~ héréditaire (d'héritage)* Erb(an)teil ; *~ imposable* steuerpflichtiger Teil des Einkommens ; *~ d'intérêts* Beteiligungsquote *f* ; *(S.AR.L.)* Geschäftsanteil ; *~ du lion* Löwenanteil ; *~ de liquidation* Liquidationsanteil ; *de marché* Marktanteil ; *~ d'O.P.C.V.M.* Investmentanteil *m* ; *~ patronale* Arbeitgeberanteil ; *~ des prestations sociales* Sozialleistungsquote *f* ; *(jur.) ~ réservataire* Pflichtteil ; *~ de responsabilité* Haftungsanteil ; Verschuldensquote *f* ; *~ salariale* Arbeitnehmeranteil ; *~ sociale* Geschäfts-, Gesellschaftsanteil ; Gesellschafteranteil ; *(S.AR.L.)* Stammeinlage *f* ; *(dans une société en commandite simple)* Kommanditanteil ; *~ successorale* Erb(an)teil ; ◆◆ *bénéficiaire m de ~s* Anteilsberechtigte(r) ; *détenteur m de ~s (sociales)* Anteilseigner *m* ; Anteilsberechtigte(r) ; *majorité f de ~s* Anteilsmehrheit *f* ; *membre m à ~ entière* Vollmitglied *n* ; *porteur m de ~s* Anteilseigner *m* ; Anteilsberechtigte(r) ;

part

Anteilsinhaber *m* ; ♦♦♦ *acquérir des ~s* Anteile erwerben ; *avoir ~ à qqch* an etw beteiligt sein ; *prendre ~ à qqch* an etw teilnehmen ; sich an etw beteiligen ; *revendre ses ~ s d'une société* seine Anteile an einer Gesellschaft wieder verkaufen (abstoßen) ; *exprimé en termes de ~s de marché* in Marktanteilen ausgedrückt ; *gagner, perdre des ~s de marché* Marktanteile gewinnen, verlieren (einbüßen).
2. part : *à ~* gesondert ; getrennt ; besonders ; *(fam.)* extra ; *compte m à ~* Sonder-, Separatkonto *n* ; *emballage m à ~* Verpackung *f* extra ; *traiter qqch à ~* etw gesondert (getrennt, extra) behandeln.

partage *m* **1.** Aufteilung *f* ; Teilung *f* ; (Auf)Teilen *n* ; Verteilung *f* ; Ausschüttung *f* ; *(part)* Anteil *m* ; ♦ *~ amiable* gütliche Teilung ; *~ anticipé* Teilung zu Lebzeiten ; *~ des bénéfices* Gewinnverteilung ; *~ de la communauté* Teilung der Gütergemeinschaft ; *~ de compétence* Zuständigkeits-, Kompetenzverteilung ; *~ judiciaire* gerichtlich angeordnete Teilung ; *~ du marché* Marktaufteilung *f* ; *~ des risques* Risikoteilung ; *~ du temps de travail* Arbeitsteilung ; *~ des terres* Aufteilung von Grund und Boden ; *~ du travail* Job-sharing *n* ; ♦♦ *action f en ~* Teilungsklage *f* ; *masse f de ~* Teilungsmasse *f* **2.** *(jur.)* Erbteil *n* ; *en ~ als Erbteil* ; *~ successoral* Erb-, Nachlassteilung ; *~ entre vifs* Teilung unter Lebenden ; Teilung bei Lebzeiten ; *donner qqch en ~* etw vererben (vermachen) ; als Erbteil geben ; *échoir en ~ à jdm* zufallen (zuteil werden) **3.** *~ des voix* Stimmengleichheit *f* ; *s'il y a ~* bei Stimmengleichheit **4.** *(informatique) ~ de temps* Timesharing *n*.

partageable teilbar ; aufteilbar.

partager teilen ; aufteilen ; verteilen ; unterteilen ; ausschütten ; *auto ~ée* Car-Sharing/Carsharing *n* ; organisierte Nutzung eines Wagens von mehreren Personen ; *~ qqch avec qqn* etw mit jdm teilen ; *~ en deux* halbieren ; *se ~ les bénéfices* die Gewinne untereinander verteilen ; *~ la responsabilité de qqch* gemeinsam die Verantwortung für etw tragen ; *~ le temps de travail* die Arbeitszeit teilen ; *les avis sont ~és* die Meinungen sind geteilt ; *torts mpl ~és* beidseitige Schuld *f*.

partagiciel *m* (*Internet : logiciels contributifs*) Shareware *f*.

partance : (*train, navire*) *en ~* abfahrtbereit ; (*avion*) abflugbereit.

partenaire *m* Partner *m* ; Teilhaber *m* ; *~ commercial* Handels-, Geschäftspartner ; *~ minoritaire* Minderheitspartner ; *~ privilégié* bevorzugter Partner ; *~s sociaux* Sozial-, Tarifpartner.

partenariat *m* Partnerschaft *f* ; partnerschaftliche Zusammenarbeit *f*, Kooperation *f*.

parti *m* **1.** (*polit.*) Partei *f* ; ♦ *~ conservateur, démocrate* konservative, demokratische Partei ; *~ de droite, de gauche* Rechts-, Linkspartei ; *~ frère* Schwesterpartei ; *~ gouvernemental, d'opposition* Regierungs-, Oppositionspartei ; *~ ouvrier, populaire* Arbeiter-, Volkspartei ; *~ au pouvoir* regierende Partei ; ♦♦ *appareil m du ~* Parteiapparat *m* ; *appartenance f au ~* Parteizugehörigkeit *f* ; *au-dessus des ~ s* parteiübergreifend ; *cadre m d'un ~* Parteikader *m* ; *congrès m du ~* Parteitag *m*, -kongress *m* ; *direction f d'un ~* Parteiführung *f* ; *financement m des ~s politiques* Parteifinanzierung *f* ; *président m d'un ~* Parteivorsitzende(r) ; *querelle interne à un ~* parteiinterner Streit *m* ; ♦♦♦ *adhérer à un ~* einer Partei beitreten ; in eine Partei eintreten ; *quitter un ~* aus einer Partei austreten **2.** *~ pris* Voreingenommenheit *f* ; Parteilichkeit *f* **3.** *prendre ~ (pour, contre)* (für, gegen) Partei ergreifen **4.** *prendre un ~* einen Entschluss fassen **5.** *tirer ~ de qqch* aus etw Nutzen ziehen ; Kapital aus etw schlagen.

partiaire anteilmäßig ; (*jur.*) *colon m ~* Grund-, Teilpächter *m*.

partial, e parteiisch ; voreingenommen.

partialité *f* Parteilichkeit *f* ; Voreingenommenheit *f* ; *juger avec, sans ~* parteiisch, unparteiisch urteilen.

participant *m* Teilnehmer *m* ; Teilhaber *m* ; Anteilhaber *m* ; Beteiligte(r) ; *liste f, nombre m des ~s* Teilnehmerliste *f*, -zahl *f*.

participant, e teilnehmend ; *action f ~e* gewinnberechtigte Aktie *f* ; *pays m ~* Teilnehmerland *n*, -staat *m*.

participatif, ive Beteiligungs- ; (*bourse*) *titre m ~* (Gewinn)Anteilschein *m* (an einem staatlichen Unternehmen) ;

Partizipationsschein *m* ; Gewinnbeteiligungspapier *n* ; Genuss-Schein *m* ohne Stimmrecht.

1. participation *f* Teilnahme *f* (*à* an) ; Mitwirkung *f* (bei) ; Beteiligung *f* (an) ; Partizipation *f* ; ◆ ~ *aux bénéfices* Gewinnbeteiligung ; ~ *de blocage* Sperrminderheitsbeteiligung ; ~ *au capital* Kapitalbeteiligung *f* ; Vermögensanteil *m* ; ~ *au chiffre d'affaires* Umsatzbeteiligung ; ~ *en commandite* Kommanditbeteiligung ; Einlage *f* des Kommanditisten ; ~ *commune* gemeinsame Beteiligung ; ~ *à un consortium* Konsortialbeteiligung, -anteil *m* ; ~ *de contrôle* → *majoritaire* ; ~*s croisées* kapitalmäßige Verflechtungen *fpl* ; wechselseitige Beteiligung ; ~ *directe, indirecte* direkte, indirekte Beteiligung ; ~ *électorale* Wahlbeteiligung ; ~ *de l'État* staatliche Beteiligung ; Beteiligung der öffentlchen Hand ; ~ *étrangère, financière* Auslands-, finanzielle Beteiligung ; ~ *au financement, aux frais* Finanzierungs-, Kostenbeteiligung (-beitrag *m*) ; ~ *à la grève* Streikbeteiligung ; ~ *intergroupe* Beteiligung an konsolidierten Unternehmen ; ~ *majoritaire* Mehrheits-, Majoritätsbeteiligung ; ~ *au marché* Marktteilnahme ; ~ *minoritaire, nominale* Minderheits-, Nominalbeteiligung ; ~ *occulte* stille Beteiligung ; ~ *au patrimoine, à la productivité, aux produits* Vermögens-, Produktivitäts-, Ertragsbeteiligung ; ~ *publique* Beteiligung der öffentlichen Hand ; ~ *aux résultats financiers* Gewinnbeteiligung ; Beteiligung am Betriebsergebnis ; (*sécurité sociale*) ~ *aux soins* Versorgungsanteil *m* ; ~ *aux ventes* Umsatzbeteiligung ; ◆◆ *accord m de* ~ Beteiligungsabkommen *n* ; *association f en* ~ stille Gesellschaft *f* ; Teilhaberschaft *f* ; Konsortium *n* ; *contrat de* ~ Beteiligungs-, Partnerschaftsvertrag *m* ; *droit de* ~ **a)** Teilnahmerecht *n*, -berechtigung *f* **b)** Anteilrecht *n* **c)** Teilnahmegebühr *f* ; *feuille f de* ~ Teilnehmerverzeichnis *n* ; *fonds m de* ~ Beteiligungsfonds *m* ; *prise f de* ~ Beteiligung ; *prise de* ~ *réciproque* → *croisées* ; *société f en* ~ stille Gesellschaft *f* ; *société f de* ~*s financières* Kapitalbeteiligungsgesellschaft *f* ; *taux m de* ~ Beteiligunsrate *f* ; *titre m de* ~ Beteiligungsurkunde *f* ; ◆◆◆ *avoir une* ~ (*de*) beteiligt sein (mit) ; *prendre une* ~ *dans une entreprise* sich an einem Unternehmen finanziell beteiligen ; sich in ein Unternehmen einkaufen ; (*fam.*) in ein Geschäft einsteigen.

2. participation *f* (*salariés*) Gewinnbeteiligung *f* der Arbeitnehmer ; Mitspracherecht *n* ; Mitverantwortung *f* ; ~ (*du personnel, des salariés*) *aux bénéfices de l'entreprise* Gewinnbeteiligung (der Belegschaft, der Arbeitnehmer).

participer (*à*) teilnehmen (an) ; sich beteiligen ; beteiligt sein ; partizipieren ; teilhaben ; ~ *aux bénéfices* am Gewinn beteiligt sein ; ~ *à un congrès* an einer Tagung teilnehmen ; ~ *aux frais* sich an den Ausgaben (Unkosten) beteiligen ; ~ *à une entreprise* sich an einem Unternehmen beteiligen ; an einem Unternehmen beteiligt sein ; in eine Firma einsteigen ; *faire* ~ *qqn à qqch* jdn an etw (+ D) beteiligen.

particulier *m* Privatmann *m* ; Privatperson *f* ; ~*s* Privatleute *pl* ; *client m* ~ Privatkunde *m* ; *ménages mpl de* ~*s* Privathaushalte *mpl* ; Privathaushaltungen *fpl* ; *prix m au* ~ Endverbraucherpreis (EVP) *m* ; Ladenpreis ; *souhait m* ~ Sonderwunsch *m* ; *vente f au* ~ Privatverkauf *m* ; *avoir des souhaits* ~*s* Sonderwünsche haben.

particulier, ière 1. privat ; Privat- ; persönlich ; *appartement m* ~ Privatwohnung *f* ; *intérêts mpl* ~*s* Privatinteressen *npl* ; persönliche Interessen **2.** (*individuel*) einzeln ; Individual- ; *assurance f* ~*ère* Einzel-, Individualversicherung *f* **3.** (*spécial*) besonders ; Sonder- ; *conditions fpl* ~*ères* Sonderbedingungen *fpl* ; *offre f* ~*ère* Sonderangebot *n*.

1. partie *f* Teil *m* ; Bestandteil *m* ; Partie *f* ; (*immobilier*) ~*s communes* allgemeine Teile ; *en* ~*s égales* zu gleichen Teilen ; *une petite, grande* ~ ein kleiner, großer Teil ; *comptabilité f en* ~ *double* doppelte Buchführung *f* ; Doppik *f* ; *livraison f par* ~*s* Teillieferung *f* ; *vente f en* ~*s* Partieverkauf *m* ; *faire* ~ *de* gehören zu ; (*parti, syndicat*) angehören (+ D).

2. partie *f* (*jur.*) Partei *f* ; Teil *m* ; *adverse* Gegenpartei ; (*constat d'assurances*) Unfallgegner *m* ; ~ *civile* → **partie civile** ; ~ *contractante* Vertragspartei ; *les* ~*s en cause* die

Beteiligten *pl* ; *~s intéressées* Interessenten *mpl* ; Beteiligte(n) ; *~ intervenante* Intervenient *m* ; *~ prenante* Berechtigte(r) ; Abnehmer *m* ; *~ publique* Staatsanwaltschaft *f* ; *~ signataire* Unterzeichner *m*.

partie *f* **civile** (*jur.*) Kläger *m* auf Schaden(s)ersatz ; Privat-, Nebenkläger *m* ; *action f de ~* Schaden(s)ersatzklage *f* ; Privatklage *f* ; Nebenklage *f* ; Anspruch *m* (durch den Verletzten) auf finanzielle Entschädigung ; *se porter (se constituer) (en) ~* auf Schaden(s)ersatz klagen ; Privatklage erheben ; als Nebenkläger auftreten.

partiel, le Teil- ; teilweise ; (*limité*) beschränkt ; begrenzt ; (*incomplet*) unvollständig ; (*traite*) *acceptation f ~le* Teilakzept *n* ; *chômage m ~* Kurzarbeit *f* ; reduzierte Beschäftigung *f* ; *chômeur m ~* Kurzarbeiter *m* ; *coûts mpl ~s* Einzel-, Teilkosten *pl* ; direkte (partielle) Kosten *pl* ; *élection f ~le* Nach-, Ersatz-, Ergänzungswahl *f* ; *emploi m à temps ~* Teilzeitbeschäftigung *f* ; *examen m ~* Zwischenprüfung *f* ; *paiement m ~* Teilzahlung *f* ; *travail m à temps ~* Teilzeitarbeit *f*, -beschäftigung *f*.

1. partir weggehen ; fort-, wegfahren ; *~ à la retraite* in Rente gehen ; pensioniert werden ; *~ par le train* mit dem Zug fahren ; (weg)reisen ; *~ en vacances* in Urlaub fahren (gehen) ; *~ en voyage* verreisen ; auf Reisen gehen ; *"parti sans laisser d'adresse"* verzogen ohne Hinterlassung seiner Anschrift (Adresse) ; Empfänger unbekannt.

2. partir : *à ~ de* ab ; von... an (ab) ; *à ~ de 18 ans* ab 18 Jahren ; *à ~ du premier février* vom 1. Februar an ; ab 1. Februar ; *à ~ de la semaine prochaine* ab nächste(r) Woche ; von nächster Woche an (ab) ; *à ~ d'aujourd'hui* von heute an ; ab heute ; *à ~ de 100 unités* ab 100 Stück.

partisan *m* **1.** Anhänger *m* ; Parteigänger *m* ; Verfechter *m* ; *les ~s du nouveau projet* die Befürworter des neuen Projekts **2.** (*militaire*) Partisan *m*.

parution *f* (*livre*) Erscheinen *n* ; Erscheinungsjahr *n*.

parvenu *m* Neureiche(r) ; Parvenü *m* ; Emporkömmling *m*.

P.A.S. *m* (*prêt à l'action sociale*) zinsgünstiges Darlehen *n*.

pas-de-porte *m* Abstandszahlung *f* (von der neuen an die nachfolgende Mietpartei) ; Abstandssumme *f* ; Abstandsgeld *n* ; (bei gewerblichen Räumen) Mietverhältnis *n* mit Recht auf Verlängerung des Mietvertrags gegen Zahlung einer Abstandssumme an den Vormieter ; (*sens plus général*) Aufgeld *n* ; Handgeld *n* ; *verser un ~ à qqn* jdm eine Abstandssumme zahlen ; jdm eine Abstandszahlung leisten.

passage *m* **1.** Durchgang *m* ; Durchfahrt *f* ; ◆ *de ~* auf der Durchreise (befindlich) ; *~ clouté* Fußgängerüberweg *m* ; Zebrastreifen *m* ; *~ de la frontière* Grenzübergang ; *~ à niveau* Bahnübergang ; *~ pour piétons* Fußgängerübergang ; *~ protégé* Kreuzung *f* mit Vorfahrt ; *~ souterrain, supérieur* Unter-, Überführung *f* ; ◆◆ *clientèle f de ~* Laufkundschaft *f* ; *droit m (servitude) de ~* Wegerecht *n* ; Durchfahrtsrecht ; *examen de ~* (Zwischen)Prüfung *f* ; *fiche f de ~ en douane* Laufzettel *m* ; *libre ~* ungehinderter (freier) Durchlass *m* **2.** (*magasin*) *~ commerçant* Laden-, Geschäftspassage *f* ; Passage *f* ; Galerie *f* ; Einkaufsmeile *f* **3.** (*transition*) *~ à l'économie de marché* Übergang *m* zur Marktwirtschaft ; *~ sous contrôle* Kontrollübernahme *f* ; *~ aux 35 heures* Übergang zur 35-Stunden-Woche **4.** *~ d'immigrés clandestins* Einschleusen *n* (Einschleusung *f*) von illegalen Einwanderern.

passager *m* **1.** (*avion*) Passagier *m* ; Fluggast *m*, -reisende(r) ; *liste f des ~s* Passagierliste *f* **2.** (*bateau*) Passagier *m* ; *~ clandestin* blinder Passagier **3.** (*voiture*) Fahrgast *m* ; Insasse *m* ; *conducteur et ~s* Fahrer *m* und Mitfahrer *mpl* ; (*assur.*) *garantie f ~* Insassenversicherung *f*.

passant *m* Passant *m* ; Fußgänger *m*.

passation *f* **1.** Ausfertigung *f* (einer Urkunde) ; Ausstellung *f* **2.** Erteilung *f* ; Vergabe *f* ; *~ de commande* Auftragserteilung *f* ; *~ du contrat* Vertragsabschluss *m* ; *~ en écritures* Verbuchung *f* ; *~ d'un marché* **a)** Vergabe *f* eines öffentlichen Auftrags **b)** Vertragsabschluss *m* ; *~ d'ordre* Auftragserteilung *f* **3.** *~ de(s) pouvoirs* Macht-, Amtsübergabe *f* ; Übertragung *f* von Befugnissen.

passavant *m* (*douane*) Zollfreischein *m* ; Passierschein *m* für den zollfreien Verkehr ; *~ descriptif* Nämlichkeitsbescheinigung *f*.

passe-droit *m* 1. Ausnahmebewilligung *f* ; Befreiung *f* (von einer Vorschrift ; Dispens *m/f* ; Dispensation *f* 2. ungerechtfertigte Bevorzugung *f* ; Schiebung *f.*

passeport *m* 1. Pass *m* ; Reisepass ; ~ *électronique (biométrique)* E-Pass ; ~ *collectif* Sammelpass ; ~ *diplomatique* Diplomatenpass ; ~ *familial* Familienpass ; *contrôle m des ~s* Passkontrolle *f* ; *titulaire m d'un* ~ Passinhaber *m* ; *(se faire) délivrer un* ~ (sich) einen Pass ausstellen (lassen) ; *viser un* ~ einen Pass mit dem Visum versehen 2. *(bateau)* Klarierungsschein *m* ; Fahrerlaubnisschein *m*.

passer 1. ~ *la barre des 10 %* die zehn-Prozent-Marke überspringen ; ~ *sous la barre de/des...* den Wert von... unterschreiten ; ~ *à la douane* den Zoll passieren ; durch den Zoll gehen ; *(polit.)* ~ *à droite, à gauche* an die Rechte, an die Linke fallen ; ~ *en fraude* einschmuggeln ; herausschmuggeln ; ~ *des capitaux à l'étranger* Kapital ins Ausland schleusen ; ~ *au forfait* pauschalieren ; ~ *la frontière* die Grenze überschreiten ; ~ *dans le rouge* in die roten Zahlen geraten ; in die Verlustzone rutschen ; *(créance)* ~ *au tiers* auf den Dritten übergehen ; *défense f de* ~ Durchgang *m* (Durchfahrt *f*) verboten ; ~ *par la voie hiérarchique* den Dienstweg gehen ; *laisser* ~ *une échéance* einen Termin versäumen (verpassen) 2. ~ *un acte* eine Urkunde ausstellen ; ein Rechtsgeschäft abschließen ; ~ *une annonce (dans un journal)* eine Annonce (in einer Zeitung) aufgeben ; ~ *une commande* einen Auftrag erteilen (vergeben) ; eine Bestellung aufgeben ; ~ *un contrat* einen Vertrag (ab)schließen ; ~ *un marché* ein Geschäft (einen Handel) abschließen ; einen Abschluss tätigen ; einen Auftrag vergeben ; *(bourse)* ~ *un ordre* einen Börsenauftrag erteilen 3. *(comptab.)* ~ *en compte* buchen ; verbuchen ; eine Buchung vornehmen ; ~ *une écriture* eine Buchung vornehmen ; ~ *en frais* als Unkosten verbuchen ; ~ *qqch par pertes et profits* etw abschreiben ; *(fig.) (fam.)* etw in den Schornstein schreiben 4. *(téléph.)* ~ *un coup de fil* jdn anrufen 5. ~ *un examen* eine Prüfung machen ; ein Examen ablegen 6. ~ *devant un tribunal* vor Gericht gehen (ziehen) 7. ~ *à l'ordre du jour* zur Tagesordnung übergehen 8. ~ *de 10 à 20 millions* von 10 auf 20 Millionen steigen (ansteigen) ; ~ *de 20 à 10 millions* von 20 auf 10 Millionen fallen 9. ~ *outre à une directive* eine Vorschrift unterlaufen (ignorieren).

passeur *m* 1. Fährmann *m* 2. *(péj.)* Menschenhändler *m* ; Schleuser *m* ; ~ *de devises* Devisenschmuggler *m* ; ~ *de drogue* Rauschgiftschmuggler ; Dealer *m* ; ~ *d'immigrés clandestins* Schleuser *m* (Schlepper *m*) von illegalen Einwanderern.

passible 1. verpflichtet ; gezwungen ; unterworfen ; -pflichtig ; ~ *de droits de douane* zollpflichtig ; ~ *d'impôts* steuerpflichtig ; einer Steuer unterworfen ; zu versteuern 2. *(jur.) être* ~ *d'une peine* sich strafbar machen ; mit einer Strafe belegt werden.

passif *m* Passiv *n* ; Passiva *pl* ; Passiven *pl* ; Passivposten *mpl* ; Passivsaldo *m* ; Haben *n* ; Habenseite *f* ; Schulden *fpl* ; Verbindlichkeiten *fpl* ; *(faillite)* Schuldenmasse *f* ; *(bilan)* Passivseite *f* ; ◆~ *à court terme* kurzfristige Verbindlichkeiten *fpl* ; ~ *exigible (net)* fällige Verbindlichkeiten *fpl* ; ~ *fictif* "unechte" Passiva ; ~ *hypothécaire* Hypothekenschulden *fpl* ; ~ *réel* "echte" Passiva ; ~ *social* Verbindlichkeiten einer Gesellschaft ; ~ *d'une succession* Nachlassverbindlichkeiten *fpl* ; ◆◆ *actif m et* ~ Aktiva und Passiva ; *côté m du* ~ Passivseite *f* ; *inscription f au* ~ Passivbuchung *f* ; Passivierung *f* ; *prise f en charge du* ~ Übernahme *f* der Passiva ; Verlustübernahme *f* ; *report m du* ~ Verlustvortrag *m* ; *valeurs fpl de* ~ Passiva ; Schuldenmasse *f* ; Verbindlichkeiten ; ◆◆◆ *figurer au* ~ auf der Passivseite stehen ; *porter (passer, inscrire, mettre) au* ~ passivieren ; auf die Passivseite buchen ; auf der Passivseite verbuchen.

passif, ive passiv ; *balance f commerciale* ~ive passive (negative) Handelsbilanz *f* ; *bilan m* ~ *des paiements* passive Zahlungsbilanz *f* ; *solde m* ~ Passivsaldo *m.*

pastille *f* **verte** *(environnement)* grüne Verkehrsplakette *f* (für umweltfreundliche Fahrzeuge).

patentable gewerbesteuerpflichtig.

patente *f* **1.** Gewerbesteuer *f* (*aujourd'hui : taxe professionnelle*) **2.** Gewerbeschein *m* **3.** (*maritime*) Schiffspatent *n* ; ~ *de santé* Gesundheitspass *m* (für Schiffe).
patenté, e 1. der Gewerbesteuer unterworfen ; gewerbesteuerpflichtig **2.** (*fam.*) anerkannt ; *recette f* ~*e* Patentrezept *n*.
paternalisme *m* Paternalismus *m* ; Patriarchalismus *m* ; Bevormundung *f*.
paternaliste patriarchalisch ; paternalistisch.
paternel, le väterlich ; *du côté* ~ väterlicherseits ; *domicile m* ~ väterlicher Wohnsitz *m* ; *pouvoir m* ~ väterliche (elterliche) Gewalt *f*.
paternité *f* **1.** Vaterschaft *f* ; (*jur.*) ~ *civile* adoptive Vaterschaft ; Vaterschaft durch Adoption ; *action f en recherche de* ~ Vaterschaftsklage *f* ; *action de désaveu de* ~ Vaterschaftsanfechtungsklage *f* ; *congé m de* ~ Vaterschaftsurlaub *m* ; *constat m de* ~ Vaterschaftsbestimmung *f* ; *présomption f de* ~ Vaterschaftsvermutung *f* ; *reconnaissance f de* ~ (*par test A.D.N.*) Vaterschaftsanerkennung *f* (durch DNA-Test) ; *nier, reconnaître la* ~ *d'un enfant* die Vaterschaft leugnen, anerkennen **2.** (*fig.*) Urheberschaft *f* ; Autor *m*.
patriarcal, e patriarchalisch.
patrie *f* Vaterland *n* ; Heimat *f* ; ~ *d'adoption* Wahlheimat ; *mère f* ~ Mutterland *n*.
patrimoine *m* **1.** (*finance*) Vermögen *n* ; Besitz *m* ; ♦ ~ *actuel* gegenwärtiges Vermögen ; ~ *d'affectation* zweckgebundenes Vermögen ; Zweckvermögen ; ~ *commun* gemeinsames Vermögen ; ~ *distinct* Sondervermögen ; ~ *de l'entreprise* Betriebsvermögen ; ~ *foncier, immobilier* Grundbesitz ; Immobiliarvermögen ; Immobilienvermögen ; ~ *de l'humanité* Welterbe *n* ; Weltkulturerbe ; ~ *inaliénable* unveräußerliches Vermögen ; ~ *initial* Anfangsvermögen ; ~ *social* Gesellschaftsvermögen ; ♦♦ (*bilan*) *éléments mpl du* ~ Vermögensgegenstände *mpl* ; Vermögensbestandteile *mpl* ; *gestion f de* ~ Vermögensverwaltung *f* ; *hors* ~ nicht zum Vermögen gehörend ; *revenus mpl du* ~ Einkommen *n* aus Vermögen ; *transmission f de* ~ Vermögensübertragung *f* ; ♦♦♦ *agrandir son* ~ sein Vermögen vergrößern ; *gérer son* ~ sein Vermögen verwalten ; *grever son* ~ sein Vermögen belasten **2.** (*jur.*) (elterliches) Erbe *n* ; Erbteil *n/m* ; ererbtes Vermögen *n* ; Nachlassvermögen ; ~ *paternel* väterliches Erbe **3.** (*biologie*) ~ *génétique* Erbgut *n* ; ~ *héréditaire* Erbgut ; Erbmasse *f*.
patrimonial, e (*jur., finance*) vermögensrechtlich ; Erb- ; Vermögens- ; *biens mpl patrimoniaux* Erbgüter *npl* ; *droit m* ~ Vermögensrecht *n* ; *situation f* ~*e* Vermögenslage *f*.
1. patron *m* Chef *m* ; Leiter *m* ; (*fam.*) Boss *m* ; (*employeur*) Arbeitgeber *m* ; (*chef d'entreprise*) Unternehmer *m* ; (*propriétaire*) Betriebsinhaber *m* ; (*artisanat*) Meister *m* ; Handwerksmeister *m* ; (*hôtellerie*) Wirt *m* ; (*fam.*) *le* ~ *des* ~*s* Vorsitzende(r) des Arbeitgeberverbands.
2. patron *m* (*modèle*) Form *f* ; Modell *n* ; Schablone *f* ; (Schnitt)Muster *n*.
patronage *m* Schirm-, Schutzherrschaft *f* ; Patronat *n* ; *sous le* ~ unter der Schirmherrschaft ; *être placé sous le haut* ~ *du ministre* unter der Schirmherrschaft des Ministers stehen.
patronal, e Arbeitgeber-, Unternehmer- ; *association f* ~*e* → **patronat** ; (*sécurité sociale*) *cotisation f* (*part f*) ~*e* Arbeitgeberbeitrag *m*, -anteil *m* ; *organisation f* ~*e* Arbeitgeberverband *m* ; *du côté* ~ auf der Arbeitgeberseite.
patronat *m* Arbeitgeber *mpl* ; Arbeitgeberschaft *f* ; Unternehmer *mpl* ; Unternehmertum *n*, -schaft *f* ; (*France*) M.E.D.E.F. *m* (Mouvement des entreprises de France) Spitzenverband *m* der französischen Arbeitgeberorganisationen ; (*hist.*) C.N.P.F. *m* ; → **M.E.D.E.F.**
patronner unterstützen ; betreuen ; fördern ; ~*é par* unter der Schirmherrschaft von.
patronymique : *nom m* ~ Familienname *m* ; Vatersname ; Patronymikum *n*.
patte : (*fam.*) *graisser la* ~ *à qqn* jdn schmieren ; jdn bestechen.
pâturage *m* (*agric.*) **1.** Weide *f* ; Weideplatz *m* **2.** Weiderecht *n*, -nutzung *f*.
paupérisation *f* Verarmung *f* ; Verelendung *f* (der Massen).
paupérisme *m* Massenelend *n* ; Massenarmut *f* ; Pauperismus *m*.
pause *f* Pause *f* ; Ruhezeit *f* ; ~ *café* Kaffeepause ; ~ *payée* bezahlte Arbeitspause ; ~ *salariale* Lohnpause ; *faire une* ~ eine Pause machen (einlegen) ; pausieren.

pauvre *m* Arme(r) ; Minderbemittelte(r) ; Unbemittelte(r) ; Bedürftige(r).

pauvre arm ; mittellos ; unbemittelt ; bedürftig ; vermögens-, besitzlos ; (*sol*) arm ; karg ; mager ; nicht fruchtbar ; (*gisement*) wenig ergiebig.

pauvreté *f* Armut *f* ; Mittellosigkeit *f* ; Dürftigkeit *f* ; (*sol*) Kargheit *f* ; Unfruchtbarkeit *f* ; (*gisement*) Unergiebigkeit *f* ; *nouvelle* ~ neue Armut ; *seuil m de* ~ Armutsschwelle *f*, -grenze *f* ; Bedürftigkeitsgrenze ; *combattre la* ~ die Armut bekämpfen.

pavillon *m* **1.** (*maritime*) Flagge *f* ; ◆ ~ *de commerce* (*commercial*) Handelsflagge ; ~ *de complaisance* Billigflagge ; ~ *marchand* Handelsflagge ; ~ *national* Nationalflagge ; ◆◆ *abus m de* ~ Flaggenmissbrauch *m* ; *certificat m de* ~ Flaggenzeugnis *n*, -schein *m* ; *droit m de* ~ Flaggenrecht *n* ; *port m du* ~ Flaggenführung *f* ; ◆◆◆ *arborer le* (*battre*) ~ Flagge führen ; *le* ~ *neutre couvre la marchandise* die neutrale Flagge schützt die Ladung ; *naviguer sous* ~ *étranger* unter fremder Flagge fahren ; *porter* ~ die Flagge führen **2.** (*foire*) Messepavillon *m* **3.** (*maison*) Haus *n* mit Garten ; Einfamilienhaus ; Reihenhaus.

payable zahlbar ; zu zahlen ; einlösbar ; (*exigible*) fällig ; ~ *à l'arrivée* zahlbar bei Ankunft ; ~ *d'avance* im Voraus zu zahlen ; im Voraus zahlbar ; ~ *par chèque* per Scheck zahlbar ; ~ *à l'échéance* zahlbar bei Fälligkeit (bei Verfall) ; ~ *à 30, 60, 90 jours* zahlbar in 30, 60, 90 Tagen ; ~ *à livraison* zahlbar bei Lieferung ; ~ *dès réception de la marchandise* zahlbar nach Erhalt der Ware ; ~ *en dix mensualités* in zehn Monatsraten zahlbar ; ~ *à un mois* zahlbar in einem Monat ; ~ *moitié à la commande* zahlbar zur Hälfte bei Auftragserteilung (bei Bestellung) ; ~ *à ordre* zahlbar an Order ; ~ *au porteur* zahlbar an den Überbringer (Inhaber) ; ~ *à (sur) présentation* zahlbar bei Vorlegung (bei Vorlage) ; ~ *dès réception* zahlbar bei Empfang (nach Erhalt) ; ~ *à tempérament* in Raten zahlbar ; ratenweise zahlbar ; ~ *à terme échu* nachträglich zahlbar ; ~ *à vue* bei Sicht zahlbar ; zahlbar bei Vorlage (Vorlegung).

payant, e 1. (*personne*) zahlend ; *hôte m, spectateur m* ~ zahlender Gast *m*, Zuschauer *m* **2.** gebührenpflichtig ; *chaîne f* (*télévision f*) ~*e* Pay-TV *f* ; Bezahl-Fernsehen *n* ; *parking m* ~ gebührenpflichtiger Parkplatz *m* ; *non* ~ gratis ; kostenlos ; *être* ~ gebührenpflichtig sein **3.** (*rentable*) Gewinn bringend ; gewinnbringend ; rentabel ; lohnend ; *être* ~ sich lohnen ; sich auszahlen ; sich bezahlt machen.

paye *f* → *paie*.

payé, e bezahlt ; ausgezahlt ; beglichen ; entrichtet ; *bien, mal* ~ gut, schlecht bezahlt ; *non* ~ (noch) nicht bezahlt ; unbezahlt ; ausstehend ; *tous frais* ~*s* spesen-, kostenfrei ; *être* ~ *à l'heure, au mois* Stunden-, Monatslohn bekommen ; stündlich, monatlich bezahlt werden.

payement *m* → *paiement*.

payer zahlen ; bezahlen ; (*facture*) begleichen ; (*impôts*) (be)zahlen ; entrichten ; (*dettes*) (ab)bezahlen ; abzahlen ; (*ouvriers*) entlohnen ; ◆ ~ *un acompte* eine Anzahlung leisten ; ~ *par acomptes* in Raten zahlen ; ratenweise zahlen ; abzahlen ; ~ *par anticipation* eine Vorauszahlung leisten ; voraus-(be)zahlen ; im Voraus zahlen ; ~ *l'arriéré* den Rückstand (be)zahlen ; ~ *d'avance* → *anticipation* ; ~ *par chèque* per (mit) Scheck zahlen ; ~ (*au*) *comptant* bar zahlen ; in bar bezahlen ; in Geld (be)zahlen ; cash (be)zahlen ; gegen Kasse zahlen ; ~ *ses dettes* seine Schulden (ab)bezahlen ; ~ *en espèces* → (*au*) *comptant* ; ~ *une facture* eine Rechnung begleichen ; ~ *un forfait* eine Pauschalsumme (be)zahlen ; ~ *les frais* die Kosten bestreiten (aufbringen) ; ~ *à la livraison* bei Lieferung zahlen ; ~ *par mensualités* in Monatsraten zahlen ; ~ *en nature* in Naturalien (in natura, in Waren) bezahlen ; ~ *en numéraire* → (*au*) *comptant* ; ~ *en partie* teilweise (be)zahlen ; ~ *rubis sur l'ongle* bis auf den letzten Euro (be)zahlen ; auf Heller und Pfennig (zurück)zahlen ; ~ *un supplément* zuzahlen ; nachzahlen ; einen Zuschlag (Aufschlag, Aufpreis) zahlen ; ~ *à tempérament* in Raten zahlen ; ~ *par virement* durch Überweisung zahlen ; ~ *à vue* bei Sicht zahlen ; bei Vorlage (Vorlegung) zahlen ; ◆◆ *autorisation f de* ~ Zahlungsgenehmigung *f* ; *invitation f à* ~ Zahlungsaufforderung *f* ; Mahnung *f* ; *montant m restant à* ~ Restschuld *f* ;

payeur noch zu zahlender Restbetrag *m* ; *obligation f de* ~ Zahlungspflicht *f* ; ◆◆◆ *être ~é au S.M.I.C.* den Mindestlohn beziehen ; *faire* ~ *qqn* jdn zur Kasse bitten ; *inviter à* ~ zur Zahlung auffordern ; eine Zahlung anfordern.

payeur *m* Zahler *m* ; ~ *comptable* Lohnbuchhalter *m* ; ~ *par intervention* Ehrenzahler *m* ; *mauvais* ~ säumiger (schlechter) Zahler ; *être bon, mauvais* ~ eine gute, eine schlechte Zahlungsmoral haben ; *les pollueurs seront les ~s* die Umweltsünder werden (be)zahlen müssen.

pays *m* Land *n* ; Staat *m* ; ~ *d'accueil* Gast-, Aufnahmeland ; ~ *acheteur* Käufer-, Abnehmerland ; ~*-ACP* (*Afrique, Caraïbes, Pacifique, de la convention de Lomé*) AKP-Staaten *mpl* ; ~ *agricole* Agrarland, -staat ; ~ *non aligné* blockfreier Staat ; ~ *associé* assoziiertes Land ; ~ *contractant* vertragschließendes Land ; Vertragsland ; ~ *créancier* Gläubigerland ; Kreditgeberland ; ~ *débiteur* Schuldnerland ; ~ *déficitaire* Defizitland ; ~ *destinataire* (*de destination*) Bestimmungsland ; ~ *émergents* Schwellenländer *npl* ; Emerging Markets *pl* ; ~ *d'entrée* Eingangsland, -staat ; ~ *d'établissement* Aufnahme-, Niederlassungsland ; ~ *exportateur, fournisseur, importateur* Ausfuhr-, Liefer-, Einfuhrland ; ~ *industrialisé* industrialisiertes Land ; ~ *industriel* Industriestaat ; ~ *membre* Mitgliedsland, -staat ; ~*-membre de l'U.E.* EU-Mitgliedsland ; ~ *nouvellement industrialisés* (*P.N.I.*) Schwellenländer ; ~ *d'origine* Ursprungsland ; ~ *prêteur, producteur* Kreditgeber-, Herstellerland ; ~ *de provenance* Herkunftsland ; ~ *signataire* Unterzeichnerstaat ; ~ *sous-développé* unterentwickeltes Land ; ~ *tiers* Drittland ; ~ *de transit* (*transitoire*) Durchgangs-, Durchfuhrland ; ~ *en voie de développement* Entwicklungsland.

paysage *m* Landschaft *f* ; ~ *politique* Parteienlandschaft ; ~ *protégé* unter Naturschutz stehendes Gebiet *n* ; Naturschutzgebiet *n*.

paysager, ère : *bureau m* ~ Großraumbüro *n*.

paysagiste *m* Landschaftsgärtner *m* ; Landschaftspfleger *m* ; *architecte m* ~ Landschaftsarchitekt *m*.

paysan *m* Bauer *m* ; Landwirt *m*.

paysan, ne bäuerlich ; landwirtschaftlich ; ländlich ; *journée ~ne* Bauerntag *m* ; *monde m* ~ Bauernschaft *f* ; Bauernstand *m* ; Bauerntum *n*.

paysanne *f* Bauersfrau *f* ; Landwirtin *f* ; Bäuerin *f*.

paysannat *m* → *paysannerie*.

paysannerie *f* Bauern *mpl* ; Bauernschaft *f*, -stand *m*.

P.B. (*prélèvement bancaire*) Bankeinzug *m* ; Abbuchungsauftrag *m*.

P.C. *m* 1. (*personal computer*) PC *m* ; Personal-, Mikrocomputer *m* ; Notebook *n* ; Laptop *m/n* 2. *pour cent* Prozent 3. *prix conseillé* empfohlener Preis 4. *prix courant* handelsüblicher (marktgängiger) Preis.

p/c : (*pour compte*) für.

P.C.C. (*pour copie conforme*) für Einstimmung mit dem Original.

P.C.G. (*plan comptable général*) Einheitskontenrahmen *m* ; (*France*) Bilanzrichtliniengesetz *n*.

P.C.S. (*professions et catégories socio-professionnelles*) Berufsgruppen-Klassifizierung *f*.

P.C.V. : *communication f en* ~ R-Gespräch *n* (Telefon).

P.D. (*port dû*) unfrei ; unfrankiert.

P.D.G. *m* (*Président-directeur général*) (General)Direktor *m* ; Betriebsleiter *m* ; Manager *m* ; Vorstandsvorsitzende(r) ; (*fam.*) Boss *m* ; Großverdiener *m*.

PE *m* (*price earning : cours sur bénéfice*) → *PER*.

P.E.A. *m* (*plan d'épargne en actions*) Aktiensparplan *n* ; steuerbegünstigtes Aktiensparen *n*.

péage *m* Autobahngebühr *f* ; Maut *f* ; Mautgebühr *f* ; Straßenbenutzungsgebühr ; (*canal, fleuve*) Kanalgeld *n* ; Schifffahrtsabgabe *f* ; *autoroute f à* ~ gebührenpflichtige (mautpflichtige) Autobahn *f*.

pêche *f* Fischerei *f* ; Fischfang *m* ; Fischen *n* ; (*généralités*) Fischereiwesen *n* ; ◆ ~ *côtière* (*littorale*) Küstenfischerei ; ~ *au filet dérivant* Treibnetzfang ; ~ *de haute mer* (*hauturière, au large*), *industrielle* Hochsee-, Industriefischerei ; ~ *maritime* Seefischerei ; *petite, grande* ~ Küsten-, Hochseefischerei ; ◆◆ *association f de* ~ Fischereiverband *m* ; *bateau m de* ~ Fischdampfer *m* ; Fischkutter *m* ; *filet m de* ~ Fischernetz *n* ; *flotte f* (*flottille f*) *de*

~ Fischereiflotte *f* ; *port m de* ~ Fischerhafen *m* ; *produits mpl de* ~ Fischereierzeugnisse *npl* ; *réserves fpl de* ~ Fischbestand *m* ; *société f de* ~ Fischereigesellschaft *f,* -genossenschaft *f* ; *zone f de* ~ Fischfanggebiet *f* ; ◆◆◆ *rapporter une belle* ~ einen guten Fang einbringen (zurückbringen) ; *vivre de la* ~ vom Fischfang leben.

pêcher fischen.

pêcheur *m* Fischer *m* ; ~ *hauturier* Hochseefischer ; *femme f de* ~ Fischerfrau *f* ; *marin-*~ *m* Hochseefischer ; Küstenfischer.

péculat *m* (*jur.*) Unterschlagung *f* von öffentlichen Geldern ; Veruntreuung *f.*

pécule *m* (kleine) Sparsumme *f* ; Notgroschen *m* ; Notpfennig *m* ; Rücklage *f.*

pécuniaire finanziell ; geldlich ; pekuniär ; Geld- ; *aide f* ~ finanzielle Hilfe *f* (Unterstützung *f*) ; *situation f* ~ finanzielle Lage *f* ; Vermögenslage *f.*

P.E.E. *m* (*plan d'épargne entreprise*) betrieblicher Kollektivsparplan *m.*

peigne *m* : (*voyageurs*) *passer au* ~ *fin* filzen.

1. peine *f* (*jur.*) Strafe *f* ; ◆ ~ *capitale* Todesstrafe ; ~ *correctionnelle* Vergehensstrafe ; ~ *disciplinaire* Disziplinar-, Ordnungsstrafe ; ~ *d'emprisonnement* Gefängnis-, Freiheitsstrafe ; ~ *maximale, minimale* Höchst-, Mindeststrafe ; ~ *de mort* Todesstrafe ; ~ *de substitution* Ersatzstrafe ; *sous* ~ *de* bei Strafe ; unter Strafandrohung ; *sous* ~ *d'amende* bei Geldstrafe ; ◆◆ *aggravation f de* ~ Strafverschärfung *f* ; *application f de la* ~ Strafvollzug *m* ; *calcul m de la* ~ Strafbemessung *f* ; *commutation f de* ~ Strafumwandlung *f* ; *durée f de la* ~ Strafzeit *f,* -dauer *f* ; *fixation f de la* ~ Straffestsetzung *f,* -bemessung *f* ; ◆◆◆ *appliquer, commuer une* ~ eine Strafe anwenden, umwandeln ; *encourir une* ~ sich strafbar machen ; *faire exécuter une* ~ eine Strafe vollstrecken (vollziehen) ; *infliger* (*prononcer*) *une* ~ eine Strafe verhängen ; *purger* (*subir*) *une* ~ eine Strafe verbüßen.

2. peine *f* Mühe *f* ; Bemühung *f* ; Anstrengung *f* ; *homme m de* ~ Tagelöhner *m* ; Handlanger *m* ; *se donner la* ~ *de faire qqch* sich die Mühe machen, etw zu tun.

P.E.L. *m* (*plan d'épargne logement*) Bausparvertrag *m* ; Bausparplan *m.*

pénal, e (*jur.*) Straf- ; strafrechtlich ; *affaire f* ~*e* Strafsache *f* ; *clause f* ~*e* Schadenersatzklausel *f* ; Vertragsstrafenklausel *f* ; *code m* ~ Strafgesetzbuch *n* (StGB) ; *code m de procédure* ~*e* Strafprozessordnung *f* (StPO) ; *droit m* ~ Strafrecht *n* ; *poursuite f* ~*e* Strafverfolgung *f* ; *responsabilité f* ~*e* strafrechtliche Haftung *f* ; strafrechtliche Verantwortung *f.*

pénaliser 1. (be)strafen ; mit einer Geldstrafe belegen 2. (*fig.*) benachteiligen.

pénalité *f* Strafe *f* ; Bestrafung *f* ; Geldstrafe ; Strafandrohung *f* ; ~ *pour cause de retard* Verzugsstrafe ; ~ *contractuelle* (*conventionnelle*) Vertragsstrafe ; ~ *douanière* Strafzoll *m* ; ~ *fiscale* Steuerstrafe ; ~ *pécuniaire* Geldstrafe ; ~ *de retard* Säumnis-, Verspätungszuschlag *m* ; Verzugsstrafe.

pénétration *f* Durchdringung *f* ; Eindringen *n* ; Verbreitung *f* ; ~ *du marché* Marktvorstoß *m* ; Marktdurchbruch *m,* -offensive *f* ; *taux m de* ~ Durchdringungsgrad *m* ; Penetrationsrate *f.*

pénétrer eindringen ; vorstoßen ; verbreiten ; ~ *sur le marché américain* auf dem amerikanischen Markt eindringen (Fuß fassen) ; auf den amerikanischen Markt drängen.

pénibilité *f* : *prime f de* ~ Erschwerniszulage *f* ; Zulage *f* für Schwer(st)arbeit.

pénible : *travail m* ~ schwere körperliche Arbeit *f* ; Schwer(st)arbeit ; (*fam.*) Knochenarbeit.

péniche *f* Binnenschiff *n* ; Last-, Frachtkahn *m.*

pénitencier *m* (*jur.*) Strafanstalt *f* ; Zuchthaus *n.*

pénitentiaire (*jur.*) Straf- ; Strafvollzugs- ; *administration f* ~ Strafvollzugsbehörde *f* ; *établissement m* ~ Straf(vollzugs)anstalt *f* ; *régime m* ~ Strafvollzug *m.*

pensée *f unique* (*polit.*) Einheitsdenken *n* ; einspuriges Denken *n.*

1. pension *f* (*hôtellerie*) Pension *f* ; Fremdenheim *n* ; ~ *complète* Vollpension ; ~ *de famille* Familienpension ; kleine Pension ; *chambre f avec* ~ *complète* Zimmer *n* mit Vollpension ; *demi-*~ Halbpension ; *être en* ~ *chez qqn* bei jdm in Pension sein ; bei jdm in Kost sein.

2. pension *f* (*retraite*) Rente *f* ; Pension *f* ; Ruhegehalt *n* ; Versorgungsrente ; ◆ ~ *alimentaire* Unterhaltsrente, -zahlung *f* ; (*surtout enfant illégitime*) Alimente *pl* ; ~ *complémentaire* Zusatzrente ; ~ *complète* Vollrente ; ~ *d'invalidité* Invalidenrente ; Berufsunfähigkeits-, Erwerbsunfähigkeitsrente ; ~ *d'orphelin* Waisenrente ; ~ *de retraite* Altersrente ; Ruhegehalt ; Altersbezüge *mpl* ; ~ *de réversion* Hinterbliebenenrente (des Ehegatten) ; ~ *de survivant* (*de survie*) Hinterbliebenenrente ; ~ *de veuf, de veuve* Witwer-, Witwenrente ; ~ *viagère* Leibrente ; lebenslängliche Pension ; ~ *de vieillesse* Altersrente ; Altersversorgungsrente ; Altersruheged ; ◆◆ *âge m de la* ~ Pensionsalter *n* ; Renteneintrittsalter ; *assurance*-~ *f* Renten-, Pensionsversicherung *f* ; *bénéficiaire m d'une* ~ Rentenbezieher *m*, -empfänger *m* ; Rentner *m* ; Pensionsempfänger *m* ; Pensionär *m* ; *caisse f de* ~*s* Pensionskasse *f* ; *calcul m de la* ~ Rentenberechnung *f* ; *conversion f de* ~ Rentenumwandlung *f* ; *cumul m de* ~*s* Rentenhäufung *f* ; *demande f de* ~ Rentenantrag *m* ; *droit à une* ~ Renten-, Pensions-, Ruhegehaltsanspruch *m* ; *liquidation f de* ~ Feststellung *f* der Pension (der Rente) ; *majoration f de* ~ Renten-, Pensionserhöhung *f* ; *revalorisation f de la* ~ Rentenaufbesserung *f* ; *titulaire m d'une* ~ → *bénéficiaire* ; ◆◆◆ *accorder une* ~ eine Rente (eine Pension) gewähren ; *bénéficier d'une* ~ eine Pension (eine Rente) beziehen ; *réajuster les* ~*s* die Renten anpassen (dynamisieren) ; *servir une* ~ eine Rente auszahlen ; *verser pour sa* ~ für seine Rente (Pension) Beiträge entrichten. **3. pension** : (*banque*) *mise f, prise f en* ~ *de valeurs mobilières* (Wertpapier)-Pensionsgeschäft *f* ; *taux de* ~ Pensionssatz *m* ; Zinssatz für Wertpapierpensionsgeschäfte ; « dritter Leitzins *m* der Notenbank ».

pensionnaire *m* (*tourisme*) (Pensions)Gast *m* ; Kostgänger *m* ; (*école*) Internatsschüler *m*.

pensionné *m* Ruheständler *m* ; Rentenbezieher *m* ; Pensionsberechtigte(r) ; Pensionsempfänger *m* ; (*sécurité sociale*) Alters-, Sozialrentner *m* ; ~ *de guerre* Kriegsrentenempfänger *m* ; ~ *d'invalidité, de vieillesse* Invaliden-, Altersrentner *m*.

pénurie *f* Knappheit *f* ; Mangel *m* ; Not *f* ; Verknappung *f* ; ◆ ~ *d'acheteurs* Absatzmangel *m* ; ~ *d'argent, de capitaux* Geld-, Kapitalverknappung, -knappheit ; ~ *d'eau, d'énergie* Wasser-, Energieverknappung, -knappheit ; ~ *de logements* Wohnungsnot ; ~ *de main-d'œuvre* Mangel an Arbeitskräften ; Arbeitskräftemangel ; ~ *de matières premières* Rohstoffknappheit ; ~ *de personnel* Personalmangel ; ~ *de pétrole* Ölverknappung, -knappheit ; ~ *de place* Raummangel ; ◆◆◆ *connaître une* ~ *de pétrole* mit einer (Erd)Ölknappheit konfrontiert sein ; *il y a* ~ (*de*) es herrscht Mangel (an).

P & P (*pertes et profits / profits et pertes*) Gewinn- und Verlustrechnung *f*.

P.E.P. *m* (*plan d'épargne populaire*) (steuerbegünstigter) Volkssparplan *m*.

pépinière *f* **1.** Baumschule *f* **2.** (*fig.*) Ausbildungsstätte *f* ; (*polit.*) Kaderschmiede *f*.

PER *m* (*Price Earning Ratio*) (*bourse : rapport entre le cours du titre et les bénéfices attendus de l'entreprise*) Kurs-Gewinn-Verhältnis *n*.

P.E.R. *m* (*plan d'épargne retraite*) Alterssparplan *m* ; private Zusatzrente *f* ; Rentensparvertrag *m*.

P.E.R.P. (*plan d'épargne retraite populaire*) → **P.E.R.**

per capiti Pro-Kopf ; *revenu m* ~ Pro-Kopf-Einkommen *n*.

percée *f* Durchbruch *m* ; Vorstoß *m* ; Eindringen *n* ; ~ *commerciale* Markterfolg ; ~ *technologique* technologischer Durchbruch ; ~ *sur le marché* Marktdurchbruch, -vorstoß, -offensive *f*.

percepteur *m* Steuereinnehmer *m* ; Finanzbeamte(r) ; Finanzamt *n* ; *aller chez le* ~ auf das Finanzamt gehen.

1. perception *f* (*bureau du percepteur*) Finanzamt *n* ; Steuerbehörde *f* ; Steuerkasse *f* ; *travailler dans une* ~ beim Finanzamt arbeiten.

2. perception (*recouvrement*) (*impôt*) Erhebung *f* ; (*frais*) Einziehung *f* ; Beitreibung *f* ; ~ *à la source* Erhebung an der Quelle ; ~ *des bénéfices* Gewinneinziehung ; ~ *des cotisations* Beitragseinziehung ; ~ *de droits, de taxes* Erhebung von Zöllen (Zollgebühren), von Abgaben ; ~ *des impôts* Steuererhebung, -einziehung ; ~ *des intérêts* Zinseinziehung ; ~ *des loyers échus* Beitreibung fälliger Mietzahlungen ; ~ *en nature* Sach-, Naturalbezug *m* ; *rôle m, taux m de* ~ Hebeliste *f*, -satz *m*.

percevoir erheben ; einziehen ; eintreiben ; beitreiben ; einnehmen ; (ein)kassieren ; vereinnahmen ; ~ *de l'argent, une cotisation* Geld (ein)kassieren, einen Beitrag erheben ; ~ *une contribution* einen Beitrag erheben ; ~ *des honoraires* ein Honorar kassieren ; ~ *des impôts* Steuern erheben (einziehen, einnehmen) ; ~ *des intérêts* Zinsen einnehmen (kassieren) ; ~ *des loyers échus* fällige Mietzahlungen einnehmen ; ~ *une taxe* eine Abgabe (eine Gebühr) erheben.

perdant *m* Verlierer *m* ; (*procès*) unterlegene Partei *f* ; *être le grand ~ dans un conflit* bei einem Konflikt der große Verlierer sein.

perdant, e : *numéro m* (*billet m*) ~ Niete *f* ; *n'avoir tiré que des numéros ~s* nur Nieten gezogen haben.

perdre 1. verlieren ; einbüßen ; einen Verlust erleiden ; (*égarer*) abhanden kommen ; verspielen ; ~ *de l'argent dans une affaire* bei einem Geschäft Geld einbüßen ; ~ *un avantage, des privilèges* einen Vorteil, Vorrechte (Privilegien) einbüßen (verlieren) ; (*infirmité*) ~ *son autonomie* pflegebedürftig werden ; ~ *au change* einen schlechten Tausch machen ; ~ *un client* jdn als Kunden (einen Kunden) verlieren ; ~ *la confiance des investisseurs* das Vertrauen der Anleger verspielen ; ~ *son emploi (sa place)* seinen Arbeitsplatz (seine Stelle) verlieren ; ~ *toute sa fortune* sein ganzes Vermögen einbüßen ; ~ *un procès* einen Prozess verlieren **2.** ~ *du prestige, de la valeur* an Ansehen, an Wert verlieren ; ~ *du terrain* an Boden verlieren ; nachgeben ; abbröckeln ; ~ *en qualité* an Qualität einbüßen ; *le yen a perdu de sa valeur par rapport au dollar* gegenüber dem Dollar hat der Yen an Wert verloren **3.** ~ *sur un article* bei einer Ware einen Verlust haben ; an einer Ware verlieren **4.** *se ~* verlorengehen ; abhanden kommen ; (*marchandise*) verderben ; (*navire*) untergehen ; *le navire s'est perdu corps et biens* das Schiff ist mit Mann und Maus untergegangen.

perdu, e : *emballage m* ~ Wegwerfpackung *f* ; Einweg(ver)packung ; *bouteille f* ~ Einwegflasche *f* ; Wegwerfflasche ; *verre m* ~ Einwegglas *n* ; Glas zum Wegwerfen ; *objets mpl ~s* Fundbüro *n*.

père *m* Vater *m* ; ~ *adoptif* Adoptivvater ; ~ *célibataire* alleinstehender Vater ; ~ *de famille* Familienvater ; ~*s fondateurs* Gründerväter *mpl* ; ~ *légal, naturel* gesetzlicher, leiblicher Vater ; ~ *nourricier* Pflegevater ; *Maison Dupont* ~ *et fils* Firma Dupont und Sohn ; ~ *putatif* vermeintlicher Vater ; ~ *qui élève seul son enfant* alleinerziehender (alleinsorgender) Vater ; *agir en lieu et place du* ~ an Vaterstelle fungieren (handeln) ; *faire un placement de (bon)* ~ *de famille* eine mündelsichere Anlage machen ; beim Investieren keine Risiken eingehen.

péremption *f* (*jur.*) Verjährung *f* ; Verwirkung *f* ; Verfall *m* ; Ungültigwerden *n* ; Präklusion *f* ; *date f de* ~ **a)** Verjährungsfrist *f* **b)** (*alimentaire*) Frischhaltedatum *n* ; *tomber en* ~ verjähren.

péremptoire 1. (*jur.*) verjährend ; ungültig machend ; verwirkend ; präklusiv ; aufhebend **2.** unbestreitbar ; unumstößlich ; *preuve f* ~ zwingender Beweis *m*.

pérenne dauerhaft ; *emploi m* ~ Dauerarbeitsplatz *m* ; *rivière f* ~ perennierender Fluss *m*.

pérenniser : *emplois mpl ~és* fest ausgewiesene Planstellen *fpl* ; ~ *qqch* etw zu einer ständigen Einrichtung machen ; etw fest verankern ; ~ *des postes de fonctionnaires* Beamte in eine Planstelle einweisen ; im öffentlichen Dienst Stellen im Haushaltsplan fest ausweisen.

pérennité *f* Fortbestand *m* ; Weiterbestehen *n* ; Dauerhaftigkeit *f* ; Fortdauer *f* ; Weiterführung *f* ; *assurer la* ~ *d'une entreprise* den Fortbestand eines Unternehmens sichern.

péréquation *f* **1.** (*répartition des charges*) Ausgleich *m* ; Ausgleichung *f* ; Kompensation *f* ; ~ *annuelle, des charges, des charges de famille* Jahres-, Lasten-, Familienlastenausgleich *m* ; ~ *financière, fiscale* Finanz-, Steuerausgleich ; ~ *des frais, des prix* Kosten-, Preisausgleich ; *créance f, fonds m, prime f de* ~ Ausgleichsforderung *f*, -fonds *m*, -prämie *f* ; *taxe f de* ~ Ausgleichsabgabe *f* ; (*Allemagne*) Lastenausgleich ; *prélèvement m de* ~ Abschöpfungsbetrag *m* ; Ausgleichsumlage *f* **2.** (*rajustement des traitements et des pensions des fonctionnaires*) Anpassung *f* ; Angleichung *f*.

péréquer ausgleichen ; anpassen ; gerecht verteilen.
P.E.R.P. *m* (*plan d'épargne-retraite populaire*) (private) Zusatzrente *f* ; langfristiges (Renten)Sparprogramm *n* ; steuerbegünstigtes Sparen *n* (für das Alter).
perfectible (*personne*) vervollkommnungsfähig ; (*appareil, plan*) verbesserungsfähig.
perfectionnement *m* 1. Verbesserung *f* ; Veredelung *f* ; Perfektion *f* ; Vervollkommnung *f* 2. Fortbildung *f* ; Weiterbildung ; ~ *professionnel* Berufsfortbildung ; berufliche Weiterbildung ; *cours m, stage m de* ~ Fortbildungskurs *m*, -lehrgang *m* ; *filière f de* ~ Aufbaustudiengang *m* ; *participer à un stage de* ~ an einem Fortbildungslehrgang teilnehmen.
perfectionner vervollkommnen ; verbessern ; ausbilden ; fort-, weiterbilden ; perfektionieren ; ~ *un appareil, un procédé, un système* ein Gerät, ein Verfahren, ein System verbessern ; *se* ~ (*sur le plan professionnel*) sich beruflich weiterbilden ; sich fachlich fortbilden.
perforateur, trice Stanz- ; Locher- ; *machine f ~trice* Stanze *f* ; Stanzmaschine *f*.
perforation *f* Lochen *n* ; Lochung *f* ; Stanzung *f* ; *unité f de* ~ Stanzeinheit *f* ; Lochereinheit.
perforatrice *f* Perforier-, Lochmaschine *f* ; Stanze *f* ; Stanzmaschine.
perforé, e gelocht ; Loch- ; *bande ~e* Lochstreifen *m* ; *carte f ~e* Lochkarte *f*.
perforer 1. knipsen ; lochen ; entwerten 2. lochen ; stanzen ; perforieren ; Löcher einstanzen (in).
performance *f* Leistung *f* ; Leistungsfähigkeit *f* ; (*efficience*) Wirksamkeit *f* ; Effizienz *f* ; *excellente ~* Spitzenleistung ; *~s économiques* Wirtschaftsleistung ; → **rendement**.
performant, e leistungsfähig, -stark ; Leistungs-.
péricliter (*entreprise*) abwärts gehen ; (langsam) zugrunde gehen ; zusammenbrechen ; in die roten Zahlen rutschen.
péril *m* Gefahr *f* ; *à ses risques et ~s* auf eigene Gefahr ; (*jur.*) *il y a* ~ *en la demeure* Gefahr ist im Verzug ; *il n'y a pas* ~ *en la demeure* die Sache eilt doch nicht so sehr ; es ist keine Gefahr im Verzug ; *mettre en* ~ gefährden ; einer Gefahr aussetzen.

périmé, e abgelaufen ; ungültig ; erloschen ; verfallen ; überholt ; (*prescrit*) verjährt ; *billet m de banque, carte f d'identité ~(e)* ungültige Banknote *f*, ungültiger Ausweis *m* ; *ce chèque, le visa est* ~ dieser Scheck ist ungültig (verfallen), das Visum ist abgelaufen.
périmer : *se* ~ verfallen ; ablaufen ; ungültig werden ; erlöschen.
périmètre *m* Umkreis *m* ; ~ *urbain* Stadtumkreis ; *dans un* ~ *de 100 km* 100 Kilometer im Umkreis ; im Umkreis von 100 km.
période *f* Zeit *f* ; Zeitraum *m*, -abschnitt *m*, -spanne *f* ; (*durée*) Laufzeit *f* ; Umlaufzeit ; Dauer *f* ; Periode *f* ; ◆ ~ *d'abonnement* Abonnementzeit ; Bezugszeit ; ~ *d'accoutumance* Anpassungs-, Einarbeitungs-, Anlernzeit ; ~ *d'activité* Amtszeit ; ~ *d'affluence* → **pointe** ; ~ *d'amortissement* Amortisationsdauer *f* ; Abschreibungszeitraum ; ~ *d'apprentissage* Lehrzeit *f* ; Ausbildungszeit ; ~ *d'arrêt d'exploitation* (Betriebs)Ausfallzeit ; ~ *assurée* (*couverte par l'assurance*) Versicherungsdauer, -zeit ; ~ *de chômage* Zeit der Arbeitslosigkeit ; ~ *comptable* Abrechnungs-, Rechnungsperiode ; ~ *considérée* die in Betracht kommende Zeit ; ~ *de construction* Bauabschnitt *m* ; ~ *correspondante* Vergleichszeit ; Vergleichszeitraum ; ~ *de cotisation* (*couverte par les cotisations*) Beitragszeiten *fpl* ; Anwartschaften *fpl* ; ~ *creuse* Flaute *f* ; tote Saison *f* ; (*fam.*) Sauregurkenzeit ; ~ *équivalente* Vergleichszeit ; ~ *d'essai* Probezeit ; ~ *d'exploitation* Betriebs-, Wirtschaftsperiode ; ~ *fiscale* Steuerperiode ; ~ *de garantie* Garantiezeit ; ~ *imposable* (*d'imposition*) Besteuerungs-, Veranlagungsperiode ; Steuerbemessungszeitraum ; ~ *de pointe* **a)** (*trafic*) Stoß-, Hauptverkehrszeit **b)** (*hôtellerie*) Hochsaison *f* ; Hauptsaison ; Hauptreisezeit ; ~ *précédente* Vorperiode ; ~ *probatoire* Probezeit ; ~ *de récession* Rezessionszeiten ; Talsohle *f* ; ~ *de référence* Vergleichs-, Referenzperiode ; Berichtsperiode ; ~ *de remboursement* Tilgungszeit ; ~ *de repos* Ruhezeit ; ~ *de rodage* Einarbeitungs-, Anlernzeit ; ~ *de taxation* Besteuerungszeitraum ; ~ *transitoire* Übergangszeit ; ~ *de vacances* Urlaubs-, Ferienzeit ; ~ *de validité* (*d'un contrat, d'une loi*) Gültigkeitsdauer ;

Laufzeit (eines Vertrags, eines Gesetzes) ; ♦♦♦ *comparé à la ~ correspondante* gegenüber dem Vergleichszeitraum ; *en ~ de chômage, d'inflation* in Zeiten großer Arbeitslosigkeit, steigender Inflation ; *pour la ~ allant jusqu'au 15/7* für die Zeit bis zum 15.7. ; *être absent pour une assez longue ~* über einen längeren Zeitraum abwesend sein ; *passer (par) une mauvaise ~* eine schlechte Phase durchlaufen.

périodicité *f* Periodizität *f* ; regelmäßige Wiederkehr *f*.

périodique *m* (regelmäßig erscheinende) Zeitschrift *f* ; *~ mensuel* Monatszeitschrift.

périodique periodisch ; in gleichen Abständen ; zyklisch ; regelmäßig auftretend ; *(bilan) charges fpl ~s* regelmäßige Kosten *pl* ; *fluctuation f ~* periodische Schwankung *f* ; *à intervalles ~s* in periodischen Abständen.

périphérie *f* Peripherie *f* ; Randbezirk *m*, -gebiet *n*, -zone *f* ; *être situé à la ~ de la ville* am Stadtrand (an der Stadtperipherie) liegen.

périphérique 1. Rand- ; in einem Randgebiet liegend ; *banlieue f ~* Vorortgürtel *m* ; *quartier m ~* Stadtrandviertel *n* 2. *(informatique)* peripher ; *appareils mpl ~s* periphere Geräte *npl* (Einheiten *fpl*) ; *gestionnaire m de ~s* Gerätetreiber *m* ; *mémoire f ~* peripherer (externer) Speicher *m*.

périphérique *m* 1. *(boulevard périphérique)* Ring *m* ; Außenring ; Ringautobahn *f* ; Umgehungsstraße *f* 2. *(informatique) les ~s* periphere Geräte *npl* ; periphere Einheiten *fpl*.

périssable leicht verderblich ; *denrées fpl ~s* kurzlebige Konsumgüter *npl*.

permanence *f* 1. Dauerhaftigkeit *f* ; Dauerbestand *m* ; Erhaltenbleiben *n* ; *en ~* ununterbrochen, permanent ; durchgehend ; *siéger en ~* ununterbrochen tagen 2. *(garde) ~ d'un député* Bürgersprechstunde *f* ; *service m de ~* Bereitschaftsdienst *m* ; Nacht- und Sonntagsdienst *m* ; *médecin m de ~* Bereitschaftsarzt *m* ; *assurer (faire) une ~* Bereitschaftsdienst haben ; Sonderdienst machen.

permanent *m* Funktionär *m* ; ständiger Vertreter *m* ; *~ d'un syndicat, d'un parti politique* Gewerkschafts-, Parteifunktionär *m*.

permanent, e beständig ; ständig ; (an)dauernd ; dauerhaft ; Dauer- ; chronisch ; anhaltend ; permanent ; kontinuierlich ; konstant ; ♦ *commission f, correspondant m ~(e)* ständiger Ausschuss *m*, Korrespondent *m* ; *crédit m ~* Dispokredit ; Dauerkredit ; *dépression f ~e* Dauerdepression *f* ; *emploi m (travail m) ~* Dauerstellung *f*, -beschäftigung *f* ; *envoyé m ~* ständiger Vertreter ; *état m ~* Dauerzustand *m* ; *exposition f ~e* Daueraustellung *f* ; *formation f ~e (pour adultes)* Fort-, Weiterbildung ; Erwachsenenbildung ; *incapacité f ~e de travail* dauernde Arbeitsunfähigkeit *f* ; *membre m ~* ständiges Mitglied *n* ; *personnel m ~* Stammpersonal *n* ; *ordre m ~ (à une banque)* Dauerauftrag *m* ; ♦♦♦ *la commission ~e a siégé* der ständige Ausschuss tagte ; *donner un ordre ~ à sa banque* seiner Bank einen Dauerauftrag erteilen.

permettre erlauben ; gestatten ; zulassen ; genehmigen ; billigen ; einwilligen ; zulassen ; *(mandater)* beauftragen ; berechtigen ; ermächtigen ; *ses moyens ne le lui permettent pas* seine Mittel erlauben es ihm nicht ; er kann sich das nicht leisten ; *je me permets de m'adresser à vous* ich erlaube mir, mich an Sie zu wenden ; *si les circonstances le permettent* wenn es die Umstände erlauben.

permis *m* Erlaubnis *f* ; Genehmigung *f* ; Zulassung *f* ; Bewilligung *f* ; Einwilligung *f* ; Zustimmung *f* ; *(mandat)* Berechtigung *f* ; Befugnis *f* ; Ermächtigung *f* ; ♦ *~ de chasse* Jagdschein ; *~ de circulation* a) Passierschein b) Freikarte *f* ; *~ de conduire* Führerschein *m* ; *~ de construire* Bauerlaubnis, -genehmigung ; *~ d'entrée (sur le territoire)* Einreiseerlaubnis, -genehmigung ; *~ de douane* Zollerlaubnisschein ; *~ d'embarquement* Verladungsschein ; *~ d'importation* Einfuhrgenehmigung ; *~ de pêche* Angelschein ; *~ de prospection* Schürferlaubnis ; *~ de séjour* Aufenthaltsgenehmigung, -erlaubnis ; *~ de sortie (du territoire)* Ausreiseerlaubnis, -genehmigung ; *~ de transit* Durchfuhrerlaubnis ; *~ de travail* Arbeitserlaubnis, -genehmigung ; ♦♦♦ *déposer une demande de ~ de construire* einen Bauantrag (für etw) stellen ; *accorder, demander, obtenir un ~* eine Geneh-

migung (Erlaubnis) erteilen, einholen, erhalten.
permission *f* **1.** Erlaubnis *f* ; Genehmigung *f* ; *avec votre* ~ wenn Sie gestatten ; mit Verlaub **2.** (*militaire*) Urlaub *m*.
permutabilité *f* Austauschbarkeit *f* ; Vertauschbarkeit *f* ; Auswechselbarkeit *f*.
permutant *m* (*emploi, logement*) Tauschpartner *m* ; Tauschende(r).
permutation *f* Umstellung *f* ; (Um)-Tausch *m* ; Austauschen *n* ; Stellentausch *m*.
permuter tauschen ; die Stelle tauschen ; *j'ai permuté avec une collègue* ich habe mit einer Kollegin (die Stelle) getauscht.
perpétration *f* : ~ *d'un crime* Begehung *f* (Verübung *f*) eines Verbrechens.
perpétrer verüben ; begehen ; ~ *un attentat* ein Attentat verüben.
perpétuel, le 1. ständig ; fortdauernd ; ewig ; unbefristet ; unkündbar ; *dette f ~le* unablösliche Schuld *f* ; (*rente d'État*) tilgungsfreie Rentenschuld *f* ; *emprunt m* ~ ewige (unbefristete, unkündbare) Anleihe *f* ; *rente f ~le* ewige Rente *f* ; tilgungsfreie Rentenschuld *f* **2.** (*à vie*) lebenslänglich.
perpétuité : (*jur.*) *à* ~ lebenslänglich.
perquisition *f* Durchsuchung *f* ; Beschlagnahmeaktion *f* ; *mandat m de* ~ Durchsuchungsbefehl *m* ; *faire une* ~ durchsuchen.
perquisitionner durchsuchen ; eine Durchsuchung vornehmen.
persistance *f* Anhalten *n* ; Weiterbestehen *n* ; ~ *de la crise économique* anhaltende Wirtschaftskrise *f*.
persistant, e anhaltend ; andauernd.
persister andauern ; fortbestehen.
persona grata *f* (*diplomatie*) Persona grata *f* ; *déclarer qqn persona non grata* jdn zur Persona non grata (ingrata) erklären.
personnage-clé *m* Schlüsselfigur *f*.
personnalisation *f* **1.** Personalisierung *f* ; Individualisierung *f* ; Subjektivierung *f* **2.** (*impôts, assur.*) Anpassung *f* an die persönlichen Verhältnisse ; Personalisierung *f* **3.** (*jur : conférer la personnalité morale*) Verleihung *f* der Rechtspersönlichkeit.
personnaliser 1. personalisieren ; individuell gestalten ; individualisieren ; subjektivieren ; *publicité f ~ée* personalisierte Werbung *f* ; *scrutin m proportionnel ~é* personalisierte Verhältniswahl *f* ; *service ~é* individuell gestalteter Service ; ~ *une campagne publicitaire* eine Werbekampagne personalisieren ; eine Werbekampagne auf eine bestimmte Zielgruppe zuschneiden **2.** (*impôts, assur.*) den individuellen Verhältnissen anpassen ; personalisieren **3.** (*jur : conférer la personnalité morale*) die Rechtspersönlichkeit verleihen.
personnalité *f* **1.** → *personnalités* **2.** ~ *civile* (*juridique, morale*) Rechtspersönlichkeit *f* ; ~ *de droit privé, public privée*, öffentliche Rechtspersönlichkeit ; *avoir la* ~ *juridique* eine juristische Person sein ; über eine eigene Rechtspersönlichkeit verfügen.
personnalités *fpl* Prominente(n) *pl* ; Honoratioren *pl* ; Prominenz *f* ; *les* ~ *de la politique et de l'économie* die Prominenten aus Politik und Wirtschaft.
personne *f* Person *f* ; (*sujet de droit*) (Rechts)Subjekt *n* ; ◆ ~ *accréditée* (*auprès de*) Akkreditierte(r) (bei) ; ~ *active* Erwerbstätige(r) ; erwerbstätige Person ; Erwerbsperson ; ~ *à charge* unterhaltsberechtigte Person ; Unterhaltsberechtigte(r) ; ~*s âgées* die alten Menschen *mpl* ; die Senioren *pl* ; ~ *assistée* (*indigente*) unterstützungsbedürftige Person ; ~ *assurée* Versicherte(r) ; ~ *autorisée* Befugte(r) ; befugte Person ; ~ *autorisée à signer* Zeichnungsberechtigte(r) ; ~ *civile* → *juridique* ; ~ *dépendante* Pflegefall *m* ; Pflegebedürftige(r) ; ~ *déplacée* Verschleppte(r) ; ~*s bien informées* gut unterrichtete Kreise *mpl* ; Insider *mpl* ; ~ *interposée* vorgeschobene Person ; Mittelsmann *m* ; ~ *interrogée* (*sondage*) Testperson ; Befragte(r) ; ~ *juridique* Rechtsperson ; juristische Person ; ~ *morale* → *juridique* ; ~ *nécessiteuse* → *assistée* ; ~ *non active* Nicht-Erwerbstätige(r) ; Nicht-Erwerbsperson ; ~ *non autorisée* Unbefugte(r) ; ~ *privée* Privatperson ; ~ *physique* natürliche Person ; ~*s seules* alleinstehende Personen ; ◆◆ *accident m de* ~*s* Personenschaden *m* ; *assurance f des* ~*s* Personenversicherung *f* ; *compte m de* ~ Personenkonto *n* ; *dommage m à des* ~*s* Personenschaden *m* ; *droit m des* ~*s* Personenrecht *n* ; *impôt m sur la* ~ Personensteuer *f* ; *ménage m de cinq* ~*s* fünfköpfiger Haushalt *m* ; *nombre m de*

~s Personenzahl *f* ; *revenu m des ~s physiques* persönliches Einkommen *n* ; *société f de ~s* Personengesellschaft *f* ; Personalgesellschaft ; *tierce ~* Dritte(r) ; *en ~* in (eigener) Person ; *par ~ interposée* mittels vorgeschobener Person ; durch einen Vermittler ; *une ~ du sexe féminin, masculin* eine weibliche, männliche Person ; ◆◆◆ *comparaître en ~* persönlich erscheinen ; *cela coûte 100 € par ~* es kostet 100 € pro Person ; *distinguer la ~ de la fonction* die Person vom Amt trennen ; *entrée interdite à toute ~ étrangère au service* Zutritt für Unbefugte verboten ; *se présenter en ~* sich persönlich melden (vorstellen) ; *répondre sur sa ~* persönlich haften ; *se tromper de ~* sich in der Person irren.

personnel *m* Personal *n* ; Belegschaft *f* ; Betriebsangehörige(n) ; Arbeitnehmer *mpl* ; Arbeitskräfte *fpl* ; Mitarbeiter *mpl* ; Angestellte(n) ; ◆ *~ administratif* Verwaltungspersonal ; *(aéroport) ~ au sol* Bodenangestellte(n) ; *~ auxiliaire* Aushilfs-, Vertretungs-, Zeitpersonal ; *~ de bord* Bordpersonal ; *~ de bureau* Büroangestellte(n), -personal ; Schreibkräfte *fpl* ; *~ de direction* leitende Angestellte(n) ; Führungskräfte ; oberes Management *n* ; Leitende(n) in Spitzenposition ; *~ d'encadrement* → *direction* ; *~ de l'entreprise* Betriebsbelegschaft ; *~ d'entretien* Wartungspersonal ; *~ de l'État* Staatsbedienstete(n) ; *~ d'exécution* ausführendes Personal ; *~ fixe* Stammbelegschaft ; *~ intérimaire* Zeitpersonal ; Zeitarbeitskräfte *fpl* ; Aushilfs-, Vertretungskräfte *fpl* ; *~ de louage* Leihpersonal ; Leiharbeiter *mpl* ; ausgeliehenes Personal ; *~ de maintenance* Wartungspersonal ; *~ permanent* ständiges Personal ; Stammbelegschaft ; *~ qualifié* geschultes Personal ; *~ saisonnier* Saisonarbeiter *mpl* ; *~ de salle (hôtellerie)* Bedienungspersonal ; *~ spécialisé* Fachkräfte *fpl*, -personal ; *~ subalterne* untergeordnetes Personal ; *~ de surveillance (de maîtrise), technique* Aufsichts-, technisches Personal ; *~ temporaire* → *intérimaire* ; *~ vacataire* nicht ständiges Personal ; *~ volant* fliegendes Personal ; ◆◆ *action f de ~* Belegschaftsaktie *f* ; *administration f du (des) ~(s)* Personalverwaltung *f* ; *assemblée f du ~* Personal-, Belegschaftsversammlung *f* ; *assurance f du ~* Personalversicherung *f* ; *besoins mpl en ~* Personalbedarf *m* ; *catégorie f de ~* Personalkategorie *f* ; *changement m de ~* Personalwechsel *m* ; personelle Veränderungen *fpl* ; *chef m du ~* Personalleiter *m*, -chef *m* ; *à fort coefficient de ~* personalintensiv ; *compressions fpl de ~* Personalabbau *m*, -kürzung *f* ; *coût m du ~* Personalkosten *pl* ; *couverture f en ~* Personaldecke *f* ; *débauchage m de ~* Personalabwerbung *f* ; *dégraissage m du ~* → *compressions* ; *délégué m du ~* Vertreter *m* der Belegschaft ; Betriebsratsvorsitzende(r) ; Obmann *m* ; *dépenses fpl de ~* Personalausgaben *fpl*, -aufwand *m* ; *difficultés fpl de ~* personelle Schwierigkeiten *fpl* ; *directeur m du ~* Personaldirektor *m*, -leiter *m* ; *direction f du ~* Personalführung *f* ; *effectifs mpl du ~* Personalbestand *m* ; Belegschaftsstärke *f* ; *embauche f du/de ~* Personaleinstellung *f* ; *état m du ~* → *effectifs* ; *frais mpl de ~* Personalkosten *pl* ; *licenciement m (massif) de ~* (Massen)-Entlassung *f* von Personal ; *louage m de ~* Ausleihen *n* von Personal ; *manque m de ~* Personalmangel *m* ; *membre m du ~* Belegschaftsmitglied *n* ; *pénurie f de ~* Personalknappheit *f*, -verknappung *f* ; *planification f, politique f de ~* Personalplanung *f*, -politik *f* ; *réduction f de ~* Personalabbau *m*, -kürzung *f* ; *représentation f, responsable m du ~* Personalvertretung *f*, -sachbearbeiter *m* ; *sélection f de (du) ~* Personalauswahl *f* ; *service m du ~* Personalabteilung *f*, -büro *n* ; *suppression f de ~* Personalschnitt *m*, -abbau *m* ; Down-Sizing *n* ; ◆◆◆ *augmenter le ~* das Personal aufstocken ; *débaucher du ~* Personal abwerben ; *dégraisser le ~* Personal abbauen ; Personaleinsparungen vornehmen ; *faire partie du ~ d'une entreprise* bei einem Betrieb beschäftigt sein ; *recruter (engager) du ~* Personal einstellen (anwerben).

personnel, le persönlich ; privat ; Privat- ; eigen ; Eigen- ; *adresse f ~le* Privatadresse *f* ; *affaire(s) f(pl) ~le(s)* persönliche Angelegenheit(en) ; Privatangelegenheit *f* ; *biens mpl ~s* → *fortune* ; *conseiller m ~* persönlicher Referent (Berater) *m* ; *coordonnées fpl ~les* Personalangaben *fpl* ; Personalien *pl* ; *dépenses fpl ~les* → *frais* ; *dossier m ~* Personalakten *fpl* ; *fortune f ~le* Privatvermögen *n* ; *frais mpl ~s* persön-

perspectif, ive

liche Auslagen *fpl* ; *impôt m* ~ Personen-, Subjektsteuer ; *lettre f ~le* Privatbrief *m* ; *papiers mpl ~s* Personalpapiere *npl* ; Personalausweis *m*, -dokumente *npl* ; *questionnaire m* ~ Personalbogen *m* ; *pour des raisons ~les* aus persönlichen Gründen ; *relations fpl ~les* persönliche Beziehungen *fpl* ; *responsabilité ~le* persönliche Haftung *f* ; *revenu m* ~ persönliches Einkommen *n* ; *usage m* ~ Privatgebrauch *m*, -zweck *m*.

perspectif, ive perspektivisch ; *plan m* ~ Perspektivplan *m*.

perspective(s) *f(pl)* Aussicht(en) *f(pl)* ; Perspektive(n) *f(pl)* ; Chancen *fpl* ; Erwartungen *fpl* ; Möglichkeiten *fpl* ; ◆ ~ *d'avancement* (*de carrière, de promotion*) Aufstiegserwartungen *fpl* ; Karriereaussichten *fpl* ; ~ *d'avenir* Zukunftsaussichten ; ~ *de croissance* Wachstumserwartungen, -chancen ; ~ *économiques* Wirtschaftsperspektiven ; ~ *énergétiques, d'exportation* Energie-, Exportaussichten ; ~ *d'investissements* Investitionschancen ; ~ *du marché* Marktaussichten ; ◆◆◆ *avoir qqch en perspective* etw in Aussicht haben ; *être en* ~ in Aussicht stehen ; *ouvrir de nouvelles* ~ neue Aussichten eröffnen ; *les* ~ *sont favorables pour l'industrie* für die Industrie sind die Aussichten günstig.

perte *f* Verlust *m* ; Verlorengehen *n* ; Abhandenkommen *n* ; (*préjudice*) Einbuße *f* ; Nachteil *m* ; Schaden *m* ; (*manque*) Ausfall *m* ; Defizit *n* ; Mangel *m* ; Manko *n* ; (*déficit*) Defizit *n* ; Minus *n* ; Minussaldo *m* ; Passivsaldo *m* ; ◆ ~ *d'argent* Geldverlust ; finanzieller Verlust ; ~ *de bénéfices* Gewinnausfall ; ~ *au bilan, de capitaux* Bilanz-, Kapitalverlust ; ~ *de (sur le) change* Kursverlust ; ~ *comptable* buchmäßiger Verlust ; ~ *de confiance* Vertrauensverlust ; ~ *des droits civils* (*civiques*) Verlust der bürgerlichen Ehrenrechte ; ~ *de l'emploi* Verlust des Arbeitsplatzes ; Arbeitsplatzverlust ; (*bilan*) ~ *de l'exercice* Jahresfehlbetrag ; ~ *d'exploitation* Betriebsverlust ; ~ *financière* finanzieller Verlust ; ~ *de fortune* Vermögensverlust ; ~ *de gain* Verdienstausfall ; ~ *de gestion* Betriebsverlust ; ~ *d'intérêts* Zinsausfall ; ~ *d'inventaire* Inventarverlust ; ~ *de loyer* Mietausfall ; ~ *nette* Netto-, Reinverlust ; ~ *partielle* Teilverlust ; ~ *de place, de poids* Raum-, Gewichtsverlust ; ~ *de parts de marché* Marktanteilverlust ; Einbuße von Marktanteilen ; ~ *de population* Bevölkerungsverlust, -rückgang *m* ; ~ *de prestige* Einbuße an Prestige ; ~ *de production* Produktionsausfall ; Ausfälle in der Produktion ; ~*s et profits* → *profits et pertes* ; ~ *en qualité* Qualitätsverlust ; ~ *de recettes* Ausfall der Einnahmen ; Einnahmenverlust ; ~ *de rendement* Ertragsausfall ; ~ *reportée* vorgetragener Verlust ; ~ *de revenus* Einkommensausfall, -einbuße ; ~ *de salaire* Lohnausfall ; Lohneinbuße ; ~ *résultant de... / sur...* Verluste aus ... ; ~ *sèche* Reinverlust ; reiner (glatter) Verlust ; Total-, Barverlust ; ~ *de temps, de valeur* Zeit-, Wertverlust ; ◆◆ *en cas de* ~ im Verlustfall ; *compte m de* ~ Verlustkonto *n* ; *compte m de* ~*s et profits* Gewinn- und Verlustkonto *n* ; Aufwands- und Ertragsrechnung *f* ; *contrepassation f de* ~ Verlustrücktrag *m* ; *déclaration f de* ~ Verlustanzeige *f* ; *en pure* ~ umsonst ; nutzlos ; *entreprise f travaillant à* ~ Verlustbetrieb *m* ; *facteur m de* ~ Verlustfaktor *m* ; *profits mpl et* ~*s* Gewinn und Verlust ; *répartition f des* ~*s* Verlustverteilung ; *report m de* ~ Verlustvortrag *m* ; *vente f à* ~ Verlustverkauf *m* ; *ventilation f des* ~*s* → *répartition* ; ◆◆◆ *accuser une* ~ (*de*) einen Verlust (von) aufweisen ; *clôturer à* ~ mit Verlust abschließen ; *couvrir une* ~ einen Verlust decken ; *enregistrer une* ~ einen Verlust verzeichnen ; *entraîner une* ~ einen Verlust verursachen ; *ce qui équivaut à une* ~ *sèche de...* was einem Reinverlust von... entspricht ; was einen Netto-Verlust von... ausmacht ; *dédommager d'une* ~ → *réparer* ; *occasionner une* ~ *de 3000* € 3000 € Verlust bringen ; *passer qqch à* (*par*) ~*s et profits* etw auf das Gewinn- und Verlustkonto buchen ; etw in den Schornstein schreiben ; *réparer une* ~ einen Verlust ersetzen ; *ce qui représente une* ~ *nette de...* → *équivaut* ; *subir une* ~ *financière sévère* eine schwere finanzielle Einbuße erleiden ; *travailler, vendre à* ~ mit Verlust (nicht kostendeckend) arbeiten, verkaufen ; *ne sera pas remplacé en cas de* ~ bei Verlust kann kein Ersatz geleistet werden.

perturbateur *m* Unruhestifter *m* ; Störenfried *m*.

perturbation *f* Störung *f* ; ~ *d'exploitation* Betriebsstörung ; ~ *du marché* Marktstörung ; ~*s sociales* soziale Unruhen *fpl.*

perturber stören ; beeinträchtigen ; aus dem Gleichgewicht bringen.

pesage *m* Wiegen *n* ; *bulletin m de* ~ Wiegeschein *m.*

pesée *f* Wiegen *n.*

pèse-lettre *m* Briefwaage *f.*

peser 1. wiegen ; (*fig.*) belasten ; *il pèse 2 kilos* es wiegt zwei Kilo ; ~ *lourd sur qqch* etw schwer belasten ; belastend wirken ; ~ *sur la conjoncture, le climat social* die Konjunktur, das soziale Klima belasten ; ~ *sur les cours* auf die Kurse drücken ; ~ *lourd, ne pas* ~ *lourd* schwer, leicht wiegen ; *sa décision pèsera lourd dans la balance* sein Entschluss wird schwer wiegen 2. ~ *qqch* etw wiegen ; ~ *bon poids* großzügig wiegen 3. (*évaluer*) abwägen ; erwägen ; prüfen ; ~ *le pour et le contre de qqch* etw abwägen ; das Für und das Wider erwägen.

peste *f porcine* (*agric.*) Schweinepest *f.*

pesticide *m* Pestizid *n* ; Schädlingsbekämpfungsmittel *n.*

petit, e klein ; Klein- ; ~ *actionnaire* Kleinaktionär *m* ; *les* ~*s* Kleinaktionäre ; Kleinanleger *mpl* ; Streuaktionäre ; ~*e annonce* Kleinanzeige *f* ; ~ *bétail* Kleinvieh *n* ; ~ *boulot* Minijob *m* ; 325-Euro-Job ; Gelegenheitsarbeit *f* ; ~*-bourgeois* Kleinbürger *m* ; (*péj.*) Spießbürger ; *en* ~*s caractères* kleingedruckt ; ~ *commerçant* Kleinhändler *m* ; Einzelhändler ; ~ *commerce* Klein-, Einzelhandel *m* ; ~ *épargnant* Kleinsparer *m* ; ~*e exploitation* Kleinbetrieb *m* ; ~ *format n* Kleinformat *n* ; *les* ~*es gens* die kleinen Leute *pl* ; ~*e monnaie* Klein-, Wechselgeld *n* ; ~*s et moyennes entreprises fpl* (*P.M.E.*) Mittelstand *m* ; mittelständische Industrie *f* ; Klein- und Mittelbetriebe *mpl* ; ~ *producteur* Kleinerzeuger *m* ; ~*e propriété f* Kleinbesitz *m* ; ~ *rentier* Kleinrentner *m* ; ~*s revenus mpl* die Einkommensschwachen *pl* ; die unteren Einkommensschichten *fpl* ; die Kleinverdiener *mpl* ; ~ *salaire* Kleinverdiener ; ~*e vitesse* Frachtgut *n.*

petitement ärmlich ; kärglich ; *être* ~ *logé* sehr beengt wohnen ; *vivre* ~ ein kärgliches Leben fristen.

pétition *f* Gesuch *n* ; Petition *f* ; Eingabe *f* ; Bittschrift *f* ; Antrag *m* ; Unterschriftenaktion *f* ; ~ *d'hérédité* Erbschaftsklage *f* ; Klage auf Herausgabe der Erbschaft ; *droit m de* ~ Petitionsrecht *n* ; *adresser une* ~ *à qqn* an jdn eine Petition richten ; *déposer une* ~ eine Petition einreichen (bei) ; petitionieren ; *rédiger une* ~ eine Eingabe aufsetzen ; eine Petition abfassen ; *signer une* ~ eine Petition unterschreiben.

pétitionnaire *m* Bittsteller *m* ; Unterzeichner einer Petition.

pétitionner eine Petition machen ; eine Petition einreichen ; petitionieren.

pétrochimie *f* Erdölindustrie *f* ; Mineralöl verarbeitende Industrie ; Petrochemie *f* ; *produits mpl de la* ~ Petroprodukte *npl.*

pétrochimique petrochemisch ; *industrie f* ~ Erdölindustrie *f* ; Petrochemie *f.*

pétrodollar *m* Petrodollar *m* (amerikanischer Dollar, der von den erdölproduzierenden Ländern auf dem internationalen Markt angelegt wird).

pétrole *m* Erdöl *n* ; Öl *n* ; ♦ ~ *brut* Rohöl ; ♦♦ *augmentation f du prix du* ~ Ölpreiserhöhung *f* ; *baril m de* ~ Ölbarrel *n* ; *besoins mpl en* ~ Erdölbedarf *m* ; *champ m de* ~ Ölfeld *n* ; *commerce m du* ~ Ölgeschäft *n*, -handel *m* ; *consommation f de, crise du* ~ Ölverbrauch *m*, -krise *f* ; *économies fpl de* ~ Ölersparnisse *fpl* ; *embargo m sur le* ~ Ölembargo *n* ; *émir m, émirat m du* ~ Ölscheich *m*, -emirat *n* ; *exportateur de* ~ ölexportierend ; Ölexporteur *m* ; *extraction f du* ~ Ölförderung *f* ; *flambée f du prix du* ~ Höhenflug *m* der Ölpreise ; Ölpreisboom *m* ; *gisement de* ~ Ölvorkommen *n* ; Erdöllagerstätte *f* ; *importation f de* ~ Ölimport *m* ; *magnat m du* ~ Ölmagnat *m* ; *marché m (libre) du* ~ (freier) Ölmarkt *m* ; *marché du* ~ *brut* Rohölmarkt ; *multinationale f du* ~ Ölmulti *m* ; *nappe f de* ~ Ölteppich *m* ; *pays consommateur de* ~ Ölverbraucherland *n* ; *pays m exportateur de* ~ ölexportierendes Land *n* ; *pays m importateur de* ~ Öleinfuhrland *n* ; *pays mpl de l'O.P.E.P.* OPEC-Länder *npl* ; *pays m producteur de* ~ Ölproduzent *m* ; ölproduzierendes Land *n* ; *prix m du* ~ Ölpreis *m* ; *producteur de* ~ ölproduzierend ; Ölproduzent *m* ; *production f de* ~ Ölförderung *f,*

pétrolier

-gewinnung *f* ; Erdölfördermenge *f* ; *puits m de ~* Ölquelle *f* ; *raffinerie f de ~* Ölraffinerie *f* ; *ravitaillement m en ~* Ölversorgung *f* ; *réserves fpl de ~* Ölvorräte *mpl*, -reserven *fpl* ; ◆◆◆ *qui contient du ~* ölhaltig ; *chercher du ~* nach Erdöl bohren ; *ölfündig werden* ; *produire du ~* Erdöl fördern.

pétrolier *m* Öltanker *m* ; Tankschiff *n* ; *~ géant* Super-, Riesentanker.

pétrolier, ière (Erd)Öl- ; *action f d'une société ~ière* Ölaktie *f* ; *approvisionnement m, choc m ~* Ölversorgung *f*, -schock *m* ; *forage m ~* Ölbohrung *f* ; *groupe m, port m ~* Ölkonzern *m*, -hafen *m* ; *plate-forme f ~ière* Ölplattform *f* ; *production f ~ière* Ölförderung *f*, -gewinnung *f* ; *société f ~ière* Ölgesellschaft *f* ; *taxation f des produits ~s* Ölproduktbesteuerung *f*.

pétrolifère (Erd)Öl- ; (erd)ölhaltig ; *champs mpl ~s* Ölfelder *npl* ; *(en mer)* Offshorefelder *npl*.

pétro-monnaie *f* Ölwährung *f*.

peuple *m* Volk *n* ; *du ~* Volks- ; *représentant m, souveraineté f du ~* Volksvertreter *m*, -souveränität *f*.

peuplé, e bevölkert ; besiedelt ; *pays m faiblement, fortement ~* dünn, dicht besiedeltes Land *n*.

peuplement *m* Besiedelung *f* ; Besiedeln *n* ; Bevölkern *n* ; *(faune, flore)* Bestand *m*.

peupler bevölkern ; besiedeln ; bewohnen ; *(gibier)* besetzen ; *(forêts)* aufforsten ; *se ~* sich bevölkern.

pèze *m* *(fam.)* Moneten *pl* ; Zaster *m* ; Kohlen *fpl* ; Kies *m* ; Knete *f* ; Piepen *pl*.

P.F. 1. *(prix de fabrique)* Fabrikpreis *m* **2.** *(prix fixe)* Festpreis **3.** *(prix forfaitaire)* Pauschalpreis.

pharmaceutique pharmazeutisch ; Pharma- ; *industrie f ~* pharmazeutische Industrie *f* ; Pharmaindustrie ; *produits mpl ~s* Arzneimittel *npl* ; pharmazeutische Erzeugnisse *npl* ; Pharmazeutika *npl*.

phase *f* Phase *f* ; Stufe *f* ; Entwicklungsstufe *f* ; Stadium *n* ; Stufenfolge *f* ; *(période)* Periode *f* ; Zeitabschnitt *m* ; ◆ *~ de commercialisation* Handels-, Kommerzialisierungsstufe ; *~ conjoncturelle* Konjunkturphase ; *~ de croissance* Konjunkturaufschwung *m* ; *~ de croissance* Wachstumsphase ; konjunktureller Auftrieb *m* ; Aufwärtsbewegung *f* ; *~ de décroissance* rückläufige (sinkende) Konjunktur *f* ; Konjunkturabschwächung *f*, -rückgang *m* ; *~ de développement* Entwicklungsstufe, -stadium *n* ; *~s de fabrication* Fertigungsablauf *m* ; Herstellungsphasen ; *~ d'initiation* Einarbeitungsphase ; *~ de récession* Rezessionsphase ; *~ de transformation* Verarbeitungsstufe ; *~ de travail* Arbeits(vor)gang *m* ; ◆◆◆ *entrer dans une ~ décisive* in eine entscheidende Phase treten ; *être dans une ~ critique* sich in einer kritischen Phase befinden ; *être contrôlé à chaque ~* auf jeder Stufe kontrolliert werden.

phosphates *mpl* : *~ naturels* Naturphosphate *npl*.

photocomposition *f* *(édition)* Foto-, Lichtsatz *m*.

photocopie *f* Fotokopie *f* ; Photokopie ; Kopie ; Ablichtung *f*.

photocopier fotokopieren ; photokopieren ; *~ un document* eine Urkunde fotokopieren (lassen).

photocopieur *m* (Foto)Kopiergerät *n* ; Kopierer *m*.

photocopieuse *f* → *photocopieur*.

photo-copillage *m* Buchpiraterie *f*.

photomaton *m* Passbildautomat *m*.

phylloxera *m* *(agric.)* Reblaus *f* ; *être victime du ~* von der Reblaus befallen sein.

physique körperlich ; physisch ; *(jur.) personne f ~* natürliche Person *f*.

phytosanitaire pflanzengesundheits- ; *certificat m ~* Pflanzenschutzzeugnis *n* ; *produit m ~* Pflanzenschutzmittel *n*.

P.I. 1. *(permis d'importation)* Einfuhrerlaubnis *f* **2.** *(propriété industrielle)* gewerblicher Rechtsschutz *m*.

P.I.B. *m* *(produit intérieur brut)* Bruttoinlandsprodukt *n* ; BIP *n* ; *~ non marchand* im Bruttoinlandsprodukt einbezogene Leistungen *fpl* des Staats ohne Erwerbscharakter.

PIBOR *m* *(Paris inter bank offered rate / taux interbancaire offert sur la place de Paris)* Pariser Interbankensatz *m* *(remplacé par → EURIBOR)*.

pic *m* *(sommet)* Spitze *f* ; Höhepunkt *m* ; Gipfel *m* ; Hoch *n* ; *~ conjoncturel* Konjunkturhoch ; *~ de production* Produktionsrekord *m*.

pickpocket *m* Taschendieb *m*.

---
pièce *f*
1. *élément d'un ensemble*
2. *document écrit*
3. *monnaie*
4. *pièce d'habitation*
---

1. (*élément d'un ensemble*) Stück *n* ; Teil *m* ; (*technique*) Teil *n* ; ◆ ~ *constitutive* Bestandteil *m* ; ~ *défectueuse* Fehlstück ; fehlerhaftes Stück ; *~s détachées* Einzelteile *npl* ; *~ de rechange* Ersatzteil *n* ; *~ de série* Serienteil *n* ; *~ usinée* bearbeitetes Werkstück ; ◆◆ *accord m aux ~s* Stückakkord *m* ; *nombre m de ~s produites* Stückzahl *f* ; *ouvrier m aux ~s* Akkordarbeiter *m* ; *prix m à la ~* Stückpreis *m* ; *rémunération f (salaire m) à la ~ (aux ~s)* Stücklohn *m* ; Akkordlohn ; *système m de travail aux ~s* Akkordsystem *n* ; *tarif m par ~* Stückzeit *f* ; *travail m aux ~s* Stückarbeit *f* ; ◆◆◆ *par ~* pro Stück ; *~ par ~* Stück für Stück ; stückweise ; *~s et main-d'œuvre garanties trois ans* mit dreijähriger Garantie für Ersatzteile und Arbeitskosten ; *cela coûte 10 € ~* das Stück kostet 10 € ; *10 € das Stück* ; *travailler aux ~s* in (auf) Akkord arbeiten ; im Stücklohn arbeiten ; *usiner une ~* ein Werkstück verarbeiten ; *vendre à la ~* stückweise (einzeln) verkaufen.

2. (*document écrit*) Schriftstück *n* ; Beleg *m* ; Akte *f* ; Aktenstück *n* ; Urkunde *f* ; Unterlage *f* ; Dokument *n* ; ◆ *~ d'accompagnement* Begleitschein *m* ; *~ à l'appui* Beleg ; Unterlage ; *~ bancaire, de caisse, comptable* Bank-, Kassen-, Buchungsbeleg ; *~ consulaire* Konsulatsurkunde ; *~ à conviction* Beweisstück ; *Corpus delicti n* ; *~ d'un dossier* Aktenstück ; *~ d'état civil* standesamtliche Urkunde ; *~s à fournir* vorzulegende Unterlagen (Papiere *npl*) ; *~ d'identité* (Personal)Ausweis *m* ; Ausweispapier *n* ; *~(s) jointe(s) (p.j.)* Anlage(n) *f(pl)* ; (*Autriche*) Beilagen ; *~ justificative* Beleg ; Belegstück ; *~ notariée* notarielle Urkunde ; ◆◆ *communication f des ~s d'un dossier* Akteneinsicht *f* ; Einsichtnahme *f* in die Akten ; *extrait m d'une ~* Aktenauszug *m* ; *production f de ~s* Aktenvorlage *f* ; *avec ~s à l'appui* mit Belegen ; ◆◆◆ *communiquer les ~s d'un dossier* die Akten überreichen ; die Unterlagen zustellen ; *établir une ~* ein Schriftstück anfertigen ; *fournir les ~s justificatives de(s) dépenses* Ausgaben (durch Quittungen) belegen ; *présenter une ~ d'identité* einen Personalausweis vorzeigen ; sich ausweisen ; *produire les ~s nécessaires* die erforderlichen Unterlagen (Akten) vorlegen (einreichen) ; *~s jointes : une photo et un curriculum vitae* Anlagen : ein Lichtbild, ein Lebenslauf.

3. (*monnaie*) Geldstück *n* ; Münze *f* ; ◆ *~ ancienne* alte Münze ; *~ d'argent, d'or* Silber-, Goldmünze ; *~ divisionnaire* Scheidemünze ; ◆◆ *en ~s de 1 €* in Ein-Euro-Stücken ; *collection f de ~s* Münzsammlung *f* ; *commerce m des ~s* Münzhandel *m* ; *fausse ~* falsche Münze ; *poids m de métal fin d'une ~* Feingewicht *n* ; ◆◆◆ *glisser une ~ à qqn* jdm ein Trinkgeld geben ; *mettre une ~ de 1 € dans l'appareil* ein Ein-Euro-Stück (einen Euro) in den Automaten stecken ; *retirer des ~s de la circulation* Münzen einziehen ; Münzen aus dem Verkehr ziehen.

4. (*pièce d'habitation*) Raum *m* ; Zimmer *n* ; *~ polyvalente* Mehrzweckraum ; *un (appartement de) deux-, trois-~s* eine Zwei-, Dreizimmerwohnung *f* ; *un logement de trois ~s avec cuisine, entrée et salle de bains* eine Wohnung mit drei Zimmern, Küche, Diele und Bad.

pied *m* : (*mesure ancienne*) Fuß *m* ; *à ~ d'œuvre* einsatzbereit ; ◆◆ *poids m sur ~* Lebendgewicht *n* ; *mise sur ~* Aufstellung *f* ; Einsetzung *f* ; Errichtung *f* ; Inangriffnahme *f* ; *mise f à ~* Entlassung *f* ; ◆◆◆ *acheter du blé sur ~* Weizen auf dem Halm kaufen ; *acheter du bétail sur ~* Lebendvieh kaufen ; *faire un discours au ~ levé* eine Rede aus dem Stegreif halten ; *mettre qqn à ~* jdn entlassen ; jdn auf die Straße setzen ; *mettre qqch sur ~* etw schaffen ; etw aufbauen ; *prendre qqch au ~ de la lettre* etw wörtlich nehmen ; *remettre l'économie, une entreprise sur ~* die Wirtschaft, ein Unternehmen wieder auf die Beine stellen ; *remplacer qqn au ~ levé* jdn ohne Vorbereitung ersetzen ; *vivre sur un grand ~* auf großem Fuße leben.

pied-de-la-prime *m* (*bourse : cours fixé le jour de la réponse des primes*) Stichkurs *m*.

pied-noir *m* Algerienfranzose *m* ; Franzose, der aus den Maghreb-Ländern stammt.

piéton *m* Fußgänger *m* ; *passage m pour ~s* Zebrastreifen *m* ; Fußgängerübergang *m* ; *passage m (protégé) pour ~s* Fußgänger(schutz)weg *m* ; *(Suisse)* Fußgängerstreifen *m* ; *passerelle f pour ~s* Fußgängerüberweg *m*, -brücke *f* ; *réservé aux ~s* nur für Fußgänger ; Fußgängerweg *m*.

piéton, ne für Fußgänger ; Fußgänger- ; *rue, voie f ~ne* Fußgängerstraße *f*, -weg *m* ; *zone f ~ne* Fußgängerzone *f*.

piétonnier, ière → *piéton, ne*.

pif(omètre) : *(fam.) au ~* über den Daumen gepeilt ; frei nach Schnauze.

pige *f* Zeilenhonorar *n* ; *être payé (rémunéré) à la ~* ein Zeilenhonorar bekommen.

pigeon *m (fam.)* Geprellte(r) *m* ; *se faire plumer comme un ~* ordentlich geschröpft werden ; *plumer qqn comme un ~* jdn ganz schön ausziehen (schröpfen).

pigeonner *(fam.)* betrügen ; prellen ; neppen ; hereinlegen ; übers Ohr hauen.

pigiste *m* 1. *(typo)* Setzer *m* (im Akkordlohn) 2. Journalist *m* (mit Zeilenhonorar).

pignon *m* : *(commerçant) avoir ~ sur rue* gut betucht sein ; vermögend (wohlhabend) sein.

pile *f* 1. Stapel *m* ; Stoß *m* ; Haufen *m* ; *~s de caisses, de conserves* Stapel Kisten, Konserven ; *mettre en ~s* aufstapeln 2. *(sèche)* Batterie *f* 3. *~ atomique* Atomreaktor *m* ; Atommeiler *m* ; *~ à combustible, à combustion* Brennstoffzelle *f* ; Brennstoffzellenantrieb 4. *~ ou face* Kopf oder Zahl.

pillage *m* Plünderung *f* ; Plündern *n*.

piller (aus)plündern.

pilon *m* : *(imprimerie) mettre des livres invendus au ~* unverkaufte Bücher einstampfen (vernichten).

pilotage *m* Lotsendienst *m* ; Steuerung *f* ; *~ sans visibilité* Blindfliegen *n* ; Blindflug *m* ; *droits mpl (taxe f) de ~* Lotsengeld *n* ; *poste m de ~* Pilotenraum *m* ; *se mettre en ~ automatique* die Selbststeuerung einschalten.

pilote *m* 1. Pilot *m* ; *(marine)* Lotse *m* ; *~ automatique* Autopilot *m* ; Selbststeuergerät *n* ; *~ à Air France, à la Lufthansa* Pilot bei Air France, bei der Lufthansa ; *bateau-~ m* Lotsenboot *n* ; *le ~ monte à bord* der Lotse kommt an Bord 2. *(modèle)* Muster- ; Pilot- ; *entreprise ~ f* Muster-, Pilotbetrieb *m* ; Probe-, Versuchsbetrieb *m* ; *ferme ~ f* Mustergut *n* ; Musterwirtschaft *f* ; *installation ~ f* Versuchsanlage *f* ; *projet ~ m* Pilotprojekt *n* 3. *prix m ~* Richtpreis *m*.

piloter *(avion)* fliegen ; *(maritime)* lotsen ; steuern ; *~ un navire dans un port* ein Schiff in den Hafen steuern (lotsen) ; *~ une voiture* einen Wagen steuern (lenken).

pilule *f (anticonceptionnelle)* (Antibaby)Pille *f* ; *chute f de la natalité due à la ~ (fam.)* Pillenknick *m* ; *la ~ est amère (difficile à avaler)* es ist ein harter Brocken ; da muss man halt die bittere Pille schlucken.

pingre *m* Geizhals *m* ; Geizkragen *m* ; Pfennigfuchser *m* ; Knauser *m*.

pingre knauserig ; geizig ; knickerig ; *être ~* geizig sein ; am Geld hängen (kleben).

pionnier *m* Pionier *m* ; Wegbereiter *m* ; Schrittmacher *m* ; Bahnbrecher *m* ; *esprit m de ~* Pioniergeist *m* ; *faire œuvre de ~* Pionierarbeit leisten.

pipe-line *m* Pipeline *f* ; Erdgas-, Erdölleitung *f* ; Rohrleitung.

pique-assiette *m (fam.)* Nassauer *m* ; *jouer les ~* nassauern.

piquer 1. *(fam.) (voler)* klauen ; stehlen 2. *(fam.) se faire ~* (beim Klauen) erwischt werden.

piquet *m* de grève Streikposten *m* ; *~ mobile* fliegender Streikposten ; *établir (organiser) des ~s de grève* Streikposten aufstellen.

piratage *m* Raubkopierung *f* ; Piraterie *f* ; Hackertum *n* ; Hackerangriff *m* ; Herstellung *f* von Raubkopien ; Zugriff *m* auf Datenbanken ; *~ de compte* Kontenklau *m* ; *~ informatique* Software-Piraterie ; EDV-Raubkopierung ; Computer-Kriminalität *f* ; *~ intellectuel* Ideenklau *m* ; *~ de marques* Markenpiraterie *f*.

pirate *m* 1. Pirat *m* ; *~ de l'air* Luftpirat ; *émetteur ~* Piratensender *m* ; *des ~s ont détourné un avion* Luftpiraten haben ein Flugzeug entführt 2. *(informatique)* Hacker *m* ; Raubkopierer *m* ; *copie f, édition f ~* Raubkopie *f*, -druck *m*.

pirater Raubkopien anfertigen ; hacken ; knacken ; *(édition) ~ un ouvrage* einen Raubdruck anfertigen ; die Urheberrechte nicht beachten ; ~ *une carte à puce* eine Chipkarte knacken.

piraterie *f* Piraterie *f* ; Seeräuberei *f* ; ~ *aérienne (de l'air)* Luftpiraterie ; *acte m de ~ aérienne* Flugzeugentführung *f.*

pis-aller *m* Notbehelf *m* ; Notlösung *f* ; *ceci ne peut être qu'un ~* das kann nur als Notbehelf dienen.

pisciculteur *m* Fischzüchter *m* ; Fischwirt *m.*

pisciculture *f* Fischzucht *f* ; *le secteur de la ~* Fischwirtschaft *f* ; *faire de la ~* Fischzucht betreiben.

piste *f* **1.** *(aéroport)* ~ *de décollage* Startbahn *f* ; Rollfeld *n* ; ~ *d'atterrissage* Landebahn *f* ; ~ *cyclable* Radfahrweg *m* **2.** *(fig.) ouvrir de nouvelles ~s* neue Wege anbahnen ; neue Perspektiven bieten.

piston *m* *(fam.)* Beziehungen *fpl* ; *(arch.)* Protektion *f* ; *(fam.)* Vitamin-B *f* ; *avoir du ~* Beziehungen haben ; *faire jouer le ~* seine Beziehungen spielen lassen.

pistonner *(fam.)* für jdn Beziehungen spielen lassen ; jdn empfehlen ; jdn protegieren ; *être ~é* das richtige Parteibuch haben ; Vitamin B haben.

pivot *m* : *(monnaie) taux m ~ supérieur, inférieur* obere, untere Bandbreite *f* ; oberer, unterer Interventionspunkt *m.*

pixel *m* *(informatique)* Pixel *n.*

P.J. *f* **1.** *(police judiciaire)* Kriminalpolizei *f* ; *(fam.)* Kripo *f* **2.** *(pièce(s) jointe(s))* Anlage(n) *f(pl).*

P.L.A. *m* *(prêt locatif aidé)* vom Staat subventioniertes (bezuschusstes) Wohnungsbaudarlehen *n.*

placard *m* **1.** Plakat *n* ; Aushang *m* ; Anschlag *m* ; ~ *publicitaire* Werbeplakat **2.** *(fig.) mise f au ~* Kaltstellung *f* ; *mettre qqn au ~* jdn kaltstellen.

placarder anschlagen ; plakatieren ; ~ *une affiche* ein Plakat anschlagen (ankleben).

place *f*	1. *surface occupée ; rang* 2. *voyage ; spectacle* 3. *commerce, banque* 4. *emploi ; poste*

1. *(surface occupée ; rang)* Platz *m* ; Rang *m* ; ~ *du marché* Marktplatz ; ~ *de parking* Parkplatz ; *manque m de ~* Platz-, Raummangel *m* ; *qui économise de la ~* platzsparend ; *avoir de la ~ pour qqch* Platz haben für etw ; *il y a encore de la ~* da ist noch Platz ; *faire de la ~* Platz schaffen ; *ne pas être à sa ~* nicht am Platz sein ; fehl am Platz sein ; *figurer en sixième ~* sich auf dem sechsten Platz befinden ; den sechsten Rang einnehmen ; *occuper (prendre) la première ~* den ersten Platz einnehmen ; an erster Stelle stehen ; *prendre de la ~* Platz einnehmen.

2. *(voyage ; spectacle)* Platz *m* ; Sitz *m* ; Fahrkarte *f* ; ♦ ~ *de coin, de fenêtre* Eck-, Fensterplatz ; ~ *assise, debout* Sitz-, Stehplatz ; ~ *d'avion* Flugsitz ; ~ *numérotée, occupée, réservée* numerierter, besetzter, reservierter Platz ; ~ *de wagon-lit* Schlaf(wagen)platz ; ♦♦ *réservation f des ~s* Platzreservierung *f* ; ♦♦♦ *louer une ~* einen Platz reservieren (belegen) ; *payer ~ entière* den vollen Tarif (den vollen Fahrpreis) bezahlen ; *prendre des ~s (de spectacle)* Karten bestellen ; *(transport)* Fahrkarten lösen ; *réserver une ~* einen Platz reservieren (vorbestellen) ; *réserver une ~ sur un vol, pour un voyage* einen Flug, eine Reise buchen ; *toutes les ~s sont vendues* alles (ist) ausverkauft.

3. *(commerce ; banque)* Stelle *f* ; Platz *m* ; Ort *m* ; Handelsplatz *m* ; Kaufleute *pl* ; ♦ *sur ~* an Ort und Stelle ; ~ *bancaire* Bankplatz ; ~ *(non) bancable* (Nicht)Bankplatz ; ~ *boursière* Börsenplatz ; ~ *commerciale* Handelsplatz ; ~ *financière* Finanzplatz ; ~ *off-shore* Offshore-Bankplatz ; ♦♦ *arbitrage m de ~* Platzarbitrage *f* ; *chèque m sur ~* Platzscheck *m* ; *droit m de ~* (Markt)Standgeld *n* ; *effet m sur ~* Platzwechsel *m* ; *vendu sur ~* loko verkauft ; *aux conditions habituelles de la ~* zu den ortsüblichen Bedingungen ; *le meilleur restaurant de la ~ de Paris* das beste Restaurant in Paris ; *acheter sur ~* vor Ort kaufen.

4. *(emploi ; poste)* (Arbeits)Stelle *f* ; (An)Stellung *f* ; Posten *m* ; Arbeitsplatz *m* ; Arbeitsverhältnis *n* ; Position *f* ; Beschäftigung *f* ; ♦ ~ *d'apprenti* Lehrstelle ; Ausbildungsstelle ; ~ *de confiance* Vertrauensstellung, -posten ; ~ *fixe (stable)* feste Anstellung ; Dauerarbeitsplatz ; feste Arbeit ; ~ *influente* einflussreiche Stellung ; ~ *lucrative* einträglicher Posten ; ~ *prometteuse* aussichtsreicher Posten ; ~ *bien rémunérée*

placement

(*payée*) gutbezahlte Stelle ; ~ *stable* Dauerstellung, -beschäftigung ; ~ *sûre* sicherer Posten ; ~ *vacante* freie (offene) Stelle ; ◆◆◆ *avoir une bonne* ~*, une* ~ *fixe* eine gute, eine feste Stelle haben ; *avoir une* ~ *importante* eine hohe Stellung einnehmen (bekleiden) ; *avoir une* ~ *de directeur* den Posten eines Direktors haben ; *avoir une* ~ *chez qqn* bei jdm in einem Arbeitsverhältnis stehen ; eine Stelle bei jdm haben ; *changer de* ~ die Stelle wechseln ; *chercher une* ~ eine Stelle suchen ; auf Stellensuche gehen ; *être bien en* ~ in gesicherter Position sein ; *mettre une* ~ *au concours* eine Stelle ausschreiben ; *perdre sa* ~ seinen Posten (seine Stelle, seinen Arbeitsplatz) verlieren ; *les* ~*s sont chères* die Arbeitsplätze werden groß geschrieben.

placement *m*	1. *argent* ; *capitaux* 2. *commercialiser un produit* 3. *emploi* ; *main-d'œuvre*

1. (*argent* ; *capitaux*) Anlage *f* ; Geldanlage ; Investition *f* ; Kapitalanlage ; (*emprunt*) Platzierung *f* ; ◆ ~ *à trois mois* Drei-Monatsanlage ; ~ *en actions, en obligations* Aktienanlage ; Anlage in Obligationen (in Schuldverschreibungen) ; ~ *d'argent* (*de fonds*) Geldanlage ; Anlage von Geldern ; ~ *avantageux* vorteilhafte (gewinnbringende) Anlage ; ~ *de capitaux* Kapitalanlage ; ~ *à échéance* Terminanlage ; ~ *d'un emprunt* Platzierung (Unterbringung *f*) einer Anleihe ; ~ *d'épargne* Sparanlage ; ~ *financier* Geldvermögensanlage ; ~ *hypothécaire* Hypothekenanlage ; ~ *immobilier* in Grundstücken angelegtes Geld ; Immobiliaranlage ; ~ (*im*)*productif* (un)produktive Kapitalanlage ; ~ *à intérêts* zinsbringende Kapitalanlage ; ~ *lucratif* gewinnbringende (einträgliche) Anlage ; ~ *de père de famille* mündelsichere (konservative, risikolose) Anlage ; ~ *à prime, de bon rapport* prämiengünstige, einträgliche Anlage ; ~ *refuge* inflationsgesicherte Anlage ; ~ *à terme* → *à échéance* ; ~ *en valeurs mobilières* Wertpapieranlage ; ~ *vedette* Anlagefavorit *m* ; Anlagerenner *m* ; ◆◆ *bénéfice m* (*gain m*) *de* ~ Gewinn *m* aus Kapitalanlage ; Kapitalrendite *f* ; *compte m de* ~ Anlagekonto *n* ; *gestionnaire m de* ~*s* Anlageverwalter ; *organisme m de* ~ *collectif* Kapitalverwaltungsgesellschaft *f* ; *titre m de* ~ Anlagepapier *n* ; *valeur f de* ~ Anlagepapier ; ◆◆◆ *effectuer un* ~ *dans la pierre* Gelder in Immobilien anlegen (investieren) ; *être de bon, de mauvais* ~ eine gute, schlechte Anlage sein ; *faire un* (*bon*) ~ sein Geld (gut) anlegen ; sein Geld (vorteilhaft) investieren ; eine (gewinnbringende) Anlage machen ; *faire un* ~ *en actions* sein Geld in Aktien anlegen (investieren) ; *faire un* ~ *diversifié* eine breitgestreute Geldanlage machen.

2. (*commercialiser un produit*) Kommerzialisierung *f* ; Absatz *m* ; Vertrieb *m* ; Verkauf *m* ; Unterbringung *f* ; *être de* ~ *facile* leicht verkäuflich sein ; guten Absatz finden.

3. (*emploi* ; *main-d'œuvre*) Stellen-, Arbeitsvermittlung *f* ; Arbeitsagentur *f* ; ~ *de la main-d'œuvre* Vermittlung *f* von Arbeitskräften ; *bureau m* (*agence f*) *de* ~ Arbeitsamt *n* ; (Stellen)Vermittlungsbüro *n* ; Arbeitsnachweis *m*.

placer 1. (*capitaux*) anlegen ; investieren ; unterbringen ; (*fam.*) stecken in (+ A) ; (*titres*) unterbringen ; platzieren ; ~ *de l'argent dans l'achat d'actions* sein Geld in Aktien anlegen ; ~ *ses économies à la caisse d'épargne* seine Ersparnisse auf die Sparkasse bringen (tragen) ; ~ *un emprunt* eine Anleihe platzieren (unterbringen) ; ~ *des capitaux dans une entreprise* Gelder in ein(em) Unternehmen investieren ; Kapital in einem Betrieb anlegen ; Geld in einen Betrieb stecken ; ~ *à intérêts* verzinslich anlegen ; ~ *des fonds* (*capitaux*) *dans l'immobilier* Gelder in das Immobiliengeschäft stecken **2.** (*marchandise*) unterbringen ; kommerzialisieren ; absetzen ; verkaufen ; platzieren ; (*fam.*) an den Mann bringen ; *cet article se place bien* dieser Artikel findet guten Absatz (verkauft sich leicht) **3.** ~ *qqn* jdn unterbringen (bei) ; ~ *un enfant* ein Kind in Pflege geben ; *être* ~*é en* Pflege sein ; bei Pflegeeltern untergebracht sein ; ~ *qqn sous la garde* (*protection*) *de* jdn unter jds Obhut (Schutz) stellen ; ~ *qqn sous les ordres* (*la responsabilité*) *de* jdn jdm unterstellen ; *chercher à se* ~ eine Anstellung suchen.

placeurs *mpl* **institutionnels** (*bourse*) institutionelle Anleger *mpl* (*syn. investisseurs institutionnels* ; *zinzins*).

placier *m* **1.** (*représentant local*) Stadtreisende(r) ; Ortsvertreter *m* **2.** (*personne qui assigne une place sur le marché*) Platzmakler *m* ; Verpächter *m* von Marktständen **3.** (*agent d'un service de placement*) Stellenvermittler *m* ; Angestellte(r) eines Stellenvermittlungsbüros.

plafond *m* maximale (oberere) Grenze *f* ; Höchstgrenze ; Maximalgrenze ; Obergrenze ; Limit *n* ; Plafond *m* ; Kontingent *n* ; Spitze *f* ; (*somme*) Höchstbetrag *m* ; Höchst-, Maximal- ; ◆ ~ *d'assujettissement* (*sécurité sociale*) Versicherungspflichtgrenze ; ~ *de l'assurance* (*maladie*) (Kranken)Versicherungsgrenze ; ~ *autorisé* Freigrenze ; zulässiger Höchstbetrag ; ~ *des avances* Höchstgrenze der Vorschüsse ; ~ *de consommation* Höchstverbrauch *m* ; ~ *des cotisations* Beitragsbemessungsgrenze ; ~ *d'un crédit* Kreditgrenze, -begrenzung *f* ; ~ *d'émission* Notenkontingent ; ~ *d'escompte* Diskontplafond ; ~ *des prêts* Darlehenslimit ; ~ *des prix* Preislimit ; ~ *de rémunération* Höchstlohn *m*, -gehalt *n* ; Maximalvergütung *f* ; (*financier*) ~ *d'engagement* Bereitstellungsplafond ; ~ *de réescompte* Rediskontkontingent *n* ; ~ *de rendement* Höchstertrag *m* ; ~ *de rentabilité* Rentabilitätsgrenze ; ~ *de ressources* Einkommenshöchstgrenze ; ~ *de salaire* Lohn-, Gehaltshöchstgrenze ; ~ *de la sécurité sociale* Beitragsbemessungsgrenze ; ◆◆ *abaissement m du* ~ Herabsetzung *f* der Höchstgrenze ; *cours-*~ *m* Höchstkurs *m* ; oberer Interventionspunkt ; *dépassement m du* ~ Überschreitung *f* der Höchstgrenze ; (*crédit*) Kreditüberschreitung ; *prix-*~ *m* Höchst-, Maximalpreis *m* ; *salaire-*~ *m* Höchst-, Maximallohn *m* ; *somme-*~ *f* Höchstbetrag *m* ; *traitement-*~ *m* Höchstgehalt *n* ; *vitesse-*~ *f* Höchstgeschwindigkeit *f* ; ◆◆◆ *abaisser le* ~ die Höchstgrenze herabsetzen ; *atteindre le* ~ *fixé* die festgelegte Höchstgrenze erreichen ; *dépasser* (*passer*) *le* ~ die Höchstgrenze überschreiten ; sein Kontingent überziehen ; einen Kredit überziehen ; *être au-dessous du* ~ das Limit unterschreiten ; *fixer* (*imposer*) *un* ~ ein Limit festsetzen ; *relever le* ~ die Höchstgrenze heraufsetzen.

plafonnement *m* **1.** Plafonierung *f* ; Festsetzung *f* einer Höchst-, Obergrenze ; Begrenzung *f* nach oben ; Deckelung *f* ; ~ *des crédits* Kreditplafonierung *f* **2.** Erreichung *f* der Höchstgrenze.

plafonner (*production, salaire*) **1.** die Höchstgrenze erreichen ; nicht weiter ansteigen ; *son salaire plafonne à 2 000 €* einen Höchstlohn von 2 000 € erreicht haben **2.** plafonieren ; deckeln ; nach oben hin begrenzen (beschränken) ; eine Höchstgrenze festsetzen ; ~*é* nach oben begrenzt ; ~ *les dépenses de santé, les honoraires des médecins* die Ausgaben für das Gesundheitswesen, die Ärztehonorare deckeln ; (*sécurité sociale*) *salaire m* ~*é* Beitragsbemessungsgrenze *f* ; der Beitragspflicht unterliegende Teil *m* des Lohnes ; höchste beitragspflichtige Lohnstufe *f*.

plage *f* : ~ *horaire fixe* (*dans le cadre des horaires mobiles de travail*) Fix-, Block-, Kern(arbeits)zeit *f* ; ~ *mobile* Gleitzeitspanne *f* ; (*médias*) ~ *musicale* musikalischer Programmteil *m*.

plagiaire *m* Plagiator *m* ; Nachahmer *m*.

plagiat *m* Plagiat *n* ; *accuser qqn de* ~ jdn des Plagiats bezichtigen ; *faire du* ~ ein Plagiat begehen ; plagiieren.

plagier plagiieren ; ein Plagiat begehen.

plaider (*jur.*) **1.** klagen ; einen Prozess führen ; eine Klage erheben ; ~ *coupable* sich schuldig bekennen ; ~ *une affaire* einen Prozess führen ; in einer Sache als Verteidiger auftreten ; ~ *en dommages-intérêts* auf Schadenersatz klagen **2.** verteidigen ; als Anwalt vor Gericht auftreten ; plädieren ; ein Plädoyer halten ; ~ *la cause de qqn* jdn verteidigen.

plaideur *m* (*jur.*) Partei *f* (im Zivilprozess) ; Prozesspartei ; Prozessführer *m*.

plaidoirie *f* (*jur.*) Plädoyer *n* ; Schlussausführungen *fpl* des Verteidigers.

plaidoyer *m* (*jur, fig.*) Plädoyer *n* ; Verteidigungsrede *f*.

plaignant *m* Kläger *m* ; Klageführer *m* ; Beschwerdefühende(r) ; antragstellende (klagende) Partei *f* ; Prozessführer *m*.

plaindre : *se ~ de qqch* sich wegen einer Sache beschweren (beklagen) ; eine Beschwerde einreichen (einlegen) ; gegen etw Klage erheben ; *se ~ de qqn* sich über jdn beklagen.

plainte *f* Beschwerde *f* ; Klage *f* ; Anzeige *f* ; Strafanzeige *f* ; ◆ *~ anonyme* anonyme Anzeige ; *~ contre X* Strafantrag gegen Unbekannt ; *~ en dommages et intérêts* Schadenersatzklage ; *~ fondée* begründete (berechtigte) Klage ; *~ (in)justifiée, irrecevable* (un)begründete, unzulässige Klage ; ◆◆ *bien-fondé m d'une ~* Berechtigung *f* einer Beschwerde ; *dépôt m d'une ~* Klageeinreichung *f* ; Einreichung einer Beschwerde ; *objet m d'une ~* Gegenstand *m* einer Klage ; *registre m des ~s et réclamations* Beschwerdebuch *n* ; ◆◆◆ *abandonner une ~* → *retirer* ; *adresser une ~ à qui de droit* eine Beschwerde an die zuständige Stelle richten ; *débouter qqn d'une ~* jdn mit seiner Klage abweisen ; *aucune ~ n'a été déposée* es liegt keine Klage vor ; *déposer ~ contre qqn* gegen jdn (Straf-)Anzeige erstatten ; gegen jdn einen Strafantrag stellen ; jdn vor Gericht klagen ; gegen jdn Klage erheben ; *notifier une ~ à qqn* jdm eine Klage zustellen ; *une ~ nous est parvenue* eine Klage ist eingegangen ; *porter ~* vor Gericht gehen ; *porter ~ contre X* (Straf)Anzeige gegen Unbekannt erstatten ; *porter ~ pour vol* einen Diebstahl (bei der Polizei) anzeigen ; (jdn) wegen Diebstahls anzeigen ; *recevoir des ~s* Beschwerden erhalten ; *retirer une ~* eine Klage zurücknehmen (zurückziehen) ; von einer Anzeige Abstand nehmen.

plan *m*	1. *sens général* 2. *secteur ; domaine* 3. *de premier*

1. *(sens général)* Plan *m* ; Planung *f* ; Programm *n* ; ◆ *~ d'action* Aktionsprogramm ; *~ d'aménagement du territoire* Raumgestaltungs-, Raumordnungsplan ; *~ d'amortissement* Amortisations-, Amortisierungsplan ; *~ d'approvisionnement, d'assainissement* Versorgungs-, Sanierungsplan ; *~ d'austérité* wirtschaftliches Sparprogramm ; Austerity-Programm ; *~ cadastral* Katasterplan ; *~ de carrière* Karriereplanung ; *~ des chambres,* (hôtel) Zimmerspiegel *m* ; *~ de charge* Anlastungsplan ; Kapazitätsplan ; Soll-Arbeit *f* ; Dienst-, Belegungsplan ; *~ comptable* Kontenplan, -rahmen ; *~ comptable général* (Einheits)Kontenrahmen ; allgemeiner Kontenrahmen ; (*France*) Bilanzrichtliniengesetz *n* ; *~ de construction* Bauplan ; *~ des coûts* Kostenübersicht *f* ; Plankostenrechnung *f* ; *~ de développement* Entwicklungsplan ; *~ directeur* Rahmenplan ; *~ économique* Wirtschaftsplan ; *~ d'ensemble* Gesamtplan ; *~ d'épargne-(logement)* (Bau)Sparplan ; (Bau)Sparvertrag *m* ; *~ d'épargne populaire* (*P.E.P.*) (steuerbegünstigter) Volkssparplan ; *~ d'équipement du territoire* Landesplanung ; Raumgestaltungsplan ; *~ d'expansion* Expansions-, Entwicklungsprogramm ; *~ de fabrication* Fertigungsplan ; Produktionsprogramm ; *~ de financement* Finanzierungsplan ; *~ financier* Finanzplan ; *~ d'industrialisation* Industrialisierungsplan ; *~ d'investissement* Investitionsplan, -programm ; *~ de lutte contre l'inflation* Plan zur Bekämpfung der Inflation ; *~ Marshall* → **plan Marshall** ; *~ médias* → **plan médias** ; *~ pluriannuel* Mehjahresplan ; *~ quadriennal, quinquennal* Vier-, Fünfjahresplan ; *~ de modernisation* Modernisierungsplan ; *~ d'occupation des sols* (*P.O.S.*) Bebauungsplan ; *~ de paiement, de prévoyance* Zahlungs-, Vorsorgeplan ; *~ de reconversion (de restructuration)* Umstrukturierungsplan ; *~ de redressement* Sanierungsplan ; *~ de remboursement* Tilgungsplan ; *~ de répartition* Verteilungsplan ; *~ de retraite* Versorgungsplan ; *~ de rigueur* Sparprogramm *f* ; *~ de situation* Lageplan ; *~ social* (pour éviter des cas sociaux) Sozialplan ; soziale Abfederungen *fpl* (um Härtefälle zu vermeiden) ; *~ de stabilisation (monétaire)* (Währungs)Stabilisierungsplan ; *~ de travail* Arbeitsplan ; *~ triennal* Dreijahresplan ; *~ d'urbanisme* Bebauungsplan ; Städteplanung ; Flächennutzungsplan ; *~ d'urgence* Notprogramm ; Notmaßnahmen *fpl* ; Sofortprogramm ; *~ d'utilisation des sols* Flächennutzungsplan ; *~ des ventes* Absatzprogramm ; Vertriebsplanung ; ◆◆ *chiffres mpl prévisionnels du ~* Plangrößen *fpl*, -zahlen *fpl* ; *conforme au ~* (*selon le ~*) planmäßig ; *commissaire m*

plaque

au ~ Planbeauftragte(r) ; *commission f du* ~ Plankommission *f* ; *coût m d'un* ~ *social* Sozialplankosten *pl* ; *données fpl du* ~ Plandaten *pl* ; *établissement m d'un* ~ Planaufstellung *f* ; *exécution f (réalisation f) du* ~ Ausführung *f* (Durchführung *f*) des Plans ; Planerfüllung *f* ; *exigences fpl du* ~ Planerfordernisse *npl* ; *objectif m fixé par le, prévu au* ~ Planziel *n*, -aufgabe *f* ; *retard m sur le* ~ Planrückstand *m* ; *vente f sur* ~(*s*) Verkauf *m* nach Plan ; ◆◆◆ *acheter sur* ~(*s*) nach Plan kaufen ; *adopter un* ~ einen Plan beschließen ; *atteindre l'objectif fixé par le* ~ den Plan (das Plansoll) erfüllen ; das Planziel erreichen ; *dépasser les objectifs du* ~ den Plan (das Plansoll) übererfüllen ; *se dérouler conformément au* ~ planmäßig verlaufen ; es läuft alles genau nach Plan ; *dresser (établir) un* ~ einen Plan aufstellen (entwerfen) ; *élaborer un* ~ einen Plan ausarbeiten (entwerfen, erarbeiten) ; *exécuter un* ~ → *réaliser* ; *inscrire dans le* ~ einplanen ; in den Plan einbeziehen ; *modifier un* ~ einen Plan berichtigen (abändern) ; *prévoir qqch dans un* ~ etw einplanen ; etw im Plan vorsehen ; etw einprogrammieren ; *réaliser un* ~ einen Plan ausführen (durchführen, verwirklichen) ; *revoir un* ~ einen Plan revidieren (korrigieren).
2. *(secteur ; domaine)* Gebiet *n* ; Bereich *m* ; *sur ce* ~ auf diesem Gebiet ; *sur le* ~ *commercial* auf dem Gebiet des Handels ; im kommerziellen Bereich.
3. *(de premier)* erstklassig ; erstrangig ; *personnalité f de premier* ~ Prominente(r) ; *être au premier* ~ *de l'actualité* im Rampenlicht (Scheinwerferlicht) stehen.

planche *f* **1.** ~ *à billets* Notenpresse *f* ; *actionner la* ~ *à billets* die Notenpresse in Gang setzen (betätigen) **2.** *(marine)* jour *m* de ~*s* (*nombre de jours donnés à un navire pour effectuer son déchargement ; estarie*) Liegetage *mpl* ; Liegezeit *f* ; Löschzeit *f* **3.** *avoir du pain sur la* ~ viel zu tun haben ; eine Menge Arbeit vor sich haben.

plancher *m* Mindestgrenze *f* ; untere Grenze ; Untergrenze ; Mindestgröße *f* ; Minimum *n* ; Schwelle *f* ; *(préfixe)* Mindest- ; Tiefst- ; *cours m* ~ Mindest-, Tiefstkurs ; unterer Interventionspunkt *m* ; *enchère f* ~ Mindestgebot *n* ; *prix m, salaire m* ~ Mindestpreis *m*, -lohn ; *taux m, tarif m* ~ Mindestsatz *m*, Mindesttarif *m* ; *vendre qqch au prix* ~ etw zum Tiefstpreis (Mindestpreis) verkaufen.

planificateur *m* Planwirtschaftler *m* ; Planungsfachmann *m*, -verantwortliche(r) ; (Wirtschafts)Planer *m* ; Betriebsplaner.

planification *f* Planung *f* ; Programmierung *f* ; ~ *budgétaire* Finanzplanung *f* ; ~ *de l'économie (économique)* Wirtschaftslenkung *f* ; Wirtschaftsplanung ; ~ *de la main-d'œuvre* Personalplanung ; ~ *opérationnelle* operative Planung ; ~ *touristique* Fremdenverkehrsplanung ; ~ *du travail* Arbeitsplanung ; *erreur f de* ~ Fehlplanung *f* ; ~ *urbaine* städtebauliche Planung ; Stadtplanung ; *être responsable de la* ~ für die Planung verantwortlich sein.

planifier planen ; einplanen ; *économie f* ~*ée* Planwirtschaft *f.*

plan *m* **Marshall** *(hist.)* Marshall-Plan *m* ; ERP-Plan (European Recovery Program).

plan *m* **médias** *(publicité : recherche d'une combinaison de médias et de supports afin de toucher le maximum de consommateurs possible)* Mediaplan *m.*

planning *m* Planung *f* ; Zeitplan *m* ; Fertigungs-, Produktionsplanung ; ~ *des congés, de fabrication* Urlaubs-, Produktionsplanung ; ~ *familial* Familienplanung ; Geburtenregelung *f* ; ~ *du personnel* Personaleinsatzplanung ; ~ (*de travail*) Arbeitsprogramm *n* ; Arbeitsfolgenplan ; *service m du* ~ Planungsabteilung *f*, -stelle *f* ; *tenir (respecter) son* ~ seinen Zeitplan einhalten.

planque *f* *(fam.)* Druckposten *m* ; Pöstchen *n* ; *avoir une (bonne)* ~ eine ruhige Kugel schieben.

plantation *f* **1.** *(grande exploitation)* Plantage *f* ; Pflanzung *f* **2.** (Be)Pflanzung *f* ; Pflanzenanbau *m* ; Anpflanzung *f* ; ~ *d'arbres fruitiers* Obstanbau.

planter 1. anbauen ; (an)pflanzen ; bebauen **2.** *(fam.)* *se* ~ *dans ses calculs* sich verkalkulieren ; sich verrechnen.

plantes *fpl* Pflanzen *fpl* ; ~ *fourragères* Futterpflanzen ; ~ *textiles* Textilpflanzen.

planteur *m* Plantagenbesitzer *m.*

plaque *f* : ~ *d'immatriculation (minéralogique, de police)* Nummernschild *n* ; ~ *de nationalité* Nationalitätszeichen *n* ; ~ *tournante* Drehscheibe *f* ; Knotenpunkt *m.*

plaquette *f* (*pub.*) Broschüre *f* ; Prospekt *m*.

plastique *m* Kunststoff *m* ; Plastik *n* ou *f* ; Plast *m* ; *feuille f, pochette f, sac m en ~* Plastikfolie *f,* -tüte *f,* -sack *m* ; *industrie f des ~s* Kunststoffindustrie *f.*

plastique : *matière f ~* Kunststoff *m* ; *industrie f de transformation des matières ~s* Kunststoff verarbeitende Industrie.

plasturgie *f* Kunststoffverarbeitung *f.*

plat, e : (*fam.*) *calme m ~* (*dans les affaires*) Flaute *f* ; stille (tote) Saison *f.*

plate-forme *f* 1. *~ électorale* Wahlprogramm *n* ; Wahlplattform *f* ; *~ revendicative* (gewerkschaftliche) Plattform *f* ; Forderungspaket *n* ; *trouver une ~ commune* eine gemeinsame Plattform finden 2. Laderampe *f* ; Plattform *f* ; (*transports*) *~ autoportée* Sattelauflieger *m* ; (*pétrole*) *~ de forage* Bohrinsel *f.*

plébiscitaire plebiszitär ; *par voie ~* durch Volksabstimmung ; *vote m ~* Volksabstimmung *f,* -entscheid *m,* -befragung *f.*

plébiscite *m* Plebiszit *n* ; Volksabstimmung *f,* -befragung *f,* -entscheid *m* ; *organiser un ~* eine Volksabstimmung vornehmen.

plébisciter durch eine Volksabstimmung, durch ein Plebiszit (über etw) entscheiden ; *faire ~ sa politique* seine Politik einer Volksabstimmung unterwerfen ; seine Politik einem Plebiszit unterbreiten.

plein *m* : *faire le ~* vollmachen ; vollladen ; (*essence*) volltanken ; (*réserves*) Vorräte anlegen.

plein, e voll ; ♦ *~ de* voll von/G ; *de ~ droit* mit vollem Recht ; *en ~e mer* auf hoher See ; *~s pouvoirs* Vollmacht(en) *f(pl)* ; *~e propriété* Grundbesitzrecht *f* ; *en ~ saison* während der Hochsaison ; in der Hauptsaison ; ♦♦ *emploi m à ~ temps* Ganztagsarbeit *f,* -beschäftigung *f* ; ♦♦♦ (*fam.*) *avoir ~ d'argent* eine Menge Geld haben ; Geld wie Heu haben ; *battre son ~* in vollem Gang sein ; *les magasins étaient ~s* es war sehr voll in den Geschäften ; die Läden waren voller Kunden ; (*fam.*) *s'en mettre ~ les poches* viel Geld in die eigene Tasche stecken ; in die eigene Tasche arbeiten (wirtschaften) ; *payer ~ tarif dans le train* im Zug voll zahlen ; *porter la ~e* (*et entière*) *responsabilité de qqch* für etw voll (und ganz) verantwortlich sein ; für etw die volle Verantwortung tragen ; *tourner à ~* (*régime*) auf vollen Touren laufen ; auf Hochtouren laufen ; *faire travailler une machine à ~ rendement* eine Maschine voll auslasten ; *travailler à ~ temps* ganztags arbeiten ; ganztägig beschäftigt sein ; voll berufstätig sein.

pleinement voll (und ganz) ; *approuver ~ qqch* etw voll billigen.

plein-emploi *m* Vollbeschäftigung *f.*

plein-temps *m* 1. (*activité*) Ganztagsbeschäftigung *f,* -arbeit *f* ; *travailler à ~* ganztags arbeiten ; ganztägig beschäftigt sein ; voll berufstätig sein 2. (*personne*) Ganztagskraft *f* ; Ganztagsbeschäftigte(r).

plénier, ière Voll- ; Plenar- ; *assemblée f ~ière* Plenum *n* ; Plenar-, Vollversammlung *f* ; *décision f ~ière* Plenarentscheidung *f* ; *séance f ~ière* Plenarsitzung *f* ; *débattre de qqch en assemblée ~ière* etw vor dem Plenum erörtern ; *porter une question devant l'assemblée ~ière* eine Sache vor das Plenum bringen ; *traiter d'un problème en assemblée ~ière* etw im Plenum behandeln.

plénipotentiaire *m* Bevollmächtigte(r) ; bevollmächtigte(r) Gesandte(r).

plénipotentiaire bevollmächtigt ; *ministre m ~* bevollmächtigter Vertreter *m* (Minister *m*).

plénum *m* Plenum *n* ; Vollversammlung *f.*

pléthore *f* (*de*) Überfluss *m* (an + D) ; Überangebot *n* (an + D) ; Überfülle *f* ; Überzahl *f* ; *~ de capitaux* Kapitalüberfluss *f* ; *~ monétaire* Geldüberhang *m* ; *il y a ~ de candidats* Kandidaten sind im Überfluss vorhanden ; die Bewerber sind in der Überzahl.

pléthorique Über- ; im Übermaß vorhanden ; *offre f ~* Überangebot ; *professions fpl ~s* überlaufene Berufe *mpl*.

pli *m* Brief *m* ; Schreiben *n* ; Schriftstück *n* ; *~ cacheté* versiegelter Brief ; *sous ~ recommandé* eingeschrieben ; *sous ~ séparé* mit getrennter Post ; *~ avec valeur déclarée* (*chargé*) Wertbrief ; *sous ce ~* als Anlage, in der Anlage ; beiliegend ; anbei ; *envoyer qqch sous ~ recommandé* etw per (als) Einschreiben schicken.

plomb *m* 1. Blei *n* ; *essence au ~, sans ~* verbleites, bleifreies (unverbleites)

Benzin **2.** (*sceau*) (Zoll)Plombe *f* ; ~ *de douane* Zollverschluss *m* ; *sous* ~ *de douane* unter Zollverschluss ; *fixer, enlever des* ~*s* eine Plombe anbringen, entfernen.

plombage *m* (*douane*) Plombierung *f* ; Plombenverschluss *m* ; Bleiversiegelung *f*.

plomber plombieren ; eine Plombe anbringen ; mit einer Plombe verschließen ; verplomben ; ~ *un conteneur, un compteur électrique* einen Container, einen Stromzähler plombieren.

plombifère bleihaltig.

plongeon *m* : (*bourse*) ~ *de la bourse* Börsensturz *m* ; Kurssturz *m* ; (*fam.*) Kellersturz.

plonger (*fam.*) Pleite gehen ; nach unten rutschen ; stürzen ; (*bourse*) stark nachgeben ; (*cours, indices, valeurs*) nach unten gehen ; ~ *dans le rouge* in die roten Zahlen rutschen (geraten).

ploutocrate *m* Plutokrat *m*.

ploutocratie *f* Plutokratie *f* ; Geldherrschaft *f*.

pluie *f* Regen *m* ; ~*s acides* saurer Regen ; *période f des* ~*s* Regenzeit *f*.

plumer (*fam.*) rupfen ; schröpfen ; ausnehmen ; ausbeuten ; *se faire* ~ schön gerupft werden.

plumes *fpl* : (*fam.*) *laisser des* ~ *dans une transaction* bei einem Geschäft Federn lassen.

plural, e Plural- ; Mehrstimmen- ; *action f à vote* ~ Mehrstimm(rechts)aktie *f* ; Aktie *f* mit mehrfachem Stimmrecht ; *vote m* ~ Mehrstimmenwahl *f*.

pluralisme *m* Pluralismus *m* ; *partisan m du* ~ Pluralist *m*.

pluraliste pluralistisch ; *société f* ~ pluralistische Gesellschaft *f*.

pluralité *f* **1.** Pluralität *f* ; Vielzahl *f* ; Nebeneinanderbestehen *n* ; ~ *d'opinions* Meinungsvielfalt *f* **2.** Mehrheit *f* ; *décider qqch à la* ~ *des voix* etw mit Stimmenmehrheit beschließen.

pluriannuel, le Mehrjahres- ; mehrjährig ; *projet* ~ Mehrjahresplan *m*.

pluridisciplinaire interdisziplinär ; pluridisziplinär ; fachübergreifend ; mehrere Fach- und Wissenschaftsgebiete umfassend.

pluridisciplinarité *f* Interdisziplinarität *f* ; fachübergreifende Disziplinen *fpl*.

pluri-imposition *f* **1.** (*d'un contribuable dans plusieurs États*) Doppelbesteuerung *f* **2.** (*d'un contribuable au sein d'un même État*) mehrfache Besteuerung.

pluripartisme *m* Mehrparteiensystem *n*.

plus *m* (*somme en plus, excédent*) Plusbetrag *m* ; Plus *n* ; *une solide expérience professinnelle serait un* ~ *décisif* eine solide Berufserfahrung wäre ein entscheidendes Plus.

plus 1. *le* ~ *de* das Maximum, das Höchstmaß an (+ D) ; *cette machine offre le* ~ *de sécurité* diese Maschine bietet ein Höchstmaß an Sicherheit ; *pour* ~ *de sécurité* sicherheitshalber **2.** (*en*) ~ zuzüglich (+ D) ; extra ; plus (+ D) ; *différence f en* ~ Plusbetrag *m* ; Plusdifferenz *f* ; *port m en* ~ zuzüglich Porto ; ~ *emballage et expédition* zuzüglich Verpackung und Versand ; *la somme* ~ *les intérêts* der Betrag plus (den) Zinsen ; *calculer, recevoir qqch en* ~ etw hinzurechnen, hinzubekommen **3.** *de* ~ *en* ~ immer mehr ; *de* ~ *en* ~ *riche, de* ~ *en* ~ *économique* immer reicher, immer sparsamer **4.** *tout ou* ~ höchstens ; bestenfalls.

plus-offrant *m* Höchstbietende(r) ; Meistbietende(r) ; *vendre au* ~ an den Meistbietenden verkaufen.

plus-value *f* **1.** (*augmentation de valeur*) Wertzuwachs *m* ; Wertsteigerung *f* ; Höherbewertung *f* ; ~ *boursière* Realisierungsgewinn *m* ; Gewinnmitnahme *f* ; ~ *du capital* Kapitalzuwachs *m* ; ~ *foncière* Bodenwertzuwachs **2.** (*fiscale*) (steuerlicher) Mehrwert *m* ; Vermögenszuwachs *m* ; ~ *de cession* Veräußerungsgewinn *m* ; Gewinne aus Veräußerungen (von) ; ~ *nette imposable* steuerpflichtiger Netto-Mehrwert ; *exonération f des* ~*s* Steuerbefreiung *f* des Mehrwertes ; *impôt m sur les* ~*s* Wertzuwachssteuer *f* ; Steuer auf Veräußerungsgewinne ; *taxation f des* ~*s, des* ~*s immobilières* Kapital-Mehrwertbesteuerung ; Besteuerung der Gewinne aus Immobilien-Zuwächsen **3.** (*excédent des recettes sur les dépenses*) Mehreinnahmen *fpl* ; Mehrertrag *m* ; *création f de* ~ Wertschöpfung *f* **4.** (*différence en plus entre le produit d'un impôt et l'évaluation budgétaire qui en avait été faite*) Steuermehrertrag *m* ; *impôt m* *sur les ~s de capitaux* Kapitalabgabe *f* ; Meliorationsabgabe ; Veräußerungsgewinnsteuer *f* **5.** (*augmentation d'un devis suite à des difficultés rencontrées*) Mehrwert *m* ; Aufpreis *m* ; Aufgeld *n* ; Plusdifferenz *f* **6.** (*Marx*) Mehrwert *m* ; Profit *m*.

P.L.V. *f* (*publicité sur le lieu de vente*) POS-Werbung *f* ; (Point-of-Sale-Werbung) ; Werbung am Verkaufsort.

P.M.A. *mpl* (*pays les moins avancés : dominante agricole, faible P.N.B., peu industrialisés*) die ärmsten Länder *npl* der Welt ; unterentwickelte Länder ; Entwicklungsländer.

P.M.E. *f* (*petite et moyenne entreprise*) Kleinbetrieb *m* ; Mittelbetrieb *m* ; mittelgroßes Unternehmen *n* ; *~s* Mittelstand *m* ; Klein- und Mittelbetriebe *mpl* kleine und mittlere Betriebe ; kleines und mittleres Gewerbe *n* ; mittelständische Industrie *f.*

P.M.I. *f* (*petite et moyenne industrie*) mittelgroße Industrie *f* ; mittelständische Industrie *f* ; Mittelstand *m* ; kleines und mittleres Gewerbe *n* ; produzierendes Gewerbe *n.*

P.M.U. *m* (*pari mutuel urbain*) Pferdetoto *n* ; Pferdewette *f* ; Wettbüro *n* ; Annahmestelle *f.*

P.N.B. *m* (*produit national brut*) Bruttosozialprodukt (BSP) *n* ; gesamtwirtschaftliche Leistung *f* ; *~ par tête d'habitant* BSP pro Kopf.

pneumatique *m* (*voiture*) Reifen *m* ; (*option*) *~s larges* Breitreifen ; *industrie f du ~* (Auto)Reifenindustrie *f.*

P.N.I. *m* (*pays nouvellement industrialisé*) Schwellenland *n.*

P.O. (*par ordre*) im Auftrag (i.A.) ; in Vertretung.

poche *f* Tasche *f* ; ♦ *argent m, calculatrice f, édition f de ~* Taschengeld *n*, -rechner *m*, -ausgabe *f* ; (*en*) *format de ~* (im) Taschenformat ; ♦♦♦ (*fam.*) *aller dans la ~ de qqn* in jds Tasche wandern (fließen) ; (*fam.*) *en être de sa ~* draufzahlen müssen ; Geld zusetzen ; Geld verlieren ; (*fam.*) *s'en mettre plein les ~s* in die eigene Tasche wirtschaften (arbeiten) ; sich eine goldene Nase verdienen ; *payer qqch de sa* (*propre*) *~* etw aus eigener Tasche bezahlen.

pochette *f* (*sachet*) Tüte *f* ; *~ plastique* Plastiktüte *f* ; *~ transparente* Sichthülle *f.*

pognon *m* (*fam.*) → **pèze**.

poids *m* Gewicht *n* ; (*instrument de pesée*) Gewichtsstück *n* ; Wägestück ; (*pondération*) Gewichtung *f* ; Wägungsfaktor *m* ; ♦ *~ abattu* (*bétail*) Schlachtgewicht ; *~ autorisé* zulässiges Gewicht ; *~ brut* Brutto-, Rohgewicht ; *~ en charge* → *total* ; *~ de chargement* Ladegewicht ; *~ des charges fiscales* Steuer- und Abgabenlast *f* ; *~ délivré* (*rendu*) ausgeliefertes Gewicht ; *~ égoutté* Einfüllgewicht ; *~ de l'emballage* Verpackungsgewicht ; *~ maximal, minimal* Maximal-, Minimalgewicht ; *~ et mesures* Maße *npl* und Gewichte ; *~ de métal fin* Feingewicht ; *~ mort* (*propre*) Eigengewicht ; *~ net* Netto-, Reingewicht ; *~ normal* → *standard* ; *~ des prélèvements obligatoires* → *des charges fiscales* ; *~ rendu* → *délivré* ; *~ spécifique* spezifisches Gewicht ; *~ standard* Normalgewicht ; *~ total* Gesamtgewicht ; *~ total autorisé en charge* (*P.T.A.C.*) zulässiges Gesamtgewicht ; *~ type* → *standard* ; *~ unitaire* Einzelgewicht ; *~ utile* (*charge utile*) Nutzlast *f* ; *~ à vide* Leergewicht ; *~ vif* (*sur pied*) (*bétail*) Lebendgewicht ; ♦♦ *barème m des ~* Gewichtstabelle *f* ; *Bureau m international des ~s et mesures* internationales Maß- und Gewichtsbüro *n* ; *déclaration f de ~* Gewichtsangabe *f* ; *différence f de ~* Gewichtsunterschied *m*, -abweichung *f* ; *excédent m de ~* Mehr-, Übergewicht ; *franchise f de ~* Freigewicht ; *gain m de ~* Gewichtszunahme *f* ; *indication f du ~* → *déclaration* ; *limite f de ~* Gewichtslimit *n* ; *manquant m de ~* Untergewicht ; Gewichtsmanko *n* ; *norme f de ~* Gewichtsnorm *f* ; *perte f de ~* Gewichtsabnahme *f*, -schwund *m*, -verlust *m* ; *tarif m au ~* Gewichtssatz *m* ; *taxe f spécifique au ~* Gewichtszoll *m* ; *tolérance f de ~* Gewichtstoleranz *f* ; zulässige Gewichtsabweichung *f* ; *unité f de ~* Gewichtseinheit *f* ; *bon ~* gut gewogen ; ♦♦♦ *acheter au ~* nach Gewicht kaufen ; *alléger le ~ des charges* die Abgaben- und Steuerlast senken (erleichtern) ; *contrôler les ~s et mesures* eichen ; *dépasser le ~ autorisé* das zulässige Gewicht überschreiten ; (*fig.*) *donner un grand ~ à qqch* etw (+ D) großes Gewicht beimessen ; *étalonner les ~* die Gewichte eichen ; (*fig.*) *faire deux ~ deux mesures* mit zweierlei Maß messen ; (*fig.*) *peser de tout son ~ dans la* *balance* sein ganzes Gewicht in die Waagschale werfen ; *peser son* ~ sein Gewicht haben ; *taxer des marchandises au* ~ die Fracht für Waren nach Gewicht berechnen ; *vendre au* ~ nach Gewicht verkaufen.

poids-lourd *m* Lastkraftwagen *m* ; Fernfahrer *m* ; LKW *m* ; Lkw *m* ; Laster *m* ; (*fam.*) Brummi *m*.

poids-mort *m* (*marketing : à faible taux de croissance et de parts de marché*) Dog *m* ; Ladenhüter *m*.

poinçon *m* (Münz)Stempel *m* ; (Präge)Stempel ; Punzierungsstempel ; (*Autriche*) Punze *f* ; ~ *de contrôle* Kontrollstempel ; Prüfzeichen *n* ; ~ *de titre* Feingehaltsstempel ; ~ *de vérification* Eichstempel.

poinçonnage *m* (*tickets*) Lochen *n* ; Knipsen *n* ; Entwerten *n* ; (*métaux*) Eichen *n* ; Stempeln *n*.

poinçonner 1. (*tickets*) lochen ; knipsen ; entwerten **2.** (*métaux*) punzieren ; punzen ; stempeln ; eichen.

poinçonneur *m* (*appareil*) Entwerter *m* ; (*personne*) Locher *m*.

poing *m* : *opération f coup de* ~ Nacht- und Nebelaktion *f*.

point *m* Punkt *m* ; Ort *m* ; Platz *m* ; Stelle *f* ; Sache *f* ; Frage *f* ; Angelegenheit *f* ; Fall *m* ; ♦ ~ *d'attache* Standort *m* ; (*avion*) ~*s bonus* Bonus-Meile *f* ; ~ *de contrôle* (*aux frontières*) Kontrollpunkt (an Grenzübergängen) ; ~ *chaud* Brennpunkt ; Streitpunkt, -frage ; ~ *de départ* Abfahrtsstelle ; (*fig.*) Ausgangspunkt ; ~ *de destination* Bestimmungs-, Zielort ; ~ *de détail* unwichtiger Punkt ; Nebensache ; ~ *de droit* Rechtsfrage, rechtliche Frage ; ~ *d'entrée, de sortie de l'or* Goldimport-, Goldexportpunkt *m* ; ~ *faible* schwacher (wunder, neuralgischer) Punkt ; Schwachstelle *f* ; ~ *fort* Schwerpunkt *m* ; ~ *de friction* Streitpunkt ; Streitfrage *f* ; Zankapfel *m* ; ~ *d'intervention* Interventionspunkt ; ~ *de jonction* Verbindungsstelle, -punkt ; ~ *litigieux* → *de friction* ; ~ *de majoration* Zulagepunkt ; ~ *mort* → *point mort* ; ~ *négatif* Minuspunkt ; ~ *névralgique* neuralgischer Punkt ; ~ *noir* (*circulation*) (Verkehrs)Stau *m* ; ~ *or* Goldpunkt ; ~ *à l'ordre du jour* Punkt auf der Tagesordnung ; ~ *de passage de la frontière* Grenzübergang *m* ; Checkpoint *m* ; ~ *de pénalisation* Minuspunkt ; ~ *positif* Pluspunkt ; ~ *de pourcentage* Prozentpunkt ; Punktekonto *n* ; ~ *publicitaire* Bonuspunkt ; ~ *de retraite* Rentenanwartschaft *f* ; Renten-, Ruhegehaltspunkt *m* ; ~ *de rupture* Bruchstelle *f* ; Zerreißgrenze *f* ; ~ *de saturation* Sättigungspunkt ; ~ *de vente* Verkaufsstelle *f* ; Filiale *f* ; Point-of-sale (POS) *m* ; ~ *de vue* → **point de vue** ; *au plus haut* ~ im höchsten Grad ; ♦♦ *mise f au* ~ Richtigstellung *f* ; Klarstellung ; *sur ce* ~ in diesem Punkt ; *par* ~ Punkt für Punkt ; *jusqu'à un certain* ~ bis zu einem gewissen Punkt ; *système m d'attribution de* ~*s* Punktvergabe-System *n* ; ♦♦♦ *aborder différents* ~*s* verschiedene Punkte ansprechen ; *acquérir des* ~*s* (Bonus)Punkte sammeln ; *atteindre un* ~ maximal, minimal ein Höhepunkt (ein Maximum), einen Tiefpunkt (ein Minimum) erreichen ; *augmenter d'un* ~ um einen Punkt steigen ; um einen Punkt erhöhen ; *discuter un* ~ einen Punkt erörtern ; *être mal en* ~ (*entreprise*) Probleme (Schwierigkeiten) haben ; *être sur le* ~ *de* im Begriff sein ; *être sur le* ~ *de faire faillite* konkursreif sein ; dem Bankrott nahe sein ; *faire une mise au* ~ etw richtigstellen : etw berichten ; *faire le* ~ (*de la situation*) eine Zwischenbilanz ziehen ; die Lage überprüfen ; *gagner, perdre un* ~ einen Punkt gewinnen, verlieren ; *passer les différents* ~*s en revue* die einzelnen Punkte durchgehen ; *progresser de trois* ~*s* um drei Punkte zulegen ; *ne pas tomber d'accord sur un* ~ sich nicht über einen Punkt einigen können.

pointage *m* **1.** (*en usine*) Kontrolle *f* ; *carte f de* ~ Stempelkarte *f* ; *horloge f de* ~ Stechuhr *f* ; Kontrollsystem *n* ; *aller au* ~ stempeln gehen **2.** (*vote*) ~ *des voix* Stimmen(aus)zählung *f* **3.** (*sur une liste*) Abhaken *n* (auf einer Liste) ; Checken *n* ; *faire un* ~ eine Checkliste überprüfen.

point-argent *m* Bank-, Geldautomat *m* ; Bankomat.

point-banque *m* (*dans un supermarché par ex.*) Bankingshop *m*.

point-bourse *m* Auskunftsstelle *f* « Börse » ; Börseninformationsstelle.

point *m* **de vue** Standpunkt *m* ; Gesichtspunkt *m* ; Hinsicht *f* ; (*opinion*) Meinung *f* ; ♦ ~ *juridique, politique, technique* Rechtsstandpunkt, politischer, technischer Standpunkt ; *au* ~ *politique,*

pointe

financier in politischer, finanzieller Hinsicht ; auf politischem, finanziellem Gebiet ; *du (d'un)* ~ *économique* vom wirtschaftlichen Standpunkt aus ; *d'un double* ~ in doppelter Hinsicht ; *d'un* ~ *pratique* in praktischer Hinsicht ; ◆◆◆ *avoir un* ~ *différent* anderer Meinung sein ; *défendre un* ~ einen Standpunkt vertreten ; *ne pas partager le* ~ *de qqn* jds Standpunkt (Meinung) nicht teilen.

pointe *f* Spitze *f* ; *de* ~ Spitzen-; Haupt- ; Hoch- ; führend ; modern ; fortschrittlich ; ◆ ~ *de charge* Belastungsspitze ; ~ *de consommation* Spitzenverbrauch *m* ; ~ *quotidienne* Tagesspitze *f* ; ~ *saisonnière* Hauptreiseverkehr *m* ; ~ *de trafic* Stoßzeit *f* ; ◆◆ ~ *de circulation f* Spitzenverkehr *m* ; *consommation f de* ~ Höchst-, Spitzenverbrauch *m* ; *entreprise f de* ~ führender Betrieb *m* ; *heures de* ~ → *période* (*ventes, commerce*) ; *industrie f de* ~ Spitzenindustrie *f* ; Hightechindustrie ; *pays m industriel de* ~ industrielles Spitzenland *n* ; *période de* ~ (*tourisme*) Hauptreisezeit *f* ; Hauptsaison *f* ; (*ventes, commerce*) Hauptgeschäftszeit *f* ; Spitzenzeit *f* ; Hochbetrieb *m* ; *secteur m de* ~ Spitzensektor *m* ; Hightech- Sektor *m* ; *technologie f de* ~ Spitzentechnologie *f* ; Hightech *n/f* ; *trafic m de* ~ Spitzenverkehr *m* ; *vitesse f de* ~ Spitzengeschwindigkeit *f* ; ◆◆◆ *être à la* ~ führend sein ; eine Spitzenposition einnehmen ; an der Spitze sein ; *occuper une position de* ~ *dans un secteur* in einem Bereich führend sein ; Branchenführer sein.

pointer 1. (*noms*) abhaken ; ankreuzen 2. (*temps de travail*) kontrollieren 3. (*voix*) die Stimmen (aus)zählen 4. ~ *au chômage* stempeln gehen.

pointeur *m* (*Internet*) Link *m* ; Verbindung *f* (*syn. lien*).

point *m* **mort** a) (*seuil de rentabilité*) Break-even-Point *m* ; Gewinn-, Rentabilitätsschwelle *f* ; Gewinnpunkt *m* b) (*impasse*) toter Punkt *m* ; Sackgasse *f* ; *arriver (parvenir) à un* ~ an einem toten Punkt ankommen ; *les négociations sont au* ~ die Verhandlungen sind festgefahren.

poire *f* : *couper la* ~ *en deux* einen Kompromiss suchen (schließen) ; *garder une* ~ *pour la soif* (sich) einen Notgroschen zurücklegen.

poissonneux, se : *eaux* ~*ses* fischreiche Gewässer *npl*.

pôle *m* Pol *m* ; Zentrum *n* ; Gebiet *n* ; Kernbereich *m* ; Schwerpunkt *m* ; ~ *d'activité* Gewerbepark *m* ; ~ *d'attraction* Anziehungspunkt *m* ; ~ *de développement* Entwicklungsschwerpunkt *m* ; ~ *économique* Wirtschaftsgebiet *n* ; ~ *industriel* Industriegebiet ; Industriestandort *m* ; ~ *technologique* Technologiepark *m* ; *se constituer en* ~ *économique* sich zu einem Wirtschaftsgebiet zusammenschließen.

1. police *f* Polizei *f* ; *de* ~ polizeilich ; ~ *administrative, douanière, économique* Verwaltungs-, Zoll-, Wirtschaftspolizei ; ~ *des frontières* Grenzpolizei *f* ; ~ *judiciaire, des ports, de la route* Kriminal-, Hafen-, Straßenverkehrspolizei ; ~ *municipale* städtische Polizeiwacht *f* ; ~ *sanitaire* Gesundheitspolizei ; *action f de* ~ Polizeiaktion *f* ; *agent m de* ~ Polizist *m* ; Schutzmann *m* ; *déclaration f d'arrivée, de départ à faire à la* ~ polizeiliche Anmeldung *f*, Abmeldung *f* ; *règlements mpl de* ~ Polizeiordnung *f* ; polizeiliche Bestimmungen *fpl*.

2. police *f* (*document*) Police *f* ; Versicherungsschein *m* ; ◆ ~ *d'abonnement* laufende Police ; ~ *d'affrètement* Charterpartie *f* ; Chartervertrag *m* ; ~ *d'assurances* Versicherungspolice, -schein *m* ; ~ *d'assurances maritime* Seeversicherungspolice ; ~ *avec clause d'indice variable* Police mit Wertzuschlagsklausel ; ~ *complémentaire, générale, globale, indexée* Zusatz-, General-, Pauschal-, indexgebundene Police ; ~ *flottante* laufende (offene) Police ; ~ *individuelle, nominative, au porteur* Einzel-, Namens-, Inhaberpolice ; ~ *universelle* Universalpolice ; ◆◆◆ *établir une* ~ eine Police ausstellen ; *la* ~ *expire le...* die Police läuft am... ab ; *renouveler (proroger) une* ~ eine Police (einen Versicherungsvertrag) erneuern (verlängern) ; *résilier une* ~ *d'assurance* eine Versicherungspolice kündigen ; *souscrire une* ~ *d'assurance* eine Versicherung abschließen.

3. police *f* (*typographie*) Gießzettel *m* ; (*traitement de texte*) Schriftart *f*.

policier *m* Polizist *m* ; Polizeibeamte(r).

policier, ière polizeilich ; Polizei-.

politesse f : *formule* f *de* ~ Höflichkeitsformel f ; Grußformel ; Höflichkeitsfloskel f.
politicien m Politiker m.
politico-économique wirtschaftspolitisch.
politique f Politik f ; (*mesures*) Programm n ; ♦ ~ *agricole* Agrarpolitik ; ~ *agricole commune* (*P.A.C.*) gemeinsame Agrarpolitik ; ~ *d'aide à l'investissement* investitionsfördernde Politik ; ~ *d'austérité monétaire* Politik des knappen Gelds ; Sparkurs m ; Austerity-Politik ; ~ *de l'autruche* Vogel-Strauß-Politik ; ~ *budgétaire* Haushaltspolitik ; ~ *de change* Devisenpolitik ; ~ *commerciale* Geschäftspolitik ; Geschäftsgebaren n ; ~ *conjoncturelle* Konjunkturpolitik ; ~ *de croissance* Wachstumspolitik ; ~ *du crédit* Kreditpolitik ; ~ *de détente, de développement* Entspannungs-, Entwicklungspolitik ; ~ *de l'eau* Wasserwirtschaft f ; ~ *économique, de l'emploi* Wirtschafts-, Beschäftigungspolitik ; ~ *de l'énergie* (*énergétique*) Energiepolitik ; ~ *de l'entreprise* Unternehmens-, Betriebspolitik ; ~ *étrangère* (*extérieure*) Außenpolitik ; ~ *d'expansion* Expansionspolitik ; ~ *européenne, foncière* Europa-, Bodenpolitik ; ~ *fiscale* Steuerpolitik ; ~ *de l'immigration, industrielle* Einwanderungs-, Industriepolitik ; ~ *intérieure, internationale* Innen-, internationale Politik ; ~ *du logement, des loisirs* Wohnungs-, Freizeitpolitik ; ~ *de la main-d'œuvre* Beschäftigungspolitik ; ~ *monétaire* Währungspolitik ; ~ *nataliste, nucléaire* geburtenfördernde Politik, Kernenergiepolitik ; ~ *de l'offre* angebotsorientierte Politik ; Angebotspolitik ; ~ *d'open-market* Offen-Markt-Politik ; ~ *de partenariat* Kooperationspolitik ; ~ *du personnel* (*des effectifs*) Personalpolitik ; ~ *des prix* Preispolitik ; ~ *des revenus, des salaires* (*salariale*) Einkommens-, Lohnpolitik ; ~ *sociale, structurelle, syndicale* Sozial-, Struktur-, Gewerkschaftspolitik ; ~ *à long terme* Politik auf lange Sicht ; ♦♦♦ *avoir une* ~ *commune* eine gemeinsame Politik betreiben ; *faire de la* ~ **a)** Politik machen (betreiben) **b)** im politischen Leben stehen ; sich politisch betätigen ; politisch tätig sein.
politique (*adj.*) politisch ; ♦ *affaires* fpl ~s Politik f ; das politische Leben ; *bureau* m ~ politisches Gremium n ;

Politbüro n ; *détenu* m ~ politischer Häftling m ; Politische(r) ; *économie* f ~ Nationalökonomie f ; Volkswirtschaft f ; Volkswirtschaftslehre f ; *homme* m ~ (*éminent, influent*) prominenter, (einflussreicher) Politiker m ; *milieux* mpl ~s politische Kreise mpl ; *parti* m ~ politische Partei f ; *paysage* m ~ Parteienlandschaft f ; *pouvoir* m ~ politische Macht f ; *sciences* fpl ~s politische Wissenschaften fpl ; Politikwissenschaft f ; Politologie f ; *situation* f ~ politische Lage f ; *vie* f ~ politisches Leben n ; ♦♦♦ *avoir des activités* ~s politisch tätig sein ; sich politisch betätigen ; im politischen Leben stehen ; *entrer dans la vie* ~ in die Politik eintreten ; *être dans la vie* ~ im politischen Leben stehen.
politiquement correct m politische Korrektheit f ; Political Correctness f.
politiquement correct, e : *être* ~ politisch korrekt sein.
politisation f Politisierung f.
politiser politisieren.
politologie f Politologie f ; politische Wissenschaften fpl ; Politikwissenschaft f.
politologue m Politologe m.
polluant m Schadstoff m ; Schmutzstoff ; umweltbelastendes Produkt n ; umweltschädigende Substanz f.
polluant, e umweltfeindlich ; umweltschädlich, -schädigend, -verschmutzend ; belastend ; verunreinigend ; *énergies* fpl ~es, *non* ~ umweltfeindliche, umweltneutrale Energien fpl ; *matière* f ~e Schadstoff m ; *non* ~ umweltfreundlich ; schadstoffarm ; *avoir des effets* ~s umweltschädigende Wirkung(en) haben.
polluer verschmutzen ; belasten ; verunreinigen ; verseuchen ; verpesten ; kontaminieren ; ~ *la nappe phréatique* das Grundwasser verseuchen ; *des produits toxiques* ~*ent l'atmosphère* Schadstoffe belasten die Atmosphäre ; *les gaz d'échappement* ~*ent l'air* Abgase verpesten die Luft.
pollueur m Umweltsünder m ; Umweltverschmutzer m ; Verursacher m von Umweltschäden ; *principe* m *du* ~ *payeur* Verursacherprinzip n ; *les* ~s *seront les payeurs* die Umweltsünder müssen für die Schäden geradestehen (aufkommen) ; die Umweltsünder sind haftbar.

pollution *f* (*environnement*) Umweltbelastung *f* ; Umweltschäden *mpl* ; Immissionen *fpl* ; Umweltverschmutzung *f*, -verpestung *f*, -verseuchung *f*, -verunreinigung *f* ; Schadstoffbelastung *f* ; Kontamination *f* ; ◆ ~ *atmosphérique, de l'eau* Luftverschmutzung (-verpestung), Wasserverseuchung ; ~ *automobile* Umweltverschmutzung durch Autoabgase ; ~ *par les nitrates* Nitratbelastungen ; ~ *du sol* Bodenbelastung *f* ; ~ *sonore* Lärmbelästigung *f* ; ◆◆ *équipements mpl* (*installations fpl, dispositif m*) *anti-~* umweltfreundliche Anlagen *fpl* ; Entgiftungsvorrichtung *f* ; *législation f, lois fpl anti-~* Umweltschutzgesetzgebung *f* ; Umweltschutzgesetze *npl* ; *lutte f anti-~* Verschmutzungsbekämpfung *f*.

poly... Poly- ; poly- ; Mehr- ; Viel- ; Multi-.

polycopie *f* **1.** (*procédé*) Vervielfältigungsverfahren *n* ; Vervielfältigung *f* ; Hektographie *f* **2.** (*feuille polycopiée*) Kopie *f*.

polycopier kopieren ; vervielfältigen ; hektographieren ; abziehen ; Kopien herstellen ; ~ *une circulaire* ein Rundschreiben vervielfältigen.

polycopieuse *f* Vervielfältigungsgerät *n*, -apparat *m* ; Kopierer *m*.

polyculture *f* (*agric.*) Mischkultur *f*.

polytechnicien *f* Polytechniker *m* ; Absolvent *m* der französischen Elitehochschule « École polytechnique ».

polytechnique *f* / **École polytechnique** (*France*) Elite(hoch)schule *f* für Ingenieure.

polytechnique polytechnisch ; *institut m, école f ~* Polytechnikum *n* ; *formation f ~* polytechnische Ausbildung *f* ; polytechnischer Unterricht *m*.

polyvalence *f* Vielseitigkeit *f* ; Multifunktionalität *f* ; Mehrzweckverwendung *f* ; mehrfache Verwendungsmöglichkeit *f*.

polyvalent *m* (*fam.*) (*inspecteur des finances chargé de plusieurs administrations*) Steuerfahnder *m* (der mit mehreren Steuerkontrollen beauftragt ist) ; Steuerprüfer *m*.

polyvalent, e Mehrzweck- ; vielseitig ; multifunktionell ; multifunktional ; *local m, machine f ~(e)* Mehrzweckgebäude *n*, -maschine *f*.

pomme *f* : ~ *de discorde* Zankapfel *m* ; Streitpunkt *m* ; Konfliktgegenstand *m*.

pompe *f* : ~ *à essence* Tank-, Zapfstelle *f* ; Zapfsäule *f* ; Tanksäule *f* ; *prix m* (*de l'essence*) *à la ~* Benzinpreis an der Zapfsäule ; Tankstellenpreis.

pomper (*fam.*) (ein)pumpen ; einspritzen ; ~ *de l'argent dans une entreprise malade* einem maroden Unternehmen eine Kapitalspritze verabreichen ; Geld in ein Unternehmen pumpen.

pompes *fpl* **funèbres** Bestattungswesen *n* ; *entreprise f de ~* Bestattungs-, Beerdigungsunternehmen *n* ; Beerdigungsinstitut *n*.

pompiste *m* Tankwart *m*.

ponction *f* (*d'argent, de capitaux*) Geldentnahme *f*, -abzug *m* ; Abschöpfung *f* ; Aderlass *m* ; ~ *fiscale* Steuerbelastung *f* ; *opérer une ~ des revenus* die Einkommen stärker besteuern.

ponctionner (*qqn*) (*fam.*) (jdm) Geld abnehmen ; (jdn) zur Ader lassen ; (*fam.*) jdm Geld abknöpfen ; jdn schröpfen.

ponctualité *f* Pünktlichkeit *f* ; ~ *des paiements* Zahlungsmoral *f*.

ponctuel, le 1. (*exact*) pünktlich ; *être ~ dans ses paiements* pünktlich zahlen **2.** (*action ponctuelle*) schwerpunktmäßig ; *grève f ~le* Schwerpunktstreik *m*.

pondérable (*statist.*) wägbar.

pondérateur, trice ausgleichend.

pondération *f* **1.** (*sens général*) Besonnenheit *f* ; Mäßigung *f* **2.** (*statist.*) Gewichtung *f* ; Wägung *f* ; Bewertung *f* ; ~ *constante, variable* konstante, veränderliche Gewichtung eines Index ; ~ *des voix* Stimmenwägung ; *obtenir par ~* durch Gewichtung errechnen ; eine Wägung vornehmen ; *être obtenu par ~* gewichtet werden.

pondéré, e (*statist.*) gewichtet ; gewogen ; *indice m ~* gewichteter Index *m* ; Bewertungsindex ; gewogene Indexziffer *f* ; *moyenne f ~* Bewertungsdurchschnitt *m* ; gewichteter Durchschnitt ; gewichtetes arithmetisches Mittel *n* ; *prix m ~* gewichteter Preis *m*.

pondérer 1. (*diminuer*) ausgleichen ; mäßigen ; dämpfen **2.** (*statist.*) gewichten ; (ab)wägen ; ausgleichen ; eine Korrektur durch Gewichtung vornehmen ; ~ *un indice* bei der Indexberechnung eine Gewichtung vornehmen ; *les chiffres sont pondérés en fonction de facteurs socio-économiques* die Zahlen werden nach sozioökonomischen Faktoren gewichtet.

pondéreux, euse Schwer- ; Massen- ; *marchandise f ~euse* Massen-, Schwergut *n.*

pont *m* **1.** Brücke *f* ; ♦ *~ aérien* Luftbrücke ; *~ à bascule* Brückenwaage *f* ; *~ de chargement* Verladebrücke ; Ladegerüst *n* ; *~ de chargement des voitures* Autodeck *n* ; *Ponts et Chaussées pl* Hoch- und Tiefbauamt *n*, -behörde *f* ; Straßenbauamt ; Straßenbauverwaltung *f* ; *~ de débarquement* Landungsbrücke ; *~ élévateur* Hebebühne *f* ; *~ d'embarquement* Schiffsverladebrücke ; *~ flottant* Schwimmbrücke ; *~-grue* Brückenkran *m* ; *~ de navires* Schiffsbrücke ; *~ de pesage* Brückenwaage *f* ; *~ des passagers, supérieur (d'un navire)* Passagier-, Oberdeck *n* ; *~ roulant* Laufkran *m* ; *~ suspendu, tournant* Hänge-, Drehbrücke ; *~ transbordeur* Umladeanlage *f* ; Verladebrücke *f* ; Verladekran *m* ; *~ de transport* Förderbrücke ; ♦♦ *tête f de ~* Brückenkopf *m* ; ♦♦♦ *(fam.) couper les ~s* alle Brücken hinter sich abbrechen **2.** *(jour non travaillé) jour de ~* arbeitsfreier Tag *m* ; *faire le ~* an einem zwischen zwei Feiertagen liegenden Werktag nicht arbeiten.

pontée *f* Schiffsladung *f* ; *charger en ~* auf Deck verladen.

pool *m* Pool *m* ; Konsortium *n* ; Zusammenschluss *m* von Unternehmen ; Unternehmensvereinbarung *f* ; *~ d'assurances* Versicherungspool ; *~ bancaire* Bankengruppe *f*, -konsortium *n* ; *~ bancaire de redressement* Auffanggesellschaft *f* ; *~ du charbon et de l'acier* Montanunion *f* ; *~ des dactylos* Schreibbüro *n* ; *~ d'investisseurs* Anlegerpool ; *accord m de ~* Poolabkommen *n* ; *constitution f de ~* Poolung *f* ; *Pooling n* ; *constituer un ~ (mettre en ~)* poolen ; einen Pool bilden ; *exploiter en ~* gemeinschaftlich betreiben.

populaire Volks- ; *action f ~* Volksaktie *f* ; *consultation f ~* Volksbefragung *f* ; *démocratie f ~* Volksdemokratie *f* ; *livret m d'épargne ~* Volkssparbuch *n* ; *mesure f ~* populäre Maßnahme *f* ; *plan m d'épargne ~ (P.E.P.)* Volkssparplan *m* ; *quartier m ~* Arbeiterviertel *n.*

populariser 1. populär (volkstümlich) machen **2.** popularisieren ; verbreiten ; allgemein bekannt machen.

popularité *f* Beliebtheit *f* ; Popularität *f* ; *la cote de ~ est en hausse, en baisse* die Beliebtheitswerte steigen, fallen.

population *f* Bevölkerung *f* ; Bevölkerungsgruppe *f* ; Gesamtheit *f* ; statistische Masse *f* ; Bevölkerungszahl *f* ; Kollekiv *n* ; Population *f* ; ♦ *~ active* → *population active* ; *~ en âge scolaire* Bevölkerung im schulpflichtigen Alter ; *~ autochtone (indigène)* einheimische Bevölkerung ; *~ carcérale* Gefängnisinsassen *mpl* ; *~ ouvrière, rurale* Arbeiter-, Landbevölkerung (ländliche Bevölkerung) ; *~ sans emploi* Erwerbslose *pl* ; *~ scolaire et universitaire* Schüler und Studenten *mpl* ; *~ totale* Gesamtbevölkerung ; *~ urbaine* städtische Bevölkerung ; Stadtbevölkerung ; ♦♦ *accroissement m (augmentation f) de la ~* Bevölkerungszunahme *f* ; *baisse f de la ~* → *diminution* ; *couche f de la ~* Bevölkerungsschicht *f* ; *densité f de ~ au km²* Bevölkerungsdichte *f* pro km² ; *à forte densité de ~* bevölkerungsreich ; *diminution f de la ~* Bevölkerungsrückgang *m*, -abnahme *f* ; *(due à la pilule) (fam.)* Pillenknick *m* ; *mobilité f de la ~* Mobilität *f* der Bevölkerung ; *mouvements mpl de ~* Bevölkerungs-, Wanderungsbewegungen *fpl* ; *recensement m de la ~* Volkszählung *f* ; *structure f de la ~* Bevölkerungsstruktur *f* ; *transfert m de ~* Umsiedlung *f* ; *vieillissement m de la ~* Überalterung *f* der Bevölkerung ; Vergreisung *f* ; *zone f à forte, à faible densité de ~* dicht-, dünnbesiedeltes Gebiet *n* ; ♦♦♦ *la ~ augmente, diminue* die Bevölkerung nimmt zu, nimmt ab ; *procéder à un recensement de la ~* eine Volkszählung vornehmen.

population *f* **active** erwerbstätige Bevölkerung *f* ; die Erwerbsbevölkerung ; die Erwerbstätigen ; die Erwerbspersonen *fpl* ; die Berufstätigen *pl* ; *(hist. R.D.A.)* die Werktätigen ; *~ en âge de travailler* Bevölkerung im arbeitsfähigen Alter ; *~ occupée (employée)* Erwerbs-, Berufstätige *pl* ; *répartition f de la ~ sur...* Verteilung *f* der Erwerbsbevölkerung auf…

populeux, euse stark bevölkert ; dichtbesiedelt ; bevölkerungsreich.

populisme *m* Populismus *m*.

porc *m* Schwein *n* ; *élevage m de ~s* Schweinezucht *f* ; *(lieu)* Schweinemästerei *f* ; *prix m du ~* Schweinepreis *m* ; *viande f de ~* Schweinefleisch *n* ; *engraisser des ~s* Schweine mästen ; *faire l'élevage du ~* Schweine züchten.

porcin, e (*agric.*) : *cheptel m, élevage m ~* Schweinebestand *m*, Schweinezucht *f* ; *peste f ~e* Schweinepest *f*.

porion *m* (*mines*) (Ober)Steiger *m* (Aufsichtsperson, die unter Tage arbeitet) ; *chef m ~* Grubeninspektor *m*.

port *m*	1. *installations portuaires*
	2. *tarif d'acheminement*
	3. *charge*
	4. *action de porter*
	5. *informatique*

1. *(installations portuaires)* Hafen *m* ; Hafenplatz *m* ; Hafenstadt *f* ; ◆ *~ artificiel, naturel* künstlicher, natürlicher Hafen ; *~ d'attache* Heimathafen ; *~ de commerce, de destination, douanier* Handels-, Bestimmungs-, Zollhafen ; *~ d'embarquement, fluvial, franc* Verschiffungs-, Binnen-, Freihafen ; *~ d'escale* Anlegehafen ; *~ d'immatriculation* Heimathafen ; *~ marchand, maritime, de pêche* Handels-, See-, Fischereihafen ; *~ pétrolier, de plaisance, de transbordement* Öl-, Jacht-, Umschlaghafen ; *~ de transit* Transithafen ; ◆◆ *administration f, commandant m du ~* Hafenverwaltung *f*, -kommandant *m* ; *documents mpl d'entrée et de sortie du ~* Hafenpapiere *npl* ; *droits mpl de ~* Hafengebühren *fpl*, -geld *n* ; *pilote m, police f, règlement m du ~* Hafenlotse *m*, -polizei *f*, -ordnung *f* ; *sortie f, surveillance f du ~* Hafenausfahrt *f*, -aufsicht *f* ; ◆◆◆ *arriver à bon ~* glücklich ankommen ; *entrer dans le ~* in den Hafen einlaufen ; *faire escale dans un ~* einen Hafen anlaufen ; *quitter le ~* aus dem Hafen auslaufen.

2. *(tarif d'acheminement)* Porto *n* ; *~ à destination de l'étranger* Auslandsporto ; *~ intérieur* Inlandsporto ; *~ payé* franko ; frankiert ; portofrei ; Porto bezahlt ; *~ de retour* Rückporto ; *~ en sus* zuzüglich Porto ; *en ~ dû* unfrankiert ; unfrei ; portopflichtig ; *frais mpl de ~* Portokosten *pl* ; *franco (franc de) ~* portofrei ; frachtfrei ; *le ~ est de 6 € das Porto (für etw) beträgt 6 €.*

3. *(charge)* Fracht *f* ; Last *f*.

4. *(action de porter)* Tragen *n* ; Führen *n* ; *~ d'armes* **a)** Tragen von Waffen **b)** *(permis)* Waffenschein *m* ; *~ illégal* unbefugtes Tragen ; unbefugte Führung *f* ; *~ obligatoire de la ceinture* Gurtanlegepflicht *f*.

5. *(informatique)* : *~ imprimante m* Druckeranschluss *m*.

portable *m* **1.** (*ordinateur*) Notebook *n* ; Laptop *m/n* ; tragbarer Computer *m* **2.** (*téléphone*) Handy *n* ; Mobiltelefon *n* ; *appeler qqn sur son ~* jdn auf seinem Handy anrufen.

portable tragbar ; *dette f ~* Bringschuld *f* ; *ordinateur m ~* → **portable**.

portage *m* *salarial* Ausleihsystem *n* von Personal, von Leitenden.

portail *m* (*Internet : accès à de nombreux services sur un thème spécifique*) Portal *n* ; Portalseite *f* ; *aller sur un ~* über eine Portalseite ins Netz steigen ; *les ~s facilitent la navigation* die Portalseiten erleichtern das Surfen.

portatif, ive tragbar ; Koffer- ; *radio f ~ive, téléviseur m ~* tragbares Radio *n*, tragbarer Fernsehapparat *m*.

porte *f* Tür *f* ; ◆ *~ de chargement, de déchargement* (*d'un ferry-boat*) Bug- und Heckklappe *f* ; ◆◆ *journée f (des) « portes ouvertes »* Tag *m* der offenen Tür ; *voiture f à 2, 4 ~s* zwei-, viertüriger Wagen *m* ; *modèle m 2, 4 ~s* Zwei-, Viertürer *m* ; ◆◆◆ *entrer par la grande ~* sofort einen gehobenen Posten bekommen ; *entrer par la petite ~* sich hocharbeiten ; unten anfangen ; *laisser la ~ ouverte à des négociations* die Tür zu Verhandlungen offen lassen ; *mettre qqn à la ~* jdn entlassen ; (*fam.*) jdn vor die Tür setzen ; jdn auf die Straße setzen ; *ouvrir la ~ à tous les abus* jedem Missbrauch Tür und Tor öffnen ; *toutes les ~s lui sont ouvertes, fermées* alle Türen stehen ihm offen ; nur verschlossene Türen finden.

porte-adresse *m* Gepäckanhänger *m*.

porte-affiches *m* Anschlagbrett *n*, -tafel *f* ; Schwarzes Brett ; *colonne f ~* (*Morris*) Litfaßsäule *f*.

porte-à-porte *m* Hausierhandel *m*, -gewerbe *n* ; Hausieren *n* ; Haus-Tür-Verkäufe *mpl* ; *service m ~* von Haus zu Haus-Verkehr *m* ; *faire du ~* hausieren ; von Haus zu Haus gehen ; (*fam.*) Klinken putzen.

porte-bagages *m* Gepäckträger *m* ; Kofferablage *f.*
porte-billets *m* Geldscheintasche *f.*
porte-conteneurs *m* Containerschiff *n* ; *camion m* ~ Containerlastzug *m.*
porte-documents *m* Aktentasche *f.*
portée *f* Tragweite *f* ; Wirkung *f* ; Bedeutung *f* ; *un événement de grande* ~ ein Ereignis von großer Tragweite ; Event *n* ; *d'une grande* ~ *politique* von weltpolitischer Tragweite ; *ce prix est à la* ~ *de tout le monde* dieser Preis ist für jeden erschwinglich.
porte-étiquette *m* (*étiquetage des prix*) Preisschiene *f.*
1. portefeuille *m* Brieftasche *f.*
2. portefeuille *m* (*ministériel*) Portefeuille *n* ; Geschäftsbereich *m* ; Ressort *n* eines Ministers ; ~ *des finances* Finanzressort ; *ministre m sans* ~ Minister *m* ohne Portefeuille (ohne Geschäftsbereich).
3. portefeuille *m* (*ensemble des effets et valeurs détenus*) Portfolio *n* ; Portefeuille *n* ; Fonds *m* ; Paket *n* ; Bestand *m* ; ◆ ~ *d'assurances* Versicherungsbestand ; ~ (*de*) *chèques* Scheckbestand ; ~ (*de*) *clients* Kundenstamm *m* ; ~ *d'effets* Wechselportefeuille ; (*compta.*) ~ *effets et chèques* Wechsel- und Scheckbestand ; ~ *d'effets du Trésor* Schatzwechselbestand ; ~ *des papiers escomptés* Diskontportefeuille ; ~ *de produits, d'obligations* Produkt-, Rentenportfolio *n* ; ~ *d'une société* Aktienbestand *m* ; ~ *de titres* (*mobiliers, de valeurs mobilières*) Wertpapier-, Effektenbestand ; ~ *de valeurs immobilières* Immobilien-Portfolio ; Anlageverwaltung *f* ; ◆◆ *apurement m d'un* ~ Portfoliobereinigung *f* ; *cession f de* ~ Bestandsübertragung *f* ; *composition f du* ~ Portfoliozusammensetzung *f* ; *gestion f de* ~ Portfoliomanagement *n* ; Effektenverwaltung *f* ; *gestionnaire m de* ~ Portfoliomanager *m* ; *société f de* ~ Kapitalanlagegesellschaft *f* ; Fondsverwaltung *f* ; ◆◆◆ *avoir un* ~ *diversifié* ein weitgefächertes Portefeuille (Portfolio) haben ; *avoir un titre en* ~ ein Wertpapier im Portefeuille (Bestand) haben ; *changer la composition de son* ~ *d'actions* das Aktiendepot (das Portfolio) umschichten ; *détenir un* ~ *d'actions* ein Aktienpaket halten (besitzen) ; *gérer un* ~ ein Portefeuille verwalten.
porte-fort *m* 1. Bürgschaft *f* 2. Bürge *m.*

porte-monnaie *m* Portemonnaie *n* ; Geldbeutel *m* ; Geldtasche *f* ; ~ *électronique* elektronische Geldbörse *f* ; Geldkarte *f* ; E-cash-System *n.*
porte-parole *m* Sprecher *m* ; Wortführer *m* ; (*fig.*) Sprachrohr *n* ; ~ *du gouvernement* Regierungssprecher ; *se faire le* ~ *de qqch* sich zum Wortführer einer Sache machen.
porter : ~ *qqch à* anheben auf ; heraufsetzen auf ; *le prix a été* ~*é à* der Preis ist auf… heraufgesetzt worden ; ~ *sur qqch* sich beziehen auf ; betreffen ; ~ *à l'actif* aktivieren (in der Bilanz als Aktivposten erfassen) ; gutschreiben ; ~ *une somme en compte* einen Betrag gutschreiben ; ~ *un article sur une facture* einen Artikel in Rechnung stellen ; ~ *assistance à qqn* jdm Beistand leisten ; ~ *atteinte à qqch* einer Sache Abbruch tun ; etw beeinträchtigen ; ~ *au bilan* in die Bilanz aufnehmen ; ~ *qqch en compte* etw verbuchen ; etw in Rechnung stellen ; etw verrechnen ; ~ *qqch à la connaissance de qqn* jdm etw mitteilen ; jdn von etw in Kenntnis setzen ; ~ *au crédit d'un compte* einem Konto gutschreiben ; ein Konto kreditieren ; ~ *une date, la date du…* ein Datum tragen ; vom… datiert sein ; ~ *au débit* belasten ; etw zur Last schreiben ; ~ *en décharge* bei einer Berechnung etw abziehen ; etw in Abzug bringen ; ~ *qqn disparu* jdn als vermisst erklären ; ~ *à domicile* ins Haus liefern ; ~ *des intérêts* Zinsen abwerfen (tragen, bringen) ; ~ *des intérêts à 8 %* sich mit 8 % verzinsen ; (*bourse*) ~ *jouissance* gewinnberechtigt sein ; (*comptab.*) ~ *au journal* etw in das Journal eintragen ; ~ *une lettre à la poste* einen Brief auf die Post tragen ; ~ *dans les livres* etw buchmäßig erfassen ; ~ *sur une liste* etw auf eine Liste setzen ; *être porté* ~ *malade* krank geschrieben werden ; *le contrat porte sur la livraison de…* Gegenstand des Vertrags ist die Lieferung von… ; ~ *une mention, un nom* einen Vermerk, einen Namen tragen ; ~ *des noms sur une liste* Namen auf eine Liste schreiben ; ~ *au passif* passivieren ; auf der Passivseite erfassen (verbuchen) ; ~ *plainte* einen Strafantrag stellen ; ~ *préjudice à qqn* jdm schaden ; ~ *en recettes, en dépenses* als Einnahme, Ausgabe verbuchen ; ~ *dans un registre* in ein Register eintragen ; ~ *la responsa-*

bilité die Verantwortung tragen ; ~ *la signature* die Unterschrift tragen ; ~ *qqn sur son testament* jdn in seinem Testament (testamentarisch) bedenken ; ~ *devant les tribunaux* vor Gericht bringen.

porter (se) : *se ~ acquéreur (acheteur)* als Käufer auftreten ; *se ~ adjudicataire* den Zuschlag erhalten ; *se ~ candidat* kandidieren ; als Kandidat auftreten ; *se ~ caution* eine Bürgschaft (Garantie) leisten ; *se ~ garant de* bürgen für ; als Bürge auftreten ; *se ~ tête de liste* als Spitzenkandidat auftreten ; *se faire ~ malade (fam. pâle)* sich krankschreiben lassen ; sich krank melden.

portes *fpl* **ouvertes (journée)** Tag *m* der offenen Tür.

1. porteur *m (qui porte qqch)* Gepäckträger *m* ; Lastträger ; Austräger ; Bote *m* ; *avion m gros-~* Großraumflugzeug *n* ; Frachtjumbo *m*.

2. porteur *m (de titres etc.)* Inhaber *m* ; Besitzer *m* ; Überbringer *m* ; *au ~* auf den Inhaber lautend ; Inhaber- ; ◆ *~ d'actions, d'effets* Aktien-, Wechselinhaber ; *~ d'un chèque* Scheckinhaber ; Überbringer ; Scheckeinreicher *m* ; *~ d'obligations* Obligationeninhaber ; Obligationär *m* ; Schuldverschreibungsinhaber ; *~ de parts* Anteilseigner *m* ; *~ d'un passeport* Passinhaber ; *~ du pouvoir* Bevollmächtigte(r) ; *~ de titres miniers* Kuxinhaber ; ◆◆ *action f au ~* Inhaberaktie *f* ; *chèque m au ~* Inhaberscheck *m* ; Überbringerscheck ; *gros ~* Großaktionär *m* ; Großanleger *m* ; *payable au ~* zahlbar an Inhaber (an den Überbringer) ; *petit ~* Kleinaktionär *m* ; Kleinanleger *m* ; ◆◆◆ *le chèque est libellé au ~* der Scheck lautet auf den Inhaber.

porteur, euse tragend ; zukunftsträchtig ; gewinnbringend ; Zukunfts- ; vielversprechend ; *~ d'intérêt(s)* Zins bringend ; Zins tragend ; verzinslich ; *créneau m ~* zukunftsträchtige Marktnische *f* ; *marché m ~* zukunftsträchtiger Markt *m* ; Wachstumsmarkt ; *produit m ~* Umsatzträger *m* ; *secteur m ~* Hoffnungsbranche *f* ; *stratégie f ~euse* tragende Strategie *f*.

portion *f* Anteil *m* ; Teil *m* ; *(d'héritage)* Erb(an)teil *n* ou *m* ; *~ (in)cessible du salaire* (nicht) abtretbarer Teil des Lohns ; *~ disponible, saisissable* verfügbarer, pfändbarer Teil.

portrait *m (billet de banque)* Konterfei *n* ; *~-robot m* Phantombild *n*.

portuaire Hafen- ; *activité f ~* Hafenbetrieb *m* ; *autorités fpl ~s* Hafenbehörde *f* ; *(service m de la)* douane *~* Hafenzollstelle *f* ; *installations fpl ~s* Hafenanlagen *fpl* ; *services mpl ~s et côtiers* Hafen- und Küstendienste *mpl* ; *taxe f ~* Hafenabgabe *f* ; *trafic m ~* Hafenumschlag *m*.

P.O.S. *(plan m d'occupation des sols)* Flächennutzungsplan *m* ; Bebauungsplan *n* ; Ortsbauplan ; Fluchtlinienplan.

pose *f* Legung *f* ; Verlegung *f* ; Setzen *n* ; *(d'un appareil)* Anbringen *n* ; Installieren *n* ; Installierung *f* ; Installation *f* ; *~ d'affiches* Plakatanschlag *m* ; *~ d'un câble, d'un pipeline* Kabelverlegung, Verlegung einer Ölleitung ; *cet appareil coûte 1000 € sans la ~ (~ non comprise)* dieser Apparat kostet 1000 € ohne Installierungskosten.

poser (hin)legen ; (hin)stellen ; (hin)setzen ; anbringen ; befestigen ; verlegen ; *~ des affiches* Plakate ankleben (anschlagen) ; *~ un appareil* ein Gerät installieren ; *~ sa candidature* **a)** sich als Kandidat aufstellen lassen ; kandidieren (für) **b)** *(à un poste)* sich bewerben um ; *~ un câble, un oléoduc, une voie ferrée* ein Kabel, eine Ölleitung, Schienen (ver)legen ; *~ la première pierre* den Grundstein legen ; *~ un problème* ein Problem aufwerfen ; *~ une question* eine Frage stellen.

positif, ive positiv ; bejahend ; unbestreitbar ; feststehend ; sicher ; effektiv ; *attitude f, conséquences fpl ~ive(s)* positive Haltung *f*, Folgen *fpl* ; *nombre ~* positive Zahl *f* ; *réponse f ~ive* positive Antwort *f* ; *tests mpl ~s* positives Testergebnis *n*.

position *f* **1.** *(position sociale, poste)* Position *f* ; Stellung *f* ; Anstellung *f* ; Posten *m* ; ◆ *~ administrative* Dienststellung ; *~ d'attente, concurrentielle* Warte-, Wettbewerbsstellung ; *~ de confiance* Vertrauensstellung ; *(en) ~ dirigeante* (in) führende(r) Stellung ; (in) leitende(r) Stellung ; *~ de force* Machtposition, -stellung ; *~ influente* einflussreiche Stellung ; *~ permanente* Dauerstellung ; *~ sociale* soziale (gesellschaftliche) Stellung ; ◆◆◆ *avoir une ~ clé* eine Schlüsselstellung haben (einnehmen) ; *(ne pas) être en ~ de négocier* verhandlungs(un)fähig sein ; *être dans une ~ difficile* sich in einer schwierigen Lage befinden ; *occuper une ~ importante* eine hohe Stellung einnehmen (bekleiden) ; eine leitende Position haben **2.** (*situation d'un compte, situation juridique, commerciale*) Stellung *f* ; Position *f* ; Lage *f* ; ◆ *~ active* (*créditrice*) Gläubigerstellung ; *~ créditrice extérieure* Auslandsvermögenslage ; Vermögensposition gegenüber dem Ausland ; *~ débitrice* Schuldnerstellung ; *~ de monopole* Monopolstellung ; *~ de place* Börsenlage ; *~ préférentielle* Vorzugsstellung *f* ; ◆◆ *être en ~ de* in der Lage sein ; *être en ~ de force, de faiblesse* sich in einer starken, schwachen Position befinden ; *être dans une ~ critique* in einer kritischen Lage sein ; *liquider, réaliser une ~* eine Position abwickeln, verwerten ; *occuper une ~ dominante sur le marché* eine marktbeherrschende Stellung nehmen **3.** (*rang, place*) Stelle *f* ; Platz *m* ; *maintenir sa ~ en tête* die führende Stellung halten ; *occuper la ~ de tête* an der Spitze stehen ; an führender Stelle stehen ; *occuper la première, la dernière ~* an erster, letzter Stelle rangieren ; *prendre la deuxième ~* auf dem zweiten Platz liegen ; auf Platz zwei rangieren **4.** (*attitude, point de vue, parti*) Standpunkt *m* ; Stellung *f* ; Ansicht *f* (*sur* über) ; *prise f de ~* Stellungnahme *f* ; *adopter une nouvelle ~* sich anders besinnen ; seine Meinung ändern ; *avoir une ~ critique vis-à-vis de qqn* eine kritische Stellung gegenüber jdm haben ; *prendre ~* (*pour, contre*) Stellung nehmen (für, gegen) ; *prendre ~ par rapport à qqch* zu etw Stellung nehmen ; *rester sur ses ~s* auf seinem Standpunkt beharren ; bei seiner Ansicht (Auffassung) bleiben **5.** (*bourse*) *~ courte* short position *f* ; Verkauf *m* ohne Rückkaufsvertrag ; *~ longue* long position *f* ; Ankauf *m* ohne Rückkaufsvertrag ; *développer* (*raffermir*)*, maintenir sa ~ sur le marché* seine Stellung auf dem Markt festigen, halten.

positionnement *m* (*marketing*) Positionierung *f* ; Ermittlung *f* der Position ; Angabe *f* der Zielgruppe ; *~ de solvabilité d'un pays* Länderbonität *f* ; Country-Rating *n*.

positionner 1. *~ un navire* den Standort eines Schiffs bestimmen **2.** *~ un compte bancaire* den Kontostand ermitteln **3.** (*produit*) platzieren ; positionieren ; die Position ermitteln ; *~ un produit, une marque sur le marché* ein Produkt, eine Marke auf dem Markt positionieren ; *se ~ sur le marché* sich auf dem Markt positionieren ; *être bien ~é sur le marché* an günstiger Stelle auf dem Markt rangieren ; auf dem Markt gut positioniert sein.

possédant, e : *la classe ~e* die besitzende Klasse ; die Vermögenden *pl* ; die Reichen *pl* ; die Wohlhabenden *pl*.

posséder besitzen ; innehaben ; in seinem Besitz haben ; in jds Besitz sein ; verfügen über (+ A) ; *~ en commun* gemeinschaftlich besitzen ; mitbesitzen ; *~ de fait* tatsächlich besitzen ; *~ à juste titre* rechtmäßig besitzen ; *~ en propre* das Besitzrecht als Eigentümer ausüben ; Eigenbesitzer sein ; etw zu eigen haben ; *~ une fortune, des titres* ein Vermögen, Wertpapiere besitzen ; *~ une langue* eine Sprache beherrschen.

possesseur *m* Besitzer *m* ; (*jur.*) Eigenbesitzer *m* ; *~ de droit* Besitzer von Rechts wegen ; *~ exclusif, de fait, légitime* ausschließlicher, tatsächlicher, rechtmäßiger Besitzer ; *être ~ de parts d'une société de distribution* Anteile an einer Vertriebsgesellschaft besitzen ; Besitzer von Anteilen an einer Vertriebsgesellschaft sein.

possession *f* Besitz *m* ; *~s* Besitz ; Besitztümer *npl* ; (*jur.*) Eigenbesitz ; ◆ *~ commune* Mitbesitz ; *~ exclusive* Alleinbesitz ; *~ de fait* tatsächlicher (körperlicher) Besitz ; *~ foncière* Grundbesitz ; *~ pour autrui* für einen anderen ausgeübtes Besitzrecht *n* ; *~ pour soi* selbst ausgeübtes Besitzrecht ; Eigenbesitz ; *~ précaire* Fremdbesitz ; unmittelbarer Besitz ; *~ viciée* (*vicieuse*) fehlerhafter Besitz ; ◆◆ *abandon m de ~* Besitzaufgabe *f* ; *acquisition f de ~* Besitzerwerb *m* ; *entrée f en ~* Besitzerlangung *f* ; Besitznahme *f* ; Inbesitznahme *f* ; *prise f de ~* Besitznahme *f*, -ergreifung *f* ; *droit m de ~ personnel antérieur* Vorbenutzungsrecht *n* ; *titre m de ~* Anspruch *m* auf den Besitz ; Besitzurkunde *f* ; ◆◆◆ *acquérir la ~* den Besitz erwerben ; *devenir la ~ de qqn* in jds Besitz kommen ; in jds Besitz übergehen ; *entrer en ~ de qqch* in den Besitz von etw gelangen ; *être en ~ de* (*avoir en sa ~*) etw besitzen ; etw zu eigen haben ;

possessionnel, le

im Besitz von etw sein ; *être en pleine ~ de ses facultés mentales* im vollen Besitz seiner geistigen Kräfte sein ; *garder qqch en sa ~* etw behalten ; *mettre en sa ~* in seinen Besitz bringen ; *prendre ~ de* von etw Besitz ergreifen ; (*corresp.*) *nous sommes en ~ de votre courrier en date du 27/7* wir sind im Besitz Ihres Schreibens vom 27.7. ; *nous avons pris ~ de votre livraison du...* Ihre Lieferung vom... ist in unseren Besitz gelangt ; *~ vaut titre* Besitz gilt als Eigentumstitel.

possessionnel, le (*jur.*) den Besitz anzeigend ; Besitz- ; *faire un acte ~* als Besitzer auftreten.

possessoire (*jur.*) possessorisch ; *action f ~* Besitz(schutz)klage *f* ; *agir au ~* den Besitzanspruch gerichtlich geltend machen.

possibilité *f* Möglichkeit *f* ; Fähigkeit *f* ; Leistung *f* ; Vermögen *n* ; Aussicht *f* ; Erwartung *f* ; Chance *f* ; *~ d'absorption* Aufnahmemöglichkeit, -fähigkeit *f*, -kapazität *f* ; *~s d'avancement* Aufstiegschancen *f*, *avec, sans ~ d'échange* mit, ohne Umtauschmöglichkeit ; *~ d'écoulement (de vente)* Absatzfähigkeit ; *~s d'emploi* Beschäftigungsaussichten ; *~s d'excursion, d'hébergement* Ausflugs-, Beherbergungsmöglichkeiten ; *~s de promotion* Beförderungs-, Aufstiegsmöglichkeiten ; *~ de (re)financement* (Re)Finanzierungsmöglichkeit ; *cela dépasse nos ~s financières* es übersteigt unsere finanziellen Möglichkeiten ; (*fam.*) das können wir uns nicht leisten.

possible möglich ; *dans la mesure du ~* im Rahmen des Möglichen ; womöglich ; *le plus rapidement ~ (dès que ~)* möglichst schnell ; so schnell wie möglich ; *la meilleure qualité ~* die bestmögliche Qualität ; (*corresp.*) *nous ferons tout notre ~* wir werden unser Möglichstes tun ; *veuillez nous adresser le dossier dès que ~* die Unterlagen möglichst schnell einreichen.

postage *m* Absenden *n* ; Aufgeben *n* ; Postabfertigung *f*.

postal, e Post- ; postalisch ; *abonnement m, adresse f, agence f ~(e)* Postbezug *m*, -anschrift *f*, -nebenstelle *f* ; *boîte f, caisse f d'épargne ~(e)* Post(schließ)fach *n*, -sparkasse *f* ; *carte f ~e* Postkarte *f* ; *centre m de chèques ~aux* Postscheckamt *n* ; *chèque m ~* Postscheck *m* ; *code m ~* Postleitzahl *f* ; PLZ ; *colis m ~* Postpaket *n* ; *compte m chèque ~* (*C.C.P.*) Postscheckkonto *n* ; *compte m d'épargne ~* Postsparkonto *n* ; *envoi m, épargne f ~(e)* Postsendung *f*, -sparen *n* ; *format m carte ~* Postkartengröße *f* ; *franchise f ~e* Postgebührenfreiheit *f* ; *livret m d'épargne ~* Postsparbuch *n* ; *mandat m, procuration f, publicité f ~(e)* Postanweisung *f*, -vollmacht *f*, -werbung *f* ; *récépissé m ~* Posteinlieferungsschein *m* ; *sac m, secret m ~* Postsack *m*, -geheimnis *n* ; *secteur m ~* Postbezirk *m* ; *services mpl ~aux* Postdienst *m* ; *taxe f, tarif m ~(e)* Postgebühr *f*, -tarif *m* ; *virement f ~* Postüberweisung *f* ; *par la voie ~e ordinaire* auf dem üblichen Postweg ; auf postalischem Weg.

postdate *f* späteres (vorausliegendes) Datum *n*.

postdater vordatieren ; vorausdatieren ; *document m ~é* vordatiertes Schriftstück *n* ; *~ une lettre* einen Brief vordatieren.

poste *f* Post *f* ; Postamt *n* ; *les Postes (le service des ~s)* Postwesen *n* ; Postbehörde *f*, -verwaltung *f* ; *les Postes, Télécommunications, Télédiffusion (P.T.T.)* Post- und Fernmeldewesen *n* ; ♦ *~ aérienne* Luftpost ; *~ centrale* Hauptpostamt ; *~ électronique* elektronische Post *f* ; E-Mail *f/n* ; *~ maritime* Seepost ; *par la ~ ordinaire* auf postalischem Weg ; auf dem üblichen Postweg ; *~ restante* postlagernd ; ♦♦ *administration f des ~* Postverwaltung *f* ; *bureau m de ~* Postamt *n* ; *cachet m de la ~* Poststempel *m* ; *date f de la ~* Datum *n* des Poststempels ; *employé m de la ~* Postbeamte(r) ; Postangestellte(r) ; (*fam.*) Postler *m* ; *guichet m de la ~* Postschalter *m* ; *inspecteur m, ministre m des ~* Postinspektor *m*, -minister *m* ; *ministère m des P~s et Télécommunications* Ministerium *n* für Post- und Fernmeldewesen ; *receveur m des ~s* Postdirektor *m* ; *recouvrement m par la ~* Postauftrag *m* ; *réglementation f des ~s* Postordnung *f* ; *retrait m du courrier à la ~* Postabholung *f* ; *timbre m ~* Postwertzeichen *n* ; Briefmarke *f* ; Freimarke *f* ; *transport m par la ~* Postbeförderung *f* ; *utilisateur m des P.T.T.* Postbenutzer *m* ; ♦♦♦ *par la ~* auf dem Postweg ; *aller à la ~* aufs (zum) Postamt gehen ; auf die (zur) Post gehen ; *envoyer (expédier) qqch par la ~* etw mit der Post (durch die Post ; per

Post) schicken ; *en ~ restante* postlagernd schreiben ; *être employé à la ~* bei der Post arbeiten ; *mettre une lettre à la ~* einen Brief zur Post bringen ; einen Brief aufgeben ; *le cachet de la ~ faisant foi* maßgebend ist das Datum des Poststempels ; *la lettre porte le cachet de la ~* der Brief trägt den Stempel des Postamts.

poste *m*	1. *budgétaire, comptable* 2. *emploi* ; *place* 3. *de travail* 4. *téléphone* ; *radio* ; *télévision* 5. *emplacement aménagé (essence, contrôle, etc.)*

1. *(budgétaire, comptable)* Posten *m* ; Rechnungs-, Buchungsposten ; ♦ *~ d'actif* Aktivposten ; *~ d'actifs* Aktiva *pl* ; *~ d'avoir* Habenkonto *n* ; *~ de (du) bilan* Bilanzposten ; *~ budgétaire* Haushaltsposten ; *~ de compensation* Ausgleichsposten ; *~ comptable* Rechnungsposten ; *~ de coût* Kostenposition *f* ; *~ créditeur (d'avoir)* Haben-, Kreditposten ; *~ excédentaire* Überschussposten ; *~ de dépenses* Ausgabenposten ; *~ d'ordre* durchlaufender Posten ; *~ de passif* Passivposten ; *~ du plan comptable* Posten des Kostenplans ; *~ pour mémoire* Merk-, Erinnerungsposten ; *~ de recettes* Einnahmeposten ; *~ de régularisation* Wertberichtigungs-, Rechnungsabgrenzungsposten ; *~ d'un tarif* Tarifposition *f* ; ♦♦ *excédent m des ~s au passif par rapport à ceux de l'actif* Überschuss *m* der Passivposten über die Aktivposten ; *totaliser les différents ~s* die einzelnen Posten zusammenrechnen.

2. *(emploi* ; *place)* Stelle *f* ; Stellung *f* ; Arbeitsplatz *m* ; Posten *m* ; Position *f* ; Amt *n* ; ♦ *~ assuré, bien rétribué* sicherer, gut bezahlter Posten ; sichere gut bezahlte Stelle (Stellung) ; *~ clé* Schlüsselstellung ; *~ de confiance* Vertrauensstellung ; *~ de direction* leitende Stellung ; *~ élevé* hoher Posten ; *~ honorifique* Ehrenamt ; *~ à pourvoir* zu besetzende Stelle ; offene Stelle ; *~ de responsabilité* verantwortliche Stellung ; *~ vacant* freie (offene) Stelle ; Fehlstelle ; *état m des ~s à pourvoir* Stellenbesetzungsplan *m* ; ♦♦♦ *avoir un ~* eine Stelle (Stellung) haben ; *(iron.)* auf einem Posten sitzen ; *confier un ~ à qqn* jdm einen Posten anvertrauen ; *démissionner d'un ~* von einem Posten zurücktreten ; *être à un ~ clé* eine Schlüsselstellung einnehmen ; *être titulaire de son ~* Inhaber einer Planstelle im öffentlichen Dienst sein ; *mettre un ~ au concours* einen Posten ausschreiben ; *nommer qqn à un ~* jdn in ein Amt bestellen ; jdn in ein Amt berufen ; *occuper un ~ important* eine hohe Stellung einnehmen (bekleiden) ; *perdre son ~* seinen Posten verlieren ; *poser sa candidature à un ~* für ein Amt kandidieren ; sich um eine Stelle (Stellung) bewerben.

3. *(de travail)* (Arbeits)Schicht *f* ; ♦ *~ chômé* ausgefallene Arbeitsschicht ; *~ de huit heures* Achtstundenschicht ; *~ de jour* Tagesschicht ; *~ non effectué* Fehlschicht ; *~ de nuit* Nachtschicht ; *~ de travail* Arbeitsstelle *f* ; Arbeitsplatz *m*, -schicht ; *~ de travail non effectué* Feierschicht ; ♦♦ *analyse f du ~ de travail* Arbeitsplatzbewertung *f* ; *changement m de ~* Schichtwechsel *m* ; Ablösung *f* der Mannschaft ; *chef m de ~* Schichtführer *m* ; *début m de ~* Schichtbeginn *m* ; *(mines)* eine Schicht fahren ; *fin f de ~* Arbeitsschluss *m* ; Schichtende *n* ; *rendement m par ~ de travail* Schichtleistung *f* ; *travailler par ~* Schicht (in Schichten) arbeiten.

4. *(téléphone* ; *radio* ; *télévision)* Rundfunk *m* ; Radioapparat *m* ; *(télé.)* Fernsehapparat *m* ; Fernseher *m* ; *(téléph.)* Anschluss *m* ; ♦ *~ d'abonné (au téléphone)* Fernsprechanschluss *m* ; *~ émetteur* Rundfunksender *m* ; *~ radio* Radioapparat *m* ; *~ téléphonique → d'abonné* ; *~ de télévision* Fernsehapparat *m* ; Fernseher *m* ; *(fam.)* Glotze *f* ; Flimmerkasten *m* ; ♦♦♦ *allumer (mettre en marche) le ~* den Apparat andrehen (anstellen) ; *apprendre qqch au ~* etw aus dem Radio erfahren ; etw im Radio hören ; *éteindre (couper) le ~* das Radio ausschalten (ausmachen).

5. *(emplacement aménagé)* Stelle *f* ; *~ de contrôle* Kontrollstelle ; *~ de dépannage* Abschleppdienst *m* ; Autohilfsdienst *m* ; *~ de douane* Zollstelle ; *~ d'essence* Tankstelle ; *~ frontière* Grenz-, Zollübergang *m* ; Grenzposten *m* ; *~ d'incendie* Feuermelder *m* ; Feuerlöschanlage *f* ; *~ de pilotage* Führerstand *m* ; *~ de police* Polizeidienststelle, -wache *f*.

posté, e 1. (*mis à la poste*) eingeworfen ; aufgegeben ; zur Post gebracht ; *la lettre a été ~e le 12* der Brief wurde am 12. aufgegeben (abgeschickt) **2.** *ouvrier m ~* Schichtarbeiter *m* ; *travail ~* Schichtarbeit *f* ; Mehrschichtensystem *n* ; Drei-Schichten-System ; *avoir un emploi de travail ~* im Schichtdienst beschäftigt sein.

poste *m* **d'expansion économique** Handelsdelegation *f.*

poster 1. (*une lettre*) (bei der Post) aufgeben ; einwerfen ; zur Post bringen (geben) **2.** (*personne*) *~ des piquets de grève* Streikposten aufstellen.

posthume postum ; nach jds Tod erfolgend ; *hommage m, œuvre f ~* postume Ehrung *f,* postumes Werk *n*.

postier *m* Postbeamte(r) ; Postangestellte(r) ; (*fam.*) Postler *m*.

postindustriel, le : *société f ~le* postindustrielle Gesellschaft *f.*

post-scolaire weiter-, fortbildend ; *enseignement ~* Fort-, Weiterbildung *f* ; Erwachsenenbildung *f* ; *suivre une formation ~ spécialisée* sich fortbilden ; sich weiterbilden ; an Fortbildungskursen teilnehmen.

post-scriptum *m* (*P.S.*) Postskriptum *n* (PS) ; Postskript *n* ; Nachsatz *m* ; Nachschrift *f* ; *ajouter un ~* ein Postskriptum machen ; *mentionner qqch dans un ~* etw in einem Nachsatz erwähnen.

postulant *m* Bewerber *m* ; Anwärter *m* ; Antragsteller *m*.

postuler 1. sich bewerben um ; Anwärter auf einen Posten sein ; *~ un emploi* sich um eine Stellung bewerben ; *~ une place de secrétaire* sich als Sekretär(in) bewerben ; sich um die Stelle einer Sekretärin (eines Sekretärs) bewerben **2.** (*représenter un plaideur devant un tribunal*) vor Gericht vertreten.

pot *m* : (*fam.*) *devoir payer les ~s cassés* die Zeche begleichen (zahlen) müssen ; *remettre de l'argent au ~* Geld drauflegen.

pot-de-vin *m* **1.** Drauf-, Handgeld *n* ; Zugabe *f* **2.** Bestechungsgeld(er) *n(pl)* ; (*fam.*) Schmiergeld(er) ; *scandale m des pots-de-vin* Schmiergeld(er)skandal *m*, -affäre *f* ; *verser, toucher des pots-de-vin* Schmiergeld verteilen, erhalten.

poteau-frontière *m* Grenzpfahl *m* ; Schlagbaum *m*.

potentat *m* Machthaber *m* ; Potentat *m*.

potentiel *m* Potenzial *n* ; Potential *n* ; Kapazität *f* ; Leistungsfähigkeit *f* ; *~ d'accueil, économique, énergétique* Aufnahme-, Wirtschafts-, Energiepotenzial ; *~ de croissance* Wachstumspotenzial *n* ; *~ d'épargne* Sparfähigkeit *f* ; *~ d'exploitation, humain* Betriebs-, Menschenpotenzial ; *~ industriel, nucléaire, de production* Industrie-, Kernkraft-, Produktionspotenzial ; *~ touristique, de travail* Fremdenverkehrs-, Arbeitskräftepotenzial ; ◆◆◆ *notre ~ d'énergie est épuisé* unser Potenzial an Energie ist erschöpft.

potentiel, le potenziell ; potenzial ; möglich ; denkbar ; *acheteur m, client m ~* potenzieller Käufer *m* (Kunde *m*, Interessent *m*).

pouce *m* **1.** (*mesure*) Zoll *m* **2.** (*négociations*) *ne pas avancer d'un ~* nicht einen Schritt weiterkommen ; *ne pas reculer d'un ~* keinen Fingerbreit nachgeben **3.** (*fam.*) *donner un coup de ~ à qqn* jdm in den Sattel helfen ; *se tourner les ~s* Daumen drehen.

poudre *f* **aux yeux** Augenwischerei *f* ; *~ populiste* populistische Augenwischerei.

poudrière *f* Pulverfass *n* ; *~ sociale* sozialer Krisenherd *m*.

poule *f* **aux œufs d'or** (*fam.*) Gold-, Dukatenesel *m* ; Dukatenscheißer *m* ; *la ~ du fisc* der Goldesel für den Fiskus.

poulet *m* (*agric.*) Hähnchen *n* ; Huhn *n* ; *~s élevés en batterie, en libre parcours* Batterie-, Freilandhaltung *f* ; *élevage m des ~s* Geflügelzucht *f* ; Geflügelwirtschaft *f* ; *éleveur m de ~s* Geflügel-, Hühnerhalter *m*.

pourboire *m* Trinkgeld *n* ; *donner un ~* (ein) Trinkgeld geben ; *glisser un ~ (princier) à qqn* jdm ein (fürstliches) Trinkgeld in die Hand drücken.

pour cent (%) Prozent (*n*) ; vom Hundert ; v.H. ; % ; p.c. ; *20 ~* 20 Prozent ; zwanzig vom Hundert ; *20 % à quel ~ ?* zu welchem Prozent ? ; *exprimé en ~* prozentual (prozentuell) ausgedrückt ; *il touche 25 % sur chaque appareil* auf (für) jedes Gerät bekommt er 25 %.

pourcentage *m* Prozentsatz *m* ; Prozentzahl *f* ; Hundertsatz *m* ; Vomhundertsatz *m* ; Prozente *npl* ;

(*quote-part*) prozentualer Anteil *m* ; (prozentuale) Quote *f* ; Rate *f* ; Verhältniszahl *f* ; (*commission*) Provision *f* ; Provisionssatz *m* ; Beteiligung *f* ; ◆ ~ *à deux chiffres* zweistelliger Prozentsatz *m* ; ~ *d'amortissement* Abschreibungsquote *f* ; ~ *annuel* Jahresquote ; ~ *de couverure* Deckungsverhältnis *n* ; ~ *de bénéfice* Gewinnprozentsatz ; Gewinnrate ; Prozentspanne *f* ; ~ *sur les bénéfices* (prozentualer) Gewinnanteil ; Gewinnbeteiligung ; ~ *de chiffre d'affaires* Umsatzquote ; ~*sur le chiffre d'affaires* Umsatzprovision ; Verkaufsprovision ; ~ *de dommages* Schadensquote ; ~ *de libération* Liberalisierungsquote ; ~ *de natalité, de mortalité* Geburten-, Sterblichkeitsziffer *f* ; ~ *de participation* Beteiligunsquote ; ~ *par tête* Kopfquote ; ◆◆ *au* ~ prozentual ; auf Provisionsbasis ; quotenmäßig ; *un faible* ~ *de, un* ~ *élevé de* ein geringer (niedriger), ein hoher (großer) Prozentsatz an (+ D) ; *calcul m du* ~ Prozentberechnung *f* ; *calcul m en* ~ Prozentuierung *f* ; *point m de* ~ Prozentpunkt *m* ; *valeur f exprimée en* ~ Prozentwert *m* ; ◆◆◆ *avoir un* ~ *sur les ventes* eine Umsatzprovision erhalten ; einen prozentualen Anteil am Umsatz bekommen ; *le* ~ *est relativement élevé* der Prozentsatz liegt relativ hoch ; *calculer en (termes de)* ~ prozentuieren ; *calculer le(s)* ~(s) die Prozente berechnen ; *exiger son* ~ *pour qqch* für etw seine Prozente verlangen ; *exprimer en* ~ etw in Prozenten ausdrücken (ausrechnen) ; *il touche un* ~ *sur chaque affaire* an jedem Geschäft hat er seine Prozente ; für jede Transaktion erhält er eine Provision ; *travailler au* ~ auf Provisionsbasis arbeiten.

pour mille (‰) Promille *n* ; Promillesatz *m* ; vom Tausend (v.T.) ; Vomtausendsatz *m*.

pourparlers ***mpl*** Besprechung(en) *f(pl)* ; Verhandlung(en) *f(pl)* ; ~ *préalables* (*liminaires*) Vorverhandlungen ; Vorbesprechungen ; ~ *sociaux* Verhandlungen der Sozialpartner ; *avoir des* ~ *sur qqch* Besprechungen abhalten (haben) über etw (*avec qqn* mit jdm) ; *entamer des* ~ *sur qqch* Verhandlungen über etw ansetzen ; *entrer en* ~ Besprechungen aufnehmen ; *être en* ~ *avec qqn* mit jdm eine Besprechung haben ; *interrompre des* ~ Verhandlungen abbrechen ; *mener des* ~ Besprechungen (Verhandlungen) führen.

pourrir : *laisser* ~ *un mouvement de protestation, une grève* eine Protestbewegung, einen Streik sich totlaufen lassen.

pourrissement *m* (*d'une situation*) Totlaufen *n* ; Verschlechterung *f* ; Verfall *m*.

poursuite *f* 1. (*travail, négociation*) Fortführung *f* ; Weiterführung *f* ; Fortbestand *m* ; ~ *de l'exploitation* Weiterführung des Betriebs 2. ~ (*judiciaire*) gerichtliche Verfolgung *f* ; Klageerhebung *f* ; Fahndung *f* ; Beitreibung *f* ; ~ *disciplinaire* disziplinarrechtliche Verfolgung ; *droit m de* ~ Verfolgungsrecht *n* 3. ~s (*pénales*) Strafverfolgung *f* ; *sous peine de* ~s bei Strafe ; *arrêter les* ~s die Strafverfolgung einstellen ; *intenter (engager) des* ~s *contre qqn* jdn gerichtlich belangen ; jdn verklagen ; jdn verfolgen ; mit einem Streifall vor Gericht gehen ; *intenter des* ~s *contre X* Ermittlungen gegen unbekannt aufnehmen.

poursuivant *m* (*jur.*) Kläger *m* ; klagende Partei *f*.

poursuivre 1. (*travail, négociation*) weiterführen ; fortführen ; *le yen poursuivra sa hausse, sa baisse* der Yen wird seine Hausse, seine Baisse fortsetzen 2. (*en justice*) jdn gerichtlich belangen ; ~ *qqn pour vol* jdn wegen Diebstahl(s) gerichtlich belangen 3. ~ *un objectif* ein Ziel verfolgen ; etw zielstrebig verfolgen.

pourvoi *m* (*jur.*) Beschwerde *f* ; Beschwerdeverfahren *n* ; Einspruch *m* ; Einspruchverfahren *n* ; Rekurs *m* ; Nichtigkeitsklage *f* ; ~ *en cassation* Revision *f* ; Revisionsantrag *m* ; Revisionsbegehren *n* ; ~ *en révision* Antrag *m* auf Wiederaufnahme (eines Verfahrens).

pourvoir 1. ~ *à qqch* für etw sorgen ; für etw aufkommen ; ~ *aux besoins* den Bedarf befriedigen ; ~ *à l'entretien de qqn* für jds Unterhalt aufkommen ; ~ *à un emploi* eine Stelle besetzen ; ein Amt vergeben ; *poste m à* ~ zu besetzende Stelle ; offene Stelle 2. (*munir de*) ~ *de* versehen mit ; ausstatten mit ; *se* ~ *de biens de consommation courante* sich mit Gütern des täglichen Bedarfs eindecken ; ~ *de moyens financiers* mit Geldmitteln ausstatten ; *être pourvu de tout le nécessaire* mit allem Nötigen versehen sein 3.

pourvoyeur

(*jur.*) *se ~* Beschwerde einlegen ; Einspruch erheben ; *se ~ en appel* Berufung einlegen ; *se ~ en cassation* Revision einlegen.

pourvoyeur *m* Lieferant *m* ; Versorger *m* ; Anbieter *m* ; *~ de drogue* Dealer *m* ; *~ de fonds* Kapitalgeber *m* ; Kapitalbeschaffer *m*.

poussée *f* Druck *m* ; Schub *m* ; Auftrieb *m* ; *~ déflationniste, inflationniste* Deflationsdruck ; Inflationsdruck, -auftrieb ; *~ démographique* Bevölkerungsexplosion *f*, -anstieg *m* ; *~ des naissances* Geburtenzuwachs *m* ; *~ des prix* Preisschub, -auftrieb ; *~ des salaires* Lohndruck, -auftrieb ; *~ spéculative* Spekulationsfieber *n* ; *~ vers la droite, vers la gauche* Rechts-, Linksrutsch *m* ; Rechts-, Linksdrall *m*.

pousser 1. (voran)treiben ; fortführen ; weiterführen ; forcieren ; *~ une affaire plus avant* ein Geschäft (eine Angelegenheit) vorantreiben ; *~ un avantage* einen Vorteil ausnutzen ; *~ un candidat* einen Kandidaten unterstützen ; *~ les enchères* die Preise hochtreiben (in die Höhe treiben) ; ein Mehrgebot machen ; *~ les prix* die Preise in die Höhe treiben ; *~ la production* die Produktion in die Höhe treiben 2. *~ qqn (à faire) qqch* jdn zu etw treiben (bewegen, verleiten) ; jdn dazu treiben, etw zu tun ; *~ à la consommation, au vol* zum Verbrauch, zum Diebstahl verleiten ; *~ qqn à travailler* jdn zur Arbeit anspornen.

pouvoir *m*	1. *gouvernement* ; *puissance* 2. *politique* ; *juridique* 3. *procuration* 4. *d'achat* 5. *~s publics*

1. (*gouvernement* ; *puissance*) Macht *f* ; Gewalt *f* ; Regierung *f* ; ◆ *~ des consommateurs* Macht, Einfluss *m* der Verbraucherverbände ; *~ économique* Wirtschaftsmacht ; *~ établi* bestehende Herrschaftsordnung *f* ; *~ étatique* staatliche Macht ; *~ financier* Finanzkraft ; *~ politique* politische Macht (Gewalt) ; ◆◆ *abus m de ~* Machtmissbrauch *m* ; Amtsmissbrauch ; *appareil m du ~* Machtapparat *m* ; *concentration f de ~* Macht(zusammen)ballung *f* ; Machtanhäufung *f*, -konzentration *f* ; *délégation f de ~* Machtübertragung *f* ; *exercice m du ~* Machtausübung *f* ; *le quatrième ~* (*les médias*) die vierte Gewalt ; ◆◆◆ *arriver au ~* an die Macht kommen ; (*fam.*) ans Ruder kommen ; *être au ~* an der Macht sein ; *être au ~ de qqn* in jds Gewalt (Macht) sein ; *exercer le ~* die Macht ausüben ; *prendre le ~* die Macht übernehmen.

2. (*politique* ; *juridique*) Gewalt *f* ; Befugnis *f* ; Fähigkeit *f* ; Recht *n* ; *~ adjudicateur* Auftragsvergabe *f* ; *~ budgétaire* Haushaltsbefugnis ; *~ de contracter* Vertragsfähigkeit ; *~ commercial* Geschäfts-, Handlungsvollmacht ; *~ de contrôle* Kontrollbefugnis ; *~ de décision* (*décisionnel*) Entscheidungskompetenz *f*, -befugnis, -gewalt ; *~ discrétionnaire* freies Ermessen *n* ; Ermessensbefugnis *f* ; *~ de disposition* Verfügungsgewalt ; *~ d'ester en justice* Prozessfähigkeit ; *~ exécutif* Exekutive *f* ; Exekutivgewalt ; ausübende (vollziehende) Gewalt ; *~ fiscal* Steuerhoheit *f* ; Besteuerungsrecht ; *~ judiciaire* richterliche Gewalt ; *~ législatif* Legislative *f* ; gesetzgebende Gewalt ; *~ libératoire* (schuld)befreiende Wirkung *f* ; *~ paternel* elterliche (väterliche) Gewalt ; *~ de représentation* Vertretungsbefugnis ; *~ de signer* Zeichnungsrecht ; *~ suprême* höchste (oberste) Gewalt ; *séparation des ~s* Gewaltenteilung *f*.

3. (*procuration* ; *autorisation écrite*) (schriftliche) Ermächtigung *f* ; Vollmacht *f* ; Handlungsvollmacht *f* ; Bevollmächtigung *f* ; Befugnis *f* ; Recht *n* ; Mandat *n* ; ◆ *~ en blanc* Blankovollmacht ; *~ commercial* Handelsvollmacht ; *~ d'ester en justice* Prozessvollmacht ; *~ général* Generalvollmacht ; *~ de négocier* Verhandlungsvollmacht ; *~ par-devant notaire* notarielle (Vertretungs)Vollmacht ; *~ de représentation* Vertretungsvollmacht ; ◆◆ *bon pour ~* bevollmächtigt ; *date limite f de remise d'un ~* Berechtigungstermin *m* ; *fondé de ~s* Prokurist *m* ; Bevollmächtigte(r) ; *pleins ~s* Vollmacht(en) ; ◆◆◆ *n'avoir que des ~s limités* nur beschränkte Befugnisse haben ; *donner ~ à qqn pour qqch* jdn zu etw ermächtigen ; jdm für etw Vollmacht (die Vollmachten) erteilen ; *munir qqn de ~s* jdn mit Vollmachten ausstatten ; *outrepasser ses ~s* seine Befugnisse überschreiten ;

retirer les ~s à qqn jdm die Vollmachten (Befugnisse) entziehen ; *transmettre les ~s à qqn* jdm die Vollmacht übertragen. **4.** *(pouvoir d'achat)* Kaufkraft *f* ; ◆ *~ constant* gleichbleibende Kaufkraft ; *~ excédentaire* überschüssige Kaufkraft ; Kaufkraftüberhang *m* ; *à fort ~* kaufkräftig ; *~ réel* Realkaufkraft ; *~ salarial* Kaufkraft der Löhne ; ◆◆ *amputation f du ~* Kaufkraftminderung *f*, -rückgang *m* ; *augmentation f du ~* Kaufkraftzunahme *f*, -zuwachs *m* ; *baisse du ~* → *détérioration* ; *corrigé des variations du ~* kaufkraftbereinigt ; *création f de ~* Kaufkraftschöpfung *f* ; *détérioration f du ~* Kaufkraftentzug *m*, -schwund *m* ; *excédent m de ~* Kaufkraftüberhang *m* ; *maintien m du ~* Erhaltung *f* der Kaufkraft ; *parité f des ~s* Kaufkraftparität *f* ; *perte f de ~* Kaufkraftverlust *m* (-entzug *m*, -schwund *m*) ; *résorption f (régression f) f du ~* Kaufkraftabschöpfung *f* ; ◆◆◆ *diminuer (amputer) le ~* die Kaufkraft schwächen (mindern) ; *éponger (absorber) l'excédent de ~* die überschüssige Kaufkraft abschöpfen. **5.** *(pouvoirs publics)* die öffentliche Hand *f* ; die öffentlichen Hände *fpl* ; Staatsorgane *npl* ; Behörden *fpl*.

p.p. / P.P. 1. *(par procuration)* per Prokura (pp. ; ppa.) ; in Vollmacht (i.V.) ; im Auftrag ; in Vertretung ; als Bevollmächtigter **2.** *(port payé)* Porto bezahlt.

P.P.A. *m* *(parité du pouvoir d'achat)* Kaufkraftparität *f* ; PPP *f* *(Purchasing Power Parity)*.

P.Q.A. *f* *(prime qualité automobile)* Wagenqualitätsprämie *f* ; Schrottprämie.

praticabilité *f* **1.** *(qui peut être exécuté)* Durchführbarkeit *f* ; Ausführbarkeit *f* ; Machbarkeit *f* **2.** *(route)* Befahrbarkeit *f*.

praticable 1. benutzbar ; durchführbar ; machbar ; praktikabel **2.** *(route)* befahrbar.

praticien *m* praktizierender Arzt *m* ; praktischer Arzt *m* ; *être ~ dans une ville* in einer Stadt praktizieren.

pratique *f* **1.** *(expérience)* Praxis *f* ; Erfahrung *f* ; Fertigkeit *f* ; *(usage courant)* Brauch *m* ; Gepflogenheit *f* ; Usancen *fpl* ; Sitte *f* ; *(procédure)* Verfahren *n* ; ◆ *~ d'affaires* Geschäftspraxis ; *~ bancaire* Bankpraxis ; *~s commerciales* Handels-, Geschäftspraktiken *fpl* ; *~s de financement, de vente* Finanzierungs-, Verkaufspraktiken *fpl* ; ◆◆ *dans la ~* in der Praxis ; *deux années d'apprentissage avec beaucoup de ~* zweijährige Lehre *f* mit hohem Praxisanteil ; ◆◆◆ *allier la théorie à la ~* die Theorie mit der Praxis verbinden ; *avoir une grande ~ dans un domaine* eine große Praxis (Erfahrung) auf einem Gebiet haben ; *être de ~ courante* allgemein üblich sein ; gang und gäbe sein ; *manquer de ~* keine praktische Erfahrung haben ; *mettre en ~* in die Praxis umsetzen **2.** *(comportement)* ~s Verhalten *n* ; Verhaltensweise *f* ; Praktiken *fpl* ; *~s commerciales* Handelspraktiken ; *~s déloyales, illicites*, unlautere, unerlaubte Praktiken ; *~s restrictives de concurrence* einschränkende Wettbewerbspraktiken **3.** *(douane) libre ~* freier Verkehr *m*.

pratique praktisch ; praxisnah ; praxisbezogen ; brauchbar ; zweckmäßig ; anwendbar ; dienlich ; *application f, connaissances fpl, expérience f ~(s)* praktische Durchführung *f*, Kenntnisse *fpl*, Erfahrung *f*.

pratiquer 1. anwenden ; ausüben ; durchführen ; praktizieren ; vornehmen ; leisten ; *~ des coupes sombres (claires) dans qqch* etw drastisch kürzen ; *~ une politique des prix bas* eine Niedrigpreispolitik treiben ; zu Niedrigpreisen verkaufen ; *~ un sondage* eine Umfrage vornehmen ; *(médecine) ~ en gynécologie* als Gynäkologe praktizieren **2.** *(se)* üblich sein ; geschehen ; *comme cela se ~e habituellement* wie allgemein üblich ; wir verfahren nach der üblichen Methode ; *les cours, les taux ~és à New York* die in New York getätigten Kurse, Raten ; *les prix ~és dans ce magasin sont exagérés* die in diesem Geschäft geforderten Preise sind übertrieben ; *vendre aux prix généralement ~és sur le marché* etw zu den üblichen (Markt)Preisen verkaufen.

préachat *m* Vorauszahlung *f*.
préacheter vorauszahlen.
préaffranchi, e vorfrankiert.
préalable vorherig ; Vor- ; vorhergehend ; *accord m ~* Vorabsprache *f* ; vorherige Vereinbarung *f* ; *condition f ~* Vorbedingung *f* ; Voraussetzung *f* ; *paiement m ~* Voraus(be)zahlung *f* ; *question f ~* vorausgehende Frage *f* ; Vorfrage *f* ; *au ~* zuvor ; vorher ; *sans avis ~* ohne vorherige Benachrichtigung ; ohne Vorankündigung.

préalable *m* (*à*) Vorbedingung *f* (für) ; Voraussetzung *f* (für).

préambule *m* (*loi*) Präambel *f* ; (*jur.*) Rubrum *n* ; Urteilskopf *m* ; (*fig.*) *sans ~* unvermittelt ; direkt.

préavis *m* **1.** (*avertissement préalable*) (Vor)Ankündigung *f* ; vorherige Benachrichtigung *f* ; vorherige Anzeige *f* ; Voranzeige *f* ; Vorwarnung *f* ; *~ de grève* Streikankündigung ; Streikvorwarnung *f* ; *déposer un ~ de grève* einen Streik ankündigen ; (*téléph.*) *communication f avec ~* Gespräch *n* mit Voranmeldung ; V-Gespräch ; *taxe f de ~* Voranmeldegebühr *f* **2.** (*délai-congé, notamment dans un contrat de travail ou de location*) fristgemäße Kündigung *f* ; fristgemäßes Kündigungsschreiben *n* ; Kündigungsfrist *f* ; ◆ *~ de congé* fristgemäße (fristgerechte) Kündigungsanzeige *f* ; *~ légal* gesetzliche Kündigungsfrist *f* ; *~ de licenciement* fristgemäßes Entlassungsschreiben *n* ; ◆◆ *avec ~* mit Kündigungsfrist ; *sans ~* fristlos ; ohne Vorwarnung ; ohne vorherige Kündigung ; *congé-~* (*location*) Mietvertragskündigung *f* ; *délai m de ~* Kündigungsfrist *f* ; *dépôts mpl* (*fonds mpl*) *avec ~* Kündigungsgelder *npl* ; *lettre f de ~* Kündigungsbrief *m*, -schreiben *n* ; *licenciement m sans ~* fristlose Kündigung *f* ; *non respect m du ~* Nichteinhaltung *f* der Kündigungsfrist ; *résiliable sans ~* jederzeit kündbar ; ohne Kündigungsfrist ; fristlos ; ◆◆◆ *donner un ~ de X jours* X-Tage vorher kündigen ; *être licencié sans ~* fristlos entlassen werden ; *observer le ~* die Kündigungsfrist einhalten ; fristgerecht kündigen ; *ne pas respecter le ~* vorfristig (vorzeitig) kündigen ; die Kündigungsfrist nicht einhalten ; *signifier le ~* die Kündigung zustellen ; *le délai de ~ est de trois mois* die Kündigungsfrist beträgt drei Monate.

préaviser vorher benachrichtigen ; *~ qqn du congé* jdm fristgemäß die Kündigung zustellen.

prébende *f* (*péj.*) einträglicher (gutbezahlter) Posten *m* ; Pfründe *f* ; müheloses Einkommen *n*.

précaire prekär ; unsicher ; ungewiss ; labil ; heikel ; *emploi m ~* unsicherer Arbeitsplatz *m* ; *situation f ~* prekäre Situation *f*.

précarisation *f* zunehmende Unsicherheit *f* ; Instabilität *f*.

précarité *f* Unsicherheit *f* ; Bedenklichkeit *f* ; Prekarität *f* ; *~ de l'emploi* unsichere Arbeitsplätze *mpl* ; Unsicherheit des Arbeitsplatzes ; *prime f de ~* Prekaritätsprämie *f*.

précaution *f* Vorsicht *f* ; Vorsorgemaßnahme *f* ; Umsicht *f* ; *achats mpl de ~* Hamsterkäufe *mpl* ; *mesure f de ~* Vorsichtsmaßnahme *f* ; Vorsichtsmaßregel *f* ; *par mesure de ~* vorsichtshalber ; *zur Vorsicht* ; vorbeugend ; *prendre des ~s* Vorsichtsmaßnahmen treffen.

précédent *m* Präzedenzfall *m* ; Präjudiz *n* ; *créer un ~* einen Präzedenzfall schaffen ; *pouvoir servir de ~* Modellcharakter haben ; Pilotfunktion haben.

précédent, e vorhergehend ; vorig ; vorangegangen ; *l'année ~e* im Vorjahr ; im vorigen Jahr.

précieux, euse kostbar ; wertvoll ; *métal m, pierre f ~* (*~euse*) Edelmetall *n*, Edelstein *m* ; *objet m ~* Wertgegenstand *m*.

précipiter überstürzen ; übereilen ; beschleunigen ; *~ une décision* eine Entscheidung überstürzen ; *~ un pays dans la crise* ein Land in die Krise stürzen ; *il ne faut rien ~* man soll nichts überstürzen.

préciput *m* (*droit contractuel pour un conjoint de faire un prélèvement sur l'actif commun avant le partage de celui-ci*) Vorausanteil *m* ; Voraus *m* ; vermögensrechtlicher Erbanspruch *m* eines überlebenden Ehegatten.

préciputaire : (*jur.*) *avantage m ~* sich aus dem Voraus ergebender vermögensrechtlicher Vorteil.

précis, e genau ; bestimmt ; präzis(e) ; exakt ; pünktlich ; *~ à la minute* (*près*) pünktlich auf die Minute ; *à huit heures ~es* Punkt acht Uhr ; *donner* (*fournir*) *une réponse ~e* eine präzise Antwort geben ; *obtenir des renseignements ~* ausführliche Auskünfte erhalten.

préciser genauer angeben ; näher bestimmen ; präzisieren ; eindeutiger formulieren ; **1. précision** *f* (*technique*) Präzision *f* ; *instrument m de ~* Präzisionsinstrument *n*, -messgerät *n* ; *mécanique f de ~* Feinmechanik *f* ; *travail m de ~* Präzisionsarbeit *f*.

2. précisions *fpl* nähere (genauere) Angabe(n) *f*(*pl*) ; *demande f de ~* Bitte *f* um nähere Angaben ; *pour plus de ~,* *s'adresser à…* um Näheres zu erfahren, wenden Sie sich an… ; *donner des ~ à qqn sur qqch* jdm über etw genaue Angaben machen.

précompte *m* Abzug *m* ; Einbehaltung *f* ; im Voraus einbehaltener Betrag *m* ; Vorausabzug *m* ; *~ sur salaire* Abzug *m* vom Lohn ; *faire un ~ sur salaire* einen Betrag vom Lohn (Gehalt) einbehalten.

précompter abziehen ; abrechnen ; (im Voraus) einbehalten ; *à intérêts ~és* unverzinslich.

préconiser befürworten ; empfehlen ; sich aussprechen für.

précurseur *m* Vorläufer *m* ; Wegbereiter *m* ; Bahnbrecher *m* ; *~s en matière d'électronique* Vorreiter auf dem Gebiet der Elektronik.

prédécesseur *m* Vorgänger *m*.

prédire voraussagen ; vorhersagen.

prédominance *f* Vormachtstellung *f* ; Vorherrschaft *f* ; Vorherrschen *n* ; Überwiegen *n* ; Übergewicht *n*.

prédominant, e vorherrschend ; überwiegend ; *avis m ~* vorherrschende Meinung *f*.

prédominer vorherrschen ; überwiegen.

préemballage *m* Fertigpackung *f*.

préemballé, e verkaufsfertig abgepackt ; *article m ~* Fertigpackung *f*.

préembauche *f* : *contrat m de ~* Ausbildungsvertrag *m* mit späterer Anstellungszusicherung.

prééminence *f* Vorrangsstellung *f* ; Vorrang *m* ; *avoir la ~ sur qqn* vor jdm (den) Vorrang haben.

prééminent, e vorrangig ; *qualités fpl ~es* hervorragende Eigenschaften *fpl* ; *avoir une position ~e* eine Vorrangstellung haben ; eine vorrangige Stellung einnehmen.

préempter (*jur.*) ein Vorkaufsrecht geltend machen.

préemption *f* (*jur.*) Vorkauf *m* ; *clause f de ~* Vorkaufsrechtsklausel *f* ; *droit m de ~* Vorkaufsrecht *n*.

préétablir veranschlagen ; vorkalkulieren ; eine Vorkalkulation machen ; *normes fpl ~ies* vorgeschriebene Normen *fpl* ; *prix m ~i* veranschlagter Preis *m*.

préfabrication *f* Vorfertigung *f* ; Fertigbau *m* ; Fertigbauweise *f* ; Herstellung *f* von Fertigteilen.

préfabriqué *m* Fertigbau *m* ; Fertigbauweise *f* ; *construit en ~* in Fertigbauweise hergestellt.

préfabriqué, e vorgefertigt ; Fertig- ; vorgearbeitet ; *élément m ~* Fertig(bau)teil *n* ; *maison f ~e* Fertighaus *n* ; *construire en ~* aus Fertigbauteilen zusammensetzen ; aus Fertigteilen zusammenstellen.

préfabriquer aus Fertigteilen bauen ; in (der) Fertigbauweise erstellen ; aus Fertigbauteilen zusammensetzen.

préfectoral, e präfektoral ; des Präfekten ; der Präfektur ; *aux termes d'un arrêté ~* laut einer Verfügung der Präfektur ; *services mpl ~aux* Präfekturverwaltung *f* ; *demander une autorisation ~e* die Zustimmung der Präfektur beantragen.

préfecture *f* Präfektur *f* ; *~ de police (de Paris)* Pariser Polizeipräsidium *n*.

préférence *f* Vorzug *m* ; Präferenz *f* ; Begünstigung *f* ; Vergünstigung *f* ; Priorität *f* ; Vorrecht *n* ; (*Internet*) *~s* Einstellungen *fpl* ; *~ communautaire* Gemeinschaftspräferenz *f* ; *~s douanières* Zollpräferenzen *fpl* ; *~ nationale* nationale Präferenz *f* ; *~ nationale en matière d'emploi* Vorrang *f* von heimischen Arbeitskräften im Arbeitsstellenbereich ; *~ tarifaire* Tarifpräferenz ; *action f de ~* Vorzugsaktie *f* ; bevorrechtigte Aktie ; *droit m de ~* Prioritäts-, Vorrangsrecht *n* ; (*jur.*) Absonderungsanspruch *m* ; Recht *n* auf abgesonderte Befriedigung ; (*hypothèques*) *ordre m de ~* bevorzugte Rangordnung *f* ; *bénéficier (jouir) d'une ~* eine Vorzugsbehandlung genießen ; *donner (accorder) la ~* den Vorzug geben ; bevorzugen.

préférentiel, le Vorzugs- ; Präferenz- ; begünstigt ; bevorzugt ; *action f ~le* Vorzugs-, Prioritätsaktie *f* ; *droit m ~* Vorzugsrecht *n* ; (*bourse*) *droit ~ de souscription d'actions nouvelles* bevorzugtes Bezugsrecht auf junge Aktien ; (*douane*) *droits mpl ~s* Präferenz-, Vorzugszoll *m* ; *liste f ~le* Präferenzliste *f* ; *mesure f ~le* begünstigende Maßnahme *f* ; *ordre m ~* bevorzugte Rangordnung *f* ; *prix ~ m* Vorzugspreis *m* ; *tarif m ~* Vorzugstarif *m* ; *traitement m ~ (sens général)* Vorzugsbehandlung *f* ; (*douane*) Zollpräferenz *f*, -begünstigung *f*.

préférer bevorzugen ; den Vorzug geben ; begünstigen ; vorziehen.

préfet *m* Präfekt *m* ; ~ *de police* Polizeipräfekt *m* ; ~ *de région* Regionalpräfekt *m*.

préfinancement *m* Vorfinanzierung *f* ; Zwischenfinanzierung *f* ; *crédit m de* ~ Zwischenkredit *m*.

préfinancer vorfinanzieren.

préfixé, e (*jur.*) anberaumt ; festgesetzt ; *jour m* ~ anberaumter Termin *m*.

préindustriel, le vorindustriell.

préjudice *m* Schaden *m* ; Nachteil *m* ; Beeinträchtigung *f* ; Schädigung *f* ; Benachteiligung *f* ; ◆ ~*s causés à l'environnement* Umweltbeeinträchtigungen ; ~ *matériel* Sachschaden ; ~ *moral* immaterieller (ideeller) Schaden ; ~ *pécuniaire* Vermögensschaden ; wirtschaftliche (finanzielle) Nachteile ; ~ *subi* erlittener Schaden ; ◆◆ *au* ~ *de* auf Kosten von ; zum Nachteil von ; *au* ~ *d'un tiers* zum Schaden eines Dritten ; *évaluation f (estimation f) du* ~ Schaden(s)berechnung *f* ; *réparation f du* ~ Schadenersatz *m* ; Wiedergutmachungsleistung *f* , -zahlung *f* ; ◆◆◆ *évaluer (estimer) un* ~ einen Schaden (ab)schätzen ; *porter (causer) un* ~ *à qqn* jdm schaden ; jdn schädigen ; jdm Schaden zufügen ; *réparer le* ~ *subi* den entstandenen Schaden ersetzen ; für einen Schaden Wiedergutmachung zahlen ; *subir un* ~ (einen) Schaden erleiden.

préjudiciable nachteilig ; schädlich ; schädigend ; (*suffixe*) -feindlich ; ~ *à l'environnement, à la santé* umweltfeindlich, gesundheitsschädigend, -schädlich ; *ceci est* ~ *à nos intérêts* das schadet unseren Interessen.

préjugé *m* Vorurteil *n* ; Voreingenommenheit *f* ; vorgefasste Meinung *f* ; (*jur.*) Präjudiz *n*.

préjuger 1. (*jur.*) vorentscheiden ; eine Vorentscheidung fällen ; präjudizieren ; ~ *sur le fond de la demande* über den Klageanspruch vorab entscheiden **2.** (*présumer*) einschätzen ; vermuten ; vorhersehen.

prélèvement *m* Entnahme *f* ; Abhebung *f* ; Einbehaltung *f* ; Abzug *m* ; Erhebung *f* ; Abgabe *f* ; Abschöpfung *f* ; (*finances*) Umlage *f* ; ~*s* Steuern und Sozialabgaben *fpl* ; ◆ ~ *agricole* Agrarabschöpfung *f* ; (*compte*) ~ *automatique* Abbuchung *f* per Dauerauftrag *m* ; Direktlastschriftverfahren *n* ; Einzugsermächtigung *f* ; ~ *du bénéfice* Gewinnentnahme *f*, -abschöpfung ; ~ *sur le capital* Kapitalsteuer *f*, -abgabe ; ~ *d'un compte* Abbuchung *f* ; Abhebung von einem Konto ; ~ *d'échantillons* Probenentnahme ; ~*s exceptionnels* Sonderabgabe ; ~ *fiscal* Steuerabgabe *f* ; ~ *sur la fortune* Vermögensabgabe *f* ; ~ *de l'impôt* Steuereinziehung *f*, -erhebung *f* ; ~ *d'impôt à la source* Steuerabzug ; Abzug an der Quelle ; Quellenbesteuerung *f* ; ~ *libératoire* → **prélèvement forfaitaire libératoire** ; ~*s obligatoires* gesetzliche (Sozial)Abgaben *fpl* ; ~ *intra-communautaire* innergemeinschaftlicher Abschöpfungsbetrag *m* ; ~ *personnel* Privatentnahme *f* ; ~ *sur les réserves* Entnahme aus den Reserven ; ~ *sur le salaire* Lohnabzug ; Einbehaltung *f* vom Lohn ; ~ *sur les stocks* Lagerentnahme *f* ; ◆◆ *après* ~ *de* nach Abzug von ; *ordre de* ~ Freistellungsauftrag *m* ; *ordre de* ~ *automatique* Abbuchungsauftrag *m* ; *taux m de* ~ Abschöpfungsquote *f* ; (*économie nationale*) *taux m des* ~*s obligatoires* Sozialabgabequote *f* ; volkswirtschaftliche Steuerquote ; ◆◆◆ *donner (à sa banque) un ordre de* ~ (seiner Bank) einen Freistellungsauftrag erteilen ; *opérer (effectuer) un* ~ *sur un compte* (einen Betrag) von einem Konto abbuchen ; *payer par* ~ *automatique* durch (per) Dauerauftrag zahlen.

prélèvement *m* **forfaitaire libératoire (P.F.L.)** (*bourse*) Pauschalbesteuerung *f* ; Zinsabschlag *m* ; Abgeltungssteuer *f* ; pauschalierter Vorwegabzug *m* von der Einkommensteuer (eine Form der Kapitalertragsteuer, Vorauszahlung auf die Einkommensteuer).

prélever (*sur une masse*) entnehmen (aus) ; abschöpfen ; abzweigen ; (*d'un compte sur salaire, etc.*) abheben ; abziehen ; einbehalten ; (*impôt*) erheben ; (*statist.*) ~ *au hasard* eine Stichprobe machen ; ~ *de l'argent sur la caisse* Geld aus der Kasse entnehmen ; ~ *une avance sur le prochain salaire* einen Vorschuss bei der nächsten Lohnzahlung einbehalten ; ~ *une commission* eine Provision berechnen ; ~ *un droit d'entrée* einen Eintritt erheben ; ~ *des échantillons* Proben entnehmen ; ~ *des impôts* Steuern erheben ; ~ *des intérêts* Zinsen berechnen ; ~ *un montant sur un compte* einen Betrag von einem Konto abheben (abbuchen) ; ~ *sur le traitement* vom Gehalt abziehen (einbehalten).

préliminaire Vor- ; vorbereitend ; einleitend ; Vorbereitungs- ; *entretiens mpl ~s* Vorbesprechungen *fpl* ; *phase f de négociations* ~ Vorbereitungsphase *f* ; *travail m* ~ Vorarbeit *f.*

préliminaires *mpl* Präliminarien *pl* ; Vorverhandlungen *fpl.*

préméditation *f* Vorbedacht *m* ; *avec* ~ mit Vorbedacht.

premier *m* Erste(r) ; *le* ~ *de la branche (de la spécialité)* Branchenerste(r), -primus *m* ; *le* ~ *du mois* am Monatsersten ; am Ersten des Monats.

premier, ière erst ; Erst- ; ◆ ~ *achat (acquisition)* Erstkauf *m* ; Erstanschaffung *f* ; Erstwerwerb *m* ; *de* ~ *choix* erste Wahl *f* ; ~*ière classe* erste Klasse *f* ; ~ *contact m* Erstkontakt *m* ; *(médias)* ~*ière diffusion* Erstsendung *f* ; ~*ière édition, enchère* Erstausgabe *f,* -gebot *n* ; ~*ière embauche* Ersteinstellung *f* ; ~ *équipement m (marché de)* Erstausstattungsmarkt *m* ; ~*ière immatriculation* Erstzulassung *f* ; *(université)* Erstimmatrikulation *f* ; *en* ~*ière instance* in erster Instanz ; *(véhicule d'occasion)* ~*ière main* (aus) Erstbesitz *m* ; Gebrauchtwagen *m* aus erster Hand ; ~ *marché* → *premier marché* ; *information f de* ~*ière main* Nachricht *f* aus erster Hand ; ~ *ministre* Premierminister *m* ; Ministerpräsident *m* ; ~*-né* Erstgeborene(r) ; ~ *prix* → *premier prix* ; *de* ~ *ordre* erstklassig ; ausgezeichnet ; hervorragend ; ~ *propriétaire* Erstbesitzer *m* ; ~*ière publication* Erstveröffentlichung *f* ; ~*ière qualité* erstklassig ; erste(r) Qualität (Wahl) ; prima Ware *f* ; *de* ~ *rang* erstrangig ; ersten Rangs ; ~ *salaire* Eingangsbesoldung *f* ; Einstiegslohn *m* ; Anfangsgehalt *n* ; ~ *secours* Erste-Hilfe *f* ; Erstversorgung *f* ; ~*ière voix (Allemagne)* Erststimme *f* ; ◆◆ *compartiment m de* ~*ère classe* Erste-Klasse-Abteil *n* ; *denrées fpl de* ~*ière nécessité* Grundnahrungsmittel *npl* ; *matières fpl* ~*ières* Rohstoffe *mpl* ; *produits mpl de* ~*ière nécessité* Güter *npl* des Grundbedarfs ; *trousse f de* ~ *secours* Erste-Hilfe-Ausrüstung *f* ; *utilisateur m de* ~*ère main* Erstverbraucher *m* ; Erstnutzer *m* ; ◆◆◆ *acheter la* ~*ière marchandise venue* die erstbeste Ware kaufen ; *la lettre est arrivée par le* ~ *courrier* der Brief kam mit der ersten Post.

première *f (transp.)* erste Klasse *f* ; *voiture f de* ~*ière classe* Erster-Klasse-Wagen ; *(Suisse)* Erstklasswagen ; *voyager en* ~ erster Klasse reisen ; *prendre une* ~ eine Fahrkarte erster Klasse lösen.

première *f* **de change** Primawechsel *m.*

premier marché *m (bourse)* amtliche Börsennotierung *f* in Frankreich.

premier prix *m* Einstiegspreis *m* ; *modèle m* ~ Einstiegsmodell *n* ; *(moindre qualité)* Niedrigpreisware *f.*

prenant, e : *partie f* ~*e* Empfänger *m* ; Berechtigte(r) ; Abnehmer *m* ; *travail m* ~ zeitraubende Arbeit *f.*

prénatal, e : *allocation f* ~*e* vorgeburtliche Beihilfe *f* ; Schwangerengeld *n* ; *consultation f (visite f)* ~*e* Schwangerenberatung *f.*

preneur *m* Käufer *m* ; Nehmer *m* ; Abnehmer *m* ; Erwerber *m* ; Kunde *m* ; ~ *d'assurance, d'un effet, d'une licence* Versicherungs-, Wechsel-, Lizenznehmer ; *être (se porter)* ~ abnehmen ; als Käufer auftreten ; erwerben ; kaufen ; *trouver* ~ Abnehmer finden.

prénommé, e benannt ; besagt ; bereits erwähnt ; *le* ~ Besagte(r) ; Vorbenannte(r).

prénuptial, e vorehelich ; *visite f* ~*e* voreheliche ärztliche Untersuchung *f.*

préparateur *m* **en pharmacie** pharmazeutisch technischer Assistent (P.T.A.) *m* ; Laborant *m.*

préparatifs *mpl* Vorbereitungen *fpl* ; *faire des* ~ Vorbereitungen treffen.

préparatoire vorbereitend ; Vor- ; *classe f* ~ Nachabiturklasse *f* ; Vorbereitung *f* auf eine Elite(hoch)schule ; *comité m* ~ vorbereitender Ausschuss *m* ; *travail m* ~ Vorarbeit *f.*

préparer vorbereiten ; etw in die Wege leiten ; anbahnen ; *(agro-alimentaire) plats mpl* ~*s* vorgekochte Gerichte *npl* ; Fertiggerichte ; *se* ~ *à* sich vorbereiten auf (+ A).

prépondérance *f* Übergewicht *n* ; Vormachtstellung *f* ; Vorherrschaft *f* ; Präponderanz *f* ; *avoir la* ~ *économique* das wirtschaftliche Übergewicht haben.

prépondérant, e ausschlaggebend (für, bei) ; entscheidend (für) ; schwerwiegend ; überwiegend ; *être* ~ ausschlaggebend sein ; den Ausschlag geben ; *en cas d'égalité des voix, celle du président est* ~*e* bei Pattsituation

(Stimmengleichheit) entscheidet die Stimme des Vorsitzenden.

préposé *m* **1.** Beamte(r) ; Angestellte(r) ; ~ *aux billets* Schalterbeamte(r) ; ~ *des douanes* Zollbeamte(r) ; ~ *des postes* Postbeamte(r) ; ~ *aux renseignements* Auskunftsbeamte(r) **2.** (*facteur*) Briefträger *m*.

préretraite *f* vorzeitige Pensionierung *f* ; Vorruhestand *m* ; vorgezogene Altersrente *f* ; *départ m en* ~ Frühpensionierung *f* ; *mise f en* ~ Frühverrentung *f* ; *possibilité f de* ~ flexible Altersgrenze *f* ; *mettre qqn en* ~ jdn frühverrenten ; *partir en* ~ vorzeitig pensioniert werden.

prérogative *f* Vorrecht *n* ; Prärogative *f* ; Privileg *n*.

présaison *f* Vorsaison *f*.

présalaire *m* Ausbildungsbeihilfe *f*.

préscolaire vorschulisch ; *formation f* ~ vorschulische Ausbildung *f*.

prescripteur *m* (marketing : *il influe sur le choix d'un produit sans intervenir directement dans l'acte d'achat*) Präskriptor *m* ; *~s publics* öffentliche Ausschreibungen *fpl*.

prescriptibilité *f* (*jur.*) Verjährbarkeit *f*.

prescriptible (*jur.*) verjährbar ; der Verjährung unterliegend.

1. prescription *f* (*jur.*) Verjährung *f* ; Verjährungsfrist *f* ; Ersitzung *f* ; ♦ ~ *acquisitoire* (*acquisition par propriété ininterrompue*) erwerbende Verjährung ; ~ *extinctive* (*libératoire*) befreiende (anspruchsvernichtende) Verjährung ; ~ *des poursuites* Verfolgungsverjährung ; ~ *quinquennale* (*des droits du fisc après cinq ans*) fünfjährige (Steuer)Verjährung ; ♦♦ *délai m de* ~ Verjährungsfrist *f* ; *expiration f de la* ~ Ablauf *m* der Verjährungsfrist ; *frappé de* ~ verjährt ; *la* ~ *est de… années* die Verjährung tritt nach… Jahren ein ; *un terrain acquis par* ~ ein ersessenes Landgut *n* ; *il y a* ~ es ist Verjährung eingetreten ; *la* ~ *n'intervient que dans trois ans* die Verjährung tritt erst in drei Jahren ein.

2. prescription *f* (*instructions*) Vorschrift *f* ; Verordnung *f* ; Bestimmung *f* ; Anweisung *f* ; (*médicale*) ärztliche Verordnung *f* ; ♦ ~ *administrative* Verwaltungsvorschrift ; *~s d'application* Durchführungs-, Ausführungsbestimmungen *fpl* ; ~ *communautaire* Gemeinschaftsverordnung ; ~ *d'exploitation* Betriebsvorschrift ; ~ *impérative* (*obligatoire*) Mussvorschrift ; zwingende Vorschrift ; ~ *légale, de police, tarifaire* gesetzliche ; Polizei-, Tarifvorschrift ; *conforme aux ~s* vorschriftsmäßig ; vorschriftsgemäß; *suivant les ~s* den Vorschriften entsprechend ; ♦♦♦ *se conformer aux ~s* die Vorschriften beachten (befolgen) ; *passer outre aux ~s* die Vorschriften verletzen ; *gegen die Vorschriften verstoßen* ; *tourner les ~s* die Vorschriften umgehen (unterlaufen).

prescrire 1. (*jur.*) (*acquérir par prescription*) durch Verjährung erwerben ; sich etw ersitzen ; sich durch Verjährung von etw befreien **2.** (*jur.*) *se* ~ verjähren **3.** vorschreiben ; bestimmen ; verordnen ; Anweisung(en) geben.

préséance *f* Vorrang *m* ; Vorrangsrecht *n* ; *avoir la* ~ *sur qqn* den Vorrang vor jdm haben.

présélection *f* Vor(aus)wahl *f* ; *effectuer une* ~ eine Vor(aus)wahl treffen.

présélectionner vorwählen ; eine Vor(aus)wahl treffen ; *être ~é* in die engere Auswahl kommen.

présence *f* Anwesenheit *f* ; Gegenwart *f* ; Vorhandensein *n* ; *en* ~ *de* in Anwesenheit von ; in Gegenwart von ; im Beisein von ; (*qqch*) das Vorhandensein von ; *jetons mpl de* ~ Anwesenheitsgelder *npl* ; Diäten *pl* ; Sitzungsgeld *n*.

présent *m* Anwesende(r).

présent *m* Geschenk *n* ; Präsent *n* ; (*jur.*) ~ *d'usage* Anstandsschenkung *f* ; (erbschaftsteuerfreies) Geschenk.

présent, e anwesend ; gegenwärtig ; präsent ; *votre ~e du* Ihr Schreiben vom ; *dans le cas* ~ im vorliegenden Fall ; in vorliegendem Fall ; *le* ~ *document* vorliegendes Schriftstück *n* ; *être* ~ *à une séance* bei einer Sitzung anwesend sein.

présentable vorzeigbar ; ansehnlich ; *notre bilan est très* ~ unsere Bilanz lässt sich vorzeigen (ist vorzeigbar).

présentateur *m* **1.** (*d'un article*) Vorführer *m* ; Demonstrator *m* **2.** (*traite*) Präsentant *m* ; Überbringer *m* ; Vorzeiger *m* **3.** (*radio, télé.*) Moderator *m*.

présentateur, trice : *banque f ~trice* vorlegende Bank.

présentation *f* **1.** Vorführung *f* ; Vorlage *f* ; Vorlegung *f* ; Vorlegen *n* ;

président

Vorzeigen *n* ; Vorzeigung *f* ; ~ *d'appareils nouveaux* Vorführung neuer Geräte ; ~ *des comptes annuels (d'une S.A.)* Vorlage des Jahresabschlusses (bei einer AG-Hauptversammlung) ; Rechnungslegung *f* **2.** *(d'une marchandise, emballage)* Aufmachung *f* ; Ausstattung *f* ; Verpackung *f* ; *(d'un journal)* Layout *n* ; ~ *factice* Schaupackung *f* **3.** ~ *d'une pièce d'identité, d'un chèque, d'une facture* Vorlage *f* (Vorzeigen *n*) eines Personalausweises, eines Schecks, einer Rechnung ; ~ *du budget* Vorlage des Etats ; *sur* ~ *de* gegen Vorlage ; *payable sur* ~ *du chèque* bei Vorlage des Schecks zahlbar ; *remis sur* ~ *d'une pièce d'identité* nur gegen Vorlage eines Ausweises ausgehändigt **4.** *(traite)* ~ *d'une traite à l'acceptation, au paiement* Präsentation *f* eines Wechsels zum Akzept, zur Zahlung **5.** *(collection de mode)* Mode(n)schau *f* **6.** *(personnelle)* persönliche Vorstellung *f* **7.** *(traitement de texte)* Schriftbild *n*.

présentéisme *m* *(évaluation du travail des cadres d'une entreprise en fonction de leur temps de présence sur le lieu de travail)* in Unternehmen praktizierte Beurteilungsmethode *f* von leitenden Angestellten nach Arbeitszeitkriterien.

présenter 1. *(des appareils, des modèles)* vorführen **2.** ~ *le passeport, des papiers, un permis de conduire* den Pass, einen Personalausweis, den Führerschein vorzeigen (vorlegen) ; ~ *son billet* den Fahrschein vorzeigen **3.** *(des marchandises)* aufmachen ; ausstellen ; effektvoll gestalten **4.** *(traite)* ~ *une traite à l'acceptation, à la signature* einen Wechsel zum Akzept, zur Unterschrift vorlegen **5.** *(divers)* ~ *un amendement* Abänderungsantrag stellen ; ~ *des avantages* Vorteile bringen (bieten) ; vorteilhaft sein ; ~ *une demande* einen Antrag stellen ; ~ *un déficit* ein Defizit aufweisen ; ~ *des difficultés* Schwierigkeiten bieten ; ~ *sa démission* seine Entlassung einreichen ; ~ *des inconvénients* Nachteile haben ; sich als Nachteil erweisen ; ~ *un projet de loi* einen Gesetzentwurf vorlegen ; ~ *une proposition* vorschlagen ; einen Vorschlag unterbreiten ; ~ *un projet* ein Vorhaben (Projekt) unterbreiten ; ~ *un solde débiteur de* einen Debetsaldo von… aufweisen **6.** *se* ~ *(en personne) à qqn* sich bei jdm (persönlich) vorstellen ; *se* ~ *à un emploi* sich um eine Stelle bewerben ; *quand l'occasion se présentera* wenn sich die Gelegenheit bietet **7.** *(élection)* ~ *un candidat* einen Kandidaten aufstellen ; *se* ~ *à une élection* kandidieren (für) ; sich zur Wahl stellen.

présentoir *m* Verkaufsständer *m* ; Bodenständer ; Aufsteller *m* ; Vorführtisch *m* ; Musterkoffer *m*.

présérie *f* Nullserie *f* ; Erprobungsfertigung *f* eines neuen Artikels.

préservation *f* Schutz *m* ; Bewahrung *f* ; ~ *du littoral* Bewahrung der Küstenlandschaft ; Schutz des Küstengebiets ; *(agric.)* ~ *des races* Arterhaltung *f*.

préserver schützen ; bewahren ; ~ *de l'humidité* vor Nässe (zu) schützen ; ~ *des avantages, ses droits, ses intérêts* Vorteile, seine Rechte, seine Interessen wahren ; ~ *ses parts de marché* seine Marktanteile wahren (behaupten).

présidence *f* **1.** *(polit.)* *(fonction et durée)* Präsidentschaft *f* ; *candidat m à la* ~ Präsidentschaftskandidat *m* ; *élections fpl à la* ~ Präsidentschaftswahl *f* **2.** Präsidialkabinett *n* **3.** Amt des Vorsitzenden (des Vorsitzers) **4.** *(d'une assemblée)* Vorsitz *m* ; *(organisation, parti, etc.)* Präsidium *n* ; ~ *par roulement* turnusmäßiger Vorsitz ; *assurer la* ~ *de qqch* den Vorsitz über etw (+ A) führen ; *avoir la* ~ den Vorsitz haben ; *élire à la* ~ zum Vorsitzenden wählen ; *être nommé à la* ~ zum Vorsitzenden ernannt werden ; *prendre la* ~ den Vorsitz übernehmen ; *quitter (renoncer à) la* ~ den Vorsitz niederlegen ; *siéger à la* ~ *d'un organisme* im Präsidium einer Organisation sitzen.

président *m* **1.** *(polit.)* Präsident *m* ; ~ *de l'Assemblée nationale* Präsident der Nationalversammlung ; ~ *du Conseil* Ministerpräsident ; ~ *de la République* Präsident der Republik ; ~ *de la République Fédérale d'Allemagne, de l'Autriche, de la Suisse* Bundespräsident ; ~ *du Sénat* Senatspräsident **2.** *(assemblée, etc.)* Vorsitzende(r) ; Vorsitzer *m* ; Leiter *m* ; ~ *en exercice* amtierende(r) (geschäftsführende(r)) Vorsitzende(r) ; ~ *du Conseil d'administration, du Conseil de surveillance* Verwaltungsratsvorsitzende(r), Aufsichtsratsvorsitzende(r) ; ~ *Directeur Général (P.D.G.)* Generaldirektor *m* ; Firmenchef *m* ; ~ *du directoire* Vorstandsvorsitzende(r) ; ~ *d'hon-*

neur d'un parti Ehrenvorsitzende(r) einer Partei ; ~ *de séance* Sitzungspräsident ; *vice-~ de séance* stellvertretende(r) Vorsitzende(r) ; *élire un nouveau ~* einen neuen Vorsitzenden wählen ; *élire qqn ~* jdn zum Vorsitzenden wählen.

présidente *f* Präsidentin *f* ; Vorsitzende *f*.

présidentialiser das Präsidialsystem übernehmen.

présidentiel, le Präsidenten- ; Präsidial- ; *élections fpl ~les (les ~les)* Präsidentschaftswahl *f* ; *gouvernement m, système m ~* Präsidialregierung *f*, Präsidialsystem *n*.

présider vorsitzen (+ D) ; den Vorsitz haben (führen) ; Vorsitzende(r) sein ; präsidieren ; ~ *une commission* einer Kommission (einem Ausschuss) vorsitzen.

présomptif, ive mutmaßlich ; vermeintlich ; präsumtiv ; als wahrscheinlich angenommen.

présomption *f* Vermutung *f* ; Annahme *f* ; Mutmaßung *f* ; Verdacht *m* ; Anfangsverdacht *m* ; Präsumtion *f* ; *il y a ~ de* es besteht der Verdacht, dass ; ~ *de détournement de fonds* Verdacht auf Gelderunterschlagung ; ~ *de fraude* Betrugsvermutung (-verdacht) ; ~ *de fraude fiscale* Verdacht auf Steuerhinterziehung ; ~ *d'innocence* Unschuldsvermutung.

presse *f*	1. *médias* 2. *cohue* ; *hâte* 3. *technique*

1. *(médias)* Presse *f* ; Pressewesen *n* ; Zeitungswesen *n* ; ♦ ~ *du cœur* → ~ *people* ; ~ *économique* Wirtschaftspresse ; ~ *écrite* Printmedien *npl* ; Zeitungen und Zeitschriften *fpl* ; ~ *étrangère, financière* ausländische Presse, Finanzpresse ; ~ *indépendante* überparteiliche Presse ; ~ *nationale, d'opinion, d'opposition* inländische, parteigebundene Presse, Oppositionspresse ; ~ *parlée* Rundfunknachrichten *fpl* ; ~ *people* Regenbogenpresse ; People-Presse ; ~ *quotidienne* Tagespresse ; Tageszeitungen *fpl* ; ~ *quotidienne nationale* (*P.Q.N.*) überregionale Tageszeitungen ; ~ *régionale, spécialisée* (*professionnelle*) Regional-, Fachpresse ; ~ *à sensation* Boulevard-, Sensations-, Skandalpresse ; ~ *à grand tirage* auflagenstarke Zeitungen *fpl* ; ♦♦ *agence f, attaché m, campagne f de ~* Presseagentur *f*, -referent *m*, -kampagne *f* ; *carte f de ~* Presseausweis *m* ; *censure f de la ~* Pressezensur *f* ; *communiqué m de ~* Pressebericht *m* ; Kommunikee *n* ; *conférence f, correspondant m de ~* Pressekonferenz *f*, -korrespondent *m* ; *déclaration f officielle à la ~* amtliche Presserklärung *f* ; *informations fpl de ~* Presseinformationen *fpl*, -nachrichten *fpl* ; *liberté f de la ~* Pressefreiheit *f* ; *nouvelles fpl de ~* → *informations* ; *organe m, représentant m, revue f de ~* Presseorgan *n*, -vertreter *m*, -schau *f* ; *service m de ~ (publication)* Pressedienst *m* ; *(organisme)* Pressestelle *f* ; *les gros titres mpl de la ~* Schlagzeilen *fpl* in der Presse ; ♦♦♦ *avoir bonne, mauvaise ~* einen guten, schlechten Ruf genießen (haben) ; eine gute, schlechte Presse haben ; *faire (fournir) les gros titres de la ~* Schlagzeilen liefern ; *inviter la ~* die Presse einladen ; *la ~ s'est emparée de l'affaire* die Presse hat den Fall aufgegriffen.

2. *(cohue ; hâte)* Gedränge *n* ; Andrang *m* ; Hochbetrieb *m* ; Hochsaison *f* ; *pendant les périodes de ~ (hôtel)* während der Hochsaison ; in Zeiten des Hochbetriebs ; wenn es viel zu tun gibt ; *il y a ~ (ça urge)* es eilt ; es drängt ; *il y a ~ dans les magasins* es herrscht Hochbetrieb in den Geschäften.

3. *(technique)* Presse *f* ; Druckmaschine *f* ; ~ *à billets* Notenpresse ; ~ *à copier* Kopiermaschine *f* ; ~ *à imprimer* Druckerpresse ; ~ *à estamper* Stanze *f* ; ~ *hydraulique* hydraulische Presse ; ~ *offset* Offsetdruckmaschine ; ~ *rotative* Rotationsdruckmaschine ; *mise f sous ~* Drucklegung *f* ; *être sous ~* unter der Presse sein ; gedruckt werden ; *mettre sous ~* drucken (lassen) ; mit dem Druck beginnen ; *mettre un manuscrit sous ~* ein Manuskript in Druck geben.

pressé, e eilig ; dringend ; *commande f ~e* eilige Bestellung *f* ; ~ *par le temps* unter Zeitdruck (stehend) ; *être ~* es eilig haben ; *l'affaire est ~e* die Angelegenheit eilt.

presse-papiers *m* (*traitement de texte*) Zwischenablage *f*.

pressentir : (bei jdm) vorfühlen ; ~ *qqn pour une fonction, pour un poste* bei jdm wegen eines Amts, wegen eines

Postens vorfühlen ; *les personnalités ~ies* die in Betracht kommenden Personen *fpl.*

presser 1. (*accélérer*) beschleunigen ; drängen ; ~ *l'expédition, la livraison* den Versand, die Lieferung beschleunigen ; ~ *qqn de faire qqch* jdn drängen, etw zu tun ; ~ *qqn d'agir* jdn zum Handeln drängen **2.** (*assaillir*) bedrängen (mit) ; bestürmen (mit) ; ~ *qqn de questions* jdn mit Fragen bestürmen **3.** (*être urgent*) eilen ; eilig sein ; drängen ; *la lettre presse* der Brief eilt **4.** *se* ~ sich beeilen.

pressing *m* (*entreprise*) (chemische) Reinigung *f*.

pression *f* Druck *m* ; Last *f* ; Belastung *f* ; ♦ ~ *de la concurrence, des coûts, de la demande* Konkurrenz-, Kosten-, Nachfragedruck ; ~ *fiscale* Steuerlast ; steuerlicher Druck ; ~ *inflationniste, des prix* Inflations-, Preisdruck ; (*sous la*) ~ *syndicale* (unter dem) Druck der Gewerkschaften ; *groupe m de* ~ Interessengruppe *f* ; Lobby *f* ; Pressure-group *f* ; *moyen m de* ~ Druckmittel *n* ; ♦♦ *taux m de* ~ *fiscale* Steuerquote *f* ; ♦♦♦ *agir sous la* ~ *des événements* unter dem Druck der Ereignisse handeln ; *augmenter la* ~ *fiscale* die Steuerlast erhöhen ; die Steuerschraube anziehen ; *céder à une* ~ einem Druck nachgeben ; *être sous (la)* ~ (*de qqn*) unter (dem) Druck (von jdm) stehen ; *exercer une* ~ (*faire* ~) *sur qqn* auf jdn einen Druck ausüben ; *mettre la* ~ *sur qqn* jdn hart unter Druck setzen.

prestataire *m* Leistungspflichtige(r) ; Leistungsträger *m* ; Erbringer *m* einer Leistung ; ~ *de services* Dienstleister *m* ; Dienstleistungsgesellschaft *f*, -betrieb *m* ; Dienstleistungserbringer *m* ; Dienstleistungsverpflichtete(r) ; (*sécurité sociale*) Sozialleistungsempfänger *m*.

prestation *f* Leistung *f* ; Geld *n* ; (Bei)Hilfe *f* ; Zuschuss *m* ; Zulage *f* ; Bezüge *mpl* ; ~*s* (*somme versée au titre de l'aide sociale*) Leistungen *fpl* ; ♦ ~ *accessoire, facultative, obligatoire* Neben-, fakultative, Pflichtleistung ; ~ *en argent* (*pécuniaire*) Barleistung ; Geldleistung ; ~ *d'assistance* Hilfeleistung ; Fürsorge-, Beistandsleistung ; ~*s des assurances sociales* Leistung aus der Sozialversicherung ; ~*s des caisses (de) chômage* Arbeitslosenunterstützung *f* ; (*fam.*) Alu *f* ; ~ *de capitaux* Kapitalleistung ; (*divorce*) ~ *compensatoire* Ausgleichsrente *f* für Geschiedene ; ~*s familiales* Familienzulagen *fpl* ; ~ *d'impôt* Steuerleistung, -abgabe *f* ; ~ *d'invalidité* Leistungen der Invaliditätsversicherung ; ~*s de maladie* Leistungen der Krankenkasse ; Krankengeld *n* ; ~*s médicales* ärztliche Leistungen ; ~ *en nature* Sachleistung ; Deputat *n* ; Leistung in Naturalien ; Naturalleistung ; ~ *de salaire* Entlohnung *f* ; Lohnzahlungsleistung ; ~ *préalable* Vor(aus)leistung ; ~ *de la sécurité sociale* Leistungen aus der Sozialversicherung ; soziale Leistungen ; Sozialleistungen ; ~ *de serment* Eidesleistung ; ~ *de services* Dienstleistungen ; Dienstleistungssektor *m* ; ~ *servie* erbrachte (bewirkte) Leistung ; ~*s sociales* soziale Leistungen ; Sozialleistungen ; ~ *spécifique de dépendance* (*P.S.D.*) Pflegeversicherung *f* ; Pflegeleistungen *fpl* ; ~ *de transport* Verkehrsleistung ; ~*s de vieillesse* Altersversorgung *f* ; Leistungen der sozialen Rentenversicherung ; ♦♦ *ayant-droit m aux* ~*s* Leistungsberechtigte(r) ; *barème m de* ~ → *taux* ; *bénéficiaire m d'une* ~ Leistungsempfänger *m* ; *contre-* ~ Gegenleistung *f* ; *droit m aux* ~ Leistungsanspruch *m* ; *durée f des* ~*s* Leistungsperiode *f* ; *entreprise f de* ~*s de services* Dienstleistungsunternehmen *n* ; *fourniture f de* ~ Erbringen *n* einer Leistung ; *montant m des* ~*s* Leistungsbetrag *m* ; Höhe *f* der erbrachten Leistungen ; *poursuite f en* ~ Leistungsklage *f* ; *service m de* ~ → *fourniture* ; *taux m des* ~*s* Leistungssätze *mpl* ; *titulaire m d'une* ~ → *bénéficiaire* ; ♦♦♦ *s'acquitter d'une* ~ (*exécuter une* ~) eine Leistung erfüllen ; einer Leistung nachkommen ; *effectuer* (*fournir, servir*) *une* ~ eine Leistung erbringen (bewirken) ; *faire valoir ses droits aux* ~ seinen Leistungsanspruch geltend machen ; *toucher* (*percevoir*) *des* ~*s* Leistungen beziehen (erhalten).

prestige *m* Prestige *n* ; Ansehen *n* ; ~ *social* Sozialprestige ; Statussymbol *n* ; *gain m, perte f de* ~ Prestigegewinn *m*, -verlust *m* ; *profession f de* ~ Prestigeberuf *m* ; prestigeträchtiger Beruf ; *avoir du* ~ Ansehen genießen ; in hohem Ansehen stehen.

prestigieux, se glänzend ; hervorragend ; *entreprise f* ~*se* prestigeträchtige Firma.

présumé, e mutmaßlich ; vermutlich ; präsumtiv ; ~ *coupable m* Tatverdächtige(r).

présumer mutmaßen ; vermuten ; (*croire*) glauben ; annehmen ; (*surévaluer*) überschätzen ; sich übernehmen ; ~ *de ses possibilités financières* seine finanziellen Möglichkeiten überschätzen.

prêt *m* **1.** Darlehen *n* ; (*rare*) Darlehn *n* ; Kredit *m* ; Darlehensbetrag *m*, -summe *f* ; Kreditmittel *npl* ; (Darlehen et Kredit *sont souvent interchangeables*) ♦ ~ *d'accession au logement* Darlehen (Kredit) zum Erwerb von Wohneigentum ; ~ *agricole* Agrarkredit ; ~*bail* Leihpacht *f* ; Leasing *n* ; ~ *à la consommation* Konsumentenkredit ; ~ *à la construction* Baudarlehen ; ~ *conventionné* zinsverbilligtes Darlehen ; ~ *à court, moyen, long terme* kurz-, mittel-, langfristiges Darlehen ; ~ *de dépannage* Überbrückungskredit, -geld *n* ; ~ *d'équipement* Ausrüstungs-, Investitionsdarlehen ; ~ *sur gage* Beleihung *f* ; Pfandleihe *f* ; ~ *gratuit* (*sans intérêts*) zinsloses (unverzinsliches) Darlehen ; ~ *à intérêts* verzinsliches Darlehen ; ~ *à la grosse* (*maritime*) Bodmereivertrag *m* ; ~*s à l'hôtellerie* Hotelkredit ; ~ *hypothécaire* Hypothekarkredit ; ~ *immobilier* Realkredit ; Immobiliarkredit ; ~ *d'installation* Betriebsgründungsdarlehen ; ~ *locatif aidé* → **P.L.A.** ; ~ *sur nantissement* Lombardkredit ; Lombardgeschäft *n* ; ~ *personnalisé* personalisiertes Darlehen ; ~ *personnel* persönliches Darlehen ; ~ *de personnel* (*à une entreprise*) Arbeitnehmerüberlassung *f* ; ~ *relais* Zwischenfinanzierung *f* ; Überbrückungskredit ; ~ *remboursable* rückzahlbares Darlehen ; ~ *spécial* Sonderkredit ; ~ *subventionné* staatlich subventioniertes Darlehen ; ~ *à taux bonifié* zinsgünstiges Darlehen ; ~ *à taux fixe, variable* Festzinsdarlehen, -kredit ; Darlehen (Kredit) mit variablem Zinssatz ; ~ *de titres* Wertpapierdarlehen, -leihe *f* ; ~ *sur titres* Effektenlombard *m* ; ~ *à usage* Leihe *f* ; ~ *usuraire* Wucherdarlehen ; ♦♦ *bureau m des* ~*s* Kreditbüro *n* ; *caisse f de* ~*s* Darlehenskasse *f* ; *conditions fpl, contrat m de* ~ Darlehensbedingungen *fpl*, -vertrag *m* ; *demande f de* ~ Darlehensantrag *m* ; *établissement m* (*maison f*) *de* ~ Leihanstalt *f*, -haus *n*, -amt *n* ; *montant m du* ~ Darlehensbetrag *m* ; Kreditsumme *f* ; *service m des* ~*s* Kreditabteilung *f* ; *société f de* ~*s* Kreditgesellschaft *f* ; *taux m du* ~ Darlehenssatz *m*, -zins *m* ; *titre m de* ~ Darlehensurkunde *f* ; *à titre de* ~ leihweise ; *valeur f de* ~ Beleihungswert *m* ; ♦♦♦ *accorder* (*consentir*) *un* ~ ein Darlehen gewähren ; einen Kredit bewilligen ; *contracter* (*prendre*) *un* ~ ein Darlehen aufnehmen ; *faire une demande de* ~ einen Darlehensantrag stellen ; einen Kredit beantragen ; *limiter, réduire les* ~*s* die Darlehensmöglichkeiten einschränken ; die Kreditmöglichkeiten reduzieren **2.** (*action de prêter*) ~ *de livres* Ausleihe *f* von Büchern ; ~ *de matériel* Verleih *m* von Material.

prêt, e -bereit ; -fertig ; ~ *à fonctionner* betriebsbereit ; einsatzfähig, -fertig ; ~ *à être expédié* (*pour expédition*) versandfertig ; versandbereit ; ~ *à partir* reisefertig ; startbereit ; ~ *à l'usage* gebrauchsfertig.

prêt-à-porter *m* Konfektionskleidung *f* ; Konfektion *f*.

prétendre behaupten ; ~ *à un droit* auf ein Recht Anspruch erheben.

prête-nom *m* **1.** Vertreter *m* ; Auftragnehmer ; Mandatar *m* **2.** (*péj.*) Strohmann *m* ; Namensgeber *m* ; *entreprise f* ~ Briefkastenfirma *f* ; *servir de* ~ den Strohmann abgeben (machen).

prétention *f* Anspruch *m* ; Forderung *f* ; Recht *n* ; ~ *du créancier* Gläubigeranspruch ; ~ *à un droit* Rechtsanspruch ; ~ *légitime* berechtigter Anspruch ; ~*s salariales* Lohn-, Gehaltsansprüche ; Einkommensvorstellungen *fpl* ; *avoir des* ~*s* (*sur*) Anspruch erheben (auf) ; *émettre des* ~*s* (*à*) Ansprüche stellen (an) ; *faire connaître ses* ~*s* seine Gehaltsansprüche anmelden ; *faire valoir ses* ~*s* seine Ansprüche geltend machen ; *renoncer à une* ~ auf einen Anspruch verzichten.

prêter 1. leihen ; (an jdn) ausleihen ; verleihen ; ein Darlehen (einen Kredit) gewähren ; (*fam.*) borgen ; pumpen ; (Geld) vorstrecken ; ~ *100 €* 100 € leihen ; *somme f* ~*ée* Darlehenssumme *f* ; Kreditbetrag *m* ; ~ *à intérêt* zinsbringend leihen ; ~ *à intérêt* gegen Zinsen (aus)leihen ; zu (mit) Zinsen leihen ; ~ *de la main-d'œuvre* Arbeitskräfte (aus)leihen ; ~ *sur gage* gegen Pfand leihen ; etw

prévision

beleihen ; lombardieren ; ~ *sur hypothèque* auf Hypothek leihen ; ~ *sur titres* Wertpapiere beleihen ; *la banque ~e de l'argent à ses clients* die Bank verleiht Geld an ihre Kunden ; die Bank leiht ihren Kunden Geld **2.** (*fournir*) leisten ; besorgen ; gewähren ; ~ *asile à qqn* jdm Asyl gewähren ; ~ *assistance* Beistand leisten ; ~ *main forte à qqn* jdm Hilfe leisten ; ~ *serment* einen Eid leisten.

prêteur *m* Verleiher *m* ; Ausleiher *m* ; Darlehensgeber *m* ; Darlehensgläubiger *m* ; Geldgeber *m* ; Kreditgeber *m* ; Geldleiher *m* ; (*jur.*) Darleiher *m* ; ~ *sur gage* Pfandleiher *m*.

prêteur, euse leihend ; darlehens-, kreditgebend ; *banque f ~se* kreditgewährende Bank *f* ; *organisme m ~* Darlehenskasse *f* ; Kreditinstitut *n* ; Kreditgeber *m*.

pretium doloris *m* Schmerzensgeld *n* ; *avoir droit à ~* Anspruch auf Schmerzensgeld haben ; *exiger un ~* Schmerzensgeld fordern.

preuve *f* Beleg *m* ; Beweis *m* ; Beweisstück *n* ; Beweismaterial *n* ; Nachweis *m* ; ♦ ~ *à charge, concluante* belastender, schlüssiger Beweis ; ~ *décisive, irréfutable* entscheidender, unumstößlicher Beweis ; *~s fabriquées de toutes pièces* frei erfundene Beweise ; ~ *juridique* Rechtsnachweis ; ~ *matérielle* materieller Beweis (aufgrund von Tatsachen) ; ~ *par neuf* Neunerprobe *f* ; ~ *suffisante, tangible* ausreichender, materieller Beweis ; ♦♦ *défaut m de ~* Beweismangel *m* ; *faute de ~* mangels Beweises ; *demande f de ~s* Beweisantrag *m* ; *jusqu'à ~ du contraire* bis zum Beweis des Gegenteils ; bis das Gegenteil bewiesen ist ; ♦♦♦ *avoir fait ses ~s* sich bewährt haben ; *avoir l'obligation de faire la ~ de qqch* Beweispflicht haben ; *constituer une ~* als Beweis dienen ; *établir (fournir) la ~ d'une fraude fiscale* den Steuerbetrug beweisen ; den Beweis für Steuerbetrug liefern ; *dissimuler des ~s* Beweise verheimlichen ; *fabriquer, falsifier des ~s* Beweise erstellen, verfälschen ; *faire ses ~s* sich bewähren ; *faire ~ de compétitivité, d'initiative* sich wettbewerbsfähig zeigen, Initiativen ergreifen ; *produire une ~ écrite de qqch* ein schriftliches Beweisstück für etw liefern (erbringen) ; *trafiquer des ~s* Beweismaterial manipulieren.

prévaloir 1. überwiegen ; vorherrschen ; *l'opinion qui prévaut* die vorherrschende Meinung **2.** *se ~ de* sich auf etw berufen ; *se ~ de la loi* sich auf das Gesetz berufen.

prévarication *f* Rechtsbeugung *f* ; Dienst-, Amtsverletzung *f* ; Amtsmissbrauch *m* ; Unterschlagung *f*.

prévendu, e vorverkauft.

prévenir 1. (*qqn de qqch*) (jdn vor etw) warnen ; (jdn über etw) benachrichtigen **2.** (*éviter*) vorbeugen (+ D) ; verhüten ; ~ *une crise économique* einer Wirtschaftskrise vorbeugen ; ~ *une panne* eine Panne verhüten.

préventif, ive vorbeugend ; Vorbeugungs- ; präventiv ; Präventiv- ; *médecine f ~ive* Präventivmedizin *f* ; Vorsorgemedizin *f* ; *mesures fpl ~ives* Vorbeugungsmaßnahmen *fpl* ; vorbeugende Maßnahmen ; *mesures fpl ~ives contre les accidents du travail* Maßnahmen zur Verhütung von Arbeitsunfällen ; *intervenir à titre ~* vorbeugend eingreifen.

prévention *f* **1.** (*sens d'éviter*) Vorbeugung *f* ; Verhütung *f* ; Vorsorge *f* ; Prävention *f* ; vorbeugende Maßnahmen *fpl* ; Prävention *f* ; ~ *des catastrophes* Katastrophenvorsorge *f*, -verhütung ; ~ *routière* Maßnahmen *fpl* zur Verhütung von Verkehrsunfällen ; (*organisme*) Straßenverkehrswacht *f* ; *plan m de ~* Vorsorge-, Präventivplan *m* **2.** (*préjugés*) Vorurteil *n* ; Voreingenommenheit *f* ; *avoir des ~s contre qqn* jdm gegenüber voreingenommen sein.

préventivement vorsichtshalber ; zur Vorbeugung.

prévisible voraussichtlich ; absehbar ; vorhersehbar ; voraussehbar.

prévision *f* (*surtout au pl.*) **1.** (*perspectives, pronostic*) Aussicht *f* ; Prognose *f* ; Voraussage *f* ; Vorschau *f* ; *~s de la conjoncture* Konjunkturaussichten ; ~ *économique* Wirtschaftsprognose, -voraussagen ; *~s du marché* Marktaussichten, -prognose **2.** (*budget prévisionnel, estimation*) Vorausberechnung *f* ; Voranschlag *m* ; Vorausschätzung *f* ; Soll-Zahlen *fpl* ; *~s budgétaires* Haushaltsvoranschlag, -ansätze *mpl* ; Etat *m* ; (*de trésorerie*) voraussichtliche Ausgaben und Einnahmen *fpl* ; Einnahmen- und Ausgabenplan *m* **3.** (*prévoyance*) Vorsorge *f* **4.**

prévisionnel, le

(*attentes*) Erwartung *f* ; ~*s quantitatives chiffrées* Mengenerwartungen *fpl* ; *ceci confirme mes* ~*s* es bestätigt meine Erwartungen ; *contrairement aux* ~*s* entgegen allen Erwartungen ; *si nos* ~*s se réalisent* wenn sich unsere Erwartungen verwirklichen ; *les ventes demeurent très en retrait par rapport aux* ~*s* der Absatz bleibt weit hinter den Erwartungen zurück.

prévisionnel, le vorausschauend ; geplant ; veranschlagt ; geschätzt ; voraussichtlich ; vorausplanend ; Plan-; Soll- ; *besoins mpl* ~*s* Bedarfsplanung *f* ; *budget m* ~ *de l'entreprise* Betriebsplanung *f* ; *budget m* ~ *des coûts* Sollkostenrechnung *f* ; *budget m* ~ *de l'approvisionnement* Beschaffungsplan *m* ; Bedarfsplanung *f* ; *comptes mpl* ~*s* Vorkalkulation *f* ; *coût(s) m(pl)* ~(*s*) veranschlagte (geschätzte, voraussichtliche) Kosten *pl* ; Kostenvoranschlag *m* ; Budgetkosten *pl* ; *état m* ~ (*public*) Haushaltsplan *m* ; Haushaltsvoranschlag *m* ; *étude f* ~*le* Planung *f* ; Vorstudie *f* ; *étude f* ~*le des coûts* Kostenbudgetierung *f* ; *étude f* ~*le de l'investissement* Investitionsplanung *f* ; *gestion f* ~*le* Betriebs-, Unternehmensplanung *f* ; *mesures fpl* ~*les* geplante Maßnahmen *fpl* ; *production f* ~*le* geplante (veranschlagte) Produktion *f* ; Sollproduktion ; *résultats mpl* ~*s* Plan-, Sollzahlen.

prévisionniste *m* Konjunkturexperte *m* ; Prognostiker *m* ; ~ *fiscaliste* Steuerschätzer *m*.

prévoir voraus-, vorhersehen ; vorsehen ; planen ; prognostizieren ; erwarten ; ~ *une augmentation de production* eine Produktionserhöhung vorhersehen ; *comme prévu* wie erwartet ; planmäßig ; *être prévu* vorgesehen sein ; *rien ne laissait* ~ *que* nichts ließ voraussehen, dass ; *les coûts à* ~ die voraussichtlichen Kosten ; *être prévu à un poste* für ein Amt vorgesehen sein ; *ceci n'est pas prévu dans le contrat* das ist im Vertrag nicht vorgesehen ; *livrer dans les délais prévus* in der vorgesehenen Frist liefern.

prévoyance *f* Voraussicht *f* ; Vorsorge *f* ; Fürsorge *f* ; Versorgung *f* ; ~ *contre les accidents* Unfallverhütung *f* ; ~ *maternelle* Mutterfürsorge ; Mutterschutz *m* ; ~ *publique* (*sociale*) öffentliche Fürsorge ; Wohlfahrt *f* ; ~ *de vieillesse* Altersversorgung ; *caisse f de* ~ Unterstützungsfonds *m* ; Vorsorgekasse *f* ; *fonds mpl de* ~ Fonds *m* für unvorhergesehene Ausgaben ; (*retraite*) Pensionsfonds ; *mesure f de* ~ Vorsorge ; *par mesure de* ~ vorsichtshalber ; *organisme m de* ~ Fürsorgeeinrichtung *f* ; *société f de* ~ Wohltätigkeitsverein *m*.

prévu, e erwartet ; vorgesehen ; voraussichtlich ; planmäßig ; plangemäß. → *prévoir*.

price-earning-ratio *m* (*PER*) (*rapport cours-bénéfice*) Kurs-Gewinn-Verhältnis *n*.

prière : *avec la* ~ *de...* mit der Bitte, zu... ; ~ *de faire suivre* bitte nachsenden ; ~ *de répondre par retour du courrier* um postwendende Antwort wird gebeten ; ~ *de transmettre à qui de droit* mit Bitte um Weitergabe an die zuständige Stelle ; *adresser une* ~ *à qqn* an jdn eine Bitte richten.

primage *m* (*maritime : remise sur fret en faveur du capitaine*) Primage *f* ; Primgeld *n*.

primaire primär ; Elementar- ; Ur- ; *besoins mpl en énergie* ~ Primärenergiebedarf *m* ; *école f* ~ Grundschule *f* ; *élections fpl* ~*s* Vorwahlen *fpl* ; Urwahl ; *énergie f* ~ Primärenergie *f* ; *secteur m* ~ (*agriculture*) primärer Wirtschaftssektor *m*.

primaires *fpl* (*élections*) Vorwahl *f* ; ~*s d'un parti* geschlossene Vorwahl *f* ; ~ *nationales* offene Vorwahl.

primat *m* Primat *m/n* ; Vorrangstellung *f* ; Vorrang *m* ; *le* ~ *de l'économie* die vorrangige Stellung der Wirtschaft.

primauté *f* → *primat*.

prime *f* (*sens général*) Prämie *f* ; Anreiz *m* ; Förderung *f* ; (*subvention*) Beihilfe *f* ; Beitrag *m* ; Zuschuss *m* ; Vergütung *f* ; Prämie *f* ; (*bourse, assurances*) Prämie *f* ; (*supplément, boni*) Geld *n* ; Gratifikation *f* ; Bonus *m* ; (*agio*) Agio *n* ; Aufgeld *n* ; Aufpreis *m* ; (*publicité*) Werbegeschenk *n* ; Zugabe *f* ; (*remise*) Rabatt *m* ; Nachlass *m* ; (*commission-bourse*) Kurtage *f* ; Courtage *f* ; Maklergebühr *f* ; ◆ ~ *d'assiduité* Fleiß-, Leistungszulage *f* ; ~ *d'abattage* (*bétail*) (Ab)Schlachtprämie *f* ; (*arbres*) Abholzprämie ; ~ *d'ancienneté* Dienstalterszulage *f* ; Treueprämie ; ~ *annuelle* Jahresprämie ; ~ *arriérée* rückständige Prämie ; ~ *d'assurance* Versicherungsprämie ; *~ de capture* Fangprämie ; *~ de change* Kursdifferenzagio *n* ; Wechselagio ; *~ sur le chiffre d'affaires* Umsatzvergütung ; *~ pour conduite sans accidents* Bonus für unfallfreies Fahren ; *~ à la construction* Bau(kosten)zuschuss *m* ; Bauprämie ; *~ de conversion* → *reclassement* ; (*bourse*) *~ de courtage* Maklergebühr *f* ; *~ de déménagement* Umzugsgeld ; *~ de départ* Abfindung *f* ; *~ échue* fällige Prämie ; *~ d'élevage* Aufzuchtprämie ; *~ d'émission* Emissionsprämie, -agio ; *~ d'encouragement* Anreizprämie ; Prämie zur Förderung (von) ; *~ d'épargne* Sparprämie ; *~ exceptionnelle* (*spéciale*) Sonderprämie *f* ; Sonderzulage *f* ; *~ à l'exportation* Ausfuhrprämie ; *~ de fidélité* Treueprämie ; *~ de fin d'année* Jahresabschlussprämie ; Weihnachtsgratifikation *f*, -geld ; *~ fixe* feste Prämie ; *~ de fonction* Stellenzulage ; *~ forfaitaire* Pauschalprämie ; (*bourse*) *~ à la hausse* Vorprämie ; Kaufoption *f* ; *~ à l'hectare* → *de mise en culture* ; *~ Hérode* → **prime Hérode** ; *~ d'importation* Einfuhrprämie ; *~ indexée* indexgebundene Prämie ; *~ d'installation* Einrichtungszulage *f* ; (*bourse*) *~ pour lever* (*pour l'acheteur*) → *à la hausse* ; (*bourse*) *~ pour livrer* (*à la baisse*) Rückprämie ; Verkaufsoption *f* ; *~ de* (*de mise en*) *culture* Anbauprämie ; *~ de mise à la casse* Verschrottungsprämie *f* ; *~ de pénibilité* Erschwerniszulage *f* ; Prämie für Schwer(st)arbeit ; *~ de productivité* → *rendement* ; *~ de quantité* Mengenrabatt *m* ; *~ de réassurance* Rückversicherungsprämie *f* ; *~ de reclassement* Umstellungsentschädigung *f* ; Umschulungszulage *f* ; *~ de remboursement* Rückzahlungsprämie, -agio ; *~ de rendement* Leistungs-, Produktivitätsprämie ; leistungsbezogene Zusatzvergütung *f* ; Erfolgsbonus *m* ; *~ de responsabilité* Verantwortungsprämie ; *~ de risque* Risikoprämie ; Gefahrenzulage ; *~ de transport* Fahrkostenzuschuss *m* ; *~ pour travaux salissants* Schmutzzulage *f* ; *~ unique* Einmalprämie ; *~ de vacances* Urlaubsgeld, -gratifikation *f* ; *~ variable* veränderliche Prämie ; ◆◆ *à ~* (*bénéficiant d'une ~*) prämienbegünstigt ; (*bourse*) *abandon m de la ~* Prämienaufgabe *f* ; -abandon *m* ; (*bourse*) *achat m à ~* Vorprämiengeschäft *n* ; (*bourse*) *bonification f de ~* Prämienvergütung *f* ; *calcul m des ~s* Prämienberechnung *f* ; (*bourse*) *écart m de ~* Kursdifferenz *f* ; *Ekart m* ; *échéance f de la ~* Prämienfälligkeit *f* ; *échéancier m des ~s* Prämienabrechnung *f* ; (*bourse*) *émission f avec ~* Über-pari-Emission *f* ; (*bourse*) *emprunt m à ~* Prämienanleihe *f* ; *encaissement m de ~* Prämieninkasso *n* ; (*bourse*) *levée f de la ~* Prämienverzicht *m* ; *majoration f de ~* Prämienerhöhung *f* ; (*bourse*) *marché m à ~* Prämiengeschäft *n* ; (*bourse*) *obligation f à ~* Prämienschuldverschreibung *f* ; (*bourse*) *opération f à ~* Prämiengeschäft *n* ; (*bourse*) *opération à double ~* Stellage *f* ; *paiement m de ~* Prämienzahlung *f* ; (*bourse*) *pied m de ~* Börsenkurs *m* unter Abzug der Prämie ; *quittance f de ~* Prämienquittung *f* ; (*bourse*) *réponse f des ~* Prämienerklärung *f* ; *restitution f de la ~* Prämienrückgewähr *f*, -erstattung *f* ; *salaire m aux ~s* Prämienlohn *m* ; *supplément m de ~* Prämienzuschlag *m* ; *taux m de la ~* Prämiensatz *m* ; (*bourse*) *tirage m au sort des ~s* Prämienauslosung *f*, -verlosung *f* ; (*bourse*) *titre m à ~* Prämienwertpapier *n* ; (*bourse*) *vente f à ~* Rückprämiengeschäft *n* ; *versement m de ~* → *paiement* ; ◆◆◆ (*bourse*) *abandonner la ~* eine Prämienoption aufgeben (abandonieren) ; *accorder une ~* eine Prämie bewilligen (gewähren) ; *augmenter les ~s d'assurance* die Versicherungsprämien erhöhen ; *calculer, déterminer une ~* eine Prämie berechnen, festsetzen ; *exiger* (*demander*) *une ~ de 500 €* eine Prämie von 500 € verlangen ; *faire ~* gefragt (gehandelt) werden ; für etw Aufgeld zahlen ; *majorer, diminuer une ~* eine Prämie erhöhen, senken ; *réajuster les ~s* die Prämien angleichen ; *recevoir qqch en ~* etw als Werbegeschenk (Zugabe) bekommen.

primer 1. prämi(i)eren ; mit einem Preis auszeichnen ; *~é* preisgekrönt **2.** den Vorrang haben ; *la qualité ~e la quantité* Qualität geht vor Quantität.

prime *f* Hérode (*agric.* : *prime d'abattage des veaux dès leur naissance pour transformation en farines animales*) Herodes-Prämie *f*.

prime-time *m* (*médias : télévision*) Primetime *f* ; Prime-Time ; Hauptsendezeit *f*.

primeur *f* : *avoir la ~ de qqch* etw als Erster haben (besitzen).

primeurs *fpl* Frühgemüse *n* ; Frühobst *n*.

primordial, e wichtig ; entscheidend ; maßgebend ; ausschlaggebend ; *la tâche ~e* die vordringlichste Aufgabe *f*.

principal *m* (*d'une dette*) Kapital *n* ; Hauptleistung *f* ; *~ et intérêts* Kapital und Zinsen ; *remboursement m du ~* Kapitaltilgung *f* ; *en plus du ~ le débiteur doit acquitter des intérêts et des frais* außer der Hauptleistung hat der Schuldner Zinsen und Kosten zu entrichten.

principal, e hauptsächlich ; wichtig ; Haupt- ; *actionnaire m, agent m, créancier m, dette f, emploi m ~(e)* Hauptaktionär *m*, -agent *m*, -gläubiger *m*, -schuld *f*, -beschäftigung *f*.

principe *m* Prinzip *n* ; Grundsatz *m* ; *en ~* prinzipiell ; aus/im Prinzip ; *~s comptables* Buchführungsprinzipien ; *~s de fiscalité* Grundsätze der Besteuerung ; *différence f de ~* prinzipieller Unterschied *m* ; *donner un accord de ~* eine grundsätzliche (prinzipielle) Zustimmung geben.

prioritaire 1. vorrangig ; privilegiert ; Prioritäts- ; *action f ~* Prioritätsaktie *f* ; *créancier m ~* privilegierter Gläubiger *m* ; *dividende m ~* Vorzugsdividende *f* ; *ce projet est ~* dieses Vorhaben hat Vorrang **2.** (*circulation*) Vorfahrts- ; *panneau m de route ~* Vorfahrtsschild *n* ; *route f ~* Vorfahrtsstraße *f* ; *être ~* Vorfahrt haben ; vorfahrtsberechtigt sein.

priorité *f* **1.** Vorrang *m* ; Priorität *f* ; Schwerpunkt *m* ; Vorzug *m* ; Bevorzugung *f* ; ◆ *~ d'hypothèque* Hypothekenvorrang ; *~ de livraison* bevorzugte Lieferung *f* ; ◆◆ *droit m de ~* Prioritätsanspruch *m*, -recht *n* ; *liste f de ~s* Prioritätenliste *f* ; *ordre m de ~* Rangfolge *f*, -ordnung *f* ; ◆◆◆ *accorder la ~ à qqn* jdm den Vorrang einräumen ; *avoir la ~* Priorität haben ; eine Vorrangstellung einnehmen ; *être servi en ~* bevorzugt bedient werden ; *fixer des ~s* Prioritäten (Schwerpunkte) setzen ; *traiter en ~* etw vorrangig behandeln **2.** (*circulation*) Vorfahrt *f* ; *~ à droite* Rechtsvorfahrt ; *avoir la ~ (sur)* Vorfahrt haben (vor).

pris, e 1. *~ à l'usine, à l'entrepôt* ab Werk, ab Lager **2.** *je suis actuellement très ~* zurzeit bin ich (beruflich) stark beansprucht.

prise *f* (*sens général*) Nehmen *n* ; Fassen *n* ; Ergreifen *n* ; (*maritime*) Fischfang *m* ; Prise *f* ; *~ à l'essai* Erprobungszeit *f*, -einstellung *f* ; (*bourse*) *~ de bénéfices* Gewinnmitnahme *f* ; *~ à bord* Übernahme *f* an Bord ; *~ en charge* Übernahme *f* ; *~ en charge des coûts* Kostenübernahme ; *~ en charge de la marchandise* Annahme *f* der Ware ; *~ en charge d'un risque* Risiko-, Haftungsübernahme *f* ; *~ en charge socio-pédagogique* sozialpädagogische Betreuung *f* ; *~ en compte* (*en considération*) **a)** Anrechnung *f* **b)** Berücksichtigung *f* ; *~ de contact* Kontaktaufnahme *f* ; Fühlungnahme *f* ; *~ de contrôle d'une société* Übernahme *f* der Aktienmehrheit einer Gesellschaft ; *~ en dépôt* Verwahrung *f* ; *~ de direction* Führungs-, Leitungsübernahme ; *~ à domicile* Abholung *f* vom Hause ; *~ d'échantillons* Probeentnahme *f* ; *~ d'effet* (Termin für das) Wirksamwerden *n* ; *~ de fonction* Dienst-, Stellenantritt *m* ; *~ en gage* Pfandnahme *f* ; *~ en main d'une affaire* Übernahme eines Geschäfts ; *~ d'otage(s)* Geiselnahme *f* ; (*banque*) *~ en pension* (*de valeurs mobilières*) (Wertpapier-)-Pensionsgeschäft *n* ; Repogeschäft ; Offenmarktgeschäfte mit Rückkaufsvereinbarung ; *~ de position* Stellungnahme *f* ; *~ de possession* Besitznahme *f* ; *~ de pouvoir* Machtübernahme *f* ; Machtergreifung *f* ; ◆◆ *attestation f de ~ en charge* Übernahmebescheinigung *f* ; (*douane*) *certificat m de ~* Abfertigungsbescheinigung *f* ; (*banque*) *taux m de ~ en pension* Pensionssatz *m*.

Prisu(nic) *m* (*magasin à prix unique*) Einheitspreisgeschäft *n* ; (*Allemagne*) Kaufhalle *f*.

privatif, ive : ausschließlich ; *droit m ~* ausschließliches Recht *n* ; (*copropriété*) zur alleinigen Nutzung überlassen ; *à titre ~* zur ausschließlichen Nutzung ; *carte f de paiement ~ive* Kundenkreditkarte *f* ; *parties fpl ~ives* Sondereigentum *n* ; Privateigentum *n* ; *peine f ~e de liberté* Freiheitsentzug *m* ; Freiheitsstrafe *f*.

privation *f* Entziehung *f* ; Entzug *m* ; Verlust *m* ; Mangel *m* ; *~ des droits civils* Aberkennung *f* der bürgerlichen Ehrenrechte ; *~ d'emploi* Verlust *m* des Arbeitsplatzes ; *~ de jouissance* Entzug *m* der Nutzung.

privations *fpl* Entbehrungen *fpl* ; *endurer de grandes* ~ große Entbehrungen ertragen (auf sich nehmen).
privatisable privatisierbar.
privatisation *f* Privatisierung *f* ; Überführung *f* in Privateigentum ; Entstaatlichung *f* ; Deregulierung *f* ; *la* ~ *d'entreprises publiques* die Privatisierung öffentlicher Unternehmen.
privatiser privatisieren ; in Privateigentum überführen ; in Privatvermögen umwandeln ; entstaatlichen ; deregulieren.
privé, e privat ; Privat- ; privatrechtlich ; persönlich ; privatwirtschaftlich ; (*n'appartenant pas à l'État*) nicht öffentlich ; (*séparé, à part*) abgesondert ; (*confidentiel*) vertraulich ; persönlich ; ◆ *adresse f, affaire f, banque f* ~*e* Privatadresse *f*, -angelegenheit *f*, -bank *f* ; *caractère m* ~ *de qqch* Privatheit *f* ; *clientèle f, clinique f* ~*ée* Privatkundschaft *f*, -klinik *f* ; *compte m, droit m* ~ Privatkonto *n*, -recht *n* ; *école f* ~*ée* Privatschule *f* ; *économie f, entreprise f, initiative f* ~*e* Privatwirtschaft *f*, -unternehmen *n*, -initiative *f* ; *intérêts mpl, investissements mpl* ~*s* Privatinteressen *npl*, -investitionen *fpl* ; *patient m* ~ Privatpatient *m* ; *propriété f* ~ Privateigentum *n* ; privater Besitz *m* ; Privatbesitz ; *secteur m* ~ Privatwirtschaft *f* ; (*médecine*) Privatstation *f* ; *de source* ~*e* aus inoffizieller (privater, nicht amtlicher) Quelle ; ◆◆◆ *être dû à une initiative* ~*e* auf eine Privatinitiative zurückgehen (zurückzuführen sein) ; *financer qqch sur des fonds* ~*s* etw aus privaten Mitteln finanzieren.
priver 1. aberkennen ; entziehen ; vorenthalten ; wegnehmen ; berauben ; ~ *qqn de ses droits* jdn entrechten ; jdn seiner Rechte berauben ; ~ *qqn de ses droits civils* jdm die bürgerlichen Ehrenrechte aberkennen ; ~*é d'emploi* beschäftigungslos ; ~ *de ressources* mittellos ; arm **2.** *se* ~ *de qqch* Entbehrungen auf sich nehmen ; auf etw (+ A) verzichten.
privilège *m* Privileg *n* ; Sonderrecht *n* ; Vorrecht *n* ; Vorrang *m* ; Begünstigung *f* ; Bevorzugung *f* ; Präferenz *f* ; Vorteil *m* ; ~ *d'émission* Notenbankprivileg ; ~*s fiscaux* Steuervorrechte ; ~ *en cas de faillite* Konkursvorrecht ; ~*s garantis par écrit* verbriefte Privilegien ; (*jur.*) ~ *général* unbegrenztes Vorzugsrecht ; (*jur.*) *conservation f des* ~*s* Erhaltung *f* der Vorzugsrechte ; (*jur.*) *constitution f d'un* ~ Bestellung *f* eines Vorzugsrechts (durch Eintragung) ; *avoir des* ~*s* Privilegien haben (genießen) ; *supprimer* (*abolir*) *des* ~*s* Privilegien beseitigen (abschaffen) ; *toucher à des* ~*s* Vorrechte antasten.
privilégié *m* Privilegierte(r).
privilégié, e privilegiert ; begünstigt ; bevorrechtigt ; bevorzugt ; vorrangig ; *créance f* ~*e* bevorrechtigte Forderung *f* ; *créancier m* ~*é* bevorrechtigter Gläubiger *m* ; *dividende m* ~*é* Vorzugsdividende *f* ; *passif m* ~*é* bevorrechtigte Verbindlichkeiten *fpl* ; *traitement m* ~ Vorzugsbehandlung *f*.
privilégier privilegieren ; Privilegien (Sonder-, Vorrechte) einräumen ; begünstigen ; bevorzugen ; *milieux mpl* ~*és* privilegierte Kreise *mpl* ; (*bourse*) ~ *certains titres dans un portefeuille* Wertpapiere in einem Portefeuille übergewichten.

---

1. prix *m* (*à payer*)
◆ *à bon* ~...
◆◆ *accord sur les* ~...
◆◆◆ *atteindre un* ~...
2. prix *m* (*récompense*)

---

1. prix *m* (*à payer*) Preis *m* ; ◆ *à bon* ~ billig ; *au* ~ *de* zum Preise von ; *à aucun* ~ um keinen Preis ; *au* ~ *fort* zum vollen Preis ; *à moitié* ~ zum halben Preis ; *à* ~ *réduit* preisgesenkt, reduziert ; *à tout* ~ um jeden Preis ; *à tous les* ~ in jeder Preislage ; *hors de* ~ wahnsinnig teuer ; ~ *abordable* erschwinglicher Preis ; ~ *abusif* Wucherpreis ; ~ *d'achat* Einkaufspreis ; ~ *d'acquisition* Anschaffungspreis ; ~ *affiché* ausgezeichneter Preis ; ~ *d'amateur* Liebhaberpreis ; ~ *d'ami* Freundschaftspreis ; ~ *d'appel* Sonderpreis ; stark reduziert ; ~ *de l'argent* Zinssatz *m* ; Geldzins *m* ; ~ *avantageux* preisgünstig, -wert ; ~ *de base* Grundpreis ; ~ *bloqué* gestoppter Preis ; preisgestoppt ; Stopppreis ; ~ *brut* Bruttopreis ; ~*-choc* Preisschlager *m* ; Preisknüller *m* ; sensationeller Preis ; ~ *compétitif* wettbewerbsfähiger Preis ; ~ *au comptant* Barpreis ; ~ *conseillé* Richtpreis ; empfohlener Preis ; ~

prix

conseillés unverbindliche Preise ; ~ *à la consommation* Verbraucher-, Ladenpreis ; Endverbraucherpreis ; *en ~ constants* in konstanten Preisen ; ~ *convenu* vereinbarter Preis ; Preis nach Vereinbarung ; ~ *courant* Marktpreis ; ~ *courants* Preisliste *f*, -katalog *m* ; ~ *coûtant* Einstandspreis ; Selbstkostenpreis ; ~ *à débattre* Preis nach Vereinbarung ; ~ *départ* (*usine*) Preis ab (Werk) ; ~ *de détail* Einzelhandelspreis ; ~ *de dumping* Dumpingpreis ; ~ *effectif* Effektivpreis ; ~ *élevé* hoher Preis ; ~ *d'émission* Ausgabe-, Emissionspreis ; ~ *emporté* Mitnahmepreis ; ~ *d'entrée* Eintrittspreis ; ~ *escomptés* Preiserwartungen *fpl* ; ~ *d'estimation* Schätz-, Taxwert *m* ; geschätzter Wert ; ~-*étalon* Standardpreis ; ~ *exceptionnel* Sonderpreis ; ~ *d'exercice* Basispreis → **prix d'exercice** ; ~ *exorbitant* (*excessisf*) unerschwinglicher (übertriebener, übermäßiger) Preis ; ~ *de fabrique* Fabrikpreis ; ~ *de façon* Verarbeitungspreis ; ~ *fait* → *convenu* ; ~ *de faveur* Vorzugspreis ; ~ *ferme* fester Preis ; Festpreis ; ~ *fictif* fingierter Preis ; ~ *fixé* festgesetzter Preis ; ~ *forfaitaire* Pauschalpreis ; ~ *fort* zum vollen Preis ; ~ *fou* horrender Preis ; ~ *franco* Preis frei ; ~ *franco à bord du navire* Preis frei an Bord ; ~ *franco domicile* Preis frei Haus ; ~ *du fret* Frachtgeld *n* ; ~ *global* Gesamtpreis ; "alles in allem" ; ~ *de gros* Großhandelspreis ; ~ *homologué* behördlich (amtlich) anerkannter Preis ; ~ *imbattable* konkurrenzloser (unschlagbarer) Preis ; ~ *imposé* (preis)gebunden ; Preisbindung *f* ; staatlich festgelegter Preis ; ~ *inabordable* unerschwinglicher Preis ; ~ *indicatif* Richtpreis ; ~ *intéressant* → *avantageux* ; ~ *d'intervention* Interventionspreis ; ~ *d'inventaire* Inventarpreis ; ~ *du* (*au*) *kilo* Kilopreis ; ~ *kilométrique* Kilometerpreis ; ~ *de lancement* Einführungspreis ; ~ *libre* (*non imposé*) freibleibender Preis ; ~ *limite* Preislimit *n* ; ~ *de liquidation* Räumungspreis ; ~ *de location* Leihgebühr *f* ; ~ *du loyer* Mietpreis *m* ; ~ *de la main-d'œuvre* Arbeitskosten *pl* ; ~ *marchand* Handelspreis ; Einkaufspreis ; ~ *du marché* Marktpreis ; zu Marktpreisen ; ~ *marqué* ausgeschriebener Preis ; ~ *maximum* (*maximal*) → *plafond* ; ~ *minimum* (*minimal*) → *plancher* ; ~ *modique* (*modéré*) mäßiger (bescheidener) Preis ; ~ *moyen* Durchschnittspreis ; ~ *net* Nettopreis ; ~ *officiel* amtlicher Preis ; ~ *d'ordre* Verrechnungspreis ; (*bourse*) ~ *d'ouverture* Eröffnungskurs ; Anfangskurs *m* ; ~ *sur place* Lokopreis ; ~ *plafond* Maximal-, Höchstpreis ; Preisobergrenze *f* ; ~ *plancher* Minimal-, Mindestpreis ; Preisuntergrenze ; (*bourse*) ~ *de placement* Platzierungspreis ; ~ *de préemption* Vorkaufspreis ; ~ *préférentiel* → *de faveur* ; ~ *à la production* Herstellungs-, Erzeugerpreis ; ~ *prohibitif* → *exorbitant* ; ~ *public* → *à la consommation* ; ~ *publicitaire* Werbe-, Reklamepreis ; ~ *de rachat* Rücknahmepreis ; Rückkaufswert *m* ; Wiederbeschaffungswert *m* ; ~ *raisonnable* angemessener Preis ; ~ *recommandé* empfohlener Preis ; Preisempfehlung *f* ; ~ *record* ~ *choc* ; *à* ~ *réduit* preisgesenkt ; zu ermäßigtem Preis ; ~ *de référence* Richtpreis ; ~ *rendu* Preis frei geliefert ; Preis am Lieferort ; ~ *de réserve* Mindestpreis ; ~ *de revient* (Selbst)Kostenpreis ; Gestehungskosten *pl* ; ~ *sacrifié* Schleuderpreis ; ~ *salé* gepfefferter (gesalzener) Preis ; ~ *sans engagement* freibleibender Preis ; ~ *sans garantie* Preis ohne Gewähr ; ~ *service compris* Preis einschließlich Bedienungsgeld ; ~ *de seuil* (*U.E.*) Schwellenpreis ; Einschleusungspreis ; ~ *de souscription* Subskriptionspreis ; ~ *spécial* Sonderpreis ; ~ *stable* stabiler Preis ; ~ *subventionné* subventionierter (gestützter) Preis ; ~ *unique* Einheitspreis ; ~ *unitaire* (*à l'unité*) Stückpreis ; Einzelpreis ; Preis pro Stück ; ~ *usuel* üblicher Preis ; ~ *usuraire* Wucherpreis ; ~ *de vente* (*au consommateur, au public*) Verkaufs-, Ladenpreis ; Endverbraucherpreis ; ~ *de vente au détail* Einzelverkaufspreis ; ~ *en vigueur* gegenwärtige Preise ; ◆◆ *accord m sur les* ~ Preisabkommen *n*, -abmachungen *fpl* ; *action f sur les* ~ Preisbeeinflussung *f* ; *affichage m des* ~ Preisaushang *m*, -auszeichnung *f* ; *alignement m des* ~ Preisangleichung *f* ; *amélioration f des* ~ *redressement* ; *au-dessus, au-dessous du* ~ über, unter dem Preis ; *augmentation f du* (*des*) ~ Preiserhöhung *f*, -steigerung *f* ; *avalanche f des* ~ Preislawine *f* ; *avantage m de* ~ Preisvorteil *m* ; *baisse f du* ~ Preisermäßigung *f*, -senkung *f*, -nachlass

prix

m ; *baisse f des* ~ Preisrückgang m ; *barème m des* ~ Preistabelle f ; *bas* ~ Niedrigpreis ; niedriger Preis ; *blocage m des* ~ Preisstopp m ; *bradage m des* ~ Preisschleuderei f ; *calcul m du (des)* ~ Preisberechnung f, -kalkulation f ; *cartel m des* ~ Preiskartell n ; *casseur m de* ~ Preisbrecher m ; *changement m de* ~ Preisänderung f ; *chute f (brutale) des* ~ Preiseinbruch m, -sturz m ; Preisverfall m ; *commissaire m aux* ~ Preiskommissar m ; *compression f des* ~ Preisdrückerei f ; *concurrence f des* ~ Preiskonkurrenz f ; *consolidation f des* ~ Preisfestigung f ; *contrôle m des* ~ Preiskontrolle f, -überwachung f ; *corrigé des* ~ preisbereinigt ; *cotation f des* ~ Preisnotierung f ; *déblocage m des* ~ Preisfreigabe f ; Aufhebung f des Preisstopps ; *déflation f des* ~ Preisdeflation f ; *dérapage m des* ~ Preisrutsch m ; *détermination f du* ~ Preisermittlung f ; *différence f de* ~ Preisunterschied m ; *diminution f de (du)* ~ → *baisse* ; *dirigisme m en matière de* ~ Preisdirigismus m ; *disparité f des* ~ Preisgefälle n, -disparität f ; *distorsion f des* ~ Preisverzerrung f ; *dumping m sur les* ~ Preisdumping n ; *écart m de* ~ Preisschere f ; *échelle f des* ~ Preisskala f ; *échelonnement m des* ~ Preisstaffelung f ; *écrasement m des* ~ Preisdrückerei f, -unterbietung f ; *effondrement m des* ~ Preissturz m, -verfall m ; *élaboration f des* ~ Preisbildung f, -gestaltung f ; *entente f sur les* ~ Preisabsprache f ; *escalade f des* ~ Preislawine f ; *étiquetage m des* ~ Preisauszeichnung f ; *étiquette f de* ~ Preiszettel m ; *éventail m des* ~ Preisskala f, -gefälle n ; *évolution f des* ~ Preisentwicklung f ; *fixation f des* ~ → *établissement* ; *flambée f des* ~ Preisauftrieb m, -treiberei f ; *fluctuations fpl des* ~ Preisschwankungen fpl ; *gamme f de* ~ Preislage f, -klasse f, -stufe f ; *guerre f des* ~ Preiskrieg m ; *hausse f de* ~ Preiserhöhung f ; *hausse f des* ~ Preisanstieg m, -steigerung f ; *indexation f des* ~ Preisindizierung f ; *indication f de (des)* ~ Preisangabe f ; *indice m des* ~ Preisindex m ; *libération f des* ~ Freigabe f der Preise ; *liberté f des* ~ Preisfreiheit f ; *limitation f des* ~ Preisbeschränkung f ; *limite f de* ~ Preisgrenze f, -limit n ; *liste f des* ~ Preisliste f, -verzeichnis n ;

majoration f des ~ Preiserhöhung f ; *manipulation f des* ~ Preismanipulation f ; *marquage m des* ~ → *affichage* ; *montée f des* ~ Preisanstieg m ; *mouvement m des* ~ Preisbewegung f ; *niveau m des* ~ Preisniveau n, -stand m ; *offre f de* ~ Preisangebot n ; *politique f des* ~ Preispolitik f ; *poussée f des* ~ Preisschub m, -auftrieb m ; *pratiques fpl de* ~ Preisgebaren n ; *premier* ~ Billigpreis ; Niedrig(st)preis ; Einstiegspreis ; *rabais m sur le* ~ Preisrabatt m ; Preisermäßigung f ; *réajustement m des* ~ Preisanpassung f, -angleichung f ; *recul m des* ~ Preisrückgang m ; *réglementation f des* ~ Preisregelung f, -regulierung f, -steuerung f ; *relèvement m des* ~ → *majoration* ; *renchérissement m des* ~ Preisverteuerung f ; *stabilisation f des* ~ Preisstabilisierung f ; *stabilité f des* ~ Preisstabilität f ; *supplément m de* ~ Preiszuschlag m ; Aufpreis ; *tassement m des* ~ Preisrückgang m ; *tendance f des* ~ Preistendenz f, -trend m ; *transparence f des* ~ Preistransparenz f ; *valse des* ~ Preiskarussell n, -lawine f ; *vente f à vil* ~ Preisschleuderei f, -unterbietung f ; ◆◆◆ *au* ~ *de* zum Preise von ; *au* ~ *fort* zum vollen Preis ; *à moitié* ~ zum halben Preis ; *à* ~ *réduit* preisgesenkt, -reduziert ; *à aucun* ~ um keinen Preis ; *à tout* ~ um jeden Preis ; koste es, was es wolle ; *à tous les* ~ in jeder Preislage ; *hors de* ~ wahnsinnig teuer ; *atteindre un* ~ einen Preis erreichen ; *les* ~ *augmentent* die Preise schlagen auf (steigen) ; *augmenter les* ~ die Preise erhöhen, (heraufsetzen) ; *les* ~ *baissent* die Preise fallen (sinken) ; *baisser les* ~ die Preise senken (herabsetzen) ; *bloquer les* ~ einen Preisstopp verhängen ; *calculer un* ~ einen Preis kalkulieren (berechnen) ; *casser les* ~ → *écraser* ; *contrôler les* ~ die Preise überwachen ; *convenir d'un* ~ einen Preis ausmachen (vereinbaren) ; *coûter un* ~ *fou* ein Heidengeld (Sündengeld) kosten ; *débloquer les* ~ die Preise freigeben ; den Preisstopp aufheben ; *demander un* ~ *pour qqch* für etw einen Preis verlangen ; *déterminer le* ~ den Preis festlegen ; *écraser les* ~ die Preise drücken (unterbieten) ; *les* ~ *s'effondrent* die Preise brechen zusammen (stürzen) ; *établir un* ~ → *fixer* ; *faire un* ~ *à qqn* jdm einen günstigen Preis machen ; *faire monter les* ~ die Preise in

die Höhe treiben (hochtreiben) ; *fixer un ~* einen Preis festsetzen ; *libérer les ~* die Preise freigeben ; *majorer les ~* → *augmenter* ; *marquer les ~* die Preise angeben ; die Ware auszeichnen ; *les ~ montent* die Preise steigen (ziehen an) ; *obtenir un bon ~* einen guten Preis erzielen ; *payer le ~ fort* den Höchstpreis bezahlen ; *rabattre du ~* vom Preis nachlassen ; einen Rabatt gewähren ; *raffermir les ~* die Preise festigen ; *ne pas regarder au ~* nicht auf die Preise sehen ; *relever les ~* → *augmenter* ; *surveiller les ~* → *contrôler* ; *les ~ tendent à la hausse, à la baisse* die Preise tendieren nach oben, nach unten ; *valoir son ~* hoch im Preis stehen ; *vendre au-dessous du ~* etw unter dem Preis (unter dem Wert) verkaufen ; *vendre au ~ coûtant* zum Selbstkostenpreis verkaufen ; *vendre à vil ~* die Preise unterbieten ; eine Ware verschleudern.
   2. prix *m* (*récompense*) Preis *m* ; Preisgeld *n* ; *attribution f d'un ~* Preisverleih *m* ; *lauréat m d'un ~* Preisträger *m* ; *attribuer un ~ à qq* jdm einen Preis verleihen ; *gagner un ~ à un concours* bei einem Preisausschreiben einen Preis gewinnen ; *honorer qqn d'un ~* jdm mit einem Preis ehren ; *obtenir un ~* einen Preis erringen ; preisgekrönt werden ; *récompenser qqn d'un ~* jdn mit einem Preis auszeichnen ; *remettre un ~ à qqn* jdm einen Preis verleihen.
   prix *m* **d'exercice** (*bourse*) Zeichnungs-, Emissionspreis *m* ; vom Inhaber eines Zeichnungsscheins zu bezahlender Einheitspreis, um eine Neuaktie zu erwerben.
   pro *m* (*fam. : professionnel*) Profi *m* ; *travail m de ~* Qualitäts-, Profiarbeit *f*.
   probabilité *f* Wahrscheinlichkeit *f* ; Erwartung *f* ; *~ de décès* Sterbewahrscheinlichkeit ; Absterbeordnung *f* ; *calcul m de ~* Wahrscheinlichkeitsrechnung *f* ; Hochrechnungen *fpl* ; *selon toute ~* aller Wahrscheinlichkeit nach.
   probable wahrscheinlich ; vermutlich ; *vie f ~* wahrscheinliche Lebensdauer *f.*
   probatoire als Probe ; probeweise ; *délai m ~* Bewährungsfrist *f* ; *période f ~* Bewährungszeit *f.*
   problème *m* Problem *n* ; Frage *f* ; Problemfall *m* ; ◆ *~ économique, énergétique, de financement* Wirtschafts-, Energie-, Finanzierungsproblem ; *~ de l'heure* Zeitproblem ; Problem der Stunde ; aktuelles Problem ; *~ du logement* Wohnungsproblem ; *~ monétaire* Währungsproblem ; *~ politique, social* politisches, soziales Problem ; ◆◆◆ *s'attaquer à un ~* an ein Problem herangehen ; ein Problem anpacken ; *avoir des ~s d'approvisionnement* Versorgungsprobleme haben ; *connaître des ~s financiers* in Finanznöte geraten ; finanzielle Schwierigkeiten haben ; *éluder* (*fuir*) *un ~* einem Problem ausweichen ; *fonctionner sans ~* reibungslos funktionieren ; *poser* (*un*) *~* ein Problem stellen ; problematisch sein ; *résoudre un ~* ein Problem lösen ; *soulever un ~* ein Problem aufwerfen ; *traiter un ~* ein Problem behandeln.
   procédé *m* Verfahren *n* ; Methode *f* ; Technik *f* ; Prozess *m* ; (*manière de procéder*) Vorgehen *n* ; *~ breveté* patentiertes Verfahren ; (*mines, carrières*) *~ d'exploitation* Abbau-, Ausbeutungsverfahren ; *~ de fabrication* Herstellungs-, Fabrikationsverfahren ; (*processus*) Produktionsvorgang *m,* -prozess ; *~ technique* Verfahrenstechnik *f* ; technisches Verfahren ; *employer* (*appliquer*) *un nouveau ~* ein neues Verfahren anwenden ; *tester* (*essayer*) *un ~* ein Verfahren erproben (testen).
   procéder verfahren ; vorgehen ; vornehmen ; durchführen ; *~ à une augmentation de capital* eine Kapitalaufstockung durchführen ; *~ à une émission d'actions nouvelles* eine Neuemission vornehmen ; *~ à des changements, à une enquête* Änderungen, eine Untersuchung vornehmen ; *~ à l'inventaire* Inventur machen ; *~ à un recensement de la population* eine Volkszählung durchführen ; *~ à des vérifications* Nachprüfungen vornehmen (anstellen) ; *~ à un vote* abstimmen ; *faire ~ à une étude de marché* eine Marktanalyse anfertigen lassen.
   procédure *f* (*sens général*) Verfahren *n* ; Vorgehen *n* ; Prozedur *f* ; (*jur.*) Verfahren *n* ; Prozess *m* ; Rechtsweg *m* ; ◆ *~ accélérée* Schnellverfahren ; *~ administrative* Verwaltungsweg, -verfahren ; (*université*) *~ d'admission, d'appel* Zulassungs-, Berufungsverfahren ; *~ arbitrale* (*d'arbitrage*) Schiedsverfahren ; *~ d'attribution de marché* (*sur appel d'offres*) Vergabeart *f* (bei Ausschreibun-

gen) ; ~ *budgétaire* Haushaltsverfahren ; ~ *de change* (*sur lettres de change*) Wechselprozess ; ~ *civile* Verfahren in Zivilsachen ; bürgerrechtliches Verfahren ; ~ *communautaire* Gemeinschaftsverfahren ; ~ *de compensation, de conciliation* Ausgleichs-, Schlichtungsverfahren ; ~ *de concordat* → *de liquidation judiciaire* ; ~ *de constatation, de dédouanement* Feststellungs-, Verzollungsverfahren ; ~ *de contrôle* Überprüfungsprozedur *f,* -verfahren ; ~ *écrite* schriftliches Verfahren ; ~ *disciplinaire* (*dans le cadre du service*) Dienstverfahren ; ~ *d'enquête, d'exécution* Ermittlungsverfahren, Zwangsvollstreckung *f* ; ~ *d'examen, en contrefaçon* Prüfungs-, Verletzungsverfahren ; ~ *d'expropriation, de faillite* (*de liquidation de biens*) Enteignungs-, Konkursverfahren ; ~ *fiscale, judiciaire* Steuer-, Gerichtsverfahren ; ~ *de liquidation* Abwicklungs-, Liquidationsverfahren ; ~ *de liquidation judiciaire* Vergleichsverfahren ; ~ *de médiation, par défaut* Vermittlungs-, Säumnisverfahren ; ~ *pénale* Strafverfahren ; Verfahren in Strafsachen ; ~ *prud'homale* arbeitsgerichtliches Verfahren ; ~ *de recours, de remboursement* Beschwerde-, Erstattungsverfahren ; ~ *de référé* Verfahren der einstweiligen Verfügung ; (*fisc*) ~ *de recouvrement* Steuerbeitreibung *f* ; Steuererhebung *f* ; ~ *de saisie* Pfändungsverfahren ; ~ *de sommation* Mahnverfahren ; ~ *sommaire, standard* Schnell-, Standardverfahren ; ~ *de vote* Abstimmungsverfahren ; ◆◆ *bataille f de* ~ Verfahrensstreit *m* ; riesiger Verfahrensaufwand *m* ; *frais mpl de* ~ Gerichts-, Prozesskosten *pl* ; *frais mpl de* ~ Prozess-, Verfahrenskosten *pl* ; *ouverture f de la* ~ Eröffnung *f* des Verfahrens ; *vice m de* ~ Verfahrensmangel *m* ; Formfehler *m* ; mangelhaftes Verfahren ; ◆◆◆ *une* ~ *est en cours contre X* ein Verfahren läuft gegen unbekannt ; *engager* (*entamer*) *une* ~ (*contre qqn*) ein Verfahren (gegen jdn) einleiten ; gerichtliche Schritte (gegen jdn) unternehmen ; *entamer une* ~ *de divorce* ein Scheidungsverfahren einleiten ; *suspendre une* ~ ein Verfahren einstellen (aussetzen).

procédurier *m* Prozesshansel *m.*

procédurier, ière prozesswütig ; *querelles fpl* ~*ières* Verfahrensstreit *m* ;

avoir un esprit ~ bei jeder Gelegenheit prozessieren ; prozesswütig sein ; alles gerichtlich regeln wollen ; → **judiciarisation.**

procès *m* 1. (*jur.*) Prozess *m* ; Gerichtsverfahren *n* ; Rechtsstreit *m* ; Streitverfahren ; gerichtliches Verfahren ; ~ *civil, pénal* Zivil-, Strafprozess ; *être en* ~ *avec qqn* mit jdm im Prozess liegen ; mit jdm prozessieren ; *faire* (*mener*) *un* ~ *à qqn* gegen jdn einen Prozess führen ; *gagner un* ~ einen Prozess gewinnen ; *intenter* (*engager*) *un* ~ (*à qqn*) (gegen jdn) (jdm) den Prozess machen ; (jdn) vor Gericht bringen ; (gegen jdn) einen Prozess anstrengen (einleiten) ; *perdre un* ~ einen Prozess verlieren ; *les frais de* ~ *sont à votre charge* die Prozesskosten gehen zu Ihren Lasten **2.** (*fig*) ~ *d'intention* Unterstellung *f* (von Absichten) ; *faire un* ~ *d'intention à qqn* jdm etw unterstellen.

process *m* (*franglais*) Prozess *m* ; Verfahren *n.*

processeur *m* (*informatique*) Prozessor *m.*

processus *m* Prozess *m* ; Vorgang *m* ; Entwicklung *f* ; Ablauf *m* ; Verfahren *n* ; ~ *de concentration, de croissance* Konzentrations-, Wachstumsprozess ; ~ *économique, de fabrication, d'industrialisation* Wirtschafts-, Produktions-, Industrialisierungprozess ; ~ *politique, de rationalisation* politischer, Rationalisierungsprozess ; ~ *de rattrapage, de relance* Aufhol-, Ankurbelungsprozess ; ~ *d'urbanisation* Urbanisierungs-, Verstädterungsprozess ; *accélérer, déclencher, interrompre un* ~ einen Prozess beschleunigen, auslösen, unterbrechen.

procès-verbal *m* 1. (*compte rendu*) Protokoll *n* ; Niederschrift *f* ; Bericht *m* ; (*douane*) Attest *n* ; ◆ ~ *de constat* Feststellungsprotokoll ; ~ *de réunion, de séance* Versammlungs-, Sitzungsprotokoll ; *établissement m du* ~ Protokollaufnahme *f* ; *inscription f au* ~ Aufnahme *f* in das Protokoll ; *rédaction f du* ~ Abfassung *f* (Anfertigung *f*) des Protokolls ; ◆◆◆ *consigner dans un* ~ etw zu Protokoll geben ; etw in einer Niederschrift festhalten ; *dresser* (*établir*) *le* ~ das Protokoll aufnehmen (anfertigen) ; *inscrire au* ~ im Protokoll vermerken ; in das Protokoll aufnehmen ; *lire, rédiger le* ~ das Protokoll vorlesen, abfassen (aufsetzen) ; *signer*

proche

le ~ das Protokoll unterschreiben **2.** (*contravention*) (*P.V.*) Strafzettel *m* ; gebührenpflichtige Verwarnung *f* ; Bußgeld *n*.

proche nah ; -nah ; ~ *avenir* nahe Zukunft ; ~ *banlieue* Stadtrand *m* ; Vorort *m* ; Vorstadt *f* ; *Proche Orient* der Nahe Osten ; der Vordere Orient ; ~ *parent* naher Verwandte(r) ; *organisation f* ~ *du gouvernement, du patronat* regierungs-, arbeitgebernahe Organisation *f* ; *être* ~ *des citoyens* bürgernah sein.

proclamation *f* Proklamation *f* ; Proklamierung *f* ; Verkündigung *f* ; Bekanntgabe *f* ; ~ *publique* öffentliche Bekanntgabe.

proclamer verkünden ; proklamieren ; bekannt geben ; ~ *son innocence* seine Unschuld beteuern ; sich für unschuldig erklären.

procuration *f* Vollmacht *f* ; Bevollmächtigung *f* ; Ermächtigung *f* ; Handlungsvollmacht *f* ; Vollmachtserteilung *f* ; (*commerciale*) Prokura *f* ; (*vote*) Stimmrechtsvollmacht ; ◆ ~ *de banque, en blanc, collective* (*conjointe*) Bank-, Blanko-, Gesamtvollmacht ; ~ *commerciale, écrite, générale* Handels-, schriftliche, Generalvollmacht ; ~ *individuelle, notariée* Einzel-, notarielle Vollmacht ; ~ *spéciale, pour la vente* Spezial-, Verkaufsvollmacht ; ◆◆ *chargé m* (*fondé m*) *de* ~ Bevollmächtigte(r) ; Prokurist *m* ; *révocation f de* ~ Vollmachtsentzug *m* ; *titulaire m d'une* ~ Vollmachtinhaber *m*, -nehmer *m* ; *vote m par* ~ Abstimmung *f* durch Vertreter ; Wahl *f* in Vertretung ; *par* ~ in Vollmacht (i.V.) ; in Stellvertretung ; per prokura (p.p. ; ppa) ; als Bevollmächtigter ; ◆◆◆ *avoir* ~ Vollmacht (Prokura) haben ; *donner* (*délivrer*) *une* ~ *à qqn* jdm für (zu) etw (die) Vollmacht geben (erteilen) ; *la* ~ *est expirée* die Prokura ist erloschen ; *retirer la* ~ *à qqn* jdm die Vollmacht entziehen ; *révoquer une* ~ eine Vollmacht widerrufen ; *signer une* ~ eine Prokura (Vollmacht) unterschreiben.

procurer 1. (*fournir*) verschaffen ; besorgen ; vermitteln ; ~ *un emploi* (*à qqn*) (jdm) eine Stellung verschaffen **2.** (*causer*) verursachen ; bewirken ; geben ; bieten ; bereiten ; ~ *des avantages* Vorteile bieten ; ~ *des désagréments* Unannehmlichkeiten bereiten ; ~ *l'occasion* die Gelegenheit bieten (geben) **3.** *se* ~ für sich beschaffen ; beziehen ; erwerben ; auftreiben ; aufbringen ; *se* ~ *les fonds nécessaires* das nötige Geld auftreiben.

procureur *m* **1.** Bevollmächtigte(r) ; bevollmächtigter Geschäftsträger *m* ; Prokurator *m* **2.** (*jur.*) ~ *général* Generalstaatsanwalt *m* ; ~ *de la République* (Ober)Staatsanwalt *m* ; Vertreter *m* der Anklagebehörde.

producteur *m* Hersteller *m* ; Produzent *m* ; Erzeuger *m* ; Fabrikant *m* ; Herstellerfirma *f*, -betrieb *m* ; ~ *agricole* landwirtschaftlicher Erzeuger ; ~ *artisanal, industriel* handwerkliche, industrielle Herstellerfirma ; ~ *de céréales* Getreideproduzent ; ~ *laitier* Milchbauer *m* ; Milchproduzent ; ~ (*éleveur m*) *de volailles* Geflügelzüchter *m* ; *achat m au* ~ Direktbezug *m* ; *association f* (*groupement m*) *de* ~*s* Herstellerverband *m* ; *prix m* (*de*) ~ Erzeuger-, Herstellerpreis *m* ; *du* ~ *au consommateur* Direktbezug *m* (vom Produzenten zum Konsumenten) ; *s'approvisionner directement chez le* ~ eine Ware direkt beim Hersteller beziehen.

producteur, trice Erzeuger- ; Hersteller- ; Produktions- ; Fabrikations- ; *entreprise f* ~*trice* Herstellerbetrieb *m*, -firma *f*,-werk *n* ; Produktionsbetrieb ; *pays m* ~ Erzeugerland *n* ; *pays m* ~ *de matières premières* Rohstoffland *n*, -lieferstaat *m* ; *pays m* ~ *de pétrole* ölförderndes (ölerzeugendes) Land ; OPEC-Länder *npl* ; *secteur m* ~ produzierendes Gewerbe *n*.

productif, ive (*qui produit*) produktiv ; produktionsfähig ; Produktiv- ; leistungsfähig ; ertragreich ; (*rentable*) einträglich ; gewinnbringend ; lohnend ; rentabel ; ~ *d'intérêts* zinstragend ; zinsbringend ; verzinslich ; *appareil m* ~ Produktionsapparat *m* ; *capital m* ~ Produktivkapital *n* ; arbeitendes Kapital ; *coûts mpl* ~*s* Einzel-, Teilkosten *pl* ; direkte (produktive) Kosten ; *forces fpl* ~*ives* Produktivkräfte *fpl* ; *investissement m* ~ Anlage-, Ausrüstungsinvestition *f* ; Produktivanlage *f* ; *secteur m* ~ Herstellermarkt *m* ; Produktionssektor *m* ; produzierendes Gewerbe *n*.

production *f*	1. *fait de produire* 2. *quantité produite* 3. *présentation d'un document*

1. (*fait de produire*) Produktion *f* ; Erzeugung *f* ; Herstellung *f* ; Fertigung

f ; Fabrikation *f* ; (*pétrole, charbon*) Förderung *f* ; Gewinnung *f* ; (*animale*) tierische Produktion ; Tierzucht *f* ; ◆ ~ *agricole* Agrarproduktion ; landwirtschaftliche Produktion ; *annuelle, à la chaîne* Jahres-, Fließbandproduktion ; ~ *de biens et services* (*statist.*) Leistungserstellung *f* ; ~ *courante, effective, énergétique* laufende Produktion, Ist-Leistung *f*, Energieproduktion ; ~ *à flux tendu* Just-in-Time-Produktion ; ~ *industrielle, journalière, liée* industrielle, Tages-, verbundene Produktion ; ~ *de masse* Massenproduktion, -herstellung, -fabrikation ; ~ *nationale* Inlands-, inländische Produktion ; (*comptab.*) wirtschaftliche Gesamtleistung *f* ; ~ *de pétrole* Erdölförderung, -gewinnung ; ~ *prévue* (*attendue*) Produktionssoll *n* ; ~ *saisonnière, en série* saisonbedingte Produktion ; Serienproduktion, -fertigung ; ~ *du sol* Bodenproduktion ; ◆◆ *adaptation f de la* ~ Produktionsanpassung *f* ; *appareil m de* ~ Produktionsapparat *m* ; *arrêt m de la* ~ Produktionseinstellung *f* ; *augmentation f de* (*la*) ~ Produktionszunahme *f*, -zuwachs *m* ; *baisse f de la* ~ Produktionsrückgang *m* ; *biens mpl de* ~ Produktionsgüter *npl* ; Produktivgüter ; *cadence f de* ~ Produktionstempo *n*, -rhythmus *m* ; *capacité f de* ~ Leistungsfähigkeit *f* ; Produktionskapazität *f* ; *chef m de* ~ Produktionsleiter *m* ; *contrôle m de* ~ Produktionskontrolle *f* ; *coopérative f de* ~ Produktionsgenossenschaft *f* ; gewerbliche Genossenschaft ; *coût m de* ~ Produktions-, Herstellungskosten ; Fertigungs-, Erzeugungskosten *pl* ; *département m* ~ Produktionsabteilung *f* ; *entreprise f de* ~ Produktions-, Herstellerbetrieb *m* ; Werk *n* ; *excédent m de* ~ Produktionsüberschuss *m* ; *facteur m de* ~ Produktionsfaktor *m* ; *indice m de la* ~ Produktionsindex *m*, -kennziffer *f*, -ziffer ; *installations fpl de* ~ Produktionsanlagen *fpl* ; *lieu m de* ~ Produktionsstätte *f*, -ort *m* ; *méthode f, moyens mpl de* ~ Produktionsmethode *f*, -mittel *npl* ; *niveau m de* ~ Produktionsstand *m*, -niveau *n* ; *objectif m de* ~ Produktionsziel *n* ; *perte f de* ~ Produktionsausfall *m*, -einbuße *f* ; *planification f de la* ~ Produktionsplanung *f* ; *prix m à la* ~ Erzeugerpreis *m* ; *prix m de* ~ Herstellungs-, Fabrikationspreis *m* ; *procédé m, processus m de* ~ Produktionsverfahren *n*, -prozess *m* ; *reconversion f, réduction f de la* ~ Produktionsumstellung *f*, -senkung *f* ; *recul m de la* ~ Produktionsrückgang *m* ; *secteur de* ~ Produktionsbereich *m* ; *stade m de* ~ Produktionsstufe *f* ; *unité f de* ~ **a)** (*lieu*) Produktionseinheit *f* **b)** (*pièce*) Fertigungseinheit ; ◆◆◆ *arrêter* (*stopper*) *la* ~ die Produktion einstellen (stoppen) ; *augmenter la* ~ die Produktion erhöhen (steigern) ; *délocaliser la* ~ *dans des pays à faible coût salarial* die Produktion in Niedriglohnländer verlagern ; *diminuer* (*réduire*) *la* ~ die Produktion senken (drosseln) ; *reconvertir, relancer la* ~ die Produktion umstellen, (wieder) ankurbeln ; *travailler à la* ~ in der Produktion arbeiten. (*syn. fabrication*).
2. (*quantité produite*) Produktion *f* ; Produktionsmenge *f*, -ausstoß *m* ; Herstellungsleistung *f*, -volumen *n* ; Leistung *f* ; Aufkommen *n* ; ~ *d'électricité* Stromaufkommen.
3. (*présentation d'un document*) Vorlegung *f* ; Vorlage *f* ; Vorzeigung *f* ; Vorzeigen *n* ; ~ *d'une créance* Forderungsanmeldung *f* ; ~ *de documents* Vorlegung von Dokumenten (Urkunden) ; ~ *de dossiers* Aktenvorlage.

productique *f* computergestützte Fertigung *f* ; automatisierte Produktion *f*.
productiviste leistungsorientiert ; tonnenideologisch ausgerichtet.
productivité *f* Produktivität *f* ; Produktionsergebnis *n* ; Ertrags-, Leistungsfähigkeit *f* ; Rentabilität *f* ; Ertrag *m* ; Leistung *f* ; Ergiebigkeit *f* ; ◆ ~ *à l'hectare* Hektarertrag ; Ertrag pro Hektar ; ~ *du capital, du travail* Arbeits-, Kapitalproduktivität *f* ; ~ *horaire* Stundenproduktivität ; Wertschöpfung *f* je Arbeitsstunde ; ~ *marginale* Grenzproduktivität ; ~ *maximale* Höchstleistung ; maximaler Ertrag, obere Ertragsgrenze *f* ; ~ *minimale* Mindestleistung ; minimaler Ertrag, untere Ertragsgrenze ; ~ *nationale* gesamtwirtschaftliche Produktivität ; ~ *en volume* physische Produktivität ; ◆◆ *accroissement m de* ~ Produktivitätssteigerung *f* ; Ertragssteigerung ; *gain m de* ~ Produktivitätszuwachs *m* ; *diminution f de* ~ Produktivitätsrückgang *m* ; Ertragsminderung *f* ; *mesure f de la* ~ Produktivitätsmessung *f* ; *niveau m de* ~

produire

Produktivitätsniveau *n*, -stand *m* ; *prime f de* ~ Produktivitätsprämie *f* ; *seuil m, valeur f de* ~ Produktivitätsschwelle *f*, -wert *m* ; ◆◆◆ ~ *enregistrer une augmentation, une baisse de* ~ eine Produktivitätssteigerung, einen Produktivitätsrückgang verzeichnen ; *une* ~ *en augmentation de 3 %* eine Produktivitätssteigerung von 3 % ; *une* ~ *en baisse d'environ 4 %* ein Produktivitätsrückgang um 4 %.
produire 1. produzieren ; herstellen ; fabrizieren ; verfertigen ; anfertigen ; schaffen ; ausstoßen ; (*énergie, produits agricoles*) erzeugen ; (*charbon, pétrole*) fördern ; gewinnen ; (*plantes*) hervorbringen ; tragen ; ~ *des fruits* Früchte tragen ; ~ *des intérêts* Zinsen bringen (abwerfen) ; ~ *de substantiels bénéfices* gewaltige Gewinne abwerfen ; ~ *du charbon* Kohle fördern ; ~ *des minerais* Erze fördern ; ~ *en fonction des besoins* nach Bedarf produzieren ; ~ *350 véhicules par jour* täglich 350 Fahrzeuge ausstoßen 2. (*exhiber, présenter*) vorlegen ; vorzeigen ; beibringen ; ~ *des certificats* Zeugnisse vorlegen (vorzeigen) ; ~ *une pièce d'identité* sich ausweisen ; seinen Ausweis vorzeigen ; ~ *des documents, des références* Urkunden, Referenzen beibringen 3. (*avoir pour conséquence*) bewirken ; verursachen ; zur Folge haben ; ~ *un effet* sich auswirken (auf + A) ; eine (Aus)Wirkung haben ; ~ *des nuisances* Schadstoffe ausstoßen 4. *se* ~ (*avoir lieu*) sich ereignen ; vorkommen ; passieren ; stattfinden ; geschehen.

produit *m*
1. *bien de production*
2. *rendement* ; *revenu* ; *bénéfice*

1. (*bien de production*) Produkt *n* ; Erzeugnis *n* ; Fabrikat *n* ; Ware(n) *f(pl)* ; Gut *n* ; Güter *npl* ; Stoff *m* ; Artikel *m* ; ◆ ~ *agricole* (*de la terre*) landwirtschaftliches Erzeugnis ; Agrarprodukt ; ~*s agro-alimentaires* Produkte der Ernährungswirtschaft ; ~*s alimentaires* Nahrungs-, Lebensmittel *npl* ; ~ *allégé* Light-Produkt ; fett-, zuckerarmes Produkt ; ~ *animal* tierisches Erzeugnis ; ~ *d'appel* Sonderangebot *n* ; preisgesenkter Artikel *m* ; ~ *d'appoint* (*complémentaire*) Komplementärgut ; Zusatzartikel *m* ; ~*s animaux* tierische Ereugnisse ; ~ *de base* Ausgangsstoff ; Grundstoff ; ~*s de beauté* (*cosmétiques*) Kosmetika *npl* ; Schönheitspflegemittel *npl* ; ~*s blancs* Haushaltsgeräte (Waschmaschinen, Kühlschränke) ;~ *breveté* patentiertes (patentgeschütztes) Produkt ; ~*s bruns* Elektrogeräte (Radio, TV) ;~ *brut* Rohprodukt ; ~*s charbonniers* Produkte der Kohle(n)industrie ; bergbauliche Güter ; ~*s chimiques* Chemikalien *fpl* ; chemische Stoffe ; ~ *commercial* Handelsgut, -ware ; ~ *de consommation* Konsumartikel, -ware ; Verbrauchsgut *n* ; ~*s de consommation courante* Güter des täglichen Bedarfs ; ~ *contingenté* bewirtschaftetes Produkt ; ~ *définitif* (*final*) Endprodukt ; ~ *demi-ouvré* Halbfabrikat ; ~ *dérivé* Derivat *n* ; Nebenprodukt, -erzeugnis ; Folgeerzeugnis ; ~*s durables* Gebrauchsgüter ; langlebige Güter ; ~*s d'entretien* Pflegemittel *npl* ; ~ *étranger* ausländisches Erzeugnis ; im Ausland hergestelltes Produkt ; ~ *d'exportation* Exportgut ; zur Ausfuhr bestimmte Ware ; ~ *fabriqué* Fabrikat *n* ; ~*s fabriqués* (*à la*) *machine* maschinell hergestellte Waren ; ~ *fabriqué sous licence* in Lizenz gefertigtes Produkt ; ~ *final* → *définitif* ; ~ *fini* Fertigware, -produkt, -fabrikat ; ~*s finis* Fertiggüter ; ~*s frais* Frischwarensortiment *n* ; ~ *industriel* gewerbliches Produkt ; Industrieerzeugnis ; Fertigerzeugnis ; ~ *intermédiaire* Zwischenprodukt ; ~*s libres* No-Name-Produkte ; markenlose (freie) Produkte ; ~*s de luxe* Güter des gehobenen Bedarfs ; Luxusgüter, -artikel ; ~*s manufacturés* Produkte der Verarbeitungsindustrie ; Erzeugnisse der Fertigwarenindustrie ; ~ *de marque* Markenartikel ; ~*s miniers* Montangüter ; bergbauliche Produkte ; ~*s naturels* Naturprodukte ; Bio-Produkte ; ~ *d'origine végétale* pflanzliches Erzeugnis ; Erzeugnis pflanzlicher Herkunft ; ~*s de première nécessité* lebenswichtige Güter ; Erzeugnisse des Grundbedarfs ; ~ *de première qualité* (*de premier choix*) erstklassige Ware ; Qualitätserzeugnis ; prima Ware ; ~ *de remplacement* Ersatz(stoff) ; Ersatzmittel *n* ; Surrogat *n* ; ~ *standard* Standardprodukt ; Einheitsmuster *n* ; ~ *standardisé* standardisierte Ware ; genormtes Produkt ; ~ *synthétique* Kunststoff ; ~*s textiles* Textilwaren ; Textilien

pl ; ~ *transformé* verarbeitetes Produkt ; ~*s végétaux* pflanzliche Erzeugnisse (Produkte) ; ~ *pour la vente* absatzfähiges (zum Verkauf bestimmtes) Produkt ; ~ *de vente massive* Massenartikel, -ware ; ◆◆ *chef m de* ~ Produktmanager *m*, -leiter *m* ; *commercialisation f des* ~*s* Warenvertrieb *m*, -vermarktung *f* ; Produktenkommerzialisierung *f* ; *conditionnement m d'un* ~ Warenverpackung *f* ; *gamme f (palette f) de* ~*s* Produktpalette *f* ; *groupe m de* ~*s* Warengruppe *f* ; *image f d'un* ~ Produkt-Image *n* ; *ligne f de* ~*s* Produktlinie *f* ; *présentation f d'un* ~ Warenaufmachung *f* ; *test m de* ~ Produkttest *m* ; *transformation f d'un* ~ (Weiter)Verarbeitung *f* eines Produkts ; *usinage m d'un* ~ Bearbeitung *f* eines Produkts.
2. *(rendement* ; *revenu* ; *bénéfice)* Ertrag *m* ; Erlös *m* ; Gewinn *m* ; Aufkommen *n* ; Einnahmen *fpl* ; Produkt *n* ; Profit *m* ; ◆ ~ *accessoire* Nebenertrag ; ~ *des actions et des parts sociales* Ertrag aus Aktien und Gesellschaftsanteilen ; ~ *des amortissements* Abschreibungserlöse ; ~ *brut* Bruttoertrag ; ~ *du capital* Kapitalertrag ; ~ *des cotisations* Beitragsaufkommen ; *produit dérivé* → **produit dérivé** ; ~*s divers* sonstige Einnahmen ; ~ *de l'emprunt* Anleiheertrag ; ~ *de l'épargne* Sparzinsen *mpl*, -ertrag *m* ; ~ *de l'exploitation* Betriebsertrag ; ~*s financiers* **a)** Finanzerträge *mpl* **b)** Anlagepapiere *npl* ; Aktien und Schuldverschreibungen *fpl* ; ~ *global* Gesamtertrag, -aufkommen ; ~ *de l'impôt (fiscal)* Steueraufkommen ; *(bilan)* ~*s et charges exceptionnels* außerordentliche Erträge *mpl* und Aufwendungen *fpl* ; ~ *d'exploitation* Gesamtleistung *f* ; Betriebsertrag *m* ; ~ *intérieur brut (P.I.B.)* Bruttoinlandsprodukt ; BIP *n* ; ~ *locatif* Mieterrag ; ~ *de l'impôt* Steueraufkommen *n* ; ~ *national* Sozialprodukt ; ~ *national brut (P.N.B.)* Bruttosozialprodukt (BSP) ; ~ *national net* Nettosozialprodukt *n* ; ~ *national par tête d'habitant* Sozialprodukt pro Kopf ; ~ *net* Reinertrag ; ~ *net d'exploitation* reiner Betriebsertrag ; ~ *nominal* Nominaleinkommen *n* ; ~*s non incorporés* nicht kalkulierbare (betriebsfremde) Erträge ; ~ *provenant de* Erträge aus ; *(comptab.)* ~*s à recevoir* transitorische Aktiva *pl* ; *(comptab.)* ~*s perçus* transitorische Passiva *pl* ; ~*s à recevoir* antizipative Aktiva *pl* ; ~ *réel* Realprodukt ; ~ *supplémentaire* Mehrerlös, -ertrag ; Plus *n* ; ~ *des taxes douanières* Zolleinnahmen ; ~ *total* → *global* ; ~ *d'une vente* Verkaufserlös ; Veräußerungserlös ; Erlös aus dem Verkauf ; ◆◆ *comptes mpl de* ~*s* Ertragskonten *npl* ; *répartition f du* ~ *de l'impôt entre les collectivités territoriales* Verteilung *f* des Steueraufkommens auf die Gebietskörperschaften ; ◆◆◆ *le* ~ *de la vente aux enchères sera affecté à des œuvres de bienfaisance* der Erlös aus der Versteigerung wird wohltätigen Zwecken zufließen ; *vivre du* ~ *de qqch* vom Ertrag von etw leben.

produit *m* **dérivé** *(finance, industrie, marketing)* Derivat *n* ; derivatives Produkt *n* ; *(finance)* derivatives Finanzinstrument *n* ; abgeleitetes Finanzinstrument ; *(bourse)* Optionsgeschäft *n* ; Futures *pl* ; Optionen *fpl* ; Swapgeschäfte *npl* ; *les* ~*s sont négociés sur le marché à terme* Derivate werden am Terminmarkt gehandelt.

profession *f* Beruf *m* ; berufliche (gewerbliche) Tätigkeit *f* ; Berufs-, Erwerbstätigkeit *f* ; Beschäftigung *f* ; Berufsstand *m* ; Fach *n* ; *(secteur d'activité)* Branche *f* ; Gewerbe *n* ; ◆ ~*s administratives* Verwaltungsberufe ; ~ *artisanale* handwerklicher Beruf ; Handwerksberuf ; ~*s bancaires* Bankgewerbe ; Bankfach ; ~*s du bâtiment (la construction)* Bauberufe ; ~*s-clé* Schlüsselberufe ; ~ *commerciale* kaufmännischer Beruf ; Handelsgewerbe ; ~*s féminines* weibliche Berufe ; ~*s hôtelières* Gastgewerbe ; ~ *indépendante (non salariée)* selb(st)ständiger Beruf ; ~ *industrielle* gewerblicher (industrieller) Beruf ; produzierendes Gewerbe ; ~*s intermédiaires* Berufe im mittleren Management ; Mittelmanagement-Berufe ; Angehörige *pl* der mittleren Führungsebene ; ~ *libérale* freier Beruf ; *les* ~*s libérales* die freien Berufe ; die Freiberufler ; ~*s masculines* männliche Berufe ; ~ *principale* Hauptberuf ; ~ *salariée* unselb(st)ständiger Beruf ; ; ~*s de santé* (Kranken)Pflegeberufe ; ärztliche Berufe und Hilfsberufe ; ~ *technique* technischer Beruf ; ~ *touristique* Fremdenverkehrsgewerbe ; ~ *universitaire* akademischer Beruf ; ◆◆ *abandon*

professionnalisme

m de la ~ Aufgabe *f* des Berufs ; *accès m à une* ~ Zugang *m* zu einem Beruf ; *changement m de* ~ Berufswechsel *m* ; *choix m d'une* ~ Berufswahl *f* ; *exercice m d'une* ~ Berufsausübung *f* ; *répartition f (ventilation f) par* ~*s* Aufschlüsselung *f* (Verteilung *f*) nach Berufen ; ◆◆◆ *abandonner la* ~ den Beruf aufgeben ; *embrasser une* ~ einen Beruf ergreifen ; *être boucher, comptable de* ~ von Beruf Metzger, Buchhalter sein ; *être de la* ~ vom Fach sein ; *exercer une* ~ einen Beruf ausüben ; ein Gewerbe betreiben ; im Beruf stehen ; *quelle* ~ *avez-vous exercée jusqu'alors ?* welches war Ihr bisheriger Beruf ? ; *exercer une* ~ *commerciale, du bâtiment* im Handel, im Baugewerbe tätig sein ; *quitter la* ~ aus dem Beruf(sleben) ausscheiden.

professionnalisme *m* (*sportif*) Professionalismus *m* ; Berufssport *m* ; (*compétence*) Professionalität *f* ; Berufserfahrung *f*.

professionnaliser professionalisieren.

professionnel *m* **1.** (*sport*) Berufssportler *m* ; Profi *m* **2.** Mann *m* vom Fach ; Fachmann *m* ; *travail m de* ~ Facharbeit *f* ; Fachkraft *f* ; *les* ~*s* die Fachwelt *f* ; der Berufshandel *m* ; *solliciter les conseils d'un* ~ sich von einem Fachmann beraten lassen **3.** (*bourse*) Börsenspekulant *m* ; Agioteur *m* ; Börsenmakler *m*.

professionnel, le beruflich ; berufsmäßig ; Berufs- ; gewerblich ; Gewerbe- ; Fach- ; fachlich ; gewerbsmäßig ; (*sport*) professionell ; ◆◆ *accident m* ~ Arbeitsunfall *m* ; *activité f* ~*le* berufliche (gewerbliche) Tätigkeit *f* ; Berufs-, Erwerbstätigkeit ; *association f* ~*le* Berufsvereinigung *f* ; *branche f* ~*le* Berufszweig *m* ; *brevet m d'études* ~*les* → **B.E.P.** ; *capacités fpl* ~*les* berufliche Fähigkeiten *fpl* ; *carte f*~*le* Gewerbeschein *m* ; *client m* ~ Geschäftskunde *m* ; *catégorie f* ~*le* Berufsgruppe *f*, -klasse *f* ; *chambre f* ~*le* berufliche Kammer *f* ; *conscience f* ~*le* berufliches Pflichtbewusstsein *n* ; *cursus m* ~ Berufslaufbahn *f* ; *déontologie f* ~*le* Berufsethos *n* ; *école f* ~*le* Berufsschule *f*, Fachschule *f* ; *enseignement m* ~ Fachschulunterricht *m* ; berufsbezogener Unterricht ; Berufsfachschule *f* ; *expérience f* ~*le* Berufserfahrung *f* ; *faute f* ~*le* berufliche Fehlleistung *f* ; in Ausübung des Berufs begangener Fehler *m* ; (*médecins*) Kunstfehler *m* ; *formation f* ~*le* Berufsausbildung *f* ; *formation f* ~*le permanente* (*continue*) berufliche Weiterbildung *f* (Fortbildung *f*) ; *frais mpl* ~*s* Werbungskosten *pl* ; *groupement m* ~ Berufsverband *m* ; Fachverband ; *interdiction f* ~*le* Berufsverbot *n* ; *maladie f* ~*le* Berufs-, Gewerbekrankheit *f* ; *milieux mpl* ~*s* Fachkreise *mpl* ; Fachwelt *f* ; *mobilité f* ~*le* berufliche Mobilität *f* ; Mobilität im Beruf ; *obligations fpl* ~*les* berufliche Pflichten *fpl* ; *d'ordre* ~ beruflicher Art ; beruflich ; berufsmäßig ; *organisation f* ~*le* Berufsorganisation *f*, -vereinigung *f* ; *orientation f* ~*le* Berufsberatung *f* ; *ouvrier m* ~ Facharbeiter *m* ; gelernter Arbeiter ; *profil m* ~ Berufsbild *n* ; *qualification f* ~*le* berufliche Qualifikation *f* (Eignung *f*) ; *reclassement m* ~ **a)** (*recyclage*) Umschulung *f* **b)** (*cause de maladie*) berufliche Rehabilitation *f* ; Wiedereingliederung *f* ; *reconversion f* ~*le* berufliche Umschulung *f* ; *risques mpl* ~*s* Berufsrisiken *npl* ; *secteur m* → *branche* ; *secret m* ~ Berufsgeheimnis *n* ; *structure f socio-*~*le* Berufsstruktur *f* ; sozioprofessionelle Struktur *f*, berufsständische Aufgliederung *f* ; *syndicat m* ~ Berufsverband *m* ; *taxe f* ~*le* Gewerbesteuer *f* ; *trafic m* ~ Berufsverkehr *m* ; *travail m* ~ Berufsarbeit *f* ; *vêtements mpl* ~*s* Berufskleidung *f* ; Kluft *f* ; (*fam.*) Blaumann *m* ; *vie f* ~*le* Berufsleben *n* ; ◆◆◆ *avoir une activité* ~*le* berufstätig (erwerbstätig) sein ; ein Gewerbe betreiben ; einen Beruf ausüben ; im Berufsleben stehen ; *entrer dans la vie* ~*le* in das Berufsleben (ein)treten ; *quitter la vie* ~*le* aus dem Berufsleben ausscheiden ; *reprendre une activité* ~*le* ins Berufsleben zurückkehren ; wieder berufstätig werden.

profil *m* (*d'un emploi*) Berufsprofil *n* ; Qualifikationsprofil *n* ; berufliches Profil ; Aufgabenbereich *m* eines Berufs ; (*d'une courbe*) Kurvenverlauf *m* ; ~ *exigé* (*requis*) Anforderungsprofil *n* ; *d'un poste* Arbeitsplatzbeschreibung *f* ; *avoir le* ~ *requis pour un poste* das entsprechende Profil (Anforderungsprofil) für eine Stelle haben ; den Anforderungen entsprechen ; (*négociations*) *adopter un* ~ *bas* klein beigeben ; einen Rückzieher machen ; *conseiller aux*

investisseurs d'adopter un ~ *neutre* den Investoren zu einer neutralen Gewichtung (ihres Portfolios) raten.
profiler : *se* ~ sich (beruflich) profilieren ; sich einen Namen machen ; Profil gewinnen.
profit *m* **1.** Gewinn *m* ; Nutzen *m* ; Ertrag *m* ; (*marxiste*) Mehrwert *m* ; Profit *m* ; ◆ (*bilan*) ~*s divers* sonstige Erträge *mpl* ; ~ *escompté* (*attendu*) erwarteter (erhoffter) Gewinn ; Gewinnerwartung *f* ; ~ *de l'entrepreneur* Unternehmergewinn ; ~ *d'exploitation* Betriebsgewinn ; ~(*s*) *illicite*(*s*) betrügerischer Gewinn ; ungerechtfertigte Bereicherung *f* ; ~ *net* Reingewinn ; ~*s et pertes* Gewinn und Verlust *m* ; ~ *réalisé* erzielter Gewinn ; ◆◆ *d'un bon* ~ gewinnträchtig, -bringend, einträglich ; rentabel ; *centre de* ~ Profitcenter *n* ; Profitcenter-Organisation *f* ; *chance f de* ~ Gewinnchance *f* ; *compte m pertes et* ~*s* Gewinn- und Verlustrechnung *f* ; *juste* ~ angemessener Gewinn ; *marge f de* ~ Gewinnmarge *f*, -spanne *f* ; *maximisation f des* ~*s* Gewinnmaximierung *f* ; *recherche f du* ~ Profitstreben *n* ; (*péj.*) Profitsucht *f* ; ◆◆◆ (*fam.*) *empocher des* ~*s* Profite einstecken (einstreichen) ; *être d'un bon* ~ einen guten Profit abwerfen ; einen beachtlichen Gewinn einbringen ; *passer qqch par pertes et* ~*s* → *profits et pertes* ; *ne penser qu'à son* ~ nur auf Profit aus sein (bedacht sein) ; *rapporter du* ~ Gewinn abwerfen ; *vendre qqch avec* ~ mit Gewinn verkaufen **2.** (*fig.*) Nutzen *m* ; Vorteil *m* ; Gewinn *m* ; *au* ~ *de* zugunsten (+ G) ; *mettre qqch à* ~ etw ausnutzen (verwerten) ; *tirer* ~ *de qqch* von etw profitieren ; aus etw Nutzen ziehen.
profitabilité *f* Wachstums-, Gewinnpotenzial *n*.
profitable einträglich ; gewinnbringend, -trächtig ; lohnend ; rentabel ; profitabel.
profiter (*de*) profitieren (von) ; Nutzen (Vorteil) ziehen (aus) ; Kapital schlagen (aus) ; *cette mesure* ~*e aux petits épargnants* diese Maßnahme kommt den Kleinsparern zugute.
profiteur *m* Nutznießer *m* ; (*péj.*) Profitmacher *m* ; Profiteur *m* ; ~ *de guerre* Kriegsgewinnler *m*.
profits et pertes *pl* Gewinn und Verlust *m* ; *compte m de* ~ Gewinn- und Verlustrechnung *f* ; *passer qqch au compte* ~ etw auf dem Gewinn- und Verlustkonto verbuchen (auf das Gewinn- und Verlustkonto buchen) ; (*fam.*) *passer qqch par* ~ etw in den Schornstein schreiben.
pro forma pro forma ; *facture f* ~ Pro-forma-Rechnung *f*.
profusion *f* Überfluss *m* ; *avoir qqch à* ~ etw in (im) Überfluss besitzen ; ein Überangebot haben.
progiciel *m* (*informatique*) Anlagensoftware *f* ; Software-Paket *n* ; Software-Produkt *n* ; Anwenderprogramm *n* ; Applikation *f*.
programmable programmierbar ; (*informatique*) *calculatrice f* ~ programmgesteuerte Rechenanlage *f*.
programmateur *m* **1.** (*télé., radio*) Programmplaner *m*, -gestalter *m* **2.** (*appareil*) Programmregler *m*.
programmation *f* Programmierung *f* ; Planung *f* ; Programmgestaltung *f* ; Programmsteuerung *f* ; ~ *budgétaire* Haushaltsplanung ; (*informatique*) *langage m de* ~ Programmiersprache *f* ; (*informatique*) *multiprogrammation* Mehrprogrammverarbeitung *f* ; Programmverzahnung *f* ; Multiprogramming *n*.
programme *m* **1.** (*sens général*) Programm *n* ; Plan *m* ; Maßnahme *f* ; (*train de mesures*) Paket *n* ; ◆ ~ *d'achats* Beschaffungs-, Ankaufsprogramm ; ~ *d'action, d'aide* Aktions-, Hilfsprogramm ; ~ *d'amortissement* Abschreibungsprogramm ; ~ *d'austérité* Sparprogramm ; Austerity *f* ; ~ *budgétaire* Haushaltsplan ; Haushaltsansätze *mpl* ; ~ *de construction de logements* Wohnungsbauprogramm ; ~ *d'échanges, d'équipement* Austausch-, Ausrüstungsprogramm ; ~ *financier* Finanzplan ; ~ *de fabrication, d'investissements* Fabrikations-, Investitionsprogramm ; (*tourisme*) ~ *des manifestations* Veranstaltungsprogramm, -kalender *m* ; ~ *prévisionnel* Planung *f* ; ~ *de redressement* Sanierungsprogramm ; ~ *de réformes* Reformprogramm, -plan *m* ; ~ *sectoriel* Planung *f* nach Wirtschaftssektoren ; ~ *standard* Standardprogramm ; ~ *de travail, de vente* Arbeits-, Verkaufsprogramm ; ◆◆ *conformément au* ~ nach Programm ; (*télévision*) *directeur m des* ~*s* Programmdirektor *m* ; *établissement m d'un* ~ Programmvorgabe *f* ; *mise*

f à jour des ~s Programmpflege *f* ; *point m d'un ~* Programmpunkt *m* ; *unité f de ~* Programmeinheit *f* ; ◆◆◆ *se dérouler conformément au ~* programmgemäß ablaufen (verlaufen) ; *élaborer un ~* ein Programm ausarbeiten ; *établir un ~* ein Programm aufstellen **2.** (*informatique*) Programm *n* ; Computerprogramm ; ◆ *~-machine* Maschinenprogramm ; *~ mémorisé* (*en mémoire*) gespeichertes Programm ; *~ de traduction* Umwandlungsprogramm ; ◆◆ *appel m de ~* Programmabruf *m* ; *commande f par ~* (*programmée*) Programmsteuerung *f* ; *~-utilisateur* Nutzer-Programm ; User-Programm ; ◆◆◆ (*télé*)*charger, lancer, utiliser un ~* ein Programm (herunter)-laden, starten, benutzen ; *introduire un ~ dans un ordinateur* einem Computer ein Programm eingeben ; *verrouiller, déverrouiller un ~* ein Programm verschlüsseln, entschlüsseln **3.** (*exposé*) Manifest *n*.

programmer ein Programm aufstellen ; (im Voraus) planen ; *~é* geplant ; (vor)programmiert ; (*informatique*) programmieren ; *~ un ordinateur* einem Computer ein Programm eingeben (implementieren) ; *à commande ~ée* programmgesteuert.

programmeur *m* (*informatique*) Programmierer *m* ; Informatiker *m*.

progrès *m* Fortschritt *m* ; *~ économique, scientifique, technique* wirtschaftlicher, wissenschaftlicher, technischer Fortschritt ; *faire des ~* Fortschritte machen.

progresser 1. (*avancer, évoluer*) fortschreiten ; weiter-, vorwärtskommen ; (*gagner*) um sich greifen ; sich verbreiten ; (*empirer*) sich verschlimmern ; sich verschärfen ; *les technologies de l'information ont beaucoup ~é aujourd'hui* die Informationstechnologie ist heute schon weit fortgeschritten **2.** (*augmenter*) zunehmen ; steigen ; (*bourse*) anziehen ; *le cours des actions ~e* die Aktien ziehen an ; *la production a ~é de 3 %* die Produktion hat um drei Prozent zugenommen **3.** (*faire des progrès*) Fortschritte machen.

progressif, ive (*sens général*) fortschreitend ; steigend ; zunehmend ; progressiv ; (*échelonné*) progressiv ; gestaffelt ; Staffel- ; *amortissement m ~* progressive Abschreibung *f* ; *cours m à ~*

gestaffelter Kurs *m* ; *emprunt m à taux ~* Staffelanleihe *f* ; *imposition f ~ive* progressive Besteuerung *f* ; progressive Gestaltung *f* der Steuern ; progressive Staffelung *f* der Steuersätze ; *impôt m ~* Progressivsteuer *f* ; *paiement m ~* gestaffelte Zahlung *f* ; Abzahlung *f* ; Teilzahlung *f* ; *participation f ~ive* Staffelbeteiligung *f* ; *rente f ~ive* steigende Rente *f* ; *tarif m ~* gestaffelter Tarif *m* ; (*informatique*) *totaux mpl ~s* Staffelsummen *fpl*.

progression *f* Fortschreiten *n* ; Steigerung *f* ; Zunahme *f* ; Progression *f* ; Zuwachs *m* ; Ausweitung *f* ; (*échelonnement*) Staffelung *f* ; stufenweise Zunahme *f* ; *~ du chiffre d'affaires, des cours, des prix* Umsatz-, Kurs-, Preissteigerung ; *~ de l'impôt* (*par tranches fiscales*) Steuerprogression ; *~ des salaires* Lohnanstieg *m* ; *~ des ventes* Umsatzsteigerung ; steigende Verkaufszahlen *fpl* ; *enregistrer une ~* eine Zunahme verzeichnen.

progressivement progressiv ; schrittweise ; fortschreitend ; Schritt für Schritt ; sich allmählich steigernd ; nach und nach.

progressiste *m* Progressist *m* ; fortschrittlich denkender Mensch *m*.

progressiste fortschrittlich ; progressiv.

progressivité *f* (*échelonnement*) Staffelung *f* ; Progression *f* ; stufenweise Zunahme *f* ; *~ des coûts* Kostenprogression.

prohibé, e gesetzlich verboten ; untersagt ; unerlaubt.

prohibitif, ive 1. (*d'interdiction*) prohibitiv ; Prohibitiv- ; Verbots- ; (*douane*) *mesures fpl ~es* zollamtliche Prohibitivmaßnahmen *fpl* ; *tarif m douanier* (*droit m*) *~* Prohibitivzoll *m* **2.** (*exorbitant*) *prix m ~* überteuerter (unerschwinglicher, horrender) Preis *m* ; Wucherpreis.

prohibition *f* **1.** Verbot *n* ; Sperre *f* ; Untersagung *f* ; Verbot *m* ; Verhinderung *f* **2.** (*hist. USA*) Prohibition *f*.

prohibitionniste *m* Prohibitionist *m* ; Anhänger *m* der Prohibition.

projection *f* (*statist.*) Hochrechnung *f* ; (statistische) Vorausberechnung *f* ; Projektion *f* ; *établir des ~s* Hochrechnungen durchführen ; *faire une ~ des résultats électoraux* Wahlergebnisse hochrechnen.

projet *m* Projekt *n* ; Vorhaben *n* ; Plan *m* ; Objekt *n* ; (*de loi, de contrat*) Entwurf *m* ; Vorlage *f* ; Konzept *n* ; ♦ ~ *de budget* Haushaltsplan ; Etat *m* ; ~ *de construction* Bauvorhaben, -plan ; ~ *de contrat* Vertragsentwurf ; ~ *financier* Finanzvorlage *f* ; ~ *de fusion, d'investissement* Fusionsvorhaben, Investitionsprogramm *n*, -pläne ; ~ *de loi* Gesetz(es)vorlage ; Gesetzentwurf *m* ; ~ *de loi de finances* Haushaltsvorlage ; ~-*pilote* Pilotprojekt ; ~ *de statuts* Statutenentwurf ; ♦♦ *chef m (responsable m) de* ~ Projektleiter *m* ; Projektingenieur *m* ; *équipe f responsable d'un* ~ Projektgruppe *f* ; Projektleitung *f* ; ♦♦♦ *ébaucher un* ~ ein Projekt entwerfen (planen) ; *élaborer un* ~ ein Projekt ausarbeiten ; *modifier un* ~ ein Vorhaben (ab)ändern ; *nourrir un* ~ sich mit einem Projekt tragen ; *s'occuper d'un* ~ sich mit einem Projekt beschäftigen ; *réaliser un* ~ ein Projekt (Vorhaben) realisieren (durchführen, in die Tat umsetzen) ; *refuser (rejeter) un* ~ ein Projekt verwerfen.

projeter entwerfen ; planen ; vorhaben ; Pläne schmieden ; beabsichtigen ; sich etw vornehmen.

prolétaire *m* Proletarier *m* ; (*fam.*) Prolet *m* ; *famille f, enfant m de* ~s Proletarierfamilie *f*, -kind *n*.

prolétaire proletarisch ; (*péj.*) proletenhaft ; *conscience f de classe* ~ proletarisches Klassenbewusstsein *n*.

prolétariat *m* Proletariat *n* ; (*hist.*) ~ *en haillons* Lumpenproletariat ; ~ *industriel* industrielles (Industrie)Proletariat.

prolétarien, ne proletarisch.

prolétariser proletarisieren.

prolétarisation *f* Proletarisierung *f*.

prolifération *f* Vermehrung *f* ; Zunahme *f* ; Proliferation *f* ; *traité m de non-~ d'armes nucléaires* Atom(waffen)sperrvertrag *m*.

prolongation *f* **1.** Verlängerung *f* ; Ausdehnung *f* ; Aufschub *m* ; ~ *d'un contrat, d'un délai* Vertrags-, Frist(en)verlängerung ; ~ *d'un délai de paiement* Zahlungsaufschub ; ~ *d'un séjour* Aufenthaltsverlängerung ; ~ *de validité* Gültigkeitsverlängerung ; *accorder, solliciter une* ~ *de délai de paiement* einen Zahlungsaufschub gewähren ; um (einen) Zahlungsaufschub bitten **2.** (*bourse*) Prolongation *f* ; Prolongierung *f*.

prolongé, e : *traite f~ée* Prolongationswechsel *m* ; Ausstellung *f* eines neuen Wechsels.

prolongements *mpl* Folgen *fpl* ; Konsequenzen *fpl* ; Auswirkungen *fpl* ; Nebeneffekte *mpl* ; Nebenerscheinungen *fpl* ; *avoir des* ~ *négatifs* Fehlentwicklungen nach sich ziehen.

prolonger 1. verlängern ; ausdehnen ; hinausschieben ; ~ *un bail* einen Mietsvertrag verlängern ; *faire* ~ *un passeport, des papiers d'identité* einen Pass, Ausweispapiere verlängern lassen ; ~ *qqch de quelques semaines* etw um ein paar Wochen verlängern ; *être automatiquement ~é d'un an* automatisch um ein Jahr verlängert werden ; *se* ~ sich ausdehnen ; sich hinziehen ; sich in die Länge ziehen **2.** ~ *un crédit, une traite* einen Kredit, einen Wechsel prolongieren (verlängern) ; (*bourse*) *faire* ~ in Prolongation geben.

promesse *f* Versprechen *n* ; Versprechung *f* ; Zusage *f* ; Zusicherung *f* ; (*jur.*) Promesse *f* ; (*engagement*) Bindung *f* ; Verbindlichkeit *f* ; Verpflichtung *f* ; ♦ ~ *d'achat* Kaufversprechen ; ~ *d'actions* Aktienbezugsversprechen *m* ; ~ *de crédit* Kreditzusage ; ~ *de dette, de donation* Schuld-, Schenkungsversprechen ; ~ *écrite* schriftliches Versprechen ; ~ *électorale* Wahlgeschenk *n* ; ~ *d'emploi* Arbeitsplatzzusage *f* ; ~s *en l'air* leere Versprechungen ; ~ *de garantie* Garantiezusage ; ~ *de paiement* Zahlungsversprechen ; ~ *d'investissement* Investitionszusage ; ~ *de prêt* Kreditbewilligung *f* ; Kreditzusage ; ~ *de retraite* Renten-, Pensionszusage ; ~ *de vente* Verkaufsversprechen ; (Verkaufs)-Vorvertrag *m* ; Vorkaufsrecht *n* ; gegenseitige Verpflichtung *f* zum Abschluss eines Kaufvertrags ; ♦♦♦ *s'acquitter d'une* ~ ein Versprechen erfüllen (einlösen) ; *faire de grandes, de vaines* ~s große, leere Versprechungen machen ; *tenir sa* ~ sein Versprechen halten.

prometteur, teuse vielversprechend ; Erfolg versprechend ; Ertrag versprechend ; *des débuts mpl* ~s vielversprechender Anfang *m*.

promettre versprechen ; zusagen ; zusichern ; ~ *une commission, une récompense (à qqn)* (jdm) eine Provision, eine Belohnung versprechen ; ~ *un crédit, un poste (à qqn)* (jdm) einen Kredit, eine Stellung zusagen ; ~ *monts et merveilles* das Blaue vom Himmel versprechen.

promoteur *m* 1. Förderer *m* ; Befürworter *m* ; Promoter *m* ; ~ *des ventes* Sales-Promoter *m* ; Verkaufsleiter *m* 2. (*immobilier*) Bauträger *m* ; Bauherr *m* ; (*péj.*) Baulöwe *m*.

promotion *f* 1. (*mesures d'encouragement*) Förderung *f* ; ~ *économique, professionnelle* Wirtschafts-, Berufsförderung ; ~ *du tourisme* Förderung des Fremdenverkehrs ; ~ *des ventes* Verkaufs-, Absatzförderung ; Sales-Promotion *f* ; Merchandising *n* 2. (*offre avantageuse*) *article m en* ~ Sonderangebot *n* ; Reklame *f* ; Reklameartikel *m* ; *en* ~ im Sonderangebot 3. (*avancement*) Beförderung *f* ; Aufstieg *m* ; Höhereinstufung *f* ; ~ *à l'ancienneté, au choix* Beförderung nach (dem) Dienstalter, auf Vorschlag ; ~ *interne* betriebsinterne Beförderung ; ~ *au mérite* leistungsbezogene Beförderung ; ~ *rapide* schneller (steiler) Aufstieg ; ~ *sociale* sozialer Aufstieg ; *possibilités fpl de* ~ *interne* hausinterne Aufstiegsmöglichkeiten *fpl* ; *avoir des possibilités de* ~ Aufstiegschancen, -möglichkeiten haben ; *espérer une* ~ auf Beförderung hoffen ; *obtenir une* ~ *à un poste élevé* in eine leitende (höhere) Stellung aufrücken (befördert werden) 4. (*école*) Jahrgang *m* ; *de la même* ~ zum selben Jahrgang gehören.

promotionnel, le absatz-, verkaufsfördernd ; Werbe- ; Reklame- ; *action f ~le* Verkaufsförderungsaktion *f* ; Werbeaktion ; *article m* ~ Sonderangebot *n* ; Reklame *f* ; Reklameartikel *m* ; *mesure f ~le* Förderungsmaßnahme *f* ; *vente f ~le* Werbeverkauf *m* ; Ware *f* zu herabgesetztem Preis ; *déployer une intense activité ~le* eine große Werbetätigkeit entfalten ; *faire une campagne ~le pour un produit* ein Produkt durch (stark) herabgesetzte Preise fördern ; eine absatzfördernde Kampagne für ein Produkt starten ; förderungswirksame Maßnahmen für eine Ware ergreifen.

promouvable beförderungsreif ; *être* ~ (*au choix*) auf der Beförderungsliste stehen ; *ne pas être* ~ von der Beförderung ausgeschlossen sein.

promouvoir 1. (*encourager, favoriser*) fördern ; Förderungsmaßnahmen treffen ; intensivieren ; ankurbeln ; ~ *le commerce, le tourisme* den Handel, den Fremdenverkehr fördern ; ~ *un nouveau produit* den Verkauf eines neuen Produktes fördern ; eine Werbeaktion für ein neues Erzeugnis starten ; eine Ware durch (stark) herabgesetzte Preise fördern ; *mesure f destinée à* ~ *les P.M.E.* Maßnahme *f* zur Förderung der Klein- und Mittelbetriebe 2. (*qqn, un fonctionnaire*) befördern ; avancieren ; aufrücken ; höher stufen ; ~ *à un poste élevé* in eine höhere Stellung befördern (aufrücken) ; *être promu* befördert werden (*au petit, au grand choix* auf Vorschlag) ; *être promu chef de service* zum Abteilungsleiter befördert werden ; zum Abteilungsleiter aufrücken.

prompt, e : *dans l'attente d'une ~e réponse* in Erwartung Ihres baldigen Schreibens ; wir bitten um baldige Antwort ; einer baldigen Antwort gern entgegensehend.

promu *m* Beförderte(r).

promu, e → *promouvoir*.

promulgation *f* Verkündung *f* ; öffentliche Bekanntmachung *f* ; ~ *d'une loi* Verkündung *f* eines Gesetzes.

promulguer erlassen ; bekannt machen ; verkünden ; ~ *un décret* eine Verordnung erlassen ; ~ *une loi* ein Gesetz erlassen (verkünden).

prononcer : ~ *un discours* eine Rede halten ; ~ *un jugement* ein Urteil fällen ; ~ *des licenciements* Kündigungen aussprechen ; ~ *une peine* eine Strafe verhängen ; *se* ~ (*en faveur de/contre*) sich (für/gegen) aussprechen ; sich (für/gegen) entscheiden.

pronostic *m* Voraussage *f* ; Prognose *f* ; Aussicht *f* ; Vorhersage *f* ; Vorschau *f* ; ~ *des besoins, du marché, de ventes* Bedarfs-, Markt-, Absatzprognose ; *faire des* ~*s* Voraussagen machen ; eine Prognose stellen.

pronostiquer eine Prognose stellen ; prognostizieren ; vorhersagen ; voraussagen ; Voraussagen machen.

pronostiqueur *m* Prognostiker *m*.

propagande *f* Propaganda *f* ; Werbetätigkeit *f* ; Reklame *f* ; ~ *aérienne* Luftreklame ; ~ *électorale* Wahlpropaganda ; *film m de* ~ Propagandafilm *m* ; *faire de la* ~ *pour qqch* für etw Propaganda machen ; *faire du battage de* ~ die Propagandatrommel rühren (schlagen).

propagandiste *m* Propagandist *m* ; eifriger Vertreter *m* einer Doktrin ; Befürworter *m* ; begeisterter Anhänger *m* ; (*électorat*) Wahlwerber *m*.

propension *f* Neigung *f* ; Tendenz *f* ; Bereitschaft *f* ; Trend *m* ; Lust *f* ; (*suffixe*) -neigung ; -bereitschaft ; -lust ; ~ *à l'achat* Kauflust, -neigung ; ~ *à consommer* Konsumneigung, -trend ; Konsumfreudigkeit *f* ; ~ *à l'épargne* Sparneigung ; ~ *à investir* Investitionsbereitschaft, -neigung.

proportion *f* (*rapport*) Verhältnis *n* ; Größenverhältnis *n* ; Größenordnung *f* ; Beziehung *f* ; Proportion *f* ; (*pourcentage*) Prozentsatz *m* ; (*quote-part*) Quote *f* ; Rate *f* ; *dans une ~ de 1 à 4* in einem Verhältnis von 1 zu 4 ; *en ~ de* (*par rapport à*) im Verhältnis zu ; im Vergleich zu ; entsprechend (+ D) ; *toutes ~s gardées* verhältnismäßig ; alles in allem ; ~ *des voix* Stimmenverhältnis ; *prendre des ~s considérables* beträchtliche Ausmaße annehmen.

proportionnel, le verhältnismäßig ; proportional ; (*Autriche*) proportionell ; anteilig ; anteilmäßig ; quotenmäßig ; ~ *au taux d'inflation* in Höhe der Inflation(srate) ; *échantillon ~* Verhältnisstichprobe *f* ; *impôt m ~* Proportionalsteuer *f* ; *part f ~le* Verhältnisanteil *m* ; verhältnismäßiger (quotenmäßiger) Anteil *m* ; *règle f ~le* Verteilungsregel *f* ; *répartition f ~le* quotenmäßige Verteilung *f* ; Quotisierung *f* ; *représentation f ~le* proportionale Vertretung *f* ; *scrutin m à la ~le* → ***proportionnelle*** ; *être ~ à* im Verhältnis zu etw stehen ; *être inversement ~ à* im umgekehrten Verhältnis zu etw stehen ; sich (zu einer Sache) umgekehrt verhalten.

proportionnelle *f* Verhältniswahl *f*, -system *n* ; Proportionalwahlsystem ; Proporzwahl *f*.

proposer vorschlagen ; (*formuler une demande*) beantragen ; (*offrir*) anbieten ; (*soumettre*) vorlegen ; unterbreiten ; (*convenir de*) vereinbaren ; abmachen ; stipulieren ; Vorschläge unterbreiten ; ~ *un ajournement* eine Vertagung beantragen ; ~ *un arrangement* eine Abfindung (einen Vergleich) finden ; ~ *qqn comme candidat* jdn als Kandidaten vorschlagen ; ~ *une nouvelle date* einen neuen Termin abmachen ; ~ *qqch en échange* etw als Gegengabe (als Ersatz) anbieten ; ~ *qqn à un poste, à une fonction* jdn für einen Posten, für ein Amt vorschlagen ; ~ *sa médiation* sich als Vermittler anbieten ; ~ *un plan, un programme* einen Plan, ein Programm anbieten ; ~ *qqch à un prix intéressant* etw zu einem günstigen Preis anbieten.

proposition *f* Vorschlag *m* ; (*demande*) Antrag *m* ; (*stipulation*) Vereinbarung *f* ; Abmachung *f* ; Stipulierung *f* ; (*offre*) Angebot *n* ; ♦ ~ *acceptable* annehmbarer Vorschlag ; ~ *d'accord* Einigungsvorschlag ; ~ *d'arrangement amiable* Vorschlag zur gütlichen Einigung ; (*fam.*) Vorschlag zur Güte ; ~ *d'assurance* Versicherungsantrag ; ~ *de dividende* Dividendenvorschlag ; ~ *ferme* festes Angebot ; ~ *de loi* Gesetzesvorlage *f* ; Gesetzentwurf *m* ; ~ *de modification* (*d'amendement*) Abänderungsantrag ; ~ *de règlement judiciaire* Vergleichsvorschlag ; ~ *de scrutin* Wahlvorschlag ; ♦♦♦ *sur ~ de* auf Vorschlag von/G ; *sur ~ du ministre* auf Vorschlag des Ministers ; *adopter une ~* einen Vorschlag annehmen ; *faire* (*formuler*) *une ~* einen Vorschlag machen ; *mettre une ~ aux voix* über einen Antrag abstimmen ; *rejeter une ~* einen Vorschlag ablehnen ; *soumettre une ~* einen Vorschlag unterbreiten ; (*polit.*) einen Antrag im Parlament einbringen.

propre **1.** sauber ; *argent, énergie, industrie ~* sauberes Geld, saubere Energie(form), Industrie **2.** (*jur.*) eigen ; Eigen- ; ♦♦ *besoins ~s* Eigenbedarf *m* ; *capital m ~* Eigenkapital *n* ; *consommation f ~* Eigenverbrauch *m* ; *fonds mpl* (*moyens mpl*) *~s* Eigenmittel *npl*, -aufkommen *n* ; *matériel m ~ à l'entreprise* betriebseigenes Material *n* ; *possesseur m en ~* Eigenbesitzer *m* ; *transaction f* (*affaire f, opération f*) *en nom ~* Propregeschäft *n* ; Propregeschäft ; Eigenhandel *m* ; *de son ~ chef* eigenmächtig ; aus eigenem Antrieb ; *à son ~ compte, pour son ~ compte* auf eigene Rechnung, für eigene Rechnung ; *de sa ~ main* eigenhändig ; *en nom ~* im eigenen Namen ; *en ~ personne* in eigener Person ; *possession f ~* Eigenbesitz *m* ; ♦♦♦ *avoir en ~* etw zu eigen haben ; selbst besitzen ; *donner qqch en ~ à qqn* jdm etw zu eigen geben ; *faire une opération pour son ~ compte* ein Eigengeschäft tätigen ; ein Geschäft für

propriétaire

eigene Rechnung tätigen ; *remettre en mains ~s* etw eigenhändig (direkt) übergeben ; *se mettre (s'établir) à son ~ compte* sich selb(st)ständig machen ; *s'en tirer par ses ~s moyens* auf eigene Mittel angewiesen sein ; allein auskommen.

propriétaire *m* Eigentümer *m* ; Inhaber *m* ; Besitzer *m* ; *(d'une affaire)* Geschäftsinhaber ; *(loueur)* Verpächter *m* ; Vermieter *m* ; ♦ *(viticulture) ~-récoltant* selbstmarkender Winzer *m* ; *~ foncier* Grundbesitzer, -eigentümer ; Grundstücksbesitzer ; *~ d'un journal* Zeitungsverleger *m* ; *~ légal* eingetragener Eigentümer ; *~ (détenteur) de parts* Anteilseigner *m*, -inhaber ; ♦♦ *changement m de ~* Inhaberwechsel *m* ; Besitz(er)wechsel ; Eigentumswechsel ; *nu-~* bloßer Eigentümer ; *obligations fpl du ~* Verpflichtungen *fpl* des Eigentümers ; *seul (unique) ~* Alleinbesitzer *m* ; *vin m de ~ récoltant* Gutswein *m*.

propriété *f* Eigentum *n* ; Besitz *m* ; Besitztum *n* ; Eigenbesitz *m* ; ♦ *~ acquise* erworbener Besitz ; Erwerb *m* ; *~ agricole* Landgut *n* ; *~ (non) bâtie* (un)bebautes Grundstück *n* ; *~ des brevets* Patenteigentum ; *~ commerciale* gewerbliches Eigentum ; gewerblicher Mieterschutz *m* ; *~ de l'État* → *nationale* ; *~ à l'étranger* Auslandsbesitz ; *~ foncière* Grundeigentum, -besitz ; Liegenschaft(en) *f(pl)* ; *~ (im)mobilière* (Im-)Mobiliareigentum ; *~ indivise (en indivision)* Gemeinschaftsvermögen *n* ; Bruchteilseigentum ; Miteigentumsanteil *m* ; Gesamthandseigentum ; *~ indivisible* unteilbares Eigentum ; *~ industrielle* gewerbliches Eigentum ; gewerblicher Rechtsschutz *m* ; *~ intellectuelle (artistique et littéraire)* geistiges Eigentum ; Eigentum an geistigen Werken ; *~ mobilière* Mobiliareigentum ; Mobiliarvermögen *n* ; *~ nationale* staatseigen ; Staatseigentum ; Staatsbesitz ; *(Allemagne)* bundeseigen ; *(hist. R.D.A.)* volkseigen ; *(maison de vacances) ~ partagée* Time-Sharing *n* ; Teilzeiteigentum ; *~ privée* Privatbesitz, -eigentum ; *~ publique* → *nationale* ; *~ de rapport* Miethaus *n* ; *~ viagère* Eigentum auf Lebenszeit ; ♦♦ *abandon m de ~* Eigentumsaufgabe *f* ; *acquisition f de ~* Eigentumserwerb *m* ; *atteinte f à la ~* Eigentumsvergehen *n* ; Eingriff *m* in die Eigentumsrechte ; *certificat m de ~* Eigentumsnachweis *m* ; *droit m de ~* Eigentumsrecht *n* ; *droit m à la ~* Besitzanspruch *m* ; Recht *n* (Anspruch *m*) auf Eigentum ; *impôt m sur les ~s bâties et non bâties* Grund- und Gebäudebesteuerung *f* ; *nue-~* bloßes Eigentum ; *pleine ~* Eigentum ohne Belastung mit Nießbrauch ; Volleigentum ; *protection f de la ~ industrielle* gewerblicher Rechtsschutz *m* ; *réserve f de ~* Eigentumsvorbehalt *m* ; *restriction f de la ~* Eigentumsbeschränkung *f* ; *titre m de ~* Eigentumsurkunde *f*, -nachweis *m* ; *transfert m de ~* Eigentumsübertragung *f*, -übergabe *f* ; ♦♦♦ *accéder à la ~ d'un appartement* das Eigentum an einer Wohnung erwerben ; *avoir qqch en ~* etw im Besitz haben ; *devenir la ~ de qqn* in jds Besitz (Eigentum) gelangen (übergehen) ; *être la ~ de qqn* sich in jds Besitz befinden ; *faire valoir ses droits de ~* seine Besitzansprüche geltend machen.

propulsion *f* : *navire m à ~ nucléaire* atomgetriebenes Schiff *n* ; Schiff mit Atomantrieb.

prorata *m* Anteil *m* ; Quote *f* ; Verhältnis *n* ; *au ~* quotenmäßig ; anteilmäßig ; anteilig ; proportional ; im Verhältnis zu ; *au ~ des frais* im Verhältnis zu den Kosten ; kostenmäßig, -anteilig ; *répartition f au ~* quotenmäßige Aufteilung *f* ; Quotelung *f* ; Quotierung *f* ; *avoir part au bénéfice au ~* am Gewinn anteilmäßig beteiligt sein ; *désintéresser qqn au ~* jdn anteilmäßig abfinden ; *effectuer un versement au ~* eine anteilige Zahlung leisten ; *répartir au ~* quotenmäßig (anteilmäßig) aufteilen.

proratiser quotenmäßig berechnen ; anteilmäßig aufteilen ; kostenteilig aufschlüsseln.

prorogation *f* Verlängerung *f* ; Aufschub *m* ; Frist *f* ; Stundung *f* ; Verschiebung *f* ; Vertagung *f* ; Prolongation *f* ; Prorogation *f* ; *~ d'un bail* Mietsvertragsverlängerung ; *~ de compétence (de juridiction)* Ausdehnung *f* der Zuständigkeit eines Gerichts ; *~ d'un crédit* Kreditverlängerung ; *~ de délai* Fristverlängerung ; *~ d'un délai de paiement* Zahlungsaufschub *m* ; *~ d'une échéance* Verlängerung eines Fälligkeitstermins ; Stundung einer fälligen Rate ; *~ de validité* Gültigkeitsverlängerung ;

accorder une ~ eine Verlängerung gewähren ; *demander une* ~ um Aufschub bitten (nachsuchen) ; eine Stundung beantragen.

prorogeable verlängerbar.

proroger (*reporter*) aufschieben ; vertagen ; (*prolonger*) verlängern ; ~ *le bail* das Mietverhältnis verlängern ; ~ *une traite* einen Wechsel verlängern (prolongieren).

prospect *m* (*marketing*) potenzieller Käufer *m* ; virtueller Kunde *m*.

prospecter 1. (*mines*) schürfen ; graben ; bohren (nach) ; prospektieren ; ~ *l'or, l'uranium* Gold, Uran schürfen ; ~ *le pétrole* nach Öl bohren ; ~ *les fonds marins* den Meeresboden prospektieren **2.** (*commerce*) Kunden werben ; Kundenwerbung treiben ; akquirieren ; ~ *de nouveaux marchés* Aufträge akquirieren ; neue Aufträge beschaffen ; ~ *une région* in einem Gebiet Kundenwerbung treiben ; (*fam.*) eine Gegend nach Kunden abklappern ; ~ *un marché* einen Markt erkunden ; Absatzmärkte aufsuchen.

prospecteur *m* **1.** (*mines*) Schürfer *m* ; Prospektor *m* **2.** (*de clients*) Kundenwerber *m* ; Akquisiteur *m* ; Werbevertreter *m*.

prospectif, ive prospektiv ; vorausschauend.

prospection *f* **1.** (*sous-sol*) Schürfen *n* ; Schürfung *f* ; (*pétrole*) Erdölbohrung *f* ; Prospektierung *f* ; Prospektion *f* ; *autorisation f* (*permis m*) *de* ~ Schürferlaubnis *f* ; *liberté f, périmètre m de* ~ Schürffreiheit *f*, -gebiet *n* ; *faire de la* ~ *pétrolière* nach Öl bohren **2.** (*d'une région*) Erkundung *f* ; Durchforschung *f* **3.** (*clients*) Kundenwerbung *f* ; Akquisition *f* ; *faire de la* ~ *de clientèle* auf Kundenwerbung ausgehen ; (*fam.*) Kunden abklappern.

prospective *f* langfristige Wirtschaftsprognose *f* ; Konjunkturforschung *f*.

prospectus *m* Prospekt *m*/(*Autriche*) *n* ; Flyer *m* ; Prospektmaterial *n* ; Reklamezettel *m* ; Handzettel *m* ; Werbeschrift *f* ; Werbebroschüre *f* ; (*notice*) Begleitzettel *m* ; ♦ ~ *d'admission en bourse* Subskriptionsprospekt ; ~ *dépliant* Faltprospekt ; ~ *gratuit* kostenloser Prospekt ; ~ *illustré* Bildprospekt ; ~ *publicitaire* Werbeprospekt ; (*bourse*) ~ *de souscription* (*d'émission*) Zeichnungsprospekt, -aufforderung *f* ; ~ *de voyage* Reiseprospekt ; *présentoir m à* ~ Prospektgeber *m*, -ständer *m* ; *publicité f par* ~ Prospektwerbung *f* ; ♦♦♦ *distribuer, envoyer des* ~ Prospekte verteilen, verschicken.

prospère florierend ; blühend ; expandierend ; erfolgreich.

prospérer blühen ; florieren ; prosperieren ; expandieren ; gedeihen ; gut gehen ; *notre affaire prospère* unser Geschäft floriert ; mit unserem Geschäft geht es aufwärts ; *faire* ~ beleben ; dynamisieren.

prospérité *f* wirtschaftlicher Aufschwung *m* ; Wohlstand *m* ; Blüte *f* ; Prosperität *f* ; Expansion *f* ; Wachstumsphase *f* ; ~ *économique* wirtschaftliche Hochkonjunktur *f* ; ~ *des finances* gesunde Finanzen *fpl* ; solide Finanzlage *f*.

protecteur *m* Gönner *m* ; Förderer *m* ; Schirmherr *m*.

protecteur, trice schützend ; Schutz- ; *droit m, État m* ~ Schutzzoll *m*, -macht *f* ; *Société f* ~*trice des animaux* (*S.P.A.*) Tierschutzverein (TSV) *m* ; *système m* ~ **a)** (*douanier*) Schutzzollsystem *n* **b)** (*techn.*) Schutzvorrichtung *f*.

protection *f* Schutz *m* ; Obhut *f* ; Absicherung *f* ; Abschirmung *f* ; Abschotten *n* (gegen) ; Verhütung *f* ; (*aide, soutien*) Unterstützung *f* ; Hilfe *f* ; Beistand *m* ; Förderung *f* ; Protektion *f* ; Gönnerschaft *f* ; (*surveillance*) Aufsicht *f* ; Überwachung *f* ; ♦ ~ *antivol* (*électronique*) (elektronische) Warensicherung *f* ; ~ *contre les accidents* (*du travail*) (Arbeits)Unfallverhütung *f* ; ~ *assurance-maladie* Krankenversicherungsschutz *m* ; ~ *des brevets, des consommateurs* Patent-, Verbraucherschutz ; ~ *douanière, des droits d'auteur* Zoll-, Urheberschutz *m* ; ~ *de l'emploi* Schutz (Wahrung *f*) des Arbeitsplatzes ; ~ *de l'enfance, de l'environnement* Kinder-, Umweltschutz *m* ; ~ *des informations* Datensicherung *f* ; ~ *de la jeunesse* Jugendschutz ; (*assur.*) ~ *juridique* Rechtsschutz ; ~ *des locataires* Mieterschutz ; ~ *des marques* Marken-, Warenzeichenschutz ; ~ *maternelle et infantile* (*P.M.I.*) Mutterschutz ; ~ *des mineurs* Jugendschutz ; Schutzaufsicht *f* ; ~ *des minorités, des modèles* Minderheiten-, Musterschutz ; ~ *des modèles déposés* Gebrauchsmusterschutz ; ~ *de la nature*

protectionnisme

Naturschutz ; ~ *contre les nuisances* Immissionsschutz ; ~ *des œuvres littéraires et artistiques* Schutz der Urheberrechte ; ~ *de produit* Stoffschutz ; ~ *de la propriété industrielle* gewerblicher Rechtsschutz ; Schutz des gewerblichen Eigentums ; ~ *des sites naturels* Überwachung *f* der Naturschutzgebiete ; ~ *sociale* soziales Sicherungssystem *n* ; soziales Netz *n* ; ~ *du travail* Arbeitsschutz ; ◆◆ *casque m de* ~ Schutzhelm *m* ; (*moto*) Sturzhelm *m* ; *délai m de* ~ Schutzfrist *f* ; *dispositif m (système m) de* ~ Schutzvorrichtung *f* ; *droit m de* ~ *d'un brevet* Schutzrecht *n* auf Patent ; *mesure f de* ~ Schutzmaßnahme *f*, -vorkehrung *f* ; *mesures fpl de* ~ *contre le bruit* Lärmschutzmaßnahmen *fpl* ; *système m de* ~ Schutzvorrichtung *f* ; *système m de* ~ *douanière* Zollschutzsystem *n* ; ◆◆◆ *avoir la* ~ *de qqn* jds Protektion haben (genießen) ; jds Gönnerschaft besitzen ; *accorder sa* ~ *à qqn* jdm Schutz gewähren ; jdn unter seinen Schutz stellen ; *demander* ~ *à qqn* jdn um Schutz bitten ; *être sous la* ~ *de qqn* unter jds Obhut stehen ; *se placer sous la* ~ *de qqn* sich in (unter) jds Schutz begeben (stellen) ; *prendre qqn sous sa* ~ jdn in Schutz nehmen.

protectionnisme *m* Protektionismus *m* ; Schutzzollsystem *n* ; ~ *agricole, douanier* landwirtschaftlicher, Zollprotektionismus.

protectionniste protektionistisch ; *politique f* ~ Schutzzollpolitik *f*.

protectionniste *m* Protektionist *m* ; Vertreter *m* (Anhänger *m*) des Protektionismus.

protectorat *m* Protektorat *n* ; *territoire m sous* ~ Protektoratsgebiet *n*.

protégé *m* 1. (*péj.*) Günstling *m* ; Begünstigte(r) ; Schützling *m* ; Protegé *m* 2. Schutzbefohlene(r).

protéger schützen ; abschirmen ; absichern ; *marque f* ~*ée* geschütztes Markenzeichen *n* ; *site m* ~ (Landschafts)Schutzgebiet *n* ; *se* ~ *de la concurrence étrangère par des barrières douanières* sich durch Zollschranken gegen die ausländische Konkurrenz abschirmen (abschotten) ; *se* ~ *par contrat* sich vertraglich absichern.

protestable : *traite f* ~ protestierbarer Wechsel ; Wechsel, den man zu Protest gehen lassen kann.

protestataire *m* Protestler *m*.

protestataire Protest- ; *électeurs* ~*s* Protestwähler *mpl*.

protestation *f* Protest *m* ; Einspruch *m* ; ~ *écrite* Protestschreiben *n* ; *grève f de* ~ Proteststreik *m* ; *mouvement m de* ~ Protestaktion *f*, -demonstration *f* ; *élever une* ~ *contre* Protest (Einspruch) erheben gegen ; *soulever une vague de* ~*s* eine Protestwelle auslösen.

protester 1. (*contre*) protestieren (gegen) ; Protest erheben ; Einspruch einlegen 2. ~ *un chèque, un effet* einen Scheck, einen Wechsel protestieren (zu Protest gehen lassen) 3. beteuern ; (formell) erklären ; ~ *de son innocence* seine Unschuld beteuern.

protêt *m* (*jur.*) Protest *m* ; Protesterhebung *f* ; ~ *d'un chèque, d'un effet* Scheck-, Wechselprotest ; ~ *faute d'acceptation, faute de paiement* Protest mangels Akzept, mangels Zahlung ; *acte m de* ~ Protesturkunde *f* ; *délai m, frais mpl de* ~ Protestfrist *f*, -gebühr *f* ; *faire dresser* ~ Protest erheben ; (einen Wechsel) zu Protest gehen lassen.

protocolaire förmlich ; protokollarisch.

protocole *m* Protokoll *n* ; ~ *d'accord* Vertragsprotokoll ; ~ *sur les privilèges et immunités* Protokoll über Vorrechte und Immunitäten ; *chef m du* ~ Protokollchef *m* ; Protokollführer *m* ; *dresser un* ~ protokollieren ; protokollarisch aufzeichnen.

prototype *m* Prototyp *m* ; Muster *n* ; Modell *n*.

prouver beweisen ; nachweisen.

provenance *f* Herkunft *f* ; Ursprung *m* ; Provenienz *f* ; Quelle *f* ; *indication f de* ~ Herkunftsangabe *f* ; Ursprungsbezeichnung *f* ; *pays m, lieu m de* ~ Herkunftsland *n*, -ort *m* ; *label m de* ~ Herkunftszeichen *n* ; *marchandises fpl de* ~ *étrangère* ausländische Waren *fpl* ; *le train en* ~ *de* der Zug aus.

provision *f*	1. *comptabilité* 2. *acompte* ; *avance* 3. *couverture bancaire* 4. *réserve* ; *stock* 5. *achats* 6. *juridique*

1. (*comptabilité*) Rückstellung *f* ; Rückstellungen *fpl* ; Wertberichtigung *f* ; ◆ ~ *pour* Rückstellung für ; ~ (*non*)

affectée (nicht) zweckgebundene Rückstellung ; ~ *pour agrandissement* Erweiterungsrückstellung ; ~*s d'amortissement* Abschreibungsrückstellung ; ~ *pour charges imprévisibles* Rückstellung für unvorhergesehene Verbindlichkeiten ; ~ *pour créances douteuses* Rückstellung für dubiose Forderungen ; ~ *de dépréciation* Rückstellung für Wertminderung ; Abschreibung *f* ; ~ *de dépréciation des stocks marchandise* Rückstellung für Wertminderung des Warenvorrats ; ~*s pour dépréciation de titres de participation* Rückstellungen für drohende Verluste aus Anteilscheinen ; ~ *pour dettes* Verlustrückstellung ; ~*s pour fonds de retraite* → *pour retraites obligatoires* ; ~*s à long terme* langfristige Rückstellungen ; ~ *pour impôts* Steuerrückstellung ; ~ *pour renouvellement des immobilisations* Rückstellung für die Erneuerung der Betriebsanlagen ; ~ *pour réparations* Rückstellung für Reparaturen ; ~*s pour retraites obligatoires* Pensionsrückstellung ; Rückstellungen für Alterssicherung ; ~ *pour pertes et charges* Rückstellung für Risiken und Verluste ; ♦♦ *compte m de* ~ Rückstellungskonto *n* ; *constitution f de* ~*s* Bildung *f* von Rückstellungen ; *dotation f aux* ~*s f* Rückstellungszuwendung *f* ; *pertes fpl couvertes par les* ~*s* durch Rückstellungen gedeckte Verluste *fpl* ; ♦♦♦ *affecter aux* ~*s* den Rückstellungen zuführen ; *constituer des* ~*s* Rückstellungen bilden ; *rajuster les* ~*s* die Rückstellungen angleichen.

2. *(acompte ; avance)* Vorschuss *m* ; Anzahlung *f* ; Abschlagszahlung *f* ; Kostenvorschuss *m* ; *verser une* ~ eine Anzahlung leisten.

3. *(couverture bancaire)* Deckung *f* ; Deckungsbetrag *m* ; Guthaben *n* ; ♦ ~ *d'un chèque* Deckung eines Schecks ; *insuffisante* ungenügende (mangelnde) Deckung ; ~ *suffisante* ausreichende Deckung ; ♦♦ *défaut m de* ~ mangelnde Deckung ; *montant m de la* ~ Deckungsbetrag *m* ; *sans* ~ ungedeckt ; *visé pour* ~ Deckung vorhanden ; ♦♦♦ *fournir* ~ für Deckung sorgen ; *c'est un chèque sans* ~ der Scheck ist ohne Deckung ; ein ungedeckter Scheck ; *verser une* ~ eine Deckung anschaffen.

4. *(réserve ; stock)* Vorrat *m* ; Reserve *f* ; Proviant *n* ; *une grande* ~ *de* ein großer Vorrat an ; *j'en ai une* ~ das habe ich in Vorrat ; das habe ich auf Lager ; *les* ~*s diminuent* die Vorräte gehen zur Neige ; *entamer les dernières* ~*s* die letzten Vorräte (die eiserne Reserve) anbrechen ; *faire* ~ *de* sich versehen mit ; Vorräte anlegen von ; *les* ~*s ne suffiront pas* die Vorräte reichen nicht.

5. *(achats)* Einkäufe *mpl* ; *filet m, panier m à* ~*s* Einkaufsnetz *n*, -korb *m* ; *faire ses* ~*s* Einkäufe tätigen ; einkaufen gehen ; Besorgungen machen.

6. *(jur.)* *(somme allouée par un juge en attendant le jugement)* Vorauszahlung *f* ; Unterhaltungsbeitrag *m*.

provisionné, e gedeckt ; ausreichender Deckungsbetrag *m* ; *chèque m* ~ gedeckter Scheck *m* ; *compte m* ~ Kreditkonto *n*.

provisionnel, le vorläufig ; einstweilig ; provisorisch ; *(impôts) acompte m (tiers m)* ~ Steuervorauszahlung *f* ; Steuerabschlagszahlung ; *versement m* ~ Vorschusszahlung *f*.

provisionnement *m* Rückstellungsbildung *f* ; Risikovorsorge *f* ; ~ *des crédits* Wertberichtigungen *fpl* auf Kredite ; *besoins mpl de* ~ Wertberichtigungsbedarf *m* ; *(comptab.) méthode f de* ~ Rückstellungsmethode *f*.

provisionner **1.** Rückstellungen bilden **2.** ~ *un compte* ein Konto auffüllen ; *chèque m* ~é gedeckter Scheck *m* ; ~ *des dépenses prévues* geplante Ausgaben kreditieren ; für programmierte Ausgaben Kredite bereitstellen.

provisoire vorläufig ; provisorisch ; vorübergehend ; *(jur.)* einstweilig ; *compte m* ~ Interimskonto *n* ; vorläufiges Konto ; *dividende* ~ Interims-, Vordividende *f* ; *gouvernement m, règlement m* ~ provisorische Regierung *f*, Regelung *f* ; *chiffres mpl* ~*s* vorläufige Angaben *fpl* ; *(jur.) ordonnance f (décision f)* ~ einstweilige Verfügung *f* (Anordnung *f*) ; einstweiliger Entscheid *m* ; *régime m* ~ Übergangsregelung *f* ; *solution f* ~ Zwischen-, Notlösung *f*.

provoquer **1.** *(occasionner)* verursachen ; hervorrufen ; provozieren ; ~ *un accident* einen Unfall verursachen **2.** *(défier)* herausfordern ; provozieren.

proximité *f* Nähe *f* ; *à* ~ *de* in der Nähe von ; nahe bei ; unweit (+ G) ; *commerce m, magasin m de* ~ Nachbarschaftsladen *m* ; nahegelegenes

Geschäft *n* ; (*fam.*) Tante-Emma-Laden *m*.

prudentiel, le (*franglais*) vorsichtshalber ; vorbeugend ; risikovermeidend ; prudential.

prud'homal, e arbeitsgerichtlich ; *élections fpl ~es* Arbeitsgerichtswahlen *fpl* ; *procédure f ~e* arbeitsgerichtliches Verfahren *n* ; Arbeitsgerichtsverfahren *n*.

prudhomie *f* (*élections prud'homales*) Arbeitsgerichtsbarkeit *f*.

prud'homme *m* Arbeitsrichter *m* ; Mitglied *n* eines paritätischen Schiedsausschusses ; *conseil m de ~s* paritätisches Arbeitsgericht *n* ; berufsständischer Schiedsausschuss *m* für arbeitsrechtliche Streitfälle.

P.S. (*post-scriptum*) Postskriptum (PS) *n* ; Nachschrift *f*.

P.S.D. *f* (*prestation spécifique de dépendance*) Pflegeversicherung *f*.

pseudonyme *m* Deckname *m* ; Pseudonym *n* ; Künstlername *m* ; *l'ouvrage a paru sous un ~* das Buch ist unter einem Pseudonym erschienen.

P.S.I. *m* (*prêt spécial immédiat*) sofortiges Sonderdarlehen *n*.

psychologie *f* Psychologie *f* ; *~ de l'entreprise* (*industrielle*) Betriebspsychologie ; *~ du travail* Arbeitspsychologie.

psychologique : *franchir le seuil ~ de...* die psychologisch wichtige Marke von... überschreiten.

psychologue *m* : *~ d'entreprise* Betriebspsychologe *m*.

psychose *f* Psychose *f* ; *~ inflationniste* Inflationsmentalität *f* ; Inflationsängste *fpl*.

P.T.A.C. (*poids total autorisé en charge*) zulässiges Gesamtgewicht *n*.

P.T.M.A. *m* (*poids total maximum autorisé*) zulässiges Höchstgewicht *n*.

P.T.T. *fpl* (*Postes, Télécommunications, Télédiffusion*) (französisches) Post- und Fernmeldewesen *n*.

P.U. 1. (*poids utile*) Nutzlast *f* **2.** (*prix unitaire*) Einheitspreis *m* ; Stückpreis.

pub *f* (*fam.*) Werbeanzeige *f*, -spruch *m*, -slogan *m*, -spot *m* ; → **publicité**.

public *m* **1.** (*spectacles, etc.*) Publikum *n* ; Zuhörer *mpl* ; Zuschauer *mpl* ; *interdit au ~* kein Publikumsverkehr ; kein Durchgang ; *ouvert* (*autorisé*) *au ~* öffentlich zugänglich ; der Allgemeinheit zugänglich **2.** (*grand public*) (breite) Öffentlichkeit *f* ; Allgemeinheit *f* ; Endverbraucher *mpl* ; *avis m au ~* öffentliche Bekanntmachung *f* ; *électronique f grand ~* Unterhaltungselektronik *f* ; ◆◆◆ *faire connaître un produit au grand ~* der breiten Masse ein Produkt bekannt machen ; den Endverbrauchern eine Ware vorstellen ; (*fam.*) eine Ware an den Mann bringen ; *ouvert au ~* der Allgemeinheit zugänglich ; *ouvrir à un vaste ~* einer breiten Öffentlichkeit zugänglich machen ; *paraître en ~* vor die Öffentlichkeit treten ; *présenter qqch au ~* etw der Öffentlichkeit vorlegen.

public, ique öffentlich ; allgemein ; gemein ; (*national*) staatlich ; staatseigen ; Staats- ; ◆◆ *administration f ~que* öffentliche Verwaltung *f* ; *assistance f ~que* öffentliche Fürsorge *f* ; *avis m, bien m f ~* öffentliche Bekanntmachung *f*, Gemeinwohl *n* ; *charge f ~que* öffentliches Amt *n* ; *chose f ~que* öffentliches Interesse (der Staat, das Gemeinwesen) ; *collectivités fpl, dépenses fpl ~ques* öffentliche Körperschaften *fpl*, Ausgaben *fpl* ; *dette f ~que* öffentliche Schuld *f* ; *domaine m ~* öffentliches Eigentum *n* ; Allgemeinbesitz *m* ; Gemeingut *n* ; *droit m ~* Staatsrecht *n* ; *de droit ~* öffentlich-rechtlich ; *entreprise f ~que* öffentliches Unternehmen *n* ; *établissement m ~* öffentliche Anstalt *f* ; (*école*) öffentliche Schule *f* ; *finance(s) fpl ~que(s)* öffentliche Finanzen *fpl* ; *fonction f ~que* öffentlicher Dienst *m* ; Staatsdienst ; *fonds mpl ~s* öffentliche Gelder *npl* ; Staatsgelder ; *intérêt m ~* öffentliches Interesse *n* ; *ministère m ~* Staatsanwaltschaft *f* ; *opinion f, ordre m ~(que)* öffentliche Meinung *f*, Ordnung *f* ; *personne f ~que* Person *f* des öffentlichen Lebens ; Amtsperson ; *pouvoirs mpl ~s* Behörden *fpl* ; öffentliche Hand *f* ; *propriété f ~que* → *domaine* ; *relations fpl ~ques* Öffentlichkeitsarbeit *f* ; Public-Relations *pl* ; *travaux mpl ~s* Hoch- und Tiefbau *m* ; *transports mpl ~s* öffentlicher Verkehr *m* ; ◆◆◆ *être dans la vie ~que* im öffentlichen Leben stehen ; *rendre ~* bekannt machen ; bekannt geben.

publication *f* **1.** (*communiqué*) Bekanntmachung *f* ; Veröffentlichung *f* ; amtliche Anzeige *f* ; öffentliche Bekanntgabe *f* ; Vermerk *m* in einem (amtlichen) Register ; *~ du bilan* Bilanzveröffentlichung ; *(jur.)* ~ *aux hypothèques* Eintragung *f* in das Hypothekenregister ; ~ *du mariage* Aufgebot *n* ; ~ *officielle* amtliche Bekanntmachung ; ~ *des prix* Preisverleihung *f* ; ~ *des tarifs* Tarifbekanntgabe **2.** *(édition)* Veröffentlichung *f* ; Publikation *f* ; ~ *assistée par ordinateur (P.A.O.)* Desktop-Publishing *n*.

publiciste *m* **1.** → *publicitaire m* **2.** Publizist *m* ; Journalist *m* **3.** *(jur.)* Staatsrechtler *m*.

publicitaire *m* Werbefachmann *m* ; Werbeberater *m* ; Werbespezialist *m*.

publicitaire Werbe- ; die Werbung betreffend ; werblich ; Reklame- ; *affiche f* ~ Werbeplakat *n*,- anschlag *m* ; Reklameplakat ; *annonce f* ~ **a)** *(journal)* Werbeanzeige *f*, -annonce *f* **b)** *(radio)* Werbedurchsage *f* ; *battage m, budget* ~ Werberummel *m*, -budget *n* (-etat *m*) ; *calicot m* ~ Werbespruchband *n* ; *campagne f* ~ Werbekampagne *f*, -feldzug *m* ; Werbeaktion *f* ; *colonne f* ~ Litfaßsäule *f* ; *concepteur m* ~ Werbetexter *m* ; *coût m* ~ Werbekosten *pl*, -aufwand *m* ; *dessinateur m* ~ Werbegrafiker *m*, -zeichner *m* ; *film m* ~ Werbefilm *m* ; *impact m* ~ Werbewirkung *f* ; Impact *n* ; *lettre f* ~ *(personnalisée)* (personalisierter) Werbebrief *m* ; *matraquage m, message m, moyens mpl* ~*(s)* Werberummel *m*, -botschaft *f*, -mittel *npl* ; *offre f, opération f, prix m* ~ Werbeangebot *n*, -aktion *f*, -preis *m* ; *prospectus m* ~ Prospekt *m* ; Flyer *m* ; Werbezettel *m* ; Werbematerial *n* ; Werbebroschüre *f* ; *slogan m* ~ Werbeslogan *m*, -spruch *m* ; *spot m, support m* ~ Werbespot *m*, -träger *m* ; *succès m, texte m* ~ Werbeerfolg *m*, -text *m* ; *tract m (dépliant m)* ~ Flyer *m* ; Werbeprospekt *m*, -zettel *m* ; Werbeblatt *n* ; *truc m* ~ Werbetrick *m* ; ◆◆◆ *à des fins* ~*s* zu Werbezwecken ; *faire du battage (matraquage)* ~ die Werbetrommel rühren ; Werbesprüche einhämmern ; *produire un spot à fort impact* ~ einen werbewirksamen Werbespot produzieren.

1. publicité *f* Werbung *f* ; Reklame *f* ; Werbewesen *n* ; *(annonce publicitaire)* Werbeanzeige *f* ; ◆ ~ *aérienne* Luftwerbung ; ~ *par affiches, par annonces* Plakat-, Anzeigenwerbung ; ~ *d'appel* Blickfangwerbung, -reklame ; ~ *ciblée* zielgerichtete (gruppenspezifische) Werbung ; ~ *cinématographique* Film-, Kinowerbung ; ~ *clandestine (déguisée)* Schleichwerbung ; ~ *comparative* vergleichende Werbung ; ~ *par correspondance* Briefwerbung ; ~ *déloyale* unlautere Werbung ; ~ *efficace, érotique* wirksame, erotische Werbung ; ~ *à l'étalage* Schaufensterwerbung ; ~ *groupée* Gemeinschafts-, Kollektivwerbung ; Sammel-, Verbundwerbung ; ~ *informative* informationsreiche Werbung ; ~ *de lancement* Einführungswerbung ; einführende Werbung ; ~ *en ligne* Online-Werbung ; ~ *lumineuse* Licht-, Leuchtreklame ; ~ *mensongère* irreführende Werbung ; ~ *murale* Wand-, Anschlagreklame ; ~ *parlée* Funkwerbung ; Werbung im Radio ; ~ *sur le point de vente* POS-Werbung ; Point-of-sale-Werbung ; ~ *politique, de prestige* politische, Prestigewerbung ; ~ *avec primes* Geschenkwerbung ; Zugabewerbung ; ~ *rédactionnelle* redaktionelle Werbung ; ~ *régionale, sélective* Gebiets-, gezielte Werbung ; ~ *de soutien (rappel)* Erinnerungs-, Nachfasswerbung ; ~ *tapageuse* marktschreierische Werbung ; Werberummel *m* ; Sensationswerbung ; ~ *dans les stades* Bandenwerbung ; ~ *télévisée* Werbung im Fernsehen ; Fernsehwerbung ; ◆◆ *agence f, agent m de* ~ Werbeagentur *f* ; Werbeagent *m*, Werber *m* ; *article m en* ~*, cadeau m de* ~ Werbeartikel *m*, -geschenk *n* ; *campagne f, concours m de* ~ Werbekampagne *f*, Werbewettbewerb *m* ; *coût m de la* ~ Werbekosten ; *chef m de la* ~ Werbeleiter *m*, -chef *m* ; *démarcheur m en* ~ Anzeigenwerber *m* ; *département m (service m) de* ~ Werbeabteilung *f* ; *dépenses fpl de* ~ Werbeaufwendungen *fpl* ; *excès mpl de la* ~ Auswüchse *mpl* (Exzesse *pl*) der Werbung ; *opération f de* ~ Werbeaktion *f* ; *homme m de* ~ Werbefachmann *m* ; *phobie f de la* ~ Werbefeindlichkeit *f* ; *responsable m de la* ~ Werbeeinsatzleiter *m*, -verantwortliche(r) ; *saturation f de* ~ Werbemüdigkeit *f* ; ◆◆◆ *faire de la* ~ *pour qqch* für etw werben ; für etw Werbung (Reklame) machen ; *faire de la* ~ *tapageuse* die Werbetrommel rühren ; Werbeslogans einhämmern ; *insérer une* ~ *dans un journal* eine Werbebeilage in einer Zeitung aufgeben ; eine Werbung schalten ; *travailler dans la* ~ in der Werbung tätig sein.

2. publicité *f* (*donnée à qqch*) Öffentlichkeit *f* ; Publizität *f* ; öffentliche Bekanntmachung *f* ; Publicity *f* ; ~ *obligatoire* (*des sociétés*) Publizitätspflicht *f* (der Gesellschaften).

public-relations *pl* Öffentlichkeitsarbeit *f* ; Public-Relations *pl* ; PR-Arbeit ; *homme m de* ~ Öffentlichkeitsarbeiter *m* ; PR-Mann *m* ; → *relations publiques*.

publier veröffentlichen ; bekannt machen ; ~ *les chiffres officiels du chômage* die amtlichen Zahlen der Arbeitslosigkeit bekannt geben ; ~ *une annonce dans un journal* in einer Zeitung inserieren ; eine Anzeige in einer Zeitung aufgeben.

publipostage *m* Briefwerbung *f* ; Postwurfsendung *f* ; Direktwerbung ; Direktmailing *n* ; Versendung *f* von Werbematerial mit der Post (*syn. mailing*).

publireportage *m* PR-Veröffentlichung *f*.

puce *f* **1.** *marché m aux* ~*s* Flohmarkt *m* ; Trödlermarkt *m* **2.** (*informatique*) Chip *m* ; Mikrochip ; Mikroprozessor *m*.

1. puissance *f* (*pouvoir*, *nation*) Macht *f* ; Gewalt *f* ; Machstellung *f* ; Herrschaft *f* ; Hoheit *f* ; Staat *m* ; Nation *f* ; ~ *d'argent*, *commerciale* Geld-, Handelsmacht ; ~*s contractantes* die vertragschließenden Mächte (Staaten) ; ~ *économique* Wirtschaftsmacht ; wirtschaftliche Macht ; ~ *industrielle* Industriemacht ; ~*s industrielles* die Industrienationen, -staaten ; ~ *mondiale*, *monétaire* Welt-, Währungsmacht ; ~ *parentale*, *politique* elterliche Gewalt, politische Macht ; ~ *signataire* Signatarmacht, -staat ; Unterzeichnerstaat ; *abus m de* ~ Machtmissbrauch *m* ; *grande* ~ Großmacht ; Supermacht.

2. puissance *f* (*efficacité, force*) Wirksamkeit *f* ; Wirkung *f* ; Potenzial *n* ; Kraft *f* ; Stärke *f* ; Vermögen *n* ; (*technique*, *rendement*) Leistung *f* ; Leistungsfähigkeit *f* ; ~ *administrative* (*fiscale*) Steuerleistung *f* ; in PS ausgedrückte Leistung eines Autos ; ~ *d'épargne* Sparvermögen ; ~ *fiscale d'un véhicule* Steuerklasse *f* ; Steuer-PS ; ~ *de travail* Leistungsfähigkeit, -vermögen ; Arbeitspotenzial ; *augmentation f*, *perte f de* ~ Leistungssteigerung *f*, -verlust *m*.

puissant, e 1. mächtig ; gewaltig ; stark **2.** (*moteur, machine*) leistungsfähig **3.** einflussreich.

puissants : *les* ~ die Großen ; die Starken ; die Mächtigen ; (*fam.*) die hohen (großen) Tiere *npl* ; (*polit.*) die Bonzen *mpl*.

punir (be)strafen ; ahnden.

punissable sträflich ; strafbar ; strafwürdig ; *acte m* ~ strafbare Handlung *f* ; Straftat *f*.

pupille *m* Mündel *n* ; Pflegekind *n* ; Waisenkind ; ~ *de l'État* vom Staat betreutes Pflegekind (betreute Vollwaise *f*) ; ~ *de la Nation* vom Staat betreute Kriegswaise *f*.

pupitre *m* : ~ *de commande* (*informatique*) Steuerpult *n* ; Konsole *f* ; Bedienungsgerät *n*.

pupitreur *m* (*informatique*) Operator *m* ; Bediener *m* ; Bedienungs(fach)kraft *f* ; Operateur *m*.

pur, e rein ; echt ; (*vin*) unverdünnt ; unverpanscht ; (*métal*) lauter ; gediegen ; ~ *fil* reinleinen ; ~*e laine* Schurwolle *f* ; reinwollen ; ~ *sang* Vollblut- ; ~ *soie* reinseiden ; *en* ~*e perte* ganz umsonst ; für nichts und wieder nichts ; *capitalisme m* ~ *et dur* Kapitalismus *m* pur ; *garanti* ~ garantiert rein ; *une formalité* ~*e et simple* reine Formsache *f*.

purge *f* **1.** ~ *d'une hypothèque* Löschung *f* (Tilgung *f*, Abstoßen *n*) einer Hypothek **2.** ~ *d'une peine* Verbüßung *f* einer Strafe ; ~ *d'une peine d'emprisonnement* Absitzen *n* einer Gefängnisstrafe **3.** (*polit.*) Säuberungsaktion *f* (einer Partei).

purger 1. ~ *une hypothèque* eine Hypothek löschen (tilgen, abstoßen) **2.** ~ *une peine* eine Strafe verbüßen ; ~ *une peine d'emprisonnement* eine Gefängnisstrafe absitzen.

put → *option de vente*.

putatif, ive vermutet ; vermeintlich ; fälschlich angenommen ; *créancier m* ~ vermuteter Gläubiger *m* ; *titre m* ~ vermuteter Eigentumsnachweis *m* ; *père* ~ vermeintlicher Vater *m*.

put-warrant *m* (*titre optionnel qui donne le droit de vendre le support : devises, actions etc.*) Put-Warrant *m* ; Optionsschein *m*.

P.V. 1. (*en petite vitesse*) (als) Frachtgut *n* **2.** (*payable à vue*) zahlbar bei Sicht **3.** (*procès-verbal*) gebührenpflichtige Verwarnung *f* ; Strafmandat *n* ; (*fam.*) Knöllchen *n*.

P.V.D. *m* (*pays en voie de développement*) Schwellenland *n* ; Entwicklungsland.

P.V.I. *m* (*pays en voie d'industrialisation*) → **P.V.D.**

pyramide *f* Pyramide *f* ; Struktur *f* ; ~ *des âges* Alterspyramide *f* ; Altersstruktur *f*, -aufbau *m* ; ~ *démographique* Bevölkerungspyramide ; ~ *des revenus* Einkommenspyramide, -struktur.

Q

q → quintal.
Q.C.M. *m* (*questionnaire à choix multiple*) Multiple-Choice-Test *m*.
Q.G. (*quartier général*) Hauptquartier *n* ; Stabsquartier.
Q.I. → *quotient*.
quadrage *m* (*enveloppe budgétaire par ministère*) *lettre f de* ~ Kredit-Rahmenrichtlinie *f* ; Kredit-Rahmenrichtplan *m*.
quadrichromie *f* (*billets de banque*) Vierfarbendruck *f*.
quadriennal, e 1. vierjährig ; Vierjahres- ; *plan m* ~ Vierjahresplan *m* **2.** vierteljährlich ; alle vier Jahre (stattfindend).
quadripartite (*polit.*) Vierer- ; Viermächte- ; *accord m* ~ Viermächteabkommen *n* ; *conférence f* ~ Vierer-, Viermächtekonferenz *f*.
quadruple 1. vierfach **2.** *le* ~ das Vierfache ; *le* ~ *du prix* das Vierfache des Preises ; der vierfache Preis.
quadruplement *m* Vervierfachung *f*.
quadrupler (sich) vervierfachen ; *le prix a* ~*é* der Preis hat sich vervierfacht.
quai *m* **1.** (*port*) Kai *m* ; Hafendamm *m* ; Rampe *f* ; ~ *de chargement* Verladerampe *f* ; ~ *de débarquement* Löschkai ; (Ver)Ladekai ; ~ *d'embarquement* Anlegestelle *f* ; *droit m de* ~ Hafengebühr *f*, -geld *n* ; Kaigebühr ; *franco sur le* ~ frei Kai ; *livraison f à* ~ Kaianlieferung *f* ; *amarrer à* ~ am Kai festmachen ; *être à* ~ am Kai liegen ; *pris à* ~ ab Kai ; *reçu à* ~ am Kai empfangen **2.** (*train*) Bahnsteig *m* ; ~ *d'arrivée, de départ* Ankunfts-, Abfahrtsbahnsteig ; ~ *de déchargement* Ausladerampe *f* **3.** ~ *d'Orsay* der Quai d'Orsay ; Sitz *m* des französischen Außenministeriums.
quaiage *m* Kaigeld *n* ; Anlegegebühr *f*.
qualification *f* **1.** Qualifikation *f* ; Befähigung *f* ; Eignung *f* ; Fähigkeit *f* ; Qualifizierung *f* ; ◆ ~ *élevée* hervorragende Qualifikation ; ~ *professionnelle* berufliche Qualifikation ; qualifizierte Ausbildung ; fachliche Eignung ; ~ *du travail* Arbeitsbewertung *f* ; ◆◆ *degré m de* ~ Qualifikationsgrad *m* ; *niveau m de* ~ Qualifikationsniveau *n* ; *niveau de* ~ *exigé* Qualifikationsanforderungen *fpl* ; *ouvrier m sans* ~ ungelernter Arbeiter *m* ; Hilfsarbeiter ; *poste m exigeant une* ~ qualifizierter Posten *m* ; *travailleur m de* ~ *confirmée* anerkannter Facharbeiter *m* **2.** (*jur.*) Einstufung *f* einer Straftat.
qualifié, e 1. geeignet ; qualifiziert ; geschult ; befähigt ; *hautement* ~ hochqualifiziert ; *ouvrier m* ~ Facharbeiter *m* ; *personnel m* ~ Facharbeiterschaft *f* ; geschultes Personal *n* ; Fachkräfte *fpl* ; *travail m* ~ qualifizierte Arbeit *f* ; *être* ~ *pour qqch* sich für etw eignen **2.** berechtigt ; befugt ; zuständig **3.** (*jur.*) qualifiziert ; erschwerend ; *vol m* ~ schwerer (qualifizierter) Diebstahl *m*.
qualifier 1. (*donner une qualification professionnelle*) ~ *qqn à un poste* jdn für einen Posten qualifizieren **2.** ~ *qqn* jdn befähigen (berechtigen) **3.** ~ *de* bezeichnen als (+ A).
qualitatif, ive qualitativ ; dem Wert nach.

qualité *f*	1. *marchandise* 2. *condition sociale, juridique* 3. *compétence* 4. *coordonnées personnelles*

1. (*marchandise*) Qualität *f* ; Güte *f* ; Beschaffenheit *f* ; ◆ ~ *constante* gleichbleibende Qualität ; ~ *courante* Durchschnittsqualität ; gangbare Qualität ; ~ *extra* Extraqualität ; prima Qualität ; erstklassige Ware ; ~ *irréprochable* einwandfreie Qualität ; ~ *marchande* Handelsqualität ; marktgängige Qualität ; Marktgängigkeit *f* ; ~ *moyenne* mittlere Qualität ; Durchschnittsqualität ; ~ *normalisée, standard* genormte, Standardqualität ; ~ *de travail, de vie* Arbeits-, Lebensqualität ; ◆◆ *baisse f de* ~ Qualitätsminderung *f* ; *cercle m de* ~ Qualitätszirkel *m* ; *certificat m de* ~ Qualitätszeugnis *n* ; *concurrence f de* ~ Qualitätswettbewerb *m* ; *contrôle m de la* ~ Qualitätskontrolle *f*, -überwachung *f* ; Güteprüfung *f* ; *de bonne, de mauvaise* ~ guter, schlechter Qualität ; *de* ~ *égale* gleich gut ; *dénomination f de* ~ Qualitätsbezeichnung *f* ; *différence f de* ~ Qualitätsunterschied *m* ; *exigence f de* ~ Qualitätsanforderung *f* ; *garantie f de* ~ Qualitätsgarantie *f*, -sicherung *f* ; *label m*

de ~ Gütezeichen *n* ; Qualitätsmarke *f* ; *marchandise f de* ~ Qualitätsware *f* ; *marchandise f de première* ~ erstklassige Ware *f* ; *marque f de* ~ Gütezeichen *n* ; Qualitätszeichen ; *niveau m de* ~ Qualitätsstufe *f* ; *norme f de* ~ Qualitätsnorm *f* ; *perte f de* ~ Qualitätseinbuße *f* ; *produit m de* ~ Qualitätserzeugnis *n* ; *travail m de* ~ Qualitätsarbeit *f* ; *vérification f de la* ~ Qualitätsprüfung *f,* -kontrolle *f* ; ◆◆◆ *améliorer la* ~ die Qualität verbessern ; *garantir la* ~ *d'une marchandise* für die Qualität einer Ware bürgen ; die Warenqualität garantieren.
2. *(condition sociale, juridique)* Status *m* ; Eigenschaft *f* ; *en* ~ *de* als ; *en sa* ~ *de* in seiner Eigenschaft als ; ~ *d'associé* Teilhaberschaft *f* ; ~ *de citoyen, de fonctionnaire* Eigenschaft als Staatsbürger, als Beamter ; ~ *de membre* Mitgliedschaft *f* ; ~ *de négociant* Händlerstatus ; ~ *de représentant de commerce* (*V.R.P.*) Handelsvertreterstatus ; *avoir* ~ *pour faire qqch* berechtigt (befugt) sein, etw zu tun.
3. *(compétence)* Fähigkeit *f* ; Talent *n* ; Kompetenz *f* ; ~*s d'organisation* Organisationstalent.
4. *(coordonnées personnelles)* Personalien *pl* ; Angaben *fpl* zur Person ; *décliner ses* ~*s* die Personalien angeben.

quantième : *le* ~ *du mois* das Monatsdatum ; der Soundsovielte des Monats.

quantifiable quantifizierbar.

quantifier quantifizieren ; mengenmäßig erfassen.

quantitatif, ive quantitativ ; mengenmäßig ; der Menge nach ; *limitation f* ~*ive* mengenmäßige Beschränkung *f.*

quantité *f* Menge *f* ; Quantität *f* ; Größe *f* ; ◆ ~ *autorisée* (*douane*) Freimenge *f* ; (*pêche*) ~ *capturée* Fangmenge ; ~ *délivrée* gelieferte Menge ; ~*s excédentaires* Überschussmengen ; ~ *exportée* Ausfuhrmenge ; exportierte Menge ; ~ *garantie* garantierte Menge ; *en grande, en petite* ~ in großer, geringer Menge ; ~ *à livrer* **a)** Liefermenge **b)** (behördlich festgesetztes) Ablieferungssoll *n* ; ~ *de marchandises* Warenmenge ; ~ *maximale, minimale* Höchst-, Mindestmenge ; ~ *de production* (*produite*) Produktionsmenge ; ~ *de travail* Arbeitsmenge ; ◆◆ *indication f de la* ~ Mengenangabe *f* ; *prime f de* ~ Mengen-, Quantitätsprämie *f* ; *prix de* ~ Mengenpreis *m* ; *rabais m de* ~ Mengen-, Summenrabatt *m* ; Mengenbonus *m* ; *réduction f par* ~ Mengenrabatt *m* ; Großbezugsrabatt ; ◆◆◆ *accorder une réduction pour achat de* ~ einen Mengenrabatt gewähren ; *avoir la marchandise en* ~ *suffisante* Ware ist in ausreichender Menge vorhanden.

quantum *m* Anteil *m* ; Quantum *n* ; Betrag *m* ; Summe *f* ; Höhe *f* ; Quote *f* ; ~ *du dividende* Dividendenhöhe ; ~ *des dommages-intérêts* Höhe *f* des Schadenersatzes ; ~ *de la peine* Strafmaß *n.*

quarantaine *f* Quarantäne *f* ; Isolierung *f* ; *être en* ~ in Quarantäne liegen ; sich in Quarantäne befinden ; *lever la* ~ die Quarantäne aufheben ; *être, mettre en* ~ unter Quarantäne stehen ; (über ein Schiff) Quarantäne verhängen.

quartier *m* (Stadt)Viertel *n* ; Stadtteil *m* ; ~ *des affaires* Geschäftsviertel ; ~ *commerçant* Einkaufsviertel ; ~ *défavorisé* Armen-, Elendsviertel ; ~ *général* Hauptquartier ; ~ *résidentiel* (vornehmes) Wohnviertel ; Wohngegend *f.*

quart-monde *m* Vierte Welt *f* ; die unterentwickelten Länder *npl* ; neue Armut *f* (*syn. les pays les moins avancés ; les P.M.A.*).

quasi gewissermaßen ; gleichsam ; ähnlich ; quasi ; ~ *contractuel* vertragsähnlich ; quasivertraglich.

quasi-contrat *m* (*jur.*) Quasivertrag *m* ; vertragsähnliches Rechtsverhältnis *n.*

quasi-délit *m* (*jur.*) Quasidelikt *n.*

quasi-monopole *m* Quasi-Monopol *n* ; Beinahe-Monopol ; monopolähnliche Stellung *f.*

quaternaire *m* (*communication, information, technologies*) Informationstechnologie *f* ; IT *f.*

quatre : *le* ~ (*du mois*) der Vierte ; *am Vierten (des Monats)* ; *entre* ~ *yeux* unter vier Augen.

quémander (aufdringlich) bitten ; betteln.

quémandeur *m* Bittsteller *m.*

querelle *f* Streit *m* ; Streitfall *m* ; Streitigkeit *f* ; Auseinandersetzung *f.*

quereller : *se* ~ sich streiten ; sich zanken.

question *f* **1.** Frage *f* ; Problem *n* ; Sache *f* ; Angelegenheit *f* ; ◆ ~ *d'argent* (reine) Geldfrage ; ~ *budgétaire* Haushaltsfrage ; ~ *à choix multiples* (*Q.C.M.*)

questionnaire Frage mit Auswahlantworten ; Multiple-choice-Verfahren *n* ; ~ *de compétences* Zuständigkeitsfrage ; ~ *douanière, économique* Zoll, Wirtschaftsangelegenheit ; ~ *de frais* Kostenfrage ; ~ *juridique* Rechtsfrage ; ~ *de principe* Grundsatz-, Prinzipienfrage ; ~ *sociale* Sozialproblem ; ~ *en suspens* unerledigte Frage ; ~ *vitale* lebenswichtige Frage ; Existenzfrage ; ◆◆◆ *c'est une* ~ *d'argent, de temps* das ist (nur) eine Frage des Geldes, der Zeit ; *être hors de* ~ außer Frage sein (stehen) ; *mettre en* ~ in Frage stellen ; *soulever une* ~ eine Frage aufwerfen ; *traiter une* ~ eine Frage behandeln **2.** (*polit.*) Anfrage *f* ; ~ *écrite, orale* schriftliche, mündliche Anfrage **3.** *en* ~ betreffend ; zur Debatte stehend ; *l'affaire en* ~ das betreffende Geschäft ; *la personne en* ~ der Betreffende.

questionnaire *m* Fragebogen *m* ; *enquête f par* ~ Erhebung *f* durch Fragebogen ; *dépouiller un* ~ einen Fragebogen auswerten ; *établir un* ~ einen Fragebogen anfertigen (aufstellen) ; *remplir un* ~ einen Fragebogen ausfüllen.

questionner : ~ *qqn* jdn befragen (*sur* über + A).

quête *f* **1.** Sammlung *f* ; Kollekte *f* ; ~ *à domicile* Haussammlung ; *faire la* ~ eine Sammlung veranstalten **2.** Suche *f* ; *être en* ~ *de travail* auf Arbeitssuche sein.

queue *f* **1.** (*train*) *wagon de* ~ Schlusswagen *m* ; letzter Wagen ; *être en* ~ *de peloton* das Schlusslicht bilden **2.** Schlange *f* ; *faire (la)* ~ Schlange stehen ; *faire une heure de* ~ eine Stunde Schlange stehen (anstehen) ; *prendre la* ~ sich anstellen.

qui de droit (*jur.*) Berechtigte(r) ; zuständige (berechtigte) Person *f* ; wen es angeht ; → *droit : pour valoir ce que de droit*.

quincaillerie *f* **1.** Eisenwaren *fpl* ; Haus- und Küchengeräte *npl* ; (*fam.*) Hardware *f* **2.** Eisenwarengeschäft *n*.

quinquennal, e 1. fünfjährig ; fünf Jahre dauernd ; *magistrature f ~e* fünfjährige Amtsdauer *f* ; *plan m* ~ Fünfjahresplan *m* **2.** fünfjährlich ; alle fünf Jahre (stattfindend) ; *élection f ~e* alle fünf Jahre stattfindende Wahl *f*.

quinquennat *m* fünfjährige Amtsdauer *f* (Amtszeit *f*).

quintal *m (q)* Doppelzentner *m* (dz).

quintuple 1. fünffach **2.** *le* ~ das Fünffache.

quintupler (sich) verfünffachen.

quinzaine *f* **1.** vierzehn Tage *mpl* ; zwei Wochen *fpl* ; *chaque* ~ vierzehntäglich ; zweiwöchentlich ; halbmonatlich ; *dans une* ~ in vierzehn Tagen ; *dans la seconde* ~ *de janvier* in der zweiten Januarhälfte ; ~ *commerciale* von den Händlern einer Stadt organisierte Werbeaktion *f* ; zweiwöchige kommerzielle Werbeaktion *f* ; (*jur.*) ~ *franche* vierzehntägige Frist *f* **2.** (*bourse, banque*) *à* ~ *medio* ; per Medio ; *marché m de* ~ Mediogeschäft *n*, -abschluss *m*.

quinze : *aujourd'hui en* ~ heute in vierzehn Tagen ; *dans les* ~ *jours* heute in zwei Wochen.

quirat *m* (*part d'une propriété de navire de marine marchande*) Eigentumsanteil *m* (an einem Handelsschiff) ; (*fisc*) *système des ~s* Steuerabzug *m* für Eigentumsanteil(e) an einem Schiff.

quittance *f* Quittung *f* ; Zahlungsbeleg *m* ; Zahlungsbescheinigung *f*, -bestätigung *f* ; Empfangsbescheinigung *f* ; ◆ ~ *en blanc* Blankoquittung ; ~ *comptable* Belegquittung ; ~ *de consignation* Hinterlegungsquittung ; ~ *de douane* Zollquittung ; ~ *fictive* Scheinquittung ; ~ *finale* Abschlussquittung ; ~ *globale* Gesamtquittung ; ~ *de loyer* Mietquittung ; Quittung über bezahlte Miete ; ~ *de paiement* Zahlungsquittung ; ~ *sous seing privé* privatschriftliche Quittung ; ~ *pour solde de tout compte* Abschluss-, Ausgleichsquittung ; ~ *finale* Schlussquittung ; ◆◆ *carnet m de ~s* Quittungsheft *n* ; *contre* ~ gegen Quittung ; *duplicata m de* ~ Quittungsduplikat *n* ; *établissement m d'une* ~ Ausstellung *f* einer Quittung ; *formulaire m de* ~ Quittungsformular *n*, -vordruck *m* ; ◆◆◆ *donner* ~ *de qqch* etw quittieren ; den Empfang einer Sache bescheinigen ; *établir une* ~ eine Quittung ausstellen (schreiben).

quittancer quittieren ; eine Quittung ausstellen.

quitte frei ; quitt ; nichts mehr schuldig ; befreit ; entlastet ; (*jur.*) ~ *de tous droits et taxes* abgaben- und gebührenfrei ; ~ *de toute dette* schuldenfrei.

quitter verlassen ; (ein Amt) niederlegen ; ~ *un appartement* ausziehen ; ~ *des fonctions* ausscheiden ; den Dienst quittieren ; sein Amt niederlegen ; ~ *la vie active* aus dem Erwerbsleben (aus)scheiden ; (*téléph.*) *ne quittez pas bleiben* Sie am Apparat.

quitus *m* Entlastung *f* ; Enlastungserklärung *f* ; *donner ~ à un gérant* einem Geschäftsführer Entlastung erteilen ; einen Geschäftsführer entlasten ; die Geschäftsführung billigen.

quorum *m* Quorum *n* ; erforderliche Anzahl *f* (von Sitzungsteilnehmern) ; *~ requis* beschlussfähige Anzahl *f* ; erforderliche Stimmenanzahl ; Quorum *n* ; *atteindre* (*réunir*) *le ~* beschlussfähig sein ; die erforderlichen Stimmen erreichen.

quota *m* Quote *f* ; Anteil *m* ; Prozentsatz *m* ; Kontingent *n* ; anteilmäßiger Betrag *m* ; ◆ *~ de base* Grundquote ; *~ d'exportation, d'importation* Ausfuhr-, Einfuhrquote ; *~ d'immigration* Einwanderungsquote ; *~s laitiers* Milchquoten ; *~s de pêche* (Höchst)-Fangquoten ; *~ de production* Produktionsquote ; *~ de répartition* Verteilungsquote ; *~ de vente* Verkaufsquote ; ◆◆ *méthode f des ~s* (*sondages*) Quotenmethode *f* ; *réduction f, régime m des ~s* Quotenkürzung , -regelung *f* ; *réglementation f des ~s* Garantiemengenregelung *f* ; *répartition f par ~s* Quotisierung *f* ; Quotenregelung ; ◆◆◆ *augmenter, réduire les ~s* die Quoten herauf-, herabsetzen ; *dépasser, respecter les ~s* die Quoten überschreiten, einhalten.

quote-part *f* Quote *f* ; Anteil *m* ; Rate *f* ; ◆ *~ du capital* Kapitalquote ; *~ de capitaux propres* Eigenkapitalquote ; *~ en espèces* Barquote ; *~ d'extraction* Förderquote ; *~ des frais* Kostenanteil ; *~ de la liquidation* Liquidationsanteil ; *~ patronale* Arbeitgeberanteil ; *~ de production* Produktionsanteil, -quote ; *~ salariale* Arbeitnehmeranteil ; Beitragsleistung *f* des Arbeitnehmers zur Sozialversicherung ; ◆◆◆ *dépasser la ~* die Quote überschreiten ; *payer sa ~* seinen Anteil bezahlen ; *par ~* quotenmäßig ; anteilmäßig ; anteilgemäß ; anteilig ; *répartir par ~* nach Quoten aufteilen ; quotenmäßig verteilen ; quotisieren.

quotidien *m* 1. Tageszeitung *f* 2. Alltag *m*.

quotidien, ne täglich ; alltäglich ; *le travail ~* die tägliche Arbeit ; (*fam.*) *le train-train ~* der Alltagstrott ; *la vie ~ne* der Alltag ; das alltägliche Leben.

quotient *m* Quotient *m* ; Rate *f* ; Nenner *m* ; (*polit.*) *~ électoral* Wahlquotient, -schlüssel *m* ; Sitzverteilungsquotient ; (*revenu imposable*) *~ familial* Steuerbewertungsziffer *f* (nach Familienstand) ; familienumgelegte Einkommensbesteuerung *f* ; *~ intellectuel* (*Q.I.*) Intelligenzquotient *m* (IQ).

quotité *f* Anteil *m* ; Quote *f* ; Quotität *f* ; Rate *f* ; anteilmäßiger Betrag *m* ; (*bourse*) Mindestmenge *f* ; Mindestordergröße *f* ; Schlusseinheit *f* ; (*jur.*) *~ disponible* frei verfügbarer Teil *m* (einer Erbschaft) ; *~ garantie* Deckungsquote ; *~ imposable* steuerpflichtiger Anteil ; *action f de ~* Quotenaktie *f* ; Anteilsaktie ; nennwertlose Aktie ; *impôt m de ~* Quotitätssteuer *f* ; (*bourse*) *négociation f par ~s* Handeln *n* mit einer Mindestmenge an Aktien ; *fixer les ~s* die Mindestmengen festsetzen.

R

R. 1. (*recommandé*) Einschreiben *n* **2.** (*reçu*) erhalten ; Quittung *f.*

rabais *m* Rabatt *m* ; Preisermäßigung *f* ; Preisnachlass *m* ; Abschlag *m* ; Abzug *m* ; (*soumission*) adjuger au ~ an den Mindestforderndernden vergeben ; *consentir un* ~ einen Rabatt gewähren ; mit dem Preis heruntergehen ; *vendre au* ~ zu herabgesetzten (reduzierten) Preisen verkaufen.

rabatteur *m* (*péj.*) (An)Werber *m* ; Bauernfänger *m.*

rabattre 1. nachlassen ; vermindern ; ermäßigen ; mit dem Preis heruntergehen ; ~ *ses prétentions* zurückstecken ; ~ *d'un prix* von einem Preis abziehen ; mit dem Preis heruntergehen **2.** se ~ ausweichen (auf + A) ; *se* ~ *sur les marchés extérieurs* auf Auslandsmärkte ausweichen.

raccordement *m* Anschluss *m* ; Anbindung *f* ; Verbindung *f* ; Bereitstellung *f* ; ~ *au câble* Kabelanschluss ; ~ *collectif* Gemeinschaftsanschluss ; ~ *au réseau ferré* Anbindung an das Schienennetz ; ~ *au réseau Internet* Internetanschluss.

raccorder anschließen ; anbinden ; verbinden ; ~ *un appareil (à)* ein Gerät anschließen (an + A) ; ~ *un aéroport au réseau routier* einen Flughafen an das Straßennetz anbinden ; ~ *un ordinateur au réseau R.N.I.S.* einen Computer an die ISDN-Leitung anschließen.

rachat *m* Rückkauf *m* ; Aufkauf *m* ; Übernahme *f* ; Abfindung *f* ; Einlösung *f* ; (*pour couvrir un découvert*) Hedgegeschäft *n* ; ~ *d'entreprise* Firmenaufkauf *m* ; Unternehmensübernahme *f* ; ~ *d'une entreprise par les salariés* Übernahme eines Unternehmens durch die Belegschaft ; LBO *n* (*leverage buy-out*) → *R.E.S.* ; ~ *d'une pension* (*rente*) Rentenabfindung, -rückkauf ; (*bourse*) *date f de* ~ Einlösungstermin *m* ; *valeur f de* ~ Rückkaufswert *m.*

rachetable einlösbar ; ablösbar ; tilgbar ; *obligation f* ~ ablösbare Obligation *f.*

racheter (zu)rückkaufen ; abkaufen ; aufkaufen ; übernehmen ; erwerben ; abfinden ; einlösen ; ~ *une entreprise malade* ein marodes Unternehmen aufkaufen ; ~ *des parts* Anteile aufkaufen ; *action f* ~*ée* zurückgenommene Aktie.

racheteur *m* (Auf)Käufer *m* ; Übernahmeinteressent *m* ; übernehmende Gesellschaft *f.*

racket *m* Erpressung *f* ; Erpressungsaffäre *f* ; Schutzgelderpressung *f.*

racketter erpressen ; Schutzgeld(er) erpressen.

racketteur *m* Erpresser *m* ; Schutzgelderpresser *m.*

rack-jobbing *m* (*location par un fabricant ou un grossiste d'une surface de vente chez un détaillant pour y proposer ses propres produits*) Rackjobbing *n* ; Vertriebsform *f*, bei der ein Großhändler oder ein Hersteller beim Einzelhändler eine Verkaufsfläche mietet, um sein eigenes Sortiment anzubieten.

racolage *m* Kundenfang *m* ; Bauernfängerei *f* ; ~ *de voix* Stimmenfang *m.*

racoler auf Kundenfang (aus)gehen ; Kunden werben ; (*fam.*) Kunden abklappern.

radar *m* (*trafic*) Radargerät *n* ; (*fam.*) Radarfalle *f* ; *contrôle-*~ Radarkontrolle *f.*

rade *f* Reede *f* ; Ankerplatz *m* ; être en ~ **a)** (*sens propre*) auf der Reede liegen **b)** (*fig.*) *les négociations sont en* ~ die Verhandlungen sind festgefahren.

radiation *f* **1.** Löschung *f* ; Löschen *n* ; Streichung *f* ; ~ *d'une inscription hypothécaire* Löschung der Eintragung im Hypothekenregister ; ~ *d'office* Amtslöschung *f* **2.** (*assur.* *suppression des prestations*) Ausschluss *m* aus einer Versicherung ; Aussteuerung *f* **3.** ~*s nucléaires* → **radiations**.

radiations *fpl* radioaktive Strahlung *f* ; Radioaktivität *f.*

radier 1. löschen (eine Hypothek) **2.** streichen ; ~ *d'une liste* von einer Liste streichen **3.** (*assur.*) ausschließen ; aussteuern.

radin, e (*fam.*) knickerig ; geizig.

radio *f* Radio *n* ; (Rund)Funk *m* ; Hörfunk ; ~ *locale* lokale Radiostation *f* ; Lokalfunk *m* ; ~ *privée* Privatfunk *m* ; privater Sender *m* ; *à la* ~ im Funk ; im Radio.

radioactif, ive radioaktiv ; *matières fpl* ~*ives* radioaktive Stoffe *mpl* ; *pollution f* ~*ive* radioaktive Verseuchung (*f*) ; Strahlenbelastung *f* ; *rayonnement m* ~ radioaktive Strahlung *f* ; *stockage m pro-*

visoire, définitif de déchets ~s Zwischen-, Endlagerung *f* von radioaktivem Müll.

radioactivité *f* Radioaktivität *f* ; ~ *artificielle, naturelle* künstliche, natürliche Radioaktivität ; ~ *rémanente* Halbwertzeit *f* ; *taux m de* ~ *dans l'air* Gehalt *m* an Radioaktivität in der Luft.

radiocommunication *f* Funkverkehr *m*.

radiodiffuser (durch, im Rundfunk) übertragen ; senden ; ausstrahlen.

radioguidage *m* Verkehrswarnfunk *m* ; Verkehrsmeldungen *fpl* (im Rundfunk) ; Funksteuerung *f* ; Leitstrahl-Verfahren *n*.

radiomessagerie *f* → **radiocommunication**.

radionavigation *f* Funknavigation *f*.

radioprotection *f* Strahlenschutz *m*.

radiotéléphonie *f* **mobile** Mobilfunkdienst *m*.

radoub *m* : *cale f, bassin m de* ~ Trockendock *n*.

raffermir festigen ; *les cours se raffermissent* die Kurse sind wieder fester ; ~ *les liens économiques entre deux pays* die wirtschaftlichen Beziehungen zwischen zwei Ländern festigen.

raffermissement *m* Festigung *f* (der Preise, der Kurse) ; Stärkung *f* ; (*bourse*) ~ *des cours* Kursfestigung, -erholung *f*.

raffinage *m* Veredelung *f* ; Verfeinerung *f* ; Raffinage *f*.

raffiner veredeln ; verfeinern ; raffinieren ; *produit m* ~*é* Raffinat *n*.

raffinerie *f* Raffinerie *f* ; ~ *de pétrole* Erdölraffinerie.

rafle *f* Groß-, Ringfahndung *f* ; Razzia *f*.

ragot *m* Gerücht *n* ; *campagne f de* ~s Gerüchteküche *f* ; Verleumdungsaktion *f*, -kampagne *f*.

raider *m* (*bourse*) Raider *m* ; Börsenspekulant *m* ; Spezialist *m* von Firmenübernahmen.

rail *m* Schiene *f* ; Bahn *f* ; Eisenbahn *f* ; *transport m par* ~ Bahnbeförderung *f* ; Eisenbahntransport *m*.

raison *f* **1.** Grund *m* ; Begründung *f* ; *pour des* ~s *de convenance personnelle* aus persönlichen Gründen ; *pour des* ~s *économiques, financières* aus wirtschaftlichen, finanziellen Gründen **2.** ~ *commerciale* Firmenbezeichnung *f* ; Firmenname *n* ; Geschäftsname ; Handelsname ; ~ *sociale* Personenfirma *f* ; (Handels)-Firma ; Firmenbezeichnung *f* ; *avoir pour* ~ *sociale* als... firmieren **3.** (*proportion*) *à* ~ *de 1pour 4* im Verhältnis 4 zu 1.

raisonnable vernünftig ; *prix m* ~ annehmbarer (vernünftiger) Preis.

rajeunissement *m* Verjüngung *f* ; Erneuerung *f* ; ~ *des cadres d'une entreprise* die Erneuerung (Verjüngung) des leitenden Personals eines Unternehmens.

rajustement *m* Angleichung *f* ; (Neu)Anpassung *f* ; Bereinigung *f* ; Berichtigung *f* ; Richtigstellung *f* ; ~ *des primes d'assurance* Prämienanpassungsklausel *f* ; ~ *des salaires* Lohnangleichung, -anpassung ; ~ *monétaire* Währungsanpassung ; Angleichung (Neuordnung) der Wechselkurse ; Realignment *n*.

rajuster angleichen ; anpassen ; berichtigen ; richtig stellen ; bereinigen ; ~ *les salaires aux prix* die Löhne den Preisen angleichen.

ralenti : *marcher* (*tourner*) *au* ~ mit halber Kraft laufen ; in langsamem Tempo (ab)laufen ; unausgelastet sein.

ralentir verlangsamen ; stocken ; abkühlen ; bremsen ; *l'activité économique s'est* ~*ie* die Wirtschaftstätigkeit ist abgeflaut.

ralentissement *m* Verlangsamung *f* ; Abflauen *n* ; Abkühlung *f* ; Nachlassen *n* ; ~ *des affaires* Flaute *f* ; Geschäftsrückgang *m* ; Geschäftsstockung *f* ; ~ *conjoncturel* Konjunkturabschwächung *f*.

rallonge *f* Zuschlag *m* ; Nachtrag *m* ; finanzielle Nachbesserung *f* ; Zuzahlung *f* ; Zuschuss *m* ; Aufgeld *n* ; ~ *budgétaire* Zusatzetat *m* ; Nachtragshaushalt *m* ; Nachschuss *m* ; (*bourse*) *clause f de* ~ Mehrzuteilungsoption *f* ; Greenshoe *m* ; *donner une* ~ Geld drauflegen ; zuschießen.

RAM *f* (*informatique : Random Access Memory*) RAM *n* ; Speicher *m* mit wahlfreiem Zugriff (*syn. mémoire vive*).

ramassage *m* **1.** Einsammlung *f* ; (Ein)Sammeln *n* ; Kollekte *f* ; (*scolaire*) Abholen *n* durch den Schulbus **2.** ~ *des ordures ménagères* Müllabfuhr *f* **3.** (*bourse*) Erwerb *m* von Aktien einer an der Börse notierten Gesellschaft.

ramasser 1. (ein)sammeln ; ~ *les vieux papiers* Altpapier sammeln **2.** (*argent*) ~ *beaucoup d'argent* ein Heidengeld verdienen ; ~ *des titres* Wertpapiere aufkaufen.

ramener senken ; verringern ; ~ *le taux d'inflation à 2 %* die Inflationsrate auf zwei Prozent verringern ; ~ *un déficit de... à...* ein Defizit von... auf... verringern.
rampant, e kriechend ; *inflation f ~e* schleichende Inflation *f.*
rançon *m* Lösegeld *n* ; Erpressung *f.*
rançonner Lösegeld fordern ; erpressen.
randomisation *f* (*statist.*) Randomisierung *f* ; zufällige Auswahl *f.*
rang *m* Rang *m* ; Rangstellung *f* ; Rangordnung *f* ; Stellenwert *m* ; Reihe *f* ; Reihenfolge *f* ; *de haut ~* hochrangig ; *par ~ d'ancienneté* altersmäßig ; nach dem Dienstalter ; ~ *d'une hypothèque* Rangordnung einer Hypothek ; *hypothèque de premier, de deuxième ~* Hypothek erster, zweiter Rangordnung ; *occuper le premier, le second ~* den ersten, den zweiten Platz einnehmen ; an erster, an zweiter Stelle rangieren.
rapatrié *m* Repatriierte(r) ; Rückwanderer *m* ; Aussiedler *m* ; (*guerre*) Heimkehrer *m.*
rapatriement *m* Rückführung *f* ; Repatriierung *f* ; (*étrangers*) Aussiedlung *f* ; ~ *des capitaux* Kapitalrückwanderung *f* ; (*assur.*) ~ *de personnes* Rückholung *f* ; ~ *du véhicule accidenté* Rücktransport *m* des Unfallwagens.
rapatrier repatriieren ; (*étrangers*) aussiedeln ; ~ *des capitaux de l'étranger* Kapital (Gelder) aus dem Ausland zurücktransferieren.
rapide *m* D-Zug *m* ; Schnell-Zug.
rappel *m* 1. Mahnung *f* ; Mahnschreiben *n* ; Zahlungsaufforderung *f* ; Zahlungserinnerung *f* ; *lettre f de ~* Mahnbrief *m* ; Erinnerungsschreiben *n* 2. Nachzahlung *f* ; Nachforderung *f* ; ~ *de cotisation, d'impôt* Beitrags-, Steuernachforderung *f* 3. (*révocation*) Abberufung *f* 4. (*produits défectueux ou dangereux*) Rückruf *m* ; *procéder au ~ de véhicules* eine Rückrufaktion von Fahrzeugen starten 5. (*tourisme*) ~ *de vaccination* Impfungsauffrischung *f.*
rappeler : ~ *qqn au téléphone* jdn zurückrufen ; ~ *des produits défectueux* mangelhafte Produkte zurückrufen ; *mes affaires me ~ent à l'étranger* die Geschäfte rufen mich ins Ausland zurück ; geschäftshalber muss ich wieder ins Ausland.

rapport *m* 1. Bericht *m* ; Gutachten *n* ; Protokoll *n* ; Stellungnahme *f* ; ~ *d'activité* Tätigkeits-, Geschäftsbericht ; ~ *d'expertise* Sachverständigengutachten ; Gutachterbericht ; ~ *financier* Finanzbericht ; Kassen-, Rechnungsbericht ; ~ *général (d'une A. G.)* allgemeiner Bericht ; ~ *de gestion* Geschäfts-, Rechenschaftsbericht ; Konzernbericht ; ~ *social* Sozial-, Gesellschaftsbericht ; *établissement m d'un ~* Erstellung *f* eines Berichts ; *notifier un ~ à qqn* jdm einen Bericht zukommen lassen 2. (*revenu*) Ertrag *m* ; Einkommen *n* ; Einkünfte *fpl* ; Erlös *m* ; *maison f de ~* Mietshaus *n* ; *l'impôt de plus fort ~* die aufkommenstärkste Steuer 3. Verhältnis *n* ; *un ~ de 1 à 3* ein Verhältnis von 3 zu 1 ; ~ *de change* Umrechnungsverhältnis ; Umtauschverhältnis ; ~ *de forces* Kräfteverhältnis ; ~ *de parité* Paritätsverhältnis ; ~ *qualité-prix* Preis-Leistungs-Verhältnis 4. *être en ~ avec* in Verbindung stehen mit ; *mettre en ~* in Verbindung bringen ; *se mettre en ~ avec qqn* mit jdm Kontakt (Verbindung) aufnehmen 5. *par ~ à* gegenüber (+ D) ; im Vergleich zu (mit) ; *par ~ au mois équivalent de l'année précédente* gegenüber dem gleichen Vorjahresmonat.
rapporter 1. berichten 2. Gewinn abwerfen ; ertragreich sein ; *qui ~e* gewinnbringend ; ertragreich ; ~ *de l'argent* Geld einbringen ; ~ *gros* viel Geld einbringen ; ~ *5 à 6 % d'intérêt* fünf bis sechs Prozent Zins abwerfen 3. (*jur.*) (*annuler*) ~ *une décision* eine Entscheidung zurücknehmen ; ~ *une loi* ein Gesetz aufheben 4. *se ~ à* sich beziehen auf (+ A).
rapporteur *m* Berichterstatter *m* ; Referent *m.*
rapprochement *m* Annnäherung *f* ; Angleichung *f* ; Allianz *f* ; ~ *des différentes fiscalités* Angleichung der verschiedenen Steuersysteme.
rapprocher näher bringen ; angleichen ; annähern ; ~ *les distances* Entfernungen verkürzen ; ~ *des taux d'imposition différents* verschiedene Steuersätze angleichen ; (*bourse*) *titre m à échéance ~ée* Wertpapier *n* mit kurzer (Rest)Laufzeit.
RAQVAM *f* (*assur. mutualiste : risques autres que véhicule à moteur*) Nicht-Kfz-Versicherung *f* ; Zusatzversicherung.

rare knapp ; selten ; *l'argent m se fait* ~ das Geld wird knapp.
raréfaction *f* Verknappung *f* ; Knappwerden *n* ; ~ *des marchandises* Warenverknappung.
raréfier : *se* ~ knapp werden.
rareté *f* Mangel *m* ; Knappheit *f* ; ~ *d'un produit* Knappheit einer Ware.
ratification *f* **1.** Bestätigung *f* ; Genehmigung *f* ; (*compta.*) ~ *des comptes* Genehmigung (Abnahme *f*) des Jahresabschlusses ; ~ *de vente* Verkaufsgenehmigung **2.** (*polit.*) Ratifizierung *f*.
ratifier ratifizieren ; unterzeichnen ; ~ *un traité* ein Abkommen ratifizieren.
rating (*franglais*) Rating *n* ; Bewertung *f* ; Beurteilung *f*.
ratio *m* (*rapport entre deux valeurs*) Kennziffer *f* ; Kennzahlen *fpl* ; Quote *f* ; Rate *f* ; Relation *f* ; (betriebswirtschaftliche) Verhältniszahl *f* ; ~ *de bilan* Bilanzkennzahlen ; ~ *Cooke* (*les établissements de crédit devront respecter un rapport au moins égal à 8 % entre leurs fonds propres et leurs risques pondérés*) internationale Solvenz-Quote ; ~ *d'endettement* Verschuldungskennziffer ; Verschuldungsgrad *m* ; Schuldenquote ; ~ *de production* Produktionskennziffer ; ~ *de liquidité* Liquiditätskennzahlen ; (*bilan*) ~ *réel* Istkennziffer ; ~ *de rentabilité* Nettorentabilität *f* ; Rentabilitätskennzahlen ; ~ *de solvabilité* Solvenzkennziffer ; Kreditwürdigkeits-, Eigenkapitalquote ; Gearing *n* ; ~ *stock à chiffre d'affaires* Warenbestand *m* zum Umsatz.
rationalisation *f* Rationalisierung *f* ; mesure *f* de ~ Rationalisierungsmaßnahme *f*.
rationaliser rationalisieren.
rationnement *m* Rationierung *f* ; Bewirtschaftung *f* ; ~ *alimentaire* Nahrungsmittelzuteilung ; ~ *de carburant* Kraftstoffrationierung *f* ; (*hist.*) carte *f* de ~ Lebensmittelkarte *f*.
rationner bewirtschaften ; rationieren ; durch Zuteilung regeln.
R.A.T.P. *f* (*Régie autonome des transports parisiens*) öffentlicher Pariser Verkehrsverbund *m* (Metro, RER, Bus).
rattachement *m* Anschluss *m* ; Angliederung *f* ; (An)Bindung *f* ; ~ *à une commune* Eingemeindung *f* ; ~ *fiscal* gemeinsame Steuerveranlagung *f*.
rattacher angliedern ; anbinden ; anschließen ; ~ *une banlieue à une ville* einen Vorort in eine Stadt eingemeinden ; *être* ~*é au foyer fiscal de ses parents* *f* mit den Eltern eine gemeinsame Steuerveranlagung haben.
rattrapage *m* Einholen *n* ; Nachholen *n* ; Aufholen ; Wertaufholung *f* ; ~ *conjoncturel* *f* Konjunkturkorrektur *f* ; ~ *des salaires* Nachziehen *n* der Löhne ; ~ *entre les traitements et le coût de la vie* Angleichung *f* der Gehälter an die Lebenshaltungskosten ; besoin *m* de ~ Nachholbedarf *m*.
rattraper einholen ; nachholen ; aufholen ; ~ *des heures non effectuées* die Ausfallzeit nachholen ; ~ *un retard* eine Verspätung (einen Rückstand) aufholen ; *se* ~ *d'une perte* einen Verlust ausgleichen.
ravitaillement *m* Versorgung *f* (*en* mit) ; Verpflegung *f*.
ravitailler (*en*) versorgen (mit) ; liefern.
ravitailleur : (*préfixe*) Versorgungs- ; avion *m*, navire *m* ~ Versorgungsflugzeug *n*, -schiff *n*.
rayer 1. → *radier* **2.** ~ *les mentions inutiles* Nichtzutreffendes streichen.
rayon *m* **1.** (*magasin*) Abteilung *f* ; Rayon *m* ; ~ *non alimentaire* Non-Food-Abteilung ; ~ *des produits surgelés* Tiefkühlkost-Abteilung ; ~ *vide* leeres Regal *n* ; chef *m* de ~ Abteilungsleiter *m* ; *regarnir* (*remplir*) *les* ~*s de marchandises* die Regale mit Waren auffüllen **2.** Bereich *m* ; Bezirk *m* ; ~ *d'action* Reichweite *f* ; Aktionsradius *m* **3.** (*banque*) chèque *m* sur ~ (*payable au lieu d'émission*) Platzscheck *m* ; chèque hors ~ Distanzscheck *m*.
R.C. 1. (*registre du commerce*) Handelsregister *n* **2.** (*réseau commercial*) Vertriebsnetz *n* **3.** (*responsabilité civile*) Haftpflicht *f*.
R.C.S. *m* (*registre du commerce et des sociétés*) Handelsregister *n* ; *immatriculation* *f* *dans le* ~ Eintragung *f* in das Handelsregister ; numéro *m* d'immatriculation au ~ Handelsregisternummer *f* ; radiation *f* du ~ Löschung *f* aus dem Handelsregister.
R.D.A. *f* (*hist. République démocratique allemande*) Deutsche Demokratische Republik *f* ; DDR *f* (1949-1990).
R.D.S. *m* (*France : remboursement de la dette sociale*) Solidaritätszuschlag *m* ; Sonderabgabe *f* ; Solidaritätssteuer *f* ;

solidarischer Beitrag *m* zur Sozialversicherung.
réabonnement *m* Abonnementerneuerung *f* ; erneutes Abonnement *n*.
réacheminement *m* (*poste*) **1.** Weiterbeförderung *f* **2.** Zurücksendung *f*.
réacquisition *f* : *taux m de ~* Rücknahmesatz *m*.
réacteur *m* **nucléaire** Kern-, Atomreaktor *m* ; Atommeiler *m* ; Kernkraftwerk (KKW) *n* ; Atomkraftwerk (AKW) *n*.
réactif, ive reaktionsfähig ; reaktionsschnell ; anpassungsfähig ; flexibel.
réaction *f* Reaktion *f* ; Rückwirkung *f* ; *~ en chaîne* Kettenreaktion ; Dominoeffekt *m* ; *~ à une situation de crise* Reaktion auf eine Krisensituation ; (*bourse*) *en ~* rückgängig ; *les cours mpl sont en ~* die Kurse *mpl* flauen ab.
réactivité *f* Reaktionsfähigkeit *f* ; Reaktionsvermögen *n* ; Reaktionsschnelligkeit *f* ; Anpassungsfähigkeit *f* ; Flexibilität *f* ; *avoir une grande ~ aux désirs de la clientèle* auf die Kundenwünsche schnell reagieren können.
réactualisation *f* (*rente*) Dynamisierung *f* ; (*données, édition*) Aktualisierung *f* ; Anpassung *f* ; Neubearbeitung *f*.
réactualiser 1. (*une rente*) (eine Rente) dynamisieren ; an einen Index anpassen **2.** (*données, édition*) auf den neuesten Stand bringen ; reaktualisieren.
réadaptation *f* Wiederanpassung *f* ; Umschulung *f* ; Wiedereingliederung *f* ; Rehabilitation *f* ; (*assur.*) *~ fonctionnelle* medizinische Rehabilitation ; *~ professionnelle* Wiedereingliederung (eines Körperbehinderten) ins Berufsleben ; berufliche Umschulung *f*.
réadapter umschulen ; umstellen ; wieder anpassen.
réaffectation *f* Zuweisungs-, Zuwendungsänderung *f* ; Umdotierung *f* ; *~ d'un bâtiment* Änderung *f* der Nutzungsart eines Gebäudes.
réaffecter (*des prélèvements*) verwenden ; zur Verfügung stellen ; zweckdienlich zuweisen ; umwidmen ; *~ un terrain en zone constructible* ein Gelände in Bauland umwidmen.
réagir (*à*) reagieren (auf) ; sich auswirken auf ; *~ par des mesures appropriées* mit geeigneten Maßnahmen gegensteuern.
réajustement *m* **1.** → *rajustement* **2.** (*technique*) Korrektur *f* (an).

réajuster → *rajuster*.
réalignement *m* Anpassung *f* ; Angleichung *f* ; *~ des parités* Paritätsangleichung ; Neufestsetzung *f* der Paritäten ; *~ monétaire* Währungsanpassung ; Angleichung der Wechselkurse ; Realignement *n*.
réalisable 1. realisierbar ; ausführbar ; durchführbar **2.** (in Geld) umsetzbar ; verwertbar ; verfügbar ; verkäuflich ; *montants mpl immédiatement ~s* sofort verfügbare Beträge *mpl*.
réalisation *f* **1.** Ausführung *f* ; Durchführung *f* ; Verwirklichung *f* ; *~ de commande* Auftragserledigung *f* ; Durchführung eines Auftrags **2.** Veräußerung *f* ; Flüssigmachung *f* ; Realisierung *f* ; *~ forcée* Zwangsveräußerung **3.** (*assur.*) *~ d'un risque* Eintritt *m* eines Versicherungsfalls ; Entstehung *f* eines Schadens.
réaliser 1. ausführen ; verwirklichen ; erzielen ; *~ une affaire* ein Geschäft abschließen ; *~ un bénéfice* einen Gewinn erzielen ; *~ de bons résultats* ein gutes Ergebnis erwirtschaften ; *~ une marge bénéficiaire* eine Gewinnmarge erzielen **2.** flüssig machen ; verflüssigen ; in Geld umsetzen ; verkaufen ; realisieren ; *~ l'actif* (*en cas de faillite*) (bei einem Konkurs) die Vermögenswerte veräußern ; die Aktiva auflösen ; *~ des biens réels* Sachwerte flüssig machen ; *~ des réserves occultes* stille Reserven realisieren ; (*bourse*) *~ à perte, à profit* mit Gewinn, mit Verlust abschließen ; *~ toute sa fortune* sein ganzes Vermögen flüssig machen.
réaménagement *m* Abänderung *f* ; Neuorganisation *f* ; Neuordnung *f* ; Anpassung *f* ; Angleichung *f* ; *~ d'un crédit* Umschuldung *f* ; *~ monétaire* → *réalignement*.
réaménager etw neu festsetzten (festlegen) ; neu organisieren ; anpassen ; angleichen ; (*portefeuille de titres*) umschichten ; *~ une dette* einen Kredit umschulden ; eine Umschuldung vornehmen ; *~ les horaires de travail* die Arbeitszeiten neu festsetzen.
réapprovisionnement *m* Wiederbeschaffung *f* ; Lederauffüllung *f* ; (*magasin*) Nachschubversorgung *f* ; *~ des stocks* Lagerergänzung *f*.
réapprovisionner auffüllen ; ergänzen ; *se ~* sich wieder mit Waren eindecken ; *~ les stocks* die Lagerbestände neu auffüllen.

réassortiment *m* Ergänzung *f* des Warenbestandes ; Auffüllung *f* des Vorrats ; Auffrischung *f* der (Lager)-Bestände.
réassortir den Lagerbestand ergänzen ; nachbestellen.
réassurance *f* Rückversicherung *f* ; Reassekuranz *f* ; *compagnie f de ~* Rückversicherungsgesellschaft *f.*
réassurer rückversichern.
réassureur *m* Rückversicherer *m* ; Rückversicherungsgesellschaft *f.*
rebut *m* Ausschuss *m* ; Ausschussware *f* ; Ramsch *m* ; (*poste*) unzustellbare Sendungen *fpl* ; *mettre au ~* ausrangieren ; verschrotten.
recadrage *m* Revidieren *n* ; Neueinschätzung *f.*
recapitalisation *f* Kapitalrestrukturierung *f* ; Kapitalumschichtung *f.*
récapitulatif, ive zusammenfassend ; (*comptab.*) *écriture f ~ive* Sammelbuchung *f* ; *tableau m ~* zusammenfassende Aufstellung *f.*
récapitulation *f* Auflisten *n* ; Rekapitulation *f* ; Zusammenfassung *f.*
récapituler auflisten ; rekapitulieren ; zusammenfassen.
recel *m* Hehlerei *f* ; Verheimlichung *f* ; Unterdrückung *f* ; Unterschlagung *f* ; *~ d'objets d'art* Kunsthehlerei *f.*
recéler hehlen ; verbergen.
receleur *m* Hehler *m.*
recensement *m* Zählung *f* ; (*inventaire*) Bestandsaufnahme *f* ; Erhebung *f* ; *~ complet, partiel* Voll-, Teilerhebung *f* ; *~ démographique* Volkszählung ; Zensus *m* ; *~ de la fortune* Vermögenserfassung *f* ; *bulletin m de ~* Erhebungsbogen *m* ; Zählblatt *n* ; *procéder à un ~* eine Erhebung durchführen (vornehmen).
recenser zählen ; zahlenmäßig erfassen ; *~ les votes* die Stimmen zählen.
recenseur *m* Zähler *m.*
recentrage *m* (*activité économique*) (Neu)Konzentration *f* ; Neuorientierung ; Neugewichtung *f* ; Straffung *f.*
recentrer neu orientieren ; sich konzentrieren auf ; straffen ; neu gewichten.
récépissé *m* (*remise*) (Empfangs)-Schein *m* ; Empfangsbestätigung *f*, -quittung *f* ; Ab-, Einlieferungsschein ; (*paiement*) Zahlungsnachweis *m* ; (*dépôt*) Hinterlegungs-, Aufbewahrungsschein.
réception *f* 1. Empfang *m* ; *~ des colis postaux* Paketannahme *f* ; *~ d'une marchandise* Abnahme *f* einer Ware ; Warenannahme *f* ; *accusé m de ~* Empfangsbestätigung *f* ; *date f de la ~ d'un chèque* Eingangsdatum *n* eines Schecks ; *dès ~ de la commande* nach Auftragseingang ; *paiement à ~* Zahlung *f* bei Übergabe der Ware ; *nous avons l'honneur d'accuser ~ de votre lettre en date du* wir bestätigen hiermit den Empfang Ihres Schreibens vom ; *dès ~ de votre réponse* bei Erhalt Ihres Schreibens 2. *~ des travaux* Abnahme *f* (von Bauarbeiten) 3. (*médias*) Empfang *m* ; *~ par satellite* Satellitenempfang 4. (*tourisme*) *~ d'hôtel* Rezeption *f* ; Empfangsbüro *n.*
réceptionner empfangen ; abnehmen ; in Empfang nehmen ; *~ des travaux* Arbeiten abnehmen.
réceptionniste *m* Rezeptionist *m* ; Empfangsbedienstete(r) ; Empfangschef *m* ; Empfangsdame *f.*
récessif, ive : *facteur m conjoncturel ~* konjunkturhemmender Faktor *m.*
récession *f* Rezession *f* ; Flaute *f* ; Konjunkturrückgang *m* ; abflauende Konjunktur ; Abwärtstrend *m* ; Abschwung *m* ; Konjunkturtief *n* ; (*fam.*) Talsohle *f.*
recette *f* 1. Einnahme *f* ; Ertrag *m* ; *~s* Erlöse *mpl* ; *~s au titre de* (*provenant de*) Einnahmen (Erlöse) aus… ; *~s et dépenses* Einnahmen und Ausgaben *fpl* ; *~s budgétaires, en devises, douanières* Haushalts-, Devisen-, Zolleinnahmen ; *~s fiscales* Steueraufkommen *n* ; Steuermittel *npl*, -gelder *npl* ; *~s de la journée* Tageseinnahmen ; *~s publicitaires* Werbeeinnahmen ; Werbeumsätze *mpl* ; *~s publiques* Staatseinnahmen *fpl* ; ◆◆◆ *couvrir les dépenses par des ~s* Ausgaben durch Einnahmen decken ; *trouver de nouvelles ~s* neue Einkommensquellen erschließen 2. (*bureau*) *~ des douanes* Zollamt *n* ; *~ du fisc* Steuer-, Finanzamt *n.*
recevabilité *f* (*jur.*) Annehmbarkeit *f* ; Gültigkeit *f* ; Zulässigkeit *f* ; *~ d'une requête* Zulässigkeit eines Antrags.
recevable (*excuses, proposition*) annehmbar ; statthaft ; (*plainte, reproche*) berechtigt ; (*procédure*) zulässig ; *déclarer une procédure* (*non*) *~* ein Verfahren für (un)zulässig erklären.
receveur *m* 1. (*transp.*) Schaffner *m* 2. (*fisc*) Steuereinnehmer *m* 3. (*des postes*) Vorsteher *m* eines Postamts.

recevoir empfangen ; erhalten ; entgegennehmen ; in Empfang nehmen ; abnehmen ; ~ *de l'argent* Geld bekommen ; ~ *en cadeau* etw (geschenkt) bekommen ; ~ *une commande* eine Bestellung entgegennehmen ; ~ *en donation* durch Schenkung erhalten ; ~ *en héritage* erben ; durch Erbschaft erlangen ; ◆◆ *effet m à* ~ Aktivwechsel *m* ; *fin f de non* ~ abschlägiger Bescheid *m* ; negative Antwort *f* ; Ablehnung *f* eines Antrags ; *intérêts mpl à* ~ aktive Zinsen *mpl*.
rechange *m* 1. *énergie f de* ~ Alternativenergie *f* ; *pièce f de* ~ Ersatzteil *n* ; *solution f de* ~ Ersatzlösung *f* 2. *(traite)* Rückwechsel *m*.
recherche *f* 1. *(scientifique)* Forschung *f* ; Nachforschung *f* ; ◆ ~ *appliquée* angewandte Forschung *f* ; ~ *et développement* (R&D) Forschung und Entwicklung (FuE) ; ~ *fondamentale* Grundlagenforschung ; ~ *industrielle* Industrieforschung ; *(marketing)* ~ *de motivation* Verbrauchsforschung *f* ; ~ *nucléaire* Kernforschung ; ~ *océanographique* Ozeanforschung ; Meeresforschung ; ~ *opérationnelle* Operationsresearch *f* ; Unternehmensforschung *f* ; betriebswirtschaftliche Planungs- und Entscheidungsforschung ; Verfahrenstechnik *f* ; ~ *scientifique* wissenschaftliche Forschung *f* ; ◆◆ *dépenses fpl de* ~ *et développement* Forschungs- und Entwicklungsausgaben *fpl* ; *laboratoire m de* ~ Forschungslabor(atorium) *n* ; *travaux mpl de* ~ Forschungsarbeiten *fpl* ; ◆◆◆ *consacrer des crédits à la* ~ für die Forschung Kredite bereitstellen ; *travailler dans la* ~ in der Forschung tätig sein ; (wissenschaftliche) Forschung betreiben 2. *(quête)* Suche *f* ; Recherche *f* ; *(jur.)* rechtsbezogene Recherche ; ◆ ~ *de capitaux* Kapitalbeschaffung *f* ; ~ *d'emploi* Arbeitssuche *f* ; ~ *sur le nom* Namensrecherche ; *(gisement)* Schürfen *n* ; Prospektion *f* ; ~ *pétrolière* Erdölprospektion *f* ; *(brevets)* ~ *d'unicité* Abgrenzungsrecherche 3. *(Internet)* ~ *affinée* erweiterte Suche *f* ; *moteur m de* ~ Suchmaschine *f*, -roboter *m*.
recherché, e gefragt ; begehrt ; beliebt ; gesucht ; *article m* ~ gefragter Artikel *m* ; gesuchte Ware *f*.
rechercher suchen (nach) ; fragen ; Ausschau halten.

récidive *f* *(jur.)* Rückfall *m* ; Rückfälligkeit *f* ; Begehen *n* einer neuen Straftat.
récidiver *(jur.)* rückfällig werden.
récidiviste *m* *(jur.)* Wiederholungstäter *m* ; Rückfällige(r) ; Rückfalltäter *m*.
récipiendaire *m* Empfänger *m*.
réciproque gegenseitig ; wechselseitig ; bilateral ; reziprok.
réciprocité *f* Gegenseitigkeit *f* ; Wechselseitigkeit *f* ; *à titre de* ~ gegenseitig (verpflichtend) ; als Gegenleistung ; *clause f de* ~ Reziprozitäts-, Gegenseitigkeitsklausel *f*.
réclamation *f* Beschwerde *f* ; Klage *f* ; Beanstandung *f* ; Reklamation *f* ; Mängelrüge *f* ; *(paiement)* Anforderung *f* ; Mahnung *f* ; ~ *à propos d'une marchandise avariée* Reklamation wegen verdorbener Ware ; *lettre f de* ~ Reklamationsbrief *m* ; Mängelrüge *f* ; *adresser une* ~ eine Reklamation einreichen ; sich beschweren ; *faire une* ~ *à propos d'un article, d'une facture, d'une livraison* eine Ware, eine Rechnung, eine Lieferung beanstanden ; *rejeter une* ~ eine Reklamation zurückweisen ; *à retourner en cas de* ~ bei Beanstandungen zurücksenden.
réclame *f* Reklame *f* ; Werbung *f* ; *en* ~ im Angebot ; als Sonderangebot ; *article m en* ~ Sonderangebot *n* ; Reklameartikel *m* ; ~ *lumineuse* Lichtreklame ; Leuchtreklame ; *faire de la* ~ Reklame machen.
réclamer 1. sich beschweren ; beanstanden ; sich beklagen ; reklamieren ; ~ *pour marchandise avariée* eine verdorbene Ware reklamieren ; ~ *pour qualité défectueuse* die Qualität einer Ware beanstanden 2. fordern ; verlangen ; beanspruchen ; ~ *des dommages-intérêts* auf Schadenersatz klagen ; Schadenersatz fordern 3. *se* ~ *de* sich berufen auf ; *(fam.)* pochen auf ; *se* ~ *de son contrat* sich auf einen Vertrag berufen.
reclassement *m* 1. Umstufung *f* ; Neueinstellung *f* ; ~ *catégoriel* Einstufung *f* in eine höhere Lohngruppe ; Höhereinstufung *f* ; ~ *de la fonction publique* Besoldungsneuordnung *f* im öffentlichen Dienst 2. Wiedereingliederung *f* ; ~ *professionnel* Neueinstellung *f* ; berufliche Umstellung *f* ; *aide f au* ~ Eingliederungs-, Umschulungshilfe *f*.

reclasser 1. neu einteilen ; neu (in eine höhere Lohngruppe) einstufen ; höher stufen **2.** *~ des chômeurs de longue durée* Langzeitarbeitslose wieder eingliedern ; *Langzeitarbeitslosen einen neuen Arbeitsplatz beschaffen.*

récoltant : *propriétaire m ~ (région Alsace)* selbstmarkender Winzer *m*.

récolte *f* Ernte *f* ; *mauvaise ~* Missernte ; *vendre la ~ sur pied* die Ernte auf dem Halm verkaufen.

récolter ernten.

recommandation *f* Empfehlung *f* ; *lettre f de ~* Empfehlungsschreiben *n* ; *sur ~ de* auf Empfehlung von ; *taxe f de ~* Einschreibegebühr *f*.

recommandé, e : *en ~* als Einschreiben ; *lettre f ~e* Einschreibebrief *m* ; eingeschriebener Brief.

recommander 1. empfehlen **2.** *(un envoi)* einschreiben ; als Einschreiben senden **3.** *se ~ de qqn* sich auf jdn berufen ; jdn als Referenz angeben.

récompense *f* **1.** Belohnung *f* ; Finderlohn *m* ; *offrir une ~* eine Belohnung aussetzen **2.** *(jur.) (lors d'un divorce)* Ausgleichsanspruch *m*.

recomposé, e : *famille f ~ée* Patchwork-Familie *f*.

recomposition *f* Wiederzusammensetzen *n* ; Wiederzusammensetzung *f* ; *(bourse) ~ d'un portefeuille de titres* Umschichtung *f* eines Portfolios (eines Portefeuilles).

reconcentration *f* Rückverflechtung *f*.

reconductible verlängerbar ; *grève f ~* zu verlängernder Streik *m* ; die Fortführung eines Streiks.

reconduction *f* **1.** Verlängerung *f* ; Erneuerung *f* ; *~ automatique, tacite* automatische, stillschweigende Verlängerung *f* **2.** *~ à la frontière (d'étrangers en situation irrégulière)* Abschiebung *f* über die Grenze ; zwangsweise Rückführung *f*.

reconduire 1. verlängern ; erneuern ; *~ tacitement* stillschweigend verlängern ; *~ une politique* eine Politik fortsetzen ; *le contrat sera automatiquement reconduit d'un an* der Vertrag verlängert sich automatisch um ein Jahr **2.** *~ qqn à la frontière* jdn über die Grenze abschieben.

reconnaissance *f* **1.** Anerkennung *f* ; *~ de facto, de jure* De-facto-, De-jure-Anerkennung ; *~ d'un gouvernement* Anerkennen *n* einer Regierung ; *(U.E.) ~ mutuelle des diplômes* gegenseitige Anerkennung der Bildungsabschlüsse ; *~ de paternité* Vaterschaftsanerkennung *f* **2.** *~ de dette* Schuldanerkenntnis *f*, -schein *m* **3.** *(corresp.)* Dankbarkeit *f* ; *avec notre profonde, notre sincère ~* in (mit) tiefer, aufrichtiger Dankbarkeit.

reconnu d'utilité publique gemeinnützig ; als gemeinnützig anerkannt.

reconstituer : *~ un capital* Kapital aufstocken ; *~ des liquidités* Liquiditäten erneuern ; *~ des stocks* Bestände auffüllen ; ein Lager nachfüllen ; *se ~* sich wieder neu bilden.

reconstitution *f* Rekonstruktion *f* ; Wiederherstellung *f* ; (Wieder)Auffüllung *f* ; originalgetreue Nachbildung *f* ; *~ de l'encaisse* Wiederherstellung des Barbestands ; *~ des réserves* Wiederauffüllung der Rücklagen ; *~ des stocks* Lagerbestandsauffüllung, *(jur.) ~ d'un crime* Rekonstruktion *f* eines Verbrechens.

reconstruction *f* Wiederaufbau *m*.

reconstruire wiederaufbauen.

reconventionnel, le : *(jur.) déposer une demande ~le* eine Widerklage *f* einreichen.

reconversion *f* Umstellung *f* ; Umstrukturierung *f* ; Umgestaltung *f* ; Umorganisation *f* ; Konversion *f* ; *(reclassement)* Umschulung *f* ; Wiedereingliederung *f* ; ◆ *~ de l'agriculture* Umstellung der Landwirtschaft ; *~ d'installations militaires* Rüstungskonversion *f* ; *~ de production* Produktionsumstellung ; ◆◆ *fonds m de ~* Umstellungsfonds *m* ; *mesure f de ~* Umstellungsmaßnahme *f* ; *plan m de ~* Umstrukturierungsplan *m* ; *prime f de ~* Umstellungsbeihilfe *f* ; *stage m de ~* Umschulungsprogramm *n* ; ◆◆◆ *envisager une ~ professionnelle* eine berufliche Umschulung beabsichtigen ; *effectuer une ~* sich umschulen.

reconvertir umgestalten ; umstellen ; *se ~* sich umschulen.

record *m* Rekord *m* ; Spitzen-, Höchstleistung *f* ; *chiffres mpl ~* Rekordzahlen *fpl* ; *récolte f ~* Rekordernte *f* ; Superernte ; *atteindre des ~s historiques* historische Höchststände erreichen ; auf historische Rekordstände klettern ; *battre tous les ~s* alle Rekorde brechen ; *établir un ~* einen Rekord aufstellen.

recourir 1. in Anspruch nehmen ; anwenden ; ~ *aux aides de la prestation dépendance* die Pflegeleistungen in Anspruch nehmen ; ~ *à la force* Gewalt anwenden ; ~ *à la justice* Rechtsmittel einlegen ; den Rechtsweg gehen **2.** *(faire appel)* Berufung einlegen.

recours *m* **1.** Mittel *n* ; Anwendung *f* ; *avoir* ~ *à un crédit* einen Kredit in Anspruch nehmen ; *avoir* ~ *à la force* Gewalt anwenden **2.** *(jur.)* Klage *f* ; Beschwerde *f* ; Einspruch *m* ; Gesuch *n* ; Einspruch *m* ; ◆ ~ *en annulation* Aufhebungsklage *f* ; ~ *constitutionnel* Verfassungsbeschwerde *f* ; ~ *contentieux* verwaltungsrechtliche Klage ; Verwaltungsrechtsweg *m* ; *(fisc)* Einspruch *m* gegen Steuerbescheid ; Anspruch *m* auf Steuerermäßigung ; ~ *gracieux* formloser (außergerichtlicher) Rechtsbehelf *m* ; Billigkeitsantrag *m* ; ~ *en grâce* Gnadengesuch *n* ; ~ *en indemnisation* Klage auf Entschädigung ; ◆◆ *acte m, délai m, droit m de* ~ Beschwerdeschrift *f*, -frist *f*, -recht *n* ; *assurance f défense et* ~ Rechtsschutzversicherung *f* ; *sans* ~ ohne Berufungsmöglichkeit ; letztinstanzlich ; ◆◆◆ *déposer un* ~ *contre un jugement* ein Urteil anfechten ; *déposer un* ~ *hiérarchique* eine Dienstaufsichtsbeschwerde einreichen ; *former (intenter, introduire, présenter) (un)* ~ eine Beschwerde (ein Rechtsmittel) einreichen (einlegen) ; Einspruch erheben **3.** *(effets de commerce)* Rückgriff *m* ; Regress *m* ; ~ *régulier, irrégulier* Reihen-, Sprungrückgriff.

recouvrable eintreibbar ; beitreibbar ; einziehbar ; *dette f* ~ einklagbare Schuld *f*.

recouvrement *m* Wiedererlangung *f* (von Außenständen) ; Wiedergewinnung *f* ; Eintreibung *f* ; Einziehung *f* ; Beitreibung *f* ; Einkassierung *f* ; Inkasso *n* ; ~ *d'arriérés, de dettes, de fonds* Beitreibung *f* von Rückständen, einer Schuld, von Geldern ; ~ *de chèques, de cotisations* Einzug *m* von Schecks, von Beiträgen ; ~ *d'impôts* Steuerbeitreibung, -einziehung ; ~ *d'une taxe* Erhebung *f* einer Abgabe ; Gebührenerhebung ; *agent m de* ~ Inkassobeauftragte(r) ; Steuereintreiber *m* ; *organisme m de* ~ Inkassobüro *n*, -unternehmen *n*.

recouvrer 1. einziehen ; eintreiben ; beitreiben ; einkassieren ; *à* ~ ausstehend ; ~ *une créance* eine Geldforderung einziehen ; *cotisations fpl à* ~ ausstehende (einzuziehende) Beiträge *mpl* ; *créance f à* ~ Außenstand *m* ; ausstehende Schuldforderung *f* ; *somme f à* ~ ausstehender Betrag *m* **2.** wiedererlangen ; wiedergewinnen.

recrudescence *f* Verschärfung *f* ; erneutes Ansteigen *n* ; erneutes Anwachsen *n* ; neue Welle *f* ; ~ *du chômage* Wiederansteigen *n* der Arbeitslosigkeit ; wachsende Arbeitslosigkeit *f*.

recrutement *m* *(main-d'œuvre)* Anwerbung *f* ; Einstellung *f* ; Rekrutierung *f* ; ~ *de main-d'œuvre* Anwerbung von Arbeitskräften ; *cabinet m de* ~ Personalberatungsunternehmen *n* ; Stellenvermittlungs-, Arbeitsagentur *f*.

recruter einstellen ; anwerben ; anstellen ; rekrutieren ; beschäftigen ; ~ *de la main-d'œuvre* Arbeitskräfte rekrutieren.

recruteur *m* *(entreprise)* Personalberater *m* ; ~ *d'un parti* Mitgliederwerber *m* ; *(militaire)* Werbeoffizier *m*.

rectificatif *m* Richtigstellung *f* ; Berichtigung *f* ; Korrektur *f*.

rectificatif, ive berichtigend ; *texte m* ~ Abänderungstext *m*.

rectification *f* Berichtigung *f* ; Richtigstellung *f* ; Korrektur *f* ; ~ *d'un compte, de prix, de valeur* Konto-, Preis-, Wertberichtigung ; ~ *d'une erreur* Richtigstellung eines Irrtums.

rectifier berichtigen ; richtig stellen ; korrigieren ; ~ *une erreur* einen Irrtum (einen Fehler) berichtigen.

recto *m* Vorderseite *f* ; ~ *verso* Vorder- und Rückseite.

reçu *m* Quittung *f* ; Empfangsschein *m* ; ~ *fiscal (pour don à des œuvres caritatives)* Spendenbescheinigung *f* ; ~ *de paiement* Zahlungsbescheinigung *f*, -quittung *f* ; *contre* ~ gegen Quittung ; *donner* ~ den Empfang bescheinigen ; einen Betrag quittieren.

recul *m* Rückgang *m* ; Zurückgehen *n* ; Abwärtsbewegung *f* ; *en* ~ zurückgehend ; ~ *du chômage, de l'inflation, des investissements* Rückgang der Arbeitslosigkeit, der Inflation, der Investitionstätigkeit ; *(bourse)* *marché m en léger* ~ leicht nachgebend ; *accuser (enregistrer) un* ~ *de 5 points* einen Rückgang von fünf Punkten aufweisen (verzeichnen).

reculer 1. (*diminuer*) zurückgehen ; abnehmen ; abflauen ; nachlassen ; ~ *de deux points* um zwei Punkte nachgeben **2.** *faire* ~ *le chômage* die Arbeitslosigkeit zurückdrängen **3.** (*dans le temps*) verschieben ; hinausschieben ; verzögern ; hinauszögern ; ~ *une date* einen Termin verschieben ; ~ *une décision* eine Entscheidung hinauszögern **4.** ~ *les montres d'une heure* die Uhren um eine Stunde zurückstellen ; zur Winterzeit übergehen.

récupérable : (*vieux matériaux*) (wieder) verwendbar ; *emballage* ~ wieder verwendbare Verpackung *f* ; Mehrwegverpackung ; *heures fpl* ~s nachzuholende Stunden *fpl* ; Nachholarbeit *f* (für ausgefallene Stunden) ; (*dette*) eintreibbar ; beitreibar ; (*fisc*) (als Vorsteuer) abzugsfähig ; *impôt m* ~ erstattungsfähige Steuer *f* ; *T.V.A.* ~ abzugsfähige Mehrwertsteuer *f* ; abwälzbare MWSt.

récupération *f* **1.** (*matériaux*) (Wieder)Verwertung *f* ; Wiedergewinnung *f* (von Altmaterial) ; Recycling *n* ; ~ *de* ~ *de vieux papiers, de verre* Altpapier-, Altglasigung *m/n* **2.** Nachholen *n* von Arbeitszeit ; ~ *d'heures de travail* nachzuholende Stunden *fpl* ; Nachholarbeit *f* (für ausgefallene Stunden) **3.** (*argent*) Wiedererlangung *f* ; Beitreibung *f* (einer Forderung) **4.** (*répercuter une taxe*) Abwälzung *f* ; ~ *de la T.V.A.* Mehrwertsteuerabzug *m* ; MWSt-Abzug ; Vorsteuerabzug **5.** (*polit., culture*) Integration *f* (von Ideen, von Strömungen) ; Einverleibung *f* ; Vereinnahmung *f* ; Einspannen *n* für bestimmte Zwecke.

récupérer 1. (*matériaux*) verwerten ; wieder verwenden ; ~ *des vieux matériaux* Altmaterial sammeln **2.** ~ *des heures de travail* (ausgefallene) Arbeitsstunden nachholen ; ~ *des heures supplémentaires* (*en temps libre*) Stunden abbummeln ; Überstunden abfeiern ; (*payées*) nachholen **3.** (*argent, coût*) ~ *une somme* einen Betrag zurückbekommen (zurückerhalten) ; ~ *le coût d'une installation en trois ans* die Kosten für eine Anlage in drei Jahren erwirtschaften **4.** ~ *une taxe* eine Vorsteuerabzug vornehmen ; ~ *la T.V.A.* die MWSt auf den Verkaufspreis abwälzen **5.** (*énergie*) Energie zurückgewinnen **6.** (*se reposer*) sich erholen **7.** (*polit., culture*) für sich vereinnahmen ; für bestimmte Zwecke einspannen ; einverleiben ; integrieren.

récusation *f* Ablehnung *f* ; Verwerfung *f* ; *droit m de* ~ Ablehnungsrecht *n*.
récuser 1. zurückweisen ; ablehnen **2.** *se* ~ sich für nicht zuständig erklären.
recyclable (wieder) verwertbar ; verwertungsfreundlich ; recyclingfähig.
recyclage *m* **1.** Weiterbildung *f* ; Fortbildung *f* ; Umschulung *f* ; *congé m de* ~ Fortbildungsurlaub *m* **2.** ~ *de capitaux* Kapitalrückführung *f* **3.** (*matériaux*) Wiederverwertung *f* ; Recycling *n* ; Wiederverwendung *f* ; ~ *de carcasses de voitures* Auto-Recycling ; ~ *de déchets électroniques* Elektroschrott-Recycling ; *entreprise f de* ~ Verwertungsunternehmen *n*.

recyclé, e recycelt ; *étoffe fabriquée à partir de textiles* ~s aus recycelten Textilien hergestellter Stoff *m* ; *papier m* ~ Recyclingpapier *n* ; Umweltschutzpapier.

recycler 1. (*se*) sich weiterbilden ; sich fortbilden ; sich umschulen ; (*fam.*) umsatteln **2.** (*matériaux*) wieder verwerten ; recyceln ; recyclen ; wieder verwenden.

R et D *f* : (*recherche et développement*) Forschungs- und Entwicklungsabteilung *f*.

rédacteur *m* **1.** (*journal*) Redakteur *m* ; ~ *en chef* Chefredakteur ; ~ *économique, publicitaire* Wirtschaftsredakteur, Werbetexter *m* **2.** Schriftführer *m* ; Protokollant *m* ; ~ *publicitaire* Werbetexter *m*.

rédaction *f* **1.** (*d'un document*) Verfassen *n* ; Abfassen *n* ; Ausarbeiten *n* **2.** (*de presse*) Redaktionsbüro *n*.

reddition *f* Rückgabe *f* ; Zurückgabe *f* ; ~ *des comptes* **a)** Abrechnung *f* ; Rechnungslegung *f* **b)** Rechenschaftsbericht *m* ; Rechenschaftslegung *f*.

redémarrage *m* (*de l'économie*) Aufschwung *m* ; Wiederbelebung *f* der Wirtschaft.

redémarrer einen neuen Aufschwung nehmen ; wieder in Gang kommen ; wieder steigen ; *faire* ~ *l'économie* die Wirtschaft wieder ankurbeln (neu beleben).

redéploiement *m* (*industrie*) Umstrukturierung *f* ; Neustrukturierung *f* ; Neugliederung *f* ; Neuentwicklung *f* ; Reorganisation *f* und Anpassung *f* an die neuesten Technologien.

redéployer umstellen ; umstrukturieren ; umorganisieren.

redevable *m* Steuerpflichtige(r) ; Steuerschuldner *m*, -träger *m*, -subjekt *n*, -zahler *m* (*syn. contribuable*).

redevable schuldig ; verpflichtet ; verbunden ; beitragspflichtig ; *être ~ d'une somme (à qqn)* (jdm) einen Betrag schuldig sein ; *~ de l'impôt* zur Besteuerung herangezogene Person *f* ; Steuerträger *m* ; Besteuerte(r) ; Steuerzahler *m*.

redevance *f* Gebühr *f* ; Abgabe *f* ; *~ de l'audiovisuel* Rundfunk- und Fernsehgebühr ; *~ de franchisage* Franchisinggebühr ; *~ pétrolière* Erdöl-, Förderabgabe ; Royalties *npl* ; *~ télévision* Fernsehgebühr ; *payer, prélever une ~* eine Gebühr bezahlen, erheben.

rédhibition *f* (*annulation d'un contrat pour marchandise défectueuse*) Rückgängigmachung *f* eines Kaufvertrags (wegen Sachmangel) ; Redhibition *f* ; Wand(e)lung *f*.

rédhibitoire 1. (*jur.*) redhibitorisch ; die Wand(e)lung auslösend ; *vice m ~* heimlicher (verborgener) Mangel *m* ; Sachmangel **2.** (*fig.*) grundsätzlich ; grundlegend ; krass.

rédiger abfassen ; verfassen ; aufsetzen ; redigieren ; *~ un contrat* einen Vertrag aufsetzen.

redistribuer umverteilen ; neu verteilen ; *~ une partie des bénéfices aux salariés* einen Teil der Gewinne an die Arbeitnehmer wieder verteilen ; (*négociations*) *~ les cartes* die Karten neu mischen.

redistributif, ive : *système m ~* Umverteilungssystem *n*, -verfahren *n*.

redistribution *f* Neuverteilung *f* ; Neueinteilung, -umteilung *f* ; *~ des revenus* Umverteilung *f* der Einkommen ; *~ du travail* Umverteilung des vorhandenen Arbeitsvolumens.

redressement *m* **1.** (*économique*) Wiederankurbelung *f* ; Wiederbelebung *f* ; Erholung *f* ; Verbesserung *f* ; Wiederaufschwung *m* (der Wirtschaft) ; Sanierung *f* ; ◆ *~ de la balance commerciale* Verbesserung der Handelsbilanz ; *~ du budget de l'État* Haushaltssanierung *f* ; *~ financier* Sanierung *f* ; ◆◆ *mesures fpl de ~ économique* wirtschaftliche Sanierungsmaßnahmen *fpl* ; *politique f de ~* Sanierungskurs *m* **2.** (*correction*) Berichtigung *f* ; Korrektur *f* ; Richtigstellung *f* ; *~ de bilan* Bilanzberichtigung ; *~ fiscal* Steuerberichtigung *f* ; Nachzahlung *f* **3.** (*faillite*) *~ judiciaire* Insolvenz *f* ; Insolvenzverfahren *n* ; *mise f en ~ judiciaire* Insolvenzbeantragung *f* (durch den Gläubiger).

redresser 1. wieder ankurbeln ; sanieren ; verbessern ; beleben ; neu beleben **2.** berichtigen ; richtig stellen ; korrigieren.

réduction *f* **1.** (*prix*) Ermäßigung *f* ; Preisnachlass *m* ; Rabatt *m* ; Verbilligung *f* ; *~ d'impôt* Steuererleichterung *f*, -ermäßigung ; Steuernachlass ; *~ de prix* Preisermäßigung ; Preisnachlass ; *~ de tarif* Tarif-, Preisermäßigung **2.** (*restriction*) (Ver)Kürzung *f* ; (Ver)Minderung *f* ; Reduzierung *f* ; Abbau *m* ; Sinken *n* ; *~ du budget, des dépenses* Haushalts-, Ausgabenkürzung ; *~ du chômage* Abbau der Arbeitslosigkeit ; *~ des déficits publics* Verminderung der Haushaltsdefizite ; *~ d'effectifs (de personnel)* Personalabbau ; *~ de production* Produktionsrückgang *m* ; *~ du temps de travail* (R.T.T.) Arbeitszeitverkürzung ; Verkürzung der Arbeitszeit ; *plan, programme m de ~* Sparpaket *n*, -programm *n*.

réduire vermindern ; herabsetzen ; einschränken ; reduzieren ; abbauen ; ermäßigen ; senken ; (ver)kürzen ; *~ le budget, les dépenses* das Budget, die Ausgaben kürzen ; *~ le chômage* die Arbeitslosigkeit abbauen ; *~ les coûts* die Kosten senken ; *~ le déficit, les dettes* das Defizit, die Schulden abbauen ; *~ les droits* die Gebühren senken ; *~ le personnel* Personal abbauen ; *~ la production de pétrole* die Erdölproduktion drosseln (senken) ; *~ le temps de travail* die Arbeitszeit verkürzen.

rééchelonnement *m* : *~ de la dette* Umschuldung *f* ; Tilgungsstreckung *f*.

rééchelonner (*crédit, dette*) umschulden.

réel, le wirklich ; tatsächlich ; effektiv ; real ; reell ; faktisch ; objektiv ; *bien m ~* Sachgut *n* ; *contrat m ~* Realvertrag *m* ; *effectif m ~* Effektivbestand *m* ; *essai m en temps ~* Feldversuch *m* ; *rendement m ~ d'un prêt* Effektivverzinsung *f* ; *revenu m ~* Effektiveinkommen *n* ; *salaire m ~* Effektivlohn *m* ; Reallohn ; (*informatique*) *temps ~* Echtzeit *f* ; *valeur f ~le* Ist-, Realwert *m* ; effektiver Wert ; preisbereinigter Wert ; (*fisc*) *être aux frais ~s (au* *réel*) nach dem Effektivumsatz besteuert werden ; anfallende berufliche Kosten von der Steuer abziehen.

réembauchage *m* → *réembauche*.

réembauche *f* Wiedereinstellung *f* ; Wiederbeschäftigung *f*.

réembaucher wieder einstellen ; wieder beschäftigen.

réemploi *m* 1. → *réembauche* 2. Wiederverwendung *f* ; Verwertung *f*.

réescomptable rediskontierbar ; rediskontfähig.

réescompte *m* Rediskont *m* ; Rediskontierung *f* ; *banque f de* ~ Rediskontbank *f* ; *crédit m de* ~ Rediskontkredit *m* ; *taux m de* ~ Rediskontsatz *m*.

réescompter *m* rediskontieren ; rückdiskontieren.

réévaluation *f* 1. (*monnaie*) Aufwertung *f* 2. ~ *des pensions et retraites* Rentenanpassung *f* 3. (*comptab.*) (Wert-)Berichtigung *f* ; Neubewertung *f* ; (Re)Valorisierung *f* ; *réserves fpl de* ~ *des actifs* Neubewertungsrücklagen *fpl*.

réévaluer 1. aufwerten ; ~ *une monnaie de 5 %* eine Währung um 5 Prozent aufwerten 2. (*comptab.*) berichtigen ; neu bewerten ; revalorisieren.

réexpédier (*faire suivre*) weiterbefördern ; nachsenden ; weitersenden ; weiterleiten ; (*retour à l'expéditeur*) zurückschicken ; zurücksenden ; *se faire* ~ *le courrier* sich die Post nachschicken lassen.

réexpédition *f* (*courrier*) Nachsendung *f* ; Weiterbeförderung *f* ; (*retour à l'expéditeur*) Rücksendung *f*.

réfaction *f* 1. (*remise pour marchandise non conforme ou endommagée*) Refaktie *f* ; Abzug *m* (von einem Preis) ; Preisabschlag *m* (wegen beschädigter oder fehlerhafter Waren) ; Preisminderung *f* ; *faire une* ~ refaktieren ; einen Nachlass gewähren 2. (*fisc*) Minderung *f* des Steuerbetrags ; Steuersatzermäßigung *f*.

réfection *f* Renovierungsarbeiten *fpl* ; Instandsetzung *f* ; *coût m de* ~ Reparaturkosten *pl*.

référé *m* Antrag *m* auf Erlass einer einstweiligen Verfügung ; *ordonnance f de* ~ einstweilige Verfügung *f* ; Erlass *m* einer einstweiligen Verfügung ; *plaider en* ~ eine einstweilige Verfügung beantragen ; *rendre une ordonnance de* ~ eine einstweilige Verfügung erlassen.

référence *f* 1. Bezug *m* ; Bezugnahme *f* ; Richtgröße *f* ; Orientierung *f* ; Referenz *f* ; Leit- ; Richt- ; ~ *boursière, monétaire* Benchmark *f* ; repräsentativer Aktien- oder Rentenindex *m* ; ~ *d'un article* Artikelnummer *f* ; *en* ~ *à* in Bezug auf ; *année f de* ~ Bezugs-, Referenzjahr *n* ; *ajustement m des cours de* ~ Anpassung *f* der Leitkurse ; *cours m de* ~ Bezugskurs *m* ; Richtpreis *m* ; *date f de* ~ Referenzzeitpunkt *m* ; Stichtag *m* ; *grandeur f de* ~ Ausgangs-, Bezugsgröße *f* ; *monnaie f de* ~ Leitwährung *f* ; *numéro m de* ~ Referenznummer *f* ; *personne f de* ~ Bezugsperson *f* ; *prix m de* ~ Richtpreis *m* ; *taux m de* ~ Leitzins *m* ; (*avances sur titres*) Leitsatz *m* ; *faire* ~ *à* sich beziehen auf 2. ~*s* Empfehlungen *fpl* ; Referenzen *fpl* ; *avoir de bonnes* ~*s* gute Referenzen haben 3. (*corresp.*) Betreff *m* ; unser Zeichen ; *en* ~ *à votre courrier du* wir nehmen Bezug auf Ihr Schreiben vom ; bezugnehmend auf 4. *ouvrage m de* ~ Nachschlagewerk *n*.

référencement *m* Erfassung *f* (in einem Sortiment) ; Aufnahme *f* (in Katalogen) ; Registrierung (in Websites) (*contr. déférencement*).

référencer : ~ *un article* einen Artikel führen (listen) ; einen Artikel in das Sortiment aufnehmen ; eine Ware auflisten.

référer 1. sich beziehen auf ; *me référant à votre lettre* unter Bezugnahme auf Ihr Schreiben 2. *en* ~ *à qqn* jdn benachrichtigen ; jdn von etw in Kenntnis setzen.

référendaire *m* Referent *m* ; Referatsleiter *m* ; Rechnungsprüfer *m* (beim Rechnungshof).

référendum *m* Volksabstimmung *f* ; Plebiszit *n* ; Referendum *n* ; Volksentscheid *m*.

référent, e : *médecin m* ~ Bezugsarzt *m* ; Hausarzt *m*.

référentiel *n* Bezugssystem *n*.

refi (taux) *m* (*taux directeurs de la Banque centrale européenne*) Leitzinsen *mpl* der Europäischen Zentralbank.

refinancement *m* Refinanzierung *f* ; Fremdkapitalbeschaffung *f* der Banken (für die Kreditgewährung) ; *politique f de* ~ Refinanzierungspolitik *f*.

refinancer refinanzieren ; *se* ~ *sur le marché obligataire* sich am Rentenmarkt refinanzieren.

refondre umarbeiten ; überarbeiten ; neu-, umgestalten ; umorganisieren.

refonte *f* Umarbeitung *f* ; Neu-, Umgestaltung *f* ; Umorganisierung *f* ; Reorganisation *f* ; Neufassung *f* ; ~ *totale* totale Erneuerung *f* ; Rundumerneuerung.

réformateur *m* Reformer *m* ; Modernisierer *m*.

réformateur, trice Reform- ; reformerisch ; *mouvement m* ~ Reformbewegung *f*.

réforme *f* 1. Reform *f* ; Neugestaltung *f* ; Umstrukturierung *f* ; ~ *agraire* Agrarreform ; Bodenreform ; ~ *fiscale* Steuerreform ; steuerpolitische Maßnahmen *fpl* ; ~ *monétaire* Währungsreform ; *politique f de* ~ Reformpolitik *f* ; *décider, engager, imposer une* ~ eine Reform beschließen, in die Wege leiten, durchsetzen 2. (*mise hors service*) Ausmusterung *f* ; Außerbetriebsetzen *n* ; *bon pour la* ~ ausmusterungsreif ; *matériel m de* ~ ausgemustertes Material *n* ; außer Betrieb gesetztes Material ; *mise f à la* ~ *de véhicules anciens* Ausmusterung *f* von alten Fahrzeugen ; *mettre à la* ~ ausmustern ; ausrangieren.

réformer 1. neugestalten ; umorganisieren ; reformieren ; verbessern ; eine Reform durchführen 2. (*mettre hors service*) ausmustern ; ausrangieren.

réformette *f* (*fam.*) kleine (nicht tiefgreifende) Reform *f* ; kosmetische Maßnahmen *fpl*.

réfrigéré, e (*agro-alimentaire*) *viande f ~e* Tiefkühlfleisch *n* ; *vitrine f ~ée* Kühltruhe *f*.

refuge *m* Zuflucht *f* ; (*lieu*) Zufluchtsort *m*, -stätte *f* ; (*circulation*) Verkehrsinsel *f* ; ~ *fiscal* Steueroase *f* ; Steuerparadies *n* ; *valeur f* ~ Fluchtwert *m*.

réfugié *m* : ~ *économique* Wirtschaftsflüchtling *m* ; Armutsvertriebene(r) *m* ; ~ *politique* Asylant *m* ; Asylbewerber *m*.

refus *m* Ablehnung *f* ; Absage *f* ; abschlägige Antwort *f* ; ◆ (*comptab.*) ~ *de certification* Verweigerung *f* des Bestätigungsvermerks ; (*jur.*) ~ *de comparaître* Verweigerung vor Gericht zu erscheinen ; ~ *de paiement* Zahlungsverweigerung *f* ; ~ *de priorité* Nichtbeachtung *f* der Vorfahrt ; ◆◆ *en cas de* ~ im Verweigerungsfall ; *lettre f de* ~ Absagebrief *m* ; ◆◆◆ *essuyer un* ~ eine abschlägige Antwort erhalten ; einen negativen Bescheid bekommen ; *opposer un* ~ *à qqn* jdm eine Absage erteilen.

refuser ablehnen ; verweigern ; zurückweisen ; eine Absage erteilen ; (*poste*) *"refusé"* Annahme verweigert ; ~ *qqn* jdn abweisen ; ~ *une demande* einen Antrag ablehnen ; ~ *de faire qqch* es ablehnen, etw zu tun.

régalien, ne : *droits mpl ~s* Hoheitsbefugnisse *npl* ; Regalien *npl* ; (wirtschaftlich nutzbare) Hoheitsrechte *npl*.

regard : *droit m de* ~ Auskunftsrecht *n* ; Einsichtsrecht ; Recht zur Einsichtnahme ; Informationsrecht ; Mitspracherecht.

regardant, e zu sparsam ; kleinlich ; *se montrer* ~ *sur les prix* auf die Preise schauen ; *ne pas se montrer* ~ *à la dépense* keine Ausgaben scheuen.

régie *f* staatliches Unternehmen *n* ; Regiebetrieb *m* ; öffentliches Wirtschaftsbetrieb *m* ; ~ *d'État* staatseigenes Wirtschaftsunternehmen *n* ; staatliche Wirtschaftskörperschaft *f* ; ~ *des tabacs* staatliche Monopolbehörde *f* für Tabak und Zündwaren.

régime *m* 1. System *n* ; Ordnung *f* ; Regelung *f* ; Wesen *n* ; Regime *n* ; Bestimmungen *fpl* ; (*mode*) Verfahren *n* ; Modus *m* ; ◆ (*sécu. sociale*) ~ *d'allocations* Versorgungsprinzip *n* ; ~ *d'assurance* Versicherungssystem ; Art *f* der Sozialversicherung ; ~ *de base* → *général* ; ~ *des brevets* Patentwesen ; ~ *des changes* Devisenverkehr *m* ; ~ *de la communauté de(s) biens* eheliche Gütergemeinschaft *f* ; ~ *de la communauté réduite aux acquets* Errungenschaftsgemeinschaft *f* ; ~ *de contrôle des changes* Devisenbewirtschaftung *f* ; ~ *du crédit* Kreditwirtschaft ; ~ *douanier* Zollwesen *n*, -system *n* ; ~ *fiscal* Steuersystem ; (*sécu. sociale*) ~ *général* Grundversicherungssystem *n* ; Grundversorgung *f* ; ~ *matrimonial* ehelicher Güterstand *m* ; ~ *des paiements* Zahlungsverkehr *m* ; ~ *des pensions et retraites* beitragspflichtige Rentenversicherung *f* ; ~ *politique* Staatsform *f* ; Regierungssystem *n* ; ~ *préférentiel* Präferenzregelung *f* ; ~ *de rémunération* Lohnsystem ; ~ *de la retraite* Altersversorgung *f* ; ~ *de retraite par capitalisation* Kapitalisierungs-, Kapitaldeckungsverfahren *n* ; *private Zusatzversicherung f* ; ~ *de retraite complémentaire (d'entreprise)* (betriebliche) Zusatzversicherung *f* ; *zusätzliche Altersversorgung* ; ~ *de retraite obligatoire* verbindliche Altersversorgung ; Pflichtaltersversicherung ; ~ *de retraite par répartition* Umlageprinzip *n* ; Umlageverfahren *n* der Rentenversorgung ; ~ *de sécurité sociale* Sozialversicherungssystem ; ~ *de la séparation des biens* Gütertrennung *f* ; ~ *des sociétés mères et filiales* Schachtelprivileg *n* ; ~ *tarifaire* zolltarifliche Regelung *f* **2.** (*transports*) ~ *accéléré, express, ordinaire* als Eilgut, als Expressgut, als Frachtgut.

région *f* Gegend *f* ; Raum *m* ; Bereich *m* ; Bezirk *m* ; Gebiet *n* ; ~ *administrative* Region *f* ; Verwaltungsbezirk *m*, -einheit *f* ; ~ *agricole, industrielle* Agrar-, Industriegebiet ; ~ *côtière, frontalière* Küsten-, Grenzgebiet ; ~ *sinistrée* Notstandsgebiet ; ~ *de sports d'hiver* Wintersportgebiet ; ~ *touristique* Fremdenverkehrsgebiet ; Urlaubsgebiet ; touristische Gegend ; *dans la ~ parisienne* im Pariser Raum ; *aide f aux ~s en difficulté* Regionalförderung *f*.

régional, e Regional- ; Land- ; *conseil m ~* Regionalrat *m* ; *développement m ~* Regionalentwicklung *f*, -planung *f* ; *programme m, presse f ~(e)* Regionalprogramm *n*, -presse *f* ; *représentant m ~* regionaler Vertreter *m*.

régionalisaton *f* Regionalisierung *f* ; Dezentralisierung *f*.

régionaliser dezentralisieren ; regionalisieren ; auf regionaler Ebene durchführen.

régionalisme *m* Regionalismus *m*.

régionaliste *m* Regionalist *m*.

régir **1.** regieren ; verwalten **2.** bestimmen ; regeln ; *être ~i par la loi* dem Gesetz unterstehen.

régisseur *m* **1.** Gutsverwalter *m* **2.** (*régie*) Leiter *m* eines gemischtwirtschaftlichen Unternehmens **3.** (*théâtre*) Theaterleiter *m*.

registre *m* Register *n* ; Buch *n* ; Rolle *f* ; ♦ ~ *du commerce* Handelsregister ; ~ *de la conservation des hypothèques* Grundbuch ; ~ *des entrées et des sorties* Warenein- und -ausgang *m* ; ~ *d'état-civil* Standes(amts)register ; ~ *foncier* Grundbuch ; ~ *de la paie* Lohnbuch ; ~ *pénal* Strafregister ; ~ *des réclamations* Beschwerdebuch ; ♦♦ *commerçant m inscrit, non inscrit au ~ du commerce* Vollkaufmann *m*, Minderkaufmann ; *inscription f dans un ~* Eintragung *f* in ein Register ; *radiation f d'un ~* Löschung *f* aus/in einem Register ; ♦♦♦ *inscrire au ~ du commerce* ins Handelsregister eintragen ; *radier une société du ~ du commerce* eine Gesellschaft aus dem/ im Handelsregister löschen.

règle *f* **1.** Vorschrift *f* ; Gesetz *n* ; Ordnung *f* ; Regel *f* ; Regelung *f* ; Bestimmung *f* ; Grundsatz *m* ; Prinzip *n* ; *~s commerciales* Handelsvorschriften *fpl* ; *~s comptables* Bilanzierungsmethoden *fpl* ; *~s de la concurrence* Wettbewerbsregeln *fpl* ; *~s du jeu* Spielregeln ; (*assur.*) ~ *proportionnelle* anteilmäßige Schadensersetzung *f* ; Verteilungsregel ; ♦♦♦ *avoir ses papiers en ~* seine Papiere in Ordnung haben ; *contraire à la ~* regelwidrig ; *en ~* vorschriftsmäßig ; ordnungsgemäß; in Ordnung ; *être conforme aux ~s* den Regeln entsprechen ; *être contraire aux ~s* regelwidrig sein ; gegen die Vorschriften verstoßen ; *être en ~* (*ne pas avoir de dettes*) keine Schulden haben ; bezahlt haben.

règlement *m* **1.** Vorschrift *f* ; Regelung *f* ; Satzung *f* ; Reglement *n* ; Statut *n* ; Verordnung *f* ; Ordnung *f* ; Bestimmung *f* ; ~ *administratif* Verwaltungsvorschriften ; ~ *douanier* Zollbestimmungen ; ~ *intérieur* **a)** Geschäftsordnung **b)** Betriebsordnung **2.** (*d'une facture*) (Be)Zahlung *f* ; Begleichung *f* ; ~ *à tempérament* Ratenzahlung *f* ; ~ *au comptant* Barzahlung ; ~ *forfaitaire* Pauschalzahlung ; ~ *global* einmalige Begleichung ; ~ *immédiat, mensuel* sofortige, Ultimozahlung **3.** (*bourse*) Abwicklung *f* ; ~ *immédiat* Kassamarkt *m* ; Kassageschäft *n* ; Direktabrechnung *f* ; Zahlung bei Lieferung ; ~ *mensuel* Terminmarkt *m* ; (*hist.*) *au ~ mensuel* am Monatsabrechnungsmarkt ; *service à ~ différé (S.R.D.)* Monatsabrechnungsmarkt ; ~ *valeur jour* Abwicklung am selben Tag ; ~ *à terme* Terminzahlung *f* **4.** (*jur.*) ~ *amiable* gütliche Beilegung *f* ; Schlichtungsverfahren *n* ; Vergleich *m* ; ~ *judiciaire* gerichtliches Vergleichsverfahren *n* ; Konkurs *m* ; Unternehmenszusammenbruch *m* ; *procédure f de ~ judiciaire* Konkursverfahren *n*.

réglementaire 1. vorschriftsmäßig ; ordnungsgemäß; vorgeschrieben ; *réserves fpl ~s* vorgeschriebene Rücklagen *fpl* 2. *(jur.) pouvoir m* ~ Verordnungsgewalt *f.*

réglementation *f* gesetzliche Regelung *f* ; Reglementierung *f* ; Regulierung *f* ; Bewirtschaftung *f* ; Bestimmungen *fpl* ; Vorschriften *fpl* ; ~ *du marché* Marktordnung *f* ; ~ *en matière de change* Devisenbestimmungen ; ~ *des prix* (gesetzliche) Preisregelung ; Preiskontrolle *f* ; ~ *provisoire* vorläufige Regelung ; *commission f des ~s européennes* europäischer Regelungsausschuss *m* ; *ensemble m des ~s en vigueur* Regelwerk *n*.

réglementé, e *(marché)* bewirtschaftet ; *(prix)* gelenkt ; gesteuert ; fest ; gebunden ; *marché agricole* ~ reglementierter Agrarmarkt *m*.

réglementer regeln ; reglementieren ; regulieren.

régler 1. *(payer)* (be)zahlen ; begleichen ; entrichten 2. *(litige)* beilegen ; regeln ; schlichten ; ~ *à l'amiable* gütlich beilegen ; ~ *un différend* einen Streit schlichten ; einen Streit (gütlich) beilegen 3. *(statuer)* abmachen ; beschließen ; bestimmen ; ~ *une question* eine Frage erledigen 4. ~ *une machine* eine Maschine einstellen.

régresser rückläufig sein ; zurückgehen.

régressif, ive regressiv ; rückläufig ; *coûts mpl ~s* regressive Kosten *pl* ; *développements mpl ~s* rückläufige Entwicklungen *fpl*.

régression *f* Rückgang *m* ; rückläufige Tendenz *f* (Entwicklung *f*) ; Regression *f* ; *(conjoncture)* Abschwung *m* ; ~ *des importations de pétrole* Rückgang *m* beim Ölimport ; *être en* ~ rückläufig sein.

regret *m* : *(corresp.) à notre grand* ~ zu unserem Bedauern ; leider ; *exprimer ses ~s* sein Bedauern ausdrücken ; *nous sommes au* ~ *de vous faire savoir que* leider müssen wir Ihnen mitteilen, dass.

regretter : *(corresp.) nous regrettons de devoir vous informer que* wir bedauern, Ihnen mitteilen zu müssen, dass ; leider müssen wir Ihnen mitteilen, dass.

regroupement *m* 1. Umgruppierung *f* ; Umstellung *f* ; Neugliederung *f* ; Umschichtung *f* 2. Zusammenlegung *f* ; ~ *de capitaux* Kapitalzusammenlegung ; ~ *de services* Zusammenlegung von Abteilungen ; ~ *de sociétés en trust* Vertrustung *f* von Gesellschaften ; ~ *des terres* Flurneuordnung *f* 3. ~ *familial* Familienzusammenführung *f* ; Familiennachzug *m* ; Zuzug *m* von Familienangehörigen.

regrouper 1. umgruppieren ; umschichten 2. zusammenlegen ; bündeln ; ~ *différents services* verschiedene Abteilungen zusammenlegen 3. *se* ~ sich zusammenschließen ; *se* ~ *en association* sich in einem Verein zusammenschließen.

régularisation *f* Berichtigung *f* ; Regulierung *f* ; Normalisierung *f* ; Ausgleichung *f* ; Periodenabgrenzung *f* ; *(comptab.) comptes mpl de* ~ Abgrenzungskonten *npl* ; Ausgleichskonten *npl* ; Rechnungsabgrenzungsposten *m* ; Wertberichtigungsposten.

régulariser regeln ; regulieren ; berichtigen ; in Ordnung bringen ; ausgleichen.

régularité *f* 1. Regelmäßigkeit *f* 2. *(d'une opération, d'un vote)* Ordnungs-, Rechtmäßigkeit *f* ; Korrektheit *f*.

régulateur, trice regulierend ; *stock m* ~ Pufferstock *m* ; Pufferreserve *f.*

régulation *f* Regulierung *f* ; Regelung *f* ; Steuerung *f* ; Lenkung *f* ; Reglementierung *f* ; ~ *du marché* Marktregelung, -regulierung ; ~ *des naissances* Geburtenkontrolle *f* ; Familienplanung *f* ; *système m de* ~ Steuerungssystem *n*.

régulier, ière 1. regelmäßig ; (fahr)planmäßig ; *à intervalles ~s* in regelmäßigen Abständen ; *ligne f ~ière* Liniendienst *m* ; Linienverkehr *m* ; *travail* ~ regelmäßige Arbeit *f* 2. regelrecht ; ordnungsgemäß ; *opération f parfaitement ~ière* vorschriftsmäßiges Vorgehen *n* ; *être* ~ *en affaires* sich in geschäftlichen Angelegenheiten korrekt verhalten.

réhabilitation *f* 1. Rehabilitation *f* ; *(morale)* Rehabilitierung *f* ; ~ *de l'artisanat* Rehabilitierung des Handwerks ; ~ *professionnelle* berufliche Wiedereingliederung *f* 2. *(logements)* Renovierung *f* ; Sanierung *f* ; Restaurierung *f* ; ~ *de quartiers déshérités* Renovierung von benachteiligten Vierteln.

réhabiliter 1. rehabilitieren ; ~ *qqn* den guten Ruf von jdm wieder herstellen

2. renovieren ; sanieren ; restaurieren ; ~ *un immeuble* ein Gebäude renovieren.

réimportation *f* Reimport *m* ; Wiedereinfuhr *f.*

réimporter wieder einführen ; reimportieren.

réinjecter : ~ *des capitaux* eine Kapitalspritze verabreichen ; Geldmittel bereitstellen.

reins *mpl : avoir les* ~ *solides* zahlungskräftig sein ; finanziell auf soliden Beinen stehen.

réinsérer wieder eingliedern ; rehabilitieren.

réinsertion *f* Wiedereingliederung *f* ; Resozialisierung *f* ; ~ *dans la vie professionnelle* Wiedereingliederung ins Erwerbsleben ; Wiedereinstieg *m* in den Beruf.

réintégration *f* (*sociale*) Wiedereingliederung *f* ; Wiedereinsetzung *f* ; Wiedereinstellung *f* ; Reintegration *f* ; ~ *dans ses droits, ses fonctions, à un poste* Wiedereinsetzung in seine Rechte, in ein Amt, in einen Posten ; ~ *professionnelle* berufliche Wiedereingliederung.

réintégrer : wieder eingliedern ; wieder einsetzen ; reintegrieren.

rejet *m* **1.** (*refus*) Zurückweisung *f* ; Ablehnung *f* ; abschlägiger Beweis *m* ; ~ *d'une demande, d'une plainte* Abweisung eines Antrags, einer Klage ; *décision f de* ~ Ablehnungsbescheid *m* **2.** (*production*) Ausstoß *m* ; ~ *de produits toxiques* Ausstoß von Giftstoffen.

rejeter 1. ablehnen ; abweisen ; zurückwerfen ; zurück-, abweisen ; verwerfen ; ~ *une proposition* einen Vorschlag zurückweisen **2.** zuschieben ; abwälzen ; abladen ; ~ *la responsabilité sur qqn* die Verantwortung auf jdn abwälzen.

relais *m* **1.** ~ *routier* Raststätte *f* **2.** *crédit* (*prêt*) ~ *m* Zwischenfinanzierung *f* ; Überbrückungskredit *m* ; *financer un appartement par un prêt-*~ eine Wohnung über einen Überbrückungskredit finanzieren **3.** *prendre le* ~ *de qqn* jdn ersetzen ; jdn ablösen ; den Dienst von jdm übernehmen ; (*succession*) die Nachfolge antreten.

relance *f* Wiederbelebung *f* ; Neubelebung ; ~ *par la demande* Wiederbelebung durch die Nachfrage ; ~ *de l'économie* Wirtschaftsankurbelung *f* ; Belebung der Wirtschaftstätigkeit ; *lettre f de* ~ Mahnung *f* ; Mahnbrief *m*, -schreiben *n*.

relancer ankurbeln ; beleben ; in Schwung bringen ; ~ *la croissance par la consommation* das Wachstum durch den Konsum wieder beleben ; ~ *un débiteur* einen Schuldner anmahnen ; ~ *la consommation* den Konsum wieder in Schwung bringen ; ~ *l'économie* die Wirtschaft ankurbeln.

relation *f* Beziehung *f* ; Verbindung *f* ; Umgang *m* ; ◆ ~ *commerciales* Geschäfts-, Handels-, Wirtschaftsbeziehungen ; ~*s diplomatiques* diplomatische Beziehungen ; ~*s interétatiques, internationales* zwischenstaatliche, internationale Beziehungen ; ~*s publiques* Öffentlichkeitsarbeit *f* ; Public relations *pl* ; PR-Arbeit *f* ; ~*s sociales* (*humaines*) Personalführung *f*, -leitung *f*, -betreuung *f* ; ◆◆◆ *avoir des* ~*s* Beziehungen haben ; (*fam.*) Vitamin B haben ; *entrer en* ~*s avec qqn* mit jdm in Verbindung treten ; *entretenir des* ~*s* Beziehungen unterhalten ; *établir des* ~*s* Beziehungen aufnehmen ; *être en* ~ *avec qqn* mit jdm in Verbindung stehen ; *le prix n'est pas en* ~ *avec la qualité de la marchandise* der Preis steht in keiner (vertretbaren) Relation zur Qualität dieser Ware ; *faire jouer ses* ~*s* seine Beziehungen spielen lassen ; *mettre en* ~ in Verbindung setzen.

relaxe *f* (*jur.*) Freilassung *f.*

relayer ablösen ; ersetzen ; jds Arbeit übernehmen ; den Dienst, die Stellung von jdm übernehmen ; an jds Stelle treten ; jds Nachfolge antreten.

relégation *f* **1.** Zurückstufung *f* **2.** (*jur.*) Sicherheitsverwahrung *f* ; (*hist.*) Verbannung *f.*

reléguer zurückstufen ; *être* ~*é à la cinquième place* auf den fünften Platz zurückfallen.

relève *f* **1.** Ablösung *f* ; Nachwuchs *m* ; *absence f de* ~ Nachwuchsmangel *m* ; *prendre la* ~ ablösen ; die Nachfolge antreten **2.** ~ *de l'équipe* Schichtwechsel *m.*

relevé *m* **1.** Auszug *m* ; Abrechnung *f* ; ~ *de compte* Kontoauszug ; ~ *de facture* Rechnungsauszug **2.** Liste *f* ; Aufstellung *f* ; Verzeichnis *n* ; ~ *des ordres en cours* Mitteilung *f* von laufenden Aufträgen ; (*bourse*) ~ *de titres* Wertpapieraufstellung **3.** Beleg *m* ;

relèvement 1348

Bescheinigung *f* ; Ausweis *m* ; (*inform.*) ~ *des données* Datenerfassung *f* ; ~ *de banque mensuel* Bankausweis *m* ; ~ *de caisse* Kassenausweis ; ~ *d'identité bancaire* (*R.I.B.*) Bankverbindung *f* ; Bankkontoreferenzen *fpl* ; Bankkontonummer *f* ; Bankkundenausweis *m* ; ~ *d'identité postal* (*R.I.P.*) Postverbindung *f* ; Postscheckkontoreferenzen *fpl* ; Postscheckkontodaten *npl* ; ~ *d'inventaire* (*dans un fichier*) Bestandsaufzeichnungen *fpl* **4.** ~ *de compteur électrique, d'eau, de gaz* Ablesen *n* (Ablesung *f*) eines Stromzählers, einer Wasseruhr, einer Gasuhr.

relèvement *m* (An)Hebung *f* ; Aufbesserung *f* ; Erhöhung *f* ; Steigerung *f* ; ~ *de l'âge de la retraite* Anhebung des Rentenalters ; ~ *des loyers* Mietanhebung ; ~ *du niveau de vie* Anhebung des Lebensstandards ; ~ *des prix* Preissteigerung ; ~ *du S.M.I.C.* Erhöhung des gesetzlichen Mindestlohns ; ~ *des traitements* Gehaltsaufbesserung *f*.

relever 1. erhöhen ; (an)heben ; aufbessern ; steigern ; ~ *les droits, les taxes* Gebühren, Abgaben anheben ; ~ *les loyers, les tarifs* die Mieten, die Tarife erhöhen ; ~ *les retraites, les salaires* die Renten, die Löhne und Gehälter aufbessern (erhöhen) **2.** ~ *qqn de ses fonctions* jdn seines Amtes entheben ; jdn abberufen ; jdn von seinen Funktionen entbinden **3.** ~ *une équipe de travail* eine Schicht ablösen **4.** ~ *d'une administration* einer Behörde unterstehen ; zum Zuständigkeitsbereich eines Amts gehören **5.** ~ *le défi technologique* die technologische Herausforderung annehmen **6.** ~ *le compteur d'électricité, d'eau, de gaz* den Stromzähler, die Wasser-, die Gasuhr ablesen **7.** ~ *une erreur* einen Irrtum feststellen.

relier (à) verbinden (mit) ; anschließen (an + A) ; (*Internet*) être ~*é au réseau* vernetzt sein ; *localités fpl* ~*ées par une nationale* durch eine Bundesstraße (miteinander) verbundene Ortschaften.

reliquat *m* Restbetrag *m* ; Restsumme *f* ; Rest *m* ; (Rest)Saldo *m* ; ~ *d'un crédit* nicht ausgezahlte Kreditbeträge *mpl* ; ~ *d'impôts* Steuerrückstand *m* ; *paiement m du* ~ Restzahlung *f*.

relocalisation *f* Rückverlagerung *f* ; Zurückverlagern *n* (*contr. délocalisation*).

relocaliser zurückverlagern.

relooker erneuern ; neues Aussehen geben ; liften ; Face-Lifting machen.

relutif, ive : *opération f* ~*ive* gewinnsteigerndes Geschäft *n* (*contr. dilutif*).

relution *f* Zunahme *f* des Nettogewinns pro Aktie nach einer Kapitalaufstockung.

rémanence *f* Remanenz *f* ; ~ *des coûts* Kostenremanenz ; Resistenz *f* der Kosten.

remaniement *m* Umänderung *f* ; Umarbeitung *f* ; Neu-, Umgestaltung *f* ; Umbildung *f* ; Umstrukturierung *f* ; (*d'un poste*) Umbesetzung *f* ; (*portefeuille de titres*) Umschichtung *f* ; ~ *social* soziale Umschichtung *f* ; ~ *ministériel* Kabinetts-, Regierungsumbildung ; ~ *d'un texte* Neubearbeitung *f* eines Textes.

remanier ab-, umändern ; um-, überarbeiten ; ~ *un gouvernement* eine Regierung (das Kabinett) umbilden.

rembours *m* Exportsteuerrückerstattung *f*.

remboursable rückzahlbar ; rückzahlungspflichtig ; tilgbar ; einlösbar ; ablösbar ; erstattungsfähig ; *emprunt m* ~ *en dix ans* in zehn Jahren rückzahlbare Anleihe *f*.

remboursement *m* **1.** Rückerstattung *f* ; Rückzahlung *f* ; Erstattung *f* ; Vergütung *f* ; (*dette, emprunt*) Tilgung *f* ; Abtragung *f* ; Ablösung *f* ; Einlösung *f* ; (*versement fractionné*) Abbezahlung *f* ; Abzahlung *f* ; ♦ ~ *anticipé* vorzeitige Tilgung ; ~ *de la dette sociale* → **R.D.S.** ; ~ *d'une dette* Tilgung (Rückzahlung) einer Schuld ; ~ *des droits* Gebührenerstattung ; ~ *d'un emprunt* Tilgung einer Anleihe ; Anleiheablösung ; ~ *des frais* Kostenerstattung ; Ausgabenerstattung ; Spesenvergütung ; ~ *d'impôt* Steuerrückzahlung ; ~ *intégral de qqch.* volle Rückerstattung (Rückzahlung) ; ~ *d'un prêt* Rückzahlung eines Darlehens ; ~ *de la prime* Prämienrückvergütung ; ~ *du principal* Tilgung des Hauptbetrags ; ~ *de la T.V.A.* Erstattung der Mehrwertsteuer ; ~ *à la valeur nominale* Rückzahlung zum Nennwert ; ♦♦ *conditions fpl de* ~ Rückzahlungsbedingungen *fpl* ; *taux m de* ~ Tilgungsrate *f* ; ♦♦♦ *exiger le* ~ *des frais de déplacement* die Rückerstattung der Reisespesen fordern ; *ne pas faire face à ses* ~*s* etw nicht abbezahlen ; *procéder au* ~ *anti-*

cipé d'un prêt ein Darlehen vorzeitig tilgen (zurückzahlen) **2.** *contre ~* gegen (per) Nachnahme ; *envoi m contre ~* Nachnahmesendung *f* ; Versand *m* gegen Nachnahme.

rembourser erstatten ; (zu)rückzahlen ; (zu)rückvergüten ; ersetzen ; (*dette, emprunt*) tilgen ; einlösen ; (*versement fractionné*) abbezahlen ; abzahlen ; *~ une dette* eine Schuld tilgen (zurückzahlen) ; *~ un emprunt, un prêt* eine Anleihe, ein Darlehen tilgen ; *~ qqn de ses frais* jdm die Kosten (Auslagen) zurückerstatten ; *montant m à ~* Tilgungssumme *f* ; Tilgungsbetrag *m* ; *être ~é* sein Geld zurückbezahlt (zurückerstattet) bekommen ; *se faire ~ les médicaments par la sécurité sociale* sich die Kosten für Medikamente von der Krankenversicherung (Kasse) erstatten lassen.

remembrement *m* (*rural*) Flurbereinigung *f* ; Parzellenzusammenlegung *f* ; Kommassation *f* ; Umlegung *f* ; Zusammenlegung *f* von Grundstücken ; (*Autriche*) Kommassierung *f*.

réemploi *m* → *remploi*.

remerciement *m* **1.** Dank *m* ; *lettre f de ~* Dankschreiben *n* ; *avec tous mes ~s* mit bestem Dank **2.** (*congédiement*) Entlassung *f* ; Kündigung *f* ; Absage *f* ; Abfuhr *f*.

remercier 1. danken **2.** (*congédier*) entlassen ; kündigen.

réméré *m* Rückkauf *m* ; Wiederkauf *m* ; (*bourse*) Pensionsgeschäft *n* ; *droit m de ~* Rückkaufsrecht *n* ; *vente f à ~* Verkauf *m* mit Rückkaufsrecht.

remettant *m* (*chèque*) Überbringer *m* ; Scheckeinreicher *m* ; (*effet*) Einreicher *m* ; (*paquet, petite annonce*) Aufgeber *m* ; *banque f ~e* Inkassobank *f* ; einreichende Bank ; Einreicherbank.

remettre 1. überbringen ; abgeben ; hinterlegen ; vorlegen ; *~ en main(s) propre(s)* eigenhändig abgeben ; persönlich aushändigen **2.** einen Rabatt gewähren **3.** *~ une dette, un impôt, une peine* eine Schuld, eine Steuer, eine Strafe erlassen **4.** *se ~ au travail* wieder an die Arbeit machen ; (*grève*) die Arbeit wieder aufnehmen **5.** *~ qqch en question* etw in Frage stellen **6.** (*argent*) *~ en circulation* wieder in Umlauf bringen **7.** *~ une entreprise à flot* ein Unternehmen wieder flott machen **8.** *~ qqch à plus tard* etw aufschieben ; etw hinausschieben **9.** *~ un effet à l'escompte* einen Wechsel diskontieren lassen.

remise *f* **1.** Übergabe *f* ; Abgabe *f* ; Aushändigung *f* ; Aus-, Ablieferung *f* ; *~ de chèque* Scheckvorlegung *f* ; (*poste*) Zustellung *f* **2.** Rabatt *m* ; Preisnachlass *m* ; *accorder une ~ de 2 %* zwei Prozent Rabatt gewähren **3.** *~ de dette* Schuldenerlass *m* ; Restschuldbefreiung *f* ; *~ de l'impôt* Steuernachlass *m* ; *~ de peine* Straferlass *m* ; Haftverschonung *f* **5.** (*hangar*) Schuppen *m* ; Remise *f* **6.** *~ en état* Instandsetzung *f* ; *~ à neuf* Überholung *f* ; Renovierung *f* ; Wiederherrichtung *f* **7.** *~ en cause des acquis sociaux* Sozialabbau *m* ; Abbau der Sozialleistungen ; *~ en question* Infragestellung *f*.

remisier *m* (*bourse*) (Börsen)Makler *m* ; Remisier *m*.

remontée *f* Anziehen *n* ; Aufholen *n* ; Ansteigen *n* ; Wiederanstieg *m* ; *~ des cours* Kurserholung *f*.

remonter : *~ une affaire* **a)** ein Geschäft neu gründen **b)** einen Betrieb (ein Geschäft) wieder auf die Beine bringen ; *~ en flèche* hochschnellen ; *~ son stock* seine Vorräte wieder auffüllen ; *~ à la troisième place* wieder auf den dritten Platz hinaufrücken.

remplaçant *m* Ersatzmann *m* ; Ersatzkraft *f* ; Aushilfskraft *f* ; Springer *m* ; (*successeur*) Nachfolger *m* ; (*suppléant*) (Stell)Vertreter *m* ; Vertretungskraft ; (*intérimaire*) Zeitkraft *f*.

remplacement *m* Ersatz *m* ; Vertretung *f* ; Ersetzung *f* ; *en ~ de* in Vertretung ; Stellvertretung *f* ; *~ de la valeur* Wertersatz ; *achat m de ~* Ersatzkauf *m* ; Ersatzbeschaffung *f* ; *obligation f de ~* Ersatzpflicht *f* ; *produit m de ~* Ersatzgut *n* ; Surrogat *n* ; *service m de ~* Ersatzdienst *m* ; *valeur f de ~* Wiederbeschaffungswert *m* ; *faire un ~* jdn ersetzen ; eine Vertretung übernehmen.

remplacer (*personne*) ersetzen ; vertreten ; *~ un collègue au pied levé* für einen Kollegen einspringen ; *se faire ~* sich ersetzen lassen ; (*appareil*) auswechseln ; ersetzen.

remplir 1. füllen ; erfüllen ; *toutes les conditions sont ~ies* alle Bedingungen (Voraussetzungen) sind erfüllt ; *~ un formulaire* ein Formular ausfüllen ; *se ~ les poches* in die eigene Tasche wirtschaften **2.** *~ ses engagements* seinen Verpflich-

remplissage … tungen nachkommen ; ~ *une tâche* eine Aufgabe erledigen.
remplissage *m* (Aus)Füllen *n* ; (*hôtels, transports, spectacles*) Auslastung *f* ; *taux m de ~ d'un hôtel* Belegungsrate *f* eines Hotels ; (*salle*) Sitz-Ladefaktor *m*.
remploi/réemploi *m* 1. (*réutilisation*) Wiederverwendung *f* 2. (*réembauche*) Wiedereinstellung *f*.
remployer 1. wieder verwenden 2. wieder einstellen.
remue-méninges *m* (*fam.*) Brainstorming *n*.
rémunérateur, trice gewinnbringend ; einträglich ; lohnend ; rentabel ; *activité f ~trice* gewinnbringende Tätigkeit *f* ; Erwerbstätigkeit.
rémunération *f* Bezahlung *f* ; Vergütung *f* ; Entgelt *n* ; Besoldung *f* ; Bezüge *mpl* ; ~ *de base* Grundentlohnung *f* ; *~s brutes, nettes* Brutto-, Nettoverdienste *mpl* ; ~ *du capital* Kapitalverzinsung *f* ; ~ *en espèces* Barentlohnung *f* ; ~ *en nature* Sachbezüge *mpl* ; Natural-, Deputatvergütung ; ~ *du travail* Arbeitsentgelt, -lohn *m* ; Entgelt für geleistete Arbeit ; *contre ~* gegen Entgelt ; *droit m à une ~* Vergütungsanspruch *m* ; *mode m de ~* Entlohnungsverfahren *n* ; Besoldungsart *f* ; *amélioration f, relèvement m des ~s* Besoldungsverbesserung *f*, -anstieg *m*.
rémunérer bezahlen ; vergüten ; entlohnen ; vergelten ; entschädigen ; besolden ; *actifs mpl ~és* zinsbringendes Vermögen *n* ; *activité f ~ée* vergütete (Berufs)Tätigkeit *f* ; *compte m ~é* Tagesgeldkonto *n* ; zinsbringendes Konto *n* (*syn.* payer, régler, rétribuer).
renchérir 1. teurer werden ; sich verteuern ; im Preis steigen 2. *~ sur qqch* etw überbieten.
renchérissement *m* Teuerung *f* ; Verteuerung *f* ; Preissteigerung *f* ; Aufschlag *m* ; Preisanstieg *m*.
rendement *m* (*performance*) Leistung *f* ; Leistungskraft *f* ; Effizienz *f* ; (*produit, revenu*) Ertrag *m* ; Rendite *f* ; Zins *m* ; Verzinsung *f* ; (*rentabilité*) Rentabilität *f* ; Wirtschaftlichkeit *f* ; Profit *m* ; (*résultat*) Ausstoß *m* ; Aufkommen *n* ; Ergebnis *n* ; Produktivität *f* ; Produktionsfähigkeit *f* ; ◆ ~ *d'actions* Dividendenrendite ; ~ *annuel, horaire, mensuel* Jahres-, Stunden-, Monatsleistung ; ~ *boursier* Effektivverzinsung ; ~ *du capital* (*financier*) Kapital-, Vermögensertrag ; ~ *du capital investi* Rendite auf das eingesetzte Kapital ; *~s factoriels* Input-Output-Erträge ; ~ *à l'hectare* Hektarertrag ; ~ *de l'impôt* Steueraufkommen ; ~ *maximal* Maximalertrag ; Höchst-, Spitzenleistung ; ~ *moyen, total* Durchschnitts-, Gesamtertrag ; ~ *des obligations* Anleihenrendite ; ~ *par jour* Tagesleistung ; ~ *du sol* Bodenertrag ; ◆◆ *à fort, à faible ~* leistungsstark, leistungsschwach ; *baisse f de ~* Leistungsrückgang *m* ; *loi f du ~ décroissant* Gesetz *n* des abnehmenden Ertragszuwachses ; *perte f de ~* Ertragsausfall *m* ; *prime f de ~* Erfolgs-, Leistungsprämie *f* ; *salaire m au ~* Leistungslohn *m* ; *société f de ~* Leistungsgesellschaft *f* ; *taux m de ~ actuariel* Effektiv-, Realzinssatz *m*.
rendez-vous *m* Verabredung *f* ; Termin *m* ; Zusammenkunft *f* ; ~ *d'affaires* geschäftliche Verabredung ; ~ *social* Tarifverhandlungen *fpl* ; *lieu m du ~* Treffpunkt *m* ; *fixer, reculer un ~* einen Termin festlegen, verschieben ; *prendre ~* einen Termin ausmachen ; sich verabreden ; *sur ~* (nur) nach Vereinbarung.
rendre : ~ *compte* berichten ; rechtfertigen ; ~ *la monnaie* herausgeben ; ~ *un jugement* ein Urteil fällen (erlassen) ; ~ *public* bekannt geben ; verkünden ; ~ *visite* besuchen ; *se ~ à son travail* zur Arbeit gehen.
rendu *m* zurückgegebene Ware *f* ; zurückgegebener Artikel *m* ; Rückware *f* ; Retour *f*.
rendu, e (ab)geliefert ; ~ *destination* frei Bestimmungsort ; ~ *à domicile* frei Haus ; ~ *à bord* frei an Bord ; ~ *droits* (*non*) *acquittés* geliefert (un)verzollt ; ~ *en gare* frei Bahnhof ; ~ *ex-ship* geliefert ab Schiff ; ~ *frontière* geliefert frei Grenze ; ~ *à quai* geliefert ab Kai ; ~ *à l'usine* frei Fabrik ; *prix m ~* Lieferpreis *m*.
renflouage *m* 1. (*navire*) Bergung *f* ; *entreprise f de ~* Bergungsunternehmen *n* 2. (*entreprise*) Sanierung *f*.
renflouer 1. (*navire*) wieder flott machen ; ein Schiff zum Schwimmen bringen 2. (*entreprise*) sanieren ; wieder hochbringen ; wieder auf die Beine bringen ; gesundschrumpfen ; ~ *une entre-*

prise einen Betrieb sanieren ; ~ *les caisses* die Kassen auffüllen.

renforcement *m* Verstärkung *f* ; Zunahme *f* ; Erhöhung *f* ; Intensivierung *f* ; ~ *d'une ligne de titres dans un portefeuille* Übergewichtung *f* von Wertpapieren in einem Portfolio.

renforcer (ver)stärken ; ~ *la position, le prestige* die Position, das Ansehen stärken ; ~ *sa présence dans un pays* seine Präsenz in einem Land stärken ; (*bourse*) ~ *une ligne de titres* Wertpapiere übergewichten.

renfort *m* Verstärkung *f* ; *à grand* ~ *de* mit erheblichem Aufwand an ; *à grand* ~ *de publicité* mit erheblichem Werbeaufwand.

renommée *f* Ruf *m* ; Renommee *n* ; Kreditwürdigkeit *f* ; *de* ~ *mondiale* weltbekannt ; weltberühmt.

renoncer verzichten ; ablehnen ; abschlagen ; ~ *à des licenciements* auf Entlassungen verzichten ; von Kündigungen absehen.

renonciation *f* Verzicht *m* ; Verzichtleistung *f* ; (*refus*) Ablehnung *f* ; (*abandon*) Aufgabe *f* ; ~ *à un héritage* Erbverzicht.

renouvelable erneuerbar ; verlängerbar ; ~ *par reconduction tacite* durch stillschweigende Verlängerung erneuerbar ; *crédit m* ~ Revolving-Kredit *m* ; Dispokredit ; *énergies fpl* ~*s* erneuerbare Energiequellen *fpl* ; (*bourse*) obligation ~ *du Trésor* erneuerbare Obligation *f*.

renouveler erneuern ; verlängern ; (*traite*) prolongieren ; ~ *un abonnement, un passeport* ein Abonnement, einen Pass erneuern (verlängern) lassen ; ~ *les équipements, les machines* die Anlagen, den Maschinenbestand erneuern (ersetzen) ; ~ *son offre* sein Angebot erneut machen ; ~ *le personnel* das Personal erneuern (auswechseln) ; neues Personal einstellen ; ~ *les stocks* (Lager)Bestände auffüllen.

renouvellement *m* Erneuerung *f* ; Verlängerung *f* ; ♦ ~ *d'un abonnement* Abonnementerneuerung *f* ; ~ *du bail* Erneuerung des Mietvertrags ; ~ *d'un mandat* Wiederwahl *f* in ein Amt ; ~ *du Parlement* (*de la Chambre des députés*) Neuwahl *f* des Parlaments (der Abgeordnetenkammer) ; ~ *de personnel* Turn-Over *m* ; ~ *du stock* Lager(bestands)auffüllung *f* ; Wiederauffüllung ;

Lagerergänzung *f* ; ~ *d'une traite* Prolongierung *f* einer Tratte.

rénovation *f* Renovierung *f* ; Instandsetzung *f* ; Sanierung *f* ; Ausbesserung *f* ; ~ *de vieux quartiers* Sanierung der Altstadt ; *dépenses fpl de* ~ Renovierungskosten *pl*.

rénover renovieren ; sanieren ; erneuern ; ausbessern ; wieder in Stand setzen.

renseignements *mpl* Auskünfte *fpl* ; Informationen *fpl* ; (*téléph.*) Auskunft ; Telefonauskunft ; ~*s d'initié* Insiderinformationen ; Insidertipps *mpl* ; *agence f de* ~*s commerciaux* (Wirtschafts)-Auskunftei *f* ; *bureau m des* ~ Auskunftsbüro *n* ; ~ *pris* nach eingezogenen Erkundigungen ; *demande f de* ~ Ersuchen *n* um Auskunft ; Referenzanforderung *f* ; *pour tous* ~ *complémentaires, s'adresser à* wenden Sie sich für weitere Informationen an ; (*téléph.*) *demander les* ~ die Auskunft anrufen ; *prendre des* ~ Auskünfte einholen.

renseigner : *se* ~ *sur* sich erkundigen über/nach ; Auskünfte einholen über ; sich informieren über ; ~ *qqn sur* jdm Auskünfte erteilen über ; *se* ~ *auprès de qqn* sich bei jdm erkundigen.

rentabilisation *f* Rentabilisierung *f*.

rentabiliser rentabel (wirtschaftlich) machen ; rentabilisieren ; ~ *un travail* kostendeckend arbeiten.

rentabilité *f* (*économique*) Wirtschaftlichkeit *f* ; Effizienz *f* ; (*financière*) Rentabilität *f* ; Rendite *f* ; Eigenkapitalrendite *f* ; *calcul m de* ~ Wirtschaftlichkeitsrechnung *f* ; Rentabilitätsprüfung *f* ; ~ *des capitaux investis* Rendite *f* des investierten Kapitals ; *limite f de* ~ Rentabilitätsgrenze *f* ; *seuil m de* ~ Rentabilitäts-, Kostenschwelle *f* ; Grenze *f* der Unwirtschaftlichkeit.

rentable rentabel ; wirtschaftlich ; gewinnbringend ; einträglich ; ertragreich ; lohnend ; lukrativ ; *affaire, entreprise* ~ rentables Geschäft, rentabler Betrieb.

rente *f* 1. Rente *f* ; ~ *complémentaire* Zusatzrente ; ~ *d'invalidité* Invalidenrente ; ~ *réactualisée* dynamisierte Rente ; ~ *revalorisée* aufgewertete Rente ; ~ *viagère* Leibrente ; Lebenszeitrente ; lebenslanges Nutzrecht *n* ; ~ *de veuve* Witwenrente ; ~ *vieillesse* Altersrente ; *toucher, verser une* ~ eine Rente bekom-

rentier

men, (aus)zahlen 2. (*revenu d'un capital*) Ertrag *m* ; Rendite *f* ; regelmäßiges Einkommen *n* (aus Vermögen) ; Kapitalertrag *m* ; Rente *f* ; ~ *sur l'État* öffentlicher Rententitel *m* ; Staatspapier *m* ; ~ *perpétuelle* (*durée de versement indéfinie*) ewige Rente ; untilgbare Staatsanleihe ; *convertir du capital en* ~ Kapital verrenten ; *vivre de ses ~s* von seinem Vermögen leben ; privatisieren.

rentier *m* (*personne vivant de son capital*) vom eigenen Vermögen lebende Person *f* ; Privatier *m* ; Renditenbezieher *m*.

1. rentrée *f* Wiederbeginn *m* ; Wiederanfang *m* ; (Schule, Universität) Schul-, Semesterbeginn ; ~ *parlementaire* Wiederzusammentreten *n* des Parlaments ; neue Legislaturperiode *f* ; ~ *sociale difficile* heißer Herbst *m*.

2. rentrées *fpl* (*de capitaux, de fonds*) eingegangener Betrag *m* ; Geld-, Kapitaleingang *m* ; Mittelzufluss *m*, -eingang ; (*recette*) Einnahme *f* ; (*revouvrement*) Einkassieren *n* ; Inkasso *n* ; Ein-, Beitreibung *f* ; ~ *de caisse* Kasseneingang ; ~ *budgétaires* Haushaltseinnahmen ; ~ *de commandes* Auftragseingänge ; eingegangene Bestellungen *fpl* ; ~ *fiscales* Steuerertrag *m*, -einnahmen *fpl*, -aufkommen *n* ; ~ *de fonds* eingehende Gelder *npl*.

rentrer **1.** (*fonds*) einziehen ; einbringen ; eintreiben ; *faire ~ une créance* eine Forderung eintreiben ; *faire ~ des devises* Devisen einbringen **2.** *faire ~ des commandes* Aufträge hereinholen **3.** ~ *dans ses frais* auf seine Kosten kommen.

renversement *m* Umschwung *m* ; Wende *f* ; ~ *économique, politique* wirtschaftlicher, politischer Umschwung ; ~ *de tendance* Tendenz-, Trendwende *f* ; Stimmungsumschwung *m*.

renverser : (*polit.*) ~ *un gouvernement* eine Regierung stürzen.

renvoi *m* **1.** (Zu)Rücksendung *f* ; Zurückschicken *n* **2.** (*ajournement*) Vertagung *f* ; Aufschiebung *f* **3.** (*congédiement*) Entlassung *f* ; Kündigung *f* **4.** (*jur.*)Verweisung *f*.

renvoyer 1. zurückschicken ; ~ *à l'expéditeur* an den Absender zurückschicken **2.** (*à une date ultérieure*) vertagen ; aufschieben **3.** (*congédier*) kündigen ; entlassen ; (*fam.*) feuern ; *se faire ~* entlassen werden **4.** (*jur.*) ~ *un cas juridique aux instances compétentes* einen Rechtsfall an die zuständige Instanz verweisen.

réorganisation *f* Neugestaltung *f*, -gliederung *f* ; Reorganisation *f* ; Neu-, Umstrukturierung *f* ; Sanierung *f* ; Umgestaltung *f* ; Umorganisation *f* ; Umbau *m* ; Umorientierung *f*.

réorganiser umorganisieren ; neu-, umgestalten ; umstrukturieren ; umorientieren ; umbauen ; umbilden.

réorientation *f* **1.** Neuorientierung *f* **2.** (*capitaux*) Kapitalumlenkung *f*.

réorienter (**se**) sich (beruflich, politisch, wirtschaftlich) umorientieren ; sich umstellen ; (*fam.*) umsatteln ; (*université*) die Studienrichtung wechseln.

réouverture *f* Wiedereröffnung *f* ; Wiederaufnahme *f* ; ~ *après changement de propriétaire* Wiedereröffnung mit neuer Geschäftsführung ; ~ *des débats* Wiederaufnahme der Verhandlungen.

réparable reparierbar ; (*maritime*) *constat m d'avarie non ~* Kondemnation *f* eines Schiffs.

réparation *f* **1.** Instandsetzung *f* ; Reparatur *f* ; Ausbesserungsarbeit *f* ; *atelier m de ~* Reparaturwerkstatt *f* ; *frais mpl de ~* Reparaturkosten *pl* **2.** (*dommage*) Wiederherstellung *f* ; Wiedergutmachung *f* ; Schadenersatz *m* ; Entschädigung *f* (für etw) ; ~ *financière* finanzielle Gutmachung ; *droit m à ~* Wiedergutmachungsanspruch *m* ; *obligation f de ~* Ersatzleistungspflicht *f* ; *demander ~ d'un préjudice* Schadensatz verlangen ; die Wiedergutmachung eines Schadens fordern.

réparer 1. reparieren ; instand (in Stand) setzen ; ausbessern **2.** wieder gutmachen ; (Schaden) ersetzen ; ~ *un dommage en argent* in Geld entschädigen.

répartir 1. (*frais, coûts*) verteilen ; aufteilen ; umlegen ; ~ *proportionnellement* quotenmäßig (anteilmäßig) aufteilen ; umlegen ; *se ~ qqch* etw unter sich aufteilen **2.** (*actions*) zuteilen **3.** (*dividendes*) ausschütten **4.** (in Kategorien) einteilen ; aufgliedern in.

répartition *f* Aufteilung *f* ; Verteilung *f* ; Zuteilung *f* ; (*statist.*) Streuung *f* ; Aufschlüsselung *f* ; (*au prorata*) Umlage *f* ; ♦ ~ *des bénéfices* Gewinnausschüttung *f* ; ~ *des charges* Lasten-, Ausgabenverteilung ; ~ *des frais* Kostenumlage ; ~ *des parts d'une société* Aufteilung der Geschäftsanteile ; ~ *par* *professions* Aufschlüsselung nach Berufen ; ~ *des recettes publiques* Steueraufkommensverteilung ; ~ *des revenus* Einkommensverteilung *f* ; ~ *par revenus* Aufschlüsselung nach Einkommensverhältnissen ; ~ *des risques* Risikostreuung ; ~ *des sièges au Parlement* Sitzverteilung im Parlament ; ◆◆ *régime m de retraite par* ~ Umverteilungsprinzip *n* der Renten ; umlagefinanziertes Rentensystem.

répercussion *f* Rückwirkung *f* ; Auswirkung *f* ; *~s sur l'économie nationale* volkswirtschaftliche Auswirkungen *fpl* ; ~ *d'impôts (sur)* Steuerabwälzung *f* (auf) ; Übertragung *f* der Steuerlast (auf) ; *avoir des ~s (sur qqch)* sich auswirken (auf).

répercuter abwälzen (auf) ; weitergeben ; ~ *une augmentation sur les consommateurs* eine (Preis)Erhöhung auf die Verbraucher weitergeben ; *faire ~ les coûts sur le prix* die Kosten auf den Preis abwälzen ; *se ~ sur* sich auswirken auf.

repère *m* Markierung *f* ; Marke *f* ; Zeichen *n* ; Bezugsnorm *f* ; Eckwert *m*.

répertoire *m* Liste *f* ; Register *n* ; Verzeichnis *n* ; Tabelle *f* ; Rolle *f* ; Katalog *m* ; ~ *alphabétique* alphabetisches Verzeichnis ; ~ *par matières* Sachkatalog *m* ; ~ *des professions* Berufskatalog *m* ; *créer un ~* ein Verzeichnis aufstellen.

répertorier registrieren ; erfassen ; auflisten ; aufzählen ; in ein Sachregister aufnehmen ; in ein Verzeichnis eintragen.

répétitif, ive : *tâches fpl ~ives* immer wieder kehrende (monotone) Arbeitsvorgänge *mpl* ; Routinearbeit *f*.

replâtrage *m* (*polit.*) Flickschusterei *f* ; ~ *d'une réforme* Reformflickwerk *n*.

repli *m* (*bourse*) Rückgang *m* ; Kursrutsch *m* ; Einbrechen *n* der Kurswerte ; *marché m en ~* rückläufiger Markt *m*.

repo (taux) *m* Repo-Satz *m* ; Zinssatz *m* für Wertpapierpensionsgeschäfte ; *opération f de ~* Wertpapierpensionsgeschäft *n* ; (*Banque centrale européenne*) Hauptrefinanzierungsgeschäft.

répondant *m* 1. (*garant*) Bürge *m* ; Gewährsmann *m* ; Sicherheitsgeber *m* ; *servir de ~* als Bürge dienen 2. *avoir du ~* über (ausreichende) Geldmittel verfügen.

répondeur *m* : ~ (*automatique*) (telefonischer) Anrufbeantworter *m* ; Voicemail *f* ; *interroger son ~* seinen Anrufbeantworter abhören (abfragen).

répondre 1. ~ *à qqn* jdm antworten ; ~ *par retour du courrier* postwendend antworten 2. ~ *à qqch* (*lettre, question*) antworten auf (+ A) ; ~ *par fax* zurückfaxen ; ~ *à une demande* eine Anfrage beantworten 3. ~ *à la demande* der Nachfrage nachkommen ; die Nachfrage befriedigen ; *le candidat ne répond pas à nos attentes* der Bewerber entspricht nicht unseren Erwartungen.

répondre de (*se porter garant*) bürgen für ; haften für ; garantieren ; gewährleisten ; als Bürge auftreten ; eine Garantie leisten ; die Haftung tragen (übernehmen) ; ~ *d'une dette* für eine Schuld haften (aufkommen) ; ~ *d'un dommage* für einen Schaden haften ; ~ *des engagements* für die Verbindlichkeiten haften ; *devoir ~ de qqch* sich wegen einer Sache verantworten müssen ; ~ *de qqch dans la limite de son apport* in der Höhe seiner Anlage für etw haften ; ~ *de qqch sur l'ensemble de son patrimoine* mit seinem ganzen Vermögen für etw haften.

réponse *f* Antwort *f* ; (*lettre*) Antwortschreiben *n* ; ~ *positive* Zusage *f* ; zustimmende (positive) Antwort ; ~ *négative* Absage *f* ; abschlägige Antwort ; *carte-~* (*coupon-~*) Antwortkarte *f* ; Rückantwortschein *m* ; *droit m de ~* Anrecht *n* auf Gegendarstellung ; (*bourse*) *jour m de la ~ des primes* Erklärungstag *m* (*si on renonce ou non à la prime*) ; (*coresp.*) *dans l'attente d'une prompte ~* in Erwartung einer baldigen Antwort (Nachricht) ; *en ~ à votre lettre* in Beantwortung Ihres Schreibens ; *laissé sans ~* unbeantwortet ; *~ s'il vous plaît* um Antwort wird gebeten.

report *m* 1. (*date*) Aufschub *m* ; Verschiebung *f* ; Stundung *f* ; Vertagung *f* ; ~ *d'échéance* Zahlungsaufschub *m* ; ~ ~ *de séance* Vertagung einer Sitzung 2. (*comptab.*) Übertrag *m* ; Vortrag *m* ; ~ *à nouveau* Vortrag auf neue Rechnung ; Gewinn- und Verlust-Vortrag ; ~ *du déficit* Verlustvortrag ; (*assur.*) ~ *des primes* Prämienübertrag, -vortrag ; ~ *en avant* Verlustvortrag ; ~ *de l'exercice précédent* Gewinnvortrag ; ~ *sur les exercices antérieurs* Verlustrücktrag *m* ; ~ *du solde*

reporté Saldovortrag ; *budget m de* ~ Übertragungs-, Ergänzungshaushalt *m* **3.** (*bourse*) Report *m* ; Reportgeschäft *n* ; Kost-, Prolongationsgeschäft *n* ; Prolongation *f* ; *opérer un* ~ ein Prolongationsgeschäft abschließen **4.** (*élections*) ~ *de voix* Stimmenübertragung *f*.
reporté *m* (*bourse*) Hereingeber *m* ; Kostgeber *m* (*contr. reporté*).
reportable 1. (*date*) verschiebbar ; aufschiebbar **2.** übertragbar.
reporter. (*date*) ver-, aufschieben ; stunden ; vertagen ; verlängern ; verlegen ; ~ *une date* einen Termin verlegen ; ~ *l'échéance* die Fälligkeit aufschieben ; eine Nachfrist setzen ; ~ *un rendez-vous, un voyage d'affaires* eine Verabredung, eine Geschäftsreise verschieben **2.** (*comptab.*) übertragen ; vortragen ; *à* ~ "Übertrag" *m* ; ~ *une perte* einen Verlustbetrag (auf ein neues Konto übertragen) ; ~ *une somme* eine Summe übertragen **3.** (*bourse*) in Prolongation geben ; prolongieren ; in Report geben ; sich reportieren lassen **4.** *se* ~ *à* sich beziehen auf (+ A) **5.** (*vote, voix*) übergehen auf (+ A).
reporteur *m* (*bourse*) Hereinnehmer *m* ; Kostnehmer *m* (*contr. reporté*).
reporting *m* Reporting *n* ; Bericht *m* (Rechnungslegung, Informatik, etc.).
repos *m* Ruhe *f*, Ruhezeit *f*, -pause *f* ; ~ *compensateur* Freizeitausgleich *m* ; Abfeiern *n* von Überstunden ; ~ *hebdomadaire* wöchentliche Ruhezeit *f* ; *jour m de* ~ Ruhetag *m* ; *temps m de* ~ Ruhezeit *f*.
repositionnement *m* (*sur le marché*) Neupositionierung *f* ; Neuausrichtung *f* (auf dem Markt).
repositionner : ~ *un produit* ein Produkt (auf dem Markt) umpositionieren ; eine Ware neu positionieren ; *se* ~ sich neu positionieren.
reprendre 1. zurücknehmen ; wiedernehmen ; *la marchandise ne sera ni reprise ni échangée* (vom) Umtausch ausgeschlossen **2.** (*en compte*) in Zahlung nehmen ; *nous reprenons votre ancienne voiture pour 2000 €* wir nehmen ihr altes Auto mit 2000 € in Zahlung **3.** (*activité, négociations*) wieder aufnehmen ; ~ *les négociations* die Verhandlungen wieder aufnehmen ; sich wieder an den Verhandlungstisch setzen ; ~ *les paiements* Zahlungen wieder aufnehmen **4.** (*bourse*) ~ *la cotation* die Notierung wieder aufnehmen ; *les cours reprennent* die Kurse ziehen an **5.** *les affaires reprennent* die Geschäfte gehen wieder besser ; das Geschäft floriert **6.** ~ *une maison de commerce* ein Geschäft übernehmen **7.** ~ *du service* reaktiviert werden.
repreneur *m* Aufkäufer *m* ; Käufer *m* ; übernehmende Gesellschaft *f* ; Übernahmeinteressent *m* (*syn. racheteur*).
représailles *fpl* Sanktionen *fpl* ; Repressalien *pl* ; Vergeltungsmaßnahmen *fpl* ; Druckmittel *npl* ; ~ *économiques* Handels-, Wirtschaftssanktionen ; *exercer des* ~ *contre* Sanktionen ausüben ; Druckmittel einsetzen.
représentant *m* **1.** Vertreter *m* ; Repräsentant *m* ; Beauftragte(r) ; Delegierte(r) ; ~ *légal* gesetzlicher Vertreter ; ~ *du patronat, des salariés, des syndicats* Arbeitgeber-, Arbeitnehmer-, Gewerkschaftsvertreter ; (*USA*) *Chambre f des* ~*s* Repräsentantenhaus *n* **2.** (Handels-)Vertreter *m* ; Reisende(r) ; Außen-dienstler *m* ; ~ *de commerce* Handelsvertreter *m* ; Handlungsreisende(r) ; ~ *exclusif* Alleinvertreter ; ~ *médical* Pharmavertreter.
représentatif, ive 1. repräsentativ ; charakteristisch ; typisch ; *échantillon m* ~ repräsentative Auswahl *f* ; repräsentativer Querschnitt *m* ; *enquête f* ~ Repräsentativbefragung *f* ; Stichprobenerhebung *f* ; *être* ~ *de* repräsentativ sein für **2.** vertretend ; zur Vertretung berechigt ; *organe m* ~ Vertretungsorgan *n*.
représentation *f* **1.** (Handels-)Vertretung *f* ; Repräsentanz *f* ; Vertretungsbüro *n* ; Agentur *f* ; ~ *diplomatique,* permanente diplomatische, ständige Vertretung ; ~ *élue des étudiants* Studentenparlament *n* ; ~ *à l'étranger* Auslandsvertretung ; ~ *exclusive* Alleinvertretung ; ~ *au tiers* Drittelparität *f* ; *frais mpl de* ~ Repräsentationsaufwendungen *fpl* ; Repräsentationskosten *pl* ; *pouvoir m de* ~ Vertretungsbefugnis *f*, -berechtigung *f* **2.** (*comptab.*) *lettre f de* ~ (*attestation de la véracité des informations données lors d'un audit*) Vollständigkeitserklärung *f* **3.** (*présentation d'un document*) Vorlegung *f* ; Vorlage *f* ; ~ *d'un acte* Vorlage einer Urkunde (bei Gericht).

représentativité *f* repräsentativer Charakter *m* ; Repräsentativität *f*.
représenter 1. ~ *qqn* jdn vertreten ; jdn repräsentieren ; *être ~é par* vertreten sein von ; ~ *en justice* vor Gericht vertreten ; *autorisé à* ~ vertretungsberechtigt **2.** (*qqch*) darstellen **3.** (*équivaloir à*) ausmachen ; *ceci ~e les deux tiers de nos exportations* das macht zwei Drittel unserer Exporte aus **4.** *se* ~ *aux élections* sich zur Wiederwahl stellen.
répressif, ive repressiv ; unterdrückend ; *loi f ~e* Strafgesetz *f* ; *mesure f ~e* Strafmaßnahme *f*.
répression *f* Ahndung *f* ; Fahndung *f* ; Bestrafung *f* ; Strafverfolgung *f* ; Unterdrückung *f* ; Bekämpfung *f* ; ~ *de la criminalité économique* Bekämpfung *f* der Wirtschaftskriminalität ; ~ *des fraudes* Steuerfahndung *f* ; strafrechtliche Steuerermittlung *f* ; (*impôts et douanes*) Verfolgung *f* von Steuer- und Zollvergehen ; *services mpl de la* ~ *des fraudes* Steuer- und Zollfahndungsdienst *m* ; *unité f de* ~ *des fraudes* Fahndungsbehörde *f*.
réprimer ahnden ; bestrafen ; niederschlagen ; unterdrücken ; ~ *des abus* Missbräuche beseitigen ; ~ *des infractions* Verstöße ahnden ; Vergehen bestrafen.
repris : *cet article ne sera ni* ~ *ni échangé* diese Ware kann nicht umgetauscht werden ; vom Umtausch ausgeschlossen ; *emballage m non* ~ Einwegpackung *f* ; Wegwerfpackung *f*.
reprise *f* **1.** Wiederbelebung *f* ; Ankurbelung *f* (der Wirtschaft) ; Konjunkturaufschwung *m* ; Ansteigen *n* ; Anziehen *n* ; Erholung *f* ; ~ *des affaires* Wiederbelebung der Geschäfte ; ~ *économique* Konjunkturaufschwung *m*. **2.** ~ *des négociations, du travail* Wiederaufnahme *f* der Verhandlungen, der Arbeit **3.** ~ *de la marchandise* Zurücknahme *f* der Ware ; *clause f de* ~ *des invendus* Rücknahmeklausel *f* ; *engagement m de* ~ Rücknahmeverpflichtung *f* **4.** ~ *de dette* Schuldübernahme *f* **5.** (*bilan*) ~ *sur provisions antérieures* Erträge *mpl* aus der Auflösung von Wertberichtigungen und Rückstellungen **5.** (*d'un commerce, d'une entreprise*) Übernahme *f* ; Aufkauf *m* ; ~ *d'une entreprise par sa direction* Management-Buy-out *n* ; ~ *d'une entreprise par ses salariés* Übernahme eines Betriebs durch seine Belegschaft ; Firmen-Buy-in *n* **6.** (*bourse*) ~ *des cours* Kurserholung ; Anziehen der Aktienkurse ; Reprise *f* ; ~ *technique* technische Erholung ; *clause f de* ~ Claw back *n* **7.** (*immobilier*) *congé m aux fins de* ~ Eigenbedarfskündigung *f* ; Kündigung wegen Eigenbedarf(s).
reprivatisation *f* Reprivatisierung *f* ; Rückführung *f* eines Staatsunternehmens in Privateigentum.
reproduction *f* **1.** Ab-, Neu-, Nachdruck *m* ; (*peintures, cartes, etc*) Reproduktion *f* ; ~ *interdite* Nachdruck verboten ; urheberrechtlich geschützt **2.** (*reprographie*) Vervielfältigen *n* ; Vervielfältigung *f* ; Hektographieren *n* ; *droits mpl de* ~ Copyright *n* ; Vervielfältigungsrecht *n* ; *tous droits de* ~ *réservés* alle Rechte vorbehalten.
reproduire 1. vervielfältigen ; drucken ; fotokopieren ; hektografieren ; ~ *un article* einen Artikel abdrucken ; ~ *un document, une lettre* ein Dokument, einen Brief vervielfältigen **2.** (*répéter*) wiederholen ; *la même erreur s'est ~te* derselbe Fehler hat sich wiederholt ; derselbe Irrtum ist wieder aufgetreten.
reprogrammer umprogrammieren ; neu programmieren ; umstellen ; ~ *un système informatique* ein EDV-System umstellen.
reprographie *f* **1.** → *reproduction* **2.** *appareil m de* ~ Vervielfältigungsapparat *m* ; *procédé m de* ~ Vervielfältigungsverfahren *n*.
république *f* Republik *f* ; ~ *bananière* Bananenrepublik ; (*hist.*) ~ *démocratique allemande* (*R.D.A.*) Deutsche Demokratische Republik (DDR) ; ~ *fédérale d'Allemagne* (*R.F.A.*) Bundesrepublik Deutschland (BRD).
répudier ablehnen ; verwerfen ; (auf ein Recht) verzichten ; ~ *qqn* jdn verstoßen ; ~ *un héritage* eine Erbschaft ablehnen.
réputation *f* Ansehen *n* ; Ruf *m* ; Kredit *m* ; Kreditwürdigkeit *f* ; ~ *commerciale* geschäftliches Ansehen ; *avoir bonne, mauvaise* ~ einen guten, schlechten Ruf haben.
requérant *m* **1.** (*sens général*) Antragsteller *m* ; Anwärter *m* ; Ansucher *m* ; Gesuchsteller *m* **2.** (*jur.*) Beschwerdeführer *m* ; Klageführer *m* ; antragstellende Partei *f* ; Reklamant *m*.

requérir beantragen ; nachsuchen ; ansuchen ; ersuchen ; einfordern ; einholen ; ~ *l'application de la loi* die Anwendung des Gesetzes beantragen ; ~ *une explication* eine Erklärung fordern.

requête *f* Antrag *m* ; Beantragung *f* ; Ersuchen *n* ; Gesuch *n* ; Eingabe *f* ; Petition *f* ; Bittschrift *f* ; *(jur.)* Klageschrift *f* ; *à la ~ de* auf Antrag (Ersuchen) von ; ~ *en délivrance d'un brevet* Patentanmeldung *f* ; *présenter une ~* einen Antrag stellen ; ein Gesuch einreichen ; *signifier une ~* eine Klageschrift zustellen.

réquisition *f* Beschlagnahme *f* ; *(en cas de grève)* ~ *d'office* Dienstverpflichtung *f*.

réquisitionner beschlagnahmen ; *(militaire)* requirieren ; *(personnel, salariés en grève)* dienstverpflichten.

réquisitoire *m* *(jur.)* Anklagerede *f* (des Staatsanwalts) ; Plädoyer *n*.

R.E.R. *m* *(réseau express régional)* S-Bahn-Netz *n* in Paris und Umgebung.

R.E.S. *m* *(rachat d'entreprise par les salariés)* Firmenaufkauf *m* durch die Belegschaft ; Firmenübernahme *f* durch die Belegschaft ; LBO-Aktion *f* *(leveraged buy-out)*.

réseau *m* **1.** Netz *n* ; Netzwerk *n* ; ◆ ~ *aérien* Flugnetz ; ~ *autoroutier* Autobahnnetz ; ~ *bancaire* Bankennetz ; ~ *commercial* Handels-, Vertriebsnetz ; ~ *de communications* Kommunikationsnetz ; ~ *de concessionnaires* Vertragshändlernetz ; ~ *de distribution* Vertriebs-, Verkaufsnetz ; Absatzkanäle *mpl* ; Verteilernetz ; *(énergie)* Stromversorgungs-, Energieversorgungsnetz ; ~ *ferré* Schienen-, Bahnnetz ; ~ *fluvial* Flussnetz ; ~ *de grandes lignes* Fernverkehrsnetz ; ~ *Internet* Internet *n* ; Web *n* ; ~ *de relations* Beziehungsnetz ; ~ *de représentants* Vertreternetz ; ~ *routier* Straßennetz ; ~ *de succursales* Filialnetz ; ~ *de télécommunications* Telekommunikations-, Nachrichtennetz ; ~ *téléphonique* Fernsprechnetz ; ~ *urbain et de banlieue* Verbundsystem *n* ; ~ *de vente* → *distribution* ; ~ *de voies navigables* Wasserstraßennetz ; ◆◆◆ *connecter à un* ~ (an ein Netz) anschließen ; vernetzen ; *surfer sur le ~ Internet* im Internet surfen **2.** *(bande organisée)* Ring *m* ; ~ *de faux-monnayeurs* Fälscherring ; ~ *mafieux* Mafianetz *n* ; ~ *de trafiquants* Verbrecherring.

réservataire *(jur.)* pflichtteilsberechtigt ; *héritier m* ~ pflichtteilsberechtigter Erbe *m* ; *part f* ~ Pflichtteil *m/n*.

réservation *f* **1.** Reservierung *f* ; (Vor)Bestellung *f* ; Buchung *f* (Reise) ; ~ *de chambres* Zimmerreservierung ; ~ *définitive* verbindliche Reservierung (Buchung) ; *annuler une* ~ eine Buchung (Reservierung) stornieren ; *changer la* ~ umbuchen ; *faire une* ~ buchen ; reservieren **2.** *(clause)* Vorbehalt *m* ; Vorbehaltsklausel *f*.

réserve *f* **1.** *(comptab.)* Reserve *f* ; Rücklage *f* ; ◆ *(bilan) autres ~s* sonstige Rücklagen ; *~s sur bénéfices non distribués* Gewinnrücklage ; *(banque)* ~ *facultatives, légales, libres* freiwillige, gesetzliche, freie Rücklagen ; *~s inscrites au bilan* ausgewiesene Reserven ; *~s obligatoires* Mindestreserven ; ~ *occulte* stille Reserve ; *~s d'or* Goldreserven ; *~s pour impôt* Steuerrücklage ; *~s statutaire* satzungsmäßige Rücklage ; ◆◆ *fonds m de* ~ eiserner Bestand *m* ; Reservefonds *m* ; *(jur.)* ~ *héréditaire* Pflichtteil *m* ; *monnaie f de* ~ Reservewährung *f* ; *affecter aux ~s* den Rücklagen (den Reserven, dem Reservefonds) zuführen ; *constituer des* ~ Rücklagen bilden **2.** *(restriction)* einschränkende Bestimmung *f* ; Einschränkung *f* ; Vorbehalt *f* ; Vorbehaltsklausel *f* ; *(jur.)* ~ *héréditaire* Pflichtteil *m* ; ~ *de propriété* Eigentumsvorbehalt ; *sous* ~ unter (mit) Vorbehalt ; *avec les ~ d'usage* unter üblichem Vorbehalt ; *obligation f de* ~ Schweigepflicht *f* ; *(jur.)* avoir droit *à la ~ légale* pflichtteilsberechtigt sein ; *faire des ~s* Vorbehalte machen **3.** *(provisions)* Vorrat *m* ; Lager *n* ; *avoir en* ~ in Vorrat haben ; auf Lager haben ; *les ~s sont épuisées* die Vorräte sind erschöpft **4.** *(naturelle)* Naturschutzgebiet *n* ; Reservat *n*.

réserver 1. *(chambre)* reservieren ; bestellen ; *(voyage)* buchen **2.** *se ~ un droit* sich ein Recht vorbehalten ; *tous droits ~és* alle Rechte vorbehalten **3.** *les acheteurs sont ~és* die Käufer sind sehr zurückhaltend.

réservoir *m* **1.** Container *m* ; Behälter *m* ; Reservoir *n* ; Tank *n* **2.** *(fig.)* ~ *de main-d'œuvre, de matières premières* Reservoir *n* an Arbeitskräften, an Rohstoffen.

résidence *f* Wohnort *m* ; Aufenthalt *m* ; ~ *fiscale* Steuerwohnsitz *m* ; ~ *pour personnes âgées* (*du troisième âge*) Seniorenresidenz *f* ; ~ *principale* Erst-, Hauptwohnsitz ; Hauptwohnung *f* ; ~ *secondaire* zweiter Wohnsitz *m* ; Zweitwohnung ; *changement m de* ~ Verlegung *f* (Änderung *f*) des Wohnsitzes ; *déclaration f de changement de* ~ polizeiliche Ab-, Anmeldung *f* ; *lieu m de* ~ (*habituel*) Wohnsitz ; (*occasionnel*) Aufenthaltsort *m* ; (*jur*.) *assigner à* ~ unter Hausarrest stellen ; unter polizeiliche Überwachung stellen ; *être en* ~ *surveillée* unter polizeilicher Überwachung stehen ; unter Hausarrest stehen ; *faire une déclaration de* ~ sich anmelden.

résident *m* Gebietsansässige(r) ; Einheimische(r) ; (*maison de retraite*) Heiminsasse *m* ; ~ *étranger* Ausländer *m* mit Wohnsitz ; *compte m* ~ Deviseninländer *m*.

résidentiel, le (*préfixe*) Wohn-, Residenz- ; *quartier m* ~ Wohngebiet *n* ; Wohnsiedlung *f* ; vornehmes Viertel *n* ; *terrain m à usage* ~ Wohnungsbaugrundstück *n*.

résider wohnen ; wohnhaft sein ; ansässig sein ; seinen Wohnsitz haben.

résiduel, le (*préfixe*) Rest- ; *chômage m* ~ Restarbeitslosigkeit *f* ; *eaux fpl* ~*les* Abwässer *pl* ; *écart m* ~ Abstand *m* zwischen effektiver und beim Arbeitsamt angegebener Arbeitslosenzahl ; *valeur f* ~*le* Rest(buch)wert *m* ; Schlusswert *m*.

résidus *mpl* Rückstände *mpl* ; ~ *de pesticides* Rückstände von Pestiziden (von Schädlingsbekämpfungsmitteln).

résignation *f* (*renoncer à ses droits en faveur d'un tiers*) Verzichtleistung *f* ; Auflassung *f* ; *déclaration f de* ~ Auflassungserklärung *f*.

résiliable kündbar ; auflösbar ; ~ *sans préavis* jederzeit kündbar ; ~ *par mois* mit monatlicher Frist kündbar.

résiliation *f* Kündigung *f* ; Aufhebung *f* ; Rücktritt *m* (von) ; Rückgängigmachung *f* ; ~ *avant-terme* vorzeitiger Rücktritt *m* ; ~ *de contrat* Vertragskündigung *f* ; ~ *d'un contrat d'assurances, de location, de travail* Kündigung eines Versicherungsvertrags, eines Miet-, eines Arbeitsverhältnisses ; *conditions fpl, possibilité f de* ~ Rücktrittsbedingungen *fpl*, -möglichkeit *f*.

résilier kündigen ; rückgängig machen ; ~ *un contrat* von einem Vertrag zurücktreten ; einen Vertrag kündigen ; ~ *avant terme* vorzeitig kündigen ; (*assur.*) *la police est* ~*ée de plein droit* die Police erlischt automatisch.

résistance *f* (*active*) Widerstand *m* ; (*d'un matériau*) Widerstandsfähigkeit *f* ; Resistenz *f* ; Haltbarkeit *f* ; ~ *à la chaleur* Hitzbeständigkeit ; (*agric.*) ~ *aux insectes et aux virus* Resistenz gegen Insekten und Viren.

résistant, e widerstandsfähig ; *emballage m* ~ *à la corrosion, à l'eau, à la chaleur* korrosionsfeste, wasserfeste, hitzbeständige Verpackung *f*.

résister widerstehen (+ D) ; standhalten (+ D) ; *les cours* ~*ent* die Kurse geben nicht nach (halten sich).

résolution *f* 1. Beschluss *m* ; Entschluss *m* ; Resolution *f* ; Beschlussfassung *f* ; *prendre une* ~ einen Entschluss fassen 2. ~ *d'un contrat de travail* Auflösung *f* eines Arbeitsverhältnisses ; ~ *de la vente* Rückgängigmachung *f* des Kaufes 3. ~ *d'un différend, d'un litige* Beilegung *f* einer Differenz, eines Streits 4. (*technique*) ~ *d'un écran d'ordinateur* Auflösung *f* ; *télévision f haute* ~ hochauflösendes Fernsehen *n*.

résolutoire auflösend ; aufhebend ; *clause f* ~ auflösende Bedingung *f*.

résorber (*chômage*) beseitigen ; abbauen ; eindämmen ; (*excédents*) abschöpfen ; ~ *un déficit* ein Defizit beseitigen ; ~ *la masse monétaire excédentaire* den Geldüberhang abschöpfen.

résorption *f* Abbau *m* ; Abschöpfung *f* ; Behebung *f* ; Beseitigung *f* ; ~ *du chômage* Abbau der Arbeitslosigkeit ; ~ *de l'inflation* Inflationseindämmung *f* ; ~ *du pouvoir d'achat* Kaufkraftabschöpfung.

respect *m* Beachtung *f* ; Einhaltung *f* ; Befolgung *f* ; Respektierung *f* ; ~ *d'un contrat* Einhaltung eines Vertrags ; Vertragstreue *f* ; ~ *des conventions collectives* Tariftreue *f* ; Beachtung der Tarifverträge ; ~ *du délai* Fristeinhaltung *f* ; ~ *de l'environnement* Umweltschonung *f* ; *non* ~ Nichtbeachtung *f* ; Nichteinhaltung *f* ; *exiger le* ~ *d'un contrat* Vertragstreue verlangen.

respecter beachten ; einhalten ; befolgen ; erfüllen ; respektieren ; ~ *un contrat* einen Vertrag erfüllen ; ~ *un* *délai* eine Frist einhalten ; (*ne pas*) ~ *les lois* die Gesetze einhalten (brechen) ; *ne pas* ~ *les conventions salariales* die Tarifverträge unterlaufen ; *sans* ~ *les formes ni les délais* unter Verzicht auf Einhaltung aller Frist- und Formvorschriften.

respectif, ive jeweilig ; entsprechend ; *les pays d'origine ~s* die jeweiligen Heimatländer.

respectueux, se : ~ *d'un contrat* vertragstreu, -gemäß; ~ *de l'environnement* umweltschonend, -freundlich.

responsabilité *f* Verantwortung *f* ; Verantwortlichkeit *f* ; (*jur.*) Haftung *f* ; Haftpflicht *f* ; ◆ ~ *civile* Haftpflicht *f* ; zivilrechtliche Haftung *f* ; Verpflichtung, Schadensersatz zu leisten ; ~ *collective* (*solidaire*) Gemeinschaftshaftung ; gemeinsame Haftung ; solidarische Mithaftung ; ~ *délictuelle* a) außervertragliche Haftung b) verschuldensabhängige Haftung ; ~ *des dettes* Schuldenhaftung ; ~ *du dommage* Schaden(s)haftung ; ~ *de l'entrepreneur* Unternehmerhaftung ; ~ *du fabricant* Produkthaftung ; ~ *légale* gesetzliche Haftung ; Haftung kraft Gesetzes ; *à* ~ *limitée* mit beschränkter Haftung ; ~ *non contractuelle* außervertragliche Haftung ; ~ *pénale* strafrechtliche Verantwortung ; ~ *présumée* Haftung aus vermutetem Verschulden ; ~ *professionnelle* Berufshaftpflicht ; ~ *réelle* dingliche Haftung ; ~ *sociale* Sozialpflichtigkeit *f* ; ~ *des sociétaires* Gesellschafterhaftung ; ~ *solidaire* → *collective* ; ◆◆ *assurance f* ~ (*civile*) Haftpflichtversicherung *f* ; Versicherung gegen Haftpflichtrisiken ; *société f à* ~ *limitée* (*S.A.R.L.*) Gesellschaft *f* mit beschränkter Haftung (GmbH) ; *poste m de* ~ verantwortliche Stellung *f* ; ◆◆◆ *assumer la* ~ die Verantwortung übernehmen ; für etw haften ; *décliner la* ~ Verantwortung ablehnen ; *engager, exclure la* ~ die Verantwortung auf sich nehmen, ausschließen ; *être promu à un poste de* ~ in eine Spitzenposition aufsteigen ; *jeter la* ~ *sur qqn* die Verantwortung auf jdn abwälzen ; jdn verantwortlich machen (*de qqch* für etw).

responsable verantwortlich (*de* für) ; haftbar ; haftend ; haftpflichtig ; *être civilement* ~ haftpflichtig sein ; zivilrechtlich haften ; zu Schadensersatz verpflichtet sein ; *être* ~ (*de*) haften (für) ; haftbar sein (für) ; die Verantwortung tragen (für) ; *être* ~ *sur tous ses biens* mit seinem ganzen Vermögen haften ; *être* ~ *d'un dommage* (*préjudice*) für einen Schaden haften ; *être* ~ *personnellement* persönlich haften ; *être* ~ *solidairement* gemeinsam (gesamtschuldnerisch, solidarisch) haften ; *rendre qqn* ~ *de* jdn verantwortlich (haftbar) machen für.

responsable *m* Verantwortliche(r) ; Leiter *m* ; Führungskraft *f* ; ~ *du suivi de la clientèle* Kundenbetreuer *m* ; ~-*marketing* Marketing-Fachmann *m* ; ~ *de projet* Projektverantwortliche(r) ; ~ *de la sécurité informatique* Datenschutzbeauftragte(r) ; ~ *syndical* Gewerkschaftsfunktionär *m*.

resquille *f* (*transp.*) Schwarzfahrt *f* ; (*radio, télé.*) Schwarzhören *n* ; Schwarzsehen *n*.

resquiller (*transp.*) schwarzfahren ; (*radio, télé*) schwarzhören ; schwarzsehen.

resquilleur *m* (*transp.*) Schwarzfahrer *m* ; (*radio, télé*) Schwarzhörer *m* ; Schwarzseher *m*.

resserrement *m* 1. Be-, Einschränkung *f* ; Verringerung *f* ; Kürzung *f* ; ~ *du crédit* Kreditbeschränkung *f* ; Verknappung der Kredite ; ~ *de la masse monétaire* Geldverknappung ; Verringerung der Geldmenge 2. ~ *des liens économiques* Festigung *f* der wirtschaftlichen Zusammenarbeit.

resserrer : be-, einschränken ; verringern ; kürzen ; bremsen ; ~ *le crédit* den Kredit (die Kreditvergabe) einschränken.

ressort *m* 1. Fachbereich *m* ; Ressort *n* ; Amtsbereich *m* ; Zuständigkeitsbereich *m* ; ~ *d'activité* Aufgabenkreis *m* ; *être du* ~ *de qqn* in jds Ressort fallen ; zu jds Ressort gehören ; *ce n'est pas de notre* ~ dafür sind wir nicht zuständig 2. (*jur.*) Instanz *f* ; *en dernier* ~ in letzter Instanz.

ressortir 1. hervorgehen (aus) ; erscheinen (in) ; *c'est ce qui ressort d'une étude* das ist einer Studie zu entnehmen ; *il ressort du contrat que* aus dem Vertrag geht hervor, dass 2. ~ *de qqn* zu jds Ressort gehören ; in jds Ressort (Zuständigkeitsbereich) fallen ; der Zuständigkeit von jdm unterliegen.

ressortissant *m* Staatsangehörige(r) ; ~ *étranger* Ausländer *m*.
ressources *fpl* (*sing. rare*) **1.** (*financières*) Quelle *f* ; Einnahmequelle ; Gelder *npl* ; Geldmittel *npl* ; Einkünfte *fpl* ; Kapital *n* ; Reichtum *m* ; Ressourcen *pl* ; ◆ ~ *budgétaires* Haushaltsmittel ; ~ *financières* Finanzmittel ; ~ *fiscales* Steueraufkommen *n* ; ~ *personnelles* Eigenmittel ; Eigenkapital ; ~ (*des activités*) *professionnelles* Erwerbseinkünfte ; *sans* ~ mittellos ; hilfsbedürftig ; ~ *énergétiques* Energiequellen ; ◆◆ *allocation f sous conditions de* ~ einkommensabhängige Beihilfe *f* ; *déclaration f de* ~ Einkommenserklärung *f* ; *plafond m des* ~ Einkommenshöchstgrenze *f* ; ◆◆◆ *affecter les* ~ *à qqch* die Geldmittel für etw verwenden ; *déclarer ses* ~ seine Einkünfte angeben **2.** (*ressources humaines*) Personal-, menschliche Ressourcen ; Humankapital, -ressourcen ; Human resource ; Arbeitskräftepotenzial *n* ; *directeur m des* ~ *humaines* (*D.R.H.*) Personalchef *m* ; *service des* ~ *humaines* Personalwesen *n* ; Personalabteilung *f* ; *gestion f des* ~ *humaines* Personalplanung *f* **3.** (*potentiel*) Ressourcen *pl* ; Potenzial *n* ; Quelle *f* ; ◆ ~ *énergétiques* Energiequellen ; ~ *en main-d'œuvre* Arbeitskräftepotenzial *n* ; ~ *naturelles* natürliche Ressourcen ; natürliche Quellen ; Bodenschätze *mpl* ; Naturpotenzial ; ~ *productives* Produktionsvermögen *n* ; ~ *du sous-sol* Bodenschätze *mpl* ; ◆◆ *exploitation f des* ~ *naturelles* Ausbeutung *f* der natürlichen Ressourcen ; ◆◆◆ *économiser les* ~ *naturelles* mit den natürlichen Ressourcen sparsam umgehen ; *épuiser, exploiter les* ~ *naturelles* die natürlichen Ressourcen erschöpfen (aufbrauchen), ausbeuten.
restant dû : *somme restante due* ausstehender Betrag *m*.
restauration *f* **1.** Gaststättengewerbe *n* ; Gaststättenwesen *n* ; Verpflegung *f* ; ~ *collective* Kollektivverpflegung (Schulkantinen, Krankenhäuser etc.) ; ~ *rapide* Fastfood-Gewerbe *n* ; Schnellgaststätten *fpl* **2.** Sanierung *f* ; Restaurierung *f* ; Wiederinstandsetzung *f*.
reste *m* Rest *m* ; Restbetrag *m* ; Restsumme *f* ; Saldo *m* ; *paiement m du* ~ Restzahlung *f*.
restituer (zu)rückerstatten ; zurückgeben ; (zu)rückzahlen ; rückvergüten ;

obligation f de ~ Rückerstattungspflicht *f*.
restitution *f* Rückgabe *f* ; Rückerstattung *f* ; Rückgewähr *f* ; Rückzahlung *f* ; ~ *du gage* Pfandrückgabe *f* ; ~ (*d'un trop-perçu*) *d'impôt* Steuerrückerstattung ; *demande f de* ~ *de la T.V.A.* Antrag *m* auf Rückerstattung der MWSt.
resto-du-coeur *m* (*France*) (karitatives) Essensangebot *n* ; Essensausgabe *f* an Arme und Mittellose.
restoroute *m* (Autobahn)Raststätte *f* ; Rasthaus *n*.
restreindre einschränken ; begrenzen ; verringern ; einengen ; ~ *les importations, l'immigration* die Einfuhren, die Einwanderung beschränken ; ~ *les dépenses* die Ausgaben einschränken ; ~ *la production* die Produktion begrenzen (drosseln) ; *en comité restreint* im engeren Ausschuss ; *se* ~ sich einschränken ; kürzer treten ; weniger konsumieren.
restrictif, ive ein-, beschränkend ; restriktiv ; *mesure f ~ive* restriktive Maßnahme *f* ; *clause f ~ive* Restriktivklausel *f* ; Kautel *f*.
restriction *f* Beschränkung *f* ; Einschränkung *f* ; Restriktion *f* ; ~*s budgétaires* Haushaltskürzungen *fpl* ; ~ *de change* Devisenbeschränkung, -bewirtschaftung *f* ; ~*s au commerce* Handelsbeschränkungen ; ~*s monétaires* Währungsbeschränkungen ; *levée f des* ~*s* Aufhebung *f* der Beschränkungen ; *être soumis à des* ~*s* Beschränkungen unterliegen.
restructuration *f* Umstrukturierung *f* ; Neustrukturierung *f* ; Neuorganisation *f* ; Neugliederung *f* ; Umschichtung *f* ; (*assainissement*) Sanierung *f* ; Gesundschrumpfung *f* ; ~ *de la dette* → **rééchelonnement** ; ~ *des entreprises* Umstrukturierung von Betrieben ; ~ *du patrimoine* Vermögensumschichtung *f*.
restructurer neu-, umstrukturieren ; neu-, umorganisieren ; neugliedern ; (*assainir*) sanieren ; gesundschrumpfen.
résultat *m* Ergebnis *n* ; Resultat *n* ; Fazit *n* ; Erfolg *m* ; Erlös *m* ; Ertrag *m* ; Leistung *f* ; ◆ ~ *commercial* Geschäftsergebnis ; ~ *courant, net* laufendes, Nettoergebnis ; ~ *économique brut* Bruttowirtschaftsergebnis ; ~ *de l'exercice* Ertrags-, Erfolgsbilanz *f* ; Gewinnergebnis ; Jahresergebnis ; ~ *d'exploitation* (*de gestion*) Betriebs-, Unternehmensergebnis ; Betriebs-, Unter-

nehmehnenserfolg ; ~ *de gestion* → *exploitation* ; ~ *global* Gesamtergebnis ; ~*s réalisés* (*réels, comptables*) Istzahlen *fpl* ; ◆◆ *compte m de* ~*s* Erfolgs-, Ertrags-, Ergebnisrechnung *f* ; Gewinn- und Verlustrechnung ; Aufwands- und Ertragsrechnung ; *participation f aux* ~*s* Ergebnisbeteiligung *f* ; ◆◆◆ *enregistrer des* ~*s positifs, négatifs* ein positives, negatives Ergebnis verzeichnen ; schwarze, rote Zahlen schreiben.

résulter (*de*) sich ergeben (aus) ; kommen (von) ; hervorgehen (aus).

rétablir 1. wiederherstellen ; wiedereinführen ; ~ *dans ses fonctions* in sein Amt wiedereinsetzen **2.** sanieren ; gesundschrumpfen ; *se* ~ sich erholen ; gesunden.

rétablissement *m* **1.** Wiederherstellung *f* ; Wiederaufnahme *f* **2.** Sanierung *f* ; Gesundung *f* ; Gesundschrumpfung *f* ; Erholung *f* ; Aufschwung *m* ; ~ *économique* wirtschaftliche Erholung.

retard *m* Verspätung *f* ; Verzug *m* ; Rückstand *m* ; (*technologique*) Rückständigkeit *f* ; ◆ ~ *de livraison, de paiement* Liefer(ungs)-, Zahlungsverzug ; ~ *dans les transports* mangelnde Pünktlichkeit *f* ; ◆◆ *intérêts mpl de* ~ Verzugszinsen *pl* ; *majoration f (pénalité f) de* ~ Säumniszuschlag *m* ; ◆◆◆ *en* ~ zu spät ; rückständig ; überfällig ; *avoir pris du* ~ *sur la concurrence étrangère* gegenüber der Auslandskonkurrenz in Rückstand sein ; *être en* ~ *dans le paiement* (*du loyer*) mit der Zahlung (der Miete) im Rückstand sein ; *facturer des intérêts pour* ~ *de paiement* bei Zahlungsverzug Zinsen berechnen ; *prendre du* ~ (*dans le travail*) in Rückstand geraten ; (mit der Arbeit) im Rückstand sein ; *prendre du* ~ *dans les paiements* in Zahlungsverzug geraten (kommen) ; *rattraper un* ~ *technologique* einen technologischen Rückstand aufholen ; *le train a pris dix minutes de* ~ der Zug hat sich um zehn Minuten verspätet ; *cette affaire ne souffre aucun* ~ die Sache duldet keinen Verzug.

retardataire *m* Nachzügler *m* ; Zuspätkommende(r) ; (*paiements*) säumiger (rückständiger) Zahler *m*.

retarder ver-, aufschieben ; hinausschieben ; hinauszögern ; zurückstellen ; ~ *un départ* eine Abreise hinauszögern ;

~ *les montres d'une heure* die Uhren um eine Stunde zurückstellen.

retenir 1. (*qqch*) zurückhalten ; (*qqn*) aufhalten ; ~ *l'inflation* die Inflation eindämmen **2.** (*mémoriser*) sich merken ; im Gedächtnis behalten **3.** (*déduire de*) abziehen ; einbehalten ; absetzen ; ~ *trois pour cent sur une somme* von einem Betrag drei Prozent abziehen ; ~ *10 % du salaire pour la retraite* zehn Prozent des Gehalts für die Altersversorgung zurückbehalten ; ~ *l'impôt à la source* die Steuer an der Quelle erheben (einbehalten) **4.** (*date*) festsetzen ; festlegen **5.** (*place*) reservieren ; vorbestellen ; belegen ; mieten **6.** ~ *un projet, une proposition* ein Projekt, einen Vorschlag in Betracht ziehen **7.** ~ *une candidature* eine Bewerbung auswählen ; ~ *une solution parmi d'autres* sich für eine Lösung entscheiden.

rétention *f* : ~ *de crédit* Kreditverknappung *f* ; Kreditklemme *f* ; (*jur.*) *droit m de* ~ Zurückbehaltungsrecht *n* ; Pfandrecht *n* ; *faire de la* ~ *d'informations* Informationen nicht weitergeben.

retenue *f* **1.** (*d'argent*) Abzug *m* (von) ; Einbehalten *n*, -behaltung *f* ; ~ *de garantie* Garantieeinbehalt *m* ; ~ *sur salaire* Lohn-, Gehaltsabzug *m* ; vom Lohn einbehaltener Betrag *m* ; ~ *à la source* Quellenbesteuerung *f* ; Einbehaltung der Quellensteuer ; Abzug an der Quelle ; (*sommes retenues*) Abzüge *mpl* ; ~ *pour la retraite* Rentenversicherungsabzüge ; *opérer* (*pratiquer*) *une* ~ *à la source* eine Quellensteuer erheben **2.** (*réserve, tiédeur*) Zurückhaltung *f* (an der Börse) ; Mäßigung *f* ; (*en matière de politique*) *salariale* Lohnzurückhaltung ; Lohnverzicht *m* ; *pratiquer une politique de* ~ *sur les prix* eine zurückhaltende Preispolitik (be)treiben **3.** (*techn.*) ~ *d'eau* Wasserhaltung *f* ; *bassin m de* ~ Stau-, Speicherbecken *n*.

réticence *f* (*des consommateurs, des acheteurs*) Zurückhaltung *f*.

réticent, e : *se montrer* ~ zurückhaltend sein ; zögern ; Bedenken haben.

retirer zurückziehen ; wegnehmen ; abheben ; abholen ; ~ *de l'argent* Geld abheben ; ~ *un article du commerce* einen Artikel aus dem Handel ziehen ; ~ *des billets de la circulation* Banknoten einziehen ; ~ *du courrier* Post abholen ; ~ *une demande* einen Antrag zurücknehmen ; ~ *une plainte* eine Klage zurückziehen ; *se ~ (des affaires)* (aus dem Geschäftsleben) ausscheiden ; sich zurückziehen.

retombées *fpl* Folgen *fpl* ; Niederschlag *m* ; Nebenwirkungen *fpl* ; Folgeerscheinungen *fpl* ; Auswirkungen *fpl* ; *~ commerciales* geschäftliche Auswirkungen ; *~ de poussières radioactives* radioaktiver Staubniederschlag ; *~ technologiques* technologische Auswirkungen.

retomber zurückfallen ; sinken ; *~ à son plus bas niveau de l'année* auf Jahrestiefststand zurückfallen.

rétorsion *f* Vergeltung *f* ; Retorsion *f* ; *mesure f de ~* Gegen-, Vergeltungsmaßnahme *f* ; *mesure f de ~ douanière* Kampfzoll *m*.

retour *m* **1.** *(poste)* ~s Rücksendung *f* ; *(marchandises)* Rückwaren *fpl* ; Retouren *pl* ; *par ~ du courrier* umgehend ; postwendend ; *~ à l'envoyeur* zurück an Absender ; *billet m aller-~* Rückfahrkarte *f* ; *frais mpl de ~* Rückfrachtkosten *pl* ; Rückporto *n* ; *inconnu à l'adresse indiquée, ~ à l'expéditeur* falls unzustellbar, zurück an Absender **2.** *(fig.) ~ de balancier conjoncturel* Konjunkturausschlag *m* ; *~ de capitaux* Rückwanderung *f* ; Rückfluss *m* ; *~ politique* politisches Comeback *n* ; *(réponses à un sondage) taux m de ~s* Rücklaufquote *f*.

retournement *m* Umschwung *m* ; Umschlag *m* ; Wendung *f* ; Wende *f* ; *~ conjoncturel* Konjunkturumschwung ; *(bourse) ~ des cours* Kursumschwung ; *~ politique* politische Kehrtwende *f* ; *~ de situation* Umkehrung einer Situation ; *~ de tendance* Trendwende.

retourner 1. zurückschicken ; zurücksenden **2.** zurückkehren ; zurückfahren **3.** *la tendance s'est ~ée* der Trend hat sich umgekehrt ; eine Tendenzwende ist eingetreten **4.** *se ~ contre* negative Rückwirkungen haben auf ; *(jur.)* klagen gegen ; gerichtlich vorgehen gegen.

retrait *m* **1.** Einziehung *f* ; Entzug *m* ; Entziehung *f* ; *~ d'une concession* Konzessionsentziehung *f* ; *~ de la nationalité* Ausbürgerung *f* ; *~ du permis de conduire m* Führerscheinentzug **2.** *~ d'argent* Abhebung *f* von Geld ; *~ au guichet* Abholung *f* vom Schalter ; *carte f de ~ immédiat* Debetkarte *f* ; Bankkarte zum Geldabheben ; *fonds mpl à ~ immé-* *diat* täglich fällige Gelder *npl* **3.** *(marchandise)* Abholung *f* **4.** *(gage)* Rückkauf *m* ; Einlösung *f* **5.** *(de billets de banque de la circulation)* Einziehen *n* ; Einzug *m* **6.** *~ d'un marché* Rückzug *m* aus einem Markt.

1. retraite *f* Rente *f* ; Pension *f* ; Ruhestand *m* ; Ausscheiden *n* aus dem Erwerbsleben ; ◆ *~ anticipée* vorgezogene (vorgelegte) Rente ; Vorruhestand ; *~ complémentaire* zusätzliche Rente ; Zusatzrente ; Privatversicherung *f* ; *~ de la sécurité sociale* Sozialrente ; Rente aus der gesetzlichen Altersversorgung ; *~ volontaire* freiwillige Pensionierung ; ◆◆ *âge m obligatoire de la ~* vorgeschriebenes Pensionsalter *n* ; *assurance f ~* Renten-, Altersversicherung *f* ; *caisse f de ~* Renten-, Pensionskasse *f* ; *droit m à la ~* Renten-, Pensionsanspruch *m* ; *mise f à la ~* Pensionierung *f* ; *les petites ~s de la ~* Niedrig-, Kleinrentner *mpl* ; *régime m de ~ pour les non-salariés* Altersversorgung für Selb(st)ständige ; *revalorisation f de la ~* Rentenaufbesserung *f*, -dynamisierung *f* ; ◆◆◆ *avoir droit à une ~* Anspruch auf eine Rente haben ; pensionsberechtigt sein ; *demander sa mise à la ~* eine Rente beantragen ; *être à la ~* in Rente sein ; im Ruhestand sein ; pensioniert sein ; *faire valoir ses droits à la ~* einen Rentenantrag machen ; *mettre qqn à la ~* jdn in den Ruhestand versetzen ; jdn auf Rente setzen ; jdn pensionieren ; *prendre sa ~* in den Ruhestand treten ; sich pensionieren lassen ; in Pension gehen.

2. retraite *f (somme versée)* Ruhegeld *n* ; Ruhegehalt *n* ; Ruhestandsbezüge *mpl* ; Rente *f* ; Altersrente ; Pension *f* ; *percevoir (toucher) une ~* eine Rente bekommen ; eine Pension beziehen.

retraité *m* Rentner *m* ; Rentenempfänger *m* ; Rentenbezieher *m* ; Pensionsberechtigte(r) ; Pensionierte(r) ; Pensionär *m* ; Ruheständler *m* ; *(sécurité sociale)* Sozialrentner ; *jeunes ~s* Jungsenioren *mpl* ; *petit ~* Kleinrentner.

retraité, e 1. pensioniert ; im Ruhestand **2.** *(déchets nucléaires)* wiederaufbereitet.

retraitement *m* Wiederaufbereitung *f*, -aufarbeitung *f*, -verwertung *f* ; *usine f de ~ de déchets nucléaires* Wiederaufbereitungsanlage *f* für nukleare Abfälle.

retraiter (*déchets nucléaires*) (nukleare Abfälle, Atommüll) wieder aufbereiten.
retransmission *f* (*télé.*) Übertragung *f* ; Sendung *f* ; ~ *en direct* Liveübertragung ; *droit m de* ~ Abspielrecht *n*.
rétribuer entlohnen ; bezahlen ; vergüten ; besolden ; *emploi m faiblement ~é* Niedriglohnarbeitsplatz *m* ; Geringfügigkeitsjob *m*.
rétribution *f* Entlohnung *f* ; Bezahlung *f* ; Vergütung *f* ; Entgelt *n* ; Besoldung *f*.
rétroactif, ive (*jur.*) rückwirkend ; *avec effet ~ à compter du 1/8* mit Rückwirkung vom 1.8 an ; ab 1.8 rückwirkend ; *taxe f ~ive* Rückstandssteuer *f* ; rückwirkende Abgabe *f*.
rétroactivité *f* (*jur.*) rückwirkende Kraft *f* ; rückwirkende Gültigkeit *f* ; Rückwirkung *f*.
rétroagir rückwirkend geltend ; rückwirkend handeln ; rückwirkende Gültigkeit haben.
rétrocéder rückübertragen ; zurückabtreten ; retrozedieren.
rétrocession *f* Rückübertragung *f* ; Rückabtretung *f* ; Retrozession *f* ; ~ *de droits acquis* Rückübertragung (Retrozession) erworbener Ansprüche ; ~ *de perte* Verlustrücktrag *m*.
rétrograde rückschrittlich ; rückständig ; innovationsunwillig.
rétrogradation *f* (Zu)Rückstufung *f* ; Tieferstufung ; Dienstgradherabsetzung *f* ; ~ *de salaire* Lohnrückstufung.
rétrograder (in eine niedrigere Lohngruppe) stufen ; (zu)rückstufen ; herabstufen ; *être ~é d'échelon* zurück-, herabgestuft werden.
réunification *f* (Wieder)Vereinigung *f*.
réunifié, e : *dans l'Allemagne ~ée* im (wieder) vereinigten Deutschland.
réunion *f* Versammlung *f* ; Sitzung *f* ; Konferenz *f* ; Zusammenkunft *f* ; Treffen *n* ; ~ *annuelle* Jahrestreffen ; ~ *de crise* Krisensitzung ; Krisengipfel *m* ; ~ *du personnel* Betriebsversammlung ; ~ *au sommet* Gipfeltreffen ; ~ *syndicale* Gewerkschaftsversammlung ; ~ *de travail* Arbeitstreffen ; Arbeitskreis *m* ; Arbeitstagung *f* ; Besprechung *f*.
réunionnite *f* : (*fam.*) *avoir une ~ aigüe* versammlungswütig sein ; einen Versammlungsfimmel haben.

réunir 1. *se ~* zusammentreffen ; zusammenkommen ; sich versammeln **2.** (*des fonds*) Geldmittel beschaffen **3.** ~ *les documents d'un dossier* Unterlagen zusammenstellen ; ~ *toutes les conditions* alle Bedingungen erfüllen.
réussir gelingen ; erfolgreich sein ; ~ *dans la vie* es im Leben zu etw bringen.
réussite *f* Erfolg *m* ; Gelingen *n* ; ~ *d'un projet* erfolgreiche Durchführung *f* ; Gelingen eines Projekts ; *taux m de ~* Erfolgsquote *f* ; Erfolgsrate *f*.
réutilisable (*matériaux*) wieder verwertbar ; *emballage m ~* Mehrwegpackung *f*.
réutilisation *f* Wiederverwertung *f* ; Wiederverwendung *f* ; Recycling *n*.
réutiliser wieder verwenden ; wieder verwerten ; recyceln ; recyclen.
revalorisation *f* Aufwertung *f* ; Revalorisierung *f* ; Dynamisierung *f* ; ~ *des retraites* Rentenaufbesserung *f*, -anpassung *f* ; Rentendynamisierung *f* ; ~ *des salaires* Lohn- und Gehaltsaufbesserung *f*.
revaloriser aufwerten ; anheben ; erhöhen ; aufstocken ; dynamisieren ; ~ *les salaires et traitements* Löhne und Gehälter erhöhen.
revendeur *m* Wiederverkäufer *m* ; Zwischenhändler *m* ; ~ *d'articles de marque* Händler *m* von Markenartikeln ; Markenartikler *m* ; (*petit*) ~ *de drogue* (Klein)Dealer *m* ; *prix m de ~* Händlerpreis *m*.
revendicatif, ive fordernd ; beanspruchend ; *mouvement m ~* Streik *m* ; Streikbewegung *f*.
revendication *f* Forderung *f* ; Anspruch *m* ; ~*s salariales, syndicales* Lohn-, Gewerkschaftsforderungen ; *cahier m de ~s* Forderungskatalog *m* ; *faire aboutir des ~s* Forderungen durchsetzen ; *présenter des ~s* Ansprüche stellen ; Forderungen erheben.
revendiquer 1. (*exiger*) fordern ; Forderungen erheben ; verlangen ; beanspruchen ; Ansprüche stellen ; ~ *un droit* ein Recht beanspruchen ; ein Recht in Anspruch nehmen **2.** (*vouloir assumer*) die Verantwortung für etw übernehmen ; ~ *un attentat* sich zu einem Attentat bekennen ; *le syndicat ~e 500 000 adhérents* die Gewerkschaft weist 500 000 Mitglieder auf.

revendre weiterverkaufen ; wieder verkaufen.
revenir 1. (*coûter*) *cela me revient à 100 €* das kostet mich 100 € ; *cela me revient trop cher* das ist mir zu teuer (zu kostspielig) ; das kommt mich teuer zu stehen 2. (*échoir à*) entfallen ; zustehen ; *la part revenant aux exportations* der auf den Export entfallende Anteil ; *cette somme me revient* diese Summe steht mir zu.
revente *f* Wieder-, Weiterverkauf *m* ; *valeur f de ~* Wiederverkaufswert *m*.
revenu *m* Einkommen *n* ; Einkünfte *pl* ; Bezüge *mpl* ; Ertrag *m* ; Einnahme *f* ; ♦ *~ annuel, brut, net* Jahres-, Brutto-, Nettoeinkommen ; *~ avant, après impôt* Einkommen vor, nach Steuern ; *~ du capital* Kapitalertrag *m* ; Erträge aus Kapitalbesitz ; *~ de commissions* Provisionserträge ; *~ de l'épargne* (Zins)-Erträge aus Spartguthaben ; *~ familial* Familieneinkommen ; *~ fiscal* Steuerertrag ; *~ foncier* Bodenertrag ; Einkommen aus Grund und Boden ; *les gros ~s* Großverdiener *mpl* ; die hohen Einkommen ; *~s immobiliers* Immobilieneinkünfte ; *~ imposable* steuerpflichtiges Einkommen ; zu versteuerndes Einkommen ; *~ des indépendants* Einkommen aus selb(st)ständiger Arbeit ; *~ individuel* → *par tête d'habitant* ; *~ d'intérêts* Zinsertrag, -einkünfte ; *~s locatifs* Mieteinkünfte ; *~ des ménages* Familieneinkommen ; *~ minimum, moyen* Mindest-, Durchschnittseinkommen ; *~ minimum d'insertion (R.M.I.)* Mindesteinkommen ; Sozialhilfe *f* ; *les ~s moyens* die mittleren Einkommensschichten *fpl* ; *~ national* Volkseinkommen ; *~ des personnes non salariées* Einkommen aus gewerblichen Berufen ; Einkommen aus selb(st)ständiger Arbeit ; *les petits ~s* die Einkommensschwachen ; die Kleinverdiener *mpl* ; *~ publics (de l'État)* Staatseinkünfte ; *~ des salariés* Einkommen der Lohn- und Gehaltsempfänger ; Einkommen aus unselb(st)ständiger Arbeit ; *~ par tête d'habitant* Pro-Kopf-Einkommen ; *~s professionnels* Erwerbseinkünfte, -einkommen ; *~s de titres mobiliers* Zinseinkünfte ; Erträge aus Wertpapieren ; ♦♦ (*titre*) *à ~ fixe* festverzinslich ; *à ~ variable* mit veränderlichem Ertrag ; *déclaration f de(s) ~s* (Einkommen)Steuererklärung *f* ; *personnes fpl à ~s modestes* die Einkommensschwachen ; Kleinverdiener *mpl* ; *redistribution f des ~s* Einkommensumverteilung *f* ; *source f de ~* Einnahmequelle *f* ; ♦♦♦ *avoir de gros ~s* große Einkünfte haben ; über ein großes Einkommen verfügen ; *déclarer ses ~s au fisc* seine Einkünfte versteuern ; seine Einkommensteuererklärung abgeben.
revers *m* Kehrseite *f* ; (*pièce de monnaie*) Rückseite *f* ; (*échec*) Niederlage *f* ; (*fam.*) Schlappe *f*.
reversibilité *f* Übertragbarkeit *f* ; Rückfälligkeit *f*.
réversible übertragbar ; zurückfallend ; *rente f ~* → *réversion*.
réversion *f* : *pension f de ~* Altersrente *f* (für den überlebenden Ehegatten) ; Hinterbliebenenrente ; Witwen-, Witwergeld *n*.
revêtu : *~ de votre signature* mit Ihrer Unterschrift versehen.
revient : *prix m de ~* Selbstkostenpreis *m* ; Gestehungskosten *pl* ; *établir le prix de ~* den Selbstkostenpreis berechnen.
revirement *m* : *~ conjoncturel* Konjunkturumschwung *m*, -umschlag *m* ; *~ politique* politische Kehrtwende *f* ; *~ d'opinion* Meinungsumschwung *m* ; *~ de tendance* Tendenz-, Trendumschwung.
révisable variabel ; veränderlich ; *prêt m à taux ~* Kredit *m* mit variablem (veränderlichen) Zinssatz.
réviser ändern ; überprüfen ; korrigieren ; revidieren ; *~ à la baisse, à la hausse* nach unten, nach oben revidieren ; *~ une pension* eine Rente anpassen ; *~ un procès* einen Prozess wieder aufnehmen ; *~ des tarifs* Tarife neu berechnen (festsetzen).
révision *f* 1. Änderung *f* ; Nachprüfung *f* ; Überprüfung *f* ; Korrektur *f* ; Revision *f* ; *~ générale* Generalüberholung *f* ; (*comptab.*) *~ comptable* Buchprüfung *f* ; *~ interne* interne Revision, Innenrevision ; *~ d'une pension* Neufestsetzung *f* einer Rente ; Rentenanpassung *f* ; *~ du prix* Preisänderung *f* ; *clause f de ~ des prix* Preisgleitklausel *f* 2. (*jur.*) Wiederaufnahmeverfahren *n* eines Prozesses ; Revision *f* ; *pourvoi m en ~* Antrag *m* auf Wiederaufnahme.
révocable (*personne*) absetzbar ; (*objet*) widerruflich ; *crédit m documen-*

taire ~ widerrufliches Dokumentenakkreditiv *n*.

révocation 1. Widerrufung *f* ; Widerruf *m* ; Zurücknahme *f* ; ~ *d'un testament* Widerruf eines Testaments **2.** (*fonctionnaire*) Dienstentlassung *f* ; Amtsenthebung *f* ; Abberufung *f* **3.** (*bourse*) *ordre m à* ~ Order *f* mit Widerrufsklausel.

révocatoire widerrufend ; *acte* ~ widerrufendes Rechtsgeschäft *n*.

revoir ändern ; überprüfen ; korrigieren ; revidieren ; ~ *un prix* einen Preis überprüfen.

révolu, e : *avoir soixante ans* ~*s* das sechzigste Lebensjahr vollendet haben.

revolving *m* : *crédit* ~ Revolving-Kredit *m* ; Revolving-Geschäft *n*.

révoquer 1. widerrufen ; annullieren ; zurückziehen **2.** (*fonctionnaire*) absetzen ; entlassen ; seines Amtes entheben.

revue *f* Zeitschrift *f* ; ~ *hebdomadaire, mensuelle* Wochen-, Monatsschrift *f* ; ~ *du marché* Marktbericht *m* ; ~ *littéraire, médicale* literarische, medizinische Zeitschrift ; ~ *de mode* Mode(n)schau *f* ; ~ *de presse* Presseschau *f* ; Pressespiegel *m* ; ~ *professionnelle* Fachzeitschrift ; *passer qqch en* ~ etw überprüfen.

R.F.A. *f* (*République fédérale d'Allemagne*) Bundesrepublik Deutschland *f* ; BRD *f*.

R. H. (*ressources humaines*) Personalabteilung *f* ; Personalwesen *n* ; Human-Ressources *fpl* → **D.R.H.**.

R.I. *m* (*règlement immédiat*) Direktabrechnung *f* ; sofortige Zahlung *f*.

R.I.B. *m* (*relevé d'identité bancaire*) (*n'existe pas en Allemagne*) Bankverbindung *f* ; Bankleitzahl *f* (BLZ) ; Bankscheckkonto-Referenzen *fpl* ; Bankkundenausweis *m* ; Kenndaten *pl* des Kontoinhabers.

riche *m* Reiche(r) ; reicher Mensch *m* ; ~*s et pauvres* Arm und Reich ; *nouveau* ~ Neureiche(r) ; *faire payer les* ~*s* den Reichen tief in die Tasche greifen ; die Reichen schröpfen ; *on ne prête qu'aux* ~*s* nur den Reichen leiht man Geld.

riche reich ; ~ *en calories* kalorienreich ; ~ *en minerai* erzreich ; von hohem Erzgehalt ; *pays m* ~ *en matières premières* an Rohstoffen reiches Land *n* ;

être ~ *comme Crésus* steinreich sein ; ein Krösus sein.

richesse *f* Reichtum *m* ; Wohlstand *m* ; Vermögen *n* ; ~*s minières* Bodenschätze *mpl* ; ~ *nationale* Volksvermögen *n* ; *impôt m sur la* ~ Vermögen(s)steuer *f* ; *amasser des* ~*s* Reichtümer anhäufen (sammeln) ; *faire la* ~ *d'un pays* den Reichtum eines Lands ausmachen.

rigoureux, se straff ; strikt ; streng ; *organisation f* ~*se* straffe Organisation *f* ; *règlement m* ~ strenge Vorschrift *f*.

rigueur *f* Härte *f* ; Disziplin *f* ; Strenge *f* ; *mesure de* ~ Sparmaßnahme *f* ; *politique f de* ~ rigorose Sparpolitik *f* ; Austerity-Politik.

ringgit *m* Ringgit *m* (malaysische Währung).

R.I.P. *m* (*relevé d'identité postale*) (*n'existe pas en Allemagne*) Postverbindung *f* ; Kundennachweis *m* für Postgirokonto-Inhaber ; Postscheckkonto-Referenzen *fpl* ; Kenndaten *pl* des Kontoinhabers.

risque *m* Risiko *n* ; Wagnis *n* ; Gefahr *f* ; ◆ ~ *d'accident* Unfallgefahr, -risiko ; ~ *de change* (Wechsel)-Kursrisiko ; ~ (*non*) *couvert* (nicht) versichertes Risiko ; ~ *de défaillance* (*d'emprunteurs*) Ausfallrisiko ; ~ *de marché* Marktpreisänderungsrisiko ; ~ *politique* politisches Risiko ; Länderrisiko ; ~ *du producteur* Herstellerrisiko ; ~ *professionnel* Arbeitsplatzrisiko ; ~ *de solvabilité* Bonitätsrisiko ; ~ *de taux* Zinsänderungsrisiko ; ~ *de vol* Diebstahlrisiko ; ~ *zéro* Nullrisiko ; ◆◆ *à* ~ riskant ; risikoreich ; risikoverbunden ; gefährlich ; unsicher ; *à ses* ~*s et périls* auf eigene Gefahr ; *les* ~*s du métier* Berufsrisiko ; *assurance f multirisques limitée* Teilkaskoversicherung *f* ; *assurance f tous* ~*s* Vollkaskoversicherung *f* ; *capital m de* ~ Risikokapital *n* ; Venture-Kapital ; *couverture f de* ~ Risikodeckung *f* ; *facteur m de* ~ Risikofaktor *m* ; *identification f des* ~*s* Risikoanalyse *f* ; *indemnité f de* ~*s* Gefahrenzulage *f* ; *répartition f des* ~*s* Risikostreuung *f* ; *gestion f des* ~*s* Risiko-Management *n* ; ◆◆◆ *encourir des* ~*s* Risiken eingehen ; *évaluer, limiter les* ~*s* Risiken einschätzen, beschränken ; *au* ~ *de perdre le capital investi* auf die Gefahr hin, das investierte Kapital zu verlieren.

risqué, e risikoreich ; gefährlich ; unsicher ; riskant ; gewagt ; *entreprise f ~e* risikobehaftetes Unterfangen *n*.

ristourne *f* Abzug *m* ; Abschlag *m* ; Preisnachlass *m* ; Rabatt *m* ; Rückvergütung *f* ; Discount *m* ; Bonus *m* ; Skonto *m/n*.

ristourner (vom Preis) abziehen ; einen Nachlass gewähren ; rückvergüten.

R.M. *m* (*règlement mensuel*) (*bourse : hist.*) monatliches (Börsen)Termingeschäft *n* ; Monatsabrechnungsmarkt ; (*remplacé par le* → *S.R.D.*, *système à règlement différé*).

R.M.I. *m* (*1988, revenu mensuel d'insertion*) Mindesteinkommen *n*, -lohn *m* ; Sozialhilfe *f* ; Sozialhilfesatz *m*.

RMIste *m* (*érémiste*) Sozialhilfeempfänger *m* (in Form eines garantierten Mindesteinkommens) ; Mindestlohn-Empfänger ; Sozialleistungsempfänger ; RMI-Bezieher *m*.

R.N. *f* (*route nationale*) Nationalstraße *f* ; (*Allemagne*) Bundesstraße *f*.

R.N.I.S. *m* (*réseau numérique à intégration de services*) ISDN (Integrated Services Digital Network) Service integrierendes Digitalnetz *n*.

robot *m* Roboter *m* ; Industrieroboter ; *utilisation f de ~s* Robotereinsatz *m* ; Robotisierung *f*.

robotique *f* Robotertechnik *f*, -einsatz *m* ; Robotik *f*.

robotisation *f* Automatisierung *f* ; Robotisierung *f*.

robotiser automatisieren ; robotisieren ; roboterisieren ; *entreprise f ~ée* robotisierter Betrieb *m* ; automatisiertes Unternehmen *n*.

rocade *f* Umgehungsstraße *f* ; Entlastungs-, Verbindungsstraße ; Ortsumgehung *f*.

rodage *m* 1. (*auto, machine*) Einfahren *n* ; Einlaufen *n* 2. Einarbeitungszeit *f* ; Einarbeiten *n* ; Anlaufzeit *f*.

roder 1. (*auto, machine*) einfahren ; einlaufen 2. *se ~* sich einarbeiten.

rogatoire : (*jur.*) *commission f ~* Rechtshilfeersuchen *n* ; Mandat *m* im Namen eines Gerichts ; gerichtliches Ausführungsmandat *m* ; *délivrer une commission ~* ein Rechtshilfeersuchen ergehen lassen ; *entendre qqn en commission ~* jdn kommissarisch vernehmen.

rogner (*fam.*) (zurück)stutzen ; abbauen ; beschneiden ; an etw (+ D) sparen ; *~ sur les prestations sociales* die Sozialleistungen stutzen.

rôle *m* 1. Liste *f* ; Register *n* ; Verzeichnis *n* ; (Stamm)Rolle *f* ; (*impôts*) Steuerliste *f* ; *émettre un ~* eine Steuerakte anlegen ; *impôt m perçu par voie de ~* Veranlagungssteuer *f* ; Vermögensteuer 2. Rolle *f* ; *jouer un ~* eine Rolle spielen.

roll-on-roll-off *m* (*navire avec portes de chargement horizontales*) Roll-on-roll-off-Schiff *n* ; Ro-ro-Schiff.

ROM (*Read only memory*) Fest(wert)speicher *m*.

rompre : *~ un contrat* einen Vertrag auflösen (kündigen) ; *~ les négociations* die Verhandlungen abbrechen.

rompu *m* (*bourse*) 1. (*fraction de capital d'un titre*) Kapitalbruchteil *m* eines Wertpapiers 2. (*nombre d'actions insuffisant pour parvenir à la quotité*) Odd-Lot *n*.

ronéo *f* Vervielfältigungsgerät *n* ; Hektograf *m*.

ronéotyper vervielfältigen ; hektografieren.

rose rosig ; *la situation économique est loin d'être ~* die Konjunktur ist alles andere als rosig.

rossignol *m* (*fam.*) Ladenhüter *m*.

rotatif, ive : *crédit m ~* Revolving-Kredit *m*.

rotation *f* 1. (*capital, stock*) Umlauf *m* ; Umschlag *m* ; *~ des capitaux* Kapitalumschlag ; (*agric.*) *~ des cultures* Fruchtwechsel *m* ; *~ des stocks* Lagerumschlag ; Warenumschlag ; *durée m de ~* Durchlauf-, Umlaufzeit *f* ; Umschlagdauer *f* ; *taux m de ~* Umschlagshäufigkeit *f* ; *vitesse f de ~* Umlauf-, Umschlaggeschwindigkeit *f* 2. (*personnel*) Wechsel *m* ; Turnus *m* ; Rotation *f* ; *~ du personnel* Personal-, Belegschaftswechsel *m* ; Fluktuationsgrad *m* der Belegschaft.

rotative *f* (*presse*) Rotationsmaschine *f* ; Zeitungsrotationen *fpl* ; *impression f par ~s* Rotationsdruck *m*.

roublard, e gerissen ; durchtrieben.

rouble *m* Rubel *m*.

rouge : rote Zahlen *fpl* ; Verluste *mpl* ; *être dans le ~* rote Zahlen schreiben ; Verluste machen ; defizitär sein ; *plonger dans le ~* in die roten Zahlen geraten (rutschen) ; *sortir du ~* aus den roten Zahlen (heraus)kommen ; wieder schwarze Zahlen schreiben ; *les cligno-*

roulage

tants du marché sont au ~ die Marktsignale stehen auf Rot.

roulage *m* (*circulation routière*) Straßenverkehr *m* ; (*transport par route*) Lkw-Transport *m* ; Beförderung *f* per Achse.

roulant, e : *capital m* ~ Umlaufkapital *n* ; *marchandise f ~e* rollende Ware *f* ; *matériel m* ~ Fuhr-, Wagenpark *m* ; Wagenbestand *m* ; Rollmaterial *n* ; *personnel m* ~ fahrendes Personal *n*.

roulement *m* 1. Turnus *m* ; Wechsel *m* ; *par* ~ im Turnus ; turnusmäßig ; *travail m par* ~ Schichtarbeit *f* ; *travailler par* ~ schichtweise (in Schichten) arbeiten ; im Schichtdienst beschäftigt sein 2. Umlauf *m* ; Umsatz *m* ; *fonds mpl de* ~ Betriebsfonds *m* ; Betriebskapital *n* ; Umlaufvermögen *n* ; Arbeitsguthaben *n* ; arbeitendes (umlaufendes) Kapital.

rouler (*fam*.) (*qqn*) jdn reinlegen ; jdn betrügen ; ~ *qqn de plusieurs millions* jdn um mehrere Millionen prellen ; ~ *qqn dans la farine* jdn nach Strich und Faden betrügen.

roulier *m* → *roll-on-roll-off.*

routage *m* nach Postleitzahlen sortierter Versand *m* von Zeitungen und Drucksachen ; (*bourse*) ~ *des ordres* Auftragsvermittlung *f*.

routard *m* 1. Rucksacktourist *m* 2. wandernder Obdachlose(r).

route *f* Straße *f* ; ♦ ~ *d'accès* Zubringer-, Zufahrtstraße *f* ; ~ *aérienne* Luftverkehrslinie *f* ; Flugstraße ; ~ *départementale* Landstraße ; ~ *fédérale, nationale* Bundesstraße ; ~ *prioritaire* Vorfahrtstraße ; ~ (*voie*) *rapide* Schnellverkehrsstraße ; ~ *secondaire* Nebenstraße ; ~ *à sens unique* Einbahnstraße ; ♦♦ *code m de la* ~ Straßenverkehrsordnung *f* (StVO) ; *feuille f de* ~ Fracht-, Begleitbrief *m* ; Begleitpapiere *npl* ; *rail-*~ Schiene-Straße ; *transport m par* ~ Lkw-Transport *m* ; Beförderung *f* per Achse ; *usager m de la* ~ Straßenbenutzer *m* ; (*fig*.) *faire fausse* ~ auf dem Holzweg sein ; sich irren ; (*fam*.) *qui tient la* ~ solide ; zuverlässig.

routier *m* Fernfahrer *m* ; Lkw-Fahrer *m*.

routier, ière : *circulation f ~ière* Straßenverkehr *m* ; *gare f ~ière* Autobusbahnhof *m* ; *entreprise f de transport* ~ Straßenverkehrsunternehmen *n* ; Bahnspedition *f* ; Rollfuhrunternehmen ; *trafic m* ~ Lkw-Transport *m* ; Beförderung *f* per Achse.

routine *f* Routine *f* ; Gewohnheit *f* ; ~ *administrative* Behördenalltag *m* ; *achat m de* ~ Gewohnheitskauf *m* ; *travail m de* ~ Routinearbeit *f* ; *faire qqch par* ~ etw routinemäßig machen.

routinier, ière Routine- ; Gewohnheits- ; *devenir* ~ zur Routine werden.

royalties *fpl* 1. Abgabe *f* ; Tantieme *f* ; Tantiemenabgaben *fpl* 2. (*pétrole*) Förderabgaben *fpl* ; Royalties *npl*.

R.P. 1. (*réponse payée*) "Antwort bezahlt" ; bezahlte Rückantwort *f* 2. (*relations publiques*) Öffentlichkeitsarbeit *f* ; Public relations *pl*.

R.S.V.P. (*réponse s'il vous plaît*) mit der Bitte um Rückantwort ; um Antwort wird gebeten (u.A.w.g.).

R.T.T. *f* (*réduction du temps de travail*) Arbeitszeitverkürzung *f* ; *prendre sa journée de* ~ einen arbeitsfreien Tag haben (bekommen).

rubis : (*litt*.) *payer* ~ *sur l'ongle* bis auf Heller und Pfennig (be)zahlen.

rubrique *f* Rubrik *f* ; Teil *m* ; Spalte *f* ; ~ *boursière* Börsenbericht *m* ; Börsenteil *m*.

rue *f* Straße *f* ; ~ *commerçante* Geschäftsstraße ; ~ *piétonne* Fußgängerstraße ; *être à la* ~ wohnungslos (obdachlos) sein ; *mettre qqn à la* ~ jdn auf die Straße setzen.

ruée *f* Ansturm *m* ; Rush *m* ; Run *m* ; ~ *sur les guichets de banque* Ansturm auf die Bankschalter ; (*hist*.) ~ *vers l'or* Goldrausch *m*.

ruine *f* Zusammenbruch *m* ; Ruin *m* ; Verfall *m* ; Bankrott *m* ; *entreprise f au bord de la* ~ konkursreifer Betrieb *m* ; *mener à la* ~ *financière* zum finanziellen Ruin führen.

ruiner ruinieren ; zugrunde (zu Grunde) richten ; in den Ruin treiben ; ~ *la récolte* die Ernte vernichten ; *être complètement ~é* völlig ruiniert sein ; *se* ~ *financièrement* sich finanziell zugrunde richten.

rumeur *f* Gerücht *n* ; Gerüchteküche *f* ; *malgré les ~s alarmistes* trotz alarmierender Gerüchte ; allen Unkenrufen zum Trotz ; *faire courir une* ~ ein Gerücht in Umlauf bringen (setzen).

R.U.P. → *reconnu d'utilité publique.*

rupture *f* Bruch *m* ; Abbruch *m* ; Unterbrechung *f* ; Auflösung *f* ; Annullierung *f* ; Ungültigkeitserklärung *f* ; ~ *de contrat* Vertragsbruch ; ~ *du contrat de travail* Auflösung des Arbeitsverhältnisses ; ~ *de marché* Rücktritt *m* von einem Geschäft ; ~ *des négociations, des relations commerciales* Abbruch der Verhandlungen, der Geschäftsverbindungen ; *être en* ~ *de stock* etw nicht auf Lager haben ; etw nicht vorrätig haben.

rural *m* Landbewohner *m* ; *les ruraux mpl* die Landbevölkerung *f* ; (*monde paysan*) Bauernschaft *f* ; Bauernstand *m*.

rural, e Land- ; ländlich ; *commune f ~e* ländliche Gemeinde *f* ; *exode m ~* Landflucht *f* ; *milieu m ~* ländliches Milieu *n* ; *monde m ~* (*population f ~e*) ländliche Bevölkerung *f* ; Landbevölkerung *f* ; ländliche Bevölkerung ; (*monde paysan*) Bauernschaft *f* ; Bauernstand *m* ; *zone f ~e* Agrargebiet *n*.

rush *m* Ansturm *m* ; Rush *m* ; Run *m* ; ~ *sur les marchandises* Warenansturm ; Ansturm auf die Waren ; *heure de (du)* ~ Rushhour *f*.

rythme *m* Rhythmus *m* ; Tempo *n* ; Takt *m* ; Zeitablauf *m* ; ~ *de la croissance* Wachstumstempo ; ~ *de la conjoncture* Konjunkturverlauf *m* ; ~ *de l'inflation* Inflationstempo ; ~ *de travail* Arbeitsablauf ; Arbeitsrhythmus ; Ablauf der Arbeitsvorgänge ; (*placements*) ~ *des versements* Anlageturnus *m* ; *accroître le* ~ *de la production* das Produktionstempo steigern.

S

S.A. *f* (*société anonyme*) AG *f* (Aktiengesellschaft).

sabbatique : *année f* ~ Sabbatjahr *n* ; Bildungsjahr ; *congé m* ~ Bildungsurlaub *m* ; Sabbatical *n* ; *prendre une année* ~ ein Sabbat-Jahr nehmen ; sich ein Jahr freistellen lassen.

sabotage *m* : ~ *économique* Wirtschaftssabotage *f*.

saboter (*projet, système*) sabotieren ; stören ; torpedieren ; funktionsunfähig machen ; (*travail*) schludern ; verpfuschen ; ~ *un travail* eine Arbeit verpfuschen.

saboteur *m* Saboteur *m* ; (*travail*) Pfuscher *m* ; Schlamper *m* ; Schluderer *m*.

sac *m* Sack *m* ; (Papier)Tüte *f* ; Beutel *m* ; *en* ~*s* in Säcken ; ~ *postal* Postsack ; ~ *à provisions* Einkaufstasche *f* ; *prendre qqn la main dans le* ~ jdn auf frischer Tat ertappen.

sachet *m* Tütchen *n* ; Beutel *m* ; ~ *plastique* Plastiktüte *f*.

sa(c)quer 1. (*qqn*) (*fam.*) (jdn) feuern ; (jdn) rausschmeißen ; (jdn) vor die Tür setzen **2.** (*qqn*) (jdn) schlecht benoten.

sacrifice *m* (*financier*) Opfer *n* ; Sparopfer ; *demander de nouveaux* ~*s* zu weiteren (Spar)Opfern auffordern.

sacrifié : *à des prix* ~*s* zu Schleuderpreisen ; zu Spottpreisen.

S.A.F.E.R. *f* (*société d'aménagement foncier et d'établissement rural*) gemischtwirtschaftliche Gesellschaft *f* zur Verbesserung von Niederlassungen in der Landwirtschaft.

sages *mpl* : *comité m des* ~ Sachverständigenrat *m* ; (*Allemagne*) die (fünf) Weisen *mpl*.

saisi *m* (*jur.*) Gepfändete(r).

saisie *f* **1.** (*jur.*) Pfändung *f* ; Pfändungsverfahren *n* ; Beschlagnahme *f* ; Einziehung *f* ; ◆ ~*-arrêt* → **saisie-arrêt** ; ~ *conservatoire* Sicherungsbeschlagnahme ; dinglicher Arrest *m* ; ~ *douanière* Asservat *n* ; ~ *exécutoire* Pfändung *f* ; ~*-exécution* **a)** Zwangsvollstreckung *f* **b)** Pfandversteigerung *f* ; ~*-gagerie f* Pfändung von beweglichen Sachen (des Mieters oder Landpächters) ; ~ *immobilière* Immobiliarpfändung ; Zwangsversteigerung *f* von Immobilien ; ~ *totale* Kahlpfändung ; ~*-vente* Zwangsversteigerung *f* ; ◆◆ *avis m de* ~ Pfändungsanzeige *f* ; *biens mpl hors* ~ pfändungsfreies Vermögen *n* ; *entrepôt m des* ~*s douanières* Asservatenkammer *f* ; (*mobilière*) Mobiliarpfändung ; *limite f de* ~ Pfändungsfreigrenze *f* ; *mandat m de* ~*-exécution* Zwangsvollstreckungsbefehl *m* ; *ordonnance f de* ~ Pfändungsbeschluss *m* ; *produit m d'une vente sur* ~ Pfandwertung *f* ; ◆◆◆ *délivrer un mandat de* ~ einen Zwangsvollstreckungsbefehl erteilen ; *exécuter une* ~ die Pfändung ausführen ; *prononcer une ordonnance de* ~ die Einziehung anordnen (verfügen, aussprechen) ; *procéder à une* ~ eine Pfändung vornehmen **2.** (*informatique*) ~ *des données* Datenerfassung *f*.

saisie-arrêt *f* (*jur.*) Arrest *m* mit gleichzeitigem Pfändungsbeschluss ; Pfändung *f* in dritter Hand ; ~ *sur salaire* Lohn-, Gehaltspfändung ; Lohnpfändungsverordnung *f* ; *décision f de* ~ Gehaltspfändungsurteil *n*.

saisine *f* **1.** (*jur.*) Besitzrecht *n* der Erben ; Besitzübergang *m* auf den Erben **2.** (*jur.*) Anrufung *f* eines Gerichts ; Einreichung *m* der Klageschrift ; ~ *directe* beschleunigtes Verfahren *n* ; Schnellverfahren.

saisir 1. (*jur.*) pfänden ; beschlagnahmen ; sicherstellen ; ~ *des meubles, le salaire* Möbel, den Lohn pfänden ; *nous avons déjà été saisis plusieurs fois* wir sind schon mehrmals gepfändet worden **2.** ~ *un tribunal d'une affaire* einen Fall vor Gericht bringen ; ein Gericht wegen einer Sache anrufen ; *le tribunal s'est saisi de cette affaire* das Gericht hat sich mit dieser Angelenheit beschäftigt ; dem Gericht wurde diese Sache vorgelegt **3.** ergreifen ; fangen ; fassen ; ~ *une occasion* eine Gelegenheit ergreifen **4.** (*informatique*) (Daten) erfassen ; Daten eingeben.

saisissable (*jur.*) pfändbar ; *être* ~ pfändbar sein ; einer Pfändung unterworfen sein ; *quotité f* ~ pfändbarer Betrag *m*.

saisissant : (*jur.*) *créancier* ~ pfändender Gläubiger *m* ; Pfandgläubiger.

saison *f* **1.** Saison *f* ; Saisongeschäft *n* ; ~ *creuse* Geschäftsruhe *f* ; Sommerloch *n* ; (*fam.*) Sauregurkenzeit *f* ;

début m ~ Saisonbeginn *m* ; Saisonauftakt *m* ; *fin f de* ~ Saisonende *n* ; Saisonschluss *m* ; *hors* ~ außerhalb (nach) der Saison ; Nachsaison ; *morte* ~ stille Zeit *f* ; tote Saison, Geschäftsstille *f* ; *pleine* ~ Hochsaison ; *les modèles de la prochaine* ~ die Modelle der kommenden Saison ; *ventes de fin de* ~ Saisonschlussverkauf *m* ; *la* ~ *des asperges bat son plein, se termine* die Saison für Spargel ist in vollem Gang, läuft aus (endet) ; *c'est la pleine* ~ *au bord de la mer* an der See haben sie jetzt Saison ; *avoir fait une bonne, une mauvaise* ~ gute, schlechte Saisongeschäfte gemacht haben **2.** Jahreszeit *f* ; *marchand m des quatre ~s* (ambulanter) Obst- und Gemüsehändler *m.*

saisonnalité *f* Saisonabhängigkeit *f* ; ~ *d'un produit* jahreszeitbedingtes Produkt *n* ; *problème m de* ~ saisonbedingtes Problem *n.*

saisonnier *m* Saisonarbeiter *m* ; Saisonarbeitskräfte *fpl* ; (Suisse) Saisonnier *m.*

saisonnier, ière saisonbedingt ; saisonal ; saisonabhängig ; jahreszeitlich bedingt ; *article* ~ Saisonartikel *m* ; *chômage m* ~ saisonbedingte Arbeitslosigkeit *f* ; *chiffres corrigés des variations ~ières* saisonbereinigte Zahlen *fpl* ; *emploi, travail m* ~ Saisonbeschäftigung *f* ; Saisonarbeit *f* ; *facteur m* ~ Saisonkomponente *f*, -einfluss *m* ; saisonaler Faktor *m* ; *migrations fpl saisonnières* Saisonwanderungen *fpl* ; *travail m* ~ Saisonarbeit *f* ; *travailleur m* ~ → **saisonnier** ; *variations fpl ~ières* Saisonschwankungen *fpl.*

salaire *m* Lohn *m* ; Gehalt *n* ; Verdienst *m* ; Arbeitsentgelt *n*, -vergütung *f* ; Bezüge *mpl* ; Besoldung *f* ; ◆ ~ *à la pièce* Stücklohn ; ~ *d'appoint* Nebeneinkommen *n* ; Zusatzlohn *m* ; ~ *d'apprenti* Ausbildungsvergütung ; Lehrlingsgeld *n* ; ~ *à la tâche, au rendement* Akkordlohn (Stücklohn), Leistungslohn ; ~ *de base, brut* Grund-, Bruttolohn (-verdienst) ; ~ *contractuel* vertraglich festgesetzter Lohn ; ~ *conventionnel* Tariflohn ; tariflich festgesetzter Lohn ; ~ *de début (d'embauche)* Einstiegs-, Anfangslohn ; ~ *horaire, mensuel* Stunden-, Monatslohn ; ~ *indexé* Indexlohn ; gleitender Lohn ; ~ *au mérite* Leistungsvergütung ; Besoldung nach Leistung ; ~ *minimum interprofessionnel de croissance (S.M.I.C.)* garantierter Mindestlohn ; ~ *net* Nettolohn ; Nettoverdienst ; ~ *princier* königlicher Lohn ; ~ *de référence* Ecklohn ; ~ *unique* Alleinverdienst ; Einzelverdienst ; *(complément familial)* Beihilfe *f* für Alleinverdiener ; Zulage *f* für nicht berufstätige Mütter ; ◆◆ *allocation f de* ~ *unique* → *salaire unique* ; *avance f de* ~ Lohnvorschuss *m* ; *augmentation f de* ~ Lohnerhöhung *f* ; *blocage m des ~s* Lohnstopp *m* ; Lohnpause *f* ; Einfrieren *n* der Löhne ; *bulletin m de* ~ Lohnzettel *m*, -streifen *m* ; *convention f de* ~ Lohnvereinbarung *f* ; *échelle f (mobile) des ~s* (gleitende) Lohnskala *f* ; *élément m du* ~ Lohnbestandteil *m* ; *gel m des ~s* → *blocage* ; *grille f des ~s* Lohntabelle *f* ; *les gros ~s* die Spitzenverdiener *mpl* ; *maintien m du* ~ Lohnfortzahlung *f* ; *impôt m sur le* ~ Lohnsteuer *f* ; *paiement m des ~s* Lohnauszahlung *f* ; *pays m à bas* ~, *à* ~ *élevé* Niedrig-, Hochlohnland *n* ; *prétentions fpl de* ~ Gehaltsansprüche *mpl*, -wünsche *mpl* ; *retenues fpl sur* ~ Lohnabzüge *mpl* ; *saisie f sur* ~ Lohnpfändung *f* ; *sans perte de* ~ ohne Lohnverzicht ; bei vollem Lohnausgleich ; ◆◆◆ *à travail égal,* ~ *égal* gleiche Arbeit, gleicher Lohn ; *bloquer les ~s* die Löhne (und Gehälter) einfrieren ; einen Lohnstopp verhängen ; *demander une augmentation de* ~ eine Lohn- und Gehaltserhöhung verlangen ; *diminuer les ~s* die Löhne senken ; die Gehälter kürzen ; *négocier un* ~ einen Lohn aushandeln ; *se faire payer son* ~ sich seinen Lohn auszahlen lassen ; *percevoir (toucher) un* ~ einen Lohn bekommen ; ein Gehalt beziehen ; *réajuster les ~s* die Löhne (und Gehälter) anpassen ; *relever les ~s de 10 %* die Löhne um zehn Prozent anheben ; die Gehälter um 10 % erhöhen ; *les ~s progressent, baissent de 2 %* die Löhne steigen, fallen um zwei Prozent ; *verser (payer) un* ~ *élevé* einen hohen Lohn zahlen.

salarial, e Lohn- ; Gehalts- ; Lohn- und Gehalts- ; lohnbedingt ; *accord m* ~ Tarifabkommen *n*, -abschluss *m* ; *catégories fpl ~es* Berufs-, Lohngruppen *fpl* ; Lohn- und Gehaltskategorien *fpl* ; *charges fpl ~es* Lohn(folge)kosten *pl* ; Lohnnebenkosten ; *complément m* ~ Lohnzuschlag *n* ; *coût m* ~ Lohnkosten *pl* ;

coûts mpl salariaux unitaires Lohnstückkosten ; *coûts non salariaux* Personalzusatzkosten ; *échelon m ~* Lohngruppe *f* ; *enveloppe f ~iale* Lohntüte *f* ; *épargne f ~iale* Arbeitnehmersparplan *m* (durch Kapitalbeteiligung) ; *luttes fpl ~iales* Lohnkampf *m* ; *masse f ~e* Lohn- und Gehaltsmasse *f* ; *négociations fpl ~iales* Lohnverhandlungen *fpl* ; Lohnrunde *f* ; *niveau m ~* Lohnniveau *n* ; *part f ~e* Arbeitnehmeranteil (an der Sozialversicherung) ; *participation f ~e aux bénéfices* Gewinnbeteiligung *f* der Arbeitnehmer ; *politique f ~iale* Lohnpolitik *f* ; *revenu m ~* Arbeit *m* aus unselb(st)ständiger Arbeit ; *trêve f ~e* Lohnpause *f.*

salariat *m* Arbeitnehmerschaft *f* ; Arbeitnehmer *mpl* ; die Lohn- und Gehaltsempfänger *mpl* ; *~ détaché* Leiharbeit *f.*

salarié *m* Arbeitnehmer *m* ; Gehaltsempfänger *m* ; abhängige Erwerbsperson *f* ; *~s* Arbeitnehmerschaft *f* ; Lohn- und Gehaltsempfänger *mpl* ; die Arbeitnehmer *mpl* ; *~s nomades* Wanderarbeitnehmer ; Wanderarbeiter *mpl.*

salarié, e unselb(st)ständig ; nicht selb(st)ständig ; in einem unselb(st)ständigen Arbeitsverhältnis (stehend) ; *activité f ~e* unselbst(st)ändiger Beruf *m* ; *activité non ~e* selb(st)ständige Erwerbstätigkeit *f* ; *médecin m ~* Arzt *m* im Angestelltenverhältnis ; *travail m ~* unselb(st)ständige (lohnabhängige) Arbeit *f* ; Lohnarbeit ; *travailleur m ~* Arbeitnehmer *m* ; Lohn- und Gehaltsempfänger *m* ; unselb(st)ständig Beschäftigte(r) ; abhängige Erwerbsperson *f.*

salarié-actionnaire *m* Belegschaftsaktionär *m.*

salarier (*rare*) entlohnen (*qqn* jdn) ; *être ~ié chez /par qqn* bei jdm eingestellt sein ; von jdm entlohnt werden ; bei jdm in Lohn und Brot stehen.

salé, e : (*fam.*) *une facture ~e* eine gesalzene (gepfefferte) Rechnung.

saline *f* Salzbergwerk *n.*

salle *f* Saal *m* ; Raum *m* ; *~ de conférences* Konferenzraum ; Vortragssaal ; *~ des coffres* Tresorraum *m* ; Stahlkammer *f* ; *~ d'exposition* Ausstellungsraum ; (*bourse*) *~ des marchés* Geschäftsparkett *n* ; Transaktionsparkett ; Tradingraum ; *~ de réunion* (*des séances*) Versammlungs-, Besprechungs-, Sitzungsraum ; *~ de transit* Transitraum ; *~ des ventes* Auktions-, Versteigerungslokal *n.*

salon *m* Ausstellung *f* ; Salon *m* ; Messe *f* ; *~ de l'agriculture* Landwirtschaftsausstellung ; Grüne Woche *f* ; *~ de l'auto* Automobilausstellung, -salon ; *~ des arts ménagers* Haushaltsmesse ; Hausratsmesse ; *~ spécialisé* Fachausstellung *f* ; Fachmesse *f.*

salubrité *f* Gesundheitspflege *f* ; Hygiene *f* ; Genusstauglichkeit *f* ; (*consommation*) *certificat m de ~* Genusstauglichkeitsbescheinigung *f*, -attest *n.*

salutations *fpl* (*corresp.*) *Veuillez agréer Madame, Monsieur, l'expression de nos ~ distinguées* mit freundlichen Grüßen ; mit besten Empfehlungen.

S.A.M.U. *m* (*service d'aide médicale d'urgence*) Rettungsdienst *m* ; *~ social* staatlich-französisches Hilfswerk *n* für Obdachlose.

sanction *f* **1.** Bestätigung *f* ; Zustimmung *f* **2.** (*punition*) *~s* Strafe *f* ; Sanktionen *fpl* ; *~s économiques* Wirtschaftssanktionen ; *~s pénales* Gesetzesstrafe ; *appliquer des ~s* (*contre un pays*) (gegen ein Land) Sanktionen verhängen ; *lever des ~s* Sanktionen aufheben.

sanctionner 1. bestätigen ; billigen ; *la loi doit être ~ée par le Parlement* das Gesetz bedarf der Zustimmung durch das Parlament **2.** bestrafen ; sanktionieren ; Sanktionen verhängen.

sanitaire sanitär ; gesundheitlich ; Gesundheits- ; Hygiene- ; *assistance f ~ sanitaire* Betreuung *f* ; *conditions fpl ~s sanitaire* Verhältnisse *npl* ; *certificat m ~* Gesundheitsattest *n*, -bescheinigung *f* ; (*alimentaire*) Genusstauglichkeitsbescheinigung *f* ; *contrôle m ~* Gesundheitskontrolle *f* ; Überwachung *f* der Hygienevorschriften ; *cordon m ~* Seuchensperre *f* ; Sperrgürtel *m* zur Seuchenbekämpfung ; *inspection f ~* Gesundheitskontrolle *f* ; (*vétérinaire*) Fleischbeschau *f* ; *réglementation f ~* Gesundheitsvorschriften *fpl.*

sans-abri *m* Obdachlose(r).

sans-emploi *m* Erwerbslose(r) ; Arbeitslose(r) ; Beschäftigungslose(r).

sans-étiquette *m* (*polit.*) parteilos ; *député m ~* parteiloser Abgeordnete(r).

sans-papiers *m* Ausländer *m* ohne gültige Aufenthaltsgenehmigung ; *les ~* die Papierlosen *pl.*

santé *f* Gesundheit *f* ; ~ *publique* öffentliches Gesundheitswesen *n* ; *carte f de* ~ *(Vitale)* Gesundheitspass *m* ; *hausse f du coût de la* ~ Kostensteigerungen *fpl* im Gesundheitswesen ; *ministère de la* ~ Gesundheitsministerium *n*.
S.A.P. *(sans avis préalable)* ohne Vorankündigung.
S.A.R.L. *f (société à responsabilité limitée)* GmbH *f* (Gesellschaft mit beschränkter Haftung).
S.A.S. *f (société anonyme simplifiée)* vereinfachte Aktiengesellschaft *f*.
satellite *m* Satellit *m* ; ~ *de télécommunications* Nachrichtensatellit ; *état m* ~ Satellitenstaat *m* ; *retransmission f par* ~ Satellitenübertragung *f* ; *ville f* ~ Trabantenstadt *f*.
satisfaction *f* Zufriedenheit *f* ; Befriedigung *f* ; Deckung *f* ; Erfüllung *f* ; ~ *des besoins* Bedarfsdeckung *f* ; Befriedigung des Bedarfs ; *à la* ~ *générale* zur allgemeinen Zufriedenheit ; *donner* ~ zufrieden stellen.
satisfaire befriedigen ; zufrieden stellen ; decken ; erfüllen ; ~ *un créancier* einen Gläubiger befriedigen ; ~ *une revendication* eine Forderung erfüllen ; ~ *aux obligations d'un contrat* einen Vertrag erfüllen ; ~ *à un engagement* einer Verpflichtung nachkommen ; ~ *la demande* die Nachfrage befriedigen.
saturation *f* Sättigung *f* ; Auslastung *f* ; Nutzgrenze *f* ; Saturation *f* ; ~ *de capacité* Kapazitätsauslastung ; Kapazitätshöchstgrenze *f* ; ~ *du marché* Marktsättigung ; ~ *routière, du trafic* Straßen-, Verkehrsüberlastung *f* ; *degré m de* ~ Auslastungsgrad *m* ; Sättigungsgrad ; *arrivé à* ~ gesättigt ; nicht mehr steigerungsfähig.
saturer sättigen ; auslasten ; saturieren ; *le marché est* ~*é* der Markt ist gesättigt.
sauf außer ; ausgenommen ; bis auf ; vorbehaltlich ; ~ *avis contraire* vorbehaltlich gegenteiliger Mitteilung ; ~ *cas de force majeure* ausgenommen im Falle höherer Gewalt ; ~ *encaissement* Eingang vorbehalten ; ~ *erreur ou omission* Irrtümer oder/und Auslassungen vorbehalten.
sauf-conduit *m* Passierschein *m* ; Geleitbrief *m* ; Geleitschein.
saupoudrage *m* Gießkannenprinzip *n* ; *faire du* ~ Geld nach dem Gießkannenprinzip verteilen.

sauvage wild ; *concurrence f* ~ Verdrängungswettbewerb *m* ; *décharge f* ~ nicht erlaubte Deponie *f* ; *grève f* ~ wilder Streik *m*.
sauvegarde *f* Schutz *m* ; Sicherung *f* ; Wahrung *f* ; ~ *de l'emploi* Sicherung *f* des Arbeitsplatzes ; ~ *d'avantages, d'intérêts* Wahrung von Vorteilen, von Interessen ; ~ *de la monnaie* Währungssicherung *f* ; *clause f de* ~ Vorbehaltsklausel *f* ; Schutzklausel ; *(informatique) copie f de* ~ Sicherungskopie *f*.
sauvegarder schützen ; sichern ; sicherstellen ; ~ *les droits* Rechte wahren ; *(informatique)* abspeichern ; sichern.
sauver retten.
sauvetage *m* Rettung *f* ; Rettungsdienst *m* ; *(maritime)* Bergung *f* ; ~ *en mer* Rettung aus Seenot ; *opération f de* ~ Rettungsaktion *f* ; *travaux mpl de* ~ Rettungs-, Bergungsarbeiten *fpl* ; *vedette f de* ~ *en mer* Seenotschiff *n*.
sauvette : *vendre qqch à la* ~ etw unter der Hand verkaufen ; etw auf offener Straße verkaufen.
S.A.V. *m (service après-vente)* Kundendienst *m*.
savoir-faire *m* technisches Können *n* ; Know-how *n* ; geschäftliches Fachwissen *n* ; Erfahrungswissen *n*.
S.B.F. *f (société des bourses françaises)* Dachverband *m* der französischen Börsengesellschaften.
S.C. *f (société civile)* bürgerlichrechtliche Gesellschaft *f*.
scandale *m* Skandal *m* ; ~ *financier* Finanzskandal ; *presse f à* ~ Sensations-, Boulevardpresse *f* ; *(fam.)* Revolverblatt *n*.
scanner *m* Scanner *m* ; *caisse f* ~ Scanner-Kasse *f* ; Strichcode-Kasse ; *reproduire au* ~ scannen.
scanner *(verbe)* scannen ; ~ *des documents* Dokumente (ab)scannen.
scanneur *m* → **scanner**.
sceau *m* Siegel *n* ; ~ *officiel* Amtssiegel ; *garde m des* ~*x* Siegelbewahrer *m* ; Justizminister *m* in Frankreich ; *sous le* ~ *du secret* unter dem Siegel der Verschwiegenheit ; *apposer les* ~*x* die Siegel anbringen.
scellés *mpl* Amtssiegel *n* ; *apposer les* ~*s* amtlich versiegeln ; ~ *douanier* Zollverschluss *m*.
scellement *m (douane)* Verschluss *m*.

sceller besiegeln ; versiegeln ; *un conteneur ~é* ein versiegelter Container *m* ; *~ un contrat par la signature des contractants* einen Vertrag mit den Unterschriften der Geschäftspartner besiegeln.

scénario *m* Szenario *n* ; *~ catastrophe* Schreckensszenario.

schéma *m* schematische Darstellung *f* ; Schema *n* ; Entwurf *m* ; Plan *m* ; *~ directeur* Gesamt-, Rahmenplan ; *~ d'aménagement et d'urbanisme* Rahmenplan für Raumordnung und Städtebau.

Schengen : *les accords de ~* Schengen(er) Abkommen *n* ; *l'espace m de ~* Schengenraum *m* ; *(fam.)* Schengenland *n*.

S.C.I. *f* (*société civile immobilière*) Immobiliengesellschaft *f* bürgerlichen Rechts ; bürgerlich-rechtliche Immobiliengesellschaft.

science *f* Wissenschaft *f* ; *~s économiques* Wirtschaftswissenschaft ; Volks- und Betriebswirtschaftslehre *f* ; *~s juridiques* Rechtswissenschaft ; *~s politiques* politische Wissenschaften ; Politologie *f* ; *~s de la vie* Biotechnologie *f*.

scientifique wissenschaftlich ; *méthode f ~* wissenschaftliche Methode *f*.

scoop *m* Scoop *m* ; sensationeller Pressebericht *m*.

S.C.O.P. *f* (*société coopérative ouvrière de production*) Arbeitergenossenschaft *f*.

S.C.P.A. *f* (*société en commandite par actions*) Kommanditgesellschaft *f* auf Aktien (KgaA).

S.C.P.I. *f* (*société civile de placements immobiliers*) Immobilienfonds *m* ; Immobilien-Investmentgesellschaft *f*.

script *m* 1. Blockschrift *f* 2. Interimsschein *m* 3. Skript *n*.

scriptural, e : *monnaie f ~e* Buch-, Bank-, Giralgeld *n* ; *paiements mpl en monnaie ~e* bargeldloser Zahlungsverkehr *m*.

scrutateur *m* Stimmzähler *m* ; Wahlprüfer *m*.

scrutin *m* Abstimmung *f* ; Wahl *f* ; Stimmabgabe *f* ; *~ de ballottage* Stichwahl ; *~ direct* unmittelbare Wahl ; *~ de liste* Listenwahl ; *~ majoritaire* Mehrheitswahl ; *~ proportionnel* Verhältniswahl *f* ; Proporzwahl ; *~ uninominal* Persönlichkeits-, Einzelwahl ; *mode m de ~* Wahlsystem *n* ; *tour m de ~* Wahlgang *m* ; *dépouiller le ~* die Stimmzettel auszählen ; *être autorisé à participer au ~* zur Wahl berechtigt sein ; *procéder au ~* abstimmen ; *voter au ~ secret* in geheimer Wahl abstimmen.

S.C.S. *f* (*société en commandite simple*) Kommanditgesellschaft *f*.

S.D. (*sans date*) ohne Datum.

S.D.A.U. *m* (*schéma directeur d'aménagement et d'urbanisme*) Rahmenplan *m* für Raumordnung und Städtebau ; → *schéma*.

S.D.F. *m/f* (*sans domicile fixe*) Obdachlose(r) ; Wohnungslose(r).

S.D.R. *f* (*société de développement régional*) Gesellschaft *f* für regionale Wirtschaftsförderung.

S.E. (*sauf erreur*) Irrtum vorbehalten.

séance *f* Sitzung *f* ; Versammlung *f* ; Tagung *f* ; *~ boursière, de clôture* Börsen-, Schlusssitzung ; *~ de crise, extraordinaire* Krisen-, Sondersitzung ; *~ plénière, publique* Plenar-, öffentliche Sitzung ; *~ de travail* Arbeitssitzung ; *clore, ouvrir une ~* eine Sitzung schließen, eröffnen ; *suspendre, tenir une ~* eine Sitzung unterbrechen, abhalten.

S.E.B.C. *m* (*système européen des banques centrales*) EZBS *n* ; Europäisches Zentralbank(en)system *n*.

sec, sèche trocken ; (*agric.*) *aliments mpl ~s pour animaux* Trockenfutter *n* ; *cale f sèche* Trockendock *n* ; *licenciement m ~* Entlassungsmaßnahme *f* ohne Sozialplan ; *perte f sèche* reiner (glatter) Verlust *m* ; (*fam.*) *être à ~* auf dem Trockenen sitzen ; *tenir au ~* trocken aufbewahren.

sécheresse *f* Dürre *f* ; Trockenheit *f* ; *dégâts mpl dus à la ~* Dürreschäden *mpl* ; *impôt m ~* Dürresteuer *f*, -abgabe *f* ; *période f de ~* Dürreperiode *f* ; *plantes fpl résistantes à la ~* dürreresistente Pflanzen *fpl* ; *pays m frappé par la ~* von der Dürre heimgesuchtes Land *n*.

S.E.C.N. *m* (*système élargi de comptabilité nationale*) (erweiterte) volkswirtschaftliche Gesamtrechung *f* (VGR).

second, e zweiter, e, es ; *de ~e catégorie* zweitklassig ; *~ cycle* (*de l'enseignement*) Oberstufe *f* ; *en ~es noces* in zweiter Ehe ; (*de*) *~ ordre* zweitrangig ; unterwertig ; *la ~e voiture* Zweitwagen *m* ; *~ marché* → **second marché**.

second marché *m* (*bourse*) geregelter Markt *m* ; geregelte Börse *f* ; Sekundärmarkt *m*.

secondaire Neben- ; Sekundär- ; nebensächlich ; zweitrangig ; *activité f ~* Nebenbeschäftigung *f*, -tätigkeit *f* ; *exploitation f* (*agricole*) *~* Nebenerwerbsbetrieb *m* ; (*transp.*) Nebenstrecke *f* ; (*bourse*) *marché m ~* Sekundärhandel *m* ; *résidence f ~* zweiter Wohnsitz ; *secteur m* (*économique*) *~* sekundärer (Wirtschafts)Sektor.

seconde *f billet m de ~ classe.* Fahrkarte zweiter Klasse. *~ de change* Sekundawechsel *m* ; zweite Ausfertigung *f* eines Wechsels **3.** Sekunde *f.*

seconder (*qqn*) (jdm) beistehen ; jdn unterstützen ; jdm helfen ; *être ~é par qqn* von jdm unterstützt werden.

secours *m* **1.** Hilfe *f* ; Fürsorge *f* ; Beihilfe *f* ; Beistand *m* ; *~ routier* Straßenwacht *f* ; *équipement de premier ~* Erste-Hilfe-Ausrüstung *f* **2.** (*subsides*) Hilfsgelder *npl* ; Hilfeleistungen *fpl* ; Subventionen *fpl* ; Unterstützung *f* ; *~ financier* Geldunterstützung ; *fonds m de ~* Unterstützungs-, Hilfsfonds *m*.

secret *m* Geheimnis *n* ; *fonds mpl ~s* Geheimfonds *mpl* ; Reptilienfonds ; *~ bancaire* Bankgeheimnis ; *~ de fabrication* Fabrikations-, Betriebsgeheimnis ; *~ professionnel* Berufsgeheimnis ; Amtsverschwiegenheit *f* ; Schweigepflicht *f.*

secret, ète geheim ; Geheim- ; heimlich ; (*confidentiel*) vertraulich ; *code m ~* Geheimzahl *f* ; *services mpl ~s* Geheimdienst *m* ; *vote m à bulletins ~s* geheime Abstimmung *f.*

secrétaire *m/f* **1.** Sekretär *m* ; Sekretärin *f* ; *~ comptable* Buchhaltungskraft *f* ; *~ de direction* Chefassistent(in) *m* (*f*) ; Chefsekretär(in) ; *~ de séance* Protokoll-, Schriftführer (in) *m* (*f*) ; *~ trilingue* dreisprachiger (-sprachige) Sekretär(in) **2.** *~ d'État* Staatssekretär *m* ; Staatssekretärin *f.*

secrétariat *m* Sekretariat *n* ; Geschäftsstelle *f* ; Büro *n* ; Kanzlei *f* ; Amt *n*.

secteur *m* Bereich *m* ; Sektor *m* ; Gebiet *n* ; Branche *f* ; Bezirk *m* ; Sparte *f* ; Zweig *m* ; *~ d'activités* Arbeitsbereich ; Geschäftsbranche ; *~ bancaire, du bâtiment* Banken-, Bausektor ; *~ clé* → *de pointe* ; *~ de la distribution* Vertriebswesen *n* ; Absatzwirtschaft *f* ; *~ en* (*pleine*) *expansion* Wachstumsbranche ; boomender Sektor ; *~ géographique* Raum *m* ; Gebiet *n* ; *~ industriel* Industriewirtschaft *f* ; Industriebereich ; *~ mutualiste* Genossenschaftssektor ; *~ nationalisé* verstaatlichter Sektor ; *~ de pointe* Schlüsselsektor ; *~ primaire, secondaire, tertiaire* primärer, sekundärer, tertiärer Sektor ; *~ privé* privater Sektor ; Privatwirtschaft *f* ; *~ public* öffentlicher Sektor ; Staatssektor, -wirtschaft *f* ; *~ des services* Dienstleistungsbereich ; *~ des transports* Verkehrssektor.

section *f* **1.** Abteilung *f* ; Referat *n* ; Sektion *f* ; *~ syndicale locale* Gewerkschaftssektion (in einem Betrieb) **2.** (*transp.*) Teilstrecke *f* ; Streckenabschnitt *m* ; *~ à péage* gebührenpflichtige Autobahnstrecke *f* **3.** (*enseignement*) Fachrichtung *f* ; Fachgruppe *f* **4.** (*bilan*) *~ de production* Kostenstelle *f* ; *~ principale* Hauptkostenstelle *f* ; *comptes mpl de ~* Konten *npl* der Kostenstellen.

sectoriel, le sektorbezogen ; sektoral ; nach Bereichen ; auf Branchenebene ; kategoriell ; *intérêts pl ~s* branchen-, berufs-, gruppenspezifische Interessen *npl*.

sécu *f* (*fam.*) → **sécurité sociale**.

sécurité *f* Sicherheit *f* ; Schutz *m* ; Sicherung *f* ; Garantie *f* ; ◆ *~ de l'emploi* Sicherung des Arbeitsplatzes ; *~ de la circulation* (*routière*) Verkehrssicherheit ; *~ sociale* → **sécurité sociale** ; *~ du travail* Arbeitsschutz ; ◆◆ *ceinture f de ~* Sicherheitsgurt *m*, -gürtel *m* ; *chargé m de* (*la*) *~* Sicherheitsbeauftragte(r) ; (*O.N.U.*) *conseil m de ~* Sicherheitsrat *m* ; *contrôle m de ~* Sicherheitskontrolle *f* ; *garantie f de ~* Sicherheitsgarantie *f* ; *mesure f de ~* Sicherheitsmaßnahme *f*, -vorkehrung *f* ; *norme f de ~* Sicherheitsnorm *f* ; *par mesure de ~* sicherheitshalber ; *service m de ~* Sicherheitsdienst *m* ; *verre m de ~* Sicherheitsglas *n* ◆◆◆ *attacher* (*mettre*) *la ceinture de ~* den Sicherheitsgurt anschnallen ; *garantir la ~ de qqn* jds Sicherheit garantieren.

sécurité *f* **sociale** Sozialversicherung *f* ; soziale Sicherheit *f* ; Sozialnetz *n* ; *cotisation f de ~* Sozialversicherungsbeitrag *m* ; *carte f de ~* (*Vitale*) Sozialversicherungsausweis *m* ; Gesundheitspass *m* ; *organisme m de ~* Sozialversicherungsträger *m* ; *prestations de la ~*

sédentaire

Sozialversicherungsleistungen *fpl* ; *retraite f (pension f) de la ~* Sozialrente *f* ; Grundrente ; *Union de recouvrement de la ~ → **U.R.S.S.A.F.*** ; *cotiser à la ~* Beiträge zur Sozialversicherung zahlen ; *être assujetti à la ~* sozialversicherungspflichtig sein ; *toucher des prestations de la ~* Leistungen von der Sozialversicherungs beziehen.

sédentaire sesshaft ; ortsgebunden ; stationär ; *activité ~* stehendes Gewerbe *n* ; *commerce m ~, non-~* stationärer, ambulanter Handel *m* ; *personnel m ~* Innendienstler *m*.

sédentarisation *f* Sesshaftwerdung *f*.

sédentariser sesshaft machen ; *~é* sesshaft geworden.

segment *m* Segment *n* ; *~ d'un marché* Marktsegment ; Teilmarkt *m*.

segmentation *f* Segmentierung *f* ; Unterteilung *f* ; Untergliederung *f* ; *(d'un marché)* Aufspaltung *f*.

segmenter segmentieren ; in Segmente zergliedern (gliedern).

seing : *(jur.) acte m sous ~ privé* Privatabmachung *f*, -vertrag *m*, -urkunde *f* ; *blanc ~* Blankovollmacht *f* ; *sous ~ privé* privatschriftlich ; durch Privaturkunde ; durch Privatabmachung ; *constituer un acte sous ~ privé* einen privatschriftlichen Vertrag aufsetzen.

séjour *m* **1.** Aufenthalt *m* ; *~ en détention* Haft(dauer) *f* ; *~ en entrepôt* Lagerzeit *f* ; *carte f de ~* Aufenthaltsgenehmigung *f* ; *interdiction f de ~* Aufenthaltsverbot *n* ; *lieu m de ~* Aufenthaltsort *m* ; *limitation f de ~* Aufenthaltsdauer **2.** *(lieu de)* Aufenthaltsort *m* ; Aufenthalt ; Wohnsitz *m*.

séjourner sich aufhalten ; *~ en entrepôt* auf Lager liegen.

S.E.L. *m (système d'échanges locaux)* lokales Austauschsystem *n* von Dienstleistungen (ohne Geldtransfer).

sélectif, ive selektiv ; auswählend.

sélection *f* Auswahl *f* ; Selektion *f* ; Auslese *f* ; *faire une ~* eine Auswahl treffen.

sélectionner 1. auswählen ; auslesen ; aussortieren ; *produit m ~é* ausgewähltes Produkt *n* **2.** *(informatique)* markieren ; selektieren.

self *m* → *self-service*.

self-service *m* Selbstbedienung *f* ; Selbstbedienungsladen *m* ; SB-Geschäft *n* ; *(restaurant)* SB-Restaurant *n* ; *en ~* mit Selbstbedienung.

semaine *f* Woche *f* ; *en ~* wochentags ; *~ d'action (syndicale)* Aktionswoche ; *~ du blanc* Weiße Woche ; *~ commerciale* einwöchige Werbeaktion des Handels (mit Sonderangeboten) ; Aktionswoche ; *~ de 35 heures* 35-Stunden-Woche ; *(iron.) politique f à la petite ~* konzeptionslose Politik *f*.

semestre *m* Semester *n* ; Halbjahr *n*.

semestriel, le halbjährlich ; Halbjahres- ; halbjährig ; alle sechs Monate ; *abonnement m ~* Halbjahresabonnement *n*.

semi halb ; *~-automatique* halbautomatisch ; *~-conducteur m* Halbleiter *m* ; *~-fini (ouvré)* halbfertig ; *(jur.) ~ liberté f* offener Vollzug *m* ; *~-officiel* halbamtlich ; *~-public* gemischtwirtschaftlich ; halböffentlich ; halbstaatlich ; *~-produit m* Halbfabrikat *n*, -erzeugnis *n*, -produkt *n* ; *~-remorque m* Sattelschlepper *m*.

séminaire *m* Seminar *n* ; Seminarkurs *m*.

sénat *m* Senat *m*.

sénateur *m* Senator *m* ; Mitglied *n* des Senats.

sénatorial, e senatorisch.

sénatoriales *fpl (élections)* Senatswahlen *fpl*.

senior *m* Senior *m* ; *les ~s* die Senioren *mpl* ; die älteren Menschen *mpl* ; *voyages à tarif réduit pour ~s* ermäßigte Fahrten für Senioren ; *(doyen d'une entreprise, par opposition à « junior »)* Seniorchef *m*.

senior-marketing *m* Seniorenmarketing *n*.

sens *m* **1.** Richtung *f* ; *~ interdit* Einfahrt verboten ; *~ giratoire* Kreisverkehr *m* ; *~ unique* Einbahnstraße *f* ; *circulation f dans les deux ~* mit Gegenverkehr **2.** *~ des affaires* Geschäftssinn *m* ; *~ civique* Bürgergesinnung *f* ; *avoir le ~ du commerce* kaufmännische Fähigkeiten haben ; geschäftstüchtig sein ; *avoir le ~ des responsabilités* verantwortungsbewusst handeln.

sensation *f* Sensation *f* ; *journal m à ~* Sensationsblatt *n* ; Revolverblatt.

sensibilisation *f* Sensibilisierung *f (à für)* ; Beeinflussung *f* ; Einwirkung *f* ; *lancer une campagne de ~* eine Sensibilisierungsaktion starten.

sensibiliser sensibilisieren (*à* für) ; *~ les citoyens aux problèmes de l'environ-*

nement die Bürger für Umweltprobleme sensibilisieren.

sensibilité *f* Anfälligkeit *f* (*à* für) ; Empfindlichkeit *f* ; ~ *aux fluctuations conjoncturelles, aux crises* Konjunktur-, Krisenanfälligkeit ; *être de même ~ politique* auf der gleichen politischen Wellenlänge sein.

sensible anfällig (*à* für) ; empfindlich ; ~ *à la corruption, aux crises* korruptions-, krisenanfällig ; *les bénéfices ont reculé de manière ~* die Gewinne sind spürbar zurückgegangen ; ~ *aux taux d'intérêt pratiqués* zinsbewusst ; zinsempfindlich.

sentence *f* Urteil *n* ; Rechtsspruch *m* ; ~ *arbitrale* Schiedsspruch *m* ; *prononcer, exécuter une ~* ein Urteil fällen, vollstrecken.

S.E. (o) O. (*sauf erreur ou omission*) Irrtum vorbehalten.

séparation *f* Trennung *f* ; Teilung *f* ; ~ *de biens* Gütertrennung ; ~ *des pouvoirs* Gewaltenteilung ; Gewaltentrennung.

séparer trennen (von) ; (*fisc*) *déclaration f ~ée* getrennte Steuererklärung *f* ; *imposition f ~ée des époux* Ehegattensplitting *n* ; Ehegattenbesteuerung *f* ; getrennte Veranlagung *f* ; *les associés de l'entreprise se sont ~és* die Teilhaber des Unternehmens haben sich getrennt ; *vivre* (*être*) *~és* getrennt leben.

séquence *f* Ablauf *m* ; Folge *f* ; Abschnitt *m* ; Sequenz *f* ; (*informatique*) ~ *de fonctionnement* Funktionsablauf.

séquentiel, le (*informatique*) sequenziell ; *accès m ~* sequenzieller Zugriff *m* ; *commande f ~le* sequenzielles Steuerungssystem *n*.

séquestration *f* 1. Zwangsverwaltung *f* ; Beschlagnahme *f* ; Sequestration *f* 2. Freiheitsberaubung *f* ; Einsperrung *f*.

séquestre *m* 1. (*jur.*) Zwangsverwaltung *f* ; Sequester *n* ; Sequestration *f* ; Drittverwahrung *f* ; *lever le ~* die Zwangsverwaltung aufheben ; *placer sous ~* unter Zwangsverwaltung (Sequester) stellen ; sequestrieren 2. (*dépositaire d'un*) ~ Zwangsverwalter *m*.

séquestrer 1. (*jur.*) unter Zwangsverwaltung (Sequester) stellen ; sequestrieren 2. der Freiheit berauben ; einsperren.

série *f* Serie *f* ; Reihe *f* ; Baureihe *f* ; (*jeu, assortiment*) Auswahl *f* ; Garnitur *f* ; Satz *m* ; Set *n/m* ; ~ *limitée* kleine Bauserie ; Sondermodell *n* ; *en ~* serienmäßig ; serienweise ; ~ *de valeurs statistiques* statistische Reihe ; *article m de ~* Serienartikel *m* ; *fabrication f* (*production*) *en ~* Serienanfertigung *f,* -herstellung *f,* -produktion *f* ; *fins fpl de ~* Auslaufmodelle *npl* ; Artikel *mpl* einer auslaufenden Serie ; Restposten *mpl* ; Verkauf *m* von Restposten ; *modèle m hors-~* Sonderausführung *f* ; *numéro m de ~* Seriennummer *f* ; *voiture f de ~* Serienwagen *m,* -auto *n* ; ~ *de tests* Testreihe ; *fabriquer en ~* in Massen herstellen ; serienmäßig produzieren ; in Serie herstellen.

sérieux *m* Seriosität *f.*

sérieux, euse 1. (*personne*) zuverlässig ; seriös 2. (*travail*) sorgfältig.

serment *m* Eid *m* ; Schwur *m* ; *déclarer sous ~* eidesstattlich erklären ; unter Eid aussagen ; *sous ~* eidlich ; unter Eid ; *déposition f sous ~* eidliche Aussage *f* ; Aussage unter Eid.

S.E.R.N.A.M. *f* (*service national des messageries de la S.N.C.F.*) Güterbeförderungsgesellschaft *f* der französischen Eisenbahn.

serpent *m* : (*hist.*) ~ *monétaire* Währungsschlange *f* ; Währungsverbund *m*.

serre *f* (*agric.*) Gewächshaus *n* ; Treibhaus *n* ; *effet m de ~* Treibhauseffekt *m* ; *gaz m à effet de ~* Treibhausgas *n* ; *produire de la salade sous ~* Salat im Gewächshaus anbauen.

serrer : ~ *les cordons de la bourse* (mit dem Geld) sparsam umgehen ; *avoir un budget ~é* über ein knappes Budget verfügen ; *calculer ~é* scharf kalkulieren ; *se ~ la ceinture* den Gürtel enger schnallen.

serveur *m* Anbieter *m* (von Dienstleistungen) ; (*Internet*) Server *m* ; Provider *m* ; ~ *de news* News-Server ; ~ *télématique* (*minitel*) Btx-Anbieter *m* ; Bildschirmdienst *m*.

service *m* 1. (*activité*) Dienst *m* ; *être de ~* Dienst haben ; *ne pas être de ~* frei haben ; *heures fpl de ~* Dienststunden *fpl* 2. (*prestations*) *les ~s* Dienstleistungen *fpl* ; Dienstleistungssektor *m* ; Dienstleistungsgewerbe *n* ; ~ (*non*) *marchands* (nicht) gewerbliche Dienstleistungen ; *~s de proximité* nachbarschaftliche Dienstleistungen ; Heim-Service *m* ; Dienste in

servir der näheren Umgebung ; *prestataire m de ~s* Dienstleister *m* ; Dienstleistungsunternehmen *n* **3.** (*département, office, organisme*) Abteilung *f* ; Verwaltung *f* ; Dienststelle *f* ; Behörde *f* ; Amt *n* ; *~ des achats* Einkaufsabteilung ; *~s administratifs* Verwaltungsabteilung ; *~ d'aide sociale* Sozialamt *n* ; Sozialeinrichtungen *fpl* ; *~ commercial* Verkaufsabteilung ; *~ comptable* Buchhaltung *f* ; *~ contentieux* Rechtsabteilung ; *~ de la dette* Schuldendienst ; *~ de documentation* Informations- und Beratungsdienst ; *~ de douane* Zolldienststelle *f* ; *~ financier et comptable* Finanz- und Rechnungswesen *n* ; *~s fiscaux* Steuerverwaltung *f* ; *~ de l'hygiène* Sanitätsbehörde *f* ; Gesundheitsamt *n* ; *~s municipaux* Kommunal-, Stadtverwaltung *f* ; *~ de nuit* Nachtdienst ; *~ de permanence* Bereitschafts-, Sonderdienst ; *~ du personnel* Personalabteilung ; *~ de publicité* Werbeabteilung ; *~s publics* öffentlicher Dienst ; staatliche Dienststelle *f* ; Anstalt *f* des öffentlichen Rechts ; staatliche Behörde *f* ; Versorgungsbetriebe (Wasser, Strom) ; *~s sociaux* Sozialdienst *m* ; soziale Dienstleistungen *fpl* ; *~ technique* technische Abteilung ; *~ des transports* Transportwesen *n* ; *~s de l'urbanisme* Stadtbauamt *n* ; städtisches Bauamt ; *~ des ventes* Verkaufsabteilung **4.** Bedienung *f* ; Trinkgeld *n* ; *~ compris* Trinkgeld inbegriffen **5.** *~ après-vente* Kundendienst ; *~ clientèle* Dienst am Kunden ; Service *m* ; Kundenpflege *f* ; Betreuung *f* **10.** (*fonctionnement*) Betrieb *m* ; *en, hors ~* in, außer Betrieb ; *en libre ~* mit Selbstbedienung ; *magasin en libre ~* Selbstbedienungsladen *m* ; *être en ~* in Betrieb sein ; *mettre en ~* in Betrieb nehmen.

servir bedienen ; *~ les clients* die Kunden bedienen ; *~ des intérêts* Zinsen zahlen.

servitude *f* Zwang *m* ; (Bau)Auflage *f* ; Belastung *f* ; Baubeschränkung *f* ; Dienstbarkeit *f* ; Duldungspflicht *f* ; Duldung *f* ; (*Suisse*) Servitut *n/f* ; Recht *n* zur begrenzten Nutzung eines Grundstücks ; *~ foncière* Grunddienstbarkeit *f* ; Grundlast *f* ; *~ de passage* Wege-, Durchgangsrecht *n*.

session *f* **1.** Sitzungsperiode *f* ; Tagung *f* ; *~ parlementaire* parlamentarische Sitzung ; *~ ordinaire, extraordinaire* ordentliche, außerordentliche Sitzungsperiode ; *convoquer, ouvrir, diriger une ~* eine Sitzung einberufen, eröffnen, leiten **2.** (*examens*) Prüfungsperiode *f*, -zeitraum *m*.

seuil *m* Schwelle *f* ; untere Grenze *f* ; Mindestgrenze ; Mindestmaß *n* ; Minimum *n* ; (*bourse*) *~ de cession* Abtretungsschwelle *f* (von Wertpapieren) ; Veräußerungsschwelle ; *~ critique* Schmerzgrenze ; *~ d'imposition* Steuerfreigrenze ; *~ de pauvreté* Armutsgrenze *f*, -schwelle ; *~ de rentabilité* Rentabilitäts-, Gewinn-, Kostenschwelle ; *~ de saturation* Sättigungsgrenze ; *~ de tolérance* (*en matière de nuisances*) Belastbarkeitsgrenze ; Toleranzschwelle ; *franchir le ~ fatidique* die kritische Marke überschreiten.

seule *f* **de change** Solawechsel *m*.

S.F. 1. (*sans frais*) ohne Kosten **2.** (*sans formalités*) formlos ; *demande f ~* formloser Antrag *m*.

S.G.D.G. (*sans garantie du gouvernement*) nicht amtlich geschützt ; unter Haftungsausschluss des Staates.

S.H. *m* (*système harmonisé : codification des marchandises utilisable par tous les opérateurs du commerce international*) harmonisiertes System *n*.

shopping *m* Einkauf *m* ; Shopping *n* ; *faire du ~* einen Einkaufsbummel machen ; auf Shopping-Tour gehen.

show-biz *m* Showbusiness *n* ; Schaugeschäft *n*.

show-room *m* Show-Room *m* ; Ausstellungsraum *m*.

S.I.C.A.V. *f* **1.** (*société d'investissement à capital variable*) Investmentgesellschaft *f* ; Kapitalanlagegesellschaft *f* **2.** Investmentfonds *m* ; (Investment)-Zertifikat *n* ; Anteil *m* an einer Kapitalanlagegesellschaft ; Investmentfondsanteil *m* ; *~ actions* Aktienfonds ; *~ de capitalisation* thesaurierender Investmentfonds ; *~ court-terme* → *de trésorerie* ; *~ diversifié* Mischfonds ; gemischter Investmentsfonds ; *~ obligataire* Rentenfonds ; *~ spécialisée* branchenorientierter Investmentfonds ; *~ de trésorerie* Investmentfonds für kurzfristige Anlagen.

S.I.C.O.B. *m* (*salon international de l'informatique, de la communication et de l'organisation de bureau*) Pariser Fachmesse für EDV, Kommunikation und Büroorganisation.

S.I.C.O.V.A.M. *f* (*société interprofessionnelle pour la compensation des valeurs mobilières*) Girosammeldepot *n*, -verwahrung *f.*

sidérurgie *f* Eisen- und Stahlindustrie *f* ; Eisenindustrie ; Eisen(hütten)industrie ; Eisen schaffende Industrie ; Schwerindustrie.

sidérurgique Eisen verarbeitend ; Eisenhütten- ; *industrie f ~* Eisen und Stahl erzeugende Industrie *f* ; Eisen- und Stahlindustrie *f* ; Schwerindustrie.

sidérurgiste *m* Stahlarbeiter *m.*

siège *m* **1.** Sitz *m* ; Firmen-, Gesellschaftssitz ; Stammhaus *n* ; Hauptniederlassung *f* ; *~ administratif* Verwaltungssitz *f* ; *~ d'une banque* Hauptverwaltung *f* einer Bank ; Bankzentrale *f* ; *~ officiel* Amtssitz ; *~ social* Firmen-, Geschäfts-, Gesellschaftssitz **2.** (*polit.*) Sitz *m* ; *~ vacant* freier Sitz ; *~s à pourvoir* zu besetzende Sitze ; *gagner, perdre des ~s* Sitze gewinnen, verlieren.

siéger tagen ; eine Sitzung abhalten.

sigle *m* Sigel *n* ; Abkürzung *f* ; Abkürzungszeichen *n* ; Wortkürzung *f* ; (*sténo*) Kürzel *n* ; Kurzwort *n.*

signal *m* Signal *n* ; *~ d'alarme* Alarmanlage *f* ; (*fig.*) Alarmsignal *n*, -zeichen *n* ; *~ de détresse* Notsignal ; *les signaux d'alerte du marché* die Warnsignale des Markts ; Marktblinklichter *npl* ; *brûler un ~* bei Rot durchfahren ; *tirer le ~ d'alarme* Alarm auslösen.

signaler anzeigen ; signalisieren ; aufmerksam machen ; hinweisen ; melden ; *~ un accident, une perte* einen Unfall, einen Verlust melden.

signalétique : *fiche f ~* Personalienbogen *m.*

signalisation *f* Markierung *f* ; Signalisierung *f* ; Beschilderung *f* ; *~ routière* Verkehrsregelung *f* ; Wegweisung *f.*

signataire *m* Unterzeichner *m* ; *~ d'un chèque* Scheckaussteller *m* ; *~ d'un contrat* Unterzeichner eines Vertrags ; vertragschließende Partei *f* ; *~s de conventions collectives* Tarifvertragspartner *mpl* ; *pays m ~* Unterzeichnerland *n.*

signature *f* (*matérielle*) Unterschrift *f* ; (*acte de signer*) Unterzeichnung *f* ; *~ en blanc* Blankounterschrift ; *à la ~ du contrat* mit (bei) Vertragsunterzeichnung ; *apposer sa ~* (*sous*) seine Unterschrift setzen (unter) ; *avoir la ~* zeichnungsberechtigt sein ; *falsifier une ~* eine Unterschrift fälschen ; *légaliser une ~* eine Unterschrift beglaubigen ; *présenter à la ~* zur Unterschrift vorlegen ; *revêtu de la ~* mit Unterschrift versehen ; unterschrieben.

signe *m* Zeichen *n* ; Anzeichen *n* ; *~ avant-coureur* erstes Anzeichen *n* ; *~s particuliers* besondere Kennzeichen ; *~s d'une reprise, d'une augmentation des investissements* die ersten Anzeichen einer Ankurbelung der Wirtschaftstätigkeit (der Konjunktur), einer verbesserten Investitionstätigkeit ; *~s particuliers* besondere Kennzeichen ; *être placé sous le ~ de qqch* im (unter dem) Zeichen von etw stehen (geschehen).

signer unterzeichnen ; unterschreiben ; mit seiner Unterschrift versehen ; zeichnen ; *~é* unterzeichnet ; unterschrieben ; *~ en blanc* blanko unterschreiben ; *autorisé à ~* unterschriftsberechtigt ; zeichnungsberechtigt ; *ayant procuration pour ~* zeichnungsbevollmächtigt ; *dument ~é* rechtsgültig unterschrieben ; *~ un accord, un traité commercial* ein Abkommen, einen Handelsvertrag (ein Handelsabkommen) unterzeichnen.

significatif, ive bedeutend ; entscheidend.

signification *f* **1.** Mitteilung *f* **2.** Aufforderung *f* **3.** (*jur.*) Zustellung *f* (eines Urteils) ; gerichtliche Anzeige *f* ; *~ par huissier* Übergabe (einer Urkunde) durch einen Zustellungsbeamten ; *~ d'un jugement* Urteilszustellung **4.** (*sens général*) Bedeutung *f* ; Sinn *m.*

signifier 1. benachrichtigen ; mitteilen **2.** (*intimer*) auffordern **3.** (*jur.*) (*remettre*) zustellen ; *~ une assignation, le congé* eine gerichtliche Ladung, die Kündigung zustellen **4.** (*sens général*) bedeuten.

silence *m* Schweigen *n* ; Verschwiegenheit *f* ; *obligation f de garder le ~* Schweigepflicht *f* ; *garder le ~* (*sur qqch*) (über etw) Stillschweigen bewahren ; *passer qqch sous ~* etw verschweigen.

silo *m* Silo *n/m* ; *~ à blé* Weizensilo *n* ; *~ à grain* Getreidespeicher *m.*

simulateur *m* (*maladie professionnelle*) Simulant *m* ; (*aviation*) *~ de vol*

Simulator *m* ; Bodengerät *n* zur Flugausbildung.
 simulation *f* **1.** Simulation *f* ; ~ *de gestion* Unternehmensspiel *n* ; Planspiel ; ~ *sur ordinateur* Computer-Simulation ; Computer-Modell *n* ; Was-wäre-wenn-Entwurf *m* **2.** Vortäuschung *f* ; Scheingeschäft *n*.
 simuler 1. simulieren ; ~ *des processus économiques à l'aide d'un modèle informatique* Wirtschaftsprozesse mit Hilfe eines Computer-Modells simulieren **2.** vortäuschen ; Scheingeschäfte machen.
 sincérité *f* Aufrichtigkeit *f* ; ~ *du bilan* Bilanzwahrheit *f* ; *en toute* ~ ehrlich gesagt ; nach bestem Wissen und Gewissen.
 sinécure *f* Pfründe *f* ; Druckposten *m* ; *être une véritable* ~ auf seinen Pfründen sitzen ; einträglich sein ; *ce n'est pas une* ~ das ist keine leichte Aufgabe.
 sine die auf später ; *négociations fpl ajournées* ~ auf unbestimmte Zeit vertagte Verhandlungen.
 sine qua non : *condition f* ~ eine unerlässliche Voraussetzung.
 singe : *payer qqn en monnaie de* ~ jdn mit leeren Versprechungen (Worten) abspeisen.
 sinistralité *f* Schadensquote *f* ; *taux m de* ~ Schadenshäufigkeitsrate *f* ; Schadenswahrscheinlichkeit *f*.
 sinistre *m* Unglücksfall *m* ; Schaden *m* ; Versicherungsfall ; Unfall *m* ; Schadensfall ; *couverture f du* ~ Schadensdeckung *f* ; *déclaration f de* ~ Schadensanzeige *f*, -meldung *f* ; *description f du* ~ Beschreibung *f* des Schadensfalls ; *estimation (évaluation f) f du* ~ Schadensschätzung *f*, -bewertung *f* ; *nombre m de* ~*s* Schadenshäufigkeit *f* ; *prise en charge f (règlement m) du* ~ Schadensabwicklung *f*, -regulierung *f* ; *en cas de* ~ im Schadensfall ; *déclarer un* ~ *à l'assurance* der Versicherung einen Schadensfall melden ; *un* ~ *survient* ein Schaden tritt ein.
 sinistré *m* Opfer *n* ; Katastrophenopfer ; Geschädigte(r) ; Sachgeschädigte(r), (*sans-abri*) Obdachlose(r) ; *région f* ~ Notstandsgebiet *n* ; *secours m aux* ~*s* Hilfe *f* für Katastrophenopfer.
 sinistré, e von einer Katastrophe betroffen ; *région f* ~*e* Katastrophengebiet *n*.

 sinistrose *f* Katastrophenstimmung *f* ; Schwarzseherei *f*.
 S.I.R.E.N. *m* (*France* : *numéro à 9 chiffres attribué à toute personne non salariée exerçant une activité professionnelle*) Verzeichnis *n* der Handelsregisternummern ; Identifikationsnummer *f* im Handelsregister (von Unternehmen, Selb(st)ständigen, Gewerbetreibenden).
 S.I.R.E.N.E. *m* (*système informatique du répertoire national des entreprises et établissements* : *SIREN + SIRET*) Verzeichnis *n* von französischen Firmen und Betrieben ; EDV-Register *n* der Handelsregisternummern.
 S.I.R.E.T. *m* (*système informatique du répertoire des établissements à 14 chiffres pour l'impôt sur le chiffre d'affaires*) Identifikationsnummer *f* für die Umsatzsteuer von Firmen und Betrieben ; Identitätskarte *f* von Unternehmen.
 sis, sise liegend ; gelegen ; sich befindend.
 site *m* Gebiet *n* ; Standort *m* ; Stätte *f* ; Landschaft *f* ; ~ *industriel* Industriestandort ; (*Internet*) ~ Web-Site *f* ; Web-Seite *f* ; ~ *naturel* Naturlandschaft *f* ; Naturpark *m* ; ~ *de production* Produktionsstandort, -stätte *f* ; ~ *protégé* Naturschutzgebiet *n* ; Reservat *n* ; *choix m du* ~ Standortwahl *f* ; *créer son propre* ~ seine eigene Web-Seite erstellen ; *défigurer un* ~ eine Naturlandschaft verschandeln.
 sit-in *m* Sitzstreik *m* ; Sit-in *n* ; Sitzblockade *f*.
 situation *f* **1.** Lage *f* ; Situation *f* ; Stand *m* ; Verhältnisse *npl* ; (*tourisme*) ~ *centrale, tranquille* zentrale, ruhige Lage ; ~ *des affaires* Geschäftslage ; ~ *de caisse* Kassenstand ; Kassenlage *f* ; ~ *de compte* Kontostand *m* ; ~ *des cours* Kursverhältnisse ; ~ *démographique* Bevölkerungsstand ; ~ *économique* Wirtschafts-, Konjunkturlage ; ~ *de l'emploi (de la main-d'œuvre)* Beschäftigungslage ; ~ *de famille* Familienstand ; Personenstand ; ~ *financière* Finanzlage ; ~ *juridique* Rechtslage ; ~ *sur le marché* Marktstellung *f*, -verfassung *f* ; ~ *monétaire* Währungslage **2.** (*emploi*) Stellung *f* ; Position *f* ; Platz *m* ; Posten *m* ; *une* ~ *bien payée, influente* eine gutbezahlte, einflussreiche Stellung ; ~

stable gesicherte Stellung ; *avoir une ~ importante* einen hohen Posten bekleiden ; *changer de ~* die Stelle wechseln ; *être sans ~* stellungslos sein ; *perdre sa situation* seine Stellung verlieren.

situé, e : gelegen ; *~ en centre-ville* zentral gelegen ; *logement m bien ~* Wohnung *f* in günstiger (schöner) Lage ; *être ~ au Sud de Paris* im Süden von Paris liegen.

slogan *m* Schlagwort *n* ; Slogan *m* ; *~ électoral* Wahlparole *f* ; *~ publicitaire* Werbespruch *m*, -motto *n* ; Reklamespruch.

S.M.E. *m* (*système monétaire européen*) EWS *n* ; Europäisches Währungssystem *n*.

S.M.I. *m* **1.** (*salaire minimum d'insertion*) Mindestlohn *m* zur Wiedereingliederung (von Bedürftigen) **2.** (*système monétaire international*) Internationales Währungssystem *n*.

S.M.I.C. *m* (*salaire minimum interprofessionnel de croissance : appelé aujourd'hui : salaire minimum de croissance*) (garantierter) Mindestlohn *m* ; *être payé au ~* (*avoir le ~*) den (garantierten) Mindestlohn bekommen (erhalten) ; *relever* (*majorer*) *le ~ de 2 %* den gesetzlichen Mindestlohn um zwei Prozent erhöhen.

smicard *m* (*fam.*) Mindestlohnempfänger *m* ; Bezieher *m* eines Mindestlohns ; Niedrigverdiener *m*.

SMS *m* (*short message system*) → *texto*.

S.N.C. *f* (*société en nom collectif*) offene Handelsgesellschaft *f* (OHG).

S.N.C.F. *f* (*société nationale des chemins de fer français*) französische Staatseisenbahngesellschaft *f* ; französische Eisenbahn *f*.

social *m* (*travail*) Sozialarbeit *f* ; (*ensemble des mesures sociales*) Sozialwesen *n* ; *travailler dans le ~* als Sozialarbeiter tätig sein ; im sozialen Bereich arbeiten.

social, e 1. sozial ; Sozial- ; *aide f ~e* Sozialhilfe *f* ; *affaires fpl ~es* soziale Angelegenheiten *fpl* ; Soziale(s) ; *assistant m ~* Sozialarbeiter *m* ; *assurances fpl ~es* Sozialversicherung *f* ; *biens mpl ~iaux* Vermögenswerte *mpl* ; *cas m ~* Unterstützungsberechtigte(r) ; Sozialfall *m* ; *cas ~ difficile* Härtefall *m* ; *charges fpl ~es* Soziallasten *fpl* ; *disparité f ~e* soziales Gefälle *n* ; *État m ~* Sozialstaat *m* ; *législation f ~e* Sozialgesetzgebung *f* ; *logement m ~* Sozialwohnung *f* ; *mesures fpl ~es* soziale Maßnahmen *fpl* ; *organismes mpl ~iaux* soziale Einrichtungen *fpl* ; *partenaires mpl ~aux* Sozial-, Tarifpartner *mpl* ; *plan m ~* Sozialplan *m* ; *politique f ~e* Sozialpolitik *f* ; *prestations fpl ~es* Sozialleistungen *fpl* ; *sécurité f ~e* → **sécurité sociale** ; *travail m ~* Sozialarbeit *f* ; *travailleur m ~* Sozialarbeiter *m* ; *trêve f ~e* sozialer Friede(n) *m* **2.** gesellschaftlich ; Gesellschafts- ; sozial ; Sozial- ; *ascension f ~e* gesellschaftlicher Aufstieg *m* ; *classe f ~e* Gesellschaftsklasse *f* ; gesellschaftliche Schicht *f* ; soziale Klasse ; *conflit m ~* Gesellschaftskonflikt *m* ; *sciences fpl ~es* Gesellschaftswissenschaft(en) *f(pl)* ; Sozialwissenschaft(en) **3.** Firmen- ; Gesellschafts- ; *capital m ~* Gesellschaftskapital *n* ; (*S.A.R.L.*) Stammkapital ; (*S.A.*) Grundkapital ; *raison f ~e* Firmenname *m*, -bezeichnung *f* ; Firma *f* ; *siège m ~* Firmen-, Gesellschaftssitz *m*.

socialisation *f* Vergesellschaftung *f* ; Sozialisierung *f* ; Verstaatlichung *f*.

sociétaire *m* Gesellschafter *m* ; Mitglied *n* (einer Gesellschaft, eines Vereins) ; Genossenschaftsmitglied ; *admission f, départ m, exclusion f d'un ~* Aufnahme *f*, Austritt *m*, Ausschließung *f* eines Gesellschafters ; *assemblée des ~s* Gesellschafts-, Mitgliederversammlung *f* ; *part f de ~* Gesellschaftereinlage *f* ; *responsabilité f des ~s* Mitgliederhaftung *f*.

sociétal, e Gesellschafts- ; gesellschaftlich ; zur Zivilgesellschaft gehörend.

société *f*	1. commerciale 2. sociologie 3. de bourse

1. société *f* (*commerciale*) Gesellschaft *f* ; ◆ *~ anonyme* (*S.A.*) Aktiengesellschaft (AG) ; *~ à responsabilité limitée* (*S.A.R.L.*) Gesellschaft mit beschränkter Haftung (GmbH) ; *~ d'assurances* Versicherungsgesellschaft ; *~ bancaire* Bankgesellschaft ; (*fam.*) *~ bidon* Fiktiv-, Scheingesellschaft ; *~ boîte aux lettres* Briefkastenfirma ; Firmenmantel *m* ; *~ de bourse* Börsengesellschaft *f* ; *~ à but lucratif* Erwerbs-

société de bourse

gesellschaft ; ~ *de capitaux* Kapitalgesellschaft ; ~ *civile* BGB-Gesellschaft ; bürgerlich-rechtliche Gesellschaft ; Gesellschaft des bürgerlichen Rechts ; ~ *civile immobilière* → *S.C.I.* ; ~ *en commandite simple* Kommanditgesellschaft (KG) ; ~ *en commandite par actions* Kommanditgesellschaft auf Aktien (KGaA) ; ~ *commerciale* Handelsgesellschaft ; ~ *en nom collectif* offene Handelsgesellschaft (OHG) ; ~ *conseil* Beratungsfirma ; ~ *de contrôle* Dachgesellschaft ; Kontroll-, Obergesellschaft ; ~ *contrôlée* abhängige Gesellschaft ; Untergesellschaft ; ~ *coopérative* Genossenschaft *f* ; ~ *de crédit* Kreditgesellschaft ; ~ *dépendante* abhängige Gesellschaft ; ~ *de distribution* Vertriebsgesellschaft ; ~ *d'économie mixte* gemischt wirtschaftliche Gesellschaft ; ~ *écran* Tarngesellschaft ; ~ *émettrice* emittierende Gesellschaft ; ~ *fictive* Scheingesellschaft ; ~ *fiducière* Treuhandgesellschaft ; ~ *de financement* Finanzierungsgesellschaft ; ~ *holding* Holdinggesellschaft ; ~ *immobilière* Immobiliengesellschaft ; ~ *d'ingénierie* Ingenieur-, Planungsbüro *n* ; ~ *d'investissement* Investmentgesellschaft ; Kapitalanlagegesellschaft ; ~ *d'investissement à capital variable* → (*S.I.C.A.V.*) ; ~ *mère* Dach-, Kontroll-, Muttergesellschaft ; Obergesellschaft ; ~ *minière* Minen-, Bergwerkgesellschaft ; ~ *multinationale* multinationale Gesellschaft ; Multi *m* ; ~ *mutualiste* → **mutuelle** ; ~ *nationalisée* verstaatlichte Gesellschaft ; ~ *de personnes* Personen-, Personalgesellschaft ; ~ *de placement* → *investissement* ; ~ *sans but lucratif* Gesellschaft ohne Erwerbscharakter ; Gesellschaft ohne Erwerbszweck ; ~ *semi-publique* gemischtwirtschaftliche Gesellschaft ; ~ *de services* Dienstanbieter *m*, -leister *m* ; Dienstleistungsgesellschaft ; ~ *d'utilité publique* gemeinnützige Gesellschaft ; ◆◆ *absorption f d'une* ~ Übernahme *f* einer Gesellschaft ; *capital m de la* ~ Gesellschaftskapital *n* ; *constitution f, dissolution f d'une* ~ Gründung *f*, Auflösung *f* einer Gesellschaft ; *fusion f de* ~*s* Fusion *f* von Gesellschaften ; *gestion f de la* ~ Gesellschaftsführung *f* ; *impôt m sur les* ~*s* Körperschaft(s)steuer *f* ; *part f de* ~ Gesellschafts(an)teil *m* ; (*S.A.R.L.*) Stammeinlage *f* ; *siège m de la* ~ Gesellschaftssitz *m* ; *transformation f en* ~ Umwandlung *f* in eine Gesellschaft ; ◆◆◆ *dissoudre, fonder une* ~ eine Gesellschaft auflösen, gründen ; *se retirer d'une* ~ aus einer Gesellschaft ausscheiden ; *transformer une* ~ eine Gesellschaft umwandeln.
2. société *f* (*sociologie*) Gesellschaft *f* ; ~ *d'abondance* Überflussgesellschaft ; ~ *de consommation* Konsumgesellschaft ; ~ *de gaspillage* Wegwerfgesellschaft ; ~ *de loisirs, permissive* Freizeit-, permissive Gesellschaft ; ~ *de rendement* Leistungsgesellschaft ; ~ *sans classes* klassenlose Gesellschaft ; ~ *du savoir et de la communication* Wissens- und Informationsgesellschaft.
3. société *f* **de bourse** (*remplace les charges d'agent de change depuis 1988*) Börsengesellschaft *f* ; Maklergesellschaft *f* ; Börsenhandelsfirma *f*.
socio-culturel, le soziokulturell ; *environnement m* ~ sozio-kulturelles Umfeld *n*.
socio-démographique soziodemografisch.
socio-économique sozioökonomisch.
sociologie *f* Soziologie *f* ; Gesellschaftslehre, -wissenschaft *f*.
socio-professionnel, le sozioprofessionell ; berufsständisch ; *catégorie f* ~*le* Berufsgruppe *f* ; Stellung *f* im Berufsleben ; *structure* ~*le* sozioprofessionnelle Gliederung *f*.
socio-style *m* (*marketing*) Lebensweise *f*.
Socrate (programme) *m* (*programme d'échanges interuniversitaires, en relais avec le programme « Erasme »*) Sokrates-Programm *n*.
S.O.F.R.E.S. *f* (*société française d'enquêtes par sondage*) französisches Meinungsforschungsinstitut *n*.
software *m* Software *f* (*syn. logiciel*).
soignant, e : *aide-*~(*e*) Stationshilfe *f* ; *personnel m* ~ Pflegepersonal *n*.
soigné, e gepflegt ; *fabrication f* ~*e* sorgfältige Herstellung *f*.
soigner 1. (*médical*) ärztlich behandeln **2.** pflegen ; ~ *l'image d'un produit* das Image eines Produkts pflegen ; ~ *ses relations avec les milieux d'affaires* seine Beziehungen zu den Geschäftskreisen pflegen.
soins *mpl* **1.** (*médicaux*) (ärztliche) Behandlung *f* ; medizinische Versorgung

sollicitation

f ; (Kranken)Pflege *f* ; ~ *dentaires* zahnärztliche Behandlung ; ~*s à domicile* häusliche Pflege ; ~ *hospitaliers* stationäre Behandlung *f* ; ~ *en hôpital de jour* ambulante Behandlung (Pflege) ; *dispenser des* ~ pflegen ; behandeln **2.** *aux bons* ~ *de* zu Händen von (z.H.).

sol *m* **1.** Boden *m* ; Land *n* ; Erde *f* ; Grund *m* ; *coefficient, plan d'occupation des* ~*s* → *C.O.S., P.O.S.* ; ~ *cultivé* bebauter Boden ; ~ *en jachère* Brachland ; *nature f du* ~ Bodenbeschaffenheit *f* ; *produit m du sol* Agrarprodukt *n* ; Bodenerzeugnis *n* ; *rendement m du* ~ Bodenertrag *m* ; *valeur f du* ~ Ertragsfähigkeit *f* des Bodens **2.** (*code de nationalité*) *droit m du* ~ Bodenrecht *n* ; Territorialprinzip *n*.

solaire Sonnen- ; Solar- ; *énergie f* ~ Sonnenenergie *f* ; *toit m* ~ Solardach *n*.

solde *f* Sold *m* ; Löhnung *f* ; ~ *d'un marin* Heuer *f* ; *congé m sans* ~ unbezahlter Urlaub *m* ; *être à la* ~ *de qqn* in jds Sold stehen ; in jds Diensten stehen.

solde *m* **1.** (*reliquat*) Restbetrag *m* ; Rest *m* ; Restsumme *f* ; *paiement m du* ~ Begleichung *f* des Restbetrags **2.** Saldo *m* ; ~ *actif* Aktiv- ; Kreditsaldo ; ~ *de la balance commerciale, du commerce extérieur* Handelsbilanzsaldo *m* ; Außenhandelsbilanz *f* ; ~ *bénéficiaire* Gewinnüberschuss *m* ; ~ *en caisse* Kassenbestand *m* ; ~ *de compte* Kassenbilanz *f* ; ~ *de tout compte* Abschluss *m* ; Endquittung *f* ; ~ *créditeur* → *actif* ; ~ *débiteur* Debet-, Passivsaldo ; ~ *des échanges, des biens et services* Außenbeitrag *m* ; ~ *en notre/ votre faveur* Saldo zu unseren/Ihren Gunsten ; ~ *passif* → *débiteur* ; *pour* ~ *de* (*tout*) *compte* zum Ausgleich des Kontos ; ~ *de trésorerie* Bestand *m* an flüssigen Mitteln ; *report du* ~ Saldovortrag *m* ; *accuser un* ~ einen Saldo aufweisen ; *établir le* ~ den Saldo feststellen ; *reporter un* ~ einen Saldo übertragen (vortragen) **3.** ~*s* → *soldes*.

solder 1. ausverkaufen ; im Schlussverkauf (Ausverkauf) anbieten ; *article m* ~*é* preisgesenkte (reduzierte) Ware *f* ; ~ *à vil prix* zu Schleuderpreisen verkaufen ; verramschen **2.** (*compte*) saldieren ; abschließen ; ausgleichen ; ~ *un compte par une perte* ein Konto mit Verlust schließen ; ~ *sa position* sein Engagement glattstellen **3.** *se* ~ *par un déficit* ein Defizit aufweisen ; mit einem Minus abschließen ; *se* ~ *par un échec, un succès* mit einem Misserfolg, Erfolg enden.

solde(s) *m(pl)* Schlussverkauf *m* ; (*liquidation*) Ausverkauf ; *en* ~ preisgesenkt ; reduziert ; zum Schlussverkaufspreis ; ~ *d'été* Sommerschlussverkauf (SSV) ; ~ *d'hiver* Winterschlussverkauf (WSV) ; ~ *après inventaire* Inventurausverkauf ; *article m en* ~ Ausverkaufs-, Schlussverkaufsware *f* ; Sonderangebot *n* ; *acheter en* ~ im (beim) Schlussverkauf kaufen ; im (beim) Ausverkauf erwerben ; *mettre en* ~ im Preis herabsetzen ; reduzieren.

solidaire solidarisch ; gesamtschuldnerisch ; *cautionnement m* ~ Solidarbürgschaft *f* ; gesamtschuldnerische Bürgschaft ; *créancier m, débiteur m* ~ Gesamtgläubiger *m*, -schuldner *m* ; *dette f* ~ Gesamt-, Solidar-, Kollektivschuld ; *économie f* ~ Solidarwirtschaft ; *responsabilité f* (*conjointe et*) ~ solidarische (gesamtschuldnerische) Haftung *f* ; Gesamt-, Kollektivhaftung ; *se déclarer* ~ *d'un mouvement social* sich mit einer sozialen Bewegung solidarisch erklären ; *avoir une responsabilité* ~ solidarisch haften ; gesamtschuldnerisch bürgen.

solidairement gemeinschaftlich ; solidarisch ; gesamtschuldnerisch ; *responsable* solidarisch (gesamtschuldnerisch) haftbar ; *être* ~ *responsable envers qqn* jdm als Gesamtschuldner haften ; jdm gegenüber solidarisch haften.

solidariser : *se* ~ *avec les grévistes* sich mit den Streikenden solidarisieren ; sich mit den Streikenden solidarisch erklären.

solidarité *f* **1.** (*jur.*) Gesamt-, Solidar-, Mithaftung *f* ; solidarische Haftung ; ~ *conventionnelle* vereinbarte Solidarhaftung ; auf Vertrag beruhende Gesamthaftung ; ~ *légale* gesetzliche Solidarhaftung **2.** *solidarité f* ; Zusammengehörigkeitsgefühl *n* ; gegenseitige Unterstützung ; *contrat m de* ~ *entre les générations* Generationenvertrag *m* ; *contribution f de* ~ Solidar(itäts)zuschlag *m* ; (*fam.*) Soli *m* ; Solizuschlag *m* ; *fonds m de* ~ Streikkasse *f* ; *grève f de* ~ Sympathie-, Solidaritätsstreik *m*.

solidité *f* Robustheit *f* ; ~ *financière* Kreditwürdigkeit *f* ; Bonität *f*.

sollicitation *f* (dringende) Bitte *f* ; Ansuchen *n* ; Gesuch *n*.

solliciter 1. beantragen ; ersuchen ; nachsuchen (um) ; *offre ~ée* angefordertes (erbetenes) Angebot *n* ; *~ une aide financière* um eine finanzielle Unterstützung (Hilfe) bitten ; *~ une autorisation* eine Genehmigung einholen ; *~ un emploi* sich um eine Stelle bewerben ; *~ un prêt immobilier* einen Baukredit beantragen **2.** (*corresp.*) *je ~e votre bienveillance lors de l'examen de ma candidature* hiermit ersuche ich Sie, meine Bewerbung wohlwollend zu prüfen **3.** *trop ~ une machine, le personnel* eine Maschine, die Belegschaft zu sehr beanspruchen ; einer Maschine, der Belegschaft zu viel abverlangen.

solliciteur *m* Bittsteller *m* ; Antragsteller *m* ; (*postulant à un emploi*) Bewerber *m*.

solvabilité *f* Zahlungsfähigkeit *f* ; Bonität *f* ; Kreditwürdigkeit *f* ; Solvenz *f* ; Solvabilität *f* ; *~ matérielle* materielle Kreditwürdigkeit ; *enquête f de ~* Kreditwürdigkeits-, Bonitätsprüfung *f* ; *marge f de ~* Solvabilitätsspielraum *m* ; *ratio m de ~* Solvenzkennziffer *f* ; Solvabilitätskoeffizient *m*.

solvable kreditwürdig ; zahlungsfähig ; solvent ; kaufkräftig ; *clients mpl ~s* kaufkräftige Kunden *mpl* ; *liste m des pays, des clients ~s* Bonitätsliste *f*.

sombre : *coupes fpl ~s* Kahlschlag *m* ; *faire (pratiquer) des coupes ~s* einschneidende Kürzungen vornehmen ; den Rotstift ansetzen.

sommation *f* Aufforderung *f* ; Zahlungsbefehl *m* ; Mahnung *f* ; Verwarnung *f* ; *lettre f de ~* Mahnschreiben *n* ; *~ par voie d'huissier* gerichtliche Aufforderung.

somme *f* Summe *f* ; Betrag *m* ; Geldbetrag ; ◆ *~ d'argent* Geldsumme ; *~ déductible, exigible* absetzbarer, fälliger Betrag ; *~ due, à payer* geschuldeter, zu zahlender Betrag ; *~ forfaitaire, globale* Pauschalsumme, Gesamtbetrag ; *~ restante* Restsumme ; *~ totale* Gesamtsumme ; *~ en toutes lettres* Betrag in Worten ; ◆◆◆ *arrondir une ~* einen Betrag abrunden ; *faire la ~ de qqch* etw zusammenrechnen ; *la ~ se monte à* die Summe beträgt (beläuft sich auf) ; *porter une ~ au crédit / au débit d'un compte* einem Konto einen Betrag gutschreiben / ein Konto mit einem Betrag belasten ; *virer une ~ à un compte* einen Betrag auf ein Konto überweisen.

sommer auffordern ; mahnen ; (ver)warnen ; *~ d'effectuer un paiement* zur Zahlung auffordern ; *~ par voie de justice* gerichtlich auffordern ; durch einen Gerichtsvollzieher auffordern lassen.

sommet *m* Gipfel *m* ; Höhe *f* ; Höhepunkt *m* ; Höchststand *m* ; *au ~* auf höchster Ebene ; *~ à deux, à trois* Zweier-, Dreiergipfel ; *conférence f, rencontre f au ~* Gipfelkonferenz *f*, -treffen *n* ; *les cours atteignent de nouveaux ~s* die Kurse erreichen einen neuen Höchststand.

somptuaire aufwendig ; luxuriös ; verschwenderisch ; prunkvoll ; *dépenses fpl ~s* verschwenderische Ausgaben *fpl* ; *impôt m ~* Luxussteuer *f* ; *train m de vie ~* luxuriöser Lebensstil *m*.

sondage *m* **1.** (*statist.*) *~* Umfrage *f* ; Befragung *f* ; demoskopische Umfrage ; Stichprobe *f* ; repräsentative Erhebung *f* ; Auswahl *f* ; *~ catastophique, favorable* Meinungstief *n*, -hoch *n* ; *~ à un, à deux degrés* ein-, zweistufige Stichprobe *f* ; *~ d'opinion* Meinungsumfrage *f* ; *enquête f par ~* Stichprobenerhebung ; Stichprobenverfahren *n* ; *effectuer un ~ (d'opinion)* eine (Meinungs)Umfrage durchführen ; *être au plus bas dans les ~s électoraux* in den Wahlprognosen ganz unten liegen **2.** (*science*) Meinungsforschung *f* ; Demoskopie *f* **3.** (*techn.*) Bohrung *f*.

sondé *m* Befragte(r).

sonder befragen ; sondieren ; Umfragen durchführen.

sondeur *m* Meinungsbefrager *m*.

sonnant : *payer en espèces ~es et trébuchantes* in (mit) klingender Münze zahlen.

sonnette *f* : *tirer la ~ d'alarme* Alarm schlagen.

sonore : *pollution f ~* Lärmbelästigung *f*.

sophistiqué, e ausgeklügelt ; hochtechnisiert ; höchstentwickelt ; von großer technischer Raffinesse ; modernst ; hochwertig.

sort : *par tirage au ~* durch Auslosung ; *tirer au ~* auslosen ; verlosen.

sortant 1. (*sociétaire*) ausscheidend ; *député m ~* bisheriger Abgeordnete(r) **2.** (*comme*) *~ de l'usine* fabrikneu **3.** *numéros mpl ~s* Gewinnzahlen *fpl*.

sorte *f* Sorte *f* ; Gattung *f* ; Weise *f* ; Art *f* ; *de toutes ~s* allerlei ; *in allen Sorten* ; *de la meilleure ~* von der besten Sorte.
sortie *f* **1.** Ausfuhr *f* ; Abgang *m* ; Ausgang *m* ; *~ de capitaux* Kapitalabfluss *m* ; *~ de devises* Devisenausgänge ; (*stocks*) *~ de marchandises* Lagerausgänge, -abgänge ; *~ d'or* Goldabfluss ; (*douane*) *déclaration de ~* Zollausfuhrerklärung *f* ; Ausfuhranmeldung *f*, -deklaration *f* ; *droits mpl de ~* Ausfuhrzoll *m* ; *formalités fpl de ~* Ausfuhrformalitäten *fpl* ; *tarif m de ~* Ausfuhrtarif *m* ; *visa m de ~* Ausreisevisum *n* **2.** *examen m de ~* Abschlussexamen *n* **3.** (*informatique*) Ausgabe *f* ; *données fpl de ~* Ausgabedaten *pl*.
sortir 1. aus-, heraus-, hinausgehen ; (*capitaux*) *~ d'un pays* ein Land verlassen ; aus einem Land abfließen ; *~ du rouge* aus den roten Zahlen herauskommen **2.** (*navire*) *~ du port* auslaufen **3.** (*informatique*) *~ des données* Daten abrufen **4.** *~ un produit* ein Produkt herausbringen ; einen Artikel auf den Markt bringen **5.** (*marchandise*) *faire ~* ausführen ; exportieren.
sou *m* (*fig.*) Pfennig *m* ; Groschen *m* ; Heller *m* ; Cent *m* ; ◆◆ *appareil m à ~s* Spielautomat *m* ; *question f de gros ~s* Geldfrage *f* ; *au ~ près* auf den Pfennig (Cent) genau ; *jusqu'au dernier ~* bis auf den letzten Pfennig ; *pour quelques ~s* für ein paar Pfennige ; ◆◆◆ *ne pas avoir le ~* keinen Pfennig (Cent) haben ; ohne einen Pfennig sein ; *faire attention au moindre ~* auf jeden Pfennig (Cent) sehen ; mit jedem Pfennig (Cent) rechnen müssen ; *être près de ses ~s* mit dem Pfennig geizen ; ein Pfennigfuchser sein.
souche *f* **1.** Talon *m* ; Stammblatt *n* ; (*actions*) Erneuerungsschein *m* ; *~ d'un chèque* Schecktalon ; *carnet m à ~* Abreißheft *n* ; Talonbuch *n* **2.** (*jur.*) Abstammung *f* ; Parentel *f* ; *de ~ allemande* deutschstämmig ; *partage m par ~s* Parentelsystem *n*, -teilung *f*.
souffrance *f* : *en ~* schwebend ; unerledigt ; *affaire f en ~* unerledigter Vorgang *m* ; *envoi m en ~* unzustellbare Sendung *f* ; *lettre en ~* unzustellbarer Brief *m* ; *marchandise f en ~* nicht abgeholte Ware *f* ; *paiement m en ~* überfällige Zahlung *f* ; Zahlungsrückstand *m* ; *traite f en ~* Not leidender Wechsel *m* ; *rester en ~* unerledigt bleiben.

souffrir leiden (*de* unter) ; *~ d'un manque de capitaux* unter Kapitalmangel leiden ; *ne ~ aucun retard* keine Verspätung dulden ; *le projet ne souffre aucun délai* das Projekt leidet keinen Aufschub.
soulever : *~ des difficultés* Schwierigkeiten bereiten ; *~ une objection* einen Einwand erheben ; *~ un problème* ein Problem aufwerfen ; *~ une protestation* einen Protest auslösen.
soulte *f* Ausgleichszahlung *f*, -summe *f* ; Zuzahlung *f* ; (*héritage*) Ausgleichsanspruch *m* ; *~ en argent* Ausgleich *m* in bar ; *échange m avec ~* Tauschgeschäft *n* mit Wertausgleich.
soumettre 1. *~ une offre* ein Angebot unterbreiten (machen) ; *~ une proposition* einen Vorschlag machen **2.** *~ à un contrôle* einer Kontrolle unterwerfen ; *~ à un impôt* mit einer Steuer belegen ; *~ un produit à une série de tests* ein Produkt einer Testreihe unterziehen ; *~ à la signature* zur Unterschrift vorlegen ; *se ~ à un arbitrage, une décision* sich einem Schiedsspruch, einer Entscheidung unterwerfen.
soumis -pflichtig ; verpflichtet ; bedingt ; *~ à autorisation* genehmigungspflichtig ; *~ aux droits, à la taxe* zoll-, abgabepflichtig ; *~ à l'impôt* steuerpflichtig ; *~ au droit de timbre* gebührenpflichtig ; *~ à (la) T.V.A.* mehrwertsteuerpflichtig ; *être ~ à une réglementation* einer Regelung unterliegen ; einer Regulierung unterworfen sein.
soumission *f* **1.** (*marchés publics*) (öffentliche) Ausschreibung *f* ; Submission *f* ; Angebot *n* ; *date f de clôture des dépôts de ~* Submissions-, Ausschreibungstermin *m* ; *faire une ~* ein Angebot machen ; *par voie de ~* durch Ausschreibung ; *~s ouvertes jusqu'au 31 décembre* Angebote sind bis zum 31.12. einzureichen **2.** (*douane*) zollmäßige Bindung *f* ; zollamtliche Verpflichtungserklärung *f* ; Gestellung *f* **3.** Unterwerfung *f* ; Gehorsam *m*.
soumissionnaire *m* (*marchés publics*) Submittent *m* ; Submissionsbewerber *m* ; Anbieter *m* ; sich um eine Ausschreibung bewerbende Firma *f* ; *se porter ~* in Submission gehen ; an einer Ausschreibung teilnehmen **2.** (*douane*) Antragsteller *m* (hinsichtlich eines Zollverfahrens).

soumissionner (*marchés publics*) ein Angebot machen ; sich um ausgeschriebene Arbeiten bewerben ; submittieren ; ein Preisangebot vorlegen ; ~ *pour un marché* sich an einer Ausschreibung beteiligen ; an einer Submission teilnehmen.

souple 1. flexibel ; gleitend ; *horaires mpl ~s* gleitende (flexible) Arbeitszeiten *fpl* **2.** ~ *en affaires* kulant ; anpassungsfähig ; *se montrer ~ en matière de politique de crédit* eine lockere Kreditpolitik betreiben.

souplesse *f* Flexibilität *f* ; Anpassungsfähigkeit *f* ; ~ *en affaires* Kulanz *f*.

source *f* **1.** (*origine*) Quelle *f* ; ~ *d'approvisionnement* Versorgungsquelle ; ~ *d'énergie* Energiequelle, -träger *m* ; ~ *de financement* Finanzierungsquelle ; ~ *de revenus* Einkommensquelle ; *attaquer un problème à sa* ~ ein Problem an der Wurzel anpacken **2.** (*médias*) *de* ~ *autorisée* aus maßgebender (sicherer) Quelle ; *de* ~ *officielle, officieuse, on apprend* aus offizieller, inoffizieller Quelle erfährt man ; amtlich, halbamtlich wird mitgeteilt ; *selon certaines ~s* bestimmten Informationen nach ; einigen Quellen zufolge ; *de* ~ *bien informée, on apprend que* wie aus gut unterrichteten Kreisen verlautet ; aus verlässlicher Quelle erfährt man, dass **3.** (*fisc*) *impôt m prélevé à la* ~ Steuerabzug *m* an der Quelle ; Quellenbesteuerung *f* ; Erhebung *f* der Steuer an der Quelle ; *retenue f à la* ~ Einbehaltung *f* an der Quelle.

souris *f* (*informatique*) Maus *f* ; *clic m de la* ~ Mausklick *m*.

sous-affréter unterbefrachten ; unterverfrachten.

sous-agent *m* Untervertreter *m* ; Unteragent *m* ; Zwischenmakler *m*.

sous-alimentation *f* Unterernährung *f*.

sous-alimenté, e unterernährt.

sous-approvisionner unterversorgen.

sous-assurer unterversichern.

sous-bail *m* Unterverpachtung *f*.

sous-bande (*poste*) unter Streifband ; unter Kreuzband.

sous-capitalisation *f* Unterkapitalisierung *f*.

sous-caution *f* **1.** (*personne*) Nachbürge *m* **2.** Nachbürgschaft *f*.

sous-charge *f* : *être en* ~ unausgelastet sein.

sous-comité *m* → *sous-commission*.

sous-commission *f* Unterausschuss *m* ; Unterkommission *f*.

sous-compte *m* Unterkonto *n* ; Hilfskonto.

sous-continent *m* Subkontinent *m*.

sous-coter unterbewerten.

souscripteur *m* **1.** (a*ssur.*) Versicherungsnehmer *m* ; Zeichner *m* eines Versicherungsvertrags **2.** (*bourse*) Zeichner *m* ; ~ *d'actions, d'obligations, de parts de S.I.C.A.V.* Zeichner von Aktien, Schuldverschreibungen, Fonds ; ~ *au pair* Parizeichner *m* **3.** ~ *d'une traite* Aussteller *m* eines Wechsels **4.** (*édition*) Subskribent *m*.

souscription *f* (*contrat*) Unterzeichnung *f* ; Abschluss *m* ; (*emprunt*) Zeichnung *f* ; (*livre*) Subskription *f* ; (*collecte*) Spendenaktion *f* ; ♦ ~ *d'actions* Aktienzeichnung *f* ; ~ *intégrale* vollständige Zeichnung ; feste Übernahme *f* ; ~ *minimale* Mindestzeichnung *f* ; ~ *d'une police d'assurances* Versicherungsabschluss ; ♦♦ (*bourse*) *bon m de* ~ Zeichnungsschein *m* ; *bulletin m de* ~ Zeichnungsformular *n* ; *conditions fpl de* ~ Zeichnungsbedingungen *fpl* ; *déclaration f de* ~ Bezugsanmeldung *f* ; *délai m de* ~ Subskriptions-, Zeichnungsfrist *f* ; *droit m de* ~ (*actions*) Bezugsrecht *n* ; *droit de* ~ *au porteur* **a)** Inhaberoptionsschein *m* **b)** Zeichnungsermächtigung *f* ; *émission f par* ~ *publique* Subskriptionsemission *f* ; *lieu m de* ~ Bezugsstelle *f* ; *offre f de* ~ Bezugsangebot *n* ; *prix m de* ~ Subskriptions-, Bezugspreis ; Zeichnungspreis ; ♦♦♦ *acheter un ouvrage en* ~ ein Buch subskribieren ; *émettre par* ~ *publique* zur öffentlichen Zeichnung auflegen ; *mettre un emprunt en* ~ eine Anleihe zur Zeichnung auflegen.

souscrire 1. (*signer, concurre*) unterschreiben ; unterzeichnen ; subskribieren ; abschließen ; ~ *un abonnement* abonnieren ; (im Abonnement) beziehen ; ~ *un contrat d'assurance* eine Versicherung abschließen ; (*assurance*) ~ *des garanties* Risiken versichern ; ~ *une publication* eine Veröffentlichung subskribieren **2.** (*bourse*) zeichnen ; ~ *à un emprunt, à des actions, à des parts* eine Anleihe, Aktien, Anteile zeichnen ; *je souscris pour une somme de* ich zeichne einen Betrag von **3.** (*approuver*) ~ *à une* *mesure politique* eine politische Maßnahme billigen.

souscrit, e gezeichnet ; *action f ~e* gezeichnete Aktie *f* ; *somme f ~e* gezeichneter Betrag *m* ; *capital m ~* gezeichnetes Aktienkapital *n* ; *entièrement ~* voll gezeichnet ; *(assur.) liste f des garanties ~es* Umfang *m* des Versicherungsschutzes.

sous-déclarer unterbewerten.

sous-développé, e unterentwickelt ; *pays ~* Entwicklungsland *n* ; unterentwickeltes Land.

sous-développement *m* Unterentwicklung *f.*

sous-directeur *m* stellvertretender Direktor *m.*

sous-effectif *m* Unterbesetzung *f* ; *être en ~* unterbesetzt sein.

sous-emploi *m* Unterbeschäftigung *f*

sous-employé, e unterbeschäftigt.

sous-encadrement *m* Mangel *m* an Leitenden (an leitenden Angestellten, an Betreuern) ; Fehlen *n* an Aufsichtspersonal.

sous-ensemble *m* Teilmenge *f.*

sous-équipé, e unzureichend ausgestattet ; ungenügend ausgerüstet.

sous-équipement *m* unzureichende (mangelnde) Ausstattung *f (de* mit).

sous-estimation *f* Unterbewertung *f* ; Unterschätzung *f.*

sous-estimer unterbewerten ; unterschätzen ; zu niedrig veranschlagen.

sous-évaluer → *sous-estimer.*

sous-fifre *m (fam.)* unbedeutender Mitarbeiter *m.*

sous-groupe *m* Untergruppe *f* ; Teilgruppe *f* ; *(espèce animale)* Untergattung *f* ; Unterklasse *f.*

sous-industrialisation *f* Unterindustrialisierung *f.*

sous-industrialisé, e unterindustrialisiert.

sous-locataire *m* Untermieter *m.*

sous-location *f* Untermiete *f* ; Untermietvertrag *m* ; Unterpachtvertrag ; *chambre f en ~* Zimmer *n* zur Untermiete ; *être en ~* in Untermiete wohnen.

sous-louer untervermieten ; zur Untermiete wohnen.

sous-main : *en ~* heimlich ; *somme f versée en ~* unter der Hand gezahlter Betrag *m.*

sous-marin *m* **1.** U-Boot *n* **2.** *(polit.)* Maulwurf *m* ; Geheimagent *m.*

sous-marin, e unter dem Meeresboden (befindlich) ; Unterwasser- ; *recherche f ~e* Meeresforschung *f.*

sous-médicalisé, e : *région f ~ée* an ärztlichen Niederlassungen unterbesetzte Gegend *f.*

sous-nombre : *être en ~* unterbesetzt sein ; unzureichend sein.

sous-occupation *f* Unterbesetzung *f* ; Unterauslastung *f.*

sous-occupé, e *(hôtel)* unterbelegt ; unausgelastet ; fehlbelegt.

sous-payer unterbezahlen ; *être ~é* unterbezahlt sein.

sous-peuplé, e : *régions fpl ~ées* unterbevölkerte Gebiete *npl.*

sous-peuplement *m* Unterbevölkerung *f.*

sous-pondérer untergewichten.

sous-production *f* Unterproduktion *f.*

sous-produit *m* **1.** Nebenprodukt *n* ; Nebenerzeugnis *n* **2.** Abfallprodukt *n.*

sous-prolétariat *m* **1.** *(hist.)* Lumpenproletariat *n* **2.** Subproletariat *n.*

sous-qualification *f* Unterqualifizierung *f* ; unzureichende Qualifizierung.

sous-section *f* Unterabteilung *f.*

sous-seing → *seing.*

soussigné *m* Unterzeichnete(r) ; Unterzeichner *m* ; *je ~ certifie que* ich, der Unterzeichner, bescheinige, dass ; ich Unterzeichneter bescheinige, dass ; hiermit bestätige (erkläre) ich, dass.

sous-sol *m* Untergrund *m* ; *richesses, ressources fpl du ~* Bodenschätze *mpl* ; *exploitation f du ~ marin* Meeresbergbau *m.*

sous-terre *(mine)* Untertage- ; *travailleur m ~* Untertagearbeiter *m.*

sous-traitance *f* Zulieferung *f* ; Vergabe *f* (von Aufträgen) an Zulieferfirmen ; Untervergabe ; Auslagerung *f* ; *commande f de ~* Zulieferauftrag *m* ; ausgelagerter Auftrag ; *industrie de ~* Zulieferer(industrie *f* ; *travail m en ~* ausgelagerte Arbeit *f* ; *donner en ~* auslagern.

sous-traitant *m* Zulieferer *m* ; Zulieferfirma *f*, -betrieb *m*, -unternehmen *n* ; Unterlieferant *m*, Zubringerbetrieb *m* ; Subunternehmer *m.*

sous-traiter 1. von Zulieferbetrieben herstellen lassen ; Aufträge (als Unterlieferant) übernehmen **2.** (Aufträge) an Zulieferbetriebe vergeben.

sous-utiliser zu gering benutzen ; ~ *des capacités de production* Produktionskapazitäten nicht genug auslasten.

soute *f* Gepäckraum *m* ; Frachtraum ; (*à charbon*) Bunker *m*.

soutenir (unter)stützen ; fördern ; ~ *les cours* die Kurse stützen ; Kurspflege betreiben ; ~ *les commerçants, le tourisme* den Einzelhandel, den Tourismus fördern ; *notre produit soutient la comparaison avec la concurrence* unser Produkt hält jeden Vergleich mit der Konkurrenz aus.

soutenu, e (*durable*) anhaltend ; ununterbrochen ; andauernd ; *demande f, tendance f ~e* anhaltende Nachfrage, anhaltender Trend *m* ; (*bourse*) *cours m ~* fester Kurs.

souterrain, e unterirdisch ; Untergrund- ; *pipeline m ~* unterirdisch verlaufende Ölleitung *f* ; (*fig.*) *économie f ~e* Schattenwirtschaft *f* ; grauer Markt *m*.

soutien *m* Stützung *f* ; Rückhalt *m* ; Hilfe *f* ; ~ *de l'État* staatliche Förderung ; ~ *familial* Familienunterstützung *f* ; ~ *de famille* Familienvorstand *m*, -ernährer *m* ; Versorger *m* ; Alleinverdiener *m* ; ~ *du marché, des prix* Markt-, Preisstützung *f* ; *achat m, vente f de* ~ Stützungskauf *m*, -verkauf ; *grève f de* ~ Solidaritätsstreik *m* ; *opération f de* ~ Stützungsaktion *f* ; *bénéficier du ~ financier* finanziell unterstützt werden ; *prendre des mesures de* ~ Stützungsmaßnahmen treffen.

soutirer : ~ *de l'argent à qqn* jdm Geld abknöpfen ; jdn schröpfen ; ~ *un avantage* einen Vorteil erschleichen.

souveraineté *f* (staatliche) Hoheit *f* ; Landeshoheit ; Souveränität *f* ; ~ *audiovisuelle* Programmhoheit *f* ; *droit m de* ~ Souveränitätsrecht *n* ; *violer la ~ nationale d'un pays* die territoriale Souveränität eines Lands verletzen.

sovkhose *m* (*hist. U.R.S.S.*) Sowchos *m* ; Sowchose *f* ; landwirtschaftlicher Staatsbetrieb *m* in der ex-UdSSR.

SP. (*specimen*) Muster *n* ; Probeexemplar *n*.

spatial, e (Welt)Raum- ; *capsule f, sonde f ~e* Raumkapsel *f*, -sonde *f* ; *programme m ~* Raumprogramm *n* ; *recherche f, vol m ~(e)* Raumforschung *f*, -fahrt *f*.

spécial, e (*préfixe*) Sonder- ; spezial ; speziell ; *droits mpl de tirage spéciaux* Sonderziehungsrechte *npl* ; *envoyé m ~* Sonderberichterstatter *m*.

spécialisation *f* Spezialisierung *f* ; Spezialisation *f* ; (*dans une profession*) Fachrichtung *f* ; ~ *du marché, du produit* Markt-, Produktspezialisierung ; *domaine m de* ~ Fachgebiet *n*.

spécialisé, e spezialisiert (*sur, en* auf, in) ; fach-, sach-, branchenkundig ; Fach- ; *commerce m, école f ~(e)* Fachhandel *m*, -schule *f* ; *exposition f ~e* Fachausstellung *f*, -salon *m*, -messe *f* ; *magasin m ~* Fachgeschäft *n* ; *ouvrier m ~* (*O.S.*) angelernter Arbeiter *m* ; *presse f ~e* Fachpresse *f*.

spécialiser spezialisieren ; *se* ~ sich spezialisieren (*sur, en* auf, in).

spécialiste *m* Spezialist *m* ; Fachmann *m* ; *être* ~ Fachmann sein ; vom Fach sein ; *les ~s* die Fachwelt.

spécialité *f* **1.** Spezialität *f* ; Markenartikel *m* **2.** Fachgebiet *n* ; Spezialität **3.** (*budget de l'État*) ~ *budgétaire* (*principe selon lequel l'autorisation budgétaire est donnée pour un montant et un objet déterminés*) haushälterische Genehmigung *f* zur Freistellung von spezifischen Haushaltsmitteln.

spécification *f* Angabe *f* ; Bezeichnung *f* ; Beschreibung *f* ; Spezifikation *f* ; Spezifizierung *f* ; (*ventilation*) detaillierte Aufgliederung *f* ; (*caractéristiques*) Merkmale *npl*.

spécifier genau angeben ; spezifizieren.

spécificité Besonderheit *f* ; Eigenart *f* ; Spezifizität *f*.

spécimen *m* Muster *n* ; Probe *f* ; Probeexemplar *n* ; Probestück *n* ; ~ *de signature* Unterschriftsprobe *f* ; (*revue*) *numéro m ~* Probenummer *f*, -heft *n*.

spéculateur *m* (Börsen)Spekulant *m* ; Börsianer *m* ; Jobber *m* ; ~ *à la baisse* Baissespekulant ; Baissier *m* ; ~ *foncier* Bodenspekulant ; ~ *à la hausse* Haussespekulant ; Haussier *m*.

spéculatif, ive spekulativ ; *achats mpl ~s* Spekulationskäufe *mpl* ; *gain ~ Spekulationsgewinn m*, -wert *m* ; *manœuvres fpl boursières ~ives fpl* Börsenmanipulation *f* ; *opération f ~ive* Spekulationsgeschäft *n* ; *titre m ~* Spekulationspapier *n*.

spéculation *f* (Börsen)Spekulation *f* ; Spekulationgeschäft *n*, -handel *m* ; ~ *à la baisse, à la hausse* Baisse-, Haussespekulation ; ~ *heureuse* Gewinn bringende Spekulation ; ~ *malheureuse* Verlust bringende Spekulation ; *~s malhonnêtes* unlautere Spekulationsgeschäfte *npl* ; ~ *sur les actions, sur des terrains* Spekulation mit Aktien, mit Grundstücken ; *s'enrichir grâce à la* ~ durch Spekulation reich werden ; *se livrer à des ~s* spekulieren.

spéculer (*bourse*) (*sur*) spekulieren (auf) ; Spekulationen betreiben ; ~ *en* (*à la*) *bourse* an der Börse spekulieren ; ~ *à la hausse, à la baisse* auf Hausse, auf Baisse spekulieren ; ~ *sur les devises* mit Devisen spekulieren ; ~ *frauduleusement* unlautere Spekulationen betreiben ; ~ *sur un héritage* auf eine Erbschaft spekulieren.

spirale *f* Spirale *f* ; ~ *ascendante, descendante* Aufwärts-, Abwärtsspirale ; ~ *des coûts* Kostenspirale ; ~ *inflationniste* Inflationsspirale ; ~ *des salaires et des prix* Lohn-Preis-Spirale.

split *m* (*bourse : division du nominal*) Split *m* ; Splitting *n* ; Aufteilung *f* einer Aktie (mit höherem Nennwert in mehrere Aktien mit geringerem Nennwert).

spoliation *f* Beraubung *f* ; (Aus)Plünderung *f* ; entschädigungslose Enteignung *f*.

spolier berauben.

sponsor *m* Sponsor *m* ; Förderer *m* ; Geldgeber *m* ; Mäzen *m* ; Gönner *m*.

sponsorat *m* → *sponsoring*.

sponsoring *m* Sponsoring *n* ; Sponsorschaft *f* ; Sponsorentum *n* ; Mäzenatentum *n*.

sponsorisation *f* Sponsern *n*.

sponsoriser sponsern ; (durch finanzielle Hilfe) fördern ; *être ~é par une firme* von einer Firma gesponsert werden.

sponsorisme *m* → *sponsoring*.

spontané, e spontan ; unverlangt ; un(auf)gefordert ; *achat m* ~ Spontankauf *m*.

1. spot *m* Spot *m* ; ~ *publicitaire* Werbespot ; ~ *télévisé* Fernsehspot.

2. spot (*bourse*) (*pétrole*) Spotmarkt *m* ; Kassageschäft *n* ; *prix m* ~ Spotpreis *m*, -notierung *f*.

S.R.D. *m* (*bourse : système à règlement différé, a remplacé le règlement mensuel*) am Monatsabrechnungsmarkt notiertes Wertpapier ; Kreditkauf *m* von Aktien.

S.R.L. → *S.A.R.L.*

SSII *f* (*proncer « S deux I »* : *société de services et d'ingénierie en informatique*) auf EDV und Internet spezialisierte Dienstleistungsgesellschaft *f*.

stabilisateur, trice stabilisierend.

stabilisation *f* Stabilisierung *f* ; Festigung *f* ; Behauptung *f* ; ~ *des prix* Preisstabilisierung ; Beruhigung an der Preisfront ; ~ *des changes* (*monétaires*) Festigung der Währungsparitäten.

stabiliser stabilisieren ; *se* ~ sich festigen ; sich behaupten ; ~ *la monnaie, la croissance, les prix* die Währung, das Wachstum, die Preise stabilisieren.

stabilité *f* Stabilität *f* ; Festigkeit *f* ; Beständigkeit *f* ; Dauerhaftigkeit *f* ; ~ *économique* wirtschaftliche Stabilität ; ~ *des cours* Kursbeständigkeit ; ~ *de l'emploi* Sicherheit *f* des Arbeitsplatzes ; Arbeitsplatzsicherung *f* ; ~ *de la monnaie, des prix* Währungs-, Preisstabilität ; *pacte m de* ~ Stabilitätspakt *m*.

stable 1. fest ; stabil ; gleich bleibend ; *économie f, monnaie f* ~ stabile Wirtschaft, Währung *f* **2.** gesichert ; sicher ; beständig ; *place f* ~ sicherer Arbeitsplatz *m* ; *revenus mpl ~s* (*assurés*) sicheres (gesichertes) Einkommen *n*.

stabulation *f* (*agric.*) Stallhaltung *f* ; ~ *libre* Freilaufstall *m* ; Freilufthaltung *f*.

stade *m* (*étape*) Stufe *f* ; Grad *m* ; Stadium *n* ; Etappe *f* ; ~ *décisif* entscheidende Etappe ; ~ *de développement* Entwicklungsstufe ; ~ *de production* Produktionsstufe.

staff *m* Stab *m* ; ~ *de collaborateurs* Mitarbeiterstab.

stage *m* Lehrgang *m* ; Praktikum *n* ; ~ *en entreprise* Betriebs-, Berufspraktikum ; ~ *à l'étranger* Auslandspraktikum ; ~ *de formation* Fortbildungskurs *m* ; Umschulungslehrgang ; ~ *de perfectionnement* Lehrgang für die berufliche Fortbildung ; *faire un* ~ ein Praktikum machen ; *suivre un* ~ *accéléré* einen Schnellkurs (Crash-Kurs) besuchen.

stagflation *f* (*stagnation et inflation*) Stagflation *f*.

stagiaire *m* **1.** Praktikant *m* ; Lehrgangsteilnehmer *m* ; Trainee *m* ; Hospitant *m* ; ~ *rétribué* bezahlter Praktikant **2.** (*fonctionnaire*) Beamtenanwärter *m* ; Beamter *m* auf Probe.

stagnation *f* Flaute *f* ; Stagnieren *n* ; Stagnation *f* ; Talfahrt *f* ; Stockung *f*.

stagner stagnieren ; stocken ; stillstehen ; ins Stocken geraten.

stand *m* (*foire*) (Verkaufs)Stand *m* ; Messestand ; ~ *commun* Gemeinschaftsstand *m* ; ~ *de démonstration* Vorführstand ; ~ *publicitaire* Werbestand ; *location f d'un emplacement de* ~ Standmiete *f* ; *loyer m de* ~ Standmiete *f* ; *réserver un* ~ einen Stand reservieren.

standard *m* **1.** Maßstab *m* ; Standard *m* ; Muster *n* ; Typ *m* ; (Fach)Norm *f* ; ~ *de qualité* Qualitätsstandard ; Gütenorm ; Klassenmuster ; *relever le* ~ den Qualitätsstandard anheben **2.** genormt ; normiert ; standardisiert ; Standard-, Norm- ; *coûts mpl* ~ Budgetkosten *pl* ; veranschlagte Kosten ; *écart m* ~ Standardabweichung *f* ; *échantillon m* ~ Qualitäts-, Typenmuster ; *format m* ~ genormtes Format ; Standardformat ; *élément m* ~ Standardelement *n* ; *imprimé m* ~ Standardvordruck *m* ; *matériel m* ~ Standardmaterial *n* ; *modèle m* ~ Standardmodell *n* ; *qualité m* ~ Einheits-, Durchschnittsqualität *f* ; *prix m* ~ Standard-, Normalpreis *m* ; Durchschnittspreis ; *procédé m* ~ genormtes Verfahren *n* ; *type* ~ Standard-, Normalausführung *f* **3.** ~ (*téléphonique*) Telefonzentrale *f* ; Fernsprechamt *n*.

standardisation *f* Standardisierung *f* ; Normierung *f* ; Normung *f* ; Vereinheitlichung *f* ; Typisierung *f* ; ~ *de la construction* Baunormung *f* ; Normierung der Bauvorschriften ; *office m de* ~ Normenbüro *n* → *A.F.N.O.R.*

standardiser standardisieren ; vereinheitlichen ; normieren ; normen ; als Norm festlegen ; ~*é* standardisiert ; typisiert ; Standard- ; Norm- ; genormt ; ~ *des procédures de contrôle* Prüfverfahren normen.

standardiste *m/f* Telefonist *m*/Telefonistin *f*.

stand by *m* **1.** (*billet d'avion sur liste d'attente*) Stand-by *n* ; *crédit m* ~ Überbrückungs-, Standby-Kredit *m* **2.** (*informatique*) Stand-by *n* ; Bereitschaftsschaltung *f*.

standing *m* sozialer Status *m* ; gesellschaftliche Stellung *f* ; Standing *n* ; Lebensstandard *m* ; Rang *m* ; *appartement m de grand* ~ Wohung *f* für gehobene Ansprüche ; großzügig konzipierte Wohnung.

staries *fpl* (*temps stipulé pour le déchargement d'un navire de commerce*) Hafen-, Liegezeit *f* ; Löschzeit.

start-up *f* Start-up *n* ; Start-up-Unternehmen *n* ; Start-up-Firma *f* ; neu gegründetes (High-Tech)Unternehmen (*syn. jeune pousse*).

station *f* **1.** (*transp.*) Station *f* ; Haltestelle *f* ; ~ *de taxis* Taxistand *m* ; ~ *de correspondance* Umsteigebahnhof *m* ; Umsteigestelle **2.** (*touris.*) ~ *balnéaire* Seebad *m* ; ~ *climatique* Luftkurort *m* ; ~ *de sports d'hiver* Wintersportort *m* **3.** ~*service* Tankstelle *f* **4.** ~ *météo* Wetterwarte *f* **5.** ~ *radio* Rundfunkstation *f* ; Rundfunksender *m* ; ~ *privée* Privatsender *m* **6.** ~ *d'épuration* Klärwerk *n* ; Kläranlage *f*.

stationnaire gleichbleibend ; stationär ; unverändert.

stationnement *m* Parkplatz *m* ; Parken *n* ; ~ *interdit* Parkverbot *n* ; ~ *payant* gebührenpflichtiger Parkplatz *m* ; *taxe f de* ~ Parkgebühr *f* ; (*bateau*) Liegegeld *n*.

statisticien *m* Statistiker *m*.

statistique *f* Statistik(en) *f(pl)* ; statistische Erfassung *f* ; statistische Angaben *fpl* ; statistisches Material *n* ; ~*s officielles* amtliche Statistik(en) ; *institut m des* ~*s* statistisches Amt *n* ; *apparaître dans les* ~*s* in der Statistik auftreten ; *établir des* ~*s* eine Statistik erstellen.

statistique statistisch ; *tableau m* ~ statistische Tabelle *f*.

statuer bestimmen ; beschließen ; entscheiden ; erkennen ; statuieren ; ~ *en dernier ressort* in letzter Instanz entscheiden ; letztinstanzlich urteilen ; ~ *sur recours* über eine Beschwerde entscheiden (befinden).

statu quo *m* Status quo *m* ; gegenwärtiger Zustand *m* ; *accord m de* ~ Stillhalteabkommen *n* ; *maintenir le* ~ den Status quo aufrechterhalten.

statut *m* Statut *n* ; Satzung *f* ; Rechtsform *f* ; Ordnung *f* ; Stand *m* ; Stellung *f* ; Status *m* ; ♦ ~ *de la fonction publique* Beamtenrecht *n* ; ~ *juridique* Rechtsform, -lage *f* ; rechtliche Stellung ; ~ *d'une entreprise* Rechtsform eines Unternehmens ; ~ *légal* gesetzlicher Status *m* ; ~*s des personnels* Personalordnung ; Personalstatut *n* ; ~ *professionnel* Berufsordnung ; berufliche Stellung ; ~ *de salarié* Arbeitnehmerverhältnis *n* ; *conformément aux* ~*s* satzungsgemäß ;

contraire aux ~s satzungswidrig ; ◆◆◆ *avoir le ~ de commerçant* den Status eines Kaufmanns haben ; Kaufmann sein ; *avoir le ~ de fonctionnaire* sich im Beamtenverhältnis befinden ; *rédiger les ~s* die Statuten aufsetzen ; *modifier les ~s* die Satzungen ändern ; *violer les ~s* gegen die Statuten verstoßen.

statutaire satzungsgemäß, -mäßig ; statutengemäß ; statutarisch ; (*bourse*) *action f ~* Pflichtaktie *f* ; *réserves fpl ~s* satzungsgemäße Reserven *fpl*.

sté → *société*.

stellage *m* (*bourse*) Stellage *f* ; Stellagegeschäft *n* ; (Doppel)Optionsgeschäft.

sténo *f* Steno(grafie) *f* ; Kurzschrift *f*.

sténo-dactylo *f* (*arch.*) Stenotypistin *f* ; (*fam.*) Tippfräulein *n* ; Tippse *f*.

sténogramme *m* Stenogramm *n*.

sténographie *f* → *sténo*.

sténographier stenografieren.

sténotyper stenotypieren.

stère *m* Ster *m* ; Raummeter *m/n*.

stimulant *m* **1.** Anreiz *m* ; Ansporn *m* ; Stimulanz *f* ; Stimulus *m* **2.** (anregendes) Arzneimittel *n* ; Stimulans *n* ; *les ~s* die Genussmittel *npl*.

stimulation *f* Anreiz *m* ; Förderung *f* ; Impuls *m* ; Ankurbelung *f* ; Stimulierung *f*.

stimuler stimulieren ; anspornen ; anregen ; fördern ; anreizen ; *qui ~e les ventes* absatzfördernd.

stipulant *m* Vertragschließende(r) ; Kontrahent *m*.

stipulation *f* Vereinbarung *f* ; Abmachung *f* ; Bestimmung *f* ; Klausel *f* ; *~ du contrat* Vertragsabmachung ; *sauf ~ contraire* vorbehaltlich anderer Vereinbarungen ; falls keine anderslautende Vereinbarung vorliegt.

stipuler (*par contrat*) vertraglich festsetzen ; ausdrücklich vereinbaren ; abmachen ; bestimmen ; beschließen.

stock *m* (Lager)Bestand *m* ; Vorrat *m* ; Vorräte *mpl* ; Warenlager *n* ; Warenbestände *mpl* ; Lagerbestand *m* ; ◆ *~ effectif* (*réel*) tatsächlicher Bestand ; Istbestände ; *~ existant* Vorratsvermögen *n* ; *~ d'exploitation* Betriebsvorräte *mpl* ; *~ initial* Anfangsbestand ; *~ maximal, minimal* Höchst-, Mindestlagerbestand ; *~ mort* totes Lager ; stillliegende Warenbestände ; *~ prévisionnel* Sollbestand ; ◆◆ *constitution f des ~s* Lageraufbau *m* ; *contrôle m des ~s* Lagerbestandskontrolle *f* ; *diminution f des ~s* Lagerbestandsminderung *f* ; *épuisement m des ~s* Lagerleerung *f* ; erschöpfte Warenbestände ; *jusqu'à épuisement des ~s* solange der Vorrat reicht ; *gestion f des ~s* Lagerwirtschaft *f* ; *liquidation f des ~s* Lagerräumung *f* ; *mouvement m des ~s* Lagerbewegung *f* ; *renouvellement m* (*réapprovisionnement*) *des ~s* Bestandserneuerung *f*, -auffüllung *f* ; *responsable m des ~s* Lageraufseher *m* ; *rotation f des ~s* Lagerumschlag *m* ; *rupture f des ~* erschöpfte Warenbestände ; *vitesse f de rotation des ~* Lagerumschlagsgeschwindigkeit *f* ; ◆◆◆ *avoir en ~* auf Lager haben ; *constituer un ~* einen Vorrat anlegen ; *écouler des ~* Bestände abstoßen ; Warenbestände absetzen ; *être en rupture de ~* etw nicht auf Lager haben ; etw nicht vorrätig haben ; nicht mehr geliefert werden ; *liquider des ~s* ein Lager räumen ; *mettre en ~* auf Lager legen ; *reconstituer un ~* ein Lager ergänzen ; einen Lagerbestand aufbauen.

stockable lagerfähig.

stockage *m* **1.** Einlagerung *f* ; Aufstapelung *f* ; Speicherung *f* ; *~ définitif* (*final*) Endlagerung *f* ; *~ des déchets nucléaires* Atommülllagerung *f* ; *~ de précaution* Hortung *f* ; Hamstern *n* ; *~ provisoire* (*temporaire*) Zwischenlagerung ; zeitweilige Einlagerung ; *~ des récoltes* Einlagerung *f* der Ernten ; *capacité f, coût m, durée f de ~* Lagerkapazität *f*, -kosten *pl*, -dauer *f* **2.** (*informatique*) Speichern *n* ; (Ab)Speicherung *f* ; *~ de l'information* Datenspeicherung.

stocker 1. lagern ; stapeln ; speichern ; *~ dans un endroit sec* trocken aufbewahren **2.** (*stocks de précaution*) horten ; hamstern **3.** (*informatique*) (Daten, Informationen, Texte) (ab)speichern.

stock-option *f* Stock-Option *f* ; Aktienoption ; Stockdividenden *fpl* Unternehmensaktie *f* ; *être rémunéré en ~s* Stock-Options erhalten.

stop-ordre *m* (*bourse*) Stop-Order *f*.

Stoxx 50 *m* (*indice boursier*) STOXX 50 *m* ; *le ~ reflète l'évolution des cours de 50 valeurs standard des pays de l'U.E.* der STOXX 50 spiegelt die Kursentwicklung von 50 Standardwerten der EU wider.

strap *m* (*bande réfléchissante discontinue sous l'impression d'un billet de banque*) Perlglanzstreifen *m*.

stratagème *m* List *f* ; Trick *m* ; *avoir recours à un* ~ einen Trick anwenden.

stratège *m* Stratege *m* ; ~ *en investissements* Anlagestratege *m*.

stratégie *f* Strategie *f* ; Politik *f* ; ~ *de communication, de produits* Kommunikations-, Produktpolitik ; ~ *de concentration, de diversification* Konzentrations-, Diversifikationsstrategie ; ~ *de financement* Finanzierungsstrategie ; ~ *de marché* Marktstrategie ; *adopter une* ~ *de vente offensive* eine offensive Verkaufsstrategie verfolgen ; *définir, élaborer une* ~ eine Strategie festlegen, ausarbeiten.

stratégique strategisch ; politisch ; *management m* ~ strategische Unternehmensführung *f* ; *faire des choix ~s* strategische Entscheidungen treffen ; unternehmenspolitisch handeln.

stress *m* Stress *m* ; Leistungsdruck *m* ; Hektik *f* ; ~ *du travail* Arbeitsstress ; *moins de* ~ *sur le lieu de travail* weniger Hetze und Hektik am Arbeitsplatz.

stresser stressen ; ~*é* gestresst.

structure *f* Struktur *f* ; Aufbau *m* ; Gefüge *n* ; Einteilung *f* ; (Auf)Gliederung *f* ; Organisation *f* ; Gestaltung *f* ; ~ *administrative* Verwaltungsaufbau, -organisation ; ~ *des coûts* Kostenaufbau, -aufgliederung ; ~ *du marché, de la production* Markt-, Produktionsgefüge ; ~ *des prix* Preisgefüge, -gestaltung ; ~ *du revenu, des traitements* Einkommens-, Gehaltsstruktur.

structurel, le strukturell ; Struktur- ; *changement m* ~ Strukturwandel *m* ; *chômage* ~ strukturbedingte Arbeitslosigkeit *f*.

structurer strukturieren ; (auf)gliedern ; aufbauen ; gestalten.

stupéfiant *m* Droge *f* ; Rauschgift *n* ; *trafic m de ~s* Rauschgifthandel *m* (*syn.* drogue).

subalterne *m* Untergebene(r) ; Beamte(r) des einfachen Dienstes ; Angestellte(r) in untergeordneter Stellung (*contr. supérieur hiérarchique*).

subalterne untergeordnet ; unterstellt ; unterstehend ; subaltern ; *administration f* ~ untergeordnete Behörde *f* ; *emploi m* ~ einfache Stellung *f* ; untergeordneter Posten *m* ; *fonctionnaire m* ~ untergeordneter Beamte(r) ; Beamte(r) des einfachen Dienstes.

subir ertragen ; erleiden ; ~ *un échec* scheitern ; ~ *une majoration de prix* eine Preiserhöhung erfahren ; ~ *une perte* einen Verlust erleiden ; ~ *un préjudice* (*moral*) einen (ideellen) Schaden erleiden.

subliminal, e unterschwellig ; unterbewusst ; (*publicité*) *message m* ~ unterschwellige Botschaft *f*.

subordonné *m* → **subalterne**.

subordonné, e 1. → **subalterne 2.** -bedingt ; -abhängig ; ~ *à des résultats positifs* erfolgsbedingt ; ~ *au rendement* leistungsabhängig.

suborner : ~ *un témoin* einen Zeugen beeinflussen.

subrécargue *m* Frachtaufseher *m* ; Reedervertreter *m* (an Bord eines Schiffes).

subséquent : *endosseur m* ~ nachfolgender Indossant *m* ; Hintermann *m*.

subsides *mpl* Hilfsgelder *npl* ; Subsidien *pl* ; Beihilfe *f* ; Subvention *f* ; Zuschuss *m* ; finanzielle Unterstützung *f* ; *toucher des* ~ Zuschüsse erhalten.

subsidiarité *f* (*les instances supérieures ne prennent en charge que ce que les échelons inférieurs ne peuvent pas assumer eux-mêmes*) *principe m de* ~ Subsidiaritätsprinzip *n*.

subsistance *f* (Lebens)Unterhalt *m* ; *moyens mpl de* ~ Unterhaltsmittel *npl* ; Lebensbedarf *m* ; *assurer sa* ~ seinen Lebensunterhalt bestreiten.

subsister 1. weiter bestehen **2.** *avoir tout juste de quoi* ~ gerade so noch überleben können ; nicht einmal über das Existenzminimum verfügen.

substance *f* Substanz *f* ; ~*s inflammables* feuergefährliche Stoffe *mpl* ; *perte f de* ~ Substanzverlust *m*.

substantiel, le substanziell ; *réaliser un gain* ~ einen substanziellen Gewinn erzielen.

substituabilité *f* Substituierbarkeit *f* ; Vertretbarkeit *f* ; Fungibilität *f*.

substituable aus-, umtauschbar ; substituierbar ; fungibel.

substituer substituieren ; ersetzen.

substitut *m* **1.** Surrogat *n* ; Ersatz *m* ; ~ *de monnaie* Geldsurrogat **2.** (*jur.*) Staatsanwaltsvertreter *m*.

substitution *f* Ersetzen *n* ; Ersetzung *f* ; Substitution *f* ; Substituierung *f* ; (*en* *cas de dommage*) Ersatzleistung *f* ; *peine f de* ~ Ersatzstrafe ; *produit m de* ~ Ersatzprodukt *n* ; Surrogat *n* ; *valeur f de* ~ Substitutionswert *m* ; *avoir l'obligation de* ~ (bei einem Schaden) zur Ersatzleistung verpflichtet sein ; (*héritage*) ~ *d'héritier* Nacherbeneinsetzung *f.*

subterfuge *m* Trick *m* ; Masche *f* ; Manipulation *f* ; Kniff *m* ; ~ *publicitaire* Werbetrick.

suburbain, e vorstädtisch ; Vorstadt- ; Vorort(s)- ; *cité f* ~*e* Stadtrandsiedlung *f* ; Vorort *m* ; *trafic m* ~ Nahverkehr *m.*

subvenir : ~ *à ses besoins* sein Auskommen haben ; ~ *aux besoins de qqn* für jds Unterhalt aufkommen ; jdn unterstützen ; ~ *à une demande* einer Nachfrage nachkommen ; eine Nachfrage befriedigen ; ~ *aux frais* für die Kosten aufkommen ; die Kosten bestreiten.

subvention *f* Subvention *f* ; Zuschuss *m* ; Beihilfe *f* ; Unterstützung *f* ; Zuwendung *f* ; ~ *déguisée* versteckte (verkappte) Subvention ; *fraude f aux* ~*s* Subventionsbetrug *m* ; *fraudeur aux* ~*s* Fördergeldtrickser *m* ; *montant m d'une* ~ Subventionshöhe *f* ; *accorder une* ~ eine Subvention (einen Zuschuss) gewähren ; subventionieren ; bezuschussen ; *percevoir* (*toucher*) *des* ~*s* Subventionen erhalten ; Zuschüsse bekommen.

subventionnement *m* Subventionierung *f* ; Bezuschussung *f.*

subventionner subventionieren ; bezuschussen ; eine Subvention (einen Zuschuss) gewähren ; finanziell unterstützen ; ~ *l'agriculture* die Landwirtschaft subventionieren ; ~*é par l'État* staatlich gefördert ; staatlich subventioniert.

succédané *m* Ersatz *m* ; Surrogat *n.*

succéder (*à qqn*) (auf jdn) folgen ; (jdm) im Amt nachfolgen ; ein Geschäft übernehmen ; eine Nachfolge antreten.

succès *m* **1.** Erfolg *m* ; *perspectives fpl de* ~ Erfolgsaussichten *fpl* **2.** Schlager *m* ; (Publikums)Renner *m* ; Verkaufserfolg *m* ; Knüller *m.*

successeur *m* Nachfolger *m.*

successible erbfähig ; vererblich.

successif, ive 1. aufeinander folgend ; nachfolgend ; laufend ; sukzessiv ; wiederkehrend **2.** vererbt ; *droit m* ~ Erbrecht *n.*

succession *f* **1.** Nachfolge *f* ; Weiterführung *f* ; *prendre la* ~ *de qqn* jds Nachfolge antreten ; *régler la* ~ die Nachfolge regeln **2.** Erbschaft *f* ; Erbmasse *f* ; Nachlass *m* ; Nachlassvermögen *n* ; *accepter une* ~ eine Erbschaft annehmen ; *avoir droit à la* ~ erbberechtigt sein ; *créancier m,* débiteur *m de la* ~ Nachlassgläubiger *m,* -schuldner *m* ; *droits mpl de* ~ Erbschaftssteuer *f.*

successoral, e Nachfolge- ; *actif m* ~ Nachlass *m* ; *biens mpl* ~*aux* Nachlassvermögen *n* ; Erbgut *n* ; (*in*)*capacité f* ~*e* Erb(un)fähigkeit *f* ; *impôt m* Erbschaftsteuer *f* ; *masse f* ~*e* Erbmasse *f* ; *ordre m* ~ Erbfolge *f* ; *passif m* ~ Nachlassschulden *fpl,* -verbindlichkeiten *fpl* ; *procéder à l'inventaire* ~ den Nachlassbestand aufnehmen.

succursale *f* Filiale *f* ; Filialbetrieb *m* ; Zweiggeschäft *n* ; (Zweig)Niederlassung *f* ; Tochtergesellschaft *f* ; Außen-, Nebenstelle *f* ; ~ *de banque* Bankfiliale ; Zweigbank *f* ; ~ *de vente* Verkaufsfiliale ; Verkaufsstelle *f* ; *magasin m à* ~*s multiples* Kettenladen *m* ; Filialgeschäft *n* ; Großfilialunternehmen *n* ; Handelskette *f.*

succursalisme *m* Filialhandel *m* ; Ketten(laden)system *n* ; Vertrieb *m* über ein Filialnetz.

succursaliste *m* Filialist *m* ; Leiter *m* einer Filiale ; Leiter eines Kettenladens ; Pächter *m* einer Handelskette ; Geschäftsführer *m* eines Filialgeschäfts.

succursaliste Filialisten- ; *chaîne f* ~ Filialistenkette *f.*

sucre *m* Zucker *m* ; *canne à* ~ *f* Zuckerrohr *n* ; *production f de* ~ Zuckergewinnung *f* ; *raffinerie f de* ~ Zuckerraffinerie *f.*

sucrer : (*fam.*) *se* ~ (*au passage*) absahnen ; sich reichlich bedienen.

sucrier, ière : *betterave f* ~*ière* Zuckerrübe *f.*

suffrage *m* **1.** Wahl *f* ; Stimmabgabe *f* ; Stimme *f* ; ~*s exprimés* abgegebene (gültige) Stimmen ; *au* ~ *direct, indirect* in direkter, indirekter Wahl ; *droit m de* ~ Stimmrecht *n* ; ~ *majoritaire, proportionnel* Mehrheits-, Verhältniswahl ; ~ *universel* allgemeines Wahlrecht *n* ; *recueillir des* ~*s* Stimmen erhalten **2.** Zustimmung *f.*

suite *f* **1.** Folge *f* ; Fortsetzung *f* ; ~ *à notre accord* der Abmachung zufolge ; ~ *à notre entretien du* mit (unter) Bezugnahme auf unser Gespräch vom ; *à la ~ de* im Anschluss an ; *pour ~ à donner* zur weiteren Bearbeitung ; *donner, ne pas donner ~ à une demande* einem Antrag Folge leisten (einem Gesuch stattgeben) ; einen Antrag ablehnen ; (*comme*) *~ à votre lettre* in Beantwortung Ihres Schreibens **2.** Fort-, Weiterführung *f* ; *prendre la ~ de qqn* jdm nachfolgen ; die Nachfolge von jdm übernehmen.

suivi *m* (*général*) Weiterverfolgen *n* (einer Angelegenheit) ; (*dossier*) Bearbeitung *f*, Betreuung *f* (eines Dossiers, einer Akte) ; Sachbearbeitung *f* ; (*client*) Kundenbetreuung *f*, -dienst *m*, -pflege *f* ; (*pédagogique*) Nachbereitung *f* ; ~ *des commandes* Auftragsbearbeitung *f* ; ~ *médical* medizinische Betreuung ; ~ *de relations commerciales* regelmäßige Handelsbeziehungen *fpl* ; ~ *des ventes* Kundenpflege ; Kundendienst *m* ; *assurer le ~ de la clientèle* die Kundschaft betreuen ; Kundenpflege betreiben.

suivi, e anhaltend ; ununterbrochen ; fortlaufend ; *article ~* diesen Artikel kann man jederzeit nachbekommen ; vorrätiger Artikel *m* ; *demande f ~e* anhaltende Nachfrage *f*.

suivre 1. folgen (+ D) ; ~ *une formation de comptable* eine Ausbildung als Buchhalter machen **2.** ~ *un article* einen Artikel führen ; ~ *un client* einen Kunden betreuen **3.** (*lettre*) *faire ~ s.v.p.* bitte nachsenden **4.** ~ *la voie hiérarchique* den Instanzenweg (Dienstweg) gehen ; ~ *un dossier* eine Akte bearbeiten ; *dossier suivi par Madame X* Sachbearbeiterin ist Frau X **5.** *à ~* Fortsetzung folgt.

sujet *m* **1.** Subjekt *n* ; Gegenstand *m* ; Thema *n* ; ~ *de droit* Rechtssubjekt ; *aborder, traiter un ~* ein Thema anschneiden, behandeln **2.** (*nationalité*) ~ *britannique, suédois* britischer, schwedischer Staatsangehöriger(r) **3.** (*cause*) Anlass *m* ; Grund *m* ; Veranlassung *f* ; ~ *de mécontentement* Anlass zur Unzufriedenheit ; *il n'y a pas de ~ d'inquiétude* Anlass zur Besorgnis besteht nicht ; *avoir ~ de se plaindre* Grund zur Klage haben.

sujet, te : *être ~ à* für etw anfällig sein ; *centrale f ~te à des pannes techniques* störungsanfälliges (pannenanfälliges) Kraftwerk *n* ; *information f ~te à caution* nicht verbürgte Information *f* ; *personne f~te à caution* unzuverlässiger Mensch *m*.

super *m* **1.** (*essence*) Super *n* ; Superbenzin *n* **2.** Super-, Über-.

superdividende *m* Extradividende *f* ; Bonus *m*.

supérette *f* kleiner Supermarkt *m* ; kleiner SB-Markt *m* ; SB-Lebensmittelgeschäft *n* ; Supermarkt mittlerer Größe (von 120 m^2 bis 400 m^2) ; Discountgeschäft.

superficie *f* Oberfläche *f* ; Fläche *f* ; Boden *m* ; Platz *m* ; Raum *m* ; Gebiet *n* ; Grundstück *n* ; ~ *agricole* landwirtschaftliches Grundstück ; landwirtschaftliche Nutzfläche ; ~ *cultivée* bebautes Ackerland *n* ; bestellte Fläche.

supérieur, e 1. obere(r, s), höherstehend ; übergeordnet ; *cadres mpl ~s* leitende Angestellte *mpl* ; Führungskräfte *fpl* **2.** *le ~* (*hiérarchique*) (Dienst)Vorgesetzte(r).

supérieur *m* **hiérarchique** Vorgesetzte(r) ; Dienstvorgesetzte(r) (*contr. subalterne*).

supériorité *f* **numérique** Überzahl *f* ; *être en ~* in der Überzahl sein.

supermarché *m* Supermarkt *m* ; *faire ses courses au ~* im Supermarkt einkaufen ; *grand ~* Verbrauchermarkt *m* ; → *supérette* ; *grande surface* ; *hypermarché* ; *grand magasin* ; *centre commercial*.

superrégional, e → *suprarégional*.

superstructure *f* Aufbau *m* ; Überbau *m* ; Oberbau *m*.

supertanker *m* Super-, Großraumtanker *m*.

superviser überwachen ; überprüfen ; kontrollieren.

superviseur *m* Überprüfer *m* ; Chef-Kontrolleur *m* ; Supervisor *m*.

supervision *f* Kontrolle *f* ; Überwachung *f* ; Oberaufsicht *f*.

suppléance *f* Stellvertretung *f* ; *faire des ~s* Vertretungen übernehmen.

suppléant *m* Stellvertreter *m* ; Ersatzmann *m* ; Aushilfskraft *f*.

suppléer : ~ *un manque* einen Mangel beseitigen ; einem Mangel abhelfen ; ~ *qn* jdn (in seiner Tätigkeit) ersetzen ; für jdn einspringen.

supplément *m* **1.** (*salaire*, *prime*) Zulage *f* ; (*de prix*) Aufpreis *m* ;

Mehrpreis ; (Preis)Aufschlag *m* ; *moyennant* ~ gegen Aufpreis ; ~ *de poids* Mehrgewicht *n* ; Übergewicht ; ~ *de vie chère* Teuerungszulage ; ~ *familial* Familienzulage **2.** (*journal*) Ergänzung *f* ; Beilage *f* **3.** (*transp.*) Zuschlag *m* ; Zuschlagskarte *f* **4.** (*additif à un contrat*) Zusatz *m*.

supplémentaire zusätzlich ; Zusatz- ; *charge f* ~ Zusatzbelastung *f* ; *délai m* ~ Nachfrist *f* ; *frais mpl* ~*s* Extrakosten *pl* ; Mehrkosten ; *heures fpl* ~*s* Überstunden *fpl* ; *rémunération f* ~ zusätzliche Vergütung *f* ; *train m* ~ Entlastungszug *m* ; Sonderzug.

supplétif, ive Ergänzungs- ; ergänzend ; *règle f* ~ *ive* abdingbare Vorschrift *f* (*contr. impérative*).

support *m* Träger *m* ; (*informatique*) ~ *des données* Datenträger *m* ; ~ *financier* Kapitalanlage *f* ; ~ *publicitaire* Werbeträger ; *virement m par* ~*s papiers* beleggebundene Überweisung *f*.

supportable (v)erträglich ; durchsetzbar ; verkraftbar ; tragbar ; *socialement* ~ sozialverträglich.

supporter tragen ; übernehmen ; verkraften ; ~ *les frais* die Kosten tragen ; ~ *une hausse des coûts* höhere Kosten verkraften müssen ; *faire* ~ *qqch à qqn* jdn mit etw belasten ; etw auf jdn abwälzen.

supposer voraussetzen ; *ce travail* ~*e de l'expérience* diese Arbeit setzt (berufliche) Erfahrung voraus ; *on* ~*e que* es wird angenommen, dass ; die Vermutungen laufen darauf hinaus, dass.

suppresseur d'emplois arbeitsplatz-, stelleneinsparend ; jobkillend.

suppression *f* Abschaffung *f* ; Abbau *m* ; Aufhebung *f* ; Beseitigung *f* ; Streichung *f* (von einer Liste) ; (*disparition*) Entfall *m* ; Wegfall *m* ; ~ *des barrières douanières* Abschaffung der Zollschranken ; ~ *du contrôle des changes* Aufhebung der Devisenbewirtschaftung ; ~ *d'emplois* Stelleneinsparung *f* ; Stellenabbau ; ~ *du permis de conduire* Führerscheinentzug *m* ; ~ *de personnel* Personalabbau ; ~ *du rationnement* Aufhebung der Bewirtschaftung ; ~ *de subventions* Subventionsabbau.

supprimer abschaffen ; beseitigen ; aufheben ; (*personnel*) abbauen ; verdünnen ; (*d'une liste*) streichen ; ~ *des dépenses envisagées* geplante Ausgaben streichen ; ~ *des vols* Flüge einstellen.

supranational, e übernational ; supranational ; überstaatlich.

supranationalité *f* Supranationalität *f*.

suprarégional, e überregional ; (*Allemagne*) bundesweit.

suprasectoriel, le branchenübergreifend.

suprématie *f* Vormachtstellung *f* ; Vorherrschaft *f* ; Hegemonie *f*.

sûr, e sicher ; gefahrlos ; ohne Risiko ; risikolos ; *affaire f* ~*e* sicheres Geschäft *n* ; risikolose Transaktion *f* ; *placement m* ~ mündelsichere Anlage *f*.

surabondance *f* Überfluss *m* (an +D) ; Schwemme *f*.

surbooké, e überbucht ; überreserviert.

surbooking *m* Overbooking *n* ; Überreservierung *f* ; Überbuchen *n*.

surcapacité *f* Überkapazität *f* ; Kapazitätsüberhang *m*.

surcapitalisation *f* Überkapitalisierung *f*.

surcharge *f* (*machine*) Überbelastung *f* ; (*travail*) Überbeanspruchung *f* ; Überforderung *f* ; (*poids*) Übergewicht *n* ; (*avion*) Übergepäck *n* ; (*timbres*) Aufdruck *m* ; Überdruck.

surcharger 1. überladen ; überbelasten **2.** (*personne*) überbelegen **3.** *être* ~*é de commandes* mit Aufträgen überlastet sein ; *être* ~*é de travail* überbeansprucht sein ; beruflich überfordert sein.

surchauffe *f* Überhitzung *f* ; ~ *économique* Konjunkturüberhitzung *f*.

surchoix *m* Spitzenware *f* ; beste Qualität *f* ; *produit m* ~ Erzeugnis *n* erster Wahl ; erste Wahl *f*.

surclasser weit übertreffen ; weit überlegen sein ; ~ *tous ses concurrents* alle Konkurrenten weit hinter sich lassen.

surcote *f* Überbewertung *f* ; Überschätzung *f* ; Kursaufschlag *m*.

surcoter überbewerten ; überschätzen ; ~*é* überteuert ; überbewertet.

surcoût *m* Mehr-, Zusatzkosten *pl* ; Preisaufschlag *m*.

surcroît *m* Plus *n* ; Zuwachs *m* ; ~ *de dépenses* Mehraufwand *m* ; Mehrausgaben *fpl* ; ~ *de productivité* Produktionssteigerung *f* ; ~ *de travail* Mehrarbeit *f*.

sureffectif *m* Personalüberhang *m* ; *en* ~ überversorgt ; überschüssig ; *personnel m en* ~ überschüssiges Personal *n*.

suremploi *m* Überbeschäftigung *f.*
surenchère *f* höheres Gebot *n* ; Übergebot ; Überbietung *f* ; *faire une ~ sur qqn* jdn überbieten.
surenchérir überbieten ; höher bieten (bei Auktionen) ; ein Übergebot abgeben.
surenchérisseur *m* Überbieter *m.*
surendetté, e : *être ~* überschuldet (hochverschuldet) sein ; *(fam.)* bis über die Ohren in Schulden stecken ; *ménage m ~* überschuldeter Haushalt *m.*
surendettement *m* Überschuldung *f* ; *commission f de ~* Überschuldungsausschuss *m.*
surendetter *(se)* (sich) überschulden.
suréquipement *m* übermäßige Ausrüstung *f.*
surestarie *f* 1. Überliegetage *mpl* (eines Schiffes) 2. Liegegeld *n* ; Verzugsgeld.
surestimer überschätzen ; überbewerten ; zu hoch taxieren.
surestimation *f* Überschätzung *f* ; zu hohe Schätzung ; Überbewertung *f.*
sûreté *f* Bürgschaft *f* ; Kaution *f* ; Sicherheit *f* ; Garantie *f* ; Deckung *f* ; Sicherheitsleistung *f* ; *~ réelle* dingliche Sicherheit ; *constitution f de ~* Stellung *f* von Sicherheiten ; Sicherheitsleistung ; Kautionsstellung ; *exiger des ~s* Sicherheiten verlangen ; *fournir des ~s* Sicherheiten erbringen ; eine Kaution stellen ; *mettre de l'argent en ~* Geld sicher aufbewahren ; Geld in Sicherheit bringen.
surévaluation *f* Überbewertung *f* ; Überschätzung *f.*
surévaluer → *surestimer.*
surexploitation *f* Raubbau *m* ; übertriebene Nutzung *f* ; extremer Abbau *m* ; *~ de la forêt* Raubbau am Wald ; *faire de la ~* Raubbau (be)treiben.
surexploiter ausbeuten ; *~ les fonds marins* Raubbau am Meeresgrund (be)treiben.
1. surface *f* Fläche *f* ; Anlage *f* ; Boden *m* ; Platz *m* ; Raum *m* ; ◆ *~ apparente* Oberfläche *f* ; *~ bâtie* bebaute Fläche ; *~ corrigée* bereinigte Wohnfläche (zur Mietpreisberechnung) ; *~ cultivée* Anbaufläche ; *~ d'exploitation* Fabrikanlage ; Betriebsfläche ; *~ de stockage* Lagerfläche ; *~ de vente* Verkaufsfläche, -raum ; ◆◆ *agent m, technicien m de ~* Reinigungskraft *f* ; Putzhilfe *f* ; *travail m de ~* Übertagearbeit *f* ; *transports mpl de ~* Verkehr *m* zu Lande.

2. surface *f* : *grande ~* Großflächenmarkt *m* ; Großflächenanbieter *m* ; Großraumladen *m* ; *(supermarché)* Supermarkt *m* ; *(hypermarché)* Verbrauchermarkt ; V-Markt ; *les ~s* die Handelsriesen *mpl* ; *~ de bricolage* Heimwerkermarkt *m* ; *~ spécialisée* Fachmarkt.
surfacturation *f* überhöhte Rechnung *f* ; Ausstellung *f* überhöhter Rechnungen.
surfait, e zu hoch ; zu hoch angesetzt ; nicht richtig berechnet ; *prix ~* übertriebener Preis *m.*
surfer : *~ sur le Web, sur (l')Internet* im Internet surfen.
surfeur *m* Netzsurfer *m* ; Surfer.
surfret *m* Überfracht *f.*
surfumage *m* (*agric.*) Überdüngung *f.*
surfumure *f* → *surfumage.*
surgélation *f* Tiefkühlung *f* ; Tiefkühlen *n* ; Tiefgefrieren *n.*
surgelé 1. *m* Tiefkühlkost *f* **2.** Gefrier- ; tiefgefroren ; tiefgekühlt ; *légumes mpl ~s* Gefiergemüse *n* ; tiefgekühltes Gemüse.
surgeler tiefkühlen ; tiefgefrieren.
surgénérateur *m* → *surrégénérateur.*
surimposer überbesteuern ; zusätzlich besteuern.
surimposition *f* Überbesteuerung *f.*
surindustrialisation *f* Überindustrialisierung *f.*
surinvestissement *m* Überinvestition *f.*
surloyer *m* Mietzuschlag *m.*
surmédicalisation *f* medizinische Überversorgung *f.*
surmenage *m* Überbearbeitung *f* ; Überanstrengung *f* ; Arbeitsüberlastung *f* ; Überforderung *f.*
surnombre *m* Überzahl *f* ; *en ~* überzählig ; überschüssig ; *emploi en ~* über-, außenplanmäßige Stelle *f* ; *exemplaires mpl en ~* überzählige Exemplare ; *être en ~* überzählig sein ; in der Überzahl sein ; übersetzt sein.
surnuméraire 1. → *surnombre* **2.** *le ~* der Beamtenanwärter.
suroffre *f* höheres Angebot *n* ; Überangebot *n.*
surorganisation *f* Überorganisation *f.*
surpaie *f* Lohnzuschlag *m* ; Gratifikation *f.*
surpasser übertreffen ; überflügeln ; *~ qqn dans un domaine* jdn auf einem Gebiet überflügeln.

surpeuplé, e übervölkert ; überbevölkert.
surpeuplement *m* → *surpopulation*.
surplus *m* **1.** Überschuss *m* ; Mehrbetrag *m* ; Überhang *m* ; Mehrertrag *m* ; Mehrgewinn *m* ; Mehrerlös *m* ; ~ *de caisse* Kassenüberschuss *m* ; *enregistrer un* ~ einen Überschuss erwirtschaften **2.** ~ *militaire* Armeebestände *mpl* (zum Verkauf) ; überschüssiges Heeresgut *n*.
surpopulation *f* Übervölkerung *f* ; Überbevölkerung *f* ; ~ *étrangère* Überfremdung *f*.
surprime *f* Extra-, Zuschlags-, Zusatzprämie *f* ; Prämienzuschlag *m* ; erhöhte Prämie.
surprise *f* Überraschung *f* ; *effet m de* ~ Überraschungseffekt *m* ; *grève f* ~ Blitzstreik *m* ; *visite f (contrôle m)* ~ *des inspecteurs du fisc* unangemeldete Kontrolle der Steuerfahnder ; *avoir une mauvaise* ~ eine böse Überraschung erleben.
surprix *m* **1.** (*prix exagéré*) übertriebener Preis *m* ; Phantasie-, Überpreis **2.** (*supplément de prix*) Aufpreis *m* ; Zuschlag *m*.
surproduction *f* Überproduktion *f* ; Schwemme *f*.
surrégénérateur *m* (*nucléaire*) schneller Brüter *m*.
sursalaire *m* Lohnzulage *f* ; Lohnzuschlag *m* ; betriebliche Sozialleistungen *fpl* ; ~ *familial* Familienzuschlag, -zuschuss *m*.
surseoir aufschieben ; hinausschieben.
sursis *m* **1.** Aufschub *m* ; Stundung *f* ; (*paiement*) Zahlungsaufschub ; (*délai*) Fristverlängerung *f* ; (*impôts*) Steuerstundung **2.** (*jur.*) Strafaufschub ; *infliger une peine de prison avec* ~ eine Strafe zur Bewährung aussetzen.
sursouscription *f* (*bourse*) Überzeichnung *f* (von Aktien).
sursouscrit, e (*emprunt*) überzeichnet.
surstock *m* überschüssiger Lagerbestand *m* ; volles Lager *n* ; überreichlich gefülltes Lager.
surtaxe *f* Zusatz-, Nachgebühr *f* ; Ergänzungsabgabe *f* ; Steuerzuschlag *m* ; (*poste*) Zuschlag ; Nach-, Strafporto *n*.
surtaxer 1. zu hoch schätzen **2.** mit einem Zuschlag belegen ; (*poste*) Nachporto bezahlen (für).

survaleur *f* (*bilan*) Geschäfts-, Firmenwert *m* ; Goodwill *m*.
surveillance *f* Aufsicht *f* ; Überwachung *f* ; Beaufsichtigung *f* ; Kontrolle *f* ; ~ *aérienne* Luftüberwachung *f* ; ~ *douanière* Zollaufsicht ; ~ *des frontières* Grenzaufsichtsbehörde *f* ; ~ *policière* Polizeiaufsicht ; ~ *des prix* Preiskontrolle ; *organe m de* ~ Überwachungsstelle *f* ; *être placé sous* ~ *officielle* unter behördlicher Aufsicht stehen.
surveillant *m* Aufsichtsperson *f* ; Aufseher *m* ; Wächter *m* ; Hüter *m*.
surveiller überwachen ; beaufsichtigen ; kontrollieren ; ~ *l'exécution d'un travail, les frontières* die Ausführung einer Arbeit, die Grenzen überwachen.
survenir (*sinistre*) eintreten.
survie *f* Überleben *n* ; Überlebensfall *m* ; ~ *d'une entreprise* Fortbestand *m* eines Unternehmens ; *assurance f de* ~ Überlebensversicherung *f* ; *clause f de* ~ Überlebensklausel *f*.
survivant *m* Hinterbliebene(r) ; Überlebende(r) ; *conjoint m* ~ überlebender Ehegatte *m* ; *dernier* ~ Letztüberlebende(r) ; *constitution f d'une retraite pour l'épouse* ~*e* Aussetzung *f* einer Rente für die überlebende Gattin ; *retraite f du conjoint* ~ Witwen- (*veuve*), Witwerrente *f* (*veuf*).
sus : *en* ~ zusätzlich ; zuzüglich ; *frais de port en* ~ zuzüglich Porto.
susmentionné, e oben genannt ; oben erwähnt (*syn. ci-dessus*).
susnommé *m* Besagte(r).
suspendre 1. ~ *le travail* die Arbeit einstellen **2.** ~ *qqn d'une fonction* jdn seines Amtes entheben ; vom Dienst suspendieren **3.** abbrechen ; einstellen ; ~ *les paiements* die Zahlungen einstellen ; ~ *les relations diplomatiques* die diplomatischen Beziehungen abbrechen **4.** ~ *la cotation d'un titre* ein Wertpapier aus der offiziellen Notierung nehmen ; die Notierung aussetzen.
suspens : *en* ~ schwebend ; unerledigt ; anhängig ; *rester en* ~ in der Schwebe bleiben.
suspensif, ive aufschiebend ; *clause f* ~*ive* aufschiebende Bestimmung *f* ; Negativklausel *f* ; *condition f* ~*ive* aufschiebende Bestimmung *f* ; Präzedenzbedingung *f* ; *effet m* ~ aufschiebende Wirkung *f* ; *sous condition* ~*ive* aufschiebend bedingt.

suspension *f* **1.** Einstellung *f* ; Unterbrechung *f* ; Erlöschen *n* ; Aussetzung *f* ; Abbruch *m* ; ~ *de garantie* Unterbrechung *f* des Versicherungsschutzes ; Erlöschen *n* der Garantie ; ~ *de grève* Streikunterbrechung ; ~ *des relations diplomatiques* Abbruch der diplomatischen Beziehungen ; ~ *de séance* Aussetzung *f* einer Sitzung ; ~ *de traitement* Einstellung der Gehaltszahlung ; ~ *des versements* Aussetzung von Zahlungen **2.** ~ *de fonction* Amtsenthebung *f* ; Suspendierung *f* ; Suspension *f* **3.** (*bourse*) ~ *des cotations* Aussetzung der Notierung von Wertpapieren **4.** ~ *de* (*du*) *permis de conduire* zeitweiliger Führerscheinentzug *m*.

suspicion *f* Verdacht *m* ; ~ *d'abus de biens sociaux* Verdacht auf Sozialleistungsmissbrauch ; ~ *de fraude fiscale* Verdacht wegen Steuerhinterziehung ; *pour cause de* ~ *légitime* wegen (Verdachts der) Befangenheit.

S.V.T. *m* (*spécialiste des valeurs du Trésor*) Makler *m* für Staatspapiere.

swap *m* (*crédit croisé*) Swap *m* ; Swap-Geschäft *n* ; Swap-Kredit *m* (zwischen Zentralbanken) ; ~ *de devises* Währungsswap ; ~ *d'intérêt* Zinsswap ; *taux m de* ~ Swapsatz *m*.

SWIFT (*virements électroniques*) *code-*~ SWIFT-Code *m* ; *virement m* ~ SWIFT-Überweisung *f*.

swing : *crédit m* ~ Swing *m* ; Swing-Kredit *m*.

switch *m* (*opération triangulaire de compensation*) Switchgeschäft *n* ; über ein Drittland abgewickeltes Außenhandelsgeschäft.

sylviculture *f* Forstwirtschaft *f*.

symposium *m* Symposium *n* ; Kongress *m*.

symptôme *m* Symptom *n* ; Anzeichen *n*.

synallagmatique (*jur.*) synallagmatisch ; gegenseitig bindend ; zweiseitig verbindlich ; *contrat m* ~ gegenseitiger Vertrag *m* ; gegenseitig bindender Vertrag.

syndic *m* **1.** (*immeuble*) (Haus-)Verwalter *m* ; Verwalter einer Wohungseigentümergemeinschaft ; *honoraires mpl du* ~ Verwaltungskosten *pl* **2.** ~ *de la faillite* Konkursverwalter *m* ; Vergleichsverwalter **3.** (*jur.*) Rechtsbeistand *m* ; Rechtsberater *m*.

syndical, e (*syndicalisme*) gewerkschaftlich ; (*association professionnelle*) berufsständisch ; *activité f ~e* gewerkschaftliche Tätigkeit *f* ; *centrale f ~e* Dachverband *m* ; Spitzenorganisation *f* ; *chambre f ~e* Berufskammer *f* ; berufsständische Kammer ; *confédération f ~e* Gewerkschaftsbund *m* ; (*copropriété*) *conseil m* ~ Verwaltungsbeirat *m* ; *délégué m* ~ Gewerkschaftsfunktionär *m* ; Gewerkschaftsvertreter *m* ; *leader m* ~ Gewerkschaftsführer *m* ; *liberté f ~e* **a)** (*ouvrière*) freie Ausübung *f* der gewerkschaftlichen Rechte **b)** (*professionnelle*) Betätigungsfreiheit *f* der Berufsverbände ; *organisation f ~e* Gewerkschaftsorganisation *f* ; *plateforme f ~e* gewerkschaftliche Plattform *f* ; *presse f ~e* Gewerkschaftspresse *f* ; *réunion f ~e* Gewerkschaftsversammlung *f* ; *revendications fpl ~es* Gewerkschaftsforderungen *fpl* ; *secrétaire m* ~ Gewerkschaftssekretär *m* ; *avoir* (*tenir*) *une réunion ~e* eine Gewerkschaftsversammlung abhalten.

syndicalisation *f* : *taux m de* ~ gewerkschaftlicher Organisationsgrad *m* ; gewerkschaftliche Organisation *f* ; Grad der gewerkschaftlichen (berufsständischen) Organisation.

syndicalisme 1. *m* Gewerkschaftswesen *n* ; Gewerkschaftsbewegung *f* **2.** *faire du* ~ aktives Mitglied einer Gewerkschaft sein.

syndicaliste *m* Gewerkschafter *m* ; Gewerkschaftler *m*.

syndicaliste Gewerkschafts- ; gewerkschaftlich ; *dirigeant m* ~ Gewerkschaftsführer *m* ; *mouvement m* ~ Gewerkschaftsbewegung *f*.

syndicat *m* **1.** (*sens général*) Verband *m* ; Vereinigung *f* ; Konsortium *n* **2.** (*ouvrier*) Gewerkschaft *f* ; ~ *d'agriculteurs* (*paysan*) Bauerngewerkschaft, -verband ; ~ *ouvrier* Arbeitergewerkschaft ; ~ *proche d'un parti politique* Richtungsgewerkschaft ; *adhérer à un* ~ einer Gewerkschaft beitreten ; *faire partie d'un* ~ einer Gewerkschaft angehören **3.** (*professionnel*) Berufsverband ; Kammer *f* ; Innung *f* ; Fachverband ; ~ *de la magistrature* Berufsverband der Richter **4.** (*groupe de pression*) Interessenverband *m* ; Lobby *f* **5.** ~ *d'initiative* (Fremden)Verkehrsverein *m* ; Verkehrsamt *n* ; Touristenbüro *m* **6.** ~ *intercom-*

munal Kommunalverband *m* ; Gemeindeverband ; Zweckverband von Gemeinden.
syndiqué, e (gewerkschaftlich) organisiert.
syndiqué *m* Gewerkschaftsmitglied *n* ; (gewerkschaftlich) Organisierte(r) ; Gewerkschaft(l)er *m* ; *les non-~s* die Nicht-Organisierten *pl* ; (*fam.*) die Trittbrettfahrer *mpl*.
syndiquer (*se*) einer Gewerkschaft beitreten ; sich (gewerkschaftlich) organisieren ; sich zusammenschließen ; (gewerkschaftlich) organisiert sein ; Berufsverbände gründen.
synergie *f* Synergie *f*.
synoptique synoptisch ; übersichtlich ; *tableau m* ~ Übersichtstafel *f* ; Schaubild *n*.
synthèse *f* Synthese *f* ; *de* ~ Kunst- ; künstlich ; *produit m de* ~ Syntheseprodukt *n* ; Kunstprodukt.
synthétique synthetisch ; künstlich ; Kunst-.
systématique systematisch.

systématiser systematisieren ; in ein System bringen.
système *m* **1.** System *n* ; Methode *f* ; Prinzip *n* ; Verfahren *n* ; Modus *m* **2.** (*mots composés*) -system *n* ; -wesen *n* ; -ordnung *f* ; ~ *bancaire* Bankwesen ; ~ *de capitalisation* Kapitalbildung *f* ; Kapitalisationssystem ; ~ *économique* Wirtschaftssystem ; Wirtschaftsordnung ; ~ *électoral* Wahlsystem ; ~ *de formation en alternance* → **dual** ; ~ *monétaire* Währungssystem ; ~ *monétaire européen* → **S.M.E.** ; ~ *monétaire International* → **S.M.I.** ; ~ *de paiements échelonnés* Teilzahlungssystem ; ~ *de vente* Verkaufssystem **3.** (*informatique*) Computer *m* ; EDV-Anlage *f* ; ~ *binaire* binäres System ; Dualsystem ; ~ *d'exploitation* Betriebssystem ; ~ *numérique* Zahlensystem ; (*Internet*) ~s *ouverts, fermés* offene, geschlossene Systeme ; ~ *de traitement des données* Datenverarbeitungssystem ; *ingénieur m* ~ → **ingénieur** ; *logiciel m* ~ Systemsoftware *f*.

T

T. 1. (*tare*) Tara *f* **2.** (*taux*) Zinssatz *m* **3.** (*timbre*) Stempelmarke *f* **4.** (*tonne*) Tonne *f* **5.** (*enveloppe* « T ») Werbeantwort *f*.

tabac *m* Tabak *m* ; *bureau m de ~ Tabakladen m* ; *avoir le monopole du ~* das Tabakmonopol haben ; *régie f des ~s* Tabak-Regie *f* ; *boissons fpl et ~s* Genussmittel *npl*.

table *f* **1.** Tafel *f* ; Tabelle *f* ; Verzeichnis *n* ; *~ de conversion* Umrechnungs-, -Konversionstabelle ; *~ d'intérêts* Zinstabelle ; (*statist.*) *~ de mortalité* Sterbetafel ; Mortalitäts-, Sterblichkeitstabelle **2.** *~ d'écoute* Abhöranlage *f* ; *mettre sur ~ d'écoute* eine Leitung anzapfen ; jdn abhören **3.** *~ des négociations* Verhandlungstisch ; *~ ronde* Gesprächsrunde *f* ; runder Tisch *m* ; Rundtischgespräch *n* ; Round-Table-Konferenz ; *s'asseoir à la ~ des négociations* sich an den Verhandlungstisch setzen.

tableau *m* **1.** Tafel *f* ; Plan *m* ; Tabelle *f* ; Aufstellung *f* ; Zusammenstellung *f* ; Plan *m* ; Schema *n* ; Liste *f* ; Schaubild *n* ; *~ d'affichage* Anschlagtafel ; schwarzes Brett *n* ; *~ d'amortissement* Tilgungsplan *m* ; *~ d'arrivées, de départs* Ankunfts-, Abfahrtstafel ; *~ d'avancement* Beförderungsliste *f* ; *~ de bord* **a)** (*entreprise*) Kontrollschema ; Plantafel ; Arbeitsablaufschaubild ; Betriebsanalyse *f* **b)** (*économie*) Wirtschaftsindikatoren *mpl*, -daten *pl* ; Wirtschafts-, Konjunkturbarometer *n* ; *~ comparatif* vergleichende Übersicht *f* ; *~ d'effectif* Stellenplan *m* ; *~ des entrées et des sorties* Input-Output-Tabelle ; *~ de financement* Finanzierungsplan *m* ; *~ récapitulatif* zusammenfassende Übersicht *f* ; *~ de service* Dienstplan ; *~ synoptique* Übersichtstabelle ; tabellarische Darstellung ; Schaubild **2.** (*art*) Gemälde *n* ; Bild *n* ; *galerie f de ~x* Gemäldegalerie *f* ; *marchand m de ~x* Kunsthändler *m*.

tabler (*sur*) rechnen (mit) ; setzen (auf).

tableur *m* (*informatique*) Tabellen-(kalkulations)programm *n*.

tablier : (*fam.*) *rendre son ~* zurücktreten ; abtreten ; sein Amt niederlegen.

tâche *f* **1.** Arbeit *f* ; Werk *n* ; Aufgabe *f* ; *~s* Aufgabenfeld *n* ; Aufgabengebiet *n* ; *~s administratives* Verwaltungstätigkeiten *fpl* ; *attribution f des ~s* Arbeitszuteilung *f* ; *répartition f des ~s* Aufgabenverteilung *f* ; *exécuter une ~* eine Arbeit verrichten **2.** Akkord *m* ; *à la ~* auf Akkordbasis ; im Akkord ; im Leistungslohn ; im Stücklohn ; *ouvrier m à la ~* Akkordarbeiter *m* ; *salaire m à la ~* Akkordlohn *m* ; *travail m à la ~* Akkordarbeit ; *travailler à la ~* im Akkord arbeiten.

tâcheron *m* **1.** Akkord-, Stücklohnarbeiter *m* ; Unterunternehmer *m* **2.** Handlanger *m*.

tachygraphe *m* (*transp.*) Fahrtenschreiber *m* (*syn. mouchard*).

tacite stillschweigend ; *consentement m ~* stillschweigende Einwilligung *f* (Übereinkunft *f*) ; *par reconduction ~* durch stillschweigende Verlängerung.

tactosensible : (*informatique*) *écran m ~* berührungssensitiver Bildschirm *m*.

TAFTA *f* (*Trans-Atlantic Free Trade Area : zone transatlantique de libre échange destinée à lutter contre les barrières entre l'Europe et le continent nord-amércain*) Tafta *f*.

taille *f* **1.** (*dimension*) Größe *f* ; Umfang *m* ; Ausmaß *n* ; *~ critique, optimale* kritische, optimale Größe ; *~ d'une entreprise* Unternehmensgröße **2.** (*vêtement*) Größe *f*.

talon *m* **1.** (Kontroll)Abschnitt *m* ; Stammteil *m* ; Erneuerungsschein *m* ; Talon *m* ; *~ de chèque* Schecktalon **2.** *être sur les ~s de qqn* jdm auf den Fersen sein.

talonner : *~ un concurrent* (*de près*) einem Konkurrenten (dicht) auf den Fersen sein.

T.A.M. *m* (*taux annuel monétaire*) monatlicher Renditesatz *m* (einer zwölfmonatigen Anleihe).

tampon *m* Stempel *m* ; *~ dateur* Datumsstempel ; *~ encreur* Stempelkissen *n* ; *le ~ de la poste faisant foi* maßgebend ist das Poststempeldatum.

tamponner abstempeln.

tanker *m* (Öl)Tanker *m*.

tantième *m* Prozentsatz *m* ; Anteil *m* ; Quote *f* ; Rate *f* ; Tantieme *f* ; Gewinnanteil *m* ; *~ des administrateurs* Aufsichtsratstantieme *f* ; *toucher des ~s* Tantiemen beziehen.

tapageuse : *publicité f* ~ marktschreierische Werbung.
taper (in den Computer) tippen ; Maschine schreiben.
tapis *m* **roulant** Förderband *n* ; Laufband *n*.
tare *f* Tara *f* ; Verpackungsgewicht *n* ; *calcul m de la* ~ Tarierung *f* ; Taraberechnung *f* ; *calculer, déduire la* ~ die Tara berechnen, abrechnen.
tarer tarieren ; die Verpackung wiegen.
TARGET *m* (*système de transmission informatique qui facilite les règlements interbancaires*) elektronisches Interbanken-Überweisungssystem *n*.
tarif *m* **1.** Tarif *m* ; Gebühr *f* ; Gebührensatz *m* ; Tarifsatz *m* ; Preis *m* ; Zoll *m* ; ◆ ~ *dégressif* degressiver Tarif ; ~ *douanier, échelonné* Zoll-, Staffeltarif ; ~ *forfaitaire* Einheits-, Pauschaltarif ; ~ *général* Allgemein-, Generaltarif ; allgemein gültiger Tarif ; Mantel-, Regeltarif ; ~ *de groupe* Gruppentarif ; Gruppenpreis *m* ; ~ *horaire, journalier* Stunden-, Tagessatz *m* ; ~ *d'imposition* Steuersatz ; ~ *intérieur* Inlandstarif ; (*postal*) Inlandsporto *n* ; ~ *international* Auslandstarif ; ~ *de nuit* Nachttarif ; ~ *obligatoire* Tarifbindung *f* ; ~ *postal* Posttarif, -gebühren ; ~ *préférentiel* Vorzugstarif ; Tarifbegünstigung *f* ; Vergünstigungszoll ; ~ *progressif* Stufentarif ; gestaffelte Tarifsätze ; ~ *proportionnel* Proportionaltarif ; ~ *réduit* ermäßigter Tarif ; ~ *syndical* Verbandstarif ; ~ *unitaire* Einheitstarif ; ~ *voyageurs* Personentarif ; ◆◆ *demi-*~ halber Tarif ; *plein* ~ voller Preis ; ◆◆◆ *établir des* ~*s* Tarife aufstellen ; *harmoniser* (*uniformiser*) *les* ~*s* die Tarife vereinheitlichen ; *majorer les* ~*s* die Tarife erhöhen ; *modifier les* ~*s* die Tarife ändern ; *réduire les* ~*s* die Tarife senken ; *voyager à demi-*~ den halben Fahrpreis zahlen **2.** ~*s* Preisliste *f*, -tabelle *f* ; Preisverzeichnis *n*.
tarifaire Tarif- ; tariflich ; tarifmäßig ; *accord m, autonomie f* ~ Tarifabkommen *n*, -autonomie *f* ; *catégorie f, commission f* ~ Tarifgruppe *f*, -kommission *f* ; *négociations fpl, politique f* ~(*s*) Tarifrunde *f*, -politik *f* ; *en matière de politique* ~ tarifpolitisch ; *régime m* ~ *de douane* Zollbehandlung *f* ; *règlement m* ~ Tarifordnung *f*.

tarification *f* Tarifierung *f* ; Tariffestsetzung *f* ; Preisberechnung *f* ; (*douanière*) Zollfestsetzung.
tarifer den Tarif festsetzen ; den Preis festlegen.
tas *m* Haufen *m* ; Stapel *m* ; *sur le* ~ vor Ort ; *formation f sur le* ~ Ausbildung *f* am Arbeitsplatz ; *grève f sur le* ~ Sitzstreik *m* ; *apprendre son métier sur le* ~ seinen Beruf von der Pike auf lernen.
tassement *m* Rückgang *m* ; Nachgeben *n* ; ~ *des cours* Kursabschwächung *f* ; ~ *de la conjoncture* Konjunkturflaute *f* ; ~ *des prix* Preisberuhigung *f*.
tasser (*se*) (*bourse*) zurückgehen ; abschwächen ; abflachen.
taux *m* (*proportion, pourcentage*) Satz *m* ; Quote *f* ; Rate *f* ; Prozentsatz *m* ; Grad *m* ; Verhältnis *n* ; (*cours, change*) Kurs *m* ; (*loyer de l'argent*) Zinssung *m* ; Verzinsung *f* ; (*statist.*) Index *m* ; Ziffer *f* ; Koeffizient *m* ; ◆ ~ *d'absentéisme* Fehlquote ; ~ *d'accroissement* Zuwachs-, Steigerungsrate ; ~ *d'activité* Erwerbsquote ; ~ *actuariel* (Anlage)Rendite *f* ; ~ *actuariel brut* Effektivverzinsung *f* ; Bruttozinssatz ; Rendite *f* ; Istertrag *m* einer Schuldverschreibung ; ~ *d'alcoolémie* Promillegrenze *f* ; ~ *d'amortissement* Tilgungsrate ; ~ *des avances sur titres* Lombardsatz ; ~ *de bancarisation* Bankendichte *f* ; ~ *de base* Leitsatz ; Grundziffer ; Richtsatz ; ~ *de base bancaire* üblicher Bankzinssatz ; ~ *bonifié* verbilligter Zinssatz ; ~ *de capitalisation* Rendite *f* ; ~ *de change* Wechselkurs ; ~ *de change variable* flexibler Wechselkurs ; ~ *de chômage* Arbeitslosenquote ; ~ *de commission* Provisionssatz ; ~ *de conversion* Umrechungskurs ; Konversionskurs ; ~ *de cotisation* Beitragssatz ; ~ *de croissance* Wachstumsrate ; ~ *de couverture* Deckungssatz ; Deckungsgrad, -verhältnis ; ~*x directeurs* Leitzinsen ; ~ *d'émission* Ausgabekurs ; ~ *d'emploi* Beschäftigungsgrad ; ~ *d'escompte* → **taux d'escompte** ; ~ *d'expansion* Expansionsrate ; ~ *facial* (*d'une obligation*) Soll-Ertrag *m* ; erwartete Rendite einer Schuldverschreibung ; ~ *de fécondité* Fruchtbarkeitsrate ; ~ *fixe* fester Satz ; ~ *forfaitaire* Pauschalsatz ; ~ *d'imposition* (*de l'impôt*) Steuersatz ; ~ *d'inflation* Inflationsrate ; ~ *d'intérêt* → **taux d'intérêt** ; ~ *des investissements*

taux d'escompte

Investitionsquote ; ~ *de marge brute* Umsatzrendite *f* ; Bruttoaufschlag *m* ; in Prozenten ausgedrückte Handelsspanne *f* ; Umsatzrentabilität *f* ; ~ *de marge commerciale* Umsatzrendite ; ~ *marginal d'imposition* Grenzsteuersatz ; marginaler Steuersatz ; ~ *maximum, minimum* Höchst-, Mindestsatz ; ~ *de mortalité* Sterblichkeitsziffer *f* ; ~ *d'occupation (d'un logement)* Belegungsquote *f* ; ~-*pivot* Leitkurs *m* ; ~-*plafond* Zinsobergrenze *f* ; ~-*plancher* Zinsuntergrenze ; ~ *de population* Bevölkerungsdichte *f* ; ~ *préférentiel* Präferenz(zoll)satz ; ~ *de la plus-value* → *T.V.A* ; ~ *des prélèvements obligatoires* Steuersatz *m* ; Steuerquote *f* ; Hebesatz ; Belastung *f* durch Steuern und Abgaben ; ~ *de référence* Eckzins *m* ; Ecksatz *m* ; ~ *de rémunération* Renditesatz ; ~ *de renchérissement* Teuerungsrate ; ~ *de rendement* Rendite *f* ; Ertrag *m* ; ~ *de réserves minimales* Mindestreservesatz ; ~ *révisé* berichtigte (korrigierte) Zahl ; ~ *de T.V.A.* Mehrwertsteuersatz ; ~ *d'utilisation* Auslastungsgrad ; Nutzungsgrad ; ~ *variable* veränderlicher Satz ; ♦♦ *à* ~ (*d'intérêt*) *fixe, variable* → **taux d'intérêts** ; *politique f des* ~*x d'intérêt élevés* Hochzinspolitik ; ♦♦♦ *le* ~ *baisse (de), progresse (de)* die Rate fällt, steigt (um) ; *relever les* ~ *directeurs* die Leitzinsen erhöhen.

taux *m* **d'escompte** Diskontsatz *m* ; *abaisser, relever le* ~ den Diskontsatz senken (herabsetzen), erhöhen (heraufsetzen).

taux *m(pl)* **d'intérêt** Zinssatz *m* ; ~ *de base* Eckzins *m* ; ~ *bonifié* zinsgünstig ; zinsverbilligt ; ~ *créditeurs* Einlagenzinsen ; Guthabenzinsen ; ~ *débiteurs* Sollzinsen ; Kreditzinsen ; *à* ~ *fixe* festverzinslich ; ~ *nominaux* Nominalzinsen ; ~ *obligataires* Anleihezinsen ; *à* ~ *variable* mit veränderlichem Ertrag ; Gleitzinsen.

taxable besteuerbar ; versteuerbar ; taxierbar ; gebühren-, abgabenpflichtig.

taxateur *m* Abschätzer *m* ; Taxator *m*.

taxation *f* Taxierung *f* ; Ver-, Besteuerung *f* ; Veranlagung *f* ; Gebührenberechnung *f* ; Wertermittlung *f* ; ~ *ad valorem* Wertverzollung *f*.

taxe *f* Abgabe *f* ; Steuer *f* ; Gebühr *f* ; (amtlich) festgesetzter Preis *m* ; Auflage *f* ; Taxe *f* ; ♦ ~ *additionnelle* Zusatzsteuer ; Zuschlaggebühr ; ~ *d'affranchissement postal* Freimachungsgebühr ; Postsätze *mpl* ; ~ *sur les alcools et spiritueux* Branntweinabgabe ; ~ *annuelle* Jahresgebühr, -abgabe ; ~ *d'apprentissage* Lehrlings(ausbildungs)abgabe ; Lehrgeldabgabe ; Studienförderungsgelder *npl* ; ~ *de base (fixe)* Grundgebühr (*téléph.*) ; ~ *de base à l'unité* Gebühreneinheit *f* ; ~ *sur les carburants* Mineralölsteuer ; ~ *sur le chiffre d'affaires* Umsatzsteuer ; ~ *compensatoire*, *complémentaire* Ausgleichs-, Ergänzungsabgabe ; ~ *à la consommation, à l'exportation* Verbrauchs-, Ausfuhrsteuer (Exportabgabe) ; ~ *foncière* Grundsteuer ; ~ *forfaitaire* Pauschalsteuer, -abgabe ; Einheitssteuer ; ~ *d'habitation* Wohnraumsteuer ; ~ *à l'importation* Einfuhrsteuer ; Importabgabe ; ~ *de livraison* Zustellgebühr ; ~ *locale* Gemeindesteuer ; städtische Abgabe ; ~ *de magasinage* Lagergebühr ; ~ *préférentielle* Vergünstigungs-, Vorzugs-, Präferenzzoll *m* ; ~ *professionnelle* Gewerbesteuer ; Freiberufsteuer ; ~ *sur les propriétés (non) bâties* Grundsteuer auf (un)bebaute Grundstücke ; ~ *sur les revenus mobiliers* Zinsabschlagsteuer ; (*touris.*) ~ *de séjour* Kurtaxe ; ~ *spéciale* Sonderabgabe *f*, -zoll ; ~ *sur les spectacles* Vergnügungssteuer ; ~ (*redevance*) *téléphonique* Fernsprechgebühr ; ~ (*redevance*) *télévision* Fernsehgebühr ; ~ *sur les transactions boursières* Börsenumsatzsteuer ; ~ *sur la valeur ajoutée (T.V.A.)* Mehrwertsteuer (MWSt.) ; ♦♦ *barème m des* ~*s* Gebührentabelle *f* ; *soumis à une* ~ *abgabe-, steuerpflichtig* ; *sans* ~ steuerfrei ; *hors-*~*s (H.T.)* Steuer nicht inbegriffen ; *vor Steuern* ; *toutes* ~*s comprises (T.T.C.)* alles inbegriffen ; Steuern und Abgaben inbegriffen ; ♦♦♦ *calculer les* ~*s* die Gebühren berechnen ; *être soumis à une* ~ einer Steuer unterworfen sein ; abgabenpflichtig sein ; *fixer une* ~ eine Gebühr festsetzen ; *introduire une* ~ *spéciale (sur)* eine Sonderabgabe einführen (auf) ; *prélever des* ~*s (sur)* Zölle erheben (auf) ; *recouvrer les* ~*s* Abgaben erheben ; *réduire les* ~*s* die Gebühren ermäßigen ; *supprimer une* ~ eine Steuer abschaffen.

taxé, e gebühren-, abgaben-, steuerpflichtig ; besteuert ; *non* ~ gebührenfrei ; zollfrei ; *produit m fortement* ~ hochbesteuertes Produkt *n*.

taxer ; (*évaluer*) abschätzen ; bewerten ; veranschlagen ; berechnen ; taxieren ; (*fisc*) besteuern ; versteuern ; mit einer Abgabe belasten ; ~ *un produit* ein Produkt mit einer Steuer belegen ; ~ *au-dessus, au-dessous de la valeur* über, unter dem Wert abschätzen.

taylorisation *f* Taylorisierung *f* ; Arbeitsteilung *f*.

taylorisme *m* Taylorsystem *n* ; Taylorismus *m* ; Arbeitsteilung *f*.

T.B.B. *m* (*taux de base bancaire*) Basiszinssatz *m* ; Primarate *f*.

T.C.I. *mpl* (*termes commerciaux internationaux*) Incoterms *mpl*.

T.C.N. *m* (*titre de créance négociable*) staatliche Anleihe *f* ; (mittelfristige, bankfähige) Bundesschatzanweisung *f* ; Bundesschatzbrief *m*.

T.E.C. *f* (*tonne équivalent charbon*) Steinkohleeinheit *f* (SKE).

technicien *m* Techniker *m* ; technische(r) Angestellte(r) ; Fachmann *m* ; Fachkraft *f* ; Experte *f* ; ~ *du bâtiment* Bautechniker ; ~ *comptable* Betriebsbuchhalter *m* ; ~ *de la finance* Finanzexperte ; ~ *publicitaire* Werbefachmann ; ~/~*ne de surface* Reinigungskraft *f* ; ~ *supérieur* graduierter Ingenieur *m*.

technicité *f* Fachlichkeit *f* ; fachlicher Charakter *m* ; *de haute* ~ hochtechnisch ; von hoher Fachspezifik ; technisch hochwertig ; *installations fpl d'une haute* ~ technisch aufwendige Anlagen *fpl*.

technico-commercial *m* kaufmännisch-technischer Berater *m*, Assistent *m* ; ~*aux* kaufmännisch-technisches Personal *n*.

technico-commercial, e kaufmännisch-technisch ; *agent m* ~ kaufmännisch-technischer Vertreter *m* ; *ingénieur m* ~ Vertriebs-, Verkaufsingenieur *m* ; Industrie-Kaufmann *m* / Kauffrau *f* ; Absatzfachmann *m* ; Betriebsberater *m*.

technique *f* Technik *f* ; Arbeitsweise *f* ; Methode *f* ; Verfahren *n* ; ~ *de fabrication* Herstellungsmethode ; ~ *de management, de vente* Management-, Absatztechnik.

technique Fach- ; technisch ; *caractéristiques fpl* ~*s* technische Merkmale *npl*, Daten *pl* ; *chômage m* ~ technisch bedingte Arbeitslosigkeit *f* ; Feierschicht *f* ; Kurzarbeit *f* ; *commission f* ~ Fachausschuss *m* ; *compétences fpl, connaissances fpl* ~*s* technisches Können *n*, Fachkenntnisse *fpl* ; *conseiller m* ~ technischer Berater *m* ; *contrôle m* ~ technische Überwachung *f* ; *enseignement m* ~ Fachschulwesen *n* ; Fachunterricht *m* ; *incident m* ~ technische Störung *f* ; *services mpl* ~*s* technische Abteilung *f* ; *terme m* ~ Fachausdruck *m* ; *fermé pour raisons* ~*s* aus betriebstechnischen Gründen geschlossen ; *visé par le contrôle* ~ TÜV-geprüft.

technocrate *m* Technokrat *m*.

technocratie *f* Technokratie *f*.

technocratique technokratisch.

technologie *f* Technologie *f* ; Technik *f* ; ~ *du froid, de la chaleur* Kälte-, Wärmetechnik ; ~ *de l'information* Informationstechnologie (IT) ; ~ *de pointe* Spitzentechnologie, -technik ; Hochtechnologie ; Hightech *n/f* ; *appliquer des* ~*s nouvelles* neue Technologien anwenden.

technologique technologisch ; technisch ; *défi m* ~ technologische Herausforderung *f* ; *environnement m* ~ technologisches Umfeld *n* ; *leadership m* ~ technologische Führungsrolle *f* ; *potentiel m* ~ technologisches Potenzial *n* ; *réalisations fpl* ~*s* technologische Errungenschaften *fpl* ; *transfert m* ~ Technologie-Transfer *m*.

technologue *m* Technologe *m*.

technopole *f* → *technopôle*.

technopôle *m* Technologiepark *m* ; Technologiezentrum *n* ; Technologie- und Gründerzentrum *n* ; Industriestandort *m* für High-Tech-Unternehmen.

technostructure *f* Technostruktur *f*.

T.E.F. *m* (*transfert électronique de fonds*) elektronischer Geldtransfer *m*.

T.E.G. *m* (*taux effectif global*) globaler Realzins *m* ; Effektivzinssatz *m*.

télé *f* Fernsehen *n*.

télé-achat *m* Fernseheinkauf *m* ; Teleshopping *n* ; (*Internet*) Einkaufen *n* im Netz ; Internet-Shopping.

télébanque *f* Electronic Banking *n* ; elektronisches Zahlungssystem *n*.

téléchargeable herunterladbar.

téléchargement *mpl* Herunterladen *n* ; Download *m* ; Downloaden *n*.

télécharger herunterladen ; downloaden.

télécommande *f* Fernsteuerung *f*, -bedienung *f* ; Fernantrieb *m*.

télécommandé, e ferngesteuert.

télécommunications *fpl* Telekommunikation *f* ; Nachrichtenübertragung

télécoms

f ; Nachrichtenvermittlung *f* ; Fernmeldewesen *n*.
télécoms *fpl* → **télécommunications**.
téléconférence *f* Telekonferenz *f* ; Konferenzschaltung *f*.
télécopie *f* Fax *n* (*syn. fax*).
télécopier faxen ; per Fax schicken ; zufaxen.
télécopieur *m* Fax-Gerät *n* ; Telekopierer *m* ; Telekopiergerät *n*.
télédiffuser (im Fernsehen) übertragen ; ausstrahlen.
télédiffusion *f* Fernsehausstrahlung *f* ; Fernsehübertragung *f*.
télédistribution *f* Kabelfernsehen *n*.
téléenseignement *m* Fernunterricht *m* ; Telekolleg *n* ; Schulfunk *m* ; Fernstudium *n*.
téléfax *m* → **télécopie**.
télégramme *m* Telegramm *n*.
télégraphe *m* Telegraf *m*.
télégraphier telegrafieren ; drahten.
télégraphique telegrafisch.
téléinformatique *f* → **télématique**.
télémarketing *m* Telemarketing *n*.
télématique datenfernübertragend ; datenfernvermittelnd.
télématique *f* Telematik *f* ; Datenfernübertragung *f* ; Teleinformatik *f* ; Verbund *m* von Datenverarbeitung und Fernmeldetechnik ; (*Allemagne*) Datex *n* ; Datex-Netz *n*.
téléopérateur *m* (*Internet*) Internetberater *m* ; Operator *m* für Web-Nutzer.
télépaiement *m* elektronische Zahlung(sweise) *f* ; Electronic-Banking *n*.
téléphone *m* Telefon *n* ; Fernsprecher *m* ; (*sur les adresses*) Fernruf *m* ; ♦ *par* ~ telefonisch ; fernmündlich ; ~ *à carte*, *à pièces* Karten-, Münztelefon ; ~ *mobile* Handy *n* ; Mobiltelefon ; ~ *public* öffentlicher Fernsprecher ; ~ *rose* Telefonsex *m* ; Sex-Hotline *f* ; (*polit.*) *le* ~ *rouge* der heiße Draht ; ~ *sans fil* schnurloses Telefon ; ~ *fixe* Festanschluss *m* ; Fixtelefon ; ♦♦ *abonné m du* ~ Fernsprechteilnehmer *m* ; *coup m de* ~ Anruf *m* ; Telefonat *n* ; *facture f du* ~ Telefonrechnung *f* ; *numéro m de* ~ Telefon-, Fernsprechnummer *f* ; Rufnummer ; ♦♦♦ *avoir le* ~ Telefon haben ; *avoir qqn au* ~ mit jdm telefonieren ; (*fam.*) jdn an der Strippe haben ; *confirmer qqch par* ~ etw telefonisch bestätigen ; *donner un coup de* ~ → **téléphoner** ; *on vous demande au* ~ Sie werden am Telefon verlangt ; *joindre qqn par* ~ jdn telefonisch erreichen.
téléphoner (*à qqn*) (jdn) anrufen ; (mit jdm) telefonieren ; ~ *à Berlin* nach Berlin telefonieren ; *commande f* ~*ée* Bestellung *f* auf Anruf ; telefonische (fernmündliche) Bestellung.
téléphonie *f* Telefonie *f* ; Fernsprechdienst *m* ; Sprechfunk *m* ; Fernmeldewesen *n* ; *opérateur m de* ~ *mobile* Mobilfunkbetreiber *m* ; Telefongesellschaft *f* ; *réseau m de* ~ *mobile* Mobilfunknetz *n*.
téléphonique telefonisch ; fernmündlich ; Fernsprech- ; Telefon- ; *annuaire m* ~ Telefonbuch *n* ; *appel m* ~ Anruf *m* ; *cabine f* ~ Telefonzelle *f* ; Fernsprechkabine *f* ; *central m* ~ Fernsprechzentrale *f* ; *communication f* ~ Anruf *m* ; Telefonat *n* ; *entretien m* ~ Telefon-, Ferngespräch *n* ; *ligne f* ~ Telefon-, Fernsprechleitung *f* ; *service m* ~ Telefondienst *m*.
téléprospection *f* → **télémarketing**.
téléservices *mpl* (*bancaire*) elektronische Zahlung(sweise) *f* ; Electronic-Banking *n* ; Telebanking *n* ; Home-, Phonebanking.
téléspectateur *m* Fernseher *m* ; Fernsehzuschauer *m*.
télétel *m* Dienst *m* der französischen Post : Btx *m* ; Bildschirmtext *m* ; Videotext ; Telekom-Online *f*.
télétex *m* Teletex *m* ; elektronische Textübermittlung *f*.
télétexte *m* Videotext *m*.
télétraitement *m* Datenfernverarbeitung *f*, -übertragung *f* ; Teleinformatik *f* ; Teleprocessing *n*.
télétravail *m* Telearbeit *f* ; Tele-Heimarbeit ; Homework *f*.
télétravailleur *m* Telearbeiter *m* ; Heimarbeiter *m* ; Homeworker *m*.
télévisé, e durch Fernsehen übertragen ; Fernseh-.
téléviseur *m* Fernsehgerät *n* ; Fernsehapparat *m* ; Fernseher *m*.
télévision *f* **1.** Fernsehen *n* ; ~ *généraliste* Vollprogramm *n* ; ~ *thématique* Spartenfernsehen *n* ; *émission f de* ~ Fernsehsendung *f* ; Fernsehübertragung *f* ; *regarder la* ~ fernsehen **2.** (*appareil*) Fernsehgerät *n* ; Fernseher *m*.
télex *m* **1.** Fernschreiber *m* ; Telex *n*/(*Suisse*) *m* **2.** Fernschreiben *n* ; Telex *n*.
télexer fernschreiben ; telexen.

témoignage *m* **1.** Zeugenaussage *f* ; Zeugnis *n* ; *faux ~* Falschaussage ; falsche Zeugenaussage ; *déposer un ~ (de)* Zeugnis ablegen (von) **2.** Beweis *m* ; Zeichen *n* ; Bekundung *f* ; *en ~ de ma reconnaissance* in (mit) tiefer Dankbarkeit.

témoigner 1. als Zeuge vor Gericht auftreten ; als Zeuge aussagen ; *~ de qqch* von etw zeugen ; *~ en faveur de qqn, contre qqn* für, gegen jdn Zeugnis ablegen ; *~ sous serment* eidlich aussagen **2.** *(manifester) ~* bekunden ; beweisen ; *~ de l'intérêt, de la sympathie* Interesse, Sympathie bekunden.

témoin *m* **1.** Zeuge *m* ; *~ à charge* Belastungszeuge ; belastender Zeuge ; *~ capital* Kronzeuge ; *citation f de ~* Zeugen(vor)ladung *f* ; *déposition f de ~* Zeugenaussage *f* ; *citer un ~* einen Zeugen benennen, vorladen ; *entendre un ~* einen Zeugen vernehmen **2.** *(modèle)* Modell *n* ; Muster *n* ; Test *m* ; *logement m ~* Musterwohnung *f* ; *(statist.) ~s* Kontrollgruppe *f.*

tempérament *m* **:** *à ~* auf (in) Raten ; auf Ratenzahlung ; auf Teilzahlung ; *achat (paiement m) m à ~* Raten-, Teilzahlung *f* ; Ratenkauf *m* ; Kauf auf Abschlag ; *système m de ventes à ~* Abzahlungs-, Teilzahlungssystem *n.*

temporaire Zeit- ; befristet ; auf Zeit ; einstweilig ; vorläufig ; vorübergehend ; *aide f ~* Überbrückungshilfe *f*, -geld *n* ; *assurance f ~* befristete Versicherung *f* ; *embauche f ~* befristete Einstellung *f* ; *emploi m ~* Zeitarbeit *f*, -beschäftigung *f* ; *personnel m ~* Zeitpersonal *n* ; Zeit(arbeits)kräfte *fpl.*

temps *m* Zeit *f* ; *(moment)* Zeitpunkt *m* ; *(période)* Zeitalter *n* ; *(durée)* Dauer *f* ; ◆ *~ d'absences* Fehlzeiten *fpl* ; *(informatique) ~ d'accès* Zugriffszeit ; *~ d'antenne* Sendezeit ; *~ d'apprentissage* Lehrzeit *f* ; Ausbildungszeit ; *~ complet* → **temps complet** ; *~ d'émission* Sendezeit ; *~ libre* freie Zeit *f* ; Freizeit ; *(informatique) ~ mort* Totzeit ; Leerlaufzeit ; *~ d'occupation de l'outil industriel* Auslastung *f* des Maschinenpotenzials ; *~ partagé* Timesharing *n* ; *~ partiel* → **temps partiel** ; *~ de présence* Anwesenheitsstunden *fpl* ; *(informatique) ~ réel* Echt-, Realzeit *f* ; *~ de repos* Erhol(ungs)zeit ; *~ de service* Dienstzeit ; *~ de travail* → **temps de travail** ;

◆◆ *en ~ réel absolu* zeitgleich ; *compte-épargne-temps* Arbeitszeitkonto *n* ; Zeitguthaben *n* *(syn. crédits horaires)* ; *emploi f du ~* Zeiteinteilung *f* ; *étude f des ~* Zeitstudie *f* ; *gain m de ~* Zeitersparnis *f* ; *faute f de ~* aus Zeitmangel ; *salaire m au ~* Zeitlohn *m* ; ◆◆◆ *payer en ~ voulu* termingemäß bezahlen ; pünktlich zahlen.

temps *m* **complet** *(travail à ~)* Vollzeitbeschäftigung *f* ; Vollzeitarbeitsplatz *m* ; *personne f employée à ~* Vollzeitkraft *f* ; Vollzeitbeschäftigte(r) ; *avoir un ~* (in) Vollzeit arbeiten ; eine Vollzeitbeschäftigung haben.

temps *m* **de travail** Arbeitszeit *f* ; *~ choisi (à la carte)* gleitende Arbeitszeit ; *~ effectif* tatsächlich geleistete Arbeitszeit ; *~ fixé par les conventions collectives* tarifliche Arbeitszeit ; *~ réglementaire* Regelarbeitszeit ; *réduction du ~ (R.T.T.)* Arbeitszeitverkürzung *f* ; *aménager la durée du ~* die Arbeitszeit flexibilisieren ; *annualiser le ~* die Arbeitszeit auf das ganze Jahr berechnen ; *réduire la durée du ~* die Arbeitszeit verkürzen.

temps *m* **partiel** *(travail à ~)* Teilzeitarbeit *f* ; Teilzeitbeschäftigung *f* ; *personne f employée à ~* Teilzeitbeschäftigte(r) ; *salarié m à ~* Teilzeitarbeitnehmer *m* ; *avoir un ~* (in) Teilzeit arbeiten ; eine Teilzeitbeschäftigung haben.

temps plein : *activité f à ~/plein temps* Vollzeitbeschäftigung *f* ; → **temps complet**.

tenancier *m* *(bistrot, hôtel)* Geschäftsführer *m* ; Leiter *m* ; Pächter *m.*

tendance *f* Tendenz *f* ; Neigung *f* ; Trend *m* ; Richtung *f* ; Entwicklung *f* ; ◆ *~ à la baisse* Baissetendenz ; fallende Tendenz ; *~ de la bourse* Börsentendenz ; Kursbarometer *n* ; *~ à la consommation* Verbrauchs-, Konsumneigung ; *~ croissante, décroissante* zu-, abnehmende Tendenz ; *~ générale* Grund-, Hauptrichtung ; einheitliche Tendenz ; *~ à la hausse* Haussetendenz ; Aufwärtsbewegung ; *~ (non) linéaire* (nicht) linearer Trend ; *~ du marché* Markttendenz ; *~ marginale* Grenzneigung ; ◆◆ *indicateur m de ~* Börsenbarometer *n* ; *renversement m de ~* Trendumkehr *f* ; Tendenzwende *f* ; ◆◆◆ *la ~ est* die Tendenz (der Trend) geht in Richtung ; *la*

~ *s'inverse* die Tendenz schlägt um ; *une ~ se profile* eine Tendenz zeichnet sich ab ; *la ~ se maintient* die Tendenz hält an ; *renverser la ~* die Tendenz umkehren.

tendancieux, se tendenziös ; voreingenommen ; *articles mpl de presse ~* tendenziöse Presseberichte *mpl*.

tendu, e (an)gespannt ; *situation f ~e sur le marché du travail* angespannte Arbeitsmarktlage *f.*

teneur *f* (*contenu, libellé*) Wortlaut *m* ; Inhalt *m* ; *~ du contrat* Vertragsinhalt.

teneur *m* **de marché** (*bourse*) Kursmakler *m* ; Marktmacher *m* ; Market maker *m*.

tenir halten ; *~ à jour* laufend ergänzen ; *~ un article* einen Artikel führen ; *~ la caisse* Kasse führen ; *~ un commerce* ein Geschäft führen ; *~ un compte* ein Konto führen ; *~ les livres* die Bücher führen ; *~ un poste* ein Amt innehaben ; *~ séance* eine Sitzung abhalten.

tenu, e 1. gebunden ; -pflichtig ; *être ~ (à)* gebunden sein (an) ; *être ~ au secret professionnel* an das Berufsgeheimnis gebunden sein ; *être ~ (de)* haften (für) ; *être ~ des dettes* für die Schulden haften **2.** (*bourse*) fest.

tenue *f* **1.** Führung *f* ; Haltung *f* ; *~ de compte* Kontoführung ; *~ des livres* Buchhaltung *f* ; *~ en partie double* doppelte Buchführung **2.** (*bourse*) bonne *~ des cours* Festigkeit *f* der Kurse **3.** *~ de travail* Arbeitskleidung *f* ; Kluft *f.*

T.E.P. *f* (*tonne équivalent-pétrole*) Erdöleinheit *f* ; Erdöläquivalent *n* pro Tonne.

termaillage *m* Fälligkeitsaufschub *m* oder -vorverlegung *f* ; leads and lags-Bestimmung *f* (Zahlungsterminänderung bei der Eintreibung von Schulden und Forderungen je nach der Entwicklung des Wechselkurses).

terme *m* **1.** Termin *m* ; Zahlungstermin ; Zeitpunkt *m* ; Frist *f* ; Ziel *n* ; ♦ *~ d'un contrat* Vertragsablauf *m* ; *~ butoir* (*extrême*) äußerster (letzter) Termin ; *~ de l'échéance* Fälligkeitstermin ; *~ fixe* fester Termin ; *~ légal* gesetzliche Frist ; *~ du paiement, du remboursement* Zahlungs-, Rückzahlungsfrist *f* ; ♦♦ *à ~* auf Termin ; befristet ; mit Laufzeit ; länger-

fristig ; auf Sicht ; auf Ziel ; *à court, moyen, long ~* kurz-, mittel-, langfristig ; *avant ~* vor Fälligkeit ; vor Verfall ; *achat m à ~* Terminkauf *m* ; *argent m à ~* Termingeld *n* ; feste Einlage *f* ; *dépôts mpl à ~* Depositen *pl* mit fester Laufzeit, Termingelder *npl* ; *échéance f du ~* Fristablauf *m* ; *marché m à ~* Terminmarkt *m* ; Terminbörse *f* ; Termingeschäft *n* ; Effektentermingeschäft *n* ; *opération f à ~* → *marché* ; *paiement m à ~* Terminzahlung *f* ; Zahlung auf Ziel ; *valeurs fpl à ~* Terminwerte *mpl*, -papiere *npl* ; ♦♦♦ *acheter à ~* auf Termin (auf Zeit) kaufen ; *déposer de l'argent à ~* Geld auf Zeit hinterlegen ; *fixer un ~* einen Termin festsetzen ; *négocier à ~* Termingeschäfte abschließen ; *payer à ~ échu* nachträglich zahlen ; bei Fristablauf zahlen ; *vendre à ~* auf Termin (auf Zeit) verkaufen ; per Ultimo verkaufen **2.** (*loyer*) Mietzahlung *f* ; Miete *f* ; *être en retard pour* (*payer*) *le ~* mit der Mietzahlung im Rückstand sein ; *payer le ~* die Miete zahlen **3.** (*libellé, texte*) *~s* Wortlaut *m* ; Inhalt *m* ; *~s d'une clause* Wortlaut einer Klausel ; *~s d'un contrat* Vertragstext *m* ; Vertragsinhalt ; Vertragsbestimmungen *fpl* ; *aux ~s de ...* gemäß ; dem Wortlaut nach ; laut ; *aux ~s du contrat* laut (gemäß) Vertrag ; *~ technique* Fachausdruck *m*.

terminal *m* **1.** (*informatique*) Terminal *n* ; Bildschirm-, Datenterminal ; Datenendstation *f* ; Endgerät *n* ; *~ de paiement électronique* (*T.P.E.*) Bankomat *m* ; elektronischer Bankautomat *m* ; Point of sale *m* (POS) **2.** (*aéroport, gare*) Terminal *m/n* ; Fluggast-Abfertigungshalle *f* ; *~ des bagages* Gepäckhalle *f* ; *~ portuaire* Containerhafen *m* ; *~ de chargement et de déchargement* Umschlagsanlagen *fpl*.

terrain *m* **1.** Grundstück *n* ; Grund *m* ; Boden *m* ; Gelände *n* ; Land *n* ; Fläche *f* ; Platz *m* ; (*bilan*) *~s* Grundstücke ; *~ à bâtir* Bauland ; Bauplatz ; Grundstück *n* ; *~ bâti* Wohngrundstück ; *~ non bâti* unbebautes Grundstück ; *~ (non) constructible* (un)bebaubares Grundstück ; *~ de culture* Ackerland ; bebauter Boden ; *~ d'exposition* Ausstellungsgelände ; *~ industriel* Industrie-, Betriebsgelände ; *~ protégé* Schutzgebiet *n* ; *~ à usage commercial* Geschäftsgrundstück ; *~ à vendre* Grundstück zu verkaufen ; *~*

viabilisé erschlossenes Grundstück ; *spéculer sur les ~s* mit Grundstücken spekulieren **2.** *~ d'atterrissage* Flugplatz *m* ; Startfeld *n* **3.** *être un homme de ~* eine praxisorientierte Person sein ; praktische Erfahrung haben ; *sur le ~* vor Ort **4.** *enquête f sur le ~* Feld-, Primärforschung *f* ; *enquêteur m sur le ~* Marktbefrager *m* ; Interviewer *m* ; *travail m sur le ~* Feldarbeit *f.*

terrassement *m* **:** (*bâtiment*) *travaux mpl de ~* Erdbewegungsarbeiten *fpl.*

terre *f* **1.** Erde *f* **2.** (*agric.*) Ackerland *n* ; Gut *n* ; Boden *m* ; *~s* Grund und Boden ; *~ arable* Anbaufläche *f* ; *~ en friche* Brachland ; *~ louée* Pachtland ; *~ à pâturage, à vignes* Weide-, Rebland ; *produits mpl de la ~* Agrarprodukte *npl* ; Bodenerzeugnisse *npl* ; *rendement m de la ~* Bodenertrag *m* ; *travail m de la ~* Landarbeit *f*, -wirtschaft *f* **3.** *par* (*voie de*) *~* zu Lande ; *trafic m par ~* Landverkehr *m.*

terrestre : *par voie ~* auf dem Landweg ; zu Lande ; *transport m ~* Beförderung *f* zu Lande ; Landtransport ; (*télé.*) terrestrisch.

terrien, ne : *propriétaire m ~* (Groß-)Grundbesitzer *m* ; Gutsherr *m* ; *propriété f ~ne* Landgut *n* ; Grundbesitz *m* ; Gutshof *m.*

territoire *m* Gebiet *n* ; Bereich *m* ; Zone *f* ; Bezirk *m* ; Land *n* ; Region *f* ; Zone *f* ; Territorium *n* ; *~ côtier* Küstengebiet ; *~ douanier* Zollgebiet ; *~ frontalier* (*limitrophe*) Grenzgebiet ; *~ métropolitain* Mutterland *n* ; *~ national* Staats-, Landesgebiet ; *~ d'outre-mer* (*T.O.M.*) Überseegebiet ; *aménagement m du ~* Raumplanung *f* ; Raumordnung *f* ; *autorisation f de quitter le ~* Ausreisegenehmigung *f.*

territorial, e örtlich ; regional ; territorial ; *collectivité f ~e* Gebietskörperschaft *f* ; *eaux fpl ~es* Küstengewässer *npl* ; Hoheitsgewässer ; *intégrité f ~e d'un État* territoriale Integrität *f* eines Staats ; *limite f ~* Gebietsabgrenzung *f* ; Hoheitsgrenze *f* ; *pouvoir m ~* Territorialgewalt *f* ; *souveraineté f ~e* Territorialhoheit *f* ; Gebietshoheit.

territorialité *f* (*impôt, loi*) gebietsgebundener Charakter (einer Steuer, eines Gesetzes) ; Territorialität *f* ; *principe m de ~* Territorialitätsprinzip *n.*

terroir *m* Boden *m* ; Ackerland *n* ; (landwirtschaftliche) Region *f*, Gegend *f* ; *produits mpl du ~* (regionale) Landwirtschaftserzeugnisse *npl* ; landwirtschaftliche Qualitätsprodukte *npl.*

tertiaire dienstleistend ; Dienst- ; Service- ; *emplois ~s* Verwaltungs- und Dienstleistungsberufe *mpl* ; *secteur m ~* tertiärer Sektor *m* ; Dienstleistungssektor ; Dienstleistungsgewerbe *n* ; dienstleistendes Gewerbe ; (*prestataire*) Dienstleister *m* ; Erbringer *m* von Dienstleistungen.

tertiarisation *f* Entwicklung *f* des Dienstleistungssektors ; Ausdehnung *f* des dienstleistenden Gewerbes ; Tertiarisierung *f* des Stellenmarkts.

test *m* Test *m* ; Probe *f* ; Eignungsprüfung *f* ; Erprobung *f* ; Versuch *m* ; *~ d'aptitude, comparatif* Eignungs-, Vergleichstest ; *~ A.D.N.* DNA-Vaterschaftstest ; *~ à l'aveuglette* blinder Test *m* ; *~ de consommateurs* Verbrauchertest ; *~ d'embauche, de niveau* Einstellungs-, Einstufungstest ; *~ de marque, de notoriété* Marken-, Bekanntheitstest ; *~ de résistance* Härtetest ; *~ de produits* Produkttest ; *~ d'intelligence* Intelligenztest, -prüfung *f* ; *~ préalable* Voruntersuchung *f* ; *~ de sélection* Auslese-, Auswahltest ; *~ en usine* Fabriktest ; *marché-~* Testmarkt *m* ; *série f de ~s* Testreihe *f* ; *groupe-~ m* Panel *n* ; Testgruppe *f* ; *faire un ~* einen Test durchführen ; testen ; *soumettre à un ~* einem Test unterziehen.

testament *m* Testament *n* ; letztwillige Verfügung *f* ; *~ authentique* (*par acte public*) notarielles (öffentliches) Testament ; *par ~* testamentarisch ; letztwillig ; *~ olographe* eigenhändiges Testament ; *faire un ~* ein Testament machen ; *invalider un ~* ein Testament für null und nichtig erklären ; *ne pas laisser de ~* kein Testament hinterlassen ; *laisser* (*léguer*) *qqch par ~* etw (durch Testament) vermachen ; *ouvrir un ~* ein Testament eröffnen.

testamentaire testamentarisch ; letztwillig ; Testaments- ; *disposition f ~* Testamentsbestimmung *f* ; letztwillige (testamentarische) Verfügung *f* ; *exécuteur m ~* Testamentsvollstrecker *m.*

testateur *m* Erblasser *m* ; Testator *m.*

tester 1. testen ; einen Test durchführen ; erproben ; prüfen ; *~ la qualité* *d'un produit* die Produktqualität testen **2.** (*testament*) testieren ; ein Testament machen ; *ayant capacité de ~* testierfähig.

tête *f* Kopf *m* ; Spitze *f* ; *~ à ~* Gespräch unter vier Augen ; Tête-à-Tête *n* ; *par ~* pro (je) Kopf ; *revenu m par ~ d'habitant* Pro-Kopf-Einkommen *n* ; *~ de lettre* Briefkopf *m* ; (*trains*) *~ de ligne* Kopfbahnhof *m* ; (*pol.*) *~ de liste* Spitzenkandidat *m* ; *en ~* an der Spitze ; *chasseur m de ~s* Kopfjäger *m* ; Headhunter *m* ; ◆◆◆ *calculer* (*un prix*) *de ~* (einen Preis) im Kopf rechnen ; *être à la ~ d'une entreprise* an der Spitze eines Unternehmens stehen ; (*pol.*) *être en ~ de liste* Spitzenkandidat sein ; (*fam.*) *prix m à la ~ du client* willkürlicher Preis *m* (je nach Kunde) ; *occuper la ~* den ersten Platz (Rang) einnehmen ; *prendre la ~* die Führung übernehmen.

texte *m* Text *m* ; Wortlaut *m* ; (*version*) Fassung *f* ; *~ intégral* voller Wortlaut, ; *~ original* Original-, Urtext ; Urschrift *f* ; *~ qui fait foi* maßgebender Fassung ; maßgeblicher Text.

textile *m* Textilfaser *f* ; Faserstoff *m* ; *les ~s* die Textilien *fpl* ; Textilwaren *fpl* ; *~ synthétique* Chemie-, Kunstfaser ; synthetische Faser ; *la crise du ~* Textilkrise *f* ; *industrie f ~* Textilindustrie *f* ; Textilgewerbe *n*.

texto *m* SMS *n* (Short Message System) ; SMS-Nachricht *f* ; *envoyer un ~* ein SMS schicken ; simsen.

T.G.V. *m* (*train à grande vitesse*) Hochgeschwindigkeitszug *m* (HGZ) ; Intercity-Zug *m* ; Fernschnellzug ; Expresszug ; ICE *m*.

thématique : (*médias*) *programme m, chaîne f ~* Spartenprogramm *n* ; Spartenkanal *m*.

thème *m* Thema *n* ; Themengebiet *n* ; Sparte *f* ; Rubrik *f* ; *classer par ~s* nach Themengebieten sortieren.

thermal, e : *établissement m ~* Kurhaus *n* ; *station f ~e* Kurort *m*.

thermalisme *m* Bäderwesen *n* ; Kurwesen *n*.

thermique : *centrale f ~* Wärme-, Heizkraftwerk *n*.

thésaurisation *f* Hortung *f* (von Geldern) ; Horten *n* ; Thesaurierung *f* ; Anhäufen *n*.

thésauriser horten ; thesaurieren ; anhäufen.

T.H.S. *fpl* (*bourse : transactions hors séance*) Außerbörsengeschäfte *npl*.

tibeur *m* (*bourse : taux interbancaire offert en Europe*) Euribor *m* ; europäischer Interbankensatz *m*.

ticker *m* (*Internet*) Ticker *m* ; fortwährende Aktienkurs-Angabe *f* im Internet.

ticket *m* Fahrkarte *f* ; Karte *f* ; Marke *f* ; Bon *m* ; Schein *m* ; Beleg *m* ; *~ de caisse* Kassenzettel, -bon ; *~ de cantine* Essensmarke ; *~ à conserver* Beleg aufbewahren ; *~ de contrôle* Kontrollschein ; *~ d'entrée* Eintrittskarte ; (*sécurité sociale*) *~ modérateur* Selbstbeteiligung *f* (des Versicherten) ; Selbstbeteiligungskosten *pl* ; *~ de rationnement* Zuteilungsmarke ; *~ de ravitaillement* Lebensmittelmarke ; *~-restaurant* Essensmarke *f* ; Essenszuschuss *m*.

tiercé *m* Dreierwette *f* (bei Pferderennen).

tiers, tierce 1. Dritte(r) ; dritte Person *f* ; Dritt- ; *à l'usage de ~* für Dritte ; *~ acquéreur* Dritterwerber *m* ; *~ bénéficiaire d'une assurance-vie* Bezugsberechtigter einer Lebensversicherung ; *~ débiteur* Drittschuldner *m* ; *~- monde* Dritte Welt *f* ; *~ payant* → **tiers payant** ; *tierce personne* Dritte(r) ; dritte Person ; *~ provisionnel* → **tiers provisionnel** ; ◆◆ *assurance f au ~* Dritt-Haftpflichtversicherung *f* ; *état ~* Drittstaat *m* ; *pays ~* Drittland *n* ; ◆◆◆ *être responsable vis-à-vis de ~* Dritten gegenüber haften **2.** Drittel *n* ; *majorité des deux ~* Zwei-Drittel-Mehrheit *f* **3.** (*assur. déclaration de sinistre*) Unfallgegner *m* ; *être assuré au ~* teilkaskoversichert sein.

tiers *m* **payant** (*sécur. sociale*) selbsteintretender Versicherungsträger *m* ; Zahlung *f* der Arzt-, Arznei- und Krankenhauskosten durch den Versicherungsträger ; System *m* der freien Behandlung auf Krankenschein.

tiers *m* **provisionnel** (vierteljährliche) Steuervorauszahlung *f* ; Steuerdrittel *n* ; Steuerabschlagzahlung *f*.

T.I.G. *mpl* (*travaux d'intérêt général*) gemeinnützige Arbeit *f* ; Sozialarbeit ; ABM-Beschäftigung *f*.

timbrage *m* Abstempelung *f* ; Abstempeln *n* ; Frankierung *f*.

timbre *m* **1.** Stempel *m* ; Marke *f* ; Vignette *f* ; *~ dateur* Datums-, Datenstempel ; *~ fiscal* Steuer-, Gebührenmarke (-plakette *f*) ; *~-prime* Rabattmarke ; *droit m de ~* Stempelgebühr *f*, -abgabe *f* ; *frais mpl d'enregistrement et de ~* Registergebühren ; *~-quittance* Quittungsmarke **2.** (*poste*) Briefmarke *f* ; Freimarke ; Postwertzeichen *n* ; *~ de collection* Sammlermarke *f* ; *feuille f de ~s* Briefmarkenbogen *m* ; *carnet m de ~s* Briefmarkenheft *n* ; *mettre un ~* eine Briefmarke aufkleben ; *oblitérer un ~* eine Briefmarke abstempeln ; *prière de joindre un ~ pour la réponse* Rückporto beilegen.

timbré, e frankiert ; freigemacht ; mit einer Steuermarke versehen ; (ab)gestempelt ; *papier m ~* gestempeltes Formblatt *m* ; Stempelpapier *n*.

timbre-poste *m* → timbre 2.

timbrer (ab)stempeln ; frankieren ; freimachen.

timing *m* Timing *n* ; Zeitplan *m* ; *respecter le ~* den Zeitplan einhalten.

Tiop *m* **(Pibor)** (*taux interbancaire offert à Paris*) in Paris angebotener Geldzinssatz für Bank-an-Bank-Geschäfte.

T.I.P. *m* (*titre interbancaire de paiement*) Bankzahlungsschein *m* ; Banküberweisung *f*.

T.I.P.P. *f* (*taxe intérieure sur les produits pétroliers*) (Binnen)Mineralölsteuer *f*.

T.I.R. *m* **1.** (*transport international routier*) Internationaler Straßengüterverkehr *m* ; TIR **2.** (*taux interne de rentabilité*) interner Zinsatz *m*.

tirage *m* **1.** (*économie*) Ziehung *f* ; *droits mpl de ~* ordentliche Ziehungsrechte *npl* ; *droits de ~ spéciaux* Sonderziehungsrechte ; (*par*) *~ au sort* (durch) Auslosung *f* ; *obligation f sortie au ~* ausgeloste Obligation *f* **2.** (*loterie, loto*) Ziehung *f* ; Auslosung *f* ; *~ des chiffres du loto* Ziehung der Lottozahlen ; *~ des lots* Gewinnverlosung *f* ; *~ spécial* Sonderauslosung ; *effectuer un ~* eine Ziehung vornehmen ; auslosen **3.** (*informatique*) Druckausgabe *f* ; Druck *m* ; (*photo*) Abzug *m* ; (*édition*) Auflage *f* ; *fort, faible ~* hohe, niedrige Auflage ; *les gros ~s* die hohen Auflagenzahlen *fpl* ; *~ limité* begrenzte Auflage ; *~ réduit* Kleinstauflage ; *~ couvrant un à-valoir* Deckungsauflage ; *augmenter, diminuer les ~s* die Auflagen steigern, verringern **4.** (*traite*) Ausstellung *f* (Ziehung *f*) eines Wechsels ; (*chèque*) Ausstellung eines Schecks.

tiré *m* Bezogene(r) ; Trassat *m*.

tiré *m* **à part** Sonderdruck *m* ; Separatdruck.

tirelire *f* Sparbüchse *f*, -dose *f* ; (*fam.*) Sparschwein *n* ; *casser sa ~* das Sparschwein schlachten.

tirer 1. *~ un chèque* einen Scheck ausstellen ; *~ une traite de 500 € sur qqn* einen Wechsel über 500 € auf jdn ausstellen (ziehen, trassieren) **2.** *~ au sort* aus-, verlosen **3.** (*édition*) abziehen ; drucken ; *~ un texte* einen Text abziehen ; *le journal tire à... exemplaires* die Zeitung hat eine Auflage von … Exemplaren **4.** *~ avantage de qqch* aus etw Nutzen ziehen ; *~ sur ses réserves* auf die Reserven zurückgreifen **5.** *bien, mal s'en ~* gut, schlecht über die Runden kommen.

tireur *m* (*traite, chèque*) Aussteller *m* ; Trassant *m* ; Zieher *m*.

tissu *m* **1.** Stoff *m* **2.** (*fig.*) Struktur *f* ; Gefüge *n* ; Netz *n* ; *~ industriel, social, urbain* Industriestruktur ; Sozialgefüge ; Stadtgefüge.

titre *m* **1.** Titel *m* ; *~ de fonction* Amtstitel, -bezeichnung *f* ; *~ universitaire* akademischer Titel **2.** (*journal*) (*en*) *gros ~s* (als) Schlagzeile *f* **3.** (*jur.*) Urkunde *f* ; Schein *m* ; Titel *m* ; *~ de créance* Schuldschein ; *~ de donation* Schenkungsbrief *m* ; *~ de gage* Pfandschein *m* ; *~ de propriété* Eigentumsurkunde, -titel ; Besitzurkunde ; *~ de transport* Fahrausweis *m* **4.** (*bourse*) Wertpapier *n* ; Papier *n* ; Wert *m* ; Schein *m* ; *~s* Effekten *pl* ; Effektenbestand *m* ; ♦ *~ actif* umsatzstarkes Wertpapier ; *~ coté en bourse* börsengängiges Wertpapier ; *~ de dépôt* Hinterlegungsurkunde *f* ; *~ minier* Kux *m* ; *~ négociable* handelsfähiges Wertpapier ; *~ nominatif* Namenspapier ; *~ d'obligation* Schuld(verschreibungs)schein *m* ; *~ à ordre* Orderpapier ; *~ participatif* Investmentanleihe *f* ; Partizipations-, Anteilschein ; Beteiligungen *fpl* ; *~s de placement* Anlagewerte *mpl* ; *~ au porteur* Inhaberpapier ; *~ de rente* Rentenbrief *m*, -papier ; *~ à revenu fixe, variable* festverzinsliches Wertpapier, Wertpapier mit veränderlichem Ertrag ; *~ transmissible* übertragbares Wertpapier ; ♦♦ *avance f sur ~s* Lombardkredit *m* ; Vorschüsse *mpl* gegen Effekten ; *compte ~s* Wertpapierkonto *n* ; *dépôt m de ~s collectifs* Sammeldepot *n* für Wert-

titrification

papiere ; *nantissement m de ~s* Lombardierung *f* von Effekten ; *portefeuille m de ~s* Wertpapier-Portfolio *n* ; *service m des ~s* Wertpapierabteilung *f* ; ◆◆◆ *déposer des ~s* Effekten hinterlegen ; *donner un ~ en gage (en nantissement)* ein Wertpapier lombardieren (beleihen) ; *échanger des ~s* Wertpapiere handeln ; Effekten umtauschen ; *prêter sur ~s* Wertpapiere beleihen ; *réaliser, transmettre (céder) un ~* ein Wertpapier abstoßen, übertragen **5.** *(métal, monnaie)* Fein-, Münzgehalt *m* **6.** *à ~ bénévole* ehrenamtlich ; *à ~ exceptionnel* ausnahmsweise ; *à ~ gracieux* unentgeltlich ; *à ~ d'information* zur Information ; *à ~ onéreux* gegen Entgelt ; *à ~ de paiement* an Zahlungs Statt ; *à ~ privé* privat ; *à ~ professionnel* hauptamtlich ; *à ~ provisoire* vorläufig.

titrification *f* Wertpapierschaffung *f*.

titrisation *f* *(transformation de créances bancaires en titres négociables par le biais de fonds communs de créances)* Verbriefung *f* von Bankforderungen ; Verwandlung *f* von Bankforderungen in handelsfähige Wertpapiere ; Kreditverbriefung *f* in Form von Wertpapieren ; wertpapiermäßige Deponierung *f* von Krediten.

titrisé, e titriert ; verbrieft ; *crédits mpl ~és* verbriefte Kredite *mpl* ; *prêt m hypothécaire ~é* verbrieftes Hypothekardarlehen *n*.

titulaire festangestellt ; (haupt)amtlich ; planmäßig ; verbeamtet ; ins Beamtenverhältnis übernommen ; ordentlich.

titulaire *m* **1.** Inhaber *m* ; *~ d'un compte* Kontoinhaber *m* ; *~ d'un droit* Inhaber eines Rechts ; *~ d'une fonction officielle* Amtsinhaber *m* ; *~ d'une licence* Lizenzinhaber, -träger *m* ; *~ (détenteur) d'une marque* Markeninhaber **2.** Empfänger *m* ; Berechtigte(r) ; Bezieher *m* ; *~ d'une prestation* Leistungsberechtigte(r) ; *~ d'une rente* Rentenempfänger, -berechtigte(r) **3.** Auftragnehmer *m*.

titularisation *f* feste Anstellung *f* ; Festanstellung ; planmäßige Anstellung ; *(fonctionnaire)* Verbeamtung *f* ; Übernahme *f* ins Beamtenverhältnis ; *(université)* endgültige Ernennung *f* ; *obtenir une/sa ~* fest angestellt werden ; verbeamtet werden.

titulariser fest anstellen ; *(fonctionnaire)* verbeamten ; ins Beamtenverhältnis übernehmen.

T.J.B. *(tonneaux de jauge brute)* Bruttoregistertonnen *fpl*.

T.M. *(taux du marché)* Marktzinssatz *m*.

T.M.E. *m (taux de rendement des emprunts d'État à long terme)* Renditesatz *m* von langfristigen Staatsanleihen.

T.M.O. *m (taux moyen obligataire)* Durchschnitts-Zinssatz *m* für Anleihen ; Zinssatz für Rentenpapiere ; Durchschnittssatz *m* am Rentenmarkt.

T.M.P. *m (taux moyen pondéré)* gewichteter Durchschnittssatz *m*.

T.M.T. (valeurs) *fpl (technologie, médias, télécommunications)* High-Tech-Werte *mpl* (Technologie, Medien, Telekommunikation).

toc *m* Schund *m* ; Kitsch *m* ; Ramsch *m* ; Tinnef *m*.

Toile (la) *f (fam. : le réseau Internet)* (weltumspannendes) Netz *n* ; Internet *n* ; World-Wide-Web *n* ; Computernetzwerk *n (syn. Internet, Net, Web)*.

toile *f* **d'araignée** : *théorème de la ~* Spinnwebentheorem *n (oscillation équilibrée entre offre et demande)*.

toilettage *m (texte, réforme)* Aufbessern *n* ; Nachbessern *n* ; Reform *f* ; *nécessiter un bon ~* reformbedürftig sein.

tolérance *f* Toleranz *f* ; Tolerierung *f* ; Fehlergrenze *f* ; Spielraum *m* ; zulässige Abweichung *f* ; *une ~ de 10 %* ein Spielraum von 10 %; *marge f de ~* Toleranzbereich *m* ; *seuil m de ~* Toleranzschwelle *f* ; Toleranzgrenze *f*.

tolérer tolerieren ; dulden ; zulassen ; gelten lassen ; zulässig sein ; *marge f d'erreur ~ée* erlaubte Fehlergrenze *f* ; *vitesse f maximale ~ée* zulässige Höchstgeschwindigkeit *f*.

T.O.M. *mpl (territoires d'outre-mer)* überseeische Gebiete *npl*.

tomber : *~ d'accord* (handels)einig werden ; sich einigen ; *~ d'accord sur un prix* über einen Preis einig werden ; *~ dans le domaine public* Gemeineigentum werden ; zum Allgemeingut werden ; *~ sous le coup de la loi* strafbar werden ; unter Strafe stehen ; unter Strafe gestellt werden ; dem Gesetz unterworfen sein ; *les cours sont ~és* die Kurse sind gefallen.

tonnage *m* Tonnage *f* ; Ladefähigkeit *f* ; Gütermenge *f* ; beförderte Fracht *f* ; (*maritime*) Schiffsraum *m* ; Stauvermögen *n* ; ~ *marchand* Handelsflotte *f* ; Bestand *m* an Handelsschiffen ; ~ *roulant* Fuhrpark *m* ; Wagenbestand ; Bestand an Kraffahrzeugen.

tonne *f* Tonne *f* ; ~ *kilométrique* Tonnenkilometer *m* ; ~ *marchande* Handelstonne *f* ; ~ *d'équivalent pétrole* (*T.E.P.*) Rohöleinheit *f* ; ~ *poids* Gewichtstonne.

tonneau *m* 1. (*vin, bière*) Fass *n* 2. ~ *de jauge* Registertonne *f* (RT) ; ~ *de jauge brute, nette* Brutto-, Nettoregistertonne.

tontine *f* 1. (*association d'épargnants mettant des biens en viager*) Tontine *f* ; Leibrenten-, Tontinengemeinschaft *f* (zugunsten Überlebender) ; Beerbungseinrichtung *f* zur Rentenfinanzierung 2. Leibrente *f*.

top *m* 1. Top- ; Spitzen ; ~ *niveau* Topniveau *n* ; ~ *secret* streng geheim 2. (*signal sonore*) Ton(zeit)zeichen *n*.

tort *m* 1. Schaden *m* ; Schuld *f* ; Nachteil *m* ; Beeinträchtigung *f* ; *divorce m aux ~s exclusifs* Scheidung *f* wegen alleinigen Verschuldens ; *divorce m aux ~s partagés (réciproques)* Scheidung wegen beidseitigen Verschuldens ; Scheidung in gegenseitigem Einverständnis ; *causer un ~* Schaden anrichten (zufügen) ; *faire du ~ à qqn* jdm Schaden zufügen ; jdm schaden ; jdn schädigen ; *prendre (tous) les ~s à sa charge* die (ganze) Schuld auf sich nehmen ; *réparer un ~* einen Schaden wieder gutmachen 2. Unrecht *n* ; Verschulden *n* ; *avoir ~* Unrecht haben ; *être dans son ~* im Unrecht sein ; *donner ~ à qqn* jdm Unrecht geben.

total *m* Gesamtbetrag *m* ; Gesamtsumme *f* ; Endbetrag *m* ; *au ~* im Ganzen ; insgesamt ; ~ *assuré* Gesamtversicherungssumme ; *le ~ des effectifs* Gesamtbelegschaft *f* ; ~ *des salaires* Lohnsumme ; *faire le ~* zusammenrechnen ; zusammenzählen ; *formant un ~ de 100 €* was eine Gesamtsumme von 100 € ausmacht.

total, e Gesamt- ; *chiffre d'affaires (C.A.) ~* Gesamtumsatz *m* ; *coût m ~* Gesamtkosten *pl* ; *recette f ~e* Gesamteinnahme *f* ; *somme f ~e* Gesamtbetrag *m* ; *valeur f ~e* Gesamtwert *m* ; *vente f ~e (liquidation)* Totalausverkauf *m*.

totaliser zusammenzählen ; zusammenrechnen ; *totalisant* in Höhe von insgesamt ; *~é, cela fait 100 €* es beläuft sich im Ganzen auf 100 €.

totalité *f* Gesamtheit *f* ; Gesamtsumme *f* ; *en ~* vollständig ; *à vendre en ~ ou en partie* ganz oder teilweise zu verkaufen ; *la ~ des biens* Gesamtvermögen *n* ; *la ~ des commandes* sämtliche Aufträge *mpl*.

touché, e ; *être ~* betroffen sein ; befallen sein (werden) ; *entreprise f ~ée par la crise, par une grève* krisengeplagtes, bestreiktes Unternehmen *n*.

toucher 1. berühren ; anfassen ; antasten ; ~ *à des réserves* Vorräte antasten ; ~ *à des avantages acquis* Besitzstände antasten ; ~ *à son capital* sein Kapital angreifen 2. (*gagner*) ~ *des appointements* ein Gehalt beziehen ; ~ *de l'argent* Geld erhalten ; ~ *le S.M.I.C.* den Mindestlohn bekommen 3. (*encaisser*) ~ *un chèque* einen Scheck einlösen 4. (*modifier*) ~ *à un contrat* einen Vertrag abändern 5. (*autres sens*) ~ *une clientèle* eine Kundschaft ansprechen ; ~ *qqn par téléphone* jdn telefonisch erreichen.

tour *m* 1. Rundgang *m*, -fahrt *f* ; Reise *f* ; Ausflug *m* ; ~ *opérateur m* Reiseveranstalter *m* 2. (*par roulement*) Turnus *m* ; ~ *d'avancement* Beförderungsliste *f* ; ~ *de scrutin* (erster, zweiter) Wahlgang *m* ; ~ *de service* Arbeitsschicht *f* ; Schichtliste *f* ; ~ *de table* Diskussions-, Gesprächsrunde *f* ; ◆◆◆ *à ~ de rôle* nacheinander ; der Reihe nach ; *c'est à mon ~* ich bin dran ; ich bin an der Reihe ; *donner un ~ de vis fiscal* an der Steuerschraube drehen ; die Steuerschraube anziehen ; *faire le ~ des magasins* die Geschäfte abklappern ; in alle Geschäfte gehen ; *faire le ~ de la question* eine Frage durchsprechen ; *marcher à pleins ~s* auf vollen (höchsten) Touren laufen ; *prendre son ~ de présidence* den Vorsitz turnusgemäß übernehmen.

tour *f* Turm *m* ; ~ *de bureaux* Büro-, Geschäftshochhaus *n* ; ~ *de contrôle* Kontrollturm ; ~ *d'extraction* Förderturm ; ~ *d'habitation* Wohnhochhaus *n* ; ~ *de télévision* Fernsehturm.

tourisme *m* Tourismus *m* ; Touristenverkehr *m* ; Fremdenverkehr ; Reiseverkehr ; Touristik *f* ; ◆~ *aérien* Flugtourismus ; Flugreiseverkehr ; ~ *étranger*

touriste

Ausländertourismus ; ~ *d'hiver* Wintertourismus ; ~ *individuel* Individualtourismus ; ~ *industriel* Industrietourismus ; ~ *de masse* (*populaire*) Massentourismus ; ◆◆ *agence f de* ~ Reiseagentur *f* ; Reisebüro *n* ; *industrie f du* ~ Fremdenverkehrsgewerbe *n* ; Touristik ; *office m de* ~ Fremdenverkehrsamt *n* ; Touristenbüro ; Verkehrsverein *m* ; *salon m du* ~ Touristikbörse *f* ; *voyage m de* ~ Vergnügungs-, Urlaubsreise *f* ; ◆◆◆ *ouvrir une région au* ~ ein Gebiet für den Fremdenverkehr erschließen ; *promouvoir le* ~ den Tourismus fördern.

touriste *m* Tourist *m* ; Urlauber *m* ; Fremde(r) ; Urlaubsreisende(r) ; Feriengast *m* ; ~ *étranger* Auslandstourist ; ~ *national* Inlandsgast ; *classe f* ~ Touristenklasse *f* ; Economy-Klasse ; ~ *de passage* Durchreisende(r).

touristique touristisch ; Reise- ; Fremdenverkehrs- ; *attraction f* ~ Touristenattraktion *f* ; touristische Attraktion ; *circuit m* ~ Rundfahrt *f*, -reise *f* ; *guide m* ~ Fremden-, Touristen-, Reiseführer *m* ; *menu m* ~ Touristenmenü *n* ; preiswertes Menü ; *région f* ~ Fremdenverkehrs-, Touristengebiet *n* ; *route f* ~ durch malerische Landschaften führende Straße *f* ; attraktive Reiseroute *f* ; *ville f* ~ Touristenstadt *f* ; *voyage m* ~ Gesellschafts-, Vergnügungs-, Urlaubs-, Ferienreise *f*.

tournant, e (*à tour de rôle*) turnusgemäß ; turnusbedingt ; wechselnd ; *grève f ~e* Kreiselstreik *m* ; *organisation f ~e des foires et expositions* turnusbedingte Messeveranstaltungen *fpl* ; *présidence f ~e* wechselnder (turnusgemäßer) Vorsitz *m*.

tournée *f* Tour *f* ; ~ *d'un représentant* Tour, Besuchsreise *f* eines (Handels-)Vertreters ; *être, aller en* ~ auf Tour sein, gehen ; (*fam.*) touren ; *faire la* ~ *des clients* (alle) seine Kunden aufsuchen ; ~ *artistique* Tournee *f* ; *être en* ~ auf Tournee sein (gehen).

tourner drehen ; ~ *au ralenti* im Leerlauf laufen ; mit halber Kraft laufen ; ~ *à plein régime* auf vollen Touren laufen ; ~ *à 50 % des capacités* zu 50 % seiner Kapazität ausgelastet sein.

tour-opérateur *m* Reiseveranstalter *m* (*syn. voyagiste*).

tous-risques → *assurance*.

tout compris alles inbegriffen (einbegriffen) ; inklusive ; insgesamt ; im Ganzen ; alles in allem.

tout prix : (*bourse : ordre sans condition de prix exécuté dans sa totalité ; a remplacé l'ordre « au mieux »*) ordre *m* à ~ « zu jedem Preis-Order » *f*.

tout-venant *m* unsortierte Ware *f* ; Allerweltsware.

toxicité *f* Schädlichkeit *f* ; Toxizität *f* ; *tester la* ~ *d'un produit* ein Produkt auf Schädlichkeit testen.

toxique schädlich ; gesundheitsschädigend ; umweltschädigend, -feindlich ; toxisch ; *produit m* ~ Schadstoff *m* ; *produits alimentaires non ~s* schadstofffreie Lebensmittel ; *substances fpl ~s* Giftstoffe *mpl*.

toyotisme *m* (*modèle d'organisation et de production japonais*) Toyotismus *m* (*contr. Fordisme*).

T.R. (*taux révisable*) revidierbarer Zinssatz *m*.

trabendisme *m* illegale Einfuhr *f*.

traçabilité *f* (*possibilité de suivre un produit de sa fabrication ou de sa naissance jusqu'à la mise sur le marché*) Rückverfolgbarkeit *f* ; Kennzeichnungspflicht *f* ; Herkunftsgarantie *f* ; Ursprungs- und Entwicklungskontrolle *f* von A bis Z eines Produkts ; *certificat m de* ~ Herkunfts- und Rückverfolgungsbescheinigung *f* ; *obligation f de* ~ Kennzeichnungspflicht.

tracasserie(s) *f(pl)* behördliche (berufliche) Schikanen *fpl* ; Mobbing *n*.

tract *m* Flyer *m* ; Flugblatt *n* ; Flugschrift *f* ; Handzettel *m* ; ~ *publicitaire* Werbeprospekt *m* ; Werbeblatt *n*.

trader *m* (*franglais*) Trader *m* ; Makler *m* ; ~ *en options ou en actions* Optionen- oder Aktienmakler *m*.

trading *m* (*franglais*) (*bourse : vente et rachat de titres*) Trading *n* ; Handelsaktivitäten *fpl* ; Verkauf und Rückkauf *m* von Wertpapieren.

traducteur *m* Übersetzer *m* ; ~ *assermenté* beeidigter Übersetzer ; ~ *technique* Fachübersetzer ; *~-interprète* Übersetzer und Dolmetscher.

traduction *f* Übersetzung *f* ; ~ *conforme à l'original* originalgetreue Übersetzung ; *certifier une* ~ eine Übersetzung beglaubigen.

traduire 1. übersetzen ; ~ *un texte en allemand* einen Text ins Deutsche übersetzen 2. *(fig.) se ~* sich ausdrücken ; *se ~ par des coûts supplémentaires* sich in zusätzlichen Kosten niederschlagen 3. *~ qqn en justice* jdn vor Gericht stellen ; gegen jdn gerichtlich vorgehen.

trafic *m* **1.** Verkehr *m* ; ◆ *~ aérien* Luftverkehr ; *~ commercial* Handelsverkehr ; *~ ferroviaire* Schienenverkehr ; *~ fluvial, frontalier* Binnenschifffahrts-, Grenzverkehr ; *~ intérieur* Binnen-, Inlandsverkehr ; *~ international , local* Auslands-, Ortsverkehr ; *~ marchandises* Fracht-, Güterverkehr ; *~ maritime, d'outre-mer* See-, Überseeverkehr ; *~ passager* Passagierverkehr ; *~ de pointe* Stoß-, Spitzenverkehr ; *~ postal* Postverkehr ; *~ régulier , routier* Linien-, Straßenverkehr ; *~ touristique* Fremden-, Touristenverkehr ; *~ en transit* Durchgangsverkehr ; *~ urbain , voyageurs* Stadtbahn-, Personenverkehr **2.** *(péj.)* Handel *m* ; Schmuggel *m* ; Ring *m* ; *~ d'armes* Waffenschmuggel ; *~ de devises* Devisenschiebung *f*, -schmuggel *m* ; *~ de stupéfiants* Rauschgifthandel ; *faire du ~* schmuggeln **3.** *(jur.) ~ d'influence* passive Bestechung *f.*

trafiquant *m* Schieber *m* ; Schwarz-, Schleichhändler *m* ; Schmuggler *m* ; *~ de devises* Devisenschieber ; *~ de drogue* Rauschgifthändler *m* ; Dealer *m* ; *~ au marché noir* Schwarzhändler.

trafiquer 1. schieben ; Schwarzhandel treiben ; schmuggeln **2.** (ver)fälschen ; *~ des aliments* Lebensmittel verfälschen ; *~ le vin* Wein panschen.

train *m* **1.** Zug *m* ; Eisenbahn *f* ; ◆ *~-auto* Autoreisezug ; *~ de banlieue* Vororts-, Pendlerzug ; *~ direct* Fernschnellzug ; *~ express* Schnellzug ; *~ de grande ligne* Fernzug ; *~ de marchandises* Güterzug ; *~ omnibus* Personenzug ; *(fam.)* Bummelzug ; *~ postal* Postzug ; *~ rapide* Eilzug ; *~ régulier* fahrplanmäßiger Zug ; *~ spécial* Sonderzug ; *~ à supplément* zuschlagspflichtiger Zug ; *~ supplémentaire* Entlastungszug ; *~ de voyageurs* Reisezug ; ◆◆◆ *prendre le ~* den Zug nehmen ; mit dem Zug fahren ; *rater (manquer) son ~* den Zug verpassen ; *le ~ en provenance de Paris* der Zug aus Paris **2.** *(fig.) le ~ des affaires* der Gang der Geschäfte ; *~ de mesures* Maßnahmenpaket *n*, -bündel *n* ; *~ de vie* Lebensstil *m*, -niveau *n*, -standard *m*.

train-train *m* tägliches Einerlei *n* ; Alltagstrott *m* ; grauer Alltag *m* ; alltäglicher Trott *m* ; Routine *f.*

traite *f*	1. *commerciale* 2. *achat à crédit* 3. *commerce illégal*

1. *(commerciale)* (gezogener) Wechsel *m* ; Tratte *f* ; ◆ *~ à échéance fixe* Tageswechsel ; *~ à un certain délai* Datowechsel ; *~ à 30 jours, à 3 mois* Monats-, Dreimonatswechsel ; *~ à vue* Nachsichtwechsel ; *une ~ de 500 €* ein Wechsel über 500 € ; *~ bancaire* Bankwechsel ; *~ de cavalerie* Reitwechsel ; *~ documentaire* Dokumententratte, -wechsel ; *~ domiciliée* domizilierter Wechsel ; *~ fictive (bidon)* Kellerwechsel ; *~ négociable* begebbarer (bank-, diskontfähiger) Wechsel ; *~ pour solde de compte* Saldowechsel ; *~ protestée* geplatzter Wechsel ; *~ en souffrance* überfälliger (notleidender) Wechsel ; ◆◆◆ *accepter une ~* einen Wechsel annehmen (akzeptieren) ; *céder une ~* einen Wechsel begeben (weitergeben) ; *domicilier une ~* einen Wechsel domizilieren ; *la ~ échoit le ...* der Wechsel ist am ... fällig ; *encaisser une ~* einen Wechsel einziehen ; *endosser une ~* einen Wechsel indossieren (girieren) ; *escompter une ~* einen Wechsel diskontieren ; *faire une ~ sur qqn* einen Wechsel auf jdn ziehen (ausstellen) ; *faire bon accueil à une ~* → *honorer* ; *faire protester une ~* einen Wechsel protestieren lassen ; *honorer une ~* einen Wechsel einlösen (annehmen, honorieren) ; *mettre une ~ en circulation* einen Wechsel in Umlauf setzen ; *négocier une ~* → *céder* ; *présenter une ~ à la signature, à l'encaissement* einen Wechsel zur Unterschrift, zum Einzug vorlegen ; *proroger une ~* einen Wechsel prolongieren ; *recouvrer une ~* → *encaisser* ; *remettre une ~ à l'escompte, à l'encaissement* einen Wechsel diskontieren, einen Wechsel zum Inkasso übergeben ; *renouveler une ~* → *proroger* ; *tirer une ~ sur qqn* einen Wechsel auf jdn ziehen (ausstellen) ; *transmettre une ~* → *céder.*

2. *(achat à crédit)* Rate *f* ; Monatsrate ; Teilzahlung *f* ; Abzahlung *f* ; *payer le reste par ~s* den Rest in Raten (be)zahlen ; *(fam.)* den Rest abstottern.

3. *(commerce illégal)* Schwarzhandel *m* ; Schmuggel *m* ; Schiebung *f* ; ~ *des esclaves* Mädchen-, Sklavenhandel ; ~ *des ouvriers immigrés* Einschleusung *f* von Gastarbeitern.

traité *m* **1.** Vertrag *m* ; Abkommen *n* ; ~ *bilatéral, multilatéral* bilaterales, multilaterales Abkommen ; ~ *de commerce* Handelsvertrag ; ~ *communautaire* Gemeinschaftsvertrag ; ~ *type* Modellvertrag ; ~ *de Rome, de Maastricht* römische Verträge ; Maastrichter Vertrag ; *conclure, dénoncer, signer un* ~ einen Vertrag (ab)schließen, kündigen, unterzeichnen ; *consigner, stipuler dans un (par)* ~ in einem Vertrag niederlegen, festlegen **2.** Abhandlung *f* ; Lehrbuch *n*.

traité, e behandelt ; *viande f* ~*ée aux hormones* hormonbehandeltes Fleisch *n* ; *produit m* ~ *aux pesticides* pestizidbehandeltes Produkt *n*.

traitement *m* **1.** Behandlung *f* ; ~ *médical* ärztliche Behandlung ; ~ *social du chômage* Paket *n* sozialer Maßnahmen zur Arbeitslosigkeitsbekämpfung **2.** *(rémunération)* Gehalt *n* ; Bezüge *mpl* ; ◆ ~ *d'activité d'un fonctionnaire* Aktivgehalt ; Aktivbezüge *mpl* ; ~ *brut, net, mensuel* Brutto-, Netto-, Monatsgehalt ; ~ *de début* Anfangsgehalt ; ~ *élevé, maximum* Spitzen-, Höchstgehalt ; ◆◆ *gel m, réajustement m, relèvement m des* ~*s* Einfrieren *n*, Angleichung *f*, Anhebung *f* der Bezüge ; ◆◆◆ *ajuster, améliorer, augmenter les* ~*s* die Gehälter angleichen, aufbessern, erhöhen ; *suspendre le* ~ die Gehaltszahlung einstellen **3.** *(transformation)* Verarbeitung *f* ; Behandlung *f* ; Verfahren *n* ; ~ *des ordures ménagères* Müll-, Abfallbeseitigung *f* ; ~ *des déchets des centrales nucléaires* Entsorgung *f* von Kernkraftwerken ; ~ *de l'eau* Aufbereitung von Trinkwasser ; *usine f de* ~ *des eaux* Wasseraufbereitungsanlage *f* **4.** *(douane)* ~ *préférentiel* Meistbegünstigung *f* ; Tarifvergünstigung *f* **5.** *(informatique)* ~ *(électronique) des données* (elektronische) Datenverarbeitung (EDV) *f* ; ~ *de fichiers informatiques* Dateiverarbeitung ; ~ *de l'information* Informationsverarbeitung ; ~ *de statistiques, de données chiffrées* Aufbereitung *f* von Statistiken, von Zahlenmaterial ; ~ *en temps réel* Echtzeit(daten)verarbeitung ; ~ *de texte* Textverarbeitung.

traiter 1. *(sens général)* behandeln **2.** *(matière première)* veredeln ; verarbeiten ; verhütten ; aufbereiten **3.** *(une affaire)* verhandeln, ein Geschäft machen ; ~ *des affaires par téléphone* Geschäfte über das Telefon abwickeln ; ~ *pour le compte de qqn* für jdn Geschäfte tätigen **4.** *(négocier)* verhandeln ; ~ *de gré à gré* freihändig vergeben ; Bank-an-Bank-Geschäfte abwickeln **5.** *(informatique)* ~ *des données* Daten verarbeiten **6.** *(commandes, dossier)* bearbeiten **7.** *(passagers)* (Passagiere) abfertigen.

traiteur *m* *(restauration)* Caterer *m* ; Catering-Unternehmen *n* ; Lieferant *m* von Fertigmenüs ; Delikatessenhändler *m* ; Party-Service *m*.

trajet *m* Strecke *f* ; Weg *m* ; Fahrt *f* ; *(distance)* Entfernung *f* ; ~ *professionnel* Berufsstrecke ; Arbeitsweg ; *effectuer un* ~ eine Strecke zurücklegen.

tramp *m* Trampschifffahrt *f*.

tramway *m* *(fam.* **tram***)* Straßenbahn *f*.

tranche *f* Abschnitt *m* ; Stufe *f* ; *(catégorie)* Gruppe *f* ; Kategorie *f* ; Klasse *f* ; *(série)* Reihe *f* ; Serie *f* ; *(échelon)* Grad *m* ; Staffel *f* ; *(part)* Anteil *m* ; Quote *f* ; Betrag *m* ; *(d'un emprunt, de titres)* Tranche *f* ; ◆ ~ *d'âge* Altersgruppe, -stufe ; ~ *fiscale* Steueranteil ; ~ *fiscale imposable* steuerpflichtiger Anteil ; ~ *(fiscale) non imposable* (exonérée *d'impôt)* Steuerfreibetrag ; steuerfreier Betrag ; ~ *d'imposition* Besteuerungsstufe ; Steuerklasse (I, II, III, IV) ; ~ *d'une loterie* Lotterieserie ; ~ *de revenus* Einkommensstufe, -gruppe ; ◆◆ *amortissement m par* ~*s égales* Ratentilgung *f* ; *imposition f par* ~ Staffelbesteuerung *f* ; *répartition f par* ~ Schichtung *f* ; Staffelung *f*.

trancher entscheiden ; ~ *une difficulté* eine Schwierigkeit beheben ; ~ *un litige* ein strittiges Problem lösen.

transaction *f* **1.** Geschäft *n* ; Abschluss *m* ; Geschäftsvorgang *m* ; Abwicklung *f* ; Transaktion *f* ; Handel *m* ; ~ *bancaire* Bankgeschäft ; ~ *boursière* Börsengeschäft ; ~ *par chèques* Scheckverkehr *m* ; ~*s commerciales* Handelsgeschäfte ; ~ *au comptant* Kassageschäft *n* ; ~ *financière* Finanzgeschäft, -transaktion ; ~*s de gré à gré entre banques* Bank-an-Bank-Geschäfte ; Interbankenhandel *m* ; ~ *immobilière* Immobiliengeschäft ; Grundstückstransaktion ; ~ *à terme, à vue* Termin-, Sichtgeschäft ; *~s d'open market* Offenmarktgeschäfte ; ~ *par virements* Giroverkehr ; *balance f des ~s courantes* Leistungsbilanz *f* ; *augmenter le volume des ~s commerciales* das Handelsvolumen steigern ; *faire (se livrer à) des ~s* Geschäfte tätigen (abwickeln) **2.** (*jur.*) Vergleich *m* ; Vergleichsabschluss *m* ; Kompromiss *m* ; Übereinkommen *n* ; *~ amiable* gütliche Regelung *f* ; *conclure une ~* einen Vergleich (Kompromiss) schließen.

transactionnel, le : *accord m ~* vergleichsähnliche Regelung *f* ; Übereinkommen *n* im Wege des Vergleichs ; durch Vergleich abgeschlossenes Übereinkommen.

transatlantique 1. *le ~* Ozean, -Überseedampfer *m* **2.** überseeisch ; Übersee- ; transatlantisch.

transbordement *m* **1.** Umladen *n* ; Umladung *f* ; Umschlag *m* ; *coût m de ~* Umladekosten *pl* ; *droit m, gare f de ~* Umschlag(s)gebühr *f,* -bahnhof *m* ; *~ des marchandises* Güterumschlag ; *installations fpl de ~* Güterumschlagsanlagen *fpl* **2.** Umladestelle *f* ; Umschlagsplatz *m*.

transborder umladen ; umschlagen.

transbordeur *m* **1.** Umlader *m* ; Entlader *m* **2.** Umladeanlage *f*.

transcription *f* (*copie*) Anfertigung *f* einer Abschrift ; (*action de reporter*) Übertrag *m* ; Übertragung *f* ; (*enregistrement*) Eintragung *f* ; Vermerk *m* ; Umschreibung *f* ; (*comptab.*) Buchung *f* ; (*bourse*) Umstellung *f* ; *~ (d'une valeur) au bénéfice d'un tiers* Umschreibung (eines Wertpapiers) auf einen Dritten ; *~ foncière* Grundstücksumschreibung ; *~ d'une hypothèque* Vermerk *m* der Eigentumsübertragung eines hypothekarisch belasteten Grundstücks.

transcrire (*faire une copie*) eine Abschrift anfertigen ; transkribieren ; (*enregistrer*) (in ein Register) eintragen ; (*comptab.*) (ver)buchen ; (*remplacer*) (ein Wertpapier) auf den Namen eines Dritten umschreiben.

transférabilité *f* Übertragbarkeit *f* ; Transferierbarkeit *f*.

transférable übertragbar ; transferierbar ; übertragungsfähig.

transférer 1. (an einen anderen Ort) verlegen ; verlagern ; *~ le siège d'une société* den Gesellschaftssitz verlegen **2.** (*droits, titre*) übertragen ; zedieren **3.** (*changement de nom*) umschreiben **4.** überweisen ; transferieren.

transfert *m* **1.** (*déplacement*) Verlegung *f* ; Verlagerung *f* ; *~ des centres de production à l'étranger* Verlagerung der Produktionsstätten ins Ausland ; *~ de compétences* Zuständigkeitsübertragung *f* ; Übertragung von Befugnissen ; *~ de connaissances* Know-how-, Wissens-Transfer ; *~ de domicile, d'entreprises* Wohnsitz-, Betriebsverlegung ; *~ de main-d'œuvre* Abwanderung *f* von Arbeitskräften ; *~ du pouvoir d'achat* Kaufkraftverlagerung ; *~ de propriété* Eigentumsübertragung, -übergang *m* ; Übereignung *f* ; *~ de populations* Umsiedlung *f* **2.** (*fonds*) Übertragung *f* ; Transfer *m* ; Transferzahlung *f* ; Überweisung *f* ; Transferierung *f* ; *~ d'avoirs* Überweisung *f* von Guthaben ; *~ d'actions, de capitaux* Aktien-, Kapitalübertragung ; *~ en banque* Banküberweisung ; *~ de devises* Devisentransfer ; *~s aux particuliers* Transferzahlungen an Haushalte ; *~ technologique* Technologietransfer ; *balance f des ~s à l'étranger* Übertragungsbilanz *f* **3.** (*changement de nom*) Umschreibung *f* **4.** (*bilan*) *~s contractuels* Gewinnabführungsverträge *mpl* **5.** (*sport*) *~ d'un joueur* Ablösesumme *f* für einen Spieler.

transformation *f* **1.** Verarbeitung *f* ; Weiterverarbeitung ; Verwertung *f* ; (Um)Änderung *f* ; Neugestaltung *f* ; Umstrukturierung *f* ; Transformation *f* ; *activités fpl, industrie f de ~* verarbeitendes Gewerbe *n* ; verarbeitende Industrie *f* ; *industrie de ~ du bois* holzverarbeitende Industrie ; *~ de société* Umwandlung *f* der Gesellschaft(sform) ; Satzungsänderung *f* einer Gesellschaft ; *~s structurelles* Strukturveränderung *f* ; *entreprise f de ~* weiterverarbeitendes Unternehmen *n* ; Verarbeitungsbetrieb *m* ; *phase f (stade m) de ~* Verarbeitungsstufe *f* **2.** (*travaux*) *~s* Umbau *m* ; Umbauarbeiten *fpl* ; *pendant les ~s* für die Dauer der Umbauarbeiten.

transformer 1. umwandeln ; verwandeln ; neu-, umgestalten ; ändern ; umstrukturieren ; umbauen ; *~ une société* eine Gesellschaft umgründen ; die Satzung einer Gesellschaft ändern ; *~ en société* einem Unternehmen die Rechtsform einer Gesellschaft geben **2.**

(*matière première*) verarbeiten (zu) ; weiterverarbeiten.
transfrontalier *m* Grenzpendler *m*.
transfrontalier, ière grenzüberschreitend ; *commerce m* ~ grenzüberschreitender Handel *m*.
transgénérationnel, le generationsübergreifend ; generationsneutral ; *publicité f ~le* generationenübergreifende Werbung *f.*
transgénique (*alimentation, produits*) gentechnisch verändert ; genmanipuliert ; transgen ; *maïs m, soja m* ~ gentechnisch veränderter Mais *m*, genmanipulierte Soja *f* ; (*syn. génétiquement modifié*) → *O.G.M.*
transgresser überschreiten ; verletzen ; übertreten ; verstoßen gegen ; ~ *une loi* ein Gesetz übertreten ; ~ *une interdiction* einem Verbot zuwiderhandeln.
transgression *f* Übertretung *f* ; Verletzung *f* ; Verstoß *m* (gegen) ; Nichtbeachtung *f* ; Nichteinhaltung *f* ; Zuwiderhandlung *f* ; ~ *de la loi* Gesetzesübertretung, -verletzung.
transiger zu einem Vergleich kommen ; einen Kompromiss schließen ; einlenken ; *inciter le gouvernement à* ~ die Regierung zum Einlenken bewegen.
transit *m* Transit *m* ; Transitverkehr *m* ; Durchgang *m* ; Durchreise *f* ; Durchfuhr *f* ; *en* ~ im Durchgang(sverkehr) ; im Transitverkehr ; *commerce m de* ~ Transithandel *m* ; Transithandelsgeschäfte *npl* ; *dépôt m de* ~ Transit-, Durchgangslager *n* ; *droits mpl de* ~ Durchfuhr, -Transitzoll *m* ; *expédition f en* ~ Transitversand *m* ; *gare f de* ~ Durchgangsbahnhof *m* ; *marchandises fpl en* ~ Transitgüter *npl* ; *pays m de* ~ Durchfuhrland *n* ; *régime m du* ~ Transitverfahren *n* ; Zollversandverfahren ; *salle f de* ~ Transitraum *m* ; *visa m de* ~ Durchreisevisum *n* ; Transitvisum ; *voyageur m en* ~ Transitreisende(r).
transitaire *m* Transithändler *m* ; Transitspediteur *m* ; ~ *portuaire* Hafenspediteur.
transitaire Durchgangs- ; Durchfuhr- ; Transit- ; *commerce* ~ Transithandel *m* ; *pays m* ~ Durchfuhr-, Transitland *m*.
transiter im Transitverkehr befördern ; im Versandverfahren befördert werden ; transitieren ; ~ *par la Belgique* durch Belgien gehen ; *marchandise transitant par ...* die Ware wird durch ... befördert.
transition *f* Übergang *m* ; *période f de* ~ Übergangszeit *f*, -periode *f* ; *solution f de* ~ Übergangslösung *f* ; *de* ~ Übergangs- ; → *transitoire*.
transitoire vorübergehend ; Übergangs- ; Überbrückungs- ; zeitweilig ; *régime m* ~ Übergangsregelung *f.*
translatif, ive Übertragungs- ; *acte m* ~ *de propriété* Eigentumsübertragung *f.*
translation *f* : ~ *d'hypothèque* Hypothekenübertragung *f.*
transmettre 1. übertragen ; übereignen ; weitergeben ; ~ *une entreprise* ein Unternehmen (in andere Hände) übergeben ; ~ *une fortune* ein Vermögen vererben (hinterlassen) ; ~ *des pouvoirs* Befugnisse übertragen ; *prière de* ~ mit der Bitte um Weitergabe 2. zusenden ; übersenden 3. ~ *à la postérité* der Nachwelt überliefern ; an kommende Generationen weitergeben.
transmissibilité *f* Übertragbarkeit *f* ; (*succession*) Vererblichkeit *f.*
transmissible übertragbar ; ~ *par endossement* durch Indossament übertragbar ; indossabel ; ~ *aux héritiers* auf die Erben übertragbar ; vererblich ; *maladie* ~ übertragbare (ansteckende) Krankheit *f.*
transmission *f* Übertragung *f* ; Übergabe *f* ; (*cession*) Abtretung *f* ; Zession *f* ; Zedieren *n* ; (*succession*) Vererbung *f* ; Übereignung *f* ; (*communication*) Mitteilung *f* ; Vermittlung *f* ; ~ *en direct* Livesendung *f* ; Direktübertragung *f* ; ~ *d'une entreprise* Unternehmensübertragung ; ~ *des informations* Nachrichtenübertragung ; ~ *de patrimoine* Übertragung von Vermögenswerten ; Vererbung eines Vermögens ; ~ *de propriété* Eigentumsübertragung.
transparence *f* Transparenz *f* ; Durchschaubarkeit *f* ; Durchsichtigkeit *f* ; ~ *des comptes* transparente Buchführung *f* ; ~ *fiscale* Steuertransparenz ; ~ *du marché* Markttransparenz.
transparent, e transparent ; durchschaubar ; durchsichtig ; gläsern.
transplant *m* (*unité de production délocalisée*) ausgelagerte Produktionseinheit *f* ; Transplantat *n*.
transplantation *f* (*d'entreprise*) Verlagerung *f* ; (*de population*) Umsiedlung *f* (*d'organe*) (Organ)Transplantation *f* ; Verpflanzung *f.*

transplanter : ~ *des installations industrielles* Industrieanlagen verlagern ; ~ *une population* eine Bevölkerung umsiedeln ; ~ *un organe* ein Organ verpflanzen (transplantieren).
transpondeur *m* **1.** (*industrie automobile*) Transponder *m* **2.** (*agric.*) *identification obligatoire des animaux par* ~ Kennzeichnungspflicht *f* mit Transponder.
transport *m* Beförderung *f* ; Transport *m* ; Verkehr *m* ; *les* ~*s* Verkehrsmittel *npl* ; Verkehrswesen *n* ; (*prix*) Fracht *f* ; Frachtpreis *m* ; ♦ ~ *aérien* (*par air*) Luftverkehr ; ~ *à courte, à longue distance* Nah-, Fernverkehr ; ~ *par camions* Lkw-Transport ; ~ *par charters* Charterverkehr ; ~ *combiné* gemischte Beförderung ; Verkehrsverbund *m* ; ~ *combiné rail-route* Schiene-Straße-Verkehr ; Huckepackverkehr ; ~*s en commun* öffentliche Verkehrsmittel ; ~ *par conteneurs* Containerverkehr ; ~ *par fer* (*ferroviaire, par voie ferrée*) (Eisen)Bahntransport ; Schienenverkehr ; ~ *fluvial* Fluss-Schifffahrtsverkehr ; ~ *de groupage* (*en* ~ *groupé*) Sammelgutverkehr ; ~*s intérieurs* Binnenverkehr ; ~ *international* internationaler (grenzüberschreitender) Verkehr ; ~ *de marchandises* Gütertransport, -beförderung, -verkehr ; *maritime* (*par mer*) Seetransport ; ~ *de passagers* (*de personnes*) Personenbeförderung ; ~ *en petite vitesse* Transport als Frachtgut ; ~ *porte-à-porte* von Haus zu Haus-Verkehr ; ~*s publics* → *en commun* ; ~ *privé* (*pour compte propre*) Werkverkehr ; nicht öffentlicher Verkehr ; privates Transportgewerbe *n* ; ~ *routier* (*par route*) Straßentransport ; Güterverkehr per Lkw ; ~ *urbain* Stadtverkehr ; ~ *par voie ferrée, fluviale, par voie terrestre* Transport per Schiene, auf dem Wasserweg, auf dem Landweg ; ♦♦ *assurance f de* ~ Transportversicherung *f* ; *barème m de* ~ Frachttarif *m* ; *compagnie f aérienne de* ~ Fluggesellschaft *f* ; *contrat m de* ~ Beförderungsvertrag *m* ; Frachtvertrag ; *entreprise f de* ~*s* Speditionsfirma *f* ; Transport-, Verkehrsunternehmen *n* ; *frais mpl de* ~ Transportkosten *pl* ; (*marchandises*) Fracht *f* ; (*personnes*) Fahr(t)kosten ; *ministère m des* ~*s* Verkehrsministerium *n* ; *mode m de* ~ Beförderungsart *f* ; *moyens mpl de* ~ Verkehrsmittel *npl* ; *politique f des* ~*s* Verkehrspolitik *f* ; *prime f de* ~ Fahr(t)kostenzuschuss *m* ; *secteur m des* ~*s* Transportgewerbe *n* ; *société f de* ~ Transportgesellschaft *f* ; *tarifs mpl des* ~*s* Transporttarif *m* ; *titre m* (*billet m*) *de* ~ Beförderungsschein *m* ; Fahrkarte *f* ; ♦♦♦ *le* ~ *des marchandises se monte à 500 €* die Fracht beträgt 500 Euro ; *les marchandises ont été endommagées durant le* ~ die Waren sind beim Transport beschädigt worden ; *le prix tient compte des frais de* ~ (*frais de* ~ *inclus*) die Transportkosten sind im Preis inbegriffen.
transportable transportfähig ; transportierbar ; transportabel ; beweglich ; tragbar.
transporter befördern ; transportieren ; verschicken ; versenden ; fortschaffen ; ~ *des marchandises par camion* Güter mit (per) Lastwagen befördern ; *marchandise f* ~*ée* Fracht *f* ; Frachtgut *n*.
transporteur *m* **1.** Spediteur *m* ; Transporteur *m* ; Transportunternehmer *m* ; Frachtführer *m* ; Beförderer *m* ; Rollfuhrunternehmen *n* ; Verkehrsträger *m* ; ~ *routier* (Straßen)Verkehrsunternehmer ; (*véhicule*) *petit* ~ Kleintransporter *m* ; *syndicat m des* ~*s routiers* Berufsverband *m* der Lastkraftwagenfahrer **2.** (*engin*) Ladeeinrichtung *f* ; Verlader *m* ; Fördergerät *n* **3.** ~ *de pondéreux* (*de vrac*) Massengutfrachter *m* ; (*navire*) ~ *de véhicules* Kraftfahrzeug-Transportschiff *n*.
travail *m* Arbeit *f* ; Beschäftigung *f* ; Tätigkeit *f* ; (*emploi, place*) Stelle *f* ; Arbeitsplatz *m* ; Job *m* ; (*mode de travail*) Arbeitsweise *f* ; (*rendement*) Leistung *f* ; (*durée du travail*) Arbeitszeit *f* ; Dienst *m* ; ♦ ~ *administratif* Verwaltungsarbeit ; ~ *agricole* Landarbeit ; ~ *d'appoint* Nebenerwerb *m* ; Nebenbeschäftigung ; ~ *artisanal* handwerkliche Arbeit ; ~ *de bureau* Büroarbeit ; ~ *à la carte* gleitende Arbeitszeit (GLAZ) ; ~ *à la chaîne* Fließ(band)arbeit ; ~ *clandestin* (*non déclaré*) Schwarzarbeit ; unversteuerte Beschäftigung ; ~ *continu* durchgehende Arbeitszeit ; Arbeitstag mit kurzer Mittagspause ; ~ *à domicile* Heimarbeit ; ~ *sur écran* Bildschirmarbeit ; ~ *des enfants* Kinderarbeit ; ~ *d'équipe* Gruppen-, Teamarbeit ; ~ *féminin* Frauenarbeit ; ~ *de force* → *pénible* ; ~ *à forfait* Akkordarbeit ; ~ *à l'heure*

travailler

Zeitlohnarbeit ; ~ *illicite* → *noir* ; ~ *indépendant* selb(st)ständige Arbeit ; ~ *industriel* Industriearbeit ; ~ *intellectuel* Kopf-, Geistesarbeit ; ~ *intérimaire* → **intérimaire** ; ~ *intermittent* → **intermittent** ; ~ *manuel* Handarbeit ; ~ *à mi-temps* Halbtagsarbeit, -beschäftigung ; ~ *(au) noir* Schwarzarbeit ; ~ *obligatoire* Pflichtarbeit ; ~ *occasionnel* Gelegenheitsarbeit ; ~ *pénible* Schwer(st)arbeit ; ~ *aux pièces* → *à forfait* ; ~ *à plein temps* Ganztagsarbeit ; ~ *posté* Schichtarbeit ; ~ *préliminaire* Vorarbeit ; ~ *productif* produktive Arbeit ; ~ *professionnel* Erwerbs-, Berufstätigkeit ; ~ *qualifié* Facharbeit ; ~ *rémunéré* bezahlte Arbeit ; Lohnarbeit ; ~ *saisonnier* saisonbedingte Arbeit ; Saisonarbeit ; ~ *en série* Serienfertigung *f* ; ~ *spécialisé* spezialisierte Arbeit ; ~ *supplémentaire* Mehrarbeit ; ~ *à la tâche* → *à forfait* ; ~ *temporaire* → *intérimaire* ; ~ *à temps partiel* Teilzeitarbeit ; ~ *utile* Nutzleistung ; *travaux* → **travaux** ; ◆◆ *accident m du* ~ Betriebs-, Arbeitsunfall *m* ; *action f de* ~ Arbeiteraktie *f* ; Belegschaftsaktie ; *aménagement du temps de* ~ Arbeitszeitgestaltung *f* ; *arrêt m de* ~ Arbeitsunterbrechung *f* ; *attestation f de* ~ Arbeitsbescheinigung *f* ; *autorisation f de* ~ → *permis* ; *bleu m de* ~ Arbeitskluft *f* ; (*fam.*) Blaumann *m* ; *bourreau m de* ~ Arbeitstier *n* ; *bourse f du* ~ Arbeitsbörse *f* ; *cadence f de* ~ → *rythme* ; *cessation f du* ~ Arbeitsniederlegung *f*, -einstellung *f* ; Streik *m* ; *collègue m de* ~ Arbeitskollege *m* ; *conditions fpl de* ~ Arbeitsbedingungen *fpl* ; *conflit m du* ~ Arbeitskampf *m*, -konflikt *m* ; *contrat m de* ~ Arbeitsvertrag *m*, -verhältnis *n* → **C.D.D.**, **C.D.I.** ; *déroulement m du* ~ Arbeitsablauf *m* ; *division f du* ~ Arbeitsteilung *f* ; *durée f du* ~ Arbeitszeit *f* ; *durée légale du* ~ gesetzliche Arbeitszeit ; *équipe f de* ~ Arbeitsschicht *f*, -team *n* ; *incapacité f de* ~ Arbeits-, Erwerbsunfähigkeit *f* ; *inspecteur m du* ~ Gewerbeaufsichtsbeamte(r) ; *inspection f du* ~ Arbeitsaufsicht *f* ; *législation f du* ~ Arbeitsrecht *n* ; *lieu m de* ~ Arbeitsstätte *f* -stelle *f* ; *médecine f du* ~ Arbeitsmedizin *f* ; *ministère m du* ~ Arbeitsministerium *n* ; *monde m du* ~ Arbeitswelt *f* ; *office m du* ~ Arbeitsamt *n*, -agentur *f* ; *organisation f du* ~ Arbeitsorganisation *f*, -planung *f* ; *organisation du temps de* ~ Arbeitszeitgestaltung *f* ; *permis m de* ~ Arbeitsgenehmigung *f* ; *perte f de* ~ Arbeitsausfall *m* ; *qualification f du* ~ berufliche Qualifikation *f* ; *rationalisation f du* ~ Arbeitsrationalisierung *f*, -einsparung *f* ; *réduction f du temps de* ~ (*R.T.T.*) Arbeitszeitverkürzung *f* ; *reprise f du* ~ Wiederaufnahme *f* der Arbeit ; *réunion de* ~ Arbeitssitzung *f* ; *rythme m de* ~ Arbeitstempo *n* ; *surcroît m de* ~ Mehrarbeit *f* ; ◆◆◆ *à* ~ *égal* bei gleicher Arbeit ; *à* ~ *égal, salaire égal* gleiche Arbeit, gleicher Lohn ; *aller au* ~ zur Arbeit gehen ; *cesser le* ~ (*débrayer*) die Arbeit niederlegen (einstellen) ; *être à la recherche d'un* ~ auf Arbeitssuche sein ; *être en arrêt de* ~ krankgeschrieben sein ; *être sans* ~ ohne Arbeit sein ; arbeitslos sein ; *exécuter un* ~ eine Arbeit ausführen (verrichten) ; *faire un* ~ eine Arbeit leisten (erledigen) ; *planifier le* ~ die Arbeit planen (organisieren) ; *réduire le temps de* ~ die Arbeitszeit verkürzen ; *reprendre le* ~ die Arbeit wieder aufnehmen ; *se tuer au* ~ sich totarbeiten ; (*fam.*) sich abrackern.

travailler 1. arbeiten ; berufstätig sein ; erwerbstätig sein ; tätig sein ; beschäftigt sein ; einer Beschäftigung nachgehen ; (*fam.*) schaffen ; ~ (*dans*) (in/bei) tätig sein ; ~ *à la chaîne* am Band arbeiten ; ~ *à la commission* auf Provision arbeiten ; ~ *à son compte* selb(st)ständig arbeiten ; ~ *à domicile* Heimarbeit leisten ; ~ *par équipes* in Schichten arbeiten ; ~ *à forfait* im Akkord arbeiten ; ~ *à mi-, à plein-temps* halbtags, ganztags arbeiten ; ~ *au noir* schwarzarbeiten ; ~ *à perte* mit Verlust arbeiten ; ~ *aux pièces* → *à forfait* ; ~ *à la tâche* → *à forfait* ; ~ *la terre* anbauen ; bebauen ; bestellen ; ~ *au temps* im Zeitlohn arbeiten ; ~ *en usine* in einer Fabrik arbeiten **2.** *l'argent* ~*e* das Geld bringt Zinsen ; *faire* ~ (*fructifier*) *son argent* sein Geld (gewinnbringend) anlegen **3.** ~ *un matériau* Material verarbeiten.

travailleur *m* Arbeitnehmer *m* ; Arbeiter *m* ; Arbeitskraft *f* ; Erwerbstätige(r) ; Beschäftigte(r) ; Werktätige(r) ; ~ *agricole* Landarbeiter ; ~ *étranger* ausländischer Arbeitnehmer ; Gastarbeiter ; ~ *de force* Schwer(st)-arbeiter ; ~ *frontalier* Grenzgänger *m* ; ~ *dépendant* Arbeitnehmer ; ~ *immigré* →

étranger ; ~ *indépendant* selb(st)ständige(r) Erwerbstätige(r) ; ~ *intellectuel* Kopfarbeiter ; ~ *intérimaire* → *intérimaire* ; ~ *intermittent* → *intermittent* ; ~ *irrégulier (en situation irrégulière)* illegaler Arbeitnehmer ; ~ *manuel* Handarbeiter ; ~ *migrant* Wanderarbeiter ; ~ *à mi-temps, à plein temps* Teilzeit-, Vollzeitbeschäftigte(r) ; ~ *de nuit* Nachtarbeiter ; Nachtschichtler *m* ; ~ *occasionnel* Gelegenheitsarbeiter ; ~ *permanent* ständig Beschäftigte(r) ; ~ *saisonnier* Saisonarbeiter ; ~ *salarié* Lohnarbeiter ; ~ *social* Sozialarbeiter ; ~ *(non) syndiqué* (nicht) organisierter Arbeitnehmer ; ~ *temporaire* → *intérimaire* ; → *travailleurs*.

travailleurs : *les* ~ die Arbeiter *mpl* ; die Arbeiterschaft *f* ; die Arbeitskräfte *fpl* ; die Arbeitnehmerschaft *f* ; (*lors de négociations*) die Arbeitnehmerseite *f* ; *représentant m des* ~ Vertreter *m* der Arbeitnehmer ; *syndicat m de* ~ (Arbeitnehmer)Gewerkschaft *f*.

travaux *mpl* Arbeiten *fpl* ; ~ *d'aménagement* Ausbauarbeiten ; ~ *d'assainissement* Sanierungsarbeiten ; ~ *du bâtiment* Bauarbeiten ; ~ *des champs* Feldarbeiten ; (*bilan*) ~ *en cours* die unfertigen Leistungen ; ~ *de déblaiement* Aufräumungsarbeiten ; (*université*) ~ *dirigés* Seminararbeiten ; ~ *d'infrastructure* Tiefbauarbeiten ; ~ *pénibles* Schwer(st)arbeiten ; ~ *préparatoires* Vorarbeiten ; ~ *publics* öffentliche (Bau)-Arbeiten ; ~ *de remise en état* Instandsetzungs-, Renovierungsarbeiten ; ~ *de transformations* Umbau *m* (und Reparatur *f*) ; Umbauarbeiten ; ~ *d'utilité collective* (*T.U.C.*) → *T.U.C.* ; ~ *d'utilité publique* gemeinnützige Arbeiten ; *pour cause de* ~ wegen Umbauarbeiten.

traveller's chèque/check *m* (*franglais*) Reisescheck *m* ; Travellerscheck (*syn. chèque de voyage*).

traversée *f* Überfahrt *f* ; (*fig.*) ~ *du désert* Durststrecke *f*.

traverser durch-, überqueren ; ~ *une crise* eine Krise durchmachen ; schwere Zeiten kennen.

treizième mois *m* dreizehntes Monatsgehalt ; Weihnachtsgeld *n* ; Jahresendgratifikation *f*.

trekking *m* (*tourisme*) Trekking *n*.

trempé : *acier* ~, *non* ~ gehärteter, ungehärteter Stahl *m*.

trente glorieuses (les) (*d'après Jean Fourastié : les 30 années d'expansion qui suivirent la Seconde Guerre mondiale*) die dreißig goldenen Nachkriegsjahre *npl* ; die Boom-Jahre ; « Wirtschaftswunderjahre ».

1. trésor *m* Schatz *m* ; *découverte f d'un* ~ Schatzfund *m* ; *inventeur m d'un* ~ Entdecker *m* eines Schatzes ; Entdecker einer verborgenen herrenlosen Sache.

2. Trésor *m* (*finances publiques*) Staatskasse *f* ; Schatzamt *n* ; (*administration*) Finanzverwaltung *f* ; (*budget*) Staatshaushalt *m* ; (*État*) öffentliche Hand *f* ; *bon m du* ~ Schatzbrief *m* ; Schatzschein *m*, -wechsel *m*, -anweisung *f* ; (*Allemagne*) Bundesschätzchen *n*.

trésorerie *f* 1. Finanz-, Schatzamt *n* ; obere Finanzverwaltung *f* ; Oberfinanzdirektion *f* 2. ~ *Liquidität f* ; Bar-, Geldmittel *npl* ; flüssige Gelder *npl* ; verfügbares Kapital *n* ; Kassenstand *m* ; ~ *insuffisante* Unterliquidität *f* ; Liquiditätsmangel *m* ; *balance f de* ~ Liquiditätsbilanz *f* ; *besoins mpl de* ~ Finanz-, Liquiditätsbedarf *m* ; *coefficient m de* ~ Liquiditätskoeffizient *m* ; *marge f de* ~ Liquiditätsspielraum *m* ; *situation f de* ~ Liquiditätslage *f* ; Kassenstand *m* ; *alimenter la* ~ Liquiditäten (flüssige Mittel) schaffen ; *avoir des difficultés de* ~ Liquiditätsschwierigkeiten haben ; *faire face aux besoins de* ~ die nötigen (Finanz)Mittel finden ; *grever lourdement la* ~ die Finanzlage schwer belasten.

trésorier *m* Kassenführer *m* ; Kassenwart *m* ; Schatzmeister *m* ; ~ *payeur* Leiter *m* (Direktor *m*) eines Finanzamts ; ~ *-payeur général* Schatzmeister eines französischen Departements ; Präsident *m* der Oberfinanzdirektion.

trêve *f* : (*lors de négociations*) Stillhalteabkommen *n* (zwischen Gewerkschaften und Arbeitgebern) ; Stillhaltepakt *m* ; ~ *des confiseurs* Stillhalteabkommen für die Weihnachtszeit ; ~ *sociale* sozialer Friede(n) *m* ; ~ *des prix* Preisstopp *m*.

tri *m* Sortieren *n* ; Sortierung *f* ; Verteilen *n* ; Auswahl *f* ; ~ *mécanique, informatisé* maschinelle, computerisierte Sortiertechnik ; *centre m de* ~ *de déchets* Sortierstation *f* ; *centre de* ~ *postal* Briefsammelstelle *f*.

triade *f* (*Chine*) Triade *f* ; chinesische Mafia-Organisation *f*.
triage : *gare f de* ~ Rangier-, Verschiebebahnhof *m*.
triangulaire Dreiecks- ; *élection f* ~ Dreieckswahl *f* ; *opération f* ~ Dreiecksgeschäft *n* ; Dreieroperation *f*.
tribunal *m* Gericht *n* ; Gerichtshof *m* ; ~ *administratif* Verwaltungsgericht ; ~ *d'arbitrage* Schiedsgericht ; ~ *de commerce* Handelsgericht ; ~ *d'instance* Amtsgericht ; ~ *de grande instance* Landesgericht ; ~ *ordinaire* ordentliches Gericht ; *porter un litige devant le* ~ eine Streitsache vor Gericht bringen ; *pour tout litige, le* ~ *de Colmar est seul compétent* Gerichtsstand Colmar ; *renvoi devant le* ~ *compétent* Verweisung *f* an das zuständige Gericht.
triennal, e dreijährlich ; Dreijahres- ; *plan m* ~ Dreijahresplan *m*.
trier sortieren ; ~ *des déchets* Abfälle (Müll) sortieren.
trilatéral : *accord m* ~ dreiseitiges Abkommen *n*.
trilingue dreisprachig ; *secrétaire m/f de direction* ~ dreisprachige Chefsekretär/-in *m/f*.
trimestre *m* Vierteljahr *n* ; Quartal *n* ; (*école*) Trimester *n* ; *en fin de* ~ zum Quartalsende.
trimestriel, le vierteljährlich ; Quartal(s)- ; *bilan m* ~ Quartalsbilanz *f*.
tripartite dreiteilig ; dreigliedrig ; *accord m* ~ Dreimächteabkommen *n* ; *commission f* ~ dreiteiliger Ausschuss *m* (Arbeitnehmer, Arbeitgeber, Staat) ; *gouvernement m* ~ Dreiparteienkoalition *f* ; Dreiparteienregierung *f*.
triple dreifach ; *exemplaire m en* ~ in dreifacher Ausfertigung.
triplement *m* Verdreifachung *f*.
tripler (sich) verdreifachen ; *le nombre d'habitants a* ~*é* die Einwohnerzahl hat sich verdreifacht.
triptyque *m* Triptyk *n* ; dreiteiliger Grenzübertrittsschein *m* (für Wohnanhänger und Wasserfahrzeuge).
troc *m* Tausch *m* ; Tauschhandel *m* ; *économie f de* ~ Tauschwirtschaft *f* ; *faire du* ~ Tauschhandel treiben ; (Ware gegen Ware) tauschen.
trois-huit : *les* ~ Drei-Schichten-Dienst *m* ; *faire les* ~ in Schichten arbeiten ; Schicht arbeiten.

tromper 1. betrügen ; irreführen ; täuschen ; (*fam.*) prellen ; jdn übers Ohr hauen **2.** *se* ~ sich täuschen ; *se* ~ *de date* sich im Datum irren ; *se* ~ *en calculant* sich verrechnen.
tromperie *f* Täuschung *f* ; Betrug *m* ; Irreführung *f* ; *il y a* ~ *sur la marchandise* Schwindelware *f*.
trompeur, euse irreführend ; *emballage m* ~ Mogelpackung *f*.
tronçon *m* Teilstrecke *f* ; ~ *d'autoroute* Autobahnabschnitt *m* ; Neubaustrecke *f*.
trop-payé *m* Überzahlung *f* ; zu viel entrichteter Betrag *m*.
trop-perçu *m* zu viel erhobener Betrag *m* ; zu viel erhobene Steuer *f* ; Überzahlung *f*.
trop-versé → **trop-payé**.
troquer tauschen ; Tauschhandel treiben.
trou *m* Loch *n* ; Lücke *f* ; Defizit *n* ; Fehlbestand *m* ; ~ *budgétaire* Etat-Lücke ; Haushaltslücke, -loch ; Deckungslücke *f* ; ~ *d'ozone* Ozonloch *n* ; ~ *de trésorerie* Liquiditätslücke.
trouvé, e : *objet* ~ Fundsache *f* ; Fundgegenstand *m* ; *bureau m des objets* ~*s* Fundbüro *n* ; Fundstelle *f*.
truquage *m* Fälschung *f* ; Schwindel *m* ; Manipulation *f* ; ~ *des élections* manipulierte Wahlen *fpl* ; Wahlfälschung *f*.
truqué, e manipuliert ; verfälscht ; *bilan m* ~*é* frisierte Bilanz *f*.
trust *m* Trust *m* ; *formation f de* ~ Trustbildung *f* ; → **holding** ; **groupe** ; **conglomérat** ; **cartel** ; **entente**.
truster vertrusten ; monopolisieren ; konzentrieren.
T.S.V.P. (*tournez, s'il vous plaît*) Bitte wenden!
T.T. (*transit temporaire*) Zollnummer *f* bei vorübergehend zugelassenen Kraftfahrzeugen.
T.T.C. (*toutes taxes comprises*) MWSt. inbegriffen ; inklusive Mehrwertsteuer ; inklusive aller Steuern und Abgaben ; alle Gebühren (mit) inbegriffen ; einschließlich aller Gebühren und Abgaben.
T.U.C. *m* (*travaux d'utilité collective*) Arbeitsbeschaffungsmaßnahme (ABM) *f* (für Jugendliche) ; ABM-Tätigkeit *f* ; gemeinnützige Kommunalarbeit *f*.

tuciste *m* ABM-Tätige(r) *m* ; ABM-Beschäftigte(r) *m* ; ABMler *m*.

T.U.P. (*titre universel de paiement*) Zahlungsanweisung *f* ; Einziehungsanweisung *f* ; Einziehungsauftrag *f.*

turbulence *f* Turbulenz *f* ; ~s *monétaires* Währungsturbulenzen.

turn over *m* Rotationsprinzip *n* ; Personalwechsel *m* ; Turn over *n*.

tutelle *f* **1.** Vormundschaft *f* ; Bevormundung *f* ; Stellung *f* unter Vormundschaft ; Tutel *f* ; ~ *légale* Vormundschaft kraft Gesetzes ; *juge m des ~s* Vormundschaftsrichter *m* ; *mineur m sous ~* Minderjährige(r) unter Vormundschaft ; *mettre en ~* unter Vormundschaft stellen **2.** Aufsicht *f* ; übergeordnete Behörde *f* ; Schutzherrschaft *f* ; Treuhänderschaft *f* ; *autorité f de ~* staatliche Aufsichtsbehörde *f* ; übergeordnete Instanz *f* (mit Überwachungsfunktion) ; *ministère m de ~* zuständiges (übergeordnetes) Ministerium *n* ; *territoire m sous ~* Treuhandgebiet *n*.

tuteur *m* **1.** Vormund *m* ; ~ *légal* Vormund kraft Gesetzes ; *désignation f d'un ~* Benennung *f* eines Vormunds **2.** Betreuer *m* ; Ausbilder *m* ; Tutor *m*.

tuyau *m* : (*fam.*) Tipp *m* ; ~ *d'initié* Insidertipp ; ~ *boursier* Börsentipp.

T.V.A. *f* (*taxe à la valeur ajoutée*) Mehrwertsteuer *f* ; MWSt / MwSt *f* ; *baisse f, hausse f de la ~* Mehrwertsteuersenkung *f*, -erhöhung *f* ; *être redevable de la ~* mehrwertsteuerpflichtig sein ; *déduire, prélever la ~* die MWSt. abziehen, erheben ; *répercuter la ~ sur les consommateus* die Mehrwertsteuer auf die Verbraucher abwälzen.

type *m* **1.** (*classe, genre*) Modell *n* ; Typ *m* ; Bauart *f* ; Kategorie *f* ; Klasse *f* ; Gattung *f* ; (*immatriculation*) ~ *de véhicule* Fahrzeugtyp ; ~ *de fabrication* Fertigungstyp **2.** (*norme, standard*) Norm *f* ; Muster *n* ; Standard *m* ; *contrat-~ m* Mustervertrag *m* ; Einheitsvertrag *m* ; *écart-~ m* Standardabweichung *f* ; *modèle-~ m* Standardmodell ; *produit -~ m* Standardprodukt *n* ; genormte Ware *f* ; Einheits-, Klassenmuster ; *valeur-~ f* Standardwert *m*.

U

U.C. *f* (*unité de compte*) Rechnungseinheit *f.*
U.E. *f* (*Union européenne*) Europäische Union *f* (EU).
U.E.R. *f* (*Unité d'enseignement et de recherche*) (*université*) Fachbereich *m.*
U.F.C. *f* (*Union fédérale des consommateurs*) Verbraucherschutzverband *m* ; Verbraucherorganisation *f.*
U.F.R. *f* (*Unité de formation et de recherche*) Fakultät *f* ; Fachbereich *m.*
U.H.T. (*lait*) H-Milch *f* ; haltbare Milch.
ultérieur, e später ; *repousser qqch à une date ~e* etw auf einen späteren Termin verschieben.
ultimatum *m* Ultimatum *n* ; *adresser un ~* ein Ultimatum stellen.
ultra-moderne hochmodern.
U.M.P. *f* (*Union pour un mouvement populaire*) Mitte-Rechts-Partei *f.*
un : *~ sur deux, sur trois, sur quatre* jeder(es, e) zweite, dritte, vierte.
unanime einstimmig ; einmütig ; *d'une voix ~* einstimmig.
unanimité *f* Einstimmigkeit *f* ; Einigkeit *f* ; *à l'~* einstimmig ; *élire qqn à l'~* jdn einstimmig wählen ; *faire l'~ à propos de qqch* einstimmig hinter einer Sache stehen.
une (la) : *faire la ~ des journaux* Schlagzeilen machen.
U.N.E.D.I.C. (*Union nationale pour l'emploi dans l'industrie et le commerce*) (französischer Dachverband *m* für Beschäftigung in Industrie und Handel) paritätischer Organismus *m* für Arbeitslosenversicherung ; → *A.S.S.E.D.I.C.*
unification *f* **1.** Vereinheitlichung *f* **2.** (*polit.*) Einigung *f* ; *processus m d'~ européenne* europäischer Einigungsprozess *m.*
unifier 1. (Preise, Tarife) vereinheitlichen **2.** (*polit.*) einigen.
uniforme gleichförmig ; gleichartig ; einförmig.
uniformisation *f* Vereinheitlichung *f.*
uniformiser vereinheitlichen ; uniformisieren.
unilatéral, e einseitig ; unilateral ; (*engageant une seule partie*) einseitig bindend (verbindlich) ; *contrat m ~* einseitig verpflichtender Vertrag *m.*

uninominal : *scrutin ~* Einzel-, Persönlichkeitswahl *f.*
union *f* **1.** Bund *m* ; Gemeinschaft *f* ; Verband *m* ; Union *f* ; Zusammenschluss *m* ; Vereinigung *f* ; Verein *m* ; Verbindung *f* ; *~ artisanale* Handwerkerbund, -innung *f* ; *~ douanière, économique, monétaire* Zoll-, -Wirtschafts-, Währungsunion ; *~ interprofessionnelle* überberuflicher Fachverband ; *~ professionnelle* Berufsverband ; berufsständischer Verband ; (*hist.*) *~ soviétique* Sowjetunion *f* ; UdSSR *f* **2.** (*mariage*) Ehebund *m* ; *~ légitime* rechtsgültige Ehe *f* ; *~ libre* wilde Ehe *f* ; Ehe ohne Trauschein.
Union *f* **économique et monétaire** (*U.E.M.*) Wirtschafts- und Währungsunion *f* ; WWU.
Union *f* **européenne** (*U.E.*) (*créée par le traité de Maastricht en 1992 succédant à la C.E. et à la C.E.E.*) Europäische Union *f* (EU) (Nachfolgerin von EG und EWG) ; *adhérer à l'~* der EU beitreten ; *approfondir et élargir l'~* die EU vertiefen und erweitern.
Union *f* **économique et monétaire** (*U.E.M.*) Wirtschafts- und Währungsunion *f* (WWU).
Union *f* **monétaire** (*U.M.*) Währungsunion *f* (WU).
unipersonnel, le : *entreprise f ~le* Einmannbetrieb *m.*
unique einheitlich ; Einheits- ; einzig ; *cotation f ~* einheitliche Notierung *f* ; *liste f, parti m ~* Einheitsliste *f*, -partei *f* ; *monnaie f ~* Einheitswährung (einheitliche Währung) ; *occasion f* (*offre f*) *~* Sonderangebot *n* ; (*polit.*) *pensée f ~* Einheitsdenken *n* ; einspuriges Denken ; *prix m, tarif m ~* Einheitspreis *m*, -tarif *m.*
unir (*s'*) (sich) vereinigen ; (sich) zusammenschließen.
unitaire einheitlich ; Einheits- ; *coût m ~* Stückkosten *pl* ; *coût ~ de fabrication* Stückkosten pro Leistungseinheit ; *impôt m ~* Einheitssteuer *f* ; *organisation f ~* unitarische Organisation *f* ; *prix m ~* Stückpreis *m* ; Einheitspreis.
unité *f* **1.** Einheit *f* ; *~ administrative* Verwaltungseinheit ; (*informatique*) *~ centrale* Zentraleinheit ; *~ de compte* (Ver)Rechnungseinheit ; *~ de coût* Kostenbestandteil *m*, -einheit *m* ; *~ économique* Wirtschaftseinheit, -subjekt *n* ;

~ *d'habitation* Wohneinheit ; ~ *de mesure* Messgröße *f* ; Maßeinheit ; ~ *monétaire* Währungseinheit ; ~ *téléphonique* Telefoneinheit ; *par* ~ pro (je) Einheit ; einzeln ; pro (je) Stück **2.** Stück *n* ; *prix m à l'*~ Einzel-, Stückpreis *m* ; Preis pro Stück ; *vendre à l'*~ einzeln (stückweise) verkaufen **3.** (*lieu*) Stätte *f* ; ~ *de production* Produktions-, Fertigungsstätte **4.** (*université*) ~ *d'enseignement et de recherche* (*U.E.R.*) Fachbereich *m* ; Fakultät *f* ; → *U.F.R.* ; ~ *de valeur* (*U.V.*) Schein *m* (einer Studieneinheit) ; bestandener Abschluss *m*.

universel, le : *banque f* ~*le* Universalbank *f* ; *légataire m* ~ Universalerbe *m* ; *legs m* ~ Universalvermächtnis *n* ; *régime m de la communauté* ~*le* Gütergemeinschaft *f* ; *remède m* ~ Allheilmittel *n*.

universitaire *m* Hochschullehrer *m* ; Lehrstuhlinhaber *m*.

universitaire Universitäts- ; Hochschul- ; akademisch ; *qui a fait des études* ~*s* Akademiker *m* ; *diplôme m* ~ Universitäts-, Hochschuldiplom *n*.

université *f* Universität *f* ; Hochschule ; (*polit.*) ~ *d'été* Sommerseminar *n* einer Partei ; ~ *du troisième âge* Seniorenstudium *n*.

urbain, e städtisch ; Stadt- ; urban ; *agglomération f* ~*e* städtische Siedlung *f* ; *chauffage m* ~ Fernheizung *f* ; *périphérie f* ~*e* Stadtrand *m* ; *population f* ~ Stadtbevölkerung *f* ~ ; *réseau m* ~ Orts-, Stadtnetz *n* ; *transports mpl* ~*s* städtische Verkehrsmittel *npl* ; *voiture f* ~*e* Stadtauto *n*.

urbanisation *f* Verstädterung *f* ; Urbanisierung *f*.

urbaniser verstädtern ; urbanisieren ; einen städtischen Charakter verleihen.

urbanisme *m* Städtebau *m* ; Stadtplanung *f* ; Urbanistik *f* ; *services mpl de l'*~ Stadtbau-, Stadtplanungsamt *n* ; Bau(aufsichts)behörde *f*.

urbaniste *m* Städteplaner *m*, -bauer *m*.

urgence *f* **1.** Dringlichkeit *f* ; *il y a* ~ die Sache eilt sehr ; die Sache ist dringend **2.** Notstand *m* ; *appel m d'*~ Notruf *m* ; *degré m d'*~ Dringlichkeitsstufe *f* ; (*polit.*) état *m d'*~ Ausnahme-, Not(zu)stand *m* ; *mesures fpl d'*~ Notstands-, Sofortmaßnahmen *fpl* ; Katastrophenplan *m* ; *proclamer l'état d'*~ den Notstand ausrufen (verkünden).

urgent, e dringend ; dringlich ; eilig ; (*poste*) eilt! *cas m* ~ dringender Fall *m* ; Notfall.

urger dringend sein ; *cela* ~*e* die Zeit drängt.

URL *m* (*Internet : Uniform Ressource Locator*) URL *f/m* ; Internetadresse *f* ; Adresse *f* eines Servers, einer Website.

urne *f* Wahlurne *f* ; *aller aux* ~*s* wählen ; abstimmen.

U.R.S.S. *f* (*hist.*) UdSSR *f* ; Sowjetunion *f.*

U.R.S.S.A.F. *f* (*Union de recouvrement des cotisations de sécurité sociale et d'allocations familiales*) Union *f* der Beitragszahlungen für Sozialversicherung und Familienbeihilfe.

usage *m* (*coutume*) Brauch *m* ; Gepflogenheit *f* ; Sitte *f* ; Usance *f* ; Praxis *f* ; Praktiken *fpl* ; (*utilisation*) Benutzung *f* ; Verwendung *f* ; Gebrauch *m* ; Anwendung *f* ; ◆ ~ *abusif* missbräuchliche Benutzung ; ~ *bancaires* Bankpraxis, -usancen ; ~*s commerciaux* Handelsbräuche *mpl* ; kaufmännische Usancen *fpl* ; ~ *frauduleux* Missbrauch *m* ; ~ *de faux* Gebrauch von falschen (gefälschten) Urkunden ; ~ *local* ortsübliche Praktiken (Verkehrssitten) ; ~ *d'une marque* Warenzeichenverwendung *f* ; ◆◆ *à* ~ *interne* für den Dienstgebrauch bestimmt ; für den Hausgebrauch ; *à* ~ *personnel* zum persönlichen Gebrauch ; zur Eigennutzung ; *d'après les* ~*s* wie üblich ; *article m d'*~ *courant* gängiger Konsumartikel *m* ; *en* ~ üblich ; herkömmlich ; *en* ~ *dans le commerce* handelsüblich ; *droit m d'*~ Gewohnheits-, Nutzungsrecht *n* ; *habitation f à* ~ *personnel* selbstgenutztes Wohneigentum *n* ; *prêt m à* ~ Leihe *f* ; *références fpl d'*~ übliche Referenzen *fpl* ; *valeur f d'*~ Gebrauchswert *m* ; ◆◆◆ *être d'*~ gebräuchlich sein ; *cela est hors d'*~ das ist nicht mehr üblich ; das ist außer Gebrauch ; *connaître les* ~*s* mit den Gepflogenheiten vertraut sein ; *faire* ~ *de qqch* etw benutzen ; von einer Sache Gebrauch machen.

usagé, e gebraucht ; benutzt ; *appareil m* ~ Altgerät *n*.

usager *m* **1.** Benutzer *m* ; Teilnehmer *m* ; ~ *de la poste* Postkunde *m* ; ~ *du rail* Eisenbahnbenutzer *m* ; Fahrgast *m* ; ~ *de la route* Verkehrsteilnehmer *m* ; Straßenbenutzer *m* ; ~ *du téléphone* Fernsprech-

usance teilnehmer ; ~ *des transports publics* Verkehrsteilnehmer ; Fahrgast ; (*aérien*) Flugreisende(r) **2.** (*jur.*) Benutzungsberechtigte(r) ; Benutzer *m*.

usance *f* Brauch *m*.

USB : (*informatique : Universal Serial Bus*) *port m* ~ USB-Anschluss *m*.

us et coutumes *mpl* Usancen *fpl* ; Handelsbräuche *mpl*.

usinage *m* maschinelle Fertigung *f* ; Bearbeitung *f* ; Verarbeitung *f*.

usine *f* Fabrik *f* ; Werk *n* ; Fabrikbetrieb *m* ; (Fabrik)Anlage *f* ; ~ *d'armement* Rüstungsbetrieb ; ~ *hydro-, thermo-électrique* Wasser-, Wärmekraftwerk ; ~ *métallurgique* Hütte *f* ; Hüttenwerk ; ~ *pilote* Pilot-, Versuchsbetrieb ; ~ *de retraitement* Wiederaufbereitungsanlage ; ~ *sidérurgique* Stahlwerk ; Eisenhütte *f* ; ~ *de transformation* Verarbeitungsbetrieb ; *ouvrier m d'* ~ Fabrikarbeiter *m* ; *départ* ~ ab Werk ; ab Fabrik ; *prix m d'* ~ Fabrikpreis *m* ; *aller à l'* ~ in die Fabrik gehen ; *fermer une* ~ ein Werk stilllegen ; (*autos*) *sortir de l'* ~ vom Band laufen ; *travailler en* ~ in einer Fabrik arbeiten ; Fabrikarbeiter sein.

usiner 1. bearbeiten ; verarbeiten ; maschinell fertigen **2.** fabrikmäßig herstellen.

usucapion *f* (*jur. acquisition d'un objet ou d'un droit par un usage prolongé de ce dernier*) Ersitzung *f* ; *acquérir un bien par* ~ ein Gut durch langjährigen Besitz erwerben.

usuel, le üblich ; gebräuchlich ; gewöhnlich ; *appellation f* (*dénomination f*) ~*le* übliche Bezeichnung *f* ; *selon la méthode* ~*le* wie gewöhnlich ; *vendre au prix* ~ zum üblichen (regulären) Preis verkaufen.

usufruit *m* (*jur.*) (*droit de jouissance d'une chose dont un autre a la propriété*) Nießbrauch *m* ; Nutz(nieß)ung *f* ; Nutzungsrecht *n* ; *établir un* ~ einen Nießbrauch einräumen ; *grever d'* ~ mit einem Nießbrauch belasten ; *immeuble m grevé d'* ~ mit einem Nießbrauch belastetes Grundstück *n* ; → **nue-propriété**.

usufruitier *m* (*jur.*) Nutzungsberechtigte(r) ; Nießbraucher *m* ; Nießnießer *m*.

usufruitier, ière (*jur.*) Nießbrauchs- ; *jouissance f* ~*ière* Nießbrauch *m* ; Nutz(nieß)ung *f*.

usuraire Wucher- ; wucherisch ; *intérêt m* ~ Wucherzins *m* ; *prix m* ~ wucherischer Preis *m* ; Wucherpreis ; *taux m* ~ Wucherzinssatz *m* ; *prêter à un taux* ~ zu Wucherzinsen leihen.

usure *f* **1.** Abnutzung *f* ; Verschleiß *m* ; ~ *naturelle, normale* natürlicher Verschleiß ; normale Abnutzung ; ~ *du pouvoir* Machtverschleiß ; *degré m d'* ~ Abnutzungsgrad *m* ; *guerre f d'* ~ Zermürbungskrieg *f* ; *être soumis à une forte* ~ einem starken Verschleiß unterliegen **2.** Wucher *m* ; (*péj.*) Wucherei *f* ; *taux m d'* ~ *légal* offizieller gesetzlicher Zinshöchstsatz *m* ; legale Höchstgrenze *f* des Zinssatzes ; *prêter à* ~ zu Wucherzinsen leihen ; *se livrer à l'* ~ Wucher treiben ; mit seinem Geld wuchern.

usurier *m* Wucherer *m*.

usurpation *f* widerrechtliche Aneignung *f* ; Anmaßung *f* ; gesetzwidrige Besitzergreifung *f* ; ~ *d'un brevet* Patentanmaßung ; ~ *d'un droit* Rechtsanmaßung ; ~ *de fonction* Amtsanmaßung ; ~ *d'identité* Identitätsraub *m* ; ~ *de marque* Markenmissbrauch *m* ; unlautere Markenführung *f* ; ~ *de pouvoir* Machtmissbrauch *m* ; ~ *de titres* unrechtmäßiges Führen *n* von Titeln ; Titelbetrug *m*.

usurper 1. sich widerrechtlich aneignen ; sich anmaßen **2.** (*polit.*) gewaltsam in Besitz nehmen ; usurpieren ; ~ *le pouvoir* die Macht gewaltsam erobern.

usus *m* (*droit locatif*) Verwendungsrecht *n* ; Benutzungsrecht *n*.

utile nützlich ; dienlich ; *charge f* ~ Nutzlast *f* ; *en temps* ~ zur rechten Zeit.

utilisable benutzbar ; brauchbar ; verwendbar ; verwertbar ; *surface f* ~ Nutzfläche *f*.

utilisateur *m* Benutzer *m* ; Anwender *m* ; (*Internet*) Nutzer *m* ; User *m* ; (*consommateur*) Verbraucher *m* ; Abnehmer *m* ; *manuel m de l'* ~ Anwenderhandbuch *n* ; Gebrauchsanwendung *f*.

utilisation *f* Benutzung *f* ; Gebrauch *m* ; Nutzung *f* ; Einsatz *m* ; Verwendung *f* ; Inanspruchnahme *f* ; Beanspruchung *f* ; Auslastung *f* ; ◆ ~ *de la capacité* Kapazitätsauslastung ; -ausnutzung ; ~ *d'un crédit* Kreditbeanspruchung ; -inanspruchnahme ; ~ *d'un service* Inanspruchnahme einer Dienstleistung ; Appellieren *n* an einen Service ; ~ *du sol* Bodenbenutzung ; ◆◆ *d'* ~ *facile* benutzerfreundlich ; *champ m d'* ~ Einsatzfeld *n* ;

Verwendungsgebiet *n* ; *coefficient m d'~* Auslastungsgrad *m* ; *conseils mpl d'~* Benutzungsvorschriften *fpl* ; *droits mpl d'~* Nutzungsgebühr *f* ; *durée f d'~* Nutzungsdauer *f* ; *taxe f d'~* → *droits*.

utiliser 1. (be)nutzen ; verwenden ; verwerten ; ausnutzen ; *~ les déchets* Abfallprodukte verwerten ; *~ des machines* Maschinen einsetzen ; *~ un procédé, une technique* ein Verfahren, eine Technik anwenden **2.** *les capacités sont pleinement ~ées* die Kapazitäten sind (voll) ausgelastet **3.** *~ un crédit, un service* einen Kredit, einen Service in Anspruch nehmen.

utilitaire *m* (*véhicule*) Nutzfahrzeug *n*.

utilitaire Gebrauchs- ; Nutz- ; *objet m ~* Gebrauchsgegenstand *m* ; *véhicule m ~* Gebrauchsfahrzeug *n*.

utilité *f* **1.** Nutzen *m* ; Nützlichkeit *f* ; Brauchbarkeit *f* ; Verwendbarkeit *f* ; *~ économique* wirtschaftlicher Nutzen ; *~ globale, marginale* Gesamt-, Grenznutzen ; *modèle m d'~* Gebrauchsmuster *n* ; *tester un produit selon des critères d'~* ein Produkt auf seine Tauglichkeit testen **2.** (*jur.*) *~ publique* Gemeinnützigkeit *f* ; öffentliches Interesse *n* ; Wohl *m* der Allgemeinheit ; *association f reconnue d'~ publique* (*loi 1901*) gemeinnütziger Verein *m* (Verband *m*) ; *déclaration f d'~ publique* Gemeinnützigkeitserklärung *f* ; *pour cause d'~ publique* im öffentlichen Interesse ; gemeinnützig.

V

V (*valeur*) Wert *m*.

vacance *f* Vakanz *f* ; freie (unbesetzte) Stelle *f* ; Lücke *f* ; ~ *d'un poste* freie Stelle *f* ; ~ *du pouvoir* Machtvakuum *n*.

vacances *fpl* Ferien *pl* ; Urlaub *m* ; ◆ ~ *parlementaires, scolaires* Parlaments-, Schulferien ; ~ *à la ferme* Ferien auf dem Bauernhof ; ◆◆ *adresse f de* ~ Urlaubsanschrift *f* ; *camp m de* ~ Ferienlager ; *étalement m des* ~ Entzerrung *f* der Ferientermine ; Flexibilisierung *f* der Ferienzeiten ; *village-*~ *m* Feriendorf *n* ; Urlaubersiedlung *f* ;◆◆◆ *"fermé pour cause de"* ~ "Betriebsferien" ; *être en* ~ auf (in) Urlaub sein ; *interrompre ses* ~ den Urlaub unterbrechen ; *partir en* ~ in Urlaub gehen (fahren).

vacancier *m* Urlauber *m* ; Feriengast *m* ; Urlaubs-, Sommergast *m* ;Tourist *m*.

vacant, e offen ; unbesetzt ; frei ; vakant ; *bien m* ~ herrenloses Gut *n* ; *logement m* ~ leerstehende Wohnung *f* ; *poste m* ~ freie Stelle ; *succession f* ~*e* Erbschaft *f* ohne bekannte Erben ; *combler un poste* ~ eine freie Stelle besetzen.

vacataire *m* freier Mitarbeiter *m* ; Arbeitskraft *f* (ohne Vertrag) ; nebenamtliche Kraft *f* ; *personnel m* ~ Aushilfspersonal *n* ; freie Mitarbeiter *mpl*.

vacation *f* **1.** Zeitaufwand *m* ; Vertretung *f* **2.**Honorar *n* ; *payer qqn à la* ~ jdm Honorare bezahlen.

vaccination *f* Impfung *f* ; ~ *préventive* Schutzimpfung *f* ; vorbeugende Impfung.

vacciner impfen ; *se faire* ~ *contre la malaria et le typhus* sich gegen Malaria und Typhus impfen lassen ; ~ *le bétail contre l'E.B.S.* (*encéphalite spongiforme bovine*) das Vieh gegen BSE impfen.

vache *f* **1.** ~ *à lait* Milchkuh *f* ; ~ *de réforme* ausgemusterte Milchkuh; *maladie de la* ~ *folle* Rinderwahnsinn *m* ; BSE **2.** (*fig.*) Milchkuh *f* ; *période des* ~*s grasses* Zeit *f* der fetten Kühe ; boomende Konjunktur *f* ; *période des* ~*s maigres* Zeit der mageren Kühe ; Rezession *f*.

vague *f* Welle *f* ; ~ *d'achats* Kaufwelle ; ~ *de vacanciers* Urlauber-, Reisewelle ; ~*s d'Elliott* (*phases de flux et de reflux de la bourse*) Elliott-Wellen ; ~ *de hausse des prix* Preislawine *f* ; *être au creux de la* ~ in einer Talsohle sein ; *faire des* ~*s* Wellen schlagen ; *soulever une* ~ *de protestations* eine Flut von Protesten auslösen.

V.A.L. *m* (*Paris : navette aéroport d'Orly*) automatischer Nahverkehrszug *m*.

valable gültig ; annehmbar ; zulässig ; geltend ; in Ordnung ; rechtsverbindlich ; *papiers mpl d'identité* ~*s* gültiger Ausweis *m* ; *votre billet n'est plus* ~ Ihr Fahrschein ist nicht mehr gültig ; (*ordre boursier*) ~ *ce jour* gültig nur für heute ; ~ *jusqu'à la liquidation* gültig bis zum Monatsende.

valeur *f*	1. *commerciale* 2. *mobilière* ; *titre* 3. *bilan*

1. (*commerciale*) Wert *m* ; ◆ ~ *à l'achat* (*d'achat*) Kauf-, Erwerbswert ; Anschaffungswert ; ~ *actionnariale* → **valeur actionnariale** ; ~ *actuelle* Zeitwert ; ~ *affective* Liebhaberwert ; ~ *ajoutée* → **valeur ajoutée** ; ~ *approchée* Näherungswert ; ~ *assurée, en bourse, cadastrale* versicherter, Börsen-, Katasterwert ; ~ *butoir* Schwellenwert ; ~ *en capital, comptable* Kapital-, Buchwert (Bilanzwert) ; ~ *commerciale* Tauschwert ; Handelswert ; ~ *corrigée, cotée, déclarée* berichtigter, Markt-, angegebener Wert; ~ *d'échange* → *commerciale* ; ~ *escomptée* Erwartungswert ; voraussichtlicher Wert ; ~ *estimative* (*estimée*) Schätz(ungs)wert, geschätzter Wert (Taxwert) ; ~ *fictive, fiscale, fixée* fiktiver, Steuer-, festgesetzter Wert ; ~ *marchande* Kauf-, Handels-, Markt-, Verkehrswert ; ~ *jour* (*banque*) taggleiche Wertstellung *f* ; ~ *limite* Grenzwert ; ~ *nominale* Nenn-, Nominalwert ; nomineller Wert ; ~ *productive* Ertrags-, Produktivwert ; ~ *de rachat* → *de reprise* ; ~ *de référence* Richt-, Bezugswert ; Messlatte *f* ; ~ *réelle* Substanzwert ; Effektiv-, Ist-, wirklicher Wert ; (*assurance*) Zeitwert ; ~ *de reprise* Rückkaufswert ; ~ *de remplacement* Ersatz-, Wiederbeschaffungswert ; ~ *de rendement* Ertragswert ; ~ *résiduelle* Rest-, Endwert ; ~-*seuil* Schwellenwert ; ~ *temps* (*banque*) Zeitwert *m* ; ~ *d'usage* Gebrauchswert ; ~ *unitaire* Einheitswert ; ~ *vénale* (*de vente*) Verkaufswert ; ◆◆

accroissement m de ~ Wertzuwachs *m*, -steigerung *f* ; *baisse f de* → *perte* ; *colis m avec* ~ *déclarée* Wertpaket *n* ; *création f de* ~ Wertzuwachs *m* ; Wertschöpfung *f* ; Mehrwert ; *déclaration f de* ~ Wertangabe *f* ; *(banque) date f de* ~ Wertstellung *f* ; Valutierung *f* ; *échantillon m sans* ~ Muster *n* ohne Wert ; *échelle f de* ~s Wert(e)skala *f* ; *évaluation f de la* ~ Wertbemessung *f* ; *fixation f de la* ~ Wertbestimmung *f*, -ermittlung *f* ; *objet m de* ~ Wertsache *f*, -gegenstand *m* ; *perte f de* ~ Wertverlust *m*, -verfall *m* ; ◆◆◆ *d'une* ~ *de* im Wert von ; *être sans* ~ wertlos sein ; keinen Wert haben ; *fixer la* ~ *de qqch* den Wert einer Sache bestimmen (festsetzen) ; *(terrain) mettre en* ~ erschließen ; *prendre de la* ~ an Wert gewinnen ; *vendre au-dessous, au-dessus de la* ~ unter, über dem Wert verkaufen.
2. *(mobilière ; titre)* Wertpapier *n* ; ~s Werte *mpl* ; Wertpapiere *npl* ; Effekten *pl* ; Anlagepapiere ; ◆ ~ *admise à la cote* amtlich zugelassenes Wertpapier ; ~ *en baisse* Wertpapier mit negativer Kursentwicklung ; abwärts tendierendes Wertpapier ; ~s *de couverture* Deckungspapiere ; ~ *de croissance* Wertpapier mit starkem Wachstumspotenzial ; ~ *cyclique* zyklisches Wertpapier ; ~s *étrangères* ausländische Werte ; ~ *exonérée d'impôt* steuerfreies Wertpapier ; ~ *de fonds de portefeuille* langfristige Wertanlage *f*; Grund(wert)papier eines Portfolios ; ~s *industrielles* Industriewerte ; ~ *en hausse* aufwärts tendierendes Wertpapier ; Börsenrenner *m* ; ~s *de l'indice* Indexwerte ; ~s *à lot* verlosbare Wertpapiere ; ~ *minière* Montanwert ; Kux *m* ; ~s *mobilières* Effekten ; Wertpapiere ; ~s *négociables* kursfähige (börsengängige) Werte ; ~ *négociée en bourse* an der Börse gehandeltes Wertpapier ; ~ *non cotée* nicht amtlich notiertes Wertpapier ; ~ *de placement* Anlagewert ; ~-*refuge* Fluchtwertpapier ; mündelsichere Wertpapieranlage *f* ; ~ *de rendement* Renditewertpapier ; ~ *à revenu fixe* festverzinsliches Wertpapier ; ~ *à revenu variable* Wertpapier mit veränderlichem Ertrag ; Dividendenpapier ; ~ *sortie au tirage* ausgelostes Wertpapier ; ~s *spéculatives* Spekulationspapiere ; ~ *de tout repos* mündelsicheres Papier ; mündelsichere Anlage ; ~s *vedettes* Spitzenwerte ; Börsenrenner *mpl* ; Bluechips *mpl* ; ◆◆

bourse f des ~s Wertpapier-, Effektenbörse *f* ; *commerce m des* ~s Wertpapierhandel *m* ; *cours m des* ~s *mobilières* Effektenkurs *m* ; *fluctuation f des* ~s Wertpapierschwankung *f* ; *marché m des* ~s Wertpapiermarkt *m* ; *placement m en* ~s *mobilières* Wertpapieranlage *f* ; ◆◆◆ *admettre des* ~s *à la cote officielle* Wertpapiere an der Börse zulassen ; *introduire des* ~s *en bourse* Wertpapiere an der Börse einführen.
3. *(bilan)* ~s Betriebswerte *mpl* ; Betriebsvermögen *n* ; Werte ; ~ *d'actif* Vermögenswerte ; ~s *disponibles* Barvermögen ; verfügbare Mittel *npl* ; ~s *d'exploitation* Betriebswerte ; ~s *immobilisées* Anlagewerte, -vermögen ; ~s *réalisables* realisierbare (verwertbare, umsetzbare) Betriebswerte.

valeur *f* actionnariale Shareholder-Value *f* (Wertpapier-Maximierung *f* im Interesse der Aktionäre).

valeur *f* ajoutée Wertzuwachs *m* ; Wertschöpfung *f* ; Mehrwert ; *(fig.)* Plus *n* ; Verbesserung *f*; *à forte* ~ *ajoutée* mit hoher Wertschöpfung ; mit einem hohen Mehrwert versehen ; mit einem (technischen/kommerziellen) Plus ; hochveredelt.

validable anrechnungsfähig ; *années fpl de cotisation à l'assurance-vieillesse* ~s anrechnungsfähige Alterssicherungszeiten *fpl*.

validation *f* Gültigkeitserklärung *f* ; (offizielle) Anerkennung *f* ; (amtliche) Bestätigung *f*; Validierung *f*; Validation *f*; Anrechnung *f*; Legalisierung *f*.

valide geltend ; (rechts)gültig ; rechtswirksam ; *(assur.) personne f* ~ Person *f* in gutem gesundheitlichem Zustand ; gesunder Mensch *m*.

valider für gültig erklären ; amtlich anerkennen ; rechtsgültig machen ; legalisieren ; für rechtswirksam erklären ; *faire* ~ *un titre de transport* einen Fahrschein entwerten.

validité *f* (Rechts)Gültigkeit *f* ; Geltung *f* ; Rechtswirksamkeit *f* ; Tauglichkeit *f* ; Validität *f*; ~ *d'un brevet* Rechtsgültigkeit eines Patents ; ~ *du contrat* Vertragsgültigkeit *f* ; ~ *juridique* Rechtsgültigkeit *f*; *date f de* ~ Verfallsdatum *n* ; Ende *n* der Gültigkeitsdauer ; *durée f de* ~ Gültigkeits-, Geltungsdauer *f*; *se munir d'un passeport en cours de* ~ einen gültigen Reisepass mitführen.

valoir 1. gelten ; gültig sein ; (*coûter*) kosten ; wert sein ; *à* ~ ausstehen ; noch nicht bezahlt ; rückständig ; *à* ~ *sur* in Anrechnung auf ; auf Rechnung von ; zu Lasten von ; *pour* ~ *ce que de droit* → *droit* **2.** *faire* ~ *des droits (à la retraite)* Ansprüche (auf Pensionierung) geltend machen.
valorem: *ad* ~ dem Wert nach.
valorisation *f* Wertsteigerung *f* ; Wertzuwachs *m* ; Aufwertung *f* ; Höherbewertung ; Verwertung ; Meliorierung *f* ; ~ *des déchets* Abfallverwertung, -aufbereitung ; ~ *de minerai de fer* Veredelung *f* von Eisenerz.
valoriser den Wert steigern ; höher bewerten ; einen höheren Stellenwert geben ; meliorieren.
valse *f* : (*fam.*) ~ *des étiquettes* Preiskarussell *n*.
valser : (*fam.*) *faire* ~ *les étiquettes* das Preiskarussell in Bewegung setzen ; die Preise in die Höhe treiben.
V.A.M. : (*assur. véhicules à moteur*) Kfz-Versicherung *f*.
V.A.N. *f* (*valeur actualisée nette*) Netto-Kapitalwert *m*.
vaquer : ~ *à ses affaires* (*occupations*) seinen Geschäften nachgehen.
variabilité *f* (*des coûts, des prix*) Veränderlichkeit *f* ; Variabilität *f* ; (*statist.*) Streuung *f*.
variable *f* veränderliche Größe *f* ; Veränderliche *f* ; Variable *f* ; (*statist.*) ~ *aléatoire* Zufallsvariable.
variable veränderlich ; schwankend ; variabel ; beweglich ; abweichend ; *barème m* ~ gleitende Skala *f* ; *clause f d'intérêt* ~ Zinsgleitklausel *f* ; *coût m, prix m* ~ variable Kosten *pl*, variabler Preis *m* ; *prêt m à taux* ~ Kredit *m* mit variablem Zinssatz ; *à revenu* ~ mit veränderlichem Ertrag.
variance *f* (*statist.*) Varianz *f* ; Streuung *f* ; Dispersion *f*.
variante *f* Variante *f* ; Alternative *f* ; Alternativlösung *f*.
variation *f* (Ab)Änderung *f* ; Abweichung *f* ; Schwankung *f* ; Veränderung *f* ; Variation *f* ; ~ *de change* Wechselkursschwankung ; ~ *des coûts* Kostenvariation ; ~ *cyclique* zyklische Schwankung ; ~ *saisonnière* Saisonschwankung ; ~*s des stocks* Bestands-, Lagerveränderungen ; ~*s de prix, des taux d'intérêt* Preis-, Zinsschwankung(en) *f(pl)* ; *exprimé en données corrigées des* ~ *saisonnières* saisonbereinigt ; *subir des* ~*s* sich verändern ; sich wandeln ; schwanken.
varié, e abwechslungsreich ; breitgefächert ; vielfältig ; *choix* ~ reiche Auswahl *f* ; *travail m peu* ~ eintönige Arbeit *f*.
varier sich ändern ; abweichen ; schwanken ; variieren ; verschieden sein ; ~ *linéairement* linear variieren ; ~ *en sens inverse* in entgegengesetzter Richtung variieren ; *les prix varient selon la saison* die Preise schwanken je nach Jahreszeit.
variété *f* **1.** Verschiedenheit *f* ; Vielfalt *f* ; Mannigfaltigkeit *f* ; *avoir une grande* ~ *de modèles* eine reiche Modellauswahl haben **2.** (*agric.*) Sorte *f* ; Varietät *f* ; (*animaux*) Artenreichtum *m* ; ~ *d'hiver* Wintersorte ; ~ *de fruits* Obstsorte **3.** (*spectacles*) Varietee/Variété *n* ; Unterhaltung *f*.
V.D.Q.S. (*vin délimité de qualité supérieure*) Qualitätswein *m*.
veau *m* (*agric.*) Kalb *n* ; ~*x d'élevage* Mastkälber ; *éleveur m de* ~*x* Kalbmäster *m*; *viande f de* ~ Kalbsfleisch *n* ; (*fig.*) *adorer le* ~ *d'or* das Goldene Kalb anbeten.
vedette *f* Star *m* ; Verkaufsrenner *m* ; Top- ; Spitzen- ; (*bourse*) *valeurs* ~ → *valeur*.
végétal, e pflanzlich ; Pflanzen- ; *colorant m, fibre f* ~(*e*) Pflanzenfarbstoff *m*, -faser *f* ; *graisse f, huile f* ~*e* Pflanzenfett *n*, -öl *n* ; *d'origine* ~*e* pflanzlichen Ursprungs.
végétaux *mpl* Pflanzen *fpl*.
véhicule *m* Fahrzeug *n* ; Wagen *m* ; ♦ (*assur.*) ~ *accidenté* Unfallfahrzeug ; ~ *à essence, diesel, fonctionnant au G.P.L.* Benzin-, Diesel-, Biogas-Fahrzeug ; ~ *immatriculé* zugelassenes Fahrzeug ; ~ *neuf, d'occasion* Neu-, Gebrauchtwagen ; ~ *à 2 roues* Zweirad *n* ; ~ *4x4* (*quatre quatre*) Geländefahrzeug ; ~ *de tourisme* Pkw *m*; ~ *utilitaire* Nutzfahrzeug ; *parc m de* ~*s* Kraftfahrzeugbestand *m*.
veille *f* (*organisme chargé de se tenir informé des innovations des entreprises*) : ~ (*technologique/concurrentielle*) Informationsbeschaffung *f* ; Beobachtung *f* der technologischen/wettbewerbsorientierten Entwicklung ; Industriespionage *f*.
vénal, e (ver)käuflich ; *valeur f* ~*e* Verkaufs-, Veräußerungswert *m*.

vénalité *f* **1.** (Ver)Käuflichkeit *f* **2.** (*corruptibilité*) Bestechlichkeit *f.*

vendable (ver)käuflich ; umsetzbar ; absatz-, markt-, verkaufsfähig ; marktgängig.

vendeur *m* **1.** Verkäufer *m* ; ~ *à domicile* Detailreisende(r) ; Hausierer *m* ; (*fam.*) *bon* ~ Verkaufskanone *f* ; ~ *en gros* Großhändler *m* ; *personnel* *m* ~ Verkaufspersonal *n* **2.** Anbieter *m* **3.** (*bourse*) ~ *à découvert* Fixer *m* ; ~ *au mieux* Bestensverkäufer *m* ; *cours m* ~ Verkaufs-, Abgabe-, Angebotskurs *m* ; *prix* ~ Briefkurs *m.*

vendeuse *f* Verkäuferin *f.*

vendre verkaufen ; absetzen ; umsetzen ; vertreiben ; kommerzialisieren ; vermarkten ; veräußern ; *à* ~ zu verkaufen ; verkäuflich ; *se* ~ *bien* sich gut verkaufen ; einen starken Absatz finden ; gut laufen ; *se* ~ *mal* sich schlecht (schwer) verkaufen ; einen schwachen Absatz finden ; schlecht laufen ; ~ *en bloc* → *à forfait* ; ~ *comptant* (gegen) bar verkaufen ; ~ *par correspondance* im Versandgeschäft verkaufen ; ~ *à crédit, à découvert* auf Kredit , leer (blanko/ohne Deckung/ in blanko verkaufen) ; ~ *au (en) détail* im Einzelhandel verkaufen ; ~ *au-dessous de sa valeur* unter seinem Wert verkaufen ; ~ *aux enchères* versteigern ; ~ *à l'essai* auf Probe verkaufen ; mit Rückgaberecht bei Nichtgefallen verkaufen ; ~ *à forfait* in Bausch und Bogen verkaufen ; zu Pauschalpreisen verkaufen ; ~ *en gros* engros (im Großen) verkaufen ; ~ *à la hausse* auf Hausse verkaufen ; ~ *sur Internet* über Internet kommerzialisieren ; ~ *bon marché* billig (preisgünstig) verkaufen ; ~ *au mieux* , *au plus offrant* bestens, dem Meistbietenden verkaufen ; ~ *à perte* , *à la pièce* mit Verlust, einzeln (stückweise) verkaufen ; ~ *au prix coûtant* zum Selbstkostenpreis verkaufen ; ~ *à tout prix* zu jedem Preis verkaufen ; ~ *au rabais* zu Schleuderpreisen verkaufen ; verramschen ; ~ *à la sauvette* schwarz verkaufen ; ~ *à tempérament* auf Raten (auf Ab-, Ratenzahlung) verkaufen ; ~ *à terme* auf Termin verkaufen ; ~ *à vil prix* → *au rabais* ; ~ *avec profit* mit Gewinn verkaufen ; ~ *en sous-main* unter der Hand verkaufen ; (*fam.*) *se* ~ *comme des petits pains* wie warme Semmeln weggehen ; reißenden Absatz finden ; *savoir se* ~ sich gut verkaufen ; sich zu vermarkten wissen.

vente *f* Verkauf *m* ; (*commercialisation*) Absatz *m* ; Kommerzialisierung *f* ; Vertrieb *m* ; (*affaire conclue*) Abschluss *m* ; Verkaufsgeschäft *n* ; Kaufgeschäft ; Handel *m* ; (*en allemand souvent Kauf- dans des mots-composés : acte de vente* → Kaufvertrag) ; (*aliénation*) Veräußerung *f* ; ◆ *de* ~ *facile, difficile* leicht, schwer verkäuflich ; *en* ~ (*dans/chez*) erhältlich (in/bei) ; ~ *à l'amiable* freihändiger Verkauf ; ~ *à la baisse* Verkauf auf Baisse ; ~ *à qqn* Verkauf an jdn ; ~ *sur catalogue* → *par correspondance* ; ~ *au comptant* Verkauf gegen bar ; Barverkauf ; Verkauf gegen (netto) Kasse ; ~ *pour le compte d'autrui* (*de tiers*) Verkauf nur fremde Rechnung ; ~ *par correspondance* Versandhandel *m,* -geschäft *n* ; Verkauf nach Katalog ; ~ *à crédit* Kreditgeschäft *n* ; (Ver)Kauf auf Kredit ; ~ *à la criée* Verkauf durch öffentlichen Ausruf ; ~ *à découvert* Leer-, Blankoverkauf ; Verkauf ohne Deckung ; ~ *au détail* Einzelverkauf ; Detailhandel ; ~ *directe* Direktverkauf ; ~ *d'usine* Werkshandel *m* ; ~ *à emporter* Verkauf über die Straße ; ~ *aux enchères* Versteigerung *f* ; Auktion *f* ; ~ *à l'essai* Kauf auf Probe (mit Rückgaberecht) ; ~ *exclusive* Alleinverkauf, -vertrieb ; ~ *fictive* Scheinkauf ; ~ *frauduleuse* betrügerischer Verkauf ; ~ *en gros* Groß-, Engrosverkauf ; ~ *de gré à gré* freihändiger Verkauf ; ~ *à la hausse* Verkauf auf Hausse ; ~ *sur Internet* Internethandel ; E-Commerce *m* ; ~ *judiciaire* Zwangsversteigerung *f* ; Verkauf durch Zwangsvollstreckung ; ~ *de liquidation* Totalausverkauf ; ~ *aux particuliers* Privatverkauf ; ~ *à perte, au prix coûtant* Verkauf mit Verlust, zum Selbstkostenpreis ; ~ *de porte à porte* Haus-zu-Haus-Verkauf ; ~ *publicitaire* Werbe-, Reklameverkauf ; ~ *publique* öffentliche Versteigerung ; ~ *au rabais, à réméré* Verkauf zu herabgesetzten Preisen, mit Rückkaufsrecht ; ~ *avec réserve de propriété* Verkauf unter Eigentumsvorbehalt ; ~ *par réunions* (*type* « *Tupperware* ») Verkaufstreff *m* ; Verkaufsparty *f* ; ~ *à la sauvette* Schwarzverkauf ; ~ *sous réserves, en sous-main* Verkauf unter Vorbehalt, unter der Hand ; ~ *à tempérament* Teilzahlungs-, Raten(ver)kauf ; Kreditgeschäft ; ◆◆ *acte m de* ~ Kaufvertrag *m* ; *chiffre m des* ~*s* Umsatzvolumen *n* ; Verkaufszahlen *fpl* ; circuit *m de* ~ Verkaufs-, Absatzweg *m* ; *conditions fpl (générales) de* ~ allgemeine Geschäftsbedingungen *fpl* ; *contrat m de* ~ → *acte* ; *coopérative f de* ~ Absatz-, Verkaufsgenossenschaft *f* ; *(bourse) cours m de* ~ Briefkurs *m* ; *difficultés fpl de* ~ Absatzschwierigkeiten *fpl* ; *directeur m des ~s* Verkaufsleiter *m*, -direktor *m* ; *interdiction f de* ~ Verkaufsverbot *n* ; Verkaufssperre *f* ; *méthode f de* ~ Verkaufsmethode *f*, -praktiken *fpl* ; *offre f de* ~ Verkaufsangebot *n* ; *ordre m de* ~ Verkaufsauftrag *m*, -order *f* ; *organisation f des ~s* Verkaufsorganisation *f* ; *point m de* ~ Verkaufsstelle *f*, -stätte *f* ; Kaufort *m* ; Point-of-sale *m* ; *prix m de* ~ Verkaufspreis *m* ; Ladenpreis ; *produit m de la* ~ Verkaufserlös *m* ; *promesse f de* ~ Verkaufsversprechen *n* ; Vorvertrag *m* ; *promotion f des ~s* Verkaufs-, Absatzförderung *f* ; *sauf* ~ Zwischenverkauf vorbehalten ; *service m des ~s* Verkaufsabteilung *f* ; *stagnation f des ~s* Absatzflaute *f*, -stockung *f* ; *succès m de* ~ Absatzerfolg *m* ; Verkaufsschlager *m* ; Renner *m* ; *surface f de* ~ Verkaufsfläche *f*, -raum *m* ; *valeur f de* ~ Verkaufswert *m* ; ◆◆◆ *en* ~ *libre* frei verkäuflich ; *annuler une* ~ einen Verkauf rückgängig machen ; *augmenter les ~s* den Absatz steigern ; *conclure une* ~ einen Verkauf tätigen ; *être en* ~ zum Verkauf stehen ; *être en* ~ *libre* frei verkäuflich sein ; *ces médicaments ne sont pas en* ~ *libre* ; diese Medikamente sind rezeptpflichtig ; *être mis en* ~ kommerzialisiert werden; *mettre en* ~ (zum Verkauf) anbieten ; vermarkten ; *promouvoir les ~s* den Absatz fördern ; *réaliser des ~s records* einen Rekordabsatz erzielen ; reißenden Absatz finden ; *retirer de la* ~ aus dem Verkehr ziehen ; *qui stimule les ~s* absatzsteigernd ; verkaufsfördernd.

ventilation *f* Aufschlüsselung *f* ; Auf-, Untergliederung *f* ; Ver-, Aufteilung *f* ; Zerlegung *f* ; Klassifizierung *f* ; *~ des coûts* Kostenaufgliederung ; Aufteilung der Kosten ; *~ des revenus* Einkommensverteilung.

ventiler auf-, untergliedern ; aufschlüsseln ; auf-, ein-, unterteilen ; zerlegen ; *~ par professions* nach Berufen aufschlüsseln.

verbal, e mündlich ; verbal ; *accord* ~ mündliche Vereinbarung *f*.

verbalisation *f* **1.** *(jur.)* Protokollieren *n* ; Aufsetzen *n* eines Protokolls ; Protokollaufnahme *f* **2.** *(police)* gebührenpflichtige Verwarnung *f* ; Bußgeld *n*.

verbaliser 1. *(jur.)* protokollieren ; ein Protokoll aufnehmen **2** *(police)* gebührenpflichtig verwarnen ; ein Bußgeld verhängen.

verdict *m* Urteilsspruch *m* ; Urteil *n* ; *~ d'acquittement* Freispruch *m* ; *~ de culpabilité* Schuldspruch ; Schuldigsprechen *n* ; *rendre un* ~ ein Urteil fällen.

véreux, euse unreell ; anrüchig ; faul ; *affaire f ~euse* Schwindelgeschäft *n* ; unlautere Transaktion *f*.

vérifiable nachprüfbar.

vérificateur *m* Prüfer *m* ; Revisor *m* ; Kontrolleur *m* ; *(fisc)* Steuerprüfer *m* ; Steuerfahnder *m* ; *~ de bilan* Bilanzprüfer ; *~ aux comptes* Wirtschaftsprüfer ; Abschluss-, Rechnungsprüfer ; Bücherrevisor.

vérification *f* Prüfung *f* ; Nach-, Überprüfung *f* ; Kontrolle *f* ; Revision *f* ; Einsicht *f* ; Verifikation *f* ; *~ du bilan* Bilanzüberprüfung *f* ; *~ des comptes (livres)* Buchprüfung ; Rechnungs-, Abschlussprüfung ; Bücherrevision ; *~ fiscale* Steuerkontrolle, -prüfung ; *~ des stocks* Bestands-, Lagerüberprüfung.

vérifier kontrollieren ; (über)prüfen ; nachprüfen ; untersuchen ; revidieren ; einsehen ; verifizieren ; *l'exactitude d'une déclaration fiscale* die Richtigkeit einer Steuererklärung überprüfen.

vermeil, le : *carte f ~le* Seniorenpass *m*.

verre *m* Glas *n* ; *~ Sekurit* Sekurit *n* ; Sicherheitsglas ; *fibre f de* ~ Glasfaser *f* ; Glasfiber *f* ; *industrie f du* ~ Glasindustrie *f* ; *laine f de* ~ Glaswolle *f* ; *œuf m à* ~ Altglasiglu *m/n* ; Glascontainer *m* ; *(assur.) risque m bris de* ~ Glasversicherung *f*.

versement *m* Zahlung *f* ; Begleichung *f* ; Bezahlung ; *(effectué par qqn)* Einzahlung *f* ; *(effectué à qqn)* Auszahlung *f* ; *(somme)* Betrag *m* ; ◆ *~ anticipé* Vorauszahlung ; *~ complémentaire* Nachzahlung ; *~ à un compte* Einzahlung auf ein Konto ; *~ de dividendes* Dividendenausschüttung *f* ; *~s échelonnés* Raten-, Teilzahlung ; Zahlung in Raten ; *~ en espèces* Barzahlung ; *~ de fonds* Einzahlung von Geldern ; Kapitaleinzahlung ; *~ d'intérêts* Zinszahlung ; ~

d'une pension, d'un traitement Auszahlung einer Rente, eines Gehalts ; ~ *supplémentaire* Zuschuss *m* ; ~ *unique, en plusieurs fois* einmalige, mehrmalige Zahlung ; ◆◆ *attestation f de* ~ Einzahlungsbeleg *m*, -bescheinigung *f* ; *contre* ~ *(d'une somme)* gegen Zahlung (eines Betrags) ; *en plusieurs* ~*s* in Raten ; ratenweise ; ◆◆◆ *effectuer (faire) un* ~ eine Zahlung leisten ; eine Einzahlung vornehmen ; (Geld) einzahlen ; (Geld) auszahlen ; *payer par* ~*s échelonnés* Ratenzahlungen leisten ; (ratenweise) abbezahlen ; *(fam.)* abstottern.

verser 1. (be)zahlen ; begleichen ; entrichten ; auszahlen ; einzahlen ; eine Zahlung leisten ; ~ *un acompte* eine Anzahlung leisten ; ~ *une avance* einen Vorschuss leisten ; eine Vorauszahlung machen ; ~ *au capital* zum Vorkapital schlagen ; dem Kapital zuführen ; ~ *un complément* nachzahlen ; nach-, zuschießen ; ~ *une cotisation* einen Beitrag zahlen (entrichten) ; ~ *des dividendes* Dividenden ausschütten ; ~ *l'impôt* Steuern zahlen ; ~ *une indemnité* eine Abfindung zahlen ; ~ *des intérêts* Zinsen zahlen ; ~ *une prime* eine Prämie (aus)zahlen ; ~ *une redevance* eine Gebühr entrichten ; ~ *une somme à qqn* jdm einen Betrag auszahlen ; ~ *une somme sur un compte* einen Betrag auf ein Konto einzahlen ; *se faire* ~ *sa part d'héritage* sich sein Erbteil auszahlen lassen **2.** ~ *une pièce au dossier* den Akten ein Schriftstück beilegen.

version *f* Ausführung *f* ; Modell *n* ; Version *f* ; Fassung *f* ; ~ *de base* Basisversion ; *dans la* ~ *de* in der Fassung von.

verso *m* Rückseite *f* ; *au* ~ auf der Rückseite ; umseitig.

vert, e grün ; *billet m* ~ Dollar(schein) *m* ; *carte f* ~*e internationale* internationale grüne Versicherungskarte *f* ; internationaler Schutzbrief *m* ; *espaces mpl* ~*s* Grünanlagen *fpl*, -flächen *fpl* ; *(téléph.) numéro m* ~ unentgeltliche (kostenlose) Rufnummer *f* ; Gratisnummer ; *(fig.) avoir le feu* ~ *pour qqch* grünes Licht haben für ; *les Verts* → **Verts**.

vertical, e senkrecht ; vertikal ; *concentration f* ~*e* vertikale Konzentration *f*.

Verts *mpl (les) (écologistes)* die Grünen *pl* ; die Umweltschützer *mpl* ; *(polit.)* die grüne Liste ; GAL (grünalternative Liste).

vertu : *en* ~ *de* gemäß ; kraft ; laut ; zufolge ; auf Grund von ; vermöge ; *en* ~ *du contrat* laut Vertrag ; vertragsgemäß ; *en* ~ *de la loi* kraft Gesetz(es).

vestimentaire Bekleidungs-.

vêtement *m* Kleidung *f* ; Kleidungsstück *n* ; *industrie f du* ~ Bekleidungsindustrie *f*.

vétérinaire *m* Tierarzt *m* ; Veterinär *m* ; ~*- inspecteur chargé du contrôle de la viande* Fleischbeschauer *m*.

vétérinaire tierärztlich ; Veterinär- ; *services mpl* ~*s* Veterinäramt *n* ; Veterinärbehörden *fpl*.

véto *m* Veto *n* ; Einspruch *m* ; *droit m de* ~ Vetorecht *n* ; *faire usage de son droit de* ~ von seinem Vetorecht Gebrauch machen ; *opposer son* ~ *(à une décision)* sein Veto (gegen einen Beschluss) einlegen.

vétuste veraltet ; abgenutzt ; überaltert ; *installations fpl industrielles* ~*s* überholte Produktionsanlagen *fpl* ; veraltete Industrieanlagen.

vétusté *f* Überalterung *f* ; Alter *n* ; Überholtsein *n* ; Abgenutztheit *f* ; *coefficient m de* ~ Überalterungskoeffizient *m*.

via über ; *aller à Paris* ~ *Cologne* über Köln nach Paris fahren.

viabilisation *f (d'un terrain)* Erschließung *f* eines Grundstücks ; *frais mpl de* ~ Erschließungskosten *pl*.

viabiliser (ein Gelände zur Bebauung) erschließen.

viager, ère lebenslänglich ; auf Lebenszeit ; *rente f* ~*ère (le viager)* Leibrente *f* ; *acheter qqch en* ~ etw auf Leibrentenbasis erwerben.

vice *m* Fehler *m* ; Mangel *m* ; Defekt *m* ; Bemängelung *f* ; Fehler-, Mangel-, Schadhaftigkeit *f* ; ~ *caché* verborgener (geheimer, heimlicher) Mangel ; ~ *de construction, de fabrication* Konstruktionsfehler (Baumangel *m*), Fabrikationsfehler ; ~ *de forme* Formfehler, -mangel ; Formverstoß *m* ; ~ *de procédure* Verfahrensmangel ; Verfahrensverstoß ; ~ *rédhibitoire* (die Wandlung auslösender) Hauptmangel *m* ; Sachmangel.

vice- Vize *m* ; Vize- ; stellvertretend ; ~ *président* *m* Vizepräsident *m* ; stellvertretender (stellv.) Vorsitzende(r).

vicier ungültig machen (infolge eines Mangels).
vicieux, se fehlerhaft ; mangelhaft ; mit einem Mangel behaftet.
victime *f* (Todes)Opfer *n* ; Geschädigte(r) ; Verletzte(r) ; Leidtragende(r) ; ~ *d'un accident du travail* Opfer *n* eines Arbeitsunfalls ; ~ *de guerre* Kriegsopfer ; ~ *de la route* Verkehrsopfer *n* ; *être la* ~ *d'un escroc* das Opfer eines Betrügers werden ; einem Betrüger aufsitzen ; *faire de nombreuses* ~s zahlreiche Menschenleben fordern.
vide *m* Loch *n* ; Lücke *f* ; Leere *f* ; ~ *juridique* Rechtsvakuum *n*, -lücke *f*, -unsicherheit *f* ; Gesetzeslücke *f* ; *emballage m sous* ~ Vakuumverpackung *f* ; *combler un* ~ eine Lücke schließen ; *tourner à* ~ leer laufen.
vide leer (stehend) ; unbesetzt ; vakant ; *les caisses sont* ~s die Kassen sind leer ; (*fam.*) in den Kassen herrscht Ebbe ; (*transports*) *voyage m à* ~ Leerfahrt *f*.
vidéo *f* Video *n* ; *jeu m* ~ Video-Spiel *n* ; *système m* ~ Video-System *n*.
vidéocassette *f* Videokassette *f*.
vidéoconférence *f* Videokonferenz *f*.
vidéosurveillance *f* Videoüberwachung *f* ; *ce magasin est sous* ~ dieses Geschäft steht unter Videoüberwachung.
vidéothèque *f* Videothek *f*.
vidéotransmission *f* Videoübertragung *f*.
vie *f* Leben *n* ; ◆ ~ *active* Erwerbs-, Berufsleben ; Erwerbs-, Berufstätigkeit *f* ; ~ *des affaires* Geschäftsleben ; ~ *associative* Vereinswesen *n*, -leben ; ~ *commune* (*des époux*) häusliche Ehegemeinschaft *f* ; ~ *économique* Wirtschaftsleben ; wirtschaftliches Geschehen *n* ; (*statist.*) ~ *moyenne, normale* durchschnittliche, normale Lebensdauer *f* ; ~ *privée, professionnelle* Privat-, Berufsleben ; ~ *publique* öffentliches Leben ; ◆◆ *à* ~ lebenslang ; lebenslänglich ; auf Lebenszeit ; *assurance f* ~ Lebensversicherung *f* ; *coût m de la* ~ Lebenshaltungskosten *pl* ; *durée f de* ~ Lebensdauer *f* ; *emploi m à* ~ lebenslange Beschäftigung *f* ; Lebensstellung *f* ; *espérance f de* ~ Lebenserwartung *f* ; *niveau m de* ~ Lebensstandard *m* ; Lebenshaltungsniveau *n* ; ◆◆◆ *allonger la durée de* ~ die Lebensdauer verlängern ; *entrer dans la* ~ *active* in das Erwerbsleben eintreten ; *être dans la* ~ *active* im Erwerbsleben (Berufsleben) stehen ; berufstätig sein ; *quitter la* ~ *active* aus dem Erwerbsleben (aus)scheiden ; *gagner sa* ~ seinen Lebensunterhalt verdienen ; *réussir dans la* ~ es zu etw bringen.

vieillesse *f* Alter *n* ; hohes Alter ; alte Menschen *mpl* ; *allocation f de* ~ Alters(bei)hilfe *f*, -versorgung *f* ; *allocation f de* Altersbeihilfe *f*, -versorgung *f*, -unterstützung *f* ; *assurance f* ~ Altersversicherung *f* ; soziale Rentenversicherung ; *pension f de* ~ (volle) Altersrente *f* ; Altersruhegeld *n* ; Altersversorgung *f* ; *rente f de* ~ (gekürzte) Altersrente *f* ; Altersversorgungsrente ; *toucher une pension de* ~ eine (Alters-)Rente beziehen.
vieillissement *m* Altern *n* ; Alterung *f* ; Älterwerden *n* ; Überalterung *f* ; Vergreisung *f* ; ~ *de l'appareil de production* Überalterung des Produktionsapparats ; ~ *de la population* Vergreisung (Überalterung) der Bevölkerung.
vierge leer ; (*C.D., D.V.D.*) unbespielt ; (*agric.*) nicht behandelt ; naturrein ; *casier m judiciaire* ~ nicht vorbestraft ; *forêt f* ~ Urwald *m* ; *page f* ~ unbeschriebene Seite *f* ; unbeschriebenes Blatt *n*.
vieux, vieille alt ; Alt- ; (*hist.*) *le* ~-*Berlin* Alt-Berlin ; ~ *matériaux mpl* Altmaterial *n* ; ~ *métaux mpl* Alteisen *n* ; ~ *papiers mpl* Altpapier *n* ; *vieil or m* Altgold *n* ; ~ *vêtements mpl* Altkleider *npl* ; (*tourisme*) *vieille ville* Altstadt *f*.
vif *m* (*jur.*) Lebende(r) ; *acquisition f entre* ~s Erwerb *m* unter Lebenden ; *acte m entre* ~s Rechtsgeschäft *n* unter Lebenden ; *donation f entre* ~s Schenkung *f* unter Lebenden (zu Lebzeiten) ; *partage m entre* ~s Teilung *f* unter Lebenden.
vigipirate *m* (*aéroports, gare, etc.*) *plan m* ~ (polizeiliche) Kontrolle *f* ; (antiterroristisches) Kontrollsystem *n* ; Überwachung *f*.
vignette *f* (Steuer)Marke *f* ; Klebe-, Quittungsmarke ; Stempelsteuer *f* ; Aufkleber *m* ; ~ *de cotisation* Beitragsmarke ; (*sécurité sociale*) ~ *de remboursement* Aufkleber *m* (für die Kostenerstattung durch die Krankenversicherung) ; (*auto.*) Kfz-Steuer-, Gebührenmarke ; Vignette *f* ; ~ *verte* grüne Versicherungsplakette *f*.
vignoble 1. *pays m de* ~s Weinland *n* **2.** *le* ~ Weinberg *m*.

vigueur : *en* ~ geltend ; gültig ; in Kraft ; anwendbar ; anzuwenden ; *être en* ~ gültig sein ; in Kraft sein ; *entrer en* ~ in Kraft treten ; *mettre en* ~ in Kraft setzen ; *mise f en* ~ Inkrafttreten *n* ; Inkraftsetzung *f.*

vil niedrig ; *à* ~ *prix* zum Spottpreis ; spottbillig ; zu Schleuderpreisen ; *marchandise f vendue à* ~ *prix* Schleuderware *f* ; Dumpingpreis *m* ; *offre f à* ~ *prix* Schleuderpreisangebot *n* ; *vente f à* ~ *prix* Ramsch-, Schleuderverkauf *m.*

village *m* Dorf *n* ; ~ *de vacances* Feriendorf.

ville *f* Stadt *f* ; ~-*champignon* aus dem Boden schießende Stadt ; ~-*dortoir* (*satellite*) Trabanten-, Schlafstadt ; ~ *marchande* Handelsstadt ; ~ *nouvelle* neue Stadt ; *centre*-~ Stadtzentrum *n* ; City *f* ; *en* ~ in der Stadt ; *une* ~ *de 500 000 habitants* eine Stadt von/mit 500 000 Einwohnern ; *habiter à la périphérie, en centre*-~ am Rande, im Zentrum einer Stadt wohnen.

vin *m* Wein *m* ; ~ *d'appellation d'origine contrôlée* (*A.O.C.*) Wein mit geprüfter Herkunftsbezeichnung ; ~ *blanc, rosé, rouge* Weiß-, Rosé, Rotwein ; ~ *délimité de qualité supérieure* Qualitäts-, Prädikatswein ; ~ *de pays* Landwein ; ~ *de table* Tafel-, Tischwein ; ~ *nouveau* junger Wein; (*Autriche*) Heurige(r) ; ~ *de table* Tafel-, Tischwein ; *pot-de-*~ Schmiergeld *n* ; *les syndicats ont mis de l'eau dans leur* ~ die Gewerkschaften haben klein beigegeben (nachgegeben).

vinicole weinbauend ; Weinbau- ; *coopérative f* ~ Winzergenossenschaft *f* ; *exploitation f* ~ Weinbaubetrieb *m* ; *région f* ~ Wein(bau)gegend *f.*

violation *f* (*jur.*) Übertretung *f* ; Verstoß *m* ; Verletzung *f* ; Nicht(be)achtung *f* ; Nichteinhaltung *f* ; ~ *d'un brevet* Patentbruch, -verletzung ; ~ *du contrat* Vertragsbruch *m*, -verletzung ; ~ *de domicile* Hausfriedensbruch *m* ; ~ *du droit* Rechtsbruch *m*, -widrigkeit *f* ; ~ *d'une loi* Verstoß gegen das Gesetz ; Gesetzesverletzung ; ~ *du secret professionnel* Verletzung der beruflichen Schweigepflicht ; Nicht(be)achtung des Berufsgeheimnisses.

violer verletzen ; verstoßen ; übertreten ; überschreiten ; zuwiderhandeln ; ~ *son serment* seinen Eid brechen.

VIP *m* (*very important person*) bedeutende Person *f* ; hochgestellte Persönlichkeit *f* ; V.I.P. *m.*

virement *m* Überweisung *f* ; bargeldlose Zahlung *f* ; Verrechnung *f* ; Giro *n* ; Girobuchung *f* ; (*comptab.*) Umbuchung *f* ; (*somme virée*) Überweisungsbetrag *m* ; ◆ ~ *bancaire* Banküberweisung ; Bankgiro ; ~ *comptable* Buchungsumschrift *f* ; ~ *à un compte* Umbuchung (auf ein Konto) ; Umbuchung ; ~ *automatique* (*permanent*) Dauer-, Überweisungsauftrag *m* ; ~ *par écritures* Giroumschreibung *f* ; ~ *de fonds* Geldüberweisung ; ~ *postal* Postüberweisung ; ◆◆ *avis m de* ~ Gutschriftanzeige *f* ; *banque f de* ~ Girobank *f*, -kasse *f* ; *banque centrale de* ~ Girozentrale *f* ; *chèque m de* ~ Verrechnungs-, Überweisungs-, Giroscheck *m* ; *compte m de* ~ Girokonto *n* ; laufendes Konto ; Kontokorrentkonto ; *mandat m de* ~ Überweisungsformular *n* ; *montant m du* ~ Überweisungsbetrag *m* ; *opérations fpl de* ~ Überweisungs-, Giroverkehr *m* ; bargeldloser Zahlungsverkehr ; *ordre m de* ~ Überweisungsauftrag *m* ; *ordre permanent de* ~ → *automatique* ; ◆◆◆ *par* ~ bargeldlos ; auf bargeldlosem Weg ; im Überweisungsweg ; *effectuer un* ~ *de 1000 €* eine Überweisung über 1 000 € vornehmen ; 1 000 € überweisen ; *payer par* ~ per Überweisung zahlen ; bargeldlos zahlen ; eine Zahlung überweisen ; *recevoir un* ~ eine Überweisung erhalten.

virer **1.** überweisen ; verrechnen ; umbuchen ; girieren ; ~ *de l'argent* (*à un compte*) Geld (auf ein Konto) überweisen ; ~ *une somme* eine Summe überweisen ; *son traitement est toujours ~é sur son compte* er bekommt sein Gehalt immer auf sein Girokonto überwiesen **2.** (*fam.*) ~ *qqn* jdn feuern ; jdn entlassen.

virtuel, le virtuell ; *image f* ~*le* virtuelle Realität *f* ; *shopping m* ~ virtuelles Shopping *n.*

virus *m* (*informatique*) Computervirus *m/n* ; Computerwurm *m* ; *contamination f d'un ordinateur par un* ~ Virenbefall *m* ; *logiciel m anti*~ Antiviren-Programm *n.*

vis *f* (*fam.*) (Steuer)Schraube *f* ; *donner un tour de* ~ *fiscale* die Steuerschraube anziehen ; an der Steuerschraube drehen.

visa *m* **1.** Visum *n* ; Sichtvermerk *m* ; ◆ ~ *de sortie, d'entrée* Ausreise-, Einreisevisum ; ~ *obligatoire* Visumzwang *m* ; ~ *temporaire* befristetes Visum ; ~ *touristique* Touristenvisum ; ~ *de transit* Durchreisevisum ; ◆◆ *demande f de* ~ Visumantrag *m* ; ◆◆◆ *accorder, demander un* ~ ein Visum erteilen, beantragen ; *le* ~ *est expiré* das Visum ist abgelaufen **2.** ~ *de certification* Rechnungsprüfungsbericht *m* ; Zertifizierungsvermerk ; Labelgenehmigung *f* ; ~ *de contrôle technique* TÜV-Plakette *f* ; *la commission a donné son* ~ der Ausschuss hat seine Genehmigung erteilt ; *demander, obtenir le* ~ *de la commission de contrôle* die Genehmigung der Kontrollbehörde beantragen, erhalten ; (*fig.*) *donner son* ~ (*pour qqch*) seine Zustimmung (zu etw) geben.

viser 1. ~ *un passeport* einen Pass mit einem Visum (Sichtvermerk) versehen **2.** (*contrôler*) verwaltungsmäßig kontrollieren ; überprüfen ; beglaubigen ; (*chèque*) ~*é pour provision* Deckung ist vorhanden **3.** (*avoir pour objectif*) ~ *à* abzielen auf ; ausgerichtet sein auf; anstreben ; ~ *une meilleure situation* eine bessere Stellung anstreben **4.** (*concerner*) betreffen ; zielen auf ; *cette mesure ne* ~ *que les revenus élevés* ; diese Maßnahme zielt nur auf die hohen Einkommen.

visioconférence *f* → **vidéoconférence**.

visite *f* **1.** Besuch *m* ; ~ *des clients* Kundenbesuch ; ~ *d'entreprise* Betriebsbesichtigung *f* ; (*médecine*) ~ *à domicile* Hausbesuch ; ~ *guidée* Führung *f* ; ~ *de représentant* Vertreter-, Kundenbesuch ; *carte f de* ~ Visitenkarte *f* **2.** (*fouille*) Durchsuchung *f* ; Kontrolle *f* ; Visitation *f* ; ~ *des bagages* Gepäckkontrolle ; ~ *douanière* Zollkontrolle *f* ; zollamtliche Durchsuchung ; ~ *du fisc* Steuerfahndung *f* **3.** (*divorce*) *droit m de* ~ Besuchsrecht *n* ; Umgangsrechte *npl*.

visiter 1. (*clients*) besuchen; akquirieren ; (*lieux*) besichtigen **2.** (*fisc, bagages*) kontrollieren ; prüfen ; durchsuchen.

visiteur *m* **1.** Gast *m* ; Besucher *m* **2.** Kontrolleur *m* ; Überprüfer *m* **3.** ~ *médical* Pharmavertreter *m* ; Ärztebesucher.

visu *f* (*informatique*) (*fam.*) Datensichtgerät *n* ; Terminal *n* ; Bildschirmterminal ; Moniteur *m*.

visualisaton *f* Visualisierung *f* ; (optische) Anzeige *f* ; Sichtbarmachung *f* ; (*informatique*) *écran m de* ~ Bildschirmterminal *n* ; Datensichtgerät *n* ; Monitor *m*.

visualiser (optisch) darstellen ; visualisieren ; sichtbar machen.

visuel (en) (*forme de travail*) *travailler en* ~ einen Posten mit direktem Kundenkontakt haben ; in Kundennähe arbeiten (*contr.* back office).

vital, e lebensnotwendig ; lebenswichtig ; Lebens- ; vital ; *minimum m* ~ Existenzminimum *n*.

vitesse *f* Geschwindigkeit *f* ; Tempo *n* ; Schnelligkeit *f* ; ~ *limite* (*maximale*) Höchstgeschwindigkeit ; ~ *recommandée* Richtgeschwindigkeit ; ~ *de rotation* (*des stocks*) Umschlaghäufigkeit *f* (des Lagerbestands) ; Umlaufgeschwindigkeit ; Lagerdauer *f* ; *limitation f de* ~ Geschwindigkeitsbegrenzung *f*; Tempolimit *n* ; *médecine f à deux* ~*s* Zwei-Klassen-Medizin *f* ; *expédier qqch en petite, en grande* ~ etw als Frachtgut, als Eilgut befördern ; (*fig.*) *être en perte de* ~ an Bedeutung verlieren.

viticole → **vinicole**.

viticulteur *m* Winzer *m* ; Weinbauer *m*.

viticulture *f* Weinbau *m* ; Rebenanbau *m*.

vitrine *f* Schaufenster *n* ; *décoration f de* ~ Schaufensterdekoration *f* ; Schaufenstergestaltung *f* ; *lèche-*~*s m* Schaufensterbummel *m* ; *être la* ~ *d'un pays* ; das Aushängeschild eines Lands sein.

vitro : *in* ~ (*agric.*) in Vitro ; *fécondation f* ~ in-Vitro-Fertilisierung *f* ; Kaltbesamung *f* ; Retortenzeugung *f*.

vivant *m* **:** (*jur.*) *donation f au dernier* ~ Schenkung *f* zugunsten des Längstlebenden ; *pension f au dernier* ~ Hinterbliebenenrente *f* ; *transmettre de son* ~ *une partie de sa fortune* (*aux enfants*) einen Teil des Vermögens zu Lebzeiten (an seine Kinder) übertragen ; *du* ~ *de qqn* zu jds Lebzeiten ; zu Lebzeiten von jdm.

vivier *m* (*agric.*) Zucht-, Fischteich *m* ; *pratiquer l'élevage en* ~ Teichfischzucht betreiben ; (*fig.*) Reservoir *n* ; Kaderschmiede *f*.

vivre leben ; existieren ; ~ *à crédit* auf Kredit (auf Pump) leben ; ~ *au-dessus de ses moyens* über seine Verhältnisse leben ; *ne pas avoir de quoi* ~ nicht einmal über das Existenzminimum verfügen.

vivres *fpl* Lebensmittel *npl* ; (*fam.*) *couper les ~ à qqn* jdm den Geldhahn zudrehen.

vocal, e Sprach- ; Voice- ; *à commande ~e* sprachgesteuert ; *boîte f ~e* Voicemail *f* ; *carte f ~e* Voice Card *f* ; *serveur m ~* Sprachserver *m*.

vocation *f* **1.** Bestimmung *f* ; Verwendungszweck *m* ; *~ internationale d'une entreprise* internationale Ausrichtung eines Unternehmens ; *région f à ~ agricole* (überwiegend) landwirtschaftlich geprägtes Gebiet *n* **2.** Berufung *f* ; *avoir une ~ de commerçant* ein geborener Geschäftsmann sein.

vogue : *être en ~* (in) Mode sein ; in sein.

voie *f* Weg *m* ; Straße *f* ; Bahn *f* ; Strecke *f* ; Spur *f* ; Bahn *f* ; ◆ *~ d'accès* Zubringerstraße ; *~ de communication* Verkehrsweg *m*, -linie *f* ; Verbindungsweg ; *~ d'eau* Wasserstraße, -weg ; *~ express* (*rapide*) Schnellstraße ; *~ électrifiée* elektrifizierte Strecke ; *~ ferrée* Schienenweg ; Bahnstrecke ; *~ hiérarchique* Dienst-, Instanzenweg ; *~ judiciaire* Rechtsweg ; *~ maritime* Schifffahrtsweg ; ◆◆ *en ~ de* im Begriff zu ; auf dem Weg ; *en ~ de règlement* geregelt werden ; auf dem Weg einer Regelung ; *ligne f à ~ unique, à double ~* ein-, zweigleisige Strecke ; *par ~ d'affiches* durch Anschlag ; *par la ~ de la négociation* auf dem Verhandlungsweg ; *par la ~ officielle* auf dem Amtsweg.

voirie *f* **1.** (*services*) Straßenbauamt *n* ; Straßenverwaltung *f* ; Straßenwesen *n* ; Straßenmeisterei *f* **2.** (*réseau routier*) Straßennetz *n* ; *~ communale* Gemeindewege *mpl* **3.** (*service chargé de l'enlèvement des ordures ménagères*) Müllabfuhr *f* ; Straßenreinigung *f*.

voiture *f* Wagen *m* ; Auto *n* ; *~ électrique* Elektroauto ; *~ de fonction* Dienst-, Firmenwagen ; *~ de location* Mietwagen ; *lettre f de ~* Frachtbrief *m* ; *~ d'occasion* Gebrauchtwagen ; *~ particulière* (*individuelle*) Pkw *m* ; Personenwagen ; *~ de série* Serienwagen ; *~ tout-terrain* (*4x4*) Geländewagen.

voix *f* Stimme *f* ; Wahlstimme ; (*vote*) Abstimmung *f* ; Stimmabgabe *f* ; (*élections*) *~ contre, ~ pour* Gegenstimme, Ja-Stimme ; *~ consultative, délibérative* beratende, beschließende Stimme ; *~ exprimée, nulle* abgegebene, ungültige Stimme ; *égalité f des ~* Stimmengleichheit *f* ; Pattsituation *f* ; *compter les ~* die (abgegebenen) Stimmen auszählen ; *mettre aux ~* abstimmen ; wählen ; votieren ; *obtenir la majorité des ~* die meisten Stimmen (die Stimmenmehrheit) erhalten ; *parler d'une seule ~* mit einer Stimme sprechen.

1. vol *m* Diebstahl *m* ; Stehlen *n* ; *~ avec effraction* Einbruchsdiebstahl ; *~ à l'étalage* Ladendiebstahl ; *~ à main armée* Raubüberfall *m* ; *~ qualifié* schwerer (qualifizierter) Diebstahl ; *~ à la tire* Taschendiebstahl ; *assurance f contre le ~* Diebstahlversicherung *f*.

2. vol *m* Flug *m* ; *~ aller-retour* Hin- und Rückflug ; *~ charter* Charterflug ; *~ sans escale* Nonstopflug ; *~s intérieurs* Inlandsflugverkehr *m* ; *~ en période creuse* "off-peak" Flug ; *~ postal* Postflug ; *~ régulier* Linienflug ; *suspendre, reprendre les ~s* den Linienbetrieb einstellen, wieder aufnehmen,

volaille *f* (*agric.*) Geflügel *n* ; *élevage m de ~* Geflügelzucht *f* ; Geflügelfarm *f* ; *éleveur m de ~* Geflügelzüchter *m* ; *avoir un élevage de ~* Geflügel züchten ; Geflügelzucht betreiben.

volant *m* **1.** (*auto*) Steuer *n* ; *alcool m au ~* Trunkenheit *f* am Steuer **2.** (*comptab.*) *~ de disponibilités* (*trésorerie*) Liquiditätsreserve *f* ; *~ de sécurité* Sicherheitsrücklage *f* ; Reserve-, Überbrückungsfonds *m*.

volant, e fliegend ; *personnel m ~* Ersatzkräfte *fpl* ; Ersatzmannschaft *f* ; Springer *mpl* ; (*avion*) fliegendes Personal *n*.

volante *f* → *volant, e*.

volatil, e (*bourse, valeur*) volatil ; schwankend ; schwankungs-, spekulationsanfällig ; flüchtig ; unstabil.

volatilité *f* (*bourse, valeur*) Volatilität *f* ; Flüchtigkeit *f* ; Instabilität *f* ; Schwankungspotenzial *n* (eines Kurses, einer Währung) ; *~ implicite* (*variations attendues d'une valeur*) implizite Volatilität ; Anfälligkeit *f* für Kursausschläge.

voler 1. stehlen ; bestehlen ; (*fam.*) klauen **2.** fliegen.

volet *m* (*d'un document*) Seite *f* ; Teil *m* ; Abschnitt *m* ; Blatt *n* ; *~ détachable* abtrennbarer Teil ; *trié sur le ~* sorgfältig ausgewählt.

voleur *m* Dieb *m* ; *~ à la tire* Taschendieb *m*.

volontaire *m* Freiwillige(r) ; *on demande des ~s* Freiwillige werden gefragt.

volontaire freiwillig ; absichtlich ; gewollt ; *acte m ~* vorsätzliche Handlung *f* ; *incendie m ~* Brandstiftung *f* ; *omission f ~* absichtliche Unterlassung *f*.

volontariat *m* Freiwilligendienst *m* ; Freiwilligkeit *f* ; *sur la base du ~* auf freiwilliger Basis ; *faire appel au ~* Freiwillige heranziehen ; sich an Freiwillige wenden.

volontariste gezielt ; gewollt.

volonté *f* Wille *m* ; Willenskraft *f* ; Anordnung *f* ; Verfügung *f* ; *(jur.) ~ déclarée* erklärter Wille ; ausdrückliche Willenserklärung *f* ; *dernières ~s* Letzter Wille ; letztwillige Verfügung ; Testament *n*.

volume *m* Volumen *n* ; Umfang *m* ; Menge *f* ; Größe *f* ; Höhe *f* ; Kapazität *f* ; Aufkommen *n* ; *~ des affaires (transactions)* Geschäfts-, Handelsvolumen ; Geschäfts-, Handelsumsatz *m* ; Absatz-, Umsatzmenge ; *~ du chiffre d'affaires* Umsatzvolumen ; *le ~ des échanges* Umfang des Warenaustausches ; Handelsvolumen ; *~ du trafic routier* Verkehrsaufkommen *n* ; *~ des ventes* Verkaufszahlen *fpl*, -ziffern *fpl* ; Umsatz-, Absatzvolumen.

volumineux, se voluminös ; umfangreich ; sperrig ; von bedeutendem Umfang.

votant *m* Wähler *m* ; Stimmberechtigte(r) ; Wahlberechtigte(r) ; *~ par correspondance* Briefwähler *m*.

vote *m* Stimmabgabe *f* ; Abstimmung *f* ; Wahl *f* ; Votum *n* ; *~ par correspondance* Briefwahl *f* ; *~ à bulletins secrets* geheime Abstimmung ; *~ à main levée* Abstimmung durch Handzeichen (durch Handheben) ; *~ nul* ungültige Stimme ; *~ à la proportionnelle* Verhältniswahl ; *~ au scrutin majoritaire* Mehrheitswahl ; *abstention f de ~* Stimmenthaltung *f* ; *droit m de ~* Stimmrecht *n* ; *issue f du ~* Wahlausgang *m* ; *secret m du ~* Wahlgeheimnis *n* ; *avoir le droit de ~* wahlberechtigt sein ; *procéder à un ~* eine Abstimmung vornehmen ; abstimmen ; wählen ; votieren.

voter (ab)stimmen ; wählen ; votieren ; die Stimme abgeben ; *~ pour qqn* für jdn stimmen ; jdn wählen ; *~ le budget* den Haushalt verabschieden ; *(polit.) ~ la confiance à qqn* jdm das Vertrauen aussprechen ; *capital m ~ant* stimmberechtigtes Kapital *n* ; *s'abstenir de ~* sich der Stimme enthalten ; *aller ~* zur Wahl gehen ; *~ des crédits* Kredite bewilligen ; *~ une loi* ein Gesetz verabschieden ; *être ~é par le Parlement* vom Parlament verabschiedet werden ; *~ qqch à l'unanimité* etw einstimmig verabschieden.

voucher *m* Voucher *n/m* ; Gutschein *m* (für im Voraus bezahlte Leistungen) ; Hotelschein.

voyage *m* Reise *f* ; Fahrt *f* ; ◆ *~ d'affaires, collectif, d'études* Geschäfts-, Gesellschafts-, Studienreise ; *~ organisé* Gruppen-, Pauschalreise ; *~ touristique* Ferien-, Urlaubsreise ; *~ tout compris → organisé* ; ◆◆ *accréditif m, agence f de ~* Reiseakkreditiv *n*, -agentur *f* ; *chèque-~ m* Reisegutschein *m* ; *chèque m de ~* Reisescheck *m* ; Travellerscheck ; *frais mpl de ~* Reisespesen *pl*, -kosten *pl*, -unkosten *pl* ; *organisateur m de ~s* Reiseveranstalter *m*, -unternehmer *m*.

voyager reisen ; eine Reise machen ; *(marchandise)* transportiert ; transportiert werden ; *(voyageur de commerce) il ~e pour une firme de textile* er ist Textilvertreter.

voyageur *m* **1.** Reisende(r) ; Fahrgast *m* ; Passagier *m* ; *~ sans billet* Schwarzfahrer *f* ; *tarif m ~s* Personen(beförderungs)tarif *m* ; *trafic m des ~s* Personenverkehr *m* ; *train m de ~s* Personenzug *m* ; *transport m de ~s* Personenbeförderung *f* ; *wagon m de ~s* Personenwagen *m* **2.** *~ de commerce* Handels-, Reisevertreter *m* ; Handlungsreisende(r).

voyagiste *m* Reiseveranstalter *m*, -unternehmen *n* (*syn. tour-opérateur*).

V.P. *f* (*vente publique*) öffentlicher Verkauf *m*.

V.P.C. *f* (*vente par correspondance*) Versandhandel *m* ; Versandhandelsverkauf *m*.

vrac : *en ~* unverpackt ; lose ; in losem Zustand ; in loser Schüttung ; *fret m en ~* unverpackte Ladung *f* ; *marchandise f en ~* lose Ware *f* ; *matériaux mpl en ~* Massen-, Schütt-, Sturzgut *n*.

vraquier *m* Massengutfrachtschiff *n* ; Massengutfrachter *m* ; Bulkcarrier *m*.

V/Réf (*Votre référence / Vos références*) Ihr Zeichen.

V.R.P. *m* (*voyageur, représentant, placier*) Vertreter *m* ; Handlungsreisende(r) ; Handels-, Reisevertreter *m*.

vu 1. angesichts (+ G) ; mit Rücksicht auf ; im Hinblick auf ; auf Grund (+ G) ; *au ~ des pièces mentionnées* nach Einsicht in die (nach Prüfung der) erwähnten Akten **2.** vermerkt.

vue : *payable à ~* bei Sicht zahlbar ; zahlbar bei Vorlage ; bei Vorlegung zu zahlen ; (*chèque présenté*) in bar auszuzahlen ; *dépôts mpl à ~* Depositen *fpl* auf Sicht ; Sichteinlagen *fpl* ; sofort verfügbare Beträge *mpl* ; täglich fällige Gelder *npl* ; *traite f payable à ~* Sichttratte *f*, -wechsel *m* ; Wechsel auf Sicht ; am Vorzeigungstag fälliger Wechsel ; *à trois jours de ~* drei Tage nach Sicht.

vulgarisation *f* Popularisierung *f* ; Popularisieren *n* ; *revue f de ~* populärwissenschaftliche Zeitschrift *f.*

vulgariser popularisieren ; der breiten Masse verständlich machen ; allgemein verständlich machen ; *~ des connaissances économiques* wirtschaftliche Erkenntnisse popularisieren.

vulnérabilité *f* (*cours, monnaie*) Anfälligkeit *f* ; labiler Zustand *m* ; Verwundbarkeit *f.*

W X Y Z

wagon *m* Wagen *m* ; Waggon *m* ; ~ *à bestiaux, couvert* Viehwagen, gedeckter Wagen ; *~-citerne* Tankwagen ; Kesselwagen ; *~-couchettes* Liegewagen ; *~-frigorifique* Kühlwagen ; *~-lit* Schlafwagen ; ~ *de marchandises* Güterwagen ; ~ *à pondéreux* Schüttgutwagen ; ~ *porte-véhicules* Autotransporter *m* ; ~ *postal* Postwagen ; ~ *de première classe* Wagen erster Klasse ; *~-restaurant* Speisewagen ; *~-trémie* Trichterwagen ; ~ *de voyageurs* Personenwagen ; *par* ~ waggonweise.

warrant *m* **1.** Warrant *m* ; Lagerschein *m* ; Lagerpfandschein *m* ; Pfandschein *m* für eingelagerte Ware ; ~ *agricole, industriel, hôtelier* Pfandurkunde *f* über die Beleihung von Inventarstücken von landwirtschaftlichen Betrieben, Industrieunternehmen, Hotels ; ~ *spécial* Registerpfandschein *m* ; Verpfändung *f* ohne effektive Übergabe des verpfändeten Guts **2.** (*bourse*) Warrant *m* ; Anrecht *n* auf Bezug von Aktien ; Option *f* ; Zins-, Währungs-, Indexoptionsschein *m* ; ~ *dans la monnaie* (*prix d'exercice inférieur au cours du support*) Option « im Geld » ; ~ *à la monnaie* (*prix d'exercice égal au cours du support*) Option « am Geld » ; ~ *en dehors de la monnaie* (*prix d'exercice supérieur au cours du support*) Option « aus dem Geld ».

warrantage *m* (*constitution de marchandises entreposées en gage*) Verpfändung *f* von lagernden Waren ; Bürgschaft *f* durch einen Warenschein ; (*remise à l'escompte du warrant*) Diskontierung *f* des Lagerpfandscheins ; Einreichung *f* des Lagerpfandscheins zum Diskont.

warranter (*déposer des marchandises en gage*) eingelagerte Waren verpfänden ; durch Lagerschein sichern ; (*escompter un warrant*) den Lagerpfandschein diskontieren lassen.

Web *m* Web *n* ; (weltweites) Netz *n* ; Internet *n* ; *créer une page sur le* ~ eine Website einrichten ; *surfer sur le* ~ im Internet surfen ; → *Internet, Toile, Net.*

web master *m* (*personne qui construit un site sur le Web*) Web Master *m*.

webmestre *m* → *web master.*

webzine *m* (*Internet*) Web-Magazin *n*.

window-dressing *m* (*falsification d'un bilan*) Window-dressing *n* ; Fri-sieren *n* einer Bilanz.

won *m* (*monnaie de la Corée du Sud :* südkoreanische Währung) Won *m*.

X

X : *Monsieur* ~ Herr X ; *plainte f contre* ~ Anzeige *f* gegen unbekannt (erstatten) ; Strafantrag *m* gegen unbekannt ; (*fam.*) ~ (*École polytechnique*) Polytechnikum *n* ; Elite(hoch)schule *f* ; *rayons mpl* ~ Röntgenstrahlen *mpl.*

xénophobe fremdenfeindlich ; xenophob ; ausländerfeindlich.

xénophobie *f* Fremdenhass *m* ; Ausländerfeindlichkeit *f* ; Xenophobie *f.*

Xetra *m* (*eXchange Electronic Trading : indice de la bourse informatisée, a remplacé le Ibis-Dax*) Xetra-Index *m*.

Y

yen (*monnaie japonaise :* ¥) Yen *m.*

yeux : *aux* ~ (*de la loi*) → *œil* ; *acheter les* ~ *fermés* → *œil* ; *coûter les* ~ *de la tête* → *œil* ; *fermer les* ~ *sur qqch* → *œil.*

yoyo *m* Jo-Jo-Spiel *n* ; Jo-Jo-Bewegungen *fpl* ; *les mouvements de* ~ *du dollar* die Auf-und Abwärtsbewegung des Dollar ; *les mouvements de* ~ *sur le Nasdacq* die Jo-Jo-Bewegungen an der Nasdacq.

yuan *m* (*monnaie chinoise : code CNY*) Yuan *m*.

Z

Z.A.C. *f* (*zone d'aménagement concerté*) Gebiet *n* für konzertierte Raumplanung.

Z.A.D. *f* (*zone d'aménagement différé*) Zone *f* für aufgeschobene Raumplanung ; Baugebiet *n* mit zurückgestellter Erschließung.

zaibatsu *m* (*Japon*) Zaibatsu *m* ; finanzielles Familienkonglomerat *n*.

zapper (*télévision*) (hin und her) zappen ; durch alle Kanäle zappen.

zapping *m* (*télévision*) Zapping *n* ; Zappen *n*.

Z.C.I. *f* (*zone de conversion industrielle*) gewerbliches Umstrukturierungsgebiet *n*.

Z.C.U. *f* (*zone de concentration urbaine*) städtischer Verdichtungsraum *m*.

zèle *m* Eifer *m* ; Fleiß *m* ; Diensteifer *m* ; Beflissenheit *f* ; *grève f du* ~ Dienst *m* nach Vorschrift ; Bummelstreik *m* ; *faire du* ~ übereifrig sein ; sich beliebt machen (wollen).

zéro *m* Null *f* ; ~ *de bénéfice* Gewinn *m* gleich Null ; kein Gewinn ; ~ *heure* null Uhr ; *croissance f* ~ Nullwachstum *n* ; *obligation f à coupon* ~ Nullkupon-Anleihe *f* ; *prêt m à taux* ~ zinsloses Darlehen *n* ; *taux m* ~ zinslos ; ohne Zinsen ; (*fam.*) ça m'a coûté ~ *franc* das hat mich nichts gekostet ; das habe ich umsonst bekommen.

Z.I. *f* (*zone industrielle*) Industriegebiet *n* ; Gewerbegebiet *n*.

zinzins *mpl* (*bourse, fam.*) institutionelle Anleger *mpl* ; institutionelle Investoren *mpl* ; Großanleger (wie Banken, Versicherungen, Pensionsfonds).

zonage *m* Vermessung *f* ; Begrenzung *f* des Baugeländes ; Zoneneinteilung *f*.

zone *f* **1.** Gebiet *n* ; Zone *f* ; Raum *m* ; ~ *d'activités* Gewerbegelände *n* ; ~ *artisanale et industrielle* Gewerbepark *m* ; Industriegebiet *n* ; ~ *bleue* (beschränkte) Parkerlaubnis *f* ; Parkzone ; ~ *cible* Zielgebiet ; ~ *(non) constructible* (un)bebaubares Gelände ; ~ *côtière* Küstenzone ; ~ *démilitarisée* entmilitarisierte Zone ; ~ *de développement* Förderungsgebiet ; ~ *de diffusion* (*publicité*) Streubereich *m* ; (*d'un média*) Verbreitungsgebiet *n* ; ~ *de distribution* Absatzgebiet ; ~ *dollar* Dollarraum, -block *m* ; ~ *douanière* Zollgebiet ; ~ *euro* Euroland *n* ; Euro-Raum *m* ; ~ *européenne de libre échange* Europäische Freihandelszone ; ~ *forestière* Waldgebiet *n* ; ~ *franche* Zollfreigebiet ; Steuerfreigebiet ; steuervergünstigte Zone ; steuerbefreites Industriegebiet ; ~ *grise* graue Zone ; Grauzone ; ~ *industrielle* (*Z.I.*) Industrie-, Gewerbegebiet ; ~ *d'influence* Einfluss-Sphäre *f* ; ~ *interdite* Sperrgebiet ; ~ *de libre-échange* Freihandelszone ; ~ *maritime* ; Seegebiet ; ~ *monétaire* Währungsgebiet, -bereich *m*, -raum ; ~ *piétonne* Fußgängerzone ; ~ *postale* Postbezirk *m* ; ~ *de protection* Schutzzone ; ~ *protégée* Schutzgebiet ; ~ *résidentielle* Wohngebiet ; ~ *rurale* ländliches Gebiet ; Agrargebiet ; ~ *sterling* Sterlingraum ; ~ *de tarification* **a)** (*transports*) Tarifzone **b)** (*assur.*) regionale Versicherungsklasse *f* ; ~ *tampon* Pufferzone ; ~ *téléphonique* Entfernungszone ; *carte f de* ~ Netzkarte *f* **2.** (*ville*) *la* ~ verarmte Vororte *mpl* ; Trabanten-, Satellitenstadt.

zoning *m* planmäßige Aufteilung *f* in Zonen.

Z.U.P. *f* (*zone à urbaniser en priorité*) **1.** Zone *f* für vorrangige Städteplanung *f* ; Gebiet *n* städtebaulicher Erschließung ; prioritäre Städteplanung **2.** Trabantenstadt *f* ; Satellitenstadt ; Einzugsgebiet *n*.

Signes, Abréviations, Indications

~	le tilde reprend le mot-entrée	(*Internet*)	Internet
→	la flèche renvoie à • un synonyme • un concept complémentaire	jdn, jdm, jds	jemanden/em/es
		(*jur.*)	juridique
		***m**, m,*	masculin
1. 2. 3. ◆ ◆◆ ◆◆◆ a) b) c)	subdivisions	***mpl**, mpl,*	masculin pluriel
		***n**, n,*	neutre
( )	entre parenthèses : informations complémentaires, variantes, etc.	***npl**, npl,*	neutre pluriel
		(*marketing*)	marketing, publicité
		(*médecine*)	santé, médecine
(*assur.*)	assurances	(*médias*)	presse, médias
(*agric.*)	agriculture	(*péj.*)	péjoratif
(*Allemagne*)	Allemagne, R.F.A.	(*polit.*)	politique
(*arch.*)	archaïque	(*pl.*)	pluriel
(*auto.*)	automobile	(*préfixe*)	préfixe dans des mots composés
(*Autriche*)	mot propre à l'Autriche		
		(*publicité*)	publicité, marketing
(*banque*)	terme bancaire	qqch	quelque chose
(*bourse*)	terme boursier	qqn	quelqu'un
(*comptab.*)	comptabilité	(*rare*)	terme rare
(*contr.*)	contraire, antonyme	(*statist.*)	statistiques
(*corresp.*)	correspondance	(*Suisse*)	mot propre à la Suisse
(*douane*)	terme relatif à la douane	(*syn.*)	synonyme
		(*technique*)	technique, technologique
(*environnement*)	écologie, environnement		
		(*télé.*)	télévision
(*etw*)	etwas	(*téléph.*)	téléphone
(*ex-R.D.A.*)	historique : République démocratique allemande	(*touris.*)	tourisme, hôtellerie
		(*trans.*)	transports
***f**, f,*	féminin	(*U.E.*)	Union européenne
***fpl**, fpl,*	féminin pluriel		
(*fam.*)	familier		
(*fig.*)	sens figuré		
(*finance*)	finances, affaires		
(*France*)	équivalent français		
(*hist.*)	historique		
(*informatique*)	informatique		

Mots-clés encadrés

économie *f*	**1. *système économique*** **2. *parcimonie*** **3. *économies réalisées***

Achevé d'imprimer en août 2007
dans les ateliers de Normandie Roto Impression s.a.s.
61250 Lonrai

Pocket - 12, avenue d'Italie - 75013 Paris

N° d'imprimeur : 071856
Dépôt légal : août 2007

Imprimé en France